桓檀古記

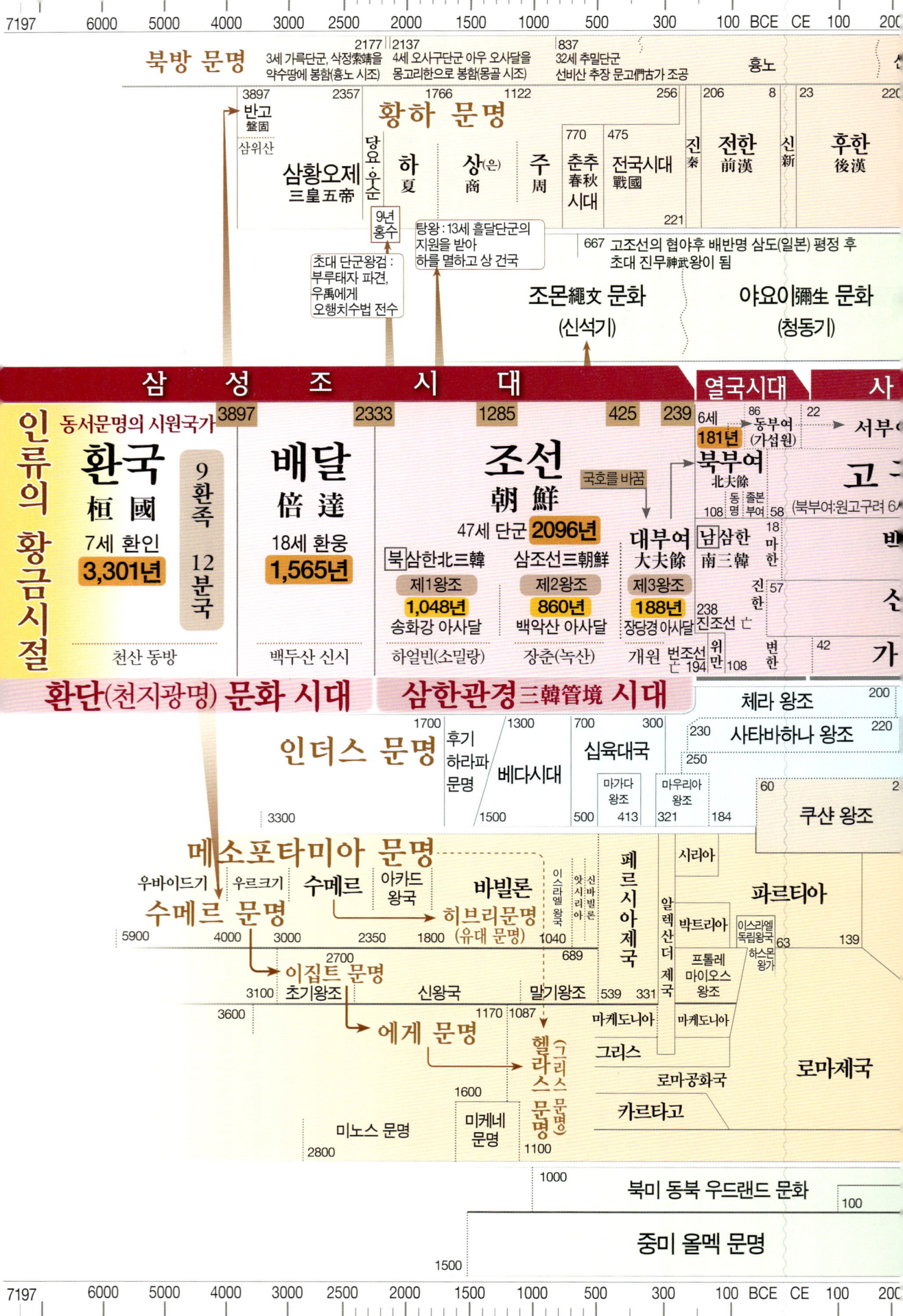

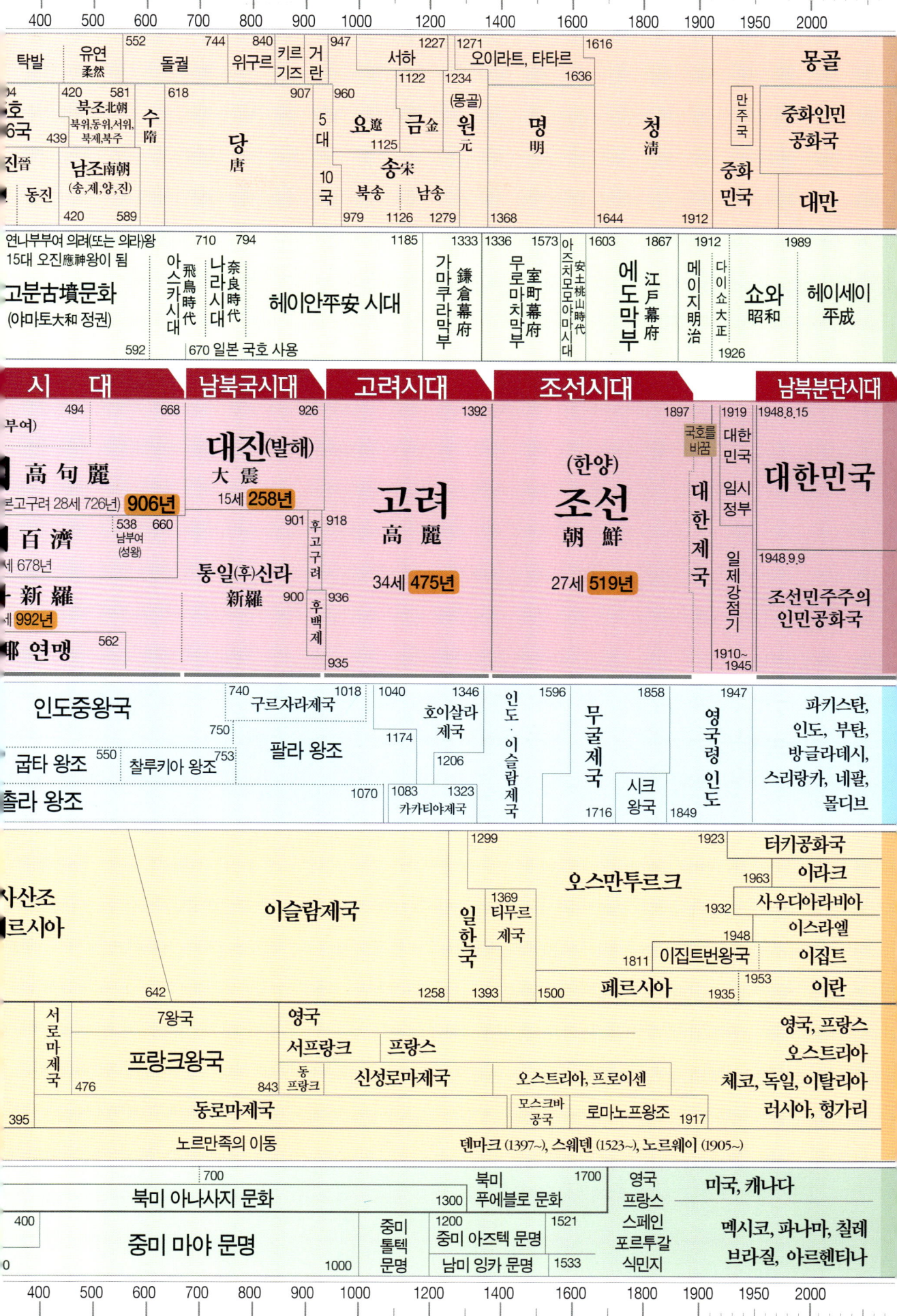

국립중앙도서관 출판시도서목록(CIP)

桓檀古記 / 譯註: 安耕田. -- 대전 : 상생출판, 2011
　　p. ;　cm

ISBN 978-89-94295-23-7 03900

한국 고대사[韓國古代史]

911.02-KDC5
951.901-DDC21　　　　　　　　CIP2011005542

桓檀古記

발행일	환기 9209년, 신시개천 5909년, 단군기원 4345년, 서기 2012년 6월 20일 초판
	환기 9209년, 신시개천 5909년, 단군기원 4345년, 서기 2012년 8월 20일 개정판
	환기 9221년, 신시개천 5921년, 단군기원 4357년, 서기 2024년 8월 1일 20쇄
역주	안경전
펴낸곳	상생출판
주소	대전시 중구선화서로 29번길 36(선화동)
전화	070-8644-3156
팩스	0303-0799-1735
홈페이지	www.sangsaengbooks.co.kr
출판등록	2005년 3월 11일 (제175호)

Copyright ⓒ 2012-2024 상생출판

이 책에 수록된 사진들은 직접 현장 답사를 통해 촬영한 것으로 저작권법에 따라 무단 전재와 복제를 금합니다.
일부 자료에 대해서는 저작권자가 확인되는 대로 절차에 따라 저작권료를 지불하겠습니다.
고구려 사진 중 일부 : 석하사진문화연구소 윤명도.

ISBN 978-89-94295-23-7

안경전安耕田 역주譯註

상생출판

『환단고기』 출간 100주년에 부쳐

    2011년 5월 어느 날, 서울 국립중앙박물관의 고조선관館에 들른 적이 있다. 개관 60년이 넘는 한국의 대표적인 박물관에 고조선관이 들어선 지 불과 1년여 밖에 안 된다는 사실이 놀랍고 씁쓸하였다.

    필자를 서글프게 한 것은 그것만이 아니었다. 고조선을 소개한 안내문에는 "한국 역사상 최초의 국가(영어 안내문에는 The First Korean State)"라고 적혀 있었다. 그리고 BCE 2333년에 건국되었다는 서술 바로 아래 줄에 BCE 194년 위만조선으로 계승되었다고 쓰여 있을 뿐, 그 중간 역사(BCE 2333~BCE 194)에 대한 이야기는 전혀 없었다. 중고등학교 국사 교과서와 마찬가지로 고조선사의 99%가 사라진 것이다.

    위만조선이 고조선을 이어받았다니 정말 어이없는 일이다. 고조선의 한 쪽 날개인 번조선의 준왕을 내쫓고 왕위를 찬탈한 위만을 버젓이 고조선의 정통 왕위 계승자로 둔갑시켜 놓은 것이다. 이것은 중국과 일본이 조작한 내용을 그대로 따른 것으로, 우리 자신이 **우리 역사에 가한 가장 큰 모독**이라 하지 않을 수 없다.

    위만은 배은망덕의 표상이다. 위만이 한 고조 유방의 왕후인 여태후의 탄압을 피해 번조선으로 피신하자, 준왕이 그의 망명을 허락하고 국경 수비대장으로 임명하였건만, 위만은 오히려 몰래 군사력을 길러 왕검성을 습격하여 준왕을 몰아냈다. 그런 부도덕한 위만을 단군조선의 정통 계승자로 내세우는 것은 제 부모를 쫓아내고 안방을 차지한 강도를 주인으로 대접하는 것과 다를 바가 없다. 어디 위만조선뿐이랴. 철저히 뒤틀리고 일그러진 **우리 역사는 언제나 바로잡힐 것인가!**

2011년은 『환단고기』가 간행된 지 100년이 되는 해이다. 이 책이 세상에 처음으로 나온 1911년은 동서양의 제국주의 세력이 한반도로 몰려와 패권을 다툰 끝에 조선 왕조가 망한 바로 다음 해이다. 나라를 잃고 온 백성이 절망에 빠져 있을 때, 우리 민족의 시원 역사인 환국—배달—고조선의 삼성조三聖祖에서 고려에 이르기까지, 9천 년 한민족사를 총체적으로 드러낸 위대한 역사서가 출간된 것이다. 이는 **한민족사의 진실을 백일하에 드러낸 일대 쾌거이자 동북아와 인류의 창세 역사를 밝힌 기념비적인 대사건**이었다.

  당시 압록강을 넘나들며 독립운동을 하던 운초 계연수 선생이 한민족의 고대사를 밝히는 주옥같은 글들을 묶어 『환단고기』라는 한 권의 책을 간행하였다. 이때 선생의 두 벗으로서 독립운동을 하던 홍범도, 오동진 장군이 사재를 털어 출판 경비를 지원하였다. 그러나 불행히도 당시 인쇄된 초간본 30권 중 현재 이 땅에 남아 있는 책은 찾아 볼 수 없다. 계연수 선생의 제자 이유립이 한 권을 전수받아 간직하였으나 그마저 소실되고 말았다. 하지만 필자는 『환단고기』 초간본이 언젠가 꼭 발견되리라 확신한다. 이유립의 제자 양종현이 최근 필자에게 '북한 학자들도 그것을 찾기 위해 심혈을 기울이고 있다'는 이야기를 전하면서 그 자신도 총력을 기울이고 있다고 토로한 바 있다.

  그런데 중화주의 사관과 식민주의 사관에 중독되고 실증주의 사관에 젖어 있는 이 땅의 강단사학자들은 이 책을 조선 백성들의 독립심을 고취시키기 위해 만든 위서로 매도한다. 혹자는 단순한 종교 서적으로 간주하며, 상고시대 종교 교리서는 될지언정 역사서는 될 수 없다고 주장한다.

  근대 역사학의 안목으로만 보면 『환단고기』의 진가를 결코 알아볼 수 없다. 이 땅의 주류 사학자들은 집터, 무덤, 그릇 등의 유물과 유적으로만 과거를 추적하는 고고학 중심의 근대 실증사학에 갇혀, 『환단고기』가 전하는 인류 원형문화의 정신을 읽어 내지 못하는 것이다.

  오늘날 여기저기서 발굴됐다는 구석기와 신석기 유적지를 가 보라. 물고기 잡고 나무 열매를 따 먹으면서 동굴이나 움집에 살던 미개한 생활 모습만 보여줄 뿐이다. 그 시대 사람들이 누리던 지고한 정신문화와, 신에게 직접 가르침을 받으며 대자연과 하나 되어 살던 **광명의 삶**은 전혀 보이지 않는다. 왜냐하면 대한민국의 주류 사학계가 구석기, 신석기, 청동기 운운하는 실증주의 사관에 중독되어, **태고시대 인류가 누렸던 광명문화인 신교**神敎의 존재를 까맣게 모르기 때문이다.

그동안 뜻있는 사람들에 의해 20여 종의 『환단고기』 번역서가 나왔지만, 그들의 숱한 노고에도 불구하고 『환단고기』의 역사관을 정확하게 전하는 책은 찾아보기 어려웠다. 거의 모든 책이 중대한 내용을 오역하고 있을 뿐 아니라 **한민족 시원 역사의 진실**을 제대로 밝히지 못하였다. 특히 **태곳적 인류의 정신문화인 신교의 본질과 실체**를 제대로 드러내지 못하였다. 이에 『환단고기』 출간 100주년을 기리며, 한민족의 뿌리 역사를 되찾고 인류 시원 문화의 참 모습을 밝히기 위해 본 번역서를 내는 바이다.

필자가 『환단고기』라는 한문 역사책을 처음 만난 것은 지금으로부터 30년 전인 1982년이다. 그날 밥상 위에 흰 종이를 깔고 책을 올려놓고는 밤을 새워 다 읽었다. 우리 문화와 역사의 본래 모습에 감동받은 흥분된 마음을 가라앉히며 새벽녘에야 잠이 들었다.

모든 내용이 놀라웠으나, 특히 신과 인간, 자연과 인간의 관계를 명쾌하게 정의한 내용은 가히 충격적이었다. 이 시대 사람들이 대부분 그렇겠지만, 필자 역시 실증주의 사관의 산물인 '구석기, 신석기로 시작되는 역사교과서'에 세뇌되어 있었기 때문이다. 하지만 『환단고기』를 접하면서 인류의 상고시대는 원시 미개시대가 아니라 인간이 자연과 한마음으로 순수하게 살던 황금시대였음을 알게 되었다.

그 후 『환단고기』를 늘 가까이 두고 마치 경문經文을 읽듯이 탐독하며, '**동방 한민족사의 진실은 무엇인가?** 『환단고기』가 말하려는 궁극의 역사정신은 무엇인가?'라는 물음에 대한 해답을 찾고자 하였다. 그렇게 10년의 세월이 흐른 어느 날, 『환단고기』가 밝히고자 한 **상고 역사와 문화의 진리 명제**들을 확연히 깨닫게 되었다. 환단의 천지광명, 신교, 삼신三神, 삼신상제三神上帝, 삼신일체三神一體의 도道, 삼한관경제三韓管境制, 살아있는 삼신인 천지인의 신성(천일天一·지일地一·태일太一), 진선미眞善美의 출원처 등, 『환단고기』를 관통하는 주제가 온몸으로 느껴졌다. 그러면서 '누구나 이해하기 쉽도록 이 책을 풀어 써서 세상에 널리 알려야겠다'는 생각이 가슴에 사무쳤다.

그리하여 당시 '한의 뿌리와 미래'란 제목으로 천 페이지가 넘는 원고를 정리하였다. 그러나 원고의 내용이 너무 방대하고 심오하여 『환단고기』의 메시지를 대중들에게 쉽게 전하기에는 마땅하지 않아 출판을 보류하였다. 그로부터 20년의 세월이 지난 작년 6월, 『환단고기』 번역서를 천지대천제의 제단에 올리면서 옛 원고를 다시 꺼내어 그 핵심 메시지 몇 가지만 간추려 책의 앞머리에 '해제解題'로 실었다.

그런데 그때부터 마음 속에서 한 가지 강한 의문이 제기되었다. '오늘의 역사학계가 왜 『환단고기』를 받아들이지 못하는 것일까? 과연 그 이유는 무엇일까?' 그 답은 한마디로 한국 사회에 널리 퍼져 있는 '위서론 바이러스' 때문이었다. 지식인과 문화인뿐 아니라 중·고등학교 학생들까지 "『환단고기』는 위서라며?"라고 말하며 『환단고기』를 의심하고 비방한다. 대다수의 국민들이 자신도 모르는 사이에 위서 바이러스에 감염되어 있는 것이다.

그래서 지난 1년 동안 『환단고기』 위서론에 관련된 모든 도서, 논문, 언론 기사 등을 정리하면서 한국의 강단사학계에서 제기하는 위서론의 실체를 분석하고 '왜 『환단고기』는 진서인가'를 규명하는 데 매진하였다. 그 결과, 본 해제에 정리된 『환단고기』 진위논쟁이 일반인에게는 다소 버거울 정도로 글이 길어졌다. 그렇지만 이것을 계기로 대한민국 역사 연구가들이『환단고기』를 있는 그대로 보게 되기를 바란다.

『환단고기』진위논쟁과 더불어, 해제에서 특별히 페이지를 할애한 주제가 있다. 다름 아닌 **『환단고기』의 역사관**을 바르게 인식하는 데 무엇보다 중요한 인류문명의 네 기둥이다. 그 네 기둥은 인류의 첫 나라인 **환국**을 계승한 '**배달 문명**', 환국에서 뻗어 나가 서양 문명의 근원이 된 '**수메르 문명**', 환국과 배달에서 분화되어 중국을 비롯한 동아시아 일대에 퍼져 나간 '**동이 문명**', 고조선 시대에 북쪽의 초원지대에서 일어나 유럽까지 정복한 '**북방 유목 문명**'이다. 지금의 세계 문명은 **인류의 황금시절이었던 환국**이 이 네 기둥으로 분화되고, 다시 이것이 세계 각지의 다양한 문명으로 세분화된 결과이다. **인류 문명의 네 중심축과 그 근원이 되는 환국**에 대한 연구가 아직 많이 미진하지만, 이 책이 인류 문명사를 통시적으로 보는 시야를 틔워줄 수 있기를 바란다.

어떤 이는『환단고기』를『한단고기』라 부른다. 이는 '환'의 뜻을 제대로 이해하지 못해서 생긴 잘못이다. 환과 한은 다르다. '환'은 하늘의 광명, '단'은 땅의 광명, '한'은 인간 속의 광명을 뜻한다. 인간은 천지의 자녀인 까닭에 그 안에 하늘땅의 광명이 고스란히 깃들어 있다. 인간의 내면에 휘감아 도는 무궁한 천지 광명, 그것이 바로 '한'이다. 본질은 동일할지라도, 환과 한은 분명히 서로 다른 것이다. 따라서 이 책의 제호는 반드시『환단고기』여야 한다.

그렇다면『환단고기』는 과연 어떤 책인가? 한마디로 말해서 **인간이 천지 광명을 직접 체험하며 살았던 창세 역사시대인 '환단 시대이래 한민족의 역사 이야기 책'**이다. 지금은 하늘과 땅의 광명을 잊고 살아가는 어둠의 시대지만, 태고시대 인간의 일상생활과 문화 주제는 오직 광명 체험에 초점이 맞춰져 있었다. 왜냐하면 그때는 인간의 순수성이 오염되기 이전으로 인간이 자연과 더불어 하나된 생활을 하던 시대였기 때문이다.

『환단고기』는 인류의 상고역사, 그 중에서도 고대 동북아 역사의 실체를 밝혀주는 고귀한 역사 경전이다. 수 억 광년 떨어진 밤하늘의 별자리를 망원경으로 조망하듯, 이 한 권의 책으로 인류의 잊혀진 뿌리 역사를 시원스레 들여다 볼 수 있다.

그리고 『환단고기』에는 흥미진진하게 펼쳐지는 동북아의 창세역사 이야기와 함께, 한민족이 9천 년 전부터 받들어 온 하늘 숭배문화의 실체인 상제上帝 신앙이 담겨 있고, 동서의 종교와 철학, 역사학 등에서 제기해 온 여러 문제들에 대한 궁극의 해답이 들어있다. 또한 천지 대자연의 법칙, 인간의 생성 원리, 성性명命정精의 존재 원리, 진아眞我를 구현하는 신교의 수행 원리 등 진리의 한 소식이 들어있다. **『환단고기』는 한민족의 역사 경전이면서 동시에 종교 경전이요 문화 경전**이라 하겠다.

『환단고기』를 오랜 세월동안 명상서를 보듯이 깊이 들여다 보면, 밝을 환桓이 바로 하늘과 땅과 인간의 본성이고, 역사의 궁극 목적이란 것을 깨치게 된다. 만법귀일萬法歸一이란 말처럼, **역사의 모든 주제가 '환'(광명)이라는 한 글자로 통한다.**

천지가 열리는 순간 우주는 오직 광명으로 가득 차 있었으며, 그 광명 속에 대자연과 인간을 낳는 궁극의 존재 근거로서 **삼신**이 있었다. 삼신은 무형의 신이고, 그 삼신의 조화권을 그대로 쓰면서 이 우주를 다스리는 절대자 하나님은 따로 계신다. 그 분을 우리 민족은 **삼신상제님**이라 불러왔다. 그리고 **삼신의 자기 현현으로 하늘과 땅과 인간 세계가 열렸다.** 다시 말해서 하늘과 땅과 인간은 삼신이 낳은 삼위일체적 존재이다. 그래서 인간은 자신의 존재 의미를 **천지인 삼위일체** 속에서 찾을 수 있으며 삶의 목적도 그 속에서 온전히 성취할 수 있다.

인류의 원형문화인 신교의 삼신 문화를 이해하고 수긍한다면, 인류 문화사에서 『환단고기』가 가지는 독보적인 가치를 제대로 맛볼 수 있을 것이다.

『환단고기』가 탄생하고 그 내용이 오늘의 우리들에게 전해지기까지 천사백 년의 시간이 소요되었다. 『환단고기』를 구성하는 다섯 가지 사서가 집필되는 데 천 년이 걸렸고, 『환단고기』라는 이름의 역사서가 출판되기까지 다시 4백 년의 세월이 흘렀다. 『환단고기』는 십 수 세기에 걸친 여러 선인들의 공덕과 혈성血誠이 빚어 낸 위대한 문화 유산인 것이다.

『환단고기』의 탄생에 가장 큰 공덕을 남긴 분들은 역시 다섯 사서의 저자들이다. 『삼성기』 상편을 쓴 안함로, 『삼성기』 하편을 쓴 원동중, 『단군세기』를 쓴 이암, 『북부여기』를 쓴 범장, 『태백일사』를 쓴 이맥, 이들은 『환단고기』의 초석이 된 역사적 인물들이다. 그리고 1911년에 다섯 사서를 발굴하여 『환단고기』를 편찬한 계연수, 출판 전 원고를 감수한 이기, 출판 자금을 지원한 독립운동가 홍범도와 오동진, 초간본을 지켜 1980년대에 『환단고기』를 널리 알린 이유립 등은 『환단고기』의 편찬과 대중화에 기여한 분들이다.

『환단고기』의 편찬과 전수에는 고려 시대 이암에서 조선 시대 이맥, 근세의 이기와 이유립에 이르기까지 고성 이씨 가문의 크나큰 공헌이 있었다. 신라 시대 안함로 이래 9천 년 한민족사의 국통 맥을 되찾아 준 모든 분들의 정성과 헌신에 감읍하면서, 고성 이문李門에도 고개 숙여 경의를 표한다.

끝으로 2009년에 만난 이후, 계연수와 이유립의 생애를 비롯하여 『환단고기』 전수 내력에 대한 생생한 증언을 한 이유립의 제자 양종현에게 감사의 마음을 전한다. 또한 지난 30년 세월 동안 『환단고기』의 번역에 음으로 양으로 참여한 모든 이들, 본문의 최종 번역을 확정짓고 해제를 정리하는 과정에서 자료 수집과 정리, 내용 교정 등에 참여한 상생문화연구소의 모든 연구원, 책의 표지를 만들고 원고를 편집한 상생출판사의 디자인부, 편집부 전원에게도 감사를 표한다.

『환단고기』가 여느 역사책과 같다면, 굳이 본서를 간행할 이유가 없다. 그러나 『환단고기』에는 인류가 꿈꾸어 왔던 이상세계를 미래의 현실로 만들기 위한 문화 해석의 비밀코드가 들어있다. 때문에 역사적인 사명감과 기쁜 마음으로 이 번역서를 세상에 내놓는 바이다. 인류의 태고 역사와 문화를 총체적으로 밝혀주는 『환단고기』가 한민족의 역사서라는 울타리를 넘어 '**인류 원형문화의 교과서**'로 자리매김하기를 기원하며, 여전히 번역의 한계가 드러나는 신교 문화의 미묘한 내용, 정리가 미진해 아직 소개하지 못하는 지구촌 현장 답사 사진과 자료들은 판을 거듭하며 보충할 것을 약속한다.

환기 9209년, 신시개천 5909년, 단군기원 4345년,
서기 2012년 6월 3일

安 耕 田

간행사 6
해제 .... [별도 목차 수록] 18

범례 凡例 3

삼성기전 三聖紀全 상편 上篇 13

삼성기전 三聖紀全 하편 下篇 37
○ 동방의 군신, 치우천황 / 5
○ 참고사료 | 삼국유사 고조선(왕검조선) / 6

단군세기 檀君世紀 81
단군세기 서序 84
단군세기 92
○ 고조선의 사회와 문화 / 216
○ 참고사료 | 고조선사 / 226

북부여기 北夫餘紀 243
북부여기 상上 246
북부여기 하下 258
가섭원부여기 迦葉原夫餘紀 264
○ 참고사료 | 부여사 / 283

桓檀古記 목차

태백일사 太白逸史	297
삼신오제본기 三神五帝本紀	299
환국본기 桓國本紀	335
신시본기 神市本紀	347
삼한관경본기 三韓管境本紀	425
소도경전본훈 蘇塗經典本訓	499
고구려국본기 高句麗國本紀	555
대진국본기 大震國本紀	661
고려국본기 高麗國本紀	703

참고문헌 / 761

찾아보기 / 798

目次 桓檀古記

해제 | I. 『환단고기』는 어떤 책인가? | 18

1. 우리 역사, 새로 써야 한다 ... 20
2. 천 년 세월이 낳은 『환단고기』 ... 47
3. 당대의 최고 지성들이 쓴 『환단고기』 ... 53
4. 『환단고기』의 편찬과 대중화 ... 66
5. 왜 『환단고기』를 읽어야 하는가 : 『환단고기』의 특징과 가치 ... 80
6. 『환단고기』 진위 논쟁 ... 95

- ◆ 『환단고기』 전수 내력 ... 77
- ◆ 『환단고기』 판본 비교 ... 78
- ◆ 가지마 노보루가 번역 출간한 『환단고기』 ... 79
- ◆ 『환단고기』 오형기 발문 ... 99
- ◆ 『환단고기』 진위 논쟁의 주요 내용 ... 116
- ◆ 『환단고기』가 진서임을 뒷받침하는 증거 ... 122
- ◆ 『환단고기』 술어의 고전古典 사용례 ... 123
- ◆ 『환단고기』에서만 전해 주는 새로운 역사 진실 ... 130
- ◆ 한민족 고유 사서의 시대별 분류 ... 139
- ◆ 행촌 이암 연보 ... 142
- ◆ 한암당 이유립 연보 ... 144

해제 | II. 『환단고기』가 밝혀 주는 한국사의 국통 맥 | 146

1. 환국에서 발원한 인류 문명 ... 146
2. 동북아에 세운 한민족 최초 국가, 배달 ... 204
3. 한민족의 전성기, 고조선 ... 298
4. 한민족사의 잃어버린 고리, 북부여 ... 360
5. 열국시대 이후 대한민국을 수립하기까지 ... 372

- ◆ [화보] 서양 문명의 기원, 수메르 ... 186
- ◆ 인류 성씨의 시원인 신농씨와 중국 한족의 시조 황제헌원의 계보 ... 225
- ◆ 중원 대륙을 뒤흔든 동이족 영웅, 서언왕徐偃王 ... 249
- ◆ 동이東夷와 중국 소수민족 ... 252
- ◆ 중국 요령성과 내몽골 지역에서 발굴된 신석기, 청동기 문화와 Y벨트 ... 266
- ◆ 요령성에서 만난 홍산문화 ... 268
- ◆ [화보] 동서 인류문명의 발상지, 제5의 문명 홍산문화 ... 270
- ◆ 거석문화의 상징 고조선의 고인돌 ... 334

- ◈ 홍산문화와 고조선 복식 346
- ◈ 고조선 관모 전통을 이은 금관 347
- ◈ 고조선의 망국과 열국시대의 전개 과정 350
- ◈ 황해도 구월산 삼성사 354
- ◈ 부여사의 시원과 맥 371
- ◈ 한무제의 동방 침략과 패배를 기록한 『사기史記』「조선열전」 381
- ◈ 환국─배달(신시)─고조선의 실존을 밝힌 문헌들 387

해제 | III. 『환단고기』가 밝혀 주는 인류의 원형문화, 신교 | 392

1. 신교는 우주사상의 원형 394
2. 인간 몸 속에 깃든 삼신의 조화 대광명 407
3. 신교의 꽃, '천제문화' 413
4. 동북아와 북미로 널리 퍼진 신교 452
5. 신교에서 뻗어 나간 유·불·선 476
6. 신교의 낭가사상 497

- ◈ 인류 제천문화의 원형을 찾아서 420
- ◈ 지구촌의 피라미드(거석) 문화 436
- ◈ 천자문화의 상징, 용과 봉 444
- ◈ 우주의 조물주 삼신문화의 상징, 삼족오 446
- ◈ 인디언 문화에 나타나는 동방 한민족의 흔적 464
- ◈ 일본 근대화의 힘의 원천 이세신궁과 일본 10만 신사의 원조 이즈모대사 470
- ◈ 일본에 전파된 삼신, 칠성과 태일 문화 474
- ◈ 신교 시원문화의 3대 경전 501
- ◈ 『천부경天符經』 전승 과정 502
- ◈ 9천년 전 신교神敎문화의 원형 경전經典『천부경天符經』 503

해제 | IV. 한민족사 왜곡의 현주소 : 한국사의 뿌리 이렇게 잘려 나갔다 | 504

1. 세계 교과서 속의 일그러진 한국사 504
2. 한국사를 잃게 된 3대 요인 511

- ◈ 일제에게 유린당한 한민족 552
- ◈ 일제에게 말살당한 조선의 혼과 시원 역사 556
- ◈ 왜곡된 한국사의 핵심 내용 561
- ◈ 서로 다른 한국사 체계 563

해제 | V. 한韓의 뿌리와 미래 : 『환단고기』 해제를 마치며 | 564

I. 『환단고기』는 어떤 책인가?

> **주요목차**
> 1. 우리 역사, 새로 써야 한다
> 2. 천 년 세월이 낳은 『환단고기』
> 3. 당대의 최고 지성들이 쓴 『환단고기』
> 4. 『환단고기』의 편찬과 대중화
> 5. 왜 『환단고기』를 읽어야 하는가 : 『환단고기』의 특징과 가치
> 6. 『환단고기』 진위 논쟁

역사란 무엇인가?

동양에서 역사歷史는 '지날 역歷' 자와 '사관 사史' 자가 합쳐진 말이다. '역歷'이란 대자연 속에서 무엇인가를 이루고자 꿈을 안고 살아가는 인간 삶의 발자취를 의미한다. 그래서 역사란 '인간이 자연환경에 적응하며 살아가는 과정에서 이룩한 삶의 총체'를 일컫는다.

'사史'는 '가운데 중中'과 '손 수手'가 합쳐진 말로서, 한쪽으로 **치우침이 없는 중도中道 정신**을 뜻한다. 주관에 치우친 편협한 안목으로 역사를 해석하는 것은 중도 정신에서 벗어나므로, 무엇보다 역사는 있는 그대로 보는 것이 중요하다.

'히스토리history'의 어원인 '히스토리아historia'는 원래 '탐구'라는 의미를 가진 그리스 말이다.[1] 이 용어는 『히스토리아이Historiai』를 지은 그리스의 역사가 헤로도투스Herodotus(BCE 484?~BCE 430?)가 책 제목으로 사용하면서 일반화되었다.

헤로도투스는 페르시아 전쟁의 원인을 찾아내기 위해 여러 곳을 찾아다니며 많은 사람을 만났고, 그때 수집한 자료를 28개의 이야기로 정리하여 이 책을 썼다. 과거에 대한 고증과 조사를 바탕으로 쓴 서양 최초의 역사책인 『히스토리아이』에서 '히스토리(역사)'라는 말이 생겨난 것이다. 그래서 **역사란 과거의 진실을 탐구**하는 것을 뜻한다.

하지만 이것이 역사의 전부는 아니다. **역사는 과거에 일어난 사건의 의미를 찾는 것이다.** 지난 과거사의 역사적 의미를 찾아내어 현재 삶을 향상시킬 최선책을 찾

---

[1] 그리스어 'ἱστορία(historia)'는 ① 탐구, ② 탐구로 획득한 지식 혹은 정보, ③ 탐구로 얻은 정보를 서술한 것 등을 뜻한다. 여기서 '탐구로 획득한 지식'이란 특히 증언을 통해서 알거나 이야기를 들어서 알게 된 지식을 말한다. 그런 이유로 헤로도투스는 책명을 『히스토리아이』로 지은 것이다. 히스토리아이는 히스토리아Historia의 복수형이다.

는 것이다. 따라서 "**역사는 의미체다**History is meaning."[2]

단재 신채호는 "역사를 읽게 하되 어릴 때부터 읽게 할 것이며, 역사를 배우게 하되 늙어 죽을 때까지 배우게 할 것이며, 남자뿐 아니라 여자도 배우게 할 것이며, 지배 계급뿐만 아니라 피지배 계급도 배우게 할 것이다"[3]라고 외쳤다. 그가 말하는 역사는 국가와 민족을 소생시키고 인류의 참된 소명을 깨닫게 하는, '**정신이 살아 있는 역사**'이다. 때문에 "**정신이 없는 역사는 정신이 없는 민족을 낳고, 정신이 없는 나라를 만든다**"[4]라고 절규하였다. 신채호에 따르면 역사는 인간정신 활동의 결과물이요 산물이다. 그래서 역사는 인류의 삶에 필요한 제1의 자산이자 지혜의 보고가 된다.

우리가 역사를 반드시 알아야 하는 이유는 오늘의 우리 삶이 과거 역사에 바탕을 두며, 지금 우리의 발걸음에 따라 미래의 향방이 결정되기 때문이다. 과거가 단절되고 왜곡되어 있으면 과거의 소산인 현재의 역사의식도 뒤틀리고, 미래를 보는 올바른 시각도 가질 수 없다. "과거는 죽은 과거가 아니라 아직도 현재 속에 살아 있는 과거"[5]이고, "**역사란 현재와 과거의 끊임없는 대화**"[6]인 것이다.

과거와 현재가 소통될 때 비로소 우리에게 닥쳐오는 모든 변혁에 대비하고 밝은 미래를 열 수 있다. 미래에 대한 의식이 없으면 역사는 아무런 의미도 없으며, **미래를 구축할 수 있는 힘**은 바로 역사에서 나온다. 그래서 흔히 '**역사는 미래학**'이라[7] 말한다.

'**역사를 모르는 자, 역사에 휩쓸려 가리라!**'[8]

이 한마디에 우리가 역사를 알아야 하는 필연성과 당위성이 담겨 있다. 역사를 가르치지 않는 것은 자식을 낳아 놓고서 성姓을 가르쳐 주지 않는 것과 똑같은 것이다.

---

2) EBS-TV, 〈해방 60주년 특집〉, "도올이 본 한국독립운동사" 4부, 2005.9.29.
3) 신채호, 『역사와 애국심의 관계』(『단재 신채호 전집』 하), 77쪽.
4) 신채호, 『독사신론讀史新論』(『단재 신채호 전집』 상), 472쪽.
5) "The past is not a dead past but lives on in the present" (콜링우드R. G. Collingwood, 『The Idea of History』, 175쪽).
6) "Unending dialogue between the present and the past" (카아E. H. Carr, 『What is History?』, 35쪽).
7) 윤명철, '21세기 문명과 한민족 역할론', 『잃어버린 한민족의 뿌리를 찾아서』(증산도상생문화연구소 심포지움 자료집), 9쪽.
8) 철학자 조지 산타야나George Santayana(1863~1952)는 "과거를 기억하지 못하는 사람은 과거를 반복하는 잘못을 범하게 된다Those who cannot remember the past are condemned to repeat it"(G. Santayana, 『The life of reason』, 284쪽)라고 했다.

1 우리 역사, 새로 써야 한다

1) 역사와 문화를 잃어버린 한민족

1988년 일본 나라奈良시에서 박람회가 열리던 때, 필자는 큐슈九州의 문화 유적을 둘러보고 나라 국립공원에 갔다. 그곳에서 '동북아 역사부도'라는 홍보용 책자를 하나 구입하여 펼쳐 보면서 우리 역사부터 찾아보았다. 그런데 이게 어찌된 일인가. 역사 연표 어디에도 대한민국은 보이지 않았다. 한참을 쭉 훑어보니 어이없게도 중국 역사 연표 끝자락에 조그맣게 한국사 연표가 붙어 있었다. 거기에는 황하문명권에 속한 나라로, 실제와는 달리 겨우 2천2백 년의 역사를 가진 보잘 것 없는 나라로 표기되어 있었다. 이를 본 순간 필자는 **철저히 거세된 한국사**에 큰 충격을 받음과 동시에 마치 소중한 그 무엇을 잃어버린 듯한 상실감에 사로잡혔다. 동북아 역사 부도 속에 그려진 초라한 한민족사의 실상을 보면서 '**우리 모두가 각성해서 잃어버린 한민족의 문화와 역사를 되찾아야 한다**'는 생각이 가슴 속에서 불끈 솟아올랐다.

자신의 시원 역사와 문화를 잃어버리고 사는, 혼 빠진 한민족! 이것이 오늘날 우리의 모습이다. 하지만 이제는 한민족의 역사에 대해서 그 진실을 알고 살아야 할 때가 되었다. 한민족사에 관한 진실을 알게 될 때 오늘날 한국의 정치, 경제, 사회, 문화 등 모든 분야에서 일어나는 갈등과 모순을 근원적으로 성찰하고, 나아가 미래를 창조하기 위한 등불을 환히 밝힐 수 있다.

2) 한국사 왜 이렇게 파괴되었나

그렇다면 무엇 때문에 한민족의 역사가 이토록 망가지게 되었는가? 여기에는 여러 가지 문제가 실타래처럼 얽혀 있다. 그 중에서도 한국사 상실의 핵심 요인인 우리 사서의 잘못된 기록과 중국과 일본에 의한 한국사 왜곡을 우선 살펴보기로 하자.

우리 손으로 파괴한 우리 역사

지금 우리나라에 남아있는 역사서로 학계에서 인정하고 가르치는 대표적인 사서는 『삼국사기』와 『삼국유사』이다. 『삼국사기』는 1145년(고려 인종 23)에 김부식이 왕명을 받아 편찬한 책으로, 삼국 시대를 기록한 정사正史로 인정받는다. 하지만 김부식은 고려 중기의 유학자로 **중화주의**와 **사대주의 사관**을 바탕으로 『삼국사기』를 편찬하였다. 때문에 북방을 다스리며 중국을 제압하던 고구려를 "진한秦漢 이후로 중국의 동북 모퉁이에 끼어 있었던"[9] 나라로 정의하고 '중국의 국경을 침범하여 중국을 한민족의 원수로 만든' 적대국으로 표현하였다.

뿐만 아니라 신라 귀족의 후손인 김부식은, 멸망한 신라를 한국사의 정통 계승자로 만들기 위해 신라와 어깨를 나란히 하던 대진大震(발해)의 역사를 단 한 줄도 기록하지 않았다. 이처럼 대진 역사를 기록하지 않은 사실을 두고 신채호는 "동·북 양 부여사를 빼 버려 조선 문화의 근원을 진흙 속에 묻어 버리고, 발해를 버려서 삼국 이래 결정結晶된 문명을 짚더미에 내던져 버렸다"[10]라고 통탄했다.

신채호의 말 그대로, 김부식은 한민족의 상고 역사를 한반도에 국한된 반 토막 역사로 축소시켜 버린 인물이다.[11] 고조선과 부여를 비롯한 상고사에 대해서는 한마디 언급도 없이 삼국 시대만[12]을 기록한 사서가 어찌 한국을 대표하는 사서가 될 수 있는가![13]

『삼국유사』는 어떠한가? 1281년(고려 충렬왕 7)경에 승려 일연一然이 편찬한 이 책은 저자 개인의 관점에서 자유로운 형식으로 역사를 기술한 야사野史의 성격을 띠고 있다. 고조선에서 신라 말기까지의 역사를 기록한 제1권과 2권을 「기이紀異」편이라 이름 붙인 것이 그 단적인 예이다. '신이한 것을 기록한다'는 편명에서 알 수 있듯이, 일반적인 사서와 달리 『삼국유사』는 각 왕조사를 그 흥망성쇠와 관련된 신화와 전설에 비중을 두어 기록하였다.

---

9) 高句麗, 自秦漢以後, 介在中國東北隅(『삼국사기』「고구려본기」 보장왕 조).
10) 신채호 저, 이만열 역주, 『조선상고사』, 40쪽.
11) 문정창文定昌(1899~1980)도 "『삼국사기』는 그 첫머리를 박혁거세 원년으로부터 시작하여 이 나라 이 민족사의 상부를 잘라 버렸다"(문정창, 『고조선사연구』, 64쪽)라고 하여 김부식의 저술을 비판하였다. 그는 또한 "대진국 초기에 쓴 『단기고사』가 『삼국사기』에 수록되지 않았기 때문에 이 나라 사람들이 처음부터 우리 조국의 모든 것이 중국보다 낙후된 약소국으로만 인식하게 되고 단군조선의 실사까지 알지 못하게 되었다"(문정창, 같은 책, 65쪽)라면서 『삼국사기』가 한민족의 고유 사서를 충분히 싣지 못하였음을 통탄하였다.
12) 삼국만 존재하던 기간은 100년 정도에 불과하다. 그럼에도 우리의 인식은 김부식이 구축한 『삼국사기』의 고대사 인식에서 크게 벗어나지 못했다. 『삼국사기』의 역사 인식은 한편으로는 편의적이고 한편으로는 자의적이다(이근우, 『고대 왕국의 풍경 그리고 새로운 시선』, 101쪽).
13) 『삼국사기』가 어찌하여 유교 사관과 사대주의 사관으로 쓰여졌으며 그 병폐가 무엇인지에 대한 상세한 이야기는 제4부에서 전하기로 한다.

고조선 역사도 예외가 아니다. 「기이」편의 고조선 조를 보면, 아버지 환인의 허락을 받아 백두산으로 내려온 환웅이 신시神市를 열어 세상을 다스렸는데, 그때 '곰 한 마리-熊'와 '호랑이 한 마리-虎'가 사람이 되고자 환웅을 찾아왔다고 한다. 그리고 백 일 시험 기간을 무사히 통과한 곰이 여자가 되어 환웅과 혼인하여 아들을 낳았는데, 그 아들이 단군왕검으로서 고조선을 세워 약 1,900년 동안 다스리다가 산신이 되었다고 한다.

이 기록은 여러 가지 문제점을 안고 있다. 첫째, 환국·배달·옛[古]조선이라는 7천 년에 달하는 우리 상고사를 환인·환웅·단군 3대에 걸친 인물사로 잘못 기록하였다. 둘째, '배달의 백성으로 귀화하고자 한 두 부족'인 웅족과 호족을 '사람 되기를 갈망한 두 마리 동물'로 묘사하였다. 셋째, 마흔일곱 분 단군이 다스린 고조선을 단 한 명의 단군이 다스린 것으로 오기하였고, 그 단군왕검도 산신이 되었다고 하여 고조선 역사 전체를 신화 속의 이야기로 만들었다.

더구나 『삼국유사』는 **불교사관으로 덧칠이 되어 있다는 점에 더 큰 문제가 있다.**[14] 일연은 '현 인류 문명의 최초 나라'인 환국을 불교 신화 속의 나라로 변질시켰다. **"옛날에 환국이 있었다**[昔有桓國]"라고 기록하면서 이 구절에 "제석을 말한다[謂帝釋也]"라는 주석을 붙여, 환국을 불교 신화에 나오는 제석신의 나라로 풀이한 것이다. 이러한 잘못된 역사인식으로 말미암아 그전까지 분명히 실존했던 환국의 역사가 부정되고 말았다.

그런데 어찌하여 우리의 옛 사서들이 다 사라지고 『삼국사기』와 『삼국유사』만 한국의 대표 사서로 남게 되었는가? 일차적인 책임은 김부식과 일연, 두 사람에게 있다. 이들은 『삼국사기』와 『삼국유사』를 저술하면서 당시까지 남아있던 사서 중에서 유교사관과 불교사관에 위배되는 문헌은 고의적으로 배제하였다.[15] 그 후 고려를 이은 조선의 숭유崇儒 정책과 조선을 무너뜨린 일제의 식민 정책은 이 두 사

---

14) 이에 대해 신채호는 "불법의 일자一字도 유입되지 않은 왕검시대부터 인도의 범어로 만든 지명·인명이 충만하여(신채호 저, 이만열 역주, 『조선상고사』, 33쪽)"라고 지적하였다. 실제로 일연은 화랑도의 미시랑未尸郎을 미륵선화彌勒仙花의 재생자라 하였고, 한민족 고유의 제천행사인 팔관회를 황룡사 9층탑에 결부시켰다.

15) 『삼국사기』에는 『신라고기』, 『신라고사』, 『삼한고기』, 『해동고기』, 그리고 김대문의 『계림잡전』, 『화랑세기』, 『한산기』, 『악본』, 최치원의 『제왕연대력』과 문집, 『김유신행록』 등의 국내 문헌과 『삼국지』, 『후한서』, 『위서』, 『송서』, 『남북사』, 『신당서』, 『구당서』, 『자치통감』, 『진서晉書』 등의 중국 문헌이 인용되었다.

서를 한국의 대표 사서로 굳히는 요인이 되었다. 조선은 고려보다 더욱 강력하게 유교를 장려하며 정치와 사회 전반에 걸쳐 성리학적 질서를 확립하고자 하였고, 그 선행 작업으로 한민족의 독자적인 사서를 사처私處에 간직해서는 안 될 책으로 규정하여 수탈·소각하였다. 그리하여 소중한 사서가 많이 사라진 터에, 일제는 일제대로 한민족의 역사와 문화를 말살하기 위해 20여 년에 걸쳐 이 땅의 사서를 침탈하였다. 더욱이 일제는 한국사 말살의 일환으로, 상고사는 생략하고 삼국의 역사를 중심으로 쓴 『삼국사기』와 『삼국유사』를 조선 사회에 널리 배포하였다. 특히 환국·배달·고조선의 역사가 일부 기록된 『삼국유사』는 그 내용을 변조하여 유포하였다.

만일 『삼국사기』와 『삼국유사』가 없었다면 오늘날 우리는 한국의 고대사에 대해 아무런 이야기도 하지 못할 것이다. 그렇지만 우리나라 역사 해석의 폿대가 되는 이 두 사서가 한민족의 정통 사관이 아니라 사대주의 사관과 유교·불교라는 외래 종교의 관점에서 쓰여지는 바람에 우리 문화와 역사의 참모습을 알 수 없게 되고 말았다. 한마디로 말해서 **우리 손으로 우리 역사를 파괴한 것**이다.

중국이 왜곡한 한국사

『삼국사기』와 『삼국유사』에서 한국사의 실상을 제대로 기록하지 않은 것이 우리 손으로 자행한 역사 파괴라면, 중국과 일본이 저지른 역사 침탈과 왜곡은 외세에 의한 한국사 파괴이다.

"낙양洛陽은 천하지중天下之中"이란 말에서 알 수 있듯이, 중국은 예로부터 낙양, 북경, 남경, 서안(장안) 같은 자신들의 도읍지를 천하의 중심으로 여겼다. 중국은 세계의 중심으로서 곧 중화中華라는 것이다. 이러한 중화 패권주의 사관에 따라 한국 역사를 자신들에게 예속된 속국屬國의 역사로 축소·왜곡하여 기록하였다.

그 대표적인 기록이 한나라 때 사마천이 쓴 『사기史記』의 제후 역사 편인 「세가世家」에 나오는 "봉기자어조선封箕子於朝鮮(기자를 조선에 봉하다)"이다.[16] 사마천은 주周나라 무왕武王이 상商나라의 성인이었던 기자箕子[17]를 조선이란 곳의 왕으로 봉함

---

16) 기자가 조선의 왕이 되었다고 기록한 역사책은 『사기』 외에 BCE 2세기경 복생伏生이 쓴 『상서대전尙書大傳』, 후한시대 반고가 쓴 『한서漢書』 등이 있다.
17) 기자는 비간比干, 미자微子와 더불어 상나라 삼현三賢으로 불린다. 비간은 상나라의 마지막 군주인 주왕에게 정치正治를 간하다 사형당했고, 미자는 비간의 죽음을 보고 멀리 도망쳤다. 기자는 거짓

으로써 조선 역사가 시작되었다고 기록하였다. 간단히 말해서 주나라의 보살핌으로 약 3,100여 년 전, 조선이란 나라가 탄생했다는 것이다. '봉기자어조선', 이 여섯 글자는 조선의 역사를 그 출발부터 중국의 속국사로 전락시켜 버렸다.

중국은 한나라 이후로도 계속 역사를 왜곡하였다. 중국 25사 가운데 무려 6권에 달하는 사서를 편찬한 당 태종 때도 예외가 아니었다. 당 태종은 고구려 정벌을 도모하다가 결국 패망해 버린 수나라의 뼈아픈 과거를 알면서도 주위의 반대를 무릅쓰고 고구려 정벌에 나섰다. 하지만 안시성 전투에서 양만춘 장군의 화살에 한쪽 눈을 잃는 치욕을 당하고 되돌아갔다. 당나라로 돌아간 당 태종은, 고구려와의 전쟁 후유증을 수습하지 못하고 멸망한 수나라의 전철을 밟지 않기 위해 전대에 대한 역사서를 편찬하였다. 위진남북조시대 진晉, 양, 북제, 북주, 진陳의 역사를 기록한 『진서晋書』, 『양서梁書』, 『북제서北齊書』, 『주서周書』, 『진서陳書』 그리고 수나라의 정사인 『수서隋書』 등 총 6권이 그것이다. 그러나 이 6권 어디에도 수나라의 패배를 비롯하여 중국이 한민족에게 당한 굴욕의 역사는 보이지 않는다.

중국은 한국사의 구체적 내용을 왜곡하여 기록했을 뿐 아니라, 그들의 사서에서 한민족 국가의 정식 국호를 사용하지 않았다. 대신 여러 가지 별칭을 사용하였다. 이것은 **한국의 옛 역사를 부정함과 동시에 한민족을 중국 주변의 야만인 집단으로 비하**하기 위한 것이다.

예를 들면, 고조선을 구이九夷(『논어』), 이예夷穢(『여씨춘추』), 직신稷愼(『일주서』), 숙신肅愼(『산해경』),[18] 맥貊(『논어』), 예맥穢貊, 산융山戎, 동호東胡, 발發조선(『관자』),[19] 청구靑丘 등으로 기록하였다. 숙신이나 직신은 조선을 발음대로 적은 이칭이라 하더라도, 맥·예맥·산융·동호 등은 편견으로 가득찬 말이다. 예穢는 더럽다는 뜻이고 맥貊은 짐승의 한 종류를 가리킨다. 산융은 '산에 사는 오랑캐'라는 뜻이고, 동호는 '동쪽에 사는 오랑캐'라는 말이다. 그리고 **발조선**은 고조선을 구성한 삼조선 중의 하나인 **변조선**을 우회적으로 기록한 것이다. 여기에서 중화주의에 빠진 중국의 자기중심적인 세계관과 역사관을 다시 한 번 확인하게 된다.

으로 미친 척해서 왕의 미움을 사 감금되었지만 주 무왕에 의해 풀려났다(『사기』 「송미자세가」).

18) 전국 시대부터 전한 말기까지 여러 사람이 쓴 것을 하나의 책으로 합친 중국의 지리서인 『산해경山海經』에서는 고조선을 숙신 외에 조선朝鮮·맥국貊國·개국蓋國 등으로 혼용하여 부른다.

19) 『관자管子』(BCE 7세기경 제나라의 재상이며 관포지교管鮑之交로 유명한 관중管仲이 쓴 책)에 기록된 발조선은 고조선에 대한 중국의 최초 기록이다.

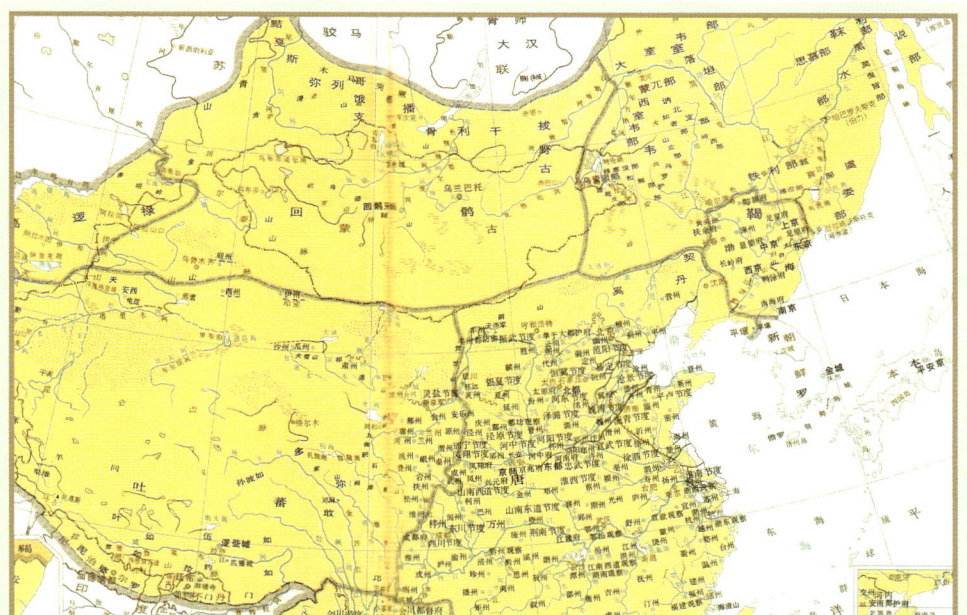

『중국역사지도집』(1996)에 실린 당나라 시대 동북아_당나라 영토를 대진(발해), 말갈, 토번(티베트), 회홀(위구르) 등까지 포함하는 것으로 표시하였다. 중국은 이미 서남공정을 완료하여 티베트의 역사를 중국의 역사로 편입시켰으며, 서북공정을 진행하여 돌궐이라는 이름으로 역사에 등장하는 위구르족을 중국의 일부로 편입시키고 있다. 그리고 동북공정으로 고조선, 고구려, 대진의 영토였던 만주와 한반도 북부 지역을 중국의 영토로 만들고 있다.

동북공정은 역사 왜곡 말살 공작

중국은 지금 이 순간에도 한국사 파괴 공작을 계속하고 있다. **동북공정**東北工程이 바로 그것이다. 동북공정은 중국이 현재의 중국 국경 안에서 전개된 모든 과거 역사를 자신들의 것으로 만들 목적으로 2002년 이래 야심차게 진행시킨 역사 왜곡 공작이다. 이 작업에 한韓·중中 고대사 전문가를 총동원한 중국은 고조선에서 북부여, 고구려, 대진(발해)에 이르는 역사를 모두 자국의 역사로 집어 삼켰다. 그 결과 요사이 발행되는 중국 고대사 지도는 당나라와 당당하게 맞서 한반도의 북방 영토를 수호했던 대진을 당나라 영역 안에 존재한 지방정권으로 표시하고 있다.

중국이 동북공정을 통해 얻고자 하는 최종 목표는 후일 한반도 북부를 다시 점령하게 될 경우 세계 언론으로 하여금 이를 묵인하게 하려는 데 있다. 때문에 동북공정은 단순한 과거사 침탈에 그치지 않는 영토 침탈이며 한국의 앞날을 위협하는 무서운 역사 공작이다. 장래의 여론 조장을 위해 중국은 동북공정의 결과물을 국제사회에 지속적으로 퍼뜨리고 있다. 동북아를 완전히 점령하여 지구촌의 패자霸者

고구려, 발해 땅까지 연장한 중국의 만리장성_역사적으로 만리장성의 동쪽 끝은 하북성 산해관山海關이 정설이다. 그런데 2009년 압록강 하구인 단동의 고구려성을 호산虎山산성이라 바꾸고 만리장성 동단이라고 하였다. 그러나 이번엔 동쪽 끝과 서쪽 끝을 모두 연장했다. 동쪽의 경우 흑룡강성과 길림성까지, 서쪽은 감숙성 가욕관보다 더 서쪽인 신강위구르자치구까지 장성이 발견되었다고 발표하였다. 한마디로 정치적 목적의 역사 왜곡이 점점 심화되고 있는 것이다.

가 되고자 하는 중국의 야욕[20] 앞에서 우리는 어떻게 우리의 역사와 미래를 지킬 것인가?

한민족사의 밑뿌리를 통째로 잘라 낸 일본

그렇다면 일본의 한국사 파괴 공작은 언제 어떻게 진행되었을까? 19세기 중반에 메이지유신으로 근대화를 시작한 일본은 세계 제패의 꿈을 키우면서 한국을 대륙 진출의 발판으로 삼기 위해 식민주의 사관을 확립하였다. 식민주의 사관은 일본 제국주의의 조선 침략과 식민 통치를 합리화하기 위해 조작한 역사관[21]이다. 조선인을 예로부터 다른 나라의 식민지 백성으로 살아온 열등감과 자기 비하에

---

20) 중국에서 언론가로 활동해 온 데이빗 매리어트David Marriott와 칼 라크루와Karl Macroix는 미래의 초강대국으로 떠오르고 있는 중국이 세계의 패자가 되지는 못할 것이라고 예견한다. 그 이유를 『왜 중국은 세계의 패권을 쥘 수 없는가』(2011) 전반에 걸쳐 다음과 같이 말한다. 첫째는 일명 '뉴스 세탁'과 같은 통제와 억압으로 유지되는 체제 때문이다. 둘째는 티베트인과 위구르인에 대한 탄압에서 볼 수 있는 가혹한 식민지 탄압 정책 때문이다. 셋째는 2분마다 1명의 중국인이 스스로 목숨을 끊을 정도로 사람 목숨을 파리 목숨처럼 취급하는 인권 후진국이기 때문이다. 넷째는 빵부터 시작해서 마을 하나까지도 가짜 물건을 만드는 짝퉁 천국이자 공산당의 지방 간부까지 부정을 일삼는 나라이기 때문이다. 다섯째는 거대한 쓰레기 더미와 죽어가는 황하 및 양자강 등 사람이 살 수 없는 환경 때문이다.

21) 최홍규, '식민주의 사관과 극복문제', 『중앙논단』 3집, 267쪽.

빠진 민족으로 묘사하여 **조선을 영원히 지배하겠다**는 것이 **일제 식민사관의 요지**이다.

이러한 식민사관의 정립과 실현을 위하여 일제는 조선침략을 군사적으로 준비함과 동시에 자국의 쟁쟁한 사학자들을 동원하여 한국사를 연구하게 하였다. 일본의 한국사 연구는 주로 정치적 필요에 따라 진행된 것으로 결국 한반도 지배를 위한 학문적 기반을 마련하기 위한 것이었다.[22] 그리하여 일본의 대학에는 '조선사 강좌'가 설치되고 논문과 저서가 속속 간행되었다. 일본인이 한국사를 이른바 근대 역사학의 방법론을 내세워 주관적으로 서술하기 시작한 것이다.

한국사 연구를 반석에 올려놓은 일본의 식민 사학자는 하야시 다이스케林泰輔(1854~1922),[23] 시라토리 구라키치白鳥庫吉(1865~1942),[24] 후쿠다 도쿠조福田德三(1874~1930)[25] 등이다. 이 세 사람은 독일에 직접 유학을 하거나 일본 내 대학을 다니면서 실증주의 사학을 공부하였다. 실증주의 사학은 조상의 무덤과 집터를 파헤쳐 꺼낸 유골과 유물을 과학적으로 검증함으로써 문헌에 기록된 역사적 사실을 고증하려 한다. 그리고 고증되지 않은 기록은 대부분 불신한다. 이러한 실증사학의 정신에 따라 식민주의 사학자들은 **태곳적 환단 시대**를 고증되지 않은 신화 시대로 만들어 버리고, 그 대신 **'위만조선과 한사군'** 시대를 한민족의 **상고 시대라 정의**[26]하였다. 이후 그들은 만철滿鐵조사부[27]를 세워 만주와 한반도의 역사와 지리에 관한 조사를 하였는데, 그 목적은 한국인의 뿌리 역사를 말살하고 그 자리를

---

22) 김용섭, 『역사의 오솔길을 가면서』, 480쪽, 497쪽.
23) 동경대학을 졸업한 하야시는 서양사학의 편찬체제를 모방하여 1892년에 『조선사』 5권, 1901년에 『조선근세사』 2권을 저술하였다. 한국사를 철저히 유린한 하야시의 저서는 오늘날까지도 일본에서 한국사 연구의 지표적 존재이다.
24) 동경대학 사학과 출신인 시라토리를 사가史家로 대성시킨 사람은 당시 동경대 초빙교수이던 독일인 리스L. Riess이다. 리스는 실증사학의 거두인 랑케의 제자로 사료비판적인 독일사학의 방법을 일본에 이식시켰다. 랑케의 직계 제자로부터 실증사학을 배운 시라토리는 일본의 동양사학계를 주름잡는 거물이 되어 한국사에 관해 식민주의 역사학을 수립하였다.
25) 후쿠다는 독일에서 경제학을 배운 사람으로 경제학 측면에서 식민사학을 수립하였다. 그 내용은 요컨대 한국인의 민족성을 소멸시키고 일본에 동화시켜야 할 사명이 그들에게 자연적 운명으로 부여되고 있다는 것이다.
26) 하야시 다이스케가 『조선사』와 『조선근세사』에서 정한 한국사의 시대 구분이다. 한사군 이전은 태고太古, 삼국에서 통일신라까지는 상고上古, 고려 시대는 중고中古, 조선 시대는 금대今代로 구분하였다(김용섭, 같은 책, 498쪽).
27) 일본이 1908년에 세운 남만주철도주식회사의 지리, 역사 연구 부서이자 정보기관이다. 만주와 한반도의 지리 역사를 연구해 일본이 침략의 발판을 마련하는 데 그 주된 목적이 있었다.

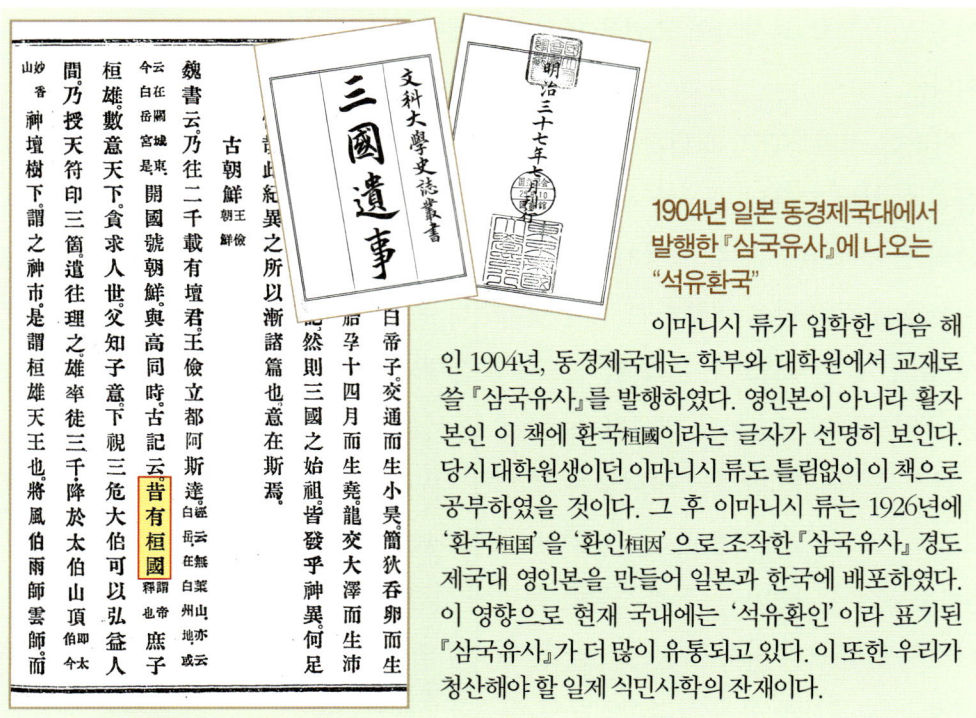

1904년 일본 동경제국대에서 발행한 『삼국유사』에 나오는 "석유환국"

이마니시 류가 입학한 다음 해인 1904년, 동경제국대는 학부와 대학원에서 교재로 쓸 『삼국유사』를 발행하였다. 영인본이 아니라 활자본인 이 책에 환국桓國이라는 글자가 선명히 보인다. 당시 대학원생이던 이마니시 류도 틀림없이 이 책으로 공부하였을 것이다. 그 후 이마니시 류는 1926년에 '환국桓國'을 '환인桓因'으로 조작한 『삼국유사』 경도제국대 영인본을 만들어 일본과 한국에 배포하였다. 이 영향으로 현재 국내에는 '석유환인'이라 표기된 『삼국유사』가 더 많이 유통되고 있다. 이 또한 우리가 청산해야 할 일제 식민사학의 잔재이다.

'중국과 일본의 식민지 역사'로 채우는 데에 있었다.

마침내 1910년에 한국을 강제 병탄한 일제는 자국의 식민주의 사학자를 대거 조선으로 데려왔고, 1920년대에 폭압적인 무단통치에서 유화적인 문화통치로 정책을 바꾸면서 그 학자들을 중심으로 조선사편수회를 조직하였다. 조선사편수회의 일제 관학자들은 조선 역사를 본격적으로 변조하여 조선 역사는 중국과 일본의 식민지에서 시작되었다고 주장하였다. **한반도의 북쪽은 '한사군'이라는 중국의 식민지였고, 남쪽은 '임나일본부'라는 일본의 식민지였다는 것이다.**[28] 또한 상고 이래의 한일교섭사 중에 일본에 불리한 사실은 모두 은폐하였다. 임진왜란을 마치 일본이 승전한 것처럼 기술하고, 광개토태왕비의 비문과 칠지도 명문을 조작하는 등 우리 역사와 문화재에 손대지 않은 부분이 없었다.[29]

일본이 왜곡한 사례 중에서 한국인이라면 꼭 알아야 할 것이 있다. 그것은 한민족사의 밑뿌리를 송두리째 뽑아버린 것으로, 이마니시 류今西龍가 조작한 "**석유환인**昔有桓因"이다. 1903년 동경제국대 대학원에서 한국사를 전공한 후 조선에 파견된 이마니시 류는 조선 역사를 일본에 미치지 못하는 역사로 깎아 내리기 위해 고

---

28) 한사군과 임나일본부에 대해서는 제4부에서 자세히 소개한다.
29) 김삼웅, 『일제는 조선을 얼마나 망쳤을까』, 242쪽.

심하던 중 마침내 조선의 한 사서에서 실마리를 찾아냈다. 그 사서가 바로 앞서 말한 『삼국유사』이다.

그는 조선 중종 1512(壬申)년에 간행된 『삼국유사』 임신본에 적힌 "**석유환국**昔有桓國"의 '**국**國' 자를 '**인**因' 자로 변조시켰다. '국' 자와 '인' 자는 서로 모양이 비슷하여 변조하기가 쉽기도 하지만, 일연이 붙인 '제석을 말한다謂帝釋也'는 주석에 힘입어 석유환국을 석유환인으로 과감히 변조한 것이다. 이리하여 환국을 불교 신화에 나오는 나라로 둔갑시키고, 환국을 계승한 배달과 고조선도 허구의 나라로 만들었다.

이것은 실로 '**한국 고대사의 핵을 도려낸 사건**'이다. 이로써 한국사의 영혼이 뽑히게 되었다. 일제의 만행으로 7천 년 상고사가 통째로 잘려 나간 것도 통탄스럽지만, 해방 이후 **한국 사학계마저 식민사학을 추종하여 환인·환웅·단군을 신화의 인물로 전락시킨 것**은 더욱 가슴 아픈 일이다.

아직도 살아 있는 식민사관

1945년에 일제의 압박에서 벗어나 광복을 맞았지만, 이 땅의 사학은 여전히 식민사학의 잔재를 떨쳐 내지 못하고 있다. 지금까지도 이 땅의 역사 광복은 전혀 이루어지지 않았다.

해방 후 한국 사학계는 조선사편수회에 몸담고 식민사학의 주구 노릇을 하던 몇몇 학자와 그 후예들에게 잠식되었다. 그들은 지난 식민통치 시기에 8백만 이상의 조선인을 참살한 일제가 주장한 식민사관을 실증사학이라는 가면 아래 교묘히 숨겨 그대로 수용하였다.[30] 이에 그치지 않고 자신들의 기득권을 지키기 위해 역사상 가장 반인륜적이고 파괴적인 역사관인 식민사관을 옹호하고 변론하였다. 이것은 자국의 역사를 자국민이 파괴하는 해괴한 행위로, 세계인들 앞에서 고개를 들 수 없는 수치스러운 일이다.

그 단적인 예가 바로 '**한사군 재**在**한반도설**'[31]이다. 일제는 대동강 유역에 점제

---

30) 광복 후 한국의 실증주의 역사학파는 일제 관학자들이 세운 한국사 체계를 그대로 수용하였다. 일제 학자들은 우리 역사를 발전이 결여된 사회, 즉 정체성이론으로써 파악하였다. 한국 사학계는 그 논리를 부정하지 않았고 구체적 사실을 통해 반증하지도 않았다(김용섭, 『역사의 오솔길을 가면서』, 729쪽).

31) 고조선 말기 한반도 땅에 한나라가 한사군이라는 식민지를 설치하였다는 주장이다.

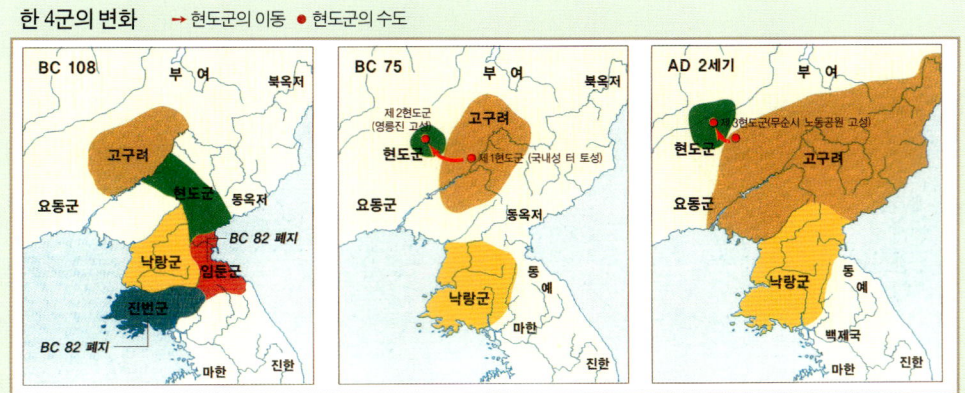

주류 강단사학에서 아직도 주장하고 있는 한반도 한사군설_한국의 미래를 짊어지고 갈 어린 학생들을 가르치는 교원을 양성하는 한국교원대학교 교수진의 역사관을 잘 보여주고 있다(자료 출처: 한국교원대학교 역사교육과 교수진, 『아틀라스한국사』, 24쪽).

현신사비秥蟬縣神祠碑라는 조작된 유물을 심어놓고, 그 비석을 한사군 유물로 내세워 한사군의 위치를 한반도로 비정하였다. 그런데 한국 사학계는 그 조작설을 그대로 따랐다. 최근 그 비석의 화강암 재질을 분석한 결과 위조된 유물임이 드러났지만, 한국인들은 한반도 내 평양 주변에 한사군이 있었다고 배우고, '낙랑·임둔·진번·현도'라는 이름을 반세기가 넘도록 열심히 외우고 다녔다.[32]

그리고 일제가 내세운 한사군설을 그대로 따라 우리 역사학자들의 손으로 한반도에 한사군을 설정한 것이 빌미가 되어 우리는 지금 다시 중국에게 역사를 빼앗기고 있다. 중국은 한사군이 한반도에 있었다는 설을 동북공정에 적극 활용하여 2,100여 년 전 한나라 때의 중국 영토를 한강 이북까지 확장하였다. 중국의 이 황당한 주장이 서양의 세계사 교과서에 그대로 실려 있다.[33]

중국의 동북공정을 무너뜨리려면 일제 식민사학의 잔재부터 청산해야 한다. 일제의 식민사관과 중국의 동북공정이 한 덩어리가 되어 한국사의 뿌리를 뽑기 때문이다. **중국의 중화 패권주의 사관과 일본의 식민사관은 남의 역사를 강도질하는 패악의 근원**이다.

초·중·고 교과서에서 우리는 일제가 꾸민 역사 사기극의 잔재를 쉽게 찾아볼 수 있다. 예컨대 환국과 배달의 역사는 전혀 보이지 않고 단지 족장이 다스리던 부족사회가 있었다고 서술한다. 고등학교 국사 교과서에는 고조선의 출현에 대해 "족장사회에서 가장 먼저 국가로 발전한 것은 고조선이다"라고 하면서 "『삼국유사』와

---

[32] 이병도李丙燾 등이 참여하여 설립한 진단학회에서 『한국사』 7권이 간행된 것은 1965년이다.
[33] 전 세계가 잘못 알고 있는 한국사 왜곡의 실상에 대해서는 제4부에서 구체적으로 전한다.

『동국통감』의 기록에 따르면 단군왕검이 고조선을 건국하였다"라고 서술한다.

얼핏 보아도 너무나 싱거운 '단군왕검이 고조선을 건국하였다' 라는 이 서술조차도 우리 역사를 찾으려는 뜻있는 사람들의 노력으로 2009년에야 겨우 개정된 내용이다. 그 전까지는 "건국되었다고 한다" 또는 "건국하였다고 한다"라고 하여 [34] 남의 나라 역사를 말하듯이, 설사 우리 역사라 해도 완전히 신뢰할 수 없다는 듯 서술하였다.

그런데 비단 학교 교과서뿐 아니라 국가공무원 수험서, 육·해·공군의 역사 교재, 아동용 역사책에 이르기까지 이 땅의 모든 역사책에는 일제가 조작한 잘못된 한국사가 기록되어 있다. 결론적으로 말해서 일제 식민사학의 여독이 오늘날까지도 모든 한국인의 뼛속 깊이 배어 있는 것이다.

3) 한·중·일의 서로 다른 조선관

중국과 일본에 의한 역사 왜곡의 결과, 한국·중국·일본은 서로 다른 '조선관觀' [35]을 가지게 되어 고조선의 실체에 대해 서로 다르게 해석을 한다. **한국은 단군왕검이 세운 '단군조선'**을 말하는 반면, **중국은 기자가 세운 '기자조선'**을, **일본은 위만이 세운 '위만조선'**을 말한다. 동북아 삼국이 말하는 세 조선의 정체는 과연 무엇인가?

중국이 주장하는 조선, 기자조선의 실체

중국인들은 한대漢代 이래 기자조선을 역사적 사실로 믿어 왔다. 이러한 중국의 주장을 뒷받침이라도 하듯 1973년, 요령성 객좌현에서 기후箕侯라는 명문이 새겨진 청동 솥[方鼎]이 발굴되었다.[36] 이 유물은 기자가 살던 상말·주초에 해당하는

---

[34] 6차 교육과정에 해당하는 1996년 판 『고등학교 국사』에서는 "고조선은 단군왕검에 의해 기원전 2333년에 건국되었다고 한다"라고 했고, 7차 교육과정에 해당하는 2002년 판 『고등학교 국사』는 "『삼국유사』의 기록에 의하면 고조선은 단군왕검이 건국하였다고 한다"라고 서술하였다.

[35] 오늘날 일본과 중국은 아직도 조선, 조선인, 조선반도 같은 용어를 쓴다. 최근에 우리와의 관계가 밀접해지면서 한국, 한국인 등의 표현도 쓰지만 기본적으로는 조선이다. 북한도 조선민주주의인민공화국이란 국명에서 알 수 있듯이 스스로 조선이라 칭한다. 한 걸음만 바깥으로 내딛으면 대한민국보다 조선이라는 용어가 더 큰 영향력을 행사하고 있음을 확인할 수 있다(이근우, 『고대 왕국의 풍경 그리고 새로운 시선』, 46쪽).

[36] 기후방정에는 기후라는 명문 외에 고죽孤竹이란 명문도 함께 있었다. 이것을 근거로 기자가 현 난하

BCE 12세기에 제작된 것으로 판명되었다. 이보다 앞서 1951년에는 산동성 황현에서 8점의 기기箕器가, 1969년에는 산동성 연대시에서 기후정箕侯鼎이 출토되었다.37) 이것들은 기자가 죽고 수백 년이 지난 주나라 후기, 춘추 시대에 만들어진 것이다. 발견된 유물의 수준으로 볼 때, 기자와 그 후손들은 상당한 재력과 정치적 영향력을 가졌던 것이 분명하다.

요령성 객좌현에서 발견된 기후방정

그렇다면 기자는 중국이 주장하듯 과연 조선이란 나라의 왕이었을까?『사기색은史記索隱』에서는 기자를 상나라의 왕족38)이라 하면서 "기자箕子의 기箕는 국명國名이고 자子는 작위의 명칭이며 기자의 이름은 서여胥餘이다"39)라고 하였다. 이로 볼 때, 기자는 기국箕國의 통치 계급에 속하는 인물이었다. 윤내현의 해석40)에 의하면, 기국은 상나라의 제후국이었고 기자는 그 기국의 지배 계급이었다. 최고의 지배자였다면 기자는 기국의 왕이었을 것이다.

발견된 유물과 중국 사서의 기록을 종합하면, 기자는 제후 수준의 지배 계급에 속하는 상나라 말기의 왕족이다. 하지만『사기』의 기록을 보충 설명한 주석서인 『사기색은』은 사마천이 말한 '봉기자어조선封箕子於朝鮮'에 대해 아무런 설명을 덧붙이지 않았다. 이 점은 기자조선을 역사적 사실로 받아들이기 어렵게 한다. 기자가 설사 왕이었다 하더라도 **기국箕國을 다스린 왕이었을지언정 고조선을 다스린 왕은 결코 아니었던 것이다.**

하지만『사기』가 말한 기자조선은 그후 중국 역사서에서 역사적 사실로 굳어졌다. 예를 들면 3세기 진晉나라 때 진수陳壽(233~297)가 쓴『삼국지』는『위략魏略』을

유역의 고죽국으로 망명하였다고 주장하는 이도 있다. 하지만 고죽국이 고조선의 제후국인 것을 생각하면, 결국 기자는『환단고기』의 기록과 같이 고조선으로 귀화한 것으로 보는 것이 타당하다.

37) 윤내현,『한국고대사신론』, 216쪽.
38)『사기색은』에서 "마융과 왕숙은 기자를 상나라 마지막 왕인 주紂의 제부諸父, 즉 왕과 성이 같은 제후라 하였고, 복건과 두예는 기자를 주의 서형, 즉 서모에게서 난 형[馬融·王肅以箕子爲紂之諸父, 服虔·杜預以爲紂之庶兄]"이라고 하였다.
39) 箕, 國; 子, 爵也. 司馬彪曰 箕子名胥餘(『사기색은』).
40) 주족周族은 서주 왕국을 건립하고, 종래 상족商族의 지배 아래 있던 옛 부족을 봉국(제후국)으로 삼아 상商 왕국의 잔여세력에게 대항하는 데 이용하였는데 진陳, 기杞, 초焦, 축祝 등이 여기에 속한다(윤내현,『한국고대사신론』, 221쪽).

인용하여 고조선 말기에 위만에게 왕위를 빼앗긴 기준箕準을 기자의 후예로 기술하였다.[41] 여기에는 고조선은 망할 때까지 기자조선으로 존재했다고 보는 중국인의 의식이 엿보인다.

고려와 조선의 사대주의자들은 중국이 날조한 기자조선을 한민족사의 뿌리로 여기고 기자를 은인恩人으로 받들었다.[42] 기자는 고조선의 서쪽 변두리를 맴돌았을 뿐[43] 한반도 지역으로 넘어 온 적이 없건만, 고려 때 송나라 사신이 "그대 나라에 기자묘가 어디 있는가"라고 묻자 황급히 서경(평양)에 가짜 기자묘와 기자사당을 만들었다. 또한 서경의 반듯한 도로 흔적을 기자가 만들었다는 정전제井田制의 증거로 간주하였다.

하지만 1960년대 북한 역사학계에서 기자 정전 터로 주장되던 곳과 평양 을밀대 북쪽에 있던 기자묘를 조사하면서 그 허구가 밝혀졌다. 기자 정전 터는 고구려 시대에 도시를 구획한 흔적으로 판명되었고, 기자묘에서는 사기 파편과 벽돌조각만 나왔다. 요즘 국내 사학계에서는 기자조선을 중화주의 사상에 빠진 중국이 지어낸 것으로 간주하는 견해가 지배적이다. 그러나 한번 잘못 쓴 역사 기록의 폐해는 쉽게 걷히지 않는 법이다.

일본이 주장하는 조선, 위만조선의 실체

일본은 왜 기자조선이 아닌 제3의 또 다른 조선을 만든 것일까? 중국의 기자조선은 상나라가 망하고 주나라가 들어서던 BCE 12세기를 시대 배경으로 한다. 중국의 제후국이라 하더라도 BCE 12세기부터 조선이 존재했다는 것을 일본은 받아들일 수 없었다. 왜냐하면 그때는 아직 일본이란 국가가 존재하지 않았던 때로서 조선을 일본 역사의 시작으로 여기는 진무神武왕이 나라를 세운 BCE 660년보다 더 오랜 역사를 가진 나라로 인정할 수 없었기 때문이었다.

1910년 한일병탄 후, 일본은 BCE 2세기 때 인물인 **연나라 사람 위만을 조선의**

---

[41] 『삼국지』의 주장에 따르면, 고조선의 서쪽 강토인 번조선 말기의 여섯 왕(70~75세: 기후箕詡, 기욱箕煜, 기석箕釋, 기윤箕潤, 기비箕조, 기준箕準)은 기자의 후손일 수 있다. 그렇다 해도 이들의 조상인 기자부터 조선의 왕이었다고 보는 것은 과도한 비약이다.

[42] 고려와 조선의 유학자들이 기자를 숭상한 생생한 실례들은 제4부에서 전하기로 한다.

[43] 『단군세기』와 『태백일사』 「삼한관경본기」에 의하면, 상나라가 망한 후 기자는 상나라 유민을 이끌고 당시 고조선의 국경지역인 현 산서성 태원太原으로 이주하여 6년 정도 살다가 고향 땅 서화(지금의 하남성 서화현西華縣)로 돌아가 생을 마감하였다.

건국자로 만들었다. 위만은 원래 노관盧綰의 부하였다. 연왕燕王 노관은 한고조 유방과 동향이자 같은 날 같은 시에 태어난 인물로 한고조가 나라를 개창하는 것을 도와 공을 세운 개국공신이다. BCE 195년 노관이 여태후呂太后의 숙청을 피하여 흉노 땅으로 도망가자, 위만은 고조선 땅으로 피신하였다. 위만은 상투를 틀고 조선인으로 변장하여 당시 고조선의 서쪽 강토인 번조선으로 넘어왔다. 번조선 왕 기준은 위만을 불쌍히 여겨 국경의 수비대장으로 임명하였다. 그러나 이듬해에 위만은 은혜를 배신하고 모반을 일으켰다. 급습을 당해 의관도 제대로 갖추지 못한 채 도망한 준왕의 자리를 찬탈하여 위만은 번조선의 왕이 되었다(BCE 194). **위만정권 시대가 시작된 것이다.**

그 후 손자 우거右渠가 한무제에게 망할(BCE 108) 때까지 약 90년간 존속한 이 위만정권을 일본은 위만조선으로 격상시키고 이것을 조선 역사의 시작으로 정하였다. 게다가 일본은 **위만조선의 위치를** 요동반도가 아니라 **한반도의 평양 이북으로 비정**하였다. 이리하여 조선은 일본보다 짧은 역사를 가진 나라가 되었다.[44]

일본은 위만조선이 망한 후의 한국사도 뜯어고쳤다. 우거를 멸하여 위만조선을 무너뜨린 한무제가 그곳에 한사군漢四郡을 설치하여 조선인을 식민 통치한 것으로 기술하였다. 위만조선에 한사군 설이 결합되면서 **고대 조선은 결국 중국이 세운 나라로, 나아가 중국의 식민지로 왜곡**되어 버린 것이다.

그렇다면 일제에서 해방되어 대한민국이 된 지금 위만조선의 망령은 깨끗이 사라진 것일까? 마땅히 그러해야 하겠지만 현실은 그렇지 못하다. **위만조선의 망령은 한국 교과서에 여전히 살아 있다.** 초등학교에서 고등학교까지 거의 모든 역사 교과서가 위만을 말하고, 위만을 언급한 역사 교과서 전부가 '**위만이 고조선 말기에 조선의 왕이 되었다**'고 서술한다. 심지어 '위만이 집권하면서 고조선의 세력이 크게 확대되었다'[45]고 하여 위만을 조선인의 영웅으로까지 묘사한다. 그러면서도 위만이 연나라 출신이란 점에 대해서는 일체 언급이 없다. '기원전 2세기경 위만

---

[44] 일본이 이렇게 할 수 있었던 빌미를 제공한 사서가 『삼국유사』이다. 일연은 『삼국유사』에서 『전한서前漢書』「조선전朝鮮傳」을 인용하여, "연나라에서 망명한 위만이 세력을 규합하여 왕이 되어 왕검성에 도읍하였다"라고 하고, 그 제목을 '위만조선'이라 붙였다. 조선 역사를 깎아내린 『사기』에서도 "위만이 왕이 되어 왕검성에 도읍하였다"라고만 한 것을 한국인 스스로 위만조선이라고 하여 정당성을 부여한 것이다.

[45] "고조선은 그 후 연의 침략으로 서쪽 지역을 잃기도 하였으나, 기원전 2세기경 위만이 집권하면서 고조선의 세력이 크게 확대되었다" (비상교육, 『중학교 역사』(상), 2010, 41쪽).

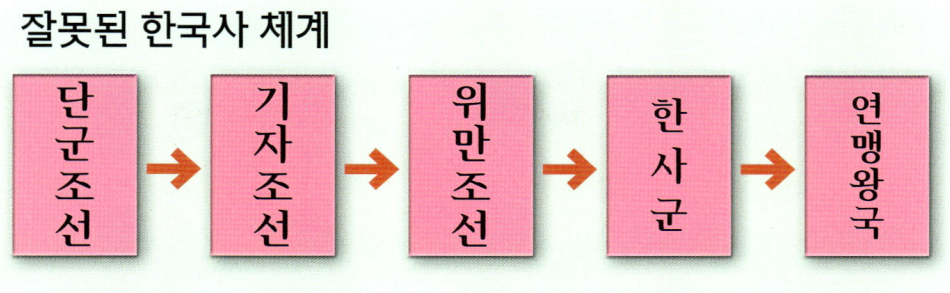

이 집권하였다'고 하거나 '유민流民 집단 중에 위만이 무리를 이끌고 고조선으로 왔다'[46]고만 한다. 조선의 한쪽 변방을 강탈한 도적이며 침략자[47]에 불과한 위만에 관한 이러한 기록은 반드시 역사 정의에 따라 심판을 받아야 할 것이다.

진정한 조선, 단군조선

한국인의 진정한 조선은 국조인 단군왕검이 고유 문화인 신교의 가르침을 받들어서 세운 **단군조선**이다. 그런데 한국인은 정작 단군조선의 실체를 제대로 모르고 있다. 단군조선의 역사를 오롯이 전하는 유일한 사서인 『환단고기』에 따르면, 단군조선은 **2,096년에 걸쳐 마흔 일곱 분의 단군이 다스린 나라**이다. 초대 단군왕검은 신교의 삼신三神 사상에 따라 하나의 나라 조선을 셋으로 나누어 다스렸다. **삼한관경제**三韓管境制라는 이 독특한 제도에 따라, 대단군이 **중앙의 진한**辰韓을 다스리고, 두 명의 부단군이 대단군의 통솔 아래 **변한**番韓과 **마한**馬韓을 각기 맡아 다스렸다.

---

46) "진한 교체기에 또 한 차례의 유이민 집단이 이주해 왔다. 그 중에서 위만은 1000여 명의 무리를 이끌고 고조선으로 들어왔다"(국사편찬위원회, 『고등학교 국사』, 2009, 34쪽).

47) 신채호는 위만정권을 "우리의 변강 침략사로 다루어야 한다"라고 하였고, 안정복安鼎福(1712~1791)은 『동사강목東史綱目』에서 "위만은 나라를 찬탈한 도적"이라 했으며, 임시정부 국무령을 지낸 이상룡李相龍(1858~1932)은 위만은 "한 명의 강도에 불과하다[乃一强盜]"라고 하였다.

단군조선은 삼한관경제의 흥망성쇠와 그 운명을 같이하였다. 초대 단군 때부터 시작된 삼한관경제는 무력으로 정권을 잡은 22세 색불루단군 때 크게 흔들리게 되었다. 천도遷都와 더불어 **단군조선의 삼한 체제가 삼조선 체제로 바뀌었기**(BCE 1285) 때문이다. 그러다가 삼한관경제는 44세 구물단군에 이르러서는 완전히 무너지고 말았다. 대단군만 가지던 병권을 부단군들도 동등하게 가지게 되어 **삼조선은 독립적인 세 나라가 되었기**(BCE 425) **때문이다.** 이때 구물단군은 국호를 조선에서 **대부여**로 고치고 국가 재건을 도모하였으나 그 후 2백 년을 넘기지 못하고 **47세 고열가단군**을 마지막으로 역사의 막을 내리게 된다.

그런데 이 땅의 역사 교과서는 하나같이 단군조선의 건국 사실만 말할 뿐 마흔 일곱 분 단군의 치세에 대해서는 일언반구도 없다. 초대 단군인 **단군왕검**, 고조선 말기 **번조선의 준왕**, 그리고 준왕을 쫓아낸 **위만**, 이 **세 사람만 고조선의 왕으로 거론**된다. 광복 70년이 다 되도록 우리는 아직 빈껍데기 역사만을 가르치고 배울 따름이다.

유교사관으로 쓴 국내 사서들은 **한민족의 국통 맥을 삼조선 즉, 단군조선→기자조선→위만조선으로 이야기한다.** 그에 따라서 한국의 교과서는 기자조선과 위만조선을 우리 역사의 정통 맥으로 잡고 있다.[48] 이러한 교과서를 만들고 가르치는 강단사학자들은 **한국사의 계보**가 단군조선에서 기자조선으로, 기자조선에서 위만조선으로, 위만조선에서 **한사군으로 이어졌다**고 말한다. 그 한사군의 꼬리에 고구려, 백제, 신라의 삼국 시대를 붙여 말한다. **이것이 한국 고대사 교육의 현실이다.**

오늘의 한국인은 조국의 역사를 모르고 있다. 한국사가 언제 어디에서 어떻게 시작되었는지 모르고 있다. 이 얼마나 황당하고 엄청난 문제인가! 이제까지 우리가 듣고 배운 한국 역사는 모두 뿌리가 단절된 역사, 왜곡된 역사이다. 그런데도 이러한 그릇된 한국사를 대부분의 한국인은 무엇이 문제인지도 모른 채 진실된 것으로 믿고 있다. 학문적으로 한 번 굳어지고 나면 이것이 회복되는 데 100년,

---

48) "문헌에 나타나는 고조선은 단군조선-기자조선-위만조선으로 정치적 변화를 거친다"(국사편찬위원회, 『중학교 국사』, 2010, 19쪽). "위만은 고조선으로 들어올 때에 상투를 틀고 조선인의 옷을 입고 있었다. 그리고 왕이 된 뒤에도 나라 이름을 그대로 조선이라 하였고, 그의 정권에는 토착민 출신으로 높은 지위에 오른 자가 많았다. 따라서 위만의 고조선은 단군의 고조선을 계승한 것으로 볼 수 있다"(국사편찬위원회, 『고등학교 국사』, 2009, 34쪽).

200년이 걸린다고 한다. 식민사학의 수렁에 빠져 역사의 진실을 제대로 볼 수 없는 현실이니, 민족사의 혼령이 통곡할 지경이다. 때문에 **오늘날 한국사가 안고 있는 대명제는 무엇보다 먼저 왜곡된 한국사의 면모를 바로잡는 것이다.** 그 길을 우리는 어디에서 찾을 것인가?

4) 한국사와 인류사를 바로잡는 새 역사학의 출현

지금은 제3의 역사학이 필요하다

현대는 이성주의 문화가 지배하는 시대이다. 이성이 진리의 유일한 판단 기준이라 생각하는 이성주의 문화 덕분에 사람이 달나라를 갔다 오는 등 과학문명이 만개하였다. 하지만 우리는 합리주의에 젖어 살면서 영혼의 눈을 잃어버렸다. 태곳적 광명문화를 다 잃어버린 현대사회에서 '그저 즐겁고 건강하게 보람있게 살다 가면 그만'이라는 현세주의자가 되어가고 있다.

이렇게 병든 것은 우리 인간뿐만이 아니다. 인간의 탐욕이 초래한 과도한 개발 때문에 대자연도 병들어 전 지구촌에 홍수, 지진, 가뭄, 해일 같은 천재지변이 끊임없이 일어나고 있다. 마실 물이 부족하고, 숨 쉴 공기조차 오염되었다. 인류는 지금까지 과학의 힘으로 전염병을 하나씩 정복해 왔으나 사스, 조류독감, 광우병, 신종플루 같은 새로운 질병의 공격에 무방비 상태로 노출되어 있다. 인간의 탐욕으로 부의 양극화가 심화되어 세계 경제도 대공황을 향한 위태로운 항해를 하고 있다.

하지만 과학자, 종교가, 정치가, 철학자 그 누구도 인류가 안고 있는 총체적 위기의 본질에 대해 올바른 해답을 제시하지 못한다. 역사가 또한 지엽말단적인 문제에 매달려 이 시대의 과제에 대한 해결책을 찾지 못하고 있다. **지금은 인간과 자연과 문명의 총체적 위기를 해결해 줄 제3의 역사학이 필요한 때**이다.

오늘의 역사학 : 구사학과 신사학

제3의 역사학을 논하기에 앞서 먼저 역사학의 발전사에 대해 살펴보기로 하자.

근대 역사학은 19세기 초에 등장한 구사학(old history)과 20세기에 전개된 신사학(new history)으로 구분된다.

19세기는 계몽주의 시대로 인간 이성에 대한 믿음이 지배하던 시대이다. 그래서 역사학자들도 문헌과 유물의 과학적인 연구를 통해 과거 사실을 찾아내고 객관적인 역사를 구축할 수 있을 것이라 믿었다. 이렇게 시작된 구사학은 실증주의 사학으로서 '지식의 절대주의'를 주장하였다. '본래 있었던 그대로(Wie es eigentlich gewesen ist)'라 외친 랑케의 구호가 구사학의 모든 것을 대변한다.

실증주의 사학자들은 역사적 사실을 있는 그대로 기록한다는 것을 신앙처럼 믿어 왔다. 그러나 과거의 기록물과 유물·유적은 시간이 흘러가면서 소실되거나 부서지고 사라진다. 이렇게 무로 돌아가는 것이 역사의 진실한 모습이다.

어떤 역사적 사건도 일단 발생하고 나면 과거가 된다. 그런데 과거의 사건을 있는 그대로 기록한다는 것이 과연 가능한 일인가? 우선 과거에 대한 기록이 분량에서 한계가 있고, 아무리 기록물이 많아도 현실적으로 취할 수 있는 자료에 한계가 있다. 때문에 역사가는 현재의 상황과 필요에 따라 자료를 취사선택할 수밖에 없는데, 그 과정에서 자연스럽게 사건의 해석에 개입을 하게 된다. 그리하여 어떤 역사가도 완전한 객관주의를 취하기 어렵다.

그런데 대량 살육이 자행된 1,2차 세계대전은 역사학에 큰 변화의 바람을 몰고 왔다. 역사를 있는 그대로 객관적으로 서술하는 구사학에 대한 회의가 크게 일어나면서, 역사가의 적극적인 해석을 중요시하는 새로운 역사학, 즉 '신사학新史學'이 대두한 것이다. 신사학은 역사학의 실증주의와 객관주의를 부정하고, 역사의 해석이 세상사람 숫자만큼 다양할 수 있음을 주장하였다.

아담 샤프Adam Schaff는 『역사와 진실History and Truth』에서, '구사학의 창시자는 랑케이고, 신사학의 효시는 헤겔'이라고 하였다. 샤프는 "역사가는 사건의 내용이 지니고 있는 정신에 의해서가 아니라 자신의 연구정신에 따라서 사료를 정교하게 가공한다"라고 말한 헤겔을 신사학의 창시자로 보았다. 헤겔 이후 신사학은 "모든 진정한 역사는 현재의 역사이다"라고 주장한 크로체Benedetto Croce(1866~1952)에 의해 계승되었다. 크로체는, 역사는 항상 현재에 활동하는 정신의 산물이기 때문에 모든 역사를 현재의 역사로 정의하였다.[49]

크로체의 이런 역사관은 콜링우드C. Collingwood(1889~1943)에게 영향을 끼쳤다. 관

---

49) 아담 샤프, 『역사와 진실』, 107~113쪽.

념주의자인 콜링우드는 "모든 역사는 사상의 역사이다"라고 역설하며, 주관주의적 해석을 더욱 강조하였다. 역사가는 자신의 지식 속에서 과거의 사상을 새롭게 비판적으로 재창조하기 때문에, 역사는 사상의 역사라는 것이다.[50] 이들 외에도 미국의 찰스 비어드 Charles Beard(1874~1948)와 제임스 로빈슨 James Robinson(1863~1936), 유럽의 여러 학자가 신사학을 주도하였다.

신사학파 학자들은 '랑케 사학의 강령 안에 이미 실증사학의 본질적 한계가 노출되어 있었다'고 하면서, '역사는 끊임없이 새롭게 해석되어야 한다'고 강조하였다. 그 결과 역사학의 지평이 더욱 넓어지고, 역사에 대한 다양한 해석과 접근법이 생겨나 역사학의 분야가 매우 세분화되었다. 그러나 지나치게 세분화되다 보니 같은 사건을 놓고도 역사가의 이념, 당파 등에 따라 상충하는 해석이 속출하여 '지식의 상대주의'가 초래되고 말았다. 말하자면 '나는 나의 눈으로, 너는 너의 눈으로' 역사를 보게 된 것이다.

역사학이 이렇게 갈기갈기 찢기는 가운데 역사의 진실이 왜곡되는 상황이 초래되었다. '역사가의 주관주의'로 말미암아 '역사의 객관적 진실성'을 잃어버리게 된 것이다. 그 결과 구사학이 공들여 왔던 역사의 과학화가 붕괴되고, 신사학도 막다른 골목에 다다르게 되었다.[51]

이러한 딜레마를 극복하기 위해 1980년대 이후부터 역사의 본질과 전체상을 파악하려는 새로운 움직임이 역사학계에서 생겨나기 시작하였다. 인간을 생태계의 한 구성 요소로 파악하고 인간과 대자연 생태계의 상호관계 속에서 역사를 보려는 시도는 그러한 움직임의 한 예이다.

오늘날 역사학의 한계

그러나 오늘의 역사학은 여전히 실증주의 사학에서 크게 벗어나지 못하고 있다. 신사학마저 '잔재 실증주의'라 불릴 정도이다. 실증사학은 철저한 문헌고증학의 입장에서 많은 성과를 거두었으나, 과거 사실의 고증 이상을 넘어서지는 못하였

---

50) 아담 샤프, 같은 책, 117쪽.
51) 우리는 주관주의라는 황량한 벌판에서 인식의 객관성과 객관적 진실마저도 잃어버리게 되며, 진실에 관한 고전적 정의는 자리 잡을 곳이 없어 방황하다가 그 의미를 잃고 어디론가 사라져 버린다(아담 샤프, 같은 책, 140쪽).

다.[52] 과거를 현재와 연결된 종합적 개념으로 파악하지 못하였기 때문에 역사에 흐르는 인류 정신사의 맥이 무엇인지 모른다. 그리하여 정신문화가 물질문화보다 찬란하게 빛났던 태곳적 인류의 시원 역사를 밝히지 못하고 있는 것이다.

이에 객관주의 구사학과 주관주의 신사학을 넘어 오늘날 역사학의 한계를 극복하고 한민족과 인류의 시원 문화와 역사를 밝히기 위해서는 동양과 서양, 과거와 미래를 소통하고 융합시키는 **'대통일의 역사학'**이 필요하다. 인류의 생사가 걸려 있는 환경 대재난의 문제, 동서양의 인종, 종교, 경제, 정치 등에 얽힌 갈등을 해결하고, 지구가 본래 하나이듯이 온 인류가 한가족으로 살 수 있는 '제3의 새로운 역사학'이 절실하다.

더욱이 구사학이든 신사학이든 오늘의 역사학은 승리자의 역사만 기록하고 있다. 패배자의 역사는 항상 축소, 말살되었다. 동북아 역사도 예외가 아니다. 중국과 일본에 의해 역사의 진실이 은폐되어, 동방 역사의 창업자이며 종주인 한민족의 시원역사가 밑뿌리까지 철저히 뽑혀 버렸다. 그렇다면 동북아 역사를 비롯한 인류사의 진실을 어떻게 밝혀 역사의 정의를 구현할 것인가? 바로 이 점에서 **구사학과 신사학의 약점을 보완하고 장점을 취한 제3의 역사학을 수립해야 되는 시대적인 필요성**이 긴박하게 대두되고 있다.

그렇다면 제3의 역사학은 무엇으로 열 것인가? 대통일의 역사학을 열 새로운 역사관은 무엇인가? 그것은 바로 9천 년의 역사를 가진 인류 공통의 문화유산인 신교의 관점에서 역사를 보는 '신교사관'과 이를 기반으로 한 '대한사관'이다.

신교사관이란 무엇인가?

21세기 한국인은 신교라는 이름조차 모른다. 신교는 그 옛날 우리 조상들의 일상적 삶의 기반이었던 **한민족의 영성문화이자 고유종교**이다. 또한 인류의 황금시절, 태고 문명의 근원이었던 **시원종교**이다.

신교사관을 이해하기 위해서는 먼저 신교를 알아야 하고, 신교의 실체를 알기 위해서는 **신교문화의 주제인 삼신三神**을 알아야 한다. 삼신은 만물의 존재 근거로

---

52) 이미 흘러가 버린 과거의 사실에 대한 완전한 실증이란 거의 불가능하다. 원래 낭만주의의 사생아로서 어머니의 결점을 그대로 물려받은 실증사학이 역사적 사실을 있는 그대로 서술한다는 것은 한갓 이상에 지나지 않는다고 랑케 자신도 고백한 바 있다(박성수,『역사이해와 비판의식』, 26쪽).

서 무궁한 조화의 경계에 계시는 절대자이고 무형의 신이다. 이 **삼신이 현실계에 자기를 드러낸 것이 바로 '하늘과 땅과 인간'**이다. 조물주 하나님은 그 창조성이 만물 속에 세 가지 손길로 나타나기 때문에 삼신이라 한다. 삼신은 만물을 창조하는 **조화**造化의 손길, 진리를 열어 만물을 가르치고 성숙시키는 **교화**敎化의 손길, 질서를 바로잡아 만물을 다스리는 **치화**治化의 손길로 작용한다. 하늘에는 이처럼 조화신·교화신·치화신이라는 삼신이 계시는 것이다.

그리고 삼신이 현현顯現한 또 다른 존재인 땅에서도 삼신의 손길이 작용한다. 그래서 고조선 시대에 진한·번한·마한의 **삼한**三韓[53]이 있었다. **나라를 셋으로 나누어 다스린 고조선의 삼한관경제**는 신교의 삼신사상에 따라 필연적으로 탄생한 것이다. 마지막으로 인간 몸 속에 삼신의 손길이 작용하여 성性·명命·정精 **삼진**三眞이 되었다. **하늘에는 삼신, 땅에는 삼한, 인간에게는 삼진이 있다!**

이상에서 알 수 있듯이, **하늘·땅·인간은 삼신이 현현한 존재**로서 동일한 신성의 가치를 가진다. 이렇게 **천지인을 삼위일체적 존재로 인식하고 그 틀에서 인간 역사를 해석하는 것이 바로 신교사관**이다. 신교사관은 실증주의 사관과는 역사 해석의 잣대가 전혀 다르다. 실증주의 사관은 '역사를 과학화한다'는 미명 아래 지구촌 모든 민족과 나라의 상고 역사를 단지 생활 도구의 수준에 따라 구석기, 신석기, 청동기로 구분한다. 역사를 집터, 무덤, 토기, 장신구 같은 유물과 유적으로만 따지는 **실증사학에는 인류의 정신 문화가 결여**되어 있어 인간의 냄새를 맡을 수 없다.[54]

실증사학은 역사의 주체인 인간을 외면한다. 과거 사실에 대한 입증에만 정신을 송두리째 빼앗겨 우주의 신비를 머금고 파노라마로 펼쳐지는 인간 역사의 대세와 근본정신을 보는 데 무지몽매하다. 그리하여 실증사학은 천지라는 바다에 떠서 시공의 파도를 가르며 흘러가는 역사의 배를 탄 인간이 어디를 향해 항진하는가 하는 물음에 해답을 주지 못한다.

하지만 신교사관에서는 인간을, 천지로부터 대광명의 성령 기운을 받아 사물을

---

53) 고종 황제가 선포한 국호 '대한'이 바로 이 삼한에서 유래한다. 대한은 삼한을 크게 하나로 통일한다는 뜻이다. 대한제국을 선포하여 동북아의 중심국이던 옛 조선 삼한의 영광을 회복코자 하였던 것이다.

54) 실증사학은 출발부터 역사의 대상이 인간인데도 인간을 역사에서 제외시킴으로써 종합적인 전체사의 의미를 상실하였다(신형식, '한국사 연구의 어제와 오늘', 『한국사 논총』 4집, 161쪽).

보고 느끼고 판단하는, 천지와 하나 되어 사는 성령적 존재로 본다. 나아가 인간을 '**태일**太一'[55]이라 하여 천지의 꿈과 이상을 실현하는, 천지보다 더 큰 광명의 존재로 인식한다. **인간의 위격과 가치에 대한 파천황적인 선언**, 이것이 **신교사관의 출발점**이다.

그렇다면 역사는 단지 인간에 의해서만 펼쳐지는 것인가? 역사의 주인공은 인간이지만, **역사는 천지인을 근본 요소로 해서 구성되고 발전한다**. 인간이 천지의 품안에서 '천지 변화의 법칙에 따라' 역사를 만들어 나간다. 여기에 **신교의 인간관, 우주관, 역사관**이 다 담겨 있다. 이러한 신교사관으로 한국사와 인류사를 다시 해석할 때, 하늘과 땅과 인간이 한데 어우러져 펼쳐가는 우주사 차원의 새 역사, 새 문명을 열 수 있다.

대한사관이란 무엇인가?

대한민국이 속한 동북아는 인류 역사상 가장 심각한 역사 왜곡과 말살이 자행되었고, 오늘날에도 첨예한 역사 논쟁이 일어나는 지역이다. 지금 국제사회는 세계화의 기치 아래 화해와 상생의 공동 번영으로 가고 있지만, **동북아는 장차 한민족을 공멸**共滅**의 위기로 몰아넣는 끔찍한 비극을 초래할지도 모를 심각한 역사 갈등 속으로 빠져들고 있다**. 이러한 갈등을 해결하기 위해서는 동북아의 얽히고설킨 실타래를 풀어 **역사의 정의를 바로 세울 수 있는 역사관**이 필요하다. 대한사관이 바로 그러한 역사관이다.

대한사관이란 소한사관에 반대되는 말로, '작은 한[小韓]'이 아니라 '큰 한[大韓]'의 의식으로 우리 역사를 해석하는 관점이다. 소한小韓사관이란 우리 역사를 한반도 남부 땅에 있었던 작은 삼한의 역사의식으로 보는 것이고, 대한大韓사관이란 대륙을 호령하던 본래의 **큰 삼한의 의식**으로 보는 것이다.

동북아는 현 인류 문명의 시원 발상지이다. 우리 한민족은 동북아에서 구심점 노릇을 하며 '큰 하나', 대한의 문명권을 형성하고 있었다. 하지만 식민사관과 중화사관으로 말미암아 한민족사가 대륙의 역사를 잃어버리고 반도의 역사로 축소되면서 그 구심점을 잃어버렸다. 따라서 동북아의 역사 문제를 해결하는 것은 곧 **인류 문명의 시원 역사를 바로잡는 일**이다. 이 시원 역사를 바로잡는 길은 어디에

---
[55] 삼신이라는 하나의 동일한 근원에서 나온 천지인을 천일天一, 지일地一, 태일太一이라 부른다.

있는가? 그것은 대한사관으로 역사를 조망함으로써 가능하다. 대한사관으로 역사를 재해석하여 **사라진 동북아 본연의 모습을 밝히고 역사의 진실을 드러내는 것**은 실로 인류 역사 전체의 정의를 바로 세우는 일이 된다.

한국인의 뿌리 역사를 밝히기 위해 일찍이 중국과 만주의 광야를 헤매고 다닌 신채호는 4,300년 전 단군조선 때 대륙에 있던 삼한을 **북삼한**이라 하여 한반도 남부에 있었던 남삼한과 구별하였다. 남삼한이란 백제의 전신인 마한馬韓, 신라의 전신인 진한辰韓, 가야의 전신인 변한弁韓을 말한다. 이 **남삼한의 원 뿌리가 바로 북삼한**이다. 단군조선의 북삼한이 망하고, 남하한 유민들이 옛 국호를 따서 세운 것이 남삼한인 것이다.

안타깝게도 지금 한국 사람들은 한강 이남의 작은 삼한밖에 모른다. 북삼한에 대한 인식이 없는 것은 일반 대중이건 역사를 연구하는 학자이건 별반 차이가 없다. 중국의 중화주의 사관, 일본의 식민주의 사관, 고려와 조선의 사대주의 사관이 초래한 역사 왜곡의 병독이 깊어 고조선사를 보는 관점을 근본적으로 잘못 잡고 있기 때문이다.

하지만 한민족 본연의 사관은 남삼한에서 연유한 소한사관이 아니라 북삼한을 근거로 한 대한사관이다. 지금까지는 한민족의 웅대한 역사 혼을 축소시켜 버린 소한사관에 갇혀 살아왔지만, 이제는 대한사관으로 우리 역사를 새롭게 해석하여 북삼한의 역사를 되찾아야 할 것이다. 더 거슬러 올라가 인류 문명의 발상지인 동북아의 태고 역사를 밝혀 한민족과 인류의 시원 역사를 되찾아야 할 것이다.

대한사관의 관점에서는 **70억 전 인류를 '큰 한 가족', 즉 대한으로 본다**. 그리스 출신 음악가 야니Yanni가 "지도 위에는 국경선이 있지만 지구에는 국경선이 없습니다. 우리는 모두 하나입니다"라고[56] 말한 것처럼, 개개인은 하나의 '한'이지만 70억 전 인류는 모두 대한으로 하나이다. '한'은 이처럼 보편의 인간을 가리키는 것이다. 때문에 대한사관으로 인류 역사를 재정립할 때, 동서양의 모든 갈등을 해결하고 인류가 안고 있는 숱한 난제를 풀어 새 시대를 맞이할 수 있다. 온 인류가 진정으로 하나 되고, 다 함께 상생의 삶을 누리는 새로운 통일 문명사회를 열 수

---

[56] "얼마 전 우주선에 타고 있는 비행사를 인터뷰한 프로그램을 본 적이 있다. 그때 그가 지도에는 국경선이 있지만, 지구에는 국경선이 없다고 말하였다(A little while back I was watching an interview with one of the astronauts from the Space Shuttle. He said the lines that there are in the maps are not in the ground)" (Yanni in Concert Live at the Acropolice, 1993).

있다.

이처럼 온 인류를 대한으로 볼 수 있지만, 대한은 또 다른 중요한 뜻을 함축한다. '대한'의 한韓을 『환단고기』가 밝히는 환단 사상에서 살필 때 그 함축된 의미를 새롭게 발견할 수 있다. 환단의 환桓은 **천광명**天光明 즉 하늘 광명이요, 단檀은 **지광명**地光明 즉 땅 광명이다. **환단은 곧 천지광명**이다. 그런데 천지의 열매가 인간이기 때문에 인간 속에는 천지광명이 모두 내재해 있다. 인간 속에 내재한 천지광명, 이것을 바로 '한'이라 한다. 다시 말해서 한은 **인광명**人光明으로 결국 인간을 가리키는 말이다.

이때 한으로서의 인간은 천지광명을 체험한 환단의 인간이다. 천지광명을 체험한 인간은 **천지의 뜻과 이상을 실현하는 역사의 주인공**이다. 그래서 오늘의 인류 역사에서 한은 곧 닥칠 인류사적 대변혁을 극복하고 지난 역사에서 모든 인간이 꿈꿔 온 이상 세계를 건설하는 주체가 된다. 한은 곧 인간을 위대한 역사적 존재로 자리매김하는 말인 것이다.

이런 의미에서 대한사관을 새롭게 정의할 수 있다. 대한사관에서는 모든 인간을

구사학과 신사학을 초월한 제3의 역사학

시기	구사학 (19세기~20세기 초)	신사학 (1930년대 이후)	제3의 역사학
대표적 역사가 및 학파	독일 : 레오폴드 폰 랑케 프랑스 : 샤를 세뇨보 영국 : 존 액턴	미국 : 제임스 로빈슨, 찰스 비어드 프랑스 : 마르크 블로크, 뤼시앙 페브르 독일 : 베르너 콘체 영국 : 에릭 홉스봄	① 환국·배달·조선 삼성조의 원형 역사관인 신교사관과 대한사관으로 역사를 새롭게 해석
특징	역사의 '사실(fact)' 중시 실증주의적 역사 연구	역사가의 '해석' 중시 실증주의를 넘어서는 다양한 역사 연구	② 인간을 '천지광명을 체험한 환단의 인간' 또는 '천지의 꿈과 이상을 이루는 역사적 주체'로 인식
업적	엄밀한 사료검토를 통한 역사의 과학화	역사학의 지평 확대 풍요로운 역사 해석	③ 구사학과 신사학을 수용·극복하는 새 역사학
한계	정치사, 사건사 중심으로 역사학의 시야를 협소하게 만듦	다양한 역사학으로 역사의 과학화, 객관화가 무너짐	④ 온 인류가 대한으로 하나되는 대통일의 역사학

한 사람의 예외도 없이 **천지의 뜻과 목적을 성취하는 천지의 대역자이자 역사의 주체**로 인식한다. 따라서 대한사관이란, 인간사에 국한해서 역사를 보는 것이 아니라 인간이 천지 대자연 역사의 주인공이 된 위격에서 역사를 해석하고 왜곡된 역사를 바르게 복원시키는 사관이다. 인간이 천지인을 총괄하여, **천지인 삼위일체를 실현하여 역사의 정의를 바로 세우는 대통일의 역사관**이다. 이런 점에서 대한사관은 신교사관과 상통한다.

한의 뜻을 '천지광명을 체험한 환단의 인간'으로 정의하는 차원에서 보면, 대한사관은 곧 천지광명사관이다. 장차 온 인류는 천지광명을 체험하여 인간 속에 내재된 삼신의 신성을 온전히 발현한 '대한'이 된다. 그 시대가 열리면 모든 인간이 역사의 과거와 미래를 한꺼번에 통관하여 살피고, 육안肉眼이 아닌 밝은 영성靈性의 눈으로 세상을 보고 역사를 해석한다. 그 결과 지구상의 모든 사람이 누구나 할 것 없이 구사학과 신사학이 야기했던 역사 인식의 한계를 초월하게 된다. 이 점에서 대한사관은 앞으로 태일 인간이 세울 지구촌의 대통일문명을 건설하는 데 중요한 견인차가 될 수 있는 위대한 역사관이라 하겠다.

5) 한민족의 역사를 되찾아 줄 유일한 사서, 『환단고기』

역사를 잃어버리면 모든 것을 잃게 된다. 역사를 잃으면 그 민족 고유의 정신과 민족혼이 사라지고, 종국에는 가치관이 무너져 국가와 민족의 존립 자체가 위험에 처하고 만다. 한국인의 잃어버린 역사, 사라진 민족혼, 무너진 가치관을 되찾아 줄 수 있는 사서가 바로 『환단고기』이다. **『환단고기』는 한국사의 진실을 밝히고, 파괴된 한국사의 원형을 복구시켜 줄 유일한 역사책**이다.

또한 **『환단고기』는 한국의 뿌리 역사가 왜곡되면서 똑같이 역사의 근원을 잃어버린 중국과 일본의 시원 역사까지 되찾아 준다.** 왜냐하면 상고 시대 동북아의 정치, 경제, 종교, 지리, 풍속, 언어, 음악, 건축, 국제 관계 등에 대한 폭넓은 기록을 전하기 때문이다. 따라서 **『환단고기』는 동북아 삼국이 모두 읽고 연구해야 할 소중한 역사서**인 것이다.

최근 한류 문화가 중국, 일본, 동남아를 비롯하여 유럽까지 퍼져 나가고 있다. 젊은이들은 한류 문화를 인기 있는 연예인들이 춤추고 노래 부르는 것으로 인식하고 있다. 대한민국 사절단이 세계에 보여 주는 한류 문화는 김치와 막걸리, 한글, 한복, 한국 영화 정도에 머물러 있다. 먹고 입는 생활 문화, 놀고 즐기는 대중문화가 한류의 모든 것인 양 굴절되어 있다.

하지만 **진정으로 중요한 한류 문화의 핵심은 이 모든 것의 근원이 되는 정신문화**이다. 고대 동북아의 구심점이자 주역이었던 한국의 장구한 역사 속에 면면히 전해 온 정신문화를 드러낼 때, 우리는 진정한 한류를 개척할 수 있다. 그 **정신문화의 원형인 신교의 역사를 총체적으로 기록한 사서가 다름 아닌『환단고기』이다.**

동북아 삼국의 창세 역사의 진실을 밝히고 진정한 한류 문화를 열어 줄『환단고기』는 또한 '신이란 무엇인가, 인간이란 무엇인가, 역사란 무엇인가, 우주는 어떻게 생겨난 것인가'라는 궁극의 진리 명제에 대한 답을 제시한다.『환단고기』가 밝혀 주는 놀라운 내용은 '어떻게 하면 인간이 하늘과 땅의 광명을 온전히 체득해서 하늘땅과 일체된 삶을 살 수 있는가'하는 데 그 근원을 두고 있다.**『환단고기』는 천지 광명 속에 계신 삼신이 하늘·땅·인간 삼재와 혼연일체가 되어 연주한 우주 역사의 교향곡**이다.

그러면 이제『환단고기』는 과연 어떤 책인지,『환단고기』역사관의 참 면목이 무엇인지, 그 구체적인 내용을 알아 보자.

2 천 년 세월이 낳은 『환단고기』

『환단고기』는 안함로의 『삼성기』(『삼성기』 상), 원동중의 『삼성기』(『삼성기』 하), 행촌 이암의 『단군세기』, 복애 범장의 『북부여기』, 일십당 이맥의 『태백일사』를 모아 한 권으로 엮은 기념비적 사서이다. 신라의 고승高僧 안함로에서 조선조 이맥에 이르기까지, 천 년 세월에 걸쳐서 다섯 사람이 저술한 사서가 하나의 책으로 집대성된 것이다.

1) 한국사의 국통 맥을 세우는 근간,『삼성기』

『삼성기』 상편과 『삼성기』 하편, 이 두 권의 **『삼성기』는 인류의 창세 역사와 잃어버린 한민족사의 국통 맥을 바로 세우는 근간**이 된다.

특히 『삼성기』 상은 신라를 크게 부흥시킨 진흥왕의 손자인 26세 진평왕(재위 579~632) 시대에 쓴 책으로, 현존 사서 중에 우리의 국통 맥을 밝힌 가장 오래된 사서이다. 불과 4쪽 남짓한 짧은 글이지만 이 기록은 인류의 시원 국가인 환국에서 배달, 고조선, 북부여를 거쳐 고구려와 신라에 이르는 한민족사의 맥을 압축하여 전하고 있다.

환국과 배달에 대해 『삼성기』 상보다 좀 더 세밀히 전하는 『삼성기』 하는 환국의 열두 나라 이름과 배달의 18세 환웅천황의 이름, 재위 연도까지 상세히 전한다. 하지만 환국을 계승하여 세운 나라가 신시神市에 도읍을 정한 '배달'임을 밝힌 『삼성기』 상과 달리, 『삼성기』 하는 환웅천황이 무리 3천 명을 이끌고 도착한 곳이 '신시神市'라는 사실만 기록하였다.

그런데 『삼성기』 하는 환국 시대가 시작되기 이전의 인류 역사, 즉 **현 인류의 시조인 나반那般과 아만阿曼**에 대한 기록을 남겼다. 그리고 환국의 실존에 대해 『삼성기』 상이 "오환건국吾桓建國이 최고最古라(우리 환족이 세운 나라가 가장 오래되었다)"라고 선언한 것을, 『삼성기』 하는 "석유환국昔有桓國(옛적에 환국이 있었다)"이란 말로써 다시 확인시켜 준다. 특히 석유환국, 네 글자는 『삼국유사』 「고조선」 조에서도 선언되는 한국사의 기원에 관한 명구이다. 또한 『삼성기』 상에서 "치우천황이 계시어 청구를 널리 개척하셨다"라고 약술한 것을, 『삼성기』 하는 천자의 자리를 노리고 군사를 일으킨 서방족 헌원을 배달의 치우 천황이 탁록 벌판의 대전쟁에서 무릎을 꿇려 신하로 삼았음을 기록하여 배달 겨레가 청구를 개척한 과정을 자세히 밝혔다.

요컨대 두 권의 『삼성기』는 서로 음양 짝을 이루어 인류와 한민족의 시원사를 드러내 주는 소중한 사서이다.

2) 고조선사의 전모를 밝혀 주는 『단군세기』

『단군세기』는 초대 단군인 단군왕검에서 마지막 47세 고열가단군에 이르기까지 역대 단군의 이름, 재위 년수, 업적과 사건 등을 중심으로 연대기 형식으로 기술한 사서로 2,096년 동안의 고조선 역사를 전하였다. 『단군세기』가 전하는 고조선 정치의 가장 큰 특징은 **삼한관경제**三韓管境制이다. 나라를 삼한(진한·번한·마한)으로 나누어 다스린 삼한관경제의 관점에서 고조선사를 살필 때 고조선의 국내 정치는 물론 중국, 일본 등과의 관계까지 제대로 파악할 수 있다.

또한 『단군세기』는 상고 시대 내내 한민족과 인류의 정신적 지주였던 신교의 다양한 풍속을 전하여 현 인류 문화의 뿌리를 깨우쳐 준다. 신교의 풍속 중에서 천제天祭는 가장 중요하고 핵심적인 것이다. 천제는 환국과 배달 이래 각 시대와 나라마다 다양한 이름으로 행해진 동북아 최대의 제전祭典이었다. 『단군세기』는 고조선 시대 역대 단군이 매년 하늘에 계신 삼신상제님께 천제를 올려 상제님의 덕을 찬양하고, 천제를 거행한 후에는 온 백성과 더불어 음주가무를 즐기며 큰 잔치를 벌였음을 밝히고 있다.

『단군세기』는 고조선의 경제에 대한 중요한 기록도 담고 있다. 흔히 중국의 주나라 때 처음 실시된 것으로 알고 있는 토지 제도인 정전제井田制는 본래 2세 부루단군 때 고조선에서 먼저 실시하였고, 이후 중국으로 전파된 것이다. 또한 우리는 『단군세기』를 통해 우리 민족이 BCE 2,100년경에 벌써 패전貝錢이라는 화폐를 만들어 사용하였고, 세금 제도를 시행하였음을 알 수 있다.

『단군세기』의 가치는 그 서문에서도 빛을 발한다. 서문에서 "나라는 형체와 같고 역사는 혼과 같으니, 형체가 그 혼을 잃고서 보존될 수 있겠는가"라고 하며 나라와 역사의 상호 관계를 강조한다. 당시 고려는 원나라의 부마국으로 전락하여

'국호를 버리고 원나라와 합치자'고 주장하는 간신배가 들끓던 때였다. 이러한 세태의 원인을 『단군세기』 서문에서는 '나라에 역사가 없기 때문'이라고 통탄하며, '**나라를 구하는 길이 바로 역사를 배우는 데에 있다**'고 선언한다.

3) 잃어버린 고리, 부여사의 전모를 밝혀 주는 『북부여기』

『북부여기』는 고조선을 계승한 북부여와 북부여에서 갈려 나간 동부여, 갈사부여, 서부여 등 여러 부여사를 총체적으로 기록하여 부여사의 전모를 밝혀 준다.

이 사서는 **북부여의 건국 시조인 해모수의 실체를 처음으로 밝힌다**. 또한 고구려의 시조로 널리 알려진 고주몽이 원래는 북부여 6세 고무서단군의 사위로서 북부여의 7세 단군이었다는 사실도 밝힌다. 그리하여 북부여의 대통이 고구려로 이어졌음을 만천하에 드러냈다. 『북부여기』 덕분에 고조선에서 북부여로, 북부여에서 고구려로 이어진 한민족사의 국통 맥을 제대로 잡을 수 있게 된 것이다.[57]

『북부여기』는 또한 만주와 대륙에서 여러 부여사가 진행되는 동안 고조선 강역에서 펼쳐진 또 다른 한민족사를 전한다. 연나라에서 망명한 위만이 준왕을 배반하고 왕권을 탈취한 사건과 최숭의 낙랑국 건설, 한강 이남의 새로운 삼한(남삼한) 건국 등을 기록하였다.

고조선이 망하고 고구려가 세워지기 전까지, 대륙과 한반도에서 전개된 한민족의 격동의 역사를 기록한 사서가 바로 『북부여기』이다. 이 책이 없었더라면, 고조선의 마지막 임금인 고열가단군이 퇴위한 BCE 238년에서 고주몽이 고구려를 연 BCE 58년 사이의 한민족사는 미궁에 빠졌을 것이다. 『북부여기』 덕분에 고조선과 고구려 사이의 '**잃어버린 고리**(missing link)'인 **부여사를 찾을 수 있게 되었다. 9천 년 한국사에서 가장 파악하기 어려운 부분이 부여사**인데, 『환단고기』는 부여사 전모를 이해하는 데 결정적으로 기여하고 있는 것이다.

---

[57] 『북부여기』보다 먼저 지어진 『삼국사기』와 『삼국유사』가 나름대로 부여 역사를 전하고 있지만, 이 두 사서는 주요 사실을 오기誤記하여 한민족사의 국통 맥을 잘못 전하고 있다. 중요한 오기 한 가지만 짚어 보면, 『삼국사기』는 고주몽을 해모수의 아들로 기록하였고, 『삼국유사』는 고주몽을 북부여의 5세 고두막단군과 혼동하여 동일 인물로 기록하였다.

4) 신교 원형 문화의 기틀을 밝히고 한민족사를 집대성한 『태백일사』

『태백일사』는 총 8권으로 환국에서 고려까지, 근세 조선을 제외한 한민족사의 국통 맥 전체를 기록하였다.

제1권 「삼신오제본기」는 천상에 만물의 존재 근거인 삼신三神이 계시고, 그 삼신이 다섯 방위의 주재자인 오제五帝를 통솔함을 밝힌다. **오행사상의 출원처가 곧 삼신사상**인 것이다. 「삼신오제본기」는 삼성조(환국·배달·조선) 시대의 정치, 종교, 건축, 의식주 생활문화를 구성하는 중심 사상인 삼신 철학을 담고 있다. 때문에 『태백일사』의 서두를 「삼신오제본기」로 시작한 것이다.

환국과 배달의 역사를 기록한 「환국본기」와 「신시본기」가 제2권과 제3권을 이룬다. 특히 「신시본기」에서는 배달 문명의 3대 주역인 태호복희, 염제신농, 치우천황의 역사가 체계적으로 전개되고 있다. 중국인들이 인류 문명의 시조라 칭하며

『환단고기』 각 권의 내용

인류사의 창세기와 한민족의 국통 맥을 바로 세운 『삼성기』	동북아 역사의 중심인 고조선의 실체를 완전히 드러낸 『단군세기』
안함로의 『삼성기』 상과 원동중의 『삼성기』 하가 음양 짝을 이뤄 **한민족의 국통 맥을 바로 세우고, 한韓문화의 원형**이 '**환桓**'(인간 마음의 본성이자 현 인류의 시원 국가인 환국)임을 밝혀 준다. 특히 『삼성기』 하는 12환국의 이름과 배달의 18대 환웅천황의 계보를 모두 기록하고 있다. 두 권을 함께 읽어야 한민족 상고사의 틀이 확연히 드러난다.	고려말에 행촌 이암이 엮은 역사책으로 총 2,096년(BCE 2333~BCE 238) 47대 단군의 치적과 중요한 사건을 편년체로 기록하였다. 특히 고조선사를 이해하는 핵심 키워드인 **삼한관경제三韓管境制**를 밝혀, 한국의 강단사학계에서 해석하지 못한 고조선의 정치와 외교에 얽힌 의혹 및 고조선 문화의 실체 등을 총체적으로 해명해 준다.

높이 받드는 태호복희에 대해 그 혈통의 비밀과 실체가 충격적으로 밝혀져 있다.

제4권 「삼한관경본기」는 고조선 역사를 기록하였다. 고조선의 중심체인 진한의 마흔 일곱 분 대단군을 중심으로 서술한 『단군세기』와는 달리, 「삼한관경본기」는 주로 고조선의 마한(한반도)과 번한(요동, 요서지역)의 역사를 기록하였다. 『태백일사』를 『단군세기』와 연결해서 보면, 고조선뿐만 아니라 당시 동북아의 국제 정세를 환하게 파악할 수 있다.

제5권 「소도경전본훈」은 신교 시대 한민족의 경전인 『천부경』, 『삼황내문』, 『삼일신고』, 『신지비사』, 『참전계경』 등의 유래와 내용을 전하고 있다. 또한 「소도경전본훈」은 요순시절 중국이 9년 홍수의 절망적 위기상황을 극복할 수 있었던 법방인 **오행치수법**이 바로 **배달의 칠성문화에 뿌리를 두고 있음**을 밝혀 준다. 무엇보다 하늘에는 삼신三神, 땅에는 삼한三韓, 인간에게는 삼진三眞이 있음을 밝힌 것

한민족사의 잃어버린 고리를 복원시킨
『북부여기』

고려말에 범장이 쓴 책으로 고조선을 계승한 북부여의 6대 단군 182년의 역사와 북부여(BCE 239~BCE 58)에서 파생한 다른 부여의 역사를 전한다. **부여 역사의 전모를 파악할 수 있는 유일한 현존 사서이다.** 고구려의 시조 주몽의 출생과 혼인에 대한 비밀을 밝혀, 북부여가 고구려로 계승되었음을 밝힌다.

인류의 시원 종교인 신교의 우주관, 신관, 인간론, 역사관, 수행 문화 등을 밝힌
『태백일사』

조선 중종 때 이맥이 쓴 8권의 책으로 환국에서 고려까지의 역사를 기록하였다. 첫머리에 해당하는 「삼신오제본기」는 **삼신오제三神五帝 사상**과 이를 기반으로 성립된 음양오행 사상을 전하는 역사 철학서로 신교문화의 기틀을 밝혀 준다.

「환국본기」, 「신시본기」, 「삼한관경본기」는 『삼성기』, 『단군세기』에서 전하지 못한 **환국-배달-고조선의 7천년 역사**를 세밀하게 그리고 있다.

「소도경전본훈」은 신교의 경전 성립사를 기록한 책으로 한민족 시원문화의 3대 경전(『천부경天符經』, 『삼일신고三一神誥』, 『참전계경參佺戒經』)을 기록하여 한민족의 우주관, 신관, 인성론과 수행문화의 원형을 밝혀 준다.

「고구려국본기」, 「대진국본기」, 「고려국본기」는 각각 고구려, 대진국(발해), 고려의 역사를 주체적인 시각에서 기록하였다.

은 신교 삼신문화의 핵심을 전한 것이라 하겠다.

제6권 이후의 세 권은 「고구려국본기」, 「대진국본기」, 「고려국본기」로, 고구려, 백제, 신라의 삼국 시대, 고구려의 후신인 대진(발해) 시대, 대진과 신라의 남북국 시대를 이은 고려 시대의 역사를 기록하고 있다. **한민족의 9천 년 역사와 문화가 처음부터 끝까지 고스란히 『태백일사』 한 권에 집대성**되어 있는 것이다.

뿐만 아니라 『태백일사』는 동북아 한민족과 인류의 문화와 역사를 이해하는 데 결정적 요소인 신교의 총체적인 모습을 전하고 있다. 신교의 우주관, 신관, 인간론 등의 핵심 사상, 신교의 가르침이 담긴 3대 경전, 신교의 수행 문화, 고유한 생활 풍습 등을 소상히 기록하였다. 한마디로 **『태백일사』는 신교 문화 역사서의 완결본**인 것이다.

3 당대의 최고 지성들이 쓴 『환단고기』

『환단고기』를 쓴 저자들은 당대의 최고 지성인이었다. 신라의 **안함로**는 수나라로 건너가 중국과 서역의 승려들과 함께 불법을 닦았고, 도통한 승려로서 후대에 이르기까지 추앙을 받은 성인이었다. **행촌 이암**은 고려말에 일인지하 만인지상의 자리에 있던 **최고 정치가이자 문필가이며 대학자**였다. 이암과 동시대에 살았던 **범장**은 선망의 대상이던 **간의대부**諫議大夫[58]를 지냈고, 고려가 망한 후에는 조선 태조와 태종이 중용하려 했던 학자이자 문신이었다. 조선 중기 인물인 **이맥**은 왕조실록을 기록하고 편찬하는 찬수관에 올라 궁궐에 소장된 상고 역사서를 섭렵한 **전문 역사학자**였다.

이들은 모두 **학덕과 심덕을 갖춘 그 시대의 지성**으로서, 잃어버린 한국사의 원형을 회복하는 것을 인생 최대의 목표로 정하고 정력을 바쳐 인생의 마지막 순간에 저술을 완성하고 세상을 떠났다.

1) 『삼성기』 상을 지은 안함로安含老 (579~640)

안함로는 신라 진평왕 때의 도통한 승려이다. 성은 김씨이고, 이찬伊飡을 지낸 시부時賦의 손자로 안홍安弘 법사, 안함安含 법사, 안함태安含殆 화상 등으로 불린다.[59] 신라의 대표적 인물인 십성十聖 가운데 한 사람이다.

고려 고종 때의 승려 각훈覺訓이 삼국 시대 이래 유명한 고승들의 전기를 정리한 『해동고승전』은 안함로의 생애를 이렇게 전한다.

> 안함로는 22세(600, 진평왕 22) 때 승려 혜숙惠宿과 함께 배를 타고 중국으로 가다가 풍랑을 만나 되돌아왔다. 이듬해 칙명을 받고 법사가 되어 수나라에서 온 사신과 함께 수나라로 건너가서 문제文帝(재위 581~604)를 직접 만났다. 그곳 대흥사大興寺

안함로 (579~640)

유불선과 신교에 정통한, 당대 신라인들에게 큰 공경을 받은 고승. 경주 불국사 맞은편의 〈신라를 빛낸 인물관〉에 신라 십성十聖 중 한 분으로 모셔져 있다.

---

58) 고려시대 중서문하성의 정4품 관직. 주요한 직능은 보궐補闕·습유拾遺 등과 함께 왕권을 견제하는 중서문하성의 낭사郞舍로서 봉박封駁과 간쟁諫爭을 담당하였다.
59) 조선총독부 중추원, 『조선인명사서朝鮮人名辭書』.

에 머물며 불교 경전과 진문眞文(부처나 보살이 설교한 문구)을 공부하고 열반에 이르는 십승十乘의 비법도 익혔다. 4년 만에(605) 공부를 마치고 서역 승려들[60]과 함께 귀국하여 경주 황룡사에 머물면서 『전단향화성광묘녀경梅檀香火星光妙女經』을 번역하고, 참서 한 권을 지었다. 정확한 이름이 전하지 않는 이 참서는 뜻이 깊이 숨겨져 있어 연구하기가 대단히 어려웠다. 선덕여왕 9년(640) 만선도량萬善道場에서 62세로 입적하였다.

『해동고승전』에서는 안함로가 태어나면서 도리를 깨달은 인물이라 하였다. 안함로는 일찍부터 사물에 통달하고 지혜가 밝아, 세속의 속박을 벗어나 가고 머무름을 뜻대로 하였다. 안함로가 입적한 그 달에 신라 사신이 중국에서 돌아오다가 우연히 법사를 만나서, 푸른 물결 위에 자리를 펴고 앉아 이야기를 나누었는데, 잠시 후 법사는 기쁜 모습으로 서쪽을 향해 떠났다고 한다.

안함로가 사물에 통하고 지혜가 밝았다는 것은 『삼국유사』「탑상塔像」 황룡사 9층탑 조에 전하는 다음의 내용에서도 확인할 수 있다.

> 해동海東의 명현名賢 안홍安弘이 지은 『동도성립기東都成立記』에는 이런 말이 있다. "신라 제27대에는 여자가 임금이 되니, 비록 올바른 도리는 있어도 위엄이 없어서 구한九韓이 침범한다. 만일 대궐 남쪽 황룡사에 9층탑을 세우면 이웃 나라가 침범하는 재앙을 진압할 수 있을 것이다."[61]

안홍, 즉 안함로는 신라의 국운을 미리 내다보고 그 대비책으로 황룡사에 9층탑을 세우라 하였다. 그의 예지에 따라 세워진 황룡사 9층탑[62]은 신라의 삼보三寶 가운데 하나로 꼽힌다.

안함로가 나라의 앞일을 내다 본 것은 이에 그치지 않는다. 천리 밖에 나가 싸우던 신라 군사가 전쟁에 패할 일, 삼국통일이 이루어질 해, 왕자 김인문金仁問(문무왕의 아우. 629~694)이 고국에 돌아올 해 등을 예견하였는데, 눈으로 직접 보는 것처

---

[60] 안함로는 서역 승려 비마진제Vimalacinti, 농가타Nangata 등과 귀국하면서 『능가경楞伽經』, 『승만경勝鬘經』 등과 불사리를 가지고 왔다. 이 두 경전은 뒷날 원효 등이 여래장如來藏 사상을 연구하는 데 기초가 되었다. 서역 승려가 신라에 온 것은 대개 이때부터였다(『해동고승전』, '안함' ; 『한국민족문화대백과』, '안홍').

[61] 海東名賢安弘撰東都成立記云, 新羅第二十七代, 女王爲主, 雖有道無威, 九韓侵勞, 若龍宮南皇龍寺建九層塔, 則隣國之災可鎭(『삼국유사』, 「탑상塔像」).

[62] 『삼국유사』는 황룡사 9층탑의 건립자를, '643년(선덕여왕 12)에 당나라 유학에서 돌아온 승려 자장慈藏'이라 전한다. 자장이 귀국한 때는 안함로가 입적한 지 3년이 지난 때이다. 안함로가 입적한 뒤에 탑이 세워진 것이다.

럼 조금도 어긋남이 없었다고 한다.

사물의 이치를 통하고 불법을 깨쳤을 뿐만 아니라 신통력으로 나라를 구한 그는 시대의 도승道僧으로서, 신교神敎의 선맥仙脈을 계승한 인물이 틀림없다.

안함로는 역사에도 해박하여 그때까지 전해 오던 고유 사서에서 한민족사 국통맥의 진액을 뽑아『삼성기』를 저술하였다. 안함로가 언제 책을 썼는지 확실하지는 않으나, 중국에서 귀국하여 백성과 조정을 위해 불법을 펼친 30여 년의 세월 중에 쓰여진 것으로 여겨진다.『삼성기』상의 몇 구절만 보더라도, **안함로는 뛰어난 학식을 갖춘 지성**이요 불교를 초월하여 **유불선**儒佛仙**과 상고시대 신교 문화를 회통한 당대 최고의 도승**임을 알 수 있다.

2)『삼성기』하를 지은 원동중元董仲 (?~?)

원동중의 자세한 행적은 전하지 않는다.[63] 다만 세조가 팔도 관찰사에게 수거하도록 유시한 도서 목록(『세조실록』)에 안함로와 더불어『삼성기』의 저자로 기록되어 있다. 이것으로 보아 조선 시대 이전의 인물임이 분명하다. 이유립은 원동중을 고려 때 인물로 비정하였고,『삼성기』상과『삼성기』하를 비교하여『환단고기』가 진서임을 밝힌 박병섭은 원동중을 발해 시대 인물로 비정하였다.[64]

『삼성기』상과『삼성기』하의 내용을 비교해 보면 **마치 두 사람이 서로 약속을 하고 쓴 것처럼 되어 있다**. 안함로의『삼성기』가 먼저 발간되고, 그 책을 읽은 원동중이 부족한 내용을 채워야겠다는 생각으로 제2의『삼성기』를 집필한 것처럼 **두 권은 상호 보완 관계에 있다**.[65]

---

63) 필자는 원동중에 대한 기록을 찾기 위해 20여 년 전 대전에 있는 회상사回想社 족보도서관을 찾아간 적이 있다. 그곳에서도 원동중의 흔적은 발견할 수 없었다. 원동중이라는 인물의 행적이 풀리지 않아, '동중'을 호로 가정하고 찾아도『삼성기』와 관련된 인물은 찾을 수 없었다. 그 후 원씨 집안 내력을 잘 아는 전문가를 통해 원동중의 행적을 다시 탐문하였다. 원씨는 3개 파가 있는데 어디에도 동중이라는 자字나 호로 나오는 인물은 없었다. 대신 원씨 가문에 "원동중이 원천석이다"라는 이야기가 전해 온다는 것을 새로 접하게 되었다. 원천석(1330~ ?)은 여말선초의 학자이자 문인이다. 고려 말에 진사가 되었으나 혼란한 정계를 개탄하며 은둔생활을 하였고, '유교·불교·도교는 원래 한 이치이지만, 각기 맡은 바 업業이 있다'는 삼교일리론三敎一理論을 주장했다.
64) 박병섭, '『삼성기 전』상하편에 숨겨진 사실들',『선도문화』6집, 48쪽.
65) 동시대를 살았다면, 두 사람은 사제지간이었을 가능성도 있다.

3) 『단군세기』를 지은 이암李嵒 (1297~1364)

『고려사』「열전」에 오를 정도로 유명한 인물인 행촌 이암은 원나라의 간섭을 받기 시작한 고려의 25세 충렬왕[66] 때(1297) 경상도 고성에서 고성 이씨 이우李瑀의 장남으로 태어났다. 행촌이란 호는 자신이 유배되었던 강화도의 마을 이름을 따서 지었다.

행촌 이암 (1297~1364)
고려 공민왕 때 문하시중을 역임하였고 신교에 바탕을 둔 역사관을 정립하였다.

이암은 뛰어난 학자와 관리를 배출한 고성 이씨 집안의 9세 손이다. 증조부 이진李瑨은 고종 때 문과에 합격하여 승문원 학사를 역임하였고, 조부 이존비李尊庇 역시 과거에 급제하여 문한文翰학사, 진현관進賢館 대제학大提學 등을 역임하였다. 부친 이우李瑀는 과거에 응시하지 않았으나 문음제를 통해 경상도 김해와 강원도 회양 부사를 지냈다.

『태백일사』「고려국본기」에 의하면, 이존비는 환국과 배달의 역사에 대해 근본을 통하고 환단사상에 대한 깊은 안목을 가진 대학자였다. 이러한 정신을 그대로 전수받은 이가 바로 손자 이암이다.

이암은 10세 때 아버지의 명을 따라 강화도 마리산 보제사普濟寺[67]에 들어가 학동초당鶴洞草堂을 짓고 3년 동안 유가 경전과 우리 고대사 기록을 탐독하였다. 어린 나이에 부모님과 고향 생각이 날 때마다 고조선 초대 단군 때 쌓은 참성단에 올라 단군왕검의 역사의식을 가슴에 새겼다고 한다. 그때 이미 이암은 외래풍이 뒤덮고 있던 고려를 그 옛날처럼 동방의 맑고 깨끗한 나라로 일신하려는 큰 뜻을 품어 "어두운 우리 동방의 거리에 누가 밝은 등불 비출 것인가. 우리 동방 세계의 평안을 위해 지금 내가 나서리"라는 시[68]를 지었다.

---

66) '원나라에 충성을 바친다'는 뜻으로 임금의 시호에 '충忠' 자를 쓴 고려 왕은 충렬왕에서 충선왕(26세), 충숙왕(27세), 충혜왕(28세), 충목왕(29세), 충정왕(30세)에 이른다.
67) 보제사는 고려의 대몽항쟁기 시절 고종 때 세운 절이다. 당시 수도였던 강화도에는 개경에 있던 절이 많이 복원되었는데, 그 중 하나가 보제사이다. '대사大寺'로도 불렸는데, 강화도 남산 기슭 선행리에 자리 잡았던 것으로 추정된다. 강도시절 왕조의 입장에서 위상이 높은 절로 연등회와 관련된 봉은사, 팔관회와 관련된 법왕사, 선종의 중심사찰인 보제사 등을 들 수 있다(김창현, '고려 강도의 신앙과 종교의례', 『인천학연구』 4집, 8~10쪽).
68) "정겨워 절로 나는 흥취 강화섬 불탔다 하여 가시련만[靜趣何嫌煙火寰]
단군님 세운 참성단 위에 선풍이 휘몰아쳐 오네[仙風猶烈塹城壇]

이암은 17세(1313, 고려 26세 충선왕 5년)에 문과에 급제하고, 이듬해에 경전을 비롯한 여러 문헌을 관리하는 비서성秘書省의 교감校勘에 임명되었다(1314). 그때 원나라가 원래 송나라에서 비장秘藏하던 4천 권의 책을 보내왔고, 이암은 비서성의 '낭郎' 과 '주부主簿' 로 승진하면서 그 모든 서적을 탐독하였다.[69]

그렇게 책에 묻혀 10년을 보내던 중, 조정을 이간하고 무시하던 간신배가 고려를 없애고 원나라에 귀속하기를 청하는 사건이 발생하였다. 충숙왕 10년(1323)에 류청신柳淸臣과 오잠吳潛 등이 국호 '고려'를 폐지하고 원나라의 일개 성省이 되고자 하는 청원을 원의 조정에 제출하였고, 원으로부터 '**원나라의 삼한성三韓省으로 한다**' 는 칙령이 내려온 것이다. 이에 이암은 "우리나라는 환단 시대 이래로 모두 천상 상제님의 아들(天帝子)이라 칭하였고 하늘에 제사를 지냈습니다. 그러니 애당초 분봉을 받은 제후와는 근본이 같을 수 없습니다"(『태백일사』 「고려국본기」)라는 통분의 상소문을 올렸다. 비록 하급 관리의 신분이지만, 이암은 고려가 바로 천자의 나라이므로 결코 중국의 여느 제후국과 같은 대접을 받을 수 없음을 고하며, 고려의 위호를 낮추자는 간악한 무리의 죄를 엄히 다스릴 것을 주청한 것이다.

이 무렵 고려의 왕권과 국권은 밖으로는 원의 내정 간섭으로, 안으로는 원과 결탁한 간신배의 횡포로 그 위세가 바닥에 떨어져 있었다. 그 후 충혜왕이 등극하고 다시 충숙왕이 복위하는 난세 속에 이암은 강화도에 귀양을 갔다. 어린 시절에 수학했던 강화도에 죄인의 신분으로 다시 왔을 때 이암의 나이는 36세였다. 이암은 그곳에서 『주역』을 연구하고, 우주의 이치와 천문, 풍수, 지리에 관한 책을 섭렵하였다.[70]

3년 후(1335) 유배에서 방면되어 천보산 태소암에서 1년간 머무르게 되는데, 이때 이암에게 일생일대의 중요한 사건이 일어난다. 그것은 이명李茗과 범장을 만나

산천은 의구하지만 우리 동방의 미풍은 어디가고[江山依舊非吾俗]
해와 달은 언제나 새로워지는데 와글거리는 외국 관리가 웬 말인고[日月方新多僑官]
부모님 그리워 산에 올랐다가 그 옛날 태산에 오른 공자님 생각 나네[陟岵昝憶孔登泰]
바다로 고개 돌리고 맹자님처럼 나도 큰 파도를 쳐다본다[臨海□思孟觀瀾]
어두운 우리 동방의 거리에 누가 밝은 등불 비출 것인가[孰將燭曷昏衢志]
우리 동방 세계의 평안을 위해 지금 내가 나서리[求我自今天下安]"(〈행촌 회보〉, "행촌 이암 연보", 2001.5).

[69] 〈행촌 회보〉, "행촌 이암 연보", 2001.5.
[70] 이암의 친척인 백이정이 충선왕을 따라 원나라에 들어가 10년 동안 머물고 귀국할 때 유가 경전을 비롯한 수많은 도서를 구입하여 왔다. 이암은 강화 유배 시 이 새로운 도서들을 본격적으로 연구하여 유배 생활 동안 경사經史와 역학은 물론 천문, 풍수, 지리에 정통했다(이익주, '행촌 이암의 생애와 정치활동', 『행촌 이암의 생애와 사상』 1집, 156~157쪽).

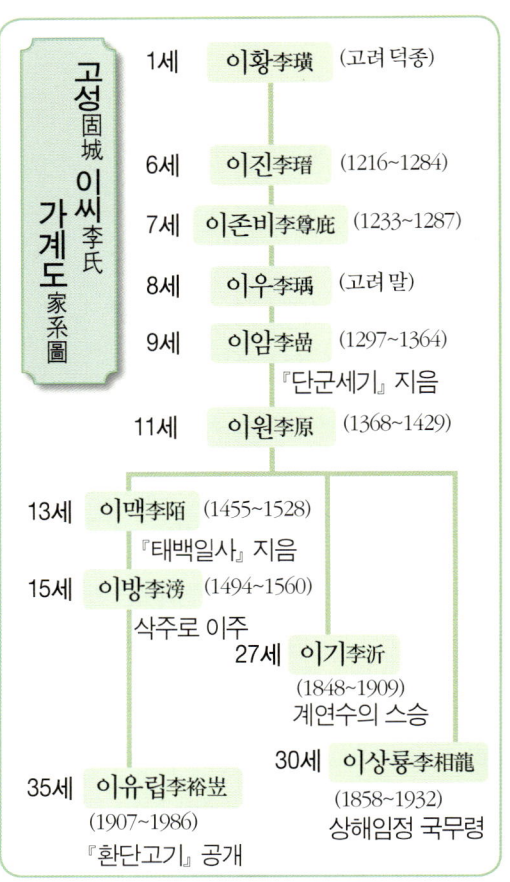

한민족사 회복을 위한 사서 집필을 결의한 것이다. 이 세 사람이 어떻게 만났는지 아직 밝혀지지 않았지만, 이들은 그곳에서 **소전素佺거사**라는 인물로부터 석굴 속에 감춰져 있던 고서적들을 나누어 받았다. 그것은 인류 문명의 황금시절이었던 환단(환국─배달─고조선) 시대를 기록한 것이었다.

소전거사의 실체 역시 아직 밝혀지지 않았지만, '삼신과 하나 되어 온전한 사람이 된다'는 의미의 전佺 자를 이름에 쓴 것으로 보아 **신교문화의 전도佺道에 회통한 인물**로 짐작된다. 이명, 범장, 이암에게 비기秘記를 전한 그는 한민족의 창세 역사를 되찾게 한 배후의 손길이다. 이암은 소전거사에게 들은 이야기와 전수받은 책을 바탕으로 환단 시대의 도학道學을 논한 『태백진훈太白眞訓』과 『단군세기』를, 복애거사 범장은 『북부여기』를, 청평거사 이명은 『진역유기震域留記』[71]를 지었다.

충숙왕이 죽고 충혜왕이 복위된 다음 해(1340), 이암은 복직하여 44세의 나이에 도승지(밀직사密直司의 지신사知申事)와 성균관 대사성大司成 등을 역임하고 왕명의 출납을 맡은 추밀원의 중책을 맡으면서 단숨에 재상의 반열에 올랐다. 하지만 이암은 왕의 총애를 바라지 않고 왕의 정치적 파행을 바로잡는 데 힘을 쏟았다. 그 후 또 한 차례의 유배와 복직을 겪은 후, 공민왕 때에는 철원군에 봉해지고(1352) 서연書筵에서 경서와 예법에 관한 시독侍讀을 맡게 되었다.[72]

이암은 다음 해에 임금에게 사직을 청하여 강원도 청평산[73]으로 들어갔다. 이암

---

[71] 『진역유기』는 현재 전하지 않는다. 조선 숙종 때 북애北崖가 이 책을 저본으로 하여 지은 『규원사화』의 내용으로 보건대, 『진역유기』도 『단군세기』, 『북부여기』와 같이 한민족의 상고 역사와 문화의 본래 면목을 드러낸 소중한 문헌일 것이다.

[72] 〈행촌 회보〉, "행촌 이암 연보", 2001. 5.

[73] 강원도 춘천의 청평산은 고려 시대 거사불교의 중심지로 널리 알려졌지만 이암과 교유하던 청평산인淸平山人 이명이 은거하기도 한, 고려 시대 선가와 불가의 핵심 근거지 중 하나였다(정경희, '여말 麗末 학계와 『천부경』', 『선도문화』 6집, 163쪽).

은 왜 돌연 관직에서 물러나 청평산으로 들어갔을까? 공민왕을 옹립한 공신들의 방자한 언행 때문이라는 해석도 있지만, 그것이 과연 전부일까? 청평산에는 소전거사로부터 비서를 같이 전수받은 이명이 살고 있었다.[74] 당시의 평균 수명으로 보아 노년에 접어든 57세의 이암은 평생 준비해 온 '**환단 시대의 역사서 집필**'이라는 과업을 완수하기 위해 처사의 삶을 살기로 하고, 그 은거지로 이명이 살던 곳을 택하였을 것이다.

그러나 이암은 이때 자신의 꿈을 이루지 못하였다. 은거한 지 5년이 되던 해(1358)에, 개혁정치를 이끌어 나갈 경륜 있는 원로가 절실하게 필요했던 공민왕이 이암을 다시 조정으로 불러들였기 때문이다. 공민왕은 이암을 오늘날의 국무총리 격인 수문하시중守門下侍中에 임명하였다.

이암이 일인지하 만인지상의 자리에서 공민왕을 보필하기 시작한 그 다음 해, 원에 반발하여 일어난 한족漢族 반란군인 홍건적이 침략하였다.[75] 이때 고려 조정이 최고 사령관으로 명하여 급파한 인물이 바로 행촌 이암이다. 이암은 서북면西北面 병마도원수兵馬都元帥가 되어 4만 명의 적을 물리쳤다.

홍건적의 침입은 여기서 그치지 않았고, 1361년에는 10만 대군으로 다시 쳐들어와 지금의 황해도 지역까지 밀고 내려왔다. 공민왕은 남쪽으로 피난길에 올라 복주福州(현 경북 안동)에 이르렀는데, 이때도 이암은 공민왕의 곁을 지켰다. 수도 개경이 적에게 함락된 지 54일 만에 탈환되고(1362), 공민왕이 '흥왕사의 변'[76]으로 암살될 뻔한 위기를 넘기고 무사히 환도한(1363) 후, 이암은 마침내 관직에서 완전히 물러났다.

그때 이암의 나이 67세였다. 17세에 급제하여 무려 50년 동안 여섯 임금(26세 충선왕~31세 공민왕)을 모시며 격동의 삶을 살았던 이암은 드디어 관복을 벗고 야인이 되었다. 그 해 2월에 강화도로 들어가 홍행촌紅杏村에 해운당海雲堂이라는 집을 짓고 스스로 '홍행촌수紅杏村叟(홍행촌의 늙은이)'라 불렀다.

---

[74] 소전거사를 만났던 해부터 이암이 청평산으로 찾아오기 전까지 18년 동안 두 사람(이암과 이명)은 때로는 서신으로 때로는 직접 만나서 역사 자료 정리도 하고, 집필 구상도 하고, 밤을 새우며 열띤 역사 논쟁도 벌였을 것이다.

[75] 1359년 11월에 홍건적 3천여 명이 압록강을 넘어와 납치와 약탈을 자행하였고, 12월에는 홍건적 4만 명이 침입하여 의주義州, 철주鐵州(현 평안북도 지역) 등을 함락시켰다.

[76] 공민왕의 총신寵臣 김용金鏞이 복주에서 개경으로 환도하는 길에 흥왕사(경기도 개풍군에 있던 절)에 머물고 있던 공민왕을 시해하려 한 사건이다.

이암은 여생을 『단군세기』 완성에 모두 바쳤다. 언제부터 집필하였는지 확실하지는 않지만, 『단군세기』 서문에 의하면 홍행촌수로 살기 시작한 그해 10월에 『단군세기』를 완결하였다. 망해 가는 국운에 비분강개하며 **동북아의 종주였던 옛 조선의 영화로운 역사를 만천하에 드러내고자 저술한 역작**을 비로소 완성한 것이다. 서문으로 글을 마감한 후 겨우 일곱 달이 지난 이듬해 5월 이암은 병으로 세상을 떠났다. 편치 않은 몸으로 생애 마지막 정력을 다 쏟아 『단군세기』를 마무리한 것이다.

이암은 당대 최고의 지성과 학식을 갖춘 대학자요 정치가였다. 그의 글씨는 여말선초의 국서체國書體가 될 정도로 최고의 명필이었다.[77] 그러면서도 그는, 나라의 안위를 뒷전으로 미루고 사리사욕에 급급하던 권문세가들과 달리, 재물과 권세를 탐하지 않고 임금과 나라에 대한 충심을 지켰다.[78]

이암은 『단군세기』를 지어 고조선 2,096년 역사를 정리하였을 뿐 아니라, 그 서문에서 역사를 똑바로 아는 것이 왜 중요한지 피력하였고 **국통을 바로 세우는 것이 곧 구국의 길**임을 토로하였다. 나아가 '인간은 어떻게, 왜, 무엇을 위해 태어났으며 인간으로서 살아가야 할 참된 삶은 무엇인가' 하는 인간론의 명제를 명쾌한 필치로 풀어 냈다. 또한 신교의 우주론을 천지인 삼위일체의 관점에서 서술하고, 신교 사상의 정수를 뽑아 신교의 역사관을 정립하였다. 첫 행부터 마지막 행까지 논리정연한 구조로 정리된 **『단군세기』 서문**[79]**은 대학자의 지성을 유감없이 발휘한 만고의 명문**이다. **행촌 이암**은 실로 **원형문화 신교 역사관의 정립자**이다.

---

77) 이암은 송설체를 그대로 구사하지 않고, 송설체의 유려함과 고려 탄연체의 근력筋力을 겸한 서체를 구사하였다. 그래서 이색이 이암의 묘지명에서 '행촌의 필법은 묘妙의 극치를 이루었는데 송설 조맹부와 겨룰 만하다'고 했던 것이다(〈경향신문〉, "서예가열전 ⑤, 고려후기 이암", 2006.8.18).
78) 이암의 성품은 다음과 같은 언급을 통해 추정해 볼 수 있다. "이암은 28세 충혜왕이 쫓겨난 뒤에도 관직을 지켰고, 29세 충목왕 사후에는 당시 공민왕을 옹립코자 한 세력과 경쟁하여 30세 충정왕을 옹립하였음에도 공민왕 때 수문하시중이라는 고위 관직에 올랐다. 그럴 수 있었던 것은 무엇보다도 이암의 처신이 근신했기 때문일 것이다"(이익주, '행촌 이암의 생애와 정치활동', 『행촌 이암의 생애와 사상』 1집, 129~130쪽). "정재철 교수는 '행촌 이암 시의 연구'에서 이암이 정치 현장에서 진퇴의 시기를 결정하고 마음을 닦아 인욕을 멀리하고자 했음을 알 수 있다고 하였다"(〈행촌 회보〉, "행촌 이암 연보", 2001.5).
79) 신교의 핵심 사상을 전하면서, 안으로는 역적이 들끓고 밖으로는 몽골과 홍건적의 외침으로 조정과 백성이 유린된 고려의 현실을 매섭게 질타한 『단군세기』 서문을 연구하는 학도가 빠른 시일 내에 나오기를 바란다.

이암의 천하일필天下一筆_이암은 백이정白頤正 (1247~1323) 문하에서 수학하며 당시 최고 서체로 추앙받던 조맹부의 송설체를 터득하여 명필이 되었다. 이때 이암의 나이는 겨우 13세에 불과하였다. 2년 후 이 소식을 들은 원나라의 무종武宗이 이암에게 불교의 연화경蓮華經을 써서 바치라고 명하자 이암은 10첩을 써서 보냈다. 무종이 '천하일필天下一筆'이라 칭찬하고 1첩을 돌려주었다. 현재 그 연화경의 반쪽이 후손에게 전해지고 있다.

도 강
渡江 강을 건너며

강남비불호　초객자생애
江南非不好나 楚客自生哀라.
요즙천평도　영인수욕래
搖楫天平渡러니 迎人樹欲來라.
우여오수립　일조해문개
雨餘吳岫立하고 日照海門開라
수이중원험　방우역장재
雖異中原險이나 方隅亦壯哉로다

강남이 좋지 않은 것은 아니지만
나그네는 저절로 슬픈 마음 일어나네.
노를 저어 천평을 건넜더니
나무가 손님을 맞이하러 오려 하네.
비온 뒤에 오 땅의 산 우뚝 서 있고
햇볕 내리쬐는 바닷길은 활짝 열려 있네.
험난함은 중원과 비록 같지 않으나
모퉁이 땅 또한 장엄하기 그지없네.

4) 『북부여기』를 지은 범장范樟 (?~?)

고려말에 금성錦城(현 전라남도 나주)에서 태어난 범장은 여말 충신으로 잘 알려진 정몽주의 제자였다고 한다.[80] 호는 복애伏崖이고, 복애거사로도 불리었다.

범장의 호인 복애伏崖가 '휴애休崖'의 오기라는 설이 있다. 그러나 증손 범석희范錫熙[81]가 필사한 범장의 저서『화동인물총기話東人物叢記』는 복애를 범장의 호로 분

---
80) 『한국민족문화대백과』에서는 범장을 정몽주(1337~1392)의 제자라 말한다. 그러나 범장이 1335년에 이암과 함께 소전거사를 만난 것을 생각하면, 범장(제자)이 정몽주(스승)보다 나이가 더 많게 된다. 이것은 스승이 제자보다 연장자인 일반적 경우에 어긋난다. 범장의 생애에 대한 더 많은 연구가 요구된다.
81) 범석희(자는 승락丞洛, 호는 운애雲崖)는 고려말에 참지參知를 지냈다. 그러므로 범석희는, 조선시대 초까지 산 증조부 범장과 상당 기간을 함께 산 것이다. 생전에 함께 생활한 증손자가 증조부의

명하게 밝히고 있다.[82] 조선총독부 중추원에서 간행한 『조선인명사서朝鮮人名辭書』(1937)에도 "자는 여명보汝明甫, 호는 복애伏崖"라 기록되어 있다.

범장의 증조부 범승조范承祖는 남송 때 예부시랑禮部侍郎을 지냈는데 원에게 남송이 멸망하자(1279) 고려에 망명하였다. 조부 범유수范有睢가 여진족 정벌에 공이 있어 금성군錦城君에 책봉된 것을 계기로, 금성 범씨가 되었다.

범장의 생애에 대해 알려진 것은 그의 관직 생활이 전부이다. 범장은 공민왕 18년(1369)에 문과에 급제하여 덕녕부윤德寧府尹에 이어 낭사郎舍의 수장인 간의대부諫議大夫를 지냈다. 1335년에 천보산에서 이암, 이명과 함께 소전거사로부터 비서를 전수받은 지 30년이 더 지나 뒤늦게 관직에 발을 들인 것이다.

낭사는 고려의 핵심 관청인 중서문하성中書門下省에 속한 관리로, 임금에게 건의와 충언을 드리는 직책이었다.[83] 그러한 낭사 중에서도 최고위인 간의대부로서, 임금의 처사에 대하여 간언하고 이미 내린 조칙이라도 부당하면 되돌리는 일을 행하려면 얼마나 해박하고 강직하여야 했겠는가. 간의대부라는 직책만으로도 범장의 성품과 학식을 짐작할 수 있다.

하지만 고려의 국운이 다하자 범장은 벼슬에서 물러나 뜻을 같이하는 70여 명과 함께 만수산萬壽山 두문동에 은거하였다. 조선의 태조와 태종이 여러 차례 벼슬을 권했으나, 고려 왕조에 대한 절의를 지키며 끝내 출사하지 않고, 고향(현 광주광역시 광산구 덕림동 복만마을)으로 내려가 성리학 연구에 몰두하였다. 중국 서적 『고려사사적개요高麗史史籍槪要』[84]에 의하면, 고향에 돌아온 범장은 자신이 즐겨 노닐던 곳인 '복암伏岩'을 따서 호를 '복애'라 하였다.

저서로는 『화동인물총기話東人物叢記』(도학과 충절을 지킨 신라와 고려의 인물을 소개한

호를 잘못 기록하지는 않았을 것이다.
82) 책의 표지에 "범복애저范伏崖著 화동인물총기話東人物叢記"라 적혀 있고, 도입부에 "범장 복애가 쓴 『화동인물총기』를 증손인 범석희가 천순(명나라 6세 영종英宗의 연호) 무인년(1458 : 조선 세조 3년) 2월에 한성 왕십리에서 옮겨 적다范伏崖著 話東人物叢記 曾孫錫熙 天順戊寅二月 漢城往十里移記"라고 기록되어 있다.
83) 낭사가 되기 위한 자격은 매우 엄격하여, 문벌귀족 출신이면서도 청렴하고 덕망이 있어야 임명될 수 있었다. 때문에 낭사는 청요직淸要職으로 간주되었고 선망의 대상이었다(『한국민족문화대백과』).
84) 2007년 중국 감숙인민출판사에서 발행한 책으로 『복애실기伏崖實記』를 수록하고 있다. 『복애실기』는 그 저자와 저술연대가 밝혀져 있지 않은데, 고려말 인물인 범장의 사적과 그에 관련된 기념 시문詩文이 수록되어 있다.

범장을 배향한 금성 범씨 재실 용호재龍湖齋(좌)와 유허비(우)_광주광역시 북구 생룡동 소재.

책), 『동방연원록東方淵源錄』, 그리고 원천석元天錫과 함께 편찬한 『화해사전華海師全』(정몽주의 스승인 신현申賢의 행적과 고려 말 역사를 기록한 책) 등이 있다.

범장은 조정에 출사하기 34년 전 젊은 시절(1335)에 이암, 이명과 함께 소전거사로부터 고서를 전수받았다. 그때 세 사람은 국호만 살아 있을 뿐 주권을 상실한 고려의 현실을 통탄하며 반드시 한민족사를 되찾을 것을 굳게 결의하였다. 이 '**3인의 결의 사건**' 덕분에 한국사 회복의 길에 서광이 비치게 된 것이다.

이후 범장이 쓴 책이 바로 『북부여기』와 『가섭원부여기』이다. 출사하기 전에 썼는지, 고려가 망한 후에 낙향하여 썼는지 그 시기는 불분명하다. 그러나 원나라의 속국으로 전락한 고려가 다시 일어나 한민족의 옛 영광을 회복하여 고조선 → 북부여(열국 시대) → 고구려·백제·신라·가야(사국 시대) → 대진·신라(남북국 시대) → 고려로 이어지는 국통 맥을 후대에 온전히 전하기를 바라는 애국충정의 발로에서 부여사를 저술하였음은 분명하다. 이암, 이명, 범장, 이 세 분이 우리 역사의 참 모습을 드러낸 공덕은 천추만대에 길이 남을 것이다.

5) 『태백일사』를 지은 이맥李陌 (1455~1528)

조선 초기의 문신인 이맥은 행촌 이암의 현손玄孫으로 자는 정부井夫, 호는 일십당一十堂이다. 1474년(성종 5)에 진사시에 합격하였으나, 학문에만 힘쓰다가 1498년(연산군 4) 44세 때 비로소 식년시에 급제하였다. 성균관 전적 등 여러 관직을 거쳐 사헌부 장령에 이르렀는데, 장숙용張淑容(장녹수)이 연산군의 총애를 믿고 분에 넘치게 재물을 탐하고 사치를 일삼자 여러 차례 탄핵 상소를 올리다가 50세(1504)에 충청도 괴산[85]에 유배되었다.

이때의 귀양살이에 대해 이맥은 '근신해야 할 처지였기에 아주 무료한 나날을 보냈다'[86]고 하였다. 이맥은 그 먼 곳으로 집안에서 간직하던 책 상자를 가지고 갔다. 그 상자에 담긴, 조상 대대로 내려오던 역사책과 귀양살이 하기 이전에 노인들에게 들은 역사 이야기를 기록한 문서를 살피며 2년의 세월을 보냈다.

1506년 중종반정 이후 사간원의 으뜸 벼슬인 대사간大司諫에 임명되었으나, 이의를 제기한 대신들 때문에 우여곡절 끝에 동지돈녕부사同知敦寧府事에 머물렀다. 성품이 강직한 탓에 조정에 적이 많았던 까닭이다. 1517년(중종 12)에 연산군의 후사를 세우려 할 때에도 이맥은 "연산은 종묘에 죄를 얻었으니 속적屬籍이 마땅히 끊어져야 한다"라고 주장하기도 하였다.

66세 때인 1520년, 이맥은 실록을 기록하는 **찬수관**撰修官이 되었다. 찬수관이라는 직책은 이맥에게 일생의 과업을 완수할 수 있는 기회를 부여하였다. 지난 세조, 예종, 성종 때 전국에서 대대적으로 수거하여 궁궐 깊이 감춰 두었던 상고 역사서를 마음껏 접할 수 있었기 때문이다. 이맥은 그 금서들을 통해서 알게 된 사실史實과 예전 귀양 시절에 정리해 둔 글을 합쳐 한 권의 책으로 묶고, '정사正史에서 빠

이맥 선생 묘_성남시 도촌동에서 충남 연기군 서면 용암리(일명 두지골)로 1990년에 이전되었다.

---

85) 충북 괴산군에서 조선시대 유배지였던 곳은 칠성면 사은리 일대이다. 사은리는 산속 오지로 '산막이 마을' 또는 '연하동煙霞洞'으로 불렸다고 한다. 1957년 괴산호가 생기면서 사은리 대부분이 물에 잠겨 이맥의 귀양지를 찾기가 어렵다.

86) 처의근신處宜謹慎이오 파위무료頗爲無聊라(『태백일사』, '태백일사 발문太白逸史跋」).

진 태백[87]의 역사'라는 뜻으로 『태백일사』라는 이름을 붙였다. 그러나 중국을 사대하는 조선의 악습과, 성리학에 위배되는 학설을 조금도 용납하지 않는 세태 때문에 책을 세상에 내놓지 못하고, 74세를 일기로 세상을 떠날 때까지 집안에 비장하였다.

이맥은 9천 년 한민족사의 왜곡 날조된 국통맥을 확고히 바로 세운 불멸의 공덕을 세웠다. 그는 신교 문화의 원전인 『천부경』과 『삼일신고』에 정통한 역사학자이다. 그의 호 일십당一十堂은 『천부경』의 "일적십거一積十鉅(하나가 생장 운동을 하여 열까지 열린다)"에서 따 온 것으로, 그가 우주의 본체인 일(一太極)과 십(十無極)의 정신에 관통하였음을 나타낸다. 『태백일사』를 지은 **이맥은 한민족의 신교 삼신 문화와 원형 역사관의 화신**인 것이다.

---

87) 여기에서 태백은 큼[太] 밝음[白]이란 뜻으로 태백의 역사란 '동방 한민족의 대광명의 역사'를 말한다.

4 『환단고기』의 편찬과 대중화

1) 『환단고기』를 편찬한 계연수(1864~1920)와 스승 이기(1848~1909)

천 년의 세월에 걸쳐 쓰인 다섯 권의 사서를 한 권의 『환단고기』로 묶은 인물은 바로 1864년 평안도 선천에서 태어난 **운초 계연수**(1864~1920)이다. 자신의 집안에서 보관해 오던 책과 지인들로부터 구한 책을 한 권으로 엮어 편찬한 것이다.

안함로의 『삼성기』는 운초의 집안에 전해 오던 것이었고, 원동중의 『삼성기』는 태천에 살던 **백관묵**白寬默에게서 구하였다. 『단군세기』 또한 백관묵의 소장본이고, 『북부여기』는 삭주 뱃골 사람 **이형식**李亨植의 소장본이었다. 『태백일사』는 운초의 스승인 해학 이기李沂의 집안에 전해 오던 것이었다.

백관묵(1804~?)은 문재로 이름이 높은 명문 집안 출신으로 헌종 6년(1840) 식년시式年試에 진사로 합격하였고 많은 책을 소장하고 있었다.[88] 그리고 이형식은 1796년생으로 백관묵과 같은 해에 식년시 생원과에 합격하였다. 계연수가 이형식을 생원이 아니라 진사라고 부른 것은 그의 부친 이사겸李嗣謙이 진사로 합격한 내력이 있기 때문이다.[89] 이형식 소장본에는 『단군세기』도 합본되어 있었는데, 그 내용이 백관묵의 『단군세기』와 동일하다고 기록되어 있다.

『환단고기』가 탄생하기까지 백관묵과 이형식을 비롯한 많은 사람의 공덕이 있었지만, 특히 **계연수와 이기의 혈성과 희생**이 컸다.

---

[88] 백관묵의 집안은 대대로 학자 집안이었을 뿐만 아니라, 일제 강점기 때 그의 아들과 손자들은 독립운동가로 활동하였다. 일간지 〈문화경제신문〉의 기사에 따르면, 아들 백삼규白三圭(1855~1920)는 유학자이자 의병장이었다. 백삼규는 1895년 명성황후가 시해된 을미사변을 계기로 의병 운동을 시작하여, 1910년 경술국치 후 큰아들 인해仁海를 데리고 만주로 망명하였다. 그곳에서 그는 농무계農務契와 환인계를 조직하여 애국청년들에게 군사훈련을 지도하였다. 1919년에는 대한독립단을 조직하고 부총재에 추대되었으며, 일제의 앞잡이 노릇을 하던 보민회保民會, 일민단日民團, 강립단强立團 등을 숙청하는 활동을 벌이다가 이듬해 일본군에게 붙잡혀 총살당하였다. 백삼규의 장남 인해도 독립단에 가입해 활동하던 중 1921년 불심검문에 걸려 격투 끝에 순국하였고, 그 후 둘째 인제仁濟도 순국하였다. 삼부자가 모두 일제에게 희생되어 구국의 충혼으로 승화한 것이다(〈문화경제신문〉, "화서학파華西學派 인물열전" 246회, 2011.4.9).

[89] 한국학중앙연구원의 한국 역대 인물 종합정보시스템에 의하면 18~19세기에 과거에 급제한 이형식 李亨植은 모두 세 사람이다. ①영조 35년(1759) 식년시에 진사 3등을 한 이형식, ②정조 19년(1795) 식년시에 진사 3등을 한 평양 사람 이형식, ③헌종 6년(1840) 식년시에 생원 3등을 한 삭주 사람 이형식이다. 『환단고기』와 유관한 사람은 삭주 사람 이형식으로, 그의 부친 이사겸李嗣謙은 진사 합격자로 확인된다.

해학 이기의 생가_전북 김제시 성덕면 대석리에 있다.

　이기(1848~1909)는 전라도 만경 출생으로 정약용의 학통을 계승한 실학자이자 독립운동가였다. 15세 때 향시鄕試에 나가면서 뛰어난 재주와 명성이 여러 고을에 알려졌다. 이기는 당시 유명한 선비들과 교유하였는데, 석정石亭 이정직李定稷(1840~1910), 매천梅泉 황현黃玹(1855~1910)과 더불어 '**호남의 삼재**三才'라 불리었다.[90]

　이기의 문장에 대해 이정직은 "대개 백증(이기의 자)의 글은 쓸데없는 글자나 구절이 없어서 마치 꽃 중의 꽃이요, 곡식의 자양분과 같고, 따뜻하고 윤기가 있으며, 법도에 맞고 아담하다"[91]라고 높이 평가하였다. 이건창李建昌(1852~1898)은 "백증의 문장은 수를 놓은 비단이다"[92]라고 평하였고, 황현도 "씩씩하고 뛰어나며, 뛰고 달리는 기운이요, 특출하게 아름답고 박학한 문장이다"[93]라고 칭찬하였다.

　성리학과 실학을 모두 섭렵한 이기는 실사구시實事求是를 주장하였고, 저항의 일선에서 애국 활동을 하였다.[94] 1894년(고종 31)에 동학혁명이 일어나자, 동학군 최고 지도자인 전봉준을 찾아가서 '동학군을 이끌고 한양으로 올라가 간사한 무리를 물리치고 임금을 받들어 국가의 질서를 새롭게 하자'는 뜻을 전했다. 전봉준은 이기의 뜻에 호응하여 남원에서 동학군을 지휘하던 김개남과 협의하도록 하였으나 협의는 실패로 돌아갔다.

---

90) 나종우, '해학 이기의 구국운동과 그 사상',『원광사학』2집, 45쪽.
91) 盖伯曾之爲文, 無虛字閒句, 如花之英, 如穀之精, 溫潤典雅(이정직,『해학유서海鶴遺書』「해학시문집서海鶴詩文集序」).
92) 伯曾之文, 錦繡也(이건창,『명미당집明美堂集』「질재기質齋記」).
93) 雄邁超驤之氣, 瑰奇辯博之文(황현,『매천집』「곡이해학문哭李海鶴文(이해학에게 조곡할 때 올린 제문)」.
94) 이기의 구국활동은 행동적 저항주의다. 그는 저항이 행동으로 나타나지 않으면 뜻이 없는 것으로 간주하였다. 동학농민혁명 때 전봉준을 찾아간 것이라든가 외국에 나가서 활동한 것 등이 좋은 예이다(나종우, '해학 이기의 구국운동과 그 사상',『원광사학』2집, 61쪽).

1895년 청일전쟁에서 승리한 일본이 노골적으로 조선에 침투해 오자 농민생활의 안정과 국권을 회복하는 데에는 토지개혁이 급선무라고 생각하여, 서울로 올라가 탁지부대신度支部大臣 어윤중魚允中을 만나 토지제도 개혁안을 제시하기도 하였다.

1905년 러일전쟁이 일본의 승리로 끝난 뒤, 전후戰後 처리 문제를 논의하기 위한 강화회의가 미국 포츠머스에서 열릴 때, 이기는 동지들과 직접 미국으로 건너가 한국의 독립을 보장해 달라는 호소를 하려 하였다. 그러나 일본의 방해로 여권이 나오지 않아 뜻을 이루지 못하였다. 미국행에 실패한 이기는 동향 후배이자 동지인 나인영羅寅永(나철羅喆, 1863~1916)[95]을 비롯한 몇 명의 독립운동가와 그해 8월 일본으로 건너가 일왕과 일본 정계 요인들에게 조선 침략을 규탄하는 서면 항의를 하였다. 그러나 이러한 외교적 투쟁은 성과를 거두지 못하였고, 그해 11월 소위 을사늑약이 체결되었다.

이 소식을 듣고 12월에 귀국하여 서울에 머물던 이기는 곧 이어 모친상을 당해 귀향하였다. 그러나 국권이 기울어지는 위급한 시기였으므로 '상복을 벗어버렸다'는 비난을 무릅쓰고 다시 상경하여 한성사범학교 교관으로 들어가 후진 양성에 진력하였다.[96] 또한 대한자강회大韓自强會를 조직하고 월보를 발행하여 국민 계몽에 앞장섰다. 이기는 교육의 목적을 국권 회복에 두고, 교육을 통하여 자강自强, 자급自給으로 실력을 길러 나라를 지키자고 주창하였다.

1907년에는 육순의 나이에도 아랑곳하지 않고 나인영, 오기호, 윤주찬, 김인식 등과 을사오적乙巳五賊 암살을 계획하였다. 그러나 계획이 실패로 끝나 7년의 유배형을 받고 진도로 귀양을 갔다. 다행히 2년 후에 석방되어 서울로 돌아온 이기는 『호남학보湖南學報』를 발행하고, '단군 성조의 얼을 기리고 고조선의 역사를 부흥시키자'는 취지로 단학회檀學會를 조직하여 계몽운동과 구국운동을 계속 펼쳤다. 하지만 끝내 국세가 기울자 1909년 7월 13일 서울의 한 여관에서 절식絶食으로 62

---

95) 이기와 나철은 15년의 나이 차가 나는 사제지간에 가까운 선후배 관계였지만 서로 격의 없이 역사 문제를 토론하였다. 하지만 역사 해석에는 몇 가지 이견이 있었다. 나철은 단군 개천을 주장하였고, 이기는 신시 개천을 주장하였다. 이렇게 해서 1909년에 나철은 단군교(1년 뒤 대종교로 개칭)를 창설하였고, 이기는 단학회를 조직하였다. 한 사람은 종교 단체를, 다른 한 사람은 학회를 만든 것이다. 비록 방법은 달랐지만 두 사람은 생사를 함께한 동지였으며 민족사관 정립에 크게 공헌했다. 이기가 자진하고 7년 후 나철도 자결 순국하였다(박성수, 「『환단고기』 탄생의 역사」, 『한배달 2009년 후반기 학술대회 자료집』, 6~9쪽).

96) 김양기, 「이해학李海鶴의 생애와 사상에 대하여」, 『아세아학보』 1집, 75쪽.

년의 일생을 마쳤다.

이기의 생애에서 특히 시선을 끄는 것은, 이기가 『단군세기』를 쓴 이암과 『태백일사』를 쓴 이맥(이암의 현손)의 후손이라는 점이다. 이 때문에 이기는 어릴 때부터 자연스럽게 역사서를 읽었고, 우리 고대사에 대한 해박한 지식을 쌓게 되었다. 그가 계연수에게 전해 준 『태백일사』도 집안의 가보家寶로 전해오던 것임이 분명하다. 이러한 이기를 스승으로 모셨기 때문에 계연수는 『환단고기』를 발간할 수 있었던 것이다.

계연수에 대한 기록은 『해동인물지』(1969)와 『정신철학통편』(1920) 외에는 좀처럼 찾아보기 어렵다. 계연수의 간략한 생애가 기록된 『해동인물지』에 따르면, 계연수의 자는 인경仁卿, 호는 운초雲樵이고 평안도 선천에서 살았으며, 이기의 문하생이 되어 백가百家의 책을 섭렵한 후 무술년(1898)에 『단군세기』와 『태백유사太白遺史』[97] 등을 간행하였다. 기미년(1919)에 임시정부의 이상룡 막하에 들어가 참획군정으로 공을 세우고 경신년(1920)에 만주에서 숨을 거두었다. 그리고 『정신철학통편』은 계연수가 묘향산에서 석벽에 새겨진 『천부경』을 발견한(1916) 사건을 기록하고 있다.

지난 30여 년 동안 필자가 『환단고기』를 연구하고 서지학적 정보를 추적하는 과정에서 현 단단학회檀檀學會[98] 회장인 양종현(1948~)을 만나게 되었는데, 그를 통해 계연수의 실체를 좀 더 분명하게 파악하게 되었다. 양종현은 『환단고기』의 전수자인 이유립의 증언을 바탕으로 계연수의 생존 당시 모습을 초상화로 그려 소장하고 있었다.

계연수는 1864년에 평안도 선천에서 태어났다. 일찍 부모를 여의었는데, 어릴 때부터 무엇이든 한 번 보면 곧바로 외울 만큼 기억력이 뛰어났다. 동방 한민족의 옛 역사와 민족정신에 관심이 지대했던 그는 27세(1890) 때까지 약초를 캐서 팔아 생계를 유지하며 여러 양반가와 사찰에서 비장하던 서책과 금석문, 암각문 등 각종 사료를 수집하였다.[99]

한민족의 역사를 밝히고자 한 계연수가 뜻을 이룰 수 있게 된 결정적 계기는 해학 이기와의 만남이었다. 1897년(34세)에 이기의 문하에 들어간 계연수는 스승의

---

[97] 『해동인물지』는 『태백일사』를 『태백유사』로 잘못 기록하였다.
[98] 1909년 이기, 나철 등이 건립한 단학회의 후신이다. 1대 회장 이기, 2대 회장 계연수를 거친 후 6대 회장 이유립이 1963년에 단단학회로 개칭하였다.
[99] 양종현, 『백년의 여정』, 82쪽.

가르침 아래, 그로부터 두 해 동안에 이암의 『태백진훈』과 『단군세기』 그리고 『참전계경』, 『태백일사』, 『천부경요해』 등을 간행하였다.[100]

1909년 대영절(3월 16일)에 이기, 나철 등이 단학회를 창립하고 그해 5월 5일에 강화도 참성단에서 천제를 올려 삼신상제님께 이를 고할 때,[101] 계연수도 창립회원으로 참여하였다. 두 달 후에 이기가 자진하자, 계연수가 그 뒤를 이어 단학회 2대 회장을 맡았다.

2년 후인 1911년(48세), 계연수는 스승이 생전에 세세히 감수해 준 『환단고기』에 범례凡例를 지어 붙인 후 드디어 세상에 내놓았다. 범례에 나와 있듯이, 묘향산 단굴암에서 책을 옮겨 편집한 후, 자신의 벗이자 독립운동 동지인 홍범도(1868~1943)와 오동진(1889~1944) 두 사람의 자금 지원으로 만주 관전현寬甸縣[102]에서 『환단고기』 30부를 간행하였다.[103]

범례에서 계연수는 "환단 이후로 계속 전수되어 온 **삼일심법**三一心法(태고 시대 동방의 우주사상의 핵심)이 진실로 이 책 속에 들어 있으니, **동방 대광명의 참 진리가 중흥하는 기틀**이 아니고 무엇이랴! 손발이 절로 춤추며 흥겨워 외치고 싶고 기뻐서 미칠 듯하도다!"라고 벅찬 심정을 토로했다. 발간 의의에 대해서도 "우리 자신의 주체성을 발견하게 되었으니 크게 축하할 만한 일이요, 또한 민족 문화의 이념을 표출하게 되었으니 크게 경축할 만한 일이며, 또 한편으로 세계 인류가 대립을 떠나 공존할 수 있는 기틀을 마련하게 되었으니 더욱 경축할 만한 일이다"라고 밝혔다.

1914년(51세) 대영절에 계연수는 단학회 동지들과 평안도 삭주 천마산에서 천제를 올리고 혈맹을 맺어 '역사 회복 운동을 통한 구국운동'을 다짐하였다.[104] 이듬

---

100) 『단군세기』와 『참전계경』, 『태백일사』는 1911년에 간행한 『환단고기』에 다시 수록되었다.
101) 박성수, 「『환단고기』 탄생의 역사」, 『한배달 2009년 후반기 학술대회 자료집』, 9쪽.
102) 스승 이기가 1909년 절식絶食 자진한 후 계연수는 만주로 건너갔다(양종현 증언). 만주 관전현은 독립운동가와 열사들이 수시로 모여 강론과 훈련을 하던 곳이다.
103) 『환단고기』 초간본의 발행 방법에 대해 계연수는 범례에서 "부저기궐付諸剞劂(기궐에 붙이다)"이라고 하였다. 기궐은 "인쇄하려고 나무판에 글자를 새김"을 뜻한다. 『환단고기』 초간본은 제주대 안창범 교수의 주장과 같이 목판본이었던 것이다. 안 교수는 "기궐은 '새김칼과 새김끌로 나무판자에 글자를 또박또박 새기다'는 뜻이다. 그러므로 『환단고기』의 원본은 인쇄본이 아니라, 목판본이다"라고 주장한다(안창범, 「『환단고기』는 진서 중 진서이다」, 270쪽). 이유립의 제자인 양종현도 스승으로부터 목판본이라 전해 들었고, 자신이 본 『환단고기』 초간본의 글자는 활자체가 아니라 붓글씨체였는데, 판각한 글자 상태가 거칠었다고 증언하였다.
104) 1914년 3월 16일(대영절)에 계연수, 이관집(이유립의 부), 최시홍, 오동진, 이덕수, 이용담, 전효운, 박응백, 양승우, 이태집, 서청산, 백형규 등의 12명은 제천혈맹을 맺고, 민족주의 교학과 사관을 정

해 10월 단학회의 근거지를 만주로 옮기면서 관전현 홍석랍자紅石拉子에 배달의숙倍達義塾이라는 교육기관을 열어 청년 학도를 가르치기 시작하였다. 뿐만 아니라 만주에서 활동하던 독립운동 단체인 천마대天摩隊, 서로군정서西路軍政署, 의민사義民社, 벽파대碧波隊, 기원독립단紀元獨立團 등에 속한 단원들의 사상적 계몽에 주된 역할을 하였다. 그리고 단학회가 결성된 지 10년이 지난 1919년 3월부터 기관지 〈단학회보〉를 간행하기 시작하여 제8호까지 발간하였다.[105]

『환단고기』를 간행한 후 역사 회복뿐 아니라 항일 독립운동에도 적극 참여하던 계연수는, 조선인의 민족혼 말살과 역사 파괴에 혈안이 된 일제가 검거할 제1순위 대상이었다. 결국 계연수는 1920년(57세) 조선독립군으로 위장한 밀정[106]의 덫에 걸려 무참히 살해되었다. 일제는 그의 사지를 절단하여 압록강에 버리고 배달의숙 건물에 불을 질러 계연수가 소장하던 3,000여 권에 달하는 서적과 원고를 모두 태워 버렸다.[107]

조선이 일본 제국의 흉포한 야욕에 나라를 완전히 빼앗기고 절망의 벼랑 끝에 서 있던 그때, 인류의 창세사와 한민족의 9천 년 국통 맥을 총체적으로 드러낸 '국사학의 아버지' 계연수는 이렇게 비극적인 최후를 맞았다.

2) 『환단고기』를 대중화시킨 이유립 (1907~1986)

압록강에 처참하게 버려진 계연수의 토막난 시신이 수습될 때, 그 광경을 현장에서 지켜보며 말없이 눈물을 흘리던 14세 소년이 있었다. 바로 **한암당**寒闇堂 **이유립**이었다. 이유립은 계연수의 갑작스런 죽음으로 역사 속에 묻혀 버릴 뻔했던 『**환단고기**』를 굳게 지켜 오늘의 **한국 사회에 널리 대중화시킨 인물**이다.

립하여 항일 독립운동에 힘쓰기로 결의하였다. 이듬해 10월에는 박응룡, 정창화, 박용담, 김병주, 이용준, 이봉우, 허기호, 신찬정, 이양보, 주상옥, 이동규, 김석규, 손인영, 이진무 등 14명이 추가로 결의하였다(이유립, 『대배달민족사』 5권, 40쪽).

105) 현존하는 〈단학회보〉는 없지만, 이유립이 기억하여 전하는 발간 취지문과 주요 기사가 있다. 그 기사 중 몇 가지를 소개하면 다음과 같다. 첫째, 단군의 건국이 개천이 아니며 환웅의 신시개천이 개천이다. 둘째, 대종교에서는 단군을 삼신일체상제로 믿으나 단학회에서는 삼신일체상제를 우주 유일의 주재신主宰神으로 본다(박성수, '『환단고기』 탄생의 역사', 11쪽).

106) 당시 파견된 밀정 위순사감독僞巡査監督 감연극甘演極(감영극甘永極이라고도 전한다)은 '조선 역사를 고치하는 놈은 일본의 대동방大東方 평화정책을 방해하는 것이니 모두 잡아 없애야 한다'고 하였다(양종현, 『백년의 여정』, 106쪽).

107) 양종현, 『백년의 여정』, 82~106쪽.

이암과 이맥의 후손인 이유립은 평안도 삭주의 유지이자 독립운동가였던 이관집李觀楫의 넷째 아들로 태어났다. 세 살 때 『천자문』을 익힌 이유립은 여섯 살 때 『동몽선습童蒙先習』을 읽다가, "한무제토멸지漢武帝討滅之 하시고"라는 구절에 이르러, "우리나라를 토멸한 한무제는 분명 우리나라 원수인데 '하시고'라는 토씨를 붙여 읽는 것이 나는 싫다" 하고, 『동몽선습』을 더 읽지 않았는데 듣는 사람마다 이 이야기를 기특하게 여겼다[108]고 한다. 이유립은 계연수와 친했던 부친[109]의 영향으로 어린 시절부터 역사에 눈을 뜬 것이다.

이유립은 13세 때(1919) 배달의숙에 들어가 계연수와 최시흥, 오동진 등 독립운동가들에게 역사 강의를 듣고 『환단고기』[110]를 공부하였다. 이듬해에는 조선독립소년단에 참가하여 단원을 통솔하는 단장이 되었다. 그해는 계연수가 일제의 칼날에 참혹하게 도륙되던 해로, 그 무렵 이유립은 소년통신원으로도 뽑혀 독립군 사이의 통신 연락을 도왔다.

이유립은 독립운동을 계속하였다. 24세(1930) 때는 해학 이기의 신교육의 뜻을 이어받아 삼육사三育社를 조직하고 잡지 〈삼육三育〉을 발행하며 일제의 역사 왜곡을 널리 알렸다. 하지만 이듬해 일제는 7월호의 내용을 문제삼아 〈삼육〉을 폐간시키고 삼육사도 강제로 해체하였다. 33세(1939)에는 신풍학원新豊學院을 세워 교사로 종사하며 학생들에게 조선의 얼과 역사를 가르쳤다. 그러나 일제는 학생들의 신사참배 거부, 창씨개명 불응, 무궁화 심기 운동 등을 이유로 들어 이마저도 중단시켰다.

1945년(39세) 광복을 맞은 후, 배달의 건국일인 10월 3일에 단학회 동지들과 천마산에서 8.15 해방 경축 천제를 올리면서 단학회 기관지 〈태극〉의 주간主幹이 되었다. 이 잡지 역시 다음해 1월 신년호에 "신탁통치 반대론"을 실은 것이 문제가 되어 발행이 금지되고 말았다.

광복은 되었으나 여의치 않은 활동 여건 때문에 이유립은 1948년 5월 월남을 하다가 안내인의 배신으로 체포되어 해주海州 내무서內務署에 수감되었다. 4개월여에

---

[108] 양종현, 같은 책, 143쪽; 〈신동아〉, "『환단고기』의 진실 제2부 - 계연수와 이유립을 찾아서", 2007.9.
[109] 이유립의 부친과 계연수가 친했던 것은 두 사람이 함께 고구려 유적을 답사하였다는 사실에서도 확인할 수 있다. 두 사람은 함께 광개토대왕비 비문도 조사, 탁본하였다.
[110] 초간본 30권은 이와 같이 배달의숙에서 역사 교육 교재로 쓰이거나 『환단고기』의 출판에 기여한 단학회 회원들에게 배부되었다. 하지만 책이 발간된 1911년은 일제시대였기 때문에 30권 중 일부는 일제에게 압수되어 소실되었을 가능성이 높다.

이유립이 13년 동안(1963~1976) 거처했던 대전 은행동의 골목과 집 내부_일제 때 지은 좁고 낡은 적산가옥의 작은 방을 얻어 기거하며 역사 연구를 하고 후학을 길렀다.

걸친 수감 기간에 고문과 급질急疾로 죽을 지경에 이르러 소생 기미가 없자 내무서 인근에 버려졌다. 다행히 폭우 속에서 정신을 차린 이유립은 추석 바로 다음 날에 어렵게 삼팔선을 넘었다. 그 후 북한을 두어 차례 다녀왔는데, 이때 『환단고기』를 가져온[111] 것으로 추정된다.

월남하여 친척집에 살다가 1963년(57세)에 대전 은행동에 정착하였고,[112] 그해 11월 단학회檀學會를 단단학회檀檀學會로 개칭한 이후에는 후학을 기르며[113] 역사 연구와 강연에 전념하였다.

이유립이 남하한 직후, 한문과 역사에 해박한 그에게 여러 사람이 배움을 청하

---

[111] 이정훈 기자도 "월남할 당시 이유립은 자기 주관이 뚜렷해지는 불혹을 넘긴 나이였다. 그렇다면 그는 환단고기를 가져오기 위해 두 차례나 삼팔선을 넘은 것이 아닐까"라고 말한다(〈신동아〉, "『환단고기』의 진실 제2부 - 계연수와 이유립을 찾아서", 2007.9).

[112] 남한으로 넘어 와 공주 마곡사 부근의 친척 집에 거처하다가 1949년 대전 정동에서 셋방살이를 시작하였다. 6. 25를 맞아 계룡산과 안영리 등지에서 피난생활을 하였고, 1960년까지 왕정복고단(이씨 왕조를 보존하자는 주장을 펼침) 사건, 중립화통일론 필화사건 등으로 재판에 연루되었다. 모두 무혐의 처분을 받고 그 후로는 오로지 국사 찾기에만 진력할 것을 결심하였다. 1963년 대전 은행동으로 이주하였고, 그해 11월 마리산 참성단에서 천제를 올리고 단학회를 단단학회로 개칭하였다(양종현, 『백년의 여정』, 129~133쪽). 대전에서 일가족이 살다가, 부인이 자녀교육비를 위해 타지에서 가정부 생활을 하게 되어 이유립은 부인과 10여 년간 떨어져 살게 되었다. 『환단고기』 초간본 분실 사유에 대해 여러 설이 있는 것은 이 때문이다. 서로 떨어져 살아 남편의 상황을 정확히 모르는 부인은 "성남 거주 시 홍수로 분실되었다"라고 잘못 증언한 바 있다.

[113] 이때 이유립에게서 『환단고기』를 공부하고 역사를 배운 인물 중의 한 사람이 1966년 고등학교 1학년 때부터 사사한 양종현이다. 그는 1986년 이유립이 작고한 후 스승의 뒤를 이어 단단학회 7대회장이 되었다.

였는데, 그 중 한 사람이 **오형기**吳炯基[114]였다. 현 단단학회 회장이자 이유립의 제자인 양종현에 의하면, 오형기는 한국 고대사의 실상을 알고자 하는 구도자적인 의지를 가지고 『환단고기』 공부에 열성적이었다고 한다. **1949년에 오형기는 이유립이 소장하고 있던 『환단고기』 초간본을 빌려 가서 필사하였다.** 이때 오형기가 책의 말미에 발문跋文을 써 붙였는데, 책을 지은 사람이 쓰는 것이 상례인 발문을 오형기가 임의로 쓴 것에 대해 이유립은 매우 불쾌하게 여겼다고 한다.[115]

이유립은 대전 은행동 자택에 단단학회 본부를 두고, 1965년(59세)에는 기관지 〈커발한〉을 발행하기 시작하였다. 역사 관련 저술과 더불어 역사 교육을 실시하고, '국사 광복'을 외치는 전단도 만들어 돌렸다. 이후에 '간도 땅' 문제에 관심이 컸던 박창암(1923~2003)과 연결되어 1976년(70세)부터 월간 〈자유〉에 역사 문제에 대한 글을 기고하기 시작했다.[116] 〈자유〉의 절반 정도를 자신의 글로 채우며 『환단고기』가 전하는 우리 역사 이야기를 세상에 알렸다.[117]

1976년은 이유립에게 결코 잊을 수 없는 가슴 아픈 사건이 발생한 해이기도 하다. 박창암의 배려로 의정부로 올라가 왕성하게 활동하던 중, 백내장 수술 차 5일

---

[114] "오형기는 유학을 공부한 사람으로 이유립씨보다는 10여 세 연하였으며, 10여 년 전 작고하였다"(〈신동아〉, 『『환단고기』의 진실 제2부 - 계연수와 이유립을 찾아서』, 2007.9). 두 사람이 처음 만난 1949년에 이유립은 43세였으므로 그는 당시 30대 초반이었다. 양종현은, 이유립이 오형기의 형과 친구였던 인연으로 이유립이 오형기를 가르치게 되었다고 증언하였다.

[115] 오형기는 발문에서 "기축년(1949) 봄에 나는 강화도의 마리산에 들어갔다. 때마침 대영절을 맞이하여 대시전에서 정산 이유립 씨를 뵈었는데, 나에게 『환단고기』를 정서하는 일을 부탁했다(己丑春, 余入江道之摩利山, 適値大迎節, 謁大始殿李靜山裕岦氏, 囑余以桓檀古記正書之役)"라고 말한다. 그러나 이때는 이유립이 남하한 지 7개월밖에 안 되는 시점이다. 아무리 오형기가 역사 공부에 열성을 보였어도, 만난 지 몇 달 되지 않는 사람에게 이유립이 자신의 목숨처럼 소중히 여기는 환단고기의 필사를 부탁하였을 가능성은 희박하다. 당시 43세의 혈기왕성한 이유립이 직접 필사하지 못하고 남에게 요청해야 했던 이유도 불분명하다. 이러한 점에서 "오형기의 간청을 이유립이 허락하여 환단고기 필사본이 만들어졌다"라는 양종현의 증언이 더욱 신빙성이 높다. 또한 양종현은 "당시에 대시전이란 건물이 따로 없었고 행사를 치르던 건물이 있어서 임시로 대시전이라 불렀다"라고 전한다.

[116] 박창암은 만주군 출신 군인으로 뒤에 박정희와 함께 5.16에 참여하여 국가재건회의 혁명검찰부장을 역임했다. 1963년 준장으로 예편한 후 정권의 민정 이양을 촉구하다 투옥되었고, 1968년에 반공과 민족정신 함양을 위해 사재를 털어 월간 〈자유〉를 창간하였다. 이 잡지에는 이유립을 비롯한 재야사학자들의 글이 실려 『환단고기』가 대중화되는 데 큰 기여를 하였으며, 미국인 미술사학자 존 코벨의 글도 실렸다. 1976년에는 이유립, 박시인, 안호상, 문정창, 임승국 등과 함께 국사찾기협의회를 조직하여 강단사학계에 맞서 우리 역사를 찾는 운동을 벌였다.

[117] 〈자유〉지 기고를 계기로 이유립은 주요 언론인들과도 교류하기 시작했고 1978년 10월 22일자 〈조선일보〉에는 '잘못된 국사 원 상태로 찾아야 한다'는 제목으로 〈조선일보〉 주필인 선우휘와 이유립의 대담 기사가 실렸다(〈신동아〉, 『『환단고기』의 진실 제2부 - 계연수와 이유립을 찾아서』, 2007.9).

간 집을 비운 사이에 집주인이 야반도주한 줄로 알고 밀린 집세 대신으로 이유립의 책을 모두 팔아 버린 것이다. 이때 자신의 생명만큼 소중히 여기던 『환단고기』 초간본도 같이 사라져 버렸다. 하지만 천만다행으로 **오형기 필사본**이 있었기에 『환단고기』 전수 맥은 끊어지지 않았다.

그런데 『환단고기』 대중화의 계기는 예상치 못한 사건에서 일어났다. 이유립의 젊은 문하생 조병윤趙炳允[118]이 1979년, 서울에 있는 광오이해사光吾理解社에서 오형기 필사본을 영인하여 100부를 출판한 것이다. 이른바 **'광오이해사본'** 『환단고기』가 이유립의 허락도 없이 시중에 배포되자,[119] 이유립의 단단학회는 사태 수습 차원에서 문제의 발문을 삭제하고 오자를 바로잡은 새로운 필사본을 만들었다. 원고는 1979년 그해에 완료되었으나, 출판비가 없어 1983년에야 **배달의숙을 발행인으로 하여 100부**[120]**를 발간**하였다.[121] 이유립의 나이 77세가 되던 해였다. 평생 지키고 외쳐 온 『환단고기』를 인생의 마지막 순간에 세상에 공표한 것이다.

그런데 배달의숙본이 나오기 전, 일본어로 번역된 『환단고기』가 일본에서 출판되어 나왔다. 가지마 노보루鹿島昇라는 일본인 변호사가 광오이해사본을 입수하여 검토하다가 『환단고기』를 동북아 역사와 일본 역사를 알 수 있는 소중한 책이라 여기고 일본어로 번역하여 출판한 것이다. 가지마 노보루는 한문으로 적힌 『환단고기』를 번역하려고 고심하던 중 박창암과 인연이 닿아 한국을 방문하여 이유립

---

118) 〈신동아〉 이정훈 기자는 '조병윤은 1956년생이며 선린상고 출신으로 영어와 한문을 아주 잘하였다'고 한다. 『환단고기』 광오이해사본을 만들 때 조병윤은 24세의 청년이었다. 2012년 현재 57세로 추정되는 조병윤의 생존 여부와 소재는 계속 탐문 중이다.
119) 조병윤은 스승의 허락도 없이 자신을 발행인으로 하여 책을 출판하였을 뿐만 아니라, 그 판권에서 자신을 단단학회 대표로 소개하였다. 이 사건으로 그는 단단학회에서 파문을 당하고 이유립과 소원한 관계가 되었다. 반면에 오형기는 발문 파동 후에도 계속해서 단단학회 행사에 참여하였고, 이유립이 작고하자 장의위원장을 맡았다.
120) 이유립은 배달의숙본 100권 중 일부를 가까운 지인에게 기증하였다. 한때 초간본으로 잘못 알려졌던 숙명여대 소장본은 언론인 송지영이 이유립에게서 받은 몇 권 중 1권을 1989년에 숙명여대(1938년 설립된 숙명여자전문학교의 후신) 개교 50주년 기념으로 기증한 것이다.
121) 3년 만에 『환단고기』를 출판한 것에서 당시 단단학회와 이유립의 열악한 경제 상황을 절감할 수 있다. 양종현의 증언에 따르면, 이유립은 평생 안위와 재물을 추구하지 않고 오로지 역사 강의와 원고 집필 등으로 받은 사례비로 생활을 꾸렸으며, 1960년대 대전 은행동에 살 때 한 번은 식량이 떨어져서 일주일을 꼬박 굶기도 하였다. 가난하고 고독한 역사학자 이유립의 생활상은 2007년 9월호 〈신동아〉에 실린 "환단고기의 진실"에서도 보인다. 1970년대 말 이유립이 의정부에 살 때, 부인이 끓여 놓고 나간 라면이 점심 때가 되면 꽁꽁 얼었는데, 그 라면을 깨서 점심과 저녁을 때우면서 후학을 가르쳤다고 한다.

을 대면하였다. 그 후 이유립이 우리말로 풀이하고 주석까지 붙인 『환단고기』 원고를 박창암에게서 받아 본 후[122], 마침내 1982년에 '실크로드 흥망사'라는 부제를 붙인 일본어판 『환단고기』를 동경에서 출간하였다.

가지마는 『환단고기』를 '아시아의 지보至寶'라 극찬하였다. 하지만 번역에 오류를 범하였을 뿐만 아니라 책의 핵심 내용을 훼손하고 왜곡시켰다. 환국 → 배달 → 고조선 → 북부여(열국 시대) → 고구려·백제·신라·가야(사국 시대) → 대진·신라(남북국 시대) → 고려로 이어지는 한국 역사를 배달 → 야마토일본 → 나라일본 → 헤이안시대로 이어지는 일본 역사로 둔갑시켜 번역하였고, 동방 한민족의 역사가 중동 유대족의 역사에서 발원하였다는 황당한 주장도 하였다.

그때 국내에서는 이유립, 임승국 등이 수년 동안 〈자유〉에 우리 고대사를 연재해 왔고 광오이해사본 『환단고기』가 이미 출시된 터라, 한민족의 상고 역사와 신교 문화가 조금씩 국민들에게 알려지고 있었다. 이러한 때에 일본인이 쓴 『환단고기』가 역수입되자, 한국 역사학계는 상당한 충격을 받았고 일반 대중도 『환단고기』에 대해 깊은 관심을 가지게 되었다. 그 후로 이유립은 군인과 일반인을 상대로 역사 강연과 저술 활동을 하다가 80세(1986년)를 일기로 타계하였다.

이유립은 평생 동안 일신의 영화를 구하지 않고 오로지 역사 광복에 매두몰신하였다. 추위와 굶주림 속에서도 역사 연구에 헌신하며 『환단고기』를 세상에 널리 알린 한암당 이유립! 그는, 『환단고기』의 모든 글을 감수하고 조선의 망운에 목숨으로써 답한 해학 이기와, 『환단고기』를 처음으로 발간하고 일제의 역사 도륙의 칼날에 무참히 죽어간 운초 계연수, 이 두 분과 마찬가지로 **'국사학의 대부代父'**이다. 이분들의 고귀한 희생 덕분에 오늘날 한민족의 정통 사서 『환단고기』를 볼 수 있고, 9천 년 한민족사의 정통 맥과 진실을 알 수 있게 된 것이다.

---

122) 어떤 이유인지 모르지만 이유립은 자신이 우리말로 번역하고 각주까지 붙인 『환단고기』 번역본을 박창암 장군에게 주었고, 박 장군은 '이유립이 주해한 『환단고기』를 일본어로 내 준다'는 조건을 걸고 원고를 가지마에게 넘겼다. 이유립은 자신의 원고가 일본으로 간 것을 뒤늦게 알았다. 더구나 나중에 돌아온 원고는 원본이 아니라 복사본이었다(〈신동아〉, "『환단고기』의 진실 제2부 - 계연수와 이유립을 찾아서", 2007.9). 가지마 노보루가 이유립을 찾아 온 첫날, 가지마가 큰 절을 올리며 배움을 청하는 현장을 지켜 보았던 양종현은, 이유립이 출판을 목적으로 박 장군에게 위탁하였던 원고를 박 장군이 이유립에게 상의도 없이 일방적으로 가지마에게 준 것이라 증언하였다.

『환단고기』 전수 내력

필자는, 1966년 고등학교 1학년 때 이유립을 만나 그에게 『환단고기』를 직접 배웠던 현 단단학회 회장 **양종현**(1949~)을 2009년 이래 네 차례(2009.2.13 / 2009.10.27 / 2011.11.3 / 2011.12.30)에 걸쳐 면담하였다. 이유립이 세상을 떠난 1986년까지 20년 동안 이유립을 스승으로 모신 그는 이유립의 생애, 인간 관계, 사회 활동과, 『환단고기』가 계연수로부터 이유립에게 전수된 과정, 이유립이 『환단고기』를 1983년에 배포하기까지의 사연 등에 대해 많은 증언을 하였다. '『환단고기』는 이유립의 창작' 이라는 설에 대해서 그는, **"좁은 방에서 스승님과 무릎을 맞대고 앉아 『환단고기』 초간본을 글자 하나하나 짚어가며 읽은 기억이 생생하다"** 라고 하며, **"『환단고기』는 결코 위작이 아니다"** 라고 여러 차례 강조하였다. 그를 통해 알게 된 『환단고기』 전수 과정에 대한 새로운 사실 중 중요한 몇 가지를 여기에 소개한다.

양종현(1949~)

전수 내력에 대한 기존 주장	양종현이 전한 새로운 전수 내력
최시흥崔時興(독립군 천마산대 대장)과 이덕수李德秀(독립군 서로군정서)를 거쳐 이유립에게 전수됨.	이유립의 부친 이관집李觀楫이 계연수의 『단군세기』, 『태백진훈』 출판에 협력하고 함께 역사를 발굴한 인연으로, 이유립이 초간본 30권 중 한 권을 자연스럽게 전수받음.
오형기가 쓴 발문에 의하면, 1949년 이유립이 강화도 개천각에서 오형기에게 필사하도록 요청함.	1949년 열정적인 역사 탐구욕을 가진 호남 출신의 오형기가 이유립에게 개인적으로 필사를 하겠다고 요청함.
『환단고기』 초간본 분실 사유 ① 6.25 때 금산에서 화재로 소실. ② 성남 거주 시 큰 홍수로 분실. ③ 1976년 의정부 거주 시 이유립이 집을 비운 사이에 집주인이 밀린 집세 대신 책을 모두 팔아 버려 분실.	1976년 의정부 거주 시, 집세가 5개월이나 체불된 상태에서 백내장 수술 차 군산에 사는 종친, 이공빈李公彬이 운영하는 병원 '공안과'에 간 사이, 집주인이 책을 모두 팔아 버려 『환단고기』 초간본을 분실함(이유립의 증언).
1979년 발간된 광오이해사본의 오형기 발문을 삭제하고 오자를 수정하여 배달의숙을 발행인으로 하여 같은 해에 100부를 발간함.	1979년 배달의숙을 발행인으로 하여 새로운 판본을 만들었으나, 출판비가 없어 미루다가 1983년에 100부를 발간함.

『환단고기』 판본 비교

　현재까지 알려진 『환단고기』 판본은 계연수가 1911년에 간행한 초간본, 오형기가 1949년에 필사한 오형기본, 이 필사본을 조병윤이 1979년에 광오이해사에서 영인·발간한 광오이해사본, 이유립이 오형기 필사본을 교정하여 1983년에 발간한 배달의숙본 등이 있다.

　이 가운데 초간본은 1976년에 이유립이 분실하였다. 지금 세상에 나와 있는 『환단고기』는 광오이해사본과 배달의숙본이다. 배달의숙본은 그 목차에 '가섭원부여기迦葉原夫餘紀'가 표기되어 있어서 광오이해사본과 쉽게 구별된다. 오형기가 목차를 필사할 때 가섭원부여기를 누락시켰지만, 이유립이 예전에 초간본을 봤던 기억을 더듬어 그것을 되살린 것으로 파악된다.

　필자가 처음 『환단고기』를 접한 것은 1982년으로, 오형기 발문이 붙어 있는 광오이해사본이었다.

이유립이 소장했던 배달의숙본(1983년)

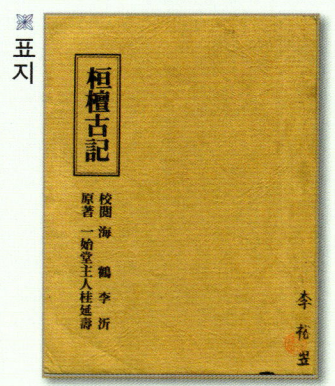

광오이해사본(1979년)

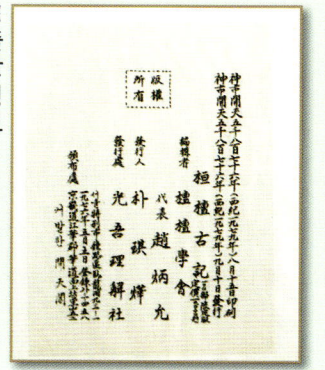
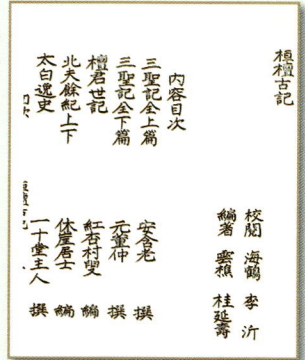

가지마 노보루가 번역 출간한 『환단고기』

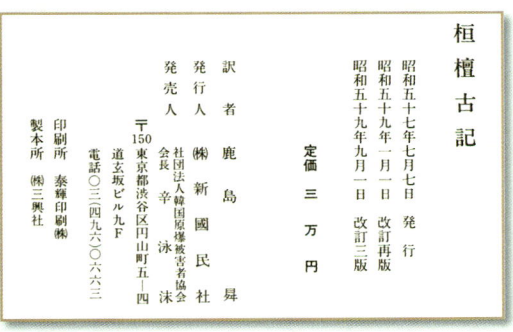

일본어판 『환단고기』의 표지(좌)와 출판 정보(우)

일본인 변호사 가지마 노보루는 소화 57년(1982)에 '역사와 현대사歷史と現代社'를 발행인으로 하여 『환단고기』 일어 번역본을 처음 출판하였고, 2년 뒤에는 (주)신국민사를 발행인으로 개정판을 발행하였다. 가지마는 오형기가 필사한 『환단고기』를 저본으로 사용하였다.

일본어판 『환단고기』에 실린 이유립의 시

歷史中現代社所刊桓檀古記讀後感
國籍雖殊居廣居 桓檀眞義不歸虛兩柱
浮橋自凝島三韓管境神市墟天皇家系夫
餘族日本文明烏羽書持論多少相違者有
說千秋足起予
神市開天五千八百七十九年歲次流不地皆福九月十日
寒闇堂主人 李 裕 岦 記

'역사와 현대사歷史と現代社'에서 간행한 『환단고기』를 읽은 소감

국적은 비록 달라 광거廣居에 살지만,
환단의 참된 뜻은 허虛로 돌아가지 않으리.
두 주신柱神(일본의 창조신)은 부교浮橋에서
자응도自凝島(일본)를 만들고,
삼한이 관경한 곳은 신시의 터로다.
천황의 가계는 부여족이요,
일본문명은 오우서烏羽書라네.
지론은 서로 간에 어느 정도 어긋나나,
오랜 역사를 서술하니 나의 뜻을 일으키네.

신시개천 5879년
세차 유블지개복(임술: 1982) 9월 10일
한암당주인 이유립 쓰다

이유립이 1982년에 발행된 일본어판 『환단고기』를 읽고 난 소감을 적은 칠언율시이다. 어떤 경로로 이 글이 가지마에게 전달되었는지 불명확하지만, 1984년에 발행된 일본어판 『환단고기』에 수록되어 있다. 이 시에서 '오우서烏羽書'는 '까마귀 깃으로 쓴 책'이라는 뜻으로, 환단의 역사를 의미한다. 이유립은 가지마의 번역이 많은 오류와 왜곡된 내용을 담고 있음을 "지론이 서로 간에 다소 어긋난다[持論多少相違者]"라는 말로써 우회적으로 표현하였다.

5 왜 『환단고기』를 읽어야 하는가
: 『환단고기』의 특징과 가치

『환단고기』는 9천 년 한국사의 진실을 기록한 한민족의 정통 사서이다. 때문에 강단사학자들이 한국의 대표적 사서로 꼽는 『삼국사기』, 『삼국유사』에서는 전혀 볼 수 없는 고대 한국인의 참 역사와 문화를 전해 준다. 이제 『환단고기』의 독보적인 특징과 사료적 가치를 살펴보기로 한다.

첫째, 『환단고기』는 **인류의 창세문명과 한민족의 뿌리 역사의 진실을 밝혀 주는 유일한 사서이다.**

『삼성기』는 "**오환건국吾桓建國이 최고最古라**(우리 환족이 세운 나라가 가장 오래되었다)"[123]라는 문장으로 시작된다. 이것은 **동서양 4대 문명권의 발원처가 되는 인류 창세문명의 주체를 밝힌 짧지만 매우 강력한 문장**이다. 그 주체는 바로 '오환건국'이라는 말에 나오는 환桓으로, 한민족의 시원 조상인 환족을 가리킨다. 오늘의 인류 문명은 바로 우리 환족이 세운 환국에서 비롯하였다.

『환단고기』는 온 인류의 시원 국가인 환국에서 시작된 한민족의 상고 역사를 삼성조三聖祖 시대로 묶어서 전한다. 삼성조 시대는 환국(BCE 7197~BCE 3897)에서 배달(BCE 3897~BCE 2333), 배달에서 고조선(BCE 2333~BCE 238)으로 전개되었다. 이 7천 년 동안 각 시대를 다스린 역대 임금의 이름,[124] 재위 연수, 치적 등을 기록하여 '**한민족과 인류 시원 역사의 진실**'을 밝혀 주는 책이 바로 『환단고기』이다.

둘째, 『환단고기』는 **단절된 한민족사의 '국통國統' 맥을 가장 명확하고 바르게 잡아 준다.**

한 나라의 계보와 그 정통 맥을 국통이라 한다. 지금 강단사학에서 말하는 국통

---

123) '나 오吾' 자, '밝을 환桓' 자, 오환에는 동북아의 철학과 사상, 특히 인간관의 핵심이 담겨 있다. 오환은 '나는 환이다'만을 뜻하지 않는다. '너도 환이고, 우리 모두는 환이다. 전 인류가 환이다'는 것이다. 다시 말해서 모든 인간은 천지의 광명 그 자체라는 말이다. 실지로 환국시대 사람들은 모두 스스로 자신을 환이라 불렀다.

124) 많은 사람들이 환인, 환웅, 단군을 특정인을 지칭하는 고유명사로 알고 있다. 하지만 이것은 삼성조 시대에 최고 통치자를 부르던 보통명사이다. 환국 시대에는 7대에 걸친 환인천제가, 배달 시대에는 18대 환웅천황이, 고조선 시대에는 47대 단군천황이 계셨다.

은 근본적으로 잘못된 것이다. 7천 년 상고 역사를 인정하지 않는 강단사학으로서는 한민족사의 정통이 계승되어 온 맥을 제대로 잡을 수가 없다. 이제 『환단고기』 덕분에 한민족은 잘못된 고대사 체계를 바로잡고 역사의 미망迷妄에서 벗어나 나라의 족보를 바로 세울 수 있게 되었다.

『환단고기』에 들어 있는 5대 사서 가운데 특히 **『삼성기』 상**, **『삼성기』 하**, 그리고 **『북부여기』**는 삼성조에서 고려·조선에 이르는 **국통 맥을 바로 세우는 데 근간**이 된다. 그 중 『북부여기』는 한민족사의 잃어버린 고리인 부여사(북부여와 동부여를 비롯한 여러 부여의 역사)의 전모를 기록하여, 기존의 어느 사서에서도 밝히지 못한 고조선과 고구려 사이의 끊어진 국통 맥을 이어 준다. 한국사의 국통 맥은 지금까지 ①환국 → ②배달 → ③고조선 → ④북부여(열국 시대) → ⑤고구려·백제·신라·가야(사국 시대) → ⑥대진·신라(남북국 시대) → ⑦고려 → ⑧조선 → ⑨대한민국으로 이어져 왔다. 『환단고기』 덕분에 잃어버린 9천 년 한국사의 총체적인 맥을 잡을 수 있게 된 것이다.

셋째, 『환단고기』는 환桓, 단檀, 한韓의 원뜻을 밝혀 줄 뿐만 아니라, **환·단·한의 광명 사상이 실현된 상고시대 인류와 동북아 역사의 전체 과정을 기록하였다.**

'환'은 이 우주를 가득 채우고 있는 하늘의 광명, 즉 천광명天光明을 뜻한다. "달빛이 환하다", "대낮같이 환하다"라고 할 때의 환이 바로 이 천광명의 환이다. 그리고 '단'은 박달나무 단 자인데, 박달은 '밝은 땅'이라는 뜻이다. 즉 단은 땅의 광명, 지광명地光明을 뜻한다. 그래서 '환단'은 천지의 광명이요, **『환단고기』는 '천지의 광명을 체험하며 살았던 태곳적 인류의 삶을 기록한 옛 역사 이야기'**라는 뜻이다.[125]

또한 '한'은 인간의 광명, 인광명人光明이다. 그런데 이 한 속에는 환단, 즉 천지의 광명이 함께 내재되어 있다. 인간은 천지가 낳은 자식이므로 천지부모의 광명이 그대로 다 들어 있다. **한은 그 뜻이 수십 가지가 넘지만, 가장 근본적으로는 '천지 광명의 주인으로서의 인간'**을 뜻하는 것이다.

그렇다면 천지인의 광명은 어디에서 오는 것인가? 『태백일사』 「삼신오제본기」에 이르기를, "대시大始에 상하와 동서남북 사방에는 일찍이 암흑이 보이지 않고,

---

[125] '환은 곧 한'이라 해서 이 책의 제호를 『한단고기』라 하는 것은 용인할 수 없는 잘못이다. 하늘과 땅이 엄연히 다르듯, 환과 한은 분명히 다른 것이다.

언제나 오직 한 광명이 있었다"라고 하였다. 이 말 속에 나오는 '오직 한 광명[一光明]'[126]이 그 해답이다. 천지가 열리기 전, 그때는 오직 광명만 존재하였다. 이 우주는 원래부터 광명으로 가득 차 있었던 것이다.

『환단고기』는 '어둠에서 광명이 열렸다'고 한 『구약전서』의 창세 이야기와 전혀 다르게 말한다. **우주는 영원토록 오직 한 광명으로 가득 차** 있지만, 그 우주에서 나온 하늘과 땅과 인간은 서로 구분이 되기 때문에 하늘의 광명은 환, 땅의 광명은 단, 인간의 광명은 한으로 나누어지는 것이다.

환·단·한의 광명 정신은 동방 한민족의 9천 년 역사에 그대로 실현되었다. 그래서 환국에서 근세조선과 대한민국에 이르기까지 나라 이름들이 모두 광명 사상을 담고 있다. 환국은 '환' 그 자체이고, 배달은 '밝다'를 뜻하는 '배'와 땅을 뜻하는 '달'이 모여 **'동방의 밝은 땅'**을 뜻한다. 배달을 달리 '단국'이라 부르는 것도 환단 사상에서 유래한 것이다.

후대의 한양조선과 구분하기 위해 옛 '고古' 자를 덧붙인 고조선도 광명 사상을 담고 있다. 조선은 **'아침 햇살을 먼저 받는 곳**[朝光先受地]'[127]을 뜻한다. 고조선의 국통을 이은 북부여의 부여도 '불'이라는 말로 광명을 나타낸다. 부여 중에서도 구국 영웅 고두막한이 세운 동명부여는 '동녘 동東'과 '밝을 명明' 자에 광명 사상이 들어 있다. 또한 고구려 유민이 세운 대진국[128]도 **'동방의 광명의 큰 나라'**라는 뜻이다. 대진이란 말보다 더 잘 알려진 발해[129]도 **'밝은 바다'**라는 말로서 광명 사상을 포함한다. 고종 황제가 선포한 대한제국의 '대한'이란 말에도 역시 '한'의 광명 정신이 담겨 있으며, 이 대한제국에서 오늘의 국호 대한민국이 나왔다.

환·단·한의 광명 정신은 국호뿐 아니라 각 시대 창업자의 호칭에서도 확인할 수 있다. 환인, 환웅, 단군, 이 세 호칭은 모두 **'광명의 지도자'**를 뜻한다. 환인은

---

126) 일광명一光明의 다른 말이 우주 만물이 생성된 근원인 일신一神이요 일기一氣이다. 일신과 일기에 대해서는 본 해제의 3부『환단고기』가 밝혀 주는 인류의 원형문화, 신교'에서 전하기로 한다.
127) '조광선수지朝光先受地'는 고조선 6세 달문단군 때 신지 발리가 지은『신지비사』(일명 서효사)에 나오는 말이다.『신증동국여지승람新增東國輿地勝覽』에서는 "동쪽의 끝, 아침 해가 떠오르는 땅에 위치하였으므로 조선이라 불렀다[東表日出之址, 故曰朝鮮]"라고 하였다.
128) 대진大震의 '동방 진震' 자는 고조선 진한辰韓의 '진' 자와 의미가 같다. 대진이 일어난 만주지역이 고조선 삼한의 중심 국가였던 진한(진조선)에 속한 땅이었기 때문에 '큰 진한, 큰 진조선'이라는 의미에서 대진이라 정하였다는 견해도 있다.
129) 발해는 당나라가 대진을 폄하해서 부른 국호이다. 원래는 요동반도와 산동반도 사이에 있는 바다를 일컫는 말이다.

천광명의 '환桓'과 책임지는 사람을 뜻하는 '인仁'자로 이루어져, '광명의 아버지'를 뜻한다. 환인은 스스로 광명을 밝혀서 백성을 광명세계로 인도하는 지도자였다. 환웅과 단군 역시 그 호칭에 환과 단의 광명 사상을 담고 있다.

북부여를 세운 해모수의 성씨인 '해'자 역시 우리말에서 '태양'을 뜻하므로, 해모수란 이름에도 광명 정신이 담겨 있다. 신라의 시조 박혁거세도 '밝다'는 뜻의 박朴자로 성을 삼았고, 이름에 '빛날 혁赫'자를 써서 광명 사상을 표출하였다. 그리고 한양조선의 이성계가 즉위 후 이름을 '새벽 단旦'자로 바꾸었는데, 이 또한 광명을 뜻한다. 이성계는 고조선의 영토와 문화를 회복하여 과거 한민족의 영광을 되찾으려는 웅지에서, 국호를 조선으로 정하고 자신의 이름을 '새벽 단'자로 바꾼 것이다.

한마디로 **환국 이래 동북아 한민족의 모든 역사 과정은 실로 환단**(천지광명)**의 역사**이다. 그리고 그러한 역사를 기록한 『환단고기』는 천지광명의 역사서이다.

넷째, 『환단고기』**에는 한민족의 고유 신앙이자 인류의 시원 종교이며 원형 문화인 신교의 가르침이 구체적으로 기록되어 있다.**

신교神敎의 문자적 뜻은 '신으로써 가르침을 베푼다', 다시 말해서 '신의 가르침으로 세상을 다스린다'는 것이다. 『단군세기』의 "이신시교以神施敎", 『규원사화』의 "이신설교以神設敎"[130], 『주역』의 "이신도설교以神道設敎"[131] 등의 줄임말이 곧 신교이다.

신교에서 말하는 신은 인간과 천지 만물을 모두 다스리는 통치자 하나님인 '**삼신상제님**'이시다. 그러므로 신교는 '삼신상제님의 가르침으로 세상을 다스리는 것'이다. 즉 **신교는 삼신상제님을 모시는 인류의 원형 신앙**이다.

한민족은 '**천제**天祭'를 올려 상제님에 대한 신앙을 표현하였다. 한민족의 천제 문화는 9천 년 역사의 첫머리인 환국을 연 환인 때부터 시작된 것이다. 다시 말해 **환국은 인류 제천문화의 종주이자 고향**인 것이다. 이것을 『태백일사』「환국본기」에서 '환인 천제께서 천신(삼신상제님)에게 지내는 제사를 주관하였다[主祭天神]'라

---

130) 우리나라는 '신으로 가르침을 베풀고' 옛것을 쫓으니 그것이 풍속이 되어 사람들 마음이 안정되었다[我國以神設敎, 從古爲俗, 沈漸於人心者, 久矣](『규원사화』「단군기檀君記」).
131) 하늘의 신도를 살펴봄에 사시가 어긋나지 아니하니, 성인이 '신도로써 가르침을 세움'에 천하가 복종하느니라[觀天之神道, 而四時不忒, 聖人, 以神道設敎, 而天下服矣](『주역』 관괘觀卦「단전상전彖傳」).

고 기록하였다.

약 6천 년 전에 배달을 개척한 환웅천황도 나라를 세우면서 천제를 행하였고(『태백일사』「신시본기」), 단군왕검도 상제님께 천제를 올리고 아사달에 도읍하였다(『단군세기』). 그 후로도 천제의 전통은 마지막 왕조 조선과 대한제국(1897~1910)에 이르기까지 면면히 이어졌다. 한민족은 환국이래 예로부터 삼신상제님께 천제를 올려 그 은혜와 덕을 칭송하는 한편 상제님의 가르침을 그대로 실천해 왔다.

제천문화로 나타난 한민족의 상제신앙은 『환단고기』의 전편에 걸쳐 실감나게 그려지고 있다. 『구약전서』가 유대족의 종교 경전이자 역사서인 것처럼, **『환단고기』는 동방 한민족은 물론 온 인류의 상고 역사서이자 소중한 종교 경전**인 것이다.

다섯째, 『환단고기』는 **천지인을 삼신의 현현顯現으로 인식한 한민족의 우주사상을 가장 체계적으로 전한다.**

우주 만유가 생성되는 근원을 『환단고기』에서는 일신一神이라 정의한다. 일신은 곧 각 종교에서 말하는 조물주요, 도道요, 하나님이다. 그런데 일신이 실제로 인간의 역사 속에서 작용을 할 때는 언제나 삼신으로 나타난다. 한 손가락이 세 마디로 되어 있듯이 하나 속에는 셋의 구조로 **3수 원리**가 들어있는 것이다. 그래서 한민족은 예로부터 우주의 조물주 하나님을 삼신이라 불렀다. 이것이 한민족이 창시한 **우주사상의 출발점**이다.

그리고 조물주 삼신의 신령한 손길에서 천지인 삼재가 나왔다. 다시 말해서 삼신이 현실계에 자신을 드러낸 것이 바로 천지인이다. 때문에 천지인 각각은 삼신의 생명과 신성을 고스란히 다 가지고 있고, 각각에 내재된 삼신의 생명과 신성神性은 서로 동일하다. 이러한 천지인을 『환단고기』는 **천일**天一·**지일**地一·**태일**太一이라 정의한다. **인간을 태일이라 부르는 것**, 이것이 **한민족 우주사상의 핵심**이다. 인간을 '인일人一'이라 하지 않고 '태일'이라 한 것은 인간이 천지의 손발이 되어 천지의 뜻과 소망을 이루는, 하늘땅보다 더 큰 존재이기 때문이다.

사람은 세상을 살면서 '신은 정말 존재하는가? 인간이란 무엇인가? 인간은 왜 사는가?'라는 의문을 가질 때가 있다. 그 해답을 『환단고기』에서는 **우주사상의 근간인 일신**一神**과 일기**一氣, **일신과 삼신, 삼신과 천지인, 천지와 인간 등의 관계를** 조명하면서 종합적으로 이야기한다. 그러므로 『환단고기』는 한국인뿐 아니라 **전**

인류의 역사 철학 경전이요 문화 경전인 것이다.

여섯째, 『환단고기』는 동방 한민족사의 첫 출발인 배달 시대 이래 전승된, **한민족의 역사 개척 정신인 낭가**郎家 **사상의 원형과 계승 맥을 전하고 있다.**

낭가는 곧 낭도인데, 우리에게 익숙한 신라의 화랑도 또한 낭가이다. 그러나 낭가의 원형은 배달 시대의 관직이었던 '삼랑三郎'이다. 삼신의 도법을 수호하는 직책이기 때문에 삼三 자를 붙여 삼랑이라 불렀다. 그들은 삼신상제님의 도로써 백성을 교화하고 형벌과 복을 주는 일을 맡았다.

환국 시대 말 환인천제의 명을 받은 환웅이 동방 개척에 뜻을 두고 백두산으로 이주할 때 동행한 '무리 3천 명'의 정체도 바로 이 낭가이다. 문명 개척의 주인공으로서 배달을 세운 그들은 '제세핵랑濟世核郎'[132]이었다.

환국 말기에 태동한 제세핵랑과 배달 시대의 삼랑은 그 후 고조선의 **국자랑**國子郎 → 북부여의 **천왕랑**天王郎 → 고구려의 **조의선인**皂衣仙人, 백제의 **무절**武節[133], 신라의 **화랑**花郎 → 고려의 **재가화상**在家和尙(선랑仙郎, 국선國仙)[134] 등으로 계승되었다.

이들은 모두 평상시에는 삼신상제님의 진리를 공부하며 완전한 인격체의 길을 추구하고, 학문과 무예를 동시에 연마하며 심신을 수련하였다. 그러나 유사시에는 구국의 선봉에서 목숨을 바쳐 국난을 물리쳤다. 결론적으로 낭가는 신교의 구도자이며 또한 역사 개척의 선봉장으로서 한 시대의 구국청년단이었다. 오직 『환단고기』에서 온전히 전하고 있는 낭가의 계승 맥에 대해서는 제3부에서 상술하기로 한다.

일곱째, 『환단고기』는 동방 **한민족이 천자**天子 **문화의 주인공이요 책력**冊曆 **문화**

---

132) '핵랑核郎'은 낭도들 중에서도 핵심 낭도를 가리키는 말로 『태백일사』 「고구려국본기」에 보인다. 당나라 사람 번한樊漢이 지은 '고려성 회고시'를 『태백일사』에 기록하면서 이맥이 그 운을 따라 지은 시 한 수에서 "만 리 길 떠나는 핵랑의 노자路資로나 쓰시게"라고 하였다. 고려 시대까지만 해도 낭가는 국가 제도로 생생히 살아 있었음을 알 수 있다. 핵랑에 '세상을 구하는', 즉 제세濟世란 말을 붙여 배달의 문명 개척단을 제세핵랑이라 부른 이는 한국 국사학의 아버지인 한암당 이유립이다.

133) 삼국에는 제각기 청소년 무사단이 있었다. 고구려의 조의皂衣 제도, 백제의 무절武節 제도, 신라의 화랑花郎 제도가 바로 그것이다(정명악, 『국사대전』, 59쪽).

134) 송나라 휘종徽宗이 보낸 사절단에 수행한 서긍徐兢이 1123년에 고려에서 견문한 것을 그림과 글로 설명한 책인 『고려도경』에서 고려의 낭도를 '재가화상'이라 하였다.

동방 천자문화의 출원을 말해 주는 네 글자, 자기동래紫氣東來

산동성 태산의 첫 문턱에서 마주치는 문구, 자기동래의 '자줏빛 자紫' 자는 천자의 별인 자미원紫微垣의 자 자로 천자를 상징한다. 즉 자기동래는 **'천자문화의 기운이 동방에서 왔다'** 를 뜻하는 말로서, **중국 천자문화의 출원이 동방 한민족임을 그들 스스로 밝힌 것이다.** 이 네 글자는 한민족의 역사를 되찾아 주는 천하의 명구이다. 자기동래 현판은 심양의 고궁인 봉황루, 서태후 때 재건된 이화원 등에도 있다. 본래 노자가 함곡관을 지날 때 문지기에게 써 준 문구라 전해 온다.

의 시조로서 수數를 최초로 발명하였음을 밝히고 있다.

천자는 '**천제지자**天帝之子'의 준말이다. 천제天帝는 상제上帝의 다른 말이므로, 천자는 곧 상제님의 아들이라는 말이다. 천자는 상제님을 대신하여 땅 위의 백성을 다스리는 **통치자요, 하늘에 계신 상제님께 천제**天祭**를 올리는 제사장**이다. 한마디로 상제님과 인간을 연결하는 다리와 같은 존재다. 환국·배달·고조선 이래로 이 땅은 원래 천제의 아들이 다스리는 천자국天子國[135]이었다. 『단군세기』에서 행촌 이암이 단군을 줄곧 '**제**帝'라 부른 이유가 바로 여기에 있다.[136] 천자의 가장 근본적인 소명은 자연의 법칙을 드러내어 백성들이 춘하추동 제때에 맞춰 농사를 지을 수 있도록 책력을 만드는 것이었다. 배달 시대에 지은 한민족 최초의 책력인 **칠회**

---

[135] 한민족이 천자문화의 종주宗主임을 중국 사람이 스스로 고백한 기록이 있다. 후한 때 채옹이 쓴 『독단獨斷』을 보면, "천자는 동이족이 사용하던 호칭이다. 하늘을 아버지로 땅을 어머니로 하는 까닭에 천자라 부른다"라고 하였다.

[136] 중국 왕들이 천자를 자칭한 것은, 진왕秦王 영정嬴政이 춘추전국 시대의 혼란기를 끝내고 중원을 하나로 통일한 후, 동북아 제왕 문화사의 근원적 기틀인 삼신오제 사상에서 발원된 삼황과 오제에서 '황皇' 자와 '제帝' 자를 따서 스스로 황제라 칭한 이후다. 고조선이 진조선의 멸망으로 혼란해진 틈을 타, 진왕이 삼신 사상의 천자 칭호를 차용해 간 것이다. 굴원屈原의 『초사楚辭』에는 동황태일東皇太一이란 구절이 나오는데 이는 동방의 임금(태일), 즉 단군을 말한다. 이유립은 '중국은 왕위에 태왕太王(辰王)이 있는 것을 몰랐다'고 주장한다. 중국은 고조선의 삼한제도를 알면서도 고의로 제거한 것이다.

제신력七回祭神曆(『태백일사』「신시본기」) 또는 **칠정운천도**七政運天圖(『태백일사』「소도경전본훈」)는 인류 최고最古의 달력[137]이다.

역법에는 숫자가 사용된다. 그래서 책력의 시조라는 것은 곧 숫자 문화의 시조라는 것이다. 수의 기본인 **일**一에서 **십**十까지의 숫자는 9천 년 전 환국 시절의 우주론 경전인 『**천부경**天符經』에 처음 보인다. 『천부경』은 3분의 1이 숫자로 구성되어 있다. 문자 발명 후에는 반드시 숫자가 나오는 법이다. 한민족은 세계 최초로 숫자를 만든 민족인 것이다.

환국 시대에 이미 숫자에 대한 개념이 있었고, 숫자를 일상생활에서 사용하였다. 그것을 보여주는 역사적 유물이 바로 배달 시대의 산목算木(숫자를 셈하는 데 쓰던 막대기)이다. 지금은 대체로 1, 2, 3 …으로 표현되는 아라비아 숫자로 계산을 하지만, 우리 조상들은 수천 년 동안 산목으로 수를 표기하여 계산하였다.[138] 배달국 후기 치우 천황 때에는 산목의 변형태인 투전목鬪佃目을 사용하였고, 부여 시대에는 서산書算을 사용하였다(『태백일사』「소도경전본훈」).

그런데 한민족이 최초로 창안한 숫자 문화는 여기에 그치지 않는다. 5,500여 년 전, 배달 시대의 성인 제왕인 태호복희씨가 1에서 10까지 수의 생성과 변화 원리를 찾아내어 **하도**河圖를 그렸고 또한 **팔괘**를 그었다. 하도는 4,200년 전 우임금이 창안한 **낙서**洛書[139]와 더불어 동양 수학의 기반이며 상수학numerology의 토대이다.[140] 그리고 복희 팔괘는 나중에 문왕 팔괘로 발전하여 『주역』의 기초가 되었

---

[137] 이를 계승·발전시켜 당요와 우순이 366일과 365 1/4일의 1년 역수를 정립시켰다.

[138] 산목을 소장하고 있으며 직접 사용해 본 박성수 교수는 산목에 의한 계산이 주판보다 빠르다고 주장한다. 산목을 버리고 주판을 쓴 것도 일종의 문화 사대주의이다. 박 교수는 "문화를 크게 소리(문자)의 문화와 숫자의 문화로 나누는 학자가 있는데, 산목(산대)은 우리 문화에 소리의 문화만이 아니라 숫자의 문화도 있었다는 사실을 입증하는 것이다"(박성수, 『단군문화기행』, 315쪽)라고 말한다.

[139] 낙서의 의미와 전파 과정을 연구한 미국의 수학자 프랭크 스웨츠Frank Swetz는 서양 수학의 발전에 큰 영향을 미친 그리스, 인도, 중동, 유럽 등지에서 마방진을 쓰게 된 것은 그곳에 낙서가 전해지고 난 후라고 한다(프랭크 스웨츠, 『낙서의 유산Legacy of the Luoshu』, 82쪽). 하지만 그리스와 유럽에 낙서만 전해진 것은 아니다. 20세기의 위대한 철학자 화이트헤드가 '서구 문명에 끊임없이 영감을 불어넣어 준 인물'로 평가한 그리스 수학자 피타고라스가 '모든 것은 수로 구성돼 있다. 10수는 완전수다'라고 하였는데, 10수는 하도에만 나오는 수이다. 이로 볼 때, 하도도 낙서와 함께 서양 문명권에 전파되었고, 2천5백 년 전의 피타고라스도 동양에서 건너간 하도와 낙서를 본 것이 분명하다. 요컨대 서양 과학 문명은 복희씨의 하도와 우 임금의 낙서에 젖줄을 대고 있는 것이다.

[140] 전통적인 수학(하드hard 수학)에 대응하여 '하나의 수식을 상황과 맥락에 따라 다양하게 해석하는 수학'을 소프트soft 수학이라 하는데, 대자연의 오묘한 창조와 변화의 법칙을 수의 상호 관계로써 밝힌 하도와 낙서야말로 진정한 소프트 수학이다. 상생의 이치를 나타내는 하도는 1에서 10까

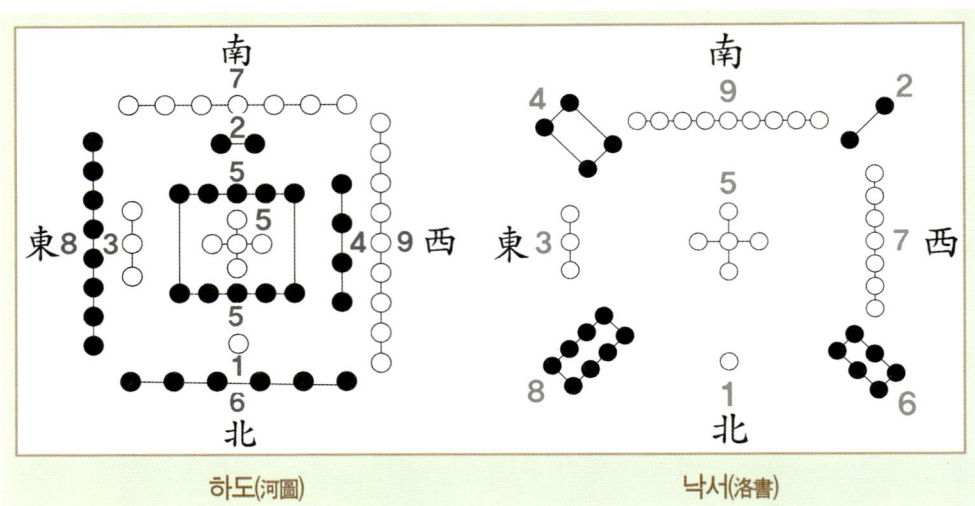

하도(河圖)   낙서(洛書)

다. 결론적으로 고대 한민족이 수를 발명하고 하도와 팔괘를 창조하였으므로 **동방 한민족이 철학과 과학문명의 원 뿌리가 되는 것이다.**

여덟째, 『환단고기』는 한민족이 천문학의 종주임을 밝히고 있다.

『단군세기』와 『태백일사』에 따르면, 고조선은 BCE 2000년경부터 천문 관측 기술을 보유하였다. 고조선의 10세 노을단군 때(BCE 1916) **감성**監星이라는 천문대를 설치하여 별자리를 관측하기 시작하였다.[141] 그 결과 다섯 행성의 결집, 강한 썰물, 두 개의 해가 뜬 일 등 고조선 시대에 일어난 특이한 천문 현상을 오늘날까지 전하고 있다.

박창범은 『단군세기』에 기록된 '13세 흘달단군 때(BCE 1733) 일어난 **오성취루**五星聚婁 **현상**'과 '29세 마휴단군 때 있었던 남해의 밀물이 3척이나 물러난 사건'을 현대 천문학의 기술을 빌어 입증하였다.[142] 이는 『환단고기』를 위서로 매도하는 강

지 수로써 천지의 모든 변화 과정을 표현하고, 상극의 이치를 나타내는 낙서는 1에서 9까지 수로써 모든 변화를 표현한다. 이 하도와 낙서에서 도서관圖書館이라 할 때의 도서란 말이 나왔다.

141) 박석재 전 한국천문연구원장은 한국 천문학의 발전 과정에 대해 "고조선시대에는 별을 관측하는 감성을 설치하였고, 신라 선덕여왕 때 첨성대를 만들었다. 백제 관륵이 일본에 천문학을 전수했고 고려시대 서운관, 조선시대 관상감이 운영되었다. 그리고 세종대왕 때 칠정산七政算이 편찬됐는데 이 칠정산은 우리 자체 책력이라 할 수 있다"라고 한다(상생방송STB, 〈한문화 특강〉, "해와 달과 별과 천손을 말하다" 4강, 2012.3.26).

142) 박석재는 'BCE 1733년에 나오는 오성취루 현상이 천문학적으로 검증이 된다'는 나대일, 박창범 교수의 주장에 대해 시비를 거는 사람들이 조작 운운하나 절대 그럴 수 없으며, 문방구에서 파는 소프트웨어를 장난삼아 돌려 봐도 『단군세기』에 기록된 연대와 1년의 오차도 나지 않는다고 주장

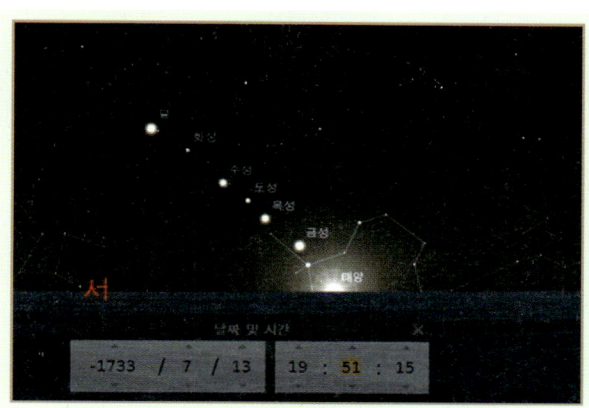

별자리 관측 프로그램 "스텔라리움 Stellarium"에서 BCE 1733년 7월 13일로 설정한 천문 관측도_화성, 수성, 토성, 목성, 금성 다섯 행성이 일렬로 서 있는 것이 육안으로 관측된다. 『환단고기』가 기록한 오성취루 현상이 과학적으로 증명됨으로써 『환단고기』는 진서임이 더욱 분명해졌다.

단사학계에 일침을 가하고 『환단고기』를 올바르게 평가하게 되는 중대한 계기가 되었다.

고대 한국의 천문 기록은 중국이나 일본보다 정확한 것으로 평가된다. 박창범 교수의 연구에 의하면 『삼국사기』에 실린 일식 기록의 실현율은 80%인 반면 중국의 기록은 63~78%였고, 일본의 기록은 35%에 불과하였다.[143] 『삼국사기』와 『삼국유사』에는 일식 67회, 행성의 움직임 4회, 혜성의 출현 65회, 유성과 운석 42회, 오로라 12회 등 240회가 넘는 천문현상이 기록되어 있다. 박창범 교수는 이러한 기록이 대부분 사실이었음을 밝혀 냈다.

과학적으로 입증되고 있는 고조선의 천문 기록은 인류 역사 최초의 천문 기록이다. 천문대를 운영하며 남긴 천문 기록은 당시 전 세계 어느 역사에도 없는 것으로 고조선이 인류 천문학의 종주국임을 보여주는 실례인 것이다. 『삼국지』 「위서동이전」에도 "예濊나라 사람들은 별자리를 관측하여 그 해의 풍흉을 점쳤다"[144]라고 하여 고조선에서 천문관측이 행해졌음을 밝히고 있다.

한민족이 천문에 대해 어떤 민족보다 앞서 있었다는 사실은 여러 가지 유물로도 입증된다. 현재도 본래 모습을 그대로 간직하고 있는 신라의 첨성대는 633년에 세운 천문관측소이다. 지금은 남아 있지 않지만 고구려의 수도 평양에도 첨성대가 있었다는 기록이 있다(『세종실록』). 고구려인이 천문에 관심이 많았다는 것은 고구려 고분 벽화에 별 그림과 별자리가 많이 그려져 있는 사실에서도 확인할 수 있

한다(상생방송STB, 〈한문화 특강〉, "해와 달과 별과 천손을 말하다" 3강, 2012.3.19).
143) 박창범, 『하늘에 새긴 우리역사』, 52쪽.
144) 曉候星宿, 豫知年歲豊約(『삼국지』 「위서동이전」).

다.[145] 지금까지 적어도 24기의 고구려 고분에서 별자리를 그린 벽화가 발견되었는데, 4세기경에 만들어진 고분에서 나온 별 그림들은 별의 밝기에 따라 크기를 달리 표현할 정도로 매우 사실적으로 그려져 있다.[146] 특히 덕흥리 고분에 그린 28수 그림을 보면 조선 태조 4년(1396년)에 만든 천문도인 천상열차분야지도天象列次分野之圖[147]에 나오는

조선 태조 4년(1396년)에 만든 천문도인
천상열차분야지도天象列次分野之圖

별자리 모양과 그 형태가 완전히 일치하며, 각 별자리의 이름도 적혀 있다.

한 가지 놀라운 사실은, 이미 오래 전에 한반도의 고인돌에도 돌 뚜껑 겉면에 80개의 구멍을 뚫어 별자리를 새겨 놓았다는 점이다. 평안도 증산군 용덕리에서 발견된 10호 고인돌이 바로 그러하다. 상원군 번동 2호 고인돌 뚜껑돌에도 역시 80개의 구멍을 내어 **북두칠성의 국자 형상**을 만들어 놓았다. 세계 천문학계에서는 일반적으로 메소포타미아의 바빌로니아에서 발견된 토지경계비에 새겨진 별자리

---

145) 중국의 위진魏晉 수당隋唐대의 고분벽화에도 성수도가 보이나 고구려 고분벽화와 차이를 보인다. 중국의 고분벽화에는 사신도의 비중이 작고 일월상이 표현된 경우도 고구려에 비해 많지 않다. 고구려 고분벽화에 다수 나타나는 사신도와 일월상은 고구려가 중국에 비해 '사방위 별자리' 관념이 매우 발달하여 천문방위표지 시스템이 현저하였음을 보여주는 자료이다(김일권, '위진魏晉 수당隋唐대 고분벽화의 천문성수도 고찰', 『한국문화』 24집, 239~241쪽).

146) 이러한 왕이나 귀족의 무덤 속에 별자리를 그리는 전통은 일본으로 전해졌다. 고구려 치마저고리를 입은 여인들의 무덤으로 유명한 일본의 다카마츠 고분 속에는 천정에 28수와 북극성을 그렸다. 그런데 다카마츠 고분 근처에 있는 7세기말에서 8세기초에 조성된 기토라 고분에서도 천문도가 발견되었다. 이 천문도는 중국 남송의 순우천문도淳祐天文圖보다 5백 년 정도 앞선 것이다. 일본 천문학자들은 이 천문도에 나오는 별들의 위치로부터 이 별 그림이 북위 38~39도인 지방에서 본 밤하늘이라는 것을 알아냈다. 곧 고구려의 밤하늘을 그려 놓은 것이라고 생각하였다. 『일본서기』에 의하면, 기토라 고분이나 다카마츠 고분을 만들기 전인 602년에 관륵이라는 백제 학자가 일본으로 건너가서 천문 역법, 풍수지리학에 관한 책을 전했다고 했다.

147) 국보 228호 천상열차분야지도는 검은 대리석에 새긴 천문도로, 1247년에 중국에서 만들어진 순우천문도에 이어 세계에서 둘째로 오래된 석각천문도이다. 원래 천상열차분야지도는 고구려 때 만들어졌다. 그러나 천문도를 새긴 고구려 때 비석은 전쟁 중에 대동강에 빠뜨려 분실되었고 태조 이성계가 조선을 건국한지 얼마나지 않아 어느 노인이 바친 고구려 천문도 탁본을 바탕으로 복원한 것이다.

를 고대 천문학의 원형으로 본다. 이 별자리의 그림은 BCE 1200년경의 것으로 추정된다. 그런데 한반도에서 발견된 고인돌의 별자리는 이보다 1,800년 이상 앞서는 것으로 밝혀졌다.

아홉째, 『환단고기』는 삼성조 시대의 국가 경영 제도를 전하는 사서로서 만고불변의 '나라 다스림의 지침'을 담고 있다.

환국·배달·조선은 우주 원리를 국가 경영 원리로 삼아 나라를 다스렸다. 그 우주 원리가 바로 **삼신오제**三神五帝 **사상**이다. 삼신(조화신·교화신·치화신)이 현실에서 작용할 때에는 다섯 방위[五方]로 펼쳐진다. 오방五方은 동서남북과 중앙이다. 이 오방을 대변하는 다섯 가지 색깔, 청(동방)·백(서방)·황(중앙)·적(남방)·흑(북방)을 오방색이라 한다. 오방에서 각기 만물의 생성작용을 주장하는 신(主神)을 오제라 하는데, 청제靑帝·백제白帝·황제皇帝·적제赤帝·흑제黑帝이다. 이 다섯 방위의 주재자가 수화목금토 오행의 천지 기운을 주재한다.

이러한 삼신오제 문화를 드러낸 한 장의 그림이 곧 고구려 무덤 벽화 속의 **사신도**四神圖이다. 사신도는 동서남북 사방과 춘하추동 사계절의 천지 오행 기운을 주재하는 **자연신**인 청룡(동방), 백호(서방), 주작(남방), 현무(북방)를 표현한 것이다. 오방 가운데 중앙을 맡은 황룡은 무덤 벽화의 중앙을 차지하고 있다.[148]

예로부터 **한국인은 우주의 근원인 삼신을 모시면서 오제를 함께 모셔왔다.** 『삼국사기』에서 『책부원귀冊府元龜』의 기록을 인용하여 "백제에서는 매년 춘하추동의 가운데 달에 왕이 하늘과 오제의 신에게 제사했다"[149]라고 말한다. 백제의 오제 신앙은 중국의 여러 사서에서도 전한다.[150]

---

148) 청룡은 동쪽의 수호신으로 문과 법을 다스리고, 백호는 서쪽의 상징이며 형과 명을 다스리는 신이다. 주작은 남쪽을 상징하고 악樂과 예를 다스리며, 현무는 북쪽을 상징하고 농공農工을 다스린다고 믿어졌다. 그리고 황룡은 무덤의 중앙을 차지하여 중국에 없는 고구려만의 특색을 나타낸다(최영주, '고구려 고분벽화 사신도에 나타난 상징성 연구', 단국대 석사논문(1996), 16~17쪽 ; 박용숙, '사신도와 그 주제와 관한 고찰', 『동대同大논총』 22집, 773쪽).
149) 百濟每以四仲之月, 王祭天及五帝之神(『삼국사기』 「잡지雜志」 제사祭祀).
150) "백제의 왕이 사중월四仲月(춘하추동의 가운데 달)에 하늘과 오제의 신을 제사한다"라는 내용은 『주서周書』 「이역異域」 '백제전', 『수서隋書』 「백제전」, 『북사北史』 「백제전」 등에서 전한다. 『한원翰苑』에 인용된 『괄지지括地志』에서는 "백제는 사중월에 하늘과 오제 신에게 제사를 지내는데, 겨울과 여름에는 북과 나팔을 사용하고 춤과 노래를 하지만, 봄과 가을에는 노래만 할 따름이다[百濟四仲之月, 祭天及五帝之神. 冬夏用鼓角奏歌舞, 春秋奏歌而已]"라고 하였다.

삼신오제 사상은 동북아 한민족사의 창세시절 초기부터 통치 원리로 이화되었다. 배달의 환웅천황이 삼신오제 사상에 따라 **삼백**三伯(풍백, 우사, 운사) 제도와 **오사**五事(주곡主穀·주명主命·주병主病·주형主刑·주선악主善惡) 제도를 시행한 것이다. 삼백은 조선 시대의 삼정승(영의정, 좌의정, 우의정), 근현대의 삼권분립(입법부, 행정부, 사법부) 제도와 완전히 정합한다. **풍백, 우사, 운사**는 흔히 말하듯 바람신, 비신, 구름신이라는 신화 속 주인공이 아니라 오늘날 **민주주의 정치 체제의 원형**인 것이다. 배달의 오사는 고조선과 북부여, 고구려, 백제 등에 그대로 계승되었다.[151]

그리고 중국 역사의 첫머리를 장식하는 인물로 흔히 삼황오제三皇五帝[152]를 꼽는데, 이것도 동방 한민족의 삼신오제 사상에서 연유한다. **삼황오제 문화의 근원이 동방의 환국과 배달**인 것이다.

신교의 삼신문화가 국가 경영 원리로 정착된 **가장 결정적인 제도**는 바로 고조선의 **삼한관경제**三韓管境制이다. 대단군이 중앙의 진한을 다스리면서, 두 명의 부단군을 두어 번한과 마한을 다스리게 한 이 제도는 고조선이 국정을 운영하는 근간이었다. 삼한관경제의 변화는 통치 제도의 변화를 가져왔고, 삼한관경제의 와해는 결과적으로 통치제도를 붕괴시켜 국가의 멸망을 초래하였다. 고조선의 국운은 삼한관경제의 성쇠와 운명을 같이한 것이다.

요컨대 **신교의 삼신오제**三神五帝 **사상은 한민족의 역사와 문화를 움직여 온 사상적 기반**이었다. 그래서 신교가 밝히는 **동방 문화의 우주관의 핵심인 삼신오제**에 대한 인식이 결여되면 잃어버린 한민족의 국통 맥을 제대로 파악할 수 없다. 상고시대 한민족의 국가 통치 제도의 구성 원리를 처음으로 상세히 기록한 『환단고기』는 오늘날 국가 경영을 연구하는 데에도 훌륭한 지침서가 될 것이다.

열째, 『환단고기』는 배달과 고조선이 창제한 문자를 기록하여 고대 한국이 문자 문명의 발원처임을 밝혀 준다.

문자는 문명 발상의 필수 요소이다. 한민족은 배달 시대부터 이미 문자 생활을

---

[151] 북부여, 고구려, 백제의 오부五部, 대진국의 오경五京, 신라의 오소경五小京, 요나라와 금나라의 오경 등은 모두 배달의 삼신오제와 오사 제도에 뿌리를 둔다.

[152] 삼황三皇은 원래 천황·지황·인황을 말한다. 중국사의 삼황오제는 문헌마다 차이가 있지만, 대체로 수인씨·복희씨·신농씨를 삼황으로, 황제헌원黃帝軒轅·전욱고양顓頊高陽·제곡고신帝嚳高辛과 고조선 초대 단군 때의 인물인 요·순을 오제로 꼽는다.

가림토 문자

영위하였다. 초대 환웅천황(BCE 3897~BCE 3804)이 신지神誌 혁덕赫德에게 명하여 녹도문鹿圖文을 창제하게 하신 것이다. 이것은 가장 오래된 문자로 알려진 BCE 3000년경의 쐐기문자(수메르)와 상형문자(이집트)보다 앞서는 세계 최초의 문자이다.

고조선 3세 가륵단군은 이 문자를 수정 보완하여 **가림토加臨土 문자**를 만들었다. 가림토의 모습은 조선 세종 때 만든 한글과 매우 흡사하다.[153] 가림토는 일본에 전해져 아히루阿比留 문자를 낳았다. 아히루 문자는 일본 신사의 고대 비석에서 자주 발견되는 신대神代문자[154]의 일종이다.

가림토의 첫 세 글자(ㆍㅣㅡ)는 삼신 사상에서 나온 천지인 삼재三才를 나타낸다. 흔히 음양오행론으로 한글의 소리 체계를 설명하지만, **한글은 사실 음양사상의 출원처인 신교의 삼신오제 문화에서 나온 것이다.**

열한째, 『환단고기』에는 중국과 일본의 시원 역사와 역대 왕조 개척사 및 몽골, 흉노와 같은 북방민족의 개척사가 밝혀져 있다.

『단군세기』에는 고조선과 중국의 관계에 대한 기록이 적지 않게 나온다. 고조선은 무려 1,500년(BCE 2205 하나라 건국~BCE 770 주의 동천東遷) 동안 중국의 고대

---

[153] "이 달에 임금께서 언문 28자를 지으시니 그 글자는 고전을 모방하였다[其字倣古篆]"라는 『세종실록』(세종 25년 12월 조)에 의하면, 훈민정음은 옛 글자[古篆]를 응용하여 만들어졌다. 이 옛 글자가 바로 훈민정음보다 10자가 더 많은 고조선의 가림토이다.

[154] 일본 신대문자를 두고 존재설과 조작설이 팽팽하다. 존재설을 주장하는 쪽은, 신대神代에 거북점[龜卜]이 존재했다는 『일본서기』의 내용을 인용하며 신대에 점을 치는 데 문자가 사용되었을 것이라 주장한다. 조작설은 일본 내에서 에도 시대江戶時代부터 이미 나타났다. 조작설을 주장한 사람들로는 가이바라 에키켄貝原益軒, 다자이 슌다이太宰春台, 가모노 마부치賀茂眞淵, 모토오리 노리나가本居宣長, 도 데이칸藤貞幹 등이 있다. 국내 학자 중에서는 "에도 말기 국학자인 히라다 아쯔다네平田篤胤가 수백 년간 내려 온 무가정치武家政治를 못마땅히 여기고 일본국민들에게 고전의 신비를 불어넣기 위한 수단으로 위작한 것이다"라고 하여 위작임을 주장하는 학자도 있다(김문길, '신대문자와 장미長尾신사',『외대논총』 12집). 그러나 송호수 교수는 가림토와 아히루문자와의 유사성을 들어서 가림토가 일본으로 전해진 것이고 신대문자는 존재한다고 주장한다.

왕조인 하·상·주의 출현과 성립에 깊이 관여하였다. 그 한 예로 중국 5천 년 역사에서 처음으로 맞은, 국가를 존망의 위기에 빠뜨린 4,200여 년 전의 '9년 홍수'를 들 수 있다. 그때 단군왕검은 우禹에게 치수治水법을 가르쳐 줌으로써 홍수를 무사히 해결하고 그 공덕으로 나중에 하나라를 열 수 있게 하였다. 또한 13세 흘달단군은 하나라의 멸망과 은나라의 개국에 결정적 영향을 미쳤고, 25세 솔나단군 조에는 주나라 개국과 관련된 기자 이야기가 기록되어 있다.

그리고 『단군세기』와 『태백일사』에는 아직도 의문에 싸여 있는 2600년 전 일본의 개국 과정을 밝힐 수 있는 단서들이 들어 있다. 『환단고기』에는 또한 오늘의 서양 문명과 중동 유대문명의 뿌리인 고대 수메르문명의 유래를 추적할 수 있는 단서도 들어 있다. 한마디로 말해서 **『환단고기』는 뿌리를 잃어 왜곡된 한·중·일의 시원 역사에서 북방민족의 역사, 서양 문명의 근원인 수메르 역사까지 총체적으로 바로잡을 수 있는 유일한 나침반**이다.

한민족의 옛 역사와 원형 문화를 밝히고 인류의 뿌리 역사를 드러내는 **『환단고기』는 대한의 아들딸은 물론 70억 전 인류가 반드시 읽어야 하는 가장 기본적인 인류 모체 문화의 역사 교과서**이다. 그 이유는 『환단고기』가 담고 있는 내용이 한민족의 뿌리와 문화만 알려주는 편협된 사상과 철학에 한정되는 것이 아니기 때문이다. 가장 오래된 나라가 환국이고, 그 환국에서 시작된 **신교 문명과 우주사상, 이화理化세계와 홍익인간 사상**은 지구촌 곳곳으로 갈려 나가 인류의 새로운 문명을 연 모든 민족과 국가의 정신적 모태가 된다. 뿐만 아니라 그 문명과 사상의 내용을 보더라도 이것이 어느 한 민족에게만 타당한 것이 아니라 인류 보편 문화와 사상임을 알 수 있다.

『환단고기』가 담고 있는 내용이 인류 보편사의 전개이고, 철학과 사상 또한 전 인류의 뿌리 문화와 연관되어 있다는 것은 『환단고기』가 전 인류의 시원 역사 경전이자 보편 역사서임을 나타내 준다. 이제 이 책이 다양한 언어로 번역되어 전 세계 어느 나라 어느 민족이든 함께 읽어 자아自我의 근원과 문명의 뿌리를 되찾는 계기가 되기를 바란다.

이상에서 알아 본 『환단고기』의 특징과 사료적 가치는 '왜 『환단고기』를 읽어야 하는가? 『환단고기』에는 무엇이 담겨 있는가?' 라는 물음에 대한 답이라 할 수 있다.

6 『환단고기』 진위 논쟁

한민족의 고대사와 국통 맥을 밝혀 줄 사서들이 중국과 일본 등 외세의 침탈과 내부의 사대주의자들에 의해 모두 사라지고, 유일하게 남은 정통 사서가 바로 『환단고기』이다. 그러나 문제는 주류 강단사학자들이 『환단고기』를 조작된 책이라 평가해 왔기 때문에,[155] 수십 년간 그 사료적 가치를 제대로 인정받지 못했다는 점이다.

과연 『환단고기』는 위서인가? 그 해답은 중국, 일본, 중동 등지의 고대사 역사 현장에서 찾을 수 있다. 그곳을 답사해 보면 『환단고기』는 진실이 가득 찬 참역사서라는 것을 알 수 있다. 나아가 『환단고기』야말로 **한민족과 인류의 잃어버린 태고 역사를 되찾아 줄 유일한 역사서**라는 것을 깨닫게 된다.

그런데 이 땅의 주류 강단사학자들은 실증사학을 부르짖으면서도, 짧게는 1백 년 전에서 길게는 수천 년 전부터 유적지로 보존돼 내려온 곳을 답사조차 하지 않고 책상머리에 앉아서 『환단고기』에서 사용한 용어와 문구를 트집잡아 『환단고기』를 부정한다. 최근 중국 정부에서도 인정한, 인류 역사상 최고最古의 문명이자 동북아 창세시대의 문명인 홍산문화(일명 '발해연안문명') 유적지조차 직접 가 보지 않고 어떻게 감히 『환단고기』의 진위를 말할 수 있는가.

『환단고기』는 **중국과 일본이 저지른 역사 왜곡을 바로잡을 수 있는 유일한 사서**이다. 동북아 역사의 진실이 『환단고기』에 오롯이 담겨 있기 때문이다. 그런데도 우리 역사학자나 중고등학교 역사 교사, 일반 국민들까지 일본 식민사학 추종자들이 뿌려 놓은 『환단고기』 위서론 바이러스에 감염이 되어 '『환단고기』는 위서'라고 떠들고 있다.

『환단고기』에 대한 위서 논쟁은 1977년 송찬식이 〈월간중앙〉 9월호에 '위서변僞書辯'이라는 논문을 발표하면서 시작되었다. 송찬식이 쓴 글은 북애노인의 『규원사화』가 혹 위서가 아닐까 하는 의문점에 대해 간략히 서술한 글이었다. 『규원사화』를 서지학적으로 분석, 검토한 것이 아니라 위서의 가능성에 대한 단상을 적

---

[155] 대표적인 『환단고기』 위서론자로 조인성(경희대 교수), 박광용(가톨릭대 교수), 이도학(한국전통문화학교 교수), 이순근(가톨릭대 교수), 송호정(한국교원대 교수), 이문영(서강대 사학과 졸업, 소설가) 등이 있다.

은 것이었다. 송찬식은 글에서 『환단고기』 위서론을 주장하지는 않았지만, 진위 논쟁에 불씨를 지폈다. 그리하여 『환단고기』가 처음 세상에 나온 1979년부터 지금까지 『환단고기』는 진위 논쟁에 휩싸여 있다.

지난 30년 동안 해 온 『환단고기』 역주본 작업을 마무리 짓고 해제를 정리하면서 지금까지 학계에서 발표한 『환단고기』 진위 논쟁에 대한 세미나 자료와 논문, 서책을 하나도 빠짐없이, 체계적으로 점검할 필요를 느꼈다. 위서라는 주장을 그대로 방치할 경우 『환단고기』의 소중한 가치가 정말 부당하게 흠집이 날 수 있다는 염려 때문이었다. 주류 강단사학계가 『환단고기』의 독보적 가치를 알아보지 못하고 부정적 시각으로 바라보는 데에는 크게 세 가지 이유가 있다.

첫째, 위서론자들이 책 제목인 **『환단고기』의 뜻조차 모르고**, 둘째, **『환단고기』를 단 한 번도 깊이있게 제대로 읽지 않았으며**, 셋째, 유불선 경전을 비롯한 **동북아의 고전과 인류의 시원 종교인 신교의 우주론에 대한 이해가 천박하기** 때문이다. 『환단고기』를 바르게 해석하려면, 『환단고기』 저자들만큼 높은 학덕 수준에 이르러야 가능한 법이다. 그렇지 못하기 때문에 **저자들의 신관과 인간관, 우주론과 역사관의 언어 세계**를 이해하지 못하고 비판을 일삼는 것이다.

위서론자들이 『환단고기』를 비판하는 더욱 본질적인 이유는 식민사학이 붕괴되어 자신들의 기득권이 상실될 것을 두려워하기 때문이다. 그들의 영달과 직결된 식민사학의 아성을 방어하기 위해 『환단고기』를 매도하고 헐뜯는 것이다.

1) 위서론자들이 내세운 몇 가지 쟁점

위서론자들이 주로 제기하는 문제는 사서 조작의 문제, 지명과 인명 문제, 근대 술어 사용 문제, 다른 사서와의 관련 문제, 저자 문제 등으로 정리된다. 위서론의 구체적인 내용을 『환단고기』를 활발하게 연구하는 의식 있는 학자들의 의견과 함께 살펴보기로 하자.

첫째, 사서 조작의 문제

위서론자들은 '1911년에 계연수가 편찬한 『환단고기』의 원본이 없다. 따라서 『환단고기』는 이유립이 조작한 것'이라고 주장한다.

앞에서도 언급했지만, 『환단고기』는 운초 계연수가 1911년에 만주 관전현에서 독립운동 동지인 홍범도, 오동진 두 사람의 자금 지원을 받아, 스승 해학 이기의 문중에서 전해 오던 『태백일사』(8편으로 구성)와 다른 4권의 정통 사서를 한 권으로 묶어 간행한 책이다. 이 사실은 『환단고기』 범례의 내용에서 분명하게 확인할 수 있다.

위서론자들은 심지어 '계연수가 수안 계씨 족보에 나오지 않는다'는 이유를 들어 계연수를 가공 인물이라 주장한다. 그러나 수안 계씨 종친회에 의하면, 북한 출신 종친 중 족보에서 누락된 사람은 부지기수이다. 일제 강점기에 독립운동을 하느라 후손이 끊긴 데다가 증언자도 없어 족보에 오르지 못한 사람이 어디 한둘이겠는가. 계연수를 유령 인물로 단정하는 것은 역사적 상황을 두루 고려하지 않고 단편적인 사실 하나를 내세워 진실을 왜곡하는 행위에 지나지 않는다. 계연수가 실존 인물이었음은 그 제자인 이유립의 증언과 여러 문헌에서 입증되고 있다.[156]

만약 『환단고기』가 조작된 책이라면 올곧은 성품의 소유자로 알려진 오형기가 필사를 요청하지도 않았을 것이고 오히려 조작 사실을 떠들고 다녔을 것이다. 이유립의 제자 양종현의 말에 의하면, 자신이 고등학교 때 몇 명씩 일주일 단위로 이유립의 집에 모여서 역사를 배웠는데, 그때 이유립이 『환단고기』를 손가락으로 한 자 한 자 짚어 가면서 가르쳤다고 한다. 양종현은 종이의 질과 색깔, 책 표지 상태까지 말하였는데, 책을 묶은 끈이 떨어져서 여러 번 고쳐 매고 풀로 붙였던 사실도 기억하였다. 이 같은 양종현의 증언은 계연수가 편찬한 『환단고기』 원본이 분명히 존재했음을 입증하는 것이다.

계연수가 실존 인물임을 밝힌 『해동인물지海東人物志』

---

156) 계연수가 실존 인물임을 증명하는 문헌으로는 그의 생애가 간략히 소개되어 있는 『해동인물지海東人物志』(1969)와 그가 『천부경』을 입수하여 세상에 널리 알린 경위가 서술되어 있는 『정신철학통편精神哲學通編』(1920) 등이 있다.

또 위서론자들은 책 제목이 바뀌었으므로, 조작된 것이 분명하다고 주장한다. 이유립은 〈자유〉157)에 '환단유기桓檀留記'라는 제목으로 기고한 적이 있다. 위서론자들은 이 〈자유〉에 게재한 내용과 『환단고기』의 내용이 대동소이하므로, 이유립이 『환단고기』를 1979~80년에 썼거나 교정을 보면서 조작했다는 것이다. 박성수는 "'환단유기'의 내용이 『환단고기』에 담겨 있다. 그래서 '환단유기'를 하나의 필명으로 쓴 건지, 아니면 책 제목이 바뀐 것인지 판단은 못하지만, 이유립이 마지막에 붓장난을 해서 '환단고기'를 '환단유기'로 바꾼 것 같다"라고 지적한다. 이 말은 곧 『환단고기』라는 책이 이미 있었다는 뜻이 된다.158) 『환단고기』를 이유립이 조작하지 않았다는 증거는 오형기가 필사한 『환단고기』 발문을 보면 명백하게 알 수 있다. 그리고 무엇보다 원본 책을 직접 본 양종현이, 책의 제목은 '환단고기'라고 분명히 증언하였다.

또한 임채우는 『환단고기』에 나타난 곰과 범에 관련된 내용을 살펴보고 "『환단고기』의 각 권에서 그 내용을 서로 다른 의미로 기록한 점이 『환단고기』가 한 사람의 저서가 아님을 반증한다"라고 주장한다.159) 즉 이유립이 독자적으로 창작한 것이라면 그 내용에 일관성이 있어야 하는데, 그렇지 않으므로 위서가 아니라는 것이다.160)

둘째, 지명과 인명 문제

위서론자들은 『환단고기』에 나오는 **'영고탑'**이 청나라(1644~1911)의 시조 전설과 관련 있는 지명이므로, 『환단고기』는 청나라 이후에 꾸며진 위서라고 주장한

---

157) 박창암이 1968년 5월 창간한 월간지로서 2010년 7월, 통권 443호를 발행하였다. 이유립이 〈자유〉에 원고를 기고하기 시작한 것은 1976년이었다.
158) 계연수는 세상을 떠나기 전에, 『환단고기』를 1980(庚申)년에 세상에 공개하라는 유언을 남겼다. 이유립이 이 유언에 따르기 위해 책의 본래 이름을 은폐했을 가능성이 매우 높다.
159) 임채우, '환단고기에 나타난 곰과 범의 철학적 의미', 『선도문화』 9집, 72쪽.
160) 만일 『환단고기』 편찬 과정에 의문을 품는다면, 계연수 편집본, 오형기 필사본, 오형기 필사본에 대한 영인본, 1976년 이유립의 원본 분실, 오형기 필사본의 오탈자를 바로잡은 배달의숙본 등의 과정을 모두 부정해야 한다. 더구나 『환단고기』 초간본으로 역사를 공부하였다는 양종현의 진술 또한 거짓이라 해야 하는데, 이는 위서론을 주장하기 위해 한 인격체의 경험적 사실을 매도하는 어처구니없는 일이 아닐 수 없다. 최근에 벌어진 이러한 사실들에 대해 허구라고 몰아붙이면서, 위서라는 주장만 되풀이하는 것은 민족사학을 부정하고 식민사학과 중국의 동북공정을 옹호하는 것으로밖에 보이지 않는다.

『환단고기』 오형기 발문

桓檀古記跋

己丑春, 余入江都之摩利山. 適値大迎節, 謁大始殿李靜山 裕岦氏, 囑余以桓檀古記正書 之役.

余筆荒, 雖不能勝重任, 爲識 我國 祖古史而諾之. 中有三聖 記上下·檀君世紀·北夫餘記 上下·太白逸史載在焉. 月餘而 告迄.

桓因傳世七云而未詳其年代. 自桓雄開天傳十八世而歷 一千五百六十五年, 檀君傳 四十七世而歷二千九十六年, 至于今, 凡五千八百四十六年. 箕子何與於其間哉!

嗚呼! 天符之經·弘益之訓· 神誥·佺戒, 猶有存焉, 明明爲 修己治人之心法, 堂堂爲經世 濟民之大典, 故天下咸服, 尊之 以聖神. 而我東土之儒家與佛 氏, 昧於古典, 安於小成, 甘爲 屈膝於西土而莫之恥也.

噫! 後之覽此書者, 必惕然而 起敬也. 請書此而付之卷後. 神市開天 五千八百四十六年 己丑 五月 上澣, 同福 吳炯基 跋.

환단고기 발문

기축년 봄(단기 4282년, 서기 1949년)에 나는 강화도의 마리산에 들어갔다. 때마침 대영절(음력 3월 16일)을 맞이하여 대시전에서 정산 이유립 씨를 뵈었는데, **나에게 『환단고기』를 정서하는 일을 부탁했다.**

나는 글씨가 거칠어 중임을 감당할 수 없었으나 우리 나라 조상의 옛 역사를 알기 위해 이를 승낙했다. 『환단고기』 속에는 『삼성기』상·하, 『단군세기』, 『북부여기』상·하, 『태백일사』가 실려 있다. 한 달 남짓 지나서야 쓰기를 마쳤다.

환인께서 7세를 전했다고 하였으나 그 연대는 자세히 알 수 없다. 환웅께서 나라를 여시고 18세를 전하여 1,565년이 지나고, 단군께서 47세를 전하여 2,096년이 지났으니, 지금에 이르기까지 모두 5,846년이다. 기자가 어찌 그 사이에 들어갈 수 있겠는가!

오호라! 천부경, 홍익의 가르침, 삼일신고, 참전계경이 아직까지 남아 있어 명백하게 나를 닦고 남을 다스리는 심법이 되고, 당당하게 세상을 다스리고 백성을 구제하는 큰 법전이 된다. 그래서 온 세상 사람이 모두 감복하여 이를 성신聖神으로 존중하였다. 그러나 우리 동방의 유가와 불씨는 고전에 어둡고 작은 성취를 편안히 여기며, 기꺼이 서양에 무릎을 꿇으면서도 부끄럽게 여기지 않았다.

아, 뒷날 이 책을 보는 사람은 틀림없이 두려워하고 삼가 공경심을 일으키리라. **이 글을 써서 책 뒤에 붙이기를 청한다.**

신시개천 5846년 기축년 5월 상한에 동복 오형기가 발문을 쓰다.

다. 조인성은 『단군세기』의 저자인 이암과 『북부여기』의 저자 범장은 고려말 사람이고, 『태백일사』의 저자 이맥은 조선 중기 사람이기 때문에 『환단고기』에 '영고탑' 이란 지명이 나올 수 없다고 말한다. 이도학 또한 『만주원류고』의 한 가지 기록을 근거로, **'영고탑'이라는 지명이 쓰인 것이 『환단고기』가 위서임을 증명하는 가장 결정적인 단서라 주장**한다.

그러나 그 한 가지 사료만 가지고 어떻게 그런 섣부른 주장을 한단 말인가. 제주대 명예교수 안창범은 『중국고금지명대사전中國古今地名大辭典』에 나오는 영고탑에 대한 기록을 인용하여 이도학의 주장을 정면으로 반박한다. 즉, "만주어로 '여섯'은 영고라 하고 '자리'는 특特이라 한다. 영고탑은 본래 영고특寧姑特에서 영고태台로, 영고태台에서 영고탑塔으로 와전된 것이며, 구설舊說로서 지명이 아니다"라는 기록에 근거하여 '영고탑'은 지명이 아니라 이름 그대로 '영안의 옛 탑'이라는 뜻이며, 단군조선 시대부터 있었던 건물 모양의 탑이라고 주장한다. 또한 이희승의 『국어대사전』을 보면 '영고탑'을 '영안寧安'이라 하고 '영안'을 '역사적 고성古城'이라 하였다. 이익은 『성호사설』에서 '영고탑'은 '오랄烏剌, 애호艾滸와 함께 동삼성東三省의 하나'라 하고 '성이 높고 해자垓字가 깊다'고 하였다. 그러므로 『환단고기』에 등장하는 **'영고탑'은 원래 탑의 이름**이었는데, 시간이 흐르면서 탑이 사라지고 지명으로 남았다고 보아야 한다.[161]

그리고 만일 '영고탑'이란 지명이 청조 이전에 쓰인 용례가 있다면, 위서론자들이 제기한 문제는 일고의 가치가 없는 억지 주장이 된다. 그런데 실제로 그러한 기록이 존재한다. 청조 이전부터 영고대 혹은 영고탑이란 명칭이 존재했다. 중국 문헌에서 '명대 초기에 여진족이 이곳에 정착하여 이곳을 동해와집영고탑로東海窩集寧古塔路라고 불렀다'고 전한다.[162] 명대 초기 사서에 나오는 것으로 보아, 이암이

---

161) 안창범, '환단고기 위서론 비판', 『한국종교연구사연구』 10집, 196~198쪽. '영고탑'이란 건축물이 '영고탑로'라는 지명으로 변한 것과 같은 사례는 많이 찾아볼 수 있다. 예를 들어 서울의 '압구정'은 원래 조선시대 한명회가 한강변에 세운 정자이지만 지금은 정자는 사라지고 지명으로 남아 있다.

162) 현재까지 통설로는 영고탑이라는 명칭은 『청대사지淸大事志』에 처음으로 기록되어 명나라 만력萬曆 36년(1608년)에 처음으로 등장하였다고 한다(뤼융린呂永林, 2004). 그리고 덩칭린鄧淸林(1986)의 『흑룡강지명고석黑龍江地名考釋』과 왕쉐링王學玲(2007)의 『여지輿地・강역연혁疆域沿革』에서도 모두 "영고탑이라는 명칭은 『청대사지』에서 처음으로 나타난다. 만력 36년(1608년) 가을인 9월에 강을 따라 사는 호이객로呼爾喀路에 사는 야인들이 우리 영고탑성을 침략하였다. 이곳은 당시에 영고탑로寧古塔路라고 하는 곳이다"라고 적고 있다. 청지쓰程吉思・런롄주任連柱(2008)도 "영고탑이란 명

살던 고려말에 영고탑이란 명칭이 통용되었을 가능성이 아주 높다. 그런데 여기서 주목할 것은 **영고탑이라는 명칭**이 배달과 고조선의 제천행사를 이어받은 **부여의 영고迎鼓와 관련**이 있다는 점이다. 『단군세기』를 보면 16세 위나단군이 '구환족의 모든 왕을 영고탑寧古塔에 모이게 하여 삼신상제님께 제사를 지냈'고 하였고, 44세 구물단군이 재위 2년(BCE 424) 3월 16일에 **삼신영고제**三神迎鼓祭를 올렸다고 하였다. 부여는 고조선을 이은 나라이므로 부여 **영고제**는 곧 **고조선의 제천행사**인 것이다.

영고탑은 바로 **삼신상제님께 올리던 천제인 영고제를 지내던 '소도 제천단'**이 있던 곳(**영고제를 지내던 터**)이다. 후대에 청나라가 그 땅을 차지하면서 와전된 것으로 보아야 할 것이다. 따라서 영고迎鼓의 원래 의미와 표기법이 잊혀져 영고寧古가 되었고, 우리말의 '터'를 특特, 태台, 탑塔163 등으로 음사하면서 영고탑寧古塔이란 말로 정착됐다고 볼 수 있는 것이다.

셋째, 근대 술어 사용의 문제

위서론자들은 국가·문화·평등·자유·헌법·인류·세계만방·산업 같은 **근대 용어**가 쓰였다는 이유로 『환단고기』는 최근세에 쓰인 책이라고 입을 모아 말한다. 언어 용례를 근거로 한 위서론자들의 주장은 얼핏 들으면 그럴 듯해 보인다. 그래서 이러한 주장이 위서론 바이러스를 전파하고 감염시키는 큰 힘으로 작용하기도 한다.

그러나 고전을 읽어 보면 이미 오래전부터 위와 같은 용어가 여러 곳에서 쓰이고 있음을 확인할 수 있다. 물론 단어의 의미가 지금과 차이가 있을 수도 있지만, '문

칭은 『청대사지』에 처음으로 등장하면서 정사에 기록되기 시작하였다"라고 적고 있다. 따라서 영고탑이라는 명칭은 1608년부터 정식으로 정사에 사용되기 시작하였음을 알 수 있다. 그러나 정사 이전에도 영고탑이라는 명칭이 존재하였는데, 이에 대해 『유변기략柳邊紀略』에서는 "영고탑이라는 명칭은 언제부터 사용되었는지 모르며", "어떤 이는 육조六祖(즉 六貝勒:六王)의 발상지라고 하지만 그것이 아니다"라고 하였다(김석주·김남신, '寧古塔에 對한 歷史地理的 考察', 『문화역사지리』 22~3쪽, 95~96쪽).

163 『영고탑지寧古塔志』를 보면 "만주어로 6은 '寧公'이라 하고 '자리[坐]'는 '特'이라 하는데, '寧公特'다른 말로 '寧公台'라고 부르다가 점차 '寧古塔'으로 불렀다[滿呼六爲寧公, 坐爲特, 故曰寧公特, 一訛爲寧公台, 在訛爲寧古塔矣]"라고 하였다. 우리말의 '터'도 '자리'라는 의미를 담고 있으므로 '特(만주어로 타)'이 우리말의 '터'와 같음을 알 수 있다.

화'164)나 '인류'165)는 최소한 1,600년 전부터 고전에서 사용되었다. 구마라습鳩摩羅什의 『금강경』에는 '평등'166)이란 용어가 사용되었고, 『주역』에서는 '국가'167), 전국시대 역사서인 『국어』에서는 '헌법'168)이란 용어가 사용되었다.

'산업'의 경우도 마찬가지이다. **업業은 본래 신교의 우주론을 담고 있는 언어이** 다. 인도어 '카르마'가 업으로 번역되어 쓰이기 이전부터 한민족은 우주의 업 사상을 이미 가지고 있었다. 한국 고유의 **'업'은 '천지의 이상을 성취하기 위해 인간이 지극히 신성한 공력을 들이는 것'**을 말한다. 이 업이 시대 변화에 따라 의미가 바뀌어 오늘날 '산업'이란 말이 된 것이다.

본업·직업·악업·선업이라는 말에서 보듯이, 업은 고전에서 적어도 1~2천 년 전부터 쓰인 용어인데, 이 땅의 주류 강단사학자들이 무지해서 그 사실을 전혀 모르는 것이다. 위서론자들은 부정을 전제로 한 비뚤어진 역사의식으로, 학자의 양심을 의심하게 하는 불성실성으로 시원 동방문화의 창업자인 한민족 고유의 대도 역사서 『환단고기』를 대하고 있다.

정말 근대어가 가필되었다 하더라도, 그것이 『환단고기』 자체가 완전 조작된 위서임을 증명하지는 못한다. 인류사의 여러 경전을 돌이켜보라. 수백, 수천 년의 세월 속에서 끊임없는 가필과 재편집을 통한 보정 작업 끝에 오늘날의 경전이 되지 않았는가. 『주역』은 태호 복희씨에서 공자에 이르기까지 여러 사람의 손을 거쳐 완성되었고, 『도덕경』은 왕필이 『덕경』과 『도경』의 본래 순서를 뒤집어 재구성한

---

164) 문文과 화化가 결합된 문화라는 말은 고대에 이미 사용되었고, '문으로써 가르쳐 변화시키다以文敎化'라는 뜻이었다. 2천 년 전에 나온 유향劉向(BCE 77~BCE 6)의 『설원說苑』 「지무指武」에서 "성인이 천하를 다스릴 때에는 문덕을 먼저 쓰고 무력을 나중에 썼다. 대체로 무력을 쓰는 것은 복종하지 않기 때문인데, 문덕으로 교화해도 고쳐지지 않으면 그 뒤에 토벌한다聖人之治天下也, 先文德而後武力. 凡武之興, 爲不服也, 文化不改, 然後加誅"라고 하여 문화라는 말을 쓰고 있다.

165) 『장자』 「지북유知北游」편에서 "생물은 이를 서러워하고, 사람은 이를 슬퍼한다生物哀之, 人類悲之]"라고 하여 인류라는 어휘를 사용하였다. 이처럼 인류는 중국의 전국시대(BCE 403~BCE 221) 이전부터 사용된 말이다.

166) 인도 승려 구마라습(344~413)이 한문으로 번역한 『금강경』 「정심행선분淨心行善分」에, "이 법은 차별이 없어 높고 낮음이 없다[是法平等, 無有高下]"라고 하여 '평등'이란 어휘가 사용되었다.

167) 『주역』 「계사繫辭」 하의 "군자는 편안할 때에도 위태로움을 잊지 않고, 존립해 있을 때에도 멸망을 잊지 않으며, 잘 다스려질 때에도 어지러움을 잊지 않는다. 그래서 몸을 보전할 수 있고, 나라와 집안을 보전할 수 있는 것이다[君子安而不忘危, 存而不忘亡, 治而不忘亂, 是以身安而國家可保也]"라는 구절에서 '국가'라는 말이 고대에도 쓰였음을 확인할 수 있다.

168) 전국시대의 역사서인 『국어國語』 「진어晉語」편을 보면, "선행을 상주고 간악한 행위를 벌주는 것은 나라의 법이다[賞善罰姦, 國之憲法也]"라고 하여, '법'·'법전'을 뜻하는 '헌법'이 나온다.

것이다. 동양의학의 성서인 『황제내경』은 황제 헌원에 가탁하여 전국 시대를 거쳐 한대에 성립되었고, 불교의 『화엄경』도 분리되어 있던 경전들이 수차례의 결집을 거쳐 후대에 편집된 것이다.

『환단고기』를 구성하는 다섯 권의 사서가 천 년에 걸쳐 쓰여졌다는 사실과 그중 가장 나중에 쓰인 『태백일사』가 나온 지 400년이 지나 『환단고기』가 묶어졌다는 것을 생각해 보자. 원래 다섯 저자가 쓴 원본이, 무수한 전란과 외세의 사서 강탈을 피하여 온전히 전해졌을 가능성은 크지 않다. 계연수가 모은 다섯 권은 필사 과정에서 인물, 연대, 장소가 오착되거나 가필이 될 수도 있었을 것이다. 때문에 『환단고기』의 일부 술어와 연대 표시가 사실과 다르거나 다른 사서와 다소 어긋날 수도 있다. 그렇다고 해서 인류의 시원 역사, 한민족의 국통 맥, **태곳적 한韓문화의 다양한 모습을 밝혀 주는 『환단고기』의 독보적인 가치를 결코 무시할 수는 없다.**

그리고 계연수가 처음 펴낸 후 70년이 지나 이유립이 스승의 뜻을 받들어 『환단고기』를 다시 펴낼 때 가필이 있었다 하더라도, 그것은 의도적인 조작과 첨삭이 아니라 누구의 손에 의해서든 꼭 이뤄져야 할 보정 작업이라 할 것이다. 더구나 그 보정도 원전을 훼손하지 않는 아주 미미한 정도에 지나지 않는다고 할 수 있다.

넷째, 다른 사서의 영향과 표절 의혹의 문제

위서론자들은 다른 사서들에 『환단고기』의 내용이 들어 있는 경우, 『환단고기』가 다른 사서의 영향을 받았다거나 그 내용을 일방적으로 베낀 것이라고 주장한다.

예를 들면 『환단고기』에 나오는 '**삼조선**'이 신채호의 『조선상고사』에 기록되어 있으므로 『환단고기』는 『조선상고사』를 베낀 책이라고 주장하는 것이다. 하지만 『환단고기』에는 『조선상고사』에서는 전혀 찾아 볼 수 없는, **삼조선의 배경이 되는 삼한과 삼신관이 동방의 원형 문화로 상세하게 기술**되어 있고, 독창적인 우리 한민족의 역사관이 밝혀져 있다. 그렇다면 어느 것이 먼저 존재했는지 자명하지 않은가.

또한 광개토태왕비 비문에 나오는 '17세손 국강상광개토경평안호태왕十七世孫國

岡上廣開土境平安好太王'에 대한 해석만 보아도 『환단고기』와 『조선상고사』 가운데 어느 것이 더 상세한 정보를 담고 있는지 알 수 있다.

주지하다시피 유교 사대주의 사관으로 쓰인 『삼국사기』는, '고구려 역사는 700년이고 광개토태왕은 추모鄒牟 왕의 13세손'이라 하였다. 『조선상고사』는 『삼국사기』의 이러한 부정확한 내용을 비판한다. 그리고 『삼국사기』에서 부정한 『신당서』의 기록, '가언충의 **고구려 900년 유국설**留國說' [169]을 근거로 할 때 『삼국사기』는 고구려 역사 200년을 삭감한 것이라고 주장한다.

그런데 『환단고기』를 보면 그 진실이 명쾌하게 밝혀진다. 『환단고기』의 기록으로 광개토태왕비 비문에 나오는 '17세손'의 내력을 알 수 있기 때문이다. 즉 『환단고기』의 「삼성기 상」·「북부여기」·「고구려국본기」를 통해 고구려 제왕의 초기 혈통계보가 천제자天帝子인 **제1세 해모수**(BCE 239년에 단군조선을 계승하여 북부여 건국)→제2세 고리국의 제후 고진(해모수의 둘째 아들)→제3세 고진의 아들→제4세 옥저후 불리지(고진의 손자)→**제5세 고주몽**(고진의 증손자) … **제17세 광개토태왕**(주몽의 13세손)으로 정립됨으로써, 고구려 900년 유국설이 입증되는 것이다.[170]

이렇듯 『조선상고사』는 『삼국사기』의 기록을 불신하는 데에 그치지만, 『환단고기』는 『삼국사기』 「고구려국본기」 기록의 본래 진실까지 담고 있다. 따라서 『환단고기』가 『조선상고사』의 영향을 받아서 조작되었다는 위서론은 터무니없는 낭설일 뿐이다. 각종 사서史書에 나타나는 '900년 유국설'의 진실은 오직 『환단고기』와 대조, 분석해 봄으로써 분명하게 알 수 있게 된다.

현現 가톨릭대학교 교수인 이순근은 『단군세기』 서문에 나오는 "국유형國猶形하고 사유혼史猶魂하니(나라는 형체와 같고 역사는 혼과 같으니)"라는 구절이 박은식의 『한국통사韓國痛史』의 내용과 유사하므로, 『환단고기』는 박은식의 책을 베낀 것[171]이라 하였다.

---

169) 당시 전쟁이 벌어지고 있던 요동을 시찰한 시어사 가언충賈言忠이 당 고종에게 올린 보고 중에 "『고구려비기』에 이르기를, 고구려는 900년을 넘지 못하고 팔십 먹은 장수에게 망한다고 하였습니다"라고 말한 대목을 가리킨다. '고구려 900년'은 해모수가 북부여를 건국하고 오가의 공화정을 폐한 BCE 232년에서 고구려가 망한 CE 668년까지를 뜻한다.

170) 계해(단기 2276, BCE 58)년 봄 정월에 이르러 고추모(고주몽)가 역시 천제의 아들로서 북부여를 계승하여 일어났다. 단군의 옛 법을 회복하고 해모수를 태조로 받들어 제사 지내며 연호를 정하여 다물多勿이라 하시니, 이 분이 곧 고구려의 시조이시다(『삼성기』 상).

171) 이순근, '고조선 위치에 대한 제설의 검토', 『성심여대 학보』(1987), 151~152쪽.

그러나 이것은 일고의 가치도 없는 주장이다. 왜냐하면 『환단고기』는 1911년에 발간되었고, 박은식의 『한국통사』는 1915년에 발간되었기 때문이다. 더욱이 이 구절은 『단군세기』 서문에서 역사관을 전개하기 위해 댓구적 문장으로 표현한 것인데, 그것이 어떻게 베낀 것이란 말인가. 오히려 『한국통사』의 문장이 '옛사람(古人)'의 말을 인용하면서 나라와 역사에 대해 언급하는 형식이므로 박은식이 다른 역사서를 인용한 것이다.[172] 위서론자들은 원문 자체를 분석하지 않고, 글의 전체 논리 흐름도 파악하지 못하면서 유사한 한 구절을 떼어다가 억지 주장을 펴고 있다.

또 『환단고기』 범례에 '**낭가**'라는 말이 나온다. 위서론자들은 '단재 신채호가 처음 사용한 낭가라는 말을 『환단고기』 서문을 쓴 계연수가 따온 것이기 때문에 『환단고기』는 그 후에 성립됐다'는 논리를 편다. 그러나 사실 『환단고기』는 **낭가 문화의 원형인 삼랑三郎과 그 이후의 낭가 맥을 최초로 전해 주는 책**이다.

이순근은 『단군세기』에 나오는 삼신일체三神一體 논리가 기독교의 삼위일체三位一體 사상을 모방한 것이라고 주장한다. 박광용 또한 "교리체계에서도 환인(하느님)의 조화, 환웅(예수)의 교화, 단군(성령)의 치화를 생각나게 하는 삼신(삼위)일체론 부분은 … 기독교에 대한 단군신앙의 교리적 대응에서 나온 것이다. 또 영혼, 각혼, 생혼의 성삼품설聖三品說이 보이는 부분도 『천주실의』에서 마테오리치가 이야기한 것이다"라고 하였다. 『단군세기』의 삼신일체 사상과 삼혼 논리가 명나라 때 예수회 선교사였던 마테오리치Matteo Ricci 신부가 지은 『천주실의天主實義』에서 말한 성삼품설聖三品說을 흡수한 것이므로 『환단고기』는 기독교가 전래된 후에 지어진 것이라는 주장이다.[173]

『환단고기』에서 제기되고 있는 동서 신관의 중심 언어인 '**삼신일체상제三神一體上帝**'[174]란 무엇인가? '조물주로서 얼굴 없는 하나님인 삼신과 한 몸이 되어 직접 우주 만유를 낳고 다스리시는 인격적 하나님'을 말한다. 비인격적인 삼신만으로는 이 우주에 어떠한 창조와 변화도 일어나지 않는다. 우주 질서의 주권자이신 삼신

---

[172] 옛 사람이 말하기를, 나라는 멸망할 수 있어도 역사는 멸망할 수 없다 하였으니 대개 나라는 형체요 역사는 정신이라古人云 '國可滅, 史不可滅', 蓋國形也, 史神也(박은식, 『한국통사』 서문). 이때 박은식이 인용한 '옛 사람의 말'은 행촌 이암의 『단군세기』 내용일 가능성이 크다.
[173] 박광용, '대종교 관련 문헌에 위작 많다', 『역사비평』 10집, 213쪽.
[174] 『단군세기』 서문에 기록된 삼신일체상제를 『태백일사』 「삼신오제본기」에서는 삼신즉일상제三神卽一上帝로 칭한다.

일체상제의 조화 손길이 개입될 때 비로소 천지만물이 창조되고 변화한다. 삼신일체상제, 이 한 마디에는 조물주가 어떤 원리로 우주를 다스리는지 그 해답이 담겨 있다.

그러나 기독교의 삼위일체는 '하나님은 본질적으로 하나인데, 성부, 성자, 성령이라는 세 위격位格으로 계신다' 는 뜻이다. 따라서 『환단고기』가 말하는 동방의 '삼신일체상제'와 기독교의 '삼위일체 하느님'은 본질적으로 전혀 다르다.

또한 마테오리치 신부가 말한 성삼품설의 영혼·각혼·생혼은 『태백일사』 「삼신오제본기」의 삼혼설에서 말하는 영靈·각覺·생生과 용어는 같으나 그 의미와 사상적 배경이 다르다. 『환단고기』에서 말하는 삼신설이나 삼혼설은 고대 동북아 문화의 우주론, 삼신관을 바탕으로 한 '삼수 원리'에 토대를 둔 것이고, 생활 문화 속에서 사람들이 일반적으로 사용하던 개념이었다. 이것을 당대 최고의 철학자이자 정치가이던 행촌 이암이 『단군세기』를 저술하면서 수용한 것이다. 반면 마테오리치 신부의 성삼품설은 아리스토텔레스의 삼혼설에 토대를 둔 것이다.[175]

위서론자들은 **삼신, 칠성 문화, 용봉 문화, 천지 광명의 환단 문화에 대한 기초 개념조차 정립하지 못하고,** 동북아시아의 **전통 문화의 기반**인 **삼신 우주관**에 대해 치밀한 문헌 고찰도 하지 않았다. 한마디로 『환단고기』를 제대로 읽을 수 있는 의식 자체가 없고, 책을 제대로 소화할 수 있는 지성과 우주론이 결여된 자들이다. 원전 자체를 체계적으로 읽지 않고, 그 가치를 전혀 알지도 못하는 사람들이 엉뚱한 논리를 만들어 아전인수 격으로 부정을 일삼고 있는 것이다.

다섯째, 『환단고기』를 구성하는 각 역사서의 저자 문제

안함로와 원동중의 『삼성기』에 대해서는 『세조실록』에 명확하게 등장한다. 팔도관찰사八道觀察使에게 유시諭示한 내용 중에 **"안함로원동중삼성기安舍老元董仲三聖記"** 라고 하여 안함로와 원동중의 『삼성기』를 언급하고 있다. 그런데 위서론자들은 70여 년 후에 쓰인 『신증동국여지승람』에 '안함安咸·원로元老·동중董仲' 세 사람

---

175) 마테오리치는 『천주실의』에서 영혼의 불멸성을 주장하면서 삼혼설三魂說을 말했다. 삼혼은 인간의 영혼靈魂, 동물의 각혼覺魂, 식물의 생혼生魂을 가리킨다. 그의 삼혼설은 아리스토텔레스가 말한 영혼삼분설(인간의 혼, 동물의 혼, 식물의 혼)에서 차용한 것이다. 리치가 말한 삼혼설을 조선에 소개하면서 정약용은 이를 성삼품설性三品說로 말하였다. 그러나 『태백일사』 「삼신오제본기」에서 말한 "영각생靈覺生 삼혼三魂"은 삼혼칠백三魂七魄의 삼혼을 말한다.

이 황해도 해주 수양산성을 쌓았다는 기록이 있으므로, 『삼성기』의 저자를 안함로, 원동중 두 사람으로 보는 것은 잘못이라 주장한다. 따라서 진서론에서 전거로 사용하는 『조선왕조실록』의 '안함로원동중삼성기安含老元董仲三聖記'라는 기록이 잘못되었으니 '안함·원로·동중의 삼성기'로 읽어야 한다는 것이다.[176]

얼핏 일리 있는 말로 들리지만 이 주장에는 커다란 모순이 있다. 일반적으로 책을 인용할 때 앞서 나온 책을 인용하는 것이 상식이다. 그런데 이 경우는 『세조실록』을 기록하는 사람이 70여 년 후에 쓰인 『신증동국여지승람』을 인용하였다는 상식 밖의 주장으로 본질을 호도하고 있다.

그리고 『세조실록』에서는 저자가 세 명 이상일 경우 '문태, 왕거인, 설업 등 세 사람이 쓴 책'이라고 사람 수를 명시하였다. 즉 이름을 나열할 때 몇 사람인지 혼동이 생길 여지가 있으면, 몇 사람이라는 것을 분명히 밝힌 것이다. 그러므로 안함로와 원동중 두 사람이 『삼성기』를 저술했다는 사실을 분명히 알 수 있다. 또한 『신증동국여지승람』에 나오는 '안함安咸'은 『세조실록』에 나오는 '안함安含'과 독음만 같을 뿐 글자가 다르다. 더욱이 『왕조실록』은 정확성을 요구하는 정사正史이므로 기록자들이 '안함安含과 안함安咸', '로원老元과 원로元老'를 잘못 기록했을 가능성은 매우 낮다. 따라서 이들을 동일 인물로 보기 어렵다. 위서론자들은 일반적으로 문헌고증을 할 때 가장 먼저 확인해야 하는 부분에서 오류를 범하며 견강부회牽强附會를 하고 있는 것이다. 게다가 『신증동국여지승람』에서는 삼성三聖이 아니라 삼인三人이라 기록하고 있으므로, 삼성三聖과 삼인三人을 같은 의미로 보는 것은 억측일 뿐이다. 설혹 『세조실록』에 있는 해당 기록을 '안함, 로원, 동중이라는 세 성인에 대한 기록'으로 해석한다고 하더라도, 수양산성을 쌓은 세 사람을 성인聖人이라 볼 수 있는 어떤 증거도 없다.

원동중의 삼성기가 실재했다는 또 다른 증거는 이맥의 『태백일사』 「소도경전본훈」에 '**원동중元董仲 삼성기三聖記 주注**'라는 대목이다. 이것을 보면 이맥이 원동중의 『삼성기』에 주注가 달린 책을 보고 『태백일사』를 저술했음을 알 수 있다. 그러므로 위서론자들이 말하는 '안함·원로·동중의 세 성인에 대한 기록'으로 읽어야 한다는 주장은 오로지 비판을 위한 비판으로밖에 볼 수 없다. 따라서 '안함로

---

176) 이문영, 『만들어진 한국사』, 45~46쪽.

원동중삼성기安含老元董仲三聖記'는 '안함·원로·동중 세 성인의 기록'이 아니라 '안함로, 원동중의 삼성기'인 것이다.

또 위서론자 이순근은 구한말에 나온 도기론道器論이 『단군세기』에 나오는 것에 의문을 제기하였다. 그러나 『주역』에는 이미 "형이상자위지도形而上者謂之道 형이하자위지기形而下者謂之器"라는 문구가 나온다. 도기론은 이에 근거해서 도道와 기器의 문제를 다루는 것이다. 또한 이순근은 "당대當代의 왕을 상上이라고 하면서도 자기 나라를 고려라 칭한 것도 이해할 수 없는 표기법이다. 이 경우는 아조我朝, 본조本朝, 혹은 아국我國 정도로 표현해야 옳을 것이다"라고 말하면서 『단군세기』를 고려 때 이암이 아니라 후대에 다른 사람이 지은, 사료적 가치가 없는 위서로 몰았다.[177] 그리고 서울대 국사학 교수를 역임한 한영우 또한 "또 한 가지 결정적 의문은 고려高麗니 몽고蒙古니 하는 용어다. 공민왕 시기의 당시 사람들은 고려니 몽고니 하는 용어를 쓰지 않았다. 더욱이 원나라 간섭기에 대신을 지낸 행촌의 입장에서는 쓸 수 없는 용어다"라고 하여 저자에 대해 강한 의문을 제기하였다.[178]

그러나 이암이 고려와 몽고라는 표현을 쓴 이유는 '**선가의 의식과 유가의 의식의 차이**'를 들어 이해할 수 있다. 『청학집』을 보면, 조선조 유가에서 잘 사용하지 않던 조선이라는 말을 사용하고 있다. 그러므로 도가나 선가에서는 일상적으로 국호를 우리나라 또는 우리 민족의 의미로 사용하였음을 알 수 있다. 『단군세기』 서문이나 본문을 읽어 보면 **이암의 사상적 경계**는 유가보다는 오히려 **한민족 신교문화의 전통 도가 쪽에 가깝다**. 따라서 이암이 아국이라 하지 않고 고려나 몽고라 호칭한 것은 결코 이상한 일이 아니다.

『단군세기』 서문은 논리가 매우 치밀한 글이다. 이암은 '국유형하고 사유혼하니'라는 구절을, 그 논리를 마무리 지을 때까지 세 번이나 반복한다. 『단군세기』 서문을 제대로 해석하려면, 이암이 이 글을 쓰던 당시의 시대 배경을 알아야 한다. 12세기 초엽에 원나라는 세계의 3분의 1을 점령한 대제국을 건설했고, 고려는 원의 부마국이 되어 간신히 명맥을 유지한 채 내정간섭을 받고 있었다. 그러한 상황에서 오잠, 류청신 같은 역적이 나와서 고려라는 나라 이름을 없애고 원나라의 속국이 되기를 주청했다.

---

177) 이순근, '고조선은 과연 만주에 있었는가', 『역사비평』 3집, 152쪽.
178) 한영우, '행촌 이암과 『단군세기』', 『한국학보』 96집, 151쪽.

이렇게 국운이 기울어져 고려 5백 년 사직이 패망당할 통탄스러운 상황에서, 행촌은 동북아 창세 시대의 뿌리 종교이자 시원 사상인 신교의 핵심인 '삼신의 우주 사상과 인간론'을 전하면서 위정자들에게 매서운 질타를 한 것이다. 조정에는 만고역적이 들끓고, 역사상 가장 큰 영역을 차지한 원나라의 침략으로 망해 가는 조국의 허망한 현실에 비분강개하여, 신교문화와 시원역사의 부활을 절규하며 글을 쓴 것이다.

또한 이암은 『단군세기』 서문에서 **마음의 근원과 신의 상호관계**를 명쾌하게 정의한다. 그 중에서 "**성자性者는 신지근야神之根也**" 즉 '인간 마음의 바탕 자리는 신이 존재하는 뿌리가 된다'는 구절은 인간과 신의 관계에 얽힌 수수께끼를 완전히 풀어 주는, 깨달음의 극치를 보이는 문장이다. 그것은 공자의 중용, 석가모니의 중론보다 훨씬 위대한 말씀이며, **환단의 천지 광명 사상을 활연관통한 사람이 아니면 결코 쓸 수 없는 간결한 명문**이다.

한영우는 또 『단군세기』에 나오는, 초대 단군왕검이 백성에게 내려 준 생활 실천 과제라 할 수 있는 '팔조금법八條禁法'의 문장이 간결하지 않은 것으로 보아 『단군세기』를 이암이 쓴 것이 아니라고 주장한다. 단군왕검이 고조선 창업자로서 백성들에게 삶의 지침으로 여덟 가지를 정해서 내려 준 것을 놓고 문장이 길다고 트집을 잡는 것은 이해할 수 없는 일이다. 단군왕검의 가르침은 그 구성과 체계가 매우 논리정연하다. 그래서 이도학은 위서론자이면서도 『단군세기』 서문을 분석하는 글의 마지막 부분에서 '『단군세기』를 이암이 아닌 다른 사람이 쓴 것이라고, 거짓으로 몰면 안 된다'고 결론지었다.

이처럼 사리에 맞지 않게 문제를 제기하는 위서론자들의 무지몽매함을 상징적으로 보여주는 하나의 사례가 있다. 그것은 『환단고기』를 위서로 몰아붙이면서 저지른 결정적인 실수인데, 바로 '잠청배潛淸輩'라는 문구에 대한 잘못된 해석[179]이다. 잠청배는 원래 이암이 『단군세기』 서문에서 처음으로 쓴 말이다.[180] 고려의 역적이었던 오잠과 류청신의 이름을 빗대어 '오잠과 류청신과 같은 간신배'라는 뜻으로 사용하였다. 이것을 위서론자들은, 청일전쟁에서 승리하여 조선 땅에서

---

[179] 박광용, '대종교 관련 문헌에 위작 많다', 『역사비평』 10집, 214쪽.
[180] 『태백일사』 「고려국본기」에 기록된, 권신權臣 무리가 국호國號를 폐하고 정동행성征東行省을 세우고자 할때 이암이 올린 상소문에 잠청배에 대한 내용이 더욱 구체적으로 나온다.

청나라를 몰아낸 일본이 '청과 몰래 내통한 무리'를 가리켜 한 말이라고 잘못 해석하였다. 역사의 상식에 무지한 소치이다. 이렇게 잠청배를 잘못 해석한 그들은 잠청배가 조선 말기에 나온 말이므로 『단군세기』 서문은 이암이 아닌 구한말 이후의 사람이 쓴 것이라는 억지 주장을 한다.

이승호는 이러한 잘못에 대하여 "(위서론자들의) 이런 오류는 이해할 수 없는 부분인데 특정한 시각이나 목적으로 『환단고기』를 이해한 것처럼 보인다"라고 말한다. 즉 위서론자들이 위서로 낙인찍기 위한 불순한 목적을 가지고 『환단고기』를 해석하고 있음을 보여준다는 말이다. 이처럼 위서론자들은 『환단고기』의 가치를 파괴하고 훼손하기 위해 어떤 무리한 비판도 불사한다. 이러한 예만 보아도 위서론자들이 식민사학의 변론자로서 동북아 원형 문화의 눈을 가리는 반민족적 행태를 얼마나 서슴없이 저지르고 있는지 새삼 절감하게 된다.

2) 『환단고기』의 진정한 면모

앞에서 살펴본 위서론자들의 주장에 대해 한가람역사문화연구소 이덕일 소장은 "그들 비판의 상당 부분이 내용에 대한 충분한 검토 끝에 나온 '본질적인 부분'이라기보다는 '자구字句의 사용례'에 매달리는 지엽적인 부분에 얽매인 감이 없지 않다"라고 하면서 "굳이 전해진 책을 조작할 필요성은 존재하지 않는다"라고 하였다.[181] 그는 또한 **"그 숱한 인명, 지명, 연대, 사건을 조작할 수 있다고 하면, 그 사람은 세기적인 대천재이다. 그것은 불가능한 일이다"**라고 일축하였다. 천안독립기념관장을 역임한 김삼웅은 "『환단고기』가 비록 내용과 용어의 일부가 후세의 것이라 해도 아직 책 자체가 완전히 위서라고 단정하기는 어렵다"[182]라고 주장한다. 그리고 윤내현 교수는 『환단고기』에 대한 서지학적 검토가 아직 불충분함을 토로한다.[183]

『환단고기』가 주류 강단사학에서 위서로 몰리고 있던 1993년, 서울대 천문학과

---

181) 이덕일, 『우리역사의 수수께끼』, 48쪽, 55쪽.
182) 김삼웅, 『한국사를 뒤흔든 위서』, 30쪽.
183) 『단기고사』, 『단군세기』, 『규원사화』 등에는 47명의 단군 이름이 실려 있는데, 아직 이 책들에 대한 서지학적 검토나 그 내용에 대한 분석적인 연구가 충분하게 되어 있지 않다(윤내현, 『고조선 연구』, 331쪽).

교수 박창범이 고조선 13세 흘달단군 때 일어난 다섯 행성 결집[五星聚婁] 현상을 컴퓨터로 재현하고 실제 역사 사건으로 증명했다. 전 한국천문연구원장 박석재 박사도 이 오성취루 현상이 사실이었고 고조선도 실제로 존재했다고 다음과 같이 말한 바 있다.

> BCE 1733년에 5행성이 저녁 하늘에 나란히 관측됐다는 기록이 『환단고기』의 『단군세기』에서 발견됐다. 이 기록이 천문학적으로 옳다는 것을 증명하는 일은 매우 간단하기 때문에 나도 소프트웨어를 돌려봤다. 그 결과 단 1년의 오차도 없이 BCE 1733년 7월 저녁 서쪽하늘에는 왼쪽에서부터 오른쪽으로, 화성·수성·토성·목성·금성 순서로 5행성이 늘어섰다. 여기에 달까지 끼어들어서 7월 11~13일 저녁에는 글자 그대로 '우주쇼'를 연출했다. 이러한 천문현상을 임의로 맞춘다는 것은 확률적으로 불가능하다. 따라서 BCE 1733년, 우리 조상들은 **천문현상을 기록으로 남길 수 있는 조직과 문화를 소유하고 있었음**을 알 수 있다. 즉 **고조선이라는 나라가 분명히 존재했었다는 사실이 증명**된 것이다.[184]

위서론자들이 트집을 잡는 근대 용어 문제도 『환단고기』의 가치를 훼손할 수 없다. 사실 인류 문화사에 전하는 경전의 고본을 보면, 그 시대 전문가나 학자에 의해 정서가 되면서 글자가 추가되거나 부분적으로 윤색되는 경우가 종종 있다. 뒤에 뛰어난 대가가 나오면 문맥을 통하게 하기 위해 글자도 바로잡고 문맥도 바로잡는다. 이때 교정한 사람이 살던 당시의 언어로 교정이 되면서 새로운 판본이 나오는 것이다. 이것은 인류 문화 발전사에서 피할 수 없는 일이다.

『환단고기』 또한 전해지는 과정에서 연대나 일부 내용이 변형되었을 가능성이 있다. 그러나 **그렇다 할지라도 『환단고기』의 전체 내용, 즉 천지 광명 역사관, 원형문화의 틀은 훼손된 게 아니다.** 과거 동서 문화의 고본이 내려오면서 추가되고 변형된 것에 비하면 오히려 약소하다 할 수 있다. 게다가 그것을 작업한 사람들은 근세 사람이 아닌가. 그 가운데는 불과 수십 년 전에 세상을 떠난 사람도 있다.

이처럼 턱없이 위서론을 전개하는 것은 그들이 **신교 문화와 신교 세계를 모르기 때문**이다. 『환단고기』가 전하는 인류 시원역사가 워낙 기존 역사서와 달라서 의심을 하는 것이다. 그래서 일반인들은 어떤 학자가 위서라고 바람을 넣으면 바이러스에 감염이 된 것처럼 '글쎄 그런 것 같다' 하고 대개 고개를 끄덕여 버린다.

---

184) 박석재, 『개천기』, 서문.

윤명철은 『환단고기』가 진서냐 위서냐 하는 것을 떠나서, "이 책이 **한국의 사회 사상계 혹은 대중적인 역사학계에 큰 영향을 끼친 현상**은 부인할 수가 없었다"라고 말한다.[185] 나아가 『환단고기』가 가져다주는 "사회적 영향력, 역기능과 순기능을 점검하고 그것이 한국 현대사의 역사발전의 긍정적인 도구로 사용될 수 있도록 진지한 모색을 해야 한다"[186]라고 한다. 송호수, 안창범, 고준환 등도 『환단고기』의 모든 내용을 다 조작된 것으로 불신해서는 안 된다고 주장한다.

『환단고기』는 고대 한중일 삼국의 관계, 북방 유목민족의 발흥 등을 다루는 정치경제사에서 언어, 문자, 음악, 의식주 등을 다루는 문화사에 이르기까지 역사의 각종 주제를 담고 있다. 또한 『환단고기』에는 동북아 원형 문화의 **인간론, 신관, 자연관, 역사관을 전해 주는 신령스러운 이야기가 꽉 들어차 있다.** 한마디로 정의하면 『환단고기』는 단순히 인간 중심의 역사서가 아니라 '**천지 광명의 삼신 문화 역사서**'이다. 때문에 비뚤어진 의식으로는 환단 시대의 시원 문화와 창세 역사가 밝히는 대도의 세계에 결코 접근할 수 없다.

3) 역사의 정의를 바로 세워야

박병섭과 박병훈은 사라진 **고대 역사의 복원을 위해 패러다임의 전환이 있어야 한다**고 주장한다. 그들은 사서에 접근하는 태도로 "확장변천 패러다임"과 "축소변천 패러다임"을 제시하는데, 확장변천 패러다임은 역사 과정을 '확대지향' 해서 사고하는 방법이고, 축소변천 패러다임은 역사의 내용을 '축소지향' 해서 사고하는 방법이다.

일제가 식민통치를 하던 시절 한국의 실증주의 사학자들은 한민족의 역사를 연구할 때 국호, 왕호, 호칭 등을 **축소지향적으로 파악함으로써 고대 역사를 말살**했다. 그들은 **환국, 배달, 고조선의 역사 내용을 부정하고 신화로 일축**해 버렸다. 고조선 이전 배달시대에도 많은 왕검이 있었건만, 한민족사에서 오직 한 왕검만이 존재하였으며 그 왕검이 고조선의 단군왕검이 되었다는 식으로 말하거

---

185) 윤명철, '환단고기의 사회문화적 영향검토', 『환단고기의 사료적 검토』, 7쪽.
186) 윤명철, 같은 논문, 24쪽.

나, 실제로 130여년 이상 연대 차이가 나는 해모수와 주몽을 부자지간父子之間으로 만들어 버림으로써 북부여의 구체적인 실존 역사(181년간)를 없애버렸다. 반면에 자주 독립사관을 가진 단재 신채호는 한민족의 역사과정을 확대지향적으로 해석해서 잃어버린 고대 역사를 복원하고자 하였다.[187] 그 결과 삼한관경제로 다스린 **고조선(단군조선)의 잊혀진 삼한의 역사를 복원**하였다.

박병섭 형제는 『환단고기』의 진가를 제대로 알기 위해서 '고전을 대하는 태도를 바꾸어야 한다'고 주장한다. 사서를 대하는 태도가 축소변천 패러다임에서 확장변천 패러다임으로 바뀌어야 한민족의 역사를 제대로 보는 안목이 트이기 때문이다. **『환단고기』는 고대사를 확대지향해서 서술한 유일한 역사서이다.**

위서론자들은 철저한 연구가 쉽지 않은 상태에서 식민사학 역사관이 송두리째 무너지는 것이 두려워 책 전체를 무조건 부정하기 위해 엉터리 논리와 불충분한 정보를 가지고 억지 주장을 내세우는 것이다. 식민주의 사관의 고정된 관점에서 일방적으로 고전에 접근하는 것은 결코 학자로서 올바른 태도가 아니다. 역사학자로서 지켜야 할 중도中道 의식을 갖고, 정당한 역사 비판과 사료 접근 방식으로 고전을 대하여야 하고, 특히 고전을 연구할 때 경건하고 겸손한 자세를 가져야 한다.

중국에서는 백 년 전부터 발굴한 홍산문화를 인류 고고학의 가장 위대한 발견이라 선언하고, 이 홍산문화에 근거하여 **'동북아뿐만 아니라 인류 역사를 새로 써야 한다'**고 외치고 있다.

그런데 대한민국은 식민사학자들의 아류가 학계의 중심에 자리잡고 앉아서 여전히 조상을 바보로 만들며 역사를 팔아먹고 있다. 일본 제국주의가 들어오면서 한민족 7백만 명 이상이 얼마나 무참하게 희생되었던가. 그런데 우리 주류 강단사학자들은 그런 **식민사학의 충직한 대변자요, 제국주의 침략 사학의 나팔수**가 되어 지금도 역사의 진실을 계속 오도하고 있다. 더욱이 원형 문화를 담고 있는

---

187) 박병섭·박병훈 형제는 단재 신채호가 일제 식민사관에서 자주 독립사관으로 패러다임을 전환하여 고대사를 복원한 인물이라 주장한다. 신채호는 『삼국유사』, 『제왕운기』, 『고려사열전』, 『김위제전』, 『신지비사』 등을 근거로 삼한-삼조선-북부여-삼국 시대의 계보를 만들었다. 그는 확장변천 패러다임의 사관으로 전환하여 망각되었던 삼조선 병행계보설을 복원하였다('계보위축변천과정, 신구왕호토픽 그리고 『환단고기』 신 진위검토방법(1)', 『선도문화』 9집, 10집). 자세한 내용은 박병섭의 저서 『고조선을 딛고서 포스트 고조선으로』 중 '고조선, 누구의 나라인가' 참고하기 바란다.

유일한 정통 사서가 하나 남았는데 그것조차 송두리째 없애 버리려 한다. 그래서 사소한 문제를 가지고 시비를 걸고 본말을 전도시키고 있는 것이다.

생각해 보라. 이 책을 편찬한 계연수는 독립운동을 하다가 일본 제국주의 앞잡이의 밀고로 잡혀서 뼈가 부러지도록 얻어맞고, 일본 헌병의 칼날에 사지가 잘려서 압록강에 수장되었다. 계연수와 함께 단학회 활동을 하던 이덕수도 그렇게 죽었다. 그들은 따뜻한 밥 한 그릇 먹지 못하는 어려운 환경에서 자녀 교육도 제대로 못 시키며 천륜을 모두 저버리고 희생을 한 것이다. 또한 계연수의 스승 해학 이기는 한일병탄이 되려하자 절망을 이기지 못하고 외지를 떠돌다가 냉랭한 여관방에서 절사했다.

『환단고기』는 사실 진위논쟁을 떠나서, 일단 깨끗이 손 씻고 고개 숙이고 무릎 꿇고서 경건한 마음으로 읽어야 할 책이다. 후손에게 광복의 꿈을 안겨 주기 위해 일생을 민족의 제단에 바친 그분들의 넋을 생각해서라도 일방적으로 위서로 매도해서는 안 될 책이다. 그것은 고인뿐만 아니라 한민족과 인류를 모독하는 배은망덕한 행위인 것이다.

역사는 진실과 정의를 향해서 나아간다. 사회에는 정의가 살아 있고 세상 사람들이 알든 모르든 그 길을 함께 가고 있다. 사필귀정事必歸正이다. **역사는 정의를 규명하는 것이기 때문에『환단고기』의 진위 논쟁은 반드시 종식될 수밖에 없다.**

『환단고기』는 당대 최고 지성인으로서, 역사의 현장에 있던 최고위 정치인, 도통한 고승이 쓴 책인데, 어찌 고고학적 기준이나 실증적 태도만으로 그 가치를 알 수 있겠는가. 위서론자들은 단지 식민사학의 아성이 송두리째 무너져서 자신들의 성과와 지위가 사라질 것을 두려워하기 때문에『환단고기』를 진서로 인정하지 못하는 것이다. 결론적으로 **지금까지 대한민국 국민은 그들에게 우롱과 사기를 당한 것이다. 위서론 바이러스의 해독제, 백신은 오직 인류 원형 문화의 진리의 혼불을 밝힌『환단고기』를 순수한 한국인의 마음으로 제대로 읽고 실천하는 것뿐이다.**

『환단고기』 연구는 완전히 새롭게 출발해야 한다. 민족사학자이건, 역사학계의 주류 사학자이건 누구라도『환단고기』를 연구하는 사람은, 우선『환단고기』에 담긴 한민족과 인류의 시원 문화를 있는 그대로 드러내려는 긍정적인 시각을 가져야 한다. 그리고 국내 사료에 갇히지 말고 중국, 일본, 동남아, 유럽의 사료까지 종합적으로 연구하는 자세를 가져야 한다. 문헌과 고고학 자료에만 집착하지 말고 천문학과 유전학 등에서 밝히는 최신 자료를 적극 활용하여야 한다.

한마디로 말해서 **인류 역사를 총체적으로 재조명하는 시각에서 『환단고기』를 연구하는 개방적인 자세가 필요**하다. 그리하여 동북아 역사의 정의를 파괴하고 한민족의 역사 혼을 완전히 말살해 버린 중화 패권주의 사학과 일본 식민사학의 사슬을 끊어 버리고, 대한민국 상고사와 인류 역사의 틀을 바로 세워야 할 것이다.

『환단고기』 진위 논쟁의 주요 내용

위서론자의 주장	위서론에 대한 반론
논점 ▶▶▶ 연개소문 조부의 이름이 '자유子遊'라는 기록	
계연수가 『환단고기』를 1911년에 편찬했다는 것은 신빙성이 없다. 예를 들어 1923년 중국 낙양에서 발굴된 천남생 묘지를 통해서 연개소문의 할아버지 '자유子遊'의 이름이 최초로 세상에 알려졌는데, 그 '자유'라는 이름이 『환단고기』에 있다는 것은 모순이다. 따라서 『환단고기』는 1923년 이후에 쓰인 기록이다.	고려 때 김부식이 쓴 『삼국사기』「백제본기」에는 "백제 무령왕의 휘가 사마이며, 서기 523(계묘년) 5월에 붕했다"라는 기록이 있는데, 1971년 공주에서 발굴된 무령왕릉의 지석誌石에 『삼국사기』「백제본기」의 내용과 동일한 기록이 발견되었다. 이것은 모순인가? 오히려 『삼국사기』「백제본기」가 1971년 이후에 쓰였다고 주장한다면 바로 그 주장이 모순이다. 『환단고기』의 『태백일사』에는 연개소문 할아버지의 이름이 '자유子遊', 증조부의 이름이 '광廣'이라는 것도 기록되어 있다. 이 기록은 『태백일사』 외에는 어느 사료에도 없는 내용이다. 연개소문의 할아버지 이름이 '자유'라는 사실은 1923년 발굴된 연개소문의 아들 천남생 묘비에서 확인되었다. 연개소문의 할아버지 이름이 '자유'라는 사실은 『환단고기』의 내용이 정확하다는 것을 입증하는 사례가 된다.
논점 ▶▶▶ 고조선 국가의 건립 시기	
『환단고기』는 고조선이 BCE 2333년에 건립되었다고 하나 고대국가의 출현은 청동기를 사용하기 시작한 BCE 10세기 이전이 될 수 없다. 그러므로 『환단고기』 기록을 믿을 수 없다.	동북아 지역에서는 BCE 35세기 이전에 이미 고대 문명국가가 성립되었다. 요령성 홍산문화의 중심지인 우하량에서 발굴해 낸 유물·유적이 이를 입증한다. 삼원구조로 된 대형 원형제단과 신전, 많은 적석총은 상당한 정도의 권력이 존재했음을 드러내주며 이러한 권력의 존재는 국가의 존재를 전제로 해야 이해가 가능하다. 홍산문화의 유적·유물이 발견된 요서 지역은 중국인의 영토가 아니었다. 홍산문화 유적·유물은 한민족의 뿌리 역사의 진실을 드러내 주는 귀중하고 놀라운 증거라 하지 않을 수 없다. 또한 한반도에서도 청동기 유적인 강릉 교동 1호 거주지는 BCE 1878년경의 것으로 확인되었고, BCE 25세기 이전의 것으로 검증된 평양시 상원군 용곡리 고인돌 무덤에서는 비파형 창끝과 청동단추가 출토되었다. 고조선 건국을 BCE 10세기경으로 한정하는 주장은 최근의 고고학 발굴 현황을 받아들이지 않는 지적 불성실과 오만의 소치이다.

위서론자의 주장	위서론에 대한 반론

논점 ▶▶▶ 『삼성기』의 저자

『신증동국여지승람』에 안함安咸, 원로元老, 동중董仲 세 명이 황해도 해주 수양산성을 쌓았다는 기록이 있으므로 『삼성기』의 저자를 안함로, 원동중으로 보는 것은 잘못이다.	위서론자들의 주장처럼 『신증동국여지승람』에 '안함, 원로, 동중'이라는 인명이 있고, 『세조실록』에 '안함로원동중삼성기'라는 기록이 있다. 『세조실록』에서는 '문태, 왕거인, 설업 등 세 사람이 쓴 책'이라는 구절처럼 이름을 나열할 때 몇 사람인지 혼동이 생길 여지가 있다면, 몇 사람이라고 명시하였다. 따라서 '안함로원동중삼성기'라는 기록은 『삼성기』의 저자가 안함로와 원동중이라는 것을 나타낸 것으로 보는 것이 타당하다. 위서론자들의 핵심 논점은 『환단고기』가 최근에 저술된 책이라는 것이며 위서라는 주장인데, 『세조실록』의 기록은 『삼성기』가 그 당시에 이미 존재하였음을 확인해 주고 있다. 더욱이 다른 어떤 역사 기록보다 신뢰도가 높은 『세조실록』의 기록을 부정하고 70년이나 후에 쓰인 『신증동국여지승람』을 근거로 하여 위서 운운하는 것은 결코 성립할 수 없다.

논점 ▶▶▶ 은나라 왕 무정의 귀방鬼方 공격 기록

『단군세기』 21세 소태蘇台단군 조에 '은나라 왕 무정이 전쟁을 일으켜 귀방을 물리쳤다'는 내용이 있다. 여기에서 '귀방鬼方'은 『주역』 예순 셋째의 '기제既濟' 괘에 이미 나오는 말인데, 『환단고기』가 이를 인용했을 뿐이다.	『주역』에는 "고종이 귀방을 정벌하다[高宗伐鬼方]"라는 구절이 나온다. 그리고 무정이 귀방을 공격했다는 사실은 은나라의 유물인 갑골문에서도 확인되는 내용이다. 국내에서 갑골문에 대한 연구가 본격적으로 시작된 것은 1990년대 이후이다. 따라서 『환단고기』에 실린 '무정의 귀방 공격에 대한 내용'은 『주역』에서 끌어온 것도 아니고, 갑골문에서 차용한 것도 아니다. 『환단고기』의 편찬자인 계연수나 전수자인 이유립이 우리 상고사에 대해 관심과 열정이 남달랐던 것은 사실이지만 이들이 종횡무진 모르는 것이 없었다고 생각하는 것이 오히려 비현실적이고 비논리적이다.

논점 ▶▶▶ 장수왕의 연호 '건흥'

『환단고기』가 말하는 장수왕의 연호 '건흥'은 1915년 충주에서 발견된 불상 광배에 새겨져 있다. 그러므로 『환단고기』는 1915년 이후에 쓰인 책이다.	역사기록의 진실 여부는 고고학적 발굴에 의해 입증되는 경우가 많다. 시기적으로 기록이 먼저 있고 그 기록의 사실 여부를 밝혀 주는 유물이 발견되면 그 기록의 진실성이 검증된다. 위서론자들의 이 주장은 오히려 역사 기록이 유물로 증명된 것이라고 말할 수 있다. 이 논리에 따르면 『환단고기』가 1915년 이전에 저술된 것임이 입증되는 것이다. 현재 중국 동북지역에서 발굴되는 홍산문화 유적도 『환단고기』의 기록이 사실임을 입증하는 좋은 예이다.

논점

위서론자의 주장	위서론에 대한 반론

▶▶▶ 〈자유〉에 발표한 이유립의 글들

| 〈자유〉에 발표한 내용과 『환단고기』의 내용이 대동소이하므로 이유립이 썼다는 유력한 증거다. | 〈자유〉에 연재된 역사 관련 기고를 모두 합하여 편집한 것이 『환단고기』이므로 『환단고기』는 최근에 이유립이 저술한 것이라고 위서론자들은 주장하지만, 사실은 이유립이 책을 먼저 가지고 있었고 그 책의 내용을 〈자유〉에 나누어서 게재한 것이다. 즉 『환단고기』라는 책이 있었고, 그 내용을 〈자유〉에 게재하였다고 이해하는 것이 순리이다. 따라서 위서론자들의 이 주장은 일고의 가치도 없다. 어떤 가설을 반박하기 위해서는 그 가설을 완전히 무효화시킬 만한 결정적인 근거가 있어야 한다. 이를 과학철학적 용어로 반증이라 한다. '모든 까마귀는 검다'라는 명제가 거짓임을 밝히기 위해서는 하얀 까마귀를 보여주면 된다. 그렇지 않는 한 이 명제는 결코 논박되지 않는다. 그러므로 위서론자들의 주장은 결코 반증의 위력을 갖고 있지 않다.
어떤 위서론자는 〈자유〉(1976)에 기고된 『환단고기』의 내용과 1979년에 발간된 내용이 다르다는 점을 근거로 『환단고기』는 점진적으로 수정 보완되어 1979년에 완성되었다고 주장하기도 한다. 그러나 오형기 필사본의 영인본에 있는 오탈자를 바로잡은 것을 근거로 위작 운운하는 것은 타당하지 않다. 더구나 그 방대한 내용과 시대적 정합성, 그리고 중국 사서와의 비교로 밝혀진 내용의 진실성 등을 고려할 때 어느 한 사람이 『환단고기』를 지어 낸다는 것은 도저히 불가능한 일이다.
임채우는 『환단고기』에 나타난 곰과 범에 관련된 내용을 살펴보면서 『환단고기』의 각 권에서 서로 다른 의미와 기록이 보이는 점을 들어 『환단고기』가 한 사람의 저서가 아님을 반증한다고 주장한다. 즉 창작한 것이라면 그 내용에 일관성이 없다는 것이 오히려 이상하다는 것이다.
또한 『환단고기』 편찬 과정에 의문을 품는다면, 계연수 편집본, 오형기 필사본, 오형기 필사본에 대한 영인본, 1976년 이유립의 원본 분실, 오형기 필사본의 오탈자를 바로잡은 배달의숙본 등의 과정을 모두 부정해야 한다. 더구나 『환단고기』 초간본으로 역사 공부를 하였다는 양종현의 진술 또한 거짓이라 말해야 하는데, 만약 그렇게 말한다면 그것은 위서론을 위해 한 인격체의 경험적 사실을 매도하는 어처구니없는 일이 아닐 수 없다. 가장 최근에 있었던 일들을 허구적 사실이라고 몰아붙이면서, 1979년에 저술된 위작 역사서라는 주장만 되풀이하는 것은 오히려 한민족의 정통 역사서에 대한 위서조작설이 아닌가? |

위서론자의 주장	위서론에 대한 반론

논점 ▶▶▶ **대진국 문왕의 연호**

대진국 문왕의 연호는 『신당서』에 이미 기록되어 있다. 『환단고기』에 그 연호가 기록되어 있다고 해서 『환단고기』가 진서인 것은 아니다.	대진국 문왕의 연호가 『신당서』에도 기록되어 있는 것은 사실이나 그동안 학자들의 주목을 받지 못했다. 1980년에 발견된 정효공주 묘의 묘비명을 통해 그 연호가 밝혀지면서 학자들의 관심을 불러일으켰다. 『환단고기』가 그 연호를 기록한 것은, 진서임을 입증하는 사례가 된다.

논점 ▶▶▶ **지명 영고탑**

청나라(1644~1911) 때 생긴 지명이다. 『단군세기』의 저자인 이암이 고려시대 사람이므로 이 지명을 알았을 리가 없다. 그러므로 『환단고기』가 근세에 꾸며진 책이라는 결정적 증거이다.	대표적인 위서론자인 조인성은 『환단고기』에 자주 등장하는 영고탑은 청나라 시조 전설과 밀접한 연관성이 있기 때문에 영고탑이라는 지명은 청나라 이전에는 사용할 수 없으므로 위서라고 단언한다. 그러나 『만주원류고滿洲源流考』에서는 『명실록明實錄』을 인용하여 명나라 초기에 영고탑로寧古塔路가 있었다고 전한다. 따라서 영고탑이라는 명칭은 적어도 명나라 초기(1368) 이전에 이미 사용되었음을 추론할 수 있다. 영고탑을 단지 지명으로만 해석하려는 시도 자체가 무리이다. 영고탑은 원래 삼신상제님께 천제를 올리던 '영고迎鼓터'란 지역으로 북부여北夫餘 이후 황폐화되고 고구려, 대진국의 멸망으로 자체 역사기록이 사라지면서 그 유래에 대해 정확히 아는 사람이 없어졌다. 다만 이름만 간신히 전해지다가 청나라 시조 전설과 맞물려 '영고탑寧古塔'으로 기록된 것이다.

논점 ▶▶▶ **기독교 교리 용어와 유사한 술어의 사용**

『환단고기』에는 기독교 교리와 유사한 '삼신일체三神一體'라는 말을 쓴다. 그리고 영혼·각혼·생혼은 명나라 때 예수회 선교사였던 마테오 리치 Matteo Ricci 신부가 『천주실의天主實義』에서 성삼품설聖三品說로 설명한 내용이다. 그러므로 『환단고기』는 기독교가 전래된 이후에 위작된 것이다.	기독교의 삼위일체三位一體는 '하나님은 본질적으로 하나인데, 성부, 성자, 성령의 세 인격人格으로 계신다'는 뜻이고, 『환단고기』의 삼신일체는 '우주의 조물주는 본체에 있어서는 하나이지만 작용으로 보면 삼신이며, 삼신의 본체와 한 몸이 되어 우주 만유를 다스리시는 지존무상의 주재자 삼신상제님이 계신다'는 뜻이다. 삼신과 삼신일체상제님은 삼성조 시대로부터 한민족이 사용해 오던 하느님의 명칭이다. 따라서 기독교의 삼위일체 하나님과 『환단고기』의 삼신일체 하느님은 근본적으로 다르다. 마테오 리치 신부가 사용한 영혼·각혼·생혼이란 표현은 동북아 사람들이 보편적으로 사용하던 개념이다. 그는 기독교의 복음을 전파하기 위해서 명나라에 들어가 한자 및 동양 문화를 섭렵한 바탕 위에서 『천주실의』를 저술한 것이다.

위서론자의 주장	위서론에 대한 반론

논점 ▶▶▶ 단군조선과 삼조선설

『환단고기』에 나오는 단군조선과 삼조선설은 신채호의 『조선상고사』(1931)의 영향을 받아서 기술되었다. 따라서 『환단고기』가 1911년에 출간되었다는 주장은 거짓이다.	『환단고기』와 『조선상고사』는 같은 내용의 삼조선설을 기록하고 있지만, 『환단고기』의 삼조선설은 보다 상세하게 기술되어 있고, 삼신 역사관의 원형을 피력하고 있다는 것이 특징이다. 특히 『광개토태왕비문』에 있는 "북부여 천제의 17세손이 국강상광개토경평안호태왕이다"라는 기록에 대한 『환단고기』의 해석은 『조선상고사』의 해석보다 더욱 설득력이 있기 때문에, 『환단고기』가 『조선상고사』의 영향을 받아서 조작되었다는 위서론자들의 주장은 타당하지 않다. 오히려 계연수 선생과 알고 지내던 독립운동가 단재가 『환단고기』를 읽었다고 보는 것이 더 합당하다. 단재가 『조선상고사』에서 단군조선의 삼조선에 대한 기록을 다른 근거를 제기하지도 않으면서 확신에 찬 어조로 기술하는 것을 볼 때, 『환단고기』의 기록을 참조했을 것이라 추측된다. 그러나 일제 강점기에 〈조선일보〉에 『조선사』를 기고하던 당시 상황을 볼 때, 민족의 정통 역사서인 『환단고기』의 안전한 후대 전수를 위해 그 출처를 감추었을 것이다. 더욱이 '고구려 900년 유국설'과 관련된 내용을 볼 때 『환단고기』가 더욱 명확하게 기록하고 있으므로 『조선상고사』가 『환단고기』의 기록을 참조했다고 보는 것이 타당하다. 즉 『조선상고사』는 호태왕이 추모鄒牟 왕의 13세손이라는 『삼국사기』 기록의 부정확성을 비판하고, 『삼국사기』에서 부정했던 『신당서』에 나오는 가언충의 고구려 900년 유국설을 수용해서 『삼국사기』의 고구려 유국 200년 삭감설을 제기한다. 반면에 『환단고기』는 '제1세 해모수부터 제 5세 주몽… 제17세 호태왕(주몽의 13세손)'으로 기록해서 『북부여기』 상과 『가섭원부여기』를 연결한다. 즉 『조선상고사』는 『삼국사기』의 기록을 단순히 불신하는 것으로 그친데 비해 『환단고기』는 오히려 「호태왕비문」과 『삼국사기』의 기록의 의문점을 명확하게 풀어준다. 따라서 위서론자들의 주장과 달리 오히려 『조선상고사』가 『환단고기』의 기록을 참조했다고 보는 것이 타당하다.

위서론자의 주장	위서론에 대한 반론

논점 ▶▶▶ 『태백일사』「소도경전본훈」에 실린 '천부경天符經' 탁본

계연수가 1916년 묘향산 석벽에서 '천부경天符經' 석각을 발견하고 탁본하였다는 사실은 『환단고기』에 '천부경'이 이미 실려 있어 1911년에 간행되었다는 것과 모순이다.	계연수는 1905년 을사늑약이 체결된 이후 이기, 나철 등과 함께 이기가 소장하고 있던 『태백일사』의 천부경, 삼일신고, 참전계경 등의 상고 사서를 주석하고 교열 작업에 들어갔다. 이기가 절명하자 계연수는 이기의 유언을 받들어 묘향산 단굴암에 들어가 1911년에 『환단고기』를 편찬하였다. 그때 『태백일사』「소도경전본훈」에 실려 있는 '천부경'이 어딘가에 새겨져 있을 것을 확신하고, 1916년 묘향산 석벽에 '천부경'이 새겨져 있는 것을 발견하여 탁본하게 된 것이다. 1916년에 탁본한 '천부경'과 1911년에 편찬한 '천부경'은 별개의 문제이다. 왜냐하면 '천부경'은 계연수가 1916년에 묘향산 석벽에서 탁본하기 전에 이미 오래 전부터 세간에 널리 알려져 있었고, 또한 '천부경'은 이기가 소장하고 있던 『태백일사』「소도경전본훈」에 이미 실려 있었기 때문이다.

논점 ▶▶▶ 근대용어의 사용

국가, 문화, 평등, 부권 등 근대어가 사용되었으므로 『환단고기』는 후대에 조작한 책이다.	국가, 문화, 평등, 자유, 인류, 세계 등의 용어가 사용된 전거는 여러 고전古典에서 찾아볼 수 있다. 위서론자들의 주장은 짧은 식견에서 나온 억지이며, 짧은 식견으로 위서론을 만들기 위해 허술한 논리를 내세우게 된 것이다. 만약 위서론자들이 이러한 논점을 거론하고 싶다면 『환단고기』에 형광등, 국회, 공무원 등의 현대적 명사나 미국, 삼팔선 등 근대에만 나오는 지명 등의 용례를 찾아야 할 것이다. 설사 근대적 용어가 몇몇 서술되었다 하더라도 이미 존재하고 있던 책을 엮은 『환단고기』가 근대에 들어서 필사되었다는 점을 주시한다면 호의적으로 받아들일 수도 있을 것이다. 하물며 국가, 평등, 자유 등의 개념이야 더 말할 필요도 없다. 언어는 역사적 존재이다. 고대의 언어가 지금까지 남아있을 수도 있고 또 사라질 수도 있다. 현대의 과학적 경제적 용어가 아닌 한 대부분의 언어는 예부터 전승되어 온 것이다.

『환단고기』가 진서임을 뒷받침하는 증거

박창범 · 나대일의 과학적 증명

행성 결집 현상	
BCE 1733년 흘달屹達 단군 50년 조에 "五星聚婁"라는 기록이 있다.	오성은 수성, 금성, 화성, 목성, 토성 등 육안으로 관측할 수 있는 5개 행성이고, 루婁는 28수 중의 하나이다. 검증한 결과 『단군세기』 기록보다 1년 빠른 BCE 1734년에 태양과 금성, 목성, 토성, 수성, 화성 그리고 추가로 초생달 등이 일렬을 지어 장관을 이루었음을 알 수 있었다. 1953년 2월 25일 새벽에도 이러한 결집 현상이 일어났다. 행성결집은 천문학적으로 매우 드문 현상이다. 단군조선 때의 기록은 『환단고기』가 진서임을 증명하는 증거로 주목할 만하다고 본다.
조수 현상	
29세 마휴 단군 9년 (BCE 935) 조에 "南海潮水退三尺"이라는 기록이 보인다.	이 기록은 천체운동과 직접적인 관련이 있다. 지구가 받는 조석력은 달과 태양의 중력에 의하여 지구중심이 받는 힘과 지구표면이 받는 힘의 차이에 기인한다. 과학적으로 검증해 본 결과 BCE 935년에는 강한 조수 현상은 없었으나, 4년 후인 BCE 931년 11월 22일에 가장 강한 조석력이 지구에 미쳤고, BCE 975년과 BCE 913년에도 강한 조석력이 있었음이 드러났다.
일식 현상	
『단군세기』에 일식 기록이 BCE 2183년을 시작으로 BCE 241년까지 모두 10번 나온다.	일식이 일어난 달이나 계절이 함께 기록되어 있는 것도 있으나, 일단 일식이 일어난 연도만 고려하면 5개가 실제 현상과 결부된다. 지금의 하얼빈 근처에서 이루어진 일식을 기록하였다고 가정할 때, 눈으로 분명히 느낄 수 있는 일식의 수와 10분의 7이 일치한다.

『환단고기』는 목판본

안창범은 『환단고기』 범례의 말미 기록을 풀이하면서 1911년에 계연수가 편찬한 『환단고기』는 목판본이라 주장한다.

桓檀古記, 悉經海鶴李先生之監修, 而且余精勤繕寫, 又因洪範圖吳東振兩友之出金, 付諸剞劂. 이 문장은 "환단고기는 모두 해학 이기 선생의 감수를 거쳤으며, 또 내가 정성을 들여 부지런히 편집하고 옮겨 적었다[繕寫]. 그리고 홍범도·오동진 두 벗이 자금을 대어 목판에 새겨서 인쇄하였다[剞劂]"라는 뜻이다.	『환단고기』 위서론자들은 이 문장을 오역하고, 그것이 『환단고기』 위서론의 직접적인 근거라고 오도한다. '선사繕寫'를 '고쳐 쓰다'로, '기궐剞劂'을 '활판 인쇄'로 오역하는 것이다. 자전에 의하면 '선사'는 원고지 같은 종이에 그림을 그리듯이 글자 하나하나를 베낀다는 뜻이고, '기궐'은 새김 칼로 나무판자에 글자를 또박또박 새긴다는 뜻이다. 그러므로 『환단고기』의 원본은 활판 인쇄본이 아니라 목판본임을 알 수 있다.

『환단고기』 술어의 고전古典 사용례

『환단고기』 속 술어	고전古典에 사용한 예
세계世界 『삼성기』 상 檀君이 端拱無爲하사 坐定**世界**하시며 『단군세기』 與**世界**萬邦으로 一施而同樂하시며 『태백일사』「삼신오제본기」 三神이 有引出萬物하시며 統治全**世界**之無量智能하사 『태백일사』「소도경전본훈」 而分五章하야 詳論天神造化之 源과 **世界**人物之化하니…… 一神이 造群**世界**하시고	'지구상의 모든 나라' 혹은 '인류 사회 전체'를 뜻하는 '세계'는 원래 불교 용어이다. 상하와 사방을 뜻하는 '우宇'와 고왕금래古往今來를 뜻하는 '주宙'가 결합된 '우주宇宙'와 같은 뜻이다. '세'는 '시간'을 가리키고, '계'는 '공간'을 가리킨다. 중국 당나라 때 한문으로 번역된『능엄경楞嚴經』에서 '세계'를 이렇게 정의하였다. "何名爲衆生**世界**? 世爲遷流, 界爲方位. … 東·西·南·北·東南·西南·東北·西北·上·下爲界, 過去·未來·現在爲世 (무엇을 중생세계라고 합니까? '세'는 '옮겨 흐르는 것'이고 '계'는 '방위'이다. …동·서·남·북·동남·서남·동북·서북·상·하가 계이고, 과거·미래·현재가 세이다)." 이 '세계'란 말은 고문헌에서 '세상'이나 '천하'라는 뜻으로도 사용되었다.
국가國家 『태백일사』「삼한관경본기」 於其**國家**有事之時에 捨身全義하며 『태백일사』「고려국본기」 新羅日官이 望之하고 以爲將不利於**國家**라 하야 以聞한대…… 築九州之城하야 以雪**國家**之恥하니 則其功이 可謂多矣라.…… 其著檀君世紀하야 以明原始**國家**之體統하고	오늘날 국민·영토·주권의 삼요소를 필요로 하는 국가國家(nation)는 고문헌에서는 다른 의미로 사용되었다. 고대에는 제후의 봉지封地를 '국國', 대부의 봉지를 '가家'라 했다. 또 '국가'라는 말로 '국'을 가리키기도 했다. 『주역』「계사繫辭」 하편에 "君子安而不忘危, 存而不忘亡, 治而不忘亂, 是以身安而**國家**可保也(군자는 편안할 때에도 위태로움을 잊지 않고, 존립해 있을 때에도 멸망을 잊지 않으며, 잘 다스려질 때에도 어지러움을 잊지 않는다. 그래서 몸을 보전할 수 있고, 나라와 집안을 보전할 수 있는 것이다)"라는 말이 있다. 또『맹자』「이루離婁」 하편에, "人有恒言, 皆曰'天下**國家**.' 天下之本在國, 國之本在家, 家之本在身(사람들이 늘 하는 말로 모두 '천하국가'라고 하는데, 천하의 근본은 나라에 있고, 나라의 근본은 집안에 있으며, 집안의 근본은 자기 자신에 있다)"라는 말이 있다. 고전 번역서를 보면 보통 '가家'를 '가정'이나 '집안'으로 번역하지만, 사실은 '대부의 나라'를 뜻한다. 적당한 우리말을 찾을 수 없기에 편의상 그렇게 번역하는 것이다.

『환단고기』속 술어	고전古典에 사용한 예
부권父權 『태백일사』「신시본기」 開天施敎하고 主祭天神하야 以立**父權**하며	'부권父權'은 근대 이후에 사회과학에서 주로 사용하는 용어로 알려져 있다. 집안에서 아버지의 지배 권력을 가리키는 말이다. 그러나 고문헌을 살펴보면, 지금의 의미와 다르고 하나의 고정된 용어라고 단언하기는 어렵지만, 이미 **조선시대 초기에 이 말이 사용되었음**을 알 수 있다. 조선 문종 2년인 1452년에 편찬한『고려사절요高麗史節要』18권「원종순효대왕元宗順孝大王」'경오庚午 11년' 조에 다음과 같은 구절이 나온다. "癸丑, 誅林惟茂. 惟茂以童稚, 繼執**父權**, 每事決於妻父李應烈, 與樞副致仕宋君斐等(계축일에 임유무를 주살하였다. 임유무는 어린 나이에 아버지의 권세를 이어 잡고(즉 아버지의 뒤를 이어 권력을 장악하고) 매사를 장인 이응렬과 추밀원 부사에서 물러난 송군비 등과 함께 결정하였다)." 고려 무신정권의 마지막 인물인 임유무林惟茂(?~1270)가, 아버지 임연林衍이 죽자 아버지를 이어 권력을 잡고 장인 등과 함께 일을 꾸미다가 주살되었다는 내용이다. 여기서 '부권父權'은 '부친의 권세 또는 권력'이란 의미로 사용되었다.
산업産業 『단군세기』 與民으로 共治**産業**하사 無一民飢寒하며	'산업産業'이란 말은 오늘날 광범위하게 쓰인다. 문화산업이니, 산업혁명이니 하여 대체로 생산을 하는 사업이란 뜻을 갖고 있으나, '산업'이 지칭하는 범위는 상당히 넓다. 이 말을 영어의 'industry'의 번역어로서 일본에서 근대에 만든 용어로 알고 있는데, 사실은 **지금부터 2천 수백 년 전인 중국 전국시대에 이미 쓰였다.** 『한비자韓非子』「해로解老」를 보면 "民不敢犯法, 則上內不用刑罰, 而外不事利其**産業**. 上內不用刑罰, 而外不事利其産業, 則民蕃息(백성이 감히 법을 어기지 않으면 군주는 안으로 형벌을 사용하지 않고 밖으로 그들의 재산(산업)에서 이익을 취하려고 힘쓰지 않는다. 군주가 안으로 형벌을 사용하지 않고 밖으로 그들의 재산(산업)에서 이익을 취하려고 힘쓰지 않는다면 백성들은 번성해서 많이 퍼질 것이다)"라는 말이 있다. 여기에서 '산업産業'이란 '개인의 재산' 즉 전답이나 가옥, 작업장 등 등을 말하는 것이다. 또 '생산하는 사업'이나 '생업'을 뜻하는 말로 사용되기도 하였다. 예를 들면『사기史記』「소진열전蘇秦列傳」에 "周人之俗, 治産業, 力工商, 逐什二以爲務(주나라 사람의 풍속에는 생업을 경영하고, 공상업에 힘써 10분의 2의 이익을 추구하는 것을 임무로 삼는다)"라는 말이 있다. 또 우리나라의『삼국사기三國史記』「신라본기新羅本紀」에 "又於就利山築壇, 對勅使劉仁願, 歃血相盟, 山河爲誓, 畫界立封, 永爲疆界, 百姓居住, 各營**産業**(또한 취리산에 단을 쌓고 칙사 유인원과 마주하여 피를 마셔 서로 맹세하고 산과 강으로 서약하였으며, 경계를 긋고 푯말을 세워 영원히 국경으로 삼아서 백성들이 머물러 살고 각기 생업을 꾸리게 하였다)"라는 기록이 있다.

『환단고기』 속 술어	고전古典에 사용한 예
헌법憲法 『태백일사』「삼한관경본기」 當尊國統하며 嚴守**憲法**하야 各盡其職하고	'헌법憲法'이란 말은 중국 고대 문헌에서 **전국시대 이전부터 사용**이 되었다. 물론 그 의미는 지금과 달리 '법' 혹은 '법전'이라는 뜻이었다. 전국시대의 문헌이라 할 수 있는 『국어國語』「진어晉語」편을 보면, "賞善罰姦, 國之**憲法**也(선행을 상주고, 간악한 행위를 벌주는 것은 나라의 법이다)"라는 구절이 있다. 여기서 '헌법'이란 말이 '법'이란 뜻으로 사용되었음을 알 수 있다. 『속자치통감續資治通鑑』「송철종宋哲宗元祐 6년」에, "自初輔政至爲相, 修嚴**憲法**, 辨白邪正, 孤立一意, 不受請謁(처음에 보좌하여 나라를 다스릴 때부터 재상이 되어서까지, 법을 손질하여 엄격히 집행하고, 그릇됨과 올바름을 가리어 사리를 밝혔으며, 홀로 한 뜻을 세우고, 만나자는 청을 받아들이지 않았다)"라고 했는데 여기서도 '헌법'이 '법'이란 의미로 사용되었음을 알 수 있다. 이렇게 볼 때, 『환단고기』에 쓰인 '헌법'이란 말을 단지 단어가 같다고 해서 '국가의 근본법'이란 뜻으로 이해하여 근세의 용어라 하는 것은 고문헌에 대한 이해가 부족하기 때문이라 할 수 있다.
개화開化 『태백일사』「삼신오제본기」 開地故로 能**開化**時務니 是智之雙修也니라. 『태백일사』「삼신오제본기」 文明成治하며 **開化**平等하니 『태백일사』「삼한관경본기」 檀君道奚가 方銳意**開化**하사 平等爲治하실새	일반적으로 '문명개화文明開化'라는 말은 보통 19세기 말에 사용된 용어로 알고 있으나 **중국 남북조 시대에 이미 쓰이고 있었다**. 남조의 송宋나라 사람 고원顧願이 쓴 「정명론定命論」이라는 글에 '건극개화建極**開化**'라는 말이 나온다. '법을 세우고 교화를 펼친다'는 뜻이다. '개화開化'는 여말선초에 활동한 운곡耘谷 원천석元天錫의 시에도 등장한다. "聖神**開化**國, 伊呂在臣隣(성스러운 임금[聖神]께서 나라를 열어 교화하시니 이윤伊尹과 여상呂尙(강태공) 같은 신하들이 이웃해 있네)." 여기서는 '개화開化'를 '교화를 펴다'가 아니라 '나라를 열어 교화하다' 정도로 이해할 수 있다.
문화文化 『단군세기』 2세 부루단군 勸農桑하시며 設庠興學하시니 **文化**大進하야 聲聞日彰하니라.	오늘날 사용되는 '문화'의 개념은 대체로 19세기 말에 영어를 의역한 일본어에서 비롯된 것으로 라틴어 'culture'에서 나왔다. 이 문화라는 말은 가공加工이나 수양, 교육, 문화 정도, 예절 등 여러 가지 뜻을 가지고 있었다. '문화'라는 말은 **고대에 이미 사용**되었고, '문文'과 '화化'가 결합된 '문화'라는 말은 본래 '문으로써 가르쳐 변화시키다'는 뜻의 '이문교화以文教化'에서 비롯된 것이다. 이 말은 '무력정복武力征服'이란 말에 대응해서 사용되었다. 그래서 이것을 합쳐 이른바 '문치무공文治武功'이라 한다. 『주역』「비賁」괘에는 '문화'에 관한 원시적인 견해를 엿볼 수 있는 다음과 같은 말이 나온다. "觀乎人文, 以化成天下(인문을 관찰하여 교화로써 천하 사람을 다스린다)."

『환단고기』 속 술어	고전古典에 사용한 예
평등平等 『태백일사』「삼신오제본기」 文明成治하며 開化**平等**하니 『태백일사』「신시본기」 自由成眞하고 **平等**濟物하야 『태백일사』「삼한관경본기」 檀君道奚가 方銳意開化하사 **平等**爲治하실새 『태백일사』「삼한관경본기」· 「고구려국본기」 成己自由하며 開物**平等**하야	오늘날 '권리나 의무, 자격 등이 차별 없이 고르고 한결같다'는 뜻으로 사용되는 '평등平等'은 원래 불교 용어로서 산스크리트어 upeksa 의 의역인데 '사捨'로도 번역한다. '차별이 없다'는 뜻이다. 일체의 현상은 차별이 없음을 가리킨다. **중국 위진남북조 때** 인도 승려 구마라습鳩摩羅什(344~413)이 한문으로 번역한『금강경』「정심행선분淨心行善分」편에, "是法**平等**, 無有高下(이 법은 차별이 없어 높고 낮음이 없다)"라는 말이 나온다. 또 고문헌에서 평등은 '서로 같다'는 뜻을 나타낸다. 위진남북조 때 인도 승려 구나브리티求那毘地가 492년에 한문으로 번역한『백유경百喩經』「이자분재유二子分財喩」편에, "敎汝分物使得**平等**, 現所有物破作二分(너희에게 서로 똑같게 물건을 나누는 법을 가르쳐 주리니 지금 갖고 있는 모든 물건을 부수어 이등분하라)"라는 말이 나온다.
만방萬邦 『단군세기』 桓因主祖也시니 與世界**萬邦**으로 一施而同樂하시며 人心惟化하면 亦合天範하니 乃用御于**萬邦**이니라. 『태백일사』「신시본기」 天下**萬邦**之人이 有慕於神理聖化者는 『태백일사』「대진국본기」 天下**萬邦**이 皆以聖人興治之海東盛國으로 欽頌之라	'만방萬邦'이란 오늘날 '세계의 모든 나라'를 뜻한다. '만국萬國'과 같은 뜻이다. 그러나 고대에는 '만방'이나 '만국'에 지금과는 다른 뜻이 있었다. 유가 경전인『서경』이나『시경』에 이미 쓰였는데『서경』에서 16번,『시경』에서 7번 사용되었다. 『서경』「요전堯典」: "百姓昭明, 協和**萬邦**(백성이 덕을 밝히게 되었으며, 만방을 화합하여 고르게 하였다)." 『시경』「황의皇矣」: "**萬邦**之方, 下民之王(만방이 향하여 오며, 온 백성의 왕이 되었다)." 위의 예에서, 선진 시대에는 '만방'이 '모든 제후의 봉국'을 가리켰다. 그러다가 나중에 천하 또는 전국을 뜻하는 말이 되었고, 오늘날에 이르러서 '모든 나라'라는 뜻이 된 것이다.
자유自由 『태백일사』「신시본기」 **自由**成眞하고 平等濟物하야 『태백일사』「삼한관경본기」· 「고구려국본기」 成己**自由**하며 開物平等하야	'자기 마음대로 할 수 있는 상태'라는 뜻을 나타내거나 혹은 법률 용어나 철학 용어로 쓰이는 '자유自由'라는 말은 고문헌에서 '자기가 주인이 되다', 혹은 '제한과 구속을 받지 않다'라는 뜻으로 쓰였다. 중국 위진남북조 시대에 나온 시선집인『옥대신영玉臺新詠』에는「공작동남비孔雀東南飛」라는 유명한 고시가 수록되어 있는데, 이 시에 "吾意久懷忿, 汝豈得**自由**(내가 마음속에 오랫동안 분함을 품고 있었는데, 네가 어찌 멋대로 할 수 있는가)"라는 구절이 있다.

『환단고기』 속 술어	고전古典에 사용한 예
문명文明 『태백일사』「삼신오제본기」 **文明**成治하며 開化平等하니 『태백일사』「삼한관경본기」 桓道**文明**之盛이 聞于域外라 『태백일사』「삼한관경본기」 世界**文明**吾最古하야	오늘날 사용하고 있는, 영어의 'civilization'에 해당하는 문명文明이란 말은 대체로 19세기 말에 일본어 번역에서 비롯되었으나, 일찍이 유교 경전에도 쓰였다. 이 '문명'이라는 말은 고대에 대체로 '문채가 있어서 환하다[文彩光明]'나 '문덕으로 다스리다[文治敎化]' 등을 의미하였고, 고대 중국어의 '문화文化'라는 말과 의미가 유사하다. 문헌상 '문명'이란 말이 최초로 등장한 것은 『주역』이라 할 수 있다. 「건乾」괘에 "見龍在田, 天下**文明**(밭에 큰 용이 나타난다 함은 천하에 문명이 날 것이라는 말이다)"이라는 기록이 있다. 『주역』에는 이 문명이라는 술어가 여러 차례 등장한다. 『조선왕조실록』「태조太祖 2년(1393 癸酉)」에도 '문명文明'이란 단어가 등장한다. "恭惟殿下邁舜**文明**, 齊湯勇智(삼가 생각하옵건대, 전하께서는 순임금의 문명文明보다 뛰어나시며, 탕왕의 용기와 지혜에 필적하십니다)."
인류人類 『삼성기』하 **人類**之祖를 曰那般이시니	'세계의 모든 사람' 또는 생물학적으로 다른 동물과 구별하여 사람을 이르는 말인 '인류人類'는 **중국 전국시대 말기에 이미 사용**된 예가 있다. 『장자』「지북유知北游」편을 보면 "人生天地之間, 若白駒之過郤, 忽然而已. 注然勃然, 莫不出焉; 油然漻然, 莫不入焉. 已化而生, 又化而死. 生物哀之, **人類**悲之(사람이 하늘과 땅 사이에 살고 있는 것은 마치 날쌘 말이 틈을 지나는 것처럼 순간적인 일에 불과하다. 만물은 자연의 변화에 따라 생겨나고, 자연의 변화에 의해 사라진다. 자연의 변화에 의해 태어나기도 하고 또 자연의 변화에 의해 죽기도 한다. 생물은 이를 서러워하고, 사람은 이를 슬퍼한다)"라는 기록이 있는데, 여기서 '인류人類'는 '사람'을 가리킨다.
개벽開闢 『태백일사』「삼신오제본기」 有若**開闢**而存하며	'열 개開' 자와 '열 벽闢' 자로 구성된 '개벽開闢'은 '개천벽지開天闢地'를 뜻하는데, '하늘이 열리고 땅이 열리다' 즉 우주의 시작을 뜻한다. 북송北宋 초기에 출간된 유서類書인 『태평어람太平御覽』에는 『상서중후尙書中候』의 "천지개벽天地開闢"이란 말이 인용되어 있다. 이 말은 '하늘과 땅이 열렸다'는 뜻이다. 『상서중후』가 한나라 때의 위서緯書라고 하니, '개벽'이란 말은 한나라 이전부터 이미 사용되었음을 알 수 있다. 이밖에도 '개벽'은 '개척하다', '개창하다', '열다', '통로를 열다' 등의 의미로 고문헌에서 광범위하게 사용되었다.

『환단고기』 속 술어	고전古典에 사용한 예
원시原始 『태백일사』「고려국본기」 其著檀君世紀하야 以明**原始**國家之體統하고	'원시原始'는 고대에 두 가지 의미로 사용되었다. 하나는 '처음을 고찰하다'는 뜻이고, 다른 하나는 '최초'라는 뜻이다. 첫째, '근원 원' 자에는 '고찰하다', '살피다'는 동사의 의미가 있다. '原始'는 '술어+목적어'의 구조를 가진 낱말로서 '처음을 고찰하다'는 뜻이 된다. '원시반본原始返本'의 '원시'가 바로 이 뜻이다. 그러므로 '원시반본'의 바른 해석은 '처음을 고찰하여 근본으로 돌아간다'이다. 『주역』「계사繫辭」상편에, "**原始**反終, 故知死生之說(처음을 고찰하고 끝을 연구하기 때문에 죽음과 삶의 이치를 안다)"이라는 말이 있다. 그러니 춘추전국시대 이전에 벌써 '처음을 고찰하다'는 의미로 사용한 셈이다. 둘째, '원시'는 '최초'라는 뜻이다. 오늘날까지도 '최초'라는 의미로 사용되는 '원시'는 당나라 현장玄奘이 유명한 『대당서역기大唐西域記』에서 썼다. 그 책의 권2에 "詳其文字, 梵天所制, **原始**垂則, 四十七言(그 문자를 자세히 살펴보니 범천왕이 지었는데, 최초로 법칙을 베풀었으니 47자이다)"이라고 하였다.
거사居士 『북부여기』 伏崖**居士** 『태백일사』「고려국본기」 杏村先生이 嘗遊於天寶山이라가 夜宿太素庵할새 有一**居士**曰素佺이니 多藏奇古之書라	오늘날 사람들은 일반적으로 '거사居士'라는 말이 '집에서 불교를 믿는 사람'을 가리키는 불교 용어로 알고 있다. 그런데 이 '거사'라는 말은 불교에서만 쓰는 용어가 아니고 또 불교에서 처음 쓴 말도 아니다. **불교가 전래되기 훨씬 이전부터** 이미 한자문화권에서 사용한 말이다. 『예기』「옥조玉藻」편에 "**居士**錦帶(거사는 비단 띠를 한다)"라는 말이 있다. 여기서 '거사'는, 후한 때의 정현鄭玄이 "**居士**, 道藝處士也(거사란 도를 닦고 예藝를 하는 처사를 가리킨다)"라고 주석한 것처럼, 은사隱士라는 뜻을 내포한다. 남송 때의 유명한 필기문筆記文 작가 오증吳曾은 『능개재만록能改齋漫錄』에서 "**居士**之號, 起於商周之時('거사'라는 호칭이 상·주 시기에 나왔다)"라고 기록하였다. 이러한 예를 보면, '은사'란 뜻을 내포한 '거사'란 말의 유래가 매우 오래되었다는 것을 알 수 있다.

『환단고기』 속 술어	고전古典에 사용한 예
진화進化 『태백일사』「삼신오제본기」 有若**進化**而在하며	'진進'은 갑골문을 보면, 윗부분은 '추隹'로서 작은 새의 모양을 본떴고, 아래 부분은 '지止'인데, 이 '지止'는 '발'을 뜻하는 '지趾'자이다. 새의 다리는 앞으로 나아가기만 할 뿐 뒤로 물러서지 않기 때문에 '전진'을 나타낸다. 앞을 향해서, 또는 위를 향해서 이동하거나 발전한다는 뜻을 나타내므로, 이 글자의 본래 의미는 '앞으로 나아가다'이다. 이와 상반되는 글자는 '뒤로 물러나다'는 뜻의 '퇴退'자이다. 『시경』「상유桑柔」편에 나오는 "진퇴유곡進退維谷" 즉 '앞으로 나아가도 뒤로 물러나도 골짜기라네'라는 구절에서 '진進'자의 본래 뜻을 찾을 수 있다. 또 '化'자는 갑골문을 보면, 두 개의 '사람 인人'자로 구성되어 있는데, 두 사람이 서로 등을 지고 있는 모습을 그려서 변화하는 것을 나타내었다. 그래서 본래 의미는 '변화하다'이다. 이 '화化'자는 고문헌에서 동사 뒤에 쓰여 성질 또는 형태가 바뀌었음을 나타낸다. '진화進化'는 '앞으로 나아가다'는 뜻의 동사 '진進'과 '형태가 바뀌다'는 뜻의 '화化'자가 결합된 것으로서, '앞으로 나아가면서 변화하다'는 뜻을 가진다. 즉 만물이 생장염장生長斂藏의 순으로 변화 발전하는 것을 의미하는 것이다. 오늘날 영어의 'evolution'를 번역한 '진화進化'와는 모양만 같을 뿐 실제로는 다른 말이다. 이렇게 '동사+化'의 구조로 결합된 말은 고문헌에서 얼마든지 찾아볼 수 있다. '교화敎化'는 '가르쳐서 감화시키다'는 뜻이고, '감화感化'는 '감동시켜서 변하게 하다', '소화消化'는 '삭혀서 변하다', '변화變化'는 '변해서 새롭게 되다', '융화融化'는 '녹아서 변하다', '권화勸化'는 '깨닫게 해서 착하게 하다', '좌화坐化'는 '앉아서 죽다', '생화生化'는 '생겨나서 자라다', '이화理化'는 '다스려 깨치다'는 뜻이다.
순환循環 『태백일사』「삼신오제본기」 有若**循環**而有하야	'돌 순循'자, '고리 환環'자의 '순환循環'은 사물이 한 바퀴 돌아 다시 시작하는 식으로 운동하고 변화하는 것을 가리킨다. 중국 전국시대의 문헌인 『전국책戰國策』에 이미 등장하는데, 이 책의 「연책2燕策二」에 "此必令其言如循環, 用兵如刺蝟繡(이렇게 하면 틀림없이 진왕의 말을 반복해서 돌게 하고, 용병을 자수처럼 교착시킬 것이다)"라고 나온다. 또 사마천의 『사기史記』「고조본기高祖本紀」에 "三王之道若**循環**, 終而復始(삼왕의 도는 마치 되풀이해서 도는 것처럼, 끝나고 나서 다시 시작한다)"라고 하였다. 이로 볼 때, '순환循環'이란 말은 지금으로부터 적어도 2천 수백 년 전부터 있어왔음을 알 수 있다.

『환단고기』에서만 전해 주는
새로운 역사 진실

	역사 개요	근 거
1	12분국의 위치	①『고기』에 다음과 같이 기록되어 있다. 파내류산 아래에 환인씨의 나라가 있으니 천해의 동쪽 땅을 또한 파내류국이라 한다. 그 땅의 넓이는 남북으로 5만 리요, 동서로 2만여 리이니 통틀어 환국이라 하였다(『삼성기』하). ② 파내류산 아래에 환인씨의 나라가 있다. 천해 동쪽 땅을 또한 파내류국이라 부르는데 그 땅의 넓이가 남북으로 5만 리요, 동서가 2만여 리이다. 이 땅을 모두 합하여 말하면 환국이요, 나누어 말하면 열두 나라이다(『태백일사』「환국본기」).
2	구환족	천해와 금악산과 삼위산, 태백산은 본래부터 구환족에 속하니 9황 64민은 모두 나반과 아만의 후손들이다. … 환인의 형제 아홉 분이 나라를 나눠 다스렸다. 이로써 9황 64민이 되었다. … 왕검께서 나면서부터 지극히 신령하고 성덕을 겸하여 원만하셨다. 구환족을 통합하여 삼한으로 나누어 다스렸다 … 구환족을 분류하면 오색 종족이 된다(『태백일사』「삼신오제본기」).
3	『고려팔관기』에 기록되어 있는 삼신설	『고려팔관기』의 삼신설에 이렇게 기록되어 있다. 상계 주신의 이름은 천일天一이니 조화를 주관하시고 … 하계 주신의 이름은 지일地一이니 교화를 주관하시고 … 중계 주신의 이름은 태일太一이니 치화를 주관하시니 … 그러나 주체는 한 분 상제님이시니 각기 따로 신이 있는 것이 아니라 작용으로 보면 삼신이다(『태백일사』「삼신오제본기」).
4	환, 단, 한의 의미	하늘에서 내려오는 광명을 환桓이라 하고 땅의 광명을 단檀이라 한다. 이른바 환은 곧 구황九皇을 말하는 것이다. 한韓은 또 크다는 뜻이다(『태백일사』「신시본기」).
5	배달국 18세 천황의 이름과 통치 기간	「신시역대기」참조(『삼성기』하)
6	치우천황은 배달국 14세 자오지환웅	치우는 배달국 14세 자오지환웅이다. 속언에 치우는 '뇌우가 크게 일어 산하가 뒤바뀐다' 는 뜻이다(『삼성기』하).
7	배달국의 천도	배달국의 첫 수도는 신시요, 후에 청구국으로 천도하였다(『삼성기』하).

	역사 개요	근 거
8	태호복희는 태우의환웅의 막내아들	환웅천황으로부터 5세를 내려와 태우의환웅이 계셨다. … 태우의환웅의 아들이 열두 명 있었는데 맏이는 다의발환웅이요, 막내는 태호이니 복희라고도 불렀다. 태호복희씨는 어느 날 삼신이 성령을 내려 주는 꿈을 꾸고 천지만물의 근본 이치를 환히 꿰뚫어 보게 되었다. 이에 삼신산으로 가서 하늘에 제사 지내고 천하에서 괘도를 얻었다. …『밀기』에 이렇게 기록되어 있다. 복희는 배달국 신시에서 출생하여 우사의 직책을 세습하였다. 후에 청구, 낙랑을 지나 진 땅에 이주하여 수인, 유소와 함께 서쪽 땅에서 나라를 세웠다. …『대변경』에는 이렇게 기록되어 있다. 복희는 신시에서 출생하여 우사의 관직을 맡았다. 신룡의 변화를 관찰하여 괘도를 만들고 신시 시대의 계해癸亥를 고쳐 갑자甲子의 첫머리를 삼으셨다. … 복희씨의 능이 지금의 산동성 어대현 부산 남쪽에 있다(『태백일사』「신시본기」).
9	환역桓易	환역은 관원인 우사雨師에게서 나왔다. 당시에 복희께서 우사가 되어 육축을 길렀다. 이 때에 신룡이 태양을 따라 하루에 열두 번 색이 변하는 것을 보고 환역을 지으셨다. 환은 희羲와 같은 뜻이요, 역은 옛적에 쓰인 용龍 자의 원 글자이다. 환역은 체원용방體圓用方 즉 둥근 하늘을 창조의 본체로 하고 땅을 변화의 작용으로 하여 모습이 없는 것에서 우주의 실상을 아는 것이니 이것이 하늘의 이치이다(『태백일사』「소도경전본훈」).
10	상고 시대 책력 칠회제신력	① 신시 시대에 칠회제신력七回祭神曆이 있었다. 첫째 날에 천신天神에게, 둘째 날에 월신月神에게, 셋째 날에 수신水神, 넷째 날에 화신火神, 다섯째 날에 목신木神, 여섯째 날에 금신金神, 일곱째 날에 토신土神에게 제사지냈다 하니 책력을 짓는 방법이 여기에서 비롯된 것이다(『태백일사』「신시본기」). ② 마침 이때 자부 선생이 칠회제신력을 만들고『삼황내문』을 천황께 바쳤다(『태백일사』「삼한관경본기」). ③ 가을 10월에 명을 내려 칠회력을 백성에게 널리 반포하셨다(『태백일사』「삼한관경본기」). ④ 자부 선생은 발귀리의 후손이다. 태어나면서 신명하여 도를 통해 신선이 되어 승천하였다. 일찍이 일월의 운행 경로와 그 운행도수를 측정하고 오행의 수리를 추정하여「칠정운천도」를 지으니 이것이 칠성력의 기원이다(『태백일사』「소도경전본훈」).
11	고조선의 수도 이름과 위치	『신지비사』에서 저울대 부소량이라 함은 진한의 옛 수도를 말한다. 이곳은 바로 단군의 고조선이 도읍한 아사달이며 지금의 송화강 하얼빈이다. 저울추 오덕지라 함은 번한의 옛 수도를 말한다. 이곳은 지금의 개평부 동북쪽 70리에 있는 탕지보이다. 저울판 백아강이라 함은 마한의 옛 수도를 말한다. 지금의 대동강으로 마한의 웅백다가 하늘에 제사 지내던 마한산이 바로 그곳이다(『태백일사』「소도경전본훈」).

	역사 개요	근 거
12	『천부경』과 『삼일신고』	① 그 옛날 배달국 때의 인문교화가 근세에 와서는 비록 행해지지 못하고 있으나『천부경』과『삼일신고』가 후세까지 전해져 온 나라의 남녀가 모두 은연중에 믿고 받들었다(『태백일사』「신시본기」). ② 병진년(기원전 2225)에 삼일신고비를 새겨서 남산에 세웠다(『태백일사』「삼한관경본기」). ③『천부경』은 환인천제의 환국 때부터 구전되어 온 글이다. 환웅 대성존께서 하늘의 뜻을 받들어 내려오신 뒤에 신지 혁덕에게 명하여 이를 녹도문으로 기록하게 명하셨는데 고운 최치원이 일찍이 신지의 전고비篆古碑를 보고 다시 첩으로 만들어 세상에 전하였다(『태백일사』「소도경전본훈」). ④『삼일신고』는 본래 개천 시대에 세상에 나왔고 그때에 글로 지어진 것이다. 집일함삼과 회삼귀일의 뜻을 근본 정신으로 삼고 다섯 장으로 나누어 천신과 조화의 근원, 세계와 인물의 조화에 대해 상세히 논하고 있다(『태백일사』「소도경전본훈」). ⑤ 최치원이 일찍이 신지가 옛 비문에 새겨 놓은「천부경」을 얻어서 첩帖으로 세상에 전했다. 바로 낭하리 바위 위에 새겨져 있는 글자와 함께 모두 실제 자취이다(『태백일사』「소도경전본훈」). ⑥『삼일신고』는 옛 판본에서 장이 나뉘어져 있지 않았다. 행촌 선생이 처음으로 장을 나누었는데 1장은 허공虛空, 2장은 일신一神, 3장은 천궁天宮, 4장은 세계世界, 5장은 인물人物이라 하였다.『삼일신고』의 '5대 종지'도 『천부경』에 뿌리를 두고 있으며『삼일신고』의 궁극적 정신 역시『천부경』의 중일 정신의 이상에서 벗어나지 않는다(『태백일사』「소도경전본훈」). ⑦ 세상에서 전하기를『참전계경』은 을파소 선생이 전한 것이라 한다. 선생이 일찍이 백운산에 들어가 하늘에 기도하다가 천서를 얻었는데 이것이『참전계경』이다(『태백일사』「소도경전본훈」).
13	삼한관경제	① 왕검께서는 천하의 땅을 일정한 지역으로 경계를 정해 '삼한'으로 나누어 다스리셨다. 모두 5가 64족이었다(『단군세기』 1세 단군 조). ② 단군왕검께서 천하를 평정하시고 삼한으로 나누어 다스릴 때 웅백다를 마한의 왕으로 임명하셨다(『태백일사』「삼한관경본기」). ③ 5월에 제도를 고쳐 삼한을 삼조선이라 하셨는데 조선은 관경을 말한다(『태백일사』「삼한관경본기」). ④ 삼한三韓이라는 말에는 '조정을 나누어 통치한다'는 뜻이 있고 삼조선은 '권력을 나누어 통치하는 제도를 둔다'는 말이다(『태백일사』「소도경전본훈」).
14	고조선의 영역	국경을 살펴 정하시니 유주・영주 두 주가 모두 우리 영토에 귀속되고 회수와 태산 지역의 제후들을 평정하여 분조를 두어 다스리셨다. 이때 우순을 시켜 그 일을 감독하게 하셨다(『단군세기』 1세 단군 조).

	역사 개요	근 거
15	어아가於阿歌	신시 개천 이래로 매년 하늘에 제사를 지낼 때 나라에 큰 축제를 열어 모두 삼신상제님의 덕을 찬양하는 노래를 부르며 화합하였다. 〈어아〉를 노래하며 감사를 근본으로 하여 하늘의 신명과 인간을 조화시키니 사방에서 모두 이를 본받았다. 이것이 「참전계」가 되었다. 2세 부루단군 기록에 나온다(『단군세기』).
16	가림토 / 가림다 문자	① 3세 가륵단군이 을보륵으로 하여금 가림토 문자를 짓게 하였다(『단군세기』). 이것이 한글의 기원이다. ② 고려 광종 때는 장유가 접반사로 명성이 나 있었는데 초기에 난을 피해 오·월에 가 있었다. 월나라 사람 중에 일을 벌이기를 좋아하는 자가 있어 우리 동국의 〈한송정곡〉을 거문고 밑에 새겨 역류하는 물결 위에 띄워 놓았다. … 아마 거문고 밑에 새겼던 글은 옛날의 가림다 종류인 것 같다(『태백일사』「소도경전본훈」).
17	흉노족의 시조	재위 6년에 임금께서 열양 욕살 삭정을 약수 지방에 유배시켜 종신토록 감옥에 가두셨다. 후에 용서하여 그 땅에 봉하시니 흉노의 시조가 되었다(『단군세기』 3세 단군 조).
18	몽골 시조 임명	오사구단군의 재위 원년은 갑신년이다. 임금께서 아우 오사달을 몽골리한으로 봉하셨다. 혹자는 지금의 몽골족이 그 후손이라 말한다(『단군세기』 4세 단군 조).
19	국선소도의 유래	①11세 도해단군 재위 원년에 오가에게 명하여 12명산 가운데 가장 아름다운 곳을 택해 국선소도를 설치하게 하였다. 그 둘레에 박달나무를 많이 심고 가장 큰 나무를 택하여 환웅상으로 모시고 이름을 웅상이라 하였다(『단군세기』). ②삼한의 옛 풍속이 10월 상일에는 모두 나라의 큰 축제에 참여하였다. 이때 둥근 단을 쌓아 하늘에 제사 지냈는데, 땅에 대한 제사는 네모진 언덕에서 지냈고 조상에 대한 제사는 각목에서 지냈다. 산상과 웅상은 모두 이러한 풍속으로 전해 오는 전통이다. … 소도에서 올리는 제천행사는 바로 구려 교화의 근본이 되었다. … 이에 온 나라에서 이 소도제천 예식을 숭상하지 않는 곳이 없었다(『태백일사』「삼신오제본기」).
20	고조선이 하나라 멸망과 은나라 건국에 직접적인 영향을 줌	13세 흘달단군 재위 16년(기원전 1767)에 하나라 임금 걸왕이 구원을 청함에 읍차 말량에게 구환의 병사를 이끌고 전투를 돕게 하였다. 이에 탕이 사신을 보내 사죄하므로 군사를 되돌리라 명했다. 이때 걸이 약속을 어기고 군사를 보내어 길을 막고 맹약을 깨뜨리려 하였다. 그리하여 마침내 은나라 사람과 함께 걸을 치는 한편, 은밀히 신지 우량을 보내 견군을 이끌고 낙랑의 군사와 합세하여 관중의 빈·기 땅을 점령하여 주둔시키고 관제를 설치하였다(『단군세기』).

	역사 개요	근 거
21	화랑의 유래 국자랑	13세 흘달단군 재위 20년 무술년에 소도를 많이 설치하고 천지화를 심었다. 미혼 자제들에게 독서와 활쏘기를 익히게 하고 이들을 국자랑이라 불렀다. 국자랑이 밖에 다닐 때에는 머리에 천지화를 꽂았기 때문에 당시 사람들은 천지화랑이라 불렀다(『단군세기』).
22	지명으로서의 영고탑寧古塔	① 재위 28년에 임금께서 구환족의 모든 왕을 영고탑에 모이게 하시어 삼신상제님께 제사지낼 때 환인천제, 환웅천황, 치우천황과 단군왕검을 배향하셨다(『단군세기』 16세 단군 조). ② 재위 36년에 영고탑을 개축하고 별궁을 지었다(『단군세기』 20세 단군 조). ③ 재위 6년에 신지 육우가 주청하기를 "아사달은 천 년 제업의 땅이나 대운이 이미 다했고 영고탑은 왕기가 농후하여 백악산보다 나으니 청하옵건대 그곳에 성을 쌓고 천도하시옵소서" 하니 임금께서 윤허하지 않으셨다(『단군세기』 22세 단군 조).
23	고조선의 우현왕 제도	① 21세 소태단군 재위 49년 임진년에 개사원 욕살 고등이 몰래 군사를 이끌고 귀방을 공격하여 멸망시키자 일군, 양운 두 나라가 사신을 보내 조공을 바쳤다. 이때 고등이 대군을 장악하고 서북 지방을 경략하니 세력이 더욱 강성해졌다. 그리하여 고등이 임금께 사람을 보내 우현왕이 되기를 주청하였다. 임금께서 이를 꺼려 윤허하지 않으시다가 거듭 청하므로 윤허하시고 두막루라 불렀다. 재위 52년에 우현왕 고등이 죽고 손자 색불루가 우현왕을 계승하였다(『단군세기』). ② 이 해에 고등이 개성에서 반역하여 천황에게 항명하였다. 마한 왕이 바야흐로 군사를 일으켜 고등을 치려 하였으나 홍석령에 이르러 천황께서 고등을 우현왕으로 윤허했다는 소식을 듣고 중지했다(『태백일사』 「삼한관경본기」).
24	고조선의 8조 금법	(색불루단군 때) 또 백성을 위하여 금팔조를 정하였는데 그 내용은 다음과 같다. 제1조: 살인한 자는 즉시 사형에 처한다. 제2조: 상해를 입힌 자는 곡식으로 보상한다. 제3조: 도둑질한 자 중에서 남자는 재산을 몰수하여 그 집의 노로 삼고 여자는 비로 삼는다. 제4조: 소도를 훼손한 자는 금고형에 처한다. 제5조: 예의를 잃은 자는 군에 복역시킨다. 제6조: 게으른 자는 부역에 동원시킨다. 제7조: 음란한 자는 태형으로 다스린다. 제8조: 남을 속인 자는 잘 타일러 방면한다(『태백일사』 「삼한관경본기」).
25	마한 36대 왕의 이름과 통치 연도	마한세가 참조(『태백일사』 「삼한관경본기」)

	역사 개요	근 거
26	고조선의 일본 평정	① 35세 사벌단군 재위 50년에 임금께서 장수 언파불합을 보내 바다 위의 웅습을 평정하였다(『단군세기』). ② 36세 매륵단군 재위 38년에 협야후 배반명을 보내 해상의 적을 토벌하게 하셨다. 12월에 삼도를 모두 평정하였다(『단군세기』). ③ 갑인년에 협야후에게 명하여 전선 500척을 거느리고 가서 해도를 쳐서 왜인의 반란을 평정케 하셨다(『태백일사』「삼한관경본기」).
27	고조선이 나라 이름을 대부여로 고침	① 고조선이 BCE 425년에 나라 이름을 대부여로 고치고 도읍을 백악산에서 장당경으로 옮겼다(『삼성기』 상). ② 구물이 모든 장수의 추대를 받아 3월 16일에 단을 쌓아 하늘에 제사지내고 장당경에서 즉위하였다. 구물단군께서 국호를 대부여로 바꾸고 삼한을 삼조선으로 고치셨다(『단군세기』).
28	구서지회九誓之會 내용	어느 날 구물단군께서 꿈에 천상의 상제님께 가르침을 받고 정치를 크게 혁신하려 하셨다. 명을 내려 천제의 묘정에 큰 나무를 세워 북을 매달게 하시고 삼칠일을 기약하여 나이 순서에 따라 서로 술을 마시게 하며 교화에 힘쓰시어 그 내용을 책으로 만들게 하시니 이것이 구서지회이다(『태백일사』「소도경전본훈」).
29	해모수의 출자出自와 북부여의 기원	① 47세 고열가단군 재위 57년 4월 8일에 해모수가 웅심산에서 군사를 일으켰다. 해모수의 선조는 고리국 사람이다. 종실인 해모수가 은밀히 수유국과 약속을 하고 옛 도읍지 백악산을 습격하여 점거한 뒤 스스로 천왕랑이라 칭하였다. 사방에서 사람들이 모두 해모수의 명을 따랐다(『단군세기』). ② (해모수) 임금께서 웅심산에서 기병하여 난빈에 제실을 지으셨다(『북부여기』). ③ 이때 해모수는 모든 장수를 봉하면서 수유후 기비를 올려 번조선 왕으로 삼아 상·하 운장을 지키게 하였다. 대개 북부여가 발흥한 것은 이때부터였다. 그리고 고구려는 해모수가 태어난 고향이므로 북부여를 고구려라고도 불렀다(『단군세기』).
30	남삼한의 기원	(북부여 2세 단군) 후에 기준은 떠돌이 도적 위만에게 패하여 바다로 들어가 돌아오지 않았다. 이에 오가 무리가 상장 탁을 받들고 대규모로 여정에 올라 곧바로 월지에 이르러 나라를 세웠다. 월지는 탁이 태어난 곳이다. 이를 일러 중마한이라 한다. 이때 변한弁韓과 진한辰韓도 각각 그 백성과 함께 백 리 땅에 봉함을 받아 도읍을 정하고 나라를 세웠다(『북부여기』).
31	번한 75대 왕의 이름과 통치 연도	번한세가 참조(『태백일사』「삼한관경본기」)
32	낭야성의 유래	가한성은 일명 낭야성인데 번한 왕 낭야가 쌓았으므로 낭야성이라 이름을 붙였다(『태백일사』「삼한관경본기」).

	역사 개요	근 거
33	흉노의 칭신	무인년에 흉노가 번한에 사신을 보내어 천왕을 뵙고자 하고 스스로 신하라 칭하고 공물을 바치고 돌아갔다(『태백일사』「삼한관경본기」).
34	번한 왕 기씨의 가계	① 임오년에 연나라가 이틀 길을 하루에 달려 빠른 속도로 쳐들어와 안촌홀을 공격하고 험독까지 쳐들어왔다. 이때 수유 사람 기후箕詡가 청년 5천 명을 거느리고 와서 전쟁을 도우니 군세가 조금 진작되었다. … 무술년에 수한이 세상을 떠났으나 후사가 없었다. 그리하여 기후가 명을 받들어 군령을 대행하였다. 연나라가 사신을 보내어 하례하였다. 이 해에 연이 왕이라 칭하고 장차 침범하려다 그만두었다. 기후도 명을 받들어 왕호를 써서 번조선 왕이 되었다(『태백일사』「삼한관경본기」). ② 기후(70세) - 기욱(71세) - 기석(72세) - 기윤(73세) - 기비(74세) - 기준(75세)
35	동명왕 고두막한	북부여 4세 고우루단군 재위 34년 10월에 동명왕 고두막한이 사람을 보내어 고하기를 "나는 천제의 아들이로다. 장차 여기에 도읍하고자 하니 임금은 이곳을 떠나도록 하시오" 하니 임금께서 난감하여 괴로워하셨다. 이 달에 고우루단군께서 근심과 걱정으로 병을 얻어 붕어하셨다. 아우 해부루가 즉위하였다. … 고두막단군의 재위 원년은 계유년이다. 이때는 고우루단군 13년이다. 임금께서는 사람됨이 호방하고 영준하며 용병을 잘 하셨다. 일찍이 북부여가 쇠하면서 한나라 도적이 불길처럼 성하게 일어나는 것을 보고 이에 분개하여 개연히 세상을 구제하겠다는 큰 뜻을 세우셨다. 이에 졸본에서 즉위하시고 스스로 동명이라 하셨다. 어떤 이들은 이분이 고열가의 후예라고 말한다(『북부여기』).
36	고리국의 위치	임금께서 마침내 군대를 이끌고 구려하를 건너 계속 추격하여 요동 서안평에 이르셨다. 그곳은 옛 고리국 땅이었다(『북부여기』 5세단군조).
37	연타발이 고구려 창업에 공헌함	연타발은 졸본 사람이다. 남북 갈사를 오가면서 이재를 잘하여 부자가 되어 거만금을 모았다. 남몰래 주몽을 도와서 창업의 기틀을 마련하고 도읍을 세우는 데 큰 공을 세웠다. 뒤에 무리를 이끌고 구려하로 옮겨 물고기와 소금을 사고 팔아 이익을 얻었다. 고주몽 성제가 북옥저를 칠 때 양곡 5천 석을 바쳤다. 눌견으로 도읍을 옮길 때는 먼저 양곡을 자원하여 바치고 떠도는 백성을 불러모아 어루만져 위로하며, 임금이 하는 일을 부지런히 도왔다. 이 공덕으로 좌원에 봉토를 얻었다(『태백일사』「고구려국본기」).
38	고구려 열제의 연호	▶고주몽성제 : 평락平樂 ▶광개토경호태열제 : 영락永樂 ▶장수홍제호태열제 : 건흥建興 ▶문자호태열제 : 명치明治 ▶평강상호태열제 : 대덕大德
39	광개토대왕비에 대한 기록	책성에 태조무열제의 기공비가 있고 동압록의 황성에 광개토경대훈적비가 있다(『태백일사』「고구려국본기」).

	역사 개요	근 거
40	고주몽의 출자	① (동부여 해부루왕) 재위 8년(BCE 79), 이보다 앞서 하백의 딸 유화가 밖에 나가 놀다가 부여의 황손 고모수의 꾐에 빠졌다. 고모수는 유화를 강제로 압록강 변에 있는 궁실로 데려가 은밀히 정을 통하고 하늘로 올라가서 돌아오지 않았다. 유화의 부모는 중매도 없이 고모수를 따라간 딸을 꾸짖고 먼 곳으로 쫓아보냈다. 고모수의 본명은 불리지인데 혹자는 고진의 손자라고 한다. 해부루 왕이 유화를 이상하게 여겨 수레에 태워 환궁하여 궁에서 나가지 못하게 하셨다. 이 해 5월 5일 유화 부인이 알 하나를 낳았는데 한 사내아이가 껍질을 깨고 나왔다. 이 아이가 바로 고주몽이니 골격이 뚜렷하고 늠름하여 위엄이 있었다. 나이 겨우 7세에 스스로 활과 화살을 만들어 백 번을 쏘면 백 번을 다 맞추었다. 부여 말에 '활 잘 쏘는 사람을 주몽이라' 하므로 이름을 그렇게 불렀다. … 재위 28년에 사람들이 나라에 이롭지 못하다고 여겨 고주몽을 죽이려 하였다. 이에 고주몽은 어머니 유화 부인의 명을 받들어 동남쪽으로 달아나 엄리대수를 건너 졸본천에 도착하였다. 이듬해 새 나라를 열었는데 이분이 곧 고구려의 시조이다(『가섭원부여기』). ② 고리국의 왕 고진은 해모수의 둘째 아들이고, 옥저후 불리지는 고진의 손자이다. 모두 도적 위만을 토벌한 공으로 봉토를 받았다. 불리지가 일찍이 서압록을 지나다가 하백의 딸 유화를 만나 기뻐하며 장가들어 고주몽을 낳았다. 때는 임인년(BCE 79) 5월 5일이며 한나라 임금 불릉(소제) 원봉 2년이었다. 불리지가 세상을 뜨자 유화 부인이 아들 주몽을 데리고 웅심산으로 돌아갔다. 그곳이 지금의 서란이다. 주몽이 장성하여 사방을 돌아다니다가 가섭원을 택해 살게 되었다(『태백일사』「고구려국본기」).
41	참전계參佺戒의 유래	을파소가 국상이 되어 나이 어린 영재를 뽑아 선인도랑으로 삼았다. 교화를 주관하는 자를 참전이라 하는데 무리 중에 계율을 잘 지키는 자를 선발하여 삼신을 위한 일을 맡겼다(『태백일사』「고구려국본기」).
42	오훈五訓, 오사五事, 오행육정五行六政, 구서九誓	환국 시대에 오훈五訓이 있었고 신시 시대에 오사五事, 고조선 시대에 오행육정五行六政, 부여에 구서九誓가 있었다. 또한 삼한의 공통된 풍속에 오계가 있었으니…(『태백일사』「고구려국본기」).
43	고구려 평원제의 북주北周 격파	대덕 18년에 열제께서 대장 온달을 거느리고 가서 갈석산과 배찰산을 토벌하고 유림관에 이르러 북주를 크게 격파하셨다(『태백일사』「고구려국본기」).
44	고구려가 신라 백성을 천주泉州로 옮김	(21세 문자제) 명치 12년 신라 백성을 천주로 옮겨 그곳을 채웠다(『태백일사』「고구려국본기」).
45	연개소문의 선조 이름	『조대기』에 이렇게 기록되어 있다. "연개소문은 일명 개금이라고도 한다. 성은 연씨이며 선조는 봉성 사람이다. 아버지는 태조, 할아버지는 자유, 증조부는 광이며 모두 막리지를 지냈다"(『태백일사』「고구려국본기」).

	역사 개요	근 거
46	고구려 요서 10성의 명칭과 위치	『조대기』에 이렇게 기록되어 있다. "6세 태조무열제 융무 3년 요서에 10성을 쌓아 한나라의 침략에 대비하였다. 그 10성은 이러하다"(『태백일사』「고구려국본기」).
47	백제의 요서·진평 군의 폐지	이 해(21세 문자제 명치 12년)에 백제가 조공을 바치지 아니하므로 군대를 보내어 요서·진평 등의 군을 쳐서 빼앗으니 백제군이 없어지고 말았다(『태백일사』「고구려국본기」).
48	임나任那의 위치	임나는 본래 대마도의 서북 경계에 위치하여 북쪽은 바다에 막혀 있다. 다스리는 곳을 국미성이라 했다. 동쪽과 서쪽 각 언덕에 마을이 있어 혹은 조공을 하고 혹은 배반하였다. 뒤에 대마도 두 섬이 마침내 임나의 통제를 받게 되어 이때부터 임나는 대마도 전체를 가리키는 이름이 되었다(『태백일사』「고구려국본기」).
49	다라한국과 구야한국	협보가 남한으로 달아나서 마한산 속에 은거하고 있을 때 따라와서 사는 자가 수백여 가구였다. 얼마 지나지 않아 여러 해 흉년이 들어 떠돌아다니는 사람이 길에 가득하였다. 이때 협보는 장차 변란이 있을 줄 알고 무리를 꾀어 양식을 싸서 배를 타고 패수를 따라 내려왔다. 해포를 거쳐 몰래 항해하여 곧장 구야한국에 이르니 곧 가라해의 북쪽 해안이었다. 여기에서 몇 달 지내다가 아소산으로 옮겨 살았는데 이 사람이 바로 다파라국의 시조이다. 후에 임나와 병합하여 연합정권을 세워 다스렸다. 이때 세 나라는 바다에 있었고 일곱 나라는 육지에 있었다. 처음에 변진 구야국 사람들이 먼저 들어와서 모여 살았는데 이것을 구야한국이라 하였다. 다파라는 일명 다라한국이라 불렸다. 이곳 사람들은 홀본에서 이주해 와서 고구려와 일찍이 친교를 맺었으므로 늘 고구려 열제의 통제를 받았다(『태백일사』「고구려국본기」).
50	박혁거세의 모母 파소婆蘇	옛적에 부여 황실의 딸 파소가 지아비 없이 잉태하여 남의 의심을 사게 되었다. 이에 눈수에서 도망하여 동옥저에 이르렀다가 또 배를 타고 남쪽으로 내려가 진한의 나을촌에 이르게 되었다. 그때에 소벌도리라는 자가 이 소식을 듣고 가서 이 아이를 집에 데려다 길렀다. 나이 13세가 되자 뛰어나게 총명하고 숙성하며 성덕이 있었다. 이에 진한 6부가 함께 받들어 거세간이 되었다(『태백일사』「고구려국본기」).
51	궁예의 성	태봉국 왕 궁예는 그 선조가 평양인으로 본래 보덕왕 고안승의 먼 후손이다. 그의 아버지 강이 술가의 말을 듣고 어머니 성을 따르게 하여 궁씨가 되었다(『태백일사』「고려국본기」).
52	의려왕의 일본정벌	의려국 왕이 선비 모용외에게 패한 뒤… 아들 부라(의라)에게 왕위를 넘기고… 마침내 바다를 건너 왜인을 평정하고 왕이 되었다(『태백일사』「대진국본기」).

한민족 고유 사서의 시대별 분류

가. 고조선과 열국(북부여~삼국) 시대의 사서

사서명	시대	저자	비 고
배달유기倍達留記	고조선 3세 가륵嘉勒단군	신지神誌(관직명) 고글	고구려 멸망(668) 때 대부분 없어졌고, 일부 남아 있던 사서도 조선 태종 13년(1413)에 수거되어 현존하지 않는다.
신지비사神誌秘詞	고조선 6세 달문達門단군	신지神誌(관직명) 발리發理	
해동비록海東秘錄	상고上古시대	미상	
신지비사역술神誌秘詞譯述	고구려	대영홍大英弘	
단군기檀君記	열국列國시대	미상	『해동고기』는, 고려 고종 18년~46년까지 몽골이 침입했을 때 『삼한고기』와 함께 없어졌다. 신라 십성 중의 한 사람인 고승 안함로가 찬술한 『삼성기』는 구한말까지 전해 오다가 지금은 전하지 않는다. 다만 1911년, 계연수 선생이 편찬한 『환단고기』 속에 전한다. 이 외의 사서들은 후백제가 멸망하던 때(927), 전화로 거의 소실되었다.
해동고기海東古記	열국시대	미상	
삼한고기三韓古記	열국시대	미상	
선사仙史	신라	미상 최치원崔致遠 인용	
유기留記	고구려	이문진李文眞	
국사國史	신라	거칠부居柒夫 (?~570)	
삼성기三聖紀	신라 진평왕	안함로安舍老 (579~640)	

나. 남북국南北國(대진·통일신라), 고려 시대의 사서

사서명	시대	저자	비 고
제왕연대력帝王年代歷	신라 진성여왕 4년(890)	최치원崔致遠 (857~?)	일제강점기인 1929년에 홍종국洪種國이 필사한 필사본만 전한다.

사서명	시대	저자	비고
단기고사 檀奇古史	대진국大震國 고황제 천통天統 9~21년 (707~719)	대야발大野勃 (?~?)	1959년에 정해백, 김재형, 이종국 등이 남은 일부를 토대로 복간한 것만 현존하고, 원본은 전하지 않는다. 복간본에는 시대에 맞지 않은 내용이 가필되어 있다.
표훈천사表訓天詞	신라	표훈表訓	『조선왕조실록』의 수거목록과 환단고기에 인용된 사서
조대기 朝代記	고려 태조 천수天授 8~9년 (925-926)		대진국의 황태자 대광현大光顯이 고려에 망명할 때 가지고 온 고조선 역대 왕조의 실기인데, 일제에게 압수되어 사라졌다.
고조선비기 古朝鮮秘記	고려	미상	고려 초엽 내지 중엽에 저술된 것으로 추정되며, 저자는 미상이다.
삼성밀기三聖密記	고려	미상	
도증기道證記	고려	미상	
지공기誌公記	고려	미상	
삼한습유기 三韓拾遺記	고려	녹두처사 鹿頭處士(?~?)	
대변설大辯說	고려	미상	
동천록動天錄	고려	미상	
지화록地華錄	고려	미상	
통천록通天錄	고려	미상	
고려팔관잡기 高麗八觀雜記	고려	미상	
진역유기震域留記 또는 고조선유기 古朝鮮遺記	고려 31세 공민왕	이명李茗 (?~?)	『규원사화』의 저본底本이 되었고, 일본 강점기 때 압수되어 사라졌다.
삼성기三聖紀	고려(?)	원동중元董仲 (?~?)	『환단고기』의 일부로 합본되었고, 그 원본들은 전하지 않는다.
단군세기檀君世紀	고려	이암李喦 (1297~1364)	
북부여기北夫餘紀	고려	범장范樟 (?~?)	
가섭원부여기 迦葉原夫餘紀	고려	범장范樟 (?~?)	

다. 조선 시대 이후의 사서

사서명	시대	저자	비 고
태백일사 太白逸史	조선 중종 15년 (1520)	이맥李陌 (1455~1528)	『환단고기』의 일부로 합본되었으며 원본은 전하지 않는다.
규원사화 揆園史話	조선 숙종 원년 (1675)	북애자北崖子 (?~?)	40여 권의 사서史書를 참고하여 상고사上古史를 바로잡은 책이다. 이유립은, 저자를 권근權近의 후손으로 삭주부사를 지낸 권헌權巚이라 하였다.
단조사고 檀祖事攷	1911년	김교헌金敎獻 박은식朴殷植 유근柳瑾 등	『조선왕조실록』, 『제왕연대력帝王年代歷』, 중국의 25사史 등을 저본底本으로 하여 엮은 것이다.
신단실기 神檀實記	1914년	김교헌金敎獻 (1868~1923)	
동사연표 東史年表	1915년	어윤적魚允迪 (1868~1935)	
배달족역사 倍達族歷史	1922년	대한민국임시정부	
신단민사 神檀民史	1923년	김교헌金敎獻	
조선사략 朝鮮史略	1924년	김종한金宗漢 (1844~1932)	
해동춘추 海東春秋	1957년	박장현朴章鉉	
대동사강 大東史綱	1928년	김광金洸	『규원사화揆園史話』를 저본으로 하여 저술한 것이다.
조선역사 朝鮮歷史	1934년	이창환李昌煥	
조선세가보 朝鮮世家譜	1938년	서계수徐繼洙	
민족정사 民族正史	1968년	윤치도尹致道	『단군세기』, 『단기고사』를 중심으로 서술

※참고: 이상시, 『단군실사에 관한 문헌고증』.
　　　　고구려사역사재단 편, 『고조선·단군·부여자료집(상·중·하)』.

행촌 이암 연보

나이	주요 내용
1세(1297)	경남 고성군 송곡촌松谷村에서 문헌공文憲公 이우李瑀와 함양 박씨의 장남으로 태어남.
10세(1306)	강화도 마리산 보제사에 들어가 사서史書를 탐독.
17세(1313)	8월에 지공거 권한공과 최성지가 주관한 과거에 급제함. 행촌 묘지명에는 이들이 행촌을 보고는 크게 칭찬하고 또 기이하게 여기며 말하기를 "이는 재상의 그릇이다"라 했다고 쓰여 있음.
18세(1314)	충숙왕이 행촌의 재주를 아껴 왕부의 인장을 관리하도록 명하고 전교시의 종9품 관직인 비서성秘書省 교감에 임명.
27세(1323)	1월, 류청신과 오잠 등이 '고려의 국호를 없애고 원의 행성行省(원나라의 직속령)이 되자'는 소위 입성책동을 벌였다. 이에 이제현 등과 함께 고려에 행성을 설치하는 것이 전날 원의 세조가 고려의 풍속을 고치지 않겠다고 한 지엄한 약속에 어긋나는 일이라 하여 반대함.
28세(1324)	관직이 전교시의 종6품 관직인 비서랑에 오르고 단양부 주부를 지냄.
31세(1327)	5월, 내시內侍 통직랑通直郞 도관정랑都官正郞 사자금어대賜紫金魚袋의 관직에 있으면서, 왕명을 받아 청평산 문수사 장경비의 비문과 전액을 씀. 관직이 여러 번 올라 정5품 도관정향이 됨.
32세(1328)	2월, 세자(후에 충혜왕)가 원에 들어가 숙위하는 데 시종함.
34세(1330)	2월, 이암은 왕위에 오른 충혜왕을 따라 귀국하였고, 충혜왕이 관리들의 인사를 담당하는 관청으로 지인방을 설치하자 이암은 도관정랑의 관직을 그대로 가지고 있으면서 지인방에 들어가 인사업무를 관장.
35세(1331)	4월, 우대언으로 승진하고, 과거 시험관인 동지공거가 되어 밀직사 제학 한종유와 함께 과거를 주관.
36세(1332)	2월, 충혜왕의 폐신으로 지목되어 순군에 하옥됨. 3월, 장형에 처해지고 강화도로 유배. 이때 부친 이우도 함께 파직되어 전리田里로 유배되는 귀양형을 받음.

나이	주요 내용
39세(1335)	유배지에서 풀려난 후 양주군(경기도) 천보산 태소암에 머물면서 소전素佺거사로부터 환단桓檀의 고비기古秘記를 전수받고『태백진훈』을 씀. 이때 이명李茗과 범장范樟을 만나 한민족사의 진정한 계보를 만들 것을 결의.
41세(1337)	부인 홍씨(첨의중찬 홍자번 증손녀)가 세상을 떠남.
44세(1340)	충혜왕의 복위를 따라 밀직사의 정3품 지신사知申事로 복직.
45세(1341)	도첨의사사都僉議司事의 정2품인 정당문학을 거쳐 첨의평리僉議評理로 승진.
51세(1347)	찬성사로서 정방제조가 되어 인사행정을 맡아봄. 원나라의 환관이었던 고려 출신 고용보高龍普가 관리 인사가 공정치 못하다고 왕께 아뢰어 면직 당하고 밀성(지금의 밀양)으로 유배됨.
53세(1349)	2월, 충혜왕의 작은 아들 왕저(충정왕)를 추대하여 옹립하고 충정왕을 시종하여 원에 감. 원에서 귀국할 때 원조 정본 〈농상집요〉를 가져옴. 10월, 좌정승에 오름.
56세(1352)	공민왕이 철원군에 봉함. 왕이 주관하는 서연書筵에서 시독侍讀.
57세(1353)	관직을 사퇴하고 청평산에 은거.
62세(1358)	8월, 수문하시중으로 복직됨. 이때부터 군해 대신 암嵒이라는 이름을 쓰기 시작.
63세(1359)	12월 6일, 수문하시중守門下侍中으로서 서북면병마도원수西北面兵馬都元帥에 임명되어 홍건적 4만 명을 격퇴.
65세(1361)	홍건적 2차 침입 때 안동으로 몽진하는 공민왕을 호종.
67세(1363)	퇴임 후 강화도 선행리仙杏里 홍행촌紅杏村에 은거하면서『단군세기』서문을 짓고 마침내『단군세기』를 완성.
68세(1364)	5월, 세상을 떠남(시호 문정공文貞公). 6월, 대덕산(현 경기도 장단군)에 있는 부인 홍씨의 묘역에 합장.

※출처:『태백일사』「고려국본기」; 이익주, '행촌 이암 선생 연보',『행촌선생연구총서』; 한영우 외 공저,『행촌 이암의 생애와 사상』; '행촌 이암 연보', 〈행촌회보〉 제12호.

한암당 이유립 연보

나이	주요 내용
1세(1907)	1907년 음력 11월 14일 묘시卯時에 평안북도 삭주군朔州郡 구곡면九曲面 안풍동安豊洞 구영포仇寧浦 청학령산 아래 청학골에서 독립운동가 단해檀海 이관집의 4남으로 출생. 본관은 철성鐵城으로 이암李嵒의 후손. 자는 채영采英 또는 중정中正, 호는 한암당寒闇堂 또는 정산초인靜山樵人, 단하산인壇下山人, 호상포객湖上逋客, 단학동인檀鶴洞人.
3세(1909)	3살 때부터 어머니 태인泰仁 백씨白氏에게 천자문을 배움.
6세(1912)	『동몽선습童蒙先習』을 읽다가 '한무제토멸지漢武帝討滅之하시고'라는 구절에 이르러 우리나라를 토멸한 한무제는 분명 우리나라의 원수인데 '~하시고'라는 토씨를 붙여 읽는 것을 싫다 하여 끝내『동몽선습』을 읽지 않았다 함.
8~9세 (1914~15)	송암松岩 오동진 장군에게 노래를 배우고 조련 실습을 받음.
13세(1919)	1919년 10월 아버지(단해 선생)를 따라 단학회檀學會가 주관하는 배달의숙倍達義塾에서 계연수, 최시흥, 오동진 등 선학들의 강의를 듣는 한편 조선독립소년단 조직 활동에 참가, 단장이 됨(14세). 의민사義民社 천마산대의 소년통신원으로 뽑혀 전봉천과 함께 통신연락을 도움.
18세(1924)	1924년 4월 삭주읍 보통학교 3년에 입학. 그해 2학기에 4학년으로 진급. 1927년 3월에 6년제 졸업. 재학중에 삼육회三育會를 조직하고 회장이 되어 김병선과 함께 매일 오후 방과 후 2시간씩 역사와 상식을 강의.
21세(1927)	1927년 신간회新幹會 삭주지부를 최석홍, 김호원 등과 함께 발기하였다가 해산을 당함.
24세(1930)	1930년「삼육전재三育全材 국권회복國權回復」이라는 해학 이기의 신新교육 종지를 발휘하기 위하여 삼육사三育社를 조직, 위원장에 임명됨. 회람잡지〈삼육〉7월호의 '광개토성릉비문미실고廣開土聖陵碑文微實考(전봉천·조선민족의 분기를 촉구함, 이채영)' 기사로 인하여, 1931년 7월 31일 강제 해산 당함. 1932년 3월 기소 중지되고 그해 10월에 '우리들의 노래' 사건으로 한때 구금된 일도 있음.
33세(1939)	이상유의 희사금 5만 원과 선대로부터 경영해 오던 구성재求誠齋 재산을 합하여 신풍학원新豊學院을 설립. 학감 겸 교사로 일함. 1942년 12월 12가지 항목을 들어 고발 당함. 결국 군수郡守 독고휘의 명령으로 신풍학원이 폐쇄됨.

나이	주요 내용
35세(1941)	삭주 출신의 당시 21세인 신매녀申梅女와 결혼.
39세(1945)	1945년 4월 건국동맹建國同盟 평북책 이우필의 권유로 삭주책을 맡음. 그 해 8월 초에 전봉천의 '대동아전쟁거부론' 철시사건에 관련, 구영포 헌병대로부터 소환당하는 중에 8.15 광복을 맞이함. 10월 3일 천마산 제천대회에서 8.15 광복 봉고제奉告祭를 거행함과 함께 이용담 선생이 주재하는 단학회 기관지 〈태극〉을 발행. 주간主幹으로 활동. 1946년 1월 1일에 발행한 신년호에 실린 '신탁통치반대론' 필화사건으로 인하여 정월 27일에 소련특별경비사령부 삭주 파견대에 구금되고 〈태극〉은 폐간 당함. 41세인 다음해 3월 9일에 출감.
42세(1948)	1948년 5월 2일 밤 월남 도중 해주 소재의 내무국 보안 제7대 정보과에 구금됨. 그 해 9월 4일 출감. 그 해 음력 8월 16일 밤 10시경 폭우 속에서 총성을 들으며 삼팔선을 넘는 데 성공.
57세(1963)	1963년 5월 16일 단학회의 삼대 강령인 제천보본祭天報本, 경조흥방敬祖興邦, 홍도익중弘道益衆을 완전 계승하여 단단학회檀檀學會로 조직을 확대하고 본부를 대전시 은행동 자택에 두고 활동을 시작.
59세(1965)	1965년 4월 기관지 〈커발한〉 발행.
63세(1969)	1969년 이석영의 재정 후원으로 강화도 마리산 단학동에 커발한 개천각을 세워 신시개천의 창시자 환웅천왕을 비롯하여 치우천왕, 단군왕검을 봉안하고 매년 대영절(음3.16), 개천절(음10.3)에 제천의식을 거행.
67세(1973)	1973년 3월 10일 대동문화사大東文化社에서 『광개토성릉비문역주廣開土聖陵碑文譯註』 간행.
69세(1975)	1975년 5월 8일 『세계문명동원론世界文明東源論』을 미국의 하버드, 워싱턴, 콜롬비아, 하와이, 캘리포니아 5개 대학교에서 주문해 감.
70세(1976)	1976년 3월 16일 『커발한 문화사상사』 I, II를 발간. 그 해 10월 8일 박창암, 안호상, 유봉영, 문정창, 박시영, 임승국 등과 함께 '국사찾기 협의회'를 조직하고 잡지 〈자유〉에 옥고를 기고하기 시작. 여름 장마철(8월), 『환단고기』 초간본 분실. 군산 공안과에 백내장 수술로 집을 비운 사이 집주인이 책을 팔아 버림.
75세(1981)	1981년 한미연합사에서 초청 강연.
77세(1983)	『환단고기』 배달의숙본 간행. 1983년 〈자유〉에 게재된 글을 모아 『한암당 이유립사학총서』 펴냄.
78세(1984)	1984년 배달문화원 대상 수상.
80세(1986)	1986년 4월 18일 새벽 1시 서울 강서구 화곡동 자택에서 운명.

※출처 : 양종현, 『백년의 여정』.

II. 『환단고기』가 밝혀 주는 한국사의 국통 맥

| 주요목차 | 1. 환국에서 발원한 인류 문명
2. 동북아에 세운 한민족 최초 국가, 배달
3. 한민족의 전성기, 고조선
4. 한민족사의 잃어버린 고리, 북부여
5. 열국 시대 이후 대한민국을 수립하기까지 |

1 환국에서 발원한 인류 문명

1) 현생 인류의 어버이, '나반'과 '아만'

인간은 어떤 종교를 믿고 어느 분야에서 일하든지 인류의 기원에 대한 호기심과 의문을 품고 살아간다.

인류가 지구상에 처음 나타난 것은 약 400만 년 전으로 추정된다. 최초의 인류로 추정되는 오스트랄로피테쿠스Australopithecus[1]가 생존한 연대가 그러하기 때문이다.

20세기 중엽까지만 해도 인간다운 특징을 가진 최초의 존재로 50~60만 년 전에 생존했던 베이징인이나 자바인 등이 거론되었다. 이들은 불과 도구를 사용하고, 사냥을 하며, 집단을 이루어 서로 보살피며 살았다. 초기에는 이들을 호모Homo(사람)라는 속명屬名으로 부르지 않고 단지 베이징인, 자바인으로 부르다가 지금은 유럽의 하이델베르크인과 함께 '호모 에렉투스Homo erectus(직립인)'라 부른다. 생존 연대도 150만 년 전까지 올려 잡고 있다.

---

[1] 지금까지 세 개의 오스트랄로피테쿠스 화석이 발견되었는데, 1974년 에티오피아에서 발견된 여성 인골 '루시'는 둘째로 오래된 것이다. '남쪽의australo 원숭이pithecus'를 뜻하는 오스트랄로피테쿠스는 얼굴 모습이 실제로 유인원과 비슷하고 두뇌의 용적이 현생 인류의 어린아이 정도밖에 되지 않는다. 그럼에도 이 영장류를 '사람과'로 분류하는 것은 두 발로 서서 걸었고 치열齒列이 현생 인류와 비슷하기 때문이다(민석홍 외, 『세계문화사』, 4~5쪽).

그런데 1963년 케냐의 계곡에서 오스트랄로피테쿠스보다는 좀 더 발달하고 호모 에렉투스보다는 좀 덜 발달한 새로운 인골 화석이 발굴되었다. '호모 하빌리스Homo habilis(손재주 있는 사람)'로 명명된 이 인류는 200만 년 전에 생존한 것으로 추정된다. 이리하여 호모 에렉투스보다 더 오래된, 돌로써 도구를 만들 줄 아는 또 다른 인류가 지구상에 살았다는 사실이 확인되었다.

그렇지만 오스트랄로피테쿠스, 호모 하빌리스, 호모 에렉투스는 모두 현생 인류가 나타나기 전에 **멸종**하였고, 현생 인류의 직계조상으로 간주되지도 않는다. 현생 인류가 속해 있는 '호모 사피엔스Homo sapiens(슬기 인간)'는 **20만 년** 전에 나타났는데, 그 화석이 독일의 네안데르탈에서 처음 발견되었기 때문에 네안데르탈인이라고도 부른다. 두뇌 용적[2]은 오늘의 인류와 비슷하고, 언어를 사용하고, 처음으로 나무를 베어 통나무배를 만들어 바다를 건너기도 하였다. 하지만 그들이 사용하던 도구는 이전 인류와 수준 차이가 거의 없었다.

그러다가 약 5만 년 전에 오늘의 인류인 '호모 사피엔스 사피엔스Homo sapiens sapiens(슬기슬기 인간)'가 나타나 **지구의 새로운 주인**이 되었다. 프랑스의 크로마뇽 동굴에서 발견된 인골(남성 3, 여성 1, 태아 1구)이 현 인류와 아주 흡사한데, 이들의 생존 연대는 약 5만 년 전으로 측정되었다. 크로마뇽인의 두뇌 용적은 현대인과 거의 같은 1,500~1,600cc이고, 남성 인골의 평균 신장은 180cm가 넘었다.[3] 그 후 비슷한 시대에 산 것으로 보이는 다른 인골 화석이 유럽, 아시아, 아프리카 등 여러 곳에서 발견되었다.

그런데 동굴 벽에 훌륭한 그림을 남겨 '동굴인'으로 불리기도 하는 그들의 자취가 **BCE 2만7천 년 이후에는 보이지 않는다.**[4] 기후 변화로 추정되는 이유 때문에 사라진 것이다. 그 후 BCE 1만1천 년경에 다시 호모 사피엔스 사피엔스가 나타나

---

[2] 진화 과정에서 인류의 뇌 용량이 꾸준히 증가한 현상을 영국 심리학자 수전 블랙모어는 밈meme 이론으로 설명한다. 밈은 리처드 도킨스가 그리스어의 '모방(mimeme)'이란 말과 영어의 '유전자(gene)'란 말을 조합하여 만든 말이다. 유전자가 부모로부터 자식에게 전달되는 것과 같이, 문화의 한 구성 요소가 사람들 사이에 전달·모방되는 과정을 통해 마침내 사회 전반에 영향을 미치는 문화적 요소로 복제된 단위가 바로 밈이다. 블랙모어는 "밈 선택이 뇌를 키웠다, 뇌 용량이 커진 것은 밈의 힘이 작용한 결과이다"(수전 블랙모어 저, 김명남 옮김, 『밈』, 160~165쪽)라고 말한다.

[3] 민석홍 외, 『세계문화사』, 4~7쪽.

[4] 메소포타미아 지역의 북동쪽에 있는 샤니다르Shanidar 동굴에 10만 년 전부터 1만3천 년 전까지 이 지역에 거주하던 인류의 기록이 보존되어 있다. 그런데 BCE 2만7천 년 이후로는 주거 흔적을 거의 찾아볼 수 없다(제카리아 시친 저, 이근영 역, 『수메르 혹은 신들의 고향』, 30쪽).

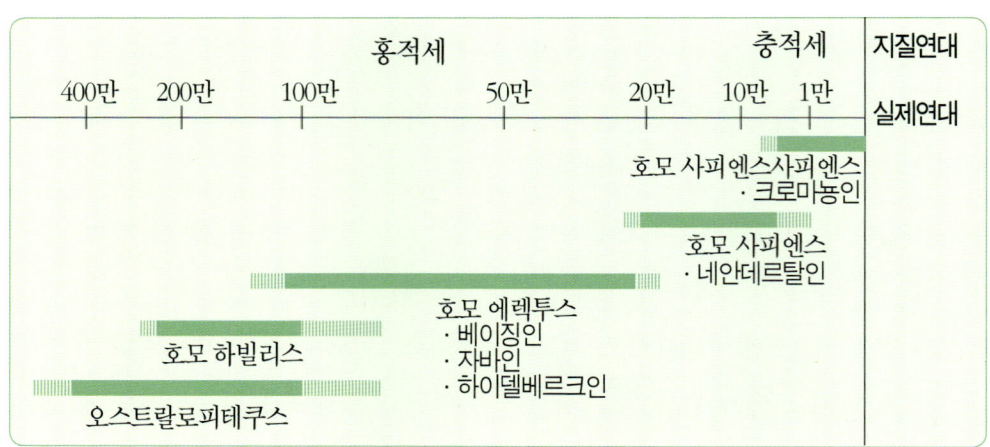

인류의 출현 과정_400만 년 전에 오스트랄로피테쿠스가 지구상에 출현한 이래 인류는 진화를 거듭하여 5만 년 전에 오늘의 우리와 흡사한 호모 사피엔스 사피엔스가 되었다(민석홍 외, 『세계문화사』, 6쪽).

오늘의 인류에 이르고 있다.

　동양의 순환 시간관인 '우주 1년'에 의하면, **우주 1년 사계절이 주기적으로 순환하는 가운데 인간은 출현하고 소멸**한다. 약 13만 년을 주기로 하여 변화하는 우주 1년에서 인간은 우주년의 봄철에 태어나 여름과 가을 동안 번성하다가 우주년의 겨울, 즉 빙하기에 멸절한다.[5] 그러므로 크로마뇽인 이전의 인간은 지나간 우주 1년의 인간이고, 크로마뇽인부터 시작된 현생 인류는 약 5만 년 전 이번 우주년의 봄이 시작되던 봄개벽(선천개벽) 때 생겨난 것이다.

　그렇다면 『환단고기』는 현생 인류의 탄생을 어떻게 알려 주는가? 인류학에서 말하는 5만 년 전 호모 사피엔스 사피엔스의 출현을, 『환단고기』는 나반那般과 아만阿曼이라는 어버이의 탄생으로 표현하였다. **인류 역사는 나반과 아만으로부터 시작되었고**,[6] 두 분은 **북극수北極水의 조화로 생겨났다**고 한다. 나반과 아만은 이번 우주년의 선천개벽 후에 생겨난 인류의 어버이인 것이다.

---

[5] 우주 1년은 사계절의 시간마디로 순환한다. 봄개벽으로 우주의 봄이 열리면, 만유 생명과 인간이 탄생하여 여름철 말까지 무성하게 번창하며 살게 된다. 우주년의 봄개벽을 선천개벽이라 하고, 선천개벽으로 열린 우주는 약 5만 년 동안 지속한다. 우주의 가을이 열리면[가을개벽], 무성하게 번창한 인류는 가을 인간으로 거듭나게 된다. 우주년의 가을개벽을 후천개벽이라 하고, 후천개벽으로 열린 우주 역시 약 5만 년 동안 지속한다. 지금은 인류가 우주의 여름철 말기에서 가을철로 넘어가는 하추교역기(가을개벽기)를 살고 있다. 우주1년의 겨울철은 현대과학에서 말하는 빙하기이다.

[6] 언어학자들은 나반과 아만을 아버지와 어머니란 말의 어원으로 간주한다. 이 두 말이 각지로 전해져, '압바abba와 아마ama' (수메르어), '아바와 이마' (히브리어), '파더father와 마더mother' (영어) 등으로 변화되었다(안경전, 『개벽실제상황』, 194쪽).

북극수는 천도의 변화 운동이 시작되는 북극에서 생겨난 생명 창조의 물이다. 삼신의 조화 손길로 북극수가 인간을 낳는 생명의 씨가 되어 인류의 첫 조상을 낳은 것이다(『태백일사』「삼신오제본기」). 이 북극수는 실제로 '**인류 탄생의 바다**'라 불리는 바이칼 호[7]를 가리킨다. 바이칼 호는 그 주위에서 약 360여 개의 물줄기가 흘러 들어와 이루어졌는데,[8] 그 물은 어머니의 양수와 비슷한 성분을 지녔다고 한다. **바이칼 호는 인간을 탄생시킨 지구의 자궁**이다. 북극수의 조화로 생겨난 두 분은 꿈에 삼신상제님의 가르침을 받고 스스로 혼례를 올려 인류의 어버이가 되었다.

그런데 알타이 산맥과 바이칼 호 주변에서 실제로 2만5천~4만5천 년 전에 인간이 살았던 흔적이 발견되었다.[9] 『환단고기』의 기록에 비추어 보면, 그들은 나반과 아만의 후손인 것이다.

2) 1만 년 전에 벼농사를 짓기 시작한 동북아시아

인간이 동물과 구별되는 특징 중의 하나는 도구를 만들어 사용할 줄 안다는 점이다. 이에 고고학자들은 도구의 종류에 의거하여 인류 역사를 석기 시대, 청동기 시대, 철기 시대로 구분한다.

석기 시대는 다시 구석기 시대와 신석기 시대로 나누어지는데, 오스트랄로피테쿠스가 출현한 때부터 수백만 년 동안이 모두 구석기 시대이다. 신석기 시대는, 5만 년 전 현생 인류가 출현한 이후로도 계속 남아 있던 얼음 층이 약 1만1천 년 전에 북쪽으로 완전히 물러가고 따뜻한 기후가 찾아옴으로써 비롯되었다.[10] 온화한 기후가 형성되자 추운 기후 때문에 한동안 잘 보이지 않던 호모 사피엔스 사피엔스가 지구의 곳곳에 널리 번성하였다.

새롭게 대거 출현한 호모 사피엔스 사피엔스는 지혜가 더욱 발달하여 그 전 인

---

7) 바이칼의 '바이'는 신과 인간을 매개하는 샤먼을 뜻하고, '칼'은 넓은 계곡지와 호수를 의미한다(정재승, 『바이칼, 한민족의 시원을 찾아서』, 15쪽).
8) 바이칼 호의 물줄기에 대해서는 몇 가지 설이 있다. 정재승은 "바이칼 호수로 유입되는 강과 개울은 총 336개이고, 호수에서 물이 빠져나가는 길은 단 하나, 앙가라강이다"(같은 책, 368쪽)라고 한다.
9) 정재승, 같은 책, 251쪽. 바이칼 호 지역에서 발견된 인간 주거의 흔적이 2만5천 년경 전에 끊어진 것은 메소포타미아의 샤니다르 동굴에 남겨진 주거 흔적이 BCE 2만7천 년 이후로 한동안 보이지 않은 점과 상통한다.
10) KBS 1TV, 〈바다 대기행〉 4편, "바다의 동맥, 해류", 2001. 8. 5.

간들이 쓰던 타제석기(뗀석기)보다 한결 월등한 마제석기(간석기)를 만들었다. 말 그대로 '**새로운**[新] **석기 시대**'가 시작된 것이다. 이들은 또한 음식을 저장하거나 끓여 먹고 물을 떠먹을 수 있는 토기를 처음으로 제작하였다.

이로써 이곳저곳을 방랑하며 먹이를 찾아다니던 획득 경제에서 한 곳에 정착하여 농사와 목축을 하는 생산 경제로 바뀌었다. 농경생활을 함으로써 주거 양식도 바뀌어, 동굴에서 나와 평지에 움집을 짓고 살게 되었다. 농사에 필요한 공동 작업을 하고 수확한 곡식을 지키기 위해 예전과 달리 촌락을 이루어 살게 되었다. 농경생활의 시작으로 인류의 생활에 일대 변혁이 일어난 것이다. 이를 **신석기 혁명**이라 한다.

그렇다면 **1만 년 전** 신석기 혁명을 실현시킨 **인류의 농경생활**은 어디에서 시작되었을까? 1990년대 후반 충북 청원군 소로리에서 고대의 볍씨가 출토되었다. 몇 년에 걸친 조사 끝에 볍씨가 포함된 토탄층 연대는 BCE 12670~BCE 10550년으로 측정되었고, 출토된 볍씨 18톨은 장립長粒벼 1톨, 단립短粒벼 15톨, 유사類似벼 2톨로 분류되었다. 소로리 볍씨는 현존하는 볍씨 유물 중 가장 연대가 높다.[11]

이 연구 결과는 한동안 볍씨 자체의 연대를 측정하지 않았다는 비판을 받았다. 하지만 미국 아리조나대학교에서 토탄과 볍씨를 분리 측정하여 볍씨의 연대를 BCE 10550년경으로 밝힌 이후, 소로리 볍씨는 1만 년 전 벼농사의 명확한 증거 자료가 되었다.

소로리의 단립벼는 현대 단립벼와 같은 것으로 관찰되었으며, 소로리 볍씨가 출토된 이후의 한반도 고대미로는 단립벼만 출토되고 장립벼는 보이지 않는다. 이것은 신용하 교수의 주장과 같이, 한반도에서는 신석기가 막 시작되던 BCE 10000년경부터 야생벼 가운데 단립벼를 선택적으로 재배하기 시작하였고, 전기 신석기(BCE 10000~BCE 6000)에 이미 농경생활이 시작되었음을 알 수 있게 한다.[12] 신석기 초기의 농경생활이 만주와 요동 등에서 발굴된 사례는 아직 없지만, **한반도에서 1만 년 전 볍씨가 발견된 것은 당시 동북아 전역에 벼농사가 행해졌을 가능성을 강하게 시사한다.**

흔히 농경 문화는 'BCE 7000년경 서남아시아의 오리엔트 지역, 즉 메소포타미

---

11) 박태식·이융조, '소로리 볍씨 발굴로 살펴본 한국 벼의 기원', 『농업사 연구』 3집 2호, 124~129쪽.
12) 신용하, 『고조선 국가형성의 사회사』, 54~55쪽.

아 지역에서 맨 먼저 발생'[13]한 것으로 간주되었다. 하지만 소로리 볍씨가 발견된 후, **신석기 시대를 연 농경 문화의 발원지로 동북아시아를 고려**하지 않을 수 없게 되었다.

그렇다면 1만 년 전에 농경 문화를 가장 먼저 일군 동북아시아인은 과연 누구인가? 그 답은 바로 『환단고기』에 들어 있다.

3) 오환건국吾桓建國이 최고最古라

따뜻해진 기후 속에 다시 출현한 인류가 농사를 지으면서 시작된 신석기 시대를 대부분의 역사학자들은 선사先史 시대라 한다. 이때는 인간이 문자를 발명하여 기록을 남기기 시작한 역사 시대가 전개되기 전으로 미개한 원시 시대라는 것이다.

그러나 『환단고기』에 의하면 신석기 시대가 시작된 지 얼마 되지 않은, 지금부터 9천2백여 년 전[14]의 동북아에는 이미 사람들의 추대를 받은 통치자가 덕으로 백성을 다스리는 문명집단이 형성되었다. 그 집단을 『환단고기』는 한민족과 인류의 뿌리인 환족桓族이 세운 '환국桓國'이라 전한다.

환족은 5만 년 전에 화생한 인류의 어버이인 나반과 아만의 후손으로 모두 아홉 종족으로 이루어져 있었다(『삼성기』 하). 환족은 중앙아시아의 천산天山(일명 파내류산)[15]을 중심으로 인류 최초의 국가인 환국을 세웠다. 현 인류가 5만 년 전에 처음 화생한 곳은 바이칼 호이지만, 1만 년 전에 따뜻해진 기후 덕으로 한 곳에 정착하여 농사를 지으면서 문명을 일구기 시작한 곳은 그보다 아래쪽인 중앙아시아 지역인 것이다.

천산에서 출발한 환국은 동쪽으로 뻗어나가 그 영토가 동서 2만여 리, 남북 5만 리에 달하였다고 한다. 중앙아시아에서 시베리아, 만주에 이르는 방대한 영역이

---

13) 민석홍 외, 『세계문화사』, 12쪽.
14) 올해(2012년)는 환기 9209년이다(『삼성기』 하의 역년 참고).
15) 환국이 세워진 곳을 『삼성기』 하는 '파내류산'으로 말한다. 『태백일사』는 『조대기』를 인용하여 '천산'으로, 또한 『삼성밀기』를 인용하여 '파내류산'으로 말한다. 그러므로 천산과 파내류산은 동일한 곳으로 보인다. 천산은 신강 위구르족자치구 부강시에 있으며 우루무치시에서 110킬로미터 떨어져 있다. 고대에는 백산白山 또는 설산雪山이라고도 불렀다. 그 후 흉노족이 천산天山이라 불렀고 당나라 때는 나만산羅慢山이라 불렀다. 한치윤의 『해동역사』 「풍속지風俗志」의 방언方言 편에 의하면 파내류산은 우리말의 '하늘산'을 한자로 표기한 것이다. "『화한삼재도회和漢三才圖會』에 나오는 조선의 국어國語는 다음과 같다"라고 하면서 하늘을 파내류波乃留, 땅을 수대구須大具로 표기하였다.

다. BCE 7200년경 천산을 터전으로 한 '**우리 환족이 나라 세움**[吾桓建國]', 이것을 『삼성기』상은 현 인류의 건국사에서 '가장 오랜[最古]' 사건이라 선언한다.

그런데 인류의 첫 나라 이름이 왜 환국이었을까? 환국의 '환'에 대해 『태백일사』 「환국본기」는 이렇게 말한다.

> **환**桓**은 온전한 하나 됨**[全一]**이며 광명이다. 온전한 하나 됨이란 삼신의 지혜와 권능**이고, **광명은 삼신이 지닌 참된 덕성**이니, 곧 우주 만물보다 앞선다.[16]

환국의 '환'은 '**밝을 환**桓' 자로 광명을 상징한다. 특히 '**하늘에서 내려오는 환하게 빛나는 광명**', **천광명**天光明**을 상징**한다. 광명은 삼신의 덕성이니, 환국은 곧 삼신의 덕성이 발현된 나라요 천상 삼신상제님의 나라가 인간 세상에 이식된 첫 나라인 것이다. 환국 사람들은 태양을 광명이 모이고 삼신이 머무는 곳으로 여겼다. 그래서 아침에는 동산東山에 올라 해를 향해 절하였다(『태백일사』「환국본기」).

환은 단지 나라 이름에 그치지 않는다. 당시 사람들은 하늘의 광명과 하나된 자신을 '**환**'이라 불렀다. 환국 시대의 인간은 삼신상제님의 신성을 그대로 발현하여 천지의 광명으로 빛나는 존재들이었던 것이다.

그리고 **이 천지광명의 심법을 전수 받은 그 모든 환의 존재들을 다스리는 사람을** '**인**仁[17]'이라 불렀고 환국의 통치자를 **환인**桓仁[18]이라 하였다. 그것은 환인[19]이 사람을 구제하고 세상을 다스릴 때 반드시 어진 마음으로 행하였기 때문이다.[20] 여기서 우리는 **유교의 인**仁 **사상의 발원지**를 가늠할 수 있다.

당시 환인은 오가五加의 부족장 중에서 백성의 추대를 받아 선출되었다. 환인을 선출하는 목적은 구환족과 12분국이 대동단결하여 한마음이 되게 하기 위함이었다. 환인은 정성과 믿음, 공경과 근면, 효도와 순종, 청렴과 의리, 겸손과 화평이라는 **오훈**五訓의 가르침으로 백성을 다스렸다.

---

16) 환자桓者는 전일야全一也며 광명야光明也니 전일全一은 위삼신지지능爲三神之智能이요, 광명光明은 위삼신지실덕爲三神之實德이니 내우주만물지소선야乃宇宙萬物之所先也니라(『태백일사』「환국본기」).
17) 약 6천 년 전 환국에서 이동해 간 중동지방의 수메르에서도 최고 통치자에게 '인En'이란 호칭을 붙였다. 수메르어의 인En과 한국어의 인仁은 그 음과 의미가 상통한다.
18) 『삼성기』상에는 '환인桓因'으로, 『삼성기』하에는 '환인桓仁'으로 기록되었다.
19) 환국의 통치자인 환인에 대한 기록은 박제상의 『부도지』에도 나타난다. 『부도지』에 의하면 환인은 중앙아시아 파미르 고원에 존재한 마고성의 주인 마고와 마고성에서 천산주로 이동한 마고의 딸 황궁씨, 황궁씨의 후손 유인씨에서 법통을 이어받는다.
20) 홍익제인弘益濟人하고 광명이세光明理世하야 사지임기필인야使之任其必仁也라(『태백일사』「환국본기」).

환국의 초대 통치자는 안파견安巴堅 환인천제였다. 안파견의 뜻을 『환단고기』는 "**하늘을 받들어 아버지의 도를 확립시킨다**[繼天立父之名也]"(『태백일사』「삼신오제본기」)라고 말한다. 초대 환인을 왜 굳이 안파견이라 불렀는지 알 수 있는 이 설명으로 보건대, 안파견은 언어학적으로 오늘의 '아버지'란 말과 관련이 있다. 이는 10개 국어를 자유자재로 구사하며 일본에서 활동했던 고어 연구가 박병식의 연구에서도 드러난다. 그는 안파견의 '안파'를 '아빠'라고 해석하고, 안파견을 '**존경하는 태양 같은 자**'라고 말한다.[21] 안파견환인 이후 환국은 **7세 환인천제**까지 계승되었고 총 **3,301년**(BCE 7197~BCE 3897) 동안 존속하였다.

7대 환인	
1	안파견安巴堅환인 (거발환居發桓)
2	혁서赫胥환인
3	고시리古是利환인
4	주우양朱于襄환인
5	석제임釋提壬환인
6	구을리邱乙利환인
7	지위리智爲利환인 (단인檀仁)

환국 5훈
성신불위誠信不僞
경근불태敬勤不怠
효순불위孝順不違
염의불음廉義不淫
겸화불투謙和不鬪

4) 환국 시대는 무병장수를 누린 황금 시대

인류의 시원 국가인 환국은 삼성조三聖祖 시대의 첫 머리로 '**조화신造化神의 신성이 구현된 때**'이다.[22] 다시 말해서 인간이 대자연과 한마음 되어 천지의 조화신성 속에 살며 **우주광명의 심법을 체득한 시대**였다.

때문에 환국 사람들은 '사람을 사귐에 친하고 멀리하는 구별이 없고, 높고 낮음의 차별이 없었으며'(『태백일사』「환국본기」) 전쟁과 폭력을 몰랐으며, 천지의 광명을 직접 체험하며 무병장수하는 신선의 삶을 누렸다. 한마디로 환국은 자연과 인간이 극치의 조화를 이룬 '**환의 인간**' 시대였다.

환국은 3,301년의 역사를 7세에 걸친 환인천제가 이끌었던 **무병장수 문화 시대**였다. 이것을 7대 왕조사로 보는 것은 태곳적 **조화신성 문명**에 대한 무지의 소치이다. '오래도록 사시며[長生久視] 항상 즐거움을 누리셨다[恒得快樂]'(『삼성기』상), '도

---

21) '안파(아빠)'는 차음借音이고, '견'은 단단하다는 의미의 한국어 '구'를 나타내는 차음이다. 아빠 혹은 아바에서 '아'는 일본어의 asa(아침), 한국어의 아구(入口), 아자구(朝)에서 보이듯이 '이른, 처음'을 뜻한다. '빠', '바'는 태양을 의미하는 '하'의 반탁음과 탁음이다. 안파견은 '존경하는 태양 같은 자, 최초의 태양인 자'라는 것이다(박병식 저, 최봉렬 역, 『한국상고사』, 31쪽).
22) 환국의 신교의 삼신(조화·교화·치화) 사상이 인간 역사로 실현된 삼성조 시대는 환국, 배달, 고조선이다. 환국은 조화신의 시대, 배달은 교화신의 시대, 고조선은 치화신의 시대이다.

를 깨쳐 장생하시니[得道長生] 온 몸에는 병이 없었다[擧身無病]'(『삼성기』 하) 등의 기록에서도, 환인의 '평균 재위 기간 470년'이 결코 불가능한 것이 아님을 알 수 있다.

동양 의학서의 고전인 『황제내경』 제1장에 나오는 황제와 기백의 대화에서도 먼 옛날에 누렸던 장수 문화를 확인할 수 있다. '옛 사람들은 어찌하여 백 세가 넘도록 건강하게 살았는가?'라는 황제의 질문에, 기백이 '그들은 천지의 법칙을 지키며 살았기 때문'[23]이라 답하였다. 수메르 문명의 원형을 보여주는 『구약전서』 「창세기」에 나오는 아담의 자손들도 노아에 이르기까지 모두 수백 살을 살았고, 유대족의 믿음의 아버지로 추앙받는 아브라함도 175세를 살았다. 우리나라의 신선 계보를 적은 『청학집』에서 **동방 선의 최고最古 조상**으로 **환인**을 지목한 것에서도 환국은 인간이 선仙의 경지에서 살았던 조화 시대였음을 유추해 볼 수 있다.

서양의 고대 문명 연구가들은 인류 역사의 초기를 '**황금 시대**the golden age'라 부른다. 그들의 이야기를 종합하면, 그 시대 사람들은 금속 무기가 없이 오직 석기만 쓰면서 전쟁을 꾀하지도 않았고, 사람을 대규모로 살상하지도 않았고, 하늘과 땅에 애정을 듬뿍 쏟으며 살았다. 원시 샤머니즘을 연구한 독일인 칼바이트H. Kalweit에 의하면, 먼 옛날은 인간이 행복과 평화 속에 살면서 초자연적인 힘을 쓰던 황금 시대로 그때 사람들은 별 어려움 없이 **신과 소통**할 수 있었고, 죽음을 모르고 질병과 고통이 없는 자유로운 경지에서 살았다.[24]

세계의 거석 문화를 연구하는 마샬Peter Marshall[25] 또한 '거석 유적지가 요새로 쓰인 흔적이 없고 주변에서 무기가 발견되지 않은 점으로 보아, **고대 사람들은 평화롭고 창조적인 문명의 황금 시대를 누렸다**'[26]고 말한다. 영국의 심리학자 스티븐 테일러S.Taylor에 의하면 BCE 4000년을 경계로 그 이전 시대는 황금 시대였고 원초

---

23) 乃問于天師曰: "余聞上古之人, 春秋皆度百歲, 而動作不衰.…" 岐伯對曰: "上古之人, 其知道者, 法於陰陽, 和於術數, 食飮有節, 起居有常, 不妄作勞, 故能形與神俱, 而盡終其天年, 度百歲乃去"(『황제내경』 「상고천진론上古天眞論」).

24) 칼바이트H. Kalweit, 『Shamans, Healers, and Medicine Men』, 8쪽.

25) 거석이란 서유럽에 있는 5만여 개를 비롯하여 전 세계에서 발견되는 고인돌, 환상열석環狀列石 등을 총칭하는 말이다. 유럽의 거석이 BCE 5000년경에 처음 나타났다고 말하는 피터 마샬은, "한국과 일본의 거석 무덤은 BCE 1000년경에 세운 것이다"라고 잘못 전하고 있다. 하지만 전 세계 7만 기 고인돌의 절반이 있는 한반도 땅의 고인돌 중 경기도 양평군 양수리의 고인돌만 해도 BCE 2325년 경에 만들어진 것이다(성삼제, 『고조선 사라진 역사』, 70쪽).

26) 피터 마샬 저, 손희승 역, 『유럽의 잃어버린 문명』, 352쪽.

적 낙원이었다. 그때는 완전한 미덕을 갖춘 사람들이 살던 시대로, 어떤 집단도 다른 집단의 영토를 침략하거나 정복하려 들지 않았고, 소유물을 훔치려 하지도 않았다. 여성과 남성의 지위는 평등했고 어떤 계급, 계층과 같은 차별도 없었다. 인간과 자연 사이의 조화, 인간들 사이의 조화가 지구 전체에 충만하였다.[27]

고대인들은 영성 문화만 갈구한 것이 아니라 어떤 면으로는 오늘의 문명에 못지않은 과학 문명도 발달시켰다. 환국의 중기 시대 이후라 할 수 있는, BCE 5000년경부터 나타나기 시작한 유럽의 거석 문명, BCE 3500년경 지중해의 크레타 섬에서 시작된 미노스 문명 등 고대 유럽 문명을 연구한 서양 학자들은, 고대인들이 지구가 1년 동안 자전하는 횟수가 365회인지 366회인지를 놓고 논쟁할 정도로 세밀한 천문 관측 기술을 가지고 있었음을 알아냈다.[28] 고대인들은 또한 달과 태양의 크기도 측정하였고, 그것을 바탕으로 도량형도 만들었다. 그들이 사용한 관측 단위는 지금과 다르지만, 그들이 잰 수치는 현대 천문학의 관측 결과와 거의 동일하게 나온다.

세계에서 가장 유명한 거석 유적지인 영국 스톤헨지의 거석들은 달과 태양이 지나가는 열 두 곳의 주요 위치에 맞추어 정렬되어 있다. 이 사실은 고대인의 놀라운 천문 기술을 눈으로 확인시켜 준다. **태고 시대 인류는 신의 계시를 받아 내려 하늘과 직접 소통하며 천지광명 속에서 무병장수하는 삶을 추구**하였을 뿐만 아니라, **자연 탐구를 바탕으로 놀라운 수준의 과학 문명에 도달**하였던 것이다.

---

[27] 스티브 테일러, 『자아폭발』, 69쪽. 테일러는 인류의 황금시대가 끝난 것이 BCE 4000년경부터 시작된 중앙아시아와 중동에서 발생한 극적인 기후 변화와 밀접한 관련이 있다고 지적한다. 초원지대였던 이 지역이 건조화, 사막화되면서 사람들이 다른 곳으로 대거 탈출하였고, 자연환경의 악화로 사회 자체도 성격이 변모되었다. 자연, 신, 집단과 합일되어 살던 인류에게서 개인성에 대한 날카로운 자각이 나타나게 되었다. 이것을 테일러는 '자아폭발'이라 부른다. 이때부터 남성선호, 전쟁, 사회적 억압, 유일신 관념 등이 나타났다고 한다(스티브 테일러, 『자아폭발』, 10~11쪽). 그의 연구는 BCE 4000년경(환국 말기)까지 중앙아시아 지역에 고도의 문명집단이 있었음을 전제로 하고 있다. 그 문명은 환국과 무관하지 않다.

[28] 미노스인들은 원의 각도를 오늘날 우리가 사용하는 360도가 아니라 366도로 생각하였다. 영국의 거석 문화에서도 같은 생각을 갖고 있었다. 지구가 1년 동안 366번 조금 넘게 자전한다는 것을 알았기 때문이다. 1년의 길이는 365와 1/4일이지만, 실제로 지구가 그 시간동안 자전하는 횟수는 366번이 조금 넘는다(크리스토퍼 나이트·앨런 버틀러, 『1세대 문명』, 30쪽). 지구가 공전 방향으로 자전하기 때문에 생긴 이 차이를 이미 수천 년 전에 고대인이 정확히 간파한 것이다.

5) 환국의 열두 나라

환국은 모두 아홉 족속[九桓]으로 나뉘었고, 이 **구환족**[29]은 **열두 나라**를 이루고 살았다. 12분국의 이름은 이러하다.

환국 (12분국)		
비리국卑離國	양운국養雲國	구막한국寇莫汗國
구다천국勾茶川國	일군국一羣國	우루국虞婁國
객현한국客賢汗國	구모액국勾牟額國	매구여국賣勾餘國
사납아국斯納阿國	선패국鮮稗國[30]	수밀이국須密爾國

『단군세기』를 보면 양운국, 일군국, 수밀이국, 구다천국 등은 고조선의 21세, 27세 단군 때까지 나라 이름으로 계속 사용되었다. 고조선 시대의 제후국으로 기록된 이 네 나라의 이름은 바로 12분국에서 유래한 것이다.

---

29) 최고의 판타지 영화로 평가받는 〈반지의 제왕〉 도입부에서 '엘프들에게는 세 개의 반지가, 난장이들에게는 일곱 개의 반지가, 인간들의 아홉 종족에게는 아홉 개의 반지가 주어졌다' 라는 해설이 나온다. 저자 도날드 톨킨이 신화와 고대 언어를 깊이 연구한 학자라는 점에서 그가 3, 7, 9라는 숫자를 택한 데에는 어떤 신화적, 철학적 배경이 있을 것이다. 3, 7, 9는 신교문화에서 만물 창조의 근원적 섭리를 나타내는 삼신과 칠성, 환국의 구환족과 정합하는 숫자이다. 9는 1이 최대로 분열한 수로 구환족은 인류가 최대로 분화될 수 있는 변화의 수이다.

30) 선비국鮮裨國의 필사 오기로 보인다.

12신이 새겨진 고대왕국 히타이트의 석조 조각물_히타이트 왕국이 있었던 터키의 야질리카야Yazilikaya 지역에서 발견된 반원형으로 된 돌에 여자 신과 남자 신의 행진 모습이 조각되어 있다. 그 중 같은 무기를 든 똑같은 모습의 남자 12신이 보인다.

중국 문헌에서도 12분국의 이름을 볼 수 있다. 예컨대 『진서晉書』「사이전四夷傳」을 보면 비리국, 양운국, 구막한국, 일군국이 있었는데 이들은 2만~5만 호戶 정도를 가진 소국으로 시베리아 등지에 있었다고 한다.[31] 『당서唐書』「북적전北狄傳」에는 우루국이라는 이름이 나오고 『삼국사기』에는 구다천국과 매구여국이 구다국句茶國과 매구곡賣溝谷이란 명칭으로 남아 있다. 이처럼 **아홉 개 나라의 이름이 후세의 사서에도 나타난다.**

오늘날 전 세계 모든 나라의 시원이라 할 수 있는 **환국이 열 두 나라로 이루어진 배경에는 심오한 우주론적 원리가 있다.** 동양의 천지(음양)론에 의하면 하늘의 질서는 10수[十干]로 펼쳐지고 땅의 시간 질서는 12수[十二支]로 펼쳐지므로, 땅에서 일어나는 모든 변화는 12수를 한 주기로 하여 일어난다.[32] 그래서 **천상의 삼신상제님 나라가 땅에 이식된 첫 나라인 환국도 열 두 나라로써 그 역사를 만들어 나간 것**이다.

그런데 흥미롭게도 이 12수는 동서양의 여러 고대 신화에 나오는 신의 숫자와 일치한다. 그리스 신화에서, 제우스를 비롯한 올림포스 신전의 신들은 언제나 열둘이었다. 새로운 신이 한 명 추가되면 기존의 한 신이 빠지는 방법으로 **항상 12수가 유지되었다.** 인도의 고대 경전 『베다』에 나오는 중요한 신도 12명이다. 뿐만 아니라 인도 신들의 아내, 자식에 대한 이야기는 그리스 신화의 복사판이나 다름없다.

---

31) 비리국은 … 2만 호를 다스린다. 양운국은 … 2만 호를 다스린다. 구막한국은 … 5만여 호를 다스린다. 일군국은 막한莫汗에서 다시 150일 갈 거리만큼 떨어져 있다(裨離國 … 領戶二萬. 養雲國 … 領戶二萬. 寇莫汗國 … 領戶五萬餘. 一羣國去莫汗又百五十日(『진서』「사이전」).

32) 하루의 시간은 12시간, 일 년은 12달로 이루어져 있다. 서양 천문학에 의하면, 태양이 1년 동안 지나는 길인 황도에는 12개의 별자리가 있다.

그리스인과 인도인이 갈려 나간 근원으로 추정되는 소아시아 지역의 히타이트 족도 12신을 모셨다. 고대 히타이트의 수도 외곽에서 나온 반원형으로 된 석조 조각물에 신이 12명씩 짝을 지어 행진하는 모습이 새겨져 있다.[33] 이집트에서도 위대한 신들은 12명으로 구성되어 있어 최고의 신, 라(Ra, 창조자)가 12명으로 이루어진 신의 회합을 주관한다.

그리스, 인도, 소아시아, 이집트와 같은 동서양 고대 문명 발상지의 신화에 등장하는 신이 열셋도 열하나도 아니고 열둘이었다는 사실은 **인류 문명이 하나의 시원처, 12분국의 12성수聖數 문화에서 뻗어 나왔을 가능성**을 강하게 시사한다.

6) 동방에서 넘어 간 수메르

갑자기 나타난 수메르 문명

근동의 고대 언어와 역사를 연구하는 제카리아 시친Zecharia Sitchin은 동서 신화의 12신이 유래한 근원이 메소포타미아에서 꽃피었던 수메르 문명이라 주장한다. 수메르 신들 가운데 중요한 자리를 차지한 신은 남성 여섯, 여성 여섯으로 정확히 12명이다.[34] 그렇다면 수메르 문명은 과연 어떠한 문명인가?

수메르 문명은 세계 4대 문명 중의 하나로 꼽히는 메소포타미아 문명이 꽃피었던 유프라테스 강과 티그리스 강 사이의 초승달 모양의 땅에 그보다 먼저 존재하였던 문명이다. 쉽게 말해서 수메르 문명에서 메소포타미아 문명이 뻗어 나왔다. 그런데 메소포타미아 문명이 그리스로마 문명의 근원이 되었으므로, 결국 수메르 문명 덕분에 오늘의 서양 문명이 존재하게 된 것이다.

수메르의 뜻에 대해서는 다양한 해석이 있다. 제카리아 시친은 수메르를 '주시자注視者의 땅'[35]이라 부르고, 김상일은 송호수의 연구 결과를 소개하면서 수메르인을 '신성수神聖水를 찾아 티그리스와 유프라테스 강안으로 내려간 종족'[36]으로 정의한다.

---

33) 제카리아 시친, 『수메르 혹은 신들의 고향』, 103쪽.
34) 남성 신 여섯은 안, 엔릴, 엔키, 난나, 우투, 이시쿠르이고, 여성 신 여섯은 안투(안의 부인), 닌릴(엔릴의 부인), 닌키(엔키의 부인), 닌갈(난나의 부인), 인안나(난나의 딸), 닌후르상(안의 딸)이다.
35) 제카리아 시친, 『틸문, 그리고 하늘에 이르는 계단』, 161쪽.
36) 김상일, 『한사상』, 73쪽.

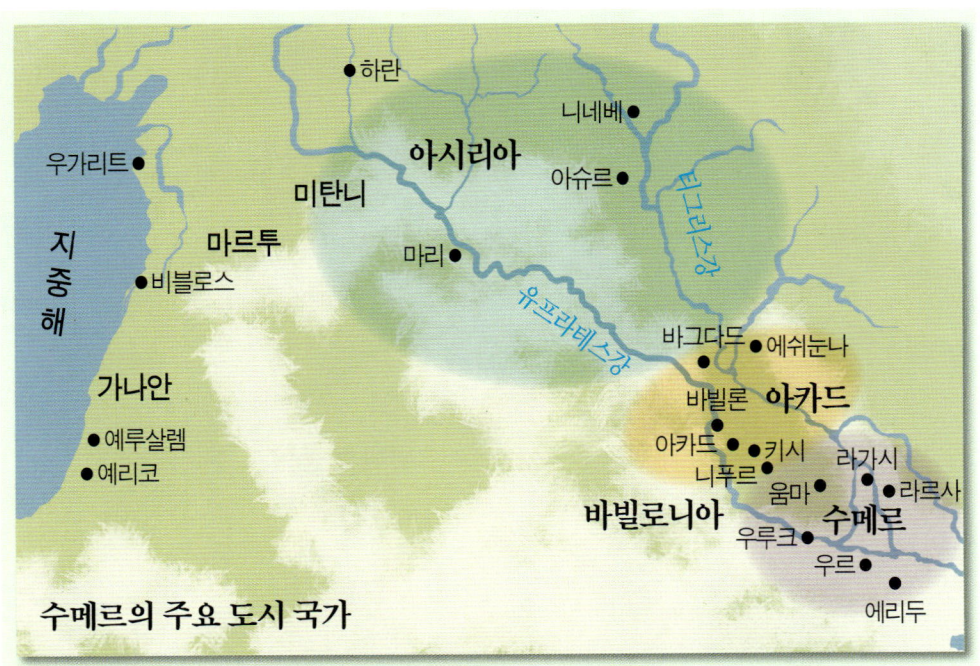

메소포타미아는 크게 두 지방으로 나뉘는데, 이라크의 수도 바그다드 부근을 경계로 북쪽은 '아수르의 땅'을 뜻하는 아시리아, 남쪽은 '바빌론의 땅'을 뜻하는 바빌로니아라고 불렸다. 두 강이 실어 온 흙이 쌓여 생긴 평야가 바빌로니아이며 이곳은 다시 북쪽의 아카드, 남쪽의 수메르로 나뉜다 (고바야시 도시코, 『5천 년 전의 일상』, 6쪽).

그런데 수메르인들은 자신들이 사는 곳을 수메르라고 부르지 않았다. **수메르**라는 말은 **아카드어**이고, 수메르인은 **그들의 땅**을 '**키엔기르**kiengir'라고 불렀다.[37] 키엔기르[38]는 '**고귀한 대사제의 땅**', '**문명화된 통치자의 땅**' 등을 의미한다. 수메르라는 말의 뜻과 어원에 대해 여러 가지 풀이가 있지만, 이곳이 『구약전서』에서 말하는 '**쉬나르**(시날)'라는 것에 대해서는 여러 학자들의 의견이 일치하고 있다.[39]

서양 학자들은 이 **수메르 문명**에 대해 이구동성으로 '**아주 갑작스럽게, 앞선 문명이 전혀 없이 독자적으로 발생한 것**'이라고 말한다. 프랑크포르트H. Frankfort는 수메르 문명을 '놀랍다'고 표현하였고, 아미에P. Amiet는 '비범하다'고 규정하였으며, 패

---

[37] 고바야시 도시코, 『5천 년 전의 일상』, 33쪽.
[38] '키'는 '땅', '엔'은 '통치자, 주님, 대사제', '기르'는 '고귀한, 문명화된' 등의 뜻을 가지고 있다(김산해, 『최초의 신화 길가메쉬 서사시』, 379쪽).
[39] 데이비드 롤은 "중동 역사의 여명기에 이라크 남부 저지대의 평야와 저습지에는 최초의 도시들이 세워진다. 이 지역의 옛이름은 슈메룸(현대식 명칭은 수메르)이었다. 성서에서는 이 지역을 쉬나르(시날) 땅이라고 부른다"(데이비드 롤, 『문명의 창세기』, 64쪽)라고 하고, 제카리아 시친도 수메르는 "구약에서 말하는 시날의 땅(제카리아 시친, 『틸문, 그리고 하늘에 이르는 계단』, 161쪽)"이라고 한다.

로트A. Parrot는 '아주 갑자기 나타난 불꽃'이라 하였다. 캠벨J. Campbell은 '수메르의 좁은 진흙땅에서 정말로 갑자기 세계의 모든 고등 문명을 구성하는 단초들이 일시에 시작되었다'고 하였다. 이렇게 수메르 문명은 어느 날 느닷없이 나타났기 때문에 '수메르인들은 어디에서 왔고, 그 문명은 어떻게 생겨났는가?'라는 것이 학자들이 수메르에 대해 갖는 가장 큰 의문이라 한다.[40]

메소포타미아 일대에서 발굴되는 토기의 연대를 비교한 결과, 초기 수메르인은 이란 북쪽의 산악지대에 살았고 나중에 아래로 이주하여 메소포타미아의 최남단 평야지대에서 문명의 꽃을 피운 것으로 밝혀졌다.[41] 그들이 최종적으로 정착한 지

---

[40] 제카리아 시친, 『수메르 혹은 신들의 고향』, 86쪽. 일본인 여류 고고학자 고바야시 도시코도 "수메르인은 어디에서 왔는지를 알 수 없는 민족 계통 미상의 사람들이다"(고바야시 도시코, 같은 책, 10쪽)라고 말하고, 미국에서 가장 사랑받는 교양서 저자인 케네스 데이비스도 "BCE 3500년 이전의 어느 시기에 새로운 집단이 이주해 와 유프라테스 강가에 정착했다. 이들이 어디서 왔는지는 알려지지 않았지만(대부분의 역사학자들은 이들이 동쪽에서 왔다고 추정한다) 이들이 정착한 지역은 수메르라 알려지게 되었다"(케네스 C. 데이비스, 『세계의 모든 신화』, 171쪽)라고 한다.

[41] 수메르 서사시『엔메르카르와 아라타의 지배자』에 의하면, 수메르는 초기에 '아라타'라는 산악왕

환국에서 뻗어 나간 동·서의 세계 문명

북미 인디언 문화

아즈텍

마야

잉카

역을 메소포타미아의 다른 지역과 구별하여 오늘날도 '수메르'라 부르고 있다.

수메르인은 어디에서 왔나

수메르의 창세 신화를 보면 수메르인은 후두부가 평평하고 머리카락이 검은 인종(black headed people)이다. 이는 전형적인 아시아 사람의 모습이다. 그리고 수메르의 점토판 기록에 따르면, **수메르인은 '안샨Anshan으로부터 넘어왔다'**고 한다. 수메르 말로 안An은 하늘,[42] 샨shan은 산을 의미한다. 그들이 넘어간 안샨은 곧 환국 문명의 중심이었던 천산天山과 동일한 말이다. 그렇다면 서양 학자 누구도 시원스럽게 밝히지 못한 수메르인의 원 고향은 과연 어디인 것일까?

국으로 존재하였다. 아라타 지방의 중심부는 우르미아 호(이란 북서쪽의 염호鹽湖) 바로 남쪽에 있었다. 그들이 이주한 이유 가운데 하나는 인구증가였다(데이비드 롤, 같은 책, 131~134쪽).

[42] '안'은 또한 '신神'이란 뜻으로 딩기르dingir라 읽는다. 딩기르는 퉁구스 인들의 신, 텡그리tengri와 같은 말이다. 몽골인들의 신 텡그리tengri도 문자적으로 '하늘'을 뜻하며 최고신最高神이다(이은봉, '단군신앙의 역사와 의미', 『단군 그 이해와 자료』, 315~316쪽).

김상일은 최남선의 『불함문화론』을 바탕으로 고대에 수메르인과 한민족은 불함문화不咸文化라고 하는 공통 문화권 속에 살다가 갈라졌다고 주장한다. 불함문화권이란 중앙아시아에서 몽골에 이르기까지 산악 이름 중 상당수가 공통적으로 '박[밝·白]' 자를 쓰는 것에 연유한 것으로, 최남선은 동북아의 문화를 불함문화(불함은 박의 한자 전음)라 불렀다.[43] 불함문화는 인류의 가장 오래된 문화일 뿐만 아니라 그 발달 계통으로 볼 때에 가장 넓은 지역에 분포되어 있던 문화이다.[44] 이 **불함문화권이 곧 환국**이다. 즉 수메르 문명은 구환족 중 환국의 천산을 넘어 남쪽으로 간 종족이 일으킨 문명인 것이다.

또한 김상일은 최남선의 주장[45]을 바탕으로 수메르인을 동북아의 몽골인 계통으로 보며[46] 천산을 본거지로 오만 리 경내에 **수메르와 환국**이 있었을 것이라고 말한다.[47]

수메르인들의 독특한 역사 서사시인 '엔키와 닌후르상' 신화를 보면, 그들은 이상향인 '**딜문**'이 **동쪽**에 있다고 믿었다. 이것은 수메르인이 어디서부터 왔는지 시사해 준다. **딜문은 정결하고 광명이 넘치는 땅**으로서 병들거나 죽는 고통이 없고 전쟁도 없는 '**신들의 낙원**'이다. 『구약전서』의 에덴동산은 바로 이 딜문에서 유래한 것이다. 이상향의 모습을 **광명이 넘치는 무병장수의 동쪽 땅**으로 묘사한 것은 **환국의 광명 사상** 그대로이다.

수메르 문명에서 39가지 '최초' 사건을 찾아낼 만큼 수메르 연구의 대가인 크레이머에 따르면, 수메르인은 자신들을 '지상의 소금'과 같은 존재인 선민選民이라 믿었다. 놀라운 것은 그것이 물질적인 부나 권세에서가 아니라 신들과의 연관 때문

---

43) "몽골계 안에 있는 산악에는 이름에 있어서 한 가지 공통되는 점이 있었는데, 산의 이름들이 거의 '백白' 자로 구성되어 있다는 것이다. 파미르를 중심으로 동북쪽으로 퍼져 나간 모든 지역에는 하늘과 조상을 배합하는 신산神山이 있어서 그것을 '박' 산이라 했다. 이들 '박' 산으로 연결되어지는 아시아북계의 문화를 한자로 불함문화不咸文化라 불렀다"(김상일, 같은 책, 61쪽).
44) 김상일, 같은 책, 59~61쪽.
45) 최남선은 중앙아시아의 파미르 고원지역을 동북아 종족들의 시원지로 보고, 히말라야 쪽으로 나간 것은 인도네시아, 말레이인 등 남부 종족을 이루고, 곤륜산 쪽으로 나간 것은 중국인의 근간을 이루고, 북방 천산 쪽으로 나간 것은 동북아시아의 몽골 종족을 이루었다고 한다(김상일, 같은 책, 57~58쪽).
46) 알타이 문화를 연구한 박시인 교수도 수메르인이 우리와 같은 알타이어족에 속하는 황인종, 즉 몽골 인종이었다고 말한다(박시인, 『알타이신화』, 379쪽).
47) 그는 수메르와 배달(한국)이 환국에서 갈라나간 연대를 BCE 3500~4000년경으로 추정한다(김상일, 같은 책, 67쪽).

에 그렇게 믿었다는 점이다. 그들은 **신의 뜻을 실현하는 거룩한 백성**이라는 자각이 있었다.[48] 이것은 삼신상제님의 뜻과 가르침을 깨치고 실현하여 **인류의 황금 시대를 열었던 환족의 사상**이 그대로 전해진 것이다.

수메르인들이 과연 어디에서 옮겨 온 것인가에 대해 크레이머는 결정적으로 '**동방**東方**에서 왔다**'고 분명히 말한다. 그가 말한 동방의 정체는 바로 『환단고기』의 환국 문명에서 찾을 수 있다. 환국의 서남쪽에 위치한 우루국과 수밀이국[49] 사람들이 이란의 산악 지대를 거쳐 메소포타미아 지역으로 남하하여 개척한 문명이 바로 수메르이다.[50] **수메르인들의 원 고향은 환국**인 것이다.

7) 수메르 문명의 주요 특징

수메르 문명의 실상은 19세기에 메소포타미아 지역에서 설형문자로 쓴 점토판, 돌과 청동으로 만든 여러 가지 조각상, 원통형 인장 등이 발굴되면서 알려지기 시작하였다. 1870년대에 프랑스 탐사대가 라가시 지역의 유적을 발굴하였고, 1880년대부터는 미국 고고학자들이 니푸르에서 수만 점의 점토판을 발굴하였다. 이로써 오랫동안 암흑 속에 묻혀 있던 수메르 문명의 정체가 드러나기 시작하였다.

영국의 역사가 토인비는 저서 『역사의 연구』에서 세계의 문명사회 29곳을 거론

---

48) S. N. Kramer, 『The Sumerians : Their History, Culture, and Character』, 292~296쪽.
49) 아브라함의 고향인 '갈데아 우르'에 나오는 '우르'는 환국의 '우루'가 변해서 생긴 것이고, 수메르라는 말은 수밀이국이 변한 것이다. 전 영남대 교수 정연규는 "수메르와 환인의 12국 중의 수밀이는 같은 어원의 말이다"라고 하였다(히스토리 채널, "한글, 그 비밀의 문", 2003.10.9). 그리고 송호수는 수메르(Sumer, 스므르)와 우르의 어원을 송화강 아사달과 연관지어 이렇게 언급한다. 송화강松花江 아사달은 고조선 제1왕조 시대 수도이다. 그러나 송화강 아사달은 단군조선 이전부터 동방문화의 원초적 발상지로 환웅의 배달 건국 이래 한겨레의 젖줄이었다. 송화강을 이두식으로 표기하면 속말리粟末里-소마리-소머리-牛首(소머리)가 된다. 이것을 다시 한문식으로 표기할 때 우수牛首(소머리) 또는 우두牛頭의 두 가지 유형이 된다. 그런데 수메르 지역의 도시국가 중 우르는 수메르어로 소(牛)를 뜻한다. 말하자면 스므르Sumer란 "소머리"이고, 우루국이란 "소나라"란 말이다(송호수, 『한민족의 뿌리사상』, 263~265쪽). 수메르어로 우르가 소를 뜻한다는 것을 온라인 영어사전 『바빌론(www.babylon.com)』에서도 확인된다. "고대 유럽에 많던 매우 크고 힘이 세고 사나운 소 과科의 짐승"이라고 우르를 정의하고 있다.
50) 약 6천 년 전 중앙아시아 일대에 큰 기후변동이 일어났다. 삼림에 가까운 초원이었고 호수와 강이 넘쳐났던 그곳에 건조화가 시작되면서 물은 줄어들고 식물은 사라지고 기근과 가뭄이 닥쳤다. 그 결과 이 지역으로부터 동물과 인간이 모두 대거 탈출하게 되었다(스티브 테일러, 『자아폭발』, 71~72쪽). 미국의 기후학자 제임스 드메오James DeMeo가 밝힌 이 내용에 따르면 환국 말기의 중앙아시아에는 생태 환경에 큰 변화가 생겼다. 이것은 환국 말기에 서남아시아, 동북아시아 등지로 환족이 이동한 사실을 강하게 뒷받침한다.

하며 각 문명권의 여러 관계를 연구하였다. 그 결과 다른 문명의 영향을 받지 않고 독자적으로 문명을 창조한 것은 수메르와 이집트 둘뿐이라고 말하였다.[51] 비록 이집트 문명의 출원지가 수메르인 것을 알지 못했지만, 수메르 문명의 독자성을 토인비도 충분히 인지하였던 것이다. 그리고 많은 수메르 연구가가 '수메르 문명은 처음부터 거의 완성된 상태로 역사에 등장하였기 때문에 역사에서 사라질 때까지 큰 변화가 없었다'[52]고 밝히고 있다. 그 문명의 구체적인 모습 몇 가지를 살펴보기로 한다.

도시국가를 건설한 수메르

수메르 문명은 그 기원이 대체로 **BCE 5000년경에** 시작되었고 BCE 3500년경에는 도시국가들로 이루어진 성숙한 고대 문명이 되었다.[53] 수메르인들은 티그리스와 유프라테스, 이 두 강 사이의 땅에 스무 개에 가까운 도시를 세웠다. 그곳은 하류 지역으로 잦은 홍수가 발생하였기 때문에 홍수 대책과 관개를 위해 농경민들을 집단으로 조직한 것이 도시국가 성립의 배경이다.[54]

각 도시국가는 저마다의 수호신을 모셨는데, 그 이유는 그 **신들이 우주의 최고신으로부터 태초에 그 도시를 할당받아 다스리는 것**이라 믿었기 때문이다. **도시의 중앙에 신전을 짓고 그 둘레에 주거지를 지어 생활하였다.**

대표적인 도시국가 몇 개를 말하자면 우르, 우루크, 니푸르, 라가시 등이 있다. 우르는 『구약전서』에 나오는 유대족의 믿음의 조상인 아브라함의 고향으로 추정되는 곳이고, 우루크는 곧 『구약전서』의 에레크이다. 도시들은 물의 사용권을 놓고 물 전쟁을 벌였고, 강한 도시들이 약한 도시들을 병합하였다.[55]

수메르의 도시는 저마다 다른 모양을 취하였다. 우루크는 널찍한 원형에, 전체 길이가 약 9.5킬로미터에 이르는 성벽이 도시를 둘러쌌다. 니푸르는 도시 한가운데

---

51) 김희보, 『역사 이전의 역사』, 204쪽.
52) 김희보, 같은 책, 205쪽.
53) "수메르는 대략 BCE 5000년경부터 농경생활을 했던 것으로 추정되며 BCE 3500년경에는 도시국가로 이루어진 고대 문명을 갖추었다"(고야마 시게키, 『지도로 보는 중동이야기』, 18쪽). 고바야시 도시코도 수메르 문명은 이 지역에서 처음 농경생활을 시작한 BCE 5000년경의 우바이드기로부터 시작되었다고 본다(고바야시 도시코, 같은 책, 6쪽).
54) 권희석, 『평화가 잠자는 땅 중동』, 148쪽.
55) 케네스 C 데이비스 저, 이충호 역, 『세계의 모든 신화』, 172쪽.

를 흐르는 운하로 인해 두 지구로 나뉘며, 주변은 직사각형의 성벽으로 둘러싸여 있었다. 19세기 말 펜실베이니아 대학 발굴단이 점토판 하나를 발견했는데, 그 점토판에는 BCE 1500년 무렵의 **니푸르 지도**가 그려져 있었다. 놀랍게도 그 지도는 실제 발굴 작업에 이용되었을 만큼 내용이 정확했다. **라가시**는 몇 개의 지구로 나누어진 아주 큰 도시국가이다. 각 지구는 일정한 거리를 두고 자리를 잡았으며, 각 지구마다 따로 성벽을 쌓았고 다른 **수호신**을 모셨다.[56] 수메르의 도시들이 남긴 뛰어난 문명의 자취는 점토판 기록을 통해 그 전모가 지금도 계속 밝혀지고 있다.

다신신앙을 한 수메르

수메르인에게 종교는 그들의 삶에서 매우 중요한 비중을 차지했다. 자신들이 창조된 것은 신에게 봉사하기 위해서라고 믿었을 정도로 신앙심이 깊었다.

수메르인들은 신이 대기, 태양, 바람 등에 내재되어 있다고 보았다. 그들의 신관은 **다신관**多神觀[57]으로, 인간적 속성과 성격을 지닌 수많은 신이 존재하며, 신은 선을 행할 수도 있고 악을 행할 수도 있는 존재로서 계급 구조 속에서 일정한 역할을 수행한다고 생각하였다.[58]

계급 구조의 최상부에는 **안**An이 있었다. 안은 '**신들의 왕**'으로서 **다른 모든 신을 낳은 우주 최고의 신**이다. 안은 수메르의 초기왕조 시대에는 우루크의 수호신이었지만 그 후 인간 세상을 직접 다스리지 않고 하늘 세계에만 존재하는 신[59]으로 바뀌었다. 지상에 사는 신들의 우두머리는 안의 큰 아들인 **엔릴**Enlil이었다. **안과 엔릴의 관계**는 그리스 신화의 크로노스와 제우스의 관계와 같다.

수메르의 신관에서 독특한 개념은, 신들 중에 제일 '**큰 일곱 신**'이 있고 그들이 세상의 운명을 결정하며 그들에게 서열이 있다는 것이다. 일곱 신 가운데 하늘로

---

56) 고바야시 도시코, 같은 책, 35~37쪽.
57) BCE 18세기경 고대 바빌로니아 시대의 것으로 추정되는 7개 토판에 새겨진 수메르 '신 목록'에서는 신들의 총 수효가 3,600이라고 말한다. 비록 이 토판 전집의 여러 부분이 부서져 있어 정확한 숫자를 파악하기는 어렵지만 현재까지 이름이 알려진 신들의 수는 2,000이 된다(조철수, 『수메르 신화』, 37쪽).
58) 권희석, 같은 책, 149쪽.
59) '하늘'을 뜻하는 안An은 최고신이면서 우루크의 수호신이었다. 하지만 안의 부인인 '인안나'가 우루크에 소개되면서 안은 하늘로 올라갔다. 안을 가장 높은 신으로 확립한 수메르 사람들의 역사관이 후대까지 내려와 히브리 성서의 '하늘에 계신 야훼 하느님'이나 신약성서의 '하늘에 계신 우리 아버지'와 같은 신관으로 연결되었다(조철수, 같은 책, 38~41쪽).

올라가 하늘에 자리잡은 **안을 제외한 나머지 여섯 신은 수메르의 수호신**이 되었다. '대기大氣의 신'이자 수메르 중앙 지역의 도시인 니푸르의 수호신인 **엔릴**[60]이 서열의 머리이고, '산기슭 언덕의 여신'이면서 북쪽 키시 지방의 신인 **닌후르상**,[61] '물의 신'이자 '지혜의 신'이며 유프라테스 강 하류에 위치한 에리두의 신인 **엔키**, '달의 신'이면서 우르의 신인 **난나**, '정의의 신'이자 '태양신'이며 라르사의 신인 **우투**,[62] '사랑과 전쟁의 여신'이자 우루크의 신인 **인안나**[63] 의 순서로 서열이 매겨졌다.

수메르의 다신 숭배 전통은 수메르가 망한 이후에도 바빌로니아와 아시리아 같은 후대 메소포타미아에 전승되었고, 이것이 후에 **그리스·로마 신화의 근간**이 되었다.

최초의 양원제

그리스인이 민주주의라는 말을 만들어내기 오래 전인 **BCE 3000년경에 이미 수메르의 한 도시에서 '최초의 양원제'가 운영**되었다.[64] 수메르의 양원은 연장자들의 회합인 '상원'과 전투에 임할 수 있는 남자 시민의 회합인 '하원'으로 구성되었다. 우루크가 이웃 도시인 키시와 전쟁을 할지 말지 결정하기 위해 소집된 집회에서, 상원이 평화를 선택하자 왕이 거부권을 행사하여 그 문제를 하원으로 가져간 일이 있었다. 하원은 전쟁을 선택하였고, 왕은 그것을 승인하였다.[65] **서양 민주주의 정치의 바탕인 의회제도는 바로 수메르에서 출발**한 것이다.

함무라비 법전보다 앞서는 수메르 법전

가장 오래된 고대의 법전은 BCE 1750년, 셈족의 왕인 함무라비에 의해 공포되

---

60) '주主'의 뜻인 en과 '바람, 대기'를 뜻하는 lil을 합성한 단어로 '대기의 주'이다. 이는 니푸르가 수메르의 문화, 종교, 정치의 중심지가 되면서 생긴 신관이다.
61) '후르상'은 메소포타미아 동북쪽에 있는 자그로스 산맥 산기슭의 크고 작은 언덕들을 칭하며, '닌후르상'은 후르상(산기슭 언덕)의 여주인(nin)이다.
62) 파리의 루브르 박물관에 소장된 유명한 함무라비 법전을 기록한 석비의 위편에 정의의 신 우투가 함무라비에게 재판권을 주는 모습을 볼 수 있다.
63) 인안나는 하늘신 안의 부인이며, 각 도시에 지어진 신전 중에 인안나의 신전이 가장 많았다.
64) 케네스 C 데이비스, 같은 책, 173쪽.
65) 새뮤얼 크레이머 저, 박성식 역, 『역사는 수메르에서 시작되었다』, 59~60쪽.

었다고 알려져 있다. 그러나 함무라비 법전66)보다 더 오래된 메소포타미아 법전이 지금까지 세 가지나67) 발굴되었다.

그 중 가장 오랜 것이 바로 1948년 이라크 박물관의 한 큐레이터가 바그다드의 구석진 언덕에서 캐낸 두 점의 점토판이다. 햇볕에 구운 밝은 갈색의 그 점토판을 판독한 결과, BCE 2350년경에 우르를 다스리던 우르남무 왕이 제정한 법령으로 밝혀졌다. **함무라비 법전이 성립되기 500년 전에 수메르는 이미 문명 사회의 특징인 법적 질서와 체계를 벌써 확립**하였던 것이다.

손상이 심해 겨우 5개의 법규만 복원되었는데, 그 중 하나는 물과 관련된 재판에 대한 것이었고, 또 하나는 노예의 처리에 대한 것이었다. 나머지 3개는 남의 신체를 상하게 했을 때 지불해야 하는 벌금 액수를 정한 것이었다.68) 수메르 법전에서 유래된 많은 법조문이 후대의 히브리 법문 속에 여실히 나타난다. 고대 법률제도 연구의 권위자인 E. A. 스파이저는 "정통 유대인들은 그들이 이혼에 관해서 말할 때에 수메르 법 용어를 사용했었다. 그리고 성전 안에서 유대인들이 토라를 읽을 때 경전의 끝에다 손을 대는 풍습이 옛날 수메르의 풍습에서 기원했다는 사실을 모르고 지금도 실행하고 있다"라고 하였다. 현대법이 수메르 법에서 그 근원을 얼마나 찾아야 될지는 모르지만 영국 사학자 삭스H. Saggs는 "땅 거래하는 법은 궁극적으로 수메르 법에서 나온 것이 분명하다"69)라고 하였다.

함무라비 법전

---

66) 함무라비(BCE 1810?~BCE 1750)는 수메르의 마지막 왕조를 타도하고 바빌론 제1왕조를 세웠다. 바빌론은 그들의 문자를 가지지 못하였기 때문에 수메르의 문자를 빌려 법전을 새겼다. BCE 300년경에 엘람 왕이 바빌론을 점령하여 이 법전을 빼앗아 엘람의 수도 수사에 옮겨 놓았다(정연규, 『한겨레의 역사와 문화의 뿌리를 찾아서』, 481쪽).
67) ① 함무라비 시대와 가장 가까운 때에 바빌론 근처의 도시국가 에쉬눈나의 지도자가 정한 법, ② 함무라비보다 150년 앞선 도시국가 이신의 왕 리피트이시타르가 공포한 법전, ③ 함무라비보다 500년 앞선 우르의 왕 우르남무가 지은 법이 그 세 가지이다(새뮤얼 크레이머, 같은 책, 85~86쪽).
68) 새뮤얼 크레이머, 같은 책, 85~90쪽.
69) 김상일, 같은 책, 47쪽.

알파벳을 낳은 수메르

수메르인은 BCE 3200년경에 이미 문자를 사용했다. 초기의 문자는 그림문자(상형문자)였으나, 서서히 진화하여 BCE 3100년경 기호와 부호가 음가音價를 가진 문자가 되었다. 그 문자가 바로 수메르의 설형문자(쐐기문자)이다. 그 지역에서 많이 나던 갈대의 뾰족한 끝으로 젖은 점토판에 쐐기 모양의 자국을 내어 다양한 글자를 만들었다. 딱딱하게 굳은 설형문자 점토판은 역사상 최초의 '공식 기록 문서'가 되었다.[70]

처음 5백 년 동안은 수메르의 문자가 곡물의 양, 가축의 수를 계산하는 데 주로 사용되었다. 그만큼 초기에는 문자가 표현하는 개념이 단순하였던 것이다. 그러다가 수메르인의 문자는 명사를 수식하는 동사와 형용사까지 갖춘 서술적 글쓰기가 가능할 정도로 섬세해져 결국 600여 개의 설형문자 기호가 만들어졌다.

그 후 수세기 동안 많은 문명이 수메르의 문자를 채택하여 자신들의 고유 언어에 적용하였다. 수메르 문자를 택한 **아카드어는 고대 세계의 국제어**가 되었다. 반면에 보기에는 더 아름답지만 필기가 성가신 그림문자를 사용한 이집트어는 끝내 국제어가 되지 못하였다. 아카드어는 그 후 바빌로니아, 아시리아, 페르시아 등 메소포타미아 땅에서 계속적으로 널리 사용되었다. 뿐만 아니라 페니키아 문자와 그리스 문자를 거쳐 **오늘날의 알파벳으로 발전**하였다.[71]

그런데 설형문자로 기록을 남긴 수메르인의 말은 우리말과 똑같이 주어나 목적

수메르의 점토판
(출처 : 『The Middle East』)

한국어	수메르어
아버지	아빠
칼	카르
한	안
엄마	엄마
밝음	바르
우리(겨레)	우르
달	달
사람	사람
나락(볍씨)	나락(곡식의 신)
단군(몽골어로는 텡크리)	딩기르
아우	아우
북	북
어디서	…쉐
어디로	…어라어디
부터	…타

한국어와 수메르어의 유사성_ 정연종, 『한글은 단군이 만들었다』, 230쪽; 히스토리 채널, "한글, 그 비밀의 문", 2003.10.9 방영.

---
70) 케네스 C. 데이비스, 같은 책, 173~174쪽.
71) 데이비드 롤, 같은 책, 160~162쪽.

어 같은 **체언 다음에 조사(토씨)가 붙는 언어, 즉 교착어**이다. 수메르어를 연구하는 한국 학자들의 연구에 의하면, 수메르 말의 어순이 우리말과 거의 같고 단어 자체가 같은 것이 100가지나 된다고 한다.[72] **수메르어와 한국어의 두드러진 유사성은 두 집단의 공통된 뿌리를 암시**한다.

서양 최초의 학교

크레이머에 의하면 수메르에서는 **이미 BCE 3000년경에 학교 제도가 확립**되어 있었고, BCE 2500년경에는 점토판으로 만든 교과서가 사용되었다.[73] 수메르의 학교에서는 수메르의 엘리트라 할 수 있는 서기를 양성하였다. 왕이 글을 읽고 쓰지 못하는 것은 크게 문제될 것이 없었지만, 왕에게 봉사하는 서기는 글을 모르면 일을 할 수 없었다. 서기라는 전문 직업인이 되기 위해서는 학교를 다녀야했고, 그 교육은 아주 엄격하였다.[74]

수메르의 점토판에는 수메르인들의 강한 교육열을 보여주는 일화가 기록되어 있다. 지각하기 일쑤이고 복장도 단정치 않고 글씨도 서툴러 선생님께 늘 야단맞던 학생이, 아버지께 선생님을 초대해 저녁을 대접하자고 했다. 아버지는 선생님에게 근사한 저녁을 대접하였다. 뿐만 아니라 새 옷을 입히고, 선물을 주었으며, 반지를 끼워 주었다. 푸짐한 접대를 받은 선생님은 학생에게 이렇게 말하였다. "너는 형제들 중 가장 두각을 나타낼 것이고 친구들 중에 우두머리가 될 것이다. 학교 활동을 잘해 왔으므로 이제 지식 있는 사람이 될 것이다."[75] 이것은 기록에 나타난 인류 최초의 촌지 사건이라 할 수 있다.

수메르의 학교 제도에서 특이한 점은 학교 선생을 '학교 아버지(school father)**', 학생을 '학교 아들**(school son)**'이라 불렀다**는 것이다. 이처럼 스승을 아버지, 학생을 아들이라 한 것은 **임금과 스승과 아버지를 동일시하는 동양의 군사부일체 사상과 상통**한다.

---

72) 김상일, 같은 책, 38쪽.
73) 새뮤얼 크레이머, 『역사는 수메르에서 시작되었다』, 23쪽.
74) 고바야시 도시코, 같은 책, 67쪽.
75) 새뮤얼 크레이머, 같은 책, 33~34쪽; 고바야시 도시코, 같은 책, 68쪽.

'노아의 방주'의 원형

수메르 문명이 인류에게 남긴 유산 중의 하나는 수백 편에 달하는 문학 작품이다. 그 작품들 중에 인간 탄생 이야기, 신 이야기, 전설적 영웅 이야기를 담은 서사시들이 전해지는데, 천지창조의 설화를 담은 「**에누마 엘리쉬**Enuma Elish」76)와 영생을 추구하며 모험에 나선 영웅의 이야기인 「**길가메시 서사시**」가 그 대표적 작품이다.

이 두 작품은 메소포타미아 일대에서 시대를 달리하며 여러 언어로 옮겨져 아카드인, 아시리아인, 갈데아인, 바빌론인의 문학 세계에 모두 영향을 끼쳤다. 오늘날 그리스와 로마 시대 작품이 인류의 고전이 되어 세계 언어로 꾸준히 번역되는 것처럼, 수메르의 문학은 메소포타미아 지역의 고전으로 시간과 공간을 초월하여 널리 퍼져 나갔다. 특히 「에누마 엘리쉬」는 아시리아 시대와 바빌론 시대를 거쳐 유대인의 창세 설화인 「**창세기**」에까지 **영향**을 미쳤다.

「길가메시 서사시」는 BCE 2700년경 **우루크의 5대 왕이었던 길가메시**를 주인공으로 한 작품이다. 쾌락과 압정壓政을 일삼던 그가 자신의 방탕을 뉘우치고 **영생의 비밀**을 찾아 길을 떠났다가 돌아오는 여정을 그린 것이다.77) 가장 흥미로운 대목은 우트나피쉬팀이 그에게 들려주는 대홍수 이야기이다. 인간의 타락에 진노한 신이 홍수를 일으켜 인류를 전멸시키는데 방주를 만든 **우트나피쉬팀** 가족만 살아남아 **홍수 후에 등장한 새 인류의 조상**이 되었다는 것이다.

이 대홍수 이야기는 『구약전서』「창세기」의 노아의 방주 이야기와 흡사한데, 대홍수 설화78)는 BCE 2000~1000년 사이에 메소포타미아에 등장한 여타 민족의 기록에 반복적으로 나타난다.79)

「에누마 엘리쉬」, 「길가메시 서사시」와 같은 수메르의 문학 작품이 여러 나라 말로 필사되어 널리 읽혀진 것에서 **수메르 문명이 메소포타미아 지역에 피어난 모든 오리엔트 문명의 원천**이었음을 또 한 번 확인할 수 있다.

---

76) 이 명칭은 '높이 있을 때에 하늘은 이름 지어지지 않았고 땅은 이름으로 불리지 않았다'는 뜻이다 (사무엘 헨리 후크 저, 박화중 역, 『중동신화』, 48쪽).
77) 고바야시 도시코, 『5천 년 전의 일상』, 12쪽.
78) 대홍수를 전문적으로 연구하는 학자들에 의하면, 세계 곳곳에 옛날부터 무시무시한 홍수 이야기가 대대로 전해 내려온다고 한다. 그리스인들은 신화에서 데우깔리온을 홍수로부터 살아남은 인류의 조상으로 묘사하고, 아메리카 인디언들도 오래 전부터 대홍수에 관한 기억을 가지고 있다. 호주, 인도, 폴로네시아, 티베트, 캐쉬미르 그리고 리투아니아에서도 같은 이야기가 오늘까지 대대로 이어져 오고 있다(강영수, 『유태인 오천년사』, 14~17쪽).
79) 권희석, 『평화가 잠자는 땅 중동』, 148쪽.

「에누마 엘리쉬」와 「창세기」의 내용 비교

「에누마 엘리쉬」	「창세기」
그 때 위로는 하늘이 이름지어지지 않았고, 밑으로는 마른 땅이 이름으로 불리지 않았다. 처음으로 그들(신들)의 아버지 압수(지하수)와 그들 모두를 낳을 모체 티아마트(바다)는 자기네들의 물을 하나로 섞고 있었다. 갈대집이 엮어지지 않았고, 늪 있는 땅도 보이지 않았다(첫째 점토판).	여호와 하나님이 땅에 비를 내리지 아니하셨고 경작할 사람이 없었으므로 들에는 초목이 아직 없었고 밭에는 채소가 나지 아니하였으며 안개만 땅에서 올라와 온 지면을 적셨더라(2:5~6).
그(마르둑)는 그녀(티아마트)를 갈라 말린 물고기처럼 둘로 나누었다. 그 반을 창공으로 씌웠다. 빗장을 걸고 문지기를 두어서 물이 새나가지 않게 하라고 명령했다(넷째 점토판).	하나님이 가라사대 물 가운데 궁창이 있어 물과 물로 나뉘게 하리라 하시고 하나님이 궁창을 만드사 궁창 아래의 물과 궁창 위의 물로 나뉘게 하시매 그대로 되니라. 하나님이 궁창을 하늘이라 칭하시니라(1:6~8).
아누는 활을 들어올리고 신들의 모임 앞에서 말하였다. 그는 활에 입을 맞추고 '이것은 내 딸이 될 것이다.'고 하였다. 그는 활에 이름을 주었다(여섯째 점토판).	하나님이 가라사대 내가 나와 너희와 및 너희와 함께 하는 모든 생물 사이에 영세까지 세우는 언약의 증거는 이것이라. 내가 내 무지개(활)를 구름 속에 두었나니 이것이 나의 세상과의 언약의 증거니라(9:12~13).

(출처 : 조철수, 『메소포타미아와 히브리 신화』 116~122쪽)

상투를 튼 수메르 왕

수메르의 철학과 사상은 동북아의 그것과 많은 유사점을 보인다.

수메르인들은 우주를 '안키Anki(천지)'라 불렀다.[80] **"우주는 둥근 하늘 '안An'과 평평한 땅 '키Ki'로 이루어져 있다"라고 믿은 그들의 사상은, 동양의 천원지방**天圓地方(하늘은 둥글고 땅은 네모나다) **사상과 다를 바 없다.**

그들은 또한 동양의 제왕 문화에서 나타나는 **천명**天命 **사상을** 가지고 있었다. 수메르 역대 왕의 이름을 기록한 『왕명록王名錄』의 1단 1행은 "왕권이 하늘에서 내려왔을 때 왕권은 에리두에 있었다"라고 말한다. 왕권은 인간이 정하는 것이 아니라 하늘로부터 부여받는다는 것이다. 이것은, 천자는 하늘이 내는 것이며 천자는 하늘의 명을 받아 하늘을 대신하여 백성을 다스린다는 동양의 천자사상과 상통한다.

---

80) 조철수, 『수메르 신화』, 38쪽.

수메르인은 오늘날 시간을 초, 분, 시로 나누는 데 사용하고 있는 **60진법**[81]을 사용하였다. 손가락은 모두 10개이므로 단순한 손가락 셈은 10진법에 머문다. 북서 메소포타미아에 살았던 셈족의 도시국가에서 출토된 경제 문서를 보면 그들은 10진법을 사용하였다. 그러나 수메르 사람들은 두 손과 다섯 손가락을 사용하여 60진법을 썼던 것이다.[82] 그런데 이것은 동양의 60갑자와 그 사상적 배경이 동일하다.

수메르와 한국의 동질성은 의식주 문화와 생활 풍습에서도 나타난다. 1923년부터 우르를 발굴하여 대홍수의 흔적을 발견한 것으로 유명한 영국의 고고학자 울리(1880~1960)가 당시 우르의 묘지에서 황금으로 만든 두 자루의 단도를 지닌 왕의 유골을 발굴하였다. 그 왕은 황금 투구를 쓰고 있었는데, 머리카락을 뒤에서 묶어 **상투를 틀고 있었다**고 한다. 상투는 동방 한민족의 독특한 머리형이 아닌가.[83]

또한 수메르 사람들은 우리네와 마찬가지로 씨름을 즐겼고, 순장殉葬을 하였으며 결혼 전 신부가 될 여자의 집에 함을 지고 갔다. 여인들은 물건을 머리에 이고 다녔는데, 이것은 오늘날 이스라엘의 부녀자들도 마찬가지이다.[84]

수메르 왕조의 시작과 끝

BCE 5000년경에 '두 강 사이의 땅'에서 보리를 재배하면서 싹튼 수메르 문명은 BCE 3100년경에는 전역에 도시국가 체제가 확산될 정도로 성장하였다. 도시 생활은 모든 사람이 농업에 종사하던 촌락 사회와 사뭇 달랐다. 수만 명이 사는 도시에 잉여 생산물이 늘어나자 식량 생산에 종사하지 않는 자가 많아졌다. 왕이 생겨났으며 지배조직도 정비되었다. 일상용품도 복잡하고 세련된 모습을 갖추기 시작하였다.

그런데 도시국가가 발달하면 할수록 도시들 간에 분쟁도 더 많이 생기기 마련이다. BCE 2900년경에 수메르의 우루크, 우르, 키시, 니푸르 등의 강력한 도시국가

---

81) 수메르인은 신의 중요도를 숫자의 크기로 표현하였는데, 이때도 60진법을 적용하였다. 10에서 60까지 0으로 끝나는 숫자 6개가 6명의 남성 신에게 주어졌다. 6명의 여신은 5, 15, 25 등의 5로 끝나는 숫자 6개가 하나씩 주어졌다. 최고신 안An에게는 당연히 최고의 수 60이 주어졌다(제카리아 시친, 『수메르 혹은 신들의 고향』, 188쪽).
82) 조철수, 같은 책, 28쪽.
83) 정연규, 『한겨레의 역사와 문화의 뿌리를 찾아서』, 491쪽.
84) 문정창, 『한국·수메르·이스라엘의 역사』, 58쪽.

들이 교역로와 영토 문제로 전쟁을 되풀이하는 '초기왕조 시대'가 시작되었다. 이 혼란기를 끝내고 메소포타미아 전역을 통일한 사람은 **사르곤 왕**(BCE 2334~BCE 2279)[85]이었다. 사르곤 왕은 셈족 가운데 하나인 아카드 출신이었기 때문에 그가 세운 메소포타미아 최초의 통일제국을 **아카드 제국**이라 부른다. 이 제국은 메소포타미아 땅을 100여 년 정도 지배하다가 5세 왕에 이르러 북쪽의 구티인에게 멸망당하였다(BCE 2193).

이렇게 '아카드왕조 시대'가 끝나고 80년이 지나 수메르 출신의 **우르남무**가 이민족을 축출하고 다시 통일왕조를 세웠다. '**우르 제3왕조**[86] **시대**'(BCE 2112~BCE 2004)가 시작된 것이다. 약 100년에 걸친 우르 제3왕조는 수메르의 전성기이자 마지막 통일왕조였다. 이 왕조가 동쪽에 자리한 엘람족의 침입을 받아 BCE 2004년경에 멸망함으로써 수메르인은 역사의 정식 무대에서 퇴장하였다.[87] 이후 메소포타미아 땅에서는 **바빌로니아와 아시리아가 주도하는 오리엔트 문명이 전개되었고**[88], 수메르의 **유산은 오리엔트 문화 속으로 스며들어 계승되었다.**

---

85) 사르곤 왕은 동방 고조선의 초대 단군과 같은 시대의 인물이다.
86) 우르 제1왕조와 제2왕조는 통일왕조인 우르 제3왕조가 시작되기 전의 초기왕조 시대에 도시국가로 존재하였다.
87) 고바야시 도시코, 『5천 년 전의 일상』, 9~12쪽; 고야마 시게키, 『지도로 보는 중동이야기』, 19~20쪽.
88) 수메르 멸망 후 메소포타미아에는 셈족의 일파가 수립한 바빌론 왕조(BCE 1830~BCE 1595)가 들어섰다. '고 바빌로니아 시대'를 장식한 이 왕조는 법전으로 유명한 함무라비 왕 때 최전성기를 이루었다. 바빌로니아가 발흥하던 때에 북메소포타미아에서는 또 다른 셈족, 아시리아인이 세력을 키우고 있었다. 이들은 '고 아시리아 시대'를 거쳐 마침내 BCE 1000년경 팔레스타인에서 이집트에 이르는 광활한 제국을 세웠다. '신 아시리아 제국'(BCE 1000~BCE 612)이 탄생한 것이다. 하지만 이들도 다른 셈족에게 망하고, 바빌론을 수도로 세운 '신 바빌로니아 제국'(BCE 612~BCE 539)이 들어섰다.

수메르에서 시작된 서양역사상 최초 **39**가지

1. 최초의 학교
2. 최초의 '촌지'
3. 최초의 '청소년 문제'
4. 최초의 '신경전'
5. 최초의 양원제
6. 최초의 역사가
7. 최초의 세금 감면
8. 최초의 '모세'
9. 최초의 판례
10. 최초의 의학서
11. 최초의 농업서
12. 최초의 나무 그늘 원예술
13. 인류 최초의 창조론과 우주론
14. 최초의 도덕적 사고
15. 최초의 '욥'
16. 최초의 속담과 격언
17. 최초의 동물설화
18. 최초의 문학논쟁
19. 최초의 성서
20. 최초의 '노아'
21. 최초의 '부활'
22. 최초의 '성 조지'
23. 최초의 문학적 인용
24. 인류 최초의 영웅시대
25. 최초의 사랑 노래
26. 최초의 도서 목록
27. 인류 최초의 황금시대
28. 최초의 '병든 사회'
29. 최초의 종교적 애도가
30. 최초의 메시아
31. 최초의 마라톤 우승자
32. 최초의 문학적 상상력
33. 최초의 성적 상징성
34. 최초의 슬픔에 잠긴 성모
35. 최초의 자장가
36. 최초의 문학적 초상
37. 최초의 만가
38. 최초의 노동자 승리
39. 최초의 수족관

(출처: 『역사는 수메르에서 시작되었다』)

수메르 문명의 전개 과정

BCE 5500년경	수로를 만들어 물을 공급하는 관개 농경 시작하다
BCE 4500년경	쟁기, 바퀴, 돛의 사용이 확산되다.
BCE 4000년경	구리를 사용하다.
BCE 3500년경	수메르에 도시국가가 처음으로 출현하다. 수레, 원통 인장, 문자, 수학, 기념비적 건조물을 건축하다.
BCE 3400년경	문자를 발명하고 60진법을 개발하다.
BCE 3300년경	점토판에 문자를 새기기 시작하다.
BCE 3000년경	초판 구리와 주석을 사용하여 청동을 제작하다.
BCE 2600~1850	금속제 무기, 설형문자의 발달, 지구라트를 건축하기 시작하다.
BCE 2350년경	아카드의 지도자 사르곤이 메소포타미아 지역을 통일하다.
BCE 2200년경	구티 족의 침입으로 아카드 제국이 멸망하다.
BCE 2100년경	수메르 출신인 우르남무에 의해 '우르 제3왕조 시대'가 열리다.
BCE 1750년경	함무라비 왕의 통치 아래 바빌론이 전성기를 누리다.
BCE 1500년경	중동 지방에 철기 제조가 확산되다.
BCE 911~626	아시리아가 바빌론을 점령하고 왕조를 수립하다.
BCE 626~529	칼데아 왕조가 바빌론에서 아시리아인을 추방하다. (신바빌로니아 왕국 성립)
BCE 605~562	네부카드네자르 2세가 재위하다.
BCE 539	페르시아의 키루스 대왕에 패배한 바빌로니아 왕국이 몰락을 맞다.

(장 카스타레드, 『사치와 문명』, 41쪽 참조)

8) 수메르에서 뻗어 나간 서양 문명과 인도 문명

수메르 문명의 전파

동방에서 온 수메르인들의 문명은 메소포타미아 땅에서 계속 전승되었을 뿐만 아니라 소아시아(지금의 터키), 시리아, 이집트 등지로 전파되었다.

이집트 문명은 수메르보다 대략 500년 후에 번성하기 시작한 것으로 **이집트의 건축, 기술, 문자 등은 모두 수메르 문명에서 유래**한 것이다. 예를 들어 원기둥 모양으로 된 인장, 이집트의 건축술 가운데 받침대를 받치는 것 등은 수메르에서 영향을 받은 것이다.[89] 이집트의 문자도 수메르의 설형문자를 변형한 또 다른 설형문자였다.

이집트 문명을 일으킨 후 수메르 문명은 다시 크레타 섬으로 전파되었다. 크레타 섬에서 **유럽의 최초 문명인 미노아 문명**(BCE 2700~BCE 1420)이 탄생하였고, 이 문명은 다시 그리스 문명으로 계승되었다.[90] 때문에 수메르 문명을 '**서양 문명의 모체**' 또는 '**서양 문명의 창시자**'[91]라 부른다.

수메르 문명과 그것을 계승한 오리엔트 문명이 이집트와 크레타를 거쳐 그리스까지 전파되는 데는 교역이 큰 역할을 하였다. 예를 들자면, 충적토로 이루어진 수메르 지역에는 청동의 원료인 구리와 주석이 나지 않기 때문에 수메르인은 이 두 금속을 모두 무역을 통해 조달하였다. 수메르인들은 일찍이 **BCE 4000년경부터 청동을 제조할 수 있었고**, 만들어진 청동 제품은 높은 값에 팔려 나갔다. 수메르인들은 일찍부터 **은을 화폐로 사용**하였는데, 이것은 지금의 미국 달러가 그러하듯 당시 지중해 전역에서 통용되었다.[92]

그리고 크레타인들은 BCE 2000년경 이전부터 무역활동을 통해 이집트를 포함한 지중해 연안

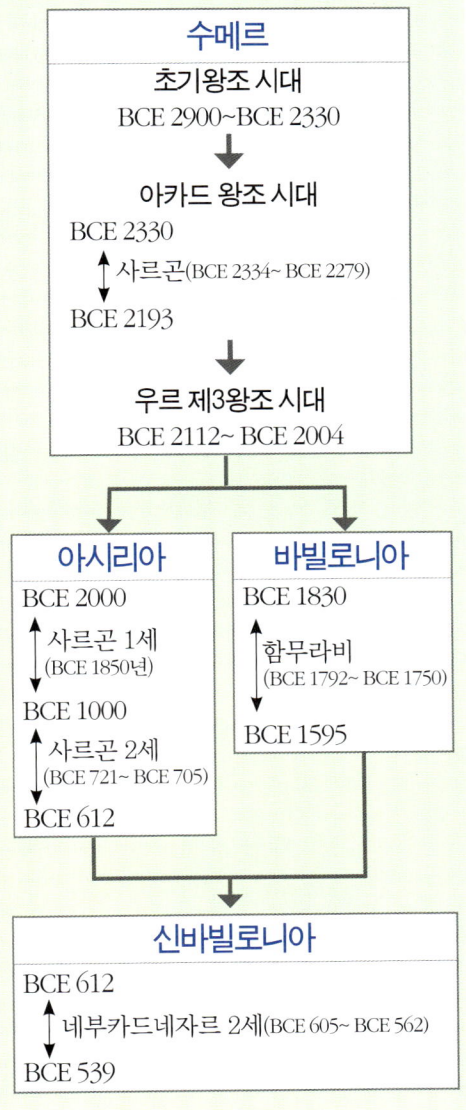

89) 김상일, 『한사상』, 44쪽.
90) 미노아 문명이 소아시아와 지중해 연안에서 넘어왔다는 것은 고든 H. Gordon이 '미노아 문자는 동부 지중해 연안으로부터 건너온 언어'라고 입증한 것에서도 알 수 있다. 결국 그리스의 종교, 신화, 언어는 근동(소아시아)에서 유래한 것이다(제카리아 시친, 『수메르 혹은 신들의 고향』, 97~98쪽).
91) "더글라스는 '희랍인들에 의해서 시작되었다고 생각되었던 수학과 지학의 기초, 법률상의 동등성 기초 원리, 예술과 건축 문화 등으로 보아서 수메르 사람이 서구 문명의 창시자임은 분명하다'고 했다"(정연규, 『한겨레의 역사와 문화의 뿌리를 찾아서』, 301쪽).
92) 페르낭 브로델, 『지중해의 기억』, 191~193쪽.

을 자주 왕래하였다. 그 과정에서 메소포타미아 문명과 이집트 문명을 접하여 문자, 신화, 건축술, 천문학, 수학 등 많은 문화를 받아들였다.[93] 그리고 이 문화를 다시 지중해 서부 지역으로 수출하였다. 동방에서 온 수메르 문명이 바닷길을 통해 서진西進하여[94] 서양 세계로 전해진 것이다.

이에 대해 김상일은 '그리스인들이 수메르 문화를 흡수하여 서쪽으로 통풍구를 만들어 주었다'고 표현한다. 그리스는 그들의 황금 시기인 BCE 5세기에 들어올 때까지 예술, 건축, 철학, 문학 등의 적지 않은 분야에서 수메르 문화의 영향을 나타냈다.[95]

그리스를 거쳐서 그 후 서양 세계에 전수된 수메르 문명의 흔적은 여기저기서 나타난다. 수메르의 왕들은 건물을 관리하고, 길을 수리하고, 여행자를 위해 여관을 만드는 일상적인 문제에서 정치 분쟁과 국제적인 거래 등 복잡한 문제에 이르기까지 모든 문제를 문서화하고 관련된 계약 문서를 작성하여 두었다. 이것이 **서양의 초기 황실제도에 전승**되어 서류 정리하는 법, 회계 장부 쓰는 법 등으로 정착되었다. 오늘날 영국 황실제도도 수메르 황실제도의 모방에 불과하다고까지 말한다.[96]

또한 수메르 문명은 동쪽으로 인도까지 전파되었다. 지금의 이란 북쪽 국경 너머의 카프카스 산맥에 살면서 인도-유럽어를 쓰던 한 종족이 **BCE 2000년경**에 **남쪽으로 대규모 이주**를 시작하였다. 그들은 수메르의 도시국가에서 멀리 떨어져 북쪽에 살았지만, 당시 가장 부흥했던 수메르 문명과 무관하게 살 수는 없었을 것이다. 그들이 남하한 때는 **수메르 왕조 말기**이다. 수메르의 혼란한 상황이 그들로 하여금 새로운 보금자리를 찾아 떠나도록 하였을 것으로 짐작된다. 마침내 인더스 강 유역에 도착한 그들을 당시 인더스 사람들[97]은 '**아리안**Aryan'[98]이라 불렀다. 아

---

93) 발터 부르케르트, 『그리스 문명의 오리엔트 전통』, 31쪽.
94) 지중해 문명을 연구한 브로델은 대지의 여신을 표현한 여신상이 아시아(메소포타미아)로부터 들어와서 크레타를 거쳐 사르데냐, 몰타, 에스파냐로 전파되었던 사실을 문명의 서진西進을 말해 주는 좋은 증거로 보았다(페르낭 브로델, 같은 책, 205쪽).
95) 김상일, 같은 책, 45쪽.
96) 김상일, 같은 책, 47쪽.
97) 인더스 사람들은 메소포타미아와 이집트를 합친 것보다 더 큰 지역에 살았으며 BCE 2500년~BCE 1500년경에 번창했다. 이들은 벽돌로 집을 지을 줄 알았고 문자를 썼다. 더 오래된 수메르 문화가 인더스 문화에 영향을 미쳤을 것으로 짐작된다(김상일, 같은 책, 44쪽).
98) 제카리아 시친, 『수메르 혹은 신들의 고향』, 102쪽.

리안은 고귀한 사람들이란 뜻이다. 왜 그들이 고귀한 사람들이라 불렸는지는 아직 풀리지 않았지만, 아리안족은 BCE 1500년경에 『베다』(브라만교와 힌두교의 경전) **이야기를 인도에 구전**으로 전하는 중요한 업적을 남겼다.

히브리(유대) 문명도 수메르 문명과 직간접으로 연관되어 있다. 유대인의 역사가 기록된 『구약전서』의 「창세기」에 의하면, 그들의 조상 아브라함은 지금으로부터 4천여 년 전 갈데아 우르(이라크 남부)[99]에 살던 사람이다. 간단히 말해서 **아브라함은 수메르의 거대 도시국가에 살던 전형적인 수메르인**이었다.

그런데 아브라함이 살던 당시 '수메르의 우르'는 있었지만 '갈데아의 우르'는 없었다. 갈데아의 우르는 BCE 9세기 초에 갈데아인이 남서부 메소포타미아 지역에 정착한 것에서 비롯되었다.[100] 이때는 『구약전서』「창세기」가 기록되던 시기로[101] 옛날 아브라함이 살던 곳이 당시에는 갈데아인의 영역이었기 때문에 성서 기록자들이 갈데아 우르라고 표기한 것이다.

아브라함은 아버지 데라와 함께 우르로부터 400km 북쪽에 위치한 하란을 거쳐 가나안(지금의 팔레스타인과 시리아 남부 지역) 지역으로 이주하였는데, 이때 유프라테스 강을 건너야 했다. 이 때문에 그의 후손들은 오늘날까지도 **히브리인**Hebrews, 즉 **'강을 건너온 자'**[102] 라고 불린다.

히브리인은 BCE 1700~BCE 1300년 사이의 설형문자 기록(당시는 고 바빌로니아 시대)에 **하비루**Habiru란 종족 이름으로 끊임없이 나타난다. 이들은 BCE 1500년대 초기가 될 때까지 유목생활을 하며 메소포타미아 땅의 힘센 부족들 사이에서 용병으로 팔려다니곤 했다. 아브라함 종족이 가나안으로 이주한 지 5백 년의 세월이

---

99) '갈데아 우르'는 우리말 기독교서나 영어 기독교서에서 사용되는 표현으로, 원래 그리스어로 기록된 70인역人譯 성서에서 온 것이다. 히브리 성서에서는 '우르 카시딤'으로 기록되어 있다(E. Renan, 『The History of the People of Israel』, Vol. I, 60쪽).
100) 고야마 시게키, 『지도로 보는 중동이야기』, 21쪽.
101) 「창세기」는 아주 오랜 전승을 토대로 하고 있는 것이 사실이지만 이들 전승이 성문화되기 시작한 것은 아무리 빨라도 BCE 9세기였다. 더욱이 BCE 9세기로부터 수세기에 걸쳐 비로소 성문화된 요소들도 있다. 「창세기」 전체는 BCE 5세기가 되어서야 통합되어 오늘날의 형태로 정착되었다(아이작 아시모프 저, 박웅희 역, 『아시모프의 바이블 구약』, 35~36쪽).
102) 이스라엘 사람들은 자신들을 '이스라엘'이라 불렀으나, 다른 민족은 그들을 '히브리인(유대인)'이라 불렀다. 히브리인이란 말은 BCE 6세기말부터 그들을 가리키는 공식 용어가 되었으며 그리스·로마 문화권에서는 항상 히브리인이라는 호칭이 사용되었다. '히브리'는 '나아간다, 넘어간다'의 뜻을 가진 동사 '이브로'에서 나온 것으로, '강을 건너 온 사람'을 뜻한다(다까바시마사오 저, 한영철 역, 『성서원형의 신비』, 41~42쪽).

지난 BCE 1500년대에 비로소 팔레스타인을 정복하고 거기에 정착하였다.

아브라함 종족, 즉 히브리인은 가나안 땅에 들어가서도 계속 수메르의 영향 속에서 살았다. 그들이 접촉한 가나안족이 수메르 문화와 똑같이 설형문자를 쓰고, 수메르의 교과과정을 그대로 따르는 등 수메르 문화에 깊이 젖어 있었기 때문이다. 그 후 히브리인은 BCE 6세기 바빌론 포로 시절에 수메르 문화에 더욱 밀착되었다. 바빌론의 포로로 살던 당시, **수메르를 계승한 바빌론의 문자와 학문은 히브리인의 마음과 사상 속에 깊이 침투해 들어갔다.** 나중에 히브리인이 바빌론에서 돌아왔을 때 그들은 수메르의 예배 의식, 교육, 법조문 등을 가지고 왔다.

그런데 『구약전서』에는 고대 중동의 종족이 많이 나오지만 수메르인은 단 한 번도 보이지 않는다. 이집트인, 가나안인, 히타이트(헷)인, 아시리아(앗수르)인, 바빌로니아인 등 숱한 종족이 거명되지만 수메르인이라 불린 종족은 『구약전서』에 나오지 않는 것이다. 이러한 사실은 **수메르인이 바로 히브리인 자신들의 조상임을** 은연 중에 스스로 **고백하는 것과 다름 없다.**

수메르 문명은 인도와 메소포타미아 사이에 있는 이슬람 문화(페르시아 문화)**에도 영향**을 미쳤다. 예를 들어 이란의 아라타Aratta란 도시는 수메르와 꼭 같은 정치적 조직과 종교적 신앙체계를 가지고 있었다. 이란의 고대 종족인 엘람은 수메르의 마지막 왕조인 우르 제3왕조를 무너뜨린 침입자이지만, 엘람의 법률, 문학, 종교 등은 모두 수메르의 것이었다. 그리고 엘람족의 신 이름은 수메르 신들의 이름을 그대로 이어받은 것이었다.[103]

이상에서 살펴보았듯이, **수메르 문명은 메소포타미아 문명, 이집트 문명, 그리스 문명, 유대 문명, 이슬람 문명의 근원이 되었고, 인도의 인더스 문명에 새로운 바람**을 불러 일으켰다. **한마디로 수메르 문명은 오늘날 서양 문명의 요람인 것이다.**

수메르가 서양 문명에 끼친 영향은 오늘날 세계에까지 미치고 있다. 그 대표적인 것이 서양에서 수메르인이 최초로 사용한 바퀴와 수레이다. 수메르인은 한 번에 많은 흙이나 물건을 손쉽게 운반할 수 있는 네 바퀴 달린 수레를 발명하였는데, 덕분에 로마 군인은 마차를 타고 유럽을 평정할 수 있었다. **서양의 천문학도 수메르에서 유래**하였다. 수메르인들은 춘분과 추분을 따지고 달의 운행 법칙을

---

[103] 김상일, 『한사상』, 44쪽.

발견하는 경지에까지 이르렀다. 황소자리, 사자자리 등 별자리에 이름을 붙이는 것도 수메르인이 최초로 시작하였고, 점성술도 이미 이때 성행하였다.[104] **서양의 건축과 음악도 그 원형이 전부 수메르에서 나왔다. 서양 문명의 요소들 중에서 수메르에 뿌리를 두지 않은 것은 거의 찾아보기 어렵다.**

BCE 5000년경에 혜성처럼 갑자기 나타난 수메르 문명을 서양에서는 인류 최고最古 문명으로 칭송한다. 그렇다면 **수메르 문명의 근원인 동방 환국 문명이야말로 진정한 인류 최고의 문명**이 아니겠는가.

수메르와 기독교

수메르는 서양 문명 중에서도 특히 유대교와 기독교에 지대한 영향을 미쳤다.

우선 그들의 경전에서 말하는 '하느님이 흙으로 인간을 빚어 생명을 불어 넣음으로써 인간이 탄생했다'는 **이야기의 근원은 수메르**이다. '인간은 하느님을 섬기도록 만들어졌으며 하느님의 창조적 힘은 그의 말씀 안에 있다'는 내용도 수메르에 근원을 두고 있다. '마지막 날에 하느님의 심판이 악한 자에게 임하고, 고난과 고통이 따를 것'이라는 내용도 마찬가지이다.

특히 「창세기」에서 말하는 에덴동산, 대홍수와 노아의 방주, 카인과 아벨의 싸움, 바벨탑 등의 이야기는 수메르의 문학 작품에서 기원한다. 하느님을 찬양하는 시로 채워진 「시편」은 수메르의 예배 의식 때 썼던 의례문이고, 유대인이 유월절 명절 때 낭송한 「아가서」는 수메르 마지막 왕조가 멸망할 때 읊던 바로 그것이다. 「잠언」에 실린 속담과 금언은 수메르의 교훈, 속담, 전설을 편집한 것이다. 기독교의 『신약전서』에 기록된 **예수의 탄생에서 죽음까지의 행적도 거의 수메르에서 나온 것이다.** 그 중 대표적인 것은 **'처녀 잉태', 아기 예수에게 동방박사를 인도한 별의 나타남, 아기 예수가 이집트로 피난한 일, 3일 만의 부활 같은 것이 모두 수메르의 영향이다.**[105]

경전의 내용뿐 아니라 그들의 **예배 의식도 수메르 문명에서 전해진 것이 많다.** 유대교의 예배 의식은 오늘날까지도 바빌론인에게 빌려 온 것으로 가득 차 있다. 유대인들이 속죄일 전야의 예배 때 읊는 기도문인 콜니드레는 수메르의 신년新年 예

---

104) 김상일, 같은 책, 46쪽.
105) 김상일, 같은 책, 48쪽.

식문과 같다. 바빌론 포로 시절 히브리인들은 악마를 내쫓는 법을 배워 왔는데, 이것은 『신약전서』에 악마를 내쫓는 행위로 나타나 있다.[106]

결론적으로 우리가 알고 있는 **유대교와 기독교는** 바로 수메르의 종교와 사상을 모체로 하고 있는 것이다.

9) 동북아에서 넘어간 인디언

환국의 환족은 베링 해협을 건너 남북 아메리카 대륙으로도 이주하였다. 이것은 인디언의 언어, 혈액형, 체질, 치아, 문화 등을 연구한 고고학자와 인류학자들의 주장과도 일치한다. 독일의 고고학자 알렉산더 훔볼트Alexander Humboldt(1769~1859)는 "**아메리카의 많은 신화, 기념물, 우주 발생에 관한 사고는 동아시아의 것과 놀랄 만큼 흡사**하다. 이것은 태고 시대에는 서로 어떤 연관성이 있음을 말해 준다"[107]라고 주장한다. 외모만 보아도 아시아인에 가까운 인디언은 사실은 동북아에서 건너 간 사람들의 후예이다.

북미 인디언과 동북아인의 연관성은 인디언의 생활 도구와 풍습에서도 확인된다. 미국 오리건 주의 포트 록Fort Rock 동굴에서 **약 9천 년 전의 것으로** 추정되는 짚신, 방석, 그물, 삼태기, 조리 등이 발굴되었다. 짚신은 한국인들이 전통적으로 신어 오던 그것과 모양이 거의 일치한다. 바닥을 짚으로 엮은 다음, 양 옆으로 코를 세우고, 코 사이를 새끼줄로 엮고, 뒤꿈치 부근은 터 놓았다.[108] 당시 북미 지역과 동북아가 문화적으로 연결되어 있지 않았다면 어떻게 이런 일이 가능하겠는가.

필자가 수년 전 미국 워싱턴D.C의 스미소니언 박물관을 들렀을 때 1층 인디언 관에서 본 절구, 소쿠리, 베틀, 어망 등은 우리네 것과 너무나 흡사하였다. 그곳 전시장의 모습은 마치 한국의 시골 풍경 같았다.

북미 인디언 마을 입구의 장승과 토템 또한 한국의 그것과 유사하다.[109] 그곳 여

---

106) 김상일, 같은 책, 48쪽.
107) 알렉산더 그르보프스키 저, 김현철 역, 『잃어버린 고대 문명』, 115쪽.
108) 김상일, 『인류 문명의 기원과 한』, 45쪽.
109) 인디언 마을에는 여러 동물이 토템으로 등장하는데 특히 우리 한국인처럼 까마귀를 영물(神)鳥로 취급한다. 그들의 가장 흔한 토템은 바로 곰이다. 인디언들은 자신들이 곰 어머니로부터 내려온 후손이라 믿고 있는데, 이러한 곰 토템은 환국을 계승한 웅족의 배달 역사와 밀접한 연관성이 있다.

인들은 우리와 마찬가지로 아이를 업어서 키우고, 어린이들은 우리 아이들이 하는 것과 똑같이 실뜨기 놀이를 한다.[110]

중남미에 아스텍 문명과 잉카 문명을 건설한 인디언 또한 환족과 깊은 연관성이 있다. 환족은 하늘의 광명을 숭상하여 흰옷을 즐겨 입었는데, 아스텍 사람도 흰옷을 즐겨 입고 사원 건물을 흰색으로 칠하였다. 아스텍 문명의 그림을 보면, 남자들은 흰 도포를 입고, 검은 갓 모양의 모자를 쓰고, 머리에 상투를 틀었다.[111] 아스텍 성인 여성도 한복과 매우 흡사한 옷을 입었다. 특히 머리는 뒤에서 비녀를 꽂고, 일부 머리는 옆으로 얹어 앞으로 나오게 하여 이마 위에 뿔처럼 나오게 묶었는데, 고구려와 발해 여인의 머리 모습을 연상시킨다.

그들은 또한 아이가 태어날 때 금줄을 치고, 아이를 포대기에 싸서 업고 다녔다. 죽은 사람의 입에 저승 길의 노잣돈으로 옥구슬을 넣어 주고, 자정에 제사를 지냈다. 제사를 마친 후에는 사용한 종이를 불태우고 음식을 나눠 먹는 풍습이 있다.

북미 원주민과 한민족의 연관성은 언어에서도 확인된다. 손성태 배재대 교수의 연구에 따르면, 아스텍어(나와틀어)와 잉카어(케추아어)의 문장 구조, 조사의 종류와 쓰임새가 한국어와 아주 유사하다. 우리말이 그대로 남아 있는 경우도 여럿 있다.

예를 들어 아스텍인은 그들의 조상이 원래 살던 곳을 '**아스단**Aztan'이라 불렀는데, 아스단은 '**하얀 장소**'를 뜻한다.[112] 하얀 장소란 곧 '백색의 광명이 비치는 장소'로서 '아침 태양이 빛을 비추는 땅'인 고조선의 수도 '아사달'과 그 뜻이 동일하다. 아스단은 음이나 뜻에서 우리의 아사달과 정확히 일치하는 것이다. 이 외에도 아이가 태어났을 때 그 아이의 운명을 알아보기 위하여 찾아가는 예언가를 일컫는 '다마틴이tamatini'[113]라는 말이 있다. 이 말은 우리말의 '다 맞힌 이'가 변형된

---

110) 김상일, 『인류문명의 기원과 한』, 45~53쪽.
111) 멕시코시티의 챠풀테펙 인류학 박물관과 마요르 신전 박물관에는 인디언 상투의 모습을 전시하고 있다. 상투문화는 남미의 잉카 문명에도 전해졌는데, 페루의 리마에 있는 황금박물관에서도 상투 튼 남자상을 볼 수 있다.
112) 스페인어로는 'Aztlan'이라 기록되어 있다. 원주민의 말을 기록할 때 원래 없던 'l'을 't' 다음에 추가한 것이다(손성태, '아스텍의 역사, 제도, 풍습 및 지명에 나타나는 우리말 연구', 『스페인 라틴아메리카 연구』 2집, 12쪽).
113) 다마틴이는 '다 맞히다+ㄴ+이'로 분석된다. 우리말에서 '같다, 크다' 다음에 명사가 오게 되면 그

것이다.[114] 언어가 같다는 것은 그 문화의 근원이 같다는 것을 의미한다.

남북 아메리카 대륙의 인디언 문화와 한韓 문화의 관계에 대해 배재대 손성태 교수는 "직접적인 관련 없이 이처럼 공통점이 많기란 불가능하다"[115]라고 말한다. 결론적으로 인디언 문명은 환족의 한 갈래가 베링 해협을 넘어 가서 개척하기 시작한 것으로 보지 않을 수 없다. 환국 시대부터 시작된 아메리카 대륙으로의 이주는 이후에도 계속되었다.

이상을 정리하면, 환국의 문명은 서쪽으로 전파되어 수메르 문명, 메소포타미아 문명, 이집트 문명, 그리스 문명을 낳았고, 동쪽으로는 아메리카 대륙의 아즈텍 문명, 잉카 문명 등을 개척하였고, 남쪽으로는 인더스 문명에까지 그 영향을 미쳤다. 즉 **환국은 전 세계 고대 문명의 모체이자 근원**인 것이다.[116]

10) 유전학에서 알 수 있는 인류의 뿌리

환국에서 분파된 북미 인디언의 기원을 최근 과학의 한 분야가 밝혀내고 있다. 어머니에게서 자식에게 유전되는 미토콘드리아 DNA와 아버지에게서 아들에게만 유전되는 Y염색체를 분석하는 유전학적 연구이다.

아메리카 원주민은 미토콘드리아 DNA의 다섯 가지 유형(A, B, C, D, X)을 갖고 있다. 1997년 러시아 바빌로프 일반유전학 연구소의 일리아 자하로프Ilya Zakharov 박사팀은 바이칼 인근의 투바족(중앙아시아의 투르크계 종족)과 부리야트 족(바이칼 호 동부 거주)의 유전자 풀pool을 연구하였다. 그 결과 두 종족 모두 아메리카 인디언의 미토콘드리아 DNA 유형 다섯 가지 중 네 가지(A, B, C, D)를 가지고 있는 것으로 확인되었다.

어간의 관형형 어미 'ㄴ'이 첨가되는 어법을 그대로 보여준다.
114) 이 외에도 '다기려tacuilo'는 '그림 그리는 사람', '내집nechii'은 '자기 집', '나 그 다조(na c tazoto)'는 '나 그것이 다 좋다'는 뜻이다. 우리말과 음과 뜻이 놀랍도록 일치한다(손성태, '아즈테카인의 탄생, 육아 및 장례문화', 『비교민속학』 39집).
115) 상생방송STB, 〈특집 다큐〉, "우리 한민족의 대이동(3) - 멕시코에 나타난 우리 한민족의 흔적", 2012.1.22.
116) 필자가 알고 있는 한 미국인은 전 세계의 박물관을 다니며 각종 유물을 살펴보는 일이 취미이다. 그런데 그는 수년 전 서울과 경주박물관을 둘러보고서, 에스키모인이 모시는 백광의 신이 동북아 한민족이 모시던 신과 동일한 것임을 깨닫고 한국이 태초 문명의 중심지라는 사실을 확신하게 됐다고 고백한 바 있다.

그런데 이 모든 것은 모계유전에서만 설정되는 것이다. 그래서 자하로프팀은 미토콘드리아 DNA와 달리, 아버지에게서 아들로 유전되는 Y염색체를 분석하여 인디언 남자들의 기원에 대한 실마리를 찾았다. 그 결과 케트족(사얀 산맥에서 발원한 예니세이 강 중류에 거주)과 인디언의 밀접한 관련성을 발견했다. **부리야트족 역시 Y염색체의 아메리카 인디언 변종의 높은 빈도**를 보여 주었다.

미토콘드리아 DNA 연구와 Y염색체 연구, 두 가지의 서로 다른 유전학적 연구가 같은 결론을 내리고 있다. 그 결론은 아메리카 인디언의 조상들이 서쪽으로는 알타이 지역, 동쪽으로는 사얀 지역과 바이칼 지역, 그리고 몽골의 북부 지역을 포함한 영역에서 이주해 갔다는 것이다.[117]

인디언이 기원한 바이칼 호 지역에서 일본, 한국을 비롯한 동아시아 사람들도 역시 기원하였음을 밝힌 유전학 연구가 있다. 『일본인은 어디서 왔는가』(2001)란 책을 쓴 혈청학자 마쓰모토 히데오의 연구가 그것이다. 마쓰모토는 핏속에 있는 면역 단백질 lgG 속에는 인종에 따라 달라지는 특성을 지닌 Gm유전자가 있다는 것을 알아내고 세계 각지 사람들의 차이를 조사하였다.

이 유전자는 혈액형처럼 여러 가지 형이 있는데, Gm ab3st와 Gm afb^{1}b^{3}는 동아시아 사람들에게 특이하게 나타나는 유전자이다. 마쓰모토는 Gm ab3st의 빈도가 바이칼 호 부근의 몽골족인 부리야트인에게서 가장 높고 남으로 내려오면 감소하지만, 한국과 일본에서는 여전히 높은 빈도를 나타낸다는 것을 알아냈다. 이 유전자의 빈도가 바이칼 호를 중심으로 사방으로 멀어질수록 감소하는 것은 바로 **바이칼 호 지역에서 이 유전형이 기원했다**는 사실을 알게 해준다. 마쓰모토는 결론적으로 '일본인들이 바이칼 호 부근에서 내려왔다'고 주장하였다.[118]

이러한 연구 결과로 볼 때, **바이칼 호 지역에서 현 동북아 사람의 주류가 기원**하였다는 것을 알 수 있다. 그리고 한국과 일본은 동일한 종족으로서 **동북아 초기 인류의 원형**을 가장 많이 간직하고 있는 사실은 한민족이 바이칼 호에서 유래한 현 인류의 직계 후손일 가능성을 시사한다.

다른 한 유전자 Gm afb^{1}b^{3}는 양자강 이남의 중국 남부지방 사람들에게서 압도적으로 많이 나타나고 북으로 가면서 감소하였다. 이것은 중국 남부 사람들이 동

---

117) 정재승, 『바이칼, 한민족의 시원을 찾아서』, 280~283쪽.
118) 이홍규, 『한국인의 기원』, 124쪽.

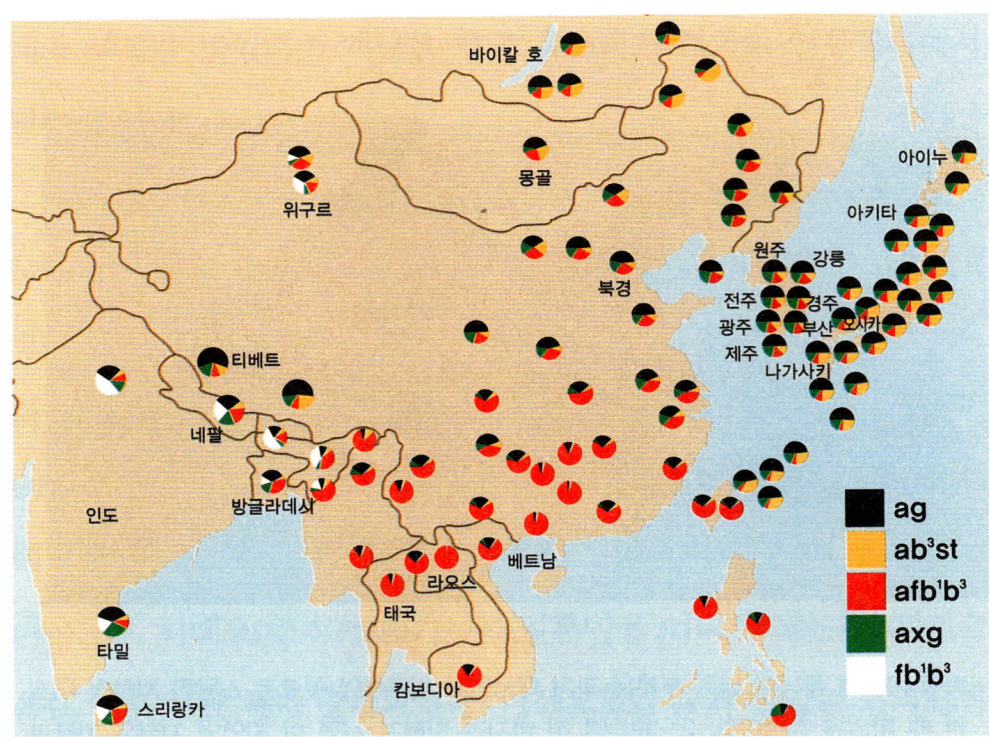

마쓰모토 히데오가 정리한 동아시아인들의 Gm 유전형 분포_남북의 두 집단이 있음을 분명히 볼 수 있고, Gm ab3st가 바이칼 호를 중심으로 사방으로 멀어질수록 빈도가 낮아져 바이칼호 부근에서 이 유전형이 생기고, 여기서 사방으로 퍼져 나간 것을 알 수 있다(출처: 이홍규, 『한국인의 기원』, 126쪽).

북아의 다른 지역 사람들과 다른 인종임을 암시한다. 『한국인의 기원』을 쓴 이홍규 교수는, 마쓰모토가 밝힌 Gm유전자의 분포는 동아시아인의 이중 구조를 나타낸다고 분석하였다.[119]

이처럼 북미 인디언, 일본인, 중국인, 한국인 등을 대상으로 한 유전학적 연구는 공통적으로 『환단고기』에서 인류 탄생의 장소를 북극수에 해당하는 바이칼 호 지역이라 기록한 것을 뒷받침 한다.

11) 환국은 세계 고대문명 발생의 밑거름

동북아에서 환국 탄생 이후, **서남아시아**에서도 원시 문명 집단이 출현하였다. 요르단의 영토였다가 현재 이스라엘 영토가 된 여리고에서 출토된, 1만 년 전의 망대와 성벽을 갖춘 도시 형태의 주거지가 그 증거이다. 그것은 1868년에 발굴이

---

[119] 이홍규, 같은 책, 126쪽.

시작된 여리고에서 영국의 여성 고고학자 캐슬린 케넌Kathleen Kennon이 1952년부터 6년 동안 집중 탐사한 결과 밝혀졌다. 지금 현지에서는 여리고를 '세계에서 가장 오랜 도시'라 소개하고 있다.[120]

하지만 환국은 세계 고대문명 발생의 밑거름이 되었기 때문에 다른 태곳적 주거 문명과 구별짓지 않을 수 없다. 환국은 단순히 9천 년 전 중앙아시아에서 생겨난 일개 지역 문명이 아니다. **현 인류의 시원 문명이요 뿌리 문명**인 것이다.

그렇다면 **환국의 정통을 계승한 국통 맥은 과연 어디로 계승된 것인가?** 『환단고기』에서는 환국을 떠나 '해가 뜨는 곳', 즉 **광명의 동방으로 이동한 환족이 세운 배달**倍達이라 밝히고 있다. 서쪽으로 수메르 문명이 개척될 때, 환국의 정통 장자長子족이 동쪽으로 이동하여 새 시대 새 역사를 시작한 것이다. 이로써 환국에서 구환족이 하나 되어 살던 구환일통九桓一統의 시대가 끝나고, **인류 문명은 나비의 두 날개처럼 동서로 분화되어 발전**하게 되었다.

---

[120] 이요엘, 『이스라엘 12지파 탐사 리포트』, 17쪽, 69쪽.

본 화보에 실린 사진은
『The Middle East: the cradle of civilization revealed』,
『Cultural Atlas of Mesopotamia and the Ancient Near East』,
『최초의 신화 길가메시 서사시』,
『초창기 문명의 서사시』,
『청소년을 위한 길가메시 서사시』 등의 책에서 인용한 것이다.

서양 문명의 기원 수메르

갑자기 나타난 완결된 형태의 문명

중동의 티그리스, 유프라테스 두 강 사이의 좁고 기다란 평야지대를 옛 그리스인들은 '메소포타미아(강 사이의 땅)'라고 불렀다. 메소포타미아에서 도시국가를 형성하고 최초로 문명생활을 시작한 민족은 수메르인이었다. 수메르인은 원래 이 지역 원주민이 아니라 동쪽에서 이주해 온 사람들이다. 이스라엘의 조상 아브라함은 이 수메르 출신인데 구약성서에서는 수메르를 '시날'이라 불렀다.

수메르 문명은 대체로 BCE 5000년경에 시작된 것으로 추정된다. 수메르인 이전에 이 지역에 살던 사람들을 '우바이드인'이라 하는데 이들은 소택지를 개간하여 농사를 지었고 점토로 벽돌을 만들고 채색토기를 남겼다. 본격적인 수메르 문명은 우루크 시대(BCE 4100~BCE 2900)에 시작된다. '우루크 문화'가 따로 존재할 정도로 우루크는 고고학계에 지대한 영향을 끼쳤다.

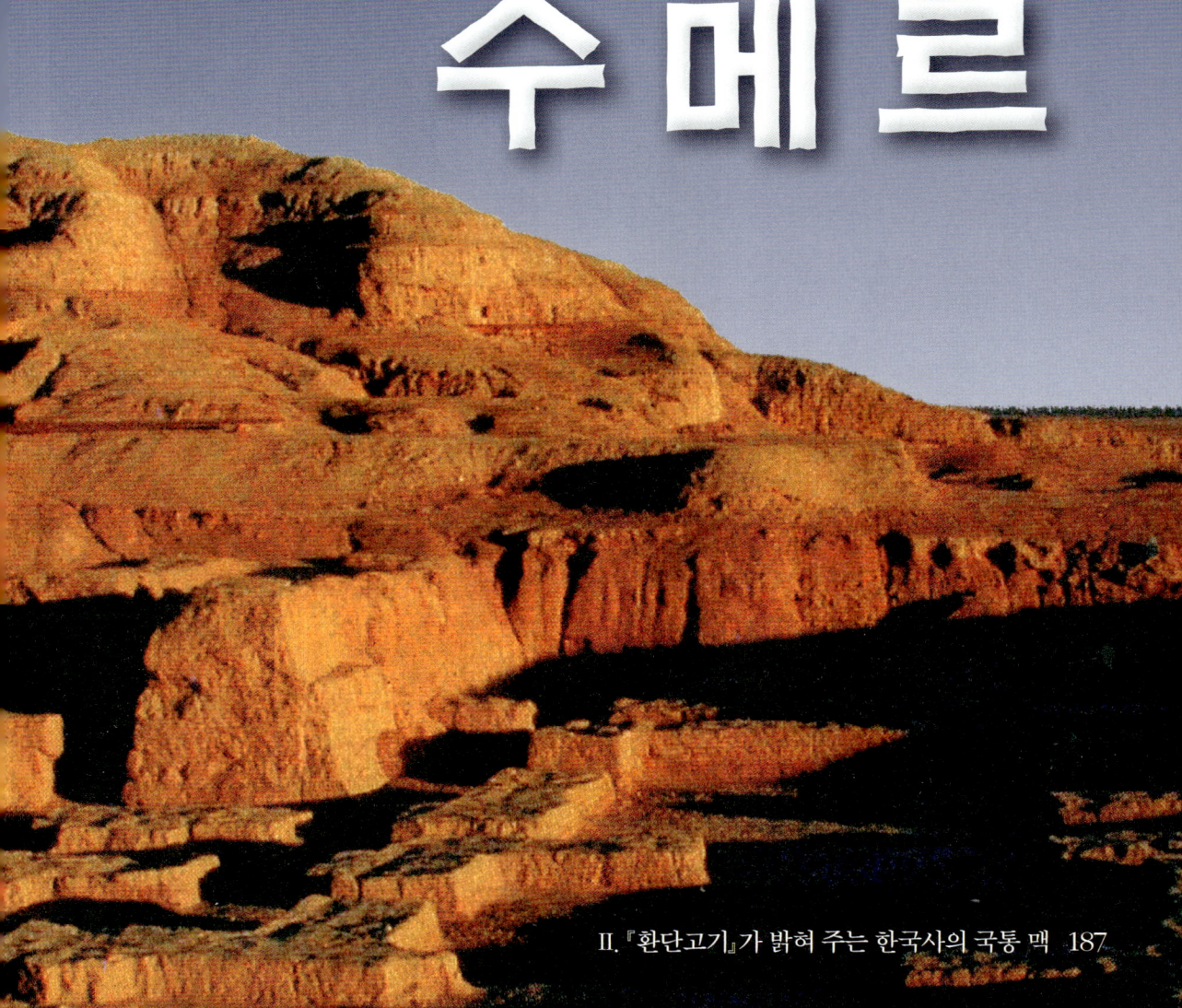

| 우루크 항공 사진 | 폐허가 된 엔릴의 신전 에쿠르 |
| 에쿠르 신전 | 아누 신전의 기초석 |

엔릴은 신들의 제왕이라 불렸고 그 신전 이름은 에쿠르였다. 에쿠르가 있던 니푸르는 메소포타미아를 통틀어 가장 거룩한 도시였다.

우르의 지구라트

수메르에서 시작된 지구라트는 이집트의 피라미드와 함께 인류 제사문화의 위대한 유산이다. 지구라트는 수메르 문명이 꽃 피었던 중동 지역에서만이 아니라, 아메리카 대륙의 마야 문명, 잉카 문명, 아스텍 문명 유적지, 그리고 몽골, 만주, 티벳 등의 동북아에서도 발견되고 있다. 고대 인류는 공통적으로 제천행사를 거행하였고, 그 때 필요한 신전의 기단으로 지구라트를 지은 것이다. 수메르의 도시 국가인 우르에 세워진 이 지구라트는 우르-남무 왕(BCE 2112~BCE 2095 재위) 때 우르의 수호신인 난나를 모시는 신전을 짓기 위해 세워졌다.

수메르인들이 세운 우루크는 밀집된 인구를 가진 세계 최초의 도시 국가 시대를 열었다. 우루크는 길가메시의 고향이었고, 여신 인안나가 수호신으로 모셔진 도시국가였다. 유물로서 진흙으로 된 설형문자판과 원통 인장이 나타났다. 이곳에서는 도가니에서 구운 최초의 채색 토기와 최초의 석회암 포장도로 흔적도 발굴되었다. 금속의 사용과 수메르문명의 특징인 지구라트의 건축이 시작되었다.

수메르인들은 신전 건축을 위해 건축술을 크게 발전시켰다. 불에 구워 단단해진 벽돌을 쌓아 올려 거대한 신전을 세웠는데 지구라트가 그것이다. 현재 우르를 비롯한 여러 곳에서 지구라트가 발굴되었다.

우르의 지구라트 외벽을 오르는 돌층계
벽돌과 시멘트를 사용하여 복원한 것이다.

수메르 신화 속의 신들

우루크의 뒤를 이어 우르, 라가시, 키시, 니푸르 등의 유력한 도시 국가들이 패권을 다투었다. 이 중 니푸르의 엔릴신神은 각 도시의 왕들이 선망하여 수메르 종교의 중심적인 신이 되었다. 수메르인들은 엔릴뿐 아니라 다양한 신을 숭배하였다. 수메르인의 종교와 신화는 중동 일대의 여러 지역에 의해 받아들여졌다. 수메르는 이런 면에서 '신들의 고향'이었다. 『구약』의 「창세기」에 나와 있는 우주와 인간의 창조, 인간의 타락과 대홍수, 바벨탑 이야기 등은 모두 수메르 신화의 영향을 받은 것이다.

황소를 죽이는 길가메시와 엔키두
약 2600년 전 앗시리아. 우루크 왕 길가메시의 전승을 표현하기 위해 만든 점토판 중 하나. 왼쪽 인물이 엔키두, 오른쪽 인물이 길가메시로 보인다.

길가메시 (BCE 2600년경)
반인반신의 모습이며 우르크 제1왕조의 5대 왕으로 126년 동안 왕국을 다스린 것으로 알려져 있다. 신화와 서사시에 자주 등장한다.

태양의 신 우투(샤마쉬)

메소포타미아 전역에 걸쳐 숭배되었던 위대한 태양의 신이며 샤마쉬라고도 한다. 또한 정의의 신이며 가장 서열이 높은 '운명을 결정하는 일곱 신'에 속한다.

녹암 원통인장의 인영印影

아카드 왕조, BCE 2200년경. 물의 신 에아(또는 우스무)와 태양신 샤마쉬, 그리고 여신 이쉬타르가 새겨져 있다. 높이 3.0cm.

바빌로니아 원통인장의 인영印影

BCE 2050년경. 여신들이 모자를 쓰지 않은 숭배자를 좌정한 남성(우르 남무로 추정)에게 인도하고 있다. 우측의 비문은 우르-남무를 '전능한 영웅, 우르의 왕'이라 묘사하였다.

수메르의 남신과 여신

바람의 신
동서남북 사방을 주시하는 바람의 신으로, 수메르 신의 제왕 엔릴의 모습처럼 보이는 유물이다.

바람의 악마 파주주
악마의 왕이지만 자비심이 많은 것으로 여겼다. 출산하는 여인을 라마슈투(여자 악마)로부터 보호하기 위해 지닌 파주주의 머리 청동 부적은 후기 앗시리아와 신 바빌로니아 시대에 유행했다.

바알 하디드
가나안인이 섬긴 폭풍의 신 바알-하디드와 사랑과 전쟁의 여신 이쉬타르의 석상(BCE 9세기)

이쉬타르(인안나)
풍요와 다산 그리고 전쟁의 여신. 테라코타 부조(BCE 2000년경)에서 보이는 바와 같이 주로 사자의 등 위에 올라 서 있는 모습으로 묘사된다.

네부카드네자르 1세의 경계석 쿠두루
BCE 12세기. 상단에 조각된 것은 이쉬타르의 별과 신의 초승달 그리고 샤마쉬의 태양원반이고, 오른손 지지대 위에 놓인 왕관의 세 뿔은 각각 아누, 엔릴, 에아를 상징하는 것으로 추정된다. 높이 약 60cm.

이쉬타르 상
아카드인을 비롯한 셈족이 이쉬타르라고 불렀던 약 3,700년 전의 점토 유물. 그러나 이 여인의 실체는 아카드 이전 시대인 수메르의 여신 인안나다. 이 여신은 남신과 남자를 때로는 유혹하고 때로는 희롱하고 때로는 속이면서 자신의 영역을 넓혔다고 한다. 수메르 곳곳에 이 여신의 신전이 세워지지 않은 곳이 없을 정도였다. 미모와 계략, 사랑과 질투, 그리고 과감한 전투의 여신 인안나는 여성의 모든 장단점을 갖춘 존재였다.

상투를 튼 수메르의 통치자

황소머리상

수메르 시대에는 운명을 결단하는 일곱신이 있었다. 즉 안(아누), 엔릴(마루두크), 엔키(에아), 이슈쿠루, 샤마시, 네르갈, 난나, 이안나(이슈타르)를 말하는데, 이 중 안(아누)은 하늘 신으로 뿔이 달린 머리 장식이 있고, 커다란 황소로 표현된다. BCE 3000년 경.

생명의 나무, 신단수 앞에 서 있는 상투머리의 사르곤 왕

BCE 2300년경에 만든 석재 부조. 왕 앞에 있는 나무는 '생명의 나무'로 곧 '신단수神壇樹' (동방 배달 시대에 삼신상제님께 천제를 올리던 성지의 신성한 나무)이다. 이 생명의 나무에 인류의 시원종교로서 동서양 문화의 시원인 신교의 삼신 사상이 잘 나타나 있다. 본줄기가 3개로 이루어져 있고, 가지에 달린 열매도 3개씩 한 단위를 이룬다. 왕이 들고 있는 나뭇가지에도 3개의 열매가 달려 있다.

상투를 튼 아시리아 왕 아슈르나시르팔 2세

손 위에 새겨져 있는 것은 왼쪽부터 신(달의 신), 아슈르(아시리아의 수호신), 샤마시(태양신)의 상징이다.

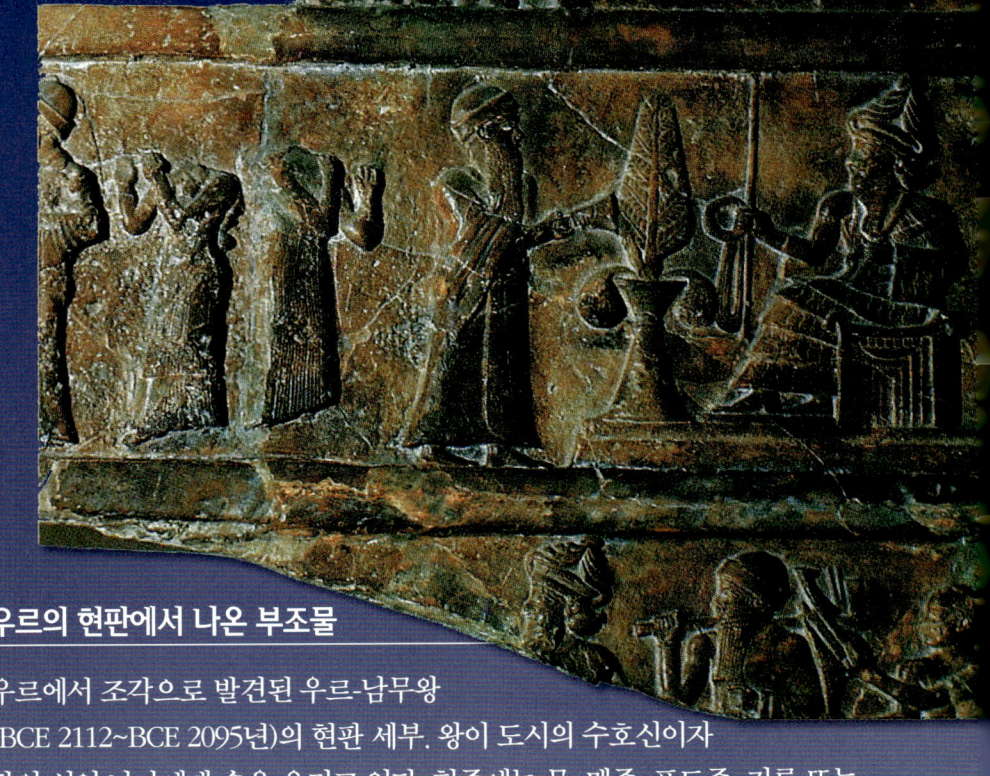

우르의 현판에서 나온 부조물

우르에서 조각으로 발견된 우르-남무왕
(BCE 2112~BCE 2095년)의 현판 세부. 왕이 도시의 수호신이자
달의 신인 난나에게 술을 올리고 있다. 헌주에는 물, 맥주, 포도주, 기름 또는
제물로 바쳐진 동물의 피 등이 사용되었다.

투투브(카파제)에서 나온, 구운 점토로 만든 현판. 용사의 신이 외눈박이 태양신을 칼로 찌르는 이 장면은 알려지지 않은 신화의 한 부분을 재현한 것으로 보인다.
고古 바빌로니아 시대(BCE 2000~BCE 1600년)에는 신을 묘사한 점토 주조가 성행하였는데 제물 봉납의 목적으로 사용되었을 것으로 추정된다. 높이 11cm.

니네베에 위치한 이쉬타르 신전 터에서 발견된 두상 형태의 구리 주조물로 속은 비어 있다. 초기에는 아카드 왕조를 창건한 사르곤 왕으로 알려졌으나 모양새로 보아 그의 손자인 나람신일 것이라는 주장이 제기되고 있다. 높이 36.6cm.

수메르의 문자

최초의 도시국가를 만든 수메르인들은 왕명록이라는 문서를 남겼는데, 이 문서에서는 왕권은 신이 부여하는 것이라고 하였다. 이 왕명록 기록에 의하면 길가메시는 우루크 제1왕조의 왕으로서 126년을 통치하였다고 한다.

피라미드형의 인장印章

빗살 무늬가 널리 사용되었던 아나톨리아와 메소포타미아 지역에서는 초기 신석기 시대부터 인장을 사용한 흔적을 찾아 볼 수 있지만, 당시 인장의 용도에 대해서는 알려진 바가 없다.

BCE 3세기에 제작된 이 점토판은 에리두 최고의 신 엔키와 세상의 근원에 대한 이야기를 담고 있다.

수메르 학교 문서

약 5,000여 년 전 41개의 직위와 직업이 상형문자로 기록된 사전식 목록으로 필경사 가르-이마의 서명까지 있는 유물. 수메르가 세상에서 최초로 학교를 열고 교육을 실시했다는 가장 오래된 증거물이다.

상형문자 BCE 3100									
해석	별	떠오르는해	시냇물	보리이삭	황소 머리	대접	머리+대접	정강이	몸
쐐기문자 BCE 2400									
쐐기문자 BCE 700 (90° 회전)									
소리값	dingir, an	u_4, ud	a	še	gu_4	nig_2, ninda	ku_2	du, gin, gub	lu_2
뜻	신, 하늘	날, 해	물, 씨앗, 아들	곡물	황소	음식, 빵	먹다	걷다, 서다	사람

설형문자의 발달과정

글자의 초기 형태를 살펴보면 가시적인 실물을 바탕으로 문자가 만들어졌음을 알 수 있다. 나중에 등장하는 문자일수록 가로, 세로, 사선 획을 종합적으로 사용하여 추상적이고 모호한 형태를 보인다.

설형문자로 된 수메르어 서판

아람-신의 치세(BCE 2020년경) 때 시작되었고 11개 특정 전답의 보리 수확에 대한 기록을 담고 있다.

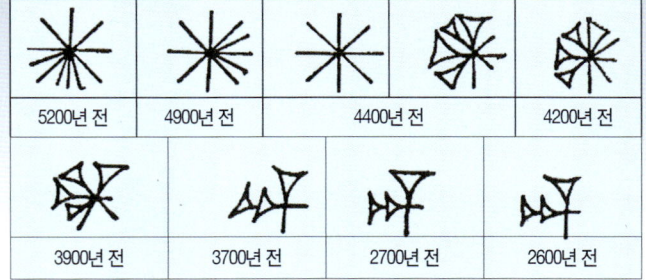

신을 의미하는 딘기르(딩기, DINGIR)의 쐐기꼴이 시대에 따라 변한 모습.

왕명록

우르-이씬 점토판
우르 제3왕조의 다섯 통치자와 이씬 제1왕조의
열다섯 통치자까지 왕들의 목록을 기록한 점토판.

수메르 왕명록 점토판
수메르 왕명록은 수메르 문명의 역사가 얼마나
오래되었고, 어떤 왕들이 있었는지 기록하고 있다.
상당 부분이 고고학적으로 검증되었다.

길가메시의 꿈이 실린 점토판
길가메시의 꿈과 그의 어머니 닌순의
해몽 부분이 실려 있다.

인장

원통인장과 인영印影

BCE 3세기. 우르크 왕 길가메시와 그의 친구 엔키두, 그리고 신화적 영웅들에 대한 이야기가 묘사되어 있다. 그들의 업적과 조우, 전투 등에 대한 내용은 「길가메시 서사시(The Epic of Gilgamesh)」에 자세히 표현되어 있다.

개혁의 원뿔 (Cones of Reform)

라가쉬(BCE 2350년경)의 왕 우루이님기나가 단행한 사회·경제 개혁의 내용이 새겨져 있다.

토대 서판 (Foundation Tablets)

신 바빌로니아 시대(BCE 555년경). 신전 건물의 하부에 묻혀 있던 토대 서판에는 누가 신전을 지었고 어떤 사람들이 기부를 했는지 그 정보가 기록되어 있다.

수메르 법전의 영향

도시국가를 세워 문명생활을 하던 수메르인들은 일찌감치 법을 발전시켰다. 역사에서는 수메르 문명을 계승한 고 바빌론 왕조의 함무라비 왕 법전이 유명하나 그보다 삼백 년 앞서는 우르남무 왕의 법전(BCE 2100년경)이 현재 최고의 법전으로 꼽힌다.

함무라비 법전 The Code of Hammurabi

바빌론 제1왕조의 제6세 왕인 함무라비 왕의 재위기간(BCE 1810?~BCE 1750)에 만들어진, 현존하는 것 중 가장 완전한 형태로 전하는 법전이다.

이 법전에 수록된 함무라비 왕의 판결은 재임 말기에 수집되었고, 바빌로니아의 국신國神인 마르둑(Marduk)의 신전(바빌론)에 세워진 섬록암 비석에 새겨졌다. 이 282개의 판례법에는 경제 관련 규정(가격, 관세, 무역, 통상)·가족법(혼인, 이혼)·형사법(폭행, 절도)·민법(노예제, 채무)이 포함되어 있다. 형벌은 가해자의 신분과 범죄의 정황에 따라 달라졌다.

이 법전의 배경이 된 것은 수세기 동안 문명사회를 이루고 살아온 수메르인의 법체계이다. 현존하는 원전은 셈어에 속하는 아카드어로 되어 있고 수메르어 판본은 남아 있지 않다. 이 법전은 한 국가를 넘어선 광범위한 지역에 적용하여 셈족과 수메르인의 전통과 민족을 통합하려는 의도로 만들어졌다.

수메르인의 신앙

기도하는 수메르인의 상

에쉬눈나의 사각신전에 묻혀 있던 이 조각상들은 봉헌자의 삶을 위해 끊임없이 기도하는 숭배자를 상징하는 것으로 신전의 내부에 있었다. 가지런히 모은 양손은 신에 대한 존경과 기도하는 모습을 표현한 것이다.

기도하는 수메르인

무릎을 꿇고 기도하는 자세를 묘사한 4,600년 전의 유물.

청동 조각상

BCE 3500년경. 벽돌 바구니를 나르는 사람의 모습으로 추정되는 이 작은 조각상은 우르크 장인의 숙련된 기술을 잘 보여주고 있다.

수메르인의 생활

수메르인은 금속문명을 발전시켰다. 구리와 주석을 섞어 만든 인류사상 최초의 금속인 청동기가 그것이다. 그런데 수메르 지역에서는 청동에 필수적인 주석이 나지 않아서 수메르인들은 교역을 통하여 먼 곳에서 주석을 수입하였다. 수메르인의 교역이 매우 넓은 지역까지 뻗어 있었음을 입증하는 유물은 중동 일대에서 보석으로 널리 사용된 '라피스 라줄리'(청금석)이다. 강렬한 파란색을 자랑하는 이 돌은 아프간 지방에서만 나는 것으로 알려져 있는데 교역을 통해 수메르로 흘러들어 갔다.

석고로 만든 여인의 두상
마리의 이쉬타르 신전 외곽에서 발견된 이 두상은 당시 도시 여성의 전형적인 머리장식 스타일을 보여주고 있다. 여성 조각상이 다수 존재하는 것으로 미루어 보아, 초기의 수메르 사회는 후기에 비해 남녀가 평등한 사회였음을 짐작할 수 있다. 높이 15cm.

부장품
우르의 왕릉에서는 금과 청금석으로 만든 목걸이를 비롯하여 다양한 부장품이 발굴되었다. 여기엔 보석, 귀금속, 식료품, 수레는 물론 황소까지도 포함되어 있다.

순장된 여인의 복원 모습
푸아비 왕비의 무덤에서는 왕비와 함께 순장된 여인의 유해가 정교하고 복잡하게 만들어진 머리 장식과, 목걸이 그리고 기타 보석을 몸에 걸친 채 발견되었다.(BCE 2450년경)

수메르인의 전쟁

메소포타미아의 초기 구리 야금술은 구슬이나 갈고리 등 간단하고 작은 물건을 생산하는 수준이었으나, 우르크 왕조 말기에는 주조 기술이 발달하여 철을 이용한 갑옷과 각종 용기는 물론 다소 복잡한 형태의 사람과 동식물의 모양까지도 만들어 낼 수 있게 되었다. BCE 3세기 무렵 수메르인들은 금은세공 기술을 이용하여 갖가지 예술품을 만들어 내기도 하였다.

우르의 왕기王旗 또는 우르의 군기軍旗

우르에서 발견된 가장 큰 왕릉 가운데 하나인 우르-파빌삭(BCE 2550년경 사망)의 무덤에서 발굴된 유물로 수메르인의 전투 장면이 묘사되어 있다. 모자이크로 장식된 목재 상자로 제작되었고 1920년대에 발견되었다.

단검과 칼집

BCE 2500년경, 우르의 왕릉에서 발굴된 보물로 수메르 장인의 훌륭한 솜씨가 돋보인다. 길이 37cm.

BCE 2650~BCE 2550년경, 메스칼람두그의 황금 투구는 당시의 수준 높은 세공 기술과 스타일을 잘 보여주고 있다.

2 동북아에 세운 한민족 최초 국가, 배달

1) 거발환 환웅의 건국

환국 시대 말, 인구 증가와 물자 부족 등으로 백성들의 삶이 어려워지자 서자부庶子部 부족의 환웅이 새로운 터전을 개척하기를 갈망하였다. 이에 금악(알타이)산과 삼위산과 백두산을 두루 살펴 본 환국의 마지막 임금 지위리智爲利환인께서 백두산은 '인간 세상을 널리 이롭게 할 만한 곳'이라 하고, 환웅을 **동방 개척의 선봉장**으로 세우셨다. 환인은 백두산을 향해 떠나는 환웅에게 **종통과 국통 계승의 상징으로 천부**天符**와 인**印을 내려 주고, 문명개척단 3천 명을 붙여 주셨다(『삼성기』하; 『태백일사』「환국본기」; 『삼국유사』「고조선기」).

문명개척단을 이끌고 마침내 백두산에 도착한 **대인 환웅**은 **천평**天坪(하늘의 땅)이란 곳에 우물을 파고 그곳을 중심으로 농사짓는 땅을 구획하였다. 그리고 **신시**神市(신의 도시)에 도읍을 정하여 나라 이름을 **배달**倍達이라 하고[121], 백두산 신단수神檀樹 아래에서 **삼신상제님께 천제를 올려 나라 세움을 고하였는데**,[122] 이것이 동북아 문화의 근원적 핵심인 주제천신主祭天神이다. 이 배달을 세운 분이 거발환居發桓[123] 환웅이시다. 이로써 **동북아 한민족사의 최초 국가인 배달의 시대**가 시작되었다.

배달은 밝음을 뜻하는 '배(밝)'와 땅을 뜻하는 '달'을 합친 말로서 **'광명의 동방 땅'**을 뜻한다.[124] 우리 역사를 '배달의 역사'라 하고, 우리 민족을 **'배달겨레'**라 하는 것은 한민족사의 첫 번째 나라인 배달에서 연유한 것이다.

---

121) 『삼성기』 상편에 있는 "신시에 도읍을 정하여[立都神市] 나라 이름을 배달이라 하였다[國稱倍達]"라는 구절은 환국을 계승한 배달의 국통에 대한 가장 명백한 기록이다.
122) 초대 환웅의 배달국 개척에 대해 『삼성기』 하는 "3천 명을 이끌고[率衆三千] 태백산 마루의 신단수神檀樹 아래에 내려오시어[降于太白山頂神壇樹下] 이곳을 신시神市라 하셨다[謂之神市]"라고 간결하게 전한다. 건국 초기 배달의 강역은 도읍지를 크게 벗어나지 않았기 때문에, '신시라 하였다'는 것은 곧 '배달이라 하였다'는 뜻이다. 도읍지 신시는 국호 배달과 상통한다. 그래서 서쪽으로 널리 영토를 개척한 14세 치우천황 이전의 배달 시대를 신시 시대라고도 부른다.
123) 거발환은 '지극히 크고 무한히 조화롭고 하나로 통일된다'는 대원일大圓一과 같은 뜻이다. 거발환과 대원일 둘 다 삼신의 자기 현현顯現인 천지인의 광명정신을 상징한다. 『환단고기』를 널리 대중화시킨 이유립이 1965년 4월에 발행하기 시작한 잡지 <커발한>은 여기에서 그 이름을 따온 것이다.
124) 배달을 '땅의 광명[地光明]'을 가리키는 '단檀' 자를 써서 단국이라 부르기도 한다. 그래서 환국과 배달을 합쳐서 환단 시대로 통칭하기도 한다.

　환웅이 무리를 이끌고 동방 백두산으로 떠날 무렵(BCE 3897), **반고**盤固가 다른 한 무리를 이끌고 **삼위산**[125]으로 향하였다.『삼성기』하는 중국 한족漢族의 창세 신화에 등장하는 반고를, 환국에서 갈려 나가 한족 역사의 뿌리가 된 실존 인물로 분명히 밝히고 있다. 환인께 청하여 이주를 허락받은 반고는 십간십이지十干十二支의 신장神將과 여러 부족장과 백성을 거느리고 많은 재물과 보화를 꾸려 길을 떠나, 마침내 삼위산 납림 동굴에 이르러 **반고가한**盤固可汗이 되었다.[126]

　여기서 반드시 짚고 넘어가야 할 사실이 있다. 환국의 마지막 환인께서 환웅을 환국의 정통 계승자로 정하였다는 점이다. 그 증표가 바로 천부와 인이다. 천부란, 환인이 '세상을 다스리는 권한의 표증'으로 환웅에게 내려 주신 태고의 문서이다. 흔히 세상에서 말하듯, 그것은 무속巫俗 세계에서 쓰는 방울이나 거울 같은 것이 결코 아니다. 그리고 인이란, '**환국의 종통을 전한다**'는 사실을 인증하는 도장으

---

[125] 삼위산三危山은『산해경』주석에 중국 감숙성 돈황에 있다고 하였다.
[126] 오늘의 중국인은, 그들의 시원 조상인 반고가한을 천지를 창조한 조물주로 묘사하고 대신에 4,700년 전 인물인 황제헌원을 시조로 알고 있다.『환단고기』는 중국인들이 잃어버린 뿌리 역사까지 밝혀 주고 있다.

로 왕의 옥새와 같은 것이다.

백두산과 삼위산에 각각 터전을 잡은 동방 한민족과 서방 한족은 그때부터 제각기 동북아 역사를 개척하였다.

2) 홍익인간의 도道로 다스린 배달

마지막 환인천제로부터 국통 계승의 증표로 천부와 인을 전수받은 **거발환환웅**은 또한 국가 통치이념도 이어받았다. 그 이념이 바로 '인간 세상을 널리 이롭게 하라'는 홍익인간弘益人間이다.[127] 한민족의 상고사를 제법 안다는 사람마저도 고조선의 국시國是로 잘못 알고 있는 **홍익인간 사상**이 사실은 **9천 년 전 환국의 통치이념**인 것이다.[128]

거발환환웅은 **재세이화**在世理化를 기반으로 홍익인간을 실천하였다. 다시 말해서 삼신상제님의 진리, 즉 신교로써 세상을 다스리고 깨우쳐서 널리 인간 세계를 이롭게 하였다. 환웅천황이 **재세이화와 홍익인간의 도를 실현**하기 위해 취한 정치 제도 또한 신교에 바탕을 두었다. 그 제도는 앞서 살펴보았듯이 **삼신오제**三神五帝 **사상**에서 나온 **삼백**三伯·**오사**五事이다.

삼백은 입법부인 풍백風伯, 행정부인 우사雨師, 사법부인 운사雲師를 말하고, 오사는 주곡主穀, 주명主命, 주형主刑, 주병主病, 주선악主善惡이라는 **다섯 부서**를 말한다. 이때 오사에서 인간사를 360여 가지 항목으로 나누어 백성을 다스렸다고 하니, 환국 시대에 비해 인간 삶의 방식이 많이 복잡해졌음을 알 수 있다.

그리고 환웅천황은 『천부경』과 『삼일신고』를 강론하여 우주관, 신관, 인성론, 수행관에 관한 가르침을 베풀었다. 『천부경』은 환국 때에 구전되다가 배달 시대에

---

[127] 홍익인간 이념은 환국, 배달, 고조선 시대에 가장 강렬하게 실현되었지만, 오늘날까지 한민족의 국시로 또는 생활이념으로 면면히 이어져 내려왔다. 홍익 사상은 한민족이란 울타리를 넘어서 온 인류에 대한 헌신과 봉사, 자비와 사랑을 담고 있다. 그래서 홍익인간은 '온 인류의 생활 이념'이라 할 수 있다. 홍익 사상의 의미와 가치를 간파한 최인崔仁은 이렇게 말하였다. "한민족은 인류 역사상 최초로 인간 사상을 선언하였다. 홍익은 박애요, 박애는 편협한 민족애가 아니고 홍대弘大한 인류애이다. 최초로 홍익인간을 선언한 한민족은 인류 평화의 맹주가 된다고 할 것이다"(최인, 『한국 사상의 신발견』, 5쪽).

[128] 고조선의 건국이념으로 알려져 있는 홍익인간이 사실 인류의 시원 국가인 '환국의 통치이념'이듯이, 10월 3일 개천절도 사실은 고조선의 건국을 기념하는 날이 아니라 5,909년 전 배달의 건국을 기념하는 날이다. 한민족의 뿌리 역사가 이렇게 왜곡되어 있다.

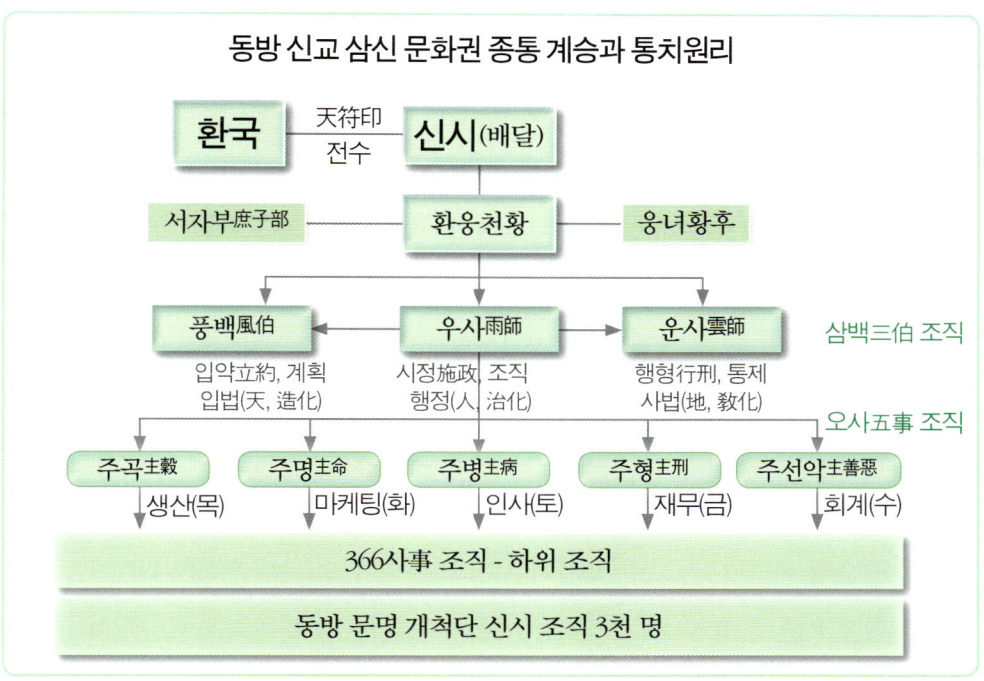

배달의 국가 운영 체제인 삼백三伯·오사五事 조직

배달의 통치 체제는 삼백과 오사로 운영되었다. 삼백은 공약을 정한[立約] 풍백, 정사를 베푼[施政] 우사, 형벌을 집행한[行刑] 운사로 구성되었고, 오사는 주곡, 주명, 주병, 주형, 주선악의 다섯 관직으로 구성되었다. 주곡은 곡식의 생산과 관리를 주관하고, 주명은 왕명의 하달과 집행을 맡고, 주형은 형벌제도를 관리하고, 주병은 백성들의 건강과 질병을 관리하고, 주선악은 사회도덕과 선악을 다스렸다. 경주대 이강식 교수는 주곡은 생산부로, 주명은 마케팅부로, 주형은 재무부로, 주병은 인사부로, 주선악은 회계부로 풀이한다. (출처: 상생방송STB, 〈역사특강〉, "한국 고대 조직사")

문자로 옮겨진, 인류 문화사의 최고最古 경전이다. 여든 한 자에 불과한 짧은 글이지만, 삼신 사상의 3수 원리를 근거로 하여 **천지인天地人 삼위일체三位一體**에 대한 정의를 내려 주고 있다. **「천부경」은 우주론과 인간론의 진수가 압축되어 있는 인류사 최초의 계시록**이라 할 것이다.

『삼일신고』는 백성들을 교화하기 위해 환웅천황이 직접 지은, 다섯 장으로 구성된 신학서神學書이다. 조물주 삼신, 그 삼신의 조화권을 자유자재로 쓰시며 하늘 궁궐에서 우주 살림을 주재하시는 삼신상제님, 삼신을 근원으로 하여 화생한 인간과 만물의 탄생 섭리, 그리고 인간의 진아 실현 등에 대한 이치를 밝혀 준다.

이로 보건대, 6천 년 전 상고 시대에 한민족은 이미 우주와 신과 인간에 대한 지극한 깨달음이 있었음을 알 수 있다. 그 깨달음은 백성들에게도 보편적이고 일상적인 것이었다.

3) 배달의 위대한 성인 제왕들

백두산의 신시에서 출발한 배달국은 점차 도시국가의 틀을 벗고 동북아의 대국으로 성장하였다. 그 과정에서 특히 세 분 성황의 지대한 공덕이 있었다. 그 세 분은 **태호복희씨**, **염제신농씨**, 그리고 **치우천황**이다.

태호복희씨는 5,600년 전 사람으로, 배달의 5세 **태우의환웅의 막내아들**이다. '크게 밝다'는 뜻의 태호太昊와 '밝은 해'란 뜻의 복희로 그 이름이 천지 광명사상을 담고 있다. 복희씨는 백두산에서 삼신상제님께 천제를 올린 후 천하天河(송화강)에서 용마의 등에 그려진 상을 보고 하도河圖를 그려 인류 역사상 최초로 가장 논리적이고 합리적인 수의 체계를 세웠다.[129] 종이 한 장에 다 그려지는 이 도표 하나에서 음양오행 원리가 나오고, 공간과 시간의 순환 원리가 나온 것이다.

복희씨는 또한 천지의 음(--)과 양(—)을 3수의 원리로 변화시켜 건乾(☰)·태兌(☱)·리離(☲)·진震(☳)·손巽(☴)·감坎(☵)·간艮(☶)·곤坤(☷) 팔괘를 그어『주역』의 기초를 닦았다. 이로써 인간이 천지 시공간의 변화 법칙을 체계적으로 이해할 수 있는 길이 열리게 되었다.

또한 복희씨는 그물을 만들어 물고기 잡는 법을 알아내고, 야생 동물을 잡아 제물로 삼기도 하였으며, 혼인 제도를 정하고, 구침九針과 금슬琴瑟을 만들어 삶의 편리를 도모하였다.[130] **복희씨는 한마디로 동양철학의 아버지요 인류 문명의 창시자**이다. 중국에서는 이분을 **인문지조**人文之祖로 받들고 있다.

동방 신시문명을 놓고 본다면, 복희씨가 중원 땅에 파종을 했고, 신농씨가 이종을 하였다. 중국에서는 경농과 의학의 아버지라 불리는 신농씨를 염제炎帝라 부른다. 염제신농은 나무로 보습과 쟁기, 호미를 만들고 지력地力 있는 땅에 씨를 뿌리고 나무를 심고 채소를 재배하였다. 그러므로 신농씨는 **경농의 시조요 동서의학사의 원조**이다. 또한 시장을 개설하여 천하의 백성과 재보가 모여들어 교역이 이뤄지게 함으로써 **도시 문명과 산업을 일으킨 주인공**이다. 신농씨가 세운 나라는 후손

---

[129] 有子十二人, 長曰多儀發桓雄, 季曰太皞, 復號伏羲. 日夢三神, 降靈于身, 萬理洞徹, 仍往三神山, 祭天, 得卦圖於天河, 其劃, 三絶三連, 換位推理, 妙合三極, 變化無窮(『태백일사』「삼신오제본기」).
영국의 수학자이자 과학자인 스티븐 호킹은, 우주는 우리가 예측할 수 있는 합리적인 존재로서 수학적 구조로 되어 있다고 말한다. 우주의 수학적 구조에 대해서 인류 역사상 가장 먼저 눈을 뜬 인물이 바로 하도와 팔괘를 그린 태호복희씨인 것이다.

[130] 윤창열,『중국 역사유적 의학유적 탐방기』, 272~274쪽.

북경 천단공원의 기년전 옆에 있는 천지신명을 모신 전각

배달 시대의 정치 제도인 우사(행정부), 운사(사법부), 풍백(입법부)을 잘못 해석한 중국인들은 삼 백을 우사지신雨師之神(비신), 운사지신雲師之神(구름신), 풍백지신風伯之神(바람신)으로 모시고 있 다. 그 옆에는 뇌사지신雷師之神(번개신)도 모셔져 있다.

인 유망까지 모두 8대에 걸쳐 530년 동안 이어졌다.[131]

배달은 14세 **자오지천황**(치우천황)이 **백두산의 신시에서 대륙의 청구로 도읍을 옮김**으로써 역사의 전환점을 맞이하였다. 재위 초기, 신농국이 유망榆罔에 이르러 쇠퇴의 길을 걷는 것을 본 치우천황은 서방으로 출정하여 지금의 산동성, 강소성, 안휘성을 배달의 영토로 흡수하였다. 그런데 그 틈을 타서 서토 지역의 일개 제후였던 헌원이 치우천황을 밀어내고 동북아의 천자가 되고자 모반을 꾀하였다.[132] 급히 말머리를 돌린 천황은, 탁록[133] 벌판에서 헌원의 군대와 맞서게 되었다.

이때 치우천황은 법력이 고강하여 큰 안개를 잘 지었기 때문에 헌원은 매번 참패를 당하였다. 이에 헌원은 천황의 '안개 술법'에 대항하기 위해 방향을 일정하게 가리키는 지남거指南車를 만들어 싸웠다. 천황의 **장수 치우비**蚩尤飛가 급히 공격하려다 진중에서 죽자, 천황이 '비석박격기飛石迫擊機'를 만들어 하늘이 뒤덮이도록 큰

---

131) 神農…凡八代, 五百三十年(『사기』「삼황본기三皇本紀」).
132) 헌원은 원래 신농씨의 후예인 유망의 일개 제후에 지나지 않았으나 유망에게 도전하여 판천(阪泉: 현 산서성 운성運城시 남쪽)의 들녘에서 싸워 자립하려 했다. 그러다가 유망이 동방의 천자 치우천황에게 무릎을 꿇자 헌원 자신이 천자라며 치우천황에게 도전하여 탁록대전을 일으켰다.
133) 중국 정부는 치우천황과 황제헌원의 역사적 격전지였던 탁록을 5천 년 전에 중국의 고대 문명이 생겨난 발상지로 둔갑시켜 전 세계에 알리고 있다. 자세한 내용은 제4부에서 전한다.

돌을 쏘아 올려 헌원군을 초토화시켰다.[134] 10년 동안 73회의 접전을 치른 끝에 헌원이 천황에게 항복하였다.

그 후 넓어진 강역을 다스리기 위해 도읍을 백두산 신시에서 서토에 가까운 청구靑丘(현 대릉하 유역)[135]로 옮김으로써 치우천황의 전성기이자 **배달의 전성기인 청구**[136] **시대**를 열게 되었다.

4,700년 전 요서를 넘어 산동성과 더 멀리 탁록까지 진출하여 광활한 영토를 개척한 치우천황은 이름만 들어도 간담이 서늘해질 정도로 법력과 위용을 떨친 한민족의 성웅聖雄으로, 한민족은 물론 중국 백성들까지 숭배하고 추앙하였다. 중국 **진·한 때에는 백성들이 해마다 10월에 치우천황에게 제사를 지냈는데**, 그때마다 반드시 '붉은 기운'이 천황의 능에서 하늘로 뻗쳤다고 한다. 이 붉은 기운을 동방 배달족과 한족 백성들이 '**치우기**蚩尤旗'라 불렀다(『태백일사』「신시본기」). 이러한 내용은 『규원사화』, 『삼국사기』 등 국내 사서뿐 아니라, 『사기』「천관서」, 『사기집해』 등 중국 기록에도 나타난다.[137]

중국 백성뿐 아니라 중국 황제들도 치우천황을 숭상하였다. **한 고조 유방**은 치우천황의 전각을 지어 제사를 지낸 뒤 군사를 일으켜, 진秦의 수도 함양을 평정하였다. 초패왕 항우와 5년간 싸워 마침내 천하를 얻어 제위에 오른 뒤에는 장안長安에 **치우 사당을 짓고 치우천황을 더욱 돈독히 공경하였다**(『태백일사』「신시본기」).

요컨대 태호복희씨, 염제신농씨, 치우천황 **이 세 분은 동방 문명의 중심축을 세운 위대한 성인 제왕**이다. 이 세 분이 출현한 배달 시대는, 삼신의 세 가지 신성 가운데 **문명을 꽃피우는 '교화신**敎化神**'의 신성이 발현된 때**였다. 그리하여 **인간의 삶을 편리하게 하고 인간을 교화시키는 역학, 천문, 의술, 농경술 분야가 크게 발전**하였다.

---

134) 『태백일사』「신시본기」와 『규원사화』「태시기太始記」에서는 치우비의 죽음에 대해 "이때 한 부장이 불행하게도 서둘러 공을 세우려 하다가 진중에서 죽었는데 『사기』에 치우를 사로잡아 죽였다는 것은 이를 이름이다此時, 部將不幸有急功陣沒者, 史記所謂'遂禽殺蚩尤'者, 蓋謂是也"라고 기록돼 있다.

135) 중국 고지리서 『산해경』「해외동경海外東經」에는 "조양곡에 살고 있는 신령을 천오天吳라 한다. … 청구국은 그 북쪽에 있다[朝陽之谷, 神日天吳. … 靑丘國在其北]"라고 하였다. 조양곡은 지금의 요령성 조양시이므로 청구국의 위치를 대릉하 유역으로 추정한다. 또 치우천황이 산동·강소성 지역까지 영토를 넓힌 뒤로는 산동지역을 청구로 불렀다.

136) 푸를 청靑, 언덕 구邱의 청구는 '동방의 나라'를 뜻한다. 중국 역사서에서는 대체로 이 청구를 당시의 정식 국호인 배달을 대신하여 부른다.

137) 『삼국사기』「백제본기」 초고왕 조에 "재위 26년(191) 9월에 치우기가 각항角亢에 나타났다[二十六年秋九月, 蚩尤旗見于角亢]"라고 전한다.

4) 배달겨레, '동이東夷' 138)

※중국 인명人名은 민국民國(1912년)을 기준으로 이전은 한자식 발음을, 이후는 현재 중국식 발음으로 표기하였다.

동방 역사의 주인공, 동이

어느 민족이 동방 역사를 주도하였는가?

이 물음은 동북아 역사 속에서 한민족사와 더불어 풀어야 하는 하나의 수수께끼이다. 대만과 중국학자들139)은 **동방 역사의 주류가 중국 한족이 아니라 '동이'라는** 공통된 의견을 내놓았다. 중국 현지를 가 보면, 오늘의 공산당 정부에서도 동이족 출신 제왕들을 하늘같이 섬기는 것을 볼 수 있다. 태호복희 사당이 진시황, 한 무제 등 중국 역대 황제의 사당보다 더 웅대하고, 그분을 더 존귀하게 모시는 것이 그 예이다. 특히 '천하제일사당[天下第一廟]'이라 불리는 하남성 회양淮陽현의 복희 사당에는 북경의 자금성 못지않게 참배객이 몰려 날마다 인산인해를 이루고 있다. 그렇게 된 이유는 어디에 있을까? 감출래야 감출 수 없는 자신의 뿌리, 동이의 역사가 살아 숨 쉬고 있기 때문이다. 동북아 창세 역사와 중국의 창세 역사 그리고 역대 왕조사를 만든 주류를 이야기할 때 빼놓을 수 없는 것이 바로 '동이'인 것이다.

동이의 의미

그러면 과연 '동이'란 어떤 의미를 지니고 있을까?

동東은 태양이 떠오르는 광명의 방향이다. 동방은 생명, 탄생, 시작을 의미한다. 그래서 옛 책에서는 동東 곧 동녘에 관해 다음과 같이 설명한다. "동녘은 움직임인데 양기가 움직일 때 봄이 된다. 동녘은 나무인데, 봄을 맡았다. 동녘은 간방인데 그곳 임금이 태호, 곧 한밝이다"라고 하였다.140) 이와 같이 **동은 생명, 탄생, 시작을 담은 광명사상의 발원지로 동방 한민족 사상의 원형**이라 할 수 있다. 그래서 동방의 뿌리 시대에 건립된 국가도 광명 사상을 배경으로 하였다.

다음으로 이夷에 대해서 중국의 몇 가지 사서를 통해 살펴보고자 한다. 『후한서

---

138) 환국의 동쪽에서 배달(BCE 3897~BCE 2333)의 역사가 전개되고 있을 때, 서쪽에서는 수메르 왕조(BCE 2900년경~BCE 2004년경)의 역사가 진행되었다. 수메르도 환국에서 갈려 나간 것을 생각할 때, 배달이 '동이'라면 수메르는 '서양의 동이'라고 하겠다.

139) 대표적 인물이 『중국사전사화中國史前史話』를 쓴 대만의 쉬량즈徐亮之와 북경대학의 고고문박학원考古文博學院 교수인 옌원밍嚴文明이다. 두 사람이 대담을 한 일이 있었는데, 그 대담과 저서, 논문에도 분명히 '중국은 동이문화'라고 밝히고 있다.

140) 안호상, 『배달, 동이는 동아문화의 발상지』, 46쪽.

『後漢書』 115권에는 "동방을 이夷라고 한다[東方曰夷]" 하면서, 『예기禮記』「왕제편王制篇」의 내용을 인용하고 이夷의 개념을 다음과 같이 정의하였다.

　　이夷란 것은 저柢이다[夷者柢也].

여기서 저柢란, 노자의 『도덕경』 59장에 나오는 "깊고 단단한 뿌리[深根固柢]"란 말에서 보듯이 일반적으로 근저, 근본, 근기, 기초 등의 의미로, 다시 말해서 뿌리라는 뜻으로 쓰인다. 그리고 『후한서』에서 "만물은 땅에 뿌리를 박고 태어난다[萬物柢地而出]"라고 하여 저柢를 '~에 뿌리를 두다'라는 뜻으로 썼다. 이 세상에 존재하는 모든 생물은 땅에 그 뿌리를 두고서 움트고 자라고 꽃피고 열매 맺는 과정을 거친다.

그런데 『후한서』에서 만물저지의 '저'와 동이의 '이'를 같은 개념으로 파악하고 있다는 것은 매우 중요한 의미를 나타낸다. '저'와 '이'를 동일한 개념으로 보는 이 고대 중국의 해석에서 동이의 '이'는 우리가 그동안 알고 있던 오랑캐 이夷 자가 아니라 뿌리 '이' 자 즉 **동방의 뿌리라는 숭고한 의미가 담겨 있다**는 사실을 알 수 있다.[141]

중국 후한 때의 경학자이며 문자학자인 허신許愼이 편찬한 중국 최초의 종합 자전인 『설문해자說文解字』에서는 '이夷' 자를 "**동방지인야東方之人也. 종대종궁從大從弓**"이라고 풀이하였다. 이로 볼 때, 허신이 살던 후한 시대 이전에 이미 '동방에 사는 사람'을 '이夷'라 불렀고, 그 형체는 '크다'는 의미의 '대大'와 '활'이라는 의미의 '궁弓'이 결합되었음을 알 수 있다. 보통 '대大' 자는 '크다'는 뜻으로 쓰이지만 여기서는 '사람'을 뜻하므로, '從大從弓'이란 말은 '활을 메고 있는 사람'을 뜻한다. 그러므로 허신의 해석을 종합하면, '이'는 '**활을 쏘는 동쪽 사람**'[142]이란 뜻이다.[143]

---

141) 심백강, 『四庫全書中의 東夷史料 解題』, 49~50쪽.
142) 허광웨何光岳는, 동이는 큰 활을 사용하는 생활습관으로 말미암아 생겨난 부락 명칭에서 유래했다고 한다. 또 중국의 동방에 위치해 있으므로 동이라 불렸고, 이인夷人 즉 인이人夷이므로 상나라 때는 인방人方이라 불렸다고 했다(허광웨何光岳, 『東夷源流史』, 1쪽). 또 이夷는 부족명이고 동東은 방위이며, 이인夷人(人夷)은 동방에 위치한 방국方國이므로 동이와 이방夷方은 한 부족에 대한 두 명칭이라는 것이다. 주나라 중기 이후에 이방이란 호칭은 점차 사라지고 동이란 호칭이 홀로 사용되었다고 한다(허광웨何光岳, 같은 책, 4쪽).
143) 장푸샹張富祥은 '이夷 자'에 대한 최초의 기록을 상나라 갑골에서 찾고 있는데, '시방尸方'이 곧 '이방夷方'이며 '시尸'는 동이족을 칭하는 본래 글자라 하였다. 그리고 '시尸' 자는 '인人' 자의 하반부를 살짝 구부려 웅크린 모습(? 또는 ?)이라 하였다. 그 모습은 고대 이인들이 일상생활에서 쭈그리고 앉는 습관을 바탕으로 글자를 만들었기 때문이며, 그렇게 앉는 자세는 현재도 한국, 일본에서 습관을 유

위에서 '동東'과 '이夷'의 뜻을 간단히 살펴보았다. 그렇다면 '동이'란 누구를 말하는 걸까? 『후한서』 「동이열전」에는 동이를 군자국君子國과, 불사인不死人 즉 '신선의 나라'라고 하였다. 그래서 유가의 개창자 공자도 '어진 군자가 사는 동방의 나라'인 동이를 동경한다는 심정을 솔직하게 나타낸 바 있다. 『논어』 「자한子罕」편에는, "공자가 구이에 가서 살고 싶다고 하자, 어떤 사람이 구이는 누추한 지역인데 어떻게 사시겠느냐고 물었다. 그러자 공자는 '군자가 그곳에 있으니 어찌 누추하겠는가?'라고 대답했다."144)라고 기술하고 있다.

그러므로 동이란, 공자도 동경했던 **동방의 뿌리 되는 민족이며 군자의 나라, 신선의 나라**이며, 또한 **동방에 사는 큰 활을 잘 쏘는 민족**을 일컫는 말이다. 결코 야만이나 오랑캐를 뜻하는 것이 아니라 오히려 문명이 먼저 발달한 역사의 주인공이라 하겠다.

다음은 명나라의 장황章潢이 편찬한 『도서편圖書編』 50권의 내용으로서 앞으로 알아 볼 '화하華夏'의 개념과 비교하기 위해서라도 염두에 두어야 할 부분이다. 이 책에서는 동이를 중국에 대한 외국 개념으로 설명하였다. 이것은 화華와 이夷를 야만과 문명이라는 문화적 개념이 아니라 중심부와 주변부라는 지리적 개념으로 접근한 것으로 상당히 설득력이 있다. 예컨대 중국의 요, 순, 우 시대는 산서성, 요령성을 위시한 동북방이 중심부였고 상 시대는 하남성을 위시한 그 주변이 중심부였다. 또한 주周 시대는 섬서陝西성 서안을 위시하여 하남성 낙양이 그 중심부였다. 따라서 중심부는 고정된 특정한 지역이 있는 것이 아니고 집권 세력이 있는 지역이 곧 중심부가 되었던 것이다.145)

동이의 기원과 동이 국가

예로부터 중국인들이 **동방 배달민족을 '동이'라 부른 것은 치우천황이 큰 활을 만들어 쓴 이후**이다. 그렇기 때문에 엄밀히 말하면 동이를 '**배달 동이**'로 불러야 옳다. 큰 활[大弓]의 위엄을 대단히 두려워한 한漢족은, 배달민족을 가리켜 '큰 활을 잘 쏘는 동방 사람'이란 뜻으로 동이(東夷=大+弓)라 부르게 되었던 것이다. 환국을 계승

지하고 있는 것으로서 이인들의 뚜렷한 표징이라는 것이다(장푸샹張富祥, 『東夷文化通考』, 2쪽).
144) 子欲居九夷. 或曰: "陋, 如之何!" 子曰: "君子居之, 何陋之有?"(『논어』 「자한子罕」)
145) 심백강, 같은 책, 68~69쪽.

중국 주요 성시省市 지도

II. 『환단고기』가 밝혀 주는 한국사의 국통 맥

상商나라 시대의 동이 국가 분포도

국명	성씨	유래 및 위치
엄奄	영영嬴	동이 백익伯益의 후예. 상대商代에 건립. 노로魯 땅에 소재
내래萊	강강姜 또는 자子	산동 교래胶萊 평원
회이淮夷		가이佳夷로도 부름. 대문구大汶口문화 말기부터 존재. 안휘 회북淮北, 하남 주구周口, 상구商丘 일대
서이徐夷	영영嬴	백익伯益의 후예. 안휘 사현泗縣 북쪽. 서언왕 때 주나라와 대립
포고蒲姑	봉逢	상 멸망 전후 건립. 제齊 땅에 위치. 섬서陝西 풍상風翔에 이주 흔적
담담郯	영영嬴	소호씨 후예. 산동과 강소 경계 부근. 담성郯城
담覃	영영嬴 또는 자子	소호少昊의 후예. 산동 성자애城子崖에 위치. 사천 팽현彭縣에 이주 흔적
기囂	자子	상商왕을 보좌하는 정인貞人과 사관史官. 산동 거현莒縣
이夷	강강姜	제지齊地 혹은 회하淮河, 기囂국 근처
전유顓臾	풍風	산동 제수濟水 유역
기타		봉逢, 설薛, 비邳, 팽彭, 주州, 방方, 아兒, 전專, 봉丰, 심尋, 추醜, 융융融, 색索, 사史, 효爻 등

(김연주, '선진先秦 시기 산동성 지역 동이東夷에 관한 연구', 이화여대 박사학위 논문 참고)

주周나라 시대의 동이 국가 분포도

국명	성씨	유래 및 위치
기紀	강姜	상대商代 수광현壽光縣 기후대紀侯台
거莒		소호少昊의 후예. 주대周代 노魯의 동쪽
내萊		산동 토착국족. 상대商代 제齊의 동쪽, 유하濰河 유역
담郯	영嬴	노魯 남쪽 담성郯城
임任		제수濟水유역. 하夏대 제녕성濟寧城 남쪽
숙宿		동평현東平縣 무염성無鹽城
제齊	강姜	주초 강태공姜太公의 봉지. 산동 임치현臨淄縣
주州	강姜	주대周代, 안구安丘 일대
이夷	강姜	주대周代, 즉묵卽墨과 고밀高密 사이
주邾	조曹	주 무왕 때 조협曹挾 책봉으로 건립. 주대周代 등주滕州 경내 동북구
기杞		상대商代 구국舊國. 주 무왕에게 책봉됨. 주周대 한漢대 진류陳留군 옹구雍丘
진秦	영嬴	백익伯益의 후예. 주나라 효왕孝王 때 진읍秦邑(감숙 청수현清水縣)에 봉해지면서 일어남. 진왕秦王 정政에 이르러 중원을 통일함
기타		봉逢, 시邿, 증鄫, 주鑄, 전유顓臾, 과過, 수구須句, 설薛, 비邳, 소주小邾, 성郕, 핍양偪陽, 담譚, 수遂, 모牟, 장鄣, 향向, 우鄅, 전鄟, 어여구於餘丘, 극極 등

한 배달 시대 이래 동방의 삼신 문화를 중국 전역에 정착시키면서 살았던 동방 문화의 주역은 동이 사람이고, 이 동이 사람들이 많은 국가를 건설하였다.

그렇다면 동이족이 건설한 대표적인 나라는 어떤 것이 있을까?

산동성에 있던 제齊, 노魯 나라를 비롯하여 오월동주吳越同舟로 유명한 오吳나라와 월越나라도 동이족이 세웠다. 노자가 태어난 초楚나라도, 치우천황을 조상으로 섬기는 삼묘三苗족이 세운 동이 나라이다. 또 중원을 처음 통일한 진秦나라도 그 주체는 동이족의 후예이다. 중국의 문헌 자료를 통해 구체적인 내용을 파악해 보기로 한다.

먼저 청나라의 진계원陳啓源이 저술한 『모시계고편毛詩稽古編』 16권 점점지석漸漸之石 조를 보자.

『서경』의 「우공」 편을 살펴보면 회이淮夷·우이嵎夷·도이島夷·내이萊夷·서융西戎이 다 구주九州의 경내에 살고 있었다. 이것은 시기적으로 우虞·하夏시대로서 중국 안에 융적戎狄이 존재한 것이 그 유래가 멀다는 사실을 반증한다.[146]

이 기록에서 동이족이 요순 시대 이전부터 중국 땅에 살고 있었으며, 중국 변방에 있었던 세력이 아니라 **태곳적부터 줄곧 중국 땅에 터전을 이루고 살던 토착민임**을 알 수 있는 것이다.

일반적으로 동이족의 활동 무대를 요령성·길림성 등 중국 동북지역으로 한정하기 일쑤이지만 『춘추春秋』에서는 중국 남방의 오吳와 월越나라도 동이족이 세운 국가임을 밝히고 있다. 『춘추변의春秋辯義』 23권에는 "서徐·오吳·월越이 비록 중국과 회맹會盟은 하였지만 다 이夷이다"[147]라는 말이 나온다. 서徐는 오늘날의 안휘성安徽省에 있던 국가이고, 오吳는 오늘날의 강소성에 있던 국가이고, 월越은 절강성에 있던 국가이다. 서이徐夷뿐 아니라 오吳와 월越도 고대 사회에선 모두 동이 국가였던 것이다.

또한, 청나라의 정정조程廷祚가 저술한 『춘추지소록春秋識小錄』 5권에는 "여黎는 나라 이름인데 노선공魯宣公 15년에 여씨黎氏의 땅을 빼앗았다. 지금 산서성 여성현黎城縣 동북쪽 80리에 있는 여후성黎候城이 그곳이다"[148]라는 기록이 나온다. 그런

---

146) 案禹貢, 淮夷·嵎夷·島夷·萊夷·西戎之類, 皆在九州境內. 后稷子不窋竄徙戎狄卽豳地也. 此皆虞夏之世中華之有戎狄其來遠矣(『毛詩稽古編』).
147) 蘇子由曰 "越于是始見徐吳越, 雖與中國會盟, 皆以夷"(『春秋辯義』).
148) 國名, 奪宣十五年, 黎氏也(今山西 黎城縣東北八十里, 有黎侯城是).

동한東漢의 복건服虔은 이 여黎를 동이의 국명[149]이라 하였다. 여기서 초기의 동이 국가는 오늘의 산동성뿐만 아니라 산서성山西省 일대까지도 분포되어 있었다는 사실을 알 수 있다.

산동성에 있던 **제齊, 노魯는 바로 동이족이 세운 나라이다.**[150] 제나라는 강태공이 봉해진 곳이고, 강태공은 신농씨의 후손이다. 노나라도 서이西夷로 알려진 주周 무왕의 아우인 주공周公이 초대 왕으로 봉해진 나라이다. 주공은 자신의 아들을 대신 앉히고 주周 조정에서 일하였다. 역사 기원으로 보면 제나라와 노나라에 살던 사람들은 모두 동이의 직계 후손이다.

중국의 전국戰國 시대를 끝내고 **중원을 최초로 통일한 진왕秦王 정政(진시황)의 선조도 동이**에서 비롯하였다. 상 왕조가 발흥할 때 서쪽으로 이주한 동이족인 백익부伯益部의 후예 중의 하나가 세운 나라가 진秦이다. 산동 곡부를 중심으로 활동한 백익부는 하 왕조가 확립되기 이전에 하후夏後씨와 자주 싸웠고, 하夏 말·상商 초에도 중요한 영향력을 지닌 동이족의 하나였다.[151]

이밖에도 동이족은 중국 대륙 곳곳에 크고 작은 나라를 무수히 세우고 화하족 나라들과 세력을 다투었으나, 주나라 건국 이후 춘추전국 시대를 지나면서 하나 둘 사라졌고, 마지막에 동이족의 한 갈래였던 진秦에 의해 통일되었다.

중국 문화의 발원, 동이

『삼성기』 하에 의하면, 중국 한漢족의 시조 반고는 실존 인물임과 동시에 환웅이 동방을 개척할 당시 환인에게 청하여 따로 개척의 길을 떠났던 인물이다. 그때 반고는 많은 재화와 보물을 지니고 십간十干 십이지十二支의 신장을 거느리고 공공共工·유소有巢·유묘有苗·유수有燧 등과 함께 삼위산三危山 납림 동굴에 이르러 임금으로 즉위하였다. 여기서 십간십이지의 육십갑자 개념은 이미 환국 시대부터 그 근원적인 원리가 있었다고 추정할 수 있다. 잘 알려진 바와 같이 동이족이 세운 상

---

149) 服虔曰 "黎, 東夷國名也"(『史記集解』「楚世家」).
150) 중국 산동성은 중국의 여타 지역과 다른 특색이 있다. 산동성을 답사할 때 꼭 듣는 말이 있다. "산동성 사람들은 중국 타지역의 한족과는 다릅니다. 남자들 몸집이 크고 호방합니다"라고 한다. 그리고 산동성에 남아 있는 독특한 풍속으로 매년 춘절과 정월 대보름에 밀가루로 쌍두雙頭제비, 모자母子제비, 연체連體제비 모양의 음식을 만들어 친척, 친구들과 나눠 먹는다. 이것은 고대 제비 토템의 잔재인데, 동이족인 조이鳥夷의 새 토템에서 유래한다고 보기도 한다.
151) 장푸샹張富祥, 같은 책, 450~452쪽.

(은)나라 때는 임금 이름을 모두 육십갑자를 써서 지었다. 그러므로 중국의 시조나 그 후세들은 환국 문명의 영향을 크게 받았음을 알 수 있다.

동이 문화의 중요한 상징 중 빼놓을 수 없는 것은 **태호복희가 만든 팔괘**이다. 복희씨는 간단한 부호로 음양陰陽 두 기운의 이치를 밝혀내어 부족 중 장로長老와 무인巫人으로 하여금 이 지식을 전수하고 응용하게 하였다. 이 사상은 마치 오늘날 민간 종교처럼 신속하게 동이족에서 다른 족속으로 전파되었으므로 중국 대부분 지역에서 복희씨와 관련된 역사 문화 유적이 나타난다.[152] 복희의 팔괘 사상은 후세에 끊임없는 발전을 거쳐 동북아시아의 가장 특색 있는 사상이 되었다. 동이 옛터에서 싹튼 유학 사상은 비록 팔괘 사상을 중점적으로 물려받지는 않았지만 효제孝悌(부모에게 효도하고 형에게 공손하다) 이론을 매우 중요시한다. 유사儒士[153]들은 사람들의 경조사 과정과 인정세태에서 인문 사상을 도출해 내어 윤리이념으로 발전시켰다. 그러므로 인문시조 복희씨는 천추만대를 이어 후세에 끊임없이 혜택을 주고 있는 것이다.[154]

상나라 말기에 왕족인 기자가 주나라 무왕에게 전수한 '**홍범구주**洪範九疇'는 일찍이 부루 태자가 9년 홍수 시에 우에게 전수한 '**오행치수법**'이다. 그 내용은, ① 우주의 근본 원리인 오행(五行), ② 다섯 가지 일을 공경하는 것(五事), ③ 여덟 가지 정사를 힘써 행하는 것(八政), ④ 다섯 가지 기율을 조화시키는 것(五紀), ⑤ 임금의 법칙을 세우는 것(皇極), ⑥ 세 가지 덕을 다스리는 것(三德), ⑦ 의문 나는 것을 물어보는 것(稽疑), ⑧ 여러 가지 경험을 생각하여 미리 조치하는 것(庶徵), ⑨ 다섯 가지 복을 기르고(五福) 여섯 가지 궁함을 누르는 것(六極)이다.[155]

이중 셋째 조목의 여덟 가지 정사라는 것은 먹는 것을 다스리는 것, 재물을 다스리는 것, 제사를 다스리는 것, 땅을 다스리는 것, 백성을 가르치는 것, 죄를 다스리

---

152) 동이족의 발달된 문화는 양자강 남쪽 험준한 산악지역의 소수민족에게도 큰 영향을 미쳤다. 특히 양자강 이남의 월越족 일부는 스스로를 풍이족인 태호복희씨의 후예라고 칭한다.
153) '유儒'는 원래 경조사에서 전문 악기를 연주하는 악사를 뜻한다. 공자도 젊었을 때 유사儒士를 한 적이 있다.
154) 리우푸징劉付靖, "東夷, 楚與南越的文化聯系", 『廣西民族研究』 1999年 第1期, 70쪽.
155) 洪範九疇: 箕子 乃言曰 我聞, 在昔鯀, 陻洪水, 汨陳其五行, 帝乃震怒, 不畀洪範九疇, 彝倫攸斁. 鯀則殛死, 禹乃嗣興, 天乃錫禹洪範九疇, 初一, 曰五行, 次二, 曰敬用五事, 次三, 曰農用八政, 次四, 曰協用五紀, 次五, 曰建用皇極, 次六, 曰乂用三德, 次七, 曰明用稽疑, 次八, 曰念用庶徵, 次九, 曰嚮用五福, 威用六極(『尙書』「周書」洪範).

홍범구주

구분	구주	내용
一	오행五行	수水, 화火, 목木, 금金, 토土
二	오사五事	모貌, 언言, 시視, 청聽, 사思
三	팔정八政	식食, 화貨, 사祀, 사공司空, 사도司徒, 사구司寇, 빈賓, 사師
四	오기五紀	세歲, 월月, 일日, 성신星辰, 역수曆數
五	황극皇極	황건기유극皇建其有極, 렴시오복斂時五福- (주자는 황극皇極을 천자로, 육상산은 황극을 중中으로 풀이한다.)
六	삼덕三德	정직正直, 강극剛克, 유극柔克
七	계의稽疑	우雨, 제霽, 몽蒙, 역驛, 극克, 정貞, 회悔
八	서징庶徵	우雨, 양暘, 욱燠, 한寒, 풍風, 시時
九	오복五福 육극六極	수壽, 부富, 강녕康寧, 유호덕攸好德, 고종명考終命 흉단석凶短析, 질疾, 우憂, 빈貧, 악惡, 약弱

는 것, 손님을 대접하는 것, 군사를 다스리는 것이다.

홍범구주와 팔조금법을 보더라도 당시 단군조선은 고도의 국가 경영체계를 갖춘 문화 대국이었음을 알 수 있다. 단군조선은 문화를 중국의 우임금에게 전수하여 치수를 할 수 있게 하였고, 홍범구주 속에 담겨 있는 뛰어난 정신은 그대로 중국 문화의 자양분이 되었다.

사람들은 일반적으로 '인仁' 사상을 공자가 창시한 것으로 알지만, 실은 공자 이전에 생긴 것이다. 공자의 공헌은 그것을 전면적으로 혁신한 것이다. 학자들 가운데 **동이 고국의 '인도仁道' 문제를 제기한 대표적인 사람은 왕셴탕王獻唐이다**. 왕셴탕은 「산동 고대의 강성 통치집단山東古代的姜姓統治集團」에서 "'**인仁**'자는 '**인人**'의 다른 말이다. '**인人**'과 '**이夷**'는 같은 글자다. '**인도仁道**'는 '**인도人道**'이며 '**인도人道**'는 또한 '**이도夷道**'다. 그러므로 진한秦漢 이래 **이인인夷人仁과 군자국君子國**이라는 기록이 있다. **공자는 본래 동방의 전통 인도仁道 사상을 받아들여 유가의 핵심 이론으로 한층 더 발전시켰다**"[156] 라고 하였다. 우리가 알고 있는 인仁 사상은 이처럼 동이 문화에서, 천지 광명의 나라인 환국의 환인과 광명의 인仁 사상을 계승한 배달국의 대인 환웅에서 비롯되었음을 알 수 있다.

---

156) 왕셴탕王獻唐, 『山東古國考』, 219쪽.

리바이평李白鳳은 "동이는 원래 황하 하류에서 살았고 문화가 매우 발달하였으며, 도자기와 문자를 처음으로 만들었을 것"이라고 하였다. 또한 "고대에는 '철鐵'자를 '철銕'이라 썼는데 동이가 가장 먼저 철을 사용하였기에 '이夷'자를 넣었고, 은나라 복사卜辭의 서법書法도 동이의 서법을 계승하였다"라고 하였다.[157]

이 외에도 역易과 역歷, 상형문자(갑골문자), 천자天子 제도, 조세 제도, 윤리도덕 규범 등 모든 문물 제도의 시원이 모두 동이에서 출발하였고 이것이 중국에 그대로 전수되어 황하문명을 이루게 하였다. 뿐만 아니라 음양오행, 팔괘, 상수철학, 삼강오륜 등 사상과 철학, 윤리규범도 동이에서 나온 것이다. 이처럼 **고대 문화는 동이족이 창달하여 중국인에게 전한 것**이다. 중국인들이 먼저 창시하여 우리나라로 건너온 것이 결코 아니다.

중국 역대 왕의 혈통은 동이

사실 중국의 역사를 잘 살펴보면, 한족 출신 왕이 왕조를 열어서 대륙을 통치한 일은 거의 없다. 한족의 시조로 알려진 황제 헌원을 비롯하여 오제로 손꼽히는 소호, 전욱, 제곡, 요, 순과 그 뒤를 이은 3왕조의 개국조인 하나라 우, 상나라 성탕, 주나라 문왕과 무왕까지도 혈통이 동이이기 때문이다. 그러므로 **중국 고대사는 바로 우리 배달·조선 민족이 직접 현지에서 나라를 창업한 역사**라 할 수 있다.

중국 측 문헌에서 이들 창업자의 혈통을 찾아 보기로 한다.

진晉의 황보밀이 편찬한 『제왕세기』에는 "태호복희[158]는 진방에서 출생하였다 [帝出於震]"라고 하였는데, 8괘에서 진방震方은 동방이므로 태호복희가 배달 동이 출신임을 입증한다. 『사기』 「삼황본기三皇本紀」[159]에 의하면, "복희씨의 어머니는 화

---

157) 리바이펑李白鳳, 『東夷雜考』, 53쪽, 60쪽, 65쪽.
158) 복희씨의 영향은 동월, 삼묘, 백복百濮 등 동남, 중남 지역의 원시민족을 거쳐 오령이 가로막고 있는 영남 월족으로도 전파되었다. 영남, 영북의 교통 요로要路는 최초에 영남 서부의 월성령越城嶺과 맹저령萌渚嶺 사이에 있었는데, 북쪽으로 광서 전주全州, 호남 영원寧遠에서 시작되어 남쪽으로 광동 신의信宜, 나정羅定까지이며 서쪽으로는 광서 대요산大瑤山까지이고 동쪽으로는 광동 조경肇慶, 연련현까지다. 이 지역을 창오지야蒼梧之野라고도 부른다. 초 문화도 여기를 통해 영남으로 전파된 것이다. 선진 때 여기에 창오족이 있었고 서한 무제는 남월국의 난을 평정한 후 창오군蒼梧郡을 설치하였다. 동한 삼국시대 때 창오군은 영남 지역에서 문화가 가장 발달한 지역으로 중원에서 영남으로 와 떠돌아다니던 유명 인사들은 모두 여기에서 거주하였다. 이 지역은 문화 기풍이 비교적 일찍 개발되고 역사가 유구한데, 동이문화의 영향과 연관이 있다(라우-푸징劉付靖, 같은 책, 70쪽).
159) 사마천은 『사기』를 「오제본기五帝本紀」로 시작하였다. 후에 당나라 때 사마정이 『사기색은史記索

현재 풍산風山으로 알려진 산은 산서성 임분臨汾시에 있다. 풍산은 지금은 인조산人祖山(1742.4m)으로 불리는데 포산庖山이라고도 한다. 인조산 주봉에는 복희묘伏羲廟가 있는데 낙루樂樓, 헌정獻亭, 종고루鍾鼓樓와 후궁동부後宮洞府 등이 있으며, '복희씨의 고궁故宮'이라 전해진다.

서인데, 뇌택에서 대인의 발자국을 밟고 나서 성기에서 복희를 낳았다"[160]라고 하였는데, 『주역』에서 뇌는 진방 즉 동방을 가리킨다. 이하동서설夷夏東西說을 주장한 중국학자 푸쓰녠傅斯年도 "**태호복희가 동이족이라는 것은 고대부터 공인되어 온 일이다**"라고 못 박고 있으며, 『중국역대제왕록中國歷代帝王錄』에도 태호복희씨는 고대 동이족임을 명시하고 있다. 가장 분명한 기록은 『회남자』 「시칙훈時則訓」에 나오는 "동방의 극極은 갈석산으로부터 해 뜨는 곳, 부목의 땅, 청토수목靑土水木의 들에까지 이른다. 태호太皞, 구망句芒이 다스리던 곳으로 1만2천 리이다"[161]라고 한 기록이다.

그렇다면 『환단고기』에 실린 태호복희의 혈통에 얽힌 역사의 진실은 어떠할까?

배달국의 5세 태우의환웅은 아들 열둘을 두셨다. 이분은 '묵념청심黙念淸心'과 '조

隱』을 쓰면서 관련 문헌을 수집하여 「오제본기」 앞에 「삼황본기」를 덧붙였다. 삼황의 역사를 기록한 이 편을 「보삼황본기補三皇本紀」라고도 부른다.
160) 太皞庖犧氏, … 母曰華胥. 履大人迹於雷澤, 而生庖犧於成紀(『사기』 「삼황본기」).
161) 東方之極, 自碣石山, 過朝鮮, 貫大人之國, 東至日出之次, 榑木之地, 青土樹木之野, 太皞, 句芒之所司者 萬二千里(『회남자』).

식보정調息保精'을 기본 정신으로 하는 장생의 근본이 되는 수행법을 백성들에게 가르쳤다. 이 5세 환웅의 막내아들이 바로 태호복희이다.

복희씨는 신시에서 출생하여 우사 관직을 세습하였고, 후에 청구·낙랑을 지나 진으로 옮겨갔다. 그 서쪽에는 수인씨가 정착해 있었는데 복희씨는 신시배달의 선진 문화를 전수하고 수인씨를 이어 왕이 되었다. 그리고 풍산風山에서 살게 되어 성을 풍씨로 하였다. 이 희犧족의 옛 거처는 산서성의 제수濟水 유역이었다. 인류 최초의 성씨인 풍씨는 뒤에 패佩, 관觀, 임任, 기근, 포庖, 이理, 사姒, 팽彭이라는 여덟 가지 성으로 갈라졌다. 풍씨 성은 15대 만에 끊어지고 다른 성씨로 분파되었다.

다음으로 염제162) 신농씨의 혈통을 보자.『환단고기』에 의하면 고시高矢씨의 방계 지류이자 웅족의 갈래인 아버지 소전少典은, 8세 안부련환웅이 군병을 감독하라는 명령을 내리자 중국 섬서성 강수姜水로 전출을 갔다. 신농씨는 그곳에서 태어나 성장하였고 후에 열산 호북성으로 이주하였다. 이 때문에 신농씨는 성을 강姜씨로 정하게 되었다. 따라서 **신농씨의 혈통은 배달국에 그 뿌리를 두고 강수에서 태어났으므로 한국인의 직계 조상**이 된다.

중국인들이 시조로 여기는 **황제헌원은 공손씨의 후손**이다.『사기』에는 헌원의 호를 **유웅**有熊**씨**라 했다. 유웅씨는 신농씨와 유묘有苗씨를 이기고 황하 유역에 정착하였다. 강물이 황색이고 토양도 황색이므로 이 유역 사람들은 황黃을 귀하게 생각했고, 황하를 천하의 중심으로 여겨 헌원을 황제黃帝라 존칭하였다. 제帝는 체褅(제사 체)로 천신과 자연계의 신명에게 제사를 지내는 것이다. 그래서 황제는 노란 옷을 입었다.『사기』「오제본기」에 황제가 "방라일월성신수파旁羅日月星辰水波"라고 하였는데 여기서 '수파水波'는 바로 황하 물이며 그것을 숭배의 대상으로 여겼다. 후세 사람들은 하신河神이 황하에 모습을 드러낸다고 여겨 제사 대상으로 삼았고, 전문적으로 제사를 지내는 사람을 **하백**河伯163)이라 불렀다. 고구려 고주몽

---
162) 염제의 후예는 네 갈래가 있다고 전해진다. 한 갈래는 열산列山씨로서 오늘날 호북성안에 있고, 한 갈래는 공공共工씨로서 동이의 치우와 한 차례 큰 싸움을 벌여 널리 알려졌는데, 활동 지역은 오늘의 하남 이수伊水, 낙수洛水 유역이다. 또 한 갈래는 사악四嶽으로 은나라와 주나라 때와 그 전의 려呂, 허許, 주州, 향向, 신申 등 나라가 사악의 후예이다(지씨우친籍秀琴,『中國姓氏源流史』, 13쪽).
163) 하백을 계승한 추장이 풍이馮夷인데 죽은 후에 역시 수신으로 추존되었다. 그 후예에 하종河宗씨가 있다. 하종씨는 황하의 근원을 찾기 위해 황하를 따라 멀리 신강 서부의 파미르까지 이동하였고, 다른 한 갈래는 서쪽으로 중앙아시아에 가서 하국河國을 세웠다. 하백 풍이는 수신水神, 즉 하신河神으로 추존되었으므로 중원 지역 역대 왕조와 제후의 성대한 제사를 받았다(허광웨何光岳, 같은 책, 267쪽).

인류 성씨의 시원인 신농씨와 중국 한족의 시조 황제헌원의 계보

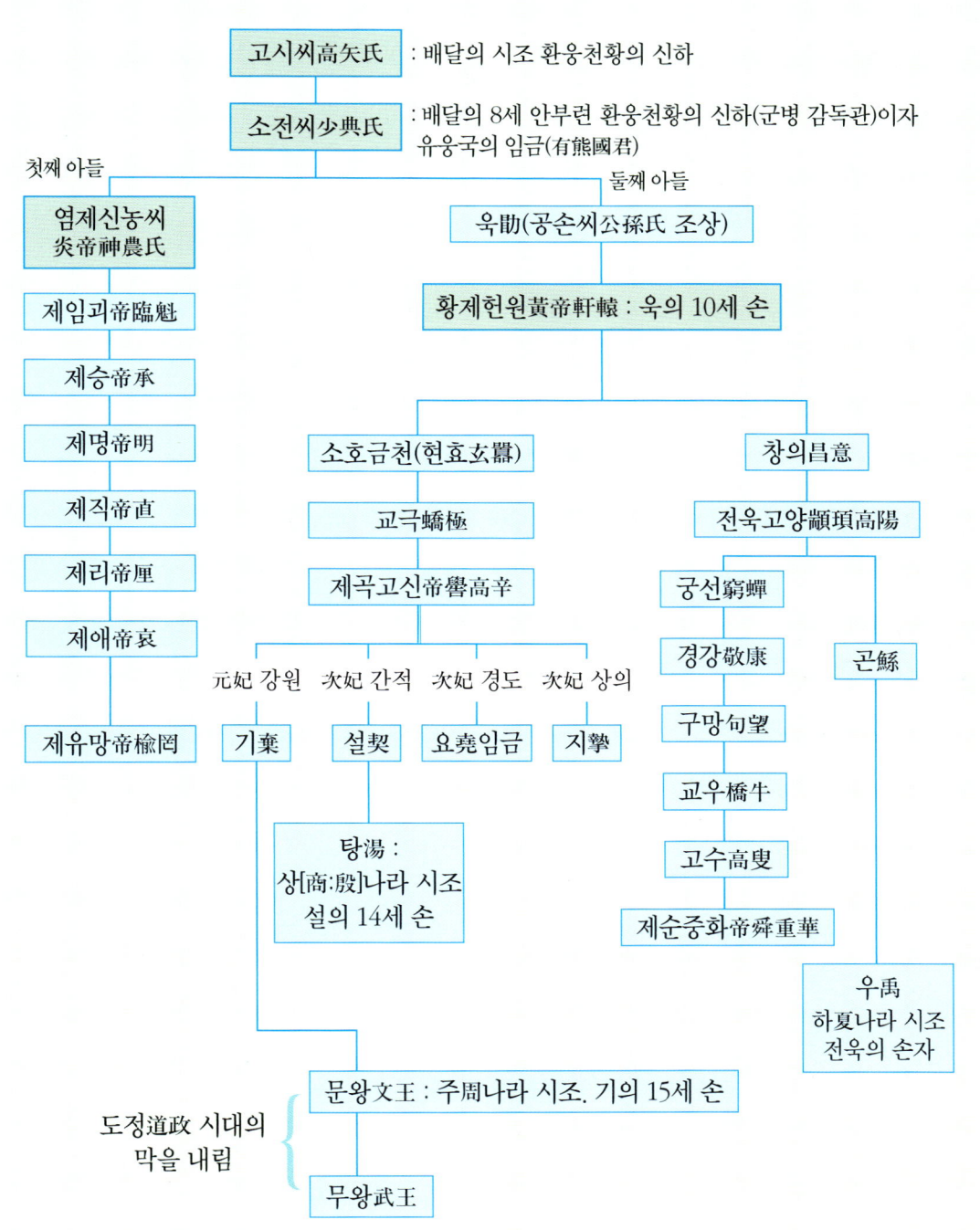

※중국 사서 『사기』·『제왕세기』 기준

성제의 어머니인 유화부인이 하백의 딸이라는 기록을 볼 때 **하백은 동이족이라는** 것이 자명하다. 한편, 유웅씨는 환웅께서 배달을 건국할 때 통합, 흡수된 웅족熊族 계열로서 동방 문화를 개척한 주역이다. 또 『산해경』에 "백민白民의 나라가 있다. 제준帝俊은 제홍帝鴻을 낳고, 제홍은 백민을 낳았다"164)라고 하였는데, 제홍은 곧 황제黃帝이고, 제준은 배달의 8세 안부련환웅의 신하로 유웅국의 임금이었던 소전少典의 별파이다. 따라서 **헌원의 혈통과 문화의식의 연원은 동이의 웅족 계열이요 배달국**인 것이다.

다음으로는 오제五帝를 살펴보기로 한다.

소호少昊금천씨金天氏는 동이족의 조상이고, 그 후손이 건국한 거국莒國은 춘추시대의 대표적인 동이 국가이다. 후에 초나라에게 망하였다.

전욱고양顓頊高陽은 소호금천이 쇠하자 소호금천을 대신해 임금이 되었다. 『사기』「오제본기」에는 "전욱고양은 황제의 손자인 창의의 아들이다"165)라고 하였다. 전욱고양이 죽자 소호의 손자인 제곡고신帝嚳高辛이 임금이 되었다. 전욱의 후손으로 축융祝融이 있고, 축융의 후손에는 여덟 성씨가 있는데 '기己, 동董, 팽彭, 독禿, 운妘, 조曹, 침斟, 미羋'이다. 이 여덟 성씨는 후에 적지 않은 씨족을 배출했는데 처음에 중원지역에 거주하다가 후에 점차 남쪽으로 이주하여 남방 초楚나라의 조상이 되었다. 초나라 왕족 출신이며 유명한 시인 굴원屈原은 『초사楚辭』「이소離騷」에서 자신을 '고양高陽의 후예'라 적었는데 이는 **초나라 왕실이 전욱고양씨의 후손임을 입증한다.**166)

제곡고신의 이름은 준俊이고, 성은 희姬씨다. 할아버지는 소호금천이고 아버지는 교극蟜極인데 하남성 박亳이란 땅에 도읍을 정하였다. 제곡고신의 부인은 네 사람이다. 첫째는 유태有邰씨의 딸 강원姜原인데, 뒷날 **주나라의 시조가 된 후직**后稷을 낳았다. 둘째는 유아有娥씨의 딸 간적簡狄인데, **은나라의 시조가 된 설**契을 낳았다. 셋째는 진풍陳豊씨의 딸 경도慶都인데, **요堯임금이 된 방훈**放勳을 낳았다. 넷째는 취자娵訾씨의 딸 상의常儀인데, 지挚를 낳았지만 지는 9년 만에 임금 자리에서 쫓겨났다.

중국 왕도정치의 대표적인 인물로 삼황오제에 속하는 요堯, 순舜과 그 뒤를 이은

---

164) 有白民之國. 帝俊生帝鴻, 帝鴻生白民(『산해경』「대황동경大荒東經」)
165) 帝顓頊高陽者, 黃帝之孫, 而昌意之子也(『사기』).
166) 지씨우친籍秀琴, 같은 책, 14쪽.

우禹가 있다. 이들은 동이와 아무런 관련이 없을까?

송대宋代 『태평환우기太平寰宇記』에 "요堯는 북적지인北狄之人이라" 했고, 『맹자孟子』에서 "순舜은 동이지인東夷之人이라"라고 하였다.

여기서 한 가지 짚고 가야 할 문제가 바로 '요순선양설堯舜禪讓說'이다. 유가에서 요순의 선양을 정치의 모델로 삼고 있으나 『태백일사』 「삼한관경본기」에서는 다른 이야기를 전하고 있다.

> 치우천황께서 서쪽으로 탁예涿芮를 정벌하고 남쪽으로 회대淮岱를 평정하여 산을 헤치고 길을 내시니 그 영토가 만 리나 되었다. 단군왕검 때는 당요와 같은 때인데, 요의 덕이 갈수록 쇠하여 영토 분쟁이 끊이지 않았다. 이에 천왕(단군왕검)께서 우순에게 명하여 영토를 나누어 다스리게 하고, 군사를 보내 주둔시키셨다. 우순과 함께 당요를 정벌할 것을 언약하시니, 요임금이 힘에 굴복하고 순에게 의탁하여 목숨을 보존하고자 나라를 넘겨주었다.

이 기록에서 선양이 요임금 자신의 의지에 따라 이루어진 것이 아님을 알 수 있다. 순임금의 뒤를 이은 우임금의 혈통도 예외는 아니었다. 순舜임금이 속한 **유우有虞씨**는 동이에서 나온 대족大族으로 연산燕山 일대에서 기원하여, 점차 남쪽 산동으로 이주하였다. 유우씨는 순 때에 이르러 황제족인 도당陶唐씨와 통혼하여 동이와 염황(염제와 황제)족 대연맹의 임금이 되었다. 유우씨의 세력도 컸지만 하우夏禹가 9년 홍수를 극복하자 그 세력이 더 커져서 왕조를 세웠다. 그때 유우씨는 산서 남부와 하남에 체류하던 일부를 제외하고, 남쪽으로는 절강, 호남, 안휘, 호북, 광서로 이주하였으며 서쪽으로는 섬서, 감숙, 사천, 운남 나아가 중앙아시아로, 일부는 한반도로 이주하였다.[167]

명나라의 서원태徐元太가 편찬한 『유림喩林』 27권에 **"대우大禹는 동이東夷에서 태어났다[大禹生於東夷]"** 라는 기록이 나온다. 여기서 비단 요순堯舜 뿐만 아니라 하夏의 우禹왕도 화하족이 아니라 동이東夷족 계통의 인물임을 알 수 있다.

주나라의 문왕과 무왕을 보좌하여 상나라를 무너뜨린 강태공도 동이 혈통이다. 강태공의 성은 산동의 본토박이 강姜씨 성이다.[168] 강태공은 주 무왕의 명으로 본

---

167) 유우씨의 후예들은 창성하여 화하족을 구성하는 주체 중 하나가 되었고, 또한 중화민족의 중요한 구성 부분이 되었다(허광웨何光岳, 같은 책, 132쪽).
168) 강태공의 출신에 대해서 상商나라 봉逄씨 귀족의 후예로 보는 경우도 있다. 봉씨가 오랫동안 동방에서 생활하고, 게다가 강태공이 처음에는 상나라의 마지막 왕인 주紂를 섬기다가 후에 바닷가로

래의 족속에게 돌아가 통치자가 되었는데, 이처럼 강태공이 제齊를 다스리게 된 것은 주 무왕이 강씨족으로 하여금 강씨족을 다스리게 한 정책을 취한 결과이다.

중국 한족漢族의 실체

중국 고대 씨족의 계보는 황제黃帝에서 기원한다고 전해지지만 '**황제가 한漢족의 시조라는 관점에는 문제가 있다**'라고 리바이펑李白鳳은 지적한다. 즉 황제와 발원지가 완전히 다른 씨족인 요堯·순舜·우禹·탕湯·문文·무武 등을 황제의 이름 아래에 강제로 귀속시켜, 춘추시대 이후 '염황炎黃의 후예'라고 하는 만세일통 사상을 만들어 냈다는 것이다. 또 주周족은 비교적 낙후한 서융西戎의 하나인 백적白狄족이었는데 신분을 상승시키기 위해 자신들의 희姬씨 성이 황제에서 나왔다고 조작하였다. 그리고 『좌전左傳』 희공僖公 4년에 '오후구백五侯九伯'[169]이 나오는데, '오후五侯'는 박고薄姑, 서徐, 엄奄, 웅熊, 영盈이고 '구백九伯'은 동이 구족九族을 가리킨다는 것이다.[170] 그러므로 황제를 한족의 시조로 보는 것은 문제가 많다.

한편 최근 과학자들의 연구 결과, **중국에서 순수 한漢족은 존재하지 않는다는 사실이 밝혀졌다. 한족의 개념은 심지어 DNA 검사에서도 존재하지 않는다고** 한다. 란저우蘭州대학 생명과학학원 셰샤오둥謝小東 교수는 **한족은 과거 한 시기의 지역적 구분에 따른 것일 뿐이고, 특정한 정의를 지닌 민족으로 볼 수 없다**고 말했다. 다만 현재 중국 남부 지역에 거주하는 소수의 **하카족**客家族[171]을 순수한 한족이라 정의하였다. 이들은 고어古語를 사용하는 등 당시 중원 사람들의 문화 전통을 순수하게 계승하였고, 풍속에도 고대 한족의 흔적이 남아 있다고 한다. 그러나 그들 역시 현재 소수 집단으로만 존재할 뿐이다. 후야오방胡耀邦, 주더朱德, 예젠잉葉劍英 등 현대 중국 지도자를 비롯해 쑨원孫文의 부인 쑹칭링宋慶齡 그리고 저명한 역사학자 궈모뤄郭沫若 등이 모두 하카족 출신이다. 태평천국의 난을 일으킨 홍슈취안洪秀全과

피하여 살았으므로 그를 '동방지사東方之士'라고 불렀다. 상 왕조 말기에 대규모로 동이를 공략할 때 봉씨 후국을 멸망시키자 태공은 주나라로 찾아가 문왕, 무왕을 보좌하여 상나라를 멸망시켰고 후에 제나라 땅에 봉해져 여전히 옛 봉국逢國을 이어갔다는 것이다(장푸샹張富祥, 같은 책, 507쪽).

169) 일반적으로 오후五侯는 공公, 후侯, 백伯, 자子, 남男의 작위를, 구백九伯은 중국을 구주九州로 나누어 임명한 제후를 말한다. 오후구백을 가리켜 천하제후天下諸侯라고도 부른다.
170) 리바이펑李白鳳, 같은 책, 8~9쪽, 73쪽.
171) 하카족의 기원에 대해선 황하 지역의 잦은 전란을 피해 남하하여 정착했다는 설, 당나라 말 반란을 일으킨 황소黃巢를 따라 이동하여 정착했다는 설, 원래 남부지방 출신이라는 설 등이 있다.

싱가포르의 국부 리콴유李光耀도 마찬가지다.[172]

동이의 각 씨족이 인종학적 면에서 한족을 구성하는 주요 요소이며 중국 고대 문화의 전통 면에서도 주도적인 지위를 차지하였다고 보는 것이 타당하다. 하夏나라의 건국 지점을 역사 기록에서는 산서성 남부의 안읍安邑 일대라고 하지만 하나라의 중강仲康, 소강少康 시대[173] 이래의 흔적은 산동성 동북부에서 나타나므로 **하나라도 동이와 밀접한 관계**가 있다. 그리고 상나라의 조상은 새를 토템으로 삼고 하남성 상구商丘 일대에 자리 잡고 살았는데, 새 이름으로 관직을 정했던 소호씨의 후예인 담郯과 혈연적 관계를 갖고 있다. 리바이펑은 "상商의 성탕成湯이 자주 거주지를 옮긴 것은 황하의 수재水災를 피한 데에도 그 이유가 있지만, 동방 씨족 세력들의 강성과 쇠퇴 과정에서 생겨난 위협이 그 요인으로 작용했을 것"[174]이라고 하였다.

동이 출신의 중국 사상가들

역대 제왕은 아니지만 **중국 사상사의 위대한 인물들도 그 뿌리가 동이라는 것을** 알 수 있다. 먼저 노자老子의 경우이다. 노자가 어떤 사람인가 하는 것은 오늘날에도 여전히 커다란 수수께끼 가운데 하나이다. 노자에 대한 최초의 공식적인 기록은 사마천의 『사기』「노장신한열전老莊申韓列傳」이다. 그런데 사마천이 당시까지 전해 오던 노자라는 인물에 관련된 여러 가지 설을 함께 제시했기 때문에 이후로 노자에 대한 갖가지 논란이 제기되었다. 일반적으로 노자는 성이 이李씨이고 이름은 이耳, 자는 담聃으로 알려져 있다. 초楚나라 고현苦縣의 여향厲鄕 사람으로 주周나라 수장실守藏室의 관리였는데, 공자가 노자를 찾아가 예를 물었다고 한다. 그러나 『태백일사』「삼한관경본기」에 따르면, 노자 이이李耳는 본래 **동방의 시원 족속인 풍이족 출신**이다. 노자의 아버지는 성은 한韓씨[175]이고 이름은 건이다.

---

172) 〈시사저널〉, "한족의 나라에 '순종 한족' 이 없다?", 2010.3.24.
173) 하夏나라의 왕. 3대 태강太康이 정치를 태만히 하고 사치를 일삼아 인심을 잃자 후예后羿가 태강을 내쫓고 그 아우 중강仲康을 왕으로 앉혔다. 그러나 중강은 후예와 권력 다툼을 하다가 쫓겨나고 후예가 왕위에 올랐다. 그 뒤 후예의 부하인 한착寒浞이 후예를 죽이고 왕이 되었으나 20년 뒤에 태강의 손자인 소강少康이 한착을 몰아내고 6대 왕이 되어 하나라 왕실을 회복하였다.
174) 리바이펑李白鳳, 같은 책, 5~9쪽.
175) 노자는 본래 성이 한韓씨이지만, '동방[朴]의 아들[子]' 이란 뜻으로 이李씨로 바꾸었다. 노자의 이름을 이이李耳라 밝힌 『태백일사』「삼한관경본기」와 마찬가지로, 『사기』「노장신한열전」도 노자의

유교에서 빼 놓을 수 없는 인물은 공자와 맹자이다. 공자는 은殷의 후예인데, 은이 동이의 선민先民이 세운 나라라는 것은 이미 잘 알려진 사실이다. 맹자에 대해서는 『사서석지四書釋地』3 속續권 하에, "맹자는 추鄒나라 사람인데 추나라는 춘추春秋 시대에 주邾나라였고 주나라는 본래 동이 국가이니, 그렇다면 맹자 또한 동이 사람[東夷之人]이 아니겠는가"[176]라고 씌어 있다. 주邾는 노魯나라 부근에 있던 동이 국가로서 공자가 쓴 『춘추春秋』에 그 이름이 자주 등장한다.

겸상애兼相愛(서로 사랑함)·교상리交相利(서로 이롭게 함)를 제창한 위대한 사상가, 묵자墨子는 어떠할까? 당나라 때 임보林甫가 펴낸 성씨姓氏에 관한 책인 『원화성찬元和姓纂』에는 "전국 시대 송宋나라 사람으로 『묵자墨子』의 저자인 묵적墨翟은 본래 고죽군孤竹君의 후예이다"[177]라고 나와 있다. 고죽국孤竹國은 은나라 현자인 백이伯夷와 숙제叔齊가 살던 나라로 동이 국가였고, 『삼국유사』 고조선古朝鮮 조에는 "고구려는 본래 고죽국이었다[高麗本孤竹國]"라고 기록되어 있다. 이러한 사실에서 묵자 또한 동이족임을 확인할 수 있다.

이처럼 **동북아의 창세 역사와 황제헌원 이래 중국의 역대 왕조를 이끌어 온 주류와 위대한 사상가의 대다수가 동이**이다. 하지만 중국은 한대 이후 동이를 왜곡하여 동방의 오랑캐로 비하시켰고, 유교를 국교로 신봉한 조선 왕조는 그것을 답습하여 스스로 소중화小中華라 하였다.

동이의 의미 폄하와 화하華夏

왜 '동이'가 변방의 오랑캐로 폄하되었을까? 그 배경으로 화하족과 동이족의 정치적 대결을 들 수 있다. 이른바 화하족이라 불리는 중국 한족의 조상은 밖으로는 북쪽 흉노의 위협을 받았고, 안으로는 살기 좋은 조건을 갖춘 동쪽 황하 유역에 자리 잡은 동이족과 삶의 터전을 놓고 쟁탈전을 벌였던 것이다.[178]

신원에 대해 "성은 이씨이고 이름은 이, 자는 담이다[姓李氏, 名耳, 字聃]"라고 기록하였다.

176) 又按 『史記』 「孟子列傳」, 孟子, 鄒人也. … 鄒在春秋爲邾. … 杜註云: "邾雜有東夷之風, 然則孟子亦生於夷乎"(『四書釋地』三, 續卷 下).
177) 墨: 孤竹君之後, 本墨台氏, 後改爲墨氏, 望出梁郡, 戰國時 宋人墨翟, 著書號墨子(『元和姓纂』).
178) 전한前漢 무제 때의 학자인 공안국孔安國은 동이족이 중국의 삼대(하·상·주) 이전부터 중국에 토착민으로 살고 있었는데 진시황이 이들을 축출했다고 했다. 이것은 동이족이 중국의 변방세력도 아니고 침략세력은 더더욱 아니며, 중국 땅에 터전을 이루고 산 토착인이었다는 것을 말해 준다(심백강, 『四庫全書中의 東夷史料 解題』 참조).

서양의 트로이 전쟁에 빗대어 일컬어지는 탁록 대전은 지금부터 약 4,700년 전 동방 종주국 배달의 치우천황과 이에 대항한 서방 헌원 세력의 대결로 시작되었다. 제후의 위치에 있던 헌원이 천자가 되겠다는 야망을 품고 군사를 일으켜 천자인 치우천황에게 도전했다. 10년간 73회의 치열한 공방전을 벌인 끝에 전쟁은 치우천황의 승리로 끝났다. 치우천황의 쇠로 만든 투구와 갑옷은 서방족에게 두려움의 대상이 되어 후대에 **동두철액**銅頭鐵額이라는 기록을 남겼다.

탁록 대전에 대해, 『태백일사』 「삼한관경본기」는 이렇게 밝히고 있다.

> 이때 헌구軒邱(황제 헌원)가 불복하므로 치우천황께서 친히 군사를 거느리고 탁록에서 대전쟁을 벌이셨다.[179]

전투에서 대승을 거두고 헌원을 사로잡아 신하로 삼은 치우천황은 동방 무신武神의 시조, 병주兵主가 되어 수천 년 동안 동방 배달족은 물론 서방 한족에게까지 숭배와 추앙의 대상이 되었다. 치우천황과 황제헌원 사이의 전쟁에 얽힌 역사의 진실은 바로 이러한 것이다. 그러나 사마천은 『사기』 「오제본기」에서 사실과 반대로 기록하였다.

> 신농씨의 나라가 쇠하여 제후들이 서로 다툴 뿐만 아니라 백성들을 사납게 짓밟았으나 신농씨는 이를 휘어잡지 못하였다. 이때 헌원이 무력으로 제후들을 치니 모두 와서 복종하였다. 그러나 치우가 가장 사나워 칠 수가 없었다. 염제가 제후들을 침탈하려 하자 제후들이 헌원에 귀의하였다. 이때 치우가 복종하지 않고 난을 일으키므로 헌원은 여러 제후를 불러 모아 탁록의 들에서 치우와 싸웠다. 드디어 치우를 사로잡아 죽이고 제후들이 헌원을 높이므로 신농씨를 대신하여 천자가 되었다.[180]

이렇게 『사기』에는 황제헌원이 난을 일으킨 치우를 죽이고 전쟁에서 승리한 것으로 왜곡시켜 기록하고 있다.

여기서 황제헌원과 그 족속(화하족)은 치우천황과 그 족속(동이족)에게 패하였기 때문에, 그들은 물론 그 후손들이 치우와 동이족에 대한 공포와 적개심을 품었다는 것을 짐작할 수 있다. 화하족은 2,300여 년 동안 황하 중, 상류에 머물러 있을

---

[179] 時, 軒丘不服, 蚩尤躬率往征之, 大戰於涿鹿(『태백일사』 「삼한관경본기」).
[180] 軒轅之時, 神農氏世衰. 諸侯相侵伐, 暴虐百姓, 而神農氏弗能征. 於是軒轅乃習用干戈, 以征不享, 諸侯咸來賓從. 而蚩尤最爲暴, 莫能伐. 炎帝欲侵陵諸侯, 諸侯咸歸軒轅. … 蚩尤作亂, 不用帝命. 於是黃帝乃徵師諸侯, 與蚩尤戰於涿鹿之野, 遂禽殺蚩尤. 而諸侯咸尊軒轅爲天子, 代神農氏, 是爲黃帝(『사기』 「오제본기」).

수밖에 없었다. 그러다가 진시황에 이르러 강력한 힘을 길러 동진을 거듭하여 중원 전체를 화하족의 확실한 터전으로 만드는 통일을 달성하였다. 동이족을 변방으로 밀어내거나 무자비하게 숙청하고 동화시켜 통일제국을 이룬 것이다. 이 진秦나라의 유래를 살펴보면 동이에 대한 단서를 발견할 수 있다.

『송사宋史』「인도전」에 의하면, 옛날 인도 사람들이 '진秦'을 그 음에 따라 '지나支那'[181]라 하고 진시황을 '지나 황제'라 하였는데 이를 따라서 외국 사람들도 중국을 '지나'라 불렀다. 불교의 여러 책에서도, 진나라는 지나로 기록되어 있는데, 진나라를 '진단국' 혹은 '진단 나라'라 일컫기도 하였다.[182]

현대 중국학자 장싱량張星良은, "진나라가 목공 이후에 서융에서 패권을 잡았다. 그 나라 이름이 간접으로 서역에 전해지고 인도로 들어가 드디어 '지나'가 되었는데, 이 '지나'는 '진나라'라는 뜻이다"라고 하였다.

그러면 어찌하여 '진秦'이라 하였는가? 태호복희의 팔괘 그림에서 진震괘는 이離괘와 곤坤괘 사이에 있다. 그런데 이괘는 동녘을, 곤괘는 북녘자리를 차지하고 진괘는 동녘과 북녘 사이를 차지한다. 우리 배달 나라가 동아시아의 동북에 있는 까닭에 **아득한 옛적부터 배달 나라를 진괘를 따라 진震 또는 진단震旦이라 하였다.**

이를 통해 진나라 사람들이 배달, 동이겨레의 후손이므로 아득한 예로부터 자기네 조상들이 살던 '진' 또는 '진단(眞檀, 震旦, 眞丹)'을 따서 나라 이름을 '진秦'이라 하였을 것이라는 결론이 나온다.[183]

그렇다면 왜 '동이'가 오랑캐라는 뜻으로

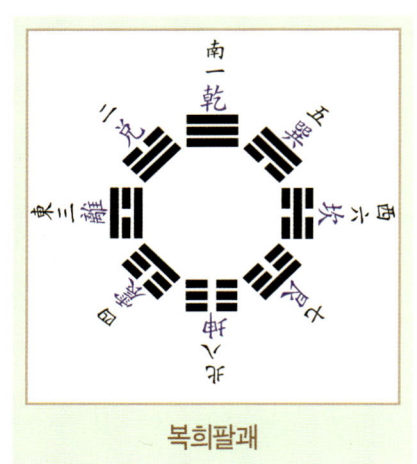

복희팔괘

---

181) 지나라는 이름을 서양에서는 시나Sinae, 키나Cina, 차이나China 등으로 음역하였다. 일본에서는 서양 문물을 받아들이면서 메이지 유신 이후 중국이란 이름이 중화사상을 강하게 암시한다고 하여 중국 대신 '지나支那'라 불렀다.
182) 안호상, 『배달, 동이는 동아문화의 발상지』, 260~261쪽.
183) 주쉐안朱學淵은 "영嬴씨 부락에서 기원한 진秦, 안추 부락에서 창업한 금金, 애신각라愛新覺羅가 건국한 청淸 등, 이 세 글자의 독음은 각각 qin(친)-jin(진)-qing(칭)인데, 건국 시점을 서로 달리하는 이 세 나라가 어떻게 해서 서로 비슷한 발음의 국명을 갖게 되었는지에 대해서는 역시 진일보한 연구가 필요할 것이라고 본다(『진시황은 몽골어를 하는 여진족이었다』, 159쪽)."라고 하여 진나라 이름이 동이족 언어와 무관하지않음을 지적하고 있다.

바뀌어 쓰이게 되었을까? 화하족은 동이를 대인大人으로 우러러보면서도 계속되는 동이족의 정복정책에 시달려 나중에는 동이라는 이름만 들어도 두려움에 떨게 되었다. 그리고 자연히 동이족에 대한 적개심이 쌓여 동이東夷의 뜻을 오랑캐로 바꾸어 해석하게 되었을 것이다. 특히 한 무제 때 **사마천은 중국 최초의 정사인 『사기』를 저술하면서 동이족 역사를 뿌리부터 왜곡**하였다.

중화사관의 핵심인 중화의식을 처음 표방한 것은 주周나라였다. 주나라가 동이족이 세운 상商나라를 멸망시킴으로써 갑자기 중국에는 화하족 시대가 열리게 되었고 이때부터 화하족이 본격적으로 동이족을 압박하기 시작하였다.

그런데 이렇게 동이와 대립되는 **화하華夏는 어디서 유래**한 것일까?

주周족은 서쪽에서 기원하여 활동하다가 후에 중원을 차지하였다. 이 주족은 자신들의 국토를 '시하時夏'라 부르고 자민족을 '제하諸夏'라 칭했다. 후에 '하夏' 자 앞에 '화華' 자를 더하니 이로써 '화하'라는 민족 명칭이 생겨난 것이다. 이 명칭은 수천 년이 지난 오늘날까지도 중국인의 자부심의 상징이 되고 있다.[184]

중국학자 장타이옌章太炎은 이 '하夏'란 이름이 '하수夏水'라는 강물 이름에서 비롯되었다고 말한다. 화, 하라는 이름은 주나라 무왕 때에 "화, 하와 만맥蠻貊이 따라오지 않음이 없다"[185]라 한 말에서 처음 나타났다. 린후이샹林惠祥은 "'하'라는 글자가 「순전舜傳」에서 처음 나타났고 또 '화'라는 글자는 『춘추좌전』에 처음으로 사용되었다"라고 하였다.

위의 내용에 따르면, '화하'[186]라는 단어는 춘추시대 이래 유행하기 시작하였는데 '하' 자의 뜻은 분명 '우하禹夏'의 하와 같고 부족의 관념에 국한되지 않는다. 다시 말해 중원 민족 문화공동체가 성숙되고 확립되는 시대에 이 '하'는 그러한 공동체의 별칭이 되었고 따라서 전에 부르던 하夏 부족만 가리키지 않게 된 것이다. 그 정치적 의미는 중원 왕조를 가리키고, 민족적 의미는 '중국 사람'을 가리키며, 문화적 의미는 중원 문화를 가리킨다. 따라서 '제하諸夏'는 당시의 '전 중국', '중국의 전 민족'을 대표하게 되었다. 하夏 왕조는 중국 최초의 왕조이기 때문에 오랜 세월 동안 계속

---

184) 웨난 저, 심규호·유소영 역, 『하상주 단대공정』 1, 138쪽.
185) 華夏蠻貊, 罔不率俾(『尙書』「周書」武成).
186) 한편 옛 사람들은 '화華', '하夏' 두 자를 해석할 때 일반적으로 하夏는 아雅, 정正으로 중원 주민을 가리킨다는 주장도 있다(장푸샹張富祥, 같은 책, 419쪽).

중원을 '하'라고 불렀다. 주周가 중원의 주인이 된 이후에도 사방의 '만이蠻夷'(특히 동이)와 차별을 두기 위해 여전히 '하'란 호칭을 사용하였다.[187]

그런데 『사서석지四書釋地』3 속續권 하에는 "3대(하·상·주) 이후에는 화華와 이夷를 구별하였지만 3대 이전에는 화와 이가 정해진 구분이 없었다[三代以下, 華與夷有定; 三代以上, 華與夷無定]"라는 내용이 나온다. 이것은 중화[188]와 동이를 구분하여 존화양이를 내세운 것은 후대의 일이고, **본래는 중국에 화와 이의 구분이 따로 존재하지 않았다**는 사실을 말해 준다.[189]

이처럼 서주 세력은 이夷족을 몰아내고 중국의 집권세력으로 등장하면서 자신들의 정통성을 내세우기 위해 화이華夷 개념을 만들어 냈다. 이후 **화이 개념은 춘추시대 공자에 의해 확고하게 뿌리를 내리게 되었다.**

동이의 진면목을 찾아내어 세상에 처음 알린 청나라는 역시 동이에 속하는 만주족이 세운 나라였다. 청나라는 중국의 마지막 왕조이면서 만주족의 국가이므로 중국인의 해묵은 동이관을 객관적 입장에서 면밀히 들여다 볼 수 있었다. 청나라는 한족학자들의 거센 반청反淸사상을 근본적으로 차단하려고 '사고전서四庫全書'라는 대규모의 국가적 편찬사업을 추진, 완성하였다. 7만9천여 권에 달하는 사고전서 경부經部에는 총 491권에 736군데, 사부史部에는 총 563권에 915군데, 자부子部에는 총 497권에 689군데, 집부集部에는 총 278권에 308군데에 걸쳐 동이라는 용어가 2,648번 등장한다.[190] 이 사고전서를 보면 **중국 한족 역사의 실체를 알 수 있**

---

187) 장푸샹張富祥, 같은 책, 424~425쪽.
188) '중화'란 단어는 '중국'과 '화하'를 합쳐서 부른 말이다. 현존 문헌에서는 『삼국지·제갈량전』에서 배송지裴松之의 주석에 처음 나온다. 중국이란 용어는 주나라 초기 『하존何尊』 명문銘文에 이미 기록되어 있다(장푸샹張富祥, 같은 책, 418쪽).
189) 푸쓰녠이 『이하동서설夷夏東西說』에서 밝힌 이족夷族과 하족夏族: 푸쓰녠은 이족은 동방, 하족은 서방에서 기원하여 이들이 하남성 지역을 향하여 진출하였을 것이라는 전제 위에서 옛 문헌의 기록을 체계적으로 정리하고 이족과 하족의 실체와 그 관계를 논증하였다. 여기에서 상족商族과 동이족을 동일시하지는 않았지만, 상족이 하족을 이긴 데는 이족의 도움이 컸을 것으로 보고, "상족이 하족을 이긴 것은 실제로는 이인夷人(동이족)들이 하족을 이긴 것이라고 말할 수 있다"라고 하였다. 그리고 상족의 기원지를 발해만 연안일 것으로 추정하였다. 푸쓰녠의 『이하동서설』은 옛날에는 이하 양족이 일동일서一東一西하였다고 보는 견해를 밝힌 글이다. 또 당시에 앙소仰韶문화의 기원지는 서방, 용산龍山문화의 기원지는 동방지역일 것으로 인식되어 있었고, 그 일부 유물이 유사하므로 용산문화의 담당자는 상족의 조상일 것으로 믿고 있었다. 이러한 중국 역사학계와 고고학계의 분위기 속에서 푸쓰녠보다 수년 전에 쉬쭝수徐中舒에 의해 앙소문화의 주인공은 하족일 것이고 상족의 기원지는 발해만 연안일 것이라는 견해가 제기된 바 있다.
190) 심백강, 같은 책, 49쪽.

사고전서四庫全書와 도서분류법 경사자집經史子集

사고전서 四庫全書	선진先秦시대부터 청대淸代 전기前期에 이르기까지 편찬된 동양의 주요 고서를 도서 분류법의 하나인 경經·사史·자子·집集으로 나누어 집대성한 세계에서 가장 큰 규모의 총서叢書이다. 총 7만9천여 권에 달하는 방대한 자료를 수록.

책명	'동이' 등장 횟수	책의 특징
경부經部	총 491권 중 736군데	사서오경의 원문을 비롯하여 사서四書, 역易, 서書, 시詩, 악樂, 예禮, 춘추春秋, 효경孝經, 오경총의五經總義, 소학小學 등 크게 10가지 유형으로 나누며, 주석서와 연구서를 포함함.
사부史部	총 563권 중 915군데	일반 사서를 비롯한 정사正史, 편년編年, 기사본말紀事本末, 잡사雜史, 별사別史, 조령주의詔令奏議, 전기傳記, 사초史鈔, 재기載記, 시령時令, 지리地理, 관직官職, 정서政書, 목록目錄, 사평史評 등 크게 15가지 유형으로 나눔.
자부子部	총 497권 중 689군데	제자백가서諸子百家書를 비롯하여 경사집부經史集部에 해당하지 않는 주제들이 들어 있고, 유가儒家, 병가兵家, 법가法家, 농가農家, 의가醫家, 천문산법天文算法, 술수術數, 예술藝術, 보록譜錄, 잡가雜家, 유서類書, 소설가小說家, 석가釋家, 도가道家 등 크게 14가지 유형으로 나눔.
집부集部	총 278권 중 308군데	2인 이상의 한시문漢詩文 합집인 총집總集과 개인문집인 별집別集, 초사楚辭, 시문詩文의 특정 형식별로 모은 시문평詩文評·사곡詞曲 등 크게 5가지 유형으로 나눔.

(한국학중앙연구원, 『민족문화대백과사전』; 심백강, 『四庫全書中의 東夷史料 解題』, 민족문화연구원, 2003. 참조)

고, 또 **중국 문화의 근원적 뿌리를 동이가 세웠다**는 것을 알 수 있다.

위에서 중국 왕조사의 혈통과 그 문화를 '민족'의 관점에서 간략히 살펴보았다. 그런데 그 결론은 무엇인가? 그것은 **동이가 동방 문화의 뿌리요, 근원**이라는 사실이다. **동이는 큰 활을 쏘며 웅대한 역사의 기상을 떨친 동방 군자 나라를 건설한 주인공**이었다.

여기서 우리는 후기 중국 사회에서 통상적으로 말하는 동이東夷, 서융西戎, 남만南蠻, 북적北狄이 서로 다른 별개의 종족이 아니라 본래 동일한 하나의 이족이 발전하여 사방四方의 이夷 즉 사이四夷가 되었다는 것을 알 수 있다. 동이東夷는 원래 어느 한 지역에 국한된 것이 아니라 전 중국에 걸쳐 사방에 골고루 분포되어 살았는데 나중에 화하華夏족이 중국의 집권세력으로 등장하면서 동방에 사는 이夷를 동이東夷, 서방에 사는 이夷를 서융西戎, 남방에 사는 이夷를 남만南蠻, 북방에 사는 이夷를

마차 타고 큰 활 쏘는 아시리아 왕

큰 활을 쏘는 동방 사람, 즉 동이족과 같이 말을 달리며 대궁을 쏘는 근동의 군주 모습에서 메소포타미아 문명과 동이족 문명의 연관성을 느낄 수 있다. 북미 인디언문화를 소재로 하여 만든 영화 〈아바타(2009년 상영)〉를 보면, 부족장이 죽어 가면서 남긴 "부족을 지켜라"라는 명을 따라 아바타인들이 그들의 키만한 대궁을 쏘는 장면이 나온다. 그 모습에서 북미 대륙의 인디언문화를 일으킨 주인공과 환단시대에 '동방의 큰 활 쏘는 사람'이었던 동이족과의 깊은 연관성을 느낄 수 있다.

북적北狄이라 폄하하여 부르게 된 것이다.[191] 동이 구족九族은 사방에 분포되어 살았다. 따라서 한마디로 통틀어 말하면 **동이**東夷, 구체적으로 말하면 **구족**九族, 분포 상황을 중심으로 말하면 **사이**四夷가 되는 것이다.

동이와 한민족

우리 한민족은 과연 동이족인가?

한민족이 동이라면 동이의 원류인가 지류인가, 핵심 세력인가 주변 세력인가? 『우공추지禹貢錐指』4권에는 "요임금 때의 우이嵎夷가 현재의 산동성인 등주登州, 청주靑州에 있었는데 조선 땅이었다"[192]라는 견해가 실려 있다. '우이'라는 말은 『서

---

[191] 음성학적으로 봤을 때, 중원 부족들이 동방 사람들을 시尸 또는 이夷라 한 것은 방언을 취하여 부른 것이다. 하하는 중원의 표준말이고 시尸, 이夷는 동부의 방언으로 사실은 모두 人에 대한 부동한 호칭이며 처음에는 찬양하거나 폄하하는 차이가 없었다. 이夷, 하하라고 서로 부른 것은 화하족華夏族부터 시작했기 때문에 서주 시대부터 거의 모든 문헌에서 이夷 자를 폄하하는 뜻으로 사용하여 적狄 자와 동일하게 모두 중원 주변지역의 미개하거나 낙후한 부족을 지칭하는 대명사가 되었다. 주나라 사람들은 서쪽 변방에서 일어났기 때문에 본래부터 상인商人과 동이에 대해 정치적으로 적개심을 갖고 있었으므로 주周가 중원의 주인이 되자 그 후 이夷자는 점차 폄하하는 명사로 격이 떨어져 버린 것이다(장푸샹張富祥, 같은 책, 10쪽).

[192] 按高麗卽古朝鮮, 北極出地三十八度, 與登州同. 後世朝鮮爲外國, 測景但可在登州, 堯時嵎夷爲靑域, 測景自當在朝鮮也(『禹貢錐指』).

경』「요전堯典」에 다음과 같이 나온다.

> 요堯가 희중羲仲에게 명하여 우이에 거주하도록 했는데 바로 양곡暘谷이라는 곳이다[堯分命羲仲, 宅嵎夷, 曰暘谷].

우이는 바로 요 당시에 존재하던 이족夷族으로서 동양 고전의 기록상 최초로 등장하는 이夷의 명칭이다. 그런데 이 우이가 바로 고조선에 속했다면 우리 **한민족이 동이구족東夷九族의 뿌리요 원류**라는 이야기가 된다.

또한, 『오례통고五禮通考』 201권에는 "한 무제가 설치한 현도·낙랑 이군二郡이 다 옛 우이의 땅으로서 청주靑州 지역(산동성 북부)에 있었고 삼한三韓은 여기에 포함되지 않는다"라는 것과 "연燕과 진秦이 경략한 조선은 대체로 「우공禹貢」의 우이 지역이었다"라는 내용 등이 기록되어 있다.[193] 이 두 자료를 통해 우이는 곧 고조선의 영역이었고, 연·진 시대의 조선과 한 무제가 설치했다는 현도·낙랑 지역이 실제 존재하였다면 한반도가 아니라 모두 산동성과 하북성 일대에 있었을 것이라는 사실을 밝혀 주고 있다.[194]

대만 역사학자 쉬량즈徐亮之도 『중국사전사화中國史前史話』에서 "은나라, 주나라의 앞 시대부터 주나라가 망할 때까지 **동이족의 활동영역**이 사실 지금의 산동성과 하북성의 발해 연안, 하남성 동남 지역, 강소성 서북 지역, 안휘성의 중·북부 지역, 호북성의 동부, 요령성의 요동반도 지역, 조선반도 등으로 광대하다"라고 적었다.

고대사회에서 동이족은 중국에게 지배를 받은 존재가 아니라 중국의 지배세력이었다. 고대에 동이가 활동한 무대는 압록강과 두만강 이남의 좁은 한반도가 아니라 중국 동북아 대륙의 문명중심지를 두루 포괄한다. 특히 요령성 서부와 하북성에 거주하던 동이 중 한 갈래는 동북으로, 다른 한 갈래는 발해를 따라 산동반도로 진출하였다. **신석기 시대 말기부터 동이족은 회수와 황하 유역, 산동반도에 걸치는 중국 동해안 일대, 남만주, 발해만 일대, 한반도에 걸쳐 거주하면서 고조선이라는 강대한 국가를 세워 동이문화권의 중심을 형성하였다. 환국에서 발원한 배달의 동이족은 고대 동북아의 문화를 창조하고 꽃피운 주체 세력이었던 것이다.**

이상에서 우리는 동이의 의미와 그 역사, 고대 중국인과의 관계 등을 살펴보았

---

193) 遼東樂浪三韓之地, 西抵遼水. 此說近景, 然三韓地太遠 而元菟不可遺竊疑. 漢武所開二郡, 皆古嵎夷之地, 在靑州之域者, 而三韓不與焉. …燕秦之所經略, 蓋嵎夷之地(『五禮通考』).
194) 심백강, 같은 책, 38~40쪽.

다. 그 결과 **중국 문명의 발원과, 한족漢族인 화하족을 형성하고, 그 왕조사에서 주축을 이룬 주인공이 다름 아닌 동이**라는 사실을 밝혀 냈다.

배달 시대 이후로 동이족이 동북아시아를 주름잡을 때, 서남아시아에서는 천산을 넘어간 수메르인이 서양 문명을 일구었다. 동이족과 수메르인이 모두 환국의 환족에서 동·서로 분화된 것을 생각할 때, **수메르인을 '서양의 동이'**라 정의할 수 있다.

동이의 여러 종족들

그러면 동이의 종족과 그 분포 지역은 어떠하였을까?[195]

고조선 시대 때 중원의 족속들은 동방의 여러 족속을 이夷라 통칭하였다.『후한서後漢書』「동이열전」에 따르면 황하 하류와 강회江淮 유역에서 활약한 동이는 모두 아홉 종으로 이를 통칭해서 구이九夷라 불렀다.[196] 견이畎夷, 우이于夷, 방이方夷, 황이黃夷[197], 백이白夷, 적이赤夷, 현이玄夷, 풍이風夷, 양이陽夷가 그것이다. 그 밖에도 위치와 시대에 따라 조이鳥夷·우이嵎夷·인이人夷(인방人方)·회이淮夷·서이徐夷·개이介夷·엄이奄夷·내이萊夷·도이島夷·남이藍夷·욱이郁夷 등으로 다양하게 불렀다.[198]

인이人夷 | 동방인 산동반도에 있었으므로 동이라 불렀고, **조이**와 **풍이**로 갈라졌다. 하夏와 상商 나라 때에 산동, 하남 동부, 안휘 북부, 강소 북부 일대 등 광범위하게 분포하였다. 동이 중에서 상商과 항상 충돌하였으며, 유攸(휴休), 수修, 조條, 숙儵의 방국은 주나라가 상을 멸할 때 각기 남쪽으로 호남 유수攸水 및 사천 무산巫山 등으로 이주하였다. 회수 쪽으로 이동한 무리는 주나라 초기 회수 유역까지 대거 이동한 서이徐夷, 회이淮夷에 동화되었다.

---

[195] 중국에서는 그동안 산동과 하남, 강소, 안휘 등 그들 동부지역에서 대문구大汶口, 용산龍山문화와 같은 고고학적으로 발견된 신석기문화를 동이문화로 규정하며, 최근에는 이 지역을 통틀어 해대문화구海岱文化區라는 개념으로 많이 부르고 있다.

[196] 夷有九種 曰: 畎夷, 于夷, 方夷, 黃夷, 白夷, 赤夷, 玄夷, 風夷, 陽夷(『후한서』).

[197] 조이의 한 갈래인 황이의 후예가 세운 나라에 황국이 있다. 연산 이북의 황수黃水에서 기원한 것으로 보며 남쪽으로 하남의 내황內黃, 외황外黃, 황구黃溝, 황지黃池, 황정黃亭 일대로 이주하여 화하족과 교류하다가 산서 분수汾水 하류로 들어가 황국을 세웠다. 다른 한 갈래는 산동 황黃현의 황산黃山, 황성黃城으로 남하하여 상나라 중기에 다시 남쪽으로 하남 황천潢川으로 이주하여 황국을 세웠다. 주나라 때는 황국을 황자국黃子國이라 불렀으며 BCE 648년에 초나라에 의해 멸망되었다. 그 유민遺民은 호북, 광서 등지로 이주하여 장족壯族, 요족瑤族이 되었다(허광웨何光岳, 같은 책, 36쪽).

[198] 허광웨는 동이를 풍風, 곡嚳, 순舜, 언偃, 영嬴, 조鳥의 다섯 개 큰 지파로 분류하기도 한다(허광웨何光岳, 같은 책, 94쪽).

조이鳥夷 | 조이는 동이의 한 갈래로 본래 **새를 토템**으로 한 부족을 가리킨다. 동이는 처음에 하북성 역수易水 및 연산燕山 일대에 분포하다가 인구가 증가하고 씨족 조직이 분열함에 따라 중국의 하상夏商 시기에 인이人夷, 조이鳥夷[199], 욱이郁夷 세 갈래로 나누어졌다. **상주**商周 **시대**에 인이가 쇠락하는 반면에 조이는 번창하기 시작하였으므로 이때의 **동이는 대부분 조이**를 가리킨다. 하지만 조이의 여러 부족을 여전히 동이, 즉 **이방**夷方이라 지칭하였다. 조이는 하나라 중기에 이미 산동반도에 광범위하게 분포되어 있었다. 상商나라가 멸망한 후에 상의 남은 부족인 무경武庚 등과 연합하여 주인周人들의 동쪽 침범에 대처하였다.[200]

조이의 한 갈래로 황이가 있었는데 초나라에 망한 뒤로 남쪽으로 이동하여 일부가 **장**壯족이 되었다. 장족은 중국 소수 민족 중 인구가 1,600만여 명으로 가장 많고, 주요 분포지인 광서장족자치구에 장족 총 인구의 88%가 거주한다. 그 거주 지역은 산이 많고 평지가 적으며 산, 구릉이 대부분이다. 선진先秦 시대 양자강 중하류 이남에서 동남 연해 지대에 '**백월**百越'이라 불리며 광범위하게 분포해 있었는데 '서구西甌', '낙월駱越'이 그 중의 일부다. 다신을 신앙하여 천신, 뇌신, 토지신, 거석신巨石神, 수신樹神 등을 숭배한다. 포락타布洛陀(장족 말로 '산 속 노인', '모르는 것이 없는 노인'이란 뜻)라고 하는 신화의 인물을 시조로 받든다.[201]

태호족太昊族 | 조이 중에서 최초로 남쪽으로 옮겨 간 동이가 태호족으로, 태호는 새를 숭상하고 태양을 숭배했다.[202] 특히 태호太昊의 '호皞'는 뒤에 '호昊'로 표기했

---

199) 하夏·상商 시기에 다시 세 갈래로 나뉘어졌는데, 하나는 산동에서 강회江淮(회수와 양자강)로 남하南下하고, 다른 하나는 서쪽으로 하남, 산서, 섬서까지, 또 다른 하나는 북으로 내몽골과 동북을 거쳐 한반도 및 흑룡강 이북까지 옮겨 갔다고 한다. 다만 조이에서 갈라져 나온 풍이風夷는 산동에 남았다고 한다(허광웨何光岳, 같은 책, 1쪽).

200) 조이의 한 갈래인 영嬴씨, 풍風씨, 언偃씨의 제후국은 포고蒲姑, 격鬲, 담譚, 진秦, 제齊, 엄奄, 회이淮夷, 육六 등 26개 방국邦國을 형성하였다(허광웨何光岳, 같은 책, 1~3쪽, 5~7쪽).

201) 中國少數民族修訂編輯委員會,『中國少數民族』, 2009.

202) 고대 동이의 태양 숭배는 '부상扶桑신화'를 창조하였다. 부상은 부목扶木, 부상榑桑, 약목若木 등으로도 부르며 신화 속에서는 모두 일출하는 곳에 있는 커다란 태양나무를 가리킨다. 이 태양 신수神樹는 태양과 태양 신조神鳥와 삼위일체로 실제로는 대지 숭배, 태양 숭배와 새 토템, 조상 숭배가 서로 결합된 결과물이다. 이러한 의미에서 부상의 원형은 고대 이인夷人이 천지, 조상에게 제사를 지내는 사수社樹(고대에 토지를 봉하는 것을 사社라고 하며, 각자 그 땅에 적합하게 심은 나무를 사수라고 한다)라고 본다. 중국 고대인의 태양문화 의식은 제일 먼저 동방 이인夷人의 땅인 동부 연해 지역에서 비롯된 것으로 보며, 그 후 점차 서, 북, 남 여러 지역으로 전파되었다고 할 수 있다. 후세

지만 옛 경서에서는 '皞'(흴 호, 밝을 호)로 표기했다. '호皞'는 '백白'자 두 개와 '본本' 자를 합성하여 본래 **'밝달족**[白族]'임을 나타냈다. 푸쓰녠傅斯年은 "태호太皞와 태호太昊는 동일한 말이니, 옛 경서에서 흔히 '복희씨伏羲氏'나 '포희씨庖犧氏'로 일컬어졌다"라고 하였다. 태호太昊, 소호少昊의 '호昊' 자를 고전에서는 대부분 '호皞' 또는 '호皓', '호浩', '역睪(빛)' 등으로 썼으나 지금은 대부분 '호昊' 자를 쓴다. 대개 동이족의 칭호로 쓰이는 '호皞'와 '호皓'는 본래 **'해가 떠오르는 모습'** 곧 아침 햇살이 처음 비추는 모습이다. 비록 뒤에 '호昊' 자를 썼지만 그 역시 태양이 하늘을 지나가는 것 또는 태양의 광명을 나타낸다고 할 수 있다.

태호의 소위 풍風씨 성에 대해 학자들은 실은 '봉鳳'203)씨라고 보고 있다. **'풍風·봉鳳'** 두 글자는 같이 쓰이며 갑골문에서도 '봉' 자를 '풍' 자로 본다. 이것은 태호족이 원래는 봉황새를 최고 토템으로 했음을 나타낸다.

태호족은 원래 지금의 산동 중남부, 강소성 북부, 황하 연안 지대에 분포하면서 산동 곡부 일대를 활동 중심지로 하였다. 그 후 점차 서쪽으로 중원 땅을 경략하면서 지금의 하남 **회양**淮陽 일대로 이동하였을 것으로 본다.

풍이風夷 | 풍이는 조이에서 가장 먼저 크게 발전한 한 갈래로, **복희의 후예**이다. 산동에 남은 풍이는 하상夏商 때에 임任, 숙宿, 수구須句, 전유顓臾, 제齊 등 소국을 건립하였다.204)

소호족少昊族 | 소호족도 조이鳥夷의 한 갈래로 태호족太昊族 다음으로 산동성 지역에 거주하며 태호족과 함께 새를 토템으로 하는 조족鳥族 연맹체를 이루었다. 소호족은 원래 지금의 산동 북부에서 발해 연안 지역까지 분포하였고, 그 후 세력을

에 설정한 삼황오제 계통은 대체로 태호복희가 가장 이른데 그것은 태호가 최초의 태양신격 영속 신령屬神이라는 것을 반영해 주고 있다(장푸샹張富祥, 같은 책, 102쪽, 109쪽).

203) 봉鳳의 원형은 곧 고대인이 현조玄鳥라 부른 제비[燕]이다. 『이아爾雅』에는 '언鷗(봉황의 별칭)' 이 '봉鳳'이라고 해석하였는데 언鷗은 연燕이며, 검은색이므로 현조라고도 부른다. 연燕, 봉鳳은 일찍이 분화되었으므로 소호가 새 이름으로 벼슬[鳥官]을 만든 정부기관에는 봉조鳳鳥씨와 현조玄鳥씨를 같이 배열시켰다(장푸샹張富祥, 같은 책, 129쪽).

204) 『태백일사』 「신시본기」에 "복희는 신시에서 출생하였다. …그 후예가 풍산에 나뉘어 살면서 역시 풍風으로 성을 삼았다. 후에 패佩·관觀·임任·기己·포庖·리理·사姒·팽彭 여덟 씨족으로 나뉘어졌다[伏羲, 出自神市…後裔, 分居于風山, 亦姓風. 後遂分爲佩·觀·任·己·庖·理·姒·彭 八氏也]"라고 하여 '한·중·일 3국의 성씨에 대한 기원'을 자세히 밝혀 준다.

점차 서쪽과 남쪽으로 이동, 확장하면서 태호족을 대체하였다. 태호족과 마찬가지로 **곡부** 일대를 중심지로 하여 중원 세력에 대적하는 주요 세력이었다.

유궁씨 후예有窮後羿 | 유궁씨 후예後羿는 **산동 곡부의 궁상**窮桑**에서 발흥**하였으나 후에 발해 연안에 있는 산동 격鬲현으로 이주하여 소호씨 언偃씨 성의 한 갈래가 되었다. 그러나 혹자는 순舜의 고조 궁선窮蟬과 공동 조상으로 보기도 한다. 유궁은 순의 부락 연맹에 가입하여 순을 도와 대풍大風, 수사修蛇, 십일十日 등 강력한 부락을 몰아냄으로써 **동이족이 황하 중하류에 정착하는 기반**을 다져 주었다. 후에 하夏나라 태강太康의 정권을 빼앗고 하백河伯씨를 멸하여 하남 낙양 일대로 이주했다. 동이족의 다른 한 갈래인 한착寒浞에게 다시 정권을 빼앗기고 남쪽인 안휘성 곽구霍邱의 궁곡窮穀, 궁수窮水로 이주하였으며, 춘추시대에는 초나라의 백성이 되었다. 다른 한 갈래인 예인羿人은 초楚나라 사람을 따라 서남쪽의 운남雲南, 귀주貴州, 사천四川 등지로 이주하였다.205)

엄이奄夷 | 엄奄은 본래 부족명이다. 엄족은 **상**商**나라 때 산동 서남에 국가를 세웠다**. 엄족은 영嬴씨 성이고 동이 백익부에서 비롯되었다. 엄국은 주나라 초기에 상의 마지막 왕 주紂의 아들인 무경武庚의 '복국複國'전쟁을 지지했지만, 결국 주공이 동쪽을 정벌할 때 포고蒲姑(또는 박고薄姑)씨와 함께 주周에게 멸망당했다. 전통적으로는 엄국이 지금의 곡부曲阜 또는 그 부근에 있었다고 본다.206)

남이藍夷 | 남이는 **산동반도에서 시작된 동이족의 한 갈래**로, 남청색의 원료인 남전藍靛을 심어 옷감을 남색으로 물들여 의복을 지었다. 상나라의 중정仲丁, 하단갑河亶甲 때 전쟁을 벌이기도 했고, 산동에서 하남, 호북, 호남을 거쳐 남하하여 요족瑤族과 융합, 요족의 큰 성씨 중 하나가 되었다.

춘추 초기에 남이가 대거 이주한 남쪽의 호남 남전藍田은 원래 요족瑤族의 영역으로, 남이는 이곳으로 이주한 후 대부분 요족이 되었다. 지금도 상녕常寧, 수녕綏寧, 남산藍山 등에 분포한 요족 중에 남씨 성이 매우 많다고 한다.207) 그 후 요족에서

---

205) 허광웨何光岳, 같은 책, 310쪽.
206) 장푸샹張富祥, 같은 책, 514~517쪽.
207) 허광웨何光岳, '藍夷的來源和遷徙-兼論瑤·畬·苗族的藍氏', 吉首大學學報(社會科學版), 1989.

한 갈래가 갈라져 나와 다른 씨족과 결합하여 **사족**畲族의 4대 성씨인 반盤, 남藍, 뇌雷, 종鍾씨가 되었다. 다른 한 갈래인 남이는 묘족과 융합하였다.

중국 소수민족인 요족은 주로 광서廣西, 호남湖南, 광동廣東, 운남雲南, 귀주貴州에 분포해 있는데 그 중 **광서**에 가장 많이 산다. 마을신, 가택신, 수신水神, 풍신, 우신, 뇌신, 수신樹神, 산신 등을 모시며 명절 때마다 제를 지낸다. 요족의 명칭은 기원 전설, 생산방식, 거주와 복식 등 특징에 따라 반요盤瑤, 과산요過山瑤, 화요花瑤, 남전남藍靛藍, 평지요平地瑤 등 30여 개의 호칭이 있다.[208]

사족의 90%는 복건, 절강의 산간지역에 분포하고 있다. 그들은 스스로 '산합山哈' 또는 '산달山達'이라 부르는데 '합哈', '달達'은 사어로 '손님'이라는 뜻으로 '산합'은 산 속 사람 또는 산속에 거주하는 손님을 말한다. 사족의 기원에 대해서는 '사畲, 요瑤의 근원이 같다'는 설과 고대 '월인越人'의 후예라는 설이 있다. 사족과 요족은 씨족 토템이나 성씨가 같은 면이 많아 두 족속의 기원이 아주 밀접하다는 것을 알 수 있다. 고대 월인의 후예라는 설은 월과 동일한 창세신화, 같은 생산방식, 동일한 풍습 등이 있다는 점에 근거한다. 이것을 볼 때 사족이 북방에서 내려온 동이족과 원주민이 결합하여 생성됐다고 추정할 수 있다.[209]

회이淮夷 | 회이도 조이의 한 갈래이므로 발원지를 하북 연산 일대로 본다. 회이는 하夏·상商·주周를 거치는 동안 해안을 따라 남쪽으로 회수 이남까지 이동하였고 춘추 말년에 초나라에 합병되었다. 갑골문에서는 회이를 가이佳夷라고 하였다.[210] 회이는 지금의 회대淮岱 지역의 고대 이인夷人을 특정적으로 가리키는 명칭이 아니고, 산동반도에 있던 동이족의 분화 및 이동과 관련이 있다. 따라서 습관적으로 부르는 회이는 대체로 동이에서 분화되어 나온 종족에 대한 전문 호칭이라 할 수 있다.[211]

욱이郁夷 | 유족有族은 우이禺夷, 우이嵎夷, 욱이郁夷라 하며 우씨禺氏, 우지禺知라고도 한다. 호胡, 하夏와 동족이며 산동, 강소 접경지대에서 점차 황하 남쪽 기슭을 따라 끊임없이 서쪽으로 이주하였다. 한 갈래는 하남 중부의 유수洧水 일대에 정착하여 나

---

208) 中國少數民族修訂編輯委員會, 『中國少數民族』, 2009.
209) 中國少數民族修訂編輯委員會, 같은 책.
210) 허광웨何光岳, 같은 책, 72쪽.
211) 장푸샹張富祥, 같은 책, 457쪽.

라를 세웠다. 다른 한 갈래는 계속 유목생활을 하면서 황하 동쪽 기슭을 따라 북쪽으로 하서회랑河西回廊을 따라 이주하였다. 이렇게 이주한 족속을 우지禹知라 불렀고 그 후에는 **대월**大月**씨**라 불렀다. 대월씨는 흉노족의 핍박으로 대부분 북쪽 이리하伊犁河 유역으로 이주하였다. 후에 오손烏孫에 의해 패망하고 서쪽으로 중앙아시아와 아프가니스탄 일대로 이주하여 강대한 **대월씨 제국**을 건립하였다. 갠지스 강 및 인더스 강 중상류 일대를 침입하여 현지인과 결합하여 라지푸트Rajput 부족을 형성하였고 이 부족은 각기 많은 왕국을 세워 **인도 역사에 큰 영향**을 미쳤다.[212]

서이徐夷 | 서이는 오랫동안 회이淮夷 집단에서도 두각을 나타냈기 때문에 후세 사람들이 흔히 '서회이徐淮夷'라고도 불렀다. 고전에서 흔히 보이는 서방徐方은 **회이의 핵심을 이루는 세력**이었을 것으로 보고 있다. 족원族源으로 봤을 때 서이는 영嬴씨 성이고 본래 동이 백익부伯益部의 후예이다.[213]

서이는 은허 복사에서 '호방虎方'이라 불렸고, 청동기의 명문에서도 서족 스스로 '호虎'라 하였다. **서이의 호족은 동방의 토착민**으로서 춘추 시대 이후 오吳, 월越, 초楚 문화의 중요한 원천일 뿐만 아니라 제齊, 진陳 문화에 직접적인 영향을 주었고 진시황이 문자를 통일하는 데에도 매우 큰 역할을 하였다.[214]

파족巴族 | 『삼국지』에서 유비劉備가 제갈량의 도움을 얻어 세운 촉한蜀漢은 중국 사천四川성 일대로 파巴와 촉蜀이라 불리던 지역이다. 이 지역으로 이주해 개척한 파인巴人도 동이東夷 중 **서이**徐夷**의 한 갈래**에 속한다. 파인巴人의 최초 거주지는 **안휘성 회수**淮水 유역이며, 상商나라 때는 이미 산서성 동남 일대로 이주하여 파족巴族을 이루었다. 주나라가 상을 무너뜨린 뒤, 이들은 활동 중심지를 남쪽으로 하남성, 섬서성, 호북성에 있는 한수漢水 중상류로 옮겼고 춘추전국 즈음에는 지금의 중경重慶 동부로 이동하였다.[215]

파巴의 계보에 대해 고대 문헌 중 『산해경山海經』 해내경海內經에서는 "서남에 파국

---

212) 허광웨何光岳, 같은 책, 249쪽.
213) 장푸샹張富祥, 같은 책, 460쪽.
214) 리바이펑李白鳳, 같은 책, 14쪽, 99쪽.
215) 양밍楊銘, '巴人源出東夷考', 『歷史硏究』1999년 제6호, 36쪽.

이 있는데, 대호大皞가 함조咸鳥를 낳고 함조가 승리乘厘를 낳았고 승리가 후조後照를 낳고, 후조는 파巴의 시조가 되었다"216)라고 하였다. 여기에 언급된 대호는 곧 태호太昊씨이다.

파巴의 명칭 기원에 대해서 동물설, 식물설, 지형설, 수컷설 등 여러 설이 있는데, 양밍楊銘은 산서山西, 섬서陝西, 하남河南의 방언에 보이는 호랑이에 대한 호칭과 파인이 스스로 호인虎人이라 부르는 것과 연관성이 있다고 본다.217) 선진先秦시기부터 한漢나라까지 섬서, 산서, 하남 3성의 접경지대에서 호랑이를 지방 사투리로 '백도伯都'라 불렀으며, 산서 남부와 호북湖北 서부에서 일컫던 지명인 '파공巴公'이 '백도伯都'와 발음이 거의 비슷하다고 한다. 따라서 '파공'과 '백도'에서 '파'와 '백'은 한나라 이전 산서, 섬서, 하남 일대에서 호랑이를 부르는 호칭이었다고 한다.218)

앞에서 파족이 서이徐夷의 후예라 하였는데 이 서이에 '호랑이'라는 뜻이 담겨 있다. 또 '호虎'는 '서徐'의 본래 호칭이고 출토된 유물에도 서인徐人은 '호족虎族'이라 자칭하였으며, 상商나라 사람들은 '**호방**虎方'이라 불렀다. 그리고 '**서**徐', '**호**虎', '**초**楚'는 동음자를 다르게 쓴 것이고, **서**徐**의 본래 뜻은 '호**虎**'로 파**巴**의 뜻과 같다**는 것이다.219) 그러므로 파족은, **환웅족과 결합하지 못한 호족의 후예**라고 추측해 볼 수 있다.

동이족 명칭

동이 명칭	
	견이畎夷 우이于夷 방이方夷 황이黃夷 백이白夷 적이赤夷 현이玄夷 풍이風夷 양이陽夷 (이상『후한서』「동이전」의 구이)
	조이鳥夷 우이嵎夷 인이人夷(인방人方) 회이淮夷 서이徐夷 개이介夷 내이萊夷 도이島夷 엄이奄夷 남이藍夷 욱이郁夷 등

---

216) 西南有巴國, 大皞生鹹鳥, 鹹鳥生乘厘, 乘厘生後照, 後照是始爲巴人(『산해경』「해내경」).
217) 『후한서後漢書』「남만전南蠻傳」에 파의 임금인 "늠군廩君이 죽은 후 백호로 화했다廩君死, 魂魄世爲白虎"라는 기록에서 호랑이를 숭배하는 증거로 여기고 있다.
218) 현대 몽골어족 중에서 '파'를 호랑이를 칭하는 언어로는 토족어土族語 bas, 싸라어撒拉語 bas, 몽골어 bar, 동부東部 유고어裕固語 bares 등이 있다.
219) 리바이펑李白鳳, 같은 책, 99~111쪽.

동이족 분류

인이人夷 (인방人方)	동방인 산동반도에 있었으므로 동이라 부름. 조이, 풍이로 갈라짐. 중국 고대 민족 문화는 주로 이방夷方에서 옴. 동이 중에서 상商과 항상 충돌. 하夏·상商 대에 산동, 하남 동부, 안휘 북부, 강소 북부 일대에 분포하여 방국 형성: 유攸(휴休), 수修, 조條, 숙儵 등.
조이鳥夷	시조 소호少昊씨. 순舜, 백익伯益, 고도皐陶, 고신高辛씨, 상商, 가이佳夷(회이淮夷), 서이徐夷 등으로 분파. 영嬴씨, 풍風씨, 언偃씨 등이 26개 방국邦國 형성: 포고蒲姑, 격鬲, 담譚, 진秦, 제齊, 엄奄, 육六, 담郯, 현弦, 백白, 치眞, 곡穀, 복複, 황黃, 서舒 등.
태호太昊족	산동 중남부, 강소성 북부, 황하 연안지대에 분포. 산동 곡부 일대를 활동 중심지로 삼다가 점차 지금의 하남 회양淮陽 일대로 이동. 새를 토템으로 삼았고 특히 봉황을 최고의 토템으로 삼음. 태양을 숭배. 인류 최초의 성씨인 풍씨는 15대 만에 사라지고 뒤에 패佩, 관觀, 임任, 기己, 포庖, 이理, 사姒, 팽彭이라는 여덟 성으로 분파.
풍이風夷	시조 태호太昊씨. 임任, 숙宿, 수구須句, 전유顓臾, 제齊 등 건립. 남이藍夷와 한 족속.
소호少昊족	조이鳥夷의 한 갈래로 태호족太昊族 다음으로 산동성 지역에 거주. 새를 토템으로 삼음. 산동 북부에서 발해 연안 지역까지 분포. 그 후 세력을 서쪽과 남쪽으로 확장하면서 태호족을 대체하고 곡부 일대를 중심지로 하여 중원 세력과 대적.
엄이奄夷	엄奄은 본래 성姓이면서 부족명. 상商 대에 산동 곡부 부근에 국가를 세움. 영嬴씨이며 동이 백익부에서 비롯됨. 주나라 초기 무경武庚의 '복국復國' 전쟁을 지지했지만 주공의 정벌로 멸망.
유궁有窮씨	산동 곡부에서 발흥하여 발해 연안에 있는 산동 격鬲현으로 이주하여 소호씨 언偃성의 한 갈래가 됨. 순의 부락연맹에 가입하여 순을 도와 동이족이 황하 중하류에 정착하는데 기여. 후에 하夏나라 태강太康의 정권을 빼앗고 하백河伯씨를 멸하여 하남 낙양 일대로 이주. 동이족의 다른 갈래인 한착寒浞에게 정권을 빼앗기고 남쪽인 안휘성으로 이주, 춘추시대 초나라에게 멸망. 다른 갈래는 서남쪽에 있는 운남雲南, 귀주貴州, 사천四川 등지로 이주.
남이藍夷	산동반도에서 시작된 동이족의 한 갈래. 산동에서 하남, 호북, 호남을 거쳐 남쪽으로 이주하여 요족瑤族과 융합. 다시 요족에서 갈라져 나온 한 갈래가 사족畲族 및 묘족과 융합. 상나라 초기에 서쪽으로 산서 둔류屯留현 남수藍水로 이주.
회이淮夷	조이의 한 갈래로 하夏·상商·주周를 거치는 동안 해안을 따라 남쪽으로 회수 이남까지 이동, 춘추 말년에 초나라에 합병. 갑골문에서는 가이佳夷라 함.

욱이郁夷	유족有族, 우이禺夷, 우이嵎夷라고도 함. 호胡, 하夏와 동족. 산동, 강소 접경지대에서 유목생활을 하다가 북쪽으로 하서회랑河西回廊을 따라 이주하여 대월大月씨가 됨. 대월씨는 흉노와 오손烏孫에게 밀려 서쪽 중앙아시아 일대로 이주하여 대월씨 제국을 건립. 북인도에 침입하여 현지인과 결합, 라지푸트Rajput 부족을 형성하여 인도 역사에 큰 영향을 미침.
서이徐夷	성이 영嬴씨이고 동이 백익부伯益部의 후예. 오랫동안 회이淮夷 집단에서 두각을 나타냈기 때문에 '서회이徐淮夷'라고도 부름. 동방에 있던 회이의 핵심 세력으로 봄.
파巴	성이 영嬴씨이고 태호 또는 소호씨의 후예. 서이徐夷의 별파로 봄. 산서 남부 지역으로 이동했다가 상나라가 망할 때 남쪽으로 이동하여 주류는 지금의 사천성 일대에 정착. 호랑이를 숭배. 파巴國와 촉蜀國을 건립.

중국 소수민족 분포 지역과 인구 구성 (2006년 기준)

오늘날 중국에는 한漢족을 포함하여 **56개 민족**이 있다. 그 중 한족은 인구의 약 92%를 차지하고 기타 55개 민족은 8~9%에 불과해 소수민족이라 불린다. 소수민족은 한족에 비해 인구는 적지만 **중국 국토의 60% 이상을 차지**하고 있어 중국 중앙정부는 이들이 독립하는 것을 막기 위해 '서남공정'과 '서북공정', '동북공정'으로 역사왜곡 정책까지 벌이며 필사적인 노력을 기울이고 있다.

즉 서북공정西北工程은 위구르족의 역사를, 서남공정西南工程은 티베트의 역사를 중국 역사로 만듦으로써 현재도 끊임없이 독립투쟁을 벌이고 있는 신강위구르 자치구와 티베트 지역을 확고히 지배하려는 국가 차원의 정치적 연구 작업이다. 특히 동북공정은 만주 지역의 고조선·고구려·발해 역사를 중국 역사로 편입시키는 것은 물론 궁극적으로 한반도까지 자국의 실질적인 영향권에 넣어 좌지우지하여 중화주의의 패권을 완성하려는 것이다. 이러한 공정들은 '통일적 다민족국가론'에 입각하여 현재의 중국 국경 안에서 전개된 모든 역사를 중국 역사로 규정하고 이를 정치적, 이론적으로 확립시키기 위한 연구 정책이다. 통일적 다민족국가론에 따르면, 현재 중국 땅에 있는 모든 민족은 하나의 중화민족으로 융합되어 왔기 때문에, 각 민족의 역사는 중국의 역사이고 그 영토도 중국에 귀속된다는 것이다.

	민족명	인구 수	인구 비율(%)	분포지역(성省, 시市)
1	한족漢族	1,200,000,000	92	중국 전역, 황하·양자강·주강 유역과 송요평원에 집중
2	장족壯族	16,178,811	1.24	광서, 운남, 광동
3	만주족滿族	10,682,262	0.82	요령, 하북, 흑룡강, 길림, 내몽골, 북경
4	회족回族	9,816,805	0.75	영하, 감숙, 하남, 신강, 청해, 운남, 하북, 산동, 안휘, 요령, 북경, 내몽골, 천진, 흑룡강, 섬서, 귀주, 길림, 강소, 사천
5	묘족苗族	8,940,116	0.68	귀주, 호남, 운남, 광서, 중경, 호북, 사천
6	위구르족維吾爾族	8,399,393	0.64	신강
7	토가족土家族	8,028,133	0.61	호남, 호북, 중경, 귀주
8	이족彝族	7,762,272	0.59	운남, 사천, 귀주
9	몽골족蒙古族	5,813,947	0.44	내몽골, 요령, 길림, 하북, 흑룡강, 신강
10	티베트족藏族	5,416,021	0.41	티베트(서장), 사천, 청해, 감숙, 운남
11	부이족布依族	2,971,460	0.22	귀주
12	동족侗族	2,960,293	0.22	귀주, 호남, 광서
13	요족瑤族	2,637,421	0.20	광서, 호남, 운남, 광동
14	조선족朝鮮族	1,923,842	0.14	길림, 흑룡강, 요령
15	백족白族	1,858,063	0.14	운남, 귀주, 호남
16	하니족哈尼族	1,439,673	0.11	운남
17	카자흐족哈薩克族	1,250,458	0.095	신강
18	여족黎族	1,247,814	0.095	해남
19	태족傣族	1,158,989	0.088	운남
20	사족畲族	709,592	0.054	복건, 절강, 강서, 광동
21	율속족傈僳族	634,912	0.048	운남, 사천
22	흘료족仡佬族	579,357	0.044	귀주
23	동향족東鄕族	513,805	0.039	감숙, 신강
24	라후족拉祜族	453,705	0.034	운남
25	수족水族	406,902	0.031	귀주, 광서
26	와족佤族	396,610	0.03	운남
27	나시족納西族	308,839	0.023	운남

	민족명	인구 수	인구 비율(%)	분포지역(성省, 시市)
28	강족羌族	306,072	0.023	사천
29	토족土族	241,198	0.018	청해, 감숙
30	무로족仫佬族	207,352	0.015	광서
31	석백족錫伯族	188,824	0.014	요령, 신강
32	키르키스족柯爾孜族	160,823	0.012	신강
33	달알이족達斡爾族	132,394	0.01	내몽골, 흑룡강
34	경파족景頗族	132,143	0.01	운남
35	모남족毛南族	107,166	0.008	광서
36	살랍족撒拉族	104,503	0.008	청해
37	포랑족布朗族	91,882	0.007	운남
38	타지크족塔吉克族	41,028	0.0031	신강
39	아창족阿昌族	33,936	0.0026	운남
40	보미족普米族	33,600	0.0026	운남
41	악온극족鄂溫克族	30,505	0.0023	내몽골
42	노족怒族	28,759	0.0022	운남
43	경족京族	22,517	0.0017	광서
44	기낙족基諾族	20,899	0.0016	운남
45	덕앙족德昂族	17,935	0.0014	운남
46	보안족保安族	16,505	0.0013	감숙
47	아라사족俄羅斯族	15,609	0.0012	신강, 흑룡강
48	유고족裕固族	13,719	0.0011	감숙
49	우즈베크족烏孜別克族	12,370	0.0009	신강
50	문파족門巴族	8,923	0.0007	티베트
51	악륜춘족鄂倫春族	8,196	0.0006	흑룡강, 내몽골
52	독룡족獨龍族	7,426	0.0006	운남
53	타타르족塔塔爾族	4,890	0.0004	신강
54	혁철족赫哲族	4,640	0.0004	흑룡강
55	고산족高山族	4,461	0.0003	대만, 복건
56	낙파족珞巴族	2,965	0.0002	티베트

중원 대륙을 뒤흔든 동이족 영웅, 서언왕徐偃王

서徐[1]나라 언왕偃王은 군대를 일으켜 36국의 조공을 받는 광활한 제국을 건설하고 주나라를 망국의 위기에 몰아넣은 동이족의 대영웅이었다. 지금은 역사의 뿌리가 단절되어 그 이름조차 모르고 있지만, 『후한서』「동이전」 서문에는 우리 상고사의 잊혀진 영웅 서언왕과 서이徐夷에 대해 "3대 강왕康王 때 숙신이 다시 왔고 뒤에 서이가 왕호를 일컫고 구이九夷를 이끌어 주나라를 쳤다. 이때 서쪽으로 그 세력이 성한 것을 두려워하여 동북지방의 제후들을 나누어 주고 서언왕을 시켜 이들을 치도록 했다"라고 상세히 기록되어 있다.

서국徐國의 뿌리는 고조선이다. BCE 1263년 23세 아홀단군이 중국 동부 해안지역을 평정하고 영고盈古씨를 서徐 땅에 임명한 것이 서국의 기원이다. 『박물지』는 서언왕의 출생을 이렇게 기록하였다. "서군徐君의 궁인宮人이 알을 낳았는데 상서롭지 못하다 하여 물가에 갖다 버렸다. 어떤 사람이 이것을 주워서 따뜻하게 감싸 주었더니 아이가 나왔는데 이름을 언偃이라 했다. 궁인이 알에서 아이가 나왔다는 말을 듣고 달려가 다시 데려다가 대를 잇게 하여 서군을 삼았다. 그는 신이한 사람이었다. 무원현 동쪽 십 리에 서산의 돌집으로 된 사당이 있다. 서언왕은 진陳, 채蔡 사이를 드나들면서 주궁朱弓과 주시朱矢를 얻었다. 이것은 하늘의 상서로움을 얻었다 하여 언왕이라 하였다." 이 기록에 보이는 언왕의 탄생설화는 한민족 고유의 설화 유형인 난생설화이다. 이 난생설화는 동명왕 고두막한과 고구려 시조 고주몽의 설화와도 완전히 일치하는 것이다. 이러한 난생설화는 중원을 뒤흔든 **서이, 회이가 고조선계**라는 것을 뒷받침하며, 선진 시대의 동이와 고조선의 관련성을 입증하는 근거라 할 수 있다.

그렇다면 중국 문헌에서는 서국의 강대함을 어떻게 기록하였을까?

『문헌통고』 264권에는 서국이 순舜의 신하 백예柏翳 즉 백익伯益의 후예라는 사실이

---

[1] 서씨 성은 영嬴씨에서 비롯되었고, 고요皐陶의 후예다. 고요가 백익伯益을 낳았고, 백익은 우禹를 보좌해 공을 세웠다. 우가 백익의 아들 약목若木을 서徐에 봉하여 서나라를 세웠다. 약목에서 언왕偃王까지 32대를 이어가다가 주나라에게 멸망되었다. 후에 주 목왕이 언왕偃王의 아들 종宗을 서자徐子로 명명하고 서국徐國을 회복하였다. 서자 종의 11세 손인 장우章禹에 이르러 서나라는 오나라에게 멸망되었는데 장우의 자손은 나라 이름인 서를 성씨로 취하였다. 유명한 인물로는 진시황 때의 낭야琅琊 방사方士 서복徐福(서불徐巿)이 있다. 서나라의 옛 땅은 오늘날 강소성 서북부와 안휘성 동북부이다(지씨우-친籍秀琴, 『中國姓氏源流史』, 25~26쪽).

기록되어 있다. 그리고 "서주 시대에 동이 국가 서국은 항상 위협적인 존재였고 특히 서언왕 시기에는 '제후에게 조회를 받고 천하를 소유할[朝諸候, 有天下]'의사를 가질 만큼 강대한 국가였다"라고 기록되어 있다.[2] 이처럼 서주와 동이는 주종관계가 아니라 상호 대등한 관계였고, 서언왕 시기에는 오히려 동이가 우위를 점하고 있었다.

『태평환우기太平寰宇記』 16권에는 "주 목왕 말년에 서군徐君 언이 덕이 있어 인의를 좋아하여 그에게 귀속한 동이 나라가 40여 국이나 되었는데, 주 목왕이 서쪽으로 순행하다가 서군의 위덕威德이 날로 멀리 미친다는 소문을 듣고 몰래 초나라 군대를 파견하여 불시에 습격하여 대파시키고 서언왕을 살해했다"라는 기록이 나온다.

이처럼 덕을 높이고 인의를 숭상한 것은 서주가 아니라 동이였다. 그럼에도 공자가 존주尊周의 대의를 내세우며 『춘추』를 통해 존화양이를 외친 것은 분명 **동양 역사 왜곡의 시작**이었다는 비판을 면할 수 없다고 하겠다.

그런데, 덕망 있는 서언왕이 중원 재패를 눈앞에 두고 몰락한 이유는 무엇일까? 반면에, **구이의 공격에 직면하여 망국 일보직전에 있었던 주나라가 사직을 지킬 수 있었던 이유**는 무엇일까?

한치윤의 『해동역사』에는, '목왕이 구이를 거느리고 서이를 쳐서 주나라를 섬기게 하였다. 서언왕이 나라를 일으킨 것은 구이로 말미암은 것이요, 목왕이 서이를 친 것은 구이이니, 구이가 구이에게 대항할 수 있으며 싸울 수 있을 것인가? 서언왕은 그래서 대항해 보지 못했다'고 하였다. 그 당시 주나라는 이미 고조선에 방물을 바치며 상국으로 받들고 있었다. 그런데 서언왕은 단군천황의 허락을 받지 않은 상황에서 주나라를 공격했다. 처음에는 구이가 모두 서언왕을 중심으로 주나라에 대항했는데 **주 목왕이 천리마를 몰아 황급히 단군의 증표를 가져와서 보여주자 구이가 도리어 주나라 편을 들게 되었고, 서언왕은 차마 동족끼리 싸울 수 없어서 전쟁을 포기했던 것이다.**[3]

결국 구이의 공격에 직면하여 망국 일보직전에 처했던 주나라가 사직을 지킬 수 있었던 이유는 이처럼 단군천황이 전쟁을 만류했기 때문이다. 목왕은 구이를 지배할 만한 힘이 없었다.

『단군세기』와 『태백일사』에 의하면 주나라는 구이족이 소요를 일으킬 때마다 고조선에 사신을 보내 값비싼 방물을 바치고 동이족의 불만을 적당히 무마하려 하였다. 『단

---

2) 심백강, 같은 책, 58~59쪽.
3) 최종철, 『환웅, 단군 9000년 비사』, 250~253쪽.

군세기』에는 춘추 시대로 들어가기 전인 BCE 1047년, BCE 943년, BCE 818년에 주나라 사람들이 단군조선에 조공했다는 기록이 나온다. 이처럼 단군천황은 마침내 BCE 909년에 주나라와 수교를 허락하고 **주의 중원 지배를 승인**하게 되었지만 주나라가 **중원의 동이족을 억압할 경우 무력으로 강력히 응징**하였다.

 중국 산동반도 남쪽에서 양자강 북쪽에 이르는 지역은 서이와 회이가 살았고 따라서 주나라가 제후를 파견하여 봉한 적이 없었다. **춘추 시대 말까지 항쟁하던 회이와 서이는 결국 전국 시대에 초나라에 흡수**되고 만다. 대부분의 역사지도집을 보면 주나라 초기부터 춘추 시대까지 이 지역이 공백으로 처리되어 있다(아래 지도의 원 안). 그 이유는 서이와 회이가 독립을 유지하고 있었기 때문이다.

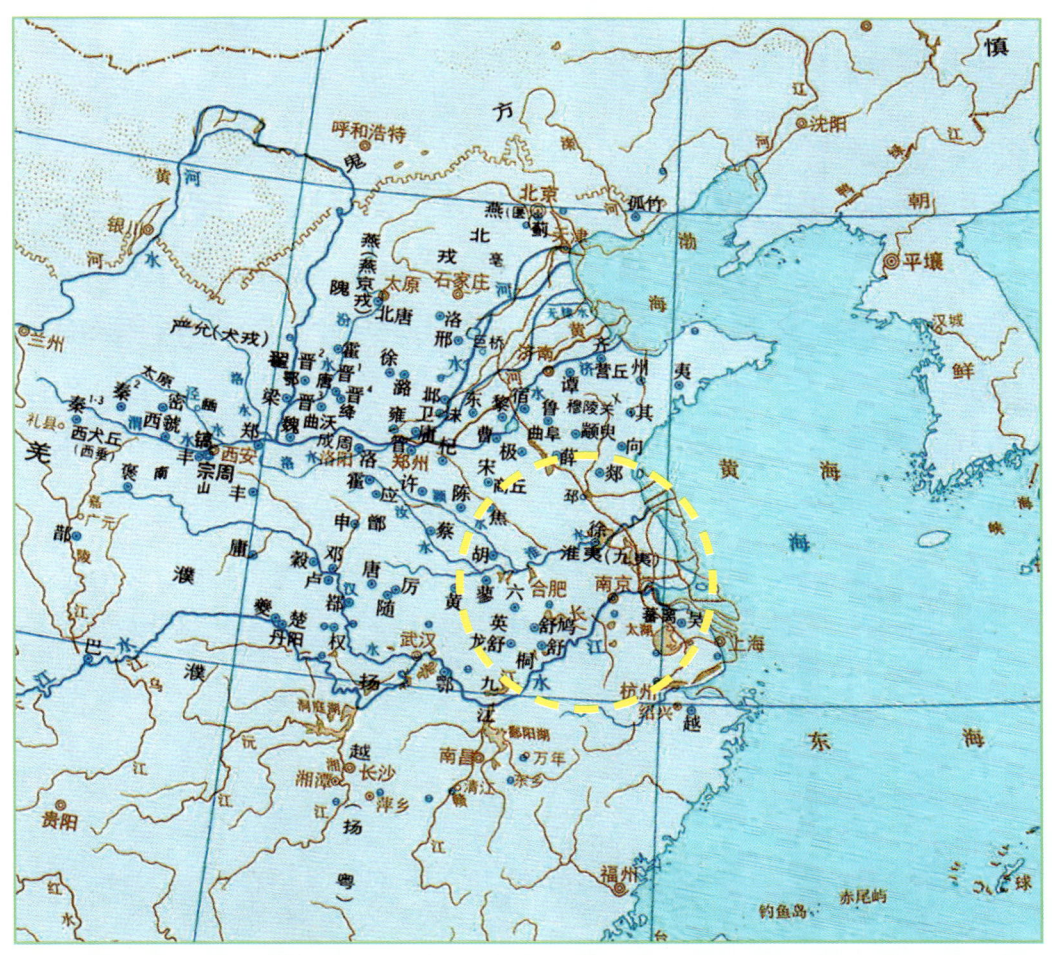

'서주시기전도西周時期全圖', 탄치샹譚其驤 주편, 『중국역사지도집中國歷史地圖集』(1996)

II. 『환단고기』가 밝혀 주는 한국사의 국통 맥　251

동이東夷와 중국 소수민족

장족 壯族

장족은 중국 소수민족 중 인구가 가장 많다. 주로 남방에 거주하며 광서 장족자치구는 장족의 주요 분포지로 장족 총 인구의 87.81%를 차지한다. 장족이 거주하는 지역은 산이 많고 농토가 적은데 산, 구릉이 토지 면적의 82% 정도를 차지한다. 동이족 조이의 한 갈래인 황이의 후예가 세운 황국이 BCE 648년 초나라에게 멸망된 후 한 갈래가 광서로 이주하여 대부분 장족이 되었다.

광서 장족자치구 백색百色시 전양田陽현 감장산敢壯山에 있는 장족 시조 포락타布洛陀상과 포락타를 참배하러 백만여 명이 한꺼번에 몰린 모습

요족 瑤族

요족의 선조는 동이족 조이의 한 갈래인 황이의 후예로 호북, 호남 쪽으로 이주하였다. 현재 광서성에 가장 많이 거주하며 대부분 해발 1,000미터 정도의 고산 지대에 산다.

요족의 전통 춤_장고를 닮은 악기와 머리에 꿩의 깃털을 꽂은 모습은 우리나라 고대 풍습과의 연관성을 생각해 보게 한다.

토가족 土家族

토가족은 중국 소수민족 중 인구가 일곱째로 많다. 주로 호남, 호북, 귀주, 중경시의 접경에 있는 구릉지대인 무릉산武陵山 일대에 분포한다. 대호大皞(太昊)씨의 후예인 고대 파인巴人이 선조라는 설이 유력하다. 토가족은 스스로 '백호의 후예'라고 부르면서 백호신白虎神을 숭배한다. 고대 파인의 최초 군장을 늠군廩君이라 한다.

상)호북성 은시시恩施市 토가제일성土家第一城에 있는 토가족의 시조 늠군의 사당.

좌)우리나라 사물놀이와 비슷한 다리우즈打溜子라는 전통악기를 연주하고 있다.

우)토가족은 예로부터 음력 12월 28일에 집집마다 우리나라의 인절미 같은 츠빠를 만들어 먹는 풍속이 있다.

월왕대 越王臺

구이九夷의 후예가 세운 월나라의 도성 유적으로 절강성 소흥紹興시 서북쪽 부산府山에 있다.

월왕구천검越王勾踐劍_1965년 겨울에 호북성 형주시荊州市 인근에 있는 망산望山의 초나라 묘군墓群에서 발견되었다. 검에는 조전鳥篆으로 "월왕구천越王勾踐, 자작용검自作用劍"이란 여덟 자가 새겨져 있다.

노국고성 魯國故城

노국고성魯國故城 유적은 산동 곡부에 있다. 서주西周 초에 건설되었고, 주노고성周魯故城, 한노고성漢魯故城, 명고성明故城, 삼공三孔, 주공묘周公廟 등으로 구성되어 있다.

노국고성 조감 전경

공자의 사당인 대성전大成殿

곡부 노국고성 유적

주국고성 邾國故城

산동성 추성시鄒城市에서 12킬로미터 떨어진 역산진嶧山鎭 기왕성촌紀王城村에 있으며, 동주시대의 도성 유적이다.

엄성淹城 유적_동주東周 시대의 성터로 강소성 무진현武進縣 호당향湖塘鄉 엄성촌淹城村에 있다. 춘추 말기에 최초로 지어졌으나 전국 이후에는 폐기되어 사용한 기간이 아주 짧다는 사실이 발굴을 통해 밝혀졌다. 주周 성왕成王이 동이를 공격할 때 엄이奄夷가 강남으로 이주하여 축조한 것으로 보인다.

삼성퇴
三星堆
유물

삼성퇴 문화는 5,000년~3,000년 전의 청동기시대 촉蜀문화 유적으로, 1986년에 사천四川성 광한廣漢시의 남흥진南興鎭 삼성퇴에서 발견되었다.

청동인물상_2호 갱에서 출토된 청동입인상靑銅立人像은 받침대가 90cm, 인물상이 172cm, 전체 높이가 261cm에 이른다.

청동 신수神樹와 신수에 장식되어 있는 신조_2호 갱에서 발굴된 청동 신수의 높이는 3.84m로 3개의 큰 가지에 각각 3개의 작은 가지가 있고 모두 27개의 과일과 아홉 마리의 새가 앉아 있는 모양이다. 한민족의 3수 사상과 신단수, 새 토템을 그대로 담은 듯한 형상이다.

부이족 布依族

부이족은 주로 귀주성에 거주한다. 부이족은 고대 '백월百越'에서 비롯되었으며 스스로 '복월濮越' 또는 '복이濮夷'라 부른다. 부이족의 복장은 대부분 청색, 남색, 백색이다.

좌) 부이족 전통악기를 연주하고있는 모습
우) 옷감에 각종 무늬를 그리는 부이족 여성

묘족 苗族

치우천황을 조상으로 받드는 묘족은 중국 양자강 이남에서 동남아시아 산간지역에 걸쳐 넓게 분포하는데 귀주, 호남, 운남 지역에 가장 많이 산다.

귀주貴州성 동남東南에 있는 묘족苗族·동족侗族자치주 마을

묘족 소녀들의 춤

이족 彝族

이족은 주로 운남성, 사천성, 귀주성, 광서장족자치구에 분포한다. 이족은 주로 고대 강羌족과 진秦, 조趙에 밀려 남하한 동이족 유우씨의 후예 등이 결합한 것으로 본다.

전통의상을 입은 이족 여성

만주족 滿州族

중국 55개 소수민족의 인구 비율에서 2위를 차지하며 대부분 요령, 하북, 흑룡강, 길림과 내몽골자치구, 북경에 분포한다. 고대에는 숙신으로도 불렸고 고구려의 한 부분을 형성했다. 고구려가 망한 후 대중상과 대조영이 대진大震국을 세우는 데 참여하였다.

만주족 샤먼 의식

만주족 옛 모습

몽골족 蒙古族

『환단고기』에 의하면 고조선의 4세 오사구단군 때 오사달을 몽골리한에 봉했는데 그 후예가 몽골족이 되었다고 한다.

몽골의 씨름 ▶

내몽골의 오보 ▶

II.『환단고기』가 밝혀 주는 한국사의 국통 맥 257

5) 인류 창세사를 다시 쓰게 한 홍산문화

동북아의 여러 신석기 문화

130년에 걸친 이라크 지역의 유적 발굴을 통해 서양 문명의 뿌리인 수메르 문명이 세상에 드러난 것에 필적하는, 20세기 동북아 최대의 발굴 사건이 있다. 요서지역(발해연안 지역)의 신석기·청동기 문화 발굴이 바로 그것이다. 프랑스인 에밀 리쌍이 1922년부터 1924년 사이에 내몽골 적봉 지역에서 신석기 유적지 22곳을 발견한 이래, 21세기인 지금까지도 발굴이 계속 진행되고 있다.[220]

요서에서 발견된 **가장 오랜 신석기 문화는 8,500년 전까지 거슬러 올라가는 소하서 문화**이다. 현지인조차 길을 찾지 못하는 오지에 위치한 소하서 유적은 당국의 문화재 신고 정책에 따라 주민이 신고함으로써 세상에 알려졌다. 중국은 이 문화를 '**인류 최고最古의 신석기 문화**'라고 규정하였다.

그런데 소하서 유적은 7,000~8,000년 전에 만들어진 **발해 연안 빗살무늬토기**[221] **와 그 연대가 일치**한다. 발해 연안 빗살무늬토기는 그 재질과 모양이 만주와 한반도에서 출토되는 빗살무늬토기와 같은 계통이다. 이것은 소하서 문명의 주인공과 동방 한민족의 강한 연관성을 보여 준다.

요서의 여러 신석기 문화 가운데 홍산문화는 세간의 가장 뜨거운 관심을 끌었다. 요령성 조양시 건평建平현과 능원凌源현의 접경지역에서 번창했던[222] **홍산문화는 신석기 말기의 문화로 '석기와 청동기를 섞어 사용한 BCE 4700~ BCE 2900년경의 문명**'이다.

---

220) 2006년 6월에도 거대 유적지가 발굴되었다. 내몽골 적봉시 오한기敖漢旗의 초모산草帽山 유적지에서 5,500년 전 적석총군이 발견되었다(중국 CCTV 보도 내용, 2006.6.10).
221) 1만 년 전 호모 사피엔스 사피엔스의 재등장과 더불어 신석기 시대가 시작되었는데, 이때부터 인류는 간기(마제석기)를 사용하고 토기를 제작하였다. 토기의 발명으로 인간은 그릇을 이용해서 물을 떠먹을 수 있게 되었고, 저장용기가 생겨서 한 곳에 정착해 농경생활을 할 수 있게 되었다. 정착생활을 함에 따라 인류는 점점 무리를 이루고 씨족을 형성했고, 그 후 부족과 국가까지 이루었다. 결론적으로 토기라는 획기적인 발명품 덕에 문명의 새벽을 열어 나간 것이다. 토기의 발명은 '인류 최초의 혁명'이다. 빗살무늬토기는 신석기 시대의 대표적 토기이다(이형구,『발해연안에서 찾은 한국 고대문화의 비밀』, 86쪽 ; 이형구·이기환,『코리안 루트를 찾아서』, 95쪽).
222) 요령성 조양시 덕보박물관장 왕동리에 의하면, 현재 홍산문화 발굴지는 내몽골의 서부와 요령성의 동부에 집중되어 있지만, 중국 국경을 벗어난 몽골에도 홍산문화 유적이 존재한다. 그래서 도굴업자들이 요즘은 몽골지역까지 손을 뻗쳤다고 한다(상생방송STB,〈초청특강〉, "요령성 덕보박물관장이 밝히는 홍산문화", 2012.5.9).

1954년에 중국 학자 인다尹達는, 철광석으로 뒤덮여 산 전체가 붉게 보이는 '홍산紅山'에서 이름을 따서 이 문화를 **'홍산문화'**라 명명하였다. 이형구는 홍산문화를 '발해연안문명'으로 부를 것을 제안했다. 발해연안이란 발해를 둘러싸고 있는 산동반도, 요동반도, 한반도를 말한다. 세계 4대문명과 마찬가지로 이 문명은 **북위 30~45°**에서 발생하였다. 그는 "지중해 문명(지중해를 둘러싸고 태동한 이집트 문명, 에게 문명, 그리스로마 문명)이 서양 문명에 자양분을 공급했듯이, **동이족이 발해연안에서 창조한 문명은 중국은 물론 만주, 한반도, 일본의 고대 문명을 일궈 내는 젖줄이었다**"[223]라고 밝혔다.

총塚 · 묘廟 · 단壇이 모두 나타나는 홍산문화

　홍산문화는 1979년 객좌현 동산취촌東山嘴村 발굴과 1983년 그 인근 우하량촌牛河梁村 발굴을 계기로 전 세계적으로 주목을 받게 되었다. 그것은 동산취에서 엄청난 제사 유적이 발견되고, 우하량에서 **돌무덤**[塚], **신전**[廟], **제단**[壇]이 한꺼번에 발굴되었기 때문이다. 이형구 교수는 **총·묘·단을 인류의 정신문화를 가능하게 하는 3요소**라 한다. 이 3요소가 모두 나온 것은 다른 신석기 문화에서는 볼 수 없는 전혀 새로운 모습이었다.

　우하량의 16개 유적지 가운데 13곳이 돌무덤, 즉 적석총 유적지이다. 적석총은 고대로부터 삼국 시대[224] 때까지 계속 나타나는 동이족의 대표적 묘제墓制로 황하 지역의 화하족 문명권에서는 전혀 출토되지 않은 것이다. 충적층 지대인 황하 지역에 살던 화하족(중국 한족의 조상)은 땅에 구덩이를 파고 직접 주검을 묻거나 관을 묻는 형식의 널무덤(**토광묘**土壙墓)을 지었고, 산악과 평지가 공존하는 요서 지역에 살던 **동이족은 주로 돌무덤**을 지었다. 우하량의 돌무덤은 약 5,500년에서 5,000년경 전에 조성된 것이라 한다.[225] BCE 4천 년대에 요서에서 돌무덤을 짓고 문명

---

223) 이형구·이기환, 『코리안 루트를 찾아서』, 27쪽.
224) 경주에서 발견되는 고분들도 돌무덤이다. 속에 목곽을 설치하고 그 위에 적석을 한 후 흙으로 덮은 적석목곽분이다. 가야의 무덤도 전부 돌무덤이다(상생방송STB, 〈역사특강〉, "발해연안문명, 한국고대문화의 기원" 3강, 2009.8.4).
225) 한반도에서 발견되는 돌무덤은 BCE 2000~BCE 1500년경의 것이다. 이에 대해 이형구 교수는 요서 지역 사람들이 한반도로 이동했거나 요서 문화가 한반도에 전파된 결과라고 한다. 그리고 '적석총, 석관묘 등의 돌무덤이 시베리아에서 기원되었다' 고 말하는 강단사학계의 학설은 설득력이 없다고 주장한다. 요서의 돌무덤이 시베리아 것보다 1,500년을 앞서기 때문이다. 이 교수는, 한민족

을 일군 동이족은 바로 배달의 백성이다.

우하량의 여러 적석총 무덤 중에서 특히 주목을 받는 것은 제2지점의 방형 적석총이다. '중심에 큰 적석총(돌무지무덤)'과 그것을 에워싼 '27기의 석관묘(돌널무덤)'로 이루어져 있다. 최고 통치자의 무덤으로 추정되는 중앙 대묘를 주변의 작은 무덤들이 에워싸고 있는 것이다. 이러한 무덤 양식은 홍산인들이 이미 씨족사회를 넘어서 계급이 분화된 국가 단계의 문명을 누렸음을 시사한다.

이 대형 무덤군의 바로 옆 자리에서 원형으로 쌓은 적석총도 함께 발굴되었다. 조사 결과, 원형 적석총은 원래 최하단의 직경이 22m에 달하는 3단 높이로 지어진 것이었다. 일반적인 돌무덤의 양식과 다른 이 건축물의 용도는 과연 무엇이었을까?

중국 학자들은 이 적석총의 용도에 대한 실마리를 명·청의 황제들이 천제를 지내던 북경 천단공원에서 찾았다. 그곳 원구단이 우하량 적석총과 동일한 형태의 원형 3단이기 때문이다. 우하량 적석총도 천단공원의 원구단과 마찬가지로 삼신상제님께 천제를 올릴 때 사용하는 제단으로 지어진 것이다. 우하량 제2지점의 이 **원형 제단**이 **홍산인의 정신문화**를 보여 주는 또 다른 요소인 단壇을 대표한다.

각 층의 둘레를 따라 늘여 세워진 원통형 토기 또한 이 원형 건축물이 제단이었음을 말해 준다. 요령성 조양시의 덕보박물관 왕동리王冬力 관장은 이 독특한 토기에 대해 "토기의 위쪽에 덮개가 없고 아래쪽에 바닥이 없는 것은 천지가 하나로 통한다는 의미를 지니고 있다. 제사장은 제단의 주변에 원통형 토기[226]를 둘러 세워 하늘과 통하는 소통로를 만들었다"라고 해석한다.

방형으로 짜여진 대형 무덤군과 천제를 올리던 제단을 함께 갖춘 우하량 제2지점 유적은 또 한 가지 중요한 메시지를 던지고 있다. 그 전체 구조가 '하늘은 둥글고 땅은 방정하다'는 **동양의 천원지방**天圓地方 **사상**[227]**을 표현한다**는 사실이다. 천원지방 구조는 배달 시대 이후 고조선 때 지은 강화도 마리산의 참성단, 명나라 때 지은 북

은 시베리아보다 요서 지역과 문화적으로 더 밀접한 관계가 있음을 강조하고, 돌무덤 문제만으로도 우리 민족과 문화의 기원을 바로잡을 수 있다고 결론짓는다(상생방송STB, 〈역사특강〉, "발해 연안문명, 한국고대문화의 기원" 3강, 2009.8.4).

[226] 아래위가 뚫린 원통형 토기는 3,500년 뒤에 한반도와 일본에서도 나타났다. 우리나라 광주 명화동 고분을 둘러싼 백제 중기의 원통형 토기가 대표적이며, 일본 초기 고분에서는 하니와土偶로 나타난다.

[227] 천원지방은 '아버지 하늘의 정신은 둥글고, 어머니 땅의 정신은 방정하다'로 해석된다. 천원지방 사상이 일본으로 전해져 전방후원형(앞쪽은 네모나고 뒤쪽은 원형인 형태) 무덤의 형태로 나타났다.

경의 환구단, 조선 말기에 고종 황제가 세운 원구단 등 제천단에서 공통적으로 나타난다. 그러므로 **5,500년 전에 배달 동이족이 세운 우하량 제단은 동북아 제천단의 원형이고**, 나아가 **배달의 천제 문화는 동북아 천제 문화의 뿌리**인 것이다.

홍산문화를 일군 배달 동이족의 놀라운 수준을 보여 주는 셋째 요소인 신전(廟)은 우하량 제1지점에서 발굴되었다. 그런데 신전의 주인공은 뜻밖에도 여신[228]이었다. 이형구는 홍산인들이 여신을 모신 사당을 지어 지모신地母神에게 제사 지냄으로써 풍년과 다산多産을 기원했다고 말한다. 여신묘가 상당히 좁은 것으로 보아, 이곳에 들어갈 수 있는 사람은 극소수 특권층이었을 것으로 추정된다. 신전에 들어가 제를 지낸 이는 제정일치의 고대 사회에서 하늘과 인간을 이어 주는 중매자 구실을 한 정치적, 종교적 수장으로 단 한 사람이었을 수도 있다.[229]

총·묘·단이 모두 나타나는 우하량은 홍산인의 성지였고 제정일치 시대였던 당시에 임금이 하늘과 소통하던 곳이었다.[230] 한마디로 우하량은 당시 정치와 종교의 중심지였던 것이다. 이러한 점은 우하량이 동서 10km, 남북 5km에 걸쳐 있는 홍산문화 유적지의 한가운데에 위치한 데서도 알 수 있다.[231]

곰을 숭상한 홍산인

그런데 반지하식 구조로 지은 우하량의 여신묘 터에서 여신상[232]과 함께, 홍산

---

228) 신전에 모셔진 여신은 한 명이 아니었다. 여신상에서 떨어져 나온 진흙 조각편을 분류한 결과, 세 명 이상의 여신으로 크기도 사람의 등배, 2배, 3배로 서로 달랐다. 홍산문화 관련 기사에 자주 등장하는 옥구슬 눈동자의 여신은 사람 크기 여신상의 일부이다.
229) 고고학자들은 대개 여신 신앙이 BCE 7,000년경 신석기 시대 공동체들에서 시작되었다고 본다. 그런데 구석기 후기의 그라베트-오리냐크 문화 유적지(프랑스 남부에서 시베리아의 바이칼 호수에 이르는 유라시아 지역에서 발견된 구석기 문화)에서 발견되는 수많은 여자의 상은 무려 BCE 2만5천 년까지 거슬러 올라간다. 빌렌도르프의 비너스상이라 불리는 이 작은 여성상들은 돌과 뼈와 진흙으로 만들어졌다. 여신 신앙은 구석기 후기에서 로마 시대에 이르기까지 확인되고 있다(멀린 스톤, 『하느님이 여자였던 시절』, 51~56쪽).

오스트리아 빌렌도르프에서 발굴된 구석기 후기의 비너스 상

230) 이형구·이기환, 『코리안 루트를 찾아서』, 172쪽.
231) 수메르인의 제천 행사장이었던 지구라트가 각 도시국가의 한가운데에 세워진 것과 동일한 이치이다.
232) 중국 루쓰셴陸思賢 교수는 이 여신상을 『설문說文』에서 "고대의 신성한 여자로 만물을 화생하는 자古之神聖女化萬物者也"로 정의되는 조물주 여와로 본다. 그 이름 와媧는 원래 와咼인데 이 와咼 자는 임산부의 부른 배를 형상한 것이며, 불룩한 배에 가부좌를 한 홍산의 최고신인 이 여신의 신분이 여와의 신분과도 부합하기 때문이다(陸思賢, 『紅山文化裸體女神爲女媧考』, 33~34쪽).

인의 토템 신앙을 보여주는 곰 소조상과 새 소조상이 발굴되었다. 곰 소조상은 여신묘의 주실主室에서, 새 소조상은 북실北室에서 출토되었다.[233]

우하량뿐 아니라 광범위한 인근 지역에서 '옥으로 만든 곰·용 혼합 형태의 형상물[玉熊龍]'이 출토되는 것으로 보아 당시에 곰 토템이 아주 성행하였음을 알 수 있다. 홍산문화 유적지 전체에서 발굴된 옥기 가운데 웅룡熊龍이 상당히 많은데, 이것은 주로 죽은 자의 가슴 위에 놓여 있었다. 가슴팍에는 가장 등급이 높은 옥기가 놓인다는 점에서 곰을 얼마나 신성시하였는지 짐작할 수 있다. 또한 여러 적석총 무덤에서 새 모양의 옥기가 출토되었는데 이것은 홍산인이 새 토템 신앙도 하였음을 보여 준다.

여신을 모시고 곰과 새를 신성시한 홍산인을 환단 시대의 배달 동이족과 연관지을 수밖에 없는 역사적 사건을 『환단고기』에서 전하고 있다. 바로 배달이 세워진 직후, **호족과 웅족**이 환웅천황을 찾아와 환족으로 교화되기를 청한 사건이다. 호족은 호랑이를 토템으로 하는 남권 중심의 사나운 부족이고, 웅족은 곰을 토템으로 하는 여권 중심의 우매한 부족이었다. 삼신의 도를 깨쳐 광명 인간이 되기 위해 두 부족은 일체의 활동을 금하고 수행 공부에 들어갔다. 하지만 호족은 공부를 중도에 그만두었고 웅족은 굶주림과 추위 속에 무사히 수행을 마치고 환족이 되었다.

이처럼 요서 지역의 유물과 『환단고기』가 밝히는 내용을 종합해서 볼 때, **홍산문화는 환단(환국과 배달)의 문화로 볼 수밖에 없다.**

세계 최고最古의 옥玉 문화

6천여 년 전에 벌써 국가 단계의 복잡한 문명을 일구었다는 사실도 인류의 창세사를 다시 쓸 만큼 충격적인 일이지만, 홍산문화가 세계인을 정말 놀라게 한 것은 바로 **정교하고 다양한 옥玉 문화**이다.

특히 발해연안 지역의 무덤에서 공통적으로 옥기 부장품이 쏟아져 나왔다.[234]

---

233) 여신묘 주실에서 출토된 진흙 소조상은 면밀한 검토 끝에 곰으로 밝혀졌다. 납작하고 둥근형의 입, 두 개의 타원형 콧구멍, 발가락 4개 등으로 볼 때 곰 소조가 틀림없다고 중국 학계는 결론지었다. 그리고 북실에서 새 발 형상의 소조상 2개가 나왔다. 새 발의 크기로 보아 북실에는 거대한 새 형상의 조각상이 서 있었을 것으로 짐작된다(이형구·이기환,『코리안 루트를 찾아서』, 206쪽).

234) 한나라 때 자전인『설문해자』에 '옥玉' 자를 설명한 내용을 보면, '신령 령靈' 자는 밑의 무巫가 옥(가운데 '입 구口' 자 3개)을 통해 신과 소통한다는 뜻이라 했다. 인간과 신 사이의 연결자인 무인이 신에게 헌납하는 예물이 바로 옥인 것이다. 중국의 고증학자 왕귀웨이王國維의 해석에 의하면

이에 대해 이형구는 다음과 같이 전한다.

> **발해연안 고대 문화 중에서 가장 큰 특징은 옥문화**입니다. 고대인들의 신앙적인 마음에서 옥을 선호하고 중요하게 여긴 것으로 생각합니다. 변하지 않고 영원불멸하는 옥의 특징을 보면, **용 신앙**이라든지 **새 신앙**이 우리 민족, 동이족과 매우 밀접한 관계가 있다고 봅니다. 우리나라 영덕 강구면 오포리에서 나온 **곡옥**을 보면, 그 모양에 입이 있고 구멍도 나 있어서 어떤 사람은 태아라고 하고 어떤 사람은 누에 같다고도 하지만 저는 용이라고 봤습니다. 홍산문화 대릉하 유역에 적석총이나 석관묘에서는 약 20센티미터의 옥이 나오는데 고리에다 끼워서 가슴에 걸었던 것으로 이 또한 **용의 형상**입니다.[235]

부장품이 나온 31기의 묘 가운데, 신석기 시대 무덤에서 흔히 보이는 토기와 석기는 단 한 점도 없이 옥기만 발굴된 묘가 26기나 된다. 특히 제2지점 21호 묘의 남성 인골은 옥으로 옷을 해 입은 듯하다. 옥거북, 옥베개, 옥패玉牌, 옥벽玉璧 등 무려 20점의 옥 장식이 머리에서 발끝까지 시신을 치장하고 있다.

제5지점 중심 대묘에 누워 있는 남성 인골은 양 귀 밑에 옥벽, 가슴팍에 옥장식, 오른팔에 옥팔찌, 양손에 옥거북이 치장되어 있었다. 신령한 거북을 손에 쥐고 있는 것은 죽어서도 신과 소통하고 있음을 상징한다. 이 무덤의 주인공은 제정일치 시대의 제사장이자 정치적 수장으로 간주된다.

부장품으로 옥기를 사용한 것은 옥이 변하지 않는 보석으로 영생불멸을 뜻하기 때문이다. 『설문해자』에서 옥을 '**오덕五德을 갖춘 아름다운 돌**'이라 하였고, 공자는 '군자는 **옥으로 덕을 견준다**'고 하였다.[236] 그리고 『주역』 「설괘전」에서는 팔괘의 첫째인 건乾괘의 성격을 옥으로 표현하였다.[237] 그 까닭은 옥이 하늘의 빛깔과 **하나님의 신성을 상징**하기 때문이다.[238] 그래서 홍산인들은 옥을 고귀한 신분을 나타내

'예禮' 자는 본디 제기를 뜻하는 '두豆' 자 위에 두 개의 옥曲을 올려놓은 형상이다. 즉 예라는 것은 '옥을 바쳐 신을 섬기는 것'이다. 요컨대 선사 시대의 석기와 토기는 생활용품이었지만, 옥기는 신을 섬기는 예기로 제작되었다(이형구·이기환, 같은 책, 156~157쪽).

235) 상생방송STB, 〈역사특강〉, "발해연안문명, 한국 고대 문화의 기원" 4강, 2009.8.11. 이형구는 다음과 같이 덧붙였다. "한국의 곡옥은 용의 변천일 것이다. 그것은 일본에서 건너온 것이 아니라 발해 연안의 고유문화다. 중국 사람들은 용신앙의 기원하면 중원지방에서 나온 것으로 알고 있지만 만리장성 너머에서 나왔다는 사실이다. 중국은 최초의 용의 형상화뿐 아니라 중국문화의 원류가 중원이 아니라 동북지방이라는 것에 깜짝 놀랐다. 그래서 중국은 동북공정을 시작한 것이다"

236) 玉, 石之美, 有五德(『설문해자』「옥부玉部」); 君子比德於玉焉(『예기』「빙의聘義」).
237) 건은 … 옥이다[乾, … 爲玉](『주역』「설괘전」).
238) 동양에서는 천상의 수도를 옥경玉京이라 불렀고, 옥경에 거하며 삼라만상을 다스리는 우주의 통

는 장신구, 신과 소통하는 신물, 천제에 사용하는 제기 등의 소재로 사용하였다.

흔히 고대를 석기-청동기-철기의 3단계로 구분한다. 하지만 발해연안 영역에서 옥기로 뒤덮인 수천 년의 유적지가 대량 발굴됨에 따라 중국학자들은 청동기 이전에 **옥기 시대를 설정해야 한다고** 주장하고 있다.[239]

고대 동북아의 옥은 홍산문화보다 더 오래된 **흥륭와문화**(BCE 6200~BCE 5200)에서 발견되기 시작한다. 내몽골 자치구의 오한기敖漢旗에 위치한 흥륭와촌에서 세계 최초의 옥결玉玦(옥 귀걸이)이 발굴되었다. 이 옥결에 사용된 옥은 요동반도의 수암에서 나온 수암옥岫岩玉이다. 수암은 흥륭와촌에서 동쪽으로 450km나 떨어진 곳으로 압록강에서 멀지 않다. 당시 만주의 동쪽에서 난 옥을 서쪽으로 가져가 옥제품으로 가공할 만큼 만주의 동서가 서로 긴밀한 관계를 맺고 있었던 것이다.

그런데 흥륭와문화와 비슷한 시기에 만들어진 옥결이 한반도 동해안과 남해안 지역에서 발견되었다. 특히 강원도 고성군 문암리 선사유적지의 옥결은 그 외양이 흥륭와문화의 그것과 아주 유사하다. 이러한 유사성은 **BCE 6천 년경부터 요서, 요동, 한반도가 하나의 문화권**이었음을 뜻한다. 그리고 흥륭와문화에서 시작된 옥문화가 후대의 홍산문화에서 더욱 다양하고 화려해진 점은, 하나의 연속된 문명이 3,4천 년 동안 지속적으로 발전을 거듭하였음을 보여준다.

홍산문화의 옥기 유물을 보면 재질은 수암옥(청황옥靑黃玉)이 대부분인데 그 색상은 천연 옥색만 있는 것이 아니라 도료와 같은 것으로 채색을 한 것도 있다. 검은색의 흑피옥도 출토되었는데, 흑피옥은 중국의 신석기 유적에서는 출토된 바가 없다.

요컨대 **홍산문화는 동북아 신석기 문화의 최고봉**으로서 **중국 한족의 것과는 계통이 전혀 다른 문화**이다. 오히려 **그들 문화에 지대한 영향을 끼친 환단 시대 배달 동이족의 독자적인 문화**이다. 시베리아과학원의 고고학자 세르게이 알킨 교수도 홍산문화의 독자성에 대해 "홍산문화는 중원문화에 많은 영향을 끼쳤지만 중원문화가 홍산문화에 영향을 주었다고 보기는 어렵다"라고 주장하였다. 그리고 용

치자 하느님을 옥황상제玉皇上帝라 부르며 모셨다.
239) 석기-옥기-청동기-철기의 4단계 시대 설정은 2천 년 전 『월절서越絶書』(한나라 때 쓰여진 춘추전국 시대 월국 역사서)에서도 보인다. "헌원, 신농, 혁서의 시대에는 돌로 병기로 만들었고, … 황제의 시대에는 옥으로 병기를 만들었고, … 우임금 때는 청동기로 병기를 만들었고, … 이때에는 철제 병기를 만들었다[軒轅·神農·赫胥之時, 以石爲兵, … 至黃帝之時, 以玉爲兵, … 禹穴之時, 以銅爲兵, … 當此之時, 作鐵兵]"(「월절외전越絶外傳·기보검記寶劍」).

문화에 대하여 "중국의 용 문화는 독자적으로 발생하지 않았다. 고대 중국의 기록을 보면 북방 이민족 가운데 용을 토템으로 하는 민족도 있었다고 하는데, 바로 홍산문화의 주인공들을 이야기하는 것이다"라고 구체적으로 밝혔다.[240]

홍산문화는 환단 시대를 인정하지 않고서는 올바르게 해석할 수 없다. 환국·배달·고조선이라는 동북아 시원역사를 인정해야 홍산문화를 포함한 발해연안의 그 엄청난 유적과 유물을 해석할 수 있는 것이다.

왜 홍산문화를 알아야 하는가

이렇게 유적과 유물이 대부분 '사상 처음'이고 '인류사 최고最古'인 홍산문화를, 중국은 황하문명보다 2~3천 년 앞선 황하문명의 원류로 규정하였다. 그런데 황하문명의 원 뿌리가 오랑캐 땅이라 치부하던 만리장성 이북에서 발견되었다는 점이 중국을 곤혹스럽게 만들었다. 중국은 이 난처함을 다민족 역사관으로써 해결하였다. 한족과 55개 소수민족으로 이뤄진 중국 땅에서 발견되는 소수민족의 문화와 역사는 모두 중국의 문화와 역사라는 것이다.

현재 중국은 홍산문화를 **요하문명**[241]이란 이름으로 전 세계에 소개하면서 중국을 이집트, 메소포타미아, 인더스 문명보다 앞서는 **세계 최고最古 문명국**으로 내세우고 있다. **환단 시대의 한민족 문화를 자신들의 문화로 둔갑시켜**[242] 이제 경제대국에서 문화대국까지 꿈꾸는 것이다.

중국이 미래의 중심 국가가 되려는 야망을 노골적으로 드러내고 있는 이때, 환단시대를 인정하지 않는 한국의 강단사학자들은 홍산문명에 대해 침묵하거나 우리 역사와 관계없는 것으로 부정하고 있는 실정이다.

한민족, 특히 이 땅의 젊은이들이여, 거짓 역사의 미몽에서 깨어나 **잃어버린 시원 역사와 문화**를 되찾자! 그것만이 역사의 정의를 회복하는 대도의 길이다.

---

240) 대구MBC-TV, "곡옥의 비밀(2) : 무너지는 동북공정", 2006.9.28
241) 홍산문화를 정점으로 화려한 꽃을 피웠던 문명은 요하 일대에서 집중적으로 발굴되고 있어 일명 '요하문명'이라 불린다.
242) 홍산문화를 황하 문명의 뿌리라 하여 자기네 문화로 둔갑시켰지만, 심정적으로는 동방 한민족 문화라는 것을 알기 때문에 중국 정부는 2000년대 후반, 우하량을 관통하는 4차선 도로를 놓아 유적지를 은폐하였다. 홍산문화가 밝혀질수록 중국이 진행하는 동북공정에 불리해지기 때문에 의도적으로 유적을 파괴한 것이다.

홍산문화와 Y벨트

신석기 시대 동북아 지역의 옥결

동북아시아 신석기문화 유적에서 출토된 이 옥결들은 그 모양도 유사하여 동일한 문화를 공유하였음을 알 수 있다. 왼쪽부터 홍륭와문화(BCE 6000), 마가빈문화(BCE 3600), 용산문화(BCE 3000), 강원도 고성군 문암리(BCE 6000) 지역 출토.

지난 20세기 초 이래 한민족의 고토인 요서(요하의 서쪽) 지역에서 BCE 7000년까지 거슬러 올라가는 신석기 문화와 청동기 문화(도표의 ①~⑧)가 발굴되고 있다. 요서 일대의 이 고대 문명을 내몽골자치구 적봉시의 '붉은 산'인 홍산에서 이름을 따서 '홍산문화(넓은 의미의 홍산문화)'라 부른다. 좁은 의미의 홍산문화는 요령성의 건평현과 능원현 경계 지역에서 집중적으로 발굴되는 신석기 말기 문명을 가리킨다.

BCE 3500년을 기점으로 만리장성 밖의 홍산문화와 북방 초원문화가 황하 중류 만곡부인 오르도스 지역과 태항산 사이의 노선을 따라 중원으로 전파되었다. 이 문화 전수 경로를 중국 학자 쑤빙치蘇秉琦가 'Y벨트'라는 이름을 붙였다. Y벨트를 따라 동방 신교의 **제천문화와 삼족오, 용봉, 칠성**과 같은 천자문화의 상징이 중원에 흘러들어 갔다. 이것은 중국을 대표하는 신석기 문화인 앙소문화 발전에 크나큰 영향을 끼쳤다. 한마디로 **홍산문화는 황하문명의 원류**인 것이다.

홍산문화의 시대별 분류

시대	명칭	대표 유적과 유물
신석기	❶ 소하서小河西 문화 (BCE 7000년~BCE 6500년)	가장 빠른 신석기 유적, 반지혈半地穴식 주거지, 각종 토기, 석기, 흙으로 만든 사람 얼굴상 등.
	❷ 흥륭와興隆洼 문화 (BCE 6200년~BCE 5200년)	대규모의 집단 주거지(華夏第一村), 최초의 용龍형상 저수룡猪首龍, 세계 최고最古의 옥결玉玦과 옥기玉器, 빗살무늬토기, 평저통형平底筒形토기 등.
	❸ 사해査海 문화 (BCE 5600년~?)	돌로 쌓은 용 형상의 석소룡石塑龍(中華第一龍), 집단 주거지, 다양한 옥기, 빗살무늬토기 등.
	❹ 부하富河 문화 (BCE 5200년~BCE 5000년)	가장 오래된 복골卜骨, 석기, 골기骨器, 빗살무늬토기 등.
	❺ 조보구趙寶溝 문화 (BCE 5000년~BCE 4400년)	최초의 봉 형상 토기(中華第一鳳), 영물도상靈物圖像토기, 세석기, 빗살무늬토기 등과 요서지역 최초의 채색토기.
신석기 청동기 병용	❻ 홍산紅山 문화 (BCE 4700년~BCE 2900년)	국가의 존재를 나타내는 대규모의 총묘단塚廟壇(적석총, 여신묘, 제천단)시설, 대형 피라미드, 여신상, 옥웅룡玉熊龍 등 다양한 옥기, 청동주조 유물, 석기, 채색토기, 무문토기, 제사용 토기 등.
	❼ 소하연小河沿 문화 (BCE 3000년~BCE 2000년)	다양한 문양의 토기, 부호문자 토기, 석기, 세석기, 골기 등.
청동기	❽ 하가점하층夏家店下層 문화 (BCE 2000년~BCE 1500년)	비파형 동검, 적석총, 석관묘, 치雉가 있는 석성, 대형 건물터, 옥, 삼족三足토기, 일상용 토기와 의례용 토기, 복골卜骨 등.

요령성에서 만난 홍산문화

지난 2010년 한韓문화 중심채널 STB상생방송에서 조선의 고종황제가 독립국가 대한제국을 선포하며 하늘에 올린 천제天祭인 환구대제의 기원과 의의를 밝히는 "환구단의 비밀" 2부작을 제작하였다. 그때 제작팀은 중국 정부가 최초로 허가한 사설박물관인 조양시 덕보박물관을 찾아갔다. 그곳에서 6천 년 전 동북아 사람들이 일군 옥기 문화의 백미라 할 수 있는 홍산문화를 만날 수 있었다. 여기에 그 내용을 소개한다.

홍산문화의 유물이 대량으로 발견된 곳은 조양시이다. 요령성 서쪽에 위치한 조양시의 옛 이름은 영주營州로 과거 고구려와 요나라의 중심 도시 중 하나였다. 우리는 홍산문화의 정교함과 세련미를 보여주는 유물이 전시되어 있다는 소식을 듣고 조양시 덕보박물관으로 달려갔다.

전시물들은 지금까지 한국에서 보았던 유물과는 전혀 차원이 달랐다. 돌을 갈아 만든 쟁기, 도끼, 망치 등은 정교함의 극치를 보여준다. 그 중에서도 돌로 만든 신발 틀은 신석기 시대를 원시시대의 미개사회로 인식하던 우리의 통념을 여지없이 무너뜨렸다. 돌로 만든 석경은 그 소리가 청아했다. 석경은 동방 고대 사회에서 의례에 사용되던 타악기로서, 후한의 경학자인 정현鄭玄(127~200)은 『예기禮記』에 주를 달면서 '옥경은 천자의 악기[玉磬, 天子之樂器]'라고 하였다. 석경이 발견된 것은 홍산문화가 예악禮樂, 즉 음악의 시원처라는 것을 뜻한다.

홍산문화가 주는 충격은 이것이 끝이 아니었다. 진열장에 옥으로 만든 칼과 도끼를 비롯하여 옥 귀걸이, 옥 팔찌 등 다양한 옥기가 만물상의 잡화처럼 들어차 있었다. 그 중에 옥고玉箍가 보였다. 옥고는 상투가 풀어지지 않도록 고정시키는 장신구이다. 그곳 학예사 조문영씨가 "**옥고는 죽은 사람과 하늘을 연결시켜 주는 매개체 구실을 하지요**"라고 하였다. 인간이 하늘과 소통하는 문화인 상투의 유구한 역사에 놀랐다. 학예사 조씨는 또 옥으로 만든 **삼련벽三聯璧**을 가리키며, "**하늘에 제사를 지낼 때 사용**하던 옥기로 **세 개의 원을 연결하여 만든 것입니다**"라고 하였다. 세 개의 원, 그것은 천지인 삼재를 상징한 것임을 직감하였다. **삼재는 곧 삼신 사상**이다. 삼련벽이 **홍산문화의 주인공에 관한 비밀의 문**을 열어 주고 있었다.

신비로운 옥기의 광채 속에서 접한 홍산문화의 아름다움을 가슴에 담고, 우리는 다음 목적지 적봉시로 발걸음을 옮겨 놓았다.

심양 요령성박물관

심양 요령성박물관 내
홍산문화(요하遼河문명)
상설 전시장 입구

요령성 조양시 덕보박물관(홍산문화 유물 박물관)

홍산문화

동서 인류문명의 발상지 :
제5의 문명, 홍산문화
(일명 요하문명, 발해연안 문명)

본 화보는 역사 현장을 직접 답사하여
촬영한 사진과 아래 도서에서 인용한
사진으로 구성하였다.
『紅山文化』,『紅山文化古玉鑑定』
『紅山石器』,『遼河文明展 文物集萃』
『牛河梁遺址』,『紅山玉器圖鑒』 등

중국 내몽골자치구와 요령성의 접경지역에서
세계 4대 문명권으로 꼽히는
이집트, 메소포타미아, 인더스, 황하 문명보다
무려 1~2천 년이나 앞선 인류의 시원문명이 발견되었다.
이 만리장성 밖의 문명文明이 이른바 '홍산문화',
일명 '요하문명' 또는 '발해연안 문명'이다.
단군왕검의 옛조선 이전의 상고 문화인 환인의 환국과
환웅의 배달 문명을 알아야만 이 문명의 실체를 설명할 수 있다.

홍산에서 바라본 적봉시 전경

홍산문화

우하량, 인류 제천문화의 발상지

우하량에서는 무려 BCE 3500년 전까지 거슬러 올라가는 적석총[塚], 여신묘[廟], 대형 원형제단[壇]을 모두 갖춘 동북아 최고最古 문명이 발굴되었다. 이것은 5,500년 전에 이미 종교를 중심으로 제정일치의 국가조직을 갖춘 상고문명이 존재했다는 것을 보여주는 것이다. 이 문명은 인류의 4대 문명이라 불리는 이집트·메소포타미아·인더스·황하 문명보다 1~2천 년이나 앞선 인류의 시원문명으로서, 인류 제천祭天문화의 고향이요, 동서양 피라미드, 거석문화의 원조이다.

제천행사 원형제단(가운데)과 방형 돌무지무덤(좌측)
대형 축구장 크기(길이 150미터, 폭 60미터)의 우하량 제2지점 제단과 무덤 유적

홍산문화

우하량 여신묘女神廟 유적에서 발견된
도제陶製 여신 두상
크기는 실물에 가깝고 눈동자는 옥으로 만들어 넣었다.

우하량 여신묘 女神廟
주실과 측실 등으로 구분되어 있으며,
각 실의 신상神像들은 주실을 중심으로 일정한 서열을 갖추고 있다.

반가부좌한 여신상
여신상의 자세는 신교 원형 문화의
수행 모습을 잘 보여주고 있다.

총(무덤)·묘(신전)·단(제단)이 함께 발굴된 우하량 유적지

우하량 유적지는 20여개가 있는데, 그 중에서 제2지점만이 유일하게 일반 관광객들에게 공개되고 있다. 동서로 배치되어 있는 제2지점은 총길이가 150미터, 폭이 60미터에 이른다.

우하량 원형제단 추정도

3원 구조로 된 거대한 원형圓形의 천지 제단은 '하늘은 둥글고 땅은 방정하다'는 사상을 담은 천원지방天圓地方 구조로 되어 있다. 이 상고시대의 주인공은 상제님과 조상에 대한 제사를 중시하였다. 그리고 동방 신교문화의 삼신과 천지인삼재 사상을 반영한 제단을 만들어 제사를 올렸고, 고조선과 동일한 돌널무덤 방식의 묘장법墓葬法을 썼다. 따라서 이 유적은 천부경의 천일天一·지일地一·태일太一 사상을 생활화한 고조선의 전 단계로서 배달국의 문명이다.

우하량 제2지점의 3단 원형 제단

우하량 제2지점의 방형方形 적석총

우하량 유적 제2지점 1호 적석총
제21호 무덤 발굴 당시 모습

옥종玉琮
고대에 신과 조상에게 제사 지낼 때 사용하던 중요한 예기禮器이다.

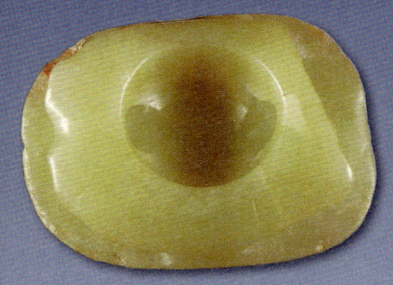

곰 형상의 옥 장신구

홍산문화 유적지의 적석총에서 나온 석관石棺에서 많은 옥玉 유물이 발굴되었다. 적석총에 매장된 이 옥기는 수량이 많고 품질이 뛰어난 재료를 사용해 묘 주인의 신분이 고귀함을 짐작할 수 있다. 이 대형묘의 주인공은 신과 통하는 제사장祭司長이자, 왕王의 신분일 것이다. 따라서 당시 사회는 강한 권력을 지닌 집단의 수장이 출현한 제정일치 시대였다고 추정할 수 있다.

옥 목걸이

홍산문화 유적의 적석총에서 5,500여 년 전의
많은 옥玉 유물이 발굴되었다. 『주역』「설괘전」에서는 하늘의
덕성을 옥으로 표현하였다. 옥은 우주의 모든 신을 다스리는
삼신상제님의 마음, 대자연의 순수성과 영원한 생명을 상징한다.

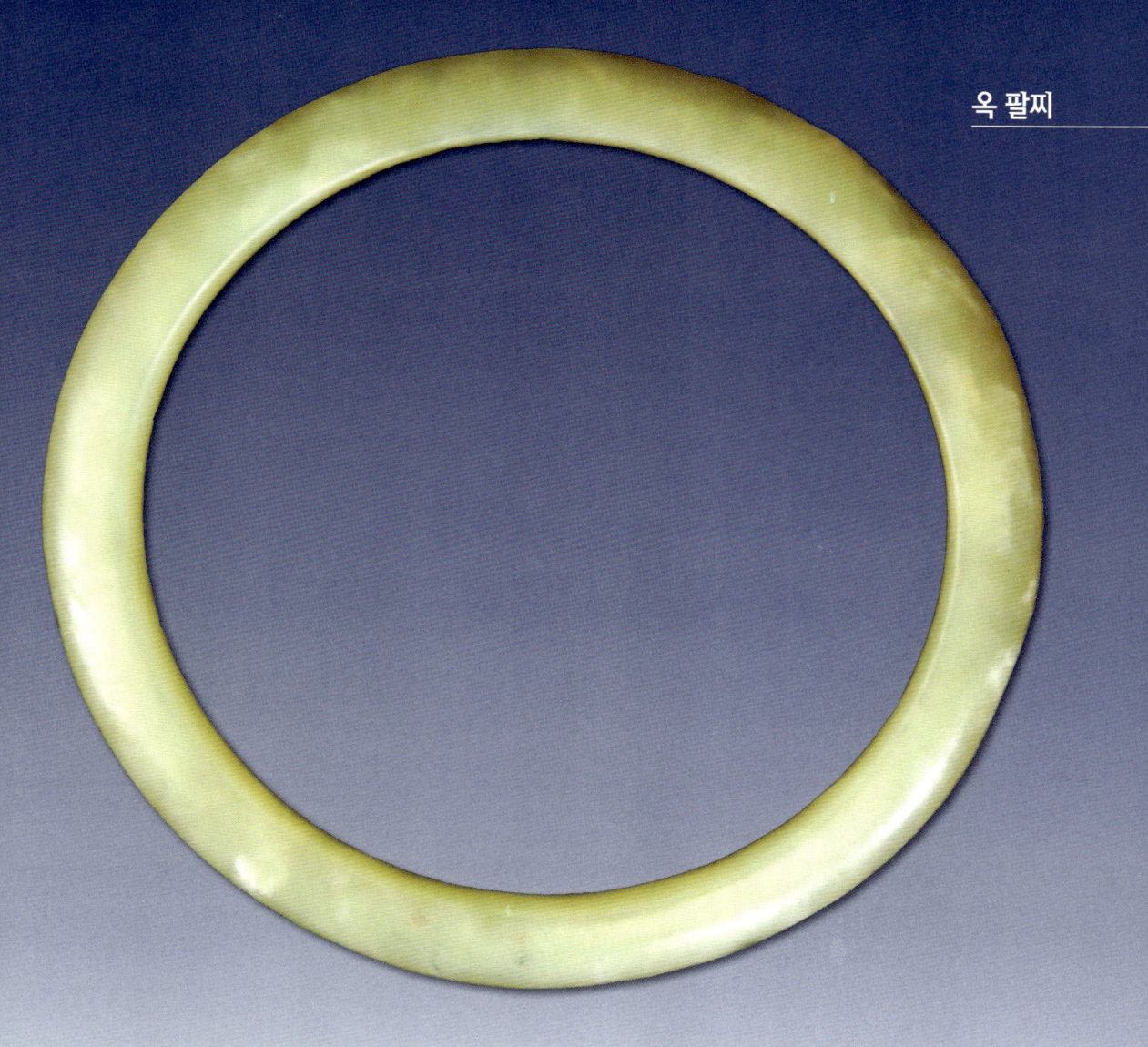

옥 팔찌

완전한 원형에 가까운 옥 팔찌의 형태.
당시 옥 세공술의 정교성은 현대 첨단 기술과
비교해도 전혀 손색이 없다.

신석기 시대와 더불어 '옥기 시대'라고 이름 붙여도 무리가 없을 정도로 다양한 크기와 형태의 옥기가 무수히 발견되고 있다.

다양한 구운형勾雲形 옥기

각종 새나 짐승을 형상화한 것으로 보고 있다.

홍산문화의 용 형상 옥기

C자형 옥조룡玉雕龍(가운데)

옥웅룡玉熊龍(둘레)

1971년 내몽골 적봉시 옹우특기 삼성타라촌에서 발견된 C자형 옥조룡玉雕龍(BCE 3000년경)은 가장 오래된 용 형상물이라 하여 처음으로 '중화제일룡中華第一龍'으로 불렸으나 1994년 사해문화(BCE 5600년경) 석소룡石塑龍이 발견되어 그 이름을 넘겨주게 되었다.

용형 옥 장신구

용머리 모양 패옥

쌍옥룡

7천여 년 만에 햇빛을 본 환국·배달 시대의
동방 천자天子문화의 상징 용봉龍鳳

홍산문화 유적지에서 천자天子의 상징인 용龍과 봉鳳의 형상물도 100여 개 이상 발굴되었는데, 이들은 중국의 다른 지역에서 발견된 것 보다 그 시대가 훨씬 앞선다.

봉형토기

조보구 문화에서 발견된 BCE 5000년경의 세계 최초 봉황 모양 토기. 중화제일봉 中華第一鳳으로 명명되었다.

옥봉 玉鳳

봉황 모양의 옥기로 일부 학자는 삼족오로 보기도 하나 일반적으로 봉황으로 본다.

부엉이나 매, 태양을 상징하는 삼족오는 '상제의 명령'을 인간세계에 전달하는 매개체로 인식되었다. 그러므로 새 형상 옥기는 새를 토템으로 삼은 동이족 문화의 원형이 담긴 신물神物이다. 만주족, 몽골족 등에는 응신鷹神숭배 전설이 많다. 만주족의 창조신화에서 매[鷹]는 하느님의 창세에 참여한 대신大神으로 각종 동물의 우두머리 신神이었다. 또한 고대 신화에서 부엉이나 매는 밤이 되면 태양을 서쪽에서 동쪽으로 옮기는 태양의 신주神舟로 태양의 사망과 부활을 상징하며, 음양陰陽, 생사生死를 이어주는 존재로 여겨졌다.

각종 옥조玉鳥

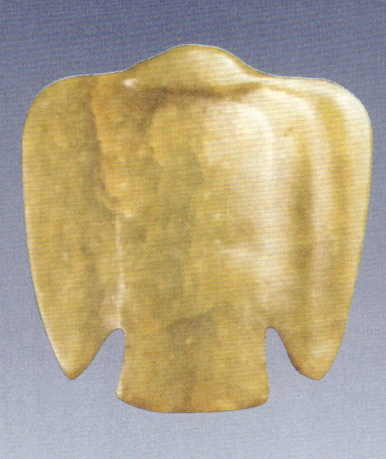

옥으로 만든 박쥐

용봉 문화의 전승

용봉龍鳳은 동아시아의 독특한 문화상징으로 음양문화陰陽文化의 뿌리이며 천자天子를 상징한다.

은허박물관에 있는 은대의 용봉 유물

청나라 심양 고궁의 용 문양

용봉북
위) 일본 가스가春日대사大社 보물전에 보관중인 용봉북
옆) 이세伊勢신궁神宮의 신락제神樂祭 모습

서양 문화 속 전설의 동물 그리핀. 몸은 사자이고, 머리와 날개는 독수리인 전설 속의 동물로, 모든 창생의 왕으로 인식되었다. 그리핀의 원조는 봉황이다. 왼쪽은 피타고라스의 고향인 그리스 사모스 섬 바씨 박물관의 그리핀. 오른쪽은 그리스 남부 크레타 섬에 있는 크노소스 궁전의 왕의 보좌 뒤 벽화 속 그리핀.

그리핀
그리핀의 원조는 봉황

환국·배달 시대의
삼신문화를 보여주는 유물

뿔이 세 개 달린 구름무늬 모양 청동예기禮器

일찍이 천지 변화를 깨달은
동방 한민족은 예로부터 우주 만유를
태어나게 한 조물주를 삼신三神이라 하였다.
이 삼신이 스스로 현현顯現하여
하늘과 땅과 인간, 삼재三才가 생겨났다.

동방 한민족은 하늘을 아버지로,
땅을 어머니로 섬기며
천지와 하나 되는 삶을 지향했다.
이 문화가 동아시아에서 6천 년 이전부터
존재한 태일太一 문화다.

삼련벽 三聯璧

하늘에 제사를 지낼 때 사용하던 옥기이다.
천지인삼재를 상징한다.

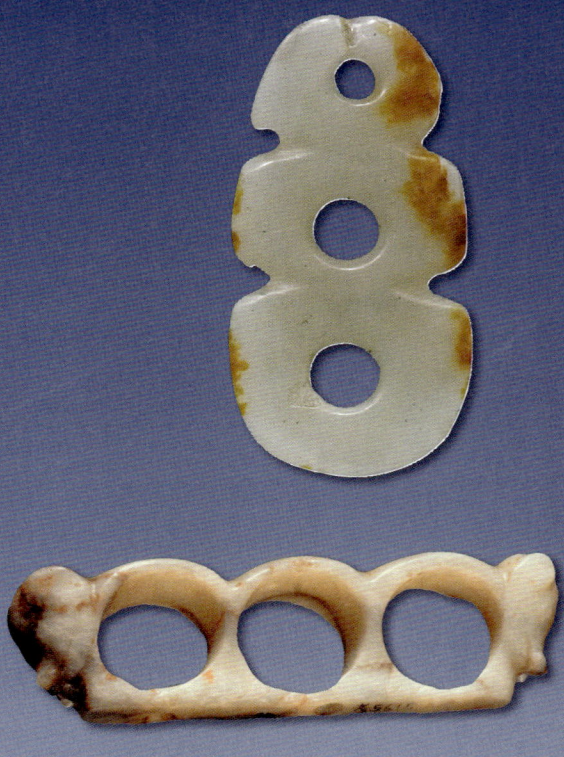

삼족기 三足器

삼족기는 만주를 중심으로
황하문명권에까지 널리 분포되어 있다.
한반도에서는 백제 유물에서 보인다.

상투용 옥고玉箍

천상 북녘하늘의 칠성은 삼신상제님이 계신 곳이다. 동방 문화에서는 인간의 생사화복과 깨달음이 모두 칠성에서 내려온다는 것을 알고 칠성을 극진히 섬겨 왔다.
인류 최초 문명인 홍산문화에서 한민족 고유의 두발 양식이 상투 문화임을 확인할 수 있다. 상투를 매는 것은 내 마음을 삼신상제님의 마음에 맞추는 신성한 의식이었다.

옥고

옥고는 상투를 고정시키기 위한 장신구이지만 인간이 하늘과 소통하는 매개물이기도 하다. 곧 나의 마음과 삼신상제님의 마음이 늘 일체관계를 유지하여 하나 되는 데에 뜻을 두었던 것이다.

옥관을 쓰고 무릎을 꿇은 여자

칠성문화를 보여주는 유물

적봉시에서 출토된 연주옥 장신구

홍산문화의 연주옥에서 일본의 국보인 칠지도와 유사한 점을 발견할 수 있다.

칠지도

백제의 왕세자인 기생奇生이 제후국인 왜왕 지旨에게 하사한 칼. 지금까지 근초고왕이 하사한 것으로 알려져 있으나, 간지가 맞아 떨어지는 전지왕 4년이나 동성왕 2년에 제작된 것으로 추정하기도 한다.

비파형 동검(좌)과 비파형 옥검(우)

우하량 제16지점 4호묘에서 출토된 비파형옥검은 5,500년 전 신시배달시대에 옥으로 만든 것으로 왼쪽의 우하량 인근 객좌喀左 남동구南洞溝 청동단검묘에서 출토된 비파형동검과 비교해 보면 그 형태가 거의 유사함을 알 수 있다. 이 옥검의 발견으로 고조선의 대표 유물인 비파형동검의 기원을 새롭게 밝힐 수 있게 되었다.

오늘날의 생활도구의 기본은 대부분 배달국 시대에 나온 것
홍산문화의 다양한 생활 도구

단단한 돌과 옥, 뼈로 만든 각종 도구를 보노라면 현대 디자인과 비교해도 전혀 뒤지지 않고 오히려 그 원형이 이미 다 나왔다고 해도 좋을 정도다. 돌과 옥, 뼈를 자유자재로 다룬 상고시대의 기술이 놀라울 따름이다.

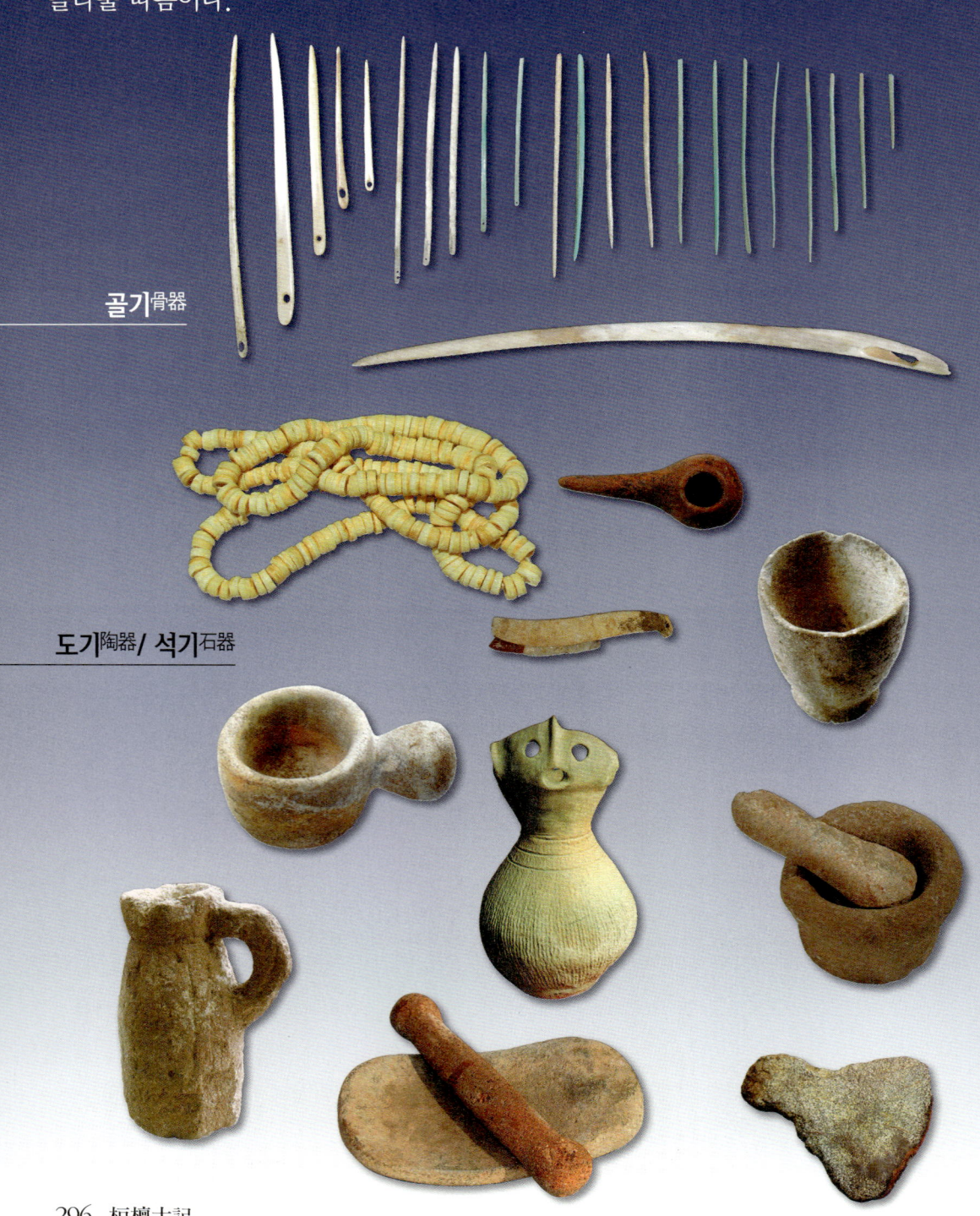

골기骨器

도기陶器 / **석기**石器

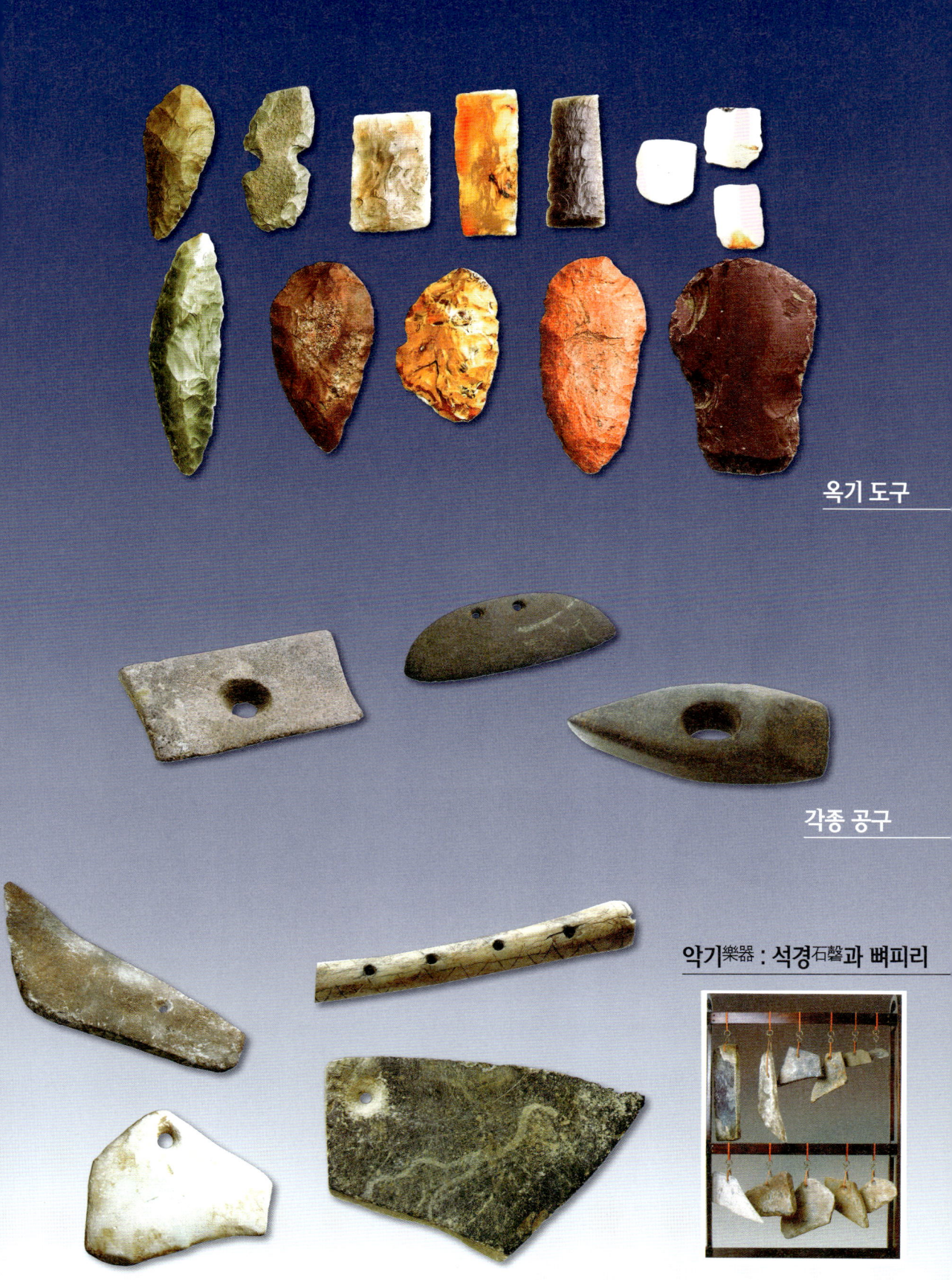

옥기 도구

각종 공구

악기樂器 : 석경石磬과 뼈피리

3 한민족의 전성기, 고조선

1) 단군왕검이 건국한 고조선

초대 환웅이 배달을 개국한 지 1,500여 년, 18세 환웅에 이르러 배달은 그 역사의 막을 내리게 된다. 말기의 쇠한 국운을 보여주듯 마지막 세 분 환웅은 역대 천황의 평균 수명(104세)에 못 미치는 짧은 생을 살았다.[243] 특히 18세 거불단환웅은 82세로 수명이 가장 짧았다. 이러한 사실은 당시 배달 내부의 정치 상황과 동북아 정세가 매우 혼란스러웠음을 짐작하게 한다.

거불단환웅이 세상을 떠나고, 단군왕검이 38세에 천제의 아들로 추대되어 제위에 올랐으니 때는 신시개천 1,565년(BCE 2333)이었다. 14세 때부터 24년간 웅씨족 나라의 비왕裨王으로 있으면서 이미 제왕 수업을 받은 초대 단군은 배달 말기의 혼란을 잠재우고 구환족 전체를 하나로 통일하여 조선朝鮮을 열었다.

단군왕검은 조선의 개국 시조로서 삼신상제님께 천제를 올리고, 송화강 유역(지금의 흑룡강성 하얼빈)의 '아침 태양이 빛을 비추는 땅'인 '아사달'[244]에 도읍을 정하였다. 그 후 22세 색불루단군은 이 송화강 아사달에서 남서쪽의 백악산 아사달(지금의 길림성 장춘)로 천도하였고, 44세 구물단군은 남쪽으로 더 내려와 장당경 아사달

고조선 변천 과정

제1왕조 : 송화강 아사달(하얼빈) 시대 : 삼한
단군왕검~21세 소태단군(BCE 2333~BCE 1286), 1,048년간 지속

제2왕조 : 백악산 아사달(장춘) 시대 : 삼조선
22세 색불루단군~43세 물리단군(BCE 1285~BCE 426), 860년간 지속

제3왕조 : 장당경 아사달(개원) 시대 : 대부여
44세 구물단군~47세 고열가단군(BCE 425~BCE 238), 188년간 지속

---

243) 16세 축다리환웅은 99세, 17세 혁다세환웅은 97세, 18세 거불단환웅은 82세를 누렸다.
244) 박시인은 아사달을 '아침 햇살이 밝은 동악'이라는 뜻으로 풀이하였다(박시인, 『알타이신화』, 129쪽).

삼한三韓의 수도 위치_6세 단군 때 신지 발리는 자신이 지은 서사시 〈서효사〉에서 삼한의 수도를 저울대(소밀랑, 송화강 아사달), 저울추(안덕향), 저울판(백아강)에 비유하였다. 세 수도가 하나의 저울이 되어 균형을 계속 유지하는 한, 고조선의 태평시대는 보전될 것이라 하였다(『고려사』).

(지금의 요령성 개원시)로 천도하였다. 도읍지의 이동에 따라 세 왕조의 변천을 거친 고조선은 마흔 일곱 분 단군이 2,096년 동안 다스렸다.

『환단고기』와 함께 고조선사를 밝히는 핵심 고유 사서인 『단기고사』, 『규원사화』도 47세 단군의 호칭을 동일하게 기록하였다. 그러나 고조선의 역년에 대해서 『단기고사』는 2,096년, 『규원사화』는 1,205년으로 차이가 있다.

이 세 권과 달리 고조선사를 한 분의 단군사로 잘못 기록한 『삼국유사』에서 "단군이 1,908세를 살았다"라고 한 것은 송화강 아사달(1,048년)과 백악산 아사달(860년) 시대를 합친 것이다. 『응제시주應製詩註』, 『역대세년가歷代世年歌』, 『동사강목東史綱目』 등에서 단군왕검의 수壽를 1,048년이라 한 것은 송화강 아사달 시대의 역년을 가리킨 것이다.[245]

---

245) 조선 중기의 학자 최부崔溥의 시문집인 『금남집錦南集』도 고조선 역년을 1,048년으로 잘못 말하고 있다. "1,048년은 단씨가 대대로 전한 왕업을 누린 햇수이지 단군의 수명이 아니다其曰 千四十八年者, 乃檀氏傳世歷年之數, 非檀君之壽也"(최부, 『금남집』「동국통감론東國通鑑論」).

2) 나라를 삼한으로 나누어 다스림

고조선은 신교의 삼신(조화신·교화신·치화신) 가운데 만물의 질서를 바로잡는 치화신治化神의 도가 실현된 때이다. 그래서 **단군왕검은 삼신의 원리에 따라 나라를 삼한**[246], **즉 진한·번한·마한으로 나누어 다스렸다.** 이것이 바로 고조선의 국가 경영 제도인 **삼한관경제**三韓管境制이다. 고조선 문화의 원형이 삼한 역사에 숨어 있다.

단군왕검은 대단군으로서 요동과 만주 지역에 걸쳐 있던 진한을 통치하고, 요서 지역에 있던 번한과 한반도에 있던 마한은 각각 부단군이 통치하였다. **마한은 하늘의 정신[天一]을, 번한은 땅의 정신[地一]을, 진한은 천지의 주인이요 중심인 인간[太一]을 상징**하였다.

삼한으로 나뉘었으니 도읍지도 세 곳이었다. 진한의 수도는 아사달(지금의 하얼빈), 번한의 수도는 안덕향(지금의 하북성 당산시), 마한의 수도는 백아강(지금의 평양)이었다.[247]

일찍이 한말의 애국지사요 민족사학자인 단재 신채호는 삼한관경이 고조선의 국가 경영 원리임을 밝혀냈다. 단재는 맨몸으로 북만주를 누비며 한반도의 남쪽 삼한시대 이전에 만주, 요서, 한반도에 걸쳐 광대하게 뻗어 있었던 단군조선의 삼한시대가 실재했음을 입증하였다.

고조선의 정치에서 가장 큰 특징인 삼한관경제는 『환단고기』를 구성하는 『삼성기』, 『단군세기』, 『태백일사』에서 일관되게 전한다. 이 **삼한관경제는 고조선 역사와 문화의 핵심을 헤아리는 결정적이고 중요한 열쇠**이다. 삼한관경제에 대한 이해 없이는 고조선의 영토 범위, 여러 도읍지, 복잡한 대외 관계와 당시 국내외 상황 등을 분명하게 설명할 수 없다. 현 주류 강단 사학계가 고조선사를 제대로 밝히지 못하는 가장 큰 이유가 바로 신교 삼신문화의 우주관과 신관에 근거한 삼한관경제에 대한 인식이 부족하기 때문이다.

---

[246] 근세조선의 고종 황제가 선포한 국호 '대한'이 바로 이 삼한에서 유래하였다. '삼한을 크게 하나로 통일한다[三韓一統]'는 뜻에서 대한이라 지은 것이다. 고종은 대한제국을 선포함으로써 동북아의 중심이었던 옛 조선 삼한의 영광을 회복하려 하였다.

[247] 후에 번한은 22세 색불루단군이 실시한 삼조선 체제 때 번조선으로 불렸고, 번조선 말기에 '안덕향(일명 탕지보)'에서 동쪽의 '험독(지금의 하북성 창려현)'으로 천도하였다. 마한은 마지막 36세 맹남孟男 왕 때까지 한반도의 평양에 계속 도읍하였다.

고조선의 도읍지 변천

	진한(太一)	번한(地一)	마한(天一)
제1왕조 (삼한 시대)	송화강 아사달 (현 흑룡강성 하얼빈)	안덕향 (탕지보) (현 하북성 당산)	백아강 (현 대동강 평양)
제2왕조 (삼조선 시대)	백악산 아사달 (현 길림성 장춘)		
제3왕조 (대부여 시대)	장당경 아사달 (현 요령성 개원)	험독 (현 하북성 창려현)	

진한은 두 번의 천도를 하였고, 번한은 대부여 시대 때 동천하여 험독으로 옮겼고, 마한은 고조선이 망할 때까지 지금의 한반도 평양에 계속 도읍하였다.

3) 고조선의 강역

고조선은 광대한 제국이었다. 고조선 영토는 동쪽으로 한반도의 동해에 미치고, 북쪽으로 흑룡강을 지나 시베리아까지 이르고, 남쪽으로 큐슈와 일본 본토까지, 서쪽으로 몽골에 이르렀다. 이러한 고조선을 고려, 조선의 중화 사대주의자들과 일제의 식민사학자들이 한반도 북부에 국한된 소국으로 줄여 놓았다. 그러나 『환단고기』에 나오는 지명 몇 개만 고증해 보아도 그 진실은 쉽게 드러난다.

시조 단군왕검께서 재위 67년(단기 67, BCE 2267)에 태자 부루를 보내어, 9년 대홍수를 겪으며 국가 존망의 위기에 처한 중국에게 '오행의 원리로 물을 다스리는 법'을 전하여 요순堯舜 정권을 구해 주었다. 부루 태자가 중국의 순임금이 보낸 사공司空을 도산塗山에서 만나 오행치수법을 전한 이 사건은 **동방 회맹會盟의 시초**라 할 수 있다.

이후 고조선은 중국과의 국경을 살펴, 오늘날의 하북성과 산동성 일대인 **유주幽州**와 **영주營州**를 강역으로 편입하였다.[248] 유주와 영주는 순임금 때 새로 세워진 주이다. 요임금 때 기주冀州, 연주兗州, 청주靑州, 서주徐州, 형주荊州, 양주揚州, 예주豫州, 양주梁州, 옹주雍州 등 9주가 신설되었고, 순임금 때 다시 유주, 영주, 병주幷州 등 3주가 신설되었다. 이 12주 가운데 고조선과 국경을 맞댄 곳에 위치하였던 **유주와 영주가 단군왕검에 의해 고조선으로 편입**된 것이다.[249]

---

248) 『단군세기』 1세 단군 조에는 "국경을 살펴 정하시니 유주·영주 두 주가 우리 영토에 귀속되었다 [勘定國界, 幽營二州屬我]"라고 밝히고 있다.
249) 북위北魏의 역사를 서술한 『위서』 「지형지」에 따르면, 북위 시대에 유주는 그 치소가 계성薊城(현재의 북경)으로서 연군(전국시대의 연나라), 범양군, 어양군 등이 속해 있었다. 영주는 그 치소가 화

그리고 13세 흘달단군은 하나라의 마지막 왕 걸桀을 정벌할 때 빈邠과 기岐를 공격하여 강역을 더욱 넓혔다. 빈과 기는 현재의 섬서성에 위치한 지역으로, 섬서성은 하북성에서 대륙 서쪽으로 더 들어간 곳이다. 그런데 이 빈·기 땅을 공격할 때, 고조선 군사와 낙랑 군사가 합세하였다고 한다. 이 낙랑은 과연 무엇인가? 지금의 하북성, 요령성 일대에 해당하는 낙랑은 배달의 태호복희씨 때부터 있었던 지명으로,[250] 고조선 시대에는 고조선의 제후국 이름이었다. 낙랑은 23세 아홀단군 때 낙랑홀樂浪忽이라는 성城으로 다시 나타난다.[251]

영토를 확장하며 중국을 제압하던 고조선은 제3왕조에 이르러 수세적인 입장에 놓이게 되어 전국 칠웅戰國七雄의 하나인 연나라의 침략을 받았다. 45세 여루단군 때(BCE 365) 연나라가 고조선과의 국경 지대인 **운장**雲障을 공격한 것이다(『단군세기』). 운장은 지금의 난하 서쪽으로 하북성 북부 지역에 해당한다. 연나라에게 이곳을 빼앗겼으나 고조선의 세 조선(진조선, 번조선, 막조선)이 협력하여 곧 회복하였다.

그런데 이 운장은 이후 BCE 195년에 번조선의 준왕이 망명객 위만을 받아주면서 그곳 국경 수비대장으로 임명한 곳이다. 이처럼 운장이 번조선 땅이었다는 점으로 미루어 볼 때 제3왕조 시대 내내 고조선의 서쪽 국경은 난하를 훨씬 넘어서 위치하였다는 것을 알 수 있다.

고조선의 강역을 짐작케 하는 국경지대의 또 다른 지명은 **만변한**滿番汗이다. 몇몇 중국 사서가 기록한 '진개의 공격' 사건에 이 지명이 등장한다.

> 연은 장수 진개를 보내어 그 서쪽 지역을 공격하게 하고 땅 2천여 리를 빼앗았다. '만번한'에 이르러 경계로 삼으니 조선은 마침내 약화되었다(『삼국지』「위서동이전」).[252]

룡성和龍城이고 창려군, 건덕군, 요동군, 낙랑군, 기양군, 영구군 등이 영주에 속해 있었다. 위치로 보아 영주가 북위 시대 중국 땅의 가장 동쪽에 있었다. 이것은 순임금 당시에도 영주가 중국 땅의 동쪽 끝이었을 가능성을 보여준다. 단군왕검이 중국의 동단을 고조선의 서쪽 국경 지역으로 편입한 것이다.

250) 복희는 후에 청구, 낙랑을 지나 진陳 땅에 이주하여 … 서쪽 땅에 나라를 세우셨다(『태백일사』「신시본기」).

251) 낙랑이란 이름은 고조선 말기에 다시 대두한다. 번조선의 부호 최숭이 낙랑에서 한반도로 넘어가 지금의 평양 지역에 낙랑국이라는 나라를 세웠다(BCE 195).

252) 『삼국지』「위서동이전」의 배송지裵松之 주注에서 『위략』을 인용하여 이렇게 기록하였다. "燕乃遣將秦開攻其西方, 取地二千餘里, 至滿番汗爲界, 朝鮮遂弱."

『사기』[253]와 『염철론鹽鐵論』[254]의 기록은 『삼국지』와 다소 다르지만, 중국이 승리한 이 전쟁을 세 사서가 모두 자세히 서술하고 있다. 이 만번한도 운장과 마찬가지로 고조선의 서쪽 국경이었고 지금의 하북성 일대[255]에 속한다.

고조선의 강역이 대륙 깊숙이 뻗어 있었다는 사실을 고고학 발굴로도 입증된다. 20세기 후반에 발굴된 **하가점夏家店문화**가 바로 그것이다. 하가점은 내몽골 자치구 적봉시의 한 촌락으로 건조한 기후 때문에 유적과 유물이 빗물에 유실되지 않고 시대별로 층층이 잘 보존된 곳이다. 하가점 유적지의 상층에서 유목민 문화가 나타났고, 하층에서 BCE 2400~BCE 1500년에 걸쳐 농경집단의 청동기 문화가 나타났다. 이 하층에서 비파형 청동검이 나왔는데, 그것은 청동기 문화의 대표적 유물로서 만주와 한반도에서 발굴된 청동검과 동일한 것이다. 따라서 **하가점 하층문화는 고조선 문화**이고, **하가점 지역은 고조선의 영역**인 것이다.

이처럼 문헌 기록으로 보나 유물로 보나, 고조선은 한반도에서 요서에 이르는 드넓은 땅을 차지한 동북아시아의 대국이었다.

고조선은 동북아의 대국으로서 70여 개의 크고 작은 제후국을 거느렸다. 『단군세기』를 비롯하여 『제왕운기』, 『삼국유사』, 『고려사』, 『세종실록』, 『응제시주』, 『규원사화』 같은 국내 문헌뿐 아니라 중국 사서들에 그 사실이 구체적으로 기록되어 있다. 이들 역사책에 기록된 제후국만 해도 시라尸羅(길림), 고례高禮(고구려) 즉 고리국櫜離國, 옥저, 부여, 예濊, 맥貊, 남국藍國(북경 부근), 숙신肅慎, 청구靑邱, 낙랑樂浪, 여黎, 임둔臨屯, 현도玄菟, 고죽孤竹, 영지令支, 수유須臾, 엄奄(산동성 곡부), 서徐, 회淮, 추追, 양이良夷, 양주楊州, 유兪, 진번, 졸본, 비류沸流, 해두海頭, 개마蓋馬, 구다句茶, 송양松

---

[253] 『사기』「흉노열전」은 "연나라에 현명한 장수 진개가 있어 동호에 인질로 갔는데, 동호가 그를 대단히 신임하였다. 진개가 연나라로 돌아가서 군사를 이끌고 습격하여 동호를 쳐부수고 내쫓자, 동호는 1천여 리를 퇴각하였다[燕有賢將秦開, 爲質於胡, 胡甚信之, 歸而襲破走東胡, 東胡郤千餘里]"라고 하여 진개가 공격한 나라를 '동호東胡'로, 그때 빼앗은 영역을 '천여 리'라 기록하였다. '조선'을 대신하여 '동호', 즉 '동쪽 오랑캐'로 폄하하여 기록하였다.

[254] 한 무제 사후에 나온 전한시대 사료인 『염철론』 벌공伐功 조에서는 "연나라가 동호를 습격하여 천리를 물러나게 하였고, 요동을 지나 동쪽으로 조선을 공격하였다[燕襲走東胡, 辟地千里, 度遼東而攻朝鮮]"라고 하여 동호와 조선을 구별하였다. 『사기』의 기록에 '조선 공격'을 더하여 동호와 조선을 구분하였으나 동호와 조선은 모두 고조선을 가리킨다.

[255] 일부 학자들은 만번한을 지금의 요령성 개주·해주 지역으로 추정한다(KBS 1TV, 〈역사 스페셜〉, "첫 나라 고조선 수도는 어디였나"). 이는 연나라의 침략 후 백여 년이 지난 BCE 194년에 위만이 강탈한 왕검성을 요동반도로 잘못 비정한 데서 비롯되었다. 하지만 이 왕검성은 요동이 아니라 훨씬 서쪽인 현 하북성 창려현에 위치하였고 만번한도 하북성에 위치하였다.

壤, 조나藻那, 주나朱那, 행인荇人 등256)으로 30개국이 넘는다.

『단군세기』에 의하면, 고조선의 단군은 제후국을 순회하였고 제후들은 단군에게 조공을 바쳐 그 속국임을 자인하였다. 단군은 **제후들을 불러 삼신상제님께 올리는 천제에 참여**시키고 함께 적국을 공격하기도 하였다. 하지만 중국과 일제는 고조선의 제후국들을 모두 고조선과 무관한 별개의 나라인 양 서술함으로써 지금의 중국 본토 일부와 만주와 한반도에 이르는 광대한 영토를 다스린 대제국 고조선의 면모를 은폐하려 하였다.257)

4) 고조선과 중국의 관계

고조선과 당시 중국 왕조들의 관계는 어떠하였을까?『단군세기』는 고조선이 초대 단군 때부터 중국과 밀접한 관계를 맺고 있었음을 보여준다.

고조선의 강역을 논하면서 잠시 소개하였듯이, 순임금 때 중국은 국가의 존망이 달린 대홍수를 당하였다. 그 전에 고조선의 도움으로 보위에 오른 순은 9년 동안 계속된 물난리를 고조선의 도움으로 해결하였다. 그 결과 순은 정치적으로 더욱 고조선에 예속되었다.

고조선은 회수와 태산 지역(회대淮岱)의 제후들을 평정하고 그곳에 설치한 분조分朝를 순으로 하여금 감독하게 하였고, 현 산동성 교남시의 **낭야성**258)에 감우소監虞所(우순의 정치를 감독하는 곳)를 설치하여 순으로부터 분조에 관한 일을 보고받았다.『서경』「순전舜典」을 보면 "**사근동후肆覲東后**"라는 구절이 나오는데,『단군세기』의 기록으로 볼 때 "**사근동후**"라는 구절은 '순임금이 동방의 천자를 알현하였다'는 **뜻으로 해석해야** 마땅하다.259)

---

256) 윤내현,『고조선연구』, 441쪽.
257) 송호정 등 일부 주류 강단 사학자들은 당시에 이런 제국이 존재할 수 없다고 단정하지만(송호정,『만들어진 신화 고조선』, 151쪽), 역사적으로 기마민족 국가는 농경민족 국가보다 그 영토가 훨씬 광대했다는 것을 염두에 두어야 한다. 말의 질주 속도는 시속 60킬로미터가 넘는다. 실제로 13세기 몽골 기마군단은 유럽에서 하루에 100킬로미터 이상 진군하였다. 고조선은 기마민족의 요소를 가진 나라이기 때문에 동북아의 광대한 강역을 충분히 다스릴 수 있었다.
258) 낭야성은 번한의 2세 왕 낭야가 산동지역에 있던 성을 개축한 것이다. 낭야는 단군왕검이 번한의 초대 왕으로 임명한 치두남蚩頭男(치우천황의 후손)의 아들이다. 단군은 서방 한족을 제지하고자, 한족이 두려워하던 치우천황의 혈통을 번한의 통치자로 세웠다.
259)『예기』「곡례曲禮」편에 의하면, '근覲'은 "천자가 병풍을 등지고 서면, 제후들이 북쪽을 향해서 천자를 알현하는 것天子當依而立, 諸侯北面而見天子曰覲"을 말한다. 또한 '근'은 1년 중 가을에 천자를

우禹가 세운 하나라(BCE 2205~BCE 1766)도 역시 고조선에 예속되었다. 우는 아버지 곤이 치수에 실패하여 순임금에게 처형당한 후 그 뒤를 이어 나라의 치수사업을 맡아보던 사공司空 신분이었다. 우는 순을 대신하여 도산회의에 참석하여 고조선의 태자 부루에게서 오행치수법이 적힌 금간옥첩을 받았고, 이 비법으로 홍수를 해결하고 인심을 얻어 나중에 하나라를 열게 되었다.

사공 우가 금간옥첩을 받아간 것과 관련된 기록은 『오월춘추』, 『역대신선통감』, 『응제시주』, 『세종실록』, 『동국여지승람』, 『동사강목』, 『묵자』 등에서 확인된다. 그러나 중국이 중화주의 사관으로 쓴 『오월춘추』는 부루 태자를 창수사자蒼水使者라 말하여 은인의 실체를 감추었고 또한 창수사자가 우의 꿈에 나타나 비법을 알려준 것으로 기록[260]하여 **우가 순전히 자신의 현몽으로 국난을 해결한 것으로 왜곡**하였다. 조선 시대의 『응제시주』와 『세종실록』 「지리지」는 '우가 도산에서 제후들과 회동할 때 태자 부루를 보내 조회하게 하였다'[261]라고 하여 고조선이 오히려 중국의 속국이었던 것처럼 주객을 전도시켜 기록하였다.

개국 시조 때부터 고조선의 은덕을 입은 하나라는 마지막 군주 걸桀에 이르기까지 내내 고조선을 상국으로 모셨다.[262] 하나라에서 상나라[263]로 중원의 왕조가 교체될 때에도 고조선의 힘이 작용하였다. 상나라의 초대 임금인 탕이 하나라 임금 폭군 걸을 정벌하고자 하였을 때, 13세 흘달단군이 처음에는 걸을 지원하였으나 걸의 포악한 정치가 개선되지 않자 결국 탕의 손을 들어 주었다.

상나라의 왕통은 동이족이다. 상나라의 시조인 설契의 어머니가 제비 알을 삼키

알현하는 것이다(봄에 천자를 알현하는 것은 '조朝'). 그리고 『이아』의 주註에서는 '근'을 '하현상下見上(아랫사람이 윗사람을 뵙는 것)'이라 풀이한다. 이 세 가지의 '근'은 모두 제후가 천자를 배알하는 상황이다. 결론적으로 사근동후는 제후 순이 동방의 천자인 단군천황을 알현한 것이다.

260) 우는 산꼭대기에 올라가 하늘을 바라보며 울부짖다가 잠이 들어, 꿈에 붉은 색으로 수놓은 비단 옷을 입은 남자를 만났는데, 스스로 "나는 현이의 창수사자로다"라고 말하였다[禹乃登山, 仰天而嘯, 因夢見赤繡衣男子, 自稱:玄夷蒼水使者].

261) 至禹會諸侯塗山, 檀君遣子夫婁朝焉(『응제시주』); 至禹會塗山, 遣太子夫婁朝焉(『세종실록』 「지리지」).

262) 고조선의 은덕을 잊지 못한 우는 임종을 앞두고, 부루 태자가 치수법이 적힌 금간옥첩을 내려 준 도산(지금의 절강성 회계산)에 자신을 묻어 달라고 유언하였다[命群臣曰: "吾百世之後, 葬我會稽之山"](『오월춘추』 「월왕무여외전越王無余外傳」).

263) 상이라는 나라 이름은 시조 설契이 우禹의 치수를 도운 대가로 상商이란 곳에 봉지를 받은 데서 유래한다. 원래 상이라 불리던 나라 이름을 주나라가 은이라 고쳐 불렀다. 주는 한족 중심의 나라로서, 동이족의 나라였던 상나라를 폄하하기 위해 그리하였다.

고 설을 낳았다는 난생설화는 전형적인 동이족 탄생 설화이다. 상나라의 개국공신인 이윤伊尹도 동이족 출신이다. 이윤은 **고조선 11세 도해단군 때의 국사國師인 유위자有爲子에게서 신교의 대도문명을 배워 상나라의 제도와 질서를 정립**하였다. 동이족이 세운 나라인 **상나라는 동북방을 존숭**하였다. 상나라 말기의 도읍지였던 하남성 안양시 은허 유적에서 출토된 궁전, 성벽, 무덤 등 모두가 동북방을 향하고 있다. 왜냐하면 **동북은 삼신이 머무는 땅**(『태백일사』「신시본기」)이고, 상나라의 동북방에 고조선이 위치하였기 때문이다.

그런데 초기의 상나라는 고조선을 문화의 조국으로 받들었으나, 12세 하단갑 때부터 조공을 바치지 않았고, 22세 무정에 이르러서는 급기야 고조선의 변방을 침범하기에 이르렀다. 이에 21세 소태단군과 22세 색불루단군이 상나라를 쳐서 대파하였다. 패전을 거듭하던 상나라는 이리저리 옮겨 다니다가 약 100년 후에 결국 멸망하였다.

상나라 다음으로 550년 동안 중원을 지배한 주周나라는 일반적으로 한족漢族이 세운 나라로 알려져 있다. 그러나 창건자인 문왕과 무왕 부자父子는 그들의 시조 설화에서 알 수 있듯이 동이족 출신이다. 무왕은 자신의 힘만으로 상나라를 무너뜨릴 수 없었다. 많은 병력과 전차를 보유한 상나라 군대를 물리치기 위해서는 동이족의 협조가 절대적으로 필요하였다. 다수의 동이인이 무왕에게 협조했는데 강태공도 그 가운데 한 사람이었다. 무왕은 주나라 건국을 도운 강태공을 산동반도 지역에 있는 제나라의 제후로 봉했다. 그 이유는 강태공의 공적에 대한 포상이기도 하지만 동이족 출신인 강태공이 주 왕실에 비협조적인 산동지역 동이족을 다스릴 적임자였기 때문이다. 무왕 이후 주나라는 이전의 왕조와 마찬가지로 고조선에 조공과 방물을 바쳐 예를 표하였다. 『환단고기』에는 주나라 왕 하瑕(4세 소왕昭王)가 고조선에 사신을 보내 조공을 바친 일(BCE 1047), 30세 내휴단군 때 주나라와 고조선이 수교한 일(BCE 909), 32세 추밀단군 때 번조선이 주나라를 패퇴시키자 주나라가 번조선에 방물을 바친 일(BCE 835) 등이 기록으로 전한다.

요컨대 **고조선은 동북아의 천자국天子國이었고, 하·상·주 중국 3왕조는 모두 고조선의 정치적 지배를 받았던 것이다.**

5) 고조선과 일본의 관계

일본의 역사 또한 중국 역사 못지않게 고조선과 밀착되어 있다. 고대 일본사는 동방 한민족의 이민개척사에 지나지 않는다.

일본의 정통 역사서인 『일본서기日本書紀』와 『고사기古事記』[264]에 기록된 건국사화에서도 일본 역사는 동방 한민족이 개창한 역사임이 드러나고 있다. 천손강림의 일본 건국사화가 환웅의 배달 건국사화와 그 틀이 똑같은 것에서 이를 알 수 있다.

그리고 BCE 660년에 즉위한 초대 왕 진무神武의 정체 또한 **일본 고대사는 고조선이 개창한 역사**임을 밝혀 준다. 3세 가륵단군 때(BCE 2173) 두지주豆只州의 예읍濊邑 지역에서 반란이 일어나자 그곳 추장 소시모리素尸毛犂[265]를 처형하였다. 이 소시모리의 후손으로 36세 매륵단군 때의 인물인 **협야후陝野侯 배반명裵幋命**이 일본으로 건너가(BCE 667) 그곳을 정복하고 스스로 천왕이라 칭하였는데, 이 배반명이 곧 **일본의 초대 왕 진무神武**이다.[266] 『일본서기』는 진무가 큐슈 섬 일향日向에서 출발하여 일본 열도를 평정하고 **BCE 660년에 천왕으로 등극**하였다고 말한다. 진무의 천왕 즉위 사건과 겨우 7년밖에 차이가 나지 않는 배반명의 천왕 참칭 사건, 이 두 가지는 동일한 사건인 것이다.

고조선에 의해 비로소 왕조사가 시작된 일본은 그 후로도 이 땅에서 넘어간 한민족에게서 역사발전의 영양분을 공급받았다. 대대적인 규모의 집단이 일본으로 넘어간 사건만 해도 최소 여섯 차례에 달한다.

제1 단계는 BCE 300년경 일본이 아직 신석기 문화의 죠몬繩文 시대에 머물러 있을

---

264) 『일본서기』(720)와 『고사기』(712)는 거의 같은 시기에 완성된 일본 최고最古의 정사正史를 기록한 역사서다. 도네리 친왕舍人親王이 저술한 『일본서기』, 백제 사람 태안만려太安麻呂가 저술한 『고사기』, 이 두 권은 모두 백제 멸망(660) 후 모국인 백제와 고리를 끊고 일본 왕조를 자생 왕조로 변색하기 위한 필요성에 의해 집필된 것이다.

265) 추장 소시모리는 『일본서기』에서 '소시모리曾尸茂梨'라는 지명으로 나타난다. 일본의 국조신 아마테라스의 아우인 스사노素盞鳴가 과도한 야심을 품고 난동을 피우자 주민들이 단결하여 그를 그의 본국인 신라(당시에는 고조선이었다)로 쫓아냈다. 『일본서기』는 스사노가 이때 '신라국에 내려와 소시모리라는 곳에 살았다[降到於新羅國, 居曾尸茂梨之處]'고 전한다. 일본 왕가의 뿌리와 연관된 소시모리 추장의 이름을 지명으로 변형하여 그들의 역사책에 심었을 가능성이 높다.

266) "협야라 하는 것은 어렸을 때의 이름이다. 뒤에 천하를 평정하고 8주를 다스렸다[所稱狹野者, 是年少時之號也, 後撥平天下, 奄有八洲]"는 진무 왕에 대한 『일본서기』의 기록에서도 배반명과 진무왕이 동일인이었을 가능성을 찾아볼 수 있다. 비록 한자 표기는 다르지만 배반명은 협야狹野 지역의 제후였고, 진무는 소년 시절에 협야狹野라 불리었다.

'일본 건국사화'와 '한민족 건국사화'의 공통점

1. 일본사의 첫머리를 장식하는 신세神世가 환국의 환인 7세처럼 7대로 이루어져 있다.

2. 신세神世의 마지막 7대 신의 딸로서 태양신인 천조대신天照大神(아마테라스 오오미가미)의 명을 받아서 손자 니니기가 **세 가지 신기**神器를 가지고 5반서伴緒를 거느리고 큐슈九州의 다카치호 봉우리에 내려와 나라를 건설했다는 이야기는, 환웅이 환인의 명을 받아 **천부**天符**와 인**印 **세 개**를 가지고 3천 명의 무리를 이끌고 백두산에 내려와 배달국을 세운 것과 그 틀이 동일하다.

3. 니니기가 고천원高天原, 즉 높은 하늘나라에서 내려왔다는 것은 천산天山에 계신 환인이 환웅에게 백두산에 내려가 새 세상을 열라고 한 것과 상통한다.

때 고조선족이 집단 이주하여 야요이彌生(BCE 3세기~3세기) 시대를 열어 준 것이다. 이 것은 일본의 문명을 청동기 수준으로 도약시켜 일대 변혁을 일으킨 사건이었다.

제2 단계부터는 고조선 이후의 사건이지만, 고조선 이후 한민족의 이민사가 어떻게 진행되었는지 그 핵심만 간단히 정리해 본다. 제2단계는 3~5세기에 부여, 백제 등에서 대집단이 다시 도일渡日한 사건이다. 이 시기는 제15대 오진應神 왕에 의해 **일본 최초의 통일왕조인 야마토 정권이 탄생**한(286년, 『일본서기』) 때이며 문화사적으로는 고분문화 초기이다. 고분문화의 출현 과정을 두고 이해가 가지 않을 정도로 지나치게 빠르고 이질적이라고 평한 일본 사학자 에가미 나미오江上波夫는 그 이유를 외부에서 온 기마민족이 새 문화를 유입시켰기 때문이라 하였다. 그 기마민족이 다름 아닌 부여와 고구려계의 유민이었던 것이다.

야마토 정권을 연 오진應神 왕의 정체 또한 **일왕가(일본)의 뿌리가 한민족임**을 보여준다. 서부여의 의려왕 또는 그 아들 의라는 선비족 모용괴(모용외)에게 패하자 무리 수천 명을 거느리고 바다를 건너 가 왜를 평정하고 왕이 되었는데(285년, 『태백일사』「대진국본기」), 그 연도는 오진 왕 등극과 1년밖에 차이가 나지 않는다. 오진이 곧 부여 왕 의려 또는 의라인 것이다.

제3 단계는 6세기 중반부터 7세기초에 수준이 더욱 높아진 문화기술 집단이 건너 가 고대 **일본 문화의 정수**라 일컫는 **아스카**飛鳥 **문화를 일으킨** 것이다. 백제에서는 불교를 전해 주고 역박사易博士, 오경박사五經博士, 의학박사醫學博士를 파견하였다. 고구려에서는 승려 담징이 채색하는 법과 종이, 먹의 제조법을 전했다. 당시 백제는 일본에 동조東朝를 두고 줄곧 왕자를 파견하여 일본 정국을 마음대로 조종했는데, 훗날 『일본서기』는 이것을 백제 왕자가 일본에 볼모로 잡혀 간 것으로 왜곡하였다. 특히 31대 요메이用明 왕은 백제궁이라는 궁궐을 지어 생을 마감할 때까지 거처하였으며 백제 옷을 입고 생활하였다.

제4 단계는 7세기 후반 백제와 고구려가 패망하면서 최대 규모의 집단이 일본으로 망명한 것이다. 그 망명자 가운데 고구려 보장제의 후손인 약광若光은 일본 후지산 동쪽 간토關東 지방을 개척했다. 이 지역에서는 아직까지도 고려본향高麗本鄕, 고려천高麗川 같은 지명이 남아 있고, 약광을 주신으로 모신 고려신사高麗神社가 있을 뿐 아니라, 그 후손인 고려 씨氏의 족보가 전해 내려온다. 나라 잃은 백제와 고구려의 백성들이 새로운 터전을 찾아 그곳으로 갈 수 있었던 것은 이미 그곳에 건너 가서 살던 우리 조상들이 일본의 중심 세력으로 기반을 잡고 있었기 때문이었다.

제5 단계는 자의自意에 의한 이주와 문화 전수가 아니었다. 임진왜란 때 잡혀간 관리, 학자, 종교인, 도공陶工, 기타 각종 기술자가 일본 문화를 발전시킨 것이다. 물론 그때 일본은 사람뿐만 아니라 활자, 서적, 불상, 범종 등 무수한 문화재를 약탈해 갔다.

마지막으로 **제6 단계**는 임진란이 끝난 후 도쿠가와 정권의 간청에 따라 조선 조정이 문화사절단인 통신사通信使를 대규모로 동경에까지 파견하여 선진 문물을 전한 것이다. 조선통신사는 1609년 이후 19세기 초까지 10여 회를 왕래했는데 한 번 왕복에 약 1년씩 걸렸다. 사절단에는 고관, 학자, 문인, 의사, 서화가, 아악 연주자뿐 아니라 승마사, 무술사, 곡예사, 재인과 같은 기예인에 이르기까지 각 방면의 다양한 인물이 포함되어 있었다. 말하자면 일본이 백과百科의 강사들을 조선에서 모셔다가 문물을 배운 것이다.

요컨대 **고조선 이후 근세조선에 이르기까지 한국은 일본 문화 전반에 걸쳐 지대한 영향을 끼친 정신적 조국이자 스승 나라였다.**

6) 고조선과 북방 민족의 관계

『단군세기』에는 고조선과 북방 민족 간의 관계를 알려 주는 귀중한 기록이 있다. 3세 가륵단군 6년(BCE 2177) 조에 나오는 "임금께서 열양 욕살 삭정索靖을 약수弱水 지방에 유배시켜 종신토록 감옥에 가둬 놓았다. 후에 용서하여 그 땅에 봉하시니 흉노의 시조가 되었다"라는 기록과 4세 오사구단군이 재위 원년인 BCE 2137년에 자신의 아우 오사달을 '몽고리한'에 봉했다는 기록, 또 30세 내휴단군 5년(BCE 905)에 흉노가 공물을 바쳤다는 기록, 32세 추밀단군 3년(BCE 847)에 선비산鮮卑山의 추장 문고가 공물을 바쳤다는 기록 등이 그것이다.

주지하다시피 몽골 고원에서 중앙아시아를 거쳐 남러시아와 동유럽에 이르는 일대에는 광대한 초원 지대가 이어진다. 이들 지역은 유목생활을 영위하는 몽골계와 투르크계에 속하는 다양한 유목민의 공간이었다. 동양사에서는 중국 북방의 여러 유목민과 중국 간의 갈등이 아주 드라마틱하게 전개되었다. 중국인들은 이러한 북방 민족을 융戎, 적狄, 호胡 등 다양한 이름으로 부르면서, 물리치고 억압해야 할 무지하고 흉악한 오랑캐로 여겼다.

그러나 북방 민족을 오랑캐로 여긴 것은 어디까지나 중화주의에 빠진 중국인의 편견이다. 북방 유목민은 분명 정착 농경민과 다른 생활방식을 채택하였지만 결코 야만인이 아니었다. 실제로 기마술과 야금술, 금속가공 기술은 중국인보다 앞서 있었다.

흉노, 선비, 돌궐, 몽골 등 여러 북방 민족과 한민족의 관계를 살펴보면서, 그들의 세력 부침을 간략히 정리해 보기로 한다.

동방의 삼신과 제천 문화를 생활화한 흉노

『단군세기』의 기록에 의하면 **흉노의 시조는 한민족이다**.[267] 흉노는 그 수가 계속 늘어나 진나라 때 와서는 이미 오르도스와 몽골고원, 천산산맥 일대를 주름잡고 있었다. 흉노는 그 우두머리를 선우單于라 하였는데, 한나라 초기 묵특선우冒頓單于(BCE 209~BCE 174) 때 서쪽의 월지와 동쪽의 동호東胡(번조선)를 격파하고 아시아 최초로 유목 대제국을 세웠다.

---

[267] 사마천의『사기』「흉노열전」에서는 흉노의 선조를 하후씨夏后氏(우禹)의 후예인 순유淳維라 하였다.

내몽골자치구 후허하오터呼和浩特의 흉노匈奴박물관에 전시되어 있는 흉노인匈奴人 밀랍인형_가운데 있는 두 사람은 동흉노東匈奴의 호한야선우呼韓邪單于(재위 BCE 58~BCE 31)와 한원제漢元帝가 흉노의 침입을 막기 위해 호한야선우에게 바친 궁녀 왕소군王昭君이다.

묵특선우는 **흉노 제국을 신교 삼신문화의 고향인 고조선과 같이 셋으로 나누어 다스렸다.** 즉 자신은 중앙을 통치하고 동쪽은 좌현왕이, 서쪽은 우현왕이 통치하게 했던 것이다. 좌현왕은 우현왕보다 우대되었는데 보통 선우의 아들을 좌현왕으로 삼았다.[268]

흉노족은 선우를 '탱리고도撐犂孤塗 선우'라고도 불렀는데, 탱리撐犂는 '하늘'을 뜻하는 흉노어 '텡그리tengri'의 음역이고, '고도孤塗'는 아들을 의미한다. 따라서 **탱리고도는 하늘의 아들, 즉 천자天子를 의미한다. 흉노는 천지와 일월을 숭배하고, 나아가 조상을 숭배**하며, **일 년에 세 번 큰 제사**를 지냈다. 특히 정월의 춘제春祭와 오월의 용성대제龍城大祭는 대규모 천제였다.[269] 중국 측의 기록에 의하면 흉노 제국에는 하늘에 제사 지낼 때 이용하는 큰 금상金像이 있었다고 한다. 흉노의 좌현왕인 휴도왕의 땅에 있던 '제천금인祭天金人'이 그것이다. 선우는 **매일 해와 달에게 절하고** 자신이 거처하는 게르(천막집)의 **문도 항상 동쪽을 향해 배치**하였다. 이처럼 문을 동향으로 한 것은 동쪽을 중시하는 동이족의 관습과 일치한다.

중국 역사서에서 흉노는 BCE 4세기 전국 시대에 처음 등장한다. 중국인의 입장에서 볼 때 흉노는 틈만 있으면 연, 조, 진 나라를 침략하는 골칫거리였다. 이 세

---

[268] 장진퀘이, 『흉노제국 이야기』, 60쪽.
[269] 장진퀘이, 같은 책, 71쪽.

유럽 문명을 뒤흔든 북방 민족의 활동과 이동

돌궐족의 이동

- 546년 유연으로부터 독립, 돌궐 제국 형성.
- 657년 서돌궐이 당나라에게 멸망당하자 중앙아시아로 진출.
- 744년 동돌궐이 위구르에게 멸망.
- 657~974년 중앙아시아에서 유목생활, 이슬람의 노예용병 생활.
- 975~1187년 아프가니스탄과 이란 동북부에 가즈나 왕조를 세움.
- 1037년 셀주크투르크 제국 세움. 중앙아시아와 서아시아를 지배.
- 1055년 바그다드 함락시킴, 1071년 동로마군 대파, 소아시아 진출.
- 1299년 오스만 1세가 오스만투르크 독립왕조 세움.
- 1389년 오스만투르크가 소아시아 통일, 발칸반도 대부분을 장악.
- 1453년 콘스탄티노플 점령, 오스만투르크 대제국 형성.

나라는 모두 흉노의 침략을 막기 위해 장성을 쌓았다.[270] 이것을 연결한 것이 진시황 때 이루어진 만리장성이다. 진시황은 장군 몽염에게 삼십만 군을 주어 흉노에게 반격을 가하고 서쪽의 농서군에서 동쪽의 요동군 갈석에 이르는 장성을 구축하였다. 그러나 만리장성 축조는 백성들에게 큰 부담을 주었고 결국 2세 황제 호해 때 진나라는 진승과 오광등의 반란으로 망했다. 흉노의 위협이 중국 최초의 통일국가를 멸망시킨 원인 중 하나가 된 것이다.

진秦에 이어 유방이 세운 한나라도 흉노의 공격에 시달렸고, 흉노를 제압하는 데 실패하였다. 한 고조 유방은 흉노와의 전쟁에서 포위당했다가 뇌물을 주고 가까스로 빠져나오기도 하였고, 이후 공주와 공납을 보내 굴욕적으로 평화를 유지하였다. 한 무제 때에 다시 흉노와 전쟁을 시작하였는데 이 전쟁이 근 50년 동안 계속되었다.[271]

한 무제는 결국 흉노를 굴복시키지 못하고 오히려 큰 손해를 보았다. 장진퀘이張金奎에 의하면 흉노와의 전쟁이 백성의 생활을 곤궁하게 만들고 국력을 약화시켰다고 한다. 그래서 무제는 다시는 변방으로 출정하지 않겠다는 뜻을 담은 '윤대輪臺의 조서'를 발표하고 자신의 실책을 반성하였다. 한 무제가 위만정권을 공격하고 그곳에 군현을 설치하려 한 것도 흉노를 견제하기 위한 것이었다. 위만정권이 흉노와 손을 잡는 것이 두려웠던 것이다.

그런데 한 무제가 흉노를 공략하던 때에 한국사와 관련된 중요한 일이 일어났다. 흉노 좌현왕의 아들이 자기 어머니와 함께 한나라의 포로가 된 것이다. 왕자는 궁궐의 말을 돌보는 일을 맡았는데, 품위 있는 거동과 성실함이 한 무제의 눈에 띄어 무제의 측근이 되었다. 이 흉노 왕자의 이름은 **김일제**金日磾이다. 뒤에 무제는 망하라莽何羅의 반란을 막은 공을 치하하여 그를 '투후秺侯'로 봉하였다. 투후는 '오르도스의 제후'라는 뜻이다. 그 후손 중에서 왕후(전한 11세 원제元帝의 비 효원왕후)도 배출되었다. 전한을 무너뜨리고 신新을 건국한 왕망王莽은 김일제의 현손玄孫

---

[270] 디코모스에 의하면 원래 성벽은 제나라와 초나라에 의해 먼저 세워졌지만 북방의 성벽은 조, 연, 진 세 나라가 BCE 4세기 말부터 BCE 3세기 중반에 자국 영토를 유목민으로부터 방어하기 위해 쌓은 것이라 한다(니콜라 디코모스, 『오랑캐의 탄생』, 191쪽).

[271] 한 무제가 즉위한 것은 BCE 141년인데 무제는 즉위한 지 얼마 되지 않아 흉노를 토벌하기 위한 전략의 하나로 장건을 서역의 월지月支에 파견하였다(BCE 139년). 한 무제의 흉노 공격은 BCE 133년에 시작되어 BCE 90년까지 계속되었다.

이라 한다.272)

　외척인 김일제 가문은 왕망이 정권을 잡으면서 최고의 권세를 누렸다. 그러나 왕망이 몰락하자 위험한 처지에 몰렸다. 정확한 경로는 알려져 있지 않지만 그 후에 이들은 한반도로 망명한 것으로 보인다. 문무왕비 비문과 중국 서안西安에서 발견된 당나라 시대의 묘비명에 **김일제가 신라 김씨 왕가의 조상**으로 기록되어 있기 때문이다.273) 이 모든 상황을 종합해 볼 때, 1세기 초 한나라에서 망명한 김일제의 후손이 신라와 가야에 들어와서 왕권을 잡은 것으로 추정된다. 실제로 가야가 있었던 지역에서 기마민족의 유물이 대거 발견되었다. 유물 가운데 청동제 솥인 동복銅鍑은 흉노를 비롯한 중앙아시아 유목민들이 제사의식을 치르기 위해 말에 싣고 다니던 제기로, 유럽의 훈족 루트에서도 많이 발견되었다.

　흉노 제국은 BCE 1세기 중반에 내분이 일어나 둘로 분열되었다. 호한야呼韓邪 선우가 이끄는 동흉노는 한나라와 동맹을 맺고 중국 북쪽에 머물렀지만, 한나라와 타협하기를 거부한 질지郅支 선우가 이끄는 서흉노는 중앙아시아 쪽으로 이주하였다.274) 한 세기 뒤에 동흉노는 다시 남북 흉노로 분열되었다. 남흉노는 고비 사막에서 남쪽으로 내려와 한나라의 번병藩兵(수비병)이 되었고, 북흉노는 몽골 초원을 지배하였다. 북흉노는 한 제국과 남흉노 연합 세력의 공격 때문에 1세기 말(CE 91)에는 몽골리아를 포기하고 중앙아시아의 일리 강 유역으로 이주하였다. 이러한 이주는 가뭄과 병충해 같은 자연환경의 악화도 그 요인으로

경주 고분에서 출토된 보물 635호 **금제감장보검**金製嵌裝寶劍_훈족 연구가 이종호 박사는 훈족의 아틸라 왕이 동로마에서 얻은 이 보물을 신라 왕실에 선사한 것으로 추정한다.

---

272) 서동인, 『흉노인 김씨의 나라 가야』, 125쪽.
273) 『한서漢書』에는 한 무제가 김일제에게 김씨 성을 하사하였다고 한다. "本以休屠作金人爲祭天主, 故因賜姓金氏云"(「김일제전」).
274) 장진퀘이, 같은 책, 135쪽.

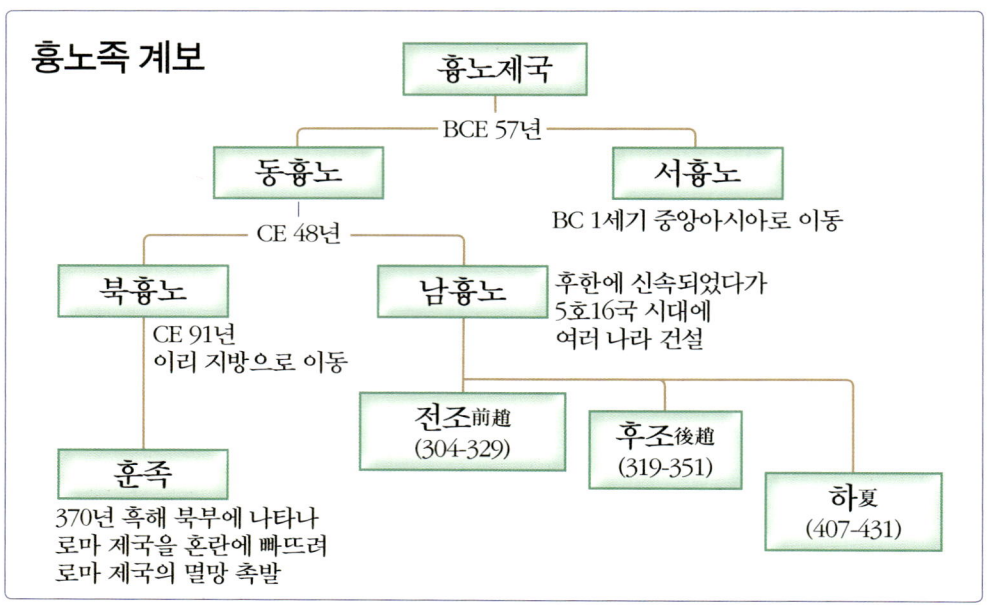

작용하였던 것으로 보인다.[275]

북흉노는 한때 일리 강 인근 오아시스 국가들을 지배하기도 했지만 결국 몽골리아 초원의 새로운 패자인 선비족의 압력을 견디지 못하고, 2세기 중반 즈음에 더 서쪽으로 옮겨 오늘날의 카자흐스탄 초원으로 들어가 버렸다. 그 후 북흉노는 기록에서 사라져 버린 듯했지만 **4세기 중반에 갑자기 '훈Hun'이라는 이름으로**[276] **역사의 무대에 모습**을 드러냈다.

훈족은 370년경 흑해 북부에 나타남으로써 처음으로 유럽에 그 존재를 알렸다. 이들은 볼가 강을 건너 남러시아 초원지대에 거주하던 알란족을 공격했고, 이어 알란족과 함께 동고트족과 서고트족을 공격하여 유럽 대륙에 민족이동의 대물결을 야기하였다. 공포에 질려 도주한 게르만족이 밀물처럼 로마 국경 안으로 몰려들자 이를 제어하지 못한 서로마 제국은 결국 무너지고 말았다. 그래서 **훈족에 의해 촉**

---

275) 『후한서』 「남흉노열전南匈奴列傳」에는 "흉노국은 매년 가뭄과 해충의 습격으로 헐벗은 땅이 수천 리에 달하고 초목은 전부 말라 버려 기아와 질병으로 사망한 사람과 가축의 수가 삼분의 이에 이르렀다[而匈奴中連年旱蝗, 赤地數千里, 草木盡枯, 人畜飢疫, 死耗太半]"라는 기록이 있다.

276) 서양 역사서 속의 훈족이 과연 흉노족인가? 고마츠 히사오에 의하면, 1~2세기 무렵에 북방 유목민 집단이 알타이에서 천산산맥 북쪽 기슭, 그리고 카자흐스탄으로 이동하였고 그곳에서 세력을 키운 후 4~5세기 무렵 단숨에 중부 유럽까지 진출하였다(고마츠 히사오, 『중앙유라시아의 역사』, 77쪽). 흉노 유물을 연구한 이종호 박사도 '남흉노와 북흉노로 나뉘어진 후, 흉노족은 4차에 걸쳐 서천西遷하여 아랄 해 인근의 강거 지역에 도착하였고, 370년경 한파를 피해 좀 더 서쪽으로 이동하였다. 이것이 375년 서양에서 훈족으로 부르는 흉노가 게르만족을 공격하는 계기가 되었다(이종호, 『한국 7대 불가사의』, 114쪽)'라고 말한다.

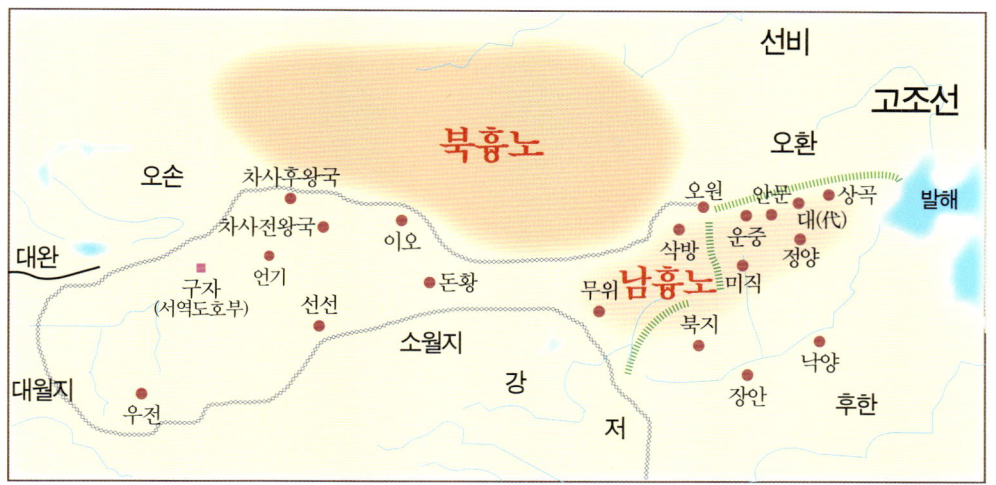

후한시대 남북으로 나뉘어진 흉노족_ 흉노 제국은 BCE 1세기 중반에 내분이 일어나 동서 흉노로 분열되었다. 한 세기 뒤에 동흉노는 다시 남북 흉노로 분열되었다(지도 출처 : 장진퀘이, 『흉노제국 이야기』, 175쪽).

발된 게르만족의 이동은 서양 역사에서 고대의 종말을 초래한 사건으로 평가된다.

훈족은 이 시기 이후 거의 한 세기 동안 동서 유럽 여러 지역을 침략하여 유럽인에게 커다란 공포심을 불러일으켰다. 훈족은 아틸라 대왕 때에 이르러 유럽 일대의 약 50개 족속을 지배하는 거대한 세력으로 부상하였다. 훈족이 통치한 거대한 나라를 훈 제국이라 부르는데 우랄산맥에서 동유럽 일대에 걸친 광대한 영역을 지배하였다. 동방에서 출발한 흉노의 일파가 결국은 세계사의 흐름을 바꾸는 주역이 되었던 것이다. 이러한 흉노족의 자취는 바이칼 호에서, 알타이, 몽골 고원 일대에 걸쳐 활동하던 기마민족이 세계사의 무대에서 얼마나 중요한 역할을 하였는지 드러내는 첫째 사례이다.

아시아 북방의 기마민족이 동서 문화의 교류를 촉진하였다는 것은 잘 알려진 사실이다. 서양인들의 눈에 일방적으로 파괴와 약탈을 일삼은 가공스런 야만족으로 비춰진 훈족도 실크로드를 통한 문화교류에 적지 않은 기여를 한 것으로 보인다. 1973년 경주의 옛 고분에서 발견되어 세계를 놀라게 만든 황금 보검이 그 증거의 하나이다. 석류석과 유리, 황금으로 장식한 이 보검은 금으로 테두리를 만들고 그 사이에 유리나 보석을 박아 넣는 기법으로 만들어진 것이다. 이 보검은 신라가 아니라 동로마 제국에서 제작되었다. 훈족을 연구한 이종호는 3태극이 새겨진 이 보검이 제작된 곳을 트라키아 지방이라고 단정한다.[277]

---

277) 이종호, 『한국 7대 불가사의』, 117~118쪽.

북흉노 서천 과정_2세기 중엽, 북흉노는 선비의 압력으로 천산 북쪽의 오손 땅으로 이동하였다가 다시 아랄해 인근의 강거 땅으로 들어갔다. 그리고 4세기 중반 더욱 서쪽으로 진출하여 서양 역사에 훈족이란 이름으로 등장하였다(지도 출처 : 장진퀘이, 『흉노제국 이야기』, 214쪽).

유라시아 대륙의 동서방은 우리가 생각하는 이상으로 상호 활발한 교류가 이루어졌을 가능성이 크고, 그러한 교류가 실제로 있었다면, 그 교류에는 흉노와 같은 북방 유목민이 상당한 구실을 하였을 것이다.

중국 수·당의 뿌리가 된 선비족

북흉노가 1세기말 멀리 중앙아시아 초원으로 떠나 버리자 흉노의 본거지이던 몽골 고원은 일시적으로 공백지대가 되었다. 그리하여 흉노의 지배를 받았던 여러 유목 집단이 초원을 차지하기 위해 각축전을 벌였고,[278] 결국 선비족鮮卑族이 패권을 잡고 북방 지역을 통일하였다.[279] 선비에 관한 기록은 춘추 시대의 기록인 『국어國語』에 처음 나타난다. "주나라 초기에 남쪽 오랑캐인 초나라가 또 다른 오랑캐인 선비와 함께 회맹에 참여하지 않았다"라고 기록한 부분이다. 『후한서』에는 **선비와 오환을 모두 동호**東胡(번조선)**의 후예**라 했다. 이를 볼 때 선비는 고조선에 속한 족속 가운데 하나였다. 선비족의 발상지를 『위서魏書』에서 대선비산大鮮卑山으로 꼽

---

[278] 스기야마 마사키, 『유목민이 본 세계사』, 170쪽.
[279] 북방민족사 전문가인 주쉐위안에 의하면 원래 선비는 '사비' 혹은 '시비'로 발음되었을 것이라 한다. 그는 시베리아의 '시베르'도 선비와 관련이 있다고 본다. 즉 시베리아는 '선비리아'라는 것이다(주쉐위안, 『진시황은 몽골어를 말하는 여진족이었다』, 246쪽).

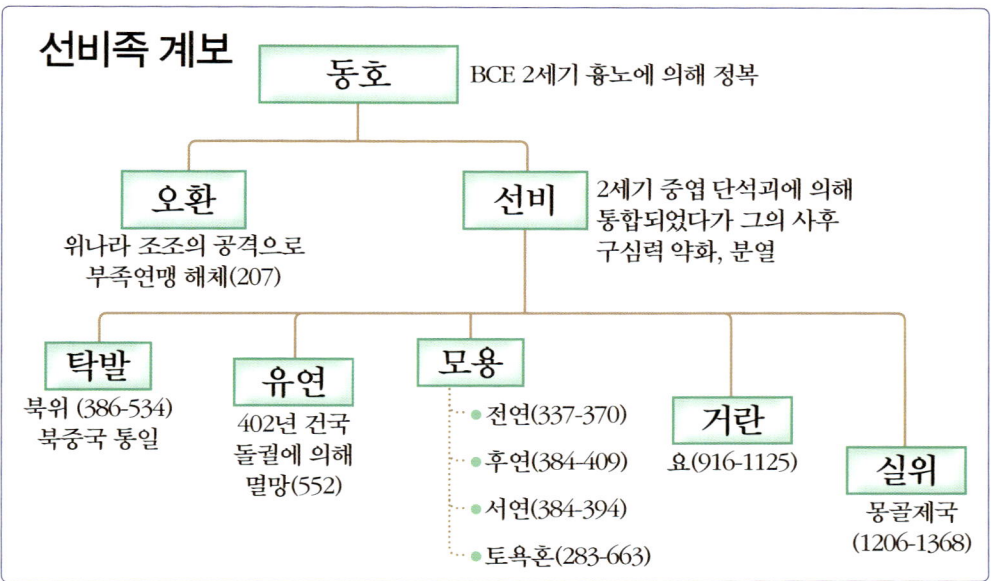

앉는데, 이 대선비산이라는 산 이름에서 선비족이라는 족명이 생겨난 것으로 보인다. 대흥안령 일대가 대선비산이라는 사실은, 1980년에 중국학자가 대흥안령 북단 알선동嘎仙洞 동굴 벽에서 북위 시대의 석각 축문을 발견함으로써 입증되었다.[280] **선비족의 기원은 고조선에 속한 동북 지방이었던 것이다.**

선비족은 2세기 중반에 단석괴檀石槐라는 영웅 밑에서 여러 부족이 하나의 국가로 통합되었다. 선비 제국은 흉노가 약화된 틈을 타서 북으로 바이칼 호, 서로 신장의 일리 강, 동으로 만주 일대에 걸친 옛 흉노 지역을 차지하였다. 그러나 단석괴가 사망하자 선비 제국은 순식간에 여러 집단으로 분할되었다. 그런데 당시 한나라가 망하고 나서 동탁, 원소, 조조, 유비 등 군웅이 패권을 놓고 다투던 삼국시대와 그 뒤를 이은 위진魏晉 제국(220~317)[281]이 붕괴하여 중원이 혼란에 빠지자 선비족은 그 틈을 이용하여 대거 북중국으로 밀고 들어갔다. 탁발拓跋, 모용慕容, 우문宇文, 단段, 걸복乞伏 등 '선비족의 여러 부가 이때 거의 모두 남하하였다'고 한다.[282] 중국사에서 말하는 소위 5호16국 시대가 시작된 것이다.[283]

---

280) 주쉐위안, 같은 책, 249쪽.
281) 위魏(220~265), 촉蜀(221~263), 오吳(222~280), 진晉(265~317).
282) 스기야마 마사키, 『유목민이 본 세계사』, 191쪽.
283) 5호16국 시대를 연 것은 흉노 왕자인 유연이다. 당시 진나라의 왕족인 사마씨 사이의 싸움('왕의 난')을 틈타 유연劉淵은 대선우로 추대되어 304년에 한국漢國을 세웠다(이공범, 『위진남북조사』, 114쪽).

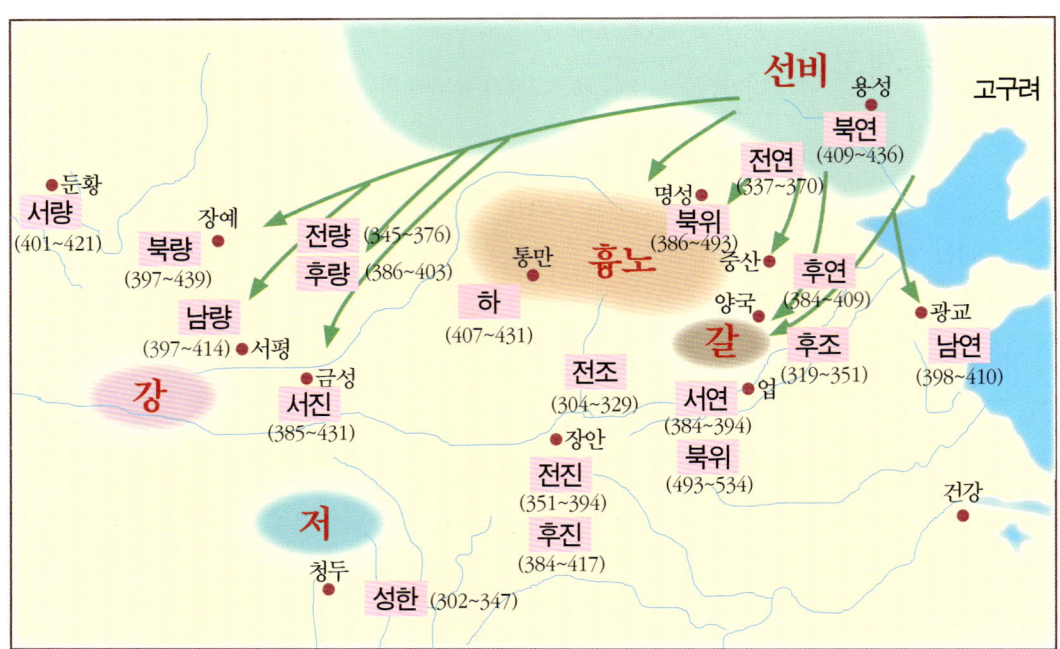

선비족의 중국 점령_선비족은 4~5세기에 중원으로 남하하여 5호 16국시대를 열었다(지도 출처 : 『고등학교 역사 부도』, 70쪽).

탁발부는 대국代國을 세웠고, 모용부는 전연前燕·후연後燕·서연西燕·남연南燕 등을 세웠다. 또 산서 지역의 흉노는 한漢·전조前趙·후조後趙 등을 세웠다. 이 가운데서 탁발부의 대국代國(315~376)이 다른 국가들을 모두 정복하고 북중국을 통일하였다.[284] 이 나라가 북위北魏(386~534)이다. 북위는 후에 동위東魏와 서위西魏로 분열되었는데 그 이름이 다시 북제北齊와 북주北周로 바뀐다.

이 북주의 귀족이었던 양견이 패권을 잡고 나라 이름을 바꾸어 수나라가 탄생하였다. 수나라의 뿌리는 북주이고 북주의 뿌리는 선비족이므로, 중원을 통일한 대제국 수나라도 결국 북방 유목민족이 세운 나라이다. 수를 이어 당나라를 개국한 이연李淵도 혈통이 선비족에 가깝다. 이연의 조부 이호李虎는 서위를 주도한 20가문 중의 하나로 선비족 출신이다. 이연 자신은 북주와 수나라에서 대장군을 지냈다. 그의 왕비 두태후도 선비족 출신이다. **수와 당은 모두 그 기원이 선비족**에 있다.

5호16국 시대에 북방 유목민족들은 중국 본토로만 진출한 것이 아니라 한반도로

---

[284] 대국은 5호16국 가운데 들지 않는다. 그 이유는 탁발부에 의해 조직된 유목연맹으로서 그 국가의 존립 자체가 불안정했기 때문이라 한다. 외부의 침략을 받으면 산악으로 도주하였고 일시적 방책防柵 외에는 따로 수도가 없었으며 또 상설 조정이 없는 시기가 많았다는 점 등이 그러한 국가로서의 불안정성을 설명해 준다(토마스 바필드, 『위태로운 변경』, 255~256쪽).

도 적지 않은 수가 내려왔다. 서울대 김호동 교수는 북방 유목민의 일부가 신라에 정착하였다고 한다. 그러한 사실은 4~5세기경에 조성된 신라의 대형 적석목관분 무덤에서 중앙아시아의 문화적 기류를 느끼게 하는 유물이 대거 발견된 것으로 미루어 알 수 있다.[285] 훈족의 출현으로 유라시아 대륙의 서부에서 민족 대이동이 일어난 것과 거의 같은 시기에 대륙의 동부에서는 또 다른 북방 민족에 의해 그에 못지않게 커다란 민족 이동이 발생하였던 것이다.

정리하면 **흉노와 선비족이 일으킨 이동의 파도는 유럽에 서로마 제국의 멸망을 가져오고, 중국에 북방 민족이 중원을 장악한 5호16국 시대를 열었다. 또 한반도 남부와 일본에 기마민족의 정권을 성립시켰다.** 한마디로 말해 동북아의 중심이었던 고조선의 문화적 자양분을 흡수하며 동북아의 북방에서 뻗어 나간 유목민의 대이동이 유라시아 대륙의 역사를 크게 바꾸어 놓았던 것이다.

서아시아와 발칸 반도까지 진출한 돌궐족

『단군세기』에는 흉노의 시조에 대한 언급뿐 아니라 돌궐계인 '강거康居'에 대한 기록도 나온다. 『사기』에서 흉노의 서쪽에 자리 잡은 유목민으로 소개되는 강거가 반란을 일으키자 3세 가륵 단군이 지백특支伯特에서 토벌하였다는 것이다. 지백특은 티베트를 가리키는데, 18세 동엄 단군 때 지백특 사람이 공물을 바치러 왔다는 기록도 있다. 이러한 기록을 보면 고조선의 활동 영역이 티베트 인근까지 뻗쳐 있었음을 알 수 있다.

동양 고대사와 서양 중세사에 큰 영향을 미친 민족인 '투르크Turk'족이 바로 돌궐突厥족이다. 투르크족은 6세기 중반에 서쪽으로 카스피 해에서, 동쪽으로 몽골과 만주에 이르는 광대한 유라시아 초원에 강력한 제국을 세웠다. 오늘날 터키Turkey라는 나라 이름도 바로 이 투르

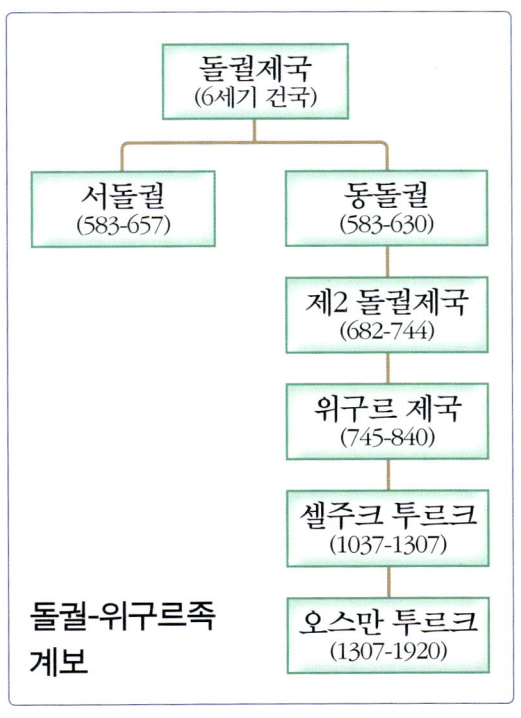

돌궐-위구르족 계보

---

[285] 〈주간조선〉 1962호, "김호동 교수의 중앙유라시아 역사기행(6) : 신질서를 모색하는 고대 중앙유라시아", 2007.7.9.

크에서 비롯한 것이다.[286]

돌궐족은 원래 몽골족 국가인 유연柔然에 예속되어 있던 집단으로 알타이 지역에서 주로 야금 일에 종사하였다.[287] 철광석을 제련하는 기술을 보유하고 금속 가공에 뛰어난 솜씨를 보인 이 돌궐족이 553년에 유연을 멸망시키고 돌궐 국가를 세웠다. 무기 제조 능력이 탁월한 돌궐족이, 흉노가 붕괴된 뒤 5백 년 만에 초원의 유목민을 다시 통합하고 나아가 유라시아를 아우르는 제국을 세운 것이다.

그러나 돌궐 제국은 건국자 토문土門이 죽자 아들 형제에 의해 둘로 나뉘었다. '카간'이 된 장남 무한은 몽골 지역을 차지하여 동돌궐을 세웠고, '야브구'라는 칭호를 쓴 아우 이스테미는 중앙아시아 일대에 서돌궐을 세웠다.

서돌궐은 곧 사산조 페르시아와 협력하여 헤프탈Hephtal을 쳐서 멸망시켰다.[288] 동돌궐은 동쪽으로 거란족을 복속시키고, 북으로 바이칼 호까지 세력을 확장하였다. 남으로는 고비사막을 넘어 당시 북주·북제로 나뉘어 있던 북중국을 군사적으로 압박하였다. 당시 북주와 북제는 서로 대립하였기 때문에 북방의 돌궐에게 환심을 사기 위해 경쟁적으로 재물을 갖다 바쳤다.

그러나 중원에 당나라가 들어서면서 상황은 급속히 바뀌기 시작하였다. 돌궐에 내분이 격화되고 자연재해가 겹쳤기 때문이다. 결국 당나라는 쇠약해진 초원의 대제국 돌궐을 일거에 무너뜨려 버렸다.

그런데 돌궐은 중국의 지배를 받은 지 반세기 만에 놀랍게도 제국을 부흥시켰다. 만리장성 주변 내몽골 지방에 살면서 당나라의 감시와 통제를 받던 부족민 사이에서 670년대 후반부터 독립을 향한 움직임이 나타나 제국을 재건한 것이다. 이것이 **제2 돌궐 제국**이다.

다시 일어난 돌궐은 752년에 그 지배하에 있던 세 부족의 반란으로 무너졌다. 그리고 세 부족 가운데 하나인 위구르Uyghur가 몽골의 모든 유목민을 제압하고 돌궐의 뒤를 이어 대제국을 건설하였다.[289] 그러나 9세기 중반에 몽골고원에서 천재

---

[286] 〈주간조선〉 1963호, "김호동 교수의 중앙유라시아 역사기행(7) : 유라시아 초원을 제패한 돌궐 제국", 2007.7.16.
[287] 르네 그루쎄, 『유라시아 유목제국사』, 140쪽.
[288] 헤프탈 혹은 에프탈은 비잔틴 역사가들에 의해 '백훈족(White Hun)' 이라는 이름으로 불렸다. 이들은 아마 흉노의 일파로서 서투르케스탄 초원 지대에 정착한 후 북부 인도로 진출하였던 것으로 보인다(르네 그루쎄, 『유라시아 유목제국사』, 122~125쪽).
[289] 〈주간조선〉 1963호, "김호동 교수의 중앙유라시아 역사기행(7) : 유라시아 초원을 제패한 돌궐 제

돌궐족의 이슬람 세계 진출_돌궐(투르크)족에서 갈라져 나온 위구르족은 서위구르 왕조를 세웠다가 망한 후, 서진하여 10세기에는 지금의 이란 지역에 가즈니 왕조를, 11세기에는 셀주크 투르크 제국을 세웠다(지도 출처: 『고등학교 역사 부도』, 74쪽).

가 빈발한 데다가 유목민들 사이에 내분이 일어나 위구르 제국은 망하게 되었다. 돌궐의 후예들은 북방의 초원을 떠나 차츰 서진하여 이란 지역에 가즈나 왕조(975~1187)를 세우고, 11세기에는 동로마 제국으로 침투하여 셀주크 투르크 제국을 세워(1037) 중앙아시아와 서아시아를 지배하였다. 13세기의 마지막 해, 1299년에는 오스만 투르크 왕조를 세우고 14세기 말에는 발칸 반도까지 장악하였다.

이렇게 한 때 유럽, 서아시아를 지배했던 **흉노, 선비, 돌궐 등의 북방 민족**에게는 **공통점**이 있는데, 바로 **신교 삼신문화의 천신**天神**사상**이다. 흉노의 경우 선우는 천신의 아들로서 그 뜻을 지상에 펴는 제사장이며 대리자였다. 선우는 한나라 황제에게 보낸 문서에서 늘 자신을 '**하늘이 세운 흉노 대선우**' 혹은 '**천지가 낳고 일월이 세운 흉노 대선우**'라 칭하였다. 흉노인은 천신의 상을 만들어 받들었는데, 금으로 된 큰 신상을 모시고 하늘에 제사 지냈다는 『한서』 「흉노전」의 기록이 그것을 말해 준다. 또 흉노 사회에서는 주술과 의술을 겸한 무당이 있었다.[290] 선비족이나 돌궐족도 이러한 흉노 사회의 특징을 가지고 있었을 것이다.

국", 2007.7.16.
290) 정수일, 『초원 실크로드를 가다』, 336쪽.

유라시아 대제국을 세운 몽골족

앞에서 언급하였듯이 『단군세기』 4세 오사구단군 조에는 단군이 아우 오사달을 '몽고리한蒙古里汗'에 봉하였다는 기록이 나온다. BCE 2137년의 일이다.

그런데 사마천의 『사기』를 보면 '**동호**東胡'[291]라는 족속이 나온다. 동호는 만리장성 너머 몽골과 만주 일대에 걸쳐 살던 사람들을 포괄적으로 부른 명칭으로 중국 사서에 등장하는데, 이 동호에 몽골족도 포함되어 있었을 것이다.

전국시대에 동호가 주로 교류한 나라는 연燕나라이다. BCE 300년경 동호는 연의 장수 진개秦開를 인질로 잡을 만큼 그 세력이 매우 강성하였다. 동호 역시 흉노처럼 야금술과 궁술, 기마 전투술이 뛰어났고, 인질로 잡혀 온 진개가 동호의 기술을 배워 갈 정도였다. 동호는 한대에 이르러 흉노의 묵돌선우에게 패한 뒤(BCE 209) 세력이 급격히 약화되었다. 그 후 동호라는 이름은 사서에서 사라지고 **선비**鮮卑, **오환**烏桓으로 바뀌어 등장한다. 당시 독립된 부족으로서의 세력을 갖추지 못했던 몽골족은 그로부터 선비족에 포함되어 그 명맥을 잇게 되었다.

선비족은 앞서 살펴보았듯이, 영웅 단석괴가 죽은 후 **탁발**拓跋, **모용**慕容, **유연**柔然, **거란**契丹, **실위**室韋 등의 부족으로 분립하였다. 이 **실위족에서 칭기즈칸이 이끄는 몽골족이 출현**하게 된다.

여기서 잠깐 거란족의 역사를 살펴보기로 하자. 거란(키타이)의 영웅 야율아보기耶律阿保機는 10세기 초에 요나라를 건국하였다. 야율아보기는 907년에 천제를 거행하고 칭호를 '텡그리 카간'이라 하였다. 거란족에게도 **카간은 천제의 대행자인 천자**를 가리키는 말이다. 야율아보기는 몽골고원을 장악하고 대진(발해)을 멸망시키고, 현재의 북경과 대동大同(산서성) 일대에 이르는 북중국을 장악하고 송나라와 대치하였다.

거란은 몽골계 유목민과 한족과 여진계 제족, 발해 유민, 티베트계인 탕구트족 등 다양한 족속을 포괄하여 제국을 건설하였다. 그 주민은 유목민과 정착민으로 나뉘는데 행정체제도 이에 맞추어졌다. 거란은 다양한 족속을 다스리기 위한 **5경 제도**를 채택하였다. 키타이(거란)족의 본거지인 시라무렌 강에 인접한 상경임황부

---

[291] 동호東胡는 '동쪽의 오랑캐'라는 뜻이다. 연나라 장수 진개의 동호 공격을 기록한 『사기』, 『염철론』, 『삼국지』 등의 내용을 서로 비교해 보면, 동호는 고조선 전체 또는 그 일부를 가리킨다. 중국 사서들이 조선이라는 정식 국호를 은폐하기 위해 쓴 별칭 중의 하나가 바로 동호이다.

는 수도에 해당한다. 또한 키타이와 동맹 관계인 해奚 부족의 땅에는 중경대정부, 발해 유민을 겨냥한 요령평원에는 동경요양부, 후당을 세운 투르크 계통의 사타족 근거지였던 운雲 땅에는 서경대동부, 그리고 한족의 지역으로 분류할 수 있는 연燕 지역에는 남경기진부를 두었다. 제국의 토대가 된 5개의 지역마다 하나씩 거점도시를 설정한 것이다. 도시는 이 오경에 한정되지 않았다. 키타이, 해 등의 유력 부족집단마다 그 유목 소유지에 상당한 규모의 성곽도시를 만들었다. 그 결과 거란 제국은 유목지와 도시의 복합체라는 독특한 성격을 띠게 되어 예전의 유목국가보다 한 단계 발전된 국가체제를 수립하였다.[292]

이후 12세기 초에 이르러 거란 제국은 여진족[293]의 금나라에게 멸망당했다. 정확하게 말하면 금나라로 계승되었다고 해야 할 것이다. **금나라는 여진족과 거란족이 연합한 정권**이기 때문이다.

몽골 제국을 세운 **칭기즈칸**(1162~1227)은 **실위족**室韋族에 속한다.[294] 칭기즈칸이 등장하기 전까지 몽골 초원 지역은 돌궐계와 몽골계, 퉁구스계가 뒤섞인 다양한 집단의 상쟁으로 매우 혼란스러웠다. 칭기즈칸은 19세에 몽골계 가운데 '몽골 울루스'족의 칸으로 선출된 뒤 모든 몽골 부족을 통합하고, 1206년에 몽골 집단 전체의 카간으로 추대되었다.[295]

칭기즈칸은 곧 눈길을 초원 밖으로 돌려 중앙아시아 일대를 정복해 나갔다. 그의 아들은 1222~1223년에 아조프 해 연안에서 러시아 군대와 싸워 이기고 1223년에는 키에프 공국을 공격하였다. 칭기즈칸이 1227년에 사망한 뒤 그 후계자들은 정복의 범위를 더욱 넓혔다.

2대 카간 오고타이(1229~1241 재위), 3대 카간 구유크(1246~1248 재위), 4대 카간 몽케(1251~1259 재위), 5대 카간 쿠빌라이(1260~1294 재위)는 정복사업을 계속하여

---

292) 스기야마 마사아키, 같은 책, 268~269쪽.
293) 중국 학자 주쉐위안에 의하면 진시황도 한족漢族이 아니라 여진족이다. "진秦 부락의 언어는 비교적 강렬한 몽골어적 특징을 보였으며, 진시황은 긴 얼굴의 여진인이었을 것으로 추론된다"(주쉐위안, 『진시황은 몽골어를 하는 여진족이었다』, 165쪽).
294) 실위족은 호륜패이초원, 대흥안령산맥, 동액이고납하, 서액이고납하와 흑룡강 양쪽에 거주하였고 거란의 별족別族으로 알려져 있다. 6세기에 이르러 실위족은 5부로 나누어졌는데, 당나라 시기에 실위족은 서실위, 대실위, 몽골실위 등 20여 부로 늘어났다.
295) 울루스Ulus는 국가 혹은 백성이라는 뜻이다. 오늘날의 몽골 국가의 이름도 '몽골 울루스'라고 한다(김호동, 『몽골제국과 세계사의 탄생』, 102쪽).

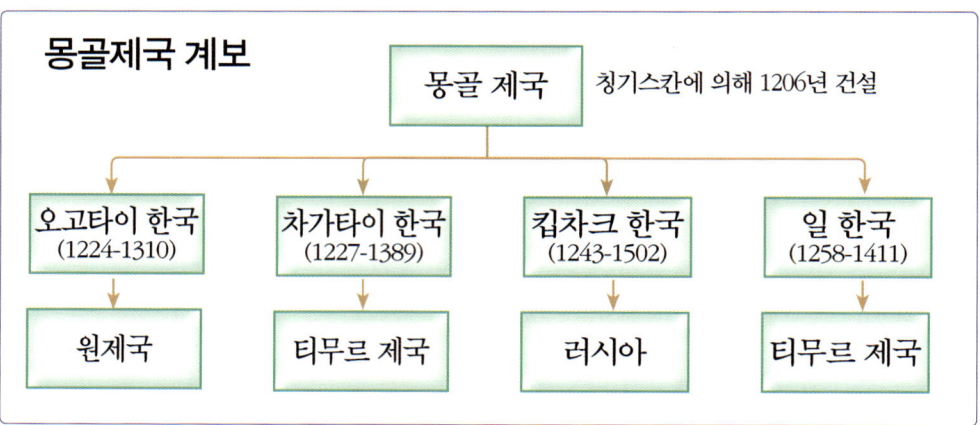

중국 북부의 금나라를 정복하고, 금 멸망 후에는 네 방향으로 영토를 넓혀 나갔다. 유럽 원정(1236~1242) 후 중동을 공격하여 카프카즈 지역과 셀주크 투르크를 속국으로 삼고(1243) 바그다드를 점령하였다(1258). 고려 역시 일곱 차례에 걸친 몽골의 공격(1231~1270)을 받아 오랜 기간 항쟁하다가 결국 몽골의 지배하에 들어갔다.

이 왕성한 정복사업의 결과 몽골 제국은 칭기즈칸의 자손들이 통치하는 여러 개의 분봉 왕국을 거느리게 되었다. 가장 먼저 세워진 것이 '오고타이 한국汗國'이다. 칭기즈칸이 중앙아시아 원정을 떠나기 전 중앙아시아 일대의 땅을 여러 아들에게 분봉하였는데 셋째 아들인 오고타이에게 천산북로 북쪽 땅을 주었다. 이것이 오고타이한국이 되었다. 칭기즈칸의 차남 차가타이는 사마르칸드 일대의 땅을 분봉받아 '차가타이 한국'을 세웠다. 장남 주치에게는 이르티시강 서쪽의 영지를 주었는데, 유럽 원정 이후 남러시아 땅을 추가하여 **킵차크 한국**'이 되었다. 그 후 칭기즈칸의 손자 훌라구가 1258년 바그다드의 칼리프 제국(압바스 왕조)을 멸망시킨 후 이란과 이라크 일대에 '**일 한국**'을 세웠다.

5대 카간 쿠빌라이 때, 몽골의 정복사업은 절정에 달하였다. 쿠빌라이는 카간이 되기 전에 이미 티베트와 베트남까지 공격하였다. 1259년에 형 몽케 카간이 병사한 후, 막내아우와 겨룬 끝에 도읍을 연경燕京(지금의 북경)으로 옮기고 **1271년 원元나라**를 개국하였다. 1279년에 원나라는 남송을 마침내 멸망시키고 중국 땅 전체를 다스리는 대통일 제국이 되었다. 그 후 일본과 자바를 공격하여 실패하였으나, 동남아시아 일대는 점령하였다.[296]

---

296) 인도의 티무르 제국(1370~1507)과 무굴 제국(1526~1857) 또한 몽골 제국의 후예이다. 티무르 제국

이렇게 하여 형성된 몽골 제국은 그 구성원이 매우 이질적이고 다양하였으나 역참제驛站制를 실시하여 효율적으로 결속시켰다. 몽골의 역참제는 제국 전역을 연결하는 조밀하고 광대한 교통 네트워크이다. 몽골은 동으로 고려와 만주, 서로 중앙아시아를 거쳐 이란과 러시아, 남으로 안남安南(베트남)과 버마에 이르는 교통로 상에 역참을 두었다. 역참은 운송 수단인 말과 수레, 배를 가지고 있었고 숙박시설도 갖추었는데, 패부牌符라는 증명서만 있으면 얼마든지 이용할 수 있었다. 그리하여 문서와 서신, 관원과 공적 물자가 신속하게 이동되었다.

역참제를 기반으로 원나라는 상업을 진흥시키는 정책을 펼쳤다. 한족 왕조인 송나라와 달리 상인을 우대하고 국제무역을 적극 지원했다. 심지어 '오르톡'이라는 상인조합에 행정을 포함한 다양한 국가사업을 맡겼다.[297] 또 통행세를 폐지하고 통상로를 안전하게 만드는 데 신경을 썼기 때문에 동서양 간에 교류가 매우 활발하게 이뤄졌다.

몽골족은 다른 종교에 대해 매우 관용적인 입장을 취했다. 그렇다면 그들은 어떤 종교적 믿음을 갖고 있었을까? 프랑스 학자 장-폴 루에 의하면 몽골인은 **유일신인 천신을 숭배**하였다고 한다. 천신을 텡그리라 하였는데 흉노나 투르크인이 부르는 텡그리와 같은 존재였다. 유일신을 믿었다고 해서 다른 하위의 신들을 부정한 것은 아니다. 몽골인은 이러한 신과 접해서 그 뜻을 알아낼 수 있는 샤먼(무당)을 두었다. 샤먼의 수는 많았고 그 가운데 제사장이라 할 수 있는 우두머리도 있었다. **대샤먼**은 '**천상에 가까운 자**'라는 뜻으로 '텝 텡그리'라 불렸다. 샤먼은 북을 치고 주문을 외면서 접신하였다. 그러나 몽골족은 샤먼을 무조건 신성시하지는 않았다. 칭기즈칸의 경우는 대샤먼이 권력을 이용하여 자신의 형제들을 이간질시키려 한다는 죄로 처형하기도 하였다.[298]

몽골인은 산을 신성시하여 산에 제를 지냈는데 칭기즈칸도 부르칸칼둔 산에 피

을 세운 창시자 티무르는 몽골의 차가타이 한국의 재상이었던 하라사르노얀哈剌沙兒諾顏의 5대손이다. 그는 차가타이 한국과 일한국을 정복하고 티무르 제국의 기초를 다졌다. 그리고 티무르 왕조가 끝난 후 이슬람 제국인 무굴 왕조를 세운 무굴족 지도자 바부르Babur(1482~1530)는 티무르의 5대손으로 칭기즈칸의 후손이다. '무굴'이란 아라비아어로서 몽골을 뜻한다. 17세기 중반 샤자한 황제(바부르의 4대손)가 사랑하는 왕비를 기리기 위해 세운 타지마할은 무굴 건축의 백미이다.

297) 스기야마 마사아키, 『유목민이 본 세계사』, 317~319쪽.
298) 장-폴 루, 『칭기즈칸과 몽골제국』, 118~119쪽.

신하였을 때 매일 그 산에 제를 올리고 기도를 하였다고 한다. 몽골인들은 또 술을 마시기 전에 손가락으로 술을 세 번 튕기는 풍습이 있었는데 이는 고조선의 고수레와 유래가 같은 것이다. 돌탑 주위를 탑돌이 하면서 세 바퀴 돌고 소원을 빌면 이뤄진다는 믿음도 있었는데, 이 또한 우리의 **3수 신앙**과 비슷하다.[299]

몽골인은 편협한 신앙을 배척하고 **모든 종교를 공평하게 대우**하였다. 기독교도나 불교도도 이슬람교도와 마찬가지로 존중을 받았다. 칭기즈칸의 자식과 손자 가운데에는 이슬람이나 다른 외래 종교를 받아들인 사람도 있었지만 전혀 문제가 되지 않았다. 단 어떤 종교를 택하더라도 광신으로 흐르는 것을 철저히 경계하고 칭기즈칸의 법에서 벗어나지 않도록 하였다. 상이한 종교를 가진 그들은 무사안녕과 장수를 기원하는 기도를 각자가 믿는 신에게 올렸다.

몽골 제국은 각 종교의 지도자에게 면세 혜택까지 부여하였다. 페르시아나 중국 측 기록에도 남아 있듯이, 이슬람·기독교·유대교·유교·불교·도교의 사제나 승려가 그러한 혜택을 누렸다. 이러한 정책에 힘입어 그 전 왕조까지 국가의 탄압을 받던 소수 교단이 활력을 얻게 되었다. 중국과 중동에서는 네스토리우스파가 활발히 활동하였고, 유럽의 가톨릭도 적극적으로 선교사를 몽골 제국에 파견하였다.[300] 종교정책에서 보이듯이 **몽골 제국의 개방적인 동서교류 정책은 인류 역사상 어느 시기보다도 활발한 인적 왕래, 종교의 전파, 상품의 확산을 가져다주었다**. 이로써 '팍스 몽골리카Pax Mongolica'가 성립되었다.[301]

이 시대에 나온 위대한 여행기들은 팍스 몽골리카를 배경으로 한 것이다. 이탈리아 상인 마르코 폴로는 몽골 제국에 가서 쿠빌라이 칸의 신하로 살다가 귀국하여 견문록을 남겼다. 반대로 동에서 서로 가서 여행기를 남긴 사람들도 있는데, 그 가운데 한 사람이 **장춘진인**長春眞人 **구처기**丘處機(1148~1127)이다. **산동성 사람**으로 도교의 도사이던 구처기는 칭기즈칸의 부름을 받고 몽골군의 원정에 종군하였다.

---

299) 몽골인이 한국인과 같은 갈래에서 나왔다는 것은 널리 알려진 사실이다. 그러므로 비슷한 풍습이 많은 것은 지극히 당연하다. 몽골인의 현재 풍습 가운데서 한국과 매우 유사한 것으로 두 가지를 들자면 샅바를 매고 하는 씨름과 아이들이 하는 실뜨기를 들 수 있다.
300) '팍스Pax'는 라틴어로 '평화'를 뜻한다. 1~2세기에 로마 제국이 지중해 일대에 이룩한 평화를 '팍스 로마나Pax Romana'라고 하듯이, 13~14세기에 대륙을 지배한 몽골의 개방 정책으로 유라시아 전체에 평화와 번영이 확대된 것을 '팍스 몽골리카'라 부른다(〈주간조선〉 1970호, "김호동 교수의 중앙유라시아 역사 기행(14) : 팍스 몽골리카의 성립과 동서 문화교류의 확대", 2007.9.3).
301) 가나사와 가즈도시, 『실크로드의 역사와 문화』, 151~152쪽.

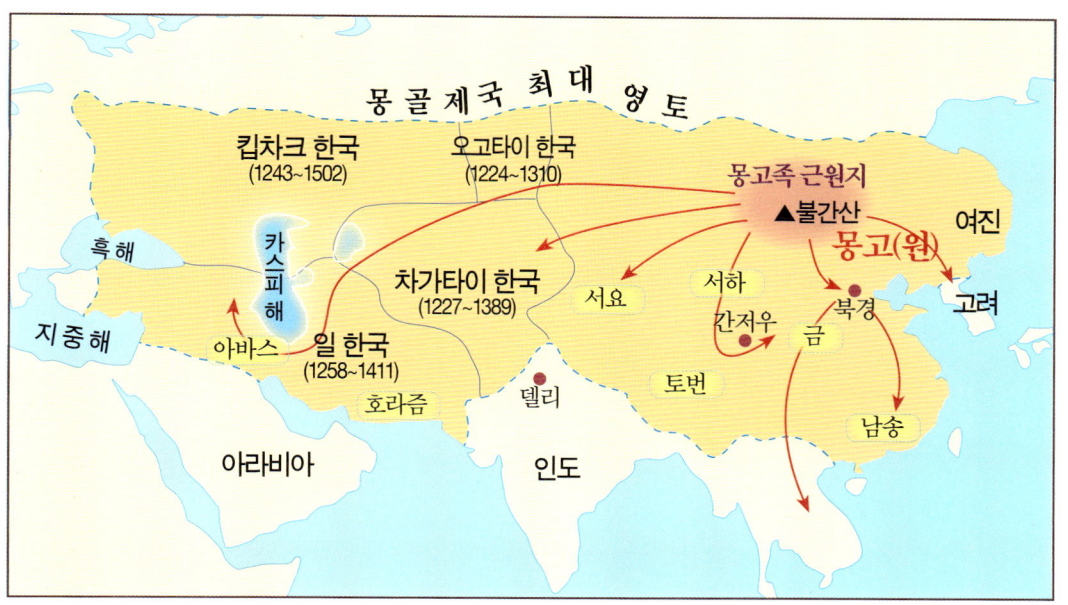

13세기 후반의 몽골 제국_몽골 제국은 칭기스탄의 서방 원정 성공으로 오고타이 한국, 치가타이 한국, 킵차크 한국, 일 한국 등의 분봉 왕국을 거느린 대제국이 되었다(지도 출처: 『고등학교 역사 부도』, 72쪽).

알타이 산을 넘어 천산북로를 따라 사마르칸트에 갔고 후에 남쪽으로 힌두쿠시 산맥을 넘었다. 장춘진인의 기행문 『장춘진인서유록長春眞人西遊錄』은 13세기 원나라의 동서교통에 대한 귀중한 자료이다. 이처럼 **몽골이 주도하던 13~14세기 때 이루어진 동서 간의 활발한 교류는 인류의 근대를 열어가는 데 크게 기여하였다.**[302]

　지금까지 살펴본 **북방 민족들** 즉 **흉노, 선비, 돌궐, 거란, 몽골** 등 여러 족속은 우리 한민족과 밀접한 관계가 있다. 한민족의 원류의 하나는 역시 알타이, 천산, 몽골 고원을 무대로 역사를 펼친 북방계 민족이다. 한민족의 원류가 북방계 민족이라는 사실을 강력히 뒷받침하는 증거는, 하늘에서 내려왔다는 '천손민족'이라는 의식, 천신 즉 삼신상제를 숭배하는 종교문화, 난생설화, 가야 유물에서 나타나는 **동복**銅鍑 및 **마갑**馬甲과 같은 북방 유목민 유물, 고구려 **벽화**에서 생생하게 나타나는 기마전사로서의 성격, 그리고 순장제와 **형사취수제**兄死娶嫂制(형이 죽으면 형수를 아내로 맞이하는 풍습) 같은 관습 등이다.

---

[302] 동서간의 활발한 교역은 이탈리아 도시들의 상업 활동을 발전시키고 자본축적을 가능하게 만들어 이 나라들로 하여금 근대 자본주의 발전의 선구자 구실을 하게 만들었다.

7) 찬란한 청동기 문명을 꽃피운 고조선

기존의 강단 사학계는 한국의 청동기 시대가 기껏해야 BCE 1300년을 거슬러 올라가지 못한다고 보았다. 그러나 최근의 연구 결과에 의하면 한국사의 청동기 시대는 그보다 천 년 이상 거슬러 올라가야 한다. 한민족이 BCE 2500년경에 이미 청동을 사용하였음을 보여주는 유적이 발견되었기 때문이다.

비파형 동검(요령식 동검 遼寧式銅劍)_악기인 비파 모양의 검으로, 만주와 한반도에서 발견되며, 주로 요령성 지역에서 많이 발견되어 요령식 동검으로도 부른다. 고인돌 유적과 함께 나오기 때문에 일반적으로 비파형 동검 출토 지대를 고조선의 영역으로 간주한다.

요서 지역의 하가점하층 문화가 바로 그것이다. 이 문화는 황하 유역의 BCE 2200년경, 시베리아 지역의 BCE 1700년경보다 이른 시기에 시작된 청동기 문화이다.[303] 내몽골의 적봉시를 중심으로 발해만 일대, 요령성의 의무려산 일대까지 뻗어 있던 하가점하층 문화는 산성山城의 존재와 출토 유물 등으로 볼 때 황하 유역의 중국 문화와 성격이 다른 별개의 문화였다. 이 지역은 고조선 강역이었던 곳으로 하가점하층 문화는 곧 고조선 문명의 일부이다.

이 유적의 발굴은 청동기 문명을 고대 국가의 출현 조건으로 보는[304] 한국의 주류 사학계에 큰 파장을 일으켰다. 지금까지 한국 주류 사학계에서는 한국의 청동기 시대를 BCE 1300년 이후로 설정하고,[305] BCE 1300년이 지나서야 한민족의 고대 국가가 탄생하였다고 주장해 왔다. 이를 근거로 'BCE 2333년에 고조선이 건국되었다'는 『환단고기』의 기록을 신뢰할 수 없다고

---

303) 윤내현, 『우리고대사 상상에서 현실로』, 167~169쪽.
304) 청동기가 고대국가 성립의 필요조건은 아니다. 중남미의 경우 청동기가 없이 석기만으로도 고대 국가가 건설되었으며, 고대 이집트 왕조도 청동기 문명에 기초하여 성립된 것이 아니다. 후기 베다 시대(BCE 1000~BCE 600)에 나타나기 시작한 인도의 통일 국가도 청동기의 영향을 받지 않은 것으로 나타나고 있다(성삼제, 『고조선 사라진 역사』, 49쪽). 청동기문명이 있어야만 국가가 탄생할 수 있다는 강단사학자들의 주장은 근대 실증사학의 일방적인 논리에 지나지 않는다.
305) 한국의 청동기 시대는 학자마다 편차가 심하다. BCE 700~800년(김원용), BCE 1000년(김정학, 임병태, 송호정), BCE 1200년(이종욱), BCE 1300년(김정배, 최성락) 등의 설이 있다. 이러한 설에 따르면 한국의 청동기 시대는 BCE 1300년이 지나서야 시작되었다.

다뉴세문경(잔무늬거울) _ 숭실대 한국기독교박물관에 소장된 국보 제141호로, 1960년대에 충남 논산에서 출토된 것으로 추정된다. 지름 21.2㎝인 이 청동 거울은 뒷면에 깊이 0.7㎜, 폭 0.22㎜ 간격으로 무려 1만3천 개의 직선과 100여 개의 동심원이 새겨져 있다. 최근에야 거의 흡사하게 복원했을 정도로 매우 뛰어난 청동 주조 기술을 보여주는 유물이다.

하였다. 그런데 『환단고기』가 밝힌 고조선 강역에서 이 기록을 뒷받침하는 유적이 발굴되었으니, 고조선사를 축소·은폐하던 강단사학은 이제 고조선사를 새롭게 정의하지 않을 수 없게 된 것이다.

하가점 지역을 포함한 요서, 요동, 만주 및 중국의 하북성, 산동성 일대 등[306]에서 발견된 고조선의 청동기 가운데서 가장 유명한 것이 **비파형 동검**(중국에서는 이를 '곡인단검曲刃短劍'이라고도 함)이다. 비파라는 악기처럼 생긴 이 청동검은 중국 중원 지역과 시베리아 지역에서는 출토되지 않는다.[307]

비파형 동검은 청동과 아연의 합금으로 그 재질이 단단하고 강하다. 주로 납으로 만들어 쉽게 무디어지는 중국의 검과는 다르다. 청동과 아연은 비등점이 서로 달라 두 금속의 합금을 만드는 데에는 고도의 기술이 필요하다. 이것만으로도 4천여 년 전 고조선 문명의 높은 수준을 가늠케 한다.

그런데 비파형 동검은 한반도 북부뿐 아니라 충남 부여와 전남 여천 등 한반도 남부 지역에서도 발견되었다. 이러한 사실은 **한반도 전역이 내몽골, 요서, 만주 일대와 동일한 문화권에 속했고, 고조선의 영역이 요서에서 한반도까지 걸쳐 있었음을 의미**한다.

고조선의 청동기 제작 기술은 매우 높은 수준이었다. 고조선의 수준 높은 청동 제련 기술을 보여주는 대표적인 유물이 다뉴세문경多鈕細紋鏡(여러 꼭지 잔줄무늬 거울)이다. 직경 21.2cm 안에 0.22mm 간격으로 13,000개에 이르는 가느다란 선

---

[306] 이형구도 발해연안 북부의 대릉하 지역과 서요하 유역이 동북아시아에서 비교적 초기에 속하는 청동기가 발견되는 곳이라고 밝혔다(이형구, 『한국고대문화의 비밀』, 152쪽).

[307] 이형구, 같은 책, 153쪽.

을 넣은 다뉴세문경은 고조선 지역에서 발굴되었다. 주석의 비율이 27%에 달하여 매우 견고할 뿐 아니라 빛을 밝게 반사하는 이 청동 거울은 강단사학계에서 보는 것과 달리 **고조선이 고도의 청동기 제작술을 자랑하는 동북아 문명의 주역이었음을 보여준다.**[308]

8) 고조선의 거석, '고인돌'

고조선은 높은 수준의 청동기뿐 아니라 거석 유적에 속하는 고인돌도 많이 남겼다. 고인돌은 신석기 시대와 청동기 시대에 나타난 돌무덤 형식의 하나로 동북아시아와 서유럽[309] 일대에 걸쳐 많이 나타난다.

아시아에서는 특히 고조선의 영역이었던 만주와 한반도에 많이 남아 있다. 한반도의 경우 정확한 숫자를 모를 정도로 많은데 대략 **4만 기** 정도로 추정한다. 전북 고창[310]과 같이 100여 기 이상 밀집된 곳도 있다.

고인돌에 사용된 판석의 무게는 적게는 10톤에서 많게는 300톤에 이른다. 거대한 판석을 떼어 무덤까지 옮기려면 수백 명의 인력이 필요하기 때문에, 상당히 조직화된 사회를 전제로 한다.

고인돌의 모양은 음양론에 바탕을 두고 있다. 뚜껑돌은 양으로 하늘(아버지)을 상징하여 1개[天一]이고, 받침돌은 음으로 땅(어머니)을 상징하여 2개[地二]로 이루어졌다. 뚜껑돌, 받침돌, 피장자被葬者는 각기 천, 지, 인을 상징하여 삼재 사상을 나타낸다. **고인돌에도 신교의 천지 음양과 삼신사상이 녹아 있는 것이다.**

고인돌은 무덤으로 시작되었지만, 제단이나 마을의 상징물 구실도 하였다. 제단 고인돌은 주로 독립적으로 나타나는데, 시신을 묻었을 것으로 보이는 무덤방이 없다.

---

308) 무늬가 훨씬 거친 거울인 조문경이 세문경보다 이전 시기의 유물이다. 조문경은 요서 지역과 발해 연안 지역에서 많이 출토되었다.
309) 유럽의 고인돌로는 코르시카 카우리아의 돌멘데폰타낙시아('악마의 용광로'), 몰타 섬 부기바 사원의 고인돌, 영국 콘월의 춘쿠아트 고인돌 등이 잘 알려져 있다. 유럽의 또 다른 거석인 환상열석도 그 기본 구조는 고인돌과 유사하다. 영국 런던에서 130킬로미터 떨어진 솔즈베리 평원 한가운데에 있는 스톤헨지에 대해 성삼제는 "BCE 3300~BCE 1100년까지 무려 2천 년에 걸쳐 축조되었으며, 스톤헨지 근처 에이번 강 주변에 있는 수십 기의 무덤에 묻힌 주인공들은 아시아 계열로 청동기 문화를 수반하고 영국으로 들어왔다고 알려진다"(성삼제,『고조선 사라진 역사』, 67쪽)라고 밝힌다.
310) 전북 고창에는 세계에서 가장 큰 고인돌이 있다.

고조선의 주무대였던 만주와 요서 지역에서 발굴되는, 그 형성 연대가 더 오래된 고인돌은 차치하더라도, **한반도에서 발견된 고인돌**만 해도 **BCE 2000년 이전의 것**으로 측정된다.[311] 고인돌의 출토 범위와 건축 추정 시기 또한 비파형 동검과 마찬가지로 『환단고기』가 전한 고조선의 실존을 증명한다.

하지만 국내 강단사학자들은 한반도 고인돌의 방사능탄소 연대 측정 결과를 받아들이지 않는다. 단군의 고조선 건국을 신화로 보는 그들로서는 애써 외면해야 할 고고학적 자료인 것이다.

고인돌에서 보듯이 고조선은 중국과 뚜렷이 구별되는 **독자적인 상례**喪禮 **문화**를 갖고 있었다. 정명악은 우리의 상례 문화를 단순히 중국의 유교 문화의 소산으로 보는 것은 큰 잘못이라 지적한다. '요여腰輿(혼백과 신주를 모시는 작은 상자)' 안에 혼백상자를 만들어 넣고, 그 혼백상자를 상여 앞에 모시는 것은 신을 그다지 중히 여기지 않는 유교와 전혀 부합하지 않기 때문이다.[312]

고조선의 상례 문화가 중국과 달랐고 중국보다 더 발달한 것은 공자의 말에서도 분명히 드러난다. 공자는 "**소련과 대련**은 상례를 잘 치렀다. 사흘 동안 게으르지 않고 석 달 동안 해이하지 않으며, 1년 동안 슬퍼하고 3년 동안 근심하였으니 **동이의 자손이다**"[313]라고 하였다. 소련과 대련 형제를 동이족으로 규정하면서 그들을 3년 상을 치른 효행의 대명사로 칭찬하였다.

『환단고기』를 위시한 여러 역사 기록을 종합하면, 소련과 대련은 고조선 사람으로 동북아에서 3년 상의 상례를 처음으로 실행하였다. 상례 문화 또한 고조선에서 가장 먼저 발달하였던 것이다.[314]

---

311) 미국의 고고학자 사라 넬슨Sarah Nelson은 경기도 양수리 고인돌에서 발굴된 유물의 연대를 BCE 2665~2140년 것으로 추정한다. 북한 학자들은 우리나라 고인돌이 BCE 4000년대 후반기에 생겨나 BCE 2000년대 전반기까지 성행했다고 본다(성삼제, 같은 책, 70쪽).
312) 정명악, 『국사대전』, 181~182쪽.
313) 孔子曰 '少連大連善居喪, 三日不怠, 三月不懈, 期悲哀, 三年憂, 東夷之子也'(『예기』「잡기하雜記下」).『소학』에도 같은 기록이 전한다.
314) 고조선의 상례는 『천부경』에서 나오는 철학을 반영하고 있다. 상례에 사용하는 굴건屈巾의 삼선三線은 삼극을 나타낸다. 그리고 상복의 하의인 중치막은 앞쪽으로 세 주름을 잡고 뒤로 네 주름을 잡는다. 시신을 두는 판에는 일곱 별을 그려 넣었고 염은 반드시 일곱 매를 묶었다. 이것은 7수 사상에서 나온 것이다(정명악, 같은 책, 182쪽).

거석문화의 상징 고조선의 고인돌

우리나라 고인돌의 특징

우리나라에는 고인돌이 약 4만 기 정도 있는데, 고창을 포함한 전남 지역에 22,000~25,000기가 있다. 고창의 고인돌은 무게가 10톤 미만에서 300톤에 이르기까지 크기와 모양도 다양하다. 고창 운곡리 고인돌의 경우 덮개돌 무게가 297톤, 높이가 4미터에 이르러 세계에서 가장 크다. 유럽에도 약 6만 기 정도 있다고 하는데 유럽의 고인돌은 선돌이 주류를 이룬다. 마치 탁자를 터널처럼 길게 연결시켜 놓은 형태이고, 돌무덤의 성격을 띤다. 우리나라의 고인돌은 독립적인 무덤 형태로 만들어져 있다.

고인돌의 종류

고인돌은 모양에 따라서 크게 탁자식(북방식), 바둑판식(남방식 또는 기반식), 개석식 세 가지로 나뉜다.

탁자식 고인돌은 지상에 판석을 세워서 무덤방을 만들고 그 위에 덮개돌을 올린 것으로, 주로 한강 북부와 만주 지역에서 많이 발견된다. 남방식 고인돌은 지하에 무덤방을 만들고 땅 위에 받침돌을 놓고 그 위에 덮개돌을 얹은 것으로, 주로 한강 남쪽 지역에서 많이 발견된다. 개석식 고인돌은 지하에 무덤방을 만들었지만 받침돌 없이 무덤방 위에 바로 덮개돌을 올린 것이다.

고인돌의 기능

'바위는 영원하다'는 믿음에서 세워진 고인돌은 대부분 무덤으로 사용되었다. 그러나 고인돌이 모두 무덤으로 쓰인 것은 아니다.

까르낙Carnac의 선돌_프랑스 파리에서 서쪽으로 500킬로미터 떨어진 곳에 위치한 브르타뉴주 까르낙의 선돌은 4킬로미터에 걸쳐 세 곳에 열석列石의 형태로 3천여 개가 늘어서 있다.

특히 유럽에서는 하나의 큰 선돌을 세우거나 여러 개의 입석을 대지 위에 둥그렇게 돌려 세웠다. 둥글게 돌려 세운 입석을 환상열석環狀列石이라 한다. 유럽인들은 환상열석 유적지에서 종교 의식을 행한 것으로 추정된다.

우리나라에서도 고창 고인돌 박물관 인근 도산리에 있는 탁자식 고인돌은 그 규모와 모양으로 보아 제단이나 신앙의 대상물이었을 가능성이 높다.

강화도 부근리 고인돌_ 강화도 고인돌은 형태나 수량 면에서 세상 사람들의 주목을 끌어 2,000년에 유네스코의 세계문화유산으로 등록되었다. 이곳 고인돌은 대개 BCE 1500~BCE 1000년경에 만들어진 것으로 추정된다(이형구, 『발해연안에서 찾은 한국 고대문화의 비밀』, 111쪽, 116쪽).

고창 죽림리 고인돌

고창 도산리 고인돌

까르낙의 마네테리온 고인돌_ 약 4천 년 전으로 추정되는 50기 이상의 고인돌이 있다. 탁자 모양이 주를 이루며 통로가 길게 이어져 공동묘지의 특징을 갖고 있다.

9) 고조선의 경제생활

고대의 중요한 산업은 농업이다. 때문에 토지 제도는 국가의 안정과 발전에 중대한 영향을 미친다. 고조선은 **2세 부루단군 때부터 정전제井田制**315)라는 이상적 토지 제도를 시행하였다. 정전제는 흔히 중국의 주나라 때 처음 실시되었다고 알려져 있지만, 사실은 고조선에서 먼저 시작되었고 나중에 중국으로 전파된 것이다.

고조선은 안정적 토지 제도를 바탕으로 조세 제도도 갖추었다. 수확한 곡물을 세금으로 바쳤는데, 8세 우서한단군 때 생산량의 20분의 1을 세금으로 바치는 입일세卄一稅(1/20)를 시행하였다.

춘추전국 시대에 백규白圭라는 사람이 "나는 이십 분의 일 세금을 받고자 하는데 어떻겠습니까?"라고 묻자 맹자는 "그대의 방법은 **맥貊의 방법이오**"라고 대답하였다.316) 이때의 맥貊은 고조선을 가리키는 것으로, 고조선의 세법이 중국에도 알려져 있었음을 알 수 있다.

고조선의 세제는 15세 대음代音단군 때 80분의 1 세법으로 더욱 가벼워졌다. 그 이유는 당시 고조선이 동북아의 대국으로서 경제가 풍족하고 나라 살림이 안정적이었기 때문이다.

고조선 시대에는 벼농사뿐 아니라 밭농사도 행하였음을 보여주는 유적이 발굴되었다. 2012년 6월 문화재청 국립문화재연구소의 발표에 따르면, 강원도 고성

강원도 고성군 문암리에서 발굴된 BCE 3000년경의 밭 유적_중국, 일본 등에서는 발견된 예가 없는, 동아시아에서 가장 오래된 5,000년 전 것으로 추정된다. 이때는 배달국 말기에 해당한다.

---

315) 정전제는 토지를 우물 정井 자 모양으로 9등분하여 중앙은 공전公田으로 하고 주위는 여덟 가구에게 사전私田으로 나누어 주어 경작하게 하는 방식이다. 공전은 공동 경작하여 그 생산물을 세금으로 내었고, 사전은 각 가구가 경작하여 생활하였다.
316) 白圭曰: "吾欲二十而取一, 何如". 孟子曰: "子之道, 貊道也(『맹자』「고자하告子下」).

군 문암리(사적 제426호)에서 고랑과 두둑이 일정치 않은 초기 농경 방식을 띠는 밭 유적이 나왔다. 문화재연구소는 중국, 일본 등에서는 발견된 예가 없는, 동아시아에서 가장 오래된 5,000년 전 것으로 추정하고 있다. 밭 유적과 함께 BCE 3600~BCE 3000년 때 제작된 것으로 보이는 짧은 빗금무늬토기의 토기편, 돌 화살촉 등도 같이 출토되었다.[317]

이 발굴로 미루어 볼 때 BCE 3000년경 한반도에서는 원시적인 농경이 아니라 지속적으로 농사를 짓는 본격적 농경이 행해지고 있었고 다양한 작물을 심었을 것으로 추정된다. 5,000년 전이라면 이때는 고조선 이전인 배달 시대가 된다.

고조선은 일찍부터 중국과 밀접하게 교류하였다. 고조선은 BCE 2209년 중국의 순임금 때에 중국을 방문하였다는 기록을 시작으로 중국과 교류하며 발전하였다. 그러한 우호적인 교섭은 서주 시대까지 계속되었다가, 춘추시대에 들어와 중국이 혼란스러워지자 양국 간의 사신 왕래가 중단되기도 하였다. 고조선 말기에 이르러 국력이 강성해진 연나라는 고조선의 영토를 침탈하는 한편 고조선과의 무역에서 막대한 경제적 이익도 취하였다.

민간 무역이 발달하지 않은 고대사회에서는 사신 방문에 따른 관무역이 국제교역의 주류를 형성하였다. 고조선에서 중국으로 수출한 품목은 초기에는 활과 화살, 활촉 같은 무기였으나 전국시대 이후에는 모피 의류와 표범 가죽, 말·곰 가죽 등 생활 사치품이 큰 비중을 차지하였다.[318]

고조선은 일찍이 화폐도 주조하였는데, 4세 오사구단군 때인 BCE 2133년에 **'패전貝錢'**이라는, 가운데 둥근 구멍이 뚫린 돈을 주조하였다. 이 패전이 후대 **엽전의 기원**이 되었다. 고조선은 다른 지역보다 일찍 청동기 문명을 열었기 때문에 화폐 주조도 당연히 앞섰을 것이다. 하지만 고조선의 실존을 부정하는 현 학계에서는 한국에서 출토된 가장 오래된 금속 화폐를 BCE 6세기경의 중국 연나라 화폐인 명도전明刀錢[319]으로 본다.

---

317) 문화재청, "강원 고성 문암리 유적에서 신석기 시대 경작유구(밭) 발굴", 2012.6.26.
318) 윤내현, 『고조선 연구』, 771쪽, 794쪽.
319) 이 화폐의 명칭은 앞면에 있는 명문의 해석에 따라서 달라진다. 중국학계는 상형문자에 나타나는 일日과 월月의 조합문자로 인식하여 '명明'으로 해석한 명도전, 연나라의 옛 명칭인 언匽으로 해석한 언도전匽刀錢, 역易 자로 본 역도전易刀錢 등 다양한 견해를 제기한 바 있다. 최근에는 앞면의 명문과 이것이 유통된 북방 유목지역의 태양숭배사상을 결부시켜서 일월도日月刀로 불러야 한다는 견해가 새롭게 제기되었다.

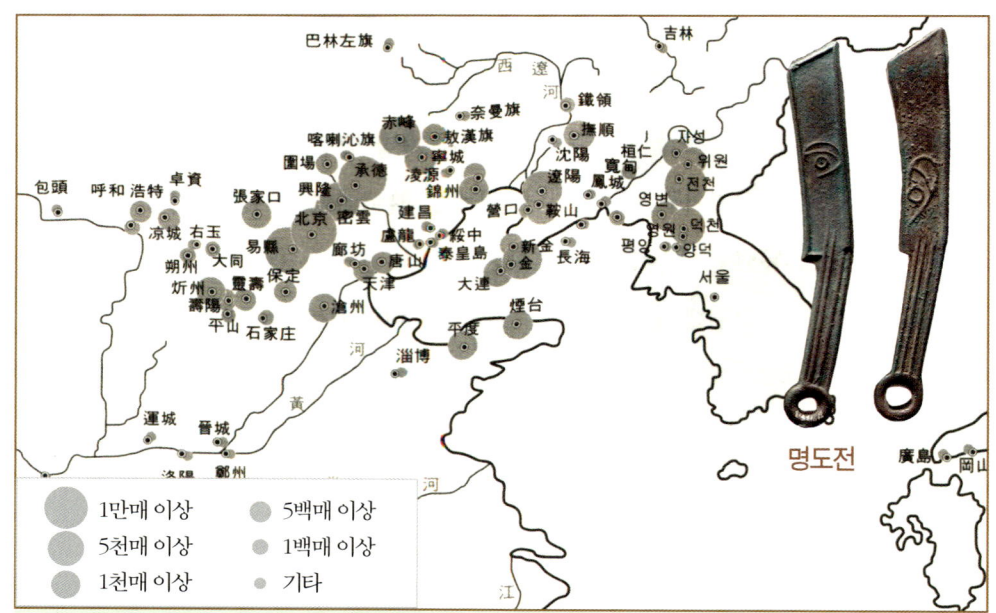

명도전明刀錢 출토범위와 출토량 _명도전의 출토 지역이 고조선의 영역과 거의 일치할 뿐만 아니라 한 지점의 출토량도 1백 매에서 무려 1만 매에 이른다. 이는 명도전이 바로 고조선의 화폐임을 강하게 시사한다. 명도전이란 이름은 앞면에 새겨진 ☽라는 상형문자가 해를 뜻하는 '☉'와 달을 뜻하는 '☽'의 조합으로 이루어졌다고 보고 '明명'으로 해석하여 붙인 것이다.(지도 출처 : 박선미, 『고조선과 동북아의 고대 화폐』, 221쪽)

그러나 명도전은 연나라 화폐라기보다는 고조선 화폐로 보아야 마땅하다. 무엇보다 **명도전이 출토된 지역이 고조선의 영역과 거의 일치**하기 때문이다. 고대 화폐 연구가인 박선미의 '명도전 출토지역 분포도'와 러시아 학자 부찐의 '고조선 영역 지도'를 비교해 보면, 두 영역이 거의 일치한다.[320]

명도전을 연나라 화폐로 보기 어려운 또 다른 이유는 엄청난 출토량에 있다. 고조선 유적지에서는 명도전이 한가득 담긴 자루가 출토되는 경우가 빈번하다[321]고 한다. 이것은 명도전이 외국의 화폐가 아니라 고조선 자국의 화폐이기 때문에 일어날 수 있는 일이다. 더구나 연나라는 고조선의 적대국이었다. 고조선이 자국의 화폐를 생산하지 않고 적국인 연나라 화폐를 사용하는 것은 고조선의 경제가 연나라에 종속되는 위험한 일이다. 그리고 고조선이 전쟁 중인 상대국의 화폐를 쓸 만큼 개방적이었다면, 고조선 영토에서 연나라 화폐 이외에 다른 나라 화폐도

---

320) 성삼제, 『고조선 사라진 역사』, 150-151쪽.
321) 명도전은 너무 흔해서 유적지 주변에 방치해 둘 정도였으며 1990년대 초까지 기념품 가게에서 명도전 한 개당 천 원 정도에 구입할 수 있었다(성삼제, 같은 책, 148쪽).

발견되는 것이 상식이다. 하지만 명도전을 제외한 전국 시대의 화폐가 명도전처럼 다량 발굴되었다는 보고는 없었다. 이 모든 것은 명도전이 고조선이 제작한 고조선 화폐였음을 증명한다.[322]

앞서 살펴보았듯이, **고조선의 청동기문화는 동북아에서 최고의 수준**이었다. 비파형 동검은 재질도 훌륭하지만 부드러운 곡선의 형태는 아주 세련된 디자인이다. 청동거울은 현대의 기술로도 만들기 어려운 고난도의 청동제품이다. 이런 고조선이 자체 화폐를 만들지 않았다고 보는 것은 납득할 수 없다.[323]

10) 고조선의 문화와 풍습

고조선의 문자

고대문명을 이루는 중요한 조건 중 하나는 문자의 사용이다. 고조선 이전에 배달을 건국했을 때 우리 민족은 이미 문자생활을 영위하였다. 『태백일사』 「소도경전본훈」에 "환웅천황께서 신지 혁덕에게 명하여 녹도(사슴 발자국 모양)의 글로써 천부경을 기록하게 하였다"라고 한 것을 보면, 배달 시대에 녹도라는 문자를 사용하였음을 알 수 있다. 고조선에는 3세 가륵단군이 새 글자를 만들기 전에 진서眞書라는 상형문자가 있었다. 이 진서라는 문자는 사용하기 불편한 녹서鹿書를 대폭 개량한 것으로 단군왕검 때 새로 만들었을 가능성이 큰 것으로 보인다.

BCE 2181년에 3세 가륵단군은, 그 진서가 '해독하지 못할 정도로 어려웠으므로(字難相解)' 삼랑三郞 을보륵乙普勒에게 명하여 **정음 38자**를 만들게 하였다(『단군세기』, 『태백일사』 「소도경전본훈」). 이로써 고조선의 새로운 문자, **가림토**加臨土가

---

322) 성삼제, 같은 책, 144~146쪽.
323) 한국 고대문화 연구가인 이찬구 박사의 최근 연구에 따르면, 명도전과 유사한 첨수도尖首刀(뾰족돈칼)는 연나라 화폐가 아니라 중산국中山國과 고죽국孤竹國에서 주조되고 유통된 화폐이다. 중산국과 고죽국은 중국 한족의 나라가 아니다. 중산국은 춘추전국시대에 백적白狄이 세운 동이 계열의 나라이고, 고죽국 역시 고조선의 제후국이다. 이찬구 박사는 첨수도에 새겨진 중국인들이 해석하지 못하는 글자를 동이족의 글자로 본다. 글자 중 일부는 오늘날 한글의 '돈' 자, '노' 자 등과 유사하게 생겼다. 화폐에 새겨진 글자들로 보아 첨수도 또한 명도전과 마찬가지로 고조선의 화폐일 가능성이 높다(이찬구, 『돈』, 283~286쪽).

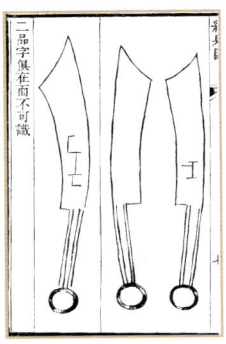

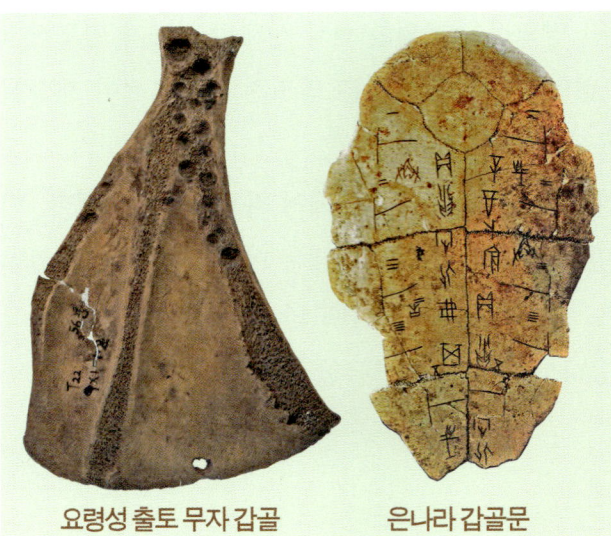

갑골문甲骨文_갑골은 문자를 기록하지 않은 무자복골無字卜骨과 문자를 새긴 유자갑골有字甲骨로 나눈다. 초기에는 글자가 없는 갑골로 점복을 하였으며, 유자갑골은 상나라 후기 수도를 은허로 옮기는 시기를 전후하여 출현하기 시작했다고 한다. 지금까지 가장 오래된 갑골은 5,500년 전(배달 시대 초기)의 것으로 요령성 부하구문富河溝門 유적에서 출토되었다. 상(은)의 초기 갑골문화는 우리 배달과 조선 동이문화의 문자가 없는 무자복골無字卜骨로부터 비롯된 것이다.

요령성 출토 무자 갑골 　　은나라 갑골문

탄생하였다. 그런데 가림토 또는 가림다加臨多라 불리는 이 글자의 모습은 조선 세종 때 만든 훈민정음과 그 형태가 같거나 흡사하다. 특히 **모음 11자는 똑같다.**[324]

최근 중국 곳곳에서 상(은)나라 갑골문 이전의 문자로 추정되는 **상고금문**上古金文이 발견되고 있다. 이것을 연구한 중국 학자 뤄빈지駱賓基는 자신의 저서 『금문신고金文新攷』에서 "상고금문은 한민족의 언어를 바탕으로 만들어진 문자"라고 밝히고, 그 문자를 만들어 사용한 주체를 동방 조선족이라 단언하였다.[325] **동이족이 창안한 상고금문**[326]이 은나라의 **갑골문**, 주나라의 **대전**大篆, 진나라의 **소전**小篆을 거쳐 지금의 한자로 완성된 것이다. 그러므로 **한민족의 문자가 바로 중국 문자의 원형**임을 알 수 있다.

우리는 흔히 **갑골문자**가 상나라 유적에서 주로 발견되었기 때문에, 갑골하면 으레 상나라의 것으로 연상한다. 그러나 이형구 교수에 따르면, 갑골문자는 우

---

324) 『세종실록世宗實錄』 26년 조에 의하면, 세종 때 최만리의 상소문에도 "글자의 모습은 옛 전문을 모방했지만 음을 쓰는 것과 글자를 합하는 것은 다 옛것과 반대이다字雖形倣古之篆文, 用音合字, 盡反於古"라고 하여, 훈민정음이 예전의 전서를 모방했음을 밝혔다.
325) 김대성, 『금문의 비밀』.
326) 동이족이 만든 문자로 갑골문보다 더 오랜 새로운 문자가 발견되었다. 〈홍콩 문회보文匯報〉의 보도에 따르면, 2008년의 한 고고학 세미나에서 산동대 고고미술학연구소 류펑쥔劉鳳君 소장이 '4000~4500년 전의 골각骨刻문자가 산동성 창려昌黎현 지역에서 발굴되었음'을 밝혔다. 소의 어깨뼈와 사슴, 코끼리 뼈에 새겨진 이 문자는 갑골문자와 달리 점복卜의 흔적은 보이지 않았다. 류 소장은 이 문자를 동이족의 고대 상형문자 계열로 간주하였다.

리 민족과 문화적으로 매우 밀접한 관계를 갖고 있는 **발해연안의 동이족 문화권**[327]에서 처음 발생하였다. 그곳에서 서남쪽으로 내려간 갑골문화가 전성기를 맞았던 곳이 상나라의 도읍지인 은허 지역이다. 이 때문에 오늘날 갑골문이 상나라 문자로 인식되고 있지만, 사실은 상고금문과 마찬가지로 동이족의 문자이다.[328]

고조선의 예악

고조선은 제정일치 국가로서 일찍이 예악이 발달했다. BCE 2000년경의 것으로 추정되는, 제사 의례에 사용한 전통적인 악기인 석경石磬과 편종이 고조선의 강역이었던 중국 요령성 건평현 이도만자 남산 유적에서 출토되었다. 가장 오랜 것으로 추정되는 이 석경 외에 인근의 하가점夏家店 하층 문화에서도 석경이 출토되었다. 또한 한반도의 두만강 유역에서는 역시 BCE 2000년경에 제작된 것으로 추정되는 또 다른 악기, 뼈피리가 발견되었다. 한족의 이리두二里頭 문화에서 발굴된 중국의 석경은 BCE 1900~BCE 1600년의 것[329]으로 고조선 강역에서 출토된 것보다 한참 후대의 것이다.

그런데 **고조선의 예악은 배달로부터 전수된 것이다. BCE 3000년경 배달 시대의 유적인 홍산문화에서 고조선 것보다 더 오래된 석경이 출토된 사실이 이를 말해 준다.** 홍산문화의 제단 유적에서는 특히 타악기가 주로 나온다. 홍산문화에서는 오공금五孔琴이라는 옥으로 만든 악기도 발견되었다. 홍산문화와 고조선 유적에서 출토된 뼈피리, 석경, 오공금 등의 악기로 볼 때, **동방 한민족이 동북아에서 가장 먼저 예악禮樂 문화를 누렸음**이 분명하다.

현대인이 유행가를 즐겨 부르듯이 고조선 사람은 **제천가**를 즐겨 불렀다. 매년 삼신상제님께 천제[330]를 올릴 때 나라에 큰 제전을 열어 모두 한마음으로 상제님

---

327) 갑골은 주로 상(은)나라 때의 수도였던 하남성 은허에서 집중적으로 출토되었지만, 초기 발해연안을 중심으로 일어난 갑골 문화는 남쪽으로 산동반도, 서쪽으로 태항산 이동과 황하 이북, 북으로 대흥안령 이남의 요령 지방과 요동반도, 그리고 흑룡강 이남의 송화강, 두만강 유역에 분포되어 있다. 물론 이들 지역은 두말할 나위 없이 동이족이 활동한 지역이다.
328) 이형구, 『발해연안에서 찾은 한국 고대문화의 비밀』, 138~141쪽.
329) 이형구, 같은 책, 119쪽.
330) 한민족의 천제는 매년 봄가을에 거행되었다. 『환단고기』에 따르면, 봄철의 대영절大迎節(음력 3월 16일)에 올리는 천제는 강화도 마리산의 참성단에서 봉행하였고, 10월 천제는 백두산에서 봉행하였다.

의 덕을 찬양하며 〈어아가於阿歌〉라는 제천가를 불렀다. 감탄사 어아於阿로 시작되는, 2세 부루단군이 지은 이 〈어아가〉는 한마디로 **삼신과 인류의 조상이신 천상의 대조신大祖神(삼신상제님)을 맞이하는 노래**이다. 〈어아가〉는 후일 고구려 시대에 이르러 **『참전계경參佺戒經』** 속에 수렴되었다. 『참전계경』은 고구려 9세 고국천열제 때 재상 을파소가 하늘의 계시를 받아 백성들의 인성 교육을 위해 지은 경전으로, 신교 문화의 3대 경전 가운데 하나이다.

고조선 시대에는 일반 백성도 악기를 즐겨 다루었다. 공후箜篌(서양 하프 모양의 현악기)라는 악기를 연주하며 부른 〈공무도하가公無渡河歌〉가 널리 퍼져 나간 데에서 이를 알 수 있다. 고조선의 공후는 BCE 106년쯤 중국 한나라에 전해졌다. **고조선은** 한마디로 **동방 예악 문화의 고향이다.**

고조선의 복식 문화

고조선 영역이었던 요령성에서 청동기 문화가 시작된 때는 적어도 BCE 2500년경이고, 중국 황하 유역의 청동기 문화는 이보다 늦은 BCE 2200년경에 시작되었다. 이러한 고조선의 앞선 청동기 문화는 농기구, 제기, 무기 등의 제작 기술 수준도 높였지만, 직물 생산도구의 발전도 가져왔다. 직물 생산 도구의 향상은 사직물紗織物(누에고치 실로 만든 천), 면, 마 등의 생산을 보편화시켰을 뿐 아니라, 생산 기술도 급성장시켰다.

지금까지 발굴된 고고학 자료에 따르면, 고대 한국이 비단을 생산하기 시작한 때는 중국과 비슷한 BCE 2700년경이다. 배달국의 말기에 비단이 생산되었다는 고고학 자료는 초대 단군왕검이 하백의 딸을 황후로 맞이하여 누에치기를 관장하게 한 『환단고기』의 기록[331]을 뒷받침한다. 하지만 고조선의 뽕나무는 중국 것과 다른 품종이고, 비단의 직조방법과 염색 기술도 다르다. 고조선이 독자적인 비단 생산 기술을 가지고 있었음을 알 수 있다.[332]

고조선의 양잠 기술이 중국에서 들어온 것이 아니라는 것은, 고조선의 강역이었던 평안도 평양에서 출토된 BCE 3000년경의 질그릇에서 확인된다. 이 질그릇

---

331) 비서갑에 사는 하백의 따님을 맞이하여 황후로 삼고 누에치기를 맡게 하시니[納菲西岬河伯女爲后, 治蠶](『삼성기』 상 ; 『단군세기』).
332) 상생방송STB, 〈한문화 특강〉, "고대 한민족 복식문화의 국제적 위상" 1강, 2012.2.27.

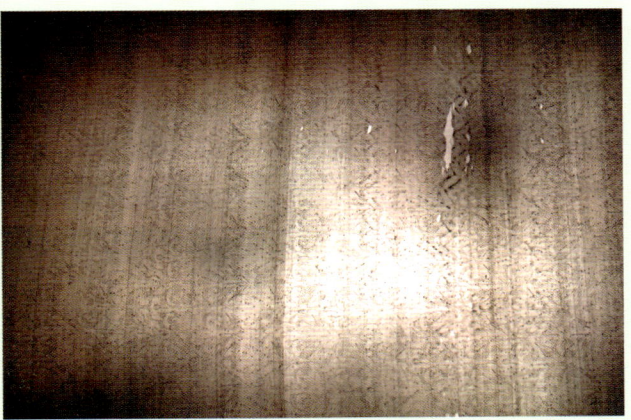

중국 장사長沙시 호남성박물관湖南省博物館에 전시된 마왕퇴한 묘馬王堆漢墓에서 나온 비단그림(백화帛畵)과 소사단의素紗單衣. 그림이 그려진 이 T형 비단 옷은 마왕퇴 한묘의 주인공인 전한前漢 대 장사국長沙國 승상대후丞相軑侯 이창利倉의 부인인 신추辛追 의 명정으로 쓰인 것이다. 더불어 소사단의 두 벌이 출토되었는데 한 벌은 48g, 다른 한 벌은 49g으로 소매와 목둘레의 비단을 떼어 버리 면 겨우 25g에 불과하다. 한마디로 매미 날개 같은 옷이라 하겠다.

의 밑바닥에 통잎 뽕나무의 뽕잎 무늬가 새겨져 있다.[333] 통잎 뽕나무를 재배하였다는 것은 이 뽕잎을 먹는 토종 뽕누에를 키워 누에고치 실을 뽑았음을 의미한다. 토종 뽕누에는 중국과는 다른 품종으로 야생 메누에를 순화시킨 것이다. 따라서 비단을 생산하지는 못했을지라도, 고조선은 BCE 3000년경에 이미 독자적인 양잠 기술을 개발하였다고 볼 수 있다.

　고대 복식사를 연구하는 박선희는 '**홍산문화 유물에 옥잠玉蠶(옥누에)이 나오는 것을 보면, 한국의 직조 기술이 중국보다 앞섰다**'라고 말한다. 매미 날개처럼 아주 얇은 실크를 중국보다 우리가 앞서서 생산했고, 실크의 종류도 고조선이 더 많았다고 한다.[334] '**실크 로드**Silk Road' 즉 비단길은 동방에서 서방으로 간 대표적 상품이 중국산 비단이었던 데에서 유래한 말이다. 그러나 홍산문화 유물,

---

333) 박선희, '고대 한국의 사직紗織', 『백산학보』 53집, 124쪽.
334) 박선희는 고대 한국과 중국의 실크 수준을 이렇게 비교한다. "고조선의 실크 생산은 고구려로 이어진다. '비단 금錦' 은 고구려의 상징이었다. 금이라고 하는 것은 누에고치에서 실을 뽑아 여러 가지 색을 들이고 그것을 직조해서 문양을 내고 그 문양 위에 다시 실크 실로 자수를 놓아 입체감을 나타내는 아주 고급스러운 실크이다. 이 금은 고구려에서는 대중화되어 있었다. 그러나 중국에서는 아주 특수한 신분만 입었고 특히 서한西漢의 경우, 건국 초기는 경제력이 매우 어려웠기 때문에 금을 입지 못하게 정부에서 금지령을 내릴 정도였다"(상생방송STB, 〈한문화 특강〉, "고대 한민족 복식문화의 국제적 위상" 1강, 2012.2.27).

고조선 유물, 『환단고기』 등을 근거로 한다면, **실크로드의 역사는 새로 써야** 한다.

면직물의 생산도 고대 한국이 중국보다 앞선다. 우리나라는 고조선 때부터 면이 있었지만, 중국의 경우 면직물이 원나라 때부터 있었다. 고조선 시대에 이미 품질이 우수한 **백첩포를 생산**하였다. 백첩포는 원나라의 목면과는 다른 품종인 백첩335)을 사용한 것이다. 고려 시대 문익점이 원나라에서 몰래 목화씨를 가져온 이후에 비로소 우리나라가 면직물을 생산하게 되었다는 것은 각색된 이야기에 불과하다.336)

고조선 사람들은 **삼베와 모직도 생산**하였다. 함경남도 북청 토성리의 고조선 시대 유적에서 삼베 조각이 출토되었고, 길림성 성성초星星哨 유적에서는 양털 실과 개털 실을 섞어서 짠 모직물이 출토되었다.

고조선 후기 유적인 길림성 후석산猴石山 유적에서는 방직기로 짠 마포가 출토되었다. 방직기 사용은 고조선의 상당히 높은 직조 수준을 보여준다. 이 유적에서 또한 옷을 장식하던 청동 단추를 비롯한 여러 치장용품도 발견되었는데, 이것은 고조선 사람들이 옷을 만들어 단추도 달고 다양하게 치장하였음을 보여준다.

결론적으로 말해서 고대 한국은 고조선 이전 배달 시대 때부터 옷감을 생산할 수 있었고, 수준 높은 금속 가공 기술을 바탕으로 동북아시아에서 가장 우수한 직물 생산 기술을 보유하고 있었다.

『삼국지』「부여전」을 보면, "부여 사람들은 흰색 옷을 숭상하여 흰 베로 만든 큰 소매가 달린 도포와 바지를 입고 가죽신을 신었다"337) 라고 하였다. 이 기록은 부

---

335) 박선희는 백첩포에 대해 이렇게 말한다. "두보와 같은 시인은 당 태종 옆에서 흰색 실크보다 아름다운 백첩포에 대해서 다음과 같은 시를 남기기도 했다. '내가 불경을 보다 보니, 백첩포에 대해 나온 것을 보았다. 일반 목화가 주먹만 한 목화송이를 갖는 데 비해, 백첩포의 경우 품질은 최고급이고 그 크기는 버들개지 만하다' 고 나온다"(상생방송STB, 〈한문화 특강〉, "고대 한민족 복식문화의 국제적 위상" 1강, 2012.2.27).

336) 문익점이 들여온 목화씨에 대해 박선희는 새로운 사실을 밝혔다. "문익점이 지금의 라오스 북쪽 지역으로 귀양을 갔다. 거기서 1년 동안 그 지역의 특산물, 문화 등에 대해서 정리를 했다. 『고려사』나 『조선왕조실록』에 보면 그냥 주머니에 넣어가지고 왔다. '붓 뚜껑에 몰래' 라고 하는 건 근거가 없다. 그와 같은 내용은 문익점의 집안에서 나온 문집의 이야기이다. 목화(면)는 그 당시 금지품목이 아니었다. 그리고 문익점이 우리나라로 들어온 것은 인도산 면이 중국에서 개체변이를 일으킨 개량종이다"(상생방송STB, 〈한문화 특강〉, "고대 한민족 복식문화의 국제적 위상" 1강, 2012.2.27).

337) 在國衣尙白, 白布大袂, 袍·袴, 履革鞜(『삼국지』「위서동이전」).

옥 누에_홍산문화에서 발견된 옥 누에를 통해서 5,500년 전 배달국 시대에 이미 비단 짜는 기술이 존재했다는 것을 추측할 수 있다.

옥고玉箍_머리카락을 상투처럼 올리고 비녀를 꽂아 고정시키는 물건이다.

신라 금관金冠: 금관총 출토 국보87호_전 세계에서 출토된 금관의 2/3가 우리나라에서 발견되었지만, 중국에서는 요나라 이전까지 사용하지 않았다. 이 문제 하나만 가지고도 중국 동북공정의 허구성을 입증할 수 있다.

여의 의복 문화를 말한 것이지만, 부여는 고조선을 계승하였으므로 고조선의 복식도 이와 큰 차이가 없었을 것이다. 복식 문화에서도 **백색의 천지 광명 사상**을 중시한 한민족의 도가적 신교 문화를 느낄 수 있다.

한국은 중국보다 적어도 16세기 정도 앞선 BCE 25세기에 청동 단추로 장식된 복식을 착용했고, 그 뒤에는 갑옷과 투구에 이를 응용했다. 시베리아의 청동기 문화는 BCE 1800년경에 시작되었다. 그러므로 중국과 북방 민족들보다 앞서 고조선이 가장 이른 시기에 청동 단추로 장식한 갑옷을 생산한 것이다.[338]

그리고 『후한서』나 『삼국지』 등 중국 사서의 내용을 보면 고대에 우리 민족은 '**머리를 틀어 올렸다**'는 것을 알 수 있다. 홍산문화 유적에서는 머리 위에 쓰는 옥으로 만든 옥고玉箍가 여러 개 발굴되었다. 박선희는 이 옥고가 고조선 시대에도 계속 발전하였고, 옥고에서 한국 금관의 기본 양식이 비롯되었다고 한다.

한국에서 금관을 쓰기 시작한 것은 고구려 때이고, **전 세계 금관의 3분의 2가 우**

---

338) 박선희, 『한국 고대 복식 그 원형과 정체』, 569쪽.

홍산문화와 고조선 복식

옥단추와 달개 장식(우하량 유적 출토 옥 단추들의 앞면과 뒷면)

옥, 청동, 철 등으로 만든 달개 장식

신석기 시대부터 시작된 장식 단추와 달개 장식의 복식服飾기법은 홍산문화에서 옥을 재료로 하여 독창적으로 발전하였고, 다시 고조선 문화로 이어진다. 옥문화의 발굴 분석 결과 내몽골 홍산을 포함하여 만주, 한반도가 같은 문화권이라는 것이 확인되었다(상생방송STB, 〈한문화 특강〉, "고대 한민족 복식문화의 국제적 위상" 1강, 2012.2.27).

고조선 관모 전통을 이은 금관

우리나라 금관의 기본 원형은 홍산문화에 나타나는 상투머리와 그 위에 썼던 절풍이며, 그 문화를 이은 고조선에서 금관의 실체와 정체성을 확인할 수 있다.

신라와 백제, 가야의 경우 금관, 금동관, 과대, 관식 등에서 고조선 문화 양식과 나뭇잎 장식단추 양식을 그대로 계승하였다.

황남대총 북분 신라 금관

금관 장식품

백제 금동관모 / 경남 창녕 출토 가야 금관

고령에서 출토된 가야 금관
신촌리 백제 금동관의 꽃 문양

고구려 덕흥리고분 첨형화영문

II. 『환단고기』가 밝혀 주는 한국사의 국통 맥

리나라에 있다.[339] 중국에서 금관이 만들어진 것은 이민족인 거란이 세운 요나라 때였다. 매장 풍습으로 왕의 시신을 금으로 덮으면서 금관을 만들기 시작한 것이다. **금관만으로도 한국인의 정체성과 고유성을 증명할 수 있다고 말하는 박선희는 한국을 금관의 종주국이라 주장**한다.[340]

고조선의 음식·주거 문화

고조선인의 식생활은 어떠하였을까?

평양시 남경 유적에서 5천 년 전의 탄화미가 한 구덩이 안에서 대량으로 발견되었다. 이 벼의 종자는 현재 우리가 먹는 쌀과 같은 단립종短粒種이고, 야생 벼가 아니라 재배종으로 판명되었다. 이것은 고조선 이전부터 한반도 땅에 벼농사가 정착되었음을 뜻한다. 고조선 사람들은 벼 외에도 조, 기장, 콩, 팥, 피, 수수 같은 잡곡도 재배하였다. 또한 돼지·소·말·양·닭 등 집짐승도 기르고 산짐승을 사냥하여 고기와 가죽을 이용하였다.

『후한서後漢書』의 기록[341]에 따르면 음식을 먹을 때 조두俎豆(나무로 만든 제기祭器 형태의 그릇)를 사용하였다고 한다. 그런데 실제로 고조선 시대의 유적지에서는 나무로 만든 그릇 외에도 바리, 접시, 굽접시, 시루, 단지, 항아리 등 여러 가지 그릇이 나온다. 이것은 고조선 사람의 식생활 수준이 매우 높았음을 말해준다.

당시 주거 문화에서 특히 눈여겨 볼 것은 한민족의 고유한 난방시설인 온돌이 고조선 후기 유적에서 발견되었다는 점이다. 함북 웅기와 평북 강계, 자성, 영변 등의 주거 유적지에서 구들 형태가 확인되었다.

11) 고조선의 종말 : 삼한관경의 와해

동북아의 천자 나라로 발전을 거듭하던 고조선은 **21세 소태단군 말기** 무렵, 개국 이후 첫 번째 국가 위기 상황을 맞이하였다. 국가 운영의 근간인 삼한관경제

---

339) 전 세계에서 출토된 금관은 모두 10여 점인데 그 중에서 한국에서 출토된 것은 8점이다("금관의 나라 신라", 〈프레시안〉, 2005.8.30).
340) 상생방송STB, 〈한문화 특강〉, "고대 한민족 복식문화의 국제적 위상" 2강, 2012.2.28.
341) 食飮用俎豆(『후한서』 「동이열전」).

가 큰 타격을 받았기 때문이다.

상나라 정벌에 공을 세운 개사원 지역의 욕살褥薩(지방장관) 고등高登과 해성 욕살 서우여徐于餘 사이에 일어난 권력 투쟁이 그 발단이었다. 단군은 순행 길에 옥좌를 이양할 의사를 밝히며 서우여에게 제위를 넘기고자 하였다. 그러나 고등의 손자 색불루索弗婁가 군사를 일으켜 스스로 보위에 오르는 바람에 어쩔 수 없이 색불루에게 국새를 넘겨주었다. 이에 서우여가 마한, 번한의 군대와 연합하여 색불루에게 강력히 저항하면서 삼한의 군대가 서로 맞서 싸우는 내전이 발발하였다. 다행히 두 사람 사이에 정치적 타협이 이루어져서 내전은 가까스로 종결되었지만, 자칫 삼한관경제가 붕괴될 뻔한 위기를 겪었다.

정권을 탈취한 **22세 색불루단군**은 백악산 아사달(길림성 장춘)로 천도하여 **고조선의 제2왕조 시대**를 열고 국정쇄신을 위해 **삼한**(진한, 번한, 마한)**을 삼조선**(진조선, 번조선, 막조선)**으로 바꾸었다.** 이 삼조선 체제에서도 삼한 체제와 마찬가지로 진조선이 병권을 가졌지만, 이미 예전의 삼한관경제가 아니었다.

색불루단군은 정국을 안정시키고자 **8조금법**을 제정하였다. 8조금법은 여덟 가지 죄와 각 죄에 대한 처벌을 정한 삼성조 시대 최초의 성문법이다. 법규의 제정은 강력한 통치 체계를 갖춘 고대 국가로서의 면모를 보여주기도 하지만, 사회 분위기와 경제 질서가 그만큼 어수선해졌음을 나타낸다. 당시 고조선은 **신교 문화의 성소聖所인 소도를 중심으로 한 공동체 의식이 약해지고 빈부 격차와 계급 분화가 빠르게 진행**되고 있었다.

그리하여 **43세 물리단군** 때에 이르러 **삼한관경제가 완전히 붕괴되는 사건이** 일어났다. 사냥꾼 **우화충于和沖의 역모**가 그것이다. 장군을 자칭한 우화충이 무리를 이끌고 도성을 공격하자, 단군은 피난에 나섰다가 도중에 붕어하고 말았다. 이때 반란군을 평정하기 위해 백민성白民城 욕살 구물丘勿이 장당경에서 군사를 일으켰다. 구물은 도성에 큰 물이 들어 혼란한 틈을 이용하여 반란군을 평정하고 44세 단군으로 즉위하였다. **장당경 아사달**(요령성 개원)에서 **고조선의 제3왕조 시대가 시작**된 것이다.

구물단군은 국력 회복을 위해 **국호를 대부여大夫餘로 바꾸었다.** 우리말에서 부여는 '아침에 어둠이 걷히면서 먼동이 부옇게 밝아오는 것'을 뜻한다. 『규원사화』「단군기檀君紀」에 따르면, 단군왕검이 **넷째 아들 부여**를 서쪽 땅에 봉해 그곳을 부여라 불렀던 사실이 있다.[342] 제3왕조를 연 구물단군이 초대 단군 시절의 부여를 취하여 국호를 정한 데에는 '고조선 초기의 국력을 다시 회복하겠다'는 국가 재건과 중흥의 의지 표명이 담겨 있다.[343]

구물단군은 재위 이듬해 대영절을 맞아 친히 천제를 올려 삼신상제님의 보살핌을 간절히 서원하였다. 제도를 고치고, 아홉 가지 맹세[九誓之盟]를 정하여 백성의 화합과 교화를 도모하였다. 하지만 대부여는 예전의 진한 또는 진조선과 같은 막강한 통치력을 행사할 수 없었다. 부단군이 다스리는 번조선과 막조선도 병권을 가지게 되어, 중앙의 쇠약해진 진조선과 대등한 관계가 되었기 때문

---

[342] 부소와 부우 그리고 막내아들 부여는 모두 나라의 서쪽 땅에 봉해졌는데, 구려句麗, 진번眞番, 부여夫餘 등의 여러 나라가 바로 그것이다[夫蘇夫虞及少子夫餘, 皆封于國西之地, 句麗·眞番·夫餘諸國, 是也](『규원사화』「단군기」).

[343] 일연이 『삼국유사』에서 말한 단군의 수명 1,908세는 대부여를 제외한 1세 단군에서 43세 단군까지의 역년 1,908년에 해당한다. 일연은 대부여를 단군조선의 역사로 간주하지 않았다.

고조선의 망국과 열국 시대의 전개 과정

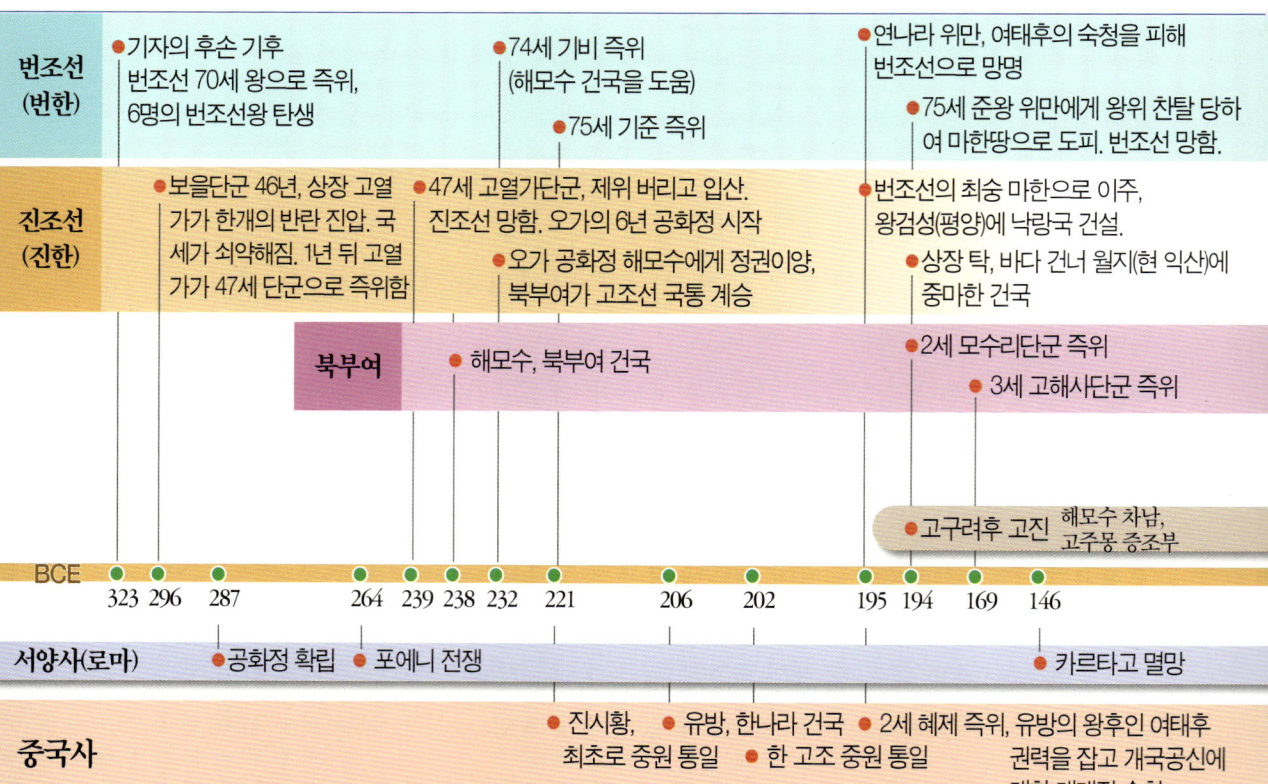

이다. 이로써 약 2천 년 동안 고조선을 지탱하던 삼한관경제는 와해 직전에 이르게 되었다.

이때부터 고조선은 급속하게 쇠락의 길을 걸었다. 45세 여루단군 이후 고조선과 국경을 접한 연나라의 침입이 끊이지 않았고, 46세 보을단군 때는 번조선 68세 왕 해인解仁이 연나라 자객에게 시해를 당하기도 하였다. 설상가상으로 보을단군의 보위를 찬탈하는 내란까지 발생하였다. 한개韓介가 수유의 군사를 이끌고 궁궐을 점령, 스스로 임금의 자리에 올랐던 것이다. 이때 장군 고열가高列加가 내란을 진압하고 추대를 받아 즉위하니, 이분이 바로 **고조선의 마지막 단군인 47세 단군**이다.

하지만 고열가단군은 우유부단하였고, 장수들의 반란이 끊이지 않았다. BCE 238년, 마침내 단군이 오가에게 새 단군을 천거할 것을 부탁하고 산으로 들어가 버리니, 고조선은 2,096년으로 그 역사를 마감하게 되었다.

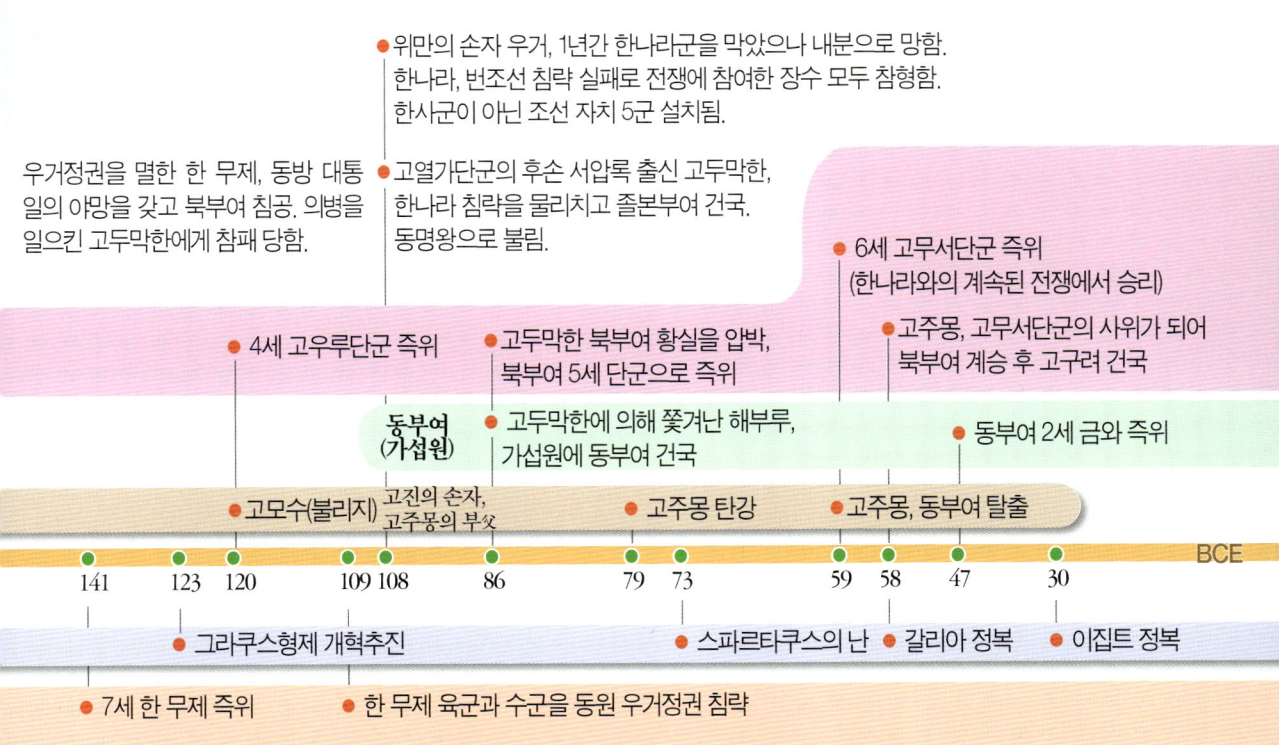

그런데 고조선의 멸망 과정에서 주목할 점이 있다. 고조선 역사 2,096년은 고조선의 중심 세력인 만주에 있던 진한(진조선)의 역사라는 것이다. 고열가단군은 퇴위하였지만, 고조선 전체가 한꺼번에 문을 닫은 것은 아니었다. 서쪽의 번조선은 그 후 40여 년(BCE 238~BCE 194)을 존속하다가 위만에게 찬탈당하였다.[344] **삼신 문화에 바탕을 둔 고조선의 국가 경영 체제를 모르면 고조선 망국의 전모를 제대로 파악할 수 없다.**

---

[344] 막조선은 마지막 왕 맹남孟男(재위 BCE 366~?) 이후 역사 기록이 이어지지 않는다. 고열가단군 이전에 이미 왕통 계승이 단절되고 각 부족 단위의 자치가 행해졌던 것으로 보인다. 막조선의 무주공산 시절은 BCE 195년 최숭의 낙랑국 건설로 끝이 난다.

고조선의 망국 과정

고조선은 신교의 삼신사상에 바탕을 둔 삼한관경제로 한민족의 고대 역사상 최고의 전성기를 누렸다. 따라서 고조선의 멸망 과정과 원인은 이와 연관된 사실에서 찾아야 한다. 삼한관경제가 해체되면서 고조선은 망국의 길을 걸었다. 삼한관경제의 와해로 말미암은 국력의 약화와 삼신 신앙의 쇠퇴, 지배층의 내부 분열, 연나라의 잦은 침입, 연속되는 흉년 때문에 고조선은 그 명命을 다하였다.

단계	내용
제1왕조 ➡ 제2왕조 시대	21세 소태단군 말엽에, 은나라 정벌에 공을 세운 개사원 욕살褥薩 고등과 해성 욕살 서우여 사이에 권력투쟁 발생. → 이때 소태단군은 서우여에게 제위를 넘기고자 했으나 고등의 손자 색불루가 군대를 거느리고 백악산 아사달에서 스스로 보위에 오르자 색불루에게 국새를 넘겨줌. → 색불루단군에 반기를 든 서우여가 마한과 번한의 군대를 동원, **내전 상황까지 갔다가 타결**됨.
제2왕조 시대	22세 색불루단군이 삼한(진한·번한·마한)에서 삼조선 체제(진조선·번조선·막조선)로 국정을 쇄신하였으나 무력으로 제위에 오르면서 **삼한 체제의 동요가 시작**됨. 소도를 중심으로 한 공동체 질서가 흔들리고 빈부 격차와 계급 분화가 빠르게 진행됨. 수도를 송화강 아사달(현 흑룡강성 하얼빈)에서 백악산 아사달(현 길림성 장춘)로 옮김.
제2왕조 ➡ 제3왕조 시대	43세 물리단군 때 사냥꾼 **우화충于和沖의 역모사건** 발생. 이때 우화충이 도성을 포위하자 난을 피해 떠난 물리단군은 얼마 후 붕어하심. 백민성 욕살 구물이 반란군을 토벌하고 44세 단군으로 즉위함.
제3왕조 시대 개막	44세 구물단군은 **국정 쇄신을 위해 국호를 조선에서 대부여大夫餘로 바꾸고 장당경 아사달**(현 요령성 개원)**로 천도**. 삼조선 체제를 유지하였으나 **병권이 삼조선에 다 주어짐**. 이에 삼조선이 각각 군사를 동원하고 전쟁을 선포할 수 있는 **독립정권**이 되면서 삼한관경제는 거의 붕괴되고 진조선의 대단군은 명분만 유지함.
제3왕조 시대	45세 여루단군 이후 연나라의 침략이 끊이지 않음. 46세 보을단군 때에 번조선 왕(해인解仁)이 연나라 자객에게 시해 당하고, 제위를 탐하는 내란이 일어나 이를 진압한 장군 고열가高列加가 추대를 받아 47세 단군에 오름. 고열가단군 말엽, 정국의 혼란 속에 **국가 경영 철학인 삼한관경제가 무너져** 장수들의 반란이 끊이지 않음. 단기 2096(BCE 238)년 고열가단군이 제위를 버리고 산으로 들어가고 오가가 6년 동안 공화정을 행한 과도기로 이어짐. 번조선은 진조선이 망하고 40여 년을 더 유지하다 위만에게 찬탈(BCE 194) 당함. ※ 고조선 멸망을 앞둔 1년전 단기 2095(BCE 239)년 4월 8일 해모수가 웅심산에서 군사를 일으켜 북부여라 하고, 단기 2102(BCE 232)년에 고조선을 계승함.

삼성사
황해도 구월산

동방 한민족의 국조이신
환인천제·환웅천황·단군왕검 삼성조를 모신
성전聖殿이다.

출처 : 단군민족통일협의회,
『우리 민족의 원시조 단군』, (북한 자료)

시조 단군왕검

왼쪽 위) 삼성전 내 삼성조 신단(왼쪽부터 환인-단군-환웅)
　아래) 좌-환인천제　우-환웅천황

1994년 개건한 북한단군릉

구舊 단군릉檀君陵
평양시 강동군 대박산

『숙종실록』, 『영조실록』, 『정조실록』, 허목의 『동사』, 유형원의 『여지지』 등에 대박산 단군릉에 관한 기록이 전한다. 『단군세기』의 기록에 의하면, 이 능은 5세 구을됴乙단군의 능으로 추정된다.

구 단군릉은 1936년에 강동의 유지들로 조직된 〈단군릉수축기성회〉가 수축사업을 진행하여 보수한 능이다.

1993년에 발굴된 이 단군릉은 돌로 무덤칸을 만들고 그 위에 흙무지를 쌓은 돌칸흙무덤(석실봉토분)이다.

외칸으로 된 이 무덤은 주검칸(현실)과 무덤안길(연도)로 이루어졌다. 무덤은 반지하이며 그 방향은 서쪽으로 약간 치우친 남향이다.

이 무덤에는 본래 벽화가 그려져 있었는데 일제에 의해 강점직후 파괴되고 말았다.

구 단군릉의 앞에는 돌로 만든 제상이 놓여 있고 자그마한 사자조각상이 있다. 거기서 조금 떨어진 곳에 1936년에 단군릉을 수축하면서 세운 단군의 기적비가 있다.

4 한민족사의 잃어버린 고리, 북부여

1) 북부여의 건국

대단군의 통치권이 약화되고 부단군과 지방 군장들의 목소리가 커지던 고조선 말기에 한민족의 새 역사가 개창되었다. 바로 해모수가 북부여를 건국한 것이다. 해모수는 요하 상류에 위치한 고조선의 제후국인 고리국 출신으로 단기 2095년(환기 6959, 신시개천 3659, BCE 239)에 웅심산(지금의 길림성 서란)에서 기두하였다(『삼성기』 상; 『북부여기』). 그 후 백악산 아사달을 점거하고, 당시 47세 고열가단군의 빈자리를 대신하던 오가五加 부족장의 6년 공화정을 철폐하였다. 이에 백성들이 해모수를 단군으로 추대함으로써 북부여의 역사는 본격적인 궤도에 올랐다(BCE 232).

해모수는 왜 나라 이름을 '북쪽에 있는 부여'를 뜻하는 북부여로 정한 것일까? **고조선의 제3왕조 시대인 대부여의 강역 중에서 북녘 땅(만주)을 중심으로 나라를 열었기 때문에, '대' 자를 '북' 자로 바꾸어 북부여라 하였다. 이것은 망해 가던 대부여(고조선)의 정통을 계승하여 한민족의 새 시대를 열겠다는 해모수단군의 의지의 표명**이다.

이렇게 북부여가 고조선의 역사를 이어가고 있을 때, 고조선의 양팔인 번조선과 막조선에도 큰 변화가 일어났다. 고조선 개국 이래로 서방 진출의 교두보이자 외부 침략을 막는 방파제 구실을 하던 번조선 땅은, 이 무렵 춘추전국 시대의 혼란을 피해 넘어온 한족 난민으로 넘쳐났다. 그 난민 중에 위만이란 자가 있었다. 그는 한 고조 유방의 죽마고우이자 연나라 왕이었던 노관의 부하였다. 위만은 한 고조 사후 여태후가 유씨계와 공신들을 숙청하자 화를 피하여 조선인으로 변장한 뒤 부하 1천 명과 함께 번조선 준왕에게 투항하였다(BCE 195). 준왕은 위만을 받아주었을 뿐 아니라, 박사로 임명하고 서쪽 변방인 **상하운장**[345]을 지키는 장수로 임명하였다.

그런데 위만은 그곳에서 몰래 세력을 길러 이듬해에 왕검성을 쳐서 한순간에 준왕을 내쫓고[346] 스스로 왕이 되었다(BCE 194). 『삼국유사』와 현 역사학계는 위만이

---

[345] 상하운장은 지금의 난하 서쪽 지역에 위치한 국경 요새이고, 난하는 만리장성의 동쪽 끝인 산해관 근처를 흐르는 강이다. 전국시대 이후 진한교체기에 이르기까지 많은 한족이 피신 와서 살고 있던 그곳의 수비대 책임자로 같은 한족인 위만을 임명한 것이다.

[346] 위만에게 나라를 빼앗기고 망명길에 오른 번조선의 마지막 왕, 준왕은 황해를 건너 지금의 금강

번조선을 탈취하여 세운 정권을 위만조선이라 부른다. 고조선의 정통을 계승한 또 다른 조선이라는 것이다. 하지만 '**위만조선**'이라는 것은 **고조선의 서쪽 영토인 번조선을 강탈하여 지배한 '위만정권'**에 불과하다.[347]

위만정권이 지배한 영역은 고조선의 전 영역이 아니다. 그것은 『북부여기』가 분명히 알려 준다. 위만이 번조선의 정권을 찬탈한 때(BCE 194)로부터 66년 후인 BCE 128년에 북부여의 3세 고해사단군이 보병과 기병 1만 명을 거느리고 남려성에서 위만정권의 도적을 격퇴하였다. 또 4세 고우루단군이 위만의 손자인 우거왕을 토벌하려 하였으나 성공하지 못했고, 오히려 2년 뒤인 BCE 118년에 우거왕의 군대에게 해성 이북의 50리 영토를 빼앗겼다. 그러나 몇 년 뒤에는 북부여 군이 해성을 공격하여 탈환하고 구려하(요하) 동쪽을 모두 차지하였다. BCE 114년에는 위씨 정권의 공격에 대비하여 좌원에 목책을 쌓고 남려성에 군대를 배치하였다는 기록도 있다. 이러한 사실들을 고려해 볼 때 소위 위만조선이 고조선을 계승하였다는 주장은 역사적 진실일 수 없다.

한편 북쪽에 북부여가 열리기 전부터 이미 무주공산이나 다름없는 땅이던 한반도의 막조선(옛 마한)에도 새로운 변화가 생겼다. 요서 지역(번조선)에 살던 대부호 **최숭**이 백성과 함께 진귀한 보물을 싣고 발해를 건너 막조선으로 넘어와 **왕검성**(지금의 평양) **지역**에 낙랑국을 세웠다(BCE 195).[348] 강력한 한나라의 출현으로 요서 지역에 위기감이 팽배한 데다 위만을 비롯한 수많은 한족이 망명하여 오자, 어수선한 정국을 피해 최숭이 한반도 평양 지역에 나라를 세운 것이다.

이처럼 북부여가 세워진 후 만주의 진조선은 북부여에 흡수되고, 한반도의 막조

하구 지역으로 피신하였다. 군산으로 왔다고도 하고 익산으로 왔다고도 한다. 금강 하구에 있는 어래산御來山(임금이 오신 산이라는 뜻)의 이름은 준왕의 도래 사건에서 유래했다. 준왕이 요서 땅에서 한반도로 들어온 것은 세계통일 문화를 여는 간艮 도수(『주역』에서 말하는 성언호간成言乎艮)의 실현을 위한 첫 발자국이었다. 전북 익산의 미륵산에는 '준왕(기준)이 쌓은 산성'이라 불리는 기준성箕準城의 성벽 흔적이 남아 있다.

347) 자주적인 한국사를 구축하려 하였던 18세기의 실학자 안정복은 위만을 '권력을 부당하게 참칭한 도적[僭賊]'이라 하였다(『순암집順菴集』「동사문답東史問答」).

348) 낙랑국은 낙랑군과 다르다. 최숭이 세운 낙랑은 요서 지역에 있는 자신의 고향, 낙랑에서 이름을 따 왔다. 이 낙랑은 번조선 수도 왕검성이 있던 지금의 하북성 창려현 지역으로 비정된다. 이에 반해 낙랑군은 한 무제가 번조선을 패망시키고 그곳에 설치하려 했던 4군四郡 중의 하나이다. 심백강은 낙랑군이라는 지명이 서요하 상류인 요락수饒樂水(시라무렌 강)와 현재의 대능하인 백랑수白狼水에서 나온 것이라 주장한다. 이에 따르면 낙랑군은 현재의 난하와 요하 사이에 위치한 것으로 보인다(심백강, 『황하에서 한라까지』, 56~67쪽).

선에는 낙랑국이 들어서고, 요서의 번조선은 망명객 위만이 차지하였다. 이로써 고조선의 삼조선 시대는 완전히 문을 닫게 되었다.

2) 북쪽에는 북부여, 남쪽에는 남삼한

준왕이 쫓겨나고 위만정권(BCE 194~BCE 108)이 들어선 사건은 한민족이 또 다른 역사를 개척한 계기가 되었다. 번조선 땅이 위만에게 강탈당하자 상장군 탁卓이 조선의 백성을 이끌고 한강 이남으로 이주하여 새로이 '**마한**'을 세웠다(BCE 194).[349] 옛 진조선과 막조선의 백성 일부도 한강 아래로 남하하여 각기 '진한'과 '변한'을 세웠다. **마한은 전북 익산을, 진한은 경북 경주를, 변한은 경남 김해를 중심으로 형성되었다.**[350] 중국에서 진한이 교체되고 요서 지역에 위만정권이 수립되자 옛 삼한의 백성이 한반도 남쪽으로 이주하여 새로운 삼한을 세움으로써 남삼한 시대를 연 것이다.

단재 신채호는 이 사태를 두고 '**전후삼한설**前後三韓說'을 주창하여 한반도에 형성된 삼한을 '**후삼한**(남삼한)'이라 부르면서, 고조선 시대의 '**전삼한**(북삼한)'과 구별하였다. 이 남삼한이 바로 강단사학계가 우리 상고사를 거론할 때 주장하는 삼한이다. **고조선의 문화와 역사를 읽는 핵심코드인 삼한관경제를 인정하지 않는 한, 어떻게 두 가지 삼한을 구별할 수 있겠는가.**

만주대륙의 북삼한이 부정되고 한반도의 남삼한만 거론됨으로써 우리 역사는 소한사관에 찌들게 되었다. 작은 삼한의 시야로 역사를 보는 것을 '소한小韓사관'이라 한다. 하지만 **한민족사는 대륙을 누비던 큰 삼한의 관점, '대한大韓사관'으로 보아야** 한민족사 본연의 모습을 제대로 파악할 수 있다.

---

[349] 상장군 탁은 북삼한 시대 막조선의 월지국(지금의 전북 익산) 출신이다. 번조선에서 벼슬을 하다가 위만에게 번조선이 침탈되자 유민들과 함께 고향 월지국으로 되돌아가 소규모의 마한을 세운 것이다. 이 마한과 그 이웃 변한, 진한을 묶어 남삼한 또는 중삼한이라 한다.

[350] 북삼한 시절에는 진한이 삼한의 중심국이었지만, 남삼한 시절에는 마한이 중심국이 되었다. 따라서 마한의 임금 탁이 진왕辰王 노릇을 하였다. 진왕이란 '진한辰韓의 왕' 또는 '진국辰國(『삼국지』「한전韓傳」, 『후한서』「동이전」 등에서 북삼한 시대의 진한을 대신하여 부르던 호칭)의 왕'을 뜻한다. 결국 진왕이란 대단군 또는 단군천황의 다른 말이다.

3) 북부여의 구국 영웅, 고두막한

북부여는 4세 단군에 이르러 역사적인 큰 전환점을 맞이하게 된다.

BCE 109년, 흉노의 무릎을 꿇린 한 무제漢武帝는 수륙 양군을 동원하여 우거(위만의 손자)가 다스리던 번조선을 침공하였다. 하지만 바다를 통해 번조선을 침공한 누선장군 양복楊僕도 육로로 침공한 좌장군 순체荀彘도 번조선 군대에게 패하였다. 무제는 어쩔수 없이 강화회담에 임하였으나 사신 위산衛山은 회담에 실패하였고 그 댓가로 무제에게 처형당하였다.

다시 전투가 재개되었지만, 몇 달이 지나도록 우거의 왕험성은 함락되지 않았다. 공격이 순조롭지 않자 두 장군 사이에 불화가 생겼고 이에 무제는 제남태수濟南太守 공손수公孫遂를 파견하였으나, 공손수마저 임의대로 군사 체제를 바꾼 죄로 처형당하였다. 한나라 군대는 번조선군의 굳센 수비에 막혔지만, 해를 넘긴 오랜 전쟁에 지친 번조선군 내부에 분열이 생긴 틈을 타서 이간책을 썼다. 번조선 조정의 니계상尼谿相 삼參으로 하여금 우거를 살해하게 만든 것이다.

한나라는 우여곡절 끝에 왕검성을 함락시켰지만(BCE 108), 결코 한나라가 승리한 싸움은 아니었다. 전쟁 후 논공행상에서 좌장군은 기시형棄市刑351)을 당했고, 누선장군은 간신히 사형을 면하고 평민으로 살았다. 한이 패한 전쟁이었기 때문에 전쟁에 참여한 장군들이 모두 포상 대신에 처벌을 받았던 것이다.

하지만 한 무제는, 우거왕을 죽여 위만정권을 무너뜨리는 데 일조한 번조선의 신하들을 산동 지역의 제후로 봉하고 후대하였다. 이때 니계상尼谿相 삼參은 홰청澅淸 지역의 제후로, 번조선의 재상 한음韓陰은 적저荻苴의 제후로, 장군 왕겹王唊은 평주平州의 제후로, 죽은 우거의 아들 장강長降은 기幾 지역의 제후로, 최最(번조선의 재상 노인路人의 아들)는 죽은 아버지를 대신하여 온양溫陽의 제후로 봉해졌다.352)

이처럼 전쟁의 결과, 한나라의 장수는 모두 처벌을 받았는데 적국 번조선의 신하들은 제후가 되었다. 그러므로 이 전쟁에서 한나라는 패배한 것이 분명하다. 한나라의 패전은, 한 무제가 고조선을 평정하고 사군四郡을 설치하였다는 『사기』 「조선열전」의 기록이 결코 진실일 수 없는 뚜렷한 반증이다. 전쟁에 패한 한나라가 어

---

351) 사람이 많은 곳에서 목을 베고 그 시신을 길거리에 버리는 형벌.
352) 한 무제의 번조선 침공과 패배를 기록한 『사기』 「조선열전」의 원문을 본 해제 2부의 말미에 소개한다.

떻게 번조선, 즉 고조선의 요동과 요서 땅을 지배할 수 있으며 그곳에 식민지를 설치할 수 있었겠는가.

비록 실속없는 정복이지만, 위만정권을 무너뜨린 한 무제는 내친 김에 BCE 108년에 요동을 넘어 북부여까지 침공하였다. 이때 이를 지켜보던 **고두막한**高豆莫汗이 분연히 의병을 일으켜 한나라 군대를 물리치고 나라를 구하였다. 이 때 졸본卒本에서 나라를 열어(BCE 108) **졸본부여**라 하고 스스로 **동명왕**東明王이라 칭하였다.[353] 고조선을 계승한 북부여가 자칫 사라져 버릴 수도 있는, **한민족 상고 시대 최대의 위기**에서 나라를 구한 동명왕은 구국영웅으로 추앙받아 **북부여의 5세 고두막단군으로 즉위하였다**(BCE 86).[354]

이처럼 동명왕 고두막한은 우리 상고사에서 중대한 의미를 갖는 인물이지만 그에 대한 기록은 『북부여기』를 제외한 다른 사서에서는 찾아볼 수 없다. 그런데 『북부여기』의 고두막단군 조에는 **고두막의 다른 이름을 '두막루**豆莫婁'라 한다. 6세기 중반 북위의 역사서인 『위서魏書』에 **두막루국을 '옛날의 북부여'**라 한 기록이 나오는 것으로 보아 두막루국의 국명은 고두막의 다른 이름인 두막루에서 따온 것으로 보인다.[355] 고두막단군의 등장으로 전기 북부여 시대가 끝나고 새 역사가 시작되었지만, 북부여는 고두막단군의 아들 6세 고무서단군에 이르러 182년(BCE 239~BCE 58)의 짧은 역사를 끝내고 고구려로 계승된다. 그리고 **이 고두막단군 때에 북부여에서 동부여가 갈라져 나왔다.** 이것이 **동부여의 탄생 배경**이다.

동부여는 고두막한에게 권력을 빼앗긴 해부루(고우루단군의 아우)가 차릉 지역에 세운 부여국이다. 해부루는 제후로 강등되어, 국상 아란불의 주청으로 가섭원(지금의 흑룡강성 통하현)에 가서 나라를 세웠다. 그래서 **동부여를 '가섭원부여'**라고도 한다.[356] 동부여는 2세 금와왕을 거쳐 3세 대소왕 때에 고구려에게 망하여 **갈사부여**

---

353) 고두막한은 고조선의 47세 고열가단군의 직계 후손이라 한다. 동명왕이란 칭호는 '동방[東]의 광명[明]을 부활시킨다'는 뜻이다. 한 무제를 물리쳐 고조선의 위엄과 영광을 되찾고자 한 구국 의지가 나타나 있다. 졸본부여를 동명부여라고도 한다. 북부여사의 전모를 모르는 현 역사학계는 고구려의 시조 고주몽을 동명왕으로 잘못 가르치고 있다.

354) 북부여사 전체를 역사 교과서에서 찾을 수 없지만, 그 중에서도 특히 동명왕 고두막한에 관련된 이 내용은, 한민족사 국통을 바르게 인식할 수 있는 핵심이다. 지금의 역사 교과서에는 이 내용이 아주 잘못되어 있다.

355) 豆莫婁國, 在勿吉國北千里, 去洛六千里, 舊北扶餘也(『위서』 「열전列傳」 제88 두막루전).

356) 『삼국사기』와 『삼국유사』에도 동부여의 이러한 건국 과정이 소개되어 있지만, 『북부여기』와 달리 고두막한에 대한 언급이 전혀 없다.

와 **연나부부여**로 나누어졌다. 갈사부여는 대소왕의 아우가 갈사수褐思水(지금의 두만강 유역)에 세운 부여이다. 연나부부여는 대소왕의 종제가 연나부(지금의 요령성 개원)에 세운 부여로, 모국인 동부여의 서쪽에 있었다 하여 '**서부여**'라고도 부른다.

'**북부여가 고조선을 계승하였다**'는 사실은 **한민족 고대사의 국통 맥을 바로잡는 핵심 요체**이다. 그런데도 한국의 강단사학계는 일제 식민사학의 각본대로 위만정권을 고조선의 계승자로 앉혔을뿐만 아니라(BCE 194), '위만정권이 한나라에게 망한(BCE 108) 후 **고조선이 있던 그 자리**(한반도 북부)**에 한나라가 네 개의 군[漢四郡]을 설치하였다**'고 가르친다. 고조선을 계승한 북부여는 온데간데없고, 중국의 식민지인 위만조선과 한사군이 그 자리를 차지한 것이다.[357]

강단사학자들은 또한 중국 사서와 『삼국사기』, 『삼국유사』를 근거로 북부여 시조 해모수를 고구려 시조인 주몽의 아버지로 단정하였다. '해모수와 유화부인 사이에 고주몽이 태어나 고구려를 열었다'고 하여, 해모수와 주몽을 거의 동시대 인물로 만들었다. 혈통까지 바꿔 버린 것이다. 그 결과 **180여 년에 걸친 북부여 6대 단군의 역사는 완전히 증발**되어 버렸다.

왜 북부여사는 이렇게 난도질당하게 되었는가? 그것은 사마천이 『사기』를 쓸 때, 한 무제가 동명왕 고두막한에게 대패한 치욕을 숨기고자 의도적으로 북부여사를 누락시킨 데서 비롯된다. 그 후 중국의 대부분의 사서에서 북부여 역사가 사라졌다. 고려와 조선의 사대주의 사가들이 이것을 그대로 모방하였고, 일제 식민사학자와 국내 주류 강단 사학자들이 그것을 무비판적으로 답습하였다. **고조선의 건국 사실만 있고 실제의 역사 과정이 전혀 없듯이, 북부여도 해모수의 건국 사건만 기록되고 구체적인 역사 내용이 없다.** 2천여 년 동안 자행된 '역사 말살'의 결과, 북부여사가 우리 역사에서 완전히 사라져 버린 것이다.

4) 서방으로 진출한 부여족

주류 강단사학계는 부여 역사를 외면하지만, 단재 신채호가 한국 민족을 부여

---

[357] 한사군에 대해 2009년 국사편찬위원회가 펴낸 『고등학교 국사』 교과서는, "고조선이 멸망하자 한은 고조선의 일부 지역에 군현을 설치하여 지배하고자 하였으나, 토착민의 강력한 반발에 부딪혔다. 그리하여 그 세력은 점차 약화되었고, 결국 고구려의 공격을 받아 소멸되었다"(34쪽)라고 서술한다. 한사군 설치를 다소 애매하게 표현한 이 서술은 '한사군이 설치되었으나 고조선 유민의 반발에 결국 철폐되었다'로 이해된다.

족이라 부를 정도로 **부여사는 한민족사의 골간을 이룬다.**

신용하는, **부여가 최소한 BCE 5세기부터 CE 5세기까지 약 천여 년 동안 만주 일대에 존재하였고 4세기 전반까지 동북아의 최선진국이었다고 말한다.**[358] 5세기는 『환단고기』가 전하는, 북부여에서 분파된 '마지막 부여'인 연나부부여(서부여)가 멸망한 때(494)와 일치한다.

신용하에 의하면, 4세기 말경 부여족의 일파가 중앙아시아의 카스피 해와 흑해 사이에 위치한 '캅카스(코카서스)' 지방으로 이주하였고, 그 후 5~7세기 초까지 돈 강 유역과 북캅카스 지역으로 계속 이주하였다. 서양사에 7세기부터 불가Bulghar족의 역사가 나오는데, 이 불가족이 곧 부여족이다. '불가'란 '부여(불)의 가加'라는 뜻으로 해석된다.

635년 불가족은 족장 쿠브라트Kubrat의 지도력 아래 '대大 불가리아(Magna Bulgaria)'를 건국하였다. 하지만 몇 년 후 쿠브라트가 사망하고(642), 그의 다섯 아들은 격심한 권력싸움으로 불가리아를 해체시켰다. 그 중 세 아들이 이끈 불가족은 결국 주변 민족에게 복속되고 말았지만, 둘째와 셋째 아들은 독립국가를 세웠다.

둘째 아들 코트라그Kotrag가 세운 나라, '고추불가Kotchou-Bulghar국'은 14세기까지 번성하였고, 현재는 타타르 자치공화국(1920년에 소비에트연방의 자치 공화국으로 성립됨)으로 존재한다. 타타르인의 언어 구조는 한국어와 동일하고, 생김새도 동양인과 같다.

셋째 아들 아스파르흐Asparukh가 이끈 불가족은 오늘날의 발칸 반도로 남하하였다. 당시 비잔틴 제국(동로마)의 한 장교의 기록에 의하면, 불가족은 로마군과의 결전을 앞두고 하늘을 향해 조상신 단군Tangun에게 승전을 기원하는 제천의식을 행하였다. 이것은 환단 시대 이래로 동방 한민족이 일관되게 거행해 오던 천제 풍속을 서방으로 이주한 부여족이 그대로 따랐음을 보여 준다.

이 불가족은 마침내 로마군을 물리치고 불가리아 제1제국(681~1018)을 건국하였다. 불가족은 귀족 계층이 되어 보야Boyar(부여의 유사 발음인 부유의 모음조화에 따른 변음)라 불렸고 슬라브족을 농민으로 삼아 다스렸다. 황제 크룸Krum에 이르러 주변의 로마군을 대부분 추방하고 수도를 옮겨 소비(또는 사비, 지금의 소피아)라 불렀다. 황제는 소비의 산에 올라 단군에게 제사를 올리고, 그 산 이름을 발칸으로 정

---

[358] "다시 보는 한국역사(7) - 부여족과 불가리아", 〈동아일보〉, 2007.5.19.

불가리아 수도 소피아에서 본 비토샤Vitosha 산(발칸 산: 2,290m)_신용하는 이 산에서 불가족이 단군에게 제사를 지낸 다음, 681년 비잔틴(동로마)군과 전쟁에서 승리를 하여 불가리아 제1국을 세웠다고 했다.

하였다. 신용하는 '**발칸 산**'을 '밝안산', '밝산', '백산白山' 등 우리말 지명과 동일한 것으로 보며, 한민족은 고대부터 백산(밝은 산)에 올라 제천 의식을 행하였다고 말한다. 지금도 크룸 황제의 제천 유적이 일부 남아 있다는 이 발칸 산에서 **발칸 반도**라는 이름이 유래하였다.

크룸 황제가 병사한(814) 후 불가리아는 국력이 점점 약화되었다. 12세기에 불가리아 제2제국(1186~1330)을 세웠지만 그 지배층은 제1제국 때와 달리, 소수 불가족과 다수 슬라브족 사이의 혼혈로 얼굴 모습이 슬라브족의 생김새를 많이 닮게 되었다.

그렇지만 발칸 산, 발칸 반도, 소비 등의 지명 속에 부여의 자취가 남아 있고, 불가리아 말의 문법 구조와 풍습(정월 달집놀이, 굿거리 등)에서도 한민족의 체취를 강하게 느낄 수 있다. 또한 불가리아인은 서양에서 유일하게 갓난아기의 엉덩이에 반점(일명 몽고반점)이 있다. '**불가리아는 동방에서 온 부여족이 세운 국가**'라는 신 교수의 주장처럼, 불가리아인의 원 조상은 바로 부여족임을 알 수 있는 것이다.

5) 일본에 진출한 부여족

부여족은 일본열도에도 진출하였다. 그래서 초기 일본 왕실은 부여계에서 나왔다. 일찍이 기다 사다기치喜田貞吉(1871~1939)는 일본 왕실의 조상이 부여, 백제계라고 밝힌 바 있다. 1921년에 기다는 "**부여는 한반도에서 고구려·백제·신라를 건국했**

을 뿐 아니라, **4세기에 일본열도로 건너와 나라를 세웠다**. 적어도 한국의 삼국과 일본의 건국 사이에 모종의 관련이 있다"라고 지적했다. 그리고 고문헌을 연구하여 유물·언어·신화·풍습 등 다방면에서 한반도와 일본의 문화가 매우 비슷하다고 주장했다. 기다 사다기치는 **일본의 기마민족설을 최초로 주장**한 사람인 것이다.[359]

이러한 기마민족설을 최종적으로 완성한 사람은 동경대학 교수를 역임한 에가미 나미오江上波夫(1906~2002)이다. 그는 동북東北 부여계의 기마민족騎馬民族이 한반도 남부를 거쳐 일본열도로 들어와 4세기 후반에서 5세기에 야마토大和 지방에 **야마토 조정을 세웠다**는 '기마민족정복왕조설騎馬民族征服王朝說'을 주장했다. 대륙의 기마민족이 일본을 정복하였다는 **기마민족일본정복론**騎馬民族日本征服論인 셈이다.

에가미는 일본 민족의 형성과 일본 국가의 성립을 구별하였다. 민족의 형성은 야요이彌生 시대의 농경 민족으로 거슬러 올라가지만, 통일국가인 야마토大和 조정은 4세기에서 5세기에 송화강松花江 유역의 평원에 있던 부여계 기마민족이 한반도 남부를 거쳐 일본열도에 와서 세운 왕조라는 것이다. 곧 기마민족 중 남하한 일부가 고구려와 백제를 세웠고, 일부는 가야를 지배한 후 4세기 초에 대마對馬·잇키壱岐 섬을 경유해 큐슈九州 북부[360]를 정복하여 '왜한연합왕국倭韓連合王國'을 형성하였다는 것이다. 더욱이 그 세력은 5세기 초경에 기내畿內의 오사카大阪 평야에 진출하여 거대 고분을 조성하고 야마토 조정을 세웠다는 것이다. 한반도에서 건너간 **부여, 백제, 가야 사람들이 일본 고대 국가를 건설하였다**는 설은 이제 일본 학계에서 받아들여지고 있는 실정이다.[361]

그런데『태백일사』에 의하면, 3세기 말에 **서부여**(연나부부여)**의 왕인 의려**依慮가 선비 모용외에게 패하자(285) 무리 수천 명을 거느리고 바다를 건너 왜를 평정하고 왕이 되었다고 전한다. 또『태백일사』「대진국본기」에는 **의려국 이야기**가 나온다.

---

[359] 기다 사다기치喜田貞吉의 주장은 일제강점기 일선동조론의 이론적 근거가 되었다. 그는 일본의 남조선경영설을 뒷받침하고, 일제의 조선 강점을 합리화했던 것이다.

[360] 에가미는 이를 근거로 일본의 천손강림신화天孫降臨神話에 나오는 히무카日向를 큐슈 북부의 쯔쿠시筑紫로 보았다. 에가미의 이런 주장은 고고학적 발굴 성과와『고사기』,『일본서기』등에 보이는 신화와 전승 등을 종합적으로 검증한 결과로 나온 것이다.

[361] 미국 콜럼비아대학의 개리 레저드Gari Ledyard 교수도 동일한 주장을 한다. 레저드는 에가미의 부여기마민족설 주장을 이어받아 부여가 송화강 유역에 있었음을 말하는 많은 자료를 제시하고, 이들이 일본에 와서도 곳곳에 부여라는 지명을 만들었다고 하였다. 또 '바위의 후손들'인 부여족의 종교가 왜에 큰 영향을 끼쳤다고 하였다(Gari Ledyard, 'Galloping along with the Horseriders : Looking for the Founders of Japan',『Journal of Japanese Studies』, Vol.1 No.2, 217~254쪽).

의려국은 앞에서 언급한 연나부부여를 말한다. 의려왕에게서 나라를 물려받은 아들 의라왕은 중국 동진의 도움으로 나라를 재건하였다. 그러나 거듭되는 모용씨의 침략을 견디지 못하고 수천 명을 이끌고 바다를 건너 일본으로 갔다. **서부여의 의려국 왕자 의라**가 일본으로 건너가 15대 오진應神 왕이 되었는데, '삼신의 부명符命에 응한다' 하여 '**응신應神**'이라는 이름을 지었다 한다.

의려왕과 의라왕의 이름은 『삼국지』 「위서동이전」에도 보인다. 의려와 의라는 고구려 태조무열제 때 공손씨의 침략에 맞서 싸운 서부여 왕 위구태尉仇台의 후손이다. 위구태 이후에 간위거簡位居─마여麻余─의려依慮─의라依羅로 서부여의 왕위가 이어졌다고 기록되어 있다.

『삼국지』 「위서동이전」에는 또한 부여인의 풍속이 상세하게 기록되어 있다. 이에 따르면 은정월殷正月(음력 12월)에 영고迎鼓라는 천제를 지낼 때 온 나라 사람이 매일 모여 술을 마시고 춤을 추었다. 부여인은 흰색 옷을 숭상하였는데 도포는 소매가 매우 넓었다. 가죽옷을 즐겨 입었고, 외국으로 나갈 때에는 비단 옷에 수를 놓아 입었다. 가죽신을 신고 모자는 금은으로 장식하였다. 형벌은 몹시 엄하여 남녀 간에 음란한 짓을 한 자나 질투하는 여자는 모두 죽였고, 또 흉노처럼 형이 죽으면 형수를 아내로 맞이하였다. 부여인의 생활을 엿볼 수 있는 소중한 기록이 아닐 수 없다.

그런데 부여인의 다음과 같은 습속은 오늘날 일본인들의 생활 문화를 연상시키는 것이어서 특히 주목된다. 「위서동이전」에서 "음식을 먹을 때는 모두 조두俎豆를 사용하고, 여럿이 모이는 때에는 서로 절하면서 잔을 권하는데 잔을 씻어 권한다"라고 하였고 또 "통역하는 사람이 말을 전할 때는 모두 무릎을 꿇고 손을 땅에 대고, 조용히 말을 한다"[362] 라고 하였다. 이러한 습속은 **부여인과 일본과의 강한 연결 고리를** 보여 준다.

부여인의 일본 진출은 고고학적으로도 입증된다. 오진 왕이 세운 나라가 있던 가와치河內 땅 오진 왕릉 터에서 금동제로 조각된 아름다운 말안장 장식인 안교鞍橋가 나왔다. 그것은 기마민족의 문화가 현해탄을 건너서 일본에 전파되었음을 고고학적으로 증명하는 한 실례이다.

결론적으로 말하면 **일본은 부여 문화를 그대로 가지고 건너 간 한민족이 세운 나**

---

[362] 食飮皆用俎豆, 會同拜爵洗爵, 揖讓升降, … 譯人傳辭, 皆跪手據地竊語(『삼국지』 「위서동이전」).

라인 것이다.

6) 부여사를 찾는 날이 곧 역사 광복의 날

『후한서』, 『삼국지』 등 중국 역사서에 나오는 부여사는 모두 서부여의 역사이다. 서부여는 북부여(4세 단군 이후)에서 갈려 나간 동부여가 망한 후 요서에 생긴 망명 부여이다. **서부여사는 부여의 끝자락 역사이다.**

하지만 한국의 주류 강단 사학계에서 펴낸 모든 책은 서부여를 부여 모습의 전부로 그리고 있다. 우리의 고유사서를 불신하고 부여에 대한 **단편적이고 왜곡된** 정보를 담고 있는 중국 사서를 신뢰한 결과이다. 이로 말미암아 부여사의 원형이 파괴되고 나아가 9천 년 한국사의 허리가 잘려 국통 맥이 단절되고 말았다.

북부여라는 '한국사의 잃어버린 고리'가 고조선과 고구려 사이에 제대로 끼워지는 그날이 바로 '동방 배달민족사의 9천 년 국통 맥'이 온전하게 정립되는 역사 광복의 날이 될 것이다.

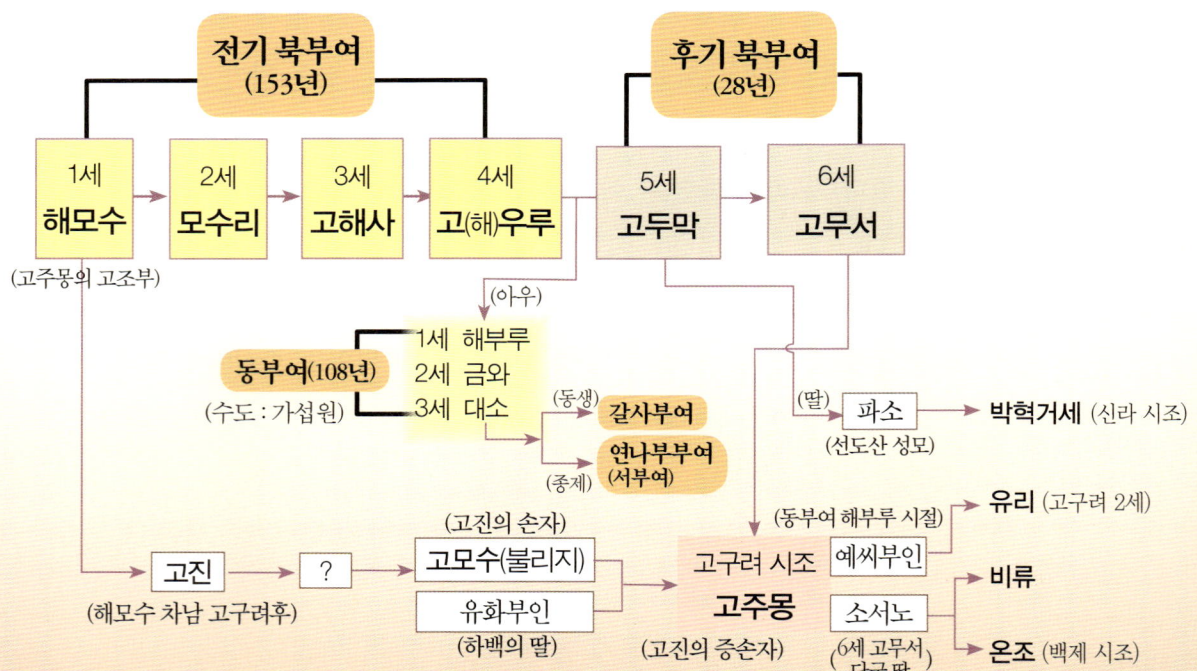

부여사의 시원과 맥

나라 이름	존속 시기	각 왕조의 변천 내용
부여 (원시부여)		① 고조선 초대 천황인 단군왕검의 4남 '부여'가 다스린 제후국. ② 고조선 22세 색불루단군이 즉위한 백악산(지금의 길림성 장춘) 아사달이 바로 이곳이다.
대부여 (고조선 말기 국호)	BCE 425 ~ BCE 238 (188년)	① 고조선의 44세 구물단군이 장당경 아사달(개원)에서 개칭한 국호. ② 47세 고열가단군 이후 북부여에 흡수되었다.
북부여	BCE 239 ~ BCE 58 (182년)	① 해모수단군이 대부여의 북쪽 웅심산熊心山에서 건국한 나라. ② BCE 58년 7세 단군 고주몽이 계승하고, 고구려로 개칭하였다.
졸본부여 (동명부여)	BCE 108 ~ BCE 86 (23년)	① BCE 108년 고조선 47세 고열가단군의 후손 고두막한, 즉 동명왕이 졸본에서 일으킨 나라. ② BCE 86년 동명왕이 북부여를 계승할 때까지 부르던 국호.
동부여 (가섭원부여)	BCE 86 ~ CE 22 (108년)	① 고두막한에게 밀려난 북부여의 4세 고우루(해우루)단군의 아우 해부루가 동쪽 가섭원 땅에 세운 나라. ② 동부여의 3세 대소왕이 고구려와 싸우다가 전사함으로써 문을 달았다.
갈사부여	CE 22~68 (47년)	① 동부여 대소왕이 죽은 후, 그 아우가 갈사수에 세운 나라. ② 3세 도두왕이 고구려에 투항하여 혼춘 지방의 제후로 봉해질 때까지 존속하였다.
연나부부여 (낙씨부여, 서부여)	CE 22~494 (473년)	① 갈사부여가 세워진 지 몇 달 후 대소왕의 종제가 고구려에 투항하였을 때, 연나부에 봉해짐으로써 생긴 나라. ② 연나라와 가까운 백랑산白狼山 계곡(지금의 요령성 대릉하 서쪽)으로 옮긴 뒤 모용씨의 침략을 받았는데, 싸움에 패한 의려왕 또는 그 아들 의라가 일본으로 건너 가 15대 오진應神 왕이 됨. ③ 고구려 21세 문자열제 때 고구려에 흡수되었다.
남부여	CE 538 ~554 (17년)	백제 25세 성왕 16년에 웅진에서 사비로 천도했을 때, 부여 계승 의식에 따라 국호를 남부여라 칭하였다.

5 열국시대 이후 대한민국 수립까지

1) 북부여를 계승한 고구려

　북부여는 비록 고조선을 계승하였지만, 고조선의 전 영역을 흡수하지는 못하였다. 그리하여 '열국列國 분열 시대'가 시작되어 고조선의 옛 영토에는 북부여, 동부여, 서부여, 낙랑국, 남삼한[363], 옥저[364], 동예 등 여러 나라가 형성되었다. 열국(여러 나라) 시대는 그 후 사국(고구려, 백제, 신라, 가야)시대를 거쳐 약 100년간의 삼국(고구려, 백제, 신라)시대로 변화하였다.

　그렇다면 **북부여의 국통은 어디로 계승되었는가?** 고주몽이 세운 고구려로 계승되었다. 북부여의 마지막 단군 6세 고무서는 자신을 '천제의 아들[天帝子]'이라 밝히는 주몽을 범상치 않은 인물로 여겨 둘째 딸 소서노[365]와 혼인시켜 사위로 삼았다. 아들이 없던 단군은 재위 2년 만에 붕어하면서 주몽에게 대통을 물려주었으니(BCE 58), 고주몽이 북부여의 7세 단군이 된 것이다.

　주몽은 북부여 시조 해모수의 고손자로, 해모수의 둘째 아들 고진의 손자인 불리지와 유화부인 사이에서 태어났다. 유화부인이 나들이를 나왔다가 불리지와 정을 통하게 되었는데, 그 후 임신한 사실이 발각되어 집에서 쫓겨나 송화강 강가에 감금되었다. 그때 동부여 왕 해부루가 순행을 나왔다가 유화를 발견하고는 왕궁으로 데리고 갔다. 그 왕궁에서 주몽이 태어났다. 주몽은 부여어로 '활을 잘 쏘는 사람'을 뜻한다. 그런데 동부여 사람들이 시기하여 해치려고 하자, 주몽은

---

363) 남삼한은 78개의 소국가가 연합하여 연맹체로 발전하였다. 진한에는 12개, 마한에는 54개, 변한에는 12개의 소국이 있었다.
364) 『단군세기』 12세 아한단군 조에 보이는 서옥저를 비롯하여 고조선 시대에는 네(4) 옥저가 있었다. 본문에서 말한 옥저는, 고조선의 지방 또는 제후국이었던 옥저가 고조선 멸망 이후 소규모의 국가로 독립한 것이다.
365) 『삼국사기』에서는 소서노가 부호 연타발의 딸이고, 주몽을 만났을 때 비류와 온조라는 두 아들을 둔 과부였다고 한다. 여기에는 신라사를 정통으로 기록하기 위한 김부식의 의도적인 왜곡이 엿보인다. 소서노가 북부여 황족이 아니고, 나중에 백제의 시조가 되는 비류와 온조도 주몽의 혈통이 아니라는 뜻이다. 그러나 이것은 역사적 사실이 아니다. 만약 주몽이 과부가 된 어느 상인의 딸과 혼인한 것이라면, 백제 사람들이 왜 그토록 부여를 강조하였겠는가. 백제 왕실은 자기들을 부여족이라 하였다. 백제왕의 성씨가 부여씨이고, 훗날 26세 성왕은 웅진에서 사비로 천도하면서 국호를 '남부여'라 정하기까지 하였다. 이처럼 백제사의 뿌리의 진실을 오직 『환단고기』가 제대로 밝혀주고 있다.

어머니의 뜻을 받들어 **제 고향인 북부여를 찾아가** 고무서 단군의 사위가 되었다가 훗날 **단군으로 즉위**하였다. 그리고 **나라 이름을 북부여에서 고구려로 바꾸었다**(BCE 37).366)

고구려의 등장은 북부여 이래 열국 시대의 혼란상을 극복하는 전환점이 되었다. 고구려 3세 대무신열제는 동부여 3세 왕 대소를 물리쳐서(CE 22) 동부여를 고구려에 귀속시키고, 이어서 최숭이 세웠던 낙랑국을 병합하였다(CE 37). 대무신열제의 아들 호동왕자가 낙랑국의 공주로 하여금 자명고를 찢어 버리게 한 유명한 사랑 이야기가 바로 이때의 사건이다. 그리고 동부여 대소의 아우와 그 유민이 세운 갈사부여, 대소의 종제가 세운 연나부부여(서부여)도 결국 고구려에 항복하거나 편입되었다.367) 이리하여 **고구려는 한반도 북부와 만주 지역의 열국을 모두 통합**하였다.

우리가 배운 고구려 역사(BCE 37~668)는 건국에서 패망까지 700년이 조금 넘는다. 그런데 중국 사서『신당서』를 보면, 당의 시어사侍御史 가언충賈言忠이 요동에서 돌아와 당 고종에게 전황을 보고하는 중에 "『고구려비기』에 이르기를, 고구려는 900년을 넘지 못하고 팔십 먹은 장수에게 망한다고 하였습니다"368)라고 한 구절이 나온다. 당唐나라에 유학한 최치원도 **고구려 900년 설**에 충격을 받은 적이 있다. 어떻게 해서 고구려 역년이 900년이 되는 것인가? '**고주몽이 해모수를 태조로 하여 제사를 모셨다**[祠解慕漱 爲太祖]'는 『삼성기』 상의 기록에 **그 결정적인 해답의 실마리**가 있다. 해모수가 북부여를 세운 때(BCE 239)부터 계산하면 고구려 역년은 900년이 약간 넘는다.

고구려는 북부여의 연장선상에 있는 나라이므로, **북부여를 원고구려**라 할 수 있다. 고구려가 망하고 대중상이 세운 대진도 처음에는 국호를 **후고구려**라 하였다. **원고구려 – 고구려 – 후고구려로 이어지는 역사는 우리 국통 맥을 잇는 결정적**

---

366) 주몽의 증조부 고진은 북부여의 제후로서 고구려후高句麗侯였다. 고진은 또한 고리군왕藁離郡王으로도 불린다. 해모수와 5세 고두막단군도 모두 고리국(고구려) 출신이다. 주몽은 자신의 원 뿌리인 고구려를 나라 이름으로 삼은 것이다.

367) 갈사부여는 고구려 6세 태조무열제 때(68), 연나부부여는 21세 문자열제 때(494) 고구려에 통합되었다.

368) 高句麗秘記曰 : "不及九百年, 當有八十大將滅之"(『신당서新唐書』「동이열전」고구려). 여기서 팔십 먹은 장수란 당나라 군의 대총관 이세적을 말한다.『고구려비기』에 전한다는 이 내용은『삼국사기』「고구려본기」보장왕 27년 조에도 나온다.

요소 중의 하나이다.

한반도 북쪽에서 역사가 이와 같이 진행되는 동안에, 남삼한에 형성되었던 소국가 연맹체는 백제, 신라, 가야로 계승되었다. 고주몽과 소서노 사이에 태어난 두 아들 중 온조가 마한 땅에 백제를 세우고(BCE 18) 마한의 소국가를 모두 통합하였다.[369] 진한은 신라로 발전하였으니, 고두막한의 딸이 낳은 박혁거세가 진한 땅에 사로국을 세워 점차 주변의 소국들을 통합한 결과였다.[370] **백제와 신라도, 고구려와 마찬가지로 부여의 후손이 일군 역사인 것이다.**

2) 고구려를 이은 대진(발해)

대진의 건국

백제는 나중에 신라에 병합되었고(660), 고구려는 나당 연합군에게 망한 후(668) 유장遺將 대중상大仲象과 그의 아들 대조영大祚榮이 세운 대진(발해)으로 이어졌다.

고구려가 망할 때 대중상이 동쪽으로 동모산東牟山에 이르러 성을 쌓고 새 나라를 열어 '고구려를 회복하여 부흥한다'는 뜻에서 나라 이름을 후고구려라 하였다. 대중상이 죽고, 그 아들 대조영이 당나라군을 격파하고 6천 리 강역을 개척하여 고구려의 옛 영토를 상당히 회복하고 국호를 **대진**大震으로 다시 선포하였다. 진震은 동방을 뜻하는 것으로 **대진은 '동방 광명의 큰 나라' 또는 '위대한 동방의 나라'**를 의미한다.

---

[369] 고주몽에게는 일찍이 동부여에서 맞은 첫째 부인 예씨와의 사이에 유리라는 맏아들이 있었다. 소서노와의 사이에서도 비류와 온조라는 두 아들을 두었다. 평소 '유리가 오면 태자로 삼아 왕권을 물려주겠다'는 주몽의 말에 소서노는 두 아들과 패대 지역(지금의 난하 부근)으로 이주하여 고주몽으로부터 어하라御暇羅로 책봉받았다. 그 뒤 소서노가 죽자 비류가 즉위하였고, 온조는 여러 신하들과 함께 배를 타고 바다를 건너 한반도의 마한으로 와서 한강 유역의 백리 땅을 할애 받아 백제를 세웠다. 패대 지역에서 '백가의 무리가 바다를 건너[百家濟海]' 한반도로 왔기 때문에 나라 이름을 백제百濟라 하였다.

[370] 『태백일사』「고구려국본기」는 '북부여 5세 단군 고두막의 딸 파소가 남편 없이 임신했기 때문에 주위의 의심을 받게 되자 남삼한의 진한 땅으로 도피하여 그곳에서 박혁거세를 낳았다'라고 전한다. 박혁거세가 사로국을 연 것이 BCE 57년이고, 고두막의 재위 기간은 BCE 86~BCE 60년이었다. 두 사건의 시대가 일치한다. 진한의 6촌장이 박혁거세를 왕으로 받든 것은 그가 바로 북부여 황실의 혈통이기 때문이었다. 『삼성기』상에서 "고두막한이 부여의 옛 도읍을 차지하여 국호를 동명이라 부르니 이것이 곧 신라의 옛 땅"이라고 한 것도 박혁거세의 뿌리가 북부여인 데에 연유한다.

한국 사람의 입에 익숙한 '발해'라는 국호는 당나라가 붙인 이름이다. 대진의 대당항쟁에 시달리던 당나라는, 8세기 초에 대진을 반란의 무리가 아니라 정식 국가로 인정하는 쪽으로 정책을 바꾸었다. 하지만 대조영이 선포한 국호 대진을 쓰지 않고, 발해라는 국호를 사용하였다.

발해라는 이름이 등장하는 것은, 713년 당나라가 대조영을 '좌효위대장군左驍衛大將軍 발해군왕渤海郡王 홀한주도독忽汗州都督'에 책봉[371]한 것이 그 시초이다. 마치 당이 한민족의 종주국인 양, 대진의 황제를 발해란 지역의 제후로 봉한 것이다. 이처럼 당은 대조영을 발해의 제후로 격하시키고 그 나라를 발해라 불렀던 것이다. **'광명의 나라'를 뜻하는 대진이란 이름을 회피하고, 이렇게 인근의 바다인 발해를 국호로 부른 것은 중국의 전통적인 악습이다.** 고조선도 조선이 아니라 숙신, 예맥, 산융 등으로 폄하하여 부르지 않았던가.

당이 발해라 부른 것과 상관없이 **대진은 동북아의 주인이었던 고구려의 계승자**로서 당당한 면모를 갖추었다. 당시 국경을 맞대고 있던 신라와 달리 독자적인 연호를 쓰고 황제 칭호를 사용하였다. **중광**重光('광명을 다시 회복한다')이란 연호를 쓴 시조 대중상은 붕어 후 **진국열황제**振國烈皇帝로 받들어졌고, **천통**天統('하늘의 종통을 계승한다')을 연호로 쓴 2세 대조영은 성무고황제聖武高皇帝로 모셔졌다. 이러한 연호 속에는, 환단의 광명사상을 이어받고 환국과 배달을 거쳐 단군조선, 북부여, 고구려로 계승된 천손민족의 종통을 계승하려는 대진 건국자들의 역사의식이 담겨 있다. 대진은 결코 당나라에 예속된 지방정권이 아니라 한민족의 국통을 계승하고 천자국天子國의 위상을 떨친 당당한 독립국이었던 것이다.

3세 무황제(대무예) 때에는 개마, 구다, 흑수 등 여러 나라가 모두 신하라 칭하고 조공을 바쳤다. 또 대장군 장문휴를 파견, 산동성에 있는 등주와 내주를 공격하여

---

371) 최근 중국은 당나라가 대조영을 발해군왕으로 봉했다는 잘못된 내용을 전 국민에게 대대적으로 알리고 있다. 사진은 중국 CCTV에서 방영(2012.1.13)한 다큐멘터리 〈장백산長白山 (4)〉에서 대조영이 당나라 사신에게 '발해군왕으로 책봉한다'는 당 현종의 조서를 받는 장면이다. 최근에는 길림성 길림시에 있는 고구려 산성인 용담산성 일대를 국가공원으로 조성하면서 무릎 꿇은 대조영의 모습을 동상으로 제작했다. 이러한 작태는 동북공정의 실태와 심각성을 여실히 보여준다.

대진의 황제명과 연호

	이름	묘호	황제명	연호
1세	중상仲象	세조世祖	진국열황제振國烈皇帝	중광重光
2세	조영祚榮	태조太祖	성무고황제聖武高皇帝	천통天統
3세	무예武藝	광종光宗	무황제武皇帝	인안仁安
4세	흠무欽茂	세종世宗	광성문황제光聖文皇帝	대흥大興
5세	원의元義	—	—	—
6세	화흥華璵	인종仁宗	성황제成皇帝	중흥中興
7세	숭린嵩璘	목종穆宗	강황제康皇帝	정력正曆
8세	원유元瑜	의종毅宗	정황제定皇帝	영덕永德
9세	언의言義	강종康宗	희황제僖皇帝	주작朱雀
10세	명충明忠	철종哲宗	간황제簡皇帝	태시太始
11세	인수仁秀	성종聖宗	선황제宣皇帝	건흥建興
12세	이진彛震	장종莊宗	화황제和皇帝	함화咸和
13세	건황虔晃	순종順宗	안황제安皇帝	대정大定
14세	현석玄錫	명종明宗	경황제景皇帝	천복天福
15세	인선諲譔	—	애제哀帝	청태淸泰

점령하자, 당나라와 그 동맹국 신라가 침략하였다. 그러나 대진은 침략을 당당히 물리치고 **해동성국**海東盛國이라 불릴 정도로 동북아시아의 강국이 되었다. 이때 당과 신라, 그리고 바다 건너 왜까지 모두 대진에 사신을 보내 조공을 바쳤다.

11세 선황제 때는 세력이 절정에 달했다. 남쪽으로 신라와 접한 경기도 일대까지, 북으로 대흥안령산맥과 흑룡강까지, 서로 요하, 동으로 연해주 일대까지 차지하여 그 넓이가 9천 리에 달했다. 당시 대진 사람이 워낙 기운이 좋고 우수하여 '발해 사람 셋이 호랑이 한 마리를 당한다'(『태백일사』「대진국본기」)는 말이 생길 정도였다.

대진은 광대한 영역을 다스리기 위해 다섯 개의 수도를 설치하였다. 통치체제를 완비한 3세 무황제는 전국에 5경 60주 1군 38현을 설치하였는데(『태백일사』「대진국본기」), 상경 용천부, 중경 현덕부, 동경 용원부, 남경 남해부, 서경 압록부로 이루어진 5경이[372] 각 지역의 수도 구실을 하였다. 이러한 **5경 제도**는 앞에서 이야기하였듯이, 신교의 삼신오제 사상에서 나온 것이다.

대진의 멸망

발해인은 자신들을 스스로 고구려의 후예라 생각하였다. 대진 무황제는 일본에 보낸 국서에서 **대진을 "고구려 땅을 차지하고 부여 전통을 계승한 나라"**(『속일본기』)라고 하였다. 또 일본인들도 발해에 관한 기록이 처음 등장하는 곳에 "발해는 옛 고구려국"이라고 기록하였다. 후대의 기록에서도 일본인들은 한민족의 국통이 **고구려-대진(발해)-고려**로 이어진다는 것을 분명히 하였다. 또 중국의 옛 사료들이 한결같이 발해 건국을 고구려의 멸망과 연계시킨 것도 **발해가 고구려의 계승국**임을 말해 주는 것이다.

대진은 또 황제국이었다. 최근에 발굴된 상경성의 제2 궁전지는 전면이 19칸이나 된다. 당나라 장안성의 최대 건물인 함원전이 11칸에 불과함을 고려할 때 대진은 결코 당나라의 예속국이 될 수 없다. 그러므로 대진 왕들이 황제를 칭한 것은 결코 역사적 과장이 아니다. 1980년에 발견된 정효공주 묘지명에서 그 아버지인 문왕을 '황상皇上'이라 부른 것, 왕비의 묘비명에서 황후라는 표현을 쓴 것 등은 대진의 칭제 사실을 명백히 나타낸다.[373]

그런데 동북아의 강대국 대진의 멸망은 하나의 역사적 미스터리로 남아 있다. 현재 여러 가지 설이 분분하나 일단 표면적으로는 거란족의 공격으로 망한 것이 분명하다. 기록에 의하면 거란은 926년 대진을 공격하여 거의 싸우지도 않고 이겼다고 한다. "거란 태조가 그 갈린 마음을 틈타 움직이니 싸우지 않고 이겼다"[374]라는 기록으로 보아 거란은 아마 대진의 내부 분란을 이용하여 무너뜨린 것으로 보인다.[375]

---

[372] 발해에 5경 15부 62주 200개 이상의 현이 있었다고(송기호, 같은 책, 157쪽) 말하는 송기호 교수는 대진의 5경이 당나라의 영향을 받아 이루어진 것으로(같은 책, 194쪽) 주장한다. 그러나 고구려·백제·신라·가야의 사국시대 이후 중국의 불교와 제도를 많이 받아들이긴 하였지만, 이 오경 제도는 한국 고유의 삼신오제 사상에서 나온 것이다.

[373] 송기호, 같은 책, 293~367쪽.

[374] 先帝因彼離心, 乘釁而動, 故不戰而克(『요사遼史』「야율우지전耶律羽之傳」).

[375] 동북아역사재단 편,『새롭게 본 발해사』, 84쪽.

거란은 어떤 족속인가? 거란은 선비족의 한 갈래로서 북위北魏 시대부터 거란이라는 명칭으로 불리기 시작하였다.376) 일정한 정착지를 갖지 않고 유목과 수렵생활을 영위한 거란은 고구려, 돌궐 같은 주변 강국의 지배를 받았다. 그러다가 10세기 초 당이 혼란에 빠지고 돌궐도 쇠약해지자, 거란 부족들은 일세의 영웅 야율아보기 밑에서 강력한 국가로 통합되었다(907). 아보기는 부족장을 모두 처단하고 자신을 황제라 선포한 후, 먼저 먼 곳에 위치한 돌궐, 토혼吐渾, 당항党項 등을 쳐서 배후를 안전하게 한 다음 대진을 공격하였다. 주목할 점은 한 달 만에 대진의 수도 상경용천부上京龍泉府(홀한성이라고도 함)까지 함락된 것이다.

주변 나라들이 하나같이 두려워하던 강국이 외적의 침입에 어찌 그리 쉽게 무너졌을까? 대진의 멸망에는 자연재앙이 작용하였을 가능성이 있다. 일부 학자들은 약 천 년 전 상경용천부에서 멀지 않은 백두산에서 대폭발이 일어났음을 밝혀냈다.377) 그에 따르면 나라의 중심지에서 발생한 대규모 화산폭발이라는 재난으로 국가 기능이 마비된 상황에 거란이 침입하자 국가가 통째로 속수무책으로 무너진 것으로 보인다.

패망 이후 대진 사람들은 수백 년 동안 거란에게 저항하였고, 왕족을 비롯한 지도층은 여러 차례에 걸쳐 고려에 합류하였다. 대진의 멸망으로 한민족의 5천 년 대륙사는 막을 내리게 되었다.

3) 고려의 칭제건원과 그 이후

후신라(통일신라)와 대진이 공존한 남북국 시대를 계승한 고려는, 고구려의 후예라는 의식이 확고하였고, 대진과 마찬가지로 황제국 체제를 지향하였다. 이러한 지향은 고려의 정치 체제에서 먼저 드러난다. 고려의 정치는 3성(중서성, 문하성, 상서성)과 6부(이吏·호戶·예禮·병兵·형刑·공工) 체제였다. 유교의 명분론에 따르면 '성省'이나 '부部'는 제후국에서 사용할 수 없고 천자국에서만 사용할 수 있는 호칭

---

376) 김위현, '거란민족의 대제국으로의 성장과정', 『한민족문화의 형성과 범아시아의 문화』(제20차 한민족학회 학술대회), 126~128쪽.
377) KBS 1TV, 〈일요스페셜〉, "발해 그 터를 찾아", 1988.8.9; "한반도 탄생 30억 년의 비밀" (3), 1998.1.1.

이다.[378]

또 관에서 쓰는 용어도 천자국의 것이었다. 예를 들어 고려 왕들은 제후국 국왕이 명령을 내릴 때 쓰는 '교서'라는 말 대신에 '조서詔書'나 '칙서勅書'를 썼다.

고려가 금나라에 보낸 국서에서도 고려 왕은 스스로 자신을 황제라 칭했다. 금나라 역시 고려가 황제국임을 인정하고 국서를 보낼 때 "대금 황제가 고려국 황제에게 글을 보낸다"라는 표현을 하였다.[379]

고려 중기의 유명한 문인 이규보는 1209년에 지은 연등회 축시에서, 고려 국왕을 천하를 일가로 만든 중심적 존재로 보고 '천자'라는 표현을 썼다.

고려의 황제는 독자적인 연호를 사용하기도 했다. 고려를 건국한 태조는 '**천수**天授'라는 연호를 썼고, 공신과 호족세력을 억압하고 왕권을 강화한 광종은 '광덕光德', '준풍峻豊'이라는 연호를 썼다. 그러므로 고려의 수도인 개성을 '**황도**皇都' 혹은 '**황성**皇城'이라 한 것은 황제국으로서 지극히 자연스런 일이었다. **개성에 황제가 제천의식을 거행하는 원구단을 설치한 것도 천자국 의식에서 나온 것이다.**

그런데 세계제국을 건설한 원나라의 정치적 간섭이 시작되면서 황제국 고려는 제후국으로 전락하였고 국왕에 대한 칭호는 황제에서 왕으로 격하되었다. 그 첫째 왕인 충렬왕은 원나라 쿠빌라이 황제의 딸인 제국대장공주齊國大長公主를 왕비로 맞았다. 이후로 고려는 줄곧 원나라의 부마국이 되었다.

원나라의 속국으로 전락한 고려 말기를 끝내고 새롭게 열린 조선 왕조는 철저한 사대주의에 빠져 고려 때보다 더욱 심각한 중국의 속국이 되었다. **조선 말**(1897년)**에 고종황제가 칭제건원을 하며 대한제국을 선포하고 자주 독립국임을 선언**하였으나 이미 국운이 쇠하여 일본 제국주의에게 36년 식민 통치를 당하였다. 1945년 일제의 태평양전쟁 패망으로 한국은 광복을 맞이한 이후 조국은 남북으로 분단되었지만 대한민국大韓民國이 한민족의 국통을 계승하였다.

고조선 시대 사관史官 발리가 지은 『신지비사神誌秘詞』[380]에 따르면, **한민족 국통맥의 역사는 아홉 번을 바뀌며 전개**된다. 그 예언처럼 실제로 우리나라는 ①환국

---

378) 박종기, 『오백년 고려사』, 69쪽.
379) 박종기, 같은 책, 72쪽.
380) 『삼국유사』 「홍법興法」에 의하면, 고구려 때도 『신지비사』가 간행되었고 그때 연개소문이 서문과 주석을 썼다[『神誌秘詞序』云: 蘇文大英弘, 序并注]. 여말선초의 학자 권근은 『양촌집陽村集』에서 "구변도국九變圖局의 열여덟 자가 단군시대부터 있었다"라고 하였다.

→ ②배달 → ③고조선 → ④북부여(열국 시대) → ⑤고구려·백제·신라·가야(사국 시대) → ⑥대진·신라(남북국 시대) → ⑦고려 → ⑧조선 → ⑨대한민국으로, 아홉 번에 걸쳐 시대가 바뀌면서 이어져왔다. 이 **아홉 번의 개국開國 과정이 바로 동북아 역사의 주역이자 인류 시원 문화 종족인 한민족의 국통 맥인 것**이다.

지금까지 한국인의 9천 년 역사를 살펴보았고, 이제 이 9천 년 역사를 이끌어 온 우리의 정신문화이자 사상적 지주인 신교의 세계로 들어가 보자.

한 무제의 동방 침략과 패배를 기록한
『사기史記』「조선열전朝鮮列傳」

朝鮮王滿者, 故燕人也. 自始全燕時, 嘗略屬眞番朝鮮, 爲置吏, 築鄣塞. 秦, 滅燕, 屬遼東外徼. 漢興, 爲其遠難守, 復修遼東故塞, 至浿水, 爲界, 屬燕. 燕王盧綰, 反入匈奴, 滿亡命, 聚黨千餘人, 魋結蠻夷服, 而東走出塞, 渡浿水, 居秦故空地上下鄣, 稍役屬眞番朝鮮蠻夷, 及故燕齊亡命者, 王之都王險.

會. 孝惠高后時, 天下初定, 遼東太守, 卽約滿爲外臣, 保塞外蠻夷, 無使盜邊, 諸蠻夷君長, 欲入見天子, 勿得禁止, 以聞, 上許之. 以故, 滿得兵威財物, 侵降其旁小邑, 眞番·臨屯皆來服屬, 方數千里. 傳子, 至孫右渠, 所誘漢亡人, 滋多, 又未嘗入見, 眞番旁衆國, 欲上書見天子, 又擁閼不通.

조선 왕 위만은 원래 연燕나라 사람이다. 처음 연나라가 전성기였을 때부터 일찍이 진번과 조선을 침략하여 복속시키고 관리를 두었으며 변경의 험요한 곳에 보루를 쌓았다. 진秦나라가 연나라를 멸망시킨 후 조선은 요동 밖 변방에 귀속되었다. 한漢나라가 일어나서 그곳이 멀어 지키기 어려우므로 다시 요동의 옛 요새를 수리하고 패수浿水에 이르러 경계로 삼으니 연나라에 귀속되었다. 연나라 노관이 한나라를 배반하고 흉노로 들어가자, 위만도 도망하여 무리 1천여 명을 모아 상투를 틀고 만이蠻夷의 복장을 하여 동쪽으로 달아났는데, 요새를 나와 패수를 건넌 후에 옛 진秦나라의 빈 땅인 상하장上下鄣에 거처하면서 차츰 진번과 조선과 만이蠻夷 및 연나라와 제나라의 망명자들을 예속시켜 부렸으며 왕이 되어 왕험성王險城에 도읍을 정하였다.

효혜孝惠와 고후高后의 시기가 되어 천하가 막 안정되자, 요동태수는 곧 위만을 외신外臣으로 삼기로 하는 한편, 요새 밖의 만이蠻夷를 보호하여 그들이 변경에서 도적질하지 못하게 하고, 모든 만이의 군장들이 천자(한왕)를 알현하고자 들어올 때 위만이 금지하지 않기로 하는 약정을 하였다. 이 일을 아뢰니 상上(한왕)이 허락하였다. 이 때문에 위만은 군대의 위세와 재물을 얻게 되었고, 그 주변의 작은 마을들을 침략하여 항복시키니 진번과 임둔이 모두 와 복속하여 영토가 사방 수 천리나 되었다.

아들에게 전위되고 다시 손자 우거右渠에게 이르렀는데, 꾀어서 데려온 한나라의 망명자가 갈수록 많아졌고, 또한 한 번도 입조하지 않았으며, 진번眞番 주변의 여러 나라들이 글을 올리고 천자(한왕)를 알현하려고 하였으나 가로막아 통하지 못하게 하였다.

> 元封二年. 漢使涉何. 譙諭右渠. 終不肯奉詔. 何. 去至界上. 臨浿水. 使御. 刺殺送何者朝鮮裨王長. 卽渡. 馳入塞. 遂歸報天子曰 殺朝鮮將. 上爲其名美. 卽不詰. 拜何. 爲遼東東部都尉. 朝鮮. 怨何. 發兵襲攻. 殺何.

원봉元封 2년(BCE 109)에 한漢나라는 섭하涉何를 조선에 보내 우거를 꾸짖고 회유했으나 우거는 끝내 조명을 받들려고 하지 않았다. 섭하가 떠나서 국경으로 갔는데, 패수浿水에 이르자 마부를 시켜 자신을 전송하는 조선의 비왕裨王 장長을 찔러 죽이고 곧바로 패수를 건너 수레를 나는 듯이 몰아 요새로 들어갔다. 마침내 돌아가서 천자(한왕)에게 "조선의 장수를 죽였습니다."고 보고하였다. 상上(한왕)이 섭하의 명분을 좋게 여겨 꾸짖지 않고 요동동부도위遼東東部都尉로 삼았다. 조선은 섭하에게 원한을 품고 병사를 보내 습격하여 섭하를 죽였다.

> 天子. 募罪人. 擊朝鮮. 其秋. 遣樓船將軍楊僕. 從齊浮渤海. 兵五萬人. 左將軍荀彘. 出遼東. 討右渠. 右渠發兵距險. 左將軍卒正多. 率遼東兵. 先縱敗散. 多還走. 坐法斬. 樓船將軍. 將齊兵七千人. 先至王險.

천자(한왕)가 죄인을 모아 조선을 치게 하였다. 그해 가을 누선장군樓船將軍 양복楊僕을 보내어 제齊로부터 발해渤海를 건너게 하니 병사는 5만 명이었다. 좌장군左將軍 순체荀彘는 요동을 떠나 우거를 토벌하러 갔다. 우거는 병사를 일으켜서 험준한 곳에서 막았다. 좌장군의 부하 졸정卒正 다多가 요동의 병사를 거느리고 먼저 진격하다가 패하여 흩어지고, 다多만 도망 왔다가 군법에 따라 목이 잘렸다. 누선장군은 제齊의 병사 7천 명을 이끌고 왕험성에 먼저 도착하였다.

> 右渠城守. 窺知樓船軍少. 卽出城. 擊樓船. 樓船軍. 敗散走. 將軍楊僕. 失其衆. 遁山中十餘日. 稍求收散卒. 復聚. 左將軍. 擊朝鮮浿水西軍. 未能破自前.

우거가 성을 지키다가 누선장군의 병사 수가 적음을 탐지하고 곧 병사를 모아 성을 나서 누선을 치니 누선 군이 패하고 그의 병사들은 흩어져 달아났다. 장군 양복은 자신의 병사들을 잃고 산속에 10여 일을 숨어 지내다가 차츰 흩어진 병사들을 찾아 거두어서 다시 모았다. 좌장군은 패수 서쪽에 주둔한 조선 군대를 공격하였지만 격파하고 앞으로 나아갈 수가 없었다.

> 天子. 爲兩將. 未有利. 乃使衛山. 因兵威. 往諭右渠. 右渠. 見使者頓首謝. 願降. 恐兩將. 詐殺臣. 今見信節. 請服降.

천자(한왕)는 두 장군이 승리하지 못하자, 위산衛山으로 하여금 군대의 세를 이용하여 우거를 타일러 깨닫게 하였다. 우거는 사자 위산을 보고 머리를 조아려 사죄하며 말하였다. "항복하려고 하였으나 두 장군이 속여서 나를 죽일까 두려웠습니다. 이제 신절信節을 보았으니 항복을 받아주시기 바랍니다."

遣太子. 入謝. 獻馬五千匹. 及饋軍糧. 人衆萬餘. 持兵. 方渡浿水. 使者. 及左將軍. 疑其爲變. 謂太子已服降. 宜命人毋持兵. 太子. 亦疑使者左將軍. 詐殺之. 遂不渡浿水. 復引歸. 山. 還報天子. 天子. 誅山.

태자太子를 사죄하러 보냈는데 말 5천 필을 바치며 군량미도 함께 보냈다. 1만여 명이나 되는 사람이 무기를 지니고 막 패수를 건너려고 할 때, 사자 위산과 좌장군 순체는 그들이 변란을 일으킬 것을 의심하여 태자에게 이미 항복하였으니 사람들에게 무기를 버리게 하는 것이 마땅하다고 말하였다. 태자 역시 사신과 좌장군이 자기를 속이고 죽일까 의심하여 마침내 패수를 건너지 않고 다시 무리를 이끌고 돌아갔다. 위산이 돌아와 천자(한왕)에게 보고하니 천자(한왕)가 위산을 주살하였다.

左將軍. 破浿水上軍. 乃前. 至城下. 圍其西北. 樓船. 亦往會. 居城南. 右渠. 遂堅守城. 數月未能下. 左將軍. 素侍中幸. 將燕代卒. 悍乘勝. 軍多驕. 樓船. 將齊卒. 入海. 固已多敗亡. 其先與右渠戰. 困辱亡卒. 卒皆恐. 將心慙. 其圍右渠. 常持和節.

좌장군은 패수의 서쪽 기슭의 조선 군대를 격파하고 나아가 왕험성 밑에 이르러 성의 서북쪽을 포위하였다. 누선장군도 나아가 회합하고 성의 남쪽에 주둔하였다. 우거가 마침내 성을 굳게 지키는 바람에 수개월이 지나도록 함락시키지 못하였다.

좌장군은 본래 시중侍中으로서 한왕의 총애를 받았는데, 그가 거느린 연燕과 대代의 군사는 사나운데다가 승세를 타고 있어 군사들이 매우 교만하였다. 누선장군은 제齊 지역의 군사를 거느리고 바다로 나아갔지만 상륙 후 본래 이미 많은 병사들이 패해서 달아났고 앞서 우거와의 싸움에서 곤욕을 당하고 적지 않은 병사들을 잃었으므로, 병사들은 모두 두려워하고 장수들은 마음속으로 매우 부끄러워하여, 우거를 포위하고도 화의를 하거나 싸움을 해도 제한적으로 하는 태도를 취했다.

左將軍, 急擊之. 朝鮮大臣, 乃陰間使人, 私約降樓船, 往來言, 尚未肯決. 左將軍, 數與樓船, 期戰. 樓船, 欲急就其約, 不會. 左將軍, 亦使人求閒郤, 降下朝鮮, 朝鮮不肯, 心附樓船. 以故, 兩將, 不相能. 左將軍, 心意樓船, 前有失軍罪, 今與朝鮮, 私善, 而又不降. 疑其有反計, 未敢發.

天子曰將率不能前, 及使衛山諭降右渠. 右渠, 遣太子. 山使不能剸決, 與左將軍, 計相誤, 卒沮約. 今兩將圍城, 又乖異, 以故, 久不決. 使濟南太守公孫遂, 往征[正]之, 有便宜得以從事. 遂至, 左將軍, 曰朝鮮, 當下久矣. 不下者, 有狀. 言樓船, 數期不會, 具以素所意, 告遂曰今, 如此不取, 恐爲大害. 非獨樓船, 又且與朝鮮, 共滅吾軍. 遂, 亦以爲然, 而以節召樓船將軍, 入左將軍營, 計事, 卽命左將軍麾下, 執捕樓船將軍, 幷其軍, 以報天子. 天子, 誅遂.

좌장군이 급히 왕험성을 공격하자, 조선의 대신들이 몰래 사람을 보내 사적으로 누선장군에게 항복하겠다는 약속을 했지만 말만 오갈뿐 아직 결정을 하지는 않았다. 좌장군이 수차례 누선장군과 함께 싸움 날짜를 잡았으나 누선장군은 서둘러서 조선과의 약속을 실현시키려고 생각하여 회합하지 않았다. 좌장군 역시 사람을 보내 조선이 항복시킬 기회를 찾았으나 조선은 할 생각이 없었고 마음으로 누선장군을 가까이하였다. 이 때문에 두 장군은 서로 화합할 수가 없었다. 좌장군은 마음속으로 누선이 전에 군사를 잃은 죄가 있고 지금은 조선과 사적으로 좋은 관계를 맺고 있으며 또 조선이 항복하지 않음을 생각해내고 이는 반역할 음모가 있음이라고 의심하였지만 감히 발설하지 못했다.

천자(한왕)가 말하였다. "장수들이 앞으로 진격하지 못하므로 위산衛山을 보내 우거가 항복하도록 깨우쳐서, 우거가 태자를 보냈지만 위산이 사자로서 독단적으로 결정하지 못하고 좌장군과 함께 잘못을 범해 결국에는 약속을 깨뜨렸노라. 지금은 두 장수가 왕험성을 포위하고도 또다시 의견이 일치하지 않아 오랫동안 해결을 하지 못하고 있다." 제남태수濟南太守 공손수公孫遂를 보내 잘못을 바로잡고, 이익이 있으면 스스로 융통성 있게 처리하게 하였다.

공손수가 조선에 도착하자 좌장군이 말하였다. "조선이 오래전에 항복했어야 하나 항복하지 않은 데에는 원인이 있소이다." 이어서 누선장군이 수차례 약속을 정했으나 회합하지 못한 일과 평소 생각한 바를 전부 공손수에게 말하였다. 끝으로 "지금 상황이 이러한대 그를 잡지 않으면 큰 화가 될까 두려우며, 누선이 반란할 뿐 아니라 또한 조선과 함께 우리 군대를 멸망시킬 것이오이다"라고 말하였다. 공손수도 그렇다 여기고 부절符節을 이용하여 누선장군을 '일을 상의하자'고 좌장군의 군영으로 불러들여서는, 곧바로 좌장군 휘하에 명하여 누선장군을 체포하고 그의 군사를 좌장군에게 병합시켰다. 공손수가 이 일을 천자(한왕)에게 보고하자 천자(한왕)는 공손수를 주살하였다.

元封三年夏. 尼谿相參. 乃使人殺朝鮮王右渠. 來降. 王險城. 未下. 故右渠之大臣成巳. 又反. 復攻吏. 左將軍. 使右渠子長降. 相路人之子最. 告諭其民. 誅成巳. 以故. 遂定朝鮮. 爲四郡. 封參爲澅淸侯. 陰爲荻苴侯. 唊爲平州侯. 長降. 爲幾侯. 最以父死. 頗有功. 爲溫[涅]陽侯.

원봉元封 3년 여름, 니계의 재상 삼이 사람을 시켜 조선왕 우거를 죽이고 항복해 왔다. 왕험성은 아직 함락되지 않고 있는데, 원래 우거의 대신이었던 성사成巳가 다시 성안에서 반란을 일으켜 자신을 따르지 않는 관리들을 공격하였다. 좌장군은 우거의 아들 장강長降과 재상 노인의 아들 최最를 시켜 그들의 백성을 효유하여 성사를 죽였다. 이리하여 마침내 조선을 평정하고 사군을 설치하였다.

삼은 홰청후澅淸侯로 봉하고, 한음은 적저후荻苴侯로 봉하고, 왕겹은 평주후平州侯로 봉하고, 우거의 아들 장강은 기후幾侯로 봉하고, 최는 아버지가 도중에 죽은 일로 매우 공로가 커서 온[열]양후溫[涅]陽侯로 봉했다.

左將軍. 已幷兩軍. 卽急擊朝鮮. 朝鮮相路人. 相韓陰尼谿相參將軍王唊. 相與謀曰始欲降樓船. 樓船. 今執. 獨左將軍. 幷將. 戰益急. 恐不能與[戰]. 王又不肯降. 陰唊路人. 皆亡降漢. 路人. 道死.

좌장군이 두 군대를 합친 후에 곧바로 급히 조선을 공격하였다. 조선의 재상 노인路人과 재상 한음韓陰, 니계尼谿의 재상 삼參이 장군 왕겹王唊과 함께 상의하여 말하였다. "당초에 누선장군에게 항복하려 했지만 지금 그는 잡혀 있고, 홀로 좌장군이 두 군대를 이끌고 전쟁은 더욱 급박해지니 아마도 그와 싸울 수 없을 것이고, 또한 왕께서는 항복을 하지 않을 것이다." 한음, 왕겹, 노인은 모두 한漢나라에 항복하려고 도망갔는데, 노인은 가는 도중에 죽었다.

左將軍. 徵至. 坐爭功相嫉乖計棄市. 樓船將軍. 亦坐兵至洌口. 當待左將軍. 擅先縱. 失亡多. 當誅. 贖爲庶人.

좌장군은 수도로 불려 와서 공을 다투고 서로 시기하여 군사계획을 어긋나게 한 죄로 기시棄市를 당하였다. 누선장군도 자신의 군사가 열구洌口에 이른 후에 마땅히 좌장군을 기다려야 했으나 제멋대로 먼저 진격하여 많은 죽거나 잃은 병사가 많으므로 사형에 처해졌으나 속전을 내서 죽음을 면하고 평민이 되었다.

> 太史公曰右渠, 負固, 國以絶祀. 涉何, 誣功, 爲兵發首. 樓船, 將狹, 及難離咎, 悔失番禺, 乃反見疑. 荀彘, 爭勞, 與遂皆誅. 兩軍俱辱, 將率莫侯矣.

태사공이 말하였다. "우거는 성의 견고함만 믿다가 나라를 잃었고, 섭하는 공로를 속이는 바람에 전쟁을 일으키는 발단을 만들었다. 누선장군은 도량이 좁아서 어려움을 만나고 죄를 얻었으며, 번우番禺(지금의 중국 광동)에서 기회를 잃은 것을 후회하다가 오히려 반역한다는 의심을 받았다. 순체는 공로를 다투다가 공손수와 함께 죽임을 당하였다. 양복과 순체의 양군은 모두 치욕을 당하였고, 장수들 중 누구도 제후로 봉해지지 않았다."

한무제의 동방 침략 정세도

환국─배달(신시)─고조선의 실존을 밝힌 문헌들

현재까지 보존되고 있는 고려와 조선 시대의 문헌을 살펴보면, 환국─배달─고조선의 역사를 나름대로 기록하고 있다. 비록 한민족의 정통사서만큼 우리 상고사를 제대로 전하지는 못하였지만, 한민족의 뿌리 역사가 조선 시대까지 살아있었음을 보여준다. 일제 강점 이후 이 땅의 상고사는 완전히 말살되어 오늘의 한국인의 역사 의식은 아직도 식민주의 노예사관의 틀을 전혀 벗어나지 못하고 있다. 삼성조 시대가 실존했음을 밝힌 몇 가지 문헌을 소개한다.

◇ '환국桓國'을 기록한 문헌

◎ 『三國遺事』, 一然, 1206~1289 ▶ 「紀異1」古朝鮮(王儉朝鮮)
   삼국유사   일연   기이   고조선 왕검조선
   『古記』云: 昔有桓国(謂帝釋也), 庶子桓雄, …
   고기 운 석유환국 위제석야 서자환웅

◎ 『藥泉集』, 南九萬, 1629~1711 ▶ 雜著「東史辨證」檀君
   약천집   남구만   잡저 동사변증 단군
   『古記』之說云: 昔有桓國, 帝釋庶子桓雄, …
   고기 지설운 석유환국 제석서자환웅

◎ 『楓巖輯話』, 柳光翼, 1713~1780
   풍암집화   유광익
   『古記』說云爾者 有桓國, 帝釋庶子桓雄, …
   고기 설운이자 유환국 제석서자환웅

◎ 『修山集』, 李種徽, 1731~1797 ▶ 「東史」志 神事志
   수산집   이종휘   동사 지 신사지
   朝鮮之初 有桓國, 帝釋庶子桓雄, …
   조선지초 유환국 제석서자환웅

◎ 『海東樂府』, 李福休, ?~? ▶ 「桓雄詞」
   해동악부   이복휴   환웅사
   『古記』云: 昔桓國, 君庶子雄, …
   고기 운 석환국 군서자웅

◇ '배달', '신시', '청구'를 기록한 문헌

◎ 『三國遺事』, 一然, 1206~1289 ▶ 「紀異1」古朝鮮(王儉朝鮮)
　삼국유사　일연　　　　　　　　기이　고조선 왕검조선
　『古記』云: 昔有桓国(謂帝釋也), 庶子桓雄, … 謂之神市, 是謂桓雄天王也.
　고기　운　석유환국 위제석야　서자환웅　　위지신시 시위환웅천왕야

◎ 『標題音註東國史略』, 柳希齡, 1480~1552 ▶ 「前朝鮮」
　표제음주동국사략　유희령　　　　　　전조선
　檀君, 姓桓氏, 名王儉,…有神人桓因之子 桓雄, … 謂之神市, 在世理化.
　단군 성환씨 명왕검　유신인환인지자 환웅　　위지신시 재세이화

◎ 『新增東國輿地勝覽』, 李荇·洪彦弼·, 1530 ▶ 「平安道4」寧邊大都護府 古跡 太伯山
　신증동국여지승람　이행 홍언필　　　　평안도　영변대도호부 고적 태백산
　太伯山(『古記』: 昔有天神桓因, 命庶子雄, … 謂之神市, 主人間三百六十餘事)
　태백산　고기　석유천신환인 명서자웅　　위지신시 주인간삼백육십여사

◎ 『大東韻府群玉』, 權文海, 1534~1591 ▶ 「上聲」紙 址 神市
　대동운부군옥　권문해　　　　　　　상성 지 지 신시
　昔有神人桓因, 命世子桓雄, … 謂之神市, 將風伯雨師雲師, …
　석유신인환인 명세자환웅　　위지신시 장풍백우사운사

◎ 『記言』, 許穆, 1595~1682 ▶ 外篇「東事1」檀君世家
　기언　허목　　　　　　외편 동사　단군세가
　上古九夷之初, 有桓因氏. 桓因生神市, 始教生民之治, 民歸之神市, 生檀君, …
　상고구이지초 유환인씨　환인생신시 시교생민지치 민귀지신시 생단군

◎ 『藥泉集』, 南九萬, 1629~1711 ▶ 雜著「東史辨證」檀君
　약천집　남구만　　　　　　　잡저 동사변증 단군
　… 云: 昔有桓國, 帝釋庶子桓雄, 受天符印三箇, … 謂之神市, 是謂桓雄天王也.
　　　운　석유환국 제석서자환웅 수천부인삼개　　위지신시 시위환웅천왕야

◎ 『海東異蹟』, 洪萬宗, 1643~1725 ▶ 下(補)檀君
　해동이적　홍만종　　　　　　하 보 단군
　… 有桓因帝釋者, 命庶子桓雄, … 民歸如市, 因號神市, 將風伯雨師雲師, …
　　유환인제석자 명서자환웅　 민귀여시 인호신시 장풍백우사운사

◎ 『揆園史話』, 北崖子, 1675 ▶ 「太始紀」
　규원사화　북애자　　　　태시기
　神市氏旣爲君長, 以神設教, … 神市氏, …
　신시씨기위군장 이신설교　　신시씨

◎ 『揆園史話』 ▶ 「檀君紀」
　규원사화　　　　단군기
　神市氏, 寔爲東方人類之祖. … 盖檀君以前, 首出之聖人也. … 曰青丘國, 宅樂浪忽.
　신시씨 식위동방인류지조　개단군이전 수출지성인야　　왈청구국 택낙랑홀

◎ 『修山集』, 李種徽, 1731~1797 ▶ 「東史」志 神事志
　수산집　이종휘　　　　　　　동사 지 신사지
　… 故桓雄爲神市天皇, 而雄之子, 號檀君云. 神市之世, 以神設教.
　　고환웅위신시천황 이웅지자 호단군운　신시지세 이신설교

◎ 『東史綱目』, 安鼎福, 1778 ▶ 「中怪說辨證」
　동사강목　안정복　　　　중괴설변증
　『古記』云: … 庶子桓雄, 下視三危太伯, 可以弘益人間, … 謂之神市, 是謂桓雄天王.
　고기　운　　서자환웅 하시삼위태백 가이홍익인간　　위지신시 시위환웅천왕

◇ '고조선'을 기록한 문헌

◎ 『三國史記』, 金富軾, 1146 ▶ 「新羅本紀」 始祖 赫居世 居西干
　　삼국사기　김부식　　　　신라본기　시조 혁거세 거서간
　始祖, 姓朴氏, 諱赫居世, … 號居西干, 時年十三, 國號徐那伐, 先是朝鮮遺民, …
　시조 성박씨 휘혁거세　　호거서간 시년십삼 국호서나벌 선시조선유민

◎ 『三國遺事』, 一然, 1206~1289 ▶ 「紀異1」 古朝鮮(王儉朝鮮)
　　삼국유사　일연　　　　　　기이　　고조선 왕검조선
　『魏書』云: 乃往二千載, 有壇君王儉, 立都阿斯達, 開國號朝鮮, 與高同時.
　위서　운　내왕이천재 유단군왕검 입도아사달 개국호조선 여고동시

◎ 『帝王韻紀』, 李承休, 1287 ▶ 「東國君王開國年代」 幷序 前朝鮮紀
　　제왕운기　이승휴　　　　동국군왕개국연대　병서 전조선기
　初誰開國啓風雲, 釋帝之孫名檀君.(『本紀』曰: … 名檀君, 據朝鮮之域, 爲王, …)
　초수개국계풍운 석제지손명단군　본기 왈　명단군 거조선지역 위왕

◎ 『歷代世年歌』, 權踶, 1387~1445 ▶ 「東國世年歌」
　　역대세년가　권제　　　　　　동국세년가
　遼東別有一乾坤, … 中有萬里之古國, 厥初檀君降樹邊, 始開東國號朝鮮.
　요동별유일건곤　중유만리지고국 궐초단군강수변 시개동국호조선

◎ 『龍飛御天歌』, 鄭麟趾, 1445 ▶ 「第9章」
　　용비어천가　정인지　　　　제장
　禑次平壤, 督徵諸道兵.(平壤, 本三朝鮮舊都也. … 國人立爲君, 都平壤, 號檀君, 是爲前朝鮮. …)
　우차평양 독징제도병　평양 본삼조선구도야　국인입위군 도평양 호단군 시위전조선

◎ 『世宗實錄地理志』, 鄭麟趾, 1454 ▶ 「平安道」 平壤條
　　세종실록지리지　정인지　　　평안도　평양조
　『檀君古記』云: … 是爲檀雄天王. 令孫女飮藥成人身, 與檀樹神婚而生男, 名檀君, 立國號曰朝鮮.
　단군고기　운　시위단웅천왕 영손녀음약성인신 여단수신혼이생남 명단군 입국호왈조선

◎ 『東國史略』, 朴祥, 1474~1530 ▶ 「檀君朝鮮」
　　동국사략　박상　　　　단군조선
　東方初無君長, 有神人降于太白山檀木下, 國人立爲君, 國號朝鮮.
　동방초무군장 유신인강우태백산단목하 국인입위군 국호조선

◎ 『標題音註東國史略』, 柳希齡, 1480~1552 ▶ 「前朝鮮」
　　표제음주동국사략　유희령　　　　　전조선
　檀君, 姓桓氏, 名王儉. … 唐戊辰卽位, 始稱朝鮮, 都平壤, 移都白嶽.
　단군 성환씨 명왕검　당무진즉위 시칭조선 도평양 이도백악

◎ 『三國史節要』, 盧思愼·徐居正 等, 1476 ▶ 「外紀」 檀君朝鮮
　　삼국사절요　노사신 서거정 등　　　　외기　단군조선
　東方有猷夷·方夷·于夷·黃夷·白夷·赤夷·玄夷·風夷·陽夷等九種, … 國人立爲君,
　동방유견이 방이 우이 황이 백이 적이 현이 풍이 양이등구종　국인입위군
　國號朝鮮.
　국호조선

◎ 『東國輿地勝覽』, 盧思愼·金宗直, 1481 ▶ 「平壤府」
　　동국여지승람　노사신 김종직　　　평양부
　【建置沿革】本三朝鮮.高句麗之故都. … 國人立爲君, 都平壤, 號檀君, 是爲前朝鮮.
　건치연혁 본삼조선 고구려지고도　국인입위군 도평양 호단군 시위전조선

◎ 『東國通鑑』, 徐居正 等, 1484 ▶ 「外紀」檀君朝鮮
　동국통감　서거정 등　　　　외기　단군조선
　　東方初無君長, 有神人降于檀木下, 國人立爲君, 是爲檀君, 國號朝鮮.
　　동방초무군장　유신인강우단목하　국인입위군　시위단군　국호조선

◎ 『童蒙先習諺解』, 朴世茂, 1487~1554, 1670 ▶ 「總論」
　동몽선습언해　박세무　　　　　　　　　총론
　　… 國人이 立以爲君ᄒᆞ니 與堯로 並立ᄒᆞ야 國號을 朝鮮이라 ᄒᆞ니 是爲檀君이라
　　　　국인　입이위군　　　여요　병립　　　국호　조선　　　　　시위단군

◎ 『東國文獻備考』, 洪鳳漢, 1713~1778 ▶ 「帝系考二」歷代紀年
　동국문헌비고　홍봉한　　　　　　　제계고이　역대기년
　　檀君, 諱王儉. 『古記』云: … 唐堯二十五年戊辰, 立爲王, 國號朝鮮, 都平壤.
　　단군　휘왕검　고기　운　　당요이십오년무진　입위왕　국호조선　도평양

◎ 『海東繹史』, 韓致奫, 1765~1814 ▶ 「檀君朝鮮」
　해동역사　한치윤　　　　　　　단군조선
　　唐堯氏, 帝天下二十有五年戊辰, 檀君氏立焉. 始治都邑, 邑于平壤, 國號朝鮮, 是爲檀君朝鮮.
　　당요씨　제천하이십유오년무진　단군씨입언　시치도읍　읍우평양　국호조선　시위단군조선

◎ 『東史節要』, 安鍾和, 1878 ▶ 「君王紀」朝鮮
　동사절요　안종화　　　　　군왕기　조선
　　『東史寶鑑』曰: 朝鮮, 音潮汕, 因水爲名. 又云鮮明也, 東表日出鮮明故名. …
　　동사보감　왈　조선　음조산　인수위명　우운선명야　동표일출선명고명

◎ 『朝鮮歷史』, 學部編輯局編, 1895 ▶ 「檀君紀」
　조선역사　학부편집국편　　　　단군기
　　檀君은 (名은 王儉이니 或云王險이라 ᄒᆞ니라).
　　단군　　명　왕검　혹운왕험

　　… 國人이 奉立ᄒᆞ야 爲君ᄒᆞ니 號를 檀君이라 ᄒᆞ고 國號를 朝鮮이라 ᄒᆞ니
　　　　국인　봉립　　　위군　　　호　단군　　　　　　국호　조선

◎ 『東國歷代史略』, 學部編輯局編, 1899 ▶ 「檀君朝鮮紀」
　동국역대사략　학부편집국편　　　　단군조선기
　　檀君: 檀姓, 名王儉, 或曰王險. … 神靈明智, 國人立爲君, 是爲檀君, 國號朝鮮.
　　단군　단성　명왕검　혹왈왕험　　신령명지　국인입위군　시위단군　국호조선

◎ 『初等大韓歷史』, 鄭寅琥 纂輯, 1908 ▶ 第1篇「上古」第1章 檀君朝鮮 ▶ 第2節 檀君開國
　초등대한역사　정인호 편집　　　　　제 편　상고　제 장 단군조선　　제 절 단군개국
　　王儉이 聖德이 有ᄒᆞ거늘 國人이 尊ᄒᆞ야 君을 삼으니 是가 檀君이 되시니라
　　왕검　성덕　유　　　　국인　존　　　군　　　　　시　단군

　　國號를 朝鮮(先受日光鮮 故謂之朝鮮)이라 ᄒᆞ니
　　국호　조선　선수일광선　고위지조선

◇ '고조선'을 기록한 중국 문헌

◎ 『管子』, 管仲, ?~ BCE 645 ▶「揆道」
　　관자　관중　　　　　　　　규도

　桓公問管子曰: 吾聞海內玉幣七筴, 可得而聞乎 管子對曰: … **發朝鮮**之文皮, 一筴也.
　환공문관자왈　오문해내옥폐칠협　가득이문호　관자대왈　　발조선지문피　일협야

◎ 『山海經』 ▶「海內北經」
　　산해경　　　해내북경

　朝鮮在列陽東, 海北山南, 列陽屬燕.
　조선재열양동　해북산남　열양속연

◎ 『山海經』 ▶「海內經」
　　산해경　　　해내경

　東海之內, 北海之隅, 有國名曰**朝鮮**.
　동해지내　북해지우　유국명왈조선

◎ 『史記』, 司馬遷, BCE145~BCE86 ▶「秦始皇本紀」
　　사기　사마천　　　　　　　　　진시황본기

　二十六年 … 地東至海暨**朝鮮**, 西至臨洮・羌中, …
　삼십육년　　지동지해기조선　서지임조　강중

◎ 『史記』, 司馬遷, BCE145~BCE86 ▶「蘇秦列傳」
　　사기　사마천　　　　　　　　　소진열전

　說燕文侯曰: 燕 **東有朝鮮・遼東**, 北有林胡・樓煩, …
　세연문후왈　연　동유조선　요동　북유임호　누번

◎ 『漢書』, 班固, 32~92 ▶「匈奴列傳」
　　한서　반고　　　　흉노열전

　諸左王將居東方, 直上谷以東, 接穢貉・**朝鮮**, …
　제좌왕장거동방　직상곡이동　접예맥　조선

◎ 『漢書』 ▶「東夷列傳」 濊
　　한서　　　동이열전　예

　濊北與高句驪・沃沮, 南與辰韓接, 東窮大海, 西至樂浪. 濊及沃沮・句驪, **本皆朝鮮之地**也.
　예북여고구려　옥저　남여진한접　동궁대해　서지낙랑　예급옥저　구려　본개조선지지야

◎ 『路史』, 羅泌, 宋 ▶「國名紀4」陶唐氏後
　　로사　나필　송　　국명기　도당씨후

　朝鮮, 箕子後封遼之樂浪. 今平之盧龍有朝鮮城.
　조선　기자후봉요지낙랑　금평지노룡유조선성

◎ 『大清一統志』, 清 ▶「永平府(二)」古蹟
　　대청일통지　청　　영평부 이　고적

　朝鮮故城(在盧龍縣東. 漢樂浪郡有朝鮮縣, 在今朝鮮境內. 後魏延和元年, 徙朝鮮民於此,
　조선고성　재노룡현동　한낙랑군유조선현　재금조선경내　후위연화원년　사조선민어차

　置朝鮮縣, 屬北平郡. 高齊省入新昌.)
　치조선현　속북평군　고제성입신창

『환단고기』가 밝혀 주는 인류의 원형문화, 신교神敎

주요목차
1. 신교는 우주사상의 원형
2. 인간 몸 속에 깃든 삼신의 조화 대광명
3. 신교의 꽃, '천제天祭' 문화
4. 동북아와 북미로 널리 퍼진 신교
5. 신교에서 뻗어나간 유·불·선
6. 신교의 낭가사상

우리 한민족의 역사를 되찾기 위해서는 무엇보다 먼저 한민족 고유의 사상과 정신을 되살려야 한다. 배달 시대 이래 6천 년에 달하는 유구한 전통을 가졌으나 유교, 불교, 도교, 기독교 등 외래 사상에 밀려 설 자리를 잃어버린 한민족 고유의 사상과 정신문화를 회복해야 한다. 그 중요성을 우리는 최인의 말에서도 확인할 수 있다.

> 민족의 흥망을 결정짓는 것은 무력이 아니고 문화 사상이다. 즉 문화 사상은 그 민족의 생명력이다. 그러므로 역사는 문화 사상을 중심으로 다루어야 한다.[1]

우리가 회복해야 할 한민족 고유의 문화 사상, 그 핵심은 과연 무엇일까? 그것은 다름 아니라 『단군세기』의 **"이신시교**以神施敎(신도로써 가르침을 베푼다)"라는 구절에서 밝힌 '**신교**神敎'이다.

신교는 문자 그대로 '**신의 가르침**'을 뜻하고, 구체적으로는 '**신의 가르침으로 세상을 다스리는 것**'을 의미한다. 신교는 달리 풍류라 불리었다. 풍류에서 '풍風'은 바람과 같은 존재로 어디서 와서 어디로 가는지 알 수 없는 신령스런 존재인 신神을 상징한다. 따라서 풍류는 '신의 조화의 도', '신바람의 도'를 뜻하는, 신교의 다른 말이다.

신라의 지성 최치원은 난랑鸞郞이란 화랑을 기리며 쓴 비문의 서두인 「난랑비서鸞郞碑序」[2]에서 풍류의 정체를 '유불선 삼교를 다 포함한, 예로부터 내려오는 신령

---

1) 최인, 『한국사상의 신발견』, 47~48쪽.
2) 난랑의 '난鸞'은 '난새 난' 자로서 상서로운 새를 가리킨다. 난새는 삼신과 인간을 매개하는 신조神鳥로 동양에서는 봉황새, 삼족오, 부엉이 등으로, 서양에서는 피닉스, 그리핀 등으로 나타난다. 『산해경』에서는 난새를 다섯 색깔의 무늬를 가진 꿩처럼 생긴 새라 하며, 이 새가 나타나면 천하가 편안

스러운 도'라고 밝혔다.

> 나라에 지극히 신령스러운 도가 있으니 풍류라 한다. 그 교를 창설한 내력은 『선사仙史』에 자세히 실려 있으니, 실은 삼교三敎를 포함하여 군생을 접화하는 것이다. 들어와서 가정에 효도하고 나가서 나라에 충성하는 것은 노사구魯司寇(공자)의 뜻과 같은 것이요, 무위로 일을 처리하고 말없이 교를 행함은 주주사周柱史(노자)의 종지와 같은 것이요, 악한 일은 하지 않고 선한 일을 받들어 행하는 것은 축건태자竺乾太子(석가)의 교화와 같은 것이다.[3]

이 글에서 알 수 있듯이, 동방 한민족은 유불선이 출현하기 이전에 벌써 신교(풍류)라는 고유한 신앙을 가지고 있었다. 신교는 그 사상이 심오하고 원대하여 나중에 등장한 유불선의 기본 사상을 이미 다 포함하고 있었다. 19세기 말에 나온 『신교총화』[4]에서도 **신교를 뭇 종교의 조상이며 모태가 되는 뿌리 진리라고**[5] 밝히고 있다.

신교는 환국 시대 이래 환족의 이동과 함께 지구촌 곳곳으로 퍼져 나가 인류 정신문화의 뿌리가 되었다. 이 해제에서 동이와 수메르 문명, 인디언 문화, 북방 민족의 역사와 문화 등을 비중 있게 다룬 이유도 이 때문이다. 고대 문명에 대한 연구가 다양하고 깊이 진행될수록 태곳적 인류의 공통된 문화인 신교의 실체가 더 뚜렷이 드러날 것이다. **인류 역사는 곧 신교 확장의 역사**인 것이다.

『환단고기』의 주제를 몇 가지로 압축할 때, 그 핵심 주제 중의 하나가 바로 신교이다. 그래서 신교를 제대로 알 때 『환단고기』가 전하는 한민족과 인류의 상고 역사와 문화를 바르게 해석할 수 있다. 이 장에서는 신교가 밝히는 한민족의 우주관, 신관, 인간관 등을 알아 보고, 신교를 기록한 한민족의 고유 경전과 신교의 다양한 풍습을 살펴보고자 한다.

해진다고 말한다. 여기서 난랑은 한 화랑의 이름이기도 하지만, 신교의 조화의 도를 성취한 인물을 상징하기도 한다.

3) 國有玄妙之道, 曰風流. 設敎之源, 備詳仙史. 實內包含三敎, 接化群生, 且如入則孝於家 出則忠於國, 魯司寇之旨也. 處無爲之事, 行不言之敎, 周柱史之宗也. 諸惡莫作 諸善奉行, 竺乾太子之化也(「난랑비서」).

4) 『신교총화』는 고려 말 자하선인(1351~?)과 그의 제자 팔공진인(1398~?)의 강론을 정리한 책이다. 저자인 자하선인의 이름은 이고李樟이고, 자하紫霞는 호이다. 팔공진인의 이름은 류성성柳成性인데, 팔공산에 항상 기거하였으므로 팔공진인이라 불렀다. 세계 종교의 뿌리가 신교라는 것에 대한 해설, 한민족의 사명 등을 전한다. 2006년에 천부경과 신교총화를 편역한 『천부경과 신교총화』(유정수)가 발간되었다.

5) 神敎之爲衆敎之祖, 爲母之理(『신교총화』).

1 신교는 우주사상의 원형

1) 신의 두 얼굴 : 조물주 '삼신'과 통치자 '삼신상제'

일신一神과 삼신三神

태초에 우주는 어떻게 생겨났을까? 세계적인 물리학자 스티븐 호킹은 『위대한 설계The Grand Design』에서 "우주와 인간은 자발적 창조(spontaneous creation) 과정을 통해 존재하게 되었다"라고 하였다. 우주와 인간은 신의 개입 없이 자체의 자연 질서에 의해 생겨났다는 것이다. 그러나 과학자들이 결정적 순간에 오랫동안 고민하던 문제의 해답을 신의 계시를 통해 찾은 일화가 많이 있다.

예로부터 사람들은 대자연의 모든 생명체가 태어나고 살아가는 주된 근거로 신을 이야기해 왔다. 그 신을 동방의 신교에서는 일신一神이라 한다. 일신에서 '일'은 오직 하나뿐인 절대 근원을 뜻한다. 그런데 그 **일신은 자신을 현실세계에 드러낼 때 삼신三神으로 작용**한다. **만유생명의 본체[體]로 보면 일신이고, 그 작용[用]으로 보면 삼신**인 것이다(『태백일사』「소도경전본훈」). 그래서 한국인은 태고 이래로 우주의 조물주 하나님을 삼신이라 불렀다.[6]

그러면 조물주 하나님을 삼신이라 부르는 것은 서로 다른 세 분의 신이 존재한다는 의미일까? 그렇지 않다. 한 분이신 조물주 하나님의 창조성이 세 손길로 작용한다는 뜻이다. 무형의 조물주 하나님이 3수 원리로 만물을 창조하며 변화를 열어 나가기 때문에 삼신이라 부르는 것이다.

앞에서 살펴본 바와 같이 **신의 세 손길은 조화造化 · 교화敎化 · 치화治化**로 나타난다. 다시 말해서 삼신은 만물을 낳는 조화신造化神, 만물을 기르고 깨우치는 교화신敎化神, 그리고 만물의 질서를 잡아나가는 치화신治化神으로 자신을 드러낸다. 이것은 하나 속에 셋이 들어 있는, **'일즉삼一卽三 삼즉일三卽一'**의 이치이다. 하나의 손가락이 세 마디로 나누어지듯이, 하나가 현실에서 구체적으로 작용하려면 셋으로 열려야 하는 것이다.

우주 만유가 생성된 근원인 **삼신은 얼굴 없는 조물주로서 원신**元神(Primordial

---

[6] 신은 삼신으로 존재하기 때문에 『규원사화』의 "이신설교以神設敎(신도로써 가르침을 베푼다)"와 『삼성기』 하에 나오는 "이삼신설교以三神設敎(삼신의 도로써 가르침을 베푼다)"는 같은 말이다.

God)이라 불린다. 하지만 삼신만으로는 인간과 만물이 태어날 수도, 현실 세계가 출현할 수도 없다. 삼신의 조화와 삼신에 내재된 **자연의 이법을 직접 주관하여 천지만물을 낳고 다스리는 또 다른 신이 있다.** 그 신은 바로 인류 문화사에서 볼 때 신에 대한 최초의 완전한 정의라 할 수 있는 '**삼신일체상제**三神一體上帝(삼신과 한 몸이신 상제님)', 또는 '**삼신즉일상제**三神卽一上帝(삼신은 곧 한 분 상제님)'이다. 이를 줄여서 '**삼신상제님**' 또는 '**상제님**'이라 부른다.[7]

삼신상제님은 무형의 삼신과 달리, **우주사회**(Cosmic Society)**의 통치자로서 사람의 형상을 하고 천상 보좌에서 온 우주를 다스리는 유형의 하나님으로 주신**主神(Governing God)이다. 원신인 삼신이 만물을 낳았지만, **삼신의 작용과 창조 목적은 '한 분 상제님'의 통치권의 손길을 통해서 실현되고 완성**된다. 이것이 『환단고기』 역사관 이해의 결정적 열쇠로 작용하는 '**삼신일체상제**'의 참뜻이다.

일기一氣와 삼신三神의 관계

그런데 조물주 삼신이 홀로 자연과 만물을 창조하는 것은 아니다. 삼신은 먼저 **우주에 충만한 '하나의 조화 기운', 즉 일기**一氣[8]**를 발동시켜 만물을 태어나게 한다.**[9] 일기는 만유생명이 되는 본체이며, 곧 일신이기도 하다. 그래서 대우주에 충만한 **일기 속에는 삼신이 있고, 삼신은 밖으로 일기를 둘러싸고 있다.**[10]

우주의 한 조화 기운인 일기에서 세 가지 신령한 변화가 일어난 것이 곧 삼신이다. 그렇다고 해서 기가 신에 앞서 생겨난 것은 아니다. '**신과 기**'는 언제나 '**일체 관계**'**로 존재**한다. 삼신이 일기를 타고 조화를 부림으로써 만물의 생성 변화가 비로소 일어나는 것이고, '또한 일기가 스스로 운동하고 만물을 창조하여 조화·교

---

7) 삼신일체상제와 삼신일체 사상은 『단군세기』, 『태백일사』 「삼신오제본기」 「삼한관경본기」 「고구려국본기」 「대진국본기」 등에서 전하고, 삼신즉일상제는 『태백일사』 「삼신오제본기」 「신시본기」 등에서 전한다.
8) 일기一氣를 『삼성기』 상의 저자 안함로는 '지기至氣'라 명명하였고, 배달 시대 태호복희씨와 동문수학한 선인 발귀리는 '양기良氣'(『태백일사』 「소도경전본훈」)라 칭하였다.
9) 현대 철학자 화이트헤드A. N. Whitehead도 이와 유사한 사유를 하였다. 그는 만물을 생성해 내는 세 가지 형성적 요소를 신(god), 영원한 대상(eternal object), 창조성(creativity)이라고 했다. 생명의 근원이 되는 일기氣가 '창조성'이고, 일기의 자연법칙[理]이 '영원한 대상'이다. '신'은 영원한 대상을 파악하여 창조성을 매개함으로써 만유의 생명을 생성시킨다고 한다. 결론적으로 화이트헤드도 『환단고기』와 마찬가지로, 신이 기氣를 주재하여 만유의 생명을 생겨나게 한다고 주장하는 셈이다.
10) 일기자一氣者는 내유삼신야內有三神也오 … 삼신자三神者는 외포일기야外包一氣也라(『태백일사』 「소도경전본훈」).

화·치화의 세 가지 창조 원리를 지닌 신이 되는 것'[11]이다.

이 일기와 삼신의 관계를 『환단고기』 「소도경전본훈」에서는 "**회삼귀일**會三歸一(셋을 모아 하나로 돌아간다)"과 "**집일함삼**執一含三(하나를 잡으면 셋을 포함한다)"이라는 간결한 논리로 표현하였다. '회삼귀일'은 삼신의 이치를 제대로 깨치면 우주를 움직이는 하나의 조화 자리로 돌아갈 수 있다는 것이고, '집일함삼'은 일기에 대한 철저한 깨달음이 이루어지면 삼신의 세 가지 조화의 손길을 체험할 수 있게 된다는 것이다.[12] 지금까지 살펴본 일신과 삼신의 관계, 일기와 삼신의 관계는 **인류의 원형문화**인 신교가 신에 대해 밝힌 **가장 근원적인 깨달음**이다.

신교 삼신의 3도三道 정신	조화신造化神	교화신敎化神	치화신治化神
	천일天一 / 마한馬韓	지일地一 / 번한番韓	태일太一 / 진한辰韓
	천天 / 전도佺道	지地 / 선도仙道	인人 / 종도倧道
	부도父道	사도師道	군도君道
	성性	명命	정精
	환桓(천광명天光明)	단檀(지광명地光明)	한韓(인광명人光明)
	환국(환인)	배달(환웅)	조선(단군)
	조화경: 천부경	교화경: 삼일신고	치화경: 참전계경
	7세 환인: 3,301년	18세 환웅: 1,565년	47세 단군: 2,096년

2) 하늘·땅·인간은 피조물이 아니다

조물주 삼신의 실상을 밝힌 **삼신사상으로 비추어 보면 동양과 서양의 신관, 우주관, 세계관, 인간관이 확연히 구별**된다.

유목 문화에서 태동한 기독교 중심의 서양 사회에서, 신은 만물의 창조자이며

---

11) 일기지자능동작一氣之自能動作하야 이위조교치삼화지신而爲造敎治三化之神하시니(『태백일사』 「소도경전본훈」).
12) 유불선의 수행론이 모두 '집일執一'을 말한다. 하나를 잡을 줄 알아야 진리의 비밀을 풀 수 있다는 것이다. 불가와 선가의 만법귀일萬法歸一이나 유가의 정일집중精一執中도 '그 하나를 잡으라'는 것이고, 신교를 계승한 도가의 태일太一 소식도 그것이다.

하늘과 땅과 인간 위에 군림하는 강력한 초월신이다. 『구약전서』를 보면, '신이 어둠 속에서 광명을 창조하고, 하늘과 땅을 창조하였고, 남자를 만들었으나 홀로 있는 것이 보기 좋지 않아 그의 갈빗대를 취해 여자를 만들었다'(「창세기」)고 한다. 신을 초월자로 규정하는 기독교 신관에서 하늘·땅·인간은 모두 피조물에 지나지 않는다.

반면에 농경 문화를 바탕으로 하는 동양 사회에서는 하늘·땅·인간을 삼재三才라 하고, **삼재는 삼신의 자기현현**自己顯現(self-manifestation), 즉 **삼신이 현실계에 자신을 스스로 드러낸 것**이라 한다. 동양의 삼신사상으로 볼 때, 천지인은 결코 피조물이 아니다. 하늘도 신이요, 땅도 신이요, 인간도 신으로서, 천지인은 모두 살아 있는 삼신이다. 때문에 천지인 속에 삼신의 생명과 신성과 지혜와 광명이 그대로 다 들어 있다.

이러한 천지인을 상수학적으로 표현한 것이 **천일**天一·**지일**地一·**태일**太一이다. 인간을 '인일人一'이라 하지 않고 '태일'이라 한 것은 인간이 하늘땅의 뜻과 이상을 실현하는 존재로 하늘땅보다 더 크고 이 우주에서 가장 위대하기 때문이다.[13]

천지인에 각기 '한 일一 자'를 붙인 것은 살아 있는 삼신인 **하늘과 땅과 인간이 모두 궁극으로는 '일신**一神**' 또는 '일기**一氣**'라는 하나의 근원자리에서 나왔기 때문**이다. 이렇듯 천지인은 하나의 절대 근원에서 태동되어 동일한 위격을 가진 삼위일체적 존재인 것이다. **천일·지일·태일**, 이것은 **한민족의 우주에 대한 인식, 즉 우주사상의 핵심**이자 **한민족이 처음으로 전 인류에게 선포한, 소중하고 경이로운 진리 소식**이다.

3) 염표문의 태일太一 사상과 홍익 인간

한민족의 우주사상은 삼신에서 출발하여 태일사상에서 매듭지어진다. 그렇다면 태일은 구체적으로 어떤 존재이며 우리는 어떻게 태일의 인간이 될 수 있는지, 고조선 11세 도해道奚단군이 선포한 '염표문念標文'에서 살펴보기로 한다.

염표문의 문자적 뜻은 '**마음**[念] **속에 지닌 큰 뜻을 드러낸**[標] **글**'이다. 배달을

---

[13] 태일을 영어 문화권에서는 'the great one, the grand one(위대한 하나)', 또는 'the ultimate one(궁극의 하나)' 등으로 표현한다. 태일은 '천지와 하나가 된 궁극의 인간', 즉 공자, 석가, 예수 성자도 이루지 못한 우주의 꿈과 대이상을 성취하는 위대한 인간이다.

念標文 _{염표문}

天은 以玄默爲大하니
　其道也普圓이오 其事也眞一이니라.
地는 以蓄藏爲大하니
　其道也效圓이오 其事也勤一이니라.
人은 以知能爲大하니
　其道也擇圓이오 其事也協一이니라.
故로 一神降衷하사 性通光明하니
　在世理化하야 弘益人間하라.

하늘은 아득하고 고요함으로 광대하니
하늘의 도는 두루 미치어 원만(원융무애)하고
그 하는 일은 참됨으로 만물을 하나 되게[眞一] 함이니라.

땅은 하늘의 기운을 모아서 성대하니
땅의 도는 하늘의 도를 본받아 원만하고
그 하는 일은 쉼 없이 길러 만물을 하나 되게[勤一] 함이니라.

사람은 지혜와 능력이 있어 위대하니
사람의 도는 천지의 도를 선택하여 원만하고
그 하는 일은 서로 협력하여 태일의 세계를 만드는 데[協一] 있느니라.

그러므로
삼신[一神]께서 참마음을 내려 주셔서
사람의 성품은 삼신의 대광명에 통해 있으니
삼신의 가르침으로 세상을 다스리고 깨우쳐
인간을 널리 이롭게 하라.

건국할 때 환웅천황이 환국의 마지막 환인천제로부터 전수 받은 개국이념인 **재세이화, 홍익인간을 열여섯 글자의 대도 이념으로 정리한 것이 염표문의 시초이다**(『태백일사』「소도경전본훈」). 여기에 도해단군이 천지인의 창조 정신과 목적을 덧붙여, 백성들이 마음에 아로새겨 생활화해야 할 지침서로 내려 주었다. 이로부터 염표문은 대대로 한국인의 '신교문화헌장'으로 **인성론과 심법 교육의 모체가 되었다.**

염표문에 따르면, 하늘은 아득하고 고요함으로 광대하니, 그 하는 일은 참됨으로 만물을 하나 되게 하는 것이다. 땅은 하늘의 기운을 모아서 성대하니, 그 하는 일은 쉼없이 길러 만물을 하나되게 하는 것이다. 요컨대 하늘은 한순간도 거짓됨이 없이 참되고, 땅은 한순간도 쉼 없이 생명을 기른다.

그리고 사람은 '지혜와 능력'[14]이 있어 위대하니, 그 하는 일은 서로 협력하여 태일의 세계를 만드는 데 있다. 사람은 공동체를 이루어 살아간다. 가장 작은 공동체인 가정에서부터 지구촌이라는 거대 공동체에 이르기까지, 그 공동체를 따뜻하고 보람 있는 곳, 나아가 조화로운 태일의 이상 세계로 만드는 원동력이 협력과 참여에서 나온다. 이것은 인생 성공의 기초이자 천지도덕의 대원칙이다.

그런데 왜 하늘과 땅의 일에 비견되는 인간의 일, 즉 인간 삶의 길이 '협력하여 하나가 되는 것'인가? 그것은 천지와 인간의 관계 때문이다. **인간은 삼신의 직접적인 작용에 의해 생성되는 것이 아니라, 삼신의 현현인 하늘과 땅의 작용으로 생성**된다. 그래서 **하늘과 땅을 아버지와 어머니, 즉 천지부모**天地父母**라 부른다.**

인간은 천지의 아들딸로서 천지부모의 꿈과 이상을 실현하는 주체가 된다. 결론적으로 인간은 천지부모의 꿈을 이루고 인간 역사의 이상을 성취하기 위해, 즉 태일이 되기 위해 모두 협력하여 하나가 되어야 하는 것이다.

염표문은 이렇게 인간이 할 바를 밝힌 다음 그것을 이룰 수 있는 방법을 천명하였다. 바로 '삼신의 가르침으로 세상을 다스려서[在世理化] 널리 인간 세상을 이롭게 하라[弘益人間]'는 것이다.

인간 세상을 널리 이롭게 한다는 것은 과연 무엇을 말하는 것인가? 삼신께서 인

---

14) 염표문의 "지혜와 능력[知能]"은 『주역』「계사전」에 있는 "건은 만물을 쉽게 파악하는 지혜가 있고 곤은 간략함으로써 공능을 드러낸다[乾以易知, 坤以簡能]"라는 구절에서도 발견된다. 그리고 「계사전」의 이 구절로부터 "쉽고 간단해서 천하의 모든 이치를 얻을 수 있다[易簡而天下之理 得矣]"라고 하는 '이간易簡'에 대한 정의가 나왔다.

간에게 참마음을 내려 주셨기 때문에 인간의 본성은 원래부터 신의 광명에 통해 있다. 이 신의 광명은 곧 우주가 열리기 전부터 우주를 가득 채우고 있던 대광명[一光明]이다. 수백 만 년 전의 인간이든, 십만 년 전의 인간이든 오늘의 인간이든 모두 우주 광명과 통해 있는 신령스런 존재인 것이다. 이렇게 신령한 인간을 삼신의 가르침으로 다스려 일깨워서 천지의 뜻과 대이상을 펼치는 존재가 되게 하는 것, 다시 말해서 인간을 진정한 태일이 되게 하는 것, 이것이 염표문이 전하는 홍익인간의 궁극이다.

이러한 **홍익인간의 도를 실천하는 인간이 곧 우주의 광명 인간이자 태일이다**. 이 태일의 존재가 될 때, 만물의 영장인 인간의 위격이 마침내 바로 서게 되는 것이다.

4) 영원불변의 가치, 진선미

동방 한민족의 우주사상을 고스란히 담고 있는 『환단고기』는 인간 삶의 영원불변한 3대 가치인 '진선미眞善美'에 대해서도 놀라운 가르침을 전한다. 『환단고기』에 따르면 진선미 사상의 발원처는 바로 삼신이 낳은 천지인이다.

천지인 삼재 중에서 **하늘은 '청정과 참됨을 본질로 삼는 지극히 큰 본체**[淸眞大之體]'이다. 하늘은 언제나 맑고 참되다. 다시 말해서 참[眞]이 하늘의 본성이다. 그래서 참이 무엇인지 알고 싶다면, 하늘을 묵상하고 거짓된 세상을 벗어나 자연으로 돌아가야 한다. 천지 대자연이 얼마나 넓고 신비로우며 무한한 생명력으로 충만한지를 느낄 때 참의 세계, 진리의 세계에 한 발짝 다가설 수 있다.

땅은 '선함과 거룩함을 본질로 삼는 지극히 큰 본체[善聖大之體]'이다. 다시 말해서 선善은 땅의 본성이다. 땅은 만물을 길러 내는 선의 덕성으로 충만하고 성스럽다. 때문에 박테리아에서부터 바다 속의 어족, 공중을 나는 새, 들판을 뛰노는 짐승에 이르기까지 온갖 생명체가 함께 살아가는 생태계가 이 지구상에 만들어질 수 있는 것이다.

땅의 덕성, 선善은 윤리적 의미의 선이 아니다. 모든 것을 수용해서 어느 것도 마다하지 않고 낳아서 기르는 '어머니 대지의 덕성'을 일컫는 것이다. 뱀도 있고, 송어도 있고, 미꾸라지도 있고, 물방개도 있는 큰 연못, 택국澤國을 생각하면 땅의 덕성인 선을 쉽게 그려볼 수 있다.

인간은 '아름다움과 지혜로 지극히 큰 본체[美能大之體]'이다. 다시 말해서 미美는 인간의 본성에 속한다. 인간은 본성적으로 아름다움[美]을 추구하고 아름다운 세계를 창조하는 주체라는 것이다. 그런데 인간은 천지부모가 낳은 존재이므로 인간이 천성적으로 추구하는 아름다움은 천지의 덕성인 참[眞]과 선을 체득하고 실천함으로써 실현될 수 있다. 그렇게 아름다움을 실현하는 자가 바로 태일이다.

결국 진정한 아름다움은 '천지의 광명과 신성, 지혜를 체득하여 천지의 원대한 꿈을 이루는 역사의 주인공'인 태일에 의해서 성취되는 것이다. 인간이 진정 아름다워지려면 천지를 알아야 하고 천지와 하나가 되어야 한다. 인간을 아름다움의 창조자요 지혜의 주인으로 표현한 미능대지체美能大之體, 이 한마디는 인간의 가치에 대한 극치의 표현이자 진리에 대한 최종 정의라 할 것이다.[15]

이상으로 볼 때, 인간이라면 누구나 추구해야 할 영원불변의 가치인 진선미는 하늘과 땅과 인간의 일체 관계 속에서 나오는 것이다. 그러므로 천지와 우리가 하나가 될 때, 우리 몸에서 진정한 진선미가 발현될 수 있다.

인간 삶의 제1의 가치인 진선미의 출원까지 밝혀 주는 『환단고기』는 진정으로 **한민족과 인류의 태고 창세역사를 기록한 역사 경전**일 뿐 아니라 동서 종교와 철학에서 탐구해 온 여러 **진리 주제에 대한 명쾌한 깨달음과 원형문화의 보편 가치를 열어 주는 철학 경전**이요 **문화 경전**인 것이다.

5) 신교의 3대 경전 : 『천부경』·『삼일신고』·『참전계경』

신교 문화의 우주사상을 전하는 한민족의 3대 경전이 있다. 신교 우주관의 정수를 기록한 『천부경天符經』, 신교의 신관이 집약된 『삼일신고三一神誥』, 신교의 인간론을 담은 『참전계경參佺戒經』이 바로 그것이다.[16]

---

15) 화이트헤드의 사상은, '인간이 천지의 꿈을 이루는 주체이므로 인간이 하늘과 땅의 참됨과 선함을 체득하여 마침내 아름다움을 실현한다'는 『환단고기』의 진선미 사상과 상통한다. 화이트헤드는 아름다움[美]을 참됨[眞]이나 선함[善]보다 우위에 둔다. 거시적 세계, 즉 사회에서만 적용되는 진과 선은 미시적 세계, 즉 '현실적 존재actual entity'에서는 큰 의미를 가지지 못하기 때문이다. 존재 자체의 세계인 미시적 세계에서는 오직 아름다움이 의미를 가진다. 그리고 화이트헤드가 말하는 아름다움은 감각적 아름다움에 그치지 않고, 도덕적, 지적 아름다움을 포괄한다. 아름다움이란 무엇보다도 현실적 존재의 완전성과 조화를 뜻한다. 화이트헤드에게 있어서는 아름다운 것이 바로 진리이며 선이다. 결론적으로 화이트헤드 철학에서, 인간이 추구하는 궁극의 가치는 아름다움인 것이다(화이트헤드 저, 오영환 역, 『관념의 모험』, 405~415쪽).

16) 박재원은 『천부경』이 한민족의 으뜸 경전이고, 한민족 정신문화의 뿌리이며, 세계 정신문화의 뿌리

『천부경』은 인류의 창세 역사 시대인 환국에서 구전되어 오다 배달 시대에 문자로 옮겨진, 한민족의 최초 경전일 뿐 아니라, 인류 최초의 경전이다. 천부天符는 '하늘의 법'[17]이란 뜻이므로, **『천부경』**은 '**하늘의 이법을 기록한 경전**' 또는 '**우주이법의 주재자인 상제님의 천명을 기록한 경전**'을 말한다. 모두 81자에 불과한 짧은 글[18]이지만, 천지인의 창조와 변화 원리를 압축적으로 밝히고 있다.

맨 처음 『천부경』은 배달의 신지神誌 혁덕赫德이 녹도문鹿圖文이라는 옛 문자로 기록하였다. 지금의 판본은 신라의 대학자 최치원이 전고비篆古碑(전자로 기록된 옛 비석)에 적힌 경문을 한문으로 번역한 것이다.

『천부경』은 우주만물의 근원과 창조의 원리를 1에서 10까지 수數[19]로써 밝히고 있다. 그 핵심에는 우주 만유가 전적으로 하나[一]에서 나와서 벌어졌다가 다시 하나로 돌아간다는 **원시반본**原始返本**의 메시지**가 담겨 있다. 그 하나는 **천지만물의 존재 근원**[20]으로 무궁무진한 상징성과 포용성을 함유한다.

천부경 81자는 상경·중경·하경으로 구분하여 살펴볼 수 있다. 상경은 **1과 3의 관계**, 하나가 셋으로 펼쳐져 그 존재성을 드러내고, 셋이 하나에 근거해서 진리가 되는 **3수 원리**를 다룬다. 3수 원리는 바로 우주를 구성하는 세 축, 즉 하늘·땅·인간의 관계를 드러낸다. 하늘·땅·인간이 절대근원인 하나에서 갈라져 나와 끊임없이 변화한다 하더라도 그 근본은 다함이 없는 것이다.

중경은 **3의 변용**變用을 말한 것으로, 하늘·땅·인간이 모두 '음양'으로 작용하

가 되는 큰 원리를 담고 있다고 규정하고, 『천부경』, 『삼일신고』, 『참전계경』은 한민족 고유의 경전으로 역易 사상에 근본적인 원리를 제공하였다고 말한다(박재원, '천부경에 관한 연구-양자론과 역리론을 중심으로', 『한국사상과 문화』 2집, 106쪽).

[17] 조하선은 '천부경이란 천부天符를 설해 놓은 경전'이라는 뜻으로, '하늘의 인장', '우주 존재계의 심법(상징)'이라고 주장한다(조하선, 『베일벗은 천부경』, 25~28쪽). 최의목은 천부경을 하늘의 뜻을 밝히는 '하늘의 경전'으로 정의하고 있다(최의목, 『도통하는 천부경』, 11쪽).

[18] 전병훈은 『천부경』의 내용을 네 단락으로 나누어 주석했다. 첫째는 태초에 천지의 생성이 이루어지는 과정에 관한 이치, 둘째는 천지인삼재가 생성되는 이치, 셋째는 진인을 이루고 성인의 경지를 득하는 수련법, 넷째는 겸성의 이념으로 세상을 구제하는 길이다(김낙필, '전병훈의 천부경 이해', 『선도문화』 1집, 14쪽).

[19] 『천부경』은 우주와 인간을 비롯한 만물이 생겨나고 변화하는 원리를 밝힌 경전인데, 이는 자연과학적인 수의 이치로 설파하고 있다(한규성, 『천부경과 도의 사회』, 70쪽).

[20] 『천부경』의 '일一'은 우주만물의 근원적 본체이자 통일된 하나의 질서이며, 생명을 잉태하고 우주만물과 그 질서를 운행시키는 단 하나의 동력이며, 동양 철학에서 사용되는 '도', '신', '무극', '태소太素', '역易', '태극太極', '태일太一', '대일大一' 등의 개념과 같은 것이라고 말한다(임태현, '중국의 『천부경』 연구에 대한 소론', 『선도문화』 5집, 112쪽).

여 천지만물이 전개됨을 나타내고 있다. 동양 사상의 근간인 **음양론이 정리된 첫 작품**이 바로 『천부경』이다. 그 후 음양론이 더욱 심화 발전된 것이 5,600년 전, 배달의 5세 환웅의 막내아들인 태호복희씨가 하늘로부터 받아 내린 **하도**河圖이다. 이 하도에서 팔괘가 나오고, 팔괘에서 주역의 64괘 음양론이 나왔다. 현세의 **음양오행 문화** 역시 **신교의 우주론**에서 뻗어 나온 것이다.

하경은 하늘과 땅의 창조 목적이 되는 '태일 인간론'의 극치로, 인간이 지닌 근원적인 본심이 태양처럼 천지를 밝히고, 그러한 본래 마음의 우주 광명을 열어 천지와 하나로 통하여 태일의 인간이 될 수 있음을 선언하고 있다. **태일의 광명 인간**이 되어야 인간은 비로소 **천지일심의 경계**에 들어갈 수 있는 것이다.

『삼일신고』는 **배달의 시조 거발환환웅**이 백성들을 교화하기 위해 지은 **신학서**神學書이자 **인성론과 수행론의 경전**이다. 환웅천황은 나라를 열고서 『천부경』을 강설하고[演天經] 『삼일신고』를 강론하였다[講神誥]고 전한다. 이미 6천 년 전에 우리 한민족에게는 우주와 신과 인간에 대한 근원적인 깨달음이 있었고, 그것은 곧 백성들 사이에 보편적인 앎이었다.

『삼일신고』는 총 366자로 되어 있는데, **집일함삼**執一含三과 **회삼귀일**會三歸一을 근본 정신으로 삼고, **삼신상제님과 인간과 우주만물의 관계**를 중점적으로 다루고 있다. 『삼일신고』는 '허공'虛空, '일신'一神, '천궁'天宮, '세계'世界, '인물'人物이라는 다섯 장으로 구성되어 있다.

첫째, '허공' 장은 바로 대우주 시공간의 실체가 허虛와 공空이요, 우리 생명의 참모습임을 밝히고 있다. 둘째, '일신' 장은 **하늘에 한 분의 하느님, 즉 삼신일체 상제님**이 계시고, 이분이 우주만물을 주재하여 꿈의 선경낙원을 지상에 실현하는 공덕을 이루심을 핵심 내용으로 한다. 셋째, '천궁' 장은 **상제님이 임어해 계신 곳**이 천궁인데 오직 우주 광명의 본성에 통하고 삼신의 공덕을 완수한 자가 이곳에 들어와 영원한 천국의 즐거움을 얻음을 말해 주고 있다. 넷째, '세계' 장은 밝은 태양이 세상을 비춤으로써 인간과 만물이 탄생하여 우주 역사의 이상을 실현하고 있음을 밝히고 있다. 마지막 '인물' 장은 **인간과 만물이 삼신과 삼신상제님의 조화로 생겨났음**을 전하고, **인간이 본래의 참된 성품에 통하고 역사에 큰 공덕을 완수하는 태일의 인간으로 거듭나 대인의 자아[大我]가 되는 길**을 밝히고 있다.

『참전계경』은 배달 시대부터 내려오던 한민족의 윤리 교과서이다. 참전은 '참여할 참參' 자에 '신선 이름 전佺' 자인데, '전' 자는 '사람 인人 변'에 '온전 전全' 자를 붙인 글자이다. 그래서 **참전**은 '**완전한 인간이 되는 길에 참여한다**'는 뜻이고, 참전계란 그러한 인간이 되기 위해 지켜야 할 계율을 말한다.『참전계경』이 현재와 같은 **8강령 366절목**을 갖추게 된 것은 고구려 때 재상 을파소 때이다. 그는 나이 어린 영재들 중에 참전계를 잘 지키는 자를 뽑아 삼신을 위해 일하게 하였다고 한다.

『참전계경』의 366절목이란 인간이 세상을 살면서 행하거나 겪는 모든 일을 삼백 예순 여섯 가지로 분류하여 그 처신을 알려 주는 것이다. 그래서 이 경전을 일명『366사三百六十六事』라 부른다. 그 366사의 첫째가 바로 경신敬神, 즉 **삼신상제님께 지극한 마음을 다하는 우주의 일심사상**이다.『단군세기』에서는 상제님의 덕을 찬양하는 〈어아가〉가 참전계가 되었다고 한다. 배달 시대부터 전해 오던 참전계에 어아가의 내용이 더해져서 계율 내용이 더욱 풍부해졌고, 고구려 시대에 지금의 체계로 굳어진 것이다.

『천부경』·『삼일신고』·『참전계경』, 이 세 경전에 담겨있는 근본 가르침은 한마디로 **한민족의 우주사상**이다. 이 우주사상을 제대로 깨치면 '인간이란 무엇인가', '역사란 무엇인가', '나와 우주의 관계는 무엇인가'라는 의문에 대한 답을 찾을 수 있고, 나아가 내 속에 깃든 삼신의 신성을 깨달아 유한한 인간 생명의 벽을 넘어 **영원불멸의 태일 인간**으로 거듭날 수 있다. 그러므로 삼신의 생명과 신성을 깨닫는 것보다 더 위대한 것은 없다.

6) 신교의 원형 3도 : 전도佺道 · 선도仙道 · 종도倧道

『환단고기』가 전하는 신교 문화를 말할 때, **빼 놓을 수 없는 중요한 역사적 사실**이 있다. 배달과 고조선 시대에 신교의 삼신 원리에 따라 전도佺道, 선도仙道, 종도倧道라는 유불선 삼교의 뿌리가 되는 **원형 삼도가 출현한다**는 점이다.

『태백일사』「신시본기」에 따르면 전도가 가장 먼저 나왔는데, 배달의 초대 환웅이 전도로 백성을 가르쳤다. **전佺**은 지혜[智], 덕성[德], 천도天道의 **참됨**을 두루 갖춘 완전한 인격자를 가리키는 말이다. **전도는 천도**, 즉 하늘의 창조 정신에 근본을 둔 것으로 성性 · 명命 · 정精 삼진三眞 중에서 **성性에 통하여 참됨[眞]을 실현하는 것**

이다. 이 완전한 인간이 되기 위해 연마해야 할 계율을 기록한 경전이 앞서 말한 『참전계경』이다.

선도는 배달의 14세 **치우천황이 신선[仙]의 도로써 법을 세워** 사람들을 가르친 데에서 유래한다. **지도**地道**에 근본을 둔 것**으로 자신의 **영원한 생명력[命]을 깨달아 널리 선함[善]을 베푸는** 도이다. 현실에서의 인간 생명은 유한하지만, 본래 삼신에게서 부여받아 인간 속에 내재된 생명은 무한하다. 인간 속에 깃들어 있는 불멸의 생명, 이 영원한 생명을 갈고 닦는 것이 선도이다.

종도는 고조선을 세운 **단군 성조가 종**倧**의 도로써 왕이 되어 백성을 가르친** 데에서 유래한다. 인도人道에 근본을 둔 것으로, 자기 몸의 정기[精]를 잘 보존하여 대인이 되어 아름다움[美]을 실현하는 것이다.

전·선·종은 또한 **삼신상제님의 도를 닦는 사람**을 가리키는 말이기도 하다. 『단군세기』에 따르면, 전은 백성들이 천거한 스승으로 세 고을에서 뽑힌 사람이고, 종은 국가가 뽑은 스승으로 구환, 즉 나라 전체를 통틀어 뽑힌 사람이다. 이러한 원형 삼도의 가르침은 오직 『단군세기』와 『태백일사』에서만 찾을 수 있다. 원형 삼도가 『단군세기』에 기록될 수 있었던 것은, 천보산에서 이암 일행에게 신교 문화 역사서를 전해 준 **소전**素佺**거사** 덕분이다. 이암은 소전이라는 은둔 도사가 건네 준 책을 읽고 깨달아서 신교 시대의 삼도를 기록한 것이다.

그 후 이맥이 집안 대대로 전해 오던 사서와 자신의 직분상 접할 수 있었던 궁궐 내 비서秘書를 토대로 쓴 『태백일사』 덕분에 신교의 삼도가 조선 시대까지도 전해질 수 있었다. 하지만 한민족사에서 전도는 그 맥이 단절되었고, 선도는 선교 또는 도교로 살아 있으며, 종도는 조선 말기 이래 대종교大倧敎로 명맥이 유지되고 있다.

『환단고기』가 밝히는 원형 삼도 소식을 통해서, 우주와 일체를 이룸으로써 유한한 삶을 뛰어넘어 도달하는 **불멸의 생명**에 대해, 그리고 그 불멸의 생명을 얻는 방법에 대해 동북아 신교 문화가 밝힌 바를 원형 그대로 접할 수 있게 되었다.

7) 신교는 군사부君師父 문화의 출원지

동방 문화의 핵심 중 하나인 군사부 문화, 다시 말해서 군도君道, 사도師道, 부도父道 역시 신교의 삼신문화에 뿌리를 박고 있다. 임금의 도는 만물을 다스리는 치화신에서, 스승의 도는 만물을 기르고 깨우치는 교화신에서, 아버지의 도는 만물을 낳는 하늘의 조화신에서 비롯되었다. 아버지는 자식을 낳으므로 조화신의 도를 실현하고, 스승은 제자를 가르치므로 교화신의 도를 실현하고, 임금은 백성을 다스리므로 치화신의 도를 실현하는 것이다.

『태백일사』는 군사부의 도를 천지인의 본성과 연관지어 이렇게 말하고 있다.

> **아버지의 도는 하늘의 도를 본받아** 참됨으로 하나가 되니 거짓이 없으며, **스승의 도는 땅의 덕을 본받아** 부지런함으로 하나가 되니 태만함이 없으며, **임금의 도는 사람의 도덕을 근본**에 두고 화합하여 하나가 되니 어긋남이 없다.[21]

아버지의 본성과 소임은 우주 만물을 낳는 하늘과 상통하고, 스승의 본성과 소임은 온갖 생물을 키우고 번성시키는 땅과 상통하고, 임금의 본성과 소임은 서로 화합하며 살아가는 인간과 상통한다.

환국·배달·고조선의 삼성조를 세운 환인·환웅·단군은 군사부의 도를 역사 속에서 실현한 분들이다. 『환단고기』에 따르면, 환인천제는 아버지의 도를 집행하여 천하를 한 곳에 모았고, 환웅천황은 스승의 도를 집행하여 천하를 거느렸고, 단군천황은 임금의 도를 집행하여 천하를 다스렸다.[22]

---

21) 부도父道는 법천法天하야 진일무위眞一无僞하고 사도師道는 법지法地하야 근일무태勤一无怠하고 군도君道는 법인法人하야 협일무위協一无違니라(『태백일사』「삼신오제본기」).
22) 환인씨桓仁氏는 … 전용부도이주천하專用父道而注天下하신대, 신시씨神市氏는 … 전용사도이솔천하專用師道而率天下하신대, 왕검씨王儉氏는 … 전용왕도이치천하專用王道而治天下하신대(『태백일사』「삼신오제본기」).

2 인간 몸 속에 깃든 삼신의 조화 대광명

1) 삼신이 내려와 삼진으로 깃들다

『환단고기』는 "하늘에는 삼신三神, 땅에는 삼한三韓, 인간 몸 속에는 삼진三眞이 있다"라고 선언한다. 인간의 삼진이란 무엇이며 이것은 우리 몸 속에서 어떻게 작용하는가?

조물주의 조화 손길, 삼신이 우리 몸에 들어와서 생긴 '세 가지 참된 것'이 곧 삼진이다. 조화신·교화신·치화신이라는 삼신이 들어와 **성**性·**명**命·**정**精 삼진이 된다.

만물에게 생명을 부여하는 조화신은 내 몸에 들어와 내 마음의 뿌리 자리, 성性이 되어 자리를 잡는다. 이처럼 성이 내재하기 때문에 마음을 자유롭게 쓰면서 삶을 영위하게 되는 것이다. 만물을 양육하는 교화신은 나의 명命, 순 우리말로 목숨이 된다. 이 명을 영어로는 lifespan(수명)으로 흔히 이야기하지만,[23] 여기서의 명은 삼신의 영원한 생명, 수명, 그리고 삼신상제님의 천명사상까지도 포괄한다.

만물의 생명 질서를 다스리고 바로잡는 우주의 치화신은 내 몸에 들어와 나의 정精이 된다. 내 몸 속에서 삼신의 마음과 생명이 발동되는 것은 결국 내가 가진 정의 생명력에 의해 이루어진다. 따라서 내 속에 깃들어 있는 삼신 하나님의 마음을 닦고, 내 속에 있는 삼신 하나님의 영원무궁한 생명을 키우는 것은 일상생활 속에서 '오직 정을 잘 지키고 가꾸는 것'에 달려 있다.

정은 내 몸의 생명의 진액이다. 우리 몸의 오장육부에서는 신장의 수기水氣가 바로 정의 근원이 된다. 호르몬 작용, 생리 작용, 의식 작용, 사물에 대한 인식 등 인간 삶의 모든 활동 에너지가 신장 수기에서 나온다. 그래서 신수腎水가 약해지고 고갈되면 몸의 기능이 총체적으로 약해지고 정신 기능이 무너지기까지 하는 것이다. 인간의 단명短命과 천 가지, 만 가지 병이 **'신수**腎水 **고갈'**에서 비롯된다.

결론적으로 말해서 조화신이 내 몸에 들어와 성이 되고, 교화신이 들어와 명이 되고, 치화신이 들어와 정이 된다. 이 말은 내 몸 속에 삼신 하나님의 신성과 생명이

---

23) 영어문화권에서는 대체적으로 성명정의 성을 '본성(nature)', 명을 '수명(lifespan)' 또는 '생명(life)', 정을 '진액(essence)'으로 표현한다.

온전히 다 들어 있다는 뜻이다. 한마디로 **인간은 살아 있는 대우주 자체요 신인 것**이다. 이것이 삼신문화가 인간의 위대함에 대해 전해 주는 깨달음의 한 소식이다.

2) 삼진은 진리 체험의 삼관으로 작용한다

성명정 삼진은 인간이 진리에 대한 깨달음을 어떻게 추구할 것인지 그 해답을 말해 준다. 진리를 성취한 인간이 되고자 할 때, 삼진은 우리에게 삼관三關으로 작용한다(「삼신오제본기」, 「소도경전본훈」).

관關이란 무엇인가? 여행을 할 때 목적지에 이르기 위해서는 반드시 통과해야 하는 관문이 있다. 그렇듯 **성명정을 지키는 것**이 자신에 내주한 삼신의 생명과 신성을 온전히 지켜 **진리를 성취한 인간[太一]이 되기 위한 가장 중요한 관문**이다. 선가와 불가의 수행자들이 이 삼관을 굳게 지키지 못하여 마음에 한순간의 빈틈이 생기면, 바로 그 순간 천지에 가득 찬 마魔가 범하여 그동안 쌓은 수행의 공력을 허물어 버린다. 수도승이 깎아지른 절벽 위 바위에 가부좌를 틀고 앉는 것은 바로 이 때문이다.

3) 심·기·신 삼망三妄의 작용

『환단고기』는 인간의 본질을 삼진으로 정의하는 데에 그치지 않고, 삼진三眞의 구체적인 작용 과정을 이야기한다(『태백일사』 「삼신오제본기」 참조). 이것이 인류의 시원 문화와 창세 역사 한가운데에 있었던 '**삼신문화의 매력**'이다. 그리고 그 삼신문화의 핵심을 오늘날 우리에게 전해 주는 데에 『환단고기』의 위대함이 있다.

삼진은 육신을 뒤집어쓰면서 심心·기氣·신身이라는 '삼망三妄'으로 운용된다. 인간의 마음과 기와 몸은 끊임없이 변화하기 때문에 '세 가지 허망한 것[三妄]'이라 불린다. 하지만 삼망은 바로 삼진이 인간의 하루 생활을 통해서 발현된 것이기 때문에 부정적이거나 나쁜 것이 아니다. 삼망은 나로 하여금 학문을 닦고 진리를 추구할 수 있게 한다. 나아가 진리를 깨침으로써 삼신의 신성을 내 몸에서 발현시켜 우주적인 인간으로 거듭날 수 있게 한다. 또한 삼망은 가정을 이루고 출세를 하는 등 나의 현실적 삶이 이루어질 수 있게 한다.

사람이 방을 보금자리 삼아 쉬듯이, 평화롭고 행복한 삶, 진리를 깨치고 삼신의

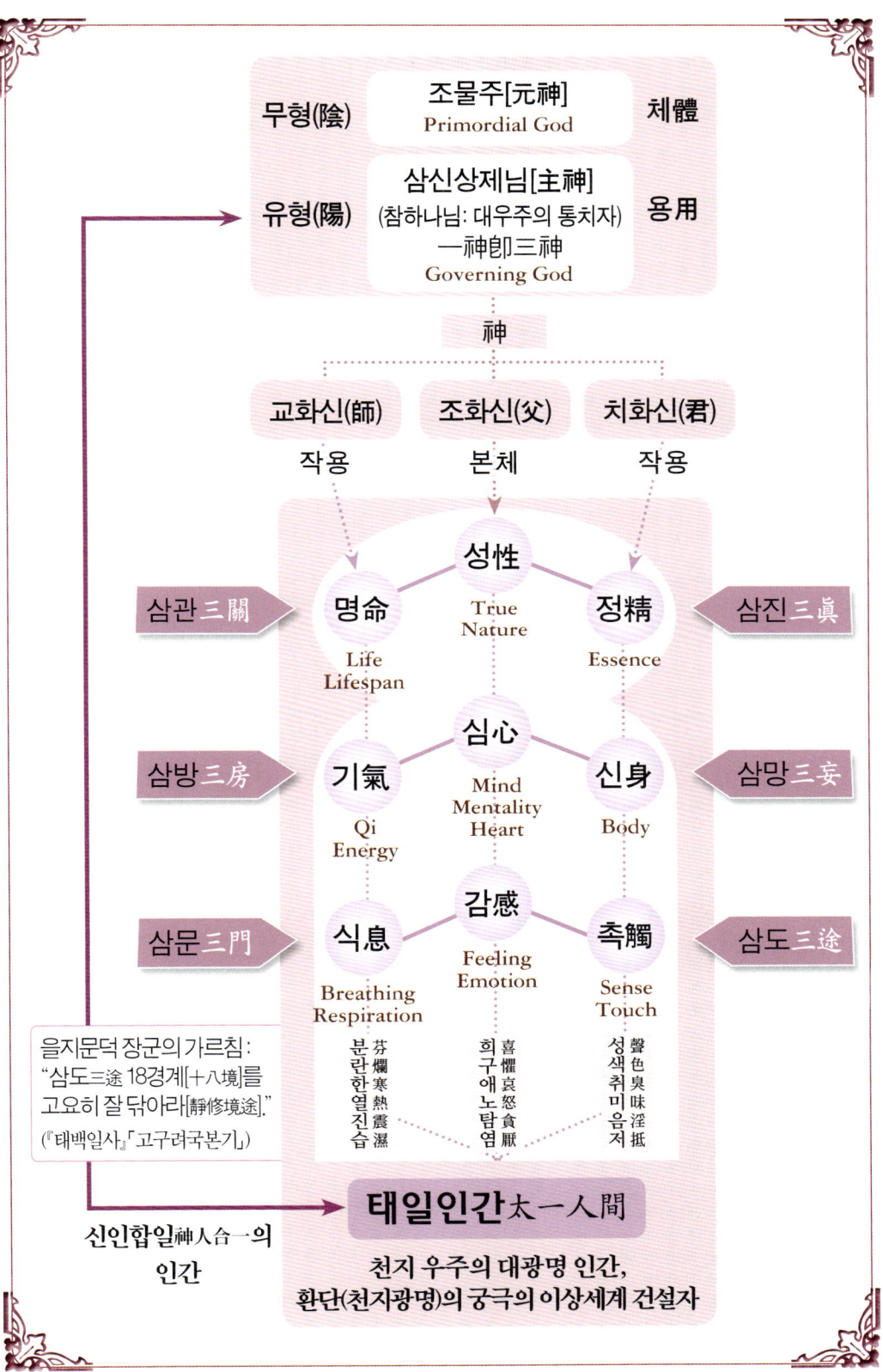

신성을 내 몸에서 발현시켜 **무병장수하는 삶은 모두 마음[心]과 기[氣]와 몸[身]을 잘 다스리는 데에 달려 있다.** 그래서 삼망을 달리 삼방三房이라 부른다.

삼신이 우리 몸 속에서 그대로 화化한 것이 곧 성명정 삼진이고, 그 삼진이 우리 몸에서 작동될 때 심기신 삼망으로 발현된다. 삼진과 삼망은 이처럼 체용 관계에 있다. 인간에 내재된 삼신의 본성[性]이 마음[心]으로 작동하고, 인간의 목숨[命]은 기[氣]로 발현되고, 정精은 몸[身]으로 발현되는 것이다.

4) 감·식·촉 삼도三途의 작용

심기신이 사물과 접해서 좀 더 '감각적 차원'에서 작용하는 것이 감感·식息·촉觸 삼도三途이다. 감은 느끼는 것, 식은 호흡하는 것, 촉은 접촉을 말한다. 인간의 마음은 감정으로써 표현되고, 기는 호흡을 통해서 작동되고, 몸은 촉감을 통해서 느끼게 되기 때문에 감식촉은 세 가지 길이다. 이 삼도는 '신의 조화 세계에 들어갈 수 있는 세 문', 즉 삼문三門이 된다.

창생들은 대부분 감식촉에 끌려 타고난 기질대로 살다가 생을 마친다. 그러나 삼신의 도를 아는 철인들은 일상 생활에서 감정을 다스리는 '**지감**止感', 호흡을 고르게 하는 '**조식**調息', 촉감을 금하는 '**금촉**禁觸'으로써 삼도를 잘 다스려, 궁극에는 자기 안에 내재된 조물주 삼신을 발현시켜 삼신의 조화 세계에 들어간다. 그래서 **지감, 조식, 금촉은 수행의 3대 요체**이다. 신라 시대에 불교의 대중화에 힘쓴 원효대사나 화엄종을 확립한 의상대사도 이를 수행의 대의로 삼았다고 한다. 그들은 바로 삼신문화의 수행 원리로 도를 닦았던 것이다.

신교의 수행 문화는 궁극적으로 성명정 삼진을 회복함으로써 **천지와 더불어 영원히 사는 우주적인 인간, 즉 태일의 인간이 되기 위한 것이다.** 이것은 어떻게 성취되는가?

그 수행은 먼저 인간의 본성과 마음과 정서의 작용을 삼진, 삼망, 삼도의 아홉 가지를 통해 구조적으로 이해하는 데에서 시작된다. 연후에 감식촉의 정서를 순화하여 심기신의 평화와 중용을 성취하여 천지의 중도 심법으로 자기를 승화시키는 것이 최종 목적이다. 그럼으로써 우주 삼신의 조화경계인 성명정이 열리게 되어 태일 인간으로 거듭날 수 있게 된다.

지금까지 이야기한 삼진, 삼망, 삼도를 서양 철학으로 말하자면, 생명의 동력원인 성명정은 **'순수 이성'의 경계**이고, 감식촉은 인간이 몸을 가지고 사물을 직접 체험하는 **'경험주의'의 경계**이다. 다시 말해서 성명정 삼관은 추상적인 순수이성, **직관의 세계**이고, 감식촉 삼문은 감각을 통해서 온 몸으로 사물을 체험하는 **경험의 세계**이다.

심기신 삼방은 삼관과 삼문, 이 두 가지를 통합하는 자리이다. 이것을 유가에서 **심통성정**心統性情, '마음이 성과 정을 통괄한다'고 표현한 것이다. 결국 성명정 심기신 감식촉, 이 아홉 가지의 유기적인 작용을 통해 인간의 몸 속에서 이성주의와 경험주의의 통합이 이루어진다. 신교 원형 문화의 인성론에 서양 철학을 뛰어넘는 진리의 한 소식이 들어 있는 것이다.

5) 동양 인성론의 결론, '태일 인간'

삼진 가운데 성은 조화신造化神이 내 안에서 발현하는 자리로서 인간 마음의 본체[心體]이다. 이러한 성은 대우주의 시공간이 하나로 통일되어 있는, **언제나 현재의 차원에 머무는 조화 세계**이다. 성은 시공간의 구별이 없는 무극의 경계이다.

성[삼진]이 심心[삼망]의 경계로 열리면 여기에서 시간과 공간의 세계가 벌어진다. 물리적 시공간은 현실적인 기氣에 의해 펼쳐지지만, 인간의 성이 열려 심의 경계에 이르면 거기에서 시간과 공간이 열리는 것이다.

『환단고기』는 삼신에 대한 깨달음을 시간과 공간의 본질 차원에서 이렇게 거론한다.

> 삼신의 깨달음을 체험하는 바에는 그 깨달음의 특정 시간이 있고, 삼신에 대한 깨달음의 경지가 펼쳐지는 곳은 그 특정 공간이 있으니, 인간은 이러한 시간과 공간에서 존재한다(『태백일사』 「삼신오제본기」).

시공의 근원이 되는 조화신의 성 자리에 시공간의 구성 원리가 내재되어 있다. 성에 내재된 시공간의 구성 원리는 곧 이理, '우주(자연)의 변화 법칙'이다. 때문에 자연의 변화 법칙을 깨닫는 것이 곧 성에 대한 깨달음을 얻는 것이며 마음[心]의 문을 활짝 여는 지름길이다.

고전과학에서는 뉴턴의 주장대로 시간은 절대 시간으로, 공간은 절대 공간으로 존재한다고 말해 왔다. 그 고정관념을 깨트린 인물이 근대 인식론의 주창자인 독일 철학자 임마누엘 칸트(1724~1804)이다. 그는 사물을 인식하는 '**시간과 공간이라는 형식이 인간의 내면세계에 있다**'고 하였다. 인간의 뇌에는 이미 '**시간과 공간이라는 틀**'이 갖춰져 있어서 그것을 통해 외부 세계를 보고 이해한다는 것이다. 칸트의 말대로 인간에게는 시공을 직관적으로 이해하고 받아들이는 자리가 원래 내재한다. 칸트의 사상에는 『환단고기』가 밝히는 시공간론과 상통하는 점이 있다.

그렇다면 태일 인간이 되고 나면, 우주의 시공간은 어떻게 인식되는가?

천지의 꿈을 성취한 태일 인간이 되면 내 마음과 우주가 일심동체一心同體되어 파노라마치는 절대순수의 일심一心 조화세계를 체험하게 된다. 그리하여 시간과 공간에 대한 인식의 틀이 바뀌게 된다. 이러한 태일 인간은 시공간에 대한 새로운 인식 속에서 영원불멸의 우주적 삶을 살게 된다. 한마디로 신령한 존재가 되는 것이다. 이 태일 인간은 순수 감성 세계와 순수 이성 세계의 통합이 성취된 존재로 대자연의 참마음을 온 몸으로 체득하여 삼신의 조화세계를 깨닫고 광명의 삶을 살아간다.

지금까지 살펴 본 성명정 심기신 감식촉, 이 아홉 개의 **마음의 인식 구성 원리**는 인간이 어떻게 피조물이 아닌 조물주의 위격에 가깝게 되는가, 즉 어떻게 태일의 존재가 될 수 있는지를 밝혀 주는 요체인 것이다.

3 신교의 꽃, '천제天祭 문화'

1) 역사와 문화 속의 삼신사상

우주의 통치자 하나님인 **삼신상제님**을 동양의 상수철학으로 표현하면 **'통일과 조화의 완전수'**인 **'10무극'**이다. 10무극 상제님을 다시 체용體用 관계로 보면, 상제님은 삼신을 본체로 하여 칠성으로 만물을 다스리고 작용하신다[10=3+7]. **삼신과 칠성이 음양 짝**을 이루어 **10무극 상제님의 조화가 실현**되는 것이다.

삼신사상은 9천 년 한민족사의 모든 왕조에서 국가를 경영하는 제도의 근간이 되었다. 배달은 국가 중앙 조직으로 풍백·우사·운사를 두는 **삼백三伯 제도**를 갖추었고, 고조선은 한 명의 대단군과 두 명의 부단군이 삼한을 나누어 다스렸고,[24] 백제는 중앙의 임금을 좌현왕과 우현왕[25]이 보좌하였다. 조선의 삼정승 제도와 현대 민주주의 사회의 삼권분립 제도도 삼신사상에서 비롯된 것이다.

삼신사상에 바탕을 둔 통치체제는 동북아의 이웃 민족에게도 전수되었다. 중국 심양에 있는 청나라 궁궐을 보면, 중앙에 태조 누루하치가 집정하던 대정전大政殿이 있고, 좌우에 그를 보좌하던 좌익左翼왕과 우익右翼왕의 누각이 있다. 북방 흉노족의 통치체제 역시 대선우大單于와 그를 보좌하는 좌현왕, 우현왕으로 이루어져 있다.

삼신사상은 비단 정치제도뿐 아니라, 한민족의 역사와 문화 전반에 나타난다. 환인이 환웅에게 천부인天符印 세 개를 주었고, 환웅은 3천 명의 무리를 거느리고 동방의 밝은 땅에 새 나라를 열었다. 환웅을 찾아온 웅족 여인의 수행 기간도 삼칠(3·7) 도수로 21일이었다. 홍산문화 유물 가운데 세 개의 원이 나란히 연결된

---

24) 고조선의 진한, 번한, 마한은 각각 좌우현왕 제도를 갖추었다. 진한은 21세 소태단군 때 개사원蓋斯原 욕살褥薩인 고등高登이 우현왕 되기를 주청한 일이 있었다(『단군세기』;『태백일사』「삼한관경본기」). 번한은 번조선을 거쳐 위만정권으로 바뀐 후, 우거왕 때 한나라 사신 섭하涉河가 돌아가면서 조선의 비왕裨王(좌우현왕의 다른 말) 장長을 찔러 죽인 일이 있었다(『사기』「조선열전」).

25) 중국 위진남북조(221~589) 시대의 송나라 역사를 기록한『송서』「이만전夷蠻傳」에 '그리하여 행관군장군우현왕 여기餘紀를 관군장군으로 임명하고, 행정로장군좌현왕 여곤餘昆과 행정로장군 여훈餘暈을 함께 정로장군으로 임명하였다仍以行冠軍將軍右賢王餘紀爲冠軍將軍, 以行征虜將軍左賢王餘昆行征虜將軍餘暈並爲征虜將軍'라는 기록이 있다. 이 구절은 458년 백제 개로왕蓋鹵王 여경餘慶이 남조 송나라에 사신을 보내 백제 신하 11명의 관작제수를 요청하였을 때, 송나라가 백제 왕족인 여씨 집안의 세 사람에게 관작을 제수하였다는 내용이다. 이 기록에서 여기餘紀는 백제 조정의 우현왕, 여곤餘昆은 좌현왕이었음을 알 수 있다.

삼련벽三聯璧은 천지인 삼재사상, 즉 삼신문화를 나타내고, 우하량 유적지의 천원지방天圓地方형 적석총도 3단으로 이루어져 삼신문화를 상징한다.

삼신사상은 한민족과 인류의 생활 도구, 풍습에서도 보인다. 단군 때에 농사를 가르쳐 준 고시高矢씨의 은혜를 기리기 위해 시작된 고수레 풍습을 보면 고시씨에게 먼저 음식을 세 번 떠서 바친 후에 먹는다.

중국 요령성 홍산문화 유적지의 삼련벽 옥기, 신락 유적지의 삼족토기, 중국 산동성의 용산문화에서 흔히 발견되는 삼족토기, 멕시코의 국립인류학 박물관에 전시된 삼족토기는 모두 삼신문화를 나타낸다. 이처럼 동북아와 중남미의 유물이 서로 너무나 많이 닮은 것은 두 문화권의 밀접한 관계를 보여준다.

중국 요령성 홍산문화의 삼련벽 옥기와 신락 유적의 삼족토기

중국 산동 용산문화의 삼족토기

멕시코 국립인류학 박물관에 전시된 삼발이 그릇

한국인의 삼신문화에 대해 윤내현 교수는 "**셋은 우리 의식구조의 기본이다**"라고 하면서 "한민족은 3을 성스럽고 신비스러운 숫자로 인식하여 문화와 생활습관에 세 가지로 상징되는 것이 많다"[26]라고 하였다. 이처럼 한민족의 역사와 문화 곳곳에 배어 있는 **삼신사상은 한韓 문화의 정수**인 것이다.

2) 삼신의 짝, '칠성'

하나님은 삼신을 본체로 하여 칠성으로 작용하기 때문에, 신교문화에서는 하나님을 삼신상제님으로만 모신 것이 아니라 칠성님으로도 모셨다. **삼신은 생명을 낳는 하나님**이고, **칠성은 기르는 하나님**이다. 칠성님은 신교문화에서 우리 선조들이 하나님을 부르는 또 다른 호칭이었다.[27] 그러므로 한민족의 어머니들이 예로부터 정화수를 떠 놓고 칠성님께 자손과 가정의 안녕과 축복을 염원한 것을 단순히 민간신앙, 기복신앙으로만 치부할 문제가 아니다.

칠성은 곧 **삼신상제님이 계시는 별인 북두칠성**이다. 달리 말해서 **북두칠성은 대우주 통치자이신 하나님의 별**이다. 때문에 북두칠성은 우주의 중심별로서 천지일월과 음양오행을 다스리며 인간의 무병장수와 생사화복, 영원불멸, 도통과 깨달음을 관장한다.[28] 우리 조상들이 상고 시대의 무덤이자 제단인 고인돌에 칠성을 그리고, 죽은 사람의 관 밑에 칠성판을 깐 것은 바로 칠성신앙의 한 모습이다. 전국 방방곡곡의 사찰에 있는 삼신각과 칠성각은 신교의 삼신신앙과 칠성신앙의 흔적으로, 인도, 중국, 티베트 등의 불교에서는 볼 수 없는 독특한 모습이다. 이 땅에 불교가 정착되는 과정에서 원래 있던 신교문화를 흡수하여 불교화한 것이다.

---

[26] 윤내현은 또한 "우리 민족은 삼원론과 삼단계 발전론의 원리를 노자나 헤겔 또는 마르크스보다 훨씬 앞서 수천 년 전에 이미 터득하고 있었다"(윤내현, 『우리 고대사』, 57쪽)라고 하여 인류 삼신 문화의 원조가 한국임을 밝혔다.

[27] 이십팔 수宿와 북극성이 우리나라를 중심으로 움직이는 우주를 나타내는 것이라면, 북두칠성은 나라의 상징이자 주성主星이었다(박정태, 『우리의 원형을 찾는다』, 36쪽).

[28] 사마천은 『사기』「천관서」에서 "북두칠성이란 이른바 '선기옥형을 살펴서 칠정을 다스린다' 는 것이다[北斗七星, 所謂璇璣玉衡以齊七政]."라고 기록하였다. 칠정七政이란 해와 달과 금, 목, 수, 화, 토의 오성五星을 말한다. 일월은 음양론의 근거가 되고, 오성은 오행론의 기준이 된다. 결국 이 말은 북두칠성이 천지일월의 운행을 주관한다는 뜻이다. 한편 사마정은 『사기색은』에서 『상서대전』을 인용하면서 '칠정' 을 봄, 여름, 가을, 겨울, 천문, 지리, 인사를 가리키는 것으로 규정하여, 자연의 운행과 사시의 변화, 오행의 분포, 인간 세상의 길흉화복이 모두 북두칠성에 의해서 결정되는 것으로 보았다.

한국의 대표적 민속놀이 중의 하나인 윷놀이도 칠성문화의 한 가지로, 북두칠성이 하늘을 도는 모습을 형상화한 것이다. 북남미 인디언도 즐겼다고 하는 윷놀이의 자세한 이야기는 잠시 후에 다시 전하기로 한다.

그런데 동북아 민족들 중 유독 한민족에게서만 볼 수 있는 칠성문화가 있다. 바로 머리를 틀어 올리는 상투이다. 홍산문화 유물 중에 발견된 옥고에서 알 수 있듯이, 상투는 태고 시대에 시작되어 수천 년 동안 이어져 내려온 생활문화이다. 상투는, 내 머리를 삼신상제님이 계시는 칠성을 향하게 하여 항상 상제님과 한마음으로 살겠다는 의지와 정성의 표현이다. 그래서 **상투문화는 곧 칠성문화**이다. 오늘날 사람들은 상투를 시대에 뒤처지는 구습으로 알지만, 사실 **상투문화에는 삼신상제님을 받들던 인류의 원형문화인 신교의 혼이 담겨 있다.**

스미소니언박물관에 소장된 인디언 추장의 깃털 모자

추장의 모자에 꽂힌 77개의 깃털을 보는 순간, 필자는 신교의 칠성 신앙이 북아메리카의 인디언에게도 전파되었음을 직감하였다.

칠성문화는 수메르 문명에까지 전해졌다. 수메르의 도시국가 우르의 제천단 꼭대기에 하늘의 일곱 주신29)에게 천제를 올린 제단이 있다. 이 일곱 주신은 칠성령(일곱 분의 성령)으로, 칠성의 신도神道적 표현이다. 수메르의 일곱 신은 후에 기독교의 '하나님의 일곱 영seven spirits of God'(「요한계시록」 4:5)으로 전승되었고, 오늘날 우리가 사용하는 요일의 이름이 되었다.30) 신교의 본고장인 동양은 우주의 통치자

---

29) BCE 25세기경에 확정된 수메르 신 계보에는 '운명을 결정하는 일곱 명의 큰 신'이 있다. 가장 큰 신은 하늘의 신(안)이고, 그 다음이 대기의 신(엔릴), 지하수의 신(엔키), 달의 신(난나), 해의 신(우투), 전쟁의 여신(인안나), 그리고 천둥의 신(아다드)으로 이어진다(조철수, 『고대 메소포타미아에 새겨진 한국신화의 비밀』, 89쪽).

30) 각 요일을 나타내는 신은 다음과 같다. 일요일은 우투, 월요일은 난나, 화요일은 구갈란나(하늘의 황소), 수요일은 엔키, 목요일은 엔릴, 금요일은 인안나, 토요일은 폭풍우의 신 니누르타이다(조철수, 『메소포타미아와 히브리 신화』, 57쪽).
수메르의 일곱 신은 요일 이름의 기원이고, 7요일(일주일) 자체가 생긴 기원은 배달 시대 때 탄생한 인류 최고最古의 책력인 칠회제신력七回祭神曆과 칠정운천도七政運天圖에서 찾을 수 있다(『태백일사』「소도경전본훈」).

이신 상제님이 계신 별인 칠성을 중심으로, 즉 천문 차원에서 칠성문화를 이야기하는 반면, 수메르와 서양은 신도神道 차원에서 칠성문화를 이야기하는 것이다.

수메르의 칠성문화는 이 외에도 다양하게 나타난다. 신년 축제에 태양계의 일곱 개 행성이 등장하는데, 그것은 '심판하는 7인'이며 '최고신 안An의 일곱 사자'이다. 또한 고대 근동의 모든 도시에는 일곱 개의 성문이 있었고, 문에는 일곱 개의 빗장이 있었고, 7년간의 풍요를 비는 축복이 있었으며, 7년간의 기아와 역병을 저주하는 주문이[31] 있었다.[32]

수메르 문명에서 갈려 나간 유대 문화에도 칠성신앙이 녹아 있다. 유대인들의 역사서인 『구약전서』에서는 천지창조가 7일 만에 이루어졌다 하고, 『신약전서』에서는 '일곱 개의 금 촛대', '일곱 교회', '하나님의 일곱 성령' 등을 말한다. 이상과 같이 서양의 칠성신앙에서 우리는 또 한 번 환국을 모태로 하고 수메르를 실질적인 전수자로 하여 서양 세계로 뻗어 나간 신교 문화의 정수를 느끼게 된다.

환국과 배달 시대로부터 내려온 칠성 문화

『치성광여래제성강림도熾盛光如來諸星降臨圖』탱화

모든 별을 불교 관련 인물로 인격화하여 탱화로 그린 것이다. 하늘의 중심인 북극성(치성광여래)과 북두구진(칠성여래와 존尊성과 제帝성), 28수宿와 12황도궁, 일월성신 모든 별이 북극성을 중심으로 인간세상으로 내려온다는 조선시대의 탱화이다. 불교의 칠성신앙은 원래 우리 동방의 고유 신교 신앙으로 불교가 이 땅에 정착하는 과정에서 신교신앙을 흡수하여 형성된 것이다. 일본 교토 고려미술관 소장

---

31) 제카리아 시친, 『수메르 혹은 신들의 고향』, 374쪽.
32) 조철수 박사는 수메르의 주요 도시인 에리두·우르·라르싸·우르크·니푸르·키시를 지도에서 선을 그어 연결하면 그 모양이 북두칠성의 6개 별 배치와 닮았다고 말한다(정형진, 『바람 타고 흐른 고대문화의 비밀』, 278쪽). 이 또한 수메르인이 가졌던 칠성사상의 한 예이다.

3) 한민족과 인류 대제전의 장, 천제天祭

환국 시대 이래 수천 년 간 한민족은 천제를 올림으로써 하늘에 계신 상제님께 믿음과 공경을 표현해 왔다. 천제는 고조선 22세 색불루단군 때의 제문祭文에서 알 수 있듯이, 상제님께 폐백을 바쳐 나라의 부강과 백성의 번영을 기원하며 상제님의 은혜에 감사하는 국가 행사였다(『태백일사』「삼한관경본기」). 천제를 올린 뒤에는 모든 백성이 어울려 음주와 놀이를 즐기는 제전祭典의 장을 열었다. 천제는 제사와 놀이로써 모두가 한마음이 되는 '**태일**太一**의 한마당**'이었다.

고조선의 역대 단군은 매년 봄가을에 천제를 거행하였다. 음력 3월 16일 대영절大迎節(삼신상제님을 크게 맞이하는 날)에는 강화도 마리산[33]에서 천제를 봉행하였고, 10월에는 백두산에서 봉행하였다. 하늘에 제사를 지내어 근본에 보답하는 의식이 단군 때 시작되었다고 밝힌 『규원사화』에 따르면, 부여는 영고迎鼓, 예맥은 무천舞天, 고구려는 동맹東盟이라 불리는 제천 행사를 거행하였다.[34] 『삼국지』,[35] 『후한서』[36] 등의 중국 문헌에서도 고대 한민족의 제천 행사를 기록하고 있다.

천제는 삼국 시대 이후로도 꾸준히 거행되었다. 고구려의 광개토열제, 을지문덕 장군 등도 마리산과 백두산에서 천제를 올렸고(『태백일사』「고구려국본기」), 고려 시대 행촌 이암도 충목왕의 명을 받아 마리산 참성단에서 천제를 올렸다(『태백일사』

---

[33] 『고려사』에 이르기를 강화도 마리산의 참성단은 "세상에서 전하기를 단군께서 하늘에 제사 지내던 단"이라 하였다. 또 고려말 권근이 지은 「참성초청사」에도 단군이 제사 지내던 곳이라 하였다. 조선 초 변계량이 지은 「삼청청사三淸靑詞」에는 "참성에 제단이 있으니 춘추로 초례를 봉행하나이다. 이는 국법의 상례로써 나의 마음에 겸연하옴은 이곳은 신이 계시는 곳이라"라고 하여 참성단이 상제님께 제사를 지내는 곳임을 분명히 하였다.

[34] 하늘에 제사 지내고 조상에게 보답하는 예는 단군으로부터 시작되었다. 부여, 예맥, 마한, 신라, 고구려 등은 시월에 그리고 백제는 사중월四仲月에 제사지냈는데, 각각 도천, 무천, 제천, 교천, 영고, 동맹이라 했다[盖祭天報本之禮, 始於檀君, 後世歷代諸國, 莫不祭天. 扶餘濊貊馬韓新羅高句麗諸國以十月, 百濟以四仲月, 各有禱天舞天祭天郊天迎鼓東盟之稱](『규원사화』「단군기」).

[35] 『삼국지』를 보면 동예의 무천, 고구려의 동맹, 한(韓:中三韓)의 제천이 모두 10월이요 부여의 영고는 12월이라고 했다. 영고에 대해 『삼국지』「동이전」에는 "12월(은정월)에 하늘에 제사를 지내는데 나라의 큰 대회이다. 연일 마시고 먹고 노래하고 춤추기를 여러 날 동안 계속하는데 이름하여 영고라 하였다. 이때에 형옥을 깨고 나라 안의 죄수들을 풀어주었다[以殷正月祭天 國中大會 連日飲食歌舞 名曰迎鼓 於是時斷刑獄 解囚徒]"라고 하였다.

[36] 『후한서』에도 영고, 무천, 동맹에 대해 『삼국지』와 유사한 기록이 전한다. 『후한서』「동이열전」에서는 '무천'에 대해 "항상 10월에 하늘에 제사를 지내며, 주야로 술을 마시고 노래하고 춤추는데, 이를 무천이라고 부른다[常用十月祭天, 晝夜飲酒歌舞, 名之爲舞天]"라고 하였고, 고구려의 동맹에 대해 "귀신과 사직과 영성零星에 제사 지내는 것을 좋아하며, 10월에 하늘에 제사를 지내며 대규모로 모이는데, 이를 동맹이라고 부른다[好祠鬼神・社稷・零星, 以十月祭天大會, 名曰東盟]"라고 하였다.

「고려국본기」).

고려 때 국가 최고의 의례인 팔관회도 불교 행사가 아니라 사실은 제천행사였다. 『송사宋史』「고려전」을 보면 "고려가 하늘에 제를 올리고 숭신崇神에 제하는 제전을 팔관회라 칭한다"라고 하였고, 『고려도경高麗圖經』에서는 "팔관회는 고구려의 동맹을 계승한 것"이라고 하여 팔관회가 **한국인의 제천행사의 한 형태**임을 더욱 분명하게 밝혔다.[37]

원래 팔관회는 신라 때부터 시작된 것으로 호국안민을 위해 왕이 직접 주재하던 제천행사였다. 『고려사절요』를 보면, 고려 의종(1146~1170 재위)이 '용왕과 천신이 환열하고 백성과 만물이 안녕하도록 했던 신라의 선풍仙風을 따라 팔관회를 시행함으로써 사람과 하늘이 기뻐하도록 하라'[38]는 명을 내렸다는 기록이 있다. 연등회 역시 환국에서 배달, 부여, 고구려, 신라를 거쳐 고려로 이어져 온 제천행사이다.[39]

고려의 팔관회와 연등회가 하나님을 섬기는 천제문화임은 고려 성종 때 이지백이 임금에게 올린 간언에서도 확인된다. 거란의 침입에 대해 일부 신하들이 할지론割地論(서경 이북의 땅을 떼어 주자는 주장)을 주장하자 그는 '신명에게 고하는 제', 즉 '**천상의 삼신상제님께 고하는 연등회와 팔관회**'를 거행하여 나라를 지킬 것을 임금에게 간청하였다.[40]

이러한 천제문화는 조선 태종 때 중신 변계량이 올린 상소문에 나타나듯이,[41]

---

37) 박정학, 『한민족의 형성과 얼에 대한 연구』, 강원대 박사학위 논문, 41쪽.
38) 遵尙仙風. 昔新羅, 仙風大行. 由是, 龍天歡悅, 民物安寧. 故祖宗以來, 崇尙其風久矣. 近來, 兩京八關之會, 日減舊格, 遺風漸衰. 自今八關會, 預擇兩班家産饒足者, 定爲仙家, 依行古風, 致使人天咸悅.(『고려사』 의종 22년).
39) 연등회와 팔관회는 동일한 천신을 제사하는 의례로서 2월에 하강한 천신을 연등, 6월에 하강한 천신을 팔관신이라 했다고 한다. 연등회, 팔관회 모두 같은 연원을 가진 의례라는 것이다(선도문화연구원 편, 『한국 선도의 역사와 문화』, 69쪽).
40) 가벼이 토지를 떼어 적국에 주는 것보다는 선왕께서 행하시던 '연등', '팔관', '선랑仙郞' 등의 일을 다시 행하고 외국의 다른 법을 쓰지 않아 국가를 보전하고 태평을 이루는 것이 낫지 않겠습니까. 그러니 만약 옳게 여기신다면 마땅히 먼저 신명神明께 고한 뒤에 전쟁을 하든지 화친을 하든지 주상께서 결정하소서[與其輕割土地, 棄之敵國, 曷不復行先王, 燃燈八關, 仙郞等事, 不爲他方異法, 以保國家, 致太平乎. 若以爲然, 則當先告神明, 然後戰之與和, 惟上裁之時(『고려사절요』 성종 12년).
41) 우리 동방(조선)은 단군이 시조로서 대개 하늘로부터 내려왔지 천자가 봉한 것이 아닙니다. 하늘에 제사하는 예가 어느 시대에 시작하였는지 알지 못하겠습니다만, 1천여 년이 되도록 이를 고친 적이 아직 없습니다. 태조 강헌대왕이 또한 이를 따라 더욱 공근하였으니, 신은 하늘에 제사하는 예를 폐지할 수 없다고 생각합니다[吾東方, 檀君始祖也. 蓋自天而降焉, 非天子分封之也. 祀天之禮, 不知始於

인류 제천문화의 원형을 찾아서

마리산 참성단

사라져 가는 한韓문화의 혼을 되살리는 상생방송STB에서는 '2010 방송통신위원회 방송컨텐츠제작지원사업'의 후원을 받아, 조선 고종 황제가 거행한 원구대제의 역사적 기원을 밝히는 "환구단의 비밀" 2부작을 제작하였다. 제작팀은 강화도 마리산과 강원도 한계산을 기점으로 하여 중국 북경을 거쳐 요령성과 내몽골자치구 등을 답사하였다. 그 여정의 몇 장면을 중심으로 동북아 제천문화의 원형을 만나보기로 하자.

    우리나라에 남아 있는 제천단은 강화도 참성단, 태백산 천황단, 지리산 노고단이 대표적이다. 제작팀은 먼저 강화도 마리산으로 향했다. 마리산은 해발 468미터로 그리 높지 않은 산이지만 예로부터 모든 산의 머리라는 뜻으로 두악頭嶽이라 불렀다. 마리산 정상에 올라, 돌을 쌓아 만든 참성단과 마주하였다. 참성단은 위는 네모나게 돌을 쌓고, 아래는 둥글게 만든 구조로 천원지방天圓地方 사상을 고스란히 담고 있고, 고조선의 초대 단군 때 만들어져 지난 4천여 년 동안 한민족 역사와 함께하여 오늘에 이르고 있다.

    강화도에서 돌아온 며칠 후, 수소문 끝에 만난 인제 향토사 최병헌 연구소장으로부터 한계산성의 제천단을 소개받고 그곳을 찾았다. 최병헌씨는 1978년 12월, 당시 인제군청의 공무원이었는데, 업무 차 찾은 답사 길에 이 제단을 발견하였다고 한다. 한계산성은 신라 경순왕 때 자연석으로 축조한 산성이다. 산성의 오른쪽 성벽을 따라 올라가니 암벽이 우뚝 솟은 산 정상에 제단이 자리 잡고 있었다. 그런데 제단은 독특하게도 세 개로 구성되어 있었다. 최병헌씨는 자신이 옛 문헌에서 찾아 낸, 조선 중기에

강화도 마리산

살았던 보우선사普雨禪師가 지은 「천단즉사天壇卽事」[1]라는 시를 통해 이 제단이 바로 **상제님께 제사를 올리던 천제단**이었음을 알게 되었다고 하였다.

제천문화의 기원과 원형을 찾아 다시 대장정의 길을 떠났다. 천자국을 자처하며 세계의 중심이 되기를 원했던 중국의 수도 북경에 도착하여 자금성으로 향하였다.

우리는 자금성 동남쪽 80만 평 대지 위에 지은 천단을 찾아갔다. 원구단, 황궁우, 기년전으로 나뉜 천단은 명·청 시대에 황제가 매년 입춘과 동지에 하늘의 상제님께 천제를 지내던 신성한 곳이다. 그 중 원구단은 하늘에 제를 지내던 제단으로서 3단의 원형으로 이루어진 대리석 건축물이다. 원형 형태의 내벽과 사각형 형태의 외벽으로 이루어진 구조가 또한 천원지방을 떠올리게 했다. 원구단을 지나서, 평소에 위패를 봉안해 두는 곳이라는 황궁우에 들어서자 정면으로 보이는 위패에 "황천상제지위皇天上帝之位"라는 글자가 선명하게 새겨져 있었다.

유가에서는 제요帝堯가 처음으로 상제님께 천제를 올렸다. 그리고 요를 이은 순도 천제를 올렸고, 진시황과 한 무제 때까지만 하더라도 70여 명의 제왕이 태산 정상에 올라 천제를 올렸다.

북경에서 자금성과 천단을 보고 난 우리는 대한제국의 원구단과 중국 천단의 원형을 찾고자 하는 간절한 마음으로 홍산문화 유적지로 떠났다. 조양시 덕보박물관에서 홍산문화의 이모저모를 살펴본 후 왕동리王冬力 박물관장과 함께 요령성 능원현의 우하량 유적지로 갔다. 중국 정부는 16개 지점 가운데 여신상이 발견된 제1지점과 원형

---

[1] 보우선사(?~1565)의 「천단즉사天壇卽事」:
  북두는 환하게 비추고 남성은 밝게 임하였구나[北斗明明照, 南星耿耿臨].
  산승의 뜻을 상제께서는 아시리[山僧無限意, 上帝是知音].

태백산 제천단

설악산 한계산성 제천단

제단과 적석총이 발견된 제2지점만 일반인에게 공개하고 있었다. 제2지점은 공사가 한창이었다. 우하량 유적을 2012년 유네스코에 세계문화유산으로 등재하기 위해 박물관을 짓고 있다고 하였다. 이 공사 또한 동북아의 고대 역사 전부를 중국 역사로 만들려는 동북공정의 일환이다.

역사의 현장을 제대로 볼 수 없는 아쉬운 마음에, 발굴 자료를 토대로 우하량 제천단을 컴퓨터 그래픽으로 복원해 보기로 했다. 제단은 남북을 축으로 정연하게 배치된, 3층 높이의 원형 모양이었다. 원의 직경은 하단부가 22미터, 중단부가 15.6미터, 상단부가 11미터이고, 각 단의 둘레에는 하늘과 소통하기 위해 원형 토기를 둘러 세웠다.

우하량을 둘러본 후 요령성 객좌현 동산취촌으로 향했다. 이곳에서 발굴된 원형 적석총과 방형 적석총 또한 제사를 지내던 사직단의 일종이다. 우하량과 동산취에서 꽃피웠던 제천문화가 청동기 시대를 거쳐 현재에 이르고 있는 것이다.

이어서 고조선의 초기 문명과 닿아 있는 내몽골자치구 적봉시의 삼좌점三座店 유적 탐방을 끝으로 일주일에 걸친 답사 여정을 마쳤다.

우리는 유적 답사와 탐방을 통해 **고대 동북아에서는 삼신상제님께 천제를 올린 제천문화가 국가 제1의 중요 의식으로 성행**하였다는 것을 확실히 인식하게 되었다.

❶ 서울 원구단의 황궁우 ❷ 원구단 황궁우 안에 모셔진 황천상제 위패
❸ 북경 천단 공원 내 기년전 ❹ 기년전 안에 모셔진 황천상제 위패
❺ 중국 정부에서 기년전 천제를 재연한 모습 ❻ 천단공원 내 원구단 ❼ 원구단 천심석

조선 초기까지 1천 년 동안 끊이지 않았으며, 세조 때까지 국가적 규모로 원구대제圓丘大祭를 봉행하였다. 하지만 당시 천자국으로 행세하던 명나라가 '천제는 천자가 올리는 것'이라며 조선의 천제를 일체 금한 후로는 제천행사가 기우제 또는 초제醮祭(하늘의 별을 향해 올리는 제사)로 격하되어 거행되었다.

그렇게 수백 년간 조선에서 사라졌던 천제문화는 1897년에 독자적인 연호 '광무光武'를 선언하고 천자의 보위에 오른 고종황제에 의해 부활되었다. 고종은 지금의 조선호텔 자리에 원구단圓丘壇을 복원하고 상제님께 천제를 올림으로써 만천하에 황제 등극을 알리고 새로운 국호, 대한제국을 선포하였다. 고종 황제가 올린 **원구대제는 끊어진 한민족의 천제문화의 맥을 되살리고 잃어버린 천자국의 위상을 회복한 역사적인 대사건이었다.**

한민족의 천제문화는 일찍이 중국 땅으로 전파되어, 중국의 역대 왕들도 천제를 봉행하였다. 『사기』「봉선서封禪書」는 춘추 시대까지 72명의 중국 왕이 현 산동성의 태산에 올라 천제를 지냈다고 전한다.[42] 그 72명 중에는 유가儒家에서 상제님을 대신하여 인간의 질서를 처음으로 확립한 인물로 받드는 요堯와 그의 제위를 물려받은 순舜[43]이 거명된다.

춘추 시대 이후 진시황[44], 한 무제 등도 태산에서 천제를 봉행하였다. 특히 한 무제[45]는 BCE 100년을 시작으로 5년마다 **태산 봉선제**를 거행하였는데, 총 다섯 차례를 행하였다(『사기』「효무본기」).[46] 태산 꼭대기에는 지금도 옥황대제玉皇大帝라

何代, 然亦千有餘年, 未之或改也. 惟我太祖康獻大王亦因之而益致謹焉, 臣以爲, 祀天之禮, 不可廢也(『조선왕조실록』 태종 16년).

42) 『사기』「봉선서」에서 관중의 말을 인용하여 전하는 내용이다. "관중이 말하기를, '고대에 태산에서 하늘에 제사 지내고 양보산에서 땅에 제사 지낸 왕은 72가인데, 내가 기억하는 왕은 12가이다'[管仲曰: 古者封泰山禪梁父者七十二家, 而夷吾所記者十有二焉]." 관중은 그 12명의 왕을 일일이 거명하였다.

43) 순은 요의 제위를 계승하였을 때 '유제類祭, 즉 상제님에게 올리는 제사를 봉행하여[類于上帝]' 천자가 되었음을 고하였다(『서경』「순전舜典」). 그리고 '어느 해 2월에는 동쪽 지방을 순수巡守하다가 태산岱宗에 올라 나무를 태워 제사하는 시柴 제사를 지냈다[歲二月, 東巡守至于岱宗, 柴, 望秩于山川]'(『서경』「순전」).

44) 재위 28년에 진시황이 동쪽으로 군현을 순행하였는데, … 마침내 태산에 올라가 비석을 세우고 토단을 쌓아 하늘에 제사 지냈다[二十八年, 始皇東行郡縣, … 乃遂上泰山, 立石, 封, 祠祀](『사기』「진시황본기」).

45) 한 무제는 '시중 봉거 자후자 侯만을 데리고 태산에 올라 하늘에 제사를 지내고, 그 일을 비밀에 부친[天子獨與侍中奉車子侯上泰山, 亦有封, 其事皆禁]'(『사기』「효무본기孝武本紀」) 적도 있다.

46) 중국 황제들의 천제 봉행은 진한 왕조를 거쳐 마지막 청나라에까지 이어졌다. 영화 〈마지막 황제 The Last Emperor〉에서도 푸이溥儀가 만주국 황제로 취임할 때 상제님께 천제를 올리는 장면이 나온다.

는 위패를 써 붙인 황금빛 상제님 상像을 모신 **옥황전**玉皇殿이 보존되어 있다.

 산동성은 원래 배달 시대 때 동이족의 주된 근거지 중 하나이다. 때문에 중국의 어느 지역보다 천제문화가 발달하여 중국 천자들도 먼 길을 마다 않고 이곳을 찾아온 것이다. 산동성의 태산은 중국 천제문화의 성지와 같은 곳이다. 산동성은 또한 춘추전국 시대 제나라의 시조가 된 강태공이 천지의 여덟 신에게 제를 올린 팔신제八神祭47)로 유명하다. 『태백일사』「신시본기」에 따르면, 팔신의 첫째 신인 천주는 우주의 최고신이신 상제님이고, 병주는 병법의 시조로 추앙받는 치우천황이다.

 동북아의 천제문화는 북방 민족에게도 전해졌다. 대진국 이후 만주 땅에 세워진 요나라, 금나라는 한민족의 제천풍속을 받아들여 국가행사로 거행하였다. 또한 천제문화는 일본으로 전해져 **신사**神社 문화를 탄생시켰다. 삼신상제님과 천지신명을 함께 받든 동방 신교의 풍습 그대로, 일본 신사는 조화주 하나님인 상제님(천신)을 비롯하여 자연신, 조상신 등 다양한 신을 모시고 있다. 오늘날 **신교문화의 원형이 가장 많이 살아있는 나라는 바로 일본**이다. 일본의 신교문화에 대해서는 잠시 후에 다시 전하기로 한다.

4) 삼신상제님의 호칭

 천제天祭는 한마디로 **인류 문화의 원형이며 한민족의 하느님 신앙을 보여주는 대표적인 의례이자 문화 행사**이다. 천제문화의 본질이 바로 삼신상제 신앙이다. 그럼 여기서 잠깐 삼신상제님을 부르는 역사 속의 다양한 호칭을 살펴보기로 하자.

 우선 인류의 시원 종교인 신교에서 부른 공식 호칭인 삼신상제님을 간단히 줄여 상제님이라 불러왔다. 상제는 '천상의 하나님', 즉 천상 보좌에 앉아 계신 하나님을 뜻한다. 보통 세상에서는 제帝를 '임금님 제'로만 알고 있는데, 제는 예로부터 **'하나님 제'** 자이다. **하나님의 원말이 바로 상제**이다. 상제는 사람의 형상을 갖추고 대우주의 통치자로 실재하시는 하나님의 참모습을 강조한 말이다.

 유가에서는 상제라는 말에 호천昊天을 붙여 '호천상제昊天上帝'라 하고, 도교에서

---

47) 팔신제에서는 천주天主, 지주地主, 병주兵主, 양주陽主, 음주陰主, 월주月主, 일주日主, 사시주四時主 등의 여덟 신을 모셨다(『태백일사』「신시본기」).『사기』「봉선서」에서도 동일한 팔신을 밝히면서 팔신제를 기록하였다.

는 옥황玉皇을 덧붙여 '옥황상제玉皇上帝'라 한다. 옥황은 중국 남북조 시대에 출현한 도교의 새로운 신神 개념인데, 그 근원은 홍산문화 시절로 거슬러 올라간다. '옥'은 본래 정미하거나 진귀하다는 뜻이다. 동양에서 옥은 종교적으로 많은 주목을 받아, 신과 소통하기 위해 바치는 제물로 이용되기도 했다. 5~6천 년 전의 홍산문화 유적에서 발굴된 제사장의 무덤에서 나온 옥기를 보면, 옥이 신의 세계와 밀접하다는 것을 알 수 있다. '황皇'은 '대大', '천天', '군주', '빛남' 등의 의미를 지닌다. 이러한 옥과 황을 합친 옥황을 덧붙인 옥황상제는 송대에 이르러 도가에서 이 우주의 최고신을 일컫는 호칭이 되었다.[48]

상제는 **천제天帝**라고도 불렀다. 광개토대왕비문에도 나오는 이 말[49]은 '하늘에 계신 우주의 통치자 제帝'로서 상제의 다른 말이다. 지상의 통치자를 일컫는 천자天子는 천제지자天帝之子(천상 하나님의 아들)의 줄임말이다.

천제를 대신하여 **천신天神**, **천황天皇**, **천주天主** 등으로 부르기도 하였다. 천신은 '모든 신을 다스리는 하늘의 최고의 신'을 뜻하고, 천황은 '**우주의 모든 신을 거느리는 천상의 제왕**'을 가리킨다. 천주는 '**천상 또는 천지의 주인**'이란 뜻으로 중국 제나라에서 섬기던 팔신八神의 으뜸이었다. 훗날 예수회 신부 마테오리치가 중국에서 활동할 때 『천주실의天主實義』를 저술한 것이 계기가 되어, 천주는 오늘날 동양의 가톨릭 문화권에서 하느님의 호칭으로 정착되었다.

오늘날의 한국인에게 보다 익숙한 호칭은 '하느님' 또는 '하나님'이지만, 인류의 시원 역사를 살펴보면, **절대자 신을 부르는 9천 년 인류사의 정통 호칭은 바로 '상제님'**(삼신상제님의 줄임말)인 것이다.

5) 천제를 올린 성지聖地, 소도

그렇다면 천제는 어디에서 올렸을까? 상고 시대 우리 조상들은 아무데서나 천제를 올린 것이 아니라 '소도蘇塗'라는 특정 장소에서 올렸다. 초대 단군왕검이 천자로 추대되기 전 천제를 올린 장소인 '단목 터[檀木之墟]'는 고조선 최초의 소도라 볼 수 있다. 고조선의 11세 도해단군은 전국의 12명산 가운데 아름다운 곳을

---

48) 원정근, 『도道와 제帝』, 56~59쪽.
49) 광개토대왕 비문의 첫 머리가 "옛적에 시조인 추모왕鄒牟王께서 나라를 세우셨는데, 그분은 북부여에서 출생하였으며, 천제의 아들이다[惟昔始祖鄒牟王之創基也, 出自北夫餘, 天帝之子]"라고 시작한다.

중국 산동성의 양주陽主 사당_몇 년 전 중국을 답사하는 길에 산동성 여러 곳에 지어진 팔신제 사당을 찾은 적이 있다. 그 중 가장 기억에 남는 곳이 해질 무렵에 찾아간 양주陽主 사당이다. 넓은 대지에 세운 전각에 들어가 양주신에게 예를 올리고, 밖에 나와 그곳 안내문을 읽다가 깜짝 놀랄 만한 내용을 발견하였다. 양주 사당은 음주와 함께 짝을 이루는 신을 모신 곳일 것이라 여겼는데, 사실은 삼신의 조화기운으로서 대우주를 움직이는 기운인 율려律呂의 신을 모신 곳이었다.

뽑아 '국선소도'를 설치하였고, 13세 흘달단군도 곳곳에 소도를 많이 설치하였다. 24세 연나단군 때는 소도를 증설하였다(『단군세기』).

특히 도해단군은 소도 둘레에 박달나무를 많이 심게 하였는데, 초대 단군이 '박달나무가 우거진 곳'에서 제를 올린 전통을 계승한 것이다. 배달을 세운 환웅천황이 나라를 세우기 위해 '백두산 신단수神檀樹' 아래에 내려왔는데,[50] 그 신단수 역시 '박달나무 단' 자를 담고 있다. 따라서 소도와 같은 종교적 성지는 이미 배달 시대부터 있었다고 추정할 수 있다.

도해단군은 소도에 심은 박달나무 가운데 가장 큰 나무를 환웅상으로 모시고 제사를 지냈다. 그리고 그 이름을 **웅상**雄常이라 하였다. 초상화나 사진이 없던 그 시절에 나무를 환웅천황이 응감하여 계신 곳으로 여기고 모신 것이다. 『산해경』에도 "숙신(조선)이라는 나라는 백민白民의 북쪽에 있는데, 그곳에는 웅상雄常이라

---

50) 2009년 12월에 개봉된 영화 〈아바타〉는 미국의 인디언 문화를 바탕으로 제작되었다. 이 영화에서 인디언에게 전파된 신교문화의 단면을 볼 수 있다. 죽어가는 그레이스 박사를 살리기 위해 외계의 나비Navi족이 생명의 나무 '에이와' 아래에 줄 지어 앉아 서로 어깨동무를 하고 주문을 외우는 장면이 있다. 그 거대한 나무 에이와는 동방 신교의 신단수神檀樹와 같은 것이다. 이 신단수의 하얀 신경망에서 뿜어 나오는 조화 기운은 삼신의 생명을 상징한다.

고 불리는 나무가 있다"⁵¹⁾라는 기록이 있고, 『삼국지』「위서동이전」⁵²⁾에도 소도의 나무가 언급된다. 소도 주위에는 금줄을 매어 사람의 출입을 금하였고, 소도를 훼손한 자는 금고禁錮형에 처하였다. 죄인이라도 소도 안에 들어온 자는 그 죄를 추궁하지 않았다.

소도의 풍습 중 오늘날까지 전해져 오는 것이 있다. 바로 솟대[立木]이다. 소도임을 알리기 위해 그 앞에 세운 높다란 기둥이 솟대인데, 이 솟대는 또한 '신을 모시는 기둥'이었다. 이러한 솟대를 박성수는 '신단수를 대신한 기둥'이라 하였다. 배달의 초대 환웅천황이 신성한 나무를 신단수로 삼아 그 앞에서 천제를 올린 것이 고조선 시대에 솟대로 변한 것이다. 1970년대 새마을운동을 하기 전까지 각 동네 어귀에서 쉽게 볼 수 있었던 서낭당 나무도 솟대와 같이 신단수를 대신한 것으로⁵³⁾ 그 마을의 수호목守護木 구실을 하였다.

솟대는 조간鳥竿이라고도 하는데, 솟대 끝에는 이름 그대로 대개 새가 조각되어 있다. 앞서 홍산문화의 새 소조상과 새 모양의 옥기에서 알 수 있듯이, 우리 겨레는 새를 신성시하여 토템으로 삼기도 하였다. 새는 하나님(삼신상제님)의 사자로서 하늘의 뜻을 전하는 신령한 존재로 숭배되었다. 솟대는 그 신조神鳥가 앉는 신간神竿이었던 것이다.⁵⁴⁾ 이때의 신조는 다름 아닌 신교 삼신문화의 상징물인 삼족오이다.

주로 마을 어귀에 세우는 솟대는 **'우주나무'와 '하늘새'의 조합**이다. 우주나무는 말 그대로 우주의 중심에 세워져 있는 나무이다. 우주나무는 하늘 세계와 지상의 인간 세계를 서로 연결하는 **'우주의 통로'** 구실을 한다. 이 우주나무 끝에 앉아있는 하늘새는 천신에게 인간의 기원을 전하는 전령자이다. 때문에 솟대가 들어선 소도는 '세계의 중심'이다. 하나님과 인간이 교통하고, 사람이 하나님의 축복과 보호를 받는 신성한 공간인 것이다.⁵⁵⁾

솟대의 흔적은 멀리 동남아시아에서도 발견된다. 태국의 치앙라이 산간지역에

---

51) 肅愼之國在白民北, 有樹名曰雄常(『산해경』「해외서경海外西經」).
52) 여러 국읍國邑에 각기 한 명을 두어 천신에 제사하는 일을 주관하는데 그를 천군天君이라 한다. 또 소도를 두는데 큰 나무를 세워 방울과 북을 매달고 귀신을 섬긴다(諸國邑各以一人主祭天神, 號爲天君, 又立蘇塗, 建大木以縣鈴鼓, 事鬼神).
53) 박성수, 『단군문화기행』, 253쪽.
54) 박성수, 같은 책, 251~252쪽.
55) 강릉 MBC-TV, 〈우주나무와 하늘새, 솟대〉, 2004.5.27.

거주하는 아카족은 2천 년 전 티베트 부근에서 이주해 왔다고 하는데, 그 마을 입구에 새의 문이 세워져 있고, 문 꼭대기에 나무를 깎아 만든 새가 있다. 새는 악귀를 막아 마을을 지키고, 나쁜 귀신이 들어올 경우 마을 사람들에게 알려 주는 전령자 역할을 하는 신성한 존재로 여겨져 왔다. 새의 문에 새로운 새를 매달 때는 마을사람이 모두 참여하는 행사를 연다.

북방 솟대 문화는 남방 지역에까지 전파되었다.[56] 중국 운남성 서남부와 태국 북부 지역에는 북방 민족의 한 갈래인 라후족이 살고 있는데, 그 마을에서 솟대문화의 흔적을 보다 선명하게 찾아볼 수 있다. 이들은 해마다 정월에 마을 사람이 모두 모여 새로운 기둥을 만들고 나무새를 깎아 얹어 제사를 준비한다. 샤먼의 주도로 제의祭儀를 마치면, 솟대 형상의 조형물을 샤먼과 마을 사람이 제당으로 모시는데, 이때 흥겨운 춤과 노래로 분위기를 고조시킨다. 하늘에 제사하고 신과 소통하는 제사장인 샤먼이 행사의 중심이 된다.

이 솟대는 일본으로 가서 신사 입구의 도리이鳥居라는 일주문이 되었다. '새(鳥)가 앉아 있다(居)'는 뜻의 이름에서도 알 수 있듯이 도리이는 솟대가 변형된 것이다. 솟대를 포함한 고조선의 소도문화는 일본에 전해져 '**도소**塗蘇'라 불리었다. 원래의 이름을 거꾸로 뒤집어 부른[57] 것이다. 일본인들이 새해의 평안과 건강을 기원하며 설날 아침에 마시는 술인 도소자께塗蘇酒도 알고 보면 한국 소도문화의 영향이다. 요컨대 신교의 소도문화는 동북아에서 아시아 전역으로 퍼져 나가 아시아의 보편적인 문화가 되었다.

이집트에서도 소도의 솟대와 유사한 유물을 볼 수 있다. BCE 2000년경 파라오와 귀족 간의 세력 다툼으로 혼란에 빠졌던 이집트를 통일한 제12왕조의 첫 파라오는 신전과 성소를 재건하였다. 그 아들은 신전 앞에 약 20미터 높이의 거대한 화강암 기둥을 두 개 세웠다. 그 후 이집트의 또 다른 황금기인 제18왕조와 제19왕조 때는 더 많은 돌기둥을 두 개씩 쌍으로 신전 앞에 세웠다. 그리스인들은 이 돌기둥을 '뾰족한 절단기'라는 뜻으로 **오벨리스크**라 하였고, 이집트인들은 '**신들**

---

56) 김병호, 『우리 문화 대탐험』.
57) 일본의 낭화절浪花節(나니와부시)이란 말에서 '낭화'도 한국의 '화랑'을 거꾸로 뒤집은 표현이다. 낭화절이란 의인과 협객의 설화를 섞어서 부르는 노래인 창唱을 가리키는데 무사도 정신을 고취하기 위해 만든 것이다.

의 빛'이라 불렸다. 파라오들은 신으로부터 영원히 지속되는 생명을 얻기 위해서 이 오벨리스크를 세웠다고 한다.[58] 신과 인간을 연결하는 구실을 한 오벨리스크는 신을 모시는 기둥인 고조선의 솟대와 그 기능이 상통한다. 더구나 이집트의 제12왕조(BCE 1991~BCE 1782)에서 제19왕조(BCE 1293~BCE 1185)에 이르는 기간이 고조선 시대(BCE 2333~BCE 238)에 포함된다는 점에서도 두 문화의 유사성을 가볍게 볼 수 없다.

유럽에서도 동북아의 소도문화에 나타나는 나무 숭배 신앙을 볼 수 있다. 고대 신화를 연구한 인류학자 프레이저는 유럽에서 오랫동안 나무 숭배가 광범위하게 행해졌다고 말한다. 그에 따르면, 독일의 언어학자 그림Grimm은 '신전'을 뜻하는 튜턴어(북유럽 민족어) 낱말들을 검토하여 독일에서 가장 오래된 성소聖所는 자연림이었다는 것을 밝혔다.[59]

나무 숭배는 아리안어계에 속한 모든 유럽 사회에서 나타난다. 그 대표적인 부족은 드루이드교

오벨리스크

Druidism[60]를 신앙한 켈트족이다. 그들은 겨우살이가 끝난 참나무를 특히 신성한 것으로 간주하였다. 참나무 숲을 예배 장소로 택하고, 의식에는 반드시 참나무 잎을 사용하였으며, 키가 큰 참나무는 신의 형상으로 간주하였다. 고대 게르만족은 흔히 성스러운 숲을 찾았고, 오늘날 그 후손들 사이에서도 나무 숭배로 명맥을 잇고 있다.[61] 유럽의 나무 숭배는 동북아의 솟대 신앙과 마찬가지로 **신과 소통하기 위한 성스러운 행위**인 것이다.

---

58) 제카리아 시친, 『틸문, 그리고 하늘에 이르는 계단』, 146~147쪽.
59) 그림 박사는 중세를 풍미한 고딕 양식의 교회 건축이 발전해 온 연원을 고대의 나무 숭배에서 찾고 있다(제임스 조지 프레이저, 『황금가지』, 144쪽).
60) 고대 갈리아 및 브리튼 섬에 살던 켈트족의 종교로, 영혼의 불멸, 윤회, 전생을 믿었다.
61) 제임스 조지 프레이저, 같은 책, 144쪽.

6) 피라미드는 제천문화의 자취

태곳적에 한민족이 펼친 제천행사는 동북아의 문화로 그치지 않았다. 환국의 신교 문명을 전수받은 세계 각처의 문화권이 모두 제천을 행하였다. 환족이 남하하여 개척한 수메르 문명, 수메르에서 다시 갈려 나간 이집트 문명, 베링 해협을 건너간 환족과 배달·조선이 개척한 중남미 마야 문명과 아즈텍 문명의 유적에서 공통적으로 나타나는 제천문화의 자취가 있다. 지구라트와 피라미드가 바로 그것이다.

2004년 가을, 필자는 서양 문명의 근원을 찾아 유럽을 답사한 적이 있다. 파리의 에펠탑 위에서 세느 강을 내려다 보고 있을 때, 그곳 문화에 밝은 사람이 "유럽의 궁궐과 성당 건축술은 이집트 피라미드의 영향을 받았습니다"라고 말하는 것을 듣고, 피라미드를 직접 보기 위해 이집트로 갔다. 이집트에는 거대한 피라미드가 80여 개나 있다. 당시 수도 카이로 근교에 있는 스핑크스와 피라미드의 주변을 돌면서, '이처럼 메마른 사막 땅에서 어떻게 이런 건축술이 나올 수 있었을까?' 하는 의문이 들었던 기억이 새삼스럽게 떠오른다.

환국에서 산악지대를 거쳐 마침내 메소포타미아 평원에 도착한 수메르인은 BCE 3000년경 이래 도시의 신성한 구역에 흙벽돌로 거대한 지구라트를 쌓고, 그 위에 신전을 세워 하늘에 제사를 지냈다. 고향 땅 환국에서 신령하고 높은 산에서 천제를 지낸 풍습을 따라, 하나님과 여러 신[62]에게 제를 올리기 위해 인조 산을 쌓았던 것이다. 그래서 수메르인은 이 지구라트를 '**하나님의 산**(the Mountain of God)' 또는 '**하늘 언덕**(the Hill of Heaven)'[63]이라 불렀다. 신전을 받치는 기단의 용도로 세워진[64] 지구라트는 메소포타미아 지역의 대표적 제천문화이다.

지구라트의 주재료는 햇볕에 구워 만든 진흙 벽돌이고, 지구라트의 표면은 불에 구워 만든 벽돌로 마감되었다. 메소포타미아 지역의 지구라트 중에서 BCE 2100년경에 세운 우르의 지구라트가 지속적인 보수 공사 덕에 그 상태가 가장 양호하

---

[62] 여러 신이란 수메르 문명권 내 각 도시의 수호신을 말한다. 데이비드 롤은 "학자들은 지구라트가 인공 동산이고 그 위에는 현지의 수호신을 모신 신전이 세워져 있었다는 데에는 대체로 의견이 일치한다"(데이비드 롤, 『문명의 창세기』, 139쪽)라고 하였다.

[63] 김상일, 『한사상』, 57쪽.

[64] 수메르의 지구라트 꼭대기에는 신전과 정원이 있었으며, 여사제가 늘 제사를 지내며 정원을 가꾸었다. 지구라트는 신전을 떠받치는 기단으로 지어진 것이다. 지구라트는 여사제와 왕의 성혼 장소로도 사용되었다. 신년행사로 행해지는 성혼례를 올린 후 여사제는 출산 여신의 대행자가 되었다(조철수, 『수메르 신화』, 10쪽).

다. 우르는 메소포타미아의 도시 구성을 가장 완벽하게 보여주는데, 지구라트는 이 도시의 중심 요소로 축조되었다.[65]

이것은 환국 이래 메소포타미아 시대까지 **인간 삶의 한가운데에 천제문화가 있었음**을 보여준다. 『구약전서』에 기록된 바벨탑도 다름 아닌 지구라트이다. 지구라트는 현재 지구상에 30여 개가 남아 보전되고 있다.[66]

수메르의 지구라트는 BCE 2700년경 문자와 원기둥 건물 양식 등과 함께 이집트로 흘러 들어가 피라미드가 되었다.[67] 이집트에서 가장 오래된 피라미드는 고왕국 시대(BCE 2686~BCE 2181)를 연 제3왕조의 2세 파라오인 조세르Zoser의 명을 받은 건축가 임호테프Imhotep가 세운 것이다. 그는 4,700년 전에 수메르에서 귀화한 인물로 이집트의 첫 피라미드를 세운 재상이자 천문학자였고, 후대에 신으로 추앙되었다.[68] 계단식 측면과 평평한 상단을 갖춘 이 피라미드는 지구라트와 흡사하다. 수메르인에게서 문명의 젖줄을 공급받은 이집트인도 피라미드의 이 **평평한 꼭대기에서 하늘에 제를 올린 것이다.**

이집트의 피라미드는 제4왕조(BCE 2613~BCE 2500)의 첫 파라오인 스네프루Sneferu 때부터 그 양식이 바뀌었다. 종래대로 계단식 피라미드를 지은 후, 그 외벽에 돌판을 붙여 삼각뿔 모양의 피라미드를 지은 것이다. 스네프루의 아들 쿠푸Khufu는 세계적 관광 명소인 기자 지역에 토대의 한 변이 230미터를 넘는 대형 피라미드를 건설하였다. 이것을 포함하여 피라미드 건설의 전성기인 고왕국 시대가 끝나는 제6왕조 때까지 어느 피라미드에서도 무덤으로 쓰인 흔적을 찾아볼 수 없다.[69] 기자의 피라미드들은 나침반의 기본 방향에 맞춰 서 있는 독특한 구조를 가지고 있기 때문에 피라미드가 파라오의 영혼을 천상으로 인도하는 구실을 하였다는 의견도 있지만, 그것은 삼각뿔 피라미드가 출현한 이후에 해당된다. 이처럼 **피**

---

[65] 수메르와 메소포타미아 문명에서는 주요 도시마다 지구라트가 세워졌는데, 우르의 지구라트 외에 우르크의 화이트 신전White Temple 지구라트, 엘람의 지구라트, 아슈르의 아누와 아다드 신전 Temple of Anu and Adad 지구라트 등이 있다(임석재, 『서양건축사 1』, 34쪽).
[66] 마크 어빙·피터 ST.존 편, 『죽기 전에 꼭 봐야 할 세계 건축 1001』, 25쪽.
[67] 지구라트는 이집트의 피라미드에 대해 선례 역할을 했다(임석재, 같은 책, 33쪽).
[68] 요시무라 사쿠지, 『고고학자와 함께 하는 이집트 역사기행』, 104쪽.
[69] 이 계단식 피라미드가 왕의 무덤이 아니라는 것은, 조세르가 실제 묻힌 곳이 남쪽에 있는 화려하게 장식된 무덤이란 사실에서도 알 수 있다. 그의 후계자인 세켐케트Sekhemkhet 파라오 때 지은 피라미드의 묘실에는 빈 관이 안치되어 있고, 그 다음 카바Khaba 파라오의 피라미드에는 관조차 보이지 않는다(제카리아 시친, 『틸문, 그리고 하늘에 이르는 계단』, 443~452쪽).

이집트 제4왕조 스네프루 왕의 피라미드_계단형 피라미드의 외벽에 돌판을 붙여 삼각뿔 모양의 피라미드를 만들었으나, 경사가 너무 심했기 때문에 무너지고 말았다. 그 후 '굴절 피라미드'와 '붉은 피라미드'는 보다 완만한 각도로 세워졌다.

라미드는 원래 파라오가 천상의 신과 교통하던 제천 행사의 장으로 세워졌지만 후대로 내려오면서 그 용도가 변경된 것이다.

이 밖에 몽골, 만주, 티베트 등에서도 피라미드 유적을 찾아볼 수 있다. 티베트 서부에서는 러시아 과학자에 의해 무려 100여 개에 달하는 피라미드가 발견됐다.[70]

이러한 피라미드 외에도 고인돌, 환상열석環狀列石과 같은 거석이 세계적으로 발견된다. 서유럽에서만 5만 개[71]가 넘는 거석이 발견되었다. 인간이 식량을 찾아 떠돌던 방랑 생활을 접고 정착 생활을 시작한 후 BCE 5000년경부터 이곳저곳에 거석이 세워지기 시작하였다.

거석 문화인은 농경 생활을 했는데 한 곳에 자리를 잡고 씨를 뿌려 농사를 짓자 생산량과 인구가 증가했다. 그러한 생활 속에서 별의 움직임을 관찰하고, 거대한 건축물을 세우며, 집단의식을 치를 수 있는 여유도 생겨났던 것이다. 거석은 죽은 자를 묻거나 조상을 숭배하기 위해서, 산 자의 장수를 기원하기 위해서, 또는 천문 관측과 종교적 모임을 위해서 만들어졌다.[72] 지구의 다른 쪽에서 지구라트와

---

70) 티베트 탐사대를 지원한 러시아의 주간지 《논증과 사실》 18, 19호.
71) 영국 컴브리아에 있는 BCE 3200년경에 만든 유럽에서 가장 오래된 환상열석인 캐슬리그, 스코틀랜드 오크니 제도에 있는 브로드거 환상열석, 영국 윌트셔주 솔즈베리에 있는 스톤 헨지 등의 열석과 몰타 섬의 고인돌, 프랑스 브르타뉴 까르낙 유적, 영국 콘웰의 신석기 시대 고인돌인 춘쿠아트, 아일랜드 클레어에 있는 폴나브론 고인돌 등이 있다.
72) BCE 2600~2300년에 걸쳐 3세기 만에 완성된 영국의 스톤헨지는 종교적 제사 의례와 연관성이 있는지 아직 알려진 바 없지만, 태양 숭배와 천체 관측의 현장이었고, 영생永生에 대한 추구와 연관된 곳이었다(그레이엄 핸콕 저, 김정환 역, 『신의 거울』, 16~18쪽).

피라미드로 인간이 하늘이나 신과 교감할 때, 유럽인들은 거석을 세웠던 것이다.

대서양과 지중해의 거석 유적지를 많이 돌아본 피터 마셜은 "거석은 무식한 원시인이 아니라 세련되고 생각이 깊고 믿음이 돈독한 문명인이 만들어 낸 걸작이다. **디자인과 건축 방식이 서로 비슷하고, 천문학적으로 배열 방식이 일치하고, 같은 토기와 석기가 출토되며, 여신 숭배 사상을 공유**한 것은 절대 우연이 아니다"[73]라고 말한다.

태고의 거석 문화는 바다 속에서도 발견되었다. 1987년 일본 오키나와의 남서쪽에 위치한 요나구니 섬 인근의 바다에서 제작 시기가 이집트의 피라미드보다 훨씬 오랜 BCE 8000년까지 거슬러 올라가는 거대한 건축물이 발견됐다. 이곳을 150번도 더 찾은 그레이엄 헨콕은 "대규모 종교의식이 행해진 장소 같다. 이 구조물이 만 년 전 유적이라는 것이 밝혀진다면 역사를 통째로 뜯어고쳐야 할 판"이라고 하였다.[74]

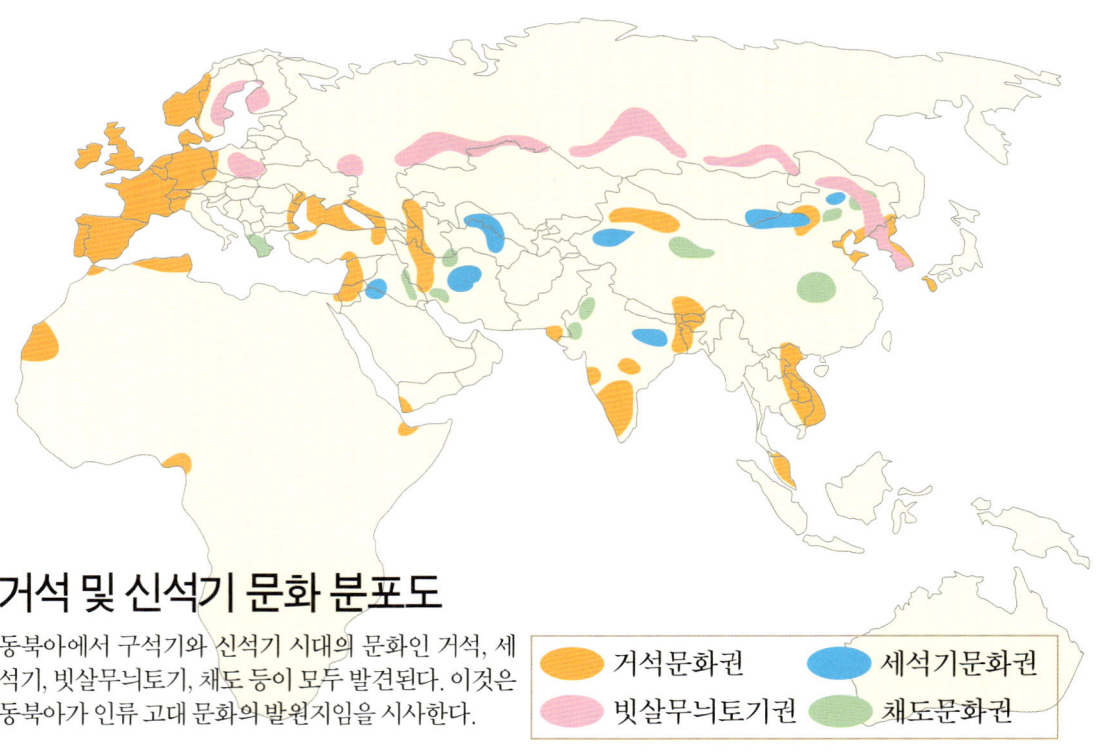

거석 및 신석기 문화 분포도

동북아에서 구석기와 신석기 시대의 문화인 거석, 세석기, 빗살무늬토기, 채도 등이 모두 발견된다. 이것은 동북아가 인류 고대 문화의 발원지임을 시사한다.

- 🟠 거석문화권
- 🔵 세석기문화권
- 🌸 빗살무늬토기권
- 🟢 채도문화권

---

73) 피터 마셜 저, 손희승 역, 『유럽의 잃어버린 문명』, 346쪽.
74) MBC-TV, 〈신비한 TV 서프라이즈〉, 2009.8.2. 해저에 수몰된 또 다른 고대 문명인 그리스 남쪽 해안의 5천 년 전 도시 파블로페트리Pavlopetri가 1967년에 발견된 이후 지금도 계속 탐사 중이다(KBS 2TV, 〈세상의 모든 다큐〉, 2012.1.10). 가옥의 구조가 그대로 유지된 건축물과 항아리 같은 생활 용품이 남아있는 이곳에서 앞으로 어떤 유적이 더 발견될지 주목된다.

일본 오키나와 남서쪽에 위치한 요나구니 섬 인근 바다의 피라미드(BCE 8000년 경)

지구라트, 피라미드, 스톤헨지와 같은 거석, 해저 피라미드 등은 모두 제천문화의 흔적이다. 이러한 유물이 지구촌 곳곳에서 발견된다는 것은, 태곳적 인류가 하나의 공통된 천제 문화를 갖고 있었음을 암시한다. 환국 시대에 시작된 천제 문화가 동북아는 물론 지구촌 곳곳으로 퍼져나갔으니, 천제는 한민족과 인류 공통의 태곳적 문화 행사요 인류 문화의 원형인 것이다.

7) 태일신을 모신 동북아

일찍이 동북아에서는 우주의 최고 통치자인 삼신상제님께 천제를 올렸을 뿐만 아니라, **천지의 근원이 되는 태일신**에게도 제를 올려왔다.

1993년 중국 호북성 형문시荊門市 곽점촌郭店村에서 도가와 유가에 관련된 여러 죽간이 한데 묶여진 『곽점초묘죽간郭店楚墓竹簡』이 발견되었다. 이 대나무 조각에 새겨진 글 중에 그간 세상에 알려진 바가 없는 『**태일생수**太一生水』[75]라는 문헌이 있었다. '태일이 물을 생한다'로 시작되는 이 글은, '태일에서 나온 물이 천지만

---

[75] 전국 시대 중기인 BCE 350년경의 작품으로 추정되는 『태일생수』는 14개의 죽간으로 이루어져 있다. 제1간에서 제8간까지는 『태일생수』의 강령에 해당하는데, 우주 생성의 원리와 과정을 설명한다. 제9간에서 제14간까지는 도道의 개념을 중심으로 천지를 설명한다. 그리 길지 않은 글이지만, 『태일생수』는 고대 동북아의 사상을 이해하는 데 매우 중요한 저작이다.

미국 일리노이 주의 몽크스 마운드 Monk's Mound

미시시피 강을 따라 거주한 인디언 유적지 중의 하나로 세계문화유산으로 등재된 카호키아 유적의 한가운데에 위치한다. 이 피라미드는 이 지역 인디언의 정치적, 종교적 구심점이었다. 신전은 남아 있지 않고 길이 304m, 폭 213m, 높이 30m에 달하는 흙을 쌓아 올린 지반시설만 남아 있다.

카프레 왕의 피라미드와 스핑크스

사카라의 계단 피라미드

집안의 피라미드식 고구려 고분군

지구촌의 피라미드(거석) 문화

수메르 도시국가 우르의 지구라트(Great Ziggurat of Ur)

우르-남무 왕(BCE 2112~BCE 2095 재위) 때 세워진 것으로 중앙부에만 7백만 개의 벽돌이 쓰였고, 벽돌 여섯 겹마다 갈대 거적과 모래흙을 우겨넣어 견고성을 더했다. 건립 당시에는 모두 3층으로 지어졌는데, 층계를 통해 꼭대기 평평한 면 위의 사원으로 이어진 것으로 여겨진다. BCE 6세기에 4개의 층이 더해져 모두 7층짜리 건물이 되었다. 현재는 맨아래 두 개 층만 남아 있다.

(출처: 『죽기 전에 꼭 봐야 할 세계건축 1001』, 25쪽)

고고학자 래너드 울리가 그린 '우르의 지구라트' 복원도
(출처: 『문명의 창세기』)

멕시코 테오티우아칸 달의 신전에서 바라본 태양의 신전(사진의 왼쪽)

물을 생겨나게 하는 원동력'임을 말하고 있다. 태일에서 생겨난 물이란 '조물주 삼신의 조화수'를 뜻한다. **태일**이란 **'만물의 생명을 창조하는 우주 조화의 근원'** 76)을 일컫는 말인 것이다.

동북아에서는 이 태일을 신격화하여 오랜 옛날부터 **태일신으로 숭배**하여 왔다. 이 땅이 신교의 본향이면서도, 상고 역사서가 대부분 소실된 까닭에 고대 한국인의 태일신 신앙에 대한 기록이 우리 사서에서는 좀처럼 보이지 않는다. 중국의 『한서漢書』77), 『사기』 등에 태일신에게 제사를 지낸 기록이 전해 온다. 한 무제가 태일신에게 제사 지낸 일을 기록한 『사기』「봉선서」에 따르면, 무제는 태일신을 국가적 제천행사의 주신으로 받들어, 수도 장안의 동남방에 태일단을 쌓고 봄가을로 제사를 올렸다. 이 제사를 청한 신하 유기謬忌는 '천신 중에 가장 존귀한 분은 태일신'78)이라고 무제에게 고하였다. 이 태일신 제사는 서한 시대를 풍미하였고, 태일신은 중국사에서 지고신至高神79)으로 추앙되었다.

이 땅에서 태일신에게 제사를 드린 것은 고려 시대의 사료에서 비로소 확인된다. 『고려사』의 스물여덟 곳에서 태일의 용례를 찾아볼 수 있는데, 그 중 태일초례를 거행한 기록은 20회에 이른다.80) 최소한 고려 시대까지 태일신 신앙은 국가적 의례로 전승되어 온 것이다.

조선 시대에는 궁궐의 소격전과 지방의 태일전에서 태일신을 모셨다. 고려 때는 궁궐 안에 태일전이 따로 있었으나, 조선 태조 때에 이르러 태일전을 파하여 소격전에 합하였다. 지방에는 태일성太一星이 움직이는 방위에 따라 통주(현 강원도 통천), 의성(현 경상북도 의성) 등에 태일전을 지었다. 하지만 조선 시대 소격전의 초제醮祭는 『조선왕조실록』의 기록81)이 말하듯, 태일신에게 예를 바치는 제사라기

---

76) 이때의 태일은 인간을 가리키는 태일과 구별된다. 인간 태일은 삼신의 세 가지 신성이 발현하여 생긴 삼재 중의 하나로 천지와 하나된 성숙한 우주적 인간이고, 『태일생수』가 말하는 태일은 만물의 생명을 창조하는 '우주 조화의 근원자리' 이다.

77) 태일은 천신 가운데 가장 존귀한 신이고, 오제는 태일을 보좌한다. 옛 천자들은 봄가을로 동남쪽 교외에서 태일에게 제사를 지냈다[天神貴者泰一, 泰一佐曰五帝. 古者天子以春秋祭泰一東南郊](『한서』「교사지郊祀志」).

78) 亳人謬忌奏祠太一方, 曰: '天神貴者太一, …'. 於是天子令太祝立其祠長安東南郊, 常奉祠如忌方 (『사기』「봉선서」).

79) 김일권, '고려 시대의 다원적 지고신 관념과 그 의례사상사적 배경', 『한국문화』 29호, 137쪽.

80) 김일권, 같은 논문, 129쪽.

81) "얼음이 얼지 않기 때문에 소격전에서 초제를 지냈다"(태조 2년), "종묘, 사직, 명산대천과 소격전

창덕궁昌德宮 연경당演慶堂 태일문太一門_태일문은 연경당(1828년 건립: 순조 28) 사랑채 뒤로 가는 일각대문一角大門이다. 태일은 북극 자미원紫薇垣 입구에 있는 별자리로 궁전 건축물을 천문에 맞췄다는 것은 조선말까지도 태일신앙이 살아있었음을 보여준다.

보다 계절의 조화를 빌고 왕실의 건강과 치병을 기원하는 예식에 그쳤다. 이마저도 중종 13년(1518)에 조광조의 상소로 소격전이 철폐되어 중지되었다. 8년 뒤 중종 21년에 모후의 병을 낫게 하기 위하여 소격전을 다시 설치하였지만 임진왜란 후에 완전히 폐지되면서 이 땅의 태일 신앙은 명맥이 거의 끊어지게 되었다.[82]

8) 천자天子 문화의 상징, 용봉龍鳳

한민족은 태곳적 창세 문화가 나오던 **원형문화 시대**부터 **상제님께 제를 올리는** 천제를 거행하였다. 천제는 천자가 주관한다. '하나님의 아들[天帝之子]'인 천자는 온 우주를 주재하는 상제님을 받들어 모시는 제사장인 동시에 상제님의 덕화와 가르침을 받아 내려 백성을 보살피고 나라를 다스리는 통치자이다.

에 대신을 나누어 보내 기우제를 지내게 했다"(태종 4년), "공비의 병을 위해 소격전에서 빌게 하였다"(세종 4년), "소격전에서 태일신에게 기우제를 지냈다"(세종 2년).

[82] 19세기 말엽에 한민족의 태일 문화를 복원시키는 중대한 사건이 있었다. 전남 함평의 도인道人 김경수가 태일 문화의 완성작으로 태을천太乙天의 소식을 전한 것이다. 50년 수행 끝에 그는 삼신상제님으로부터 태을주太乙呪를 받아 내려 세상에 전하였다. 태을주의 탄생은 인류 정신문화사에서 가장 위대한 사건 중의 하나로 9천 년 태일신 사상의 최종 결실이라 할 수 있다.

천자는 용봉으로 상징된다. 용봉은 '상서로운 동물[吉祥物]'[83]로서 천지음양 기운을 상징하는 영물이다. 용은 음을 상징하는 신수神獸이고, 봉은 양을 상징하는 신수이다. 그래서 용[84]은 천지의 물의 조화를 다스리고, 봉[85]은 불의 조화를 다스린다. 일월에 비유하면 용은 달의 광명을, 봉은 태양의 광명을 상징한다. 용봉이 음양, 수화, 일월을 나타내는 상징적 신물이기 때문에, **용봉은 인간 세상에서 천자 문화의 상징**이 되었다.

음陰 … 천지의 물[水 : 坎] … 월月 … 용龍
양陽 … 천지의 불[火 : 離] … 일日 … 봉鳳

동아시아의 독특한 문화현상으로 음양문화의 뿌리이며 나라를 다스리는 천자를 상징하는 용봉 문화의 원류는 과연 어디일까? 일반적으로 용봉 문화를 중국의 문화라고 한다. 중국인은 자신들이 용의 자손이라는 긍지를 가지고 있을 정도로 용은 중국 민족의 상징이었다.

용봉 토템 연구의 대가인 중국의 왕다유王大有는 『용봉문화원류』에서 고전과 고고학 발굴을 통해 용봉 문화의 원류를 태호복희와 염제신농에서 찾는다.

태호복희는 성이 풍風씨이다. 그런데 풍과 **봉鳳**은 글자가 유사하다. 풍의 원래 글자가 바로 봉이기 때문이다. 갑골문에서는 풍을 봉으로, 봉을 풍으로도 썼다. 태호의 '호昊'자는 '하늘 호'로서 태양의 광명을 나타낸다. 태호라는 글자 자체가 태양의 광명을 상징하는 봉황의 특성을 보여준다. 그리고 태호복희는 그물을 처음으로 만들어 고기를 잡았고, 천하天河에서 하도를 받았으며, 용으로 관직명을

---

83) 홍산문화, 대문구문화, 나아가 하남 복양濮陽에서 대략 6천 년 전의 것으로 보이는 용 형상이 발견된 적이 있다. 그때의 용은 국가의 영혼을 상징한다고 말할 수 없지만, 학자들은 대체로 용을 상서로운 동물 또는 천상天象을 의미한다고 해석한다(상룽尙瓏·양페이楊飛 편작, 『중국고대지도中國考古地圖』, 49쪽).
84) 용은 봉황, 기린, 거북과 함께 사령四靈의 하나로 물을 다스리는 물의 제왕이다. 그래서인지 농경사회에서 치수를 담당하는 지배자는 늘 용에 비유되었다(이형구·이기환, 『코리안 루트를 찾아서』, 79쪽).
85) 봉황은 원래 '봉鳳'이라는 한 글자였지만 나중에 수컷 봉鳳과 암컷 황凰이 합쳐져서 봉황이 되었다. 성인이 탄생할 때 세상에 나타난다고 하며 태평성대를 예고하는 상서로운 새로 여겼다. 봉황은 인의예지신 오덕五德을 갖추고 있다. 푸른 머리는 인仁, 흰 목은 의義, 붉은 등은 예禮, 검은 가슴은 지智, 노란 다리는 신信을 상징한다. 오덕은 제왕이 갖춰야 할 덕목이기에 봉황은 천자의 권위와 위격을 상징한다.

삼았다. 이것은 물을 다스리고 치수를 담당하는 지배자의 성격을 보여준다. 태호복희는 용봉 토템의 원류인 것이다.

염제신농에게서도 용봉 문화의 성격이 나타난다. **앙소문화**(황하 중류 지역에서 BCE 4500~3000년경에 존속했던 신석기 문화)는 신농씨 문화의 중심지인데, 앙소문화 토기에서 봉 토템의 원류 격인 삼족오三足烏가 최초로 발견되었다. 그리고 신농의 탄생 설화에 용이 등장한다. 신농씨의 어머니(여등女登)는 신비로운 용을 본 후 임신하여 신농을 낳았다고 한다. 왕다유의 주장 그대로, 태호복희와 염제신농은 과연 용봉 문화의 원류인 것이다.[86]

그런데 태호복희와 염제신농은 모두 배달 시대 동이족의 제왕이다. 앞서 살펴보았듯이, **배달 시대의 유적인 홍산문화 유적지에서 BCE 5600년경의 석소룡을 비롯하여 세계에서 가장 오래된 용과 봉황 유물이 발굴**되었다. 중국 학자들은 용봉 문화의 시원을 태호복희 시절로 추정하지만, 배달의 근거지에서 발굴된 유물은 용봉 문화가 태호복희 이전부터 동이족 문화였음을 말하고 있다.

왕다유는 용 토템이 북미 대륙으로 건너가서 마야 문명에까지 전해졌다고 한다. 올메카Olmeca · 마야Maya 문화 속에 나타나는 용의 형상이 동방 문명의 용과 흡사하다는 것이다. 아스텍 문명의 대표적 신인 케찰코아틀도 용신龍神이다.[87] 용봉 문화는 또한 인도의 간다라 문화를 위시한 여러 루트를 통해 서양 문화의 모태인 그리스에까지 전해졌다.

이원복 교수가 지중해 문명의 발상지인 크레타 섬의 크노소스 궁전에서 왕의 옥좌 뒷벽 벽화에 그려진 그리핀Griffin이라는 새를 발견하고, 그것을 한국 사회에 소개한 적이 있다. 그 새의 머리 부분이 완연한 봉황 형상을 띠고 있다. **봉황이 서양으로 넘어가 그리핀이라는 신비의 새가 된 것이다.** 그리핀은 역사적으로 BCE 2000년경에 중앙아시아에 처음 나타났고, 서아시아 전역에 퍼져 BCE 1400년경에 그리스로 흘러들어 갔다.

그리스에 전파된 봉황 문화는 크레타 섬이 아닌 곳에서도 발견된다. 필자가 피타고라스의 고향인 사모스 섬의 발시 박물관에 갔을 때, 그 곳 2층 진열장에 크고

---

[86] 왕다유는 용봉 문화가 동이족 문화라는 것을 인정하면서도 용봉 문화가 발견되는 지역이 중국 땅이고, 중국 역사에 기록되었기 때문에 용봉 문화를 중국 문화라고 주장한다.
[87] 왕다유, 『용봉문화원류』, 322쪽.

작은 그리핀 조각이 꽉 들어차 있는 것을 보고 감동을 받은 적이 있다. 동서양을 막론하고 유사한 용봉 문화가 발견된다는 것은 하나의 뿌리에서 용봉 문화가 발원하여 전 세계로 퍼져나갔음을 암시한다.

9) 봉황 문화의 원형, 삼족오

봉 토템의 원형인 삼족오는 삼신문화를 나타내는 신령스런 상징물로서 몸통은 하나이지만 발이 세 개[88] 달린 현조玄鳥이다. 일오日烏라고도 불리며, 태양 속에 산다고 알려져 있다. 태양 안에 삼족오가 세 발로 서 있는 모습을 '일중삼족오日中三足烏'라 하고, 태양 안에서 날아가는 모습을 그린 것을 '금오金烏'라 한다.

삼족오는 삼신상제님을 숭배하는 사상을 담고 있다. 전설에는 삼족오가 태양에 살면서 태양의 불을 먹고 사는 태양의 전령으로 나타나는데, 태양은 '하늘'을 상징하고,[89] 태양의 빛은 삼신상제님의 권능과 지혜를 나타낸다. 태양의 전령인 삼족오는 곧 삼신상제님의 사자이다. 삼족오는 하늘과 땅, 인간 세계를 자유자재로 날아다니며 신과 인간 세계를 서로 연결해 주는 **'삼신상제님의 심부름꾼'**인 것이다.[90]

삼족오가 앙소문화 토기에서 최초로 발견되었기 때문에, 중국 학자들은 삼족오를 중국 문화로 본다. 그러나 한대 이후의 중국에서는 세 발 현조가 아니라 두 발 현조가 등장한다. 삼족오 문화가 변질되거나 사라진 것이다. 이에 대해 손환일은 "위진남북조를 지나 수·당 시대가 되면 산동과 요령 지역을 제외하고는 점차 소멸되는데, 이것은 삼족오 문화를 일시적으로 하夏족이 수용은 하였지만 원래 하족의 문화가 아님을 보여주는 것으로 볼 수 있다"[91]라고 하였다. 이처럼, 삼족오 문화는 원래 중국 문화가 아닌 것이다. 한민족 문화권에서 먼저 생겨나 중국과 일본 등으로 전파되었다. 수·당 시대까지 계속 삼족오 문화가 남아 있었던 산동과 요

---

88) 한나라 때의 『춘추원명포春秋元命包』에서는 '태양이 양이고 3이 양수이므로 태양에 사는 까마귀의 발이 세 개'라고 풀이하였고, 『초사보주楚辭補注』에서는 '태양이 3에서 이뤄지기 때문에 해 속에 세 발이 있게 되었다[陽成於三, 故日中有三足]'라고 설명하였다.
89) 손환일, '삼족도三足圖 문양의 시대별 변천', 『한국 사상과 문화』 33집, 99쪽.
90) 이형구는 삼족오는 발해 연안의 고대 동이족의 태양숭배신앙과 조류숭배신앙이 합치된 우주사상이라고 말한다(이형구, '고구려 고분벽화에 보이는 삼족오 신앙에 대하여', 『동방학지』 86집, 39쪽).
91) 손환일, 같은 논문, 86쪽.

령 지역이 동이족의 강역이었다는 사실은 삼족오가 한민족의 고유문화라는 것을 더욱 명백하게 한다.

일본축구협회 삼족오 문양

삼족오 문양은 한민족사에서 고구려 시대에 화려한 모습으로 등장했다. 고구려는 삼족오를 지극히 숭배하여 곳곳에 삼족오 문양을 새겨 넣었다. 고구려 고분과 유물에 삼족오 문양을 새겼을 뿐 아니라, 절풍이라는 모자에 새 깃을 꽂기도 했다. 백제에서도 삼족오 문화를 찾을 수 있다. 지난 1971년에 처음 발굴된 백제 무령왕릉에서 출토된 환두대도環頭大刀의 손잡이에 삼족오의 모습이 보인다. 백제 예술의 정수인 금동대향로金銅大香爐에도 삼족오가 나타난다.

그 후 조선 시대에는 삼신각의 칠성도, 비석의 비두, 기와의 와당, 무당의 무구, 민화 등 일상생활에서 다양하게 삼족오 문양이 사용되었다. 삼두삼족응三頭三足鷹(머리 셋에 다리 셋을 가진 매)이나 삼두일족응三頭一足鷹(머리 셋에 다리 하나를 가진 매) 등의 모습으로 삼족오가 표현되기도 하였다. 사람들은 삼두응이 민중의 생활 속에서 삼재를 막아주고 복을 가져다 주며, 민중의 보호막이 되어 그들을 좋은 길로 인도한다고 믿었다.[92] 삼족오를 통한 한민족의 삼수 문화는 고대로부터 조선 시대까지 이렇게 면면히 이어져 왔다.

일본으로 전파된 삼족오는 『삼국유사』에 기록된 연오랑延烏郎 세오녀細烏女 설화에서 확인된다. 연오랑과 세오녀라는 남녀가 일본으로 건너가자 신라에서는 태양이 빛을 잃었다고 한다. 그들의 이름에 '오烏' 자가 나타나는 것은 연오랑과 세오녀가 태양을 상징하기 때문이다.

일본에 현재 남아 있는 삼족오 유물은 쿠마노 나치 신사의 기둥에서 찾을 수 있지만, 일본의 삼족오 문화를 확실하게 볼 수 있는 곳은 미국의 보스턴 박물관이다. 이 박물관에는 일본 인덕왕릉에서 발굴된 청동거울과 환두대도가 전시되어 있는데, 그 거울과 검에 삼족오가 새겨져 있다. 현재 일본은 축구협회의 상징물로 삼족오를 사용하고 있다. 삼족오의 본향인 한국문화에서는 삼족오가 잊혀진 반면, 일본문화 속에는 지금도 면면히 살아 있는 것이다.

---

92) 허흥식 외, 『삼족오』, 118~119쪽.

천자天子 문화의 상징, 용龍과 봉鳳
천지의 물을 다스리는 용

동양에서 용은 상서로운 동물로 고구려 고분 벽화에 흔히 보이는 사신도四神圖의 기린[麟]·봉황[鳳]·거북[龜]과 함께 사령四靈의 하나이며 동방을 주관한다. 또한 북부여를 연 해모수단군이 오룡거五龍車를 타고 오르내렸다고 한 것처럼 천자天子(왕) 또는 성인聖人의 상징이기도 하다. 그래서 왕이 앉는 자리는 용상龍床, 옷을 용포龍袍, 얼굴을 용안龍顏 등, 왕과 관련된 용어에 용龍자를 넣어 존귀함을 표현했다. 용은 모든 동물들의 왕이며, 물을 다스리는 신으로 숭배되는 신앙의 대상이었기에 가뭄이 들면 국가 차원에서 기우제를 받는 대상이기도 하다. 일부에서는 용 신앙이 중국이나 인도에서 비롯되었다고 하나 요령성 부신阜新시 사해查海유적에서 발견된 7,600년 전의 용 형상은 중원 지역에서 발견된 어떠한 용형상보다도 오래되어 고고학적으로 용문화의 종주가 한민족임을 밝혀주고 있다.

요령성 부신阜新시 사해查海유적에서 발견된 7,600년 전의 세계에서 가장 오래된 용 형상
잔돌을 쌓아 만들었는데 중국에서는 중화제일용中華第一龍이라 부른다.

하남성 복양濮陽시 서수파西水坡의 앙소문화仰韶文化 유적에서 발굴된 6,000년경의 방소룡蚌塑龍
조개껍질을 모아 만든 용 형상물이다.

옥조룡玉雕龍_홍산문화 유적에서 흔하게 발견되는 옥으로 만든 용형상물

용무늬전돌_백제

신라 토우土偶 용

서울 풍납토성에서 발굴된 용머리 손잡이를 한 청동 초두鐎斗

대진(발해)의 도성 건축에 쓰였던 용머리 조각

심양 고궁(청나라)의 대정전 내부에 장식된 용

용을 새긴 청동 거울(청나라 시기)

우주의 조물주 삼신三神 문화의 상징, 삼족오

삼족오는 고대 동이족의 태양숭배와 조류숭배(새 토템) 신앙이 합치된 것으로 삼신 신앙의 대표적인 상징물이다. 그래서 삼족오는 유물이나 유적에서 태양을 상징하는 원형 안에 발이 세 개 달린 현조玄鳥의 모습을 하고 있다. 삼족오 유적은 주로 동이족이 거주하였던 지역을 중심으로 나타난다. 김주미 교수는 삼족오의 역할을 다음과 같이 정리한다.

영혼의 운반자와 불사不死의 상징

백제 무령왕릉 두침(머리받침대)에 장식된 봉황은 죽은 이의 영혼을 천상으로 인도하는 영혼의 메신저로 이해된다. 고구려의 천왕지신총에 그려진 서조瑞鳥에서는 천상에서 지상으로, 지상에서 천상으로 영혼을 운반하는 영혼의 전달자로서의 기능을 보여준다.

백제 무령왕릉에서 출토된 새가 장식된 두침頭枕

고구려 천왕지신총에 그려진 선인[天王]의 영혼을 천상으로 인도하는 서조瑞鳥

천자天子와 천명天命의 사자使者

일상문日象文에 묘사되는 현조인 까마귀는 동이계 설화에서 태양과 왕을 상징하거나 왕과 왕재를 보필 내지 위험에서 구하는 존재로 그려진다.

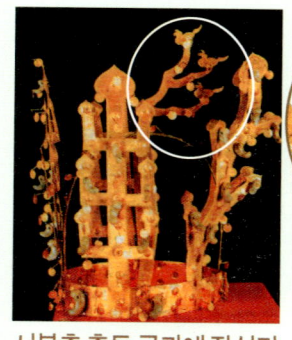 

서봉총 출토 금관에 장식된 3마리의 새

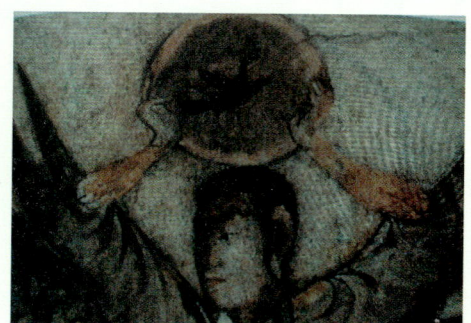

고구려 오회분4호묘 일상문에 그려지는 삼족오의 다리 셋

삼족오는 동이 문화

현재 발굴된 최초의 삼족오 문양은 은(상)나라 유적과 황하 유역의 앙소仰韶문화에서 볼 수 있다. 그러나, 원圓과 현조玄鳥가 결합된 일상문의 삼족오는 한대漢代부터 비로소 나타난다. 남북조시대를 지나 수·당 시대가 되면 중원中原문화권의 일상문 속 삼족오는 사라져가고 동이족의 생활무대인 산동반도와 중앙아시아 지역에서는 지속된다. 삼족오 문양은 고구려에서 찬란하게 꽃피게 된다.

앙소문화 묘저구형 봉조문에 보이는 삼족오_앙소문화에서 최초로 보이는 태양 속의 까마귀는 3족과 2족이 혼용되고 있다.

상商대 청동기에 보이는 삼족오

섬서성 여가장묘에서 출토된 청동 입상의 삼족조, 서주西周

중원에서는 해 속의 새인 삼족오 다리가 둘로 바뀌는 모습을 볼 수 있다. 그러나 중원 바깥인 요령성과 돈황 지역은 여전히 세 발 달린 모습이 나타난다. 삼족오 문화가 본래 하夏족 문화가 아니라 동이족 문화임을 입증하는 사례다.

투르판(돈황) 아스타나 고분의
복희·여와도와 삼족오
당唐, 8세기

요령성 조양
원태자 벽화묘의 삼족오
남북조시대, 4세기

마왕퇴 1호묘 삼족오
삼족오 다리가 둘로 바뀐 것을
볼 수 있다. (BCE 2세기 초, 전한)

고구려 무용총
5세기 중반

고구려 오회분 5호묘
6세기 중반

고구려 장천1호분
5세기 중반

고구려 쌍영총
5세기 말, 평양 지역 고분

삼족오 문화는 고구려, 백제, 신라, 가야 등에서도 공통적으로 나타난다. 조선 시대로 넘어오면 삼족오 문화는 형태가 조금 변형되지만 3수 문화의 형태는 그대로 유지된다.

고구려. 평안남도 진파리 7호 고분 출토 금동관식金銅冠飾 삼족오

가야의 단봉문單鳳紋 환두대도
사국 시대, 합천 옥전 M3호 묘 출토, 국립김해박물관 소장

백제 무령왕릉 출토 단룡문單龍紋 환두대도環頭大刀 통금구筒金具에 장식된 봉황
삼국 시대 6세기 초, 국립공주박물관 소장

물새의 특징적 모습이 반영된 고려청자 상감진사 동자포도문 표형주자 상부의 삼족오
고려 12세기 말~13세기 초

『인선왕후 산릉도감의궤』에 그려진 주작, 조선 1674년

일본으로 건너간 삼족오

일본 인덕왕릉의
환두대도의 삼족오,
미국 보스턴박물관 소장

일본 나지대사那智大社에 있는
소원을 적어 걸어두는 나무판

옥충주자玉蟲廚子 뒷면 수미좌
상부의 삼족오_일본 7세기

구마노신사의 삼족오 깃발

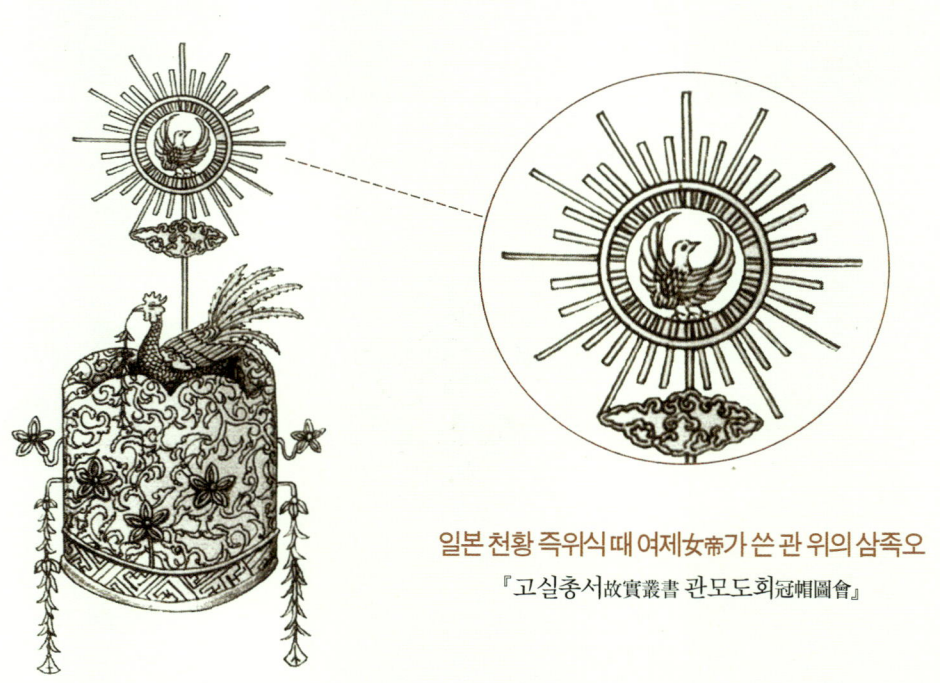

일본 천황 즉위식 때 여제女帝가 쓴 관 위의 삼족오
『고실총서故實叢書 관모도회冠帽圖會』

삼족오의 변천

삼족오는 동이족의 남하와 더불어 음양오행설의 영향으로 불을 상징하는 남방의 수호신인 주작과 봉황으로 변천하였다.

통일신라의 봉황문 기와, 분황사 출토

고구려 강서중묘 널방 남벽 전면 동, 서쪽 주작朱雀, 7세기 후반

대진(발해)의 봉황 연화문 기와

나라를 다스릴 성천자의 강림을 상징화한 백제 금동대향로 뚜껑 상부에 장식된 서조

봉황문 동경銅鏡, 고려 12~13세기

대한제국 시기의 의봉기儀鳳旗

대한민국의 대통령 문장紋章

출처 : 김주미,『한민족과 해 속의 삼족오』, 학연문화사. ; 홍윤기,『일본문화 사신론』, 한누리미디어 ;『고구려 고분벽화』, 연합뉴스.

4 동북아와 북미로 널리 퍼진 신교

1) 신교의 다양한 민속 문화

중앙아시아 천산을 중심으로 터전을 잡은 인류 최초의 나라인 환국 시절, 인류는 저마다 '**광명과 하나 된 사람**'이라 하여 스스로 '**환**桓'이라 했다. 그들에게 빛은 삼신상제님의 드러남이고, 그 신성의 표현이었다. 그래서 **삼신상제님에 대한 섬김과 예찬을 광명숭배로 표현**하였다. 즉 동북아의 광명숭배 전통은 삼신신앙과 서로 맞물려 있는 것이다.

이에 대해『단군세기』는 "옛 풍속에 광명을 숭상하여 태양을 신으로 삼았다"라고 하고,『태백일사』「소도경전본훈」은 "태양을 삼신상제님의 모습으로 여기고 태양의 빛과 열을 삼신상제님의 공능功能으로 여겼다"라고 전한다.

한국인의 광명숭배 전통은 아리랑, 강강술래, 윷놀이 등 놀이문화에서도 배어 나온다. 이 놀이문화를 포함한 신교의 민속 문화 몇 가지를 살펴보기로 하자.

제천의 노래와 춤, '어아가', '아리랑' 과 '강강술래'

『단군세기』를 보면 우리 민족은 신시 개천 이래로 매년 하늘에 천제를 올릴 때 온 백성이 함께 즐기는 성대한 제전을 열었다. 그 제전에서 삼신상제님의 덕을 찬양하고 감사하는 노래를 부르며 서로 화합하였다. 이때 부른 대표적인 노래가 바로 '어아가'이다. 각 구절마다 '어아어아於阿於阿'라는 감탄사로 시작하는 이 노래는 삼신을 맞이하는 노래이다. 가사에서 천상의 주재자인 **삼신상제님**을 **대조신**大祖神이라 부르며 '**우주의 가장 큰 조상신**'으로 표현하였다.

『태백일사』「소도경전본훈」에 따르면 2세 부루단군 때에도 이 어아지악於阿之樂이 있었다. 고조선 시대는 삼성조 중에서 신교가 가장 융성했던 때로, 어아가는 부루단군 이후로 고조선 곳곳으로 널리널리 퍼져 나갔다. 어아가는 고조선의 애국가가 된 것이다. 고구려 광개토열제 때에도 전쟁에 임할 때마다 병사들로 하여금 이 어아가를 부르게 하여 사기를 돋우었다(『태백일사』「고구려국본기」). **어아가는 한민족의 축제의 노래요 감사의 노래요 화합의 노래**일 뿐만 아니라 **사기를 진작시키는 군가**이기도 하였다.

또 「소도경전본훈」에는, 신시 배달 시대의 음악을 **공수**貢壽(혹은 공수供授) 또는 **두열**頭列(두레)이라 하였고, 나라가 창성하고 백성의 마음을 믿음과 기쁨으로 가득 차게 해 달라고 기원하였다고 기록돼 있다. 이 밖에도 우리 민족의 음악을 『백호통소의白虎通疏義』에서는 조리朝離, 『통전通典』「악지樂志」에서는 주리侏離라 하였고 『삼국사기』에서는 도솔兜率이라 했는데, 대체로 '**신**(상제님)**에게 삶의 기쁨과 평안함을 빌고, 분수를 알고 천리를 좇는다**'는 뜻이 담겨 있다고 한다.

그런데 오늘날까지 우리 민족의 가슴에 깊이 남아 오래토록 전승되어 불리는 아리랑도 제천문화와 무관하지 않다. 천천히 부르면 슬프고 빠르게 부르면 흥이 나는 아리랑. 이 노래는 조선 중종 때인 1550년에 강원도 정선 지방에서 불렀다는 기록이 있지만 그 기원은 아직 알려지지 않았다. 아리랑은 가락으로 따져도 50종이 넘고, 가사로 따지면 4천 종을 헤아린다. 그만큼 아리랑에는 말로써 표현할 수 있는 온갖 감정이 들어 있는 것이다.

최근 아리랑이 미국과 캐나다에서 기독교 찬송가로 불리기 시작했다. 미국 북장로회가 세계 사람들을 끌어안기 위해 세계 각국의 노래를 찬송가로 편찬할 때 2~3천 개의 후보곡 가운데 12명 편찬위원 전원의 찬성으로 아리랑 곡이 채택됐다[93]고 한다.

아리랑의 뜻과 기원에 대해서는 다양한 설이 있는데, 한민족의 원형사관을 연구해 온 수학자 김용운은, '아라리오' 하는 것은 **신을 부르는 소리**이고 아리랑은 '**하느님과 함께**'라는 의미라고 한다. 또 김상일도 아리랑의 뜻을 '하느님과 함께'라고 본다. 그는 아리랑에서 '알'과 '이랑'을 구별하여 '알'은 하느님을 의미한다고 말한다. 하느님의 이름은 처음에 '울'이었는데, '한'이라는 관형사가 붙어 '한울'이 되고 여기에 '님'이라는 존칭명사를 붙여서 '한울님'이 되었다는 것이다. 그리고 '이랑'은 '갑돌이랑'의 경우처럼 '~와 함께'라는 뜻이다. 이 밖에 '아리'[94]에는 '곱다'는 뜻이 있고 랑은 '님'을 뜻한다는 흥미로운 해석도 있다.[95]

---

[93] 그들이 경탄 속에 이방의 노래를 찬송가로 채택한 것은 쉽고 아름다운 멜로디 외에도 그 선율과 '아리'의 노랫말에서 느낀 신성이나 거룩함 때문이었는지도 모른다(KBS 1TV, 〈명작 스캔들〉, "아리랑", 2012.1.22). 아리랑의 가사는 예수를 찬미하는 내용으로 대치되었지만, 그 리듬은 서양에 그대로 전파된 것이다.

[94] 김상일은 또한 '아리'가 존숭과 신성의 의미를 지닌다고 주장한다. '아리'는 수메르의 '우르' 왕국과 환국의 '우루' 국과 함께 '붉'에서 유래하였다는 것이다(김상일, 『한사상』, 75~76쪽).

[95] 정연규는 아리랑의 아리는 '크다'는 뜻으로 『요사』「지리지」에서 압록이라 한 '아리수'를 가리킨

강강술래 또한 제천문화와 연관된다. 강강술래는 사람들이 손에 손을 잡고 추는 환무環舞로서 단합과 화합을 위한 대동의 춤이다. 그 자리에서 스스로 노래 말을 짓는 즉흥성과 모두 하나 되어 신명나게 노는 공동체적 놀이의 특성이 두드러진 일종의 종합예술이다. "마한 사람들은 하느님과 조상신에게 제사 지내고 수십 명이 함께 뒤를 따르면서 손발을 서로 맞추고 몸을 낮추었다 높였다 하면서 춤을 추었다"(『삼국지』「위서동이전」)라는 중국 기록이 말해 주듯, 강강술래는 우리 민족이 예로부터 행한 제천의례의 뒷풀이 문화가 전승된 것이다.[96]

천지조화 놀이, 윷놀이

윷놀이는 새해가 시작되는 정월 초하루에서 보름까지 남녀노소가 쉽게 즐기는 세시 풍속이다. 윷놀이는 단순히 승부를 겨루는 것을 넘어 집단적 흥과 신명을 돋우는 놀이로서 우리 겨레의 사랑을 받아 왔다.

미국의 세계적인 민속학자 스튜어트 컬린(1858~1919)은 자신의 저서 『한국의 놀이』에서 "한국의 윷놀이는 전 세계에 존재하는 수많은 놀이의 원형"으로 볼 수 있으며, "고대 점술에 기원을 둔 **윷놀이는 우주적이고 종교적인 철학도 담고 있다**"라고 극찬했다.

윷놀이의 기원에 대해 이익은 『성호사설』에서 "윷놀이는 고려의 유속으로 본다"라고 밝혔고, 최남선은 민속학적 근거를 내세워 윷놀이가 우리나라에서 기원한 것으로 추정하였다. 신채호는 윷판을 일컬어 군사가 중앙을 위시하여 전후좌우로 진을 짜서 나아가는 단군 시대의 출진도라 설명하며, 도, 개, 걸과 같은 윷놀이 끝수 명칭의 유래를 오가五加에서 찾았다.

일제강점기에 조선의 민속을 깊이 연구했던 무라야마 지준村山智順 역시 "윷은 조선만의 독특한 유희로 그 기원은 매우 오래다"라고 밝혔다. 경북 안동군 임동면의

다고 한다. 그리고 '스리랑' 의 '스리' 는 살수를 이른다고 한다. 그에 따르면 고조선의 21세 소태단군이 색불루에게 패하여 왕위를 빼앗기고 아리수 강 지역에 숨었고, 그때 색불루가 살수 지역에 성을 건설하면서 아리수의 백성들에게 강제로 노역을 시켰다고 한다. 아리랑은 그때 나온 노래로서 소태단군에 대한 연민과 색불루단군에 대한 저항의 한이 담겼다고 한다(정연규, 『한겨레의 역사와 얼은 인류사의 뿌리』, 63~64쪽).

96) 강강술래를 "만방에 흩어져 있는 하느님의 후손들인 배달족의 백성들이 모여들어 종족의 단합과 화합을 상징하는 세계 최고의 나라인 하나님의 나라, 즉 환국의 건국을 자축하는 춤"이라고 설명하기도 한다(김종서, 『잃어버린 한국사 6000년』, 100쪽).

청동기 유적지에서 발견된, 돌에 새긴 윷판(우리나라 최고最古의 윷판)이나 고구려 고분벽화에 보이는 윷판은 윷놀이의 유구한 역사를 짐작케 한다.

그런데 『환단고기』는 윷의 유래와 의미에 대해 놀라운 사실을 전한다.

> (자부선생이) 그때 윷놀이를 만들어 「환역桓易」을 연역演繹하니 대체로 (초대 환웅 때) 신지神誌 혁덕赫德이 기록한 바 있는 『천부경』이 전하는 정신을 풀어 놓은 것이다.(『태백일사』「삼한관경본기」)

자부선생은 치우천황 때 신선으로, 5세 태우의환웅 때 신선 발귀리의 후손이다. 위의 구절은 천부경의 이치를 담은 환역을 사람들에게 쉽게 전하기 위해 신시 배달 때 윷놀이를 만들었다고 밝히고 있다. 윷놀이가 단순한 유희가 아니라 환역을 대중에게 쉽게 이해시키기 위해 고안된 것이란 설명이다.

오늘날 환역은 전하지 않으나 그 내용에 대해서는 다음의 말로써 짐작할 수 있을 뿐이다. "환역은 둥근 하늘(圓)을 체로 하고 땅(方)을 용으로 하여 모습이 없는 것에서 만물의 실상을 알 수 있으니 이것이 곧 하늘의 이치(天理)이다(『태백일사』「소도경전본훈」)." 환역이 곧 『천부경』인지 알 수 없지만, 환역과 천부경, 윷판은 서로 밀접히 관련되는 것이 틀림없다. 아마도 하나의 동일한 우주 이치를 각기 다른 방식으로 표현한 것이라 할 수 있을 것이다.[97]

윷판은 하늘과 땅이 들어 있는 작은 우주다. 둥근 바깥은 하늘이고 모진 안쪽은 땅으로, 하늘이 땅을 둘러싼 모습이다. 여기에 4개의 삼각형이 원과 방을 이룸으로써, 윷판은 **하늘**[○], **땅**[□], **인간**[△]의 삼신일체 원리를 기본 도상으로 함을 보여준다. 가운데 한 점은 우주의 중심별인 북극성을 뜻하고 주위 28점은 28수에 해당한다. 28수가 7개씩 사방으로 나뉜 것은 동서남북 사방과 태양의 사계절 주천을 형상화한 것이다.[98] 윷판은 중앙의 한 점을 중심으로 해서 늘여진 28개의 별

---

[97] 정명악은 윷을 『천부경』의 일一과 삼극三極의 원리에 따른 달력놀이라 주장한다. "윷은 생칠팔구生七八九의 24의 일년기절一年氣節 놀이로 오점五點의 중앙 사방 큰 점은 오五의 음陰의 석삼극수析三極數로 이것은 일후一候를 말하는 것이다. 그래서 이것은 이십사절기의 일후란 달력놀이로서 윷은 동서남북 사기四基요 일시무시일一始無始一 석삼극수析三極數의 사기주四基柱이다"(정명악, 『국사대전』, 183쪽).

[98] 조선 선조 때의 문인 김문표金文豹는 윷판의 의미를 이렇게 설명했다. "윷판의 바깥이 둥근 것은 하늘을 본뜬 것이요, 안의 모진 것은 땅을 본뜬 것이니, 즉 하늘이 땅바닥까지 둘러싼 것이다. 별의 가운데 있는 것은 북극성이요, 옆에 벌여 있는 것은 28수를 본뜬 것이다. 북두칠성이 제 자리에 있으며 뭇별이 둘러싼 것을 말한다[柶之外圓象天, 內方象地即天包地外也. 星之居中者 樞星也, 旁列者 二十八宿也. 卽北辰居所 而衆星拱之者也.]"(『중경지中京誌』「사도설柶圖說」).

자리를 나타낸다. 이러한 우주의 형세를 『태백일사』 「소도경전본훈」에서는 "하늘은 본디 체가 없고 스물여덟 별자리가 임시로 체를 이룰 뿐이다"라고 언급하였다.

윷은 보통 둥근 박달나무를 둘로 나눈 뒤 그것을 다시 반으로 쪼개 만든 네 개의 말로 논다. 이것은 태극에서 음양이 나오고 사상, 팔괘가 나오는 과정으로 볼 수 있다. 박달나무 한 가지는 태극에, 반으로 쪼개는 것은 음양에, 그것을 각기 둘로 쪼개는 것은 태양, 소음, 소양, 태음에 해당한다. 나아가 둥근 면과 평평한 면을 뒤집었다 엎었다 하면 모두 8개가 되는 것은 8괘를, 네 개의 윷말이 벌이는 변화(8×8=64)는 64괘를 표현한다고 볼 수 있다.

이와 같이 윷놀이는 천·지·인 삼재가 한 뿌리에서 나왔고, 모든 것이 우주의 중심인 하나에서 시작되고 끝난다는 이치를 드러낸다.

태극의 형상을 담은 씨름

고구려 고분 벽화에도 나타나는 씨름의 유래에 대해서는 아직 정설이 없다. 그러나 "옛부터 치우신이 있어 지금 기주冀州에서는 사람들이 각저角抵라는 치우희蚩尤戱를 한다"(『술이기述異記』) 라는 기록으로 미루어 볼 때, 씨름의 기원은 적어도 치우천황 때인 BCE 2700년 전으로 거슬러 올라갈 수 있다. 『후한서』에는 부여왕이 한나라를 방문했을 때 환영 행사로 각저희角抵戱라는 씨름을 하였다는 기록이 남아 있다. 『태백일사』 「삼신오제본기」에 따르면, 신교의 성지인 소도 곁에는 반드시 경당을 세워 미혼 자제로 하여금 독서, 활쏘기, 말달리기, 가악歌樂, 권박拳搏 등을 익히게 했다고 한다. 또 신채호는 『조선상고사』에서 국중대회 때 소도제천이 끝나면 큰 경기를 열어 서로 승부를 겨뤘다고 하면서, 현재 문헌상 전하는 경기 종목은 수박, 검술, 궁술, 격구擊球 등 여덟 가지[八戱]라고 하였다.[99] 두 기록에서 씨름은 언급되지 않지만, 씨름의 유래가 신교 낭가의 상무정신이나 제천과 연관된다는 것을 알 수 있다.

그런데 영국 고고학자가 발굴한, 수메르족이 씨름하는 모습을 새긴 향로가 주목을 끈다. BCE 2500년경에 구리로 만든, 제기로 추정되는 이 향로는 씨름의 문화적 확산이란 사실 외에도 씨름과 제사의 연관성을 암시한다.

---

99) 박성수, 『단군문화기행』, 110~115쪽.

그리고 강강술래나 풍물놀이가 그렇듯, 씨름의 형상에서도 태극을 발견할 수 있다. 오른손으로 상대의 허리샅바를 잡고 왼손으로 상대의 오른쪽 다리를 잡고 번쩍 들어 메치기 하는 모습을 보면 두 사람이 태극 모양을 이룬다는 것을 알 수 있다.

단군을 기린 댕기

댕기는 땋은 머리끝에 헝겊이나 비단으로 장식을 한 것으로 불과 수십 년 전만 해도 쉽게 볼 수 있었다. 댕기머리에 대한 기록으로는 "여자들이 땋은 머리를 비단 띠와 진주 등으로 장식"(『당서唐書』「동이전」 신라 조)이라는 기록과, "백제의 처녀는 머리를 뒤로 땋아 늘어뜨렸다"(『북사』「열전」)라는 내용이 있다. 고구려 고분벽화에는 머리를 끈으로 장식한 모습이 나온다. 이로 보아 삼국 시대에도 댕기를 사용했음을 알 수 있다.

'씨름하는 두 사람' 모양을 취한 수메르 시대 청동 향로_ 수메르의 초기왕조 시대인 BCE 2400년경에 제작된 것으로 추정되며, 이라크 바그다드의 닌투 신전에서 출토되었다.

댕기는 언제부터 사용되었을까? 『단군세기』에서는 댕기머리가, 단군왕검을 추모하는 뜻으로 달았던 조기弔旗인 **단기**檀旂에서 유래하였다고 밝힌다. 정약용의 『풍속고風俗考』에 나오는 다음과 같은 기록도 그것을 뒷받침한다.

> 지금 아이들이 땋은 머리 끝에 드리운 헝겊이나 실을 단계, 단기라 한다. 단군께서 백성에게 머리 땋은 법을 가르치시고 신령한 성품 닦기를 훈계하였으므로 백성이 신덕神德을 추모하여 머리를 땋아 드리우고, **단계**라 하였다. 반드시 거기에 '수복강녕壽福康寧'이라 쓰고 이를 빌었다고 한다. 댕기는 우리나라를 처음 여신 **단군을 추앙하는 데서 생겨난 것**이다.

또 『단군세기』에서는, 집 안에 땅을 골라 설치한 제단 위에 쌀을 넣은 단지를 올려 놓고 복을 빌던 풍속이, 단군 성조의 맏아들인 2세 부루단군의 성덕을 기념하는 제사에서 유래했다고 전한다. 이것을 **부루단지**(업주가리)라 한다.

이 밖에도 농부들이 들에서 점심을 먹을 때 먼저 음식이나 술을 떠서 땅에 던지면서 '**고수레**(고시레)' 하고 외치는 풍속은 1세 단군왕검의 명을 받아 농사법을 개발한 고시씨高矢氏를 기리는 제사에서 유래한 것으로 알려져 있다. 고수레의 '고'

를 '고한다'는 뜻으로 보고, 수레는 하늘을 뜻하는 '수릿' 또는 '수렛'이라 해석하여 **'하늘에 고하는 의식'**으로 보기도 한다.

우주의 색, 오방색

민족마다 고유한 색채 의식이 있기 마련이다. 전통 색채 의식은 관혼상제, 음식, 의복, 건축 등에서 자연스럽게 드러난다. 음귀를 몰아내기 위해 혼례 때 신부가 연지곤지를 바르고, 나쁜 기운을 막고 무병장수를 기원하는 뜻에서 돌이나 명절에 어린아이에게 색동저고리를 입히고, 붉은 고추를 끼운 금줄을 간장 항아리에 두르는 데에서 우리의 색채 의식을 엿볼 수 있다. 또 잔치상의 국수에 올린 오색 고명, 궁궐·사찰의 단청, 고구려의 고분벽화나 조각보 같은 공예품에서도 색채 의식을 쉽게 찾아볼 수 있다.

우리나라의 전통 색상은 흑黑·적赤·청靑·백白·황黃 오방색이다. 오방색五方色은 '태극에서 음과 양의 기운이 생겨나 하늘과 땅이 되고, 다시 음양 두 기운이 수水·화火·목木·금金·토土 오행을 생성한다'는 음양오행설을 기초로 한다. 수화목금토 오행에 오색과 오방五方이 따른다는 것이다. 그리하여 흑黑은 북, 적赤은 남, 청靑은 동, 백白은 서, 황黃은 중앙을 뜻한다. 고구려 고분 속 사신도四神圖에 이 방위와 색의 관계가 잘 나타나 있다. 동에 청색으로, 서에 백색으로, 남에 적색으로, 북에 흑색으로 각기 청룡, 백호, 주작, 현무가 방위의 수호신으로 그려져 있다. 무덤의 중앙을 황룡이 차지하는 것은 중국에 없는 고구려만의 특색이다.

『환단고기』에서는, 고구려 고분 벽화에 나타나는 이러한 오방색이 신의 본질을 광명으로 여기는 **신교 시대의 삼신문화에서 기원한다**는 것을 밝히고 있다. 『환단고기』가 전하는 **신교 삼신관**에 따르면, **오제五帝가 삼신의 명에 따라 오행을 맡아 다스린다.** "삼신께서 다섯 방위의 주재자인 오제를 통솔하여 저마다 그 맡은 바 사명을 두루 펴도록 명령하시고, 오령에게 만물화육의 조화 작용을 열어서 공덕을 이루게 하셨다"(『태백일사』「삼신오제본기」)는 것이다. 오행은 천지 성령의 영묘한 기운이기에 오령五靈이라 불린다. 천지의 다섯 신령한 조화 기운은 순전히 그 자체로 움직이는 것이 아니라, **삼신과 오제의 주재에 따라 작용**하는 것이다. 즉 만물을 낳는 천지 기운의 조화 공능功能에는 언제나 신의 손길이 개입돼 있는 것이다.

태수太水가 북방에 자리 잡아 흑색을, 태화太火가 남방에 자리 잡아 적색을, 태목

태목太木이 동방에 자리 잡아 청색을, 태금太金이 서방에 자리 잡아 백색을, 그리고 태토太土가 중앙에 자리 잡아 황색을 주관한다.

이 **오방을 주재하는 오제는 흑제, 적제, 청제, 백제, 황제**이다. 흑제는 겨울의 숙살肅殺을, 적제는 여름의 광열光熱을, 청제는 봄의 생양生養을, 백제는 가을의 성숙을, 황제는 하추교역기의 조화를 주관한다.

흑黑은 인간의 지혜를 관장한다. 적赤은 태양, 불, 피 등과 같이 생성과 창조, 정열과 애정, 적극성을 뜻하기 때문에 가장 강력한 벽사辟邪의 빛깔로 쓰였다. 만물이 생성하는 봄의 색인 청靑은 창조, 생명, 신생新生을 상징하므로 요사스러운 귀신을 물리치고 복을 비는 색으로 사용되었다. 백白은 결백과 진실, 삶, 순결 등을 뜻하기에 우리 민족이 애호하는 색이다. 오방색의 중심인 황黃은 가장 고귀한 색으로 인식되어 임금만 황색 옷을 입을 수 있었다.

이와 같이 신교의 삼신문화에서 오방과 오방색에 대한 우리의 전통 문화와 의식이 나왔다. 한민족은 색채를 감각, 지감적 체험에 바탕을 두지 않고 **신교 삼신문화와 음양오행적 우주관의 이치에** 따라 의미를 부여함으로서 색채를 생활화[100]하였던 것이다.

지금까지 살펴본 것처럼 우리의 세시 풍속과 놀이, 음악 등은 근원적으로 보면 **삼신숭배** 사상과 잇닿아 있다. 우리의 신교 사상과 문화는 민족의 이동과 함께 다양한 형태로 전 세계로 전파되었다. 유물과 기록뿐 아니라 우리에게 남겨진 다양한 문화 또한 신교의 존재와 그 내용을 밝히는 분명한 근거가 되는 것이다.

오령五靈(오행)	오제五帝	오방五方	오색五色	오성五性	오장五臟	오성五聲	오미五味	오음五音
태수太水(수)	흑제	북	흑黑	지智	신腎	우羽	함鹹	순脣
태화太火(화)	적제	남	적赤	예禮	심心	치徵	고苦	설舌
태목太木(목)	청제	동	청靑	인仁	간肝	각角	산酸	아牙
태금太金(금)	백제	서	백白	의義	폐肺	상商	신辛	치齒
태토太土(토)	황제	중앙	황黃	신信	비脾	궁宮	감甘	후喉

---

100) 김용권, '한국인의 색채의식에서 보이는 이중구조', 『조형造形교육』 22호, 46쪽.

2) 인디언 문화 속의 신교

북미 인디언의 피라미드

아메리카 대륙의 원주민에게서 신교 문화의 흔적이 발견되고 있다. 신교 제천문화의 가장 뚜렷한 증거인 피라미드가 북미의 인디언 유적지, 멕시코의 톨텍 문명과 아즈텍 문명 유적지, 중앙아메리카의 마야 문명 유적지 등 아메리카 곳곳에서 발견되었다.

북미 최대의 인디언 유적지인 미국 일리노이 주의 카호키아Cahokia 유적지에 120여 개에 달하는 거대한 인공 언덕이 있다. 이것은 북미 땅의 피라미드라 할 수 있다. 유적지 한가운데에 위치한 언덕인 몽크스 마운드Monk's Mound는 현재 흙을 쌓은 지반시설만 남아 있지만, 그 규모가 이집트에서 가장 큰 기자Giza 피라미드보다 크다.

고대 톨텍 문명의 중심지인 멕시코의 촐룰라Cholula에는 한 변의 길이가 400m에 달하고, 부피로는 세계에서 가장 큰 떼빠나빠Tepanapa 피라미드가 있다.[101] 얼핏 언덕으로 보이지만 내부 터널과 외부 계단을 갖춘 피라미드가 분명하다. 16세기에 멕시코를 정복한 스페인은 이 피라미드 위에 성당을 지었다. 원주민의 고유한 신앙생활을 부정하고 새로운 사상을 주입하기 위해 피라미드 꼭대기에 있는 원주민의 성소, 즉 신전을 허물고 그 자리에 성당을 지은 것이다. 이렇게 세운 성당이 지금도 도시 전경을 채울 정도로 많이 남아 있다.

멕시코의 1577년경 문헌에 따르면, 촐룰라에는 손으로 흙벽돌을 찍어 만든 피라미드인 다지왈태백tlachihualtepec이 있었다. '다지왈태백'은 '손으로 쌓아 올린 산'을 뜻한다. 우리말과 음과 뜻이 유사한 이름을 가진 이 피라미드의 존재에서 우리는 동북아에서 넘어간 신교 제천문화의 체취를 느낄 수 있다.

인디언의 삼수 문화와 놀이 문화

중남미 인디언에게서도 삼신문화의 자취가 보이는데 그 대표적인 것이 **고수레 풍습**이다. 인디언들은 옥수수나 과일로 만든 발효주인 치차chicha를 마시기 전에 손으로 세 번 찍어 대지에 뿌린다. 밥을 먹기 전에 음식을 손으로 떼어서 던지는

---

[101] 마크 크레머 저, 김경하 역, 『멕시코』, 291쪽.

풍습은 스페인 정복자들이 남긴 기록에도 남아 있다. 멕시코시티의 국립인류학박물관에 소장된 삼발이 그릇도 중남미의 삼신문화의 한 증거이다.

인디언의 또 다른 신교문화로 앞서 언급한 윷놀이가 있다. 미국 로스앤젤레스 사우스웨스트 박물관에는 여러 형태의 윷이 전시돼 있는데, 현지 연구자들은 윷놀이를 즐긴 130여 부족이 윷놀이를 대륙 전체에 퍼뜨렸다고 분석한다. 오클라호마 주의 카이오와족의 윷은 우리 윷과 똑같다. 짝이 4개이고 단면이 반달꼴이다. 윷이 나오면 한 번 더 던지고, 누운 것이 하나면 한 밭, 둘이면 두 밭, 셋이면 세 밭을 가고, 같은 밭에서 만나는 상대 말을 잡는 것까지 똑같다.

캘리포니아에 있는 소노마레이크의 작은 인디언 풍습 박물관에도 인디언이 즐긴 윷놀이 도구가 전시되어 있다. 그런데 윷말과 윷판이 우리의 그것과 완전히 같다. 또 아스텍의 윷놀이인 '막대기 주사위 놀이'도 그 규칙이 우리의 윷놀이와 똑같고, 놀이 용어까지 우리말 그대로 쓴다.[102] 남아메리카 사람들도 윷놀이를 즐겼다. 파라과이 볼리비아에 사는 차코족의 윷은 우리 윷과 모양이 똑같을 뿐만 아니라 이름도 윷이라 불렀다고 한다.

또 팽이 놀이도 발견되는데, 팽이 형태나 노는 방법이 우리 한민족의 그것과 똑같다. 팽이채로 팽이를 쳐서 돌리며, 오래 도는 쪽이 이긴다. 팽이채를 쓰지 않고 몸통 가운데 박힌 기둥을 손가락으로 힘껏 비벼서 돌리는 방법도 우리와 같다. 나무, 뿔, 돌을 이용하거나 진흙으로 빚어 팽이를 만들고, 팽이의 위나 옆면에 색칠을 하기도 한다.

이 밖에도 인디언은 한민족과 똑같이 투호, 자치기, 고누, 실뜨기, 그림자놀이, 공기놀이, 굴렁쇠 굴리기도 했다. 우리 민족처럼 불이나 연기가 잡귀를 물리친다는 귀신 관념도 있었다.

인디언의 영성 문화

북미 인디언들의 영성문화에서도 신교문화의 체취를 느낄 수 있다. 스미소니언 박물관 소속 인디언 문화의 권위자 개릭 맬러리는 인디언의 종교성을 이렇게 표현하였다. "북미 인디언에 관한 가장 놀라운 사실은, 신정神政을 받으며 산 옛 이스

---
[102] 손성태, '아스텍 제국에 나타난 우리민족의 풍습', 『비교민속학』 43집.

라엘인의 종교에 버금갈 정도로 인디언은 종교 안에서, 종교에 의해 관습적으로 살아왔다."103) 비록 초창기 선교사들은 북미 원주민의 고유 종교를 인정하지 않거나 악마적인 것이라 선고하였지만, **인디언은 신의 세계에 대한 철저한 인식 속에 살았던 것이다.**

인디언의 삶과 철학을 평생 관찰한 시튼E.T.Seton은 인디언이 '**한 위대한 신**Great Oversoul'을 믿었다고 전한다. 인디언의 한 갈래인 포니족은, 그 위대한 신이 "**온 우주에 가득 차 있는 최고 통치자이고, 그분의 뜻에 따라 모든 일이 일어난다**"고 믿었다고 한다. 포니족은 그들의 신에게 파이프 담배의 첫 모금과 준비된 음식의 첫 숟가락을 언제나 잊지 않고 바쳤다.104) 이처럼 인디언도 동북아 신교 문화권과 마찬가지로 절대자 신을 '우주의 통치자 하나님'으로 인식하고 받들었음을 알 수 있다.

수우Sioux족의 한 인디언은, 인디언이 살면서 꼭 지켜야 할 의무는, '그 분'에게 매일 경배를 드리는 것이라 한다. 그래서 새벽에 깨어나면 물가로 내려가 목욕을 한 다음 태양이 지평선에서 춤출 때 태양을 마주보며 동터 오는 새벽 앞에 똑바로 서서 말없이 기도를 드린다고 한다.105) 이것은 오늘날의 그 어떤 종교 못지않게 경건함이 넘치는 예배 의식이 아닐 수 없다.

인디언의 신앙생활과 관련하여 근세에 일어난 주목할 만한 사건이 있다. 네바다 주의 파유트족 인디언인 워보카Wovoka(1856~?)에 의해 시작된 '**고스트 댄스**'(Ghost Dance, 천지성령의 춤) 운동이다. 1889년 1월 1일 워보카가 하늘에 올라가 신으로부터 받은 이 춤은, 사람들이 특정한 장소에 모여 **중앙의 생명나무를 중심으로 둥글게 원을 만들어서 추는 춤**이다. 그 목적은 춤을 추면서 조상의 영혼을 만나는 것이라고도 하고, 앞으로 죽음, 질병, 노화가 없는 새로운 세계가 오는 것을 준비하는 것이라고도 한다. 고스트 댄스는 북미 각지의 인디언에게 순식간에 퍼져나가 인디언의 영적 부흥을 주도하였다. 하지만 인디언들이 벌인 최초의 조직적인 운동이었던 이 춤은, 미국 정부가 1890년 12월 29일 수백 명의 인디언을 무차별 참살한 이후 사라지고 말았다.106)

---

103) E. T. 시튼 저,『인디언의 복음』, 28쪽.
104) E. T. 시튼 저, 같은 책, 31쪽.
105) E. T. 시튼 저, 같은 책, 52쪽.
106) E. T. 시튼 저, 같은 책, 206~207쪽.

미국 스미소니언 박물관에 전시된 인디언 생활용구

이곳에 전시된 각종 생활 도구를 보면 마치 우리네 시골집의 마당이나 부엌을 들여다보는 듯하다.
특히 빗살무늬토기는 우리나라 신석기 시대에 사용된 빗살무늬토기와 너무나 닮았다.

인디언 문화에 나타난 동방 한민족 문화 흔적

손성태는 아메리카 인디언의 언어, 풍속, 지명을 비롯한 여러 고문서와 유물을 통해 아즈텍 문명을 건설한 멕시코 원주민은 동북아의 한민족임을 밝히고 있다. 인디언들의 역사문화와 생활 속에는 한민족의 흔적이 고스란히 배여 있음을 확인할 수 있다.

▲ 인디언들의 정신과 삶을 지배했던 언어생활, 탄생과 장례문화를 비롯하여 머리에 상투 튼 풍습은 우리와 매우 닮았다.

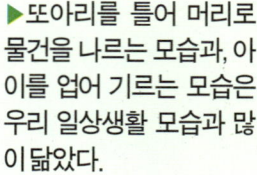

▶또아리를 틀어 머리로 물건을 나르는 모습과, 아이를 업어 기르는 모습은 우리 일상생활 모습과 많이 닮았다.

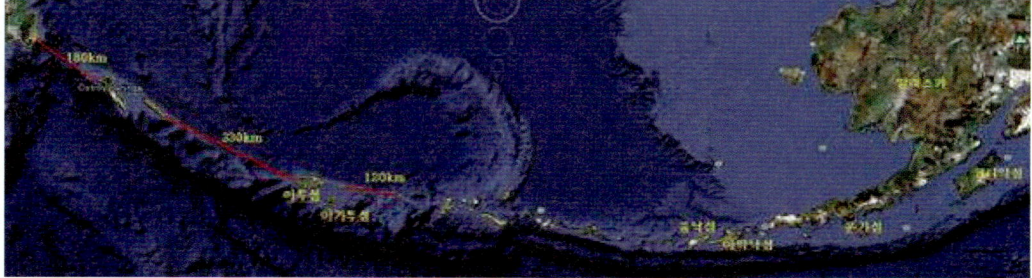

▲ 알류산 열도의 아마낙 섬에서 발굴된 세계 최고 온돌 유적(원 안)
▲ 아시아와 아메리카를 잇는 알류산 열도에는 한민족 고유의 온돌문화가 발견된다.

▲아기를 낳으면 부정한 기운을 막고 외인의 출입을 금지하기 위해 집 앞에 금줄을 치는 풍습이 있다.

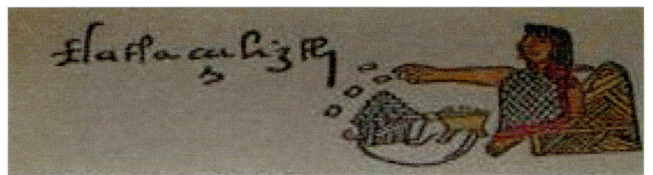

◀남미 원주민들이 밥을 먹기 전에 음식을 손으로 떠서 던지는 장면. 우리 고수레 풍습과 같다.

출처 : 상생방송STB, 〈특집 다큐〉, "우리 한민족의 대이동(3)-멕시코에 나타난 우리 한민족의 흔적", 2012.1.22.

비록 2년 만에 중단되긴 했지만, 이것은 현대의 인디언 사회에 일어난 '**신교의 부흥 운동**'이다. 고스트 댄스에 등장하는 생명나무는 동북아 신교문화권에서 소도에 심었던 신단수와 같다. 인디언이 모신 생명나무는 신이 응감하는 나무로서 천상의 하나님과 소통하는 매개체이다. 상고 시대 동북아 사람들이 소도에서 천제를 거행한 후 신단수 주위를 빙빙 돌며 다 같이 춤과 노래를 즐겼던 모습이 인디언들의 고스트 댄스에서 재현된 것이다.

3) 일본 왕실의 제천행사

일본의 고대 신화를 살펴보면 일본으로 건너 간 신교의 삼신신앙을 확인할 수 있다. 『고사기古事記』[107]는 일본의 창세신화가 '**조화삼신**造化三神[108]으로 시작되었다'고 말하는데,[109] 이 조화삼신은 곧 신교의 삼신을 말한다.

예로부터 일본인의 정신적 구심점이 된 신사를 중심으로 한 신도神道는 바로 동북아 신교문화의 변형이다. 일본의 11세 스이닌垂仁 왕(BCE 29~CE 70)[110] 때 신라에서 왕자 천일창天日槍(아메노히보코)이 7개의 신물神物을 가지고 무리를 이끌고[111]

---

[107] 『고사기』는 『일본서기』와 더불어 일본에서 현존하는 가장 오래된 역사서이다. 『고사기古事記』는 712년 나라 시대 초기 오노야스마로太安万侶에 의해 편찬되었는데, 오노야스마로는 백제계 사람으로 알려져 있다. 『일본서기日本書紀』는 720년 아스카 시대 덴무天武 왕의 명으로 도네리舍人 친왕親王 등이 중심이 되어 편찬한 일본 최초의 관찬 정사이다. 이 책에는 『백제기』, 『백제본기』, 『백제신찬』 등의 기록이 인용되어 있다. 역사서를 편찬할 자국 사료가 부실하였기 때문에 자기네 뿌리인 백제 역사서를 참고할 수밖에 없었던 것이다.

[108] 『일본서기』와 『고사기』의 '신대기神代記'에 보이는 '조화삼신造化三神'은 아메노미나카누시노가미天御中主尊와 다카미무스비노가미高皇産靈尊, 그리고 칸무스비노가미神皇産靈尊를 말한다. 일본 역사의 삼신은 그 작용이 조화·교화·치화로 뚜렷하게 구분되지는 않는다. 다만, 아메노미나카누시노가미는 천지, 천상계의 주재신主宰神으로 보인다. 나머지 두 신은 일본 고유의 신으로 만물의 생성·생장을 관장하는 신이다.

[109] 무릇 태초에 혼돈된 근원이 이미 굳어졌으나, 그 기상은 아직 나타나지 않았다. 그러므로 이름도 없고 움직임도 없기 때문에 누구도 그 형태를 알 수가 없었다. 그러나 하늘과 땅이 처음으로 나누어지자, 삼신이 조화의 머리가 되었고, 또 음과 양이 나누어지자 두 신이 만물을 생성하는 부모가 되었다[夫混元旣凝, 氣象未效, 無名無爲, 誰知其形, 然乾坤初分, 三神作造化之首, 陰陽斯開, 二靈爲群品之祖].

[110] 초기 일본 왕들의 재위 연대는 사실보다 120년 정도 거슬러 올라가 설정되었다. 일제 식민사학자인 쓰다 소우키치津田左右吉조차 "긴메이欽明(29세: 539~571) 조에 기록된, 역曆 박사가 백제에서 도래(554)했다는 것을 사실로 인정한다면 그 이전의 연대기는 믿을 수 없다"라고 하였다. 그는, 일본의 역사가 조선보다 짧기 때문에 열등감을 극복하기 위한 노력의 일환으로, 초기 왕들의 재위 시기를 거의 2주갑 상향 조정했다고 지적하였다. 따라서 스이닌 왕의 재위 기간은 91~190년 정도로 보아야 한다.

[111] 신라에는 천일창에 대한 기록이 보이지 않는다.

큐슈 북부 이토 지역으로 갔다. 그 7대 신물 중 하나가 '곰(熊)의 신단'으로 알려진 **'히모로기**神籬'이다. 이 히모로기는 신단, 곧 **천신을 모시는 제단**이자 그 신단에 있는 큰 나무인 **신단수**神壇樹이다. 곰의 히모로기는 곧 **웅족의 신단**을 뜻하는데, 이것이 일본 열도에 전해지면서 **일본 신사**神社**가 시작**된 것이다.

그렇다면 일본 신사의 실체는 무엇인가? 동경대학의 구메 구니다케久米邦武(1839~1931) 교수는 "**신도는 제천 행사의 옛 풍속**"[112]이라 하였다. '신사'가 바로 '**소도**蘇塗'와 같음을 지적한 것이다. 그러나 일본 우익단체는 글을 쓴 구메 교수의 목에 칼을 들이대며 위협을 하였고, 구메는 동경대 교수직을 떠날 수밖에 없었다.

일찍이 육당 최남선은 '일본의 신도가 천제의 옛 풍속'이라는 입장에 동의했다. 육당은 태곳적부터 존재한 일본 고유의 종교로 알려진 **신도**가 "**고신도**古神道**에 다름 아니다**"라고 했다.[113] 고신도는 고대 한민족이 천신을 모시던 제천의례를 뜻한다. **천신 곧 삼신상제님을 모시는 제천 풍속이 일본에 전해진 것이다.**

일본 왕실에서는 매년 11월 23일에 **신상제**新嘗祭(니나메사이)를 지내고 왕이 즉위하는 해에는 **대상제**大嘗祭(다이죠사이)를 지내는데, 이 두 제례 모두 한반도에서 넘어간 것으로 추정되는 한신韓神과 소호리신[曾富利神][114]을 모신다. 한민족의 신에게 일본 왕실이 제를 지내는 것이다.[115]

뿐만 아니라 삼신의 사자인 삼족오 문화도 한반도를 거쳐 일본 열도에 전해졌다. 『일본서기』를 보면, 큐슈에 내려온 천손의 후손인 일본의 초대 왕 진무神武(2,600년 전)가 큐슈에서 지금의 나라현奈良縣 가시와라시橿原市 일대인 야마토大和 왜倭의 땅으로 갈 때[神武東征] 기슈紀州 쿠마노熊野에서 곰을 만나 고난을 당하고 길

---

[112] 동경대 사학과 구메 구니다케 교수는 1891년 일본 『사학회잡지史學會雜誌』 제23~25권에 '신도는 제천祭天의 고속古俗'이란 제목으로 논문을 연재하였다. 이 논문에서 일본 왕실의 신앙은 '하늘의 천신을 그들의 조상신으로 받드는 것'이고, 이 신앙은 고조선 사람들이 조상에게 제사 올리던 양식이 일본으로 넘어온 것이라 하였다. 이 논문은 일본 천황가의 소위 '황국신도'를 송두리째 뒤엎어 버린 엄청난 학술적 고증이었다(홍윤기,『일본문화사신론』, 6쪽).

[113] 일본 대마도對馬島에서는 이러한 제의 관련 신성구역을 솟도卒土(そつど)라 하는데, 소도가 일본으로 건너가는 징검다리라 볼 수 있다.

[114] 『고사기』에 나오는 대년신大年神(오오토시노카미)이 낳은 다섯 자식들 가운데 한신韓神과 소호리신曾富利神이 있다. 우에다 마사아키上田正昭 교수의 『일본신화』(1970)에 의하면, 한신과 소호리신은 한반도 계의 신이다. 소호리신은 소시모리[曾尸茂梨]와 관계있는 신으로 신라와 연고가 있다.

[115] 홍윤기,『일본문화사신론』, 6~27쪽.

을 잃었다. 그때 진무가 천조대신에게 기원을 드리자 하늘에서 까마귀(八咫烏 야타가라스)가 날아와 길을 인도하여 무사히 야마토 지역으로 들어갈 수 있었다 한다.116) 이런 연유로 쿠마노 지역에는 삼족오를 받드는 신사들이 세워졌다. 지난 2002년 월드컵 때 우리에게 잘 알려진 일본 국가대표 축구팀의 상징물도 삼족오를 본뜬 모습으로 그려져 있다.

진무는 여기서 이른바 만세일계라는 일본 왕가의 초대 왕으로 등극하여 일본열도 최초의 고대국가인 야마토大和 정권의 틀을 갖추어 나갔던 것이다.117) 이로부터 삼족오는 하늘의 사자요 진무 왕의 수호신으로서 일본국을 상징하는 하나의 형상이 되었다. 일왕 즉위식 의례儀禮에 사용하는 기구에 삼족오를 형상한 봉황이 보이고, 즉위식에서 입는 붉은 옷에도 삼족오와 용봉, 그리고 북두칠성의 문양이 보인다.118)

뿐만 아니라 일본의 문화적 상징인 이세신궁에서 마쯔리가 열릴 때는 용봉 문양으로 장식된 북을 치고 천상의 지존한 신인 태일신을 모시는 행사를 벌인다. 이 태일신을 모신 이세신궁을 중심으로 메이지유신을 단행하여 정신문화의 기틀을 형성한 것이 일본 근대화의 원동력이 되었다. 지금도 일본에서는 내각이 바뀌면 수상 이하 전 각료가 이세신궁에 직행하여 배례를 올린다.

『태백일사』「대진국본기」에 따르면 서부여의 의려국 왕자 의라가 일본으로 건너가서 15대 오진應神 왕이 되었는데, '삼신의 부명[三神符命]에 응한다' 하여 '응신'이라는 이름을 지었다고 한다. 2001년 12월, 일본의 아키히토 왕이 "나의 선조인 칸무桓武 왕의 어머니는 백제 무령왕의 자손이다"라고 고백하여 자신도 백제계

---

116) 일본 학계에서는 진무 왕부터 9대 가이카開化왕까지를 일계의 황통을 만들어 내기 위한 가공의 천황으로 보고 있다. 하지만 『환단고기』는 진무가 실존 인물이었음을 밝혀 준다. 『단군세기』 3세 가륵단군 조와 36세 매륵단군 조의 기록, 그리고 『태백일사』「삼한관경본기」 기록에 따르면, 매륵단군 재위 38년(BCE 667)에 협야후陜野侯 배반명裵幋命이 일본으로 넘어가 열도를 평정하고 그곳 왕이 되었다. 그런데 『일본서기』는 이 해를 진무가 일본의 초대 왕으로 등극한 때로 기록하였다. 두 나라의 역사서를 종합하면, 조선인 배반명이 곧 일본 왕 진무임을 알 수 있는 것이다.

117) 여기서 논란이 생긴다. 진무 왕이 나라지역의 가시와라 신궁에서 즉위한 것이 BCE 660년이라는 기록과 야마토 왜의 기반이 이루어진 것이 4세기였다는 사실 때문이다. 때문에 진무 왕의 동정東征을 허구라 보고 실제로 동정東征한 것은 10대 스진왕 혹은 15대 오진 왕으로 보기도 한다. 『일본서기』에 스진崇神 왕을 '故稱謂御肇國天皇也'로 표현한 것과, 오진 왕이 즉위한 해가 270년으로 되어 있으나 거의 2주갑 상향 조정되었음을 감안한다면, 대략 390년 정도이기 때문이다. 이때가 실질적으로 야마토大和 조정의 기틀을 쌓기 시작한 때였던 것이다.

118) 김철수, 『일본 고대사와 한민족』, 132~135쪽.

의 피를 이어받았음을 시인한 바 있다.

　한민족의 도래 물결은 끊임없이 계속되어 일본 왕가뿐 아니라 일본 고대 국가를 형성하는 데 도움을 주었다. 일본 최초의 통일왕조인 야마토大和 왜 정권(320~645)이 기내畿内 지방에 들어서면서 4~5세기에 백제 등에서 많은 기술자, 학자 등이 건너갔다.『일본서기』에는 오진 왕 때부터 도래인에 관한 기록이 많이 나타나는데 아직기阿直岐와 왕인 등이 일본 열도로 와서 문물을 전해 주었다는 기록도 있다.

　그 결과 8세기 중반에 이르러, 야마토 지역은 백제에서 도래한 사람들이 80~90%를 차지하였다. 이렇듯 6세기 중반부터 7세기 초에는 고도의 문화 기술 집단이 일본 열도로 건너가 고대 일본문화의 정수라 일컫는 아스카飛鳥 문화(645~710)를 건설하는 주역이 되었다. 한민족은 일본 왕가의 뿌리이고, 일본 민족 문화 전반에 걸쳐 뿌리 내리게 되는 바탕이었던 것이다.

일본 근대화의 힘의 원천 이세신궁과 일본 10만 신사神社의 원조 이즈모 대사 ··· 일본의 2대 신사

일본어에서 '정치政治(せいーじ)'는 다른 말로 '마쯔리고토祭事(まつりごと)'라 불린다. '마쯔리祭り'는 일본의 각 지역에서 다양한 목적으로 행하는, '신을 맞아 신사에 모시는 행사'이다. 그래서 본래 일본의 정치란 곧 신을 맞이하여 받드는 일이다. 이것으로 일본인이 얼마나 그들의 신사문화를 소중히 여기는지 알 수 있다.

한국의 동해 맞은편에 위치한 일본 시마네현島根縣 이즈모出雲시에 일본에서 가장 오래된 이즈모 대사出雲大社가 있다. 약 2천 년 전에 처음 지어진 이 신사는 원래 조선에서 유래된 천신(삼신상제님)을 모신 사당이었다. 그러던 것이 현재는 스사노오의 후손인 오오쿠니누시노가미大國主神를 모시고 있다.

이즈모 대사에는 오늘날에도 고대 한국의 풍속에 따라 대형 금줄, 즉 시메나와가 걸려 있다. 그리고 고대 한민족이 10월 상달에 천상의 상제님에게 천제를 올린 것과 유사한 풍속을 지금도 행하고 있다. 매년 음력 10월 10일이 되면 일본 전역의 신들이 일제히 이즈모 대사로 모여 7일 동안 회합을 갖는데, 이때 신을 영접하는 제례인 신영제神迎祭(가미무카에사이)를 시작으로 신재제神在祭(가미아리사이)라는 행사가 거행된다. 이 음력 10월을 이즈모에서는 '신들이 모이는 달'이라 해서 신유월神有月(가미아리즈키)이라 부르는 반면에, 신이 이즈모로 떠나고 없는 다른 지역에서는 신무월神無月(간나즈키)이라 부른다. 7일간의 제전이 열리는 이즈모 대사는 일본 내 10만여 개 신사의 원조이다. 한마디로 이즈모 대사는 일본 신사 문화의 고향인 것이다.

하지만 오늘날 일본 신사의 중심은 동경에서 가까운 이세신궁伊勢神宮이다. 19세기 메이지 정부가 조선과 지리적으로 가까이 있는 이즈모 대사의 위상을 의도적으로 약화시키고 수도에 가까운 이세신궁을 격상시켰기 때문이다.

기둥을 복원한 모형을 신전 앞에 세워둔 모습
세 개의 기둥을 하나로 묶어 세운 것은 삼위일체의 정신을 의미한다.

2000년에 발견된 고대 이즈모 대사의 기둥_
통나무 세 개가 한 개의 기둥을 이룸

이즈모 대사의 신락전神樂殿

건물 정면에 걸린 꽈배기 모양의 대형 금줄은 신교 문화의 흔적이다. 신교가 사라진 한국에서 볼 수 없는 금줄이 일본에서는 아직도 보존되고 있다. 이즈모 대사는 독도 소유권을 주장하는 시마네현에 소재한다.

초기 이즈모 대사는 48미터 높이의 기둥 위에 세워진 고층 신전이었다. 지난 2000년에 고대 이즈모 대사 본전을 지탱했던 9개의 기둥 자리가 발견되었는데, 각 기둥은 직경 1.3미터의 통나무 세 개를 묶어 하나로 만든 것이었다. 발굴된 당시 기둥 사진에서 보는 바와 같이 이것은 계시문화의 근원이며, 신교 삼신사상의 진리적 정수를 담고 있는 『천부경』의 3수 원리를 표현하고 있다. 2천 년 전에 신전 앞에 제관들이 오를 수 있도록 세운 계단의 높이는 이집트나 그리스의 웅장한 신전을 능가하는 일면이 있다.

웅장한 고대 이즈모 대사의 복원도

이세신궁은 원래 '고황산령존高皇産靈尊(다카미무스비노미코도)'을 모셨다. 고황산령존은 '신의 아들 니니기를 지상으로 내려 보낸 천신'(『일본서기』)으로, 일본 왕실이 지금도 궁중의 수호신으로 모시며 왕이 즉위할 때 거행하는 대상제大嘗祭에서도 모시는 신이다.

그런데 CE 2세기에 이세신궁의 주인이 바뀌는 엄청난 사건이 발생하였다. 11세 스이닌垂仁 왕이 그때까지 최고신으로 받들던 고황산령존을 내몰고, 천조대신天照大神(아마테라스오미카미)이라는 여신을 신궁의 새 주인으로 모셨다(CE 116). 이 여신은 본래 신사神祠에 봉사하며 천신에게 제를 올리던 무녀巫女였다.

그 후 천조대신은 헤이안 시대(794~1185) 중기에 이르러 일본 역사의 전면에 등장하였다. 교토로 수도를 옮긴 50세 칸무桓武 왕이 천조대신을 왕가의 위대한 황조신으로 내세운 것이다. 메이지유신 시대에 이르러 천조대신의 위격은 더욱 높아졌다. 정부가 이세신궁을 중심으로 전국 모든 신사의 위계질서를 정리하고 일본의 근대화를 도모하였다. 그래서 일본 근대화 성장의 원동력을 알려면, 무엇보다 이 이세신궁과 일본 신사 문화의 뿌리인 이즈모 대사를 가 보아야 한다.

이세신궁은 20년마다 원래의 본전 인근 터에 새로운 본전을 지어 옮겨간다. 이를 식년천궁式年遷宮이라 한다. 1993년(제61회 식년천궁)에 본전이 새로 건립되었으므로 2013년에 새 신전을 지어 옮겨 간다. 신전 목재는 대패질이 부드럽게 되고 오래도록 자연 상태로 남는 편백나무를 사용한다. 약 1만4천 개의 목재가 들어가고 12만 명 이상의 목공이 참여한다. 그 예산만 해도 어마어마하여 1993년의 식년천궁 때는 무려 330억 엔(약 4천 7백억 원)이 들어갔다. 본전을 새로 짓고 그 신이 사용할 보물과 그 외 물품을 모두 새로 장만했기 때문이다.

오늘날 내각이 바뀌면 수상 이하 전 각료가 먼저 이곳을 찾아 천조대신에게 절을 올린다. 이세신궁은 오늘날 일본의 역사, 종교, 문화의 정통성을 대변하는 상징물이 된 것이다. 그러나 이세신궁은 천신(삼신상제)을 모시던 무녀가 천신을 밀어내고 그 자리에 대신 앉아 있는 신사에 지나지 않는다. 일본의 2대 신사로 꼽히는 이세신궁과 이즈모 대사의 참된 역사를 제대로 알아야 할 것이다.

이세신궁의 제관 행렬

이세신궁 제례 모습

이세신궁의 내궁

이세신궁은 내궁과 외궁으로 구성되어 있다. 이 내외궁에는 별궁別宮·섭사攝社·말사末社·소관사所管社 등 총 125개의 궁사宮社가 딸려 있다. 신궁의 제사는 정기적인 항례제恒例祭와 국가의 중대사 때 행하는 임시제臨時祭로 나뉜다. 매년의 항례제는 무려 1,600회에 이른다.

천조대신에게 봉헌된 내궁은 천황을 비롯한 황실 가족과 신관들만 경내로 들어갈 수 있다. 내궁의 입구에는 내각이 개편되고 총리 이하 각료들이 찾아와 절을 하는 자리에 새끼줄을 쳐 놓았다. 황실과 신관 외에는 누구도 그 경계선 안으로 들어올 수 없음을 표시한 것이다.

이세신궁의 내궁 입구

III. 『환단고기』가 밝혀 주는 인류의 원형문화, 신교

일본에 전파된 삼신, 칠성과 태일 문화

마쯔리에서는 동북아 인류원형 문화의 정수이자 혼이라 할 수 있는 태일을 기린다. 태일은 『천부경』, 『삼일신고』에 나타난 인간론의 총 결론이다.

하츠호비키初穗曳 축제
이세시伊勢市에 거주하는 사람들이 내궁과 외궁의 신상제를 축하하기 위해 행하는 이세시 최대의 행사이다.

일본 태일 문화 축제의 다양한 모습

일본 왕이 즉위식 때 입는 예복

북두칠성, 삼족오, 용 등의 문양이 보인다. 태양 속에 있는 삼족오는 삼신문화의 상징이다.

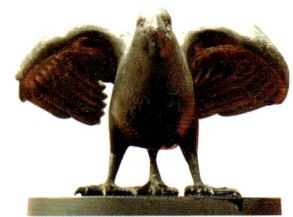

일본 와카야마현 쿠마노에 있는 나치 신사의 뜰에 서 있는 팔지오八咫鳥(삼족오)

기둥 꼭대기에 신의 영역과 인간의 영역을 연결하는 신의 사자인 삼족오가 앉아 있다(사진은 포항MBC "삼족오, 고대 한류를 밝힌다"에서 방영한 영상).

III. 『환단고기』가 밝혀 주는 인류의 원형문화, 신교

5 신교에서 뻗어 나간 유·불·선

『삼국사기』에 따르면 최치원은「난랑비서鸞郎碑序」에서 이 땅의 신령스러운 도, 시원문화가 존재한다는 것을 밝힌 다음, '신교는 유·불·선 삼교의 사상을 그 자체 내에 지니고 있다[內包含三敎]'고 하였다. 이것은 유교를 통달하여 후일 고려의 통치이념 확립에 큰 영향을 끼쳤을 뿐 아니라 불교, 도교까지 섭렵한 신라의 대학자가, 인류의 시원 종교인 신교가 유불선의 뿌리임을 밝힌 역사적 선언이라 하겠다.

1) 신교에서 나온 유교

유교의 창시자인 공자의 스승을 살피다 보면 흥미로운 점을 발견할 수 있다. 스물일곱 살 되던 해에 공자는 동이족의 천자제도를 위시한 여러 관제官制와 문헌을 공부하였다. 그 배움을 열어 준 스승이 담국郯國의 군주 담자郯子[119]인데, 담자는 동이족 출신이다.[120] 또한 공자는 장홍萇弘이라는 인물에게 음악을 배우고, 사양師襄이라는 노나라 악관에게 거문고를 배우고, 노담老聃에게 예禮를 배웠다.[121] 주나라의 대부大夫 장홍을 제외한 두 스승은 산동 사람이다. 산동은 동이족의 주된 근거지로서 중국 땅에서 신교문화가 가장 번성하던 곳이다. 2,500년 전 동이족 출신 송宋나라 미자微子의 후손인 공자는, 동이족 출신이거나 최소한 동이족 문화권에 살고 있던 인물들에게 가르침을 받아 자신의 사상을 확립한 것이다.

공자가 이상 사회의 모델로 삼은 주나라는 정치적, 문화적으로 고조선의 영향을 강하게 받았다. 하·상·주 3대 왕조는 고조선의 신교문화권에 속하였고, 하·상·주 사람들은 고조선 사람들과 마찬가지로 삼신상제를 신앙하였다. 상나라 때의 갑골문甲骨文은 거북의 배나 동물의 어깨뼈를 불로 지져 그 뒷면이 터지는 모

---

[119] 담자는 배달국 초대 환웅천황의 신하였던 고시高矢의 방계 자손인 소호 금천의 후손이다(郯, 少皞之後)(『춘추좌전정의』「소공昭公 17년」). 공자가 담자를 스승으로 삼은 사실을, 당나라의 대문장가 한유韓愈(768~824)는 "공자사담자孔子師郯子"(『한창려문집韓昌黎文集』「사설師說」)라고 기록하였다.
[120] 東夷, 郯·莒·徐夷也(공영달,『춘추좌전정의春秋左傳正義』「희공僖公 원년」).
[121] 공자가 장홍, 사양, 노담에게 배운 사실은『사기』,『공자가어』,『예기』, 한유의「사설」등에 전한다. 仲尼學樂於萇弘, 問官於郯子(『춘추좌전정의』「소공昭公 17년」); 孔子適周, 將問禮於老子(『사기』「노자열전老子列傳」).

양으로 상제님의 뜻을 물어 점을 친 내용을 담고 있다. 상나라 초기에는 이미 갑골점을 통해 상제님의 뜻을 헤아려 그것을 왕에게 전달하는 전문가 집단인 정인貞人(점 보는 사람)이 있었고, 후기에는 왕이 직접 정인 노릇을 하기도 하였다. 그리고 점복 활동과 관련된 내용을 적은 갑골문에는 조상신과 상제님께 제사를 지냈다는 내용이 많이 나온다.[122]

주나라 때의 상제 신앙은 유가 경전인 『시경』, 『서경』 등에서 확인할 수 있다. 주나라의 왕들은, 인간에게 천명을 내리고 인간이 덕을 잃으면 언제라도 그 천명을 거두고 재앙을 내리는 인격적인 존재로 하늘[天]을 대하였다. 푸른 하늘을 곧 상제님을 대변하는 상제천上帝天으로 인식한 것이다. 더욱 놀라운 사실은 당시 사람들은 동서남북 천지 4방위를 천지의 주인이신 상제님의 의지의 표상으로 보았다는 것이다.[123]

이러한 주나라를 자신의 이상으로 삼은 공자가 신교의 영향을 받은 것은 너무도 자연스런 일이다. 실제로 공자는 "옛 것을 서술하였으나 창작하지 않았으며, 옛 것을 믿고 좋아했다"[124]라고 술회하였다. 공자가 말한 '옛 것'이란 무엇이겠는가. 또 『중용』의 저자인 자사子思는, 자신의 할아버지인 공자가 "요순의 도를 따르고 문왕과 무왕의 법을 지켰다"라고 하였다. 단군왕검과 동시대 인물이자 고조선의 제후였던 요임금과 순임금은 동이족 혈통으로 고조선의 신교문화권에 예속되어 상제 신앙을 한 인물들이다. 일례로 4,300년 전 순임금이 태산에서 상제님께 천제를 올린 기록이 『서경』에 기록되어 있다.

그런데 오늘날 유교에서 **정통 상제 신앙**을 찾기는 어렵다. 어떻게 된 것일까?

공자는 자신이 지은 『주역』 「설괘전」에서 "상제님이 동방에서 출세하신다[帝出乎震]"라는 말을 할 만큼, 『주역』 공부를 통해 천리를 꿰뚫어 삼신상제님의 존재를 잘 알고 있었다.[125] 하지만 공자 사후에 제자들이 스승의 언행을 기록한 『논어』에는 하늘을 인격적 상제천上帝天보다 자연천自然天, 도덕천道德天 개념으로 많이 이야기하였다. 공자 이후에 상제님에 대한 인식이 급속히 약해지면서 유교의 하늘

---

122) 이형구·이기환, 『코리안 루트를 찾아서』, 250~251쪽.
123) 배옥영, 『주대의 상제의식과 유교사상』, 131~133쪽.
124) 祖述堯舜, 憲章文武(『중용』 제30장) ; 述而不作, 信而好古(『논어』 「술이」).
125) 공자는 세상이 갈수록 더 어지러워지자 '차라리 바다 건너 구이에서 살고 싶다[欲居九夷]'고 심경을 토로하였다. 이를 보면, 공자가 죽을 때까지 동방의 군자문화, 상제문화에 대한 동경을 저버리지 않았음을 알 수 있다.

은 점점 이법천리法天으로 변질되기 시작한 것이다.

그 후 한 무제 때 유학자 동중서董仲舒[126]는 "**도지대원**道之大原 **출호삼신**出乎三神"(『태백일사』「삼한관경본기」)이라는 신교의 가르침을 "도지대원道之大原 출어천出於天"(『한서』「동중서전」)으로 바꾸어 버렸다.[127] '도의 큰 근원이 하늘로부터 나왔다'로 바꾼 것이다. 이것은 도의 소자출(근원)을 근본적으로 왜곡하여 삼신문화를 단절시키는 큰 패악이다. 이로 말미암아 **삼신상제님의 천명을 받아 탄생한 유교**는 '삼신사상'에서 더욱 멀어지게 되었다.

남송 때에 이르러 제2의 공자라 불리는 주자朱子(1130~1200)는 '우주의 시원이자 주재인 이理가 바로 태극太極'이라는 형이상학적인 이론을 주장하였다. 우주 이법에 대한 깨달음을 추구한 주희는 "옥황대제玉皇大帝, 그 분은 학자가 말할 수 있는 경계가 아니다"[128]라고 하여 상제님의 존재에 대한 언급을 회피하였다.

이러한 주자의 성리학이 이 땅 조선의 정신 세계를 지배하면서 조선의 사대부들도 순수히 논리적인 사고로만 상제님의 세계를 이야기하였다. 그러나 조선 후기에 이르러, 실사구시實事求是(사실에 입각하여 진리를 탐구함)의 태도로 고전을 재해석하여 유교의 잃어버린 상제 신앙을 되살린 학자들이 출현하였다.

송시열宋時烈을 주축으로 한 노론 세력이 정국을 주도하던 시기에 『사변록思辨錄』을 저술하여 주자학을 비판하고 독자적 견해를 밝힌 박세당(1629~1703)은 "**천**天은 **곧 신**神**이다**"라고 하면서, 도덕적 의지가 있는 인격적인 하늘을 참되게 믿어야 한다고 주장하였다. 박세당과 마찬가지로 경전을 독자적으로 해석하였으며 궁중의 례를 두고 일어난 예송논쟁을 이끌었던 윤휴(1617~1680)는 '**상제님을 숭배하고 공경하니 온 천지에 상제님이 계신 듯하다**'는 자신의 체험을 문집[129]에 남겼다.

---

[126] 『춘추번로春秋繁露』를 저술한 동중서董仲舒는 '독존유술獨尊儒術, 파출백가罷黜百家(오로지 유가의 학술을 높이고, 다른 백가의 사상을 축출하라)'를 건의하여, 유학을 한나라의 국교로 삼도록 한 인물이다.

[127] "도지대원 출호삼신", 이 말은 고조선 11세 도해 단군 때의 국사國師 유위자有爲子가 한 말이다. 상나라의 건국 공신인 이윤伊尹은 유위자에게 신교의 대도 문명을 배워 상나라의 제도와 질서를 정립하였다. 공자의 손자 공빈孔斌의 『동이열전東夷列傳』은 "하늘이 낳은 성인인 유위자의 훌륭한 이름이 중국에도 넘쳐 흐르니, 이윤이 그에게 수학한 후 은나라 탕임금의 어진 재상이 되었다[有爲子, 以天生聖人, 英名洋溢乎中國, 伊尹受業於門, 而爲殷湯之賢相]"라고 전한다.

[128] 玉皇大帝, 學者皆莫能答(『주자어류朱子語類』).

[129] 날날이 항상 공경하여 삼가기를 하루 이틀 이어가고, 경황없이 공경하기를 어느 때나 무슨 일에나 하며, 하나도 상제님이라 하고 둘도 상제님이라 하여 흠숭하고 공경하니, 아래위로 가득하게 사무치고 왼쪽에도 오른쪽에도 계신 듯이 한다(『백호전서白湖全書』「경진일록庚辰日錄」).

조선 후기 신新유학자들의 상제 신앙은 정약용에 이르러 더욱 구체화되었다. 다산은 유교의 주요 경전 속에 드러난 상제 사상을 정리하여 방대한 주석을 내놓았고, 성리학의 관념적인 천天 개념을 비판하면서 상제님을 인격적인 존재로 말하였다.

하늘의 주재자는 상제이다.[130]

천天은 상제이다.[131]

상제님이란 누구신가? 천지와 신과 사람의 밖에서 이들을 서로 조화시키고, 이들을 거느려 다스리고, 이들이 편하게 쉬며 심신을 기르도록 하는 분이다.[132]

성리학자들과 달리 상제님을 우주의 주재자로 제대로 인식한 다산은 당시의 양반 지배층에 만연한 도덕불감증, 관료들의 비도덕적 행위를 바로잡을 수 있는 처방으로서 '신교의 삼신상제 신앙을 계승한 원시 유교의 상제 신앙을 복원할 것'을 주장하였다. '성리학의 관념적이고 추상적인 이理를 버리고 **고대 유교의 상제 신앙으로 되돌아가라**', 이것이 다산 정약용이 병든 조선 사회[133]를 향해 던진 일성一聲이다. 그러나 다산의 사상은 이단시되었고 이후 이 땅의 유교에서는 상제 신앙의 자취를 거의 찾아볼 수 없게 되었다.

2) 신교에서 나온 불교

불교의 창시자인 석가모니의 출신과 성姓에 대한 연구 결과는 불교가 신교와 무관하지 않음을 보여준다.

석가족의 이름인 샤카Sakya가 스키타이Scythian와 유사하고 석가족이 왕족 계급이었다는 점을 들어, 석가모니를 흰 얼굴을 한 아리아인이라 한 것이 서구학자들의 통설이었다. 그러나 1921년에 영국의 저명한 인도 사학자 스미스Vincent Smith는 "몽골리언 또는 산악인은 인도 북부 인구에서 큰 비중을 차지했다. 석가족의 성인

---

130) 天之主宰爲上帝(『여유당전서』「맹자요의孟子要義」).
131) 天謂上帝也(『여유당전서』「논어고금주論語古今注」).
132) 上帝者何? 是於天地神人之外, 造化天地神人萬物之類, 而宰制安養之者也(『여유당전서』「춘추고징春秋考徵」).
133) 다산은 "세상이 썩은 지 이미 오래다[天下腐已久矣]"(『다산시문집』「중씨께 올림上仲氏」), "대개 털 오라기 하나만큼 조그마한 것이라도 병들지 않은 것이 없으니 지금이라도 고치지 않으면 반드시 나라가 망한 다음이라야 그칠 것이다[蓋一毛一髮, 無非病耳, 及今不改, 其必亡國而後已]"(『다산시문집』「방례초본서邦禮艸本序」)라고 한탄하며 당시 조선을 병든 사회로 진단하였다.

싯다르타 태자의 탄생_2~3세기 작품, 파키스탄 라호르 박물관 소장. 마야부인 주위 사람들의 머리 모양이 상투 머리임을 확인할 수 있다.

출가하는 석가_4세기 초, 나가르쥬 니콘다 출토. 일반적인 부처 상에 비해 도드라진 상투 머리 모양을 확인할 수 있다.

이자 불교의 창시자인 고타마 붓다는 태생적으로 몽골리언이었을 가능성이 매우 높다고 생각한다"[134]라고 하면서 '석가 몽골인설'을 최초로 주장하여 이를 반격했다. 그는 석가족에 근접하여 살았던 릿차비Licchavi족에게 티베트의 장례 풍습과 사법절차가 있었던 점을 근거로 들어 그 이웃 종족인 석가족 또한 아리아계가 아니라 몽골계라고 주장하였다.[135] 이후 저명한 인도 사학자인 스피어Percival Spear와 라이 짐마달Rai-Zimmdar 등도 석가 몽골인설을 주장하였다.

태국의 불교학자 잠농 통프라스트Chamnong Tongprasert는, 「락카나 숫따Lakkhana Sutta, 삼십이상경三十二相經」에 묘사된 "그들(석가족)의 안색은 청동 빛과 같고, 눈과 머리칼은 흑색"이라는 신체적인 특성을 들어서, "오늘날에도 히말라야 산맥 기슭을 따라서 분포된 민족의 대부분은 몽골계 인종에 속하기 때문에 석가족은 틀림없이 몽골계 인종이었을 것"[136]이라고 확정적으로 말하였다.

석가모니의 신체적 특징 중에 머리 모양도 눈여겨볼 필요가 있다. 석가 탄생과 출가를 묘사한 그림이나 조각을 보면 석가뿐 아니라 석가족 사람들이 머리 모양을 **상투** 형태로 했음을 확인할 수 있다. 이것은 우리의 전통 상투와 그 형태가 다

---

134) Vincent A. Smith, 『The Oxford History of India』, 1921.
135) 석가족의 근친(이웃) 종족인 릿차비Licchavi족은 티베트-버마계 부족인데, 그들은 아리아어의 반설음(retroflex)을 발음하기 힘들어했다고 후세 문헌은 기록하고 있다(조준호, '석가족의 인도-유럽인설에 대한 반박', 『인도 연구』 6권, 95쪽).
136) 마성, 『샤카무니 붓다』, 49쪽.

르지만 상투가 변형된 형태임이 틀림없다.[137] 상투는 전형적인 동이족 문화이다.

석가족이 아리아인의 국가인 코살라Kosala나 마가다Magadha에 비해 오랜 전통을 가진 나라라는 자부심을 가지고 있었다[138]는 것도 석가족이 인도-유럽계의 아리아인이 아니라는 것을 강하게 반증한다. 현재는 학계에서 석가를 아리아인이 아니라 몽골리언으로 보는 견해가 우세하다.

브루나 존자가 그린 석가모니 초상화

당나라 도선道宣의 『석가씨보釋迦氏譜』와 양나라 승우僧祐의 『석가보』에 따르면 석가모니는 석가라는 성 외에 구담瞿曇, 사이舍夷, 감자甘蔗, 일종日種 등의 성을 가졌다.[139] '구담은 곧 사이인데, 외국의 귀한 성'이란 뜻이다. 사이라는 성은 석가모니가 이夷족, 즉 동이족의 한 계열임을 암시한다. 감자는 몽골계에 속하는 묘족의 후손들이 썼던 성[140]이다.

석가족은 자신이 태양족의 후예라는 사실을 매우 자랑스럽게 생각하였다. 초기 경전인 『숫따니빠따Suttanupata(經集)』에는 석가가 자신의 가문에 대해 "정직하고 부와 용기를 갖추고 있습니다. 가계는 아딧짜Adicca(태양)이고"[141]라며 직접 언급한 내용이 나온다. 또한 붓다는 종종 '**태양의 후예**(Adiccabandhu, 日種族)'[142]로 불렸다. 이러한 사실은 석가가 **태양을 숭상하는 광명**족에 속했음을 말해 주는데, 역시 광명을 숭상한 인류 시원 종족인 환족과의 연관성을 시사한다.[143] 그러므로 석가모니와 동방족의 관련성, 나아가 불교와 신교의 인연이 깊다는 것을 알 수 있다.

---

137) 우리와 형태는 약간 다르지만, 상투는 현재까지도 묘족에게서 확인할 수 있고, 20세기 초 아메리카 인디언의 모습에도 나타난다.
138) 이기영, 『석가』, 16~17쪽.
139) 佛姓自分五別, 一曰瞿曇, 二曰甘蔗, 三曰釋迦, 四曰舍夷, 五曰日種(『석가씨보』).
140) 甘蔗苗裔聖王之後(『석가씨보』).
141) Dines Anderson & Helmer Smith, 『Suttanupata』, Vol. 423, 1913.
142) 석가족은 일종족日種族의 선조인 이크슈바꾸Iksuvaku(감자왕甘蔗王)의 후예이다. 이크슈바꾸 왕은 푸르족과 야다바족의 선조라고도 하는데 이들은 모두 비아리아계 부족이다(이와모토 유타카, 『불교, 그 세계』, 15~38쪽).
143) 인도 신화에서 고대 인도를 일日과 월月의 2통統으로 구분하여 석가의 출신을 일통日統이라 한 것도 석가와 광명족의 연관성을 보여준다.

석가의 어머니 부족이자, 이웃 종족인 콜리야Koliya(拘利)족 이름에서도 환족과의 관계를 추정해 볼 수 있다. 조상이 같은 석가족과 콜리야족은 이웃해 살았고 혼인으로 맺어진 종족이었다. 서양학자들이 샤카와 스키타이라는 이름의 유사성을 들어 석가족을 아리아인과 연결시키듯이, 콜리야가 코리Coree[144]와 이름이 매우 유사하기 때문에 석가족을 환족의 일원으로 충분히 생각할 수 있는 것이다. 일찍이 고운 최치원도 "석가불은 해 돋는 우이[夷]의 빛나는 태양이다. 서토에서 드러났으나 동방에서 나왔다"[145]라고 하여 석가를 동이족의 일원으로 기술하였다.

불교 문화에도 신교 문화의 흔적이 많이 남아 있다. 불교 문화의 발전을 살펴보면 비非 바라문적 토착적 요소가 상당히 많이 발견된다. 예를 들어 요가 중시, 사리(유골) 숭배, 스투파(탑) 숭배, 동물 숭배, 지모신地母神 계통의 야크샤니Yaksan(불전의 야차夜叉, 약차藥叉의 여성)에 대한 숭배, 그 짝이 되는 남성신男性神으로 귀령鬼靈의 하나인 야크샤에 대한 숭배, 나가Naga(뱀, 용신龍神) 숭배 등이 그러한 것이다.[146] 동물·지모신·용신 숭배 등은 아리아인의 문화가 아니라 신교 문화의 전형적인 특징이다.

불교의 교리에도 신교사상이 그대로 녹아 있다. 불교의 법신불法身佛·응신불應身佛·보신불報身佛 삼불 사상은 그보다 더 오래된 신교의 조화신·교화신·치화신 삼신사상과 상통하는 면이 있다. 신교의 삼신일체 사상이 불교에서 삼불일체 사상으로 나타난 것이다.

석가의 혈통을 보나 불교의 풍습과 사상을 보나, 동방 신교와 불교의 깊은 유대 관계는 결코 부정될 수 없다.

---

[144] 한국은 영어로 Korea이지만 일부 국가에서는 Corea로 표기한다. Corea라는 명칭은 고려(고리 Coree)에서 비롯되었다. 현재도 러시아 연방국 중 브리야트 공화국에 몽골족 일파인 코리Khori족이 살고 있다. 브리야트 공화국은 한민족과 혈연적으로 친밀감이 있어 한국을 형제국으로 여긴다.

[145] 迦衛慈王, 嵎夷太陽, 現于西土, 出自東方 (성균관대학교 대동문화연구원, 『최문창후전집崔文昌侯全集』, 165쪽).

[146] 나라 야스아키, 『인도불교』, 68쪽.

3) 신교에서 나온 동선東仙, 도교

도교는 대체로 황제헌원과 노자를 그 시조로 받든다. 북송 초기에 지어진 도교의 대장경 『운급칠첨雲笈七籤』에 따르면, 황제헌원은 두 차례나 신농씨의 후손인 광성자를 찾아가 도를 구하였다.147) 황제에게 깨달음을 열어 준 동방 도인은 이뿐이 아니다. 중국 도교의 이론적 기초를 마련한 『포박자』에는 황제헌원이 풍산風山을 지나다가 배달국의 수도인 청구에 들러 동방의 큰 스승인 자부선사紫府仙師에게서 '**삼황내문三皇內文**'을 전수받고 큰 깨달음을 얻었다'는 기록이 나온다. **자부선생**은 배달 시대 **치우천황의 국사國師**였다. 황제는 동북아 배달의 도인에게서 받은 가르침을 바탕으로 도교의 시조가 된 것이다.

도교의 또 다른 시조인 노자는 산동성 지역의 동이족 사람이다. 노자는 자신의 성 한韓씨를, 동방을 상징하는 나무 목木 자가 들어 있는 이李씨로 바꾸었다(『태백일사』「삼한관경본기」; 『신교총화』). 이것은 노자가 본래 동방 신교 문명의 정통을 계승한 자랑스러운 동방 사람임을 암시한다(李=木+子, 동방의 아들). 공자에게 예禮를 가르쳐 주었다는 노담이 바로 노자이다. 그는 동방 천자문화의 종주가 동방 고조선인임을 천명한 '자기동래紫氣東來'를 전한 인물이다.

춘추전국 시대에 공자와 노자라는 두 위대한 사상가가 나왔다. 공자는 인의仁義의 도리로써 무법천지가 된 세상을 바로잡는 유교를 창시하고, 노자는 인위人爲를 초월한 무위자연을 주장한 도교를 창시하였다. 노나라와 초나라는 중국의 동쪽 땅에 자리잡아 신교문화가 다른 지역보다 강성하였고, 유교와 도교는 이 신교의 토양에서 자라난 것이다.

도교의 신앙체계와 교리에도 신교의 정수가 들어 있다. 도교의 삼청三淸은 곧 신교의 삼신사상에서 유래한다. 삼청은 '옥청·상청·태청'을 묶어 말하는 것으로, 삼원三元의 신이 머무는 곳이다. 무에서 시작된 우주가 묘일妙一을 거쳐 삼원三元이 되고 이 삼원에서 삼재三才가 나와 마침내 만물이 갖추어진다는 도교의 우주론에서 연유하였다.

---

147) 이때 광성자는 황제에게 "지극한 도의 정수는 오묘하고 아득하다. 보지도 말고 듣지도 말라. 고요함으로 정신을 감싸 안으면, 형체形體가 장차 저절로 바르게 될 것이다. 반드시 고요하고 반드시 맑게 하라. 너의 형체를 수고롭게 하지 말고 너의 정기를 어지럽히지 않으면 곧 장수할 것이다[至道之精, 杳杳冥冥. 無視無聽, 抱神以靜, 形將自正. 必靜必淸, 無勞爾形, 無搖爾精, 乃可長生]"라는 가르침을 베풀었다.

노자 태청궁_노자 탄생지인 하남성 주구시 녹읍현.

또한 삼청은 '옥청·상청·태청의 세 분 신'148)으로, 도교에서 말하는 최고신인 원시천존이 셋으로 나뉜 분신이라고도 한다. 어떠한 뜻의 삼청이든, 한 분의 신이 조화·교화·치화의 세 신성을 발휘한다는 신교의 삼신사상과 상통한다.149)

도교는 또한 신교의 칠성사상도 내포한다.150) 조선 초기, 중신 변계량卞季良이 도교 사당인 소격전昭格殿에서 북두칠성을 향해 초제醮祭를 올렸다는 기록에서도 그것을 알 수 있다. 변계량은 "저 푸른 하늘은 비록 소리도 없고 냄새도 없으나, 오직 북쪽하늘에 북두가 있어서 상서로움도 내릴 수 있고 재앙도 내릴 수 있습니다"151)라고 하며 칠성을 찬양하였다.

그런데 도교가 신교에서 뻗어 나왔음을 그 무엇보다도 확실히 입증하는 것은 도교에서 우주의 최고 지존자요 도의 주재자로 옥황상제님을 모신다는 사실이다. 하지만 노자, 장자 이후 후대로 내려오면서 도교가 사변철학과 무병장수를 추구하는 양생술로 기울어진 나머지, 우주의 통치자요 도의 주재자인 상제님에서 점점 멀어지게 되었다. 노자『도덕경』과『장자』에는 도의 근원이자 주재자이신 삼신상

---

148) 옥청원시천존玉淸元始天尊, 상청영보도군上淸靈寶道君, 태청태상노군太淸太上老君을 가리킨다.
149) 주희는『주자어류』에서 "도가의 학문은 노자에서 나왔다. 그 이른바 삼청은 대개 석가모니의 삼신을 모방하여 만든 것이다道家之學, 出於老子. 其所謂三淸, 蓋仿釋氏三身而爲之爾"라고 하여, 도교의 삼청사상이 불교에서 유래한 것으로 보고 있다. 주희가 동북아 문화의 원류인 신교를 알았더라면 달리 말하였을 것이다.
150) 도교는 하늘 세계의 중심으로 생각되던 북두칠성 관념을 수용하여 칠성신앙을 성립시켰다(정재서,『한국 도교의 기원과 역사』, 183쪽).
151) 彼蒼者天, 縱無聲而無臭, 維北有斗, 能降祥而降灾(『동문선東文選』「북두초례청사北斗醮禮青詞」).

제에 대한 언급이 단 한 번씩밖에 나오지 않는다는 것이 그 증거이다.[152]

4) 신교에서 나온 서선西仙, 기독교

유대족의 첫 조상, 아브라함

기독교는 히브리 문화, 즉 유대 문화에 뿌리를 두고 있고, 유대 문화는 환국의 신교 문화권이 약 6천 년 전 지금의 이라크 남부[153] 지방으로 남하하여 개척한 수메르 문명에 뿌리를 두고 있다.

4,000여 년 전[154] 수메르 문명권의 갈데아 우르에 살던 아브라함이 아버지 데라와 함께 수메르의 생활 풍습과 신관, 자연관, 영원불멸의 선仙 사상 등 수메르 문명의 진액을 모두 뽑아서 새로운 삶의 터전을 찾아 길을 떠난 것이 **유대 문화 탄생의 출발점**이다. 다시 말해서 아담에서 노아까지, 그리고 노아에서 데라(아브라함의 아버지)까지의 역사는 **수메르 땅에 살았던 수메르인으로서의 역사**였다. 동방의 고조선 초기였던 **아브라함 때부터 비로소 유대족의 역사가 시작**된 것이다.

아브라함은 아담과 이브로부터 20대째, 대홍수 때 방주를 만든 노아로부터는 10대째에 해당한다. 족장 아브라함의 지도 아래 우르에서 위로 올라간 유대족은 하란에 잠시 살다가 다시 서남방으로 내려와 지중해 연안의 가나안 땅에 정착하였다. 그곳에서 아브라함은 유대족의 신, 야훼로부터 자손을 약속받은 지 25년 만인 100세에 이삭을 낳고 175세의 천수를 누렸다. 이삭도 천수를 누려 180세까지 살았다.

그런데 이삭의 아들 야곱 때에 이르러 '유대'의 역사는 '이스라엘'의 역사로 바뀌었다. 야곱이 얍복Jabbok 강에서 당시 메소포타미아 일대에서 최고신으로 받들던 '엘El'과의 씨름에서 이겨(『창세기』 32장) **'엘을 이긴 자'** 즉 '이스라엘'이 되었기 때문이다. 야곱은 아들 열둘을 낳았고, 그 열두 명이 이스라엘 열두 부족의 조상

---

152) 삼신상제를 뜻하는 '제帝'가 노자『도덕경』에는 '상제지선象帝之先'이라는 구절에 한 번 나온다. 『장자』에는 제帝 자가 많이 나오지만 주로 황제, 삼신오제 등의 뜻으로 쓰이고 상제를 뜻하는 구절은 '신귀신제神鬼神帝' 한 곳뿐이다. 상제上帝라는 용어는 양쪽 문헌에 모두 나오지 않는다.
153) 구약의 에덴동산은 이라크 남부이다.『문명의 창세기』에 따르면, 에덴은 수메르인이 원래 '딜문'이라 부르던 곳이다.
154) 성서고고학은 아브라함의 가나안 이주를 BCE 2091년으로 말한다(이종성 편저,『뉴베스트 성경』, 1쪽).

이 되어 12지파[155]의 역사가 시작되었다. 나중에 출애굽 사건을 통해 가나안으로 다시 돌아올 때까지도 이스라엘 역사는 열두 부족의 동맹체로 전개되었다.

수메르의 다신多神 숭배 전통에서 태어난 유대교

원래 아브라함 부족은 수메르 지역의 풍습대로 다신을 숭배하였다. 아브라함이 옮겨간 가나안의 토착민도 **엘**El[156] 신을 비롯하여 여러 신을 받들고 있었다. 엘은 에블라 유적지에서 나온 BCE 2300년경의 점토판에 적힌 신의 명부名簿에 최고의 신으로 기록되어 있듯이, 신의 우두머리였다. 엘 신의 구체적인 모습은 우가리트에서 발견된 점토판 문서에 묘사되어 있다. 엘 신은 지혜를 상징하는 수염이 난 늙은 모습이고, 신의 회의를 주재하는 모습을 보이기도 한다.[157]

가나안으로 이주한 초기 시절, **아브라함 부족은 엘과 야훼를 함께 받들었다.** 이때 **야훼는 엘이 거느린 신 가운데 하나**였다.

> '지존하신 이'께서 만방에 땅을 나누어주시고, 인류를 갈라 흩으실 때, 신들의 수효만큼 경계를 그으시고 민족들을 내셨지만, 야곱이 야훼의 몫이 되고 이스라엘이 그가 차지한 유산이 되었다(「신명기」 32:8~9).

여기서 '**지존하신 이**'는 원문 '**엘뤼온**'의 번역이다. '주권을 지닌'을 뜻하는 엘뤼온은 바로 최고신 엘의 별칭이다.[158] 이 구절에 따르면 최고신 엘이 각 신에게 민족과 나라를 부여하였는데 야훼는 야곱 족속과 이스라엘을 배정받았다. 야훼는 엘이 이끄는 신단神團의 일원이었던 것이다.

유대족이 초기에 다신 신앙을 하였음은 「창세기」 제1장에서도 확인할 수 있다.

> 하나님이 가라사대 '**우리**'의 형상을 따라 '**우리**'의 모양대로 '**우리**'가 사람을 만

---

155) 12지파의 구성에 대해 르낭은 야곱의 아들들에 의해 처음에는 10개의 지파로 이루어졌다고 한다. 거기에 요셉 지파가 더해져 11개 지파가 되었고, 그 후에 레위 지파가 빠지고 그 대신 요셉의 두 아들인 에브라임 지파와 므낫세 지파가 들어가 12지파가 되었다. 레위 지파는 제사장 노릇을 하여, 출애굽 후에 가나안으로 다시 돌아왔을 때 땅을 분배받는 대신 여러 곳의 도성을 받았다(E. Renan, 『History of the People of Israel』, Vol. I, 94-95쪽).

156) 엘은 수메르의 엔릴Enlil 신을 말한다. 데이비드 롤은 엔릴을 '하늘의 주인'(데이비드 롤, 『문명의 창세기』, 342쪽)으로 정의한다. 제카리아 시친은 엔릴에 대해 "안An의 큰아들로 아주 일찍부터 하늘에서 지구로 내려왔으며 그런 이유로 하늘과 땅의 신들 중에서 가장 중요한 신이 되었다(제카리아 시친, 『수메르 혹은 신들의 고향』, 145쪽)"라고 하면서, '신들의 아버지'로 정의한다.

157) Mark Smith, 『The Early History of God』, 35-36쪽.

158) Mark Smith, 같은 책, 32쪽.

들고(「창세기」 1:26)

하나님이 '나'의 형상대로 인간을 만들지 않고 '우리'의 형상대로 인간을 만드셨다고 했다. 수메르 신화에서처럼 **하나님을 한 분이 아닌 여럿으로** 말한 것이다. 이것은 유대인들이 신의 세계를 다신의 세계로 인식하였음을 그 무엇보다 선명하게 보여준다. 그리고 하나님을 뜻하는 '**엘로힘**'[159]이란 말이 '신들'이라는 복수명사라는 것에서도 다신 신앙의 흔적이 보인다. 요컨대 유대교와 기독교는 엘을 최고신으로 모신 수메르의 다신 신앙에서 생겨난 것이다.

하지만 아브라함의 손자 야곱이 엘 신과 씨름하여 이긴 후로 히브리인은 엘을 최고신으로 대접하지 않았다. 엘뿐 아니라 그 지역의 다른 신도 하나하나 야훼의 영역 안으로 동화되었고, 야훼가 히브리인의 최고신이 되었다. 대략 3,900년 전에 있었던 이 사건을 계기로 유대족은 **야훼 중심의 유일신 신앙을 시작**하게 된 것이다.

오직 야훼만 받들게 되다

이스라엘의 유일신 신앙은 이후 더욱 확고해지는데, 이는 히브리인의 수난 역사와 맞물려 있다. 아브라함의 손자 야곱은 열두 아들 중에서도 열한번째 아들 요셉을 각별히 총애하였으므로 다른 아들들의 반감을 샀다. 형제들의 시기에 요셉은 결국 이집트에 노예로 팔려갔지만, 꿈을 해석하는 특별한 재능 덕분에 파라오의 신임을 얻어 이집트의 재상이 되었다. 그 후 형제들을 용서하고 나일강 유역의 고센 지방에 살게 하였다.[160]

요셉의 부름을 받고 이집트로 옮겨간 이스라엘 백성은 그곳에서 점차 노예로 전락하여 벽돌을 만들고 온갖 공사에 동원되었다. 그러면서도 '자식을 많이 낳고 번성하여 온 땅에 가득 찰 만큼 무섭게 불어났다'(「출애굽기」 1:7). 이에 이스라엘인에게 강한 경계심을 갖게 된 이집트의 파라오는 급기야 모든 이스라엘 남자 아이를

---

[159] 초기 히브리인이 엘 신을 모신 것은 신을 나타내는 명칭에 '엘뤼온', '엘로힘' 등 엘과 유사한 이름이 많은 데에서도 알 수 있다. '벧엘', '브니엘' 등 옛 이스라엘의 유서 깊은 종교 성지의 이름에도 '엘'이라는 말이 포함되어 있다.

[160] 요셉이 이집트의 재상이었던 때는 힉소스라 불리는 셈계 아시아인이 이집트 전역과 팔레스타인, 시리아까지 통치하던 때(BCE 1730~BCE 1567)로 추정된다. 힉소스 왕이 자기네 종족이 쓰는 셈어를 구사하는 민족을 특별 대우했을 것이고, 이 과정에서 요셉이라는 역사적 인물이 존재할 수 있었다고 분석된다(고야마 시게키, 『지도로 보는 중동이야기』, 52~53쪽).

나일 강에 던지도록 명하였다. 이에 히브리인의 한 어머니가 아기를 담은 바구니를 나일 강에 흘려보냈고, 때마침 목욕을 나온 파라오의 딸이 아기를 건져 올렸다. 멀리서 이것을 지켜 본 아기의 누나 미리암이 공주에게 유모를 천거하겠다고 하여 아기의 생모를 불러 왔다. 공주는 아기의 이름을 '모세'라 정하였고, 모세는 40년 간 생모와 함께 생활하였다. 그 기간 중 모세는 생모에게서 아담과 이브의 에덴동산 추방에서부터 노아의 홍수, 아브라함의 가나안 이주, 요셉의 이집트 생활, 이스라엘 백성의 이집트 이주, 이집트인에게 받은 핍박까지 유대 역사의 전모를 들었을 것이다. 뿐만 아니라 **유대족의 뿌리인 수메르의 역사와 문화도 들었을 것이다.**

그러던 어느 날, 이스라엘 일꾼이 채찍질 당하는 모습에 격분한 모세는 이집트 감독관을 죽이고 시나이의 광야로 숨어들어 그곳에서 미디안족의 사위가 되었다. 양을 치며 나날을 보내다가 '내 백성 이스라엘 자손을 애굽에서 건져내라'(「출애굽기」 3:10)는 야훼의 명을 받게 되었다. 이것은 모세가 '아브라함의 하나님, 이삭의 하나님, 야곱의 하나님', 즉 이스라엘의 수호신인 야훼를 처음으로 영접한 사건이었다.

세 번의 거절 끝에 마침내 명을 받아들인 모세는 60만 명에 이르는 이스라엘 사람을 이끌고 이집트를 탈출하는 출애굽을 시작하였다. 430년 동안의 이집트 생활(「출애굽기」 12:40)이 청산되는 순간이었다.[161] 모세는 이집트를 떠나 시나이 산에 이르러 야훼로부터 **'나 외에는 다른 신들을 섬기지 말라'**로 시작되는 십계명을 받았다. 이스라엘 사람은 열 가지 계율을 지키며 **오직 야훼만 받들고, 그 댓가로 야훼는 그들이 이집트로 오기 전에 살던 가나안 땅을 되돌려 주기로 계약**[162]**을 맺은 것이다.**

야곱이 엘 신을 이긴 것이 히브리인이 유일신 신앙을 시작하게 된 계기였다면, 모

---

[161] 모세의 출애굽을 인정한 파라오는 신왕국 제19 왕조의 람세스 2세(재위 BCE 1290~BCE 1224)이거나 그 다음 왕위에 오른 아들 메르넵타 왕(재위 BCE 1224~BCE 1214)이었을 가능성이 크다(고야마 시게키, 『지도로 보는 중동이야기』, 67쪽).

[162] 이스라엘과 야훼 신이 서로 계약으로 맺어진 관계라는 것은 히브리인의 한 독특한 풍습에서도 알 수 있다. 바로 둘 사이에 맺은 언약의 증표로 야훼가 아브라함에게 요구하여 시작된 할례(割禮)이다. 아브라함이 99세, 그 아들 이스마엘이 13세 때 그 일족의 남성이 할례를 하였고, 그로부터 유대 남자아이는 태어난 지 8일 만에 할례를 행하게 되었다(「창세기」 17:12). 기독교에서는 할례를 정신적인 의미로만 받아들이자는 바울의 주장에 따라 할례가 폐지되었다.

세가 십계명을 받은 것은 **그들의 유일신 신앙이 유대교라는 종교로 굳혀지는 계기가**[163] 되었다. 아브라함은 히브리인이라는 민족의 첫 조상이고, 모세는 유대교라는 이스라엘 신앙의 창시자인 것이다.

수메르로부터 전수된 제사 풍습

유대족은 120세로 임종한 모세를 여리고(Jericho) 맞은 편 모압 땅에 묻고, 여호수아의 지휘 아래 40년간의 방황을 끝내고 가나안으로 들어갔다. 이스라엘인들은 오직 야훼 신을 받들기로 약속하고 마침내 가나안 땅에 돌아왔지만, 자신들의 조상들이 수메르 시대부터 행해 오던 다신 신앙의 풍습에서 완전히 벗어날 수 없었다. 그 단적인 예가 가나안인이 섬기던 바알 신과 아세라 여신을 그들도 숭배한 것이다(「사사기」 2:13). 이스라엘인은 **신을 모시는 사당**을 높은 곳에 지었는데, 이것은 지구라트라는 인공 산을 세우고 그 꼭대기에서 신에게 제사를 지낸 수메르인의 관습과 일치한다.

또한 아브라함 이래로 이스라엘인이 신에게 제사를 지낸 방식에도 수메르의 전통이 그대로 배어 있다. 「레위기」에 따르면, 구약 시대에 유대인이 행한 제사는 크게 번제燔祭, 소제素祭, 화목제和睦祭, 속죄제贖罪祭, 속건제贖愆祭 등 다섯 가지이다. 번제는 가장 주요한 제사로, 가축이나 새 같은 희생 제물을 불에 태워 그 연기가 하늘로 올라가게 하는 제사이다. 번제는, 수메르 문화의 영향을 받은 동부 지중해 연안 일대에서 족속의 구분 없이 올린 지배적인 제사 형식이었다. 이것은 야훼신을 숭배하는 선지자 엘리야와 바알 신을 숭배하는 선지자들 사이에 벌어진 대결 이야기에서 잘 드러난다.[164]

소제는 곡물 가루로 드리는 제사이기에 유일하게 피가 없는 제사이다. 곡물 가루에 기름과 유향을 얹어 제단 위에서 태우면서 제사를 올린다. 속죄제는 야훼의 금령을 범한 경우 그 죄를 용서받기 위한 것이다. 죄를 범한 사람의 지위에 따라 바치는 동물의 등급이 달랐고, 제물의 머리에 안수하고 그 피를 제단에 바르거나

---

[163] 모세 이후에 유일신을 숭배하는 유대교가 확립됐다. 이스라엘 민족이 시나이의 광야를 방랑하면서 신과의 계약인 십계를 받았기 때문이다(고야마 시게키, 『지도로 보는 중동이야기』, 72쪽).

[164] 갈멜 산에서 벌어진 이 대결에서 바알 선지자들의 제물에는 불이 붙지 않았지만 엘리야의 제물에는 하늘에서 불이 내려와 그 제물을 모두 태워 엘리야가 승리하였다. 승리한 엘리야는 바알의 선지자들을 모두 죽였다(「열왕기」 상 18장).

제단 밑에 뿌렸다. 속건제는 야훼의 성물을 파손하거나 이웃에게 피해를 입힌 경우에 올리는 제사로, 제물로 숫양을 바쳤다. 화목제는 신의 은혜에 감사드리는 제사이다. 즐거운 마음으로 올리는 제이기 때문에, 제물을 태우지 않고 제사장에게 선물로 주거나, 가족이나 이웃과 나눠먹을 수 있었다.

모세5경 가운데 「레위기」는 상당 부분이 각 제사에서 성막을 어떻게 짓고, 휘장의 색은 무엇으로 하고, 무슨 고기를 쓰고, 고기 각은 어떻게 뜨고, 향은 무엇을 쓰고, 손 닦는 물은 어디에 두고 등등 제사의 형식과 절차에 관한 기록이다. 유대교의 제사 예법을 정립한 점에서 모세는 참으로 위대하다. 하지만 모세는 모세5경을 기록하면서[165] 유대교의 원형인 수메르의 신앙 전통, 특히 다신 신앙을 전적으로 은폐한 잘못을 범하였다.

또 하나 수메르 문화의 영향을 보여주는 관습은 조상 제사이다. 수메르 문명권에 속한 중동의 여러 사회에서는, 망자亡者는 무덤 속에서도 먹을 것과 마실 것이 필요하다고 믿었다. 무덤 속에 음식과 음료를 넣어 주는 관을 따로 만든 것도 이 때문이다. 본래는 유대인도 이러한 사후관을 바탕으로 돌아가신 부모와 조상에게 예를 갖추었다. 구약성서의 대가인 하버드 대학 쿠겔James Kugel 교수가 밝힌 "**유대인의 묘지에서 발견되는 그릇, 단지, 물병 등은 죽은 자에게 제사를 올릴 때 쓴 제기였다**"[166]라는 연구 결과도 이런 사실을 말해 준다.

고대 이스라엘인이 영혼을 믿고 조상을 숭배했다는 것은, 가나안에 들어간 후 마침내 통일왕국을 세운 이스라엘의 첫 왕인 사울Saul의 일화에서도 나타난다. 사울 왕은 블레셋인과의 전쟁을 앞두고 불안한 마음을 이기지 못하여 무당을 찾아가, 예언자이자 제사장이었던 사무엘Samuel의 영혼을 불러오게 하였다. 사무엘의 영혼이 나타나자 사울은 땅에 엎드려 절하며 "내가 행할 일을 알아보려고 당신을 불러올렸나이다"(「사무엘상」 28:15)라고 하며 민족을 위기에서 구해 줄 것을 요청하였다. 사울 왕의 행위는 동방 신교문화에서 조상을 따르고 의지하는 모습과 전혀 다르지 않다.[167]

---

165) 유대교에서는 모세5경을 모세가 지은 것으로 믿지만, 성서학자들은 대부분 야훼 일신론이 확립된 뒤에 지어진 것으로 본다.
166) J. Kugel, 『The God of Old』, 175쪽.
167) 히브리인에게는 수메르인처럼 신의 뜻을 알아내기 위한 방법으로 점을 치는 문화도 있었다. 우림과 툼밈을 이용한 점도 있었고 새끼염소의 간으로 길흉을 판단하는 간점肝占도 있었다. 이처럼 점

고고학자 데이비드 롤David Rohl이 밝혔듯이, 수메르 서사시와 『구약전서』의 강한 연관성에서도 유대교가 수메르 문화의 절대적인 영향을 많이 받았음을 알 수 있다. 모세가 이집트를 벗어나 히브리인을 이끌고 시나이 반도를 유랑한 때는 고 바빌로니아 시대의 암미사두 왕 때이다. 그때는 수메르의 서사시가 아카드어로 번역되어 널리 보급되던 시기였다.

모세가 「창세기」의 원저자라면, 그는 바빌론 사람들이 자신들의 조상인 메소포타미아인(수메르인)의 전설을 널리 알리던 시기에 이스라엘 조상의 역사를 쓰고 있었던 셈이다. 그러므로 그때 모세는 「엔메르카르와 아라타의 지배자」(엔메르카르 왕의 무용담)와 같은 수메르 서사시를 읽었을 가능성이 아주 높다.

그런데 그 서사시에 "온 우주와 사람들이 하나가 되어 하나의 말로 엔릴을 찬양했다"라는 구절이 있다. 이것은 '**모든 사람들이 하나같이 엔릴을 믿었다**'는 뜻으로, 대홍수 이전에는 종교가 하나로 통일되어 있었다는 것을 말한다. 하지만 모세는 야훼를 절대자로 모시는 새로운 신앙을 유대사회에 뿌리내리기 위해 '사용된 언어가 하나였다'는 원래 뜻과 다른 의미를 채택하였다. 그 결과가 바로 "온 땅의 언어가 하나요 말이 하나였더라"(「창세기」 11:1)라는 구절이다.

모세는 또한 야훼가 '인간을 흩어지게 만들려고 언어를 혼잡하게 하여 바벨이란 도시 건설이 중단되게 하였다'라고 서술하였다. 따라서 「창세기」의 언어 혼란 에피소드는 모세가 고대 수메르 전설을 잘못 해석한 데에서 기인한 것이다.[168]

왜 유대교와 기독교가 서양의 선仙인가

그렇다면 '유대교'와 수메르의 뿌리인 환국의 '신교' 사이의 연관성은 어떠한가? 우선 『구약전서』의 기록에서 신교의 삼신사상을 확인할 수 있다.

야훼 신은 99세의 아브라함에게 본처인 사라의 몸을 통해 이삭이라는 아들을 내려 줄 것이라 언약하였다. 그 후 어느 날 대낮에 상수리 수풀 근처의 장막 문앞에 앉아 있을 때, 불현듯 야훼가 그를 찾아왔다. 아브라함이 고개를 들어 보니 "**사람 셋**"이 맞은편에 서 있었다. 아브라함이 그들의 발을 씻기고, 빵과 송아지 고기를 대접하였고, 야훼 하나님은 사라가 반드시 아들을 낳을 것이라고 두 번씩이나

을 치는 풍습은 중동 일대에 널리 퍼져 있었다.
168) 데이비드 롤 저, 김석희 역, 『문명의 창세기』, 342~345쪽.

말하여 아브라함에게 자신의 약속을 확신시켰다(「창세기」 18:1~15).

여기서 '하나님이 찾아왔는데 자세히 보니 세 사람이 있었다'는 것은 아브라함이 '삼신'을 체험하였음[169]을 나타낸다. 이때의 삼신은 천상의 삼신이기도 하고, 자손줄을 태워 주는 조상신이기도 하다. 조상신으로서의 삼신은 오늘의 한국 풍속에서 '삼신할머니'로 남아 있다. 아브라함이 체험한 삼신이 어떤 것이든, 그가 삼신을 인식하고 있었기 때문에 '사람 셋'을 친견할 수 있었던 것이다.

이스라엘의 성지로 꼽히는 헤브론[170] 유적에서도 삼신문화의 자취를 발견할 수 있다. 헤브론의 막벨라('이중 동굴'을 뜻함) 동굴에 아브라함 부부, 이삭, 야곱 이렇게 3대가 나란히 묻혀 있다. 야곱은 이집트에서 죽었으나 조상들의 땅인 헤브론으로 운구되어 묻혔다. 아브라함에서 야곱까지 3대를 한 자리에 모신 것에서 이스라엘인이 이 3대의 역사를 얼마나 중요하게 여기는지 짐작할 수 있다. 야훼도 스스로 유대 백성을 향해 **"나는 네 조상의 하나님이니 아브라함의 하나님, 이삭의 하나님, 야곱의 하나님**이니라"(「출애굽기」 3:6)라고 말하여 늘 이 **3대를 강조**하였다.

신교의 소도문화도 유대교에 전수되었다. 동북아의 소도가 "**도피성**逃避城"이란 이름으로 『구약전서』에 기록되어 있다. 도피성에 대해 「출애굽기」는 이렇게 말한다.[171]

> 사람을 쳐 죽인 자는 반드시 죽일 것이나 만일 사람이 계획함이 아니라 나 하나님이 사람을 그 손에 붙임이면 내가 위하여 한 곳을 정하리니 그 사람이 그리로 도망할 것이며(「출애굽기」 21:12~13).

도피성은 고의가 아니라 실수나 신의 뜻에 따라 살인한 자가 도피하여 재판을 받기까지 보호받을 수 있도록 특별히 설치한 성읍이다. 모세가 처음 설치하였고, 모세의 승계자로서 이스라엘인을 이끌고 가나안으로 들어간 여호수아도 요르단 강을 따라 6개의 도피성을 설치하였다. 이들 성읍은 도망자가 유대 땅 어디에서든 하루 안에 도달할 수 있도록 배치되었다고 한다. 이것은 고조선의 각지에 설치하여 죄인이라도 그곳에 들어온 자는 추궁하지 않았던 소도와 전적으로 동일한 것

---

[169] 기독교 성경에서는 "사람 셋"(「창세기」 18:2)을 '세 명의 천사'로 해석한다.
[170] 헤브론은 유대교와 이슬람교의 공통 성지이다. 헤브론은 히브리어로 '친구'를 뜻하는 '하베르(רבח, ḥbr)'에서 유래하였다. 헤브론의 아랍어 이름인 '알할릴'은 '알라가 아브라함을 친구로 삼았다'는 뜻이다.
[171] 도피성의 목적에 대해서는 「신명기」 19장과 「여호수아」 20장에 자세히 나온다.

이다.

유대교와 기독교에는 또한 신교의 선仙 사상이 강렬하게 배어 있다. 신교의 선 사상은 수메르 문화에 먼저 나타나는데, 그 대표적 예가 수메르의 영웅이자 왕인 길가메시의 모험담을 담은 『길가메시 서사시』이다.[172] 영생의 비밀을 찾아 여행을 떠난 길가메시가 엔릴에게 기도한 후 일곱 산맥 너머에 있는 **생명의 땅**에서 우트나피쉬팀을 찾아낸다. 여기에서 길가메시가 여행에 나선 목적인 '**영생**'은 바로 신교의 불로장생 선 사상을 가리킨다. 그리고 길가메시가 우트나피쉬팀을 만난 곳 '일곱 산맥 너머에 있는 생명의 땅' 역시 선 사상을 표현한다. '**일곱 산맥**'[173]은 신교의 선 사상의 상징 언어인 **칠성**七星을 지리학적으로 표현한 말인 것이다.

이러한 수메르의 칠성사상은 유대교와 기독교에서 7수 사상으로 다양하게 나타난다.

'**제사장 일곱**'은 '**일곱 양각 나팔**'을 잡고 언약궤 앞에서 나아갈 것이요 '**일곱째 날**'에는 그 성을 '**일곱 번**' 돌며 그 제사장들은 나팔을 불 것이며 (「여호수아」 6:4)

네가 본 것은 내 오른손의 '**일곱 별**'의 비밀과 또 '**일곱 금 촛대**'라. **일곱 별**은 '**일곱 교회**'의 사자요 일곱 촛대는 일곱 교회니라 (「요한계시록」 1:20).

'**일곱 나팔**'을 가진 '**일곱 천사**'가 나팔 불기를 준비하더라 (「요한계시록」 8:6).

결론적으로 말하면 유대교와 기독교는 신교의 토양에서 태어난 종교이다. 특히 신교의 선 사상을 계승하여 불멸과 영생을 추구한 '서양의 선[西仙]'인 것이다.

동방 신교 대제사장의 모델, 멜기세덱

유대교와 기독교에는 신교의 제사장 문화 또한 전수되었다. 이스라엘인의 역사가 시작되던 아브라함 시절의 제사장을 『구약전서』는 멜기세덱이라 전한다.[174]

멜기의 뜻은 '왕'이요 세덱의 뜻은 '의義'로서, 멜기세덱은 '정의의 왕'이다. 멜

---

172) 성서 밖의 문헌에서 「창세기」에 나오는 대홍수 이야기가 발견된 것은 『길가메시 서사시』가 처음이다. 이 서사시의 열한번째 서판에 수메르의 홍수 설화가 나온다(데이비드 롤, 『문명의 창세기』, 240쪽).
173) 이 일곱 산맥은 그리스 수도 아테네의 일곱 언덕, 로마의 일곱 언덕으로 연결된다.
174) 멜기세덱에 대한 기록은 『구약전서』「창세기」 14:17~20, 「시편」 110:4, 그리고 이 두 편의 내용을 반복한 『신약전서』「히브리서」 7:1~3이 전부이다.

기세덱은 **살렘 지역**의 왕이었는데, '평화의 왕'을 의미한다고 한다.[175] 따라서 그는 제사장, 즉 지고한 하나님의 대리인이면서 동시에 백성을 거느린 통치자였을 것이다. 멜기세덱은 환국의 환인천제, 배달의 환웅천황처럼 **제祭와 정政을 모두 주관한 최고 지도자**라 할 수 있을 것이다.

아브라함이 조카 롯을 사로잡아 간 엘람 왕들과 대적하여 그들을 격파하고 빼앗겼던 재물과 조카를 되찾아 오자, 멜기세덱은 아브라함을 떡과 술로 대접하며 "지극히 높으신 하나님[176]이여, 아브람[177]에게 복을 주옵소서"라고 축복하였다. 이에 아브라함은 전쟁에서 얻은 것의 십분의 일을 그에게 바쳤다(「창세기」 14:17~20). 멜기세덱이 '지극히 높으신 하나님'에게 아브라함을 축복해 줄 것을 간청한 이 사건은, 멜기세덱의 신분이 유대인과 하나님을 이어 주는 대제사장이었음을 확인시켜 준다.

지금의 『구약전서』에서는 멜기세덱의 자세한 행적을 찾아볼 수 없다. 하지만 고대 제정일치 시대에 제사장의 본분은 천신에게 올리는 천제를 주관하는 것이다. 더구나 유대인이 그들의 최고신 야훼(하나님)에게 수많은 제사를 올린 것을 생각할 때, 멜기세덱은 **이스라엘 제천문화의 주관자**였을 것으로 추정된다. 환국에서 전수된 수메르 제사장의 제천문화가 유대 사회에 전파되었고, 멜기세덱은 동방 제사장 문화의 원형을 계승한 인물로 당대의 제사장으로 제천을 집행하였을 것이다.

그런데 『신약전서』의 기록자들은 그를 조상과 부모도 알 수 없고 생몰연대도 알 수 없는 **신화의 인물**로 만들었다.

> 아비도 없고 어미도 없고 족보도 없고 시작한 날도 없고 생명의 끝도 없어 하나님의 아들과 방불하여 항상 제사장으로 있느니라(「히브리서」 7:3).

이렇게 신화적 인물로 만든 것은 그를 신성시하기 위한 것이 결코 아니다. 수메르를 통해 유대 사회에 전수된 동방의 환국과 배달의 제천문화의 자취를 없애기 위한 것이다. 제천을 주관한 제사장의 생애를 전혀 기록하지 않음으로써, 유대의

---

[175] 그 이름을 해석하면 먼저는 의의 왕이요 그 다음은 살렘 왕이니 곧 평강의 왕이요(「히브리서」 7:2).
[176] '지극히 높으신 하나님'에 대한 히브리 원문은 '엘 엘욘El Elyon'으로 엘의 존칭이다.
[177] 아브라함은 원래 '아브람'이었다. 99세 때 야훼가 그에게 언약의 자식 이삭을 약속하면서 '아브라함'으로 고쳐 '열국의 아비'가 되게 하였다(「창세기」 17:5).

제천 문화의 역사적 연원을 알지 못하게 하였다. 그에 따라 유대 문화와 그 뿌리인 수메르 문명 사이의 연관성을 부정하였다. 이처럼 사실을 감추는 수법은 일본이 초대 왕 진무의 실체를 감춤으로써 일본과 고조선의 연결을 단절시킨 것과 똑같은 사례라 할 수 있다.

왕과 제사장을 겸한 멜기세덱은 후대 이스라엘인에게 이상적인 군주 상으로 인식되었다. 그래서 신약 시대를 연 예수를 '멜기세덱의 맥을 따른 자' 라 칭하였다.

너(예수)는 **멜기세덱의 반차班次(반열)를 좇아 영원히 제사장**이라(「시편」 110:4).

예수는 멜기세덱의 계통을 전수받아 그리스도, 즉 '기름 부음을 받은 자' 가 되었다. 기름 부음을 받았다는 것은 곧 제사장이 되었음을 뜻한다. 이것은 동방 환국의 신교 제천문화가 유대 사회에서 신약 시대까지 꾸준히 전승되었음을 시사한다. 예수의 죽음 과정에서도 신교와의 밀접한 관계가 보인다. 예수는 십자가에 못 박힐 때 솔기 없이 통으로 짠 천의天衣를 입었고,(「요한복음」 19:23), 죽었다가 3일 만에 부활하여 여러 제자가 지켜보는 가운데 감람산에서 승천하였다고 전한다. 구약 시대

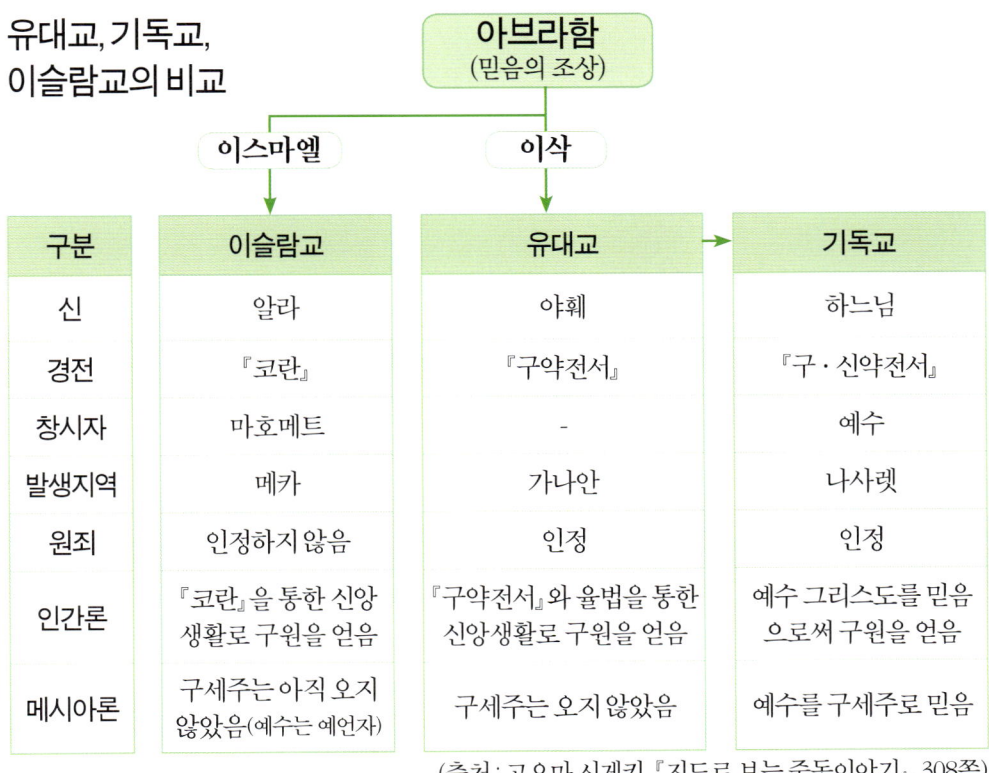

유대교, 기독교, 이슬람교의 비교

구분	이슬람교	유대교	기독교
신	알라	야훼	하느님
경전	『코란』	『구약전서』	『구·신약전서』
창시자	마호메트	-	예수
발생지역	메카	가나안	나사렛
원죄	인정하지 않음	인정	인정
인간론	『코란』을 통한 신앙생활로 구원을 얻음	『구약전서』와 율법을 통한 신앙생활로 구원을 얻음	예수 그리스도를 믿음으로써 구원을 얻음
메시아론	구세주는 아직 오지 않았음(예수는 예언자)	구세주는 오지 않았음	예수를 구세주로 믿음

(출처 : 고요마 시게키, 『지도로 보는 중동이야기』, 308쪽)

의 멜기세덱과 그를 계승한 신약 시대의 예수, 이 두 제사장의 행적은 유대교와 기독교가 모두 **동방 신교의 제천문화와 불멸의 선 사상을 계승**하였음을 암시한다.

히브리인(이스라엘)의 역사

BCE 1976~1801*	유대인의 믿음의 조상, 아브라함 시대	BCE 516	예루살렘 2차 성전 완공
BCE 1686*	요셉의 초대를 받은 유대족이 이집트로 이주	BCE 322~167	그리스인의 지배
BCE 1476*	유대인이 이집트 탈출함(모세의 출애굽 사건)	BCE 167~161	마카비 전쟁
BCE 1436*	유대인이 가나안을 정복하기 시작	BCE 63	유대가 로마의 속주가 됨
BCE 1436~1040*	사사士師 시대	CE 30	예수 처형
BCE 1041~1001*	다윗 왕 시대	CE 70	로마의 예루살렘 공격과 성전 파괴
BCE 1001~961*	솔로몬 왕 시대	1897	제1차 세계 시오니스트 총회
BCE 926	이스라엘 왕국이 남북으로 분열	1917	발포어 선언 (영국의 팔레스타인 유대인 국가 약속)
BCE 740~700	선지자 이사야 활동	1920	유대인들의 팔레스타인 이주 시작
BCE 649~609	유다 왕 요시아의 개혁	1948	아랍-이스라엘 전쟁, 이스라엘 국가 창설
BCE 597	바빌론으로의 1차 추방	1948~1949	제1차 중동전쟁
BCE 586	예루살렘 함락, 솔로몬 성전 파괴	1956~1957	제2차 중동전쟁
BCE 539	바빌론에서 유대인들 귀환		

*표는 유대교의 전통적 연대이고, 나머지는 A. 군네벡이 쓴 『이스라엘 역사』에 나오는 연대표를 토대로 작성함.

6 신교의 낭가사상

신교는 동방 한민족이 9천 년 역사를 지속할 수 있게 한 역사의 혼이다. 이러한 신교 정신을 직접 실천하고 신교를 바탕으로 새 문명을 열고 나라를 개창한 '역사 개척의 집단'이 있었다. 그들이 바로 낭가郎家이다.

한민족사는 낭가에서 시작되었다고 해도 과언이 아니다. 환국 말기에 환인천제로부터 천부와 인을 받은 환웅을 따라 이주하여 배달을 세운 3천 명의 **제세핵랑**濟世核郎**이 낭가의 시초**이다. 이 최초의 핵랑의 정신을 살려 배달은 **삼랑**三郎 제도를 시행하였다.

『태백일사』「신시본기」에 인용된 『고려팔관잡기高麗八觀雜記』에는 삼랑의 뜻을 이렇게 전한다.

> 삼랑三郎은 배달신倍達臣이다. … '백성을 교화하고 형벌과 복教化威福'을 맡은 자를 '랑郎'이라 하며, … 지금 혈구穴口에 삼랑성三郎城이 있는데 이것은 곧 삼랑三郎이 머무는 장소이다. **낭**郎**은 곧 삼신상제를 수호하는 관직**이다.

삼랑은 배달 시대에 삼신상제님을 수호하는 관직이었다. 그래서 상제님의 가르침을 바탕으로 백성의 잘잘못을 가려 복을 주기도 하고 벌을 주기도 하였다. 한마디로 삼랑은 신교 정신으로 무장한 신교의 수호자이자 국가와 백성의 수호자였다.

배달의 삼랑은 고조선 시대에도 그 이름이 계속 전승되었다. 초대 단군이 재위 50년에 큰 홍수를 치른 후, 그 이듬해에 지금의 강화도에 성을 쌓고 그곳 마리산에 제천단을 쌓게 하였는데, 그 성을 **삼랑성**三郎城이라 하였다. 삼신과 나라를 수호한 삼랑의 정신으로 백성을 재난에서 지키겠다는 단군왕검의 의지의 표현인 것이다.

13세 흘달단군에 이르러 단군이 고조선 전역에 소도를 많이 설치하여 신교를 진작시키면서 출범시킨 '**국자랑**國子郎'이 고조선의 정식 낭가이다. 미혼의 자제들 중에서 선발된 이들은 소도 바로 옆에 지은 경당扃堂에서 글공부를 하며 활쏘기, 말달리기, 검술 등으로 체력을 단련하고, 예절, 가악을 배우고 익혔다. 고조선 삼한의 경당에서 '문무를 겸비한 인재'가 나라의 동량으로 배출된 것이다. 국자랑은 밖에 다닐 때 머리에 천지화天指花를 꽂고 다녔으므로 '**천지화랑**天指花郎'이라고도

불렀다.[178]

환국 말기에 비롯되어 배달을 개척한 제세핵랑은 배달 시대의 삼랑과 단군조선의 국자랑을 거쳐 북부여의 천왕랑天王郞 → 고구려의 조의선인皂衣仙人[179]·백제의 무절武節·신라의 화랑花郞[180] → 고려의 재가화상在家和尙(서긍의『고려도경』)·선랑仙郞·국선國仙 등으로 계승되었다.[181] 그 후 한민족의 낭가사상은 고려 시대 윤관의 9성 정벌 때는 '항마군降魔軍'으로, 대몽항쟁 때에는 '삼별초三別抄'로 이어졌다.

고려가 끝나고 유교사회 조선이 들어선 후 낭가의 명맥이 극도로 쇠잔해졌으나, 그 정신만은 한민족의 역사의식 속에 뿌리 깊이 잠재되어 '조선 시대의 선비정신', '갑오 동학혁명', '의병운동' 등으로 끊임없이 표출되었다. 한민족의 낭가 제도는 시대를 달리하며 그 명칭은 바뀌었지만 새 역사 개척의 원동력이자 추진력으로 면면히 계승되어 온 것이다.

지금까지 **한민족 우주사상의 원형이자 인류의 시원 문화**인 신교의 역사를 살펴보았거니와, 지난 인류사를 한 그루 유실수의 생장 과정에 비유한다면 인류는 뿌

---

[178] 『후한서』「동이전」은 고조선의 낭도에 대해 '그들은 씩씩하고 용맹하며 소년시절에도 집을 짓는 자가 있다[其人壯勇, 少年有築室作力者]'고 하였다.

[179] 고구려 국상國相 을파소는 나이 어린 준걸들을 뽑아 선인도랑仙人徒郞이라 하고, 무예를 관장하는 자를 조의라 하였다. 을지문덕, 연개소문 같은 고구려의 영걸은 모두 조의선인皂衣仙人으로 뽑힌 인물이었다. 이들은 평상시에는 무예를 연마하고 신교의 진리를 터득하며 심신과 학문을 닦는다. 그러나 일단 국가의 유사시에는 군대조직에 편제되어 직접 전쟁터로 나가 나라의 위기를 구하는 선봉이 되었다. 신라의 화랑에 '세속오계'가 있듯이 조의에도 계율이 있었는데 그것을 '참전계參佺戒'라 불렀다. 그 참전계의 핵심 덕목은 충忠·인仁·의義·지智·예禮이다. 고구려·수나라의 전쟁 당시에도 국가 총동원령에 의해 '조의 20만'이 직접 전쟁터에 나가 130만이나 되는 수의 대군을 궤멸시켜 인류전쟁사에 기록을 세웠다.

[180] 1999년 7월 10일에 방영된 KBS 제1TV 〈역사스페셜〉은 신라 화랑도를 전투집단으로 여긴 기존 상식을 뒤엎고 본래 '제사를 지내는 집단'이었다고 밝혔다. 이것은 '낭郞이 삼신상제를 수호하는 관직'이라고 기록한『태백일사』의 기록을 여실히 뒷받침한다. 신채호도 화랑의 연원을 상고대 소도의식에서 찾고 있다. "현재 잔존하고 있는 강화도의 삼랑성三郞城은 단군왕검 때에 축조된 것이라 하는데 이때의 삼랑성의 '랑'이 화랑의 '랑'과 같은 글자이므로 화랑의 연원을 상고대 소도의식에서 찾고 있고 또 화랑을 단군 때부터 내려오던 종교의 혼이요 국수國粹의 중심이라고 하고 있는 것이다"(신채호,『한국사연구초』, 149쪽).

[181] 박은식은 낭가사상의 계승 맥에 대해『상고문화사』에서 다음과 같이 설명하였다. "신라와 고려 때 삼랑사三郞寺를 지어 삼랑을 숭배하였으니, 이는 신라의 화랑花郞과 고구려의 선인仙人이 모두 삼랑에서 연원한 바다. 화랑의 별명은 국선國仙이라 하며 선랑仙郞이라 하고 고구려 조의皂衣의 별명은 선인仙人이라 한다.『삼국유사』에서도 화랑은 신선지사神仙之事라 하였은즉, 신라의 화랑은 곧 고구려의 조의에서 나온 자다. 선인은 곧 우리 국교國敎이며, 우리의 무사도이며, 우리 민족의 넋이며, 정신이며, 우리 국사의 꽃이다"(박성수,『단군문화기행』, 137~138쪽).

리문화 시대와 줄기문화 시대를 살아왔다.

뿌리문화 시대는 온 인류가 신교의 단일 문화권 안에서 삼신상제님을 우러르며 살았던 때이다. 문명사적으로 보면, 9천 년 전 중앙아시아의 천산에서 환국이 탄생하고 그 환국에서 동서남북으로 세계 문명이 분화된 때이다. 동쪽으로는 동북아 문명과 아메리카 인디언 문명이 태동하고, 남쪽과 서쪽으로는 수메르 문명과 이를 계승한 메소포타미아 문명, 이집트 문명, 유대 문화 등이 나타났으며, 북쪽으로는 초원에서 북방 문명이 생겨났다. 문명권은 이렇게 다양하게 나누어졌지만, 뿌리문화 시대에 전 인류는 신교 또는 신탁神託[182]을 통해 천상의 절대자와 직접 교감하며 살았다.

그 후 BCE 500년을 전후하여 지구촌의 각 지역 문화권에서 위대한 성자와 철인이 출현하여 인류 문명이 획기적으로 도약하였다. 줄기문화 시대가 시작된 것이다. 인류의 원형 종교인 **신교의 뿌리문화 시대**가 끝나고 유교, 도교, 불교, 기독교, 이슬람교 등 **줄기문화 시대**로 이어져 다양한 종교가 생겨났다.

공자, 노자, 예수, 석가 등이 종교 문화를 일구는 동안, 소크라테스, 플라톤, 아리스토텔레스 같은 철인들이 대거 나타나 철학의 세계를 개척하였다. 또한 17세기 이후에는 과학이 발달하여 종교, 철학과 더불어 줄기문화 시대에 문명의 3대 축을 이루었다.

그런데 이제 인류는 **성숙기의 열매문화 시대**를 앞두고 있다. 달리 말해서 지금 우리는 모든 **인류 문화와 역사가 그 시원처로 돌아가 하나로 수렴되는 원시반본**原始返本의 시대를 살고 있다. 때문에 유교, 불교, 도교, 기독교, 이슬람교 등으로 분화된 인류의 종교 문화도 장차 하나로 통일된다. 그 통일과 수렴의 중심에 **동서 문화의 모체인 신교**가 있다. 인류의 뿌리문화인 신교가 유불선 줄기문화로 분열되었다가 이제 하나의 열매문화로 완성됨으로써 인류사에 새 시대, 새 문명을 열게 된다.

---

182) 서양의 신탁도 신교의 일종이다. 신탁이란 신의 메시지를 받아 내려 개인 삶의 방향을 정하고 국가의 대사를 결정하는 문화이다. 그리스 문화도 신탁문화이고, 고대 지중해 연안의 신비주의적 종교인 오르피즘Orphism이나 초기 기독교의 신비주의적 가르침인 영지주의Gnosticism도 신탁의 일종이다. 소뼈나 거북이 등껍질을 구워서 그 갈라짐을 보고 신의 의지를 판단한 상나라의 갑골문화도 신탁이다. 『주역周易』 또한 그 대의는 신의 의지를 알아내는 데에 있다고 볼 때, 뿌리문화 시대의 동서양 문화는 모두 신교의 범주에 속한다.

인류 정신문화의 변천
뿌리문화 ⋯▶ 줄기문화 ⋯▶ 열매문화

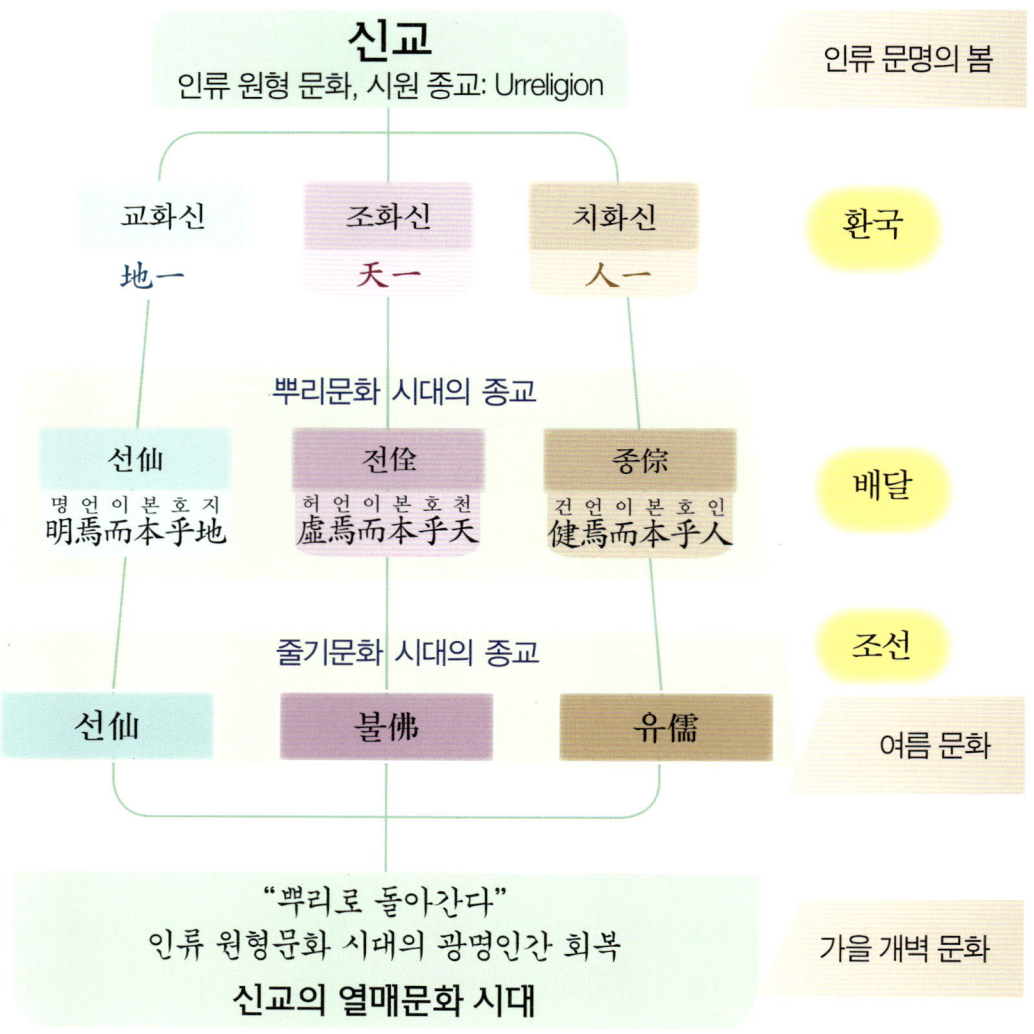

온 인류가 신교를 신앙하던 상고시대는 인류의 뿌리문화 시대이다. 이때 신교는 삼신의 원리에 따라 전도(조화신의 도), 선도(교화신의 도), 종도(치화신의 도)로 펼쳐졌다. 줄기문화 시대가 되어, 전도를 대신하여 불교가, 선도를 대신하여 선교가, 종도를 대신하여 유교가 출현하였다. 이제 열매문화 시대를 맞아, 유불선이 통합된 하나의 열매 진리가 맺어진다.

한민족 창세 역사 시대
신교 시원문화의 3대 경전

경전	내 용
천부경 天符經 조화경造化經	『천부경』은 천지天地의 주재자이신 삼신상제님이 내려주신, 신교문화 최초의 경전이다. 환국 시절에 구전되어 오다가 배달과 고조선 시대에 문자로 표기되어 현재 총 81자로 전한다. '천부天符'는 '하늘의 섭리를 나타낸 부호'라는 뜻이다. 따라서 『천부경』은 인간에게 하늘의 이치와 법칙을 드러내고, 하늘의 꿈을 전하는 경전이다. 한마디로 하나님이 내려주신 최초의 계시록이다. 환국의 마지막 환인천제에게 이 천부의 신권神權을 상징하는 천부인天符印을 전수받고 마침내 백두산에서 배달 나라를 연 분이 바로 초대 거발환居發桓환웅이다.
삼일신고 三一神誥 교화경敎化經	『삼일신고』는 신교의 세계관과 신관과 상제관, 인간관과 수행관의 정수를 요약한 경전이다. 환웅천왕께서 환국에서 전수된 『천부경』을 바탕으로 백성들을 교화하기 위해 진리의 핵심을 풀어 다섯 개 장으로 지은 것이다. 366자로 구성된 『삼일신고』는 집일함삼執一含三과 회삼귀일會三歸一을 근본정신으로 삼고 있다. 『삼일신고』는 인간과 만물은 삼신 상제님의 조화로 생겨났음을 밝혀 준다. 또한 인간이 삼신의 우주 광명의 본성에 통하여 삼신의 공덕을 완수하고 삼계 우주 역사의 이상을 실현하는 **태일**太一 **인간**으로 거듭나는 진아眞我 실현의 길을 밝히고 있다.
참전계경 參佺戒經 치화경治化經	『참전계경』은 고구려 9세 고국천열제 때의 명재상 을파소乙巴素가 백운산白雲山에서 기도하여 하늘로부터 강령을 받아 기록한 경전이다. 8가지 조목(정성[誠], 믿음[信], 사랑[愛], 선제[濟], 재화[禍], 홍복[福], 보은[報], 응보[應])과 그에 대한 366절목節目으로 이루어져 있다. 그러나 을파소 자신은 『태백일사』「소도경전본훈」에서 **"신시 환웅 시대 때 이미 참전계로써 교화대행敎化大行하였다"** 라고 하였다. '참전參佺'이란 사람으로서 천지와 온전하게 하나 됨을 꾀한다는 뜻이다. 따라서 **'참전계參佺戒'란 사람이 하늘과 하나 되어 완전한 인간**(佺=人+全)**이 되기 위해 지키고 연마해야 할 계율**이라는 말이다.

『천부경天符經』 전승 과정

한국사 상고 신교문화의 3대 경전 가운데 가장 오래된 『천부경』은 환국 때부터 구전되다가(桓國口傳之書), 배달의 초대 환웅천황 때 신지神誌 혁덕赫德이 녹도문鹿圖文(당시 상형문자)으로 처음 기록하였다. 고조선 시대에 이르러 신지神誌가 전서篆書로 『천부경』을 돌에 새겨 태백산에 세웠다(전고비篆古碑라 부름). 그 이후의 전승 과정은 현재 다음과 같이 알려져 있다.

『천부경』 전승 과정			
유형①	유형②	유형③	유형④
환국에서 구전口傳됨			
배달국 초대 거발환 환웅 때 신지神誌 혁덕赫德이 녹도문鹿圖文으로 기록			
고조선 시대 신지神誌가 태백산의 돌에 천부경을 새김(전고비篆古碑)			
미상	신라 시대 최치원崔致遠이 전고비를 한문으로 번역하여 묘향산 석벽石壁에 새김		최치원이 한문으로 번역
행촌杏村 이암李嵒	계연수桂延壽가 묘향산에서 석벽에 새겨진 천부경을 발견(1916)하여 탁본		미상
이맥李陌(1455~1528)의 『태백일사太白逸史』	묘향산 탁본의 해석을 서울 단군교에 의뢰 (1917)		노사蘆沙 기정진奇正鎭 (1798~1876)
해학海鶴 이기李沂 (1848~1909)	윤효정尹孝定 (단군교 대선사)		이승학(노사의 제자)
계연수桂延壽의 『환단고기桓檀古記』 (1911)	전병훈全秉薰(1920)	대종교 남도본사 (1930년대 이후 대종교를 중심으로 확산)	김형탁 『단군철학석의 檀君哲學釋義』
이유립李裕岦 『환단고기』(1979)			김형탁의 아들 김종성이 지은 『단군철학석의』 해석본(1975)

9천 년 전 신교문화의 원형 경전經典 『천부경』

天符經 八十一字

上經
一始無始一 析三極無盡本
天一一地一二人一三 一積十鉅无匱化三

中經
天二三地二三人二三 大三合六生七八九
運三四成環五七

下經
一妙衍萬往萬來用變不動本
本心本太陽昂明人中天地一
一終無終一

『환단고기』「소도경전본훈」에 실려있는 『천부경』

『천부경』은 환국 시대 때부터 구전되어 온 신교문화 최초의 제1 경전으로 인간에게 하늘의 이치와 법칙을 드러내고, 하늘의 뜻과 이상, 인간의 생명과 깨달음 등에 대한 가르침을 전한다.

IV 한국사 왜곡의 현주소
: 한국사의 뿌리 이렇게 잘려 나갔다

> **주요목차**
> 1. 세계 교과서 속의 일그러진 한국사
> 2. 한국사를 잃게 된 3대 요인

창세 역사와 문화를 잃은 한국인은, 고대 동북아 문명의 주인공이었던 본연의 모습을 전혀 기억하지도, 알지도 못하는 정신적 불구자가 되어 버렸다. 한국인의 원형질을 형성하는 시원 문화와 역사를 잃어버린 것은 곧 모든 한국인이 자기 정체성을 상실한 것이며, 또한 온 인류가 그 시원 역사를 잃어버린 것이기도 하다. 한민족은 현 인류의 뿌리 문명을 개척한 주체이다. 따라서 **한국인의 상고 역사 소실은 동북아 일개 국가의 상고사가 사라진 것이 아니라 70억 인류의 시원 역사가 사라진 것**이다.

1 세계 교과서 속의 일그러진 한국사

오늘의 세계인들은 한국사를 어떻게 인식하고 있을까? 각국 교과서의 내용을 통해 알아 보기로 하자.

1) 일본과 중국 교과서 속의 한국사

일본 고등학교에서 가장 많이 채택하는 일본사 교과서에 소개된 한국 관련 첫 역사는 바로 한사군이다. "낙랑군에 당시 왜인 사회가 정기적으로 사신을 보냈다"라는 본문 서술에 붙인 주석에서 "전한 무제가 BCE 108년에 조선 반도에 설치한 한사군 중의 하나"로 낙랑군을 소개하면서 그 위치를 "평양 부근으로 추정한다"¹⁾라고 하였다. 게다가 "낙랑군은 중국풍의 높은 문화를 자랑하였다"라고 하여 한국을 중국의 정치적 속국일 뿐 아니라 문화적 속국으로 그려 놓았다.

그리고 "4세기에 남북분열 시대를 맞은 중국이 주변 민족에 대한 지배력을 잃자 동아시아의 제諸 민족은 **국가형성 단계로 들어섰다**"라고 한다. 이처럼 중국이 혼란해진 그때 한반도에 비로소 고구려 백제 신라가 세워진 것으로 서술하고, **삼국의 성립 시기를 겨우 4세기로 설정**하였다. 이때는 삼국이 세워진 지 4백 년도 더 지난 때이다.

이런 내용에 덧붙여 "조선반도 일부에는 소국 연합에 머물러 있던 가야가 있었으며, 『일본서기』는 그 **가야를 임나任那라 부른다**"라는 주석을 달아 놓았다. 일본이 한반도 남쪽 땅에 임나일본부를 세웠다는 주장을 우회적으로 표현한 것이다.²⁾ 일본의 또 다른 인문계 고등학교 역사 교과서³⁾도 이와 대동소이한 내용을 싣고 있다.

중학교 교과서는 한사군과 임나일본부라는 용어를 직접 언급하진 않지만 표현을 좀 더 쉽게 하여 같은 내용을 기술한다. 한사군 체제에 대해 "**한漢은 기원전 2세기에 조선반도 북부를 비롯하여 중앙아시아도 지배하에 두었다**"⁴⁾라고 하고, 임나일본부에 대해서는 "야마토 조정은 반도 남부의 임나任那(가라加羅)라고 하는 땅에 거점을 두었다고 생각된다"⁵⁾라고 한다.

심지어 한반도에서 건너 간 '도래인'도 그들에게 유리하게 해석하여 '**귀화인**'이라고⁶⁾ 말을 바꾸는 등 **한국과 관련된 거의 모든 역사를 왜곡 기술**하고 있다. 뿐만 아니라 일본 교과서는 독도에 대해서도 "한국과는 다케시마(독도)의 귀속을 둘러싼 대립이 있다. 이것은 일본고유의 영토이다"⁷⁾라고 하여 **현대사도 왜곡하고 있다**.⁸⁾

---

1) 『상설일본사詳說日本史』, 山川出版社, 2007, 22쪽.
2) 이 교과서를 바탕으로 쓴 대중 역사서에서는 "『일본서기』에는 임나라고 기록함과 동시에 임나일본부를 두었다고 되어 있다"(『다시 읽는 일본사』, 야마가와출판사山川出版社, 2011, 16쪽)라는 각주를 붙여 임나일본부설을 노골적으로 표현하였다.
3) 『일본사日本史B』, 実教出版, 2008.
4) 『역사』, 東京書籍, 2011, 17쪽.
5) 『역사교과서』, 扶桑社, 2011, 32쪽.
6) 도래인은 뒤에 왕의 덕에 동화하기 위해 귀순하였다는 의미로 '귀화인'이라 불리었다(『일본사日本史B』, 51쪽).
7) 『정치경제』, 第一學習社, 2011, 73쪽.
8) 2012년 4월 11일 일본 도쿄 국회의사당 옆 헌정기념관에서 '독도는 일본 땅'이라 주장하는 집회가

진秦·한漢 시대의 아시아(일본 고등학교『세계사』교과서, 야마가와 출판, 2008, 76쪽).

    중국의 교과서는 어떠한가? 구석기와 신석기의 원시생활을 간략히 소개한 후 화하족의 시조로 4,700여 년 전의 황제헌원을 내세우는 것으로 시작되는 중국의 국정 역사 교과서는 **5,300년 전의 우리 조상인 염제신농씨를 자기네 조상**이라 말한다. 염제는 황제와 함께 "황하 유역의 저명한 부락 수령"[9]이었다고 한다. 하지만 염제는 앞서 살펴보았듯이, 배달의 문명을 크게 일으킨 3대 성황聖皇 중의 한 분으로 황제보다 5백 년 앞서 살았던 인물이다.

    그리고 "동방에는 강대한 치우 부락이 있었다. 황제 부락은 염제 부락과 연합하여 탁록전쟁에서 치우를 크게 이겼다"라는 서술과 함께 "치우는 풍백, 우사를 데리고 법술을 부렸는데 갑자기 비바람이 크게 몰아치면서 황제, 염제의 부락 사람들로 하여금 방향을 잃게 하였다. 이에 황제는 부하를 명하여 지남거指南車를 만들어 방향을 분별하게 하였으므로 치우를 이길 수 있었다"[10]라고 말한다. 배달의 환웅천황인 치우를 '동방의 부락장' 정도로 밝히면서, 승자와 패자를 바꾸어 황제가

열렸다. 외무성 차관을 포함한 정부 인사 2명, 각 당 대표자 8명, 여야 국회의원 47명 등이 참여했다. '일어나라 일본당' 대표 히라누마 다케오平沼赳夫는 "헌법을 개정해 문제를 해결하자"라는 발언을 하였고, 야마구치 차관은 "다케시마가 일본 고유의 영토라는 사실에 변함이 없다"라고 하였다(〈동아일보〉, "일日 외무차관—의원 등 50여 명 참석 '독도는 일본 땅' 도쿄서 망언집회", 2012.4.12).

9) 『중국역사』(7년급年級 상책上册), 인민교육출판사, 2011, 12쪽.
10) 『중국역사』, 13쪽.

치우천황을 이긴 것으로 중국 학생들을 가르치는 것이다. 더구나 황제는 훌륭한 병기를 개발한 영웅으로 표현한 반면에 치우천황은 요술이나 부리는 도사로 묘사하고 있다.

황제헌원 이후의 역사 서술에서는, 4세기 위진남북조까지 다루는 7학년 교과서가 끝나도록 동방 한민족과 관련된 내용은 아예 찾아볼 수 없다. 북방 민족에 대해서 '**북방민족대통합**'이라는 별개의 장을 설정하고, "진秦·한漢 무렵 흉노의 걸출한 수령 묵특은 최초로 몽골 초원을 통일하여 강대한 국가를 건립하였다", "동한東韓 말년부터 흉노, 선비, 갈羯, 저氐, 강羌 등 북방과 서방의 소수민족들이 잇달아 내륙으로 이주하였다"[11] 등의 내용을 여기저기에 서술한 것과 대조적이다. 고조선 시대에는 한국이 중국의 왕조 성립 과정에 깊이 관여하였고, 열국 시대에는 중국 땅과 한반도 사이에 정치경제적 교류가 많이 있었건만, 그 어떤 내용도 일체 언급하지 않았다. **중국 교과서는 고대 한국의 존재 자체를 부정**하고 있는 것이다.

2) 서양 교과서 속의 한국사

세계 강대국 중의 하나인 미국의 교과서들을 보면, 앞에서 살펴본 중국과 일본의 역사 왜곡을 수용하여 '4세기 초까지 한반도의 전부 혹은 절반이 중국의 영토였다'고 말한다.

예를 들면, 미국 3대 교과서 출판사 중의 하나인 글렌코 맥그로 힐에서 간행한 『세계사』(2004)에는, "**BCE 109년경 한국은 중국의 지배하**에 있었다. 한 왕조가 몰락한 후 반도의 지배권을 되찾았고, 313년까지 신라, 백제, 고구려 세 왕국이 건국되었다"라고 적혀 있다. BCE 109년 이전의 역사에 대해서는 아무런 언급이 없고 다만 "**한국 역사는 중국의 식민지로 출발**하였고 4세기가 되어서야 처음으로 나라를 세웠다"라고 말한다. 이것이 바로 **미국인이 배우는 한국 고대사의 실상**이다.[12]

다행히 최근 미국 교과서에서는 한국 고대사 부분에 변화의 조짐이 조금씩 보이기 시작하였다. 한국사의 시작을 고조선으로 보는 서술이 등장한 것이다. 맥두걸

---

11) 『중국역사』, 77쪽, 109쪽.
12) 프렌티스 홀의 『세계사』(2007)도 "서기 300년에서 600년 사이에 지역 통치자들이 한반도에 세 왕국을 세웠다"라고 하여 대동소이하게 서술하였다(이길상, 『세계의 교과서 한국을 말하다』, 39쪽 재인용).

리텔McDougal Littel에서 출판한 『세계사』에서는 "BCE 2000년경 조선이라는 이름을 지닌 첫 국가가 한국에서 일어났다"라고 하였고, 하코트Harcourt에서 출판한 『세계사』에서는 "BCE 300년경 한국에서 가장 강력한 국가는 고조선이었다"라고 하였다.[13] 하지만 이러한 내용도 여전히 **진실과는 다른, 잘못된 한국 고대사**이다.

미국 교과서 속의 **동북아 고대사는 중국 일색으로 서술**되어 있다. 중세사와 근대사는 중국 중심의 이야기에 일본이 더해져 있을 뿐이다. 미국으로 이민 간 한국인들은 미국 교과서에 적힌 왜곡된 한국사의 기막힌 현실에 경악을 금치 못하고 있다.

그렇다면 한국사를 직접 연구하는 서양 학자들은 한국을 어떻게 인식하는가? 캐나다 브리티쉬 콜롬비아 대학 한국학과의 베이커Don Baker 교수는 "고조선과 단군은 뚜렷한 증거가 없으므로 신화로 단정 지을 수밖에 없는, **믿을 수 없는 역사**(unreliable history)"라고 말한다. 또한 "**진정한 한국사는 고려부터**이다. 그 이전은 하나의 통합된 나라가 아니었다. 단지 고구려인, 신라인, 백제인이 있었을 뿐이다"라고 하여[14] **한국사의 출발**을 왕건이 세운 고려 시대(918~1392)로 잡고 있다. **결론적으로 한국사는 천 년 역사에 불과하다는 것이다.** 하와이 미노아 대학의 슐츠Edward Schultz 교수는 '한사군(한나라가 고조선 땅에 설치한 군현)이 한국 고대사에 끼친 영향이 클 뿐 아니라 고구려, 백제, 신라가 조직적인 국가로 성장하는 데 촉진제가 되었다'고 말한다.

이처럼 서양 학자들도 교과서를 통해 한국을 배운 서양의 일반인과 마찬가지로 한국사에 대해 잘못 인식하고 있다. 아시아와 북미 지역 이외의 세계사 교과서에서는 **한국 고대사에 대한 내용 자체가 거의 없다.** 멕시코 교과서[15]를 보면, "한국은 중국의 옛 영토였다가 1910년 일본에 합병되었다"라고 기술되어 있다. 중국의 옛 영토, 즉 중국의 속국, 이 한마디가 한국 고대사의 전부이다. 고대와 중세의 한국에 대한 서술이 거의 없는 이 책이 유독 자세히 전하는 **한국의 근대사는 일제 식민**

---

13) 이길상, 같은 책, 41~42쪽.
14) 2005년 필자가 미국의 지인을 통해 베이커 교수와 서신으로 확인한 내용이다.
15) 멕시코 에스핑헤출판사에서 간행한 『우리 시대의 역사』(2005)에 이런 내용이 나온다. "1913년 테헤란 회담에서, 중국의 옛 영토였다가 1910년 일본에 합병된 한국을 독립시키기로 의결했지만 자유 선거 조직과 관련하여 합의를 이루어내지 못해 결국 한국은 38선을 경계로 남북으로 갈라지게 되었다." 이 서술 또한 식민사관의 극치를 보여준다(이길상, 같은 책, 302쪽).

사관을 그대로 답습한 것이다. 중국과 일본의 식민지였다가 현재는 남북으로 갈라진 나라, 이것이 멕시코인의 머릿속에 심어진 한국의 모습이다. 그리고 유럽 교과서도 대부분 6.25 사변과 경제 성장에 대해 몇 마디를 서술할 뿐이다.

그렇다면 **동서양의 교과서들이 왜 이렇게 하나같이 한국사를 축소·왜곡**하는가? 그 근본 원인은 **중국과 일본에 의한 한국사 왜곡**에 있다. 두 나라는 자기네 국익에 유리하도록 한국사를 날조하였을 뿐 아니라, 그 날조된 내용을 다양한 외국어로 번역하여 여러 나라에 알리는 일도 게을리하지 않았다. 일본은 지난 강점기 때 '한

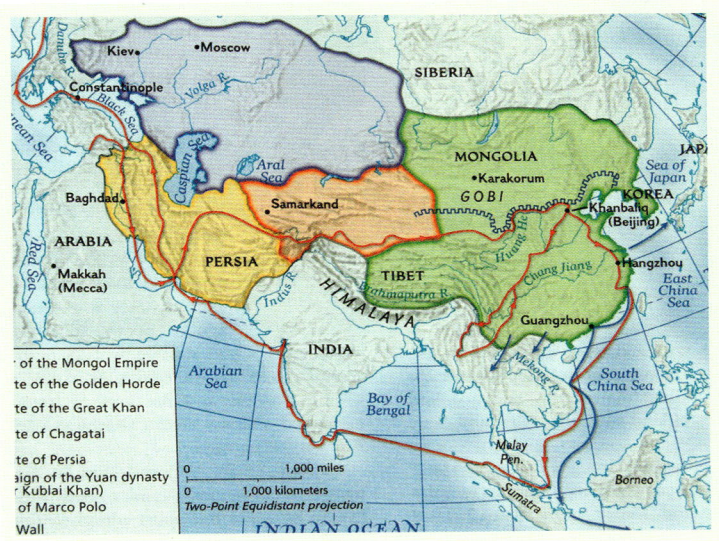

미국 3대 교과서 출판사 중의 하나인 글렌코 맥그로 힐에서 간행한 『세계사』(2004년 판, 255쪽)에 실린 몽골제국 지도_고려가 몽골제국 원나라의 식민지로 표시되어 있다.

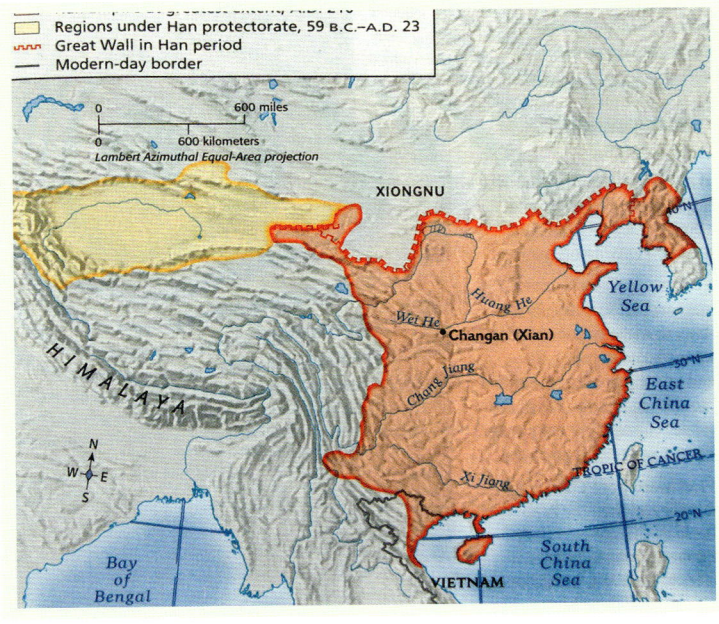

글렌코 맥그로 힐의 『세계사』(101쪽)에 실린 한나라 지도_중국이 펴낸 『중국역사지도집』과 마찬가지로 한나라 영토가 한반도의 한강 이북 지역까지 그려져 있다. 한반도 땅에는 국가 이름도 표시되어 있지 않다.

국인들은 스스로 역사를 움직일 능력이 없어서 고대부터 줄곧 이웃 민족의 지배를 받아왔다'는 논리를 만들어 세계에 유포시켰고, 중국은 최근 한국의 고조선과 고구려 역사까지 강탈해 간 동북공정을 널리 알리고 있다.

세계 교과서가 한국사를 잘못 서술하게 된 또 다른 원인은 광복 후 한국의 역사학계를 주름잡은 이 땅의 강단사학자들에게 있다. 40여 나라가 사용하는 교과서 5백 종을 분석하여 한국사 왜곡의 실태를 밝힌 이길상 교수가 지적하였듯이, 일본으로 유학을 가서 일본 학자들에게 배운 **한국의 식민주의 역사학자들**은 그들의 주장을 그대로 받아들였고, 광복이 된 뒤에는 한국의 1세대 역사학자가 되어 **왜곡 날조된 한국사**를 세계의 학계에 그대로 전하였다.[16]

결국 중국과 일본의 한국사 왜곡, 왜곡된 역사의 세계적 유포, 그리고 한국의 1세대 역사학자들의 민족 주체성을 상실한 태도가 세계 교과서 속에 '상고역사가 실종된 일그러진 한국사'를 실리게 만든 것이다.

---

16) 이길상, 같은 책, 40쪽.

2 한국사를 잃게 된 3대 요인

 동방 한민족은 가장 오래되고 경이로운 역사를 이어왔음에도 불구하고, 시원 역사가 송두리째 잘려 나가 역사 단절의 아픔을 겪고 있는 비극의 주인공이다. 어찌하여 한민족은 자신의 역사를 잃고 미궁에 갇혀 버리게 되었는가? 그 결정적 요인을 크게 세 가지로 정리할 수 있다.

 첫째, 외적의 우리 **사서 탈취와 소각, 우리 손으로 자행한 사서 말살** 때문에 현존하는 한국의 고유 사서가 극소수에 불과하다.

 둘째, 중국의 중화주의 사관이 빚어 낸 **중독**中毒, 일본의 식민주의 사관이 빚어 낸 **왜독**倭毒, 서양의 실증주의 사관이 빚어 낸 **양독**洋毒 때문에 한국사가 은폐, 축소, 왜곡되었다.

 셋째, 유교, 불교, 기독교와 같은 외래 사상에 중독된 **반민족적 사가들이 자기 역사를 스스로 부정**한다.

1) 전란으로 인한 사서 소실

 한민족의 고유 사서는 대부분 환국─배달─고조선의 삼성조 시대 이후 수천 년 동안 무수한 전란 속에서 화재로 소실되거나 외적에게 탈취되었다. 고려에 이르러서는 국시에 위배된다는 이유로 유가와 불가 사상을 벗어난 사서가 우리 손에 의해 대거 소각되었다. 특히 고려 중기 김부식이 행한 대대적인 사료 수거와 소각은 단재 신채호가 한민족사의 허리가 잘려 나간 결정적 이유 중의 하나로 꼽을 정도로 심각한 사건이었다.

 조선에서도 사서 소멸은 중앙 조정에 의해 계속되었다. 그리고 임진왜란과 병자호란이라는 양대 전란으로 말미암아 또 다시 사서가 탈취·소실되었다. 뿐만 아니라 국권을 빼앗긴(1910) 이후 일제가 행한 〈조선사편수회 사업〉으로 마지막 남은 수많은 우리의 고사서古史書가 조직적으로 탈취 또는 인멸되었다.[17]

---

17) 조선사편수회가 행한 사료 수집은 1910년 11월부터 『조선사』 완간 직전인 1937년까지 27년간 계속되었다. 1938년 6월에 발행된 『조선사편수회사업개요朝鮮史編修會事業槪要』에서는 1923년부터 1937년까지 15년 동안 차입한 사료가 4,950종이라 밝히고 있다.

송호수는 한국 사료가 멸실된 이유를 '정치적 외세에 의해 사료에 가해진 타격'과 '종교적 외세에 의한 핍박'이라 강조하면서 사료 멸실의 대표적 사례로 열 가지를 꼽는다. 그 가운데 전란이 무려 일곱 차례에 달한다.

제1차, 고구려 동천왕 18년(244) 위나라 장수 관구검毌丘儉이 고구려 수도 환도성을 공함攻陷(공격하고 함락함)하여 많은 사서를 소각함.

제2차, 백제 의자왕 20년(660) 나당연합군에게 사비성이 함락되면서 사고史庫가 소진됨.

제3차, 고구려 보장왕 27년(668) 당나라 장수 이적李勣이 평양성을 공격하여 전적典籍을 모두 탈취함.

제4차, 신라 경순왕 원년(927) 후백제의 견훤이 경애왕을 치고 신라 서적을 전주로 옮겼다가 왕건에게 토멸당할 때 서적이 방화 소각됨.

제5차, 고려 인종 4년(1129) 금나라에 서표誓表(맹세하는 표문)를 바친 후 고려 서적을 금나라가 수거해 감.

제6차, 고려 고종 20년(1233) 몽고의 난으로 고려 서적이 쿠빌라이忽必烈에 의해 소진됨.

제7차, 조선 태종 11년(1411) 오부학당五部學堂을 송제宋制에 의거하여 설치하면서 비非유교 서적 일체를 소각함.

제8차, 임진왜란(1592~1598)으로 무수한 전적典籍이 방화로 소실됨.

제9차, 병자호란(1636~1637)으로 수많은 사서가 소실됨.

제10차, 한일강제병합(1910) 이후 일본이 20여 만 권의 서적을 탈취 혹은 소각함.[18]

이렇게 외세의 침략 혹은 우리 스스로 저지른 과오 때문에 한국사의 참모습을 확인시켜 줄 사서들이 거의 사라져 버린 지금, 천우신조로 『환단고기』와 『단기고

---

18) 송호수, 『한민족의 뿌리사상』, 10~11쪽. 초대 총독으로 부임한 데라우치 마사타케寺內正毅는 1910년 11월부터 전국의 각 도·군·경찰서를 동원하여 1911년 12월 말까지 1년 2개월 동안 계속된 제1차 전국 서적 색출에서 '단군조선' 관계 고사서 등 51종 20여 만 권을 수거하여 불태웠다고, 광복 후 출간된 『제헌국회사』와 문정창의 저서인 『군국일본조선강점36년사』는 밝히고 있다.

사檀奇古史』[19], 『규원사화揆園史話』[20], 『제왕연대력帝王年代歷』[21] 등 몇 종의 사서가 보존되어 전할 뿐이다. 그 가운데서도 삼성조에서 고려에 이르기까지 근세조선을 제외한 **한국사의 국통 맥 전모를 밝힌 『환단고기』**는 한민족 고유 사서의 완결본이라 하겠다.

2) 중국이 저지른 역사 왜곡 : 중독中毒

한국사가 상실된 가장 근본적이고 치명적인 원인은 중독中毒, 왜독倭毒, 양독洋毒, 이른바 삼독三毒으로 인한 폐해이다. 그 중 한국사를 아주 오래 전부터 왜곡하여 왔고 오늘의 세계인들에게 한국사를 겨우 천 년의 역사로 인식하게 만든 근원적인 원인을 제공한 나라가 중국이다. 그러면 중국이 저지른 역사 왜곡부터 살펴보자.

춘추필법의 악폐

일찍이 공자는 노나라 242년의 역사를 편년체로 기록하여 『춘추春秋』라 이름 지었다. 이 책은 주나라 왕실을 종주로 삼는 대일통大一統 사상과 존왕양이尊王攘夷 정신을 표방하였다. 그 후 중국 사서들은 이 『춘추』를 역사 서술의 표준으로 삼았는데, 중국 사서의 편찬 원칙은 다음 세 가지의 '**춘추필법**春秋筆法'으로 요약된다.

---

19) 『단기고사』는 고구려 유민들을 모아 대진국을 세운 대조영의 아우 대야발大野勃이 발해 문자로 쓴 (729년) 책으로 고조선과 그 이후의 역사를 기록하였다. 전수 과정에서 우여곡절을 거친 끝에 1949년 국한문으로 번역되었지만, 6.25 남북전쟁 때 소실되었다. 현존하는 『단기고사』는 구전되어 온 자료를 토대로 복원한 것이다. 하지만 상고 시대의 문화 발전 단계와 맞지 않은 내용이 너무 많이 첨가되어 사료적 가치를 상실하였다. 이를테면 BCE 1837년에 자발전차自發電車, 자명종自鳴鐘, 잠수선潛水船, 측우기 등 20여 가지 기계를 만들었다는 기록이 그 실례이다.

20) 『규원사화』의 서문에 의하면, 북애노인北崖老人이 숙종 1년(1675)에 지었다. 총 다섯 부분으로 나뉘어져 있으며, 환인·환웅·단군의 삼성조 시대를 모두 다룬다. 하지만 그 구체적 내용은 『환단고기』와 상이한 부분이 있다. 이유립은 북애노인을 고려 말기와 조선 초기의 학자인 권근權近의 후손으로 조선 숙종 때 삭주부사를 지낸 권현權俔으로 추정한다. 권근의 후손인 권오돈(1901~1984, 독립운동가, 전 연세대 교수)이 이유립에게 집안에 내려 오던 책이라며 『규원사화』한 권을 전했다고 한다.

21) 『제왕연대력』은 신라 시대 최치원이 지은(890년경) 대표적 저술 중의 하나로 신라 역대 왕력이다. 원본은 일제 때 화재로 소실되었고, 현재 홍종국洪種國이 필사한(1929) 필사본이 전한다. 고조선의 1세, 2세 단군에 대한 서술이 나온다. 그 후의 단군에 대한 내용은 없지만, 말미에 총 47대 단군으로 명기되어 있다.

첫째, 중국에 영광스러운 일은 한껏 부풀려 쓰면서 수치스런 일은 감춘다(**위국휘치**爲國諱恥).[22] 둘째, 중국은 높이면서 주변 나라는 깎아내린다(**존화양이**尊華攘夷).[23] 셋째, 중국사는 상세히 쓰면서 이민족 역사는 간략하게 적는다(**상내약외**詳內略外).[24]

춘추필법은 표면적으로는 대의명분을 밝혀 세우는 역사 서술법이지만, 사실은 **중국이 천하의 중심이라는 중화주의에 충실한 필법**이다. 자신들의 역사가 동이족에서 비롯되었다는 역사 콤플렉스를 이 춘추필법으로 덮으려 한 것이다. 사마천 이하 역대 중국 사가들이 춘추필법에 의거하여 역사를 기록한 결과, **동북아 문명의 주체였던 한민족의 역사는 중국 변방 오랑캐 족속의 하잘것없는 역사로 왜곡**되고 말았다.[25]

탁록대전의 진실

한·중 고대사를 날조한 기록상의 첫 인물은 2,100년 전 한나라 때의 사관인 사마천이다. 사마천은 동북아의 한민족 강토로 쳐들어간 한 무제가 전쟁에 참패하고 돌아온 시기에 『사기』를 저술하였다.

『사기』는 「오제본기五帝本紀」로 시작한다. 즉 헌원의 역사가 『사기』의 첫머리요, 중국 역사의 첫머리가 된다. 사마천은 「오제본기」에서 헌원의 출생과 성장 과정을 간략히 적은 다음, 곧바로 헌원과 치우천황 사이에 벌어진 탁록대전을 다음과

---

[22] '위국휘치'는 『춘추곡량전春秋穀梁傳』 「성공成公 9년」 조에 나오는 "존귀한 사람을 위해 부끄러운 행위를 기록하지 않고, 현자를 위해 잘못을 기록하지 않으며, 어버이를 위해 질병을 기록하지 않는다(爲尊者諱恥, 爲賢者諱過, 爲親者諱疾)"라는 말에서 유래한다. 이 말의 '존자尊者' 대신에 '나라 국國'자가 들어간 것이다.

[23] '존화양이'는 『춘추공양전春秋公羊傳』에 등장하는 존왕양이尊王攘夷(왕실을 높이고 오랑캐를 물리친다)에 근원을 두고 있다. 『춘추공양전』 「희공 9년」 조에서, 제나라 환공이 "주나라 왕실을 높이고 오랑캐를 물리치며(尊周室, 攘夷狄)"라고 한 것이 이 말의 시초이다.

[24] '상내약외'는 후한 말기 서간徐幹이 그의 저작 『중론中論』에서, "공자가 『춘추』를 지으면서, 안(중국)을 상세히 하고 밖(이적夷狄)을 간략히 하며 자신에게는 엄하게 하고 남에게는 관대하게 하였기 때문에, 노나라에 대해서는 작은 악행도 반드시 기록하였고 다른 나라에 대해서는 큰 악행이라야 비로소 기록하였다(孔子之制『春秋』也, 詳內而略外, 急己而寬人, 故於魯也小惡必書, 於衆國也大惡始筆)"라고 말한 것에서 유래한다.

[25] 신채호는 춘추필법의 잘못을 지적했다. 그는 『조선사연구초朝鮮史研究草』 「전후삼한고前後三韓考」에서 중국 역사의 비조로 일컬어지는 사마천을 "공자 춘추의 존화양이, 상내약외, 위국휘치 등의 주의를 견수하던 완유頑儒"라고 비판하였다.

같이 서술하였다. "치우가 난을 일으키며 황제의 명을 듣지 않자, 이에 황제가 제후들로 군대를 징집하여 탁록의 들에서 싸워 드디어 치우를 사로잡아 죽였다."[26] 이 기록의 핵심은 '금살치우禽殺蚩尤(치우를 사로잡아 죽였다)', 이 네 글자이다.

사마천은 『사기』를 지을 때 『상서尙書』, 『춘추春秋』, 『국어國語』 등 고문헌에만 의존하지 않았다. "서쪽으로는 공동崆峒까지, 북쪽으로는 탁록까지, 동쪽으로는 바다까지, 남쪽으로는 장강과 회수를 건너서까지"라는 자신의 말처럼 현장 답사를 통해 과거 문헌에 대한 사실 여부를 일일이 확인하였다.[27] 그렇다면 사마천의 서술은 신뢰도가 높을 것이다.

그런데 『사기』의 삼가三家 주석[28]에는 치우에 대한 다른 기술이 보인다. 먼저 『사기집해』는 "응소應劭가 '치우는 옛 천자[蚩尤古天子]'라고 말했다"라는 말을 기록하였다. 천하의 지배자는 헌원이 아니라 치우천황이었다는 말이다. 치우천황에 관해 더 많은 내용을 제공하는 『사기정의』는 "치우 군대가 금속 투구를 머리에 쓰고 큰 쇠뇌[太弩]와 같은 병장기[29]를 갖추고 출전하여 그 위엄을 천하에 떨쳤다[30]"라고 하였다.

그렇다면 치우천황과 헌원의 관계에 대한 진실은 무엇인가? 앞서 배달의 역사에서 이야기하였듯이, 한족漢族의 우두머리인 헌원이 치우천황을 꺾고 자신이 천자가 되려는 욕심으로 군사를 일으키자, 치우천황이 10년 동안의 탁록대전 끝에 헌원의 무릎을 꿇리고 제후로 삼은 것이 이 사건의 진실이다.[31] 그러므로 사마천

---

26) 蚩尤作亂, 不用帝命, 于是黃帝乃征師諸侯, 與蚩尤戰于涿鹿之野, 遂禽殺蚩尤(『사기』「오제본기」).
27) 余嘗西至空桐, 北過涿鹿, 東漸於海, 南浮江淮矣(『사기』「오제본기」).
28) 중국 25사史의 첫째로 꼽힐 만큼 절대적 권위를 누리는 『사기』는 판본도 다양하고 그 주석도 헤아릴 수 없이 많다. 『사기』 주석들 중 오늘날까지 인정받는 3대 주석을 '사기삼가주史記三家注'라 한다. 남조 송의 배인裵駰이 쓴 『사기집해史記集解』, 당나라 사마정司馬貞이 쓴 『사기색은史記索隱』, 당나라 장수절張守節이 쓴 『사기정의史記正義』가 이에 해당한다.
29) 치우천황 군대의 무기에 대해 『관자』「지수地數」에 "갈로산에서 발원하여 흐르는 물에는 철이 섞여 있다. 치우가 이를 받아 제련하여 칼, 갑옷, 창 등을 만들었다[葛盧之山發而出水, 金從之, 蚩尤受而制之, 以爲劍鎧矛戟]"라고 서술하였다. 중국 사서가 이렇게 치우천황의 무기를 세밀히 묘사한 것은, 헌원의 군대는 그만한 무기를 가지지 못하였음을 은연 중에 드러내는 것이다. 당시 치우천황은 동북아에서 가장 먼저 청동 무기를 썼으며 동북아 금속 문명의 선진 주자였다.
30) 『龍魚河圖』云: "黃帝攝政, 有蚩尤兄弟八十一人, 並獸身人語, 銅頭鐵額, 食沙石子, 造立兵仗刀戟大弩, 威振天下"(『사기정의』「오제본기」).
31) 치우천황에 대한 진실은 『환단고기』 외에 『규원사화』에서도 확인된다. 『규원사화』는 "당시 치우비蚩尤飛가 서둘러 공을 세우려 하다가 전사하였는데, 『사기』에서 '드디어 치우를 사로잡았다'고 한 것은 이것을 말한 것이다[此時, 部將不幸有急功陣沒者, 史記所謂遂禽殺蚩尤者, 盖謂是也]"라고 설명한다.

이 서술한 '금살치우'는 역사적 사실을 정반대로 기록한 것이다.

사마천은 왜 굳이 역사의 진실을 뒤집어 기술해야 했을까?

그것은 중국 역사의 시조인 헌원을 **천자**天子, 즉 **동북아의 주도권자**로 만들려 했기 때문이다. 헌원이 천자가 되면 중국은 그 출발부터 천자의 나라가 된다. 중국을 원래부터 동북아의 패권자인 것으로 만들기 위해 사마천은 '금살치우'가 필요했던 것이다.[32] 또한 사마천은 자신의 주군인 한 무제가 고조선 서쪽 땅의 위만정권을 어렵게 항복시키고 고조선 북쪽 땅의 북부여를 침공하였으나 고두막한 장군에게 무참히 패배하고 만 수치스러운 역사를 숨기고자 하였다.

조작된 기자조선

중국 역사서에서는 조선이라는 국호를 좀처럼 찾아볼 수 없다. 대신 예濊, 맥貊, 발發, 숙신肅愼, 우이嵎夷, 내이萊夷, 견이畎夷, 서이徐夷, 고죽孤竹, 고이高夷 등과 같은 고조선의 제후국 이름이 등장한다. 다른 호칭을 써서 **조선이라는 국가 이름 자체를 철저하게 제거한** 것이다.

사마천도 『사기』 「본기本紀」에서 조선이라는 호칭을 전혀 쓰지 않았다. 그런데 제후국의 역사를 다룬 「세가世家」에서 '**봉기자어조선**封箕子於朝鮮'이라 하여 갑자기 조선이란 이름을 썼다. '기자를 조선에 봉하였다'는 것이다. 이것을 근거로 중국 사가들은 **조선 역사가 약 3,100년 전에 중국의 제후국인 기자조선에서 시작된 것으**

중국 산동성 조현에 있는 기자묘_산동성 조현에서 서남쪽으로 약 15킬로미터 정도 가면 왕성두촌이라는 작은 마을이 나온다. 그 마을 들판 한가운데에 작고 초라한 기자 묘가 있다. 만일 기자가 정말로 기자조선을 세웠다면 일국의 군주였던 그의 묘가 어찌 이리 초라할 수 있겠는가.

치우비는 '치우비라는 장수' 또는 '치우천황의 부장' 등으로 해석된다.
32) '금살치우'라는 역사 조작에는 당시 위만 정권을 무너뜨리고 북부여를 넘보았던 한무제의 패배도 그 원인으로 작용하였을 것이다. 동방 한민족을 예로부터 중국의 제후국 백성이었던 것으로 만들어 패배의 치욕을 앙갚음하고자 한 의도가 엿보인다.

로 단정한다.

『상서대전』, 『사기』 등에서 전하는 기자조선의 내력은 이러하다. 주나라의 건국자 무왕이 상나라를 멸망시키고, 감옥에 감금되어 있던 기자를 풀어주었다. 이때 기자는 주나라에 의해 풀려난 부끄러움을 참을 수 없어 조선으로 떠나 버렸다. 이 소식을 들은 무왕이 기자를 조선의 왕으로 봉하였다.

그런데 제후로 봉해진 이후의 이야기는 서로 다르다. 『상서대전』[33]은 기자가 책봉을 받은 후 신하의 예를 행하기 위해 주나라를 찾아가 무왕에게 홍범구주에 대해 설명하였다고 한다. 반면 『사기』는 기자가 책봉은 받았지만 '**주나라의 신하로 삼지는 않았다**[而不臣也]'고 기록하였다. '기자를 제후로 임명했다'는 말 바로 다음에 '신하로 삼지는 못했다'는 모순된 말을 하고 있는 것이다. 제후가 되면 당연히 신하가 되는 것인데도 그와 상반되는 말을 하는 것이 아닌가. 그것은 기자가 무왕의 신하였던 적이 결코 없었기 때문에 사마천이 자신도 모르게 역사의 진실을 고백한 것이다. 요컨대 기자라는 인물이 조선 왕으로 봉해진 일은 결코 없었다.

여기서 한 가지 주목할 것은 '**기자가 조선으로 떠나 버렸다**[走之朝鮮]'는 구절이다. 이것은 **동방 땅에 그전부터 조선이 자리 잡고 있었음을 천명한 내용**이다. 기자가 망해 버린 고국을 떠나 이웃나라 조선으로 망명할 수 있었던 것은 이미 '**오래 전부터 단군조선이 존재하였기 때문**'이다. 중국이 기자조선을 내세워 단군조선을 숨기려 하였으나, 오히려 더 드러내는 결과가 되었다.

결론적으로 말해서 **기자조선은 한민족사를 그 출발부터 중국사에 예속된 것으로 만들기 위해 중국이 날조한 것**에 지나지 않는다.[34]

치우천황을 삼조당에 모신 중국의 숨은 의도

2002년 겨울, 필자는 북경에 도착하여 짐도 풀지 않고 곧바로 탁록을 찾아 간 적이 있다. 중국 북경에서 만리장성의 팔달령八達嶺을 넘어 몇 시간을 달리면, 치우

---

33) 『상서대전』은 『상서』가 진시황의 분서갱유로 인해 소실된 후, BC 3세기 한 문제 때 『상서』에 정통했다는 복생伏生이 강의한 것을 기록한 책이다. 복생의 구술에 의존해 쓰여진 『상서대전』에는 한나라 이전에 만들어진 『상서』에는 등장하지 않는 '기자동래설'이 추가되어 있다.
34) 기자조선은 중국측 사서인 『상서대전』이나 『사기』 등에는 나오지만, 우리측의 사료에서는 그 흔적을 찾아볼 수 없다. 때문에 중국측이 BCE 108년 고조선(당시는 위만정권 시대로 위만의 손자인 우거가 다스리던 때)을 멸망시키고 나서 그 침략을 합리화하기 위해 조작한 것이 아닌가 하는 의혹이 제기된다(최용범, 『하룻밤에 읽는 한국사』, 29쪽).

천황과 헌원의 격전지였던 탁록이 나온다. 남채, 중채, 북채의 삼채로 된 치우채라는 성터가 있고, 그 맞은편에 황제헌원이 살았던 곳이라 하여 울타리를 두른 황제성이 있었다. 그 궁전 한쪽 구석에 면류관을 쓴 황제의 동상이 세워져 있는데, 저녁 해질 무렵 그 동상을 바라보면서 '당시 동북아 역사의 주도권자가 과연 중국 사서에서 주장하는 것처럼 헌원이었는지, 실제로 역사 현장을 밟아 보지 않고 어떻게 그것을 믿을 수 있겠는가' 라는 의문이 스쳐갔다.

탁록에는 중국의 위대한 세 조상을 모신 **삼조당**三祖堂이 있다. 그곳에는 한민족의 조상인 염제신농씨와 치우천황이, 중국 역사의 시조로 일컬어지는 황제헌원과 함께 모셔져 있다. 각기 높이가 무려 5.5미터나 되는 거대한 상像인데 황제헌원이 중앙에 앉고, 그 좌우에 두 분이 배치되어 있다. 중국인들은 오래 전부터 우리 배달겨레의 조상인 **태호복희씨와 염제신농씨**를 자기네 조상으로 모셨다. 그런데 삼조당을 지으면서 마침내 치우천황까지 자기네 조상으로 모신 것이다.

그러나 그곳 내부 벽화에는 **치우천황과 헌원이 맞서 싸우는 모습**을 묘사하였다. 이것은 정치적 의도에서 억지로 치우천황을 중국인의 조상으로 만들어 삼조당에 앉혔지만, 결코 **중국인들은 마음속으로 치우천황을 자신들의 조상으로 인정하지 않음**을 보여준다.[35]

중국은 원래 치우천황을 남방 묘족의 지도자로 간주하였다.[36] 그런데 왜 치우천황을 자기네 조상으로 끌고 간 것인가? 여기에는 무서운 음모가 숨어 있다. **치우천황을 중국의 조상으로 만들어야 그 옛날 치우천황이 다스린 강역을 중국 땅으로 만들 수 있기 때문**이다. 중국이 말하는 치우천황의 강역에는 오늘날 중국의 영토가 되어 버린 산동반도, 요동반도, 만주는 물론이고 한반도까지 포함된다.

삼조당을 지어 황제, 염제, 치우를 '중국 민족의 근본을 다진 인물'로 설정한 중

---

35) 이덕일, 『고조선은 대륙의 지배자였다』, 236쪽.
36) 국내 사학계도 치우천황을 우리 동이족과 전혀 무관한 인물로 보고 있다. 하지만 1940년대에 중국 쉬쉬성徐旭生 교수가 여러 근거를 들어 '치우는 동이족의 영수' 라고 주장한 바 있다. 쉬쉬성 교수가 내세운 근거는 이러하다. 첫째, 『사기정의』에 나오는 "공안국孔安國이 말하길 '구려의 임금 칭호가 치우이다' 라 하였다" 라는 구절이다. 구려족은 동이족의 다른 이름이다. 그러므로 치우는 한민족의 조상이다. 둘째, 치우가 제나라에서 팔신八神 중의 하나로 존숭되었다는 것이다(이것은 치우천황이 팔신 중 병주兵主임을 밝힌 『환단고기』와 상통한다). 산동 지역의 제나라 역시 동이족의 무대이다. 셋째, 『염철론鹽鐵論』「결화結和」편에 있는 "황제가 탁록 전투에서 양택을 죽였다" 라는 구절이다. 양택은 양호의 오류로 양호兩昊는 대호大昊와 소호小昊를 뜻하는데, 모두 동이족의 우두머리를 일컫는다(이덕일, 『고조선은 대륙의 지배자였다』, 238쪽).

국은 치우천황 후반기의 주 활동 무대였던 **탁록을 '중국 5천 년 문명사의 요람'**이자 **'중화민족의 주요 발상지 중의 하나'**로 내세우고 있다.

중국은 한민족의 조상을 삼조당에 모셔 자신들의 조상으로 만들더니, 이제 한민족의 고토인 탁록까지 중국의 시원 역사 무대로 만들었다. 중국 학자 쑤빙치蘇秉琦는 "백 년 전 중국의 모습을 보려면 상해로 가라. 그리고 천 년 전 중국 모습을 보려면 북경으로, 2천 년 전 중국 모습을 보려면 서안(장안)을 가 보라. 그러나 그대가 5천 년 전 중국 모습을 보고자 한다면 탁록으로 갈지어다"라고 주장한다.

조작된 태호복희 출신지

치우천황과 더불어 배달 시대의 또 다른 성인 제왕인 태호복희씨에 대해서는 중국이 어떤 평가를 하고 있는가?

복희씨는 5,600여 년 전에 **인간의 생활 문명을 크게 진작시킨 문명의 창시자**이다. 또한 팔괘를 처음 그린 분으로 **대한민국을 상징하는 태극기의 시조**이기도 하다. 이러한 복희씨를 모신 사당이 중국의 여러 곳에 있다.[37] 그 가운데 최근에 크게 증축한 **하남성 회양현의 복희묘**가 가장 규모가 크고 유명하다.

그런데 중국이 하남성 회양현에 있는 복희묘를 유독 부각시키는 데에는 목적이 있다. 복희씨가 대륙 서쪽 깊숙한 곳(현 감숙성 천수시의 구지산仇地山 근처)에서 태어나 중국의 중앙부인 하남성에 도읍을 정하고 그곳에서 돌아가셨다는 것을 말하려는 것이다.[38] 한마디로 복희씨가 대륙의 서쪽에서 동진하였다고 주장하려는 것이다. 하지만 『환단고기』에 의하면, 태호복희씨는 **배달의 신시**(지금의 백두산)**에서 태어나 지금의 산동성 미산현에 묻혔다.**[39] 복희씨는 대륙의 북쪽에서 아래로 남하하면서 동방 신교문명을 일으켰던 것이다. 결론적으로 중국이 회양현의 복희 사당을 내

---

37) 현재 중국에는 '천하제일묘'라 불리는 하남성 회양현 복희묘, 최초로 세워진 신락시 인조묘人祖墓, 산동성 미산현 복희묘, 하남성 맹진현의 용마부도사龍馬負圖寺(용마가 그림을 지고 나온 절), 감숙성 천수시의 복희묘, 괘태산 복희대, 서화현 구지애 등의 복희묘가 있다. 『환단고기』가 밝힌 산동성 미산현의 복희묘 규모가 가장 작고, 관리도 아주 허술하다.

38) 천수시를 복희씨의 탄생지로 말하는 최초의 문헌은 서진西晉 때 황보밀이 쓴 『제왕세기帝王世紀』이다. 이 책에서 복희씨가 자란 곳이라 말하는 성기成紀는 곧 지금의 천수시 지역이다. 1991년 쟝쩌민江澤民 주석이 천수를 시찰할 때 '희황고리羲皇故里'라는 글을 써 준 이후 천수가 복희씨의 고향이란 것이 사람들의 머릿속에 굳어졌다(상생방송STB, 〈역사 다큐멘터리〉, "태호복희", 2008.10.3).

39) 산동성에는 복희에 관한 많은 유적이 남아 있다. 또한 중국사서 『춘추좌씨전』에서도, 복희씨의 후손이 산동성 지역에 널리 퍼져서 활동한 기록을 볼 수 있다.

중국 하남성 회양현의 복희사당
궁궐을 연상케 하는 거대한 사당 정면에 '인문시조人文始祖'라 쓴 현판이 있다. 사당 안 복희상이 팔괘를 들고 있다. 천하제일묘라 불리는 이곳에서 열리는 복희 추모행사에는 백만인파가 몰린다고 한다.

세우는 것은, 복희씨의 출생지와 활동 지역을 날조하여, 중국 본토에서 태어나 평생 그곳에서 살다 간 완벽한 중국인으로 만들기 위한 것이다.

왜 복희씨를 완벽한 중국인으로 만들려고 하는지, 그에 대한 답을 우리는 고풍스럽게 장식한 회양현 사당의 정면에 걸린 현판 '**인문시조**人文始祖(인류 문명의 첫 조상)'에서 찾을 수 있다. **복희씨를 온 인류의 큰 조상으로 내세워, 복희씨의 후손인 현 중국을 전 세계 사람들의 어버이 나라로 만들려는 것이다.**

중국 정부는 동이족의 조상인 복희씨, 신농씨, 치우천황을 자기네 조상으로 모심으로써 '한족과 55개 소수 민족으로 구성된 다민족 국가인 중국에서 **소수민족의 조상들은 모두 중국의 조상**'이라는 억지 논리를 정당화시키려 한다. 하지만 이것은 문화적 열등감을 덮으려는 어리석은 행위이고, 남의 조상을 자기네 조상으로 삼는 환부역조換父易祖의 죄를 범하는 일이다.

세계 일등국을 꿈꾸는 중국의 역사 왜곡, '동북공정'

20세기에 들어서서 유물의 과학적 연대 측정이 가능해진 가운데, 뜻밖에도 중국의 동북 변방인 요하 지역에서 황하문명보다 더 오랜 홍산문화가 발견되었다. 중국은 홍산문화를 중국 문화로 편입시키기 위해서 '다민족 역사관'이라는 방안을 내놓았다. 그러나 다민족 역사관만으로는 중국의 시원 문제를 해결할 수 없었다.

그래서 중국은 자기네 역사의 시원을 더 오랜 옛날로 끌어올리기 위해 먼저 '하상주단대공정夏商周斷代工程'(중국 고대 하夏, 상商, 주周 시대의 연표年表를 정리하기 위한, 정부 주도의 정치적 연대학年代學 연구 사업)을 시행하여 중국 고대사에 공백으로 남아 있던 3대 왕조 하·상·주의 연대를 확정하였다.[40]

그 후 2003년부터는 신화시대로 알려진 삼황오제 시절을 실재한 왕조로 만드는 '중화고대문명탐원공정中華古代文明探源工程'을 진행하였다. 이 공정은 하상주단대공정보다 한 술 더 떠서, 중국 역사의 시발점을 1만 년 전으로 끌어 올려 중화 문명을 '세계 최고最古 문명'으로 만들기 위한 계책이다.

이 탐원공정의 일환으로 중국은 동방 문명의 주인공인 한민족의 북방 역사를 중국사에 편입시키려는 정치 공작을 벌였다. 그것이 바로 '동북공정東北工程'이다. 동북공정은 과거 2천여 년 동안 행한 동북아 역사 왜곡의 완결판이라 할 수 있다. 동북공정의 목적은 만주와 요동의 역사를 중국사로 편입시키는 것이다.

동북공정은 2007년에 공식 종료되었다. 하지만 중국은 역사 왜곡 작업을 끊임없이 계속하고 있다. 한경대 윤휘탁 교수는 중국이 행하는 역사왜곡에 대응하기 위하여 2012년 6월 국제고려학회가 주최한 학술대회에서 **"동북공정은 2007년 5월에 종료된 것이 아니라 새로운 패러다임으로 바뀌어 계속 추진되고 있다"**라고 지적하였다.[41] 한국 등 주변국의 반발을 의식해 동북공정의 주도 기관을 중앙정부 직속 연구기관인 중국사회과학원에서 동북 3성(길림성·요령성·흑룡강성)의 지방정부 산하 기관으로 바꿨을 뿐 역사 왜곡 작업은 계속 진행 중이라는 것이다. 실례로, 길림성은 기관지인 〈동북사지東北史地〉를 동북공정이 끝난 뒤에도 계속 간행하는데, 이 책에는 중국의 정책 방향에 따라 왜곡된 한국 고대사 관련 논문이 많이 실린다. 요령성은 2008년에 고구려연구중심이라는 조직을 설립하여 고구려사 연구를 오히려 강화하였다.

---

40) 2000년 9월에 하상주단대공정 사업을 완성한 중국은 하나라, 상나라, 주나라의 연대를 각각 BCE 2070~BCE 1600, BCE 1600~BCE 1046, BCE 1046~BCE 771년으로 확정하였다.
41) 윤휘탁, '백두산의 중국화와 우리의 대응방향', 『한중 관계와 한반도』(제8차 국제고려학회 서울지회 학술대회), 211쪽.

역사 왜곡의 범위도 기존의 고구려사와 발해(대진)사에서 **고조선사로 확대**하고 있다. 고조선사를 중국사에 편입시키기 위해 중국은 요하문명론을 내세운다.

우석대 조법종 교수는 요하문명론에 대해 '만주 일대의 고대 역사를 중국 역사에 편입하는 것을 기본 골격으로 하고 있다'고 하면서, '중국은 요하문명론을 바탕으로 하여 북방의 모든 소수민족은 황제헌원의 자손이라는 논리를 만들어내고 있다'고 분석하였다. 현재 중국은 요령성박물관에 요하문명전을 상설 전시하며 이 같은 논리를 지속적으로 전파하고 있다. 이 전시에 대해서도 조 교수는 '**중국은 비파형 청동검과 고인돌로 대표되는 한국의 청동기 문화를 중국 문명으로 바꾸어 전시하여 한국 고대 문화의 토대를 제거하는 만행을 저지르고 있다**'고 지적하였다.[42]

이렇게 중국이 만주와 요동의 역사를 중국사로 변조시키는 진정한 의도는 무엇인가? 그것은 남·북한의 통일에 대비하여 동북 3성에 대한 연고권을 주장할 근거를 미리 만들어 두겠다는 것이다. 한국이 통일되더라도 한국의 역사 무대를 한반도 안으로 한정시키고, 중국이 만주 일대의 확고한 주인이 되어[43] 동북아 전체의 맹주가 되고 더 나아가 미국을 앞지르는 세계 일등국으로 비상하려는 의도이다. 결론적으로 말하면 **동북공정은 중국 중심의 21세기를 만들려는 야심의 표현**인 것이다.

중국의 전 방위 역사 왜곡

최근 중국은, 한국 고대사의 발상지이자 한민족의 성산인 백두산을 '중국의 산'으로 만드는 작업도 대대적으로 전개하고 있다. 중국의 역대 왕조가 백두산을 관할해 왔기 때문에 백두산(장백산)이 중화문명권에 속한다는 '장백산 문화론'이 그것이다.

---

[42] 조법종, '요하문명론분석', 『한중 관계와 한반도』(제8차 국제고려학회 서울지회 학술대회), 191쪽 ; 〈중부일보〉, "고구려·발해사가 금·청나라 역사라니", 2012.7.8.

[43] 러시아의 민간 국방연구기관인 '정치군사 분석연구소(IMPA)'의 알렉산드로 흐람치힌 부소장은 러시아의 군사전문지 〈나치오날나야 아바로나〉 2011년 1월호에서 "제2의 한국전 발발 시 중국의 개입가능성은 그 어떤 경우에도 배제할 수 없다"라고 하면서 "이 때 중국군은 북한 점령을 시도할 것"이라고 말했다(〈조선일보〉, "제2의 한국전쟁 일어나면 중국군, 북한 점령 시도할것", 2012.7.8). 러시아 군사전문가의 이 소견에서도 중국의 만주와 한반도에 대한 야욕을 확인할 수 있다.

이 작업의 추진을 주도하는 길림성은 2001년부터 장백산문화연구회를 만들어 장백산 문화론을 확산시키고 있다. 2002년에는 백두산을 '중국의 10대 명산'으로 선정하여, 국내외 관광객에게 **백두산 역사를 중국의 역사로 주입**시키고 있다.[44] 한성대 정호섭 교수에 따르면, 중국은 백두산을 차지하여 고구려사와 발해사를 중국 역사로 굳힌 연후에 고구려와 발해를 북방 민족이 세운 금나라, 청나라와 연결시키려 한다.[45]

지금은 중국 역사의 본줄기로 공인을 받고 있는, 중원을 지배했던 금·청의 앞머리에 우리 역사를 갖다 붙이면, 우리 역사는 자연히 중국의 역사가 되고 만다. **백두산이 중국의 산이라는 인식이 보편화된다면, 한민족이 동북아에 세운 첫 나라인 배달의 근거지를 잃을 뿐만 아니라 고조선, 고구려, 대진 등에 이르기까지 만주 벌판을 호령하던 수천 년의 역사가 중국사에 편입당하고** 말 것이다.

장백산 문화론으로 역사를 왜곡하는 중국의 최종 목적에 대해 윤휘탁 교수는 '만주에 대한 한반도의 영향력을 차단하고, 남북통일 이후 백두산 인근에 대한 영유권을 주장하려는 것'이라고 밝힌다. 동북공정, 요하문명론 등과 마찬가지로 **장백산 문화론도 한민족의 안위와 미래를 위협하는 정치적 음모**인 것이다. 여기에 중국이 행하는 모든 역사 왜곡을 경계하고 응징해야 할 이유가 있다.

중국은 이러한 역사 왜곡 작업과 병행하여 우리 전통 문화까지 자기네 것으로 둔갑시킨다. 2006년부터 세 차례에 걸쳐 **아리랑, 판소리, 농악무 등 우리 민속 문화 열세 가지를 중국의 국가무형문화유산으로 등재**한 것이 그 예이다.[46] 동북공정이 역사 왜곡 공정이라면, 이러한 행위는 **문화재 탈취 공정**이라 할 만하다.

중국 정부와 학자들이 이렇게 우리 역사와 문화를 훔칠 때, 이 땅의 정치가와 역

---

44) 길림성에서는 '장백산은 중국 것'을 홍보하기 위해 장백산을 브랜드로 한 다양한 홍보활동을 전개하고 있다. 2008년 5월부터 '장백산의 노래'라는 공모전을 열어 다음해 9월 최종 심사를 마치고 시상을 했다. 2009년 4월 장백산 엠블럼 및 카피 응모행사를 벌여 2주간 약 5천여 점의 작품을 수집했다. 2010년 12월에는 길림성가무단이 만든 대형 뮤지컬 〈장백신운長白神韻〉을 상연했다(윤휘탁, '백두산의 중국화와 우리의 대응방향', 같은 책, 220쪽).

45) 정호섭, '동북공정 이후 중국의 고구려사 관련 동향과 전망', 『한중 관계와 한반도』(제8차 국제고려학회 서울지회 학술대회), 197쪽.

46) 2006년의 1차 등재에서는 농악무, 널뛰기, 그네뛰기를, 2008년의 2차 등재에서는 장고무, 학무 등의 춤과 회갑연, 전통 혼례, 전통 의복 등을 등재하였고, 올해 2012년 5월의 3차 등재에서는 아리랑 노래와 판소리, 가야금 연주 등을 추가 등재하였다(〈경향신문〉, "중국 문화유산에 아리랑 등 우리 문화 13건 등재", 2011.9.20).

사가는 대부분 수수방관하면서 침묵으로 일관하였다. 중국 현지를 찾은 몇몇 사학자가 중국의 파렴치한 행동을 고발하고 있으나, 그 외침은 광야에 울리는 빈 메아리에 그칠 뿐이다.

3) 일본이 저지른 역사 왜곡 : 왜독倭毒

임나일본부설

일본 역사의 진실을 아는 사람은 '일본사는 한민족의 이민사'라고 거침없이 주장한다. 이 주장과 같이, 여러 가지 이유로 고국을 떠나야 했던 한민족의 선조들은 바다를 건너 가서 일본 역사를 개척하였고, 고대 일본 사회의 지배층을 형성하였다. 특히 삼국 시대에 이르러 백제의 영향력은 절대적이어서 왜倭 조정은 백제의 분조分朝나 다름없었다.

하지만 백제가 망한 후(660), 왜는 '친정집'인 한반도와의 관계를 단절하는 작업에 착수하였다. 그리하여 종래에 사용하던 왜라는 나라 이름을 일본으로 고치고(670), 왜왕을 천황으로 부르기 시작하였다. 그리고 일본 역사를 자생自生 왕조사로 변색시킨 『고사기古事記』(712)와 『일본서기日本書紀』(720)를 편찬하였다. 일본은 첫 역사서에서 천황가를 백제와 무관한, 신대神代로부터 시작된 만세일계萬世一系[47]의 왕조로 조작하였다.

이때 일본은 자기네 역사를 자생 역사로 만드는 한편, 모국인 한민족의 역사를 오히려 식민지사로 변조하였다. '4세기 후반 신공황후가 한반도 남부 가야 지역의 소국들을 정벌하고 임나일본부任那日本府를 설치하여 2백 년 동안 다스렸다'는 **남선경영론**南鮮經營論을 주장한 것이다.[48]

8세기에 일본의 첫 역사서를 만들면서 가공한 남선경영론(임나일본부설)은 19세

---

[47] '일본 왕실이 만세 동안 한 계통으로 내려왔음'을 주장하는 '만세일계' 사상은 일본 황국사관의 핵심이다. 이것은 그 후 메이지 유신 때 '막부 대신 천황을 국가의 정점으로 옹립'하는 존황주의尊皇主義의 뿌리가 되었다.

[48] 일본 학자 요시노 마코토는 일본이 임나일본부설을 만들어 낸 속사정에 대해 이렇게 말한다. "『일본서기』가 천황통치를 정통화하기 위한 역사서였다는 점은 두말할 필요도 없다. 한국과 관련한 신공황후의 삼한정벌과 임나일본부 이야기는 단순한 일화가 아니라 『일본서기』의 편찬 의도와 관계가 있다. 천황이 천황이기 위해서는 한반도의 국가들을 복속시킨 역사가 절대적으로 필요했던 것이다"(요시노 마코토 저, 한철호 역, 『동아시아 속의 한일 2천년사』, 114쪽).

기 말 일본의 조선침략 명분으로 다시 악용되었다. 과거에 자기네 조상이 한반도로 진출하여 지배하였으니, 근대 일본이 한반도를 식민지로 삼는 것은 침략이 아니라 옛 땅을 회복하는 일이라 하였다. 이때 일본은 이른바 남선경영을 뒷받침할 사료의 빈곤을 해결하기 위해 만주의 광개토대왕비에 새겨진 비문까지 위조하였다. 일본에게 불리한 글자를 깨부수거나 석회를 발라 비문의 내용을 바꾸어 버린 것이다. 그런 다음 비문을 해독하여 임나일본부설을 공식화하고, 고구려·백제·신라·가야의 역사를 모두 일본의 식민지사로 전락시켰다.[49]

일제의 식민주의사관

일제가 조선을 침략하던 시기는 제국주의가 세계적으로 급속하게 팽창하던 때였다. 제국주의 열강은 진보라는 미명 아래, 문명이 발전한 나라나 민족이 그렇지 못한 다른 나라를 문화, 정치, 경제적으로 식민지로 삼아 지배하는 것이 정당하다고 믿고 있었다. 일본도 이 영향을 받아 아시아를 식민 지배하려는 생각으로 가득 차 있었다.

일제가 한국사를 왜곡한 배경에는 식민사관이 있다. 그런데 이 **식민사관은 황국사관**皇國史觀**을 배경**으로 하여 만들어졌다. 황국사관은 『고사기』, 『일본서기』의 신화에서 그 뿌리를 찾을 수 있다. **황국사관은 고대 한국의 왕을 일본 왕의 후손으로 왜곡하고, 고대 한국은 일본에게 정복 또는 지배를 당했다는 식으로 역사를 왜곡**한다. 한민족이 일본에 건너 가서 역사를 다 만들어 주었고, 백제가 망한 뒤에 '일본'이란 국명이 나타났는데도, 일본은 한반도와 전혀 관계없이 일본 왕 중심의 만세일통의 조작된 자국 역사를 만들어 낸 것이다. 이 **황국사관은 정한론**征韓論**의 사상적 배경**이 되었고 19세기 후반 메이지 유신 후에 **한국과 만주의 지배를 합리화하기 위해 식민사관**으로 드러났다.

식민사관은 일제 관학자들이 한국사의 부정적인 면을 강조하면서 조선 침략과 지배를 정당화하려 한 역사관으로, 한말에 이미 태동하고 있던 만선사관滿鮮史

---

[49] 문제는 임나일본부설이 일본뿐만 아니라 다른 나라에서도 역사의 진실로 통용되고 있다는 것이다. 그 대표적 나라가 미국이다. 미국 프렌티스 홀에서 간행한 『세계 문화World Cultures』(2004)에 "BCE 400년경, 일본은 몇 개의 씨족들이 연합해 야마토라고 불리는 구역에 정착했다. 그들은 일본의 대부분을 통일하고 한국 남부의 작은 지역을 통치하기까지 했다"라는 서술이 보인다(이길상, 같은 책, 47쪽).

觀[50]에 기초한 **일선동조론**日鮮同祖論·**타율성론**·**정체성론**을 주장하는 사관이다.

일선동조론은 메이지 유신 이래 일본 교과서 등에서 강조한 사상으로 한일 양국이 동일한 조상의 근원을 가진 민족이라는 주장이다. 때문에 한국강점 전후 시기에 식민지 지배를 정당화하고 한민족의 감정적 친화력에 호소하기 위한 이론적 수단으로 활용되었다.

타율성론은 한국사가 자율적으로 발전하지 못하고 항상 주변 강대국의 영향 아래 역사가 전개되어 왔다는 주장이다. 곧 한반도의 역사는 외세의 부단한 침략과 영향에 의해 타율적으로 전개되었기 때문에 자주적 역사를 형성할 수 없었고, 역사적으로 자율적 독립의지가 결여되어 있다는 것이다. 따라서 일본의 식민지 지배를 받음으로써 비로소 타율성에서 탈피할 수 있었다고 주장하는 것이다. 마지막으로 정체성론은 한국사의 단계적 발전을 부정하고 한국사를 정체와 낙후를 거듭한 역사로 파악한다.

이러한 **식민주의 사관**이 주장하는 바를 요약하면 다음과 같다. 첫째, 단군성조가 고조선을 건국한 사실을 부정하고, **한국사는 첫 장부터 식민 국가로 출발했다**고 강조하였다. 둘째, **한반도의 상고 시대 문화를 묵살**하고, 고대 국가로서의 출발을 의식적으로 낮추어 잡는 등 한국 고대사의 상한선을 가능한 선까지 끌어내렸다. 셋째, **고대 한일관계사에서 한국의 영향을 일체 묵살**하였다. 넷째, 삼국 시대 → 대진·신라 시대 → 고려 시대 → 조선 시대로 이어진 한국사를 단순히 왕조 교체에 불과한 것으로 규정하여 한국사를 사회발전이 결여된 정체의 역사로 설정하였다. 다섯째, 한국은 사대주의로 말미암아 독자적이고 창의성이 깃든 문화를 이룩할 수 없었고 따라서 모방성과 외래성이 한국문화의 특성을 이룬다고 강조하였다. 마지막으로 한국사에서 외세의 침략을 강조하는 한국사의 어둡고 수치스러운 부정적 성격을 크게 부각시켰다.

이런 식민사관을 바탕으로 일제는 **조선의 역사를 날조, 말살하는 흉계를** 하나씩 진행해 나갔다.

---

[50] 만선사관은 중국이 만주에 대해 영토상의 주권을 행사하지 못하도록 역사적 논거를 제시하기 위해 만들어 낸 것으로, 중국사에서 분리시킨 만주사를 한국사와 한 체계 속에 묶어 일본의 만주지배를 합리화하면서 한국사의 독자적 영역을 부정한 역사관이다. 이러한 만선사관을 주장한 대표적 학자는 이나바 이와키치稻葉岩吉, 나이토 코지로우內藤虎次郎, 이케우찌 히로시池內宏, 시라토리 구라키치白鳥庫吉 등이다.

조선사 말살 작전

한국을 강탈한 일제의 고민은 우리 민족이 일본보다 더 오랜 역사를 가진 문화민족이라는 사실이었다. 총칼로 잠시 지배할 수는 있겠지만 영원히 식민지로 만들기에는 조선의 문화적 저력이 너무 컸던 것이다. 이에 일본은 조선 민족을 완전히 일본에 동화시키고자 가장 먼저 조선 상고사 말살 작전을 펼쳤다.[51]

일제강점기 초대 총독 데라우치 마사타케寺內正毅(1852~1919)는 **"조선인들에게 일본혼을 심어 주어야 한다.** 그렇지 않고 그들의 민족적 반항심이 타오르게 된다면 큰일이므로 영구적이고 근본적인 사업이 시급하다. 이것이 곧 조선인들의 심리 연구이며 역사 연구이다"라고 하여 조선사 편찬의 필요성을 강조했다.

일제는 조선사를 말살하기 위해 '**조선사편수회**'를 만들었다. 조선사 편수 사업은 경술국치 이전인 1906년부터 시작된 '조선 구관제도 조사사업朝鮮舊慣制度調査事業'에서 기원한다. 일제는 조선 강점 이전부터 이미 한국사 말살을 기획하고 있었던 것이다. 이 사업은 1910년 국권 강탈 후 조선을 통치하는 법령 제정과 형벌을 관장하는 가장 악질적인 기관인 취조국으로 이관되었다.

취조국은 조선의 관습과 제도를 조사한다는 미명 하에 헌병과 헌병 보조원을 앞세워, 1910년 11월부터 약 14개월 동안 조선 강토 구석구석을 뒤져 역사서를 포함한 **20여 만 권의 각종 도서를 수거**[52] **하여 대부분 불살라 버렸다.**[53] 그러면서도 조선사를 왜곡하는 데 무리가 없거나 식민화에 도움이 될 만한 사서는 그대로 남겨 두었다. 역사서 수거는 그 후 『조선사』 편찬이 마무리될 때까지 지속적으로 이루어졌다.[54]

---

51) 서희건, 『잃어버린 역사를 찾아서』 1권, 20쪽.
52) 사서를 수거·소각한 데 이어 일본은 철저한 금서 정책을 폈다. 조선의 역사책, 전기, 족보, 만세력 등을 금지하여 민족 사상을 말살코자 했고, 조선의 인문, 지리, 풍습에 관한 책을 금지하여 전통문화를 말살코자 했고, 독립운동사를 기록한 외국 역사책을 금지하여 독립정신을 저해코자 했고, 무궁화나 태극기에 관한 책을 금지하여 민족혼을 일깨우지 못하도록 하였고, 민주주의와 사회주의 사상에 관한 책을 금하였고, 농민운동, 청년운동, 여성운동, 야학운동 등을 다룬 책을 금하였다(김삼웅, 『일제는 조선을 얼마나 망쳤을까』, 232~233쪽).
53) 이때 한민족 상고사에 관한 주요 서적을 일본의 황실 도서관으로 옮겨 비장한 사실이 그곳에서 1933년부터 12년 동안 근무한 박창화(1889~1962)의 증언으로 공개된 바 있다(KBS 1TV, 〈역사스페셜〉 "추적, 화랑세기 필사본의 미스터리", 1999.7.10).
54) 강점 직후 일제는 우선 '약 51종 20여 만 권'을 탈취하였다. 이어서 한국 측 자료 164종, 일본 측 자료 100종, 중국 측 자료 560종 그리고 서양 측 자료 60종을 수거하였다. 그리고 사이토齋藤實 총독과 정무총감이 '조선에 관한 모든 자료를 집대성 할 것을 명령하여 1938년까지 일본·만주 지역에

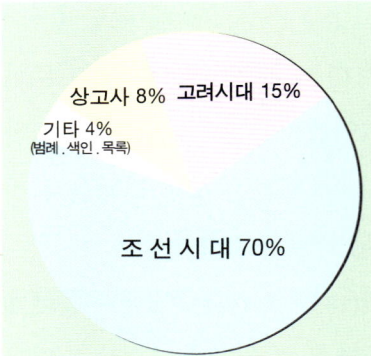

『조선사』 37권 내용 분석표

당시 조선사편수회는 전체 37권 중에서 조선의 상고사 관련 내용이 겨우 8%밖에 안 되는 것을 두고 사료부족이라고 변명하였다. 그러나 실제 이유는 우리의 뿌리 역사를 말살하기 위한 목적에 부합되는 자료만 선별하여 넣었기 때문이다. 『조선사』 편찬에 소요된 경비가 100여만 원(당시 쌀 한 가마 값이 10원)에 달하였다는 사실에서 일제가 한민족사 왜곡 작업에 얼마나 큰 공을 들였는지 알 수 있다(도표 출처 : 임승국, 『사림史林』, 198쪽).

일제는 1915년에 이 사업을 이완용, 권중현 등 부일附日 역적을 앉혀 놓은 중추원으로 이관하고, **1916년에는 중추원 산하에 '조선반도사편찬위원회'**를 발족시켜 한민족의 혼을 말살하기 위한 역사서 편찬을 시작하였다.

1919년 3.1운동 후 일제는 조선 통치 방향을 무단정치에서 문화정치로 바꾸었다. 조선총독부는 중추원 산하에 있던 역사편찬 업무를 조선총독부 직속 **'조선사편찬위원회'**(1922)로 이관하고 식민통치를 합리화할 역사서 편찬을 본격화하였다. 그러나 조선인 학자들이 외면하여 활동이 미진하자, 일왕의 칙령으로 **조선사편수회**(1925)로 개편하고 조선총독부 직할 독립 관청으로 승격시켰다. 조선사 말살 정책이 **조선총독부 문화정치의 핵심 사업**이었기 때문이다.

일제는 조선사편수회에 총독과 맞먹는 권력을 가진 정무총감이 위원장을 겸임하고 실무자의 관직을 높이는 등 상당한 대우를 했다. 친일파 중에서 이완용, 권중현, 박영효, 이윤용 등을 고문으로 앉히고 핫토리 우노키치服部宇之吉, 구로이타 가쓰미黑板勝美, 하야미 히로시速水滉 등 일본인 거물과 학자를 위촉했다. 조선사편수회는 단순히 역사서를 편찬하는 것이 아니라 정치적 목적으로 조직되었던 것이다.

당시 일본학계에서는 도쿄제국대학東京帝國大學 교수이던 **구로이타 가쓰미**黑板勝美가 조선사 왜곡 작업을 총괄했다. 만선사관滿鮮史觀의 대표자인 **이나바 이와키치**稻葉岩吉가 간사로 조선사편수회의 편찬 업무를 실질적으로 주관했고, 후일 경성제국대에서 조선사를 강의한 **이마니시 류**今西龍가 합류했다. 이들이 **조선사편수회를 이끈 3인방**[55]이다.

서 사료 4,950권, 사진 4,510매, 기타 문서 453점 등을 수거하였고, 대마도에서 서류와 고문서 67,469매, 고기록 3,576매 등을 수집하였다.
55) KBS 1TV, 〈역사스페셜〉, "일왕의 명령, 조선사편수회를 조직하라", 2006.6.29.

이렇게 조직을 재정비한 후 사이토 총독은 경무국을 동원해 위협, 공갈, 매수 등 수단과 방법을 가리지 않고 조선인 사학자들을 포섭하였다. 일본의 포섭으로 참여한 사학자는 **이능화, 이병도, 신석호, 최남선** 등이었다. 비록 조선사편수회에 한국인이 들어갔지만 그것은 구색 맞추기에 지나지 않았다. 의견이 대립할 때는 일본 역사학자의 의견이 관철되었다.

조선사편수회는 16년 동안 무려 100만 엔에 이르는 거액의 사업비를 투자하여 일제강점기 조선총독부 최대의 프로젝트를 진행하였다. 그 결과 1932년부터 1938년까지 식민주의 사관으로 저술한 여러 사서를 간행하였다.[56] 그 중 일제가 **가장 역점을 두고 편찬한 책**이 바로 『조선사』이다. 『조선사』는 조선 역사와 관련된 중국, 일본, 조선의 사료를 시대별로 모은 **총 37권**(본문 35권, 목록 1권, 색인 1권), 2만 4천 쪽에 이르는 방대한 사료집으로 '**일본인의 손에 의해 일본어로 정리된 조선의 역사서**'이다.

일제는 이 책을 편찬할 때 일제 식민통치에 유리한 사료는 많이 넣고 불리한 것은 의도적으로 넣지 않았다.[57] 그런데 그 사료조차도 85%가 이 땅의 마지막 왕조인 조선과 고려에 관한 것이고 **겨우 8%만 상고사와 관련되는 자료**였다. 일제가 『조선사』를 편찬하면서 가장 중점을 둔 부분은 바로 단군 관련 기록 삭제,[58] 한국과 일본은 같은 조상을 뿌리로 한다는 동조동근론同祖同根論 구축, 조선인은 열등하고 일본인은 우수하다는 인식을 갖게 하는 것 등이었다.[59] 『조선사』 간행은 민족 정체성을 뿌리 뽑아 **한민족을 일본 왕의 충실한 신민으로 전락시키려는 황국신민화 정책의 일환**이었던 것이다.

그리고 일제는 식민통치 25주년을 기념하여 『조선사의 길잡이』라는 대중용 해

---

56) 『조선사의 길잡이』, 『조선사료집진朝鮮史料集眞』 3권, 『조선사료총간朝鮮史料叢刊』 21종, 『조선사』 등을 간행하였다.
57) 한국사의 본질적인 문제나 민족문제 그리고 그들에게 불리한 것은 수록하지 않았다. 청일전쟁 이후의 그들의 침략사는 아예 다루지 않았다(김용섭, 『역사의 오솔길을 가면서』, 511쪽).
58) 『제왕운기』, 『세종실록지리지』, 『응제시주』와 조선 초기 문헌에 나타나는 단군 관련 사료는 하나도 수록하지 않았다. '조선반도사' 및 『조선사』 편찬 요지는 '공명정확한 사서를 새로 써서 조선인에 대한 동화의 목적을 달성하자는 것'으로 '한국의 식민화와 한민족의 동화'를 목적으로 했고, 그 방법으로 '역사는 사실의 기록'임을 강조하면서 사화史話, 사설史說 등은 일체 무시하고 오로지 기록에 있는 '사료史料'에만 의존한다는 원칙을 세워 '단군성조'의 역사성을 연대가 불분명하다는 이유로 부정하고 한국사의 시원 문제를 제외시켰다.
59) 김삼웅, 『한국사를 뒤흔든 위서』, 225쪽.

설서를 펴냈다. 이 책에서는 **기자조선과 위만조선을 주장하는 반면 단군조선을 완전히 지워 버렸다.** 한민족의 실질적인 역사는 '한나라가 설치한 한사군에서 시작된 것'이라 강변한 것이다(한사군의 실체에 대한 구체적 내용은 후술). 그리고 한민족은 고대로부터 식민지 백성으로 살아온 타율적이고 사대주의적인 역사를 가진 민족으로, 일제 통치 하에서 처음으로 행복한 발전을 이루었다고 하였다. 이렇게 조작된 역사서와 역사 내용이 전국 각 기관에 배포되고 각 학교에서 조직적으로 교육되었다. 조선사편수회의 이런 역사 말살 작업에 대해 당시 언론은 "**우리의 역사를 일제의 손에 내어 주는 것으로 최후의 정신적 파산이다**"라고 한탄했다.[60]

일제는 한민족의 정신을 파탄내려 했을 뿐 아니라 '실증과 근거가 있어야 사실의 역사'라는 실증사학 논리를 표방하면서도 오히려 귀중한 유물을 파괴하고 약탈했다. 신라 시대 대표적 호국 사찰인 사천왕사의 금당 터와 강당 터 사이를 관통하도록 철길을 만들어 사천왕사 원형을 알 수 없게 만들고, 문무왕 화장터로 알려진 능지탑은 상단부를 뜯어서 철도공사 기초로 사용했다. 임나일본부설의 근거를 찾으려고 대가야 유적인 고령 지산동 고분을 무더기로 파헤쳐 트럭 2~3대 이상이나 되는 유물을 모조리 쓸어갔다. 우리 역사 상한을 '금석병용기(청동기와 석기가 병용되던 시대)'라 강변하면서 그 이전 유물에 대해서는 발굴과 연구 자체를 금지시킨 것이다.[61]

우리의 지난 역사를 우리 손으로 직접 쓰지 못하고 침략자 일본이 마음대로 썼다는 것은 한민족 근대사의 큰 비극이 아닐 수 없다. 그런데 **더 큰 비극은 일제가 왜곡하고 날조한 거짓 역사서가 아직도 한국 사학계에서 한국사의 주요 사료로 활개를 치고 있다**는 사실이다. 이것만으로도 일제의 잔재가 독버섯처럼 끈질기게 살아남아 있음을 다시 한 번 확인하게 된다.

한국사 국통 말살의 결정타, '석유환인昔有桓因'

일본이 조선의 뿌리 역사를 제거하기 위해 만든 기관인 조선사편수회에서 조선사 왜곡에 그 누구보다 앞장선 사람은 **이마니시 류今西龍**이다.『조선사』편찬의 중심인물이기도 한 이마니시는 일제가 강탈한 조선사 문헌을 총체적으로 연구한 끝

---

60) 〈동아일보〉, "아사인수我史人修의 애衷 (하), 최후의 정신적 파산", 1925.10.22.
61) KBS 1TV, 〈역사스페셜〉, "일왕의 명령, 조선사편수회를 조직하라", 2006.6.29.

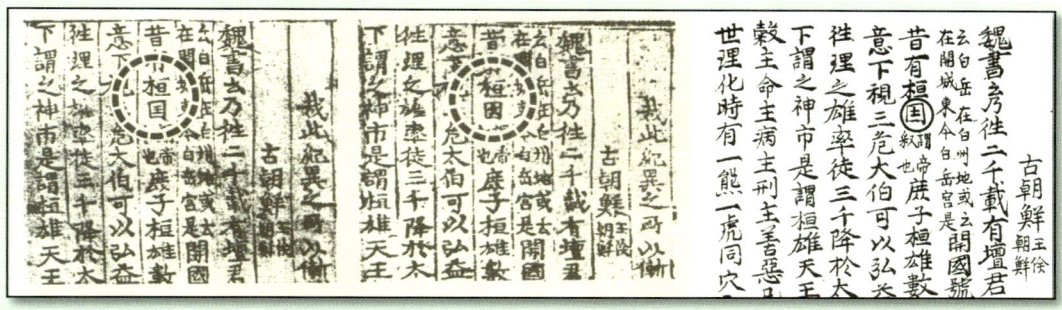

『삼국유사』 판본 비교_왼쪽『삼국유사』는 조선 중종 때 간행한 임신본(壬申本, 명나라 황제의 연호인 정덕正德을 따서 정덕본이라고도 함), 중앙은 이마니시 류가 변조하여 세간에 퍼뜨린 경도제대 영인본, 오른쪽은 석남 송석하 소장『삼국유사』필사본이다. 학계에서는 송석하 소장 필사본을 임신본 이전의 고판본으로 추정한다. 일부 학자들(이도학, 김상현 등)은 오른쪽 고판본에 표기된 '囯' 자(지금의 옥편에는 없는 한자)를 근거로 원래 '桓國(桓国)' 이 아니라 기존의 통설대로 桓因이었다고 주장한다. 그러나 임신본 목판본을 인쇄할 당대까지 '囯' 자는 '国' 자와 통용되고 있었기 때문에 간행과정에서 '囯' 자로 판각한 것이 분명하며, '因' 자가 아니라는 사실이 뚜렷이 입증된다(사진 출처: 성삼제,『고조선 사라진 역사』).

좌) 이마니시 류今西龍

에 **조선의 시원 역사를 말살할 결정적 작품**을 만들었다.

다름 아니라『삼국유사』「고조선기」에 나오는 '**석유환국**昔有桓国' 을 '**석유환인**昔有桓因' 으로 뜯어고친 것이다. 이로써 '옛적에 환국이 있었다' 는 인류 창세사의 **건국 이야기**를 '옛적에 환인이 있었다' 는 한낱 인물사로 바꾸어 버렸다. 국国을 인因으로, 글자 하나를 변조함으로써 **한민족 상고사의 첫 나라인 환국을 통째로 지워 버린 것**이다.

이마니시는 석유환국의 '국国' 자를 깨뜨림으로써 환국에서 뻗어 나간 배달과 고조선도 잘라내는 일거양득의 효과를 얻게 되었다. 환국의 역사를 부정하면서, 마지막 환인천제로부터 천명을 받아 백두산에서 동방 한민족사를 처음 개척한 환웅도 신화의 인물로, 환웅의 신시개천을 계승한 고조선의 건국자 단군도 허구의 인물로 부정해 버린 것이다. 이로써 **한민족의 7천 년 상고사가 송두리째 뿌리 뽑혀 버렸다.**

이마니시가 활동하던 당시 일본이 수거한 20여 만 권의 조선 서적 중에는 계연수가 편찬한『환단고기』초간본도 포함되어 있었을 것이다. 이 책을 검토한 이마니시는 조선의 장구한 고대사에 크나큰 충격을 받고, **환국-배달-고조선을 말살할 방법을 모색**하게 되었다. 그 후 **십여 년**(1911~1926)**의 연구 끝에 환단의 역사를 '한꺼번에' 말살할 수 있는 회심작**으로 마침내 '석유환인'을 만들어 낸 것이다.

그렇다면 이마니시는 무엇을 근거로 석유환인을 주장한 것일까? 그 답을 그의 논문 '단군고檀君考'[62]에서 찾아볼 수 있다.

> 환인桓因의 인因자는 간본刊本문자가 와왜訛歪되어 국國 자에 가깝기 때문에 동경대학 간본刊本에서는 환국桓國이라고 하고 있어서 이 또한 일부 사람들이 이용하고 있다. 단군전설에 있는 '제석천환인帝釋天桓因'을 제거시키고 환국이 바르다고 칭하고 있는 것이다. '제석帝釋이라는 주注'에 의하면 이를 환국桓國으로 개정할 수 없다.[63]

이와 같이 이마니시는 1904년 동경대에서 인쇄한 『삼국유사』에 적힌 '석유환국'을 잘못된 기록으로 부정하고, 일연이 그 구절에 붙인 "제석을 이른다(謂帝釋也)"라는 주석에 따라 석유환국을 석유환인으로 해야 한다고 주장한 것이다.

제석은 제석천환인의 줄임말로 인드라Indra라는 인도 신령을 일컫는다. 이마니시는 승려 일연이 환국의 환인桓仁천제를 불교의 신, 환인桓因과 동일시한 것을 이용하여 **환국을 신화의 역사로 전락**시켰다. 일연을 내세워 한민족 시원 역사 부정의 근거를 세운 것이다.

이마니시는 '석유환인'이라 새겨진 『삼국유사』「경도제대 영인본」을 1926년에 세상에 출시하였다. 모교인 동경대에서 펴낸 『삼국유사』에 석유환국으로 표기된 것이 이마니시에게 큰 부담이었기 때문에 아예 원본을 고쳐 그 영인본을 배포한 것이다.[64]

일본에서는 일찍이 『일본서기』를 지어 1,300년의 자국 역사를 2,600년으로 늘렸지만, 조선 역사는 여전히 일본보다 장구하였다. 하지만 **이마니시가 환국-배달-고조선의 삼성조 역사를 신화로 만들어 버림으로써 조선 역사는 불과 2,200년**

---

[62] '단군고'는 총 11편으로 구성된 이마니시의 논문집 『조선고사의 연구』에 첫째 논문으로 수록되어 있다. 나머지 10편은 '기자조선전설고箕子朝鮮傳說考', '열수고洌水考', '진번군고眞番郡考', '백납본사기百衲本史記의 조선전朝鮮傳에 대하여', '대동강大同江 남쪽의 고분과 낙랑왕씨와의 관계', '가라강역고加羅疆域考', '기문반파고고汶伴跂考', '고구려오족오부고高句麗五族五部考', '광개토경호태왕릉비廣開土境好太王陵碑에 대해', '주몽전설과 노달치老獺稚전설' 등이다.
[63] 신종원, 『일본인들의 단군 연구』, 53쪽.
[64] 성삼제, 『고조선 사라진 역사』, 177쪽.

으로[65] 대폭 축소되는 결과를 낳게 되었다.

석유환인에 대한 역사적 진실을 밝혀 주는 유일한 사서가 바로 『환단고기』이다. 『삼성기』 하에 적혀 있는 '석유환국' 뿐 아니라, 『삼성기』 상의 "오환건국吾桓建國이 최고最古라"라는 기록이 그 진실을 말하고 있다. 학계에서는 앞으로 환국을 심층적으로 연구하여 환국 역사의 진실을 제대로 밝혀야 할 것이다.

『삼국사기』 초기 기록 불신론

일본은 환국·배달·고조선뿐 아니라 고구려·백제·신라의 삼국 시대 역사도 축소하였다. 『삼국사기』에 따르면 신라는 BCE 57년, 고구려는 BCE 37년, 백제는 BCE 18년에 건국되었다. 그런데 일본은 『삼국사기』의 상대上代 기록을 역사적 사실로 인정하지 않을 뿐만 아니라 **삼국 시대 초기 왕들의 존재도 부정**하였다. 삼국의 초기 왕을 모두 누락시키고 고구려는 6세 태조왕, 백제는 8세 고이왕, 신라는 17세 내물왕부터 그 이름을 거론하였다.

일본은 왜 『삼국사기』에 기록된 삼국 시대 초기 역사를 부정하여 이른바 **『삼국사기』 초기 기록 불신론**'을 조장했을까? 이보다 앞서 일본은 '4세기에 일본이 한반도 남부를 지배했다'는 임나일본부설을 조작하였다. 그런데 『삼국사기』 초기 기록을 인정하게 되면 4세기 이전에도 한반도에 강력한 왕권이 있었고 4세기의 임나일본부는 설 자리를 잃게 된다. 때문에 조선사편수회의 쓰다 소우키치津田左右吉는 『삼국사기』에 임나일본부가 나오지 않는다는 이유[66]로 『삼국사기』의 기록을 믿을 수 없다고 주장했다.

『삼국사기』 초기 기록을 부정한 빈자리에는 『삼국지』 「동이전」의 기록을 끌어들였다. 『삼국지』 「동이전」에는 그때 한반도 남부에 마한, 변한, 진한의 78개 소국이 있었다고 되어 있다. 그렇게 되면 한반도 남부의 힘없는 소국을 지배할 임나일본부가 들어설 자리가 생기게 된다. 그러나 『삼국지』 「동이전」은 대부분 BCE 2

---

[65] 석유환국을 석유환인으로 조작하여 환국-배달-고조선을 없었던 역사로 만든 일본은, 한민족사의 출발점을 BCE 194년 위만이 세웠다는 위만조선으로 설정하였다.

[66] "(『삼국사기』에는) 4세기 후반부터 5세기에 걸쳐 '우리나라(일본)가 가야를 근거로 신라에 당도했다'라는 명백한 사건이 거의 나타나지 않는다", "『삼국사기』 「신라본기」 상대上代에 보이는 외국관계나 영토에 관한 기사는 모두 사실이 아닌 것으로 이해된다"(쓰다 소우키치, '삼국사기 신라본기에 대하여(三國史記の新羅本紀について)', 『고사기 및 일본서기 연구(古事記及び日本書紀の研究)』, 1919).

세기 때의 역사를 기록한 책이고, 그 저자인 진수陳壽가 부정확한 사료와 전해들은 이야기를 바탕으로 기록하였으므로 신빙성이 떨어지는 사료라는 것이 학계의 정설이다.

그런데 『삼국사기』 초기 기록 불신론이 야기한 더욱 심각한 문제가 있다. 그것은 일제가 심어 놓은 이 낭설이 한국의 주류 사학계에 그대로 관철되고 있다는 것이다. 제6차 교육과정까지의 국사 교과서는 부록 '역대 왕조 계보'에서 삼국 초기 국왕들의 재위 연대를 적지 않았다. 고구려는 6세 태조왕부터 재위 연대를 기록했고, 백제는 8세 고이왕부터, 신라는 제17세 내물왕부터 재위 연대를 기록하였다. 제7차 교육과정부터는 각 왕조의 1세 왕부터 연대가 기록되었는데, 이것도 역사학자들이 인정해서 기록한 것이 아니라 한일역사공동연구회에 참여한 교육부 관료들이 강력히 주장하여 마지못해 넣은 것이다. 그러나 본문에서는 여전히 초기 왕들의 행적이 서술되지 않아 사실상 삼국 시대 초기 역사는 지금도 계속하여 부정당하고 있는 것이 우리의 현실이다.[67]

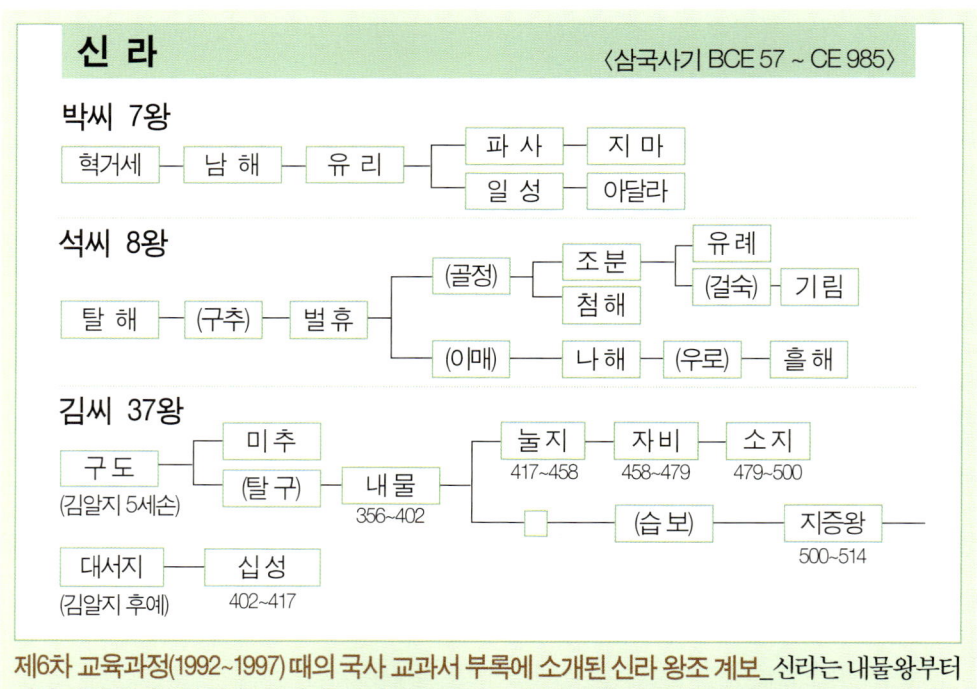

제6차 교육과정(1992~1997) 때의 국사 교과서 부록에 소개된 신라 왕조 계보_ 신라는 내물왕부터 재위 연대를 기록하였다. 사실상 그 이전의 신라 역사를 부정하고 내물왕 때 비로소 신라가 세워졌다고 주장하는 것이다.

---

67) 〈한겨레신문〉, "이덕일 주류 역사학계를 쏘다, 삼국사기 초기 기록은 조작되었나", 2009.6.17.

일본이 키운 이병도와 그 후예

근대적 역사 서술과 조선사 편찬이라는 허울 좋은 구실로 우리 고대사를 삭제한 일제는 도처에 식민사관의 독버섯을 심어 놓고 물러갔다. 그 치명적 독버섯 중의 하나가 일제의 하수인 노릇을 했던 이병도李丙燾이다.

이병도는 서인과 노론의 대표적 가문의 하나인 우봉 이씨牛峰李氏의 후예로 태어났다. 보광학교와 일본인이 운영하던 불교 고등학교를 다녔고 보성전문학교 법과에 입학한 후 와세다대학 '사학 및 사회학과'를 졸업한 국내 최초의 대학 출신 역사학자이다. 일본 유학은 이병도의 역사관 정립에 결정적 영향을 미쳤다.

이병도에게 영향을 준 일본 학자는 요시다 도고吉田東伍, 쓰다 소우키치津田左右吉, 이케우치 히로시池內宏이다. 이병도는 자신의 생애에 '가장 영향력을 많이 준 사람'으로 요시다를 꼽았다. 이병도가 서양사를 전공하려다가 한국사로 방향을 바꾼 계기는 바로 요시다가 쓴 『일한고사단日韓古史斷』이었다. 요시다는 일본이 조선 국권 강탈 이전부터 식민사학을 준비하는 데 절대적인 구실을 한 인물(68)이다.

이병도는 요시다 후임으로 온 쓰다 소우키치 밑에서 강의를 들으면서 국사를 연구해 보겠다는 뜻을 굳히고, 쓰다의 지도 아래 역사 연구 훈련을 받았다. 그리고 쓰다의 소개로 동경제국대학 교수 이케우치 히로시를 만나 사적인 지도를 받았다.

동경제국대학 사학과는 실증사학을 창시한 랑케의 제자 리스L.Riess를 초빙하여 창설한 학과이다. 그래서 자연스럽게 실

쓰다 소우키치(1873~1961)
일제의 식민사학 이론을 만들어 낸 중심 인물. 한국 강단사학계의 태두인 이병도가 와세다대에 유학할 때 가르침을 받은 스승이다.

이병도(1896~1989)
식민사학의 꼭두각시가 되어 환국, 배달, 고조선 시대의 실존을 부정하던 이병도는 죽기 얼마 전, "단군은 신화 아닌 우리 국조"(《조선일보》, 1986.10.9)라고 민족 앞에 고백하였다. 와세다 대학 동창생인 최태영이 3년간 설득한 결과였다. 1989년에 두 사람이 『한국상고사 입문』을 공저하였으나 공개 강연회를 며칠 앞두고 사망하였다.

---

(68) 이병도와 그의 선후배 한국 유학생들은 요시다에게, '일본이 한국을 동화시키려고 하는데 과연 그렇게 될지' 질문을 했다고 한다. 이에 대해 요시다는 "단시일엔 안 된다. 그러나 앞으로 50년만 이 상태가 계속되면 반드시 동화가 될 것이다"라고 자신 있게 답했다고 한다(김정희, '식민사관을 계승한 이병도 사관', 『청산하지 못한 역사』 3집).

증사학이 일본 사학계의 주류를 이루게 되었다. 이케우치는 만주를 일본 손에 넣기 위한 수단으로 만들어진 만철조사부라는 기관에 학문적으로 참여한 제국주의 사학자이고, 이병도를 조선사편수회에 참여하도록 추천하였다. 이병도가 제국주의 식민사관을 가진 일본 학자들에게 영향을 받은 데에서 우리나라 근대 역사학의 비극이 시작된 것이다.

이병도는 1925년 조선사편수회에서 수사관보修史官補로 학문적 연구를 시작했다. 이병도는 이마니시 류今西龍와 함께 고려 이전 시기를 담당했고 자연히 주로 고대사를 연구했다. 그런데 이병도는 "우리 사회는 청동기 시대를 거치지 않고 철기 시대로 들어온 일종의 변칙적 발전"을 하였다고 확신하였다.[69] **한사군 이전은 미개사회이고 한사군이 우리나라에 철기 문화를 전래한 이후 국가가 성립**되었다고 하였고, 고려 시대까지도 낙후한 도참사상에 의해 지배되었다고 보았다. 이처럼 **우리나라 문명이 중국의 식민지 지배를 받으면서 비로소 시작**되었다고 보았으니, 한사군이 한반도에 있었다는 어처구니없는 연구 결과를 낸 것도 이상한 일이 아니다. 이런 결과는 모두 일본 사학자들이 실증사학이라는 미명하에 한국 고대사를 부정한 것을 그대로 답습한 데에서 나온 것이다.

이병도는 와세다 대학 동창, 경성제대 출신 학자들과 함께 **1934년에 진단학회震檀學會**를 만들었다. 그 주요 구성원은 조선사편수회 활동도 함께 하고 있었다. 따라서 진단학회도 일본의 논리를 크게 벗어날 수 없었다.

안타깝게도 해방 후 **이들이 국사학계를 주도**하였다. 1950년에 발발한 한국전쟁을 전후하여 백남운白南雲(1894~1979)[70] 같은 사회경제사학 계열의 사학자들이 월북하고, 안재홍安在鴻(1891~1965)[71]과 정인보鄭寅普(1893~1950)[72] 같은 민족사학의 거목이 납북되자, 이병도와 그 제자들은 **식민사학을 실증사학으로 위장시켜 한국**

---

69) 김용섭, 『역사의 오솔길을 가면서』, 690쪽.
70) 연희전문학교 상과 교수로 재직하며 한국의 원시·고대·중세의 사회경제에 관한 경제사적 연구에 몰두하여 한국의 경제사학 발전에 선구자적 역할을 하다가 1947년 월북하였다.
71) 독립운동가이자 역사가이다. 일제강점기 때 〈시대일보〉 이사와 〈조선일보〉 사장 등을 역임하면서 민족주의 운동을 전개했다. 고대사 연구에 몰두, 일제의 식민사관을 극복하고자 애썼다.
72) 실학과 양명학 연구의 대가였다. 한민족이 주체가 되는 역사체계 수립에 노력하였고 국학대학 초대학장을 지냈다. 1930년대 일제의 극심한 통제 속에서도 일제 식민사학의 역사왜곡을 비판하고 민족사학자들의 주장을 학술적으로 입증하였다.

역사학계를 좌지우지하였다.[73]

그런데 광복 후 국내 사학계를 이처럼 식민사학자들이 장악할 수 있었던 데에는 정치적 배경도 작용하였다. 일본이 물러가고 이 땅에 들어선 미군정이 친일파 관리와 학자를 기용한 것이다. 미군정 3년이 끝난 뒤 이승만 정부는 친일파 숙청 건의[74]를 묵살하고, 심지어 반민족 행위자를 처벌하기 위해 제헌 국회에 설치한 반민특위反民特委 의 활동도 무산시켰다. 해방 후 독립운동의 공로로 훈장을 받은 사람은 대통령 이승만과 부통령 이시영뿐이었다. 이렇게 친일파가 기득권을 계속 유지하였기 때문에 국내 사학계도 이병도 일파가 점령할 수 있었던 것이다.

송호정이 쓴 『단군, 만들어진 신화』_대한민국의 교사를 길러내는 교원대학교 교수가 '한민족사는 기껏 2,700년이며 고조선은 허구'라고 말한다. 일본 식민사학과 중국의 동북공정을 이 땅의 지식인이 도리어 응원해 주는 단적인 예이다.

이병도는 서울대학교에서 한국사를 가르치면서 이기백, 김철준, 변태섭 등 2세대 사학자를 양성하였다. 2세대는 노태돈, 이기동 같은 3세대를 양성했고, 3세대는 송호정으로 대표되는 4세대를 배출하였다. 송호정은 한국교원대에서 교편을 잡아 식민사관에 물든 역사 교사를 대거 양성하고 있다.[75]

이병도와 그 제자들은 쓰다의 조선사 이론에 조선 후기의 노론사관을 가미해 만든 이론을 한국사의 정설로 만들었다. 그로부터 **지금까지 한국 사학계는 식민사관과 노론사관**[76]**에 젖줄을 대고 있다.** 그들은 이론異論을 제기하는 학자는 무조건 재

---

73) 해방 이후 이병도의 주요한 근거지는 '국사편찬위원회'였다. 이병도는 신석호, 김상기 등과 함께 임시 중등국사교원 양성소를 설치하여 교원 양성에 앞장섰고, 국사편찬위원회 창설에 일등 공신 노릇을 했다.
74) 프랑스는 2차대전이 종결된 후 나치에 협력한 사람 70만 명을 체포하고, 1만 8천명에게 사형선고를 내렸다. 중국도 중일전쟁 당시 일본에 협력한 민족반역자 십 수만 명을 총살하거나 처벌하였다. 필리핀, 베트남, 미얀마 역시 태평양전쟁이 끝난 후 자국의 친일파를 청산하였다. 무려 35년 동안 일제의 악랄한 지배를 받은 대한민국은 오히려 친일파 청산을 전혀 하지않은 유일한 나라이다.
75) 김종서,『신화로 날조되어 온 신시·단군조선사 연구』, 72~74쪽.
76) 노론사관이란 한국 학계가 조선 후기사를 인식하는 사관을 말한다. 노론의 뿌리는 광해군을 명나라의 배신자로 몰아 축출하고 그 대신 인조를 앉힌 서인들이다. 서인이 남인에게 정권을 빼앗겼다가 다시 찾은 후, 서인은 노론과 소론으로 나뉘었다. 남인에게 역모 죄를 뒤집어씌워 죽인 주동자 그룹이 노론이다. 조선 멸망 때까지 거의 늘 정권을 장악한 노론의 상당수가 일제의 조선 침탈에 협력하였다. 이 노론 출신의 학자들이 조선사편수회를 거쳐 해방 후 한국 사학계의 주류가 되었다. 노론사관은 또 다른 사대주의 사관이다(〈한겨레신문〉, "이덕일 주류 역사학계를 쏘다, 노론사

야사학자로 몰아 추방하고 역사 해석권을 독점하였다.

이병도의 호를 따서 두계斗溪학파라 불리는 그들의 파렴치하고도 부끄러운 일화가 있다. 1979년 충북 중원에서 고구려비가 발견된 적이 있다. 그런데 비문의 여러 부분이 풍상으로 마모가 심해 학자들 간에 해석이 다양하였다. 이병도는 이 비석 앞면 상단의 잘 보이지 않는 제액題額을 건흥建興 4년[77]이라 판독하였다. 다른 학자들이 그 논거를 묻자 이병도는 "오매불망 끝에 꿈에 건흥 4년이 나타났다"라고 답했고, 제자들은 "이 학문적 집념을 배워야 한다"라고 말했다.[78] 이 이야기는 사석에서 오고간 이야기가 아니라 학회에서 발표되어 학술지에 게재된 실제 사건이다.

이것은 스승이 잘못된 주장을 했다고 하더라도 제자들이 그것을 말릴 수 없고, 더욱이 그것이 학술지에 게재될 수밖에 없는 우리 사학계의 풍토를 단적으로 드러낸 사례이다. 자신들의 견해에 도전하는 무리들은 **재야사학**이라는 이름으로 매도하면서, 이병도의 말도 되지 않는 '현몽' 논거를 배워야 한다고 주장하는 것이 이병도와 그 제자들의 학문적 양심이다. 역사가가 정확하게 역사를 기술하는 것은 미덕이기 이전에 신성한 의무다. 그러나 한국의 국사학계, 특히 두계학파는 그러지 못했다.[79]

이병도와 그 제자들은 우리나라 사학계, 그 중에서도 고대사 학계를 장악했다. 소위 명문대학이라는 곳은 거의 서울대학교 출신들이 교수로 들어가 있다. 자신들의 학문 범위와 실증사학이라는 테두리를 정해 놓고 거기에서 벗어나는 의견은 학계에서 살아남지 못하게 매도[80]하는 것이 이 학파의 특징이다.

어느 학자는 이러한 행태를 다음과 같이 비판한다. "'복마전', '지식사기', '파렴치', '깡패 짓', 일반적으로는 점잖은 분야에서 금기禁忌로 여기는 흉칙한 표현인지 모르지만, 고대사 학계 내부에서 벌어지는 행각을 표현하기에는 양이 차지

관에 일그러진 조선후기사", 2009. 7. 18).
[77] 『환단고기』에 따르면, 건흥은 고구려 장수왕의 연호이다. 건흥 4년이 장수왕의 재위 4년이라면, 이때는 CE 416년이다.
[78] 이호영, '중원 고구려비 제액題額의 신독新讀', 『사학지』 13집, 98쪽.
[79] 신복룡, '한국 사학사의 위기', 『한국정치학회보』 29집 2호, 365~366쪽.
[80] 학술지 논문 심사는 보통 2~3명이 한다. 그 중 한 명만 게재 불가 등급을 매겨도 논문은 학술지에 실리지 못한다. 강단사학자들은 학위 논문·학술지 논문 심사 같은 막강한 무기를 가지고 자신들의 의견에 반대하는 학설이 살아남지 못하게 한다. 학술지에 실을 수도 없을 정도의 논문이라고 낙인 찍히면 연구자에게는 사형선고나 다름없다(이희진, 『식민사학과 한국 고대사』, 207~210쪽).

식민사학 계보

분류	이름	약력	주요저서
일제 식민사학자	요시다 도고 吉田東伍 (1864~1918)	이병도의 역사관 정립에 결정적 영향을 준 스승. 한일 강제병탄 이전부터 식민사학 형성에 절대적 구실을 함.	「日韓古史斷」,「大日本地名辭書」등
	시라토리 구라키치 白鳥庫吉 (1865~1942)	랑케의 제자 독일인 리스L.Riess의 제자. 한국사에 대하여 식민주의 역사학을 수립한 대표 인물. 식민사관의 하나인 만선사관滿鮮史觀을 주도.	「滿洲歷史地理」,「漢の朝鮮四郡疆域」등
	쓰다 소우키치 津田左右吉 (1873~1961)	이병도의 스승. 구라키치의 제자. 만철滿鐵과 조선사편수회 출신. 『삼국사기』 초기 기록 불신론 등 식민사학 이론을 만듦.	『朝鮮歷史地理』, 『三國史記 高句麗紀の批判』등
	구로이타 가쓰미 黑板勝美 (1874~1946)	도쿄제국대학 교수. 조선사편수회 고문. 우연히 입수한 『환단고기』를 보고 충격을 받아 소각해 버렸다는 일화가 있음.	『國史の研究』,『國體新論』등
	이마니시 류 今西龍 (1875~1932)	조선사편수회 위원. 『삼국유사』 고조선 조의 '昔有桓國'을 '昔有桓因'으로 개작하는 등 한국고대사의 왜곡, 말살을 주도.	『朝鮮古史の研究』,「眞番郡考」등
	이나바 이와키치 稻葉岩吉 (1876~1940)	만선사관의 대표자. 조선사편수회 편수관 역임. 조선의 타율성과 정체성을 강조하는 식민사관 정립에 핵심 역할.	「眞番郡の位置」등
	이케우치 히로시 池內宏 (1878~1952)	만철滿鐵에서 만선사관 정립에 기여. 이병도에게 학문적 영향을 크게 줌.	『滿鮮地理歷史研究』,「樂浪郡考」등
1세대	이병도 李丙燾 (1896~1989)	1914년 와세다 대학에 입학, 요시다와 쓰다의 제자. 1925년 조선사편수회에 들어가 한국고대사 왜곡 작업에 참여. 광복 후 서울대 교수, 국사편찬위원 등을 거치면서 식민사학을 이 땅에 뿌리내림.	『한국사대관』, 『한국사의 이해』등
	신석호 申奭鎬 (1904~1981)	1929년 조선사편수회의 촉탁으로 부임, 1945년 국사편찬위원회 전신인 국사관을 창설. 이병도·김상기와 함께 임시중등국사교원양성소를 개설하는 등 광복 후 식민사학을 전파.	『국사신강』, 『한국사료 해설집』등
2세대	김철준·이기백·김원룡·변태섭 등		
3세대	노태돈, 이기동·조인성 등		
4세대	송호정 등		
조선사편수회 고문	이완용李完用, 권중현權重顯, 박영효朴泳孝 등		
조선사편수회 참여대표 인물	최남선崔南善, 이능화李能和, 어윤적魚允迪, 현채玄采, 홍희洪熹 등		

않는 말이다. 흉기나 주먹을 쓰는 것만 깡패 짓이 아니다. 정당하지 못한 수법으로 다른 사람들을 핍박해서 이익을 챙기는 행각을 깡패 짓이라고 해도 무방할 것이다."[81] 조선 시대 당파 싸움보다 훨씬 비열하고 학자적 양심까지 버리는 사람을 진정한 역사학자라 할 수 있을까! 식민사학자들은 아직도 **대**對 **국민 사기극**을 벌이고 있다.

독립운동사를 가르치지 않는 한국

민족사학계의 거센 비판을 받아 부분적으로 시정되었지만, 이 땅의 2세들이 보는 역사 교과서는 여전히 일제 식민사학의 마수魔手에서 벗어나지 못하고 있다. '**한민족 최초의 국가**'라고 잘못 소개된 고조선사는 알맹이가 빠진 채 10쪽 내외로 간략히 기술되고, 삼국 시대에서 조선 시대까지의 역사는 온통 불교사와 유교사로 채색되어 있다.

근대사 서술도 문제가 심각하다. 한국의 근대사는 일본, 러시아, 청나라 등의 침략과 더불어 시작되었기 때문에 외세 항거운동과 독립운동을 결코 가벼이 넘길 수 없다. 그리고 독립운동사라면 무장투쟁사를 우선하는 것이 원칙이다. 하지만 국사 교과서는 **독립운동은 거의 다루지 않고** 식민지 체제 내의 애국계몽 운동이나 실력양성 운동 등 근대사 서술을 주로 다룬다. 무장투쟁사는 이름만 겨우 소개될 정도이다. 예컨대 고등학교 교과서를 보면, 항일 투쟁을 이끈 독립군 3부는 참의부, 정의부, 신민부라는 이름만 나올 뿐, 그 활동 내용에 대한 구체적 서술이 없다.[82] 학생들은 독립군 3부가 일제와 어떻게 싸웠는지도 모르고 이름 외우기에 바쁘다.

독립군 3부의 무장 투쟁 내용을 함구한 채, 국사 교과서는 '1940년 광복군이 창설되었으나 곧 이은 일제의 패망으로 본격적인 전투에 나서지 못하였다'는 것으로 임시정부의 활동 소개를 마친다. 이 책으로 역사를 배우는 학생들은, 청산리 ·

---

81) 이희진, 같은 책, 206쪽.
82) 참의부는 임시정부 산하의 행정, 군사 조직으로 1924년 압록강을 순시하던 사이토 마코토 총독이 탄 배에 수백 발의 총탄을 퍼부어 혼비백산 도주하게 만들었다. 정의부는 수많은 국내 진공작전을 전개한 의용군 조직이다. 독립군 3부의 조직과 활동은 독립운동사에서 생략되어도 좋을 내용이 결코 아니다. 그렇건만 고등학교 국사 교과서는 본문에 "독립군은 다시 만주로 이동하여 각 단체의 통합 운동을 추진하여 참의부, 정의부, 신민부의 3부를 조직하였다. 이 가운데 참의부는 임시정부가 직할하였다"라고만 서술하고 있다.

봉오동 전투 외에는 별다른 무장 투쟁 없이 연합국 승전의 부산물로 한국이 해방된 것으로 인식할 수 밖에 없다.

이 땅의 역사 교과서는 **독립운동사를 약술**하는 데에서 그치고, **일제의 역사날조 만행에 대해서는 단 한 줄도 언급하지 않는다**. 그러면서 총독부의 주택난 해결 정책은 세밀히 묘사한다. 일본 덕분에 인구가 증가하고 큰 발전을 이룬 것처럼 장황하게 서술하는 것이다.[83] 최근 온 국민이 나서서 일본 교과서에 실린 조선사 왜곡 내용을 질타하지만, **정작 이 땅의 역사 교과서는 일제 식민사관의 틀에 여전히 갇혀 있는 것이다**.[84]

중국과 일본의 합작품, '한사군'

『환단고기』에 따르면, 고조선의 중심이었던 진조선이 망하고(BCE 238), 40여 년 후 번조선도 중국 사람 위만에게 탈취되는(BCE 194) 동안, 진조선 땅에서 일어난(BCE 239) 북부여가 고조선의 대통을 계승하였다. 하지만 한국의 강단사학자 대부분은 이러한 북부여를 무시하고, '한 무제가 설치한 한사군이 위만정권 멸망 이후 한민족을 지배하였다'고 주장한다.

중국 사서에서 한사군에 대한 기록은 『사기』 「조선열전」에 가장 먼저 나타난다. 그런데 저자 사마천(BCE 135~BCE 90)은 한사군이 설치되는 직접적 계기가 된 '한나라와 고조선(위만정권) 사이의 전쟁'(BCE 109)을 목격하였지만, '조선을 평정하고 군을 설치했다'고 할 뿐, 4군의 구체적 이름과 위치를 기록하지 않았다.[85] 역사 기록을 현장 답사로 꼼꼼히 확인했다는 사마천이 한사군의 이름을 거론하지 않은 것은 이해가 되지 않는 부분이다.

4군의 구체적 명칭은 사마천이 죽고 백 년이 더 지나서, 중화中華사관이 뚜렷한

---

83) 〈한겨레신문〉, "이덕일 주류 역사학계를 쏘다, 무장독립투쟁 연구 빈약한 이유", 2009.7.22.
84) 한민족의 근대사에 대한 은폐는 비단 교과서에서만 벌어지는 일이 아니다. 해방 후 1980년대까지 역사학도들에게 근현대사는 일종의 금기 영역이었다. 그 사이에 독립운동에 대해 생생한 증언을 해 줄 전사들은 대부분 고통과 가난 속에 생을 마감해야 했다. 독립운동사 연구가 금기사항이다 보니, 정의부에 대한 박사학위 논문, '정의부 연구'가 나온 것은 1998년이고, '참의부 연구'가 나온 것은 2005년이다. 신민부에 대해서는 아직까지 박사학위 논문 하나도 없는 형편이다.
85) 한사군에 대해 『사기』는 "드디어 조선을 평정하고 사군으로 삼았다[遂定朝鮮, 爲四郡]"(「조선열전」), "한나라는 동쪽의 예맥을 뿌리 뽑고 조선에 군을 설치했다[是時漢東拔穢貉, 朝鮮以爲郡]"(「흉노열전」)라고만 기록하였다.

반고가 쓴 『한서』에 처음으로 나타난다. 하지만 『한서』의 기록도 한사군의 실체에 대해 명확하게 밝히지 못하였다. 「무제본기」는 "우거의 목을 베고 그 땅을 낙랑, 임둔, 현도, 진번군으로 삼았다"[86]라고 하여 4군을 모두 적었다. 그러나 「지리지」는 "낙랑과 현도는 무제 때 설치되었다"[87]라고 하여 2군을, 「오행지五行志」는 "두 장군이 조선을 정벌하고 3군을 열었다"[88]라며 3군을 기록하였으므로, 군의 수가 서로 어긋난다.[89]

중국 사서의 일관성 없는 기록은, 한사군에 대한 『사기』의 그 짤막한 기록이 과연 사마천 자신의 서술인지 의문마저 들게 한다. 『사기』의 이 구절은 후대의 역사학자가 삽입하였을 가능성이 크다. **한사군이란 것이 설치된 적이 없기 때문에 사마천은 한사군에 대해 구체적으로 기록하지 못한 것이다.**

그 진실을 우리는 『환단고기』에 수록된 『북부여기』에서 확인할 수 있다. "한나라 무제가 우거를 멸하더니 그곳에 4군을 설치하려고 군대를 일으켜 쳐들어왔다. 이에 고두막한이 구국의 의병을 일으켜 한나라를 격파하였다"라는 기록으로 볼 때, **한사군은 한나라의 희망사항이었을 뿐 결코 실현된 적이 없었다.**

이렇게 그 실존 사실조차 의심스러운 한사군을 한국 강단사학계는 **확고부동한 역사의 진실**로 말할 뿐 아니라, 그 위치를 '낙랑-대동강 유역, 현도-압록강 중류, 진번-황해도, 임둔-함경남도' 등으로 비정한다. 하지만 이 한사군은 일제가 조선 지배를 합리화하기 위해 조작한 내용일 뿐이다. 일제는 한국사의 주요 흐름을 '**한사군 → 임나일본부 → 조선총독부**'로 연결시키고, '**조선의 역사는 한사군이라는 중국의 식민지로 출발하였으니 일제의 지배를 받는 것이 당연하다**'는 논리를 세웠다. 이것을 해방 후에 등장한 강단사학자들이 실증주의란 미명 아래 한국사의 주류 학설로 만들었다. 뿐만 아니라 한사군이 한반도 내에 존재하지 않았다는 견해를 제시하는 학자를 재야사학자로 몰아 강단사학계에서 추방하였다.[90]

한나라와 고조선 사이의 전쟁 이후에 설치되었다는 한사군이 실존했다고 가정

---

[86] 夏, 朝鮮斬其王右渠降, 以其地爲樂浪·臨屯·玄菟·眞番郡.
[87] 玄菟·樂浪, 武帝時置, 皆朝鮮·濊貉·句驪蠻夷.
[88] 元封六年秋, 蝗. 先是, 兩將軍征朝鮮, 開三郡.
[89] 『사기』의 주석서 간에도 한사군에 대한 기록이 상이하다. 『사기집해』는 "진번, 임둔, 낙랑, 현도이다"라 하고, 『사기정의』는 "현도, 낙랑 2군이다"라 한다.
[90] 〈한겨레신문〉, "이덕일 주류 역사학계를 쏘다, 한사군의 미스터리", 2009. 5. 20.

하더라도, 4군의 위치에 대해 중국 사서들은 지금의 대릉하 이남의 요령성과 하북성 일대로 전하고 있다. 한사군의 수도인 낙랑의 위치를 확인하는 것으로 이 문제를 살펴본다면, 낙랑의 위치를 찾기 위한 가장 쉽고도 명확한 단서가 바로 갈석산 碣石山이다. 『사기색은』 「하본기夏本紀」에 인용된 『태강지리지太康地理志』의 주석에 **"낙랑 수성遂城현에는 갈석산이 있는데 만리장성의 기점이다"**[91]라는 구절이 있다. 갈석산이 있는 지역이 바로 낙랑군이 있었던 위치이다.

갈석산은 중국에서 한국의 설악산, 금강산만큼 유명한 산으로 현재 하북성 창려현[92]에 있다. 한사군이 실제로 설치되었다 하더라도 그 위치를 한반도 땅으로 말하는 중국 기록은 어디에서도 찾아볼 수 없다.

일제는 이러한 한사군을 어떻게 한반도 땅으로 옮길 수 있었을까? 이 역사 왜곡의 만행에 앞장 선 인물도 역시 이마니시 류이다. 그는 한사군이 한반도에 있었다는 근거로, 자신이 1913년 평안도에서 발굴하였다고 주장한 점제현신사비秥蟬縣神祠碑를 제시하였다. 『한서』 「지리지」에 낙랑군의 속현으로 점제현이 나오는데, 그 점제현의 우두머리가 백성들을 위해 산신제를 지낸 내용이 새겨진 비석을 평안도 용강군(현 온천군)에서 발견하였으니, 한사군은 분명히 한반도에 설치되었다고 이마니시는 단정하였다. 사방이 탁 트인 평야 지대에 2천 년 동안 서 있던 비석을 그 전까지 아무도 못 보았으나 희한하게도 이마니시가 단번에 발견한 것이다.

또한 이마니시는 한나라 시대의 기와와 봉니封泥까지 발견하여 평양 일대를 낙랑군 유적으로 만들었다.[93] 광복 후 대한민국 사학계는 일제가 조작한 역사 기록을 답습하였고, 지금의 대한민국 중장년층은 이 날조된 역사를 학창시절에 열심

---

91) 樂浪遂城縣有碣石山, 長城所起(『사기색은』 「하본기夏本紀」).
92) 갈석산을 낙랑의 위치를 찾는 이정표로 언급한 기록은 『한서』 「가연지전賈捐之傳」에도 보인다. 한 무제의 업적을 들면서 언급한 "동쪽으로 갈석을 지나 현도와 낙랑으로써 군을 삼았다(東過碣石以 玄菟·樂浪爲郡)"라는 기록이다.
93) 봉니는 고대 중국에서 문서를 운송하는 도중에 다른 사람이 보거나 위조하지 못하도록 한 표식이다. 죽간竹簡이나 목간木簡을 묶은 노끈 매듭에 진흙을 덩어리로 만들어 봉한 뒤 진흙덩어리에 도장을 찍은 것이다. 봉니에는 관직 이름이나 지명이 찍혀 있어서 그것을 보낸 곳과 보낸 이의 관직을 알 수 있다. 따라서 봉니는 문서를 보낸 곳이 아닌 받는 곳에서 발견되어야 한다. 하지만 일제는 평양 지역에서 무더기로 발견된 200여개의 봉니에 낙랑樂浪이란 글자가 새겨진 것을 근거로 평양에 한나라의 낙랑군이 설치되어 있었다고 주장하였다. 봉니에 찍힌 '낙랑'은 문서를 보낸 지역명인데, 그런 봉니가 어떻게 낙랑 땅에서 발견될 수 있는가. 더구나 평양 땅에서는 다른 군으로부터 받은 봉니가 하나도 출토되지 않았다. 평양 땅의 봉니 출토는 그곳을 한사군 지역으로 조작하기 위한 일제의 자작극인 것이다.

이마니시 류가 1913년 '신의 손'이 되어 평안도 대동강변에서 발견했다는 점제현신사비_북한의『조선고고연구』(4호, 1995)는 "비의 기초에 시멘트를 썼다"라고 하면서 이 신사비의 정체에 의문을 제기하였다. 비석 돌의 성분도 그 지역이 아닌 요동 지역 화강석과 똑같음을 밝혔다(〈한겨레신문〉, "이덕일 주류 역사학계를 쏘다, 유적 유물로 보는 한사군", 2009. 6. 9). 북한의 주장처럼, 이 비는 일제 때 요동에서 옮겨와 시멘트 기초 위에 세워진 것이다. 점제현신사비는 이마니시가 날조한 것이다.

히 외우고 다녔다.

결론적으로 한국 사람이 알고 있는 한사군은 이덕일의 말처럼, **"중국이 밑돌을 깔고 일본이 못 박은 조작된 역사"**에 지나지 않는다. 중국이 일차적으로 왜곡하고, 그 날조된 내용을 일본이 다시 왜곡시킨 한민족사의 원형은 과연 언제나 회복될 것인가.

4) 서양 실증주의 사관에 의한 왜곡 : 양독洋毒

19세기 초에 생겨나 19세기 후반, 유럽과 아시아 등 여러 나라로 확산되어 전 세계에 영향을 끼친 서구의 실증주의 사학은, 문헌과 고고학으로 확인되지 않는 역사 기록은 인정하지 않는 **유물遺物주의, 과학주의 사학**이다. 심지어 고고학적 발굴로 증명되지 않으면, 고대 문헌의 기록을 부정하기까지 한다.

그러다 보니 실증주의 역사학은 개개 사건의 사실 입증에만 정신을 송두리째 빼앗겨 대자연의 변화에 따라 전개되어 온 **인간 역사의 대세와 그 근본정신을 보는 데는 너무도 무력**하다. 또 역사의 주체는 인간임에도 불구하고 인간을 배제한 역사 해석에 빠져 인간 정신사의 맥을 완전히 무시한다.

또 하나 지적해야 할 실증주의 사학의 문제점은 사료의 범위를 너무 좁게 잡는다는 것이다. 공인된 문헌이나 고고학 유물만 사료로 보는 것은 편협한 태도이다.

민간의 풍속이나 구전은 말할 것도 없고, 언어도 살아 있는 유물이라 할 수 있다. 심지어 인간의 세포조직에 들어 있는 미토콘드리아와 DNA도 과거의 흔적을 담고 있는 사료가 될 수 있다는 것이 **최근 역사학의 지적**이다.

이렇게 볼 때 수백 년 이상 민간에 비전되어 온 우리의 전통 사서도 비록 100 퍼센트 완벽하다고 할 수는 없지만 중요한 역사적 전승과 진실을 담고 있기 때문에 사료로 이용되어야 마땅하다. 실증주의 사학자들처럼 몇 가지 결점을 트집잡아 무조건 배척하는 것은 바람직한 태도가 아니다.

특히 상고사의 경우 어느 나라나 문헌 사료가 부족할 수밖에 없다. 이 때문에 기존의 자료를, 그 신뢰성에 다소 의문의 여지가 있다 하더라도 열린 태도로 검토해 보는 자세가 필요하다. 이러한 면에서 실증주의 역사학은 지나치게 편협한 태도로 일관해 왔다고 해도 과언이 아니다. 이러한 문제점을 안고 있는 실증주의 사학은 **1920년대 이후 식민사학에 의해** 이 땅에 이식되어 **한민족사 말살과 왜곡의 수단으로 악용**되었다. 그리고 해방 후 지금까지 여전히 역사학계의 대세가 되었고, 여기에 편승한 **이 땅의 강단사학자들은 한민족의 뿌리 역사와 시원문화에 대한 사료를 거의 대부분 수용하지 않고 부정한다.**

역사는 문헌사학이 근본이고, 문헌사학과 고고학은 서로 보완 관계를 갖고 있다. 그럼에도 '실증의 부재'라는 핑계를 앞세워 『환단고기』 같은 인류 원형 문화와 한민족 창세의 뿌리 역사서를 외면하고 부정한다면, 그것은 결코 학자의 올바른 태도라 할 수 없을 것이다.

5) 유교 · 불교 · 기독교에 의한 역사 왜곡

유교에 의한 역사 왜곡

공자가 주창한 유교는 중국이 세계의 중심이요 그 밖의 민족은 중국에 예속된 오랑캐에 불과하다는 중화주의를 내세운다. 유학을 국가 통치 이념으로 삼은 고려와 조선의 존화尊華 사대주의자들이 이 중화주의 사관을 그대로 답습하여 우리 역사에 끼친 해악은 너무나 심각하다.

고려의 유학자들은 한민족의 국통國統 맥이 기자조선에서 위만조선, 남삼한, 신라로 연결되는 것으로 왜곡하였다. 이러한 역사 왜곡에 앞장 선 인물이 고려 중기 때 김부식이다. 김부식은 『삼국사기』를 저술하면서 고구려를 계승한 대진의 역사는 완전히 지워버린 반면, 같은 시대 신라 역사는 망하는 날까지 세세히 기술하였다. 그러면서도 신라가 독자적인 연호를 사용한 것은 사대정신에 위배된다고 비판하였다. 그리고 묘청, 정지상 등이 고토故土 회복을 위한 발판으로 삼기 위해 서경 천도 운동을 벌였을 때, 김부식을 대표로 하는 집권층 유학자들은 이것을 권력 장악을 위한 음모라고 몰아붙였다.[94]

유교를 국교로 신봉한 조선은 개국초에 『춘추』와 『자치통감 강목』만 사필史筆로 여기고, **한민족의 고유 사서를 이단異端이라 하여 모조리 압수·소각하였다.** 태종은 서운관書雲觀에 보관되어 있던 고유 사서를 공자의 가르침에 어긋난다 하여 소각하였고, **세조에서 성종까지 3대에 걸쳐** 임금이 전국 관찰사에게 **사서 수거령을** 내렸다. 이렇게 하여 우리의 정통 사서가 소실된 것은, 오늘날 우리 역사를 올바르게 인식하는 데 결정적인 타격을 주고 있다. 한민족사를 연구하면서도 중국측 사료와 이 땅의 사대주의 사서에 의존하지 않을 수 없게 되었기 때문이다.

조선 중기 광해군 때 청 태조 누루하치가 보낸 국서를 보면 조선의 사대 근성이 적나라하게 드러나 있다. 그 국서에서 누루하치는 "**요동은 본시 너희 조선의 땅이다. 지금 명나라 사람들이 그 땅을 빼앗았는데, 너희는 명나라가 원수인 것도 모르고 도리어 신복하고 있다**"[95] 라고 하면서 조선을 비웃었다.

그리고 더욱 가관인 것은 조선 유학자들이 보인 열렬한 모화慕華정신이다. 이것은 진실로 **한국사의 뿌리를 총체적으로 부정하는 망국멸족亡國滅族의 표본**이다. 세

---

94) 서경천도 운동은 단재 신채호가 '조선 역사 일천 년 이래 가장 큰 사건[一千年來第一大事件]'이라고 평가한 민족중흥 운동이다. 단재는 한국의 고유한 사상을 낭가사상으로 보고 이 낭가사상의 성쇠가 곧 민족사의 성쇠를 좌우했다고 보았기 때문에 묘청의 민족중흥 운동을 가장 크게 평가했다. 묘청의 '서경 천도 운동'이 실패함으로써 환국-배달-고조선으로 계승되어 온 한민족 고유의 낭가郎家사상은 그 명맥이 거의 단절되었다. 대신 존화 사대주의 사상만 더욱 강화되었다.

95) 광해군 13년(1621)에 청 태조가 보내 온 국서이다. "내가 듣건대 주나라 무왕武王이 자신의 신하 기자를 조선국의 초대 임금으로 봉했다고 한다. 또 요동의 땅은 원래 너희 조선에 속했으나 나중에 명나라에게 빼앗겼다고 들었다. 조선 사람들을 천하게 여기는 것이 한족 백성들보다 심해서 집안의 종처럼 기른다. 그대들은 명나라에 빌붙어서 몹시 두려워하며 감히 한마디 말도 어긋나지 않는 것을 잘하는 일이라고 생각하고 있노라. 우리는 명나라처럼 남을 위력으로 다스리는 것이 아니고 오로지 스스로 편히 살도록 바랄 뿐이로다. 어디서 오든지 어디로 가든지 너희 편할 대로 놓아둘 것이로다[我聞周武王封其臣箕子爲朝鮮國一代之君, 又聞遼東之地, 原屬爾朝鮮, 後爲明奪取之, 賤朝鮮人甚於其漢民, 養之若家奴也! 爾若以附於明, 惶惶然不敢有一言相悖爲善事者, 我則非若明威攝他人, 惟冀自身安然以居之矣, 何去何從, 聽憑爾便](『만문노당滿文老檔』).

세조 3년(1457)의 사서 수거령

諭八道觀察使曰: "『古朝鮮秘詞』·『大辯說』·『朝代記』·『周南逸士記』·『誌公記』·『表訓三聖密記』·『安含老元董仲三聖記』·『道證記智異聖母河沙良訓』· 文泰山·王居仁·薛業等三人記錄·『修撰企所』一百餘卷·『動天錄』·『磨蝨錄』·『通天錄』·『壺中錄』·『地華錄』·道詵『漢都讖記』等文書, 不宜藏於私處, 如有藏者, 許令進上, 以自願書冊回賜, 其廣諭公私及寺社."

(『세조실록』세조 3년(1457, 丁丑) 5월 26日). 사서 수거령에 포함된 고서는 『고조선비사』, 『대변설』, 『조대기』, 『주남일사기』, 『지공기』, 『표훈삼성밀기』, 『안함로원동중삼성기』, 『도증기지이성모하사량훈』, 문태산文泰山, 왕거인王居仁, 설업薛業 등 3인의 기록, 『수찬기소』 1백여 권, 『동천록』, 『마슬록』, 『통천록』, 『호중록』, 『지화록』, 도선道詵의 『한도참기』 등이다. 수거령으로 소멸된 귀한 사서의 일부나마 『환단고기』를 통해서 볼 수 있는 것은 천우신조가 아닐 수 없다.

종 때 최만리는 훈민정음 제정 반대 상소를 올리면서 "조종祖宗 이래 지성으로 중국을 사사師事하고 모두가 중국 제도를 본받아 왔는데 만약 훈민정음이 중국에 전해지는 날에는 사대모화에 부끄러운 일이라"라고 하였다. 동방의 명현이라 불리는 이퇴계조차 명명을 '본조本朝', 즉 '우리나라 조정'이라 불렀다. 또 우리의 역사에 대해 "단군 시대는 아득한 태고 시대라 증명할 수 없고, 기자가 봉해지고 나서야 겨우 문자를 통했다. 삼국 시대 이전은 별로 논할 만한 것이 없다"[96]라고 폄하하였다.

---

96) 若檀君之世, 鴻荒不徵. 箕子肇封, 僅通文字, 三國以前, 槩無足論(『대동야승大東野乘』「기묘록별집己卯錄別集」).

서울 종로구의 역사박물관 앞 마당에 있는 은신군 신도비_비문 첫줄에 '유명조선국有明朝鮮國'이라 쓰여 있다. 은신군은 정조 임금의 이복동생이다. 16세기 이후 조선시대 사대부나 왕손의 묘비에도 당사자의 관직과 성명 앞에 '유명조선有明朝鮮'이라는 말이 관용구처럼 따라 붙었다.

이율곡 또한 명나라 군주를 '**우리 황상**皇上'이라 하고, 명나라 조정을 '천조天朝' 또는 '성조聖朝'라 불렀다.[97] 그리고 「기자실기箕子實記」를 지어, "기자께서 조선에 이르시어 우리 백성을 천한 오랑캐로 여기지 않고 후하게 길러 주시고 부지런히 가르쳐 주셨다. 우리나라는 기자에게 한없는 은혜를 받았으니 그것을 집집마다 노래하고 사람마다 잘 알아야 할 것이다"라고 하였다. 그러면서도 "단군의 출현은 문헌상 상고할 수 없다"[98]라는 한마디로 한민족의 상고 역사 전체를 부정하였다.

당대의 실학파 학자들은 어떠하였는가?

『열하일기熱河日記』로 유명한 박지원은 "명나라는 우리의 상국이다. 상국이 속국에게 내리는 물건은 비록 터럭같이 미미한 것일지라도 마치 하늘에서 떨어진 것 같이 그 영광이 온 나라를 움직이고 경사가 만세에 끼칠 것이다"[99]라고 하며 중국을 칭송하였다. 실학파의 대표 인물인 정약용도 사대주의에서 벗어나지 못했다. "조선이라는 명칭은 평양에서 시작되었다. 이곳은 본디 기자가 도읍으로 삼은 곳이다"[100]라고 하여, 기자조선이 실존한 것처럼 말하였다. 또한 "우리나라는 **번국**藩國이니 마땅히 제도가 작아야 한다"[101]라며, **조선은 제후국**이니 중국의 관제官制보다 규모가 커서는 안 된다고 하였다.

최인은 이 같은 행태를 두고 "**조선은 한일합병으로 망한 것이 아니라 이미 그전에 한중합병으로 망하였다**"[102]라고 일갈하였다. 조상의 비문 첫머리에 유명조선有明

---

97) 『율곡전서栗谷全書』「본국청개종계주본本國請改宗系奏本」.
98) 檀君首出, 文獻罔稽, 恭惟箕子, 誕莅朝鮮, 不鄙夷其民, 養之厚而教之勤, 變魋結之俗, 成齊魯之邦, … 我東受箕子罔極之恩, 其於實迹, 宜家誦而人熟也(『율곡선생전서栗谷先生全書』「기자실기箕子實記」).
99) 皇明, 吾上國也. 上國之於屬邦, 其錫賚之物, 雖微如絲毫, 若隕自天, 榮動一域, 慶流萬世(『연암집』「행재잡록行在雜錄」).
100) 朝鮮之名, 起於平壤, 寔箕子之所都也(『여유당전서與猶堂全書』「지리집地理集」).
101) 周禮六官, 其屬各皆六十. … 周禮, 天子之禮; 我國家, 藩國也, 制度宜小(『경세유표經世遺表』「천관이조천관吏曹」).
102) 최인, 『한국사상의 신발견』, 225쪽.

朝鮮[103]을 내세우고, 조선 백성을 명의 신민臣民이라 하고, 한문은 진서로 존중하면서 한글은 언서諺書로 무시하였으니, 분명히 한중합병이라는 것이다. 고려와 조선 역사를 돌이켜보면, 한민족은 참으로 혼 빠진 민족이 아니고 무엇인가.

불교에 의한 역사 왜곡

삼국 시대 이후 본격 수입된 불교는 우리 고유의 **신교의 낭가郎家사상**을 지워 버리고 우리 역사를 창업한 주인공들을 온통 불제자로 만들어 버렸다.

앞에서 살펴본 바와 같이 고려의 승려 **일연**은 한민족과 인류의 시원 국가인 **환국의 초대 환인천제를 한낱 불법의 수호신으로 둔갑**시켰다. 『삼국유사』를 지으면서 "석유환국昔有桓國(옛적에 환국이 있었다)" 옆에 "위제석야謂帝釋也"라는 불교 교리에 따른 주석을 달았다. 환국을 '제석帝釋의 환국'으로 만들고, 환인천제를 불교에서 받드는 제석환인帝釋桓因이란 신으로 둔갑시킨 것이다.

우리 역사에 끼친 불교의 폐해는 이에 그치지 않는다. 사찰에는 으레 석가모니를 모신 본전이 있는데, 본전에는 대웅전大雄殿 곧 '큰 성인을 모신 성전'이라는 현판이 붙어 있다. 대웅전은 우리 조상들이 환웅전桓雄殿을 지어 배달을 개국한 초대 환웅천황을 받들어 모신 풍습을 변질시킨 것이다. 불교『법화경法華經』에 석가모니를 '위대한 영웅'이라 표현했는데, 불교가 중국에 들어올 때 '대웅大雄'이라고 번역하였고 석가모니를 봉안한 전각을 대웅전大雄殿이라고 불렀다. 그런데 불교가 우리나라에 들어오면서 이 대웅전과 환웅을 모신 환웅전의 의미가 통하는 것을 알고 환웅전에 석가모니를 대신 앉혀 한민족의 고유한 환웅 숭배 신앙을 근절시키고 대신에 석가 숭배 신앙을 이 땅에 뿌리내렸던 것이다.

불교는 정착 과정에서 신교문화로부터 많은 영향을 받았다. **신교의 삼신사상과 칠성신앙이 불교에 흡수**되어, 전국 사찰의 삼신각과 칠성각이 되었다. 삼신각은 우주의 조물주인 삼신을 모시던 신교 풍습의 자취이고, 칠성각은 인간의 수명과 복록을 관장하는 칠성에 대한 신앙의 흔적이다. 불교의 명부전 또한 신교 전통을 변형시킨 것으로, 지장보살을 명부대왕으로 앉혀 신교의 원형을 훼손하였다.

또한 불교는, 북부여의 시조인 해모수단군의 건국을 기리기 위해 등을 달아 경

---

[103] 유명조선有明朝鮮은 '명나라에 있는 조선' 또는 '명나라에 속한 조선'이란 뜻이다. 사대주의에 찌든 수치스러운 우리 역사를 보여주는 말이다.

축하던 민족 전래의 대축제일인 4월 8일을 석가탄신일로 변조시켰다. 그 까닭은 당시 낯선 인물인 석가의 생일을 한민족에게 친숙한 해모수단군의 북부여 건국일과 동일한 날짜로 함으로써 이 땅에 불교를 빨리 정착시키고자 한 것이다. 그리고 단군왕검께서 천제를 올린 유서 깊은 마리산摩利山을 마니산摩尼山이라 하여 불교식으로 개칭하기도 하였다.

요컨대 한국의 대표적 외래 종교 가운데 가장 오래된 불교는 전래 초기부터 우리의 전통 신앙인 신교를 퇴화시켰을 뿐만 아니라 한민족의 역사를 불교사관으로 잘못 기록하는 폐해를 남겼다.

기독교에 의한 역사 왜곡

제3장의 '신교에서 나온 서선西仙, 기독교'에서 이야기하였듯이, 기독교의 뿌리는 수메르에서 가나안 땅으로 이주한 아브라함에 있다. 수메르 문화가 환국으로부터 온 것이기 때문에 결국 기독교 속에는 동북아 환단 시대로부터 내려오는 신교문화의 원형이 고스란히 녹아 있다.

그럼에도 19세기 말 개항 이후 서구 물질문명에 편승하여 들어온 기독교는 이 땅에 발을 붙이는 순간부터 한민족의 고유한 정신문화와 시원 역사를 철저히 부정하였다. 환국, 배달, 고조선이라는 삼성조三聖祖의 유구한 역사와 환인천제, 환웅천황, 단군성조를 인정하는 것이 기독교의 유일신관에 배치되기 때문이었다.

한국의 기독교인은 이스라엘인의 수호신인 야훼(여호와)를 온 인류의 하나님이자 우주의 유일신으로 섬긴다. 그리고 "믿음의 조상 아브라함은 사라에게서 이삭을 낳고, 이삭은 리브가에게서 야곱을 낳고, 야곱은 레아에게서 르우벤과 시므온, 레위, 유다, 잇사갈, 스불론을 낳고"라는 「구약전서」과 「신약전서」에 나오는 유대인 족보를 줄줄 외우고 다닌다. 그러면서도 **정작 환인, 환웅, 단군은 누구인지도 모르고 심지어 알려고도 하지 않는다.** 설사 알게 된다 하여도 **신화 속의 인물로 치부해 버린다.**

서울 올림픽이 열린 1988년, 서울시는 단군 성전이야말로 세계에 자랑할 우리의 문화유산이라 하여 사직공원의 협소한 단군 재실齋室을 확대·개축하려 하였다. 그러나 그 계획은 무산되고 말았다. 기독교 단체들이 전국적으로 '단군 성전 건립 결사반대'라는 붉은 글씨의 현수막을 교회마다 내걸고, 단군은 신화의 인물이고 우상이라면서 당국에 압박을 가한 결과였다.

그들은 이처럼 서울시에서 추진한 문화 운동을 방해했을 뿐 아니라 10여 년 전에는 전국 초등학교에 세워진 단군 상像의 목에 톱질을 하기도 하였다. 신문 지상에 떠들썩하게 보도된 이 천인공노할 사건을 많은 국민들은 아직도 잊지 못한다. 단재 신채호는 외래종교, 외래사상에 물들어 역사와 문화를 다 잃어버린 가련한 한민족을 향하여 이렇게 통탄하였다.

> 조선 사람은 매양 이해利害 밖에서 진리를 찾으려 하므로 석가가 들어오면 조선의 석가가 되지 않고 '**석가의 조선**'이 되며, 공자가 들어오면 조선의 공자가 되지 않고 '**공자의 조선**'이 되며, 무슨 주의가 들어와도 조선의 주의가 되지 않고 '**주의의 조선**'이 되려 한다. 그리하여 도덕과 주의를 위하는 조선은 있고, 조선을 위하는 도덕과 주의는 없다. 아! 이것이 조선의 특색이냐. 특색이라면 특색이나 노예의 특색이다. **나는 조선의 도덕과 조선의 주의를 위하여 곡하려 한다.**[104]

우리는 어떤 종교, 어떤 사상을 가지고 있든지 선조들의 역사를 있는 그대로 보려는 마음 자세를 가져야 할 것이다. 역사가 플럼J. H. Plumb은 『과거의 종말The Death of the Past』에서 "**과거의 착취와 구속력에 대한 해방 선언이 과거의 종말이다.**"라고 주장하였다. 왜곡된 과거의 진실이 밝혀지고 바로잡힐 때, 그리하여 진정으로 과거의 종말이 올 때, 오늘의 현실과 인간의 문제를 바르게 보고 희망찬 미래를 창조적으로 건설할 수 있다는 것을 강조한 말이다.

이제 우리는 조작과 왜곡으로 얼룩진 과거에 대해 해방을 선언해야 한다. 그 길은 오직 수천 년 동안 어둠 속에 빠져 있던 역사의 진실을 밝히는 데 있다.

우리가 한민족의 시원 역사를 되찾는 일은 한국 역사에 대한 세계인과 우리 자신의 잘못된 인식을 바로잡는 데서 그치지 않는다. 이 땅의 한민족뿐만 아니라 지구촌 70억 인류가 오늘의 현실과 인간의 문제를 바르게 보고 희망찬 미래를 창조적으로 건설할 수 있는 길이 여기 있다. 다시 말해 **동북아 역사의 진실을 규명하는 것은** 오늘의 인류에게 닥친 여러 문제의 본질적 원인을 밝혀내고 그 해법을 찾기 위해 추구해야 할 가장 중요한 과제인 것이다.

---

[104] 신채호, 〈동아일보〉, "낭객의 신년만필", 1925.1.2.

일제에게 유린당한 한민족

조선의 혼과 정기를 말살하라

일본의 침탈 행위는 역사 왜곡과 강탈에 그치지 않았다. 더 나아가 그들은 조선과 조선인을 역사에서 아예 지우고자 하였다. 이른바 **민족말살 정책**을 실시하여 종교, 언어, 문학, 예술 등 문화 전반에 걸쳐 한국인의 정신과 혼을 말살하려 한 것이다.

그 일환으로 수천 년 동안 내려온 조선의 성씨를 파괴하고, 조선말과 조선글을 빼앗고, 신사참배를 강요하였다. 성씨는 한 개인의 정체성을 나타내는 가장 중요한 요소로 한국인은 자신의 성씨를 생명처럼 소중히 여긴다. 일제는 이 점에 착안하여 한국인의 정신적 기반을 파괴하기 위한 책략으로 창씨개명을 시행하였다. 그리고 이 정책을 따르지 않는 사람에게는 여러 가지 불이익을 가하였다. 창씨를 하지 않는 자의 자녀에게 입학과 전학을 불허하고, 창씨를 하지 않는 아동에게 일본인 교사가 이유 없이 질책과 구타를 하였다. 또한 창씨를 하지 않는 자를 징용의 제1 순위로 하고 물자 배급 대상에서도 제외하였다.[1]

이 창씨개명과 쌍벽을 이루는 민족말살책이 바로 한국어와 한글 사용의 금지이다. 1938년부터 일제는 모든 학교에서 조선어 교육을 전면 폐지하고 일본어를 '국어'로 쓰도록 하였다. 그 민족의 고유한 언어와 문자를 못 쓰게 한 것은 제국주의 역사상 일제가 유일하다.

일제는 또 한국인을 정신적으로 완전히 일본인화하기 위하여 일본 종교인 신도神道를 한국에 끌어들였다. 전국 곳곳에 신사를 지어 조선인으로 하여금 일본인의 조상에

일제가 남산에 세운 조선신궁_1920년 5월에 천조대신과 명치왕을 모신 신사를 서울 남산에 세우기 시작한 이후 1925년에는 조선팔도에 신사가 150여 개에 이르렀다. 그 후 면 단위까지 신사를 건립하게 하여 광복 직전에는 자그마치 2,229개가 건립되었다(김상웅, 『일제는 조선을 얼마나 망쳤을까』, 131쪽).

---

1) 김삼웅, 『일제는 조선을 얼마나 망쳤을까』, 214쪽.

게 절하게 만들고, 심지어 각 가정에도 조그마한 가정용 신단인 '신붕神棚'을 만들게 하였다. 전국 각 학교의 청소년에게 신사참배를 강요한 것은 두말할 나위도 없다. 일제는 신사참배를 '모든 국민이 지켜야 할 마땅한 생활규범'으로 강요하여 **한국인의 민족 정서를 철저히 파괴**했던 것이다.

일제는 조선 강토를 유린하는 패악까지 저질렀다. 바로 조선 산하의 명산과 혈 자리, 심지어 바다 속에까지 말뚝을 박아 천지 정기를 끊으려 한 것이다. 이 쇠말뚝은 땅에 박았지만 사실은 우리의 영혼 속에 박아 넣은 것이나 다름없다.

한국인 씨를 말리려 한 일본

일본인은 자신들이 조선인보다 인종적으로 우수하다는 근거 없는 우월감을 가지고 있었다. 이 편견을 바탕으로 조선 지배를 합리화하기 위해 일본은 체질인류학적 연구를 시행했다. 당시의 연구 자료를 보면, '조선인들의 두골이 작고 골격이 두꺼워서 뇌 중량이 작기 때문에 야만에 가깝다', '일본인에 비해 동작이 활발하지 못하고 안면 표정이 섬세하지 못하며 조잡한 음식을 먹는 까닭에 소화기관이 발달했다'는 등 편견으로 가득하다. 그런데 그 연구 결과, 일본 국내 지역 간 인종적 차이가 일본인과 한국인 사이의 차이점보다 훨씬 큰 것으로 나타났다. 그리하여 한국인이 열등하다는 근거를 만들기 위해 시작한 체질인류학 연구가 나중에는 한국인과 일본인의 뿌리가 같다는 일선동조론의 근거로 이용되었다.

이렇게 열등한 민족으로 낙인찍은 한국인을 일제가 어떻게 대접했는지 보여주는 실화가 있다. 일본은 1907년 3월에 메이지 왕 재위 40주년을 기념하는 도쿄 박람회를 거행하였다. 러일전쟁을 승리로 이끌고 아시아 최강 제국으로 올라 선 일본의 국력을 자랑하는 무대였다. 이 박람회에 우리의 눈과 귀를 의심케 하는 전시물이 있었다. 조선 사람 두 명이 살아 있는 동물처럼 전시된 것이다. 사람이 사람을 전시한 이 반인륜적인 박람회에서 당시 일본인들은 "조선 동물 두 마리가 아주 우습다"라는 반응까지 보였다고 한다.[2] 일본인에게 비친 한국 사람은 인간의 탈을 쓰고 있는 동물에 지나지 않았던 것이다.

일본의 한국인 참살 만행은 또 어떠한가?

약자를 억압하여 자신의 힘을 극대화하는 제국주의 사조로 말미암아 6백만 명의 유

---

[2] KBS 1TV, 〈역사스페셜〉, "조선 사람은 왜 일본 박람회에 전시됐나", 2011.12.8.

대인이 학살되었다고 하는데, 일제는 19세기 후반부터 20세기 중반까지 무려 8백만 명[3]의 한국인을 참혹하게 죽였다.

우선 1894년 갑오동학혁명을 진압하면서 동학군과 양민을 합쳐 최고 **30만 명으로 추산되는 조선인을 학살했다. 동아시아 최초의 국제 양민대학살**이었다. 일본은 청일전쟁을 수행하고 동학군을 진압하기 위하여 1894년 6월 5일에 참모본부 내에 군 최고 통수기관인 대본영大本營을 설치하였다. 그리고 1894년 9월에 대본영을 도쿄에서 히로시마로 옮겨 1895년 7월까지 10개월 동안 일왕이 직접 전쟁을 지휘하였다.

그들의 비밀 문건을 보면, 동학군이 함경도 방향으로 도망하지 못하도록 전라도 방향으로 몰아서 섬멸한다는 치밀한 작전까지 적혀 있다. 그때 일본은 저항하지 않는 동학군과 양민까지 무참하게 학살했다. '우지개'라 불리는 볏짚으로 만든 농기구를 머리에 씌우고 불을 질러 죽이기도 했다. 동학혁명에서 가장 치열한 싸움이었던 우금치 전투에서는 계곡과 산마루가 동학군의 시체로 하얗게 덮였고 개천에는 핏물이 여러 날 흘렀다고 전한다.

이후 일제에 항거하는 의병이 수없이 죽어갔고, 만주에서는 양민 대학살이 자행되었다. 1920년에 일본군은 3~4개월 만에 조선인 5천 명 이상을 무자비하게 죽였다. 간도 일대에서 자행된 한국인 학살을 지켜본 미국인 선교사는 **"피에 젖은 만주 땅이 바로 저주받은 인간사의 한 페이지"**[4]라고 탄식하였다.[5]

---

3) 1875년 느닷없이 강화도와 영종도에 나타나 이른바 '수교'를 요구하며 시작된 학살과 침탈은 1945년 패망 때까지 70년 동안에 걸쳐 끊이지 않고 자행되었다. 이 기간 동안에 무고하게 희생되거나 침략전쟁에 동원된 조선인은 어림잡아 8백만 명에 이른다(김삼웅, 『일제는 조선을 얼마나 망쳤을까』, 13쪽).

4) 일본은 조선 백성만 학살한 것이 아니라, 조선의 국모 명성황후까지 시해하였다. 1895년 10월 7일 밤, 대원군을 앞세워 강제로 입궁한 일본 폭한들은 잠자던 고종을 연금하고, 옥호루에 난입하여 궁녀 옷으로 갈아입은 황후를 찾아내어 참살하였다. 그리고 시신을 궁궐 내 우물에 던졌다가 흔적을 염려하여 도로 건져내어 정원의 솔밭에서 석유를 붓고 태웠다. 그래도 증거가 남아 다시 연못에 던졌는데 잘 가라앉지 않아 다시 꺼내어 매장하였다. 당시 명성황후는 44세였다. 40대로 보이지 않는 황후의 젊음은 유해 확인하는 과정에서 또 한 차례 치욕을 겪었다. 폭한들은 왕비의 속저고리를 벗기고 젖가슴을 살펴 나이 먹은 사람임을 확인하였다. 함부로 얼굴을 보이는 일조차 금기시하던 당시의 법도로 볼 때 명성황후는 죽어서까지 일본 폭한들에게 수모를 겪은 것이다(김삼웅, 같은 책, 58~59쪽, 93쪽).

5) 서울 시내 한복판에서 일제가 벌인 온갖 만행을 목도한 외국인 언더우드L. Underwood(1859~1916, 연희전문학교 교장)는 이렇게 고발하였다. "부인의 다리를 양편으로 벌려 생식기를 검으로 찔러 일신을 사분오열로 가르며, 여자는 이렇게 죽이는 것이 묘미가 있다고 웃으면서 담화하였다. 사람을 전차 궤교軌橋 아래 목을 매달고 양다리를 끈으로 묶어 좌우에서 다수인이 끈을 잡고 신호하며 호응하면서 '그네'와 같이 흔들어 죽인 일도 있다. 신체는 전신주에 묶고 처음 눈알을 도려내고 코를 찔러 그 애통한 광경을 충분히 구경한 후에 배를 찔러 죽인 일도 있다. 기차에서는 다수의 왜놈 등이 사지를 잡고 창밖으로 던져 역살하였고, 남녀 수십 인을 발가벗겨 보행시키고 또 춤을 추게 하여 수 시간 동물적 희롱을 감흥시킨 후 찔러 죽인 일도 있었다. 이런 괴악한 수단은 우리의 상식으로는 도저히 상상할 수 없는 바이다"(김삼웅, 같은

또한 일제는 만주와 한반도에서 이른바 '마루타まるた(통나무)'라는 암호로 통하던 생체실험을 행하였다. 만주에 주둔한 일본군 731부대가 중심이 되어 세균성 무기를 개발하기 위해 중국인, 러시아인, 한국인을 상대로 무려 31종류의 실험을 행하였다. 고속원심분리기를 사용해 생사람의 피를 짜고, 사람 몸에 말의 피를 넣었을 때 어떻게 죽는지 관찰하였다. 각종 독가스를 살포하여 얼마 만에 죽는지 측정하고, 페스트와 콜레라 균을 주입시켜 체내 장기에 어떤 변화가 생기는지 생체 해부로 알아냈다. 또한 인체의 70% 이상이 수분이라는 것을 증명하고자 생사람을 한증막에 넣고 쪄서 수분을 빼는 실험을 감행하고, 사람에게 전혀 물을 안 주고 빵만 먹이면 6~7일째 가서 퉁퉁 부은 채 피를 토하고 죽는다는 것도 알아냈다. 아직 그 전모가 밝혀지지 않은 **일본의 생체실험은 인류 역사상 가장 잔혹한 범죄 중의 하나**이다.[6]

한국인을 역사에서 지우려는 음모의 절정은 바로 1933년 흥아興亞연구소라는 특수 조직에서 도요카와 젠요豊川善曄라는 자가 작성한 **경성천도京城遷都 공작**이다. 이 문건은 한반도의 지정학적 특성을 들어, 일본이 세계를 경영하려면 동경은 수도로서 부적당하고 조선의 경성이 가장 적합한 곳이라 주장한다.[7]

만약 **일본인 1천만 명을 한반도로 이주시킬 것을 계획한 이 공작**이 실행되었더라면 한국은 완전히 일본인의 나라가 되었을 것이다. 혈통이 섞이고 언어와 역사도 완전히 빼앗겨 한민족이란 인종 자체가 역사 속에서 완전히 사라져 버렸을지도 모를 일이다.

그런데 오늘의 한국인은 민족의 역사가 난도질되고, **당시 한국 인구의 1/3에 달하는 8백만 명이 살해되고**,[8] **자칫 민족의 씨종자까지 말라 버릴 뻔했던 참담한 과거를 너무도 쉽게 잊고 산다**. 한국인이 일제에게 겪은 수난은 기억 저편으로 사라진 과거의 사건이 결코 아니다. 우리들의 부모형제가 당한 그 고통은 오늘날에도 우리 한민족 정서 속에 깊은 한으로 새겨져 있다.

책, 14쪽).
6) 일본의 생체실험 증거가 서울에서 발견된 사례가 있다. 2008년에 대학로의 한 공사 현장에서 50~100년 전으로 추정되는 유골 28구가 출토되었는데, 두개골 유골에 톱으로 가운데를 정밀하게 절단한 흔적이 있었다. 당시 근처에 경성의학전문학교가 있었던 것으로 보아 일본인이 조선인을 생체 실험한 후 암매장한 것으로 보인다(KBS 1TV, 〈역사스페셜〉, "조선 사람은 왜 일본 박람회에 전시됐나", 2011.12.8).
7) 도요카와 젠요 저, 김현경 역, 『경성천도: 도쿄의 서울 이전 계획과 조선인 축출 공작』, 124쪽.
8) 1925년 조선총독부 자료에서는 1900년의 조선 인구를 1,900만 명으로 추정했다.

일제에게 말살당한 조선의 혼과 시원 역사

정신 수탈 – 신사참배 강요

1925년에는 서울 남산 꼭대기에 있던 국사당을 헐어 인왕산으로 옮기고 현 남산식물원 자리에 조선신궁朝鮮神宮을 세워 신사참배를 강요하는 등 민족정신 말살에 광분하였다. 1945년 6월에는 신궁神宮 2개, 신사神社 77개, 면面 단위에 작은 신사 1,062개가 있었다. 이것도 부족하여 각급학교에는 '호안덴奉安殿'을 세우고, 각 가정에는 '가미다나神棚'라는 가정 신단神壇까지 만들어 아침마다 참배하도록 하였다.

조선신궁 참배에 동원된 소학교(초등학교) 학생들

경제 수탈

전쟁에 광분한 일제는 쌀 한 톨, 쇠숟가락 하나까지 수탈함으로써 조선 민중은 간신히 목숨을 연명해 나갈 수밖에 없었다. 일부 몰지각한 학자들은 이러한 수탈을 무시하고 일제가 우리를 근대화시켰다는 망언을 하고 있다.

일제는 부족한 군량미 확보를 위해 1942년에 식량관리법을 제정하고 군량미 확보 총동원령을 내렸다.

일본으로 반출하기 위해 군산항에 쌓아놓은 쌀과 각종 물자들

박은식의 『한국독립운동의 혈사』가 전하는 일제의 만행
(EBS, "도올이 본 한국독립운동사" 5부, 2005. 9. 29 방영, 도올 김용옥 번역)

백암 박은식은 『한국독립운동의 혈사』에서 일제의 만행을 다음과 같이 묘사했다.
"마을의 민가, 교회당, 학교 및 곡식 수 만석을 불 질러 잿더미로 만들었으며, 남녀노소를 총으로 죽이고, 칼로 죽이고, 몽둥이로 때려죽이고, 목을 졸라 죽이고, 주먹으로 때려 죽이고, 발로 차 죽이고, 도끼로 찍어 죽이고, 생매장하기도 하고, 불에 태우기도 하고, 솥에 삶기도 하고, 몸을 갈가리 찢기도 하고, 코를 꿰기도 하고, 갈비뼈를 발라내기도 하고, 배를 따기도 하고, 머리를 자르기도 하고, 눈알을 뽑기도 하고, 가죽을 벗기도 하고, 허리를 자르기도 하고, 사지에 못을 박기도 하고, 손과 발을 자르는 등 인간이라면 차마 할 수 없는 짓들을 저네들은 오락으로 삼았다.

우리 동포들 중에는 할아버지와 손자가 함께 죽었고, 아비와 아들이 함께 도륙 당했으며, 그 지아비를 죽여서 그 지어미에게 보였고, 그 아우를 죽여서 그 형에게 보였으며, 죽은 부모의 혼백상자를 끌어 앉고 도망가던 형제가 함께 떼죽음을 당하기도 했고, 더러 산모가 포대기에 아이를 싸않고 달아나다가 모자가 함께 목숨을 잃기도 했다."

> 將各處村落人家・教堂・學校・及糧穀數萬石代之一炬. 將男女老少, 加以砲殺, 刀殺, 杖殺, 搏殺, 拳殺, 踢殺, 磔殺, 生埋, 火燒, 釜烹, 解剖, 穿鼻, 穿脇, 剖服, 斬首, 鑿眼, 刮皮, 斬腰, 釘肢, 斷手足, 人類之不忍觀者, 爲彼娛樂之事.
> 我同胞或祖孫同殺, 或父子倂戮, 或殺其夫以示其婦, 或戮其弟以示其兄, 或喪人抱魂魄箱而逃難者遭兄弟俱斃, 或産母懷襁褓兒而避禍者被母子倂命. - 민족사학의 선구자 박은식의 『한국독립운동지혈사』 중에서

동경 대학살 당시 자경단원이 조선인을 학살하는 모습

1923년 일본 관동 지역이 대지진으로 초토화되자 일본정부는 혼란해진 민심을 수습하기 위해 조선인 폭동설을 날조 유포시켜 자국 국민을 선동했다. 이 때문에 일본인 자경단이 약 2만 명이 넘는 우리 동포들을 처참하게 학살하는 비극이 발생했다.

항일 주동자에 대한 일제의 만행

일본군은 항일 선동을 주동한 사람을 다양한 방법으로 고문하여 고통스럽게 서서히 죽이는 만행을 자행했다. 이를 통해 강제 징용된 사람들에게 경각심을 주어 저항 의지를 꺾고자 하였다. 철사를 오른쪽 볼에서 입 안쪽을 관통시켜 꿰어 놓은 것을 미군 병사들이 풀어주고 있다.

러·일전쟁(1904~1905) 당시 의병을 처형하는 장면

손을 뒤로 묶고 철사줄로 목을 매다는, 일본군의 처형 방식은 3.1운동 진압 때에도 재현되었다.

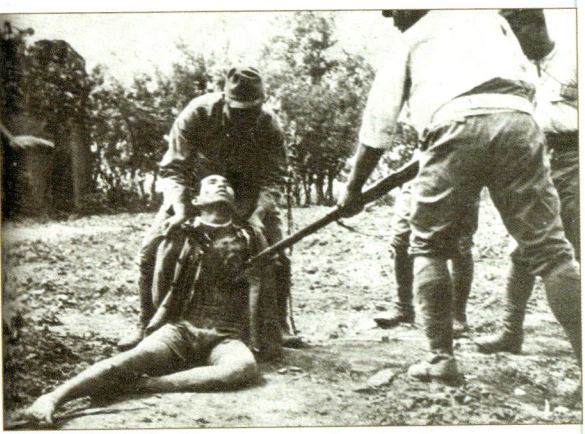

일본군은 포로와 일제에 저항하는 사람들을 신병들의 총검술 훈련 대상으로 삼아 잔인하게 죽였다.

일본군의 중국 남경 침공시 두 장교의 100명 목베기 경쟁 사건

일본 제국주의의 잔악상을 보여준 대표적인 사례. 일본 패망 후 두 사람은 중국 정부에 인도되어 1948년 남경 양화대에서 총살되었다(남경 전쟁기념관 전시관 자료).

신시배달의 수도였던 백두산이 일제의 독립군 토벌대에 의해 침탈당함

백두산 천지에서 그들의 영광을 위해 기원하는 일본인들과 일장기를 들고 만세를 부르는 일본군. 일제는 그들의 더러운 발길로 우리의 영산 백두산까지 모독했다.

출처: 김원모·정성길 편저, 『사진으로 본 한국의 백년』, 1989.
　　　박도, 『일제 강점기』, 2011.
　　　이규헌, 『사진으로 보는 독립운동』, 1987.
　　　정성길, 『일제침략시대』, 2007.

왜곡된 한국사의 핵심 내용

잘못된 한국사 체계 : 단군조선→기자조선→위만조선→한사군

『환단고기』에 따르면, 환국·배달·고조선으로 시작된 한국의 역사는 9천 년이 넘는다. 하지만 중국과 일본은 환국과 배달의 실존을 전혀 인정하지 않고 BCE 2333년에 단군왕검에 의해 시작된 고조선의 역사도 있는 그대로 인정하지 않는다. 단군조선 대신에 중국은 기자조선을, 일본은 위만조선을 고조선 역사의 시작으로 조작하였다. 기자조선은 BCE 12세기 말 중국 상나라 사람인 기자가 세웠다는 조선이고, 위만조선은 BCE 194년에 중국 연나라 출신의 위만이 준왕을 몰아내고 고조선 왕이 됨으로써 시작되었다는 조선이다.

이러한 두 조선은, 한국 역사가 중국 사람에 의해 시작되었다고 말하기 위해 조작된 것이다. 결론적으로 기자조선과 위만조선은 한국사를 중국에 예속된 역사로 만들기 위한, 중국과 일본에 의한 역사 왜곡에 지나지 않는다.

그러나 한국의 강단사학계는 이 두 조선을 그대로 수용하여 고조선 역사를 단군조선→기자조선→위만조선으로 설명한다. '기자조선은 허구'라는 주장이 강단사학계 내부에서 제기되기는 하지만, 아직도 기자조선은 여전히 살아 있다.

강단사학은 또한 위만조선을 이어 한사군이 한국을 지배하였다고 말한다. 한사군은 그 사실 여부가 불분명함에도 불구하고 한국 사학계는 역사적 사실로 굳혔다. 뿐만 아니라 한사군의 위치를 한반도의 대동강 유역으로 설정하였다.

한국이 인정한 한사군을 중국은 동북공정에 그대로 악용하여 한나라 때 자기네 영토가 대동강 유역까지 미쳤다고 주장한다. 여기에는 장차 한국에 큰 정치적 변화가 생겨 영토분쟁이 발생한다면, 한강 이북을 중국의 고토로 주장하겠다는 속셈이 숨어 있다.

서양의 교과서와 학자들은 중국의 동북공정을 묵인하고 동조하여 한국사를 겨우 천 년의 역사로 말한다.

단군조선
BCE 2333년
단군왕검이
건국한 고조선

- 북한은 단군조선만 고조선으로 인정
- 남한은 단군·기자·위만의 삼조선을 모두 인정하여 일본 식민사관과 중국 중화주의 사관의 대변자 노릇을 하고 있음
- 현 초중고 교과서는 단군왕검의 건국 사실만 말할 뿐 47대 단군의 2,096년 통치사는 서술하지 않음
- 불교사관으로 기록된 일연의 『삼국유사』는 환인의 환국, 환웅의 배달, 단군의 조선 건국 사실을 짧게 기록하였으나, 신화로 왜곡 해석될 여지를 남김
- 유교사관으로 기록된 김부식의 『삼국사기』는 단군조선을 부정할 뿐 아니라 신라 중심으로 한국사의 정통 맥을 왜곡함

기자조선
BCE 12세기 말
기자가 고조선
왕이 됨

- 중국이 말하는 고조선
- 주 무왕이 중국의 성인 기자를 조선의 왕으로 봉함
- 중국은 BCE 194년에 위만에게 쫓겨난 준왕을 기자의 후손으로 비정하여 천 년 기자조선을 주장(진수陳壽의 『삼국지』)
- 최근 국내 학계에서 기자조선을 부정하는 경향이 있지만 아직도 중학교 교과서에 실려 있음

위만조선
BCE 194년
위만이 조선 왕이
되어 고조선을
계승

- 일본이 말하는 고조선
- 연나라 출신의 위만이 고조선의 준왕을 몰아내고 고조선 왕이 됨
- 일본은 단군조선을 부정하고, 대신에 위만조선을 조선 역사의 시작으로 설정
- 현 국사 교과서에는 단군조선의 실체는 밝히지 않고, 위만의 집권과 통치는 자세히 기술함
- 일제 식민사학을 옹호하는 강단사학계는 위만조선을 단군조선의 정통 계승자로 인정

한사군
BCE 108년
한 무제가
위만조선을 멸하고
설치하였다는
북한 지역의 중국
식민지 4개 군郡

임나일본부

- 중국은 한 무제가 의도하였을 뿐인 한사군이 요서 지역에 실제로 설치된 것으로 기록(『한서』「무제본기」)
- 일본은 그 한사군을 한반도 북부로 옮겨 한국사를 대륙사에서 반도사로 축소시키고 한국사가 위만조선에서 한사군으로 이어진 것으로 설정
- 일본의 '한사군 재在한반도설'을 중국이 동북공정에 악용하여 고대 중국의 강역을 한강 이북 지역까지 확장
- 서양 교과서도 중국의 동북공정에 동조하여 한나라와 당나라 때 영토를 한반도 북부까지 표시
- 일본은 임나일본부(4세기에 신공왕후가 한반도 남부에 설치하였다는 통치 본부)를 주장
- 한반도 북부를 중국 식민지(한사군), 남부를 일본 식민지(임나일본부)로 만들어 한국 고대사를 자생 역사가 전혀 없는 노예의 역사로 전락시킴

서로 다른 한국사 체계

북한	조선 유가	한국의 주류사학	정통(국통)	일본	중국	서양(미국)
		구석기	환국			
대동강 유역 문화		신석기	배달신시			
		부족국가				
(단군)조선 대동강 중심 →요동	단군조선 평양설	(고)조선 BCE 300년경 국가로 성장: 요동→평양	(단군)조선 만주·한반도 전역		기자조선 한족정권 한반도 중북부	부족국가
	기자조선					
	위만조선	위만조선			위만조선 (한족정권)	한반도 북부, BCE 108년 중국 한나라의 군사 식민지 - 3세기경 축출
부여 구려 진국	삼한	한사군	북부여 (열국시대)	한사군 고구려 삼한	한사군 한반도 남부의 삼한	
고구려 백제 신라	신라 고구려 백제	삼국시대 고구려 백제 신라	고구려 신라 백제 가야	삼국시대 고구려 백제 신라	백제 신라	삼국시대 고구려 백제 신라
남북국 발해 통일신라	통일신라	남북국 발해 통일신라	대진(발해) 통일(후)신라	통일신라	통일신라	통일신라
고려	고려	고려	고려	고려	고려	고려
이조봉건국가	조선	조선	(근세)조선	조선	조선	조선
			대한제국			
항일혁명운동기 (일제강점)		대한민국 임시정부 (일제강점)	대한민국 임시정부	일본식민지	일본식민지	일본식민지
조선인민 공화국 (대한민국)		대한민국 (조선민주주의 인민 공화국)	대한민국 · 조선민주주의 인민 공화국	대한민국 조선민주주의 인민 공화국	대한민국 조선민주주의 인민 공화국	대한민국 조선민주주의 인민 공화국

V 한韓의 뿌리와 미래
: 『환단고기』 해제를 마치며

대한민국의 '대한'은 어디에서 왔는가

『환단고기』가 담고 있는 인류 시원사와 한민족의 고대사를 제대로 이해하기 위해서는 역사를 바라보는 새로운 눈, 이른바 대한사관大韓史觀에 대한 뚜렷한 인식이 있어야 한다. '대한사관'이란 말 그대로 '대한大韓의 눈'으로 역사와 문명을 살피고 해석하는 것이다. 그렇다면 '대한大韓'이란 어떻게 생겨난 말일까?

동서양 사람 대다수가 한국(Korea)이란 명칭은 익히 알고 있었지만, 정작 그 본딧말이 대한민국이란 사실을 알게 된 것은 2002년 월드컵 때 우리가 외친 "대~한민국!"이란 응원 덕분이다. 우리 국호에 대한이란 말을 처음 쓴 분은 고종 황제였다. 『조선왕조실록』 1897년 10월 11일자의 기록에 따르면, 고종은 "우리나라는 곧 삼한三韓의 땅인데, 개국초開國初에 천명을 받고 하나의 나라로 통합되었으니 지금 천하의 호칭을 '대한大韓'으로 정한다고 해서 안 될 것이 없다"라고 하고, 앞으로 "모두 대한으로 쓰도록 하라"라고 명하였다.[1] 우리나라는 본래 삼한이었으므로 그 '한'을 되살려 국호를 대한으로 정할 것을 명한 것이다. 그 이튿날 후, 고종 황제는 원구단에서 하늘의 삼신상제님께 천제를 올리고 대한제국의 출범을 천하 만방에 선포하였다.

대한민국의 대한은 바로 삼한에서 유래한 말이다. 여기서 삼한은 한강 이남에 움츠려 있던 남삼한이 아니라, 신교의 삼신 사상이 인간 세상의 통치원리로 구현된 본래의 북삼한이다. 고조선 시대에 초대 단군왕검께서 삼신의 원리에 의해 나라를 진한眞韓·번한番韓·마한馬韓으로 나누어 다스린 삼한관경제三韓管境制가 삼한의 시초인 것이다. 19세기 말 고종 황제가 '조선'[2] 대신 '대한'이라

---

1) 我邦乃三韓之地, 而國初受命, 統合爲一. 今定有天下之號曰'大韓', 未爲不可. … 並以大韓, 書之可也(『고종실록』1897.10.11).
2) 이성계는 위화도 회군으로 새 왕조를 세운 후, 국호를 옛 조선의 맥을 잇는다는 취지의 '조선'과

는 새로운 국호를 선포한 것은 이 나라가 고조선의 삼한을 계승한 천자국이자 자주독립국으로 재탄생함을 천명한 것이다.

이러한 '**대한**'의 **연원**은 『환단고기』에서 보다 구체적으로 확인할 수 있다. "오환건국吾桓建國이 최고最古라"라는 『삼성기』 상上의 첫 문장이 그것이다. "우리 환족이 나라를 세운 것이 가장 오래다"라는 이 선언은 한민족이 원래 '**환족**'이었음을 밝히고 있다. '환桓'은 '하늘의 광명[天光明]'을 뜻한다. 이 '환'에서 탄생한 것이 '한韓'이다. 즉 '한'은 '하늘의 광명이 인간에게 내려와 깃든 것[人光明]'이다. '한'은 바로 인간을 하늘의 광명을 내려 받은 신성한 존재로 자리매김하는 말인 것이다. 이렇게 위대한 우주 사상을 담고 있는 '한'이 우리 한민족을 지칭하는 말이 된 것이다.

아시아에서 북미까지 퍼져 있는 '한韓'

'한'은 단지 이 땅의 8천만 겨레를 가리키는 언어로 한정되지 않는다. 국어사전에 따르면 '한'은 20가지 이상의 뜻을 가진다. 그 가운데 대표적인 뜻만을 꼽아도, 하나[一], 많다[多], 크다[大], 같다[同], 가운데[中], 대략[凡] 등이 있다.[3] 『환단고기』에서도 '한'의 뜻을 여러 가지로 정의한다.

> 한은 역사의 통치자인 황皇(임금)이라는 뜻이다. 이 황은 크다[大]는 뜻이며, 크다는 것은 하나[一]라는 뜻이다.[4]

'한'에는 '크다', '하나이다'라는 뜻이 담겨 있어, '한'은 온 인류를 하나로 묶는 말이 될 수 있다. 여기에서 온 인류를 하나의 큰 가족으로 보는 '대한' 사상이 나왔다.

'한'에 이렇게 여러 뜻이 담겨 있음은 '한'이 오랜 역사성을 가진 말일 가능성을 암시한다. 상고 시대에 일찌감치 생겨나 여러 의미가 덧붙여 졌으며, 환국 이래 고대 동북아 문명이 동서남북으로 퍼져 나갈 때 사람들의 입을 통해

자신의 출생지에서 따온 '화령和寧' 둘 가운데 하나로 정하려 했다. 이 가운데 명나라가 '조선'을 택하였고 이것이 이후 5백 년 동안 사용되었다. 그런데 당시 명나라 주원장이 뜻한 조선은 이성계와 달리 기자조선(중국이 조선 역사의 시작으로 설정한 조선)을 가리킨다. 『조선왕조실록』에 '너희 나라는 원래 기자조선으로 시작했으니 국호를 조선으로 하라'는 주원장의 말이 전한다.

3) 김상일, 『한사상』, 23쪽 ; 박성수·김상일 외, 『한류와 한사상』, 156쪽.
4) 韓, 卽皇也, 皇, 卽大也, 大, 卽一也(『태백일사』 「소도경전본훈」).

'한'이란 말도 멀리 전파되었던 것이다.

고조선 시대에 갈려 나간 북방 민족 중 몽골족의 언어에서 '한' 또는 '한'과 유사한 말을 쉽게 볼 수 있다. 몽골 제국을 구성한 4대 왕국인 오고타이한국汗國, 차가타이한국, 킵차크한국, 일한국의 이름에 비록 한자 표기는 다르지만, '한'이 포함되어 있다. 이 '한국汗國'은 '칸국'으로도 발음되는데, 김상일 교수에 따르면 몽골어에서 칸은 **신의 이름과 영웅, 산, 강 같은 숭배 대상** 등에 붙여진다. 마야 인디언들에게서도 **칸**Kan이 **신적 존재와 관계**되어 사용되고 있다. 북미의 호피 인디언들에게서 발견되는 '한야Hania'는 전쟁신을 가리킨다. 잉카 세계에 있어서 천상 세계는 '하난 파차Hanan pacha'로, 여기서 '하난'은 '**하늘 세계**' 혹은 '**높다**'는 뜻이다. 여러 인디언 부족들의 말에서 '한' 혹은 '칸'을 어간으로 하는 어휘 대부분이 '**하늘, 하느님**'을 **의미**하고 있는 것이다.

동남아시아 문명 속에도 '한'이 숨어 있다. 미얀마의 네 부족 가운데 맨 위쪽에 위치한 친Chin족이 부르는 신의 이름은 '**팟 히안**Pat Hian'이다. '팟'은 '아버지'란 뜻이고 '**히안**'은 '하늘'이란 뜻이다. 여기서 '히안'은 '한'과 유사음으로 볼 수 있다. 인구 4백만 정도에 이르는 인도의 원주민인 산탈Santal족의 창조 신화에도 '한'의 명칭이 나타난다. 산탈 신화에 등장하는 새의 이름이 '한스Hans'와 '한신Hansin'으로, 그 이름에 '한'이 들어 있다. 타이 사람들은 우리의 '한'과 유사한 개념을 가지고 있는데, 그것은 '**콰한**Khwan'이다. '콰한'은 무려 32가지의 의미를 지니고 있다. '콰한'은 **자연과 인간을 하나로 보는 개념**이며, **너와 내가 조화되는 개념**이다. 인도네시아의 신화에서 최고신은 '**커투한**Ketuhan'이다. '커'는 우리말로 '크다'는 뜻이며 '투한'은 '주 하느님'이라는 뜻이다. **신의 이름에 '한'을 포함**하고 있는 것이다. 필리핀의 이고로트Igorot 원주민의 최고신은 '**카후니안**Kafunian'이다. '카후니안'은 '카한', '칸'으로 줄여질 수 있다고 보며, 반대로 '한', '칸'이 '카후니안'으로 풀어질 수도 있다. 이외의 여러 이고로트 말 속에 현재 한국인이 사용하고 있는 '한'과 거의 같은 의미의 '한'이 살아 있다. 김상일의 주장대로, '한'은 문명의 기원에 있어서 동아시아 문명을 하나로 묶어 주는 띠와 같은 언어인 것이다.[5]

---

5) 박성수·김상일 외, 『한류와 한사상』, 185~203쪽.

그런데 '한'이 궁극적으로 뜻하는 바는 미래의 인간상이다. 지금까지의 역사에서 '한'은 인간에게 내재한 광명, 또는 광명이 깃든 신성한 존재로서의 인간 등을 의미하였다. 그러나 '한'이 궁극적으로 지향하는 바는 여기에 그치지 않는다. '한'은 장차 천지의 뜻과 이상을 역사 속에서 직접 실현할 천지의 아들딸로서 '**태일**太一**의 인간**'을 가리킨다. 미래 문명사회에서 보편적인 인간상이 될 **태일 인간**, 이것이 '**한**'의 **궁극**이다.

『환단고기』는 대한사관으로 보아야 한다

그렇다면 대한사관은 무엇인가?

대한사관은 '인류의 창세 민족인 환(대한)족이 지구에 첫 문명을 열었으며 그 문명이 동서의 여러 갈래로 뻗어나가 세계 역사와 문명의 기원이 되었다'라는 시각으로 역사를 해석하는 관점이다. 간단히 말해, 온 인류를 한 뿌리에서 뻗어 나온 한 겨레로 인식하는 사관이다. 이것을 온전히 밝힌 유일한 정통 사서가 바로 『환단고기』이다. 이는 필자가 『환단고기』를 지난 30여 년 동안 암송하고 묵상하며 얻은 깨달음이다.

이 대한사관으로 제3의 역사학을 열 때, 구사학과 신사학의 한계를 극복할 수 있다. 그동안 역사학은 실증주의에 바탕하여 상고 시대를 유적과 유물 중심으로 해석하는 '구사학old history'과 역사가의 이해와 주관에 따라 역사를 적극적으로 해석하는 '신사학new history'이 주류를 형성하였다. 물론 역사 기록이 충분하지 않은 상고시대를 파악하는 데에는 유물과 유적이 매우 유용한 자료이다. 그리고 과거의 사건을 보는 사람 나름대로 해석하는 것도 중요하다 할 것이다. 하지만 구사학과 신사학은 인류사의 근원을 이루는 정신문화와 그것의 숭고한 가치를 제대로 드러내지 못하였다. 또한 역사를 배우는 이들에게 '인류는 한 겨레 한 가족'이라는 시야도 열어 주지 못하였다.

기존 역사학을 신봉하며 강단에서 후학을 기르는 이들은 대개 『환단고기』가 전하는 역사의 진실을 무작정 배척하는 경향을 보이고 있다. 오히려 중국이 심어놓은 중화사관이나 일본이 이 땅에 박아놓은 식민사관의 비뚤어진 관점에서 『환단고기』를 대하고, 우리의 시원 역사를 신화로 치부하고 부정한다. 하지만 한민족과 인류의 창세 역사와 원형문화는 바로 대한사관으로 연구하고 해석할 때 그 온전한 모습과 웅장한 기상이 드러날 수 있다. 이에 필자는 구사학과 신사학의 장점을 수용하고, 그것을 뛰어넘어 한민족사와 인류사를 대한의 울타리로 묶어 큰 하나로 해석하는 대한사관의 보편적 시각으로『환단고기』를 해석하는 데 심혈을 기울였다.

지난 30여 년간의 연구 끝에 필자는 『환단고기』에 대해 이런 결론을 얻게 되었다. 『환단고기』는 동북아 한민족과 인류의 창세역사와 원형문화를 고스란히 담고 있는 '지구촌 유일의 역사서' 이자 상고 시대 한민족의 나라 경영을 기록한 '통치 법전' 이요 동서양의 모든 종교의 모체로서 인류의 시원종교 urreligion인 신교의 전모를 기록한 '종교 경전' 이다.『환단고기』는 인류의 첫 조상인 광명의 환족이 어떻게 시원역사를 열고 문명을 일구었는지를 확연히 보여준다. 환국 이후 고려에 이르기까지 무려 9천 년에 걸친 한민족의 역사 개척 과정도 보여준다. 뿐만 아니라 장차 인류가 맞이하게 될 새 세상에 대한 전망까지도 제시한다. 한마디로『환단고기』는 '**한韓의 뿌리와 미래**' 를 밝힌 보배로운 역사서인 것이다.

『환단고기』가 세상에 나오기까지

『환단고기』가 세상에 처음 모습을 드러낸 지 백 년의 세월이 흐른 오늘, 필자는『환단고기』가 어떤 가치를 지니며, 어떤 메시지를 던지는지 확연히 밝히려 한다. 그리하여 왜 21세기의 모든 인류가『환단고기』를 읽어야 하는지를 전하고자 한다.

『환단고기』는 5명의 저자가 쓴 5권(『삼성기』상·하,『단군세기』,『북부여기』,『태백일사』)의 책으로 구성되었다. 신라에서 조선조까지 1천 년에 걸쳐 서로 다른 저자가 기록한 것임에도, 현 인류의 동서 문명이 환국에서 시작되었다는 것과 한민족의 상고 역사가 환국·배달·단군조선으로 이어져 왔음을 일관되게 이야기하고 있다. 그 5권의 특징을 간략히 정리하면 다음과 같다.

- ●『삼성기』상上은 신라 때 승려 안함로가 예로부터 전해 오던 우리의 고유 사서를 기초로 하여 한민족의 '**국통**國統 **맥**' 을 밝힌 사서이다.

- 『삼성기』하下는 고려 때 원동중이 쓴 책으로, 『삼성기』 상에 기록되지 않은 환국과 배달에 대한 보다 자세한 내용, 특히 치우천황에 대한 내용이 수록되어 있다.
- 『단군세기』는 고려 말엽 행촌 이암이 간신배의 농간으로 몰락하는 국운에 비분강개하여 마흔 일곱 분의 단군이 다스린 동북아의 종주였던 단군조선의 영광스런 역사를 만천하에 드러내고자 저술한 역사서이다.
- 『북부여기』는 이암과 동시대를 살던 복애거사 범장이 주권을 상실한 고려의 현실을 통탄하며 잃어버린 부여사(북부여와 동부여)의 전모를 복원하여 왜 북부여가 단군조선의 국통을 계승한 나라인지를 처음으로 밝힌 사서이다.
- 『태백일사』는 조선 시대 이맥이 한민족의 7천 년 상고 역사를 세밀하게 다루면서 신관, 우주관, 인간관, 인성론, 윤리관을 중심으로 환인, 환웅, 단군이 전한 나라 다스림의 심법(천부天符의 삼일심법三一心法)을 체계적으로 집대성한 것이다. 그래서 『태백일사』는 **신교문화의 총체적인 진면목**을 잘 드러내 준다. 특히 여덟 편 가운데 첫 번째인 「삼신오제본기三神五帝本紀」는 **인류의 창세문화와 역사를 구성한 신교 원형문화의 정수**를 깨우쳐 준다.

이처럼 당대의 석학들이 천년의 시차를 두고 집필한 귀중한 기록을 모아 운초 계연수(1864~1920)가 『환단고기』라는 한 권의 웅혼한 역사서로 출간한 것은, 이맥이 『태백일사』를 짓고도 무려 사백 년이 지난 1911년의 일이었다. 조선이 강제로 일본 제국주의에 병탄倂呑됨으로써 동북아의 종주宗主요 인류 창세사의 주인공인 한민족의 모든 것이 자칫 멸절될지도 모를 지경에 이르렀을 때 **창세 역사와 미래 문명의 원형을 담고 있는 『환단고기』**가 절망에 빠진 한민족을 일으켜 세우려는 듯 세상에 그 모습을 드러낸 것이다.

그러나 정작 『환단고기』를 통해 우리 역사에 혼을 불어넣은 운초 자신은 일본 제국주의에 의해 참혹한 운명을 맞아야 했다. 놀라운 한민족의 상고 역사와 민족혼이 담긴 『환단고기』가 조선인의 독립의식을 고취할 것을 두려워한 일제는, 이 책으로 민중들을 계몽하며 독립운동을 하던 운초 선생을 살해하고 사지를 토막 내어 압록강에 내던져 버렸던 것이다.

그렇지만 『환단고기』는 일제 암흑기와 6·25 남북전쟁의 시련, 사대事大주의와 식민사학에 찌든 강단 사학자들의 외면과 배척 등 수많은 곡절을 이겨내고 백 년 세월을 넘어 마침내 우리의 손에 전해졌다. 그러므로 『환단고기』가 **시련을 겪은 지난 한 세기**는 찬란했던 한민족사의 위대한 혼백을 총체적으로 다시 일으켜 세우고, **인류사의 새 지평을 여는 역사 광복을 위한 인고**忍苦**의 기간**이 아닐 수 없다.

『환단고기』의 진정한 가치

그렇다면 1,500년이 넘는 세월을 거친 끝에 탄생하고 전수된 『환단고기』의 진정한 가치는 과연 무엇일까? 이 물음에 대한 대답은 『환단고기』의 두 가지 핵심 키워드, **삼신**三神과 **광명**光明에서 시작된다. 다시 말해 『환단고기』는, 삼신이 바로 우주의 근원이며, 삼신 그 자체인 우주 광명이 천지와 인간에게 두루 깃들어 있다는 것을 밝혀 준다.

앞서 보았던 것처럼 삼신은 세 분의 신이 아니라 오직 '한 분 일신一神'이다. 신의 조화 자체가 광명(밝음)이다. 바로 이 일신이 우주 삼라만상을 낳고 길러서 이끌어 갈 때 '세 가지의 신성神性과 창조법칙'으로 작용하기 때문에 삼신이라 부르는 것이다. 이러한 삼신의 작용으로 하늘에는 **삼신**三神, 땅에는 **삼한**三韓(단군조선 때 삼한관경제로 운영된 진한·번한·마한), 인간의 몸에는 **삼진**三眞(性·命·精)이 자리를 잡게 되었다. 천天·지地·인人, 곧 대우주를 이루는 이들 모두에 삼신의 광명과 3대 신성이 동일하게 깃들어 있는 것이다.

그렇다면 조물주이신 우주 삼신의 3대 신성은 구체적으로 어떤 것인가? **하늘의 도인 '조화**造化**의 도', 땅의 도인 '교화**敎化**의 도', 인간의 도인 '치화**治化**의 도'**가 그것이다. 만유생명의 근원인 삼신은 뭇 생명을 낳고 기르며(조화) 깨달음을 열어 주고(교화) 질서 있게 다스려 나간다(치화).

따라서 **대우주는 곧 살아 있는 삼신 그 자체이며 인류 역사와 문명에도 삼신의 섭리가 작용**한다. 이런 까닭에 하늘·땅·인간은 각기 별개의 것이 아니라, 삼신에게서 부여된 신성과 광명을 가진 삼위일체三位一體적 존재가 된다. 하늘도 밝은 존재(天一), 땅도 밝은 존재(地一), 인간도 밝은 대광명의 존재(太一)인 것이다. 우리는 『환단고기』를 통해 하늘·땅·인간이 이처럼 숭고한 존재로서 하나 된 가운데 인류 역사가 시작되었고 진행되어 왔다는 것을 알 수 있다. 뿐만 아니라 『환단고기』를 보면 상고문화의 모든 것이 삼신의 가르침과 작용에서 비롯된다는 것과, **한민족과 인류의 창세 역사의 내용이 바로 삼신의 가르침인 신교문화**神敎文化라는 것도 깨닫게 된다.

신교문화란 '신(삼신)으로부터 가르침을 받아 역사와 문명을 일구어간다'는 뜻이다. 여기서 가장 중요한 주제어는 당연히 삼신이다. 창세 이래 한민족의 신교문화권에서는 천상의 하느님을 '상제님' 또는 '삼신상제님'이라 불러왔다. 『환단고기』에서는 '삼신일체상제三神一體上帝(삼신과 한 몸이신 상제님)' 또는 '삼신즉일상제三神卽一上帝(삼신은 곧 한 분이신 상제님)'라 하여 우주의 통치자로 계시는 하느님의 존재와 본래 호칭을 더욱 더 명확히 알려 준다. '삼신의 신권神權을 현실 세계에 집행하시는 통치자 하느님'이시기 때문에 상제님을 그렇게 불렀던 것이다.

그렇다면 『환단고기』는 인류의 황금시절 이래로 역사와 문명을 일구어 온 인간을 어떻게 정의하는가? 『환단고기』에 따르면, 인간은 단순히 진화의 산물도 아니고 창조주의 일방적인 의지에 따른 수동적인 피조물도 아니다. 인간은 삼신상제님의 신성과 지혜와 광명을 내려 받은 존엄한 존재이다. 나아가 자신을 낳아 준 천지를 대신하여, 천지가 꿈꾸는 원대한 이상을 이 땅 위에 직접 실현하는 존귀한 주체이다. 『환단고기』는 이처럼 인간이 바로 천지의 꿈을 실현해 가는 역사의 위대한 주체라는 것을 알려 준다.

비록 때때로 환경과 상황에 따라 크고 작은 허물과 죄를 짓기도 하지만, 인간은 얼마든지 참회와 수행과 진정한 깨달음을 통해 본래의 신성한 영적 존재로 거듭날 수 있다. 『환단고기』에서는 이처럼 수행과 깨달음을 통해 삼신께서 내려 주신 본래의 신성과 광명을 되찾은 사람을 **태일**太一[6]이라 일컫는다. 놀랍게도 『환단고기』는 우리 인간이 어떻게 태일로 거듭날 수 있는지 그 방법을 알려 준다. 천지부모에게 감사하는 지순한 마음으로 수행을 생활화하면 자신 안에 깃든 삼신의 신성과 광명을 회복하고 **'참된 나**[眞我]'를 성취할 수 있음을 밝혀 주는 것이다.

---

6) 당나라의 여동빈은 『태을금화종지太乙金華宗旨』에서 "태을太乙이라는 것은 가장 높은 것을 이른다[太乙者, 無上之謂]"라고 말한다. 인간이 태일이 되어 성취하는 **우주의 가장 높은 차원의 영적 경계가 곧 태을**인 것이다.

『환단고기』는 실제로 환국·배달·고조선의 역대 통치자인 환인, 환웅, 단군이 삼신상제님으로부터 가르침을 받아 우주의 신성과 천지광명을 체득하고, 신교의 광명 심법心法으로 나라를 다스렸음을 보여준다. 환국의 7세 지위리智爲利환인은 동방 문명 개척의 길을 떠나는 거발환居發桓(배달국의 초대 환웅)에게 '우주 광명을 체득하는 광명이세光明理世와 홍익인간의 심법'을 전수하였다. 마침내 백두산의 신시神市에 배달을 건국한 거발환환웅은 자신을 찾아와 **'삼신의 계율을 지키는 백성[神戒之氓]'**이 되기를 바라는 호족虎族과 웅족熊族에게 백 일 동안의 수행을 명하였다. 그들 중 웅족 사람들만이 혹독한 수련 과정을 완수하여 인간 내면의 천지광명이 발현된, 진정한 사람다운 인격을 갖춘 대인이 되었다.

이처럼 『환단고기』는 삼신이 바로 인간생명과 천지광명의 근원이고, 그 광명이 모든 인간에게 똑같이 두루 깃들어 있음을 밝혀준다. 또한 인간을 신성하고 광명한 존재로 밝혀 그 어떤 종교나 철학에서도 깨우쳐 주지 못한 인간의 지고한 위격을 드러내고 있다.

다른 한편으로 『환단고기』는 태고 황금시대에 인간이 삼신상제님을 어떻게 모셨는지 천제문화를 통해 자세히 보여준다.

환인천제·환웅천황·단군왕검을 비롯하여 역대 통치자들은 **천제 봉행을 국가 경영의 근원**7)으로 삼았다. 특히 환인과 환웅의 제천문화의 전통을 계승한 고조선의 역대 단군은 매년 봄 대영절大迎節(음력 3월 16일)에 강화도 마리산에 올라 삼신상제님께 천제를 올리고, 가을(음력 10월 3일)에는 백두산에서 천제를 봉행했다. 대영절은 말 그대로 하늘·땅·인간을 통치하는 삼신상제님을 맞이하는 한민족 대축제의 날이었고, 음력 10월의 늦가을에 지내는 천제는 새해를 준비하면서 삼신상제님과 천지부모의 은혜에 감사하며 한 해의 수확을 바치는 보은의 한마당이었다.

---

7) 고조선 시대 삼한의 제천문화에 대해 『태백일사』 「삼신오제본기」는 "소도에서 올리는 제천 행사는 바로 구려九黎 교화의 근본이 되었다. … 온 나라에서 이 소도제천 예식을 숭상하지 않는 곳이 없었다[蘇塗祭天, 乃九黎敎化之源也. … 四海之內, 莫不崇飾祀典者也]"라고 전한다. '구려 교화의 근본'이라는 말에서, 한민족의 천제문화는 백성을 다스리고 교육하는 원천이었음을 알 수 있다. '구려'는 배달의 치우천황과 관련된 기록에 자주 등장하는 용어로 '동이의 아홉 겨레', 즉 배달과 그로부터 분화하여 동북아에 널리 퍼져나간 모든 동이족을 가리킨다.

고종황제가 1897년에 삼신상제님께 천제를 올린 원구단_환국 시대 이래 수천 년 동안 행한 한민족의 천제가 조선 세조 때 명나라의 압력으로 중단되었다. 조선말에 이르러 고종이 현 서울의 소공동 자리에 원구단을 건립하여 천제를 봉행하고 대한제국을 선포하면서 천제 문화가 부활되었다. 고종 때 원구단 전체는 9천 평에 이르는 상당한 규모였으나 지금은 신위神位를 보관하는 곳인 황궁우만 남아 있다(사진 : 2008년 11월 27일에 의친왕의 손자인 이원李源〈공식 명칭은 황사손皇嗣孫〉씨가 제관이 되어 봉행한 원구대제).

단군조선의 천제문화는 그 후로 민족사의 격동 속에서도 부여, 고구려, 예맥, 마한, 신라, 고려 등으로 꾸준히 계승되었다. 고려 시대의 국가 의례였던 팔관회, 연등회 등도 불교 행사가 아닌 천제문화의 일환이었다. 비록 일시적으로 단절되기도 하였지만, 한민족의 제천행사는 19세기 말 고종황제의 대한제국 시대까지 이어졌다.

감사와 보은의 한마당인 **천제**는 또한 '소통의 한마당'이었다. 천제를 올림으로써 삼신상제님과 그 대행자인 천자가 서로 소통하고, 천자와 그의 백성이 하나가 되어 화합하였다. 천제는 온 백성이 대한의 마음으로 크게 하나되는 **대동제**大同祭요 축제의 장이었다. 9천 년 역사를 가진 한민족의 천제문화는 인류 축제 문화의 원형이라 할 수 있다. 고구려 사람들이 부른 〈다물흥방지가多勿興邦之歌〉는 바로 이 같은 대동제의 정신과 천제문화의 핵심 주제를 잘 담고 있다.

이렇듯 『환단고기』는 우주 삼신의 존재와 인간의 위격을 밝히고 우리 조상들이 대대로 대우주의 통치자이신 삼신상제님을 어떻게 모셨는가를 밝혀 준다. 이것은 한민족과 인류의 시원역사와 원형문화를 밝혀준 『환단고기』가 지니는 또 다른 귀중한 가치가 아닐 수 없다.

아홉 굽이를 거친 한민족의 국통 맥

『환단고기』는 우리 한민족의 뿌리 역사 시대인 환국·배달국·고조선이 곧 신교의 삼신문화가 현실 역사로 전개된 과정임을 밝혀준다.

먼저 안파견安巴堅환인이 열었던 환국 시대는 조화신의 신성을 깨닫고 그 신성을 역사와 일상생활에 구현한 때이다. 이 시절에 살던 사람들은 대자연과 한마음이 되어 자연을 있는 그대로 느끼고, 동식물 등 만물과 교감하며, **제천**祭天 **문화의 원형 시대**를 활짝 열어 삼신상제님과 어려움 없이 소통하였다. 또한 선仙의 정수를 깨달아 병에 시달리지 않고 장수하였다. 한마디로 사람들이 순수 감성으로 교감하며 조화 문화, 도통 문화를 누린 시대였다. 동서양의 고대 문명 탐험가들이 말하는 이른바 '**인류 문명의 황금시대**'란 바로 이 환국 시대를 가리키는 것이다.

환국을 계승한 거발환환웅의 배달은 교화신의 신성이 발현된 때이다. 인간의 생활을 이롭게 하는 문자, 도구, 의술, 수학, 천문학이 이 무렵에 발명되거나 본격적으로 개발되어 나왔다. 배달의 강토였던 중국 내몽골자치구와 요령성 일대에서 쏟아지듯 발굴되는 홍산문화 유적들, 특히 5,500년 전 무렵의 거대한 제천단祭天壇과 다양하고 정교한 옥기玉器와 도기陶器, 악기樂器 등은 당시 **동방의 배달문명**이 얼마나 발달했는지 단적으로 보여준다. 인류의 상고시대는 수렵과 농경이 삶의 주축을 이룬 때이긴 하지만, 흔히 추측하듯이 사람들이 동굴과 숲속에 살면서 나무 열매나 따 먹던 미개한 시대는 결코 아니었다.

배달을 이은 단군왕검의 조선은 치화신의 신성이 발현된 때로서, 삼신상제님을 받드는 삼신문화와 신교의 우주관과 신관의 핵심 이념이 실제로 국가를 다스리고 운영하는 통치 체제로 구현된 역사 시대이다. 그 통치 체제가 바로 **삼한관경제**三韓管境制이다. 나라를 셋으로 나누어 경영한 이 삼한관경제를 제대로 인식하는 데에서 고조선사에 대한 올바른 이해가 시작된다.

한민족의 상고사 7천 년은 조화·교화·치화라는 삼신의 3대 신성이 인간 삶 속에 그대로 드러난 시기이다. 이 상고 역사는 인위적으로 만든 것도 아니고, 우연히 그렇게 된 것도 아니다. 삼신의 광명한 우주정신의 본성이 **인간 역사를 전개하는 원동력**이 되었기에 자연스럽게 3수원리에 의해 '**삼성조 역사**'가

| 염표문念表文 | 환국 · 배달 · 단군조선의 국가 경영 법전

天은 以玄默爲大하니 其道也普圓이오 其事也眞一이니라.

地는 以蓄藏爲大하니 其道也効圓이오 其事也勤一이니라.

人은 以知能爲大하니 其道也擇圓이오 其事也協一이니라.

故로 一神降衷하사 性通光明하니 在世理化하야 弘益人間하라.

고조선 11세 도해道奚단군이 반포한 염표문念表文_살아있는 삼신 그 자체인 천지인의 신성과 역할을 노래한 신교문화 헌장이다. 여기에 인류의 원형문화인 신교의 우주관과 역사관, 인간론의 핵심 정수가 담겨있다.

그렇게 전개된 것이다. 『환단고기』는 이처럼 삼신이 우주의 운행을 다스리고 인류의 시원 역사를 전개하는 신성한 손길임을 보여준다.

지난 2003년에 필자는 그리스의 철학자이자 수학자인 피타고라스가 태어난 지중해의 사모스 섬을 답사하였다. 그런데 놀랍게도 그곳 해변에 세워진 피타고라스 동상의 현판에서 우주론의 핵심을 꿰뚫는 한마디를 발견하였다. "**3이라는 수는 존재하는 모든 것을 움직이게 하는 중심축이다!**"[8] 이것은 서양에서도 3수 원리를 '우주가 변화하고 인류사가 전개되는 근원적 원리이자 원동력'으로 인식하고 있음을 보여주는 명구이다.

일찍이 삼신의 3수 원리에 따라 환국 · 배달 · 조선의 7천 년 역사가 전개된 한민족사는 그후로도 3수 원리에 의해 전개되었다. 단군조선이 문을 닫은 후, 해모수의 북부여를 필두로 한 '열국列國(여러 나라) 시대'가 시작되었다. 열국시대는 동북아 대륙과 한반도 전체를 통치하던 단군조선의 몰락으로 야기된 것이긴 하지만, 그것은 우리 한민족사가 여럿으로 나뉘어지는 계기가 되었다. 북부여, 동부여,[9] 남삼한 등으로 이뤄진 열국 시대는 그 후 북부여를 계승한 고주몽의

---

8) 그리스 원문은 'ὁ ἀριθμός τρίς ἔστιν τό κεντρον τοῦ συμπάντοῦ κόσμου' 이며, 로마자 발음으로 이 문장은 'ho arithmos tris estin to kentron tu sympatu kosmu' 라 읽는다.

9) 해부루의 동부여는 마지막 3세 왕 대소가 고구려의 대무신열제와 싸워 죽고, 그 종제가 고구려에 투항함으로써 망하였다. 투항한 부여의 무리를 연나부에 살게 했는데 이를 연나부부여라고 하였으며, 고구려 서쪽에 있었으므로 서부여라고도 부른다. 동부여가 망하고 생긴 서부여는 고구려 21세 문자열제 때인 494년까지 존속하였다. 중국사에 등장하는 부여사의 대부분은 바로 서부여 역사이다. 중국 역사가들은 부여사의 첫 머리인 해모수의 북부여 역사는 감추고, 부여사의 잔여 역

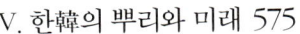

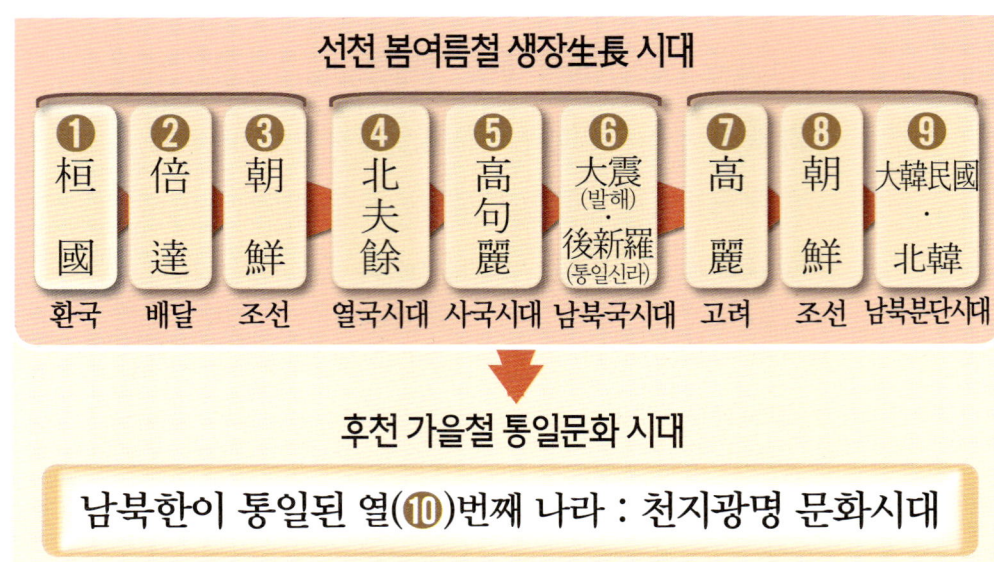

삼신의 3수 원리로 전개된 한민족사의 9천년 국통맥國統脈

고구려와 백제, 신라, 가야의 사국 시대를 거쳐 북쪽의 대진(발해)과 남쪽의 통일(후)신라가 대치한 '남북국 시대'로 이어졌다. 그리고 이후 고려·조선·대한민국으로 한국사의 국통이 이어져 오늘의 '남북 분단시대'에 이르고 있다.

그런데 이 국통 맥을 자세히 들여다보면, 3단계씩 세 번에 걸쳐 이어 왔다는 것을 알 수 있다. 환국 → 배달 → 조선으로 3단계, 이어 열국 시대(북부여·동부여·남삼한) → 사국 시대(고구려·백제·신라·가야) → 남북국 시대(대진〔발해〕·통일〔후〕신라)로 3단계, 그리고 고려 → 조선 → 대한민국(남한·북한〔조선민주주의 인민공화국〕)으로 다시 3단계인 것이다. 한국사에서 국통은 이처럼 면면히 **아홉 굽이**를 거쳐[九變之道] 오늘까지 이어 왔다. 한민족의 9천 년 역사는 계승되어 내려온 국가들의 마디만 따져 보아도 삼신의 3수 원리가 그대로 펼쳐진 것임을 알 수 있다.

『환단고기』가 밝히는 인류 문명의 네 기둥

『환단고기』는 한민족의 당당한 9천 년 역사에 눈을 뜨게 할 뿐만 아니라, 나아가 지나간 1만 년 인류 문명의 발달과 분화 과정을 꿰뚫어 볼 수 있는 안목

사인 서부여에 치중하여 기록하였다.

을 입체적으로 열어 준다.

『환단고기』는 지금까지 세계 문명이 크게 '네 개의 기둥'을 중심축으로 하여 발전해 왔음을 보여준다. 일찍이 천산 동방 지역에서 인류의 첫 나라인 환국을 연 환족이 동북아시아로 이동하여 백두산의 신시神市를 중심으로 개창한 '**배달 문명**'이 첫째 기둥이고, 천산에서 서남아시아로 이동한 환족이 개창한 '**수메르 문명**'이 둘째 기둥이다.

배달은 환국의 마지막 환인천제로부터 종통宗統의 상징인 천부天符와 인印을 전수받은 거발환환웅이 세운 환국의 정통 장자국長子國으로 한민족의 동북아 시대를 열었다. 배달은 후에 동북아 전역을 통치한 단군왕검의 조선으로 계승되었다.

한편 천산산맥을 넘어 서남쪽으로 이동한 환족은 메소포타미아 땅에 수메르 문명을 일구었다. 환국에서 배달로 이어지던 시기, 6천 년 전 자연환경의 격변기에 수밀이국(12분국分國 가운데 하나) 사람들이 옮겨 가 '**서양문명의 발원이 된 수메르 문명**'을 일으킨 것이다. 이 수메르 문명으로부터 이집트 문명, 바빌로니아 문명, 유대 문화, 인더스 문명 등이 직접적으로 또는 간접적으로 생겨났다. 그리스 문명은 이들 중에서 이집트 문명과 바빌로니아 문명을 흡수하여 태동하였다. 고대 서양 문명을 화려하게 꽃 피운 그리스 문명은 로마로 계승되었다. 북아프리카와 그리스, 메소포타미아, 이집트를 차례로 정복하여 세계 제국을 건설한 로마(BCE 8세기~서로마 멸망 476, 동로마 멸망 1453)는 점령지의 문명들을 흡수, 계승하였다. 여러 다양한 문명을 흡수한 로마는 그 통일문명을 중세 유럽에 물려주는 큰 호수와 같은 구실을 하였다. 이로부터 근대 서양문명이 나왔다. 4천여 년 전 유대족 아브라함의 아들 이스마엘의 혈통에 근원을 두고 있는 이슬람 문명은 유대 문화뿐 아니라 그리스·로마문명으로부터도 많은 영향을 받았다. 이처럼 근대 서양문명은 그 연원이 로마, 그리스를 거쳐 이집트, 바빌로니아, 유대를 거쳐 수메르까지 거슬러 올라간다. 요컨대 동아시아의 **배달은 동양 문명의 밑거름**이 되었고, **수메르는 서양 문명의 밑거름**이 되었다. 나비가 두 날개를 양쪽으로 활짝 펼치듯 배달과 수메르는 '**인류 문명의 양대 축**'이 된 것이다.

서양 (그리스/로마) 문명의 기원을 찾아서

　1902년 그리스 남부 에게 해의 안티키테라 섬 근처 바다에서 발견된 고대 난파선에서 녹슨 고철덩어리 하나가 발견되었다. 배는 2천 년 전 로도스 섬에서 로마로 향하다가 난파된 배였다. 발견된 곳의 이름을 따 **'안티키테라 메커니즘'**이라 불리는 이 고철이 무슨 물건인지 모르는 채로 지내다가 1951년 영국의 물리학자 데릭 프라이스Derek de Solla Price가 처음으로 연구하였다. 그 무렵 개발된 엑스레이 기술을 이용해 부식층 안을 살펴본 결과, 그것은 매우 복잡한 기계였다. 이 기계의 톱니, 기어, 새김글을 면밀히 조사하여 모형을 만든 끝에 그는 그것이 **'해와 달의 이동을 계산하는 매우 정교한 장치'**라고 결론짓고, 1974년 자신의 연구결과를 '그리스인의 톱니바퀴'라는 논문으로 발표하였다.

　그의 논문에 대해 국제적으로 관심이 뜨거워지는 가운데 런던 과학박물관Science Museum의 큐레이터 마이클 라이트Michael Wright도 이 정교한 장치의 정체를 밝히는 데에 도전하였다. 과거 그리스인들이 그랬던 것처럼, 컴퍼스와 쇠줄만 가지고 톱니바퀴를 재고 자른 끝에 그 모형을 완성하였는데, 마침내 완성된 기계는 **오늘날의 컴퓨터와 유사한 '자동 계산 장치'**였다. 그것은 세계 최초의 컴퓨터로 자주 거론되는 1830년대 찰스 배비지Charles Babbage의 기계와 비교해보면 놀랍도록 비슷하였다.

　2천여 년 전의 이 유물에서 보여주는 그리스인들의 고도의 과학, 수학, 공학기술은 순전히 그리스 자체에서 태동한 것일까? 대영박물관의 어빙 핀켈Irving Finkel 박사는 '그리스의 수학, 천문학, 의학, 그리고 여러 학문에 바빌로니아 문명이 녹아있다'고 말한다. 그는 바빌론 유적지에서 발굴된 설형문자 점토판 중에 한쪽에는 바빌로니아 말이 있고, 반대쪽에는 그것을 옮긴 그리스 말이 적힌 것들이 이를 증명한다고 한다. 그리스 학자들이 바빌로니아 말을 배우고 학문을 익혔다는 것이다.

　서양철학의 아버지로 불리는 탈레스(BCE 624~546?)는 BCE 585년에 일어난 일식을 정확히 예측한 인물이다. 그런데 그것은 바빌로니아 천문학자들의 기록을 근거로 계산한 것이었다. 바빌로니아인들은 탈레스가 일식을 예측한 때보다 두 세기나 앞선 때(BCE 747)부터 일식, 월식 등을 정확히 기록하기 시작했다. 후에 바빌로니아를 정복한 알렉산더 대왕도 바빌로니아 천문학에 매료되어 많은 그리스 학자들로 하여금 바빌로니아의 천문관찰 기록을 수집, 번역하도록 하였다.

　메소포타미아 땅에서 번성한 바빌로니아인들은 뛰어난 천문학자일뿐 아니라 기울기, 각도, 분수, 방정식을 최초로 이용한 훌륭한 수학자들이었다. 그들은 60진법을 사용하여 모든 계산을 하였고, 황도 12궁도 탄생시켰다.[1]

---

1) 히스토리 채널, "고대문명의 신비Ancient Discoveries (1)"(2003.12.21. 방영) ; 디스커버리 채널, "서양으로 전파된 중동 문화East to West (1)"(2012.5.12 방영).

그렇다면 바빌로니아 문명은 어디에서 자양분을 공급받았는가? 그들의 역사적 배경, 문화적 유산이 말해주듯 바빌로니아인들은 수메르의 문명을 그대로 계승하였다. 그들의 설형문자와 60진법은 곧 수메르의 문자와 수학이다.

2천 년 전의 고대 과학의 정교한 유물인 자동 계산 장치는 그리스 시대에 어느 날 갑자기 나타난 것이 아니다. 이것은 5천5백 년 전의 수메르 문명에서부터 축적된 힘이 3천 년간의 공력 끝에 만들어낸 작품이다. 그런데 수메르 문명을 연 주인공은 중앙아시아에서 천산天山을 타고 넘어온 환국 사람들이다. 그러므로 그리스·로마 문명을 포함한 동서양의 모든 문명이 9천 년 전에 태동한 환국에서 비롯된 것이다.

그리스에서 발굴된 '안티키테라 메커니즘' : 컴퓨터 문명의 원조인 2천여 년 전의 자동 계산 장치

흔히 오늘날의 과학문명은 지난 200년 동안에 나온 것으로 알고 있다. 하지만 1902년 그리스 남쪽 바다에서 발굴된 '안티키테라 메커니즘'이라 불리는 이 자동 계산 장치는 역사의 상식을 송두리째 뒤집는다. 왜냐하면 이 자동 계산 장치를 통해 컴퓨터의 원조가 이미 2천여 년 전에 만들어졌다는 충격적인 사실을 알 수 있기 때문이다. 이 놀라운 고대 문명의 근원은 바빌로니아를 거쳐 수메르 문명까지 거슬러 올라간다. 수메르문명은 모든 서양 문명의 근원적 모체인 것이다.

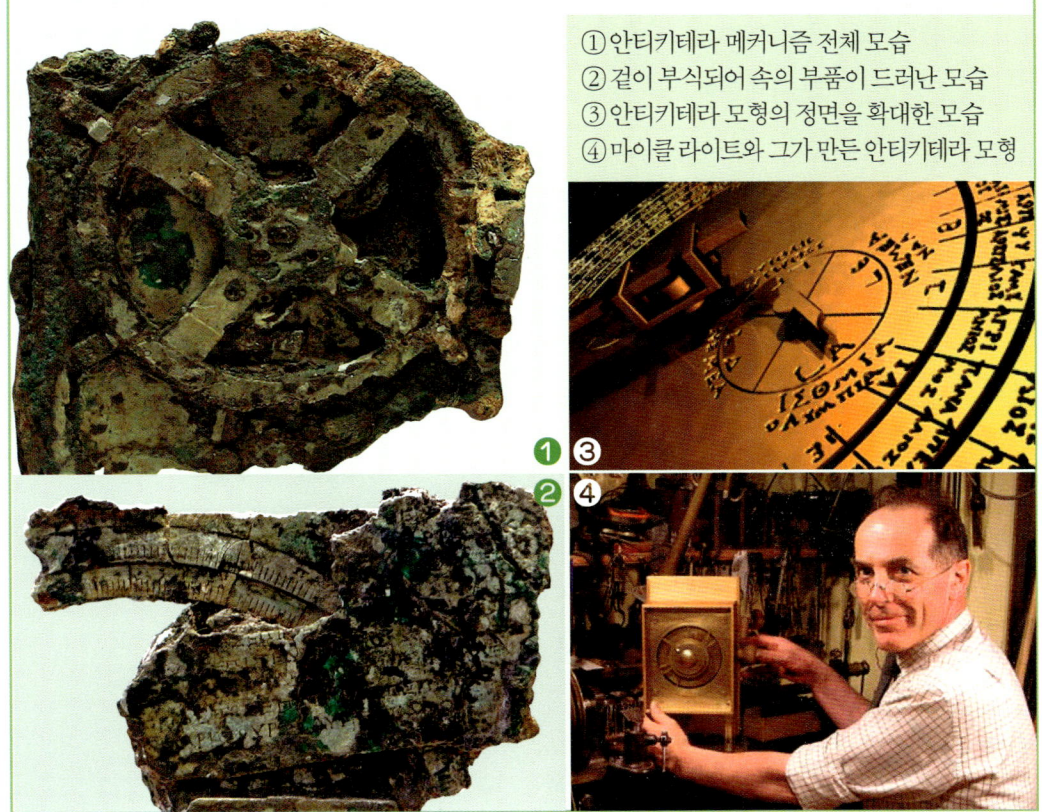

① 안티키테라 메커니즘 전체 모습
② 겉이 부식되어 속의 부품이 드러난 모습
③ 안티키테라 모형의 정면을 확대한 모습
④ 마이클 라이트와 그가 만든 안티키테라 모형

인류 문명의 셋째 기둥인 '동아시아의 **동이 문명**' 역시 환국과 배달에서 생겨났다. 환국에서 발원한 환족과 환국을 계승하여 백두산을 중심으로 일어난 환웅의 배달겨레가 사방으로 퍼져 지금의 동아시아 일대에 동이 문명권을 구축한 것이다. 중국 사서를 들춰 보면 거기에 기록된 모든 동이족 역사의 중심에 배달이 있다. 이처럼 배달은 '동이 문명'의 일차적 뿌리이다. 이런 까닭에 민족사학자들은 동이를 '배달 동이'라 부르는 것이다. 동이 문명은 배달 시대를 넘어 단군조선 때까지도 계속 번성하였다.

　그동안 동이의 역사는 베일에 싸인 채 신화 속 허황된 이야기로만 평가절하된 채 전해졌을 뿐이다. 그러나 실제로 동이족은 고대로부터 중세에 이르기까지 세계 문명을 일군 역사의 중심에 있었던 세력이다. 깊이 잠든 **동이족의 웅혼한 역사**는 오직 『환단고기』를 통해서만 찾을 수 있다.

　그렇다면 인류 문명의 넷째 기둥은 무엇인가? 그것은 바로 단군왕검의 조선에서 뻗어 나간 '**북방 유목문화**'이다. 동북아 대륙을 다스리던 고조선의 북쪽 지역에서 일어난 북방 유목문화의 역사는 일찍이 단군조선 초기에 시작되었다. 3세 가륵단군이 북쪽 열양列陽땅을 관장하던 욕살 삭정索靖을 그 지역 제후로 봉함으로써 이른바 흉노족의 역사가 시작되었다. 그리고 4세 오사구단군이 자신의 아우 오사달烏斯達을 지금의 몽골 지역 제후로 봉함으로써 몽골족의 역사가 시작되었다. 이처럼 고조선이 흉노와 몽골의 초대 왕을 각각 임명할 수 있었던 것은 이미 그 지역이 고조선의 통치 영역이었기 때문이다.

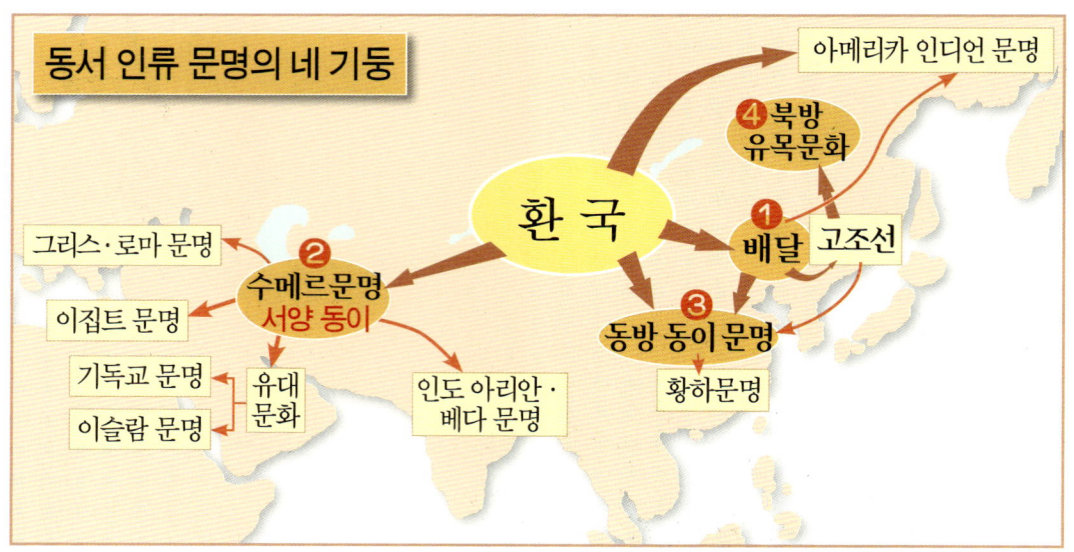

단군조선 초기부터 저마다 일족을 이룬 북방 유목민족은 나중에 유럽까지 진출하여, 유럽은 물론 세계 역사의 새 장을 여는 견인차가 되었다. 4세기 흑해 연안에 처음 모습을 드러낸 흉노족(훈족)은 유럽과 아프리카, 중동 일대를 통치하던 세계적인 대제국 로마 제국을 무너뜨려 유럽이 고대에서 중세로 이행하는 데 결정적인 계기를 제공하였다. 서양의 중세를 마감하게 한 세력도 동방에서 온 유목민인 몽골족이었다.

칭기즈칸이 몽골 제국(1206~1370)을 세운 후, 몽골족은 13세기에 동북아 북방의 초원을 벗어나 세계 원정에 나서서 유럽 땅을 정복하였다. 몽골족의 진군과 함께 유럽 지역에 흑사병이 발병하여 인구가 급감하고 중세의 농노제도가 무너지게 되었다. 그리고 창궐하는 흑사병 앞에서 무력한 신에게 실망한 사람들이 교회의 가르침과 권위에 의문을 제기하기 시작했다. 결국 흑사병은 유럽의 봉건사회를 무너뜨리는 결정적인 계기가 되었던 것이다. 이처럼 단군조선에서 갈려 나간 북방 유목문화는 유럽의 역사 발전에 엄청난 영향을 끼친 문명의 한 기둥으로 자리 잡았던 것이다.

이와 같이 지구 문명의 축이 된 '네 기둥'은 모두 그 역사 중심에 **환국과 배달**이 존재하고 있다. 『환단고기』는 동북아 문명의 뿌리가 된 배달과 고조선의 역사 뿐만 아니라, 서양문명을 낳은 수메르 문명이 생겨난 근원, 오늘의 중국을 낳은 중심 세력인 동이東夷의 탄생과 세력 확장, 그리고 고조선에서 분화된 몽골·흉노의 변천 과정 등을 책 전반에 걸쳐 드러내 주고 있다. 그래서 『환단고기』 한 권을 제대로 읽으면 세계사 변천의 큰 줄기를 한 눈에 파악할 수 있는 시야가 열리게 된다.

『환단고기』가 보여주는 미래상

『환단고기』의 독보적인 가치는 지금까지의 이야기에 그치지 않는다. 『환단고기』는 한민족과 인류의 지난 역사를 넘어 이제 우리 인류 앞에 펼쳐질 희망찬 미래상을 제시한다. 단적으로 말해 『환단고기』가 전하는 태곳적 문명과 광명한 정신문화가 바로 그 미래상이다. 그렇다면 태곳적 광명한 삶은 과연 어떤 모습이었을까?

그것은 한 글자로 환桓, 곧 광명光明이라는 말로 압축된다. 환국·배달·조선의 상고 역사는 바로 우주광명 사상의 역사이다. 삼신상제님은 환국을 통해 하늘의 조화신의 광명인 환桓을, 배달을 통해 땅의 교화신의 광명인 단檀을, 고조선을 통해 인간에 내재한 치화신의 광명인 한韓을 펼쳐 보이셨다. 일곱 분의 환인천제 → 열여덟 분의 환웅천황 → 마흔 일곱 분의 단군으로 모두 일흔 두 분의 통치자가 전한 **'동방 시원 역사 경영의 심법과 핵심 원리'** 가 한마디로 대원일(三大·三圓·三一) 사상으로 천지의 광명(환단)과 인간의 광명(대한)이었다. 이 전통을 계승한 원형문화 시대의 사람들은 삼신상제님의 가르침에 따라 천지의 광명한 기운을 온 몸으로 받아 내려 광명한 존재로 살았다. 그들은 하늘땅, 대자연과 소통하고 서로 마음까지 훤히 들여다보는 밝은 삶을 살았다. 이처럼 몸과 영혼이 대자연과 하나 되고 조화를 이룬 까닭에 근심 없이 무병장수하였다.

　이처럼 사람들이 천지광명을 내려 받아 밝은 존재로 살았으므로 한민족이 세운 역대 나라의 이름도 광명을 상징하였다. 광명문화를 간직해 온 진정한 대인大人의 나라는 오직 지구상에서 창세 역사와 인류 원형문화의 종주인 **'대한大韓 Great Korea'** 밖에 없다.[10] 대한민국이라는 국호 역시 하늘땅의 광명을 내려 받은 '위대한 밝은 사람들의 나라' 라는 뜻이다.

　『환단고기』는 상고 시대에 누린 바로 이러한 광명문화, 원형문화가 장차 이 땅에 다시 열린다는 비전을 보여준다. 봄에 뿌린 종자에서 싹이 나고 줄기가 나와 꽃이 피고 가을이 되면 그 종자와 똑같은 열매가 열리듯이, 환국의 광명문화가 이제 다시 지구촌에 열린다는 소식을 전한다. 온 인류가 한마음으로 삼신상제님을 섬기고 광명한 존재로 무병장수하며 살아갈 황금시대(Golden Age)가 다시금 활짝 열린다는 것이다.

---

10) 대한민국 외에 나라 이름에 '큰 대大' 자를 붙인 국가는 근세에 두 나라가 있다. 대일본제국大日本帝國과 대영제국大英帝國(British Empire)이다. 대일본제국은 1868년에 왕정 복고로 메이지明治 정부가 설립되고 1947년 일본국 헌법이 발효되기 전까지 79년간 존속하였다. 이때는 일본 왕을 국가 원수로 받드는 제국주의 시대였다. 대영제국은 15세기 이후 1931년 영국 연방이 성립할 때까지 영국이 건설한 세계 각지의 식민지와 통치 지역을 통틀어 일컫는 말이다. 그러나 남의 영토를 침략하여 총칼로 지배한 동서의 두 제국주의 국가인 대영제국과 대일본제국은 인류가 동경하는 새 시대의 비전과는 양립할 수 없는 나라이름이다. 광명문화를 간직해 온 진정한 대인大人의 나라는 오직 인류의 창세역사와 원형문화의 종주인 대한민국大韓民國밖에 없다. 앞으로 70억 인류는 이 대한의 광명사상을 본받아서 모두가 대인大人으로 거듭나 새로운 역사를 열게 될 것이다.

그렇다면 어떤 이치로 황금시대 문명이 다시 열린다는 것일까? 그것은 바로 **원시반본**原始返本**의 자연 섭리**에 따른 것이다. 원시반본이란 무엇인가?

밤과 낮이 돌아 하루가 되고 계절이 순환하여 일 년이 되듯이, 우주도 봄·여름·가을·겨울로 순환한다. 이것을 동양의 시간관에서 '우주 일 년'이라 부른다. 농부가 봄에 초목의 씨를 뿌려서 여름에 키우고 가을에 수확하고 겨울에 쉬듯이, 우주 역시 사계절의 순환을 통해 농사를 짓는다. 그렇다면 우주는 과연 무슨 농사를 짓는 것일까? 바로 사람 농사이다. 마치 지구의 농부처럼, 천지부모는 봄에 사람을 낳고 여름 동안 길러서 가을에 참 종자(참 인간)를 거둔다.

우주의 가을은 이처럼 사람만 거두는 것이 아니라, 그동안 인간이 일군 지구촌의 모든 문명을 수렴·통일시켜 새로운 통일문화·열매문화를 나오게 한다. 한마디로 우주의 가을이 되면 앞서 봄여름에 생성되고 형성된 묵은인간과 문명과 역사가 말끔히 정리되어 새로운 인간, 새로운 문명으로 거듭난다. 이런 일이 필연적으로 일어나는 것은 **가을철**이 바로 **'근본으로 돌아가는 계절'**이기 때문이다.

봄여름 동안 한껏 자라던 초목이 가을을 맞으면 줄기와 잎으로 뻗어 있던 수기水氣를 뿌리로 되돌려 보낸다. 초목의 생명수인 이 진액이 원래 태어난 뿌리로 돌아가면서 비로소 열매를 맺는다. 가을철 자연과 역사의 변화정신을 쉽게 헤아려 볼 수 있는 예가 있다. 봄철에 콩을 심으면 여름 볕을 받고 자라 가을에는 가지마다 주렁주렁 꼬투리가 달린다. 그 꼬투리를 열어 보면 봄에 심었던 것과 똑같은 콩이 알알이 들어 있다. 봄에 심은 그 콩이 다시 열려 '**본래의 제 모습을 되찾는 것**'이다. 이것이 바로 자연에서 해마다 펼쳐지는, '**뿌리와 열매가 서로 만나는 놀라운 섭리**'이다. 이 섭리를 원시반본이라 한다.

원시반본의 이치에 따라 이제 우주의 가을철을 맞아 인류와 문명이 근본으로 돌아간다. 그리하여 일찍이 시원역사 시대에 인간이 환단의 광명을 받아 신적인 존재로 살았던 광명문화가 다시 되살아난다. 다가오는 우주의 가을 세상에서 인간은 옛 광명 문화를 되살린 새로운 황금시대를 살게 되는 것이다.

그러나 여기서 우리 모두가 반드시 새겨 둘 것이 한 가지 있다. 지금이야말로 자기 뿌리를 바로 세우고 잘 받들어야 한다는 점이다. 모든 것이 근본으로 돌아가는 이 가을철에 뿌리를 잃어버리면 결국 모든 것을 잃게 되고 자기 존재마저 사멸된다. 여기서 뿌리란, 개인에게는 집안의 조상이요, 민족에게는 민족의 시조이다. 인류 전체에게는 현 문명의 시원 역사이며, 만유생명의 근원이신 삼신상제님이다. 제 조상을 박대하고 부정하는 사람은 '**뿌리를 잃어버린 존재**'가 되어 '**소멸**'할 수밖에 없다. 제 민족의 시조를 천시하고 그 역사를 부정하는 민족은 앞날을 기약할 수 없다. 인류의 시원 역사와 원형문화를 알지 못하면 미래 문명 또한 제대로 설계할 수 없다. 과거를 잃어버리면 미래를 개척할 수 있는 정의롭고 창의적인 안목을 결코 가질 수 없기 때문이다.

우리는 이제 오랫동안 잃어버린 시원문화와 뿌리 역사를 되찾고 원형문화를 회복해야 한다. **환국의 광명문화**로 되돌아가야 하는 것이다. '근본을 찾는다는 것'은 바로 이러한 되돌아감, 70억 인류가 각자 혈통의 뿌리를 찾아 모시고, 민족의 뿌리 역사와 인류의 원형문화를 되찾는 것을 의미한다. 이런 역사적 맥락에서 보면 『환단고기』가 오늘의 우리 한민족에게 던져주는 메시지는 간결하고 명쾌하다. '왜곡되고 뒤틀린 한국사의 국통 맥을 바로 세우고, 태곳적 황금시절에 삼신상제님이 열어준 **우주의 광명문화를 회복하라**'는 것이다.

인류 근대사의 출발과 개벽 사상의 출현, '동학東學'

다시 열릴 황금시대에 대해 구체적으로 이야기하기 전에 잠시 지난 근현대사를 돌이켜보기로 하자.

흔히 서양에서는 감성주의 문화를 버리고 이성주의, 실용주의 문화에 몰입하기 시작한 때인 17~18세기를 근대의 시작으로 간주한다. 근대는 과학과 기술을 바탕으로 산업혁명이 일어나고, 거기서 축적된 경제력을 바탕으로 서양 제국이 아시아, 아프리카, 아메리카 등으로 진출하여 식민지를 개척한 시기이다.

그런데 서양 고전문헌학의 대가였던 철학자 니체F.W.Nietzsche(1844~1900)에 의하면, 근대의 출발은 그 속에 이미 파멸의 씨앗을 내포하고 있었다. 본래 서양 문명은 감성주의와 이성주의 양자의 문화 코드를 가지고 출발했지만, 근대에 오면서 지나치게 이성주의, 과학주의만을 강조함으로써 스스로 타락의 길을 걷게 되었다는 것이다. 나아가 니체는 서양의 감성주의 조류가 급격히 이성주의로 전환된 것은 그 근원이 소크라테스에게 있다고 비판한다. 감성주의는 인간이 자연과 하나 되고 조화를 이루는 정신이 밑바탕에 깔려 있는데 이러한 경향이 소크라테스의 이성주의로 말미암아 소멸되었다는 것이다. 이후 이성을 중시하게 된 서양의 근대 사조와 문화는 허무주의를 낳았고 그것은 곧바로 기독교의 허무주의와 합쳐짐으로써 서구의 몰락을 가져오게 되었다고 니체는 비판한다.[11]

이성과 과학과 기술의 발전, 그리고 서양의 세계 진출과 지배라는 측면을 따져 17~18세기를 근대라고 규정하는 것이 아주 잘못되거나 크게 문제될 것은 없다. 그러나 지구촌 전 인류를 수용하는 보편적인 시각으로 근대를 규정하려면 보다 포괄적인 차원의 기준이 제시되어야 할 것이다. 그것이 바로 지구촌 창세 문화의 근원인 삼신상제문화를 기준으로 근대를 보는 눈이다. 지구촌 원형문화 신교의 눈으로 인류 역사와 문화를 보는 신교사관神敎史觀과 온 인류를 큰 하나의 가족으로 보는 대한사관大韓史觀으로 볼 때 **'진정한 근대'의 출발**은 태고의 우주 삼신문화, 삼신상제 문화가 인류사에 다시 부활한 시점이 된다. **동양 우주론의 결정판인 '우주 일 년의 선후천관先後天觀'[12]**으로 볼 때 오랫동안 생장, 분열하던 지구촌의 모든 동서 문명이 수렴, 통일되기 시작하는 시점이야말로 '진정한 의미의 근대'라 할 것이다. 우주의 가을을 맞아 인류의 태곳적 원형문화, 광명문화가 가을철의 통일문화로 재탄생하기 시작하는 때, 바로 그때가 근대의 출발점이 되는 것이다.

이제 인류는 바야흐로 우주의 가을철 열매문화 시대를 맞고 있다. 그러면 성숙한 열매문화 시대는 어떻게 열리는가? 그것은 일찍이 삼신상제님을 받들던 상고시대의 '신명나는 신교문화'가 부활하면서 실현될 것이다. 모든 생명 기운이 근본으로 돌아가면서 결실을 맺는 가을철 변화법칙에 따라 인류의 시원 문화인 신교가 열매 진리로 다시 출현하는 것이다.

인류사의 전면에 열매 진리가 나온다는 선언이 지난 19세기 중반 조선의 한 선각자에 의해 울려 퍼졌다. 그 선각자는 바로 '다시 개벽' 소식을 알린 수운

---

11) F. W. 니체 저, 김기선 역, 『언어의 기원에 관하여 외』, 639~664쪽.
12) 우주 일년의 선후천관에 따르면, 우주 일 년은 생장염장이라는 네 마디로 순환하고, 우주의 여름에서 가을로 넘어가는 하추교역기夏秋交易期에는 '가을개벽'이 일어난다. 그리고 가을개벽 후에 인류가 꿈꿔 온 이상세계인 '지복至福의 낙원 세상'이 지상에 건설된다.

최제우(1824~1864)이다. 수운은 1860년에 삼신상제님으로부터 직접 도를 받아 동학을 창도했다.

동학이 태동한 19세기는 자본주의의 대량생산 체제를 바탕으로 서양 제국주의 열강이 식민지 시장을 개척하기 위해 발호跋扈한 때이다. 서양 제국은 총칼로 무장하여 약소국들을 정복하며 식민지를 늘려 나갔다. 조선도 정복의 대상이 되어 동양에서 유일하게 제국주의 대열에 합류한 일본과 서양 열강의 침략에 시달렸다. 특히 일본 제국주의는 7백만 조선 민중을 참혹한 죽음의 나락으로 몰아갔고, 역사의 뿌리와 삶의 원형을 파괴했다.

이처럼 약육강식의 국제질서 아래 전 지구촌이 시련을 겪으면서 상극의 갈등과 상처가 절정으로 치닫던 시기에 '다시 개벽'이라는 새 세상 소식을 알리는 동학이 태동했다.[13] 동학이 전하려 한 소식은 두 가지이다. 첫째는 시천주 사상이다. 우리 고유의 천제문화의 전통으로서 삼신상제님을 모시는 '신교문화, 상제문화를 회복해야 한다'는 것이다. 둘째는 '다시 개벽' 소식이다. 이 '다시 개벽'은 자연, 문명, 인간이라는 세 가지 차원에서 이루어진다. 천지 대자연의 질서가 새로운 질서로 뒤집어지는 **자연개벽**과 지금의 세계 인류 문명이 전쟁과 병란病亂(괴질)의 혼란 속에서 완전히 뒤집어지는 **문명개벽**과 인간이 잃어버린 광명한 신성을 되찾는 **인간개벽**이 그것이다.

시공간이 새롭게 열리는 자연개벽의 구체적인 소식은 김일부(1826~1898)에 의해 밝혀졌다. 동학이 선포된 때와 비슷한 시기에 김일부는 주역의 완결본인 '정역正易'을 선포하였다. 우주의 가을 세상이 되면 새로운 달력, '정력正曆'을 쓰게 된다는 것이다. 지금 우리가 쓰는 $365\frac{1}{4}$일이 1년인 달력이 장차 360일을 1년으로 하는 달력으로 바뀌게 된다. 김일부가 선포한 정역正易은 동서양 시간관에 대한 일대 혁명이자 완성이다. 김일부의 정역 사상에서 더욱 중요한 것은 '1년 360일'의 달력이 단순히 자연의 변화로 이루어지는 것이 아님을 밝혔다는 점이다. 그는 천지와 일월의 운행이 상극에서 상생의 질서로 전환되는 대자연의 개벽에는 **'삼신상제님이 직접 개입하신다'**는 것을 강조했다.[14]

---

13) 동학의 '다시 개벽' 사상은 한편으로 가을 병란으로 새로운 가을 신천지를 여는 것을 뜻하며, 나아가 상제문화가 회복되고, 천지 광명 문화가 다시 나온다는 것을 의미한다.
14) "천지의 맑고 밝음이여, 일월의 새 생명 빛나도다. 일월의 새 생명 빛남이여, 낙원세계 되는구나. 개

최수운은 문명개벽을 "십이제국 괴질운수 다시개벽 아닐런가"(『용담유사』「몽중노소문답가」)라는 노랫말로 전하였다. 지구촌의 온 인류가 특히 귀 기울여야 할 대변혁의 주제가 바로 이 괴질 병란으로 일어나는 문명개벽이다. 무한경쟁의 과정을 거치며 문명은 극치로 발달했지만 천지와 대자연의 만물은 병이 들었다. 그 안에서 사는 인간의 몸과 마음도 역시 병들었다.[15] 이렇게 병든 자연, 인간, 문명이 토해 내는 재탄생의 몸부림이 곧 '다시 개벽'의 주제인 괴질 병란이다.

동학은 '다시 개벽'의 소식을 전하면서 아울러 개벽을 주재하시는 상제님이 신교문화의 본고장인 동방 땅에 오신다는 것을 전하였다. 그것은 곧 한반도가 '다시 개벽'의 진원지이자 새 세상을 여는 구심점이 된다는 사실을 표현한 것이다. 이를 『주역』에서는 '성언호간成言乎艮'이라 한다. 인류가 지금까지와는 전혀 다른 문명시대로 전환하는 개벽에서 세계 구원을 성사시키는 성스러운 땅이 바로 간방艮方이라는 것이다. 여기서 말하는 간방은 곧 한반도이다. 이러한 문명개벽의 놀라운 소식에서 볼 때 동학은 인류의 신교문화의 원형을 새롭게 선언함으로써 진정한 근대 출발점이 되는 것이다.

근대사마저 왜곡된 비극의 한국사

그렇다면 수운의 동학과 우리의 근대 역사는 어떤 관계가 있는 것일까?

동학의 경전인 『동경대전』을 보면, 수운이 1860년 4월 5일 천지가 진동하여 정신이 아득한 가운데 "세상 사람들이 나를 상제라 이르거늘 너는 어찌 상제를 알지 못하느냐?"[16]라는 성령의 말씀을 듣게 되었다. 여기서 삼신상제님은 비단 수운만을 경책하신 것이 아니다. 신교의 원형문화와 뿌리 역사를 송두리째 잃어버린 한민족 모두를 '역사와 문화를 다 잃어버렸으니 너희가 어찌 우주

벽의 세계여, 새 세계여, 상제님이 성령의 빛을 뿌리며 친히 강세하시도다[天地淸明兮, 日月光華, 日月光華兮, 琉璃世界, 世界世界兮, 上帝照臨]'(『정역』「십일음 十一吟」)라는 그의 시에서 이를 알 수 있다.

15) 독일의 역사철학자 슈펭글러(1880~1936)는 그의 저서 『서구의 몰락』에서, 서양은 이미 '문명'의 창조 단계를 지나 반성과 물질적 안락의 단계에 접어들었으며 미래는 돌이킬 수 없는 몰락의 시기일 수밖에 없다고 주장했다. 에리히 프롬(1900~1980)도 『자아를 위한 인간Man for Himself』에서 "파멸의 날이 멀지 않아 도래할 것이라는 예언을 오늘날 한층 소리높이 자주 외치고 있다. 현대는 과도기이다. 현대는 한 시기의 종말인 동시에 잠재력을 잉태하고 있는 새로운 시기의 시작이기도 하다"라고 했다.

16) 世人謂我上帝, 汝不知上帝耶?(『동경대전』「포덕문」).

의 통치자인 상제님을 알겠느냐!' 라고 준엄하게 꾸짖으셨다.[17]

천주님으로부터 도통을 받은 그 날 이후 최수운은 신교 원형문화의 주인이신 상제님을 모실 것을 세상 사람들에게 이렇게 전하였다.

"호천금궐 상제님을 너희 어찌 알까보냐"(「안심가」)

"무극대도 닦아내니 오만년지 운수로다"(「용담가」)

수운은 '시천주 신앙'을 외친 것이다. 시천주侍天主란 문자 그대로 '천지의 주인'이신 하늘에 계신 아버지 하느님, 천주[18]님을 모신다는 뜻이다. 우리 한민족이 태고시대부터 신앙해 온 우주의 통치자, 하늘의 모든 신명과 인간과 문명을 주관하시는 상제님의 성령을 친견한 최수운이 신교의 정신을 되살려 내기 위해 전한 가르침이 바로 시천주이다. 이 시천주 신앙을 통해서 우리는 신교문화의 원형과 그 정신을 회복할 수 있다. 하지만 수운은 결국 나라를 어지럽히는 죄인으로 몰려 1864년 3월 대구장대大邱將臺에서 처형되었다. 본래의 역사를 잃어버리고 국운이 패망당해 절망의 구렁텅이에 빠진 조선의 운명을 '기험하다 기험하다 아국운수 기험하다' 라고 한탄하며, '다시 개벽' 이라는 희망찬 미래에 대한 한 소식을 전하다가 형장의 이슬로 사라진 것이다.

최수운이 삼신상제님의 천명을 완수하지 못하고 세상을 떠난 후, 상제님을 알리는 포덕의 사명은 신앙 차원을 넘어 사회개혁 사상으로 전개되는 큰 변화를 맞이했다. 1880년대 후반에 동학 신도의 급격한 증가는 당시의 민심을 대

---

17) 『동경대전』의 첫 문장은 천주의 존재 의미로 시작한다. "저 옛적부터 봄과 가을이 갈아들고 사시가 성하고 쇠함이 옮기지도 아니하고 바뀌지도 아니하니 이 또한 천주님의 조화의 자취가 천하에 뚜렷한 것이로되 어리석은 사람들은 비와 이슬의 혜택을 알지 못하고 이를 저절로 그러한 것으로 안다"[蓋自上古以來, 春秋迭代, 四時盛衰, 不遷不易, 是亦天主造化之迹, 昭然于天下也. 愚夫愚民未知雨露之澤, 知其無爲而化矣](『동경대전』「포덕문」).

18) '천주天主'의 유래는 배달 시대의 칠회제신력七回祭神曆에서 시작된다. 칠회제신력은 칠일에 걸쳐 일곱 신에게 제사드린 것을 바탕으로 만든 달력이다. 이 일곱 신의 첫째가 천신天神인데, 천신은 곧 천주이다. 3천여 년 전 주나라의 개국공신인 강태공은 이러한 배달국의 신관에 바탕하여 중화문명권에 팔신제八神祭라는 제천문화를 정착시켰다. 이 팔신제에서 모시는 여덟 신의 첫째도 역시 천주이다. 천주는 천상의 하느님을 부르는 동양의 대표적 호칭 가운데 하나인 것이다. 이는 16세기에 마테오리치(1552~1610) 신부가 중국에 와 가톨릭을 전도하면서 교리서를 짓고, 그 제목을 『천주실의天主實義(천주님의 참뜻)』라 붙인 것에서도 알 수 있다. 『천주실의』는 조선 후기의 한국 사회에도 전해졌으며, 그 영향으로 당시 가톨릭에 매료되었던 실학자들이 가톨릭을 천주교라 불렀다. 결론적으로 오늘의 기독교권에서 쓰고 있는 천주란 말은 최소 3천 년 이전부터 동방 신교문화에서 우주의 통치자인 상제님을 부르던 또 다른 호칭인 것이다.

변한 것이었다. 그러던 중 고부군수 조병갑의 학정과 조선 왕조의 동학교도 탄압에 분개한 60만 동학 농민군이 1894년에 일제히 봉기하였다. 동학혁명(1894~1895)이 발발한 것이다. 당시 동학군이 '시천주 조화정侍天主造化定', '오만년수운五萬年受運'이라 적은 띠를 머리에 두르고 후천 개벽과 새 세상을 외치자, 일본군과 조선 정부군은 동학군을 마치 물고기 떼를 몰듯이 전남 장흥까지 몰아 몰살시켰다.[19] 그 결과 동학의 세력은 극도로 미약해졌다.

게다가 '시천주 신앙'마저 그 본질이 훼손되었다. 무엇보다 2대 교주 최시형을 거쳐 3대 교주 손병희에 이르러, 교명을 천도교로 바꾸고, 수운이 설파했던 시천주侍天主도 인내천人乃天으로 바꾸었다. 한민족 전래의 삼신상제님을 모시는, 상제문화의 부활을 알리는 시천주 신앙이 '인간이 곧 하늘'이라는 인간 존엄 사상으로 변질되어 버린 것이다. 결론적으로 우주를 다스리는 인격신인 삼신상제님이 비인격의 추상적인 존재로 왜곡되고 말았다.[20]

동학의 본래 정신과 사명이 이처럼 왜곡됨으로써 오늘날 우리는 수운을 통해 스스로 당신의 존재를 드러내려 하신 삼신상제님의 참모습을 또다시 알 수 없게 되었다. 뿐만 아니라 삼신상제님이 삶의 중심에 계시던 태곳적 신교문화에서 더욱 멀어졌다. 그리하여 신교문화의 종주이던 한민족의 상고사를 복원

일제가 동학군을 전멸시키기 위해 당시 미국에서 수입한 최신형 캐틀링 기관포_이 기관포가 투입된 공주 우금치 전투에서 동학군 1만 명은 단 이틀 만에 500명만을 남기고 전멸되었다. 일제의 일방적인 학살극이 연출되었던 이 전투는 동학혁명 실패의 서막이었다.

---

19) 당시 일제는 일왕 명치의 특명으로 히로시마에 전쟁을 위한 대본영을 설치하고 그곳에서 동학군 학살과 청일전쟁의 작전을 지시하였다. 당시 동학군 학살은 농민군 토벌에 적합한 자를 선정해 달라는 조선의 요청에 따라 특별히 배치된 대대장이하 2천여 명의 후비後備보병 제19대대가 전담하였다(KBS 1TV, 〈역사스페셜〉 "동학군 수괴 유골, 왜 일본에서 발견되었는가", 2006.9.1).

20) 열강의 각축장이 되어 버린 당시 상황에서, 조정의 극심한 탄압으로 말미암아 동학 세력은 지하로 들어가지 않을 수 없었고, 신앙의 본질마저 변모되는 현상이 일어났다. 그 결과 우주를 다스리는 상제님을 인격신으로 보느냐, 비인격신으로 보느냐에 따라 분파가 일어나고 신앙의 혼동을 가져왔다.

하고 이해하는 일은 더욱 어렵게 된 것이다. 이처럼 **삼신상제관이 총체적으로 왜곡되면서 한국사는 고대사와 근대사의 출발이 모두 왜곡된, 이중적 역사 왜곡의 구조를 가지게 되었다.** 하지만 이러한 왜곡에서 벗어나 고려시대 이후 잃어 버린 천제문화의 근원인 삼신상제 신앙을 되살리고 한민족의 시원문화인 신교를 회복할 때, 우리는 삼성조(환국·배달·조선) 시대의 찬란한 7천 년 역사도 되찾고 장차 광명의 새 세계도 건설할 수 있게 된다.

인류의 새 시대를 여는 개벽의 땅, 한반도

인류 창세 역사의 주역이었던 한민족이 살고 있는 한반도! 바로 이곳에서 상극으로 얼룩진 우주의 봄·여름 시대가 끝매듭 지어지고 상생의 덕이 넘치는 우주의 가을 시대가 활짝 열린다. 이것을 19세기 개벽사상에서는 이 세계를 건져내는 중심 국가가 남쪽 조선이라는 뜻으로 '**만국활계남조선**萬國活計南朝鮮'이라 전했다. 여기서 남조선은 단순히 북조선의 반대말로 남한을 말하는 것이 아니다. 20세기 정치사로 본다면, 남조선은 오늘의 대한민국 곧 남한이다. 그렇지만 9천 년 한민족사의 국통 맥에서 볼 때, 남조선은 '한민족의 중심 무대가 동북아의 대륙에서 한반도 땅으로 욱여져 들어온 후 최종 정착한 곳'을 뜻한다.

그렇다면 왜 인류 역사의 새 시대가 동북아의 남조선에서 시작되는가? 그 이유는 남조선이 속한 한반도가 지구의 간艮방 땅의 중심이기 때문이다. 간艮은 팔괘八卦 중 하나이다. 팔괘를 인체에 비유하면, 간은 모든 것을 이루는 '손'에 해당하고, 얼굴에서는 '코'에 해당한다. 한 그루 나무로 팔괘를 이야기할 때 간은 '열매'를 뜻하고, 방위로 이야기할 때는 '동북방'을 가리킨다. 그래서 지구의 간방은 동북아의 한반도 땅이다. 한반도는 지구의 간방으로서 인류 문명의 최종 결실을 맺는 자리인 것이다.

이것을 예로부터 동북아 문명권에서 우주론의 교과서 노릇을 해 온 『주역』은 '종어간시어간終於艮始於艮(간艮에서 매듭짓고 간艮에서 시작한다)'의 이치로 밝혔다.

간방은 동북의 괘이니 만물의 끝남과 새로운 시작이 이루어지는 곳이라. 고로 말씀이 간방에서 이루어지느니라.[21]

---

21) 艮, 東北之卦也, 萬物之所成終而所成始也. 故曰, 成言乎艮(『주역』「설괘전」).

만물의 끝과 시작이 간방에서 이루어진다는 『주역』의 가르침 그대로, 장차 인류의 모든 문제가 간방 땅 중심인 남조선에서 종결되고 남조선에서 새롭게 시작하게 된다. 『주역』은 또 "**간艮은 지야止也**"라고 했다. '**지止**'는 **그친다, 융합된다, 수렴된다는 뜻**이다. 오늘날 지구촌의 정치, 경제, 과학, 학문, 종교 등이 모두 간방 땅 한반도에서 수렴된다. 지구상에서 유일하게 자본주의와 공산주의로 양분된 이곳에서 지구촌 모든 나라와 민족 간에 얽히고설킨 이념, 언어, 풍속, 세계관의 갈등이 근원에서부터 해소되고 온 인류가 하나 된 새로운 문명이 펼쳐지게 된다. 결론적으로 만국활계남조선은 '간방 한반도의 남쪽 땅이 장차 동서 문화를 하나로 수렴하여 인류의 통일문명 시대를 여는 데 구심점이 된다'는 희망찬 축복의 소식인 것이다.

최근 대한민국이 경제, 과학, 문화 등 여러 분야에서 두각을 나타내는 것은 결코 우연한 일이 아니다. 바로 인류 원형문화의 혼을 새로이 되살아나게 하는 천도의 시운을 받아, 광명문화의 영험함이 오늘날 한민족의 마음과 혼속에서 폭발되어 나오고 있는 것이다. 만국활계남조선의 섭리에 따라 한반도 땅이 인류의 미래를 주도하는 새로운 중심축이 되고 7천만 한민족이 새 역사를 건설하는 주역이 된다. 참으로 가슴 뛰는 웅대한 비전이 아닐 수 없다. 이것이 바로 『환단고기桓檀古記』에서 궁극으로 전하는 한韓의 미래이자 인류의 내일이다.

'천지광명과 신성' 회복의 길을 열어주는 『환단고기』

그렇다면 우리가 머지않아 열리는 통일문화·열매문화 시대를 누릴 수 있는 천지광명의 아들딸이 되기 위해서는 무엇을 해야 하는가? 먼저 선천 상극이 낳은 갈등과 상처를 말끔히 씻어내야 한다. 그러기 위해서는 정신적인 치유의 과정을 통하여 삼신으로부터 부여받은 인간 본연의 신성神性을 회복하여야 한다.

동서양의 수행 문화에는 인간의 마음과 영혼을 치유하고 대광명의 영성을 회복하는 '치유 문화(Healing culture)'가 포함되어 있다. 이제 인류 문화의 중심축은 정보산업 사회를 넘어서서 **밝은 '영성Spirituality 문화'**로 바뀌고 있다.[22]

---

[22] 존 나이스비츠와 함께 『메가트렌드 2000』을 내놓았던 패트리셔 애버딘Patricia Aburdene은 『메가트렌드 2010』의 첫 장을 "영성의 발견"으로 시작한다. 자본주의 사회를 이끌 새로운 트렌드로 영성spirituality을 꼽는 그녀는 "인격적으로 조직원이나 소비자를 감동시키는 영혼이 있는 리더

인도 출신의 미국 의사 디팍 쵸프라Deepak Chopra(1946~)도 인간의 영성을 높이 평가한다. 그는 만물의 존재 영역을 '물리적 영역', '양자적 영역', '영적인 영역'의 세 가지로 나누는데, 영적인 영역에서 생활하는 법을 터득한 사람은 원하는 모든 것을 성취할 수 있고 심지어 기적을 일으킬 수 있다고 말한다.[23]

과연 인간은 어떻게 하면 잃어버린 황금시절의 밝은 영성을 회복할 수 있을까? 그것이 바로 『환단고기』에서 전해주는 **태고 원형문화 시대의 수행修行 문화인 '주문呪文 수행'**이다.

그렇다면 주문이란 무엇인가? 주문은 영어로 '만트라mantra'라고 한다. 만트라에서 '만man'은 산스크리트어로 '생각하다'라는 뜻이다. '트라tra'는 '트라이trai'에서 왔는데, '보호하다' 또는 '속박에서 자유로워지다'라는 의미를 가지고 있다. 그러므로 만트라는 '해방시키며 보호해 주는 생각'이라는 뜻이다.[24] 우리말로는 '빨 주呪', '글월 문文'으로, '천지의 신성과 생명을 나의 몸과 마음과 영 속으로 빨아들이는 글'을 뜻한다. 따라서 주문이란 바로 천지의 광명한 신성과 나의 신성이 하나가 되도록 연결해 주는 도구요 매개체이다. 동서의 종교에서 반복하는 기도[25]와 찬양의 노래, 불교 선禪 문화의 모든 화두話頭도 주문 역할을 한다. 인간이 저마다 품고 있는 꿈과 인류의 지고한 이상이 모두 나름대로 우리 마음 속에서 주문의 기능을 하는 것이다.

캐나다에서 활동한 여성 영성운동가 스와미 시바난다 라다Swami Sivananda

가 성공한다"(패트리셔 애버딘, 『메가트렌드 2010』, 111쪽)라고 말한다.

[23] 첫 번째 영역인 물리적 영역physical domain은 오감五感으로 경험되는 3차원 세계이다. 과거 현재 미래라는 시간 속에 존재하다가 언젠가는 사멸한다. 모든 것이 원인과 결과의 관계 속에 존재한다. 두 번째 영역인 양자적 영역quantum domain은 정보와 에너지로 구성된다. 인간의 오감으로는 인식되지 않는, '생각thought'과 '마음mind'이 여기에 해당한다. 인간의 마음은 에너지와 정보의 장이다. 당신이 사무실의 긴장된 분위기를 느끼거나 엄숙한 분위기에 젖어드는 것은 바로 당신의 에너지와 주변의 에너지가 서로 교류하고 있기 때문이다. 세 번째 영역인 영적 영역spritual domain은 공간에 제약받지 않는 비국소적non-local 영역이다. 지능intelligence, 의식consciousness 등이 여기에 해당된다. 이것은 가능성의 영역으로 두 번째 영역의 정보와 에너지도 이곳으로부터 생겨난다. 영적 영역은 '한순간에' 모든 곳에 편재하며 '한순간에' 여러 효과를 창조한다(Deepak Chopra, 『The Essential Spontaneous Fulfillment of Desire』, 22~29쪽).

[24] Swami Sivananda Radha, 『Mantras, Words of Power』, 2쪽.

[25] 영성과 종교 분야의 작가인 잘레스키 부부는 "기도는 불가능의 이야기다The story of prayer is the story of impossible"(Philip Zaleski and Carol Zaleski, 『Prayer: A History』, 3쪽) 라고 한다. 기도는 유한의 세계에 사는 인간이 세간의 행복과 성공, 영생, 신성 등을 갈구하는 소망을 담고 있다. 이 소망을 가능케 하는 것이 주문이다.

  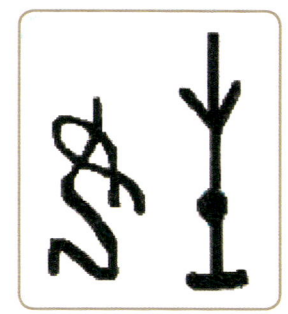

은殷나라 말기의 청동기에서 신단수, 웅녀, 환웅 등 단군신화를 뜻하는 명문이 많이 나왔다. 웅녀가 신단수 앞에서 아이를 낳게 해달라고 빌고 있다(창원, 『단군신화와 문자』, 15~23쪽). 배달국 건국 당시 환웅천황은 호족, 웅족에게 100일간 혹독한 수행을 시켰다. 집안의 장천1호분 벽화에도 같은 형태의 그림이 그려져 있다.

Radha(1911~1995)는 주문을 '영적 에너지의 핵을 형성하는 신성한 음절들의 조합'[26]이라 정의했다. **주문은 신과 대자연의 근원적 소리이다.** 이 우주 속에 내재된 신성과 생명력을 응축하여 나타낸 신성한 언어이다.

우주 광명의 근원 소리는 무엇인가

모든 주문은 '비자 만트라bija mantra' 즉 '종자 음절'을 가지고 있다. '비자bija(종자)'는 주문의 핵심으로 영적인 힘을 생성한다.[27] 다시 말해 모든 주문은 삼신의 광명과 신성을 내 몸에서 일깨우는 종자 씨를 가지고 있다. 주문은 인류 언어의 근원적 모체이다. 인도 경전인 베다Veda 문화에 정통한 독일인 요아힘 베렌트Joachim E. Berendt(1922~2000)는 우주의 소리 중 비자 만트라가 될 수 있는 음절을 옴Om, 아Ah, 훔Hum, 흐리Hrih 네 가지로 꼽는다. 그 가운데 '옴'은 보편성을 향한 오르막길이고, '훔'은 인간 마음 깊은 곳의 보편성을 향한 내리막길이라 말한다.[28] 옴이 씨앗 음절의 시작이라면 **훔은 우주의 씨앗 음절의 완**

---

26) A Mantra is a combination of sacred syllables which forms a nucleus of spiritual energy(Swami Sivananda Radha, 같은 책, 1쪽).
27) Swami Sivananda Radha, 같은 책, 4쪽. '비자Bija'는 '열매의 씨'를 뜻하는 스페인어이다. 요아힘 베렌트도, 주문을 구성하는 단어는 인간이 언어를 사용하기 이전의 것들로 이루어져 있고, 주문의 언어는 '비자bija(씨앗)로부터 자라난다'라고 규정하였다(Joachim E. Berendt, 『The World is Sound』, 27쪽).
28) 아Ah는 기쁨이나 고통으로 인한 놀라움의 표시, 칭찬의 표시, 숭배의 표현, 자각의 표현이며 사

성이다. 그래서 훔은 우주 안에 있는 모든 소리를 머금은 창조의 근원 소리이다.

베렌트는 이 훔Hum이 만man과 합해져서 휴먼human, 즉 인간이란 말이 되었다고 분석한다.[29] 우주 삼신의 무궁한 광명과 신성과 생명을 상징하는 훔이 인격화되어 나타난 것이 인간이라는 것이다.

불교에서는 팔만대장경의 가르침을 '한 글자'로 압축하면 바로 '훔이 된다'고 한다. 3천 년 세월 속에서 수많은 부처와 보살이 얻은 깨달음의 핵이 '훔' 한 글자에 들어 있다. 그래서 불교 사전에서 공통적으로 **'온갖 교의가 이 한 글자에 들어 있다'** 라고 정의하는 이유가 여기에 있다.[30] 동양의 수행문화를 서양에 소개하는 데 앞장선 디팍 쵸프라는 훔의 영적 힘을 '훔의 치유력'으로 설명하였다. 영국의 한 과학자가 암세포를 넣은 시험관에 훔 소리를 쏘았더니 암세포가 터져 버렸고, 건강한 세포를 넣은 시험관에 훔 소리를 쏘았더니 세포가 더욱 건강해졌다고 한다.[31]

그러면 우리는 왜 주문을 읽는 수행 생활을 해야 하는가? 스와미 비쉬누Swami Vishnu는 '수행으로 자신에 대한 깨달음을 얻고, 영적으로 신성해지고, 마음의 속박에서 벗어나고 불멸을 얻는다' 라고 말한다.[32]

랑의 소리이다. 흐리Hrih는 불꽃의 본성을 나타내는 것으로 따뜻함, 강렬함, 빛남, 상승운동 등을 표시하는 소리라 한다(Joachim E. Berendt, 같은 책, 29쪽).

[29] 훔은 주문의 차원에서 인간을 정의하는 말이다. 이 훔이 '지능, 생각' 등을 뜻하는 '맨man'과 합쳐져서 휴먼, 즉 인간이란 말이 되었다[Hum is mantric measure for what is human; and so it joined with the man which, as we know, means intelligence, thinking, feeling to form human](Joachim E. Berendt, 같은 책, 30쪽).

[30] 훔은 모든 하늘[諸天]의 총종자總種子이다(김승동, 『불교·인도 사상 사전』, 2342쪽). 훔은 아a, 하ha, 오o, 마ma 네 글자가 모여서 된 것이다. 그래서 온갖 교의가 모두 이 한 글자에 들어 있다 한다. 훔은 진여眞如 그 자체이며 무수히 많은 공덕이 이것에서 생긴다고 한다(주보연, 『밀교 사전』, 967쪽). 일본 진언종眞言宗의 시조인 구카이空海는 『훔자의吽字義(훔 자의 뜻)』에서 "훔 자는 법신法身(阿 a), 보신保身(訶 ha), 응신應身(汗 o), 화신化身(麽 ma)의 사신四身을 갖추고 있다. 따라서 훔 자는 일체의 법法을 내포하고 있는 셈이다" 라고 하였다.

[31] Deepak Chopra, 『Quantum Healing』 강의 테이프, 1989. 인도의 명상가 오쇼 라즈니쉬는 '망치로 못질을 할 때, 대개 훔Hummmm 하고 소리를 내는데, 그 소리가 바로 훔이다' (오쇼 라즈니쉬, 『Notes of a Madman』, 35쪽)라고 하였다. 오쇼의 말과 같이, 인간은 일상 생활 속에서 자신도 모르게 또는 각성 상태에서 늘 우주 생명의 근원 소리인 "훔~" 소리를 늘 내며 살고 있다.

[32] Swami Vishnu, 『Meditation & Mantras』, 1쪽.

주문은 '신의 노래' 이자 '우주의 노래'

주문 수행을 할 때는 주문을 소리 내어 읽는 것을 원칙으로 한다. 서양의 영성문화에서 주문 수행을 '만트라 챈팅mantra chanting'이라 부르는 것도 이 때문이다. 챈트는 '구호를 거듭 외치다' 또는 '노래하다'를 뜻한다. 명상음악 연구가인 로버트 개스Robert Gass(1974~)는 챈팅chanting에 대하여 **'우주의 음악이며 우리 의식의 자연스러운 표현'** 이라 정의하였다. 개스는 '챈팅은 이상한 음악적 의식이 아니라, 몸을 치유하고, 마음을 평안케 하고, 삶을 성스럽게 하기 위한 도구'라고 그 가치를 설명한다.[33]

주문 수행을 할 때 성스러운 마음으로 정성껏 주문을 소리 내어 읽으면 소리가 신성한 조화의 힘을 발동시킨다. 그렇다면 '소리'란 무엇인가? 동서양의 수행가들은 소리를 '영적 세계와 물질세계를 이어주는 다리'[34]라고도 하고, '소리는 신神이며, 신은 소리이다'[35]라고도 한다. 예로부터 소리를 '인간과 신의 세계를 연결해 주는 고리'로 인식한 것이다. 그리고 고대의 신비주의mysticism 학교에서는 학생들에게 소리를 치유의 수단으로 사용하는 법을 가르쳤다. 소리는 인류사에서 가장 오래된 치유 형태라고 한다.[36]

사람들이 치유의 수단으로 가장 쉽게 접하는 소리가 바로 음악이다. 음악은 인간에게 감동을 주고 순수하게 만든다. 영성 운동가이자 시인, 미술가인 스리 친모이Sri Chinmoy(1931~2007)는 음악을 '인간과 신을 연결해 주는 고리'라고 정의하면서 **음악의 궁극 목적을 '인간의 영성을 밝히는 것'** 이라 하였다.[37] 미국의 음악가 조셀린 굿윈Joscelyn Godwin(1945~)도 음악을 신의 세계와 연결하여 **'신은 노래를 통해 모든 것을 행한다'** 라고 하였다.[38]

고대 동양 사회에서는 음악에 대해 어떻게 말하였는가? 『예기禮記』「악기樂記」에 따르면, '**악樂은 천지의 조화**(harmony), **예禮는 천지의 질서**'[39]라고 하여

---

33) Robert Gass, 『Chanting』, 서문 9쪽.
34) Robert Gass, 같은 책, 38쪽.
35) Joachim E. Berendt, 『The World is Sound』, 15쪽.
36) Ted Andrews, 『The Power of Sacred Sounds』, 3쪽.
37) Sri Chinmoy, 『The source of music』, 4, 45, 93쪽.
38) Joscelyn Godwin, 『Cosmic music』, 41쪽.
39) 樂者, 天地之和; 禮者, 天地之序也(『예기』「악기」).

인류 미래 문명의 이야기 주제는
'밝은 영성靈性' 문화

우리 조상들의 수행 생활

태곳적 광명문화와 인류 시원역사를 밝힌 『환단고기』의 모든 구절을 주문에 비유한다면, 그 비자bija(종자) 만트라는 바로 '환'이다. '환'은 천광명天光明으로 우주의 광명을 뜻한다. 그 환을 빌어 『환단고기』는 현 문명의 시원 인류를 '오환吾桓', 즉 '우리 환족'이라 부른다. 태곳적 인류를 천지광명이 충만한 존재로 보는 '오환(우리는 누구나 우주의 광명인 환桓이라는 선언)'은 인간의 신성神聖과 위격에 대한 최상의 정의라 할 수 있다. 인간에 대한 숭고한 선언인 '오환'을 담고 있는 『삼성기』 상편의 첫 구절 "오환건국이 최고라"는 온 인류가 암송해야 할 명구이자 주문인 것이다.

『환단고기』에서는 9천 년 전 환국 시대 이래로 동북아 문화권에서 행한 수행 생활의 몇 가지 사례를 이렇게 전한다.

> 처음에 환인께서 천산에 머무시며 도를 깨쳐 장생하시니 몸에는 병이 없으셨다.[1]

> (환인께서) 바깥일을 꺼리고 삼가 문을 닫고 수도하셨다. 주문을 읽고 공덕이 이뤄지기를 기원하셨다.[2]

> (환웅께서 웅족熊族과 호족虎族을) 신령한 주문의 도술로써 환골換骨케 하여 정신을 개조시키셨다. 이때 먼저 삼신께서 전해 주신 정해법靜解法(몸과 마음을 고요히 수행하여 해탈하는 법)으로써 그렇게 하셨는데, 쑥 한 묶음과 마늘 스무 줄기를 영험하게 여겨 이를 주시며 경계하여 말씀하셨다. "너희들은 이것을 먹을지어다. 백 일 동안 햇빛을 보지 말고 기도하라. 그리하면 참된 인간이 되리라."[3]

특히 『환단고기』는 고구려 시대까지 전해진 신교의 수행법을 기록하고 있다. 창업자 고주몽성제와 고구려 후기의 을지문덕 장군의 가르침에서 이를 알 수 있다. 고주몽성제는 신하들에게 다음과 같은 가르침을 내려주었다.

> 마음을 비움이 지극하면 고요함이 생겨나고, 고요함이 지극하면 지혜가 충만하고, 지혜가 지극하면 덕이 높아지느니라.[4]

---

[1] 得道長生, 擧身無病(『삼성기』 하).
[2] 初, 桓仁, 居于天山, 忌愼外物, 閉門自修, 呪願有功(『삼성기』 상).
[3] 乃以呪術, 換骨移神, 先以神遺靜解, 靈其艾一炷, 蒜二十枚, 戒之, 曰 爾輩食之, 不見日光百日, 便得人形 (『삼성기』 하).
[4] 虛極靜生, 靜極知滿, 知極德隆也(『태백일사』「고구려국본기」).

영양왕 때의 명장 을지문덕은 수행과 득도에 대해 보다 구체적인 가르침을 전해 주었다. 『환단고기』에 따르면, 을지문덕 장군은 일찍이 산에 들어가 도를 닦다가, 삼신의 성신聖神이 몸에 내리는 꿈을 꾸고 신교 진리를 크게 깨달았다.[5] 장군은 도를 통하는 요체를 다음과 같이 밝혔다.

> 도를 통하는 요체는 날마다 염표문念標文을 생각하여 실천하기에 힘쓰고, 세상을 신교의 진리로 다스려 깨우치며, 삼도三途 십팔경十八境을 고요히 잘 닦아 천지광명의 뜻과 대이상을 성취하는 홍익인간이 되는 데 있느니라.[6]

이상에서 알 수 있듯이, 환국 이래 우리 조상들은 나라를 경영했던 제왕에서 세간의 보통 사람에 이르기까지 모두 수행 생활을 하여 천지광명을 체험하고 무병장수의 삶을 누렸다. 그 수행법들이 『삼성기』상·하, 『태백일사』의「환국본기」, 「소도경전본훈」, 「고구려국본기」 등에 수록되어 있다. 수행의 원형문화를 기록한 『환단고기』는 오늘의 인류가 영성문화를 회복하는 데 지침서이자 정법서正法書인 것이다.

몸과 마음과 영혼을 함께 치유하는 우주의 노래, '주문呪文'

주문을 읽을 때는 언제나 맑고 밝은 마음으로 읽어야 한다. 주문 그 자체가 되어서 성성이 깨어서 읽는 것은 더욱 중요하다. 주문을 읽는 것은 단순한 반복이 아니라 '역동적인 반복'이다. 인도의 정치 지도자이자 위대한 영적 운동가였던 마하트마 간디 Mahatma Gandhi(1869~1948)는 "주문은 한 사람의 삶의 지팡이가 되어 매번 호된 시련을 통과하여 계속 나아갈 수 있게 한다. 각각의 반복은 새로운 의미를 갖고 있으며, 당신을 신에게 가까이, 더 가까이 데

두 손을 마주 잡고 우주의 노래인 주문을 읽고 있는 배달 사람_2012년 7월에 배달의 강역이었던 중국 내몽골자치구 적봉시 오한기에서 발견된 도소남신상陶塑男神像(흙으로 구운 남신상)이다. 총 65개의 조각을 이어붙인 높이 55cm의 이 소조가 제작된 시기는 5,300년 전으로 배달 시대와 일치한다. 땋아 올린 듯한 머리 모양에 반가부좌를 틀고 앉아 있는 모습이다 (출처 : 〈중앙일보〉, "중국의 동북공정, 고조선 역사까지 겨눴다" 2012.8.17).

---

5) 嘗入山修道, 得夢天神而大悟(『태백일사』「고구려국본기」).
6) 要在日求念標, 在世理化, 靜修境途, 弘益人間也(『태백일사』「고구려국본기」).

려다준다"[7]라고 하였다. 반복해서 주문을 읽음으로써 그 주문의 영적 힘이 내 몸에 축적되고, 그 주력으로 내 몸과 영혼 속의 어두운 기운, 나쁜 기운, 아픈 기운을 몰아낸다. 뿐만 아니라 내 안에서 삼신의 우주 신성이 열리고, 환단의 천지광명이 발현된다. 주문은 수백 수천만 번을 읽어도 읽을 때마다 그 때의 정서에 따라 소리의 고저장단과 리듬이 달라진다. 때문에 오랜 기간 수행을 하다 보면, '천지의 노래인 주문 송주誦呪가 진정한 우주의 재즈jazz 음악이다' 는 것을 온 몸으로 체험하게 된다.

우리의 정성에 따라 몸과 마음에 그대로 감응하는 수행의 효력에 대해 미국의 명상가 패트리샤 캐링톤Patricia Carrington은 실증 데이터를 통해 소중한 한 가지 정보를 우리에게 제공한다.

> 수행 중에는 숙면을 취할 때와 마찬가지로 심장 박동이 느려진다. 수행 중에는 산소 소모(호흡의 속도와 상관없이 몸이 소모하는 산소의 양) 또한 급격하게 저하된다. 20~30분 정도 수행을 하고 나면, 6~7시간 수면을 취한 후에 소모되는 정도의 산소량만 필요할 뿐이다. 또한 수행은 피부의 전기적 저항을 증가시킴으로써 심리적 불안을 감소시키고 혈중 젖산 농도를 급격하게 감소시킨다.[8]

수행을 하면, 건강이 좋아질 뿐만 아니라 몸의 질병이 치유되고 마음과 영혼의 상처까지 치유된다. 현대 의학은 사람의 육신만 치료할 뿐, 병의 근본적 원인은 미결로 남겨 둔다. 하지만 육신만 치료한다고 완전한 치유가 되는 것이 아니다. 인도가 낳은 세계적 명상가 오쇼Osho는 '인간의 몸과 정신은 동일한 막대기의 양쪽 끝과 같다'[9]고 하였다. 그의 말처럼 육체와 정신은 서로 별개의 것이 아니다. 인간은 무형의 정신과 유형의 육체가 합일된 존재이다. 그래서 병은 겉으로 나타나는 것이 전부가 아니다. **병의 근본적 원인**은 대개 심리적인 것이거나 보다 **깊은 차원의 문제로 영적인 것에 있다.**[10] **심리적 원인, 영적인 원인까지 '근본적으로 치료[根治]'할 수 있는 최상의 길이 바로 우주 생명력의 결정체로서 우주 음악이자 신의 생명의 말씀인 주문을 읽는 '주문 수행'**이다.

---

7) Robert Gass, 『Chanting』, 185쪽.
8) Patricia Carrington, 『The Book of Meditation』, 55쪽. 캐링톤Carrington은 『The American Journal of Physiology』(1971, 221권)에 실린 세 사람(Wallace, Benson, Wilson)의 공동 연구 결과를 인용하였다.
9) The body and the soul of man are two ends of the same pole(Osho, 『From Medication to Meditation』, 2쪽).
10) 영국 철학자 화이트헤드는 세상 만물이 모두 두 개의 극을 가진다고 주장한다. 현실계의 최종 단위존재는 현실적 존재actual entity로서 정신극mental pole과 물리극physical pole으로 이루어져 있다는 것이다 (화이트헤드 저, 오영환 역, 『과정과 실재』, 432~434쪽).

음악을 예와 상호보완적인 일체관계로 파악하였다. 예는 인간 사회를 비롯한 천지만물의 위계질서를 구분하기 위한 것이고, 악은 천지만물을 화합과 치유로 하나 되게 하여 대통일의 장을 만들기 위한 것이다.

　음악은 기본적으로 자연에서 느끼는 감흥과 인생의 희로애락을 표현한 것이다. 자연의 아름다움과 신성함, 자연으로부터 받은 깨달음과 감동, 위대한 인물과 역사적 사건에 대한 찬양과 추모, 국가와 민족을 위한 정의로움과 사기 진작 등을 다양한 노래와 연주곡으로 표현하기도 한다. 하지만 동서고금의 어떤 음악도 우주의 광명을 체험하게 하거나 천상의 신과 하나 되는 깨달음에 이르게 하지는 못한다. 오늘날 세간의 음악은 음악의 신성神性과 악상樂想의 관점에서 볼 때 고대의 성인 제왕들이 추구했던 음악의 세계에도 미치지 못한다. 고전 음악에서 다양한 장르의 현대 음악에 이르기까지 모든 음악은 당대의 문화적 경향에 부합한 것이지만, 단지 신명나게 하거나 영적 감동을 주는 데에 그친다. 로큰롤Rock'n'roll, 하드록Hard Rock같이 지나치게 격렬한 음악은 인간 몸과 영혼에

소리와 색깔은 하나로 표현된다_EBS-TV에서 방영한 〈일상의 미스터리, 소리〉(2005.12.16. 방영)에 따르면, 1도 화음인 '도미솔'과 빛의 기본 요소인 빨강, 초록, 파랑의 파장 비율은 완전히 일치한다. 자연의 소리를 본떠 만든 가야금 소리와 맑은 경음악이 연출하는 색깔은 각 음이 나타내는 색깔이 선명히 구별되는 반면에 기계음이 섞인 음악은 음의 색깔에 별 차이가 느껴지지 않는다.

담겨 있는 생명 질서를 뒤흔들고 조화를 깨뜨리는 부작용을 낳기도 한다.

그렇다면 인간의 영성을 활짝 열어 주고, 살아있는 우주 삼신 자체인 천·지·인 우주 삼계에 대한 깨달음을 주는 진정한 음악은 과연 무엇인가? 그것은 바로 '태고 시대에 인류의 창세 역사를 개척한 성인 제왕들이 자신의 깨달음을 응축하여 표현한 **신성한 진리의 언어**'인 주문이다. 다시 말해서 주문은 태고 시대부터 전수된 '**우주 음악**Cosmic Music'이요, 인간이 하늘땅과 하나 되어 부르는 '**생명의 노래**'요, '**천지 광명의 음악**'이요, '**깨달음의 노래**'인 것이다.

삼신의 신성과 생명과 지혜가 인간의 마음과 영혼 속에 내려올 때는 '**빛**Light과 **소리**Sound'로 나타난다. 인간의 눈으로 들어올 때는 빛으로, 귀로 들어올 때는 소리로 전해 온다. 신의 뜻이 시각(visualization)과 청각(auralization), 음양 짝의 두 가지 방식으로 전달되는 것이다. 신의 뜻이 청각화되어 나타난 것, 그것이 바로 주문이다. 주문은 곧 '**신의 소리**'요 '**우주의 노래**', '**신의 노래**'인 것이다.[40]

서양 문명의 창조 의식의 근원, '광명'

독일인 언어학자 겝서Jean Gebser(1905~1973)는 신의 뜻을 전하는 매개체인 빛과 소리가 한 근원에서 비롯되었다고 분석한다. 그에 따르면, 영어 단어 가운데 '빛light'과 '말씀logos'은 그리스어의 '모으다leg'라는 동일한 어원에서 나왔다. 그리고 영어의 '로고스logos'는 그리스어를 그대로 차용한 말로 '소리' 또는 '말씀'을 뜻한다.[41] 결론적으로 빛과 소리는 언어학적으로 한 근원에서 나온 것이다.

겝서는 또한 그리스어 '모으다leg'에서 '빛light'과 '말씀logos' 뿐 아니라 인간의 의식주 생활과 관련된 기본적 문화 행위를 나타내는 말도 생겨났음을 밝혔다. 우선 라틴어의 '빛lux', 영어에서 문명의 필수 요소인 불을 밝히는 '램프lamp', 질서를 확립하여 인간 사회를 밝게 하는 '법(라틴어 lex, 영어 law)', 의사소통에 필수적인 '언어language' 등의 말이 파생되었다고 한다. 그리고 '글을

---

40) 『신약』「요한복음」 1장 1절의 "태초에 말씀이 계시니라(In the beginning was the word)"에 나오는 '말씀'이 곧 '신의 소리'를 뜻한다.
41) Joachim E. Berendt, 『The World is Sound』, 52쪽.

쓰다(to write)', '읽다(to read)', '재다(to measure)', '모으다(to gather)', '선출하다(to elect)' 등 삶에 직결된 기본 동작을 묘사하는 그리스어 'legein'도 여기에 어원을 둔다.[42]

서양 언어에서 문화적 행위와 관련된 많은 어휘들이 동일한 어근 '모으다leg'에서 생겨난 것이다. 불을 밝히고 문명을 일구는 여러 단어가 여기에서 생겨난 것으로 볼 때, 이 '모으다leg'라는 말에는 하늘의 광명을 모은다는 뜻이 내재되어 있다고 볼 수도 있다.

영어의 '메모리memory(기억하다)'에도 태곳적 광명문화의 자취가 남아 있다. 로버트 홉스타인Robert M. Hoffstein에 따르면, '메모리'는 '물'을 뜻하는 '멤mem'과, '광석ore' 또는 '영혼의 빛aura'을 뜻하는 '오리ory'로 이루어졌다. 그런데 물은 만물을 반사하거나 그대로 드러내 보인다. 그래서 '메모리'에는 **본래의 빛을 되비쳐 준다**는 뜻이 포함되어 있다고 한다. 이로 볼 때, '과거를 기억하다'를 뜻하는 말인 '메모리'에는 인간이 **자신의 잃어버린 영혼의 빛을 다시 회복하고 싶은 본능적 의지가 담겨 있다.**[43] 그리스어, 라틴어, 영어 등의 서양 언어에서 쓰는 여러 일상어휘의 어원을 살펴보면, 서양 문명도 인류의 첫 나라인 환국에서 유래한 광명 사상인 '**환**桓[44](우주 삼신의 광명)', 이 한 글자에 뿌리를 두고 있음을 알게 된다. 즉 동서양의 언어 의식의 근원에는 우주의 광명 사상이 녹아 있다.[45]

---

42) Joachim E. Berendt, 같은 책, 52쪽.
43) 홉스타인은 "영어 알파벳 '엠M'은 히브리어의 물을 뜻하는 '멤mem'에서 나왔고, '엠M'이 생긴 모양을 보아도 물이 물결치는 형상(∧∧∧∧)을 띠고 있다"라고 말한다. 그는 '물은 만물을 낳는 어머니'라고 하면서 "엠M이 들어있는, 엄마를 뜻하는 '맘mom'과 기쁠 때 내는 소리인 '음mmmm'은 모두 '생명을 낳는 물의 환희를 울려 퍼지게 하는(echo the joy of this life-giving water)' 말이라고 본다. 결론적으로 영어의 '맘mom'은 그 어원이 물(히브리어로 멤mem)과 아주 밀접한 관계에 있다. 기억을 뜻하는 '메모리memory'에도 히브리어 '멤mem'이 들어 있다. 그래서 홉스타인은 '인간의 기억을 '삶의 여러 모습을 반사하는, 물을 머금은 슬레이트판'에 비유한다(Robert M. Hoffstein, 『A Mystical Key to the English Language』, 56쪽).
44) 『태백일사』「환국본기」는 '환'의 뜻을 이렇게 정의한다. '환'은 온전한 하나 됨이며 광명이다. 온전한 하나 됨이란 삼신의 지혜와 권능이고, 광명은 삼신이 지닌 참된 덕성이니, 곧 우주 만물보다 앞선다[桓者, 全一也, 光明也, 全一, 爲三神之智能, 光明, 爲三神之實德, 乃宇宙萬物之所先也].
45) 홉스타인의 연구에 따르면 '메모리memory', '맘mom'과 같이 알파벳 '엠m'이 들어 있으면서 생명의 근원과 연관된 말은 모두 생명을 낳는 물과 연결되어 있다. 이때의 물은 곧 동양 수행문화에서 말하는 태일생수太一生水이다. 태일생수, 이 네 글자는 1993년에 중국에서 발굴된 『곽점초묘죽간郭店楚墓竹簡』에서 유래한 것으로 '태일에서 나온 물이 천지만물을 생겨나게 하는 원동력

따라서 잊혀진 내 영혼의 빛을 다시 찾기 위해 삼신의 광명과 신성을 내 몸에 모아서 주문을 읽는다는 것은 신을 노래하는 것이요, 생명의 근원인 천상의 빛을 노래하는 것이다. 우주의 광명을 노래하는 신성한 주문을 읽음으로써 내 안에 잠재되어 있는 삼신의 무한한 신성과 지혜가 발현된다. 그리하여 천지의 광명과 하나 되어 살았던 태고 황금시절의 인류와 같이 빛나는 존재가 될 수 있다. 태고 인간이 누리던 신성과 영적 지혜를 다시 회복한 광명의 인간, 태일 인간이 될 수 있다.

이제 인류 시원시대에 환국 백성들이 누리던 천지광명이 온전히 부활하는 우주의 가을개벽 세상이 열린다. 그 세상에서는 태일문화의 주문 수행이 보편 생활문화가 되고, 모든 사람이 신성한 인간으로, 대자연과 신을 노래하는 위대한 철인으로, 삼신의 신성을 발현한 신적 존재로 거듭나 광명한 삶을 살아간다. 그때 인간은 누구나 대한이 되고, 태일이 되고, 홍익인간이 된다.

원래 환국의 국가 경영원리였던 홍익인간은 단순히 '인간을 널리 이롭게 하라'는 규범적 가르침이 아니다. 이상적 인간상을 지칭하는 대명사로서 '홍익하는 인간'을 뜻하는 것이다. 이때 홍익이란 천지의 웅대한 뜻과 이상을 역사 속에 구현하는 것을 말한다. 그러므로 **홍익인간이란 천지 광명의 대이상 세계를 건설하여 이 세계를 거듭나게 하는 대인**大人이다. 가을 우주의 새 세상을 앞두고 있는 오늘의 70억 인류는 모두 **천지의 노래인 주문**을 읽어 영성을 계발하고 환골탈태하여, 장차 새 문명을 건설하는 태일이 되고, 인존이 되고, 홍익인간이 되어야 하는 실로 위대한 사명을 짊어지고 있는 것이다.

다시 열리는 우주의 대광명문화

『환단고기』에 따르면, 인류의 시원국가 환국에서 살던 '구환족 오색 인종'이 세계 각처로 뻗어 나가 지구촌에 다양한 문명을 일구었다. 본래 하나이던 인류가 천 갈래 만 갈래로 나누어지고 각양각색으로 지역 문화가 생겨난 것이다. 그러나 이제 우주의 가을이 되면, '세계일가 통일 문화'가 열려 구환족의

이란 뜻이다. 동양에서 수행을 통해 이루고자 하는 '수승화강水昇火降의 체질화'도 알고 보면 내 몸에서 태일생수의 도가 성취되는 것이다. 동서양을 막론하고 인간의 언어와 문화에는 원초적인 생명의 물로 되돌아가고자 하는 소망이 담겨 있다.

후손이 그 옛날처럼 다시 한 가족으로 살게 된다. 이것이 바로 『환단고기』가 전하는 '**구환일통**九桓一統[46] **의 소식**'이다.

지금 한민족은 초강대국인 미국, 중국, 일본, 러시아가 충돌하는 가장 뜨거운 중심지대에 놓여 있다. 남북한을 가르는 38선은 단지 남북한만이 대치한 전선이 아니다. 오늘날 휴전선은 중국과 미국은 물론 세계의 숱한 나라가 무한경쟁의 힘겨루기를 하는 무서운 화약고이자 미래 전쟁터의 마지막 전선이다. 장차 한반도는 인류 역사상 가장 강력한 전쟁의 소용돌이에 빨려 들어가 한민족의 생사존망이 걸려 있는 절박한 상황을 맞이할 수도 있다. 한민족과 인류는 지금 인류사의 중심축이 바뀌는 거대한 변혁의 폭풍, '퍼펙트 스톰perfect storm'[47]이 닥치는 시간대에 들어서고 있다.

그렇다면 오늘의 우리는 무엇을 해야 하는가?

역사를 잃어버린 자는 모든 것을 잃게 된다. 때문에 인류의 시원역사 시대를 열었던 한민족이 지구촌의 중심국으로 다시 서기 위해서는 우리의 잃어버린 시원 역사와 원형문화에서 정치, 경제 발전의 궁극의 이상을 찾아야 한다. 그 이상을 찾으려면, 우선 **한민족의 뿌리 역사와 시원문화의 원형 회복을 우리 삶의 정신혁명의 최우선 과제로 삼아야 한다.** 그리고 우리 모두는, 강단사학의 논리에 세뇌되어 태고의 황금 시대였던 환국과 배달의 역사를 신화나 전설로만 생각하는 **비뚤어진 역사의식에서 깨어나야** 한다. 특히 중국이 조장한 중화 패권주의 사관과 일제가 조장한 식민사관의 노예 역사관을 말끔히 떨쳐내야 한다.

음수사원飲水思源, '물을 마시며 그 근원을 생각해보라!'는 말이 있다. 오늘날 대한민국은 동북아의 첨예화된 역사 전쟁, 문화 전쟁의 화약고 속에 놓여 있다. 이 화약고의 위협으로부터 대한민국의 미래를 지키기 위해서는 무엇보다도 역사를 잃어버린 한민족의 정서를 치유하여 시원문화의 원형을 회복하고

---

46) 『환단고기』에서는 환국의 '구환족九桓族'에서 배달의 '구황족九皇族'과 고조선의 '동이구족東夷九族'이란 말이 유래되고 계승되었음을 강조한다(『삼성기』 ; 『태백일사』 「신시본기」).

47) '퍼펙트 스톰perfect storm'은 '개별적으로 보면 위력이 크지 않은 태풍이 다른 자연 재해와 동시에 발생하여 엄청난 파괴력을 내는 현상'을 말한다. 이 용어는 프리랜서 기자이자 작가인 세바스찬 융거Sebastian Junger가 1991년 미국 동부 해안에서 벌어진 실화를 바탕으로 쓴 베스트셀러 『퍼펙트 스톰』에서 비롯하였다. 기상 용어인 퍼펙트 스톰은 2008년 이후 심각한 세계 경제 위기 현상을 일컫는 경제 용어로도 쓰인다. 한민족과 인류가 궁극에 마주칠 퍼펙트 스톰은 문명의 질서와 천지 시공간의 질서가 총체적으로 바뀌는 '가을개벽'이다.

왜곡된 한국사를 바로 세워야 한다. 그때 비로소 한민족이 처한 위기에 지혜롭게 대처할 수 있으며, 나아가 불원간 한민족과 온 인류에게 닥칠 거대한 변혁에 만반의 준비를 갖출 수 있게 될 것이다.

『환단고기』에서 전하는 인간 삶의 가장 숭고한 목적은 '인간 내면에 본래 깃들어 있는 천지의 무궁한 광명과 신성을 회복하고, 인간과 천지부모가 꿈꾸는 역사의 이상을 실현하는[性通功完]' 데에 있다.[48] 그래서 21세기의 인류 누구라도 이 천지의 큰 꿈을 이루는 새 역사 창조의 한마당에 참여하면 새 세상의 주인공으로 살게 된다. 그러나 대한의 삶을 등지고 살면 '다시개벽'의 문턱에서 우주의 먼지로 사라지고 말 것이다.[49]

8천만 한국인이여!

우리 모두 새벽처럼 맑게 깨어나자! 다가오는 '다시 개벽'의 거센 물결을 헤치고, 하늘과 땅과 인간이 모두 거듭나는 위대한 환단(천지광명)의 새 역사를 창조하는 주인공이 되는 삶을 살자!

---

[48] 배달의 초대 환웅천황이 내려준 『삼일신고』의 제3장 천궁天宮 편에서 전하는 "삼신이 부여한 대광명의 성품에 통하고 천지의 공덕을 완수한 자라야 이곳에 들어와 영원한 즐거움을 얻으리라[惟性通功完者, 朝, 永得快樂]"라는 구절이 뜻하는 바가 바로 이것이다.

[49] 『태백일사』 「삼신오제본기」가 전하는 "선하거나 선하지 않은 행동을 하게 되면 그 응보가 영원토록 작용하게 되고, 그 보답을 자연히 받게 되며, 그 응보가 자손에게까지 미치느니라[有或善不善, 報諸永劫, 有或善不善, 報諸自然, 有或善不善, 報諸子孫]"는 말씀에서 그대가 새 세상의 주인공이 되는 삶을 택할지, 소멸하는 삶을 택할지를 성찰하라는 경책의 메세지를 느낄 수 있다.

대한의 혼을 일깨운 역사의 충혼忠魂 안중근

丈夫歌 (장부가)

※안중근 의사의 피 끓는 애국충정을 느끼기 위해 그의 해설 원문을 그대로 싣는다.

丈夫處世兮여 其志大矣로다 — 장부가 세상에 처함이여 그 뜻이 크도다

時造英雄兮여 英雄造時로다 — 때가 영웅을 지음이여 영웅이 때를 지으리로다

雄視天下兮여 何日成業고 — 텬하를 응시함이여 어니 날에 업을 일울고

東風漸寒兮여 壯士義熱이로다 — 동풍이 졈드 차미여 쟝사에 의긔가 뜨겁도다

忿慨一去兮여 必成目的하리라 — 분개히 한 번 가미여 반다시 목적을 이루리로다

鼠竊伊藤兮여 豈肯比命고 — 쥐도적 이등이여 엇지 즐겨 목숨을 비길고

豈度至此兮여 事勢固然이로다 — 엇지 이에 이랄 줄을 시아려스리요 사셰가 고여하도다

同胞同胞兮여 速成大業할지라 — 동포 동포여 속히 대업을 이룰지어다

萬歲萬歲兮여 大韓獨立이로다 — 만셰 만셰여 대한 독립이로다

萬歲萬萬歲여 大韓同胞로다 — 만셰 만셰여 대한 동포로다

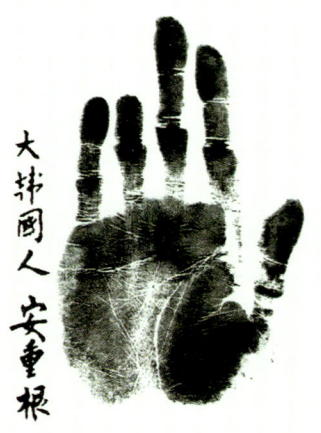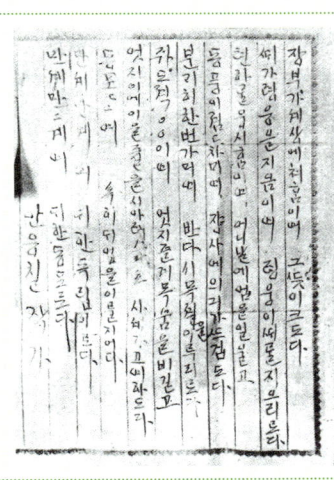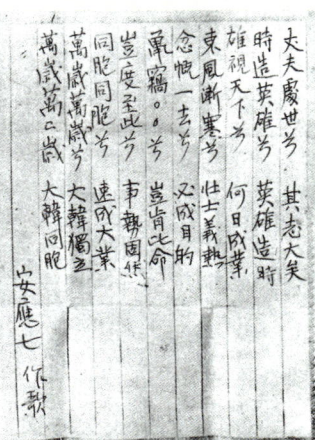

안중근 의사安重根(1879~1910)는 1909년 3월 동의단지회同義斷指會라는 비밀결사를 조직하여 조선 침략의 원흉인 이토 히로부미와 매국노 이완용에 대한 암살계획을 세웠다. 이때 3년 이내에 이를 성사시키지 못하면 자살로 국민에게 속죄하겠다며 왼손 네 번째 손가락 한 마디를 잘라 혈서로 '**대한독립**大韓獨立'이라 써서 항일투쟁의 의지를 다졌다. 그리고 1909년 10월 26일 아침 9시 반, 안중근 의사는 동방 문화의 종주였던 옛 조선 삼한의 수도인 하얼빈에서 이토 히로부미를 제거하는 거사를 행하였다. 총 8발의 총알을 장전하여 하얼빈역에 도착한 그가 발사한 첫 4발 중 3발이 이토의 몸에 명중되었고, 뒤이은 3발에 하얼빈 총영사를 비롯한 일본인 정치인 3명이 쓰러졌다. 이날의 의거는 9천 년 전 인류 창세문화를 개창한 주인공인 대한의 역사 정의를 바로 세운 기념비적인 사건이다. 의거 전날 밤, 자신의 굳은 뜻을 담아 지은 〈장부가丈夫歌〉에서 안중근 의사의 웅혼한 대한의 기상을 느낄 수 있다.

동양 태고문명의 우주 수학의 정수를 전수받은 서양 문명의 복희씨, '피타고라스'의 고향을 찾아서

고대 그리스의 철학자이자 수학자인 피타고라스(BCE 570?~496?)는 수數에 대한 탐구를 통해 신과 우주의 진리에 도달하고자 했다. 그는 "수數란 규정을 내리는 자"라고 하면서 "만물은 수로 구성되어 있다"고 설파하였다.

탈레스의 주선으로 이집트로 유학을 간 그는 그곳에서 23년 간 수학하면서 이집트 문명에 정통하게 됐다. 페르시아의 침략으로 이집트가 함락되면서 포로가 되어 바빌론으로 끌려갔다. 그곳에서 12년을 보내면서 메소포타미아 문명도 접하였다. 이 35년간의 견문을 바탕으로 나중에 학술 단체이자 수도원 성격을 띤 철학공동체를 세워 활동하였다.

미국 수학자 프랭크 스웨츠가 쓴 『Legacy of the Luoshu낙서의 유산』에 따르면, 동방의 수학이라 할 수 있는 낙서洛書는 이미 일찍이 실크 로드를 왕래하며 교역을 하던 아랍 상인들에 의해 그리스에까지 전해졌다. 그렇다면 피타고라스도 응당 낙서를 접하였을 것이다.

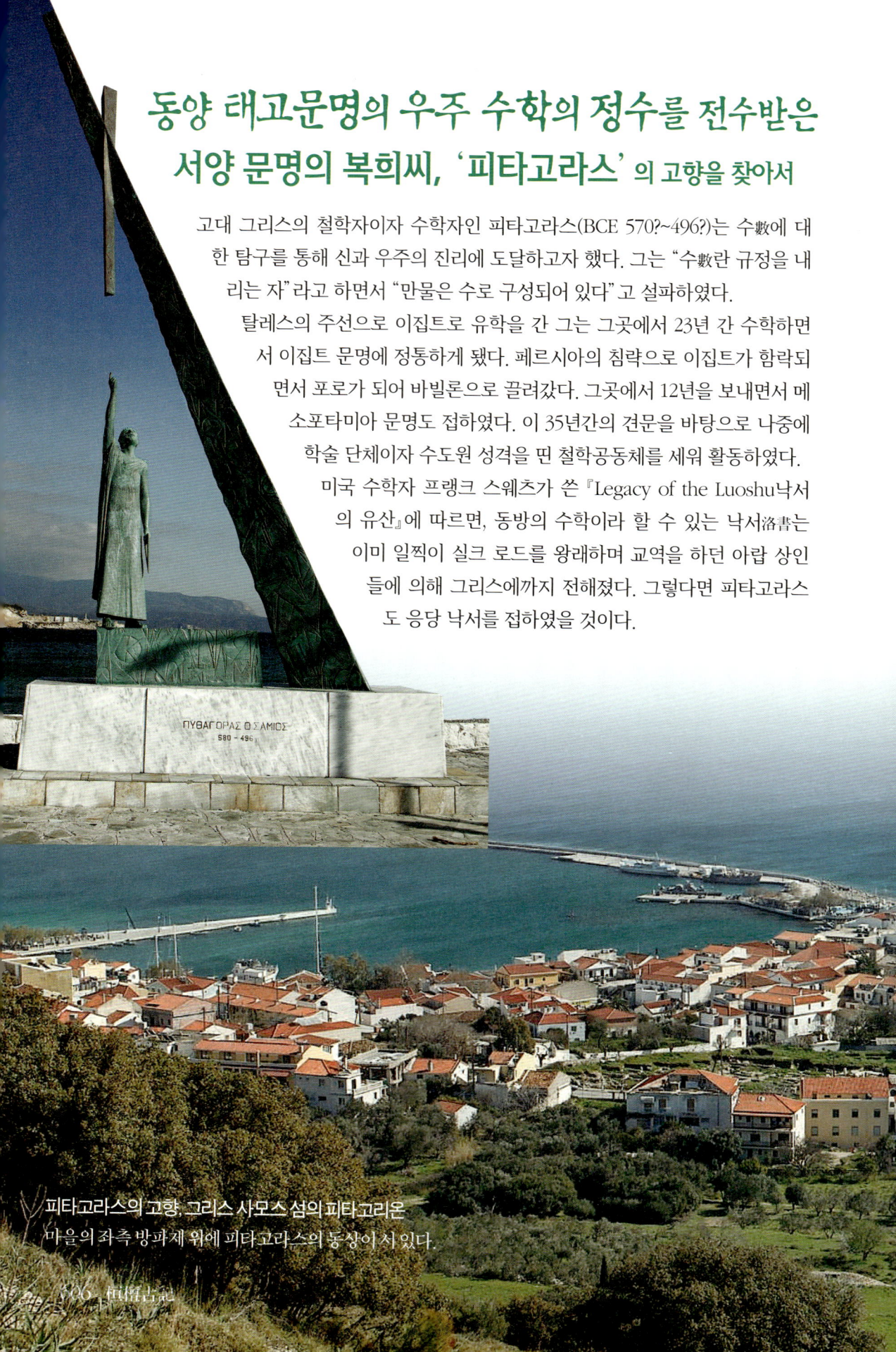

피타고라스의 고향, 그리스 사모스 섬의 피타고리온 마을의 좌측 방파제 위에 피타고라스의 동상이 서 있다.

이로 볼 때, 그는 동방 신교문화의 '우주 수학(하도·낙서의 상수학)'의 정수를 전수받아 서양 문명의 수학 체계를 세웠던 것이다.

고향인 사모스 섬에 세워진 그의 동상 현판에는 '3이라는 수는 존재하는 모든 것을 움직이게 하는 중심축이다' 라는 명구가 새겨져 있다. 그는 어떻게 우주의 비밀을 꿰뚫어보고 그것을 세상에 '선언' 까지 했을까?

인도의 철학자 오쇼 라즈니쉬가 지은 『Philosophia Perennis영원한 삶의 철학』(제1권)에 의하면, 피타고라스는 인도를 거쳐 중국과 티베트에까지 여행하면서 자연과 수의 관계, 신비한 자연현상의 근원 등을 연구했다. 그러면서 깊고 다양한 수의 이치를 포착했다. 나아가 수학을 넘어 동양의 사상과 철학까지 섭렵한 그였던 만큼 '우주가 3수의 법칙으로 운행한다' 는 사실에 활연관통하였을 것임에 틀림없다.

피타고라스는 그의 아버지가 델포이의 아폴론 신전에서 기도한 끝에 태어났다. 그래서 그는 태양신이자 문명신인 아폴론의 화신으로 일컬어진다(Kenneth S. Guthrie, 『The Pythagorean Sourcebook and Library』, 80쪽). 현대 서양 철학의 거두인 화이트헤드는 피타고라스에 대해 '서구의 철학과 수학의 기초를 세우는 데 더할 나위없는 행운의 선물을 안겨 준 인물'로 평가한다.

5,600년 전 삼신상제님께 천제天祭를 올리고 삼신의 성령을 받아 **하도**河圖를 그려낸 배달의 태호복희씨가 **동방 문명의 조종**祖宗이요 동양 수학의 아버지라면, 피타고라스는 **수학과 근대 과학문명의 아버지**로 비견될 수 있다. 피타고라스는 한마디로 '서양 문명의 복희씨' 인 것이다.

桓檀古記

범례凡例 ‖ 3

○ 안함로   삼성기전 상편三聖紀全 上篇 ‖ 13

○ 원동중   삼성기전 하편三聖紀全 下篇 ‖ 37

○ 행촌 이암   단군세기檀君世紀 ‖ 81
          단군세기檀君世紀 서序 | 84
          단군세기檀君世紀 | 92

○ 복애거사 범 장   북부여기北夫餘紀 ‖ 243
          북부여기 상北夫餘紀 上 | 246
          북부여기 하北夫餘紀 下 | 258
          가섭원부여기迦葉原夫餘紀 | 264

○ 일십당 이 맥   태백일사太白逸史 ‖ 297
          삼신오제본기三神五帝本紀 | 299
          환국본기桓國本紀 | 335
          신시본기神市本紀 | 347
          삼한관경본기三韓管境本紀 | 425
          소도경전본훈蘇塗經典本訓 | 499
          고구려국본기高句麗國本紀 | 555
          대진국본기大震國本紀 | 661
          고려국본기高麗國本紀 | 703

桓檀古記

일러두기

역자가 처음 접한 『환단고기』는 1979년에 광오이해사에서 발간한 〈오형기 필사 영인본〉이다. 본서는, 이유립이 오형기 필사본을 교정하여 1983년에 배달의숙에서 발간한 〈배달의숙본〉을 저본으로 하여 번역하였다. 또한 이유립이 완전하게 수정하지 못한 오탈자와 누락된 부분을, 이유립의 제자인 양종현이 소장하고 있는 〈배달의숙본〉과 단단학회 정오표 등을 참고하여 최대한 바로잡았다.

칭원稱元 및 연대 표기

1. 본서에서는 임금이 즉위한 해를 넘겨서 원년으로 칭하는 유년칭원법踰年稱元法을 사용하여 역대 왕의 원년을 기산起算하였다.
2. 『삼성기』하 신시역대기에 나오는 환웅천황의 재위 연대의 경우 총 역년(1,565년)에서 각 천황의 재위 연수를 역산하였다.
3. 배달의 환웅, 고조선의 단군 등 역대 성황 및 제왕의 즉위 원년과 붕어崩御한 해, 주요 사건이 발생한 해는 환기桓紀, 신시개천기神市開天紀, 단기檀紀, 서기西紀를 병기하였다.

편집

1. 원문과 번역본을 함께 비교하여 볼 수 있도록 좌우 양쪽에 배치하였다.
2. 본서에서는 원문을 쉽게 읽고 이해할 수 있도록 현토懸吐를 하였다. 〈배달의숙본〉에 수록된 이유립의 현토를 기초로 삼고, 다음 원칙에 따라 대폭 수정하였다.
   ① 조선시대 관본官本 『서경書經』에서 쓰인 현토 방식을 따랐다.
   ② 환국-배달-조선의 국통 맥을 정통으로 계승한 우리나라의 역대 제왕들과 동이족 성황들은 현불초賢不肖를 막론하고 모두 존칭형으로 통일하였다(단, 단군조선 및 북부여의 후국侯國인 번한(번조선), 마한(막조선)과 동부여 등의 제왕은 평칭형으로 하였다).
   ③ 기존의 해석과 다르게 이해되는 부분은 토를 수정하였다. 가급적 기존의 현토를 존중하였으나 문장을 분석하는 기준에 따라 해석이 현격하게 달라진 경우는 과감하게 토를 바꾸었다.
3. 원문의 이해를 높이기 위하여 한자의 음과 훈을 풀이하여 실었다. 앞에서 이미 소개한 글자라도 해당 쪽에서 이해를 빨리할 수 있도록 중복 수록하였다.
4. 원문과 번역문의 크고 작은 제목은 이해를 돕기 위해 구분하여 붙인 것이며, 원문의 제목은 최대한 한자로 표현하였다.
5. 원문과 번역문에 나오는 주요 용어 및 술어를 원문 왼쪽과 번역문 오른쪽에 간단히 풀이하였으며, 좀 더 구체적인 설명이 필요한 경우 본문 뒤에 주석을 덧붙였다.
6. 『삼성기』뒤에는 『삼국유사』 「고조선기」를, 『단군세기』와 『북부여기』 뒤에는 각각 고조선과 북부여(부여)에 대한 국내·외 주요 사료를 실었다.
7. 본서 작업에 참고한 국내·외 각종 문헌과 자료집, 지도, 인터넷 사이트 등의 목록을 수록하였다.
8. 주요 내용을 쉽게 찾아 볼 수 있도록 색인을 정리하여 실었다.
9. 주요 사건, 연대, 참고할 내용 등을 도표로 정리하였다.
10. 『삼성기』, 『단군세기』, 『북부여기』, 『태백일사』 등 각 장이 시작되는 부분에 시대별 강역 지도를 넣었다.
11. 주요 지명, 또는 사건에 대하여 본문에 지도를 덧붙여 쉽게 이해할 수 있도록 하였다.
12. 역사 현장감을 최대한 살리고자 화보를 넣었다.
13. 화보는 역사 현장을 직접 답사하여 촬영한 것이며, 직접 촬영한 것이 아닌 경우 문헌과 출처를 밝혀 놓았다.

凡例 범례

『환단고기』를 편찬한
운초 계연수 雲樵 桂延壽 (1864~1920)

| 해학海鶴 이기李沂의 문인
| 만주에서 독립운동을 하다가 1920년에 순국

- 『삼성기전』 상, 『삼성기전』 하, 『단군세기』, 『북부여기』, 『태백일사』를 합편하여 『환단고기』로 정명正名하였다.
- 『환단고기』를 구성하는 『삼성기전』 상, 『삼성기전』 하, 『단군세기』, 『북부여기』, 『태백일사』 등 다섯 권의 출처를 서문격인 범례에서 자세히 밝혔다.
- 『삼성기전』 상은 운초 집안 소장본이고, 『삼성기전』 하와 『단군세기』는 북녘 땅 제1의 장서가 백관묵白寬默에게서 전수받았다. 백관묵의 아들은 독립운동으로 유명한 백삼규白三圭이다. 『북부여기』는 삭주 사람 이형식 소장본이고, 『태백일사』는 해학 이기의 집안에서 전해 오던 것이다.
- 스승이자, 『단군세기』를 쓴 이암과 『태백일사』를 쓴 이맥의 직계 후손인, 해학 이기의 지도 아래 『환단고기』를 발간하였다.
- 『환단고기』의 중추신경이라 할 수 있는 한민족과 인류의 창세 원형 문화인 신교의 우주론과 인간관, 신관과 태고의 수행문화를 근원으로 하여 단절된 한국사의 국통 맥을 환국─배달─조선─북부여─고구려─대진(발해)─고려로 잡아 주었다.
- 『환단고기』 역사관을 이해하기 위해서는 **신교의 삼신관에 근거한 우주관과 신관 그리고 인간관의 총 결론인 하늘과 땅과 인간이 하나 되는 심법원리인 삼일심법三一心法을 강력하게 체험해야 한다**는 것을 강조하고 있다. 동시에 이 심법은 인류 최초의 경전인 『천부경』과 『삼일신고』의 천지 광명 환단의 역사관의 근본을 두고 있음을 밝히고 있다.

凡例

一. 古記引用이 始自一然氏之遺事나
而今其古記를 不可得見일새 乃以三聖紀·檀君世紀·
北夫餘紀·太白逸史로 合爲一書하니
名曰 桓檀古記라.

一. 三聖紀는 有二種이나 而似非完編이오
安含老氏所撰은 余家舊傳이니 今爲三聖紀全上篇하고
元董仲氏所撰은 得於泰川白進士寬默氏하니
今爲三聖紀全下篇하야 總謂之三聖紀全이라.

一. 檀君世紀는 紅杏村曳所編이니
乃杏村先生文貞公所傳也라
此書도 亦得於白進士하니 進士는 文藻古家也라
素多藏書오 而今兩種史書가 俱出其家하니
奚啻譬諸百朋之賜리오 可謂祖國之萬丈光彩也라.

一. 北夫餘紀上下는 伏崖居士 范樟所撰也라
舊有以檀君世紀로 合編者를
得於朔州梨洞李進士亨栻家하니
檀君世紀는 與白進士所藏으로 無一字異同하고
今又有別本而行於世者하니 此本內容이
自與前書로 頗有所殊故로 更不及之也라.

범 례*

『고기古記』의 인용이 일연의 『삼국유사』로부터 시작되었으나, 지금은 『고기』를 볼 수 없으므로 이제 『삼성기』, 『단군세기』, 『북부여기』, 『태백일사』를 합본하여 한 권의 책으로 만들어 『환단고기』라 한다.

『삼성기』는 두 종류가 있으나 모두 완편完編은 아닌 것 같다. 안함로가 찬술한 것은 오래 전부터 우리 집안에 전해 내려 온 것이다. 이제 이를 「삼성기전」 상편으로 하고, 원동중이 찬술한 것은 평안도 태천泰川의 진사 백관묵白寬默으로부터 얻은 것인데 이를 「삼성기전」 하편으로 하며, 이 두 편을 합본하여 『삼성기전』이라 한다.

『단군세기』는 홍행촌수紅杏村叟가 엮은 것으로, 바로 행촌 선생 문정공文貞公*이 전한 것이다. 이 책 또한 백진사에게서 얻은 것으로, 진사의 가문은 예로부터 문재로 이름이 높은 집안이라 소장하고 있는 책이 많았다. 두 종류 사서史書가 모두 이 집에서 나왔으니, 어찌 만금을 주는 것에 이를 비유할 수 있으리오. 가히 조국의 앞날을 밝혀 주는 크나큰 영광이라 할 것이다.

『북부여기』 상·하는 복애거사伏崖居士 범장范樟이 지은 것이다. 예전에 『단군세기』와 합편해 놓은 것을 삭주朔州 뱃골[梨洞]의 진사 이형식李亨栻의 집에서 얻었는데, 『단군세기』는 백진사가 소장한 것과 한 글자도 다름이 없다. 근래에 와서 별본이 세상에 나돌고 있는데, 이 별본의 내용은 앞의 『북부여기』와 자못 다른 바가 많으므로 더이상 관련시키지 않는다.

---

* 한국사에서 범례의 양식으로 시작하는 역사 서술의 방법이 보편화된 때는 대의명분과 정통론을 강조하는 역사 기술 방법인 강목체綱目體 서술이 등장한 17, 18세기이다. 이전에는 『삼국사기』의 「삼국사를 올리는 글」[進三國史表], 『고려사』의 「고려사를 올리는 글」[進高麗史箋]과 같이 범례 대신 표表와 전箋이 중심이었다(이우성, '17, 18세기의 사서史書와 고대사 인식', 『한국의 역사인식』 하권, 332~340쪽).

* 행촌 선생 문정공: 행촌은 이암의 호, 문정文貞은 시호.

* 복애伏崖: 범장의 호 복애伏崖에 대하여 '휴애休崖'의 오기誤記라는 설이 있으나, 증손 범석희范錫熙가 필사한 범장의 저서 『화동인물총기話東人物叢記』 표지에 '범복애저范伏崖著 화동인물총기話東人物叢記', 도입부에는 '범복애저范伏崖著 화동인물총기話東人物叢記 증손석희曾孫錫熙 천순무인이월天順戊寅二月 한성왕십리이기漢城往十里移記'라고 되어 있다. 복애의 『화동인물총기』를 증손인 범석희가 천순天順 2월에 한성(서울) 왕십리에서 옮겨 적었다는 것이다. 여기서 '천순天順'은 명明나라 6세 영종英宗(1457~1464)의 연호이며, '무인이월戊寅二月'은 조선

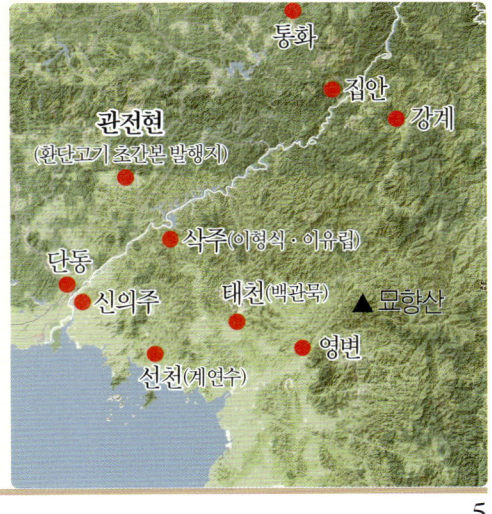

一. 太白逸史는 一十堂主人李陌氏所編이니

　　乃海鶴李沂先生所藏也라.

　　蓋桓檀以來 相傳之敎學經文이 悉備하고

　　取材典據가 可一見瞭然者也라.

　　且其天符經·三一神誥의 兩書全文이 俱在篇中하니

　　實爲郎家之大學中庸也라.

　　嗚呼라 桓檀相傳之三一心法이 眞在是書하니

　　果太白眞敎重興之基歟인저 手自舞하고 足自蹈하며

　　興欲哄하고 喜欲狂也라.

一. 桓檀古記는 悉經海鶴李先生之監修오

　　而且余精勤繕寫하고

　　又因洪範圖 吳東振兩友之出金하야 付諸剞劂하니

　　一爲自我人間之發見主性而大賀也며

　　一爲民族文化之表出理念而大賀也며

　　一爲世界人類之對合共存而大賀也라.

　　神市開天 五千八百八年은 卽光武十五年이니

　　歲次辛亥 五月廣開節에

　　太白遺徒宣川桂延壽仁卿은

　　書于妙香山之檀窟庵하노라.

『태백일사』는 일십당 주인 이맥이 엮은 것으로 해학 이기 선생이 소장해 온 것이다. 대개 **환단 이래로 서로 전해 온 교학 경문이** 모두 여기에 갖추어져 있으니, 인용한 전거가 상세하여 일목요연하다.

또 『천부경』과 『삼일신고』 두 글의 전문이 모두 여기에 실려 있으니, 이는 실로 **낭가**郎家의 『대학』·『중용』과 같은 것이다.

오호라! **환국·배달·조선(환단)**이 서로 전한 **삼일심법**三一心法이 진실로 이 책 속에 들어 있으니, **대광명의 동방 신교의 진리 가르침**[太白眞敎✻：神敎]이 중흥하는 기틀이 아니고 무엇이랴! 손발이 절로 춤추며, 흥겨워 외치고 싶고 기뻐서 미칠 듯하도다!

『환단고기』는 모두 해학 이기 선생의 감수를 거쳤으며, 또 내가 정성을 들여 부지런히 편집하고 옮겨 적었다. 그리고 홍범도·오동진 두 벗이 자금을 대어 목판에 새겨서 인쇄하였다.✻ 이로써 우리 자신의 주체성을 발견하게 되었으니 크게 축하할 만한 일이요, 또한 민족 문화의 이념을 표출하게 되었으니 크게 경축할 만한 일이며, 또 한편으로 세계 인류가 대립을 떠나 공존할 수 있는 기틀을 마련하게 되었으니 더욱 경축할 만한 일이다.

신시개천神市開天 5808년, 광무光武✻ 15년 신해(1911)년 5월 광개절✻에 태백 진리[神敎]의 정신을 계승한 선천宣川 사람 계연수 인경仁卿✻이 묘향산 단굴암에서 쓰노라.

『환단고기』 편찬자와 소장자

구분	『삼성기』상	『삼성기』하	『단군세기』	『북부여기』	『태백일사』
편찬자	신라 안함로 (579~640)	고려 원동중 (생몰연대 미상)	고려 말 이암 (1297~1364)	고려 말 범장 (?~1395)	조선 중기 이맥 (1455~1528)
소장자	계연수	백관묵	백관묵 이형식	이형식	이기

해학 이기가 감수하고, 운초 계연수가 옮겨 적음.
다섯 사서를 합편하여 『환단고기』로 정명하고 30부 발행(1911년).

세조世祖 3년(1458) 2월이다. 범석희의 자字는 승락承洛, 호는 운애雲崖이며, 고려 때 참지參知를 지낸 인물로 시기적으로 증조부 범장과 같은 시대 사람이다. 『화동인물총기』 후기에, 범석희가 증조부의 저서 원본을 직접 필사했다고 하였다. 증손자가 증조부의 호를 잘못 썼을 리 없으며, 또한 금성범씨錦城范氏 족보에도 '복애伏崖'로 기록되어 있으므로 『환단고기』 원문과 번역본 모두 '휴애休崖'를 '복애伏崖'로 바로잡는다.

✻**태백진교**太白眞敎: '대광명의 동방 신교의 참 가르침'이라는 뜻으로 인류 뿌리문화 신교를 통칭하는 말이다. 『환단고기』의 저자들은 우주 광명 사상을 담고 있는 '동방 신교'를 '태백진교'라는 표현으로 자주 쓴다.

✻이유립의 제자 양종현(현 단단학회 회장)은 "1960년대 말에서 70년대에 대전에서 한암당 선생에게 역사를 배울 때 『환단고기』 초판으로 공부했다. 얇은 녹색 표지에 붓글씨로 '桓檀古記'라 씌어 있었다. 본문 글자는 활자체가 아니라 붓글씨체였는데, 크기가 고르지 않았고 거칠었으며 그리 잘 쓴 글씨가 아니었다. 선생은, 『환단고기』를 만들 때 자금을 댄 분들 얘기를 하면서 '목판 인쇄를 했다'고 분명히 말씀하셨다. 수년 동안 그 책으로 직접 공부했다. 목판에 새겨서 찍은 것이 확실하다"라고 증언하였다(2012. 4. 3).

✻**광무**光武: 대한제국의 연호. 1897년(고종 34) 제정.

✻**광개절**: 해마다 음력 5월 5일에 거행하던 한민족 전래의 축전祝典. 동아시아 대륙을 통일하고 단군조선 시대의 강토 대부분을 회복하여 영토를 최대로 확장[廣開]시킨 광개토열제의 영광과 위업을 기리기 위해 제정한 기념일이다.

✻**인경**仁卿: 계연수의 자字.

『환단고기』를 전한 인물들

저술자

『삼성기三聖紀』 상上을 찬한 안함로安含老 (579~640)

속성은 김金, 휘諱는 안함安含 혹은 안홍安弘. 신라 진평왕 때의 도승, 신라 십성十聖 중 한 사람.

『단군세기檀君世紀』를 찬한 행촌杏村 이암李嵒 (1297~1364)

본관은 고성固城, 초명은 군해君侅, 시호는 문정文貞. 왼쪽은 초상, 오른쪽은 자화상.

감수자

해학海鶴 이기李沂 (1848~1909)

전라도 만경萬頃 출신. 독립운동가. 민족사학자.
단학회檀學會를 설립하고 초대 회장을 지냄.
운초가 편집한 『환단고기』를 감수.

편저자

운초雲樵 계연수桂延壽 (1864~1920)

평안도 선천宣川 출신. 해학 이기의 문인. 독립운동가.
단학회 2대 회장. 『삼성기』 상, 『삼성기』 하, 『단군세기』,
『북부여기』, 『태백일사』를 합편하여 '환단고기'라 정명
하고 초판 30부 발행.

발간에 기여한 인물

여천汝千 홍범도洪範圖 (1868~1943)

평안도 자성慈城 출신. 대한독립군 총사령관.
봉오동 전투에서 독립군 최대의 승전을 기록.

송암松菴 오동진吳東振 (1889~1944)

평안도 의주義州 출신. 광복군 총영장總營長.
정의부正義府 군사부위원장 겸 총사령관.

『환단고기』를 세상에 알린 한암당寒闇堂 이유립李裕岦 (1907~1986)

이암의 후손. 1948년 『환단고기』 초간본을 가지고 월남. 1963년 단학회檀學會를 단단학회檀檀學會로 바꾸고, 6대 회장이 되어 기관지 『커발한』 발행. 1976년 국사찾기협의회를 조직.

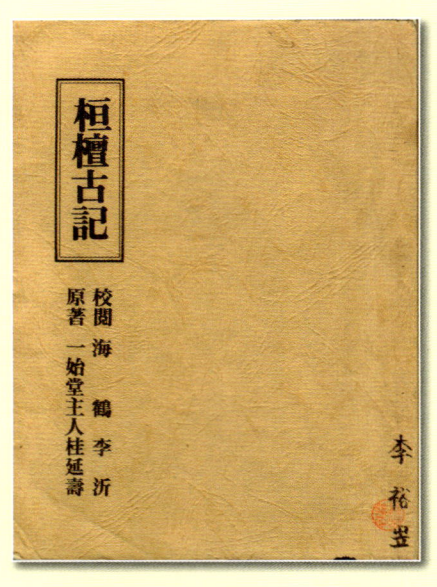 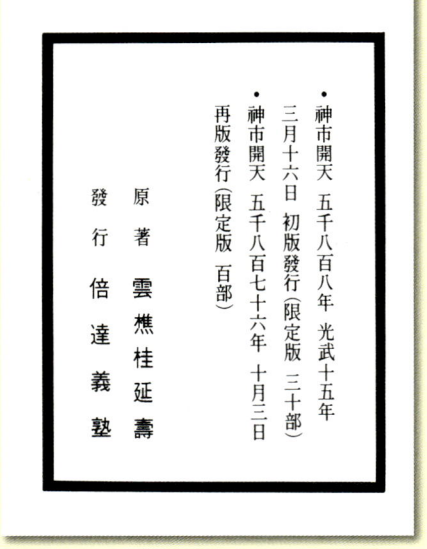

단단학회에서 발행한 배달의숙본 『환단고기』의 표지와 판권

신시개천 5876년(1979)에 〈오형기본〉의 오탈자를 바로잡고 발문을 삭제한 새로운 『환단고기』를 5880년(1983)에 배달의숙 이름으로 100부 발행.

역사 속 이야기

홍범도의 친필 편지

홍범도 장군은 평양에서 출생하였다. 함경도 삼수·갑산에서 오랫동안 사냥꾼 생활을 하며 의병 활동을 전개하였다. 한때 금강산 신계사의 상좌이던 지담 스님(이순신 장군의 후손)으로부터 이순신 장군의 진법과 용병술을 전수 받기도 하였다. 문무를 겸비한 지략가로서 뛰어난 용병술과 지도력으로 일본군과의 전투에서 연전연승하여 '날아다니는 백두산 호랑이', '비장군飛將軍'이라는 별명을 들을 정도로 용맹을 떨쳤다. 독립군으로서 가장 많이, 가장 치열하게 싸웠고 가장 많이 이겼으며, 가장 많이 죽였고 가장 오래 투쟁하였다. 그리고 일본군이 가장 두려워한 사람이었다.

이 편지는 그동안 우리나라 학계가 홍범도 장군을 무식한 사냥꾼으로 잘못 인식하고 있었을 뿐 아니라, 독립운동사에 대해 철저한 조사와 검증이 부족했음을 잘 드러내는 증거이다(EBS, "도올이 본 한국독립운동사" 4부, 2005).

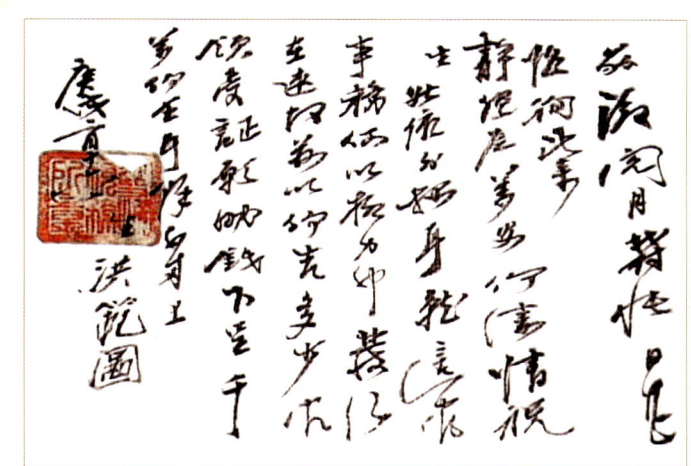

1910년 봄, 홍범도가 만주로 떠나기 전에 구한말 의병장이었던
의암毅菴 유인석柳麟錫에게 보낸 친필 편지

別後閱月, 鬱悵日甚.	헤어진 지 한 달이 지났으나 마음이 답답하고 슬퍼짐이 날로 심합니다.
悋詢比來, 靜體候萬安,	
仰溸情祝. 生姑依前樣耳,	삼가 여쭙건대, 요즈음 체후는 평안하신지요. 우러러 마음으로 빕니다. 생(자신의 겸칭)은 예전과 마찬가지로 지내고 있으니,
就這間事務何以極力耶.	저간의 사무에 어떻게 온 힘을 다할 수 있었겠습니까?
發行在速姑玆以仰告.	길을 떠나는 것이 급해졌으니 짐짓 우러러 고합니다.
多少間領受證願助錢下呈.	다소간 원조전(후원금)을 받았다는 영수증을 보내오니,
千萬仰望耳.	천만 번 우러러 바랄 뿐입니다.
餘不備上.	예를 갖추지 못하고 올립니다.
庚戌二月十六日	
生 洪範圖	경술(1910)년 2월 16일. 생 홍범도.

三聖紀全上篇 삼성기전 상편

안함로 安含老 찬撰

유불선儒佛仙과 상고 시대 신교神敎문화를 회통會通한

안함로 安含老 (579~640)

| 속성 김金
| 휘諱 안함安含, 안홍安弘

선덕여왕 9년(환기 7837, 신시개천 4537, 단기 2973, 640) 만선도량萬善道場에서 입적.

- 이찬伊飡을 지낸 시부時賦의 손자. 신라 진평왕 때의 도승道僧. 안홍安弘 법사, 안함태安含邰 화상이라고도 부르며, 신라 십성十聖 중 한 사람이다.

- 시원始原 신교神敎의 선맥仙脈을 계승하여 유불선儒佛仙의 정수를 신교 우주론으로 정리하였고, 한민족 신교문화의 상수철학과 삼신·칠성문화의 원형을 상세히 밝혔다.

- 『삼성기』 상은 환국-배달-조선-북부여-고구려로 이어지는 한민족사의 국통 맥을 밝히고, 고주몽이 북부여의 정통을 계승했다는 것을 처음으로 지적하였다.

이 편의 주요 술어

吾桓建國 오환건국	一神 일신	斯白力之天 시베리아의 하늘	桓仁 환인	安巴堅 안파견	神市倍達 신시배달	桓雄 환웅	天坪 천평	五事 오사
在世理化 재세이화	弘益人間 홍익인간	熊氏女 웅씨녀	神人王儉 신인왕검	檀君王儉 단군왕검	河伯女 하백녀	朝鮮 조선	阿斯達 아사달
三韓 삼한	九桓族 구환족	大夫餘 대부여	八條禁法 팔조금법	北夫餘 북부여	解慕漱 해모수	高豆莫汗 고두막한	東明 동명	高鄒牟 고추모

1. 桓因天帝의 桓國 開創

吾桓建國이 最古라.

有一神이 在斯白力之天하사 爲獨化之神하시니

光明照宇宙하시고 權化生萬物하시며 長生久視하사

恒得快樂하시며 乘遊至氣하사 妙契自然하시며

無形而見하시며 無爲而作하시며 無言而行하시니라.

人類 太古 文明의 始祖, 安巴堅桓因

日에 降童女童男八百於黑水白山之地하시니

於是에 桓因이 亦以監羣으로 居于天界하사 捂石發火하사

始敎熟食하시니 謂之桓國이오 是謂天帝桓因氏이시니

亦稱安巴堅也시니라 傳七世로대 年代는 不可考也니라.

- 吾 나 오
- 建 세울 건
- 最 가장 최
- 在 있을 재
- 獨 홀로 독
- 權 권세 권
- 權化: 대권능의 조화
- 久 오랠 구
- 長生久視: 불로장생의 뜻
- 恒 늘 항
- 快 즐거울 쾌
- 乘 탈 승
- 至 지극할 지
- 至氣: 지극한 우주의 元氣玄氣
- 妙 묘할 묘
- 形 형상 형
- 作 지을 작
- 自然, 無形, 無爲, 無言: 모두 도가道家의 표현이다.
- 降 내릴 강
- 黑 검을 흑
- 羣 무리 군(群의 본자)
- 監羣: 무리를 다스리는 우두머리
- 捂 칠 부
- 始 비로소 시
- 熟 익힐 숙
- 稱 일컬을 칭
- 堅 굳을 견
- 考 깊이 헤아릴 고
- 桓 밝을 환
- 國 나라 국
- 古 예 고
- 斯 이 사
- 照 비출 조
- 視 볼 시
- 得 얻을 득
- 樂 즐길 락
- 遊 놀 유
- 氣 기운 기
- 契 합할 계
- 見 나타날 현
- 童 아이 동
- 監 살필 감
- 發 필 발
- 敎 가르칠 교
- 謂 이를 위
- 巴 바랄 파

桓檀古記

천산
인류의 시원국가인 환국의 발원지로 여겨지는 곳이다. 현재 중국 신강성 위구르 자치구에 있으며 이 산에 '천지天池'라는 호수가 있다. 『환단고기』에 나오는 천산天山 또는 파내류산波奈留山을 이곳으로 추정한다. 높이 1,910미터.

1. 환인천제의 환국 개창

우리 환족이 세운 나라가 가장 오래 되었다.

하느님[一神]*은 사백력斯白力(대광명)의 하늘¹⁾에 계시며 **홀로 우주의 조화를 부리는 신**이시다. 광명으로 온 우주를 비추고, 대권능의 조화[權化]²⁾로 만물을 낳으며, 영원토록 사시며[長生久視] 항상 즐거움을 누리신다. 지극한 조화기운[至氣]을 타고 노니시고 스스로 그러함(대자연의 법칙 : 道)에 오묘하게 부합하며, 형상 없이 나타나고 함이 없이 만물을 지으시며 말없이 행하신다.

인류 태고 문명의 시조, 안파견환인

어느 날 **동녀동남 800명**³⁾을 흑수*와 백산*의 땅에 내려 보내시니, 이에 환인께서 만백성의 우두머리[監群]가 되어 **천계**天界(천산 동방의 환국)에 거주하시며 돌을 부딪쳐서 불을 피워 음식을 익혀 먹는 법을 처음으로 가르치시니 이 나라를 **환국**桓國(광명의 나라)이라 했다. 이 환국을 다스리신 분을 '**천제 환인씨**'라 부르고, 또한 '**안파견**'*⁴⁾이라고도 불렀다. 환국은 7세를 전했으나, 그 연대는 자세히 살필 수 없다.

* **일신一神**: 일신은 무형(원신元神 Primordial God)의 삼신이며 동시에 『태백일사』「소도경전본훈」에서 "일신은 하늘을 주재하신다[一神, 爲天之主宰]"라고 정의했으므로 삼신의 조화권을 쓰시는 유형의 대우주 통치자(주신主神, Governing God) 삼신상제님을 말한다. 동서양의 신관이 통일된 이 원신과 주신의 융합신관은 「환단고기」에서 '삼신즉일상제三神卽一上帝'의 논리로 강조하고 있다.

* **흑수黑水**: 만주 흑룡강성 북변의 흑룡강. 흑수말갈黑水靺鞨족의 발흥지이기도 하다.

* **백산白山**: 백두산의 별칭. 우리 민족의 성산聖山인 백두산은 백산, 태백산 이외에도 삼신산三神山·개마산蓋馬山·불함산不咸山 등으로 불렸다. 중국인들은 창바이산長白山이라 불렀다. 또 인류 구원의 완성과 모든 진리의 도맥道脈의 완성을 뜻하는 시루산[甑山]으로도 불렸다.

* **안파견安巴堅**: 안파견은 "하늘을 받들어 지상에 부권父權을 세운다[繼天立父]"는 의미로 '아버지'라는 뜻이다. 아버지는 주권자를 말한다(「삼신오제본기」).

백두산
환웅천황이 배달국을 개국한 곳으로 한민족뿐만 아니라 동북아 모든 민족의 영산靈山이다. 높이 2,750미터.

2. 桓雄天皇의 倍達 時代

後에 桓雄氏繼興하사 奉天神之詔하시고

降于白山黑水之間하사 鑿子井女井於天坪하시고

劃井地於靑邱하시며 持天符印하시고 主五事하사

在世理化하사 弘益人間하시며

立都神市하시고 國稱倍達하시니라.

熊氏族 女人을 皇后로 삼다

擇三七日하사 祭天神하시며

忌愼外物하사 閉門自修하시며

呪願有功하시며 服藥成仙하시며

劃卦知來하시며 執象運神하시니라.

命羣靈諸哲하사 爲輔하시며 納熊氏女하사 爲后하시며

定婚嫁之禮하사 以獸皮로 爲幣하시며 耕種有畜하시며

置市交易하시니 九域이 貢賦하며 鳥獸率舞라.

後人이 奉之爲地上最高之神하야 世祀不絶하니라.

神市之季에 有治尤天王이 恢拓靑邱하시고

傳十八世하사 歷一千五百六十五年이러라.

2. 환웅천황의 배달 시대

그 후 환웅씨가 환국을 계승하여 일어나 하늘에 계신 상제上帝님의 명을 받들어 백산과 흑수 사이의 지역에 내려오셨다. 그리하여 천평天坪[5]에 우물[자정子井과 여정女井][6]을 파고 청구靑邱[7]에 농사짓는 땅을 구획하셨다.

환웅께서 천부와 인을 지니고 오사五事*를 주관하시어 세상을 신교의 진리로 다스려 깨우쳐 주시고[在世理化], 인간을 널리 이롭게 하시며[弘益人間]*, 신시에 도읍을 정하여[立都神市] 나라 이름을 배달[國稱倍達][8]이라 하셨다.

웅씨족 여인을 황후로 삼다

삼칠일(21일)을 택하여 상제님께 제사지내고 바깥일[外物]을 꺼리고 삼가 문을 닫고 수도하셨다. 주문을 읽고 공덕이 이뤄지기를 기원하셨으며, 선약을 드시어 신선이 되셨다. 괘卦를 그어 미래의 일을 아시고, 천지변화의 움직임[象]을 파악하여 신명을 부리셨다[執象運神].[9]

여러 신령한 인물과 명철한 인재를 두루 모아 신하로 삼고, 웅씨족 여인[熊氏女][10]을 맞아들여 황후로 삼으셨다. 혼인 예법을 정하여 짐승 가죽으로 폐백을 삼게 하시고 농사를 짓고 가축을 기르게 하시고, 시장을 열어 교역을 하게 하시니, 구환족九桓族이 사는 모든 지역에서 공물과 세를 바치고, 뭇 새와 짐승들까지 따라서 춤을 추었다. 후세 사람이 이분을 지상의 최고신으로 모시고 세세토록 제사 지내기를 그치지 않았다.

배달국 신시 시대 말기에 치우천황이 계시어 청구靑邱를 널리 개척하셨다.

환웅천황의 배달 시대는 18세를 전하였으며 1,565년을 누렸다.

박병식은 "安巴堅은 '아파구'로 읽어야 한다. '아'는 '위, 훌륭한'의 의미를 나타내는 접두어이고, '빠, 바'는 태양을 의미하는 '하'의 반탁음, 탁음 형태이며, '구'는 '자者, 물物'을 나타낸다. 安巴堅(아빠구)은 '존경하는 태양 같은 자', '최초의 태양인 자'라는 뜻이다. 또 '天帝桓因'에서 因은 원인原因, 태초의 시작을 나타내는 것으로 桓因과 安巴堅은 함께 '최초의 태양인 자', '가장 존경하는 태양 같은 자'라는 의미가 된다"라고 하였다(박병식, 『한국상고사』, 26쪽).

일본 북큐슈 후쿠오카현 소에다 마을의 환웅상
환웅천황이 검은 수염에 박달나무 이파리로 장식한 옷을 입으신 모습이다. 한반도 도래인의 후손인 큐슈 사람들은 어깨에 늘어진 등나무 잎을 보고 후지와라 강유藤原桓雄라 부르고 있다.

* **오사五事**:
  ① 우가牛加는 농사를 주관하고[主穀]
  ② 마가馬加는 왕명을 주관하고[主命]
  ③ 구가狗加는 형벌을 주관

3. 檀君王儉의 朝鮮 開國

後에 神人王儉이 降到于不咸之山檀木之墟하시니

其至神之德과 兼聖之仁이

乃能承詔繼天而建極하사 巍蕩惟烈이어시늘

九桓之民이 咸悅誠服하야 推爲天帝化身而帝之하니

是爲檀君王儉이시라.

復神市舊規하사 設都阿斯達하시고

開國하사 號朝鮮하시니라.

菲西岬 河伯女를 皇后로 삼다

檀君이 端拱無爲하사 坐定世界하시며

玄妙得道하시며 接化羣生하실새

命彭虞하사 闢土地하시며 成造로 起宮室하시며

高矢로 主種稼하시며 臣智로 造書契하시며

奇省으로 設醫藥하시며 那乙로 管版籍하시며

義로 典卦筮하시며 尤로 作兵馬하시며

3. 단군왕검의 조선 개국

이후에 **신인**神人 **왕검**이 불함산不咸山[11]의 박달나무가 우거진 터[墟]에 내려오셨다. 왕검께서 지극히 신성한 덕성과 성인의 인자함을 겸하시고, 능히 선대 환인·환웅 성조의 법을 이어 받고 하늘의 뜻을 받들어 인륜의 푯대를 세우시니, 그 공덕이 높고 커서 찬란하게 빛났다.

이에 **구환**九桓**의 백성**이 모두 기뻐하고 진실로 복종하여 천제의 화신으로 추대하여 임금으로 옹립하니, 이분이 바로 **단군왕검**[12]이시다. 왕검께서는 신시 배달의 옛 법도를 되살리시고 아사달[13]에 도읍을 정하여 나라를 여시니, 그 이름을 **조선**朝鮮[14]이라 하셨다.

비서갑 하백의 따님을 황후로 삼다

단군왕검께서는 두 손을 맞잡은 채 단정히 앉아 함이 없이 세상의 질서를 바로잡아 다스리셨다. 현묘한 도를 깨치셨으며, 뭇 생명을 접하여 교화하실 때,

팽우彭虞에게 명하여 토지를 개척하게 하시고,
성조成造에게 궁실을 짓게 하시고,
고시高矢에게 농사일을 맡게 하시고,
신지臣智에게 글자를 만들게 하시고,
기성奇省에게 의약을 베풀게 하시고,
나을那乙에게 호적을 관장하게 하시고,
희羲에게 괘서卦筮를 주관하게 하시고,
우尤에게 병마兵馬를 담당하게 하셨다.

하고[主刑]
④저가猪加는 질병을 주관하여 치료하고[主病]
⑤양가羊加는 선악을 맡아 다스린다[主善惡](『태백일사』「환국본기」).

✻ **홍익인간**弘益人間: '인간을 널리 이롭게 하다, 보람되게 하다'는 뜻으로 초대 환웅천황의 건국이념이다.

✻ **불함산**: '가장 밝은 산'이라는 뜻이다. 백두산과 만주 하얼빈의 완달산完達山 두 곳을 말하는데 여기서는 완달산을 가리킨다(『태백일사』「신시본기」 참조).

✻ **허**墟: 허는 '터'라는 뜻이지만 대토산大土山, 즉 큰 흙 산을 가리키기도 한다.

✻ **아사달**: 불함산이라고도 하는데, 만주 하얼빈의 완달산完達山을 말한다(신채호, 『조선상고사』). 『삼국유사』에는 평양이라 하였는데, 이는 반도사관에 병든 곡필曲筆일 뿐 지금의 평양이 아니다. 지금의 평양은 고조선 시대에는 마한의 수도였고, 고구려 장수열제(427) 이후에 고구려의 도읍이 되었다.

✻ **현묘한 도**: 한민족의 시원 종교이며 인류의 모체 종교인 '신교'를 말한다. 최치원이 난랑비서鸞郎碑序에서 "나라에 현묘한 도가 있으니 풍류라 한다[國有玄妙之道 曰風流]"라고 밝힌 풍류도風流道의 본래 이름이 신교이다.

송화강 아사달(흑룡강성 하얼빈) _단군조선의 첫 번째 수도(1세 단군~21세 단군, 1,048년간). 하얼빈에서 가까운 쌍성시, 아성시 등에서 청동기 시대 유물이 발견되었다. 따라서 하얼빈과 가까운 이곳을 아사달로 추정하기도 한다. 사진은 송화강에서 바라본 하얼빈 시내의 일출 광경이다. 겨울이라 송화강이 두껍게 얼었다.

納菲西岬河伯女하사 爲后하시고 治蠶하시니

淳厖之治가 熙洽四表러라.

마흔일곱 분의 檀君, 2096年間의 大朝鮮史

丙辰周考時에 改國號하사 爲大夫餘하시고

自白岳으로 又徙於藏唐京하사 仍設八條하사

讀書習射로 爲課하시며 祭天으로 爲敎하시며

田蠶是務하시며 山澤無禁하시며 罪不及孥하시며

與民共議하시며 協力成治하시니

男有常職하며 女有好逑하며 家皆蓄積하며 山無盜賊하며

野不見飢하며 絃歌溢域하니라.

檀君王儉이 自戊辰統國으로 傳四十七世하사

歷二千九十六年이러라.

백악산 아사달(길림성 농안)_단군조선의 두 번째 수도(22세 단군~43세 단군, 860년간). 사진에 보이는 탑은 요나라 탑으로 농안고성農安古城 서문 밖에 있다. 농안성은 원래 토성으로 1966년 문화혁명 이전까지 남아 있었으나 혁명 기간에 모두 없애 버렸다. 탑 주변 골동품 가게에서는 이곳 농민들이 캐낸 신석기 시대부터 부여, 고구려 시대의 유물을 쉽게 만날 수 있다.

단군왕검께서 **비서갑**非西岬*에 사는 **하백의 따님**[河伯女]¹⁵⁾을 맞이하여 황후로 삼고 누에치기를 관장케 하시니, 백성을 사랑하시는 어질고 후덕한 정치가 사방에 미치어 천하가 태평해졌다.

*비서갑: 지금의 만주 하얼빈哈爾濱.

마흔일곱 분의 단군, 2,096년간의 대조선사

병진(단기 1909, BCE 425)년 주周나라 **고왕**考王* 때 나라 이름을 **대부여**¹⁶⁾로 바꾸고 도읍을 백악산白岳山*에서 장당경藏唐京*으로 옮겼으며, '**8조 금법**禁法'으로 법도를 세우셨다.

책읽기와 활쏘기에 힘쓰게 하고, 하늘(삼신상제님)에 제사 지내는 것을 근본 가르침으로 삼았으며, 농사와 누에치기에 힘쓰고 산과 못을 일반 백성에게 개방하셨다. 죄를 지어도 처자식에게 미치지 않게 하고, 백성과 더불어 의논하고 힘을 합하여 다스리셨다.

남자에게는 일정한 직업이 있고 여자에게는 좋은 배필이 있었다. 집집마다 재물이 풍족하고, 산에는 도적이 없고 들에는 굶주리는 사람이 없으며, 악기 소리와 노랫소리가 온 나라에 넘쳐흘렀다.

시조 단군왕검께서 무진(BCE 2333)년에 나라를 다스리신 이래 47세世를 전하니, 역년은 2,096년이다.

*고왕考王: 주周나라 31대 왕(재위 BCE 441~BCE 426). 본문에서 말한 병진년은 BCE 425년으로 32대 위열왕威烈王이 즉위한 해이다.

*백악산: 단군조선 시대의 두 번째 도읍지인 백악산 아사달을 말한다. 백악산은 지금의 길림성 농안農安, 장춘長春 지방에 있다. 22세 색불루단군부터 43세 물리단군까지 860년간의 수도였다.

*장당경藏唐京: 지금의 요령성 개원開原 지역으로 '송화강 아사달', '백악산 아사달'에 이어 세 번째 도읍지이다. 44세 구물단군에서 47세 고열가단군까지, 188년간의 수도였다.

*8조 금법八條禁法: 『태백일사』「삼한관경본기」〈번한세가〉하에는 22세 색불루단군 4년에 "백성을 위하여 금팔조를 정했다[爲民設禁八條]"라고 하였다.

장당경 아사달(요령성 개원)_단군조선의 세 번째 수도(44세 단군~47세 단군, 188년간). 이곳은 개원시 북쪽으로 개원노성開原老城이라 불리는 지역이다. 개원성은 토성에 돌로 외벽을 쌓았으나 대부분 사라지고 서쪽 성벽 일부와 해자 흔적이 남아 있다. 현지 안내인에 따르면 이곳에서 고구려 이전의 유물이 자주 발견되며, 이곳에 거주하는 한족 주민들은 발견된 유물을 조선의 것으로 여긴다고 한다.

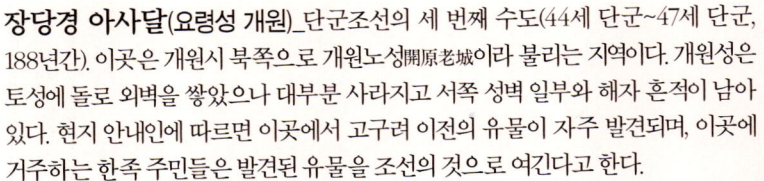

4. 北夫餘의 始祖 解慕漱와 東明王 高豆莫汗

壬戌秦始時에 神人大解慕漱가 起於熊心山하시니라

丁未漢惠時에 燕酋衛滿이 窃居西鄙一隅할새

番韓準이 爲戰不敵하야 入海而亡하니

自此로 三韓所率之衆이 殆遷民於漢水之南하고

一時羣雄이 競兵於遼海之東이러니

至癸酉漢武時하야 漢이 移兵하야 滅右渠할새

西鴨綠人高豆莫汗이 倡義興兵하사 亦稱檀君하시고

乙未漢昭時에 進據夫餘故都하사

稱國東明하시니 是乃新羅故壤也라.

高鄒牟(高朱蒙)의 北夫餘 繼承과 高句麗 建國

至癸亥春正月하야 高鄒牟가 亦以天帝之子로

繼北夫餘而興하사 復檀君舊章하시고

祠解慕漱하사 爲太祖하시고 始建元하사 爲多勿하시니

是爲高句麗始祖也시니라.

심양시 신락 유적에서 출토된 사람 크기의 토기 시루(도언陶甗)_BCE 5200~BCE 2000년경. 사진과 같이 세 발 달린 솥(시루)을 삼족기三足器라 한다. 신석기 시대 신교의 삼신문화를 상징하는 유물로 처음에는 흙으로, 후대에는 청동으로 만들었다. 청동으로 만든 것을 정鼎이라 하는데, 종교의례나 국가행사에 예기禮器로 사용하였다. 상주商周 시대에 정은 천자와 제후의 권위를 상징하였고, 정을 세운다는 것은 나라를 세운다는 의미로 통했다.

4. 북부여의 시조 해모수와 동명왕 고두막한

임술(단기 2095, BCE 239)년 진왕秦王 정政 때 신인 **대해모수**大解慕漱*가 **웅심산**熊心山*에서 일어났다. 정미(단기 2140, BCE 194)년 한나라 **혜제**惠帝 때 연나라 유민의 우두머리 위만[17]이 서쪽 변방 한 모퉁이를 도적질하여 차지하였다. 이에 번한의 왕 준準이 맞서 싸웠으나 당해 내지 못하고 바다로 도망하였다.* 이로부터 **삼한**三韓[18]에 속한 백성들은 대부분 한수漢水(한강)[19] 이남으로 옮겨 살게 되었다.

이후 한때 여러 영웅이 요해遼海*의 동쪽에서 군대를 일으켜 서로 힘을 겨루더니, 계유(단기 2226, BCE 108)년 **한무제** 때 한나라가 쳐들어와 위만의 손자 우거右渠를 멸하였다.

이때 서압록사람 **고두막한**高豆莫汗[20]이 의병을 일으켜 또한 단군이라 칭하였다. 을미(단기 2248, BCE 86)년 한나라 소제昭帝 때 **고두막한**이 부여*의 옛 도읍을 점령하고 나라를 **동명**東明[21]이라 칭하시니, 이곳은 곧 **신라의 옛 땅**[22]이다.

고추모(고주몽)의 북부여 계승과 고구려 건국

계해(단기 2276, BCE 58)년 봄 정월에 이르러 고추모(고주몽)가 역시 천제의 아들로서 북부여를 계승하여 일어났다. 단군의 옛 법을 회복하고, 해모수를 태조로 받들어 제사 지내며 연호를 정하여 **다물**多勿이라 하시니, 이분이 곧 고구려의 시조이시다.

* **대해모수**大解慕漱: 고조선을 계승한 북부여의 시조.
* **웅심산**熊心山: 만주 길림성 서란舒蘭 소성자小城子.
* **혜제**惠帝: 한漢나라 2대 황제(재위 BCE 194~BCE 188).
* 준왕은 황해를 건너 금강 유역에 이르렀다. 전북 익산시 웅포면 입점리와 군산시 나포면 나포리의 경계에 '어래산御來山'이 있다. 준왕이 익산 금마에 마한을 세우고 나포 포구에 자리 잡고 있던 공주公州(또는 공주公主, 공주산)를 만나기 위해 이곳에 왔다는 설화에서 유래하였다.
* **요해**遼海: 요하와 발해. 지금의 요하는 요나라 건국 이후에 불린 이름이고, 이전에는 백하白河, 난하灤河 등을 가리켰다. 여기서는 난하를 말한다.
* **우거**右渠(?~BCE 108): 위만정권의 마지막 왕.
* **서압록**: 압록강은 동압록(지금의 압록강)과 서압록(지금의 서요하西遼河) 둘이 있다.
* **소제**昭帝: 전한前漢의 8대 황제(재위 BCE 87~BCE 74).
* **부여**: 해모수가 세운 북부여. 부여의 옛 도읍은 고조선의 두 번째 수도인 백악산 아사달로 지금의 만주 농안農安·장춘長春 지역이다.

용담산에서 내려다 본 길림시와 송화강_용담산성은 흙으로 쌓은 토성으로 부여와 고구려의 유물이 함께 출토되었다. 학자들은 이곳을 부여의 주요 근거지로 보고 있다.

주註

1) 사백력斯白力의 하늘

박병식은 사백력斯白力의 하늘에 대하여 다음과 같이 해석하였다.

"임승국은 원문의 사백력지천斯白力之天을 '시베리아의 하늘'이라고 해석했는데, 이는 오류라 하지 않을 수 없다. 왜냐하면 먼저 사스의 음가를 '시'로 본 것은 중국과 일본이며, 한국에서는 '사'로 발음되기 때문이다. 신라의 옛 지명이 사라스羅, 사로스盧, 아사달阿斯達 등으로 발음되었던 것이 그 증거이다. 『삼성기』의 지은이가 중국인이나 일본인이라면 혹시 모르지만, 한국인이 지은 책 속에 사용된 사斯를 '시'로 읽는 것은 올바른 읽기가 아니다.

그리고 백白은 한국어 '하'로 '태양, 밝다, 신성하다'는 뜻이다. 력力은 '럭'으로 읽으며, 현대 한국어의 형용사 어미로 사용되어 '얗게, 얀' (예 : 하얗게, 하얀)에 해당한다.

현대 한국어의 형용사 어미 '얀, 력力' 등의 원형은 '라'이다. 그것을 뒷받침하는 것은 일본어의 shira, shiro(白)이다. 일본어의 mabara, akara, nadara의 형용사 어미 ra가 그것이고, 그 ra는 shinaya(ka), yuruya(ka) 등의 ya로 변하고 있다. 즉 斯白力之天은 사하라之天이 된다. '사하라'란 '아주 하얀 하늘', '아주 밝은 하늘'이라는 의미인 것이다.

'사'가 '아주, 매우, 최고의'라는 의미를 만드는 접두어라는 사실은 일본어의 sasageru(더 한층 공경하는 자세로 바치다), samayou(심하게 헤매다), sanaka(한 가운데), sayo(한밤중), saotome(숫처녀) 등이 뒷받침해 주고 있다. 태양의 신神이 환桓이기 때문에 '가장 밝은 하늘에 있었다'라는 것으로, 이 신화는 줄거리가 통한다고 할 수 있다" (박병식, 『한국상고사』, 26~27쪽).

이찬구는 "백제사에 사비성이 있다. 이 사비가 들어간 지명으로는 사비하泗沘河가 있고, 훗날 사비하는 백강白江으로 바뀌었다. 사비泗沘와 백白의 관계를 보면, **백白은 히(해=흰)한)와 솦(숨다, 사뢰다, 아뢰다의 뜻**—살의 뜻이 아닌 것으로 보면)으로 추정되는데, 솦강〉슬비강〉사비강으로 변하고, 이 사비강이 백강으로 바뀌었다. **솦이 삽, 새, 쇠로 대응을 보여 동東, 신新의 뜻**으로 훈음차訓音借된다. 동풍東風을 사沙라 한다. 이는 새[新]가 새[東]로 확산된 것이다. '새'와 '사이'는 서로 통한다. '사沙'를 신라에서는 '사斯'라고도 쓴다. 백제 말 '사시랑沙尸良'은 신라 말 '사라斯羅'로 연결된다. 이때 '사시沙尸(셀)'는 새[新]가 아니라 **새다[黎, 曉]가 원뜻이다. 즉 날이 밝아온다**는 뜻으로, '**동이 튼다**'는 말이다. '**트다**' = '**새다**' = '**밝다**', 새[新]=동東은 서로 통한다. 그러나 사라斯羅가 신라新羅로 바뀌는 것을 보면 **사斯에 신新의 뜻이 있었던 것이 분명하다**. 계룡산 동학사 입구에 박정자白亭子·朴亭子가 있는데 본래 우리말로 삽재고개, 삽쟁이라고 한다(도수희 주장). 사백斯白은 '흰 살결'에서 온, 흰 것을 숭상한 '솦'과 '흰'의 합성어로 '역전앞'처럼 **동어 반복**이라 할 수 있다. 결론은 '**밝(白力)**'의 하늘, 즉 '희고 밝은 광명의 하늘'이라 할 수 있다. 그리고 사백력斯白力은 사비성의 사비에 의존하지 않더라도 **사斯는 여명, 날 밝아오는 새벽의 '새'(사배〉새배〉새박〉새벽)와 백白은 흰, 밝은**(새벽의 땅, 동트는 빛의 나라, 광명이 떠오르는 하늘 등)**의 뜻이라 할 수 있다**"라고 하였다(이찬구, '『환단고기』주요 술어에 대한 의견', 2012. 3.1 의견서).

2) 권화權化

본래 불교 용어로 부처나 보살이 중생을 구제하기 위해 사람으로 화신化身하여 세상에 나타나는 것을 뜻한다. 여기서는 문맥을 살려 '대권능의 조화'로 해석하였다. 안함로는 유·불·선 삼교에 통달한 도승으로 불교 용어뿐 아니라 삼교의 언어를 두루 사용하여 서술하였다.

3) 동녀동남童女童男 800명

동녀동남은 인류 문명이 정음정양正陰正陽의 우주원리로 처음 시작되었음을 밝혀 주는 표현이다. 800이란 수는 통일을 전제로 한 새로운 창조를 상징한다(천지 일원수一元數 100은 통일을, 8은 봄의 목木기운으로 창조를 상징).

4) 안파견安巴堅

박병식은 『한국상고사』에서 안파견에 대해 다음과 같이 해석하였다.

"안파견安巴堅이 부주를 의미하는 말이라는 데에 전적으로 동감한다. 그런 의미에서도 안파견安巴堅은 '아빠구'로 읽어야 한다. 안파安巴(아빠)는 차음借音이고 구堅는 단단하다는 의미의 한국어 '구'를 나타내는 차음이다. 여기에 사용되는 '구'는 자者, 물物을 나타내는 단어로 현대 한국어의 친구의 '구'와 같은 단어이다.

여기에서 짚고 넘어가야 할 점은 '아빠' 혹은 '아바'의 원뜻이다. 그 해답은 일본어의 '아'에서 찾아 볼 수 있다. adama(위에 있는 자), ageru(위로 올리다) 등의 예에서도 알 수 있듯이 '아'는 '위, 훌륭한'의 의미를 나타내는 접두어이다. 그리고 일본어의 asa(아침), 한국어의 아구(入口), 아자구[朝]에 사용된 '아'는 '이른, 처음'의 의미이다. 중국어의 아부阿父, 아모阿母, 필리핀어의 아바[父] 등에 사용된 '아'는 존경을 나타낸다. 그리고 '빠', '바'는 태양을 의미하는 '하'의 반탁음, 탁음 형태이다. 부父를 중국어로는 '아부阿父', 인도어나 아라비아어로는 '아바'라고 한다. 한국에서는 '아빠, 아바'이고, 일본의 남방 방언에서는 조부祖父를 adu라고 하는데, 미야코지마宮古島에서는 부父를 asa라고 한다. 이 경우의 sa는 ha가 h音⇒s音 변화(예 : inasaru, higashi⇒shigashi, 동북방언東北方言에서 hinazakashi⇒shinazakashi)를 한 형태이다. 즉 안파견(아빠구)은 **존경하는 태양 같은 자**, **최초의 태양인 자**라는 것으로, 그것이 가정에서의 장長인 父에게 부여된 존칭이다.

안파견은 천제환인天帝桓因이라고 『삼성기』에 달리 기록되어 있다. 환인桓因의 인因은 원인原因, 태초의 시작을 나타내는 것으로 환인桓因과 안파견安巴堅은 함께 최초의 태양인 자, 가장 존경하는 태양 같은 자라는 의미가 된다.

임승국이 '요遼는 고구려의 시조를 '아보기阿保機'라고 하는데, 이것이 만주어 발음으로 부父를 의미한다. 요는 고구려의 유민이 건국한 나라라고 하는데 국왕을 아보기[父]라고 칭하는 것이 그 사실을 뒷받침한다'라고 주석註釋한 것은 실로 적절하다고 할 수 있다."(박병식, 『한국상고사』, 30~31쪽)

거란족이 세운 요나라의 태조 야율아보기耶律阿保機의 이름은 아보기阿保機·아보근阿保謹·아포기阿布機·안파견安巴堅·안파견按巴堅 등으로 쓰인다. 『청사만어사전清史滿語辭典』에서는 안파견安巴堅의 어원을 이렇게 밝히고 있다.

"안파견安巴堅은 만주문자로 amba giyan이다. amba(安巴)는 대大·홍弘·거巨의 뜻이요, giyan(堅)은 리理·의宜·간間이란 뜻이다. 한문의 뜻으로는 **대리**大理라는 말이다. 『일하구문록日下舊聞錄』 권3에 안파견安巴堅은 만주말로 대리大理라는 뜻이다. 옛날에 아보기阿保機로 썼다[安巴堅 : 滿文爲 amba giyan [ampa kijan]. amba(安巴):大, 弘, 巨; giyan(堅): 理, 宜, 間. 漢語爲大理. 『日下舊聞錄』卷三: 安巴堅, 滿洲語大理也. 舊作阿保機]."(商鴻達 외, 『清史滿語辭典』, 20쪽)

『태백일사』「삼신오제본기」에서 안파견은 "하늘의 정신을 받들어 지상에 부권父權을 세운다[繼天立父]"라는 의미로 '아버지'라는 뜻이며 '주권자'를 말한다고 하였다. 거란국을 세운 요나라 태조 야율아보기耶律阿保機는 아보기阿保機란 이름을 안파견安巴堅으로 바꿨는데, 안파견安巴堅은 만주문자로 amba giyan이다. amba(安巴)는 '크다[大·弘·巨]', giyan(堅)은 '다스리다[理]'란 뜻으로 대리大理라는 말이라고 한다. 이정재는 『동북아의 곰 문화와 곰신화』에서 만주 아무르인들은 이 'amba'라는 말을 크다는 의미 외에 '곰, 거룩한, 위대한' 등으로도 쓴다고 한다.

『구오대사舊五代史』「양서梁書 태조기太祖紀 3」〈교감기校勘記〉('동경유수'라는 말에 관련된 교감 내용을 기록)에는 요나라 태조가 '안파견'으로 이름을 바꾼 데에 대한 기록이 있다.

"東都留守: 殿本·劉本句下有'辛未, 契丹主安巴堅遣使貢良馬'十三字.『殿本考證』云: "安巴堅舊作阿保機, 今改." 盧本·册府卷二○五均無, 係殿本增補者, 以後影庫本正文中出現安巴堅, 均係輯錄舊五代史 時據遼史索倫國語解所改, 今恢復爲阿保機, 不另出校.

동도유수東都留守: 전본殿本과 유본劉本에는 '동도유수' 구절 아래에 '辛未契丹主安巴堅遣使貢良馬. 신미년에 거란 군주 안파견安巴堅이 사신을 보내 양마를 진상했다'라는 13글자가 있다.『전본고증』에서는 '안파견은 구본에 아보기阿保機라고 했으나, 지금 고친다'라고 하였다. 노본盧本과 『책부원귀册府元龜』권205에는 모두 없으며 전본에서 증보한 것이다. 이후 영고본影庫本 본문에서 '안파견安巴堅'이 나오는데, 모두『구오대사』를 집록輯錄할 때『요사색륜국어해』에 의거하여 고친 것이다. 지금은 원래대로 '아보기阿保機'라고 하였으니, 별도로 교감을 하지 않는다"(『구오대사舊五代史』「양서梁書 태조기太祖紀 3」〈교감기校勘記〉).

5) 천평天坪

초대 환웅천황께서 천명을 받고 나라를 연 하늘 평야, 즉 '역사의 개척지'라는 뜻이다.「대동여지도大東輿地圖」를 비롯한 조선 시대 여러 고지도에는 천평이 백두산 동남쪽에 표시되어 있고, 영·정조 실록에는 백두산 북쪽에 있다고 기록되어 있다. 환웅천황이 천명을 받고 나라를 여신 백두산 주위의 땅으로 보면 무리가 없다.

6) 자정子井과 여정女井

자정과 여정은 아들(남성)과 딸(여성)이 따로 쓰던 우물이란 뜻인 듯하며, 여기서 남녀유별男女有別의 정신과 음양 사상의 뿌리를 엿볼 수 있다. 그리고 정지井地를 나누었다는 구절로 보아 당시 농경 생활이 이미 시작되었음을 알 수 있다.

박병식은 자정여정에 대하여 이렇게 해석하였다.

"임승국은 이 문구를 다음과 같은 의미로 해석하고 있다. '사람이 많이 모인 곳을 천평에 설치하고 그 곳을 청구로 정했다' 그렇게 되면 원문의 '착자정여정어천평鑿子井女井於天坪'과는 전혀 다른 해석이 된다. 원문의 의미는 천평에 자정여정을 판다는 것이 명백하기 때문이다. 평의 뜻은 들판이기 때문에 천평, 즉, 좋은 땅을 일컫는 것이지 특정 지명이 아니다. 그리고 자의 뜻은 남자이기 때문에 '자정여정'은 '남정여정男井女井'이라는 것을 알 수 있다. '남'은 커다란 아이이고, '여'는 작은 아이로서 남녀의 체격이 일반적으로 남자는 크고 여자는 작다는 데서 나온 호칭이다. 따라서 자정여정은 '크고 작은 우물'이라고 생각해도 무리는 없을 것이다"(박병식,『한국상고사』, 32~33쪽).

7) 청구靑邱

옛 우리나라의 별칭이다. 예로부터 중국인들이 동방의 우리나라를 가리켜 청구국靑邱國이라 불러왔으나 원래 배달국을 지칭하는 말이다. 초대 환

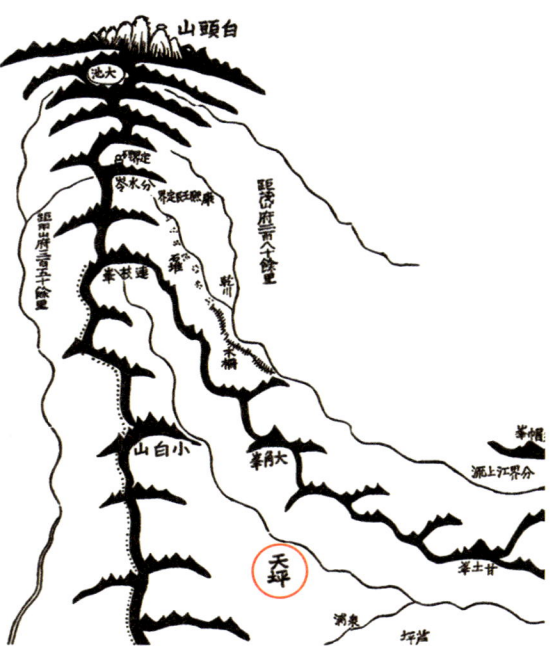

천평을 표시한 대동여지도大東輿地圖 백두산 아래의 소백산(작은 백산)이 있는 것으로 볼 때 백두산이 곧 백산이며 태백산(큰 백산)임을 알 수 있다. 천평이 백두산 동남쪽에 표시되어 있다.

웅천황이 백두산의 신시神市에 도읍을 정하였고, 14세 치우천황 때 이곳으로 옮겼다.

청구는 '고구려하高句麗河(지금의 요하)의 서쪽 대릉하大凌河'에 있었던 것으로 보인다. 그런데 『사기정의史記正義』에는 '바다(발해) 동쪽으로 3백 리 떨어진 곳[青丘國在海東三百里.]'이라 했으므로 대릉하의 서쪽인 난하灤河 지역으로도 추정할 수 있다. 명明나라 말 청淸나라 초의 역사학자 고조우顧祖禹(1631~1692)가 찬술한 『독사방여기요讀史方輿紀要』에는 청구가 '산동성 청주부青州府 낙안현樂安縣 북쪽에 있다[青丘在縣北]'고 하였는데, 낙안현의 치소는 박홍현博興縣 동북쪽에 있었다. 신교의 오행五行 철학에서 동방(3·8木)은 청青색을 상징하므로 배달국을 '동방의 나라'라는 뜻으로 청구국이라 한 것이다.

8) 배달

예로부터 우리 한민족을 배달민족, 배달겨레 불러온 까닭은 배달이라는 국가가 실제 존재했으며, 배달의 건국과 함께 동방 한민족의 기틀이 형성되었기 때문이다.

배달국은 도읍의 위치에 따라 전기인 신시 시대와 후기인 청구 시대로 나눌 수 있다. 신시 시대는 고고학적으로 후기 신석기 시대(홍산문화)에 해당하며, 체계적인 국가조직이 형성되던 시기이다. 요령성 능원현, 건평현 등에서 발굴된 용龍을 새긴 정교한 옥기와 돌무지무덤, 여신상, 사당 건물 터 그리고 능원현 남성자와 적봉赤峰에서 발굴된 성터가 이 시대의 유적, 유물로 보인다.

9) 집상운신執象運神

우주 운동의 비밀을 깨달아[執象] 신명을 부려 인간의 이상을 실현하는 것을 말한다. 천지의 운동과 변화는 '이理(氣)→상象→수數'의 원리로 전개된다. 상象이란 천지간에 가득 찬 우주의 기氣의 운동 모습을 말하며, 그 운동 원리는 자연수數의 원리와 조직으로 알 수 있다. 즉 생명의 창조 원리는 수리數理로 드러나므로 신의 창조 원리와 변화의 구조적 원리를 체계적으로 알게 된다.

10) 웅씨족 여인[熊氏女]

『삼국유사』「기이紀異」고조선 조에는 '웅녀熊女'를 사람이 아니라 곰으로 기록해 놓았다(熊女者無與爲婚, 故每於壇樹下, 呪願有孕, 雄乃假化而婚之, 孕生子, 號曰壇君王儉.). 『삼성기』의 '웅씨녀熊氏女'라는 기록을 통해 '웅녀熊女'를 사람이 아니라 곰으로 인식하는 무지를 모두 떨쳐버려야 한다. 중독中毒·왜독倭毒·양독洋毒이라는 삼독三毒에 찌든 사대주의자와 일제 식민주의자, 외래종교 광신자 들은 우리 국조를 곰으로 날조하여 민족사의 뿌리를 부정하였다. 웅녀족에 대한 올바른 인식은 한민족 고대사 말살 정책에 깊이 세뇌당하여, 자신의 조상마저 부정하고 바꾸어 환부역조換父易祖의 큰 죄를 범하고 있는 오늘의 후손들에게 뿌리 역사의 진실을 바르게 볼 수 있게 한다.

여기서 씨氏는 성씨 개념이 아니고 호칭에 대한 접미사로 존칭의 의미이다. 성씨 제도의 시작은 이보다 후대의 일이다.

11) 불함산不咸山

최남선은 『불함문화론不咸文化論』에서 불함은 붉, 광명, 하늘, 천신天神, 태양, 백白 등을 뜻하며, 백두산을 지칭하는 태백太白은 '신神의 산山'을 의미한다고 했다.

박병식은 불함산에 대하여 이렇게 해석하였다. "필자는 불함산이 고대 한국어 '부리함마'의 한자어 표기라고 생각한다. '부리'는 뿔·돌출이고, '함'은 크다·높다, '마'는 산이다. 그러면 불함산(부리함마)은 요시노가리吉野ヶ里 유적의 뒤에 솟아 있는 soburi산(背振山)과 같은 의미라는 것을 알 수 있다. 소부리는 '소시모리', '소모리'라고도 해서 스사노오미코토須佐之男命가 아마가하라天ケ原에 강림한 산 이름과 일치한다. 이 경우의 '소'는 일본어의 sobie(솟다), sosoritaths(높이 서다), 한국어의 솟대(신이 내리는 신목神木) 등에 보이는 고高, 성聖 등을 나타내는 접두어이다. 신이 강림한다는 신화에 등장하는 산은 높고 또한 성스러

운 산이 아니고서는 신화가 되지 않는다"(박병식,『한국상고사』, 35~36쪽).

12) 단군왕검

『삼국사기』「고구려본기」동천열제 조를 보면 "평양은 본래 선인왕검의 집이다. 혹은 왕의 도읍을 왕험이라 한다[平壤者本仙人王儉之宅也. 或云王之都王險.]"라는 구절이 나온다. 여기서 '선인왕검仙人王儉'은 단군왕검을 뜻한다. 단군은 제사장의 뜻이고, 왕검은 정치적 군장을 뜻한다. 당시에 많은 왕검이 있었다.『태백일사』「삼한관경본기」에서는 "왕검王儉을 세속 말로 대감大監이라 한다. 이 왕검은 영토를 관장하고 지키며, 포악을 제거하고 백성을 보살폈다[王儉, 俗言大監也. 管守土境, 除暴扶民.]"라고 하였다. 또 "13세 사와라환웅 초기에 웅족 여왕의 후예를 여黎라 하였는데, 처음으로 단허檀墟에 봉함을 받아 왕검이 되었다. 왕검이 덕을 베풀고 백성을 사랑하므로 영토가 점점 넓어졌다. 여러 지역 왕검이 와서 방물을 바쳤고, 귀화하는 자가 천여 명이었다. 그 뒤 460년이 지나 신인神人 왕검이 출현하여 백성에게 신망을 크게 얻어 비왕裨王(부왕)에 올라 24년간 섭정하였다. 웅씨 왕이 전쟁에서 죽자 왕검이 드디어 그 자리를 계승하여 구환九桓을 통일하였다. 이분이 단군왕검이시다"라고 하였다.

단군왕검은 배달 시대부터 있었던 수많은 왕검(대감)들 중에서 특히 신성하고 덕망이 뛰어나 전체 부족의 추대를 받아 임금이 되셨다. 즉 단국檀國의 왕검이 배달국의 대통을 이어 받아 구환족을 통일하고 전 영토를 신교의 삼신원리에 따라 삼한三韓으로 나누어 다스렸고, 제사장인 단군을 겸하였으므로 '단군왕검'이라는 제정일치 시대의 통치자 호칭이 생겨나게 된 것이다.

13) 아사달

단재 신채호는 "아사달阿斯達은 이두문에서 '으스대'로 읽었는데, 고어古語에 '송松(소나무)'을 '으스'라 하고 '산山'을 '대'라고 하였다. 지금의 하얼빈哈爾濱에 있는 완달산完達山이 곧 아사달이다"라고 하였다(신채호,『조선상고사』, 113쪽).

박병식은 "임승국이 주장하는 최초의 땅이라는 아사달의 어원을 옳다고 할 수 없다. '아사'는 빠른 때라는 의미와 밝은 곳이라는 의미를 나타내는 고대 한국어이다. '빠른 때'라는 의미인 경우의 '아'는 가깝다(예 : asu=다음날), 위의 의미이고 '사'는 시간(예 : 大伴族人의 만엽가, 3-449, 450에 ikusa=갈 때, kaerusa=돌아갈 때)의 의미이다. '밝은 곳'이라는 의미인 경우의 a는 akarui, akeru의 a이고, sa는 한국어의 '자리', 일본어의 동경sa iku=동경he iku이고, 그 원형은 하(장소)이다. 따라서 아사달은 최초의 땅이 아니라 밝은 곳, 태양의 땅인 것이다. 단군, 박달의 '단'의 뜻은 '밝달'이고 '밝은 곳'을 의미한다. 그래서 단군은 밝달님=밝은 곳의 임금=아사달의 군주라는 의미가 명백해진다. 왕검의 '검'은 가마(신)의 모음변화형이고 왕검이란 '왕으로서 신'이라는 호칭인 것이다"라고 하였다(박병식,『한국상고사』, 36~37쪽).

14) 조선朝鮮

조선은 관경管境이라는 의미이다.『태백일사』「삼한관경본기」〈마한세가〉하下에 "개제삼한改制三韓하사 위삼조선爲三朝鮮하시니 조선朝鮮은 위관경야謂管境也라. 제도를 고쳐 삼한을 삼조선이라 하셨는데, 조선은 관경(영토 관할)을 말한다"라고 하였다.

『만주원류고滿洲源流考』「권수卷首」에는 "사실 옛날의 '숙신肅愼'은 '주신珠申'의 음音이 변한 것이니 더욱 강역이 같음을 증명할 수 있다[其實卽古肅愼爲珠申之轉音, 更足徵疆域之相同矣.]"라고 하였다.

15) 하백의 따님[河伯女]

하백은 천하天河를 감독하는 수신水神으로 인류가 태어난 지구 어머니의 자궁-천해를 지키는 벼슬이다. 기존 국사교과서에는 고구려 건국 신화로 되어 있으나 신시 배달에서는 웅녀가 황후가 되었고, 고조선에 와서는 하백의 따님이 황후가 되었으며, 고구려 시조 고주몽의 어머니에게까지 이어진다. 고주몽의 어머니 역사를 추론할 수 있다.

'비서갑의 하백녀[斐西岬河伯女]'에 대하여 박병식은 "임승국은 왜 비서갑을 하르빈이라고 했는지 그 근거를 제시하지 않았다. 게다가 원문에는 명백히 비서갑의 하백녀라고 되어 있는데 그 '하'가 몽고에 있는 강이라고 그는 주장한다. 그렇다면 하르빈은 몽고의 지명이라는 것이 되어 자신의 학설을 스스로 파기하는 모순을 초래한다. 필자도 비서갑은 하르빈이라는 것에 찬성한다. 그 근거는 비서갑을 '하라부리'의 한자 표기라고 생각하기 때문이다. '하라부리'는 '밝은 들판'으로서 하르빈의 어원이다. 그런데 r음은 s음으로 변하기 쉽다. 일본어에서 예를 들면 bakari, yappari, pittari, ware 등은 akashi, yappashi, pittashi, washe 등으로도 발음되는 것을 들 수 있다. 그래서 하라부리→하사부리→히소부리로 된 것이 명백하고, 하라부리는 밝은 들판이라는 의미로서 하르빈을 지적하는 단어라는 것을 이해할 수 있다"라고 하였다(박병식, 『한국상고사』, 38쪽).

16) 대부여大夫餘

44세 구물단군 때 나라 이름을 조선에서 대부여로 바꿨다. 『규원사화』「단군기檀君紀」를 보면 단군왕검의 넷째 아들 부여를 서쪽 땅에 봉해 그곳을 부여라 한 것에서 '부여'라는 국호가 유래했다고 한다[夫蘇・夫虞及少子夫餘, 皆封于國西之地, 句麗・眞番・夫餘諸國, 是也]. 부여는 어둠을 헤치고 먼동이 부옇게 밝아 온다는 의미로 광명의 뜻이 담겨 있다.

17) 위만衛滿

위만은 연燕왕 노관盧綰의 부하이다. 노관은 일찍이 한 고조 유방과 같은 마을에서 나고 자란 친구였다. 유방을 도와 장안후長安侯에 봉해졌고, 후에 연왕燕王이 되었는데 진희陳豨의 난 때 역적으로 몰려 흉노로 달아났다. 노관이 도망가자 위만은 천여 명의 무리를 이끌고 북부여 해모수단군 45(BCE 195)년에 번조선의 75세 마지막 왕 기준(BCE 221~BCE 194)에게 망명하였다가, 이듬해에 간교한 술책으로 번조선의 왕위를 찬탈하였다. 위만정권은 손자 우거에 이르기까지 86년간 고조선의 서쪽 변방 한 모퉁이를 빼앗아 지배하였다(BCE 194~BCE 108).

위만이 망명할 때 조선 사람처럼 상투를 틀고 만이蠻夷의 복장을 하였는데, 이병도는 이 점을 들어 위만을 패수 이북 요동지방에 정착한 조선인 계통의 유민으로 보았다. 이병도의 식민사학을 계승하고 있는 오늘의 강단사학자들도 위만을 조선인으로, 위만조선을 단군조선의 정체성을 계승한 왕조로 본다. 현행 『고등학교 국사 교과서』의 '위만의 집권' 부분 각주를 보면 '위만은 고조선으로 들어올 때에 상투를 틀고 조선인의 옷을 입고 있었다. 그리고 왕이 된 뒤에도 나라 이름을 그대로 조선이라 하였고, 그의 정권에는 토착민 출신으로 높은 지위에 오른 자가 많았다. 따라서 위만의 고조선은 단군의 고조선을 계승한 것으로 볼 수 있다'고 설명하고 있다.

그러나 사마천의 『사기』에서도 말했듯이, 위만은 연나라 출신으로, '상투를 틀고 만이蠻夷의 복장을 하였다는 점'만으로 위만을 조선인이라 할 수는 없다. 설혹 조선인이라 할지라도 자신을 거두어주고 벼슬까지 준 준왕을 내쫓고 나라를 탈취한 배은망덕의 표본이기 때문에 정통성을 부여할 수 없다. 오히려 강도역사인 위만정권을 정통으로 인정함으로써 고조선의 국통맥을 이은 북부여의 역사[北夫餘史]가 실종되어 버렸다.

18) 삼한三韓

여기서 삼한은 삼한관경제三韓管境制로 다스리던 단군조선의 전삼한前三韓(진한・번한・마한)을 말한다. 진한은 지금의 만주, 번한은 요하 서쪽에서 하북성에 이르는 일대, 마한은 한반도 지역이다.

단군조선의 대륙삼한(또는 북삼한, 전삼한) 체제가 무너진 후 진조선(진한)・번조선(번한)의 유민들이 한강 이남으로 이주하여 축소된 형태로 삼한을 재건하였다. 한반도의 중부 이남에 이주하여 자리 잡은 것이 소위 반도삼한 즉 남삼한으로 '중삼한'이라고도 하며, 후삼한 시대로 넘어가는 '열국 분열 시대'라는 과도기를 형성하였다.
 후대에 단군조선의 삼한관경제를 부정하고 말살함으로써 지금은 교과서조차도 한강 이남의 삼한만을 말하면서, 그것이 본래부터 자생한 것으로 잘못 가르치고 있다.
 '한韓의 명맥命脈'을 세 시대로 나누어 정리하면 다음과 같다.
 ① 전삼한 : 고조선 시대의 삼한관경인 진한·번한·마한.
 ② 중삼한 : 전삼한인 고조선의 관경 체제가 무너지고 그 유민들이 한강 이남에 내려와서 건설한 마한馬韓·진한辰韓·변한弁韓. 지금의 교과서에 나오는 '삼한 연맹' 체제를 말한다.
 ③ 후삼한 : 한강 이남의 남삼한이 각기 독자적인 국가를 형성한 신라(진한)·백제(마한)·가락(변한).
 전삼한과 후삼한, 둘로 구분할 때 '후삼한'은 ② 번 중삼한을 말한다.

19) 한수漢水
 지금의 한강을 말한다. 한강은 삼국시대 초기에는 대수帶水, 고구려 광개토열제 때는 아리수阿利水, 그 이후에는 욱리하郁里河·한수漢水·한강이라 불렀다. 고려 시대에는 열수洌水라 부르기도 했다.

20) 고두막한高豆莫汗
 고조선의 마지막 단군 고열가의 후손이다. 한나라 무제가 쳐들어왔을 때 구국救國 의병을 일으켜 이를 격퇴하였다. 졸본에서 동명국을 세우고 즉위하여 동명왕이라 불렸으며, 북부여의 4세 고우루 단군에 이어 단군의 위에 올랐다(『북부여기』).

21) 동명東明
 '동방의 광명(밝음)'이란 뜻을 지닌 동명東明은 47세 고열가단군의 후예인 고두막한이 세운 나라(『북부여기』 하)이다. 졸본부여, 동명부여(BCE 108~ BCE 87)라고도 한다.
 『삼국사기』에는 동명을 고주몽이라 했으나 동명과 고주몽은 전혀 다른 인물이다. 고주몽은 북부여 고무서단군을 계승하여 고구려를 세웠다(고주몽이 북부여를 이어 고구려를 세운 것은, 고조선과 고구려 사이의 잃어버린 역사의 고리를 찾는 가장 중요한 단서이므로 반드시 기억해 두어야 한다).

22) 신라의 옛 땅
 여기서 말하는 신라의 옛 땅은 곧 지금의 만주 길림吉林 지역으로 이유립은 선춘령 이남과 토문강 이북 사이의 2천리 땅이라고 하였다. 청나라 건륭제乾隆帝의 명에 따라 지은 『흠정만주원류고欽定滿洲源流考』 서문에 건륭제의 유지諭旨가 나오는데 "당나라 때 계림雞林으로 일컬었던 곳은 마땅히 지금의 길림吉林이란 말이 와전된 것이요, 신라·백제 등 여러 나라도 역시 모두 그 부근에 있었다[唐時, 所稱雞林, 應卽今吉林之訛, 而新羅·百濟諸國, 亦皆其附近之地.]"라고 하여 신라가 지금의 길림성 지역에 있었다고 하였다.
 또 『삼국사기』 「신라본기」 제1에 '선시조선유민先是朝鮮遺民'이라 한 대목과, 단군조선의 전삼한 시대가 무너진 후 진조선 지역인 만주에 살던 유민이 후삼한의 진한辰韓 땅인 경주 지역으로 내려왔다는 두 가지 사실로 미루어 볼 때, 사로국 신라의 원 거주지는 길림 지역임을 알 수 있다.
 여기서 신라를 언급한 것은 『삼성기전』 상편의 저자가 신라인이기 때문이다. 신라의 시조 박혁거세가 북부여 황실의 혈통이라는 사실이 『태백일사』 「고구려국본기」에 자세히 기록되어 있다. 고려 때 이승휴는 『제왕운기帝王韻紀』에서 "시라(신라)·고례(고구려)·남북옥저·동북부여·예·맥은 모두 단군의 자손이다"라고 하였다.

역사 속 이야기
고주몽으로 왜곡된 동명왕은 과연 누구인가?

동명왕과 관련하여 우리가 생각해 볼 것은, 부여의 계승자를 표방한 고구려와 백제의 건국 신화에 부여의 동명왕 신화가 재현되어 있다는 점이다. 이에 대한 기록이 중국 측의 『논형論衡』을 비롯하여 『삼국지三國志』, 『후한서後漢書』, 『수서隋書』, 『북사北史』 등과, 우리 기록인 「광개토왕비廣開土王碑」, 「모두루묘지牟頭婁墓誌」, 『삼국사기』, 『삼국유사』, 『동국이상국집東國李相國集』 「동명왕편東明王篇」 등에 나타나 있다.

동명 신화는 최초의 기록인 『논형』(1세기) 이후 6세기에 이르는 문헌에서 고구려의 건국 신화가 아니라 부여의 건국 신화로 서술되어 있다. 그러나 『삼국사기』나 『삼국유사』, 「동명왕편」 등에서는 주몽의 건국 신화로 기록되어 있다(임기환, 「동명신화의 전개와 변용」, 『부여사와 그 주변』, 2008). 그런데 그동안 왜곡되어 전해진 동명에 관한 진실이 바로 『삼성기』와 『북부여기』에서 밝혀지고 있다.

BCE 108년, 한나라 무제가 요하 지역에 있던 우거 정권(우거는 번조선을 찬탈한 위만의 손자)을 멸하고 군현을 설치하고자 대군을 동원하여 동방(당시 북부여)을 침략했다. 이때 거국적으로 의병을 일으켜 한나라 침략군을 막아 낸 북부여의 구국 영웅이 바로 고두막한이다. 『북부여기』를 보면 고조선 47세 고열가단군의 후손인 고두막한은, 한무제가 우거 정권을 멸한 해인 BCE 108년에 졸본에서 동명이라는 나라를 세워 즉위하였고, 훗날 민심을 얻어 북부여 5세 단군에 즉위하였다. 고두막한은 동명이라는 나라의 왕(동명왕)으로 22년간(BCE 108~BCE 87) 재위하였고, 북부여 5세 단군(고두막단군)으로 27년간(BCE 86~BCE 60) 재위하였다. 49년간 왕과 단군으로서 나라를 다스린 것이다.

동명왕은 흔히 고구려를 개국한 주몽으로 알려져 있으나, 연개소문의 셋째 아들인 연남산淵男産의 묘지명에 "옛날에 동명은 하늘의 기운에 감응되어 사천澌川을 넘어 나라를 열었고, 주몽은 광명으로 잉태되어 패수에 임하여 도읍을 열었다[昔者, 東明感氣, 踰澌川而啓國. 朱蒙孕日, 臨浿水而開都]"라고 하여 **동명과 주몽이 전혀 다른 인물로 기록되어 있다.**

동몽골 부이르노르 초원의 고구려 칸(Khan) 또는 동명왕으로 알려진 석인상_몽골 동쪽 할흐골솜과 다리강가솜, 나란솜 지역에서는 한민족의 기원과 관련된 코리족 이동 설화가 전해진다. 이 지역에서 고려 왕으로 알려진 석인상(사진)을 경계로 하여 동쪽에 고려 사람, 서쪽에 몽골 사람이 살았는데 서로 왕래하며 혼인도 했다고 한다. 초원에서 양쪽 여자들이 서로 만나면 몽골족 여자는 왼쪽 손을, 고려 여자는 오른쪽 손을 흔들어 서로 우의를 표시했다. 고려 사람들은 성을 쌓고 살았는데 그 성터가 지금도 남아 있다. 그러나 고려 사람들은 오래 머물지 않고 동남쪽으로 이동해 갔다고 전한다(박원길, 「몽골지역에 전승되는 고대 한민족관련 기원설화에 대하여」, 2011).

『삼성기』 상·하의 공통점과 차이점

　안함로의 『삼성기』 상편과 원동중의 『삼성기』 하편 전체를 통합해서 읽어 보면, **두 권의 책이 마치 일란성 쌍생아와 같이 떼려야 뗄 수 없이 절묘하게 상호 보완이 되고 있음**을 절감한다. 특히 원동중의 『삼성기』 하편은 상편에서 빠져 있는 내용을 집중해서 다루고 있다. 무엇보다도 **환국의 실체**에 대하여, 일곱 분 환인의 역년과 12환국의 이름을 완전히 드러냈으며, 배달국의 열여덟 분 환웅의 역년을 신시역대기로 밝히고 있다. 특히 한민족사의 성웅 치우천황에 대해서 집중적으로 다루고 있다.

구분	『삼성기』 상편	『삼성기』 하편
저자 및 저술 연대	**신라 진평왕 때, 도승 안함로** 신라 진평왕 때의 도승道僧으로 안홍법사, 안함태安含殆 화상이라고도 부르며, 신라 십성十聖 중 한 사람이다. 시원 신교의 선맥仙脈을 계승하였으며, 유불선儒佛仙과 상고 시대 신교神敎문화를 회통會通하였다. 저자가 신라 승려인 까닭에 '권화權化'라는 불교 용어와 '신라의 옛 땅'이라는 문구를 썼다.	**원동중** 『세조실록』에 안함로와 더불어 『삼성기』의 저자로 기록되어 전한다. 이유립은 원동중을 고려시대 인물로 비정하였다.
공통점	\①\ 고조선 역사 이전의 실존 역사인 **환국, 신시배달**에 대해 전한다. \②\ 동방 태고시대의 통치자 **환인과 환웅**은 신화적 인물이 아니라 상고역사의 실존 인물이며, 각각 7세(3,301년)와 18세(1,565년)를 이어 다스렸다. \③\ 한민족 **신교문화의 상수철학과 삼신·칠성문화**(3·7일 수행문화)**의 원형**을 상세히 밝혔다. \④\ 오사五事 사상이 나온다. 환국에는 5황극 사상이 강했음을 알게 해 준다. \⑤\ 재세이화와 홍익인간이라는 사상은 배달국에서부터 유래했음을 알 수 있다. ※인류 창세사와 환국, 배달에 대해서는 이맥이 저술한 『태백일사』 「삼신오제본기」, 「환국본기」, 「신시본기」, 「소도경전본훈」에 상세히 기록되어 있다. ※『삼성기』 상하는 천신의 명을 받아서 약속을 하고 쓴 것처럼 두 책이 정합되는 면이 많다.	

구분	『삼성기』 상편	『삼성기』 하편
차 이 점	① 인류 시원 국가 환국의 실체를 밝힘. "오환건국吾桓建國이 최고最古라"라고 하여 인류 시원문명 시대가 환족(한민족)이 세운 환국에서 시작되었다고 선언하고, 삼신의 천지 광명의 조화로 인류의 창세사가 열렸다고 서술하였다.	① 인류창세의 시원사로부터 서술. 천해(바이칼 호)의 아이사비에서 **인류의 조상 나반과 아만**이 꿈에 천신(삼신상제님)의 가르침을 받아 혼례를 올려 **동서 인류의 뿌리**가 되었고, 창세 시원사의 주인공인 광명족[桓族]의 역사가 시작되었다고 서술하였다(환국의 역년 3,301년을 63,182년으로도 기록).
	② 인류 기원의 창세 역사의 첫 무대가 동북아의 흑수 백산, 천계天界(천산 동방의 환국)로 나온다.	② 창세 문명의 첫 국가 시대에 대하여 인문주의의 맥락에서 이야기를 전개하여, 환인이 천산에서 득도장생하시고 거신무병하셨다고 전한다. 한·중 역사의 태동과 발전, 양국의 정치, 문화, 혈통적 관계에 역점을 두고 서술하였다. 세계문명의 뿌리, 인류 시원국가가 파내류산(지금의 천산) 동방에 있었던 환국임을 밝히고, 동아문명과 한민족사의 실제 출발점인 신시 배달을 집중적으로 상세하게 서술하였다.
	③ 접화군생接化群生이라는 교화신에 대한 언어가 나온다. 환국은 조화신, 조화신성이 열리는 때이고, 배달의 환웅천황은 교화신을 가지고 내려온 분으로 접화군생接化群生이라는 것은 교화신을 열어주는 것이다.	③ 십간十干 십이지十二支 개념이 환국 때부터 있었음을 알게 해 주며, 천부경과 삼일신고 사상이 나온다.
	④ 국통사를 중심으로 서술 인류 시원국가 환국으로부터 동방 한민족사의 시발인 신시배달, 단군조선, 해모수가 세운 북부여를 거쳐서 **한 무제의 침략을 물리친 동명왕 고두막한의 북부여 계승**, 고주몽의 고구려 건국에 이르기까지 **국통이 끊어지게 된 수수께끼의 실마리를 풀 수 있도록 동방 개창사의 진면목을** 기록하였다.	④ 환웅천황이 환국의 대통을 이어받은 사실과 더불어, 서방족 창세 신화의 인물인 반고씨가 환족의 지손支孫이고 실존 인물임을 밝혔다. 동방 배달의 천자 자오지慈烏支(蚩尤) 환웅천황과 서방 한족의 시조 황제헌원이 탁록 벌판에서 벌인 대전쟁을 실감나게 기술하였다(안함로의『삼성기』에서는 "치우천왕이 청구를 널리 개척했다"라고 약술). 인물 중심으로 전개하여 상편보다는 이야기의 흐름이 더 자연스럽다.

구분	『삼성기』 상편	『삼성기』 하편
차 이 점	※단군조선에 대해서는 행촌 이암의 『단군세기』와 이맥의 『태백일사』 「삼한관경본기」, 북부여사에 대해서는 범장의 『북부여기』, 고구려사는 『태백일사』 「고구려국본기」에 그 상세한 내용이 담겨 있다. ⑤ 환국과 배달의 건국 과정 **천지의 조화신[三神]이 동녀동남 800명**을 사백력(시베리아)으로부터 흑수와 백산의 터에 내려 보내시니 환인이 만백성의 우두머리가 되어 7세를 이어 다스렸다. 환웅천황이 천신(삼신상제)의 명을 받들어 천평(백두산 아래)에 도읍을 정하였다.	⑤ 환국과 배달의 건국 과정 환국의 통치자 환인이 천산에 거하며 도를 깨치고 구환족이 살던 열두 나라를 다스렸다. 환국 말기에 서자부의 환웅이 마지막(7세) 환인으로부터 신교의 신권조화를 상징하는 천부天符와 인印을 전수받아 무리(제세핵랑) 3천을 거느리고 동방 태백산 신단수에 이르러 신시에 도읍을 정하였다. ⑥ 중국의 창세 역사까지 밝혔다. (중국 한족의 전설상의 시조 반고는 실존 인물) ⑦ 7세 환인의 정확한 호칭과 환국의 12분국 이름을 정확하게 서술하였다. ⑧ 신시 배달에 대해 상세히 설명하였다. 배달의 성황이신 열여덟 분 환웅천황의 계보를 재위 기간과 수명과 함께 구체적으로 기술하였다. 이는 한민족사의 출발점인 배달에 대해 놀라운 역사의 진실과 기본 틀을 전해 주고 있는 것이다. 웅족과 호족이 통합되는 과정을 이야기해 주고 있다.
기 타	※동아시아문명의 개조 태호복희씨, 염제신농씨의 치적과 배달국의 분화 과정, 중국사의 시조 황제헌원의 혈통에 대해서는 『태백일사』 「신시본기」에 상세한 기록이 전한다.	

三聖紀全下篇 삼성기전 하편

원동중 元董仲 찬撰

환국의 실체와 배달의 역년을 밝히고
배달의 성웅 치우천황의 진면목을 드러낸

원동중 元董仲 (?~?)

- 원동중의 자세한 행적은 전하지 않는다. 『세조실록』에, 세조가 팔도관찰사에게 수거하도록 유시한 도서 목록에 안함로와 더불어 『삼성기』의 저자로 기록되어 있다. 한암당寒闇堂 이유립은 원동중을 고려 때 인물로 추정하였다.

- 안함로의 『삼성기』 상편과 원동중의 『삼성기』 하편은 두 권의 책이 마치 일란성 쌍생아와 같이 절묘하게 상호 보완하고 있다.

- 원동중의 『삼성기』 하편은 상편에서 빠진 내용을 중점으로 다루었다. 무엇보다도 환국의 일곱 분 환인의 역년과 12분국의 이름을 드러내어 환국의 실체를 밝혔고, 배달의 열여덟 분 환웅의 역년을 '신시역대기'로 밝혀 주었다. 특히 한민족사의 성웅 치우천황에 대해서 집중적으로 다루었다.

이 편의 주요 술어

那般·阿曼 나반아만	昔有桓國 석유환국	天山 천산	天海 천해	桓國 12연방 환국	安巴堅 안파견	三危山 삼위산	太白山 태백산	天符經 천부경
웅족一熊·호족一虎 일웅 일호	100일, 3·7일	三一神誥 삼일신고	開天 개천	蘇塗 소도	管境 관경	責禍 책화	和白 화백	九桓族 구환족
智生雙修 지생쌍수	佺의 道 전도	三神設敎 삼신설교	慈烏支桓雄 자오지환웅	蚩尤天皇 치우천황	銅頭鐵額 동두철액	涿鹿 탁록	靑邱國 청구국	天帝子 천제자

1. 人類의 始祖와 東西 文明의 始原 國家

人類之祖를 曰那般이시니 初與阿曼으로 相遇之處를
曰阿耳斯庇라. 夢得天神之敎하사 而自成昏禮하시니
則九桓之族이 皆其後也라.

昔에 有桓國하니 衆이 富且庶焉이라.
初에 桓仁이 居于天山하사 得道長生하사 擧身無病하시며
代天宣化하사 使人無兵하시니 人皆作力하야 自無飢寒이러라.

2. 桓國의 統治者와 十二國 聯邦

傳赫胥桓仁·古是利桓仁·朱于襄桓仁·釋提壬桓仁·
邱乙利桓仁하야 至智爲利桓仁하니 或曰檀仁이라.
古記에 云「波奈留之山下에 有桓仁氏之國하니
天海以東之地를 亦稱波奈留之國이라.
其地廣이 南北五萬里오 東西二萬餘里니 摠言桓國이오

바이칼 호 알혼섬의 성소인 부르칸(Burkhan) 바위
부르칸은 한민족의 불함산과 음이 유사하다. 스스로 '코리(고려)' 또는 '부리야트(부여)'라 부르는 이 지역 원주민들은 혈통, 종교, 관습 등 다방면에서 한국인과 동질성을 갖고 있다. 예를 들면 활 잘 쏘는 사람을 투멘(동명)이라 하고, '선녀와 나무꾼'과 같은 설화가 전한다. 몽골어에서 부르칸은 '하느님'이라는 뜻으로 쓰인다.

1. 인류의 시조와 동서 문명의 시원 국가

인류의 시조는 **나반**那般이시다. 나반께서 **아만**阿曼*과 처음 만나신 곳은 아이사비阿耳斯庀*이다. 두 분이 꿈에 천신(상제님)의 가르침을 받고 스스로 혼례를 올리시니 환족의 모든 족속[九桓族]이 그 후손이다.

옛적에 환국이 있었다[昔有桓國]. 백성들은 풍요로웠고 인구도 많았다. 처음에 환인께서 천산에 머무시며 도를 깨쳐 장생하시니 몸에는 병이 없으셨다. 하늘(삼신상제님)을 대행하여 널리 교화를 베풀어 사람들로 하여금 싸움이 없게 하셨다. 모두 힘을 합해 열심히 일하여 굶주림과 추위가 저절로 사라졌다.

2. 환국의 통치자와 열 두 나라 연방

초대 안파견환인에서 2세 혁서환인, 3세 고시리환인, 4세 주우양환인, 5세 석제임환인, 6세 구을리환인을 이어 7세* 지위리환인에 이르렀는데, 환인을 단인檀仁이라고도 한다.
『고기』에 다음과 같이 기록되어 있다.

파내류산波奈留山¹⁾ 아래에 환인씨의 나라²⁾가 있으니 천해天海³⁾의 동쪽 땅을 또한 파내류국이라 한다. 그 땅의 넓이는 남북으로 5만 리요, 동서로 2만여 리이니 통틀어 환국*이라 했다.
이 환국은 다시 여러 나라로 구성되었는데,

---

* **나반과 아만**: 인간이 탄생하여 처음 배우는 말이 엄마, 아빠이다. 나반과 아만은 아버지, 어머니의 뜻이다. 나반→아빠→아바이→아버지, 아만→엄마→어머니→어머니.

* **아이사비**: 사비려아斯丕麗阿라고도 한다. 『태백일사』「삼신오제본기」에서는 이곳을 송화강 또는 천하(바이칼 호)로 보고 있다. 이유립은 아이숲(원시림, 수릿벌)이라 해석하였다.

* **7세**: 『일본서기』에도 환국의 일곱 분 환인천제를 모방하여 신세 7대[神世七代]를 말한다. 즉 남신男神 구니노토코타치國常立尊, 구니노사즈치國狹槌尊, 도요쿠미누豊斟淳尊 3대와, 남녀 쌍을 이루는 우히지니泥土煮尊·스히지니沙土煮尊, 오호토노지大戶之道尊·오호토마베大苫邊尊, 오모다루面足尊·카시코네惶根尊, 이자나기伊奘諾尊·이자나미伊奘撰尊 4대가 기록되어 있다.

* **환국**: 『태백일사』「환국본기」에는 『삼성밀기三聖密記』의 내용을 인용하여 이렇게 기록하였다. "파내류산波奈留山 아래에 '환인씨의 나라'가 있다. 천해天海 동쪽 땅을 또한 파내류국波奈留國이라 부르는데, 그 땅의 넓이가 남북으로 5만 리요 동서로 2만여 리이다. 이 땅을 모두 합하여 말하면 환국桓國이요, 나누어

알혼 섬 민속박물관의 신목神木 세르게(삼신솟대)
세르게는 하늘, 땅 위, 땅 아래라는 삼계 우주를 상징한다. 이는 시베리아 샤머니즘 속에 천일天─(조화신), 지일地─(교화신), 태일太─(치화신)의 삼신문화가 원형 그대로 전해 오고 있음을 보여주는 좋은 예가 된다.

▸卑 낮을 비	▸離 떠날 리
▸養 기를 양	▸雲 구름 운
▸寇 성姓 구, 왕성할 구	
▸莫 없을 막	▸汗 임금 한
▸勾 굽을 구	▸荼 차 다
▸虞 나라 이름 우	
▸婁 별 이름 루	
▸畢 마칠 필	▸那 어찌 나
▸客 손 객	▸賢 어질 현
▸牟 보리 모	▸額 이마 액
▸賣 팔 매	▸稷 피 직
▸臼 절구 구	▸多 많을 다
▸納 들일 납	▸鮮 고울 선
▸稗 피 패	
▸豕 돼지 시	▸韋 가죽 위
▸通 통할 통	
▸須 모름지기 수	
▸密 빽빽할 밀	▸爾 너 이
▸共 합할 공	
▸未 아닐 미	
▸孰 어느 숙	▸是 옳을 시

분언즉비리국　　양운국　　구막한국　　구다천국
分言則卑離國과 養雲國과 寇莫汗國과 勾荼川國과

일　군국　　우루국일운필나국　　객현한국　　구모액국
一羣國과 虞婁國一云畢那國과 客賢汗國과 勾牟額國과

매　구　여　국　일운직구다국　　사　납　아　국
賣勾餘國一云稷臼多國과 斯納阿國과

선　패　국　일칭시위국혹운통고사국　　수　밀　이　국
鮮稗國一稱豕韋國或云通古斯國과 須密爾國이니

합 십 이 국 야
合十二國也라.

천 해　　금 왈 북 해
天海는 今日北海라.」

전칠세　　역년　　공삼천삼백일년
傳七世하야 歷年이 共三千三百一年이오

혹운육 만 삼천 일백 팔십 이년　　　　　　미 지 숙 시
或云六萬三千一百八十二年이라 하니 未知孰是라.

3. 桓國 末, 桓雄의 東方 開拓

三千名 桓族 무리의 白頭山 文明 開拓

환　국　지　말　　　안 파 견　　　하 시 삼 위 태 백
桓國之末에 安巴堅이 下視三危太白하시고

개　가　이　홍　익　인　간　　수　가　사　지
皆可以弘益人間일새 誰可使之오 하신대

오　가　첨　왈　서자　　유　환　웅　　용　겸　인　지
五加僉曰 庶子에 有桓雄이 勇兼仁智하고

상　유　의　어　역　세　이　홍　익　인　간
嘗有意於易世以弘益人間하오니

가　견　태　백　이　리　지　　　　내　수　천　부　인　삼　종
可遣太白而理之니이다 하야늘 乃授天符印三種하시고

잉　칙　왈　　여　금　　인　물　　업　이　조　완　의
仍敕曰 如今에 人物이 業已造完矣니

군　물　석　궐　로　　솔　중　삼　천　이　왕
君은 勿惜厥勞하고 率衆三千而往하야

개　천　입　교　　재　세　이　화　　위　만　세　자　손　지　홍　범　야
開天立教하고 在世理化하야 爲萬世子孫之洪範也어다.

▸巴 바랄 파	▸堅 굳을 견
▸視 볼 시	▸危 높을 위
▸皆 모두 개	▸可 옳을 가
▸弘 넓을 홍	▸益 이로울 익
▸誰 누구 수	▸使 부릴 사
▸僉 다 첨	▸庶 여러 서
▸勇 날랠 용	▸兼 겸할 겸
▸仁 어질 인	▸智 지혜 지
▸嘗 일찍이 상	▸意 뜻 의
▸易 바꿀 역	▸遣 보낼 견
▸理 다스릴 리	▸授 줄 수
▸種 종류 종	▸仍 이에 잉
▸敕 조서 칙(=勅)	
▸如今: 당금, 이제, 지금	
▸業 이미 업	▸已 이미 이
▸業已: 이미	
▸君 그대 군	▸勿 말다 물
▸惜 아낄 석	▸厥 그 궐
▸勞 애쓸 로	▸率 거느릴 솔
▸衆 무리 중	▸往 갈 왕(住)
▸洪 클 홍	▸範 법 범
▸洪範: 洪은 크다[大也], 範은 법[法也]이니, 천지의 대법[天地之大法]을 말한다.	

그 이름은 비리국, 양운국, 구막한국, 구다천국, 일군국, 우루국⁴⁾(일명 필나국), 객현한국, 구모액국, 매구여국(일명 직구다국), 사납아국, 선패국*(일명 시위국 또는 통고사국), 수밀이국⁵⁾으로 합하여 12국⁶⁾이다.
천해는 지금의 북해北海이다.

환국은 **7세**를 전하니, 그 역년은 3,301년인데, 혹자는 63,182년이라고도 하니 어느 것이 옳은지 알 수 없다.

3. 환국 말, 환웅의 동방 개척

3천 명 환족 무리의 백두산 문명 개척

환국 말기에 안파견*께서 삼위산三危山⁷⁾과 태백산太白山을 내려다보시며 이렇게 물으셨다.
"두 곳 모두 인간을 널리 이롭게 할[弘益人間]※ 수 있는 곳이다. 과연 누구를 보내는 것이 좋은가?"
오가의 우두머리가 모두 대답하였다.
"서자庶子⁸⁾에 환웅이란 인물이 있는데 용기와 어짊과 지혜를 겸비하고, 일찍이 홍익인간의 이념으로 세상을 개혁하려는 뜻을 가지고 있으니 그를 동방의 태백산(백두산)으로 보내 다스리게 하십시오."
이에 환인께서 환웅에게 천부天符와 인印 세 종류를 주시며 명하셨다.
"이제 인간과 만물이 이미 제자리를 잡아 다 만들어졌으니, 그대는 노고를 아끼지 말고 '무리 3천 명'을 이끌고 가서, 새 시대를 열어 가르침을 세우고[開天立敎] 세상을 신교의 진리로써 다스리고 깨우쳐서[在世理化] 이를 만세 자손의 큰 규범으로 삼을지어다."

말하면, 비리국, 양운국, 구막한국, 구다천국, 일군국, 우루국(일명 비나국), 객현한국, 구모액국, 매구여국(일명 직구다국), 사납아국, 선비이국(일명 시위국 또는 통고사국), 수밀이국이니, 합하면 열두 나라이다. 천해는 오늘날 말하는 북해北海이다"라고 하였다.

* **선패국**: 「태백일사」「환국본기」에는 선비이국으로 나온다. 선패鮮稗는 선비鮮神·鮮卑의 필사 오류로 보인다.

* **안파견**: 여기서는 7세 지위리환인을 말한다. 「삼신오제본기」에서 안파견은 "하늘의 정신을 받들어 지상에 부권父權을 확립시킨다[蓋所謂安巴堅, 乃繼天立父之名也]"는 의미로 '아버지'라는 뜻이며 주권자를 말한다. 거란국을 세운 요나라 태조 야율아보기耶律阿保機는 아보기阿保機란 이름을 안파견安巴堅으로 바꿨는데, 안파견安巴堅은 만주문자로 amba giyan이다. amba(安巴)는 '크다[大·弘曰]', giyan(堅)은 '다스리다[理]'란 뜻으로 대리大理라는 말이라 한다. 이정재는 『동북아의 곰 문화와 곰신화』에서 만주 아무르인들은 이 'amba'라는 말을 크다는 의미 외에 '곰, 거룩한, 위대한' 등으로도 쓴다고 하였다.

* **홍익인간**弘益人間: 홍익인간은 관점에 따라 다르게 해석할 수 있다. 첫째, '인간'을 일반명사로 하여 '천지광명 환단桓檀의 꿈과 대이상을 성취하는 이상적 인간'이라는 뜻으로 해석할 수 있다. 둘째, '홍익'을 동사로 하여 '인간을 널리 이익되게 한다'고 해석할 수 있고, 형용사로 하여 '천지광명의 뜻과 대이상을 성취한다'는 뜻으로 해석할 수 있다.

神市를 열어 360餘事를 主管하신 桓雄天皇

時에 有盤固者가 好奇術하야

欲分道而往으로 請하니 乃許之하시니라

遂積財寶하고 率十干十二支之神將하고

與共工·有巢·有苗·有燧로 偕至三危山拉林洞窟하야

而立爲君하니 謂之諸畎이오 是謂盤固可汗也라.

於是에 桓雄이 率衆三千하사 降于太白山頂神壇樹下하시니

謂之神市오 是謂桓雄天王也시니라

將風伯·雨師·雲師하시고

而主穀·主命·主刑·主病·主善惡하시며

凢主人間三百六十餘事하사

在世理化하사 弘益人間하시니라.

4. 倍達의 建國

神敎의 修行 戒律, 百日 祈禱와 二十一日 修行

時에 有一熊一虎가 同隣而居러니

嘗祈于神壇樹하야 願化爲神戒之甿이어늘

雄이 聞之曰 可敎也라 하시고

乃以呪術로 換骨移神하실새 先以神遺靜解로

靈其艾一炷와 蒜二十枚하시고 戒之하야

曰 爾輩食之하라 不見日光百日이라야 便得人形이리라.

신시를 열어 360여 가지 일을 주관하신 환웅천황

환웅께서 동방을 개척할 당시 기이한 술법을 좋아하던 반고라는 인물이 있었다. 반고가 개척의 길을 따로 나누어 가기를 청하므로 환인께서 이를 허락하셨다.

그리하여 반고는 많은 재화와 보물을 싣고 **십간**十干 **십이지**十二支*의 신장을 거느리고 공공共工 · 유소有巢 · 유묘有苗 · 유수有燧와 함께 삼위산 납림拉林 동굴에 이르러 임금으로 즉위하였다. 이들을 **제견**諸畎*이라 하고, 반고를 반고가한⁹⁾이라 불렀다.

이때 환웅께서는 무리 3,000명을 이끌고 태백산 마루, **신단수**神檀樹 아래에 내려오시어 이곳을 **신시**神市라 하시니, 이분이 바로 **환웅천황**이시다.

환웅께서 **풍백**風伯과 **우사**雨師와 **운사**雲師*를 거느리시고, (오가五加에게) 농사 · 왕명 · 형벌 · 질병 · 선악을 주장하게 하시고, **인간 세상의 360여 가지 일을 주관하여 세상을 신교의 진리로써 다스려 깨우쳐서**[在世理化] **인간을 널리 이롭게 하셨다**[弘益人間].

4. 배달의 건국

신교의 수행 계율, 100일 기도와 21일 수행

이때 **웅족***과 **호족**[一熊一虎]¹⁰⁾이 이웃하여 함께 살았다. 일찍이 이 족속들은 **삼신상제님**께 천제를 올리고 기도 드리는 신단수에 가서 "삼신의 계율을 따르는 백성이 되기를 바라옵니다" 하고 빌었다. 환웅께서 이 소식을 듣고 "가히 가르칠 만하도다" 하시고, 신령한 도술로써 환골換骨케 하여 정신을 개조시키셨다. 먼저 삼신께서 전해 주신 **정해법**靜解法*으로 그렇게 하셨는데, 쑥 한 묶음과 마늘¹¹⁾ 스무 매를 영험하게 여겨 이를 주시며 경계하여 말씀하셨다.

"너희들은 이것을 먹을지어다. **100일**¹²⁾ **동안 햇빛을 보지 말고 기도하라. 그리하면 참된 인간이 되리라.**"

이에 웅족과 호족 두 족속이 함께 쑥과 마늘을 먹으면서 **삼칠일**

***십간**十干 **십이지**十二支: 중국 한족의 시조 반고가 중국사의 시원을 열 때 십간과 십이지의 신장을 거느리고 이동했다 하니 이 십간, 십이지의 육십갑자 개념은 이미 환국시대에 그 근원적인 원리가 있었다고 추정할 수 있다. 또 『천부경』이 환국의 구전지서口傳之書라는 사실로 볼 때 음양오행의 개념과 수리數理철학, 상수학象數學 등 역법의 역사도 환국시대까지 소급된다. 동이족이 세운 은나라(BCE 1766~BCE 1122) 때는 임금 이름을 모두 육십갑자를 써서 지었다.

***제견**諸畎: 일반적으로 '견畎'이란 견이畎夷, 견이犬夷, 견융犬戎을 말한다.

***풍백 · 우사 · 운사**: 『태백일사』「소도경전본훈」에 "風伯之立約, 雨師之施政, 雲師之行刑"이라 했는데, 풍백(입법관), 우사(행정관), 운사(사법관)는 신교의 삼신사상을 국가 통치 조직의 원리로 이화理化하여 만든 배달국 시대의 관직명이다.

***웅족**熊族: 만주와 시베리아 일대의 원시 부족과 베링해협을 건너간 북미 인디언들에게 공통으로 나타나는 부족의 상징은 곰 토템이다. 북미 지역에서는 곰 모형을 꼭대기에 앉혀 놓은 토템 기둥을 흔히 볼 수 있다. 부여족이 세운 백제의 두 번째 도읍지 이름도 웅진熊津(곰나루)이었다. 일본 큐슈 섬에는 구마소熊襲, 구마모토熊本, 구마시로熊城, 구마가와熊川와 같은 '웅熊' 자 지명이 숱하다. 이는 배달 시대 웅족熊族의 토템 신앙을 그대로 계승한 '단군조선의 부여계'가 일본에 건너가 일본 고대문명을 건설한 역사적 사실을 생생하게 반증한다. 환족의 일원으로 교화된 웅족은 동북아 전역으로 퍼져 나가 동아시아 역사와 문화의 기초를 세웠다.

***정해법**靜解法: 몸과 마음을 고요히 하여 묵은 기운을 떨구어 내는 법.

忌	꺼릴 기. 특별한 일이 생겼을 때에 외부의 사물을 대하지 않음
耐	견딜 내
寒	찰 한
儀	거동 의
容	용모 용
遵	좇을 준
飢	굶주릴 기

儀容: 예절을 갖춘 훌륭한 모습

放	방종할 방	慢	거만할 만
若	같을 약	歸	시집갈 귀
每	매양 매	孕	아이밸 잉
假	임시 가		

假化爲桓: 우선 일시적으로 환족으로 인정함

| 懷 | 품을 회 | 帳 | 장부 장 |

有帳: 환족으로 입적시킴

| 肇 | 시초 조 | 施 | 베풀 시 |
| 演 | 펼 연 | | |

天經: 천부경
講: 풀이할 강
神誥: 삼일신고

訓	가르칠 훈	闢	개척할 벽
採	캘 채	銅	구리 동
鐵	쇠 철	鍊	단련할 련
産	생산할 산	源	근원 원
祖	조상 조	蘇	소생할 소
塗	진흙 도	管	다스릴 관
境	지경 경	責	꾸짖을 책
禍	죄 화	議	의논할 의
歸	돌아올 귀	和	화할 화
並	아우를 병	智	지혜 지
雙	둘 쌍	修	닦을 수

智生雙修: 지혜[性]와 생명력[命]을 동시에 닦음[性命雙修]

| 佺 | 온전한 사람 전 | | |
| 悉 | 모두 실 | 統 | 거느릴 통 |

密	은밀할 밀	難	어려울 난
强	굳셀 강	患	근심 환
設	베풀 설	戒	규범 계
聚	모을 취	衆	무리 중
作	지을 작	誓	맹세할 서
勸	권할 권	懲	징계할 징
剪	벨 전	除	없앨 제

剪除之志: 베어서 없애려는 뜻

熊虎二族이 皆得而食之하고 忌三七日이러니
熊은 能耐飢寒하야 遵戒而得儀容하고
虎則放慢不能忌하야 而不得善業하니
是는 二性之不相若也라
熊女者無與爲歸故로 每於壇樹下에 呪願有孕이어늘
乃假化爲桓而使與之爲婚하사 懷孕生子에 有帳하시니라.

倍達의 發展과 蚩尤天皇의 繼承

桓雄天王이 肇自開天으로 生民施化하실새
演天經하시고 講神誥하사 大訓于衆하시니라.
自是以後로 蚩尤天王이
闢土地하시며 採銅鐵하시며 鍊兵興産하시니
時에 九桓이 皆以三神으로 爲一源之祖하니라.
主蘇塗하시며 主管境하시며 主責禍하시며
與衆議一歸로 爲和白하시며 並智生雙修하사 爲居佺하시니라.
自是로 九桓이 悉統于三韓管境之天帝子하니
乃號曰 檀君王儉이시니라.

熊族과 虎族의 對立과 桓族의 敎化

密記에 云「桓國之末에 有難治之强族하야 患之러니
桓雄이 乃以三神으로 設敎하시고 以佺戒로 爲業하시며
而聚衆作誓하사 有勸懲善惡之法하시니
自是로 密有剪除之志하시니라.

(21일)¹³을 지내더니, 웅족은 능히 굶주림과 추위를 참아 내고 계율을 지켜 **인간의 참모습**[儀容]을 얻었으나, 호족은 방종하고 게을러 계율을 지키지 못하여 좋은 결과[善業]를 얻지 못하였으니, 이것은 두 족속의 성정性情이 서로 같지 않았기 때문이다.

(후에) 웅족 여인[熊女]들이 시집갈 곳이 없어 매일 신단수 아래에 와서 주문을 외우며 아이 갖기를 빌었다. 이에 환웅께서 이들을 임시로 환족으로 받아들여 환족 남자들과 혼인하게 하셨는데, 임신하여 아이를 낳으면 **환**桓**의 핏줄**을 이은 자손으로 입적시키셨다.

배달의 발전과 치우천황의 계승

환웅천황¹⁴께서 처음으로 동방 배달민족의 새 역사 시대를 열고[開天]¹⁵ 백성에게 교화를 베푸실 때, 『**천부경**天符經』을 풀어 설명하시고 『**삼일신고**三一神誥』를 강론하여 뭇 백성에게 큰 가르침을 베푸셨다.

이후에 치우천황(14세 환웅, 자오지환웅)께서 영토를 개척하고, 구리와 철을 캐어 무기를 제조하는 한편 병사를 훈련시키고 산업을 일으키셨다. 이때에 **구환족**이 모두 **삼신을 한뿌리의 조상**으로 삼았다. 천황께서 **소도**蘇塗와 **관경**管境*¹⁶과 **책화**責禍*를 주관하고, 백성의 의견을 모아 하나로 통일하는 **화백***제도를 두셨다. 또한 백성으로 하여금 **지혜와 생명력을 함께 닦아**[智生雙修] **전**佺**의 도**에 머물게 하셨다.

그 후 **구환족**이 관경을 삼한三韓으로 나누어 다스리시는 천제의 아들[天帝子]에 의해 모두 통일되니, 이분이 **단군왕검**이시다.

웅족과 호족의 대립과 환족의 교화

『**밀기**密記』*에 이렇게 기록되어 있다.

환국 말기에 다스리기 어려운 강한 족속[强族]이 있어 이를 근심하던 차에 환웅께서 삼신의 도로써 가르침을 베풀고[以三神設敎]¹⁷, 전계[佺戒]로써 삶의 본업[業]을 삼으며, 백성을 모아 맹세하게 하여 권선징악의 법을 두셨다. 이때부터 은밀히 그 강족을 제거하려는 뜻을 두셨다.

---

* **관경**管境: 단재 신채호는 '관경은 우리 배달민족이 살고 있는 온 누리를 말한다'고 했다(신채호, 『조선상고사』).

* **책화**責禍: 읍락邑落 사이의 경계를 중히 여겨 서로 침범하는 일이 없도록 엄금한 제도.

* **화백**和白: 만장일치의 회의 제도. 신라의 정치제도로만 알려져 있으나 배달 시대에 이미 제도화된 것이다. 단 한 사람의 반대가 있어도 회의의 결정이 이루어지지 않았다.
이와 같이 한 사람의 원한이 붙어도 성사시키지 않은 이 화백 정신은, 모든 사람의 가슴 깊이 맺힌 원한을 다 풀어야 인간을 구원·통일할 수 있다는, 신교의 완성 진리로 선포된 증산도의 '해원解冤사상'과 맥이 상통한다.

* **전**佺**의 도**: 전佺이란 신교의 세 도맥 전佺·선仙·종倧의 도道 가운데 인간의 완전성[人+全]을 추구하는 가르침이다. 3세 가륵단군조의 기록을 보면, 종倧은 나라 전체에서 선발되어 삼신의 가르침을 펴고 백성을 올바른 길로 인도하는 나라의 큰 스승[師]이며, 전佺은 고을에서 선발되어 온전한 사람이 되는 계율인 전계佺戒를 지키고 수행하는 구도자를 말한다고 했다.

* **밀기**密記: 『태백일사』 「신시본기」에도 이와 똑같은 내용이 『삼성밀기三聖密記』로 인용되어 있다. 따라서 여기서 말하는 『밀기』는 『삼성밀기』임을 명확히 알 수 있다. 『밀기』는 조선 시대 세조의 수서收書 목록에도 보인다.

전계로 업業을 삼았다는 것은 곧 지생쌍수智生雙修하여 인간[人]을 온전[全]히 하는 '인간 완성의 수행법'을 일상생활[業]로 삼았다는 뜻이다.

時에 族號不一하야 俗尚漸歧러니

原住者는 爲虎오 新移者는 爲熊이라.

虎性은 嗜貪殘忍하야 專事掠奪하고

熊性은 愚愎自恃하야 不肯和調하니

雖居同穴이나 久益疎遠하야 未嘗假貸하며

不通婚嫁하며 事每多不服하야 咸未有一其途也러라.

至是하야 熊女君이 聞桓雄이 有神德하고

乃率衆往見曰 願賜一穴廛하야

一爲神戒之盟이니이다 하거늘

雄이 乃許之하시고 使之奠接하사 生子有産하시고

虎는 終不能悛하야 放之四海하시니라.

桓族之興이 始此焉하니라.」

5. 倍達의 全盛期

青銅器 文化를 꽃피운 十四世 蚩尤天皇

後에 有葛古桓雄이 與炎農之國으로

劃定疆界하시며 又數傳而有慈烏支桓雄하시니

神勇冠絶하사 以銅頭鐵額으로 能作大霧하시며

造九冶而採鑛하사 鑄鐵作兵하시니

天下大畏之하야 世號爲蚩尤天王이라 하니

蚩尤는 俗言에 雷雨大作하야 山河改換之義也라.

이때 각 부족의 이름[族號]이 한결같지 않고 풍속은 점점 갈라졌다. 본래 살고 있던 사람들은 호족이고, 새로 이주해 온 사람들은 웅족이었다.[18]

호족은 탐욕이 많고 잔인하여 오로지 약탈을 일삼고, 웅족은 어리석고 괴팍하며 고집스러워서 서로 조화를 이루지 못하였다. 비록 같은 곳에 살았으나 세월이 지날수록 더욱 소원해졌다. 그리하여 서로 물건을 빌리거나 빌려 주지도 않고 혼인도 하지 않으며, 매사에 서로 불복하여 함께 같은 길을 가지 않았다.

이 지경에 이르자 웅족의 여왕이, 환웅께서 신령한 덕[神德]이 있으시다는 소문을 듣고 무리를 거느리고 찾아와 환웅을 뵙고 아뢰기를, "원하옵건대 저희들에게 살 곳을 내려 주십시오. 저희들도 하나같이 삼신의 계율을 따르는 환족의 백성이 되고자 하옵니다"라고 하였다.

환웅께서 이 말을 들고 허락하시어 웅족에게 살 곳을 정해 주시고 자식을 낳고 살아가게 하셨다. 그러나 호족은 끝내 성격을 고치지 못하므로 사해四海 밖으로 추방하셨다. 환족의 흥성이 이때부터 시작되었다.

5. 배달의 전성기

청동기 문화를 꽃피운 14세 치우천황

그 후 10세 갈고환웅 때는 염제신농의 나라와 국경을 정하였다. 다시 몇 세를 내려와 14세 **자오지환웅***이 계셨는데, 이분은 신이한 용맹이 매우 뛰어났다. 구리[19]와 철로 투구를 만들어 쓰고[銅頭鐵額] 능히 큰 안개를 일으키며, 구치九冶*를 제작하여 광석을 캐내고 철을 주조하여 무기를 만드시니 천하가 크게 두려워하였다.

세상에서는 이분을 치우천황이라 불렀는데, 속언에 치우*는 '뇌우*가 크게 일어 산하가 뒤바뀐다'는 뜻이다.

동두철액_내몽고 적봉시 미려하에서 출토된 고조선 시대의 청동 투구. 배달의 청동 투구도 이런 모습이었을 것이다.

* **자오지환웅**: 일명 치우천황. 백두산 신시에서 서방을 개척하여 '청구'로 도읍을 옮겼다. 오늘날 중국인들이 시조로 받드는 황제헌원을 제후로 삼아 다스린 분이다(『태백일사』「신시본기」).

* **구치九冶**: 광석을 캐어 주조하는 기계.

* **치우**: 지위智爲라고도 발음한다(이유립).

* **뇌우雷雨**: 천둥소리와 함께 내리는 비.

蚩尤天皇의 臣下였던 漢族의 始祖 軒轅

蚩尤天王이 見炎農之衰하시고
遂抱雄圖하사 屢起天兵於西하시고
又自索度로 進兵하사 據有淮岱之間하시고
及軒侯之立也에 直赴涿鹿之野하사 擒軒轅而臣之하시고
後에 遣吳將軍하사 西擊高辛하사 有功케 하시니라.
時에 天下鼎峙하야 涿之北에 有大撓하고
東有倉頡하고 西有軒轅하야
自相以兵으로 欲專其勝而未也러라.
初에 軒轅이 稍後起於蚩尤하니 每戰不利하야
欲依大撓而未得하고 又依倉頡而不得하니
二國은 皆蚩尤之徒也라
大撓는 嘗學干支之術하고 倉頡은 受符圖之文하니
當時諸侯가 罔不臣事者는 亦以此也라.

치우채 언덕에서 내려다본
탁록 시가지와 벌판

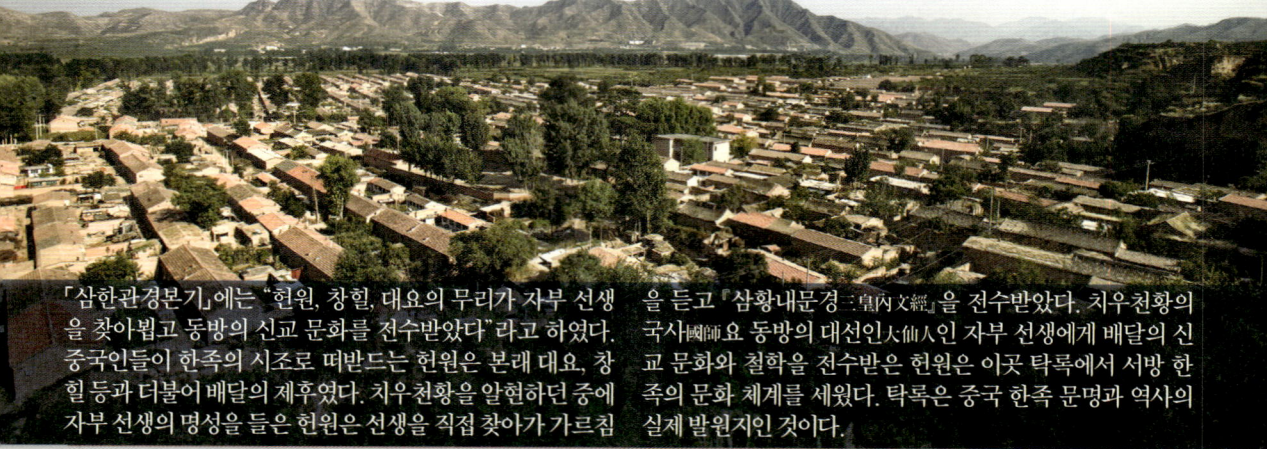

「삼한관경본기」에는 "헌원, 창힐, 대요의 무리가 자부 선생을 찾아뵙고 동방의 신교 문화를 전수받았다"라고 하였다. 중국인들이 한족의 시조로 떠받드는 헌원은 본래 대요, 창힐 등과 더불어 배달의 제후였다. 치우천황을 알현하던 중에 자부 선생의 명성을 들은 헌원은 선생을 직접 찾아가 가르침을 듣고 『삼황내문경三皇內文經』을 전수받았다. 치우천황의 국사國師요 동방의 대선인大仙人인 자부 선생에게 배달의 신교 문화와 철학을 전수받은 헌원은 이곳 탁록에서 서방 한족의 문화 체계를 세웠다. 탁록은 중국 한족 문명과 역사의 실제 발원지인 것이다.

치우천황의 신하였던 한족의 시조 헌원

치우천황께서 염제신농의 나라*가 날로 쇠약해지는 것을 지켜보시고 드디어 웅대한 포부를 품고 여러 번 서쪽에서 천자天子의 군사[天兵]를 일으키셨다. 삭도索度*에서 군사를 진격시켜 회수와 태산 사이의 땅을 점령하시고 헌후軒侯(헌원)*가 왕위에 오르자 바로 **탁록**涿鹿*의 광야로 진격하여 헌원을 사로잡아 신하로 삼으셨다. 이후 오장군을 파견하여 서쪽으로 고신高辛* 땅을 공격하여 공을 세우게 하셨다.

이때 천하의 형세는 세 세력이 세발솥의 솥발과 같이 대치하고 있었는데, 탁록의 북쪽에 대요大撓, 동쪽에 창힐[20], 서쪽에 헌원이 자리잡고 무력으로 승패를 겨루었으나 서로 이기지 못했다.

당초에 헌원이 치우천황보다 조금 늦게 일어났으므로 싸울 때마다 불리하였다. 이에 대요에게 의지하고자 하였으나* 도움을 얻지 못하고, 다시 창힐에게 의지하려 하였으나 여기서도 역시 도움을 얻지 못했으니, 이들 두 나라는 모두 치우천황을 추종하는 세력이었다.

대요는 일찍이 배달로부터 육십갑자의 '간지干支의 술법'[21]을 배웠고, 창힐은 '부符 같고 그림 같은 모습을 한 글자[符圖之文]'를 전수받았다. 이때 모든 제후는 치우천황의 신하가 되어 섬기지 않는 자가 없었는데, 이 또한 배달로부터 문물을 배워갔기 때문이다.

* **염제신농의 나라**: 염제신농의 8세 후손인 유망(BCE 2758~BCE 2688)이 다스리던 나라를 말한다.

* **삭도**索度: 삭두索頭.『독사방여기요讀史方輿紀要』「산동山東」편에는 "삭두성은 산동성 임치현에서 동남쪽으로 20리 되는 곳에 있으며, 여수의 남쪽이다[索頭城, 在縣東南二十里, 女水之南]"라고 하였다.

* **헌후**: 헌원(BCE 2692~BCE 2593)을 말함. 성은 공손公孫, 호는 유웅有熊이다. 희수姬水에서 오래 살면서 성을 희姬로 고쳤다. 후대에 황제黃帝로 추존되었고, 중국 한족의 실질적인 시조로 받들어지고 있다.

* **탁록**涿鹿: 치우천황과 황제 헌원의 최대 격전지. 지금의 하북성 탁록현으로 북경 서쪽에 있다.

* **고신**高辛: 여기서 고신은 황제헌원의 증손인 제곡고신帝嚳高辛(BCE 2435~BCE 2365)이 아니라 지명으로 보아야 한다.

* **대요에게 의지**:『여씨춘추呂氏春秋』「맹하기孟夏紀」에 "황제는 대요를 스승으로 삼았다[黃帝師大撓]" 하였고, 그 주석에 "대요가 갑자를 만들었다[大撓作甲子]"라고 하여 헌원이 대요에게 의지하려했던 이유를 알려주고 있다.

치우북채에서 내려다본 **탁록 협곡**

4,700년 전 이곳 하북성 장가구시 탁록협곡에서 동방 배달국의 천자 치우천황과 그의 제후인 서방 한족의 헌원이 10년간 73회의 치열한 전투를 벌였다. 동방 한민족의 서방 개척 역사의 결정적인 분기점이 된 탁록 대전은 동방 한민족과 서방 한족의 문명 개창 과정에서 벌어진 가장 극적인 사건이다.

『史記』에서 歪曲된 蚩尤天皇

사마천 사기 왈
司馬遷 史記에 曰

「諸侯咸來賓從이로대 而蚩尤가 最爲暴하야

天下莫能伐이라」한대

「軒轅이 攝政에 蚩尤有兄弟八十一人하야

並獸身人語하며 銅頭鐵額하며

食沙하며 造五丘杖과 刀戟太弩하야 威振天下하니

蚩尤는 古天子之號也니라.」

- 司 맡을 사
- 諸 모두 제
- 賓 복종할 빈
- 賓從 : 복종함
- 最 가장 최
- 莫 없을 막
- 伐 칠 벌
- 轅 끌채 원
- 摂 다스릴 섭(攝의 약자)
- 政 다스릴 정
- 獸 짐승 수
- 銅 구리 동
- 鐵 쇠 철
- 沙 모래 사
- 杖 창자루 장
- 戟 창 극
- 威 위엄 위
- 遷 옮길 천
- 咸 다 함
- 從 좇을 종
- 暴 포악할 포
- 能 능할 능
- 軒 수레 헌
- 語 말씀 어
- 頭 머리 두
- 額 이마 액
- 丘 언덕 구
- 刀 칼 도
- 弩 쇠뇌 노
- 振 떨칠 진

桓檀古記

역사 왜곡과 날조의 현장
중화문명의 발상지 탁록의 삼조당

왼쪽부터 치우천황, 황제헌원, 염제신농

중국은 기존의 황제 정통론에서 한 걸음 나아가 염제와 황제의 자손이라는 의미에서 '염황지손炎黃之孫'으로 역사를 고치더니 1995년에는 동방족의 조상인 치우천황까지 중국 역사와 문화의 시조로 날조하여 중화삼조中華三祖로 만들고 그 성역화를 위해 '중화삼조당'을 세웠다. 중국의 시조라고 하는 황제는 『사기』「오제본기」에 따르면 소전少典의 자손이라고 전한다. 『태백일사』「신시본기」에서는 염제신농이 소전의 아들이고, 소호少皞와 더불어 초대 환웅의 신하였던 고시씨高矢氏의 방계 자손이라 전한다. 따라서 황제는 서쪽으로 이주한 동방족의 후예로 서토 원주민의 우두머리, 화하족의 조상이 된 인물이다.

三聖紀全 下

『사기』에서 왜곡된 치우천황

사마천의 『사기』에 이렇게 기록되어 있다.

> 천하의 제후가 모두 황제헌원에게 와서 복종하였으나, 치우가 가장 강포하여 천하에서 능히 그를 정벌하지 못하였다.＊(『사기史記』)

> 헌원이 섭정할 때 치우는 형제가 81명으로, 짐승의 몸을 하고 사람의 말을 하였다. 머리가 구리같이 단단하고 이마는 철같이 강하였으며 모래를 먹었다. 오구장五丘杖과, 칼[刀]과, 가지가 있는 창[戟]과, 한꺼번에 많은 화살을 쏘는 태노太弩를 만들어 천하에 그 위세를 떨쳤다. 치우는 옛 천자의 호칭[古天子之號]이다.(『사기정의史記正義』)

＊ 치우천황에 대한 기록 : 『사기史記』「오제본기五帝本紀」에 "軒轅之時(중략) 諸侯咸來賓從, 而蚩尤最爲暴, 莫能伐. 『集解』應劭曰, 蚩尤, 古天子(중략). 『正義』龍魚河圖云, 黃帝攝政, 有蚩尤兄弟八十一人, 竝獸身人語, 銅頭鐵額, 食沙石子, 造立兵仗刀戟大弩, 威振天下"라고 하였다. 막능벌莫能伐에 천하天下라는 말이 가필된 것은 인용문을 원문의 문맥 흐름에 맞추기 위한 것이다. 가장 강포했다는 말은 역설적으로 가장 강력한 지도자였다는 뜻이다. 이 밖에도 『산해경山海經』, 『관자管子』, 『술이기述異記』, 『서경書經』, 『열자列子』, 『장자莊子』, 『좌전左傳』, 『여씨춘추呂氏春秋』, 『전국책戰國策』, 『한비자韓非子』, 『포박자抱朴子』, 『한서漢書』, 『노사路史』, 『일주서逸周書』, 『논형論衡』, 『국어國語』 등 많은 서적에서 치우에 대한 기록이 보인다.

동북공정의 본원지
탁록의 중화삼조당中華三祖堂 입구, 귀근원歸根苑

"천고의 문명이 탁록에서 열렸다[千古文明開涿鹿]." 중국 정부는 자국의 5천 년 문명사의 요람이자 중국 민족이 형성된 성지라는 탁록에 염제, 황제, 치우를 모신 거대한 중화삼조당을 건립했다. 그런데 치우는 그동안 그들 역사에서는 악의 상징과도 같았다. 그런 인물이 핵심 조상으로 모셔진 것은 중국이 정부 수립 이후 영토와 역사, 소수민족 문제를 해결하기 위해 설정한 '현재 자국 영토 내에서 역사적으로 활동했던 민족은 모두 중화민족'이라는 정치적 목적에 따른 역사 왜곡의 결정판이다.

6. 神市歷代記

倍達은 桓雄이 定有天下之號也니 其所都를 曰神市오
後에 徙靑邱國하니 傳十八世하야 歷年一千五百六十五年이라

一世曰桓雄天皇이시니 一云居發桓이시며
在位九十四年이시오 壽는 一百二十歲시니라.

二世曰居佛理桓雄이시니 在位八十六年이시오
壽는 一百二歲시니라.

三世曰右耶古桓雄이시니 在位九十九年이시오
壽는 一百三十五歲시니라.

四世曰慕士羅桓雄이시니 在位一百七年이시오
壽는 一百二十九歲시니라.

五世曰太虞儀桓雄이시니 在位九十三年이시오
壽는 一百一十五歲시니라.

六世曰多儀發桓雄이시니 在位九十八年이시오
壽는 一百十歲시니라.

七世曰居連桓雄이시니 在位八十一年이시오
壽는 一百四十歲시니라.

八世曰安夫連桓雄이시니 在位七十三年이시오
壽는 九十四歲시니라.

九世曰養雲桓雄이시니 在位九十六年이시오
壽는 一百三十九歲시니라.

6. 신시역대기

배달倍達은 환웅*께서 천하를 안정시키고 정하신 나라의 이름이다. 수도는 **신시**神市요, 후에 **청구국**靑邱國으로 옮겼다. 18세를 전하니, 역년은 1,565년이다.

1세는 **환웅천황**桓雄天皇이시니 일명 **거발환**居發桓*이라. 재위 94년이요 천수 120세이시다.
(신시개천 원년, BCE 3897~신시개천 94, BCE 3804)

2세는 **거불리**居佛理환웅이시니 재위 86년이요 천수 102세이시다.
(신시개천 94, BCE 3804~신시개천 180, BCE 3718)

3세는 **우야고**右耶古환웅이시니 재위 99년이요 천수 135세이시다.
(신시개천 180, BCE 3718~신시개천 279, BCE 3619)

4세는 **모사라**慕士羅환웅이시니 재위 107년이요 천수 129세이시다.
(신시개천 279, BCE 3619 ~신시개천 386, BCE 3512)

5세는 **태우의**太虞儀환웅*이시니 재위 93년이요 천수 115세이시다.
(신시개천 386, BCE 3512 ~신시개천 479, BCE 3419)

6세는 **다의발**多儀發환웅이시니 재위 98년이요 천수 110세이시다.
(신시개천 479, BCE 3419 ~신시개천 577, BCE 3321)

7세는 **거련**居連환웅이시니 재위 81년이요 천수 140세이시다.
(신시개천 577, BCE 3321~신시개천 658, BCE 3240)

8세는 **안부련**安夫連환웅이시니 재위 73년이요 천수 94세이시다.
(신시개천 658, BCE 3240~신시개천 731, BCE 3167)

9세는 **양운**養雲환웅이시니 재위 96년이요 천수 139세이시다.
(신시개천 731, BCE 3167~신시개천 827, BCE 3071)

---

* **환웅**: 배달국을 세우신 시조 환웅천황. 『신교총화』에 의하면 환웅천황의 탄신일은 4월 13일이고, 천황의 성후聖后 탄신일은 2월 10일이다.

* **거발환**居發桓: 하늘과 땅과 인간은 삼위일체다. 거발환은 하늘과 땅과 인간의 광명 속에 깃들어 있는 일신즉삼신一神卽三神의 조화·교화·치화의 창조 이법을 말한다. 또한 환국의 우주 사상, 천지 광명의 삼일심법, 이 모든 것을 상징한다. 이것을 강력하게 강조한 이가 행촌 이암이다. 행촌은 『단군세기』 서문에서 "夫三神一體之道는 在大圓一之義라, 대저 삼신일체(삼신과 하나됨)의 도[三神一體之道]는 '무한히 크고 원융무애하며 하나 되는 정신[大圓一]에 있다"라고 했다. 여기서 대원일은 우주와 역사를 주관·섭리하시는 삼신三神의 창조 정신을 간단히 정의한 말이다. 만물과 우주의 존재 근원이 되는 삼신의 이러한 창조 정신은 광대무변[大]하고 원융무애[圓]하며 대광명으로 삼계가 합일[一]되어 있는 본성을 지니고 있다. 우주 삼신의 대원일大圓一한 창조 정신을 순우리말로 '거발환居發桓(신시 배달의 시조인 환웅천황)'이라 부르는데, 거발환은 크고, 조화롭고, 광명으로 합일된 존재라는 뜻이다. 배달의 초대 환웅이신 거발환환웅은 환국의 종통과 신교 우주사상, 천지 광명, 인간주의, 홍익인간 등 환단의 심법을 가지고 오신 분이다.

* **태우의**太虞儀환웅: 태우의환웅에게는 열두 아들이 있었는데, 막내아들이 바로 인류 문명의 조종祖宗이신 태호복희씨이다. 태호복희씨는 음양, 팔괘, 태극기의 시조이다. 중국에서는 인문시조人文始祖로 받들고 있다.

葛	칡 갈
台	별 태
瀆	도랑 독
盧	화로 로

^{십 세 왈 갈 고 환 웅} ^{일 운 갈 태 천 왕}
十世曰葛古桓雄이시니 一云葛台天王이시며

^{우 왈 독 로 한}
又曰瀆盧韓이시니

^{재 위 일 백 년} ^{수 일 백 이 십 오 세}
在位一百年이시오 壽는 一百二十五歲시니라.

^{십 일 세 왈 거 야 발 환 웅} ^{재 위 구 십 이 년}
十一世曰居耶發桓雄이시니 在位九十二年이시오

^{수 일 백 사 십 구 세}
壽는 一百四十九歲시니라.

| 武 | 굳셀 무 |
| 愼 | 삼갈 신 |

^{십 이 세 왈 주 무 신 환 웅} ^{재 위 일 백 오 년}
十二世曰州武愼桓雄이시니 在位一百五年이시오

^{수 일 백 이 십 삼 세}
壽는 一百二十三歲시니라.

| 斯 | 이 사 |
| 瓦 | 기와 와 |

^{십 삼 세 왈 사 와 라 환 웅} ^{재 위 육 십 칠 년}
十三世曰斯瓦羅桓雄이시니 在位六十七年이시오

^{수 일 백 세}
壽는 一百歲시니라.

慈	사랑할 자
烏	까마귀 오
支	가를 지
稱	일컬을 칭
蚩	어리석을 치
尤	더욱 우
徙	옮길 사
都	도읍 도

^{십 사 세 왈 자 오 지 환 웅} ^{세 칭 치 우 천 왕}
十四世曰慈烏支桓雄이시니 世稱蚩尤天王이시오

^{사 도 청 구 국} ^{재 위 일 백 구 년}
徙都青邱國하사 在位一百九年이시오

^{수 일 백 오 십 일 세}
壽는 一百五十一歲시니라.

| 額 | 이마 액 |
| 特 | 특별할 특 |

^{십 오 세 왈 치 액 특 환 웅} ^{재 위 팔 십 구 년}
十五世曰蚩額特桓雄이시니 在位八十九年이시오

^{수 일 백 일 십 팔 세}
壽는 一百一十八歲시니라.

祝	빌 축
多	많을 다
利	이로울 리

^{십 육 세 왈 축 다 리 환 웅} ^{재 위 오 십 육 년}
十六世曰祝多利桓雄이시니 在位五十六年이시오

^{수 구 십 구 세}
壽는 九十九歲시니라.

| 赫 | 빛날 혁 |

^{십 칠 세 왈 혁 다 세 환 웅} ^{재 위 칠 십 이 년}
十七世曰赫多世桓雄이시니 在位七十二年이시오

^{수 구 십 칠 세}
壽는 九十七歲시니라.

| 弗 | 아닐 불 |
| 檀 | 박달나무 단 |

^{십 팔 세 왈 거 불 단 환 웅} ^{혹 운 단 웅}
十八世曰居弗檀桓雄이시니 或云檀雄이시며

^{재 위 사 십 팔 년} ^{수 팔 십 이 세}
在位四十八年이시오 壽는 八十二歲시니라.

三聖紀全 下

10세는 **갈고**葛古환웅이시니 일명 갈태천왕葛台天王 또는 독로한瀆盧韓이라. 재위 100년이요 천수 125세이시다.

(신시개천 827, BCE 3071~신시개천 927, BCE 2971)

11세는 **거야발**居耶發환웅이시니 재위 92년이요 천수 149세이시다.

(신시개천 927, BCE 2971~신시개천 1019, BCE 2879)

12세는 **주무신**州武愼환웅이시니 재위 105년이요 천수 123세이시다.

(신시개천 1019, BCE 2879~신시개천 1124, BCE 2774)

13세는 **사와라**斯瓦羅환웅이시니 재위 67년이요 천수 100세이시다.

(신시개천 1124, BCE 2774~신시개천 1191, BCE 2707)

14세는 **자오지**慈烏支환웅이시니 세칭 **치우천왕**蚩尤天王이요 **도읍을 청구국**青邱國**으로 옮기셨다.** 재위 109년이요 천수 151세이시다.

(신시개천 1191, BCE 2707~신시개천 1300, BCE 2598)

15세는 **치액특**蚩額特환웅이시니 재위 89년이요 천수 118세이시다.

(신시개천 1300, BCE 2598~신시개천 1389, BCE 2509)

16세는 **축다리**祝多利환웅이시니 재위 56년이요 천수 99세이시다.

(신시개천 1389, BCE 2509~신시개천 1445, BCE 2453)

17세는 **혁다세**赫多世환웅이시니 재위 72년이요 천수 97세이시다.

(신시개천 1445, BCE 2453~신시개천 1517, BCE 2381)

18세는 **거불단**居弗檀환웅이시니 혹은 **단웅**檀雄이라. 재위 48년이요 천수 82세이시다.

(신시개천 1517, BCE 2381~신시개천 1565, BCE 2333)

역대 환웅천황의 수명

세	환웅	수명
1	거발환居發桓	120
2	거불리居佛理	102
3	우야고右耶古	**135**
4	모사라慕士羅	129
5	태우의太虞儀	115
6	다의발多儀發	110
7	거련居連	**140**
8	안부련安夫連	94
9	양운養雲	**139**
10	갈고葛古	125
11	거야발居耶發	**149**
12	주무신州武愼	123
13	사와라斯瓦羅	100
14	자오지慈烏支	**151**
15	치액특蚩額特	118
16	축다리祝多利	99
17	혁다세赫多世	97
18	거불단居弗檀	82

인류 장수 문화 시대_환국에 이어 신시 배달 시대 또한 무병 장수의 전통을 계승하였음을 알 수 있다. 14세 치우천황이 151세로 가장 장수하셨다. 마지막 18세 거불단환웅은 82세로 수가 가장 적다. 이것은 당시 동북아 정세나 국가 정치 상황이 매우 어려워지는 과정에서의 혼란상을 암시한다. 그러나 고조선의 단군왕검에 의해 신교 문화의 또 다른 중흥기를 맞이하였는데, 왕검은 역대 환웅 못지않게 130세로 무병장수하셨다.

주註

1) 파내류산波奈留山

『태백일사』「환국본기」에는『조대기』를 인용하여 파내류산을 천산이라 기록하였고,『산해경山海經』「서산경」에는 "돈황(감숙성 소재) 삼위산三危山에서 서쪽으로 190리에 귀산鵜山이 있다. … 다시 서쪽으로 350리에 천산이 있다[又西一百九十里, 曰鵜山, … 又西三百五十里, 曰天山]."라고 하였다. 지금의 우루무치 동북쪽에 위치한 천산을 말하며, 그곳에 천지天池라는 못이 있다.

『산해경』,『대황서경大荒西經』에서는 '불주산不周山'이라 불렀으며, 한나라 때에는 산비탈에 야생파와 초목이 짙푸르게 우거져서 '총령蔥嶺'이라 불렀다. 실크로드로 갈 때 반드시 거쳐 가는 곳이다. 당나라 때는 '파미르帕米爾'라는 새로운 이름이 나타난다. 청나라 때는 '파미르帕米爾'라는 이름이 역대로 사용했던 모든 명칭을 완전히 대체하고, 자연지리 상황에 따라 파미르를 여덟 개 '파帕'로 나누었다. 파미르는 1970년대까지 중국에 속하였지만, 지금은 동쪽 비탈만 여전히 중국에 속할 뿐, 대부분은 타지키스탄에 속하고, 와한瓦罕 파미르만 아프가니스탄에 속한다. 고원의 최고봉은 중국 국경 내에 있는 꿍거얼 산公格爾山으로 해발 7,719미터이다. 1896년 7월에 발간된『영국 지리학 잡지』8권 1호에서는 다음과 같이 설명하였다.

"현지인들은 파미르 지역을 '빤-이-땅야'라 부르는데 '세계의 지붕'이라는 뜻이며, 파미르란 단어(원래 뜻은 산 속에 있는 평지 또는 하천이 흐르는 골짜기)는 이 지역의 하곡河谷(하천이 흐르는 골짜기)을 가리키는 말이다. 영어의 The pamirs는 중앙아시아에 있는 소위 '세계의 지붕'이라 불리우는 고원 전체를 말한다. 파미르 고원의 일부 지역으로 하곡을 중심으로 산으로 둘러싸인 크고 작은 분지는 Pamir, pamirs라 부르고 The pamirs의 일부에 속한다.

파미르라는 단어는 CE 7세기 당나라 현장의『대당서역기大唐西域記』에 처음 나온다. 현장은 이 고원을 지날 때 뿌어미뤄波謎羅라 불렀다. 일부 여행가의 보고에 따르면 이 명칭은 키르기스스탄인들이 지금도 부르고 있는 pamil 발음과 흡사하다고 한다.

파미르 명칭에 대하여 범어, 돌궐어, 페르시아어에서 비롯되었다는 세 가지 설이 있다. 범어에서 비롯되었다는 설에 따르면, 파미르는 범어 Upa Meru의 약칭으로 Meru산 위에 있는 곳이란 뜻이라 한다. 이 산은 인도 신화 속의 성산으로, 신선의 경계이자 세계의 중심이라 한다. mir는 범어에서 주로 바다(mare, mer와 영어 mere 등)라는 뜻이지만 호수를 가리킬 수도 있다고 한다.

돌궐어에서 비롯되었다고 주장하는 사람들은 현지 가이드가 파미르는 '버려지고 황폐해진 광야'라는 뜻이라고 설명한 적이 있다고 한다. 이밖에 '평탄하고 척박한 곳', 또는 '높은 평지, 고원'이라는 뜻도 있다고 한다.

페르시아어에서 비롯되었다고 주장하는 사람들은 빤-이-땅야는 곧 '세계의 지붕'의 약칭이라 한다. 저자는 pai와 mir 두 자가 결합해서 만들어졌을 가능성이 극히 높다고 본다. mir가 바로 신화 속 Meru산인지는 모르겠지만 중앙아시아에서 mir는 흔히 산을 가리킨다. 또한 mir는 어느 한 산봉우리를 가리키는 게 아니라 파미르 고원을 둘러싼 여러 산봉우리를 가리킨다고 본다. 파미르는 바로 그 산들의 발밑에 있다"('파미르와 오우쎄스강의 수원',『영국 지리학 잡지』8권 1호., 28~30쪽).

2) 환인씨의 나라

일제 식민사학자 이마니시 류今西龍가『삼국유사』에 기록된 '석유환국昔有桓國'을 '석유환인昔有桓因'으로 변조·개작하여 한민족 뿌리 역사를 신화로 말살해 버리는 마수를 뻗쳤는데 불행하게도 이것이 지금까지도 통용되고 있다. 그러나『삼국유사』정덕본正德本(현 서울대 도서관 소장)에는 분명히 '석유환국'으로 기록되어 있어 환국이 역사상 실존한 국가임을 명백히 밝혀 주고 있다.

3) 천해天海

천해는 북해北海, 또는 천하天河라 하며 지금의 바이칼 호를 말한다. 이 호수는 세계 최대의 담수호로 수심이 1,940m에 이르고 수온 또한 가장 낮은 한대호이다. 천하天河라는 이름 그대로 하늘의 운행 도수를 따라 366개 강줄기가 이 호수로 끊임없이 물을 쏟아 넣는다(측정자에 따라 360개, 366개, 330여 개라는 설이 있다).

일찍이 퉁구스의 원주민은 더없이 넓고 맑은 호수와 험준한 산악을 신성하게 여겼다. 이곳에 살고 있는 브리야트족의 무당이 굿을 벌이는 풍습이나 한국의 성황당에서 볼 수 있듯이 나무에 천 조각을 매달아 놓은 모습은 우리와 너무도 많이 닮았다. 그뿐만 아니라 언어에서도 유사한 점이 많이 발견된다.

4) 우루국虞婁國

우루국은 필나국이라고도 한다. 『신당서新唐書』「북적전北狄傳」〈흑수말갈전黑水靺鞨傳〉에 "흑수 서북에 또 사모ㄴ부가 있는데 북으로 열흘을 가면 군리부, 동북으로 열흘을 가면 굴열부(또는 굴설부), 동남으로 열흘을 가면 막예개부, 또 불열부, 우루부, 월희부, 철리부 등에 이른다(黑水西北又有思慕部, 益北行十日得郡利部, 東北行十日得窟說部, 亦號屈設, 稍東南行十日得莫曳皆部, 又有拂涅, 虞婁, 越喜, 鐵利等部)』라고 하여 우루虞婁가 나온다. 『단군세기』에는 16세 위나단군 때(약 3,600여 년 전) 우루 사람 20가家가 투항해 와서 염수 근처에 정착시켰다는 기록이 있다. 『태백일사』「대진국본기」에는 10세 선宣황제 때 지금의 대흥안령산맥인 북대개마 남·북에 자리 잡고 살던 우루虞婁를 공략하여 여러 부部를 설치하였다고 하였다. 이로보아 위나단군 때 내몽골에 있는 염수 지역에 정착한 우루인이 다시 대흥안령산맥 북쪽으로 이동하여 부족을 형성하였다고 추정할 수 있다.

5) 수밀이국須密爾國

수밀이국이라는 이름은 인류 문화의 기원과 뿌리를 밝힐 수 있는 많은 단서와 근거를 제공한다.

최근 120여 년 동안 대대적인 고고학적 발굴이 이루어진 결과 중동 메소포타미아 지역에는 5,500년 전에 현 서양 문화의 뿌리인 '수메르 문명'이 실존했음이 밝혀졌다. 기독교 문화의 뿌리인 유대족의 '헤브라이즘'과 그리스 '헬레니즘 문화'의 모태가 되는 수메르 문명은 약 6천 년 전, 동방 수밀이국에서 건너간 수메르족이 건설한 것으로 추정된다. 영국의 고고학자 크레이머는 "수메르는 동방에서 왔다"라고 주장하였다.

수메르 창세 신화에 따르면, 이들의 선조는 머리카락이 검은 인종이고 머리 뒷부분이 평평한 것이 특징이다.

메소포타미아 문명의 주인공인 수메르족의 문화를 살펴보면, 우리와 너무도 많은 유사성을 갖고 있음을 발견하게 된다. 먼저 언어에서 보면, 수메르어로 아버지를 'ABBA', 한을 'AN', 밝음을 'BAR', 달은 'DAL', 칼을 'KAR', 엄마를 'UMMA'라 부른다(앞쪽 표 참조). 그리고 수메르어는 우리말과 같은 교착어로서 조사나 어미의 형태에서 놀라울 만큼 유사하다. 또한 수메르족은 우리 선조들과 같이 60진법과 태음력을 사용하였다(새무엘 노아 크레이머, 『역사는 수메르에서 시

수메르의 스승상_라가시시에서 나온 수메르의 선생 겸 서기의 점토 모형은 학교 선생이 지녔던 위엄과 예절을 보여준다. 수메르인은 학교 선생을 '아버지(School Father)'라 불렀고, 선생은 제자를 '아들(Son of School)'이라 했다. 이것은 동방 신교의 삼신문화에 뿌리를 둔 군사부일체 사상의 표출로서 수메르인이 동방족 특유의 도덕주의를 바탕으로 살았음을 알 수 있다(리더스 다이제스트, 『원시에서 현대까지 인류생활사』).

한국어	수메르어	한국어	수메르어
아버지	아빠	엄마	엄마
칼	카르	우리(겨레)	우르
한	안	밝음	바르
달	달	사람	사람
나라(볍씨)	나라(곡식의 신)	아우	아우
북	북	어디서	…쉐
부터	…타	어디로	…어라어디

정연종, 『한글은 단군이 만들었다』, 230쪽; 히스토리 채널, 〈한글, 그 비밀의 문〉, 2003. 10. 9 방영.

작되었다(History Begins at Sumer)』).

풍속에도 많은 공통점이 보인다. 수메르의 유물 중에는 샅바를 잡고 씨름하는 사람의 모습을 조상해 놓은 향로가 있는데 고구려 각저총角抵塚 고분 벽화에도 같은 자세의 씨름도가 그려져 있다(유왕기,『7만년 하늘민족의 역사』, 207쪽).

6) 12개국

『진서晉書』「사이전四夷傳」〈비리 등 10국조〉를 보면, 이 12국 가운데 비리국, 양운국, 구막한국, 일군국의 이름이 보인다. 우루국은『당서唐書』「북적전北狄傳」에 기록이 보이고, 구다천국과 매구여국은『삼국사기』에 구다국句茶國과 매구곡買溝谷이란 이름으로 남아 있다.

"神離國在肅愼西北, 馬行可二百日, 領戶二萬. 養雲國去神離馬行又五十日, 領戶二萬. 寇莫汗國去養雲國又百日行, 領戶五萬餘. 一羣國去莫汗又百五十日, 計去肅愼五萬餘里. 其風俗土壤並未詳."(『진서晉書』「사이전四夷傳」)

"十二月, 句茶國王聞蓋馬滅, 懼害及己, 擧國來降."(『삼국사기』「고구려본기高句麗本紀」)

"十三年秋七月, 買溝谷人尙須, 與其弟尉須及當弟于刀等, 來投."(『삼국사기』「고구려본기高句麗本紀」)

7) 삼위산三危山

『산해경』에 의하면 삼위산은 중국 한漢족의 시조인 반고가한이 환국에서 내려온 곳으로, 중국 감숙성甘肅省 돈황현敦煌縣에 있으며 삼묘족의 근거지였다.『삼국유사』「고조선」편에도 삼위태백이 나오지만 반도사관의 병독에 걸린 국내 역사가들은 삼위산이 어디 붙은 산인지 관심조차 없다. 심지어 삼위산이 태백산이라는 몰상식한 발언도 서슴지 않는다.

삼위산 서쪽에는 그 유명한 돈황석굴이 자리잡고 있다. 그 중에서도 우리의 관심을 끄는 가장 크고 중요한 석굴은, 천불동千佛洞이라고도 불리는 막고굴莫高窟이다. 막고굴 천정에는 고구려의 기마수렵도와 절풍折風의 머리 장식과 고구려식 의상 등 고구려풍의 벽화가 있고, 특히 풍백, 우사, 운사로 해석되는 그림이 그려져 있다.

우리나라에도 '한국돈황학회'가 설립(1987. 12)되어 돈황학에 대한 연구 열기가 고조되고 있다.

그런데 이 천불동 벽화에 대해 일본 사학계는 애써 고구려를 외면하고 북위北魏(386~534)의 작품으로 단정했다. 한술 더 떠 우리 학계에서는 이 작품을 서역 계통의 것으로 보고 고구려 벽화가 그 영향을 받은 것이라며 억지 주장을 편다.

『위서魏書』「태조기太祖紀」천흥天興 원년(398) 기록에 "高麗雜夷三十六萬, 百工伎工十餘萬口, 以充京師"라고 하여 당시 북위의 수도요 북중국의 중심지이던 산서성 대동大同 지역에 고구려인 36만이 거주하였고, 특히 기예공 10여 만 명이 문화 활동을 한 것으로 나타나 있다.

1976년에 평남 강서군 덕흥리에서 발굴된 '덕흥리고분'을 통해서도 명백히 알 수 있는 바와 같이 고구려는 광개토열제(391~413) 때 이미 중국 북경을 비롯한 하북성 북부, 산서성 일대까지 장악하였다. 또한 북위는 외척인 고씨高氏(고구려 왕실의 성)의 영향, 즉 고구려의 영향을 많이 받았다.

최민홍의『한철학』을 보면 광개토열제, 장수열제 시절의 고승인 승랑이 북중국에 들어가 그곳의 불교에 지대한 영향을 끼치고 돈황석굴에 들어가 공부를 마쳤다고 하였다. 이로 볼 때 당시의 북조北朝 문화에 끼친 고구려의 영향이 얼마나 컸는지 짐작할 수 있다. 또한 감숙성 돈황석굴의 조성에도 고구려의 문화 요소가 상당히 가미되었을 것으로 추측된다(당시 고구려가 북중국에 끼친 영향에 대해서는 앞으로 이어질『태백일사』「고구려국본기」각주에서 상세히 다룬다).

8) 서자庶子

여기서 서자庶子는 세 가지 뜻이 있다. 첫째, 여러 아들, 즉 뭇 자식이라는 의미로 백성이란 뜻이다(이유립,『커발한문화사상사』1권, 1976). 둘째,「신시본기」에는 '서자부[庶子之部]'라 하여 부락 또는 부족 이름이라 밝히고 있다. 셋째, 중국의『사원

辭源』은 '태자의 스승, 기타 높은 벼슬의 명칭'으로도 말하고 있다(이병도·최태영,『한국상고사입문』, 34쪽). 그런데 후세인들이 서자를 '첩의 자식'이라고 엉뚱하게 해석하여 왔다.

단단학회 3대 회장 이덕수는 독립운동 시절에 만주 우수리강 근방의 4개 촌락을 직접 답사하고 그 가운데 '부라고 슬로벤노예(서자들의 마을)'를 '서자부'라 주장하기도 하였으나 연구와 검토가 더 필요하다.

9) 반고가한

반고는 중국에서조차 고대 신화에 등장하는 우주 창조신으로 받들어 왔으나 여기서는 약 5,900년 전 환웅의 동방 개척기에 실존한 인물임을 밝혀 주고 있다. 중국인들은 자신들의 뿌리를 알 수 있는 사료가 전혀 없어 전설상의 인물로만 알고 있는 것이다.

10) 일웅熊 일호虎

일웅 일호는 곰과 호랑이를 가리키는 것이 아니라 곰과 호랑이를 토템으로 하는 부족을 말한다. 당시 시베리아와 만주 등지에는 성수聖獸 신앙이 널리 퍼져 있어 숭배하는 동물의 이름으로 족호를 정했다.

환웅천황이 신시에 도읍을 정했을 때 백두산과 송화강, 흑룡강 하류 지방에는 혈거·어렵을 생활양식으로 하는 웅·호족의 원주민이 살고 있었다

각저총 벽화_신단수 아래에 곰과 호랑이가 서로 등을 돌리고 앉아 있다.

(문정창,『한국고대사』상, 54쪽). 특히 곰을 토템으로 하는 종족은 만주, 시베리아, 북아메리카에 널리 퍼져 있었다.

의약과 농경의 시조인 염제신농씨의 아버지 소전少典씨도 신시 배달의 웅족 출신이고 초대 단군왕검의 성모도 웅족 왕의 딸이었다. 이규보의『동명왕편』을 보면 북부여의 시조 해모수와 유화부인이 웅심산熊心山 아래 웅심연熊心淵에서 만나는 장면이 나오는데 여기서도 곰 토템이 확인된다.

웅심산의 웅심, 곧 곰 토템사상의 근원은 삼신문화이다. 곰에서 나온 '곰와', '고마'가 쓰인 일상어 중의 하나가 '고맙습니다'이다. 하늘, 땅, 인간은 삼신으로부터 왔기에 인간으로 태어난 것에 대해 '삼신상제님께 감사를 올리는 것'이 바로 '고맙습니다'라는 말이다.

고구려 각저총 고분 벽화에는 곰과 호랑이가 신단수로 보이는 나무 좌우에서 서로 등을 돌리고 있고, 나무 위에는 천손족을 상징하는 신조神鳥(우리나라와 시베리아, 알타이 지역에 남아 있는 솟대는 바로 이 신조를 상징)가 앉아 있다. 장천 1호 고분 벽화에는 신단수 아래, 곰이 계율을 지키기 위해 굴 속에 앉아 있고 굴 밖에는 호랑이가 화살에 맞으며 사냥꾼에게 쫓기고 있다. 이처럼 고구려 고분 벽화에서도 곰 토템을 확인할 수 있다.

신시 배달의 건국사는 설화의 형태를 통해서도 단군조선, 부여를 거쳐 고구려까지 그대로 계승된다. 참고로『삼국지』「오환선비동이전烏丸鮮卑東夷傳」에 "예濊족은 호랑이를 신으로 섬겨 제사 지낸다[祭虎以爲神]."라고 했으니, 이들이 호족虎族의 후예임을 알 수 있다.

웅족은 환족과 혼인함으로써 환족의 일원이 되는데 이것이 신화의 형태로 변조되어서『삼국유사』에 기록되었다.

11) 마늘

『태백일사』「환국본기」에는 "구다국은 본래 쑥과 마늘이 나는 곳이다. 쑥은 달여 먹어 냉冷을 치료하고, 마늘은 구워 먹어 마魔를 물리친다[勾茶國, 本艾蒜所産也. 艾 煎服以治冷, 蒜 燒食以治魔也.]"라고 하

였다. 『본초강목本草綱目』「채부菜部」산蒜 조에 "장건이 서역에 사신으로 갔다가 처음으로 마늘(대산) 종자를 가지고 돌아왔다[張騫使西域, 始得大蒜種歸]."하여, 마늘이 한무제 때(BCE 121년) 장건에 의해 서역에서 도입되었다고 기록해 놓았다. 또 "중국에는 처음에 이것(소산小蒜=달래)이 있었는데, 훗날 한나라 사람이 서역에서 호산葫蒜(마늘)을 들여와, 마침내 이것을 소산(달래)이라 불러서 대산과 구별하였다[中國初惟有此, 後因漢人得葫蒜於西域, 遂呼此爲小蒜以別之]."라고 하였다.

그러나 『태백일사』「환국본기」에서는 "구다국은 본래 쑥과 마늘이 나는 곳이다"라고 하였다. 구다국은 지금의 대흥안령산맥 서쪽 동몽골 지역으로 추정된다. 따라서 『삼국유사』「단군기」에서도 언급한 것처럼 마늘이 중국으로부터 우리나라에 전해진 것이 아니라 이미 그 이전부터 우리 조상들이 마늘을 먹었다는 것을 알 수 있다.

『본초강목』에 달래는 "주곽란主癨亂과 복중불안腹中不安하며 소곡消穀하며 이위온중理胃溫中하며 제사비독기除邪痺毒氣라"하여, 속을 편안히 하고 따뜻하게 하며, 사기邪氣, 팔다리 저림, 독기毒氣를 제거한다고 하였다.

마늘은 문헌상으로 약 4,500년 전 바빌로니아 왕실에서 식용으로 사용하였다는 기록이 처음으로 보인다. 고대 이집트에서는 단순하게 식용으로만 보지 않고 육체의 힘을 솟아나게 하는 신비로움이 마늘 속에 서려 있다고 굳게 믿었다. 그리하여 피라미드를 쌓던 노동자들에게 마늘을 듬뿍 먹였다는 일화가 있다.

고대 로마, 인도와 중세 페르시아, 그리고 중국 등에서는 갖가지 질병의 치료제로 쓰였다. 유럽인들은 콜레라가 창궐할 때 일종의 부적으로 마늘을 항상 몸에 지니고 다녔다고 한다. 이와 같이 마늘은 고대부터 현대에 이르기까지 여러 가지 용도로 쓰였다.

12) 100일

100은 우리말로 '온', '한'인데 '모두', '전체'라는 뜻이 있다. 역철학에서 100은 하늘과 땅의 완성수를 상징한다. 하늘과 땅은 본체本體와 작용作用의 틀로 움직이는데, 100은 본체와 작용의 총합으로 이루어진다. 이를 계산하는 방법은 두 가지가 있다. 하나는 하도수 55와 낙서수 45를 더한 100수가 그것이다. 다른 하나는 하도의 본체수 15와 낙서의 본체수 5를 더하고, 여기에다가 하도의 작용수 40과 낙서의 작용수 40(시간과 공간의 작용수, 즉 춘하추동의 시간과 동서남북의 공간으로 작동하는 사상수四象數인 80)을 합하여 100이 나오는 것이다.

이 100을 하늘과 땅과 인간에 모두 적용하면 100×3=300이 만들어진다. 100이 천지 일원수一元數라면, 300은 대일원수大一元數이다. 그리고 하도의 본

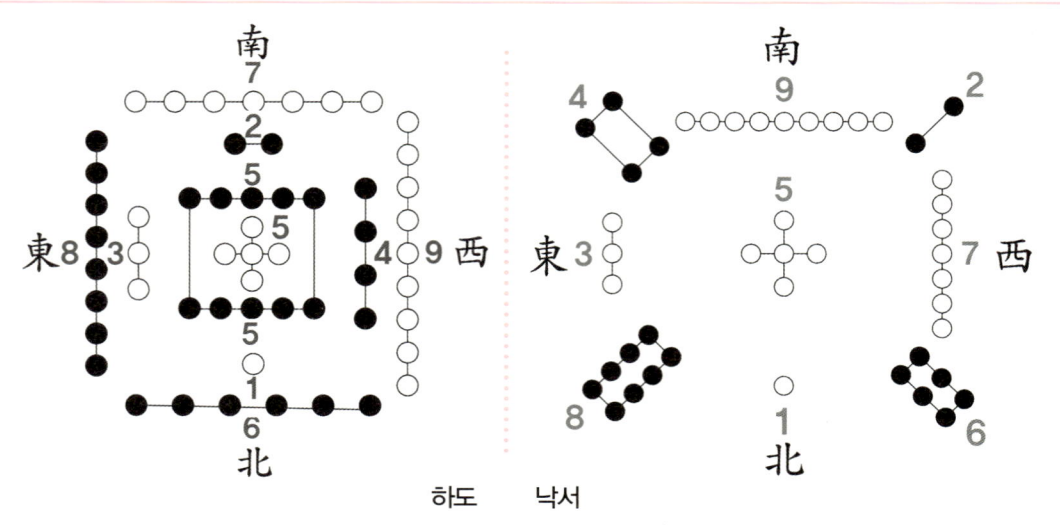

하도   낙서

체수 15와 낙서의 본체수 5를 더한 것에 천지인天地人 3을 곱하면 60(20×3=60)이 된다. 이 대일원수 300에 60을 더하면 1년의 날수인 360이 된다. 이처럼 100의 자기복제自己複製 논리를 바탕으로 형성된 수리가 바로 300이고, 100의 근원적 씨앗은 하도와 낙서의 본체수 20이라는 뜻이 반영되어 있다. 이와 같이 볼 때 신교 문화의 바탕에는 천문 역법을 비롯한 선후천 전환의 원리가 깔려 있다고 할 수 있다.

13) 3·7일

신교 문화를 성립시킨 우주관은 3수를 본체[體]로 삼고 7수로 작용[用]하는 삼신·칠성 사상이다.

3은 만물의 변화를 일으켜 전체를 완성하는 데 필요한 최소한의 수이다. 모든 변화는 생장성生長成으로 이루어지며, 생각의 논리도 정·반·합으로 전개된다. 우주의 시간과 공간은 하늘·땅·인간의 삼계와 과거·현재·미래 삼세로 벌여져 있고, 물질의 기본 단위인 원자는 양자·전자·중성자라는 세 입자로 이루어진다. 몸의 각 부분도 머리-몸통-팔다리, 상박-하박-손, 상퇴-하퇴-발 등의 세 마디로 되어 있다.

또한 3은 양과 음의 결합(1+2)으로 이루어져 '만물의 화생'을 상징한다. 그리하여 '진정한 수의 시작은 3부터'라고 한다.

『천부경』은 '삼일三一' 또는 '일삼一三'이라는 불변의 원리에 근거한 운동법칙을 알려 준다. 3은 온갖 갈등과 대립을 조화하는 상생의 논리를 지향한다. 1과 2라는 상대와 대립을 넘어서 3의 세계에 이르러 화해와 통합이 이루어진다는 것이 바로 3수의 조화론造化論이다. 이런 연유에서 『천부경』은 '석삼극析三極'의 논리에 의해 '천일일天一一, 지일이地一二, 인일삼人一三'으로 하늘과 땅과 인간의 문제를 풀어냈다고 할 수 있다.

또한 3은 반드시 7을 만나야 새로운 현실의 틀이 만들어진다. 3×7=21이라는 수학 등식에서 '곱하기[×]'는 새로운 차원으로 상승한다는 의미가 내포되어 있다.

7은 3이라는 하늘의 완전수(삼신)와 4라는 지상의 완전수(동서남북, 봄 여름 가을 겨울)가 합쳐진 수이다. 옛 사람들은 하늘과 지상이 합쳐지면 복이 온다고 믿고 7을 성스러운 수로 숭배했다. 하늘에는 인간의 생사화복을 주관하는 칠성七星이 있고, 그 기운을 받아 인간의 얼굴에도 일곱 개의 구멍이 있다. 민간 속설에서는 생명이 7수를 주기로 펼쳐진다고 말한다. 그래서 정성기도 공부를 할 때는 7일 단위로 7일, 21(7×3)일, 49(7×7)일 수행을 주로 한다(안경전, 『개벽실제상황』, 112~117쪽).

우주의 통치자 삼신상제님을 동양의 상수철학으로 표현하면 '통일과 조화의 완전수'인 10무극이다. 상제님은 '삼신'을 본체[體]로 하여 '칠성'으로 만물을 다스리고 작용[用]하신다. 삼신과 칠성이 음양 짝을 이루어 10무극 삼신상제님의 조화가 실현되는 것이다.

삼신은 생명을 낳는 하느님이고 칠성은 기르는 하느님이다. 때문에 신교문화에서는 상제님을 삼신상제님으로만 모신 것이 아니라 칠성님으로도 모셨다. 칠성님은 신교문화에서 한민족의 선조들이 하느님을 부르는 또 다른 호칭이었다.

삼신·칠성 사상은 9천 년 한민족사의 모든 왕조에서 국가경영제도의 근간이 되었을 뿐만 아니라 한민족의 역사와 문화 전반의 기틀이 되었다.

14) 환웅천황桓雄天皇

환웅은 제왕의 호칭이다. 전국의 이름난 여러 명산에 천왕봉이 있는데, 이것은 바로 환웅천황에서 따온 이름이다. 중국 도가서인 『역대신선통감』에는 "천왕가는 마음 닦는 법을 전했는데 홀로 장백산長白山(백두산)에서 오래 도를 닦아 공을 이루었다"라고 하여 환웅천황에 대해 간접적으로 전한다.

『태백일사』「삼신오제본기」에서는 "신시 환웅[神市氏]께서는 하늘이 물을 창조[天一生水]하고, 땅이 불을 화생[地二生火]하는 천지의 물과 불의 화생 원리를 계승하여, 오직 스승의 도[師道]를 집행하여 천하를 거느리시니 온 천하가 그를 본받았다[神市氏, 承天一生水, 地二生火之位, 專用師道而率天下, 天下效之.]"라고 하였다.

15) 개천開天

여기서 개천開天의 일차적 의미는 '새 나라의 새 역사 시대를 연다'는 개국開國이다. 그런데 여기에는 신교의 삼신사상에 의한 심오한 뜻이 내포되어 있다. 천天은 우리가 보는 단순한 하늘이 아니라 천도天道의 정신을 말한다.

『태백일사』「신시본기」에서는 "우리 치우천황께서 배달 신시의 웅렬한 기상을 계승하여 백성과 함께 이를 새롭게 펼치실 때, 하늘의 뜻을 밝혀 생명의 의미를 알게 하고[開天知生], 땅을 개간하여 뭇 생명을 다스리게 하고[開土理生], 사람의 마음을 열어 생명을 존중하게 하시니[開人崇生], 백성이 만물의 원리를 모두 스스로 살필 수 있게 되었다"라고 하였다. 이어서 "성인을 보내어 세상을 다스리는 것을 일러 개천開天이라 하니, 하늘을 열었기 때문에 만물을 창조할 수 있다. 이것이 곧 이 세상이 하늘의 이법(천리)과 부합되어 하나로 조화[虛粗同體]되는 것이다[遣往理世之謂開天, 開天故, 能創造庶物, 是虛之同體也]"라고 하였다.

「신시본기」에서 정의한 바와 같이 개천開天의 참뜻은 하늘의 정신, 즉 삼신의 창조 정신을 처음으로 대각하여 인간에게 도덕을 베푸는 것이다. 본서에 자주 보이는 이러한 신교의 도가적인 표현을 늘 주의 깊게 보아야 한다.

제주대 안창범 명예교수는 개천절에 대하여 다음과 같이 논하였다.

개천절開天節에서 개천開天은 '천지天地를 개벽하다, 개벽천지開闢天地하다, 개통천문開通天門하다'라는 뜻이다. 개천절은 지금(서기 2012년)부터 5,908년 전 10월 3일, 백두산 천지天池 신단수神檀樹 밑에서 환웅천황桓雄天皇이 우주의 운행원리를 크게 깨치시어 종교를 창설한 위대한 사건을 기념하는 뜻깊은 날이다. 개천절은 환웅천황이 선천개벽先天開闢한 것을 기념하는 행사인 것이다.

그 유래를 밝히면, 『환단고기』「삼성기」하편에 환웅천황이 삼천의 무리를 거느리고 태백산太白山 신단수神檀樹 밑에 내려와 이곳을 신시神市라 하고, 개천開天하여 삼신으로 종교를 창설하였으며[以三神設敎], 인간의 360여 가지 일을 주관하여 널리 인간을 이롭게 했다는 기록이 있다. 또한 환웅천황이 "천부경天符經을 연연하고 삼일신고三一神誥를 강講하여 크게 무리를 가르치고, 참전계경參佺戒經으로 권선징악勸善懲惡하는 법을 세웠다"라고 하였다.

환웅천황께서 녹도문鹿圖文을 창제하시고, 삼신일체三神一體의 천문을 깨치시어 도道·불佛·유儒 삼교일체三敎一體의 천교天敎를 창설하시고, 천부경天符經·삼일신고三一神誥·참전계경參佺戒經의 경전과 삼륜구서三倫九誓·오륜오상五倫五常의 계율을 강설하니 신하들이 돌과 나무에 새기어 전하고, 홍익인간의 정신으로 나라를 다스렸다는 것이다.

그리고 1년 365일의 천문역법天文曆法과 일월화수목금토의 7회력七回曆, 1년 360일의 월력月曆과 24절후, 우주가 돌아가는 원리인 366의 운수運數가 모두 그때에 나온 것이라 밝히고 있다. 그러므로 개천절은 우리 민족의 혼과 사상과 역사를 함축한 민족의 명절인 것이다.

여기에는 환웅천황, 태백산, 무진戊辰 10월 3일, 개천, 삼신설교三神設敎 등 여섯 가지의 중요한 뜻이 담겨 있다.

① 환웅桓雄의 환桓은 '환하다, 밝다'이며, 웅雄은 아범으로서 환웅은 밝아범 곧 박가범薄伽梵을 의미한다. 박가범은 불교에서 말하는 부처님과 아미타불을 가리킨다. 환웅은 '빛으로 세상을 환하게 했다'는 거발환居發桓을 뜻한다. 이와 같이 환웅천황은 빛으로 세상을 밝게 다스리는 으뜸가는 임금을 가리킨다.

② 『중국고금지명대사전』과 여러 고서古書를 검토해 보면, 우리나라의 백두산은 일명 태백산太白山, 천산天山, 설산雪山, 곤륜산崑崙山, 성산聖山이라 칭한다. 더욱이 백두산의 주위를 신시神市라 부르고, 백두산의 동쪽 편에 동해東海가 있기 때문에 환웅천황이 천교天敎를 창설한 태백산은 곧 우리나라의 백두산이라고 결론 지을 수 있다.

③ 『단군세기』는 단군왕검이 개천 1565년 10월 3일에 태백산(백두산) 신시 단목檀木 아래에 이르러 천신제天神祭를 올리고, 구환九桓의 추대를 받아 조

선국을 세웠다고 하였다. 금년(2012)은 단기 4345년이다. 그러므로 환웅천황이 태백산 곧 백두산 신시에서 종교를 창설한 무진戊辰년 10월 3일은 지금부터 5,908년 전, 음력 10월 3일이다. 이날이 바로 개천절이다.

또한 환웅천황이 366갑자甲子에 백두산에 내려왔다는 366은 우주의 돌아가는 원리를 상징한다(삼일신고가 366자로 구성되어 있고, 참전계경이 366사로 되어 있다). 60갑자가 인체의 운행원리를 의미하듯이, 366갑자는 우주의 운행원리를 의미한다. 따라서 개천절은 환웅천황의 개통천문과 종교 창설, 그리고 단군왕검의 조선국 건국을 기념하는 행사인 것이다.

④ 『태백일사』「소도경전본훈」에 신시에 녹서鹿書, 자부에 우서雨書, 치우에 화서花書, 복희에 용서龍書, 단군에 신전神篆 등 문자가 존재했다고 전한다. 그것은 태고 시대에 문자와 글이 있었다는 뜻이다. 그래서 환웅천황을 선천개벽先天開闢의 시조始祖라 부르는 것이다.

⑤ 개천開天에는 '천체의 구조와 운행원리, 해와 달과 별들의 운행원리를 깨치다, 혹은 인체계의 조직과 기능·사물의 성격과 작용 등 자연의 이법을 깨치다'라는 뜻이 담겨 있다. 그리고 '천지인일체天地人一體의 이법을 포괄적으로 깨치다'라는 의미도 포괄할 수 있다.

⑥ 신교의 문화를 한마디로 정의하면 '이삼신설교以三神設教'이다. 「삼신오제본기」에 의하면 삼신三神은 천일天一·지일地一·인일人一을, 일一은 천·지·인의 작용을 의미한다. 설設 자는 '만들다, 창설하다, 설치하다, (물건을) 진설하다, (은혜를) 베풀다'라는 뜻이고, 교敎 자는 '가르치다, 본받다, 교지, 교육의 지침, 종교'의 뜻이다. 곧 환웅천황이 '개천이삼신설교開天以三神設教' 하였다 함은 천도를 대각하시어 도·불·유 삼교일체의 천교天教 곧 신선도神仙道를 창설한 것으로 풀이할 수 있다.

이상을 정리하면, 환웅천황이 지금부터 5,908년 전 10월 3일에 백두산 신시에서 천문을 대통하시고, 도·불·유 삼교일체의 종교를 창설하여 경전과 계율을 강론하니, 고시高矢와 신지神誌 등 신하들이 돌과 나무에 새겨서 전하고, 홍익인간의 이념으로 세상을 다스렸다는 것이다.

그러기에 환웅천황을 선천개벽의 시조라 하고, 그 숭고한 정신을 받드는 행사가 개통천문開通天門 기념 행사이며, 개벽천지開闢天地 또는 천지개벽天地開闢을 기념하는 개천절은 우리 민족의 혼과 사상을 가슴으로 새기는 최고의 명절이라 할 수 있다.

그러면 개천절을 뒷받침할 만한 증거가 있음에도 왜 환웅천황과 개천절이 신화 또는 미신으로 취급되고 있는가? 그 이유는 고구려·신라·백제 등 삼국으로 분리된 이후, 불교·유교·도교 등 외래 종교를 수입하면서 민족의식이 분열되고, 그것을 화합하고 통일할 대성인이 탄생하지 않았기 때문이다. 그리고 조선이 외국사상인 주자학朱子學을 국시로 정하면서 조정의 지도층이 외국화한 때문이기도 하다. 곧 조선의 지도층이 남의 조상을 섬기고 남의 역사를 가르치고 배우면서도 제 민족의 국조國祖를 부정하고 제 민족의 역사와 사상에 대하여 아는 것이 없었으며, 더 나아가 조선의 정치인·종교인·문인·학자가 모두 유학자이며 주자학자였던 까닭에 환웅천황과 개천사상을 부정하게 된 것이다. 마지막으로 기독교 신앙과 서구사상의 위력으로 우리나라의 역사와 사상을 구체적으로 연구하고 검토할 여유가 없었기 때문으로 보인다.

환웅천황의 실재와 개천절을 부정한다는 것은 실증을 주장하면서 실증을 부정하는 모순에 빠지는 것과 같다. 이는 자기 민족의 사상과 역사를 부정하는 반국가적 반민족적 행위라 할 것이다(안창범, '개천절은 환웅천황의 선천개벽 기념행사다', 『천지인사상과 한국본원사상의 탄생』, 71~73쪽 참조).

16) 관경管境

단군조선 시대 때 전 영토를 삼신의 우주관인 천지인 삼계의 '천일天一·지일地一·태일太一' 정신에 따라 삼한三韓(진한·번한·마한)으로 나누어 다스렸다. 이러한 고조선의 독특한 국가 통치제도를

'삼한관경제三韓管境制'라 한다. 이 가운데 천지(역사)의 주체로서 가장 존귀한 인간에 해당하는 태일太一 자리를 차지하는 진한은 단군[天王]이 직접 통치하고, 보좌역인 번한과 마한은 부단군 격인 왕王을 두어 다스렸다. 이것이 '전삼한前三韓'이다.

22세 색불루단군 원년에 녹산鹿山(백악산 아사달)으로 도읍을 옮기고 관제를 개혁했는데, 『태백일사』「삼한관경본기」에는 이렇게 기록되어 있다.

"5월에 제도를 고쳐 삼한을 삼조선이라 하셨는데, 조선은 관경管境(영토 관할)을 말한다. 진조선은 천왕(22세 단군)께서 친히 다스리고, 통치 영역은 옛날 진한의 땅 그대로이다. 정치는 천왕을 경유하여 삼한이 모두 하나로 통일되어 명령을 받았다. 여원흥을 마한 왕(20세)으로 삼아 막조선莫朝鮮을 다스리게 하고, 서우여를 번한 왕으로 삼아 번조선番朝鮮을 다스리게 하셨다. 이를 총칭하여 단군 관경檀君管境이라 하니 이것이 곧 진국辰國이다. 역사에서 일컫는 단군조선이란 바로 이것을 말한다."

17) 이삼신설교以三神設教

태고시대 인류 문명의 보편 종교를 신교神教라 한다. 신교는 '이삼신설교以三神設教' 또는 '이신설교以神設教'(『규원사화』), '이신시교以神施教'(『단군세기』)에서 나온 말이다. 조선 후기의 역사가인 이종휘도 저서 『동사東史』「신사지神事志」에서 환웅천황 시절에는 "신시 시대에 신神으로써 가르침을 베풀었다[神市之世, 以神設教]"라고 밝힌 바 있다. 또한 공자가 『주역周易』 관괘觀卦 단전象傳에서 고대 성군들이 "신도로써 교화를 베풀었다[以神道設教]"라고 말한 사실은 신시 배달의 제천 문화와 신교 사상이 중국 문화에 전파·계승된 사실을 알려 주는 것이다. 여기서 신神은 삼신三神인데 우리 조상들이 환인 시대부터 근 1만 년 동안 섬겨 온 신앙의 대상이다.

지금은 역사의 뿌리가 단절되어, 삼신 하면 환인·환웅·단군 국조삼신으로만 이해하거나, 자손줄을 태워 주는 삼신할미를 지칭하는 말로 알려져 있다. 물론 이것이 틀린 말이 아니지만 본래 삼신은 그런 뜻이 아니다.

삼신은 우주의 순수한 창조 정신을 말한다. 다시 말해서 '세 가지 창조 원리(조화造化·교화教化·치화治化)로 만물을 낳고 길러내고 완성하는 우주의 지극한 조화성령'이란 뜻이다. 여기서 삼신은 세 분의 신을 지칭하는 말이 아니라는 점에 주의해야 한다. 우리 한민족은 예로부터 이 삼신의 주재자 되시는 천상의 인격신 하느님을 '삼신상제님' 또는 '상제님'이라 불러왔다(『태백일사』「삼신오제본기」).

중국의 대표적인 역사서인 『사기』와 일본의 『일본서기』를 보면 '삼신三神'이라는 용어를 곳곳에서 발견할 수 있다. 이것은 우리 고유의 삼신사상이, 한민족의 대륙과 열도 진출 경로를 따라 중국과 일본으로 전파된 사실을 입증한다.

18) 웅족과 호족

「삼성기」에는 웅족과 호족의 대표자가 배달국 신시에 와서 환웅천황을 뵙고 천지 광명의 도, 환단의 심법을 전수해 달라는 내용이 나온다. 그럼에도 일제의 식민사학에 물든 일부 학자들은 동물인 곰과 호랑이로 번역하여 신화로 인식하는 오류를 범했다. 근대 민속학자들은 동북아 전역과 시베리아, 아메리카 인디언, 일본 아이누족에 이르기까지 곰을 토템으로 섬겼다는 사실을 밝혀냈다. 고대인들은 마을의 온갖 재앙을 막아 내는 수호신으로 곰을 섬겼다. 따라서 『삼국유사』에 나오는 '일웅일호一熊一虎'는 한마리의 곰과 호랑이가 아니라 웅족과 호족을 대표하는 지도자로 봐야 옳다. 그것은 웅족과 호족의 대표자가 "천지광명의 도를 저희들에게 내려 주시고, 환단의 심법을 전수받은 광명족으로 새롭게 태어날 수 있도록 해 주옵소서"라고 간청한 말이 증명한다. 환웅천왕은 그들의 간절한 탄원을 들으시고 웅족에게 백 일 동안 일심 수행을 명령한다. 이를 통해 신교문화의 핵심인 기도와 수행의 정신을 알 수 있는 것이다.

19) 구리

금속의 사용은 문명사에서 매우 중요한 단계이다. 배달국의 중심지인 청구 지역(난하~대릉하)을 중심으로 일찍이 청동기 문화인 하가점 하층문화가 발전했는데, 이 지역에서 발굴된 유물 중 가장 오래된 청동기는 단군조선이 개국한 BCE 2333년 이전에 제작된 것이다(중국 내몽골 적봉시赤峰市 지주산蜘蛛山 유적). 그리고 한반도에서는 BCE 24~26세기까지 올라가는 청동기 시대의 유적(경기도 양평군 양수리, 전남 영암군 장천리 고인돌)이 발굴되었다(윤내현, 『고조선연구』, 72쪽).

일제 식민사학자들은, 한국의 청동기 문화는 중국 전국시대 말기에 중국의 이주민이 들여온 것으로서 한국은 신석기 문화에서 청동기 문화 없이 곧바로 철기 문화로 넘어갔다고 주장했다. 그런데 해방 이후 곳곳에서 청동기 유적이 확인되자 학계에서는 오르도스 시베리아 계통의 것이라 주장하기도 하고, 순수한 한국의 청동기는 세형 동검이 전부라고 하며 억지 논리를 펴 왔다.

그러나 요령식 동검으로 여겨지던 비파형 동검이 한반도 곳곳에서 발견되어 우리나라 청동기 문화의 범위는 시간적으로 더 거슬러 올라가야 할 뿐 아니라 공간적으로도 북경 지역까지 대폭 확장해야 한다는 주장이 나오고 있다.

비파형 동검
요령성 능원凌源 삼관전자三官甸子 출토.

현 사학계에서는 요령의 비파형 동검 문화를 우리 한민족의 것으로 보는 것에 대하여 찬반이 엇갈리고 있다. 반대론자들은 그 근거로 미송리식 토기의 분포 범위가 요하 동쪽에 한정된다는 점을 든다.

그러나 토기는 지배층의 전유물이 아니다. 청동기 시대, 즉 국가단계 사회에서는 다양한 토기를 사용하는 종족들이 통합되어 하나의 정치 세력을 형성하게 된다. 따라서 토기로 강역 설정의 기준을 삼는 것은 어불성설이다. 토기가 아니라 지배계급의 유물인 비파형 동검의 분포 지역이 바로 당시 우리 민족의 강역을 나타내는 것이다.

그리고 비파형 청동기 문화보다 더 오래된 청동기 문화가 지금의 난하~요하 지역에 걸쳐 분포하는데, 이들 하가점 하층 문화를 비파형 동검 문화의 전신으로 보아야 한다는 주장이 일고 있다(『고조선연구』 참고). 이것은 배달국 후기인 청구 시대의 청동기 문화다.

철기 문화의 경우 기존 학설은 연나라 위만이 들여왔다는 설, 한사군이 설치되었을 때 중국인들이 들여왔다는 설이 주류를 이루었다. 그러나 최근 만주, 요령성 지역을 발굴한 결과 최소 BCE 8세기 이전에 이미 우리 민족이 철기를 썼다는 사실이 드러나고 있다(윤내현, 같은 책, 108쪽).

그럼에도 현 사학계에는 세형 동검이 분포하는 한반도 지역만을 우리 민족의 강역이라 주장하며 억지를 쓰는 학자들이 있다. 요령성 지역은 그 무렵에 이미 철기 문화가 시작되었기에 세형 동검이 사용되지 않았다. 한족과의 빈번한 교류와 전쟁 등으로 인해 한반도보다 훨씬 더 일찍 철기 문화가 발전했기 때문이다. 이 지역은 번조선의 강역이었다(『태백일사』「삼한관경본기」 참고).

20) 창힐倉頡

『역대신선통감』에는 창힐이 진창陳倉 사람으로, 태호복희의 신하가 되어 거북 등과 새 발자국을 보고 여섯 가지의 글자체(六書)를 만든 인물로 나와 있다. 그러나 『환단고기』에서는 그보다 약 700년 후에 치우천황의 제후로서 배달국 신지문자를 중원에 전파시킨 인물이라 밝히고 있다.

창힐의 고향인 섬서성 백수현에 있는 「창성조적서비倉聖鳥跡書碑」에는 배달국 문자가 새겨져 있는데, 그와 동일한 문자가 평안북도 용천군 신암리 고분에서 출토된 토기에 새겨져 있음이 확인되었다. 현재 창힐의 무덤은 하남성 남락현南樂縣에 보존되어 있다.

나진 초도 유적의 문자 토기　창성조적서비倉聖鳥跡書碑

21) 간지干支의 술법

간지는 하늘·땅·인간의 창조와 변화의 원리를 음양의 논리로 전개시킨 10천간天干과 12지지地支를 말한다.

우주 만유는 모두 음양의 변화이고, 구체적으로는 사상四象으로 전개된다. 이것을 더 구체적으로 보면, 토土 자리를 합쳐서 오행五行이라 한다. 오행은 다섯 개의 기운이 오고 간다는 말이다. 우주를 잡아 돌리는 다섯 가지 기본 요소인 오행을 하늘에서는 오운五運이라 하고, 땅에서는 육기六氣라 한다. 이 오운육기가 더욱 분화된 것이 갑을병정무기경신임계甲乙丙丁戊己庚辛壬癸라는 10천간과 자축인묘진사오미신유술해子丑寅卯辰巳午未申酉戌亥라는 12지지이다.

반고가 10간, 12지의 신장을 거느린 것으로 보아 이미 환국 시절부터 간지를 사용했음을 알 수 있다.

천간과 지지, 즉 간지론은 동양 음양론의 기본 뼈대이다. 건곤천지와 감리일월이 만물을 낳고 기르는 이치가 다 간지론을 근원으로 한다.

이 간지론과 더불어, 천하天河에서 태호복희씨가 삼신상제님으로부터 받아 내린 '하도河圖', 하나라의 개국인인 우임금이 9년 홍수를 다스릴 때 받아 내린 '낙서洛書', 그리고 하도를 근거로 복희씨가 처음 그린 '팔괘', 이 팔괘에 근거하여 이루어진 주역의 '64괘' 등이 동양 음양문화의 진리의 기본 틀을 이룬다. 본문에서 '간지의 술법'이란 것은 음양오행의 술법을 말하며, 곧 배달국의 기문둔갑법奇門遁甲法을 의미한다. 이제까지는 기문둔갑법을 황제헌원이 지은 것으로 알고 있었다. 그러나 사실은 헌원이 배달국의 삼청궁三淸宮에 와서 치우천황의 국사國師인 자부紫府선사에게 신교의 대도를 전수 받은 적이 있는데, 그때 『칠회제신력七回祭神曆』, 『삼황내문경三皇內文經』, 녹도문으로 쓰여진 『천부경天符經』, 『칠정운천도七政運天圖』 등을 받고 돌아가 지은 것이 1,080국이라는 중국 기문둔갑의 효시이다. 이것을 강태공이 72국의 둔법으로 정리하였고, 다시 한나라 때 장량이 18국으로 정리하였다. 이를 병법에 이용하여 인사人事의 대공大功을 이룬 인물이 바로 삼국시대 촉한의 제갈공명이다. 우리나라의 화담 서경덕, 토정 이지함, 노사 기정진, 격암 남사고, 북창 정렴 등도 기문둔갑법의 대가大家였다.

역사 속 이야기

동방의 군신軍神, 치우천황

치우천황 석상石像_산동성 거야현巨野縣 고퇴묘촌固堆廟村 치우견비총蚩尤肩髀塚

배달의 14세 자오지환웅, 일명 치우천황은 배달의 영토를 가장 넓게 개척하시고 서방 한족을 동방 신교로 다스려 천자문화를 전해 준 대제왕이시며, 병법의 비조이시다. 황제헌원과 벌인 10년 대전쟁 동안 연전연승하고 마지막 탁록대전에서 대승을 거둬 수천 년 동안 동방 한민족은 물론 서방 한족에게까지 숭배와 추앙의 대상이 되었다. 치우천황은 중국과 일본에 의해 뿌리부터 훼손된 한민족사의 격류 속에서 뒤안길로 묻혀버린 위대한 성황, 불패의 무신이다.

1. 역사 왜곡의 시작, 금살치우擒殺蚩尤

한·중 고대사를 왜곡 날조한 첫째 인물은 2,100년 전 한나라 무제 때의 사관 사마천(BCE 145~BCE 86)이다.

당시의 시대 배경을 살펴보면, 북방 흉노족을 정벌한 한 무제는 동북아 전역에 중화제국을 건설하려 하였다. 그리하여 번조선을 찬탈하여 수립한 위만정권을 멸망시키고, 나아가 고조선의 국통을 계승한 북부여의 영토까지 넘보았다. 그러나 동방 조선족의 강력한 저항에 부딪혀 그 야망은 좌절되고 말았다.

이러한 시대적 배경 속에서 사마천은 중국『이십오사二十五史』의 첫머리인『사기』를 편찬했는데, 그 첫 번째 문구가 '**치우작란蚩尤作亂, 금살치우擒殺蚩尤**'이다. 사마천은, '4,700년 전에 중국의 시조 황제헌원이 자신에게 복종하지 않고 난을 일으킨 치우라는 인물

을 잡아 죽였다'는 내용으로 역사의 첫 장부터 왜곡을 한 것이다.

> 蚩尤作亂하니 不用帝命이라. 於是에 黃帝가 乃徵師諸侯하고 與蚩尤와 戰於涿鹿之野하여 遂禽殺蚩尤하다. (『사기』「오제본기」)

치우가 난을 일으키니 황제의 명이 소용없었다. 이에 황제가 군사를 징발하고 제후를 모아 치우와 탁록의 들에서 싸워 마침내 치우를 잡아 죽였다.

『사기』에서는 이 전쟁의 승리가 헌원의 것이었고, 치우는 죽임을 당했다고 사실을 반대로 뒤집어 기록했다. 그리하여 동북아 역사와 문명의 뿌리를 헌원 중심으로 조작하고, 중국이 천하의 중심, 천자국이며 주변 민족은 모두 야만족이라는 중화사관을 만들어 내기에 이르렀던 것이다.

> 於是에 始皇이 遂東遊海上할새 行禮祠名
> 山大川及八神하며 求僊人羨門之屬하다.
> 八神은 將自古而有之한대 或曰太公以來
> 作之라. …(중략)… 八神 一曰 天主로 …(중략)…
> 三曰 兵主로 祠蚩尤라. 蚩尤는 在東平陸
> 監鄕하니 齊之西境也라.(『사기』「봉선서」)

이에 진시황이 동쪽에 이르러 바다를 유람하고, 명산대천과 팔신에 제를 올리며 신선의 도를 구하였다. 팔신제는 예로부터 그곳에서 지내던 것으로, 혹은 강태공이 만들어 전해 내려오는 것이라고 했다. … (중략) … 팔신에서 첫째는 천주로 … (중략) … 셋째는 병주로 치우를 제사지낸다. 치우사는 동평 육감향에 있으니 제의 서쪽이다.

치우천황이 헌원에게 패하고 죽임을 당했다면, 진시황은 왜 치우천황을 병주兵主로 모셨겠는가. 게다가 이제와서 중국은 수천 년동안 지켜 온 황제의 자손이라는 주장을 버리고 1980년대 이후 황제와 염제를, 90년대 이후에는 중화삼조당을 세워 황제와 염제 그리고 치우, 모두가 자신의 시조라고 주장하고 있다.

2. 치우천황은 누구인가

치우천황에 대해 『삼성기 하』에서는 이렇게 말하고 있다.

> 又數傳而有慈烏支桓雄하시니 神勇冠絶
> 하야 以銅頭鐵額으로 能作大霧하시며 造九
> 冶而採鑛하야 鑄鐵作兵하시니 天下大畏
> 之하야 世號爲蚩尤天王이라 하니 蚩尤는 俗
> 言에 雷雨大作하야 山河改換之義也라.

다시 몇 대를 내려와 14세 자오지환웅이 계셨으니, 이 분은 신이한 용맹이 매우 뛰어나 구리와 철로 투구를 만들어 쓰고 능히 큰 안개를 일으키며, 구치九冶를 제작하여 광석을 캐내 이 철을 주조하여 무기를 제작하시니 천하가 모두 외경하였다. 그리하여 세상에서는 이 분을 치우천황이라 불렀는데, 치우란 속세에서 말하길 '뇌우가 크게 일어 산하가 뒤바뀐다'는 뜻이다.

또 『규원사화』에서는 '지위智爲'라는 말이 '힘 있고 용기 있는 사람'이라는 뜻인데 '치우'에서 온 것이라고 하였다.

『삼성기 하』 신시역대기에서 보듯이 치우천황의 본래 호칭은 '자오지慈烏支환웅'이다. 박현은 "'자오지'에서 '자오'는 '땅을 넓힌다', '지'는 '치'로 변하기 전의 소리로 '이끄는 사람'이라는 뜻이다. 또한 여기서 '오'는 '삼족오三足烏'의 '오烏'로 태양을 상징하는 말이고, 'cha'나 'chi'는 '군사'라는 의미의 고古 만주·몽골어이며, 'o'나 'u'는 '위' 또는 '키우다'의 의미가 있다. 따라서 '치우'는 '군의 우두머리', 군사적으로 확대된 '군신軍神' 등의 의미다"라고 주장하였다(치우학회, 『치우연구』 제2호).

3. 무신武神의 원조, 병법兵法의 비조鼻祖

치우천황은 황제헌원을 굴복시키고 서방 한족에게 동방의 신교와 천자문화를 전해 준 대제왕으로서 병법의 비조이다.

한고조 유방劉邦이 풍패豊沛에서 병사를 일으킬 때 치우천황께 제사를 지냈다. 유방이 동이족은 아니지만 풍패에 치우천황께 제사를 지내는 풍속이 있었기 때문에 그 풍속에 따랐던 것이다.

> 劉邦이 起兵於豊沛할새 則祀蚩尤氏하니라.
> (『포박자抱朴子』)

유방이 풍패에서 군사를 일으킬 때 치우씨에게 제사를 지냈다.

『규원사화』에서는 이렇게 말하고 있다.

> 兵主는 祀蚩尤니 蚩尤氏는 爲萬代强勇之
> 祖라.(『규원사화揆園史話』「단군기檀君記」)

병주兵主 치우씨에게 제사를 지내니, 치우씨는 만대에 걸쳐 굳세고 용감한 군사軍事의 조상이다.

> 今據漢書地理誌, 其墓在東平郡壽張
> 縣闞鄕城中, 高五丈. 秦漢之際, 住民猶

常以十月祭之, 必有赤氣, 出如疋絳, 民
名謂蚩尤旗.(『규원사화』「태시기太始紀」)

지금 『한서』「지리지」에 따르면 치우의 묘는 동평군 수장현 궐향성에 있으며 높이는 5장丈이라 한다. 진한 시대에 주민들이 항상 10월이면 제사를 지냈는데, 반드시 붉은 기운이 진홍색 비단처럼 뻗치므로 이를 치우기라 불렀다.

『사기집해史記集解』에서는 이렇게 전하고 있다.

皇覽曰 蚩尤冢在東平郡壽張縣闞鄉城
中, 高七丈, 民常十月祀之. 有赤氣出, 如
匹絳帛, 民名爲蚩尤旗.(『사기집해』)

황람에 "치우의 묘는 동평군 수장현 궐향성에 있으며 높이는 7장이다. 백성들이 항상 10월에 제사를 지냈는데, 붉은 기운이 진홍색 비단처럼 뻗치므로 이를 치우기라 불렀다"라고 하였다.

天主는 祠三神하고 兵主는 祠蚩尤하니 三神
은 爲天地萬物之祖也오 蚩尤는 爲萬古武
神勇强之祖라.(『환단고기』「신시본기神市本紀」)

천주天主는 삼신三神에게 제사를 지내고 병주兵主는 치우천황에게 제사 지내니, 삼신은 천지만물의 조상이시며 치우는 만고에 없는 '무신용강武神勇强의 비조鼻祖'이시다.

『사기』「천관서天官書」와 『진서晉書』「천문天文」에서는 이렇게 전하였다.

蚩尤之旗, 類彗而後曲, 象旗. 見則王者
征伐四方.(『사기』「천관서」)

치우기는 혜성(살별)과 비슷하나 뒤가 굽어 그 모습이 깃발과 같다. 이 별이 나타나면 임금이 사방을 정벌한다.

蚩尤旗, 類彗而後曲, 象旗. 所見之方下
有兵, 兵大起.(『진서』「천문」)

치우기는 혜성(살별)과 비슷하나 뒤가 굽어 그 모습이 깃발과 같다. 이 별이 나타나는 지방에서는 전쟁이 크게 일어난다.

주周나라 혁명의 일등 공신이며 병법의 비조인 동이족의 재상 강태공姜太公도 제나라에 왕으로 분봉된 뒤 팔신께 제사를 올리면서 치우천황을 병주兵主로 모셨다. 팔신은 천주天主, 지주地主, 병주兵主, 양주陽主, 음주陰主, 월주月主, 일주日主, 사시주四時主를 말한다. 천주는 천지만물의 조상인 삼신상제님을, 병주는 병가의 원시조인 치우천황을 뜻한다(『사기』「봉선서」).

이후 진秦·한漢대에 이르기까지 동이족과 한족은 10월에 치우천황의 능陵에서 제사를 지냈는데 그때

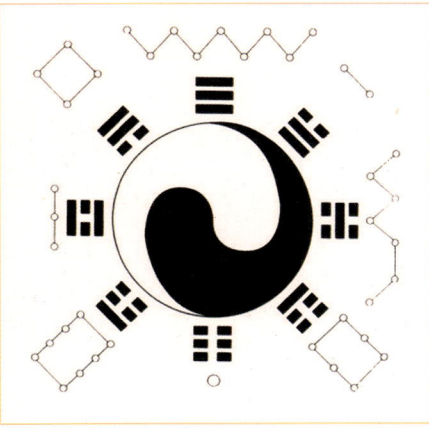

좌) 산동성 가상현嘉祥縣 무씨武氏 사당 석벽에 기록된 탁록 대전
우) 『삼신민고三神民考』에 실린 둑신기纛神旗_『삼신민고』의 저자 조자용은 이 둑신기를 국학자이자 독립운동가인 안확安廓(호 자산自山, 1886년(고종 23)~1946년)의 논문 '황제전쟁 전설의 벽화'에서 얻었다고 하며, 이 둑신기야 말로 우리 태극기의 원형이라고 주장한다.

마다 붉은 기운이 뻗쳐올랐는데, 그 붉은 기운을 치우기蚩尤旗라 불렀다(배인, 『사기집해史記集解』).
　조선 시대에는 '둑제纛祭'를 지냈는데, 둑纛은 임금의 가마 또는 군대의 대장 앞에 세우는 기旗를 말한다. 둑제란 고대로부터 전쟁의 승리를 기원하기 위해 군신軍神 치우를 상징하는 깃발에 제사를 올리는 의식이다. 치우의 머리를 형상화한 둑기纛旗는 소의 꼬리나 검은 비단으로 만들어 '대조기大早旗'라고도 불렀다. 조선은 둑제를 국가제사인 소사小祀의 하나로 정비하고 전국에 둑소纛所를 마련하여 매년 정기적으로 제사를 지냈다.
　둑제는 서울과 각 지방의 병영·수영에서 각각 시행하였다. 이순신 장군은 『난중일기』에 전쟁 중 둑제를 세 차례 거행하였다고 기록했다.
　서울의 뚝섬에는 원래 둑제를 지내던 둑신사纛神祠가 있었는데, '뚝섬'이라는 이름은 이 둑신사에서 비롯된 것이다. 둑신사에는 높이 6자, 폭 36자의 벽화가 있었는데, 치우천황과 황제헌원의 싸움인 탁록대전을 그린 그림으로 일제 말기까지 있었으나 분실되었다고 한다.

『난중일기』에 기록된 둑제

- ▶ 癸巳(1593)年 2月 初4日 : 경칩날이라 둑제를 지냈다.
- ▶ 甲午(1594)年 9月 初8日 : 장흥부사로 헌관을 삼고, 흥양현감으로 전사典祀를 삼아 초아흐레 둑제를 지내기 위해 입재入齋시켰다.
- ▶ 乙未(1595)年 9月 20日 : 새벽 두 시에 둑제를 지냈다.

2007년 12월 9일 여수 진남관에서 충무공 이순신 장군의 둑제가 재현되었다.

4. 청동기 시대를 개창

　치우천황은 갈로산에서 광석을 캐내어 청동기 시대를 열었다. 그리고 제련한 금속을 이용하여 선진무기를 만들어 무패의 신화를 이룩하였다.
　『사기』의 주석으로 유명한 당나라 때의 역사학자 사마정司馬貞은 『사기색은史記索隱』에서 이렇게 말하고 있다.

> 管子曰 蚩尤受盧山之金하야 而作五兵이라.(『사기색은』,「오제본기五帝本紀」)

관자에 '치우가 노산의 금을 얻어 다섯 가지 병기를 만들었다'고 하였다.

당나라 때의 또 다른 『사기』의 권위자 장수절張守節은 『사기정의史記正義』에서 「용어하도龍魚河圖」를 인용하여 이렇게 말했다.

> 黃帝攝政에 有蚩尤兄弟八十一人하야 幷獸身人語하며 銅頭鐵額하며 食沙石子하며 造立兵杖과 刀戟大弩하야 威振天下하니라.(『사기정의』,「오제본기五帝本紀」)

황제가 섭정을 할 때, 치우는 형제가 81명[1]이 있었는데 짐승의 몸에 사람 말을 하였고 구리 머리에 쇠 이마를 하였으며 모래와 돌을 먹었다. 칼·창·큰 활 등의 병장기를 만들어 천하에 위세를 떨쳤다.

송宋나라 때 이방李昉이 편찬한 『태평어람太平御覽』에는 이렇게 기록되어 있다.

> 有蚩尤氏兄弟八十一人, 幷獸身人語 銅頭鐵額, 食沙石.(『태평어람』,「황왕부사皇王部四」황제헌원씨黃帝軒轅氏)

치우는 형제가 81명이 있었는데 짐승의 몸에 사람 말을 하였고 구리 머리에 쇠 이마를 하였으며 모래와 돌을 먹었다.

---

1) 헌원 집단으로는 염제 세력을 포함해 8개의 부족이 참여하였고, 치우천황의 배달은 81개의 씨족 연합군이 참여했다.

『규원사화』에서는 다음과 같이 전하고 있다.

發葛盧山名之金을 大制劍鎧矛戟大弓
憭矢하여 一幷齊整하고 乃發涿鹿而登九
渾하여 連戰連捷하니 勢若風雨하여 憎伏
萬民하고 威振天下하니라.(『규원사화』「태시기」)

갈로산葛盧山의 쇠를 캐어 칼, 갑옷, 창과 가닥진 창, 큰 활과 싸리나무 화살 등을 많이 만들어 정비하고 탁록을 떠나 구혼九渾에 올라 연전연승하니, 기세가 마치 비바람과 같아서 세상 만민이 두려워 엎드리니 그 위세가 천하에 떨쳤다.

『관자』,『태평어람』,『주례주소』,『산해경』,『후한서』 에서는 다음과 같이 전하였다.

葛盧之山, 發而出水, 金從之, 蚩尤受而
制之, 以爲劍鎧矛戟, 是歲相兼者諸侯
九, 雍狐之山, 發而出水, 金從之, 蚩尤
受而制之, 以爲雍狐之戟芮戈, 是歲相
兼者諸侯十二.(『관자』「지수地數」)

갈로산에서 물이 나올 때 쇠가 따라 나왔다. 치우가 이를 받아서 칼, 갑옷, 창, 가닥진 창 등을 만들었다. 이 해에 아홉 제후를 아울렀다. 옹호산에서 물이 나올 때도 쇠가 나오므로 치우가 이를 제련하여 옹호극이라는 창과 예과라는 창을 만들어 12제후를 병합하였다.

太白陰經曰, 蚩尤之時 爍金爲兵 割革
爲甲 始制五兵建旗幟. 尸子曰, 造冶者
蚩尤也.(『태평어람』)

三聖紀全 下

거푸집 (요령성 조양시 서구대 출토)

비파형동검 (흑룡강성 쌍성시 출토)

비파형 동검 출토 지역
비파형 동검은 동이족의 대표적인 유물이다.

4,700년 전 배달국 치우천황의 백성들이 금속을 제련하는 모습 (중화삼조당 내부 벽화).

태백음경에 "치우는 쇠를 녹여 병기를 만들고 가죽을 베어 갑옷을 만들었으며 5병제를 시작하고 기치를 세웠다"라고 하였다. 시자에 "야련冶鍊을 시작한 사람은 치우이다"라고 하였다.

祭蚩尤是以…祠五兵矛戟劍楯弓鼓及, 祠蚩尤之造兵者. 蚩尤庶人之强者何 兵之能造…造兵之首. (『주례주소周禮注疏』「사사肆師」)

치우에게 제사 지내는 것은… 다섯 가지 병기인 모矛, 극戟, 검劍, 순楯, 궁弓과 고鼓와 그 병기를 만든 사람을 기리는 것이다. 치우는 뭇사람 중 강자이다. 어떤 병기라도 능히 만들었다. 병기 제조에 최고이다.

郭璞云 蚩尤作兵者. 蚩尤作兵伐黃帝. (『산해경山海經』「대황동경大荒東經」「대황북경大荒北經」)

치우는 병기를 만든 사람이다. 치우가 병기를 만들어 황제를 토벌하였다.

蚩尤, 古天子, 好五兵, 古今祭之. (『후한서後漢書』「마원열전馬援列傳」)

치우는 옛 천자이다. 다섯 가지 병기를 좋아하고 예나 지금이나 제사를 지낸다.

이 외에도 '치우가 금속으로 병기를 만들었다'는 수많은 사서의 기록이 금속 무기의 원조가 치우천황임을 밝히고 있다. 실제로 치우천황이 다스리던 시기(신시개천 1191, BCE 2707~신시개천 1300, BCE 2598)인 약 4,700년 전(BCE 27세기)에 동아시아 지역에서는 이미 청동이 사용되고 있었다는 사실이 유물을 통해 밝혀졌다. 요서 지방과 내몽골 일대에서도 하가점 하층문화夏家店下層文化라 불리는 청동기 문화가 약 4,400년 전(BCE 24세기)부터 존재했다. 신석기시대 홍산문화紅山文化의 후기 유적인 요령성 건평현 홍산 우하량牛河梁 유적에서도 5,000여 년 전(BCE 3000년경)에 이미 청동기를 제작하였다는 새로운 사실이 밝혀지고 있다.

5. 구려九黎의 천자天子

중국에는, 치우가 동이東夷인 구려九黎의 천자天子라는 기록이 많이 남아 있다.

九黎之君을 號曰蚩尤니라. (『상서전尙書傳』)

구려국의 임금을 치우라 한다.

應劭曰 蚩尤는 古天子之號라. (『사기집해史記集解』)

응소는 "치우는 옛날 천자의 호칭이다"라고 하였다.

孔安國曰 九黎君號가 蚩尤라. (『사기색은史記索隱』)

공안국은 "구려 임금의 호칭은 치우이다"라고 하였다.

'구려九黎'에서 '려黎'의 다른 소릿값으로 '리' 또는 '이'가 있다. 따라서 '구려句麗'는 '구리' 또는 '구이九夷'가 된다. '구이九夷'는 곧 '구려九黎'이니, 치우천황에 의해 다스려진 구려는 배달倍達의 다른 이름이다.

6. 치우천황과 황제헌원의 지존 대전쟁, 탁록대전

서양의 트로이 전쟁에 빗대어 일컬어지는 탁록 전쟁은 동아시아의 패권 쟁탈전이자 동·서방이 본격적으로 분리된 일대 사건으로, 동방 종주국 배달과 이에 대항한 서방 헌원 세력의 대전쟁이었다.

염제신농씨 나라의 마지막 임금인 8대 유망이 쇠퇴의 길을 걷자, 치우천황은 웅도의 대망을 품고 출정하여 모든 제후를 정벌하고 수도를 함락시켰다. 이 틈을 타 서방 토착민의 우두머리이던 헌원이 천자가 되려는 야망을 품고 군사를 일으켜 대항하였다. 그리하여 동방 최초의 대전쟁인 탁록대전이 벌어지게 되었다.

10년간 73회의 치열한 공방전이 벌어졌는데, 이 전투에서 치우천황이 만든 쇠 투구와 갑옷은 서방족에

동치우분東蚩尤墳_하북성 장가구시 회래현 팔괘진

치우총_산동성 제령시 문상현

남치우분南蚩尤墳_하북성 장가구시 탁록현 반산진 탑사촌

치우채(비석)_하북성 장가구시 탁록현 용왕당촌

한족 시조 황제헌원의 석상_이곳은 당시 헌원의 도읍지인 부산釜山으로, 배달국 치우천황과 제후인 헌원이 73회의 대전쟁을 벌인 주무대였다(탁록 황제성黃帝城 터).

서치우분西蚩尤墳_하북성 장가구시 탁록현 보대진

三聖紀全 下

게 큰 두려움의 대상이 되어 후대에 동두철액이라 기록(당나라 장수절張守節의 『사기정의史記正義』)되었다. 또한 치우천황이 신교의 도술로써 안개를 일으키고 적진을 교란시키니, 헌원은 지남거指南車를 만들어 방향을 가늠하며 끝까지 반항하였다.

> 蚩尤氏는 實爲萬古 强勇之祖요 有旋乾轉坤之力이시니 驅使風雷雲霧之能하시니라. (『규원사화』「태시기」)

치우씨는 진실로 만고의 무신武神이요, 천지를 움직이는 힘을 가지시어 바람과 우레와 구름과 안개를 지어 부리시니라.

> 時에 有軒轅者하니 聞知楡罔敗走而蚩尤氏爲帝하고 欲代以爲君하여 乃大興兵으로 與蚩尤氏拒戰하니라. 蚩尤氏가 大戰軒轅於涿鹿하실새 縱兵四礱하니 斬殺無算하니라. 復作大霧하고 令敵軍心慌手亂케하시니 奔竄逃生하니라. (『규원사화』「태시기」)

이때 헌원이란 자가 있었는데, 유망이 패하여 달아나고 치우씨가 제위에 올랐다는 소식을 듣고, 대신 임금이 되고자 군사를 크게 일으켜 치우씨에게 도전하였다. 치우씨가 탁록에서 헌원과 크게 싸울 때 군사를 풀어 사방에서 몰아 참살하니 죽은 자를 헤아릴 수 없었다. 다시 큰 안개를 일으켜 적군의 혼을 빼고 손발이 떨리게 하니, 헌원이 급히 달아나 숨어 겨우 목숨을 건졌다.

마침내 전투에서 대승을 거두고 헌원을 사로잡아 신하로 삼은 치우천황은 동방 무신의 시조, 병주가 되어 수천 년 동안 동방의 배달족은 물론 서방 한족에게까지 숭배와 추앙의 대상이 되었다.

7. 강씨姜氏의 뿌리

『환단고기』「신시본기」에서는 치우천황이 강씨라고 하였다.

> 通志氏族畧에 蚩氏는 蚩尤之後라 하고 或曰蒼頡이 與高辛으로 亦蓋蚩尤氏之苗裔로 生大棘城하야 而轉徙於山東淮北者也라 하니 蓋蚩尤天王之英風雄烈이 播傳遠域之深을 推此可知也니라. (『환단고기』「신시본기」)

『통지通志』[2]「씨족략氏族略」에, '치씨蚩氏는 치우의 후손'이라 하였고, 어떤 사람은 '창힐과 고신이 다 치우의 후손으로 대극성大棘城에서 태어나 산동山東, 회수淮水 북쪽에 옮겨 살았다' 하니, 치우천황의 영풍웅렬英風雄烈하심이 멀리까지 전파되었음을 이를 미루어 잘 알 수 있다.

인류 성씨의 시조 염제신농의 사당_호북성 수주시 여산진 신농고리神農故里. 여산진의 본래 명칭은 열산烈山으로, '신농씨가 산에 불을 놓아 화전火田을 일구었다'는 의미가 담겨있다.

강씨의 혈통은 여상呂尙 강태공姜太公으로 내려오는데, 그에 대한 기록은 아래와 같다.

> 昔呂尙이 亦蚩尤氏之後라 故로 亦姓姜이니 蓋蚩尤가 居姜水而有子者는 皆爲姜氏也라. (『환단고기』「신시본기」)

옛날에 여상呂尙(강태공) 또한 치우씨의 후손이다. 고로 성이 강씨姜氏이니, 치우가 강수姜水에 살면서 낳은 아들이 모두 강씨가 되었다.

8. 씨름의 원조

치우는 씨름의 원조이다. 씨름을 중국에서는 각저희角抵戲 또는 치우희蚩尤戲라 한다. 씨름하는 모습이 그려져 있는 고구려의 각저총角抵塚 벽화를 통해서도 치우와의 관련성을 엿볼 수 있다.

중국의 씨름은 뿔이 달린 투구를 쓰고 겨룬다. 우리나라 씨름에서는 샅바를 걸고 겨루되 쇠뿔 투구는 쓰지 않지만, 대신 상으로 뿔이 달린 황소를 주는 데에서 치우 문화와 연결고리를 찾을 수 있다.

우두머리라는 말은 소뿔 달린 치우천황의 투구에서 비롯되었다. 국내에는 이 소머리와 관련된 지명이 여러 곳에서 발견된다. 춘천의 옛 지명인 우수주牛首州를 비롯하여 춘천시 우두동, 전남 여수시 돌산읍 우두리, 전남 완도군 약산면 우두리, 충남 당진군 당진읍 우두리, 경남 진주시 명석면 우수리 등이 있다.

―――――
2) 『통지通志』. 남송南宋 때 정초鄭樵가 지음. 삼황三皇에서 수隋나라에 이르기까지 역대를 통괄적으로 기록한 역사책(전 200권). 당나라 두우의 『통전通典』과 원元나라 마단림의 『문헌통고文獻通考』와 더불어 삼통三通이라 한다.

씨름하는 청동상 (수메르 유적) 동방 한민족의 씨름 모습과 동일한 것으로 보아 시원문화의 동질성을 느낄 수 있다.

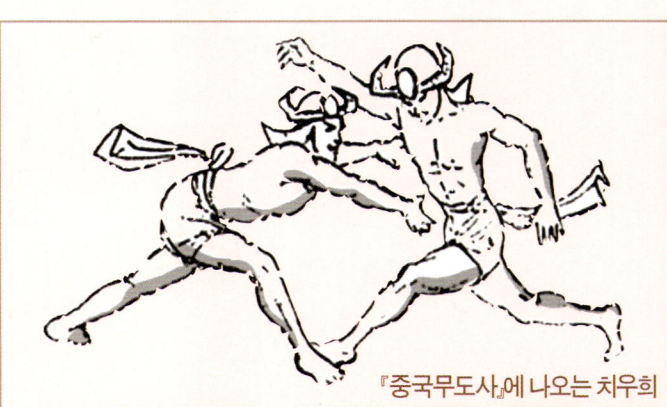

『중국무도사』에 나오는 치우희

고구려 각저총 벽화의 씨름도

9. 초나라 건국자, 남방 삼묘족三苗族의 조상

중국 역사서에 따르면, '치우가 탁록대전에서 헌원에게 패한 후 묘족 대부분이 남쪽 장강長江과 회수淮水유역으로 이동하여 삼묘三苗를 형성했고, 후에 다시 요堯·순舜·우禹 등에 의해 쫓겨났다'고 한다.

그러나 『산해경山海經』 등의 기록은 이와 다르다.

당시 양자강 이남의 동정호洞庭湖와 팽려호彭蠡湖 일대에는 구려九黎의 후예인 '유묘有苗' 혹은 '삼묘三苗'라 불리는 부족이 있었는데 요임금의 아들 단주와 사이가 매우 가까웠다. 요임금이 순에게 제위를 넘겨주려 하자 이 소식을 듣고 승복하지 않던 삼묘의 족장이, 단주가 오자 곧바로 세력을 연합하여 요에게 반기를 들었다. 그러나 요의 군대는 단주와 삼묘의 연합군을 궤멸시켰고, 이 싸움에서

묘족苗族 귀주성貴州省을 중심으로 호남湖南·사천四川·광서廣西·운남雲南 등 중국 남부의 여러 성에 거주하고, 베트남·라오스·타이 북부에도 분포한다. 중국에 거주하는 인구는 약 250만이다. 흑묘黑苗·화묘花苗·백묘白苗·홍묘紅苗·청묘青苗 다섯 종족으로 대별되는데, 복장의 빛깔에 따라 구별한다. 주로 산악지대에 촌락을 이루어 거주하며 화전火田을 경작耕作한다.

① 치우 부락_해남성 오지산의 여묘풍정촌黎苗風情村. 해남성의 6만여명 묘족은 치우천황을 묘족의 왕이자 비조鼻祖로 섬긴다.
② ③ 치우 부락 입구에 있는 장승과 마을 사람들의 공연 모습
④ 다양한 모습의 묘족
⑤ ⑥ 서강천호묘족마을西江千戶苗寨_귀주성 뇌산현雷山縣

삼묘 족장이 피살당하고 단주도 전사하였다. 이것이 묘족이 남쪽으로 옮겨가게 된 배경이라고 했다(이재석,『인류원한의 뿌리 단주』, 33~34쪽).

국내 역사학계에서는 치우를 그저 남방 삼묘족의 족장으로만 본다. 다시 말해서 구려의 군장이 치우이고, 묘족은 태호복희씨와 치우천황을 조상으로 섬겨 온 동방족이라는 사실을 모르는 것이다.

으로부터 약 4,700년 전, 동방문화사에서 가장 강력한 제왕이자 병법의 시조인 치우천황의 서방 경략經略이 저 멀리 중동을 넘어 유럽에까지도 영향을 주었을 가능성을 제기하고 있는 것이다(http://www.pluskorea.net/「그리스의 '제우스'는 동이의 '치우'가 건너간 것」).

10. 동방 문화의 전파

서구 신화학에서는 제우스와 북구의 티우 신神 간의 연관성을 전혀 언급하지 못했는데, 근래 들어 동방문화와의 연관성 속에서 그리스의 제우스 신관을 달리 해석하기 시작하였다.

『블랙 아테나』의 저자 버낼은 19세기 유럽학자들이 고대 그리스인의 인종적 기원을 셈족과 동양인의 혼혈로 보고, 그 원주민을 동양인이라 한 것에 놀라움을 표했다.

그리스의 신화체계는 이집트와 오리엔트의 영향 아래에 있었다. 올림포스 최고신 '제우스Zeus'는 하늘·낮·빛을 의미하는 인도-게르만어의 '디에우스Dyeus'에서 유래하였고, 로마 신화의 '주피터Jupiter'와 동일시되었다. 북유럽에서는 '찌우Ziu/티우Tiw'라 하고, 독일과 노르딕 신화에서는 '티르Tur', '찌우Ziu', '티우Tiw', '티와쯔Tiwaz'로 나타난다.

노르딕의 신 '찌우Ziu'를 신화 사전에서는 '전쟁의 신이며 불의 신'이라 설명한다. 가장 높은 천신天神을 독일 고대방언으로 '찌우'라 하고, 북유럽의 켈트 신화에서는 전쟁신을 '티우Tiw(치우)'라 한다.

일부에서는 지중해의 '제우스'와 북유럽의 '티우신'이 치우와 밀접한 연관이 있을 것으로 보는 견해도 있다. 마치 훈족의 강력한 압박으로 게르만족이 대이동함으로써 서로마 제국이 붕괴되었으며, 징기즈칸에 의해 서양의 중세문화가 붕괴되고 근세 자본주의문화가 태동되었다고 하듯이, 지금

찌우Ziu(티우Tiw)신_북유럽의 신화에서 전쟁신이자 가장 높은 천신天神으로 나타난다.

안압지 출토 신라 녹유귀면와綠釉鬼面瓦_도깨비는 치우를 형상화한 것으로 알려져 있다. 일부에서는 용면와龍面瓦라고도 한다.

참고 사료

三國遺事 古朝鮮(王儉朝鮮)
삼국유사 고조선 왕검조선

※괄호 부분은 일연이 주석을 단 것으로, 동방 한민족의 시원 역사를 결정적으로 왜곡하였다. 환국을 '제석'으로, 웅족과 호족을 일웅일호, 즉 곰과 호랑이로 해석하고, 반도사관으로 아사달을 백악궁으로, 태백을 평양의 묘향산으로 해석하여 한민족의 시원 역사를 파괴하였다. 일본 식민사학자 이마니시 류는 '석유환국'을 '석유환인'이라 조작할 때 일연이 붙인 이러한 주석을 그 근거로 악용하였다.

桓檀古記

『魏書』云: "乃往二千載有壇君王儉, 立都阿斯達(『經』云 '無葉山', 亦云 '白岳', 在白州地, 或云 '在開城東', 今白岳宮是[1]), 開國號朝鮮, 與高[2]同時."

『위서魏書』[3]에 이르기를, 지난 2,000년 전에 단군왕검께서 도읍을 **아사달**에 정하시고 나라를 세워 이름을 **조선**이라 하시니 요임금과 같은 시대라 하였다.

『古記』云: "昔有桓国(謂帝釋也[4])庶子桓雄, 數意天下, 貪求人世, 父知子意, 下視三危太伯, 可以弘益人間.

『고기』에 이르기를, **옛적에 환국이 있었다.** 서자부의 환웅이 천하를 건지려는 뜻을 가지고 인간 세상을 구하고자 하거늘, **환국을 다스리시는 아버지 환인**께서 아들의 이런 뜻을 아시고 아래로 삼위산과 태백산을 내려다보니 널리 인간에게 이로움을 줄 만한지라.

乃授天符印三箇, 遣往理之. 雄率徒三千, 降於太伯山頂(即太伯, 今妙香山[5])神壇樹下, 謂之神市, 是謂桓雄天王也. 將風伯·雨師·雲師, 而主穀·主命·主病·主刑·主善惡, 凡主人間三百六十餘事, 在世理化.

이에 아들에게 **천부**天符와 **인**印 세 개를 주어 보내 이곳을 다스리게 하셨다. 이에 환웅이 무리 3,000명을 거느리고 태백산 꼭대기 신단수 아래에 내려오시어 이를 신시神市라 이르시니, 이분이 바로 **환웅천황**이시다.

환웅께서 **풍백**風伯과 **우사**雨師와 **운사**雲師를 거느리고 농사와 왕명과 형벌과 질병과 선악을 비롯하여 인간 세상의 360여 가지 일[人事]을 주관하시고, 신교神敎의 진리로써 정치와 교화를 베푸셨다.

時有一熊一虎, 同穴而居, 常祈于神雄, 願化爲人. 時神遺靈艾一炷·蒜二十枚曰: '爾輩食之, 不見日光百日, 便得人形.' 熊·虎得而食之, 忌三七日, 熊得女身, 虎不能忌而不得人身. 熊女者無與爲婚, 故每於壇樹下, 呪願有孕, 雄乃假化而婚之, 孕生子, 號曰壇君王儉.

이때 **웅족과 호족**이 같은 굴에 살았는데, 늘 삼신상제님과 환웅님께 사람이 되게 해 달라고 빌었다.

이에 환웅께서 신령스러운 것을 내려주시며 그들의 정신을 신령스럽게 하시니 그것은 곧 쑥 한 묶음과 마늘 스무 매였다.

환웅께서 이르시기를, "너희들은 이것을 먹으면서 햇빛을 보지 말고 100일 동안 기원하라. 그리하면 인간의 본래 참모습을 회복할 것이니라" 하셨다.

웅족과 호족이 환웅께서 주신 쑥과 마늘을 먹으면서 스무 하루 동안을 삼감에 웅족은 여자의 몸이 되었으나 호족은 금기를 지키지 못하여 사람의 몸이 되지 못하였다. 웅족 여인이 혼인할 곳이 없으므로 매일 신단수 아래에 와서 아이를 갖게 해 달라고 빌었다.

이에 환웅께서 웅족 여인을 임시로 광명의 민족으로 받아들여 혼인해 아들을 낳으시니 이름을 단군왕검이라 하였다.

> 以唐高卽位五十年庚寅(唐高卽位元年戊辰, 則五十年丁巳, 非庚寅也, 疑其未實[6]), 都平壤城(今西京[7]), 始稱朝鮮. 又移都於白岳山阿斯達, 又名弓(一作方[8])忽山, 又今彌達, 御國一千五百年. 周虎王[9]卽位己卯, 封箕子於朝鮮, 壇君乃移於藏唐京, 後還隱於阿斯達爲山神, 壽一千九百八歲."

당唐나라 요임금이 즉위한 지 50년이 되던 경인庚寅년에 평양성에 도읍하고 비로소 조선이라 일컬었다. 또 도읍을 **백악산 아사달**[10]로 옮겼는데 그곳을 궁홀산弓忽山, 또는 금미달이라고도 하니 이곳에서 **1,500년**[11] 동안 나라를 다스렸다.

주나라 무왕이 즉위한 기묘己卯(BCE 1122)년에 무왕이 기자箕子를 조선에 봉하니, 이에 단군이 **장당경**[12]으로 옮겨 가셨다가 뒤에 돌아와 아사달에 은거하여 산신이 되시니 수가 1,908세[13]이셨다.

> 『唐』「裵矩傳」云: "高麗本孤竹國(今海州[14]), 周以封箕子爲朝鮮. 漢分置三郡, 謂玄菟·樂浪·帶方(北帶方[15])." 『通典』亦同此說.(『漢書』則眞·臨·樂·玄四郡, 今云三郡, 名又不同, 何耶?[16])

당나라 『배구전裵矩傳』에 이르기를, 고구려는 본래 고죽국인데 주나라가 기자를 봉하여 조선왕으로 삼았다. 한나라가 이를 나누어 3군을 설치하여 현도, 낙랑, 대방이라 불렀다. 『통전』에서 이르는 바도 역시 이와 같다.

참고사료

---

1) "경經에서는 무엽산無葉山, 또는 백악白岳이라 하는데 백주白州에 있다. 혹자는 말하길 개성開城 동쪽에 있다고도 하는데 지금의 백악궁白岳宮이다."(일연의 주석) - 승려 일연이 **단군조선에 대하여 불교 관점으로 해석, 기록한 내용으로 그 원형이 얼마나 훼손되어 있는지 절감할 수 있다.**
2) 고려 3대 정종의 이름이 요堯여서 이를 피하기 위해 고高라 쓴 것이다.
3) 진나라 때 왕침王沈의 저서로 알려져 있다.
4) "제석帝釋이라 이른다."(일연의 주석) - '제석'은 불교 용어로 '석가제바인다라釋迦提婆因陀羅'를 줄여서 이르는 말이다. '수미산의 꼭대기 도리천의 임금'이란 뜻으로 석제환인다라釋提桓因陀羅, 천제석天帝釋이라고도 한다. 일연이 **환국(환인)을 불교 관점으로 해석한 것이다.**
5) "태백은 곧 지금의 묘향산이다."(일연의 주석)
6) "요堯가 즉위한 원년은 무진戊辰년으로 50년은 정사丁巳년이지 경인년이 아니므로 이것이 사실인지 의심스럽다."(일연의 주석)
7) "지금의 서경西京이다."(일연의 주석)
8) "일명 방홀산方忽山이다."(일연의 주석)
9) 고려 2대 혜종의 이름을 휘諱하여 무武 대신 호虎라 하였다.
10) 지금의 장춘, 녹산으로 고조선 제2 왕조 시대 860년 간의 수도이다. 22세 색불루단군 때 송화강 아사달에서 백악산 아사달(녹산)로 수도를 옮겼다.
11) 고조선의 제2 왕조 백악산 아사달 시대는 22세 색불루단군에서 43세 물리단군 때까지로 860년 간이다.
12) 지금의 개원으로 고조선 제3 왕조 시대인 44세 구물단군 때부터 마지막 47세 고열가단군 때까지 188년 간의 수도이다.
13) 고조선 제1 왕조 송화강 아사달 시대(1,048년)와 제2 왕조 백악산 아사달 시대(860년)를 합하면 1,908년이다. 제3 왕조 장당경 아사달 시대를 연 44세 구물단군 때 국호를 대부여大夫餘로 바꾼다. 1,908세는 고조선 43세 단군까지 통치 기간을 말한다.
14) "지금의 해주海州다."(일연의 주석)
15) "북대방北帶方이다."(일연의 주석)
16) "『한서漢書』에는 진번·임둔·낙랑·현도의 네 군으로 되어 있다. 그런데 여기에는 세 군으로 되어 있다 하였고 그 이름도 같지 않으니 무슨 까닭인가?"(일연의 주석)

檀君世紀 단군세기

행촌杏村 이암李嵒 편編

신교의 삼신문화와 역사관에 정통한
이암 李嵒 (1297~1364)

본관 고성固城	
초명 군해君侅	자 고운古雲
호 행촌杏村	시호 문정文貞

■ 고려 충렬왕 23년(1297), 경상도 김해, 강원도 회양 부사를 지낸 이우李瑀의 장남이자 고성이씨 9세손으로 태어났다.

■ 10세(충렬왕 32, 1306) 때 강화도 마리산 참성단에 올라 단군왕검의 역사의식을 가슴에 새기고 고려를 동방의 맑고 깨끗한 나라로 일신하겠다고 맹세하였다.

■ 17세(충선왕 6, 1313) 때 문과에 급제, 충정왕 때 찬성사, 좌정승을 지냈고, 공민왕 때 철원군鐵原君에 봉해졌다. 홍건적 침입 때 임금을 호종하여 1등 공신이 되고 철성부원군鐵城府院君에 봉해졌다. 글씨를 잘 써서 동국東國의 조자앙趙子昻이라 일컬어졌고 묵죽墨竹을 잘 그렸다. 『서경書經』「태갑太甲」 편을 옮겨 써서 왕에게 바쳤다.

■ 환국과 배달 역사의 근본을 통하고 환단사상에 대해 깊은 안목을 가진 대학자 조부 이존비李尊庇의 정신을 그대로 이어 받았다.

■ 『단군세기』 서문은 신교 문화의 우주관, 신관, 인성론, 수행문화의 근원적 핵심 원리를 체계화시킨 만고의 대문장이다.

■ 이암이 죽자(공민왕 13년) 공민왕이 친히 초상을 그리고 행촌이란 두 글자를 써서 관원을 보내 제사를 지냈다. 우왕 1년(1375)에 충정왕의 묘정에 배향되었다.

이 편의 주요 술어

三神·天神 삼신 천신	三神一體上帝 삼신일체상제	性·命·精 성 명 정	執一含三 집일함삼	回三歸一 회삼귀일	國統 국통	三韓 삼한	三韓 5家64族 삼한 가 족	大夫餘 대부여	三朝鮮 삼조선
參佺戒 참전계	念標文 염표문	一神降衷 일신강충	性通光明 성통광명	在世理化 재세이화	弘益人間 홍익인간	國子郞 국자랑	三郞城 삼랑성	塹城壇 참성단	大祖神 대조신	業神 업신	佺戒 전계
全人受戒 전인수계	業主嘉利 업주가리	神王倧佺之道 신왕종전지도	三韓管境制 삼한관경제	極器秤幹錘 극기칭간추	寧古塔 영고탑	三神迎鼓祭 삼신영고제	大迎節 대영절	三六大禮 삼육대례

단군조선

전성기의 통치 영역과 삼한관경

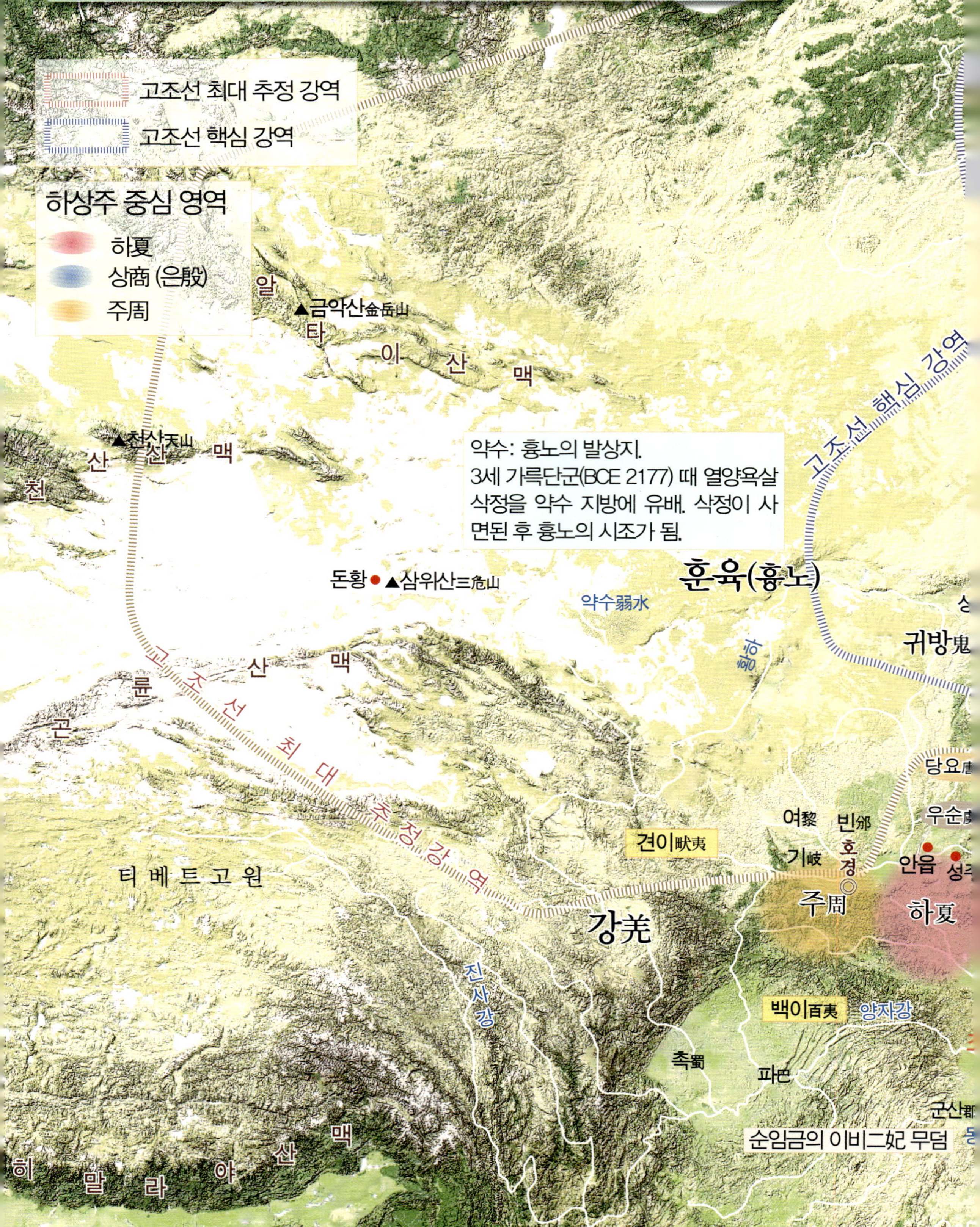

- 고조선 최대 추정 강역
- 고조선 핵심 강역

하상주 중심 영역
- 하夏
- 상商 (은殷)
- 주周

▲금악산金岳山
알타이산맥

▲천산天山
천산산맥

약수: 흉노의 발상지. 3세 가륵단군(BCE 2177) 때 열양욕살 삭정을 약수 지방에 유배. 삭정이 사면된 후 흉노의 시조가 됨.

돈황 ●▲삼위산三危山

약수弱水

훈육(흉노)

귀방鬼

고조선 핵심 강역

곤륜산맥

고조선 최대 추정 강역

티베트고원

당요唐
우순虞
여黎 빈邠
기岐 호경鎬
안읍 성城
주周
하夏

견이畎夷

강羌

진사강

백이百夷 양자강

촉蜀
파巴

군산郡

순임금의 이비二妃 무덤

히말라야산맥

桓檀古記

檀君世紀序

나라를 다스리는 根本 法道

爲國之道가 莫先於士氣하고 莫急於史學은 何也오

史學이 不明則士氣가 不振하고

士氣가 不振則國本이 搖矣오 政法이 歧矣니라.

史學의 重要性

蓋史學之法이 可貶者貶하고 可褒者褒하야

衡量人物하고 論診時像하니 莫非標準萬世者也라

斯民之生이 厥惟久矣오 創世條序가 亦加訂證하야

國與史가 並存하고 人與政이 俱擧하니

皆自我所先所重者也라.

自我 認識의 重要性

嗚呼라 政猶器하고 人猶道하니 器可離道而存乎며

國猶形하고 史猶魂하니 形可失魂而保乎아.

並修道器者도 我也며 俱衍形魂者도 亦我也니

故로 天下萬事가 先在知我也니라.

然則其欲知我인댄 自何而始乎아.

宇宙의 三神과 人間의 誕生 原理

夫三神一軆之道는 在大圓一之義하니

단군세기 서문

나라를 다스리는 근본 법도

나라를 위하는 길에는 **선비***의 기개보다 앞서는 것이 없고, **사학보다 더 급한 것이 없음은 무엇 때문인가?** 사학이 분명하지 않으면 선비의 기개를 진작시킬 수 없고, 선비의 기개가 진작되지 못하면 국가의 근본이 흔들리고 나라를 다스리는 법도가 갈라지기 때문이다.

사학의 중요성

대개 역사학의 정법이, 폄하할 것은 폄하하고[可貶者貶]* 기릴 것은 칭찬해서 인물을 저울질하여 평가하고, 시대의 모습을 논하여 진단하는 것이니, 만세의 표준이 아닌 것이 없다.

이 백성의 삶은 참으로 유구하다. 새 세상을 열고 질서와 법도를 세운 내용[創世條序] 또한 분명히 밝혀져 있어서, 나라는 역사와 함께 존재하고 사람은 정치와 함께 거론되니, **나라와 역사와 사람과 정치**[國, 史, 人, 政], 이 네 가지는 모두 우리 자신이 우선시하고 소중히 여겨야 할 바로다.

자아 인식의 중요성

아아! 정치는 그릇과 같고 사람은 도道와 같으니, 그릇이 도를 떠나서 어찌 존재할 수 있으며, 나라는 형체와 같고 역사는 혼과 같으니, 형체가 그 혼을 잃고서 어찌 보존될 수 있겠는가. 도와 그릇을 함께 닦는 자도 나요, 형체와 혼을 함께 키워 나가는 자도 나이다. 그러므로 **천하만사는 무엇보다 먼저 나를 아는 데 있다**[先在知我]. 그런즉 나를 알려고 할진대 무엇부터 시작해야 하겠는가?

우주의 삼신과 인간의 탄생 원리

대저 **삼신**[1]**일체**(삼신과 하나됨)**의 도**[三神一體之道]는 '무한히 크고 원융무애하며 하나 되는 정신[大圓一]*에 있으니, **조화신**造化神이 내 몸

***선비**[士]: 학식이 있고 행동과 예절이 바르며 의리와 원칙을 지키고 관직과 재물을 탐내지 않는 고결한 인품을 지닌 사람을 이르는 말이다.

***가폄자폄**可貶者貶: 깎아내릴 만한 것은 깎아내림.

※ '나라는 형形, 역사는 혼魂'이라는 개념은 박은식이 자신의 저서 『한국통사』 서문에서도 인용하였다. 박은식은 "옛 사람이 말하기를, 나라는 멸망할 수 있어도 역사는 멸망할 수 없다 하였으니 대개 나라는 형체요 역사는 정신이라[古人云 國可滅, 史不可滅, 蓋國形也, 史神也]"라고 하였다(박은식, 『한국통사』 서문). 여기서 '옛 사람'이란 『단군세기』의 저자 행촌 이암을 말한 것으로 본다.

***대원일**大圓一: 우주와 역사를 주관·섭리하시는 삼신三神의 창조 정신을 간단히 정의한 말이다. 만물과 우주의 존재 근원이 되는 삼신의 이러한 창조 정신은 광대무변[大]하고 원융무애[圓]하며 대광명으로 삼계와 합일[一]되어 있다. 우주 삼신의 대원일大圓一한 창조 정신을 순 우리말로 '거발환居發桓(신시 배달의 시조인 환웅천황)'이라 부르는데, 거발환은 크고, 조화롭고, 광명으로 합일된 존재라는 뜻이다.

▸造 지을 조	▸化 될 화
▸降 내릴 강	▸性 성품 성
▸敎 가르칠 교	▸命 목숨 명
▸治 다스릴 치	▸精 정기 정
▸故 까닭 고	▸惟 오직 유
▸最 가장 최	▸貴 귀할 귀
▸尊 높을 존	

造化之神은 降爲我性하고
敎化之神은 降爲我命하고
治化之神은 降爲我精하나니
故로 惟人이 爲最貴最尊於萬物者也라.

사람의 本性과 목숨의 存在 原理

性·命과 神·氣의 相互 關係

夫性者는 神之根也라
神本於性이나 而性未是神也오
氣之炯炯不昧者가 乃眞性也라
是以로 神不離氣하고 氣不離神하나니
吾身之神이 與氣로 合而後에 吾身之性與命을 可見矣오.

서로 分離될 수 없는 性과 命

性不離命하고 命不離性하나니
吾身之性이 與命으로 合而後라야
吾身의 未始神之性과 未始氣之命을 可見矣니라.

性命精을 通해 天地와 歷史를 보라

故로
其性之靈覺也는 與天神으로 同其源하고
其命之現生也는 與山川으로 同其氣하고
其精之永續也는 與蒼生으로 同其業也니라

桓檀古記

▸根 뿌리 근
▸未 아닐 미
▸是 이 시
▸炯 빛날 형
▸昧 어두울 매
▸眞 참 진
▸離 떠날 리
▸吾 나 오
▸見 볼 견
▸矣 어조사 의

▸始 비로소 시

▸靈 신령 령　▸覺 깨달을 각
▸靈覺 : 인간이 본래 갖추고
　있는 신령스럽고 밝은 자리
▸與 더불어 여　▸同 한가지 동
▸源 근원 원　▸現 나타날 현
▸續 이을 속
▸蒼 푸를 창, 우거질 창
▸業 일 업

에 내려 나의 성품[性]*이 되고, **교화신**敎化神이 내려 삼신의 영원한 생명인 나의 **목숨**[命]*이 되며, **치화신**治化神이 내려 나의 **정기**[精]가 된다. 그러므로 오직 사람이 만물 가운데 가장 고귀하고 존엄한 존재가 된다.

사람의 본성과 목숨의 존재 원리

성·명과 신·기의 상호 관계

대저 **성**[性]이란 인간의 **신**神*(신명)이 생겨나고 자리를 잡는 근거와 **바탕**[神之根]이다. 신이 성에 뿌리를 두고 있지만 성이 곧 신인 것은 아니다. **기**氣가 환히 빛나 어둡지 않은 것이 곧 참된 성품이다.

그러므로 **신**神은 **기**氣를 떠날 수 없고, 기 또한 신을 떠날 수 없으니, 내 몸 속의 신[吾身之神]이 기와 결합된 후에야 내 몸 속의 본래 성품[吾身之性·조화신]과 (삼신의 영원한 생명인) 나의 목숨[命·교화신]을 볼 수 있다.

서로 분리될 수 없는 성과 명

성품[性]은 저마다 타고난 (삼신의 영원한 생명이 화한) 목숨[命]과 분리될 수 없고, 목숨도 성품과 분리될 수 없다. 그러므로 내 몸에 깃든 성품이 목숨과 결합된 뒤라야, 내 몸속에서 **신화**神化*하기 이전의 본래 성품과 내 몸에서 **기화**氣化*하기 이전의 본래 목숨[命]의 조화 경계를 볼 수 있다.

성명정을 통해 천지와 역사를 보라

그러므로 인간의 이러한 **본성**[性]에 담긴 신령스러운 지각[靈覺]*의 무궁한 조화 능력은 하늘의 신[天神=三神]과 그 근원을 같이 하고, (삼신의 영원한 생명 자체인) **인간의 본래 목숨**[命]이 생명으로 발현됨은 자연의 산천과 그 기를 같이 하고, **인간의 정기**[精]가 자손에게 이어져 영원히 지속함은 창생과 천지의 이상세계를 이루어 가는 **과업**[業]을 함께 하고자 함이다.

---

* **성**性: 인간이 본래 타고난 마음의 근원자리. 불가에서 말하는 자성自性, 법성法性, 불성佛性과 같은 경계이다. 문맥에 따라 성, 성품, 본성으로 번역했다.

* **명**命: 천지의 무궁한 생명 또는 목숨. 천지의 주재자인 삼신상제님의 천명을 뜻한다.

* **신**神: 여기서 신은 인간 몸 속의 신이다. 대우주의 조물주 삼신은 우주를 채우고 있는 일기一氣를 타고, 기는 삼신의 숨결과 하나 되어 만물을 생성한다. 만물을 빚어낸 천상의 조화삼신이 인간의 몸 속에 들어와 작용할 때는 머리의 중심과 가슴에서 체體와 용用의 관계로, 즉 원신元神과 식신識神으로 나뉘어 작용한다. 여기서는 사물을 인식하는 신[識神], 즉 모든 사람의 몸 속에서 개별적으로 작동하고 있는 개별화된 신명을 말한다.
내 몸 속의 신명이 기와 더불어 합해진 후(내 몸의 현실적인 존재가 성립된 후), 내 몸 속에서 기가 밝아지면 본래의 성과 명을 볼 수 있다. 결론은 몸의 기가 맑아져야 한다는 것이다.

* **신화**神化: 인간의 본성은 우주가 열린 삼신의 광명 자체이다. 이것이 실제 우리 몸에서 작용할 때는 하나의 개별적인 신명의 광명으로 작용한다. 신화란 우주의 삼신이 인격신으로서 우리 몸의 '개별화된 신명으로 열리는 경계를 말한다.

* **기화**氣化: 삼신의 영원한 생명이 우리 몸 속에서 작용할 때 기로 변화 작용하는 그 경계를 기화라 한다.

* **영각**靈覺: 삼신의 성신을 받아 사물을 대할 때 그 내면을 환히 보고 실상을 깨닫는 직관直觀의 경지를 말한다. 또한 성性의 본성인 허령虛靈과 지각知覺의 준말로 볼 수 있다. 우주의 조화 성령은 과거, 현재, 미래를 관통하여 만물을 거울

神教의 修行 原理 : 宇宙와 하나 되는 길

乃執一而含三하고
會三而歸一者가 是也니라.
故로 定心不變을 謂之眞我오
神通萬變을 謂之一神이니
眞我는 一神攸居之宮也라
知此眞源하고 依法修行하면
吉祥自臻하고 光明恒照하나니
此乃天人相與之際에
緣執三神戒盟而始能歸于一者也니라.
故로 性命精之無機는 三神一體之上帝也시니
與宇宙萬物로 混然同體하시며
與心氣身으로 無跡而長存하시며
感息觸之無機는 桓因主祖也시니
與世界萬邦으로 一施而同樂하시며
與天地人으로 無爲而自化也시니라.
是故로 其欲立敎者는 須先立自我하고
革形者는 須先革無形이니
此乃知我求獨之一道也니라.

신교의 수행 원리 : 우주와 하나 되는 길

이에 하나(一氣) 속에는 셋(삼신)이 깃들어 있고[執一숨三], 셋(세 손길로 작용하는 삼신)은 하나의 근원으로 돌아가는 원리[會三歸一]*가 그 것이다(하나[一神] 속에 셋[조화造化·성性, 교화敎化·명命, 치화治化·정精]이 있고 셋은 그 근본이 하나[一氣] 속의 신[三神]의 조화이다).

그러므로 (무궁한 일신의 조화에 머무는) 한마음(일심)으로 안정되어 변치 않는 것을 **'진아眞我(참을 실현한 나)'** 라 하고, 신통력으로 온갖 변화를 짓는 것을 **'일신一神(하나님)'** 이라 하니, **진아는 우주의 일신이 거처하는 궁전이다.**

이 참됨의 근원을 알고 법에 의지해 닦고 행하면 상서로운 기운이 저절로 이르고 신(삼신)의 광명이 항상 비치게 된다.

이것이 바로 사람이 하늘과 하나 되고자 할 때[天人相與之際]*, 진실로 삼신의 계율(참전계)을 굳게 지킬 것을 맹세함으로 말미암아[三神戒盟]* 비로소 능히 이 '하나 됨의 경지'一者[一神]에 돌아갈 수 있다는 것이다.

따라서 **성품과 목숨과 정기**[性命精]가 **혼연일체의 경계에 계신 분은 '삼신과 한 몸이신 상제님'**[三神一體上帝]*이시다.

상제님은 천지 만물과 혼연히 한 몸이 되시어, 마음과 기운과 몸[心氣身]으로 아무런 자취를 남기지 않으시나 영원히 존재하신다.

그리고 느낌과 호흡과 촉감[感息觸]이 혼연일체의 경지에 계신 분이 **인류의 시조인 환인주조**主祖**님***이시다.

환인주조님은 세계만방에 한결같이 덕화를 베풀고 즐거움을 함께 누리시며, 하늘·땅·인간 삼계三界와 더불어, 함이 없이 저절로 조화를 이루신다.

이러하므로 가르침[敎]을 세우려는 자는 반드시 먼저 자아를 확립해야 하고, 자신의 형체를 바꾸려는 자는 반드시 먼저 무형의 정신을 뜯어고쳐야 하나니, 이것이 바로 '나를 알아 자립을 구하는 유일한 방도'[知我求獨之一道]인 것이다.

에 비추듯 환히 비춰 준다. 인간은 신도神道로 깨쳐야 사물과 진리의 실상을 바로 보게 된다.

❋ **집일함삼**執一숨三 **회삼귀일**會三歸一: 우주 근원의 조화 세계[一神]에 세 신성[三神]이 담겨 있고 이 삼신 원리를 일체로 보면 본래의 한 조화신[一神]으로 돌아간다는 의미이다(33세 감물단군 서고문 참조). 우주가 생겨나는 조화 정신, 본체에는 세 가지의 창조와 변화 원리(작용, 用)가 함축되어 있다. 이 본체[體], 곧 일신一神 즉 일기一氣와 현실적인 창조 변화 작용[用]의 원리를 완전히 체득하여야만 '삼신 사상'의 전체 구조를 올바로 이해할 수 있다.

❋ **천인상여지제**天人相與之際: 하늘과 사람이 함께 참여하는 관계[天人合一], 하늘과 사람이 서로 화합하는 관계를 의미한다.

 삼신계맹三神戒盟: 여기서 계戒는 태고 시절에 삼신상제님이 인류에게 내려 주신 깨달음의 글이다. 모든 인간이 완전한, 성숙한 인간이 되는 계율, 전계全戒로서 곧 천경신고天經神誥(『천부경』, 『삼일신고』, 『참전경』)를 말한다.

❋ **삼신일체상제**三神一體上帝: 삼신과 한 몸으로 계시며, 삼신 자체가 되셔서 삼신의 뜻과 생명을 현상 세계에 열어 주시는 분이 바로 상제님이다. 상제님을 통해 삼신의 도가 인간 문화 속에 선포된다.

❋ **환인주조**桓因主祖: 상제님으로부터 직접 삼신일체의 도를 받아 내려 신교의 영원 불멸하는 생명의 문을 인류 문화사상 처음으로 완전히 드러내신 분이다. **신교 원형 선仙의 원 주장자, 동서문명사의 대조상**[主祖]**이 되시는 분**이다.

救國의 길, 國統을 바로 세움

嗚呼痛矣라.

夫餘에 無夫餘之道然後에 漢人이 入夫餘也며

高麗에 無高麗之道然後에 蒙古가 入高麗也어니와

若其時之制先하야 以夫餘에 有夫餘之道則漢人은

歸其漢也며 高麗에 有高麗之道則蒙古는 歸其蒙古也니라.

嗚呼痛矣라.

向年에 潛淸輩之邪論이 陰與百鬼夜行하야

以男生發歧之逆心으로 相應而合勢하니

爲國者抑何自安於道器兩喪하며 形魂全滅之時乎아.

今에 外人干涉之政이 去益滋甚하야

讓位重祚를 任渠弄擅호대 如我大臣者가

徒束手而無策은 何也오 國無史而形失魂之故也니라.

一大臣之能이 姑無可救之爲言이나

而乃擧國之人이 皆救國自期오

而求其所以爲有益於救國然後에 方可得以言救國也니라

然則救國이 何在哉아. 向所謂國有史而形有魂也니라.

神市開天이 自有其統하야 國因統而立하고 民因統而興하나니

史學이 豈不重歟아 書此하야 樂爲檀君世紀序하노라.

上之十二年癸卯十月三日에

紅杏村叟는 書于江都之海雲堂하노라.

구국의 길, 국통을 바로 세움

아, 슬프구나!

부여에 부여의 도道가 없어진 후에 한漢나라 사람이 부여에 쳐들어왔고, 고려에 고려의 도가 없어진 후에 몽골이 고려에 쳐들어왔다. 만약 그 당시에 미리 제정되어, 부여에 부여의 도가 있었다면 한나라 사람은 한나라로 쫓겨 가고, 고려에 고려의 도가 있었다면 몽골인은 몽골로 쫓겨 갔을 것이다.

아, 통탄스럽도다!

과거에 오잠吳潛과 류청신柳淸臣 같은 간신배가 떠들어 댄 사악한 말이 은밀히 백귀百鬼와 더불어 야행하여 고구려의 역신인 남생男生과 발기發岐의 역심逆心과 상응하여 합세하였는데, 나라를 다스리는 사람들이 도와 그릇이 함께 없어지고 형체와 혼이 다 사라지는 때에 어찌하여 자신만 편안코자 한단 말인가!

금일에 외인(몽골인)이 정사를 간섭함이 갈수록 심하여 왕위에서 물러나고 다시 오름을 저희들 멋대로 조종하되, 우리 대신들이 한갓 속수무책인 것은 무슨 까닭인가? **나라에 역사가 없고, 형체가 혼을 잃어버렸기 때문**[國無史而形失魂之故]이로다.

대신大臣 한 사람의 능력으로 나라를 구할 수 있다고 말할 수는 없으나, 온 나라 사람이 나라 구하기를 스스로 기약하고 나라를 구하는 데 무엇이 유익한 것인지 찾아낸 연후에 비로소 **구국救國**을 말할 수 있으리라.

그렇다면 나라를 구하는 길은 어디에 있는가.

앞에서 말한 바, '**나라에 역사가 있고, 형체에 혼魂이 있어야 한다**[國有史而形有魂]'는 것이다.

신시에 나라를 연[神市開天] 이후로 **국통國統**이 있어, 나라는 이 국통으로 인하여 세워지고, 백성은 이 국통으로 인해 흥하였나니, 역사를 배움이 어찌 소중하지 않으리오?

이 글을 써서 기쁜 마음으로 『단군세기』의 서문으로 삼는다.

공민왕 12년(환기 8560, 신시개천 5260, 단기 3696, 서기 1363) 계묘 10월 3일에, 홍행촌수紅杏村叟가 강화도의 해운당海雲堂에서 쓰노라.

✱ **오잠吳潛**(1259~1336): 고려 후기의 간신. 임금 부자父子를 모함하여 이간시켰고, 어진 신하들을 모해謀害하여 원성이 높았다. 고려에 행성行省을 설치, 국호를 폐하고 원元의 직속령으로 할 것을 원나라에 청하였다.

✱ **류청신柳淸臣**(?~1329): 고려 후기의 간신. 1316년에 정조사正朝使로, 1321년에는 왕을 따라 원나라에 갔다. 이때 조적 등과 밀통하여 왕위를 노리는 심양왕 고에게 붙어 충선왕을 모함하려 하였고, 오잠과 함께 본국에 정동행성征東行省을 설치할 것을 원나라에 청하는 등 반역 행위를 하다 발각되어 귀국하지 못하고 원나라에서 죽었다.

✱ **남생男生**: 연개소문淵蓋蘇文의 장자. 연개소문을 이어 최고 관직인 대막리지가 되었다. 전국의 성城을 순시하러 나간 사이에 아우 남건이 대막리지 자리를 탈취하자 당나라에 항복하고, 이세적李世勣과 함께 당군을 이끌고 와서 고구려를 멸망시켰다. 그 후 우위대장군, 변국공에 봉해졌다.

✱ **발기發岐**: 고구려 신대열제(8세)의 아들, 고국천열제(9세)의 아우. 고국천열제가 196년에 후사 없이 죽자 아우 연우와 왕위쟁탈전을 벌이다 패하여 요동(지금의 하북성 난하 동쪽)으로 도망가서 공손탁에게 군사를 빌어 본국을 치다가 패하여 자살하였다.

✱ **국통國統**: '민족의 역사 정신의 맥과 법통을 말한다. 한민족사의 국통은 환국→배달국→고조선→북부여(원시 고구려)→고구려(백제, 전신라, 가야)→남북국 시대(대진국, 후신라)→고려→조선→임시정부→대한민국으로 9천 년간 면면히 이어져 내려오는 인류의 정통 장자국(종주국)의 대통이다.

✱ **2012년**: 환기 9209년, 신시개천 5909년, 단기 4345년.

檀君世紀

國祖 檀君王儉 在位九十三年

1. 檀君王儉의 誕降과 繼天

檀君王儉의 血統과 朝鮮의 建國

古記에 云

「王儉의 父는 檀雄이시오 母는 熊氏王女시라

辛卯五月二日寅時에 生于檀樹下하시니

有神人之德하사 遠近이 畏服하니라

年十四甲辰에 熊氏王이 聞其神聖하고 擧爲裨王하야

攝行大邑國事하시고 戊辰唐堯時에 來自檀國하사

至阿斯達檀木之墟하시니 國人이 推爲天帝子하야

混一九桓하시고 神化遠曁하시니 是謂檀君王儉이시라.

在裨王位二十四年이시오 在帝位九十三年이시오

壽는 一百三十歲시니라.」

戊辰元年이라 大始神市之世에 四來之民이

遍居山谷하며 草衣跣足이러니

至開天一千五百六十五年上月三日하야 有神人王儉者가

五加之魁로 率徒八百하시고 來御于檀木之墟하사

與衆으로 奉祭于三神하시니 其至神之德과 兼聖之仁이

乃能奉詔繼天하사 巍蕩惟烈이어시늘

桓檀古記

▸檀 박달나무 단
▸雄 웅장할 웅
▸樹 나무 수　▸遠 멀 원
▸近 가까울 근　▸畏 두려울 외
▸服 복종할 복　▸熊 곰 웅
▸聞 들을 문　▸擧 추천할 거
▸裨 도울 비　▸攝 대신할 섭
▸攝行 : 임금을 대신하여 정치함
▸邑 고을 읍　▸唐 당나라 당
▸堯 요임금 요
▸自 ~에서부터 자　▸至 이를 지
▸阿 언덕 아　▸斯 이 사
▸達 통할 달　▸墟 옛터 허
▸推 받들 추　▸混 합할 혼
▸混一九桓 : 구환족을 통일하심
▸曁 미칠 기

▸遍 두루 편　▸居 살 거
▸谷 골짜기 곡　▸草 풀 초
▸衣 옷 의　▸跣 맨발 선
▸草衣跣足 : 풀로 옷을 지어 입고 맨발로 다님
▸魁 우두머리 괴
▸率 거느릴 솔　▸徒 무리 도
▸御 거둥할 어　▸奉 받들 봉
▸祭 제사 제　▸兼 겸할 겸
▸詔 조칙 조　▸繼 이을 계
▸巍 높을 외　▸蕩 광대할 탕
▸惟 어조사 유　▸烈 빛날 렬

단군세기

국조 단군왕검 재위 93년

1. 단군왕검의 탄강과 계천

단군왕검의 혈통과 조선의 건국

『고기古記』*에 다음과 같이 기록되어 있다.

> 왕검王儉*2)의 아버지는 단웅檀雄이요, 어머니는 웅씨왕熊氏王의 따님이다. 신묘(환기 4828, 신시개천 1528, BCE 2370)년 5월 2일 인시에 박달나무가 우거진 숲[檀樹]에서 태어나시니, 신인神人의 덕이 있어 원근 사람들이 모두 경외敬畏하여 따랐다.
> 14세 되던 갑진(신시개천 1541, BCE 2357)년에, 웅씨왕이 그 신성함을 듣고 비왕神王으로 천거하여 '대읍국大邑國'의 국사를 맡아 다스리게 하였다.
> 무진년 당요唐堯 때에 단국檀國에서 돌아와 아사달의 박달나무가 우거진 터[檀木之墟]에 이르시니 온 나라 백성이 천제의 아들로 추대하였다. 구환족九桓族을 합쳐서 하나로 통일하시고 신성한 덕화가 멀리까지 미치니 이분이 단군왕검이시다. 성조께서 비왕으로 24년, 제왕으로 93년 동안 재위하셨고 그 수壽는 130세였다.

단군왕검의 재위 원년은 무진(환기 4865, 신시개천 1565, 단기 원년, BCE 2333)년이다.3) 신시 시대가 처음 시작될 무렵에는 사방에서 백성이 모여 들어 산골짜기 곳곳에 퍼져 살았는데, 풀로 옷을 지어 입고 맨발로 다녔다.

배달 신시 개천開天 1565(단기 원년, BCE 2333)년* 10월[上月] 3일에, 신인 왕검께서 오가五加의 우두머리로서 무리 8백 명을 거느리고 단목 터에 와서 백성과 더불어 삼신상제님께 천제를 지내셨다.

왕검께서 지극히 신성한 덕성과 성스러움을 겸한 인자함으로 능히 **선대 환인·환웅 성조의 가르침을 받들고 하늘의 뜻을 계승**[繼天]하시니 그 공덕이 높고 커서 찬란하게 빛났다.

---

* 『고기古記』: 구체적으로 어떤 책인지 자세히 알 수 없다. 그러나 조선 시대(세조, 예종, 성종 때)에 어명을 내려 『고조선비사古朝鮮秘詞』, 『대변설大辯說』, 『조대기朝代記』, 『지공기誌公記』, 『표훈천사表訓天詞』, 『삼성밀기三聖密記』, 『삼성기三聖記』, 『도증기道證記』, 『통천록通天錄』, 『지화록地華錄』 등과 같은 희귀 보서를 거두어 들였다는 기록이 있음을 보아, 당시만 해도 한민족 고대사의 정통도가 사료史料가 상당수 남아 있었음을 알 수 있다.

* 왕검: 왕검은 부족을 다스리는 군장君長을 말한다. 『태백일사』, 「삼한관경본기」에서는 "왕검王儉을 세속 말로 대감大監이라 한다. 이 왕검은 영토를 관장하고 지키며, 포악을 제거하고 백성을 보살폈다[王儉, 俗言大監也. 管守土境, 除暴扶民]"라고 하였다. 신시 배달 때부터 수많은 왕검이 있었다. 단군왕검은 그 왕검(대감)들 중에서 특히 신성하고 덕망이 뛰어난 신인왕검으로서 전체 부족의 추대를 받아 임금이 되신 것이다.

* 대읍국大邑國: 단군왕검이 14세에 웅씨국 비왕이 되어 38세까지 대읍국 국사를 다스렸다고 했는데, 대읍국은 웅씨국으로 추정된다. 또 단국에서 돌아와 아사달에 이르러 천자로 추대되었다고 했는데, 「삼한관경본기」에 의하면 단국은 웅녀군이 처음 단허檀墟에 봉함을 받은 곳, 즉 웅씨국으로 해석될 수 있다. 또한 배달국으로도 볼 수 있다.

* 단기 원년: 단군왕검이 조선을 개국한 해인 신시 개천 1565년은 정월(1월)을 세수歲首로 하면 무진(BCE 2333)년이고, 10월을 세수로 하면 정묘(BCE 2334)년이 된다.

* 계천繼天: '천天'은 '신시개천市開天' 또는 '개천開天'의 '天'으로 배달의 법통과 국통을 계승했다는 의미이다. 단순히 '하늘의 뜻으

九桓之民이 咸悅誠服하야 推爲天帝化身而帝之하니
是爲檀君王儉이시라. 復神市舊規하시고 立都阿斯達하시고
建邦하사 號朝鮮하시니라.

2. 檀君王儉의 八大 綱領

참된 삶을 위한 여덟 가지 가르침

詔曰 天範은 惟一이오 弗二厥門이니

爾惟純誠하야 一爾心이라야 乃朝天이니라.

天範은 恒一하고 人心은 惟同하니

推己秉心하야 以及人心하라.

人心惟化하면 亦合天範하니 乃用御于萬邦이니라.

爾生由親이오 親降自天이시니

惟敬爾親이라야 乃克敬天이오

以及于邦國이면 是乃忠孝라

爾克体是道하면 天有崩이라도 必先脫免이니라.

禽獸有雙하고 弊履有對하니

爾男女는 以和하야 無怨하며 無妬하며 無淫하라.

爾嚼十指하라 痛無大小리니 爾相愛하야 無胥讒하며

互佑하야 無相殘이라야 家國以興이니라.

爾觀牛馬하라 猶分厥芻어니 爾互讓하야 無胥奪하며

共作하야 無相盜라야 國家以殷이니라.

이에 구환의 백성이 모두 기뻐하고 진실로 복종하여 천제의 화신으로 여기고 임금으로 추대하니, 이분이 바로 **단군왕검**이시다.

왕검께서는 신시 배달의 법도를 되살리고, 아사달*⁴⁾에 도읍을 정하여 나라를 세우시고 그 이름을 **조선**朝鮮이라 하셨다.

2. 단군왕검의 8대 강령

참된 삶을 위한 여덟 가지 가르침

단군왕검께서 조칙*을 내려 말씀하시니 이러하다.

제1조: **하늘의 법도는 오직 하나요, 그 문은 둘이 아니니라.** 너희들이 오직 **순수한 정성으로 다져진 일심을 가져야 하느님(상제님)을 뵐 수 있느니라**[朝天]*.

제2조: 하늘의 법도는 항상 하나이며, 사람 마음은 똑 같으니라. 자기의 마음을 미루어 다른 사람의 마음을 깊이 생각하라. 사람들의 마음과 잘 융화하면, 이는 하늘의 법도에 일치하는 것이니 이로써 만방을 다스릴 수 있게 되리라.

제3조: 너를 낳으신 분은 부모요, 부모는 하늘로부터 내려오셨으니, 오직 너희 **부모를 잘 공경하여야 능히 하느님(상제님)을 경배**[敬天]*할 수 있느니라. 이러한 정신이 온 나라에 퍼져 나가면 충효가 되나니, 너희가 이러한 도를 몸으로 잘 익히면 하늘이 무너져도 반드시 먼저 벗어나 살 수 있으리라.

제4조: 짐승도 짝이 있고 헌 신도 짝이 있는 법이니라. 너희 **남녀는 잘 조화하여 원망하지 말고 질투하지 말며, 음행하지 말** 지어다.

제5조: 너희는 열 손가락을 깨물어 보라. 그 아픔에 차이가 없느니라. 그러므로 서로 사랑하여 헐뜯지 말며, 서로 돕고 해치지 말아야 집안과 나라가 번영하리라.

제6조: 너희는 소와 말을 보아라. 오히려 먹이를 나누어 먹나니, 너희는 서로 양보하여 **빼앗지 말며, 함께 일하고 도적질하지 않아야** 나라와 집안이 번영하리라.

---

* **아사달**: 단군왕검께서 처음으로 도읍하신 곳으로, 단재 신채호의 『전후삼한고前後三韓考』에 의하면 지금의 송화강변에 있는 하얼빈의 완달산完達山이다. 이제까지 사대주의와 식민사학은 아사달을 황해도 구월산이나 대동강의 평양으로 비정해 왔다. 아사달에 도읍한 고조선의 '송화강 아사달 시대'는 초대 단군왕검부터 21세 소태단군까지(BCE 2333~ BCE 1286) 1,048년에 달한다.

* **조칙**詔勅: 왕명을 기록한 문서. 8개 조항이 모두 신교의 정신을 바탕으로 삼고 있으며, 수신·제가·치국·평천하라는 유교의 근본 정신이 신교에서 발원하였음을 알 수 있다. 교과서에 인용되어 있는 고조선의 8조금법은 22세 색불루단군 때의 금팔조禁八條로, 「삼한관경본기」〈번한세가〉 하편에 기록되어 있다.

* **조천**朝天: 하늘에 조회하다. 곧 천상 보좌에 임어해 계시는 상제님을 알현한다는 뜻이다. 『삼일신고』에서는 "유성통공완자惟性通功完者라야 조朝하야 영득쾌락永得快樂이니라. 오직 본성에 통하고, 천지(삼신)에 공덕을 완수한 자라야 이곳에 들어와 영원한 즐거움을 얻으리라"라고 하였다.

* **경천**敬天: 본문의 경천敬天에서 천天은 유교의 도덕천이나 이법적 천이 아니라, 하늘의 천제天帝, 상제上帝, 즉 대우주의 통치자이신 삼신상제님을 말한다.

이 관 우 호　　강포불령　　내 작 얼
爾觀于虎하라 彊暴不靈하야 乃作孼하나니

이 무 걸 무 이 장 성　　무 상 인
爾無桀鷔以戕性하고 無傷人하며

항 준 천 범　　극 애 물
恒遵天範하야 克愛物하라.

이 부 경　　무 능 약　　제 휼　　무 모 비
爾扶傾하야 無陵弱하며 濟恤하야 無侮卑하라.

이 유 월 궐 칙　　영 부 득 신 우　　신 가 이 운
爾有越厥則이면 永不得神佑하야 身家以殞하리라.

이 여 유 충　　화 우 화 전
爾如有衝하야 火于禾田이면

화 가 장 진 멸　　신 인 이 노
禾稼將殄滅하야 神人以怒하리니

이 수 후 포　　궐 향 필 루
爾雖厚包라도 厥香必漏니라.

이 경 지 이 성　　무 회 특
爾敬持彛性하야 無懷慝하며

무 은 악　　무 장 화 심
無隱惡하며 無藏禍心하라.

극 경 우 천　　친 우 민　　이 내 복 록 무 궁
克敬于天하며 親于民이라야 爾乃福祿無窮하리니

이 오 가 　 중　　기 흠 재
爾五加와 衆아 其欽哉어다.

3. 皇后와 主要 臣下

어 시　　명 팽 우　　벽 토 지　　성 조 기 궁 실
於是에 命彭虞하사 闢土地하시며 成造로 起宮室하시며

신 지 조 서 계　　기 성 설 의 약
臣智로 造書契하시며 奇省으로 設醫藥하시며

나 을 관 판 적　　희 전 괘 서　　우 장 병 마
那乙로 管版籍하시며 羲로 典卦筮하시며 尤로 掌兵馬하시고

납 비 서 갑 하 백 녀　　위 후　　치 잠
納斐西岬河伯女하사 爲后하시고 治蠶하시니

순 방 지 치　　희 흡 사 표
淳厖之治가 熙洽四表러라.

제7조: 너희는 저 호랑이를 보아라. 강포彊暴하고 신령하지 못하여 재앙을 일으키느니라. 너희는 사납고 성급히 행하여 성품을 해하지 말고 남을 해치지 말며, 하늘의 법을 항상 잘 준수하여 능히 만물을 사랑하여라. 너희는 위태로운 사람을 붙잡아 주고 약한 사람을 능멸하지 말 것이며, 불쌍한 사람을 도와주고 비천한 사람을 업신여기지 말지어다. 너희가 이러한 원칙을 어기면 영원히 신의 도움을 얻지 못하여 몸과 집안이 함께 망하리라.

제8조: 너희가 만일 서로 충돌하여 논밭에 불을 내면 곡식이 다 타서 없어져 신과 사람이 노하게 되리라. 너희가 아무리 두텁게 싸고 덮는다 해도 그 냄새는 반드시 새어 나오게 되느니라. 너희는 **타고난 본성을 잘 간직하여** 사특한 생각을 품지 말고, 악을 숨기지 말며, 남을 해치려는 마음을 지니지 말지어다. 하늘을 공경하고 백성을 사랑하여야 너희들의 복록이 무궁하리라.

너희 오가五加와 백성들아! 나의 말을 잘 받들지어다.

3. 황후와 주요 신하

이때에 단군왕검께서 어명을 내려 팽우彭虞에게 토지를 개간하게 하시고, 성조成造*에게 궁실을 짓게 하시며, 신지臣智에게 글자를 만들게 하셨다. 기성奇省에게 의약을 베풀게 하시고, 나을那乙에게 호적을 관장하게 하시며, 희羲에게 괘서卦筮를 주관하게 하시고, 우尤에게 병마兵馬를 담당하게 하셨다.

비서갑斐西岬*에 사는 **하백의 따님**[河伯女]을 맞이하여 황후로 삼고 누에치기⁵⁾를 맡게 하시니, 백성을 사랑하시는 어질고 후덕한 정치가 사방에 미치어 천하가 태평하였다.

✻ **성조**成造: 단군왕검 시대의 건축의 시조신으로 4천여 년 동안 신교의 한 갈래인 무속(샤머니즘)과 민간 신앙을 통해 '성조대군, 성주신成造神'으로 받들어지고 집안의 수호신으로 모셔져 왔다. '성주풀이'는 집을 수호하는 성주신을 받아 내리는 신교의 풍속이다. 오늘날 새 집을 짓거나 이사한 뒤에 행하는 '집들이'는 '성주풀이'가 현대적으로 변형된 것이다.

✻ **비서갑**斐西岬: 송화강 아사달로 지금의 흑룡강성 하얼빈哈爾濱이다. 고사古史에서는 부소갑扶蘇岬, 비서갑非西岬 혹은 아사달阿斯達이라 한다(신채호, 『조선상고사』).

東方의 大洪水 事件과 摩璃山 塹城壇의 由來

丁巳五十年이라 洪水汎濫하야 民不得息일새

帝命風伯彭虞하사 治水하시고

定高山大川하사 以便民居하시니 牛首州에 有碑하니라.

戊午五十一年이라 帝命雲師倍達臣하사

設三郎城于穴口하시고 築祭天壇於摩璃山하시니

今塹城壇이 是也니라.

甲戌六十七年이라 帝遣太子扶婁하사

與虞司空으로 會于塗山하실새

太子가 傳五行治水之法하시고 勘定國界하시니

幽營二州가 屬我오 定淮岱諸侯하사 置分朝以理之하실새

使虞舜으로 監其事하시니라.

桓檀古記

- 汎 뜰 범
- 得 얻을 득
- 伯 맏 백
- 虞 염려할 우
- 居 살 거
- 倍 곱 배
- 設 베풀 설
- 築 쌓을 축
- 壇 제단 단
- 璃 유리 리
- 遣 보낼 견
- 扶 도울 부
- 司 맡을 사
- 會 모을 회
- 傳 전할 전
- 界 경계할 계
- 營 경영할 영
- 淮 강 이름 회
- 淮岱 : 회수와 태산
- 諸 모두 제
- 置 둘 치
- 朝 조정 조
- 監 살필 감
- 濫 넘칠 람
- 風 바람 풍
- 彭 성 팽
- 便 편할 편
- 碑 비석 비
- 達 통할 달
- 郎 사내 랑
- 祭 제사 제
- 摩 갈 마
- 塹 구덩이 참
- 婁 별이름 루
- 空 빌 공
- 塗 진흙 도
- 勘 살필 감
- 幽 그윽할 유
- 屬 붙을 속
- 岱 대산 대
- 侯 제후 후
- 分 나눌 분
- 舜 순임금 순

강화도 삼랑성(현 정족산성)
단군왕검께서 재위 51년 무오(BCE 2283)년에 운사 배달신에게 명하여 건설하게 하신 성이다. 삼랑三郎은 본래 배달의 신하이며 삼신을 수호하는 관직을 세습하였다. 이곳은 병인양요(1866) 때 양헌수 장군이 프랑스 군대를 격퇴한 격전지이기도 하다.

동방의 대홍수 사건과 마리산 참성단의 유래

재위 50년 정사(단기 50, BCE 2284)년에 홍수가 범람하여 백성이 편안히 살 수 없게 되었다. 왕검께서 풍백風伯 팽우에게 명하여 물을 다스리게 하시고, 높은 산과 큰 하천을 잘 정리하여 백성이 편안히 거처하게 하셨다. 우수주牛首州[6]에 이 내용을 기록한 비碑가 남아 있다.

재위 51년 무오(단기 51, BCE 2283)년에 왕검께서 운사雲師 배달신倍達臣에게 명하여 혈구穴口[7]에 **삼랑성三郞城***을 건설하게 하시고, **마리산摩璃山***에 제천단을 쌓게 하시니 지금의 **참성단塹城壇**[8]이 곧 그것이다.

재위 67년 갑술(단기 67, BCE 2267)년에 왕검께서 **태자 부루扶婁**를 보내어 우순虞舜(순임금)[9]이 보낸 사공司空(우禹를 말함)*과 도산塗山[10]에서 만나게 하셨다. 태자께서 '오행의 원리로 물을 다스리는 법[五行治水之法]'을 전하시고, 나라의 경계를 살펴 정하시니 유주幽州·영주營州* 두 주가 우리 영토에 귀속되고, 회수와 태산 지역의 제후들을 평정하여 **분조分朝***를 두어 다스리실 때 우순을 시켜 그 일을 감독하게 하셨다.

* **삼랑성三郞城**: 강화도 정족산성. 지금까지 단군왕검의 세 아들이 지었다고 잘못 전해져 왔다. 본래 삼랑三郞은 '삼신을 수호하는 벼슬'이다. 삼랑에서 화랑도의 원형을 엿볼 수 있다.

* **마리산摩璃山**: 마리산摩利山, 마니산摩尼山, 마루산, 두악산頭嶽山이라고도 한다.

* **참성단塹城壇**: 국내에 현존하는 '최고最古의 제천단'으로 단군조선부터 근세 조선에 이르기까지 우주의 주재자이신 삼신상제님께 천제를 지내 온 한민족의 고유한 제천소祭天所이다.

* **사공司空**: 소호금천씨(BCE 2600년경) 때 생긴 벼슬 이름으로 본래 삼공三公의 하나였다. 주周 시대에 동관冬官 대사공大司空이 강과 땅의 일을 맡았다. 후대에 이르러 6부 가운데 공부상서工部尙書(지금의 건설교통부장관)로 통칭되었다(『중문대사전』).

* **유주幽州와 영주營州**: 순임금이 기주冀州의 동북 방면 땅을 나누어 유주라 하였는데, 오늘날 하북성에 해당한다. 또 청주靑州를 나누어 영주를 만들었는데, 지금의 산동성 북부 지역이다.

* **분조分朝**: 중앙 정부에서 너무 멀리 떨어져 있어서 직접 통치하기 어려운 지역을 제후가 통치권을 위임 받아 다스리는 것을 말한다. 그러므로 분조는 통치권의 분할을 의미한다.

강화도 마리산摩利山 참성단塹城壇
남한에서 가장 오래된 제천단祭天壇인 참성단塹城壇은 단군왕검께서 재위 51년(BCE 2283)에 운사雲師 배달신倍達臣에게 명하여 삼랑성三郞城과 더불어 쌓게 하셨다. 참성단은 천원지방天圓地方의 원리에 따라 위쪽 제단은 네모나게, 아래쪽은 둥글게 쌓았다.

4. 太平聖代의 모습과 檀君王儉의 御天

神敎의 十月 祭天 文化

庚子九十三年이라 帝在柳闕하시니

土階自成하야 草茆不除하시고

檀木茂陰하야 與熊虎遊하시며 觀牛羊茁하시며

浚溝洫하시며 開田陌하시며 勸田蠶하시며 治漁獵하시고

民有餘物이면 俾補國用하시고

國中大會하사 上月祭天하시니

民皆熙皥自樂일새 自此로 皇化가 洽被九域하야

遠暨耽浪하야 德敎漸得偉廣이러라.

三韓管境과 檀旂 風俗의 由來

先是에 區劃天下之地하사 分統三韓하시니

三韓에 皆有五家六十四族이러라.

是歲三月十五日에 帝崩于蓬亭하시니

葬于郊外十里之地라.

萬姓이 如喪考妣하야 奉檀旂하고 晨夕으로 合坐敬拜하야

常念不忘于懷하니라. 太子扶婁가 立하시니라.

4. 태평성대의 모습과 단군왕검의 어천

신교의 10월 제천 문화

재위 93년 경자(단기 93, BCE 2241)년에 왕검께서 버드나무로 지은 궁궐에 머무실 때 흙 계단이 저절로 이루어지고 풀이 우거졌으나 베지 않으셨고, 박달나무[檀木]가 무성한 그늘 밑에서 곰과 호랑이와 더불어 노니시고 소와 양이 풀을 뜯는 평화로운 정경을 바라보셨다. 도랑을 파고 밭길을 내며, 농사짓기와 누에치기를 권장하시고 고기잡이와 사냥을 익히게 하셨다. 백성에게 남아 도는 물자가 있으면 나라 살림에 보태어 쓰게 하셨다.

10월 상달에 나라에 큰 제전을 열어 하늘에 제사를 지내니[上月祭天],* 온 백성이 진실로 밝은 모습으로 즐거워하였다.

이로부터 단군왕검의 덕화德化가 온 누리를 덮어 멀리 탐랑耽浪*까지 미쳤고, 성덕聖德의 가르침은 점차로 위세를 얻어 널리 퍼져 나갔다.

삼한관경과 단기(댕기) 풍속의 유래

이에 앞서 왕검께서 천하의 땅을 일정한 지역으로 경계를 정해 **삼한三韓***으로 나누어 다스리셨다. 삼한에는 모두 **5가**五家 **64족**六十四族이 있었다.

이 해(환기 4957, 신시개천 1657, 단기 93, BCE 2241) 3월 15일*에 단군왕검께서 봉정蓬亭에서 붕어하시니 교외 십 리 되는 곳에 장사지냈다.

모든 백성이 부모를 잃은 듯 슬퍼하였고, **단기**檀旂*를 받들어 아침저녁으로 모여 앉아 경배하며 항상 단군왕검의 덕을 가슴에 품고 잊지 않았다. 태자 부루께서 즉위하셨다.

---

* **상월제천**上月祭天: 해마다 3월과 10월에는 삼신상제님께 천제를 올렸다. 3월 16일은 대영절이라 하여 삼신상제님을 맞이하는 제천의식인 삼신영고제를 행하였고, 10월에는 나라에 큰 축제를 열어 온 백성들이 함께 상제님께 천제를 지냈다. 고구려의 을지문덕, 연개소문 등 역대 영걸들은 3월에는 마리산에서, 10월 개천절에는 백두산에서 천제를 봉행하였다.

* **탐랑**耽浪: 탐랑은 탐라耽羅(제주도), 탐라耽羅+낙랑樂浪이라는 두 가지 설이 있다.

* **삼한**三韓: 마한馬韓·번한番韓·진한辰韓을 말한다. 삼신三神 우주론에 근거하여 천·지·인 삼계의 천일天一·지일地一·태일太一 정신에 따라 고조선의 전 영역을 삼한으로 나누어 다스렸다. 우리 고어에서 천일은 '말한', 지일은 '불한', 태일은 '신한'이니, 말한·불한·신한을 다시 이두로 표기하면 마한馬韓·변한卞韓·진한辰韓이 된다.

* **3월 15일**: 초대 단군왕검의 어천절御天節.

* **단기**檀旂: 수천 년 동안 어린아이의 머리에 고운 비단 헝겊을 달아 주는 '단기(댕기, 檀旂=檀祇)'는 바로 초대 단군왕검을 추모하여 받든 조기弔旗인 단기檀旂가 변형된 것이다. 우리 민족 고유의 댕기 풍속은 단군왕검의 자손임을 표시하는 생생한 징표이다.

댕기머리

二世檀君 扶婁 在位五十八年

1. 諸侯 虞舜이 定한 國境을 바로잡으심

辛丑元年이라. 帝賢而多福하사 居財大富하시고
與民으로 共治産業하사 無一民飢寒하며
每當春秋에 巡省國中하사 祭天如禮하시며
察諸汗善惡하사 克愼賞罰하시며 浚渠洫하시며
勸農桑하시며 設療興學하시니 文化大進하야 聲聞日彰하니라.
初에 虞舜이 置幽營二州於藍國之隣이어늘
帝遣兵征之하사 盡逐其君하시고
封東武道羅等하사 以表其功하시니라.

2. 倍達과 檀君朝鮮 時代의 祭天歌

參佺戒律이 된「於阿歌」

神市以來로 每當祭天이면
國中大會하야 齊唱讚德諧和하야
於阿爲樂하고 感謝爲本하니 神人以和하야 四方爲式하니
是爲參佺戒라 其詞에 曰
於阿於阿여
我等大祖神의 大恩德은
倍達國我等이 皆百百千千年勿忘이로다.

2세 단군 부루 재위 58년

1. 제후 우순이 정한 국경을 바로잡으심

부루단군의 재위 원년은 신축(환기 4958, 신시개천 1658, 단기 94, BCE 2240)년이다. 임금께서 어질고 복이 많아서 재물을 많이 쌓아 큰 부를 누리셨다. 백성과 더불어 산업을 다스리시니 굶주리거나 추위에 떠는 사람이 하나도 없었다.

매년 봄가을에 나라 안을 순행하여 살피고, 예를 갖추어 **하늘에 제사** 지내고, 모든 제후의 선악을 살피고 상벌을 신중히 하셨다. 도랑을 파고, 농업과 양잠을 권장하며, 학교를 지어 학문을 일으키시니 문화가 크게 진보하고 그 명성이 나날이 퍼져 나갔다.

초기에 우순虞舜*이 유주와 영주11)를 **남국藍國***12) 근처에 설치하므로, 임금께서 군사를 보내 이들을 정벌하여 그곳 왕을 모두 쫓아내고 동무東武와 도라道羅※ 등을 봉하여 그 공을 표창하셨다.

2. 배달과 단군조선 시대의 제천가

참전계율이 된 「어아가」

신시 개천神市開天 이래로 **매년 하늘에 제사를 지낼 때 나라에 큰 축제를 열어 모두 삼신상제님의 덕을 찬양하는 노래를 부르며 화합**하였다.

「**어아於阿**」*를 음악으로 삼고 **감사함을 근본으로 하여 하늘의 신명과 인간을 조화**시키니 사방에서 모두 이를 본받았다. 이것이 **참전계參佺戒***가 되었는데, 그 가사는 다음과 같다.

> 어아 어아
> 우리 대조신*의 크나큰 은덕이시여!
> 배달의 아들딸 모두
> 백백천천 영세토록 잊지 못하오리다.

* **우순虞舜**: 이른바 순임금도 단군조선의 제후였다.
* **남국藍國**: 단군조선의 제후국으로 동이 구족東夷九族 가운데 남藍씨가 세운 나라. 산동성을 발원지로 하여 하북성에 걸쳐 분포하였으며, 후대에 한족의 압박으로 중국 사방으로 흩어져 이동하는 과정에서 주류는 남쪽으로 이동하여 요족瑤族 등의 소수민족과 융화되었고 일부는 한족의 주요 구성원이 되었다. 중국학자 린후이샹林惠祥은 『후한서』와 『죽서기년』에 보이는 구이九夷에 남이藍夷가 더 추가돼서 십이十夷가 되었다고 하였다(린후이샹, 『중국민족사』 상, 74쪽).
* **동무東武와 도라道羅**: 북애北崖가 저술한 『규원사화』에 "2세 부루단군 때 세 사람의 이인異人이 패수를 건너 왔는데 선라仙羅와 동무東武와 도라道羅이다. 이에 호가虎加를 용가龍加로 고쳐 선라로 하여금 거느리게 하고, 도라로 하여금 학가鶴加를 삼고, 동무로 하여금 구가狗加를 삼았다"라고 하였다.
* **어아於阿**: 기쁨과 흥에 겨워 내는 감탄사. 여기서는 음악의 이름이다.
* **참전계參佺戒**: '참전'은 사람으로서 천지와 온전하게 하나 됨을 꾀한다는 뜻이며, '참전계'는 참된 인간이 되게 하는 계율을 말한다. 인간과 신명이 하나 되는 천지굿 노래이다.
* **대조신大祖神**: 인간과 신명의 궁극의 뿌리 되는 천상의 큰 조상님이라는 뜻이다. 위대하신 큰 조상신은 환인·환웅·단군 삼성조를 의미하나, 이를 넘어서서 온 우주의 신명들과 인간의 조상 되시는 삼신상제님을 말한다. 『태백일사』 「소도경전본훈」에서는 대조신大祖神이 우주 역사의 주재자이신 '삼신상제님'이라고 밝혀 주고 있다.

어 아 어 아
於阿於阿여

선심   대궁성   악심   시적성
善心은 大弓成하고 惡心은 矢的成이로다.

아 등 백 백 천 천 인   개 대 궁 현 동
我等百百千千人이 皆大弓絃同하고

선심   직시일심동
善心은 直矢一心同이라.

어 아 어 아
於阿於阿여

아 등 백 백 천 천 인   개 대 궁 일   중 다 시 적 관 파
我等百百千千人이 皆大弓一에 衆多矢的貫破하니

비 탕 동 선 심 중   일 괴 설   악 심
沸湯同善心中에 一塊雪이 惡心이라.

어 아 어 아
於阿於阿여

아 등 백 백 천 천 인   개 대 궁 견 경 동 심   배 달 국 광 영
我等百百千千人이 皆大弓堅勁同心하니 倍達國光榮이로다.

백 백 천 천 년   대 은 덕
百百千千年의 大恩德은

아 등 대 조 신
我等大祖神이로다.

아 등 대 조 신
我等大祖神이로다.

3. 少連·大連과 三年喪 風俗의 由來

임 인 이 년   제 소 소 련 대 련   문 치 도
壬寅二年이라 帝召少連大連하사 問治道하시니라.

선 시   소 련 대 련   선 거 상   삼 일 불 태
先是에 少連大連이 善居喪하야 三日不怠하며

삼 월 불 해   기 년 비 애   삼 년 우
三月不懈하며 朞年悲哀하며 三年憂하니

자 시   거 속   정 상 오 월   이 구 위 영
自是로 擧俗이 停喪五月하야 以久爲榮하니

차 비 천 하 지 대 성   기 능 덕 화 지 유 행
此非天下之大聖이면 其能德化之流行이

여 시 전 우 지 속 자 호   이 련   이 효 문
如是傳郵之速者乎아 二連이 以孝聞하고

역 견 칭 어 공 자   부 효 자   애 인 익 세 지 본
亦見稱於孔子하니 夫孝者는 愛人益世之本이오

방 저 사 해 이 준 언
放諸四海而準焉이니라.

어아 어아
착한 마음 큰 활되고 악한 마음 과녁되네.
백백천천 우리 모두 큰 활줄 같이 하나되고
착한 마음 곧은 화살처럼 한마음 되리라.

어아 어아
백백천천 우리 모두 큰 활처럼 하나 되어
수많은 과녁을 꿰뚫어 버리리라.
끓어오르는 물 같은 착한 마음 속에서
한 덩이 눈 같은게 악한 마음이라네.

어아 어아
백백천천 우리모두 큰 활처럼 하나 되어
굳세게 한마음 되니 배달나라 영광이로세.
백백천천 오랜 세월 크나큰 은덕이시여!
우리 대조신이로세.
우리 대조신이로세.

3. 소련·대련과 삼년상 풍속의 유래

재위 2년 임인(단기 95, BCE 2239)년에 임금께서 **소련**少連과 **대련**大連*을 불러 나라를 다스리는 방도에 대해 물으셨다. 이에 앞서 소련과 대련은 거상居喪을 잘 하였으니 처음 3일 동안 태만하지 않았고, 3개월 동안 게으르지 않았고, 한 해가 다 지나도록 슬퍼하였으며, 3년간 근심으로 지냈다.

이로부터 세상의 풍속이 부모상을 당하면 소련과 대련을 본받아 다섯 달 동안 정상停喪*을 하였는데 오래도록 상을 모시는 것을 영광으로 여겼다.

천하의 대성인이 아니었다면 어찌 덕화德化가 널리 퍼짐이 이토록 역말驛馬로 전하는 것처럼 빠를 수 있었겠는가? 소련과 대련은 효자로 알려지고, 공자 또한 이들을 칭송하였다. 무릇 효란 사람을 사랑하고 세상을 이롭게 하는 근본이니 온 세상에 이를 널리 펴서 표준으로 삼았다.

* **소련**少連**과 대련**大連: 고조선 사람(동이족)인 소련과 대련에 대하여 공자는 『예기禮記』「잡기雜記」하下에서 "소련대련선거상少連大連善居喪, 삼일불태三日不怠, 삼월불해三月不解, 기비애期悲哀, 삼년우三年憂, 동이지자야東夷之子也"라고 하였다. 「삼한관경본기」〈번한세가〉하편에서는 "39세 번한 왕 등나登那(기사근巳, BCE 1012년에 즉위)께서 이극회李克會가 삼년상을 정하여 실시할 것을 청하므로 이를 따랐다"라고 하였다. 삼년상은 소련·대련 시대보다 훨씬 후대에 본격적으로 이루어진 것으로 보인다.

* **정상**停喪: 사람이 죽으면 곧바로 장사를 지내지 않고 일정한 기간동안 애도하는 것을 말한다. 그 기간은 촌수·시대·지역에 따라 다른데, 대개 3일, 5일, 7일, 10일 등이며, 초빈을 하여 몇 달 후 장사를 지내기도 한다. '정상오월停喪五月'은 5개월 후에 장례를 치렀다는 뜻으로, 그 전통이 소련과 대련에게서 비롯되었다는 말이다.

4. 度量衡 統一과 井田法 施行

癸卯三年이라 九月에 下詔하사

使民으로 編髮蓋首하시고 服靑衣하시며

斗衡諸器를 悉準於官하시며

布苧市價를 無處有二하시니 民不自欺하야 遠近便之하니라.

庚戌十年이라 四月에 劃邱井하사 爲田結하시고

使民으로 自無私利하시니라.

壬子十二年이라 神誌貴己가

製獻七回曆과 邱井圖하니라.

5. 扶婁壇地 風俗의 由來와 佺戒의 뜻

戊戌五十八年이라. 帝崩하시니 是日에 日蝕하고

山獸作隊하야 亂叫山上하고 萬姓慟之甚하니라.

後에 國人이 設祭하야 家內에 擇地設壇하고

而土器에 盛禾穀하야 置壇上하고 稱爲扶婁壇地라

是爲業神이오 又稱佺戒라 하니 以全人受戒로

爲業主嘉利하야 人與業이 俱全之義也라.

太子嘉勒이 立하시니라.

4. 도량형 통일과 정전법 시행

재위 3년 계묘(단기 96, BCE 2238)년 9월에 조칙을 내려 백성들에게 머리카락을 땋아서 머리를 덮게 하고[編髮蓋首]* 푸른 옷[靑衣]*을 입게 하셨다. 도량형度量衡을 모두 관官의 표준에 맞게 통일하고, 삼베와 모시의 시장 가격을 어디서나 똑같게 하셨다. 백성이 서로 속이지 않게 되므로, 원근 사람들이 모두 이를 편하게 여겼다.

재위 10년 경술(단기 103, BCE 2231)년 4월에 토지의 경계를 우물 정井 자로 그어 구분하여 **전결**田結*을 정해 주어 백성이 스스로 사리사욕을 채우지 못하게 하셨다.

재위 12년 임자(단기 105, BCE 2229)년에 신지神誌 귀기貴己가 「**칠회력**七回曆」*과 「**구정도**邱井圖」*를 만들어 바쳤다.

5. 부루단지 풍속의 유래와 전계의 뜻

재위 58년 무술(환기 5015, 신시개천 1715, 단기 151, BCE 2183)년에 부루단군께서 붕어하셨다. 이 날 하늘에 일식日蝕이 있었고, 산짐승이 떼를 지어 산 위에서 울부짖고, 만백성이 목놓아 통곡하였다.

후에 백성들이 제사를 지낼 때, 집안에 자리를 정하여 제단을 설치하고 항아리에 곡식을 담아 제단 위에 올려 놓았는데, 이것을 **부루단지**扶婁壇地*라 부르고, **업신**業神*으로 삼았다.

또한 **전계**佺戒라고도 칭하였는데, 전계는 '**온전한 사람이 되는 계율을 받아**[全人受戒] **업주가리**業主嘉利[13]**가 된다**'는 것으로, '**사람과 그가 이루고자 하는 업業이 함께 온전해진다**'는 뜻이다.

태자 가륵께서 즉위하셨다.

---

* **편발개수**編髮蓋首: 머리를 땋고 관冠이나 갓 등으로 머리를 덮는 것을 말한다.

* **청의**靑衣: 평상시는 푸른 옷을 입고 제천 의식에는 흰 옷을 즐겨 입었다.

* **정전법**井田法: 정사각형의 농경지를 우물 정井 자 형으로 구획하여 관리한 토지 제도. 1리(약 400m) 4방의 토지를 정井 자 형으로 9등분하면 1구역이 100무畝(약 1.8ha=약 54.45평)가 된다. 8구획을 8호戸가 각각 사전私田으로 경작하고, 그 가운데 있는 1구획을 공전公田이라 하여 8호가 공동으로 경작하여 그 수확물을 나라에 바치게 하였다.

* **전결**田結: 논밭에 대하여 물리는 세금.

* **칠회력**七回曆: 한민족의 고대 신교神敎 시대의 제천력祭天曆으로 배달 시대에 「칠회제신력七回祭神曆」이 있었다(『태백일사』「신시본기」). 『사기』「봉선서封禪書」에서 이러한 사실을 뒷받침하는 뚜렷한 증거들을 찾을 수 있다.

* **구정도**邱井圖: '우물 정' 자처럼 나눈 토지 구획도이다.

* **부루단지**扶婁壇地: 정월正月이 되면 질그릇 단지에 쌀을 담아 뒤 울 안의 박달나무 말뚝 위에 올려 놓고 짚으로 고깔을 만들어 씌우고 복을 비는 민간 풍속이 있는데, 이 쌀 단지를 부루단지라 한다. 수천 년 동안 우리 민족이 간직해 온 민간 신앙의 뿌리는 대부분 단군왕검 시대에 비롯된 것이다.

* **업신**業神: 일명 업위신業位神 또는 사창신司倉神으로 재물과 복록을 내려주는 재신財神이다. 조선 시대에는 업신을 업왕신業王神이라 하였다. 집안의 재물과 가복家福을 관장하는 신이다 (서울특별시 시사편찬위원회, 『서울 600년사』).

三世檀君 嘉勒 在位四十五年

1. 神과 王과 倧과 佺의 道에 對한 道言

己亥元年이라. 五月에 帝召三郞乙普勒하사

問神王倧佺之道하신대

普勒이 交拇加右手하야 行三六大禮하고 而進言 曰

神者는 能引出萬物하야 各全其性하나니

神之所玅를 民皆依恃也며

王者는 能德義理世하야 各安其命하나니

王之所宣을 民皆承服也며

倧者는 國之所選也오

佺者는 民之所擧也니 皆七日爲回하야 就三神執盟하며

三忽爲佺하고 九桓爲倧하니

蓋其道也가 欲爲父者는 斯父矣오

欲爲君者는 斯君矣오 欲爲師者는 斯師矣오

爲子爲臣爲徒者는 亦斯子斯臣斯徒矣라.

2. 神敎의 뜻

故로 神市開天之道는 亦以神施敎하야

知我求獨하며 空我存物하야 能爲福於人世而已라.

代天神而王天下하야 弘道益衆하야 無一人失性하며

3세 단군 가륵 재위 45년

1. 신과 왕과 종과 전의 도에 대한 말씀

가륵단군의 재위 원년은 기해(환기 5016, 신시개천 1716, 단기 152, BCE 2182)년이다. 5월에 임금께서 **삼랑三郞*** **을보륵乙普勒**을 불러 '**신神과 왕王과 종倧과 전佺의 도**'*14)를 하문하셨다.

보륵이 엄지손가락을 깍지 끼고 오른손을 왼손 위에 포개어 **삼 육대례三六大禮***를 행하고서 **진언進言***하니 이러하였다.

"**신神**은 (천지조화의 기氣로부터) **만물을 낳고 각기 타고난 성품[性]을 온전하게 하시니 신의 오묘한 조화를 백성이 모두 믿고 의지하는 것** 입니다.

왕王은 **덕과 의로써 세상을 다스려 각자 타고난 목숨[命]을 안전하게 해주시니, 왕이 베푸는 것을 백성이 복종하여 따르는 것**입니다.

종倧은 **나라에서 선발한 스승**이요 **전佺**은 **백성이 천거한 스승**이니, 모두 **이레(7일)를 한 회로 하여 삼신께 나아가 맹세**합니다. 세 고을 **[三忽]***에서 **뽑은 사람은 전佺**이 되고 **구환에서 뽑은 사람은 종倧**이 됩 니다.

그 도를 말하자면 아비가 되고자 하는 사람은 아비다워야 하고, 임금이 되고자 하는 사람은 임금다워야 하고, 스승이 되고자 하는 사람은 스승다워야 하는 것입니다.

아들, 신하, 제자가 된 사람 역시 아들답고 신하답고 제자다워야 합니다.

2. 신교의 뜻

그러므로 환웅천황께서 펼치신 신시 개천의 도는 **신도(삼신의 도)로써 가르침을 베풀어**, 나를 알아 자립을 구하며 나를 비워 만물을 잘 생존케 하여 능히 인간 세상을 복되게 할 따름입니다.

천상의 상제님**[天神]***을 대신하여 천하를 다스릴 때는, 도를 널리 펴서 백성을 이롭게 하여 한 사람도 자신의 타고난 성품을 잃지 않

***삼랑三郞**: 삼신을 수호하는 관직이다.(「신시본기」).

***종전지도倧佺之道**: 인간은 삼신의 조화로 태어나서, 삼신과 한 몸이 되어 살아가야 한다. 동북아 시원 문화에서 온전한 인간, 완전한 인간상이 종전倧佺의 도이다.

***삼육대례三六大禮**: 삼육구배三六九拜라고도 한다. 삼신상제님께 천제를 올릴 때와 천자를 알현할 때 올리던 우리 고유 절법이다. 세 번 절을 하는데 일배에 머리를 세 번 조아리고, 재배에 여섯 번 조아리며, 삼배에는 아홉 번 조아리는 것을 말한다.

***진언進言**: 윗사람에게 자기의 의견을 말함. 또는 그런 말.

***삼홀三忽**: 이유립은 동, 리, 마을을 뜻한다고 해석하였다. 홀忽은 고구려 말로 성城, 고을[邑, 洞], 골을 의미한다.

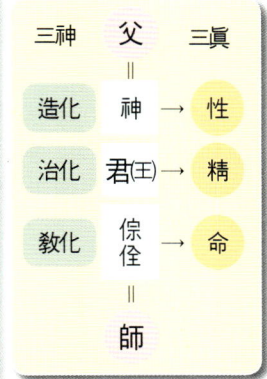

***천신天神**: 천신의 신神은 제帝(하느님 제)와 같은 의미[神=帝]로, 천상의 상제上帝님을 말한다. 『환단고기』 전체에서 강조하는 천신은 바로 천제天帝, 천주天主와 같은 의미인 우주의 통치자 삼신상제三神上帝님이다.

- 病 질병 병
- 怨 원한 원
- 使 하여금 사
- 改 고칠 개
- 計 셈할 계
- 執 잡을 집
- 戒 경계할 계
- 訓 가르칠 훈
- 粹 순수할 수
- 日域 : ①해가 뜨는 곳. 동방한국. ②해가 비치는 역내域內. 천하
- 凝 엉길 응
- 腦 머리 뇌
- 玄 검을 현
- 濟 건질 제
- 施 베풀 시
- 率 거느릴 솔

- 解 풀 해
- 害 해칠 해
- 知 알 지
- 妄 거짓 망
- 會 모을 회

- 結 맺을 결
- 海 바다 해
- 妙 묘할 묘
- 發 필 발
- 咸 다 함
- 歸 돌아올 귀

代萬王而主人間하야 去病解怨하야 無一物害命하야

使國中之人으로 知改妄卽眞하고

而三七計日하야 會全人執戒하니

自是로 朝有悰訓하고 野有佺戒하야

宇宙精氣는 粹鍾日域하고

三光五精은 凝結腦海하야 玄妙自得하고 光明共濟하니

是爲居發桓也니이다 한대

施之九桓하시니 九桓之民이 咸率歸一于化하니라.

桓檀古記

3. 한글의 始原과 古朝鮮 原形 文字

- 俗 풍속 속
- 殊 다를 수
- 象 모양 상
- 表 겉 표
- 眞 참 진
- 家 집 가
- 語 말씀 어
- 字 글자 자
- 郎 사내 랑
- 勒 굴레 륵
- 音 소리 음
- 臨 임할 림

- 尙 오히려 상
- 雖 비록 수
- 形 형상 형
- 意 뜻 의
- 書 글 서
- 邑 고을 읍
- 通 통할 통
- 難 어려울 난
- 普 넓을 보
- 譔 지을 찬
- 加 더할 가

庚子二年이라 時俗이 尙不一하고

方言이 相殊하야 雖有象形表意之眞書나

十家之邑이 語多不通하고 百里之國이 字難相解라.

於是에 命三郎乙普勒하사

譔正音三十八字하시니 是爲加臨土라. 其文에 曰

ᆞ ㅡ ㅏ ㅣ ᅲ ᅳ ㅗ ㅑ ㅕ ᅭ ᅲ ㅈ ㅋ
ㅇ ㄱ ㄴ ㅁ ㄴ ㅿ ㅈ ㅊ ㅅ ㅿ ㅎ ㅅ M
ㅏ ㅂ ㅂ ㅏ ㄷ ㅜ ㅊ ㅅ ㅋ ㅗ ㅍ ㅛ

- 誌 기록할 지
- 契 사람 이름 설
- 編 엮을 편
- 倍 곱 배
- 留 머물 류

- 修 닦을 수
- 達 통할 달
- 記 기록할 기

辛丑三年이라. 命神誌高契하사 編修倍達留記 하시니라.

게 하며, 만왕萬王을 대신하여 인간을 다스릴[主人間] 때는 '병을 없애고 원한을 풀어 주어[去病解怨]'15) 비록 미물이라도 함부로 생명을 해하지 못하게 하는 것이옵니다.

　백성으로 하여금 그릇된 마음을 고쳐 참되게 하고 삼칠일(21일)을 기약하여 '온전한 사람이 되는 계율'을 굳게 지키게 해야 하옵니다. 이로부터 조정에는 **종훈**倧訓이 서고 **민간**에는 **전계**佺戒*가 바로 서게 되며 우주 정기가 삼한의 온 천하에 순수하게 모이고, 삼광오정三光五精의 기운이 모든 사람의 머릿속에 응결하게 되어 '**현묘한 도**[神敎]를 깨쳐 **광명 사상으로 세상을 함께 건지게 될 것**'이니 이것이 바로 '**거발환**居發桓**의 정신**'입니다."

　임금께서 구환족에게 이 가르침을 베푸시니 구환의 백성이 모두 순종하고 삼신의 한마음으로 돌아가 교화되었다.

3. 한글의 시원과 고조선 원형 문자

　재위 2년 경자(단기 153, BCE 2181)년, 이때 풍속이 일치하지 않고 지방마다 말이 서로 달랐다. 비록 상형象形·표의表意 문자인 진서眞書*16)가 있어도 열 가구 정도 모인 마을에서도 말이 통하지 않는 것이 많고, 땅이 백 리가 되는 나라에서는 서로 문자를 이해하기 어려웠다.

　이에 가륵단군께서 삼랑 을보륵에게 명하시어 '**정음**正音 **38자**'를 짓게 하시니, 이것이 **가림토**加臨土*17)이다. 글자는 다음과 같다.

　･ㅣㅏㅑㅓㅕㅛㅠㅍㅈㅋ
　ㅌㅇㄱㄴㅁㄷㅿㅈㅊ合ㅲㅎㅅM
　ㅂㄹㅃㅕㅎㅜㅊ㏇ㅣㅗㅍㅍ

　재위 3년 신축(단기 154, BCE 2180)년에 신지神誌 고설高契에게 명하시어 『**배달유기**倍達留記』*를 편찬하게 하셨다.

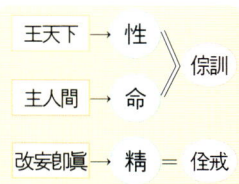

* 전계佺戒: 온전한 사람이 되기 위하여 상제님이 내려 주신 인류 문화 최초의 경전인 『천부경』『삼일신고』『참전계』를 깨달아 생활 속에서 실천하는 것을 말한다.

* 삼광오정三光五精: 삼광三光은 천광명 환桓, 지광명 단檀, 인광명 한韓을 뜻하니 곧 삼신의 광명이다. 오정五精은 오행五行의 정기이다.

* 진서眞書: 신지 혁덕의 녹도鹿圖, 태호복희의 용서龍書, 자부의 우서雨書, 치우천황의 화서花書, 단군왕검의 신전神篆 등으로 추정한다.

* 가림토加臨土: 신숙주의 18세 후손 신경준은 『여암유고旅菴遺稿』「운해서韻解序」에서 "우리 동방에 옛날부터 민간에서 사용하는 글자가 있었지만 그 수가 다 갖추어지지 않았고, 그 형체에 일정한 법이 없어 한 나라의 말을 다 형용하고, 한 나라의 쓰임을 다 갖추기에는 충분치 못하였다[東方舊有俗用文字, 而其數不備, 其形無法, 不足以形一方之言而備一方之用也]"라고 하였다. 이덕무의 『청비록淸脾錄』에는 10세기 후반에서 11세기 초에 장유가 중국의 강남에 갔을 때 고려에서 떠내려간 '슬瑟'이란 악기의 밑바닥에 쓰인 글을 중국 사람들이 읽지 못하자 한문으로 옮겨 주었다는 기록이 있다. 이것은 고려에 일정한 고유글자가 있었다는 것을 암시한다(이종호, 『과학으로 푸는 우리 유산: 고조선에 신지글자 있었다』). 『태백일사』「소도경전본훈」에서도 이 장유의 일화를 언급하고 있다.

* 『배달유기』: 우리나라 최초의 역사책이라 할 수 있으

4. 匈奴族의 始祖와 牛首國의 起原

甲辰六年이라 命列陽褥薩索靖하사 遷于弱水하시고

終身棘置러시니 後에 赦之하사

仍封其地하시니 是爲凶奴之祖라.

丙午八年이라 康居叛이어늘 帝討之於支伯特하시니라.

夏四月에 帝登不咸之山하사 望民家炊煙少起하시고

命減租稅하사 有差하시니라.

戊申十年이라 豆只州濊邑이 叛이어늘

命余守己하사 斬其酋素尸毛犂하시니라.

自是로 稱其地曰素尸毛犂오 今轉音爲牛首國也라.

其後孫에 有陝野奴者가 逃於海上하야

據三島하고 僭稱天王하니라.

癸未四十五年이라.

九月에 帝崩하시니 太子烏斯丘가 立하시니라.

四世檀君 烏斯丘 在位三十八年

蒙古王 任命과 人蔘의 由來

甲申元年이라. 封皇弟烏斯達하사 爲蒙古里汗하시니

或曰今蒙古族이 爲其後云이라

冬十月에 北巡이라가 而回到太白山하사 祭三神하시고

4. 흉노족의 시조와 우수국의 기원

재위 6년 갑진(단기 157, BCE 2177)년, 임금께서 **열양**列陽 **욕살***[18] **삭정**索靖*을 **약수**弱水* 지방에 유배시켜 종신토록 감옥에 가두셨다. 후에 용서하여 그 땅에 봉하시니, **흉노**凶奴[19]의 시조가 되었다.

재위 8년 병오(단기 159, BCE 2175)년에 강거康居가 반란을 일으키니 임금께서 지백특支伯特에서 토벌하셨다.

여름 4월에 불함산에 올라 민가에서 밥짓는 연기가 적은 것을 보시고 조세를 줄이고 차등을 두게 하라고 명하셨다.

재위 10년 무신(단기 161, BCE 2173)년에 두지주豆只州의 예읍濊邑이 반란을 일으키니 임금께서 여수기余守己에게 명하여 그곳 추장 소시모리素尸毛犁의 목을 베게 하셨다.

이로부터 그 땅을 **소시모리***라 불렀는데, 지금은 음이 변해서 소머리 나라[牛首國]가 되었다.

그 후손에 **협야노**陜野奴*라는 인물이 있는데, 바다를 건너가 **삼도**三島*를 점거하고 스스로 **천왕이라 참칭***하였다.

재위 45년 계미(환기 5060, 신시개천 1760, 단기 196, BCE 2138)년 9월에 가륵단군께서 붕어하셨다.

태자 오사구烏斯丘께서 즉위하셨다.

4세 단군 오사구 재위 38년

몽고왕 임명과 인삼의 유래

오사구단군의 재위 원년은 갑신(환기 5061, 신시개천 1761, 단기 197, BCE 2137)년이다. 임금께서 아우 **오사달**烏斯達을 **몽고리한**蒙古里汗[20]으로 봉하셨다. 혹자는 지금의 **몽골족이 그 후손**이라 말한다.

겨울 10월에, 북쪽을 **순수**巡狩*하고 돌아오시는 길에 태백산에 이르러 **삼신**께 천제를 지내고 영험한 약초를 얻으셨다. 이것이 곧

나 현존하지 않는다.

* **욕살**: 고구려 때도 지방을 5부로 나누었는데 그 지방 장관을 욕살이라 하였다. 고송무高松茂 교수는 욕살은 '높은 군사'라는 뜻의 소그드어에서 찾아볼 수 있으며, 위구르어에는 '쇠드', 중국 자료에서는 '쇄드殺'로 표시한다고 했다(《경향신문》, 1985. 10. 24).

* **삭정**索靖: '索'의 음은 '찾다', '구하다'라는 뜻일 때는 '색'으로, 인명이나 지명을 나타내는 경우는 '삭'으로 표기하였다.

* **약수**弱水: 약수를 고대에 약수弱水로도 불렀던 만주 흑룡강으로 보거나, 감숙성 장액현張掖縣에 있는 약수로 보는 두 가지 설이 있다. 감숙성 장액현 지역은 흉노의 주 활동 영역이었기 때문에 삭정이 유배된 곳으로 볼 수 있다.

* **소시모리**: 송호수 박사는 "일본의 고사(『일본서기』 神代 상)에 이른바 스사노오노미코토素盞嗚尊가 뿌리의 나라(根國, 조국)인 '소시모리'로 갔다는 사실을 지적하고 있다. 그런가 하면 일본에는 고즈牛頭(소머리, 스사노오노미코토)왕을 모신 신사도 있고, 우두사牛頭寺를 일본인들이 '소머리 데라'라 부르고 있다"라고 하였다(송호수, 『한민족의 뿌리사상』, 265쪽).

* **협야노**陜野奴: 협야후陜野侯 배반명裵幋命을 말한다. 36세 매륵단군 38년 갑인(BCE 667년)년에 임금의 명으로 해상의 적을 토벌하고 삼도를 평정하였다. 후에 삼도를 거점으로 하여 스스로 천왕이라 칭한 것으로 본다. 『태백일사』「삼한관경본기」〈마한세가〉하에는 마한의 궁홀 임금 재위 11년 갑인(BCE 667)년에 "협야후에게 명하여 전선 500척을 거느리고 해도海島를 거쳐 왜인의 반란을 평정하게 하셨다"라고 하였다.

得靈草하시니 是謂人蔘이오 又稱仙藥이라

自後로 神仙不死之說이 與採蔘保精으로 密有關聯하고

間有採得家所傳하니 神異顯靈하야 頗多奇驗云하니라.

貨幣 鑄造와 夏 征伐

戊子五年이라 鑄圓孔貝錢하시니라.

秋八月에 夏人이 來獻方物하고 求神書而去하니라.

十月에 朝野記를 別書于石하야 以公于民하시니라.

庚寅七年이라 設造船于薩水之上하시니라.

壬寅十九年이라 夏主相이 失德이어늘 帝命息達하사

率藍眞弁三部之兵하야 徃征之하시니

天下가 聞之乃服하니라.

辛酉三十八年이라 六月에 帝崩하시니 鷄加丘乙이 立하시니라.

五世檀君 丘乙 在位十六年

壬戌元年이라.

命築壇于太白山하시고 遣使致祭하시니라.

癸亥二年이라 五月에 蝗虫이 大作하야 遍滿田野어늘

帝親巡田野하사 吞蝗而告三神하사 使滅之러시니

數日盡滅하니라.

乙丑四年이라 始用甲子하사 作曆하시니라.

己巳八年이라 身毒人이 流漂하야 到東海濱하니라.

인삼이며, 선약仙藥이라고도 불렀다. 이때부터 '신선 불사의 설'이 인삼을 먹어 보정保精하는 것과 밀접한 관련이 있게 되었다. 간혹 삼을 캐어 먹은 사람이 전하는 바에 따르면, 신이한 영험이 있어 자못 특이한 효과가 있다고 하였다.

화폐 주조와 하나라 정벌

재위 5년 무자(단기 201, BCE 2133)년에 둥근 구멍이 뚫린 **패전**[圓孔貝錢]*[21]을 주조하였다. 이해 가을 8월에, 하夏나라 사람이 와서 특산물을 바치고 신서神書를 구해 갔다.

10월에 「조야기朝野記」*를 돌에 기록하여 백성에게 공포하였다.

재위 7년 경인(단기 203, BCE 2131)년에 살수薩水* 강가에 조선소造船所를 설치하였다.

재위 19년 임인(단기 215, BCE 2119)년에 하나라 5세 왕 상相이 실덕하므로 임금께서 식달息達에게 명하여 **남·진·변**藍眞弁 **3부**部의 군대를 이끌고 가서 정벌征伐하게 하시니,[22] 천하 사람이 그 소식을 듣고 복종했다.

재위 38년 신유(환기 5098, 신시개천 1798, 단기 234, BCE 2100)년 6월에 오사구단군께서 붕어하셨다. 계가鷄加[23] 출신 구을丘乙이 즉위하셨다.

5세 단군 구을 재위 16년

구을단군의 재위 원년은 임술(환기 5099, 신시개천 1799, 단기 235, BCE 2099)년이다. 임금께서 태백산에 단을 쌓으라 명하시고, 사자使者*를 보내 제사를 지내게 하셨다.

재위 2년 계해(단기 236, BCE 2098)년, 5월에 **황충**蝗蟲*이 크게 번져 밭과 들에 가득찼다. 임금께서 친히 밭과 들을 돌아보며 황충을 잡아 입에 넣어 삼키시고 삼신께 이를 멸해 주시기를 비니 과연 며칠 만에 황충이 다 사라졌다.

재위 4년 을축(단기 238, BCE 2096)년에 **갑자**甲子를 첫머리로 하여[始用甲子] **책력을 만드셨다.**

재위 8년 기사(단기 242, BCE 2092)년, 신독身毒* 사람이 표류하여

※ **삼도**三島: 일본을 가리키는 말.

※ **참칭**僭稱: 자기 신분에 넘치는 호칭을 자칭함.

※ **순수**巡狩: 천자가 천하를 돌아다니며 산천에 제사하고 나라 안의 정치와 민심의 동향, 세태를 살피던 고조선의 풍습이다.

✽ **원공패전**圓孔貝錢: 원공패전은 조개로 만든 돈이 아니라, 가운데에 둥근 구멍이 뚫린 조개 모양의 돈을 말한다. 패전貝錢이란 말은 조개에 무게를 두기 보다는 화폐의 의미로 쓰였을 것이다. 패전의 종류에는 재질에 따라 석패전, 옥패전, 동패전 등이 있다.

✽ **조야기**朝野記: 조정과 민간에서 근본으로 삼아야 할 글로 추정된다.

※ **살수**: '물이 살살 흐르는 강'이라는 뜻으로 네 곳이 있다.
①요동반도에 있는 개평현 주남하盖平縣 州南河.
②요동반도의 대양하大洋河. 북한의 『조선전사朝鮮全史』에서는 살수를 요동반도에 있는 대양하라 주장하였다(《조선일보》, 1980. 12. 14).
③청천강淸川江.
④청주 무심천無心川.
여기서는 네 곳 가운데 개평현 주남하를 말한다(최동, 『조선상고민족사』, 「살수고薩水考」 참조).

✽ **사자**使者: 고조선, 부여, 고구려 시대의 벼슬 이름.

✽ **황충**蝗蟲: 누리(메뚜기과 곤충)의 한자 명칭. 많은 수가 떼를 지어 날아다니므로 이동할 때는 그 무리가 해를 가린다. 또 무리가 앉은 곳에는 한 순간에 풀이 하나도 남지 않는다.

※ **시용갑자**始用甲子: 환웅천황 이후로 계해癸亥를 60갑자의 첫머리로 삼았으나, 5세 구을단군 때부터 비로소 지금과 같이 갑자甲子를 60갑자의 첫머리로 하였다.

▸幸 임금의 행차 행	
▸藏 감출 장	▸唐 넓을 당
▸封 봉할 봉	▸築 쌓을 축
▸桓 밝을 환	▸花 꽃 화
▸歷 지날 력	▸松 소나무 송
▸壤 흙 양	▸疾 병 질
▸尋 깊을 심	
▸崩 천자 돌아가심 붕	
▸葬 장사지낼 장	
▸博 넓을 박	▸被 입을 피
▸選 가릴 선	▸衆 무리 중
▸承 이을 승	▸統 계통 통

丁丑十六年이라 親幸藏唐京하사
封築三神壇하시고 多植桓花하시니라.
七月에 帝南巡하사 歷風流江하시고 到松壤하사
得疾尋崩하시니 葬于大博山하니라.
牛加達門이 被選於衆하야 入承大統하시니라.

六世檀君 達門 在位三十六年

1. 韓民族의 뿌리를 노래한 大敍事詩 「誓效詞」

▸敍 서술할 서	▸常 항상 상
▸使 시킬 사, 하여금 사	
▸誓 맹세할 서	
▸効 드릴 효(效의 속자)	
▸誓効: 맹세를 드림. 맹세를 바침	
▸詞 말씀 사	
▸讚 기릴 찬	▸揚 날릴 양
▸朝 아침 조	▸光 빛 광
▸先 먼저 선	▸受 받을 수
▸赫 밝을 혁	▸臨 임할 림
▸象 형상 상	▸樹 심을 수
▸樹德: 덕을 심음	
▸宏 클 굉	▸且 버금 차
▸深 깊을 심	▸諸 모두 제
▸議 의논할 의	▸遣 보낼 견
▸雄 웅장할 웅	▸詔 조서 조
▸蚩 어리석을 치	▸尤 더욱 우
▸起 일어날 기	▸靑 푸를 청
▸邱 언덕 구	▸振 떨칠 진
▸武 용맹할 무	▸聲 명성 성
▸淮 강이름 회	▸岱 대산 대
▸皆 다 개	▸歸 돌아올 귀
▸莫 없을 막	▸能 능할 능
▸侵 침범할 침	▸儉 검소할 검
▸懽 기뻐할 환	▸動 움직일 동

戊寅元年이라.
壬子三十五年이라 會諸汗于常春하시고
祭三神于九月山하실새 使神誌發理로 作誓効詞하시니
其詞에 曰

東方 文明의 開創 精神을 讚揚함

「朝光先受地에　三神赫世臨이로다
桓因出象先하사　樹德宏且深이로다
諸神議遣雄하사　承詔始開天이로다
蚩尤起靑邱하시니　萬古振武聲이로다
淮岱皆歸王하니　天下莫能侵이로다
王儉受大命하시니　懽聲動九桓이로다

동해가에 도착했다.

재위 16년 정축(단기 250, BCE 2084)년, 임금께서 친히 장당경에 순행하여 **삼신단**三神壇을 봉축하시고 **환화**桓花[24]를 많이 심으셨다.

이 해(환기 5114, 신시개천 1814, 단기 250, BCE 2084) 7월에 임금께서 남쪽으로 순수하실 때 풍류강을 거쳐 송양松壤에 당도하여 병을 얻어 갑자기 붕어하시므로 대박산大博山에 장사를 지냈다. 우가牛加 출신 달문達門이 무리의 추대를 받아 대통을 이으셨다.

6세 단군 달문 재위 36년

1. 한민족의 뿌리를 노래한 대서사시 「서효사」

달문단군의 재위 원년은 무인(환기 5115, 신시개천 1815, 단기 251, BCE 2083)년이다.

재위 35년 임자(단기 285, BCE 2049)년에 여러 왕[諸汗]을 **상춘**常春*에 모아 구월산九月山에서 삼신께 제사지내실 때, 신지神誌 발리發理로 하여금 「**서효사**誓效詞[25]」를 짓게 하시니 그 가사는 이러하다.

동방 문명의 개창 정신을 찬양함

> 아침 햇빛 먼저 받는 이땅에
> 삼신께서 밝게 세상에 임하셨고
> 환인천제 먼저 법을 내셔서
> 덕을 심음에 크고도 깊사옵니다.
> 모든 신이 의논하여 환웅을 보내셔서
> 환인천제 조칙받들어 처음으로 나라 여셨사옵니다.
> 치우천황 청구에서 일어나
> 만고에 무용을 떨치셔서
> 회수 태산 모두 천황께 귀순하니
> 천하의 그 누구도 침범할 수 없었사옵니다.
> 단군왕검 하늘의 명을 받으시니
> 기쁨의 소리 구환에 울려 퍼졌사옵니다.

※ **신독**身毒: 인도印度의 옛 이름.

북한이 주장하는 단군릉_평양직할시 강동군 문흥리 대박산 동남쪽 기슭에 있다. 허목의 『동사』, 『숙종실록』, 『영조실록』, 『정조실록』, 유형원의 『여지지』 등에 대박산 단군릉에 관한 기록이 전한다. 5세 구을단군의 능으로 추정된다. 그러나 북한에서는 연대를 배달국 후반기로 높여 잡고 있다.

* **상춘**常春: 눌견訥見, 장춘長春이라고도 한다. 이곳에 구월산이 있어 삼신상제님께 천제를 지냈다. 대진국이 망하면서 상춘에서 고려로 이주해 온 유민들이 만주에서와 같이 황해도 문화현 구월산에 삼성사三聖祠를 지어 국조삼신께 제사를 지냈다.

※ **삼신**三神: 여기서는 국조삼신國祖三神이신 환인천제, 환웅천황, 단군왕검을 가리킨다.

※ **의견웅**議遣雄: 적합한 인물을 선별하여 추천한 점을 고려하여 '환웅을 천거하여'로 해석한다.

어휘		본문
▸魚 물고기 어 ▸蘇 소생할 소 ▸德化: 덕으로 가르침 ▸新 새 신 ▸怨 원망할 원 ▸病 병들 병 ▸存 있을 존 ▸盡 다할 진		魚水民其蘇오 草風德化新이로다 怨者先解怨이오 病者先去病이로다 一心存仁孝하시니 四海盡光明이로다

▸鎭 누를 진　▸治 다스릴 치
▸咸 다 함　▸維 이에 유
▸慕 그리워할 모
▸保 보전할 보　▸左 왼 좌
▸控 당길 공　▸巉 가파를 참
▸巉岩: 깎아지른 듯이 높이
솟은 바위
▸圍 에워쌀 위　▸壁 벽 벽
▸幸 임금의 행차 행
▸秤 저울 칭　▸錘 저울추 추
▸極 정점 극　▸器 그릇 기
▸極器: 저울판. 저울에서 물건
을 놓는 그릇을 말한다.
▸牙 어금니 아　▸岡 언덕 강
▸幹 줄기 간(=榦)
▸秤榦: 저울대

眞韓鎭國中하니 治道咸維新이로다
慕韓保其左하고 番韓控其南이로다
巉岩圍四壁하니 聖主幸新京이로다
如秤錘極器하니 極器白牙岡이오
秤榦蘇密浪이오 錘者安德鄕이로다
首尾均平位하야 賴德護神精이로다

▸蘇 깨어날 소　▸密 빽빽할 밀
▸浪 물결 랑　▸尾 꼬리 미
▸均 고를 균　▸賴 힘입을 뢰
▸護 보호할 호　▸興 일어날 흥
▸邦 나라 방　▸降 항복할 항
▸隆 성할 륭　▸廢 폐할 폐
▸莫 말 막　▸說 말씀 설
▸事 섬길 사

興邦保太平하야 朝降七十國이로다
永保三韓義라야 王業有興隆이로다
興廢莫爲說하라 誠在事天神이로다.」

2. 東方의 모든 王을 召集하여 桓國 五訓과 神市 五事를 傳授하심

▸召 부를 소　▸集 모을 집
▸傳 전할 전　▸授 줄 수
▸與 더불어 여　▸諸 모두 제
▸汗 임금 한　▸約 맺을 약
▸束 묶을 속　▸凡 무릇 범
▸訓 가르침 훈　▸爲 삼을 위
▸遵 따를 준　▸案 계책 안
▸儀 법식 의　▸邦 나라 방
▸爲先: 다른 것에 앞서 우선
하는 일이라는 뜻
▸農 농사 농　▸源 근원 원
▸宜 마땅할 의　▸産 낳을 산
▸講: 알아듣게 이야기함
▸重 소중할 중

乃與諸汗으로 立約束曰 凡我同約之人은 以桓國五訓과
神市五事로 爲永久遵守之案이니
祭天之儀는 以人爲本하고 爲邦之道는 以食爲先하라
農者는 萬事之本이오 祭者는 五敎之源이니
宜與國人으로 共治爲産호대 先講重族하라

檀君世紀

물고기 물 만난 듯 백성들이 소생하고
풀잎에 부는 바람처럼 덕화가 새로워졌사옵니다.
원한 맺힌 자 원한 먼저 풀어주고
병든 자 먼저 낫게 하셨사옵니다.
일심으로 인과 효를 행하시니
사해에 광명이 넘치옵니다.
진한이 나라 안을 진정시키니
정치의 도는 모두 새로워졌사옵니다.
모한은 왼쪽을 지키고
번한은 남쪽을 제압하옵니다.
깎아지른 바위가 사방 벽으로 둘러쌌는데
거룩하신 임금께서 새서울에 행차하셨사옵니다.
삼한형세 저울대 저울추 저울판같으니
저울판은 백아강이요 저울대는 소밀랑이요
저울추는 안덕향이라
머리와 꼬리가 서로 균형이루니
그 덕에 힘입어 삼신정기 보호하옵니다.
나라를 흥성케 하여 태평세월 보전하니
일흔 나라 조공하며 복종하였사옵니다.
길이 삼한관경제 보전해야
왕업이 흥하고 번성할 것이옵니다.
나라의 흥망을 말하지 말지니
천신(삼신상제)님 섬기는 데 정성을 다하겠사옵니다.

2. 동방의 모든 왕을 소집하여 환국 오훈과 신시 오사를 전수하심

이에 모든 왕[諸汗]과 약속하시니 이러했다.

"무릇 나와 함께 약속한 사람은 환국 오훈桓國五訓과 신시 오사神市五事를 영구히 준수할 법도로 삼아야 하리라. 제천 의례는 사람을 근본으로 삼고, 나라를 다스리는 도는 먹는 것을 우선으로 삼아라. 농사는 만사의 근본이요, 제사는 오교五敎의 근원이라. 마땅히 백성과 함께 일하고 생산하되, 먼저 겨레를 중히 여기도록 가

✲ 모한慕韓: 신채호는 모한慕韓=말한末韓=막한莫韓이라 하였다. 진한 위치에서 보면 마한은 왼쪽에, 번한은 오른쪽에 위치한다. 진한을 보필하였다.

✲ 삼한三韓의 수도[三京]
①백아강－마한의 수도. 지금의 대동강 평양.
②소밀랑(부소량)－진한의 수도. 송화강 아사달로 지금의 하얼빈.
③안덕향(오덕지)－번한의 수도. 개평부 동북 70리에 있는 탕지보湯地堡를 말함. 고구려 시대 안시성이 바로 이곳이다.『태백일사』「소도경전본훈」; 신채호,『조선상고사』).

고조선 삼한三韓의 수도 위치

✲ 환국 오훈五訓
①매사에 정성과 믿음으로 행하여 거짓이 없게 하라[誠信不僞].
②공경하고 근면하여 게으름이 없게 하라[敬勤不怠].
③효도하고 순종하여 거역치 말라[孝順不違].
④청렴하고 정의를 지켜 음란하지 말라[廉義不淫].
⑤겸양하고 화평함으로써 싸움을 하지 말라[謙和不鬪].

✲ 신시 오사神市五事
①우가牛加는 농사를 주관하고[主穀]
②마가馬加는 왕명을 주관하고[主命]
③구가狗加는 형벌을 주관하고[主刑]
④저가猪加는 질병을 주관하여 치료하고[主病]

宥 용서할 유
俘 사로잡을 부
囚 가둘 수
俘囚 : 적에게 사로잡혀 자유를 빼앗긴 사람
並 아우를 병　除 없앨 제
責 꾸짖을 책　禍 재앙 화
境 지경 경　和 화할 화
專 오로지 전　施 베풀 시
謙 겸손할 겸　卑 낮을 비
執 잡을 집　盟 맹세 맹
貢 바칠 공　幣 폐백 폐
墟 터 허　落 마을 락
墟落 : 읍락
翰 날개 한　栗 밤 율

次宥俘囚하며 並除死刑하고 責禍保境하며

和白爲公하야 專以一施共和之心으로

謙卑自養이 以爲仁政之始也라」하시니

時에 執盟貢幣者가 大國이 二오 小國이 二十이오

墟落이 三千六百二十四러라.

癸丑三十六年이라 帝崩하시니 鷄加翰栗이 立하시니라.

七世檀君 翰栗 在位五十四年

甲寅元年이라.

丁未五十四年이라 帝崩하시니 于西翰이 立하시니라.

八世檀君 于西翰 或曰烏斯含 在位八年

戊申元年이라.

稅 세금 세　廣 넓을 광
通 통할 통　補 도울 보
是 이 시　歲 해 세
豊 풍년 풍　登 오를 등
豊登 : 풍년이 듦
莖 줄기 경　穗 이삭 수
微 숨길 미　服 옷 복
潛 숨길 잠　出 나갈 출
微服潛出 : 지위나 신분에 맞지 않는 옷을 입고 몰래 나감
視 볼 시　察 살필 찰
夏 하나라 하　情 실정 정
還 돌아올 환　改 고칠 개
官制 : 국가 행정 기관 전반에 관한 법규
飛 날 비　苑 동산 원
翼 날개 익　尺 자 척
阿 언덕 아　述 펼 술

定二十稅一之法하시고 廣通有無하사 以補不足하시니라.

己酉二年이라 是歲에 豊登하야 有一莖八穗러라.

辛亥四年이라 帝以微服으로 潛出國境하사

視察夏情而還하시고 大改官制하시니라.

甲寅七年이라

三足烏가 飛入苑中하니 其翼廣이 三尺이러라.

乙卯八年이라 帝崩하시니 太子阿述이 立하시니라.

르쳐라.

포로와 죄수를 용서하며, 아울러 사형을 없애도록 하라. **책화責禍*** 제도를 두어 지경地境을 보존하고, **화백을 공의로 삼아라[和白爲公]***. **오로지 한결같이 함께 화합하는 마음[共和之心]**을 베풀어 **겸양의 덕을** 길러야 어진 정치를 행하는 기틀이 열리리라."

이때 맹세하고 폐백을 바친 자는 **대국이 둘, 소국이 스물, 읍락이 3,624곳**이었다.

재위 36년 계축(환기 5150, 신시개천 1850, 단기 286, BCE 2048)년에 달문단군께서 붕어하셨다. 계가鷄加 출신 한율翰栗이 즉위하셨다.

7세 단군 한율 재위 54년

한율단군의 재위 원년은 갑인(환기 5151, 신시개천 1851, 단기 287, BCE 2047)년이다.

재위 54년 정미(환기 5204, 신시개천 1904, 단기 340, BCE 1994)년에 임금께서 붕어하셨다. 우서한于西翰이 즉위하셨다.

8세 단군 우서한(일명 오사함) 재위 8년

우서한단군의 재위 원년은 무신(환기 5205, 신시개천 1905, 단기 341, BCE 1993)년이다. 임금께서 '20분의 1 세법'[26]을 정하시고, 물자가 있는 곳과 없는 곳을 서로 통하게 하여 부족한 것을 보충하게 하셨다.

재위 2년 기유(단기 342, BCE 1992)년에 풍년이 들어 줄기 하나에 이삭이 여덟 개씩 패었다.

재위 4년 신해(단기 344, BCE 1990)년에 임금께서 미복을 입고 몰래 국경을 벗어나 하夏나라의 실정을 살피시고 돌아와 관제를 크게 개혁하셨다.

재위 7년 갑인(단기 347, BCE 1987)년에 **삼족오三足烏※**가 동산에 날아들었는데 그 날개 길이가 석 자나 되었다.

재위 8년 을묘(환기 5212, 신시개천 1912, 단기 348, BCE 1986)년에 우서한단군께서 붕어하셨다. 태자 아술阿述께서 즉위하셨다.

---

⑤양가羊加는 선악을 맡아 다스린다[主善惡](『태백일사』「환국본기」).

✽**책화責禍**: 읍락邑落 사이의 경계를 중히 여겨 서로 침범하는 일이 없도록 엄금한 제도.

✽**화백위공和白爲公**: '공公'에는 '정식으로 나타내다'라는 뜻이 있다. 따라서 '화백'을 임시적, 일시적 제도가 아니라, 공시적이며 항구적인 제도로 봐야 한다.

각저총 벽화 삼족오

※**삼족오三足烏**: 다리가 셋 달린 까마귀. 만주 길림성 집안현에 있는 고구려 고분 각저총角抵塚 천정 벽화에는 태양 속에 삼족오가 그려져 있다. 태양과 삼신사상을 상징하는 이 세 발 달린 까마귀는 우서한단군 때의 일과 연관이 있어 보인다.

『구당서舊唐書』「동이열전東夷列傳」 고려高麗 조에는 "고구려의 습속에는 음사淫祀가 많은데 영성신靈星神, 일신日神, 가한신可汗神을 섬겼다[其俗多淫祀, 事靈星神·日神·可汗神]"라고 하였다. 『삼국사기』에 "(신라는) 문열림文熱林에서 일월제日月祭를 한다[文熱林行日月祭]"라고 했으며, 『북사』, 『수서』, 『신당서』 등도 이와 비슷하게 기록하였다.

백제에는 8대 성씨 중 해解씨가 있었고, 백제 무령왕릉에서 출토된 금제 뒤꽂이와 금동제 신발, 환두대도에서 삼족오가 나타난다. 동시대 일본 16대 닌토쿠仁德 왕의 묘에서 출토된 백제계 유물인 청동 거울과 환두대도에서도 동일한 형상이 보인다.

九世檀君 阿述 在位三十五年

丙辰元年이라.

帝有仁德하사 民有犯禁者면 必曰

糞地雖汚나 降雨露有時라 하시고 置而不論이러시니

犯禁者가 乃化其德하야 淳厖之化가 大行하니라.

是日에 兩日並出하야 觀者如堵라.

丁巳二年이라 靑海褥薩于捉이 擧兵犯闕이어늘

帝避于常春하사 創新宮于九月山南麓하시고

命遣于支于粟等하사 討誅之하시고 後三年에 還都하시니라.

庚寅三十五年이라 帝崩하시니 牛加魯乙이 立하시니라.

十世檀君 魯乙 在位五十九年

民衆 解寃 思想의 實踐과 天河에서 나온 윷판

辛卯元年이라. 始作大囿하사 養畜外之獸하시니라.

壬辰二年이라 親臨墟落하사 存問하시고

駕停野外하시니 賢者多歸之하니라.

乙未五年이라 宮門外에 設伸寃木하사

以聽民情하시니 中外大悅하니라.

丙午十六年이라 東門外十里에 陸地生蓮하고

不咸에 臥石自起하고 天河에 神龜가

9세 단군 아술 재위 35년

아술단군의 재위 원년은 병진(환기 5213, 신시개천 1913, 단기 349, BCE 1985)년이다.

임금께서 어진 덕이 있어 백성 중에 **금법**禁法*을 범한 자가 있으면 반드시 "분지糞地(오물 구덩이)가 비록 더러우나 비와 이슬이 가리지 않고 내리느니라" 하시고, 죄를 논하지 않으셨다. 금법을 범한 자가 그 덕에 감화되어 순박하고 후덕한 교화가 널리 행해졌다. 이 날 해가 둘이 나타나* 그것을 보는 사람들이 담처럼 늘어서서 큰 행렬을 이루었다.

재위 2년 정사(단기 350, BCE 1984)년에 청해靑海 욕살褥薩 우착于捉이 군사를 일으켜 대궐을 침범하였다. 임금께서 상춘으로 피난하여 구월산 남쪽 기슭에 새 궁궐을 세우시고, 우지于支와 우속于粟 등을 보내 우착을 토벌하여 죽이셨다. 그 후 3년 만에 다시 환도하셨다.

재위 35년 경인(환기 5247, 신시개천 1947, 단기 383, BCE 1951)년에 아술단군께서 붕어하셨다. 우가牛加 출신 노을魯乙이 즉위하셨다.

10세 단군 노을 재위 59년

민중 해원 사상의 실천과 천하의 강에서 나온 윷판

노을단군의 재위 원년인 신묘(환기 5248, 신시개천 1948, 단기 384, BCE 1950)년에 큰 동산을 만들어 처음으로 야생 동물을 기르셨다.

재위 2년 임진(단기 385, BCE 1949)년에 임금께서 친히 읍락에 행차하여 민정을 살피며 백성을 위로하시고 어가를 멈추고 야외에 머무르실 때 현자가 많이 따랐다.

재위 5년 을미(단기 388, BCE 1946)년, 궁문 밖에 **신원목**伸冤木*을 세워 백성의 하소연을 들으시니 모든 백성이 크게 기뻐하였다.

재위 16년 병오(단기 399, BCE 1935)년, 동문 밖 십 리 떨어진 땅 위에 연꽃이 피었고, **불함산***에서 누웠던 돌이 저절로 일어났으며, **천하**天河*에서 신령스런 거북이 그림을 지고 나타났는데 그 모양이 윷판과 같았다. 또 발해 연안에서 금괴가 나왔는데 수량이 13석石

---

* **금법**禁法: 고조선 고유의 법을 지칭함. 22세 색불루단군 때 시행된 팔조금법八條禁法 이전에 백성들이 지켜야 할 기본법이 있었음을 알 수 있다.

* 고대부터 해(태양)는 제왕을 상징한다. 그러므로 해가 둘이 나타난 것은 두 왕의 대립, 즉 전란의 징조이다. 다음 해에 일어난 청해 욕살 우착의 모반은 단군조선 시대에 처음으로 중앙 정부에 도전한 반란이다.

* **신원목**伸冤木: 백성의 억울함을 호소하도록 세워 둔 나무. 조선 시대 태종 때 시행한 신문고申聞鼓의 원형이라 할 수 있다.

* **불함산**: 만주 하얼빈 완달산完達山을 말함. 『산해경山海經』「대황북경大荒北經」에는 "거대한 황야의 한가운데에 불함산이 있으며 숙신씨(조선)국이 있다[大荒之中, 有山名曰不咸, 有肅愼氏之國]."라고 밝히고 있다. 최남선은 『불함문화론不咸文化論』에서 불함은 붉, 광명, 하늘, 천신天神, 태양, 백白 등을 뜻하고, 백두산을 지칭하는 태백太白은 신神의 산山을 의미한다고 했다. 그리고 백두산을 중심으로 일어난 이 불함문화는 한민족은 물론 중국과 일본 문화를 형성하고 나아가 유라시아 전역으로 퍼져 나갔다고 하였다.

* **천하**天河: 송화강 또는 바이칼 호를 말함.

* 13석石: 130말. 1석은 10말이다.

부 도 이 현　　　도 여 사 판
負圖而現하니 圖如柶板이오

발 해 연 안　　금 괴 노 출　　수 량　　십 유 삼 석
渤海沿岸에 金塊露出하니 數量이 十有三石이러라.

을 축 삼 십 오 년　　시 치 감 성
乙丑三十五年이라 始置監星하시니라.

기 축 오 십 구 년　　제 붕　　　태 자 도 해　　입
己丑五十九年이라 帝崩하시니 太子 道奚가 立하시니라.

十一世檀君 道奚 在位五十七年

1. 國仙蘇塗 設置와 雄常의 由來

경 인 원 년　　제 명 오 가　　택 십 이 명 산 지 최 승 처
庚寅元年이라. 帝命五加하사 擇十二名山之最勝處하사

설 국 선 소 도　　　다 환 식 단 수　　　택 최 대 수
設國仙蘇塗하실새 多環植檀樹하시고 擇最大樹하사

봉 위 환 웅 상 이 제 지　　　명 웅 상
封爲桓雄像而祭之하시니 名雄常이라.

倍達의 敎化 精神 - 佺의 道

국 자 사 부 유 위 자　　헌 책 왈
國子師傅有爲子가 獻策曰

유 아 신 시　　실 자 환 웅
惟我神市는 實自桓雄으로

개 천 납 중　　　이 전 설 계 이 화 지
開天納衆하사 以佺設戒而化之하니

천 경 신 고　　조 술 어 상　　　의 관 대 검　　낙 효 어 하
天經神誥는 詔述於上하고 衣冠帶劍은 樂効於下하야

민 무 범 이 동 치　　　야 무 도 이 자 안
民無犯而同治하고 野無盜而自安하야

거 세 지 인　　무 질 이 자 수
擧世之人이 無疾而自壽하고

무 겸 이 자 유　　　등 산 이 가　　　영 월 이 무
無歉而自裕하야 登山而歌하며 迎月而舞하야

무 원 부 지　　　무 처 불 흥　　　덕 교 가 어 만 민
無遠不至하며 無處不興하야 德敎加於萬民하고

송 성　　일 어 사 해　　　　유 시 청
頌聲이 溢於四海니이다 하야 有是請하니라.

이었다.

　재위 35년 을축(단기 418, BCE 1916)년에 처음으로 별을 관측하는 **감성**監星[27]을 설치하셨다.

　재위 59년 기축(환기 5306, 신시개천 2006, 단기 442, BCE 1892)년에 노을단군께서 붕어하셨다. 태자 도해道奚께서 즉위하셨다.

11세 단군 도해 재위 57년

1. 국선소도 설치와 웅상의 유래

　재위 원년인 경인(환기 5307, 신시개천 2007, 단기 443, BCE 1891)년에 도해단군께서 오가에게 명하여 12명산 가운데 가장 아름다운 곳을 택해 **국선소도**國仙蘇塗[28]를 설치하게 하셨다. 그 둘레에 박달나무를 많이 심고, 가장 큰 나무를 택하여 환웅상桓雄像으로 모시고 제사를 지내셨다. 그 이름을 **웅상**雄常*이라 하셨다.

배달의 교화 정신 - 전의 도

　국자랑國子郎을 가르치는 사부師傅 **유위자**有爲子*가 헌책하여 아뢰었다.

　"오직 우리 배달이 실로 환웅천황의 신시 개천 이래 백성을 모아 '전佺의 도'로써 계율을 세워 교화하였습니다. 『천부경』과 『삼일신고』[天經神誥]*는 역대 성조들이 조명詔命으로 기록하였고, 의관을 갖추고 칼을 차고 다니는 풍속은 아래로 백성이 즐거이 본받았습니다. 이에 백성은 법을 범하지 않고 한결같이 잘 다스려졌으며, 들에는 도적이 없어 저절로 평안하게 되었습니다.

　온 세상 사람이 병이 없어 저절로 장수를 누리고 흉년이 없어 저절로 넉넉하여, 산에 올라 노래 부르고 달맞이를 하면서 춤을 추며, 아무리 먼 곳이라도 그 덕화가 미치지 않은 데가 없고 어떤 곳이든 흥하지 않은 곳이 없었습니다. 이렇게 덕과 가르침이 만백성에게 미치고 칭송하는 소리가 사해에 넘쳤다 하옵니다."

　그러고는 그렇게 다스려 주시기를 청하였다.

＊**웅상**雄常: 『산해경山海經』에도 "숙신(조선)국에는 백의 민족이 살고 있다. 북쪽에 나무를 모시는데 이름을 웅상雄常이라 한다[肅愼之國, 在白民也, 北有樹名曰雄常]"라고 하여 웅상을 말하였다. 상常은 '항상 임재해 계신다[常在]'는 뜻이다(『태백일사』「삼신오제본기」).

＊**유위자**有爲子: 발해인 대야발大野勃이 지은 『단기고사檀奇古史』에서는 유위자를 11세 도해道奚단군의 태자의 스승이라 하였다. 또 공자의 10세손인 공빈孔斌이 지은 『동이열전東夷列傳』에는 "은殷의 탕湯왕을 보필하여 하夏나라의 마지막 왕 폭군 걸桀을 쫓아낸 명재상 이윤伊尹이 유위자의 문하에서 대도를 전수받았다"라고 하였다. 고조선의 신교 문화가 동이족인 은나라의 정치·문화 형성에 결정적인 영향을 미치도록 다리를 놓은 유위자는 신시 배달의 14세 치우천황 때 태백산(백두산) 사선四仙 중의 한 사람인 자부紫府 선생의 후학이다. 신교를 이론적으로 체계화시킨 분이 자부 선생이며, 학문적으로 집대성한 인물이 유위자이다(정명악, 『국사대전』 참조).

＊**천경신고**天經神誥: 『천부경天符經』과 『삼일신고三一神誥』를 말한다. 『천부경』은 환국 때부터 구전되어 온 것으로 환웅천황께서 신지 혁덕에게 명하여 녹도문鹿圖文으로 기록하게 하셨는데, 최치원이 신지의 전고비篆古碑를 보고 다시 첩帖으로 만들어 세상에 전했다. 『삼일신고』는 동방 한민족 신교 신앙의 세계관과 신관의 정수를 요약한 것이다. 기본 정신은 천부경에 뿌리를 두고 있으며, 한민족사의 시조이신 환웅천황 때 글로 엮어졌다.

2. 大始殿의 威容

冬十月에 命建大始殿하시니 極壯麗라

奉天帝桓雄遺像而安之하시니 頭上에 光彩閃閃하야

如大日有圓光하사 照耀宇宙하시고

坐於檀樹之下桓花之上하사

如一眞神이 有圓心하사 持天符印하시고

標揭大圓一之圖旗於樓殿하시며 立號居發桓하시니라.

三日而戒하시고 七日而講하사 風動四海하니라.

3. 天·地·人의 創造精神과 目的

其念標之文에 曰

「天은 以玄默爲大하니

其道也普圓이오 其事也眞一이니라.

地는 以蓄藏爲大하니

其道也効圓이오 其事也勤一이니라.

人은 以知能爲大하니

其道也擇圓이오 其事也協一이니라.

故로 一神降衷하사 性通光明하니

在世理化하야 弘益人間하라」하고

仍刻之于石하시니라.

2. 대시전의 위용

그 해 겨울 10월, 임금께서 **대시전**大始殿*을 건축하도록 명하셨다. 대시전이 완성되니 그 모습이 지극히 웅장하고 화려하였다. **천제 환웅의 유상**遺像을 받들어 모시니 머리 위에 광채가 찬란하여 마치 태양이 온 우주를 환하게 비추는 것 같았다.

신단수 아래 **환화**桓花* 위에 앉아 계시니 마치 진신 한 분[一眞神]이 원융무애한 마음으로 손에 **천부인**天符印을 쥐고 계시는 것 같았다. 누전樓殿에 대원일大圓一을 그린 기旗를 걸어 놓고 명호를 **거발환**居發桓이라 하셨다.

사흘 동안 재계하고 이레 동안 강론하시니, 그 덕화의 바람이 사해를 움직였다.

3. 하늘·땅·사람의 창조 정신과 목적

그 「염표문念標之文」*의 내용은 다음과 같다.

"하늘*은 아득하고 고요함[玄默]으로 광대하니,
하늘의 도[天道]는 두루 미치어 원만(원융무애)하고,
그 하는 일은 참됨으로 만물을 하나 되게 함[眞一]이니라.

땅은 하늘의 기운을 모아서[蓄藏] 성대하니,
땅의 도[地道]는 하늘의 도를 본받아 원만하고,
그 하는 일은 쉼 없이 길러 만물을 하나 되게 함[勤一]이니라.

사람은 지혜와 능력이 있어[知能] 위대하니,
사람의 도[人道]는 천지의 도를 선택하여 원만하고,
그 하는 일은 서로 협력하여 태일의 세계[協一]를 만드는 데 있느니라.

그러므로
삼신[一神]께서 참마음을 내려 주셔서[一神降衷]
사람의 성품은 삼신의 대광명에 통해 있으니[性通光明]
삼신의 가르침으로 세상을 다스리고 깨우쳐[在世理化]
인간을 널리 이롭게 하라[弘益人間]."

하고, 이 글을 그대로 돌에 새기셨다.

---

* **대시전**大始殿: 환웅을 모신 성전인 '환웅전'을 말한다. 대시전은 11세 도해단군 때에 처음 세웠고, 초기에 환웅상만 봉안했으나 후세에는 점차 충신, 열사도 함께 봉안하였다.

* **환화**桓花: 무궁화꽃. 훈화초薰華草 또는 목근지화木槿之華라 했다(『산해경』「해외동경」). 미주 24)번 참조

* **진신**眞神: 살아 있는 신이라는 뜻이다.

* **염표문**[念標之文]: '생각 염念' 자와 '나타낼 표, 드러낼 표標' 자로, 인류의 시원국가 환국으로부터 내려오는 신교 문화의 진리 주제를 깨달아 마음에 아로새기고 생활화하여 환국의 진정한 백성이 되라는 글이다. 본래 염표문은 환국의 국통을 이어 받은 신시 배달의 초대 환웅천황이, 환국의 국시인 홍익인간을 계승하여 삼신으로써 가르침을 세우는 대도 이념을 열여섯 자로 정리해 준 것이다. 고조선의 11세 도해단군은 이 염표문을 삼신의 외현인 하늘·땅·인간의 삼위일체의 도로써 완성하였다.

* **하늘**: 삼신이 스스로 지니고 있는 조화 정신이 곧 천·지·인天地人 삼계 우주로 형상화된 것이다. 따라서 대우주[天地人]의 본질을 깨치려면 심법이 열려 삼신의 신관과 우주관을 통해야 한다. 우주의 본질을 깨닫는 것이 도통의 핵심 문제이다.

* **현묵**玄默: 『회남자淮南子』「주술훈主術訓」에 "천도현묵天道玄默"이라는 말이 나온다.

* **충충**衷衷: 『서경書經』「탕고湯誥」편에 보이는 "유황상제惟皇上帝, 강충우하민降衷于下民"이란 구절에 나오는 충衷에 대해, 주자朱子의 제자 채침蔡沈은 그 주註에서 "천지강명天之降命, 이구인의예지신지리而具仁義禮智信之理, 무소편의無所偏倚, 소위충야所謂衷也

4. 東方 文物의 中心地 松花江

丁巳二十八年이라 設所而聚方物하야 以閱珍奇하니

天下之民이 爭獻하야 陳設如山하니라.

丁卯三十八年이라 徵民丁하사 皆爲兵하시고

送選士二十人于夏都하시고 始傳國訓하사 以示威聲하시니라.

乙亥四十六年이라

設作廳于松花江岸하시니 舟楫器物이 大行于世하니라.

三月에 祭三神于山南하실새 供酒備膳하사 致詞而醮之하시고

是夜에 特賜宣醞하사 與國人環飮하시며 觀百戱而罷하시고

仍登樓殿하사 論經演誥하실새 顧謂五加曰

自今以後로 禁殺放生하고 釋獄飯丐하며

並除死刑하라 하시니 內外聞之하고 大悅하니라.

丙戌五十七年이라 帝崩하시니 萬姓이 慟之를 如考妣喪하야

三年憂하고 四海停聲樂하니라.

牛加阿漢이 立하시니라.

十二世檀君 阿漢 在位五十二年

丁亥元年이라.

戊子二年이라 夏四月에 一角獸가 見於松花江北邊하니라.

秋八月에 帝巡國中이라가 至遼河之左하사

4. 동방 문물의 중심지 송화강

재위 28년 정사(단기 470, BCE 1864)년에 장소를 마련하여 각지의 특산물을 모아 진기한 물건을 진열하게 하니, 천하의 백성이 다투어 바쳐 쌓은 것이 산과 같았다.

재위 38년 정묘(단기 480, BCE 1854)년에 장정을 징집하여 병사로 만드셨다. 선비 20명을 뽑아 하夏나라 수도로 보내 처음으로 **국훈**國訓을 전하여 위엄 있는 명성을 보여주셨다.

재위 46년 을해(단기 488, BCE 1846)년에 송화강변에 청사廳舍*를 세워 배와 노, 기물器物을 생산하여 세상에 크게 쓰이게 하셨다.

3월에 산 남쪽에서 삼신께 제사 지낼 때 술과 음식을 준비하여 제문을 지어 초제醮祭를 지내시고, 이날 밤에 특별히 술을 하사하시어 백성과 함께 돌려가며 드셨다.

모든 유희가 끝난 뒤에 누대의 전각에 오르시어 『천부경』을 논하고 『삼일신고』를 강론하시고, 오가五加를 돌아보고 이렇게 말씀하셨다.

"이제부터 살생을 금하고 잡은 것은 놓아주며, 옥문을 열고, 거지에게 밥을 주고, 사형을 없애라."

나라 안팎에서 이 소식을 듣고 크게 기뻐하였다.

재위 57년 병술(환기 5363, 신시개천 2063, 단기 499, BCE 1835)년에 도해단군께서 붕어하시자 만백성이 통곡하기를 아비 어미의 상喪과 같이 하였다. 3년 동안 슬퍼하고 사해에 음악 소리가 그쳤다.

우가牛加 출신 아한阿漢이 즉위하셨다.

12세 단군 아한 재위 52년

아한단군의 재위 원년은 정해(환기 5364, 신시개천 2064, 단기 500, BCE 1834)년이다.

재위 2년 무자(단기 501, BCE 1833)년 여름 4월에 외뿔 달린 짐승이 송화강 북변에 나타났다. 가을 8월에 임금께서 나라를 순행하시다가 **요하**遼河*의 왼쪽에 이르러 **순수관경비**巡狩管境碑를 세우고, 역

謂衷也"라고 하여, 사람이 태어날 때 천부적으로 받은 중정中正의 덕德이라 하였다. 옳고 그름, 선악과 같은 상대 논리를 초월한 '중용의 지선至善한 마음자리'가 충衷인 것이다. 한마디로 참 마음자리를 말한다.

*청사廳舍: 배, 노, 기물 등을 생산하는 관청.

*요하의 변천: 여기서 요하는 지금의 영정하永定河 또는 난하灤河를 말한다. 이 강을 경계로 동쪽을 요동, 서쪽을 요서라 한다. 이 요하의 위치는 고대 한·중 관계사에서 쟁점이 되어 왔던 문제 가운데 하나이다. 우리 국력이 강성할 때에는 요수가 난하 서쪽에 있었고, 국력이 약할 때는 난하 동쪽 대릉하, 요하 등으로 바뀌어 국경 하천을 대표하였다.
요수의 명칭이 지금의 요하로 고정된 것은 요遼(916~1125) 건국 이후의 일이다. 종래에 한·중 고대사에 나오는 모든 요수를 무조건 지금의 요하로 인식하게 된 것은 사대 식민주의 사학이 왜곡, 날조한 설을 아무 비판없이 답습한 결과이다.

立巡狩管境碑하시고 刻歷代帝王名號而傳之하시니

是金石之最也라

後에 滄海力士黎洪星이 過此라가 題一詩曰

村郊稱弁韓하니 別有殊常石이라

臺荒躑躅紅이오 字沒苺苔碧이라

生於剖判初하야 立了興亡夕이라

文獻俱無徵이나 此非檀氏跡가

乙卯二十九年이라 命菁莪褥薩丕信과

西沃沮褥薩高士琛과 貊城褥薩突盖하사 封爲列汗하시니라.

戊寅五十二年이라 帝崩하시니 牛加屹達이 立하시니라.

十三世檀君 屹達一云代音達 在位六十一年

己卯元年이라.

甲午十六年이라 定州縣하사 立分職之制하시니

官無兼權하며 政無越則하며 民無離鄕하며

自安所事하야 絃歌溢域하니라

夏 滅亡과 殷 建國 秘史

是歲冬에 殷人이 伐夏한대 其主桀이 請援이어늘

帝以邑借末良으로 率九桓之師하사 以助戰事하신대

湯이 遣使謝罪어늘 乃命引還이러시니

대 제왕의 명호를 새겨 전하셨다. 이것이 금석문金石文*으로 가장 오랜 것이다. 후에 창해²⁹⁾역사 여홍성黎洪星*이 이곳을 지나다가 시 한 수를 지었는데, 그 시는 이러하다.

> 이곳 들판 예로부터 변한이라 불렀는데
> 유난히 특이한 돌 하나 서 있구나.
> 토대는 무너져 철쭉꽃이 붉게 피었고
> 글자는 이지러져 이끼만 푸르네.
> 저 아득한 태고 시절에 만들어져
> 흥망의 역사 간직한 채 홀로 서 있구나.
> 문헌으로 고증할 길 없지만
> 이것이 단군왕검의 자취가 아니겠는가!

재위 29년 을묘(단기 528, BCE 1806)년에 조칙을 내려 청아菁莪 욕살 비신조信과 서옥저西沃沮³⁰⁾ 욕살 고사침高士琛과 맥성貊城 욕살 돌개突蓋를 열한列汗으로 봉하셨다.

재위 52년 무인(환기 5415, 신시개천 2115, 단기 551, BCE 1783)년에 아한단군께서 붕어하셨다. 우가牛加 출신 흘달屹達이 즉위하셨다.

13세 단군 흘달(일명 대음달) 재위 61년

흘달단군의 재위 원년은 기묘(환기 5416, 신시개천 2116, 단기 552, BCE 1782)년이다.

재위 16년 갑오(BCE 1767)년에 임금께서 주현州縣을 정하고 관직을 분립하는 제도를 두셨다. 관官은 권한을 겸하지 못하게 하고 정치는 법도를 넘지 않게 하시므로, 백성은 고향을 떠나지 않고 스스로 하는 일을 편안하게 여기어 현악기에 맞추어 부르는 노래 소리가 나라에 넘쳐흘렀다.

하나라 멸망과 은나라 건국 비사

이 해 겨울, 은殷나라 사람이 하夏나라³¹⁾를 치자 하나라 왕 걸桀이 구원을 청하였다. 임금께서 읍차邑借 말량末良에게 구환의 병사를 이끌고 전투를 돕게 하셨다. 이에 탕湯이 사신을 보내 사죄하므

---

* **금석문金石文으로 가장 오랜 것**: 『단기고사』에는, (아한 단군이 유위자와 대화 후에) "'선생은 진실로 천고의 신인이라' 하시고, 사방 국경에 비석을 세우고 제왕의 명호를 본국의 문자로 새겨 국문이 영원히 보전되게 하시니라[先生眞千古神人, 乃下詔立石碑於四方國境, 刻帝王名號, 刻以本國文字曰永遠保全國文.]"라고 하였다.

* **여홍성黎洪星**: 진조선眞朝鮮이 연燕·조趙와 격전을 치르는 동안 진秦나라가 강성하여 마침내 한韓·조趙·위魏·연燕·제齊·초楚 등 6국을 병탄하여 천하를 통일하였다. 그러자 한인韓人 장량張良이 망국의 한을 품고 조선에 들어와 구원을 청하였다. 이에 왕모병王某丙이 창해역사 여홍성을 소개해 주었다. 여홍성은 120근 철퇴를 가지고 양무현陽武縣 박랑사博浪沙(지금의 하남성 원양현原陽縣의 동남)에서 진시황을 저격하였다. 그러나 부거副車(수행원의 수레)만 부수고 성공하지 못하였다[良嘗學禮淮陽, 東見倉海君, 得力士, 爲鐵椎重百二十斤. 秦皇帝東游, 良與客狙擊秦皇帝博浪沙中, 誤中副車, 秦皇帝大怒, 大索天下, 求賊甚急, 爲張良故也. 良乃更名姓, 亡匿下邳.](『사기』「유후세가留侯世家」).

* **은殷**: 건국 초기에 하남성 박亳(상구商丘)을 도읍으로 삼고 상商이라 하였다. 그 뒤 여러 차례 도읍을 옮겼는데 19세 반경盤庚왕이 은殷(하남성 안양)으로 옮긴 뒤 은이라 부르게 되었다고 한다. 일설에 주周나라 무왕武王이 상나라를 멸망시키고 격하시키기 위해 은이라 부르게 되었다고 한다.

- 違 어길 위
- 遣 보낼 견
- 遮 막을 차
- 路 길 로
- 遮路 : 가지 못하게 길을 막음
- 禁 비밀 금
- 盟 약속 맹
- 禁盟 : 몰래 맺은 맹약盟約
- 伐 칠 벌
- 密 몰래 밀
- 亮 밝을 량
- 畎 밭도랑 견
- 浪 물결 랑
- 進 나아갈 진
- 據 의거할 거
- 關 관문 관
- 邠 땅이름 빈
- 岐 산이름 기
- 植 심을 식
- 指 가리킬 지
- 婚 혼인할 혼
- 讀 읽을 독
- 習 익힐 습
- 射 활쏘기 사
- 郞 사내 랑
- 頭 머리 두
- 揷 꽂을 삽
- 天指花 : 환국의 국화國花인 환화桓花, 지금의 무궁화로 국자랑이 이 꽃을 머리에 꽂고 다녔으므로 화랑花郞 또는 천지화랑이라 하였다.
- 聚 모일 취
- 婁 별이름 루
- 黃 누를 황
- 鶴 학 학
- 棲 깃들 서
- 苑 동산 원
- 絶 끊을 절
- 哭 울 곡
- 釋 풀 석
- 囚 죄인 수
- 俘 사로잡을 부
- 過 지날 과
- 歲 해 세
- 葬 장사지낼 장
- 弗 아닐 불

걸 위 지 견 병 차 로   욕 패 금 맹
桀이 違之하고 遣兵遮路하야 欲敗禁盟일새

수 여 은 인   벌 걸   밀 견 신 지 우 량
遂與殷人으로 伐桀하시고 密遣臣 智于亮하사

솔 견 군   합 여 낙 랑
率畎軍하시고 合與樂浪하사

진 거 관 중 빈 기 지 지 이 거 지   설 관 제
進據關中邠岐之地而居之하시고 設官制하시니라.

新羅 花郎의 起原인 國子郎 選拔과 五星 觀察

무 술 이 십 년   다 설 소 도   식 천 지 화
戊戌二十年이라 多設蘇塗하사 植天指花하시고

사 미 혼 자 제   독 서 습 사   호 위 국 자 랑
使未婚子弟로 讀書習射하사 號爲國子郎하시니라.

국 자 랑   출 행   두 삽 천 지 화
國子郎이 出行에 頭揷天指花하니

고   시 인   칭 위 천 지 화 랑
故로 時人이 稱爲天指花郎이라.

무 진 오 십 년   오 성   취 루   황 학   내 서 원 송
戊辰五十年이라 五星이 聚婁하고 黃鶴이 來棲苑松하니라.

기 묘 육 십 일 년   제 붕   만 성   절 식 이 곡 부 절
己卯六十一年이라 帝崩하시니 萬姓이 絶食而哭不絶이라.

잉 명 석 수 부   금 살 방 생   과 세 이 장 지
仍命釋囚俘하고 禁殺放生하며 過歲而葬之하니라.

우 가 고 불   입
牛加古弗이 立하시니라.

桓檀古記

강화도 부근리 고인돌
남한 내에서 발견된 북방식(탁자식) 고인돌로는 최대 크기를 자랑한다. 고인돌은 거석 문화의 하나로 고조선을 대표하는 지표 유물이다.

로 군사를 되돌리라 명하셨다.

이때 걸이 약속을 어기고 군사를 보내어 길을 막고 맹약을 깨뜨리려 하였다. 그리하여 임금께서 마침내 은나라 사람과 함께 걸을 치는 한편,[32] 은밀히 신지臣智 우량于亮을 보내어 견군畎軍*을 이끌고 낙랑樂浪[33] 군사와 합세하여 관중*의 빈邠·기岐 땅을 점령하여 주둔시키고 관제官制를 설치하셨다.

신라 화랑의 기원인 국자랑 선발과 오성 관찰

재위 20년 무술(단기 571, BCE 1763)년에 소도蘇塗를 많이 설치하고 천지화天指花를 심으셨다. 미혼 소년들에게 독서와 활쏘기를 익히게 하고, 이들을 **국자랑**國子郞[34]이라 부르셨다. 국자랑이 밖에 다닐 때 머리에 천지화를 꽂았기 때문에 당시 사람들이 **천지화랑**天指花郞이라 불렀다.

재위 50년 무진(단기 601, BCE 1733)년에 오성五星이 누성婁星*에 모이고, 황학黃鶴이 날아와 금원禁苑*의 소나무에 깃들었다.

재위 61년 기묘(환기 5476, 신시개천 2176, 단기 612, BCE 1722)년에 흘달단군께서 붕어하시자 만백성이 음식을 끊었고 울음소리가 그치지 않았다. 명을 내려 죄수와 포로를 석방하고, 살생을 금하고 방생하였다. 해를 넘겨서 장례를 치렀다. 우가牛加출신 고불古弗이 즉위하셨다.

* **견군**畎軍: 견이畎夷의 군사. 견이는 동이東夷 9족 가운데 하나이다. 『후한서』「서강전西羌傳」에 "걸왕이 세상을 어지럽히자 견이가 빈과 기의 사이에 들어왔다[桀之亂, 畎夷入居邠岐之間]"라고 하였다.

* **관중**: 지금의 섬서성 지역이다. 빈邠은 옛 나라 이름으로 주周나라 조상인 공류가 세웠다 한다. 빈邠은 섬서성 순읍현의 서쪽, 기岐는 섬서성 기산현의 동북에 있다.

* **하나라 정벌**: 탕임금을 도와 하나라를 무너뜨린 상(은)나라의 재상 이윤은 동방의 선인 유위자에게서 신교 문화를 전수 받았다. 그러므로 이윤은 고조선 중앙 정부와 상통하였을 것이며, 13세 흘달단군은 은나라가 하나라를 무너뜨리는 데 직접 개입한 것으로 보인다.

* **누성**婁星: 황도黃道를 따라 천구天球를 28등분한 별자리를 이십팔수二十八宿라 한다. 천상의 별자리를 동서남북 4궁四宮으로 나누고 각 궁을 다시 7등분하여 도합 28구區로 만들었다. 누성婁星은 서쪽 방위에 위치한 별이다. 이 이십팔수가 하늘을 대행하여 지구와 함께 천체 운동을 이루는

요령성 해성시 석목성 고인돌
해성시 고수석촌 산 중턱에 있으며 높이 2.2미터에 덮개돌의 길이 5.8미터, 너비 5.2미터에 달하는 북방식 고인돌이다. 내부 서쪽 벽에는 흔히 성혈性穴이라 부르는 별자리가 새겨져 있다. 고인돌은 무덤과 제천단 기능을 함께 한 것으로 추정된다. 만주 지역의 대형 고인돌은 대부분 판석이 잘 다듬어져 있다.

十四世檀君 古弗 在位六十年

庚辰元年이라.

乙酉六年이라 是歲에 大旱이어늘 帝親禱天祈雨하실새 誓告于天曰

「天雖大이나 無民이면 何施며

雨雖膏나 無穀이면 何貴리잇고

民所天者는 穀이오 天所心者는 人也니

天人一體인대 天何棄民이리잇고

乃雨滋穀하사 濟化以時하소서.」

言訖에 大雨가 立降數千里하니라.

辛酉四十二年이라 九月에 枯木生芽하고

五色大鷄가 生於城東子村家하니

見者가 誤指爲鳳하니라.

乙亥五十六年이라 遣官四方하사 查計戶口하시니

總一億八千萬口러라.

己卯六十年이라 帝崩하시니 代音이 立하시니라.

十五世檀君 代音一云後屹達 在位五十一年

庚辰元年이라. 殷主小甲이 遣使求和하니라.

是歲에 改八十稅一之制하니라.

14세 단군 고불 재위 60년

고불단군의 재위 원년은 경진(환기 5477, 신시개천 2177, 단기 613, BCE 1721)년이다.

재위 6년 을유(단기 618, BCE 1716)년, 이 해에 큰 가뭄이 들어 임금께서 친히 하늘에 기우제를 지내셨다. 하늘에 바친 「서고문誓告文」은 이러하다.

> 하늘이 비록 크다 하여도
> 백성이 없으면 어찌 베풀 것이며
> 비가 비록 대지를 기름지게 하지만
> 곡식이 없으면 어찌 귀하겠사옵니까!
> 백성이 하늘처럼 섬기는 것은 곡식이요
> 하늘이 마음으로 삼는 바*는 사람이옵니다.
> 하늘과 사람이 한 몸일진대
> 하늘이 어찌 백성을 버리시나이까!
> 어서 비를 내려 곡식이 잘 자라도록 하여
> 저희 백성을 제 때에 구제하여 주옵소서.

기도를 마치자 곧 큰 비가 수천 리에 내렸다.

재위 42년 신유(단기 654, BCE 1680)년 9월에 고목에서 싹이 돋았고, 오색찬란한 큰 닭이 성동자 마을의 한 집에서 태어났는데 보는 사람들이 봉鳳으로 잘못 알았다.

재위 56년 을해(단기 668, BCE 1666)년에 사방으로 관리를 보내 호구를 조사하니 모두 1억 8천만 명이었다.*

재위 60년 기묘(환기 5536, 신시개천 2236, 단기 672, BCE 1662)년에 고불단군께서 붕어하셨다. 대음代音이 즉위하셨다.

15세 단군 대음(일명 후흘달) 재위 51년

대음단군의 재위 원년은 경진(환기 5537, 신시개천 2237, 단기 673, BCE 1661)년이다. 은나라 왕 소갑小甲(7세)이 사신을 보내 화친을 청하였다. 이 해에 세제를 개혁하여 80분의 1 세법으로 고쳤다.

'현실적인 변화의 주체 노릇'을 한다. 오성五星이 누성婁星에 모였다고 한 흘달단군 50년 무진(BCE 1733)년의 기록은 서울대 천문학과 박창범 교수에 의해서 역사적 사실로 입증되었다. 박 교수는 오성취루 현상이 1년의 오차가 있다고 했는데, 이것은 단군 원년을 정월 세수로 계산한 무진(BCE 2333)년을 기준으로 했기 때문이다. 10월 세수로 따져보면 원년은 정묘(BCE 2334)년이 되므로 천문학과 역사 기록의 오차는 거의 사라지게 된다(박창범·라대일, '단군조선시대 천문현상기록의 과학적 검증', 『한국 상고사 학보』 제14호, 95~109쪽).

✱ **금원禁苑:** 궁궐 안에 있는 동산이나 후원. 내원內苑·봉원鳳苑·어원御苑이라고도 부른다.

✱ **하늘이 마음으로 삼는 바:** 하늘과 사람은 마음으로 통한다. 하늘은 마음으로 인간을 대리인으로 삼는다 [天人心通性情, 天工人其代之].

✱ **호구 조사:** 지금부터 3,670년 전 한반도 전역(마한)과 만주 전역(진한), 요서(번한)와 분조分朝 지역인 산동성, 하북성, 강소성과 북방 몽골 등 동북아 대부분 지역에서 이루어진 인구 조사로 볼 수 있다. 단군왕검 재위 50년(BCE 2284)에 대홍수가 일어나 9년 동안 동북아 일대를 휩쓸었다. 대홍수 이후 약 610년이 지나 고불단군 56년(BCE 1666)에 전체 호구를 조사한 것이다. 참고로 한고조 유방이 초한전쟁을 치른 후(BCE 202) 인구를 조사하니 약 500만 명이었고, 200년 후인 평제 때(CE 2)에는 5,000만 명이었다. 또 아우구스투스가 로마를 통치하던 당시(CE 14) 로마 인구는 4,400만 명이었고, 하드리아누스 때(CE 117)에는 8,800만 명이었다.

▶洪 큰물 홍	
▶漲 물 불을 창	▶被 입을 피
▶害 해칠 해	▶甚 심할 심
▶憐 불쌍히여길 련	
▶恤 구휼할 휼	
▶粟 조 속	▶蒼 푸를 창
▶蛇 뱀 사	▶均 고를 균
▶給 공급할 급	
▶須 모름지기 수	
▶密 빽빽할 밀	▶爾 너 이
▶幸 임금의 행차 행	
▶弱 약할 약	▶智 지혜 지
▶禹 성씨 우	▶採 캘 채
▶鐵 쇠 철	▶膏 기름 고
▶油 기름 유	▶憂 염려할 우
▶婁 별이름 루	▶投 가담할 투
▶着 붙을 착	▶鹽 소금 염
▶近 가까울 근	
▶碑 비석 비	▶刻 새길 각
▶列 벌일 렬	
▶羣 무리 군(=群)	
▶汗 임금 한	▶功 공 공
▶封 봉할 봉	▶卑 낮을 비
▶尉 벼슬 위	▶那 어찌 나

신사 이 년
辛巳二年이라

홍수 대창 민가 다 피해 제 심 연 휼
洪水大漲하야 民家多被害하니 帝甚憐恤하사

이 기 속 어 창해 사 수 지 지 균 급 우 민
移其粟於蒼海蛇水之地하시고 均給于民하시니라.

동 시월 양운수밀이이국인 내헌방물
冬十月에 養雲須密爾二國人이 來獻方物하니라.

기축십년 제 서 행 약 수
己丑十年이라 帝西幸弱水하사

명 신 지 우 속 채 금 철 급 고 유
命臣智禹粟하사 採金鐵及膏油하시니라.

추 칠월 우 루 인 이십 가 내 투
秋七月에 虞婁人二十家가 來投하니

명 정 착 우 염 수 근 지
命定着于鹽水近地하시니라.

정미 이십팔년 제 등 태백산
丁未二十八年이라 帝登太白山하사

입 비 각 열 성 군 한 지 공
立碑하시고 刻列聖羣汗之功하시니라.

기미 사십년 봉 황제 대심 위 남 선비 대인
己未四十年이라 封皇弟代心하사 爲南鮮卑大人하시니라.

경오 오십일년 제 붕 우 가 위 나 입
庚午五十一年이라 帝崩하시니 牛加尉那가 立하시니라.

十六世檀君 尉那 在位五十八年

▶會 모을 회	▶諸 모두 제
▶寧 편안할 녕	▶塔 탑 탑
▶配 나눌 배, 배열	
▶享 제사 지낼 향	
▶宴 잔치 연	▶燈 등불 등
▶唱 노래할 창	▶經 경서 경
▶踏 밟을 답	▶庭 뜰 정
▶邊 가 변	▶列 벌일 렬
▶炬 횃불 거	▶環 고리 환
▶舞 춤출 무	▶愛 사랑 애
▶歌 노래 가	▶類 무리 류
▶古神歌: 옛적에 천신天神을 노래한 신교의 노래	

신미 원년
辛未元年이라.

무술 이십팔년 회 구 환 제 한 우 영 고 탑
戊戌二十八年이라 會九桓諸汗于寧古塔하사

제 삼 신 상제 배 환 인 환 웅 치우
祭三神上帝하실새 配桓因桓雄蚩尤와

급 단군 왕검 이 향 지 오 일 대 연
及檀君王儉而享之하시고 五日大宴하실새

여 중 명 등 수 야 창 경 답 정 일 변 열 거
與衆으로 明燈守夜하사 唱經踏庭하시며 一邊列炬하며

일 변 환 무 제 창 애 환 가 애 환 즉 고 신 가 지 류 야
一邊環舞하야 齊唱愛桓歌하니 愛桓은 即古神歌之類也라.

선 인 지 환 화 이 불 명 직 왈 화 애 환 지 가 유 운
先人이 指桓花而不名하고 直曰花라 愛桓之歌에 有云

재위 2년 신사(단기 674, BCE 1660)년, 홍수가 크게 나서 민가에 많은 피해를 주었다. 임금께서 심히 불쌍히 여기시어 곡식을 **창해**蒼海 **· 사수**蛇水 **땅***으로 옮겨 백성에게 균등하게 나누어 주게 하셨다. 겨울 10월에 **양운**養雲 **· 수밀이**須密爾[35] 두 나라 사람이 와서 방물을 바쳤다.

재위 10년 기축(단기 682, BCE 1652)년에 임금께서 서쪽의 약수弱水에 순행하여, 신지 우속禹粟에게 명하여 금과 철과 기름을 채취하게 하셨다. 가을 7월에 우루虞婁 사람 20가구가 투항해 오므로 염수鹽水[36] 근처의 땅에 정착하게 하셨다.

재위 28년 정미(단기 700, BCE 1634)년에 임금께서 **태백산에 올라 옛 성조들과 여러 제후국 왕의 공적을 새긴 비석을 세우셨다**.

재위 40년 기미(단기 712, BCE 1622)년에 아우 대심代心을 **남선비국**南鮮卑國*의 대인으로 봉하셨다.

재위 51년 경오(환기 5587, 신시개천 2287, 단기 723, BCE 1611)년에 대음단군께서 붕어하셨다. 우가 출신 위나尉那가 즉위하셨다.

16세 단군 위나 재위 58년

위나단군의 재위 원년은 신미(환기 5588, 신시개천 2288, 단기 724, BCE 1610)년이다.

재위 28년 무술(단기 751, BCE 1583)년에 임금께서 **구환족의 모든 왕을 영고탑**寧古塔*[37]**에 모이게 하여 삼신상제님께 천제를 지낼 때, 환인천제 · 환웅천황 · 치우천황**(14세 환웅천황)**과 단군왕검을 배향**하셨다.

5일간 큰 연회를 베풀어 백성과 함께 불을 밝히고 **밤을 새워 「천부경」을 노래하며 마당밟기를 하셨다**. 한쪽에 횃불을 줄지어 밝히고, 다른 쪽에서 둥글게 춤을 추며[環舞]* 「애환가愛桓歌(환화를 사랑하는 노래)」를 함께 불렀다. 「애환가」는 고신가古神歌의 한 종류이다.

옛 사람들은 환화를 가리켜 이름을 짓지 않고 그냥 꽃이라 하였다. 애환가에 전하는 가사가 있으니 이러하다.

※ **창해·사수 땅**: 우리 한민족의 고대사에 얽혀 있는 중요 쟁점의 하나이다. 창해는 일반적으로 발해로 본다. 사수는 단군조선의 번한 지역(중국 동북부 발해 연안)에서 찾을 수 있다. 『산해경』에 "북해, 즉 발해 안쪽에 뱀산이 있다. 그곳에서 사수가 나오는데 동쪽으로 흘러 바다로 들어간다[北海之內, 有蛇山者, 蛇水出焉, 東入于海.]"라는 기록이 있다.

※ **남선비국**: 내몽골에 위치.

※ **영고탑**寧古塔: 영고탑은 구성舊城과 신성新城이 있다. 구성은 지금의 흑룡강성 해림시海林市 장정진長汀鎭에 있다. 신성은 청淸나라 강희康熙 5년(1666)에 지금의 흑룡강성 영안시寧安市로 옮긴 것이다. 청나라 초기에 영고탑은 성경盛京(현 심양) 북쪽에 있었는데 당시 흑룡강, 오소리강의 넓은 지역을 관할하는 군사, 정치, 경제의 중심지였다.

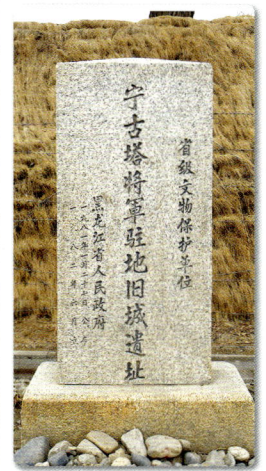

영고탑 구성舊城 유적비_흑룡강성 해림시海林市 장정진長汀鎭 구성舊城. 현지 관리인의 안내로 유적지를 답사해보니 군대가 주둔했던 토성의 일부가 지금도 남아 있었고, 그 한 쪽에 유적비가 서 있었다.

※ **환무**環舞: 한가위 보름달 아래 둥근 환環을 이루어 손잡고 노래하는 강강수월래는 바로 환桓의 광명 정신을 계승한 놀이 문화의 표상이다. 『태백일사』

山有花여 山有花여
去年種萬樹하고 今年種萬樹라
春來不咸花萬紅하니
有事天神樂太平이로다.
戊辰五十八年이라 帝崩하시니 太子余乙이 立하시니라.

十七世檀君 余乙 在位六十八年

己巳元年이라.

庚申五十二年에 帝與五加로 歷巡國中이라가
至蓋斯城之境하시니 有靑袍老人이 獻賀曰
長生仙人之國하야 樂爲仙人之氓이로다.
帝德無愆하시고 王道無偏하시니
民兮여 隣兮여 不見愁苦로다.
責禍以信하시고 管境以恩하시니
城兮여 國兮여 不見戰伐이로다.

帝曰 嘉納嘉納이로다
朕之修德이 日淺하야 恐無以報民之輿望이로다.
丙子六十八年이라 帝崩하시니
太子冬奄이 立하시니라.

산에는 꽃 피네, 꽃이 피네.
지난해 만 그루 심고 올해도 만 그루 심었어라.
봄이 찾아와 불함산 꽃이 온통 붉으니
상제님 섬기고 태평세월 즐겨 보세.

재위 58년 무진(환기 5645, 신시개천 2345, 단기 781, BCE 1553)년에 위나단군께서 붕어하셨다. 태자 여을余乙께서 즉위하셨다.

「삼한관경본기」에는 태백환무가太白環舞歌라 하였다.

17세 단군 여을 재위 68년

여을단군의 재위 원년은 기사(환기 5646, 신시개천 2346, 단기 782, BCE 1552)년이다.

재위 52년 경신(단기 833, BCE 1501)년에 임금께서 오가와 함께 두루 나라를 순수巡狩하셨다. 개사성蓋斯城 부근에 이르시자, 푸른 도포를 입은 노인이 찬미하는 노래를 지어 바쳤다.

오랫동안 선인仙人의 나라에 살면서
기쁜 마음으로 선인 나라 백성이 되었네.
임금님 밝은 덕 어긋남 없고
임금님 훌륭하신 도 치우침 없으니
백성이여! 이웃이여!
근심과 괴로움을 볼 수 없어라.
책화로 믿음을 삼으시고
관경*으로 은혜를 베푸시네.
성이여! 나라여!
전쟁과 정벌 따위 볼 수 없어라.

임금께서 말씀하시기를, "암, 그래야지. 반드시 그렇게 해야지! 짐의 덕 닦음이 일천하여 백성이 바라는 바에 보답하지 못할까 두렵도다" 하셨다.

재위 68년 병자(환기 5713, 신시개천 2413, 단기 849, BCE 1485)년에 여을단군께서 붕어하셨다. 태자 동엄冬奄께서 즉위하셨다.

*관경管境: 관管은 '관할하다', '단속하다', '관장하다'라는 뜻이고, 경境은 '구역', '국경'을 의미한다. 따라서 '관경'은 국경이나 구역을 관할한다는 뜻이다. 고조선 국가 경영의 핵심은 나라를 삼신일체 원리로 다스린 삼한관경제에 있음을 잊지 말아야 한다.

十八世檀君 冬奄 在位四十九年

丁丑元年이라.

丙申二十年이라 支伯特人이 來獻方物하니라.

乙丑四十九年이라 帝崩하시니 太子縐牟蘇가 立하시니라.

十九世檀君 縐牟蘇 在位五十五年

丙寅元年이라.

己丑二十四年이라 南裳人이 入朝하니라.

己未五十四年이라

支離叔이 作周天曆과 八卦相重論하니라.

庚申五十五年이라 帝崩하시니 牛加固忽이 立하시니라.

二十世檀君 固忽 在位四十三年

辛酉元年이라.

辛未十一年이라 秋에 白日이 貫虹하니라.

丙申三十六年이라 修築寧古塔하시고 作離宮하시니라.

庚子四十年이라 共工工忽이 製獻九桓地圖하니라.

癸卯四十三年이라

四海未寧而帝崩하시니 太子蘇台가 立하시니라.

18세 단군 동엄 재위 49년

동엄단군의 재위 원년은 정축(환기 5714, 신시개천 2414, 단기 850, BCE 1484)년이다.

재위 20년 병신(단기 869, BCE 1465)년에 지백특支伯特* 사람이 와서 방물을 바쳤다.

재위 49년 을축(환기 5762, 신시개천 2462, 단기 898, BCE 1436)년에 동엄단군께서 붕어하셨다. 태자 구모소縱牟蘇가 즉위하셨다.

19세 단군 구모소 재위 55년

구모소단군의 재위 원년은 병인(환기 5763, 신시개천 2463, 단기 899, BCE 1435)년이다.

재위 24년 기축(단기 922, BCE 1412)년에 남상인南裳人*이 입조하였다.

재위 54년 기미(단기 952, BCE 1382)년에 지리숙支離叔이 「**주천력**周天曆」과 「**팔괘상중론**八卦相重論」을 지었다.

재위 55년 경신(환기 5817, 신시개천 2517, 단기 953, BCE 1381)년에 구모소단군께서 붕어하셨다. 우가 출신 고홀固忽이 즉위하셨다.

20세 단군 고홀 재위 43년

고홀단군의 재위 원년은 신유(환기 5818, 신시개천 2518, 단기 954, BCE 1380)년이다.

재위 11년 신미(단기 964, BCE 1370)년 가을에 태양이 무지개를 꿰뚫었다.

재위 36년 병신(단기 989, BCE 1345)년에 **영고탑을 개축**하시고 별궁[離宮]을 지으셨다.

재위 40년 경자(단기 993, BCE 1341)년에 공공共工인 공홀工忽이 「**구환지도**九桓地圖」를 만들어 바쳤다.

재위 43년 계묘(환기 5860, 신시개천 2560, 단기 996, BCE 1338)년, 사해가 평안하지 못할 때 고홀단군께서 붕어하셨다. 태자 소태蘇台께서 즉위하셨다.

복골卜骨**에 새긴 6획괘**_BCE 3000년 이전에 복골에 새긴 6획괘이다.

* **지백특**支伯特: 현 중국 남서부의 티베트 일대를 말함.

* **남상**南裳: 현재의 베트남. 고대에는 양자강 유역 남쪽 지역을 월상越裳이라 불렀고, 그 남쪽인 베트남이 곧 남상이다.

태호복희 상_중국 하남성 회양현淮陽縣 복희묘에 모셔져 있다. 회양은 복희씨가 도읍했던 곳이다. 현지 답사를 해보니 이곳의 복희묘는 중국에 있는 수많은 묘와 사당 중에 가장 큰 규모였으며, 천하제일묘라 불린다. 해마다 제를 올리는데, 행사가 열릴 때에는 100만 명이 넘는 인파가 몰린다.

* **팔괘상중론**八卦相重論: 태호복희가 처음 팔괘를 그어 신교의 역易 철학 시조가 된 이후로, 주周나라 문왕과 주공을 거쳐 공자에 이르러 그 체계가 정립된 것으로 알려져 있다. 그러나 주나라 이전 은殷나라 때인 고조선 시대에 이미 팔괘에 대한 연구가 체계적으로 이루어지고 있었음을 엿볼 수 있다.

二十一世檀君 蘇台 在位五十二年

古朝鮮 諸侯國을 侵攻하다가 大敗한 殷의 武丁

甲辰元年이라

殷主小乙이 遣使入貢하니라.

庚寅四十七年이라 殷主武丁이 旣勝鬼方하고 又引大軍하야

侵攻索度令支等國이라가 爲我大敗하고 請和入貢하니라.

壬辰四十九年이라 蓋斯原褥薩高登이 潛師하야

襲鬼方滅之하니 一羣養雲二國이 遣使朝貢하니라.

於是에 高登이 手握重兵하야 經畧西北地하니

勢甚强盛이라 遣人하야 請爲右賢王이어늘

帝憚之不允이라가 屢請乃許하시고 號爲豆莫婁라.

高登의 孫子 索弗婁의 革命

乙未五十二年이라 右賢王高登이 薨하고

其孫索弗婁가 襲爲右賢王하니라.

帝巡狩國中이라가 南至海城하사 大會父老하사

祭天歌舞하시고 仍召五加하사 與之議傳位하실새

自謂老倦于勤이라 하시고 欲委政於徐于餘라 하시니라.

環薩水百里而封之하사 命爲攝主하시고 號曰奇首라 하시니라.

殷·周 交替期, 古朝鮮의 諸侯國인 孤竹國

右賢王이 聞之하고 遣人하야 勸帝止之한대 帝終不聽하시니라.

於是에 右賢王이 率左右及獵戶數千하야

21세 단군 소태 재위 52년

고조선 제후국을 침공하다가 대패한 은나라 무정

소태단군[38]의 재위 원년은 갑진(환기 5861, 신시개천 2561, 단기 997, BCE 1337)년이다. 은나라 왕 소을小乙(21세)이 사신을 보내 조공을 바쳤다.

재위 47년 경인(단기 1043, BCE 1291)년에 은나라 왕 무정武丁(22世)이 전쟁을 일으켜 이미 귀방鬼方*을 물리치고 나서 다시 대군을 이끌고 삭도索度*와 영지令支* 등 여러 나라를 침공하다가 우리 군사에게 대패하여 화친을 청하고 조공을 바쳤다.

재위 49년 임진(단기 1045, BCE 1289)년에 개사원蓋斯原 욕살褥薩 고등高登*이 몰래 군사를 이끌고 귀방을 공격하여 멸망시키자, 일군一群·양운養雲 두 나라가 사신을 보내 조공을 바쳤다.

이때 **고등이 대군을 장악하고 서북 지방을 경략하니 세력이 더욱 강성해졌다.** 고등이 임금께 사람을 보내어 우현왕右賢王[39]이 되기를 주청하였다. 임금께서 꺼리시며 윤허하지 않으시다가 거듭 청하므로 윤허하시고, 두막루豆莫婁*[40]라 불렀다.

고등의 손자 색불루의 혁명

재위 52년 을미(단기 1048, BCE 1286)년에 우현왕 고등이 훙서薨逝하고, 손자 색불루索弗婁가 우현왕을 계승하였다.

임금께서 나라를 순수하시다가 남쪽 해성海城에 이르러 부로父老들을 크게 모아 하늘에 제사 지내고 노래와 춤을 즐기셨다. 이때 오가五加를 모아 놓고 옥좌를 양위할 일을 함께 의논할 때 "내가 이제 늙어 일하기가 고달프다"라고 말씀하시고, "서우여徐于餘[41]에게 정사를 맡기겠노라" 하셨다. 이에 살수薩水 주위의 땅 백 리를 분봉하여 섭주攝主로 삼고 기수奇首*라 하셨다.

은·주 교체기, 고조선의 제후국인 고죽국

우현왕이 소식을 듣고 임금께 사람을 보내어 멈추시기를 청하였으나, 임금께서 끝내 듣지 않으시므로 우현왕이 좌우의 사람들과 사냥꾼 수천 명을 이끌고 부여 신궁夫餘新宮*[42]에서 단군으로 즉위

---

* **귀방鬼方:** 지금의 중국 산서성 북쪽 내몽골의 음산陰山산맥 일대에 살던 족속이다. 은나라 때는 빈邠 지역에 살던 주周나라 조상인 고공단보古公亶父가 이들의 침략을 피해 기산岐山 남쪽 위수渭水 지역으로 옮기기도 했다.

* **삭도索度:** 곧 삭두索頭로, 『독사방여기요』를 보면 "산동성 임치현臨淄縣에 삭두성索頭城이 있다"라고 하였다.

* **영지令支:** 『한서』 「지리지」 〈요서군遼西郡·영지군令支郡〉 조를 보면 "고죽성이 있다[有孤竹城]"라고 하였다. 지금의 하북성 천안현遷安縣 서쪽에 있다.

* **고등:** 22세 색불루단군의 할아버지이다.

* **두막루豆莫婁:** 『북사』에서는 "두막루국은 물길에서 북쪽으로 1천리 되는 곳에 있으며, 옛날의 북부여이다[豆莫婁國, 在勿吉北千里, 舊北夫餘也]"라고 하였다.

* **섭주와 기수:** 섭주는 단군을 대행하는 사람이란 뜻으로 24세 연나단군 때 나오는 섭정과 같은 뜻인 듯하다. 기수는 섭주가 관할하는 지역 이름이거나, 섭주의 보직 명칭일 것으로 추정한다.

* **부여 신궁:** 단군조선의 두 번째 도읍지인 백악산 아사달(지금의 만주 농안農安 일대)에 있던 궁전이다.

遂卽位于夫餘新宮하니 帝不得已하사 傳玉冊國寶하시고

廢徐于餘하사 爲庶人하시니라.

帝隱於阿斯達하사 以終하시니라.

時歲에 伯夷叔齊가 亦以孤竹君之子로 遜國而逃하야

居東海濱하야 力田自給하니라.

二十二世檀君 索弗婁 在位四十八年

白岳山(鹿山) 阿斯達로 都邑을 옮김

丙申元年이라. 帝命修築鹿山하시고 改官制하시니라.

秋九月에 親幸藏唐京하사 立廟祀高登王하시고

十一月에 親率九桓之師하사 屢戰破殷都러시니

尋和하시고 又復大戰하사 破之하시니라.

明年二月에 追至河上하사 而受捷賀하시고

遷弁民于淮岱之地하사 使之畜農하시니 國威大振하니라.

辛丑六年이라 臣智陸右가 奏曰阿斯達은 千年帝業之地라

大運이 已盡하고 寧古塔은 王氣濃厚하야 似勝於白岳山하니

請築城移之하소서 한대

帝不許하시고 曰新都已宅하니 更何他徃이리오.

乙卯二十年이라 至是하야 藍國이 頗强하야 與孤竹君으로

逐諸賊하고 南遷하야 至奄瀆忽하야 居之하니 近於殷境이라.

使黎巴達로 頒兵하사 進據郊岐하시고

하였다. 이에 임금께서 부득이 옥책玉冊과 국보國寶를 우현왕에게 전하고, 서우여를 폐하여 서인으로 만드셨다. 임금께서 아사달*에 은거하여 그곳에서 최후를 마치셨다.

이때 **백이**伯夷와 **숙제**叔齊[43]는 **고죽국**孤竹國[44]의 왕자로서 왕위를 사양하고 달아나 동해 쪽 물가에 살면서 스스로 밭을 일구어 먹고 살았다.

22세 단군 색불루 재위 48년

백악산(녹산) 아사달로 도읍을 옮김

색불루단군의 재위 원년은 병신(환기 5913, 신시개천 2613, 단기 1049, BCE 1285)년이다. 임금께서 녹산鹿山*의 성城을 개축하게 하고 **관제를 개혁***하셨다. 가을 9월에 장당경에 행차하여 종묘宗廟를 세우고 (할아버지) 고등高登왕에게 제사를 지내셨다[立廟祀高登王].* 11월에 친히 구환의 군사[師]*를 이끌고 여러 차례 전투를 벌여 **은나라 수도를 함락**하고 잠시 강화講和하였으나, 또 다시 싸워 크게 격파하셨다.

이듬해 2월에 **황하 상류**[河上]**까지 추격**하여 대첩의 하례賀禮를 받으시고, **회수와 태산 지역에 변한**弁韓(번한) **백성을 이주시켜** 가축을 기르고 농사를 짓게 하시어 국위를 크게 떨쳤다.

재위 6년 신축(단기 1054, BCE 1280)년에 신지 육우陸右가 주청하기를, "아사달은 천 년 제업帝業의 땅이나 대운이 이미 다했고 영고탑은 왕기가 농후하여 백악산보다 나으니, 청하옵건대 그곳에 성을 쌓고 천도하시옵소서" 하니, 임금께서 윤허하지 않고 말씀하시기를, "새 수도에 이미 자리를 잡았거늘 어찌 다시 다른 곳으로 옮기리오" 하셨다.

재위 20년 을묘(단기 1068, BCE 1266)년에 이르러 **남국**藍國은 자못 강성해져 **고죽국**孤竹國 왕과 함께 모든 도적을 쫓아 버렸다. 남쪽으로 옮겨 **엄독홀**奄瀆忽에 이르러 머무르니 그곳은 은나라 국경과 가까운 곳이었다.

임금께서 여파달黎巴達로 하여금 병력을 나누

* **아사달**: 지금의 하얼빈哈爾濱 완달산完達山을 말한다.
* **녹산**: 단군조선의 두 번째 도읍지인 백악산 아사달.
* **관제 개혁**: 『태백일사』「삼한관경본기」마한세가 하에 "22세 색블루단군 재위 원년) 5월에 제도를 고쳐 삼한을 삼조선이라 하셨는데, 조선은 관경管境(영토 관할)을 말한다. 정치는 천왕을 경유하여 삼한이 모두 하나로 통일되어 명령을 받았다. 여원흥을 마한 왕(20세)으로 삼아 막조선莫朝鮮을 다스리게 하고, 서우여를 번한 왕으로 삼아 번조선番朝鮮을 다스리게 하셨다. 이를 총칭하여 단군 관경檀君管境이라 하니 이것이 곧 진국辰國이다. 역사에서 일컫는 단군조선은 바로 이것을 말한다[五月, 改制三韓, 爲三朝鮮, 朝鮮謂管境也, 眞朝鮮, 天王, 自爲, 而地則仍舊辰韓也. 政由天王, 三韓, 皆一統就令也. 命黎元興爲馬韓, 治莫朝鮮, 徐于餘爲番韓, 治番朝鮮, 總之. 名曰檀君管境, 是則辰國, 史稱檀君朝鮮,是也.]"라고 하였다.
* **입묘사고등왕**立廟祀高登王: 『주서周書』와 『북사北史』에는 "(부여의 별종인) 고구려인들이 신묘神廟를 세워 고등신에게 제사지낸다[有神廟二所. 一曰夫餘神, 刻木作婦人像. 一曰高登神, 云是其始祖夫餘神之子.]"라고 하였다.
* **군사**[師]: 여기서 사師는 군

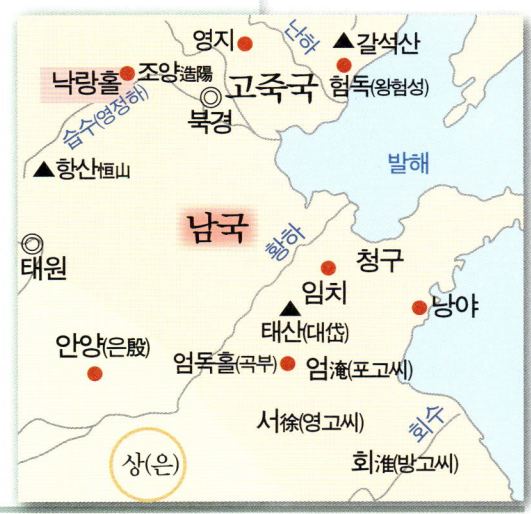

與其遺民으로 相結하사 立國稱黎하시니

與西戎으로 雜處於殷家諸侯之間하사

藍氏威勢甚盛하고 皇化가 遠及恒山以南之地하니라.

辛未三十六年이라 邊將申督이 因兵作亂이어늘

帝暫避于寧古塔하신대 民多從之하니라.

癸未四十八年이라 帝崩하시니 太子阿忽이 立하시니라.

二十三世檀君 阿忽 在位七十六年

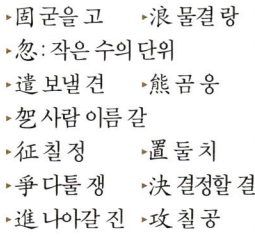

甲申元年이라. 命皇弟固弗加하사 治樂浪忽하시고

遣熊乫孫하사 與藍國君으로 觀南征之兵하시고

置六邑於殷地러시니

殷人으로 相爭不決이어늘 乃進兵攻破之하시니라.

秋七月에 誅申督하시고 還都하사 命釋囚俘하시니라.

영고탑 전경
흑룡강성 해림시 장정진에 있는 이곳은 청나라 시조와 관련이 없다. 누르하치의 여섯 조상이 처음 살았던 곳은 영고탑이 아니라 요령성 신빈新賓이었다. 이 영고탑 유적은 청나라 때 군대가 주둔하던 성으로 한 변이 150미터 정도 되는 작은 규모다.

어 **빈**邠·**기**岐 땅으로 진격하게 하시고, 그곳 유민과 서로 단합하여 나라를 세워, 그 이름을 **여**黎[45]라 하셨다. 이들을 서쪽 융족[西戎]과 더불어 은나라의 제후국들 안에 뒤섞여 살게 하셨다. 남씨의 위세가 매우 강성해지고, 임금의 덕화가 멀리 항산恒山* 이남의 땅까지 미쳤다.

재위 36년 신미(단기 1084, BCE 1250)년에 변방 장수 신독申督이 난을 일으켜 임금께서 잠시 영고탑으로 피난하시니 많은 백성이 뒤를 따랐다.

재위 48년 계미(환기 5960, 신시개천 2660, 단기 1096, BCE 1238)년에 색불루단군께서 붕어하셨다. 태자 아홀阿忽께서 즉위하셨다.

*사軍士: 군대軍隊를 통칭하는 의미로 쓰였다.

*항산: 산서성 혼원현渾源縣에 있다.

23세 단군 아홀 재위 76년

아홀단군의 재위 원년은 갑신(환기 5961, 신시개천 2661, 단기 1097, BCE 1237)년이다. 아우 고불가固弗加에게 명하여 **낙랑홀**樂浪忽을 다스리게 하시고, 웅갈손熊乫孫을 보내어 남국藍國 왕과 함께 남방을 정벌하는 군대를 살피게 하셨다.

은나라 땅에 여섯 읍邑을 설치할 때, 은나라 사람과 서로 다투어 결판이 나지 않으므로 병력을 진군시켜 이를 격파하셨다.

가을 7월에 임금께서 신독을 베고 환도하여 죄수와 포로를 석방하라고 명하셨다.

▣ 낙랑홀樂浪忽: 고대의 낙랑은 여러 곳이 있는데 본래 단군조선 시대의 제후국이었다. 단군조선 때 습수濕水에 낙랑홀을 두었다. 홀은 성城을 의미한다. 습수는 지금의 하북성 북부를 흐르는 영정하이다.

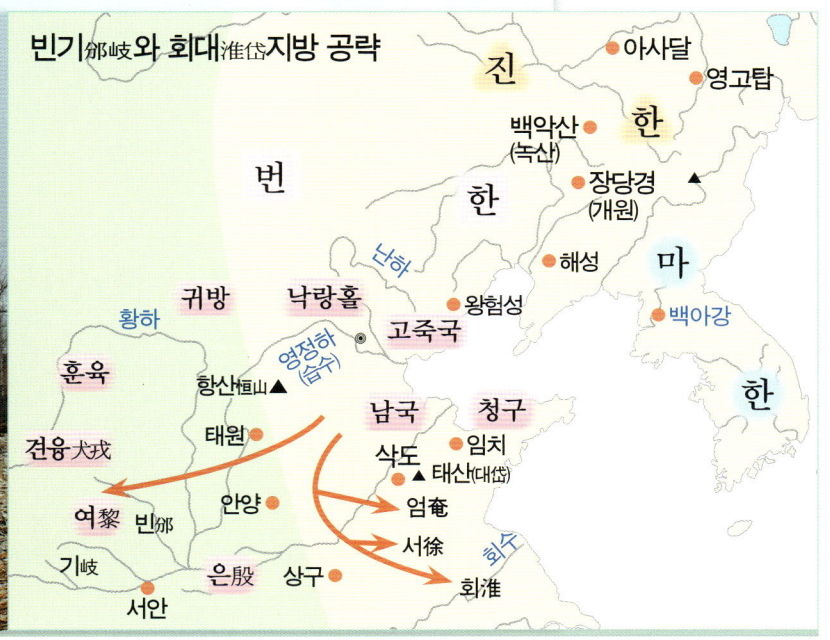

빈기邠岐와 회대淮岱지방 공략

淮岱 平定과 殷 征伐

乙酉二年이라 藍國君今達이 與靑邱君과 句麗君으로

會于周愷하고 合蒙古里之兵하야 所到에 破殷城柵하고

深入奧地하야 定淮岱之地하야

分封蒲古氏於淹하고 盈古氏於徐하고 邦古氏於淮하니

殷人이 望風惶㤼하야 莫敢近之하니라.

戊子五年이라 召二韓及五加하사

議停寧古塔移都事하시니라.

己亥七十六年이라 帝崩하시니 太子延那가 立하시니라.

二十四世檀君 延那 在位十一年

庚子元年이라. 命皇叔固弗加하사 爲攝政하시니라.

辛丑二年이라 諸汗이 奉詔하야 增設蘇塗하고 祭天하며

國家에 有大事異災則輒禱之하야 定民志于一하니라.

庚戌十一年이라 帝崩하시니 太子率那가 立하시니라.

二十五世檀君 率那 在位八十八年

殷人 箕子의 隱遁 生活 - 捏造된 箕子朝鮮

辛亥元年이라.

丁亥三十七年이라 箕子가 徙居西華하야 謝絶人事하니라.

회대 땅 평정과 은나라 정벌

재위 2년 을유(단기 1098, BCE 1236)년, 남국 왕 금달今達이 청구국 왕, 구려국 왕과 더불어 주개周愷에서 만나 몽고리의 군대와 합세하여 이르는 곳마다 은나라 성책을 부수고 오지奧地로 깊숙이 들어갔다.46) 아홀단군께서 **회대**淮岱(회수와 태산) **땅**을 평정하고 포고씨蒲古氏를 **엄**淹에, 영고씨盈古氏를 **서**徐47)에, 방고씨邦古氏를 **회**淮*에 봉하시니 은나라 사람이 이것을 보고 겁내어 감히 근접하지 못하였다.

재위 5년 무자(단기 1101, BCE 1233)년에 임금께서 **이한**二韓(번한, 마한)과 **오가**五加를 불러 **영고탑**으로 도읍을 옮기는 일에 대한 의논을 중지시키셨다.

재위 76년 기해(환기 6036, 신시개천 2736, 단기 1172, BCE 1162)년 아홀단군께서 붕어하셨다. 태자 연나延那께서 즉위하셨다.

24세 단군 연나 재위 11년

연나단군의 재위 원년은 경자(환기 6037, 신시개천 2737, 단기 1173, BCE 1161)년이다. 임금께서 숙부 고불가固弗加에게 명하여 섭정을 맡기셨다.

재위 2년 신축(단기 1174, BCE 1160)년에 모든 왕[汗]이 조직을 받들어 **소도**蘇塗를 중설하여 하늘에 제사 지내고, 국가에 대사가 있거나 재앙이 있으면 곧 (하늘에) **기도를 드리고 백성의 뜻을 하나로 모았다**.

재위 11년 경술(환기 6047, 신시개천 2747, 단기 1183, BCE 1151)년에 연나단군께서 붕어하셨다. 태자 솔나率那께서 즉위하셨다.

25세 단군 솔나 재위 88년

은나라 사람 기자의 은둔 생활 - 날조된 기자조선

솔나단군의 재위 원년은 신해(환기 6048, 신시개천 2748, 단기 1184, BCE 1150)년이다.

재위 37년 정해(단기 1220, BCE 1114)년에 **기자**箕子48)가 **서화**西華에 살면서 인사를 사절하였다.

---

* 회淮: 안휘성安徽省 회수 일대이다.

* 이 구절에서 주어는 문맥 구조상으로는 '남국왕'으로 보인다. 내용상으로 볼 때 분봉의 주체는 아홀단군이다.

* 북애노인은 『규원사화』 「단군기檀君紀」에서 "상나라와 크게 싸워 이기고 잠시 화해를 하였으나, 뒤에 다시 크게 싸워 이기고 그 국경 안까지 쳐들어갔다. 마침내 해상에 주둔하니 많은 백성이 다시 옮겨와 살았다[與商戰破之尋和, 後復大戰破之進, 入其境, 遂屯海上, 庶民復漸遷徙.]"라고 하였다.

기자독서대_하남성 서화현西華縣 소재.

* 서화西華: 『대청일통지大淸一統志』 「허주許州」에 "서화는 옛 기箕의 땅이다. 개봉부 서쪽 90리에 있다. 처음에 기자가 송나라 기箕 땅에 살았기 때문에 기자라 칭한 것이다. 지금 읍 가운데 기자대가 있다[西華故箕地, 在開封府西九十里, 初聖師食宋箕, 故稱箕子, 今邑中箕子臺.]"라고 하였다. 서화西華는 지금의 하남성 개봉開封 남쪽 약 100킬로미터 지점에 있으며 그곳에 기자독서대가 있다. 기자묘는 산동성 조현에 있다.

丁酉四十七年이라 帝在上蘇塗하사 講古禮라가

因問佞臣直臣之分하신대 三郞洪雲性이 進對曰

執理不屈者는 直臣也오

畏威曲從者는 佞臣也라

君源臣流니 源旣濁矣오

流豈求淸이면 是爲不可니

故로 君聖然後에 臣直이니이다 하니 帝曰 善哉라.

己酉五十九年이라 田穀이 豊登하야 有一莖五穗之粟이러라.

戊寅八十八年이라 帝崩하시니 太子鄒魯가 立하시니라.

二十六世檀君 鄒魯 在位六十五年

己卯元年이라. 秋七月에 白岳山溪谷에

白鹿二百이 作隊而來遊하니라.

癸未六十五年이라 帝崩하시니 太子豆密이 立하시니라.

二十七世檀君 豆密 在位二十六年

十二桓國 中 三國이 朝貢을 보내 옴

甲申元年이라. 天海水溢하고 斯阿蘭山이 崩하니라.

是歲에 須密爾國과 養雲國과 句茶川國이

皆遣使하야 獻方物하니라.

재위 47년 정유(단기 1230, BCE 1104)년에 임금께서 **상소도**上蘇塗에서 **고례**古禮를 강론하시다가, 아첨하는 신하[佞臣]와 올곧은 신하[直臣]의 차이를 물으셨다. 삼랑三郞 홍운성洪雲性이 나아가 아뢰었다.

"올바른 이치를 굳게 지켜 굽히지 않는 자는 직신直臣이요, 권위를 두려워하여 자기 뜻을 굽혀 복종하는 자는 영신佞臣입니다. 임금은 근원이요 신하는 지류이니, 근원이 이미 탁하거늘 지류가 맑기를 바란다면 이는 옳지 않습니다. 그러므로 군왕이 성군이라야 신하가 올곧은 신하가 되는 것이옵니다."

임금께서 "그대 말이 옳도다" 하셨다.

재위 59년 기유(단기 1242, BCE 1092)년에 밭곡식이 잘 여물어 한 줄기에 다섯 이삭이 패었다.

재위 88년 무인(환기 6135, 신시개천 2835, 단기 1271, BCE 1063)년에 솔나단군께서 붕어하셨다. 태자 추로鄒魯께서 즉위하셨다.

26세 단군 추로 재위 65년

추로단군의 재위 원년은 기묘(환기 6136, 신시개천 2836, 단기 1272, BCE 1062)년이다. 가을 7월에 백악산 계곡에 흰 사슴 200마리가 떼를 지어 와서 놀았다.

재위 65년 계미(환기 6200, 신시개천 2900, 단기 1336, BCE 998)년에 추로단군께서 붕어하셨다. 태자 두밀豆密께서 즉위하셨다.

27세 단군 두밀 재위 26년

12환국 중 세 나라가 조공을 보내 옴

두밀단군의 재위 원년은 갑신(환기 6201, 신시개천 2901, 단기 1337, BCE 997)년이다. 천해天海*의 물이 넘치고 사아란산斯阿蘭山*이 무너졌다. 이 해에 **수밀이국**須密爾國·**양운국**養雲國·**구다천국**句茶川國이 모두 사신을 보내 방물을 바쳤다.

* **천해**: 북해라고도 하며 지금의 바이칼 호이다.
* **사아란산**斯阿蘭山: 바이칼 호 옆에 있는 샤안 산맥을 가리킨다.
* **환국의 세 나라**: 환국 이후 3,000년이 흘렀지만 12환국의 이름이 그대로 남아 있었다. 그 중에 세 나라가 조공을 보내 온 것이다.

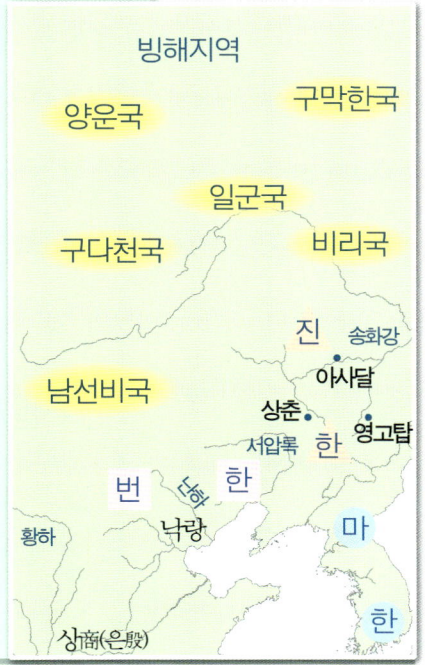

辛卯八年이라 太旱之餘에 大雨注下하야
民無收穫이어늘 帝命發倉周給하시니라.
己酉二十六年이라 帝崩하시니 奚牟가 立하시니라.

二十八世檀君 奚牟 在位二十八年

庚戌元年이라. 帝有疾이어시늘
使白衣童子로 禱天하신대 尋瘳하시니라.
庚申十一年이라 夏四月에 旋風大起하고 暴雨注下하니
陸上에 魚類亂墜하니라.
丁卯十八年이라 氷海諸汗이 遣使入貢하니라.
丁丑二十八年이라 帝崩하시니 摩休가 立하시니라.

二十九世檀君 摩休 在位三十四年

戊寅元年이라. 周人이 入貢하니라.
乙酉八年이라 夏에 地震하니라.
丙戌九年이라 南海潮水가 退三尺하니라.
辛亥三十四年이라 帝崩하시니 太子奈休가 立하시니라.

三十世檀君 奈休 在位三十五年

奄瀆忽에서 天祭를 奉行하고 周와 修交
壬子元年이라. 帝南巡하사 觀靑邱之政하시고

재위 8년 신묘(단기 1344, BCE 990)년에 심한 가뭄이 든 뒤에 큰비가 내려 백성들이 곡식을 거둬들이지 못하였다. 임금께서 곡물 창고를 열어 두루 나누어 주게 하셨다.

재위 26년 기유(환기 6226, 신시개천 2926, 단기 1362, BCE 972)년에 두밀단군께서 붕어하셨다. 해모奚牟가 즉위하셨다.

28세 단군 해모 재위 28년

해모단군의 재위 원년은 경술(환기 6227, 신시개천 2927, 단기 1363, BCE 971)년이다. 임금께서 병이 나자 흰옷 입은 동자[白衣童子]로 하여금 하늘에 기도하게 하니 얼마 되지 아니하여 나으셨다.

재위 11년 경신(단기 1373, BCE 961)년 여름 4월에 회오리바람이 크게 일어나고 폭우가 쏟아져 땅 위에 물고기가 어지럽게 떨어졌다.

재위 18년 정묘(단기 1380, BCE 954)년에 **빙해氷海 지역* 여러 왕[汗]**이 사신을 보내 조공을 바쳤다.

재위 28년 정축(환기 6254, 신시개천 2954, 단기 1390, BCE 944)년에 해모단군께서 붕어하셨다. 마휴摩休가 즉위하셨다.

※ 빙해氷海 지역: 바이칼을 비롯한 시베리아 지역을 말한다.

29세 단군 마휴 재위 34년

마휴단군의 재위 원년은 무인(환기 6255, 신시개천 2955, 단기 1391, BCE 943)년이다. 주周나라 사람이 공물을 바쳤다.

재위 8년 을유(단기 1398, BCE 936)년 여름에 지진이 있었다.

재위 9년 병술(단기 1399, BCE 935)년에 **남해 조수潮水가 석 자 후퇴**했다.

재위 34년 신해(환기 6288, 신시개천 2988, 단기 1424, BCE 910)년에 마휴단군께서 붕어하셨다. 태자 내휴柰休가 즉위하셨다.

30세 단군 내휴 재위 35년

엄독홀에서 천제를 봉행하고 주나라와 수교

내휴단군의 재위 원년은 임자(환기 6289, 신시개천 2989, 단기 1425,

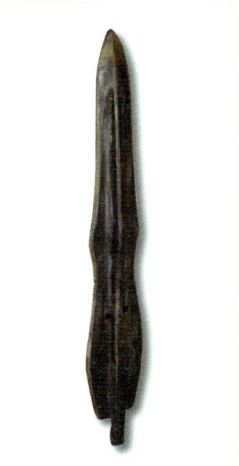

비파형 동검_흑룡강성 하얼빈 서남쪽에 있는 쌍성시雙城市 출토. 고조선 문화의 지표라고 할 수 있는 비파형 동검은 요령성을 비롯한 만주 전역과 한반도에서 골고루 발견된다.

刻石蚩尤天王功德하시니라.

西至奄瀆忽하사 會分朝諸汗하사

閱兵祭天하시고 與周人으로 修好하시니라.

丙辰五年이라 凶奴가 入貢하니라.

丙戌三十五年이라 帝崩하시니 太子登屼이 立하시니라.

三十一世檀君 登屼 在位二十五年

丁亥元年이라.

壬寅十六年이라 鳳鳴白岳하고 麒麟이 來遊上苑하니라.

辛亥二十五年이라 帝崩하시니 子鄒密이 立하시니라.

三十二世檀君 鄒密 在位三十年

壬子元年이라.

甲寅三年이라 鮮卑山酋長們古가 入貢하니라.

癸亥十二年이라 楚大夫李文起가 入朝하니라.

甲子十三年이라 三月에 日蝕하니라.

丙寅十五年이라 農作大饑러라.

辛巳三十年이라 帝崩하시니 太子甘勿이 立하시니라.

BCE 909)년이다. 임금께서 남쪽으로 순수하여 청구靑邱*의 정치 상황을 돌아보고 돌에 **치우천황의 공덕**을 새기셨다. 서쪽으로 **엄독홀**에 이르러 분조分朝의 모든 왕을 모아 열병하신 후 하늘에 제사지내고, 주周나라와 수교修交하셨다.

재위 5년 병진(단기 1429, BCE 905)년, **흉노**匈奴가 공물을 바쳤다.

재위 35년 병술(환기 6323, 신시개천 3023, 단기 1459, BCE 875)년에 내휴단군께서 붕어하셨다. 태자 등올登屼께서 즉위하셨다.

> * 청구靑邱: 『독사방여기요讀史方輿紀要』 산동山東 청주부靑州府 낙안현樂安縣 조에 청구靑丘가 낙안현 북쪽에 있다고 하였다.

31세 단군 등올 재위 25년

등올단군의 재위 원년은 정해(환기 6324, 신시개천 3024, 단기 1460, BCE 874)년이다.

재위 16년 임인(단기 1475, BCE 859)년에 봉황*이 백악산에서 울고 기린*이 상원上苑에 와서 놀았다.

재위 25년 신해(환기 6348, 신시개천 3048, 단기 1484, BCE 850)년에 등올단군께서 붕어하셨다. 아들 추밀鄒密께서 즉위하셨다.

32세 단군 추밀 재위 30년

추밀단군의 재위 원년은 임자(환기 6349, 신시개천 3049, 단기 1485, BCE 849)년이다.

재위 3년 갑인(단기 1487, BCE 847)년에 **선비산**鮮卑山※ 추장 문고們古가 공물을 바쳤다.

재위 12년 계해(단기 1496, BCE 838)년에 초楚나라 대부 이문기李文起가 입조入朝하였다.

재위 13년 갑자(단기 1497, BCE 837)년 3월에 일식이 있었다.

재위 15년 병인(단기 1499, BCE 835)년에 농작물에 심한 흉년이 들었다.

재위 30년 신사(환기 6378, 신시개천 3078, 단기 1514, BCE 820)년에 추밀단군께서 붕어하셨다. 태자 감물甘勿께서 즉위하셨다.

> * 봉황鳳凰: 성천자聖天子 하강의 징조로 나타난다고 하는 서조瑞鳥로 수컷을 봉鳳, 암컷을 황凰이라 한다.
>
> * 기린麒麟: 아프리카에 서식하는 기린이 아니다. 성왕, 성인이 이 세상에 나기 전이나 출현할 때 나타나는 상서로운 동물이다. 수컷을 기麒, 암컷을 인麟이라 한다. 살아있는 풀을 밟지 않고, 생물을 먹지 않는 어진 짐승으로 사슴의 몸에 소의 꼬리, 이리의 이마, 말의 발굽을 가진 모습인데 머리에는 살[肉]로 된 뿔이 있고, 등의 털은 오색五色이며 배의 털은 누렇다. 용, 거북, 봉황과 함께 사령四靈이라 불린다.
>
> ※ 선비산鮮卑山: 지금의 내몽골 과이심우익科爾沁右翼 서쪽에 있다(『중국사고지도집』 30쪽). 선비족의 원 거주지. 후에 고구려 2세 유리명제가 선비鮮卑를 정벌하여 속국으로 삼았다 (『삼국사기』 「고구려본기」).

三十三世檀君 甘勿 在位二十四年

壬午元年이라.

癸未二年이라 周人이 來獻虎象之皮하니라.

戊子七年이라 寧古塔西門外甘勿山之下에 建三聖祠하시고 親祭하실새 有誓告文하시니 曰

「三聖之尊은 與神齊功하시고

三神之德은 因聖益大로시다

虛粗同軆하고 個全一如하니

智生雙修면 形魂俱衍이로세

眞敎乃立하야 信久自明하고

乘勢以尊하니 回光反躬이로세

截彼白岳이여 萬古一蒼이로다

列聖繼作하야 文興禮樂하니

規模斯大하야 道術淵宏이로다

執一舍三하고 會三歸一하니

大演天戒하야 永世爲法이로다.」

乙巳二十四年이라 帝崩하시니 太子奧婁門이 立하시니라.

33세 단군 감물 재위 24년

　감물단군의 재위 원년은 임오(환기 6379, 신시개천 3079, 단기 1515, BCE 819)년이다.

　재위 2년 계미(단기 1516, BCE 818)년에 주周나라 사람이 와서 호랑이와 코끼리 가죽을 바쳤다.

　재위 7년 무자(단기 1521, BCE 813)년에 **영고탑** 서문 밖 감물산甘勿山 아래에 **삼성사三聖祠***를 세우고 친히 제사를 드렸는데, 그 「서고문誓告文」에서 이렇게 말씀하셨다.

　　세 분 성조(환인·환웅·단군)의 높고도 존귀하심은
　　삼신과 더불어 공덕이 같으시고
　　삼신(상제님)의 덕은 세 분 성조로 말미암아
　　더욱 성대해지도다.
　　텅 빔(무)과 꽉 참(유)*은 한 몸이요[虛粗同體]
　　낱낱[個]과 전체[숲]는 하나이니[個全一如].
　　지혜와 삶 함께 닦아[智生雙修]
　　내 몸과 영혼 함께 뻗어나가네[形魂俱衍].
　　참된 가르침이 이에 세워져
　　믿음이 오래면 스스로 밝아지리라.
　　삼신의 힘을 타면 존귀해지나니
　　빛을 돌려 내 몸을 살펴보세.
　　저 높고 가파른 백악산은 만고에 변함없이 푸르구나.
　　역대 성조께서 대를 이어
　　예악을 찬란히 부흥시키셨으니
　　그 규모 이토록 위대하여
　　신교의 도술 깊고도 광대하여라.
　　하나[一氣] 속에 셋(삼신)이 깃들어 있고[執一숨三],
　　세 손길로 작용하는 삼신은
　　하나의 근원으로 돌아가나니[會三歸一].
　　하늘의 계율 널리 펴서 영세토록 법으로 삼으리.

　재위 24년 을사(환기 6402, 신시개천 3102, 단기 1538, BCE 796)년에 감물단군께서 붕어하셨다. 태자 오루문奧婁門께서 즉위하셨다.

※ **삼성사三聖祠**: 문정창은 황해도 구월산에 삼성사를 설치한 사실에 대해 "조선시대의 역사학자 안정복安鼎福은 구월산의 단군사당이 고려 시대에 처음 설치된 것이라 하였다. 고려 시대때 황해도 구월산에 삼성사를 세운 것은 단군조선의 기원을 한반도 내로 국한시키려는 금金·원元나라 등의 상고사에 대한 삭제 작업 하에 불교를 국교로 하는 지배층과 불교도들이 이에 영합하여 이루어진 것이다. 이 나라 상고사의 삭제 작업을 불교적으로 체계 세워 장식하기 위한 역사왜곡에 그 목적이 있었으리라. 그러므로 황해도 구월산의 단군사당을 고조선에 관한 역사 사실의 하나인 양 취급하려는 일부 식민주의 사학자들의 노력은 허망한 일이라 할 것이다"라고 하였다(문정창, 『단군조선사연구』, 106쪽).

※ **텅 빔[虛]과 꽉 참[粗]**: 허조虛粗는 허실정조虛實精粗의 줄임말이다. 이는 『환단고기』에서 '무'와 '유'의 관계를 달리 표현한 것으로 본체[體]와 작용[用]의 관계를 말한다.
무無와 허虛는 비가시성으로 본질을 뜻하고, 유有와 조粗는 가시성으로 현상을 뜻한다. 곽상郭象은 『장자주莊子注』에서 소이적所以迹과 적迹의 관계로 설정하였고, 장잠張湛은 『열자주列子注』에서 지허至虛와 만유萬有의 관계로 보았다.

※ **회삼귀일會三歸一**: 하나 속에 셋[조화造化·성性, 교화敎化·명命, 치화治化·정精]이 있고 셋은 그 근본이 하나[一神]의 조화로 돌아옴을 뜻한다.

三十四世檀君 奧婁門 在位二十三年

丙午元年이라. 是歲에 五穀豊熟하고 萬姓歡康하야

作兜里之歌하니 其歌에 曰

天有朝暾하야 明光照耀하고

國有聖人하야 德敎廣被로다.

大邑國我倍達聖朝는

多多人이 不見苛政하야

熙皞歌之하니 長太平이로다.

乙卯十年이라 兩日이 並出하고 仍黃霧四塞하니라.

戊辰二十三年이라 帝崩하시니 太子沙伐이 立하시니라.

三十五世檀君 沙伐 在位六十八年

熊襲(日本 九州 地方)과 燕·齊 平定

己巳元年이라.

甲戌六年이라 是歲에 有蝗蟲大水하니라.

壬午十四年이라 虎入宮殿하니라.

壬辰二十四年이라

有大水하야 山이 崩壞하고 谷이 充塡하니라.

戊午五十年이라 帝遣將彦波弗哈하사 平海上熊襲하시니라.

甲戌六十六年이라 帝遣祖乙하사 直穿燕都하시니

與齊兵으로 戰于臨淄之南郊하야 告捷하니라.

34세 단군 오루문 재위 23년

오루문단군의 재위 원년은 병오(환기 6403, 신시개천 3103, 단기 1539, BCE 795)년이다. 이 해에 오곡이 풍성하게 잘 익어 만백성이 기뻐하며 「도리가兜里歌」*를 지어 부르니 그 가사는 이러하다.

> 하늘에 아침 해 솟아 밝은 빛 비추고
> 나라에 성인이 계셔 후덕한 가르침 널리 미치도다.
> 큰 나라 우리 배달 성조聖朝여!
> 많고 많은 사람들 가혹한 정치 당하지 않아
> 즐겁고 화평하게 노래하니 늘 태평성대로세!

재위 10년 을묘(단기 1548, BCE 786)년, 두 개의 해가 함께 뜨고 누런 안개가 사방을 덮었다.

재위 23년 무진(환기 6425, 신시개천 3125, 단기 1561, BCE 773)년에 오루문단군께서 붕어하셨다. 태자 사벌沙伐께서 즉위하셨다.

*도리가[兜里之歌]:『삼국사기』에는 신라의 3세 유리왕 때 지은 도솔가兜率歌를 우리 가락의 시초라 하였다. 그러나 민족 음악은 배달국 신시 시대에 시작되었으며, 당시의 명칭은 「공수貢壽」였다. 그리고 단군조선·고구려 때에는 온 백성이 한마음이 되어 부른 「어아가」가 있었다. 「도리가」도 이러한 노래의 하나로, 백성이 둥글게 모여 함께 노래 불러 '삼신상제님을 기쁘게 해 드리고, 나라에는 복이 길창하고 민심을 진실로 즐겁게 한 것'이다(『태백일사』「소도경전본훈」).

35세 단군 사벌 재위 68년

웅습(일본 큐슈 지방)과 연·제 평정

사벌단군의 재위 원년은 기사(환기 6426, 신시개천 3126, 단기 1562, BCE 772)년이다.

재위 6년 갑술(단기 1567, BCE 767)년, 이 해에 누리가 날뛰고 홍수가 있었다.

재위 14년 임오(단기 1575, BCE 759)년에 범이 궁전에 들어왔다.

재위 24년 임진(단기 1585, BCE 749)년에 홍수가 나서 산이 무너지고 골짜기가 메워졌다.

재위 50년 무오(단기 1611, BCE 723)년에 임금께서 장수 **언파불합**彦波弗哈을 보내어 **바다 위의 웅습**熊襲(구마소)*을 **평정**하셨다.

재위 66년 갑술(단기 1627, BCE 707)년에 임금께서 조을祖乙을 보내어 곧장 **연**燕**나라 수도**로 진격하게 하시니, **제**齊**나라 군대**와 더불어 임치臨淄(제나라 수도) 남쪽 들판에서 싸워 승리를 거두었다고 고하였다.

*웅습熊襲: 일본의 큐슈九州 지방에 있는 지명으로 '구마소'라 한다. 본래 큐슈 지방에 곰이 서식하지 않는데도 구마모토熊本·구마시로熊城·구마가와熊川 등 웅熊 자가 들어간 지명이 많이 보인다. 이것은 배달국 환웅 시대 웅족熊族의 토템 신앙을 그대로 계승한 '단군조선의 부여계'가 일본으로 건너가 일본 고대 문명을 건설한 역사적 사실을 생생하게 반증하는 것이다. 현재 북큐슈 후쿠오카현 히코산英彦山에는 환웅천황의 화상畵像이 남아 있다(김향수,『일본은 한국이더라』, 361쪽).

| 買 살 매 | 勒 굴레 륵 |

병자육십팔년　　제붕　　　태자매륵　　입
丙子六十八年이라 帝崩하시니 太子買勒이 立하시니라.

三十六世檀君 買勒 在位五十八年

정축원년
丁丑元年이라.

| 溢 넘칠 일
| 犢 송아지 독

갑진이십팔년　　　유지진해일
甲辰二十八年이라 有地震海溢하니라.

| 背 등 배
| 星 별 성

무신삼십이년　　서촌민가　　우생팔족독
戊申三十二年이라 西村民家에 牛生八足犢하니라.

신해삼십오년　　용마　출어천하　　배유성문
辛亥三十五年이라 龍馬가 出於天河한대 背有星文이러라.

日本 王家의 뿌리, 陝野侯 裵幋命

| 遣 보낼 견
| 陝 좁을 협　　| 野 들 야
| 侯 제후 후　　| 裵 성 배
| 幋 횃대보 반　| 命 목숨 명
| 徃 갈 왕　　　| 討 칠 토
| 島 섬 도　　　| 悉 모두 실
| 平 평정할 평
| 須 모름지기 수
| 臾 잠깐 유
| 伐 칠 벌　　　| 燕 연나라 연
| 急 급할 급　　| 齊 제나라 제
| 擧 들 거　　　| 孤 외로울 고
| 竹 대 죽　　　| 遇 만날 우
| 伏 엎드릴 복　| 戰 싸울 전
| 利 이로울 리　| 乞 빌 걸
| 和 화해할 화　| 去 갈 거
| 麻 삼 마

갑인삼십팔년
甲寅三十八年이라

견협야후배반명　　왕토해상
遣陝野侯裵幋命하사 徃討海上하시니

십이월　　삼도실평
十二月에 三島悉平이러라.

무진오십이년　　제견병
戊辰五十二年이라 帝遣兵하사

여수유병　　벌연
與須臾兵으로 伐燕하신대

연인　고급어제　　제인　대거입고죽
燕人이 告急於齊라 齊人이 大擧入孤竹이라가

우아복병　　전불리　　걸화이거
遇我伏兵하야 戰不利어늘 乞和而去하니라.

갑술오십팔년　　제붕　　　태자마물　입
甲戌五十八年이라 帝崩하시니 太子麻勿이 立하시니라.

三十七世檀君 麻勿 在位五十六年

을해원년
乙亥元年이라.

| 淇 물이름 기

경오오십육년　　제남순　　지기수　붕
庚午五十六年이라 帝南巡이라가 至淇水하사 崩하시니

태자다물　입
太子多勿이 立하시니라.

재위 68년 병자(환기 6493, 신시개천 3193, 단기 1629, BCE 705)년에 사벌단군께서 붕어하셨다. 태자 매륵買勒께서 즉위하셨다.

36세 단군 매륵 재위 58년

매륵단군의 재위 원년은 정축(환기 6494, 신시개천 3194, 단기 1630, BCE 704)년이다.

재위 28년 갑진(단기 1657, BCE 677)년에 지진과 해일이 일어났다.

재위 32년 무신(단기 1661, BCE 673)년에 서쪽 마을 민가에서 다리가 여덟 개 달린 송아지가 태어났다.

재위 35년 신해(단기 1664, BCE 670)년에 **용마**龍馬가 **천하**天河에서 나왔는데 등에 별 무늬가 있었다.

일본 왕가의 뿌리, 협야후 배반명

재위 38년 갑인(단기 1667, BCE 667)년, **협야후**陝野侯 **배반명**裵幋命*을 보내어 해상의 적을 토벌하게 하셨다. 12월에 **삼도**三島(일본을 구성하는 세 섬, 곧 큐슈, 혼슈, 시코쿠)를 모두 평정하였다.⁴⁹⁾

재위 52년 무진(단기 1681, BCE 653)년에 임금께서 병력을 보내 **수유국**須臾國* 군대와 더불어 **연**燕나라를 정벌하자 연나라 사람이 **제**齊나라에 위급을 고했다. 제나라 사람들이 대거 **고죽**孤竹으로 쳐들어오다가 아군의 복병을 만나 전세가 불리하자, 화친을 구걸하고 물러갔다.⁵⁰⁾

재위 58년 갑술(환기 6551, 신시개천 3251, 단기 1687, BCE 647)년에 매륵단군께서 붕어하셨다. 태자 마물麻勿께서 즉위하셨다.

37세 단군 마물 재위 56년

마물단군의 재위 원년은 을해(환기 6552, 신시개천 3252, 단기 1688, BCE 646)년이다.

재위 56년 경오(환기 6607, 신시개천 3307, 단기 1743, BCE 591)년에 임금께서 남쪽으로 순수하시다가 기수淇水에 이르러 붕어하셨다. 태자 다물多勿께서 즉위하셨다.

※ **협야후**陝野侯 **배반명**裵幋命: 『태백일사』「삼한관경본기」〈마한세가〉 하에는 "갑인(BCE 667)년에 협야후에게 명하여 전선 500척을 거느리고 해도海島를 거쳐 왜인의 반란을 평정하였다"라고 밝혔다. BCE 667년은 『일본서기』에 진무神武왕이 등장하는 해이고, 협야후 배반명은 『일본서기』에 나오는 진무왕, 즉 사노노미코토狹野尊이다. 3세 가륵단군 재위 10년(BCE 2173)에 두지주의 예읍이 반란을 일으키자 임금께서 여수기를 보내 추장 소시모리의 목을 베게 하셨다. 이 소시모리의 후손에 협야노라는 인물이 있다고 하였다.

※ **수유국**須臾國: 기자는 상商나라 왕족으로서 자子라는 작위를 가진 인물이 기箕라는 나라에 봉함을 받은 기국의 통치자란 뜻이다. 우리가 알고 있는 기자는 상나라 말기의 인물로 이름은 '서여胥餘 또는 수유須臾'이다. 은나라가 망하자 이 기자의 일족은 번조선의 서쪽인 북경과 하북성 난하 일대로 망명해 와 자리를 잡고 단군조선의 작은 제후국으로 존재했다. 따라서 수유는 기자의 후예가 세운 나라 이름이라 추정할 수 있다.

三十八世檀君 多勿 在位四十五年

辛未元年이라.

乙卯四十五年이라 帝崩하시니 太子豆忽이 立하시니라.

三十九世檀君 豆忽 在位三十六年

丙辰元年이라.

辛卯三十六年이라 帝崩하시니 太子達音이 立하시니라.

四十世檀君 達音 在位十八年

壬辰元年이라.

己酉十八年이라 帝崩하시니 太子音次가 立하시니라.

四十一世檀君 音次 在位二十年

庚戌元年이라.

己巳二十年이라 帝崩하시니 太子乙于支가 立하시니라.

四十二世檀君 乙于支 在位十年

庚午元年이라.

己卯十年이라 帝崩하시니 太子勿理가 立하시니라.

38세 단군 다물 재위 45년

다물단군의 재위 원년은 신미(환기 6608, 신시개천 3308, 단기 1744, BCE 590)년이다.

재위 45년 을묘(환기 6652, 신시개천 3352, 단기 1788, BCE 546)년에 다물단군께서 붕어하셨다. 태자 두홀豆忽께서 즉위하셨다.

39세 단군 두홀 재위 36년

두홀단군의 재위 원년은 병진(환기 6653, 신시개천 3353, 단기 1789, BCE 545)년이다.

재위 36년 신묘(환기 6688, 신시개천 3388, 단기 1824, BCE 510)년에 두홀단군께서 붕어하셨다. 태자 달음達音께서 즉위하셨다.

40세 단군 달음 재위 18년

달음단군의 재위 원년은 임진(환기 6689, 신시개천 3389, 단기 1825, BCE 509)년이다.

재위 18년 기유(환기 3706, 신시개천 3406, 단기 1842, BCE 492)년에 달음단군께서 붕어하셨다. 태자 음차音次께서 즉위하셨다.

41세 단군 음차 재위 20년

음차단군의 재위 원년은 경술(환기 3707, 신시개천 3407, 단기 1843, BCE 491)년이다.

재위 20년 기사(환기 6726, 신시개천 3426, 단기 1862, BCE 472)년에 음차단군께서 붕어하셨다. 태자 을우지乙于支께서 즉위하셨다.

42세 단군 을우지 재위 10년

을우지단군의 재위 원년은 경오(환기 6727, 신시개천 3427, 단기 1863, BCE 471)년이다.

재위 10년 기묘(환기 6736, 신시개천 3436, 단기 1872, BCE 462)년에 을우지단군께서 붕어하셨다. 태자 물리勿理께서 즉위하셨다.

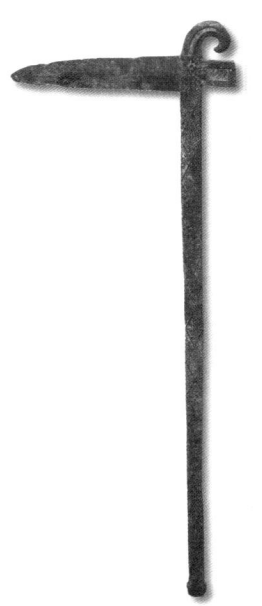

청동꺾창[靑銅戈]_(하가점하층문화) 요령성 금주錦州 수수영자水手營子 출토.

四十三世檀君 勿理 在位三十六年

于和冲의 逆謀事件과 平定

庚辰元年이라.

乙卯三十六年이라 隆安獵戶于和冲이 自稱將軍하고
聚衆數萬하야 陷西北三十六郡이어늘 帝遣兵不克이러시니
冬에 賊이 圍都城急攻이라 帝與左右宮人으로
奉廟社主하시고 浮舟而下하사 之海頭하사 尋崩하시니라.
是歲에 白民城褥薩丘勿이
以命起兵하야 先據藏唐京하니
九地師가 從之하고 東西鴨綠十八城이
皆遣兵來援하니라.

- 隆 융성할 륭
- 戶 지게 호
- 稱 일컬을 칭
- 衆 무리 중
- 陷 무너뜨릴 함
- 郡 고을 군
- 冬 겨울 동
- 圍 에울 위
- 急 급할 급
- 與 더불어 여
- 廟 사당 묘
- 主 위패 주
- 舟 배 주
- 尋 얼마 되지 아니할 심
- 褥 요 욕
- 丘 언덕 구
- 藏 감출 장
- 師 군사 사
- 鴨 오리 압
- 皆 다 개
- 獵 사냥할 렵
- 冲 빌 충
- 聚 모일 취
- 數 몇 수
- 克 이길 극
- 賊 도둑 적
- 都 도읍 도
- 攻 칠 공
- 奉 받들 봉
- 社 사직 사
- 浮 뜰 부
- 頭 머리 두
- 薩 보살 살
- 據 웅거할 거
- 唐 넓을 당
- 從 따를 종
- 綠 푸를 록
- 援 도울 원

桓檀古記

요하 遼河
중국 동북 만주 남부 평원을 관통하는 전장 약 1,400킬로미터의 하천. 요나라 이전까지는 구려하九麗河(句麗河), 즉 고구려하高句麗河로 불렸다. 『중국고금지명대사전』의 「요하」조에 "옛 이름은 대요수이며, 또한 구려하·구류하·거류하라 불렸다古名大遼水, 亦名句麗河·枸柳河·巨流河"라는 기록이 있다. 사진은 심양 서북 부근으로, 근래에 기후 변동으로 인해 수량이 많이 줄었다고 한다.

43세 단군 물리 재위 36년

우화충의 역모사건과 평정

물리단군의 재위 원년은 경진(환기 6737, 신시개천 3437, 단기 1873, BCE 461)년이다.

재위 36년 을묘(환기 6772, 신시개천 3472, 단기 1908, BCE 426)년에 융안隆安의 사냥꾼 **우화충**于和冲[51]이 스스로 장군이라 칭하고 무리 수만 명을 모아 서북 36군郡을 함락시켰다. 임금께서 군사를 보내셨으나 이기지 못하였다. 겨울에 이 역적이 도성을 포위하고 급히 공격하므로 임금께서 좌우 궁인과 더불어 종묘와 사직의 신주神主*를 받들고 배를 타고 내려가다가 해두海頭*에 이르렀는데 얼마 있지 않아 붕어하셨다.

이 해에 **백민성**白民城* 욕살 구물丘勿이 천명을 받들어 병사를 일으켜 먼저 **장당경**藏唐京*을 점령하자, 아홉 지역의 군사가 추종하고 동서압록*의 열여덟 성이 모두 군사를 보내 원조하였다.

* 신주神主: 위패位牌를 말함.
* 해두海頭: 이유립은 해두를 혼동강混同江 우측이라 하였는데, 역사적으로 흑룡강, 송화강, 압록강을 혼동강이라 불렀다.
* 백민성白民城: 이유립은 장백산 남쪽이라 하였다.
* 장당경: 단군조선의 세 번째 도읍지로 지금의 개원開原이다.
* 동서압록: 동압록은 지금의 압록강이며, 서압록은 대요하大遼河를 말한다. 원래 압록은 크다는 뜻인 고대어 '아리', '오리'의 이두문으로, 아리阿里 또는 압록鴨綠으로 표기하였다. 고대에는 지금의 압록강뿐만 아니라 요하, 송화강, 흑룡강 등도 압록으로 불렸다는 사실을 상기할 필요가 있다(신채호, 『조선상고사』 상, 105쪽). 또한 일본에 진출한 우리 조상들은 그곳의 큰 강에도 아리하阿里河라는 이름을 붙였다. 오늘날까지도 그대로 남아 있는, 일본 전국에 무수히 산재한 한국계 지명地名을 우리나라에서 건너간 조상들이 붙였다는 것은 주지의 사실이다.

四十四世檀君 丘勿 在位二十九年

古朝鮮 國運 大轉換의 契機

丙辰元年이라. 三月에 大水가 浸都城하니 賊大亂이라.

丘勿이 率兵一萬하야 往討之하니

賊이 不戰自潰어늘 遂斬于和冲하니라.

國號를 大夫餘로 改稱, 三朝鮮 分立

於是에 丘勿이 爲諸將所推하야

乃於三月十六日에 築壇祭天하시고

遂卽位于藏唐京하사 改國號爲大夫餘하시고

改三韓爲三朝鮮하시니 自是로 三朝鮮이 雖奉檀君하야

爲一尊臨理之制나 而惟和戰之權은 不在一尊也라

七月에 命改築海城하사 爲平壤하시고 作離宮하시니라.

丁巳二年이라 禮官이 請行三神迎鼓祭하니

乃三月十六日也라.

帝親幸敬拜하실새 初拜三叩하고 再拜六叩하고

三拜九叩가 禮也나 從衆하사 特爲十叩하시니

是爲三六大禮也라.

壬申十七年이라 遣監察官于州郡하사

糾察吏民하시고 擧孝廉하시니라.

戊寅二十三年이라 燕이 遣使賀正하니라.

甲申二十九年이라 帝崩하시니 太子余婁가 立하시니라.

44세 단군 구물 재위 29년

고조선 국운 대전환의 계기

구물단군의 재위 원년은 병진(환기 6773, 신시개천 3473, 단기 1909, BCE 425)년이다. 3월에 홍수로 도성이 잠기자 역적들이 크게 어지러워졌다. 구물이 병사 1만 명을 이끌고 가서 토벌하자, 역적들은 싸워 보지도 못하고 스스로 궤멸하였다. 마침내 우화충을 잡아 참수하였다.

국호를 대부여로 개칭, 삼조선 분립

이에 구물이 모든 장수의 추대를 받아 **3월 16일**에 단을 쌓아 하늘에 제사 지내고 장당경에서 즉위하였다. 구물단군께서 국호를 **대부여**大夫餘로 바꾸고, **삼한**三韓을 **삼조선**三朝鮮*으로 바꾸셨다. 이로부터 삼조선이 비록 대단군을 받들어 한 분이 다스리는 제도는 그대로 유지하였으나 화전和戰의 권한(병권兵權)은 단군 한 분에게 있지 않았다.

7월에 해성海城을 개축하여 **평양**平壤이라 하고 별궁[離宮]을 지으셨다.

재위 2년 정사(단기 1910, BCE 424)년에 예관禮官이 **삼신영고제**三神迎鼓祭를 올리기를 청하니 **3월 16일**(**대영절**大迎節)*이었다. 임금께서 친히 납시어 경배하실 때, 초배에 세 번 조아리고, 재배에 여섯 번 조아리고, 삼배에 아홉 번 조아리는 것이 예禮이지만, 무리를 따라 특별히 열 번 조아리셨다. 이것이 **삼육대례**三六大禮이다.

재위 17년 임신(단기 1925, BCE 409)년에 임금께서 각 주군州郡에 감찰관을 보내어 관리와 백성을 규찰糾察하고, 효자와 청렴한 선비를 천거하게 하셨다.

재위 23년 무인(단기 1931, BCE 403)년에 연나라에서 사신을 보내 신년 하례를 올렸다.

재위 29년 갑신(환기 6801, 신시개천 3501, 단기 1937, BCE 397)년에 구물단군께서 붕어하셨다. 태자 여루余婁께서 즉위하셨다.

고조선 체제의 변화

초대 단군왕검	삼한(분조관경) 진한·변한·마한

22세 색불루	삼조선(분조관경) 진조선·번조선·막조선

44세 구물	대부여(분권관경) 진조선·번조선·막조선

분조관경分朝管境**과 분권관경**分權管境_『태백일사』「소도경전본훈」에서는 "삼한이라는 말에는 '조정을 나누어 통치한다[分朝管境]'는 뜻이 있고, 삼조선은 '권력을 나누어 통치[分權管境]하는 제도를 둔다'는 말이다"라고 하였다.

✻ **삼조선**三朝鮮: 고조선은 본래 삼한관경제를 시행하여 삼한으로 나누어 다스렸으나, 병권은 진한의 대단군이 행사하였다. 그런데 44세 구물단군 때에 이르러 삼조선 체제로 바뀌면서 삼조선(진·번·막조선)이 각기 전쟁 수행 권한을 갖게 되었다. 이 병권분립이 신교 삼신사상을 뿌리로 하는 삼한관경제를 붕괴시키는 결정적인 계기가 되었다. 고조선은 이때부터 본격적으로 망국의 길로 들어서게 된다.

✻ **대영절**大迎節: 삼신영고제는 **삼신상제님을 맞이하는 제천의식**이다. 해마다 **3월 16일**에 행하였는데, 이 날을 **대영절**이라 한다. 1909년 3월 16일에 이기·계연수 등이 강화도 마리산 참성단에서 제천의식을 거행하고 단학회를 창립하였다. 1969년에 이유립은 마리산에 환인·환웅·단군왕검 등 국조 삼성을 받드는 개천각開天閣을 세우고 대영절과 개천절에 제천행사를 하였다. 단단학회는 매년 3월 16일 대영절에 개천각에서 천제를 올린다.

✻ **규찰**糾察: 죄상을 들추어 자세히 밝힌다는 뜻.

四十五世檀君 余婁 在位五十五年

乙酉元年이라. 築城長嶺狼山하니라.

辛丑十七年이라 燕人이 侵邊郡이어늘

守將苗長春이 擊敗之하니라.

遼西 地方의 모든 城을 回復함

丙辰三十二年이라 燕人이 倍道入寇하야 陷遼西하고

逼雲障이어늘 番朝鮮이 命上將于文言하야 禦之하고

眞莫二朝鮮이 亦派兵來救하고 設伏夾攻하야

破燕齊之兵於五道河하니 遼西諸城이 悉復하니라.

燕나라의 끊임없는 侵略

丁巳三十三年이라 燕人이 敗屯連雲島하야 造船하고

將來襲할새 于文言이 追擊大破하고 射殺其將하니라.

辛未四十七年이라 北漠酋長厄尼車吉이 來朝하야

獻馬二百匹하고 請共伐燕이어늘 乃以番朝鮮少將申不私로

率兵一萬하사 合攻燕上谷하야 拔之하고 置城邑하니라.

戊寅五十四年이라 自上谷役後로 燕이 連年來侵이라가

至是하야 遣使請和하니 許之하시고

復以造陽以西로 爲界하시니라.

己卯五十五年이라. 夏에 大旱이어늘 慮有寃獄하사

大赦하시고 親幸祈雨하시니라.

九月에 帝崩하시니 太子普乙이 立하시니라.

45세 단군 여루 재위 55년

여루단군의 재위 원년은 을유(환기 6802, 신시개천 3502, 단기 1938, BCE 396)년이다. 장령長嶺·낭산狼山*에 성을 쌓았다.

재위 17년 신축(단기 1954, BCE 380)년에 연나라 사람이 변방을 침범하자 그곳을 지키던 장수 묘장춘苗長春[52]이 이를 쳐서 물리쳤다.

* **장령·낭산**: 장령은 지금의 난하 동쪽에 있고, 낭산은 백랑산白狼山으로 요령성 대릉하 상류에 있다.

요서 지방의 모든 성을 회복함

재위 32년 병진(단기 1969, BCE 365)년에 연나라 사람들이 이틀길을 하루에 달려 쳐들어와 요서를 함락하고 **운장**雲障 지방을 핍박하였다.

번조선番朝鮮 왕이 상장 우문언于文言에게 명하여 막게 하고, **진**眞·**막**莫 두 조선도 역시 군대를 보내 구원하였다. 복병을 두어 협공하여 연燕·제齊 두 나라의 군대를 오도하五道河*에서 깨뜨리고 요서 지방의 성을 모두 회복하였다.

* **오도하五道河**: 이유립은 하북성 하간현河間縣을 흐르는 강이라 하였다.

연나라의 끊임없는 침략

재위 33년 정사(단기 1970, BCE 364)년에, 연나라 사람들이 패한 뒤에도 연운도連雲島에 주둔하면서 배를 만들어 장차 쳐들어오려 하였다. 우문언이 추격하여 대파하고 그 장수를 쏘아 죽였다.

재위 47년 신미(단기 1984, BCE 350)년에 **북막**北漠* 추장 액니거길厄尼車吉이 내조來朝하여 말 2백 필을 바치고 함께 연燕을 치자고 청하였다. 이에 번조선 소장少將 신불사申不私로 하여금 병사 1만 명을 거느리게 하시니 연나라 **상곡**上谷*을 함께 공격하여 함락하고 성읍城邑을 설치하였다.

재위 54년 무인(단기 1991, BCE 343)년, 상곡 싸움 이후로 연나라가 해마다 쳐들어오다가 이때에 사신을 보내 강화를 청하자, 이를 윤허하시고 다시 **조양**造陽*의 서쪽으로 경계를 삼으셨다.

재위 55년 기묘(환기 6856, 신시개천 3556, 단기 1992, BCE 342)년, 여름에 큰 가뭄이 들자 임금께서 원통하게 옥살이하는 사람이 있을까 염려하여 대사면을 내리고, 친히 납시어 기우제를 지내셨다.

9월에 여루단군께서 붕어하셨다. 태자 보을普乙께서 즉위하셨다.

* **북막**北漠: 북쪽 사막이란 뜻으로 보통 고비 사막을 가리킨다. 따라서 여기서도 고비 사막을 비롯한 몽골 근처로 볼 수 있다.

* **상곡**上谷: 지금의 북경 북쪽에 위치한 하북성 회래현懷來縣이다.

* **조양**造陽: 상곡 지역 내에 있었으며, 북경 북쪽 만리장성 부근이다. 연나라 장수 진개秦介가 번조선에 인질로 붙잡혀 있다가 도망친 후 다시 침입하여, BCE 300년경에 번조선의 서쪽 변두리 땅 일부를 빼앗고서 축조한 연나라 장성의 서쪽 기점이다.

四十六世檀君 普乙 在位四十六年

番朝鮮 王 弑害事件과 古朝鮮 中央政府의 內紛 深化

庚辰元年이라.

十二月에 番朝鮮王解仁이

爲燕所遣刺客의 所害하고 五加爭立하니라.

箕詡가 番朝鮮 王이 되다

戊戌十九年이라 正月에 邑借箕詡가 以兵入宮하고

自以番朝鮮王으로 遣人請允한대

帝許之하시고 使堅備燕하시니라.

丁巳三十八年이라

都城이 大火盡燒어늘 帝避御于海城離宮하시니라.

癸亥四十四年이라 北漠酋長尼舍가 獻樂한대

乃受而厚賞하시니라.

韓介의 叛亂을 鎭壓한 高列加, 衰落하는 古朝鮮

乙丑四十六年이라

韓介가 率須臾兵하야 犯闕自立이어늘 上將高列加가

起義하야 擊破之하고 帝還都하사 大赦하시니라.

自此로 國勢甚微하고 國用不敷러니 尋에 帝崩하시니 無嗣라

高列加가 以檀君勿理之玄孫으로

爲衆愛戴하시고 且有功하사 遂卽位하시니라.

46세 단군 보을 재위 46년

번조선 왕 시해사건과 고조선 중앙정부의 내분 심화

보을단군의 재위 원년은 경진(환기 6857, 신시개천 3557, 단기 1993, BCE 341)년이다.

12월에 번조선 왕 해인解仁*이 연나라에서 보낸 자객에게 시해弑害를 당하였다. 오가五加가 서로 권력을 다투었다.

기후가 번조선 왕이 되다

재위 19년 무술(단기 2011, BCE 323)년 정월에 읍차邑借* 기후箕詡가 병사를 이끌고 번조선 궁에 진입하여 스스로 70세 번조선 왕이 되고, 사람을 보내어 윤허를 청하였다. 임금께서 윤허하시고 연나라에 대한 방비를 강화하게 하셨다.

재위 38년 정사(단기 2030, BCE 304)년에 도성(장당경)에 큰 불이 일어나 모두 타 버리자 임금께서 해성海城의 별궁으로 피하셨다.

재위 44년 계해(단기 2036, BCE 298)년에 북막 추장 이사尼숨가 음악을 지어 바치니 임금께서 이를 받으시고 후히 상을 내리셨다.

한개의 반란을 진압한 고열가, 쇠락하는 고조선

재위 46년 을축(환기 6902, 신시개천 3602, 단기 2038, BCE 296)년에 한개韓介가 수유須臾의 병사를 이끌고 궁궐을 침범하여 스스로 임금 자리에 올랐다. 이에 상장 고열가高列加가 의병을 일으켜 한개를 격파하였다. 임금께서 환도하고 대사면을 내리셨다.

이로부터 나라의 힘이 심히 미약해지고 살림살이가 넉넉지 못하더니 얼마 있지 않아 보을단군께서 붕어하셨다. 후사는 없었다.

고열가가 43세 물리勿理단군의 현손으로 백성의 사랑과 공경을 받고 또한 공로가 많으므로 드디어 추대를 받아 즉위하셨다.

---

* 해인海仁: 일명 산한山韓. 번조선의 68세 왕이다. 경진년(BCE 341)에 즉위하였으나 자객에게 살해되었다.

* 읍차邑借: 국읍國邑의 군장君長에 대한 칭호의 하나이다. 가장 유력한 거수渠帥를 신지臣智라 하고, 제일 작은 지방의 군장을 읍차라 하였다.

번조선 왕 기씨 계보

70세 기후箕詡
　(BCE 323~BCE 315)
71세 기욱箕煜
　(BCE 315~BCE 290)
72세 기석箕釋
　(BCE 290~BCE 251)
73세 기윤箕潤
　(BCE 251~BCE 232)
74세 기비箕丕
　(BCE 232~BCE 221)
75세 기준箕準
　(BCE 221~BCE 194)

■ 조선의 4대 반란 사건: 우착(9세 아술단군), 신독(22세 색불루단군), 우화충(43세 물리단군), 한개(46세 보을단군)의 반란이다.

四十七世檀君 古列加 在位五十八年

병인원년
丙寅元年이라.

기묘십사년　　　입단군왕검묘우백악산
己卯十四年이라 立檀君王儉廟于白岳山하사

영유사　사시제지　　　제　세일친제
令有司로 四時祭之하시고 帝는 歲一親祭하시니라.

기유사십사년　　　연　견사하정
己酉四十四年이라 燕이 遣使賀正하니라.

계축사십팔년　　　시월삭　일식
癸丑四十八年이라 十月朔에 日蝕하니라.

시세동　북막추장아리당부　청출사벌연
是歲冬에 北漠酋長阿里當夫가 請出師伐燕이어늘

제부종　　　자시　원부조공
帝不從하시니 自是로 怨不朝貢하니라.

解慕漱가 熊心山에서 일어남

임술오십칠년
壬戌五十七年이라

사월팔일　해모수　강우웅심산
四月八日에 解慕漱가 降于熊心山하사

기병　　　기선　고리국인야
起兵하시니 其先은 稾離國人也시니라.

계해오십팔년　　　제인유부단　영다불행
癸亥五十八年이라 帝仁柔不斷하사 令多不行하고

제장시용　　화란빈기　　국용불부　　민기익쇠
諸將恃勇하야 禍亂頻起하니 國用不敷하고 民氣益衰라

檀君朝鮮의 沒落과 北夫餘 時代의 開創

삼월제천지석　　내여오가　의왈
三月祭天之夕에 乃與五加로 議曰

석　아열성　조극수통
昔에 我列聖이 肇極垂統하사

종덕굉원　　　영세위법
種德宏遠하사 永世爲法이러니

금　왕도쇠미　　　제한쟁강
今에 王道衰微하야 諸汗爭强이로대

유짐양덕　나불능리　　무책초무　　백성이산
惟朕凉德이 懦不能理하며 無策招撫하야 百姓離散하니

47세 단군 고열가 재위 58년

고열가단군의 재위 원년은 병인(환기 6903, 신시개천 3603, 단기 2039, BCE 295)년이다.

재위 14년 기묘(단기 2052, BCE 282)년에 임금께서 백악산에 단군왕검의 사당을 세워 유사有司로 하여금 계절마다 제사 지내게 하시고, 임금께서는 일 년에 한 번씩 친히 제사를 드리셨다.

재위 44년 기유(단기 2082, BCE 252)년에 **연나라가 사신을 보내어 신년 하례를 올렸다.**

재위 48년 계축(단기 2086, BCE 248)년 10월 초하루에 일식이 있었다. 이 해 겨울에 북막 추장 아리당부阿里當夫가 연나라를 정벌하는 데 출병해 주기를 청하였다. 임금께서 응하지 않으시자, 원망하여 이후로 조공을 바치지 않았다.

해모수가 웅심산에서 일어남

재위 57년 임술(환기 6959, 신시개천 3659, 단기 2095, BCE 239)년 4월 8일에 **해모수가 웅심산熊心山으로 내려와 군사를 일으켰다. 해모수의 선조는 고리국槀離國* 사람**이다.

재위 58년 계해(환기 6960, 신시개천 3660, 단기 2096, BCE 238)년, 임금께서 어질고 인자하시나 우유부단하여 명령이 제대로 이행되지 않을 때가 많았다. 그리하여 여러 장수가 자신의 용맹을 믿고 화란을 자주 일으켰다. 나라 살림은 쪼들리고 백성의 기운도 더욱 쇠약해졌다.

단군조선의 몰락과 북부여 시대의 개창

3월 제천祭天을 행한 날 저녁에, 임금께서 **오가**五加*와 더불어 의논하여 말씀하셨다.

"옛날 우리 성조들께서 **처음으로 법도를 만들고 국통國統을 세워 후세에 전하셨노라.** 덕을 펴심이 넓고도 멀리 미쳐 만세의 법이 되어 왔느니라. 그러나 이제 왕도가 쇠미하여 모든 왕[汗]이 세력을 다투고 있도다. 짐이 덕이 부족하고 나약하여 능히 다스릴 수 없고, 이들을 불러 무마시킬 방도도 없으므로 백성이 서로 헤어져 흩

---

* **고리국槀離國**: 고리국의 고槀 자는 동방을 뜻하는 나무 목木 자에 높을 고高 자가 있는 형상이다. 『태백일사』「삼신오제본기」에서는 "삼三은 새롭다[新]는 뜻이고, 새롭다[新]는 말은 희다[白]는 뜻이며(三 → 新 → 白), 신神은 높다[高]는 뜻이요, 높다는 말은 머리[頭]라는 뜻이다(神 → 高 → 頭)"라고 하였다. 그러므로 고高는 동방에 떠오르는 해 속에 삼신이 깃든 모습이다. 리離는 태양, 또는 밝다는 뜻이다. 훗날 고槀는 고高로 대신 쓰이게 된다.

* **오가**五加: 단군조선 시대에는 한민족 국교인 신교의 삼신 사상과 오행 철학을 기초로 한 오가(마가·우가·구가·저가·계가) 제도가 있었다. 신교의 삼신오제 사상을 현실의 인사 제도에 그대로 적용하여 삼한오가三韓五加라는 국가 통치 제도로 발전시킨 것이다.

惟爾五加는 擇賢以薦하라 하시고

大開獄門하사 放還死囚以下諸俘虜하시니라.

五加의 過渡期 共和政 時代

翌日에 遂棄位入山하사 修道登仙하시니

於是에 五加가 共治國事六年이러라.

先是에 宗室大解慕漱가 密與須臾로 約하사

襲據故都白岳山하시고

稱爲天王郞하시니 四境之內가 皆爲聽命이러라.

北夫餘가 發興한 背景과 高句麗 呼稱의 起原

於是에 封諸將하실새 陞須臾侯箕丕하사 爲番朝鮮王하시고

徃守上下雲障하시니 盖北夫餘之興이 始此오

而高句麗는 乃解慕漱之生鄉也라 故로 亦稱高句麗也니라.

自檀君紀元元年戊辰으로

至今上踐祚後十二年癸卯히 凡三千六百十六年也라

是歲十月三日에 紅杏村叟는 書于江都之海雲堂하노라.

어지고 있느니라. 너희 오가는 현인을 택하여 단군으로 천거하라."
옥문을 크게 열어 사형수 이하 모든 포로를 석방하셨다.

오가의 과도기 공화정 시대

이튿날 임금께서 마침내 제위를 버리고 산으로 들어가 수도하여 선인仙人이 되셨다. 이에 **오가五加가 6년**(단기 2096, BCE 238~단기 2102, BCE 232) **동안 국사를 공동으로 집행**하였다.

이에 앞서 종실宗室인 대해모수께서 은밀히 **수유국須臾國**과 약속을 하고, 옛 도읍지 백악산을 습격하여 점거한 뒤에 스스로 **천왕랑 天王郞**이라 칭하셨다. 사방에서 사람들이 모두 해모수의 명을 따랐다.

북부여가 발흥한 배경과 고구려 호칭의 기원

이때에 해모수께서 모든 장수를 봉하면서 **수유후須臾侯 기비箕丕**＊를 올려 세워 번조선 왕으로 삼아(단기 2102, BCE 232) **상·하 운장**＊을 지키게 하셨다. 대개 북부여[53]가 발흥한 것은 이때부터였다. 그리고 **고구려**＊는 해모수께서 태어난 고향이므로 **북부여를 또한 고구려라고도 불렀다**.

단군기원檀君紀元 원년 무진(환기 4865, 신시개천 1565, BCE 2333)년부터 지금의 주상(고려 공민왕)께서 보위에 오르신 이후 12년째 되는 계묘(환기 8560, 신시개천 5260, 단기 3696, 서기 1363)년까지가 무릇 **3,696년**＊이라. 이 해 10월 3일에 홍행촌수紅杏村叟가 강화도의 해운당海雲堂에서 이 글을 쓰노라.

＊**기비箕丕**: 번조선 74세 왕으로 마지막 왕인 기준의 부왕父王.

＊**상·하 운장**: 국경 요새인 상운장과 하운장으로 장새障塞가 있던 곳이다. 『사기』 「조선열전」에는 (위만이 북부여의 제후국인 번조선에 망명할 때) "패수를 건너 진秦나라의 옛 공지空地인 상·하장에 거주하였다[渡浿水, 居秦故空地上下障.]"라고 하였다. 이 상·하 운장은 진秦나라 때 공지인 상장上障과 하장下障으로 지금의 난하 서쪽 연안에 있었다. 위만이 번조선 마지막 왕 기준에게서 봉지封地로 하사 받은 서쪽 변방 100리 땅이 이곳이다.

＊**고구려**: 고구려의 본래 이름은 '고리', '구려'이다. 『삼성기』에는 고구려를 건국한 주몽이 해모수를 시조로 삼아 제사를 지냈다고 하였다. 해모수가 태어난 곳이 서압록의 고리이므로 후에 북부여를 고구려라고도 불렀는데, 주몽이 그 이름을 계승하여 고구려라 한 것이다. 고구려는 해모수의 북부여(원고구려), 주몽의 고구려(본고구려), 대중상의 대진국(후고구려)까지 합쳐서 1,165년(BCE 239~BCE 926)의 역사를 이어왔다. 후에 왕건이 고구려의 맥을 계승하여 고려라 하였으니, 고구려(고리, 구려, 고려)의 정신은 무려 1,631년(BCE 239~CE 1392)을 이어 온 것이다.

＊**3,696년**: BCE 2333+1363=3,696년이다. 원문에는 三千六百十六년이라 했는데, 九 자가 누락되었다. 단군기원 원년(BCE 2333)부터 공민왕 12년(1363)까지 3,696년이다.

고조선사와 중국사의 연대 비교

연대 : 단기(BCE)

고조선사	연대	중국사
제 1 왕조 송화강 아사달 시대		
단군왕검 탄강(환기 4828, 신시개천 1528)	(2370)	**당요**唐堯 **시대** (재위 BCE 2357~BCE 2258)
14세에 웅씨왕熊氏王의 천거로 비왕裨王이 되어 대읍국大邑國의 국사를 맡아 다스림(신시개천 1541)	(2357)	
단군왕검의 **고조선 건국** **삼한관경제**(진한·번한·마한)의 시작	1 (2333)	
태자 부루를 도산에 보내 사공司空 우禹에게 **오행치수법을 전수함**	67 (2267)	
순임금이 단군왕검을 알현함	79 (2255)	**우순**虞舜 **시대** (재위 BCE 2255~BCE 2208)
2세 부루	129 (2205)	우禹가 **하**夏**나라를 건국**
3세 가륵, 삼랑 을보륵에게 가림토 문자를 만들게 함	153 (2181)	하 3세 태강太康
4세 오사구, 아우 오사달을 몽고리한으로 임명	197 (2137)	하 7세 한착寒浞
11세 도해, 국선소도國仙蘇塗 설치	443 (1891)	하 15세 고皐
13세 흘달, 성탕과 함께 하나라의 폭군 걸을 치고 빈邠·기岐 땅을 점령	567 (1767)	탕湯이 상商나라를 건국
21세 소태	1020 (1314)	19세 반경盤庚(재위 BCE 1374~BCE 1287), 수도를 은殷지역으로 옮김. 이후 은이라 불림
21세 소태, 고조선의 변방을 침공해 온 은나라 군을 격퇴하고 은나라 수도를 공격하여 함락시킴	1043 (1291)	상 22세 무정武丁
제 2 왕조 백악산 아사달 시대		
22세 색불루, 송화강 아사달에서 **백악산 아사달**로 천도 8조금법 시행. 빈·기 땅에 진격하여 여黎 나라를 세움. 남 국과 고죽국이 연합하여 엄독홀 점령	1049 (1285)	
23세 아홀, 은나라 정벌	1098 (1236)	상 24세 조갑祖甲
25세 솔나	1212 (1122)	주周, 무武왕 등극

桓檀古記

176

고조선사	연대	중국사
35세 사벌	1564 (770)	춘추春秋시대 시작
35세 사벌, 장군 언파불합을 일본에 보내 웅습, 구마소를 평정	1611 (723)	주 13세 평平왕
35세 사벌, 연나라와 제나라를 쳐서 대승을 거둠	1627 (707)	주 14세 환桓왕
36세 매륵, 협야후 배반명을 보내 일본 삼도를 평정	1667 (667)	주 17세 혜惠왕
36세 매륵, 수유의 군대와 더불어 연나라 정벌	1681 (653)	제齊나라가 연燕나라를 도우러 왔다가 고조선의 복병에게 패하여 고조선과 화친하고 물러감
38세 다물	1783 (551)	공자 태어남
43세 물리, 우화충이 반란을 일으킴	1908 (426)	주 31세 고考왕
욕살 구물이 우화충의 반란을 진압하고 44세 단군으로 등극함. 국호를 대부여로 바꿈 진조선·번조선·막조선의 병권이 분리되어 삼한관경제 무너짐	1909 (425)	주 32세 위열威烈왕
제 3 왕조 장당경 아사달 시대		
44세 구물	1931 (403)	**전국戰國시대** 시작
45세 여루, 연나라의 공격을 받은 번조선이 진조선, 막조선과 함께 연·제 군사를 물리치고 요서를 회복함	1969 (365)	주 35세 현顯왕
46세 보을, 번조선 왕 해인이 연나라 자객에게 시해 당함	1993 (341)	마릉전투에서 제齊가 위魏를 물리침
기후箕詡, 번조선 70세 왕이 됨	2011 (323)	연燕 역易이 칭왕稱王함
46세 보을	2034 (300)	연나라의 장수 진개, 번조선 침략
46세 보을, 한개韓介의 반란을 상장군 고열가가 진압	2038 (296)	
고열가, 진조선 47세 단군에 오름	2039 (295)	
북부여 열국시대		주 43세 난赧왕
해모수解慕漱, 웅심산에서 **북부여** 건국	2095 (239)	
47세 고열가단군, 제위를 버리고 입산入山 오가五加의 공화정(6년간)	2096 (238)	진秦 상앙商鞅 처형당함
해모수解慕漱, 진조선을 계승하여 국통을 이음	2102 (232)	

檀君世紀

177

고조선사	연대	중국사
기준箕準, 번조선 75세 왕이 됨	2113 (221)	진시황이 중원을 통일
	2125 (209)	항우項羽, 유방劉邦의 거병
	2128 (206)	**진秦 멸망**
북부여 1세 해모수	2132 (202)	유방, **한漢나라 건국**
	2139 (195)	한 혜제惠帝 즉위. 연나라 왕 노관은 흉노로 도망하고 그 부하 **위만은 번조선으로 망명**
위만, 번조선 왕위를 찬탈하여 **위만정권** 세움 번조선 준왕은 바다를 건너 한반도 금강 지역으로 가서 **진국**을 세움	2140 (194)	한 2세 혜제惠帝
	2193 (141)	한 7세 무제武帝 즉위
북부여 4세 고우루	2225 (109)	한 무제, 위만을 침
고두막한高豆莫汗, 졸본卒本에서 동명왕東明王으로 즉위(동명국東明國)하고 한나라의 침략에 맞서 거병 위만정권 중신들이 우거왕을 죽이고 한 무제에게 항복함	2226 (108)	한 7세 무제武帝
고두막高豆莫, 북부여 5세 단군 제위에 오름 북부여의 해부루解夫婁, 고두막을 피해 가섭원으로 옮겨 동부여東夫餘(가섭원부여) 건국	2248 (86)	한 8세 소제昭帝
고주몽高朱蒙, 북부여 6세 고무서 단군을 이어 즉위 국호를 **고구려**로 바꿈(고구려 건국)	2276 (58)	한 10세 선제宣帝

『단군세기』에 기록된 주요 사건

세	단군명	재위원년	재위기간	치적과 사건
				제1 왕조 송화강 아사달 시대 (1,048년)
1	왕검 王儉	단기 1 BCE 2333 무진戊辰	93	▶ 배달 신시 개천開天 1565년(戊辰:BCE 2333)10월[上月] 3일 삼신상제님께 천제를 지내심. 신시神市의 옛 법도를 회복하시고 도읍을 아사달에 정하시어 조선朝鮮을 건국하심(1,048년간의 송화강 아사달 시대의 시작) ▶ 치두남蚩頭男을 번한 왕으로, 웅백다熊伯多를 마한 왕으로 임명하여 천하를 삼한으로 나누어 다스리심 ▶ 재위 50년(BCE 2284), 홍수가 범람하자 풍백風伯 팽우彭虞에게 명하여 물을 다스리게 하심 ▶ 재위 51년(BCE 2283), 운사雲師 배달신倍達臣에게 명하여 강화도 혈구穴口에 삼랑성三郎城을 건설하게 하고 마리산에 제천단을 쌓게 하심(지금의 참성단塹城壇) ▶ 재위 67년(BCE 2267), 태자 부루를 보내 우순虞舜(순임금)이 보낸 사공司空(우禹를 말함)과 도산塗山에서 만나 '오행의 원리로 물을 다스리는 법[五行治水之法]'을 전하게 하심
2	부루 扶婁	단기 94 BCE 2240 신축辛丑	58	▶ 재위 초기, 우순虞舜이 유주幽州와 영주營州를 남국藍國 근처에 설치하므로 군사를 보내 정벌하고 동무東武와 도라道羅를 왕으로 임명하심 ▶ 신시 이래로 매년 천제를 지낼 때 큰 축제를 열어 삼신상제님의 덕을 찬양하는 노래(어아가於阿歌)를 부름 ▶ 부루단군 붕어 후에 백성들이 제사를 지낼 때, 곡식을 담은 항아리를 제단 위에 올려놓고 부루단지扶婁壇地라 부르고 업신業神으로 삼음
3	가륵 嘉勒	단기 152 BCE 2182 기해己亥	45	▶ 재위 2년(BCE 2181), 삼랑三郎 을보륵乙普勒에게 명하여 '정음正音 38자'를 짓게 하심(가림토加臨土) ▶ 재위 3년(BCE 2180), 신지神誌 고설高契에게 명하여 『배달유기倍達留記』를 편찬
4	오사구 烏斯丘	단기 197 BCE 2137 갑신甲申	38	▶ 재위 19년(BCE 2119), 하나라 5세 상相이 실덕하므로 식달息達에게 명하여 남·진·변藍眞弁 3부의 군대를 이끌고 정벌하심
5	구을 丘乙	단기 235 BCE 2099 임술壬戌	16	▶ 재위 원년(BCE 2099), 태백산에 단을 쌓으라 명하시고, 사자를 보내 제사를 지내게 하심

檀君世紀

179

세	단군명	재위원년	재위기간	치적과 사건
6	달문 達門	단기 251 BCE 2083 무인戊寅	36	▶ 재위 35년(BCE 2049), 상춘常春에 모든 왕을 모아 구월산九月山에서 삼신상제님께 제사 지내고, 신지神誌 발리發理에게 서효사誓效詞를 짓게 하심
7	한율 翰栗	단기 287 BCE 2047 갑인甲寅	54	
8	우서한 于西翰 (오사함 烏斯舍)	단기 341 BCE 1993 무신戊申	8	▶ 재위 원년(BCE 1993), '20분의 1세법' 제정 ▶ 재위 4년(BCE 1990), 몰래 하夏나라에 들어가 실정을 살피고 돌아와 관제를 크게 개혁하심
9	아술 阿述	단기 349 BCE 1985 병진丙辰	35	▶ 재위 원년(BCE 1985), 해 두 개가 나타남 ▶ 재위 2년(BCE 1984), 청해靑海 욕살褥薩 우착于捉이 군사를 일으켜 대궐을 침범함
10	노을 魯乙	단기 384 BCE 1950 신묘辛卯	59	▶ 재위 35년(BCE 1916), 처음으로 별을 관측하는 감성監星을 둠
11	도해 道奚	단기 443 BCE 1891 경인庚寅	57	▶ 재위 원년(BCE 1891), 오가에게 명하여 12명산 가운데 가장 아름다운 곳을 택해 국선소도國仙蘇塗 설치. 10월 겨울에 대시전大始殿을 건축하시고 천제 환웅의 유상遺像을 받들어 모심. '환국으로부터 내려오는 신교 문화의 진리 주제를 깨달아 마음에 아로새기고 생활화하여 환국의 진정한 백성이 되라'는 글인 염표문念標文을 백성들에게 내려주심. ▶ 재위 38년(BCE 1854), 장정을 징집하여 병사로 만드심. 선비 20명을 뽑아 하夏나라의 수도로 보내 처음으로 '국훈國訓'을 전하여 위엄을 보이심
12	아한 阿漢	단기 500 BCE 1834 정해丁亥	52	▶ 재위 2년(BCE 1833) 8월, 나라를 순수巡狩하시다가 요하의 왼쪽에 순수관경비巡狩管境碑를 세우고 역대 제왕의 명호를 새겨 전하심. 이것이 금석문으로는 가장 오래 됨
13	흘달 屹達 (대음달 代音達)	단기 552 BCE 1782 기묘己卯	61	▶ 재위 16년(BCE 1767), 은殷나라 탕湯을 도와 하夏나라 폭군 걸桀을 정벌함 ▶ 재위 20년(BCE 1763), 소도蘇塗를 많이 설치하고 천지화天指花를 심으심. 미혼 소년들에게 독서와 활쏘기를 연습하게 하시고 이들을 국자랑國子郎이라 부르심(신라 화랑의 원형) ▶ 재위 50년(BCE 1733), 오성五星이 누성婁星에 모임
14	고불 古弗	단기 613 BCE 1721 경진庚辰	60	▶ 재위 6년(BCE 1716), 큰 가뭄이 들어 친히 하늘에 기우제를 지내심

세	단군명	재위원년	재위기간	치적과 사건
15	대음 代音 (후흘달 後屹達)	단기 673 BCE 1661 경진庚辰	51	▶ 재위 원년(BCE 1661), 은나라 7세 소갑小甲이 사신을 보내 화친을 청함 ▶ 재위 2년(BCE 1660), 큰 홍수가 일어남. 이 해 겨울 10월에 양운養雲·수밀이須密爾 나라 사람이 와서 방물을 바침
16	위나 尉那	단기 724 BCE 1610 신미辛未	58	▶ 재위 28년(BCE 1583), 구환족의 모든 왕을 영고탑에 모이게 하여 삼신상제님께 제사 지낼 때, 환인·환웅·치우천황과 단군왕검을 배향配享하여 제사 지냄
17	여을 余乙	단기 782 BCE 1552 기사己巳	68	▶ 재위 52년(BCE 1501), 오가와 함께 나라를 두루 순시하시다가 개사성蓋斯城 부근에 이르렀는데, 푸른 도포를 입은 노인이 찬미의 노래를 지어 바침
18	동엄 冬奄	단기 850 BCE 1484 정축丁丑	49	▶ 재위 20년(BCE 1465), 지백특支伯特 사람이 와서 방물을 바침
19	구모소 緱牟蘇	단기 899 BCE 1435 병인丙寅	55	▶ 재위 54년(BCE 1382), 지리숙支離叔이 주천력周天曆과 팔괘상중론八卦相重論을 지어 올림
20	고홀 固忽	단기 954 BCE 1380 신유辛酉	43	▶ 재위 40년(BCE 1341), 공공共工 벼슬에 있던 공홀工忽이 구환지도九桓地圖를 만들어 바침
21	소태 蘇台	단기 997 BCE 1337 갑진甲辰	52	▶ 재위 47년(BCE 1291), 은나라 22세 무정武丁이 귀방鬼方을 물리치고 삭도索度, 영지令支 등의 나라를 공격하다가 고조선에 대패함 ▶ 재위 49년(BCE 1289), 개사원蓋斯原 욕살褥薩 고등高登이 몰래 군사를 이끌고 귀방을 공격하여 멸망시키고 세력을 키워 우현왕右賢王을 자칭함 ▶ 재위 52년(BCE 1286), 고등의 손자 색불루索弗婁가 우현왕을 계승. 색불루는 무력을 써서 단군 제위에 오름
	제 2 왕조 백악산 아사달 시대 (860년)			
22	색불루 索弗婁	단기 1049 BCE 1285 병신丙申	48	▶ 재위 원년(BCE 1285), 녹산鹿山(백악산)을 개축하고 관제를 개혁하심(송화강 아사달 시대가 끝나고 860년간 백악산 아사달 시대 시작. 삼조선으로 국제를 고쳤으나 삼한관경제는 유지). 11월에 친히 구환의 군사를 이끌고 은나라 수도를 격파. 회수와 태산 지역에 변한弁韓 백성을 이주시킴. 고조선의 위세가 강력해짐 ▶ 재위 4년(BCE 1282), 금팔조禁八條를 칙령으로 정함(「번한세가」하). ▶ 재위 20년(BCE 1266), 여파달黎巴達로 하여금 병력을 나누어 빈邠·기岐 땅으로 진격하게 하여 여黎나라를 세우게 하심

세	단군명	재위원년	재위기간	치적과 사건
23	아홀 阿忽	단기 1097 BCE 1237 갑신甲申	76	▶ 재위 원년(BCE 1237), 아우 고불가固弗加에게 명하여 낙랑홀樂浪忽을 다스리게 하심 ▶ 재위 2년(BCE 1236), 남국藍國 왕 금달今達이 청구국 왕, 구려국 왕과 더불어 몽고리 군대와 합세하여 은나라 회대淮岱(회수와 태산) 땅을 평정한 뒤 포고씨浦古氏를 엄淹에, 영고씨盈古氏를 서徐에, 방고씨邦古氏를 회淮에 봉함
24	연나 延那	단기 1173 BCE 1161 경자庚子	11	▶ 재위 2년(BCE 1160), 소도蘇塗를 증설하여 하늘에 제사 지내고 백성의 뜻을 모음
25	솔나 率那	단기 1184 BCE 1150 신해辛亥	88	▶ 재위 37년(BCE 1114), 기자箕子가 서화西華에서 은둔생활(기자조선은 날조된 것임)을 함
26	추로 鄒魯	단기 1272 BCE 1062 기묘己卯	65	▶ 재위 원년(BCE 1062) 7월, 백악산 계곡에 흰사슴 200마리가 떼지어 나타남
27	두밀 豆密	단기 1337 BCE 997 갑신甲申	26	▶ 재위 원년(BCE 997), 천해天海의 물이 넘치고 사아란산斯阿蘭山이 무너짐. 이 해에 수밀이국須密爾國, 양운국養雲國, 구다천국句茶川國이 사신을 보내 방물을 바침
28	해모 奚牟	단기 1363 BCE 971 경술庚戌	28	▶ 재위 18년(BCE 954), 빙해氷海 지역의 여러 왕이 사신을 보내 조공을 바침
29	마휴 摩休	단기 1391 BCE 943 무인戊寅	34	▶ 재위 원년(BCE 943), 주周나라 사람이 공물을 바침
30	내휴 奈休	단기 1425 BCE 909 임자壬子	35	▶ 재위 원년(BCE 909), 청구靑邱에 순행하여 정치 상황을 돌아보고 돌에 치우천황의 공덕을 새기심. 주周나라와 수교하심
31	등올 登屼	단기 1460 BCE 874 정해丁亥	25	▶ 재위 16년(BCE 859), 봉황이 백악산에서 울고, 기린麒麟이 상원上苑에 나타남
32	추밀 鄒密	단기 1485 BCE 849 임자壬子	30	▶ 재위 13년(BCE 837) 3월, 일식 현상 발생함
33	감물 甘勿	단기 1515 BCE 819 임오壬午	24	▶ 재위 7년(BCE 813), 영고탑 서문 밖 감물산甘勿山 아래에 삼성사三聖祠를 세우고 제를 올림
34	오루문 奧婁門	단기 1539 BCE 795 병오丙午	23	▶ 재위 원년(BCE 795), 풍년이 들어 백성들이 '도리가兜理之歌'를 지어 부름 ▶ 재위 10년(BCE786), 해 두 개가 함께 뜨고 누런 안개가 사방을 덮음

세	단군명	재위원년	재위기간	치적과 사건
35	사벌 沙伐	단기 1562 BCE 772 기사己巳	68	▶ 재위 50년(BCE 723), 장수 언파불합彦波弗哈을 보내 해상의 웅습熊襲(구마소)을 평정하심 ▶ 재위 66년(BCE 707), 조을祖乙을 보내어 제齊나라와 연합하여 연燕나라를 공격, 대승을 거두심
36	매륵 買勒	단기 1630 BCE 704 정축丁丑	58	▶ 재위 35년(BCE 670), 용마가 천하天河에서 나왔는데, 등에 별 무늬가 있었음 ▶ 재위 38년(BCE 667), 협야후陝野侯 배반명裵幋命을 보내 해상의 적을 토벌케 하심. 12월에는 삼도三島를 모두 평정함(배반명은 일본 천황가의 뿌리 진무神武) ▶ 재위 52년(BCE 653), 수유국須臾國과 함께 연燕나라를 정벌하심
37	마물 麻勿	단기 1688 BCE 646 을해乙亥	56	
38	다물 多勿	단기 1744 BCE 590 신미辛未	45	
39	두홀 豆忽	단기 1789 BCE 545 병진丙辰	36	
40	달음 達音	단기 1825 BCE 509 임진壬辰	18	
41	음차 音次	단기 1843 BCE 491 경술庚戌	20	
42	을우지 乙于支	단기 1863 BCE 471 경오庚午	10	
43	물리 勿理	단기 1973 BCE 461 경진庚辰	36	▶ 재위 36년(BCE 426), 융안隆安의 사냥꾼 우화충于和冲이 스스로 장군이라 칭하고 반란을 일으킴. 단군께서 피란 중 붕어하시고, 백민성 욕살 구물丘勿이 어명을 받들어 진압함
				제 3 왕조 장당경 아사달 시대 (188년)
44	구물 丘勿	단기 1909 BCE 425 병진丙辰	29	▶ 재위 원년(BCE 425) 3월, 홍수가 도성에 범람하여 역적들이 혼란에 빠짐. 구물이 이끄는 군대와 싸워보지도 못하고 자멸함 ▶ 3월 16일, 구물이 장수들의 추대로 장당경에서 즉위(장당경 시대는 188년간 지속). 국호를 대부여大夫餘로 바꾸고, 삼한三韓의 병권을 각기 독립시켜 삼조선三朝鮮 체제로 바꿈(이때부터 삼신상제님을 숭배하는 신교문화가 급격히 흐려지기 시작)

檀君世紀

세	단군명	재위원년	재위기간	치적과 사건
45	여루 余婁	단기 1938 BCE 396 을유乙酉	55	▶ 재위 32년(BCE 365), 연나라가 침입하여 요서지방을 함락시킴. 삼조선이 연합하여 연燕·제齊의 군사를 격파하고 요서 지방의 모든 성을 회복함 ▶ 재위 54년(BCE 343), 조양造陽의 서쪽으로 연나라와 국경을 삼음
46	보을 普乙	단기 1993 BCE 341 경진庚辰	46	▶ 재위 원년(BCE 341) 12월, 번조선 왕 해인解仁이 연나라에서 보낸 자객에게 시해 당함. 이때부터 오가가 서로 권력을 다투면서 국력이 쇠약해짐 ▶ 재위 19년(BCE 323) 정월, 읍차邑借 기후箕詡가 번조선에 입궁하여 스스로 왕이 되고 윤허를 청하자 이를 허락하심 ▶ 재위 46년(BCE 296), 한개韓介가 수유須臾의 병사를 이끌고 궁궐을 침범하여 스스로 왕위에 오름. 이에 상장 고열가高列加가 의병을 일으켜 한개를 격파함. 이때부터 나라의 형세가 심히 미약해짐
47	고열가 高列加	단기 2039 BCE 295 병인丙寅	58	▶ 재위 14년(BCE 282), 단군왕검의 사당을 백악산에 세우고 유사有司로 하여금 사시四時로 제사를 올리게 함 ▶ 재위 48년(BCE 248) 겨울, 북막北漠 추장 아리당부阿里當夫가 연나라를 정벌하는 데 출병해 주기를 청하였으나 응하지 않으심 ▶ 재위 57년(BCE 239), 해모수解慕漱가 웅심산熊心山에서 군사를 일으킴 ▶ 재위 58년(BCE 238), 단군께서 제위를 버리고 입산하심. 이때부터 오가五加가 공동으로 국사를 집행 ▶ BCE 232년, 오가五加가 해모수를 단군으로 추대함. 6년 만에 공화정을 철폐함

단군명과 재위 기간 비교

▶『단군세기』
▶『단기고사』
▶『규원사화』

※비교 기준은『단군세기』이며,『단군세기』와 다른 명칭, 재위년도만 표기. 공란은『단군세기』와 동일.

세대	단군세기	단기고사	규원사화	비고
1세	왕검王儉 93년		93년	1대만 세 기록이 일치
2세	부루扶婁 58년		34년	
3세	가륵嘉勒 45년		51년	
4세	오사구烏斯丘 38년		49년	
5세	구을丘乙 16년		오사烏斯 35년	
6세	달문達門 36년		32년	
7세	한율翰栗 54년	한속翰粟	25년	
8세	우서한于西翰 8년		57년	
9세	아술阿述 35년		28년	
10세	노을魯乙 59년	58년	23년	
11세	도해道奚 57년	58년	36년	
12세	아한阿漢 52년		27년	
13세	흘달屹達 61년		43년	
14세	고불古弗 60년		29년	
15세	대음代音 51년	벌음伐音	32년	
16세	위나尉那 58년		18년	
17세	여을余乙 68년		63년	
18세	동엄冬奄 49년		20년	
19세	구모소緱牟蘇 55년	종년從年	25년	
20세	고홀固忽 43년		11년	
21세	소태蘇台 52년		33년	
22세	색불루索弗婁 48년		17년	
23세	아홀阿忽 76년		아물阿勿 19년	
24세	연나延那 11년		13년	
25세	솔나率那 88년	솔나단군을 기준으로 전후 단군조선으로 나눔 (전전 39년, 후후 50년)	16년	

檀君世紀

세대	단군세기	단기고사	규원사화	비고
26세	추로鄒魯 65년		9년	
27세	두밀豆密 26년		45년	
28세	해모奚牟 28년		22년	
29세	마휴摩休 34년		9년	
30세	내휴奈休 35년	나휴奈休	나휴奈休 53년	『단기고사』와 『규원사화』의 단군 명칭의 독음 읽기가 다름
31세	등올登屼 25년		6년	
32세	추밀鄒密 30년		8년	
33세	감물甘勿 24년		9년	
34세	오루문奧婁門 23년		20년	
35세	사벌沙伐 68년		11년	
36세	매륵買勒 58년		18년	
37세	마물麻勿 56년		8년	
38세	다물多勿 45년		19년	
39세	두홀豆忽 36년		28년	
40세	달음達音 18년		14년	
41세	음차音次 20년		19년	
42세	을우지乙于支 10년		9년	
43세	물리勿理 36년	25년	15년	
44세	구물丘勿 29년	40년	구홀丘忽 7년	
45세	여루余婁 55년		5년	
46세	보을普乙 46년		11년	
47세	고열가高列加 58년		30년	
2,096년 송화강 아사달 시대(1,048년) 백악산 아사달 시대(860년) 장당경 아사달 시대(188년)	2,096년 (전기 1,222년, 후기 875년)	1205년	『규원사화』는 1대 재위만 『단군세기』와 같고 나머지는 모두 다름

※ 『단기고사』는 사료적 가치를 많이 상실한 책이나 그래도 취할 바가 조금은 있다.

현 국정 국사교과서에 실린 고조선 기사

구분	초등학교(2012년판)	중학교(2012년판)	고등학교(2012년판)
성립 배경	우리 조상들은 청동기 문화를 바탕으로 최초의 국가인 고조선을 세웠다(7쪽).	청동기 문화가 형성되면서 만주 요령 지방과 한반도 서북지방에는 족장(군장)이 다스리는 많은 부족이 나타났다(18쪽).	청동기 문화의 발전과 함께 족장이 지배하는 사회가 출현하였다. 이들 중에서 강한 족장은 주변의 여러 족장 사회를 통합하면서 점차 권력을 강화해 갔다(32쪽).
건국	단군왕검은 아사달에 도읍을 정하고 나라를 세워 조선이라 하였다(7쪽).	단군은 이러한 부족을 통합하여 고조선을 건국하였다. 단군의 고조선 건국은 우리 나라의 역사가 매우 오래 되었음을 말해 준다(18쪽).	족장 사회에서 가장 먼저 국가로 발전한 것은 고조선이다. 삼국유사의 기록에 따르면 단군왕검이 고조선을 건국하였다(기원전 2333). 단군왕검은 당시 지배자의 칭호였다(32쪽).
강역	고조선은 초기에 서쪽의 요령 지방으로부터 만주와 한반도 북부까지 세력을 뻗었다. 그러나 중국과의 충돌이 있은 뒤에는 그 중심지가 한반도 북서쪽 지역으로 옮겨졌다(8쪽).	고조선은 청동기 문화의 발전에 따라 점차 정치, 문화의 중심 역할을 하면서 세력을 확장해 갔다. 그리하여 기원전 4세기 경에는 요령지방을 중심으로 만주와 한반도 북부를 잇는 넓은 지역을 통치하는 국가로 발전하였다(19쪽).	고조선은 요령 지방을 중심으로 성장하여 점차 인접한 족장사회를 통합하면서 한반도까지 발전하였는데, 이와 같은 사실은 비파형 동검과 고인돌의 출토 분포로써 알 수 있다(32쪽).
단군에 대한 인식	삼국유사의 '단군의 건국 이야기'로 대체	단군의 고조선 건국은 우리나라의 역사가 매우 오래되었음을 말해 준다. 또, 단군의 건국 사실과 홍익인간의 건국이념은 우리 민족이 어려움을 당할 때마다 자긍심을 일깨워 주는 원동력이 되었다(18쪽).	단군은 제정일치의 지배자로, 고조선의 성장과 더불어 주변의 부족을 통합하고 지배하기 위하여 자신들의 조상을 하늘에 연결시켰다(33쪽).
관제	이 무렵 고조선에는 왕 밑에 여러 관직이 있었으며(8쪽)	통치조직이 확립되어 왕 밑에는 상, 대부, 장군 같은 여러 관직이 마련되기도 하였다(20쪽).	기원전 3세기경에는 부왕, 준왕 같은 강력한 왕이 등장하여 왕위를 세습하였으며, 그 밑에 상, 대부, 장군 등의 관직도 두었다. 또 요서 지방을 경계로 하여 연나라와 대립할 만큼 강성 하였다(33쪽).

檀君世紀

187

구분	초등학교(2012년판)	중학교(2012년판)	고등학교(2012년판)
사회상	이 시대의 사람들은 농사짓기에 알맞은 평야나 하천이 가까운 곳에 작은 마을을 이루고 살았다. 또 평등했던 사람들이 지배하는 사람과 지배를 받는 사람들로 나뉘게 되었다(6쪽). 백성들을 다스리기 위한 8개조의 법도 있었다(8쪽).	고조선 사회는 생산력의 증가로 사유 재산이 늘어나면서 빈부의 차이가 생기고, 정치와 군사를 담당하는 지배 계층과 생산을 담당하는 피지배 계층이 생겼다(20쪽). 이 법을 보면, 고조선 사회는 사람들의 생명(노동력)과 재산을 중시하고 사회 질서를 유지하는 데에 힘썼음을 알 수 있다(20쪽).	고조선의 사회상을 알려 주는 것으로 8조의 법이 있었다. 그중에서 3개 조목의 내용만 전해진다. 이를 통하여 당시 사회에 권력과 경제력의 차이가 생겨나고 재산의 사유가 이루어지면서 형벌과 노비도 발생하고 있었음을 알 수 있다(35쪽).
위만 정권		기원전 2세기경, 서쪽 지방에서 세력을 키운 위만이 준왕을 몰아내고 고조선의 왕이 되었다(기원전194). 이 시기에 철기문화가 확산되면서 고조선은 이를 바탕으로 주위의 여러 부족을 통합하여 세력을 크게 확장하였다(19쪽).	중국이 전국시대 이후로 혼란에 휩싸이면서 유이민이 대거 고조선으로 넘어왔다. 고조선은 그들을 받아들여 서쪽 지역에 살게 하였다. 그 뒤, 진한 교체기에 또 한 차례의 유이민 집단이 이주해 왔다. 그 중 위만은 1,000여 명의 무리를 이끌고 고조선으로 들어왔다. … 위만은 수도인 왕검성에 쳐들어가 준왕을 몰아 내고 스스로 왕이 되었다(34쪽).
멸망		고조선이 강성해지면서 한에 대항하는 세력으로 커지자, 한은 대군을 보내어 수도인 왕검성을 포위, 공격하였다. 위만의 손자인 우거왕은 막강한 한의 대군을 맞아 1년 동안 버티면서 잘 싸웠으나, 결국 왕검성이 함락되고 고조선은 멸망하였다(기원전 108)(19쪽).	이 무렵, 고조선은 사회와 경제의 발전을 기반으로 중앙 정치 조직을 갖춘 강력한 국가로 성장하였다. … 이에 불안을 느낀 한의 무제는 수륙 양면으로 대규모 침략을 감행하였다. … 그러나 장기간의 전쟁으로 지배층의 내분이 일어나 왕검성이 함락되어 멸망하였다(기원전 108)(34쪽).
고조선 이후		우리 민족 최초의 국가인 고조선이 만주와 한반도 북부 지방을 중심으로 세력을 펼치다가 사라질 무렵, 그 주변 지역에서는 한민족의 또 다른 집단들이 부족 단위로 세력을 키워가고 있었다(23쪽).	위만조선이 있었던 기원전 2세기경에 남쪽에는 진辰이 있었으며, 여기에서 마한, 변한, 진한의 삼한이 형성된 것으로 보인다. 이후, 기원전 1세기경에는 고구려, 백제, 신라의 삼국과 더불어 부여, 동예, 옥저 등이 공존하고 있었다(37쪽).

주註

1) 삼신三神

삼신에는 네 가지 뜻이 있다.

첫째, 우주의 창조 정신을 뜻한다. 이때 삼신은 조화造化, 교화敎化, 치화治化라는 '세 가지 창조성을 지닌 조화 정신[三神]'으로서 만물을 낳고 길러 내며 다스리는 '우주의 순수한 창조 정신'이다.

둘째, 천상의 궁궐에서 사람 모습을 하고 '우주 역사를 통치(주재)하시는 인격신'을 말한다. 이때의 삼신하느님은 더 우주원리적인 표현이다. 우주의 삼신 정신을 주재하여 천·지·인 삼계를 다스리는 실제적인 하느님이 삼신상제님이다.

셋째, 한민족사의 뿌리 시대를 열어 주신 국조 삼신으로 환인(환국)—환웅(배달국)—단군(조선) 삼성조를 일컫는다.

넷째, 자손 줄을 태워 주는 신, 보통 조상신을 말한다.

바로 이 '삼신의 우주관'을 모르기 때문에 지금의 역사학자, 철학자가 제 민족의 뿌리 정신을 철저히 망각한 것이다.

2) 왕검王儉

『태백일사』「삼한관경본기」에서는 "왕검王儉을 세속 말로 대감大監이라 한다. 이 왕검은 영토를 관장하고 지키며, 포악을 제거하고 백성을 보살폈다[王儉, 俗言大監也. 管守土境, 除暴扶民.]"라고 하였다. 이어서 "13세 사와라환웅 초기에 웅족 여왕의 후예를 여黎라 하였는데, 처음으로 단허檀墟에 봉함을 받아 왕검이 되었다. 왕검이 덕을 베풀고 백성을 사랑하므로 영토가 점점 넓어졌다. 여러 지역 왕검이 와서 방물을 바쳤고, 귀화하는 자가 천여 명이었다. 그 뒤 460년이 지나 신인神人 왕검이 출현하여 백성에게 신망을 크게 얻어 비왕裨王(부왕)에 올라 24년간 섭정하였다. 웅씨 왕이 전쟁에서 죽자 왕검이 드디어 그 자리를 계승하여 구환九桓을 통일하였다. 이분이 단군왕검이시다"라고 하였다.

왕검은 부족을 다스리는 군장君長을 말한다. 신시 배달 때부터 수많은 왕검이 있었다. 단군왕검은 그 왕검(대감)들 중에서 특히 신성하고 덕망이 뛰어나 전체 부족의 추대를 받아 임금이 되신 것이다. 단군왕검은 배달국의 정통 정신과 법통을 이어 조선을 건국하신 분이다.

3) 무진戊辰

무진戊辰년은 초대 단군왕검께서 38세 되시던 해로 당唐나라 요임금 25(BCE 2333)년이다. 이 단군기원[檀紀] 원년에 대해서는 문헌 기록상 '당요唐堯, 무진戊辰설(BCE 2333)'과 '당요 즉위 50년 경인庚寅설'로 나눌 수 있다. 그런데 '경인설'은, 『삼국유사』의 기록만 보더라도 '당요 50년'은 정사丁巳년이 되므로 잘못임을 알 수 있다.

'당요 무진설'은 다시 '당요 즉위 원년 무진설'과 '당요 25년 무진설'로 나누어진다. 이 무진년은 똑같이 BCE 2333년이므로, 요임금의 즉위 연대에 차이가 날 뿐이다. 단군왕검의 즉위 원년(고조선 개국 연도)을 '당요 즉위 원년 무진년'으로 기록하였다고 볼 수 있는 사서로는, 『삼국유사』에 인용된 『위서魏書』, 이승휴의 『제왕운기帝王韻紀』, 권람의 『응제시주應製詩註』, 조선의 『세종실록世宗實錄』 등이 있다. 그리고 '당요 25년 무진설'을 채용하고 있거나 해석상 이 기년紀年을 채택했다고 볼 수 있는 사서로는 『환단고기』를 비롯하여 『규원사화揆園史話』, 『단기고사檀奇古史』, 『동사연표東史年表』, 『동국통감東國通鑑』, 『동사강목東史綱目』과 그 외 20여 종이 있다. 중국의 정사正史에서는 당요 즉위 원년으로 무진년이 아니라 갑진甲辰(BCE 2357)년을 통용해 왔는데, 이 기년은 중국의 표준 기년과도 합치되는 역사적 근거를 가지고 있다(이상시, 『단군실사에 관한 문헌고증』). 이 갑진년에 단군왕검께서 대읍국의 비왕으로 봉해지셨기 때문에 "조선을 개국한 것이 당요와 같은 때이다[開國號朝鮮, 與高同時.]"라고 한 것도 맞는 말이다.

4) 아사달

고조선의 도읍지를 가리키는 이름. 때로는 도성都城이나 도읍의 주산主山을 가리키기도 한다. 단군조선은 제정일치 사회로 신교문화가 지배하던 때이다. 이에 따라 아사달은 군왕의 치소治所이면서 하늘에 제사를 지내는 천단과 조상들의 무덤이 있는 곳으로, 당시 사회에서 가장 성스러운 장소이다. 아사달은 지리적 특성과 그 기능에 따라 여러 의미로 설명된다.

① 아사달은 밝고 환한 땅(산)이다.

아사달은 아시밝(첫 빛)에서 유래하였다. 아사달은 '아사+달'로 '아사'는 '아침[朝]', '밝음'을, '달'은 '산', '땅'을 뜻한다. 이를 한자로 나타낸 것이 '조선朝鮮'이다. 『상서尙書』「이아爾雅」에서는 '조朝'를 일러 '아짐雅朕'이라 하였다. 알타이 지역에서 몽골, 만주에 이르기까지 사람들은 자신이 사는 지역이나 도읍을 오손烏孫, 오논, 아이신 등으로 불렀다.

② 아사달은 신성한 곳이다.

겨레의 시조이자 하늘의 대행자가 머무는 곳이며 하늘(삼신상제)에 제사하고 조상을 섬기며 하늘의 뜻에 따라 다스림을 펼치던 곳이다. 『태백일사』「삼한관경본기」에서는 '아사달은 삼신에게 제사 지내는 곳'이라 했다.

③ 단군왕검이 머무는 도성이란 의미에서 임검성王儉城(왕검성王儉城, 왕험성王險城)으로 불린다. 『태백일사』「삼한관경본기」에서는 "아사달은 삼신에게 제사지내는 곳이며 후세 사람들이 왕검성이라 일컬었는데 이는 왕검의 옛 집이 남아 있기 때문이다"라고 했으며, 『규원사화』「단군기」에서는 "여러 고을 땅의 길흉을 판단하여 도읍을 태백산 서남쪽 우수하牛首河 들에 세우고 임검성王儉城(王儉城)이라 했다"라고 하였다.

④ 아사달은 넓게 확 트인 땅이다.

아사달은, 몽골어나 거란어로 '확 트인 밝은 벌판이나 장소(나라)'를 뜻하는 '아사다라As-tala'와 음이 유사하다. 『요사遼史』에서는 '아사阿斯는 넓다, 혹은 관대하다는 뜻으로 사용된다'고 하였다. 이런 의미에서 아사달을 한자로 옮긴 것이 '평양平壤'이라 볼 수 있다. 『삼국유사』에서는 『위서』를 인용하여 '단군왕검이 아사달에 도읍을 정하고 조선을 건국하였다'고 하면서, 『고기』를 인용하여 '평양에 도읍을 정했다'고 하였다.

이렇게 '넓은 벌판', '큰 땅'을 의미하는 평양이 만주 집안, 요령성, 대동강 평양 등 여러 곳에 등장한다는 사실도 '평양'이 특정한 지명을 가리키는 고유명사가 아니라 보통명사일 가능성을 높여준다. 실제로 평양이 대읍大邑, 장성長城을 뜻하는 보통명사라는 점이 언어학 연구를 통해서 밝혀지기도 했다.

이상을 종합하여 보면 단군왕검이 처음 도읍을 정한 아사달은, 햇빛이 밝게 비치는 확 트인 곳으로서 정교일체의 다스림 아래 하늘을 섬기고 조상을 숭배하며 신의 뜻에 따라 생활하던 성스러운 공간임을 알 수 있다.

5) 누에치기

뽕나무는 동이東夷족의 신목神木(扶桑樹)이고 신석기 시대에 방적이 이미 성행하였다. 동이 혈통인 소호 금천씨의 본고장인 요동 반도는 선세先世 이래 오늘까지도 천연 잠사蠶絲의 생산지로 유명하다. 배달국 14세 치우천황과 동시대 인물인 헌원 때 방적이 있었다는 기록이 보인다. 또 하나라 시기의 채도彩陶 유적에서 누에고치가 나왔다. 4,200년 전 순임금이 개발하여 시작된 흑도黑陶 시대에 이르러 방적이 비약적으로 발전했다는 자취가 명백히 밝혀졌다(문정창, 『가야사』, 189~190쪽).

6) 우수주牛首州

우수주는 지금의 속말강涑沫江(송화강) 남쪽에 위치한 만주 길림성 지역으로 추정된다(『규원사화』). 단군왕검께서 풍백 팽우에게 명하여 물을 다스리게 한 사실은 『단군세기』 외에 홍만종洪萬宗의 『동국역대총목東國歷代總目』과 이종휘李種徽의 『동사東史』에도 전한다. 현재 강원도 춘천에는 우두산牛頭山이 있고, 일본 사람들이 이곳을 자기네 조상의 땅(고향)이라 하여 지금도 계속해서 찾아오고 있어 춘천을 옛적 고조선 때의 우수주牛首州로 추정하기도 한다. 장춘에 있는 주성자 촌으로 보는 설도 있다.

7) 혈구穴口

강화도의 옛 이름이다. 마리산과 전등산 근처에 굴이 있어 혈구란 이름을 얻은 것이다. 구월산도 궐산闕山이라 하여 본래 굴산이었다. 환단 시대부터 열국 시대까지 수신영제隧神迎祭의 풍속이 있었는데 『삼국지』 「동이전」 고구려 조를 보면 "고구려에는 나라의 동쪽에 큰 굴이 있으니 이를 수혈이라 하였다. 10월 국중대회에 수신을 맞이하여 나라 동쪽으로 돌려보내 제사를 지내는데 신좌에 나무로 수신을 안치하였다[國東有大穴, 名隧穴. 十月, 國中大會, 迎隧神, 還於國東上, 祭之, 置木隧於神坐.]"라는 기록이 있고, 『후한서』에도 같은 기록이 보인다. 정인보는 이 수혈영신 풍속을 삼신을 맞이하는 의식으로 보았다. 『태백일사』 「고구려국본기」에도 삼신상제님을 맞이하는 대영제전大迎祭典이 수혈에서 거행되었다고 하였다. 또한 신라에도 대사大祀 삼산三山 가운데 첫째가 혈례穴禮였다고 했다. 조선 중종 때 편찬된 『신증동국여지승람』 〈의성義城 산천山川〉 조에는 "태일전太一殿은 빙혈氷穴 옆에 있다. 매년 상원上元에 임금께서 향을 내려 제사를 지낸다[太一殿, 在氷穴傍, 每歲上元, 降香以祭.]"라고 하였다.

8) 참성단

강화도의 마리산에 대하여 『고려사』 「지리지」에서는 "마리산이 있다. 부府의 남쪽에 있다. 산 정상에는 참성단이 있는데, 세상에서 전하기를 단군께서 하늘에 제사 지내시던 단이라 한다[有摩利山. 在府南. 山頂有塹星壇, 世傳檀君祭天壇.]"라고 하였다. 또 고려 말에 권근이 지은 『양촌집陽村集』 〈참성초청사塹城醮靑詞〉에도 "마리산은 단군이 제사 지내던 곳이다[摩利之山, 檀君攸祀.]"라고 하였다. 조선초 변계량이 지은 〈삼청청사三淸靑詞〉에는 "참성에 제단이 있으니 춘추로 초례를 봉행하나이다. 이는 국법의 상례로서 나의 마음에 겸연하옴은 이곳은 신이 계시는 곳이라[塹城有壇, 又謹春秋之醮, 此國典之常爾. 於余心猶慊然, 玆卽所居.]"라고 하여, 참성단이 천신, 즉 상제님께 제사를 지내는 곳임을 분명히 하였다.

그런데 여기서는 상제님뿐 아니라 별들에게도 제사를 지냈다(星辰醮祭). 『연산군일기』에는 "마니산의 집 짓는 일은, 성신에게 제사지내고 신께 제사 지내는 곳이니 중도에서 그만 둘 수 없다[摩尼山營繕, 乃爲祭星·祭神之所, 不可停罷.]"라는 기록이 나온다. 이형상李衡祥(1653~1733)은 『강도지江都誌』(1696)에서 참성단의 제례에 대해 좀 더 구체적으로 언급하였다. "참성단은 마니산 정상에 있다. 단군이 하늘에 제사 지내던 곳이라 전한다. 아조我朝에서는 고려의 옛 습속을 따라 이곳에서 별에게 제사 지낸다. 단상에 천막을 치고, 나무로 만든 신주는 없다. 단지 지방紙榜에 4 상제上帝의 위호를 쓴다. 하단에는 성관星官 90여 위를 설치한다[塹城壇, 在摩尼山上頂, 世傳檀君祭天處. 我朝仍高麗之舊, 醮星于此. 而設帳於壇上, 且無木主, 只以紙榜, 書四上帝位號, 下壇設星官九十餘位.]"라고 하였다.

참성단은 두 단으로 이루어졌는데 천원지방의 이치에 따라 상단은 방형方形, 하단은 원형圓形으로 되어 있다. 제례의 대상이 된 신격은 상단 4위, 하단 91위로 총 95위였다. 상단에는 포장을 치고 가장 높은 신격인 '호천금궐지존옥황대제昊天金闕至尊玉皇大帝'를 비롯하여 '중천자미북극대황대제中天紫微北極大皇大帝', '구진상궁남극천황대제勾陳上宮南極天皇大帝', '승천효법후토황지기承天效法后土皇地祇'를

강화도 마리산摩利山_강화도는 고구려 때까지 혈구穴口로 불렸고, 마리산은 백두산과 한라산 중간에 있다고 한다. 산 오른 쪽 정상에 참성단이 있다.

모셨다. 하단에는 이십팔수, 노자, 염라대왕 등을 모셨다. 봄, 가을의 정기적인 제사 외에도 비를 비는 기우제, 이변을 소멸시키려는 해괴제解怪祭가 거행되기도 하였다.

참성단에서 기우제를 지낸 기록은 세종 27년(1445), 성종 4년(1472), 중종 22년(1527), 명종 9년(1554), 선조 7년(1574) 등 실록 여러 곳에서 찾아볼 수 있다.

9) 우순虞舜

우순

유우씨有虞氏 또는 우순虞舜이라고도 칭한다. 성은 요姚, 이름은 중화重華, 재위 기간은 48년(BCE 2255~BCE 2208)이고, 고수의 아들이다. 맹자는 순을 동이東夷인이라 증언한 바 있다. 요임금 재위 70년에 발탁되어 섭정에 오르고, 요의 선양을 받아 제위에 올랐다. 순임금은 포판蒲阪(산서성 영제현 포주진)에 도읍하고, 일찍이 요임금도 등용하지 못했던 팔원팔개八元八愷의 유덕한 현자와 설·고요·후직·익·백이 등 우수한 인물을 새로이 등용함으로써 요의 무위의 정치[無爲之治]에다 문물 제도를 더하고 형벌 제도를 정비하였다. 또 순은 요의 신하인 공공·환두·곤 등을 귀양 보내거나 죽였다. 만년에 남방을 순행하다가 창오蒼梧(호남성 영원현寧遠縣)에서 죽어 구의산九嶷山에 묻혔다. 9년 홍수를 다스려 인망을 얻어 실권을 장악한 우禹의 핍박을 받아 제위에서 밀려나 창오에서 비명횡사하였다는 설도 있다.

10) 도산塗山

도산은 절강성浙江省의 회계산會稽山으로, 부루태자가 우禹에게 오행치수법(금간옥첩)을 전수한 곳이다. 우는 오행치수법으로 9년 홍수를 다스렸고, 그 공덕으로 민심을 얻어 하夏나라를 열었다. 도산에 파견된 부루태자가 우에게 금간옥첩을 전한 사실은 『오월춘추』, 『묵자』, 『역대신선통감』, 『세종실록』, 『응제시주』, 『동국여지승람』 등에 수록되어 있다.

11) 유주幽州와 영주營州

유주幽州는 고대 중국 9주의 하나이다. 『상서尙書』 하서夏書 우공禹貢편에는 우가 천하를 기주冀州·연주兗州·청주靑州·서주徐州·양주揚州·형주荊州·량주梁州·옹주雍州·예주豫州 등 9주로 나누었다고 하였다. 『이아爾雅』 석지釋地에서 9주의 위치를 "황하 양 사이를 기주, 황하 이남을 예주, 황하 서쪽을 옹주, 한수 남쪽을 형주, 양자강 남쪽을 양주, 제수와 황하 사이를 연주, 제수 동쪽을 서주, 연 지역을 유주, 제 지역을 청주라고 한다[兩河間曰冀州, 河南曰豫州, 河西曰雍州, 漢南曰荊州, 江南曰揚州, 濟河間曰兗州, 濟東曰徐州, 燕曰幽州齊曰靑州]."라고 하였다. 주나라 때 연의 세력은 지금의 북경지역까지 세력이 미치지 못했고 전국戰國시대에는 위읍魏邑으로 지금의 하남성 신향新鄕시 연진延津현 동북 일대였다. 황하 양 사이를 기주라고 하였으니 유주가 하북성 북부와 요령성일 수는 없으며 우순虞舜이 설치했다고 하는 유주는 하남성과 하북성 경계에 걸쳐 있었다.

영주營州에 대하여, 『상서尙書』 순전舜傳에서는 "처음으로 12주를 두었다[肇十有二州]"라고 하였다. 이에 대하여 동한東漢의 마융馬融과 정현鄭玄은 주석에서 12주 중에 영주가 있다고 하였다. 정현은 "청주靑州(현 산동성)에서 바다를 건너는데 제齊를 나누어 영주를 만들었다[靑州越海而分齊爲營州]."라고 했다. 또 고대 9주의 하나로『이아爾雅』 석지釋地에는 "제齊를 영주라고 한다[齊曰營州]"라고 하여 제나라에 영주가 있었음을 알 수 있다. 따라서 2세 부루단군 조에 '우순이 남국藍國 근처에 설치했다'고 하는 영주는 현재의 요서遼西가 아닌 산동성에 있었다.

12) 남국藍國

단군조선의 제후국으로 동이 구족九族 가운데 남藍씨가 세운 나라. 산동성을 발원지로 하여 하북성에 걸쳐 있었다. 후대에 한漢족의 압박으로 중국 사방으로 흩어져 이동하는 과정에서 주류는 남쪽으로 이동하여 요족瑤族 등의 소수민족과 융합되었고, 일부는 한漢족의 주요 구성원이 되었다. 중국학자 린후이샹林惠祥은 『후한서』와 『죽서기년』에 보이는 구이九夷에 남이藍夷가 더 추가돼서 십이十夷가 되었다고 하였다(林惠祥,『중국민족사』상, 74쪽).
『후한서後漢書』「동이열전」에 "하의 걸桀왕이 포악하여 모든 동이가 침범해 오니 은나라 탕이 혁명을 하여 걸을 쳐서 평정하였다. 그 후 중정仲丁 대에 이르러 남이가 침범하기 시작했다. 이로부터 3백여 년간 복종하기도 하고 배반하기도 하였다. 무을武乙 대에 이르러 쇠약해지니 동이의 침범이 극심하더니 마침내 회수와 태산 지역으로 옮겨와 나누어 살면서 중토를 점거했다[桀爲暴虐, 諸夷內侵, 殷湯革命, 伐而定之. 至于仲丁, 藍夷作寇, 自是或服或畔, 三百餘年, 武乙衰敝, 東夷寖盛, 遂分遷淮岱, 漸居中土.]"라고 하여 중원 동부지역이 하夏·상商의 영역이었던 것처럼 표현하고 있으나 애초부터 우리 동이족이 먼저 거주하고 있던 지역이다. 중국사서의 기록은 하나라와 상나라가 정치를 제대로 못하거나 고조선 제후국인 동이지역을 침범하면 천자국 고조선이 이를 격퇴하고 징벌했던 것을 말해 주는 것이다.

13) 업주가리業主嘉利

가리란 단으로 묶은 곡식이나 장작 따위를 차곡차곡 쌓은 더미를 말한다. 토기에 곡식을 담아 단상에 두고 볏짚으로 노적가리처럼 주저리를 만들어 씌웠는데 이것을 부루단지 또는 업왕가리業王嘉利라 한다. 이 업왕가리는 업주가리를 지칭하는 것으로 보인다(서울특별시 시사편찬위원회,『서울 600년사』). 북애자는 『규원사화』「단군기檀君紀」에서 "지금 인가에 부루단지라는 것이 있으니 울타리 아래 깨끗한 곳에 흙을 쌓아 단지에 벼를 담아서 단 위에 두고 짚을 엮어서 가린 후, 10월이 되면 반드시 햇곡식을 갈아 담는다. 이를 업주가리라고도 하는데, 이는 부루가 물을 다스리고 자리를 정하여 살게 한 큰 덕을 기려 치성을 드린다는 뜻이니, 이리하여 부루는 땅을 지키는 신이 되었다[今, 人家有夫婁壇地者, 籬落淨潔處, 築土爲壇, 土器盛禾穀, 置於壇上, 編葺藁艸掩之, 每十月, 必薦之以新穀, 或稱業主嘉利, 卽報賽夫婁氏治水奠居之義, 賴爲鎭護之神也.]"라고 하였다. 부루단군은 농토를 정리하고 도량형을 통일하여 삼신 문화가 부흥할

수 있는 바탕을 만들었다. 즉, 경제적인 풍요와 안정 속에서 신교에서 명하는 삼신상제님의 온전한 인간, 삼신과 한 몸이 되는 인간의 현실적 삶이 가능하게 한 것이다.

14) 신神과 왕王과 종倧과 전佺의 도

신神이란 천지 만물을 낳는 조화신造化神과 이를 주재하시는 인격신으로 삼신상제님을 말한다. 우주의 절대자는 이처럼 음양의 모습, 즉 '얼굴 없는 하느님(삼신)'과 '얼굴 있는 하나님(삼신상제)'으로 계시는 것이다.

왕王이란 삼신의 정신을 받아 지상의 만민을 통치하는 역사의 주재자로 사제를 겸한다.

종倧이란 천·지·인 삼재의 세 갈래 정신으로 분파된 신교의 한 맥이며, 인도人道의 정신에 뿌리를 둔 도맥이다.

전佺이란 신교의 세 도맥 전佺·선仙·종倧의 도道 가운데 인간(人)이야말로 하늘의 완전성(人+全)을 이룩할 수 있는 존재라는 가르침이다.

3세 가륵단군 조의 기록을 보면, 종倧은 나라 전체에서 선발되어 삼신의 가르침을 펴고 백성을 올바른 길로 인도하는 나라의 큰 스승[師]이며, 전佺은 고을에서 선발되어 온전한 사람이 되는 계율인 전계佺戒를 지키고 수행하는 구도자를 말한다고 했다.

15) 거병해원去病解怨

거병해원去病解怨은 신교의 홍익인간, 재세이화의 정신을 실현하는 민중 구원의 핵심 이념이다. 선천 상극相克 시대의 사회 병리와 구조적 모순 때문에 한맺힌 민중의 원한을 풀어 주는 해원解寃 정신은 한민족의 위대한 역사 정신으로 발아되어 면면히 발전해 왔다.

그러나 대진국 멸망 후 대륙의 강토와 뿌리를 잃어버리고 외래 사상, 외래 종교, 사대주의에 감염·중독된 약 1천 년 동안 신교의 이 해원 정신은 역대 통치자들의 역사의식 속에서 희석되었다. 다만 신교를 이은 민간 신앙 형태인 무속에 흘러 들어가 산 자와 죽은 자의 한恨을 풀어 주는 살풀이, 오귀굿 등으로 전승되어 왔다.

일찍이 이 해원 사상은 단군조선 시대의 '신원목'(10세 노을단군), 조선 시대의 '신문고' 등의 형태로 전해 내려왔다.

민족 해원, 묵은 가치와 이념 속에 시달리는 원한 맺힌 전 인류의 해원과, 나아가 지상을 다녀간 '천상 신명계의 신명들'의 해원까지 실현함으로써 민족과 인류를 총체적으로 구원할 수 있다. 신교의 해원 정신은 신神과 인간의 조화의 평화 정신으로 완성될 수 있는 것이다.

16) 진서眞書

진서는 신지 혁덕이 만든 녹도문鹿圖文으로 추정된다. 전병훈은 『정신철학통편』에서 "동방의 현인 선진仙眞 최치원이 말하기를 '단군의 천부경 팔십일자는 신지神志의 전문篆文인데 옛 비석에서 발견되었다. 그 글자를 해석해 보고 지금의 묘향산으로 추정되는 백산白山에 각을 해두었다'고 최치원은 말하였다"라고 했다(전병훈, 『정신철학통편』).

최치원이 새겨 놓은 이 신지 글자에 대해서 1911년에 나온 김규진의 『서법진결』에서는 창힐 전자라는 이름으로 11자를 소개하고 있다. 또 1914년 김교헌의 『신단실기』에는 원문은 소개되지 않고 언문도 아니고[非諺], 범자도 아니고[非梵], 전자라고도 할 수 없는[非篆] 신지 글자가 있었는데 '법수교 고비에 있었다'는 기록이 나온다. 그리고 1926년도에 서예가인 백두용이 쓴 『해동역대명가필보』에는 『서법진결』과 같은 모양의 16자가 소개되고 있다. 1943년에 나온 『영변군지』에 소개할 때에 '다른 책에 이 16자 전자가 있다'고 했다.

김규진의 1911년에 나온 서법진결에 소개된 신지 전자는 11자이다. 백두형의 해동명가에는 16자가 소개돼 있다. 이 16자와 11자 사이에는 같은 글자도 있고 다른 글자도 있다. 1940년대까지 신지 전자가 서로 다른 경로의 문헌으로 전수되어 왔다는 것을 알 수 있다.

이 신지 전자는 중국의 북송 시대에 서법書法을 다룬 『순화각첩淳化閣帖』과 섬서성 백수현에 있는 〈창성조적서비創聖鳥跡書碑〉에도 나온다. 『순화각첩』에 '창힐의 글씨'로 소개가 되고 있는데 〈창성조적서비〉에 실린 전자를 똑같이 옮겨 적은 것이다. 〈창성조적서비〉에는 28자가 새겨져 있는데 지금까지 알려진 신지전자는 중복된 글자를 빼면 31글자다.

『환단고기』에서는 현재 경남 남해군 상주면 양아리에 암각 되어 있는 그림을 신지씨가 만든 글자로 보고 있다(이찬구, 〈천부경과 인류의 미래〉, STB 한문화 특강).

 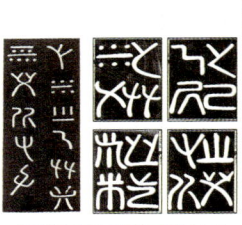

좌)김규진의 서법진결 11자   남해군 상주면 양아리에 있는
우)해동명가 16자   신시 고각

 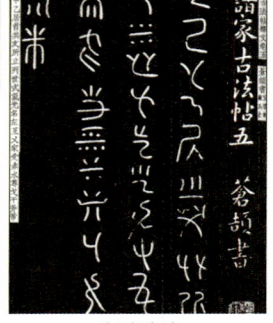

창성조적서비   순화각첩

17) 가림토加臨土

가림토는 한글의 원형이며 모태 글자이다. 『세종실록』 103권 갑자년 2월 경자일 기록을 보면 "언문은 다 옛 글자에 근본한 것이요, 새로운 글자가 아니다[諺文皆本古字, 非新字也.]"라고 하였고, "언문은 전조前朝부터 있었던 것을 빌어 쓴 것이다[借使諺文 自前朝有之.]"라고 하여, 이미 전 시대에 한글의 모체가 되는 문자가 있었음을 밝히고 있다.

한글의 위대성은 그 창제 원리가 신교의 우주 사상인 천·지·인 삼재三才 원리와 철학의 원리를 바탕으로 이루어졌다는 데 있다. 천지만물의 구성 원리인 음양오행은 인간의 언어에도 내재해 있다. 한민족은 이것을 가장 깊이 깨달은 위대한 민족이다. 정인지는 훈민정음 서문에서 훈민정음에 삼극三極(천·지·인 삼재)

의 뜻과 이기理氣(음양)의 묘가 다 포함되어 있다고 하였다. 훈민정음은 역易의 원리에 바탕을 두고 만들어졌으며, 삼라만상의 소리를 다 표기할 수 있다. 그러므로 세계에서 으뜸가는 문자로서 대자연의 법칙에 한 치의 어긋남이 없다(윤덕중·반재원, 『훈민정음 기원론』). 이성구 교수도 한글 자음子音에는 주역의 오행, 삼재三才 원리를 적용하였고, 모음母音은 천지개벽론과 팔괘 원리를 바탕으로 하고 있다고 하였다.

고준환은 "『환단고기』에 원형 한글을 뜻하는 말로 같은 의미인 가림토加臨土와 가림다加臨多라는 표현이 있다. 「단군세기」의 가림토나 「태백일사」의 가림다는 각기 다르게 전해져 오는 기록들 가운데 이암은 '가림토'를, 이맥은 '가림다'라는 표현을 참고한 것이다. 가림토는 가림(분별)하는 토대, 즉 땅이라는 의미로 그 뜻을 택해 토土를 썼고, 가림다는 가림하는 다(따, 땅)라고 '다'를 썼으나 같은 뜻이다"라고 하였다(고준환, 『신명나는 한국사』, 68쪽).

18) 욕살褥薩

고구려 때의 지방 관직官職으로 알려져 있으나 고조선에서 비롯된 것이다. 고구려 때는 지방 5부의 으뜸이 되는 벼슬로 도독都督 또는 태수太守와 같고 군주軍主라 했다. 중국의 도독都督에 해당하는 관직이며, 위두대형 이상의 관등을 가진 자를 임명하였다.

고구려는 영토 확장과 더불어 효율적인 통치를 위하여 지방을 대성大城, 성城, 소성小城의 3단계로 나누고 중앙에서 관리를 보내 다스렸는데, 이 가운데 대성의 장관을 욕살이라 하였다.

대성은 지금의 군郡 규모의 여러 성을 통할하는 광역 행정 단위로서, 동서남북에 5부部가 있었고 각 부에 욕살이 파견되었다. 욕살은 행정·군사권을 함께 관장하였다. 욕살 아래로는 각 성에 처려근지處閭近支(道使라고도 함)가, 소성에는 가라달可邏達·누초婁肖가 파견되었다.

19) 흉노匈奴

흉노의 신앙체계는 농경 사회의 지신地神이나 유목민의 토템 신앙보다는 천신天神 사상이 강한 것이 특징이다. 선우는 최고 통치자일 뿐만 아니라 천신의 아들로서 그 뜻을 지상에 펴는 제사장이요 대리자이기도 하다. 『사기』 「흉노열전」을 보면, 선우는 한나라 황제에게 보내는 문서에서 늘 자신을 '하늘이 세운 흉노 대선우天所立匈奴大單于』, '천지가 낳고 일월이 정한 흉노 대선우天地所生日月所置匈奴大單于』라고 자칭했다. 선우는 '탱리고도선우撐犁孤塗單于'의 약어이다. '탱리撐犁'는 터키·몽골어에서 '하늘'을 뜻하는 '텡그리Tengri'의 음역이고 '고도孤塗'는 '아들'이란 뜻의 흉노의 왕을 뜻한다. **선우의 공식 명칭은 '천지가 낳으시고 일월이 정해 주신 흉노 대선우'**이다(이종호, 〈사상 최강의 고구려, 이유 있다〉, 국정브리핑사이트, 2005. 8. 1). 한편 『태백일사』 「삼한관경본기」에는 '흉노匈奴'라 표기하였다.

20) 몽고리한蒙古里汗

지금의 몽골 지역은 단군조선의 영역이었다. 한汗은 우두머리·군장君長이라는 뜻이며, 동북아시아 여러 민족이 군주를 부르는 공통어였다. 우랄-알타이어에서 '한'에 관계되는 말은 '간·칸·찬'이다. 신라의 관직명에 각간, 이벌간, 우벌찬 등이 있고, 몽골 제국의 네 왕국인 이루한·킵차크한·차카타이한·오고타이한 모두 군장을 의미하는 '한'을 쓰고 있다.

또한 한은 북유럽 일대에도 쓰였다. 헝가리어의 Khan, chan, hahn, 터키어의 han 그리고 러시아어, 루마니아어, 몽골어, 불가리아어에 han이 어원으로 남아 있고, 체코어, 독어, 불어에도 chan·kan·khan의 흔적이 남아 있다. 이 밖에 '한'이란 말은 신의 이름, 군장君長의 이름, 거룩한 지명 등에 나타나며, 그 분포 지역도 매우 넓다. '한'이란 말은 7천 년 이상된 언어이다.

'한'이 이처럼 널리 쓰인 것은 우리 문명의 형성·전파와 밀접한 관계가 있다. 수메르어의 '안', 인디언어의 '칸', 몽골어의 '칸', 미얀마 친족의 '한', 인도 사탈어의 '한스한신', 필리핀 이고로트어의 '한' 등 문명이 오래된 종족은 모두 놀라울 정도로 '한'을 자기들 신의 이름으로 사용하고 있다(김상일, 『한철학』, 24~56쪽;『인류문명의 기원과 한』, 23~26쪽). 이러한 유사성은 모두 고대 동방 환족桓族이 동서로 이동하면서 나타나게 된 것이다.

그런데 '몽골'이라는 명칭은 후대에 와서 역사에 등장한다. 이상시는 '고대에 몽골 지방에서 유목遊牧하고 있던 종족은 흉노匈奴의 선조인 훈육獯鬻·알유狁獫였다. 몽골蒙古이라는 이름은 훨씬 후대인 당唐나라 때 '몽와蒙瓦'·'몽올蒙兀(Mongol)'이라는 명칭으로 처음 나타난 것이라고 하였다(이상시, 『단군실사에 관한 문헌고증』).

그러나 몽골은 당나라 이전부터 존재했다고 봐야한다. 흉노, 선비, 거란, 돌궐, 몽골은 본래 동북아 초원에 살던 다양한 유목족 가운데 일부였으나 인근 부족들을 통합하면서 각 시대별 초원 제국의 호칭이 되었다.

몽골은 흉노의 일부, 선비·돌궐·거란의 일부로 내려오다가 13세기에 마침내 유목 민족을 통일하여 몽골 제국[元]을 건설했던 것이다.

D. 마이달, N. 츄르템은 "고대 몽골, 만주, 시베리아, 한국, 알래스카는 모두 단일 문화권으로 형성되었다"는 내용으로 보고서를 내놓은 바 있다(D.마이달·N. 츄르템, 김구산 역, 『몽고문화사』). 최근 몽골 지역 답사 내용을 보면 몽골 문화가 동방 고조선 민족의 신교 문화와 같은 뿌리임을 실감하게 한다. 백색 숭상, 천제天祭 문화, 고수레·돌장승·깃털 장식·씨름·샤먼 의식 등의 풍속, 청동기·빗살무늬 토기 등의 유적 유물, 몽골 반점, 용모, 언어, 설화, 신앙 등이 우리 한민족과 혈통적 친연성과 문화적 동질성을 공유한 동일문화권으로 해석되는 것이다.

예를 들어 몽골의 뿌리 깊은 민간 신앙인 '오보'는 우리의 서낭당과 같고, 오보 제祭는 소도 제천 풍속과 같다. 몽골에서 사용하는 말 중에는 달구(달구지), 말루(마루), 정지(부엌), 인두(인두), 오루가(올가미) 등 우리말과 같은 것이 있다. 또 왼쪽과 오른쪽을 우리말과 같이 왼쪽, 오른(바른)쪽이라

한다. 그리고 고구려의 5부족인 소노부消奴部·계루부桂婁部·절노부絶奴部·관노부灌奴部·순노부順奴部가 몽골에서는 동·서·남·북·중앙을 지칭하는 말이라 한다. 그 밖에 몽골 아이들의 놀이 가운데는 우리와 마찬가지로 굴렁쇠 놀이가 있고, 속담에 "처녀가 한을 품으면 오뉴월에 서리가 내린다"라는 말도 있다. 문지방을 밟는 것을 금하는 것 역시 우리 풍속과 동일하며 오방신장五方神將의 관념까지 같다. 대홍안령 서쪽 해랍이海拉爾에서는 고조선의 독특한 청동기 문화인 비파형 동검이 발견되어 박물관에 전시되어 있다.

21) 원공패전圓孔貝錢과 명도전

우리나라에 최초로 화폐가 사용된 기록은 약 3천 년 전이다. 수유須臾국 8대 홍평왕 원년(BCE 957년 갑자)에 처음으로 자모전을 주조했다[初鑄子母錢.]는 기록이 『대동역사』 권2에 실려 있다. 자모전은 자전子錢과 모전母錢을 합해 부른 말로 자전은 소전小錢을, 모전은 대전大錢을 의미하는 것으로 추정한다(류자후, 『조선화폐고』). 여기서 처음이라는 말은 참으로 중요한 의미를 지닌다.

그러나 『환단고기』의 기록은 이보다 1천여 년을 앞선다. 4세 오사구단군 무자 5년(BCE 2133년)에 "둥근 구멍이 뚫린 패전을 주조했다[鑄圓孔貝錢.]"라고 하였다. 조개로 만든 돈이 아니라, 조개 모양의 돈을 주조했다는 것인데, 가운데에 둥근 구멍이 뚫렸다는 것이다. 패전貝錢이란 말이 조개에 무게를 두기 보다는 화폐의 의미로 쓰였을 것이다. 패전의 종류에는 재질에 따라 석패전, 옥패전, 동패전, 골패전 등이 있다. 그 뒤로 화폐 주조에 대한 특별한 기록은 없다.

최근 명도전明刀錢을 고조선 화폐라고 주장하는 논의가 일고 있다. 1990년에 북한의 손량구는 '명도전은 중국 연나라 화폐'라는 종전의 학설을 정면으로 부정했다. 손량구는 평량評量 화폐라는 논리로 명도전은 국적의 구별 없이, 즉 국가 표식이 없이 자유롭게 경제집단이 주조할 수 있고, 그래서 반드시 명도전은 연나라만 주조한 화폐가 아니라고 주장한다. 다시 말해 "고조선도 국가 단위가 아

나라 경제집단에 의해 명도전을 주조했다"라고 말하고, 그 근거로 명도전 출토지에서 함께 발견된 '구들'을 제기한다. 구들은 중국이나 일본의 어느 곳에도 없는 고조선식 난방 시설이기 때문이다. 아울러 출토량만 보더라도 중국과는 비교도 안 된다. 고조선 영역인 요동지방과 서북조선 일대에서는 22,265매가 출토되었고, 연나라 국경에 가까운 요서지방과 하북성에서 출토된 양은 겨우 7,368매이다. 이것만 보아도 명도전의 주조국 내지 주조 집단이 비록 연나라에 있는 집단으로부터 시작되었다고 양보하더라도, 결국에는 고조선에서 더 많이 주조되었다는 것이다(손량구, '료동지방과 서북조선에서 드러난 명도전에 대하여', 『고고민속론문집』).

명도전

박선미는, 명도전 유적은 전체적으로 유적의 분포와 특징에 따라 대릉하, 적봉지구, 요하이동~천산산맥, 요동반도~청천강 이북 등으로 구분되며, 크게 요하를 기준으로 하여 그 서쪽은 중국계 문화전통이, 그 동쪽은 고조선계 문화 전통이 계승되고 있다고 보았다. 그리고 "요하의 서북쪽인 적봉지구에 주목하여 그곳은 중국계와 고조선계 및 북방 유목민계의 문화요소가 혼재하여 있다"라고 하였다(박선미, 『고조선과 동북아의 고대 화폐』). 한편 허대웅은 명도전에 새겨져 있는 각종 고문자는 한자로도 해독할 수 없는 문자라는 점에서 그것이 고조선 문자라 제기하고 있다(허대웅, 『고조선문자』). 그런데 이 명도전보다 앞서 나온 첨수도尖首刀라는 도폐가 있다. 머리가 뾰족하다고 해서 붙은 이름인데, 최소 2,500년 전의 춘추 시기 화폐로 추정된다. 이 첨수도를 연구하고 있는 이찬구는 "첨수도에 새겨진 문자 중에는 완전한 모양의 한글이 발견되고 있다"라고 한다(2012. 2. 8, 이찬구 대담). 앞으로 이 분야의 연구가 주목된다.

22) 하夏나라 정벌

4세 오사구단군 19년 조 기사는 하夏나라 5세 상相왕 때가 아니라 3세 태강太康왕 때의 사실로 보인다. 이와 같이 추측하는 근거는 『후한서後漢書』 「동이열전東夷列傳」을 보면, "(하나라 3세 왕) 태강太康이 덕을 잃어 동이東夷가 배반하기 시작했다[太康失德, 夷人始畔.]"라고 기록되어 있고, 그 주註에 "신하인 예羿에게 쫓겨났다[爲羿所逐也.]"라고 한 것이다. 또 조선시대 숙종 때 북애北崖가 지은 『규원사화揆園史話』 「단군기」의 제3세 가륵단군 조에는 "이때 하나라 왕(3세 태강)이 덕을 잃어 그 신하 중에 왕의 자리를 빼앗고자 하는 자가 있었다. 이에 식달息達로 하여금 남국藍國과 진眞·변藩의 군사를 이끌고 이를 정벌하게 하니 국위國威가 더욱 빛나게 되었다[時夏王失德, 其臣有叛逆者. 乃使息達率藍眞藩之民以征之. 於是, 國威益彰.]"라고 기록되어 있다.

그런데 하나라 태강왕이 제후인 예羿에게 쫓겨난 해는 태강太康 19년(BCE 2170)으로, 곧 3세 가륵단군 13년(辛亥)에 해당한다. 그리고 4세 오사구단군 19년(BCE 2119)은 하나라 5세 상相왕 때로, 상이 신하인 한착寒浞의 아들 요澆에게 피살된 해이다. 그러므로 본서 『단군세기』와 위의 두 기록을 비교 검토하여 볼 때, 4세 오사구단군 19년 조의 기록은 51년 전인 3세 가륵단군 때의 기사를 잘못 기술한 것으로 보인다(이상시, 『단군실사에 관한 문헌고증』, 198~199쪽 참조).

23) 계가鷄加

단군조선 시대에는 한민족 국교인 신교의 삼신 사상과 오행五行 철학을 기초로 한 오가五加(마가·우가·구가·저가·계가) 제도가 있었다. 신교의 삼신오제三神五帝 사상을 현실의 인사人事 제도에 그대로 적용하여 '삼한오가三韓五加'라는 국가 통치 제도로 발전시킨 것이다. 이 오가의 수장, 즉 부족장으로서 처음으로 제위에 오른 이가 5세 구을단군이다. 그 뒤로 6세 달문(우가), 7세 한율(계가), 10세 노을(우가), 13세 흘달, 14세 고불단군(우가) 등이 각 가의 수장으로서 제위에 올랐다.

24) 환화桓花

환화는 한국 시대의 국화國花였다. 천지화天指花라고도 했는데, 지금의 무궁화이다. 국자랑이 이 꽃을 머리에 꽂고 다녔기 때문에 화랑花郎 또는 천지화랑이라고도 하였다. 『산해경』「해외동경海外東經」에는 "군자국君子國은 그 북쪽에 있는데, 관을 쓰고 검을 찼으며, … 훈화초(무궁화)가 있다[君子國在其北, 衣冠帶劍, … 有薰華草]"라는 기록이 전한다. 이 구절에 대하여 『산해경』 주석의 권위자인 진나라 때의 곽박郭璞은 "'훈薰'이 '근堇'으로 되어 있기도 한다[薰, 或作堇]"라고 주석하였으며, 청대의 학의행郝懿行은 "'목근木堇'은 『이아』「석초」편에 보이며, '근堇'은 '순蕣'이라고도 하는데, '훈薰'과 소리가 비슷하다[木堇見爾雅(釋草), 堇一名蕣, 與薰聲相近]"라고 부언 설명하였다. 이로 볼 때, '훈화초薰華草'는 '무궁화'로 보아야 한다.

여기서 군자국은 곧 우리나라를 일컫는 말이다. 꽃과 더불어 새의 깃털을 꽂기도 했는데 그 모자를 오우관烏羽冠이라 했다. 이러한 유풍은 깃털로 모자를 만드는 아메리카 인디언의 풍습에도 남아 있다.

환화를 진달래로 보는 설도 있다. 산동성 교남시膠南市에 있는 낭야대는 단군조선의 감우소監虞所가 있던 곳이다. 단군조선은 이곳 낭야대에서 서방의 제후들로부터 정사를 보고받았다. 현재 이곳 주산인 대주산大珠山에서는 해마다 진달래 축제를 벌인다. 주민의 말에 따르면 주변의 다른 산에는 진달래가 없는데 유독 대주산에만 진달래 꽃이 만발한다고 한다. 이것은 단군조선의 국화인 환화가 진달래라는 설을 뒷받침하는 증거로 추정할 수 있다.

25) 서효사誓效詞

6세 달문단군 때 신지 발리가 지은 이 「서효사」가 바로 저 유명한 「신지비사神誌秘詞」이다. 「서효사」는 '삼신께 제사 지낼 때 서원誓願하는 글'(『태백일사』「소도경전본훈」)이다.

「신지비사」는 『삼국유사』「보장봉로寶藏奉老 보덕이암普德移庵」조와 『고려사』「김위제전金謂磾傳」에서도 일부 기록을 볼 수 있다. 단재는 『조선상고사』 제2편 3장 「신지의 역사」와 「조선상고문화사」 제2편 3장 「신지의 역사와 예언」에서 「신지비사」에 대해 자세히 언급하였다. 단재는 『위지魏志』「동이전東夷傳」〈한전韓傳〉 등에 삼한三韓의 70여 국에는 각기 거수渠帥(군장君長)가 있다고 하였으며 그 중에 최고의 장을 신지臣智라 하여 이 신지가 곧 신지神誌였다고 보았다.

고려 숙종 때 「김위제전」에 인용된 「신지비사」에는 "如秤錘極器, 秤幹扶疎樑, 錘者五德地, 極器白牙岡, 朝降七十國, 賴德護神精, 首尾均平位, 興邦保太平, 若廢三諭地, 王業有衰傾."이라 하였다. 그 뜻은 단군조선의 삼한의 각 수도[三京]를 저울대[秤幹]·저울판[極器]·저울추[秤錘]에 비유하여, 삼신의 창조 원리를 적용한 신교의 삼신신앙이 영속되어 고조선 삼경三京의 균형이 잘 유지되면 삼한의 70국에게 조공을 받고 크게 번영하게 되며, 만약 삼신신앙이 쇠퇴하여 삼경의 균형이 깨어지면 바로 그날이 고조선의 종말이 된다고 후손들에게 경계한 것이다.

26) 20분의 1 세법

고조선 초기의 조세는 생산량의 20분의 1을 바치는 입일세卄一稅이다. 이것은 『맹자孟子』에서 보듯이 "나는 20분의 1의 세금을 받고자 하는데 어떻습니까?"라는 백규의 물음에 맹자가 대답하기를, "그대의 도는 맥貊나라의 방법이오[白圭曰, 吾欲二十而取一, 何如? 孟子曰, 子之道, 貊道也]"라고 한 기록에서 명백히 입증된다.

중국에서 정전법井田法은 하·은·주 3왕조에 걸쳐서 시행되었는데 당시 조선의 영향을 받아 10분의 1을 취하는 십일세什一稅였다. 그 후 전국 시대에 이르러 정전제가 붕괴되기에 이르자 맹자가 다시 균전제均田制를 주장하였는데, 20분의 1 세를 10분의 1로 바꾸어 고조선의 세법을 모방하였음을 감추고 선대 요·순의 유제遺制라 거짓말을 하였다.

27) 감성監星

천문대. 고대 한민족이 천문에 대해 관심이 컸다

는 사실은 여러 가지 유물로 입증된다. 본래의 모습을 그대로 간직하고 있는 신라의 첨성대는 633년에 세워진 천문관측소이다.

『세종실록』「지리지地理志」〈경주부慶州府〉에는 첨성대에 대하여 이렇게 기록되어 있다.

"첨성대: 부성府城의 남쪽 변두리에 있으며, 당나라 태종 정관 7년 계사년에 신라 선덕여왕이 쌓은 것이다. 돌을 쌓아 만들었는데 위는 방형方形이고, 아래는 원형圓形으로 높이가 19척 5촌, 위의 둘레가 21척 6촌, 아래의 둘레가 35척 7촌이다. 그 속을 통하게 하여 사람이 속으로 올라간다[瞻星臺: 在府城南隅, 唐太宗貞觀七年癸巳, 新羅善德女王所築. 累石爲之, 上方下圓, 高十九尺五寸, 上周圓二十一尺六寸, 下周圓三十五尺七寸. 通其中, 人由中而上.]."

고구려의 수도 평양에도 첨성대가 있었고, 일식·혜성·행성 등을 관측하였다는 기록이 있다. 고구려인이 천문에 관심이 많았다는 것은 고분 벽화에 별 그림과 별자리가 많이 그려져 있다는 사실로도 확인할 수 있다.

한반도 전역에서 광범하게 발견되는 고인돌에 새겨진 별자리는 더욱 오래된 천문 기록이라 할 수 있다.

고려 시대에는 천문관측이 활발하여, 『고려사』「천문지」에는 일식을 비롯하여 5행성의 운행과 객성客星의 출현, 태양 흑점·성변星變·일월변 등이 관측되었다고 기록되어 있다. 조선 시대에는 초기에 왕립중앙천문기상대에 해당하는 서운관書雲觀이 있어 그곳에서 천체를 관측하였다.

이러한 천문 유적들을 고려해 볼 때 '감성을 설치하였다'는 기록은 매우 신빙성이 높다고 할 수 있다. '감성'은 별을 비롯하여 천문 현상을 관측하고 기록하는 천문대였을 것이다.

『환단고기』에는 적지 않은 천문 기록이 실려 있다. 태풍, 가뭄, 홍수, 지진 등 자연재해뿐 아니라 일식, 오행성 결집, 강한 썰물, 두 해가 뜬 현상[雨日竝出] 등 특이한 천문 현상이 기록되어 있다. 박창범은 13세 흘달단군 50년(BCE 1733)의 '오성취루五星聚婁', 29세 마휴단군 9년(BCE 935)의

'남해조수퇴삼척南海潮水退三尺'이 실제로 일어난 현상이었을 가능성이 매우 높음을 과학적인 방법으로 입증하였다.

고대 한국의 천문에 관한 기록은 중국이나 일본보다 정확한 것으로 평가된다. 박창범의 연구에 의하면 『삼국사기』에 실린 일식 기록의 실현율은 80%에 이르지만, 중국의 기록은 그보다 못한 78% ~63%, 일본의 기록은 35%에 불과하다(박창범, 『하늘에 새긴 우리역사』, 52쪽). 『삼국사기』와 『삼국유사』에는 일식 67회, 행성의 움직임 4개, 혜성 출현 65개, 유성과 운석 42개, 오로라 12개 등 240개가 넘는 천문 현상이 기록되어 있다. 박창범 교수는 천체역학적 계산을 통해 이러한 기록이 대부분 사실임을 밝혀냈다.

28) 국선소도國仙蘇塗

'소도' 또는 '수두'라 한다. '삼신상제님께 천제 지내는 곳'으로 삼신 신앙의 대표적인 성소이다. 소도蘇塗 신앙은 우리 민족의 '삼신신앙의 원형'이다. 큰 나무에 방울과 북을 매달고 주위에 금줄을 쳐서 사람의 출입을 금하며, 3월과 10월에 삼신상제님께 제사를 드렸다. 소도 신앙은 환국 시대에 비롯하였다. 초대 배달환웅이 백두산 신시神市에서 개천開天하여 삼신께 천제를 올린 이후로 모든 후손이 그 일을 흠모하고 본받아 더욱 세상에 널리 전파하게 되었다(『태백일사』「삼신오제본기」).

29) 창해滄海

창해滄海는 발해 연안에 있던 지명이고 발해의 별칭이다. 창해를 한반도의 강릉, 또는 압록강 중류에 있었다고 한 종래의 설은 고조선과 한사군의 위치를 한반도 북부로 끌어들이기 위해 날조한 것이다. 『사기』「평준서平準書」에 "팽오가 조선을 멸하여 창해군을 설치하니 연나라·제나라 사이에서 소요가 일어났다[彭吳賈滅朝鮮, 置滄海之郡, 則燕齊之間, 靡然發動.]"하였고, 『한서漢書』「식화지食貨志」에도 "팽오가 재물과 금품으로 예맥 조선을 매수하여 (그곳에) 창해군을 설치하니 연나라·제나

라 사이에서 소요가 일어났다[彭吳穿穢(濊)貊朝鮮, 置滄海郡, 則齊燕之間, 靡然發動.]"라고 하였으므로, 창해의 위치는 연나라·제나라 사이[燕齊之間]로, 지금의 '하북·산동'의 바닷가 지역이다. 창해군(BCE 128~BCE 126)은 조선족인 예군濊君 남려南閭가 위만에 반기를 들고 한漢나라에 귀순하자 한 무제가 그 땅에 설치한 것으로, 위만정권의 강역임을 알 수 있다. 지금도 하북·산동 사이의 바닷가 지역에 '창滄'이라는 지명이 있어 옛날 창해군의 위치를 알려 주고 있다.

30) 서옥저西沃沮

옥저는 울창한 '삼림이 있는 지역'이란 뜻으로 4옥저가 있다. 동옥저는 함경도 지방, 남옥저는 요동반도 지역, 북옥저는 남옥저 동북 800리로 서간도 지방이고, 서옥저는 지금의 만리장성 이남 지역이다.

『삼국유사』「기이紀異」말갈발해靺鞨渤海 조에 "송나라 소동파蘇東坡의 지장도指掌圖에 흑수黑水는 만리장성 북쪽에 있고 옥저는 만리장성 남쪽에 있다[指掌圖, 黑水在長城北, 沃沮在長城南.]"라는 대목이 나오는데, 이는 바로 서옥저를 지칭한 말이다.

그리고 『삼국지』,『후한서』의 〈동옥저〉편에 보면 동옥저·남옥저·북옥저의 3옥저가 보인다. 즉 함경도에 위치한 동옥저 외에도 "북옥저는 일명 치구루이며, 남옥저에서 800여 리 떨어져 있다[北沃沮, 一名置溝婁, 去南沃沮八百餘里.]"라고 하였다. 그런데 이들 사서는, 지역이 서로 다르고 다른 정치단위임에도 위의 세 옥저를 한데 뒤섞어 서술해 놓고 있다. 그리하여 오늘날 한·중 고대 사서에 보이는 여러 옥저의 명칭이 모두 한반도 내에 위치한 동옥저를 지칭하는 것으로 인식하도록 만들었다.

31) 하夏나라

하나라(BCE 2205~BCE 1766)는 단군왕검의 가르침을 받아 치수에 성공한 우禹에서 시작되어 희대의 대폭군 걸桀에 이르러 멸망하기까지 17세 439년 동안 존속하였다. 이제까지 요·순·우 시대를 전설로만 알았으나, 중국 하남성에서 하夏 시대의 성벽 유적이 발굴됨으로써 요·순까지도 역사적인 실존 인물임이 간접적으로 밝혀지게 되었다. 일본 신문들은 중국의 권위 있는 고고학 잡지인『문물文物』을 인용하여 이러한 내용을 1983년 3월 30일자로 대대적으로 보도하였다.

당시 일본 언론들은 "지금까지 중국 최초의 왕조王朝로 알려진 하夏 시대의 성벽 유적이 하남성河南省 등봉현登封縣에서 발굴되었다. 그 연대는 지금으로부터 4천 년 전(±65년)으로 추정되고, 초기 노예제 사회의 모습을 보여주는 흔적이 있다. 성벽 동쪽은 홍수 등에 의해 파괴된 흔적이 심하나 서쪽은 성벽의 기초, 도랑, 흙무덤의 자취들이 아직도 분명히 남아 있다. 그동안 유적이 발견되지 않아 환상의 국가로만 알아 온 하왕조의 성벽 유적 발굴은 트로이 유적 발굴과 맞먹는 역사적인 것으로, 동아시아 문화의 원류를 해명하는 획기적인 단서가 될 것이다"라고 강조하였다(〈조선일보〉, 1983. 3. 31).

하夏나라의 유적으로 유력시되는 하남성의 '이리두二里頭 유적'은 1958년에 발견된 이래 묘와 궁궐 터가 추가로 발굴되었다. 이곳에서 발굴된 유적과 청동기 유물 등을 볼 때 사회적인 신분과 빈부의 차이가 있었음이 분명하고 분업 현상이 뚜렷하였을 것으로 보인다. 방사성 탄소 측정으로 얻은 연대는 이리두 유적의 전기가 BCE 1950년부터 BCE 1900년 사이이고, 3기가 BCE 1460년, 4기는 BCE 1625년인데, 3기의 연대는 오차로 보고 있다.

이리두 문화가 발견된 초기에는 상(商=殷) 문화의 전기 단계로 보는 경향이 강하였으나 근래에는 하夏 문화로 보는 것이 중국 고고학계의 지배적인 견해이다. 그것은 황하 중류 유역(낙양 평원)에 있는 이리두 문화 지역이 본래 하夏나라가 위치했던 지역으로 알려져 왔기 때문이다. 중국의 옛 문헌에는 하나라가 상(은)나라 이전에 '황하 중류 지역'을 지배했던 것으로 기록되어 있으며, 또 그 위치가 이리두 지역과 일치하므로 1기부터 3기까지의 문화를 하夏 문화로 볼 수 있다. 그런데 이리두는 문헌에 의하면 서박西亳으로 상(은)나라를 세운 성탕成湯이 도읍했던 곳으로도 전한다. 결국 이리두 문화는 1기부터 3기까지는 상(은: BCE 1766~BCE 1122) 문화 이전 단계인 하夏 시대에 해당되며, 4기는 상(은) 문화 초기에 해당됨을 알 수 있다(윤내현, 『중국의 원시시대』, 453~500쪽).

32) 하나라 멸망과 은나라 건국

성탕

전한前漢 때 유향(劉向, BCE 77~8)이 저술한 『설원說苑』 「권모權謀」에는 은殷나라를 연 성탕成湯이 하夏나라의 폭군 걸桀을 정벌하려 하니 재상 이윤伊尹이 말하기를, "하나라가 구이九夷 군대(단군조선 구환의 군대)의 도움을 받으므로 아직은 불가합니다"라고 간하였다 한다. 그런데 다음 해(乙未, BCE 1766)에 걸왕이 구이九夷 군대의 도움을 받지 못하게 되자, 마침내 탕임금이 군사를 일으켜 걸왕을 토벌하므로 걸이 남소南巢(지금의 안휘성 소현巢縣 동북)로 도망하였다[湯欲伐桀, 伊尹曰請阻乏貢職, 以觀其動, 桀怒起九夷之師, 伊尹未可, 彼猶能起九夷之師, 是罪在我也. 湯乃謝罪, 復入貢職, 明年又不貢職, 桀起九夷之師, 九夷之師不起, 伊尹曰可矣, 湯乃興師伐之, 遷桀南巢.]라고 하였다. 이 내용은 하나라 멸망과 은나라 건국에 관한 『단군세기』 13세 흘달단군 16년 조의 기사 내용을 뒷받침한다.

이와 같은 『설원說苑』의 기록은, 하·은 교체기에 성탕이 포악무도한 걸왕을 내쫓고 은 왕조를 세울 수 있었던 것은 두 나라 간의 패권 싸움에서 성패成敗의 관건을 쥐고 있던 구이九夷, 곧 단군조선의 강한 영향력 때문이라는 사실을 명백히 입증해 준다. 북경대 교수였던 푸쓰녠傅斯年도 "**탕이 걸을 내쫓은 것은 동이가 하를 멸망시킨 것과 같다.** 상나라 사람들이 비록 동이가 아니라고 하더라도 이방夷方의 사람들을 다스린 적이 있고 아울러 그들의 문화를 사용하였으므로, 이에 의거하여 백성들이 하나라를 쳐서 멸망시켰으니 실제로는 동이인이 하를 이겼다고 말할 수 있다. **상나라 사람이 주나라 사람에게 이夷라고 불린 것은 경전에서도 증명할 수 있다**[湯放桀, 等於夷滅夏. 商人雖非夷, 然曾撫有夷方之人, 並用其文化, 憑此人民以伐夏而滅之, 實際上亦可說夷人勝夏. 商人被周人呼爲夷, 有經典可證.]"(푸쓰녠傅斯年, 『이하동서설夷夏東西說』)라고 하였다.

33) 낙랑樂浪

낙랑은 위만이 번조선을 찬탈해 다스렸던 왕험성王險城(번조선 말기의 수도로 지금의 하북성 창려昌黎) 지역이다. 본래 평양 일대에 있었던 낙랑은 고조선 삼한 중 번한番韓의 유민 최숭이 세운 '최씨 낙랑국'이며 낙랑군이 아니다. 현재의 평양지역을 낙랑군으로 보는 인식은 당나라 이후에 생겼으며, 그 이전에는 요동에 있다는 기록이 대부분이다.

낙랑군이 대동강 평양 지역에 있었다는 것을 부인하는 설은 신채호의 『조선사연구초』, 정인보의 『한사군정무론』, 이유립의 『역사로 본 우리 국토』, 문정창의 『한국고대사』, 임승국의 『한국정사韓國正史』, 박시인의 『알타이 인문연구』, 윤내현의 『한국고대사신론』, 이덕일의 『한국사 그들이 숨긴 진실』 등이다.

현재 우리 주류사학계에서는 '낙랑국樂浪國'과 '낙랑군樂浪郡'을 구별하지 못하고 낙랑군이 한반도 대동강 일대에 있던 것으로 주장하고 있다. 즉 BCE 108년, 한漢나라 무제가 위만정권을 멸하고 설치한 네 개의 군郡 중 평안도 일대에 낙랑과 대방 두 군을 두었는데, 고구려 미천왕 14년(313)에 낙랑군을 축출하면서 모두 회복했다는 것이다.

주류사학계에서 대동강 일대를 낙랑군으로 보는 유력한 근거는 평양지역에서 출토된 유적과 유물이다. 이 지역 무덤들은 나무곽무덤, 귀틀무덤, 벽돌무덤 등 세 가지로 다른 지역 무덤과 형식이 다르다는 것이다. 그러나 북한 학자들에 의하면 광복 이후 평양 일대의 무덤 3,000여 기를 발굴 조사하였는데, 나무곽무덤은 낙랑군을 설치했다는 한漢나라가 출현하기 훨씬 전인 BCE 3세기 이전에 지배적인 무덤 형태였고, 이 나무곽무덤이 귀틀무덤을 거쳐 벽돌무덤으로 발전하고 3세기 중엽부터 고구려 무덤 형식인 돌칸흙무덤으로 전환되었다고 한다. 그리고 출토된 유물은 한나라 것과 다른 고조선의 대표적인 무기인 좁은 놋단검(세형동검)을 비롯해 조립식 쇠단검, 조립식 쇠장갑, 질그릇과 마구 등이다(리순진, '평양일대 락랑무덤에 대한 연구').

또한 낙랑 유물이라고 주장하는 것 중에서 봉니封泥는 일제가 위조한 대표적 유물로 본다. 봉니는 문서를 운송하는 도중에 남이 보거나 위조하지 못하도록 죽간을 묶은 노끈 매듭에 진흙을 발라 도장을 찍은 것으로 그 서체나 모양도 다양하다. 그리고 봉니는 보내는 곳이 아니라 받는 곳에서 발견돼야 하며, 문서를 보려면 봉니를 깨트려야 내용을 확인할 수 있기 때문에 정상적인 것은 드물다. 그런데 낙랑 봉니는 대부분 형체도 온전하고 서체나 형태도 거의 흡사하다. 더구나 낙랑군 치소였다는 토성 터에서, 받는 곳인 관할 현에 있어야 할 봉니가 200여 개나 무더기로 발견되었는데 한 지역에서 이렇게 많은 수가 발견된 예는 없다. 그러한 봉니가 광복 후 북한이 발굴하는 과정에서는 하나도 나오지 않아 일제가 봉니를 위조하였다는 설은 더욱 설득력을 얻게 되었다. 게다가 다른 군으로부터 받은 봉니가 하나도 없고 함께 발견되는 죽간도 없는 등 많은 문제점을 갖고 있다.

또 『삼국사기三國史記』 「고구려본기高句麗本紀」 동천왕 21년(247) 조를 보면, "왕은 환도성丸都城이 난리를 겪어 다시 수도로 할 수 없으므로 평양성을 쌓고, 백성과 종묘사직을 옮겼다[王以丸都城經亂, 不可復都, 築平壤城, 移民及廟社]."라는 기록이 있다. 이것은 미천왕이 낙랑군을 축출하기 66년 전 일이므로 지금의 평양이 낙랑군 영역이었다면 남의 땅으로 수도를 옮겼다는 말이 되기 때문에 모순이 생긴다.

이 밖에도 기존 학설에 오류가 많으나 주류 사학계는 북한 학계의 최근 연구결과를 인정하려 들지 않는다. 그리고 자신들의 학설과 맞지 않는 기존 기록도 잘못된 것이라며 여전히 낙랑군이 평양 일대에 있다는 전제하에 끊임없이 모순되는 글만 되풀이 하고 있다.

34) 국자랑國子郎

국선國仙 또는 선랑仙郎이라 불리던 국자랑은 신라 시대 화랑의 모체이다. 이 국자랑의 전통은 고구려의 조의선인皂衣仙人, 신라의 화랑花郞, 백제의 무절武節로 계승되었다.

그 뒤로 명맥이 쇠잔하였으나 그 정신만은 한민족의 역사 의식 속에 깊이 잠재되어 조선 시대 선비의 저항 정신, 구한말의 항일 구국 운동과 3·1운동 등으로 민족의 위기 때마다 유감없이 표출되었다.

35) 양운養雲·수밀이須密爾

양운국과 수밀이국은 본래 12환국에 포함되어 있었다. 이때까지도 그 이름이 계승되어 존속해 왔음을 알 수 있다. 그 밖에도 환국의 12개국 중 존속한 나라가 있다. 15세 대음단군 10년 조에 우루국이 보이고, 일군국·양운국이 21세 소태단군 49년 조에, 수밀이국·양운국·구다천국 등이 27세 두밀단군 원년 조에 나타난다. 그후 북부여 3세 고해사단군 49년 조에는 일군국이 보인다. 또 중국의 『진서晉書』 「사이전四夷傳」 〈비리등 10국〉 조를 보면 이들 가운데 비리국·양운국·구막한국·일군국이 나오는데, 2만~5만 호戶 정도의 소국으로 시베리아 등지에 있었음이 확인된다.

36) 염수鹽水

최근에 염수의 위치는 요하 상류 파림좌기巴林左旗(요나라 수도 상경 일대)로 밝혀졌다. 고구려 광개토열제가 후연後燕을 치기 전 군마를 얻기 위해 정복한 지역이기도 하다. 1930년대에 일제가 만주를 침략하기 위해 제작한 지도에서는 이 일대를 '고려 아이리(아이리는 몽골 말로 마을[營子]을 뜻함)'라고 표기하였다. 현지 주민들은 그 마을이 부근에 있는 '고려강'이라는 이름을 딴 것이라고 증언했다(KBS 1TV, 〈역사 스페셜〉, '대고구려 1부', 2000. 1. 1).

37) 영고탑寧古塔

영고탑이라는 명칭이 등장하는 기록에 대해서 현

재까지 통설로는 『흑룡강지명고석黑龍江地名考釋』에 나오는 "영고탑이라는 명칭은 『청대사지淸大事志』에서 처음 보인다. 청나라 만력萬曆36년(1608) 가을 9월에 호이객로呼爾喀路 사람들이 우리 영고탑성寧古塔城을 침입하였다. 이곳은 당시에 영고탑로寧古塔路라고 하는 곳이다[寧古塔名稱始見於于淸大事志, 萬曆三十六年秋九月, 呼爾喀路人侵我寧古塔城, 當卽所謂寧古塔路也.]"라고 한 데서 찾는다.

여기서 말하는 '영고탑성'이나 '영고탑로'에 관련해서 『만주원류고滿洲源流考』에서는 『명실록明實錄』을 인용하여 "명나라 초기에 동해와집부東海窩集部를 설치했는데 여기에는 호이합呼爾哈, 혁실혁赫實赫, 영고탑寧古塔 등의 로路가 속한다[國初名東海窩集部, 所屬有呼爾哈, 赫實赫, 寧古塔等路.]"라고 하였다. 따라서 영고탑이라는 명칭은 적어도 명나라 초기부터(1368년 명나라 건국) 사용되기 시작하여 『청대사지淸大事志』에서 말한 1608년보다 훨씬 앞섰음을 추론할 수 있다(김석주·김남신, '영고탑寧古塔에 대한 역사지리적고찰歷史地理的考察', 『문화역사지리』 제22권 제3호 통권42호, 2010. 12).

영고탑은 그 명칭이 정사에 기록되기 이전부터 존재하였는데, 기록에 나오는 영고탑의 위치도 한 곳을 가리키는 것이 아니다. 하나는 현재의 흑룡강성黑龍江省 영안시寧安市와 해림시海林市에 속하는 지역을 가리키고, 다른 하나는 현재의 요령성遼寧省 신빈현新賓縣의 일부 지역을 가리킨다.

현재의 영고탑은 구성舊城과 신성新城으로 구분되는데 구성은 흑룡강성 영안시 고성촌古城村에 있다. 청나라 초기에 한족漢族 사대부로서 영고탑으로 유배된 오조건吳兆騫의 아들 오진신吳振臣이 쓴 『영고탑기략寧古塔紀略』에서는 금나라 아골타가 기병한 곳으로 여섯 형제가 여섯 개의 주요한 마을을 이루어서 영고탑이라는 지명이 생겼다고 하였다.

"금의 아골타가 기병한 곳으로 비록 탑이란 이름을 쓰고 있으나 실제로는 탑이 없다. 전해오는 바에 의하면 예전에 형제 여섯이 있었는데 각각 한 지역을 차지하였다. 만주어에서 '육六'을 '영고寧古'라 하고 '개個'를 '탑塔'이라 한다. 영고탑이란 말은 중국어로 '육개六個'라 한다[金阿骨打起兵之處, 雖以塔名, 實無塔. 相傳昔有兄弟六個, 各占一方, 滿洲稱六爲寧古, 個爲塔, 其言寧古塔, 猶華言六個也.]."(『寧古塔紀略』)

양빈楊賓의 『유변기략柳邊紀略』에서는 "영고탑이라는 명칭은 언제부터 사용되었는지 모른다. '영고寧古'는 중국말로 '육六'이라 하고 '탑塔'은 '개個'라 한다. 전하는 바에 따르면 아들 여섯을 낳은 노인이 있었는데, 점차 이 지역을 영고탑이라고 부르게 되었다. 어떤 이는 육조六祖의 발상지라고 하지만 그것이 아니다[寧古塔之名, 不知始於何時, 寧古者漢言六, 塔者漢言個, 相傳, 有老者生六子, 遂以之名其地, 有指爲六祖發祥之地者非.]"라고 하였다.

청조가 일어난 발원지는 현재의 흑룡강성의 영고탑이 아닌 요령성 신빈현 소자하蘇子河 상류 일대이다. 청나라 시조인 경조景祖와 그의 다섯 형제가 각각 여섯 개 성(六祖城)을 쌓고 살게 되면서 영고탑패륵寧古塔貝勒이라는 명칭이 생겼다. 청태조 누르하치는 영고탑패륵을 바탕으로 주변의 건주建州 여러 여진 부락을 통일시키며 세력을 키워 1616년에 후금後金을 세웠다. 흑룡강성 영안시와 요령성 신빈현 지역 모두 만주족의 역사와 관련된 주요 마을과 성을 모두 숫자 여섯과 관련짓고 있다. 그러나 시간적으로 보면 영안시 지역이 신빈현 지역보다 영고탑이라는 명칭이 먼저 나타났다.

살펴본 바와 같이 '『환단고기』에 나오는 영고탑은 청나라 이전에는 사용될 수 없다'는 주장은 영고탑이란 말이 『만주원류고』나 『영고탑기략』에서 명나라 초기부터 쓰였다는 기록이 나오므로 잘못된 판단임을 알 수 있다. 따라서 영고탑이란 말은 이미 명나라 이전부터 사용되어 영고탑성寧古塔城, 영고탑로寧古塔路, 동해와집부영고탑로東海窩集部寧古塔路라는 명칭이 생겼다고 충분히 추정할 수 있다.

우리 민족은 배달 신시 시대부터 음력 10월을 한 해의 첫머리로 삼아 상달이라 하였다. 그리고 매년 10월이 되면 항상 국가적인 대제전[國中大會]을 열어 삼신상제님께 천제를 지냈다. 삼신상제님을 맞이하는 제천의식을 영고迎鼓라 한다.『단군세기』에 보면 "16세 위나尉那단군이 구환족의 모든 왕을 영고탑寧古塔에 모이게 하여 삼신상제님께 제사를 지냈다"라고 하였고, 44세 구물단군 재위 2년(BCE 424) 3월 16일에 삼신영고제三神迎鼓祭를 올렸다고 하였다.

또 서진西晉(265~316)의 진수陳壽가 쓴『삼국지三國志』「위서魏書」〈동이전東夷傳〉부여夫餘 조에는 "은나라 정월(殷正月, 음력 12월)에 하늘에 제사를 지내는데, 나라의 성대한 모임에는 날마다 먹고 마시며 노래하고 춤추는데, 이를 영고迎鼓라 한다 [殷正月祭天, 國中大會, 連日飮食歌舞, 名曰迎鼓.]"라고 하였다.

부여는 고조선을 이은 나라이므로 영고제는 곧 고조선의 제천행사이다. 따라서 영고탑이란 말은 삼신상제님께 천제인 영고제를 지내는 소도 제천단이 있던 성지를 일컫는 명칭(영고제를 지내던 터)인데, 후대에 청나라가 그 땅을 차지하면서 그들 언어와 발음이 같음으로 인해 와전된 것으로 봐야 한다. 즉 영고탑은 영고제迎鼓祭의 '영고迎鼓'가 원래 의미와 표기법이 잊혀져 '영고寧古'로, '장소' 라는 우리말의 '터(장소)'를 특特, 태台, 탑塔 등으로 음사하면서 영고탑寧古塔으로 정착됐다고 볼 수 있다. 그리고『단군세기』에 '20세 고홀단군 36년에 영고탑을 개축했다'는 것은 소도 제천단을 다시 고쳐 쌓았다는 말이다.

현재 대부분의 학자들이 영고寧古가 6을 뜻한다는 것에 대해서는 동의하고 있다. 그것은 한자어 '영고寧古'가 만주어 '닝군Ninggun'으로서 숫자 여섯을 나타내기 때문이다. 그러나 영고탑이 만주말로 6개라는 뜻으로 쓰였다고 하여 그 이전에 다른 의미로도 존재했을 가능성까지 배제하는 것은 학자로서 좋은 태도가 아니다. 영고탑의 유래에 대해 여러 가지 설이 있음에도 위서론자들이 '영고탑'을 오직 청나라 때 만들어진 지명으로만 해석하려는 시도 자체가 이러한 여러 설을 알지 못한 데에서 나

온 오류인 것이다.

결론적으로 영고탑은, 해당 지역이 북부여北夫餘 이후 황폐되고 고구려, 대진국의 멸망으로 자체 역사기록이 사라지면서 그 유래에 대해 정확히 아는 사람이 없어졌다. 다만 이름만 간신히 전해 오다가 청나라 시조 전설과 맞물려 삼신상제님께 천제를 올리던 '영고迎鼓터'가 '영고탑寧古塔'으로 기록되면서 그 실체를 알기가 더욱 어렵게 되었던 것이다.

38) 소태단군

21세 소태단군은 고조선 역사에서 혁명으로 말미암아 최초로 제위에서 물러난 분이다.

지금부터 3천여 년 전 상商(은殷이라는 국호는 BCE 14세기경 상나라 19세 반경盤庚왕이 은이라는 지역으로 천도한 이후부터 쓰임)나라 당시의 상황을 상세하게 후세에 전해 주는 사료史料로 현재 갑골문甲骨文 기록이 남아 있다.

갑골문 기록에 따르면, 상나라 22세 무정武丁왕(BCE 1324~BCE 1266)은 수많은 정벌 전쟁을 벌여 주변의 귀방鬼方(북쪽)·강방羌方·촉방蜀方(서쪽)·고방苦方·토방土方(서북쪽) 등을 공격하여 영토를 크게 확장시켰다고 하였다. 귀방은 북방족이 산재했던 섬서성, 산서성 서북 일대이다(윤내현,『상주사商周史』, 41~87쪽; 푸쓰녠,『이하동서설』).

이와 같이『단군세기』의 21세 소태단군 47년 조의 기록이 초기 갑골문 기록에도 똑같이 나타나는 것은『환단고기』의 사료적 가치와 신빙성을 입증하는 것이다.

39) 좌·우현왕 제도의 기원

이 제도는 천자를 좌·우에서 보필하는 제도이다. 고조선 초기의 국가 통치제도는 진한의 천황(대단군)을 중심으로 번한과 마한의 왕(부단군)이 좌·우에서 각각 보좌하는 비왕裨王 제도였다. 또한 삼한에도 각기 좌·우 비왕을 두었는데 이를 좌·우현왕이라 한다. 비왕 제도는 이미 배달국 시대에 시작된 것으로 초대 단군왕검께서도 14세에 비왕이 되어 섭정하신 바 있다.『사기』「조선열전」에도 비왕 제도가 있었음이 확인된다.

"섭하가 떠나서 국경에 이르렀는데, 패수에 당도해서 마부를 시켜 자신을 전송한 조선 비왕 장을 살해하고 곧바로 패수를 건너 말을 달려 변방으로 들어갔으며, 마침내 돌아와서 천자에게 '조선의 장수를 죽였습니다'라고 아뢰었다[何去至界上, 臨浿水, 使御刺殺送何者朝鮮裨王長, 卽渡, 馳入塞, 遂歸報天子曰, 殺朝鮮將.]"(『사기』「조선열전」).

이 제도는 신교의 삼신 사상을 기초로 해서 성립된 것으로, 흉노로 전파되었다. 특히 흉노의 우현왕은 좌현왕과 더불어 선우單于 아래 최고 직책이었다. 좌현왕을 좌도기왕左屠耆王이라고도 하였는데, 항상 선우의 태자를 좌현왕으로 임명하였고, 선우의 유고有故 시 그 자리를 계승하였다. 백제의 전성기에도 좌·우현왕 제도가 있었다.

『송서宋書』「이만전夷蠻傳」에는 "그리하여 행관군장군우현왕 여기餘紀를 관군장군으로 임명하고, 행정로장군좌현왕 여곤餘昆과 행정로장군 여훈餘暈을 함께 정로장군으로 임명하였다[仍以行冠軍將軍右賢王餘紀爲冠軍將軍, 以行征虜將軍左賢王餘昆·行征虜將軍餘暈並爲征虜將軍.]"라고 하였다. 『사기』「흉노열전匈奴列傳」에는, "좌우현왕, 좌우곡리왕, 좌우대장, 좌우대도위, 좌우대당호, 좌우골도후를 두었다. 흉노에서는 '현賢'을 일러 '도기屠耆'라고 하기 때문에 항상 태자를 좌도기왕으로 삼았다[置左右賢王, 左右谷蠡王, 左右大將, 左右大都尉, 左右大當戶, 左右骨都侯. 匈奴謂賢曰'屠耆', 故常以太子爲左屠耆王.]"라고 하였다.

40) 두막루豆莫婁

『북사』에서는 "두막루국은 물길에서 북쪽으로 1천 리 되는 곳에 있으며, 옛날의 북부여이다[豆莫婁國, 在勿吉北千里, 舊北夫餘也]"라고 하였다. 고구려 문자열제 때 부여가 멸망한 뒤 그 유민이 북으로 이동하여 두막루국을 세웠다는 기록이 있고, 북부여 5세 고두막단군도 두막루라 하였다. 막루는 마을 또는 고을의 우두머리[首長]라는 뜻이 있고 두豆는 최고를 나타내는 접두어로 최고의 나라, 또는 고을을 통솔하는 총수 격에 해당하는 관직, 최고 지도자라는 의미인 듯하다.

41) 서우여徐于餘

21세 소태단군이 해성海城 욕살 서우여에게 제위를 선양하려 하자, 우현왕 색불루가 극력 반대하므로 마침내 서우여를 폐하여 서인으로 만드셨다. 이에 서우여는 몰래 좌원坐原으로 돌아가 수천 명과 모의하여 기병하였다. 그 후 색불루단군이 친히 삼한의 군대를 거느리고 토벌하려 할 때 먼저 사람을 보내 항복을 권하고, 비왕裨王으로 봉할 것을 약속하였다. 서우여가 이를 따르자 30세 번한 왕으로 임명하여 번조선番朝鮮을 다스리게 하였다(『태백일사』「삼한관경본기」〈마한세가〉상, 〈번한세가〉하 참조).

42) 부여 신궁

단군조선의 두 번째 도읍지인 백악산 아사달(지금의 만주 농안農安 일대)에 있던 궁전이다. 『규원사화』에서는 "부소, 부우 및 막내아들 부여는 모두 나라의 서쪽 땅에 봉해졌는데, 구려·진번·부여 등의 나라가 바로 이것이다[夫蘇·夫虞及少子夫餘, 皆封于國西之地, 句麗·眞番·夫餘諸國, 是也]"라고 하였다. 즉 단군왕검께서 넷째 아들 부여夫餘에게 서쪽 땅을 다스리게 하였는데 그 땅이 바로 부여가 되었다는 것이다. 단군조선 초기에는 제후국이었으나 22세 색불루단군 때 고조선의 도읍지가 되고, 44세 구물단군 때는 장당경으로 도읍을 옮긴 뒤 국호를 개칭하여 대부여라 하였다. 대부여가 망한 뒤 옛 백악산에서 북부여가 건국되었다.

43) 백이伯夷·숙제叔齊

백이의 이름은 윤允, 자는 공신公信이고, 숙제의 이름은 지智 또는 치致, 자는 공달公達, 성은 묵태墨胎이다. 백이·숙제는 단군조선의 제후국인 고죽국孤竹國(지금의 하북성 난하 유역)의 왕자로서 동이東夷족이다.

주周나라 무왕이 은나라 폭군 주왕紂王을 정벌하려고 쳐들어오자 백이는 무왕武王의 말고삐를 잡고서 "왕이시여, 당신은 당신의 아버지[文王]가 돌아가시고 아직 상喪 중에 있는데 전쟁을 하려 하니 어찌 효孝라 할 수 있으며, 또 신하의 신분으로 군주를 침탈하려 하니 어찌 인仁이라 할 수 있겠소이까?[及至, 西伯卒, 武王載木主, 號爲文王, 東伐紂. 伯夷·叔齊叩馬而諫曰: 父死不葬, 爰及干戈, 可謂孝乎? 以臣弑君, 可謂仁乎? 左右欲兵之. 太公曰: 此義人也. 扶而去之.](『사기』「백이열전伯夷列傳」) 하고 직언하였다. 그러자 곁에서 이 말을 듣고 있던 군사軍師 강태공이 의인의 말이라 하여 처벌을 면하게 해 주었다. 마침내 무왕이 은을 쳐서 천하의 반을 차지하자 백이·숙제는 이 역성혁명을 인정할 수 없다며 수양산首陽山으로 들어가 최후를 마쳤다.

훗날 성삼문이 서장관의 임무를 띠고 중국을 방문했을 때 수양산을 지나가며 백이·숙제의 묘비를 보고 그 앞에서 시를 한 수 지었다.

當年叩馬敢言非하니 大義堂堂日月暉라
草木亦霑周雨露어늘 愧君猶食首陽薇아.
당년(은나라를 치러 갈 때)에 말고삐 붙잡고 그릇됨을 말할 때는
대의가 당당하여 일월같이 빛났건만
초목도 주나라의 비와 이슬을 먹고 자란 것이거늘
부끄럽게도 그대들은 어찌 수양산 고사리는 먹었는가?

이 시를 묘비에 붙여 놓고 왔는데, 그 후로 묘비에서 식은땀이 줄줄 흘렀다고 한다. 뒷날 한 선비가 그래도 후세의 사표가 될 분들인데 너무 곤란함을 겪는다고 생각하여 백이·숙제를 변명하는 글을 지었다.

葉周葉而不食하고 根殷根而採之라.
잎은 주나라 때 잎이라 먹지 않았고
뿌리는 은나라 때 뿌리이기에 캐어서 먹었노라.

이 글을 묘비에 붙이자 그때부터 식은땀이 흐르지 않았다고 한다.

백이·숙제는 은나라가 주나라 무왕에게 멸망당한 BCE 1122년 당시의 인물이다. 그런데 본서 『단군세기』에는 소태단군 52년(BCE 1286) 조에 실려 있으므로 은나라 멸망 시점과 약 160년 차이가 난다.

지금까지도 단군조선이 한반도 북부에 있었다고 고집하며 '소한사관'인 반도사관에 중독되어 헤어나지 못하는 사대 식민주의 사학자들은 고죽을 황해도 해주海州의 옛 이름이라 주장하고 있다.

44) 고죽국孤竹國

중국 상말주초商末周初 시기에 고죽국孤竹國의 왕자로 알려진 백이伯夷와 숙제叔齊 이야기는 우리에게 잘 알려져 있다. 『사기史記』「백이열전伯夷列傳」에 따르면 백이와 숙제는 은殷나라 고죽군孤竹君의 아들이다. 부친은 작은 아들 숙제를 왕으로 세우려고 하였다. 부친이 돌아가자 숙제는 왕위를 맏형인 백이에게 양보했지만 백이는 부친의 명을 거역할 수 없다고 하면서 달아났다. 숙제 또한 왕위를 계승하지 않고 달아나자 중간 아들中子이 왕위를 계승하였다. 둘은 주周 문왕文王을 만나러 서쪽으로 가던 중 은나라를 토벌하러 가는 무왕武王을 만났다. 그들은 무왕에게 신하로서 군주를 살해하는 것은 인仁이 아니라며 만류하였다. 그 후 무왕이 주나라를 세우자 수양산首陽山에 들어가 고사리를 캐어 먹다 굶어 죽었다는 것이다[伯夷叔齊, 孤竹君之二子也. 父欲立叔齊, 及父卒, 叔齊讓伯夷. 伯夷曰, 父命也. 遂逃去. 叔齊亦不肯立而逃之. 國人立其中子. 於是伯夷叔齊, 聞西伯昌善養老, 盍往歸焉及至, 西伯卒, 武王載木主, 號爲文王, 東伐紂. … 武王已平殷亂, 天下宗周, 而伯夷·叔齊恥之, 義不食周粟, 隱於首陽山, 采薇而食之及餓且死.].

일반적으로 고죽국은 상대商代 제후국으로서 북경北京 및 하북성 연산燕山 일대를 세력권으로 춘추시대까지 존속했다고 이해한다. 『사기』「주본기周本紀」에서는 "고죽의 옛 성은 평주 노룡현에서 남쪽으로 12리 떨어진 곳에 있으며 은나라의 제후국으로 성은 묵태씨다[孤竹故城, 在平州盧龍縣, 南十二裏, 殷時諸侯國也, 姓墨胎氏.]"라고 하였다. 또 "백이·숙제는 고죽에 있다[伯夷·叔齊在孤竹.]"라고 하였는데, 『사기집해』에서는 이를 "고죽은 요서군遼西郡 영지현令支縣이다[在遼西令支]"라고 설명하였다. 『제왕세기帝王世紀』에는 "탕은 특별히 묵태墨台씨를 고죽에 봉하였다[湯, 特封墨台氏, 於孤竹.]"라고 하였다. 그 위치에 대해 『한서漢書』「지리지地理志」 요서군遼西郡 조에서는 "영지令支에 고죽성이 있다. … 응소가 말하기를 옛 백이국으로

고죽성이 있다[令支, 有孤竹城. … 應劭曰 故伯夷國, 今有孤竹城.]"라고 하였다. 춘추시기에는 산융山戎과 영지令支와 인접한 하북성河北省 노룡盧龍 일대를 주 근거지로 보고 있다. "桓公二十三年. 山戎伐燕, 燕告急于齊. 齊桓公救燕, 遂伐山戎. 至于孤竹而還."(『사기』「齊太公世家」), "… 遂北伐山戎, 刜令支, 斬孤竹而南歸, 海濱諸侯莫敢不來服."(『국어國語』「제어齊語」)

그리고 상나라 일대의 고죽국의 세계世系는 모두 11세를 전하였다고 하나 문헌에서 알 수 있는 것은 백이·숙제와 그 부친인 초初 2세대뿐이다. 『사기』「백이열전伯夷列傳」에서는 "전해오는 말에 따르면 백이와 숙제의 부친 이름은 초初, 자는 자조子朝이다[… 相傳至, 夷, 齊之父, 名初, 字子朝.]"라고 하였다. 1973년 요령성 객좌현喀左縣 북동촌北洞村에서 상말주초의 고죽기孤竹器가 출토됨에 따라 고죽국의 영역이 노룡을 중심으로 요서 일대를 포함한다고 여기게 되었다. 하지만 고죽국에 대해서 문헌 사료도 부족하여 알려진 바는 거의 없다.

또 백이·숙제가 숨어 살았던 수양산首陽山을 고려나 조선조 유학자들은 황해도 해주에 있는 것으로 추정하였다. 그러나 왕사립은 "『사기』「백이열전」에서 제가들을 인용한 주석에 의하면, 수양산은 모두 6곳이 있는데, ①『사기집해史記集解』에서 마융馬融은 '하동河東 포판蒲坂 화산華山 북쪽과 하곡河曲 가운데에 있다'고 하였고, ②『사기정의史記正義』에서 조대고曹大家(家자는 '고'로 읽음)가 『유통부幽通賦』에서, '농서수隴西首에 있다'라고 하였고, ③ 대연지戴延之의 『서정기西征記』에서는, '낙양洛陽 동북쪽에 수양산이 있는데 이제사夷齊祠가 있는데 지금의 하남 언사偃師의 서북쪽에 있다'라고 하였으며, ④『맹자孟子』에 이르기를, '백이·숙제가 주왕紂王을 피하여 북해北海(발해)의 물가로 가서 살았다'라고 하였고, ⑤『설문해자說文解字』에서는, '요서에 있다'라고 하였으며 ⑥『장자(莊子)』에 의하면, '백이·숙제가 서쪽으로 기양岐陽으로 가서 주무왕이 은나라를 공격하는 것을 보고 … 이 두 사람이 북쪽으로 수양산으로 가자마자 굶어 죽었다'고 하였다. 『채미가采薇歌』의 첫 구절인 '저 서산에 오르다[登彼西山]'와 서로 호응된다. 이는 섬서성陝西省 청원현清源縣의 수양산으로, 기양岐陽(지금의 섬서 기산岐山) 서북으로, 서주西周 본토 안에 위치하게 된다"라고 하여 섬서 기양설岐陽說을 지지하고 있다(王士立, '孤竹國歷史文化綜述', 2006).

갑골, 금문에는 상의 제후국인 '죽竹'으로 나타나는데 죽竹이 고죽孤竹과 같은지 의문이 있지만 일반적으로 죽竹을 고죽孤竹의 생략이나 지칭으로 보는 견해가 지배적이다. 갑골문 중에는 고죽 관련 기록이 많지 않으며 상나라와의 관계도 다양하게 나타난다. 복사에는 고죽을 후侯로 호칭하거나 상商에 공물을 납입하기도 하였고, 복사를 담당하기도 했다. 또 왕사王事에 근로하였고 상商과 혼인 관계도 맺기도 하며 상 왕실과 친밀한 관계를 유지했다는 기록도 있지만 때로는 소방召方과 같은 세력과 함께 상을 침략하기도 하였다.

한편 갑골문에서 고죽의 위치가 나타나지 않는데 소방召方, 북단北單과 같은 방국 명이나 염炎과 같은 지명과 함께 나타난다. 소방은 상과 지속적인 전쟁을 벌인 국가로 그 위치를 현재 하남성河南省 언성현鄢城縣 동쪽에 있었다고 본다. 따라서 고죽국이 소방과 함께 상나라의 변경을 공격하였다는 것은 서로 인근 지역일 가능성이 높다. 또 상이 소방을 정벌한 복사卜辭가 많다는 것을 보면 소방은 상에서 멀지 않은 곳에 있었고 고죽 역시 소방이나 상의 부근에 있었다고 봐야한다(배진영, '출토자료로 본 고죽', 『이화사학연구梨花史學研究』제 33집, 286쪽).

염炎은 연燕을 의미하기 때문에 현재의 연산산맥燕山山脈 지역으로 보지만 염이 연燕이 된다는 것은 근거가 희박하다. 그리고 "고대의 연산燕山이 현재의 연산산맥이 아니라 북경 서남쪽 방산房山 지역의 대방산大坊山, 백화산百花山 등을 연산이라 지칭한다[常征, 召公封燕及燕都考-兼辨燕山, 燕易王, 燕昭王.]"라는 주장이 설득력 있게 제기되고 있다(陳光滙編, 『燕文化研究論文集』, 133~134쪽). 또 『춘추좌전春秋左傳』양공襄公 4년에 "겨울 10월에 주邾

와 거莒나라 사람들이 증鄫나라를 침략하였다. 장 홀臧紇(노나라의 대부)은 증나라를 구원하려고 주 邾나라를 쳤지만 호태狐駘에서 패하였다[冬十月, 邾人, 莒人 伐鄫, 臧紇救鄫, 侵邾, 敗於狐駘.]'라는 기 록에 근거하여 염炎을 산동 남부의 담성郯城으로 고증하여 상대 고죽의 위치를 산동 남부의 등현藤 縣 부근으로 비정하기도 한다(閻忠, '西周春秋時期燕 國境內及其周邊各族考略', 『중국고고집성中國考古集 成』 화북華北 권卷 7).

이처럼 갑골문에서 고죽의 위치를 찾기란 쉽지 않고 당시 상商의 정치 구역은 상구商丘를 포함하 여 현재의 하남성 일부와 산서성山西省 남부를 가 로지르는 황하를 중심으로 태항산太行山 서쪽을 넘지 못하였다고 본다. 따라서 대부분의 갑골문에 나오는 방국도 이 범위 안에 있을 것으로 추정한 다. 이와 함께 소방召方이 하남성 언성현郾城縣 속 탑하시屬漯河市에 있었다고 보면 고죽도 그 범위 를 크게 벗어나지 않았을 것이다. 또 객좌喀左를 중심으로 한 요서 일대에서 발견된 고죽기孤竹器 가 이 지역을 고죽 세력권으로 보는 결정적 근거 가 되었지만 일반 묘장이 아닌 임시 저장 구덩이 인 교장에서 출토되었다는 점과, 연대도 상말주초 의 기물에 한정되어 있고 고죽관련 유물이 출토되 지 않는다는 점에서 넓은 영역을 차지했다고 보기 힘들다.

이형구는 요령성 객좌현 북동北洞 유적에서 출토 된 고죽명뢰孤竹銘罍와 기후명방정箕侯銘方鼎이 두 제후諸侯가 서로 밀접한 관계를 갖고 있었고, 은대 의 고죽과 상말주초의 기자箕子가 시간을 달리하 여 같은 지점에서 나타난 점은 양자兩者 사이에 선 후先後(殷末周初)하여 계승하였을 것으로 추정한 다. 고죽국의 중심 위치는 대릉하大凌河 중류 객좌 현 현성縣城, 대성자大城子를 중심으로 오늘날 은 말주초殷末周初의 청동기가 발견되고 있는 지역을 모두 포함한다고 하였다. 중국사에 보이는 고죽 국의 위치는 문헌상의 기록과 잘 부합하며, 기자 동주箕子東走의 초기 지리적 위치에 해당한다는 것 이다. 고대의 문헌기록이나 고고학적 발굴 성과에

따라서 고죽국과 기자와의 관계는 서로 계승 관 계라는 것이다(이형구, '발해연안북부 요서 · 요동 지방의 고조선', 『고조선단군학』 12, 63~65쪽).

현재 노룡 일대에는 백이 · 숙제와 관련된 전설과 이제의 고향(夷齊古里) · 이제정夷齊井 · 이제묘夷齊 廟 · 청풍대淸風臺 · 이제독서처夷齊讀書處 등과 같 은 유적이 있다. 이곳에는 오랫 동안 전해져 내려 오는 민요 중에서는 '난수灤水의 북쪽 이제리夷齊 里' 라든가 '난수灤水의 동쪽 고죽성' 등의 구절이 있다고 한다. 이러한 것들은 모두 고죽의 옛 성은 노룡에 있었음을 증명하는 것이라 보기도 한다(朱 玉環 · 田軍民 · 洪娟, '試論孤竹文化', 『中州今古』, 2002. 50~51쪽).

「제태공세가齊太公世家」에는 "제환공齊桓公 23년 (BCE 663)에 산융山戎이 연燕나라를 쳤다. 연나라 가 급박함을 제나라에 알리니 마침내 제나라 군사 가 고죽까지 이르렀다가 돌아갔다[二十三年, 山戎伐 燕, 燕告急於齊, 齊桓公救燕, 遂伐山戎, 至于孤竹而還.]" 라고 하여 고죽국의 존재를 밝히고 있다. 『수서隋 書』「배구전裵矩傳」에도 "고죽국은 고구려 땅이다 [高麗之地, 本孤竹國也.]"라고 하여 고죽국의 영토가 후에 고구려의 통치 영역이 되었음을 주장하였다.

중국의 왕옥량王玉亮은 "강역이란 뜻이 담긴 국 가는 춘추전국 즈음에 나타나기 시작하였으며 상 나라, 주나라 때는 아직 강역이란 개념이 없었다. 고죽국은 절대로 넓은 강역을 갖고 있을 수 없으 며 관할하는 지역은 다만 노룡盧龍, 천안遷安이 있 는 분지라고 생각한다. 고고학적으로도 요서에서 발견된 고죽국의 청동기는 시간상 하가점 상 · 하 층문화 사이에 있어 상나라 말기보다 빠르지 않 고 서주 초기보다 늦지 않다. 고죽국이 하북 노룡 에서 요서의 객좌와 조양 등 지역으로 이동한 시 기가 바로 이 때다. 산융山戎의 남하로 귀족들은 달아나고 일부 고죽인들은 현지에 계속 남아서 생 활했기 때문에 후세의 사람들은 요서를 고죽국의 땅으로 여기고 있다"라고 하였다(王玉亮, '試論孤竹 的地望及 '疆域'-兼論遼西出土 '孤竹' 器物之原因', 『瀋陽 敎育學院學報』, 58쪽).

염충閻忠은 "상나라 말에 주왕이 동이를 치자 고죽군은 주왕을 피해 북쪽으로 난하 하류 지역으로 옮겨갔는데, 이것이 바로 맹자가 말한 '백이가 주紂를 피하여 북쪽 바닷가에 기거하였다[伯夷辟紂, 居北海之濱]' 이다. 북해는 곧 지금의 발해다. 북쪽으로 옮겨간 고죽군은 지금의 노룡 일대에도 거주하였으며 그 활동 범위를 난하 하류 지역까지 넓혔다. 주나라 때 고죽은 연나라의 관할에 속하였으며 BCE 664년 제나라 환공이 북쪽으로 산융을 징벌하면서 고죽도 큰 타격을 입어 그 후부터는 역사 기록에서 사라졌다"라고 주장하였다(閻忠, '西周春秋時期燕國境內及其周邊各族考略', 『中國考古集成』華北卷 7, 164~165쪽).

따라서 요서 일대는 고죽국이 오래 영유한 지역이기보다는 전쟁과 같은 특수한 상황에 의해 이동하여 잠시 거주하였을 가능성이 더 크다. 그리고 객좌喀左 지역은 상商 문화가 미치지 못하는 지역으로, 하상夏商 시기에 대릉하를 중심으로 하는 연산燕山 남북 지역의 대표 문화는 하가점 하층문화夏家店下層文化였다. 하가점 하층문화 이후에 위영자문화魏營子文化가 발생하였다. 또 북경 일대는 장가원 상층문화張家園上層文化(圍坊 3期 유형)가 나타나서 영정하永定河 남북 지역을 포괄하였다. 이처럼 상·주商周 시기에 요서 지역은 하가점 하층문화夏家店下層文化 계보의 문화가 형성되어 있었기 때문에 상商의 문화적 영향력이 미치지 못했다. 이렇게 본다면 상·주 시기에 이 지역에서 세력 집단의 존재가 확인된다 할지라도 이 세력이 상대商代의 상문화商文化를 가진 제후국이나 방국으로 존립할 여지가 그다지 크지 않았을 것으로 생각된다.

그런데 이 난하灤河 유역에 위치한 노룡 지역은 고고문화考古文化 유형이 장가원 상층문화張家園上層文化에 속하는 지역이다. 한편 고죽이 통관하던 또 다른 지역은 고죽 청동기가 출토된 객좌 지역을 포괄하는 요서 지역으로 위영자魏營子 유형에 속한다. 『통전通典』에는 "영주營州 유성현柳城縣은 옛 고죽국이다[營州柳城縣, 古孤竹國也.]"라고 되어 있다. 그런데 문제는 이 지역의 고고문화의 계보는 앞서 살펴본 고죽국의 세력 범위에 두 종류의 고고문화가 존재한다는 점이다. 고죽이 요서 지역을 통관하였다고 할 경우, 고죽국이 통관하는 상대商代 말기의 이 두 지역은 고고문화 유형이 동일 계보에 속하지 않는다.

이는 혈연 유대를 기초로 하는 씨족氏族 방국方國이 동시에 두 개의 다른 고고문화 유형으로 나눠질 수는 없다는 점에서 상대에 이 지역은 고죽국의 세력 범위가 아니었음을 확인할 수 있을 것이다. 이러한 정황으로 본다면 상대商代 고죽국은 객좌를 중심으로 한 요서 지역에 오랫동안 존립하지 않았던 것으로 보인다. 요서 객좌에서의 고죽기孤竹器 출토는 단지 서주西周 이후 고죽국의 지리적 위치만을 반영할 뿐이라 할 수 있다(裵眞永, '甲骨·金文으로 본 商代 北京地域 政治體', 『中國史研究』 47, 13~18쪽).

45) 여黎

치우천황 때 구려九黎의 약칭. 『상서尙書』에 "구려는 치우의 백성이다"라고 하였고, 왕동령도 『중국민족사』에서 "구려는 치우의 백성이다"라고 하였다. 『국어國語』 「초어楚語」 하편 위소韋昭의 주에는 "구려는 려黎씨 구인으로 치우의 무리이다[九黎, 黎氏九人, 蚩尤之徒也.]"라고 하였다.

『태백일사』 「삼한관경본기」를 보면 신시 배달 13세 사와라환웅 때 웅녀군熊女君의 후예를 '여黎'라 했는데, 처음으로 단허檀墟에 봉함을 받아 '왕검'이 되었다고 하였다. 구려는 아마도 그 이름을 딴 것으로 보인다.

14세 치우천황 때 청동기를 사용한 우리나라는 '구리(구려)'라 불렸는데, 동銅을 '구리'라 부르는 것은 우연이 아닌 듯하다. 구려는 구환九桓, 구이九夷라고도 불렸으며 고구려(고려·고리·Korea)의 어원이 되었다.

한편 남국의 여파달이 빈·기에 웅거하며, 하나라 말기부터 그곳에 거주해 오던 고조선 사람들과 힘을 합해 여黎국을 세운 사실은 한漢족 고대 사서에 엄연히 기록되어 있다. 『사기』 「주본기周本

紀」에 의하면 주周나라 선조인 고공단보古公亶父는 당시 빈邠에 거주하고 있었다. 훈육과 융적이 공격해 와 재물과 땅을 요구하자 고공단보는 싸우고자 하는 백성들을 만류하며 기산岐山으로 옮겨 갔다. 그러자 백성들 역시 따랐다고 한다[古公亶父 復脩后稷·公劉之業, 積德行義, 國人皆戴之. 薰育戎狄攻之, 欲得財物, 予之. 已復攻, 欲得地與民. 民皆怒, 欲戰. 古公曰: 有民立君, 將以利之. 今戎狄所爲攻戰, 以吾地與民. 民之在我, 與其在彼, 何異. 民欲以我故戰, 殺人父子而君之, 予不忍爲. 乃與私屬遂去豳, 度漆·沮, 踰梁山, 止於岐下. 豳人舉扶老攜弱, 盡復歸古公於岐下].『사기』「주본기」의 주(「사기정의」)에서는 "기국耆國은 곧 여국이다[耆國, 卽黎國也]"라고 하였다. 「주본기」에 서백 창(문왕)이 "견융을 토벌하고 이듬해에 기국耆國을 격파했다[明年, 伐犬戎. … 明年, 敗耆國]"라고 했는데, 이때 여국은 빈·기 땅에서 동쪽으로 멀리 물러나오게 되었다. 그 잔영이 지금까지도 여성黎城(산서성 여성현)이라는 지명으로 남아 있다.『괄지지括地志』에 "옛 여성黎城은 여국黎國이다[故黎城, 黎侯國也]"라고 하였다.

46) 고조선 제후국의 은나라 정벌

『후한서』「동이열전」의 기록도 23세 아홀단군 2년(BCE 1236) 조의 기록을 뒷받침한다. 「동이열전」에는 "무을武乙 때에 이르러 은나라가 쇠폐해지자, 동이東夷(단군조선)가 점점 강성해져서 마침내 회수淮水와 태산 지방으로 옮기고 점차 중국 본토[中土]를 점거하여 살게 되었다. 소위 서이徐夷가 바로 이것이다[及武乙衰敝, 東夷寖盛, 遂分遷淮岱, 漸居中土, 所謂徐夷是也]"라고 하였다.

그런데 이『후한서』의 기록은 은나라 27세 무을武乙(BCE 1196년경)왕 때 것이고,『단군세기』의 23세 아홀단군 2년(BCE 1236)은 은나라 24세 조갑祖甲 23년에 해당하므로 약 40년의 차이가 난다.

47) 서徐

서徐는 남국의 제후가 회수와 태산 지방을 점령하여 회북淮北, 서주徐州에 세운 나라이다.『사기정의』「주본기周本紀」에는 "『괄지지』에서 이렇게 말한다. 사주泗州 서성현徐城縣 북쪽 30리에 있는 옛 서국徐國은 바로 회이淮夷이다「括地志」云: 泗州徐城縣北三十里古徐國, 卽淮夷也."라고 하였으니, 지금의 안휘성 사현泗縣 지방이다. '사주泗州'는 본래 '사수泗水'로 되어 있으나 후대 학자들의 교감에 의해서 '사주泗州'로 고쳐졌다. 서국은 그 후 점차 강성해져 서언왕徐偃王(?~BCE 985) 때에는 주周나라 5세 목왕穆王(BCE 1001~947)과 일대 격전을 벌여 주나라의 동쪽 지역을 할양 받아 황지潢池(지금의 하남성 개봉부 봉구현 서남) 동쪽에 군림하면서 36개국 제후들에게 조공을 받는 '대서제국大徐帝國'을 건설하였다.『후한서』「동이열전東夷列傳」에는 "목왕은 그의 기세가 한창 왕성함을 두려워하여 동방의 제후를 나누어 주고 서언왕이 주인 노릇을 하게 하였다. 언왕은 황지의 동쪽 사방 5백 리에 거처하면서 인의의 정치를 행하자 육로로 해서 조근하는 곳이 서른 여섯 나라였다[穆王畏其方熾, 乃分東方諸侯, 命徐偃王主之. 偃王處潢池東, 地方五百里, 行仁義, 陸地而朝者三十有六國]"라고 하였다.

그런데 서언왕이 알에서 나왔다고 하는 난생卵生 설화가 있다. 중국 은나라·진秦나라의 시조와 졸본부여를 세운 동명왕東明王(후에 북부여 5세 고두막단군이 됨), 고구려의 시조 고주몽, 신라의 박혁거세, 가야의 김수로왕 등도 모두 난생 설화의 주인공이다. 난생 설화는 우리 동이족 고유의 것으로서, 이러한 왕조(중국 지역의 은·진·서나라)를 세운 민족이 만주 내몽골 방면에서 중국 본토에 진출한 동이東夷족임을 입증하는 것이라고 중국 학자들도 지적한다(박시인,『알타이 인문연구』, 545~582쪽).

48) 기자箕子

기자箕子는 은나라 왕실의 근친인 '다자多子' 출신의 제후로서 성은 자子, 이름은 서여胥餘이다. 기箕는 나라 이름이고 자子는 작위爵位 명칭이다. 정인보는 기자의 '기'는 우리 고어의 '검'으로 천왕天王을 뜻한다고 했다. 다름아닌 단군이라는 뜻이다.

은나라 말기에 기자가 봉해졌던 기국箕國은 은나라 왕실의 직할지인 '하남성 상구현商丘縣'으로 추측되고 있다(윤내현, 『한국고대사신론』). 그러나 기국의 위치와 기족箕族에 대해 정확히 알 수 있는 기록은 문헌에 거의 남아있지 않다. 기자가 등장하는 가장 오래된 문헌이 『상서尙書』로 여기에는 기자의 이름도 없고 기箕에 봉해진 자子라는 작위를 받았다고만 되어 있을 뿐이다. 그리고 주무왕이 상商을 이긴 뒤에 기자를 데리고 주나라 서울 호경鎬京으로 돌아와 홍범을 묻고 사관에게 기록하게 했다고 하였다. 『사기집해史記集解』에서는 기자의 기箕는 국명이고 자子는 작위의 명칭이라고 하였으며, 『사기색은史記索隱』에서는 기자의 이름이 서여胥餘였다고 전한다. 남송南宋 때(1161) 학자인 정초鄭樵의 『통지通志』에서 기자의 성은 자子이고 상의 기내畿內의 제후였다고 나올 뿐이다. 상대商代 문헌상으로 확인되는 기자족箕子族의 첫 근거지는 지금의 산서성 태곡太谷 일대의 기국箕國이다.

천관우는 기자조선설을 문헌 분석으로 제시하였는데 기자족箕子族의 첫 근거지는 지금의 산서성 태곡太谷 일대의 기국箕國이며, 은殷·주周가 모두 경시하지 못하는 일대세력으로 은의 제후국이 된 것은 은殷 말기부터로 본다. 중국의 옛 기록은 견강부회한 일이 많아 기자가 은실殷室의 일족이라는 기록도 그대로 받아들일 수 없다고 하였다. 만약 기자가 은실의 일족이라고 한다면 하남성 상구商丘 방면으로 남하하여 정착하였다가 다시 산서성 태곡太谷 방면으로 분기分岐된 것으로 추정한다. 기자족은 신흥세력 주周의 압력으로 그 주력이 동방으로 이동하여 처음으로 정착한 곳은 난하灤河 하류라고 하였다. 또한 기자가 직접 영도하는 족단族團이 평양지역까지 바로 간 것이 아니고, 오랜 시간에 걸쳐 동진하여 마침내 평양지역에 도달하였다. 문헌상의 창려의 험독, 광녕의 험독, 집주의 험독, 낙랑의 험독 등은 모두 이동과정에서 일정기간 머무른 근거지로 보았다.

기자箕子

이형구는 진晉의 두예杜預가 『춘추좌씨경전집해春秋左氏經典集解』에서 기국의 위치를 산서성 태곡太谷으로 비정하였으나 은대殷代 유물이 발견되지 않으므로 의문을 제기하고 있다. 하북성과 요서 일대에서 대거 발견된 은대 유물들이 기자족의 이동과정을 말해 주는 증거이며 발해연안 북부가 기자조선의 문화영역 내지 지리강역이라고 하였다. 기후방정에 새겨진 '기후䩉侯'를 은殷이 망한 후에 상왕족인 기자를 대표로 하는 은나라 씨족들이 주周의 세력을 피해 원래 조상이 거주했던 발해연안 북부의 대릉하 유역으로 이주해 건국한 것이

산동성 조현에 있는 기자 묘_산동성 조현은 하나라를 무너뜨리고 상나라를 세운 탕왕이 도읍을 삼았던 곳으로 박亳이라 불렸다. 조현읍 서남쪽에 왕성두촌이라는 작은 마을이 있는데, 그 마을 들판 한가운데에 작고 초라한 모습의 기자묘가 있다. 기자묘가 이곳에 있다는 것은, 기자가 한반도로 와서 고조선의 왕이 되었다는 '기자조선설'은 완전히 허구이며, 역설적으로 고조선의 세력이 지금의 하북·산동성까지 미쳤다는 것을 증명해 주는 것이다. 다만 기자는 고조선에 망명하였다가 다시 고향으로 돌아가고 그 후손과 족속들이 고조선 내에 정착하여 기자 성을 가진 제후국의 왕이 존재했을 가능성은 있다.

기자조선이라는 것이다. 초기 기자조선은 상말주초의 문화 형태를 유지하면서 점차 고유한 문화를 형성 발전시켰는데 이것이 남산근문화南山根文化이며 대표적인 청동기가 비파형 단검이라고 본다. 남산근 청동기문화는 요동반도와 한반도에 점차 파급되는데 이것이 기자조선의 이동과 궤軌를 같이했다고 파악하였다(이형구, 『발해연안 대릉하유역 기자조선의 유적·유물』).

요령성遼寧省 객좌喀左 북동北洞 기후방정箕侯方鼎 명문銘文

윤내현은 상商나라 말, 기국箕國은 상왕商王의 직할지 내인 상읍商邑 부근인 하남성 상저현商邸縣 지역에 있었다고 보았다. 상나라가 주족周族에 의해 망하고 기국에 강성姜姓의 제후가 출현하자 기국의 통치권을 상실한 자성子姓의 기자는 일족과 서주西周 왕실의 영향력이 미치지 않는 당시로서 가장 변방인 중국의 동북부 연산燕山 지역으로 이동 자리 잡았는데 연후燕侯의 통제 하에 있는 것으로 보았다. 그 후 기자국은 난하灤河 동부 연안까지 세력을 확장하다가 BCE 3세기 초 마지막 통치자인 준왕 때 연燕나라 장수 진개와 연왕燕王 노관에게 난하 서부의 땅을 빼앗겼다고 했다. 그리고 기자국은 중국 변방의 작은 나라로 마지막 왕인 자준子準 때에 고조선의 변방으로 쫓겨 왔다가 오래지 않아서 멸망했다는 것이다. 또 한인漢人들이 기자국의 통치자를 부르던 '조선후朝鮮侯 기자箕子'라는 것은 '조선국의 제후인 기자'라는 뜻으로 이해하였다. 따라서 기자나 기자국은 한국 고대사의 주류일 수 없으며 기자조선이라는 용어는 부당하다고 하였다.

남·북한 학계는 그동안 기자조선설을 부정해 왔다. 그것은 기자조선이 일제에 의해 조선사 말살 차원에서 연구되었고, 진秦(BCE 221~BCE 206)나라 이전 문헌에서는 전혀 언급되지 않았다. 그러다가 기자가 죽은 지 근 천여 년이 지난 서한西漢(BCE 206~CE 8) 때, 90세가 넘은 복생伏生에 의해 구술口述되어 편찬되었다는 『상서대전尙書大傳』에 처음 나타나기 때문이다. 후한後漢시대(25~220)에 편찬된 『한서漢書』에서는 기자가 조선으로 가서 '범금팔조犯禁八條'를 제정하였다고 했고, 『삼국지三國志』는 『위략魏略』을 인용, 후대의 고조선 왕들을 기자의 후예로 기록하는 등 내용이 후대로 갈수록 상세해지는 기이한 현상이 나타나기 때문이다.

종래에 사대주의 사학자들은, 기자가 은나라 마지막 왕인 폭군 주紂왕에게 직간直諫을 하다가 노여움을 사서 숨어 있었는데 주나라 무왕武王이 은나라를 무너뜨리고 기자를 방문하자, 무왕에게 천하를 다스리는 대법大法인 '**홍범구주洪範九疇**'를 가르쳤으며, 이때 무왕이 "기자를 조선에 봉했으나 신하로 삼지는 않았다[封箕子於朝鮮, 而不臣也.]"라고 한 『사기史記』 「송미자세가宋微子世家」의 기록을 역사적인 사실인 양 주장해 왔다. 사대주의 신봉자들이 "조선에 봉하였다"는 구절을 인용하여 마치 단군조선을 주周나라의 속국인 양 취급하고, 기자가 고조선의 정통을 이은 것처럼 주장한 것이다. 그러나 『사기』의 이 기록은 본래 사마천의 조작이었다. '기자조선설'을 중국의 중화주의 사학이 날조한 것으로 보는 근거는 다음과 같다.

첫째, 기자의 묘가 양梁나라 몽현蒙縣, 즉 지금의 하남성 상구현商邱縣과 산동성 조현曹縣 경계 지역에 있다(『사기색은』, 『수경주』, 『대청일통지』). "두예가 말하였다. '양나라 몽현에 기자의 무덤이 있다[杜預云 梁國蒙縣有箕子冢.]"(『사기색은』, 「송미자세가宋微子世家」).

둘째, 중국의 고대 문헌 기록에 따르더라도 주周나라 초기 무왕 때의 국세는 지금의 중국 하북·산동·산서에 다 미치지 못하는 정도였다.

셋째, 진나라 이전[先秦] 시대의 문헌 기록에서는 전혀 보이지 않다가 갑자기 한漢나라 때에 "기자를 조선에 봉하였다"는 기록이 나타난 점이다.

• 중화中華 중심주의 사가들의 기자조선 날조 행각

『상서대전尙書大傳』에 "기자가 조선으로 달아나자 무왕이 그를 조선에 봉했다"라는 짤막한 한 토막 구절이 처음 등장한 이래, **반고의 「한서」에서는 기자가 고조선의 백성을 교화하고 문명화시켰다고 거짓된 기록을 남겼다.** 그 후 진수의 『삼국지』에서는 마침내 기자의 후손 40여 세의 대수代數까지 등장하기에 이르렀다. 이렇듯 중화 중심 사가들은 하나같이 **후대에 내려올수록 아무 근거도 없이 새로운 거짓을 덧붙임으로써 마침내 기자조선설을 기정사실로 만들어 놓았던 것이다.**

• 고려·조선 시대 사대주의 신봉자들의 기자조선 조작

기자에 대한 우리 기록은 중화 사대주의에 감염된 이 땅의 부유腐儒와 역사학자들이 중국 문헌의 기록을 그대로 옮겨 놓은 것에 불과하다. 특히 『고려사』에는 고려 중엽 숙종 때 가짜 기자묘와 사당을 세우고 제사를 지냈다는 기록이 보인다. 더욱이 조선 시대에는 사대주의와 더불어 정권 유지책, 중국의 압력 등 여러 요인이 복합적으로 작용하였을 것이다.

이와 같이 중국의 대국주의 사학이 날조한 기자조선설을 답습한 결과, 고려 시대 말부터 조선 시대에 이르러 '단군 천 년' 후에 '기자 천 년'이라는 식의 통설이 형성되기에 이르렀고, 마침내 2천 년간의 단군조선 역사가 두 동강 나서 반으로 줄어들게 되는 근본 원인이 된 것이다.

본서 『단군세기』에서는 "BCE 1122년에 은나라가 망하고 3년이 지난 BCE 1120년에 기자가 태항산 서북 땅에 가서 살다가 BCE 1114년에 다시 서화西華(지금의 하남성 개봉 남쪽)로 옮겨 살면서 인사를 일절 사절했다[謝絶人事]"라고 하여 기자조선을 강력히 부정하였다.

결론적으로 기자조선설은 일찍이 최남선도 지적한 바와 같이, 한국 고대사를 중국사에 흡수 동화시키기 위해 중화주의 천하 사상이 조작한 허구에 지나지 않는다. 사마천이 조작한 이 기자조선설은, 후대에 당唐나라와 일제 때에 사대 식민주의 사학이 공동으로 날조한 '낙랑군=평양설(한사군의 한반도 북부 위치설)'과, 일제가 한국 침략과 식민지 지배를 역사적으로 정당화·합리화시키기 위해 날조한 '임나일본부설(고대 일본의 한반도 남부 가야 지방 지배설)'과 함께 한·중·일 동양 역사상 3대 역사 조작극이라 말할 수 있다. 이러한 조작극은 침략을 정당화하기 위하여 역사를 날조한 본보기인 것이다.

기자는 상나라가 망한 후 고향인 하남성 서화西華로 돌아가 살다가 산동성 조현曹縣에 묻혔다. 따라서 문헌과 고고학 유물을 수용한다면 상나라 기내畿內인 하남성 중남부 지역에 살던 기자국의 후손 일부가 주나라를 피해 북경과 요서지역으로 이동, 정착하여 고조선의 제후국이 되어 왕 노릇을 하였다고 추정할 수는 있다.

49) 삼도三島

삼도는 크게 세 섬으로 이루어진 일본을 말한다.

여기서 일본 왕가의 기원과 일본의 고대 국가 형성에 얽힌 한민족과의 관계를 몇 가지만 예를 들어 살펴본다.

첫째, 35세 사벌단군 때 장군 언파불합을 보내 구마소熊襲(지금의 큐슈 지방)를 평정하였다.

둘째, 36세 매륵단군 때 협야후 배반명을 보내 삼도를 평정하였다. 배반명은 일본 왕가의 뿌리인 진무神武 왕이 되었다.

셋째, 고주몽을 도와 고구려를 세운 건국 공신인 협보가 뒤에 구마모토熊本에 진출하여 다라국多羅國을 세웠다.

넷째, 선비 모용외에게 패한(285년) 연나부부여(망명 부여 : 서부여)의 의라依羅왕이 무리 수천 명을 거느리고 바다를 건너가 일본을 정복하고 왕이 되었다(『대진국본기』 참조). 의라는 곧 『일본서기』에 나오는 15대 오진應神 왕으로 일본 최초의 통일 왕조인 야마토大和 왜倭를 건설(370년)하였다.
 이와 같이 『환단고기』는 일본 고대 문화사와, 지배층의 혈통은 우리 한민족의 조상들이라는 역사적 사실을 명백하게 밝히고 있다.

50) 동방 조선족의 국통國統을 어지럽힌 고질적인 중국의 사필 정신

 36세 매륵단군 52년 조와 동일한 기록이 『사기』 「제태공세가齊太公世家」 환공桓公 23년 조와 「연소공세가燕召公世家」 장공莊公 27년 조에도 보인다. 「제태공세가」에는 "산융山戎이 연나라를 치자 연나라가 위급함을 제나라에 알렸다. 제 환공이 연나라를 구하고자 드디어 산융을 치려고 고죽까지 이르렀다가 돌아갔다[山戎伐燕, 燕告急於齊, 齊桓公救燕, 遂伐山戎, 至于孤竹而還.]"라고 하였다. 이처럼 『사기』에는 연제燕齊와 산융山戎의 전쟁이라 기록해 놓았지만, 일찍이 신채호는 『조선상고사』에서 이를 **단군조선과의 전쟁**이라 하였다. 『사기』 「봉선서封禪書」에도 "환공이 말하기를 '과인이 북쪽으로 산융을 칠 때 고죽을 지나갔다'[桓公曰: '寡人北伐山戎, 過孤竹'.]"라고 하였다. 여기서 '산융'은 우리 단군조선을 말한다. 고조선을 비하하고 국력의 강성함을 은폐하기 위해 나라 이름을 산융이라 조작한 것이다.

 우리는 이 기록에서도 **고조선의 존재를 의도적으로 숨겨 국통國統을 어지럽게 만들고 그 맥을 끊어 놓고자 한 사마천의 간교한 역사 왜곡 행태를 역력히 엿볼 수 있다.**

 그러나 이 전쟁을 마지막으로 고조선의 중원 지배력은 크게 약화되기 시작하였다. 제나라 관중이 '동이족을 몰아내고 주 왕실을 보전하자'는 이른바 존왕양이尊王攘夷라는 기치를 내걸고 주나라 제후들을 규합하여 고조선에 집단 대항한 것이다. 이 사건은 기존의 한중 관계가 뒤집혀 훗날 중화주의가 출현하는 계기가 되었다. 『춘추좌전』에 따르면, 이후 주나라 제후국들과 대치하던 수遂・서徐・내萊・모牟・서舒 등 동이 열국(고조선 제후국)이 잇달아 자취를 감추고 고조선의 서토 세력권은 회이淮夷가 거주하는 회수淮水 일대로 크게 줄어들고 말았다.

 이와 반대로 한족은 일진일퇴의 격전을 치르며 고조선 중심 질서에서 이탈・독립하는 한편, 동방 조선족의 문화유산을 흡수하여 자신들의 문화적 역량을 크게 도약시키는 계기를 만들었다.

51) 고조선의 쇠퇴 원인과 우화충의 반역 사건

 단군조선은 어떻게 2천여 년간의 장구한 역사를 유지했으며, 왜 갑자기 쇠퇴의 길을 걷게 되었을까? 그 해답은 6세 달문단군 때 신지 발리가 지은 「서효사(일명 신지비사)」에 함축되어 있다. 단군조선은 「신지비사神誌祕詞」의 핵심 내용인, 신교神敎의 삼신사상에 기초하여 성립된 삼한관경제(진한・마한・번한)를 시행하고 삼경제도(소밀랑・백아강・안덕향)의 균형을 유지함으로써 한민족 역사상 최대의 전성기를 누렸다.

 그러나 이 「신지비사」에서 이미 경계한 바와 같이 단군조선 말에 이르러 삼신사상이 쇠퇴하면서 삼한관경제가 와해되고, 단군조선도 종말을 맞이하게 된 것이다.

 단재 신채호는 천일天一・지일地一・태일太一의 삼신 사상에 의해 보좌역인 번한과 마한이, 우주 주재자이신 삼신상제님의 대행자로서 태일太一에 해당하는 진한(진왕=대단군, 천황)을 받들어 오다가, 단군조선 말에 이르러 삼신사상이 파탄되자 '삼한이 서로 진왕辰王이라 자칭'함으로써 단군조선의 삼한관경체제가 동시에 붕괴되었다고 주장하였다(신채호, 『독사신론』). 이러한 내부 분열과 대립 때문에 결국 단군조선은 몰락의 길을 걷게 된 것이다.

 그리고 삼신사상에 기초한 삼한관경제를 무너뜨리는 직접적인 계기가 된 사건이 바로 '우화충의 역모 사건'이다. 한민족 역사의 대세를 놓고 볼 때, 이 우화충의 역모 사건과 단재 신채호가 '조선 역사상 1천 년 이래 제일 대사건'이라 명명한 고려 시대 중기의 '묘청의 난(사대주의자 김부식 일당에 의해 실패한 서경 천도 사건)'을 계기로 상실한 대륙을 향한 자주독립 정신의 불꽃은 그 명맥이 시들고 마침내 주먹만한 한반도 내에 주저앉아 모화사대의 길을 걷게 된 것이다.

52) 인류 성씨의 기원

묘苗씨는 후에 백제 8대 성씨(사沙·연燕·협協·해解·진眞·국國·목木·묘苗) 중 하나이다. 그리고 척신 세도 정치로써 6세기 경부터 100여 년간 고대 일본을 지배한 최고의 권문權門인 소가蘇我씨는 바로 위의 8성 중 하나인 목木씨이다. 뿐만 아니라 『일본서기』에 나오는 '일본 왕가의 뿌리'인 초대 진무 왕부터 40세 지토持統 왕에 이르기까지 모든 왕이 이 땅에서 건너간 조선계이다. 9세기 초에 편찬된 『신찬성씨록新撰姓氏錄』에도 당시 일본의 지배계급을 이루던 1,182개 성씨 대부분이 한국계로 기록되어 있다.

『환단고기』가 도가 사서로서 가진 또 하나의 커다란 가치는 '한·중·일 3국의 성씨에 대한 기원'을 자세히 밝혀 준다는 사실이다. 원래 신교의 도가 사학은, 인류 최초의 성씨로 5,600여 년 전의 인물인 동이족 태호복희씨의 성姓인 풍風씨가 나왔으나 직계는 15대 만에 끊어져 전하지 못하고, 그 후손이 패佩·관觀·임任·기己·포庖·이理·사姒·팽彭씨로 나뉘어 살았다고 가르친다(『태백일사』「신시본기」). 그 후에 염제신농씨가 강수姜水에 살면서 성을 강姜씨로 삼았는데, 이 '강姜씨가 곧 인류 성씨의 기원'이다.

이와 같이 우리 한민족 성씨의 유래, 특히 한·중·일 3국 성씨도 『환단고기』의 전거에 의하지 않고는 그 뿌리를 구체적으로 살필 수 없음을 알아야 한다. 바로 이 점에서도 신교 문화의 원전으로서 도가 사서의 결정판인 『환단고기』는 깊이 연구할 만한 숱한 문제와 가치를 담고 있는 고대사의 보고寶庫라는 점을 다시 강조해 두고자 한다.

53) 고대 한민족사의 잃어버린 고리, '북부여사'

북부여는 단군조선의 국통을 계승하여 해모수가 세운 나라이다. 시조 해모수단군이 BCE 239년에 북부여를 건국한 이래로, 고두막단군 이후의 후북부여, 해부루가 옮겨 가서 세운 가섭원부여(동부여), 동부여의 일족이 세운 연나부부여로 명맥을 유지하다가 494년에 고구려 21세 문자열제 때 완전히 합병되었다. 이 북부여의 존재 시기와 역대 제왕의 정확한 연대가 밝혀지면서 한민족의 국통이 '고조선─북부여─고구려'로 이어짐을 한눈에 볼 수 있게 되었다. 특히 뜬구름 잡는 식으로 막연했던 해모수·고두막한(동명왕)·고주몽의 관계, 또 정통 도가 사서에 대한 불신과 북부여사의 상실 때문에 사맥이 단절됨으로써 잘못 알고 있었던 한민족 고대사의 주요 의문점이 『북부여기』에서 처음으로 명백히 밝혀지고 있다.

역사 속 이야기

고조선의 사회와 문화

우하량 유적의 원형 제단과 방형 돌무지무덤(天圓地方)_삼단으로 이루어진 원형제단은 3수 원리가 반영된 것이다.

1. 고조선의 3수 문화

한민족 철학의 핵심을 담고 있는 것은 '3'이라는 수이다. 우주만물을 구성하는 천天·지地·인人 삼재사상이 있으며, 하늘에는 삼신상제님이 계시고 땅에는 신교의 종교철학적 원리인 삼신사상을 바탕으로 이루어진 진한·번한·마한 즉 삼한三韓이 있다. 그리고 인간의 몸에도 정精·기氣·신神 이라는 삼보三寶가 있다. 『삼국유사』「고조선 조」를 보면 한민족의 상고사가 환인, 환웅, 단군성조의 삼단계로 펼쳐지는데, 그 속에는 하늘, 땅, 인간이라는 세 가지 요소가 들어 있다. 환웅이 지상으로 내려올 때 환인은 천부인天符印 세 개를 주었다. 환웅은 무리 3,000명을 거느리고 지상에 내려왔으며, 풍백風伯, 운사雲師, 우사雨師를 거느리고 인간사를 돌보았다. 모두 3이라는 숫자를 바탕으로 하고 있다.

고조선 사람들은 3을 성스럽고 신비스러운 숫자로 인식하여 우주와 인간을 삼원론으로 설명하였던 것이다. 삼[3]은 하나[1]로 연결된다. 이것이 '삼일三一사상'이다. 『천부경』과 『삼일신고』에는 '집일함삼執一숌三 회삼귀일會三歸一'이라 하여, '하나를 잡으면 그 속에 셋을 포함하고 있고 그 셋은 다시 하나로 돌아온다'는 삼일사상의 핵심이 들어 있다. 19세기 말 김일부가 제창한 삼극설(무극과 태극과 황극)도 동일한 맥락이었다.

이러한 삼원론은 고대문화인 삼족오나 삼족三足토기로도 확인 가능하다. 8세 우서한于西翰단군 조에 "갑인 7년(BCE 1987), 세 발 달린 까마귀가 궁전의 뜰 안으로 들어왔는데 그 날개의 넓이가 석 자나 되었다"라고 하였다. 그리고 고구려 고분벽화를 유심히 관찰해 보면 고구려 벽화에 등장하는 태양에는 세 발 달린 새가 그려져 있음을 알 수 있다. 이렇듯 세 발 달린 까마귀는 삼일사상을 지닌 동방족 문화의 표상이다.

그런데 왜 까마귀의 발을 굳이 세 개로 그린 것일까. 그것은 우리 한민족이 가지고 있는 3의 논리에 기초하고 있기 때문이다. 또한 삼신은 생명탄생의 비밀을 갖고 있다. 생명사상

삼족오

과 3이 직결된다는 뜻이다. 때문에 한국 사람들은 3이라는 숫자를 굉장히 중요하게 생각했을 뿐만 아니라, 집단 무의식 속에 3을 생명의 탄생으로까지 이어갔던 것이다. 삼원론은 한민족의 원초적인 사고이다. 『태백일사』「소도경전본훈」에 나오는 천부경은 이런 점에서 독특한 구조를 가지고 있다. 마치 암호를 들여다보는 듯 숫자와 한자가 배열되어 있는데, 놀랍게도 3의 제곱수인 9자 9줄, 그리고 81자의 정교한 구조로 되어 있다.

뿐만 아니다. 하늘에 제를 지내던 원구단에도 놀랍게 3의 수리체계가 그대로 녹아있다. 홍산문화에서는 3단으로 되어 있는 제단과 적석총이 많이 발굴되고 있다. 이러한 삼수의 상징성이 동북아와 한반도를 통해 이어졌고, 고구려인들의 벽화에 삼족오가 등장한 것이다.

그러면 고구려 이후에는 어떻게 됐을까? 『세종실록』에는 왕이 행차할 때 의례기가 기록되어 있다. 의례 때 쓰인 깃발에는 백호기, 현무기, 청룡기에 이어 주작기가 등장한다. 주작의 모습이 기이하다. 바로 머리 셋에 다리가 셋이다. 이러한 삼두三頭·삼족三足을 갖춘 삼족오는 『악학궤범』에도 나타난다.

우하량에서는 채색된 삼족기三足器도 출토되었다. 고대 중국 상商(은殷)·주周 시대에는 일상생활 용구인 역鬲·언甗 외에 제례용인 정鼎·가斝·작爵 등의 삼족기가 청동으로 주조되었고, 같은 모양의 것이 토기로도 만들어졌다. 황하나 양자강 유역의 유물보다 더 오래된 우하량의 삼족기는 요하 지역에 뿌리를 둔 동이가 중원으로 대규모 이동했거나 영향을 주었음을 시사한다.

2. 고조선의 화랑도, 국자랑國子郞

국자랑은 신교를 배우고 실천하기 위해 뽑은 젊은 이들로서 신교의 낭가정신에서 시작된 것이다.

최초의 낭도郞徒는 환웅천황이 거느리고 온 3천 명의 문명개척단[濟世核郎]이었다. 신시 배달 이래 나라를 이끌어가는 지도자와 관료, 제사장, 장수가 모두 낭가郞家에서 나왔으며, 낭가는 삼신상제님과 환웅천황께 제사를 올리는 것을 주관하고 신교의 가르침을 받들며 문무文武에 정진하였다.

단군조선 초부터 소도蘇塗 옆에 경당肩堂을 세우고 미혼의 남녀 젊은이들에게 글읽기, 활쏘기, 말타기, 예절, 음악, 격투기, 검술 등을 가르쳤다. 11세 도해단군 때는 삼한 전역에 제도화되어 낭가정신의 유풍이 크게 성하였다.

도해단군 때 기록을 보면, "명산의 가장 뛰어난 곳을 찾아 국선國仙의 소도를 설치하게 하셨다"라고 하였다. 또 13세 흘달단군 20년(BCE 1763)에 "미혼 자제로 하여금 글 읽고 활 쏘는 것을 익히게 하여 국자랑이라 부르게 하였다. 국자랑들은 머리에 천지화를 꽂았으므로 사람들이 천지화랑이라고도 불렀다"라고 하였다.

『구당서』「동이전」〈고구려 조〉에는 고구려 때 사학인 경당에 대하여 이렇게 적었다.

> 俗愛書籍, 至於衡門廝養之家, 各於街衢造大屋, 謂之扃堂, 子弟未婚之前, 晝夜於此讀書習射.

고구려의 습속은 나무 심부름하는 미천한 집안에 이르기까지 서적을 좋아하여, 거리마다 경당이라 부르는 큰 집을 지어 놓고 미혼자제들로 하여금 이곳에서 독서와 활쏘기를 밤낮으로 익히게 하고 있다.

경당은 문무를 겸비한 인재를 양성하는 곳이다.

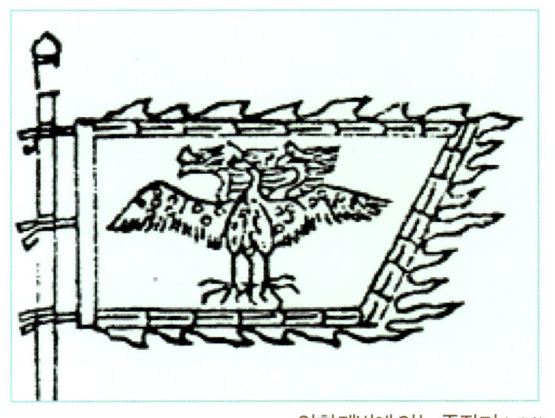

악학궤범에 있는 주작기朱雀旗

이와 같은 한민족 고유의 신교 낭가제도의 기원은 환국 시대로부터 비롯하여 → 배달의 **제세핵랑**濟世核郞 → 고조선의 **국자랑**國子郞 → 북부여의 **천왕랑**天王郞 → 고구려의 **조의선인**皂衣仙人, 백제의 **무절**武節(정명악 주장), 신라의 **화랑**花郞 → 고려의 **재가화상**在家和尙(서긍의 『고려도경』) 또는 **선랑**仙郞, **국선**國仙으로 계승되어 왔으며, 윤관의 9성 정벌 때는 항마군降魔軍으로 이어져 내려왔다.

낭도들은 수려한 산천을 찾아 단체 생활을 하면서 단결력과 무사정신을 길렀으며, 정서와 도덕을 함양하였다. 또한 무술, 기마술, 궁술 등을 익혀 용맹한 전사로서 국가에 충성하였다. 조의선인이나 화랑은 신교라는 종교정신으로 무장한 군대였던 것이다. 그리고 소도는 낭도의 모임처였고, 낭도는 소도의 무사였다.

단기 2095(환기 6959, 신시개천 3659, BCE 239)년에 북부여北夫餘를 건국한 국자랑 출신 해모수解慕漱가 천왕랑天王郞이라는 낭가를 편성하였으며, 이것은 다시 신라의 화랑제도로 이어졌다. 그 뒤로 명맥이 쇠잔하였으나 그 정신만은 한민족의 역사의식 속에 깊이 잠재되어 조선 시대 선비의 저항정신, 구한말의 항일 구국운동과 3·1운동 등으로 민족의 위기 때마다 유감없이 표출되었다.

이러한 낭가사상이 일본에 전파되어 일본의 무사도武士道를 만들었다. 일본의 무사도는 중세에 와서 발생하였다. 이때부터 그들 이름에 랑郞 자를 붙이는 경우가 나타났다. 낭은 화랑도에서 따온 글자이다. 즉 화랑은 죽지랑, 처용랑, 미이랑, 장춘랑 등과 같이 이름에 '랑' 자를 붙여 쓴 것이다. 또한 일본인은 의인, 열사, 협객 등의 설화로써 무사도 정신을 고취하는 것을 낭화절浪花節(나니와부시)이라 했다. 낭화는 화랑을 거꾸로 쓴 것이다. 일본의 무사도는 바로 조선 신교의 낭가정신에서 시작된 것이다. 일본 근대화의 문을 연 메이지 유신도 무사도 정신이 그 원동력이었다.

3. 환웅전과 대웅전

불교 사찰에서 본전을 대웅전이라 한다. 이것은 환웅과 관계있는 표현이다. 『태백일사』 「삼신오제본기」에 따르면, 대웅전은 원래 불가 용어가 아니라 바로 대인大人 환웅을 일컫는 말에서 유래한 것이다. 그 기록은 다음과 같다.

> 桓雄, 稱大雄天.

환웅을 대웅의 하늘이라 한다.

여기서 대웅이란 대인 환웅을 말하는 것이다. 『태백일사』 「신시본기」에서는 『고려팔관잡기高麗八觀雜記』를 인용하여 이렇게 기록하고 있다.

> 佛像始入也, 建寺稱大雄, 此僧徒之襲古仍稱, 而本非僧家言也.

불상이 처음 들어왔을 때 절을 지어 대웅大雄이라 불렀다. 이것은 중들이 옛 풍속을 따라 그대로 부른 칭호이며, 본래 승가僧家의 말이 아니다.

불교가 들어오기 이전부터 이 땅에 환인·환웅·단군 등을 모셔놓은 신전神殿 혹은 신당神堂이 있었는데 이를 대인당, 환웅전, 삼성전 등으로 불렀다. 그 뒤 불교가 들어오면서 한민족 고유문화인 신교의 전통적인 성전인 '환웅전'이라는 이름에서 환桓 자를 대大 자로 고쳐서 대웅전大雄殿이라 하고, 석가모니 부처를 모셨다.

사찰에서만 볼 수 있는 삼성각도 마찬가지다. 대웅전이 원래 불교와 아무런 관련이 없는 '대인 환웅'에서 나온 이름인 것처럼, 삼성각도 환인·환웅·단군, 세 성조를 받들던 한민족 고유 신앙의 잔영이다. 오늘까지도 사찰마다 삼성각이라는 이름으로 당우堂宇를 두고 있는 연유를 아는 사람이 몇이나 될까.

4. 고조선의 풍속

우리 민족의 정신, 문화, 풍속은 환단桓檀의 역사에 그 뿌리를 둔 것이 많다. 따라서 그 배경이 되는 역사적 사실을 모르면 문화의 근원을 찾을 수 없다. 『단군세기』,『규원사화』,『단기고사』에서는 이렇게 전한다.

단군왕검께서 어명을 내려 팽우彭虞에게 토지를 개간하게 하시고, 성조成造에게 궁실을 짓게 하시며, 신지臣智에게 글자를 만들게 하셨다. 기성奇省에게 의약을 베풀게 하시고, 나을那乙에게 호적을 관장하게 하시며, 희羲에게 괘서卦筮를 주관하게 하시고, 우尤에게 병마兵馬를 담당하게 하셨다. 비서갑斐西岬에 사는 하백의 따님[河伯女]을 맞이하여 왕후로 삼고 누에치기를 맡게 하시니, 백성을 사랑하시는 어질고 후덕한 정치가 사방에 미치어 천하가 태평하였다.(『단군세기』)

고시씨高矢氏를 우가牛加로 삼아 곡식을 주관하게 하셨다.(『규원사화』)

고시高矢에게 사농관司農官이 되게 하셨다.(『단기고사』)

단군왕검이 신시의 옛 법규를 되찾고 아사달을 도읍으로 하여 조선을 세웠다는 것은 단군조선이 배달의 제도와 문화를 그대로 이어받았음을 의미한다. 고시씨는 배달국 때에 농사를 관장하던 우가의 자리를 세습하여 내려왔으므로, 『규원사화』에서 말하는 고시씨는 그 후손을 가리키는 것이다. 고시씨가 환웅시대 때 백성을 먹여 살리는 농사 업무를 관장했기 때문에 '고시레' 혹은 '고수레' 라는 풍속이 생겨나게 되었다고 『규원사화』는 전한다.

또한 『단군세기』에서 성조가 궁실을 짓는 건축업무를 주관했다고 하는데, 이러한 성조와 관련한 풍속 역시 지금까지 전해 오고 있다. 요즘도 집을 지을 때 흔히 상량식을 하는데, 바로 그 제의의 대상인 상량신을 성조成造 혹은 성주라고 한다. 그래서 집에서 제를 올릴 때에도 언제나 집을 관장하는 신, 성조신께도 함께 제를 올리는 풍속이 지금도 남아 있다.

고조선의 팔조금법을 통해서도 고조선 사회의 모습을 엿볼 수 있다. 팔조금법은 22세 색불루단군 때 제정한 것이다. 그 여덟 가지 조항(금팔조禁八條)은 ①살인한 자는 즉시 사형에 처한다. ②상해를 입힌 자는 곡식으로 배상한다. ③도둑질을 하면 남자는 그 집의 노奴로 삼고 여자는 비婢로 삼는다. ④소도를 훼손한 자는 금고禁錮 형에 처한다. ⑤예의를 잃은 자는 군에 복역시킨다. ⑥게으른 자는 부역을 동원시킨다. ⑦음란한 자는 태형笞刑으로 다스린다. ⑧남을 속인 자는 잘 타일러 방면한다. 자신의 잘못을 속죄한 자는 비록 죄를 면해 공민이 될 수 있었지만, 당시 풍속이 이것을 수치스럽게 여겨 시집가고 장가들 수 없었다(『태백일사』「삼한관경본기」〈번한세가〉하).

이 팔조금법을, 『삼국지』「위지」동이전에는 은나라 사람 기자箕子가 조선에 와서 제정한 것으로 왜곡해 놓았다. 8조 중 1~3조의 내용이 『한서漢書』「지리지地理志」〈연燕 조〉에 전하는데, 3조에는 "자속自贖(배상)하려는 자는 50만 전을 내놓아야 한다[欲自贖者人五十萬]"는 내용이 덧붙여져 있다. 이것은 교역과 화폐 유통이 급증한 고조선 말기에 추가된 것이다.

5. 부루단군과 부루단지扶婁壇地

해마다 정월이 되면 질그릇 단지에 쌀을 담아 뒤울 안의 박달나무 말뚝 위에 올려놓고, 짚으로 고깔을 만들어 씌우고 복을 비는 민간풍속이 있다. 이때 쌀을 담는 단지를 '부루단지' 라고 한다. 부루단지는 2세 부루단군(단기 94, BCE 2241~단기 151, BCE 2183)에서 비롯되었다. 부루단군은 태자 시절부터 뛰어난 능력과 위엄을 널리 떨치고 많은 선정을 베풀어 온 백성들의 추앙을 받았다.

『단군세기』에는 다음과 같이 전한다.

재위 58년 무술(환기 5015, 신시개천 1715, 단기 151, BCE 2183)년에 부루단군께서 붕어하셨다. 이 날 하늘에 일식日蝕이 있었고, 산짐승이 떼를 지어 산 위에서 울부짖고, 만백성이 목놓아 통곡하였다. 후에 백성들이 제사를 지낼 때, 집안에 자리를 정하여 제단을 설치하고 항아리에 곡식을 담아 제단 위에 올려 놓았는데, 이것을 부루단지扶婁壇地라 부르고, 업신業神으로 삼았다. 또한 전계佺戒라고도 칭하였는데, 전계는 '온전한 사람이 되는 계율을 받아[全人受戒] 업주가리業主嘉利가 된다' 는 것으로, 사람과 그가 이루고자 하는 업업이 함께 온전해진다는 뜻이다.

'부루' 라는 말은, 이 땅에 불교가 들어오면서 불교신佛敎神의 이름인 '시준', '제석' 으로 바뀌고 생산신生産神의 기능까지도 불교신이 담당하는 것으로 인식되어, '시준단지', '불사단지', '세존단지' 로 부르게 되었다.

6. 고조선의 복식문화

고조선 사람들은 어떤 옷을 입고 살았을까. 『후한서』「동이열전」 서序에는 "동이는 거의 모두 토착민으로서, 술 마시고 노래하며 춤추기를 좋아하고, 변弁(고깔모양의 모자)을 쓰거나 금錦(비단)으로 만든 옷을 입었다"라고 하였으며, 또 『삼국지』「부여전」에는 "부여 사람들은 흰색 옷을 숭상하여 흰 베로 만든 큰 소매 달린 도포와 바지를 입고 가죽신을 신었다"라고 했다. 이 기록은 부여 풍속을 말한 것이지만, 부여는 고조선을 계승한 나라이므로 이러한 풍속은 고조선의 것을 따른 것으로 볼 수 있다. 또 『후한서』「동이열전」과 『삼국지』「고구려전」에는 "예濊 사람들은 남녀 모두 깃이 둥근 옷을 입고 은으로 만든 꽃으로 장식을 하였으며, 고구려 사람들은 비단에 수놓은 옷을 입고 금과 은으로 장식을 하였다"라는 기록이 있다. 예와 고구려는 원래 고조선의 거수국渠帥國이었으므로 이러한 옷차림은 고조선과 차이가 없었을 것이다.

고조선에서는 삼베, 모직, 명주 등의 옷감이 생산되었다. 옛 기록에 의하면 고조선은 비휴貔貅(범, 곰과 같은 맹수) 가죽이나 표범 가죽, 말곰 가죽 등 모피 의류를 중국에 수출했다. 이로 보아 고조선에는 모피로 만든 의류도 매우 발달해 있던 것으로 보인다.

지금까지 통설은 양잠, 즉 누에치기는 중국에서 시작되어 우리나라로 전파된 것으로 여겨왔다. 기록에 따르면 중국의 누에치기는 5,000년 전부터 시작된 것으로 보고 있다. 그런데 북한과 만주의 신석기와 청동기 시대 유적에서 발견된 질그릇 바닥에 뽕잎을 그려 놓은 것이 출토된다고 한다. 압록강 대안對岸 요령성 동구현東溝縣 마가점진馬家店鎭 후와後洼유적에서는 BCE 4000년까지 올라가는 누에 소조가 발견되었다. 고조선에서 기르던 누에는 중국의 넉잠누에와는 다른 석잠누에라고 한다. 고조선 말기와 그 이후 평양 일대에서 발견된 고대 비단은 모두 석잠누에로 짠 것이다.

단군왕검이 하백의 딸을 왕후로 맞이하여 잠업(누에치기)을 관장하게 했는데, 이것은 양잠기술이 그 이전 배달국에서부터 전해 내려왔음을 의미한다. 중국의 사서들은 '잠신蠶神이 실을 뽑아 황제헌원에게 바쳤다' 고 했는데 이는 양잠기술이 배달국에서부터 중원으로 건너갔음을 암시한다. 『후한서』「동이전」과 『삼국지』「동이전」에서 "마한 사람들은 잠상蠶桑을 알며 솜과 베를 만든다"라고 한 것 또한 양잠이 고대 동이족으로부터 시작되었음을 말하는 것이다.

그러나 농업을 기본으로 하여 생활을 했기 때문에

뼈 바늘_요령성 해성시 선인동 유적에서 출토된 구석기 시대의 뼈 바늘로 의류 제작 기술이 오래 전부터 발달했음을 알 수 있다.

당연히 식물섬유로 짠 천이 더 중요했을 것이다. 고조선에서 삼베와 모직을 옷감으로 이용했다는 것은 출토된 유물로 확인된다. 평안북도 중강군 토성리에서 고조선 시대 유물인 삼베 조각이 출토되었다. 이 밖에 길림성 성성초星星哨 유적에서는 양털과 개털을 섞어서 짠 모직물이, 고조선 후기 유적인 길림성 후석산猴石山 유적에서는 방직기를 사용한 마포가 출토되었다.

고조선 사람들의 바느질 솜씨는 상당히 꼼꼼했다. 함경북도 무산군 무산읍 호곡동 범의구석 8호 집자리에서는 붓나무 껍질을 누빈 것이 발견되었다. 그 솜씨가 쇠바늘을 쓴 것과 차이가 없을 정도로 정밀하였다. 함경북도 서포항 유적의 고조선 문화층에서는 뼈로 만든 바늘통 안에 바늘들이 보관된 것이 출토되어 고조선 사람들이 바늘을 매우 소중하게 다루었음을 알 수 있다. 옷을 장식하던 청동 단추를 비롯한 치장용품이 발견되는데 당시 사람들이 단순한 옷을 만들어 입은 것이 아니라 다양하게 치장했음을 알 수 있다. 이처럼 고조선은 의복 제작기술이 발달해 있었고 길쌈하고 옷 짓는 것이 매우 중요한 생활의 일부였다.

7. 고조선의 음식문화

고조선 사람들은 오곡을 주식으로 사용하고, 돼지·소·말·양·닭 등 집짐승을 길러 고기를 얻고, 사냥으로 산짐승을 잡아 고기와 가죽을 이용했다. 농사를 지을 수 없는 지역에서는 어렵이나 유목으로 생활하였다.

신석기 시대부터 밭작물이 재배되었는데 곡물

요령성 번창 동대장자묘 출토 도두陶豆(전국 시대)_이러한 형태의 그릇(조두俎豆)은 고조선에서는 일상적인 식기였으나, 중국에서는 제기로 사용되었다.

로는 조, 기장, 콩, 팥, 피, 수수 등이었다. 또한 평양시 남경유적에서는 5,000년 전 탄화미가 한 구덩이 안에서 대량으로 발견되었다. 종자는 현재 우리가 먹는 쌀과 같은 단립종短粒種이다. 단립종은 야생벼가 아닌 재배종으로 벼농사가 이미 정착되어 있었다는 것을 뜻한다. 남한에서는 최근 경기도 고양시 일산 가와지 유적에서 발굴된 볍씨가 5,000년 전의 재배종으로 밝혀졌다. 그동안 국제학계에서는 3,000년 전 것으로 알려진 경기도 여주군 흔암리 탄화미를 한반도 쌀농사의 기원으로 인정해 왔다. 이러한 오곡과 더불어 대마나 황마 같은 섬유식물도 재배되었다.

5,000~6,000년 전 한반도와 만주는 현재보다도 3~5도 높은 온난 다습한 기후였기 때문에 벼농사는 신석기 시대부터 이 지역 전역에서 이루어졌을 것이다.

고조선 시대에 들어 농업 기술이 발전하고 생산력이 높아졌다. 그것은 출토되는 농기구에서 확인할 수 있다. BCE 3000년 후반기에 해당하는 평양 일대 집자리 유적에서는 수확 도구인 반달 돌칼이 다수 발굴되었다. 그 이전에 발견된 것보다 2~3배 더 많은 양이었다. 고조선 말기에 해당하는 북한과 만주의 유적에서는 호미, 낫, 괭이, 삽, 도끼 등과 같은 다양한 철제 농기구가 발굴되었다.

『한서』「지리지」는 고조선에서 음식을 먹을 때 대나무나 나무로 만든 그릇을 사용했다고 기록하였다. 나무는 쉽게 썩기 때문에 유물이 발견되는 예가 드물다. 나무 외에도 바리, 접시, 굽접시, 시루, 단지, 항아리 등 여러 가지 그릇이 나오는데 이것은 다양한 음식을 만들어 먹었다는 것을 말해 주는 것이다.

음식을 먹을 때도 이미 숟가락을 사용하였다. 함경도 서포항 유적지 등에서는 청동으로 만든 숟가락과 동물 뼈로 만든 숟가락이 출토되었는데 손잡이에는 조각까지 새겨져 있었다.

또 고조선 사람들은 음주가무를 즐겨 일찍부터 술을 만들어 마셨다. 『후한서』「동이열전」에는 다음과 같이 기록되어 있다.

> 食飮用俎豆, 會同拜爵洗爵, 揖讓升降.
> 以臘月祭天, 大會連日, 飮食歌舞, 名曰
> 迎鼓

음식을 먹을 때 조두(나무로 만든 제기)를 쓰고, 모이면 서로 절하면서 잔을 권하되 잔을 씻어서 권하며, 서로 읍하고 사양하면서 오르내린다. 섣달에는 하늘에 제사를 지내는데, 매일 연이어 큰 모임을 가져 술 마시고 노래 부르고 춤추며 논다. 이것을 영고라 한다.

부여는 고조선을 계승한 나라이므로 고조선의 음식문화 역시 이와 같았을 것이다.

8. 고조선의 주거문화

고조선의 주거 시설은 지배층과 백성들이 달랐을 것이다. 마을은 대부분 하천이나 해안, 또는 구릉지에 형성되었는데 산을 등지고 물을 마주하는 배산임수背山臨水의 조건을 갖추었다.

주거지는 50~60cm 깊이로 판 반지하로 장방형이 주류를 이루고, 지붕을 짚이나 풀로 만든 움집이었다. 난방은 움집 가운데 화덕을 설치하고 화덕 바닥이나 주위에 자갈을 깔아 열을 보존하는 방법을 썼다. 주거지 일부에서는 주춧돌이 발견되기도 하였다.

『후한서』「동이열전」〈부여 조〉에 궁실과 창고, 감옥이 있었다는 기록과 BCE 2~3세기 되는 요령성 여대시旅大市 목양성 유적과 단산리 유적, 윤가촌 유적 등에서 여러 가지 문양과 문자가 새겨진 기와 조각이 출토된 것으로 보아 지배층은 상당한 규모를 갖춘 건물에서 살았을 것이다.

우리 한민족 고유의 난방시설인 온돌도 고조선 후기 유적에서 발견되었다. 함경북도 웅기와 평안북도 강계, 자성, 영변 등의 주거지 유적에서 구들 형태가 확인되었다.

9. 고조선의 한글, 가림토

고대 문명의 중요한 조건 중 하나가 문자의 사용이다. 한반도와 만주 지역을 포함한 동아시아 지역의 고대 사회에서 일찍이 문자가 있었음이 확인되었다(BCE 2000~1500년경의 도화문자圖畵文字). 문자가 창제되기 전에는 주로 결승문자結繩文字(노끈문자)를 사용하였다. 이것은 남미 인디언, 잉카제국에서도 통용되었다.

고조선 이전 신시 배달 건국 때부터 우리 민족은 이미 문자 생활을 영위하였고 그 종류도 다양했다. 초대 환웅천황께서 신지神誌 혁덕赫德에게 명하여 문자를 창제하게 하셨다.

환웅천황께서 또 다시 신지 혁덕에게 명하여 문자를 만들게 하셨다.(『태백일사』「신시본기」)

환웅 대성존께서 하늘의 뜻을 받들어 (태백산으로) 내려오신 뒤에 신지 혁덕에게 명하여 이를 녹도문鹿圖文으로 기록하게 하셨다.(『태백일사』「소도경전본훈」)

환웅천황께서 녹도문(사슴 발자국 모양의 글)으로 천부경을 기록하게 하셨다는 것은 그 당시에 이미 녹도란 문자가 있었음을 말하는 것이다. 이것이 바로 『단군세기』에서 말하는 진서眞書라는 상형문자이다.

『태백일사』「소도경전본훈」에는 "태호복희씨 때 용서龍書가 있었다[伏羲有龍書]"라고 했고, 「신시본기」에는 "주양朱襄은 옛 문자를 기본으로 하여 처음으로 육서六書를 세상에 전하였다[朱襄仍舊文字而始傳六書]"라고 하였다. 이것이 이른바 삼황오제 시대의 상고금문上古金文이다.

최근 중국 곳곳에서 은殷나라 갑골문 이전의 문자들이 발굴되고 있는데, 이것을 집중 연구한 중국학자 낙빈기駱賓基는 자신의 저서 『금문신고金文新攷』서 상고금문이 한민족의 언어를 바탕으로 만들어진 사실을 밝혀내고 그 문자를 만들어 사용한 주체가 한족漢族이 아니라 동방 조선족이라고 단언하고 있다(김대성 엮음, 『금문의 비밀』참고). 상고금문은 은나라의 갑골문甲骨文, 주나라의 대전大篆, 진나라의 소전小篆을 거쳐 한나라 때 한자漢子로 완성되었다.

배달국에서는 숫자로서 산목算木이 통용되었고, 14세 자오지환웅 때는 화서花書(전목佃目)를 만들어 사용하였다.

신시 배달 때부터 있던 문자를 3세 가륵단군 때 수정·보완하여 만든 것이 가림토加臨土 문자이다. 『단군세기』 3세 가륵단군 조와 『태백일사』 「소도경전본훈」에서는 가림토에 대하여 이렇게 말하였다.

가륵단군 재위 2년 경자(단기 153, BCE 2181)년, 이때 풍속이 일치하지 않고 지방마다 말이 서로 달랐다. 비록

| 산목 | ー二三三×丅ㅜㅠㅠㅣ |
| 전목 | (전목 문자 이미지) |

배달국 시대의 문자인 산목과 전목(화서)

국가	도읍	동방 고대 문자의 계보
배달	신시	▶ 신지 혁덕의 녹서鹿書(녹도문, 낭하리의 암각) ▶ 산목算木 사용 → 부여의 서산書算으로 계승 ▶ 태호복희의 용서龍書, 육서六書의 원리가 제정됨
	청구	▶ 치우천황의 화서花書(이른바 투전목鬪佃目) ▶ 창힐倉頡이 배달국 신지문자를 배워 중원에 보급
고조선	송화강 아사달	▶ 신전神篆(녹서를 계승한 문자, 요령성에서 발굴된 고조선 토기문자) 사용 ▶ 가림토加臨土 문자 : 3세 가륵단군 때(BCE 2181) 삼랑三郎 을보륵乙普勒이 지은 원시 한글. 세종대왕 때 훈민정음으로 재현 ▶ 은殷나라에서 상고금문을 계승한 갑골문자를 사용. 한자의 기원이 됨
	백악산 아사달	▶ 주周나라 대전大篆 ▶ 31세 등올단군 때 한수漢水 사람 왕문王文(BCE 9세기)이 부예符隸를 만들어 임금께 건의(BCE 865)하여 삼한에 이두법을 시행함 ▶ BCE 7세기경 가림토 문자가 일본으로 건너가 신대神代문자가 됨
	장당경 아사달	▶ 신지문자, 가림토, 한자가 병존하다가 한자(이두법 사용)로 일원화됨
북부여		▶ 진秦나라의 소전小篆 ▶ 진나라의 정막程邈이 부여(숙신)에 사신으로 와서 한수漢水에서 얻음 → 예서隸書
열국 시대		▶ 한漢나라 채옹의 팔분八分, 한예漢隸 ▶ 후한後漢의 왕차중王次中(왕문의 후손)이 개량 → 해서楷書

상형象形·표의表意 문자인 진서眞書가 있어도 열 가구 정도 모인 마을에서 말이 통하지 않는 것이 많고, 땅이 백리가 되는 나라에서도 문자가 서로 이해되기 어려웠다. 이에 삼랑 을보륵에게 명하여 '정음正音 38자'를 짓게 하시니, 이것이 가림토加臨土이다(『단군세기』).

그런데 '가림토' 또는 '가림다加臨多'라고 불리는 이 글자의 모습은 조선 세종 때 창제된 한글의 형태와 매우 흡사하다. 특히 모음 11자는 똑같다.
『세종실록』 25년 12월조에 "이 달에 임금께서 언문 28자를 지으시니 그 글자는 옛 전서를 모방하였다[其字倣古篆]"라고 하였고, 최만리의 상소문에도 "글자의 모습은 옛 전문을 모방했지만 음을 쓰는 것과 글자를 배합한 것은 다 옛것과 반대이다[字形倣古之篆文, 用音合字 盡反於古]"라고 하여 한글이 예전의 전서를 모방했음을 밝혔다.

서토(중국)와 교역이 활발해지면서 갑골문과 주나라의 대전大篆(갑골문을 개량한 주나라 문자) 사용이 빈번해졌다. 이에 BCE 865년 한수漢水 사람 왕문王文이 부예符隸를 만들어 임금(31세 등올단군)께 건의하여 삼한에 이두법을 시행하기에 이른다. BCE 8세기 중국의 춘추전국 시대 이후 한자가 동아시아의 공용 문자가 되었고 가림토와 신지문자는 점차 한자를 보조하는 글로 사용되다가 잊히게 되었다.

한국의 한글 학자들은 훈민정음이 독창적이었다는 사고를 벗어나지 못하여, 여기에 나오는 옛 전문을 몽골 파스파 문자[蒙字]나 한자漢字 자체字體의 하나인 전서篆書 또는 범자梵字(산스크리트 문자)라 해석하고 있다. 그러나 훈민정음은 몽골문자나 전서, 범자와 닮은 데가 전혀 없다. 인류 문명사에서 한글처럼 고도의 체계를 가진 문자가 어느 날 갑자기 한 인물에 의해서 발명된 사례는 찾을 수 없다. 한마디로 15세기 중엽에 세종대왕과 집현전 학자들이 한글을 독창적으로 처음 만들었다는 견해는 역사 발전 법칙에 맞지 않는 억설일 뿐이다.

한글의 모체인 가림토문자는 몽골, 만주, 서역 등 당시 단군조선의 영향력 아래에 있던 여러 지역에서 사용되었을 것이다. 일본에는 가림토문자로 된 비석과 문서까지 남아 있다. 일본에서는 이를 신대神代문자, 혹은 대마도 아히루 가문에서 처음 발견되었다고 해서 아히루阿比留 문자라 하여 매우 신성시한다. 가림토 문자가 일본뿐 아니라 중원의 서쪽인 서역에서까지 사용되었을 것이라는 사실은 최만리 등이 올린 상소문을 통해서도 알 수 있다.

최만리가 "오직 몽골, 서하西夏, 여진女眞, 일본, 서번西蕃 등의 무리가 각기 그 문자를 가지고 있는데, 이는 모두 이적夷狄의 일로 족히 도道라 할 수 없습니다"라고 주장한 것은 당시 여러 지역에서 옛 전문을 모방한 문자가 이미 사용되고 있었다는 것을 보여준다. 그 문자들의 원형이 바로 가림토였을 것이다. 가림토 문자는 일본은 물론이고 멀리 중원의 서하, 서번 지역까지 전파되었을 것으로 추정된다. 현재 인도의 구자라트 지방에도 한글과 비슷한 문자가 사용되고 있다.

10. 단오절은 언제 시작되었나

음력 5월 5일은 수릿날·천중절天中節이라 한다. 중국에서는 중오重午·중오重五·단양端陽·오월절이라 한다. 단오는 초오初五의 뜻으로 5월 첫째 오일午日을 말한다. 음력으로 5월은 오월午月에 해당하고, 기수奇數(홀수) 달과 날이 같은 수로 겹치는 것을 중요시하였기 때문에 5월 5일을 명절로 하였다.

고대 마한의 습속을 적은 『위지魏志』 「한전韓傳」에, '파종이 끝난 5월에 군중이 모여 신神에게 제사하고 가무와 음주로 밤낮을 쉬지 않고 놀았다'는 기록이 있다. 이로 미루어, 단오절을 농경의 풍작을 기원하는 제삿날인 5월제의 유풍으로 보기도 한다. 고려가요 「동동動動」에는 단오를 '수릿날'이라 하였다. '수리'는 상上·고高·신神 등을 의미하므로 수릿날은 신일神日·상일上日이란 뜻을 지닌다.

여자들은 단옷날 나쁜 귀신을 쫓는다는 뜻으로 창포를 삶은 물로 머리를 감고 얼굴을 씻었다. 붉고 푸른 새 옷을 입고 창포 뿌리를 깎아 만든 비녀에 붉은 물을 들여서 머리에 꽂았다. 이를 '단오비음'

이라 한다. 남자들은 액을 물리치기 위해서 창포 뿌리를 허리춤에 차고 다녔다.

이슬 맺힌 약쑥이 약효가 좋다 하여 단옷날 아침에는 약쑥을 뜯었다. 약쑥은 배앓이와 해산 후 산모의 몸을 씻거나 상처를 치료하는 데 썼다. 또 단옷날 오시午時에 목욕을 하면 무병無病한다 하여 '단오물맞이'를 하고 모래찜을 하였다.

이 밖에 단오 절식으로 수리취를 넣어 둥글게 절편을 만든 수리취떡[車輪餠]과 쑥떡·망개떡·약초떡·밀가루지짐 등을 먹었고, 그네뛰기·씨름·탈춤·사자춤·가면극 등을 즐겼다.

11. 오방색의 색채 문화

오방색五方色은 다섯 방위에 해당하는 색이다. 남쪽 붉은색[赤], 북쪽 검은색[黑], 동쪽 청색[靑], 서쪽 백색[白], 중앙 노란색[黃]을 가리키며, 색의 조화調和와 천지만물의 조화造化를 나타낸다.

중앙과 사방을 기본으로 삼아 오방이 설정되는데, 색상 또한 오방이 주된 골격을 이룬다. 양의 색인 오색을 기본색으로 배정하고, 그 다섯 방위 사이에 놓이는 색을 음색陰色이라 한다. 음색은 녹색, 벽碧색(짙은 푸른색), 홍색, 유황색, 자색이다.

황색은 오행五行 가운데 토土로서 우주 중심에 해당한다. 따라서 오방색의 중심으로, 가장 고귀한 색으로 인식하여 임금만이 황색 옷을 입을 수 있었던 것도 여기에 연유한다.

청색은 오행 가운데 목木으로서 동쪽에 해당한다. 만물이 생성하는 봄의 색으로 창조, 생명, 신생新生을 상징하며, 요사스러운 귀신을 물리치고 복을 비는 색으로 사용되었다.

백색은 오행 가운데 금金으로서 서쪽에 해당한다. 계절로는 가을을 상징하고, 결백과 진실, 삶, 순결 등을 뜻한다. 우리 한민족은 흰 옷을 즐겨 입어 백의민족白衣民族이라 했다.

적색은 오행 가운데 화火에 상응하며 방위로는 남쪽이다. 여름을 상징하는 색으로 태양, 불, 피 등과 같이 생성과 창조, 정열과 애정, 적극성을 뜻하며, 가장 강력한 벽사辟邪의 빛깔로 쓰였다.

흑색은 오행 가운데 수水로서 방위로는 북쪽에 해당한다. 겨울을 상징하고, 인간의 지혜를 뜻한다.

동방 한민족에게 오방색은 단순한 빛깔이 아니다. 오방색은 방위와 계절을 나타낼 뿐 아니라 나아가 종교적이며 우주론적인 철학관을 형성하였다. 그리하여 나쁜 기운을 물리치고 복을 기원하는 마음으로, 오방색을 용도와 신분에 맞게 구분하여 조화롭게 사용하였던 것이다.

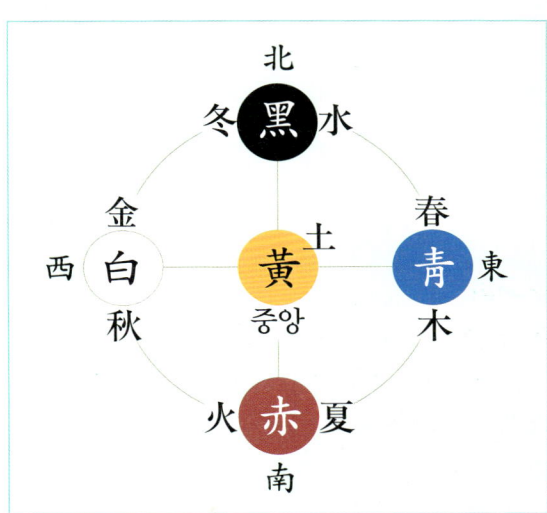

참고 사료

고조선사古朝鮮史

1. 국내 사료

단군조선을 전하고 있는 국내 사료의 문제점은 다음과 같다.

첫째, 환인천제의 환국과 환웅천황의 배달국에 대한 인식이 결여되어 있다. 그리하여 상고사가 단순히 환인, 환웅, 단군 3대로 이어진다는 역사의식을 갖고 있다.

둘째, 단군왕검께서 나라를 세우시고 1,048년을 혼자 다스리다가 산신이 되었다는 신화의식에서 벗어나지 못하고 있다.

셋째, 수도 이전에 따라 송화강 아사달(1,048년)의 **제1 왕조**→백악산 아사달(860년)의 **제2 왕조**→장당경 아사달(188년)의 **제3 왕조** 시대로 구분되는 역년을 **단군조선→기자조선→위만조선으로 잡기 때문에 국통 맥을 잘못 인식한다**. 고려 이후 모화사상이 팽배하면서 중국 기록에 의한 기자동래설을 무비판적으로 받아들여 지금의 평양에 가공의 기자조선이 존재했다고 여길 뿐 아니라, 현재 요하 서쪽에 자리 잡고 있던 **번조선의 기준의 왕위를 찬탈한 위만정권을 고조선의 정통사로 만든 중대한 오류를 범하고 있는 것이다**. 이렇게 모화사상에 빠져 유학자들이 스스로 조국의 뿌리 역사를 지워 버린 결과 한반도 내에 존재하지도 않았던 기자조선과 위만정권이 이 땅에 자리 잡게 되었고 결국 일본과 중국이 동방의 한국사와 고대역사의 틀을 왜곡하는 빌미를 제공하였다.

가. 삼국유사三國遺事

『魏書』云: "乃往二千載有壇君王儉, 立都阿斯達(『經』云 '無葉山', 亦云 '白岳', 在白州地, 或云 '在開城東', 今白岳宮是), 開國號朝鮮, 與高同時."

『위서魏書』에 이르기를, 지난 2천 년 전에 단군왕검께서 도읍을 아사달에 정하시고(경經에서는 무엽산無葉山, 또는 백악白岳이라 하는데 백주白州에 있다. 혹 말하길 개성開城 동쪽에 있다고 하는데 지금의 백악궁白岳宮이다) 나라를 세워 이름을 조선이라 하시니 요임금과 같은 시대였다. (중략)

" ······ 以唐高卽位五十年庚寅(唐高卽位元年戊辰, 則五十年丁巳, 非庚寅也, 疑其未實), 都平壤城(今西京), 始稱朝鮮. 又移都於白岳山阿斯達, 又名弓(一作方)忽山, 又今彌達, 御國一千五百年. 周虎王卽位己卯, 封箕子於朝鮮, 壇君乃移於藏唐京, 後還隱於阿斯達爲山神, 壽一千九百八歲."

당唐나라 요임금이 즉위한 지 50년 되던 경인庚寅년(요堯가 즉위한 원년은 무진戊辰년으로, 그 후 50년은 정사丁巳년이지 경인년이 아니므로 이것이 사실인지 의심스럽다)에 평양성(지금의 서경西京)에 도읍하고 비로소 조선이라 일컬었다. 또 도읍을 백악산 아사달로 옮겼는데 그곳을 궁홀산弓忽山(일명 방홀산方忽山), 또는 금미달이라고도 하니 이곳에서 1,500년 동안 나라를 다스렸다.

주나라 무왕이 즉위한 기묘(己卯 BCE 1122)년에 무왕이 기자箕子를 조선에 봉하니, 이에 단군은 장당경으로 옮겨 가셨다가 뒤에 돌아와 아사달에 은거하여 산신이 되시니 수가 1,908세였다.

『唐』「裵矩傳」云: "高麗本孤竹國(今海州), 周以封箕子爲朝鮮. 漢分置三郡, 謂玄菟·樂浪·帶方(北帶方)." 『通典』亦同此說.

당나라 『배구전裵矩傳』에 이르기를, 고구려는 본래 고죽국(지금의 해주海州)인데 주나라가 기자를 봉하여 조선 왕으로 삼았다. 한나라가 이를 나누어 3군을 설치하여 현도, 낙랑, 대방(북대방北帶方)이라 불렀다. 『통전』에서 이르는 바도 역시 이와 같다.

나. 제왕운기帝王韻紀 권하卷下
(이승휴李承休, 충렬왕 13년, 1287년)

前朝鮮紀
初誰開國啓風雲, 釋帝之孫名檀君.(「本紀」曰: "上帝桓因有庶子曰雄云云. 謂曰: '下至三危·太白, 弘益人間歟!' 故雄受天符印三箇, 率鬼三千, 而降太白山頂神檀水下, 是謂桓雄天王也云云. 令孫女飮藥, 成人身, 與檀樹神, 婚而生男, 名檀君. 據朝鮮之域, 爲王. 故尸羅·高禮·南北沃沮·東北扶餘·穢與貊, 皆檀君之壽也. 理一千三十八年, 入阿斯達山, 爲神不死故也.") 竝與帝高興戊辰, 經虞歷夏居中宸.

전조선기
처음으로 어느 누가 나라를 열고 바람과 구름을 인도하였던가, 제석帝釋의 손자로 이름은 단군檀君이라(『본기本紀』에 이르기를 상제上帝 환인桓因에게는 서자가 있었는데 이름이 웅雄이다 운운한다. 이 웅에게 일러 말하기를 "내려가서 삼위산과 태백산에 이르러 널리 인간을 이롭게 할 수 있겠는가?"라고 하였다. 그리하여 웅이 천부인天符印 세 개를 받고 귀신 삼천을 거느려 태백산 꼭대기에 있는 신단수神檀樹 아래에 내려왔다. 이분을 단웅천왕檀雄天王이라 이른다 운운한다. 손녀에게 약을 먹여 사람의 몸이 되게 하여 단수신檀樹神과 혼인시켜 아들을 낳게 했다. 이름을 단군檀君이라 하였는데 조선

의 땅에 살면서 왕이 되었다. 이런 까닭에 시라尸羅·고례高禮·남북옥저南北沃沮·동북부여東北夫餘·예穢와 맥貊은 모두 단군의 자손인 것이다. 다스린 지 1,038년에 아사달산阿斯達山에 들어가 신이 되어 죽지 않았던 것이다). 요제堯帝와 같은 해 무진戊辰년에 나라 세워 순舜시대를 지나 하夏시대를 거쳐 왕위에 있었도다.

於殷虎丁八乙未, 入阿斯達山爲神(今九月山也, 一名弓忽, 又名三危, 祠堂猶在). 享國一千二十八, 無奈變化傳桓因. 却後一百六十四, 仁人聊復開君臣(一作, 爾後一百六十四, 雖有父子無君臣).

은殷나라 무정武丁 8년 을미년에 아사달산에 들어가 신이 되었으니(지금의 구월산九月山인데 다른 이름으로 궁홀산弓忽山 또는 삼위三危라고도 하는데 사당祠堂이 지금도 있다), 나라를 누리기를 1,028년, 어찌할 도리가 없는 그 조화 환인桓因이 전한 일, 그 뒤 164년 만에 어진 사람이 나타나 군君과 신臣이 있게 되었다. (일설에는 이후 164년간 비록 부자는 있었으나 군신君臣은 없었다고 한다.)

後朝鮮紀
後朝鮮祖是箕子. 周虎元年己卯春, 逋來至此, 自立國. 周虎遙封降命綸, 禮難不謝乃入覲, 洪範九疇問彛倫. 四十一代孫名準, 被人侵奪聊去民. 九百二十八年理, 遺風餘烈傳熙淳. 準乃移居金馬郡, 立都又復能君人.

후조선기
후조선의 시조는 기자인데, 주무왕 원년 기묘년 봄에 도망하여 여기에 이르러 나라를 세웠다. 주무왕이 멀리 봉하는 윤음을 내렸다. 예의상 사양하지 못하고 들어가 보니 홍범구주의 떳떳한

인륜을 물었다. 41대 손의 이름은 기준인데, 침탈을 당하여 백성을 떠났다. 928년을 다스렸으니 끼친 풍속 남은 공렬 빛나고 순수했다. 준왕은 금마군에 도읍을 정하고 다시 임금이 되었다.

衛滿朝鮮紀
漢將衛滿生自燕, 高帝十二丙午年, 來攻逐準乃奪國. 至孫右渠盈厥愆. 漢虎元封三癸酉, 命將出師來討焉. 三世幷爲八十八, 背漢逐準殃宜然.

위만조선기
한의 장수 위만은 연나라 사람으로, 한고제 12년 병오년에 준왕을 공격하여 나라를 빼앗았다. 그 손자 우거에 이르러 허물이 가득했다. 한 무제 원봉 3년 계유에 장수에게 명해 군사를 내어 토벌하였다. 3대를 합쳐 88년으로 한을 배반하고 준왕을 쫓아 냈으니 재앙을 받음이 마땅하다.

다. 조선왕조실록朝鮮王朝實錄 태종실록太宗實錄
(태종 31권, 16년, 1416년, 병신丙申, 6월 1일)

敬承府尹 卞季良 上書
或曰: "誰不知禱雨於天之爲可乎? 然天子祭天地, 諸侯祭山川, 王制也. 禱雨於天, 非僭也歟?" 臣曰: "天子祭天地者, 常也; 禱雨於天者, 處非常之變也." 古人有言曰: '善言天者徵於人.' 臣請以人事明之. 有人於此, 欲訟其事, 不之刑曹, 則必之憲司. 刑·憲上其事, 國制也. 事急情至, 則直來擊鼓, 以達天聰者有之矣. 何以異於是?

경승부윤 변계량 상서
혹자는 말하기를, '누가 하늘에 비를 비는 것이 옳은 줄 알지 못하는가? 그러나, 천자天子가 천지天地에 제사 지내고 제후諸侯가 산천山川에 제사 지내는 것이 제도이니, 비를 하늘에 비는 것은 참람僭濫하지 않은가?'라고 하나, 신은 말하기를, '천자天子가 천지天地에 제사 지내는 것은 상경常經이요, 하늘에 비를 비는 것은 비상非常의 변變에 대처하는 것이라'고 합니다. 옛사람이 말하기를, '하늘에 대해서 잘 말하는 사람은 사람에게 징험이 있다'고 하였으니, 신은 인사人事로써 이를 밝혀 보겠습니다. 여기에 어떤 사람이 그 일을 소송하고자 할 때 형조刑曹에 가지 않으면 반드시 헌사憲司에 가게 되는데, 형조와 헌사에서 그 일을 올리는 것은 나라의 제도입니다. (그러나) 일이 급하고 사정이 지극할 경우에는 직접 와서 신문고를 쳐서 임금이 듣게 하는 천총天聰에 아뢰는 자도 있는데, 무엇이 이와 다르겠습니까?

夫五日不雨則無麥, 十日不雨則無禾. 今涉旬不雨, 而尙且疑於祭天, 不幾於泥古而不通乎? 雖禱於天, 亦未可必, 況今未嘗禱焉, 而望雨澤之降, 難矣哉! 且國制, 據禮文廢郊祀, 蓋數年于茲矣. 然吾東方有祭天之理而不可廢. 臣請得而條其說, 願殿下精鑑焉.

대저 5일 동안 비가 안 오면 보리가 없어지고, 10일 동안 비가 안 오면 벼가 없어집니다. 그런데 이제 10여 일이 되어도 비가 내리지 않는데, 아직도 하늘[天]에 제사하기를 의심하는 것이 옳겠습니까? 비록 하늘에 비를 빈다고 하더라도 또한 기필할 수 없는데, 하물며 이제 빌지도 아니하고 우택雨澤이 내리기를 바라는 것은 어려울 것입니다. 또 나라의 제도가 예문禮文에 의거하여 교사郊祀를 폐지한 지 지금까지 몇 년이 되었습니다. 그러나 우리 동방東方에서는 하늘에 제사 지내는 도리가 있었으니, 폐지할 수 없습니다. 신은 청컨대, 그 설說을 조목별로 말해 보겠으니, 전하께서 청감淸鑑하기를 원합니다.

吾東方檀君始祖也, 盖自天而降焉, 非天子分封之也. 檀君之降, 在帝堯之戊辰歲, 迄今三千餘祀矣. 祀天之禮, 不知始於何代, 然亦千有餘年, 未之或改也. 我太祖康獻大王, 亦因之而益致勤焉. 臣以爲吾東方有祀天之理而不可廢也.

우리 동방은 단군檀君이 시조인데, 대개 하늘에서 내려오셨고 천자가 분봉分封한 나라가 아닙니다. 단군이 내려온 것이 당요唐堯의 무진戊辰년에 있었으니, 오늘에 이르기까지 3천여 년이 됩니다. 하늘에 제사하는 예가 어느 시대에 시작하였는지 알지 못하겠습니다만, 그러나 또한 1천여 년이 되도록 이를 혹은 고친 적이 아직 없습니다. 태조강헌대왕太祖康獻大王이 또한 이를 따라 더욱 공근恭謹하셨으니, 신은 하늘에 제사하는 예를 폐지할 수 없다고 생각합니다.

或曰: "檀君國於海外, 朴略少文, 不與中國通焉, 未嘗爲君臣之禮矣. 至周武王, 不臣殷太師, 而封之朝鮮, 意可見矣. 此祀天之禮, 得以行之也. 厥後通於中國, 君臣之分, 燦然有倫, 不可得而踰也."

혹자는 말하기를, '단군은 해외에 나라를 세워 박략朴略하고 글이 적고 중국과 통하지 못하였고 일찍이 군신君臣의 예를 차리지 않았다. 주周나라 무왕武王에 이르러서 은殷나라의 태사太師를 신하로 삼지 아니하고 조선에 봉하였으니, 그 뜻을 알 수 있다. 이로써 하늘에 제사하는 예를 행할 수 있었다. 그 뒤에 중국과 통하여 임금과 신하의 분수가 찬연燦然하게 질서가 있었으니, 법도를 넘을 수가 없다'고 합니다.

臣曰: "天子祭天地, 諸侯祭山川, 此則禮之大體然也. 然以諸侯而祭天者, 亦有之矣. 魯之郊天, 成王以周公有大勳勞而賜之也; 杞宋之郊天, 以其先世祖宗之氣, 嘗與天通也. 杞之爲杞, 微乎微者, 以先世而祭天矣; 魯雖侯國, 以天子許之而祭天矣. 此則禮之曲折然也."

신은 말하기를, '천자天子가 천지天地에 제사하고, 제후諸侯가 산천山川에 제사하는 것은 예禮의 대체大體가 그러한 것이다. 그러나 제후로서 하늘에 제사한 경우도 또한 있었다. 노魯나라에서 교천郊天한 것은 성왕成王이 주공周公이 나라에 큰 공훈功勳이 있다 하여 내린 것이고, 기杞·송宋나라가 교천郊天한 것은 그 선세先世 조종祖宗의 기운이 일찍이 하늘과 통하였기 때문이다. 기杞나라가 기杞나라 됨은 미미한 것이지만 선세 때문에 하늘에 제사 지냈고, 노魯나라는 비록 제후諸侯의 나라 하더라도 천자가 이를 허락하여서 하늘에 제사하였다. 이것은 예의 곡절曲折이 그러한 것이다'고 합니다.

臣嘗思之, 高皇帝削平僭亂, 混一夷夏, 創制立法, 革古鼎新, 乃嘉玄陵歸附之誠, 特降詔書, 歷言我朝之事, 如示諸掌, 纖悉備具, 眞所謂明見萬里之外, 若日月之照臨者也. 我朝祭天之事, 亦必知之無疑也. 厥後乃許儀從本俗, 法守舊章. 其意盖謂海外之邦, 始也受命於天; 其祀天之禮, 甚久而不可變也.

신이 일찍이 생각하건대, 고황제高皇帝(명태조 주원장)가 참란僭亂을 삭평削平하여 이하夷夏를 통일하고, 제도를 창시하며 법을 세울 때, 옛 것을 혁파하고 새로운 것을 취하셨습니다. 이에 현릉玄陵이 귀부歸付한 정성을 아름답게 여겨 특별히 밝은 조서詔書를 내려, 우리 조정朝廷의 일을 두루 말하기를 손바닥을 가리키는 것과 같이 자세하게 갖추어 말하였으니, 참으로 이른바 만 리 밖을 밝게 내다보는 것이 일월日月이 조림照臨하는 것과 같다고 하겠습니다. 우리 조정에서 하늘에 제사하는 일도 또한 반드시 알고 있었을 것은 의심이 없습니다. 그 뒤로 곧 의식은 우리나라의 풍속本俗을 따르고 법은 옛 제도舊章를 지키도록 허락하였으니, 그 뜻은 대개 해외海外의 나라에서 처음으로 하늘에서 명命을 받았고 그 하늘에 제사하는 예법은 심히 오래되어 변경할 수가 없음을 이르는 것입니다.

> 國家之法, 莫大於祭祀; 祭祀之禮, 莫大於郊天. 法守舊章, 此其先務也. 由是言之, 我朝祭天之禮, 求之先世, 則更歷千餘年, 而氣與天通也久矣. 高皇帝又已許之矣, 我太祖又嘗因之而益致勤矣. 臣所謂吾東方有祭天之理而不可廢者, 盖以此也.

국가의 법은 제사祭祀보다 더 큰 것이 없고, 제사의 예법은 교천郊天보다 더 큰 것이 없으니, 법으로 옛 전장典章을 지킴에, 이것이 그 먼저 힘써야 할 일입니다. 이것으로 말미암아 말한다면, 우리 조정에서 하늘에 제사하는 것은 선세先世에서 찾아 보면, 1천여 년을 지나도록 기운이 하늘과 통한 지 오래 되었습니다. 고황제高皇帝가 또 이미 이를 허락하셨고, 우리 태조太祖께서 또 일찍이 이에 따라서 더욱 공근恭謹하셨으니, 신이 이른바 우리 동방에서 하늘에 제사하는 이치가 있어 폐지할 수 없다는 것은 이것 때문입니다.

라. 응제시주應製詩註

(권람權擥, 세조世祖 7년, 1462년)

> 始古開闢東夷主
> 【自註】昔神人降檀木下, 國人立以爲主, 因號檀君, 時唐堯元年戊辰也.

시고개벽동이주

[자주] 옛날에 신인이 박달나무 아래로 내려오니 나라 사람들이 그를 왕으로 세우고 인하여 단군이라 불렀다. 이때가 당요 원년 무진년이다.

> 【增註】『古記』云: "上帝桓因, 有庶子曰雄, 意欲下化人間, 受天三印, 率徒三千, 降於太白山神檀樹下, 是爲桓雄天王也. 桓, 或云檀. 山, 卽今平安道熙川郡妙香山也. 將風伯·雨師·雲師, 而主穀·主命·主病·主刑·主善惡, 凡主人間三百六十餘事, 在世理化. 時有一熊一虎, 同穴而居, 常祈于雄, 願化爲人, 雄遺靈艾一炷·二十枚曰: '食之, 不見日光百日, 便得人形.' 熊·虎食之, 虎不能忌, 而熊忌三七日得女.

[증주] 고기에 말하기를 상제 환인에게 서자가 있었는데, 환웅이라 하였다. 인간 세상에 내려가 교화하고자 하여 천부인 3개를 받아 무리 3천을 거느리고 태백산 신단수 아래로 내려오니 이분이 환웅천왕이시다. 환桓은 혹은 단檀이라고도 한다. 산은 지금의 평안도 희천군 묘향산이다. 풍백, 우사, 운사를 거느리고 곡식, 명, 병, 형벌, 선악 등 인간 세상의 360여 가지 일을 주관하게 하여 세상을 다스리도록 하였다. 이때 곰족 한 사람과 호족 한 사람이 같은 굴에서 살고 있었는데, 항상 환웅에게 사람이 되기를 기원하였다. 이때 환웅이 신령스런 쑥 한 다발과 마늘 20개를 주면서 말하기를 "너희는 이것을 먹되 100일 동안 햇빛을 보지 않으면 사람의 형상이 되리라" 하였다. 호족과 곰족이 쑥과 마늘을 먹었는데, 호족은 금기를 지키지 못하고 곰족은 잘 지켜 21일 만에 여자가 되었다.

身無與爲婚, 故每於檀樹下, 呪願有孕,
雄乃假化而爲人, 孕子曰檀君. 與唐堯同
日. 以立國號朝鮮, 初都平壤, 後都白岳.
娶非西岬河伯之女, 生子曰夫婁, 是爲東
夫餘王. 至禹會諸侯塗山, 檀君遣子夫婁
朝焉. 檀君歷虞夏至商武丁八年乙未, 入
阿斯達山, 化爲神, 今黃海道文化縣九月
山也. 廟至今存焉, 享年千四十八年. 厥
後一百六十四年己卯, 箕子來封."

그러나 혼인할 상대가 없어 매양 신단수 아래
에서 잉태하기를 빌었다. 이에 환웅이 잠깐 사람
으로 변신하니 웅녀가 잉태하여 아들을 낳았는데
이름이 단군이다. 단군은 당요와 같은 날에 나라
를 세우고 나라 이름을 조선이라 부르셨다. 처음
도읍지는 평양이고 뒤의 도읍지는 백악산이다.
비서갑 하백의 딸에게 장가들어 부루를 낳았는데
이분이 동부여 왕이다. 하나라 우임금 때에 이르
러 제후들이 도산에 모일 때, 단군이 태자 부루를
보내었다. 단군은 하나라 우임금을 거쳐 상 무정
8년 을미에 아사달산에 들어가 신이 되셨다. 지
금의 황해도 문화현 구월산이다. 사당이 지금도
있다. 나라를 누리기 1,048년이었다. 그 뒤 164
년 후 기묘년에 기자箕子가 와서 봉해졌다.

마. 삼국사절요三國史節要
(노사신盧思愼·서거정徐居正 등等, 1476년)
삼국사절요외기三國史節要外紀

檀君朝鮮
東方有畎夷·方夷·于夷·黃夷·白夷·
赤夷·玄夷·風夷·陽夷等九種, 而初無
君長, 有神人降檀木下, 國人立爲君. 國
號朝鮮, 時唐堯戊辰歲也. 初都平壤, 後
徙都白岳, 是爲檀君. 至商武丁八年乙
未, 檀君入阿斯達山爲神.

단군조선
동방東方에 견이畎夷·방이方夷·우이于夷·황이黃夷·백이白夷·적이赤夷·현이玄夷·풍이風夷·양이陽夷 등 아홉 종족種族이 있었는데 처음에는 군장君長이 없었다. 신인神人이 단목檀木 아래로 내려오자 나라 사람들이 임금으로 세우고 국호國號를 조선朝鮮이라 하였으니 때는 당요唐堯 무진년이었다. 처음에는 평양平壤에 도읍을 정했다가 뒤에 백악白岳으로 도읍을 옮겼으니 이분이 곧 단군檀君이시다. 상商나라 무정武丁 8년 을미乙未에 단군이 아사달산阿斯達山에 들어가 신神이 되셨다.

箕子朝鮮
周武王克商, 封箕子於朝鮮. 箕子來都平
壤, 教其民以禮義, 田蠶織作, 又制八
條: 相殺以當時償殺. 相傷以穀償. 相盜
者, 男沒入爲其家奴, 女子爲婢, 欲自贖
者, 人五十萬雖免, 爲民俗猶羞之, 嫁取
無所讐. 是以其民終不相盜, 無門戶之閉,
婦人貞信, 不淫辟. 飲食以籩豆, 有仁賢
之化. 其後子孫見周衰, 而燕自稱王, 將
興兵擊燕, 以尊周室, 大夫禮諫之而止.

기자조선
주무왕이 상을 이기고 기자를 조선에 봉하였다. 기자는 평양에 도읍하고 백성들에게 예의, 누에치기, 길쌈을 가르쳤다. 또 팔조를 제정하여 남을 죽이면 같이 죽여서 다스리고, 남을 다치게 하면 곡식으로 배상케 하고, 남의 것을 도둑질하면 남자는 그 집의 노비가 되게 하고, 여자는 계집종이 되게 하며, 스스로 속죄하려 하면 오십만을 내고 면하여 주지만 백성들이 오히려 수치스럽게 여겨서 혼인도 할 수 없었다. 이에 그 백성들은 도둑질하지 않고 문을 잠그지 않고 부인들은 정조를 지키며 음란하지 않았다. 음식은 변두를 쓰고, 인현의 교화가 있었다. 그 후 자손은 주실이 쇠하고 연이 칭왕하자 병사를 일으켜 연을 공격하고 주실을 높이고, 대부의 예로써 간하

> 여 그치게 하였다.

> 又其後子孫稍驕虐, 燕乃遣將秦開, 攻其西, 取地二千餘里. 朝鮮遂弱, 及秦築長城, 抵遼東. 四十代孫否畏秦, 遂服屬於秦. 否死, 子準立. 二十餘年而陳項起, 天下亂. 燕齊趙民, 稍稍歸準. 及盧綰爲燕王, 準與燕, 以浿水爲界. 綰反入匈奴, 燕人衛滿亡命, 聚黨千餘人, 鬼魋結蠻夷服, 而東渡浿水, 求居西界. 準信之, 拜爲博士, 封之百里, 令守西鄙. 滿誘亡黨, 衆稍多, 乃詐遣人告準, 言漢兵十道至, 欲入宿衛, 遂攻準. 準率宮人左右, 浮海而南, 至金馬郡居之.

衛滿朝鮮

> 衛滿逐箕準, 據王儉城, 仍號朝鮮. 傳三世至孫右渠, 所誘漢亡人滋多, 未嘗入覲. 辰國欲朝天子, 又壅閼不通. 武帝使涉何誘諭, 終不奉詔, 襲殺何. 元封三年, 帝遣樓船將軍楊僕, 從齊浮渤海, 左將軍苟彘, 出遼東討之. 右渠發兵拒之. 兩將圍城未有利, 又不相能, 右渠陰使人閒之. 以故久不決. 帝又遣濟南太守公孫遂, 往征之, 使便宜從事. 遂至, 兩將軍卽急擊右渠. 其相尼谿相參, 殺右渠降. 漢封參爲澅淸侯, 分定朝鮮, 爲四郡.

위만조선

위만은 기준을 내쫓고 왕검성을 차지하고 국호는 그대로 조선이라 칭하였다. 삼세三世를 전하여 손자 우거왕에 이르러서는 유인하여 낸 한漢나라의 망명인이 번성하여 많았으므로 조근하지도 않았다. 진국이 천자와 통하려 하나 가로막았다. 무제가 사신 섭하涉何를 보내어 우거右渠를 회유하고자 하였으나 우거는 받들지 않았고 섭하를 죽였다.

한무제가 원봉 3년(BCE 108) 누선장군樓船將軍 양복楊僕을 보내어 제齊로부터 발해渤海에 배를 띄우고, 좌장군左將軍 순체荀彘에게 요동遼東을 출발하여 우거右渠를 공격하게 하였다. 우거右渠는 병사를 발하여 왕검성에서 그들을 막았다. 두 장군은 성을 포위하였으나 유리하지 않았고, 또 서로 사이가 좋지 않자 우거는 몰래 사람을 시켜 이간시키니 이 때문에 오래 해결되지 않았다. 무제는 제남태수 공손수를 보내 정벌하도록 하였는데 편의에 따라 종사하게 하였다. 공손수가 도착함에 두 장군이 급히 우거를 공격하니 그 재상 이계상 참이 우거를 죽이고 항복하였다. 한은 참을 획청후로 삼고 조선을 4군으로 나누었다.

또 그 후 자손이 점차 교학해지자 연은 장수 진개를 보내어 서쪽을 공격하여 이천여 리의 땅을 빼앗았다. 조선은 점차 약해지고 진이 장성을 쌓고 요동에 이르자 40대 손 비왕이 진나라가 두려워 복속하였다. 비왕이 죽자 아들 준왕이 다스린 지 20여 년에 진승과 항우가 일어나 천하가 어지러워졌다. 연·제·조의 백성들이 점차 준에게 귀항하였다.

노관이 연왕이 되고 준과 연은 패수를 경계로 하였다. 노관이 한나라를 배반하고 흉노로 들어가니 연나라 사람 위만이 망명하였는데, 무리 천여 명과 북상투와 만이복을 입고 동쪽으로 패수를 건너 서쪽 경계에 거두어 줄 것을 구하였다. 준왕은 위만을 믿어 박사에 봉하고, 백 리를 봉하여 서쪽 변방을 지키게 하였다.

위만은 점차 망명인들과 결탁하였다. 위만은 준왕에게 사람을 보내어 거짓으로 한나라의 병사가 십도로 쳐들어오니 들어가 왕을 호위하겠다고 하고는 준왕을 쳤다. 준왕은 좌우 궁인을 이끌고 바다를 건너 남쪽에 이르러 금마군에 거하였다.

아. 동국통감 東國通鑑

(서거정徐居正 등等 공찬共撰, 1484년)

> 外紀　檀君朝鮮
> 東方初無君長, 有神人降于檀木下, 國人立爲君, 是爲檀君, 國號朝鮮, 是唐堯戊辰歲也. 初都平壤, 後徙都白岳. 至商武丁八年乙未, 入阿斯達山爲神.

외기 단군조선

동방 땅에는 처음에 군장이 없었다. 신인이 단목 아래에 내려오자 나라 사람들이 임금으로 세우니 이분이 단군이시다. 나라 이름을 조선이라 하니 바로 당요의 무진년 때 일이다. 처음에 평양에 도읍하였다가 후에 백악으로 도읍을 옮겼고, 상나라 무정 임금 8년인 을미년에 아사달산에 들어가 신이 되셨다.

> [臣等按]『古紀』云: "檀君與堯並立於戊辰, 歷虞夏至商武丁八年乙未, 入阿斯達山爲神, 享壽千四十八年." 此說可疑. 今按, 堯之立在上元甲子甲辰之歲, 而檀君之立在後二十五年戊辰, 則曰與堯並立者, 非也. 自唐虞至于夏·商, 世漸澆漓, 人君享國久長者, 不過五六十年, 安有檀君獨壽千四十八年以享一國乎? 知其說之誣也. 前輩以謂, 其曰千四十八年者, 乃檀氏傳世歷年之數, 非檀君之壽也. 此說有理. 近世權近, 入覲天庭, 太祖高皇帝命近賦詩, 以檀君爲題, 近詩曰: "傳世不知幾, 歷年曾過千." 帝覽而可之. 時論亦以近之言爲是, 姑存之以備後考.

신 등이 생각컨대 고기에 이르기를 "단군은 요임금과 더불어 무진년에 재위에 오르셨고, 우 그리고 하의 시대를 지나 상나라 무정 8년 을미년에 아사달산에 들어가 신이 되셨으니 향년 1,048년이다"라고 하였는데, 이 이야기는 의심스럽다. 지금 생각컨대, 요임금이 위에 오른 것은 상원갑자 갑진년 때이고 단군이 위에 오른 것은 그 25년 뒤인 무진년이니 '요임금과 더불어 위에 올랐다'고 한 것은 틀린 것이다. 당나라(요)와 우나라(순)로부터 하나라(우)와 상나라(탕)에 이르기까지 세상은 점차 각박해져 임금으로서 나라를 다스리며 위에 오래도록 있다 하더라도 오륙십 년을 넘기지 못하였는데, 어찌 유독 단군은 1,048년의 수를 누리며 한 나라를 다스리는 자리에 계셨겠는가. 그 설이 잘못된 것임을 알 수 있다. 앞선 사람들이 이를 두고 말하기를, 1,048년이라 말하는 것은 단씨가 세대를 전한 역년의 숫자일 뿐이지 단군의 향년이 아니라고 하였는데, 그 이야기가 이치에 맞다. 근래 권근이 황궁에 들어가 천자를 알현하였는데, **태조 고황제가 권근에게 명하여 시를 짓게 함에 '단군'을 시의 제목으로 하게 하였더니 권근이 시에서 말하기를 '세대를 전한 것이 얼마인지 알 수 없으나 역년이 천년은 족히 넘었도다'** 라 하니 천자가 그것을 살펴보고는 그럴 것이라 하였다. 그 당시의 논평 또한 권근의 말을 옳은 것으로 여겼다. 그것을 기록으로 남겨둠으로써 후에 고찰하여 볼 수 있게 한다.

2. 중국 사료

우리 한국사는 고대사 기록이 빈약하여 중국 사료에 의존도가 높은 게 현실이다. 그런데 중국은 역사를 기록할 때 중화의식에 따라 자국의 수치는 숨기고 주변국 일은 간략하게 기술하되 의도적으로 낮추고 깎아내렸다.

이러한 악습은 동방 한민족과의 관계 기록에서 더욱 잘 나타나 **하夏·상商·주周의 고대 역사가 동방 고조선으로부터 강력한 영향을 받았으나**, 의도적으로 은폐하여 고대 한중관계를 올바르게 볼 수 없게 만들었다. 『사기』를 쓴 사마천마저 한무제가 위만정권을 무너뜨리고, 고조선을 계승한 북부여를 침공하다가 참패한 사건을 **위만 정권과의 전쟁**으로만 축소하여 기술하였다. 따라서 중국 사료를 통해 우리 역사를 바로 본다는 것은 애초부터 한계를 지닐 수밖에 없다.

가. 관자管子(전국戰國시대~한대漢代)

> 揆度 第七十八
> 桓公問管子曰:"吾聞海內玉幣有七筴, 可得而聞乎?" 管子對曰:"陰山之礝磻, 一筴也. 燕之紫山白金, 一筴也. 發朝鮮之文皮, 一筴也. 汝·漢水之右衢黃金, 一筴也. 江陽之珠, 一筴也. 秦明山之曾青, 一筴也. 禺氏邊山之玉, 一筴也. 此謂以寡爲多, 以狹爲廣; 天下之數, 盡於輕重矣."

규도 제78

환공이 관자에게 물었다. "나는 나라 안의 진귀한 물건으로 화폐로 만드는 일곱 가지 방법이 있다고 들었습니다. 들을 수 있습니까?" 관자가 대답했다. "음산陰山에서 나는 연민(옥玉에 가까운 아름다운 돌)을 이용하는 것이 한 방책입니다. 연燕나라 자산紫山의 은[白金]을 이용하는 것이 한 방책입니다. 발조선發朝鮮(번조선番朝鮮)에서 나는 꽃무늬가 새겨진 호랑이 가죽을 이용하는 것이 한 방책입니다. 여수汝水와 한수漢水에서 나는 황금을 이용하는 것이 한 방책입니다. 강양江陽에서 나는 구슬을 이용하는 것이 한 방책입니다. 진秦나라 명산明山에서 증청曾青(장생불사의 선약仙藥을 뜻하는 이름)을 이용하는 것이 한 방책입니다. 우씨禺氏의 변산邊山에서 나는 옥을 이용하는 것이 한 방책입니다. 이것은 귀한 것을 이용하여 부유함을 통제하고, 좁은 지역을 이용하여 넓은 지역을 통제하는 방법입니다. 천하의 재정 정책은 물가 조절에 달려 있습니다."

> 輕重甲第八十
> 桓公曰:"四夷不服, 恐其逆政, 游於天下, 而傷寡人, 寡人之行, 爲此有道乎?" 管子對曰:"吳越不朝, 珠象而以爲幣乎! 發朝鮮不朝, 請文皮毤. 服而以爲幣乎! 禺氏不朝, 請以白璧爲幣乎! 崑崙之虛不朝, 請以璆琳琅玕爲幣乎! 故夫握而不見於手, 含而不見於口, 而辟千金者, 珠也, 然後八千里之吳越可得而朝也. 一豹之皮容金而金也, 然後八千里之發朝鮮可得而朝也, 懷而不見於抱, 挾而不見於腋, 而辟千金者, 白璧也, 然後八千里之禺氏可得而朝也. 簪珥而辟千金者, 璆琳琅玕也, 然後八千里之崑崙虛可得而朝也. 故物無主, 事無接, 遠近無以相因, 則四夷不得而朝矣."

경중갑 제80

환공이 말했다. "사방의 나라[四夷]가 복종하지 않고, 천하에 거스르는 정책을 펼쳐 과인을 상하게 할까 두렵습니다. 과인이 정치를 펴려는데 방도가 있습니까?" 관자가 대답했다. "오나라와 월나라가 조공을 오지 않으면, 청컨대 거기서 나는 진주와 상아로 화폐로 만듭니다. **발조선**發朝鮮

이 조공을 오지 않으면, 청컨대 거기서 나는 아름다운 모피와 갖옷을 화폐로 만듭니다. 우씨가 조공을 오지 않으면, 청컨대 거기서 나는 흰 옥을 화폐로 만듭니다. 곤륜 일대의 나라에서 조공을 오지 않으면, 청컨대 거기서 나는 아름다운 옥(구림, 낭간)을 화폐로 만듭니다. 따라서 손으로 쥐어서 보이지 않고 입에 머금어서 보이지 않지만 천금보다 귀한 것은 진주입니다. (그것을 화폐로 만든 뒤에야) 8천 리 밖의 오나라와 월나라가 조공을 올 것입니다. 한 마리 표범의 가죽은 천금보다 귀합니다. (그것을 화폐로 만든 뒤에야) **8천 리 밖의 발조선이 조공을 올 것입니다.** 가슴에 품어서 드러나지 않고, 겨드랑이에 끼워서 드러나지 않지만 천금보다 귀한 것은 옥입니다. (그것을 화폐로 만든 뒤에야) 8천 리 밖의 우씨가 조공을 올 것입니다. 비녀나 귀걸이로 천금보다 귀한 것이 구림과 낭간입니다. (그것을 화폐로 만든 뒤에야) 8천 리 밖 곤륜의 나라들이 조공을 올 것입니다. 따라서 보물을 주관하는 사람이 없고, 경제 활동을 연결하는 사람이 없고, 멀고 가까운 나라가 서로 통하는 것이 없으면 사방의 나라[四夷]가 조공을 오지 않을 것입니다."

나. 산해경山海經(전국戰國시대)

卷十二 海內北經
一日登北氏, 蓋國在鉅燕南, 倭北, 倭屬燕. 朝鮮在列陽東, 海北山南, 列陽屬燕.

권12 해내북경
순임금의 아내를 등북씨라 하는 사람도 있다. 개국蓋國은 대연의 남쪽, 왜국의 북쪽에 있다. 왜국은 연나라의 관할에 있다. **조선은 열양列陽의 동쪽에 있으니 발해의 북쪽 산의 남쪽에 있고, 열양은 연나라에 속한다.**

卷十八 海內經
東海之內, 北海之隅, 有國名曰朝鮮・天毒, 其人水居, 偎人愛之.

권18 해내경
동해의 안쪽, 북해의 모퉁이에 조선과 천독天毒이라는 나라가 있다. 이곳 사람들은 물가에 살며, 남을 아끼고 사랑한다.

다. 서경書經(尙書. 공자孔子, 춘추春秋 말기)

舜典
歲二月, 東巡守至于岱宗, 柴, 望秩于山川, 肆覲東后, 協時月正日, 同律度量衡, 修五禮, 五玉, 三帛, 二生, 一死, 贄, 如五器, 卒乃復.

순전
2월에 동쪽을 순행하여 대종岱宗(태산泰山)에 이르러 제사를 모시고, 차례로 산천에 제사를 지내고, 동방의 임금을 알현하고, 철과 달을 맞추어 날짜를 바로잡았으며, 악률과 도량형을 통일하고, 오례와 다섯 가지 옥, 세 가지 비단, 두 가지 산 짐승, 한 가지 죽은 짐승과 예물을 정리하였다. 다섯 가지 옥기는 예가 끝난 후 돌려드렸다.

라. 사기史記(사마천司馬遷, 한무제, BCE 108~BCE 91)

朝鮮列傳
【集解】張晏曰:"朝鮮有濕水・洌水・汕水, 三水合爲洌水, 疑樂浪・朝鮮取名於此也."【索隱】案: 朝音潮, 直驕反. 鮮音仙. 以有汕水, 故名也. 汕一音訕.

『사기집해』: 장안이 말했다. **조선에는 습수·열수·산수가 있고, 이 세 강이 합하여 열수가 된다.** 아마도 낙랑과 조선이라는 이름은 여기서 얻어진 것 같다. 『색은』: 살펴보건대 조朝의 음은 조潮이니, 직교반으로서 '죠'로 발음된다. 선鮮의 음은 선仙이니 산수汕水가 있기 때문에 이름을 얻은 것이다. 산汕의 또 하나의 음은 산山이다.

> 朝鮮王滿者, 故燕人也. 自始全燕時嘗略屬眞番・朝鮮, 爲置吏, 築鄣塞. 秦滅燕, 屬遼東外徼. 漢興, 爲其遠難守, 復修遼東故塞, 至浿水爲界, 屬燕. 燕王盧綰反, 入匈奴, 滿亡命, 聚黨千餘人, 魋結蠻夷服而東走出塞, 渡浿水, 居秦故空地上下鄣, 稍役屬眞番・朝鮮蠻夷及故燕・齊亡命者王之, 都王險.

조선 왕 위만은 원래 연燕나라 사람이다. 처음 연나라가 전성기였을 때부터 일찍이 진번과 조선을 침략하여 복속시키고 관리를 두었으며 변경의 험요한 곳에 보루를 쌓았다. 진秦나라가 연나라를 멸망시킨 후 조선은 요동 밖 변방에 귀속되었다. 한漢나라가 일어나서 그곳이 멀어 지키기 어려우므로 다시 요동의 옛 요새를 수리하고 패수浿水에 이르러 경계로 삼으니 연나라에 귀속되었다. 연나라 노관이 한나라를 배반하고 흉노로 들어가자, 위만도 도망하여 무리 1천여 명을 모아 상투를 틀고 만이蠻夷의 복장을 하여 동쪽으로 달아났는데, 요새를 나와 패수를 건넌 후에 옛 진秦나라의 빈 땅인 상하장上下鄣에 거처하면서 차츰 진번과 조선과 만이蠻夷 및 연나라와 제나라의 망명자들을 예속시켜 부렸으며 왕이 되어 왕험성王險城에 도읍을 정하였다.

> 會孝惠・高后時天下初定, 遼東太守卽約滿爲外臣, 保塞外蠻夷, 無使盜邊; 諸蠻夷君長欲入見天子, 勿得禁止. 以聞, 上許之, 以故滿得兵威財物侵降其旁小邑, 眞番・臨屯皆來服屬, 方數千里.

효혜孝惠와 고후高后의 시기가 되어 천하가 막 안정되자, 요동태수는 곧 위만을 외신外臣으로 삼기로 하는 한편, 요새 밖의 만이蠻夷를 보호하여 그들이 변경에서 도적질하지 못하게 하고, 모든 만이의 군장들이 천자(한왕)를 알현하고자 들어올 때 위만이 금지하지 않기로 하는 약정을 하였다. 이 일을 아뢰니 상上(한왕)이 허락하였다. 이 때문에 위만은 군대의 위세와 재물을 얻게 되었고, 그 주변의 작은 마을들을 침략하여 항복시키니 진번과 임둔이 모두 와 복속하여 영토가 사방 수 천리나 되었다.

> 傳子至孫右渠, 所誘漢亡人滋多, 又未嘗入見; 眞番旁衆國欲上書見天子, 又擁閼不通. 元封二年, 漢使涉何譙諭右渠, 終不肯奉詔. 何去至界上, 臨浿水, 使御刺殺送何者朝鮮裨王長, 卽渡, 馳入塞, 遂歸報天子曰: "殺朝鮮將." 上爲其名美, 卽不詰, 拜何爲遼東東部都尉. 朝鮮怨何, 發兵襲攻殺何. 天子募罪人擊朝鮮.

아들에게 전위되고 다시 손자 우거右渠에게 이르렀는데, 꾀어서 데려온 한나라의 망명자가 갈수록 많아졌고, 또한 한 번도 입조하지 않았으며, 진번眞番 주변의 여러 나라들이 글을 올리고 천자(한왕)를 알현하려고 하였으나 가로막아 통하지 못하게 하였다. 천자(한왕)가 죄인을 모아 조선을 치게 하였다.

> 其秋, 遣樓船將軍楊僕從齊浮渤海; 兵五萬人, 左將軍荀彘出遼東: 討右渠. 右渠發兵距險. 左將軍卒正多率遼東兵先縱, 敗散, 多還走, 坐法斬. 樓船將軍將齊兵七千人先至王險. 右渠城守, 窺知樓船軍少, 卽出城擊樓船, 樓船軍敗散走. 將軍楊僕失其衆, 遁山中十餘日, 稍求收散卒, 復聚. 左將軍擊朝鮮浿水西軍, 未能破自前.

그해 가을 누선장군樓船將軍 양복楊僕을 보내어 제齊로부터 발해渤海를 건너게 하니 병사는 5만 명이었다. 좌장군左將軍 순체荀彘는 요동을 떠나 우거를 토벌하러 갔다. 우거는 병사를 일으켜서 험준한 곳에서 막았다. 좌장군의 부하 졸정卒正 다多가 요동의 병사를 거느리고 먼저 진격하다가 패하여 흩어지고, 다多만 도망 왔다가 군법에 따라 목이 잘렸다. 누선장군은 제齊의 병사 7천명을 이끌고 왕험성에 먼저 도착하였다. 우거가 성을 지키다가 누선장군의 병사 수가 적음을 탐지하고 곧 병사를 성을 나서 누선을 치니 누선 군이 패하고 그의 병사들은 흩어져 달아났다. 장군 양복은 자신의 병사들을 잃고 산 속에 10여 일을 숨어 지내다가 차츰 흩어진 병사들을 찾아 거두어서 다시 모았다. 좌장군은 패수 서쪽에 주둔한 조선 군대를 공격하였지만 격파하고 앞으로 나아갈 수가 없었다.

天子爲兩將未有利, 乃使衛山因兵威往諭右渠. 右渠見使者頓首謝: "願降, 恐兩將詐殺臣; 今見信節, 請服降." 遣太子入謝, 獻馬五千匹, 及饋軍糧. 人衆萬餘, 持兵, 方渡浿水, 使者及左將軍疑其爲變, 謂太子已服降, 宜命人毋持兵. 太子亦疑使者左將軍詐殺之, 遂不渡浿水, 復引歸. 山還報天子, 天子誅山.

천자(한왕)는 두 장군이 승리하지 못하자, 위산衛山으로 하여금 군대의 세를 이용하여 우거를 타일러 깨닫게 하였다. 우거는 사자 위산을 보고 머리를 조아려 사죄하며 말하였다. "항복하려고 하였으나 두 장군이 속여서 나를 죽일까 두려웠습니다. 이제 신절信節을 보았으니 항복을 받아주시기 바랍니다."
태자太子를 사죄하러 보냈는데 말 5천 필을 바치며 군량미도 함께 보냈다. 1만여 명이나 되는 사람이 무기를 지니고 막 패수를 건너려고 할 때, 사자 위산과 좌장군 순체는 그들이 변란을 일으킬 것을 의심하여 태자에게 이미 항복하였으니 사람들에게 무기를 버리게 하는 것이 마땅하다고 말하였다. 태자 역시 사신과 좌장군이 자기를 속이고 죽일까 의심하여 마침내 패수를 건너지 않고 다시 무리를 이끌고 돌아갔다. 위산이 돌아와 천자(한왕)에게 보고하니 천자(한왕)가 위산을 주살하였다.

左將軍破浿水上軍, 乃前, 至城下, 圍其西北. 樓船亦往會, 居城南. 右渠遂堅守城, 數月未能下.

좌장군은 패수의 서쪽 기슭의 조선 군대를 격파하고 나아가 왕험성 밑에 이르러 성의 서북쪽을 포위하였다. 누선장군도 나아가 회합하고 성의 남쪽에 주둔하였다. 우거가 마침내 성을 굳게 지키는 바람에 수개월이 지나도록 함락시키지 못하였다.

左將軍素侍中, 幸, 將燕代卒, 悍, 乘勝, 軍多驕. 樓船將齊卒, 入海, 固已多敗亡; 其先與右渠戰, 因辱亡卒, 卒皆恐, 將心慚, 其圍右渠, 常持和節. 左將軍急擊之, 朝鮮大臣乃陰間使人私約降樓船, 往來言, 尙未肯決. 左將軍數與樓船期戰, 樓船欲急就其約, 不會; 左將軍亦使人求間郤降下朝鮮, 朝鮮不肯, 心附樓船: 以故兩將不相能. 左將軍心意樓船前有失軍罪, 今與朝鮮私善而又不降, 疑其有反計, 未敢發.

좌장군은 본래 시중侍中으로서 한왕(천자)의 총애를 받았는데, 그가 거느린 연燕과 대代의 군사는 사나운데다가 승세를 타고 있어 군사들이 매우 교만하였다. 누선장군은 제齊 지역의 군사를 거느리고 바다로 나아갔지만 상륙 후 본래 이미 많은 병사들이 패해서 달아났고 앞서 우거와의 싸움에서 곤욕을 당하고 적지 않은 병사들을 잃었으므로, 병사들은 모두 두려워하고 장수들은 마음속으로 매우 부끄러워하여, 우거를 포위하고도 화의를 하거나 싸움을 해도 제한적으로 하는 태도를 취했다. 좌장군이 급히 왕험성을 공격하자, 조선의 대신들이 몰래 사람을 보내 사적으로 누선장군에게 항복하겠다는 약속을 했지만 말만 오갈뿐 아직 결정을 하지는 않았다. 좌장군이 수차례 누선장군과 함께 싸움 날짜를 잡았으나 누선장군은 서둘러서 조선과의 약속을 실현시키려고 생각하여 회합하지 않았다. 좌장군 역시 사람을 보내 조선을 항복시킬 기회를 찾았으나 조선은 할 생각이 없었고 마음으로 누선장군을 가까이하였다. 이 때문에 두 장군은 서로 화합할 수가 없었다. 좌장군은 마음속으로 누선이 전에 군사를 잃은 죄가 있고 지금은 조선과 사적으로 좋은 관계를 맺고 있으며 또 조선이 항복하지 않음을 생각해내고 이는 반역할 음모가 있음이라고 의심하였지만 감히 발설하지 못했다.

天子曰: "將率不能, 前乃使衛山諭降右渠, 右渠遣太子, 山使不能剗決, 與左將軍計相誤, 卒沮約. 今兩將圍城, 又乖異, 以故久不決." 使濟南太守公孫遂往正之, 有便宜得以從事. 遂至, 左將軍曰: "朝鮮當下久矣, 不下者有狀." 言樓船數期不會, 具以素所意告遂, 曰: "今如此不取, 恐爲大害, 非獨樓船, 又且與朝鮮共滅吾軍." 遂亦以爲然, 而以節召樓船將軍入左將軍營計事, 卽命左將軍麾下執捕樓船將軍, 幷其軍, 以報天子. 天子誅遂.

천자(한왕)가 말하였다. "장수들이 앞으로 진격하지 못하므로 위산衛山을 보내 우거가 항복하도록 깨우쳐서, 우거가 태자를 보냈지만 위산이 사자로서 독단적으로 결정하지 못하고 좌장군과 함께 잘못을 범해 결국에는 약속을 깨뜨렸노라. 지금은 두 장수가 왕험성을 포위하고도 또다시 의견이 일치하지 않아 오랫동안 해결을 하지 못하고 있다."제남태수濟南太守 공손수公孫遂를 보내 잘못을 바로잡고, 이익이 있으면 스스로 융통성 있게 처리하게 하였다.

공손수가 조선에 도착하자 좌장군이 말하였다. "조선이 오래전에 항복했어야 하나 항복하지 않은 데에는 원인이 있소이다." 이어서 누선장군이 수차례 약속을 정했으나 회합하지 못한 일과 평소 생각한 바를 전부 공손수에게 말하였다. 끝으로 "지금 상황이 이러한대 그를 잡지 않으면 큰 화가 될까 두려우며, 누선이 반란할 뿐 아니라 또한 조선과 함께 우리 군대를 멸망시킬 것이오이다."라고 말하였다. 공손수도 그렇다 여기고 부절符節을 이용하여 누선장군을 '일을 상의하자'고 좌장군의 군영으로 불러들여서는, 곧바로 좌장군 휘하에 명하여 누선장군을 체포하고 그의 군사를 좌장군에게 병합시켰다. 공손수가 이 일을 천자(한왕)에게 보고하자 천자(한왕)는 공손수를 주살하였다.

左將軍已幷兩軍, 卽急擊朝鮮. 朝鮮相路人·相韓陰·尼谿相參·將軍王唊相與謀曰: "始欲降樓船, 樓船今執, 獨左將軍幷將, 戰益急, 恐不能與, (戰)王又不肯降." 陰·唊·路人皆亡降漢. 路人道死. 元封三年夏, 尼谿相參乃使人殺朝鮮王右渠來降. 王險城未下, 故右渠之大臣成巳又反, 復攻吏. 左將軍使右渠子長降·相路人之子最告諭其民, 誅成巳, 以故遂定朝鮮, 爲四郡. 封參爲澅淸侯, 陰爲荻苴侯, 唊爲平州侯, 長降爲幾侯. 最以父死頗有功, 爲溫陽侯.
左將軍徵至, 坐爭功相嫉, 乖計, 棄市. 樓船將軍亦坐兵至洌口, 當待左將軍, 擅先縱, 失亡多, 當誅, 贖爲庶人.

좌장군이 두 군대를 합친 후에 곧바로 급히 조선을 공격하였다. 조선의 재상 노인路人과 재상 한음韓陰, 니계尼谿의 재상 삼參이 장군 왕겹王唊과 함께 상의하여 말하였다. "당초에 누선장군에게 항복하려 했지만 지금 그는 잡혀 있고, 홀로 좌장군이 두 군대를 이끌고 전쟁은 더욱 급박해지니 아마도 그와 싸울 수 없을 것이고, 또한 왕께서는 항복을 하지 않을 것이다." 한음, 왕겹, 노인은 모두 한漢나라에 항복하려고 도망갔는데, 노인은 가는 도중에 죽었다.

원봉元封 3년 여름, 니계의 재상 삼이 사람을 시켜 조선왕 우거를 죽이고 항복해 왔다. 왕험성은 아직 함락되지 않고 있는데, 원래 우거의 대신이었던 성사成已가 다시 성안에서 반란을 일으켜 자신을 따르지 않는 관리들을 공격하였다. 좌장군은 우거의 아들 장강長降과 재상 노인의 아들 최最를 시켜 그들의 백성을 효유하여 성사를 죽였다. 이리하여 마침내 조선을 평정하고 사군을 설치하였다.

삼은 홰청후澅清侯로 봉하고, 한음은 추저후荻苴侯로 봉하고, 왕겹은 평주후平州侯로 봉하고, 우거의 아들 장강은 기후幾侯로 봉하고, 최는 아버지가 도중에 죽은 일로 매우 공로가 커서 온[열]양후溫[涅]陽侯로 봉했다.

좌장군은 수도로 불려 와서 공을 다투고 서로 시기하여 군사계획을 어긋나게 한 죄로 기시棄市를 당하였다. 누선장군도 자신의 군사가 열구洌口에 이른 후에 마땅히 좌장군을 기다려야 했으나 제멋대로 먼저 진격하여 많은 죽거나 잃은 병사가 많으므로 사형에 처해졌으나 속전을 내서 죽음을 면하고 평민이 되었다.

太史公曰: 右渠負固, 國以絶祀. 涉何誣功, 爲兵發首. 樓船將狹, 及難離咎. 悔失番禺, 乃反見疑. 荀彘爭勞, 與遂皆誅. 兩軍俱辱, 將率莫侯矣.

태사공이 말한다. "우거는 성의 견고함만 믿다가 나라를 잃었고, 섭하는 공로를 속이는 바람에 전쟁을 일으키는 발단을 만들었다. 누선장군은 도량이 좁아서 어려움을 만나고 죄를 얻었으며, 번우에서 기회를 잃은 것을 후회하다가 오히려 반역한다는 의심을 받았다. 순체는 공로를 다투다가 공손수와 함께 죽임을 당하였다. 양복과 순체의 양군은 모두 치욕을 당하였고, 장수들 중 누구도 제후로 봉해지지 않았다."

마. 오월춘추吳越春秋

월왕무여외전越王無餘外傳

越王無餘外傳
越之前君無餘者, 夏禹之末封也. 禹父鯀者, 帝顓頊之後. 鯀娶於有莘氏之女, 名曰女嬉. 年壯未孳. 嬉於砥山得薏苡而吞之, 意若爲人所感, 因而妊孕, 剖脅而産高密. 家于西羌, 地曰石紐. 石紐在蜀西川也.

월왕무여외전

월나라의 선군 무여無餘는 분봉된 하우夏禹의 후대이다. 우의 아버지 곤鯀은 제왕 전욱顓頊의 후대이다. 곤은 유신有莘 부락의 딸에게 장가들었는데, 그 여자의 이름은 여희이다. 여희는 장년의 나이가 되도록 자라지 않았는데, 지산砥山에서 놀 때 율무 한 알을 발견해서 그것을 삼켰더니 마치 남과 접촉한 것 같은 생각이 들었다. 이로 인해 회임을 하였으며 가슴을 가르고 고밀高密을 낳았다. 곤은 서강西羌에 정착하였는데, 땅이름은 석뉴石紐이고, 석뉴는 지금의 촉군 서천현에 있다.

帝堯之時, 遭洪水滔滔, 天下沉漬, 九州閼塞, 四瀆壅閉. 帝乃憂中國之不康, 悼黎元之罹咎. 乃命四嶽, 乃擧賢良, 將任治水. 自中國至于條方, 莫薦人. 帝靡所任, 四嶽乃擧鯀而薦之於堯. 帝曰: "鯀負命毀族, 不可." 四嶽曰: "等之群臣, 未有如鯀者." 堯用治水, 受命九載, 功不成. 帝怒曰: "朕知不能也." 乃更求之, 得舜, 使攝行天子之政, 巡狩. 觀鯀之治水無有形狀, 乃殛鯀于羽山. 鯀投于水, 化爲黃能, 因爲羽淵之神.

요임금 시절에 도도히 흐르는 홍수를 만나 천하가 물에 가득 차서 구주 사이가 막혀 두절되었고, 장강, 회하, 황하, 제수 등 4대 강이 막혀 통하지 않았다. 그리하여 요임금은 중국이 평안하지 못함을 근심하고 백성들이 재앙을 당하는 것을 불쌍히 여겨 사악四嶽(사방 제후의 장)에게 현능한 사람을 추천하라고 명령하여, 장차 홍수를 다스리는 데 쓰려고 하였다. 중국으로부터 사방의 먼 지역에 이르기까지 누구도 인재를 추천하지 않아 요임금이 일을 맡길 만한 사람이 없자, 사악이 곤을 뽑아 요임금에게 추천하였다. 요임금이 말하였다.

"곤이라는 사람은 명령을 거스르고 선량한 사람을 해쳤으니 맡길 수 없노라."

사악이 아뢰었다.

"대신들과 비교해 볼 때, 곤만 한 사람이 없습니다."

요임금은 곧 곤을 임용하여 홍수를 다스리게 하였는데, 곤은 임명을 받은 후 9년 동안 치수의 일을 하였으나 아무런 효과가 없었다. 요임금이 분노하여 말하였다.

"나는 일찍부터 곤이 치수할 능력이 없음을 알고 있었노라."

이에 곧바로 다른 인재를 찾았는데, 순을 얻자 순으로 하여금 천자의 정무를 대리하게 하였다. 순은 각지로 가서 신하들의 업무를 시찰하였는데, 곤의 치수에 효과가 없는 것을 보고 곤을 견책하여 우산으로 유배 보냈다. 곤은 물속에 뛰어들어 황룡으로 변하였고 그로 인해 우연羽淵의 신이 되었다.

舜與四嶽擧鯀之子高密. 四嶽謂禹曰: "舜以治水無功, 擧爾嗣, 考之勳." 禹曰: "兪, 小子敢悉考績, 以統天意. 惟委而已." 禹傷父功不成, 循江, 泝河, 盡濟, 甄淮, 乃勞身焦思以行, 七年, 聞樂不聽, 過門不入, 冠挂不顧, 履遺不躡. 功未及成, 愁然沉思. 乃案黃帝中經曆, 蓋聖人所記曰: 在于九山東南天柱, 號曰宛委, 赤帝在闕. 其巖之巓, 承以文玉, 覆以磐石, 其書金簡, 靑玉爲字, 編以白銀, 皆琢其文.

순과 사악이 곤의 아들 고밀(우)을 추천하여 치수를 하게 하였다. 사악이 우에게 말하였다.

"순은 곤이 치수에 공을 세우지 못했기 때문에 그대를 뽑아서 선친의 사업을 계승하게 한 것이다."

우가 말하였다.

"예. 제가 감히 선친의 사업에 진력하여 하늘의 뜻을 받들겠습니다. 저는 위임을 받아들일 뿐이옵니다."

우는 아버지의 사명이 완수되지 못하였기에 마음이 아팠다. 그리하여 장강을 따라 내려가다가 다시 황하에서 거슬러 올라가고, 제수를 두루 걷고 회하를 고찰하였다. 이렇게 노심초사하며 다닌 7년 동안에 음악을 들어도 들리지 않았고, 자기 집 문 앞을 지나도 들어가지 않았다. 머리에 쓴 관이 나뭇가지 등에 걸려도 돌아보지 않고, 신발이 벗겨져도 신지 않았다. 그래도 치수의 일은 성과를 내지 못했다. 우는 근심스럽게 깊이깊이 생각을 하였다. 그러고는 『황제중경력黃帝中經曆』이라는 책을 자세히 조사하였는데, 그 책은 대개 성인이 기록한 것이다. 책에 이렇게 적혀 있었다.

"구의산九疑山 동남쪽에 있는 천주산天柱山은 완위산宛委山이라 부르는데, 적제赤帝가 이 산 위에 있는 궁전에 거주한다. 이 산의 낭떠러지 정상에 책이 한 권 있는데, 꽃무늬가 있는 옥이 받치고 있고 큰 반석에 덮여 있다. 이 책에 사용한 것은 금간(황금 간찰)인데 금간에는 청색 옥을 연결해서 쓴 글자가 있다. 백은으로 만든 줄로 엮었고 글자는 모두 양각을 하였다."

> 禹乃東巡, 登衡嶽, 血白馬以祭, 不幸所求. 禹乃登山仰天而嘯, 因夢見赤繡衣男子, 自稱玄夷蒼水使者, 聞帝使文命于斯, 故來候之. "非厥歲月, 將告以期, 無爲戱吟." 故倚歌覆釜之山, 東顧謂禹曰: "欲得我山神書者, 齋於黃帝巖嶽之下, 三月庚子, 登山發石, 金簡之書存矣." 禹退又齋, 三月庚子, 登宛委山, 發金簡之書. 案金簡玉字, 得通水之理. 復返歸嶽, 乘四載以行川. 始於霍山, 徊集五嶽.

이에 우가 동방으로 가서 순시를 하고 형산에 올라가 백마의 피로 산신에게 제사를 드렸다. 그러나 여전히 찾으려는 신서는 보이지 않았다. 그래서 산봉우리에 올라 하늘을 우러러 큰 소리로 부르짖었는데, 홀연히 잠이 들어 꿈속에서 수를 놓은 붉은 옷을 입은 남자가 나타나 말했다.

"나는 현이의 창수사자인데, 듣자 하니 황제께서 문명文命을 이곳에 보냈다고 하여 그대를 기다리고 있었노라. 지금은 아직 신서를 볼 때가 아니고, 내가 그대에게 날짜를 알려 주겠노라. 내가 농담으로 읊조린다고 여기지 말아야 하리니, 나는 본디 복부산覆釜山에서 노래에 의지해 살고 있노라."

이 남자가 동쪽으로 머리를 돌려 우에게 말하였다.

"우리 산신의 책을 얻고자 하면 반드시 황제봉 아래서 목욕재계하고 3월 경자일에 다시 산에 올라 바위를 들추어라. 그리하면 그 금간의 서가 그곳에 있으리라."

우가 산을 내려와서 다시 몸과 마음을 정결하게 하고 3월 경자일에 완위산에 올라가 금간의 서를 꺼내서 금간의 옥 글자를 살펴보고 물길을 소통시키는 원리를 깨달았다.

그리하여 우는 다시 형산으로 돌아와서 네 가지 교통 수단에 의지해 하류를 순시하였는데, 곽산을 출발하여 오악을 돌아서 멈추었다.

> 『詩』云: "信彼南山, 惟禹甸之." 遂巡行四瀆. 與益·夔共謀, 行到名山大澤, 召其神而問之山川脈理·金玉所有·鳥獸昆蟲之類, 及八方之民俗·殊國異域·土地里數: 使益疏而記之, 故名之曰山海經.

『시경』에 이렇게 노래하였다.

"구불구불 가는 남산이여, 우가 그 사이를 다스렸네."

이에 우가 장강, 황하, 제수, 회하 등 4대 강이 바다로 흘러들어가는 하류를 순시하고, 익益, 기夔와 함께 계획을 세웠다. 우는 명산과 큰 못에 가서 그곳의 신선을 불러서 산하의 맥리脈理, 금과 옥이 묻힌 곳, 조수와 곤충의 종류, 팔방의 민속 습관, 각 나라와 지역이 보유하고 있는 토지의 이수里數 등을 묻고, 익에게 그 내용을 각각 기록하게 하였다. 그래서 이 기록의 이름을 『산해경』이라 한다.

※이상의 자료는 원문과 번역문을 단순히 소개하는 데 그친 것이므로, 그 내용의 시비곡직을 밝히기 위해서는 더 깊은 연구가 요청된다.

北夫餘紀 북부여기

복애거사伏崖居士 범장范樟 찬撰

9천 년 한민족사의 잃어버린 고리,
부여사의 진실을 온전히 드러낸

범 장 范樟 (?~?)

| 본관 금성錦城
| 초명 세동世東
| 자 여명汝明
| 호 복애伏崖
| 시호 문충文忠

▌고려의 국운이 다하자 사관仕官의 뜻을 버리고 두문동杜門洞에 은거하여 충절을 지킨 두문동 72인 중 한 분이다.

▌범장 선생은 통곡하여 말하되 "백이伯夷는 누구이며 나는 누구인고 하니 그 품절品節이 이러하더라" 하였다. 태조 이성계가 세 번이나 불렀으나 출사하지 않고, 고향 금성錦城으로 돌아가 은거하였다.

▌『태백일사』 「고려국본기」에 의하면 이명李茗과 함께 천보산天寶山 태소암太素庵에 머무를 때 소전거사에게서 많은 기고지서奇古之書─환·단 이후로 전해 내려오던 역사의 진결桓檀傳授之眞訣─를 얻었다.

▌이암은 『단군세기』를, 범장은 『북부여기』 상·하를 저술했고, 이명은 조선 숙종 때 북애北崖가 지은 『규원사화』의 저본底本이 된 『진역유기震域留記』 3권을 썼다고 한다.

▌사후 후덕군厚德君에 봉해졌고, 시호는 문충文忠이다. 묘는 고향인 현 광주광역시 광산구 덕림동 복만마을에 있다.

이 편의 주요 술어

| 天王郎 천왕랑 | 熊心山 웅심산 | 大迎節 대영절 | 五加 오가 | 公養胎母之法 공양태모지법 | 中三韓 중삼한 | 京鄉分守之法 경향분수지법 | 卒本 졸본 | 東明國 동명국 |
| 高豆莫汗 고두막한 | 天帝子 천제자 | 東夫餘 동부여 | 迦葉原夫餘 가섭원부여 | 西夫餘 서부여 | 椽那部夫餘 연나부부여 | 河伯女 하백녀 | 高朱蒙 고주몽 | 入承大統 입승대통 |

북부여 | 열국 분열 시대의 전개

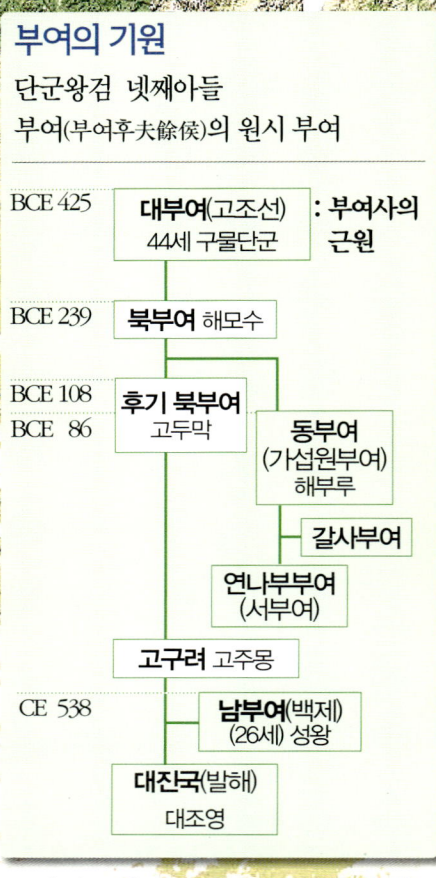

부여의 기원

단군왕검 넷째아들
부여(부여후夫餘侯)의 원시 부여

BCE 425	대부여(고조선) 44세 구물단군	: 부여사의 근원
BCE 239	북부여 해모수	
BCE 108 BCE 86	후기 북부여 고두막	
	동부여 (가섭원부여) 해부루	
	갈사부여	
	연나부부여 (서부여)	
	고구려 고주몽	
CE 538	남부여(백제) (26세) 성왕	
	대진국(발해) 대조영	

한민족사에 등장하는 부여의 맥

바이칼 호

고비사막

오환烏

흉노匈奴

운중 · 상곡(탁록) · 영

오르도스

황하

태원

황하

경하

박랑사(신향시) ·

서안 장안

위수

황하

한漢

BCE 300년경 연나라 장수 진개에게 빼앗긴 지역
(조양~만번한)

北夫餘紀 上

始祖檀君 解慕漱 在位四十五年

古朝鮮의 國統 繼承者, 解慕漱檀君 卽位

壬戌元年이라.

帝는 天姿英勇하시고 神光射人하시니 望之若天王郞이러시라.

年二十三에 從天而降하시니

是檀君高列加五十七年壬戌四月八日也라.

依熊心山而起하사 築室蘭濱하시고 戴烏羽冠하시며

佩龍光劒하시며 乘五龍車하사 與從者五百人으로

朝則聽事하시고 暮則登天이러시니 至是卽位하시니라.

癸亥二年이라 是歲三月十六日에 祭天하시고

設烟戶法하사 分置五加之兵하시고

屯田自給하사 以備不虞하시니라.

五加의 共和政 終結

己巳八年이라 帝率衆하사 徃諭故都하신대

五加가 遂撤共和之政하니

於是에 國人이 推爲檀君하니 是爲北夫餘始祖也시니라.

冬十月에 立公養胎母之法하시고 教人에 必自胎訓始하시니라.

壬申十一年이라 北漠酋長山只喀隆이

襲寧州하야 殺巡使穆遠登하고 大掠而去하니라.

북부여기 상

시조 단군* 해모수 재위 45년

고조선의 국통 계승자, 해모수단군 즉위

해모수단군의 재위 원년은 임술(환기 6959, 신시개천 3659, 단기 2095, BCE 239)년이다. 임금께서는 본래 타고난 기품이 영웅의 기상으로 씩씩하시고, 신령한 자태는 사람을 압도하여 바라보면 마치 **천왕랑**天王郞[1] 같았다. 23세에 천명을 좇아 내려오시니, 이때는 47세 고열가단군 재위 57년(단기 2095)으로 **임술년 4월 8일**[2]이었다.

임금께서 웅심산熊心山*에서 기병하여 난빈蘭濱에 제실帝室을 지으셨다. 머리에 **오우관**烏羽冠을 쓰고 허리에 용광검龍光劍을 찼으며 오룡거五龍車를 타고 다니시니, 따르는 사람이 5백여 명이었다. 아침이 되면 정사를 돌보시고, 날이 저물면 하늘의 뜻에 따르셨다. 이 해에 이르러 즉위하셨다.

재위 2년 계해(단기 2096, BCE 238)년 **3월 16일 대영절**大迎節에 임금께서 하늘에 제를 올리시고, 연호법烟戶法*을 만들어 백성을 살피셨다. 오가五加[3]의 군대를 나누어 배치하고 둔전屯田으로 자급하게 하여 뜻밖의 사태에 대비하셨다.

오가의 공화정 종결

재위 8년 기사(단기 2102, BCE 232)년에 임금께서 무리를 거느리고 옛 수도에 가서 오가를 설득하시니, 오가가 드디어 **공화정**共和政을 **철폐**하였다. 이때 나라 사람들이 단군으로 추대하여 받드니, 이분이 바로 북부여의 시조이시다.

겨울 10월에 태아를 가진 임신부를 보호하는 법[公養胎母之法]을 만들고 사람들을 가르칠 때 반드시 **태교**[4]**부터 시작**하게 하셨다.

재위 11년 임신(단기 2105, BCE 229)년에 북막北漠* 추장 산지객륭山只喀隆이 영주寧州*를 습격하여 순사巡使 목원등穆遠登을 죽이고 크게 약탈한 뒤 돌아갔다.

* **단군**: 고조선 시대뿐만 아니라 북부여 시대에도 역대 임금이 고조선의 제도를 계승하여 스스로 단군이라 칭했다.

* **웅심산**熊心山: 지금의 길림성 서란舒蘭.
* **연호법**烟戶法: 연호는 밥짓는 연기를 인가人家의 상징으로 한 데서 온 말이라 하며, 호戶·가家와 같은 의미라고도 한다.
* **북막**: '북쪽의 사막'이란 뜻으로 보통 고비 사막을 지칭한다. 따라서 여기서도 고비 사막을 비롯한 내몽골 지역으로 볼 수 있다.
* **영주**寧州: 이유립은 요遼나라 때 설치한 영강주寧江州인 현재의 길림성 부여현夫餘縣을 영주로 비정하였다.

부여 철검

箕準이 番朝鮮의 마지막(七十五世) 王位에 오름

庚辰十九年이라 丕薨하니 子準이 襲父封爲番朝鮮王하고

遣官監兵하사 尤致力於備燕하시니라.

先是에 燕이 遣將秦介하야 侵我西鄙하고

至滿番汗하야 爲界하니라.

辛巳二十年이라 命祭天于白岳山阿斯達하시고

七月에 起新闕三百六十六間하고 名爲天安宮하니라.

癸未二十二年이라

滄海力士黎洪星이 與韓人張良으로

狙擊秦王政于博浪沙中이라가 誤中副車하니라.

壬辰三十一年이라 陳勝이 起兵하니 秦人이 大亂일새

燕齊趙民의 亡歸番朝鮮者가 數萬口라

分置於上下雲障하고 遣將監之하니라.

己亥三十八年이라 燕盧綰이 復修遼東故塞하고

東限浿水하니 浿水는 今潮河也라.

丙午四十五年이라 燕盧綰이 叛漢하야 入凶奴하니

其黨衛滿이 求亡於我어늘 帝不許시라

然이나 帝以病으로 不能自斷하시고

番朝鮮王箕準이 多失機하야

遂拜衛滿爲博士하야 劃上下雲障而封之하니라.

是歲冬에 帝崩하시니 葬于熊心山東麓하고

太子慕漱離가 立하시니라.

기준이 번조선의 마지막 (75세) 왕위에 오름

재위 19년 경진(단기 2113, BCE 221)년에 기비箕丕가 훙서薨逝*하자 아들 준準⁵⁾이 아버지의 뒤를 이어 번조선 왕*으로 책봉되었다. 임금께서 관리를 파견해 군대를 감독하게 하여 연나라의 침입*에 대비하는 데 더욱 힘쓰게 하셨다. 이에 앞서 연나라가 장수 진개秦介⁶⁾를 보내 번조선 서쪽 변방[西鄙]*을 침범하여 **만번한滿番汗**⁷⁾에 이르러 그곳을 국경으로 삼았다.

재위 20년 신사(단기 2114, BCE 220)년에 임금께서 **백악산 아사달**에서 천제를 지내도록 명하셨다. 7월에 궁궐 **366칸**⁸⁾을 새로 짓고 이름을 **천안궁**天安宮이라 하였다.

재위 22년 계미(단기 2116, BCE 218)년에 창해역사 여홍성黎洪星이 한韓나라* 사람 장량張良과 함께 박랑사博浪沙에서 진왕秦王 정政을 저격하였으나 수행하던 수레[副車]를 잘못 맞혔다.

재위 31년 임진(단기 2125, BCE 209)년에 진승陳勝*이 병사를 일으키자 진秦나라 사람들이 큰 혼란에 빠졌다. 이에 연燕·제齊·조趙나라 백성 가운데 번조선으로 망명해 온 자가 수만 명이었다. 준왕이 곧 상·하 **운장**雲障에 나누어 수용하고 장수를 파견하여 감독하게 하였다.

재위 38년 기해(단기 2132, BCE 202)년에 연나라 노관盧綰*이 다시 요동의 옛 요새*를 수리하고 패수浿水⁹⁾를 동쪽 경계로 삼았다. 패수는 지금의 조하潮河*이다.

재위 45년 병오(단기 2139, BCE 195)년에 연나라 노관이 한漢나라를 배반하고 흉노로 달아나자 그 일당인 **위만이** 우리나라에 망명을 구하였다. 임금(해모수단군)께서 이를 허락하지 않으셨으나, 병이 들어 능히 스스로 결단을 내리지 못하셨다.

번조선 왕 기준이 (물리칠 수 있는) 기회를 여러 번 놓치고 마침내 위만을 박사博士로 삼고 상하 운장을 떼어 주어 지키게 하였다.

이 해(환기 7003, 신시개천 3703, 단기 2139, BCE 195) 겨울에 해모수단군께서 붕어하시니 웅심산 동쪽 기슭에 장사 지냈다. 태자 모수리慕漱離께서 즉위하셨다.

---

* **훙서**薨逝: 제후나 왕공, 귀인의 죽음을 이르는 말.
* **번조선 왕**: 삼조선 체제는 북부여 시대(BCE 238~BCE 194)에도 존속하다가 위만의 번조선 찬탈로 완전히 무너지게 되었다.
* **연나라의 침입**: 이 기사는 번조선 71세 왕 기욱箕煜 때인 BCE 300년경에 발생한 사건을 기록한 것이다. 연나라는 BCE 222년 진秦나라에게 망했다.
* **서비**西鄙: '서쪽 궁벽한 변방'이라는 뜻으로 여기서는 현 북경 부근을 흐르는 백하白河 일대를 말한다. 바로 이곳에 훗날 위만이 망명하여 살던 상·하 운장上下雲障이 있었다.
* **한韓나라**: 전국 시대 때 칠웅(秦楚燕齊韓魏趙)의 하나.
* **진왕**秦王: 자칭 '시황제始皇帝'일 뿐, 한민족사 입장에서는 '진왕'이다.
* **진승**陳勝(?~BCE 208): 하남성 등봉현登封縣의 빈농 출신으로 오광吳廣과 함께 진秦나라에서 농민 반란을 일으켰으나 6개월 만에 실패하였다. 이 사건에 자극받아 각지에서 반란이 일어났고, 유방·항우 등이 군사를 일으켜 저 유명한 초한전楚漢戰 시대가 열렸다.
* **노관**盧綰: 패현沛縣 출신으로 한고조 유방과 동향인이자 동년 동월 동일에 태어난 친구 사이었다. 한나라 건국에 공헌하여 연燕나라 왕에 봉해졌다. BCE 195년에 한고조가 죽은 후 여태후呂太后가 유劉씨계와 공신들의 숙청을 강행하자 화를 피해 흉노로, 그 일당인 위만은 번조선으로 망명하였다.
* **요동의 옛 요새**: 지금의 하북성 옥전현玉田縣의 서쪽에 있는 계현薊縣이다.
* **조하**潮河: 지금의 북경 동쪽과 천진 북쪽을 흐르는 조백하潮白河이다.

二世檀君 慕漱離 在位二十五年

古朝鮮 三韓 遺民들의 中三韓 建國

丁未元年이라. 番朝鮮王箕準이 久居須臾하야

嘗多樹恩하고 民皆富饒러라

後에 爲流賊所敗하야 亡入于海而不還이라 諸加之衆이

奉上將卓하야 大擧登程하야 直到月支立國하니

月支는 卓之生鄕也오 是謂中馬韓이라

於是에 弁辰二韓이 亦各以其衆으로 受封百里하야

立都自號하며 皆聽用馬韓政令하야 世世不叛하니라.

戊申二年이라

帝遣上將延佗勃하사 設城柵於平壤하사

以備賊滿하시니 滿이 亦厭苦하야 不復侵擾하니라.

己酉三年이라

以海城으로 屬平壤道하사 使皇弟高辰으로 守之하시니

中夫餘一域이 悉從糧餉하니라.

京鄕分守法 制定

冬十月에 立京鄕分守之法하시니

京則天王이 親總衛戍하시고 鄕則四出分鎭하시니

恰如柶戲觀戰하고 龍圖知變也라.

辛未二十五年이라 帝崩하시니 太子高奚斯가 立하시니라.

2세 단군 모수리 재위 25년

고조선 삼한 유민들의 중삼한 건국

모수리단군의 재위 원년은 정미(환기 7004, 신시개천 3704, 단기 2140, BCE 194)년이다. 번조선 왕 기준이 오랫동안 **수유**須臾*에 있으면서, 일찍이 백성에게 은혜를 많이 베풀어 모두 풍요롭고 생활이 넉넉하였다.

후에 기준箕準이 떠돌이 도적 위만에게 패하여 바다로 들어가 돌아오지 않았다. 이에 오가의 무리가 **상장**上將 **탁**卓을 받들고 대규모로 여정에 올라 곧바로 **월지**月支*에 이르러 나라를 세웠다. 월지는 탁이 태어난 곳이다. 이를 일러 **중마한**中馬韓10)이라 한다. 이때 변한과 진한도 각각 그 백성과 함께 백 리 땅에 봉함을 받아 도읍을 정하고 나라를 세웠다. **변한·진한은 모두 마한의 정령**政令**을 따라서 그대로 행하고 세세토록 배반하지 않았다.**

재위 2년 무신(단기 2141, BCE 193)년에 임금께서 상장上將 **연타발**延佗勃*을 보내 **평양**平壤*에 성책城柵을 세워 도적 위만을 대비하게 하셨는데, 위만도 싫증이 나고 괴롭게 여겨서 다시는 침노하여 어지럽히지 않았다.

재위 3년 기유(단기 2142, BCE 192)년에 임금께서 **해성**海城을 평양도平壤道에 부속시켜 아우 고진高辰으로 하여금 지키게 하셨다. 이때 중부여中夫餘* 사람들이 모두 식량 조달에 참여하였다.

경향분수법 제정

겨울 10월에 **수도와 지방을 나누어 지키는 법**[京鄕分守之法]을 제정하여 수도는 천왕이 친히 군사를 거느려 위수를 총괄하고, 지방은 사방 네 개 구역[四出]으로 나누어 (오가가) **진수**鎭守*하게 하셨다. 그 모습이 마치 윷놀이에서 말판 싸움을 보는 듯했으며, (천지의 창조 설계도인) **용도**龍圖*로써 변화의 법칙을 알아내는 것과 같았다.

재위 25년 신미(환기 7028, 신시개천 3728, 단기 2164, BCE 170)년에 모수리단군께서 붕어하셨다. 태자 고해사高奚斯께서 즉위하셨다.

---

* **수유**須臾: 하북성 난하 유역에 있던 나라 이름. 중국과의 무역을 통해 부를 축적하여 번조선의 중심 세력으로 성장하였다. 수유는 전국칠웅과 겨루며 고조선의 방패 노릇을 하였고, 대단군의 허락을 받아 번조선을 통치하였다. 진조선 내정에도 개입하여 해모수가 북부여를 건국하는 데 힘을 보태기도 하였다.

* **월지**月支: 지금의 전북 익산 지역으로 추정된다. 번조선의 유민들이 상장上將 탁卓을 받들고 월지국月支國을 세웠다.

* **연타발**: 고구려의 개국 공신인 연타발과 동명이인이다. BCE 58년에 고구려가 건국되었으므로 고구려의 연타발과는 다른 사람이다.

* **평양**平壤: 해성海城을 평양도에 속하게 하였다는 대목으로 보아, 여기서 말하는 평양은 지금의 **만주 요령성 해성에서 가까운 지역**임을 알 수 있다. 요양遼陽을 평양으로 추정하기도 한다.

* **중부여**中夫餘: 이유립은 요령성 해성이남 요동반도와 평안도를 중부여라 하였다.

* **진수**鎭守: 군대를 요충지에 주둔시켜 엄중히 지킴.

* **용도**: 배달국 5세 태우의 환웅의 막내아들인 태호 복희가 천하天河, 곧 송화강에서 하늘로부터 받은 **우주 창조의 설계도인 용마하도**龍馬河圖를 줄인 말. 낙서洛書와 함께, 한민족의 신교 철학인 음양오행과 팔괘 사상의 창조관, 인간관, 우주관의 신비를 벗기는 열쇠이다.

三世檀君 高奚斯 在位四十九年

番朝鮮 遺民 崔崇의 樂浪國 建設

壬申元年이라.

正月에 樂浪王崔崇이 納穀三百石于海城하니라.

先是에 崔崇이 自樂浪山으로 載積珍寶而渡海하야

至馬韓하야 都王儉城하니 是檀君解慕漱丙午冬也라.

癸丑四十二年이라 帝躬率步騎一萬하사

破衛賊於南閭城하시고 置吏하시니라.

庚申四十九年이라 一羣國이 遣使하야 獻方物하니라.

是歲九月에 帝崩하시니 太子高于婁가 立하시니라.

四世檀君 高于婁一云解于婁 在位三十四年

衛滿政權 右渠王의 侵略과 海城 收復

辛酉元年이라. 遣將하사 討右渠不利어시늘

擢高辰하사 守西鴨綠하신대 增强兵力하고 多設城柵하야

能備右渠하야 有功하니 陞爲高句麗侯하시니라.

癸亥三年이라 右渠賊이 大擧入寇하야 我軍大敗하니

海城以北五十里之地가 盡爲虜有하니라.

甲子四年이라 帝遣將하사 攻海城三月而不克하시니라.

丙寅六年이라 帝親率精銳五千하사 襲破海城하시고

追至薩水하시니 九黎河以東이 悉降하니라.

3세 단군 고해사 재위 49년

번조선 유민 최숭의 낙랑국 건설

고해사단군의 재위 원년은 임신(환기 7029, 신시개천 3729, 단기 2165, BCE 169)년이다. 정월에 **낙랑 왕 최숭**崔崇[11]이 해성에 곡식 3백 석을 바쳤다. 이에 앞서 최숭은 **낙랑산**樂浪山[12]에서 진귀한 보물을 싣고 바다를 건너 마한馬韓에 이르러 **왕검성**王儉城*에 도읍하였다. 이때는 해모수단군 재위 45년 병오(BCE 195)년 겨울이었다.

재위 42년 계축(단기 2206, BCE 128)년에 임금께서 친히 보병과 기병 1만 명을 거느리고 남려성南閭城*에서 도적 위만을 격퇴하고 관리를 두어 다스리게 하셨다.

재위 49년 경신(환기 7077, 신시개천 3777, 단기 2213, BCE 121)년에 **일군국**一羣國에서 사절을 보내 방물을 바쳤다. 이 해 9월에 고해사단군께서 붕어하셨다. 태자 고우루高于婁께서 즉위하셨다.

4세 단군 고우루(일명 해우루) 재위 34년

위만정권 우거왕의 침략과 해성 수복

고우루단군의 재위 원년은 신유(환기 7078, 신시개천 3778, 단기 2214, BCE 120)년이다. 임금께서 장수를 보내 우거右渠를 토벌하게 했으나 이기지 못하였다. 이에 **고진**高辰*을 발탁하여 **서압록***을 지키게 하셨는데, 고진이 점차 병력을 증강시키고 성책을 많이 설치하여 능히 우거의 침입에 대비하여 공을 세웠다. 고진의 벼슬을 높여 **고구려후**高句麗侯[13]로 삼으셨다.

재위 3년 계해(단기 2216, BCE 118)년에 우거의 도적떼가 대거 침략해 왔다. 우리 군사가 대패하여 해성 이북 50리 땅이 전부 약탈당하고 점령되었다.

재위 4년 갑자(단기 2217, BCE 117)년에 임금께서 장수를 보내어 해성을 공격했으나 석 달이 지나도록 함락하지 못하였다.

재위 6년 병인(단기 2219, BCE 115)년에 임금께서 친히 정예 군사 5천 명을 거느리고 해성을 격파하고, 계속 추격하여 **살수**薩水*에 이르셨다. 이로써 구려하九黎河(지금의 요하) 동쪽이 전부 항복하였다.

---

* **왕검성**王儉城: 마한 왕검성(백아강)은 낙랑 왕 최숭이 도읍했던 곳으로 지금의 대동강 평양을 말한다.

* **남려성**南閭城: 『한서漢書』 무제기武帝紀 원삭元朔 원년(BCE 128) 조에 "가을에 … 동이의 예군薉君 남려南閭 등이 28만 명을 데리고 투항해 와서 창해군을 삼았다[秋 … 東夷薉君南閭等, 口二十八萬人降, 爲蒼海郡.]"라고 하였다. 학계에서는 창해군蒼海郡을 지금의 하북성 창주시蒼州市 일대로 보고 있다. 그런데 북부여와 창해군 사이에는 우거정권이 막고 있었으므로 여기서는 한나라에 투항한 남려와 구분되는 북부여의 제후국으로 추정할 수 있다.

* **고진**高辰: 북부여 2세 모수리단군의 아우이다.

* **서압록**: 고대에는 지금의 압록강 뿐 아니라 요하와 송화강, 흑룡강도 압록으로 불렀다. 『삼국유사』「순도조려順道肇麗」에 "요수遼水는 일명 압록鴨綠이었는데, 지금은 안민강이라 부른다[遼水, 一名鴨綠, 今云安民江.]"라고 밝히고 있다. 동압록은 지금의 압록강이고, 서압록은 지금의 요하로 동서 압록은 **삼한의 경계**를 흐르던 강이다.

* **살수**: '물이 살살 흐르는 강'이라는 뜻으로 네 곳이 있다.
  ① 요동반도에 있는 개평현蓋平縣 주남하州南河.
  ② 요동반도의 대양하大洋河. 북한의 『조선전사朝鮮全史』에서는 살수를 요동반도에 있는 대양하라 주장하였다(《조선일보》, 1980. 12. 14).
  ③ 청천강淸川江.
  ④ 청주 무심천無心川.
  여기서는 네 곳 가운데 요령성 개평현 주남하를 말한다(최동, 『조선상고민족사』, 「살수고薩水考」).

253

▸坐 앉을 좌	▸原 근원 원	
▸閭 마을 려	▸虞 염려할 우	

정묘칠년　　설목책어좌원
丁卯七年이라 設木柵於坐原하시고
　　치군어남려　　이비불우
置軍於南閭하사 以備不虞하시니라.

漢武帝의 侵略을 擊退한 高豆莫汗

계유십삼년　　한유철　구평나　　멸우거
癸酉十三年이라 漢劉徹이 寇平那하야 滅右渠러니
　잉욕역치사군　　성이병　　사침
仍欲易置四郡하야 盛以兵으로 四侵이라.
　어시　고두막한　　창의기병　　소지　연파한구
於是에 高豆莫汗이 倡義起兵하야 所至에 連破漢寇할새
　유민　사응　　이조전　　군보대진
遺民이 四應하야 以助戰하니 軍報大振하니라.
　갑오삼십사년　　시월　　동명국고두막한
甲午三十四年이라 十月에 東明國高豆莫汗이
　사인래고　　왈아시천제자　　장욕도지
使人來告하야 曰我是天帝子라 將欲都之하노니
　왕기피지　　　제난지
王其避之하라 한대 帝難之러시니
　시월　제우환성질이붕　　　황제해부루　입
是月에 帝憂患成疾而崩하시고 皇弟解夫婁가 立하시니라.

▸劉 성 류	▸徹 통할 철
▸寇 도적 구	▸那 어찌 나
▸滅 없앨 멸	▸仍 이에 잉
▸欲 바랄 욕	▸盛 성할 성
▸侵 침노할 침	▸豆 콩 두
▸莫 없을 막	▸汗 임금 한
▸倡 번창할 창	▸義 옳을 의
▸倡義 : 의병을 일으킴	
▸起 일어날 기	▸連 잇닿을 련
▸破 깨뜨릴 파	▸遺 남길 유
▸應 응할 응	▸助 도울 조
▸報 알릴 보	▸振 떨칠 진
▸避 피할 피	▸難 어려울 난
▸憂 근심 우	▸患 근심 환
▸疾 병 질	

한 무제의 위만정권 침입(BCE 109~BCE 108)

BCE 109년, 위만의 손자 우거右渠 때 한 무제가 좌左장군 순체荀彘에게 군사 5만을 주어 육로로, 누선樓船장군 양복에게 수군 7천을 보내 바닷길로 위만정권의 수도 왕험성을 공격하게 하였다.
한나라는 초기에 패하였으나 1년이 넘는 교전 끝에 이간책으로 위만정권 지도층을 분열시켜 결국 우거를 죽였다(BCE 108).
한나라는 그 여세를 몰아 북부여로 쳐들어왔으나 서압록 출신 고두막한이 거병하여 한나라의 침략을 막아냈다. 고두막한은 졸본卒本에 나라를 열어(BCE 108) 졸본부여라 하고, 스스로 동명왕東明王이라 칭하였다.

재위 7년 정묘(단기 2220, BCE 114)년에 임금께서 좌원坐原*에 목책을 설치하고 남려南閭에 군대를 배치하여 뜻밖의 사태에 대비하셨다.

한 무제의 침략을 격퇴한 고두막한

재위 13년 계유(단기 2226, BCE 108)년에 한漢나라 유철劉徹(무제)*이 평나平那*를 침범하여 우거를 멸하더니 그곳에 4군四郡[14]을 설치하려고 군대를 크게 일으켜 사방으로 쳐들어왔다. 이에 **고두막한이 구국의 의병을 일으켜** 이르는 곳마다 한나라 도적을 격파하였다. 이때 유민이 사방에서 호응하여 전쟁을 지원하니 군세를 크게 떨쳤다.

재위 34년 갑오(단기 2247, BCE 87)년 10월에 **동명국東明國 고두막한**이 사람을 보내어 고하기를, "나는 **천제의 아들**[天帝子][15]이로다. 장차 여기에 도읍하고자 하나니, 임금은 이곳을 떠나도록 하시오"* 하니, 임금께서 난감하여 괴로워하셨다.

이 달에 고우루단군께서 근심과 걱정으로 병을 얻어 붕어하셨다. 아우 해부루解夫婁가 즉위하였다.

* **좌원坐原**: 위당 정인보는 좌원을 남만주 관전현寬甸縣 성동산城東山과 통화현通化縣 홍석납자紅石拉子의 중간에 있는 긴 평원平原이라 하였다(정인보,『조선사연구』, 122쪽). 그러나 BCE 115년에 이미 요하 동쪽이 모두 항복했다 했으니 이 좌원은 요하의 서쪽 대릉하大凌河 상류 능원현凌源縣 지역으로 추정된다.

* **유철劉徹**(BCE 156~BCE 87): 전한前漢의 7세 황제 무제(재위 BCE 141~BCE 87). 아명은 체彘, 자는 통通이고, 묘호는 세종世宗, 시호는 효무황제孝武皇帝이다. 경제景帝와 효경황후孝景皇后 왕지王娡의 열째 아들이다. 유학을 바탕으로 하여 나라를 다스렸으며 해외 원정을 펼쳐 흉노, 위만정권 등을 멸망시켜 당시 중국 역사상 가장 넓은 영토를 만들어 전한의 전성기를 열었다. 중국 역사상 진 시황제·강희제 등과 더불어 중국의 가장 위대한 황제 중 한 사람으로 꼽힌다.

* **평나**: 지금의 하북성 창려昌黎이다.

* 이 말은 종래 북부여의 시조 해모수가 아란불阿蘭弗에게 한 것으로『삼국사기』등에 기록되어 있다.

고조선 유민들이 세운 남삼한

解夫婁의 迦葉原夫餘 建國

東明王이 以兵脅之不已어늘 君臣이 頗難之라가
國相阿蘭弗이 奏曰 通河之濱迦葉之原에 有地하니
土壤膏腴하야 宜五穀하니 可都라 하야
遂勸王移都하니 是謂迦葉原夫餘오 或云東夫餘라.

- 脅 으를 협
- 頗 자못 파
- 阿 언덕 아
- 弗 아닐 불
- 通 통할 통
- 迦 막을 가
- 壤 땅 양
- 腴 기름진 땅 유
- 宜 마땅할 의
- 遂 드디어 수
- 已 그칠 이
- 相 정승 상
- 蘭 난초 란
- 奏 아뢸 주
- 濱 물가 빈
- 葉 땅이름 섭
- 膏 기름 고
- 穀 곡식 곡
- 勸 권할 권

요령성 서풍현西豊縣 서차구西岔溝 묘지에서 출토된 부여 유물들(심양 요령성 박물관)

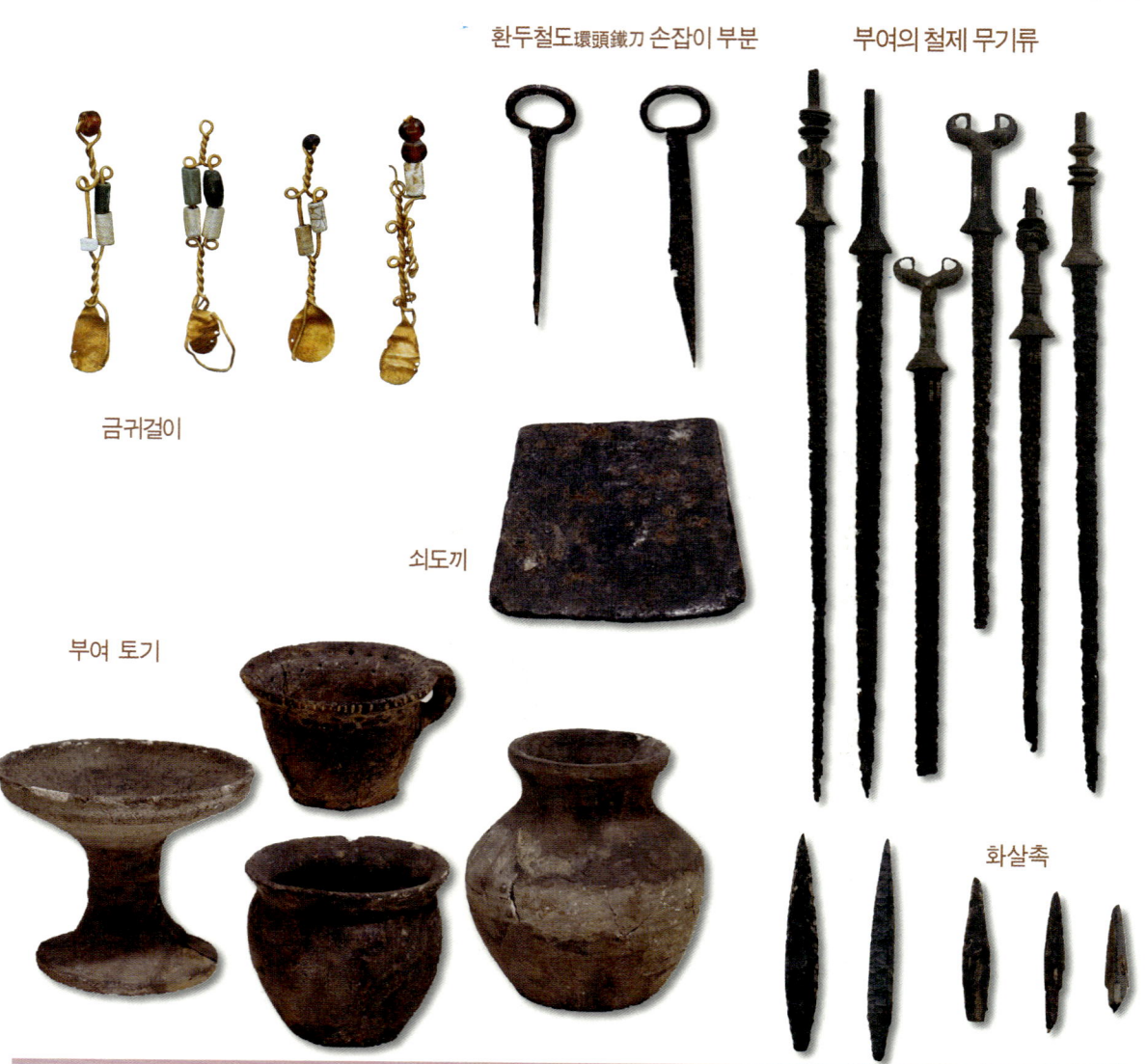

환두철도環頭鐵刀 손잡이 부분

부여의 철제 무기류

금귀걸이

쇠도끼

부여 토기

화살촉

해부루의 가섭원 부여 건국

　　동명왕 고두막한이 군대를 보내어 계속 위협하므로 임금과 신하들이 몹시 난감하였다. 이때 국상國相 아란불阿蘭弗*이 주청하기를 "통하通河 물가에 **가섭원**迦葉原*이란 곳이 있는데, 토양이 기름져서 오곡이 자라기에 적합하니 가히 도읍할 만한 곳입니다"라고 하였다. 임금께 권유하여 마침내 도읍을 옮기니, 이 나라를 **가섭원 부여**迦葉原夫餘, 혹은 **동부여**東夫餘라 한다.

❋ 아란불: 동부여의 재상으로 『삼국사기』「고구려본기」와 『삼국유사』「동부여」에도 보인다.

❋ 가섭원迦葉原: 가섭원의 전거는 『삼국사기』「고구려본기」 동명왕 조에도 보인다. 가섭원은 지금의 만주 흑룡강성 통하현通河縣이다.

안내문에는 부여의 역사를 중국의 소수 민족으로 왜곡하였다.

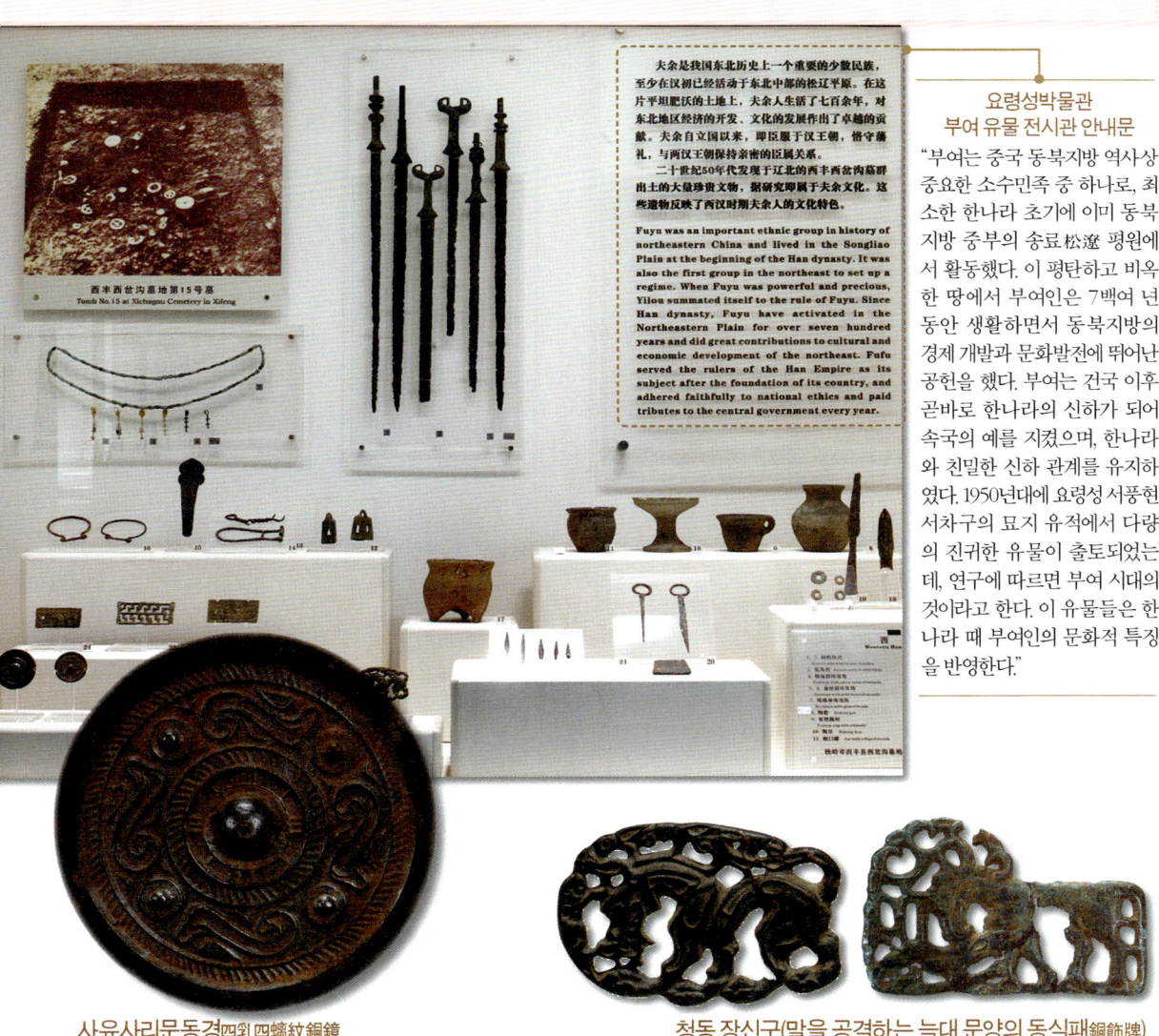

요령성박물관
부여 유물 전시관 안내문
"부여는 중국 동북지방 역사상 중요한 소수민족 중 하나로, 최소한 한나라 초기에 이미 동북 지방 중부의 송료松遼 평원에서 활동했다. 이 평탄하고 비옥한 땅에서 부여인은 7백여 년 동안 생활하면서 동북지방의 경제 개발과 문화발전에 뛰어난 공헌을 했다. 부여는 건국 이후 곧바로 한나라의 신하가 되어 속국의 예를 지켰으며, 한나라와 친밀한 신하 관계를 유지하였다. 1950년대에 요령성 서풍현 서차구의 묘지 유적에서 다량의 진귀한 유물이 출토되었는데, 연구에 따르면 부여 시대의 것이라고 한다. 이 유물들은 한나라 때 부여인의 문화적 특징을 반영한다."

사유사리문동경四乳四螭紋銅鏡
요령성 서풍현 서차구 묘지 출토 부여 시대 구리 거울

청동 장신구(말을 공격하는 늑대 문양의 동식패銅飾牌)
이러한 동물문양 양식은 북방 초원 민족에서 골고루 나타난다.

北夫餘紀 下

五世檀君 高豆莫一云豆莫婁
在位二十二年 在帝位二十七年

東明王 高豆莫汗의 北夫餘 再建과 時代 背景

癸酉元年은 是爲檀君高于婁十三年이라.

帝爲人豪俊하시고 善用兵이러시니

嘗見北夫餘衰하고 漢寇熾盛하사 慨然有濟世之志러시니

至是하야 卽位於卒本하시고 自號東明하시니

或云高列加之後也라.

乙亥三年이라 帝自將傳檄하사 所至에 無敵하니

不旬月에 衆至五千이라.

每與戰에 漢寇가 望風而潰하니 遂引兵하시고

渡九黎河하사 追至遼東西安平하시니 乃古槀離國之地라.

甲午二十二年은 是爲檀君高于婁三十四年이라.

帝遣將하사 破裵川之漢寇하시고 與遺民幷力하야

所向에 連破漢寇하고 擒其守將하야 拒以有備하니라.

高豆莫汗의 北夫餘 國統 繼承

乙未二十三年이라

北夫餘가 擧城邑降하고 屢哀欲保한대

帝聽之하사 降封解夫婁爲侯하시고 遷之岔陵하시니라.

북부여기 하

5세 단군 고두막(일명 두막루)
동명왕 재위 22년, 북부여 단군 재위 27년

동명왕 고두막한의 북부여 재건과 시대 배경

고두막단군의 재위 원년은 계유(환기 7090, 신시개천 3790, 단기 2226, BCE 108)년이다. 이때는 북부여 고우루단군 13년이다. 임금께서는 사람됨이 호방하고 영준하며 용병用兵을 잘 하셨다. 일찍이 북부여가 쇠하면서 한나라 도적이 불길처럼 성하게 일어나는 것을 보고 분개하여 개연히 세상을 구제하겠다는 큰 뜻을 세우셨다.

이에 **졸본**卒本*에서 즉위하고 스스로 호를 **동명**東明[16]이라 하셨다. 어떤 사람은 이분을 **고열가**(고조선의 마지막 47세 단군)의 후예라 말한다.

재위 3년 을해(단기 2228, BCE 106)년에 임금께서 스스로 장수가 되어 격문을 돌리니 이르는 곳마다 대적할 자가 없었다. 한 달이 채 안 되어[不旬月]* 군사가 5천 명에 이르렀다. 싸울 때마다 한나라 도적이 멀리서 바라보기만 하여도[望風]* 스스로 무너졌다. 임금께서 마침내 군대를 이끌고 **구려하**九黎河*를 건너 계속 추격하여 요동遼東 **서안평**西安平[17]에 이르셨다. 그곳은 바로 옛 **고리국**槀離國 땅이다.

재위 22년 갑오(단기 2247, BCE 87)년, 이 해는 4세 고우루단군 34년이다. 임금께서 장수를 보내 배천裵川의 한나라 도적을 격파하고, 유민과 합세하여 가는 곳마다 한나라 도적을 연달아 쳐부수었으며, 그 수비 장수를 사로잡아 방비를 갖추어 적을 막기에 힘쓰셨다.

고두막한의 북부여 국통 계승

재위 23년 을미(단기 2248, BCE 86)년에 북부여가 성읍을 바쳐서 항복하고 왕실만은 보존시켜 주기를 여러 번 애원하였다. 고두막단군께서 들어 주시어, 해부루解夫婁의 봉작을 낮추어 제후로 삼아 **차릉**岔陵*으로 이주해 살게 하셨다.

---

* **졸본**: 고구려의 시조 고주몽이 도읍한 곳으로 광개토대왕 비문에 나타난 홀본忽本과 같은 말이다. 발해 때는 솔빈부[卒本卽渤海大氏率賓府](『동사강목』)라 하였는데, 이유립은 두만강 부근의 수분하 지역으로 비정하고 있으며, 학계에서는 지금의 혼강渾江 유역의 환인桓仁 지방으로 추정하고 있다.

* **불순월**不旬月: 순월旬月은 만 1개월을 말한다. '불순월不旬月'은 한 달이 채 안 되었음을 의미한다.

* **망풍**望風: 사람의 풍채를 먼 데서 바라본다. 우러러본다는 뜻.

* **구려하**九黎河: 현 요하의 옛 이름이다. 만주 남부 평원을 관통하는 전장 약 1,400km의 하천이다. 지금의 요하가 북부여와 고구려 당시에는 구려하九麗河(句麗河), 고구려하高句麗河로 불린 사실은, 『중국고금지명대사전』 요하遼河 조에 보이는 "옛 이름은 대요수이며, 또한 구려하·구류하·거류하라 불렸다[古名大遼水, 亦名句麗河·枸柳河·巨流河.]"라는 구절을 통해 알 수 있다.

* **차릉**岔陵: 차릉은 곧 가섭원으로 지금의 만주 흑룡강성 통하현通河縣이다.

▸導 이끌 도	▸鼓 북 고
▸吹 불 취	▸數 몇 수
▸稱 일컬을 칭	
▸鴨 오리 압	▸綠 초록빛 록
▸捷 이길 첩	

제 전 도 고 취   솔 중 수 만 이 입 도 성
帝前導鼓吹하사 率眾數萬而入都城하사

잉 칭 북 부 여
仍稱北夫餘하시니라.

추 팔 월   여 한 구   누 전 우 서 압 록 하 지 상   대 첩
秋八月에 與漢寇로 屢戰于西鴨綠河之上하사 大捷하시니라.

高朱蒙의 誕降

▸朱 붉을 주	▸蒙 입을 몽
▸誕 태어날 탄	▸降 내릴 강
▸岔 갈림길 차	
▸陵 큰 언덕 릉	
▸遺命: 임금이나 부모가 임종할 때에 하는 명령	
▸葬 장사 장	▸胥 서로 서

임 인 삼 십 년
壬寅三十年이라

오 월 오 일   고 주 몽   탄 강 우 차 릉
五月五日에 高朱蒙이 誕降于岔陵하시니라.

신 유 사 십 구 년   제 붕
辛酉四十九年이라 帝崩하시니

이 유 명   장 우 졸 본 천   태 자 고 무 서   입
以遺命으로 葬于卒本川하고 太子高無胥가 立하시니라.

六世檀君 高無胥 在位二年

德을 갖추고 民心을 얻어 小解慕漱라 불림

임 술 원 년   제 즉 위 우 졸 본 천
壬戌元年이라 帝卽位于卒本川하시고

▸會 모을 회	▸岳 큰산 악
▸約 맺을 약	▸頒 펼 반
▸頒行: 널리 펴 행함	
▸例 법식 례	▸悅 기쁠 열
▸術 재주 술	▸呼 부를 호
▸喚 부를 환	▸賑 구휼할 진
▸得 얻을 득	

여 부 로   회 우 백 악 산   입 약 제 천
與父老로 會于白岳山하사 立約祭天하시고

반 행 사 례   내 외 대 열
頒行事例하시니 內外大悅하니라.

제 생 이 유 신 덕   능 이 주 술   호 풍 환 우
帝生而有神德하사 能以呪術로 呼風喚雨하시고

선 진   대 득 민 심   유 소 해 모 수 지 칭
善賑하사 大得民心하사 有小解慕漱之稱이시라.

시   한 구 소 란   편 우 요 좌   누 전 득 첩
時에 漢寇騷亂하야 遍于遼左러니 屢戰得捷하시니라.

▸騷 시끄러울 소	
▸亂 어지러울 란	
▸遍 두루 편	▸遼 요나라 료
▸屢 여러 루	▸捷 이길 첩
▸巡 돌 순	▸到 이를 도
▸寧 편안할 녕	▸塔 탑 탑
▸獐 노루 장	▸承 이을 승
▸統 계통 통	

계 해 이 년   제 순 도 영 고 탑   득 백 장
癸亥二年이라 帝巡到寧古塔하사 得白獐하시니라.

동 시 월   제 붕
冬十月에 帝崩하시니

고 주 몽   이 유 명   입 승 대 통
高朱蒙이 以遺命으로 入承大統하시니라.

임금께서 북 치고 나팔 부는 악대[鼓吹]*를 앞세우고 무리 수만 명을 이끌고 도성에 입성하셨다. 나라 이름을 여전히 **북부여**北夫餘라 칭하셨다.

가을 8월에, 한나라 도적과 여러 번 서압록하西鴨綠河* 강가에서 싸워 크게 승리를 거두셨다.

고주몽의 탄강

재위 30년 임인(환기 7119, 신시개천 3819, 단기 2255, BCE 79)년 5월 5일에 **고주몽**高朱蒙*이 **차릉**岔陵에서 태어났다.

재위 49년 신유(환기 7138, 신시개천 3838, 단기 2274, BCE 60)년에 고두막단군께서 붕어하셨다. 유명遺命에 따라 졸본천卒本川에 장사를 지냈다. 태자 고무서高無胥께서 즉위하셨다.

6세 단군 고무서 재위 2년

덕을 갖추고 민심을 얻어 작은 해모수라 불림

고무서단군의 재위 원년은 임술(환기 7139, 신시개천 3839, 단기 2275, BCE 59)년이다. 임금께서 졸본천에서 즉위하셨다. 부로父老들과 더불어 **백악산**에 모여 규약을 정하고 천제를 지내셨다.

여러 가지 사례를 반포하여 널리 행하게 하시니 안팎에서 모두 크게 기뻐하였다.

임금께서는 태어날 때 신령스러운 덕을 갖추시어 능히 주술呪術로써 바람을 부르고 비를 내리게 하시며[呼風喚雨], 자주 곡식을 풀어 백성을 구휼하시니 민심을 크게 얻어 소해모수小解慕漱라는 칭호가 붙게 되었다. 이때에 한나라 도적이 요하遼河 동쪽*에서 분란을 일으키므로 여러 번 싸워서 승리를 거두셨다.

재위 2년 계해(환기 7140, 신시개천 3840, 단기 2276, BCE 58)년에 임금께서 순행하시다가 **영고탑**에 이르러 흰 노루를 얻으셨다.

겨울 10월에 고무서단군께서 붕어하셨다. **고주몽**高朱蒙이 유명遺命을 받들어 대통을 이으셨다.

---

* **고취**鼓吹: 북, 나팔 등 악기를 연주하는 음악대를 말한다.

* **서압록하**西鴨綠河: 원래 압록은 크다는 뜻의 고대어 '아리', '오리'의 이두문으로, 아리阿里 또는 압록鴨綠으로 표기하였다. 고대에는 지금의 압록강뿐만 아니라 요하, 송화강, 흑룡강 등도 압록으로 불렸다(신채호, 『조선상고사』 상, 105쪽). 또한 일본에 진출한 우리 조상들은 그곳의 큰 강에도 아리阿里河라는 이름을 붙였다. 오늘날까지도 그대로 남아 있는, 일본 전국에 무수히 산재한 한국계 지명地名을 우리나라에서 건너간 조상들이 붙였다.

* **고주몽**: 세속에서 일반적으로 부르던 호칭. 보위에 오르기 전의 호칭으로 봐야 한다.

* **요하 동쪽**: 지리에서 동쪽을 '좌'라고 하여 산동을 '산좌山左', 강동을 '강좌江左'라 불렀다. 따라서 '요좌遼左'는 '요동' 혹은 '요하 동쪽'을 말한다. 여기서는 난하의 동쪽을 말한다.

선시　제무자　　견고주몽　　위비상인
先是에 帝無子러시니 見高朱蒙하시고 爲非常人이라 하사

이녀처지　　지시즉위　　시년　이십삼
以女妻之시라 至是卽位하시니 時年이 二十三이시라

高朱蒙이 北夫餘를 繼承하기 前에 避難한 過程

시　하부여인　장욕살지　　봉모명
時에 下夫餘人이 將欲殺之어늘 奉母命하사

여오이마리협보등삼인　　위덕우
與烏伊摩離陜父等三人으로 爲德友하시고

행지차릉수　　욕도무량　　공위추병소박
行至岔陵水하사 欲渡無梁이라 恐爲追兵所迫하야

고수왈 아시천제자　　하백외손
告水曰 我是天帝子오 河伯外孫이니

금일도주　추자수급　　내하
今日逃走에 追者垂及하니 奈何오.

어시　어별　부출성교　　시득도　　어별　내해
於是에 魚鼈이 浮出成橋하야 始得渡하시고 魚鼈이 乃解하니라.

- 妻 아내 처
- 殺 죽일 살
- 烏 까마귀 오　　　伊 저 이
- 摩 연마할 마　　　離 떠날 리
- 陜 좁을 협
- 父 자字 보(남자에 대한 미칭)
- 等 무리 등　　　　德 덕 덕
- 岔 갈림길 차　　　陵 언덕 릉
- 渡 건널 도　　　　梁 다리 량
- 恐 두려울 공　　　追 뒤쫓을 추
- 迫 닥칠 박　　　　河 물 하
- 伯 맏 백　　　　　孫 손자 손
- 逃 달아날 도　　　走 달릴 주
- 垂 거의 수　　　　及 미칠 급
- 奈 어찌 내　　　　何 어찌 하
- 魚 물고기 어　　　鼈 자라 별
- 浮 뜰 부　　　　　橋 다리 교
- 始 비로소 시　　　乃 이에 내
- 解 흩어질 해

桓檀古記

용담산에서 바라 본 길림시 전경 _길림시를 관통하는 송화강 주변의 동단산과 서단산 등지에서 부여 시대의 유물이 발굴되었다. 사진 좌측 끝, 강이 휘어지는 곳에 보이는 작은 산이 동단산이다. 동단산에서 토성과 큰 규모의 건물 흔적이 발굴되었으므로 학자들이 이곳을 부여의 초기 발원지로 추정한다.

이에 앞서 고무서단군에게는 대를 이을 아들이 없었는데, 고주몽이 보통사람이 아님을 알아보시고 공주와 맺어 주어 아내로 삼게 하셨다. 이에 이르러 즉위하니 당시 나이 23세*였다.

고주몽이 북부여를 계승하기 전에 피난한 과정

당시 동부여 사람들이 주몽을 죽이려 하므로, 주몽이 어머니의 명을 받들어 오이烏伊, 마리摩離, **협보**陜父* 세 사람과 친구의 의를 맺고 함께 길을 떠났다. **차릉수**岔陵水*에 이르러 강을 건너려 하였으나 다리가 없었다. 뒤쫓아 오는 군사들에게 붙잡힐까 두려워하여 강에 고하기를, "**나는 천제**(천상 상제님)**의 아들이요, 하백의 외손**으로 오늘 달아나는 길인데 쫓는 자가 다가오고 있으니 어찌하리까?" 하니, 물속에서 물고기와 자라가 수없이 떠올라 다리가 되었다. 주몽이 물을 건너자 물고기와 자라가 곧 흩어졌다.

* **23세**: 앞에서 임인(BCE 79)년에 태어났다고 했으므로 22세라야 맞다. 그러나 당시의 10월 세수歲首로 계산을 하면 23세가 맞다. 23세를 그대로 인정하면 갑자(BCE 57)년에 등극한 것이 된다. 연대 계산시 고려할 만한 내용이다.

* **협보**: 주몽을 도운 고구려의 창업 공신이며, 후에 일본 큐슈九州에 건너가 다파라국多婆羅國을 세웠다(『태백일사』, 「고구려국본기」).

* **차릉수**: 광개토대왕비 비문에는 엄리대수奄利大水로 나와 있다. 중국 문헌에는 엄사수奄㴲水·엄체수奄滯水·시엄수施掩水라 하였는데, 지금의 송화강을 말한다.

迦葉原夫餘紀

始祖 解夫婁 在位三十九年

東夫餘 首都 迦葉原은 岔陵

乙未元年이라.

王이 爲北夫餘所制하야 徙居迦葉原하니 亦稱岔陵이라

宜五穀하고 尤多麥하며 又多虎豹熊狼하야 便於獵하니라.

丁酉三年이라

命國相阿蘭弗하야 設賑하고

招撫遠近流民하야 使及時飽暖하며 又給田耕作하니

不數年에 國富民殷이라

時에 有時雨滋岔陵하야 民歌王正春之謠하니라.

흑룡강성 통하(가섭원)_송화강과 차릉하가 만나는 지점으로 해부루왕이 이곳에서 동부여를 열었다.

가섭원부여기

시조 해부루 재위 39년

동부여 수도 가섭원은 차릉

시조 해부루왕의 재위 원년은 을미(환기 7112, 신시개천 3812, 단기 2248, BCE 86)년이다. 왕이 북부여의 제재를 받아 **가섭원**迦葉原*으로 옮겨 살게 되었다. 가섭원을 **차릉**岔陵이라고도 부른다.

이곳은 토지가 기름져서 오곡이 자라기에 적합하였는데, 특히 보리가 많이 났다. 또 호랑이, 표범, 곰, 이리가 많아 사냥하기에 좋았다.

재위 3년 정유(단기 2250, BCE 84)년에 국상 아란불阿蘭弗에게 명하여 구휼을 베풀고 원근의 유민을 불러 위로하며, 굶주리거나 추위에 떨지 않게 하였다. 또 밭을 나누어 주어 농사를 짓게 하니, 몇 해 지나지 않아 나라가 부유해지고 백성이 번성하였다. 때를 맞추어 비가 내려 차릉을 축축이 적시므로 백성이 「왕정춘王正春」이라는 노래를 불러 왕을 찬양하였다.

* **가섭원**迦葉原: 해부루가 북부여 5세 단군으로 즉위한 고두막에게 나라(북부여)를 넘기고 강봉降封되어 이주한 곳이다. 해부루는 동부여(가섭원부여)의 시조이다. 가섭원의 전거는 『삼국사기』 「고구려본기」 동명왕조에도 나와 있으나 그 위치는 밝히지 않았다. 식민주의 사관을 가진 이들이 함경도 동해안으로 추측하고 있으나 근거가 희박하다. 단재 신채호는, 우리 고어古語에 삼림을 '갓' 혹은 '가시'라 하는데, 함경도, 길림 동북부, 연해주 남단 등에 수목이 울창하여 수천 리의 삼림바다[森林海]를 이루기 때문에 '가시라'라 칭하는 것이요, 가시라는 삼림국森林國이라는 뜻이라 하였다. 가시라를 이두로 표기하면 갈사국曷思國, 가서라迦西羅, 하서량河西良 등이 되는데, 이런 명칭은 『삼국사기』 「고구려본기」와 「지리지」에 보이며, 대각국사가 지은 『삼국사三國史』에서는 「가섭원기加葉原記」라 하였다(신채호, 『조선상고사』 상, 164쪽). 이유립은 가섭원의 위치를 지금의 흑룡강성 통하현通河縣이라 하였다.

경박폭포_경박호는 목단강시 영안현에 있으며 화산폭발로 생긴 거대한 자연호수다. 경박폭포는 경박호 아래쪽에 있으며 여름철 우기에는 사방에서 물이 쏟아져 장관을 이룬다. 이곳을 동부여의 해부루왕이 금와를 얻은 곤연으로 추정하기도 한다.

高朱蒙의 血統과 朱蒙이란 말의 語源

壬寅八年이라

先是에 河伯女柳花가 出遊라가

爲夫餘皇孫高慕漱之所誘하야

強至鴨綠邊室中而私之하고 仍升天不歸오

父母는 責其無媒而從之하야 遂謫居邊室하니라.

高慕漱는 本名弗離支니 或曰高辰之孫이라.

王이 異柳花하야 同乘還宮而幽之러니

是歲五月五日에 柳花夫人이 生一卵하야

有一男子가 破殼而出하시니 是謂高朱蒙이시오

骨表英偉하시고 年甫七歲에 自作弓矢하사 百發百中하시니

夫餘語에 善射爲朱蒙故로 以名云이라.

王子 金蛙의 誕生

甲辰十年이라

王老無子라 一日에 祭山川求嗣라가

所乘馬가 至鯤淵하야 見大石하고 相對俠淚라

王이 怪之하야 使人轉其石하니 有小兒가 金色蛙形이라

王이 喜曰 此乃天이 賚我令胤乎인저.

乃收而養之하야 名曰金蛙라 하고 及其長하야

立爲太子하니라.

- 柳 버들 류
- 誘 꾈 유
- 強 억지로 강
- 邊 물가 변
- 室 집 실
- 升 오를 승
- 歸 돌아올 귀
- 責 꾸짖을 책
- 從 좇을 종
- 弗 아닐 불
- 支 가를 지
- 乘 탈 승
- 宮 궁궐 궁
- 卵 알 란
- 殼 껍질 각
- 骨 뼈 골
- 英 뛰어날 영
- 甫 겨우 보
- 矢 화살 시
- 遊 놀 유
- 媒 중매 매
- 謫 귀양갈 적
- 離 떠날 리
- 異 다를 이
- 還 돌아올 환
- 幽 가둘 유
- 破 깨뜨릴 파
- 謂 이를 위
- 表 겉 표
- 偉 클 위
- 弓 활 궁
- 射 쏠 사

- 求 구할 구
- 乘 탈 승
- 淵 못 연
- 俠 의기로울 협
- 淚 눈물 루
- 轉 굴릴 전
- 蛙 개구리 와
- 喜 기쁠 희
- 胤 맏아들 윤
- 養 기를 양
- 嗣 후사 사
- 鯤 곤어 곤
- 對 대할 대
- 怪 괴이할 괴
- 兒 아이 아
- 形 형상 형
- 賚 줄 뢰
- 收 거둘 수

桓檀古記

고주몽의 혈통과 주몽이란 말의 어원

재위 8년 임인(단기 2255, BCE 79)년, 이에 앞서 **하백의 딸**[河伯女]* 유화柳花가 밖에 나가 놀다가 부여의 황손 **고모수**高慕漱의 꾐에 **빠졌**다. 고모수는 강제로 유화를 압록강* 변에 있는 궁실로 데려가 은밀히 정을 통하고 하늘로 올라가서 돌아오지 않았다[升天不歸].* 유화의 부모는 중매도 없이 고모수를 따라간 것을 꾸짖고 먼 곳으로 쫓아 보냈다.

고모수의 본명은 **불리지**弗離支인데 혹자는 **고진**高辰(북부여 2세 모수리단군의 아우)**의 손자**라 한다.

해부루왕이 유화를 이상하게 여겨 수레에 태워 환궁하여 궁에서 나가지 못하게 하였다.

이 해 5월 5일, 유화 부인이 알 하나를 낳았는데 한 사내아이가 껍질을 깨고 나왔다. 이 아이가 바로 **고주몽**高朱蒙이니 골격이 뚜렷하고 늠름하며 위엄이 있었다. 나이 겨우 7세에 스스로 활과 화살을 만들어 백 번을 쏘면 백 번을 다 맞추었다.

부여 말[夫餘語]*에 '**활 잘 쏘는 사람을 주몽이라**' 하므로 이름을 그렇게 불렀다.

왕자 금와의 탄생

재위 10년 갑진(단기 2257, BCE 77)년이었다. 해부루왕이 늙도록 대를 이을 아들이 없어서, 하루는 산천에 후사를 기원하는 제사를 지냈다. **곤연**鯤淵*이라는 곳에 이르렀는데, 왕이 탄 말이 큰 돌을 보더니 그 앞에 마주서서 눈물을 흘렸다.

왕이 괴이하게 여겨 사람을 시켜 그 돌을 굴려 보게 하였더니, 거기에 한 아이가 있었는데 금색의 개구리 모양이었다. 왕이 기뻐하며 "이것은 하늘이 과인에게 대를 이을 아들을 내려 주신 것이로다" 하고, 아이를 거두어 길렀다. 이름을 **금와**金蛙*라 하였는데 장성하자 태자로 삼았다.

---

* **하백의 딸**[河伯女]: 하백은 천하天河를 감독하는 수신水神으로 인류가 태어난 지구 어머니의 자궁-천해를 지키는 벼슬이다. 『삼성기』 상에서는 "단군왕검께서 비서갑非西岬에 사는 하백의 따님[河伯女]을 맞이하여 황후로 삼으셨다"라고 하였다. 박병식은 "비서갑은 하르빈이고, 하백녀란 수신水神의 딸이다"라고 하였다(박병식, 『한국상고사』, 38쪽). 신시 배달에서는 웅녀가 황후가 되었고, 고조선에 와서는 하백의 따님이 황후가 되었으며, 고구려 시조 고주몽의 어머니 유화부인에게까지 이어진다.

* **압록강**: 여기서는 지금의 송화강을 가리킨다.

* **승천불귀**升天不歸: 고모수가 갑작스런 변고로 죽은 것으로 여겨진다.

* **부여어**夫餘語: 『북부여기』에서는 부여 말이라 했고, 『삼국유사』에는 나라 풍속[國俗]이라 했다. 이는 부여 말과 고구려 말이 같다는 증거이다.

* **곤연**鯤淵: 경박호鏡泊湖로 추정. 고사故史에는 홀한해忽汗海라 하였다. 지금의 흑룡강성 영안현寧安縣 서남쪽에 있다. 이유립은 박노철의 설을 인용하여 흑룡강성 가목사佳木斯시와 학강鶴岡시 사이의 학립鶴立에 있다고 하였다.

* **금와**金蛙: 『삼국유사』는 금와왕이 유화부인을 만나 주몽을 낳았다 하고, 대소와 주몽을 형제로 잘못 서술하였다.

高朱蒙의 高句麗 建國

壬戌二十八年이라

國人이 以高朱蒙으로 爲不利於國이라 하야 欲殺之한대

高朱蒙이 奉母柳花夫人命하사

東南走하사 渡淹利大水하시고 到卒本川이라가

明年에 開新國하시니 是爲高句麗始祖也시니라.

癸酉三十九年이라 王이 薨하니 太子金蛙가 立하니라.

二世金蛙 在位四十一年

高句麗와의 對外關係와 柳花夫人의 죽음

甲戌元年이라. 王이 遣使高句麗하야 獻方物하니라.

丁酉二十四年이라 柳花夫人이 薨하니

高句麗가 以衛兵數萬으로 返葬于卒本하시고

命以皇太后禮로 遷就山陵하시며 建廟祠于其側하시니라.

甲寅四十一年이라. 王이 薨하니 太子帶素가 立하니라.

三世帶素 在位二十八年

乙卯元年이라. 春正月에 王이 遣使高句麗하야 請交質子한대

高句麗烈帝가 以太子都切로 爲質이러시니 都切이 不行하니

王이 恚之하야 冬十月에 以兵五萬으로 往侵卒本城이라가

고주몽의 고구려 건국

재위 28년 임술(단기 2275, BCE 59)년에 사람들이 고주몽을 나라에 이롭지 않다고 여겨 죽이려 하였다.

이에 고주몽이 어머니 유화 부인의 명을 받들어 동남쪽으로 달아나 엄리대수淹利大水*를 건너 졸본천卒本川에 도착했다. 이듬해 새 나라를 여시니, 이분이 곧 고구려의 시조이시다.

재위 39년 계유(환기 7150, 신시개천 3850, 단기 2286, BCE 48)년에 해부루왕이 훙서薨逝*하였다. 태자 금와金蛙가 즉위하였다.

* **엄리대수**: 광개토대왕 비문에서는 '부여夫餘 엄리대수'라고 분명히 기록했다. 여기서 부여는 북부여가 아니라 흑룡강성 통하현 지역에 위치한 동부여이므로, 엄리대수는 곧 만주 흑룡강성을 횡단하여 흐르는 송화강으로 추정된다.

* **훙서薨逝**: 제후나 왕공, 귀인의 죽음을 이르는 말.

2세 금와 재위 41년

고구려와의 대외관계와 유화 부인의 죽음

금와왕의 재위 원년은 갑술(환기 7151, 신시개천 3851, 단기 2287, BCE 47)년이다. 왕이 고구려에 사신을 보내 방물을 바쳤다.

재위 24년 정유(단기 2310, BCE 24)년에 유화 부인이 세상을 떠났다. 고구려에서는 위병衛兵 수만 명으로 호위하게 하여 영구靈柩를 졸본으로 모셔 와서 장사를 지냈다. 주몽 성제께서 황태후의 예로써 모후母后의 영구를 모셔 와 능릉을 조성하고 그 곁에 묘사廟祠를 지으라 명하셨다.

재위 41년 갑인(환기 7191, 신시개천 3891, 단기 2327, BCE 7)년에 금와왕이 훙서하였다. 태자 대소帶素가 즉위하였다.

3세 대소 재위 28년

대소왕의 재위 원년은 을묘(환기 7192, 신시개천 3892, 단기 2328, BCE 6, 고구려 2세 유리명열제 14)년이다. 봄 정월에 왕이 고구려에 사신을 보내 왕자를 볼모로 교환하자고 청하였다. 고구려 열제烈帝*(2세 유리명열제)께서 태자 도절都切을 볼모로 삼으셨는데 도절이 가지 않으므로 왕이 노하였다.

* **열제烈帝**: '위대한 임금'이라는 뜻으로, 고구려 역대 임금에 대한 일반적인 호칭이다.

大雪로 多凍死하야 乃退하니라.

癸酉十九年이라 王이 侵攻高句麗하야

至鶴盤嶺下하야 遇伏兵하야 大敗하니라.

帶素王의 죽음

壬午二十八年이라. 二月에 高句麗가 擧國來侵한대

王이 自率衆出戰이라가 遇泥淖하니 王御馬陷하야 不得出이라

高句麗上將怪由가 直前殺之한대

我軍이 猶不屈하야 圍數重이러니 適에 大霧七日하야

高句麗烈帝가 潛師夜脫하사 從間道而遁去하시니라.

帶素王 아우의 曷思國 建設

夏四月에 王弟가 與從者數百人으로 奔至鴨綠谷하야

見海頭王出獵하고 遂殺之하야 而取其民하며

走保曷思水濱하야 立國稱王하니 是爲曷思라

至太祖武烈帝隆武十六年八月하야

都頭王이 見高句麗日强하고 遂擧國自降하니

凡三世歷四十七年而國絶이오.

命都頭爲于台하사 賜第宅하시고

以琿春으로 爲食邑하사 仍封爲東夫餘侯하시니라.

帶素王 從弟가 高句麗에 投降하여 椽那部 王에 任命됨

秋七月에 王從弟가 謂國人曰

先王이 身弑國亡하야 人民이 無所依하고 曷思는 偏安하야

겨울 10월에, 왕이 군사 5만 명을 거느리고 졸본성을 쳐들어갔으나 큰 눈이 와서 얼어 죽는 군사가 많아 물러났다.

재위 19년 계유(단기 2346, CE 13)년에 왕이 고구려를 침공하였는데, 학반령鶴盤嶺 밑에 이르러 복병을 만나 크게 패하였다.

대소왕의 죽음

재위 28년 임오(단기 2355, CE 22, 고구려 대무신열제 5)년 2월에 고구려가 국력을 다하여 쳐들어왔다. 왕이 몸소 군사를 이끌고 나가 싸우다가 왕이 탄 말이 진구렁에 빠져서 나올 수가 없었다. 이때 고구려 상장 괴유怪由*가 곧장 나아가 왕을 죽였다.

부여군*은 오히려 굴복하지 않고 고구려군을 여러 겹으로 에워쌌다. 마침 짙은 안개가 7일 동안 계속되자 고구려 열제께서 밤을 틈타 군사를 비밀리에 움직여 포위망을 벗어나 샛길로 달아나셨다.

대소왕 아우의 갈사국 건설

여름 4월, 왕의 **아우**가 추종자 수백 명과 더불어 길을 떠나 압록곡鴨綠谷에 이르렀다. 마침 사냥 나온 해두국海頭國 왕을 보고, 그를 죽이고 그 백성을 취하여 **갈사수**曷思水※ 가로 달아나 나라를 세우고 스스로 왕이라 일컬었다. 이 나라가 바로 **갈사국**(갈사부여)이다.

고구려 6세 태조무열제太祖武烈帝 융무隆武 16(단기 2401, CE 68)년 8월에 이르러 도두都頭왕(갈사국 3세)이 고구려가 날로 강성해지는 것을 보고 마침내 나라를 바치고 항복하니, 시조로부터 3세, 역년 47년 만에 나라가 없어지고 말았다.

이때 고구려 열제께서 도두를 우태于台*로 삼아 살 집을 주고, 혼춘琿春※을 식읍食邑으로 주어 **동부여후**東夫餘侯로 봉하셨다.

대소왕 종제가 고구려에 투항하여 연나부 왕에 임명됨

이 해 가을 7월에 대소왕의 **종제**從弟가 백성에게 일러 말하기를 "우리 선왕先王께서 시해를 당하시고 나라는 망하여 백성이 의지할 곳이 없고, 갈사국은 한쪽에 치우쳐 있어 안락하기는 하나 스스로

* 괴유: 고구려 3세 대무신열제 때 상장군으로, 『삼국사기』를 보면 키가 9척이나 되며 칼을 잘 쓴다고 하였다.

* 부여군: 원문은 '아군'이나 '부여군'으로 번역했다. '아군'을 '우리 군대'로 번역하면 중심이 부여가 되어서 적통인 고구려가 '남'이 된다.

※ 갈사수: 동만주 지방의 강으로 생각되나 어느 강인지 확실하지 않다. 이유립은 우수리 강烏蘇里江으로 추정하였다.

* 우태于台: 고구려의 관직명. 『삼국사기』「잡지雜志(직관하職官下)」에 인용된 『책부원귀』에는 "고구려는 후한 때 나라에서 관직을 설치하였는데, 상가·대로·패자·고추대가·주부·우태·사자·조의·선인이다[冊府元龜 云: 高句麗, 後漢時其國置官, 有相加·對盧·沛者·古鄒大加·主簿·優台·使者·皂衣·仙人.]"라고 했다. 학계에서는 우태優台(于台)가 원래 부족의 우두머리, 족장을 뜻하는 말로 환나부, 비류나부와 같은 고구려의 5부를 각각 통할하는 직책이라 추정한다.

※ 혼춘: 만주 길림성 연길시延吉市 동쪽에 있다. 만주 말로 '변두리 땅'이란 뜻이다.

▸能 능할 능	▸才 재주 재	불능자국 오역재지노하 무망흥복
▸智 지혜 지	▸魯 미련할 로	不能自國하고 吾亦才智魯下하야 無望興復하니
▸望 바랄 망	▸興 일어날 흥	영항이도존 이고도인민만여구 투고구려
▸復 돌아올 복	▸寧 차라리 녕	寧降以圖存이라 하고 以故都人民萬餘口로 投高句麗한대
▸圖 꾀할 도	▸存 있을 존	고구려 봉위왕 안치연나부
▸投 던질 투	▸置 둘 치	高句麗가 封爲王하사 安置椽那部하시고
▸椽 서까래 연	▸那 어찌 나	이기배 유낙문 사성낙씨
▸部 부락 부	▸背 등 배	以其背에 有絡文하야 賜姓絡氏러시니
▸絡 두를 락	▸文 무늬 문	후 초자립 자개원서북 사도백랑곡
▸賜 줄 사	▸姓 성씨 성	後에 稍自立하야 自開原西北으로 徙到白狼谷하고
▸絡 성씨락	▸稍 점점 초	우 근연지지 지문자열제명치갑술
▸原 근원 원	▸徙 옮길 사	又近燕之地러니 至文咨烈帝明治甲戌하야
▸到 이를 도	▸狼 이리 랑	이기국 절입우고구려 연나부낙씨 수불사
▸谷 골 곡	▸近 가까울 근	以其國으로 折入于高句麗하니 椽那部絡氏가 遂不祀하니라.
▸燕 연나라 연	▸咨 물을 자	
▸折 굴복할 절	▸遂 마침내 수	
▸不祀 제사가 끊기다. 망하다		

북부여 혈통 계보

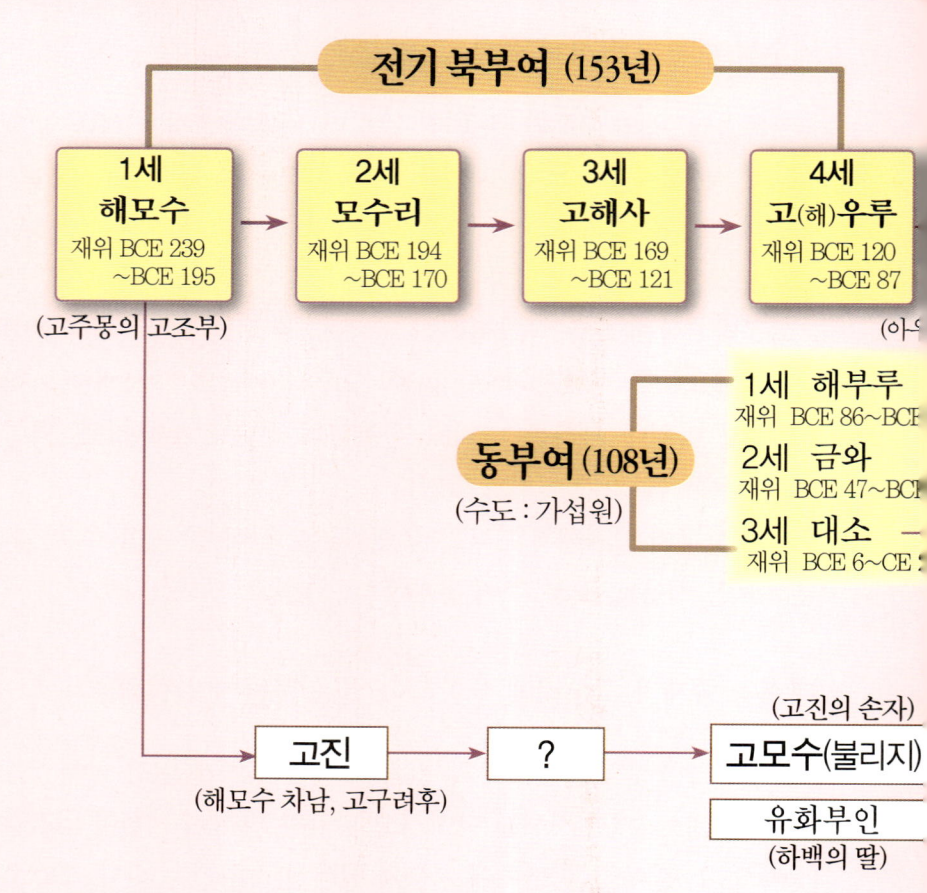

나라를 이루기 어렵도다. 나 또한 재주와 지혜가 부족하여 나라를 다시 일으킬 가망이 없으니 차라리 항복하여 살기를 도모하자"라고 하였다.

드디어 옛 도읍의 백성 1만여 명과 함께 고구려에 투항하니, 고구려에서는 그를 왕으로 봉하여 **연나부**椽那部*에 살게 하였다. 또 그의 등에 띠 같은 무늬가 있어 낙씨絡氏 성을 내려 주었다.

그 후에 차츰 자립하여 개원開原 서북에서 백랑산白狼山* 계곡으로 옮겨갔는데 연燕나라와 가까운 곳이었다. 고구려 21세 문자열제文咨烈帝 명치明治 갑술(환기 7691, 신시개천 4391, 단기 2827, CE 494)년에 이르러 나라가 고구려에 굴복하여 들어가니 연나부의 낙씨는 마침내 망했다.

* **연나부**椽那部: 이 연나부 지명을 따서 연나부부여라고도 한다.

* **백랑산**: 지금은 백록산白鹿山 또는 대양산大陽山이라 부르며, 몽골어로는 포호도布虎圖라 한다. 지금의 요령성 객좌현성喀左縣城에서 남서쪽으로 26km 떨어진 대릉하 서쪽 강변에 있다. 주봉의 서쪽 분수령에 하얀 거석이 있어 멀리서 보면 주봉을 향하여 동물이 걸어가는 것처럼 보이므로 한나라 시대에는 백랑산白狼山이라 불렀다. 이곳을 **서부여**라 한다.

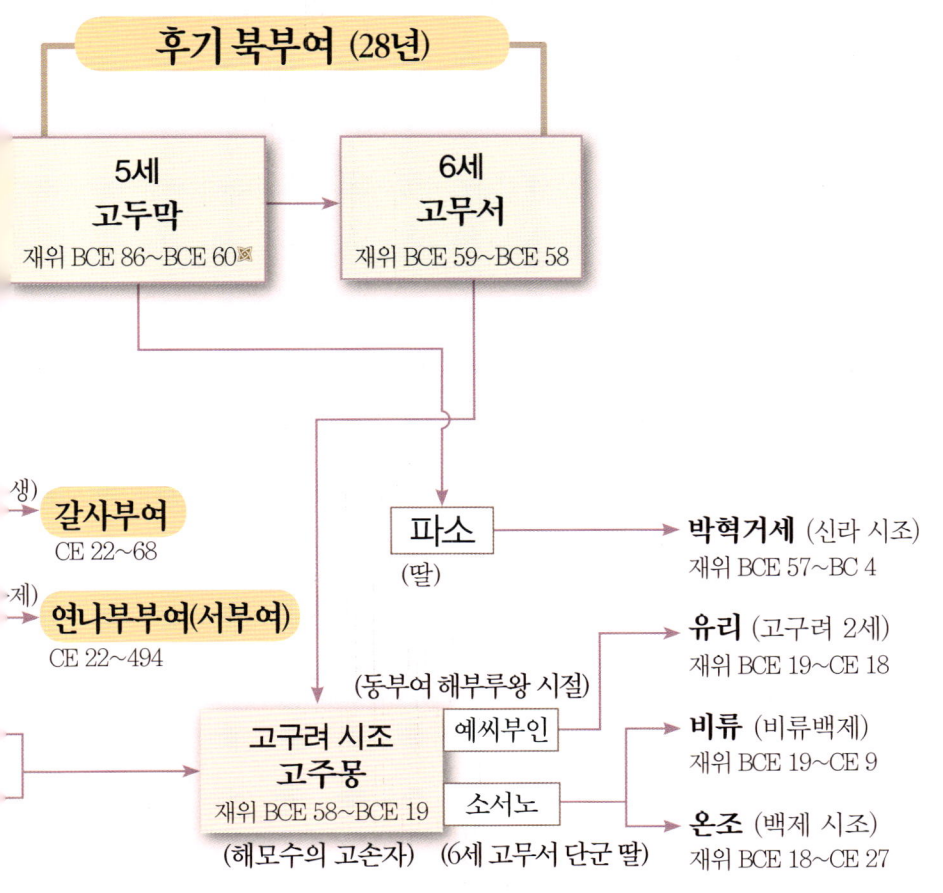

※ **고두막한의 재위 기간**: BCE 108~BCE 86년까지 22년 동안 졸본부여(동명국)의 왕으로 재위하고, BCE 86년에 북부여의 해부루단군으로부터 제위를 선양받아 5세 단군으로 즉위하여 BCE 60년까지 27년 동안 재위하였다. 즉 졸본부여(동명국)의 왕으로서 재위 기간은 22년, 북부여의 5세 단군으로서 재위 기간은 27년이니, 총 재위 기간은 49년이다.

부여夫餘의 기원과 부여사

세대	이름	재위	내용
단군조선 BCE 2333~BCE 238 (BCE 425년에 대부여라 칭함)			
1세	단군왕검王儉	BCE 2333 ~BCE 2241	구환九桓을 통일하고 신시의 옛 법도를 회복하여 아사달에 도읍, 조선 건국. 삼한관경제로 분조分朝를 두어 통치. 막내아들 부여夫餘를 **부여후**侯로 임명.
44세	구물丘勿	BCE 425 ~BCE 397	BCE 425 나라의 위기를 극복하고자 **대부여**大夫餘**로 국호를 변경**. 삼한을 삼조선 체제로 변경하고 분조의 병권을 인정.
47세	고열가高列加	BCE 295 ~BCE 238	단군께서 제위를 버리고 입산. 오가五加가 과도기 공화정을 시작.
북부여 BCE 239~BCE 86			
1세	해모수解慕漱	BCE 239 ~BCE 195	BCE 239 웅심산에서 일어남. BCE 232 오가의 공화정을 철폐하고 단군으로 추대됨. 해모수의 고향 이름을 따 **고구려**라고도 불림(원 고구려).
4세	고우루高于婁	BCE 120 ~BCE 87	위만정권 우거왕의 침입을 막은 해모수의 둘째 아들 고진高辰을 고구려후高句麗侯로 삼음.
졸본卒本 부여(후後 북부여) BCE 86~BCE 58			
5세	고두막한高豆莫汗 (동명東明왕)	동명 왕 BCE 108 ~BCE 86	고조선의 47세 고열가단군의 후손. 한무제 유철이 위만 정권을 무너뜨리고 북부여를 침략함. 졸본에서 동명국(일명 졸본부여: BCE 108~BCE 86)을 세움.
5세	고두막高豆莫	북부여 단군 BCE 86 ~BCE 60	군대를 이끌고 한나라 군대를 격퇴. 북부여 4세 고(해)우루단군을 이은 해부루단군을 압박하여 제위를 양위 받아 5세 단군으로 즉위(BCE 86). 국호 북부여를 그대로 사용, 해부루는 가섭원으로 이주.
7세	고주몽高朱蒙	BCE 58 ~BCE 19	BCE 79년 해모수의 둘째 아들 고진의 손자 고모수高慕漱(혹은 불리지弗離支)와 하백녀 유화의 아들로 태어남(고구려후 고진의 증손자이며 북부여 시조 해모수의 현손). 6세 고무서단군의 사위로서 북부여를 계승.

桓檀古記

세대	이름	재위	내용
가섭원迦葉原 부여 (동東부여) BCE 86~CE 22			
1세	해부루解夫婁	BCE 86 ~BCE 48	북부여 4세 고우루단군의 아우. 고두막한에 양위하고 가섭원迦葉原(차릉岔陵)으로 이주, **가섭원부여**를 세움. 동쪽에 있으므로 동부여라고도 함.
3세	대소帶素	BCE 6 ~CE 22	고구려 대무신열제와의 싸움에서 전사. 유민들이 갈사부여와 연나부부여로 나뉨.
갈사曷思 부여 CE 22~68			
1세	대소의 동생	CE 22~?	동부여 대소왕의 아우. 대소왕이 죽자 추종자들과 더불어 압록곡으로 달아나 갈사국曷思國 왕이 됨.
3세	도두都頭	CE ?~68	고구려 6세 태조무열제에게 나라를 바침. 동부여후東夫餘侯로 책봉됨.
연나부橡那部 부여 (서西부여) CE 22~494			
1세	대소의 종제從弟	CE 22~?	백성들과 고구려에 투항. 고구려는 왕으로 삼아 연나부에 살게 함. 낙絡씨 성을 하사받음.
6세	의려依慮	?	개원에서 연나라와 가까운 백랑산으로 옮김. 선비 모용씨에게 패한 뒤 아들 의라(부라扶羅)에게 양위하고, 바다를 건너가 왜를 평정하고 나라를 세움(일본 최초의 통일 왕조 **야마토 왜를 세운 오진應神 왕**). (오진 왕은 의려 혹은 의라 두 가지 설이 있음)
7세	의라依羅	?	모용씨가 재차 침략하자 무리를 거느리고 바다를 건너가 왜를 평정하고 왕이 됨.
		CE 494	잔존 세력은 고구려 21세 문자열제文咨烈帝에게 나라를 바침. 그 일부가 부여 북쪽으로 옮겨가 두막루豆莫婁를 세움.
백제百濟 (남부여) BCE 18~CE 660			
1세	온조溫祚	BCE 18 ~CE 27	하남 위례성河南 慰禮城에 백제百濟 건국.
26세	성왕聖王	CE 523 ~554	CE 538 웅진(공주)에서 사비성(부여)으로 천도, 국호를 **남부여**南夫餘로 고침.

부여사의 흐름과 위치

▶ 대소왕 아우의 갈사국 건설. 도두왕이 항복하여 동부여후에 봉해짐
▶ 대소왕 종제의 고구려 투항과 연나부부여의 독립
▶ 망명 부여(연나부부여)의 왕 의려依慮(혹은 의라)가 왜倭를 정복(CE 286년경)하여 일본 최초 통일왕조인 '야마토大和 왜' 건설

대흥안령산맥
흑룡강
두막루
눈수
우수리강

④ 동부여(가섭원부여)
(BCE 86~CE 22)
가섭원(통하)

⑤ 갈사부여(갈사국)
(CE 22~CE 68)

아사달(하얼빈)
송화강
목단강
수분하

② 북부여
(BCE 239~BCE 58)
영고탑(해림)

⑥ 동부여후
(CE 68)
훈춘

백악산(장춘,농안)
웅심산(서란)

서압록

① 대부여(고조선 44세 단군)
(BCE 425~BCE 238)
장당경(개원)
백두산

⑤ 연나부부여(서부여)
(CE 22~CE 285)

③ 졸본부여(후기북부여)
(BCE 108~BCE 58)
졸본卒本(환인)

심양
해성

적봉
난하요수

연나부부여(서부여)
(CE 285~CE 494)
백랑산

패수조하
북경

평양

⑦ 백제(남부여)
(CE 538 남부여로 국호변경)
부여

연나부부여(서부여)의 의려(의라)가 모용씨에게 패해 바다를 건너가 오진應神 왕이 됨

태산

← 동부여의 이동 경로

桓檀古記

주 註

1) 천왕랑天王郎

국자랑國子郎이라고도 한다. 신교의 근원 정신을 바탕으로 환국 시대 말에 배달국을 연 핵심 집단인 제세핵랑濟世核郎의 맥을 이었다.

배달국의 제세핵랑→고조선의 국자랑國子郎→북부여의 천왕랑天王郎→고구려의 조의선인皂衣仙人→백제의 무절武節과 신라의 화랑花郎→고려의 재가화상在家和尙 또는 국선國仙, 선랑仙郎으로 이어져 내려왔다. 그 뒤로 사대주의의 소한사관에 민족의 혼을 빼앗겨 명맥이 쇠잔하였으나 신교의 낭가, 상무 정신만은 한민족의 기층 문화 속에 깊이 뿌리 내려 조선 시대의 선비정신, 구한말 항일독립운동과 3·1운동 등으로 민족의 위기 때마다 유감없이 표출되었다.

2) 음력 4월 8일

음력 4월 8일을 흔히 석가탄신일, 일명 '부처님 오신날'이라 한다. 그러나 본시 이 날은 우리 민족이 천제의 아들이자 북부여의 시조인 해모수단군을 기리기 위해 등을 달아 경축[觀燈慶祝]하는 날이었다.

석가의 탄일은 2월 8일과 4월 8일, 양대설로 나뉘어져 있다. 1956년 네팔의 수도 카투만두에서 열린 제4차 불교대회에서는 세계 공통 불탄일을 양력 5월 15일로 확정한 바 있다(『불교사전』참조).

우리 민족이 관등경축觀燈慶祝하는 4월 8일은 불교의 도래 이전부터, 천제天帝의 아들[天王郎]인 북부여의 시조 해모수단군의 하강일下降日로 우리 민족 전래의 대축제일이었다(송호수, 『한민족의 뿌리사상』).

고려 초부터 있었던 불교의 연등회는 본래 음력 정월 보름에 하다가 후에 음력 2월 보름으로 바뀌었고, 나중에는 4월 초파일로 바뀌었다(『새국어사전』).

3) 오가五加 제도

오가 제도는 한민족 국교인 신교의 삼신 사상과 오행五行 철학을 기초로 하여 성립된 것이다. 즉 신교의 삼신오제三神五帝 사상을 현실의 인사人事 제도에 그대로 적용하여 '삼한오가三韓五加'라는 국가 통치 제도로 발전시킨 것이다.

이것은 환국 시대 이후 배달국 시대의 삼한三韓(풍백·우사·운사)·오가五加(마가·우가·구가·저가·계가) 제도 → 단군조선의 삼한관경(진한·번한·마한), 삼경三京제와 오가 제도→ 북부여의 오부五部 제도 → 고구려의 삼경오부三京五部와 백제의 오부제로 계승·발전되었다. 다시 대진국(발해)의 오경五京제와 신라의 오소경五小京제로 이어졌고, 요遼·금金나라가 대진국의 오경제를 그대로 답습하였다.

이와 같이 우리 민족은 신교의 삼신오제三神五帝 사상, 즉 천도天道를 지상 인간의 현실 인사人事에 그대로 구현하면서 생활해 온 지구상에 유일한 천손天孫 민족인 것이다.

4) 태교

태교에 대한 기록은 동양의 『여범女範』이나 『내칙內則』등에 부분적, 단편적으로 전해져 왔다. 그러나 종합적이고 체계적인 서술은 조선 시대 실학 사상가로 유명한 유희柳僖의 어머니 사주당師朱堂 이씨가 지은 『태교신기胎敎新記』가 처음이다. 태교는 "첫째, 자녀 교육은 그 후천성을 기르는 데 있으며, 둘째, 부모된 자로 태교를 소홀히 함은 스스로 의무를 포기하는 것이다"라고 하여 그 중요성을 강조한다(이원호, 『태교胎敎』, 177~179쪽).

5) 준왕

준왕은 부단군으로 '번조선의 75세 마지막 왕'이다. 지금의 교과서에는 준왕이 위만에게 망한 단군조선의 마지막 천제(단군)로 기술되어 있다. 이처럼 거짓 역사를 가르치게 된 것은 한민족의 국통國統이 지금까지 올바로 정립되지 않았기 때문이다. 또한 그동안 정통 대한사관에 따라 기록된 도가 사서를 불신하는 반면에, 철저한 중화 중심의 세계관에 따라 쓰여진 진수의 『삼국지』등의 기록을 맹신한 데에도 그 원인이 있다.

『규원사화』를 비롯한 현존하는 도가 사서들은 고조선의 마지막 단군이 47세 고열가임을 전해 줄 뿐 아니라, 47세에 이르는 단군의 역대 계보와 제호帝號를 자세히 밝히고 있다.

6) 진개秦介(秦開)

BCE 300년경 연나라 소왕昭王 때 고조선(번조선)에 인질로 붙잡혀 있던 연나라 장수. 정사인 진수의 『삼국지』에는 '진개秦開'로 나온다. 『위략魏略』에는 "진개가 조선에 볼모로 붙잡혀 있었다[燕有賢將秦開, 爲質於朝鮮]."라고 기록되어 있다. 『사기』「흉노열전匈奴列傳」에는 "그 뒤에 연나라에는 훌륭한 장수 진개가 있었는데 호胡에 인질이 되었으며, 호에서는 그를 대단히 믿었다[其後燕有賢將秦開, 爲質於胡, 胡甚信之]."라고 하였다. 또 "연나라의 북쪽에는 동호와 산융이 있었다[燕北有東胡·山戎]."라고 하였다. 『사기』는 조선을 동호東胡라 기록하고 「조선전」이 아니라 「흉노전」에 기재하여 고조선의 실체를 은폐한 것이다. 사마천이 『사기』를 저술한 당시 한漢나라는 위만정권을 쳐서 우거를 멸하고, 군현을 설치·확대하기 위해 북부여와 전쟁을 벌이고 있었다. 한편 진개는 볼모로 있을 때 번조선의 실정을 세세히 정탐하였다가 후에 다시 쳐들어와 변방의 1천여 리 땅을 빼앗았다.

7) 만번한滿番汗

『사기』「흉노열전」에서 "연나라 때 진개가 동호를 습격하여 깨트리고 조양造陽에서 동쪽으로 양평襄平까지 장성을 쌓았다[其後燕有賢將秦開, 爲質於胡, 胡甚信之, 歸而襲破走東胡, 東胡卻千餘里. … 燕亦築長城, 自造陽至襄平.]"라고 하였다. 양평에 대해서 『후한서後漢書』「원소류표열전袁紹劉表列傳」의 주석에서는 "양평은 현으로 요동군에 속해 있었다. 그 성이 지금의 평주平州 노룡현盧龍縣 서남에 있다[襄平, 縣, 屬遼東郡, 故城在今平州盧龍縣西南.]"라고 하였다. 노룡현 위치는 현재의 하북성 진황도시秦皇島市 경내로 연나라가 한반도 북부까지 점령했다는 기존설은 성립할 수 없는 것이다. 따라서 연

나라의 진개가 점령한 만번한의 위치는 하북성 장가구시와 북경시, 당산시에 이르는 지역이라고 봐야 한다. 이유립은 만滿을 하북성 보정시保定市 만성현滿城縣으로, 번番을 반현潘縣이 있던 하북성 회래현懷來縣으로 비정하였다.

8) 궁궐 366칸

『삼국유사』와 『삼성기』 등에는 신시 배달 시대를 여신 환웅천황께서 '인간 세상의 360여 가지 일[人事]'을 주관하였다는 기록이 있다. 북부여의 천안궁天安宮을 짓는 데도 366이라는 숫자를 썼다.

역수曆數는 이미 환웅천황의 신시개천 때부터 사용하였다. 이것이 단군조와 단군의 제후인 요·순에게 전승되어 발전된 것이다. 순임금 때는 1년 운행 도수를 365 1/4일이라 하였고[帝舜之期], 공자는 『주역周易』「계사전」에서 앞으로 세계 개벽 후 열리는 새로운 시대는 시공이 완성되어 1년이 360일(當期之日三百六十)로 바뀌게 된다고 하였다.

9) 패수浿水

여기서 패수浿水는 BCE 200년경 북부여의 제후국인 번조선과 중국 한漢나라가 국경선을 이루던 강이다. 『사기』「조선열전」을 보면 "진秦나라가 연燕나라를 멸망시키고 요동 밖의 먼 지역까지 복속시켰으나, 한漢나라가 일어나자 그곳이 멀어 지키기 어려우므로 다시 요동의 옛 요새를 수리하고 패수浿水에 이르러 국경을 삼아 연나라를 복속시켰다[秦滅燕, 屬遼東外徼. 漢興, 爲其遠難守, 復修遼東故塞, 至浿水爲界, 屬燕.]"라고 하였다.

윤내현은 이렇게 밝힌다. "이 패수에 대해서는 오랫동안 쟁점이 되어 온 것으로서 요동遼東에 있다는 설, 낙랑군에 있다는 설, 대릉하설, 대동강설 등이 있다. 이와 같은 혼란을 야기시킨 것은 원래 패수가 어느 특정한 강을 지칭하는 고유명사가 아니라 일반적으로 강을 지칭하는 보통명사였기 때문이다. 퉁구스 계통 종족의 언어를 보면 강江을 만주어로 畢拉(중국어 음으로 삘라), 솔론索倫어로는 必拉(삘라), 오로촌鄂倫春어로는 必雅拉(삐얄라)라 하는데, 고대 한국어로는 펴라·피

라·벌라 등이었다. 강에 대한 언어인 벌라를 향찰鄕札식으로 기록함으로써 후에 여러 강이 동일한 명칭으로 나타나게 되어 혼란을 주게 된 것으로 여겨진다"(윤내현, 『한국고대사신론』, 231쪽).

기존 학계에서는 이 패수를 평안도 청천강이라 하였는데, 이것은 사대 식민주의 사관이 날조한 소위 '한사군의 한반도 북부설'을 끝까지 고수하기 위해 아무런 근거도 없이 꿰맞춘 낭설에 불과하다. 북부여 당시 북부여 제후국 번조선과 한나라의 국경선이던 패수는 바로 지금의 하북성 조백하潮白河이다.

10) 중마한中馬韓

삼한에는 세 가지가 있다.
① 전삼한은 단군조선 시대의 삼한관경인 진한·번한·마한을 말한다.
② 후삼한은 신라·가야·백제이다.
③ 남삼한은 고조선의 전삼한 체제가 무너진 후 전삼한 유민들이 한강 이남으로 내려와 세운 나라로, 이것이 현행 교과서에서 말하는 소위 '삼한 연맹의 나라'이다.

'중마한中馬韓'은 남삼한의 중심이 마한이란 뜻으로 상장上將 탁을 중심으로 한 월지국月支國(지금의 전북 익산 방면으로 추정)이었고, '진한辰韓'은 길림吉林 등지에서 경주 방면으로 내려와 후에 신라가 되고, '번한番韓'은 번·진한의 유민들이 합류하여 김해 방면으로 내려와 후에 가야가 되었다. 만주 대륙의 전삼한 시대에서 후삼한 시대로 전환한 것은 한민족사의 역사 무대가 한반도로 축소되는 소한사관 시대로 들어서는 씨를 잉태한 것이다. 통일신라와 대진국이 남북으로 자리를 잡은 남북국 시대가 막을 내린 후로는 본격적인 한반도 중심 역사 시대로 들어서게 된다.

그런데 이것은 단순히 한민족사의 위축이나 몰락을 의미하는 것이 아니다. 우주의 법도를 깨고 보면 한민족과 인류의 뿌리를 찾는 후천개벽 기운을 열기 위한 전환이요, 세계 문명을 개벽하는 간도수艮度數를 역사에 실현하기 위한 궤도 진입이다. 한반도는 지구의 핵이며 새 시대를 여는 역사의 눈이며, 숨구멍이며, 심장부이자 초점이다. 또한 세계 문화를 원시반본原始返本시키는, 동방 한민족과 세계 문명을 추수하는 곳이다.

11) 낙랑 왕 최숭崔崇

위만의 번조선 찬탈 직전, 번조선 수도인 왕험성王險城의 백성들이 평양으로 옮겨와 낙랑국樂浪國 (BCE 195~CE 37)을 세웠다.

일찍이 단재 신채호 선생이 『조선상고사』와 『조선사연구초』에서 지적했듯이, 지금의 교과서에 나오는, 중국과 일본이 날조한 소위 한사군의 '낙랑군'은 '낙랑국'과 엄연히 다르다(한반도 북부에는 애초에 한사군이 없었다). 우리가 잘 알고 있는 '호동 왕자와 낙랑 공주' 이야기는 바로 낙랑국을 무대로 한 것이다.

낙랑국을 세운 사람은 번조선의 유민인 최숭이다. 낙랑국의 영역은 처음에는 오늘날의 평안도 일대에 그쳤다. 그러나 『삼국사기』에 신라와 싸운 기록을 보면 그 영역이 강원도 일부까지 넓어졌음을 알 수 있다. 뿐만 아니라 『태백일사』 「고구려국본기」에서 3세 대무신열제가 낙랑국을 정벌한 기록을 보면 낙랑국이 요동반도까지 진출했다는 것을 알 수 있다.

12) 낙랑산樂浪山

지금의 하북성 창려 지역에 있는 산. 위만정권의 수도인 왕험성도 바로 이 창려 지역에 있었다. 위만이 번조선을 침탈하기 직전에 최숭은 한반도 평양으로 이주해 와서 나라를 세우고 고향 지명을 그대로 따서 나라 이름을 '낙랑'이라 지었다. 위만정권을 멸하고 나서 한무제가 설치했다고 하는 소위 한사군의 낙랑군이라는 이름도, 그 지명을 그대로 군명郡名으로 쓴 것이다. 낙랑군은 지금의 하북성 창려 일대에 있었다.

13) 고구려후高句麗侯

고구려의 어원은 배달국 14세 치우천황 때(BCE 2700년경)의 구려九黎이다. 중국 사서에서도 고주몽성제의 고구려 개국 이전인 BCE 2세기 말에 이미 고구려라는 명칭이 등장한다. BCE 107년 한무제가 북부여의 영토 일부(요하 서쪽~대릉하)를 빼앗고 설치했다고 하는 현도군에도 고구려현이 있었다. 당시 현도군에는 고구려高句麗·상은태上殷台·서개마西蓋馬라는 세 현縣이 있었다. 동한東漢의 응소應劭는 이 고구려현에 대해 "옛 구려句麗 오랑캐胡다[應劭曰: 故句驪胡]"라고 주석하였는데 현도군이 설치되기 이전에 이미 고구려가 존재했음을 보여주는 기록이다.

본문에서 보는 바와 같이 해모수의 둘째 아들인 고진이 고구려후로 봉해졌는데, 후에 고진의 증손자인 고주몽이 북부여의 대통을 이어 '고구려' 라는 나라 이름을 정함으로써 고구려는 제후국이 아니라 민족 전체의 영도국으로서 위상을 얻게 되었다.

『환단고기』에서는 고주몽 성제가 고구려를 건국하기 약 50년 전에 서한西漢의 침략을 받아 그 일부가 현도군에 속하게 된 원래의 고구려를 '고구려', '고리槀離', '구려句麗' 라 표기하였다. 북부여의 해모수단군과 고두막단군도 본래 고리국 혈통이다.

고리국은 문헌에 따라 북이北夷의 삭리국索離國(『후한서』)·탁리국槖離國(『논형』;『양서』)·고리국槀離國(『위략』) 등으로 표기되었다. 중국 사학자 김육불은 이러한 여러 이름을 모두 고리의 동음이사同音異寫로 보았다.

『단군세기』23세 아홀단군 조에는 고리(구려)국 사람들이 은나라에 쳐들어가 회대淮岱 지역에 진출한 사실을 기록했다. **회대 지역으로 옮겨간 사람들이 바로 서이徐夷가 되었다.** 서언왕徐偃王 출생 설화가 고두막단군이나 고주몽 성제의 탄생 설화와 유사한 것은 이 때문이다.

『후한서』「동이열전東夷列傳」에는 "『박물지』에 서언왕이 진陳과 채蔡를 왕래하다가 주궁朱弓과 주시朱矢를 얻고서는 자신이 하늘의 상서로움을 얻은 것이라 생각하고 스스로 언왕이라고 일컬었다[博物志曰 … 偃王溝通陳蔡之間, 得朱弓朱矢, 以己得天瑞, 自稱偃王.]"라고 했는데, '주朱' 는 몽골·고구려 말로 '좋은', '정확한' 이라는 뜻이다. 서언왕은 서국徐國의 주몽朱蒙(명사수)이었던 것이다.

또한 『일주서逸周書』「왕회王會」편에는 주周나라가 은나라를 멸하고 나서 온 나라의 축하를 받은 성주 대회成周大會에 대한 기록이 있다. 그 기록에는 "동북 지역에 고이高夷가 있었다"라고 하였다. 이 고이高夷에 대한 공조孔晁의 주석에 "동북의 이夷로서 고구려이다[高夷, 東北夷高句驪]"라고 하였다. 『수서隋書』「배구전裵矩傳」에는 "고려는 본래 고죽국孤竹國이다[高麗之地, 本孤竹國也.]"라고 하였다.

14) 한사군

한국 고대사에서 가장 큰 쟁점 가운데 하나가 바로 한사군이다. 지난날 중국 사가들과 일제 어용 사학자, 그리고 이 땅의 반민족 사가들까지 한사군 문제를 왜곡하여 우리 고대사를 중국 한나라의 식민지 역사로 만들어 버렸다. 그들은 한사군이 한반도에 있었다는 주장을 관철시키기 위해 사서 날조는 물론 유물 조작도 서슴지 않았던 것이다.

그러나 최근에 그 허구성이 만천하에 드러났다. 복기대가 「임둔태수장을 통해 본 한사군의 위치」라는 논문에서 '임둔태수장臨屯太守章' 이 요하 서쪽 금서錦西시에서 출토된 사실을 폭로하자 기존의 학설은 설 땅을 잃게 되었다. 묘청의 북벌 운동 실패 이후 근 천 년 동안 우리 역사를 그늘지게 했던 반도사관의 장막이 걷히기 시작한 것이다.

중국이 동북공정을 추진하여 '한강 이북을 중국이 차지하였던 영토' 라고 주장하는 근원에는 한사군이 있다. 우리나라 사학계에서 주류를 이루는 학자들은 북한 평양 지역에 있는 중국계 유적·유물들을 '한반도 한사군설' 의 결정적인 근거로 삼고 있다. 1915년 조선총독부에서 평양과 황해도 지역을 낙랑·대방군으로 못 박은 것을 현재까지 정설로 따르고 있는 것이다.

그러나 최근 북한은 이 지역에서 발굴된 유물의 연대를 BCE 3세기 이전부터 BCE 1세기 말까지로 발표하였다. 낙랑군이 설치되었다는 BCE 108

년보다 훨씬 앞선 시대의 것이며 한사군이 설치된 지 얼마 안 되어 사라진 유물이라는 것이다. 한사군을 설치했다는 당시의 인물 사마천도『사기』「조선열전」에서 "드디어 조선을 정벌하고 사군을 삼았다[遂定朝鮮, 爲四郡.]"라고만 하고 사군의 이름을 적지 않았다. 또한 평양에 낙랑군이 있었다는 중국 기록은 하나도 없다. 그럼에도 일제는 정치적 목적으로 조선사편수회를 두고 우리 역사를 왜곡하였다. 한사군을 한반도 내로 끌어들여 '우리 역사가 식민지에서 시작된 것으로 조작' 하였다.

이덕일은 중국이 밑돌을 깔고 일제가 못을 박아 왜곡시킨 '평양 지역 한사군' 은 광복 후에도 조선사편수회 촉탁이었던 이병도와 그 제자들이 주류를 형성한 우리나라 학계의 정설이 되어 역사의 뿌리를 단절시켜 버렸다고 개탄했다(이덕일,『한국사, 그들이 숨긴 진실』, 40~60쪽).

15) 천제의 아들[天帝子]

고구려 시조 고주몽이 "나는 천제의 아들이다[我是天帝之子]"라고 말한 바 있고, 광개토대왕비 비문에도 같은 기록이 있다. 동한東漢(25~220)의 채옹蔡邕(132~192)이 지은『독단獨斷』상권에도 "천자는 동이족이 부르던 호칭이다. 하늘을 아버지로 땅을 어머니로 하는 까닭에 천자라 부른다[天子, 夷狄之所稱, 父天母地, 故稱天子.]"라고 하여, 천자天子라는 말이 중국 것이 아니라 본래 우리 동방 조선족[東夷]의 말임을 밝히고 있다. 이것은 본래 우리 나라가 '천자 나라[天子國]였다' 는 역사적 사실을 명백히 밝혀 주는 기록인 것이다.

다시 말하면 칭제건원稱帝建元을 하게 된 연원은 환인천제께서 여신 환국 시대의 신교의 '삼신 사상' 에 있는 것이다. 천자라는 말은 본래 삼신상제님의 정신을 체득하여 삼신상제님을 대행하여 그 진리(신교)로써 세상을 교화하고 다스리신 환웅・단군을 천제자[天帝子=天子]라 한 데서 연유하였다.

이 신교의 삼신三神 사상이 중국사의 시조라 일컬어지는 황제헌원 때에(사실은 그 이전에) 중화로 건너가 한 차원 낮은 '천天 사상' 으로 바뀌면서

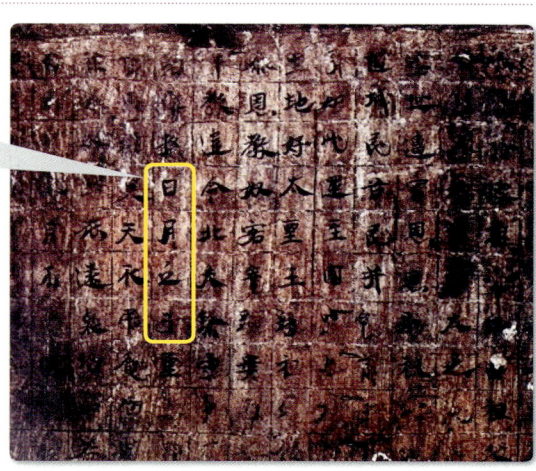

모두루 묘지명

광개토태왕비에서는 고구려 추모왕이 천제의 아들[天帝之子]임을 천하에 공표하였다. 그리고 1935년 길림성 집안현에서 발견된 고구려 광개토태왕 때 북부여 수사守事인 모두루의 무덤 안쪽 벽에 묵서墨書된 묘지명墓誌銘에서는 '일월지자日月之子'라는 말을 사용하였다. 일월지자라는 말은 천제지자天帝之子와 같은 의미로, 고구려가 환국 이래로 내려온 신교의 광명사상에 입각한 천손天孫 의식을 강하게 갖고 있었음을 말해 준다.

천자天子로 불리게 된 것이다. 그러나 중국에서는 요·순과 하·상·주 시대를 지나 춘추전국 시대에 이르러 6국을 통일한 진왕秦王 정政이 중국 최초의 천자로서 황제皇帝가 되었을 뿐이다. 즉 중국에서 천자 제도가 시행된 것은 2,200년 전 일이다. 우리 동방 한민족이 배달 시대부터 환웅을 '천제자天帝之子'라고 부른 것에 비하면 2,600여 년이나 지난 후세의 일이다.

16) 동명東明

흔히 고구려를 건국한 고주몽을 동명왕으로 잘못 알고 있다. 그러나 '동명東明'은 졸본에서 동명국(졸본부여)을 세우고 즉위한 고두막한의 호이다. 그래서 고두막한을 '동명왕'이라고도 한다. 『삼국사기』에는 동명과 주몽을 같은 인물로 기록해 놓았다. 그러나 김천령金千齡(연산군 때의 문관)은 자신이 지은 부賦에서 "동명이 창업하고 주몽이 계승하였다[東明創其緖業, 朱蒙承其餘波.]"라고 하여, 동명과 주몽이 전혀 다른 인물임을 전하였다.

그런데 '동명'이라는 호칭은 몽골어에서 흔히 발견되는 'Tumn'의 음역音譯이라는 견해도 있다. 이 칭호는 '대족장·만호장'이라는 뜻으로 흉노 제국의 두만선우頭曼單于처럼 유목 군장의 이름에서 자주 발견된다(박원길, 『유라시아 초원제국의 샤머니즘』, 252~256쪽).

17) 서안평西安平

서안평은 내몽고 임황臨潢으로 지금은 임동林東 또는 파림좌기巴林左旗라 한다. 종래 학계에서는 서안평西安平이 평안도 의주 맞은편 압록강 변에 있다고 하였다. 그러나 한漢나라 때 요동군遼東郡 서안평현西安平縣이 압록강 변에 있었다는 기록은 그 어디에서도 찾을 수 없다. 서안평의 위치는 『요사遼史』「지리지地理志」에 "상경 임황부는 본래 한漢나라의 요동군 서안평 땅이다[上京臨潢府 本漢遼東郡西安平之地.]"라고 하였다. 거란이 세운 요遼나라의 수도인 상경 임황부가 본래 한나라 때 요동군 서안평현이 있었던 곳임을 분명히 밝힌 것이다.

『태백일사』「대진국본기」에도 "서경西京 압록부는 본래 고리국이요, 지금의 임황臨潢이다. 임황은 후에 요遼나라 상경 임황부가 되었는데, 곧 옛날의 서안평이다"라고 하였다.

이상의 기록에서 한나라 때 요동군이 지금의 요하 동쪽에 있지 않고 '난하 동쪽'에 있었음을 분명히 알 수 있다. 고구려 당시 요수遼水는 지금의 요하가 아니라 난하였다는 사실을 다시 한 번 강조해 둔다.

참고 사료

부여사 夫餘史

부여는 우리 역사에서 고조선의 붕괴와 열국시대로 넘어가는 중간 고리 구실을 한다.

그런데 기존 국내와 중국 기록은 앞뒤 시대의 내용이 명확하지 못하고 부여사가 서로 얽혀 있어 그 실체를 정확하게 파악하는 데 근본적인 한계가 있다. 그 문제의 핵심은 **북부여와 동부여, 서부여가 시기와 공간이 서로 다른데도 하나의 이야기로 얽혀 있다**는 데 있다. 북부여의 건국자인 해모수와 고구려의 고주몽이 시대가 180년 이상 차이가 나지만 부자 관계로 그려진다든지, 동명왕과 고주몽이 전혀 다른 인물임에도 같은 인물로 기록된 것이 구체적인 사례이다. 왜 이런 역사 왜곡이 일어나게 되었을까? 그것은 **북부여에서 고구려로 이어지는 중간 역사 기록이 사라지고 핵심 내용만 전해진 것을 다시 기록하는 과정에서 착오를 많이 일으켰기 때문이다.** 그러나 오직 『환단고기』에 실린 「북부여기」는 짙은 안개에 싸여 밝혀지지 못했던 부여사의 전모를 명확하게 총체적으로 드러내 준다.

1. 국내 사료

가. 「국강상광개토경평안호태왕비」
國岡上廣開土境平安好太王碑

惟昔始祖鄒牟王之創基也, 出自北夫餘, 天帝之子, 母河伯女郞. 剖卵降世, 生而有聖 □□□□□命駕, 巡幸南下, 路由夫餘奄利大水. 王臨津言曰:"我是皇天之子, 母河伯女郞, 鄒牟王. 爲我連浮龜." 應聲卽爲連浮龜. 然後造渡, 於沸流谷, 忽本西, 城山上而建都焉. 王於忽本東岡, 履龍頁昇天. 顧命世子儒留王, 以道興治.

옛날 시조 추모왕께서 창업의 기틀을 다지셨는데, 북부여에서 유래한다. 왕께서는 천상 상제님의 아드님이시요, 어머니는 하백의 따님이시다. 알을 깨고 세상에 태어나 날 때부터 성스러운 덕이 있었다. □□□□□ 수레를 준비하라 명하여 남쪽으로 내려가다가 부여의 엄리대수를 지나게 되었다. 왕께서 나룻가에서 말씀하셨다. "나는 황천의 아들이며 하백의 따님을 어머니로 둔 추모왕이다. 나를 위하여 갈대를 엮고 거북이 떠오르게 하라." 소리에 응하여 곧 갈대가 엮이고 거북들이 물 위로 떠올랐다. 그 뒤 강을 건너가서 비류곡의 홀본 서쪽 산 위에다 성을 쌓고 도읍을 세우셨다. 세속의 지위를 즐기지 않으시자, 천제께서 황룡을 보내니 그 황룡이 내려와서 왕을 맞이하였다. 왕께서 홀본의 동쪽 언덕에서 황룡의 머리를 밟고 하늘로 올라가면서, 세자인 유류왕에게 도로써 나라를 다스리라고 분부하셨다.

나. 『삼국사기 三國史記』 (김부식金富軾, 인종 23년, 1145년)
○「고구려본기高句麗本紀」시조始祖 동명성왕東明聖王

始祖東明聖王, 姓高氏, 諱朱蒙(一云鄒牟, 一云眾解). 先是扶餘王解夫婁老無子, 祭山川求嗣. 其所御馬至鯤淵, 見大石, 相對流淚, 王怪之, 使人轉其石, 有小兒, 金色蛙形(蛙, 一作蝸). 王喜曰:"此乃天賚我令胤乎?" 乃收而養之, 名曰金蛙. 及其長, 立爲太子.

시조 동명성왕의 성은 고씨이고, 이름은 주몽(추모 혹은 중해라고도 한다)이다. 이보다 앞서 부여왕 해부루가 늙도록 아들이 없자, 산천에 제사를 드려 아들 낳기를 기원하였다. 그가 탄 말이 곤연에 이르러 큰 돌을 보고 마주서서 눈물을 흘렸다.

北夫餘紀

왕이 이상하게 여기고 사람을 시켜 그 돌을 굴려보니, 금빛 개구리(와蛙는 와蝸라고도 한다) 모양의 어린 아이가 있었다. 왕이 기뻐하며 말하기를 "이 아이가 바로 하늘이 나에게 주신 아들이구나!" 하고 곧 거두어 기르며 금와라 하였다. 그가 자라자 태자로 삼았다.

> 後其相阿蘭弗曰: "日者天降我曰: '將使吾子孫立國於此, 汝其避之. 東海之濱有地, 號曰迦葉原. 土壤膏腴宜五穀, 可都也.'" 阿蘭弗遂勸王, 移都於彼, 國號東扶餘. 其舊都有人, 不知所從來, 自稱天帝子解慕漱, 來都焉.

그 뒤 재상 아란불이 말했다. "일전에 천제께서 저에게 내려와 이런 말씀을 하셨다. '장차 나의 자손으로 하여금 이곳에 나라를 세우고자 하니, 너는 이곳을 피해 가라. 동쪽 바닷가에 가섭원이라 하는 곳이 있는데, 땅이 기름져서 오곡을 기르기에 적합하니 도읍할 만한 곳이다.'" 아란불이 마침내 왕에게 권하여 그곳으로 도읍을 옮기고, 나라 이름을 동부여라 하였다. 그 옛 도읍에는 어디서 왔는지 알 수 없는 사람이 스스로 천제의 아들 해모수라 하면서, 그곳에다 도읍을 정하였다.

> 及解夫婁薨, 金蛙嗣位. 於是時, 得女子於太白山南優渤水. 問之, 曰: "我是河伯之女, 名柳花. 與諸弟出遊, 時有一男子, 自言天帝子解慕漱, 誘我於熊心山下鴨淥邊室中, 私之, 卽往不返. 父母責我無媒而從人, 遂謫居優渤水." 金蛙異之, 幽閉於室中. 爲日所炤, 引身避之, 日影又逐而炤之. 因而有孕, 生一卵, 大如五升許. 王棄之, 與犬豕, 皆不食; 又棄之路中, 牛馬避之; 後棄之野, 鳥覆翼之; 王欲剖之, 不能破; 遂還其母, 其母以物裏之, 置於暖處, 有一男兒, 破殼而出, 骨表英奇. 年甫七歲, 巍然異常, 自作弓矢, 射之, 百發百中, 扶餘俗語, 善射爲朱蒙, 故以名云.

해부루가 죽자, 금와가 왕위를 계승했다. 이 때, 금와가 태백산 남쪽 우발수에서 한 여자를 만나 내력을 물으니, 대답했다. "저는 하백의 딸이고, 이름은 유화입니다. 동생들과 함께 나와 노는데, 때마침 한 남자가 스스로 천제의 아들 해모수라 하면서 나를 웅심산 아래 압록강 가에 있는 집으로 유인하여 은밀히 정을 통하고 가더니 돌아오지 않았습니다. 부모님은 제가 중매도 없이 다른 남자를 따른 것을 꾸짖고, 마침내 우발수로 귀양을 보냈습니다." 금와가 이상하게 여겨 방에 가두었다. 햇빛이 유화를 비추는지라 몸을 피하면, 햇빛이 또한 따라가면서 비추었다. 이로 인하여 태기가 있어 큰 알을 낳는데, 닷 되 정도 되었다. 왕이 알을 버려 개와 돼지에게 주었으나 모두 먹지 않았고, 다시 길 가운데 버렸더니 소와 말이 피하고 밟지 않았으며, 나중에는 들에 버렸으나 새가 날개로 덮어 주었다. 왕이 알을 쪼개려 했으나 깨뜨릴 수가 없어 마침내 그 어머니에게 돌려주었다. 그 어머니가 알을 감싸서 따뜻한 곳에 두었더니, 한 사내아이가 껍질을 깨고 나왔다. 골격과 외모가 뛰어나고 기이하였다. 나이 겨우 일곱 살에 보통 아이들과 크게 달랐다. 스스로 활과 화살을 만들어 쏘았는데, 백발백중이었다. 부여 속담에 활을 잘 쏘는 사람을 '주몽' 이라 하였기 때문에 이로써 이름을 지었다고 한다.

> 金蛙有七子, 常與朱蒙遊戱, 其伎能皆不及朱蒙. 其長子帶素言於王曰: "朱蒙非人所生, 其爲人也勇, 若不早圖, 恐有後患, 請除之." 王不聽, 使之養馬. 朱蒙知其駿者而減食令瘦, 駑者善養令肥. 王以肥者自乘, 瘦者給朱蒙. 後獵于野, 以朱蒙善射, 與其矢小而朱蒙殪獸甚多. 王子

及諸臣又謀殺之. 朱蒙母陰知之, 告曰: "國人將害汝. 以汝才略, 何往而不可? 與其遲留而受辱, 不若遠適以有爲."

금와에게는 일곱 아들이 있어 항상 주몽과 함께 놀았는데, 그들의 재주가 모두 주몽에게 미치지 못하였다. 맏아들 대소가 왕에게 말했다. "주몽은 사람이 낳지 않았고 그 사람됨이 용맹하니, 만일 일찌감치 대책을 세우지 않는다면 후환이 있을까 두려우니, 청컨대 그를 없애 버리소서." 그러나 왕이 그 말을 듣지 않고, 주몽에게 말을 기르게 하였다. 주몽이 날랜 말을 알아보고 먹이를 적게 주어 여위게 하고, 노둔한 말은 잘 먹여 살찌게 하였다. 왕은 살찐 말은 자기가 타고, 여윈 말은 주몽에게 주었다. 훗날 들에서 사냥을 하는데, 주몽은 활을 잘 쏜다 하여 화살을 적게 주었는데도 주몽이 잡은 짐승이 훨씬 많았다. 왕자와 여러 신하가 다시 주몽을 죽이려고 도모하였다. 주몽의 어머니가 은밀히 알아내고 주몽에게 말했다. "나라 사람들이 장차 너를 해치려 하니, 너의 재능과 지략으로 어디에 간들 살지 못하겠는가? 여기에서 머뭇거리다가 치욕을 받기보다는 차라리 멀리 가서 큰 일을 도모하는 것이 좋을 것이다."

朱蒙乃與烏伊·摩離·陝父等三人爲友, 行至淹淲水(一名盖斯水, 在今鴨綠東北). 欲渡無梁, 恐爲追兵所迫, 告水, 曰: "我是天帝子, 河伯外孫. 今日逃走, 追者垂及如何?" 於是魚鼈浮出成橋, 朱蒙得渡, 魚鼈乃解, 追騎不得渡.

이에 주몽은 오이·마리·협보 등 세 사람과 벗이 되어, 엄사수(개사수라고도 하는데, 현재의 압록강 동북방에 있다)에 이르렀다. 강을 건너려고 했으나 다리가 없었다. 추격해 오는 군사들에게 붙잡힐까 두려워 주몽이 강물을 향해 말했다. "나는 천제의 아들이요, 하백의 외손이다. 오늘 도망을 하는 길인데, 뒤쫓는 자들이 가까이 다가오니 어찌하면 좋겠는가?" 이때, 물고기와 자라가 물 위로 떠올라 다리를 만들어 주었다. 주몽이 강을 건너자 물고기와 자라가 흩어졌으므로 뒤쫓던 기병은 강을 건너지 못하였다.

朱蒙行至毛屯谷(『魏書』云: 至普述水), 遇三人, 其一人着麻衣, 一人着衲衣, 一人着水藻衣. 朱蒙問曰: "子等何許人也? 何姓何名乎?" 麻衣者曰: "名再思", 衲衣者曰: "名武骨", 水藻衣者曰: "名默居", 而不言姓. 朱蒙賜再思姓克氏, 武骨仲室氏, 默居少室氏. 乃告於衆曰: "我方承景命, 欲啓元基, 而適遇此三賢, 豈非天賜乎?"

주몽이 모둔곡(「위서」에는 '보술수에 이르렀다'고 기록되어 있다)에 이르러 세 사람을 만났다. 한 사람은 삼베옷을 입고, 한 사람은 장삼을 입고, 한 사람은 물풀옷을 입고 있었다. 주몽이 묻기를 "그대들은 어떤 사람들이며, 성과 이름이 무엇인가?" 하니, 삼베옷을 입은 사람은 이름이 재사라 하고, 장삼을 입은 사람은 무골이라 하고, 물풀옷을 입은 사람은 묵거라 하고 성은 말하지 않았다. 주몽은 재사에게 극씨, 무골에게 중실씨, 묵거에게 소실씨라는 성을 지어 주고 여러 사람에게 말했다. "내가 바야흐로 하늘의 명을 받아 나라의 기틀을 세우려고 하는데, 때마침 세 분의 어진 인물을 만났으니, 어찌 하늘이 내려 주신 사람이 아니겠는가?"

遂揆其能, 各任以事, 與之俱至卒本川(『魏書』云: 至紇升骨城). 觀其土壤肥美, 山河險固, 遂欲都焉, 而未遑作宮室, 但結廬於沸流水上, 居之. 國號高句麗, 因以高爲氏.(一云: 朱蒙至卒本扶餘, 王無子, 見朱蒙知非常人, 以其女妻之. 王薨, 朱蒙嗣位.)

北夫餘紀

주몽은 드디어 그들의 재능을 헤아려 각각 일을 맡기고, 그들과 함께 졸본천(「위서」에는 3승골성에 이르렀다'고 기록되어 있다)에 이르렀다. 토지가 비옥하고 산하가 준험한 것을 보고, 마침내 그곳에 도읍으로 정하려 하다가 미처 궁실을 지을 겨를이 없어 단지 비류수 가에 초막을 엮고 살았다. 국호를 고구려라 하고, 이로 말미암아 고를 성씨로 삼았다(혹은 주몽이 졸본부여에 이르렀을 때, 그곳 왕에게 아들이 없었는데, 주몽이 보통 사람이 아님을 알고, 그의 딸을 아내로 삼게 하였으며, 왕이 승하하자 주몽이 왕위를 이었다고 한다).

○「백제본기百濟本紀」 시조始祖 온조왕溫祚王

> 百濟始祖溫祚王, 其父, 鄒牟(或云朱蒙), 自北扶餘逃難, 至卒本扶餘. 扶餘王無子, 只有三女子, 見朱蒙知非常人, 以第二女妻之. 未幾, 扶餘王薨, 朱蒙嗣位. 生二子, 長曰沸流, 次曰溫祚.(或云: "朱蒙到卒本, 娶越郡女, 生二子.")

백제의 시조는 온조왕이요 그의 아버지는 추모이니 혹자는 주몽이라고도 한다. 주몽은 북부여로부터 난을 피하여 졸본부여에 이르렀다. 부여 왕은 아들이 없고 딸만 셋이 있었는데, 주몽을 보고서 보통 사람이 아님을 알고 둘째 딸을 시집보냈다. 얼마되지 않아 부여 왕이 승하하자 주몽이 뒤를 이었다. 주몽은 아들 둘을 낳았는데, 맏아들은 비류라 하고 둘째 아들은 온조라 한다(혹자는 '주몽이 졸본에서 월군 여자를 취하여 두 아들을 낳았다'고도 한다).

> 及朱蒙在北扶餘所生子, 來爲太子. 沸流·溫祚, 恐爲太子所不容, 遂與烏干·馬黎等十臣南行, 百姓從之者, 多. 遂至漢山, 登負兒嶽, 望可居之地, 沸流欲居於海濱. 十臣諫曰: "惟此河南之地, 北帶漢水, 東據高岳, 南望沃澤, 西阻大海. 其天險地利, 難得之勢, 作都於斯, 不亦宜乎?" 沸流不聽, 分其民, 歸彌鄒忽以居之. 溫祚都河南慰禮城, 以十臣爲輔翼, 國號十濟. 是前漢成帝鴻嘉三年也.

주몽이 북부여에서 낳은 아들이 오자 태자로 삼으니, 비류와 온조는 태자에게 받아들여지지 않을까 두려워하여, 마침내 오간·마려 등 열 명의 신하와 함께 남쪽으로 떠나가니, 백성 가운데 따르는 자가 많았다. 마침내 한산에 이르러 부아악에 올라가 살 만한 곳을 찾았다. 비류가 해빈에 머물기를 원하니, 열 명의 신하가 간하여 말했다.

"이 하남의 땅은 북쪽으로는 한수가 흐르고, 동쪽으로는 높은 산이 있으며, 남쪽으로는 비옥한 들이 바라보이고, 서쪽은 큰 바다로 가로막혀 있습니다. 이러한 천험의 요새와 지리는 다시 얻기 어렵습니다. 이곳에 도읍을 정하는 것이 좋지 않겠습니까?"

그러나 비류는 듣지 않고 백성들을 나누어 미추홀로 가서 터를 잡았다. 온조는 하남 위례성에 도읍을 정하고, 열 명의 신하를 보필로 삼고, 국호를 십제라 하였다. 전한 성제 홍가 3년(BCE 18)이었다.

> 沸流以彌鄒, 土濕水鹹, 不得安居, 歸見慰禮, 都邑鼎定, 人民安泰, 遂慙悔而死, 其臣民皆歸於慰禮. 後以來時百姓樂從, 改號百濟. 其世系與高句麗, 同出扶餘, 故以扶餘爲氏.

비류는 미추홀의 토지가 습기가 많고, 물에 소금기가 있어 편히 살 수가 없다고 하여 위례로 돌아왔다. 도읍이 안정되고 백성이 태평한 것을 보고는 부끄러워하며 후회하다가 죽었다. 그 신하와 백성이 모두 위례로 돌아왔다. 그 뒤 줄곧 백성이 즐거이 따랐으므로 국호를 백제로 바꾸었다. 그 조상은 고구려와 함께 부여에서 나왔기 때문에 부여를 성으로 삼았다.

(一云: 始祖沸流王, 其父優台, 北扶餘王解扶婁庶孫. 母召西奴, 卒本人延陁勃之女, 始歸于優台, 生子二人, 長曰沸流, 次曰溫祚. 優台死, 寡居于卒本. 後朱蒙不容於扶餘, 以前漢建昭二年, 春二月, 南奔至卒本, 立都號高句麗, 娶召西奴爲妃. 其於開基創業, 頗有內助, 故朱蒙寵接之特厚, 待沸流等如己子. 及朱蒙在扶餘所生禮氏子孺留來, 立之爲太子, 以至嗣位焉. 於是沸流謂弟溫祚曰:"始, 大王避扶餘之難, 逃歸至此, 我母氏傾家財, 助成邦業, 其勤勞多矣. 及大王厭世, 國家屬於孺留, 吾等徒在此, 鬱鬱如疣贅, 不如奉母氏, 南遊卜地, 別立國都." 遂與弟率黨類, 渡浿·帶二水, 至彌鄒忽, 以居之. 『北史』及『隋書』皆云:"東明之後有仇台, 篤於仁信. 初立國于帶方故地, 漢遼東太守公孫度以女妻之, 遂爲東夷强國." 未知孰是.)

(일설에 따르면 이렇다. 시조는 비류왕이다. 아버지는 우태이니, 북부여 왕 해부루의 서손이다. 어머니는 소서노로서, 졸본 사람 연타발의 딸이다. 처음에 우태에게 시집가서 두 아들을 낳으니, 첫째는 비류이고 둘째는 온조이다. 우태가 죽자 졸본에서 혼자 살았다. 그 뒤 주몽이 부여에서 받아들여지지 않자, 전한 건소 2년(BCE 37) 봄 2월에 남쪽으로 도망하여 졸본에 이르러 도읍을 정하고, 고구려라 하고는 소서노에게 장가들어 왕비로 삼았다. 주몽이 나라의 기틀을 여는 데 소서노의 내조가 매우 컸으므로, 주몽은 소서노를 극진히 사랑했고, 비류 등을 자신의 자식과 같이 대하였다. 주몽이 부여에서 낳았던 예씨의 아들 유류가 오자 태자로 삼았다. 그 뒤 주몽의 뒤를 잇게 하였다.

이때 비류가 아우 온조에게 말하였다. "처음 대왕께서 부여의 난을 피하여 이곳으로 도망하여 왔을 때, 어머니가 가산을 털어 나라의 기틀을 세움에 도움을 주었으니, 어머니의 조력과 공로가 많았다. 그러나 대왕께서 돌아가시자, 나라가 유류에게 돌아갔다. 우리가 공연히 여기에 있으면서 쓸모없는 사람같이 답답하고 우울하게 지내는 것보다는, 차라리 어머니를 모시고 남쪽으로 가서 살 곳을 선택하여 따로 도읍을 세우는 것이 좋겠다." 마침내 아우와 함께 무리를 이끌고 패수와 대수를 건너 미추홀에 와서 살았다. 『북사』와 『수서』에는 모두 이렇게 말한다. "동명의 후손 중에 구태라는 사람이 있었는데, 사람이 어질고 신의가 있었다. 처음으로 대방 옛 땅에 나라를 세웠는데, 한나라 요동 태수 공손탁이 자기의 딸을 구태에게 시집보냈고, 마침내 동이의 강국이 되었다." 어느 주장이 옳은지 알 수 없다).

다. **『삼국유사』** (일연一然, 충렬왕 7~9년, 1281~1283년)

○ 북부여北扶餘

『古記』云:"前漢書宣帝神爵三年壬戌四月八日, 天帝降于訖升骨城(在大遼醫州界), 乘五龍車, 立都稱王, 國號北扶餘, 自稱名解慕漱. 生子名扶婁, 以解爲氏焉. 王後因上帝之命, 移都于東扶餘. 東明帝繼北扶餘而興, 立都于卒本州, 爲卒本扶餘, 卽高句麗之始."

고기古記에 말하길 "전한 선제 신작 3년 임술 4월 8일, 천제께서 흘승골성(대요와 의주 경계에 있다)에 내려오시어 다섯 마리의 용이 모는 수레를 타고 도읍을 세워 왕을 일컫고 국호를 북부여라 하시며 스스로 이름을 해모수라 하셨다. 아들을 낳아 이름을 부루라 지으시고, 해로 성을 삼으셨다. 왕이 뒤에 상제님의 명령에 따라 도읍을 동부여로 옮기셨다. 동명제가 북부여를 계승하여 일어나서 졸본에 도읍을 정하시니 졸본부여이고 곧 고구려의 시작이다."

北夫餘紀

○ 동부여 東扶餘

北扶餘王解夫婁之相阿蘭弗, 夢天帝降而謂曰: "將使吾子孫立國於此, 汝其避之.(謂東明將興之兆也)" 東海之濱, 有地名迦葉原, 土壤膏腴, 宜立王都. 阿蘭弗勸王移都於彼, 國號東扶餘. 夫婁老無子, 一日祭山川求嗣. 所乘馬至鯤淵, 見大石相對淚流. 王怪之, 使人轉其石, 有小兒金色蛙形. 王喜曰: "此乃天賚我令胤乎?" 乃收而養之, 名曰金蛙, 及其長, 爲太子. 夫婁薨, 金蛙嗣位爲王. 次傳位于太子帶素. 至地皇三年壬午. 高麗王無恤伐之, 殺王帶素, 國除.

북부여 왕인 해부루의 재상 아란불이 꿈을 꾸었는데, 천제가 내려와서 말했다. "장차 나의 자손으로 하여금 이곳에 나라를 세우게 하리니, 너희는 이곳을 피해 가도록 하라(이것은 동명왕이 장차 일어날 조짐을 말함이다). 동쪽 바닷가에 가섭원이라는 곳이 있는데 땅이 기름지니 왕도를 세울 만한 곳이니라." 아란불은 해부루 왕에게 권하여 도읍을 가섭원으로 옮기고, 국호를 동부여라 했다.

해부루 왕은 늙도록 자식이 없었는데, 하루는 산천에 제사를 지내어 후사를 구했다. 타고 가던 말이 곤연에 이르러 큰 돌을 보고는 마주서서 눈물을 흘렸다. 해부루 왕이 이상하게 여기고 사람을 시켜 그 돌을 들추어 보니 금빛 개구리 모양을 한 어린애가 있었다. 왕이 기뻐 말했다. "이는 곧 하늘이 내게 아들을 내려 주심이로다." 그 아이를 거두어 기르면서 금와라 불렀다. 성장하자 태자로 삼았다. 해부루 왕이 죽자 금와가 자리를 이어 왕이 되었다. 그리고 다음의 자리를 태자 대소에게 전했다. 지황 3년 임오에 고구려 왕 무휼이 쳐들어와 대소 왕을 죽이자 동부여국이 없어졌다.

○ 고구려 高句麗

高句麗, 卽卒本扶餘也. 或云今和州, 又成州等, 皆誤矣. 卒本州在遼東界.『國史』「高麗本記」云: 始祖東明聖帝, 姓高氏, 諱朱蒙. 先是北扶餘王解夫婁, 旣避地于東扶餘, 及夫婁薨, 金蛙嗣位. 于時得一女子於太伯山南優渤水, 問之. 云: "我是河伯之女, 名柳花. 與諸弟出遊. 時有一男子, 自言天帝子解慕漱. 誘我於熊神山下鴨淥邊室中私之. 而往不返.(『壇君記』云: "君與西河河伯之女要親, 有産子, 名曰夫婁." 今按此記, 則解慕漱私河伯之女而後産朱蒙.『壇君記』云: "産子名曰夫婁." 夫婁與朱蒙異母兄弟也.) 父母責我無媒而從人, 遂謫居于此."

고구려는 곧 졸본부여이다. 혹자는 지금의 화주 또는 성주 등이라 하지만, 모두 잘못이다. 졸본주는 요동 경계에 있었다.

『국사』고려본기에 말했다. 시조 동명성제의 성은 고씨요, 휘는 주몽이시다. 이보다 앞서 북부여의 왕 해부루가 이미 동부여로 피해 갔고, 부루가 죽자 금와가 왕위를 이었다. 이때 금와는 태백산 남쪽 우발수에서 한 여자를 만나서 물으니, 그 여자가 말했다. "저는 하백의 딸로서 이름은 유화라 합니다. 동생들과 함께 밖으로 나와서 노는데, 한 남자가 오더니 자신이 천제의 아들 해모수라 하면서 저를 웅신산 밑 압록강 가의 집에 유인하여 은밀히 정을 통하고 가더니 돌아오지 않았습니다(『단군기』에는 "단군이 서하의 하백의 딸과 친하여 아들을 낳아서 부루라고 했다"라고 했다. 지금 이 기록에 따르면 해모수가 하백의 딸과 은밀히 정을 통해서 주몽을 낳은 것이다.『단군기』에는, "아들을 낳아 이름을 부루라고 했다"라고 하니, 부루와 주몽은 배다른 형제일 것이다). 부모님은 제가 중매도 없이 혼인한 것을 꾸짖고 드디어 여기에 귀양을 보냈습니다."

金蛙異之, 幽閉於室中, 爲日光所照, 引身避之, 日影又逐而照之, 因而有孕, 生一卵, 大五升許. 王弃之, 與犬猪皆不食; 又弃之路, 牛馬避之; 弃之野, 鳥獸覆之; 王欲剖之, 而不能破; 乃還其母. 母以物裹之, 置於暖處. 有一兒破殼而出, 骨表英奇. 年甫七歲, 岐嶷異常, 自作弓矢, 百發百中, 國俗謂善射爲朱蒙, 故以名焉.

금와가 이상히 여겨 방 속에 가두어 두었더니 햇빛이 방 안으로 비쳐 오는데, 몸을 피하면 햇빛이 쫓아와서 비쳤다. 이로 해서 임신을 하여 알 하나를 낳으니, 크기가 닷 되쯤 되었다. 왕이 그것을 버려서 개와 돼지에게 주게 했으나 모두 먹지 않았다. 다시 길에 내다 버렸더니 소와 말이 피해서 가고, 들에 내다 버리니 새와 짐승들이 덮어 주었다. 왕이 알을 쪼개 보려고 했으나 아무리 해도 쪼개지지 않아 그 어미에게 돌려주었다. 어미가 이 알을 천으로 싸서 따뜻한 곳에 놓아 두었더니 한 아이가 껍질을 깨고 나왔는데, 골격과 외모가 영특하고 기이했다. 나이 겨우 일곱 살에 기골이 뛰어나서 범인과 달랐다. 스스로 활과 화살을 만들어 쏘는데 백 번 쏘면 백 번 다 맞혔다. 나라 풍속에 활 잘 쏘는 사람을 주몽이라 하므로 주몽이라 불렀다.

金蛙有七子, 常與朱蒙遊戲, 技能莫及. 長子帶素言於王曰: "朱蒙非人所生, 若不早圖, 恐有後患." 王不聽, 使之養馬. 朱蒙知其駿者, 減食令瘦, 駑者善養令肥. 王自乘肥, 瘦者給蒙. 王之諸子與諸臣將謀害之. 蒙母知之, 告曰: "國人將害汝. 以汝才略, 何往不可? 宜速圖之."

금와에게는 아들 일곱이 있는데 항상 주몽과 함께 놀았으니 재주가 주몽을 따르지 못했다. 맏아들 대소가 왕에게 말했다. "주몽은 사람이 낳은 자식이 아닙니다. 만일 일찍 없애지 않는다면 후환이 있을까 두렵습니다." 왕이 그 말을 듣지 않고 주몽을 시켜 말을 기르게 하니 주몽은 날랜 말을 알아보아 적게 먹여서 여위게 기르고, 노둔한 말을 잘 먹여서 살찌게 했다. 이에 왕은 살찐 말은 자기가 타고 여윈 말은 주몽에게 주었다.

왕의 여러 아들과 신하들이 주몽을 장차 죽일 계획을 하니 주몽의 어머니가 이 기미를 알고 말했다. "지금 나라 안 사람들이 너를 해치려고 하는데, 네 재주와 지략을 가지고 어디에 간들 못 살겠느냐. 빨리 이곳을 떠나도록 해라."

於時蒙與烏伊等三人爲友. 行至淹水(今未詳). 告水曰: "我是天帝子, 河伯孫. 今日逃遁, 追者垂及奈何?" 於是魚鼈成橋. 得渡而橋解, 追騎不得渡, 至卒本州(玄菟郡之界), 遂都焉, 未遑作宮室, 但結廬於沸流水上居之. 國號高句麗, 因以高爲氏(本姓解也. 今自言是天帝子承日光而生, 故自以高爲氏). 時年十二歲. 漢孝元帝建昭二年甲申歲, 卽位稱王. 高麗全盛之日, 二十一萬五百八戶.

이에 주몽은 오이 등 세 사람을 벗으로 삼아 엄수에 이르러 물을 보고 말했다. "나는 천제의 아들이요, 하백의 손자이다. 오늘 도망해 가는데 뒤쫓는 자들이 따라오고 있으니, 어찌하면 좋겠는가." 이에 물고기와 자라가 다리를 만들어 주어 건너게 하고, 모두 건너자 풀어 버려 뒤쫓아 오던 기병이 건너지 못했다. 졸본주에 이르러 도읍을 정했다. 미처 궁실을 세울 겨를이 없어서 비류수 가에 집을 짓고 살면서 국호를 고구려라 하고, 고로 성을 삼았다(본성은 해이다. 그러나 지금 천제의 아들이 햇빛을 받아 탄생했다 하여 스스로 고로 성을 삼은 것이다). 이 때 나이 12세로서, 한나라 효원제 건소 2년 갑신에 즉위하여 왕이라 일컬었다. 고구려가 제일 융성하던 때는 21만 508 호가 되었다.

北夫餘紀

『珠琳傳』第二十一卷載: 昔寧稟離王侍婢有娠, 相者占之曰: "貴而當王." 王曰: "非我之胤也, 當殺之." 婢曰: "氣從天來, 故我有娠." 及子之産, 謂爲不祥, 捐圈則猪噓, 棄欄則馬乳, 而得不死, 卒爲扶餘之王.(卽東明帝爲卒本扶餘王之謂也. 此卒本扶餘, 亦是北扶餘之別都, 故云扶餘王也. 寧稟離乃夫婁王之異稱也.)

『주림전』제21권에 이렇게 실려 있다. 옛날 영품리 왕의 시비가 임신했는데, 관상가가 점을 쳐 말했다. "귀하게 되어 왕이 될 것입니다." 왕이 말했다. "내 아들이 아니니 마땅히 죽여야 한다." 시비侍婢가 말했다. "기운이 하늘로부터 내려와서 제가 임신한 것입니다." 드디어 아이를 낳자 왕은 상서롭지 못한 일이라 하여 돼지우리에 내다 버렸으나 돼지가 입김을 불어 보호해 주고, 마구간에 내다 버렸으나 말이 젖을 먹여서 죽지 않게 해 주었다. 마침내 부여의 왕이 되었다(이것은 동명제가 졸본부여의 왕이 된 것을 말한 것이다. 이 졸본부여는 북부여의 다른 도읍이다. 때문에 부여 왕이라 이른 것이다. 영품리는 부루왕의 다른 칭호이다).

2. 중국 사료

가. 『논형論衡』(왕충王充, 후한後漢시대)

○ 「길험吉驗」

北夷槀離國王侍婢有娠, 王欲殺之. 婢對曰: "有氣大如鷄子, 從天而下, 我故有娠." 後産子, 捐於猪溷中, 猪以口氣噓之, 不死; 復徙置馬欄中, 欲使馬藉殺之, 馬復以口氣噓之, 不死.

북이 탁리국 왕의 시녀가 임신을 하였다. 왕이 죽이려고 하자, 시녀는 "달걀만 한 기운이 하늘에서 내려와 임신하게 되었습니다"라고 대답했다.

뒤에 아이를 낳자 돼지우리에 버렸으나 돼지가 입김을 불어넣어 죽지 않았다. 다시 마구간에 옮겨 놓아 말에 밟혀 죽게 하였으나 말들 역시 입김을 불어넣어 죽지 않았다.

王疑以爲天子, 令其母收取, 奴畜之, 名東明, 令牧牛馬. 東明善射, 王恐奪其國也, 欲殺之. 東明走, 南至掩淲水, 以弓擊水, 魚鼈浮爲橋, 東明得渡. 魚鼈解散, 追兵不得渡. 因都王夫餘, 故北夷有夫餘國焉.

왕이 천제의 자식일지도 모른다고 여겨 그 어미로 하여금 노비처럼 키우게 하고, 동명이라 이름 짓고 소나 말을 기르게 하였다. 동명이 활을 잘 쏘자, 왕이 나라를 뺏길까 두려워 죽이려 하였다. 동명이 남쪽으로 달아나다가 엄체수에 이르러, 활로 물을 치자 물고기와 자라가 떠올라 다리를 만들었다. 동명이 건너자 물고기와 자라가 흩어져 쫓아오던 병사들은 건널 수 없었다. 이어서 부여에 도읍하여 왕이 되었다. 그래서 북이에 부여국이 생기게 되었다.

東明之母初姙時, 見氣從天下. 及生, 棄之, 猪馬以氣吁之而生之. 長大, 王欲殺之, 以弓擊水, 魚鼈爲橋. 天命不當死, 故有猪馬之救; 命當都王夫餘, 故有魚鼈爲橋之助也.

동명의 어머니가 막 임신하였을 때 하늘에서 내려온 기를 보았다. 낳은 뒤에 버렸지만, 돼지와 말이 입김을 불어넣어 살렸다. 자란 뒤에 왕이 죽이려 하였지만, 활로 강물을 치니 물고기와 자라가 다리를 만들어 주었다. 죽지 않을 운명을 타고 났기에 돼지와 말이 구해 준 것이다. 부여에 도읍하여 왕이 될 운명을 타고 났기에 물고기와 자라가 다리를 만들어 도운 것이다.

나. 『삼국지三國志』(진수陳壽, 남북조南北朝시대)

○ 「위서 동이전魏書 東夷傳」 부여전夫餘傳

夫餘在長城之北, 去玄菟千里, 南與高句麗, 東與挹婁, 西與鮮卑接, 北有弱水, 方可二千里. 戶八萬, 其民土著, 有宮室·倉庫·牢獄. 多山陵·廣澤, 於東夷之域最平敞. 土地宜五穀, 不生五果. 其人麤大, 性彊勇謹厚, 不寇鈔. 國有君王, 皆以六畜名官, 有馬加·牛加·豬加·狗加·大使·大使者·使者. 邑落有豪民, 名下戶皆爲奴僕. 諸加別主四出, 道大者主數千家, 小者數百家. 食飮皆用俎豆, 會同拜爵洗爵, 揖讓升降. 以殷正月祭天, 國中大會, 連日飮食歌舞, 名曰迎鼓, 於是時斷刑獄, 解囚徒.

부여는 장성의 북쪽에 있고, 현도에서 천 리 떨어져 있다. 남쪽으로 고구려, 동쪽으로 읍루가 있고, 서쪽으로 선비와 인접하고, 북쪽으로 약수가 있다. 그 범위는 2천 리쯤 된다. 호구 수는 8만으로 그 백성은 토착민이고, 궁실과 창고와 감옥이 있다. 산과 구릉이 많고, 연못이 광활하며 동이 지역 중에 가장 평평하다. 토지는 오곡을 심기에 적당하지만 오과는 잘 자라지 않는다. 그곳 사람들은 과격하고 키가 크다. 그 성품은 강인하고 용맹하지만, 삼가고 후덕하여 도둑질하지 않는다. 나라에 군왕이 있고, 모두 여섯 종류의 가축 이름으로 관직을 부르는데, 마가·우가·저가·구가·대사·대사자·사자가 있다. 읍락에는 호민이 있는데, 신분이 천한 사람을 모두 노비와 종으로 삼았다. 제가諸加는 각각 사방을 나누어 다스리는데, 큰 가加는 수천 가구를 다스리고, 작은 가加는 수백 가구를 다스린다. 음식을 먹을 때는 모두 조두俎豆(나무로 만든 제기)를 사용하고, 여럿이 모일 때에는 서로 절하면서 잔을 권하되 잔을 씻어 권하며, 서로 읍양하면서 오르내린다. 은나라 정월(殷正月, 음력 12월)에 하늘에 제사를 지내고, 나라에 성대한 모임을 열어 날마다 먹고 마시며 노래하고 춤추는데, 이를 영고迎鼓라 한다. 이때에는 형벌을 멈추고 감옥을 열어 죄인을 풀어준다.

在國衣尙白, 白布大袂, 袍·袴, 履革鞜. 出國則尙繒繡錦罽, 大人加狐狸·狖白·黑貂之裘, 以金銀飾帽. 譯人傳辭, 皆跪, 手據地竊語. 用刑嚴急, 殺人者死, 沒其家人爲奴婢. 竊盜一責十二. 男女淫, 婦人妒, 皆殺之. 尤憎妒, 已殺, 尸之國南山上, 至腐爛. 女家欲得, 輸牛馬乃與之. 兄死妻嫂, 與匈奴同俗.

나라에서 흰옷을 숭상하여 흰색 포목으로 만든, 소매의 통이 넓은 도포와 바지를 입고, 가죽 신발을 신는다. 외국으로 나갈 때는 무늬를 넣은 비단으로 지은 옷을 입는 것을 숭상한다. 대인은 여우나 살쾡이 털로 만든 옷, 검은 원숭이나 흰 원숭이 털로 만든 옷, 검은 담비의 갖옷을 입고, 금은으로 장식한 모자를 쓴다. 통역하는 사람이 말을 전할 때는 모두 꿇어 손을 땅에 대고, 조용히 말을 한다. 형벌을 적용함에 엄하고 신속하게 한다. 살인한 자는 죽이고 그 가족은 노비로 삼고 도둑질한 자는 열두 배로 갚는다. 남녀가 음탕하거나, 부인이 투기를 하면 모두 죽인다. 특히 투기를 미워하여, 이미 죽은 시체를 나라의 남쪽 산 위에 두고 썩도록 놔 둔다. 여자 집에서 이를 얻으려면 소나 말로 갚은 후 옮길 수 있다. 형이 죽으면 형수를 처로 삼는데, 흉노의 풍습과 같다.

其國善養牲, 出名馬·赤玉·貂狖·美珠. 珠大者如酸棗. 以弓矢刀矛爲兵, 家家自有鎧仗. 國之耆老自說古之亡人. 作城柵皆員, 有似牢獄. 行道晝夜無老幼皆歌, 通日聲不絶. 有軍事亦祭天, 殺牛觀蹄以占吉凶, 蹄解者爲凶, 合者爲吉. 有敵, 諸加自戰, 下戶俱擔糧飮食之. 其死, 夏月皆用冰. 殺人徇葬, 多者百數. 厚葬, 有槨無棺.

그 나라 사람들은 가축 사육에 뛰어나고, 명마 名馬, 붉은 옥과 담비와 아름다운 구슬을 생산한다. 구슬이 큰 것은 대추만 하다. 활, 화살, 칼, 창을 병기로 삼고, 집집마다 모두 갑옷과 무기가 있다. 나라의 늙은 노인들은 스스로 말하기를 '옛날의 망명인'이라 한다. 성을 지을 때 성책을 둥글게 하니, 감옥과 같다. 길을 갈 때 밤낮으로 노인과 아이 모두 노래를 부르니, 종일 노래 소리가 끊이지 않는다. 군사를 일으킬 때도 하늘에 제사를 지내고, 소를 죽여 그 발굽 모양을 보고 길흉을 점치는데, 굽이 갈라져 있으면 흉하고 합쳐져 있으면 길하다. 적의 침입이 있으면, 제가諸加가 직접 싸우고, 하호下戶는 양식과 음료를 짊어지고 군사를 먹였다. 사람이 죽은 때가 여름이면 얼음을 사용한다. 사람을 죽여 순장을 하는데, 많을 경우는 수백 명이나 되었다. 장례는 후하게 치루고, 곽은 있으나 관은 없다.

있었다. 간위거가 죽자 제가諸加가 함께 마여를 왕으로 세웠다. 위거라 하는 우가牛加 형의 아들이 대사의 신분으로 재물을 가볍게 여기고 선을 베푸니 나라 사람들이 따랐다. 매년 경성에 사신을 파견하여 공물을 바쳤다. 정시正始 연간에 유주자사 관구검毋丘儉이 고구려를 칠 때, 현도태수 왕기를 부여에 파견했는데, 위거位居가 대가大加를 보내 교외에서 맞이하고 군량을 보태었다. 막내 작은아버지 우가가 두 마음을 품고 있었으므로 위거는 막내 작은아버지와 그 아들을 죽이고 재물을 빼앗아 사자를 파견하여 몰수한 재산을 장부에 기록해 보내었다.

夫餘本屬玄菟. 漢末, 公孫度雄張海東, 咸服外夷, 夫餘王尉仇台更屬遼東. 時句麗·鮮卑彊, 度以夫餘在二虜之間, 妻以宗女. 尉仇台死, 簡位居立. 無適子, 有孼子麻余. 位居死, 諸加共立麻余. 牛加兄子名位居, 爲大使, 輕財善施, 國人附之, 歲歲遣使詣京都貢獻. 正始中, 幽州刺史毌丘儉討句麗, 遣玄菟太守王頎詣夫餘, 位居遣大加郊迎, 供軍糧. 季父牛加有二心, 位居殺季父父子, 籍沒財物, 遣使簿斂送官.

부여는 본래 현도에 속한다. 한나라 말기에 공손탁이 바다 동쪽으로 크게 세력을 넓혀 바깥 오랑캐를 위엄으로 복속시켰고, 부여 왕 위구태尉仇台는 다시 요동에 귀속되었다. 당시 고구려와 선비가 강성하자, 공손탁은 부여가 두 오랑캐 사이에 있다고 생각하고 종실의 딸을 위구태에게 시집보냈다. 위구태가 죽자 간위거簡位居가 왕위에 올랐다. 간위거에게 적자는 없고, 서자인 마여麻余가

舊夫餘俗, 水旱不調, 五穀不熟, 輒歸咎於王, 或言當易, 或言當殺. 麻余死, 其子依慮年六歲, 立以爲王. 漢時, 夫餘王葬用玉匣, 常豫以付玄菟郡, 王死則迎取以葬. 公孫淵伏誅, 玄菟庫猶有玉匣一具. 今夫餘庫有玉璧·珪·瓚數代之物, 傳世以爲寶, 耆老言先代之所賜也. 其印文言'濊王之印', 國有故城名濊城, 蓋本濊貊之地, 而夫餘王其中, 自謂'亡人', 抑有以也.

옛 부여의 풍속에 가뭄이 들고 날씨가 고르지 못하여 오곡이 익지 않으면, 문득 왕에게 허물을 돌리는데 어떤 사람은 다른 왕으로 바꾸어야 한다 하고, 어떤 사람은 죽이는 것이 마땅하다고 말했다. 마여가 죽었을 때, 그 아들 의려依慮는 여섯 살이었으나 왕으로 세웠다. 한나라 때에 부여 왕의 장례에 옥갑을 사용했는데, 평상시에 미리 현도군에 주어 왕이 죽으면 곧 가져다가 장사지냈다. 공손연이 주살되었을 때 현도군의 곳간에 옥갑 하나가 남아 있었다. 이제 부여의 곳간에는 옥벽과 제기들이 대대로 전해 내려와 세세토록 보물로 모셔졌는데, 늙은 노인들은 '선대의 왕이 하사한 것'이라 한다. 도장에 '예왕의 도장'이라 새겨져 있고, 나라에는 '예성'이라 불리는 옛 성이 있

는 것은 아마도 본래 예맥의 땅이기 때문일 것이다. 부여는 그 가운데에서 왕 노릇을 하며, 스스로 '망명인'이라 했는데, 이는 이유가 있는 일일 것이다.

다. 『후한서後漢書』(범엽范曄, 남북조南北朝시대)

○「동이열전東夷列傳」 부여夫餘

> 夫餘國, 在玄菟北千里. 南與高句驪, 東與挹婁, 西與鮮卑接, 北有弱水. 地方二千里, 本濊地也. 初, 北夷索離國王出行, 其侍兒於後妊身, 王還, 欲殺之. 侍兒曰: "前見天上有氣, 大如雞子, 來降我, 因以有身." 王囚之, 後遂生男. 王令置於豕牢, 豕以口氣噓之, 不死. 復徙於馬蘭, 馬亦如之. 王以爲神, 乃聽母收養, 名曰東明. 東明長而善射, 王忌其猛, 復欲殺之. 東明奔走, 南至掩㴲水, 以弓擊水, 魚鱉皆聚浮水上, 東明乘之得度, 因至夫餘而王之焉.

부여국은 현도의 북쪽 천 리에 있다. 남쪽으로 고구려, 동쪽으로 읍루, 서쪽으로 선비와 접한다. 북쪽에는 약수가 있다. 그 범위는 이천 리로 본래 예 땅이다. 처음에 북이의 색리국 왕이 출타 중에 그 시녀가 후에 임신을 하였다. 왕이 돌아와 시녀를 죽이려 하였다. 시녀가 말하기를, "지난번 하늘 위에 기를 보았는데 큰 계란과 같았습니다. 저에게로 떨어져 내려오는 것을 보았는데 그런 뒤로 임신이 되었습니다"라고 하였다. 왕은 시녀를 옥에 가두었는데 뒤에 아들을 낳았다. 왕이 그 아이를 돼지우리에 버리게 하였으나 돼지가 입김을 불어 주어 죽지 않았다. 다시 마구간으로 옮겼으나 말도 역시 이와 같았다. 왕이 그 아이를 신이하게 생각하여 그 어미가 거두어 기르도록 허락하고 이름을 동명東明이라 했다. 동명은 자라면서 활을 잘 쏘았다. 왕이 그 용맹을 꺼리어 다시 죽이고자 했다. 동명은 남쪽으로 도망하여 엄사수掩㴲水에 이르러 활로 물을 치니 물고기와 자라가 모두 모여 물 위에 떠올랐다. 동명이 그것을 타고 물을 건너서 부여에 도착하여 왕이 되었다.

> 於東夷之域, 最爲平敞, 土宜五穀. 出名馬·赤玉·貂豽, 大珠如酸棗. 以員柵爲城, 有宮室·倉庫·牢獄. 其人麤大彊勇而謹厚, 不爲寇鈔. 以弓矢刀矛爲兵. 以六畜名官, 有馬加·牛加·狗加, 其邑落皆主屬諸加. 食飮用俎豆, 會同拜爵洗爵, 揖讓升降.

(부여는) 동이의 땅 중에서 가장 평평한 평야로, 토양은 오곡이 잘 되고, 또 명마와, 붉은 옥, 담비 등이 난다. 큰 구슬은 대추만 하고 성책을 둥글게 하여 성을 쌓고, 궁실과 창고와 감옥이 있다. 그 사람들은 과격하고 크고 씩씩하고 용맹스러우며, 근실하고 인후해서 도둑질이나 노략질을 하지 않는다. 활과 화살, 칼, 창으로 병기를 삼는다. 여섯 가축으로 벼슬 이름을 지으니, 마가, 우가, 구가 등이 있고, 읍락의 모든 군주는 모두 제가에 속한다. 음식을 먹을 때 조두를 쓰고, 모이면 서로 절하면서 잔을 권하되 잔을 씻어 권하며, 서로 읍양하면서 오르내린다.

> 以臘月祭天, 大會連日, 飮食歌舞, 名曰'迎鼓'. 是時斷刑獄, 解囚徒. 有軍事亦祭天, 殺牛, 以蹄占其吉凶. 行人無晝夜, 好歌吟, 音聲不絶. 其俗用刑嚴急, 被誅者皆沒其家人爲奴婢. 盜一責十二. 男女淫皆殺之, 尤治惡妒婦, 旣殺, 復尸於山上. 兄死妻嫂. 死則有槨無棺. 殺人殉葬, 多者以百數. 其王葬用玉匣, 漢朝常豫以玉匣付玄菟郡, 王死則迎取以葬焉.

섣달에는 하늘에 제사를 지내는데, 매일 연이어 큰 모임을 가져 술 마시고 노래 부르고 춤추고 노는데 이것을 영고迎鼓라 한다. 이 기간에는 형벌과 옥사를 다스리지 않고 죄수를 석방한다. 군사에 관한 일이 있을 때에도 역시 하늘에 제사를 지낸다. 소를 잡아 그 발굽으로 길하고 흉한 것을 점친다. 행인들은 밤과 낮이 없이 노래 부르기를 좋아해서 소리가 길에 끊어지지 않는다. 그 풍속은 형벌을 행함에 엄하고 신속하다. 사형을 당한 자의 식솔을 모조리 노비로 삼고, 남의 물건을 도둑질한 자는 12배를 배상하였다. 남녀 간에 음란한 짓을 하면 모두 죽인다. 이 중에도 질투하는 부녀를 엄하게 다스려서 이미 사람이 죽었는데도 다시 그 시체를 산 위에 갖다 버린다. 형이 죽으면 형수를 아내로 삼는다. 사람이 죽으면 곽은 있어도 관은 없다. 사람을 죽여 순장시키는데 숫자가 많은 자는 백 명이나 되었다. 왕의 장사에는 옥갑을 사용하였다. 한나라 조정에서는 항상 미리 옥갑을 만들어서 현도군에 보내 두었다가 임금이 죽으면 이것을 갖다가 장사 지내게 했다.

위구태尉仇台를 보내어 조공을 천자에게 바치므로 천자가 위구태에게 인수와 금채를 주었다.

순제 영화 원년에 그 임금이 경사에 와서 조회하자 천자는 황문고취와 각저희(씨름)를 하게 하여 관람시켜 보냈다. 환제 연희 4년에 사신을 보내 조하하고 공물을 바쳤다.

영강 원년(167)에 왕 부태夫台가 군사 2만여 명을 거느리고 현도를 노략질하므로 현도태수 공손역公孫域이 이를 격파하고 1천여 명의 머리를 베었다. 영제 희평 3년에 이르러 다시 표장을 올리고 공물을 바쳤다. 부여는 원래 현도에 속하였으나 헌제 때에 그 나라의 왕이 요동에 예속되기를 청했다고 한다.

라.『통전通典』(두우杜佑, 당唐)

○ 부여전夫餘傳

> 建武中, 東夷諸國皆來獻見. 二十五年, 夫餘王遣使奉貢, 光武厚答報之, 於是使命歲通. 至安帝永初五年, 夫餘王始將步騎七八千人寇鈔樂浪, 殺傷吏民, 後復歸附. 永寧元年, 乃遣嗣子尉仇台詣闕貢獻, 天子賜尉仇台印綬金綵. 順帝永和元年, 其王來朝京師, 帝作黃門鼓吹·角抵戲以遣之. 桓帝延熹四年, 遣使朝賀貢獻. 永康元年, 王夫台將二萬餘人寇玄菟, 玄菟太守公孫域擊破之, 斬首千餘級. 至靈帝熹平三年, 復奉章貢獻. 夫餘本屬玄菟, 獻帝時, 其王求屬遼東云.

> 夫餘國 後漢通焉. 初, 北夷橐離國王,(按,『後漢』·『魏』二史皆云:"夫餘國在高句麗北." 又案,『後魏』及『隋史』, 高句麗在夫餘國南. 而『隋史』云:"百濟出於夫餘, 夫餘出於高句麗國王子東明之後也." 又謂 "橐離國卽高麗國, 乃夫餘國當在句麗之南矣." 若詳考諸家所說, 疑橐離在夫餘之北, 別是一國, 然未詳孰是.) 有子曰東明, 長而善射, 王忌其猛而欲殺之. 東明奔走, 南渡掩㴲水, 因至夫餘而王之.

건무 연간에 동이의 여러 나라가 모두 와서 알현하였다. 25년, 부여왕이 사신을 보내서 공물을 바치자 광무제가 후하게 보답하였다. 이에 사신들의 왕래가 해마다 이루어졌다. 안제 영초 5년(111)에 부여왕 시始가 보병과 기병 7~8천 명을 데리고 낙랑을 침입하여 관리와 백성을 살상하고, 후에 다시 귀속하였다. 영녕 원년(120)에는 아들

부여는 후한과 교통하였다. 당초에 북이의 탁리국 왕이 [생각건대『후한서』와『위략』두 역사서에서 모두 부여국이 고구려 북쪽에 있다고 했다. 다시 살피건대『후위』와『수사』에서 고구려가 부여국의 남쪽에 있다고 했고, 또『수사』에서는 백제가 부여에서 나왔고 부여는 고구려국 왕자인 동명의 뒤에 나왔다고 하고 다시 탁리국이 바로 고려국이며, 부여국은 마땅히 고구려의 남쪽에 있었을 것이라고 말하였다. 만약 여러 학자들의 주

장을 자세히 살펴본다면 내 생각에 탁리는 부여의 북쪽에 있는 별도의 한 나라일 것이나 어느 것이 옳은지 자세하지 않다] 이름을 동명이라 하는 아들이 있었는데, 성장해 활을 잘 쏘자, 왕이 그의 용맹을 꺼리어 죽이려고 하였다. 그러자 동명은 달아나서 남쪽에서 엄사수를 건너고 부여로 가서 왕 노릇을 하였다.

> 順帝永和初, 其王始來朝. 帝作黃門鼓吹·角抵戱以遣之. 夫餘本屬玄菟, 至漢末公孫度雄張海東, 威服外夷, 其王始死, 子尉仇台立, 更屬遼東. 時句麗·鮮卑强, 度以夫餘在二虜之間, 妻以宗女. 至孫位居嗣立.

순제 영화 (136~141) 초에 그 왕이 처음으로 조회하니, 천자가 황문으로 북을 치고 피리를 불게 하며 씨름을 공연해서 보여주고 나서 보내었다. 부여는 본래 현도에 속하였다. 한나라 말기에 공손탁이 해동에서 세력을 확장하여 외이들을 위력으로 복속시키자, 그 왕 시始가 죽고 아들 위구태가 임금이 되고 다시 요동에 속하였다. 이때 고구려와 선비가 강성해지자, 공손탁은 부여가 두 오랑캐의 틈에 끼어 있었기 때문에 종실녀를 시집보냈다. 손자 위거가 승계하여 즉위하였다.

> 正始中, 幽州刺史毌丘儉將兵討句麗, 遣玄菟太守王頎詣夫餘. 位居遣大加郊迎, 供軍糧. 自後漢時夫餘王葬用玉匣, 常先以付玄菟郡, 王死則迎取以葬. 及公孫淵伏誅, 玄菟庫猶得玉匣一具.

정시 연간(240~248)에 유주자사 관구검이 군사를 거느리고 구려(즉 고구려)를 토벌하면서 현도태수 왕기를 부여에 보냈다. 위거왕이 대가를 보내 교외에서 왕기를 맞이하게 하고 군량을 제공하였다. 후한 때부터 부여왕의 장사에 옥갑을 썼는데 항상 미리 옥갑을 현도군에 보내 두었다가 왕이 죽으면 이것을 갖다가 장례를 지냈다. 공손연이 주살되었을 때, 현도군의 창고에는 아직 옥갑 한 구가 남아 있었다.

> 晉時夫餘庫有玉璧珪瓚, 數代之物, 傳以爲寶, 耆老言, 先代之所賜也. 其印文言 '濊王之印'. 國有故城, 名濊城, 蓋本濊貊之地. 其國在長城之北, 去玄菟千里, 南與高句麗, 東與挹婁, 西與鮮卑接, 北有弱水, 地方二千里.

진나라 때, 부여의 창고에 옥벽과 제기 등 여러 대에 걸쳐 사용된 물건이 대대로 전해져 보물로 삼고 있는데, 노인들은 선대의 왕께서 하사한 것이라 말한다. 인장에 새겨진 글자는 '예왕의 인'이라 되어 있다. 나라 안에는 옛 성이 있어 이름을 예성이라 하는데, 대개 본래 예맥의 땅이기 때문이다. 그 나라는 장성의 북쪽에 있으니 현도에서 1천 리 떨어져 있다. 남쪽으로 고구려, 동쪽으로 읍루, 서쪽으로 선비와 접하고, 북쪽에는 약수가 있으니, 땅은 사방 2천 리이다.

> 有戶八萬, 土宜五穀, 不生五果, 有宮室·倉庫·牢獄, 多山陵廣澤. 其人性强勇謹厚, 不寇抄. 以六畜名官, 有馬加·牛加·猪加·狗加·犬使·犬使者·使者. 邑落有豪民, 名下戶皆爲奴僕. 諸加別主四出, 道大者數千家, 小者數百家.

8만 가구가 살았고, 토지는 오곡이 자라는 데 마땅하나 오과는 나지 않는다. 궁실과 창고와 감옥을 갖추었다. 산이 많고 못이 넓다. 그 사람들은 덩치가 크고 성격이 강하고 용감하며, 조심스럽고 중후해서 도둑질이나 노략질을 하지 않는다. 육축(여섯 가지 가축)으로 벼슬 이름을 지어서 마가, 우가, 저가, 구가, 대사, 대사자, 사자 등이 있었다. 읍락에는 호민(부유한 세력가)이 있는데, 하호(가난한 일반 백성)라 불리는 사람들은 모두 노비이다. 제가에서 각각 사출도를 다스리는데,

큰 것은 수천 집을 다스리고, 작은 것은 수백 집을 다스린다.

> 會同拜爵, 揖讓升降, 有似中國. 以臘月祭天. 譯人傳辭, 皆跪手據地竊語. 用刑嚴急, 殺人者死, 沒其家人爲奴婢. 竊盜一責十二. 男女淫, 婦人妒, 皆殺之. 兄死妻嫂, 與北狄同俗. 出名馬·赤玉·貂豽, 美珠大者如酸棗. 以弓矢刀矛爲兵, 家家自有鎧仗. 作城柵皆圓, 有似牢獄. 行人無晝夜好歌吟, 通日聲不絶.

여럿이 모였을 때는 절하고, 술잔을 권하며, 서로 읍하고 사양하면서 오르내리는데, 이는 중국과 비슷하다. 납월(음력 12월)에 하늘에 제사를 지낸다. 통역인이 말을 전할 때는 모두 무릎을 꿇고 손을 땅에 대고 가만가만 말을 한다.

형벌을 적용하는 것은 엄격하고 신속하다. 살인한 자는 죽이고, 그 가족을 적몰하여 노비로 삼는다. 도둑질한 자는 열두 배로 갚으며, 남녀가 음란하거나 부인이 투기를 하면 모두 죽인다. 형이 죽으면 아우가 형수를 처로 삼는데, 이는 북적과 풍습이 같다.

명마와 붉은 옥, 담비, 아름다운 구슬 등이 난다. 구슬이 큰 것은 멧대추만하다. 활과 화살, 과나 모 같은 창으로 병기를 삼으며 가家마다 스스로 갑옷과 무기를 가지고 있다.

성책을 쌓는데 모두 둥글게 만들어서 마치 감옥과 같다. 길을 가는 사람은 밤이고 낮이고 할 것 없이 노래를 부르는 것을 좋아하여 온종일 노랫소리가 끊이지 않는다.

> 有軍事亦祭天, 殺牛觀蹄, 以占吉凶. 蹄解者爲凶, 合者爲吉. 有敵, 諸加自戰, 下戶但擔糧食之. 其死, 夏月皆用氷. 殺人殉葬, 多者百數. 厚葬, 有棺無槨. 其居喪, 男女皆純白, 婦人著布面衣, 去環珮, 大體與中國髣髴.

전쟁을 할 때에도 하늘에 제사를 지낸다. 소를 잡아 발굽을 보고 길흉을 점치는데, 발굽이 갈라져 있으면 흉조이고 합쳐져 있으면 길조이다. 적이 침입하면, 제가가 스스로 전쟁을 하며 일반 백성은 다만 식량을 담당하여 먹인다.

사람이 죽으면 여름에는 얼음을 사용하고, 사람을 죽여 순장을 하는데, 많을 경우 백 명에 이르기도 한다. 장사는 후하게 치르지만 관만 있고 곽은 없다(그들이 상을 치를 때는 남녀가 혼인을 하지 않고, 부인은 베로 된 면의를 쓰고 패옥을 몸에서 떼놓는다고 하니, 이는 대체로 중국과 서로 비슷하다).

> 至太康六年, 爲慕容廆所襲破. 其王依慮自殺, 子弟走保沃沮. 武帝以何龕爲護東夷校尉. 明年, 夫餘後王依羅遣使詣龕, 求率見人還復舊國. 龕遣督郵賈沈以兵送之. 爾後每爲廆掠其種人, 賣於中國, 帝又以官物贖還, 禁市夫餘之口. 自後無聞.

태강 6년(285)에 이르러 모용외의 습격을 받아 패하여 그 왕 의려가 자살하고, 그 자제들은 옥저로 달아나 목숨을 보전하였다. 무제는 하감을 호동이교위로 삼았다.

이듬해 부여 왕 의라가 하감에게 사자를 보내 남은 사람들을 이끌고 돌아가서 다시 옛 나라를 회복하기를 원한다며 도움을 요청했다. 하감은 독우 가침을 보내 군사로 그 사자를 호송하게 하였다. 그 후에 모용외가 매번 그 종족 사람들을 붙잡아 중국에 파니, 황제가 다시 정부의 물자로써 속환하였고, 부여 사람을 매매하는 것을 금지시켰다. 이후로는 들은 것이 없다.

일십당 주인一十堂主人 이맥李陌 찬찬

한민족 신교문화의 집대성자

이 맥 李陌 (1455~1528)

| 본관 고성固城
| 자 정부井夫
| 호 일십당一十堂
| 행촌 이암의 현손玄孫

■ 조선 연산군 때 문과에 급제하고(1498), 연산군이 총애하는 장숙용張淑容(장녹수)이 개인 집을 너무 크게 짓자 직간直諫하다가 연산군의 미움을 사서 괴산으로 귀양갔다(1504). 2년 후인 중종 원년(1506)에 소환되었고, 중종 14년(1519)에 찬수관撰修官이 되어 내각內閣의 비장 서적을 열람하고 귀양살이 시절에 고로古老들에게 들은 내용을 바탕으로 66세 때인 1520년에 『태백일사』를 지었다.

■ 9천 년 동방 한민족사의 불멸의 혈맥을 펼친 8권의 보서를 『태백일사』로 구성한 것이다. 처음에는 세상에 내놓을 수 없어 비장서秘藏書로 집 안에 깊숙이 감추었다.

■ 74세를 일기로 세상을 떠났다. 묘소는 1990년에 충남 연기군 서면 용암리로 이장되었다.

太白逸史目錄 (태백일사목록)

- 三神五帝本紀 第一 (삼신오제본기 제일)
- 桓國本紀 第二 (환국본기 제이)
- 神市本紀 第三 (신시본기 제삼)
- 三韓管境本紀 第四 (삼한관경본기 제사)
- 蘇塗經典本訓 第五 (소도경전본훈 제오)
- 高句麗國本紀 第六 (고구려국본기 제육)
- 大震國本紀 第七 (대진국본기 제칠)
- 高麗國本紀 第八 (고려국본기 제팔)

太白逸史 第一

三神五帝本紀
삼신오제본기

- 「삼신오제본기」는 9천 년 전 환국 이래 한민족의 정신사를 이끌어 온 신교문화의 주제 내용과 그 핵심 기틀을 우주관, 신관, 인성론, 수행론, 인류의 기원 등 다방면에 걸쳐 전해 주는 사서이다.
- 삼신일체의 도[三神一體之道]와 천지의 오제五帝와 오령五靈 사상은 음양오행이 중국에서 이뤄진 것이 아니라 한민족 신교 철학의 우주관, 자연관임을 결정적으로 드러낸다.
- 특히 삼신이 낳은 천지인天地人 삼재 각각의 가치와 덕성에서 진眞·선善·미美의 출원을 구하는 대목은, 이 편이 주는 놀라움 가운데 하나이다.
- 「삼신오제본기」를 「환국본기」 앞에 놓은 것은 단순히 삼신오제라는 일개 학설을 전하려는 것이 아니라 **환국과 배달과 조선의 상고 시원 문명 세계를 설명하려는 의도로 보인다.** 이 「삼신오제본기」는 인류사의 삼성조 시대의 우주관과 신관과 역사관을 신교 원형 문화의 통합적 시각에서 정리한 총론 장이다.

이 편의 주요 술어

✤三神·五帝·五靈 삼신 오제 오령	✤天下大將軍·地下女將軍 천하대장군 지하여장군	✤開闢·進化·循環 개벽 진화 순환	✤三關·三房·三門 삼관 삼방 삼문	✤三眞·三妄·三途 삼진 삼망 삼도
✤三大·三圓·三一 삼대 삼원 삼일	✤三識·三魂 삼식 삼혼	✤父道·師道·君道 부도 사도 군도	✤淸眞大之體·善聖大之體·美能大之體 청진대지체 선성대지체 미능대지체	✤業神 업신
✤業主嘉利 업주가리	✤土主大監·成造大君 터줏대감 성조대군	✤六藝·三老·六正 육예 삼로 육정	✤女郞·花郞·天王郞 여랑 화랑 천왕랑	✤雄常 웅상	✤那般과 阿曼 나반 아만
✤七月七夕 칠월칠석	✤北極水 북극수	✤四神 사신	✤三皇 삼황	✤蘇塗祭天 소도제천	✤한민족사 五帝의 五天 오제 오천

1. '宇宙의 主宰者' 三神上帝님의 造化 權能

表訓天詞에 云「大始에 上下四方이 曾未見暗黑하고

古往今來에 只一光明矣러라.

自上界로 却有三神하시니 卽一上帝시오

主体則爲一神이시니 非各有神也시며 作用則三神也시니라.

三神이 有引出萬物하시며 統治全世界之無量智能하사

不見其形體하시나 而坐於最上上之天하시니

所居는 千萬億土라 恒時에 大放光明하시며

大發神妙하시며 大降吉祥하시고 呵氣以包萬有하시며

射熱以滋物種하시며 行神以理世務시니라.

2. 五靈과 方位의 主宰者

未有氣而始生水하사 使太水로 居北方司命하야 尙黑하시고

未有機而始生火하사 使太火로 居南方司命하야 尙赤하시고

未有質而始生木하사 使太木으로 居東方司命하야 尙靑하시고

未有形而始生金하사 使太金으로 居西方司命하야 尙白하시고

未有體而始生土하사 使太土로 居中方司命하야 尙黃하시니

於是에

遍在天下者는 主五帝司命하시니 是爲天下大將軍也시며

遍在地下者는 主五靈成効하시니 是爲地下女將軍也시니라.

1. '우주의 주재자' 삼신상제님의 조화 권능

『표훈천사表訓天詞』*에 이렇게 기록되어 있다.

대시大始*에 상하와 동서남북 사방*에는 아직 암흑이 보이지 않았고, 언제나 오직 한 광명뿐이었다. 천상 세계에 '문득' 삼신[1]이 계셨으니 곧 **한 분 상제님**[三神卽一上帝]이시다. 주체는 일신(한 분 상제님)이시니, 각기 따로 신이 있는 것이 아니라 작용으로 보면 삼신이시다. 삼신三神은 조화로 만물을 빚어 내고, 헤아릴 수 없는 지혜와 능력으로 온 세상을 다스리지만 그 형체를 드러내지 않으신다. 가장 높고 높은 하늘에 앉아계시니, 그곳은 천만억토이다. 삼신은 항상 광명을 크게 방출하고 신묘한 기운을 크게 발하며 상서로운 기운을 크게 내리신다. 기를 불어넣어 만유를 감싸고, 열을 내뿜어 만물의 종자를 자라게 하며, **신명**神明[2]들로 하여금 **삼신상제님***의 **천명**天命을 집행하게 하여 세상 일을 다스리신다.

2. 오령과 방위의 주재자

태초에 기氣가 있기 전에 처음으로 수기水氣를 생生하여 이 **태수**太水로 하여금 북방에 자리잡고 천명을 맡아 **흑**黑색을 주관하게 하셨다.
생명의 기틀[機]이 있기 전에 처음으로 화기火氣를 생하여 이 **태화**太火로 하여금 남방에 자리잡고 천명을 맡아 **적**赤색을 주관하게 하셨다.
생명의 바탕[質]이 있기 전에 처음으로 목기木氣를 생하여 이 **태목**太木으로 하여금 동방에 자리잡고 천명을 맡아 **청**青색을 주관하게 하셨다.
생명의 형상[形]이 있기 전에 처음으로 금기金氣를 생하여 이 **태금**太金으로 하여금 서방에 자리잡고 천명을 맡아 **백**白색을 주관하게 하셨다.
이 네 기운을 조화시킬 주체[體]가 있기 전에 처음으로 (중성의 조화 기운인) 토기土氣를 생하여 이 **태토**太土로 하여금 중앙의 방위에 자리잡고 천명을 맡아 **황**黃색을 주관하게 하셨다.[3]
이때에 천하에 두루 계시며 다섯 임금[五帝]이 맡은 사명을 주관하는 분은 **천하대장군**天下大將軍[4]이시며, 지하에 두루 계시며 다섯 성령[五靈]이 이루는 공덕을 주관하는 분은 **지하여장군**地下女將軍이시다.

---

* **표훈천사**表訓天詞: 표훈表訓은 『해동고승전』에 나오는 신라 십성十聖(아도·안함·의상·원효 등)의 한 사람으로 경덕왕 때 불국사 주지였다. 일제 강점기 때 일본의 식민사학자 이마니시 류今西龍는 『조선고사연구朝鮮古史研究』에서, "고려 시대에 「고조선기」와 유사한 구전口傳과 고기古記가 많았다. 그 당시 서운관書雲觀에 『고조선비사』, 『대변설』, 『조대기』, 『표훈삼성밀기』, 『삼성기』 등이 있었다"라고 밝힌 바 있다(문정창, 『단군조선사기연구』, 98~99쪽). 또한 세조 3년(1457)과 성종 원년(1470)에 전국에 수서령收書令을 내릴 때 수서 목록 중에 『표훈천사』가 들어 있는 것으로 보아 표훈의 저작이 조선 시대까지도 남아 있었음을 알 수 있다.

* **대시**大始: 대시는 곧 태시太始이다. 도가道家에서는 전통적으로 태역太易→태초太初→태시太始라는 3단계를 거쳐서, 천지일월天地日月이 형성되는 태소太素 단계에서 우주가 현실적인 생성·창조 운동을 시작하였다[有太易, 有太初, 有太始, 有太素,]고 말한다(『열자列子』「천서天瑞」편 참조. 각 단계의 구체적인 변화 내용은 한동석, 『우주 변화의 원리』참조).

* **사방**: 동서남북은 상하와 함께 우주의 기본적인 입체 구조를 이루는데, 이를 육합六合이라 한다.

* **삼신**: 여기서 삼신은 우주의 주재자로서 하느님을 뜻한다. 삼신은 곧 상제님을 말한다. 상제님은 우주 자연과 인간 역사의 창조 원리를 3수 또는 3단계(生-長-成) 원리로 주관하시기 때문에, 그러한 3수로 신묘한 창조[三神]를 하신다. 또 창조의 원리적인 면을 강조하여 상제님을 삼신으로 표현하기도 한다.

3. 三神과 五帝와 五靈

稽夫三神호니

曰天一과 曰地一과 曰太一이시니

天一은 主造化하시고

地一은 主教化하시고

太一은 主治化하시니라.

稽夫五帝호니

曰黑帝와 曰赤帝와 曰青帝와 曰白帝와 曰黃帝시니

黑帝는 主肅殺하시고 赤帝는 主光熱하시고

青帝는 主生養하시고 白帝는 主成熟하시고

黃帝는 主和調하시니라.

稽夫五靈호니

曰太水와 曰太火와 曰太木과 曰太金과 曰太土시니

太水는 主榮潤하시고 太火는 主鎔煎하시고

太木은 主營築하시고 太金은 主裁斷하시고

太土는 主稼種하시니라.

於是에 三神이 乃督五帝하사 命各顯厥弘通하시며

五靈으로 啓成厥化育하시니

日行爲晝하고 月行爲夜하며 候測星曆하고 寒暑紀年하니라.

(漁區出船하야 以守海하고 農區出乘하야 以守陸하니라.)

3. 삼신과 오제와 오령

곰곰이 생각해 보건대,

삼신三神*은 천일天一과 지일地一과 태일太一*이시다.
천일天一은 (만물을 낳는) 조화造化를 주관하시고,
지일地一은 (만물을 기르는) 교화敎化를 주관하시고,
태일太一은 (세계를 다스리는) 치화治化를 주관하신다.

곰곰이 생각해 보건대,

오제五帝[5]는 흑제黑帝와 적제赤帝와 청제靑帝와 백제白帝와 황제黃帝이시다.
흑제黑帝는 (겨울의) 숙살肅殺을 주관하시고,
적제赤帝는 (여름의) 광열光熱을 주관하시고,
청제靑帝는 (봄의) 생양生養을 주관하시고,
백제白帝는 (가을의) 성숙成熟을 주관하시고,
황제黃帝는 (하·추 교역기에) 조화調和를 주관하신다.

곰곰이 생각해 보건대,

다섯 성령[五靈]*은 태수太水와 태화太火와 태목太木과 태금太金과 태토太土이시다.
태수太水는 영윤榮潤을 주관하시고,
태화太火는 용전鎔煎을 주관하시고,
태목太木은 영축營築을 주관하시고,
태금太金은 재단裁斷*을 주관하시고,
태토太土는 가종稼種을 주관하신다.

이에 삼신께서 다섯 방위의 주재자인 **오제**五帝를 통솔하여 저마다 그 맡은 바 사명을 두루 펴도록 명령하시고, **오령**五靈에게 만물 화육의 조화 작용을 열어서 공덕을 이루게 하셨다. 이에 태양이 운행하여 낮이 되고, 달이 운행하여 밤을 이루고, 별의 역수를 측정하고 한서寒暑를 기준으로 하여 1년을 삼았다.(어장에서는 배를 띄워 바다를 지키고, 농장에서는 수레를 타고 나가 땅을 지켰다.)*

---

* **삼신**三神: 신교의 우주관에서는 우주를 천지인天地人 삼재三才로 말하며 이를 삼원三元이라고도 한다. 이때의 삼신은 천지인 삼재가 지니고 있는 창조와 변화의 조화정신을 말한다. 이를 주재하는 우주의 통치자 하나님을 삼신상제님이라 한다.

* **태일**太一: '태일'은 천지와 하나된 인간의 위격을 말한다. 인간은 천지의 궁극적인 목표와 이상을 실현하는 천지의 주체이기 때문에 천지의 정신[天一, 地一]보다 더 크고 존엄하여 인일人一이라 하지 않고 태일太一이라 한다. 그러나 여기서는 태일신太一神을 말한다.

* **다섯 성령**[五靈]: 지극히 신령스러운 조화의 영체靈體로서, 중국에서 발전한 단순한 천지의 조화 기운으로서의 오행 개념이 아니다. 수행을 통해 신도神道의 영靈 세계로 직접 들어가 보면 오행五行의 각 조화 기운이 진실로 영묘한 천지 성령의 영기로서 응함을 알 수 있다.

영윤榮潤	번영과 윤택	(부귀)
용전鎔煎	녹이고 달임	(주조)
영축營築	짓고 쌓음	(건축)
재단裁斷	마름질과 자름. 옳고 그름을 가림	(결단)
가종稼種	씨뿌림	(농사)

* **재단**裁斷: 지구와 우주의 1년 중 가을철에는 천지에서 숙살 기운을 내려쳐 인간과 만물을 개벽하여 모든 생명의 종種의 진화와 성장 과정을 마무리짓고 완성시킨다. 이를 재단이라 한다. 선천 종교에서는 말세의 심판과 구원의 단편만을 말할 따름이다.

* 1년 운행을 따라서 사람들이 고기 잡고 농사를 지었다는 뜻이다.

4. 萬物의 創造 原理 : 三神一體의 道

大矣哉라 三神一體之爲庶物原理하고

而庶物原理之爲德爲慧爲力也여

巍湯乎充塞于世여 玄玅乎不可思議之爲運行也여

然이나 庶物이 各有數로대 而數가 未必盡厥庶物也며

庶物이 各有理로대 而理가 未必盡厥庶物也며

庶物이 各有力이로대 而力이 未必盡厥庶物也며

庶物이 各有無窮이로대 而無窮이 未必盡厥庶物也니라.

5. 萬物의 存在 原理 – 開闢·進化·循環

住世爲生이오 歸天爲死니 死也者는 永久生命之根本也라

故로 有死必有生하고 有生必有名하고

有名必有言하고 有言必有行也라.

譬諸生木컨대 有根必有苗하고 有苗必有花하고

有花必有實하고 有實必有用也오.

譬諸日行컨대 有暗必有明하고 有明必有觀하고

有觀必有作하고 有作必有功也니라.

則凡天下一切物이 有若開闢而存하며

有若進化而在하며 有若循環而有하니라.

惟元之氣와 至玅之神이

4. 만물의 창조 원리 : 삼신일체의 도

위대하도다! 삼신일체三神一體[6]가 만물의 창조 원리가 되고, 만물의 원리가 덕[德]과 지혜[慧]와 창조력[力]이 됨이여!
높고 크도다, (삼신일체의 원리가) 세상에 충만함이여!
현묘하도다, (삼신일체 원리의) 불가사의한 운행이여!
만물이 각기 수數*를 머금고 있으나 반드시 그 수만으로 만물의 무궁한 신비를 완전히 밝힐 수 없고, 만물이 각기 변화의 원리[理]를 머금고 있으나 그 원리만으로 만물의 신비를 다 밝혀 낼 수 없으며, 만물이 제각기 창조력을 머금고 있으나 그 조화의 창조력만으로 그 속에 깃든 오묘함을 다 나타낼 수 없도다.
만물은 제각기 끊임없이 생성되고 있으나 무궁한 생성[7]만으로 만물의 조화를 다 헤아릴 수 없도다.

5. 만물의 존재 원리 - 개벽·진화·순환

세상에 머무름이 생명이요, 하늘로 돌아감이 죽음이다[歸天爲死].[8] 죽음*이란 영원한 생명의 근본이다.
그러므로 죽음이 있으면 반드시 생명이 있고, 생명이 있으면 반드시 이름이 있고, 이름이 있으면 반드시 말이 있고, 말에는 반드시 행동이 뒤따른다.
살아 있는 나무에 비유한다면, 뿌리가 있으면 반드시 싹이 트고, 싹이 트면 반드시 꽃이 피고, 꽃이 피면 반드시 열매를 맺고, 열매를 맺으면 반드시 쓰임이 있는 것과 같다.
태양의 운행에 비유해 보면, 밤의 어둠이 있으면 반드시 낮의 밝음이 뒤따르고, 대낮의 광명이 비치면 반드시 만물을 볼 수 있고, 만물을 볼 수 있으면 반드시 어떤 일을 하게 되고, 일을 하게 되면 반드시 공功을 이루게 되는 것과 같다.
즉 무릇 천하의 만물이 개벽*을 따라서 생존하고, 진화*를 따라서 존재하며, 순환*을 따라서 있게 되는 것과 같은 것이다.[9]
오직 생명의 으뜸 되는 '기氣'와 '지극히 오묘한 신神'은

✱ **수數**: 신교의 자연관·우주관에서는 수數가 곧 진리의 표상이다. 천지를 변화시키는 생명의 율동[氣]은 수의 법칙으로 전개된다. 그래서 자연의 변화 현상과 원리를 수리로써 알 수 있다. 즉 우주의 생명[理·氣]은 상象으로 나타나며, 상은 다시 수數로 나타난다. 우주의 생명[理氣]→상象→수數 논리로써 천지의 법도와 인간의 명수命數를 밝히는 것을 신교의 상수철학이라 한다.

✱ **죽음**: 여기서 죽음은 세속 인간의 허망한 죽음을 뜻하는 것이 아니라, 천지와 하나 되어 천지의 뜻을 이루며 살다가는 태일太一 인간의 죽음의 정신을 말한다.

▨ **개벽開闢**: '개벽'은 '개천벽지開天闢地'를 뜻하는데, '하늘이 열리고 땅이 열리다' 즉 우주의 시작을 뜻한다. 북송北宋 초기에 출간된 유서類書인 『태평어람太平御覽』에는 『상서중후尙書中候』의 "천지개벽天地開闢"이란 말이 인용되어 있다. 이 말은 '하늘과 땅이 열렸다'는 뜻이다.

✱ **진화進化**: '진화'란 사물이 간단한 것에서 복잡한 것으로, 저급 단계에서 고급 단계로 점차 변화하는 것을 말한다. 청말淸末의 엄복嚴復은 『사회통전社會通詮』 서문에서 "무릇 천하의 군중이란 진화의 계급을 고찰해보면, 토템에서 시작되어 종법으로 이어진 후에 국가를 이루지 않은 것이 없다[夫天下之群衆矣, 夷考進化之階級, 莫不始於圖騰, 繼以宗法, 而成於國家]."라고 하였다.

✱ **순환循環**: '순환'은 사물이 한 바퀴 돌아 다시 시작하는 식으로 운동하고 변화하는 것을 가리킨다. 『사기』「고조본기高祖本紀」에 "삼왕의 도는 마치 되풀이 해서 도는 것처럼, 끝나고 나서 다시 시작한다[三王之道若循環, 終而復始]."라고 하였다.

自有執一含三之充實光輝者하야 處之則存하고
感之則應하야 其來也에 未有始焉者也며
其往也에 未有終焉者也니
通於一而未形하며 成於萬而未有하니라.」

6. 眞我 成就의 三關, 三房, 三門 作用

大辯經에 曰
「惟天一神이 冥冥在上하사
乃以三大三圓三一之爲靈符者로
大降降于萬萬世之萬萬民하시니
一切가 惟三神所造오
心氣身이 必須相信이나 未必永劫相守하며
靈智意三識이 即爲靈覺生三魂이나 亦因其素以能衍하며
形年魂이 嘗與境으로 有所感息觸者오
而眞妄相引하야 三途乃歧하니
故로 曰有眞而生하고 有妄而滅이라
於是에 人物之生이 均是一其眞源하니라.

道通의 關門

性命精이 爲三關이오 關은 爲守神之要會니
性不離命하며 命不離性하니 精在其中이니라.

스스로 하나[一氣]를 잡아 셋[三神]을 품고 있는[執一舍三]* 충만한 대광명을 가지신 분이라서, 이 광명의 삼신이 머무르면 만물이 존재하고, 그분을 느끼면 응하신다. 삼신이 오실 때는 홀연하여 비롯함이 없고, 가실 때는 아무런 자취가 없으니, 하나[一氣]로 관통하였으나 형체가 없고, 만물을 이루되 소유하지 않으신다.

6. 진아 성취의 3관, 3방, 3문 작용

『대변경大辯經』*에 이렇게 기록되어 있다.

오직 하늘에 계신 한 분 하느님[天一神=三神上帝]이 깊고 깊은 천상에 계시어 하늘·땅·인간의 웅대함[三大]*과 원만함[三圓]*과 하나됨[三一]*을 삼신의 신령한 근본 법도[靈符]로 삼으시고, 이를 영원무궁토록 온 세계의 모든 백성에게 크게 내리시니, 만유는 오직 삼신께서 지으신 것이다.

'마음과 기운과 몸[心·氣·身]'은 반드시 서로 의지해 있으나 영원토록 서로 지켜주는 것은 아니다.

'영식靈識*과 지식과 의식[靈·智·意]'*의 세 가지 앎의 작용[三識]은 영혼과 각혼과 생혼의 삼혼三魂10)을 생성하지만, 이 또한 삼식三識의 바탕에 뿌리를 두고 뻗어 나간다.

생명의 집인 육신과 목숨과 혼이 주위 환경과 부딪히면 사물과 접촉하는 경계를 따라 '느낌과 호흡과 촉감[感·息·觸]' 작용이 일어나고, 삼진三眞[性·命·精]과 삼망三妄[心·氣·身]이 서로 이끌어 삼도三途 작용[感·息·觸]으로 갈라진다. 그러므로 삼진三眞의 작용으로 영원한 생명이 열리고, 삼망三妄으로 소멸이 이루어진다. 그래서 인간과 만물의 생명은 모두 진리의 한 본원 자리에 뿌리를 내리고 있는 것이다.

도통의 관문

'성품[性]*과 목숨[命]과 정기[精]'는 신(삼신)과 합일되기 위해 반드시 굳게 지켜야 할 '세 관문[三關]'이니, 관문이란 신神을 지키는 가장 중요한 길목(요체)을 말한다. 성품은 타고난 목숨과 분리될 수 없고, 목숨은 타고난 성품과 분리될 수 없으니, 성과 명의 중심에 정기가 있다.

✲ **집일함삼**執一舍三: 신교에서는 우주의 창조 정신을 조화·교화·치화의 3대 정신으로 밝히고 있다. 삼신은 우주의 3대 창조 정신, 즉 삼신 원리는 첫째로 만유의 생명을 창조하는 조화造化 정신, 둘째로 창조한 만물을 기르고 가르치는 교화教化 정신, 셋째로 인간과 만물을 주재하여 통치하는 치화治化 정신을 담고 있다. 그러므로 삼신 상제님은 만물을 낳아 기르고 통치하는 우주의 3대 정신을 활연 관통한 역사의 창조자이며 민족과 인류의 스승이다.

✲ 『**대변경**大辯經』: 우주의 진리(삼신의 우주 정신과 역사 정신)의 대의를 대변한 경전이다. 고려 때 서운관書雲觀에 보관되어 있었다. 조선 세조 3년, 전국에 수서령收書令을 내릴 당시 수서 목록에 포함되어 있었으니, 당시까지 『대변경』이 전해 내려왔음을 알 수 있다.

✲ **삼대**三大: 천天은 현묵玄默, 지地는 축장畜藏, 인人은 지능知能이다.

✲ **삼원**三圓: 천天은 보원普圓, 지地는 효원效圓, 인人은 택원擇圓이다.

✲ **삼일**三一: 천天은 진일眞一, 지地는 근일勤一, 인人은 협일協一이다(11세 도해단군 염표문).

✲ **영식**靈識: 삼신의 성령으로 만물의 참모습을 환히 앎.

✲ **영지의**靈智意: 영혼은 육체와 일체가 되어 병진竝進하며, 수행을 통하여 영대가 트여 우주의 진리 자리에 이르렀을 때 우주의 영靈과 합일되는 차원에 이르게 된다. 만물의 마음을 통해 체험해 보면, 이 영spirit은 우주 만물이 생명으로 태어나 자란 과거의 모든 시간대를 환히 밝게 비춰 주는 우주의 거울과 같은 것으로 우주의 조화신의 지혜 그 자체임을 알 수 있다.

✲ **성품**: 성性이 의미하는 순

▸房 집 방	심기신 위삼방 방 위화성지근원
▸根 뿌리 근	心氣身이 爲三房이오 房은 爲化成之根源이니
▸源 근원 원	기불리심 심불리기 신재기중
▸感 느낄 감	氣不離心하며 心不離氣하니 身在其中이니라.
▸息 숨쉴 식	감식촉 위삼문 문 위행도지상법
▸觸 닿을 촉	感息觸이 爲三門이오 門은 爲行途之常法이니
▸途 길 도	감불리식 식불리감 촉재기중
▸常 항상 상	感不離息하며 息不離感하니 觸在其中이니라.
▸元 으뜸 원	성 위진리지원관
▸關 관문 관	性은 爲眞理之元關이오
▸玄 그윽할 현	심 위진신지현방
▸應 응할 응	心은 爲眞神之玄房이오
▸玅 묘할 묘(=妙)	감 위진응지묘문
▸究 탐구할 구	感은 爲眞應之玅門이니
▸理 이치 리	구리자성 진기대발
▸機 틀 기	究理自性이면 眞機大發하고
▸發 필 발	존신구심 진신대현
▸現 드러날 현	存神求心이면 眞身大現하고
	화응상감 진업대성
	化應相感이면 眞業大成이니라.
▸業 일 업	소험유시 소경유공 인재기간
▸驗 응험할 험	所驗有時하고 所境有空하니 人在其間이니라.
▸境 지경 경	서물지유허조동체자 유일기이이 유삼신이이
▸空 빌 공	庶物之有虛粗同軆者는 惟一氣而已오 惟三神而已라.
▸虛 빌 허	유불가궁지수 유불가피지리 유불가항지력
▸粗 클 조	有不可窮之數하며 有不可避之理하며 有不可抗之力하야
▸虛粗:정신과 물질	유혹선불선 보저영겁
▸窮 다할 궁	有或善不善이 報諸永劫하며
▸避 벗어날 피	유혹선불선 보저자연
▸抗 막을 항	有或善不善이 報諸自然하며
▸或 혹 혹	유혹선불선 보저자손
▸報 갚을 보	有或善不善이 報諸子孫이니라.」
▸諸 어조사 저(=之於)	
▸劫 무한한 시간 겁	
▸孫 후손 손	

君師父의 道

경 운
經에 云

		인물 동수삼진 유중 미지
▸受 받을 수	▸惟 오직 유	「人物이 同受三眞이나 惟衆은 迷地하야
▸迷 미혹할 미	▸妄 거짓 망	삼망 착근 진망 대 작삼도
▸着 붙을 착	▸根 뿌리 근	三妄이 着根하고 眞妄이 對하야 作三途하니라.
▸途 길 도	▸无 없을 무	부도 법천 진일무위
▸僞 거짓 위		父道는 法天하야 眞一无僞하고

'마음[心]*과 기운[氣]과 몸[身]'은 신이 머무는 '현묘한 세 방[三房]'이니, 방房이란 변화를 지어내는 근원을 말한다. 기는 마음을 떠나 존재할 수 없고, 마음은 기를 떠나 있을 수 없으니, 마음과 기의 중심에 우리의 몸이 있다.

'느낌[感]¹¹⁾과 호흡[息]과 촉감[觸]'은 신의 조화 세계에 들어갈 수 있는 '세 문호[三門]'이니, 문門이란 삼신의 도를 실행하는 영원불변의 법도이다. 감각은 호흡 작용과 분리되지 않으며, 호흡 작용은 감각과 분리되지 않나니, 촉감이 그 가운데에 있는 것이다.

성품[性]은 진리를 체험하는 으뜸 관문[元關]이요,
마음[心]은 참신[眞神]이 머무시는 현묘한 안식처[玄房]*요,
느낌[感]은 삼신상제님의 성령이 감응하는 오묘한 문[妙門]이다.

그러므로 이치를 탐구할 때 너의 성품[性]에서 구하면 삼신의 참 기틀이 크게 발현되고,

삼신의 보존을 마음[心]에서 구하면 참(진리의) 몸[法身]인 너의 참모습이 크게 드러나고,

삼신 성령에 응하여 서로 느끼게[化應相感]❋ 되면 천지 대업을 크게 이루리라.

(삼신의 깨달음을) 체험하는 데는 깨달음의 특정한 그 때가 있고, (삼신에 대한 깨달음의) 경지가 펼쳐지는 데는 특정한 신교 문화의 공간이 있으니, 인간은 그 가운데 있다.

만물 속에 정신(무형)과 물질(유형)이 일체로 깃들어 있는 것은 오직 일기[一氣]일 따름이요, 오직 삼신일 따름이다.

여기에는 다함이 없는 수數의 법칙과 피할 수 없는 변화 이치[理]와 감히 막을 수 없는 창조력[力]이 깃들어 있다. 그리하여 선악을 막론하고 그 응보가 영원토록 작용하게 되고, 그 보답을 저절로 받게 되며, 그 응보가 자손에게까지 미치느니라.

군사부의 도

『경經』* 에 이렇게 기록되어 있다.

사람과 만물이 다 같이 삼진三眞[性命精]을 부여받았으나, 오직 사람만이 지상에 살면서 미혹되어 삼망三妄[心氣身]이 뿌리를 내리고,¹²⁾ 이 삼망이 삼진과 서로 작용하여 삼도三途[感息觸]의 변화 작용을 짓게 된다.

아버지의 도[父道]는 하늘의 도道를 본받아 참됨으로 하나가 되니 거짓이 없으며,

수한 뜻은 글자 그대로 '만물을 창조하는 우주의 마음자리'이다. 인간이 천지로부터 부여 받은 성은 본질적으로 동일하며, 인간은 이 천지광명의 본래 성품의 이상을 실현(본연의 자리를 되찾아 완성하는 것, 현실적으로는 역사의 성숙이다)하는 천명天命을 안고 있다.

❋ **마음[心]**: 심위법본心爲法本, 곧 '마음은 우주 만법(모든 진리)의 근본이다'라는 『법구경法句經』의 명언과 같이, 심心은 현상계의 모든 사물과 상대를 초월한 본연의 진리 바탕 자리이다.

❋ **방房**: 방은 안온하고 지극히 평안해야 하듯이 삼신에 대한 인간의 진정한 진리 체험은 심기신心氣身 삼 방三房이 천지부모와 한마음이 되어 안정되어야 성취된다.

❋ **화응상감化應相感**: 신교에서 진리 세계를 인식하는 방법을 지적한 명언이다. 천변만화가 일어나는 도의 세계는 단순히 이성적이고 합리적인 사고 작용으로 그 실체를 알 수 있는 것이 아니다. 우주 생명의 핵심 정신인 삼신三神의 조화 속에 나의 영혼이 직접 응하여 이를 느낌-현실적으로는 삼신을 받아내려 영을 받는다-으로써만 진리를 체득하여 세계 창생을 건지고, 궁극적으로 스스로 진리 세계를 실현해 나갈 수 있다. 즉 이 삼신의 도통 기운을 받지 않고는 우주가 본래 갖고 있는 궁극적인 진리의 전모를 알 수 없는 것이다.

❋ **경經**: 교화경敎化經『삼일신고』를 가리킨다. 이 구절은『삼일신고』제5장 인물人物편에 나온다.

- 師 스승 사
- 勤 부지런할 근
- 怠 게으를 태
- 協 따를 협
- 違 어길 위

師道는 法地하야 勤一无怠하고
君道는 法人하야 協一无違니라.」

7. 眞·善·美는 三神의 創造 德性

- 觀 볼 관
- 號 부를 호
- 絶 끊을 절
- 對 마주할 대
- 權 권세 권
- 能 능할 능
- 使 하여금 사
- 通 통할 통
- 淸 맑을 청

高麗八觀記의 三神說에 云

「上界主神은 其號曰天一이시니
主造化하사 有絶對至高之權能하시며 無形而形하사
使萬物로 各通其性하시니 是爲淸眞大之體也시오
下界主神은 其號曰地一이시니 主敎化하사
有至善惟一之法力하시며 無爲而作하사
使萬物로 各知其命하시니 是爲善聖大之體也시오
中界主神은 其號曰太一이시니 主治化하사

- 最 가장 최
- 量 헤아릴 량
- 保 지킬 보
- 精 정기 정
- 美 아름다울 미
- 帝 하느님 제

有最高無上之德量하시며 無言而化하사
使萬物로 各保其精하시니 是爲美能大之體也시니라.
然이나 主體則爲一上帝시니
非各有神也시며 作用則三神也시니라.

8. 三神의 創造 精神을 各其 繼承한 桓仁·桓雄·檀君

- 桓 밝을 환
- 變 달라질 변
- 專 오로지 전
- 承 이을 승
- 運 운 운
- 注 모을 주

故로 桓仁氏는 承一變爲七과 二變爲六之運하사
專用父道而注天下하신대 天下化之하며

스승의 도[師道]는 땅의 덕德을 본받아 부지런함으로 하나가 되니 태만함이 없으며,
임금의 도[君道]는 사람의 도덕을 근본에 두고 화합하여 하나가 되니 어긋남이 없다.

7. 진·선·미는 삼신의 창조 덕성

『고려팔관기高麗八觀記』의 「삼신설三神說」*에 이렇게 기록되어 있다.

> 상계 주신上界主神은 천일天一로 불리시니, 조화造化를 주관하시고 절대지고의 권능을 갖고 계신다. 일정한 형체는 없으나 뜻대로 형상을 나타내시고 만물로 하여금 제각기 그 성품[性]을 통하게 하시니, 이분은 **청정함**[淸]과 **참됨**[眞]의 **대본체**[淸眞大之體]이시다.
> 하계 주신下界主神은 지일地一로 불리시니, 교화敎化를 주관하시고 지선유일至善惟一의 법력이 있으시다. 함이 없으시되 만물을 짓고 만물로 하여금 각각 그 목숨[命]*을 알게 하시니, 이분은 **선함**[善]과 **거룩함**[聖]의 **대본체**[善聖大之體]이시다.
> 중계 주신中界主神은 태일太一로 불리시니, 치화治化를 주관하시고 최고 무상의 덕德을 간직하고 말없이 만물을 교화하신다. 만물로 하여금 각기 그 정기[精]를 잘 보존케 하시니, 이분은 **아름다움**[美]과 **능함**[能 지혜]의 **대본체**[美能大之體]이시다.
> 그러나 주체는 '한 분 상제님[一上帝]'이시니, 신이 각기 따로 있는 것이 아니라 작용으로 보면 삼신이시다.

8. 삼신의 창조 정신을 각기 계승한 환인·환웅·단군

그러므로 환인께서는 1수水가 7화火로 변하고, 2화火가 6수水로 변하는 물과 불의 순환의 운運을 계승하여, 오직 **아버지의 도**[父道]를 집행하여 천하 사람들의 뜻을 하나로 모으시니 온 천하가 그 덕에 감화되었다.

---

* 「삼신설三神說」: 기독교 교리의 핵심인 성부聖父·성자聖子·성신聖神이라는 성삼위聖三位, 불교의 법신불法身佛·보신불報身佛·화신불化身佛이라는 삼신불三身佛, 유교의 무극無極·태극太極·황극皇極이라는 삼극三極 정신은 모두 조화신·교화신·치화신이라는 신교의 삼신일체 원리에서 발전하였다.

* 명命: 삼신의 무궁한 영원한 대생명력이 인간의 목숨(생명)의 본질이다.

※ 삼신과 삼청의 관계: 주희는 『주자어류』에서 "도가의 학문은 노자에서 나왔다. 그 이른바 삼청은 대개 석가모니의 삼신을 모방하여 만든 것이다[道家之學, 出於老子, 其所謂三淸, 蓋仿釋氏三身而爲之爾]."라고 하여, 도교의 삼청사상三淸思想을 불교의 삼신사상三身思想에서 유래하는 것으로 보았다. 그러나 중국 도교의 최고신 신앙인 삼청은 신교의 삼일론三一論의 사유방식을 수용한 것이다. 삼청三淸은 신교의 삼신三神에서 비롯된 것으로, 보통 옥청원시천존玉淸元始天尊, 상청영보도군上淸靈寶道君, 태청태상노군太淸太上老君을 가리킨다.

神市氏는 承天一生水와 地二生火之位하사
專用師道而率天下하신대 天下效之하며
王儉氏는 承徑一周三과 徑一匝四之機하사
專用王道而治天下하신대 天下從之하나라.」

9. 人類 文明의 뿌리 時代를 開闢한 桓仁天帝·桓雄天皇·伏羲氏

桓仁·桓雄·伏羲·蚩尤·檀君王儉의 天上 世界

五帝說에 云

「北方司命曰太水오 其帝曰黑이시오 其號曰玄妙眞元이시오
其佐曰桓仁은 在蘇留天하시니 是爲大吉祥也시니라.
東方司命曰太木이오 其帝曰靑이시오 其號曰同仁好生이시오
其佐曰大雄은 在太平天하시니 是爲大光明也시니라.
南方司命曰太火오 其帝曰赤이시오 其號曰盛光普明이시오
其佐曰庖犧는 在元精天하시니 是爲大安定也시니라.
西方司命曰太金이오 其帝曰白이시오 其號曰淸淨堅虛시오
其佐曰治尤는 在鈞和天하시니 是爲大嘉利也시니라.
中方司命曰太土오 其帝曰黃이시오 其號曰中常悠久시오
其佐曰王儉은 在安德天하시니 是爲大豫樂也시니라.」

신시 환웅[神市氏]께서는 하늘이 물을 창조[天一生水]하고, 땅이 불을 화생[地二生火]하는 천지의 물과 불의 근원적 생성 원리를 계승하여, 오직 스승의 도[師道]를 집행하여 천하를 거느리시니 온 천하가 그를 본받았다.

단군왕검께서는 둥근 하늘과 방정한 땅의 창조 덕성[天圓地方]*을 계승하여, 오로지 왕도王道를 집행하여 천하를 다스리시니 온 천하가 순종하였다.

9. 인류 문명의 뿌리 시대를 개벽한 환인천제·환웅천황·복희씨

환인 · 환웅 · 복희 · 치우 · 단군왕검의 천상 세계

『고려팔관기』의 「오제설五帝說」에 이렇게 기록되어 있다.

북방사명*은 태수太水요, 이를 다스리는 임금은 흑제黑帝시요, 그 호號는 현묘진원玄妙眞元*이시다. 그 보좌는 환인으로 소류천蘇留天에 계시니, 이분은 대길상大吉祥*이시다.

동방사명은 태목太木이요, 이를 다스리는 임금은 청제靑帝시요, 그 호는 동인호생同仁好生*이시다. 그 보좌는 환웅으로 태평천太平天에 계시니, 이분은 대광명大光明이시다.

남방사명은 태화太火요, 이를 다스리는 임금은 적제赤帝시요, 그 호는 성광보명盛光普明*이시다. 그 보좌는 포희庖犧(태호복희)로 원정천元精天에 계시니, 이분은 대안정大安定이시다.

서방사명은 태금太金이요, 이를 다스리는 임금은 백제白帝시요, 그 호는 청정견허淸淨堅虛*이시다. 그 보좌는 치우蚩尤로 균화천鈞和天에 계시니, 이분은 대가리大嘉利*이시다.

중방사명은 태토太土요, 이를 다스리는 임금은 황제黃帝시요, 그 호는 중상유구中常悠久*이시다. 그 보좌는 왕검으로 안덕천安德天에 계시니 이분은 대예락大豫樂*이시다.

---

* 천원지방天圓地方: 경일주삼徑一周三은 원圓의 이치로 지름과 둘레의 비율이 1대 3이다. 양은 하나를 하나로 삼으므로 셋을 하나로 나누면 3이 되니, 곧 천원天圓과 삼천三天의 이치이다. 경일잡사徑一匝四는 방方의 이치로 한 변과 둘레의 비율이 1대 4가 된다. 그런데 음은 둘을 하나로 삼으므로 넷을 둘로 나누면 2가 되니 곧 지방地方과 양지兩地의 이치가 된다. 3과 2를 더하면 5로서 황극이 되는데, 황극은 만물의 변화운동의 본체이다.

* 사명司命: ①생살권生殺權을 가진 사람이나 사물. ②신의 이름으로 사람의 생명을 주관하는 신. ③별 이름.

* 현묘진원玄妙眞元: 참으로 오묘한 진리의 근원.

* 대길상大吉祥: 크게 길하고 상서로움.

* 동인호생同仁好生: 한결같은 어짊으로 살리기를 좋아함.

* 성광보명盛光普明: 찬란한 빛으로 세상을 두루 밝힌다.

* 청정견허淸淨堅虛: 만물을 청정하고 굳게 여물게 하여 통일한다.

* 대가리大嘉利: 크게 아름답고 이롭다.

* 중상유구中常悠久: 항상 중도의 정신을 간직하여 영원 불멸하다.

* 대예락大豫樂: 크게 기쁘고 즐겁다.

10. 天地 五方位 造化氣運을 表象하는 靈物

五帝注에 曰

「五方이 各有司命하니 在天曰帝시오 在地曰大將軍이시니

督察五方者는 爲天下大將軍이시오

督察地下者는 爲地下女將軍也시니

龍王은 玄龜시니 主善惡하시며 朱鵲은 赤熛시니 主命하시며

靑龍은 靈山이시니 主穀하시며 白虎는 兵神이시니 主刑하시며

黃熊은 女神이시니 主病하시니라.」

11. 三神山과 그 이름의 由來

萬物을 生成하는 大宇宙의 循環 構造

三神山이 爲天下之根山이니 以三神名者는 蓋自上世以來로

咸信三神이 降遊於此하사 化宣三界三百六十萬之大周天하시니

其体는 不生不滅이시오

其用은 無窮無限이시오

其檢理는 有時有境하사

神之至微至顯과 神之如意自在를 終不可得以知也니라.

其迎也에 優然而如有見하며

其獻也에 愾然而如有聞하며

其讚也에 欣然而如有賜하며

其誓也에 肅然而如有得하며

사신도四神圖
강서대묘江西大墓 고구려 벽화
(평안남도 남포시)

백호도白虎圖

주작도朱鵲圖

청룡도靑龍圖

현무도玄武圖

10. 천지 5방위 조화기운을 표상하는 영물

『오제주五帝注』에 이렇게 기록되어 있다.

오방五方에 저마다 사명이 있으니,
하늘에서는 제帝이시요, 땅에서는 대장군大將軍이시다.
오방을 감찰하는 이는 천하대장군天下大將軍이시고,
지하를 감찰하는 이는 지하여장군地下女將軍이시다.
용왕龍王 현귀玄龜는 선악을 주관하시고,
주작朱鵲 적표赤熛는 왕명을 주관하시며,
청룡靑龍 영산靈山은 곡식을 주관하시고,
백호白虎 병신兵神은 형벌을 주관하시며,
황웅黃熊 여신女神은 질병을 주관하신다.

11. 삼신산과 그 이름의 유래

만물을 생성하는 대우주의 순환 구조

삼신산三神山은 온 천하의 근원이 되는 산이다. 산에 삼신을 붙여 이름 지은 까닭은, 삼신께서 이 산에 내려와 노니시며 조화의 권능과 성덕으로 천지인 **삼계의 360만 대우주에 조화를 널리 베푸신다고** 태고 이래 모든 사람이 믿어 왔기 때문이다.

삼신의 본체는 생겨나지도 소멸하지도 않으시며,
그 작용은 무궁하고 무한하시다.

만물을 살펴 다스리시는 창조원리는 시공의 흐름 속에 오묘히 잠겨 있어, 삼신의 지극한 미묘함과 지극한 나타나심과 뜻대로 자재自在하심을 필경 쉽게 체험하여 알 수는 없다.

삼신을 영접하면 어렴풋이 그 모습이 보이는 듯하며,
삼신께 정성을 들이면 삼신의 숨결이 아련히 들리는 듯하며,
삼신을 찬미하면 기뻐하시어 은총을 내리시는 듯하고,
삼신께 맹세하면 숙연하여 삼신께서 그 뜻을 받아들이시는 듯하며,

其送也에 恍然而如有慊하나니
是爲萬世人民之所以認識追仰於順和信悅之域者也니라.

白頭山의 語源

三神은 或說에 有以三爲新하고 新爲白하며

神爲高하고 高爲頭故로 亦稱白頭山이라.

又云蓋馬는 奚摩離之轉音이니

古語에 謂白爲奚하고 謂頭爲摩離也니

白頭山之名이 亦起於是矣니라.

12. 人類 始原 祖上의 婚禮

韓民族 婚禮의 原形

人類之祖를 曰那般이시니 初與阿曼으로 相偶之處를

曰阿耳斯庀오 亦稱斯庀麗阿也라

日에 夢得神啓하사 而自成昏禮하시고

明水告天而環飮하실새

山南에 朱鵲이 來喜하고 水北에 神龜가 呈瑞하고

谷西에 白虎가 守嵎하고 溪東에 蒼龍이 升空하고

中有黃熊이 居之러라.

삼신이 떠나실 땐 아쉬움으로 허전한 듯하니,*

이것이 그 오랜 세월 동안 백성들이 삼신산을 '순종과 화합과 믿음과 기쁨의 성지'로 인식하고 추앙해 온 까닭이다.

* 제사 지낼 때 제단에 강림한 신명과 작별하는 것을 사신辭神이라 한다. 그때의 심정을 이른 말이다.

백두산의 어원

삼신三神에 대해 어떤 사람은, "삼三은 새롭다[新]는 뜻이고, 새롭다[新]는 말은 희다[白]는 뜻이며(三 → 新 → 白), 신神은 높다[高]는 뜻이요, 높다는 말은 머리[頭]라는 뜻이다(神 → 高 → 頭). 그러므로 삼신산을 또한 백두산白頭山이라 칭한 것이다"라고 하였다.

또 말하기를, "개마蓋馬는 '해마리'의 전음轉音이다. 고어古語에 흰[白] 것은 해奚요, 머리[頭]는 마리摩離라 하였으니, 백두산의 이름이 또한 여기에서 비롯되었다"라고 하였다.

12. 인류 시원 조상의 혼례

한민족 혼례의 원형

인류의 조상은 나반那般이시다. 나반께서 아만阿曼*과 처음 만나신 곳을 아이사비阿耳斯庀라 부르고 또 사비려아斯庀麗阿라 하기도 한다.

하루는 꿈에 천신의 계시*를 받아 스스로 혼례를 올리시고, 청수清水를 떠놓고 하늘에 고하신 다음 돌려가며 드셨다.

이때, 산의 남쪽에 주작朱鵲이 날아와 기뻐하고, 강의 북쪽에는 신귀神龜가 와서 서기瑞氣를 나타내었다. 골짜기의 서쪽에는 백호白虎가 산모퉁이를 지키고, 시내의 동쪽에서 창룡蒼龍이 하늘에 올랐다. 중앙에는 황웅黃熊이 거하였다.

* 아만阿曼: 아만의 고향은 바이칼 호 서북쪽의 근해 지近海地인 사납아斯納阿로 샤안[斯阿蘭]이라고도 한다 (이유립, 『대배달민족사』「仁」, 248쪽).

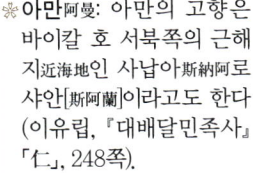 아이사비阿耳斯庀: 사비려아斯庀麗阿라고도 한다. 본서 「삼신오제본기」에서는 이곳을 송화강 또는 천하(바이칼 호)로 보고 있다. 이유립은 아이숲(원시림, 수릿벌)이라 해석하였다.

* 천신의 계시: 주로 밤에 꿈 속에서 받는 가르침인 몽교夢教를 통해 나타난다. 인간의 영대가 열리면 대소 사건에 천지기운이 응하는 것을 신명의 체험을 통해 보여 주신다.

13. 桓國의 三大 聖山과 初代 桓仁 安巴堅

天海와 金岳과 三危太白은 本屬九桓하니

而蓋九皇六十四民이 皆其後也라

然이나 一山一水에 各爲一國하고 羣女羣男이 亦相分境하야

從境而殊하고 國別積久에 創世條序를 後無得究也라

久而後에 有帝桓仁者出하사 爲國人所愛戴하시니

曰安巴堅이시오 亦稱居發桓也시라.

蓋所謂安巴堅은 乃繼天立父之名也오

所謂居發桓은 天地人定一之號也라.

自是로 桓仁의 兄弟九人이 分國而治하니

是爲九皇六十四民也라.

14. 桓國의 九桓族에서 시작된 人類 創世期

宇宙 生成의 創造主 三神과 創世 國家의 첫 統治者

窃想컨대 三神이 生天造物하시고 桓仁이 敎人立義하시니

自是로 子孫相傳하야 玄玅得道하야 光明理世하고

旣有天地人三極大圓一之爲庶物原義하니

則天下九桓之禮樂이 豈不在於三神古祭之俗乎아

傳에 曰「三神之後를 稱爲桓國이오

桓國은 天帝所居之邦이라」하고 又曰

13. 환국의 3대 성산과 초대 환인 안파견

천해天海와 금악산과 삼위산, 태백산*은 본래 **구환**九桓에 속하니, **구황**九皇 **육십사민**六十四民[13]은 모두 나반과 아만의 후손이다.

그러나 산과 강을 끼고 제각기 한 나라를 형성하여 남녀 무리가 땅의 경계를 나누고, 그 경계를 따라 서로 다른 나라가 형성되어 오랜 세월이 흐르면서, 창세가 이루어진 과정의 구체적인 역사는 훗날 알 수 없게 되었다.

오랜 세월이 지난 후에 환인이 나타나 백성의 사랑을 받아 추대되셨다. 이분을 일러 **안파견**安巴堅*이라 하고, 또 **거발환**居發桓*이라고도 불렀다.

안파견이란 곧 '하늘을 받들어 아버지의 도를 확립시킨다' 는 뜻의 이름이고, 거발환이란 '천·지·인을 일체로 정한다' 는 뜻의 호칭이다.

이로부터 환인의 형제 아홉 분이 나라를 나누어 다스리셨다.
이로써 **구황**九皇 **육십사민**六十四民이 되었다.

14. 환국의 구환족에서 시작된 인류 창세기

우주 생성의 창조주 삼신과 창세 국가의 첫 통치자

곰곰이 생각해 보건대, 삼신이 하늘을 생겨나게 하고 만물을 지으셨으며, 환인이 정의의 푯대를 세우도록 사람들을 가르치셨다. 이로부터 자손이 그 정신을 서로 전하여 삼신(상제님)의 현묘한 도를 깨달아 광명 사상으로 세상을 다스렸다[光明理世].

이미 하늘과 땅과 사람의 **삼극**三極과 **대원일**大圓一이라는 만물의 원뜻을 갖추고 있으니, 천하 구환족의 예악이 어찌 삼신께 천제를 드리는 옛 풍속에 있지 않았겠는가?

『전傳』에, "삼신의 후예를 환국이라 부르고, **환국은 천제께서 거주하시는 나라다**"라고 하였고, 또 말하길

---

*금악산은 천해天海, 즉 바이칼 호 서쪽에 위치한 지금의 알타이 산이고, 삼위산은 감숙성 돈황현에 있으며, 태백산은 백두산이다. 이 세 곳은 모두 환인 천제의 환국에 속해 있던 지역이다. 『삼국유사』에서도 이와 같은 사실을 명백히 입증하고 있다. 『삼국유사』 고조선 조에 '삼위태백'이 나오는데, 대다수 국사학자들은 '삼위'가 산 이름인 줄도 모르고 있다.

*안파견安巴堅: '안파견'은 "하늘의 정신을 받들어 지상에 부권父權을 세운다[繼天立父]"는 의미로 '아버지'라는 뜻이다. 아버지는 주권자를 말한다. 거란의 '아보기阿保機'와 아메리카 인디언의 '아파치'(부족 이름이 아니라 주권자를 가리키는 호칭)가 모두 같은 뜻이다. 조선 세종 때 김호연金浩然이 말한 '천부天父'라는 말과 같다(이유립, 『대배달민족사』 「仁」, 83쪽).

*거발환: 하늘과 땅과 인간은 삼위일체. 거발환은 하늘과 땅과 인간의 광명 속에 깃들어 있는 일신즉삼신[一神卽三神]의 조화·교화·치화의 창조 이법을 말한다. 또한 환국의 우주사상, 천지 광명의 삼일심법, 이 모든 것을 상징한다. 우주 삼신의 대원일大圓一한 창조 정신을 순 우리말로 '거발환'이라 부르는데, 거발환은 크고, 조화롭고, 광명으로 합일된 존재라는 뜻이다. 나아가 거발환은 '현묘한 도道를 깨쳐 광명사상으로 세상을 널리 구제한다'는 의미이다.

「三神은 在桓國之先하사 那般이 死爲三神이시라」하니
夫三神者는 永久生命之根本也라.

韓民族史 國統의 三皇과 『黃帝中經』이 만들어진 由來

故로 曰人物이 同出於三神하야 以三神으로 爲一源之祖也라.
桓仁이 亦代三神하사 爲桓國天帝하시니
後에 稱那般하야 爲大先天하고 桓仁으로 爲大中天하니라.
桓仁이 與桓雄治尤로 爲三皇하시니 桓雄은 稱大雄天이시오
治尤는 爲智偉天이시니 乃黃帝中經之所由作也라.
三光五氣가 皆在視聽感覺而世級日進하야
攢火焉하며 發語焉하며 造字焉하야
優勝劣敗之相競이 始乎起耳라.

15. 檀君王儉의 東方 文明圈 大統一과 檀君 崇報의 傳統

熊族之中에 有檀國이 最盛하고
王儉이 亦自天而降하사 來御于不咸之山이어시늘
國人이 共立하야 爲檀君하니 是謂檀君王儉也시니라.
生而至神하시고 兼聖圓滿하사 統合九桓하시고
三韓으로 管境하시며 復神市舊規하사 天下大治하니
擧世가 視同天神하야 自是로 崇報之禮가 永世不替者也라.

"삼신은 환국보다 먼저 계셨으며, **나반**이 죽어서 삼신이 되셨다" 라고 하였으니, 무릇 삼신이란 영원한 생명의 근본이다.

한민족사 국통의 삼황과 『황제중경』이 만들어진 유래

그러므로 "사람과 만물이 함께 삼신에서 생겨나니, 삼신이 바로 모든 생명의 근원이 되는 조상[一源之祖]이다"라고 하였다. 환인은 삼신을 대행하여 환국의 천제가 되셨다.

후세에 **나반**을 **대선천**大先天이라 부르고, **환인**을 **대중천**大中天이라 불렀다. **환인**은 **환웅**·**치우**와 더불어 **삼황**三皇이 되고, **환웅**을 **대웅천**大雄天이라 부르고 **치우**를 **지위천**智偉天이라 불렀으니 이것이 『황제중경黃帝中經』이 만들어진 유래이다.

삼광오기三光五氣*가 모두 보고 듣고 느끼고 깨치는 데 작용하면서 세상이 날로 진보하여, 불을 만들고, 말을 하고, 문자를 만들어 내니 우승열패優勝劣敗의 상호 경쟁이 일어나기 시작하였다.

* **삼광오기**三光五氣: 삼광三光은 삼신의 빛 또는 일日, 월月, 성신星辰의 빛을 말하고, 오기五氣는 오행 기운을 말한다.

15. 단군왕검의 동방 문명권 대통일과 단군 숭보의 전통

웅족熊族 가운데 **단국**檀國이 가장 번성하였다. 왕검께서 하늘에서 내려와 **불함산***에 오시니, 나라 사람이 모두 추대하여 단군으로 모셨다. 이분이 단군왕검이시다.

왕검께서는 날 때부터 지극히 신령하고 성덕을 겸비하여 원만하셨다. 구환족을 통합하여 **삼한**三韓으로 나누어 다스리고, 배달 신시의 옛 법도를 회복하시니 천하가 태평하였다.

온 세상이 단군왕검을 천신처럼 받드니, 이로부터 단군성조의 은혜에 보답하여 숭배하는 예법[崇報之禮]이 영세토록 변하지 않았다.

* **불함산**不咸山: '가장 밝은 산'이라는 뜻이다. 백두산과 만주 하얼빈의 완달산完達山 두 곳을 말하는데 여기서는 완달산을 가리킨다.

16. 九桓族 五大 種族의 特徵

蓋九桓之族이 分爲五種하니 以皮膚色貌로 爲別也라

皆其俗이 就實究理하야 策事而求其是則同也니

夫餘爲俗이 水旱兵疾에 國王이 有責하고

忠邪存亡에 匹夫同歸하니 是其一證也니라.

色으로 族하니 如黃部之人은 皮膚稍黃하고 鼻不隆하며

頰高髮黎하고 眼平睛黑이오

白部之人은 皮膚晳하고 頰高鼻隆하며 髮如灰오

赤部之人은 皮膚銹銅色하고 鼻低而端廣하며

顙은 後傾하고 髮은 捲縮하며 貌는 類黃部之人이오

藍部之人은 一云風族이오 又棕色種이니

其皮膚는 暗褐色이오 貌는 猶黃部之人也니라.

17. 三韓의 固有한 風俗(國風) - 蘇塗祭天

三韓古俗이 皆十月上日에 國中大會하야

築圓壇而祭天하고 祭地則方丘오 祭先則角木이니

山像과 雄常이 皆其遺法也라.

祭天에 韓이 必自祭하시니 其禮甚盛을 可知也라.

是日에 遠近男女가 皆以所産으로

薦供하고 鼓吹百戲가 是俱라

16. 구환족 5대 종족의 특징

구환족을 분류하면 다섯 종족인데 이는 피부색과 용모로 구별된다. 이들의 풍속은 현실의 실상을 좇아 이치를 궁구[就實究理]하고 일을 헤아려서 그 옳은 방도를 찾고자 하는 것이 같았다. 부여의 풍속에 홍수·가뭄·전쟁·질병이 생기면 국왕이 그 책임을 지고, 나라에 충성하면 살고 거역하면 죽는 책임이 필부에게까지 돌아갔으니 이것이 그 하나의 증거가 될 것이다.

피부색으로 종족을 나눈다.

황색黃色인은 피부가 조금 누렇고 코가 높지 않으며 광대뼈가 나오고 머리털이 검다. 눈 언저리는 평평하고 눈동자의 색은 흑색이다. 백색白色인은 피부가 밝은 백색이고 광대뼈가 나오고 코가 높다. 머리털은 잿빛과 같다. 적색赤色인은 피부가 녹슨 구릿빛(검붉은 색)이고 코가 낮고 코끝이 넓다. 이마는 뒤로 기울고 머리털은 곱슬이며 용모가 황색인과 비슷하다. 남색藍色인은 일명 풍족風族 또는 종색棕色(갈색) 종이라고도 한다. 피부는 암갈색이고 용모는 황색인과 같다.

17. 삼한의 고유한 풍속(국풍) - 소도제천

삼한의 옛 풍속에, 10월 상일上日에는 모두가 나라의 큰 축제에 참여하였다. 이때 둥근 단을 쌓아 하늘에 제사 지내고, 땅에 대한 제사는 네모진 언덕에서 지내며, 조상에 대한 제사는 각목角木*에서 지냈다. 산상山像과 웅상雄常*은 모두 이러한 풍속으로 전해 오는 전통이다.

제천할 때는 임금[韓]께서 반드시 몸소 제사 지내시니, 그 예가 매우 성대하였음을 가히 짐작할 수 있다. 이 날에는 먼 곳과 가까운 곳에 사는 남녀가 모두 생산물을 올리고, 북치고 악기를 불며 온갖 놀이를 즐겼다.

* **각목角木**: 각목이, 조상의 무덤을 표시하기 위하여 나무를 깎아 놓은 조형물인지, 조상의 무덤 주위에 심어 놓은 나무인지는 정확히 알 수 없다. 『태백일사』 「소도경전본훈」에는 "신주神主를 모시고, 상을 차리고 제물을 올리는 것은 친견하는 듯한 예의를 나타내고자 함이다[立主設床, 以薦供者, 乃欲表親見之儀也.]"라고 하였다.

* **웅상雄常**: 배달국 신시 시대 이래 민간에서는 가장 큰 나무를 택해 환웅상桓雄像으로 삼고 제사를 지내 왔다. 이 신수神樹를 웅상雄常이라 한다. 『산해경山海經』에 "숙신(조선)국에 백의민족이 살고 있다. 북쪽에 나무를 모시는데 이름을 웅상이라 한다[肅愼之國, 在白民也, 北有樹名曰雄常.]"라고 하였다. 상常은 '항상 임재하신다[常在]'는 뜻으로, 웅상은 곧 환웅께서 항상 임재하신다는 뜻이다.

衆小諸國이 皆來獻하야 方物珍寶를 環積邱山하니

蓋爲民祈禳이 乃所以繁殖管境이오

而蘇塗祭天은 乃九黎敎化之源也라.

自是로 責禍善隣하며 有無相資하며 文明成治하며

開化平等하니 四海之內에 莫不崇飾祀典者也니라.

18. 神敎의 民間信仰 : 土主大監과 成造大君

祝兒之生을 曰三神이오 祝禾之熟을 曰業이라.

山은 爲羣生通力之所오 業은 爲生産作業之神이니

故로 亦稱業主嘉利라 發願垈土를 曰土主大監이오

發願家宅을 曰成造大君이니 亦歲成嘉福之神也시니라.

墓園漁獵과 戰陣出行에 皆有祭하니

祭必擇齊以利成也니라.

19. 古朝鮮 三韓 時代의 自治制度 組織 原理

蘇塗之立에 皆有戒하니 忠孝信勇仁五常之道也라.

蘇塗之側에 必立扃堂하야 使未婚子弟로 講習事物하니

蓋讀書習射馳馬禮節歌樂拳搏(並劒術)六藝之類也라.

諸邑落이 皆自設三老하니 三老는 亦曰三師라

有賢德者와 有財施者와 有識事者를 皆師事之가 是也오

又有六正하니 乃賢佐忠臣과

주변의 많은 소국이 일제히 와서 지방의 특산물과 진귀한 보물을 바치니 언덕과 산처럼 둥글게 쌓였다. 백성을 위해 빌어서 재앙을 물리치는 일이 곧 관경管境을 번영케 하는 것이다. 그리하여 소도14)에서 올리는 **제천 행사는 바로 구려**九黎*15)**를 교화하는 근원**이 되었다.

이로부터 책화責禍 제도로 이웃나라와 선린善隣하고, 있고 없는 것을 서로 바꾸어 도와 주었으며, 밝게 다스리고 평등하게 교화하였다. 이에 온 나라에서 이 **소도제천 예식**을 숭상하지 않는 곳이 없었다.

※ **구려**九黎: 구려라는 말은 치우천황 때 비롯되었다. 동이東夷의 아홉 겨레를 말한다. 이것이 변하여 고구려→고려→코리아로 불리게 된 것이다.

18. 신교의 민간신앙 : 터줏대감과 성조대군

아이를 낳게 해 달라고 빌 때는 **삼신**※을 찾고, 벼가 잘 익기를 기원 할 때는 **업신**業神※을 찾았다. 산은 뭇 생명이 삶을 영위하는 곳이요, **업은 생계와 노동을 주관하는 신**으로 **업주가리**業主嘉利※라 일컫기도 한다. 집터에 대해 소원을 빌 때 **터줏대감**[土主大監]※을 찾고, 집에 대해 소원을 빌 때는 **성조대군**成造大君※을 찾았으니, 이분들 또한 **해마다 좋은 복을 이루게 하는 신**[嘉福之神]이시다.

묘소에 가거나 고기잡이·사냥·전쟁에 나갈 때, 진을 칠 때, 길을 떠날 때 모두 제사를 지냈다. 제사 지낼 때는 반드시 택일을 하고, 목욕재계를 하여야 원하는 바를 이룰 수 있었다.

※ **삼신**: 우리 민족은 자손을 타 내리는 신명神明을 '삼신할매'라 불러 왔다.

※ **업신**業神: 민간신앙에서 가업家業을 지키는 영물靈物이나 신神을 업신, 또는 업신業神이라 한다.

※ **업주가리**業主嘉利: 업을 주관하여 가정에 복과 번영을 가져다 주는 업신을 말한다.

※ **터줏대감**土主大監: 집이 지어진 터를 수호하는 지신地神을 말한다.

※ **성조대군**成造大君: 성조成造는 단군왕검의 신하로 건축의 시조이다. 4천여 년 동안 한민족은 이분을 '성조군', '성주신[成造神]'으로 받들고 가택 수호신으로 모셔 왔다. 지금도 집을 짓거나 이사한 뒤에 성주풀이를 하여 집을 수호하는 성주신을 받아 내리는 풍속이 민간에 전해 온다.

19. 고조선 삼한 시대의 자치제도 조직 원리

소도가 건립된 곳에는 모두 계율을 두었는데, 충·효·신·용·인忠孝信勇仁이라는 **오상의 도**[五常之道]가 그것이다. 소도 곁에는 반드시 **경당**扃堂을 세워 미혼 자제로 하여금 **사물**事物※을 익히게 하였는데, 대개 독서·활쏘기·말달리기·예절·가악·권박(검술을 겸함)으로 **육예**六藝※의 종류였다.

모든 읍락이 자체적으로 **삼로**三老를 두었는데, 삼로를 **삼사**三師라고도 하였다. 어진 덕이 있는 자[賢德者]와 재물을 베푸는 자[財施者], 사리를 잘 아는 자[識事者]를 모든 사람이 스승처럼 섬기는 것이 그것이다.

또 **육정**六正이 있었는데, 어진 보필자[賢佐]와 충신[忠臣]과 뛰어난

※ **사물**事物: 유형·무형의 모든 일과 물건. 물질 세계에 있는 모든 구체적이고 개별적인 존재를 통틀어 이르는 말이다.

※ **육예**六藝: 『주례周禮』「대사도大司徒」에는 "세 번째가 육예로, 예·악·사·어·서·수이다 [三日六藝: 禮·樂·射·御·書·數]"라고 육예六藝가 나오는데, 단군조선 시대의 신교에 그 근원을 두고 있음을 알 수 있다.

良將勇卒과 明師德友가 是也라.

又殺生有法하니 上自國王으로 下至庶民히

須自擇時與物而行之하야 一不濫殺하니

自古로 夫餘에 有馬不乘하며 禁殺放生者가 亦其義也라

故로 不殺宿하며 不殺卵은 是擇時也오 不殺幼하며

不殺益은 是擇物也니 重物之義가 可謂至矣로다

20. 花郞의 原形, 倍達 時代의 天王郞

源花는 稱女郞이오 男은 曰花郞이니 又云天王郞이라.

自上으로 命賜烏羽冠하야 加冠에 有儀注라.

時에 封大樹하야 爲桓雄神像而拜之라

神樹를 俗謂之雄常이니 常은 謂常在也라.

21. 太初 人間이 誕生한 곳

河伯은 是天河人이니 那般之後也라

七月七日은 卽那般渡河之日也니

是日에 天神이 命龍王하사

召河伯入龍宮하시고 使之主四海諸神하시니라.

天河는 一云天海니 今曰北海가 是也라.

天河注에 曰「天道는 起於北極故로 天一生水오

是謂北水니 盖北極水는 精子所居也니라.」

장수[良將]와 용감한 병사[勇卒]와 훌륭한 스승[明師]과 덕 있는 친구[德友]가 그것이다.

또 살생에 법도가 있어, 위로 국왕에서 아래로 서민에 이르기까지 반드시 때와 사물을 택해서 이를 실행하여, 살아있는 것은 하나도 함부로 죽이지 않았다. 예로부터 부여에서는 말이 있어도 타지 않았고, 살생을 금하여 방생하였으니 이 또한 그러한 뜻이다.

그러므로 잠자는 짐승을 죽이지 않고 알을 깨뜨리지 않음은 때를 선택한 것[擇時]이요, 어린 것을 죽이지 않고 사람에게 유익한 것을 죽이지 않음은 사물을 선택한 것[擇物]이니, 만물의 생명을 귀하게 여기는 뜻이 지극하였다고 말할 수 있다.

20. 화랑의 원형, 배달 시대의 천왕랑

원화源花는 **여랑**女郞을 말하고, 남자는 **화랑**花郞[16]이라 하는데 **천왕랑**天王郞이라고도 하였다. 임금으로부터 오우관烏羽冠을 하사 받아 썼는데 관을 쓸 때 예식을 거행하였다.

이때 큰 나무를 봉하여 환웅신상桓雄神像으로 삼아 여기에 배례를 올렸다. 이러한 **신수**神樹를 세속에서 **웅상**雄常*이라 불렀는데, 상常이란 '항상 임하여 계신다[常在]'는 뜻이다.

21. 태초 인간이 탄생한 곳

하백은 천하天河*사람으로, 나반의 후손이다.
7월 7일[17]은 곧 **나반께서 천하를 건너신 날**이다. 이날 천신께서 용왕에게 명하여 하백을 용궁으로 불러 사해四海의 모든 신을 주재하게 하셨다.

천하를 일설에 천해天海라고도 하는데, 지금의 **북해**北海이다. 『천하주天河注』에 이런 설명이 있다.

> 천도天道는 북극에서 변화 운동을 시작하는 까닭으로, 하늘의 통일 운동이 물을 화생하는데[天一生水] 이를 북수北水라 부른다. 이 북극수北極水*는 (선천 개벽기에* 인간을 처음 화생化生하는) **생명**[精]**의 씨**[子]**가 머무는 성소**聖所이다.

* 웅상雄常: 『단군세기』 11세 도해단군 조에서는 "재위 원년인 경인(환기 5307, 신시개천 2007, 단기 443, BCE 1891)년에 임금께서 오가에게 명하여 12명산 가운데 가장 아름다운 곳을 택해 국선소도國仙蘇塗를 설치하게 하셨다. 그 둘레에 박달나무를 많이 심고, 가장 큰 나무를 택하여 환웅상桓雄像으로 모시고 제사를 지내셨다. 그 이름을 웅상雄常이라 하셨다[庚寅元年, 帝命五加, 擇十二名山之最勝處, 設國仙蘇塗, 多環植檀樹, 擇最大樹, 封爲桓雄像而祭之, 名雄常]."라고 하였다.

* 천하天河: 북해北海, 곧 바이칼 호를 말한다.

* 북극수北極水: 선천개벽이 일어난 후 태초에 인간은 북극수의 조화로 탄생하였다.

* 선천개벽: 우주의 1년에서 인간이 태어나는 천지 봄의 시작을 말한다.

주註

1) 삼신三神

삼신三神에는 네 가지 뜻이 담겨 있다.

첫째, 우주의 창조 정신을 말한다. 이 삼신은 세 가지 창조성(조화·교화·치화)을 지닌 조화 정신이 되어 만물을 낳고 길러 내는 '우주의 지극한 조화의 성령' 이다.

둘째, 천상 궁궐에서 사람 모습을 하고 우주 역사를 통치·주재하시는 인격신을 말한다. 이 우주의 창조 정신을 주재하여 천지인 삼계를 다스리는 실제적인 하느님이신 삼신상제님이다.

셋째, 한민족사의 뿌리 시대를 열어 주신 국조삼신인 환인(환국)-환웅(배달)-단군(조선) 삼성조를 일컫는다.

넷째, 세속적 의미로 삼신은 자손 줄을 태워 주는 신으로, 보통 조상 선령신을 말한다.

2) 신명神明

신교神敎의 신관을 이해하려면 천신天神, 일신一神, 삼신三神, 삼신상제三神上帝, 상제上帝 등 신神에 대한 여러 가지 개념의 차이점을 알아야 한다. 천신·일신·삼신이라는 세 가지 개념은 우주 자체의 창조 원리와 우주의 정신 자체를 말하며 때로는 주재신으로도 말한다. 사람 모습을 한 인격적인 주재자를 삼신상제 또는 상제라 부른다.

그리고 삼신이나 일신이란, 체體와 용用의 3三과 1一의 법칙에 따라 우주 자체의 창조 원리의 특성을 설명하는 개념이다. 보통 우주와 역사를 주재하시는 인격적인 하느님을 간단히 상제라 부른다. 신도神道에는 삼신상제님을 보필하여 그 어명을 집행하는 각 부서가 무수하다. 여기에 속한 다수의 신神 또는 신명神明은 상제님의 어명을 집행하여 현실적인 자연의 변화와 지상의 인사(인간 역사의 운로)를 이끌어 나간다. 그러므로 신교神敎의 신관은 상제님을 중심으로 한 일원적 다신관一元的多神觀이다.

3) 오행五行

우주, 즉 천지인天地人 삼재지리三才之理의 창조 변화 원리를 전개하는 오행五行(金木水火土) 원리는 본시 배달 민족의 신교 철학이며 우주 자연관이다. 신교의 오행 원리는 단군왕검 때 부루태자가, 뒷날 하夏나라의 시조가 되는 하우씨에게 9년 홍수를 다스리도록 오행치수법五行治水法을 전해 줌으로써 중화문명에 전수되었다. 그런데 후에 은殷나라가 망할 무렵에 은나라의 성인 기자箕子가 오행 원리를 요약한 것이 『서경書經』의 「홍범구주洪範九疇」인데, 이것이 주周나라 무왕에게 전해진 것이다. 이렇듯 오행 원리는 본래 동이족의 신교 우주 철학으로서 한민족의 우주자연관이다.

신교의 오행 개념은 일반적으로 알고 있는 수화금목토의 개념이 아니므로, 클 태太 자를 붙여서 말한다. 즉 음양(음-金水, 양-木火) 운동이 일어나는 모체인 태극을 따라서 태수太水, 태화太火, 태금太金, 태목太木, 태토太土라 한 것이다.

4) 천하대장군

천하대장군은 천상 신명계 신병神兵의 총책임자이다. 신도의 깊은 섭리가 신교를 통해 민간풍속이 된 것이다. 마을 어귀에 악귀와 재앙을 쫓는 수호신으로서 장승을 세웠다. 천하대장군과 지하여장군은 신교 문화가 민족의 심성 속에 살아 남아 생활 속에 정착된 대표적인 사례이다. 천하대장군과 지하여장군을 동네 어귀에 세우는 풍속은 인디언과 중남미 문화에서도 발견된다. 9천 년 전에 환국 문명이 베링 해협을 건너가 아메리카 뿌리 문화에 영향을 주어, 아직도 장승에 해당하는 토템 기둥이 남아 있다(안경전, 『이것이 개벽이다』 하, 694~695쪽).

인류는 우주의 1년 사계절 가운데 봄·여름 즉 성장 과정에 해당하는 상극相克의 시간대인 선천을 살아 왔다. 선천 상극 기운이 천지만물을 창조·변화시키기 때문에 천상 신명계와 지상 인간 세계의 역사는 투쟁과 대립이 그칠 날이 없었다. 그리하여 인류 역사와 함께 병兵의 개념이 형성되었다. 신도 세계를 깨치고 영으로 직접 보면 천하대장군이 실제로 계신다는 것을 알 수 있다. 그러므로 신교의 문명권이 인류사의 여명기와 함께 성립된 이후로 천하대장군과 지하여장군을 섬긴 한민족의 민간풍속은 그러한 신도神道의 깊은 섭리가 민간신앙으로 생활화됐다는 것을 보여준다.

5) 오제五帝

지구와 우주의 사계절과 사방위의 창조 기운인 태수太水·태화太火·태토太土·태금太金·태목太木을 주재하시는 흑제黑帝·적제赤帝·황제黃帝·백제白帝·청제靑帝를 말한다. 그리하여 봄에 생명이 지상에 처음 화생(창조)되고, 여름에 생명이 불 기운[太火]으로 성장하고, 가을에 우주의 봄·여름(선천) 과정에서 성장해 온 인간과 모든 생명체가 성숙한다. 겨울은 천지의 겨울철, 빙하기로서 천지 기운이 폐장하고 일체의 생명 활동이 정지하여 휴식 단계로 들어가는 때이다. 그리고 봄·여름(양陽 과정, 선천)에서 가을·겨울(음陰 과정, 후천)로 넘어갈 때 일어나는 천지의 계절 바꿈을 후천개벽이라 한다. 이때에 음양 조화를 이루는 오행의 조화 기운이 바로 태토太土이고, 그 주재자는 황제黃帝이다.

6) 삼신일체三神一體

우주 생명의 바탕자리에는 근원적인 하나의 창조 정신[一神]이 있다. 우주가 창조와 변화 운동을 시작하면, 일신은 세 가지 작용의 신묘한 원리[三神]로 드러난다. 달리 말하여 삼신의 작용은 근원으로 보면 하나이다[三神一體].

이 삼신일체 네 글자의 의미를 완전히 이해하는 것이 동방 한민족의 신관, 인간관, 세계관을 이해하는 관건이다. 삼신일체에서 이러한 본연의 바탕자리인 일신과 현실적으로 우주와 역사를 창조·발전시키는 현상계의 원리인 삼신三神의 상관 관계를 체용體用(본체本體와 작용作用)의 관계라 한다. 삼신일체란, 본연의 바탕자리와 현실적인 변화 원리가 서로 다른 것이 아니라 일체라는 말이다. 현실적으로 모든 생명 원리는 3수 원리로 이루어져 있다. 우주는 천지인 삼재이며, 모든 것은 탄생·성장·완성[生長成]이라는 3수 법칙으로 발전해 간다. 물도 고체(얼음)·액체(물)·기체(수증기)로 하나가 셋으로 순환하면서 변화 상태를 달리한다.

7) 무궁한 생성의 조화

『주역』「계사전」에서는 천지 자체가 지니고 있는 생명의 본성을 "생생지위역生生之謂易"이라 하였다. 즉, 천지는 무수한 생명체를 낳고 또 낳는 끊임없는 창조 운동을 하는 것이다. 우주가 변화하는 마음자리가 곧 역易이다. 우주는 대국적인 면에서 만물을 무한히 낳고 길러낸다. 물론 변화의 각 마디는 엄밀하게 인과 법칙으로 규정되어 있다.

본문에서 '만물은 각기 무궁하다[庶物各有無窮]'고 한 것은, 우주의 1년 사계절 가운데 봄·여름 선천 시대에 인간과 만물의 종자가 제각기 천지 기운을 받고 생겨나 무한히 번식하며 발전해 나가는 우주의 변화상을 지적한 것이다.

8) 귀천위사歸天爲死

인간과 만물이 지상에 한 생명체로 태어남은 탄생 이전의 죽음을 통해 이루어진다. 다시 말하면 인간이 지상에 태어난다는 것은 천상(신명계)에서 신명이 죽음을 통해 지상으로 내려오는 사건이다. 인간으로서 죽는 일은 이미 태어나는 순간에 정해진다. 죽음은 곧 천상 신명으로 태어나는 것을 의미한다. 이처럼 죽음과 삶은 동시성을 가진다.

선천 시대에는 인간이 최초로 천지에서 탄생하여 여름철에 윤회를 통해 성장하는 과정을 거쳐 왔다. 그런데 우주의 운행 원리를 알고 보면, 윤회는 영원히 계속되는 것이 아니라, 우주의 여름철 선천 시대까지만 가능하고, 후천 시대에는 일어나지 않는다. 따라서 죽음이란 선천이라는 성장 과정에서 인간이 천상과 지상을 오가며 자기 영혼을 발전시켜 나가는 수단이며, 우주가 역사를 전개시키기 위하여 불가피하게 적용한 과도기적 생명의 법도인 것이다.

이 죽음을 극복하여 육체를 영원히 천상 신명계 차원까지 이어가려는 것이 유·불·선 가운데 선仙의 도법이었다. 서양의 선도인 기독교에서 말하는 부활은, 인간이 육신과 영을 가지고 영생을 하는 동양의 선仙 개념과 동일한 것이다.

9) 순환 운동과 만물

우주는 개벽·진화·순환 운동을 통해 일체 만물을 낳아[生] 기르고[長] 열매 맺고[斂] 거둬들인다[藏]. 신교 우주관의 바탕인 '시간의 순환성'을 통해서만 이러한 운동과 작용의 깊은 의미를 통찰할 수 있다.

우주의 시·공간이란 직선적으로 무한히 변화하는 것이 아니라 일정한 변화의 마디(우주의 1년은 129,600년)를 따라 순환하며 발전한다. 전반기인 봄·여름 선천 시대에는 인류가 화생(창조)되고 일정한 시간 마디 - 우주의 한 달(10,800년) - 마다 중개벽을 통해 발전·진화하며, 우주의 여름에서 가을로 바뀌는 후천개벽을 지나면 인류의 역사가 통일되어 완성된다. 이처럼 순환과 진화와 개벽이라는 세 운동이 일체가 되어 인류 문명이 전개되고 큰 변화가 이루어지는 것이다.

10) 삼혼三魂

인간의 육신 속에는 천지의 정신을 담는 두 존재로서 혼魂과 백魄이 있다. 또 이를 삼혼칠백三魂七魄이라 하여 세 혼과 일곱 넋으로 말한다. 혼기魂氣가 작용하는 곳은 오장五臟 가운데 간肝이고 체백體魄이 작용하는 곳은 폐肺이다.

인간은 사후에 단순히 땅 속으로 돌아가 무화되어 사라지는 것이 아니다. 혼은 천상으로 올라가 신이 되고 넋은 땅으로 돌아가 귀가 된다.

인간 생명이 죽음이라는 통과의례를 거쳐 천지의 지극한 존재인 신神과 귀鬼로 다시 태어나 새 생명으로 진화를 거듭하는 것이 진정한 천지 생명의 모습이다.

11) 느낌[感]

우주는 천·지·인 삼재三才로 되어 있다. 우주는 천지(자연)라는 객관 세계와 그 주체인 인간의 주관 세계와 음양 일체의 관계로 이루어져 있다.

인간은 천지의 목적과 이상을 실현시키는 진리의 주체이다. 천지의 대도大道를 깨달아 천지의 이상을 구현시키려면 우주의 조화신인 상제님으로부터 삼신의 조화 기운을 받아 영靈이 되는 체험을 해야 한다. 마치 태호복희씨가 팔괘를 받아 도통한 것처럼, 유불선의 3대 성자도 삼신의 조화를 받아 도를 통한 것이다.

12) 정精·기氣·신神

옛 사람들은 정精·기氣·신神을 삼보三寶라 하였다. 정精은 후천적으로 음식물의 정미精微한 것에서 얻는 물질로서 인체 활동의 물질적인 기초가 된다. 기氣는 음식물의 정기가 하늘 기운과 합쳐져서 생리 작용의 추동력推動力을 발휘하는 주요한 물질이다. 신神은 정精과 기氣의 협동으로 이루어지는 것으로서 인체의 정신적인 사유 의식思惟意識을 통괄한다.

정·기·신 삼자三者는 밀접한 관계가 있다. '기'는 '정'에서 생산되고, '정' 또한 '기'에 의하여 생산된다. 정과 기는 서로를 길러 준다. 정기의 상호 협동 작용에 따라서 발휘되는 것이 신神이다. 그러므로 정기精氣가 충실한 사람은 신神의 기능도 왕성하지만, 반대로 정기가 부족한 사람은 신도 왕성하지 못하다.

이러한 관계를 한의학에서는 "정기충일자신자왕精氣充溢者神自旺, 신불성자정기부족神不盛者精氣不足"이라 한다. 정을 과도하게 손상하면 기의 생산이 저하되고, 또한 기를 손상하면 정의 발생을 저하시킴과 동시에 신의 기능도 활발하지 못하게 하는 결과를 가져온다. 그런데 과도한 정신

활동으로 인하여 '신'이 손상되면 정과 기에도 영향을 미쳐 형체마저 쇠약해진다.

이처럼 정·기·신은 서로 기르며 협동하는 것으로, 본래 체體와 용用의 순환 운동으로 하나를 이룬다. 음식물을 섭취하여 그 정미精微한 것이 정이 되고, 정이 다시 기로 화化하고, 이것이 후천 통일 운동을 해서 신이 되는 것이다.

그러므로 음식을 적절하게 섭취하여 정을 잘 기르고 휴식과 운동, 잠을 절도 있게 하여 기를 보존하며, 정신을 산란하게 하지 않고 하나로 통일시키는 수도修道 생활이야말로 생명체를 보존하는 필수 조건이라 하겠다.

우리는 수행을 통하여 정·기·신을 정화함으로써 궁극적인 영적靈的 개벽을 하여 도道의 세계로 들어가야 한다. 도가사관道家史觀의 본질은 바로 삼신이 인간 정신精神을 굳게 뭉쳐 영생의 길로 인도하는 것을 관건으로 한다.

13) 구황九皇 64민六十四民

『태백일사』의 특징은 우주관을 바탕으로 역사와 정치의 문제를 풀어나가는 것이다. 여기서의 핵심은 '9'와 '64'라는 숫자에 있다. 『주역』의 대전제는 건괘乾卦의 용구원리用九原理이다. 주역에서 건괘는 나머지 63괘의 근거이자 생명의 씨앗에 해당한다. 그래서 "천지의 으뜸가는 원리인 건원은 아홉 수를 사용하는 데서 하늘의 보편적인 법칙을 알 수 있다[乾元用九, 乃見天則.]"라고 말했던 것이다. 따라서 태극인 1이 분화하면 극한 수인 9로 나아가고, 64는 건괘를 바탕으로 현실에 전개되어 나타난 생명의 질서라 할 수 있다. '9'가 낙서 원리에 근거한 분화의 논리라면, '64'는 팔괘에 기반한 분화의 논리이므로 「삼신오제본기」에 나타난 우주관은 하도낙서와 괘도원리의 원형이라고 할 수 있다.

14) 소도蘇塗

소도에 관한 기록은 『진서晉書』, 『후한서』, 『삼국지』에 수록되어 있는데 그 내용에는 큰 차이가 없다. 『삼국지』「위지 동이전魏志東夷傳」마한 조馬韓條를 보면, "나라의 읍락에서는 천신께 제사를 지낸다. 이때 한 사람을 천군天君으로 세워 제사를 주관하게 하였다. 여러 나라에 각기 별읍別邑이 있어 이를 소도라 부르고, 큰 나무를 세워 방울과 북을 달아 놓고 신을 섬긴다. 도망자가 이곳에 이르면 돌려보내지 않아 도둑질을 일삼았다. 소도를 세운 뜻은 부도浮屠를 세운 뜻과 같은 점이 있으나 선과 악을 행하는 것에는 서로 차이가 있다[國邑各立一人主祭天神, 名之天君. 又諸國各有別邑. 名之爲蘇塗. 立大木, 縣鈴鼓, 事鬼神. 諸亡逃至其中, 皆不還之, 好作賊. 其立蘇塗之義, 有似浮屠, 而所行善惡有異.]"라고 했다.

이러한 소도에 대해서는 여러 가지 입장이 있다. 우선 소도를 신단으로 보는 입장으로, 신채호가 대표적인 인물이다. 그는 "태백산의 수림을 광명신의 서숙소棲宿所로 믿어, 그 뒤에 인구가 번식하여 각지에 분포하면서, 각기 거주지 부근에 수림樹林을 길러 태백산의 것을 모상模像하고 그 수림을 이름하여 '수두'라 하니 수두는 신단神壇이란 뜻이다. 매년 5월과 10월에 수두에 나아가 제祭를 올릴 때 1인을 뽑아 제주祭主를 삼아 수두의 중앙에 앉히어 '하느님'·'천신'이라 이름하고 여러 사람들이 제를 올리고 수두의 주위에는 금줄을 매어 한인閑人의 출입을 금한다"라고 하였다(신채호, 『조선상고사』). 곧 소도는 수두이고 수림을 뜻하는 동시에 거기에 있는 신단을 가리키며, 단군은 수두를 관장하는 수두하느님 곧 천군을 의미한다는 주장이다.

다음으로 소도를 부락 읍락의 원시적 경계 표시인 신간神竿으로 보는 입장이다(손진태, '소도고蘇塗考'). 이것은 소도에 '큰 나무를 세웠다[立大木]'는 기록을 중시한 것이다. 이와 유사한 주장으로 소도는 입목立木·간목竿木을 나타내는 '솟대'·'술대'에서 온 말(이병도)로 읍락의 원시 경계표로서, 신체 혹은 제단으로 건립되는 대목大木의 명칭이라는 주장도 있다. 만주족의 제례의식을 보면 제례의식의 최종 단계가 바로 제천의식이고, 이때 세우는 신간神竿을 '색마간자索

331

摩杆子 suomo ganzi'라 하였다. 이는 마한의 '소도'의 음과 비슷하며 이 때 사용하는 방울[神鈴]과 북[鼓]도 마한의 영고鈴鼓와 흡사하였다.
 마지막으로 군장사회의 천군天君이 제사장으로서의 임무를 수행한 별읍이 있는 야산이나 구릉 지대를 말한다고 보는 입장이다(김정배, '소도의 정치사적 의미', 『역사학보』). 이러한 입장에서 소도는 일정 규모의 집단이 들어설 수 있는 장소로서 평야나 들을 끼고 있는 조그마한 야산과 그 주위를 말한다. 별읍이 바로 성역이 된다. 대마도對馬島에서는 이러한 제의 관련 신성 구역을 솟도率土 そっと라 하는데, 소도가 일본으로 건너가는 징검다리로 볼 수 있다. 일본학계에서도 이 솟도를 일반적으로 높은 산록山麓의 울창한 밀림지대나 그다지 높지 않은 언덕의 숲으로, 본래는 사전社殿도 없고 신체神體도 없고 다만 일정한 지역의 경내를 신성한 영지로 생각하여 대단한 금기를 지키며 숭앙하는 모습을 일본 신도의 원시적인 형태를 보유하는 것이라 하여 주목하고 있다. 일본 고유의 것이라고 자랑하는 **신사神社 문화가 신교의 소도 제사 문화에서 비롯된 것이다.** 일본인들이 신교 신앙의 성지인 소도蘇塗를 도소塗蘇로 바꿔 매년 설날 아침에 마시는 술을 '도소자케塗蘇酒'라고 부르는 것이나, 새가 앉아 있는 솟대의 모습을 한 신사의 도리이鳥居에서도 그 흔적이 보인다. 뿐만 아니라 신사에 가면 어디에나 걸려 있는 시메나와注連繩에서도 소도에 설치된 금줄의 모습을 볼 수 있다.
 『태백일사』를 보면, "소도에는 모두 계율이 있었다. 충忠·효孝·신信·용勇·인仁의 오상의 도[五常之道]가 그것이다. 또 소도 옆에는 반드시 경당을 세워 미혼 자제로 하여금 사물을 익히게 하였는데 이는 독서, 활쏘기, 말달리기, 예절, 가악歌樂, 권박검술을 겸함으로 육예六藝의 종류였다"라는 내용이 있다. 경당은 문무를 겸비[文武竝進]한 인재를 양성하는 곳이었다.

15) 구려九黎

 『서경書經』 「여형呂刑」편의 공영달 주석에 "구려 임금의 호칭을 '치우'라 한다[九黎之君號曰蚩尤]", "소호 시대 말기 구려 임금의 이름이다[少昊之末九黎君名]"라고 하였다. 또 『사기집해』「오제본기五帝本紀」에는 공안국孔安國의 말을 인용하여 "구려의 임금 호칭이 치우이다[九黎君號蚩尤]"라고 하였다. 『국어國語』「초어楚語」편의 주석에는 "구려는 치우의 무리이다[九黎, 蚩尤之徒也]"라고 하였고, 『여씨춘추呂氏春秋』「탕병蕩兵」편과 『전국책戰國策』의 고유高誘 주석에 모두 치우가 구려의 임금이라 하였다. 그래서 이를 '치우구려蚩尤九黎' 또는 '구려치우九黎蚩尤'라고 한다. 왕동령王桐齡의 『중국민족사』에도 "구려의 임금을 치우라 한다"라고 하여, 구려가 동이족임을 밝혔다.

16) 화랑

 진흥왕 37년(576)에 조직된 청소년 수양 단체이다. 본래 배달 신시 시대의 천왕랑(또는 국자랑)에서 비롯하였다. 고조선 시대에도 삼랑三郞이 있었으며 북부여 시조 해모수단군도 천왕랑이었다. 신라의 화랑은 진흥왕 때 그 명맥을 이어 국가적으로 다시 편제編制한 데 불과하다. 그리고 화랑의 지도이념이라 할 수 있는 세속오계世俗五戒도 이미 널리 알려져 있던 소도의 계율인 오상五常(忠孝信勇仁)과 같은 내용이다. 화랑도는 대한해협 너머 일본에까지 전해졌다. 환웅천황의 화상이 모셔져 있던 후쿠오카의 히코산英彦山에는 도사들이 마늘을 먹으며 도를 닦았다는 동굴 49(7×7)개가 있다. 그 도사들이 닦던 도를 수험도修驗道라 했는데 그 계율은 화랑도와 같았다고 한다(김향수, 『일본은 한국이더라』). 화랑도를 일명 국선도國仙道, 풍월도風月道, 풍류도風流道라고도 하였다.
 이런 전통은 다시 고려 시대의 선인仙人 또는 재가화상在家和尙, 윤관이 9성을 정벌할 때 있었던 항마군降魔軍 그리고 대몽항쟁 때의 삼별초로 이어져 내려왔다. 그 뒤로 명맥이 쇠잔하였으나 그 정신만은 한민족의 의식 속에 깊이 잠재되어 민족의 위기 때마다 유감없이 표출되었다.

17) 7월 7일七月七日과 칠성七星 문화

고구려 고분 벽화에는 음력 7월 7일 칠석날의 견우와 직녀에 대한 이야기가 그림으로 그려져 있다. 중국 양梁나라 때의 『형초세시기荊楚歲時記』에도 '견우와 직녀' 설화가 실려 있다. 견우와 직녀가 옥황상제의 명에 따라 일 년에 한 번, 7월 7일 칠석날 밤에 까마귀와 까치가 놓아 주는 오작교를 건너 서로 만난다는 이야기이다.

고구려 고분벽화에 그려져 있는 수많은 별자리 그림은 고대 우리나라 천문학의 높은 수준을 보여주는 중요한 자료이다. 그 중에서도 덕흥리 고분벽화(408)에는 북두칠성을 포함한 60여 개의 별자리와 은하수가 천장고임 사방에 그려져 있다. 천문도에는 다른 별자리보다 가장 크게 강조하여 그려진 다섯 개의 별이 있는데 이것은 각각 목성, 금성, 화성, 수성, 토성이라고 추측된다. 동양과 서양 모두 고대로부터 이 다섯 행성에 대한 관측을 해 왔는데 덕흥리 고분벽화는 그것을 그림으로 나타낸 것들 중에서 매우 앞선 자료에 속한다.

민간에서는 칠석날 밤에 뒤뜰의 장독대나 상에 정화수를 올려 놓고 칠성님께 축원을 올렸다. 이것은 칠성 문화에 따라 민간 신앙화된 것이다.

태고부터 인류는 동서고금을 막론하고 칠성 신앙과 칠성 문화를 지니고 있었다. 칠성은 인간의 수명과 화복을 관장하는 별로 알려져 있다. 『태상현령북두본명연생경주太上玄靈北斗本命延生經注』에서는 "그러므로 북두칠성은 하늘 한가운데 머물고 사방을 돌면서 모든 인간의 생사와 화복을 주관한다[故北斗居中天, 旋回四方, 主一切人民生死禍福.]"라고 하였다.

북두칠성이 우리 삶에 중요한 의미를 지니는 것은 우주 만물을 주관하는 주재자가 계신 별자리이기 때문이다. 따라서 칠성 또는 북두칠성은 인간이 궁극적으로 돌아가야 할 본래의 고향이다.

견우와 직녀, 북두칠성(덕흥리 고분벽화)

太白逸史 第二

桓國本紀 (환국본기)

■ 『환국본기』는 인류 문화의 모태이며 한민족의 뿌리 나라인 환국의 역사를 담고 있다. 환국의 위치를 파내류산으로 소개한 이 책은 환국의 역년이 초대 안파견환인에서 지위리환인까지 7세에 걸쳐 3,301년에 이른다고 밝힌다.

■ 이 책은 환국의 통치자를 지칭하는 '환인'의 의미와 선출 방법 그리고 환국을 구성하는 열두 나라의 이름과 그 위치를 밝혀 준다.

■ 말미에 다른 사서를 인용하여 환桓의 뜻을 '온전한 하나 됨이며 광명'이라 밝히면서 신교의 우주 일월광명 사상을 전한다.

이 편의 주요 술어

天山	桓仁	主祭天神	桓國	五訓	倍達	五事	波奈留山	昔有桓國	得道長生
천산	환인	주제천신	환국	오훈	배달	오사	파내류산	석유환국	득도장생
治身無病	桓의 뜻과	光明信仰	弘益濟人	光明理世	全一	光明	天帝	九桓
치신무병	환	광명신앙	홍익제인	광명이세	전일	광명	천제	구환

1. 人類 創世 文明의 아버지, 桓仁天帝

朝代記에 曰

「昔에 有桓仁하시니 降居天山하사 主祭天神하시며

定命人民하시며 攝治羣務하시니

野處而無蟲獸之害하며 群行而無怨逆之患하야

親疎無別하며 上下無等하며 男女平權하며 老少分役하니라.

桓仁의 普遍化와 桓仁 選出

當此之世하야 雖無法規號令이나

自成和樂循理하야 去其病而解其寃하며

扶其傾而濟其弱하야 一無憾且怫異者러라.

時에 人皆自號爲桓하고 以監羣爲仁하니

仁之爲言은 任也니

弘益濟人하고 光明理世하야 使之任其必仁也라.

故로 五加와 衆이 交相選於大衆할새

以必求業故하야 愛憎有別하고

各以其所心으로 主辦之而自擇이라

其所求鵠은 惟在九桓爲公하야

大同歸一焉者니 則亦當自較得失하야

無一人異然後에 從之하고

諸衆도 亦不敢遽下獨術以處之라.

1. 인류 창세 문명의 아버지, 환인천제

『조대기朝代記』*에 이렇게 기록되어 있다.

옛날에 환인이 계셨다. 천산天山에 내려와 거처하시며, 천신께 지내는 제사를 주관하셨다. 백성의 목숨을 안정되게 보살피고, 세상의 뭇 일을 겸하여 다스리셨다. 사람들이 비록 들에 거처하나 벌레와 짐승의 해가 없었고, 무리지어 행동해도 원망하거나 반역할 근심이 없었다. 사람들이 사귐에 친하고 멀리하는 구별이 없고, 높고 낮음의 차별이 없으며, 남자와 여자의 권리가 평등하고, 노인과 젊은이가 소임을 나누었다.

환인의 보편화와 환인 선출

당시에는 비록 법규와 명령이 없었으나 백성들 스스로가 화평하고 즐거워하며 도리에 순종하였고, 병을 제거하고 원한을 풀어 주며, 다친 자를 돕고 약한 자를 구제하니, 원한을 품거나 도리에 어긋나는 일을 저지르는 자가 한 사람도 없었다.

당시 사람들은 모두 스스로 환桓이라 부르고, 무리를 다스리는 사람을 인仁이라 하였다. 인仁이란 '임무를 맡는다'는 뜻이다.

환인桓仁*이라 부른 이유는 널리 이로움을 베풀어 사람을 구제하고, 큰 광명으로 세상을 다스려서 맡은 바 임무를 수행함에 반드시 어진 마음으로 하였기 때문이다.

그리하여 오가五加와 무리가 서로 번갈아 백성에게서 환인을 선출할 때, 반드시 그 사람의 업적을 살펴서 좋아함과 싫어함을 구별하고, 각자 마음으로 판별하여 스스로 선택하였다.

이렇게 환인을 선출하는 궁극 목적[其所求鵠]은 오직 공公을 위해 구환족九桓이 대동단결하여 한마음이 되는 데 있었다. 또한 마땅히 대상자의 잘잘못[得失]을 비교하여 반대하는 자가 한 사람도 없은 연후에야 선출하였고, 다른 모든 무리도 감히 성급하게 독단적인 방법으로 처리하지 않았다.

※ 『조대기』: 북애노인의 『규원사화』에는 "발해의 왕자 대광현大光顯을 비롯하여 고려에 귀화한 사람이 많았는데, 그 중에는 공후公侯·경상卿相과 선비가 많았다. 청평 이명이 기록한 것은 대개 발해인이 비장秘藏한 것에 의거한 것이다"라고 하였다. 『조대기』는 대진국(발해) 유민의 사서史書로 보인다. 고려 말에 이명李茗이 지은 『진역유기』(3권)의 저본이 되었다. 또 조선 세조가 8도 관찰사에게 명하여 거두어 들이도록 한 20여 종의 비기秘記 가운데 하나이다.

※ 환인桓仁: 환인천제의 권능이 인간 세상에 내재하여 보편화되는 과정을 의미한다. 환인桓人 중에서 감군의 지도자를 환인桓仁이라 부른 것이다.

※ 기소구곡其所求鵠: '그것이 추구하는 목표는 (이렇게 환인을 선출하는 목적은)'이라는 뜻. ①기其: 대명사. 앞에 나온 선출 방식을 가리킴. ②곡鵠: 과녁이나 정곡을 뜻하는 말인데, 여기서는 의미가 확대되어 목적이나 목표란 뜻으로 쓰임.

桓仁의 다스리는 法

蓋處衆之法이 無備有患이오 有備無患이니

必備豫自給하고 善羣能治하면 萬里同聲에 不言化行이라

於是에 萬方之民이 不期而來會者가 數萬이라

衆이 自相環舞하고 仍以推桓仁하야

坐於桓花之下積石之上케하고 羅拜之하니

山呼聲溢하고 歸者如市라 是爲人間最初之頭祖也시니라.」

2. 十二桓國과 그 位置

三聖密記에 云「波奈留山之下에 有桓仁氏之國하니

天海以東之地를 亦稱波奈留國也라

其地廣이 南北五萬里오 東西二萬餘里니 摠言桓國이오

分言則卑離國과 養雲國과 寇莫汗國과 勾茶川國과

一群國과 虞婁國一云卑那國과 客賢汗國과 勾牟額國과

賣勾餘國一云稷臼多國과 斯納阿國과

鮮卑爾國一云豕韋國一云通古斯國과 須密爾國이니

合十二國이 是也라. 天海는 今曰北海라.」

密記注에 曰「蓋馬國은 一云熊心國이니

在北蓋馬大嶺之北하야 距勾茶國이 二百里오

勾茶國은 舊稱瀆盧國이니 在北蓋馬大嶺之西하고

月漬國은 在其北五百里하고

환인의 다스리는 법

대개 백성을 다스리는 법은 준비가 없으면 우환이 뒤따르고[無備有患] 준비를 잘 하면 우환이 없으리니[有備無患] 반드시 미리 준비하여 넉넉하게 하며, 무리를 잘 다스려 만 리나 떨어져 있는 사람도 한마음 한뜻이 되어 말하지 않아도 교화가 행해지게 하였다.

이때에 만방의 백성이 기약하지 않았는데도 와서 모인 자가 수만 명이 되었고, 서로 둥글게 모여 춤을 추며 환인을 추대하였다. 환인께서 **환화**桓花(무궁화)* 아래에 돌을 쌓고 그 위에 앉으시니, 모두 늘어서서 절을 하였다.

기뻐하는 소리가 온 산에 가득하고, 귀화해 오는 자들이 저자를 이루었다. 이분이 바로 **인류 최초의 우두머리 조상**이시다.

✽ 환화桓花: 환화는 환국 시대부터 국화國花였다. 천지화天指花라고도 했는데, 지금의 무궁화 또는 진달래로 본다. 이유립은 환화를 진달래라 했다.

2. 12환국과 그 위치

『삼성밀기三聖密記』에 이렇게 기록되어 있다.

파내류산波奈留山✽ 아래에 '환인씨의 나라'가 있다.
천해天海 동쪽 땅을 또한 파내류국波奈留國이라 부르는데, 그 땅의 넓이가 남북으로 5만 리요 동서로 2만여 리이다.
이 땅을 모두 합하여 말하면 환국桓國이요,
나누어 말하면, 비리국, 양운국, 구막한국, 구다천국, 일군국, 우루국(일명 비나국✽), 객현한국, 구모액국, 매구여국(일명 직구다국), 사납아국, 선비이국✽(일명 시위국 또는 통고사국), 수밀이국이니 합하면 **열 두 나라이다**.
천해는 오늘날 말하는 북해北海이다.

『삼성밀기三聖密記』의 주注에 이렇게 기록되어 있다.

개마국蓋馬國은 일명 웅심국熊心國으로 북개마대령北蓋馬大嶺✽의 북쪽에 있으며, 구다국勾茶國과 2백 리 떨어져 있다.
구다국의 옛 명칭은 독로국瀆盧國[1]으로 북개마대령의 서쪽에 있다.
월지국月漬國은 구다국 북쪽 5백 리에 있다.

✽ 파내류산波奈留山: 중앙아시아에 있는 천산산맥의 천산天山.

✽ 남북으로 5만 리 동서로 2만여 리: 역사 상식으로는 고대로 갈수록 역사 강역은 좁게 마련인데 『환단고기』에는 오히려 더 넓었다고 나온다. 이것은 단일통치 영역이라기보다는 정신·사상적으로 영향이 미치는 범위라고 추정할 수도 있다.

✽ 비나국卑那國: 『삼성기』에서는 필나국畢那國이라 하였다.

✽ 선비이국鮮卑爾國: 『삼성기』에서는 선패국鮮稗國이라 하였다.

✽ 북개마대령北蓋馬大嶺: 지금의 만주 대흥안령산맥.

▸稷 기장 직	▸或 혹 혹
▸難 어려울 난	▸河 물 하
▸破 깨뜨릴 파	▸遂 드디어 수
▸移 옮길 이	
▸艾 쑥 애	▸蒜 마늘 산
▸産 낳을 산	▸煎 달일 전
▸服 복용할 복	▸治 다스릴 치
▸冷 찰 랭	▸燒 태울 소
▸魔 악귀 마	

稷曰多國은 或稱賣勾餘國이니 舊在五難河라가

後에 爲瀆盧國所破하야 遂移于金山居之라

勾茶國은 本艾蒜所産也니

艾는 煎服以治冷하고 蒜은 燒食以治魔也라.」

3. 桓國의 統治者 七世 桓仁

朝代記에 曰

▸富 부유할 부	▸且 또 차
▸庶 많을 서	▸焉 그러할 언
▸興 일으킬 흥	▸使 하여금 사
▸兵 싸움 병	▸皆 다 개
▸勤 부지런할 근	
▸飢 굶주릴 기	▸寒 찰 한
▸飢寒 : 배고픔과 추위	
▸傳 전할 전	▸赫 붉을 혁
▸胥 서로 서	▸利 이로울 리
▸朱 붉을 주	▸于 어조사 우
▸襄 도울 양	▸釋 풀 석
▸提 끌 제	▸邱 언덕 구
▸智 지혜 지	
▸檀 박달나무 단	
▸因 인할 인	

「昔에 有桓國하니 衆이 富且庶焉이라

初에 桓仁이 居于天山하사 得道長生하사 治身無病하시며

代天興化하사 使人無兵하시니

人皆力作以勤하야 自無飢寒也라

傳赫胥桓仁·古是利桓仁·朱于襄桓仁·釋提壬桓仁·

邱乙利桓仁하야 至智爲利桓仁하니 或曰檀因이라

傳七世하야 歷三千三百一年이오

或曰六萬三千一百八十二年이라.

桓國의 五訓과 倍達의 五事

▸訓 가르침 훈	▸謂 이를 위
▸誠 정성 성	▸僞 거짓 위
▸敬 공경 경	▸怠 게으를 태
▸順 쫓을 순	▸違 어길 위
▸廉 청렴할 렴	▸淫 음란할 음
▸謙 공손할 겸	▸鬪 싸움 투
▸穀 곡식 곡	▸命 명령 명
▸狗 개 구	▸刑 형벌 형
▸猪 돼지 저	▸病 질병 병
▸鷄 닭 계	

桓國에 有五訓하고 神市에 有五事하니

所謂五訓者는 一曰誠信不僞오 二曰敬勤不怠오

三曰孝順不違오 四曰廉義不淫이오 五曰謙和不鬪라

所謂五事者는 牛加主穀하며 馬加主命하며

狗加主刑하며 猪加主病하며 羊加一作鷄加主善惡이라.」

직구다국稷臼多國은 매구여국賣勾餘國이라고도 부르는데 옛날에는 오난하五難河에 있었으나, 후에 독로국에게 패하여 마침내 금산金山(알타이 산)*으로 옮겼다.

구다국은 본래 쑥과 마늘이 나는 곳이다. 쑥은 달여 먹어 냉冷을 치료하고, 마늘은 구워 먹어 마魔를 다스린다.

3. 환국의 통치자 7세 환인

『조대기朝代記』에 이렇게 기록되어 있다.

옛적에 환국이 있었다[昔有桓國]. 백성들은 풍요로웠고 인구도 많았다. 처음에 환인께서 천산에 머무시며 도를 깨쳐 장생하시니, 몸을 잘 다스려 병이 없으셨다. 하늘(삼신상제님)을 대행하여 널리 교화를 일으켜 사람들로 하여금 싸움이 없게 하셨다. 모두 부지런히 힘써 생산하여 굶주리고 추위에 떠는 일이 저절로 사라졌다.

(초대 안파견환인에서) 혁서赫胥환인, 고시리古是利환인, 주우양朱于襄환인, 석제임釋提壬환인, 구을리邱乙利환인을 이어 지위리智爲利환인 혹은 단인檀因에 이르렀다. 7세²⁾를 전하니, 역년이 3,301년 혹은 63,182년이다.

환국의 오훈과 배달의 오사

환국에 오훈五訓이 있고 배달에 오사五事가 있었다.

이른바 오훈이란,

첫째, 매사에 정성과 믿음으로 행하여 거짓이 없게 하고,
둘째, 공경하고 근면하여 게으름이 없게 하고,
셋째, 효도하고 순종하여 거역하지 말고,
넷째, 청렴하고 의를 지켜 음란하지 말고,
다섯째, 겸양하고 화평하게 지내어 싸움을 하지 말라는 것이다.

이른바 배달의 오사란,

우가牛加*는 곡식을 주관하고[主穀],
마가馬加는 왕명을 주관하고[主命],
구가狗加는 형벌을 주관하고[主刑],
저가猪加는 질병을 주관하고[主病],
양가羊加(혹은 계가鷄加)는 선악을 주관하는[主善惡] 것을 말한다.

*금산金山: 일명 금악산金岳山. 알타이 산으로 불리며 러시아(서시베리아)와 몽골, 카자흐스탄, 중국에 걸쳐 있는 2천 킬로미터가 넘는 산맥이다. 알타이Altay는 몽골어나 돌궐어에서 '황금'이란 뜻이다. 경주김씨의 시조인 김金알지에 대해서도 알에서 태어났기 때문에 '알지'라는 이름을 붙인 것이 아니라, '알타이'란 말을 한자로 '알지'라 표기한 것으로 보기도 한다.

환국오훈五訓	성신불위誠信不僞
	경근불태敬勤不怠
	효순불위孝順不違
	염의불음廉義不淫
	겸화불투謙和不鬪

배달오사五事	주곡主穀
	주명主命
	주형主刑
	주병主病
	주선악主善惡

*가加: 한韓·간干·한邯·금 수 등, 만몽계통어滿蒙系統語의 한汗·가한可汗 등과 같은 말로서 귀인貴人·대인大人을 일컫는 말이다. 본디 씨족이나 부족의 장長을 뜻한 말이었으나 국가 조직의 발달과 더불어 대관大官·장관長官의 직명職名으로 바뀌었다.

4. 桓의 뜻과 光明 信仰

桓國注에 曰

「桓者는 全一也며 光明也니 全一은 爲三神之智能이요

光明은 爲三神之實德이니 乃宇宙萬物之所先也니라.」

光明을 崇尙하고 日月을 敬拜한 神敎 信仰

朝代記에 曰

「古俗이 崇尙光明하야 以日爲神하고 以天爲祖하야

萬方之民이 信之不相疑하고 朝夕敬拜하야 以爲恒式하니라.

太陽者는 光明之所會요 三神之攸居니

人得光以作하며 而無爲自化라 하야 朝則齊登東山하야

拜日始生하고 夕則齊趨西川하야 拜月始生하니라.

三神의 大光明을 연 桓國

先是에 桓仁이 生而自知하사

化育五物하시며 敷演五訓하시며 主治五事하시니

五加와 衆이 皆勤苦어늘 使至善修行하사

開心光明하시며 作事吉祥하시며 住世快樂하시니라.

天子 意識의 起原

桓仁이 高御上上天하사 惟意懇切百途가 咸自和平이어시늘

時에 稱天帝化身而無敢叛者오

九桓之民이 咸率歸于一하니라.」

4. 환의 뜻과 광명 신앙

『환국주桓國注』에 이렇게 기록되어 있다.

환桓은 온전한 하나됨[全一]이며 **광명***이다.
온전한 하나 됨이란 삼신의 지혜와 권능이고,
광명은 삼신이 지닌 참된 덕성이니, 곧 우주 만물보다 앞선다.

※ **광명**光明: 태고 이래로 인간의 삶은 오직 이 대광명의 신성을 체험하고 생활화, 체질화 하는 데 있음을 잊지 말아야 할 것이다.

광명을 숭상하고 일월을 경배한 신교 신앙

『조대기朝代記』에 이렇게 기록되어 있다.

옛 풍속에 광명을 숭상하여 태양을 신으로 삼고, 하늘을 조상으로 삼았다. 만방의 백성이 이를 믿어 서로 의심하지 않았으며, 아침저녁으로 경배함을 일정한 의식으로 삼았다.

태양은 광명이 모인 곳으로 삼신께서 머무시는 곳이다. 그 광명을 얻어 세상 일을 하면 함이 없이 저절로 이루어진다 하여, 사람들은 아침이 되면 모두 함께 동산東山에 올라 갓 떠오르는 해를 향해 절하고, 저녁에는 모두 함께 서천西川*으로 달려가 갓 떠오르는 달을 향해 절하였다.

※ **동산**東山**과 서천**西川: 모두 고유명사(지명)일 수도 있고, 동쪽에 있는 산과 서쪽에 있는 강을 뜻할 수도 있다.

삼신의 대광명을 연 환국

이에 앞서 환인께서는 태어나면서 스스로 깨달은 분이시다. 오물五物을 기르고, 오훈을 널리 펴고, 오사를 주관하여 다스리셨다. 오가와 무리가 모두 부지런히 애쓰거늘, 수행을 통해 지극한 선에 이르게 하시고, 광명으로 지혜를 열게 하시며, 하는 일마다 상서롭게 하시며, 세상에서 유쾌하고 즐거이 살게 하셨다.

※ **오물**五物:
①행行(걸어다니는 동물), 저著(나는 조류), 화化(화생化生-알에서 나오는 생물), 유游(바닷속 어류), 재栽(식물).
②목木, 화火, 토土, 금金, 수水.

천자 의식의 기원

환인께서는 높고 높은 하늘[上上天] 나라에 임어해 계시며 오직 온 천하가 모두 저절로 화평해지기를 간절히 생각하시니, 이때에 백성이 환인을 **천제(천상 상제님)의 화신**이라 부르며 감히 거역하는 자가 없었고, 구환의 백성이 모두 하나가 되었다.

주註

1) 독로국瀆盧國(구다천국)

지금의 만주 대흥안령산맥 서쪽에 있었던 나라이다. 독로는 '텃물=텃내[城川]'란 뜻이다. 후에 『삼국지』「위지」〈동이전〉의 변진弁辰에 나오는 변한·진한 24국 중의 '독로국'과 어원이 같다. 또 같은 책 〈왜인전〉에 나오는 말로국末盧國은 독로국의 남쪽에 있었는데, '말로'는 앞내[南川]란 뜻으로 곧 '독로의 남쪽'이란 뜻이다(이유립, 『대배달민족사』「천天」, 565쪽).

위의 세 나라 사이에는 민족의 이동에 따른 어떤 연관성을 생각해 볼 수 있다. 12환국 중에 수밀이·양운·구다천국 등이 27세 두밀단군 원년에 조공을 바쳤다는 기록으로 보아 구다국(독로국)도 단군조선 시대까지 남아 있었을 것으로 추측된다. 그 후 단군조선이 무너지면서 변한·진한의 유민이 현재의 경상남도 지역으로 내려와 후삼한의 하나인 변한을 형성할 때, 만주에 있던 구다국의 일부도 합류하여 내려와 자기들이 살던 옛 나라 이름을 정착지에서 그대로 사용하게 되었고, 일부는 더 남하하여 바다를 건너가 일본 북큐슈 지방에 말로국을 세운 것으로 추정된다. 말로국은 읍루인이 모인 취락을 뜻한다(『태백일사』「대진국본기」).

부산시 금정구 노포동老圃洞의 가야 시대 고적군 발굴 작업을 벌인 부산대 박물관 팀에 의해 그 일대가 변한·진한 24국 중 '독로국'이 위치했던 지역임을 입증하는 유물들이 발굴된 것은 이와 같은 추정을 뒷받침한다.

변한·진한 24국 중 안라국安羅國(함안 지역), 구야국狗邪國(김해의 금관가야 지역)과 독로국은 2천여 호가 넘는 큰 성읍국가였다(〈조선일보〉, 1985. 12. 31). 부산대 발굴 팀은 이 지역을 독로국의 위치로 보는 근거로서, 고분 축조 시기가 3세기 후반으로 기록상 독로국 존재 시기와 일치한다는 점, 금은제金銀製 유물이 전혀 나오지 않은 점, 그리고 이 지역이 '독로'에서 음을 취한 '동래東萊'라는 지명을 가지고 있다는 점을 들었다. 이 독로국의 위치는 지금의 부산시 동래구 일대로 추정된다.

2) 환국의 일곱 분(7세) 환인과 일본 창세기의 족보

『일본서기日本書紀』와 『고사기古事記』에 일본 건국신화의 신이 7세(대)로 되어 있음은 매우 주목할 만한 사실이다. 『일본서기』 신대神代 상편에는 "天地中生一物 狀如葦牙, 便化爲神, 號國常立尊, 次國狹槌尊, 次豊斟渟尊 … 次有神, 埿土煮尊, 沙土煮尊, 次有神 大戶之道尊, 大苫邊尊, 次有神 面足尊, 惶根尊, 次有神 伊奘諾尊, 伊奘冉尊 … 自國常立尊, 伊奘諾尊, 洎伊奘冉尊. 是謂神世七代者矣."이라 기록되어 있다. 그런데 이러한 신세神世 7대가 처음 3대까지는 독화신獨化神이었다가 4대부터 비로소 음양의 남녀 신으로 되었다는 사실이 특이하다. 이것은 우리 한민족 고유의 음양오행의 상수象數철학에 영향을 받아 성립된 것이다.

이와 같이 일본 창세기의 신세 7대는 환국의 7세 환인과 유사성이 크다. 일본 역사는 우리 조상들이 건너가 세운 기록이기 때문에 일본의 창세기에서도 인류의 종주 민족인 한민족의 뿌리 역사가 당연히 그대로 반영되어 있는 것이다.

太白逸史 第三
神市本紀
신시본기

■ 「신시본기」는 환웅이 다스린 배달의 역사이다. 배달은, 환웅이 환국으로부터 종통의 상징인 천부天符, 인印을 받고 동방을 개척하여 백두산에 도읍하였다. 우리 민족을 '배달민족'이라 하듯, 배달은 한민족의 정체성을 말하는 대명사이다.

■ 초대 거발환환웅의 동방 문명 개척과 14세 치우천황의 서토 정벌의 역사가 신화의 윤색을 벗고 사실적으로 기술되어 있다.

■ 「환국본기桓國本紀」가 인류 창세 역사와 조화문명의 황금시절에 대한 기록이라면 「신시본기」는 인간의 정신과 문명을 열어 나간 교화문명 시대에 대한 기록이다.

이 편의 주요 술어

| 高矢禮 | 太昊伏羲 | 炎帝神農 | 蚩尤天皇 | 銅頭鐵額 | 風伯·雨師·雲師 | 東方人 夷 | 開天施教 |
| 고시례 | 태호복희 | 염제신농 | 치우천황 | 동두철액 | 풍백 우사 운사 | 동방사람 이 | 개천시교 |

| 開天·開人·開地 | 主祭天神 | 以立父權 | 天符印 | 七回祭神曆 | 以佺修戒 | 以仙設法 | 以倧建王 |
| 개천 개인 개지 | 주제천신 | 이입부권 | 천부인 | 칠회제신력 | 이전수계 | 이선설법 | 이종건왕 |

| 佺道·仙道·倧道 | 桓·檀·韓 | 八神祭 | 黃帝中經 | 三郎 | 天神·天王·天君·監群 | 九皇 |
| 전도 선도 종도 | 환 단 한 | 팔신제 | 황제중경 | 삼랑 | 천신 천왕 천군 감군 | 구황 |

신시 배달

동방 문화 개창과 치우천황의 서방 개척

환

알타이산맥

금악산(알타이 산)

환족의 동진 이동 경로

천산天山 산맥

천산

고비사막

타클라마칸 사막 (타림분지)

● ▲삼위산三危山
납림동굴(돈황)

삼황三皇　수인씨　（연대 미상）
　　　　　태호복희（BCE 3528~BCE 3413）
　　　　　염제신농（BCE 3218~BCE 3078）

　　　　　황제헌원（BCE 2692~BCE 2593）
　　　　　: 황제헌원은 삼황 또는 오제로
　　　　　　분류하기도 한다.

오제五帝　소호금천（BCE 2598~BCE 2514）
　　　　　전욱고양（BCE 2513~BCE 2436）
　　　　　제곡고신（BCE 2435~BCE 2365）
　　　　　요　　　（BCE 2357~BCE 2258）
　　　　　순　　　（BCE 2255~BCE 2208）

유망：염제신농의 8세 후손（BCE 2758~BCE 2688）

※중국에서 표기하는 삼황오제 연대는 『죽서기년』에 의거하여 산정한 것이므로 『환단고기』의 연대와 차이가 있다.

348 | 桓檀古記

桓雄天皇의 東方 文明 開創

1. 倍達 開創期의 取火法

震域留記의 神市紀에 云

「桓雄天皇이 見人居已完과 萬物各得其所하시고

乃使高矢禮로 專掌饋養之務하시니 是爲主穀이나

而時에 稼穡之道가 不備하고 又無火種爲憂라.

一日에 偶入深山하야 只看喬木荒落하야 但遺骨骸오

老幹枯枝가 交織亂叉라.

立住多時에 沈吟無語러니 忽然大風吹林하야 萬竅怒號하고

老幹相逼하야 擦起火光하니 閃閃爍爍하야 乍起旋消라

乃猛然惺悟曰 是哉是哉라 是乃取火之法也라 하고

歸取老槐枝하야 擦而爲火나 功猶不完일새

明日에 復至喬林處하야 徘徊尋思라가

忽然一個條紋虎가 咆哮躍來어늘

高矢氏가 大叱一聲하고 飛石猛打하니

誤中岩角하야 炳然生火라

乃大喜而歸하야 復擊石取火하니

從此하야 民得火食하고

鑄冶之術이 始興이오 而制作之功이 亦漸進矣러라.

- 震 동방 진 　域 지경 역
- 震域: 우리나라를 가리킴
- 留 장구할 류 　記 기록할 기
- 已 이미 이 　完 완전할 완
- 得 얻을 득 　專 오로지 전
- 掌 관장할 장 　饋 보낼 궤
- 養 기를 양 　務 힘쓸 무
- 穀 곡식 곡 　稼 심을 가
- 穡 거둘 색 　備 갖출 비
- 種 씨 종 　憂 근심할 우
- 偶 짝 우 　深 깊을 심
- 看 볼 간 　喬 높을 교
- 荒 거칠 황 　落 떨어질 락
- 但 다만 단 　遺 남길 유
- 骨 뼈 골 　骸 뼈 해
- 老 늙을 로 　幹 줄기 간
- 枯 마를 고 　枝 가지 지
- 交 엇걸릴 교 　織 짤 직
- 亂 어지러울 란
- 叉 엇갈릴 차 　沈 잠길 침
- 吟 읊을 음 　吹 불 취
- 竅 구멍 규 　怒 성낼 노
- 號 부르짖을 호
- 逼 핍박할 핍 　擦 비빌 찰
- 起 일어날 기 　閃 번쩍할 섬
- 爍 빛날 삭
- 閃閃爍爍: 번쩍번쩍 빛나는 모양
- 乍 잠깐 사
- 乍起: 잠깐 일어남
- 旋 빠를 선 　消 사라질 소
- 旋消: 잠깐 사이에 꺼짐
- 猛 사나울 맹
- 猛然: 홀연히, 문득
- 惺 깨달을 성 　悟 깨달을 오
- 猛然惺悟: 문득 깨닫다
- 槐 홰나무 괴 　猶 오히려 유
- 復 다시 부 　徘 배회할 배
- 徊 배회할 회 　尋 생각할 심
- 思 생각할 사 　個 낱 개
- 條 가지 조 　紋 무늬 문
- 咆 고함지를 포
- 哮 울부짖을 효
- 躍 뛸 약 　叱 꾸짖을 질
- 打 칠 타 　誤 그릇할 오
- 炳 밝을 병 　喜 기쁠 희
- 擊 칠 격 　從 좇을 종
- 鑄 쇠불릴 주 　術 기술 술
- 制 지을 제 　漸 차차 점

桓檀古記

환웅천황의 동방 문명 개창

1. 배달 개창기의 취화법

『진역유기震域留記』*「신시기神市紀」에 이렇게 기록되어 있다.

환웅천황께서 사람의 거처가 이미 완비되고 만물이 각기 제자리를 얻은 것을 보시고, 고시례高矢禮*로 하여금 음식과 양육[餽養]의 일을 전담하게 하셨다. 이분이 주곡主穀 벼슬을 맡았으나, 당시 씨 뿌리고 거두는 법이 갖추어지지 못하였고 또 불씨[火種]가 없어 걱정하였다.

어느 날 우연히 깊은 산에 들어갔다가 높고 큰 나무가 말라 황량하게 줄기를 드러내고 오래된 나무 줄기와 말라버린 가지가 서로 얽혀 어지러이 흩어져 있는 것을 보았다.

오랫동안 말없이 우두커니 서서 깊이 생각하는데 홀연 거센 바람이 숲 속에 불어닥치니, 땅 위의 온갖 구멍이 성내어 부르짖고[萬竅怒號]* 오래된 나무줄기가 서로 마찰하여 불꽃을 일으켰다. 불꽃은 번쩍번쩍 빛나며 잠깐 일더니 곧 꺼졌다. 이에 문득 깨닫고 말하기를, "이것이다! 이것이다! 이것이 바로 불을 얻는 방법이로다" 하고, 오래된 홰나무 가지를 가지고 집에 돌아와 나뭇가지를 마찰하여 불을 만들었다. 그러나 여전히 불을 일으키는 방법이 불편하였다.

다음날 다시 높고 큰 나무가 우거진 곳에 이르러 이리저리 배회하며 깊이 생각하는데, 홀연 줄무늬 호랑이 한 마리가 울부짖으며 달려들었다. 고시씨高矢氏가 크게 한 번 소리를 지르고 돌을 집어 힘껏 던졌으나 빗나가 바위 귀퉁이에 맞고 불이 번쩍 일어났다. 이에 몹시 기뻐하며 돌아와 다시금 돌을 부딪쳐서 불을 얻었다.

이로부터 백성이 음식을 불에 익혀 먹게 되었다. 쇠를 녹이고 단련하는 기술이 비로소 일어나기 시작하여 물건을 만드는 기술도 점차 나아지게 되었다.

* 『진역유기震域留記』: 고려 말 청평산인淸平山人 이명李茗이 저술한 책이다. 대진국(발해) 유민의 비장 사서 가운데 하나인 『조대기朝代記』를 저본으로 하고 원나라 승상 탈탈脫脫이 지은 『요사遼史』「지리지地理志」를 많이 참작하였다. 조선 숙종 때 북애北崖에게 발견되어 『규원사화』의 저본底本이 되었다. 『진역유기』는 환국, 배달, 단군조선, 북부여, 고구려 시대에 이르는 비사秘史를 한민족의 정통 도가道家 사관으로 기록한 책이다. 환인, 환웅, 단군 시대의 신교神敎의 정통 맥을 계승한 대표적인 도가 사서道家史書의 하나이다. 『규원사화』「단군기」에 "『진역유기』는 삼국 시대 이전의 고대사를 다룬 책으로 일연의 『삼국유사』와 크게 성격을 달리하며, 『삼국유사』보다 우수한 사서史書이다"라고 하였다.

* 고시례高矢禮: 초대 배달환웅 때의 주곡관主穀官으로 불[火]을 발견하고 농업을 주관[主穀]하였다. 그 후 고조선 시대에도 고시라는 분이 농사일을 주관하였다. 이후 들에서 농사짓고 산에서 나무하던 사람들이 음식을 먹을 때에는 항상 음식을 던지며 "고시레!" 또는 "고수레!"라고 하였다. 이것은 농사짓고 화식火食하는 법을 가르쳐 준 은혜를 잊지 못하여 형성된 풍습이 지금까지 면면히 전해 내려온 것이다.

* 만규노호萬竅怒號: 『장자莊子』「제물론齊物論」에 나오는 표현이다. 「제물론」에는 "萬竅怒呺"라고 하여 '호號'자가 '호呺' 자로 되어 있다. 모두 '부르짖다'의 뜻이다.

2. 太古 文字의 創始

桓雄天皇이 又復命神誌赫德하사 作書契하시니

蓋神誌氏가 世掌主命之職하야 專掌出納獻替之務나

而只憑喉舌이오 曾無文字記存之法이라.

一日에 出衆狩獵할새 忽見驚起一隻牝鹿하고

彎弓欲射라가 旋失其蹤이라.

乃四處搜探하야 遍過山野라가 至平沙處하야

始見足印亂鎖하니 向方自明이라.

乃俯首沈吟이라가 旋復猛惺曰記存之法이

惟如斯而已夫인저 惟如斯而已夫인저.

是日에 罷獵而歸하야

反復審思하고 廣察萬象하야

不多日에 悟得創成文字하니 是爲太古文字之始矣라.

但後世에 年代邈遠하야 而太古文字가 沒泯不存하니

抑亦其組成也가 猶有不便而然歟아.

亦嘗聞南海島郎河里之溪谷과 及鏡珀湖先春嶺과

與夫烏蘇里以外岩石之間에 時或有發見彫刻이나

非梵非篆이오 人莫能曉하니

此非神誌氏之所作古字歟아.

於是에 而更恨吾國之未振과 吾族之不强也로다.

2. 태고 문자의 창시

환웅천황께서 또 다시 신지神誌* 혁덕赫德에게 명하여 문자[書契]¹⁾를 만들게 하셨다. 신지씨神誌氏는 대대로 주명主命 직책을 관장하여 왕명을 출납하고 천황을 보좌하는 일을 전담하였으나, 다만 말에만 의지할 뿐 문자로 기록하여 보존하는 방법이 없었다.

어느 날 무리를 떠나 홀로 사냥할 때, 별안간 놀라서 달아나는 암사슴 한 마리를 보고 활을 당겨 맞추려다가 그만 그 자취를 잃어버렸다. 곧 사방을 수색하며 여기저기 산야를 다니다가 모래가 평평하게 펼쳐져 있는 곳에 이르러 발자국이 흩어져 있는 것을 보고 간 곳을 분명히 알 수 있었다.

이에 고개를 숙이고 골똘히 생각하다가 문득 깨닫고 말하기를, "기록하여 보존하는 방법은 오직 이와 같을 뿐이로다. 이와 같을 뿐이로다"라고 하였다.

이 날 사냥을 마치고 돌아와 골똘히 생각하며 온갖 사물의 형상을 널리 관찰하였다. 며칠이 지나지 않아 깨달음을 얻어 문자를 창제하니, 이것이 태고 문자의 시작이다.

다만 그 후로 너무 오랜 세월이 흘러 지금은 태고 문자가 사라져 남아 있지 않다. 아마도 그 구조가 쓰기에 불편한 점이 있어서 그렇게 된 듯하다.

일찍이 남해도 낭하리郎河里*의 계곡과 경박호鏡珀湖*· 선춘령先春嶺과 저 오소리烏蘇里* 등과 그 외 지역의 암석에 문자가 조각된 것이 간혹 발견되었다는 말을 들은 적이 있다. 그 문자는 범어梵語(산스크리트어)도 아니고, 전서篆書*도 아니어서 사람들이 쉽게 알아보지 못하였다. 아마 이것이 신지씨가 만든 옛 문자가 아니겠는가.

그럼에도 불구하고 우리나라가 국세를 떨치지 못하고 우리 민족이 강성하지 못한 것이 더욱 한스럽다.

---

*신지神誌: 왕명을 주관[主命]하는 관명으로서 대대로 사관史官의 직책을 맡았다. 신지 혁덕이 문자(녹도문)를 처음 만들었는데, 초대 환웅천황의 명에 따라 이 문자로『천부경』과『삼일신고』두 경전을 기록하였다.

*낭하리郎河里: 지금의 행정 구역명은 경상남도 남해군 상주면 양아리良阿里이다.

*경박호: 지금의 흑룡강성 영안현寧安縣 서남쪽에 있다.

*오소리: 만주 우수리강을 말한다.

*전서篆書: 한자 서체(전서篆書, 예서隸書, 해서楷書, 행서行書, 초서草書)의 하나로 대전大篆과 소전小篆이 있다. 대전은 주나라 선왕宣王 때에, 태사太史이던 주籒가 창작한 한자의 자체字體로, 주의 이름을 따 주문籒文이라고도 하며 소전小篆의 전신이다. 소전은 진시황 때 이사가 대전을 간략하게 변형하여 만든 것으로, 조선 시대에는 시험 과목에 넣기도 하였다.

3. 倍達族의 文明化 過程과 東夷 名稱의 由來

初代 風伯, 雨師, 雲師의 使命과 功力

桓雄天皇이 使風伯釋提羅로 雖除鳥獸蟲魚之害시나

而人民이 猶在洞窟土穴之中하야

下濕外風之氣가 逼人成疾하고

且禽獸蟲魚之屬이 一經窘逐하야

漸自退避藏匿하야 不便於屠殺供饋라.

於是에 使雨師王錦으로 營造人居하야

主致牛馬狗豚雕虎之獸하야 而牧畜利用하시며

使雲師陸若飛로 定男女婚娶之法焉하시고

而治尤는 則世掌兵馬盜賊之職焉하시니라.

蚩尤天皇의 威武와 東夷 名稱의 由來

自此로 治尤·高矢·神誌之苗裔가 繁衍最盛하고

及至治尤天王이 登極하사 造九冶以採銅鐵하시고

鍊鐵以作刀戟大弩하사 而狩獵征戰에 賴以爲神하시니

遠外諸族이 甚畏大弓之威하야 聞風膽寒者가 久矣라.

故로 彼謂我族爲夸하니

說文所謂夸는 从大从弓하야 爲東方人者가 是也라.

乃至孔丘氏가 春秋之作하야

而夸之名이 遂與戎狄으로 並爲腥臊之稱하니 惜哉로다.」

3. 배달족의 문명화 과정과 동이 명칭의 유래

초대 풍백, 우사, 운사의 사명과 공력

환웅천황께서 **풍백**風伯* 석제라釋提羅를 시켜 비록 새, 짐승, 벌레, 물고기의 해는 없애게 하셨으나, 그래도 사람들은 아직 동굴과 움집 속에서 거처하였다. 땅의 습기와 바깥바람의 기운이 사람에게 침범하여 질병을 일으키고, 또 금수와 벌레와 물고기 무리가 한번 쫓겨난 뒤로 점차 인간을 피해 숨어버려 잡아먹기가 용이하지 않았다.

그리하여 우사雨師 왕금王錦을 시켜 사람이 살 집을 짓고, 소와 말, 개, 돼지, 독수리, 호랑이 같은 짐승을 잡아 길러서 이용하게 하셨다.

운사雲師 육약비陸若飛를 시켜 '남녀가 혼인하는 법'을 정하게 하시고, 치우治尤로 하여금 대대로 '병마와 도적을 잡는 직책'을 관장하게 하셨다.

치우천황의 위무와 동이 명칭의 유래

이때부터 치우, 고시, 신지의 후손이 가장 번성하였다.

치우(14세 환웅)천황이 등극하여 구치九治(채광 기계)를 만들어서 구리와 철을 캐시고, 철을 단련하여 칼과 창과 큰 **쇠뇌**[大弩]*를 만들게 하셨다. 사냥을 가거나 전쟁을 할 때 이것에 신처럼 의지하니, 주위 모든 부족이 대궁大弓의 위력을 몹시 두려워하여 소문만 듣고도 간담이 서늘해진 지 오래다.

그리하여 저들이 우리 민족을 '이夷'²⁾라 불렀다. **『설문해자**說文解字』*에 이른바 "이夷는 '큰 대大' 자와 '활 궁弓' 자를 합한 자(夷=大+弓)로 '**동방 사람**[東方人]'을 뜻한다"라는 것이 이것이다. 그러나 공자가 『춘추春秋』³⁾를 지을 때 이夷라는 명칭을 융적戎狄과 함께 오랑캐의 칭호로 썼으니 참으로 애석한 일이다.

---

* **풍백**風伯·**우사**雨師·**운사**雲師: 이 셋을 삼한三韓이라고도 한다. 이것은 배달국 신시 시대에 신교의 삼신 신앙을 바탕으로 한 국가 통치제도의 기본 조직으로 입법관, 행정관, 사법관을 말한다. 풍백은 입약立約, 우사는 시정施政, 운사는 행형行刑을 맡았는데 이것이 3백伯에 해당한다. 또 계획-조직-통제로 파악하거나, 조화-교화-치화의 3화化로 볼 수 있다. 이것은 천지인天地人 3신神에서 나온 것이다(이강식, 『한국고대조직사상사』, 280-281쪽). 이 신시 시대의 조직은 그 후 단군조선 시대에 내려와서 삼신의 우주관인 천일, 지일, 태일의 정신을 기초로 하여 진한, 번한, 마한의 '삼한관경제'와 '삼경 제도'로 발전되었다.

* **쇠뇌**[大弩]: 여러 개의 화살을 잇달아 쏘는 활의 한 종류.

* 『**설문해자**說文解字』: 중국 문자학文字學에서 가장 획기적이며 체계적인 책으로 후한後漢 시대 허신許愼이 지었다. 한자 자전字典의 원조이다. 자형字形의 구조 분석에는 육서六書(象形, 指事, 會意, 形聲, 轉注, 假借)의 원리를 이용하였다. 『설문해자』에 "이夷는 평안함이다. 큰 대 자와 활 궁 자를 합한 자로 동방 사람이다[夷: 平也, 从大从弓, 東方之人也.]"라고 하였다.

4. 移住族인 熊族의 定着과 桓族으로의 歸化

三聖密記에 曰「桓國之末에 有難治之强族하야 患之러니
桓雄이 爲邦에 乃以三神設敎하시고
而聚衆作誓하사 密有剪除之志하시니라.

桓族과 熊族의 聯合

時에 族號不一하야 俗尙漸歧하니
原住者는 爲虎오 新移者는 爲熊이라.
然이나 虎性은 嗜貪殘忍하야 專事掠奪하고
熊性은 愚愎自恃하야 不肯和調하니
雖居同穴이나 久益疎遠하야 未嘗假貸하며
不通婚嫁하며 事每多不服하야 咸未有一其途也러라.
至是하야 熊女君이 聞桓雄有神德하고
乃率衆往見曰 願賜一穴廛하사 一爲神戒之氓하노이다 하거늘
雄이 乃許之하시고 使之奠接하사 生子有産하시고
虎는 終不能悛하야 放之四海하시니 桓族之興이 始此하니라.」

5. 初代 居發桓(倍達) 桓雄의 東方 文明 開拓

朝代記에 曰「時에 人多産之하야 憂其生道之無方也러니
庶子之部에 有大人桓雄者가 探聽輿情하시고
期欲天降하사 開一光明世界于地上하실새

4. 이주족인 웅족의 정착과 환족으로의 귀화

『삼성밀기三聖密記』에 이렇게 기록되어 있다.

환국 말기에 다스리기 어려운 강한 족속[强族]이 있어 이를 근심하던 차에 환웅께서 나라를 다스림에 삼신의 도로써 가르침을 베푸시고 [以三神設教], 백성을 모아 맹세하게 하시니, 이때부터 은밀히 그 강족을 제거하려는 뜻을 두셨다.

환족과 웅족의 연합

당시 부족 호칭이 통일되지 않고 풍속은 점점 갈라졌다. 원주민은 호족虎族이고, 새로 이주해 온 백성은 웅족熊族*4)이었다. 호족은 성품이 탐욕스럽고 잔인하여 오직 약탈을 일삼았고, 웅족은 성품이 고집스럽고 우둔하여 서로 잘 어울리지 못하였다. 두 부족이 비록 한 고을에 살았으나 시간이 지날수록 더욱 소원해져서 서로 물건을 빌리거나 빌려 주지 않았고 혼인도 하지 않았으며, 매사에 서로 승복하지 않아, 한 길을 같이 간 적이 없었다.

이러한 지경에 이르자 웅족 여왕[熊女君]이, 환웅천황께서 신령한 덕이 있으시다는 소문을 듣고 무리를 거느리고 찾아와 천황을 뵙고 "원컨대 살 터전을 내려 주시어 저희도 한결같이 삼신의 계율을 지키는 신시의 백성이 되게 해 주옵소서"라고 간청하였다. 환웅천황께서 이를 허락하시고 살 곳을 정해주시어 자식을 낳고 살게 하셨다. 그러나 호족은 끝내 성질을 고치지 못하므로 사해四海 밖으로 추방하시니, 환족의 흥성이 이때부터 시작되었다.

5. 초대 거발환(배달) 환웅의 동방 문명 개척

『조대기朝代記』에 이렇게 기록되어 있다.

당시 사람은 많고 물자는 적어 살아갈 방법이 없음을 걱정하였더니, 서자부[庶子之部]*의 대인 환웅이 민정을 두루 살펴 듣고 천계에서 내려와 지상에 광명 세상을 열고자 하셨다.

✻ **웅족熊族**: 김성호는 한반도에 분포한 웅계熊系 지명을 60여 개 들었는데, 그와 같은 지명이 많이 보이는 것은 우리 민족이 검(곰)을 토템으로 했음을 뜻한다(김성호, 『비류백제와 일본의 국가기원』). 또 일본 큐슈九州는 본래 곰이 서식하지 않는 아열대 지방인데도 그곳에 웅熊 자 명칭이 많은 것은 이 지역이 배달국 환웅 시대의 웅녀족 또는 검족과 관계가 있음을 뚜렷이 방증하는 것이다. 큐슈 지방에 보이는 '구마모토熊本·구마시로熊城·구마노熊野·구마타熊田·구마가와熊川·구마久萬·구마畏·구마苦磨·구마球磨·구마노쇼畏庄·구마아가타熊縣·구마가야熊谷·구마마치熊町·구마노타이熊之平' 등은 모두 '곰, 검과 비슷한 음인 '구마'로 일관되어 있다(송호수, 『한민족의 뿌리사상』, 34쪽).

✻ **서자庶子**: 부족의 이름이다.

時에 安巴堅이 遍視金岳·三危·太白하시고
而太白은 可以弘益人間이라 하야 乃命雄曰
如今에 人物이 業已造完矣니 君은 勿惜勞苦하고 率衆人하야
躬自降徙下界하야 開天施敎하고
主祭天神하야 以立父權하며
扶携平和歸一하야 以立師道하며
在世理化하야 爲子孫萬世之洪範也어다.
乃授天符印三個하사 遣徃理之하신대 雄이 率徒三千하사
初降于太白山神壇樹下하시니 謂之神市라
將風伯·雨師·雲師하시고 而主穀하시며 主命하시며 主刑하시며
主病하시며 主善惡하시며 凡主人間三百六十餘事하사
在世理化하사 弘益人間하시니 是謂桓雄天王也시니라.

熊族이 神敎 文化의 光明 精神으로 敎化됨

時에 有一熊一虎가 同隣而居러니 常祈于神壇樹하고
而又請於桓雄하야 願化爲天戒之氓이어늘
雄이 乃以神呪로 換骨移神하시고 又以神遺로 得驗靈活하시니
乃其艾一炷와 蒜二十枚也라.
仍戒之曰爾輩食之하라 不見日光百日이라야 自由成眞하고
平等濟物하야 便得化人踐形之大人者也니라.
熊與虎兩家가 皆得而食之하고 忌三七日하야 務自修鍊이러니
而熊은 耐飢寒痛苦하야 遵天戒하고 守雄約하야
而得健者之女容하고

이때 **안파견*** 환인께서 금악산金岳山*과 삼위산三危山과 **태백산**太白山을 두루 살펴보시고, "태백산은 가히 널리 인간을 이롭게 할 수 있는 곳이로다"라고 하셨다. 이에 환웅에게 명하여 말씀하시기를, "이제 인간과 만물이 제자리를 잡았으니, 그대는 노고를 아끼지 말고 무리를 거느리고 몸소 하계에 내려가 새 시대를 열어[開天] 가르침을 베풀고, 천신에게 제사를 지내 부권父權을 세우라. 노인은 부축하고 어린이는 이끌어 평화롭게 하나 되게 하여 사도師道를 세우고 세상을 신교의 진리로 다스려 깨우쳐서[在世理化] 자손만대의 홍범으로 삼을지어다." 하셨다.

그리고 환웅에게 천부天符와 인印 세 개를 주시고 세상에 보내어 다스리게 하셨다. 환웅께서 **무리 3,000***명을 거느리고 처음으로 태백산 신단수 아래에 내려오시니, 이곳을 신시神市라 한다.

또한 **풍백·우사·운사**를 거느리시고, (오가五加에게) 농사·왕명·형벌·질병·선악을 주장하게 하시고, 인간의 360여 가지 일[5]을 주관하여 신교神敎의 진리로써 정치와 교화를 베풀어 인간을 널리 이롭게 하시니, 이분이 바로 환웅천황이시다.

웅족이 신교 문화의 광명 정신으로 교화됨

이때 **웅족과 호족**[一熊一虎]이 이웃하여 살았다. 항상 신단수에 와서 기도하며 환웅께 "하늘의 계율을 지키는 신시의 백성이 되기를 원하옵니다" 하고 간청하였다. 환웅께서 **신령한 주문**[神呪][6]으로 체질을 개선시켜 신명을 통하게 하셨다. 또 삼신이 내려 주신 물건으로 신령한 삶을 얻게 하시니, 바로 쑥 한 묶음과 마늘 스무 매였다.

그리고 경계하여 말씀하시기를 "너희들은 이것을 먹을지어다. 100일 동안 햇빛을 보지 말고 기도하라. 그리하여야 스스로 참을 이루고 만물을 고르게 구제하며, 진정한 사람다운 인격을 갖춘 대인이 되리라" 하셨다.

웅족과 호족 양가는 이것을 먹고 **삼칠일**(21일) 동안 삼가며 스스로 수련에 힘썼다. 웅족은 굶주림과 추위와 고통을 참으며 **하늘의 계율을 준수**하고, 환웅과 한 언약을 지켜서 건강한 '여자의 모습'을 얻었으나, 호족은 거짓과 태만으로 하늘의 계율을 어겨 끝내 천업天業을 함께 이루지 못하였다. 이것은 두 부족의 천성이 서로 다르기 때문이었다.

---

* **안파견**: '아버지의 대명사'로 여기서는 7세 지위리환인을 말한다.

* **금악산**: 알타이 산이다. 삼위산은 감숙성 돈황현에 있다. 태백산은 백두산을 말한다.

※ **재세이화**: 세상을 삼신 상제님의 신교 진리로 다스려 깨우치는 것을 말한다.

* **무리 3,000**: 이유립은 무리 3,000을 제세핵랑군濟世核郞軍이라 하였고, 문정창은 문명개척군단으로 규정하였다(문정창, 『단군조선사 연구』). 여기서 3수는 중요한 의미를 담고 있다. 신교의 오행 철학의 교본으로서 천지의 음양 운동과 창조 원리를 자연수 원리로 제시하는 천부경과 하도河圖 낙서洛書의 상수象數 원리로 살펴보면, 3수는 '큰 3수'로서, '동방東方 3·8목木[3(陽木), 8(陰木)]'의 '3'이다. 3수는 창조, 개창, 시작을 의미한다. 즉 3은 역사의 첫 출발을 나타내는 동방의 창조수[生數]이다. 『삼성기』 상에서는 인류문명사가 백두산과 흑룡강 사이에서 동남동녀 800명으로 시작되었다고 하였는데 역시 같은 맥락에서 보아야 한다.

虎則誣慢不能忌하야 違天戒而終不得與之贊天業하니
是는 二姓之不相若也라.

熊氏諸女가 自執愚强而無與之爲歸故로
每於壇樹下에 群聚以呪願하야 有孕有帳이어늘
雄이 乃假化爲桓하사 得管境而使與之婚하사
孕生子女하시니 自是로 群女群男이 漸得就倫하니라.

古朝鮮 時代의 統治 領域

其後에 有號曰檀君王儉이 立都阿斯達하시니 今松花江也라
始稱國하야 爲朝鮮하니 三韓·高離·尸羅·高禮·
南北沃沮·東北夫餘·濊與貊이 皆其管境也니라.」

6. 神敎의 祭祀 文化와 册曆의 起源
   : 七回祭神曆

神市之世에 有七回祭神之曆하니
一回日에 祭天神하고 二回日에 祭月神하고
三回日에 祭水神하고 四回日에 祭火神하고
五回日에 祭木神하고 六回日에 祭金神하고
七回日에 祭土神하니 蓋造曆이 始於此라.
然이나 舊用癸亥라가 而檀君邱乙이 始用甲子하시고
以十月로 爲上月하시니 是謂歲首오
六癸는 自神市氏로 命神誌所製오 而以癸爲首하니
癸는 啓也오 亥는 核也니 日出之根이라.

웅씨족 여성들은 고집이 세고 어리석음이 지나쳐서 이들과 혼인하려는 사람이 없었다. 그래서 매양 신단수 아래에 함께 모여 주문을 읽으며 아기를 가져 환웅의 백성이 되기를 기원하였다. 환웅께서 임시로 이들을 환족 백성으로 귀화시켜 살 곳을 주시고[得管境]* 환족 남자와 혼인하게 하여 자녀를 낳게 하시니, 이로부터 모든 남녀가 점차 인륜의 도를 얻게 되었다.

✱ **득관경**得管境: 여기서 관경管境은 영토를 관할한다는 뜻이 아니라 웅씨족 여자들이 사는 곳, 마을을 뜻하는 것으로 보인다. 따라서 득관경得管境은 살 곳을 얻었다는 뜻으로, 환웅께서 살 곳을 주셨다는 의미이다.

고조선 시대의 통치 영역

그 후 단군왕검이라 불리는 분이 아사달에 도읍을 세우시니 지금의 송화강이다. 이때 비로소 나라 이름을 조선이라 칭하시니 삼한三韓, 고리高離, 시라尸羅, 고례高禮, 남·북옥저, 동·북부여, 예濊와 맥貊[7]이 모두 그 관할 영토[8]였다.

고조선 영역에서 일어난 열국

6. 신교의 제사 문화와 책력의 기원
   : 칠회제신력

신시 시대에 칠회제신력七回祭神曆이 있었다. 첫째 날에 천신(삼신상제님)께, 둘째 날에 월신月神께, 셋째 날에 수신水神께, 넷째 날에 화신火神께, 다섯째 날에 목신木神께, 여섯째 날에 금신金神께, 일곱째 날에 토신土神께 제사 지냈다. **책력**✱을 짓는 방법이 여기에서 비롯하였다.

그러나 예전에는 계해를 쓰다가, (5세) 구을단군께서 처음으로 갑자를 쓰시고 10월을 상달[上月][9]로 삼으시니 이것이 한 해의 처음[歲首]이 되었다. 6계六癸는 신시(배달) 환웅[神市氏]께서 신지神誌에게 명하여 지은 것으로 그때부터 계癸로써 첫머리를 삼았다. 계癸는 계啓의 뜻이며, 해亥는 핵核(씨, 종자)의 뜻이니 '해가 뜨는 뿌리[日出之根]'✱라는 말이다.

✱ **책력**: 중국학자 쉬량즈徐亮之는 『중국사전사화中國史前史話』에서 "중국의 역법은 동이로부터 시작되었다[中國曆法始於東夷.]"라고 하였다.

✱ **계啓**: 열다, 일깨우다, 인도하다.

✱ **일출지근**日出之根: 육십갑자에서 맨 끝인 계해癸亥년부터 다음 회 육십갑자년의 천지 기운이 태동하기 시작한다는 말이다. 해亥가 뿌리가 되는 근본 이유는 북방의 해·자·축亥子丑 가운데 해수亥水에서 동방 삼목三木의 기운이 동動하기 때문이다.

蘇 깨어날 소	羅 그물 라
伊 저 이	剛 굳셀 강
仲 버금 중	林 수풀 림
弋 주살 익	烈 세찰 렬
遂 드디어 수	樹 나무 수
强 굳셀 강	振 떨칠 진
流 흐를 류	離 떠날 리
曉 새벽 효	良 어질 량
特 특별할 특	密 빽빽할 밀
飛 날 비	頓 조아릴 돈
隆 클 륭	順 순할 순
鳴 울 명	條 가지 조
肇 비롯할 조	降 내릴 강
蹊 좁은 길 혜	逕 좁은 길 경
澤 못 택	舟 배 주
梁 다리 량	禽 날짐승 금
獸 짐승 수	隊 떼 대
依 기댈 의	羈 굴레 기
遊 놀 유	
烏鵲: 까마귀와 까치	
巢 둥우리 소	
攀 붙잡고 오를 반	援 끌 원
攀援: 기어 올라감	
闚 엿볼 규(=窺)	
飢 주릴 기	渴 목마를 갈
飮 마실 음	耕 밭갈 경
隨 따를 수	便 편할 편
鎭 누를 진	顚 꼭대기 전
鎭鎭: 만족스러운 모양	
顚顚: 전일專一한 모습	
含 머금을 함	哺 먹을 포
熙 기뻐할 희(=嬉)	
鼓 북 고	腹 배 복
含哺鼓腹: 잔뜩 먹고 배를 두드린다는 뜻	
息 쉴 식	澤 은혜 택
洽 윤택할 흡	窘 군색할 군
繁 번성할 번	素 질박할 소
樸 질박할 박	漸 점점 점
蹩 절름발이 별	
躄 앉은뱅이 벽	
踶 힘쓸 지	跂 힘쓸 기
蹩躄踶跂: 심력心力을 기울여 애써 노력함	
勞 수고할 로	
孜 부지런할 자	
勞勞孜孜: 부지런히 힘씀	
慮 근심 려	畝 이랑 무
漁 고기잡을 어	
免 면할 면	乏 가난할 핍

十天干과 十二地支의 本來 뜻

故로 癸爲蘇羅오 甲爲淸且伊오 乙爲赤剛이오

丙爲仲林이오 丁爲海弋이오 戊爲中黃이오

己爲烈好遂오 庚爲林樹오 辛爲强振이오 壬爲流不地며

亥爲支于離오 子爲曉陽이오 丑爲加多오 寅爲萬良이오

卯爲新特白이오 辰爲密多오 巳爲飛頓이오 午爲隆飛오

未爲順方이오 申爲鳴條오 酉爲雲頭오 戌爲皆福이라.

7. 人類 戰爭의 始初

神市肇降之世에 山無蹊逕하고 澤無舟梁하며

禽獸成羣하고 草木遂長하야 處與禽獸羣하며

族與萬物幷하야 禽獸之隊를 可依羈而遊하며

烏鵲之巢를 可攀援而闚라 飢食渴飮에 時用其血肉하며

織衣耕食에 隨便自在하니 是謂至德之世라.

民居不知所爲하며 行不知所之하야 其行鎭鎭하며

其視顚顚하야 含哺而熙하며 鼓腹而遊하며 日出而起하며

日入而息하나니 盖天澤洽化而不知窘乏者也라.

降及後世하야 民物益繁하며 素樸漸離하야

蹩躄踶跂하며 勞勞孜孜하야도 始以生計爲慮라

於是에 耕者爭畝하며 漁者爭區하야

非爭而得之則將不免窘乏矣라.

10천간과 12지지의 본래 뜻

그러므로 계癸는 소라蘇羅요, 갑甲은 청차이淸且伊, 을乙은 적강赤剛, 병丙은 중림仲林, 정丁은 해익海弋, 무戊는 중황中黃, 기己는 열호수烈好遂, 경庚은 임수林樹, 신辛은 강진强振, 임壬은 유불지流不地이다.

또 해亥는 지우리支于離요, 자子는 효양曉陽, 축丑은 가다加多, 인寅은 만량萬良, 묘卯는 신특백新特白, 진辰은 밀다密多, 사巳는 비돈飛頓, 오午는 융비隆飛, 미未는 순방順方, 신申은 명조鳴條, 유酉는 운두雲頭, 술戌은 개복皆福이다.※

7. 인류 전쟁의 시초

신시 환웅께서 처음 세상에 내려오셨을 때, 산에는 길이 없고 못에는 배와 다리가 없었으며, 금수는 무리를 이루고 초목이 무성하였다. 사람이 금수와 더불어 함께 살았고, 만물과 어우러져 같이 살았다. 짐승 떼에 굴레를 씌워 놀고 까마귀와 까치의 둥지에 기어 올라가서 살펴보았다. 배고프면 먹고 목마르면 마시며, 때로 짐승의 피와 고기를 이용하였다. 옷을 짓고 농사지어 먹으며 편한 대로 자유롭게 사니, 이때를 '지극한 덕이 베풀어지는 세상[至德之世]'이라 일렀다.

백성이 살면서도 할 일을 모르고, 다니면서도 갈 곳을 모르며, 행동은 느리고 만족하며, 보는 것은 소박하고 무심하였다. 오직 배불리 먹고 기뻐하며, 배를 두드리고 놀았다. 해 뜨면 일어나 일하고 해 지면 쉬니, 하늘의 은택이 넘쳐흘러 궁핍을 알지 못하는 시대였다.

후세로 내려오면서 만물과 백성이 더욱 번성하자 소박한 기풍은 점점 사라지고, 열심히 노력하며 수고로이 일하지 않으면 살기가 어렵게 되어 비로소 생계를 걱정하게 되었다.

그리하여 농사짓는 자는 이랑을 두고 다투고 고기잡는 자는 구역을 두고 다투어, 싸워서 얻지 않으면 궁핍을 면할 수 없었다.

※**십천간十天干과 십이지지十二地支**: 십천간과 십이지지는 하늘·땅·인간의 생성 변화 원리를 음양으로 전개시킨 것으로, 줄여서 간지干支라 한다.

우주 만유는 모두 음양의 변화이고, 구체적으로는 사상四象으로 전개된다. 이 사상에 토土 자리를 합하여 오행五行이라 하는데, 오행은 다섯 개의 기운이 오고 간다는 말이다. 우주를 잡아 돌리는 다섯 가지의 기본 요소인 오행을 하늘에서는 오운五運이라 하고, 땅에서는 육기六氣라 한다. 이 오운육기가 더욱 분화된 것이 십천간 갑을병정무기경신임계甲乙丙丁戊己庚辛壬癸와 십이지지 자축인묘진사오미신유술해子丑寅卯辰巳午未申酉戌亥이다.

천간과 지지, 즉 간지론은 동양 음양론의 기본이다. 건곤천지와 감리일월이 만물을 낳고 기르는 이치가 모두 간지론을 근원으로 한다. 이 간지론과 더불어, 천하天河에서 태호복희씨가 삼신상제님으로부터 받아내린 '하도河圖', 하나라의 개국자인 우임금이 9년 홍수를 다스릴 때 받아내린 '낙서洛書', 그리고 하도를 근거로 복희씨가 처음 그린 '팔괘', 이 팔괘에 근거하여 이루어진 주역의 '64괘' 등이 동양 음양문화의 진리의 기본 틀을 이룬다.

人類의 戰爭은 하늘의 뜻인가?

如是以後에 弓弩作而鳥獸遁하며 網罟設而魚鰕藏하고

乃至刀戟甲兵으로 爾我相攻하야

磨牙流血하며 肝腦塗地하니 此亦天意固然이오

於是乎知戰爭之不可免也라.

桓族의 西方 領土 開拓

今夫究其源則盖一源之祖也라.

然이나 地旣分東西하야 各據一方하야

土境逈殊하고 人煙不通하야 民知有我而不識有他故로

狩獵採伐之外에 曾無險陂라.

降至數千載之後하야 而世局已變하니

仲國者는 西土之寶庫也라.

沃野千里에 風氣恢暢하고 我桓族之分遷該域者가

垂涎而轉進하며 土着之民이 亦湊集而萃會於是焉이라

黨同讐異하야 干戈胥動하니 此實萬古爭戰之始也니라.

8. 五世 太虞儀桓雄의 막내아들, 太昊伏羲

自桓雄天皇으로 五傳而有太虞儀桓雄하시니

敎人에 必使黙念淸心하사 調息保精하시니

是乃長生久視之術也라.

인류의 전쟁은 하늘의 뜻인가?

그 후에 활과 쇠뇌가 만들어지자 새와 짐승이 숨고, 그물이 펼쳐지자 물고기가 숨어 버렸다. 심지어 창칼과 갑옷으로 무장하고 서로 공격하여 이를 갈며 피를 뿌리고, 간과 뇌가 땅에 쏟아지니, 이 또한 하늘의 뜻이 (선천의 상극질서로*) 본래 그러했기 때문[天意固然]10)이다. 이러한 상황에 이르자 전쟁을 면할 수 없음을 알게 되었다.

환족의 서방 영토 개척

지금 인류의 근원을 상고해 보면 모두 **한 뿌리의 조상**[一源之祖]*이다. 그러나 땅덩어리가 동서로 나뉘면서 각기 한 곳에 웅거하고 지역의 경계가 아주 단절되어 사람이 서로 왕래하지 않았다. 그리하여 사람들은 자신이 있는 것만 알고 다른 사람이 있는 것을 알지 못하였다. 그러므로 수렵하고 나무를 채벌하는 외에 다른 험난한 일이 없었다.

수천 년이 지나고, 세상 판도가 이미 변하자 **중국**[仲國]*은 당시 **서쪽 땅**[西土]*의 보고寶庫였다. 기름진 땅이 천 리요, 기후가 좋아 우리 환족이 그 땅에 이주할 때 앞을 다투어 나아갔고, 토착민도 몰려들어 그곳에 모여 살았다. 자기 편이면 돕고, 뜻을 달리하면 원수처럼 여겨 싸움이 일어났으니, 이것이 바로 **만고 전쟁의 시초***이다.

8. 5세 태우의환웅의 막내아들, 태호복희

환웅천황으로부터 5세를 전하여 태우의太虞儀환웅이 계셨다. 사람들을 가르치실 때, 반드시 생각을 고요히 가라앉혀 마음을 깨끗하게 하고, 호흡을 고르게 하여 정기를 잘 기르게 하셨으니, 이것이 바로 **장생의 법방**이다.

---

* **선천의 상극질서**: 선천 세계는 대자연의 생명계가 서로 경쟁하고, 죽이는 상극의 법칙이 지배해왔다. 생명계의 온갖 갈등과 대립이 빚어지는 근원적인 이유는 선천 우주의 상극질서 때문이다. 이로인해 온 세상에 원한이 축적되고 증폭되어 자연의 천재지변, 인간의 고통과 불행, 사회의 재앙과 전쟁이 일어날 수밖에 없다. 이러한 상극의 자연 법칙은 만물의 탄생과 발전, 진화 법칙이기도 하다.

* 지금의 인류는 본래 한 조상에서 오행五行의 신령스러운 천지 기운[靈氣]을 받아 오색 인종으로 분화되어 온 것이다.

* **중국**仲國: 여기서 '가운데 중中'이 아니라 '버금 중仲' 자로 쓴 것은 당시의 사대 모화 사상을 비판하고 민족적 자존심을 살리려는 의도로 보인다.

* **서토**西土: 배달 시대 당시에는 중국, 중화라는 이름조차 없었다. 단지 동방 배달의 제후가 맡아 다스리는 서쪽 땅이 있었을 뿐이다.

* 우주변화의 원리에서 보면 우주 일년은 선천先天과 후천後天 시대로 구분된다. 선천의 천지 질서는 상극相克이요, 후천은 상생相生의 질서가 주장主掌한다. 문명사에서 볼 때, 상극으로 인해 지상 인간의 전쟁이 처음 시작되었다. 다시 말하면 상극 질서가 문명 속에서 펼쳐지면서 모순과 갈등이 발생하고 이것이 쌓여 전쟁이 일어나는데, 전쟁은 새 기운을 여는 계기가 되기도 한다.

三神의 聖靈을 받고 宇宙 三界를 通한 太昊伏羲

有子十二人하니 長曰多儀發桓雄이시오

季曰太皞시니 復號伏羲시라

日에 夢三神이 降靈于身하사 萬理洞徹하시고

仍住三神山하사 祭天이라가 得卦圖於天河하시니

其劃이 三絶三連이오

換位推理에 妙合三極하야 變化無窮하니라.

密記에 曰「伏羲는 出自神市하사 世襲雨師之職하시고

後에 經靑邱樂浪하사 遂徙于陳하시니 並與燧人有巢로

立號於西土也시라 後裔가 分居于風山하야 亦姓風이러니

後에 遂分爲佩·觀·任·己·庖·理·姒·彭八氏也오

今山西濟水에 義族舊居가 尙在하니

- 多 많을 다
- 發 필 발
- 皞 밝을 호
- 伏 엎드릴 복
- 夢 꿈 몽
- 降靈 : 성령이 내림
- 洞 꿰뚫을 통
- 洞徹 : 환히 깨달음
- 卦 점괘 괘
- 絶 끊을 절
- 換 바꿀 환
- 理 이치 리
- 合 합할 합
- 變 달라질 변
- 襲 이을 습
- 經 지날 경
- 遂 드디어 수
- 陳 땅 이름 진
- 巢 새집 소
- 佩 찰 패
- 任 맡길 임
- 姒 성 사
- 濟 건널 제
- 在 있을 재
- 儀 법도 의
- 季 막내 계
- 復 다시 부
- 羲 복희 희
- 徹 통할 철
- 劃 그을 획
- 連 이어질 련
- 推 헤아릴 추
- 妙 묘할 묘
- 極 정점 극
- 窮 다할 궁
- 職 직책 직
- 浪 물결 랑
- 徙 옮길 사
- 燧 부싯돌 수
- 裔 후손 예
- 觀 볼 관
- 庖 부엌 포
- 彭 성 팽
- 尙 아직 상

桓檀古記

태호복희_ 하남성河南省 회향현 천하제일묘天下第一廟. 중국에서 태호복희를 모신 사당 중 가장 큰 사당으로 천하제일묘라는 별칭으로 불린다. 폐허였던 복희묘에서 목숨을 구한 주원장이 훗날 왕위에 오르고 중수했다는 전설이 내려온다.

복희 사당

삼신의 성령을 받고 우주 삼계를 통한 태호복희

태우의환웅의 아들은 열둘이었는데 맏이는 다의발多儀發환웅이시요, 막내는 태호太皞이시니 복희伏羲[11]라고도 불렸다.

태호복희씨가 어느 날 삼신께서 성령을 내려 주시는 꿈을 꾸고 천지만물의 근본 이치를 환히 꿰뚫어 보시게 되었다. 이에 **삼신산**三神山*에 가시어 하늘에 제사 지내고 **천하**天河*에서 괘도卦圖를 얻으셨다. 그 획은 세 개는 끊어지고[三絶] 세 개는 이어지는[三連] 음양 원리로 이루어졌다. 그 위치를 바꾸어* 추리함은 오묘하게 **삼극**三極*과 부합하여 변화가 무궁하였다.

『밀기密記』에 이렇게 기록되어 있다.

복희는 신시에서 출생하여 우사雨師 직책을 대물림하셨다. 후에 청구, 낙랑을 지나 진陳 땅에 이주하여 수인燧人, 유소有巢와 함께 서쪽 땅[西土]에서 나라를 세우셨다.
그 후예가 풍산에 나뉘어 살면서 역시 풍風으로 성을 삼았다. 후에 패佩·관觀·임任·기己·포庖·리理·사姒·팽彭 여덟 씨족으로 나뉘어졌다. 지금의 산서 제수濟水*에 희족羲族의 옛 거주지가 아직 남아 있는데,

* **삼신산**: 신교 도맥道脈의 주산主山으로 곧 백두산을 말한다.
* **천하**天河: 중국사에서는 대개 황하를 천하天河라 불렀다. 지금까지도 하도河圖를 황하에서 얻었다고 주장한다. 그러나 여기서 천하는 송화강으로 보는 것이 옳다.
* 팔괘八卦의 상象으로 바꾸는 것을 말한다.
* **삼극**: 천지인 삼재三才와 무극無極·태극太極·황극皇極의 도道 자리를 말한다.
* **제수**濟水: 산서성에서 발원하여 황하를 땅속으로 가로질러 산동성 아래에서 다시 솟아나 흐른다. 임任은 산동성 제령시濟寧市이고 숙宿, 수구須句, 수유須臾(산동성 비현費縣의 북쪽) 등은 모두 산동성에 있으니 '산서제수'는 '산동제수'의 오기誤記인 듯하다.

▶須 모름지기 수　▶臾 잠깐 유
▶環 두를 환　▶辯 말 잘할 변
▶卦 점괘 괘　▶圖 그림 도
▶改 고칠 개　▶媧 여와씨 와
▶承 이을 승　▶朱 붉을 주
▶襄 도울 양　▶仍 인할 잉
▶舊 예 구　▶傳 전할 전
▶陵 무덤 릉　▶魚 물고기 어
▶臺 돈대 대　▶縣 고을 현
▶鳧 오리 부

▶起 일어날 기　▶列 벌일 렬
▶與 더불어 여　▶皞 밝을 호
▶皆 모두 개　▶矢 화살 시
▶傍 곁 방　▶支 갈릴 지
▶盖 대개 개　▶當 마땅할 당
▶定 정할 정　▶着 붙을 착
▶爲 할 위　▶業 일 업
▶漸 차차 점　▶阜 많을 부
▶穀 곡식 곡　▶麻 삼 마
▶藥石: 약과 침. 의약과 치료법
▶稍 점점 초　▶備 갖출 비
▶交易: 서로 물건을 사고 팔아 바꿈

임 숙 수구 수유등국 개환언
任·宿·須句·須臾等國이 皆環焉이니라.」

대변경 왈 복희 출어신시이작우사
大辯經에 曰「伏羲는 出於神市而作雨師하사

관신룡지변이조괘도　　개신시계해이위수갑자
觀神龍之變而造卦圖하시고 改神市癸亥而爲首甲子하시며

여와 승복희제도 주양 잉구문자이시전육서
女媧는 承伏羲制度하고 朱襄은 仍舊文字而始傳六書하니라.

복희릉 금재산동어대현부산지남
伏羲陵은 今在山東魚臺縣鳧山之南하니라.」

東洋 醫學과 農事의 始祖인 神農氏의 血統

신농 기어열산　　열산 열수소출야
神農이 起於列山하시니 列山은 列水所出也라.

신농 소전지자
神農은 少典之子이시오

소전 여소호 개고시씨지방지야
少典은 與少皞로 皆高矢氏之傍支也시니라

개 당세지민 정착위업　점지성부
盖當世之民이 定着爲業하야 漸至成阜하고

곡마약석지술 역이초비 일중위시 교역이퇴야
穀麻藥石之術이 亦已稍備하니 日中爲市하야 交易以退也라.

염제신농_섬서성陝西省 보계시寶鷄市 염제신농 사당에 모셔져 있는 신농씨 상像.

임任·숙宿·수구須句·수유須臾 등의 나라가 모두 에워싸고 있다.

『대변경大辯經』에 이렇게 기록되어 있다.

> 복희는 신시에서 출생하여 우사 관직을 맡으셨다. 신룡神龍의 변화를 관찰하여 괘도卦圖를 만들고, 신시 시대의 계해를 고쳐 갑자로 첫머리를 삼으셨다. 여와女媧(복희의 여동생)[12]는 복희의 제도를 계승하고, 주양朱襄은 옛 문자를 기본으로 하여 처음으로 육서六書를 세상에 전하였다. 복희씨의 능은 지금의 산동성山東省 어대현魚臺縣 부산鳧山 남쪽에 있다.

동양 의학과 농사의 시조인 신농씨의 혈통

신농神農은 **열산列山**에서 창업을 하셨는데, 열산은 열수列水가 흘러나오는 곳이다. 신농[13]은 **소전少典**의 아들이시고, 소전은 소호少皞와 함께 모두 **고시씨高矢氏**의 방계 자손이시다.

당시 백성이 정착하여 각기 생업에 종사하여 점차 인구가 증가하였다. 곡식과 삼을 많이 생산하고, 각종 의약과 치료법[藥石]도 점점 갖추어지자, 한낮에 저자(시장)를 열어 교역을 하고 돌아갔다.

⊗ **수유須臾**: 수유는 전유顓臾의 오기인 듯하다. 『좌전左傳』「희공僖公 21년」조에는 "임任·숙宿·수구須句·전유顓臾는 풍씨 성이라[任·宿·須句·顓臾, 風姓也.]"라고 하였다. 전유는 『논어주소論語注疏』「계씨季氏」편에 나오는 전유顓臾로 세주細注에 "전유는 복희의 후예이며, 풍성의 나라이다[顓臾, 伏羲之後, 風姓之國.]"라고 하였다. 여기서 '전유'는 인명(씨족명)이자 국명으로 쓰였다. 상고 시대에는 씨족명과 국명을 같이 사용하였다.

⊗ 지금의 산동성 미산현微山縣 양성향兩城鄕 유장촌劉莊村에 복희묘伏羲廟가 있는데, 무덤 위에 묘당을 만들었다고 한다. 부산鳧山은 오리가 나는 모습 같다고 하여 붙여진 이름이다. 부산의 지맥이 뻗어 와서 복희묘를 병풍처럼 둘러싸고 있는데, 주민들은 이 산을 봉황산鳳凰山이라 부른다. 복희씨가 이곳에서 팔괘를 그렸다 하여 팔괘산八卦山이라 부르기도 한다.

⊗ **열산列山**: 지금의 호북성 수주시随州市 여산진厲山鎭이다.

신농사당_호북성湖北省 수주시随州市 여산진厲山鎭에는 신농씨의 고향 신농고리神農古里가 있다. 이곳에는 신농묘神農廟와 신농씨가 태어났다고 하는 신농동神農洞이라는 동굴이 있다(사진 왼쪽 덩굴 속).

9. 十四世 蚩尤天皇의 西土 大征伐

及至楡罔하야 爲政束急하니

諸邑攜二하야 民多離散하고 世道多艱이라

我蚩尤天王이 承神市之餘烈하사 與民更張하사

能得開天知生하시며 開土理生하시며 開人崇生하시니

衆物原理가 盡自檢察하야

德無不至하며 慧無不宜하며 力無不備라

乃與民分治하시고

虎据河朔하사 內養兵勇하시며 外觀時變하시니라.

涿鹿 大征伐과 十二諸侯國 倂合

及楡罔衰政하야 乃興兵出征하실새

選兄弟宗黨中可將者八十一人하사 部領諸軍하시고

發葛盧山之金하사 大制劍鎧矛戟大弓楛矢시라.

一幷齊整하시고 拔涿鹿而登九渾하사 連戰而捷하시니

勢若疾風하사 慴伏萬軍하시고 威振天下시라.

一歲之中에 九拔九諸侯之地하시고 更就雍狐之山하사

以九治로 發水金石金하사 而制芮戈雍狐之戟하시고

更整師躬率하사 而出陣洋水하사 殺至空桑하시니

空桑者는 今之陳留오 楡罔所都也라.

9. 14세 치우천황의 서쪽 영토 대정벌

유망楡罔*14)에 이르러 정치의 속박이 가혹해지자 여러 읍락이 사이가 나빠져 백성이 많이 흩어지고, 세상살이가 심히 어렵게 되었다.

우리 치우천황께서 배달 신시의 웅렬한 기상을 계승하여 백성과 함께 이를 새롭게 펼치실 때,

하늘의 뜻을 밝혀 생명의 의미를 알게 하시고[開天知生],
땅을 개간하여 뭇 생명을 다스리게 하시고[開土理生],
사람의 마음을 열어 생명을 존중하게 하시니[開人崇生],

백성이 만물의 원리를 스스로 살필 수 있게 되었다. 이렇듯 그분의 덕이 미치지 않은 곳이 없고, 지혜가 적합하지 않음이 없으며, 역량이 온전히 갖추어지지 않음이 없었다. 이에 백성과 더불어 나라를 나누어 다스리시고, 호랑이처럼 늠름하게 **황하 북쪽**[河朔]*에 웅거하여 안으로 군사를 용맹하게 훈련시키고 밖으로 시국의 변화를 관망하셨다.

탁록 대정벌과 12제후국 병합

유망의 정치력이 쇠약해지자 치우천황께서 군사를 일으켜 출정하셨다. 형제와 부계 일족[宗黨]* 중에서 장수가 될 만한 인물 81명을 뽑아 모든 군사를 거느리게 하시고, **갈로산**葛盧山*의 쇠를 캐어 칼과 갑옷과 창과 큰 활과 호시楛矢(싸리나무로 만든 화살)를 많이 제작하셨다.

그리고 전군을 모아 대오를 정비하여 탁록涿鹿을 함락시키고, 구혼九渾에 올라 싸울 때마다 승리를 거두셨다. 그 형세가 자못 질풍과 같아 만군을 복종시키고 천하에 위엄을 떨치셨다.

1년 사이에 아홉 제후의 땅을 함락시키고, 다시 **옹호산**雍狐山*에 나아가 구치九冶로써 수금水金과 석금石金을 캐어 예과芮戈와 옹호극雍狐戟을 만드셨다. 다시 군사를 정비하여 몸소 거느리고 양수洋水로 출진하여 빠르게 **공상**空桑*까지 진격하셨다. 당시 공상은 지금의 진류陳留로 유망의 도읍지였다.

❋ **소전**少典: 신시 배달의 혈통으로, 『사기색은』「삼황본기」에는 "염제신농씨는 성이 강이며, 어머니는 여등이다. 여등은 유와씨의 딸로서 소전의 왕비인데, 신룡에 감응해서 염제(석년)를 낳았다[炎帝神農氏, 姜姓, 母曰女登, 有媧氏之女, 爲少典妃, 感神龍而生炎帝.]"라고 하였다.

❋ **소호**少皥: 소호금천少昊金天을 말한다. 공자에게 동이족의 천자 제도를 전수한 담자郯子의 조상이다.

❋ **고시씨**高矢氏: 초대 환웅천황 때 불을 발견하고 주곡主穀 임무를 맡았던 고시례高矢禮를 말한다.

❋ **유망**楡罔(BCE 2758~BCE 2688): 염제신농의 후손으로 약 500년 계속된 염제 신농국의 마지막(8세) 임금이다.

❋ **하삭**河朔: 중국 황하의 북쪽 지역을 말한다(『중문대사전』 제5권).

❋ **종당**宗黨: 부계父系의 일족을 말한다.

❋ **갈로산**葛盧山: 『관자管子』권23「지수地數」제77에서는 '치우천황이 갈로산(『사기』의 노산盧山)의 쇠를 채취하여 칼, 투구, 갑옷, 창 등을 만들었다[葛盧之山, 發而出水, 金從之, 蚩尤受而製之, 以爲劍鎧矛戟.]'고 하였다. 『후한서』「지리지」는 갈로현葛盧縣이 동래군東萊郡 소속이라 했다. 『한서』「지리지」에는 노수盧水와 노현盧縣이라는 지명이 보인다. 『중국사고지도집』에는 산동성 청도靑島시 부근에 갈로산이 표기되어 있다.

❋ **옹호산**雍狐山: 『관자』권23「지수」제77에는 "雍狐之山, 發而出水, 金從之, 蚩尤受而制之, 以爲雍狐之戟芮戈."라고 하여, 옹호산의 쇠를 캐어 옹호극과 예과를 만들었다고 하였다.

❋ **과**戈**와 극**戟: 과戈는 창날이 일一자가 아니라 가지처럼 옆으로 뻗은 형태로 적을 끌어당기거나 말의 다리를

榆罔과 少昊 征伐

是歲之中에 兼併十二諸侯之國하실새 殺得伏尸滿野하니

西土之民이 莫不喪膽奔竄이라.

時에 榆罔이 使少昊로 拒戰한대 天王이 揮芮戈雍狐之戟하사

與少昊로 大戰하실새 又作大霧하사

使敵將兵으로 昏迷自亂하니

少昊가 大敗하야 落荒而走入空桑하야 偕榆罔出奔이라.

蚩尤天王이 乃卽祭天而誓告天下泰平하시고

更復進兵하사 圍迫涿鹿하사 一擧而滅之하시니

管子所謂 天下之君이 頓戰하고

一怒에 伏尸滿野者가 是也라.

10. 軒轅을 討伐하여 臣下로 삼다
: 中華文明의 發祥地 涿鹿

時에 有公孫軒轅者가 土着之魁라

始聞蚩尤天王이 入城空桑하사 大布新政하고

而敢有自代爲天子之志하야

乃大興兵馬하야 來與欲戰이라

天王이 先遣降將少昊하사 圍迫涿鹿而滅之로시대

軒轅이 猶不自屈하야 敢出百戰이어늘

天王이 動令九軍하사 分出四道하시고 自將步騎三千하사

直與軒轅으로 連戰于涿鹿有熊之野하실새 縱兵四蹙하사

유망과 소호 정벌

이 해에 치우천황이 12제후의 나라를 모두 병합하실 때 죽은 시체가 들판에 가득하니, 서토西土(지금의 중국땅)의 백성들이 간담이 서늘하여 도망하지 않는 자가 없었다. 이때 유망楡罔이 소호少昊[15]로 하여금 막아 싸우게 하였다. 이에 천황께서 예과와 옹호극을 휘두르며 소호와 크게 싸울 때, 큰 안개를 일으켜 적의 장수와 병졸로 하여금 혼미하여 자중지란을 일으키게 하니 소호가 대패하여 황급히 공상空桑으로 들어가 유망과 함께 달아났다.

치우천황이 즉시 하늘에 제사 지내어 천하를 태평하게 할 것을 맹세하여 고하시고, 다시 진군하여 탁록을 포위 압박하여 일거에 멸망시키셨다.

『관자管子』*에 "천하의 임금 곧 치우천황이 급작스럽게 싸우며 한 번 노하심에 죽어 넘어진 시체가 들판에 가득하였다"[16]라고 한 것은 바로 이것을 말한다.

10. 헌원을 토벌하여 신하로 삼다
: 중화문명의 발상지 탁록

이때 공손公孫 **헌원軒轅***이라는 자가 있었는데 토착민의 우두머리였다. '치우천황께서 공상에 입성하여 새로운 정치를 크게 펴신다'는 소식을 듣고도 감히 스스로 천자가 되려는 뜻을 품고 병마를 크게 일으켜 치우천황과 승부를 겨루려 하였다.

천황께서 항복한 장수 소호少昊를 먼저 보내 탁록을 포위하여 멸하려 하실 때, 헌원이 오히려 항복하지 않고 감히 수 많은 전쟁에 나섰다.

천황께서 9군九軍에 명하여 네 길로 나누어 진군하게 하시고, 몸소 보병과 기병 3천을 거느리고 곧장 탁록의 **유웅有熊** 들판에서 여러 번 헌원과 맞붙어 싸울 때, 군사를 풀어 사방에서 협공하여 참살하시니 그 수를 헤아릴 수 없었다.

또 큰 안개를 일으켜 지척을 분간하지 못하게 하고 전투를 독려

걸어 넘어뜨리는 데 사용하였다. 극戟은 앞으로 뻗은 긴 창날 옆에 가지처럼 칼날이 더 달려 있는 형태이다.

▧ **공상**空桑: 공상은 두 곳이 있는데, 산동성 곡부현曲阜縣과 하남성 진류현陳留縣이다. 일반적으로 산동성 지방을 말하지만 여기서는 하남성 진류현을 가리킨다.

＊『**관자**管子』: 춘추 시대 제齊나라의 정치가 관중(?~BCE 645)이 부민富民·치국治國·경신敬神·포교布教를 서술하고 패도정치를 역설한 책이라 하나, 관중 사후 후대에 성립한 부분이 많다. 관중의 제자와 문인들이 집필했다는 의견이 지배적이다.

✸ **황제헌원**黃帝軒轅(BCE 2692~BCE 2593): 성은 공손公孫, 이름은 헌원軒轅. 중국에서는 태호복희·염제신농과 함께 삼황三皇의 한 인물로 불러왔다. 현재 대만의 중등학교 역사 교과서에는 황제헌원을 중국 한족漢族의 실질적인 시조로 보고 있으나, 황제의 혈통은 웅씨족 후손인 소전(염제신농의 부친)에서 갈려나간 별파別派이다. 「삼한관경본기」에서는 "소전의 별파로 공손이 있었는데 짐승을 잘 기르지 못하여 헌구에 귀양가서 살았다. 황제헌원의 족속은 모두 그 후손이다"라고 하여, 한족의 국통과 혈통의 뿌리를 밝히고 있다.

▧ **유웅**有熊: 황제헌원의 호이자, 그의 도읍지 이름. 지금의 하남성 신정현新鄭縣이다. 그러나 여기서는 하북성 탁록 지방을 말한다. 『사기정의』「오제본기」에는 "여지지輿地志"에서 이렇게 말하였다. 탁록의 본래 이름은 팽인데 황제가 처음 도읍으로 삼았다가 유웅으로 천도하였다[輿地志 云: 涿鹿本名彭城, 黃帝初都, 遷有熊也.]"라고 하였다.

▶斬 벨참	▶殺 죽일 살	
▶算 셀산	▶霧 안개 무	
▶咫 여덟치 지	▶尺 자척	
▶咫尺:아주 가까운 거리		
▶難 어려울 난	▶辨 판별할 판	
▶督 살필 독	▶賊 도둑 적	
▶慌 다급할 황	▶奔 달릴 분	
▶竄 숨을 찬	▶逃 달아날 도	
▶冀克淮岱:기주冀州, 연주兗州, 회수淮水, 태산泰山 지역		
▶盡 다할 진	▶據 웅거할 거	
▶屬 무리 속	▶皆 모두 개	
▶稱 일컬을 칭	▶貢 바칠 공	
▶盖 대개 개	▶徒 무리 도	
▶憑 기댈 빙	▶矢 화살 시	
▶解 풀 해	▶鎧 갑옷 개	
▶値 만날 치	▶強 굳셀 강	
▶驚 놀랄 경	▶膽 쓸개 담	
▶寒 찰한	▶每 매양 매	
▶輒 번번이 첩	▶敗 패할 패	
▶笈 책 상자 급	▶兜 투구 두	
▶鍪 투구 무	▶銅 구리 동	
▶頭 머리 두	▶鐵 쇠 철	
▶額 이마 액	▶想 생각할 상	
▶狼 이리 랑	▶狽 이리 패	
▶甚 심할 심	▶整 정비할 정	
▶軍容: 군대의 모양		
▶進 나아갈 진	▶擊 칠 격	
▶與 더불어 여	▶將 장수 장	
▶疲 지칠 피	▶色 낯빛 색	
▶退 물러날 퇴	▶後 뒤 후	
▶旣 이미 기	▶屢 여러 루	
▶尤 더욱 우	▶興 일으킬 흥	
▶士馬: 군사와 말		
▶効 본받을 효(=效)		
▶廣 넓을 광	▶制 만들 제	
▶指 가리킬 지	▶車 수레 거	
▶敢 감히 감		
▶百戰: 수많은 싸움		
▶赫 성낼 혁	▶然 접미사 연	
▶赫然: 왈칵 성내는 모양		
▶震 벼락 진	▶怒 화낼 노	
▶宗 마루 종	▶黨 무리 당	
▶務 힘쓸 무	▶要 바랄 요	
▶立 확고히 세울 입		
▶威 위엄 위	▶使 하여금 사	
▶追 뒤쫓을 추	▶襲 엄습할 습	
▶混 섞일 혼	▶陣 한바탕 진	
▶方 바야흐로 방	▶熄 쉴 식	

斬殺無算이시오 又作大霧하사 咫尺難辨而督戰하시니

賊軍이 乃心慌手亂하야 奔竄逃命하니

百里에 兵馬가 不相見이라.

於是에 冀克淮岱之地가 盡爲所據오 乃城於涿鹿하시고

宅於淮岱하시니 軒轅之屬이 皆稱臣入貢이라.

盖當時西土之人이 徒憑矢石之力하고

不解鎧甲之用이라가 又値蚩尤天王之法力高強하고

心驚膽寒하야 每戰輒敗라.

涿鹿의 10年 大戰爭

雲笈軒轅記之所謂 蚩尤始作鎧甲兜鍪로시대

時人이 不知하야 以爲銅頭鐵額者라 하니

亦可想見其狼狽之甚矣로다.

蚩尤天王이 益整軍容하사 四面進擊하시니

十年之間에 與軒轅으로 戰七十三回로시대

將無疲色하고 軍不退後라

軒轅이 旣屢戰敗나 尤益大興士馬하고 効我神市하야

而廣造兵甲이오 又制指南之車하야 敢出百戰이어늘

天王이 赫然震怒하사 使兄弟宗黨으로 務要大戰而立威하사

使軒轅之軍으로 不敢生意於追襲하시고 與之大戰하사

混殺一陣然後에 方熄하시니라.

하시니, 적군은 두렵고 손이 떨려 바쁘게 도망쳐 백 리 안에 병마가 보이지 않았다.

이에 기주冀州·연주兗州·회수淮水·태산泰山 땅을 모두 차지하고, 탁록에 성을 쌓으시고 회대淮岱(회수와 태산)에 집을 지으시니 헌원의 무리가 모두 신하를 칭하며 조공을 바쳤다.

대체로 당시 서쪽 땅의 사람들은 한갓 화살과 돌팔매[矢石]만 믿고 갑옷의 사용을 알지 못하였다. 또한 치우천황의 뛰어나고 강력한 법력에 부딪혀서, 두려운 마음이 들고 간담이 서늘하여 싸울 때마다 번번이 패하였다.

탁록의 10년 대전쟁

『운급雲笈』*17) 「헌원기軒轅記」에 "치우가 처음으로 갑옷과 투구를 만들었는데, 당시 사람들이 이를 알지 못해 **동두철액**銅頭鐵額(구리 머리에 무쇠 이마)18)이라 여겼다"라고 하였으니, 적의 낭패가 얼마나 심하였겠는지 가히 상상할 수 있다.

치우천황이 더욱 군용을 정비하여 사방으로 진격하셨다. 10년 동안 헌원과 73회*를 싸웠으나 장수는 피로한 기색이 없었고, 군사는 물러날 줄 몰랐다.

헌원은 여러 번 싸워 천황에게 패하고도 군사를 더욱 크게 일으켰다. 우리 배달을 본받아 무기와 갑옷을 많이 만들고, 또 **지남거**指南車*를 만들어 감히 싸움마다 출전하였다.

이에 천황께서 불같이 진노하여 형제 종족으로 하여금 대격전에 힘써 싸우게 하여 위엄을 확고히 세우셨다. 그리하여 헌원의 군사로 하여금 감히 추격하거나 습격할 엄두를 내지 못하게 하시고, 더불어 대전을 치뤄 한바탕 몰아쳐서 휩쓸어 버리신 뒤에야 비로소 싸움을 그치셨다.

※ 운급雲笈: 『운급칠첨雲笈七籤』. 송宋나라 진종眞宗 때 장군방張君房이 비각도서秘閣道書를 교정하여 요점을 뽑아 만든 122권의 책.

※ 치우천황과 황제헌원의 전투 상황에 대해 『사기』「천관서天官書」에는 "진시황의 시대에 … 그 후에 진나라가 마침내 전쟁을 통해 여섯 왕(육국)을 멸망시키고 전 중국을 병합하였으며, … 초나라를 확대시키려는 세력들이 함께 일어나 30년 동안 병사들이 서로 짓밟은 것을 이루 다 셀 수 없다. 치우 이래로 아직까지 이와 같은 경우는 없었다[秦始皇之時, … 其後秦遂以兵滅六王, 并中國, … 因以張楚並起, 三十年之開兵相騈藉, 不可勝數. 自蚩尤以來, 未嘗若斯也.]"라고 하였다. 탁록대전은 진시황의 6국 병탄 통일 전쟁과, 5년간 73회를 싸운 항우와 유방의 초한전, 그리고 유비·조조·손권의 삼국 쟁패전 이전의 중국 5천 년 역사상 최초이자 최대의 전쟁이었다.

※ 지남거指南車: 수레 위에 신선의 목상을 얹고 손가락이 항상 남쪽을 가리키도록 만든 수레이다. 황제가 탁록 벌판에서 싸울 때, 치우천황이 일으키는 짙은 안개를 만나자 지남거를 만들어 병사들에게 방향을 알려주었다고 한다.

司馬遷『史記』의 鄙劣한 歷史 歪曲

是役也에 我將蚩尤飛者가 不幸有急功하야 陣沒하니

史記所謂擒殺蚩尤者는 盖謂此也라

天王이 赫怒動師하사 新造飛石迫擊之機하사

成陣聯進하시니 賊陣이 終不能抗也라.

於是에 分遣精銳하사 西守芮涿之地하시고 東取淮岱하사

爲城邑하사 而當軒轅東侵之路하시니 及至崩逝數千載로대

而猶有萬丈光烈이 能起感於後人者也라.

11. 蚩尤天皇陵의 位置와 天皇에 對한 西方 漢族의 傳說的 推仰

蚩尤旗의 傳說과 由來

今據漢書地理志컨대

其陵이 在山東東平郡壽張縣關鄉城中하니 高七丈이오

秦漢之際에 住民이 猶常以十月祭之면 必有赤氣가

出如疋絳하니 謂之蚩尤旗라 其英魂雄魄이

自與凡人으로 逈異하사 歷數千歲而猶不泯者歟아.

軒轅이 以是索然이오 楡罔이 亦從以永墜矣니라.

蚩尤天王之餘烈이 世襲能振하야

盡有幽靑하야 聲威不墜하니 軒轅以來로 世不自安하야

終其世而未嘗安枕而臥하니라.

史記所謂披山通路에 未嘗寧居오

사마천 『사기』의 비열한 역사 왜곡

이 싸움에서 우리 장수 치우비蚩尤飛라는 자가 급히 공을 세우려다가 불행히도 전쟁터에서 죽었다. 『사기史記』에 이른바 **"치우를 사로잡아 죽였다[금살치우擒殺蚩尤]"** 라고 한 구절은 바로 이것을 두고 한 말이다.

천황께서 진노하여 군사를 일으키고, 새로 비석박격기飛石迫擊機를 만들어 진을 치고 나란히 진격하시니, 적진이 마침내 대항하지 못하였다.

이에 정예병을 나누어 파견하여 서쪽으로 **예芮**와 **탁涿**을 지키게 하시고, 동쪽으로 **회대**淮岱(회수와 태산)를 취하여 성읍을 만들어 헌원이 동쪽으로 침투할 길을 막으셨다.

천황께서 붕어하신 지 수천 년이 지났지만, 진실로 길이 남을 찬란한 그 위엄이 후세인의 가슴 속에 감동을 불러일으킨다.

11. 치우천황릉의 위치와 천황에 대한 서방 한족의 전설적 추앙

치우기의 전설과 유래

지금 『**한서**漢書』「지리지地理志」에 따르면 치우천황의 능은 산동성 동평군東平郡 수장현壽張縣 **궐향성**闕鄉城에 있으며, 높이는 7장丈이라 한다. 진한秦漢 시대에 주민들이 항상 10월에 제사를 지냈는데, 반드시 붉은 기운이 진홍색 비단처럼 뻗치므로 이를 **치우기**蚩尤旗[19]라 불렀다.

아마도 그분의 영웅적인 기백은 보통 사람과 아주 달라 수천 년이 지나도 없어지지 않으리라. 헌원은 이 뒤로 쇠미해졌고, 유망도 따라서 영구히 몰락하였다.

치우천황의 웅렬하심은 대대로 온 천하를 진동시켰다. 특히 **유주**幽州, **청주**青州 지방에서 그 명성과 위엄이 지속되니, 헌원 이래 대대로 스스로 불안하여 그 치세가 끝날 때까지 베개 베고 편안히 잠을 잔 적이 없었다.

『사기史記』에 이른바, "산을 헤쳐 길을 내어도 편안히 안주하지

금살치우擒殺蚩尤: 사마천의 『사기』「오제본기」에는 "탁록 들판에서 치우와 싸웠다. 드디어 치우를 사로잡아 죽였다[與蚩尤戰於涿鹿之野, 遂禽殺蚩尤.]"라고 하여, 마치 헌원이 치우천황을 잡아서 죽인 것처럼 기록하였다. 이것은 사마천이 역사적 사실을 왜곡시킨 대표적인 기록 중의 하나이다.

예芮, **탁**涿: 예는 지금의 산서성 예성현芮城縣이며, 탁은 하북성 탁록현이다.

『한서漢書』: 후한後漢 시대에 반고班固가 저술한 기전체紀傳體의 역사서로 『전한서前漢書』 또는 『서한서西漢書』라고도 한다. 모두 120권으로 되어 있고, 「조선전朝鮮傳」과 「지리지地理志」가 실려 있다.

궐향성闕鄉城: '闕(궐)'자는 '闞(감)'자의 오기일 가능성이 크다. 『사기』「봉선서」에서는 "치우 묘는 동평륙의 감향에 있는데 제나라의 서쪽 변경이다[蚩尤在東平陸監鄉, 齊之西境也.]"라고 하였다. 이 구절에 대해 『사기색은』에서는 『황람皇覽』을 인용하여 "치우총은 동평군 수장현 감향성 안에 있다[蚩尤冢在東平郡壽張縣闞鄉城中.]"라고 주석을 달았다. 이로 볼 때, '감향監鄉' 혹은 '감향闞鄉'으로 썼던 것이 확실하다. 『한서』「교사지郊祀志」에서도 '팔신제八神祭'를 설명하면서 "셋째는 병주인데 치우를 제사지냈고, 치우 묘는 동평륙의 감향 즉 제나라의 서쪽 변경에 있다[三曰兵主, 祠蚩尤, 蚩尤在東平陸監鄉, 齊之西境也.]"라고 했다. 치우천황의 능은 현재 산동성 문상현汶上縣 남왕진南旺鎮에 실재한다.

유주幽州, **청주**青州: 각기 12주州의 하나로 순임금이 기주冀州를 나누어 동북 땅을 유주라 하였다. 당시 유주는 하북성 남부이고, 청주는 지금의 산동 반도이다.

한자 풀이	
遷 옮길 천	徙 옮길 사
營 진영 영	衛 지킬 위
營衛: 병영의 수비	
兢 삼갈 긍	意 뜻 의
戰兢: 전전긍긍, 몹시 두려워하고 조심함	
歷 지날 력	
尙書呂刑:『尙書』는『書經』의 다른 이름,〈呂刑〉은 서경 중『周書』의 제29장	
若 같을 약	惟 오직 유
彼 저 피	畏 두려워할 외
奪 빼앗을 탈	
顓 성씨 전	頊 삼갈 욱
顓頊: 황제헌원의 손자	
破 깨뜨릴 파	蓋 대개 개
禪 도울 비	遂 나아갈 수
秘 숨길 비	鄙 마을 비
職 직책 직	盡 다할 진
誠 정성 성	
干戈: 전쟁이라는 뜻	
化服: 감화되어 복종함	
燧 부싯돌 수	葛 칡 갈
劃 그을 획	定 정할 정
疆 지경 강	界 지경 계
空 빌 공	桑 뽕나무 상
屬 붙을 속	

邑于涿鹿之河하야 遷徙往來에 無常定處오

以師兵으로 爲營衛者라 하니 蓋其戰兢之意를 歷歷可觀이오

而尙書呂刑에 亦云「若有古訓하야 惟蚩尤作亂이라」하니

彼之畏威奪氣而世傳其訓하야

以爲後人戒者가 亦甚矣로다.

其後三百年은 無事하고 只與顓頊으로 一戰破之라.

蓋自神市開天으로 傳十八世하야 歷一千五百六十五年이오

而始有檀君王儉이 以熊氏裨王으로 遂代神市하사

統一九域하시고 分三韓以管境하시니 是謂檀君朝鮮也니라.

三韓秘記에 曰「伏羲가 旣受封於西鄙하사 位職盡誠하시니

不用干戈시나 一域化服이오 遂代燧人하사 號令域外하시니라.

後에 有葛古桓雄이 與神農之國으로 劃定疆界하시니

空桑以東이 屬我니라.

桓檀古記

치우견비총(산동성 거야현 巨野縣)_ 2006년 9월 답사 때까지만 해도 치우견비총은 석상 뒤로 조성된 공원을 마주보는 도로 한 가운데에 있었다. 2년 뒤 2008년 10월 답사 때는, 견비총이 공원 뒤쪽인 마을 안쪽으로 옮겨져 있었고 봉분을 밀어낸 자리는 아스팔트로 덮여 있었다. 치우천황을 중국인들이 진정 조상으로 생각하고 모셨다면 무덤을 이렇게 임의로 옮기지 않았을 것이다. 거야현 巨野縣에 있는 치우천황의 무덤은 다만 현의 역사를 늘이기 위한 수단으로 유지되고 있다는 것을 보여줄 뿐이다.

못하고, 탁록의 강가에 도읍하고 이리저리 옮겨다니며 일정한 곳에 살지 못하며, 항상 군사로 보호하여야 했다" 하였으니, 헌원이 얼마나 전전긍긍하였는지 역력히 엿볼 수 있다.

『상서尙書』[20]「여형呂刑」에 또한 이르기를, "옛 가르침에 다만 치우가 난을 일으켰다"라고 했으니, 저들이 치우천황의 위엄을 두려워하여 기운을 잃고, 대대로 이 교훈을 전하여 후인을 크게 경계하였음을 엿볼 수 있다. 그 후 300년 동안은 전쟁이 없었고, 다만 **전욱顓頊***과 한 번 싸워 이를 격파하였을 뿐이다.

초대 환웅천황께서 신시를 개척하여 새 시대를 여시고 18세를 전하니, 역년이 1,565년이다. 바야흐로 단군왕검께서 웅씨 비왕神王으로 신시 배달을 대신하여 구환족이 사는 모든 지역을 통일하시고 **강역을 삼한으로 나누어 다스리시니**[三韓管境] 이를 일러 단군조선이라 한다.

『삼한비기三韓秘記』에 다음과 같이 기록되어 있다.

> 복희께서 서쪽 변방에 봉함을 받아 직책에 정성을 다하시니, 무기를 쓰지 않고도 그 지역 백성이 감화되어 따랐다. 수인씨燧人氏*[21]를 대신하여 영토 밖까지 호령하셨다. 후에 갈고葛古환웅(10세)께서 신농의 나라와 국경을 정하시니 **공상空桑의 동쪽***이 우리 땅으로 귀속되었다.

❋ **전욱고양顓頊高陽**(BCE 2513 ~BCE 2436): 황제헌원의 손자이자, 창의昌意의 아들. 호는 고양高陽이다. 『산해경』「대황북경」에는 "부우산에 전욱과 구빈九嬪이 안장되었다[附禺之山, 帝顓頊與九嬪葬焉.]"라고 하였는데 현재는 안양시安陽市 내황현內黃縣 양장진梁莊鎭에 제곡릉帝嚳陵과 함께 있다.

❋ **수인씨燧人氏**: 『한비자』에 따르면 "유소有巢씨가 백성에게 집엮기를 가르쳤다. 다음으로 수인燧人씨가 천수天水에서 나왔는데 불火을 만들고, 별을 이십팔수二十八宿로 나누고, 한 해를 사철로 나누었으며, 각 계절을 90일로 정하였다"라고 하였다. 이러한 책력법[曆法]을 일찍이 동이족이 사용하기 시작하였으므로 중국학자 쉬량즈는 "중국의 책력법은 동이 사람이 시작하였으며, 동이 사람이 책력을 만든 것은 실로 의심할 여지가 없다"라고 하였다(쉬량즈, 『중국사전사화』, 246~258쪽).

❋ **공상空桑의 동쪽**: 현재 중국 하남성 동쪽인 산동성, 안휘성, 강소성 지역.

世俗에 傳해 오는 '蚩尤'의 뜻

又數傳而至慈烏支桓雄이 神勇冠絶하사 其頭額銅鐵이시오

能作大霧하시며 造九冶以採礦하사 鑄鐵作兵하시고

造飛石迫擊之機하시니 天下大畏之하야

共尊爲天帝子蚩尤하니

夫蚩尤者는 俗言雷雨大作하야 山河改換之義也라.

蚩尤天王이 見神農之衰하시고 遂抱雄圖하사

屢起天兵於西하사 進據淮岱之間하시고

及軒轅之立也에 直赴涿鹿之野하사 擒軒轅而臣之하시고

後에 遣吳將軍하사 西擊高辛하사 有功하니라."

- 至 이를 지
- 勇 용맹할 용
- 絶 끊을 절
- 額 이마 액
- 鐵 쇠 철
- 採 캘 채
- 鑄 쇠불릴 주
- 迫 다그칠 박
- 畏 두려워할 외
- 共 함께 공
- 雷 우레 뢰
- 換 바꿀 환
- 衰 쇠할 쇠
- 抱 품을 포
- 圖 꾀할 도
- 進 나아갈 진
- 淮 강이름 회
- 及 미칠 급
- 轅 끌채 원
- 赴 나아갈 부
- 鹿 사슴 록
- 擒 사로잡을 금
- 遣 보낼 견
- 慈 사랑할 자
- 冠 갓 관
- 頭 머리 두
- 銅 구리 동
- 霧 안개 무
- 礦 쇳돌 광
- 飛 날 비
- 擊 칠 격
- 尊 높을 존
- 改 고칠 개
- 遂 마침내 수
- 雄 웅장할 웅
- 屢 자주 루
- 據 웅거할 거
- 岱 대산 대
- 軒 수레 헌
- 直 곧을 직
- 涿 칠 탁
- 野 들판 야
- 功 공 공

하북성 탁록현 반산진 탑사촌 남치우분_중국 학계에서는 탁록에 있는 3기의 치우분 중에서 남치우분을 진짜 무덤으로 보고 있으나 대부분의 기록에는 산동성에 있는 것으로 되어 있다. 오른쪽 아래의 사진은 남치우분 하단부에 조각되어 있는 치우 형상이다. 치우 형상은 대부분 뿔이 달린 도깨비 모습인데, 이러한 문양은 귀면와 등에서 많이 나타난다. 치우천황을 조상으로 여기는 중국 남방의 묘족도 이러한 도깨비 문양을 사용한다.

桓檀古記

세속에 전해 오는 '치우'의 뜻

또 몇 세를 지나 자오지慈烏支환웅(14세)에 이르렀다. 이분은 신령한 용맹이 더없이 뛰어나시고, 머리와 이마를 구리와 철로 투구를 만들어 보호하셨다. 능히 짙은 안개를 일으키고, 구치九冶(채광 기계)를 만들어 채광하시고, 철을 녹여 무기를 만드시고 또 비석박격기를 만드셨다. 천하가 크게 두려워하여 모두 이분을 받들어 천제의 아들 치우[天帝子蚩尤]라 하였다. 대저 치우라는 말은 속언으로 '뇌우*가 크게 일어 산하가 뒤바뀐다'는 뜻이다.

치우천황께서 신농神農의 나라가 쇠약해짐을 보시고 드디어 웅도雄圖를 품고, 서방에서 자주 천병天兵을 일으켜 진격하여 회수와 태산 사이를 점령하셨다. 헌원이 등극하자 곧바로 탁록의 광야에 나아가 헌원을 사로잡아 신하로 삼으셨다. 후에 오吳장군을 보내어 서쪽으로 고신高辛 땅을 쳐서 전공을 세우게 하셨다.

* 뇌우雷雨: 천둥소리와 함께 내리는 비.

* 고신: 여기서는 고신을 지명으로 보는 것이 옳을 듯하다. 제곡고신은 치우천황보다 250년 이후 사람이다.

남치우분 하단부에 조각되어 있는 치우 형상

12. 倍達과 檀君朝鮮의 統治 精神

神敎의 三道 精神과
性·命·精과 眞·善·美의 實現 問題

大辯經에 曰

「神市氏는 以佺修戒하사 敎人祭天하시니

所謂佺은 從人之所自全하야 能通性以成眞也오.

靑邱氏는 以仙設法하사 敎人管境하시니

所謂仙은 從人之所自山하야(山은 産也라)

能知命以廣善也오.

朝鮮氏는 以倧建王하사 敎人責禍하시니

所謂倧은 從人之所自宗하야 能保精以濟美也라.

三神과 三才[天·地·人]와 宇宙 本體인 三極의 關係

故로 佺者는 虛焉而本乎天하고

仙者는 明焉而本乎地하고

倧者는 健焉而本乎人也니라.」

13. 桓仁·桓雄·檀君·王儉의 意味

注에 曰「桓仁은 亦曰天神이시니 天은 卽大也며 一也오

桓雄은 亦曰天王이시니 王은 卽皇也며 帝也오

檀君은 亦曰天君이시니 主祭之長也오

王儉은 亦卽監群이시니 管境之長也니라.

▸辯 말 잘할 변
▸佺 신선 이름 전
▸修 닦을 수 ▸敎 가르칠 교
▸所 바 소 ▸謂 이를 위
▸從 따를 종 ▸全 온전할 전
▸能 능할 능 ▸通 통할 통
▸性 성품 성 ▸眞 참 진
▸靑 푸를 청 ▸邱 언덕 구
▸設 베풀 설 ▸管 주관할 관
▸境 지경 경 ▸産 낳을 산
▸知 알 지 ▸廣 넓을 광
▸善 착할 선 ▸朝 아침 조
▸鮮 고울 선
▸倧 신인神人 이름 종
▸建 세울 건 ▸責 꾸짖을 책
▸禍 재앙 화 ▸宗 마루 종
▸保 보전할 보 ▸精 정기 정
▸濟 이룰 제

桓檀古記

▸虛 빌 허(=虛)
▸焉 어조사 언
▸健 굳셀 건

▸注 주석 주 ▸亦 또한 역
▸卽 곧 즉(=卽)
▸監 살필 감 ▸群 무리 군
▸管境: 관管은 '관할하다, 단속하다, 관장하다'라는 뜻이고, 경境은 '구역, 국경'을 의미한다. 따라서 '관경'은 국경이나 구역을 관할한다는 뜻이다.

12. 배달과 단군조선의 통치 정신

신교의 3도 정신과
성·명·정과 진·선·미의 실현 문제

『대변경大辯經』에 다음과 같이 기록되어 있다.

신시씨神市氏(배달 초대 환웅)는 전佺의 도*로써 계율을 닦아 사람들에게 제천祭天을 가르치셨다. 이른바 전佺이란 사람의 본래 온전한 바탕을 따라 능히 본성에 통해[通性] **참됨**[眞]을 이루는 것이다.

청구씨青邱氏(14세 치우천황)는 선仙의 도로써 법을 세워 사람들에게 **천하를 나누어 다스리는 법도**[管境]를 가르치셨다. 선仙이란 사람이 본래 저마다 타고난 바를 따라서 자신의 참된 **영원한 생명력을 깨달아**[知命] 널리 선善을 베푸는 것이다.

조선씨朝鮮氏(단군왕검)는 종倧의 도로써 왕을 세워 사람들에게 **책화**[責禍]를 가르치셨다. 종倧이란 사람이 (우주 안에서) 스스로 으뜸 되는 바에 따라 정기를 잘 보존[保精]하여 (대인이 되어) **아름다움**[美]을 실현하는 것이다.

삼신과 삼재[天·地·人]와 우주 본체인 삼극의 관계

그러므로 (이러한 전佺과 선仙과 종倧의 도道 가운데)

전佺은 텅 빈 자리로 천도天道에 근본을 두고,
선仙은 광명 자리로 지도地道에 근본을 두며,
종倧은 천지 도덕의 삶을 실현하는 강건한 자리로 인도人道에 근본을 둔다.

13. 환인·환웅·단군·왕검의 의미

『대변경』의 「주注」에 이렇게 기록되어 있다.

환인桓仁은 천신天神이라고도 하니 천天은 곧 큼[大]이며, 하나[一]이다.
환웅桓雄은 천왕天王이라고도 하니 왕王은 곧 황皇이며, 제帝이다.
단군檀君은 천군天君이라고도 하니 제사를 주관하는 제사장이시다.
왕검王儉은 감군監群이라고도 하는데, 나라를 다스리는 군주이시다.

---

*전佺·선仙·종倧 3도道는 신교 도맥의 전모를 밝혀 주는 핵심 내용이다. 배달 시대부터 신교 삼신三神은 천지인天地人 삼계 정신으로, 전佺과 선仙과 종倧의 도로 나타난다. 전佺과 선仙은 각기 천天의 창조 정신과 지地의 조화 정신에 근원을 두며, 종倧은 천지의 주체인 인간의 지고한 존엄성을 가리킨다. 전도는 천인합일로 신인神人을 이상으로 하고, 선도는 선인仙人의 길을, 종도는 천지의 이상을 실현하는 대인大人의 도를 세웠다. 이것이 후에 불佛·선仙·유儒 삼교로 분화하여 발전하였다. 즉 신교 삼신三神의 도가 유·불·선(기독교) 삼교의 진리로 계승·발전된 것이다.

삼 신		
造化	敎化	治化
天道	地道	人道
神	法	王
性	命	精
佺	仙	倧
眞 (淸眞大)	善 (善聖大)	美 (美能大)
창조 조화	육성育成과 깨달음	통치와 주재主宰
인간의 존재 가치		

桓, 檀, 韓의 意味

故로 自天光明을 謂之桓也오

自地光明을 謂之檀也니 所謂桓은 卽九皇之謂也라

韓은 亦卽大也니 三韓曰 風伯雨師雲師오

加는 卽家也니 五加曰 牛加主穀하며 馬加主命하며

狗加主刑하며 猪加主病하며 鷄加主善惡也니

民有六十四하고 徒有三千이라.

14. 開天·開人·開地의 뜻

遣徃理世之謂開天이니

開天故로 能創造庶物이니 是虛之同體也오

貪求人世之謂開人이니

開人故로 能循環人事니 是魂之俱衍也오

治山通路之謂開地니

開地故로 能開化時務니 是智之雙修也니라.」

15. 韓民族 歷史 속의 白頭山의 意味

三韓秘記에 曰「盖白頭巨岳이 盤居大荒之中하야

橫亘千里하고 高出二百里하야 雄偉嶝峻하며

蜿蜒磅礴하야 爲倍達天國之鎭山이오」

神人陟降이 實始於此어늘 豈以區區妙香山이

환, 단, 한의 의미

그러므로 하늘에서 내려오는 광명을 환桓이라 하고, 땅의 광명을 단檀이라 한다. 이른바 환桓은 곧 구황九皇을 말하는 것이다.
한韓*은 또 크다[大]는 뜻이다. 삼한三韓은 풍백·우사·운사를 말하기도 한다. 가加는 가家라는 뜻이다. 오가五加는 곧 곡식을 주관[主穀]하는 우가牛加, 어명을 주관[主命]하는 마가馬加, 형벌을 주관[主刑]하는 구가狗加, 질병을 주관[主病]하는 저가猪加, 선악을 주관[主善惡]하는 계가鷄加를 말한다. 백성은 64겨레요, 무리는 3천이었다.

✱ 한韓: 천지 광명(환단)의 주인으로서, 천지 역사의 주체이자 세계 문명의 주체가 된다. 그러므로 한韓에는 시작, 근본, 통일[一也], 천자[王也], 중심[中也], 세계의 광명[明也]이라는 다양한 뜻이 있다.

14. 개천·개인·개지의 뜻

성인을 보내어 세상을 다스리는 것을 일러 **개천**開天이라 하니, 하늘을 열었기 때문에 만물을 창조할 수 있다. 이것이 곧 이 세상이 하늘의 이법(천리)과 부합되어 하나로 조화[虛粗同體]되는 것이다.
인간의 본래 성(인간 속에 있는 삼신의 마음)을 여는 것을 **개인**開人이라 하니, 사람들의 마음자리를 열어 주기 때문에 세상일이 잘 순환하게 된다. 이로써 형체와 함께 영혼이 성숙해[形魂俱衍] 가는 것이다.
산을 다스려 길을 내는 것을 일러 **개지**開地라 하니, 땅을 개척하기 때문에 능히 때에 알맞은 일을 지어서 세상일이 변화할 수 있게 한다. 이러한 개척의 삶을 통해 지혜를 함께 닦게[智生雙修] 된다.

15. 한민족 역사 속의 백두산의 의미

『**삼한비기**三韓秘記』*에 이렇게 기록되어 있다.

백두산이라는 거대한 산악이 광활한 대지 가운데 장중하게 자리잡아 가로로 천 리를 뻗고, 높이는 2백 리를 우뚝 솟았다. 웅장한 고산준령이 꿈틀거리며 널리 덮어 배달 천국의 **진산**鎭山이 되었다.

신인神人이 오르내린 곳이 실로 여기에서 비롯하거늘, 어찌 구구

✱ 『**삼한비기**三韓秘記』: 고려 시대에 김부식이 『삼국사기』를 지을 때만 해도 『삼한고기三韓古記』, 『해동고기海東古記』, 『삼국사三國史』 등이 남아 있었다. 이 『삼한비기』는 본문의 내용으로 보아 『삼국유사』 이후에 나온 사서이고, 삼한三韓이라는 명칭을 붙인 것으로 볼 때 우리나라 고대사의 뿌리를 밝힌 도가 사서道家史書임이 분명하다.

▩ **진산**鎭山: 한 국가나 도시 또는 각 지방에 있는 주산主山.

只係狼林西走之脉으로 而能得叅於如許聖事耶아

世俗이 旣以妙香山으로 爲太白則其見이

只局於東鴨綠水以南一隅之地오

便唱山之祖宗崑崙하야 欣欣然以小中華自甘하고

宜其貢使北行이 歷累百年이로대

而不爲之恥하니 是乃廢書而長嘆者也라.

然이나 今東方諸山이 以太白으로 爲名者가 頗多오

世俗이 率以寧邊妙香山으로

當之는 實由於一然氏三國遺事之說이나

而彼等眼孔이 如豆如太하니 安足以與之論哉아

今白頭山은 上有大澤하야 周可八十里오

鴨綠松花豆滿諸江이 皆發源於此하니 曰天池오

卽桓雄氏乘雲天降處也라. 妙香山은 曾無一小洿하고

且不爲桓雄天皇肇降之太白山이니 不足論也라.

魏書勿吉傳에 曰「國南에 有徒太山하니 魏言太皇이라

有虎豹熊狼호대 不害人하며 人이 不得上山溲溺하고

行逕者는 皆以物盛去라」하니 盖桓雄天皇之肇降이

旣在此山이오 而又此山이 爲神州興王之靈地니

則蘇塗祭天之古俗이 必始於此山이오

而自古桓族之崇敬이 亦此山始하야 不啻尋常也라

且其禽獸도 悉沾神化하야 安棲於此山而未曾傷人하며

人도 亦不敢上山溲溺而瀆神하야 恒爲萬世敬護之表矣라.

하게 묘향산이 단지 낭림산맥이 서쪽으로 뻗은 맥에 매여 있다는 사실 하나로 환웅천황께서 강림하신 일과 관련이 있다고 할 수 있겠는가?

세속에서 묘향산을 태백산이라 한다면, 그 소견은 동압록강 이남의 한 모퉁이 땅에 국한시키는 것이 된다. 또한 산의 조종은 곤륜산崑崙山[22]이라 하여, (우리가) 소중화를 기꺼이 감수하고 중국에 조공을 바친 것이 수백 년이 지났으되 오히려 부끄러워할 줄 모르니, 이는 글을 폐하고 크게 통탄할 일이로다.

그러나 지금 동방의 여러 산 가운데 태백산으로 불리는 곳이 자못 많다. 세속에서는 대개 영변의 묘향산으로 말하기도 하나, 이것은 실로 일연이 쓴 『삼국유사』에서 비롯된 것이다. 저들의 눈구멍이 마치 콩알 같고 팥알 같으니 어찌 더불어 의논할 수 있겠는가.

지금 백두산 꼭대기에는 큰 못이 있어 둘레가 80리요, 압록강·송화강·두만강이 모두 여기에서 발원한다. 그 못을 천지天池라 부르는데, 바로 환웅 신시씨께서 구름을 타고 하늘에서 내려온 곳이다. 묘향산은 조그마한 웅덩이 하나 없고, 또 환웅천황이 내려오신 **태백산**도 아니니 거론할 것도 없다.

『위서魏書』* 「물길전勿吉傳」에 이렇게 기록되어 있다.

> 나라 남쪽에 도태산徒太山이 있는데, 위魏나라에서는 태황산太皇山이라 부른다. 호랑이, 표범, 곰, 이리가 있지만 사람을 해치지 않는다. 사람들이 산에 올라 오줌을 누지 아니하고, 산길을 가는 사람은 모두 가져간 물건을 담아 갔다.

환웅천황이 처음 내려오신 곳이 이 산이다. 또 이곳은 신주神州(배달)의 왕업이 흥한 신령한 땅이니, 소도蘇塗에서 제천하는 옛 풍속은 필시 이 산에서 시작된 것이리라.

그리고 예로부터 환족이 삼신상제님을 숭배하고 공경함이 또한 이 산에서 비롯하였으니 평범한 산이 아닐 뿐만 아니라, 금수조차 모두 신령한 감화에 젖어 이 산에서 편안히 살며 일찍이 사람을 해치지 아니하였다. 사람도 이 산에 올라 감히 오줌을 누어 신을 모독하지 않았으니, 만세에 걸쳐 항상 공경하고 수호하는 표상이 되었다.

* 『위서魏書』: 북제北齊의 위수魏收가 왕명을 받아 551년에 편찬을 시작하여 554년에 완성한 북위北魏의 정사正史이다. 그러나 위수가 주관적으로 사실을 왜곡하여 서술하였다 하여 예사穢史, 즉 더러운 역사서라는 비난을 받았다. 여기에 고구려, 백제, 물길, 거란 등의 열전列傳이 실려 있다. 일찍이 정인보는 『삼국유사』 고조선 조의 "『위서』에 이르기를, 지난 2,000년 전에 단군왕검께서 도읍을 아사달에 정하셨다[魏書云, 乃往二千載, 有壇君王儉, 立都阿斯達.]"라는 기록에서 『위서魏書』는 탁발씨 북위北魏의 『위서』가 아니라, 조조가 세운 위魏나라의 『위서』로 진晉나라 왕침王沈이 지었다고 하였다(『조선사연구』 34쪽). 『수서경적지고증隋書經籍志考證』에서는 "중국을 낮추고 동이족을 높였다[陋華夏而矜夷狄.]"라는 이유로 왕침의 『위서』는 후대에 불태워졌다고 하였다.

16. 三神山과 東北方의 光明 精神

개아환족 개출어신시소솔삼천도단지장
蓋我桓族이 皆出於神市所率三千徒團之帳이오

후세이강 수유제씨지별
後世以降으로 雖有諸氏之別이나

실불외어환단일원지예손야
實不外於桓檀一源之裔孫也라

신시조강지공덕 당필전송이불망 즉선왕선민
神市肇降之功悳을 當必傳誦而不忘이니 則先王先民이

지기삼신고제지성지 왈삼신산자 역필의
指其三神古祭之聖地하야 曰三神山者가 亦必矣니라.

개신시이강 신리성화지점 축세이우부익심
蓋神市以降으로 神理聖化之漸이 逐歲而尤復益深하고

입국경세지대본 자여인국 형이 기신풍성속
立國經世之大本이 自與人國으로 逈異하야 其神風聖俗이

원파어천하 천하만방지인 유모어신리성화자
遠播於天下하니 天下萬邦之人이 有慕於神理聖化者는

필추숭삼신 지유동북 신명사지칭언
必推崇三神하야 至有東北은 神明舍之稱焉이라.

三神山이 蓬萊, 方丈, 瀛洲山으로 불린 理由

급기말류지폐즉점함어황탄불경 유출유기
及其末流之弊則漸陷於荒誕不經하야 愈出愈奇하고

괴탄무계지설 질출어소위연제해상 괴이지방사
怪誕無稽之說이 迭出於所謂燕齊海上의 怪異之方士하니

개기지 여구환신시 상접 민물지교 특성
蓋其地가 與九桓神市로 相接하고 民物之交가 特盛하야

자능풍문경기 우부추연부회 왈삼신산
自能風聞驚奇라 又復推演附會하야 曰三神山은

시봉래방장영주 재발해중운운 이혹세주야
是蓬萊方丈瀛洲니 在渤海中云云하야 以惑世主也라.

연 당시지인 동지해상
然이나 當時之人이 東至海上하야

일망무소제애이발해지중 갱부지유타해고
一望無所際涯而渤海之中에 更不知有他海故로

첩왈삼신산 역재발해중운운
輒曰三神山은 亦在渤海中云云이나

실즉비삼신산 각재삼도산야
實則非三神山이 各在三島山也라.

봉래 봉발래경지처 즉천왕소강
蓬萊는 蓬勃萊徑之處니 卽天王所降이오

16. 삼신산과 동북방의 광명 정신

우리 환족은 모두 신시 배달 환웅께서 거느린 무리 3천 명의 후손이다. 후세에 비록 여러 부족으로 나뉘었으나 실로 **환단일원**桓檀一源**의 후손**에서 벗어나지 않는다.

신시 환웅께서 처음 강세하신 공덕을 반드시 후세에 전하고 입으로 외고 잊지 말아야 하니 선왕선민先王先民이 옛날 삼신께 제사 지내던 이 성지를 가리켜 삼신산이라 한 것은 실로 당연한 일이다.

신시 환웅께서 강림하심으로써 신령한 다스림과 거룩한 교화의 은택이 세월의 흐름에 따라 더욱 깊어 갔다. 나라를 세워 세상을 다스리는 큰 근본이 다른 나라와 판이하게 달라 우리의 신이한 기풍과 거룩한 풍속이 멀리 온 천하에 전파되었다. 이에 천하만방의 백성 중에 신령한 다스림과 거룩한 교화를 흠모하는 자는 반드시 삼신을 숭배하였고, **동북방을 신명이 머무는 곳***이라 일컬었다.

삼신산이 봉래, 방장, 영주산으로 불린 이유

그러나 세월이 흐르면서 (이러한 사실이 잊혀지고) 폐단이 생겨나 점점 근거 없고 허황된 길로 빠져 들어갔다. 시간이 지날수록 더욱 괴이하고 허무맹랑한 이야기가 연燕·제齊 두 나라의 바닷가에 사는 괴짜 방사들에게서 번갈아 나왔다. 그 땅이 구환, 신시와 서로 인접하고, 사람과 물자의 교류가 특히 성한 곳이었기 때문이다. 그들은 풍문으로만 듣고도 기이함에 깜짝 놀랐는데 여기에 다시 미루어 부연하고 억지로 끌어다 붙여서 "삼신산은 봉래산, 방장산, 영주산으로 발해 가운데 있다" 운운하여 당시의 임금을 미혹하게 하였다.

그러나 당시 사람들이 동쪽 바닷가에 이르러 바라보니 끝없이 아득하기만 하여 발해 가운데 다른 바다가 있음을 알지 못했다. 그러므로 툭하면 "삼신산 역시 발해 가운데에 있다" 운운하나, 사실 삼신산은 각각 세 섬[三島]에 있는 산을 일컫는 것이 아니다.

봉래蓬萊는 쑥대가 우뚝우뚝 자라고 묵은 풀이 길에 황량하게 우거진 곳이라는 뜻으로 곧 천황이 내려오신 장소요, 방장方丈은

* 흔히 중국의 천 년 역사에서 황하 이남에는 큰 인물이 나오지 않았다고 전한다. 그것은 천지의 기운이 황하 이북인 동북에 몰려 있고, 동북방 대문명권의 영향을 받고 중국 고대 문화를 개척한 인물이 대부분 동이족 출신이기 때문이기도 하다.
동방의 배달, 조선의 문명은 신교를 문화 창조의 생명으로 하였다. 지구의 동양, 동양의 동북방은 우주 삼신의 성령이 내리는 인류 문명의 개척지이다. 이를 공자는 주역에서 간 도수[艮度數, 艮方]로 규정하였다. 간 도수란, 동북방 문명이 세계 문명을 창조하고 그 성숙을 주도함을 뜻한다. 공자는 앞으로 동이족 한국의 종교 문명으로 전 인류 문화를 개벽시켜 세계 통일 문명을 건설할 이 개벽의 성지를 "역사의 큰 문[艮爲閽門]"이라 한 바 있다.

閣 다락집 각	蘇 깨어날 소
塗 진흙 도	瀛 섬이름 영
洲 섬 주	環 두를 환
貌 모양 모	
摠 모두 총(=總)	
尤 더욱 우	荒 거칠 황
怪 괴이할 괴	源 근원 원
委 끝, 말단 위	
源委: 근본과 여줄가리(本末)	
剛 군셀 강	智 지혜 지
異 다를 이	漢 한수 한
挐 붙잡을 나	封 봉할 봉
封祀: 산 위에 제단을 쌓고 신에게 제사함	
禪 봉선 선 (천자가 산천에 제사지내던 일)	
盖 모두 개	嘗 일찍이 상
禽獸: 날짐승과 길짐승	
盡 다할 진	銀 은 은
宮 집 궁	闕 대궐 궐
還 돌아올 환	魂 넋 혼
草 풀 초	丹 신약 단
鹿 사슴 록	雉 꿩 치
鷹 매 응	屬 무리 속
括 묶을 괄	鳥 새 조
帶 띠 대	産 낳을 산
蔘 인삼 삼	擬 헤아릴 의
氓 백성 맹	欲 바랄 욕
採 캘 채	取 취할 취
沐 머리감을 목	
浴 목욕할 욕	潔 깨끗할 결
齊 재계할 재	
潔齊: 제사가 있거나 신에게 기도를 해야 할 때 며칠 전부터 주색잡색을 금하고 잡념을 버려 심신을 깨끗이 하는 일	
敢 감행할 감	發 떠날 발
想 생각할 상	
世紀: 『단군세기』를 말함	
烏 검을 오	巡 돌 순
驗 효험 험	
遂 마침내 수	遺 끼칠 유
俗 풍속 속	特 특별할 특
盛 성할 성	典 의식 전
邦 나라 방	獨 홀로 독
壓 누를 압	崐 산이름 곤
崙 산이름 륜	亦 또 역
矣 어조사 의	餘 남을 여

방장　사방일장지각　　즉소도소재
方丈은 四方一丈之閣이니 卽蘇塗所在오

영주　영환주도지모　　즉천지소출
瀛洲는 瀛環洲島之貌니 卽天池所出이니

총언위삼신산　　이삼신　즉일상제야
摠言爲三神山이오 而三神은 卽一上帝也시니라.

연　　우기황괴자　　부지삼신지원위
然이나 尤其荒怪者는 不知三神之源委하고

이내금강왈봉래　지이왈방장　　한라왈영주　시야
而乃金剛曰蓬萊오 智異曰方丈이오 漢挐曰瀛洲가 是也라.

사기봉선서　왈　기전　재발해중　　개상유지자
史記封禪書에 曰「其傳에 在渤海中하니 盖嘗有至者오

제선인　급불사지약　개재언
諸仙人과 及不死之藥이 皆在焉이오

기물금수　진백　　이황금백은　　위궁궐운운
其物禽獸는 盡白이오 而黃金白銀으로 爲宮闕云云」하고

우선가서　왈
又仙家書에 曰

삼신산　유환혼불로등초　　일명진단
「三神山에 有還魂不老等草하니 一名眞丹이라」

금백두산　자고　유백록백치　혹백응지속
今白頭山에 自古로 有白鹿白雉 或白鷹之屬하니

괄지지소운　유조수초목개백　시야
括地志所云에 有鳥獸草木皆白이 是也라.

우백두산일대　다산산삼　세인　의지불로초
又白頭山一帶에 多産山蔘하니 世人이 擬之不老草라

산맹　욕채취즉필선목욕결재　이제산연후
山氓이 欲採取則必先沐浴潔齊하고 而祭山然後에

감발　기환혼불로지명　역상원어차야
敢發하니 其還魂不老之名이 亦想源於此也라.

세기　운　단군오사구원년　북순이득영초운
世紀에 云「檀君烏斯丘元年에 北巡而得靈草云이라」하니

즉차우험야
則此又驗也니라.

三神山은 太白山, 곧 白頭山이다

시월제천　수위천하만세지유속
十月祭天은 遂爲天下萬世之遺俗이니

차내신주특유지성전　　이비외방지가비야
此乃神州特有之盛典이오 而非外邦之可比也니

태백산　독압곤륜지명　역유여의
太白山이 獨壓崑崙之名이라도 亦有餘矣라.

고지삼신산자　즉태백산야　역금백두산야
古之三神山者는 卽太白山也니 亦今白頭山也라

사방이 일 장一丈씩 되는 누각이라는 뜻으로 곧 소도가 있는 곳이요, 영주瀛洲는 바다가 섬에 둘러싸인 모습이니 곧 천지天池가 나오는 곳이다. 이를 총괄하여 **삼신산**이라 한다. **삼신은 곧 한 분 상제님**[三神卽一上帝]이시다.

그렇건만 더욱 황당하고 괴이한 것은 삼신의 본래 의미조차 알지 못하고 도리어 금강산을 봉래산이라 하고, 지리산을 방장산, 한라산을 영주산이라 부른다는 사실이다.

사마천의 『사기』「봉선서封禪書」에 이렇게 기록되어 있다.

> 전해 오는 말에 삼신산은 발해 가운데 있는데 일찍이 그곳에 가 본 자가 있고, 뭇 신선과 불사약이 그곳에 있으며, 그곳의 사물과 금수는 모두 희고, 황금과 백은으로 궁궐을 지었다 한다.

또 『선가서仙家書』에 이렇게 기록되어 있다.

> 삼신산에 환혼초還魂草와 불로초不老草 등이 자라므로 일명 진단眞丹이라고도 한다.

지금의 백두산에는 예부터 흰 사슴, 흰 꿩, 흰 매 등이 있었다. 『괄지지括地志』*에 "새와 짐승과 초목이 다 희다"라고 한 것은 이를 말함이다.

또 백두산 일대에 산삼이 많이 나서 세상 사람들은 그것을 불로초라 여겼다. 산사람이 산삼을 캐고자 할 때에는 반드시 먼저 목욕재계하고 산에 제사를 지낸 뒤에 산행을 떠나니, 환혼·불로라는 이름이 붙은 것은 생각컨대 여기서 비롯한 것이다.

『단군세기』에 이르되, "오사구단군(4세) 원년에 임금께서 북쪽을 순수하시다가 영초靈草를 얻었다"라고 했으니 이것이 또한 그 증거이다.

삼신산은 태백산, 곧 백두산이다

10월*에 천제를 지내는 풍속은 마침내 천하만세에 전해 내려오는 고유한 풍속이 되었다. 이것은 우리 **신주**神州에만 있는 독특하고도 성대한 의식으로 다른 나라와 가히 비교할 바가 아니다.

태백산은 홀로 곤륜산의 이름을 누르고도 남음이 있도다. 옛날

---

* 『괄지지』: 당 태종이 넷째 아들 위왕魏王 태泰를 시켜 만든 전 550권으로 된 지리서. 『괄지지』에서 처음으로 "고구려의 도읍인 평양성은 한나라의 낙랑군 왕험성이다[高麗都平壤城, 本漢樂浪郡王險城.]"라고 날조되었다. 이후 중국의 여러 정사正史에서 그대로 답습함으로써 마침내 평양이 낙랑군 자리였다는 허위 사실이 기정 사실로 바뀌기에 이르렀다.

* 10월: 우리나라에서는 상고시대부터 매년 10월이 되면 항상 국가적인 행사[國中大會]를 열어 삼신상제님께 제사를 지내왔는데, 이와 같은 신교의 소도蘇塗 제천 의식은 환국 시대에 시원하여 배달·고조선으로 이어졌다. 이 의식은 부여의 영고迎鼓, 동예의 무천舞天, 삼한(중삼한)의 5월·10월 소도제, 고구려의 동맹東盟, 백제의 교천郊天, 신라와 고려의 팔관회八關會로 계승·발전되었다. 요遼나라의 요천繞天, 금金나라의 풍속까지도 우리의 10월 제천 풍속을 국속國俗으로 계승한 것이다. 이와 같이 수천 년 동안 우주의 주재자이신 삼신상제님께 제사를 지낸 10월 제천 행사는 다른 나라에서 찾아볼 수 없는 신교의 제천 풍속[國風·國俗]인 것이다.

* 신주神州: ①신령한 나라 ②삼신의 본 고향 ③신교의 종주국 ④배달의 왕업이 흥한 신령한 땅이라는 뜻으로 우리나라를 말한다. 고대에 중국과 일본도 우리를 흉내내어 자기네 나라를 신주라 칭했다.

盖上世神市之人文教化가 至于近世하야 雖不得健行이나
而天經神誥가 猶有傳於後世하고 擧國男女가
亦皆崇信於潛嘿之中하니 卽人間生死를 必曰三神所主오
小兒十歲以內의 身命安危와 智愚俊庸을 悉托於三神하니
夫三神者는 卽創宇宙造萬物之天一神也시니라.

17. 中國 漢族에게 傳播된 三神上帝님 信仰

昔에 司馬相如가 謂漢主劉徹曰 陛下謙讓而弗發也하야
挈三神之驩이라 하고 韋昭注에 「三神은 上帝시니라」 하니
三神之說이 早已傳播於彼境也가 明矣로다.

東方 文明의 神敎와 齊나라의 八神祭

震域留記에 曰 「齊俗에 有八神之祭하니 八神者는
天主·地主·兵主·陽主·陰主·月主·日主·四時主也라
天好陰故로 祭之必於高山之下와 小山之上하니
乃祭天太白山之麓之遺法也오 地貴陽故로
祭之必於澤中方丘하니 亦卽祭天塹城之壇之餘俗也니라
天主는 祠三神하고 兵主는 祠蚩尤하니
三神은 爲天地萬物之祖也시오
蚩尤는 爲萬古武神勇强之祖시니라.
作大霧하시고 驅水火하시며 又爲萬世道術之宗하사
喚風雨하시고 招萬神하시니

의 삼신산은 곧 태백산이고, 지금의 **백두산***이다.

그 옛날 배달 때의 인문 교화가 근세에 와서 비록 널리 행해지지 못하고 있으나, 『**천부경**』과 『**삼일신고**』가 후세까지 전해져 온 나라의 남녀가 모두 은연 중에 믿고 받들며, "인간의 생사는 반드시 삼신께서 주관하신다" 하고, 열 살 안 된 어린아이의 신명의 안위와 슬기로움과 어리석음, 뛰어남과 용렬함을 모두 삼신께 맡겼다. 대저 **삼신은 우주 만물을 창조하신 일신 하느님이시다.**

***백두산**: 우리 민족의 성산聖山인 백두산은 백산白山 이외에도 삼신산三神山, 개마산蓋馬山, 불함산不咸山 등으로 불리었다. 또한 인류 구원의 완성이며, 모든 진리 도맥道脈의 완성인 시루산[甑山]으로도 불린다. 중국인들은 장백산長白山이라 부른다.

17. 중국 한족에게 전파된 삼신상제님 신앙

옛적에 **사마상여**司馬相如*가 한漢나라 왕 유철劉徹[武帝]에게 말하기를, "폐하께서는 겸양하시어 (봉선을 하기 위해) 출발하지 않으시니 이는 삼신의 환심을 끊으시는 것입니다"라고 하였다. 또 위소韋昭의 주注에, "**삼신은 상제님*****이시다**"라고 하였으니, 삼신설三神說이 일찍이 중국에 전파된 것이 분명하다.

동방 문명의 신교와 제나라의 팔신제

『**진역유기**震域留記』에 이렇게 기록되어 있다.

> 제齊나라 풍속에 **팔신제**八神祭*가 있으니, 팔신은 **천주**天主 · **지주**地主 · **병주**兵主 · **양주**陽主 · **음주**陰主 · **월주**月主 · **일주**日主 · **사시주**四時主이다.
>
> 하늘은 음陰을 좋아하므로 반드시 높은 산 아래와 작은 산 위에서 제사 지내는데, 곧 태백산 기슭에서 천제를 지내던 유법遺法이다.
>
> 땅은 양陽을 귀하게 여기므로 반드시 못[澤] 가운데 모난 언덕에서 제사 지내는데, 또한 참성단에서 제천하던 풍속이 전해진 것이다.
>
> **천주는 삼신께 제사를 지내고, 병주는 치우천황께 제사를 지내니,** 삼신은 천지만물의 조상이시고, 치우는 만고의 무신용강武神勇强의 비조鼻祖이시다.
>
> 큰 안개를 일으키고, 물과 불을 마음대로 부리시고 또 만세 도술의 종장이 되어 풍우風雨를 부르고, 만신萬神을 부르셨다. 이 때문에 상

***사마상여**司馬相如: 전한前漢 경제景帝·무제武帝 때의 문인文人으로 사부辭賦에 뛰어났다. 사천성 성도成都 사람이다.

■ **삼신은 상제님**: 본문 내용은 『사기』「사마상여열전」에서 인용된 것이다. 사마상여가 한무제에게 아뢴 말 중에, 삼신三神이라는 말이 있다. 삼국 시대의 학자 위소韋昭(?~273)의 주注에는 "삼신은 상제님이시다[三神, 上帝也]"라고 하였다. 또한 『사기』「봉선서」와 「천관서」를 보면 우리의 신교 삼신 사상과 오행 철학의 내용으로 가득 차 있어 한무제 당시까지도 중국 전역에 삼신 사상이 널리 전파되어 뿌리 내려 있었음을 알 수 있다.

***팔신제**八神祭: 경기도 이천 설봉산성 봉화대 위쪽에 백제 시대의 팔신제단이 남아 있다. 이는 곧 백제에 팔신의 풍습이 전해진 증거라 여겨진다.

- 恒 항상 항　　- 戎 병기 융
- 戎事: 전쟁에 관한 일
- 岱 대산 대　　- 奄 가릴 엄
- 藍 쪽 람　　- 介 끼일 개
- 嵎 산모퉁이 우
- 萊 명아주 래　　- 徐 천천히 서
- 淮 강이름 회　　- 族 겨레 족
- 萌 싹 맹　　- 盛 성할 성
- 當 그 당　　- 邦 나라 방
- 雖 비록 수　　- 夷 동방족 이
- 豊 풍성할 풍　　- 沛 늪 패
- 豊沛: 한고조 유방의 고향
- 釁 피칠할 흔　　- 鼓 북 고
- 釁鼓: 옛날 전쟁할 때 희생犧牲을 죽여 신에게 제사지내고 그 피를 북에 칠한 것
- 旗 깃발 기　　- 灞 강이름 패
- 侯 제후 후　　- 咸 다 함
- 因 인할 인　　- 襲 엄습할 습
- 秦 진나라 진　　- 朔 초하루 삭
- 正朔: 정월正月 초하루. 책력冊曆, 역법曆法
- 崇敬: 숭배하고 존경함
- 祠 제사 지낼 사
- 祝官: 제사 일을 맡은 제관
- 篤 도타울 독

是以로 大始之世에 恒爲天下戎事之主시니라

海岱之地에 旣爲奄藍陽介嵎萊徐淮八族之所宅하니

則八神之說이 萌於八族하야 而盛行於當時也라.」

漢 高祖 劉邦이 崇敬한 蚩尤天皇

劉邦이 雖非夷系나 而起兵於豊沛하니 則豊沛之俗이

祠蚩尤也라 故로 邦이 亦因俗以祠蚩尤하고 而釁鼓旗하야

遂以十月至灞上하야 與諸侯로 平咸陽하고

而立爲漢王則因以十月로 爲歲首하니 此雖襲秦正朔이나

而亦因崇敬東皇太一하며 敬祠蚩尤也라

後四歲에 秦域이 已定에 則令祝官으로

立蚩尤之祠於長安하니 其敬蚩尤之篤이

如此하니라.

양주묘陽主廟_ 산동성 연대시煙臺市 지부도芝罘島의 노야산老爺山 아래에 있는 양주묘는 제나라가 팔신 제사를 지내던 묘사廟社 중의 하나로 진시황과 한 무제도 여기서 제사대전祭祀大典을 거행한 일이 있다.

고 시대에 항상 천하 군무軍務의 주장[天下戎事之主]이 되셨다. 해대海岱* 지방에 엄奄·남藍·양陽·개介·우嵎·내萊·서徐·회淮 팔족이 살았는데, 팔신설八神說이 이 팔족에서 생겨 당시에 성행하였다.

한 고조 유방이 숭경한 치우천황

유방劉邦은 동이 계통은 아니지만 풍패豊沛*에서 병사를 일으켰다. 풍패에는 치우천황께 제사를 지내는 풍속이 있기 때문에, 유방은 이 풍속에 따라 치우천황께 제사 지내고 북과 깃발에 희생犧牲의 피를 발랐다.

드디어 10월에 패상灞上에 이르러 제후와 더불어 함양(秦의 수도)을 평정하고 한왕漢王이 되어 10월을 한 해의 첫머리로 삼았다. 이것은 비록 진秦나라의 역법을 답습한 것이지만, 동황태일東皇太一*23)을 숭상하고 경배하며 치우천황께 지극한 공경심으로 제사 지낸 것과 연관이 있다.

4년 후에 진나라 땅을 평정하고 축관祝官(제사를 담당한 관원)에게 치우 사당을 장안長安에 짓게 하였으니, 치우천황을 돈독히 공경함이 이와 같았다.*

---

* 해대海岱: 황해와 태산泰山 사이로 지금의 산동성山東省과 강소성江蘇省 지방이다.

* 풍패豊沛: 풍현과 패현. 강소성江蘇省 서주시徐州市의 서북에 있다.

* 패상灞上: 섬서성陝西省 장안현長安縣의 동쪽에 있다.

* 동황태일東皇太一: 신교神敎 삼신 사상의 우주관에서 천지인天地人 삼재三才의 창조 정신을 천일天一·지일地一·태일太一로 말한다. 이 가운데 태일은 천지의 주체가 된다. 동황태일은 곧 삼한 중에 진한辰韓의 대왕[天王, 대단군]이 되어 천하를 다스리신 단군왕검을 말한다. 단재 신채호는 "『초사楚辭』에 보면 동황태일 곧 단군왕검을 제사하는 풍속이 (중국 양자강 유역인) 호북湖北, 절강浙江 등지에서 많이 유행하였다"라고 하였다(신채호, 『조선상고사』 상, 115쪽).

* 한 고조 유방이 패공沛公이 되었을 때 치우천황에게 제사 지낸 일은 『사기』에도 기록되어 있다. 『사기』「한고조본기」에는 "고조가 처음에 군사를 일으킬 때 치우에게 제사를 지내고 북과 깃발에

慧星의 主宰者는 蚩尤天皇

晉天文志에「蚩尤旗는 類慧나 而後曲하야 象旗하고 所見之方에 下有兵云이라」하니 則乃蚩尤天王이 上爲列宿也시라. 通志 氏族畧에「蚩氏는 蚩尤之後라」하고 或曰「蒼頡이 與高辛으로 亦皆蚩尤氏之苗裔로 生大棘城하야 而轉徙於山東淮北者也라」하니 盖蚩尤天王之英風雄烈이 播傳遠域之深을 推此可知也니라.

燕齊之士가 沉惑於神異誣謾之說이 亦尙矣라 自齊威燕昭之時로 遣使求三神山하고 秦漢之際에 宋無忌·正伯僑·充尙·羨門子高· 最後之徒는 則燕人也오 文成·伍利·公孫卿·申公之屬은 皆齊人也라.

성산두成山頭와 일주사日主祠_성산두는 산동성 영성시榮成市 용수도진龍須島鎭의 최동단이다. 중국에서 해가 가장 먼저 뜨고, 한반도와 가장 가까운 곳이다. 진시황이 서복을 보냈다는 전설이 중국 곳곳에 남아 있는데 이곳도 그 중 하나이다. 성산두에는 진시황 사당인 시황묘始皇廟가 있는데, 그 경내에 팔신八神 중 일주日主를 모신 일주사日主祠가 있다.

혜성의 주재자는 치우천황

『진서晋書』「천문지天文志」에, "치우기蚩尤旗는 혜성慧星(살별)[24]과 비슷하나 뒤가 굽어 그 모습이 깃발과 같고, 이 별이 나타나는 지방에서는 전쟁이 일어난다"라고 하였으니, 치우천황이 천상에서 별의 주재자가 된 것이다.

『통지通志』*「씨족략氏族略」에, "치씨蚩氏는 치우의 후손이다"라고 하였고, 어떤 사람은 "창힐蒼頡과 고신高辛이 다 치우의 후손으로 대극성大棘城*에서 태어나 산동, 회수 북쪽에 옮겨 살았다"라고 하였다. 이로 미루어 치우천황의 영웅적인 풍채와 굳세고 맹렬한 기상이 아주 멀리까지 전파되었음을 알 수 있다.

연燕나라, 제齊나라의 방사들이 신비하고 이상하게 꾸며낸 이야기에 현혹된 이후로 오랜 세월이 흘렀다. 제齊 위왕威王과 연燕 소왕昭王 때부터 사신을 보내 삼신산을 찾았는데, 진한秦漢 때에 송무기宋無忌*, 정백교正伯僑*, 극상克尙*, 선문자고羨門子高*와 최후最後* 같은 무리는 연나라 사람이고, 문성文成*, 오리伍利, 공손경公孫卿, 신공申公[25] 같은 무리는 다 제나라 사람이다.

희생의 피를 발랐다[高祖初起, 禱豊枌楡社, 徇沛, 爲沛公, 則祠蚩尤, 釁鼓旗.]"라고 하였다.

* 『통지通志』: 남송南宋 때 정초鄭樵가 지은 것으로 삼황三皇 때부터 수隋나라에 이르기까지 역대를 통괄적으로 기록한 역사책(전 200권). 당나라 두우의 『통전通典』과 원元나라 마단림의 『문헌통고文獻通考』와 더불어 삼통三通이라 불린다.

* 대극성大棘城: 대릉하 중류의 조양朝陽 부근에 있다. 하북성 창려현昌黎縣으로 보는 사람도 있다.

* 송무기宋無忌: 『사기색은史記索隱』 「봉선서封禪書」에, "『노자계경老子戒經』에서 '月中仙人宋無忌.' 라 하고, 또 「백택도白澤圖」에서는 '火之精,曰宋無忌.' 라 했다" 하여 송무기를 화선火仙이라 칭하고 있다.

* 정백교正伯僑: 『사기색은』 「봉선서」에 "사마상여司馬相如가 말하기를 정백교는 옛 선인古仙人이라 하고, 배수裵秀의 『기주기冀州記』에는 '緱氏仙人廟者, 昔有王喬, 爲武陽人, 犍爲柏人令, 於此得仙, 非王子喬也.' 라 했다"라고 하였다.

일주사日主祠

18. 東方 韓民族의 神敎 文化를 傳播한 姜太公

中國 周에 영향을 끼친 神敎 文化

昔에 呂尙이 亦蚩尤氏之後라 故로 亦姓姜이니

盖蚩尤가 居姜水而有子者는 皆爲姜氏也라.

姜太公이 治齊에 先修道術하야 祭天於天齊池하고

而亦受封於齊하니 八神之俗이 尤盛於此地오

後世其地에 多好道術者가 出하야 與神仙黃老로

混會敷演하야 尤爲之潤飾하니

則此又姜太公이 爲之助俗也니라.

中國 漢族 文化에 傳授된 神敎의 道統

嘗作陰符經注하야 祖述紫府三皇之義하니

則燕齊之士가 安得以不好怪異浮誕之說哉아.

- 昔 옛 석
- 亦 또 역
- 姓 성씨 성
- 盖 대개 개
- 治 다스릴 치
- 修 닦을 수
- 祭 제사 지낼 제
- 池 못 지
- 封 받들 봉
- 尤 더욱 우
- 好 좋을 호
- 黃老 : 황제黃帝와 노자老子
- 混 섞일 혼
- 敷 펼 부
- 潤 젖을 윤
- 助 기릴 조
- 作 지을 작
- 經 경서 경
- 祖述 : 스승이나 조상의 도를 이어받아서 서술하는 일
- 紫 자줏빛 자
- 安 어찌 안
- 怪 괴이할 괴
- 浮 뜰 부
- 說 말씀 설
- 呂 음률 려
- 居 살 거
- 齊 제나라 제
- 術 술수 술
- 受 받을 수
- 俗 풍속 속
- 盛 성할 성
- 與 더불어 여
- 會 모을 회
- 演 펼 연
- 飾 꾸밀 식
- 嘗 일찍이 상
- 符 부신 부
- 注 주석 주
- 府 관청 부
- 得 얻을 득
- 異 다를 이
- 誕 거짓 탄
- 哉 어조사 재

강태공 상_산동성 치박시淄博市 임치구臨淄區 강태공 사당.

18. 동방 한민족의 신교 문화를 전파한 강태공

중국 주나라에 영향을 끼친 신교 문화

옛날 **여상**呂尙(강태공) 역시 **치우의 후손**이다. 그래서 성이 강姜*인데, 치우가 강수姜水에 살면서 낳은 아들이 모두 강씨姜氏가 되었다. 강태공이 제나라를 다스릴 때 먼저 도술을 닦고 천제지天齊池에서 천제를 올렸다. 또한 제齊에 봉토封土를 받으니 **팔신**八神**의 풍속**이 제나라에서 더욱 성행하였다. 후에 그 땅에 도술을 좋아하는 자가 많이 나와 신선 황로黃老(황제와 노자)와 뒤섞이고 부연하여 더욱 풍속을 윤색시켜 놓았으니 이것은 강태공이 그 풍속을 장려했기 때문이다.

중국 한족 문화에 전수된 신교의 도통

일찍이 강태공이 『음부경주陰符經注』를 지어 자부紫府 선생의 『삼황내문三皇內文』의 뜻을 조술祖述하였으니 연나라·제나라 선비가 어찌 괴이하고 허황한 이야기를 좋아하지 않았겠는가?

✱ **극상**克尙: 『사기』 「봉선서」에서는 충상充尙이라 기록되어 있다.

✱ **선문자고**羨門子高: 『사기』 「진시황본기」에 "시황이 갈석에 가서 연나라 사람 노생盧生에게 선문고羨門高를 찾으라 하였다[始皇之碣石, 使燕人盧生求羨門高,]"라고 하였다.

✱ **최후**最後: 『사기색은』 「봉선서」에는 "복건服虔은 최후를 제외한 네 사람으로 말하고, 소안小顔은 최후까지 합하여 다섯 사람으로 보고 있다. 유백장劉伯莊 역시 후자의 주장을 따르고 있다[服虔說止有四人, 是也. 小顔云自宋無忌至最後凡五人, 劉伯莊亦同此說.]"라고 하여 최후를 인명으로 보는 견해와 단순한 어사語詞로 보는 두 가지 주장이 있다.

✱ **문성**文成: 한나라 때 제나라 사람으로 선술仙術에 뛰어나 한무제에게 총애를 받았다.

✱ **강**姜: 염제신농炎帝神農씨의 성으로 현전하는 최고最古 성씨이다. 신농씨는 삼황오제의 한 분으로 경농과 의학의 시조이며, 태호 복희씨와 더불어 인류 문화의

사시주四時主 **사당**_산동성 교남시 낭야대에 있다. 강태공이 낭야대에서 사시주 제를 지내는 모습. 왼쪽 아래에 『강태공작사시주도姜太公作四時主圖: 서주 초기에 제나라 땅에 봉해진 강태공이 낭야산에 가서 제나라 팔신 중 하나인 사시주께 제를 지내는 그림이다[西周初期分封, 到齊地的姜太公, 到琅琊山, 作八神之一的四時主圖]』라는 설명글이 있다.

且其五行治水之法과 黃帝中經之書가

又出於太子扶婁오 而又傳之於虞司空하고

後에 復爲箕子之陳洪範於紂王者가

亦卽黃帝中經과 五行治水之說이니

則蓋其學이 本神市邱井均田之遺法也니라.

19. 三神을 守護하는 벼슬 三郞

江華島 穴口 三郞城의 뜻

密記에 云

「古者에 徒死無出鄕하고 合葬一處하야 表爲支石이러니

後變爲壇하야 稱支石壇이오 亦祭夕壇이라.」

在山頂而塹山爲城壇者를 曰天壇이오

在山谷而植木爲土壇者를 曰神壇이니

今僧徒가 混以帝釋稱壇하니 則非古也라.

護守三神하야 以理人命者를 爲三侍郞이니

本三神侍從之郞이오

三郞은 本倍達臣이니 亦世襲三神護守之官也니라.

高麗八觀雜記에 亦曰「三郞은 倍達臣也라」하니

主稼種財利者는 爲業이오 主敎化威福者는 爲郞이오

主聚衆願功者는 爲伯이니 卽古發神道也라

皆能降靈豫言하야 多神理屢中也라

또 **오행치수법**과 『**황제중경**黃帝中經』이 부루태자(2세 단군)에게서 나와 우虞 사공司空에게 전해졌는데, 후에 기자箕子가 은나라 주왕紂王에게 진술한 **홍범구주**洪範九疇[26] 또한 『황제중경』과 오행치수설이다.* 대저 그 학문은 본래 배달 신시 시대의 구정법邱井法과 균전법均田法에서 전해 내려온 법이다.

개조開祖이다. 동이족인 소전少典씨가 8세 안부련安夫連환웅의 명으로 중국 섬서성 강수姜水에 가서 살았으므로 성을 강姜씨라 했다.

* 본서 「신시본기」에는 기자가 은나라 마지막 왕인 폭군 주왕紂王에게 홍범구주를 진술한 것으로 기록되어 있다. 훗날 은나라가 망하자 기자는 주周나라 무왕에게 홍범구주를 전수하였다. '주紂'는 '주周'의 오기誤記인 듯하다.

19. 삼신을 수호하는 벼슬 삼랑

강화도 혈구 삼랑성의 뜻

『밀기密記』에 이렇게 기록되어 있다.

> 옛날에 장사를 지낼 때는 마을을 떠나지 않고 한 곳에 합장하여 지석(고인돌)으로 표시를 하였다. 이것이 후에 변하여 단壇이 되었는데, 지석단支石壇 또는 제석단祭夕壇이라 불렀다.
>
> 산꼭대기에 땅을 파서 성단城壇을 만든 것을 천단天壇이라 하고, 산골짜기에 나무를 세워 토단土壇을 쌓은 것을 **신단**神壇*이라 한다. 지금의 승려들은 이를 혼동하여 제석帝釋을 단壇이라 칭하는데, 옛날 우리의 고유한 법이 아니다.
>
> 삼신을 수호하여 인명을 다스리는 자를 **삼시랑**三侍郎이라 하는데, 본래 삼신을 시종侍從하는 벼슬이다.
>
> **삼랑**三郞[27]은 본래 배달倍達의 신하이며, **삼신을 수호하는 관직**을 세습하였다. 『고려팔관잡기高麗八觀雜記』에도 역시 "삼랑은 배달국의 신하이다"라고 기록되어 있다.
>
> 곡식 종자를 심어 가꾸고 재물을 다스리는 일을 주관하는 자를 **업**業이라 하고, 백성을 교화하고 형벌과 복을 주는 일을 맡은 자를 **낭**郞이라 하고, 백성을 모아 삼신께 공덕을 기원하는 일을 주관하는 자를 **백**伯이라 하니, 곧 옛날의 **광명**[發]※ **신도**神道이다. 모두 영靈을 받아 예언을 하였는데 신이한 이치가 자주 적중하였다.

초기 이즈모 신사 추정도

※ **신단**神壇: 신단은 나무를 세워서 토단을 쌓은 것이라 했는데, 실제로 일본의 2대 신사 중 하나인 이즈모出雲 신사는 나무를 세워서 단을 만들었다. 일본 내 10만 여개 신사의 원조인 이즈모 신사는 본래 한반도에서 전해진 천신天神(삼신상제님)을 모시던 사당이었다.

※ 발發: '밝다는 뜻으로 음차한 것이다.

401

今穴口에 有三郞城하니 城者는 卽三郞宿衛之所也오
郞者는 卽三神護守之官也라
佛像이 始入也에 建寺稱大雄하니
此僧徒之襲古仍稱이오 而本非僧家言也라
又云「僧徒儒生이 皆隷於郞家라」하니 以此可知也라.

20. 高句麗 때의 陵墓 法制는 天下의 으뜸

或云「古者에 人民이 散處溪谷하야 葬無定地하야
上自國王으로 皆遷置於隧穴하고 並配天神以祭라가
後或有平地而葬之하고 環植檀柳松栢以識之라
是以로 神市之世에 無陵墓之制라.
後至中古하야 國富族强하니 養生得贍하고
送死亦侈하야 祭之有禮하며 治墓頗隆하야
或圓或方에 克厥侈飾하며
高大廣狹이 方正有規하며 內壁外墳이 均整兼巧러니
至于高句麗하야 陵墓規制가 冠於天下러라.」

지금 강화도 혈구에 삼랑성三郞城이 있는데, 성城은 삼랑三郞이 머물면서 호위하는 곳이요, 낭郞은 **삼신을 수호하는 관직**이다.

불상이 처음 들어왔을 때 절을 지어 **대웅**大雄[28]이라 불렀다. 이것은 승려들이 옛 풍속을 따라 그대로 부른 것이요, 본래 승가僧家의 말이 아니다. 또 "승도僧徒와 유생儒生이 모두 낭가郞家에 예속되었다"라고 하였으니 이로써도 잘 알 수 있다.

20. 고구려 때의 능묘 법제는 천하의 으뜸

어떤 사람이 이렇게 말하였다.

> 옛날에는 백성이 계곡에 흩어져 살아 일정한 곳에 장사 지내지 않았다. 위로 국왕부터 모두 수혈隧穴에 옮겨 천신과 짝하여 제사를 지내다가 후에는 더러 평지에 장사 지내고, 박달나무·버드나무·소나무·잣나무를 빙 둘러 심어 표시를 해 두기도 하였다. 이 때문에 신시 시대에는 능묘陵墓 제도가 없었다.
>
> 그 후 중고中古 시대에 이르러 국가와 부족이 강성하여 사는 것이 풍족해지자 장사 지내는 것도 사치스럽게 되었다. 예를 갖추어 제사를 지내고, 묘지도 성대하게 단장하여 둥글거나 혹은 모나게 하고 사치스럽게 장식을 덧붙였다. 높고 크고 넓고 좁은 것이 방정하여 일정한 법이 있었고, 내벽과 외분이 모두 잘 정비되고 꾸며졌다.
>
> 이후 고구려 시대에 이르러 능묘의 법제가 천하에 으뜸이 되었다.

주註

1) 서계書契

사물을 표시하는 부호로, 곧 문자를 말한다. 환웅천황의 명을 받아 신지 혁덕이 만든 녹도문鹿圖文이 문자의 기원이다. 이것을 복희씨, 창힐 등이 서토西土에 보급시켜 훗날 상商나라 갑골문의 뿌리가 되었다. 녹도문의 원형은 고조선에 그대로 계승되었다.

『평양지』의 기록에 따르면, 조선 선조 16년에 평양 법수교 밑에서 발굴된 세 조각의 석비石碑 속에서 문자가 나왔다고 하며, 백두용白斗鏞의 『해동역대명가필보海東歷代名家筆譜』에 고조선 신지神誌 전자篆字로 소개된 바 있다. 또한 평안북도 용천군 신암리와 요령성 여대시 윤가혼에서 출토된 고조선 토기에도 녹도문이 새겨져 있다. 그런데 이 녹도문은 현재 중국 섬서성 백수현白水縣에 남아 있는 창성조적서비倉聖鳥跡書碑에 새겨진 창힐 문자와 일치한다. 이것은 우리 나라가 문자를 창안한 종주임을 입증하는 실례實例이다.

2) 이夷

'동이東夷'의 '이'에는 여러 가지 의미가 있다.

첫째, '활을 사용하는 동쪽 사람'이라는 뜻이 있다. 허신許愼이 편찬한 『설문해자說文解字』에서는 "동방지인야東方之人也, 종대종궁從大從弓"이라고 풀이하였다. 즉 '이'는 대大, 즉 사람人을 따르고 궁弓을 따르는 것으로, '동이'는 큰 활을 쏘는 동쪽 사람이란 뜻이다.

둘째, '신을 대신하는 사람'이란 의미가 있다. 상대의 갑골문甲骨文에서 '이'는 사람이 똑바로 서 있는 형상으로 그려져 있다. 특히 상대에 동이는 '인방人方', '시방尸方'이라 불리기도 했다. 이때 '시尸'는 단지 주검을 말하는 것이 아니라, 제사 때 신을 대신하는 시동으로 '신을 대신하는 사람, 신의 대리인'을 뜻한다.

셋째, '인仁'의 의미를 가진다. '이夷'란 글자 자체에 어질다는 뜻이 있다. 『후한서』「동이열전」의 주에 인용된 『죽서기년竹書紀年』에 의하면, 황하 유역 하류와 강회 유역에서 활약한 동이는 모두 9족으로, 견이畎夷, 우이于夷, 방이方夷, 황이黃夷, 백이白夷, 적이赤夷, 현이玄夷, 풍이風夷, 양이陽夷이다. 동이라는 호칭을 쓰기 전에 동방 민족의 호칭을 그냥 이夷라 하였고, 이夷 자 앞에 지역 등의 특징 명칭을 덧붙여 불렀던 것으로 보인다.

한나라 이후에 쓴 사서에 나오는 '동이'는, 전국시대까지 중국의 동부지방에서 활약한 '동이'의 의미와 전혀 다르다. 진나라 이후 만주와 한반도에 살던 조선족과 숙신과 동호의 후신은 물론 일본 등지에 살던 족속들을 '동쪽 오랑캐'란 뜻으로 비하하였기 때문이다. 한나라 이후에는 화하족 우위의 중화사상中華思想에 따라 서융西戎, 남만南蠻, 북적北狄처럼 오랑캐의 의미로 동이라 하였다.

3) 『춘추春秋』

공자가 지은 중국 노魯나라 역사서로 오경五經의 하나이다. 노나라 은공隱公 1년에서 애공哀公 14년까지 12대 242년간의 사적事跡을 노나라 사관이 편년체로 기록한 것을 공자가 다시 윤리적 입장에서 정사선악正邪善惡의 가치 판단을 내려 저술하였다. 『춘추』는 중국 후대 역사 기록의 정형이 되기도 하였으나, 후세 사가史家들에 의해 춘추 3대 필법, 즉

(1) 중국을 위해 수치를 감춘다[爲中國諱恥].
(2) 중국을 높이고 외국을 낮춘다[矜華夏而陋夷狄].
(3) 중국은 상세히, 외국은 간단히 쓴다[詳內略外]

라는 원칙 아래 기술된 것이란 비판을 받기도 한다. 그러나 공자는 『춘추』를 지은 후에 "후세에 나를 알아 주는 것도 『춘추』뿐이고, 또한 나에게 죄주는 것도 『춘추』뿐이다[孔子曰 知我者其惟春秋乎! 罪我者其惟春秋乎!]"(『孟子』「滕文公」下)라는 말로, 역사가로서 떳떳하고 공명정대한 역사의식을 가지고 있다고 자평自評하였다.

4) 웅족과 호족

곰과 호랑이 기록은 환웅족이 이동해 왔을 때 그 지역에 거주하던 두 부족을 동물로 상징하여 표현

한 것이다. 곰을 숭배하던 웅족과 호랑이를 숭배하던 호족 중에서 웅족은 환웅족에게 호의를 보여 쉽게 융화되었지만, 호족은 적의를 보여 저항하다가 다른 지역으로 쫓겨 갔다고 본다. 또 웅족 여인인 웅녀가 환웅과 혼인하였다고 기술하였는데, 이것은 웅족과 결합하기 위한 환웅족의 혼인정책으로 보인다.

홍산문화의 주인공은 곰을 숭배한 동이족이다. 곰 숭배는 환웅족, 웅족을 포함한 동이족의 문화 원형을 보여준다. BCE 3500년경에는 모계사회가 주류를 이루었으니 웅족은 곧 웅녀족이라는 추측이 가능하다. 곰을 토템으로 하는 웅녀족이 환국의 후손인 환웅족에 의해 문명화된 사실은 『삼성기』에 잘 기록되어 있다.

5) 360여사三百六十餘事

이 내용은 일연이 지은 『삼국유사三國遺事』에도 똑같이 나온다. 360은 시공간과 밀접하게 연관된 숫자이다. 1°씩 360번을 거듭하면 360°의 공간이 만들어지고, 시간의 기본 단위인 하루를 360번 거듭하면 360일의 1년이 형성되기 때문이다. 따라서 360은 천지가 운행하는 시공의 형식이자 내용이다. 또한 360일은 사계절이 변함없이 둥글어 가는 한 해의 날수로서 천도의 운행 주기이다. 360일 중에서 전반기 180일의 봄과 여름은 양이 주관하고, 후반기 180일 곧 가을과 겨울은 음이 주관한다. 동지冬至를 기점으로 양이 싹트기 시작하면서 낮이 점점 길어지고, 하지夏至를 기점으로 음이 싹트기 시작하면서 밤이 점점 길어진다.

『주역』에서는 건乾의 책수策數는 216이요, 곤坤의 책수策數는 144이므로 건곤의 책수는 1년의 날수인 360일에 해당된다고 했다. 360일이라는 말에서 역수曆數의 원형(현실적인 시간의 성립 근거)이 신시배달 초기부터 존재했다는 사실이 입증되는 셈이다. 공간의 완전형이 360°라면 시간의 원형 역시 360일이라는 등식이 성립한다. 결국 신교 문화에는 시간과 공간의 원리曆數를 바탕으로 인간 역사를 다스리는 이치가 담겨 있다고 할 수 있다.

6) 신주神呪

① 신교의 수행 방법은 주문을 반복하여 소리내어 읽는 것이다. 이것은 가장 간단하고, 가장 이상적인 도통 방법이다. ② 신교에서 갈라져 나간 불교, 유교, 도교, 기독교의 수행법은 신교의 수행 방법과 그 맥과 뿌리를 같이한다. 즉 불교의 염불과 진언밀교眞言密敎, 도교의 복식호흡법과 주문, 기독교의 주기도문과 기도법인 '아멘', '할렐루야'까지도 우주의 성신을 응기시키는 일종의 주문이요 수행법이다.

주문은 인간의 마음과 신의 마음을 소통하게 하고 대자연의 생명과 인간을 조화시켜 준다. 영어로 만트라mantra라 하는데, 이 말은 산스크리스트어에서 유래하였다. 어원으로 보면 '만man'은 '생각', '마음'을 뜻하고 '트라tra'는 '해방하다', '자유롭다'는 뜻이다. 따라서 mantra는 물질적인 영역에서 마음과 생각을 자유롭게 하고 초월하게 하여 신과 인간이 하나 되게 하는 마음의 도구라는 뜻이다.

주문의 효력이 발동하려면 여러 가지 측면이 조합되어야 하지만 그 중에서도 주문의 신권과 화권을 열어주는 스승의 권위가 가장 중요하다. 스승의 은혜와 축복을 내려 받아야 주문의 기운이 제대로 열리기 때문이다. 배달의 시조이신 환웅천황은 삼신의 가르침과 천지광명 사상을 열어 주는 큰 스승[大雄]이 되시어 웅족에게 신령한 주문을 내려 주시고, 그들을 교화시키셨던 것이다.

7) 예와 맥

예맥족濊貊族을 웅족과 호족으로 보기도 하는데 예맥족은 넓은 의미에서 동이족이다. 이 예맥족이 맨 먼저 요령 일대에 터전을 마련하였다. 학계에서는, 예맥족은 발달된 농경문화의 경제력을 기반으로 하여, 먼저 홍도紅陶를 사용하는 종족과 문화를 흡수하면서 문화 기반을 넓히고 우리 민족의 주류를 형성하였다고 본다. 따라서 예맥족은 배달국과 고조선을 이룬 중심세력으로 추정된다.

예족과 맥족은 초기에는 각기 따로 존재하였다.

예족은 중국 동북방에서 내몽골 지방을 차지하였고, 맥족은 북방 세력으로 지금의 섬서성 북쪽을 차지하고 있다가, BCE 7세기 이전에 일부가 동진하여 자리를 잡았다. 맥족이 계속 동진하자, 예족도 다시 동진하여 고조선을 이루는 한 종족이 되었다. 그 후에도, 이동과 분화를 거듭한 예족은 부여를 세우는 한 종족이 되고, 맥족은 고구려를 형성하는 종족 중의 하나가 되었다.

동북아시아의 강대한 중심 세력을 결집한 부여·고구려에 원래 살고 있던 종족이 예족이고, 서쪽에서 이동해 들어와 예족과 융합하여 부여와 고구려를 건국한 종족이 맥족이라는 견해가 일반적으로 받아들여지고 있다. 그러나 이덕일은 맥족과 예족의 통합 과정에 대해서 중국 사료를 분석하여 초기에 고구려를 구성한 종족은 맥족이고, 후에 맥족이 세력을 확장하여 예족을 통합하면서 예맥으로 불린 것이라 지적하였다.

8) 고조선의 관할 영토

『세종실록지리지世宗實錄地理志』〈평안도平安道 평양부平壤府〉에 "立國號曰朝鮮, 朝鮮·尸羅·高禮·南北沃沮·東北扶餘·濊與貊, 皆檀君之理.", 『제왕운기帝王韻紀』「전조선기前朝鮮紀」에는 "名檀君, 據朝鮮之域爲王, 故尸羅·高禮·南北沃沮·東北扶餘·穢與貊, 皆檀君之壽也."라는 기록이 나온다. 여기서 '삼한'은 남삼한으로 지금의 한반도이다. '시라'는 신라를 말하는데 길림吉林 일대에서 경주로 이주해 왔다. '고례'는 고구려, '남옥저'는 요동반도 일대, '북옥저'는 서간도西間島, '동부여'는 하얼빈 동쪽 통화현, '북부여'는 장춘長春 일대이다.

조선 시대 이종휘의 『수산집修山集』에도 "檀君時有別部曰: 濊貊·肅慎·夫餘·沃沮·韓, 皆臣朝鮮, 出貢賦如郡縣"이라 하였다. 그런데 『사기』, 『한서』, 『삼국지』 등 중국 사서에서는 단군조선을 동이東夷, 동호東胡, 숙신肅慎, 예濊, 맥貊 등 다른 이름으로 표기하였다. 그리고 단군조선의 수많은 대소大小 제후국을 마치 독립국인 것처럼 서술함으로써 단군조선의 통일된 모습은 물론 국호國號와 강성한 국력을 의도적으로 감추어 버렸다. 그리하여 후세인들이 단군조선의 실존은 물론, 그 '통일된 대제국'의 본래 면모를 전혀 인식하지 못하게 되었다. 한민족의 뿌리를 거세하여 불구로 만들고 만 것이다.

9) 상달[上月]

배달 신시 시대 때부터 음력 10월을 한 해의 첫머리[歲首]로 삼아 상달이라 하였다. 천지 기운의 변화에 따라 음력 4월에 음陰 기운이 처음으로 태동하기 시작하고, 음력 10월에 양陽 기운이 최초로 태동하기 시작하므로 10월을 첫머리로 한 것이다. 그리하여 매년 10월이 되면 항상 국가적인 행사[國中大會]를 열어 삼신상제님께 천제를 지냈다.

부여의 영고迎鼓, 고구려의 동맹東盟, 예의 무천舞天, 삼한(중삼한)의 5월·10월 소도제와 요遼(거란)의 요천繞天 등이 모두 배달, 단군조선 시대의 신교 제천 풍속[國風]을 계승한 것이다. 뿐만 아니라 중국의 진시황, 한고조 등도 종주국인 조선을 본받아 10월을 한 해의 첫머리로 삼았다.

10) 천의고연天意固然

천지(역사)의 창조 정신 자체가 태초부터 그렇게 조판되어 있다는 말이다. 즉, 인간과 만물을 낳아서 기르는 천지의 창조 원리는 반드시 분열·대립하는 상극相克의 발전 과정을 거친 다음에 통일·완성하는 상생相生 과정을 준비하게 된다.

천지의 창조 정신을 인간이 주체가 되어 실현시켜 나가는 선천 시대의 상극 역사 정신을, 구한말의 민족사학자 단재 신채호는 "아我와 비아非我의 투쟁", 토인비는 "도전과 응전"이라는 한마디로 규정하였다.

11) 태호복희太皞伏羲

태호는 복희(BCE 3528~BCE 3413)의 호로 '크게 밝다[大光明]'는 뜻이다. 배달의 5세 태우의환웅은 열두 아들이 있었는데, 복희는 열두째로서 막내아들이다. 인류 역사상 처음으로 신교의 우주관을 체계적이고 조직적으로 밝혀낸 인류 정신문화의 조종祖宗이 되시는 분이다. 풍산風山에서 살아 풍風을 성으로 삼았고, 후에 수인씨를 이어 하남성의 진陳

에 도읍하여 왕이 되었다.

복희는 태호太皥(太昊)라는 호에서도 알 수 있듯이 환桓 정신을 밝힌 분이다. 처음으로 정음정양正陰正陽의 윤리관에 따라 혼인 제도를 정하고, 역도易道(변화의 도)의 효시인 복희 팔괘를 그어 역철학과 태극기의 시조가 되었다. 또한 한자 만드는 방법인 육서六書의 원칙을 발명하여 '문자의 비조'가 되는 동시에 성을 풍風씨로 정함으로써 인류 성씨의 원조가 되었다.

이와 같이 태호복희는 인류 역사상 최초로 인류도덕의 기준을 세우고, 우주 삼신이 삼계三界 우주를 창조하신 원리(신교의 삼신 사상의 우주관)를 밝혀내어 인도 문명人道文明을 개창한, 우리 동이 한민족의 대성인이다.

12) 여와女媧

태호복희의 여동생.『강감금단綱鑑金丹』에는 "태호복희가 죽은 뒤에 여동생인 여와가 무진년(BCE 3413)에 임금이 되었다"라고 하였다. 사마천의『사기』에도 "태호복희가 죽은 뒤에 여러 신하가 여와를 임금으로 받들었다. 그때 호남성 형산衡山의 앞쪽에 있던 막배를 신하로 삼아 정치를 잘하였고, 후에 하남성 유성柳城에 도읍하였으며, 생황笙簧이라는 악기를 만들었다. 15년간 통치하다가 죽으니 나이는 143세였다"라고 하였다.

이 여와는『구약성경』의「창세기」에 나오는 '야훼'와 유음어類音語이다. 동한東漢 응소應劭가 지은『풍속통의風俗通義』와 고구려 을파소가 전한『참전계경』에는『구약』의「창세기」와 유사한 기록이 나온다.『풍속통의』에는 "천지가 개벽되어 사람이 있지 아니하였는데 여와가 황토를 다져 사람을 만드시고 힘써 진흙 중에서 사람을 건져 내었다"라고 하였고,『참전계경』에는 "여와가 흙을 이겨 사람 형상을 만들고 혼을 불어넣어 7일 만에 이루어 마쳤다"라고 하였다.

13) 염제신농炎帝神農

염제신농炎帝神農(BCE 3218~BCE 3078)은 사람들에게 처음으로 농사법을 가르쳐 주었으므로 신농神農이라 하고, 화덕火德에 의해 임금이 되었으므로 염제炎帝라 한다. 8세 안부련환웅(BCE 3240~BCE 3167) 때 소전少典이 천황의 명을 받아 섬서성 강수姜水에 가서 군사를 감독하였는데, 그곳(지금의 섬서성 보계시寶鷄市 상양산尙羊山)에서 낳은 아들 중에 맏이가 석년石年(염제신농)이고 둘째가 욱勗(공손公孫씨의 조상)이다. 욱의 10세 손이 바로 중국 한족의 태조인 황제헌원이다. 신농씨는 강수姜水에서 살아 강姜을 성으로 삼았다.

14) 유망楡罔

유망(BCE 2758~BCE 2688)은 염제신농의 후손으로 약 500년 계속된 염제신농국의 마지막(8세) 임금이다.『사기색은史記索隱』「삼황본기」에서는 "극은 제 유망을 낳았다. 통치 기간은 모두 8대에 걸쳐 530년이었다[克生帝楡罔. 凡八代, 五百三十年]"라고 하였고,『사기색은』「오제본기」에서는 "시대가 쇠퇴하였다는 것은 신농씨 후대 자손의 도덕이 쇠퇴하였다는 것이지 염제 자신을 가리키는 것이 아니니 바로 반고의 '참로'요, 황보밀이 말한 '제 유망' 이 이 사람이다[世襄, 謂神農氏後代子孫道德衰薄, 非指炎帝之身, 卽班固所謂 '參盧', 皇甫謐所云 '帝楡罔' 是也]."라고 하였다. 유망은 처음에 공상空桑에 도읍하였다가 치우천황에게 쫓겨 하북성 탁록 지방으로 달아나 멸망하였다.

15) 소호금천少昊金天

『강감금단綱鑑金丹』에 따르면 고시씨高矢氏의 방계 후손인 소호금천少昊金天(BCE 2598~BCE 2514)은 황제헌원의 맏아들로 황제를 이어 임금이 된 오제五帝 중의 한 사람이다.『제왕세기帝王世紀』에서 "소호제少昊帝의 자字는 청양靑陽이고 성姓은 희姬씨이다. 소호가 곧 현효玄囂이고 궁상窮桑을 다스리다가 제위帝位에 올라 곡부曲阜에 도읍하였다"라고 하였고, 사마천의『사기』에도 헌원의 맏아들이 현효, 청양靑陽이라 하고 그 주석에서도 현효(청양)가 곧 소호라 하였다.

그러나 사마천의『사기』에는 오제에서 빠져 있어 황제의 계통이 아님을 나타내고 있다. 또한 소호는 헌원의 계통을 이은 전욱고양과 대립 관계에 있었고, 오직 태호복희의 법을 닦았기 때문에 소호少昊라 부른 것이다. 즉 태호의 다음 가는 사람이란 뜻에서 소호라 하고, 금덕金德에 의해 임금이 되어 금천金天이라 하였다(『강감금단』;『중국고금지명대사전』참조). 쉬량즈徐亮之는, "소호씨는 동이의 맹주씨족으로서 독립적인 지반과 문화를 갖고서 서방 황제족과 정치적 관계는 있지만 혈연적 관계는 없다. 사실이 분명하여 부인할 수가 없다[少皞氏乃東夷的盟長氏族, 有獨立的地盤與文化, 和西方黃帝之族有政治關係而無血緣關係; 事實昭然, 無可否認.]"라고 하였다. 이어서 "이 말에 따르면 한나라 사람들이 소호를 청양으로 보고 황제의 혈연계통으로 넣었기 때문에 잘못된 것인데, 실제로는 한나라 사람들이 억지로 관련시킨 말이다[按此說乃因漢人以少皞爲靑陽, 歸入黃帝血系而誤; 實則漢人强爲比附之辭也.]"라고 하였다. 즉 소호씨가 동이의 종족이고 독립적인 지반과 문화를 갖고 서방족과 화합하여 정치적인 관계를 맺었으며 혈통상으로는 헌원과 전혀 무관하다고 지적하면서, 후대에 한족이 소호를 헌원의 혈통 계보에 끌어다 맞춘 것에 지나지 않는다고 비판한 것이다(쉬량즈, 『중국사전사화中國史前史話』, 251, 246쪽).

16) 天下之君, 頓戰一怒, 伏尸滿野

『관자』권23「지수地數」제77에 "황제黃帝가 갈로산과 옹호산의 광석을 관리하기 위해 치우를 보냈고, 그 광석으로 칼·갑옷·창[劍鎧矛戟]을 만들어서 아홉 제후국을 겸병하고, 이어서 옹호의 창과 예의 창을 만들어서 열두 제후국을 겸병하였다"라고 되어 있다. 이 내용을 보면, 치우천황이 황제의 일개 관리로 되어 있고, 황제가 천하의 제후들을 병합한 것으로 기록되어, 『환단고기』내용과 배치된다. 이어서 "天下之君, 頓戟一怒, 伏尸滿野."라고 하여, 황제를 '천하의 군주[天下之君]'라 왜곡하였고, '頓戟一怒'라는 구절 또한 제대로 해석되기 어렵게 해 놓았다. 역사적 사실로 판단할 때, 치우천황이 돈극, 갑자기 창을 한번 쓰면서 일노, 즉 한 번 노하였다고 억지 해석을 하더라도 이것이 올바른 기록으로 인정하기 어렵다. 『관자』에는 '頓戟一怒'라 했지만, 「신시본기」에서처럼 '頓戰一怒'라고 해야 바른 해석이 된다. '頓'은 '갑자기, 한번에'라는 뜻이므로 '頓戰'은 '급작스럽게 싸운다'는 뜻으로 보아야 한다.

17) 『운급칠첨雲笈七籤』

11세기 초 북송北宋의 장군방張君房의 감수하에 편술된 도교 경전의 요약서이다.

진종眞宗(997~1022 재위)이 북송을 위협하던 이민족을 심리적으로 제어하기 위한 방편으로 사용하기 위하여 도서道書의 정리 편찬을 명하였는데, 이에 따라 장군방의 지휘 아래 천희天禧 3년(1019)에 『대송천관보장大宋天官寶藏』을 편찬하고, 이것을 다시 요약 정리하여 『운급칠첨雲笈七籤』122권을 엮었다. 3동洞과 4보輔의 7부로 구성된 『운급칠첨』은 도교道教의 요체를 간명하게 제시하여, 후세의 도장道藏 편찬에도 큰 영향을 미쳤다(차주환, 『한국의 도교사상』, 340~341쪽).

18) 동두철액銅頭鐵額

배달 시대 청동기 문화의 대명사이다. 문헌 기록상 우리나라 최초의 청동기 문화는 지금부터 4,700년 전 배달의 14세 치우천황 때에 시작되었다. 본서에 기록된 바와 같이(『사기정의史記正義』와 『규원사화』에도 기록되어 있다) '동두철액'이라 한 기사 내용은, 『관자』「지수地數」에서 "치우천황이 갈로산·옹호산의 쇠와 수금을 캐어 투구·갑옷·칼·창 등을 만들었다[葛盧之山發而出水, 金從之, 蚩尤受而制之以爲劍鎧矛戟.]"라고 한 기록과 함께 이를 명확히 입증하고 있다.

최근의 조사 발굴 성과에 따르면 단군조선의 강역인 만주 요령성 지역의 청동기 문화 개시 연대는 지금부터 4,400년 전이다. 이에 비하여 중국 황하 유역에서 가장 오래된 청동기 문화인 하남성 이리두二里頭 문화(하나라 유적)는 4,000년 전의 것이다. 따라서 문헌 기록뿐 아니라 고고학상으로도 우리나라 청동기 문화가 중국보다 400년 내지 700년 앞서 있음을 알 수 있다.

또 철기 문화도 우리 나라에서 먼저 시작되어 중

국 지역에 보급되었다. 그것은 철鐵의 옛 글자[古字]가 '동이족의 쇠'를 뜻하는 '철(銕=金+夷)'이라는 사실이 명백히 증명한다. 치우천황이 처음 철을 발굴했기 때문에 이 글자(銕)가 만들어진 것이다.

19) 치우기蚩尤旗

『사기집해』와 북애의 『규원사화』에는 "치우의 무덤은 동평군東平郡 수장현壽張縣 감향성 안에 있다. 진秦·한漢 때에 주민들이 항상 시월에 제사를 지냈는데, 반드시 붉은 기운이 진홍색 비단처럼 뻗치므로 사람들이 이것을 치우기라 했다[蚩尤其墓, 在東平郡壽張縣 闞鄕城中, 秦漢之際, 住民猶常, 以十月祭之, 必有赤氣出如疋絳, 民名爲蚩尤旗.]"라고 하였다. 이 치우기는 제사 지낼 때 능릉에서 솟아오르는 붉은 기운을 말한다. 청淸나라 때 만든 『강희자전』에는 "치우蚩尤는 별의 이름이다"라고 하였다. 사마천의 『사기』「천관서天官書」에 "치우기는 빗자루와 유사하고, 뒷부분이 굽어 마치 깃발처럼 생겼다. 이 별이 출현하면 제왕이 사방을 정벌한다[蚩尤之旗, 類彗而後曲, 象旗, 見則王者征伐四方.]"라고 기록하였다. 이 치우기는 혜성을 말하는 것이다.

20) 『상서尙書』

오경五經의 하나인 『서경書經』을 흔히 『상서尙書』라 부른다. 진秦나라 이전에는 모두 서書라 하였으니, 『서경』이나 『상서』는 후세에 생긴 이름이다.

상서는 『묵자墨子』의 명귀明鬼 편에 처음 나오는 말인데, 일반적으로 '옛날 책'이란 뜻으로 쓰인 것이다. 공안국孔安國의 「상서서尙書序」에는 "제남의 복생伏生은 나이가 이미 아흔이 넘었으나 원래의 경전을 잃어버렸기 때문에 입으로 전수하여 20여 편만 있게 되었다. 상고 시대의 책이기 때문에 이 책을 『상서』라 불렀다[濟南伏生, 年過九十, 失其本經, 口以傳授, 載二十餘篇, 以其上古之書, 謂之『尙書』.]"라고 하였다. 상尙에는 '옛날'과 함께 '높다'는 뜻도 있다.

복생은 진秦나라 때 박사로 『상서』에 정통하였다. 진왕 정政이 분서焚書를 하자 벽속에 책을 감추었다. 한나라가 세워진 후 책을 꺼냈는데 겨우 29편만 남아 있었다.

21) 수인씨燧人氏

『한비자』「오두五蠹」편에서는 "상고 시대에는 사람이 적고 금수가 많아서 사람들이 금수와 벌레, 뱀을 이기지 못하였다. 성인이 출현하여 나무를 얽어 둥지집을 만들어 많은 해로움을 피하게 하였더니 사람들이 이를 기뻐하여 그로 하여금 천하를 다스리게 하고 그를 유소씨라고 불렀다. 사람들이 열매와 조개를 먹었는데, 비린내가 나고 악취가 나서 복부와 위를 다치게 해 질병에 많이 걸렸다. 성인이 출현하여 나무를 비벼서 불을 얻어 비린내를 없앴더니 사람들이 이를 기뻐하여 그로 하여금 천하를 다스리게 하고 그를 수인씨라 불렀다[上古之世, 人民少而禽獸衆, 人民不勝禽獸蟲蛇. 有聖人作, 搆木爲巢以避群害, 而民悅之, 使王天下, 號之曰有巢氏. 民食果蓏蚌蛤, 腥臊惡臭而傷害腹胃, 民多疾病. 有聖人作, 鑽燧取火以化腥臊, 而民說之, 使王天下, 號之曰燧人氏.]"라고 하였다.

22) 곤륜산崑崙山

16세기 명明나라 때의 인물 주장춘朱長春은 『진인도통연계』에서 지구 산의 지맥地脈을 타고 흐르는 천지의 비밀을 다음과 같이 밝혔다.

"산의 조종祖宗인 곤륜산은 본래 이름이 수미산須彌山이다. 이 곤륜산의 제1 지맥이 동쪽으로 뻗어 니구산尼丘山을 생生하니 공자가 니구산의 정기를 받고 나왔다. 곤륜산의 제2 지맥이 서쪽으로 달려가 석정산釋定山을 생하니 그 지기地氣를 받고 석가모니가 출현하였다. 그리고 곤륜산의 제3 지맥이 동쪽으로 쭉 뻗어 백두산을 생하고, 백두산이 일만 이천 봉 금강산을 생하였다. 고로 증산甑山을 생하여 천지의 문호門戶인 모악산母岳山 아래에서 유·불·선 기독교의 진리를 통일하여 완성시키는 대도大道가 출현한다. 그때 인류를 구원하고 진리를 통일하는 일만 이천 명 도통군자가 조선 땅에서 출세하리라."

23) 동황태일東皇太一

동황태일東皇太一은 『초사楚辭』「구가九歌」〈동황태일東皇太一〉에 나온다. 『초사』「구가」는 본래 신령에게 제사를 지낼 때 사용하던 악곡인데, 특히 최고의 주신인 '동황태일'을 노래하였다. 초楚나라 사람들은 길한 날, 좋은 때를 가려 삼가 공경하는 마음으로 '상황上皇'인 동황태일에게 제사를 지냈다. 동황태일이라 이름한 것은, 태일이 동쪽을 관장하는 신이고 그 사당이 동쪽에 있기 때문이다.

왕일王逸은 『초사주楚辭注』에서 "태일은 별 이름이니, 하늘의 존귀한 신이다. 사당이 초나라의 동쪽에 있어 동제에게 배향한 것이다. 그러므로 동황이라 한다[太一, 星名, 天之尊神, 祠在楚東, 以配東帝, 故曰東皇.]"라고 하였다.

24) 혜성彗星

일반적으로 상극相克의 변혁 기운을 몰고 오는 별로 알려져 있다. 혜성은 "옛것을 제거하고 새것을 편다[彗星者, 舊所以除, 佈新也.]"는 뜻이다(『중문대사전』 제3권). 옛날부터 혜성이 나타나는 지역에는 커다란 변란이 일어난다고 하였다. 실제로 시이저가 암살(BCE 44)됐을 때, 동로마 제국이 멸망(1453)했을 때, 우리나라가 경술국치를 당한 해(1910)에도 혜성이 나타났다.

25) 신공申公

중국 전한前漢 시대의 문신으로, 노魯나라 사람이고 이름은 배培라 하였다. 어렸을 적에 초楚나라 원왕元王과 사귀고 함께 제齊나라 부구백浮丘伯에게서 시詩를 배웠다. 후에 노나라로 돌아와 두문불출하였고, 가르침을 얻기 위해 찾아온 제자가 천여 명이나 되었다. 한무제가 한 해에 수차례 불렀고, 대중대부大中大夫라는 벼슬을 주었다.

26) 홍범구주洪範九疇

『서경』에 나오는 홍범구주는 낙서 원리와 밀접한 연관이 있고, 낙서 원리는 문왕팔괘도와 깊은 연관이 있다. 『서경』「홍범」편에 따르면, 옛날 우임금이 낙수洛水에서 올라온 거북의 등껍질에 새겨진 무늬를 보고 치수 사업에 성공했다고 하였다. 낙서는 하늘의 의지를 읽을 수 있는 일종의 계시록啓示錄이다.

문명의 아버지 복희伏羲 이래로 요순堯舜을 거쳐 종교와 철학이 분리되기 시작한 하은주夏殷周 3대에 와서 국가의 각종 제도가 완비되었다. 홍범사상은 은殷의 종교 문화와 주周의 인문 문화가 결합된, 고대인의 사유가 담긴 귀중한 자산이다.

은말주초殷末周初는 사상적 혼돈기였다. 은주의 정권 교체는 정치와 군사적 혁명에 그친 것이 아니라 문화와 사상, 종교 전반에 격심한 변동을 가져왔다. 즉 인문 정신을 기반으로 하는 주나라의 창업은 은나라의 종교 문화를 계승하는 동시에 극복하는 혁명이었다.

공자가 칭송한 은나라의 현인 중에 한 사람이 바로 기자箕子이다. 기자는 홍범 사상을 체계화하여 원시 유학을 새롭게 정립하는 데 기여하였다. 기자는 조국 은나라가 멸망하는 모습을 목격한 비운의 왕족이었다. 당시 중국 서북부에서 힘을 기르던 문왕文王의 아들 무왕武王이 혁명에 성공하자마자 기자를 방문하여 세상을 다스리는 대경대법大經大法을 물었는데, 그 대답이 바로 홍범이었다. 기자는 무왕을 위해 아홉 범주로 우주와 역사와 정치의 요체를 설명하였다. 비록 무왕과는 이념적·정치적·민족적으로 달랐으나, 천하를 올바르게 다스리는 대도의 전승을 위하여 홍범구주를 전한 것이다. 때문에 후대에 아무도 기자를 변절자라 욕하지 않았다.

이러한 홍범구주의 사상 연원은 단군왕검의 맏아들 부루태자가 도산에서 사공司空 우禹에게 전해 준 치수治水 방법이 담긴 금간옥첩金簡玉牒에서 찾을 수 있다. 이에 대해 『오월춘추吳越春秋』에서는 "구의산九疑山 동남쪽에 있는 천주산天柱山을 완위산宛委山이라 하는데 적제赤帝께서 이 산위의 대궐에 살고 계신다. 절벽 꼭대기에 책이 한 권 있으니, 꽃무늬가 있는 옥으로 받치고 반석으로 덮어 놓았다. 이 책은 금간으로서 청옥으로 글자를 쓰고 백은으로 엮었으며, 글자가 모두 양각으로 되어 있다[在於九疑山東南天柱, 號曰宛委, 赤帝在闕. 其巖之巔, 承以文玉, 覆以磐石, 其書金簡, 青玉爲字, 編以白銀, 皆琢其文.]"라고 하였다. 여기서 말하는 『황제중경』은 금간金簡과 옥첩玉牒으로 되어 있는 오행치수의 비결이고 나중에 기자가 설명한 홍범구주洪範九疇이다.

홍범 사상의 핵심은 아홉 범주[九疇] 가운데 가장

중앙에 있는 황극皇極이다. 주자朱子(1130~1200)는 이 황극을 세상을 다스리는 실질적 권한을 가진 천자天子로 인식한 반면에, 육상산陸象山(1139~1192)은 우주의 마음과 도덕의 본질인 '중中'으로 해석하였다. 주자가 정치와 역사 현실에 초점을 맞추어 해석하였다면, 육상산은 오로지 철학적인 풀이에 매달렸다고 할 수 있다.

27) 삼랑三郎

삼랑은 배달倍達의 관직명이기도 하다. 삼랑에 속한 사람은 '삼신三神을 수호하여 인명人命을 다스리는 직분'을 맡았고, 그 관직은 세습되었다. 곡식의 종자를 뿌려 가꾸고 재물을 다스리는 일을 관리하는[稼種財利] 자를 '업業'이라 하고, 세상에 삼신의 진리를 전하고 잘못한 자를 형벌로 다스려 사회기강을 잡으면서 잘한 자에게 상을 내리는 일[敎化威福]을 맡은 자를 '낭郎'이라 하며, 백성들을 모아 삼신께 공덕을 기원하는 일을 주관하는[聚衆願功] 자를 '백伯'이라 하였다. '업', '낭', '백'은 모두 삼랑이다.

삼신을 수호하여 인명을 다스리는 관직인 삼랑은 환국, 배달, 단군조선으로 그 맥이 전수되고 고구려, 신라, 조선으로 이어지면서 한국의 주체적인 전통사상 곧 낭가사상으로 구체화되었다. 이 국자랑의 전통은 고구려의 조의선인皂衣仙人, 신라의 화랑花郞, 백제의 무절武節로 계승되었다. 강성한 제국 고구려는 조의선인皂衣仙人 제도에서 비롯했다. 문무를 겸전한 을파소乙巴素, 명림답부明臨答夫, 을지문덕乙支文德은 조의선인에 속하는 대표적인 인물이다.

28) 대웅大雄

'큰 스승'이란 뜻으로 교화신敎化神이신 환웅천황을 말한다. 본래 원시 불교에는 대웅이란 말이 없었는데, 우리나라에 토착화하여 신교神敎의 삼신 신앙과 결부되면서 이 명칭을 사용하게 된 것이다.

환웅桓雄의 환桓은 '크다', '밝다', 웅雄은 '수컷', '스승'이라는 뜻으로, 환웅→한웅→대웅으로 음전되었다. 불교에서는 본전에 부처를 모셔 놓고 교화신敎化神인 환웅에서 그 명칭을 따다가 '큰 스승'이란 뜻으로 대웅大雄이라 한 것이다. 대웅전은 곧 환웅전으로 '진리의 큰 스승을 모신 성전'이라는 뜻이다.

삼신 신앙이 불교에 미친 영향은 삼신각三神閣을 통해서도 알 수 있다. 한국의 불교 사찰을 구성하는 중요한 법당은 대웅전과 명부전과 삼성각 또는 삼신각이다. 삼신각은 '우주의 주재자이신 삼신상제님과 국조 삼신이신 환인천제, 환웅천황, 단군왕검을 모신 곳'으로 다른 나라에는 전혀 없는, 독특한 양식이다. 또 불교에서는 시주施主를 단나檀那·단월檀越이라 하고, 신도信徒의 속가俗家를 단가檀家라 한다. 일본에서는 불교 신도를 단도檀徒라 부른다.

비단 불교뿐 아니라 다른 외래 종교도 우리나라의 고유한 신교의 삼신 신앙의 토대 위에 흡수되어 그 사상이 더욱 발전된 것이다(〈자유〉, 1975. 5, 1984. 9 참조).

해남성 오지산의 치우부락

호남성 길수시 묘족자치구 문천대
묘족은 치우천황을 자기네 조상으로 크게 받들고 있다.

수인씨燧人氏 능陵

하남성 상구시商丘市

수인씨는 복희씨伏羲氏·신농씨神農氏와 더불어 3황三皇의 한 분이다(태호복희, 염제신농, 황제헌원을 삼황이라고도 한다). 수인씨는 나무를 마찰하여 불을 얻고 음식물을 익혀 요리하는 방법을 가르쳐 주었다.

오늘날 중국이 경제 대국으로 부상하면서, 중국 전역에 있는 동북아 상고 시원 문화를 열었던 역사적인 주요 성현, 제왕들의 유적을 대대적으로 보수하여 기리는 모습을 보고 큰 감동을 받았다. 한편으로는 동북아를 넘어 지구 문명사의 종주라는 자존심을 세우려는 거대한 꿈과 야망을 엿볼 수 있었다. 그리고 이 거대한 수인릉을 거닐면서 아직도 침략주의 식민지 노예 역사관에서 한 발자국도 못 벗어나고 있는 우리 한민족의 참담한 역사 현실에 깊은 한숨이 배어나왔다.

태호복희太皞伏羲의 사당인 용마부도사龍馬負圖寺
하남성 맹진현孟津縣

중국에서는 복희를 삼황三皇의 한 분이자 인류 문명의
시조[人文始祖]로 추앙한다. 역학易學의 기원인 하도河圖가
이곳에서 나왔다고 여겨 사당을 지었다.

염제신농炎帝神農 사당

섬서성 보계시寶鷄市

염제사당炎帝祠은 보계시寶鷄市 위빈구渭濱區의 위하渭河 남쪽에 있으며 당나라 때 세운 사당이다. 사당 남쪽에는 상양산常羊山이 있으며 상양산 위에는 염제릉이 있다. 보계시민들은 매년 정월 11일과 7월 7일에 신농에게 제를 지낸다.

보계시 사당내 신농상神農像

신농대전神農大殿

호남성 주주시株洲市 염릉현炎陵縣

염제릉 炎帝陵

이제릉二帝陵

하남성 안양시安陽市 내황현內黃縣

삼황오제三皇五帝의 오제 중에서 두 분인
전욱顓頊 고양씨高陽氏와
제곡帝嚳 고신씨高辛氏가 묻힌 곳이다.

강태공 묘姜太公墓
산동성 치박시淄博市

강태공 조어대釣魚臺

422

사당에 모셔진 강태공 상

강태공·주周 무왕의 만남과 출사出師

太白逸史 第四

三韓管境本紀
삼 한 관 경 본 기

■ 고조선은 삼신의 우주관인 천지인 삼계의 '천일天一·지일地一·태일太一' 정신에 따라 전 영역을 삼한三韓(진한眞韓·번한番韓·마한馬韓)으로 나누어 다스렸다. 이를 삼한관경제三韓管境制라 한다.

■ 「삼한관경본기」는 삼한관경인 진한·번한·마한의 삼한 중 번한과 마한에 대한 기록으로 『단군세기』의 보충 자료가 된다.

■ 마한과 번한의 역대 왕의 치세를 기록하면서, 단군조선의 도읍 과정과 국제國制의 변화, 나라의 몰락 과정을 상세히 소개한다.

■ 특히 하·은·주 등 중국과의 대외교섭사에 대해서도 새로운 사실을 밝히고 있으므로 한국 고대사 및 고대 한중 관계에 대한 중요한 역사적 자료가 된다.

이 편의 주요 술어

◈ 大日王 대일왕	◈ 神人王儉 신인왕검	◈ 王儉·大監 왕검대감	◈ 三神立教 삼신입교	◈ 仙人有爲子 선인유위자	◈ 道之大原出乎三神 도지대원출어삼신	◈ 三朝鮮 삼조선
◈ 檀君管境 단군관경	◈ 五行治水法 오행치수법	◈ 監虞所 감우소	◈ 九黎分政 구려분정	◈ 東巡望秩 동순망질	◈ 肆覲東后 사근동후	◈ 金簡玉牒 금간옥첩	◈ 禁八條 금팔조

倍達을 繼承한 檀君王儉, 松花江 阿斯達에서 建國

1. 桓雄天皇의 祭天 行事

太白山이 北走하야 屹屹然立於斐西岬之境하야

有負水抱山而又回焉之處하니

乃大日王祭天之所也라

世傳桓雄天王이 巡駐於此하사 佃獵以祭하실새

風伯은 天符刻鏡而進하고 雨師는 迎鼓環舞하며

雲師는 佰劒陛衛하니라.

盖天帝就山之儀仗이 若是之盛嚴也라

山名曰不咸이오 今亦曰完達이니 音近也니라

2. 斐西岬의 初代 王儉이 된 熊女君

後에 熊女君이 爲天王所信하야

世襲爲斐西岬之王儉하니 王儉은 俗言大監也라

管守土境하고 除暴扶民하야

以天王이 諭國人之意로 戒之曰

父母는 可敬也며 妻子는 可保也며

兄弟는 可愛也며 老長은 可隆也며

少弱은 可惠也며 庶衆은 可信也라 하고

배달을 계승한 단군왕검, 송화강 아사달에서 건국

1. 환웅천황의 제천 행사

태백산(백두산)이 북쪽으로 달려가 우뚝 솟은 장엄한 모습이 **비서갑菱西岬*** 경계에까지 이어졌고, 그곳에 물을 등지고 산을 안고서 다시 꺾어져 감돈 곳이 있는데, 바로 **대일왕**大日王(환웅천황)께서 천제를 올리시던 곳이다.

세상에 이런 말이 전해 온다.

환웅천황이 이곳에 순행하여 머무시면서 사냥하여 제사 지내실 때, 풍백은 『**천부경**天符經』을 거울에 새겨 진상하고, 우사는 북에 맞추어 둥글게 춤을 추고, 운사는 백 명을 칼로 무장시켜 제단 밑에 늘어서서 지켰다.

상제님께 천제天祭를 올리러 산에 가실 때 의장이 이처럼 성대하고 엄숙하였다. 이 산의 이름이 **불함**不咸이다. 지금은 완달完達이라 하는데, 그 음이 비슷하다.

***비서갑**菱西岬: 단재 신채호는, "비서갑은 '송화강 아사달'로 고사古史에서는 부소압扶蘇押(『신지비사』의 부소량扶蘇樑), 비서갑非西岬, 혹은 아사달로 말하며, 지금의 만주 하얼빈哈爾濱이다"(신채호, 『조선상고사』)라고 하였다. 이곳은 단군조선의 첫 도읍지이다. 따라서 본문 "물을 등지고 산을 안고"에서 물은 송화강을, 산은 불함산(백두산) 곧 완달산을 말한다.

2. 비서갑의 초대 왕검이 된 웅족 여왕

후에 웅족 여왕[熊女君]이 천황께 신임을 받아 비서갑의 왕검을 세습하였다. 왕검王儉을 세속 말로 대감大監이라 한다.

왕검은 영토를 관장하고 지키며, 포악한 것을 물리치고 백성을 보살폈다.

일찍이 천황께서 백성에게 유시諭示한 뜻을 받들어 자기 백성에게 이렇게 가르쳤다.

"부모를 공경하고, 처자를 잘 보호하여라. 형제를 사랑하고 아끼며, 노인과 어른을 잘 받들어라. 어린아이와 약한 자에게 은혜를 베풀고, 뭇 백성은 서로 믿어야 하느니라."

又制醫藥工匠養獸作農測候禮節文字之法하니

一境化之하야 遠近之民이 皆不相疑也러라.

3. 漢族 始祖 軒轅은 熊氏族 少典의 後孫

熊氏之所分을 曰少典이니 安夫連桓雄之末에

少典이 以命으로 監兵于姜水하고

其子神農이 嘗百草 制藥하고

後에 徙列山하야 日中交易하니 人多便之라

少典之別派를 曰公孫이니 以不善養獸로

流于軒丘하니 軒轅之屬이 皆其後也라.

4. 九桓을 統一하신 神人 王儉 : 國祖 檀君

斯瓦羅桓雄之初에 熊女君之後를 曰黎니

始得封於檀墟하야 爲王儉하야

樹德愛民하니 土境이 漸大하고 諸土境王儉이 來獻方物하야

以歸化者가 千餘數라

後四百六十年에 有神人王儉者가 大得民望하사

陞爲裨王이라가 居攝二十四年에 熊氏王이 崩於戰하고

王儉이 遂代其位하사 統九桓爲一하시니

是爲檀君王儉也시니라.

또 의약과 물건 만드는 법, 짐승을 기르고 농사짓는 법, 기후 관측과 예절과 문자의 법을 만드니, 맡아 다스리는 땅이 교화되어 원근 백성이 모두 서로 의심치 않게 되었다.

3. 한족 시조 헌원은 웅씨족 소전의 후손

웅씨족에서 갈려 나간 후손 중에 **소전**少典*이 있었다. 안부련환웅(8세) 말기에 소전이 명을 받고 **강수**姜水*에서 군병을 감독했다. 소전의 아들 **신농**神農[1]은 온갖 풀을 맛보아 약을 만들었다. 후에 **열산**列山*으로 이주하여 한낮에 시장을 열어 물건을 교역하게 하였는데[2], 백성이 이를 매우 편리하게 여겼다.

소전에서 갈라진 파로 공손公孫이란 인물이 있었다. 짐승을 잘 기르지 못해 **헌구**軒丘*에 귀양가서 살았는데, 헌원軒轅의 족속이 모두 그 후손이다.

4. 구환을 통일하신 신인 왕검 : 국조 단군

사와라환웅(13세) 초기에 **웅족 여왕의 후예를 여**黎라 하였는데, 처음으로 단허檀墟에 봉함을 받아 **왕검**이 되었다.

왕검이 덕을 베풀고 백성을 사랑하므로 영토가 점점 넓어졌다. 여러 지역 왕검이 와서 방물을 바쳤고, 귀화하는 자가 천여 명이었다.

그 뒤 460년이 지나 **신인**神人 **왕검**이 출현하여 백성에게 신망을 크게 얻어 비왕神王(부왕)에 올라 24년간 섭정하였다.

웅씨 왕이 전쟁에서 죽자 왕검이 드디어 그 자리를 계승하여 구환九桓을 통일하였다. 이분이 **단군왕검**이시다.

---

* **소전**少典: 동이족 혈통으로 천황의 명을 받고 섬서성 강수姜水에 가서 군사를 감독하는 직책을 맡았다. 그곳에서 낳은 아들 중에 맏이가 '석년石年'(염제신농), 둘째가 '욱勖'이다. 욱의 10세 손이 바로 황제헌원이다. 그런데 『사기색은』 「오제본기」에서는 "소전은 제후국의 국호다. 사람 이름이 아니다[少典者, 諸侯國號, 非人名也.]"라고 하였다.

* **강수**姜水: 섬서성 기산현岐山縣 서쪽에 있는 기수岐水를 말한다. 염제신농이 이 강수에서 성장하였다(『중문대사전』 권3). 보계시의 청강하清姜河로 보는 설도 있다.

* **열산**列山: 일명 여산礪山, 여산麗山 또는 수산隨山, 중산重山이라고도 한다. 지금의 호북성 수주시隨州市 여산진厲山鎭이다. 열산은 신농씨가 일어난 곳으로 신농씨를 여산씨礪山氏 혹은 열산씨라고도 불렀다.

* **헌구**軒丘: 헌원이 도읍한 곳으로 곧 유웅有熊을 말한다. 지금의 하남성 신정현新鄭縣이다. 여기에 궁산窮山이 있는데 궁산 가까이 있는 언덕을 '헌원의 언덕[軒轅之丘]'이라 한다(『중국고대신화』, 190쪽). 『사기』 「오제본기」의 집해集解에서는 "皇甫謐曰: 有熊今河南新鄭是也, 受國於有熊, 居軒轅之丘, 故國以爲名, 又以爲號."라고 하여 이러한 사실을 밝혔다.

乃召國人하사 立約曰

自今以後로 聽民爲公法하노니 是謂天符也라

夫天符者는 萬世之綱典이오 至尊所在니 不可犯也라 하시고

遂與三韓으로 分土而治하실새 辰韓은 天王自爲也시라

立都阿斯達하시고 開國하사 號朝鮮하시니

是爲一世檀君이시오 阿斯達은 三神所祭之地로

後人이 稱王儉城하니 以王儉舊宅이 尙存故也니라.

- 乃 이에 내
- 召 부를 소
- 立約: 언약하여 정함
- 聽 들을 청
- 是 이 시
- 謂 이를 위
- 符 부신 부
- 綱 벼리 강
- 典 법 전
- 至 지극할 지
- 尊 존귀할 존
- 犯 범할 범
- 與 더불어 여
- 都 도읍 도
- 阿 언덕 아
- 斯 이 사
- 達 통할 달
- 號 부를 호
- 朝 아침 조
- 鮮 고울 선
- 所 처소 소
- 稱 일컬을 칭
- 舊 옛 구
- 宅 집 택
- 尙 아직 상
- 存 있을 존
- 故 연고 고

桓檀古記

영평부 永平府_하북성河北省 노룡현盧龍縣. 명나라 때 책인 『대명일통지大明一統志』「북평군北平郡」조에는 "영평부 안에 조선성이 있다[朝鮮城在永平府境內]"라고 하여 영평부가 고조선이 통치한 지역임을 알려준다.

三韓管境本紀

이때에 나라 사람들을 불러 이렇게 공약하셨다.

"오늘 이후로는 백성의 뜻을 들어 공법을 삼노니, 이를 천부天符(하늘의 법)라 이르노라. 무릇 천부는 만세불변의 기본 경전이요, 지극한 존엄성이 담겨 있으니 범해서는 아니 되느니라."

마침내 **삼한***으로 영토를 나누어 다스릴 때 진한辰韓은 천왕께서 친히 맡아서 통치하셨다. 도읍을 아사달에 세우고 나라를 열어 조선이라 하니, 이분이 바로 **1세 단군**이시다. **아사달은 '삼신께 제사 지내는 곳'**으로 후세 사람들이 **왕검성**王儉城이라 불렀는데, 그 까닭은 왕검의 옛 집이 그대로 남아 있었기 때문이다.

* 삼한三韓: 삼신의 우주관인 천지인 삼계의 '天一·地一·太一' 정신에 따라 고조선 전 영역을 삼한三韓(진한·번한·마한)으로 나누어 다스렸다. 이 제도를 삼한관경제三韓管境制라 한다. 이 중 천지(역사)의 주체로서 가장 존귀한 인간에 해당하는 태일太一 자리를 차지하는 진한은 단군[天王]이 직접 통치하고, 보좌역인 번한·마한은 부단군 격인 왕王을 두어 다스렸다. 이것이 '전삼한前三韓'이다.

영평부永平府 **옹성**甕城_ 방어용인 옹성은 우리나라 성의 특징을 보인다. 중국은 10세기 이후에 우리 축성술을 이용하기 시작했는데 영평부 성은 여러 시대에 걸쳐 개축해서 쌓은 것이다. 높이가 10미터에 달하고 겉은 벽돌로 되어있으나 성벽 내부는 흙으로 되어 있다.

馬韓世家 上

熊虎交爭之世에
桓雄天王이 尙未君臨하시니
苗桓이 乃九皇之一也라
在昔에 已爲我桓族의 遊牧農耕之所오
而及神市開天하야 以土爲治하니
一積而陰立하고 十鉅而陽作하야
无匱而衷生焉하니라.

1. 黃帝軒轅이 神市 倍達에 와서 道를 닦다

桓易을 풀어 내는 윷놀이와 念標文

鳳鳥가 聚接於白牙岡하고
仙人이 來往於法首橋하니 法首는 仙人名也라
人文이 早已發達하고 五穀이 豐熟하니
適以是時에 紫府先生이 造七回祭神之曆하고
進三皇內文於天陛하니
天王이 嘉之하사 使建三淸宮而居之하시니
共工軒轅倉頡大撓之徒가 皆來學焉하니라.
於是에 作柶戱하야 以演桓易하니
盖神誌赫德所記 天符之遺意也라.

마한세가 상

웅족과 호족이 서로 다투던 때는 환웅천황께서 아직 나라를 다스리기 이전이다. 묘환苗桓은 환국 시절 구황九皇족의 하나로 그 땅은 옛적에 이미 우리 환족이 유목과 농경을 하던 곳이다. 배달 신시가 개천되자 처음으로 토土의 중정中正의 덕으로 다스렸다[以土爲治].*

1(태극[水])이 만물을 낳아서 기르는(先天 生長) 운동이 쌓여 그 궁극에 천지의 결실하는 음 기운(무극) 10이 성립하고[陰立], 이 10(무극)이 크게 열려서 만물이 다시 양 기운 1(태극)로 통일된다(후천 결실 수렴 운동). 이러한 1과 10의 순환 운동 속 (중도의 덕을 지닌 5토土)에서 **천지의 참마음**[衷]이 생겨난다.

* **이토위치**以土爲治: 토土는 오행五行에서 사상四象(水火木金)의 근본이다. 토土로써 다스림의 근본을 삼았다는 것은 두 가지를 뜻한다. 현실계에서는 중정의 덕성인 5토, 정신계에서는 인간의 심법이다. 5토土는 만물을 분열·생장시키고 10토土는 만물의 생명을 수렴·통일한다.

1. 황제헌원이 신시 배달에 와서 도를 닦다

환역을 풀어 내는 윷놀이와 염표문

봉황새가 백아강白牙岡에 모여 깃들고, 선인이 법수교法首橋*를 왕래하였다. 법수는 신선 이름이다. 일찍이 인문이 발달하였고 오곡이 잘 익었다.

마침 이때 자부 선생이 **칠회제신력**七回祭神曆을 만들고『삼황내문三皇內文』을 천황께 바쳤다. 천황께서 기뻐하시고 삼청궁三淸宮[3]을 지어 기거하게 하셨다.

공공[4]·헌원·창힐·대요의 무리가 찾아와서 모두 자부 선생에게 배웠다. 그때 **윷놀이**를 만들어「**환역**桓易」을 자세히 설명[演繹]하였는데, 대체로 (초대 환웅 때) 신지神誌 혁덕赫德이 기록한『천부경』이 전하는 취지이다.

* **법수교**法首橋: 평양에 있었던 옛날 다리 이름. 법수교 밑에서 세 조각이 난 비석이 발견되었는데 그 글은 한자漢字도 전자篆字도 아닌 우리나라 고대 문자였다. 김교헌金敎獻은『신단실기神檀實記』에서 그것이 고대 신지문神誌文일 것이라 말한 바 있고, 백두용白斗鏞이 펴낸『해동역대명가필보海東歷代名家筆譜』에는 그 글을 고조선 신지 전자로 소개하였다.

* **칠회제신력**七回祭神曆: 신시 시대에 7회로 신에게 제사 지내는 책력이 있었다. 첫째 날에 천신(삼신상제님)께 제사를 지내고, 둘째 날에 월신月神, 셋째 날에 수신水神, 넷째 날에 화신火神, 다섯째 날에 목신木神, 여섯째 날에 금신金神, 일곱째 날에 토신土神에게 제사를 지냈다. 모든 책력이 여기에서 비롯하였다(『태백일사』「신시본기」참조).

한자	뜻	한자	뜻
思	생각할 사	將	거느릴 장
伯	맏 백	師	스승 사
穀	곡식 곡	命	목숨 명
刑	형벌 형	病	질병 병
善惡	: 선과 악		
作	지을 작	曆	책력 력
秒	시간 초	體	몸 체
尊	존귀할 존	遺	전할 유
遺	남길 유	布	베풀 포
念	생각할 념	標	나타낼 표
降	내릴 강	衷	참마음 충
性	성품 성	通	통할 통
弘	넓을 홍	益	더할 익
自	말미암을 자	是	이 시
蘇	소생할 소	塗	진흙 도
到	이를 도	處	곳 처
見	볼 견	像	형상 상
雄常	: 환웅천황을 상징하는 신수神樹		
頂	정수리 정	皆	다 개
環	고리 환	聚	모일 취
墟	터 허	落	마을 락
墟落	: 황폐한 마을을 뜻하나 여기서는 일반적인 마을의 의미함		
家	집 가	井	우물 정
稅	제금 세	豐	풍성할 풍
露	이슬 로	積	쌓을 적
邱	언덕 구	歡	기뻐할 환
康	편안할 강	舞	춤출 무
歌	노래할 가	繼	이을 계
九冶	: 채광기		
採	캘 채	礦	쇳돌 광
鑄	쇠 부어 만들 주		
鐵	쇠 철		
迫	다그칠 박	擊	칠 격
機	틀 기	莫	없을 막
敢	감히 감	讐	대적할 수
服	복종할 복	躬	몸 궁
躬率	: 몸소 이끎		
徃	갈 왕	征	칠 정
涿	땅이름 탁	鹿	사슴 록
府	고을 부	將	장차 장
檄	격문 격	召	부를 소
宗	마루 종	黨	무리 당
頒	반포할 반	示	보일 시
具	갖출 구	誓	경계할 서
命誓	: 임금이 신하에게 경계하여 알리는 글		
告	알릴 고		

昔者에 桓雄天王이 思天下之大는

非一人이 所能理化라 하시고 將風伯·雨師·雲師하사

而主穀·主命·主刑·主病·主善惡하시고

凡主人間三百六十餘事하시며 作曆하사

以三百六十五日五時四十八分四十六秒로

爲一年也하시니 此乃三神一體上尊之遺法也니라.

故로 以三神立敎하사 乃作布念之標하시니

其文에 曰 「一神降衷하사 性通光明하니

在世理化하야 弘益人間하라」 하니라.

自是로 蘇塗之立이 到處可見이오

山像과 雄常이 山頂皆有하며 四來之民이 環聚墟落하야

四家同井하며 二十稅一하니 時和年豐하고 露積邱山이라

萬姓이 歡康之하야 作太白環舞之歌하야 以傳하니라.

2. 蚩尤天皇의 軒轅 討伐 - 涿鹿 大戰爭

繼有蚩尤氏가 作造九冶以採礦하시며 鑄鐵作兵하시며

又制飛石迫擊之機하시니 天下莫敢讐之라

時에 軒丘不服이어늘 蚩尤躬率徃征之하사

大戰於涿鹿하시니 涿鹿은 今山西大同府也라

將戰하실새 作涿鹿檄하시고 乃召八十一宗黨大人하사

先以頒示蚩尤形像하시고 具命誓而告之하시니

옛적에 환웅천황께서 천하가 광대하여 한 사람이 능히 다스릴 수 없다고 생각하셨다. 이에 풍백과 우사와 운사를 거느리시고, (오가五加에게) 농사·왕명·형벌·질병·선악을 주관하게 하시고, 인간 세상의 360여 가지 일을 주관하시며, 책력을 지어 365일 5시간 48분 46초를 1년으로 삼으셨다.* 이것이 바로 **삼신과 하나 되어 천상에 계시는 상제님**[三神一體上尊]께서 남겨 주신 법도이다.

그러므로 천황께서 삼신(상제님)의 도로써 가르침을 세우고[三神立敎], 그 품고 계신 뜻을 전하는 글[念標文]*을 지으시니 그 「염표문」에 이렇게 기록되어 있다.

> 삼신[一神]께서 참마음을 내려 주셔서[一神降衷]
> 사람의 본성은 본래 신의 광명에 통해 있으니[性通光明]
> 삼신의 가르침으로 세상을 다스려 깨우쳐서[在世理化]
> 천지광명(환단)의 뜻과 대이상을 성취하는 홍익인간의 길을 갈지어다
> [弘益人間].

이때부터 소도가 건립되어 도처에서 볼 수 있었고, 산상山像과 웅상雄常5)이 산꼭대기마다 세워졌다. 사방에서 모여든 백성이 둥글게 마을을 이루고 네 집이 정전井田*의 단위를 이루어 농사를 짓고, 조세는 20분의 1을 바쳤다.* 사시가 고르고 풍년이 들어 집 밖에 곡식을 산더미처럼 쌓아 놓으니 온 백성이 기뻐하여 「태백환무太白環舞」*라는 노래를 지어 후세에 전하였다.

2. 치우천황의 헌원 토벌 - 탁록 대전쟁

이어서 치우천황이 계셨는데 구치九冶를 만들어 광석을 캐고 철을 주조하여 병기를 만드셨다. 또 비석박격기를 만드시니 천하에서 감히 대항하는 자가 없었다. 이때 헌구(황제헌원, 중화 한족의 시조)가 불복하므로 치우천황께서 친히 군사를 거느리고 탁록에서 대전쟁을 벌이셨다. 탁록은 지금의 산서성 대동부大同府이다.※

전투를 시작하려 할 때 「탁록격문涿鹿檄文」을 짓고, 종당대인宗黨大人※ 81명을 소집하여 먼저 치우천황의 형상을 그려 반포하고, 아울러 신하들에게 경계의 글을 내려 알리셨다.

치우천황께서 말씀하셨다.

---

*현재 일년의 날수는 365.25일이다.

***염표문**念標文: 인류의 시원 국가인 환국으로부터 내려오는 신교 문화의 진리 주제를 깨달아 마음에 아로새기고 생활화하여 환국의 진정한 백성이 되라는 글이다. 본래 염표문은 환국의 국통을 이어 받은 신시 배달의 초대 환웅천황이 환국의 국시인 홍익인간을 계승하여 삼신으로써 가르침을 세우는 대도 이념을 열여섯 자로 정리한 것이다. 고조선의 11세 도해단군은 이 염표문을 삼신의 외현인 하늘·땅·인간의 삼위일체의 도로써 완성하였다.

정전井田: 정사각형의 농경지를 우물 정井 자 형으로 구획하여 관리한 토지 제도.

*20분의 1세: 생산량의 20분의 1을 바치는 조세 제도. 단군조선 때에도 이 제도가 계승, 유지되었다(『단군세기』). 반면 중국에서는 단군 조선의 정전법井田法을 모방하여 하·은·주 3대 왕조 때부터 10분의 1을 취하는 정전법을 실시하였다. 사가동정四家同井이란, 뒤에 나오는 사가작구四家作區에 비추어 볼 때, 네 집이 단위가 되어 농사를 함께 짓는 것이지 우물을 함께 사용한다는 뜻은 아니다.

태백환무太白環舞: 신교의 광명[桓] 사상에서 유래한 신교의 놀이 문화이다. 밝은 달빛 아래 둥근 원을 그리며 한마음이 되어 춤추는 강강수월래의 원형을 이 태백환무에서 찾을 수 있다.

※여기에서 탁록을 지금의 산서성 대동大同으로 말하고 있으나, 현재 알려진 탁록은 하북성 탁록현 동남쪽에 있는 반산진礬山鎭이다.

※**종당대인**宗黨大人: 종가宗家의 계통에서 최고 우두머리(연장자)가 되는 사람을 말한다.

▸爾 너 이	
▸軒丘 : 헌원	
▸聽 들을 청	▸明 똑똑히 명
▸朕 나 짐(천자의 자칭)	
▸誥 가르침 고	▸惟 오직 유
▸洗 씻을 세	▸誓 경계할 서
▸侮 업신여길 모	▸體 몸 체
▸怠 게으를 태	▸棄 버릴 기
▸倫 인륜 륜	▸久 오랠 구
▸厭 싫을 염	▸穢 더러울 예
▸討 칠 토	▸早 일찍 조
▸已 이미 이	▸改 고칠 개
▸求 구할 구	▸降 내릴 강
▸腦 골 뇌	▸若 같을 약
▸順 순할 순	▸咸 다 함
▸怒 노할 노	▸常 항상 상
▸懼 두려워할 구	
▸哉 어조사 재	▸宗 마루 종

치우천왕 왈
蚩尤天王이 日

이 헌구 명청짐고 일지유자 유짐일인
爾軒丘아 明聽朕誥하라 日之有子에 惟朕一人이

위만세위공지의 작인간세심지서
爲萬世爲公之義하야 作人間洗心之誓하노니

이 헌구 모아삼신일체지원리
爾軒丘는 侮我三神一體之原理하고

태기삼륜구서지행 삼신 구염기예
怠棄三倫九誓之行하니 三神이 久厭其穢하사

명짐일인 행삼신지토
命朕一人하사 行三神之討하시니

이조이세심개행 자성구자 강재이뇌
爾早已洗心改行하야 自性求子면 降在爾腦오

약 불 순 명 천 인 함 노
若不順命이면 天人咸怒하리니

기명지불상 이무가구호재
其命之不常을 爾無可懼乎哉아

어시 헌구내평복 천하종아언
於是에 軒丘乃平服하고 天下宗我焉하니라.

3. 仙人 有爲子가 傳한 天地 大道의 道言

道의 根源은 三神上帝님

▸隱 숨을 은	▸妙 묘할 묘
▸香 향기 향	▸學 배울 학
▸紫 자줏빛 자	▸府 마을 부
▸過 지날 과	▸見 알현할 현
▸請 청할 청	▸陳 베풀 진
▸對 대할 대	▸原 근원 원
▸旣 이미 기	▸稱 일컬을 칭
▸無常 : 상주常住하는 것이 없다는 뜻. 모든 것이 늘 변함	
▸隨 따를 수	
▸貴 귀할 귀	
▸實 사실 실	
▸外 바깥 외	
▸乃 이에 내	
▸含 머금을 함	
▸機 틀 기	
▸吾 나 오	
▸見 나타날 현	

시 유위자 은어묘향산 기학 출어자부선생 야
時에 有爲子가 隱於妙香山하니 其學이 出於紫府先生也라

과현웅씨군 군 청위아진도호
過見熊氏君한대 君이 請爲我陳道乎아

대왈 도지대원 출호삼신야
對曰 道之大原이 出乎三神也로이다.

도기무대무칭 유대비도 유칭역비도야
道旣無對無稱하니 有對非道오 有稱亦非道也로이다.

도무상도 이수시 내도지소귀야
道無常道나 而隨時가 乃道之所貴也오

칭무상칭 이안민 내칭지소실야
稱無常稱이나 而安民이 乃稱之所實也로이다.

기무외지대 무내지소 도내무소불함야
其無外之大와 無內之小에 道乃無所不含也로이다.

천지유기 현어오심지기
天之有機는 見於吾心之機하고

"너, 헌구는 짐의 말을 똑똑히 들으렷다! 태양(하늘)의 아들은 오직 짐 한 사람이니라. 짐이 천자로서 이 세상을 만세토록 공의公義롭게 하기 위하여 인간의 마음을 닦는 경계의 글(훈계문)을 짓노라.

너, 헌구는 우리의 **삼신일체 원리**를 우습게 알고 태만하여 **삼륜구서**三倫九誓를 실행하지 않았느니라. 이에 삼신상제님께서 오랫동안 너의 더러운 행위를 싫어하여 짐 한 사람에게 명하시어 '삼신의 토벌'을 행하게 하셨노라. 네가 하루속히 불의한 마음을 씻고 행동거지를 뜯어고쳐 타고난 삼신의 본성에서 진리의 열매(씨)를 구하여라. 그러면 상제님의 성령이 너의 머리에 내려 오시리라. 만일 네가 천명天命을 따르지 아니하면 하늘과 사람이 함께 노하여 네 목숨이 온전치 못하리니 너는 두렵지도 않으냐?"

이때에 헌구가 평정되어 복종함으로 천하가 우리 배달을 종주로 받들게 되었다.

3. 선인 유위자가 전한 천지 대도의 말씀

도의 근원은 삼신상제님

이때 유위자*가 묘향산에 은거하고 있었는데, 그의 학문은 자부 선생에게서 나온 것이다. 지나는 길에 웅씨 임금을 알현하니, 임금이 "나를 위해 도道를 설명해 주겠소?"라고 청하였다.

이에 이렇게 대답하였다.

"**도의 큰 근원은 삼신에서 나옵니다**[道之大原 出乎三神]. 도에는 이미 대립도 없고 이름도 없으니, 대립이 있으면 도가 아니요, 이름이 있어도 도가 아닙니다.

도에는 고정불변의 도가 없으나 **천지의 때를 따르는 것이** 도가 귀하게 여기는 바입니다.

도에는 일정한 이름이 없으나 백성을 평안하게 함이 도의 이름이 담고 있는 바입니다. 밖이 없는 극대 세계와 안이 없는 극미 세계에 이르기까지 도가 품지 않는 바가 없습니다.

하늘에 있는 기틀이 내 마음의 기틀에 나타나고, 땅에 있는 상象(변화의 움직임)이 내 몸의 상에 나타나며, 만물의 주재는 내 몸의

* **유위자**有爲子: 대진국(발해) 사람 대야발大野勃이 지은 『단기고사檀奇古史』에서는 유위자를 11세 도해단군의 태자의 스승이라 하였고, 『단군세기』에는 11세 단군 때에 국자랑을 가르친 스승[國子師傅]으로 묘향산에 은거한 선인仙人이라 하였다. 또 공자의 10세 손인 공빈孔斌이 지은 『동이열전東夷列傳』에는 "유위자는 하늘이 낳은 성인으로 훌륭한 이름이 중국에도 넘쳐 흘렀다. 이윤이 그의 문하에서 학업을 전수받아 은나라 탕왕의 훌륭한 재상이 되었다[有爲子, 以天生聖人, 英名洋溢乎中國, 伊尹受業於門, 而爲殷湯之賢相.]."라고 하였다. 이와 같이 고조선의 신교 문화가 동이족인 은나라의 정치·문화 형성에 결정적인 영향을 미치도록 다리를 놓기도 한 유위자는 치우천황 때 태백산(백두산) 사선四仙 중의 한 사람인 자부紫府 선생의 후학이다. 신교를 이론적으로 체계화시킨 분이 자부 선생이고, 학문적으로 집대성한 인물이 바로 유위자이다(정명악, 『국사대전』 참조).

이윤의 무덤_중국 하남성 상구시商丘市 이윤사伊尹祠 뒤편에 있다.

▸象 모양 상	지 지 유 상　　현 어 오 신 지 상
▸物 사물 물	地之有象은 見於吾身之象하고
▸宰 주재할 재	물 지 유 재　　현 어 오 기 지 재 야
▸吾 나 오	物之有宰는 見於吾氣之宰也니
▸乃 이에 내	내 집 일 이 함 삼　　회 삼 이 귀 일 야
▸執 잡을 집	乃執一而含三하고 會三而歸一也니이다.
▸含 머금을 함	일 신 소 강 자　시 물 리 야　내 천 일 생 수 지 도 야
▸歸 돌아올 귀	一神所降者는 是物理也니 乃天一生水之道也오
▸降 내릴 강	성 통 광 명 자　시 생 리 야　내 지 이 생 화 지 도 야
▸性 성품 성	性通光明者는 是生理也니 乃地二生火之道也오
▸通 통할 통	재 세 이 화 자　시 심 리 야　내 인 삼 생 목 지 도 야
▸理 이치 리	在世理化者는 是心理也니 乃人三生木之道也니이다.
▸蓋 대개 개	개 대 시　삼 신　조 삼 계
▸始 처음 시	蓋大始에 三神이 造三界하실새
▸造 지을 조	수 이 상 천　　화 이 상 지　　목 이 상 인
▸界 지경 계	水以象天하시고 火以象地하시고 木以象人하시니
▸柢 뿌리 저	부 목 자　저 지 이 출 호 천　　역 여 인　입 지 이 출
▸亦 또 역	夫木者는 柢地而出乎天하야 亦如人이 立地而出하야
▸如 같을 여	능 대 천 야　　　　　군 왈 선 재　언 호
▸能 능할 능	能代天也로이다 하야늘 君曰 善哉라 言乎여.
▸代 대신할 대	
▸善哉: 좋다, 좋구나의 뜻	
▸言 말씀 언	

4. 古朝鮮 馬韓 首都의 位置와 歷代 王의 治績

馬韓의 初代 王(副檀君) : 熊伯多

단 군 왕 검　기 정 천 하　　　분 삼 한 이 관 경
檀君王儉이 旣定天下하시고 分三韓而管境하실새

내 봉 웅 백 다　　위 마 한　　　도 어 달 지 국
乃封熊伯多하사 爲馬韓하시고 都於達支國하시니

역 명 왈 백 아 강 야　등 마 한 산　　제 천
亦名曰 白牙岡也라 登馬韓山하사 祭天하실새

천 왕　하 조 왈 인　시 경 즉 연 추 자 형
天王이 下詔曰 人이 視鏡則姸醜自形하고

민　시 군 즉 치 란 현 정
民이 視君則治亂見政하나니

시 경　수 선 시 형　　시 군　수 선 시 정
視鏡에 須先視形하고 視君에 須先視政이어다.

마 한　　상 차 왈 성 재　언 호
馬韓이 上箚曰 聖哉라 言乎시여

성 주　능 종 중 의 고　도 대
聖主는 能從衆議故로 道大하고

桓檀古記	▸旣 이미 기　　▸定 정할 정
	▸管 다스릴 관　▸境 지경 경
	▸封 봉할 봉　　▸熊 곰 웅
	▸伯 맏 백　　　▸多 많을 다
	▸馬 말 마　　　▸都 도읍 도
	▸達 통할 달　　▸支 가를 지
	▸牙 어금니 아　▸岡 언덕 강
	▸登 오를 등　　▸詔 조서 조
	▸視 볼 시　　　▸鏡 거울 경
	▸則 곧 즉　　　▸姸 고울 연
	▸醜 미울 추　　▸形 형상 형
	▸治 다스릴 치　▸亂 어지러울 란
	▸見 나타날 현
	▸須 모름지기 수
	▸政 다스릴 정
	▸箚 차자 차
	▸聖 성스러울 성
	▸從 따를 종　　▸衆 무리 중
	▸議 의논할 의　▸故 고로 고

기氣의 주재에서 나타나니, 이것이 바로 하나[一氣]에는 셋(삼신)이 깃들어 있고[執一含三]*, 세 손길로 작용하는 삼신이 하나의 근원으로 돌아가는 원리[會三歸一]*입니다.

일신이 내려 주신 바가 **만물의 이치**[物理]이니 바로 천일天一이 (또는 하늘이 1로서) 물[水]을 생生하는 도입니다. 인간의 본래 성품이 광명에 통해 있는 것이 **생명의 이치**[生理]이니 바로 지이地二가 (또는 땅이 2로서) 불[火]을 생生하는 도입니다. 세상을 삼신상제님의 가르침으로 다스려 깨우치는 것이 **마음의 이치**[心理]이니, 바로 인삼人三(또는 사람이 3으로서)이 나무[木]를 생生하는 도입니다.

대개 대시에 삼신상제님께서 천지인 삼계를 만드실 때, 물[水]로써 하늘[天]을 상징하고, 불[火]로써 땅[地]을 상징하고, 나무[木]로써 사람[人]을 상징하였습니다. 무릇 나무란 땅에 뿌리를 내리고 하늘로 솟아나온 것인데, 사람이 땅에 우뚝 서서 하늘을 대신하는 것과 같습니다."

웅씨 임금이 말하였다. "참으로 좋은 말씀이오."

4. 고조선 마한 수도의 위치와 역대 왕의 치적

마한의 초대 왕(부단군) : 웅백다

단군왕검께서 천하를 평정하고 삼한6)으로 나누어 다스릴 때, 웅백다熊伯多를 마한 왕(부단군)으로 임명하셨다. 도읍을 달지국達支國에 정하였는데, **백아강**白牙岡이라고도 불렀다. 마한산에 올라 천제를 지내실 때 천왕(단군왕검)께서 조칙을 내려 이렇게 말씀하셨다.

"사람이 거울을 보면 잘나고 못난 모습이 저절로 드러나고, 백성이 임금을 보면 세상이 잘 다스려지고 어지러운 것이 정사에 나타나나니, 거울을 볼 때는 반드시 먼저 자신의 모습을 보고, 임금을 볼 때는 반드시 먼저 정사를 보아야 하느니라."

마한 왕(웅백다)이 차자劄子를 올려 이렇게

* **집일함삼**執一含三: 우주의 한 조화 기운은 (삼위三位 정신으로 자존하는) '세 가지 창조 정신三神'을 머금고 있다.

* **회삼귀일**會三歸一: 세 가지 창조 원리는 수렴해서 보면, 본래의 '시원의 조화 세계, 일기一氣 속의 일신一神'으로 돌아간다.
한민족과 인류의 시원 종교인 신교神敎의 삼신 사상에서 갈라져 나간 제2 고등 종교인 유·불·선·기독교의 핵심 우주관·종교관은 바로 이 같은 신교의 일즉삼一卽三, 삼즉일三卽一 하는 삼신三神의 본체와 기본 작용의 진리를 그대로 따른 것에 불과하다.

유교 三極說	무극無極· 태극太極·황극皇極
불교 三佛說	법신불法身佛 보신불報身佛 화신불化身佛
도교 三清說	옥청玉清· 상청上清·태청太清
기독교 三位一體說	성부聖父· 성자聖子·성신聖神

▨ **차자**劄子: 임금께 올리는, 간단한 서식으로 쓴 상소문.

暗君은 好用獨善故로 道小하나니
可無內省而不怠乎니이다.

(1) 三郞城과 祭天壇을 쌓다

檀君王儉五十一年에 天王이 命雲師倍達臣하사

築三郞城于穴口하시고 設祭天壇于摩璃山하실새

發江南民丁八千人하사 以助役하시니라

辛酉三月에 天王이 親幸摩璃山하사 祭天하시니라.

熊伯多가 薨하니 在位五十五年이라 子盧德利가 立하니라

盧德利가 薨하니 子弗如來가 立하니라

是 檀君扶婁十二年壬子라.

秋十月에 以命으로 頒七回曆于民하고

明年春三月에 始敎民種柳于白牙岡하고 作都亭하니라.

丙辰에 刻立三一神誥碑於南山하고

庚申에 作稻田하고 己亥에 立蘇塗하야

施三倫九誓之訓하니 治化大行하니라.

(2) 三世 嘉勒檀君의 中道一心 精神에 對한 聖訓

檀君嘉勒三年에 弗如來가 薨하니 子杜羅門이 立하니라.

乙巳九月에 天王이 敕曰

天下大本이 在於吾心之中一也니

人失中一則事無成就하고 物失中一則體乃傾覆하나니라.

아뢰었다.

"거룩하신 말씀입니다. 성군은 뭇 사람의 의견을 잘 좇으므로 도가 높아지고, 어리석은 임금은 독선을 좋아하므로 도가 작아지나니, 참으로 자신을 돌이켜 살펴서 게으르지 않도록 해야 할 것입니다."

(1) 삼랑성과 제천단을 쌓다

단군왕검 51년(단기 51, BCE 2283)에 천왕께서 운사 배달신에게 명하여 혈구穴口에 삼랑성*을 축조하고 마리산에 제천단을 설치할 때 강남의 장정 8,000명을 동원하여 조역助役하게 하셨다.

(91세 되시던) 신유(단기 54, BCE 2280)년 3월에 천왕께서 친히 마리산에 행차하여 천제를 올리셨다.

웅백다가 세상을 떠나니 단군왕검 재위 55년(단기 55년, BCE 2279)이었다. 아들 노덕리盧德利(2세 왕)가 계승하였다. 노덕리가 세상을 뜨자 아들 불여래弗如來(3세 왕)가 즉위하니 부루단군(2세) 12년 임자(단기 105, BCE 2229)년이었다.

가을 10월에 (단군의) 명을 받들어 **칠회력**七回曆을 백성에게 널리 반포하였다. 다음해 봄 3월에, 처음으로 백성으로 하여금 백아강에 버드나무를 심게 하고 도정都亭을 지었다.

병진(단기 109, BCE 2225)년에 **삼일신고비**三一神誥碑를 새겨서 남산에 세우고, 경신(단기 113, BCE 2221)년에 논[稻田]*을 개간하였다. 기해(단기 152, BCE 2182)년에 소도를 세워 **삼륜구서**三倫九誓**의 가르침**[7]을 베푸니 나라를 다스리는 덕화가 널리 미쳤다.

(2) 3세 가륵단군의 중도 일심 정신에 대한 성훈

가륵단군(3세) 3년(단기 154, BCE 2180)에 불여래가 세상을 떠나고 아들 두라문杜羅門(4세 왕)이 즉위하였다. 을사(단기 158, BCE 2176)년 9월에 천왕께서 조칙을 내려 말씀하셨다.

"천하의 **대본**大本은 내 마음의 '중도 일심[中一] 자리'에 있느니라. 사람이 중도 일심을 잃으면 어떤 일도 성취할 수 없고, 만물이 중도 일심을 잃으면 그 몸이 넘어지고 엎어지느니라.

삼랑성 남문

* 삼랑성은 강화도 전등산에 있는 옛 성[古城]으로 지금은 정족산성이라 한다. 삼랑은 본래 '삼신三神을 수호하는 벼슬'인데 후세에 단군성조의 세 아들로 잘못 전해졌다.

▨ 칠회력七回曆: 14세 치우천황 때 자부紫府 선생이 일월日月의 운행 경로와 도수를 측정하고 수화목금토水火木金土 오행五行의 수리數理를 살펴 만들었다. 배달 시대에 이미 있던 '칠회제신七回祭神의 역曆'에 연원을 둔 것이다. 칠회력은 곧 칠성력七星曆을 말한다.

* **도전**稻田: 벼를 심은 밭 또는 논을 말한다. 지금부터 4천 년 전 고조선 초기에 이미 벼농사를 지을 정도로 발전된 농업 경제 단계에 돌입하였음을 알 수 있는데, 이러한 사실은 고고학적으로도 공인되고 있다.

惟 오직 유	危 위태할 위
衆 백성 중	微 작을 미
全 온전할 전	統 거느릴 통
均 고를 균	勿 아닐 물
失 잃을 실	然 그러할 연
後 뒤 후	定 정할 정
惟 오직 유	當 마땅할 당
慈 사랑할 자	敬 공경할 경
序 차례 서	朋 벗 붕
飭 삼갈 칙	恭 공손할 공
儉 검소할 검	修 닦을 수
鍊 단련할 련	業 일 업
啓 열 계	智 지혜 지
勉 힘쓸 면	等 고를 등
自任: 자기의 임무를 떠맡음	
國統: 민족사의 맥과 법통	
嚴 엄할 엄	守 지킬 수
憲 법 헌	盡 다할 진
職 직책 직	獎 권면할 장
勤 근면할 근	保 보전할 보
産 낳을 산	捨 버릴 사
冒 무릅쓸 모	險 험할 험
勇 용맹할 용	進 나아갈 진
扶 도울 부	无 없을 무
疆 끝 강	
无疆: 끝이 없음(=無窮)	
運 운수 운	祚 복 조
運祚: 하늘에서 받은 행복. 천운天運	
朕 나 짐	爾 너 이
切 간절할 절	佩 명심할 패
佩服: 마음에 새겨 잊지 않음	
替 폐할 체	
庶 바랄 서	幾 그 기
庶幾: 바라건대	
欽 공경할 흠	
杜 막을 두	羅 벌일 라
近 가까울 근	支 가를 지
遣 보낼 견	
造 지을 조	
船 배 선	舶 큰 배 박
薩 보살 살	岸 기슭 안
常 항상 상	助 도울 조
離 떠날 리	宮 집 궁
離宮: 천자의 별궁	
莬 풀이름 모(목)	
芇 풀이름 단(란)	
峰 봉우리 봉	麓 산기슭 록
巡 돌 순	駐 머무를 주

군심　유위　　중심　유미
君心은 惟危하고 衆心은 惟微하니

전인통균　　입중물실연후　　내정우일야
全人統均하야 立中勿失然後라야 乃定于一也니라

유중유일지도　　위부당자　　위자당효
惟中惟一之道는 爲父當慈하고 爲子當孝하며

위군당의　　위신당충　　위부부당상경
爲君當義하고 爲臣當忠하며 爲夫婦當相敬하고

위형제당상애　　노소당유서　　붕우당유신
爲兄弟當相愛하며 老少當有序하고 朋友當有信이니라.

칙신공검　　수학련업　　계지발능
飭身恭儉하며 修學鍊業하며 啓智發能하며

홍익상면　　성기자유　　개물평등
弘益相勉하야 成己自由하며 開物平等하야

이천하자임　　당존국통　　엄수헌법
以天下自任하며 當尊國統하며 嚴守憲法하야

각진기직　　장근보산
各盡其職하고 獎勤保産이라가

어기국가유사지시　　사신전의
於其國家有事之時에 捨身全義하며

모험용진　　이부만세무강지운조야
冒險勇進하야 以扶萬世无疆之運祚也어다.

시 짐 여이국인　　절절패복이물체자야
是는 朕이 與爾國人으로 切切佩服而勿替者也니라.

서기일체완실지지의언　　기흠재
庶幾一體完實之至意焉이니 其欽哉어다.

(3) 薩水에서 배를 建造함

두라문 훙　　자을불리 입
杜羅門이 薨하니 子乙弗利가 立하니라.

을불리 훙　　자근우지 입
乙弗利가 薨하니 子近于支가 立하니

내단군오사구을유야
乃檀君烏斯丘乙酉也라.

경인　견민정삼십인　　조선박우살수
庚寅에 遣民丁三十人하야 造船舶于薩水하니

내진한남해안야
乃辰韓南海岸也라.

임자 한 이명　　입상춘　　조제삼신우구월산
壬子에 韓이 以命으로 入常春하야 助祭三神于九月山하고

시월　기이궁어모란봉중록　　위천왕순주지소
十月에 起離宮於莬芇峰中麓하야 爲天王巡駐之所하니라.

임금의 마음은 위태롭고 백성의 마음은 은미하니, 모든 사람이 균일하게 갖고 나온 천부의 성품을 잘 닦고 간직하여 그 조화의 중심 자리를 확립해서 잃지 않은 연후에야 일심 자리에 확고히 안주할 수 있느니라.

중정과 일심[中一]의 도는 아비된 자 마땅히 자애롭고, 자식된 자 마땅히 효도하며, 임금된 자 마땅히 의롭고, 신하된 자 마땅히 충성하며, 부부된 자 마땅히 서로 공경하고, 형제된 자 마땅히 서로 우애하고, 노인과 젊은이가 마땅히 차례를 잘 지키고, 친구끼리 마땅히 서로 믿음을 가지는 것이니라.

몸을 삼가 공손하고 검소하며, 학문을 잘 닦고 맡은 소임을 연마하여 지혜와 능력을 계발하고, 널리 이롭도록 서로 권면하고, **자신을 완성하여 자유자재하며[成己自由],*** **만물의 뜻을 열어 고르고 한결같이 하라[開物平等].*** 그리하여 천하의 일을 자임하고, **국통**國統을 존중하고, 국법을 확실히 지켜 각자 자기 직분을 다하고, 부지런함을 권면하여 생산을 보존하라. 국가에 일이 있을 때 몸을 던져 의義를 실천하고, 위험을 무릅쓰고 용맹히 전진하여 만세토록 무궁한 복을 마련할지니라.

이는 짐이 너희 백성과 함께 간절하게 마음에 새겨 소홀히 하지 않는 것이니라. 너희가 한 몸이 되어 완전하게 실천하기를 지극한 뜻으로 바라노니, 이를 잘 공경하여 받들지어다."

(3) 살수에서 배를 건조함

두라문(4세 왕)이 세상을 뜨자 아들 을불리乙弗利(5세 왕)가 즉위하였다. 을불리가 세상을 떠나 아들 근우지近于支(6세 왕)가 즉위하니, 오사구단군(4세) 을유(단기 198, BCE 2136)년이었다.

경인(단기 203, BCE 2131)년에 장정 30명을 보내 살수薩水에서 배를 건조하게 하였는데, 그곳은 진한辰韓의 남해안이다.

임자(단기 225, BCE 2109)년에 마한 왕이 (4세 단군의) 명을 받고 상춘常春에 들어가 구월산에서 삼신께 제사드리는 일을 도왔다.

10월에 모란봉 산기슭에 별궁[離宮]을 지어 천왕(오사구단군)께서 순수巡狩하실 때 머무르실 장소로 삼았다.

* **성기자유**成己自由: 자신을 성취시키고 스스로 자신의 주인이 되다.
  고문헌에서 '자유'라는 표현은 '자기가 주인이 되다', 혹은 '제한과 구속을 받지 않다'는 뜻을 갖는다. 중국 위진남북조 시대에 나온 시선집 『옥대신영玉臺新詠』에는 '공작동남비孔雀東南飛'라는 유명한 고시가 수록되어 있는데, 여기에 "내가 마음속으로 오랫동안 분함을 품고 있었는데 네가 어찌 멋대로 할 수 있는가[吾意久懷忿, 汝豈得自由]."라는 구절이 있다.

* **개물평등**開物平等: 만물의 마음을 열어 만물이 평등함을 깨닫다.
  고문헌에서 평등은 '서로 같다'는 뜻을 나타낸다. 위진남북조 때 인도 승려 구나브리티求那毘地가 492년에 한문으로 번역한 『백유경百喩經』「이자분재유二子分財喩」편에 "너희에게 서로 똑같게 물건을 나누는 법을 가르쳐 주리니 지금 갖고 있는 모든 물건을 부수어 이등분하라[教汝分物使得平等, 現所有物破作二分]."라는 구절이 나온다. 또 인도 승려 구마라습鳩摩羅什이 한문으로 번역한 『금강경』「정심행선분淨心行善分」편에 "이 법은 차별이 없어 높고 낮음이 없다[是法平等, 無有高下]."라는 말이 나온다.

* **살수**: '물이 살살 흐르는 강'이라는 뜻으로 네 곳이 있다.
  ①요동반도의 개평현 주남하 ②요동반도의 대양하 ③청천강清川江 ④청주 무심천無心川 등이다 (최동, 『조선상고민족사』「살수고薩水考」참조).

* **상춘**常春: 눌견訥見, 장춘長春이라고도 하며 모두 '늘 봄'을 소리 또는 뜻으로 표기한 것이다. 고조선 시대에는 이곳에 있는 구월산에서 삼신상제님께 제사를 지냈다.

皂衣 下賜와 加冠 儀式

每當三月이면 命馬韓하사 閱武佃獵하시고

十六日에 祭天麒麟窟하실새 賜皂衣加冠之禮하시고

仍歌舞百戲而罷하시니라.

甲寅에 近于支가 薨하니 子乙于支가 立하니라.

乙于支가 薨하니 弟弓戶가 立하니라

弓戶가 薨하니 無嗣라 杜羅門之弟杜羅時의 曾孫莫延이

以命으로 入承馬韓하니라.

戊申에 檀君于西翰이 巡駐白牙岡하사 命劃田授土하사

四家作區하시니 區出一乘하사 分守鄕衛하시니라.

(4) 十一世 檀君 때 桓道 文明이 繁盛함

神敎의 制度化로 桓道 文明이 繁盛

檀君魯乙壬寅에 莫延이 薨하니 弟阿火가 立하니라.

時에 檀君道奚가 方銳意開化하사 平等爲治하시니라.

以命으로 建大始殿于大聖山하고 作大橋于大同江하며

三忽爲佺하야 設扃堂하며 定七回祭神之儀하며

講三倫九誓之訓하니 桓道文明之盛이 聞于域外라

夏主厪이 遣使獻方物하니라.

丁巳에 阿火가 薨하니 子沙里가 立하니라.

檀君阿漢乙卯에 沙里가 薨하니 弟阿里가 立하니라.

檀君古弗乙酉에 阿里가 薨하니 子曷智가 立하니라.

曷智가 薨하니 檀君代音戊申에 子乙阿가 立하니라.

조의 하사와 가관 의식

(단군께서) 매년 3월에 마한에 명하여 친히 군대를 사열하시고 사냥을 하셨다. 16일에 **기린굴**麒麟窟*에서 천제를 올릴 때 **조의**皂衣를 하사하고 관을 씌우는 예식(관례)*을 행하셨다. 이어서 가무와 온갖 놀이를 행하고 파하셨다.

갑인(단기 227, BCE 2107)년에 근우지가 세상을 떠나고 아들 을우지乙于支(7세 왕)가 즉위하였다. 을우지가 세상을 떠나니 아우 궁호弓戶(8세 왕)가 즉위하였다. 궁호가 세상을 떠나니 자손이 없어 두라문(4세 왕)의 아우 두라시杜羅時의 증손 막연莫延(9세 왕)이 명을 받들어 마한의 왕위를 계승하였다.

무신(단기 341, BCE 1993)년에 우서한단군(8세)께서 백아강에 순행하여 머무시며, 밭의 경계를 정해 땅을 나누어 주고 네 집을 한 구역으로 정하도록 명하셨다. 그리고 각 구역에서 일승一乘씩 내어 마을을 나누어 지키게 하셨다.

(4) 11세 단군 때 환도桓道 문명이 번성함

신교의 제도화로 환도 문명이 번성

노을단군(10세) 임인(단기 395, BCE 1939)년에 막연이 세상을 떠나고 아우 아화阿火(10세 왕)가 즉위하였다.

이때 도해단군(11세)께서 강력한 의지로 개화에 힘써 평등하게 다스리실 때, (단군의) 명을 받들어 대성산大聖山8) 기슭에 대시전大始殿을 짓고 대동강에 큰 다리를 건설하였다.

세 고을마다 **전**佺을 두어 **경당**扃堂*을 설립하고 칠회 제신 의례[七回祭神之儀]를 정하여 삼륜구서三倫九誓의 가르침을 강론하니, **환도 문명**桓道文明이 번성하여 국경 밖까지 소문이 나게 되었다. 하夏나라 왕 근厪*이 사신을 보내 방물을 바쳤다.

정사(단기 470, BCE 1864)년에 아화가 세상을 떠나고 아들 사리沙里(11세 왕)가 즉위하였다. 아한단군(12세) 을묘(단기 528, BCE 1806)년에 사리가 세상을 떠나고, 아우 아리阿里(12세 왕)가 즉위하였다. 고불단군(14세) 을유(단기 618, BCE 1716)년에 아리가 세상을 떠나고 아들 갈지曷智(13세 왕)가 즉위하였다. 갈지가 세상을 뜨니 대음단군(15세) 무신(단기 701, BCE 1633)년에 아들 을아乙阿(14세 왕)가 즉위하였다.

---

* **기린굴**麒麟窟: 『삼국지』「위지魏志」동이전에 "나라의 동쪽에 큰 굴(大穴=기린굴)이 있는데 수혈隧穴이라 한다[其國東有大穴, 名隧穴.]"라고 하고, 고구려에서는 10월에 국중대회[國中大會=東盟]를 열어 이 기린굴에서 천제를 올린다고 하였다.

* **관례**冠禮: 이러한 신교 문화가 퇴색한 이후로는 남녀가 성년에 이르면 어른이 된다는 의미로 남자는 상투를 틀고 갓을 쓰고, 여자는 쪽을 찌던 의례儀禮를 관례라 한다.

* **경당**扃堂: 소도 곁에는 반드시 경당을 세워 미혼 자제로 하여금 글읽기, 활쏘기, 말타기, 예절, 가악歌樂, 권박拳搏, 검술 등 육예六藝를 익히고 연마하게 하였다(『태백일사』「삼신오제본기」참조). 고구려 때에는 평민 자제를 교육하는 사학私學 기관으로 경당을 전국 각처에 설치하였고, 중앙에는 귀족 자제를 교육하는 관학官學인 태학太學을 두었다.

* **근厪**: 하나라 13세 왕.

塹城壇의 祭天 行事에 參與한 殷나라 使臣

己酉에 耽牟羅人이 獻馬三十匹하니라.

乙阿가 薨하니 檀君余乙辛未에 子豆莫亥가 立하니라

壬申三月十六日에 親幸摩璃山하사

祭三神于塹城壇하시니 殷主外壬이 遣使助祭하니라.

豆莫亥가 薨하니 戊寅에 子慈烏漱가 立하고 薨하니

己丑에 子瀆盧가 立하니라

瀆盧가 薨하니 檀君固忽庚午에 子阿婁가 立하니라.

阿婁가 薨하니 戊午에 弟阿羅斯가 立하니라.

古朝鮮 前三韓 時代의 大轉機點

高登의 叛逆 事件

是歲에 高登이 叛據開城하야 抗命天王이어늘

馬韓이 方擧兵討之할새 到紅石嶺界하야

聞天王이 許高登爲右賢王하고 乃止하니라.

乙未에 天王이 欲讓禪于海城 褥薩徐于餘이어시늘

馬韓이 諫不可로대 而不允하시고

及索弗婁之立하야 而馬韓이 整師躬率하고

往戰于海城이라가 戰敗不還하니라.

三韓管境本紀

강화도 마리산 참성단

참성단의 제천 행사에 참여한 은나라 사신

기유(단기 702, BCE 1632)년에 탐모라耽牟羅⁹⁾ 사람이 말 30필을 바쳤다. 을아가 세상을 뜨니, 여을단군(17세) 신미(단기 784, BCE 1550)년에 아들 두막해豆莫奚(15세 왕)가 즉위하였다.

임신(단기 785, BCE 1549)년 3월 16일에 여을단군께서 친히 마리산에 행차하여 참성단에서 삼신께 천제를 지내실 때, 은나라 왕 외임外壬*이 사신을 보내 제사를 도왔다.

두막해가 세상을 뜨자 무인(단기 851, BCE 1483)년에 아들 자오수慈烏漱(16세 왕)가 즉위하였다. 자오수가 세상을 뜨니 기축(단기 922, BCE 1412)년에 아들 독로瀆盧(17세 왕)가 즉위하였다. 독로가 세상을 뜨니 고홀단군(20세) 경오(단기 963, BCE 1371)년에 아들 아루阿婁(18세 왕)가 즉위하였다. 아루가 세상을 뜨니 무오(단기 1011, BCE 1323)년에 아우 아라사阿羅斯(19세 왕)가 즉위하였다.

* 외임外壬: 은殷(BCE 1766~BCE 1122)나라 11세 왕. 재위 BCE 1549~BCE 1535.

고조선 전삼한 시대의 대 전기점

고등의 반역 사건

이 해(단기 1011, BCE 1323)에 고등高登*이 개성開城*에서 반역하여 천왕(21세 소태단군)에게 항명하였다. 마한 왕이 바야흐로 군사를 일으켜 고등을 치려 하는데, 홍석령紅石嶺*에 이르러 천왕께서 고등을 **우현왕**右賢王¹⁰⁾으로 삼을 것을 윤허하셨다는 소식을 듣고 중지하였다.

을미(단기 1048, BCE 1286)년에 천왕(21세 소태단군)께서 해성 욕살* 서우여徐于餘에게 선양하려 하시자 마한 왕이 불가하다고 간했으나 허락하지 않으셨다. 색불루*가 (22세 단군으로) 즉위하자 마한 왕이 군사를 정비하여 몸소 이끌고 가서 해성에서 일전을 겨뤘으나 싸움에서 패하여 돌아오지 못하였다.

* 고등高登: 22세 색불루단군의 할아버지(『단군세기』). 후에 우현왕이 된다.
* 개성開城: 요령성 개원開原.
* 홍석령紅石嶺: 관전현寬甸縣 홍석납자紅石拉子에 있는 고개.
* 욕살: 고구려 때에도 지방을 5부五部로 나누어 다스리고, 지방 장관을 욕살이라 하였다.
* 색불루: 고조선 시대에 처음으로 혁명을 일으켜 제위를 물려받았다. 그리하여 초대 단군왕검으로부터 21세 소태단군까지 1,048년간 지속되어 온 '송화강 아사달 시대'를 마치고, 둘째 도읍지인 백악산(녹산)으로 도읍을 옮겨 860년간 '백악산 아사달 시대'를 열었다. 또한 국제를 '삼한三韓'에서 '삼조선三朝鮮'으로 고쳤다. 그러나 전 영토를 여전히 삼한관경三韓管境 체제로 다스렸다.

馬韓世家 下

三韓에서 三朝鮮 時代로 轉換

右賢王 索弗婁의 大權 掌握

檀君索弗婁가 承祖父功하사 手握重兵하시니

辰韓이 自潰하고 二韓도 亦未一勝而敗滅하니라

前帝가 使人傳玉冊國寶하사 以讓하신대

新帝가 相都於白岳山이어시늘 諸褥薩이 執不可라

黎元興·蓋天齡等이 奉詔諭之하니

於是에 諸褥薩이 畢服하니라.

1. 二十二世 索弗婁檀君, 白岳山 阿斯達로 遷都

丙申元年正月에 遂卽位于鹿山하시니

是爲白岳山阿斯達也라.

三月에 下詔曰 邇者에 阿斯達이 使人傳玉冊國寶하야

以讓하고 前帝가 今雖襲號以尊이시나

而其海內山川이 旣歸名帳하니

祭天之禮는 當在國典하야 不可濫也니

必須徵古實하야 以達誠敬者라 今當祭迎하야

前徃擇齊하야 審掃神域하고 潔備牲幣하야 用答三神이어다.

마한세가 하

삼한에서 삼조선 시대로 전환

우현왕 색불루의 대권 장악

 색불루단군께서 조부(우현왕 고등)의 공덕을 계승하여 병권을 장악하니, 진한이 스스로 무너지고 마한·번한 역시 한 번도 이기지 못하고 패멸하였다. 이에 전제前帝(21세 소태단군)께서 사람을 보내어 옥책玉冊과 국보國寶를 전하고 선양하셨다.
 새로 등극한 임금(색불루)께서 도읍터를 백악산으로 정하시자 모든 욕살이 불가하다고 하였다. 여원흥黎元興과 갑천령蓋天齡 등이 조칙을 받들어 설득하니 마침내 모든 욕살이 복종했다.

1. 22세 색불루 단군, 백악산 아사달로 천도

 재위 원년 병신년(단기 1049, BCE 1285) 정월에, 색불루단군께서 마침내 녹산鹿山에서 즉위하시니 이곳이 백악산 아사달이다.
 3월에 조칙을 내려 이렇게 말씀하셨다.
 "근자에 아사달(수도)에서 사람을 보내 옥책과 국보를 짐에게 전하여 제위를 선양하였느니라. 전제前帝(21세 소태단군)께서 아직 존호를 사용하고 계시지만 해내海內의 산천과 백성의 명부[名帳]가 이미 짐에게 돌아왔으니, 하늘에 제사 지내는 예법은 나라의 전례典禮*에 합당하게 하여 너무 지나치게 하지 말지어다. 반드시 옛 전통을 잘 헤아려서 정성과 공경을 지극히 하라.
 이제 천제일(대영절大迎節, 3월 16일)*을 맞이하여 먼저 가서 몸과 마음을 재계하며, 천제 지낼 장소[神域]를 살펴 잘 청소하고, 희생과 폐백을 깨끗하게 준비하여 삼신께 보답토록 하라."

* **전례典禮**: 왕실이나 나라에서 경사나 상사가 났을 때 행하는 일정한 의식.
* **음력 3월 16일**: 한맞이 또는 대영절大迎節이라 한다. 곧 '삼신일체三神一體 상제님을 크게 맞이하는 날'이다. 일찍이 이 땅의 영걸들이 이 날에는 반드시 강화도 마리산에 올라 삼신상제님께 천제를 지냈다.
특히 고구려의 을지문덕 장군은 3월 16일 대영절에는 마리산에, 10월 3일 개천절에는 백두산에 올라 상제님께 천제를 올렸다 (『태백일사』「고구려본기」 참조).
이 3월 16일 '대영제大迎祭'는 10월 3일 '개천절開天節', 5월 5일 '광개절廣開節'과 함께 옛부터 내려오는 민족적인 대행사[國典祝儀]로, 오늘날 우리가 반드시 회복하여 계승·발전시켜야 할 한민족의 위대한 문화유산이다.

於是에 帝擇齊七日하시고 授香祝于黎元興하사
至十六日하야 早朝에 敬行祀事于三韓大白頭山天壇하시고
帝는 親祭于白岳山阿斯達하시니라.
其白頭山誓告之文에 曰
「朕小子檀君索弗婁는 拜手稽首하나이다.
自天帝子之修我以及民은 必自祭天以敬이니
皇上이 受三神明命하사 普恩大德이
旣與三韓五萬里之土境으로 共享弘益人間故로
遣馬韓黎元興하야 致祭于三神一體上帝之壇하나이다.
神其昭昭하사 體物無遺하실새 潔齊誠供하오니
降歆默佑하사 必能貢飾新帝之建極하시고
世保三韓千萬年無疆之祚業하시며 年穀豊熟하고
國富民殷하야 庶昭我聖帝空我存物之至念하소서.」

2. 國制를 三韓에서 三朝鮮으로 改編

五月에 改制三韓하사 爲三朝鮮하시니 朝鮮은 謂管境也라
眞朝鮮은 天王이 自爲하시니 而地則仍舊辰韓也며
政由天王하야 三韓이 皆一統就令也라.
命黎元興하사 爲馬韓하사 治莫朝鮮하시고 徐于餘로 爲番韓하사
治番朝鮮하시니 總之하야 名曰檀君管境이니
是則辰國이오 史稱檀君朝鮮이 是也라.

三韓管境本紀

이때에 임금(색불루 단군)께서 7일을 택해 재계하시고, 향과 축문을 여원흥에게 내려 주시며 16일 이른 아침에 삼한의 대백두산 천단天壇에서 제사를 봉행하게 하고, 임금께서는 몸소 백악산 아사달에서 제사를 지내셨다.

그 백두산 「서고문誓告文」에 이렇게 기록되어 있다.

> 소자 단군 색불루는 두 손 모아 머리를 조아려 절하나이다.
> 천자天子*의 수신修身*이 백성에게 미침은 반드시 공경스럽게 하늘에 제사 지냄에서 비롯하나, 황상皇上(시조 단군)께서 삼신의 밝으신 천명을 받아 보은대덕으로 이미 삼한의 5만 리 강토와 더불어 다 함께 '홍익인간'의 큰 뜻을 누려 왔습니다. 그리하여 마한 여원흥을 보내 삼신일체 상제님의 제단에 제사를 올립니다.
> 상제님의 성신은 밝고 밝으시어 만유에 그 은혜를 베푸심이 빠뜨림이 없으십니다. 이에 심신을 깨끗이 재계하고 정성스럽게 제물을 바치오니 강림하여 흠향하시고 말없이 도우시어 반드시 새로 보위에 오른 임금의 건극建極을 보살펴 주옵소서!
> 세세토록 삼한의 왕업을 천만 년 무궁토록 보존케 하옵시고, 매년 풍년이 들어 나라는 부강해지고 백성은 번영하게 하여 우리 성제聖帝(시조 단군)께서 품으셨던, 나를 비우고 만물을 살리는[空我存物] 지극한 생각을 밝혀 주옵소서.

* 천자天子: 천제자天帝子의 줄임말로 천상 상제님의 아들[天帝子]이라는 뜻이다.
* 수신修身: 악을 물리치고 선을 북돋아서 마음과 행실行實을 바르게 닦아 수양修養함.

2. 나라의 제도를 삼한에서 삼조선으로 개편

5월에 제도를 고쳐 삼한을 삼조선이라 하셨는데, 조선은 **관경管境**(영토 관할)을 말한다. 진조선은 천왕(22세 단군)께서 친히 다스리고, 통치 영역은 옛날 진한의 땅 그대로이다. 정치는 천왕에게서 나오니 삼한이 모두 하나로 통일되어 명령을 받았다.

여원흥을 마한 왕(20세)으로 삼아 막조선莫朝鮮을 다스리게 하고, 서우여를 번한 왕으로 삼아 번조선番朝鮮을 다스리게 하셨다. 이를 총칭하여 **단군 관경檀君管境**이라 하니 이것이 곧 **진국辰國**이다. 역사에서 일컫는 단군조선은 바로 이것을 말한다.

▨ 진국辰國: 고조선은 사회 구조로 보면 맨 밑에 사회 조직의 기층을 이루는 읍이 있고, 그 위에 거수국의 정치적 중심지로서, 거수가 거주하는 국읍國邑이 있었다. 국읍 위에는 고조선의 최고 통치자인 단군이 거주하는 도읍인 아사달과 평양성이 있었다. 만주 전역과 한반도를 영토로 하는 고조선은 부여, 고죽, 고구려, 예, 맥, 추, 진번, 낙랑, 임둔, 현도, 숙신, 청구, 량이, 양주, 발, 유, 옥저, 불류, 해두, 개마, 구다, 한 등의 거수국을 거느린 거수국제 국가였다.
윤내현에 따르면 진국은 고조선의 거수국 가운데 단군이 직할하는 나라로, 지금의 요하 유역에서 청천강에 이르는 지역을 차지하였다. 이곳은 단군 일족인 조선족이 거주하고 있었으므로 조선이라고도 불렸다 (윤내현, 『고조선연구』, 525쪽).

大洞江의 王儉城을 莫朝鮮의 黎元興이 主宰함

元興이 旣受大命하야 鎭守大同江하니 亦稱王儉城이라.

天王이 亦以每年仲春에 必巡駐馬韓하사 勤民以政하시니

於是에 藉供厚斂之弊가 遂絶하니라.

先是에 有詔曰 惟朕一人之養으로

煩民以斂이면 是乃無政也니

無政이면 而君이 何用哉아 하시고 嚴命罷之하시니라.

戊子에 馬韓이 承命入京師하야 諫以寧古塔遷都로

爲不可라 한대 從之하시니라

元興이 薨하니 己丑에 子阿實이 立하니라

阿實이 薨하니 弟阿闍가 立하니라

箕子의 隱遁 生活

己卯에 殷이 滅하니

後三年辛巳에 子胥餘가 避居太行山西北地이어늘

莫朝鮮이 聞之하고 巡審諸州郡하야 閱兵而還하니라

阿闍가 薨하니 庚戌에 子阿火只가 立하니라

阿火只가 薨하니 丙戌에 弟阿斯智가 立하니라

阿斯智가 薨하니 檀君摩休丁亥에

兄之子阿里遜이 立하니라

阿里遜이 薨하니 子所伊가 立하니라

所伊가 薨하니 丁亥에 子斯虞가 立하니라

대동강의 왕검성을 막조선의 여원흥이 주재함

원흥이 임금의 명을 받고 대동강을 굳게 지키니, 이곳을 왕검성이라고도 불렀다. 천왕께서 매년 중춘仲春에 반드시 마한을 순행하여 머물며 백성을 위해 부지런히 정사에 힘쓰셨다. 이에 지나치게 많이 올리고, 많이 거둬들이는 폐단이 마침내 없어지게 되었다.

이에 앞서 먼저 조칙을 내려 이렇게 말씀하셨다.

"오직 짐 한 사람을 봉양하기 위해 거두는 일로 백성을 번거롭게 한다면, 이는 바른 정사가 아니니라. 바른 정사가 이루어지지 않는다면 임금이 무슨 소용이 있으리오."

그러고는 엄명을 내려 이를 그만두게 하셨다.

무자(단기 1101, BCE 1233)년에, 마한 왕이 명을 받들어 천자의 수도[京師]에 들어가 영고탑으로 천도하는 것은 불가하다고 간하니 이를 따르셨다. 원흥이 세상을 떠나고 기축(단기 1102, BCE 1232)년에 아들 아실阿實(21세 왕)이 즉위하였다. 아실이 세상을 뜨자 아우 아도阿闍(22세 왕)가 즉위하였다.

기자의 은둔 생활

기묘(단기 1212, BCE 1122)년에 은나라가 멸망하였다. 3년이 지난 신사(단기 1214, BCE 1120)년에, **자서여**子胥餘(기자)[11]가 태항산太行山 서북 땅에 피하여 사는데, 막조선莫朝鮮 왕이 전해 듣고 모든 주군州郡을 순행하여 살피고 군대를 사열하고 돌아왔다.

아도가 세상을 뜨자 경술(단기 1243, BCE 1091)년에 아들 아화지阿火只(23세 왕)가 즉위하였다. 아화지가 세상을 뜨고 병술(단기 1279, BCE 1055)년에 아우 아사지阿斯智(24세 왕)가 즉위하였다. 아사지가 세상을 뜨니 마휴단군(29세) 정해(단기 1400, BCE 934)년에 형의 아들 아리손阿里遜(25세 왕)이 즉위하였다.

아리손이 세상을 뜨자 아들 소이所伊(26세 왕)가 즉위하였다. 소이가 세상을 뜨고 정해(단기 1580, BCE 754)년에 아들 사우斯虞(27세 왕)가 왕위에 올랐다.

* 태항산太行山 : 산서성 동쪽의 하북성 경계를 따라 남북 방향으로 형성되어 있는 산맥.

* 막조선莫朝鮮 왕의 순행: 은나라가 망했다는 소식을 전해 듣고 자신이 다스리는 강역을 순행하고 군대를 사열함으로써 나라의 안위를 점검한 것이다. 주나라를 두려워한 것이 아니라 나라의 안전을 재점검하여 만전을 기한 것이다.

3. 陝野侯가 倭人의 叛亂을 平定함

戊子에 周主宜臼가 遣使賀正하니라

斯虞가 薨하니 甲辰에 子弓忽이 立하니라

甲寅에 命陝野侯하사 率戰船五百艘하야

往討海島하야 定倭人之叛하시니라

弓忽이 薨하니 子東杞가 立하니라

東杞가 薨하니 檀君多勿癸酉에 子多都가 立하니라

多都가 薨하니 壬辰에 子斯羅가 立하니라

斯羅가 薨하니 子迦葉羅가 立하니라

迦葉羅가 薨하니 甲寅에 子加利가 立하니라

乙卯에 隆安獵戶數萬이 叛하야 官兵이 每戰不利라

賊이 遂迫都城甚急일새

加利가 亦出戰이라가 中流矢而薨하니라

4. 古朝鮮의 沒落
    - 于和冲의 大逆謀와 箕詡의 叛亂

丙辰에 上將丘勿이 遂斬獵戶頭目于和冲하고

移都藏唐京할새 先以加利之孫典奈로 入承莫朝鮮하니

自是로 國政이 益衰하니라

典奈가 薨하니 子進乙禮가 立하니라

進乙禮가 薨하니 乙卯에 子孟男이 立하니라

3. 협야후가 왜인의 반란을 평정함

무자(단기 1581, BCE 753)년에, 주周나라 임금 의구宜臼*가 사신을 보내 새해 축하 인사를 올렸다. 사우가 세상을 뜨자 갑진(단기 1657, BCE 677)년에 아들 궁홀弓忽(28세 왕)이 즉위하였다.

갑인(단기 1667, BCE 667)년에 협야후陝野侯*에게 명하여 전선 500척을 거느리고 가서 **해도海島**※를 쳐서 왜인의 반란을 평정하게 하셨다.[12]

궁홀이 세상을 뜨고, 아들 동기東杞(29세 왕)가 즉위하였다. 동기가 세상을 뜨자 다물단군(38세) 계유(단기 1746, BCE 588)년에 아들 다도多都(30세 왕)가 즉위하였다. 다도가 세상을 뜨니 임진(단기 1825, BCE 509)년에 아들 사라斯羅(31세 왕)가 즉위하였다. 사라가 세상을 뜨고 아들 가섭라迦葉羅(32세 왕)가 즉위하였다. 가섭라가 세상을 뜨자 갑인(단기 1907, BCE 427)년에 아들 가리加利(33세 왕)가 즉위하였다.

을묘(단기 1908, BCE 426)년에 융안隆安 사냥꾼 수만 명이 반란을 일으켰는데, 관병이 이들과 싸울 때마다 이기지 못하였다. 드디어 반란군이 도성을 공격하여 상황이 매우 위급해지자, 가리가 출전하였다가 날아오는 화살을 맞고 세상을 떠났다.

4. 고조선의 몰락
- 우화충의 대역모와 기후의 반란

병진(단기 1909, BCE 425)년에 상장上將 구물丘勿(후에 44세 단군으로 즉위)이 마침내 사냥꾼 두목 우화충宇和冲*을 죽이고 도읍을 장당경으로 옮겼다. 먼저 가리의 손자 전내典奈로 하여금 막조선을 계승(막조선 34세 왕)하게 하였는데, 이때부터 국정이 더욱 쇠퇴하였다.*

전내가 세상을 떠나고, 아들 진을례進乙禮(35세 왕)가 즉위하였다. 진을례가 세상을 뜨자, 을묘(BCE 366)년에 아들 맹남孟男(36세 왕)이 즉위하였다.

---

* **의구宜臼**: 주周나라 13세 평왕平王(BCE 771~BCE 720)의 이름이다.

* **협야후陝野侯**: 협야후는 곧 배반명裵幋命이고, 『일본서기』에 나오는 사누노미코토狹野尊로서 일본 왕가의 뿌리인 진무神武 왕이다. BCE 667년은 『일본서기』에 진무神武 왕이 등장하는 해이다. 3세 가륵단군 재위 10년(BCE 2173)에 두지주의 예읍이 반란을 일으키자 임금께서 여수기를 보내 추장 소시모리의 목을 베게 하셨는데, 이 소시모리의 후손에 협야노라는 인물이 있다고 하였다.

※ **해도海島**: 곧 삼도三島로 오늘날의 일본 열도이다.

* 우화충의 역모는 단군조선을 무너뜨리는 직접적인 계기가 되었을 뿐 아니라 한민족 역사상 하나의 큰 획을 긋는 대사건이다. 그것은 한민족의 위대한 신교의 중핵인 삼신 사상에 따른 통치 체제가 처음으로 크게 쇠퇴하는 계기가 되었다.

* 이때 국정이 쇠미하게 된 실제적인 주요 원인은 바로 '병권 분립'에 있었다. 44세 구물단군 이전에는 진조선의 천왕(대단군) 한 분이 중앙집권적으로 삼한(삼조선)의 병권을 집행하였다. 그러나 이때부터 삼조선 체제로 바뀌어 삼조선이 각기 전쟁 수행 권한을 갖게 되었다. 바로 이러한 병권 분립이 단군조선 체제가 약화되어 붕괴의 길을 걷는 큰 원인이 된 것이다.

- 須 모름지기 수
- 臾 잠간 유
- 箕 키 기
- 詡 자랑할 후
- 據 웅거할 거
- 自稱 : 남에게 대하여 자기 자신을 일컫는 말
- 燕 연나라 연
- 遣 보낼 견
- 使 사신 사
- 與 더불어 여
- 共 함께 공
- 伐 칠 벌
- 從 따를 종
- 烈 세찰 렬
- 遂 마침내 수
- 棄 버릴 기
- 位 제위 위
- 政 정사 정
- 從政 : 국가 정사에 종사함
- 終 결국 종
- 未 못할 미
- 復 회복할 복
- 終焉 : 없어져서 존재가 끝남

戊戌에 須臾人箕詡가 兵入番韓하야 以據하고

自稱番朝鮮王이러니 燕이 遣使하야

與我로 共伐之라 한대 莫朝鮮이 不從하니라

癸亥에 檀君高烈加가 遂棄位하시고 入阿斯達이어시늘

眞朝鮮이 與五加로 從政이러니 終未復而終焉하니라.

전남 화순 대곡리 출토 청동 쌍두령과 팔주령

고조선 말기에 해당되는 BCE 4세기 유물로, 종교 의식에 사용한 것으로 추정된다.

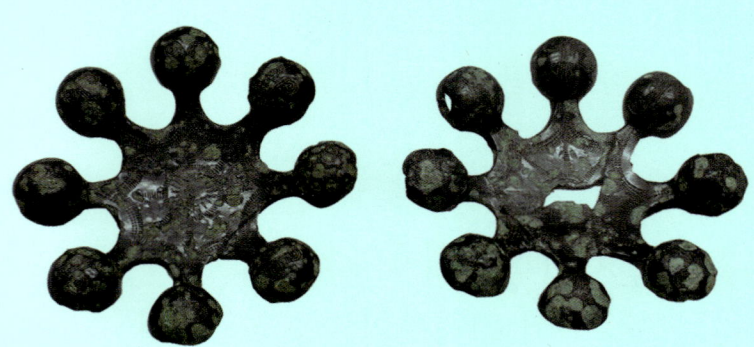

청동팔주령

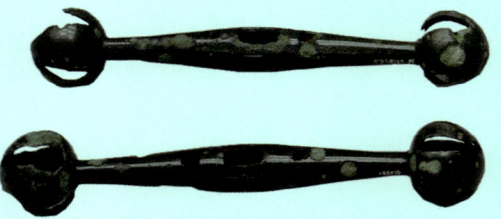

청동쌍주령

무술(단기 2011, BCE 323)년에 수유須臾 사람 기후箕詡가 군사를 이끌고 번한에 들어가 웅거하고 스스로 번조선 왕이라 하였다. 연燕나라에서 사신을 보내 아군과 함께 이를 정벌하자고 하였으나 막조선이 응하지 않았다.

계해(단기 2096, BCE 238)년에 고열가단군(47세)께서 마침내 제위를 버리고 아사달에 은둔하셨다. 진조선은 오가五加가 공동으로 집행하는 공화정共和政 체제(단기 2096, BEC 238~단기 2102, BEC 232)를 (6년 동안) 유지하다가 끝내 국력을 회복하지 못하고 종말을 고했다.

한반도 출토 청동기 및 간석기 (중앙박물관 소장)

비파형동검 · 세형동검 · 석검 · 검파형동기

番韓世家 上

1. 堯·舜은 檀君朝鮮의 諸侯

堯임금이 讓位한 背景

蚩尤天王이 西征涿芮하시고 南平淮岱하사

披山通道하시니 地廣萬里라 至檀君王儉하야

與唐堯로 並世하니 堯德이 益衰하야 來與爭地不休라.

天王이 乃命虞舜하사 分土而治하시고 遣兵而屯하사

約以共伐唐堯하시니

堯乃力屈하야 依舜而保命하야 以國讓하니라.

於是에 舜之父子兄弟가 復歸同家하니

蓋爲國之道는 孝悌爲先이라.

2. 九年 洪水를 다스리기 위한 塗山 會議

及九年洪水하야 害及萬民故로

檀君王儉이 遣太子扶婁하사

約與虞舜으로 招會于塗山하실새 舜이 遣司空禹하야

受我五行治水之法하고 而功乃成也라.

天子 檀君王儉을 謁見한 諸侯 舜

於是에 置監虞於琅耶城하야 以決九黎分政之議하니

卽書所云 東巡望秩肆覲東后者가 此也라.

三韓管境本紀

번한세가 상

1. 요·순은 단군조선의 제후

요임금이 양위한 배경

치우천황께서 서쪽으로 **탁예**涿芮*를 정벌하고, 남쪽으로 **회대**淮岱(회수와 태산)를 평정하여 산을 헤치고 길을 내시니 그 영토가 만 리였다. 단군왕검 때는 당요唐堯(당나라 요임금)와 같은 때인데, 요의 덕이 갈수록 쇠하여 영토 분쟁이 끊이지 않았다.

이에 천왕(단군왕검)께서 우순虞舜(우나라 순임금)에게 명령하여 영토를 나누어 다스리게 하고, 군사를 보내 주둔시키셨다. 우순과 함께 당요를 정벌할 것을 언약하시니, 요임금이 힘에 굴복하고 순에게 의탁하여 목숨을 보존하고자 나라를 넘겨 주었다[國讓]*. 이때 순 부자와 형제가 다시 돌아가 한집안을 이루니, 대저 나라를 다스리는 도는 부모에게 효도하고 형제간에 우애있게 함을 우선으로 하기 때문이다.

2. 9년 홍수를 다스리기 위한 도산 회의

9년 동안 홍수*가 일어나 그 재앙이 만민에게 미치므로 단군왕검께서 태자 부루를 보내어 우나라 순임금[虞舜]과 약속하게 하시고, **도산**塗山 회의를 소집하셨다. 순임금이 사공司空 우禹를 보내어 우리의 **오행치수법**五行治水法*을 받아 치수에 성공하게 되었다.

천자 단군왕검을 알현한 제후 순

이때 **감우소**監虞所*를 **낭야성**琅耶城*에 설치하여 **구려**九黎 분정에서 논의된 일을 결정하였다. 『서경』에 이른바 "순임금이 **동쪽으로 순행하여 멀리 산천을 바라보며 제사 지내고, 동방 천자를 알현하였다**[東巡望秩 肆覲東后]"라는 구절[13]은 바로 이 내용을 말한 것이다.

---

* **탁예**涿芮: 하북성 탁록과 산서성 예성현芮城縣을 말한다. 예芮는 섬서성 대려현大荔縣 조읍성朝邑城 남쪽으로도 볼 수 있다. 이곳은 주 문왕 때 건립한 예국芮國이 있던 곳이다.

* **국양**國讓: 요와 순의 소위 선양禪讓은 알려진 것과 다르다.

* **9년 홍수**: 지금부터 약 4,300년 전 초대 단군왕검 때 발생한 대홍수이다. 기독교 『구약전서』 「창세기」에 나오는 '노아의 방주'도 바로 이때 발생한 대홍수 이야기이다. 사마천의 『사기』를 비롯한 수많은 한·중 고대 사서에는 한결같이 4,300년 전 단군왕검과 동시대 인물인 요임금(순임금) 때에 9년 대홍수가 일어났다는 것을 역사적 사실로 기록되어 있다.

* **오행치수법**五行治水法: 신교의 오행 사상을 원리로 하여 홍수를 다스리는 방법을 말한다. 오행의 상생相生·상극相克에서 토극수土克水(흙이 물을 이긴다)하는 상극 원리를 홍수를 다스리는 데에 적용한 것이다.

* **감우소**監虞所: 우순의 정치를 감독하던 곳.

 낭야성琅耶城: 지금의 산동성 제성현諸城縣 동남에 있다. 원명은 가한성可汗城. 번한의 2세 낭야琅邪왕이 개축하였다. 일명 낭야성이라 하였는데, 일찍이 오늘의 산동·안휘·강소·절강성 일대에 진출하여 살던 동이 조선족을 나누어 다스린 단군조선 분조分朝의 수도였다(최동, 『조선상고사』 참조).

▸歲 해 세	▸到 이를 도
▸朝 뵐 조	▸覲 뵐 근

진국 천제자소치고 오세 순도낭야자일야
辰國은 天帝子所治故로 五歲에 巡到琅耶者一也오

순 제후고 조근진한자사야
舜은 諸侯故로 朝覲辰韓者四也라.

3. 初代 番韓 王은 蚩尤天皇의 後孫 蚩頭男

▸擇 가릴 택	▸智 지혜 지
▸謀 꾀 모	▸勇 용감할 용
▸府 도읍 부	▸險 험할 험
▸瀆 도랑 독	▸稱 일컬을 칭

어시 단군왕검 택치우후손중 유지모용력자
於是에 檀君王儉이 擇蚩尤後孫中에 有智謀勇力者하사

위번한 입부험독 금역칭왕검성야
爲番韓하사 立府險瀆하시니 今亦稱王儉城也라.

遼水 一帶에 쌓은 十二城

▸蚩 어리석을 치	▸頭 머리 두
▸著 드러날 저	▸聞 들을 문
▸召 부를 소	▸奇 뛰어날 기
▸拜 절 배	▸兼 겸할 겸
▸帶 띠 대	
▸兼帶: 두 가지 이상의 직무를 겸하여 봄	
▸監虞: 순임금을 감독함	
▸築 쌓을 축	▸遼 강이름 료
▸令 하여금 령	▸支 가를 지
▸湯 끓일 탕	▸池 못 지
▸桶 되 용	▸渠 도랑 거
▸廊 나라이름 용	▸汗 임금 한
▸蓋 덮을 개	▸濟 건널 제
▸嶺 재 령	▸碣 우뚝 솟을 갈
▸黎 땅이름 려	▸改 고칠 개
▸邪 땅이름 야	

치두남 치우천왕지후야 이용지 저문어세
蚩頭男은 蚩尤天王之後也라 以勇智로 著聞於世러니

단군 내소견이기지 즉배위번한
檀君이 乃召見而奇之하사 卽拜爲番韓하시고

겸대감우지정
兼帶監虞之政하시니라

경자 축요중십이성 험독 영지 탕지 용도 거용
庚子에 築遼中十二城하니 險瀆·令支·湯池·桶道·渠廊

한성 개평 대방 백제 장령 갈산 여성 시야
汗城·蓋平·帶方·百濟·長嶺·碣山·黎城이 是也라.

두남 훙 자낭야 입
頭男이 薨하니 子琅邪가 立하니라

시세경인삼월 개축가한성 이비불우
是歲庚寅三月에 改築可汗城하야 以備不虞하니라

가한성 일명낭야성 이번한낭야 소축고 득명야
可汗城은 一名琅邪城이니 以番韓琅邪의 所築故로 得名也라.

泰山과 淮水·泗水 地域 三神 信仰의 由來

▸扶 도울 부	▸婁 별이름 루
▸往 갈 왕	▸使 사신 사
▸塗 진흙 도	▸路 길 로
▸次 버금 차	▸留 머무를 류
▸聽 들을 청	▸情 사정 정
▸岳 큰산 악	▸報 갚을 보
▸境 지경 경	▸扃 빗장 경
▸堂 집 당	▸幷 함께 병
▸泰 클 대	▸俗 풍속 속
▸泗: 사수泗水. 산동성 곡부시 부근을 흐르는 강	
▸淮泗: 회수와 사수	

갑술 태자부루 이명 왕사도산 노차낭야
甲戌에 太子扶婁가 以命으로 往使塗山할새 路次琅邪하야

유거반월 청문민정 우순 역솔사악
留居半月하야 聽聞民情하니 虞舜이 亦率四岳하야

보치수제사 번한 이태자명 영경내
報治水諸事하니라 番韓이 以太子命으로 令境內하야

대흥경당 병제삼신우태산 자시 삼신고속
大興扃堂하고 幷祭三神于泰山하니 自是로 三神古俗이

대행우회사지간야
大行于淮泗之間也라.

진국辰國[14](단군조선)은 **천제(상제님)의 아들**[天帝子=天子][15]이 다스리므로 5년에 한 번 낭야를 순행하였으나, 순舜은 (조선의) 제후이므로 진한에 조근朝覲*한 것이 네 번이었다.

✽ 조근朝覲: 제후가 입궐하여 천자를 배알하는 것을 말한다.

3. 초대 번한 왕은 치우천황의 후손 치두남

이때 단군왕검께서 치우천황의 후손 중에서 지모와 용력이 뛰어난 자를 택하여 번한 왕으로 임명하고 **험독**險瀆*에 수도를 세우시니, 지금은 **왕검성**이라 칭한다.

✽ 험독險瀆: 번한의 수도로, 지금의 하북성 개평開平 동북쪽 70리에 있는 탕지보湯池堡를 말한다.

요수 일대에 쌓은 12성

치두남蚩頭男은 치우천황의 후손이다. 용맹과 지혜로 세상에 소문이 자자하였다. 단군께서 불러 만나 보시고 기특하게 여겨 곧 번한 왕으로 임명하고 아울러 우순의 정치를 감독하게 하셨다.

경자(단기 33, BCE 2301)년에, **요수**遼水✽ 주위에 12성을 쌓으니 험독險瀆, 영지令支, 탕지湯池, 용도桶道, 거용渠鄘, 한성汗城, 개평蓋平, 대방帶方, 백제百濟, 장령長嶺, 갈산碣山, 여성黎城이 그것이다.

치두남이 세상을 뜨자 아들 낭야琅邪(2세 왕)가 즉위하였다. 이 해 경인(단기 83, BCE 2251)년 3월에 가한성可汗城을 개축하여 뜻밖의 사태에 대비하였다. 가한성은 일명 **낭야성**琅邪城이라 하는데, 번한 왕 낭야가 쌓아서 낭야성이라는 이름을 얻었다.

✽ 요수: 지금의 하북성 난하를 말한다.

태산과 회수·사수 지역 삼신 신앙의 유래

갑술(단기 67, BCE 2267)년에, 부루태자가 명을 받고 특사로 도산에 갈 때 도중에 낭야에 들러 반 달 동안 머무르며 백성의 사정을 묻고 들었다. 이때 우순이 사악四岳*을 거느리고 치수에 대한 모든 일을 보고하였다. 번한 왕이 태자의 명으로 경내境內에 경당扃堂을 크게 일으키고, 아울러 **태산에서 삼신(상제님)께 천제를 올렸다**. 이로부터 삼신을 받드는 옛 풍속이 회수淮水와 사수泗水 지역 일대에서 크게 행하여졌다.

✽ 사악四岳: 요순 시대의 관직 이름. 큰 산 네 곳을 나누어 관장한 제후이다.

4. 五行治水의 妙法 傳授

太子가 至塗山하사 主理乃會하실새

因番韓하사 告虞司空曰

予는 北極水精子也라 汝后請予하야 以欲導治水土하야

拯救百姓일새 三神上帝가 悅予徃助故로 來也라 하고

遂以王土篆文과 天符王印으로 示之曰

佩之則能歷險不危하며 逢凶無害오 又有神針一枚하니

能測水深淺하야 用變無窮이오 又有皇矩倧寶하니

凢險要之水를 鎭之永寧이라 以此三寶로 授汝하노니

無違天帝子之大訓이라야 可成大功也리라.

於是에 虞司空이 三六九拜而進曰 勤行天帝子之命이오

佐我虞舜開泰之政하야 以報三神允悅之至焉호리이다.

自太子扶婁로 受金簡玉牒하니 盖五行治水之要訣也라

太子가 會九黎於塗山하시고 命虞舜하사 卽報虞貢事例하시니

今所謂禹貢이 是也라.

琅邪가 薨하니 癸卯에 子勿吉이 立하니라

勿吉이 薨하니 甲午에 子愛親이 立하니라

愛親이 薨하니 子道茂가 立하니라

道茂가 薨하니 癸亥에 子虎甲이 立하니라

丁丑에 天王이 巡到松壤이라가 得疾而崩하시니

番韓이 遣人治喪하고 分兵戒嚴하니라

4. 오행치수의 묘법 전수

태자가 도산에 도착하여 주장[主理]의 자격으로 회의를 주관하실 때 번한 왕을 통해 우사공虞司空*에게 말씀하셨다.

"나는 **북극수의 정기를 타고난 아들**이니라. 너희 임금(순임금)이 나에게 수토水土를 다스려 백성을 구해 주기를 청원하니, 삼신상제님께서 내가 가서 도와 주는 것을 기뻐하시므로 왔노라."

천자국의 문자[王土篆文(고조선 신지 전자)]로 된 **천부**天符와 **왕인**王印을 보여 주시며 이렇게 말씀하셨다.

"이것을 차면 험한 곳을 다녀도 위험하지 않고, 흉한 것을 만나도 피해가 없으리라. 또 신침神針 하나가 있으니 능히 물이 깊고 얕음을 측정할 수 있으며 그 쓰임이 무궁하니라. 또 황구종皇矩倧이란 보물은 모든 험한 물을 진압하여 오래도록 잔잔하게 할 것이니라. 이 세 가지 보물[三寶]을 너에게 주노니, **천제자**天帝子(단군왕검)의 거룩하신 말씀[大訓]을 어기지 말아야 가히 큰 공덕을 이룰 수 있으리라."

우사공이 **삼육구배**三六九拜*를 하고 나아가 아뢰었다.

"삼가 천제자(단군왕검)의 어명을 잘 받들어 행할 것이요, 또 저희 우순(순임금)께서 태평스런 정사를 펴시도록 잘 보필하여 삼신상제님께서 진실로 기뻐하시도록 지극한 뜻에 보답하겠사옵니다."

부루태자로부터 『**금간옥첩**金簡玉牒』[16]을 받으니, 곧 **오행치수의 요결**이었다. 태자께서 **구려**九黎*를 도산에 모아 놓고, **우순에게 명하여 조공 바친**[虞貢] **사례를 보고하게 하시니**, 오늘날 이른바 「우공禹貢」[17]이란 이러한 역사적 사실을 말한다.

낭야가 세상을 떠나니, 계묘(단기 96, BCE 2238)년에 아들 물길勿吉(3세 왕)이 즉위하였다. 물길이 세상을 떠나자 갑오(단기 147, BCE 2187)년에 아들 애친愛親(4세 왕)이 계승하였다. 애친이 세상을 떠나고 아들 도무道茂(5세 왕)가 즉위하였다. 도무가 세상을 떠나자 계해(단기 236, BCE 2098)년에 아들 호갑虎甲(6세 왕)이 즉위하였다.

정축(단기 250, BCE 2084)년에 천왕(5세 구을단군)께서 순행하시다가 **송양**松壤*에서 병을 얻어 붕어하시자, 번한 왕이 사람을 보내 초상을 치르고 군사를 나누어 엄히 경계하였다. 호갑이 세상을 뜨자 달문단군(6세) 기축(단기 262, BCE 2072)년에 아들 오라烏羅(7세 왕)가

---

* **우사공**虞司空: 우虞는 순임금의 나라 이름이니, 우사공은 우나라 순임금이 보낸 사공이란 뜻. 이 우사공이 후에 하夏나라를 연 우禹임금이다.

* **삼육구배**三六九拜: 삼육대례三六大禮라고도 한다. 삼신상제님께 천제를 올릴 때와 천자를 알현할 때 올리던 우리 민족 고유의 절법이다. 세 번 절을 하는데 일배에 머리를 세 번 조아리고, 재배에 여섯 번 조아리며, 삼배에는 아홉 번 조아리는 것을 말한다.

* **구려**九黎: 단군조선의 분조分朝 지역에 살던 동이 한민족을 부르던 호칭. 중국 본토에 진출하여 지금의 산동성 태산에서 양자강 일대까지 널리 분포하여 살던 배달겨레를 지칭한 말이다.

* **송양**松壤: 송양은 강동현의 옛 이름이고, 5세 구을단군이 묻힌 곳은 현 평안도 강동군 대박산이다. 북한에서 복원한 단군릉이 바로 구을단군의 무덤이다. 1530년에 완성된 『신증동국여지승람』에는 "대총: 하나는 현의 서쪽 3리 되는 곳에 있으며, 둘레는 4백10자인데, 속언에 단군묘라고 전한다[大塚: 一在縣西三里, 周四百十尺, 諺傳檀君墓.]"라고 기록되어 있다. 허목이 지은 『미수기언眉叟記言』 「동사東事」에도 "송양松壤 서쪽에 단군총이 있다(송양은 지금의 강동현江東縣이다)[松壤西, 有檀君塚(松壤, 今江東縣).]"라고 하였다. 『숙종실록』, 『정조실록』, 유형원의 『여지지輿地誌』, 이긍익의 『연려실기술』에도 기록되어 있다. 빙허憑虛 현진건도 1932년에 단군 성적 순례에 나서 대박산大朴山의 단군릉을 참배하고 「단군성적순례기」를 남겼다.

- 夏 하나라 하 ・康 편안할 강
- 遣使 : 사신을 보냄
- 賀 하례할 하
- 賀正 : 새해를 축하함
- 伊 저 이   ・朝 아침 조
- 阿 언덕 아 ・述 지을 술
- 慈 사랑 자 ・烏 까마귀 오
- 斯 이 사   ・散 흩을 산
- 新 새 신
- 季 끝 계
- 佺 신선 이름 전
- 設 세울 설
- 湯 끓일 탕   ・池 못 지
- 徙 옮길 사
- 官家 : 나라 일을 보는 집
- 安 편안 안   ・德 덕 덕
- 鄕 시골 향

虎甲이 薨하니 檀君達門己丑에 子烏羅가 立하니라

甲午에 夏主少康이 遣使賀正하니라

烏羅가 薨하니 丙戌에 子伊朝가 立하니라

伊朝가 薨하니 檀君阿述丙寅에 弟居世가 立하니라

居世가 薨하니 辛巳에 子慈烏斯가 立하니라

慈烏斯가 薨하니 乙未에 子散新이 立하니라

散新이 薨하니 戊子에 子季佺이 立하니라

庚寅에 以命으로 設三神壇于湯池山하고

徙官家하니 湯池는 古安德鄕也니라.

5. 番韓 十五世 王 少佺,
成湯을 도와 夏나라 暴君 桀을 征伐함

- 伯 맏 백
- 仲 버금 중
- 少 적을 소

薨하니 丁巳에 子伯佺이 立하니라

- 遣 보낼 견
- 將 장수 장
- 蚩 어리석을 치
- 助 도울 조
- 湯 은나라 임금 탕
- 桀 하나라 임금 걸
- 墨 먹 묵
- 胎 아이 밸 태
- 沙 모래 사
- 奄 가릴 엄
- 棲 깃들일 서
- 駕 수레 가
- 莫 없을 막
- 震 벼락 진
- 丹 붉을 단

伯佺이 薨하니 乙未에 仲弟仲佺이 立하니라

薨하니 辛卯에 子少佺이 立하니라

甲午에 遣將蚩雲出하야 助湯伐桀하고

乙未에 遣墨胎하야 賀湯卽位하니라

少佺이 薨하니 甲戌에 子沙奄이 立하니라

薨하니 弟棲韓이 立하니라

薨하니 丁丑에 子勿駕가 立하니라

薨하니 辛巳에 子莫眞이 立하니라

薨하니 丁卯에 子震丹이 立하니라

즉위하였다.

갑오(단기 267, BCE 2067)년에 하나라 왕 소강少康*이 사신을 보내어 신년 하례를 올렸다. 오라가 세상을 뜨자, 병술(단기 319, BCE 2015)년에 아들 이조伊朝(8세 왕)가 계승하였다. 이조가 세상을 떠나고 아술단군(9세) 병인(단기 359, BCE 1975)년에 아우 거세居世(9세 왕)가 즉위하였다.

거세가 세상을 뜨자 신사(단기 374, BCE 1960)년에 아들 자오사慈烏斯(10세 왕)가 즉위하였다. 자오사가 세상을 떠나고 을미(단기 388, BCE 1946)년에 아들 산신散新(11세 왕)이 즉위하였다. 산신이 세상을 떠나니 무자(단기 441, BCE 1893)년에 아들 계전季佺(12세 왕)이 계승하였다. 경인(단기 443, BCE 1891)년에 명을 받아 **탕지산**湯池山에 삼신단을 세우고 관가를 옮겼다. 탕지는 옛날의 **안덕향**安德鄕이다.

*소강少康: 하나라 6세 왕. 재위 BCE 2079~2058.

5. 번한 15세 왕 소전, 성탕을 도와 하나라 폭군 걸을 정벌함

계전이 세상을 떠나고 정사(단기 470, BCE 1864)년에 아들 백전伯佺(13세 왕)이 왕위에 올랐다. 백전이 세상을 떠나자, 을미(단기 508, BCE 1826)년에 둘째 아우 중전仲佺(14세 왕)이 계승하였다. 중전이 세상을 떠나니 신묘(단기 564, BCE 1770)년에 아들 소전少佺(15세 왕)이 계승하였다.

갑오(단기 567, BCE 1767)년에 장수 치운출蚩雲出을 보내 탕湯을 도와 걸桀을 정벌하였다.*

을미(단기 568, BCE 1766)년에 묵태墨胎를 보내 (은나라 시조) 탕임금의 즉위를 축하하였다.

소전이 세상을 떠나고 갑술(단기 607, BCE 1727)년에 아들 사엄沙奄(16세 왕)이 즉위하였다.

사엄이 세상을 떠나자 아우 서한棲韓(17세 왕)이 즉위하였다. 서한이 세상을 떠나고 정축(단기 670, BCE 1664)년에 아들 물가勿駕(18세 왕)가 즉위하였다. 물가가 세상을 떠나니 신사(단기 734, BCE 1600)년에 아들 막진莫眞(19세 왕)이 왕위에 올랐다. 막진이 세상을 뜨자 정묘(단기 780, BCE 1554)년에 아들 진단震丹(20세 왕)이 즉위하였다.

*13세 흘달단군께서 은殷나라의 탕湯을 도와 하夏나라 폭군 걸桀왕을 정벌한 이 중요한 역사적 사실은 한漢나라 유향劉向이 지은 『설원說苑』에서도 잘 방증하고 있다.(『단군세기』 13세 단군 조 각주 참조).

*묵태墨胎: 단군조선의 제후국이던 고죽국孤竹國 임금의 성씨이다. 백이伯夷의 이름은 묵태윤墨胎允, 자字는 공신公信이고, 숙제叔齊의 이름은 묵태지墨胎智, 자字는 공달公達이며, 이들의 아버지 이름은 묵태초墨胎初, 자字는 공조公朝이다.

檀君朝鮮과 殷의 關係

是歲에 殷主太戊가 來獻方物하니라.

薨하니 癸酉에 子甘丁이 立하니라

薨하니 子蘇密이 立하니라

癸巳三年에 以殷不貢으로 徃討北亳하니

其主河亶甲이 乃謝하니라.

蘇密이 薨하니 子沙豆莫이 立하니라

薨하니 季父甲飛가 立하니라

薨하니 庚申에 子烏立婁가 立하니라

薨하니 子徐市가 立하니라

薨하니 戊申에 子安市가 立하니라

薨하니 己丑에 子奚牟羅가 立하고 薨하니라

殷 二十二代 王 武丁을 침

檀君蘇台五年에 以雨師小丁으로 出補番韓하시니

蓋高登이 每彈其智謀出衆하야 而勸帝出補러라.

時에 殷主武丁이 方欲興兵이어늘

高登이 聞之하고 遂與上將西余로 共破之하고

追至索度하야 縱兵焚掠而還하니라.

西余는 襲破北亳하고 仍屯兵于湯池山이라가

遣刺客하야 殺小丁하고 幷載兵甲而去하니라.

단군조선과 은나라의 관계

이 해에 은나라 왕 태무太戊*가 와서 방물을 바쳤다. 진단이 세상을 뜨자 계유(단기 786, BCE 1548)년에 아들 감정甘丁(21세 왕)이 즉위하였다. 감정이 세상을 떠나고 아들 소밀蘇密(22세 왕)이 즉위하였다.

계사 3년(단기 866, BCE 1468)에, 은나라가 조공을 바치지 않으므로* 은의 수도 북박北亳*을 치니, 은나라 왕 하단갑河亶甲(12세 왕)이 사죄하였다.

소밀이 세상을 떠나니 아들 사두막沙豆莫(23세 왕)이 즉위하였다. 사두막이 세상을 떠나고 계부 갑비甲飛(24세 왕)가 즉위하였다. 갑비가 세상을 뜨자 경신(단기 893, BCE 1441)년에 아들 오립루烏立婁(25세 왕)가 즉위하였다. 오립루가 세상을 떠나고 아들 서시徐市(26세 왕)가 즉위하였다. 서시가 세상을 뜨니 무신(단기 941, BCE 1393)년에 아들 안시安市(27세 왕)가 즉위하였다. 안시가 세상을 떠나자 기축(단기 982, BCE 1352)년에 아들 해모라奚牟羅(28세 왕)가 왕위에 오르고 그 해에 세상을 떠났다.

은나라 (22대 임금) 무정을 침

소태단군(21세) 5년(단기 1001, BCE 1333)에, 우사雨師 소정小丁을 출보出補*시켜 (29세) 번한 왕으로 임명하셨다. 고등高登이 늘 소정의 지모가 출중함을 꺼려서 임금께 권하여 출보시킨 것이다.

이때 은나라 왕 무정武丁[18]이 전쟁을 일으키려 하였다. 고등이 이를 전해 듣고 상장上將 서여西余와 함께 격파하고, **삭도索度***까지 추격하여 군사를 풀어 불지르고 약탈한 뒤에 돌아왔다. 서여가 북박을 습격해 격파하고, 군사를 탕지산(번한 수도 안덕향)에 주둔시켰다. 자객을 보내 소정小丁을 죽이고, 아울러 무기와 갑옷을 싣고 돌아갔다.

---

*태무太戊: 은나라 9세 왕.

*은나라의 조공: 이것은 단군조선이 그 당시 동방의 종주국宗主國이요 주위의 모든 나라에게 조공을 받는 천자국天子國임을 증명하는 대목이다. 은나라뿐만 아니라 이전의 요·순 그리고 하夏나라, 주周나라에 이르기까지 끊임없이 조선에 조공을 바쳤다. 또한 고조선은 모든 문물 제도와 문화를 고대 중화(국)에 전해 준, 저들의 '스승의 나라'임을 『환단고기』는 밝혀 주고 있다.

*북박: 은殷나라의 수도로 지금의 하남성 상구현商丘縣이다.

*출보出補: 중앙 관직에 있는 관리가 지방 관직으로 임명되어 나가는 것을 말한다.

*삭도索度: 곧 삭두索頭로 『독사방여기요』에 "산동성 임치현臨淄縣에 삭두성索頭城이 있다"라고 하였는데, 이곳을 말한다.

番韓世家 下

1. 索弗婁檀君이 國家 制度를 改編하고 革命家 徐于餘를 番韓 王에 任命함

檀君索弗婁가 初幷三韓하시고 大改國制하실새

殷主武丁이 遣使來하야 約貢하니라.

先是에 廢徐于餘하사 爲庶人이러시니

徐于餘가 潛歸坐原하야 與獵戶數千으로 謀起兵하니

蓋天齡이 聞하고 卽往伐이라가 敗沒于陣하니라.

帝親率三軍하사 往討之하실새

乃先遣勸降하시고 約封爲裨王하신대 再諭以聽이러니

至是하야 命徐于餘하사 爲番韓하시니라.

(1) 古朝鮮의 八條 禁法

四年己亥에 眞朝鮮이 以天王敎文으로 傳曰

爾三韓은 上奉天神하고 接化羣生하라 하신대

自是로 敎民호대 以禮義田蠶織作弓矢字書오

爲民設禁八條하니

相殺에 以當時償殺하고

相傷에 以穀償하고

相盜者는 男沒爲其家奴오 女爲婢하며

毁蘇塗者는 禁錮하고

失禮義者는 服軍하고

三韓管境本紀

번한세가 하

1. 색불루단군이 국가 제도를 개편하고 혁명가 서우여를 번한 왕에 임명함

색불루단군(22세)께서 일찍이 삼한을 아우르고 나라의 제도[國制]를 크게 고치실 때, 은나라 왕 무정이 사신을 보내 와서 조공을 바칠 것을 약속하였다. 이에 앞서 서우여徐于餘를 폐하여 서인으로 만드셨다.

서우여가 몰래 좌원坐原*으로 돌아가 사냥꾼 수천 명과 함께 군대를 일으키려고 모의하였다. 갑천령이 그 소식을 전해 듣고 즉각 가서 쳤으나, 패하여 진중에서 죽었다. 색불루단군께서 친히 3군을 거느리고 가서 치려 하실 때, 먼저 사람을 보내 항복할 것을 권하고 비왕裨王으로 봉할 것을 약속하셨다. 다시 설득하시자 말씀을 따랐다. 이때 서우여를 (30세) 번한 왕으로 임명하셨다.

*좌원坐原: 남만주 관전현寬甸縣 성동산城東山과 통화현通化縣 홍석납자紅石拉子의 중간에 있는 긴 평원平原을 말한다(정인보, 『조선사연구』, 122쪽). 이유립은 대릉하 상류의 능원현凌源縣으로 보았다.

(1) 고조선의 8조 금법

색불루단군 4년 기해(단기 1052, BCE 1282)년에, **진조선**眞朝鮮이 천왕(색불루단군)의 칙문을 전하였다. 그 칙문에서 말하기를, "너희 삼한은 **위로 천신을 받들고, 아래로 뭇 백성을 맞아 잘 교화하라**"라고 하였다. 이로부터 백성에게 예절과 의리[19], 농사, 누에치기, 길쌈, 활쏘기, 글자를 가르쳤다. 또 백성을 위하여 **금팔조**禁八條*를 정하였는데, 그 내용은 다음과 같다.

◇제1조: 살인한 자는 즉시 사형에 처한다.
◇제2조: 상해를 입힌 자는 곡식으로 보상한다.
◇제3조: 도둑질 한 자 중에서 남자는 거두어들여 그 집의 노奴(남자 종)로 삼고 여자는 비婢(여자 종)로 삼는다.
◇제4조: 소도를 훼손한 자는 금고禁錮 형에 처한다.
◇제5조: 예의를 잃은 자는 군에 복역시킨다.
◇제6조: 게으른 자는 부역에 동원시킨다.
◇제7조: 음란한 자는 태형笞刑으로 다스린다.
◇제8조: 남을 속인 자는 잘 타일러 방면한다.

*금팔조禁八條: 지금의 국사 교과서에 나오는 고조선의 8조 금법八條禁法은 바로 이것을 말한다. 『환단고기』에는 『한서』「지리지」에 빠뜨린 나머지 5개 항목까지 모두 상세히 열거되어 있다. 이 8개 조항은 고대 사회의 법률 제도뿐만 아니라 당시 사회상까지도 알아볼 수 있게 한다. 이것만으로도 단군조선이 이미 고대국가로서 체계와 면모를 완전히 갖춘 문명 국가라는 사실을 여실히 증명하고도 남음이 있다. 후대에 한족 사가들은 『삼국지』「위지 동이전」등 사서에서 기자가 조선에 와서 8조 금법을 제정했다고 날조했다. 그 중에 대표적인 것이 '자속하려는 자는 50만전을 내놓아야 한다'는 조항이다. 이는 후대에 조작한 것이 분명하다.

不勤勞者는 徵公하고
作邪淫者는 笞刑하고
行詐欺者는 訓放이러니
欲自贖者는 雖免爲公民이나 俗猶羞之하야 嫁娶에 無所售라
是以로 其民이 終不相盜하야 無門戶之閉오
婦人은 貞信不淫하며
闢其田野都邑하며 飮食以籩豆하니 有仁讓之化러라.
辛丑에 殷主武丁이 因番韓하야 上書天王하고 獻方物하니라
丙申에 徐于餘가 薨하니 丁酉에 阿洛이 立하니라
薨하니 丁丑에 率歸가 立하니라 薨하니 甲子에 任那가 立하니라
辛未에 以天王詔로 築天壇于東郊하고 祭三神할새
衆이 環舞擊鼓以唱하니 曰
精誠乙奴 天壇築爲古
三神主其祝壽爲世
皇運乙 祝壽爲未於 萬萬歲魯多
萬民乙 睹羅保美御 豊年乙 叱居越爲度多
任那가 薨하니 丙申에 弟魯丹이 立하니라
北漠이 入寇어늘 遣路日邵하야 討平之하니라.
薨하니 己酉에 子馬密이 立하니라
薨하니 丁卯에 子牟弗이 立하고 乙亥에 置監星하니라.
牟弗이 薨하니 丁亥에 子乙那가 立하고
甲午에 周主瑕가 遣使朝貢하니라.

자신의 잘못을 속죄한 자는 비록 죄를 면해 공민이 될 수 있었지만, 당시 풍속이 이것을 수치스럽게 여겨 시집가고 장가들 수 없었다.

이리하여 백성이 마침내 도둑질하지 않았고, 문을 닫고 사는 일이 없었으며, 부인은 정숙하여 음란하지 않았다. 전야田野와 도읍을 개간하고, 음식을 그릇에 담아 먹었으며, 어질고 겸양하는 교화가 이루어졌다.

신축(단기 1054, BCE 1280)년에 은나라 왕 무정이 번한 왕을 통해 천왕에게 글을 올리고 방물을 바쳤다.

병신(단기 1109, BCE 1225)년에 서우여가 세상을 떠났다. 정유(단기 1110, BCE 1224)년에 아락阿洛(31세 왕)이 즉위하였다. 아락이 세상을 뜨니 정축(단기 1150, BCE 1184)년에 솔귀率歸(32세 왕)가 계승하였다. 솔귀가 세상을 뜨자 갑자(단기 1197, BCE 1137)년에 임나任那(33세 왕)가 즉위하였다.

신미(단기 1204, BCE 1130)년에 천왕(25세 솔나단군)의 조칙으로 동쪽 교외에 천단天壇을 쌓고 **삼신께 제사** 지낼 때, 많은 사람이 둥글게 모여 춤을 추고 북을 치며 노래를 불렀다.

> 정성으로 천단을 쌓고
> 삼신님께 장수를 축원하세.
> 황운皇運을 축수함이여! 만만세로다.
> 만민을 돌아봄이여! 풍년을 즐거워하도다.

임나任那가 세상을 떠나고 병신(단기 1229, BCE 1105)년에 아우 노단魯丹(34세 왕)이 즉위하였다. 북막北漠*이 침범하므로 노일소路日那를 보내어 쳐서 평정하였다. 노단이 세상을 뜨니 기유(단기 1242, BCE 1092)년에 아들 마밀馬密(35세 왕)이 즉위하였다. 마밀이 세상을 뜨자 정묘(단기 1260, BCE 1074)년에 아들 모불牟弗(36세 왕)이 즉위하였다. 을해(단기 1268, BCE 1066)년에 천문을 관측하는 감성監星을 설치하였다.

모불이 세상을 떠나고 정해(단기 1280, BCE 1054)년에 아들 을나乙那(37세 왕)가 즉위하였다. 갑오(단기 1287, BCE 1047)년에 주나라 임금 하瑕*가 사신을 보내 조공을 바쳤다.

* **북막**北漠: '북쪽 사막'이란 뜻으로 보통 고비사막을 가리킨다. 여기서는 고비사막을 비롯한 몽골 근처로 볼 수 있다.

* **하**瑕: 주나라 4세 왕인 소왕昭王 하瑕(BCE 1052~BCE 1002)를 말한다.

(2) 少連과 大連 兄弟를 君子로 섬긴 番韓

三年喪 風俗의 起源

乙那가 薨하니 丁卯에 子麻維麻가 立하니라

薨하니 己巳에 弟登那가 立하니라

李克會가 啓請建少連大連之廟하고

定行三年喪한대 從之하니라.

滿洲 九月山 三聖廟에 祭祀 지냄

薨하니 戊戌에 子奚壽가 立하니라

壬寅에 遣子勿韓하야 往九月山하야 助祭三聖廟하니

廟在常春朱家城子也라

奚壽가 薨하니 己未에 子勿韓이 立하니라

薨하니 己卯에 子奧門婁가 立하니라

薨하니 丁卯에 子婁沙가 立하니라

戊寅에 入覲天朝하야 與太子登屼과 少子登里로

閑居別宮이라가 乃獻歌太子兄弟하니 曰

兄隱伴多是 弟乙 愛爲古

弟隱味當希 兄乙 恭敬爲乙支尼羅

恒常毫毛之事魯西 骨肉之情乙 傷厄 勿爲午

馬度五希閭 同槽奚西 食爲古

鴈度 亦一行乙 作爲那尼

内室穢西非綠 歡樂爲那

細言乙良 愼聽勿爲午笑

(2) 소련과 대련 형제를 군자로 섬긴 번한

3년상 풍속의 기원

을나가 세상을 떠나고 정묘(단기 1320, BCE 1014)년에 아들 마유휴 麻維庥(38세 왕)가 즉위하였다. 마유휴가 세상을 떠나자 기사(단기 1322, BCE 1012)년에 아우 등나登那(39세 왕)가 즉위하였다. 이극회李克會가 소련少連과 대련大連[20]의 사당을 세우고, 3년상을 정하여 시행하기를 청하니 왕께서 이를 따랐다.

만주 구월산 삼성묘에 제사 지냄

등나가 세상을 떠나고 무술(단기 1351, BCE 983)년에 아들 해수奚壽(40세 왕)가 즉위하였다. 임인(단기 1355, BCE 979)년에 아들 물한勿韓을 구월산에 보내어 삼성묘三聖廟*에 제사 지내는 것을 돕게 하였다. **삼성묘**는 상춘常春의 주가성자朱家城子에 있다.

해수가 세상을 뜨자 기미(단기 1372, BCE 962)년에 아들 물한勿韓(41세 왕)이 즉위하였다. 물한이 세상을 떠나자 기묘(단기 1392, BCE 942)년에 아들 오문루奧門婁(42세 왕)가 즉위하였다. 오문루가 세상을 떠나자 정묘(단기 1440, BCE 894)년에 아들 누사婁沙(43세 왕)가 즉위하였다. 무인(단기 1451, BCE 883)년에, 누사가 천조天朝(진조선 조정)에 들어가 천왕(30세 내휴단군)을 뵙고, 태자 등올登屼과 소자少子 등리登里와 함께 별궁에서 한가롭게 지내다가 태자 형제에게 이렇게 노래를 지어 올렸다.

> 형은 반드시 아우를 사랑하고
> 아우는 마땅히 형을 공경할지니라.
> 항상 작은 일로써 골육의 정을 상하게 하지 마소.
> 말도 오히려 같은 구유에서 먹고
> 기러기도 역시 한 줄을 지어 가니
> 방 안에서는 비록 즐거우나
> 이간하는 말일랑 삼가 듣지 마소.

*삼성묘三聖廟: 지금 황해도 은율군殷栗郡 구월산에 삼성사三聖祠가 있는데, '삼성조三聖祖이신 환인·환웅·단군에게 제사 지내는 곳'이다.
삼성조에 대한 후대의 제사는 황해도 구월산 삼성사가 중심이 되어 조선 시대 후기까지 전승돼 내려왔다. 이것이 또한 민간신앙으로 깊이 뿌리내려 범국민적인 국조 숭배와 제사 문화의 모체가 되었다. 그러나 이 삼성사는 본래 '만주 상춘 구월산'에 있었던 것으로, 단군조선의 삼한 관경 체제가 무너지자 그 유민이 한반도로 내려와 다시 삼성사를 지어 삼성조를 제사 지내게 된 것이다. 이것이 오랫동안 인습이 되어 황해도 구월산의 삼성사만 생각하게 되었고, 단군조선의 도읍까지도 지금의 대동강 평양으로 잘못 인식하게 만든 요인이 되었다.

2. 三韓 全域에서 施行된 王文의 吏讀法

吏讀法의 創始者 王文

婁沙가 薨하니 乙未에 子伊伐이 立하니라

丙申에 漢水人王文이 作吏讀法하야

以獻한대 天王이 嘉之하사 命三韓하사 如勅施行케 하시니라.

周 擊退와 匈奴의 朝貢

己未에 遣上將高力合하사 與淮軍으로 敗周하니라.

伊伐이 薨하니 辛酉에 子阿勒이 立하니라

丙寅에 周二公이 遣使하야 獻方物하니라.

阿勒이 薨하니 己丑에 子麻休─云麻沐이 立하니라

薨하니 丙辰에 子多斗가 立하니라

薨하니 己丑에 子奈伊가 立하니라

薨하니 己未에 子次音이 立하니라

薨하니 己巳에 子不理가 立하니라

薨하니 乙巳에 子餘乙이 立하니라

薨하니 甲戌에 子奄婁가 立하니라

戊寅에 匈奴가 遣使番韓하야

求見天王하고 稱臣貢物而去하니라.

奄婁가 薨하니 子甘尉가 立하니라

薨하니 戊申에 子述理가 立하니라

薨하니 戊午에 子阿甲이 立하니라

2. 삼한 전역에서 시행된 왕문의 이두법

이두법의 창시자 왕문

누사가 세상을 떠나자 을미(단기 1468, BCE 866)년에 아들 이벌伊伐(44세 왕)이 즉위하였다. 병신(단기 1469, BCE 865)년에 한수漢水* 사람 왕문王文*이 이두법을 만들어 올리니 천왕(31세 등올단군)께서 기뻐하시고 삼한에 명하여 시행하게 하셨다.

주나라 격퇴와 흉노의 조공

기미(단기 1492, BCE 842)년에 상장上將 고력합高力合을 보내어 회군淮軍※과 합세하여 주周나라를 격퇴하였다. 이벌이 세상을 뜨니 신유(단기 1494, BCE 840)년에 아들 아륵阿勒(45세 왕)이 즉위하였다.

병인(단기 1499, BCE 835)년에 주나라의 이공二公(주공周公과 소공召公)이 사절을 보내어 방물을 바쳤다. 아륵이 세상을 떠나고 기축(단기 1522, BCE 812)년에 아들 마휴麻休(일명 마목, 46세 왕)가 즉위하였다.

마휴가 세상을 떠나자 병진(단기 1549, BCE 785)년에 아들 다두多斗(47세 왕)가 즉위하였다. 다두가 세상을 뜨니 기축(단기 1582, BCE 752)년에 아들 내이奈伊(48세 왕)가 즉위하였다.

내이가 세상을 떠나자 기미(단기 1612, BCE 722)년에 아들 차음次音(49세 왕)이 즉위하였다. 차음이 세상을 떠나자 기사(단기 1622, BCE 712)년에 아들 불리不理(50세 왕)가 즉위하였다.

불리가 세상을 떠나니 을사(단기 1658, BCE 676)년에 아들 여을餘乙(51세 왕)이 즉위하였다. 여을이 세상을 떠나고 갑술(단기 1687, BCE 647)년에 엄루奄婁(52세 왕)가 즉위하였다.

무인(단기 1691, BCE 643)년에 흉노[21]가 번한에 사신을 보내어 천왕을 뵙기를 구하고, 스스로 신하라 칭하고 공물을 바치고 돌아갔다. 엄루가 세상을 떠나고 아들 감위甘尉(53세 왕)가 즉위하였다.

감위가 세상을 뜨자 무신(단기 1721, BCE 613)년에 아들 술리述理(54세 왕)가 즉위하였다. 술리가 세상을 떠나자 무오(단기 1731, BCE 603)년에 아들 아갑阿甲(55세 왕)이 즉위하였다.

---

* **한수漢水**: 지금의 대릉하이다(이유립,『대배달민족사』).

※ **왕문王文**: 2,900년 전 31세 등올단군 때 사람으로 이두법을 창시하였다. 이두는 한자의 음과 새김을 빌어서 우리말식으로 적던 문자이다.
일반적으로 이두법은 신라 말의 정치가요 대학자인 설총薛聰이 처음 시작한 것으로 알려져 있으나, 이보다 약 1,600년이 앞선 (BCE 865) 단군조선 때에 만들어져 보급되었다. 설총은 왕문이 창안한 이두를 더욱 발전·체계화시켰다.
568년(진흥왕 29) 북한산에 세운 진흥왕 순수비문 巡狩碑文에도 이두가 나오는데, 이것은 설총 이전에 이미 이두문이 쓰였다는 증거이다.

※ **회군淮軍**: 회淮는 지금의 중국 회수淮水 일대에 있었던 단군조선의 제후국이다. 특히 이 지역은 단군조선의 분조分朝가 있던 지역 중에서도 핵심 요충지로서, 주周나라에 대항한 대표적인 세력의 하나였다.

- 維 벼리 유
- 頒 널리 퍼뜨릴 반
- 像 형상 상
- 奉 받들 봉
- 官家 : 나라 일을 보는 집. 관정官廷, 관아官衙, 관청官廳

경오 천왕 견사고유선
庚午에 天王이 遣使高維先하사

반 환웅 치우 단군왕검 삼조지상   이봉관가
頒桓雄蚩尤檀君王儉三祖之像하사 以奉官家하시니라.

3. 老子는 風夷族 血統

아갑 훙 계유 고태 입
阿甲이 薨하니 癸酉에 固台가 立하니라

- 固 군을 고
- 台 별 태
- 蘇 소생할 소
- 爾 너 이
- 乾 하늘 건

훙 정해 자소태이 입
薨하니 丁亥에 子蘇台爾가 立하니라

훙 을사 자마건 입
薨하니 乙巳에 子馬乾이 立하니라

훙 병진 천한 입
薨하니 丙辰에 天韓이 立하니라

훙 병인 자노물 입
薨하니 丙寅에 子老勿이 立하니라

훙 신사 자도을 입
薨하니 辛巳에 子道乙이 立하니라

내몽골자치구 적봉시 인근 삼좌점 유적에서 발견된 사람 얼굴 모양의 암각화_이곳에는 동물 형상 등 다양한 형태의 암각화가 있는데 한반도에서 발견되는 암각화와 같은 계통이다.

경오(단기 1743, BCE 591)년에 천왕(37세 마물단군)께서 사신 고유선 高維先을 보내어 환웅천황·치우천황·단군왕검 세 분 성조의 상像을 반포하여 관가에서 받들게 하셨다.

3. 노자는 풍이족 혈통

아갑이 세상을 뜨고 계유(단기 1746, BCE 588)년에 고태固台(56세 왕)가 즉위하였다. 고태가 세상을 떠나자 정해(단기 1760, BCE 574)년에 아들 소태이蘇台爾(57세 왕)가 즉위하였다. 소태이가 세상을 떠나고 을사(단기 1778, BCE 556)년에 아들 마건馬乾(58세 왕)이 즉위하였다. 마건이 세상을 떠나자 병진(단기 1789, BCE 545)년에 천한天韓(59세 왕)이 계승하였다. 천한이 세상을 떠나고 병인(단기 1799, BCE 535)년에 아들 노물老勿(60세 왕)이 즉위하였다. 노물이 세상을 떠나자 신사(단기 1814, BCE 520)년에 아들 도을道乙(61세 왕)이 즉위하였다.

내몽골자치구 적봉시 인근 삼좌점에서 발견된 약 4천 년 전 청동기 시대에 쌓은 석성石城 유적_이 유적에는 방어 시설인 치雉가 있어 고구려 성의 원형으로 여겨진다. 성 안에서 4백여 가구가 살았던 거주지가 발견되었다. 이 성은 고조선이 건국되던 시기의 유적으로, 고대 국가가 이미 형성되어 있었다는 중요한 증거이다.

老子는 純粹한 東夷族 血統
- 南方 文化圈에 傳授된 韓 思想

癸未에 魯人孔丘가 適周하야 問禮於老子李耳하니

耳父의 姓은 韓이오 名은 乾이니 其先은 風人이라

後에 西出關하야 由內蒙古而轉至阿踰佗하야 以化其民하니라.

天地人과 五行과 韓으로 지은 番韓 王들의 이름

道乙이 薨하니 丙申에 子述休가 立하니라

薨하니 庚午에 子沙良이 立하니라

薨하니 戊子에 子地韓이 立하니라

薨하니 癸卯에 子人韓이 立하니라

薨하니 辛巳에 子西蔚이 立하니라

薨하니 丙午에 子哥索이 立하니라

薨하니 庚辰에 子解仁이 立하니 一名山韓이라

是歲에 爲刺客所害하니라.

4. 七十世 番朝鮮 王이 된 須臾 사람 箕詡

辛巳에 子水韓이 立하니라

壬午에 燕이 倍道入寇하야 攻安寸忽하고 又入險瀆이어늘

須臾人箕詡가 以子弟五千人으로 來助戰事하니

於是에 軍勢稍振이라 乃與眞番二韓之兵으로

夾擊大破之하고 又分遣偏師하야 將戰於薊城之南이어늘

燕이 懼하야 遣使乃謝하고 以公子로 爲質하니라.

노자는 순수한 동이족 혈통
- 남방 문화권에 전수된 한 사상

계미(단기 1816, BCE 518)년에 노나라 사람 공자가 주나라에 가서 노자 이이李耳[22]에게 예를 물었다. 이耳의 아버지는 성이 한韓이고 이름이 건乾인데, 선조는 풍이족* 사람[風人]이다. 노자는 후에 서쪽으로 관문을 지나 내몽고를 경유하여 여기저기 전전하다가 아유타阿踰佗*에 이르러 그곳 백성을 교화하였다.

천지인과 오행과 한으로 지은 번한 왕들의 이름

도을이 세상을 떠나고 병신(단기 1829, BCE 505)년에 아들 술휴述休(62세 왕)가 즉위하였다. 술휴가 세상을 떠나자 경오(단기 1863, BCE 471)년에 아들 사량沙良(63세 왕)이 즉위하였다. 사량이 세상을 떠나자 무자(단기 1881, BCE 453)년에 아들 지한地韓(64세 왕)이 즉위하였다. 지한이 세상을 떠나자 계묘(단기 1896, BCE 438)년에 아들 인한人韓(65세 왕)이 즉위하였다. 인한이 세상을 떠나자 신사(단기 1934, BCE 400)년에 아들 서울西蔚(66세 왕)이 즉위하였다. 서울이 세상을 떠나고 병오(단기 1959, BCE 375)년에 아들 가색哥索(67세 왕)이 즉위하였다. 가색이 세상을 떠나자 경진(단기 1993, BCE 341)년에 아들 해인解仁(68세 왕)이 즉위하였는데, 일명 산한山韓이라 한다. 이 해에 해인이 자객에게 살해되었다.

4. 70세 번조선 왕이 된 수유 사람 기후

신사(단기 1994, BCE 340)년에 아들 수한水韓(69세 왕)이 즉위하였다. 임오(단기 1995, BCE 339)년에 연나라가 이틀 길을 하루에 달려 쳐들어와 안촌홀安寸忽*을 공격하고 험독險瀆까지 쳐들어왔다.

이때 **수유 사람**[須臾人] **기후**가 젊은 청년[子弟] 5천 명을 거느리고 와서 전쟁을 도우니 군세가 조금 진작되었다. 이에 진한·번한의 군사와 함께 협공하여 크게 격파하였다. 또 한 무리의 군사를 나누어 보내 계성薊城* 남쪽에서 싸우려 하니, 연나라가 두려워하여 사신을 보내어 사죄하고 공자公子를 인질로 보냈다.[23]

---

* **풍이족風夷族**: 『규원사화揆園史話』에 "치우씨·고시씨·신지씨의 후예들이 가장 번창하여 융성하였다. 삼씨三氏의 후예들은 또한 아홉 갈래로 자세하게 나누어지는데, 곧 견이畎夷·우이嵎夷·방이方夷·황이黃夷·백이白夷·적이赤夷·현이玄夷·풍이風夷·양이陽夷의 무리들이 모두 같은 조상의 다른 가지이다[蚩尤·高矢·神誌之苗裔, 繁衍最盛. … 三氏苗裔, 又細分九派, 卽畎夷·嵎夷·方夷·黃夷·白夷·赤夷·玄夷·風夷·陽夷之屬, 皆異支同祖]. … 뒷날 견이와 풍이는 따로 서남으로 옮겨가서 항시 중토의 여러 부족과 서로 엎치락뒤치락 세력을 다투었는데, 풍이는 바로 치우씨의 일족이다[後世畎夷·風夷, 分遷西南, 恒與中土諸族, 互相顚頡, 風夷則卽蚩尤氏之一族也]. … 복희씨伏犧氏가 마침 이때에 풍족風族에서 태어나서 중토 역리易理의 원조가 되었다. 복희씨는 스스로 능히 희생犧牲을 잘 길들이고 복종케 하여 그 위엄이 승냥이와 표범에까지 이르렀기에 '복희伏犧'라는 이름이 연유한 것이고, 풍족에서 태어난 까닭으로 '풍'을 성씨로 삼았다[伏犧氏, 適以是時, 生於風族之間, 爲中土易理之元祖, 伏犧氏, 自能馴伏犧牲, 威降豺豹, 伏犧之名, 因於是也, 生於風族, 以風爲故姓也]."라고 하였다.

* **아유타阿踰佗**: 『태백일사』「대진국본기」에서 태국이라 하였다. 원래 위치는 인도 갠지스 강 중류의 아요디아로 알려져 있다. 아유타는 가야국 김수로왕의 왕후가 된 허황옥許黃玉의 고향이기도 하다.

* **안촌홀安寸忽**: 번조선의 수도인 안덕향(번한성). 지금의 하북성 개평開平 동북 70리에 있는 탕지보湯池堡이고, 고구려 때의 안시성安市城이다. 『삼국사기』「지리지」4에는 "안시성은 옛 안촌홀이다[安市城舊安寸忽]."라고 하였다.

* **계성**은 연나라 수도. 지금의 하북성 북경.

番朝鮮의 王統 斷絕과 燕의 强盛

| 무술 | 수한 | 훙 | 무사 |
戊戌에 水韓이 薨하니 無嗣라

| 어시 | 기후 | 이명 | 대행군령 | 연 | 견사 하지 |
於是에 箕詡가 以命으로 代行軍令하니 燕이 遣使賀之하니라.

| 시세 | 연 | 칭왕 | 장래침 | 미과 |
是歲에 燕이 稱王하고 將來侵이라가 未果하고

| 기후 | 역승명정호 | 위번조선 왕 |
箕詡도 亦承命正號하야 爲番朝鮮王하고

| 시 거 번 한 성 | 이비불우 |
始居番汗城하야 以備不虞하니라.

- 嗣 후사 사
- 遣 보낼 견
- 賀 하례할 하
- 將 장차 장
- 未 아닐 미
- 承命 : 명령을 받듦
- 正 : 자리에 오르다. 주(主)가 되는 것을 말함
- 號 이름 호
- 正號 : 왕호. 왕이 됨을 의미
- 始 비로소 시
- 備 갖출 비
- 代 대신할 대
- 使 사신 사
- 稱 일컬을 칭
- 侵 침노할 침
- 果 이룰 과
- 居 살 거
- 虞 염려할 우

5. 箕丕의 도움으로 解慕漱(北夫餘 始祖)가 大權을 잡아 古朝鮮을 繼承함

| 기후 | 훙 | 병오 | 자기욱 | 입 |
箕詡가 薨하니 丙午에 子箕煜이 立하니라

| 훙 | 신미 | 자기석 | 입 |
薨하니 辛未에 子箕釋이 立하니라

| 시세 | 명주군 | 거현량 |
是歲에 命州郡하야 擧賢良하니

| 일시피선자 | 이백칠십인 |
一時被選者가 二百七十人이라

| 기묘 | 번한 | 친경우교 | 을유 | 연 | 견사납공 |
己卯에 番韓이 親耕于郊하고 乙酉에 燕이 遣使納貢하니라.

| 기석 | 훙 | 경술 | 자기윤 | 입 |
箕釋이 薨하니 庚戌에 子箕潤이 立하니라

| 훙 | 기사 | 자기비 | 입 |
薨하니 己巳에 子箕丕가 立하니라

番朝鮮의 마지막 七十五世 王, 箕準

| 초 | 기비 | 여종실해모수 | 밀유역새 지약 |
初에 箕丕가 與宗室解慕漱로 密有易璽之約하고

| 근찬좌명 | 사해모수 | 능악대권자 | 유기비기인야 |
勤贊佐命하니 使解慕漱로 能握大權者는 惟箕丕其人也라.

| 기비 | 훙 | 경진 | 자기준 | 입 |
箕丕가 薨하니 庚辰에 子箕準이 立하니라

| 정미 | 위유적위만소유패 | 수입해이불환 |
丁未에 爲流賊衛滿所誘敗하야 遂入海而不還하니라.

- 煜 빛날 욱
- 釋 풀 석
- 擧 들 거
- 賢 어질 현
- 良 어질 량
- 被 당할 피
- 被選 : 선출됨
- 親 친히 친
- 耕 밭갈 경
- 納 바칠 납
- 潤 윤택할 윤
- 郊 성밖 교
- 貢 바칠 공
- 조 클 비

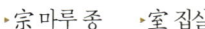

- 宗 마루 종
- 室 집 실
- 宗室 : 임금의 종친
- 解 풀 해
- 慕 그리워할 모
- 漱 씻을 수
- 密 은밀히 밀
- 易 바꿀 역
- 璽 옥새 새
- 約 약속할 약
- 勤 부지런할 근
- 贊 도울 찬
- 佐命 : 천명(天命)을 받아 임금 될 사람을 보좌함
- 握 쥘 악
- 權 권한 권
- 大權 : 국가를 통치하는 권한
- 惟 오직 유
- 準 준할 준
- 流 떠돌 류
- 賊 도둑 적
- 衛 호위할 위
- 滿 찰 만
- 誘 꾈 유
- 敗 패할 패
- 遂 마침내 수
- 還 돌아올 환

번조선의 왕통 단절과 연나라의 강성

무술(단기 2011, BCE 323)년에 수한이 세상을 떠나니 후사가 없었다. 그리하여 기후가 명을 받들어 군령을 대행하였다. 연나라가 사신을 보내 하례하였다.

이 해에 연이 왕이라 칭하고 장차 침범하려다가 그만두었다. 기후도 명을 받들어 왕호를 써서 (70세) 번조선 왕[24]이 되고, 비로소 번한성番汗城※에 머물면서 뜻밖의 사태에 대비하였다.

5. 기비의 도움으로 해모수(북부여 시조)가 대권을 잡아 고조선을 계승함

기후가 세상을 뜨자 병오(단기 2019, BCE 315)년에 아들 기욱箕煜(71세 왕)이 즉위하였다. 기욱이 세상을 떠나고 신미(단기 2044, BCE 290)년에 아들 기석箕釋(72세 왕)이 즉위하였다. 이 해에 각 주와 군에 명하여 어질고 현명한 인재를 추천하게 하였는데, 일시에 선발된 자가 270명이었다.

기묘(단기 2052, BCE 282)년에 번한 왕이 친히 교외에서 밭을 갈았다.

을유(단기 2058, BCE 276)년에 연나라가 사신을 보내 공물을 바쳤다.

기석이 세상을 떠나고 경술(단기 2083, BCE 251)년에 아들 기윤箕潤(73세 왕)이 즉위하였다. 기윤이 세상을 뜨자 기사(단기 2102, BCE 232)년에 아들 기비箕조(74세 왕)가 즉위하였다.

번조선의 마지막 75세 왕, 기준

일찍이 기비가 종실宗室 사람 해모수[25]와 함께 몰래 옥새를 바꿔치려는 (새 나라를 열자는) 약속을 하고, 힘을 다해 천왕天王이 되는 것을 도와 주었다. 해모수로 하여금 능히 대권을 잡을 수 있게 한 사람은 오직 기비 그 사람이었다.

기비가 세상을 떠나고 경진(단기 2113, BCE 221)년에 아들 기준箕準(75세 왕)이 즉위하였다. 정미(단기 2140, BCE 194)년에 떠돌이 도적[流賊] 위만[26]에게 속아 패하여 마침내 배를 타고 바다로 가서 돌아오지 않았다.

※ **번한성**番汗城: 번조선의 수도. 지금의 하북성 개평開平 동북쪽 70리에 위치. 『위략魏略』과 『삼국지三國志』 「오환선비동이전烏丸鮮卑東夷傳」의 주석에는 "(BCE 300년경) 연나라 장수 진개가 고조선 서쪽 땅 2천여 리를 빼앗은 뒤에 만·번한滿番汗으로 국경을 삼았다 [燕乃遣將秦開攻其西方, 取地二千餘里, 至滿番汗爲界.]"라고 하였는데, 번한성은 바로 『위략』에 기록된 고조선과 연나라의 국경인 만·번한滿番汗의 번한현 지역이다. 고구려 때 유명한 안시성이 바로 이곳에 있었다.

주註

1) 염제신농

염제신농炎帝神農(BCE 3218~3078)은 처음으로 농사법을 가르쳤기 때문에 신농神農이라 하고, 화덕火德에 의해 임금이 되었다 하여 염제炎帝라 한다. 삼황三皇의 한 분이며 동이 혈통으로 농업의 시조요, 의약의 아버지라 불린다. 수많은 약초를 직접 맛보며 약을 만들었다. 자편紫鞭이라 불리는 붉은색 채찍을 몸에 지니고 다니며 약초를 찾아내어 그 약초의 독성毒性 유무와 성질의 온溫·냉冷 등을 가려 내었다. 그래서 약초를 연구하는 본초학자나 한의사를 자편가紫鞭家라 불렀다(『한한사전漢韓辭典』). 신농씨가 사용했다는 큰 솥이 지금도 산서성 태원太原 부강釜岡에 묻혀 있다(쉬량즈, 『중국사전사화』, 98쪽).

2) 일중교역日中交易

이 말은 본래 『주역周易』 「계사전繫辭傳」 하편에 나오는 구절 '일중위시교역이퇴日中爲市交易而退'이다. 공자는 신농씨가 시장을 개설한 사실에 대해서 "태호복희씨가 죽고 염제신농씨가 일어났다. … 한낮[日中]에 시장을 열어 천하의 백성을 불러들이고, 천하의 재물을 모아 서로 교역交易한 후에 돌아가게 하였다. 이리하여 저마다 원하는 바를 얻게 한 것은 서합괘噬嗑卦에서 취한 것이다[包犧氏沒, 神農氏作 … 日中爲市, 致天下之民, 取天下之貨, 交易而退, 各得其所, 蓋取諸噬嗑.]"라고 하였다.

3) 삼청궁

14세 치우천황 때의 신선인 자부 선생이 거처하던 곳으로 청구국 대풍산 남쪽에 있었다고 전한다. 도교의 삼청三淸은 신교의 삼신三神 사상에서 발원하여 중화 문화의 시조인 황제헌원을 통해 들어간 것이다. 그러나 후에 고대사와 한민족사의 뿌리(신교 문화)가 거세되고 황로(황제·노자)학의 '중국판 도교'가 역수입되어 들어왔다.

4) 공공共工

일반적으로 관명을 의미하나 인명을 말할 때도 있다. 공공에 대한 최초의 기록은 초대 환웅천황 때 보인다(『삼성기』 상). 중국측 기록을 보면 『십팔사략十八史略』 권1에, "태호복희의 제후 중에 수신水神인 공공씨共工氏(여러 중국 신화 전설에는 홍수의 신으로 등장한다)가 있었는데, 축융씨祝融氏와 싸웠으나 이기지 못하여 크게 노하였다[諸侯有共工氏, 與祝融戰, 不勝而怒.]"라는 기록이 있다. 사마정의 『사기색은史記索隱』 「삼황본기三皇本紀」에는 "제후 중에 공공씨가 있는데, 공공씨는 지혜와 형벌을 마음대로 해서, 강한 힘으로 패도를 하고 왕도를 하지 않았다. 수水로써 목木을 능멸하고 마침내 축융과 전쟁을 하였으나 이기지 못하여 대로하였다[諸侯有共工氏, 任智刑, 以强覇而不王, 以水乘木, 乃與祝融戰, 不勝而怒.]"라고 하였다. 14세 치우천황 때에 공공·헌원·창힐·대요 등이 모두 동방에 와서 자부 선생에게 대도(신교)의 가르침을 받았다. 요堯임금 때는 치수治水의 관리로, 순舜임금 때는 백공百工의 관리로, 그리고 한대漢代에는 소부小府의 관리로 나타난다.

5) 웅상雄常

배달 신시 시대 이래로 민간에서 가장 큰 나무를 택하여 환웅상桓雄像으로 봉하고 제사를 지내 왔는데, 그러한 신수神樹를 웅상雄常이라 하였다.

하夏나라 우禹임금과 그 신하 백익伯益이 지었다고 하는 『산해경山海經』에도 "숙신(조선)국에는 백의민족이 살고 있다. 북쪽에 나무를 모시는데 그 이름을 웅상雄常이라 하였다. 전에 8대의 임금이 여기에서 취했다[肅慎之國, 在白民也, 北有樹名, 曰雄常, 先八代帝, 於此取之.]" 하여, 단군조선 시대에 환웅상을 섬긴 풍속을 말하였다. 11세 도해단군 때에 대시전을 지어 환웅상을 봉안하였는데(『단군세기』) 후에 불교가 들어와 석가불을 모신 본전을 대웅전이라 하였다. 대웅전은 교화의 큰 스승인 환웅을 모신 환웅전에서 유래하여 발전한 것이다(환웅→한웅→대웅).

6) 삼한三韓

삼한三韓은 단군조선의 삼한관경인 진한·번한·마한을 말한다. 이것이 전삼한前三韓이다.

삼한은 삼신三神의 우주관인 천지인 삼계三界의 '천일天一·지일地一·태일太一' 정신에 근거하여 천지(역사)의 주체자로서, 태일太一의 가장 존귀한 인간에 해당하는 정신을 집행하는 진한은 단군天王이 직접 통치하고, 보좌역인 번한·마한은 부단군 격인 왕王을 두어 다스렸다.

그 후 고조선이 몰락하고 삼한의 유민이 한강 이남으로 내려와서 다시 삼한 시대를 열었는데, 이것이 소위 후삼한後三韓(지금의 교과서에 나오는 삼한연맹)이다. 그런데 후대에 중국과 일제, 이 땅의 사대주의자들이 단군조선의 삼한관경제를 부정하고 말살하여 지금까지 삼한을 단지 한강 이남의 삼한(중삼한 또는 후삼한)으로 인식하여 왔다.

7) 삼륜구서三倫九誓의 가르침

기해己亥(BCE 2182)년은 3세 가륵단군 원년이다. 이때 베푼 삼륜구서三倫九誓의 가르침은 일찍이 배달 신시 시대에 비롯한 것이다. 삼륜三倫은 ①父子愛之綱 ②君民禮之綱 ③師徒道之綱(會三經)이고, 구서九誓는 ①孝慈順禮 ②友睦仁恕 ③信實誠勤 ④忠義氣節 ⑤遜讓恭謹 ⑥明知達見 ⑦勇膽武俠 ⑧廉直潔淸 ⑨正義公理이다(「소도경전본훈」).

이러한 신교의 윤리규범은 곧 후세에 유교 윤리의 근간이 되었다. 유교에서는 공맹孔孟의 도道가 요·순堯舜에서 나왔고 멀리 황제黃帝(헌원)에까지 거슬러 올라간다고 가르쳐 왔다. 그러나 이들은 모두 배달과 단군조선을 '스승의 나라'로 하여 동방 한민족의 선진 신교 문화를 가져갔다는 것이 역사적 진실이다. 뒷날 유교의 삼강오륜三綱五倫은 바로 이 삼륜구서三倫九誓를 그대로 옮겨 적은 것이라 해도 전혀 지나친 말이 아니다.

또 44세 구물단군께서 꿈에 천제天帝에게 신교의 가르침夢敎을 받아 내정을 혁신하고 구서지회九誓之會를 열어 크게 발전시켰는데, 이것이 바로 저 유명한 부여구서夫餘九誓이다. 이와 같이 우리나라에서는 유불선 삼교三敎가 들어오기 훨씬 이전에 환국오훈桓國五訓과 삼륜구서三倫九誓, 부여구서夫餘九誓 그리고 고구려의 다물오계多勿五戒 같은 신교神敎의 윤리·도덕 규범이 있었고, 그것을 전 국민을 교화하는 근본 정신으로 삼았던 것이다.

8) 대성산

영류산嬰留山이라고도 한다. 고구려 장수열제 때 이곳에 대성산성을 쌓았다고 전한다. 평양성 북쪽 10리에 있다. 산 밑에 1천여 개의 고분古墳이 있는데 그 중 대표적인 것이 용강군龍岡郡과 강서군江西郡의 고분이다. 산의 남쪽 기슭에는 고구려의 수도 평양에 있는 5대 궁궐 중 하나인 안악궁安岳宮(또는 안학궁安鶴宮)이 있었는데 그 궁궐 터에서 화려한 와전瓦塼이 많이 발견되었다(장도빈, 『대한역사』).

9) 탐모라

탐라耽羅, 둔라屯羅라고도 하며 지금의 제주도를 말한다. 『고려사』「지리지」에는 탐라라는 국호를 신라 시대에 처음으로 사용했다고 하였으나, 15세 대음단군 때에 이미 탐라·탐모라라는 명칭이 쓰였음을 알 수 있다(정명악, 『국사대전』).

탐라국의 기원에 대해서는 『신증동국여지승람新增東國輿地勝覽』「전라도全羅道」 제주목濟州牧 조에 "고기古記에 이르기를, 맨 처음에는 사람이 없다가 세 사람의 신인神人이 땅에서 솟아 나왔는데, 지금의 진산鎭山(한라산) 북쪽 기슭에 구멍이 있는 모흥毛興이 그 땅이다. 맏이가 양을나良乙那요 그 다음이 고을나高乙那요 셋째가 부을나夫乙那이다. … 신의 아들 세 사람神子三人이 나라(탐라국)를 열었다[其古記云 厥初無人物, 三神人從地聳出, 今鎭山北麓, 有穴曰毛興, 是其地也. 長曰良乙那, 次曰高乙那, 三曰夫乙那, … 神子三人將欲開國.]"라고 하였다. 그러나 본서에 기록되어 있는 바와 같이 탐라국 시조 3인이 개국한 연대는 단군조선의 15세 대음단군(3,600년 전) 이전까지 거슬러 올라가야 할 것으로 본다.

참고로 제주도 3성 가운데 하나인 고高씨 족보 『왕세기王世紀』에는 고을나高乙那왕이 BCE 2337년에 탐라국을 건국하였다고 기록되어 있다. 박성수

교수는 『단군기행』에서, 이 탐라국(제주도)의 건국 사화史話는 (한민족의 국교인 신교의) 삼신三神 신앙과 깊은 관련이 있으며, 또한 한민족의 국조삼신과 탐라 시조를 동시에 설명한 것이라 하였다.

한 일간지에 발표된 '제주도 역사 4천 년 전으로 소급'이라는 제목의 기사도 이 사실을 뒷받침한다(〈조선일보〉, 1986. 7. 15). 기사에서는 "제주도 조천읍朝天邑 북촌리北村里 야산에서 발견된 신석기 시대 유적은 지금까지 한반도로 국한되었던 신석기 문화권을 바다 건너 제주도까지 확대하고, 제주도의 역사를 기원전 2천 년 이전으로 끌어올리는 매우 중요한 유적지로 평가되고 있다. 또한 이 유적지는 제주도의 신석기 문화가 한반도와 직접 연결되어 발전한 도서 문화권임을 확인시켜 준다. …(중략)… 북촌리 유적은 탐라耽羅 설화와 제주도의 역사를 고고학적으로 밝혀 줄 중요한 자료로 평가되고 있다"라고 하였다.

10) 고조선의 좌우현왕左右賢王

좌우현왕 제도는 좌우에서 비왕裨王이 천자를 보필하는 통치제도이다. 이러한 제도는 고조선에서 삼한관경제로 나타났다. 고조선은 국초부터 단군이 진한을 다스리고, 번한과 마한은 비왕(부단군)에게 맡겨 통치하였다. 비왕 제도 자체는 배달국 때에 시작되었다. 단군왕검은 배달국의 비왕 출신이다. 사마천의 『사기』 「조선열전」에는 고조선의 비왕 장長이라는 사람을 언급하였다. "섭하가 떠나서 국경에 이르렀는데, 패수에 당도해서 마부를 시켜 자신을 전송한 조선 비왕 장을 살해하고 곧바로 패수를 건너 말을 달려 변방으로 들어갔으며, 마침내 돌아와서 천자에게 "조선의 장수를 죽였습니다"라고 아뢰었다[何去至界上, 臨浿水, 使御刺殺送何者朝鮮裨王長, 卽渡, 馳入塞, 遂歸報天子曰: 殺朝鮮將.]』(『사기』「조선열전」).

고조선의 삼한에도 각기 비왕을 두었는데 이들을 좌현왕, 우현왕이라 불렀다. 「단군세기」와 「삼한관경본기」에는 개사원 욕살인 고등이 우현왕이 되었다는 기록과 그 손자 색불루가 우현왕을 계승하였다는 기록이 실려 있다. 배달국이나 고조선과 같은 북방 계열의 국가인 흉노와 몽골에서도 이 제도가 나타난다. 흉노의 좌우현왕 제도는 사마천의 『사기』 「흉노열전」에 언급되어 있다. 『사기』 「흉노열전」에는 "좌우현왕, 좌우곡리왕, 좌우대장, 좌우대도위, 좌우대당호, 좌우골도후를 두었다. 흉노에서는 '현賢'을 일러 '도기屠耆'라 하기 때문에 항상 태자를 좌도기왕으로 삼았다[置左右賢王, 左右谷蠡王, 左右大將, 左右大都尉, 左右大當戶, 左右骨都侯. 匈奴謂賢曰'屠耆', 故常以太子爲左屠耆王.]"라고 하였다.

11) 자서여子胥餘

기자의 성은 자子, 이름은 서여胥餘이다. 기자의 기箕는 국명國名이고, 자子는 작위爵位의 명칭이다. 기자는 은殷나라 왕실의 혈통인 다자多子 출신의 제후로서 은나라 마지막 왕인 폭군 주왕紂王 때 세 사람의 현자(비간, 기자, 미자) 가운데 한 사람이다. 종래에 중국 중화사관과 사대주의를 신봉한 자들은 "은나라를 멸망시킨 주周나라 무왕이 기자를 조선에 봉했다"라고 하는, 사마천의 『사기』 이래 중국측이 날조한 기자조선설을 답습하였다.

고려 시대 중엽 이후 나타나기 시작한 우리나라의 기자 숭배 사상은 조선 시대에 와서 한술 더 떠서 기자를 실질적인 조선국 개창 시조로 받들고, 국조 단군왕검을 곁방살이시키는 데까지 나아갔다. 그 결과 '단군 천 년' 후에 '기자 천 년'이라는 통설이 형성되기에 이르러 고조선 2천년사가 두 동강 나고 반쪽으로 줄어들게 되었다. 이들 소한사관의 사대주의 중독자들은 한국사를 그 출발부터 한양 조선 시대에 이르기까지 줄곧 중국에 예속·종속된 동방의 약소국으로 전락시켜 버렸다.

그러나 지금까지 곡해된 것과 달리 기자는 결코 중화 한족의 성인이 아니다. 기자는 우리 동이 혈통을 이은 조선족이다. 당시에 은나라 민족이 동이족이라는 사실은 오늘날 중국의 저명한 역사학자들도 인정하고 있다.

고대에 동방 역사의 종주국이요 대제국이었던 한국의 고대사를 왜곡·말살함과 동시에 중국사에 흡수·동화시켜 놓은 중화의 대국주의 사관과 이 땅의 썩어빠진 유학자들의 사대주의 사관이 '기자조선설'을 역사적 진실인 양 조작한 것이다. 이렇게 만든 원초적 싹을 제공한 것은 바로 단군조선의 삼한관경의 하나인 번조선의 말기 왕들(70세 기후~75세 기준)의 혈통 문제에 있다. 중국 중화주의 사서들은 번조선 말기 왕들을 기자의 직계 후손인 양 기록하였으나, 전혀 확실한 것이 아니고 추정일 뿐이다. 백보를 양보하여 기자조선이 있었다고 인정하더라도 그 정체는 또한 지금의 하북성 난하 유역에 있었던 소국으로서 기자국(箕國, 『환단고기』에 기술된 수유국)을 가정할 수 있을 뿐이다.

결국 기자가 고조선을 이어 기자조선을 세워 한국사의 주류를 형성하였다고 날조한 사대주의 사관에 따른 역사 조작극은 존립할 아무런 역사적 근거가 없기 때문에 일고의 가치도 없는 것이다.

12) 일본 왕가의 뿌리, 한국

일본은 태고시대부터 일본열도에 살던 선주민이 일궈 놓은 역사를 가지고 있고, 왕가 역시 125대 동안 만세일계萬世一系의 왕통을 이어왔다고 주장한다. 그러나 고대 일본사는 한민족의 이민 개척사에 지나지 않으므로 이러한 주장은 철저한 역사 왜곡에 불과하다. 이것은 몇 가지 사실로 입증된다.

우선 일본으로 건너 간 신교의 삼신 신앙에서 확인할 수 있다.

『고사기古事記』에는 일본의 신화가 조화삼신으로 시작되었음을 기록하였다. 주지하다시피 삼신은 동방 한민족이 받든 신교의 주재신이다. 또한 『일본서기』 '신대기'를 보면, 조화삼신에 이어 신세 7대가 보인다. 환국의 7세 환인천제와 마찬가지로 일본 건국신화에 나오는 신도 7세로 되어있음은 주목할 만하다. 이것은 당연히 7세 환인시대에 뿌리를 두고 기록한 것으로 일본의 건국신화가 한민족 역사를 모방한 사실을 뚜렷이 드러낸다.

고천원에서 일본 땅으로 내려온 신은 아마테라스 오오미카미의 후손 니니기노미코토이다. 니니기는 고천원에서 큐슈의 히무카日向 다카치호高千穗의 구시후루다케쿠土布流多氣에 내려왔다. '일본 민족은 한반도에서 건너온 기마민족'임을 주장한 에가미 나미오江上波夫는 가락국의 수로首露왕이 내려온 구지봉龜旨峰과 연결하여 '구시후루'는 '구지의 마을'이 된다고 하였다. 그리고 니니기노미코토가 하늘에서 내려올 때, 거울·칼·구슬이라는 세 가지 신의 보물三種의 神器를 갖고 왔다. '삼종의 신기'는 환웅천황이 지상에 내려올 때 천부인天符印 3개를 가지고 왔다는 내용과 유사하다. 또 니니기노미코토는 자신이 내려온 곳을 "여기는 카라구니韓國를 향하고 있고, … 아침 해가 바로 쬐는 나라, 저녁 해가 비치는 나라이니라. 그러므로 여기는 매우 좋은 땅"이라고 표현했다. 다카치호는 천신의 고향을 향해 있으며, 그곳은 곧 한국임을 알 수 있는 기록이다. 그렇다면 한국이 고천원, 곧 하늘나라인 것이다.

다음으로 일본 왕가 혈통의 뿌리도 한국이다. 『단군세기』를 보면, 35세 사벌단군은 재위 50년(BCE 723)에 장군 언파불합彦波弗哈을 보내어 일본 큐슈九州 남부의 구마소熊襲를 평정하였고, 36세 매륵단군은 38년(BCE 667)에 협야후陜野侯 배반명裵幋命을 보내 삼도三島(일본열도)를 평정케 하였다. 이 배반명이 바로 일본 왕가의 뿌리인 초대 진무神武(狹野尊) 왕이다. 진무 왕은 큐슈에서 동쪽으로 정벌[東征]을 계속하여 야마토로 들어가 일본 고대 국가의 기틀을 마련하였다. 일본 왕가의 뿌리가 백제계라는 것은 이제 우리 학계에서도 인정하는 사실이다. 고대 한일관계사는 단순히 문화교류의 차원이 아니다.

「대진국본기」에 의하면 의려국 왕자 의라가 일본으로 건너가 15세 오진應神 왕이 되었고, 삼신의 부명[三神符命]에 응한다 하여 응신應神이라 하였다고 한다. 2001년 12월에는 일본의 아키히토 왕(125세)이, "나의 조상인 칸무桓武 왕의 어머니가 백제 무령왕의 자손"이라 고백하여 자신도 백제계의 피를 이어받았음을 시인한 바 있다.

한민족의 도래 물결은 끊임없이 이어져 일본 고대 국가를 형성하는 데 도움을 주었다. 일본 최초의 통일 왕조인 야마토大和 왜倭 정권이 기나이畿內 지방에 들어서면서 4, 5세기에 백제 등에서 많은 기술자, 학자가 건너갔다. 『일본서기』에 오진應神 왕 때부터 도래인에 관한 기록이 다수 보이는데, "아직기

阿直岐와 왕인 등이 일본열도로 와서 문물을 전하고 가르쳐 주었다. 그 결과 8세기 중반 야마토 지역은 백제인이 80~90%를 차지했다"라고 기록되어 있다. 이렇듯 6세기 중반부터 7세기 초에 고도의 문화 기술 집단이 일본열도로 건너가 고대 일본 문화의 정수精髓라 일컫는 지역의 아스카飛鳥 문화를 건설하는 주역이 되었다. 이처럼 한민족은 일본 왕가의 뿌리인 동시에 일본 민족문화 전반에 걸쳐 뿌리가 된다.

13) 동순망질 사근동후東巡望秩 肆覲東后

'동순망질 사근동후'라는 구절은 『서경』「우서虞書」의 「순전舜典」에 나온다. "(순임금이) 동쪽 지역을 순수하여 태산泰山에 이르러 시柴 제사를 지내고, 산천을 바라보며 차례대로 제사한 뒤 동방의 천자를 찾아뵈었다[東巡守至于岱宗, 柴, 望秩于山川, 肆覲東后]." 여기서 동후東后는 결코 제후가 아니다. 그런데 중국 사가들은 한결같이 동후를 '동방의 제후[東方之諸侯也]'라 해석해 왔다. 또한 요즈음 나오는 『서경』 번역서들도 모두 중국측 억지 해석을 그대로 추종하는 한심한 실정이다.

『강희자전』에서는 "后: 君后. 我后. 夏后. 夏言后者. 白虎通云: 以揖讓受于君, 故稱后. 告于皇天后土"라고 하였다. 여기서 '후后' 자는 『강희자전康熙字典』에서 밝힌 것처럼 군주君主를 지칭하는 말이다. 제후를 말하는 것이 결코 아니다. 또 '근覲' 자는 '하현상下見上', 즉 아랫사람이 윗사람에게 문안 드린다는 말이다. 『강희자전』은 "천자가 즉위하면 제후들이 북면하여 천자께 알현하는 것을 일러 근覲이라 한다[天子當依而立, 諸侯北面, 而見天子曰覲.]"라고 하였으니, '제후인 순舜임금이 그 종주국의 천자인 단군왕검을 알현하였다'는 것이 '사근동후'의 본뜻이다. 그러므로 "동방의 제후를 찾아뵙다"라고 한 중국측의 해석은 역사의 진실을 왜곡한 아전인수 격의 억지 해석에 지나지 않는다.

『서경』의 이 구절이야말로 고대 한·중 관계사를 사실 그대로 극명하게 밝힌 매우 주목할 만한 대목이다. 본서『환단고기』가 수천 년간 왜곡되고 말살된 동방 문명의 종주宗主 한민족 고대사의 실상을 명백히 밝혀 주는 바와 같이, 바로 이 『서경』「순전」의 기록도 '단군조선이 고대 동방의 종주국'이라는 역사적 진실을 숨김없이 드러낸, 극히 분명하고 소중한 구절이다. 여기서 『서경』 본래의 뜻을 살려 원문을 해석하면, "순임금이 요임금에게서 왕위를 물려받은 뒤에 차례로 천신과 산천에 제사를 지내고 동방의 천자이신 단군왕검을 찾아뵈었다[肆覲東后]"가 된다.

14) 진국辰國

진국辰國에서 '辰'은 '신'으로도 발음하는데 '大, 上'의 뜻이다. 단군조선의 삼한三韓을 합하여 말하면 진국辰國이고 나누어 말하면 삼한이다. 『삼국지』「한전韓傳」에는 "진한은 옛적의 진국이다[辰韓者, 古之辰國也]"라고 하였다. 삼한의 한韓은 국명이자 관명官名으로, 한汗(王=韓)과 통한다. 삼한 중 진한은 단군(天王=辰王)이 직접 통치하고, 마한·번한은 부단군 격인 왕을 두어 다스렸다. 여기서 말하는 진국辰國은 '대국, 상국上國, 또는 종주국'이란 뜻이다.

15) 천제자天帝子

천제天帝의 아들, 즉 '삼신상제三神上帝님의 아들'이라는 말로 상제님의 대행자라는 뜻이다. 단군은 '천제의 아들[天帝子]'로서 신권 통치를 하였다. 우리 민족이 일찍이 천제자라는 호칭을 사용한 것은 고구려의 시조 고주몽이 "나는 천제의 아들로 태양의 광명을 받아 태어났다[我是天帝子, 承日光而生.]"라고 한 데서도 알 수 있다. 이러한 '천제자' 사상은 환인·환웅·단군을 당시 백성들이 '상제님(하느님=天帝)'의 대행자로 받들면서 비롯하였다. 이들은 우주(역사)의 주재자이신 삼신상제님의 진리(신교)로 창생을 교화하고 다스려 하늘의 이상과 목표를 인간 세상에 실현시켰다. 다시 말하면 '삼신상제님에게서 국가 건설과 통치의 대권을 신탁 받았다'는 국가 통치론을 내세우면서 "나는 천제의 아들이다[我是天帝子]"라고 하여, 인류문명사의 장자국·종주국임을 선언하신 그 당시의 주권자를 '天帝子, 天皇, 天君, 天王'이라 부르게 된 것이다.

이렇게 임금을 '천天'으로 보는 사상은 일반적인 통

념과 달리 우리나라에서 먼저 시작되었다. 이것이 후에 중국으로 건너가 천자天子라는 호칭으로 일반화되어 불리게 된 것이다. 또 한漢나라 때 채옹蔡邕이 지은 『독단獨斷』 상권에는 "천자는 동방 동이족이 부르던 호칭이다. 하늘을 아버지로 땅을 어머니로 하는 까닭에 천자라 부른다[天子, 夷狄之所稱, 父天母地, 故稱天子]."라고 하여, 동방 조선이 중국보다 먼저 천자라는 말을 사용하였음을 분명히 밝히고 있다.

이와 같이 임금을 천天으로 보는 사상은 계속 이어져 내려왔는데, 왕사王師(임금이 거느리는 군사)를 천병天兵, 왕위王位를 천위天位라고 한 예에서도 알 수 있다. 『삼국사기』에 보이는 천사天賜, 천은天恩이라는 말은 본래 삼신상제님께 감사하는 존칭어로 쓰였다. 그러다가 후세에 와서 천안天顏, 천폐天陛, 천조天朝 등에서 보듯이 천天이 왕에 대한 존댓말로 쓰이게 된 것이다(이유립, 『대배달민족사』「仁」, 246쪽).

한국의 산천에는 유난히 천자天子, 천왕天王, 천황天皇이라는 명칭이 많이 붙어 있다. 진해의 천자봉, 지리산의 천왕봉, 함양의 천왕첩天王帖·천황봉, 속리산의 천황봉, 제주도의 천제연天帝淵, 진양晉陽의 천황산, 장흥의 천관산신사天冠山神祠 등도 그러한 예이다. 또 영봉산 용암사 중창기靈鳳山龍岩寺重創記에는 지리산 신을 성모천왕聖母天王이라 하였다. 이와 같이 우리나라의 산천에 천자, 천왕, 천황의 명칭을 붙인 것은 천자天子, 천왕天王, 천황天皇 제도를 우리 한민족이 최초로 만들었다는 사실을 입증하는 것이다(최인, 『한국사상의 신발견』, 263쪽).

16) 금간옥첩金簡玉牒

창수사자 부루태자가 도산에서 사공司空 우禹에게 전해 준 치수治水의 비결. 『세종실록지리지』에는 이러한 사실을 "우왕은 부루에게서 금간옥첩을 받았다. 우는 제후를 도산으로 불러 모았다[禹王自夫婁, 受金簡玉牒, 禹會諸侯, 塗山也]."라고 하였고, 『오월춘추吳越春秋』에서는 "구의산九疑山 동남쪽에 있는 천주산天柱山을 완위산宛委山이라 하는데 적제赤帝께서 이 산위의 대궐에 살고 계신다. 절벽 꼭대기에 책이 한 권 있으니, 꽃무늬가 있는 옥으로 받치고 반석으로 덮어 놓았다. 이 책은 금간으로서 청옥으로 글자를 쓰고 백은으로 엮었으며, 글자가 모두 양각으로 되어 있다[在於九疑山東南天柱, 號曰宛委, 赤帝在闕. 其巖之巓, 承以文玉, 覆以磐石, 其書金簡, 靑玉爲字, 編以白銀, 皆瑑其文]."라고 하였다. 여기서 말하는 『황제중경』은 금간金簡과 옥첩玉牒으로 되어 있는 오행치수의 비결로 후에 기자箕子가 설한 홍범구주洪範九疇이다.

『서경』「홍범」에는, 무왕武王이 기자箕子에게 천도天道를 물으니 기자가 "옛적에 곤鯀이 홍수를 막아 다스려 오행五行의 이치를 어지럽히니, 제帝가 크게 노하시어 홍범구주를 주지 않았사온데 (중략) 우禹가 이에 일어나니, 제는 우에게 홍범구주를 내리시어 세상의 질서를 바로잡았습니다"라고 답했다. 홍범의 아홉 가지 규범 가운데 첫째가 바로 오행이다.

17) 우공禹貢

『서경』의 「하서夏書」 우공禹貢 편은 본래 하나라 우임금이 종주국인 단군조선에 조공하는 품목이나 예절을 기록한 것으로 추정된다. 그러나 지금의 『서경』에서는 그러한 흔적을 거의 찾아볼 수 없고, 도리어 우임금이 백성들에게서 거두어 들일 공물의 양이나 종류를 적은 기록으로 둔갑시켜 놓았다.

'우공禹貢'은 본래 우虞(순임금) 시대의 사관이 기록한 것인데, 후에 우禹가 치수의 공로가 있다 하여 『서경』의 「하서夏書」로 편입되었다는 것이다. 후세에 『서경』이 쓰여질 때 유학자들이 우禹임금을 높이기 위해서 '우공虞貢'을 '우공禹貢'으로 바꾼 것이다. 이처럼 『서경』의 우공禹貢은 우공虞貢의 와전訛傳이다. 우공虞貢은 말 그대로 '순임금이 조공 바친 사례를 기록한 글'이란 뜻이다(이유립, 『대배달민족사』「천天」, 358~359쪽).

18) 무정武丁 당시의 은나라 형세

지금부터 3,000여 년 전 은나라의 상황을 상세하게 전하는 사료로서 현재 갑골문의 기록이 남아 있다. 이에 따르면 은나라 22세 무정武丁왕(BCE 1325~BCE 1266)은 수많은 정벌 전쟁을 벌였다. 은나라 주변에 있던 귀방鬼方(북쪽), 강방羌方·촉방蜀方(서쪽), 고방苦方·토방土方(서북쪽) 등을 공격, 영토를 크게 확장한 것이다. 여기서 귀방은 섬서성·산서성 서북 일대로 북방족이 산재했던 지역이다.

이와 같이 본서 『환단고기』의 기록(『단군세기』 21세 소태단군 47년조 참조)이 초기 갑골문 기록과 일치하는 것은 『환단고기』의 사료史料로서의 가치와 신빙성을 더욱 높여 주는 것이다(윤내현, 『상주사』, 41~87쪽; 천관우 역, '부사년의 이하동서설夷夏東西說', 『한국학보』 14집).

19) 관혼상제冠婚喪祭의 유래

관혼상제는 관례, 혼례, 상례, 제례를 말한다. 관혼상제는 고려 말기에 성리학의 수입과 함께 전래되어 조선시대 성리학자들에게 큰 영향을 주었다. 조선 시대에는, 명明나라 구준丘濬(1420~1495)이 가례家禮에 관한 주희朱熹(1130~1200)의 학설을 수집하여 만든 『주자가례朱子家禮』, 즉 『주문공가례朱文公家禮』를 따르도록 하였다. 영조英祖 때 이재李縡(1680~1746)가 『주자가례』에 근거를 두고 여러 학설을 참작하여 당시 실정에 맞게 예법을 만들어 『사례편람四禮便覽』을 지은 후로는 이 책이 사례의 표준이 되었다.

불교가 들어온 이후 예법은 대체로 무속적·불교적 상례가 주로 행해졌을 것이다. 그러다가 고려 말에 『주자가례』가 들어오고 조선 전기에 시행한 억불숭유抑佛崇儒 정책의 영향으로 불교의식은 사라지고 유교의식이 행하여졌다.

일반적으로 우리나라 예법의 절차와 형식은 유교의 영향을 많이 받은 것으로 본다. 그런데 『후한서後漢書』 「동이열전東夷列傳」에 "중국이 예禮를 잃으면 사이四夷에서 구했다[所謂中國失禮, 求之四夷者也.]"라고 했다. 여기서 '이夷'를 주변 이민족 만蠻, 이夷, 융戎, 적狄을 포괄적으로 지칭한 것으로 볼 수도 있지만, 동이전에 실린 것으로 미루어 한민족을 의미하는 것으로 보는 것이 타당하다. 따라서 『환단고기』 내용을 볼 때 중국의 예법은 고조선으로부터 많은 영향을 받았음을 알 수 있다.

20) 3년상 제도의 기원과 신교 제사 문화

소련과 대련은 동양 고전에서 하늘이 낸 효자, 즉 '천종지효天縱之孝'라 하여 효孝의 대명사로 불리며, 특히 상례喪禮를 잘한 인물로 유명하다. 이들은 2세 부루단군 때의 중신重臣이었다(『단군세기』). 대련은 태백산(백두산) 4대 신선[四仙] 가운데 한 사람이다. 소련과 대련은 부친상을 당하자 3일간 애도하고, 3년간 거상居喪하였다. 공자는 『예기禮記』에서 "소련·대련은 거상을 잘하였는데, 3일을 게을리 하지 않고 3개월을 해태하지 않으며 3년을 슬퍼하였다. 그들은 동이東夷 사람이다[少連大連善居喪, 三日不怠,, 三月不解, 期悲哀, 三年憂, 東夷之子也.]"라고 하였다(『예기禮記』 「잡기雜記」 하편下篇). 공자는 이를 윤리의 시초라 칭송하고 소련·대련을 성인이라 하였다. 이와 같이 3년간 거상하는 상례는 본래 유교에서 나온 것이 아니라, 신교를 종주로 하는 단군조선에서 처음 나온 신교 문화의 제사 풍속이다.

본서 『태백일사』 「삼한관경본기」 번한세가 하에서는, 번한의 39세 등나왕登那王 때 이극회가 소련·대련의 사당을 세우고 3년상을 정하여 시행하기를 주청하여 실시했다고 하였다. 이때부터 부모가 돌아가시면 3년상을 정식으로 시행하기 시작하여 근대까지 그 명맥이 이어져 왔던 것이다. 또한 이 제도가 중국으로 건너가 공자에 의해 유교의 예법으로 제도화되었고, 이것이 다시 우리나라로 역수입된 것이다. 다시 말하면 상례 제도는 본래 한민족의 국교인 신교의 제도로서, 신을 그다지 문제 삼지 않는 유교에서도 혼백 상자魂帛箱子(제사 때 신주를 만들기 전 명주나 모시 조각[帛]을 접어서 만든 임시적인 신위를 혼백魂帛이라 하고, 이것을 담은 상자를 혼백 상자라 함. 보통 두꺼운 종이를 직사각형으로 접어서 만듦)를 시인하는 것은 바로 신교와 유교가 융합된 형태이다.

또한 불교의 사찰 내에 삼신각三神閣이나 산신당山神堂, 칠성각七星閣이 있는데, 이것을 '미신이다' 혹은 '불교적 요소가 아니다' 하여 제거해야 한다는 주장이 있다. 이것은 우리 민족의 정신적 밑바탕에 면면히 이어져 내려 오는 뿌리 문화의 근본 정신인 '신교의 전통 제사 문화'를 알지 못하는 무지의 소치라 말할 수 있겠다.

21) 흉노

BCE 3세기 말부터 CE 1세기 말까지 몽골고원·만리장성 일대를 중심으로 활약한 유목 기마 민족遊牧騎馬民族이다. 주대周代에 중국의 북변을 위협하던 험윤·훈육 등의 후예라고도 한다. 흉노족이 형성한 국가를 뜻하기도 한다.

흉노는 중국 한漢나라 때 전성기를 맞이하였고 한나라가 흉노에게 조공하는 일이 빈번하였다. 후에 흉노는 남북으로 분열되었다. 남흉노는 서진西晉의 쇠약을 틈타 화북을 침략하여 5호 16국을 세운 뒤 중국에 동화되어 사라졌으나 그 일부는 서쪽으로 이동하여 헝가리 민족(마쟈르족)의 시원이 되었다. 지금은 혼혈이 되어 유럽인과 형태적으로 크게 구별이 안 되지만, 언어학적으로는 구별이 뚜렷하여 어순이 한국어와 유사하고 우리와 마찬가지로 성을 먼저 쓰고 이름을 뒤에 쓴다.

그 전에 북흉노는 선비족·후한·남흉노 연합군에게 쫓겨 중앙아시아로 밀려나게 되었다. 로마제국의 멸망을 초래한 게르만족의 이동(375)은 흉노족(훈족)이 서쪽으로 패주하게 된 것이 발단이었다. 훈족의 왕 아틸라는 로마제국 깊숙이 진격하여 제국 전역을 유린하여 유럽인을 공포에 떨게 했다. 그리고 이들의 후예는 핀란드, 에스토니아 등의 나라를 세웠다.

「단군세기」에 따르면 고조선 3세 가륵단군 6년에 열양 욕살 삭정索靖으로 하여금 약수로 옮겨가 평생 갇혀 살게 하였다가 나중에 방면하여 그 땅(몽골 초원에서 북만주에 이르는 지역)에 봉하니 흉노의 조상이 되었다고 한다. 30세 내휴단군 때와 37세 마물 단군 때 고조선에 조공한 기록이 보인다.

22) 노자 이이李耳

노자의 아버지는 동이 9족 가운데 풍이風夷족 출신이다. 노자는 본래 성이 한韓이지만 '동방[木]의 아들[子]'이라는 뜻에서 이李씨로 바꿨다. 『사기』 「노자열전老子列傳」에서는 "노자는 초나라 고현 여향 곡인리 사람이다. 성은 이씨이고, 이름은 이, 자는 담이며, 주나라에서 장서를 담당하는 사관이다 [老子者, 楚苦縣厲鄉曲仁里人也. 姓李氏, 名耳, 字聃, 周守藏室之史也.]"라고 하였다. 호북성湖北城을 중심으로 하는 초楚나라는 전욱顓頊의 후예로 알려져 있으나 중원과 종족이 달라 만이蠻夷로 불렸다. 동방에서 서남쪽으로 이동해 온 서이徐夷, 회이淮夷 등이 융합하여 초나라를 일으켰고, 전국 시대에는 7웅七雄으로 성장하여 중원의 패자霸者로 군림하였다.

노자가 중국 한漢족의 혈통을 이어받은 것이 아니라, 순수한 동이족이라는 말은 전혀 놀랄 일이 아니다. 불교의 시조인 석가모니의 선조 샤카족이 배달국에서 갈려 나간 동이족이라는 학계의 주장까지 나오고 있다. 그 까닭은 유·불·선·기독교가 동방 신교 문화권에서 흘러나간 것이기 때문이다. 노자 『도덕경』(81장) 전편에 흐르는 사상도, 배달의 신교 문화를 전수 받은 동이족 출신 황제헌원의 신선 도가 사상을 계승한 것이다. 노자의 사상, 문화는 모두 동이족 조선의 신교 문화 토양에서 나온 것이다.

환국의 구전지서口傳之書인 『천부경』(81자)의 정신을 이어, 동방 의학과 우주 원리의 성서聖書인 『황제내경』과 『도덕경』이 모두 81편으로 이루어졌다는 사실도 결코 우연이 아니다.

23) 고조선에 인질로 잡혀 있었던 진개秦開

번조선과 연나라의 전쟁 결과, 번조선이 승리함에 따라 연나라의 공자와 장수 진개를 인질로 붙잡아 두었다. 그러나 진개는 도망쳐 귀국한 후에 다시 쳐들어와서 번조선의 서쪽 변방 모퉁이 땅을 탈취하였다(BCE 300년경). 사마천이 중국 정사正史의 머리인 『사기』에서 이러한 사실을 (의도적으로) 「흉노전」에 실음으로써 고조선의 국호뿐만 아니라 강성했던 국력을 모두 은폐시켜 버린 것은 중대한 역사적 음모이다.

24) 번조선 왕

『삼국지』「오환선비동이전烏丸鮮卑東夷傳」의 주석

으로 인용한 『위략魏略』에는 "옛적 기자의 후손인 조선후朝鮮侯는, 주周나라가 쇠약해지는 것을 보고 연燕나라가 왕을 자칭하면서 동쪽으로 침략하려 하자, 그 또한 왕을 자칭하고 군사를 일으켜 연나라를 공격하여 주나라 왕실을 받들려고 하였다[昔箕子之後朝鮮侯, 見周衰, 燕自尊爲王, 欲東略地, 朝鮮侯亦自稱爲王, 欲興兵逆擊燕以尊周室.]."라는 기록이 있다. 이 기록에서 명백히 알 수 있는 것은, 중화의 대국주의 사관이 고조선을 주나라에 종속된 제후국으로 날조하였을 뿐만 아니라, 번조선의 말기 왕들(70세 기후~75세 기준)을 기자의 직계 후손으로 조작하고 동시에 그들이 마치 고조선 전체의 단군 천왕인 양 왜곡하였다는 사실이다. 이처럼『태백일사』「삼한관경본기」번한세가 하下는, 번조선의 제후국으로서 지금의 하북성 난하 유역에 있던 수유국인 기후가 70세 번조선 왕으로 즉위할 당시의 대내외적인 정치 상황을 기록함으로써 중화 사가들이 멋대로 왜곡하고 날조한 사실을 처음으로 명확히 밝혀준다.

25) 해모수

해모수는 한민족 고대사의 잃어버린 고리, 북부여의 시조이다. 단군조선의 47세 고열가高列加단군께서 제위를 버리고 아사달에 은거하자(BCE 238) 2,096년 동안 장구하게 지속된 단군조선의 삼한관경 체제는 마침내 그 막을 내리고, 과도기로서 오가五加의 공화정이 실시되었다. 그러나 종실宗室인 해모수가 웅심산熊心山에서 일어나(BCE 239) 마침내 6년간의 공화정을 철폐하고(BCE 232) 단군조선의 대통을 이어 나라 이름을 북부여北夫餘라 하였다. 북부여라는 국호는 단군조선의 44세 구물단군께서 도읍을 장당경으로 옮기면서 국호를 조선에서 대부여大夫餘로 바꾼 데서 그 연원을 찾을 수 있다. 시조 해모수단군이 나라 이름을 북부여로 정한 것은 대부여 곧 고조선의 정신과 법통을 그대로 계승하겠다는 역사의식을 나타낸 것이다. 또한 북부

낭야대瑯邪臺에서 바라본 황해
산동성 교남시에 있는 낭야대는 원래 단군조선에서 중원의 왕조를 감독하기 위해 설치한 것이다.

여의 정통을 이어받은 고구려도, 해모수의 둘째 아들 고구려후高句麗侯 고진高辰의 증손인 고주몽이 "나는 북부여 천제의 아들이다[我是北夫餘天帝之子]"(광개토대왕비문)라고 한 데에서 알 수 있듯이 북부여 계승 의식을 강하게 보여주고 있다. 그리하여 '고조선—북부여—고구려'로 이어지는 한민족사의 국통은 정신적인 정통 맥일 뿐만 아니라, 동일한 선령先靈의 혈맥을 타고 발전해 온 것이다.

26) 위만의 번조선 찬탈과 위만정권의 성격

위만은 한漢나라의 제후국인 연燕나라 왕 노관盧綰의 부하였다. 노관이 한나라를 배반하고 흉노로 도망하자, 위만은 번조선의 75세 마지막 왕 기준에게 망명하였다(BCE 195). 준準왕이 위만을 박사博士로 임명하고 100리 땅을 주어 서쪽의 변방을 수비하게 하였다. 그러나 위만은 몰래 일당을 규합하여 전투 태세를 갖춘 다음, 준왕에게 한나라 군사가 열 길[十路]로 나누어 쳐들어온다고 거짓으로 고하였다. 그리고 왕검성(지금의 하북성 창려)을 방비한다는 핑계로 대군을 이끌고 물밀듯이 왕검성으로 들이닥치니, 준왕은 감당하지 못하고 도망하였다(BCE 194). 위만은 이러한 간교한 술책으로 북부여의 제후국인 번조선을 멸망시키고 마침내 난하·요하 사이 지역에 소위 '위만조선'(BCE 194~BCE 108)을 건설하였다.

종래 우리 국사학계에서는 고조선·위만조선·한사군이 동일한 지역(한반도 북부)에서 차례로 교체된 것으로 가르쳐 왔으나, 위만조선은 한낱 '변방 침략'에 지나지 않는다. 따라서 위만조선을 한국사의 주류에서 하루속히 완전 추방하고 이제는 사대식민주의 사학에 의해 굴절되고 왜곡 말살된 한국사의 정통 맥과 민족사 본래의 뿌리를 복원·재정립하여 '대한大韓 사관(한민족 정통 주체 사관)'에 입각하여 역사를 새로이 가르쳐야 한다.

낭야대琅邪臺
산동성 교남시膠南市

단군조선에서 중국 왕조를 감독하던 감우소監虞所가 있던 곳으로 동방의 신교神教 문화가 남아 있다. 진왕秦王 정政이 중국을 통일한 후 이곳에 머물러 불사약을 구했다. 진왕이 동방을 향해 손짓을 하며 신선의 도를 구하는 동상의 모습(아래 사진)에서 동방 신교 종주문화의 위용을 느낄 수 있다.

낭야대 정상에 있는 진왕(진시황)의 석상

진왕이 서복에게 불사약을 구해오라고 명을 내리는 모습이다. 진왕은 중국을 통일한 후 이곳을 세 번 다녀갔다.

낭야대 입구

관룡정 觀龍亭

낭야대 하늘에는
용봉구름이 자주 떠서
신비로운 광경을 연출한다.
용구름을 바라보는
정자라는 이름의 관룡정이
낭야대 아래에 있다.

낭야대에서 바라본 서해

갈석궁지 碣石宮址
요령성 호로도시 葫蘆島市 수중현 綏中縣

중국에서는 진한秦漢 시대 황제의 별궁 유적으로 규정하고 있다. 그러나 유적의 규모가 별궁으로 보기에는 지나치게 커서 번조선의 왕험성 王險城으로 추정하기도 한다.

太白逸史 第五

蘇塗經典本訓
(소도경전본훈)

■ '소도蘇塗'는 삼신상제님께 제사 지내는 거룩한 장소이고 '소도경전본훈'이란 소도에서 사용되던 경전의 근본 가르침이라는 뜻이다.

■ 「소도경전본훈」에서는 홍익인간 이념의 유래를 밝혔다. 즉 홍익인간의 통치 정신은 환인천제께서 환웅천황에게 전수하신 심법이다.

■ 한민족의 소의경전所依經典인『천부경天符經』,『삼황내문경三皇內文經』,『삼일신고三一神誥』,『신지비사神誌秘詞』,『참전계경參佺戒經』등의 기원과 그 내용을 자세히 전하고 있다.

■ 특히 9천년 전 환국 때부터 구전되어 내려온『천부경』은 우주 만물의 근원과 조화와 만물 창조의 법칙을 1에서 10까지 수로써 드러내 주었다.『천부경』은 삼신상제님께서 천지의 주권자로서 내려 주신 통치 섭리를 선포한 경전이다.

이 편의 주요 술어

仙人發貴理	圓方角	無極·反極·太極	弘益人間	桓易	天符經	天一·地一·太一	紫府先生
선인발귀리	원방각	무극 반극 태극	홍익인간	환역	천부경	천일 지일 태일	자부선생
三一神誥	一氣·一神·三神	和白·責禍	三眞·三妄·三途	神誌秘詞	三神·三韓·三眞	眞·善·美
삼일신고	일기 일신 삼신	화백 책화	삼진 삼망 삼도	신지비사	삼신 삼한 삼진	진 선 미
眞性·眞命·眞精	執一含三·會三歸一	造化·敎化·治化	大祖神	分朝管境·分權管境	九誓之會
진성 진명 진정	집일함삼 회삼귀일	조화 교화 치화	대조신	분조관경 분권관경	구서지회

1. 三神上帝 祭天行事를 參觀한 仙人 發貴理의 頌歌

神市之世에

有仙人發貴理가 與大皡로 同門受學하고

而道旣通에 遊觀乎方渚風山之間하야 頗得聲華라.

及觀阿斯達祭天하고 禮畢而仍作頌하니

其文에 曰

「大一其極이 是名良氣라

無有而混하고 虛粗而妙라

三一其體오 一三其用이니

混妙一環이오 體用無歧라

大虛有光하니 是神之像이오

大氣長存하니 是神之化라

眞命所源이오 萬法是生이니

日月之子오 天神之衷이라

以照以線하야 圓覺而能하며

大降于世하야 有萬其衆이니라

故로 圓者는 一也니 無極이오

方者는 二也니 反極이오

角者는 三也니 太極이니라.」

- 發 필 발
- 理 이치 리
- 大皡: 태호복희씨
- 受 받을 수
- 旣 이미 기
- 遊 유람할 유
- 方 모 방
- 間 사이 간
- 得 얻을 득
- 華 빛날 화
- 畢 마칠 필
- 作 지을 작
- 極 지극할 극
- 名 이름 명
- 混 섞일 혼
- 粗 거칠 조
- 虛粗: 정신과 물질
- 妙 묘할 묘
- 體 몸 체
- 歧 갈림길 기(=岐)
- 像 형상 상
- 長 긴 장
- 存 있을 존
- 眞 참 진
- 源 근원 원
- 萬 일만 만
- 法 법 법
- 衷 참마음 충
- 以 써 이
- 照 비출 조
- 線 줄 선
- 圓 둥글 원
- 覺 깨달을 각
- 能 능할 능
- 降 내릴 강
- 于 어조사 우
- 其 그 기
- 衆 무리 중
- 故 고로 고
- 反 되돌아갈 반
- 角 모 각
- 貴 귀할 귀
- 皡 밝을 호
- 學 배울 학
- 通 통할 통
- 觀 볼 관
- 渚 물가 저
- 頗 자못 파
- 聲 명성 성
- 禮 예도 례
- 仍 이에 잉
- 頌 기릴 송
- 是 이 시
- 良 어질 량
- 虛 빌 허
- 環 고리 환
- 用 작용 용

1. 삼신상제 제천행사를 참관한 선인 발귀리의 송가

신시 시대에 선인 발귀리發貴理*가 있었다. 대호大皞(태호太皞, 태호복희太昊伏羲)와 동문수학하였는데, 도를 통한 후에 방저方渚와 풍산風山* 지역을 유람하며 자못 명성을 얻었다. 아사달※에 와서 제천행사를 보고 예식이 끝난 후에 찬송하는 글을 지었다.

그 글은 이러하다.

만물의 큰 시원[大一]이 되는 지극한 생명이여!
이를 양기良氣[1] 라 부르나니
무와 유※가 혼연일체로 있으며
텅 빔[虛]과 꽉 참[粗]이 오묘하구나.
삼(三神)은 일(一神)로 본체[體]를 삼고
일(一神)은 삼(三神)으로 작용[用]을 삼으니
무와 유, 텅 빔과 꽉 참(정신과 물질)이 오묘하게 하나로 순환하고
삼신의 본체와 작용은 둘이 아니로다.
우주의 큰 빔 속에 밝음이 있으니,[2] 이것이 신의 모습이로다.
천지의 거대한 기[大氣]는 영원하니
이것이 신의 조화로다.
참 생명이 흘러나오는 시원처요, 만법이 이곳에서 생겨나니
일월의 씨앗이며, 천신(상제님)의 참 마음이로다!
만물에 빛을 비추고, 생명선을 던져 주니
이 천지조화(의 광명과 대기大氣)* 대각하면 큰 능력을 얻을 것이요
성신이 세상에 크게 내려 만백성 번영하도다.
그러므로 원圓(○)은 하나[一]이니
하늘의 '무극無極 정신'을 뜻하고,
방方(□)은 둘[二]이니
하늘과 대비가 되는 땅의 정신[反極]*을 말하고,
각角(△)은 셋[三]이니
천지의 주인인 인간의 '태극太極 정신'이로다.※

---

* **발귀리**: 배달 5세 태우의환웅 때의 신선. 뒷날 14세 치우천황 때의 신선인 자부선생은 발귀리의 후손이다. 성지聖地 태백산(백두산) 아래에 사선각四仙閣이 있는데, 4선四仙은 ①발귀리發貴理 ②자부선인紫府仙人 ③대련大連 ④을보륵乙普勒이다 (이유립, 『커발한문화사상사』 2권, 24쪽).

* **풍산**: 청구국青邱國이 있던 대릉하大陵河 상류이다.

※ **아사달**: '삼신상제님께 제사 지내는 곳(「삼한관경본기」)'으로, 지금의 만주 하얼빈哈爾濱이다.

* **무와 유**, 정신과 물질(육체). 이는 본체와 현상의 관계를 말한다. 하나는 본체로 무無의 세계이며, 많음은 현상으로 작용이며 유有의 세계이다.

* 여기서는 지순지묘至純至妙한 우주의 순수 조화 정신(우주 정신)을 말한다.

* 땅은 하늘의 뜻에 순종하여 그것을 이룬다. 따라서 반극反極은 하늘의 무극으로 돌아간다[返]는 뜻도 포함한다.

※ 천원지방天圓地方이라는 동양의 오랜 상징 체계는 신교 문명의 원[天]·방[地]·각[人] 사상에서 비롯한 것이다. 경남 울주 천전리 암각화에는 원, 사각형, 삼각형 등 기하학적 문양이 벽면을 채우고 있다. 제작 방법도 돌을 쪼아낸 것이 아니라 갈아서 패이게 하는 수법을 썼다. 동일한 형태의 유적이 환국 시대의 옛 터인 아무르 강 유역 알타이 암각화에 나타나고 있다 (정연종, 『한글은 단군이 만들었다』 참조). 10월에 국중대회를 열 때 둥근 단[圓丘]을 쌓아 하늘에 제사 지내고, 네모난 단[方丘]을 쌓아 땅에 제사 지냈다. 선령에 대한 제사는 각목角木에서 지냈다.

弘益人間 理念의 由來와 易의 創始者 伏羲 聖人

夫弘益人間者는 天帝之所以授桓雄也오

一神降衷하사 性通光明하니 在世理化하야

弘益人間者는 神市之所以傳檀君朝鮮也라.

桓易은 出於雨師之官也니

時에 伏羲爲雨師하야 以養六畜也라.

於是에 見神龍之逐日하야 日十二變色하고 乃作桓易하니

桓은 卽與羲로 同義也오 易은 卽古龍本字也라.

2. 九年 洪水를 다스린 五行治水法의 起原과 傳授

古朝鮮 神敎 文化와 冊曆의 始原

紫府先生은 發貴理之後也니

生而神明하고 得道飛昇이라.

嘗測定日月之纏次하고 推考五行之數理하야

著爲七政運天圖하니 是爲七星曆之始也라.

後에 蒼其蘇가 又復演其法하야

以明五行治水之法하니 是亦神市黃部之中經來也라.

虞人姒禹가 到會稽山하야 受敎于朝鮮하고

因紫虛仙人하야 求見蒼水使者扶婁하야 受黃帝中經하니

乃神市黃部之中經也라

禹取而用之하야 有功於治水하니라.

홍익인간 이념의 유래와 역의 창시자 복희 성인

대저 **홍익인간 이념**[3)]은 환인천제께서 환웅에게 내려주신 가르침이다. 삼신(一神)께서 참마음을 내려 주시어 사람의 성품이 신의 대광명에 통해 있으니, 삼신상제님의 진리(신교)로 세상을 다스리고 깨우쳐 **천지광명**(환단)**의 꿈과 대이상을 실현하는 홍익인간이 되라는 가르침**은 신시 배달이 단군조선에 전수한 심법이다.

환역桓易[4)]은 관원인 우사*에게서 나왔다. 당시에 복희伏羲[5)]께서 우사가 되어 육축六畜*을 기르셨다. 이때에 신룡神龍이 태양을 따라 하루에 열두 번 색이 변하는 것을 보고 환역을 지으셨다. 환桓은 희羲와 같은 뜻이요, 역易은 옛적에 쓰인 용龍 자의 원 글자이다.

* **우사**雨師: 배달 시대의 행정관.
* **육축**六畜: 집에서 기르는 대표적인 여섯 가지 동물로 소, 말, 양, 돼지, 개, 닭을 이른다.

2. 9년 홍수를 다스린 오행치수법의 기원과 전수

고조선 신교 문화와 책력의 시원

자부 선생*은 발귀리의 후손이다. 태어나면서 신명神明하여 도를 통해 신선이 되어 승천하였다.

일찍이 일월의 운행 경로와 그 운행 도수[躔次]를 측정하고, 오행의 수리數理를 추정하여「칠정운천도七政運天圖」를 지으니 이것이 **칠성력의 기원**이다.

뒤에 창기소蒼其蘇가 다시 그 법을 부연하여 오행치수법을 밝혔는데, 이것 역시 배달 신시 시대의『황부중경黃部中經』[6)]에서 유래하였다.

우虞나라 순임금이 보낸 우禹*가 회계산*에 가서 조선의 가르침을 받을 때, 자허紫虛 선인을 통해 창수蒼水*사자인 부루태자를 찾아 뵙고『**황제중경**黃帝中經』을 전수 받으니, 바로 배달의『황부중경』이다. 우가 이것을 가지고 가서 치수하는 데 활용하여 공덕을 세웠다.

* **자부**紫府 **선생**: 14세 치우천황 때의 신선. 일찍이 황제헌원, 공공, 대요, 창힐 등에게 동방의 대도大道를 전수하였다.
* **우**禹: 성은 사姒, 이름은 문명文命이다.
* **회계산**會稽山: 지금의 절강성浙江省 소흥현紹興縣 동남쪽에 있다. 일명 도산塗山, 모산茅山, 동산棟山, 형산衡山이라고도 한다. 하夏나라 우임금이 도산씨 여인과 혼인하였다는 고사가 있다. 이곳은 특히 단군왕검의 태자 부루가 우에게 홍수를 다스리는 오행치수법을 전수한 곳으로 유명하다. 그 뒤 우는 치수에 성공하였고, 죽을 때에도 그 은혜를 잊지 못하여 자기를 회계산에 묻어 달라고 유언하였다(『오월춘추』).
* 단재 신채호는『조선상고문화사』와『단재신채호전집』상 380쪽에서 "'창수蒼水'는 창해滄海니 고대에 황黃·발해渤海를 창해滄海라 하였나니"라고 하였다. 단군왕검의 맏아들인 부루태자가 도산회의에 참석하기 위해 바닷길로 갔기 때문에 창수사자蒼水使라 한 것이다.

易道의 發展 過程

宇宙 時空間 構成의 三要素, 圓·方·角

桓易은 體圓而用方하야
由無象以知實하니 是天之理也오
義易은 體方而用圓하야
由有象以知變하니 是天之體也오
今易은 互體而互用하야
自圓而圓하며 自方而方하며 自角而角하니 是天之命也라.

天體의 運動과 變化를 이끄는 中心 별자리

然이나 天之源은 自是一大虛無空而已니 豈有體乎아.
天은 自是本無體오而二十八宿가 乃假爲體也니라.
盖天下之物이 有號名則皆有數焉이오 有數則皆有力焉이라
旣言有數者則有有限無限之殊하고
又言有力者則有有形無形之別하나니
故로 天下之物이 以其有로 言之則皆有之하고
以其無로 言之則皆無之니라.

3. 『天符經』의 由來

天符經은 天帝桓國口傳之書也라
桓雄大聖尊이 天降後에 命神誌赫德하사
以鹿圖文으로 記之러니 崔孤雲致遠이

역도의 발전 과정

우주 시공간 구성의 세 요소, 원·방·각*

　환역桓易은 체원용방體圓用方, 즉 둥근 하늘을 창조의 본체로 하고, 땅을 변화의 작용으로 하여 모습이 없는 것[無象]에서 우주 만물의 실상을 아는 것이니, 이것이 **하늘의 이치**[天理]이다.

　희역羲易은 체방용원體方用圓, 즉 땅을 변화의 본체로 하고, 하늘을 변화 작용으로 하여 모습이 있는 것[有象]에서 천지의 변화를 아는 것이니, 이것이 **하늘의 실체**[天體]이다.

　지금의 역[周易]은 호체호용互體互用, 즉 체體와 용用을 겸비하여(체도 되고 용도 되어) 있다. 사람의 도는 천도天道의 원만(○)함을 본받아 원만해지며 지도地道의 방정(□)함을 본받아 방정해지고, 천지와 합덕하여 하나(천지인 삼위일체, △)됨으로써 영원한 대광명의 존재[太一]가 되나니, 이것이 **하늘의 명령**[天命]이다.

천체의 운동과 변화를 이끄는 중심 별자리

　그러나 하늘의 근원은 한결같이 크고[一大] 허虛하고 무無하며 공쑢하니, 어찌 본체가 따로 있으리오! 하늘은 본래 근원적인 실체를 갖고 있지 않으나 천지 변화의 운동에는 이십팔수* 별자리가 가상의 실체 노릇을 하고 있다.

　대개 천하의 만물 중에 이름이 있는 것에는 모두 수數*가 붙어 있고, 이 수가 붙어 있는 것에는 모두 **힘**[力: 생명력]이 깃들어 있다. 이미 수가 있다고 말한 것은 곧 유한과 무한의 구분이 있고, 생명력이 있다고 말한 것은 곧 유형과 무형의 구별이 있나니 그 있음[有]으로 말하면 천하 만물은 모두 있는 것이요, 그 없음[無]으로 말하면 만물은 그 형체가 모두 없어지게 되는 것이다(유로 보면 만물은 끊임없이 생성순환이 지속되어 유형의 세계가 영원히 살아 있고, 무로 보면 결국 형체가 다 무너져서 만물은 무로 돌아가는 것이다. 그러므로 인간은 삼신의 도를 닦아 영원한 생명을 성취해야 한다는 뜻이다).

3. 『천부경』의 유래

　『천부경』은 천제 환인의 환국 때부터 구전되어 온 글이다. 환웅대성존께서 하늘의 뜻을 받들어 (태백산으로) 내려오신 뒤에 신지神誌 혁덕赫德에게 명하여 이를 녹도문鹿圖文*으로 기록하게 하셨는

＊원·방·각의 의미를 미국 수학자 마이클 슈나이더는 이렇게 말한다. "원은 숫자 1을 상징하며 모든 도형이 나온 모체다. 원은 완전함의 극치를 나타내는 상징으로서 천국, 낙원, 영원함 등을 나타낸다. 네모[方]는 땅을 상징하고, 세모[角]는 어떤 사물의 완성된 상태를 뜻한다"(Michael Schneider, 『A Beginner's Guide to Constructing the Universe』). 슈나이더는 서로 중심을 지나가도록 그린 두 원에 선을 그어서 생기는 세모와 네모로써 원방각의 상호 관계를 설명한다. 하늘·땅·인간의 삼위일체를 나타내는 세모가 항상 원 안에 그려지는 것은, 인간은 천지부모를 한순간도 떠날 수 없고, 인간의 자기실현은 인간이 천지와 하나 되는 삶을 살 때 이루어진다는 것을 기하학적으로 보여주기 위한 것이다.

＊이십팔수: 천상 하늘의 대행자인 이십팔수 별자리는 황도黃道를 따라서 천구天球를 28등분한 것이다. 동에 각角·항亢·저氐·방房·심心·미尾·기箕, 북에 두斗·우牛·여女·허虛·위危·실室·벽壁, 서에 규奎·루婁·위胃·묘昴·필畢·자觜·삼參, 남에 정井·귀鬼·유柳·성星·장張·익翼·진軫이다.

＊『유경도익類經圖翼』에서는 "수는 기가 아니면 운행될 수 없고, 기는 수가 아니면 증명될 수 없다[數非氣不行, 氣非數不立]"라고 하였다. 이 말은 우주의 조화 정신[理·氣]을 이성적·논리적으로 인간이 인식할 수 있게 하는 원리와 과정을 말한다. 곧 이理→기氣→상象→수數로 전개되는 상수象數 철학의 체계를 말한다.

＊녹도문은 6천 년 전 초대 환웅천황의 신하인 신지 혁덕이 최초로 만든 문자이다.

역상견신지전고비　　갱부작첩　　　이전어세자야
亦嘗見神誌篆古碑하고 更復作帖하야 而傳於世者也라

연　　지본조　　전의유서
然이나 至本朝하야 專意儒書하고

갱불여조의상문이욕존자　　기역한재
更不與皂衣相聞而欲存者하니 其亦恨哉로다

이고　 특표이출지　　이시후래
以故로 特表而出之하야 以示後來하노라.

하나[一太極]의 無窮한 創造性과 永遠性 : 『天符經』

천부경 팔십일자
天符經八十一字

일　시　무시일
一은 始나 無始一이오

석삼극　　　무진본
析三極하야도 無盡本이니라.

천　일　일
天의 一은 一이오

지　일　이
地의 一은 二오

인　일　삼
人의 一은 三이니

일적십거　　무궤화삼
一積十鉅라도 无匱化三이니라.

천　이　삼
天도 二로 三이오

지　이　삼
地도 二로 三이오

인　이　삼
人도 二로 三이니

대삼합육　　생칠팔구
大三合六하야 生七八九하고

운삼사　　성환오칠
運三四하야 成環五七이니라.

일　묘연　　만왕만래　　용변부동본
一이 妙衍하야 萬往萬來라도 用變不動本이니라.

본　심　　본태양　　앙명
本은 心이니 本太陽하야 昂明하고

인　중천지　　일
人은 中天地하야 一이니

일　종　　무종일
一은 終이나 無終一이니라.

데, 고운孤雲 최치원[7]이 일찍이 신지의 전고비篆古碑[8]를 보고 다시 첩帖으로 만들어 세상에 전하였다.

그러나 본조本朝(한양 조선)에 이르러 세상사람이 오로지 유가 경전에만 뜻을 두고, 조의皁衣[9]의 정신을 되살려 다시 서로 들어 보고 보존하려는 자가 없으니 이 또한 참으로 한스러운 일이다. 그러므로 특별히 이를 들춰 내어 후손에게 전하고자 한다.

하나[1태극]의 무궁한 창조성과 영원성 : 『천부경』

『천부경天符經』* (팔십일자)[10]

하나*는 천지만물 비롯된 근본이나
무에서 비롯한 하나이어라.
이 하나가 나뉘어져 천지인 삼극으로
작용해도 그 근본은 다할 것이 없어라.※
하늘은 창조운동 뿌리로서 첫째 되고
땅은 생성운동 근원되어 둘째 되고
사람은 천지의 꿈 이루어서 셋째 되니*
하나가 생장하여 열까지 열리지만*
다함없는 조화로서 3수의 도 이룸일세.
하늘도 음양운동 3수로 돌아가고
땅도 음양운동 3수로 순환하고
사람도 음양운동 3수로 살아가니
천지인 큰 3수 마주합해 6수 되니※[11]
생장성 7·8·9를 생함이네.
천지만물 3과 4수 변화마디 운행하고
5와 7수 변화원리 순환운동 이룸일세.[12]
하나는 오묘하게 순환운동 반복하여
조화작용 무궁무궁 그 근본은 변함없네.
근본은 마음이니 태양에 근본두어
마음의 대광명은 한없이 밝고 밝아
사람은 천지 중심 존귀한 태일이니
하나는 천지만물 끝을 맺는 근본이나
무로 돌아가 마무리된 하나이니라.

* 『천부경天符經』: 하늘의 뜻과 만물 창조의 법칙을 드러내고 그것을 그대로 전해 주는 경전이다. 하늘의 신권을 드러내는 권위의 상징으로 보면, 온 우주를 다스리시는 상제님께서 천지의 주권자로서 내려 주신 통치 섭리를 선포한 경전이다.

* 여기서 '하나(한·일一)'는 서수(1, 2, 3)의 의미를 넘어 우주만물이 태어난 생명의 근원, 창조의 근원 자리, 절대 유일자를 상징한다. 하늘과 땅과 인간과 신들이 탄생하는 근원으로서 하나, 우주 탄생의 궁극의 시원 경계를 상징하는 말이다. 『환단고기』에서는 이것을 일태극一太極, 신神, 도道, 환桓, 한韓으로 상징하여 표현하며, 무無와의 관계를 중시하고 있다.

※ 하늘과 땅과 인간, 그 근원은 절대 유일자의 신성과 이법과 생명력을 그대로 가지고 있다는 뜻이다.

* 천지인天地人의 일一, 이二, 삼三: 하늘은 양의 근본[一]이요, 땅은 음의 근본[二]이요, 인간은 천지의 합덕[三]으로 생겨난 존재임을 말하는 것으로 보기도 한다.

* 일적십거一積十鉅: 천일天一과 지이地二가 합덕合德하여 인삼人三이라고 하는 인간과 만물이 태어나는 선천先天 개벽, 분열 발달한 자연과 인간 문명이 혁신 통일되는 후천後天 개벽의 전 과정을 말한다.

※ 대삼합육大三合六: 대삼大三은 서수적 의미의 3이 아니라 만물이 태어나 변화해 가는 3수 원리를 의미한다. 하늘의 원리도 3수 정신[天三]이고, 땅의 변화도 3수 정신이며[地三], 인간의 정신도 3수 정신[人三]이다. 천지의 3수 정신을 합해도 6이고, 천인의 3수 정신을 합해도[天人合一] 6이며, 지인의 3수 정신을 합해도 6이다. 다만 뒤에 이어지는 생칠팔구生七八九의 의미로 보면 천지의 합수인 6으로 볼 수 있다.

4. 紫府先生과 三皇內文의 由來

三皇內文經은 紫府先生이

授軒轅하야 使之洗心歸義者也라

先生이 嘗居三淸之宮하시니 宮在靑邱國大風山之陽이라

軒侯가 親朝蚩尤라가 路經名華하야 有是承聞也라

經文은 以神市鹿書로 記之하야 分爲三篇이러니

後人이 推演加註하야 別爲神仙陰符之說하고

周秦以來로 爲道家者流之所托하야

間有鍊丹服食과 許多方術之說이

紛紜雜出하야 而多惑溺하고

至於徐福韓終하야는 亦以淮泗之産으로

素有叛秦之志라가 至是하야

入海求仙爲言하고 仍逃不歸하니

日本紀伊에 有徐市題名之刻하고

伊國新宮에 有徐市墓祠云이라

徐福은 一稱徐市이오 市福은 音混也라.

5. 三一神誥의 來歷과 根本 精神

三一神誥는 本出於神市開天之世오 而其爲書也니라.

盖以執一舍三하고 會三歸一之義로 爲本領하고

而分五章하야 詳論天神造化之源과 世界人物之化하니

4. 자부 선생과 삼황내문의 유래

『삼황내문경』은 자부 선생이 황제헌원에게 전해 주어[13] 그로 하여금 마음을 닦아 의로운 정신으로 돌아가게 한 책이다. 선생이 일찍이 **삼청궁**三淸宮에 거처하였는데, 삼청궁은 청구국 대풍산大風山의 남쪽에 있었다. 당시 제후이던 헌원이 친히 치우천황을 찾아뵙다가 도중에 선생의 명성을 듣고 찾아가서 가르침을 전해 들은 것이다.

경문은 신시 시대의 **녹서**鹿書*로 기록되어 세 편으로 나뉘어 있다. 후세 사람이 이 글을 부연하고 주註를 덧붙여 별도로 신선음부神仙陰符의 설을 만들었다. 주周와 진秦 시대 이래로 도가 학파가 이것에 의탁하였다. 이따금 단약丹藥을 만들어서 불사약으로 먹기도 하였고, 그 외 허다한 방술方術의 설[14]이 어지러이 뒤섞여 나돌아 이에 미혹되어 빠지는 자가 속출하였다.

서복徐福과 한종韓終[15] 역시 회사淮泗* 지역 출신이다. 본래 진秦나라에 모반하려는 뜻을 품고 있다가 '바다로 들어가 신선을 찾는다'고 말하고는 도망쳐서 돌아오지 않았다.

일본의 기이紀伊*에는 서불徐市의 이름을 새겨 놓은 조각이 있다. 이국伊國*의 신궁新宮에는 서불의 무덤과 사당이 있다고 전한다. 서복은 일명 서불이라 부르는데, 이는 불市*과 복福의 음이 비슷하여 혼동된 것이다.

* **녹서**鹿書: 초대 환웅천황 때 발명한 녹도문鹿圖文을 말한다.

* **회사**淮泗: 회수淮水와 사수泗水를 말함. 회수와 사수가 있는 산동성·강소성 지역은 본래 동이족이 활동한 지역으로, 상고 시대부터 우리의 고유 영토였다.

* **기이**紀伊: 지금의 일본 혼슈本州 와카야마현和歌山縣 키이紀伊 반도.

* **이국**伊國: 이세伊勢라고도 한다. 지금의 일본 미에현三重縣 지역에 있었다. 이국伊國 신궁은 미에현 이세시伊勢市에 있는 코오타이 신궁(皇大神宮: 內宮)과 토요우케 대신궁(豊受大神宮: 外宮)의 총칭이다. 일본 왕가의 조상신[皇祖神]인 아마테라스 오미카미[天照大神]를 모신 곳이다.

* **불**市: '저자 시市' 자가 아니라, '성 이름 불市' 자임을 주의해야 한다. '서시'로 읽는 사람이 있는데 잘못이다.

5. 삼일신고의 내력과 근본 정신

『삼일신고』는 본래 신시개천 시대에 세상에 나왔고, 그때에 글로 지어진 것이다. **집일함삼**執一含三과 **회삼귀일**會三歸一의 뜻을 근본 정신으로 삼고, 다섯 장으로 나누어 '하늘과 신, 조화의 근원', '세계와 인물의 조화'에 대해 상세히 논하였다.

虛 빌 허	空 빌 공
始 비로소 시	終 마칠 종
常 영원할 상	往 갈 왕
色 빛 색	似 같을 사
宰 다스릴 재	

其一曰虛空은 與一始無로 同始하고 一終無로 同終也니

外虛內空에 中有常也오.

其二曰一神은 空往色來에 似有主宰니

三神爲大시나 帝實有功也시오.

其三曰天宮은 眞我所居니

- 快 즐거울 쾌
- 樂 즐거울 락
- 星 별 성
- 屬 무리 속
- 羣 무리 군
- 黎 무리 려
- 羣黎 : 많은 백성
- 歸 돌아올 귀
- 或 혹시 혹
- 誥 가르침 고
- 醮 제사지낼 초
- 靑 푸를 청
- 詞 말씀 사
- 醮靑之詞 : 성신星辰에 제사 지낼 때 쓰는 글
- 甚 심할 심
- 誤 잘못 오
- 述 저술할 술
- 祖述 : 조상이나 스승의 도를 이어받아서 서술하는 일
- 恢 넓힐 회
- 拓 넓힐 척
- 鳴 탄식소리 오
- 呼 부를 호
- 建 세울 건
- 蒙 입을 몽
- 啓 열 계
- 量 헤아릴 량
- 洪 넓을 홍
- 祚 복 조
- 招 부를 초
- 撫 어루만질 무
- 招撫 : 불러서 따르게 함
- 揭 들 게
- 怨 원망할 원
- 無告之怨 : 어디에 하소연할 곳 없는 원한
- 僞 거짓 위
- 妄 망령될 망
- 僞妄 : 거짓됨과 망령됨
- 無爲 : 자연에 따라 행하고 인위를 가하지 않는 것
- 重 중히여길 중
- 侵 침노할 침
- 涉 건널 섭
- 貴 귀할 귀
- 屈 굽힐 굴
- 服 복종할 복
- 投 던질 투
- 死 죽을 사
- 救 구원할 구
- 急 급할 급

萬善自足하야 永有快樂也오.

其四曰世界는 衆星屬日하니

有萬羣黎의 大德이 是生也오.

其五曰人物은 同出三神하니

歸一之眞이 是爲大我也니라.

世或以三一神誥로 爲道家醮靑之詞하니 則甚誤矣라.

吾桓國은 自桓雄開天으로

主祭天神하시며 祖述神誥하시며

恢拓山河하시며 敎化人民하시니라.

倍達은 太平한 나라

嗚呼라 神市天皇之建號가 今旣蒙三神上帝하사

啓無量洪祚하시고 招撫熊虎하사 以安四海하시며

上爲天神하사 揭弘益之義하시고

下爲人世하사 解無告之怨하시니

於是에 人自順天하고 世無僞妄하야

無爲自治하며 無言自化하며 俗重山川하야

不相侵涉하며 貴相屈服하야 投死救急하며

첫째 장 허공虛空은, 우주 시공이 '일시무一始無'의 무無와 함께 시작하고, '일종무一終無'의 무無와 함께 끝나니,* 이 우주는 외허내공外虛內空한 상태에서 **중도의 조화 경계**에 항상 머물러 있음을 밝히고 있다.

둘째 장 **일신**一神은, 공과 현상이 끊임없이 오고 감[空往色來]에 한 분 신이 **우주를 주재**하고 계신 듯하니, (우주 그 자체의 조화 정신인) 삼신三神이 비록 위대하시나 사실은 이 **삼신의 주재자이신 상제님**께서 (우주가 품은 꿈의 낙원 세계를) **지상에 실현하는 공덕을 이루신다**는 내용이다.

셋째 장 **천궁**天宮은, **참된 나**[眞我]**가 머무는 곳**이니, 온갖 선이 스스로 갖추어져 **영원한 즐거움이 있음**을 밝히고 있다.

넷째 장 **세계**世界는, 뭇별이 태양에 속해 있고, 수많은 인간을 길러 내어 우주 역사의 이상을 실현하는 큰 공덕이 여기에서 이루어진다는 것을 밝히고 있다.

다섯째 장 **인물**人物은, **인간과 만물이 모두 삼신에서 생겨났으니, 그 근본**[一神]**으로 돌아가는 진리가 '큰 나**[大我]**'가 되는 길**임을 밝혀주고 있다. 세상에서 혹 『삼일신고』를 도가의 초청사醮靑詞*라고도 하지만, 이것은 아주 잘못된 것이다.

우리 환국은, 환웅천황께서 배달을 개천할 당시부터 천신께 제사를 지내 오셨고, 『삼일신고』를 지으셨으며, 산하를 널리 개척하시고 백성을 교화하셨다.

배달은 태평한 나라

아아! 배달의 천황※께서 나라를 처음 세우실 때 이미 **삼신상제님**의 은총을 입어 무량한 큰 복을 열어 주시고, 웅족과 호족을 불러 어루만져 사해를 평안하게 하셨다. 위로 천신을 위해 홍익인간 이념을 내걸고, 아래로 인간 세상을 위해 무고한 원한을 풀어 주셨다.

그리하여 사람들이 스스로 하늘의 뜻에 순종하므로 세상에는 거짓됨과 망령됨이 없고, 행위를 하지 않아도 나라가 저절로 다스려지고 말하지 않아도 스스로 교화되었다. 산천을 중시하여 서로 침범하거나 간섭하지 않으며, 서로 굽히는 것을 존귀하게 여기고 목숨을 던져 위기에 빠진 사람을 구하였다.

---

* 일시무一始無·일종무一終無는 81자 『천부경』의 처음과 끝부분이다. 모든 것이 '하나'에서 무한히 펼쳐져 드러나고 결국 하나로 돌아간다는 뜻으로 우주는 시작도 끝도 없음을 밝힌 내용이다.

* **초청사**醮靑詞: 초례청사醮禮靑詞. 도교의 초례醮禮(초제醮祭)에서 읽는 축원문으로 푸른 종이에 붉은 글자[朱字]로 쓴 것에서 유래하였다.
신神에게 제사 지내거나 단壇을 만들어 놓고 기도하는 것, 또는 그 예식을 초례(초제)라 한다. 보통 밤에 성신星辰 밑에서 초醮·포脯·병이餠餌의 폐물幣物을 진설하고 천황태일天皇太一 또는 오성열수五星列宿에 제사하였다. 이때 청사靑詞라고 일컫는 제문을 꾸며 의식에 따라 옥황상제玉皇上帝에 상주하는 형식을 띠었다. 수재나 가뭄 등의 재난을 당했을 때에는 소재기양消災祈禳, 성변星變에 따른 진병鎭兵·위병爲兵 등의 군사적 행동 그리고 국왕·왕비 등의 역질疫疾에 따른 치유기도治癒祈禱 등을 목적으로 행해졌다(네이버 지식사전).

※ 초대 환웅천황은 검족(웅족)과 불족(호족)의 통합으로 배달을 건설하셨기 때문에 신불환웅이라고도 한다(검=神).

한자	뜻·음	한자	뜻·음
旣	이미 기		
均	고를 균	權	권한 권
利	이로울 리	歸	돌아올 귀
交	주고받을 교		
誓	맹세할 서	願	원할 원
責	꾸짖을 책	禍	허물 화
保	보전할 보	信	믿을 신
通	통할 통	易	쉬울 이
業	일 업	資	도울 자
皆	다 개	職	직책 직
享	누릴 향	爭	다툴 쟁
訟	다툴 송	與	더불어 여
奪	빼앗을 탈	謂	이를 위

誥	가르칠 고	總	모두 총
章	단락 장	虛	빌 허
空	빌 공	爾	너 이
众	무리 중(=衆)		
蒼	푸를 창	玄	검을 현
玄玄	: 지극히 깊고 멂		
旡	없을 무(無의 古字)		
形	형상 형	質	바탕 질
端	처음 단	倪	끝 예
端倪	: 일의 시작과 끝		
不在	: 그곳에 있지 아니함		
容	용납할 용		
不容	: 용납할 수 없음		

神	귀신 신(神의 古字)		
慧	지혜 혜	兟	나아갈 신
纖	가늘 섬	塵	티끌 진
纖塵	: 가는 티끌, 잔 먼지		
漏	샐 루	昭	밝을 소
靈	신령 령(靈의 古字)		
敢	감히 감	量	헤아릴 량
聲氣	: 음성과 기상		
禱	빌 도	絶	끊을 절
親	친히 친	見	볼 견
降	내릴 강	腦	머리 뇌(=腦)

桓檀古記

宮	궁전 궁		
階	계단 계		
攸	바 유		
居	거할 거		
羣	무리 군	靈	신령 령
諸	모든 제		
喆	밝을 철(哲의 古字)		
護	보호할 호	侍	모실 시
祥	상서로울 상	處	곳 처

旣均衣食하고 又平權利하며 同歸三神하야

交歡誓願하며 和白爲公하야 責禍保信하며

通力易事하야 分業相資하며 男女皆有職分하며

老少同享福利하야 人與人이 無相爭訟하며

國與國이 無相侵奪하니 是謂神市太平之世也니라.

三一神誥

三一神誥 總三百六十六字

第一章 虛空 三十六字

帝曰爾五加와 众아 蒼蒼이 非天이며 玄玄이 非天이라

天은 旡形質하며 旡端倪하며 旡上下四方하고

虛虛空空하야 旡不在하며 旡不容이니라.

第二章 一神 五十一字

神이 在無上一位하사 有大德大慧大力하사 生天하시고

主無數無世界하시며 造兟兟物하시니

纖塵無漏하며 昭昭靈靈하사 不敢名量이라

聲氣願禱면 絶親見이리니 自性求子면 降在爾腦시니라.

第三章 天宮 四十字

天은 神國이라 有天宮하야 階萬善하며

門萬德하니 一神攸居오

羣靈諸喆이 護侍하나니 大吉祥大光明處라

이미 먹고사는 생활 수준이 고르고, 또 권리를 평등하게 누리며, 모두 삼신상제님께 귀의하여 서로 사귀어 기뻐하고 소원을 빌었다. **화백**和白*16)으로 공의를 삼고, **책화**責禍*로 신의를 보존하였다. 모두 힘을 합하여 일을 처리하고 분업하여 서로 도왔다. 남녀가 모두 자기 직분을 다하고, 노소가 다 함께 복리를 누렸다. 사람끼리 서로 다투어 송사하지 않고, 나라끼리 서로 침탈하지 않았으니, 이때를 '신시 태평 시대'라 부른다.

삼일신고

삼일신고三一神誥 (총366자)

제1장 **허공**虛空 (36자)

천제께서 이렇게 말씀하셨다.

"너희 오가五加와 백성들아! 저 푸르고 푸른 것이 하늘이 아니며, 저 아득하고 아득한 것도 하늘이 아니니라. 하늘은 형체와 바탕이 없고, 처음과 끝도 없으며, 위아래와 동서남북도 없느니라. 또한 겉도 비고 속도 비어서[虛虛空空] 있지 않은 곳이 없고, 감싸지 않는 바가 없느니라."

제2장 **일신**一神*17) (51자)*

"상제님(하느님)은 위 없는 으뜸 자리에 계시어 큰 덕과 위대한 지혜와 무한한 창조력으로 하늘을 생겨나게 하시고, 헤아릴 수 없이 많은 세계를 주재하시느니라. 많고 많은 것을 지으시되 티끌만 한 것도 빠뜨림이 없고, 무한히 밝고 신령하시어 감히 이름 지어 헤아릴 수 없느니라.

소리와 기운으로만 기도하면 상제님을 친견할 수 없으니, 너의 타고난 삼신의 본성에서 진리의 열매(씨)를 구하여라. 그러면 상제님의 성령이 너희 머리에 내려 오시리라."

제3장 **천궁**天宮 (40자)

"**하늘은 상제님**[一神]**이 계시는 나라이니라.** 여기에 천상의 궁전이 있어 온갖 선善으로 섬돌을 쌓고, 온갖 덕으로 문을 삼으니, **한 분 상제님**[一神]**이 임어하여 계신 곳**이요, 뭇 신령과 철인이 모시고 있어, 크게 길하고 상서롭고 크게 광명한 곳이라.

---

* **화백**和白: 화백회의는 씨족공동사회의 독특한 유제遺制로서 중대 사건이 있어야 개최되며 모든 백관이 참여한다. 한 사람의 반대가 있어도 결정을 내리지 않았다. 신라 때 있었던 일종의 회의 제도를 또한 화백이라 했다. 그 원칙은 귀족뿐 아니라 신라 전 사회에서 널리 행해졌고 각계 각층의 독재력 발생을 억제하는 구실을 하였다(미주 참조).

* **책화**責禍: 읍락 사이의 경계를 중히 여겨 서로 침범하는 일을 엄금한 제도. 만일 이를 어기고 침범하는 경우에는 노예와 가축으로 배상하게 하였다. 이 제도 역시 배달 시대부터 내려온 것이다.

* **일신**一神: 일신은 무형(원신元神 Primordial God)의 삼신이며 동시에 『태백일사』 「소도경전본훈」에서 "일신은 하늘을 주재하신다[一神, 爲天之主宰]"라고 정의했으므로 삼신의 조화권을 쓰시는 유형의 대우주 통치자(주신主神, Governing God) 삼신상제님을 말한다. 동서양의 신관이 통일된 이 원신과 주신의 융합 신관은 『환단고기』에서 '삼신즉일상제三神卽一上帝'의 논리로 강조하고 있다.

* **51자**: '主無數無世界'에서 '無'자가 추가되어 52자가 되었다. 대종교 등 다른 판본과 비교해본 바 본래 '主無數世界'여야 한다. 필사 과정에서 추가된 것으로 본다.

▸惟 오직 유	▸通 통할 통	
▸功 공 공	▸完 완전할 완	
▸朝 뵐 조	▸得 얻을 득	
▸快 즐거울 쾌	▸樂 즐거울 락	
▸觀 볼 관	▸森 빽빽할 삼	
▸列 벌일 렬	▸星 별 성	
▸辰 별 신	▸數 수 수	
▸旡 없을 무	▸盡 다할 진	
▸暗 어두울 암	▸苦 괴로울 고	
▸檀 귀신 신	▸勅 조서 칙	
▸使 하여금 사		
▸牽 다스릴 할(轄과 같은 자)		
▸丸 알 환	▸震 진동할 진	
▸盪 흔들릴 탕		
▸震盪 : 흔들려 움직임		
▸幻 변할 환	▸陸 뭍 륙	
▸遷 바꿀 천	▸見 나타날 현	
▸像 형상 상	▸呵 불 가	
▸包 쌀 포	▸底 밑 저	
▸煦 따뜻하게 할 후		
▸色 빛 색	▸熱 더울 열	
▸翥 날아오를 저		
▸游 헤엄칠 유	▸栽 심을 재	
▸繁 번성할 번	▸殖 번식할 식	

유 성 통 공 완 자 조 영 득 쾌 락
惟性通功完者라야 朝하야 永得快樂이니라.

제 사 장 세 계 칠십이자
第四章 世界 七十二字

이 관 삼 열 성 신 수 무 진
爾觀森列星辰하라 數旡盡하고

대 소 명 암 고 락 부 동
大小와 明暗과 苦樂이 不同하니라.

일 신 조 군 세 계
一檀이 造羣世界하시고

신 칙 일 세 사 자   할 칠 백 세 계
檀이 勅日世使者하사 牽七百世界하시니

이 지 자 대 일 환 세 계
爾地自大나 一丸世界니라.

중 화 진 탕 해 환 육 천   내 성 현 상
中火震盪하야 海幻陸遷하야 乃成見像하나니라.

신 가 기 포 저   후 일 색 열
檀이 呵氣包底하시고 煦日色熱하시니

행 저 화 유 재 물 번 식
行翥化游栽의 物이 繁殖하니라.

三眞에 對한 말씀

제 오 장 인 물 일백육십칠자
第五章 人物 一百六十七字

▸受 받을 수	▸眞 참 진	
▸众 무리 중(=衆)		
▸迷 미혹할 미	▸妄 거짓 망	
▸着 붙을 착	▸根 뿌리 근	
▸對 대할 대	▸作 지을 작	
▸途 길 도	▸性 성품 성	
▸命 목숨 명	▸精 정기 정	
▸偏 치우칠 편		
▸惡 악할 악		
▸濁 흐릴 탁		
▸知 알 지		
▸厚 두터울 후		
▸薄 엷을 박		
▸保 보전할 보		
▸返 돌아올 반		

인 물 동 수 삼 진
人物이 同受三眞이나

유 중 미 지 삼 망 착 근
惟众은 迷地하야 三妄이 着根하고

진 망 대 작 삼 도
眞妄이 對하야 作三途니라.

왈 성 명 정 인 전 지 물 편 지
曰性命精이니 人은 全之하고 物은 偏之니라.

진 성 선 무 악 상 철 통
眞性은 善旡惡하니 上喆이 通하고

진 명 청 무 탁 중 철 지
眞命은 淸旡濁하니 中喆이 知하고

진 정 후 무 박 하 철 보
眞精은 厚旡薄하니 下喆이 保하나니

반 진 일 신
返眞하얀 一檀이니라.

오직 본성에 통하고, 천지(삼신)에 공덕을 완수한 자[性通功完者]라야 이곳에 들어와 영원한 즐거움을 얻으리라."

제4장 세계世界 (72자)*

"너희들은 무수히 널려 있는 저 별을 보아라. 그 수가 다함이 없나니, 크고 작음, 밝음과 어두움, 괴로움과 즐거움이 같지 않으니라. 상제님께서 뭇 세계를 지으시고, 그 중에 태양 세계[日世界]를 맡은 사자에게 명령을 내려 700 세계를 거느리게 하셨으니, 너희 땅 그 자체는 큰 것처럼 보이나 하나의 둥근 환약만 한 세계이니라.

조화를 간직한 태초의 불덩어리[中火]가 터지고 퍼져서 바다로 변하고 육지가 되어 마침내 드러난 형상을 이루었느니라. 우주의 조화신이 기운을 불어 밑동까지 싸고, 태양의 빛과 열을 쬐니, 땅 위를 다니고[行], 하늘을 날고[翥], 탈바꿈하고[化], 물 속에서 살고[游], 땅에 뿌리 내린[栽] 온갖 생물[五物]*이 번식하였느니라."

삼진에 대한 말씀

제5장 인물人物 (167자)

"사람과 만물이 다 같이 삼진三眞(성품[性]과 목숨[命]과 정기[精])을 부여받았으나, 오직 사람만이 지상에 살면서 미혹되어 삼망三妄(마음[心]과 기운[氣]과 몸[身])이 뿌리를 내리고, 이 삼망三妄이 삼진三眞과 서로 작용하여 삼도三途(느낌[感]과 호흡[息]과 촉감[觸])의 변화 작용을 짓게 되느니라."

천제께서 다시 말씀하셨다.

"삼진은 **성품**[性]과 **목숨**[命]과 **정기**[精]이니, 사람은 이를 온전히 다 부여받았으나 만물은 치우치게 받았느니라.

참된 성품[眞性]은 선하여 악함이 없으니, 상등 철인[上哲]은 이 본성자리를 통하고, 참 목숨[眞命]은 맑아 흐림이 없으니, 중등 철인[中哲]은 이 타고난 목숨의 경계 자리를 깨닫고, 참 정기[眞精]는 후덕하여 천박함이 없느니라. 하등 철인[下哲]은 이 본연의 순수한 정기를 잘 수련하여 보호하느니라. 이 삼진을 잘 닦아 본연의 모습으로 돌아갈 때 상제님[一神]의 조화 세계에 들어갈 수 있느니라."

---

*72자: '勅日世使者'에서 '界'자가 빠져 71자가 되었다. 대종교 등 다른 판본과 비교해본 바 본래 '勅日世界使者'여야 한다. 필사 과정에서 누락된 것으로 본다.

*오행五行과 오물五物: 오행은 우주 만물을 이루는 다섯 가지 원소로 목木·화火·토土·금金·수水를 말한다. 인간과 만물은 지금부터 5만 년 전에 이 지상에 화생할 때 오행 영기靈氣의 천지 조화 기운을 받았으니, 동물은 동방 목木 기운, 조류는 남방 화火 기운, 갑각류는 서방 금金 기운, 어류는 북방 수水 기운을 받아 생겨났다. 이와 같이 동식물은 천지의 오행 기운 중에 각기 한 가지씩 편벽되게 받아 가지고 나왔으나 인간은 수화목금 사상四象 기운과 이를 조화·통일하는 중앙 토土 기운을 가장 크게 받아 생겨났다. 이 때문에 인간은 만물의 영장이자 천지의 주인이 되는 것이다. 한마디로 인간은 소우주로서, 대우주인 천지의 이상과 목적을 실현하는 우주의 대행자요, 주인인 것이다.

三妄에 對한 말씀

왈 심 기 신
曰心氣身이니

심   의성   유선악   선복악화
心은 依性이나 有善惡하니 善福惡禍하고

기   의명   유청탁   청수탁요
氣는 依命이나 有淸濁하니 淸壽濁夭하고

신   의정   유후박   후귀박천
身은 依精이나 有厚薄하니 厚貴薄賤이니라.

三途에 對한 말씀

왈 감식촉   전성십팔경
曰感息触이니 轉成十八境하니

감   희구애노탐염
感엔 喜懼哀怒貪厭이오

식   분란한열진습
息엔 芬彌寒熱震濕이오

촉   성색취미음저
触엔 聲色臭味淫抵니라.

중   선악   청탁   후박   상잡
众은 善惡과 淸濁과 厚薄이 相雜하야

종경도임주   타생장소병몰   고
從境途任走하야 墮生長肖病歿의 苦하고

철   지감   조식   금촉
嚞은 止感하며 調息하며 禁触하야

일의화행   개망즉진   발대신기
一意化行하고 改妄卽眞하야 發大神機하나니

성통공완   시
性通功完이 是니라.

삼망에 대한 말씀

또 말씀하셨다.

"삼망은 **마음**[心]과 **기운**[氣]과 **몸**[身]이니라. **마음**은 타고난 (조화신에 근원을 둔) **성품**[性]에 뿌리를 두지만 선과 악이 있으니, 마음이 선하면 복을 받고 악하면 화를 받느니라. **기**[氣]는 타고난 **삼신의 영원한 생명**에 뿌리를 두지만 맑음과 탁함이 있으니, 기운이 맑으면 장수하고 혼탁하면 일찍 죽느니라. **몸은 정기에 뿌리**를 두지만 후덕함과 천박함이 있으니, 자신의 정기를 잘 간직해 두텁게 하면 귀[貴]티가 나고, 정기를 소모시키면 천박해지느니라."

삼도에 대한 말씀

또 말씀하셨다.

"삼도는 **느낌**[感]과 **호흡**[息]과 **촉감**[觸]의 작용이니라. 이것이 다시 변화하여 열여덟 가지 경계를 이루나니, **느낌**에는 기쁨과 두려움과 슬픔과 노여움과 탐욕과 싫어함이 있고, **호흡**에는 향내와 숯내[芬彌]*와 차가움과 더움과 마름과 젖음이 있고, **촉감**에는 소리와 빛깔과 냄새와 맛과 음탕함과 살 닿음[抵]*이 있느니라. 창생은 마음의 선악과 기운의 맑고 탁함과 몸의 후덕함과 천박함이 서로 뒤섞인 경계의 길을 따라 제멋대로 달리다가, 나고 자라고 늙고 병들고 죽는 고통에 떨어지느니라.

그러나 철인은 **감정을 절제하고**[止感], 호흡을 (천지의 중도에 맞춰) **고르게 하며**[調息], **촉감과 자극을 억제하여**[禁觸], **오직 한 뜻**[一心]으로 **매사를 행하고** 삼망을 바로잡아 삼진으로 나아가 비로소 자신 속에 깃들어 있는 **대신기**大神機(우주 삼신의 조화 기틀)를 발현시키나니, **삼신이 부여한 대광명의 성품을 깨달고 그 공덕을 완수한다**[性通功完]는 것은 이를 두고 하는 말이니라."

* **향내와 숯내**[芬彌]: 호흡작용에서 초목의 생장하는 기운처럼 상승하는 기운이 느껴지는 호흡 기운을 '분芬'이라 하고, 나무가 타고 남은 숯처럼 서늘하면서 하강하는 기운이 느껴지는 호흡 기운을 '란彌'이라 한다.

* **살 닿음**[抵]: 육규六竅(인체의 구멍난 여섯 부위) 즉 눈, 코, 입, 귀, 생식기, 피부의 작용 중 피부로 느끼는 것을 말한다.

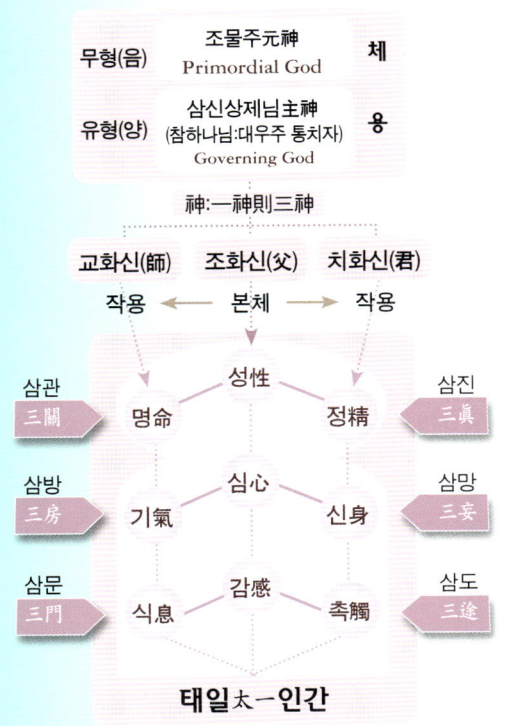

6. 神誌秘詞의 傳來와 內容

神誌秘詞의 起原 : 祭祀의 참뜻

神誌秘詞는 檀君達門時人神誌發理의 所作也니

本三神古祭誓願之文也라

夫上古祭天之義는 要在爲民祈福하고 祝神興邦也어늘

今好事之人이 將神誌秘詞하야 與圖讖星占으로 相出入하고

推數敷演하야 言其震檀九變之圖하고

又作鑑訣豫言之先河하니 亦謬矣哉로다.

三韓의 地勢 : 三韓의 首都 이름과 位置

其曰秤幹扶蘇樑者는 是謂辰韓古都니

亦卽檀君朝鮮所都阿斯達이 是也오

亦卽今松花江哈爾濱也라.

其曰錘者五德地者는 是謂番韓古都니

今開平府東北七十里所在의 湯池堡가 是也며

其曰極器白牙岡者는 是謂馬韓古都로 今大同江也니

乃馬韓熊伯多의 祭天馬韓山이 卽此라.

窃以三韓地勢로 譬諸衡石則扶蘇樑은 如國之秤幹하고

五德地는 如國之錘者하고 白牙岡은 如國之極器하니

三者缺一하면 衡不稱物하고 國不保民也니라.

祭祀는 오직 참되고 올바르게

三神古祭之誓願이 惟在三韓管境과 允悅民衆之義也니

6. 신지비사의 전래와 내용

신지비사의 기원 : 제사의 참뜻

『신지비사神誌秘詞』[18]는 (6세) 달문단군 때 사람인 신지神誌 발리發理가 지은 것이다. 이것은 본래 옛적에 삼신께 제사 지낼 때 서원하던 글이다. 무릇 상고 시대에 하늘에 제사 지낸 근본 뜻은 백성을 위해 복을 빌고 나라가 잘 되도록 신께 축원드리는 것이었다.

그런데 오늘날 일을 벌이기 좋아하는 자들이 『신지비사』가 도참圖讖과 성점星占*과 서로 같은 점도 있고 다른 점도 있음을 가지고, 사리를 추측하고 설명을 덧붙여서 진단구변도震檀九變圖라 하고, 또 감결鑑訣과 예언의 처음이라 하는데 모두 잘못된 것이다.

＊도참과 성점: 도참은 천문과 지리를 통하여 인사의 흥망과 땅의 길흉 등을 예언하는 것이고, 성점은 천체의 운행을 보고 인생과 사회 현상을 예언하는 점성술이다.

삼한의 지세 : 삼한의 수도 이름과 위치

『신지비사』에서 **저울대 부소량**扶蘇樑이라 한 것은 **진한의 옛 수도**를 말한다. 그곳은 바로 **단군조선이 도읍한 아사달**이며, 지금의 **송화강 하얼빈**이다.

저울추 오덕지五德地라 한 것은 **번한의 옛 수도**를 말한다. 그곳은 지금의 개평부* 동북쪽 70리에 있는 **탕지보**이다.

저울판 백아강白牙岡이라 한 것은 **마한의 옛 수도**를 말한다. 지금의 **대동강**으로, 마한의 웅백다가 하늘에 제사 지내던 **마한산**이 바로 그곳이다.

가만히 삼한의 지세를 저울에 비유해 보면 부소량은 '나라의 저울대'와 같고, 오덕지는 '나라의 저울추'와 같고, 백아강은 '나라의 저울판'과 같다. 이 셋 가운데 하나라도 없으면, 저울이 물건을 달 수 없듯이 나라가 백성을 보호할 수 없다.

秤幹	저울대 부소량(소밀랑) 진한의 수도 아사달(하얼빈)
錘	저울추 오덕지(안덕향) 번한의 수도 탕지보(당산시)
極器	저울판 백아강 마한의 수도 대동강

＊개평부: 지금의 하북성 당산시唐山市 지역인데 시행정 구역에 개평구開平區가 있어 그 흔적을 엿볼 수 있다.

제사는 오직 참되고 올바르게

옛날 삼신상제님께 제사 지낼 때 서원한 것은 오직 삼한으로 나눈 영토를 잘 다스리는 것과 백성을 진실로 기쁘게 하는 것이었다.

神誌秘詞所傳이 亦不外乎是焉이오

則爲國一念이 幷奬忠義하야

祭以悅神하며 願以受福하면 神必降衷하시며

福必興邦하리니 直實以行이니라.

事不徵實하고 行不求是하면

則所徵所求者從何得功乎아.

7. 文字의 起源과 그 자취

我國文字가 自古有之하니

今南海縣郎河里岩壁에 有神市古刻하고

夫餘人王文所書之法이 類符擬篆하고

紫府先生之內文과 太子扶婁之五行이

皆出於桓檀之世오 而殷學漢文이 盖王文遺範也라.

留記에 云「神劃이 曾在太白山靑岩之壁하야 其形如ㄱ하니

世稱神誌仙人所傳也라 或者가 以是로 爲造字之始하니

則其劃이 直一曲二之形이오 其義는 有管制之象이오

其形其聲은 又似出於計意然者也라.」

故로 以神人之德으로 愛求人世以準焉이니

則眞敎之行也에 必人事皆正也라

賢能在位하며 老幼公養하며 壯者服義하며 多者勸化하며

姦詐息訟하며 干戈閉謀하니 是亦理化之一道也니라.

『신지비사』가 전하는 바도 여기에서 벗어나지 않는다.

　나라를 위하는 일념으로 충忠과 의義를 함께 장려하고, 제사를 지내 신을 기쁘게 하고 복을 내려 주시기를 기원하면, 신은 반드시 '참된 마음[衷]'을 내려 주시고, 복은 반드시 나라를 흥하게 할 것이다. 그러므로 제사를 올바르고 참되게 행해야 한다.

　만일 삼신상제님을 섬기되 진실되게 행하지 아니하고, 실천하되 바른 길을 구하지 않는다면, 행동하고 구하는 바가 무엇을 좇아 공덕을 이룰 수 있겠는가?

7. 문자의 기원과 그 자취

　우리나라의 문자는 옛날부터 있었으니, 지금 남해현 낭하리* 암벽에 신시 시대의 옛 글자*가 새겨져 있다. 부여 사람 왕문이 쓴 서법은 부符나 전서篆書와 비슷하다. 또 자부 선생의 『삼황내문』과 부루태자의 **오행은 모두 환단桓檀 시대에 나온 것이다**. 은나라의 갑골문에서 유래한 한문漢文은 왕문이 남긴 법이다.

　『유기留記』※에 이렇게 기록되어 있다.

> 신령한 글자 획이 일찍이 태백산의 푸른 암벽에 새겨져 있었는데, 그 형태가 ㄱ자와 같다. 세상에서는 이것을 신지 선인이 전한 것이라 하고, 혹자는 이것을 문자의 기원으로 삼는다. 그 획이 곧게 나가서 굽은 형으로 관제管制하는 뜻이 있으며, 그 형태와 소리는 어떤 의도된 뜻에서 나온 것 같다.*

　그러므로 신인神人의 덕으로 이 세상을 구하고자 법도를 만들어 놓은 것이니, 즉 신교의 참된 가르침이 행해짐에 반드시 인사人事도 모두 바르게 되었을 것이다. 현자와 유능한 자가 벼슬자리에 있고, 노인과 어린이를 공동으로 부양하고, 장정이 의무를 다하고, 많이 가진 자가 베풀어 주고, 간사한 자가 송사를 그치고, 전쟁 도모를 막으니, 이것이 신교의 진리로 세상을 다스려 교화하는 한결같은 도리였던 것이다.

※ 낭하리: 지금의 행정 구역명은 경상남도 남해군 상주면 양아리良阿里이다.

※ 신지씨가 발명한 소위 태고 문자太古文字는 녹도서로 고조선 때까지 사용되었다. 자세한 사항은 『태백일사』「신시본기」의 각주 참고.

상주신시고각_경남기념물 제6호. 이 신시 고각을 서불과차徐巿過此에 빗대어 해석하는 것은 전혀 근거가 없다.

※ 『유기』는 『진역유기』로 본다.

※ ㄱ자의 형태와 뜻을 설명하고 있다.

▶辯 말 잘할 변	▶說 말씀 설
▶註 주석 주	
▶溪 시내 계	▶谷 골짜기 곡
▶岩 바위 암	▶刻 새길 각
▶獵 사냥할 렵	
▶致 정성스럽게할 치	
▶始 비로소 시	
▶傳 전할 전	▶只 다만 지
▶憑 의지할 빙	▶舌 혀 설
▶久 오랠 구	▶形 형상 형
▶畵 그림 화	▶復 다시 부
▶變 변할 변	▶蓋 대략 개
▶源 근원 원	▶莫 없을 막
▶俗 풍속 속	▶尊 높일 존

대변설주 왈
大辯說註에 曰

남해현낭하리지계곡암상 유신시고각
「南海縣郎河里之溪谷岩上에 有神市古刻하니

기문 왈환웅출렵 치제삼신
其文에 曰桓雄出獵하사 致祭三神하시니라」

우왈 대시전고 지빙구설
又曰「大始傳古가 只憑口舌이라가

구이후 내형이위화 우부화변이위지자
久而後에 乃形以爲畵하고 又復畵變而爲之字라 하니

개문자지원 막비출어국속지소존신야
蓋文字之源이 莫非出於國俗之所尊信也라」

8. 하늘의 三神, 땅의 三韓, 사람의 三眞

三界 宇宙가 곧 三神이요, 三界의 統治者가 三神上帝님

▶析 나눌 석	
▶極 정점 극	
▶貫 꿰뚫을 관	
▶空 빌 공	
▶幷 아우를 병	
▶宮 궁궐 궁	
▶會 모을 회	
▶體 몸 체	
▶宰 주관할 재	

자 일기이석삼 기 즉극야 극 즉무야
自一氣而析三하니 氣는 卽極也오 極은 卽無也라

부천지원 내관삼극 위허이공 병내외이연야
夫天之源이 乃貫三極하야 爲虛而空하니 幷內外而然也오

천지궁 즉위광명지회 만화소출
天之宮이 卽爲光明之會오 萬化所出하니

천지일신 능체기허이내기주재야
天之一神이 能軆其虛而乃其主宰也니라.

고 왈일기 즉천야 즉공야
故로 曰一氣는 卽天也며 卽空也라.

연 자유중일지신이능위삼야
然이나 自有中一之神而能爲三也니

삼신 내천일지일태일지신야
三神은 乃天一地一太一之神也라.

天地 歷史의 主體 '韓'의 뜻

▶太一 : 천지와 한마음으로 역사의 주체가 되어 천지의 궁극 목표와 이상을 실현시키는 인간	

▶能 능할 능	▶動 움직일 동
▶作 지을 작	
▶造敎治 : 조화造化, 교화敎化, 치화治化	
▶虛 빌 허	
▶弁 나라 이름 변	
▶皇 클 황	

일기지자능동작 이위조교치삼화지신
一氣之自能動作하야 而爲造敎治三化之神하시니

신 즉기야 기 즉허야 허 즉일야
神은 卽氣也오 氣는 卽虛也오 虛는 卽一也라.

고 지유삼한 위진변마삼경지한
故로 地有三韓하야 爲辰弁馬三京之韓하니

한 즉황야 황 즉대야 대 즉일야
韓은 卽皇也오 皇은 卽大也오 大는 卽一也라.

桓檀古記

『대변설大辯說』* 주註에 이렇게 기록되어 있다.
　남해현 낭하리의 계곡 바위 위에 신시 시대의 옛 글자가 새겨져 있는데, 그 글에 환웅께서 사냥을 나가서 삼신께 제사를 올리셨다고 하였다.

또 이렇게 기록되어 있다.
　아득한 태고 시절에는 옛 일들이 입에만 의지해 전해 오다가 오랜 세월이 지난 후에 그 형태를 본떠서 그림을 그리고 다시 그림이 변해 글자가 되었으니, 문자가 생긴 근원은 나라의 풍속을 높이 받들고 믿은 데서 나오지 않은 것이 없다.

*『대변설大辯說』:『세조실록』 권7, 세조 3년 5월 무자戊子 조에 따르면『대변설大辯說』은 세조가 팔도 관찰사에게 명하여 거두어들이도록 한 20여 종의 비기秘記, 참서讖書 가운데 하나이다. 이로써 조선 시대까지도 이 책이 남아 있었음을 알 수 있다.

8. 하늘의 삼신, 땅의 삼한, 사람의 삼진

삼계 우주가 곧 삼신이요, 삼계의 통치자가 삼신상제님

　우주의 한 조화기운[一氣]에서 세 가지 신령한 변화 원리가 일어난다. 이 기운[氣]은 실로 지극한 존재로, 그 지극함이란 곧(유·무를 포용한) 무를 말한다. 무릇 하늘의 근원은 천·지·인 삼극三極을 꿰뚫어 허하면서 공*하니 안과 밖을 아울러서 그러한 것이다.
　천궁天宮은 광명이 모이고 온갖 조화가 나오는 곳이다. 하늘에 계시는 한 분 상제님[一神]께서 능히 이러한 허虛를 몸으로 삼아 만유를 주재하신다. 따라서 이 우주의 한 조화기운이 곧 하늘이고, 또한 우주 생명의 공空인 것이다. 그러나 저절로 중도일심[中一]의 경계에 머무는 신이 계셔서 능히 삼신이 되시니, **삼신은 곧 천일天一·지일地一·태일太一의 신**이다.

*허虛와 공空의 정산 만물의 본성은 그 근원으로 보면 허虛하고 공空하다는 말이다.

천지 역사의 주체 '한韓'의 뜻

　우주의 한 조화기운[一氣]이 스스로 운동하고 만물을 창조하여 조화造化·교화敎化·치화治化라는 세 가지 창조 원리를 지닌 신이 되신다. 이 신은 곧 우주의 기요, 기는 허요, 허는 곧 하나이다. 그러므로 땅에 삼한이 있으니, 삼한은 삼경三京이 있는 진한辰韓·변한弁韓·마한馬韓을 말한다.* 한韓은 역사의 통치자인 황皇(임금)이라는 뜻이 있다. 이 황은 크다[大]는 뜻이며, 크다[大]는 것은 (시작과 뿌리와 통일을 의미하는) 하나[一]라는 뜻이다[한韓=황皇=대大=일一].

*앞에 나오는 「신지비사」에서 부소량은 진한고도辰韓古都, 오덕지는 번한고도番韓古都, 백아강은 마한고도馬韓古都라 했으니, 부소량·오덕지·백아강이 바로 삼경이다.

宇宙 歷史 精神의 最終 目標 : 眞善美의 實現

故로 人有三眞하야 爲性命精三受之眞하니

眞은 卽衷也오

衷은 卽業也오

業은 則續也오

續은 卽一也라

然이나 一始一終이 回復其眞也며

卽一卽三이 對合於善也오

微粒積粒이 一歸之美也라

乃性之所善也오

乃命之所淸也오

乃精之所厚也니

更復何有曰有曰無也哉아.

眞之爲不染也니 其染者는 爲妄也오

善之爲不息也니 其息者는 爲惡也오

淸之爲不散也니 其散者는 爲濁也오

厚之爲不縮也니 其縮者는 爲薄也니라.

宇宙의 氣와 三神의 一體 作用

所以執一舍三者는 乃一其氣而三其神也오

所以會三歸一者는 是亦神爲三而氣爲一也니라

夫爲生也者之體가 是一氣也니

우주 역사 정신의 최종 목표 : 진선미의 실현

그러므로 사람에게는 삼진三眞이 있으니 성품과 목숨과 정기[性命精] 세 가지를 부여받아 참[眞]됨을 실현한다.* 참이란 바로 하늘이 내려 준 참마음[衷]이다. 이 참마음을 밝혀 세상사에 참여하여 큰 업적을 이루면 그 업적은 지속되고, 지속되면 모두 하나가 된다.

그러나 모든 일이 한 번 시작하고 한 번 끝맺는 것[一始一終]은 바로 삼신께서 내려 주신 **참**[眞]을 회복하는 끊임없는 과정이다(그것이 우주의 역사이다).

그러므로 일신 즉 삼신이요 삼신 즉 일신[卽一卽三]이 되는 창조 원리(삼신일체 신관과 우주생명관)를 잘 지켜 살아가는 것은 삼신(대자연)의 **선**[善]에 부합한다.

작은 낟알이 풍성한 알곡이 되어 본래의 제 모습(근원 씨앗)으로 돌아가는 것이 곧 하나로 돌아가는 **아름다움**[美]이다.

이것은 하늘에서 부여받은 인간의 성품이 본래 선하고, 생명은 본래 맑고, 정기는 두터운 까닭이다. 그런데 어찌하여 다시 유有가 어떻고 무無가 어떻다고 말을 하는가?

성품·목숨·정기 삼진의 참됨은 더럽혀지지 않나니, 더럽혀지는 것은 거짓된 것이다.

(본성이) 선한 것은 쉬지 않나니, 쉬는 것은 악한 것이다.

(목숨이) 맑은 것은 흩어지지 않나니, 흩어지는 것은 흐린 것이다.

(정기가) 두터운 것은 오그라들지 않나니, 오그라드는 것은 얇은 것이다.

우주의 기와 삼신의 일체 작용

이처럼 우주와 인간이 **집일함삼**執一含三*의 **원리**로 이루어져 있는 까닭은, **우주의 기는 하나로되, 그 속에 깃든 우주의 조화 성신은 세 가지 손길[三神]로 창조 작용을 하는 신이기 때문이다.**

또 **회삼귀일**會三歸一하는 까닭은, **신이 세 가지 창조 정신으로 작용하는 삼신으로 계시지만 신이 자유자재하는 조화기운은 일기**一氣**로 존재하기 때문이다.**

무릇 만물의 생명을 이루는 본체는 바로 **이 우주에 충만한 한 기**

---

*건축가 조영무는 환단고기의 독보적인 가치를 탐구하여 삼성조 시대의 원시 지성에 대해 원시 창조·순환 논리로 정의하였다.

"인류가 영생하는 것은 인간이 대대로 무궁무진한 일원지기一元至氣의 기운을 회복하는 근성을 부여받았기 때문이다."

"인본체人本體가 신본체神本體에서 유래하는 동체임에도 불구하고, 신본체와 인본체의 주체와 작용이 분기分岐하는 것은 궁극적으로 생사의 명분에 미망해져 천리를 역행하기 때문이다."

"간단없이 생사를 순환 반복하면서 인류는 무궁무진한 인생을 영유한다. 인류의 영겁한 운수와 비교한다면 인간의 운수는 단 한순간의, 단 한 번의 일생을 영유할 뿐이다. 생사는 흔적 없이 저 허공 속 천궁天宮으로 되돌아가지만 단 한 번 생업을 영위한 업보는 영겁과 자연과 자손에까지 경사스런 복을 쌓기도 하고 고통스러운 화를 누적시키기도 한다. 심지어 천연天然 인자를 악화시켜 멸종시키기도 한다."

"인간은 본성과 생명과 정신(성명정)의 삼진 일체의 무궁한 근본체를 부여받아 소유하기 때문에, 후천적으로 그 무궁한 근본체를 개벽하고 진화하고 순환함으로써 인류의 삼계운용三界運用을 성취하는 것이다."(조영무, 『한국 원시지성과 천부미학』, 10, 45, 111~112, 169쪽).

***집일함삼**執一含三: 하나 속에 셋[조화造化·성性, 교화敎化·명命, 치화治化·정精]이 있고 셋은 그 근본이 하나[一神]의 조화이다. 즉 우주가 생겨나는 조화 정신, 본체에는 세 가지의 창조와 변화 원리(작용, 用)가 함축되어 있다. 이 본체[體], 곧 일신一神 즉 일기一氣와 현실적인 창조 변화 작용[用]의 원리를 완전히 체득

- 智 지혜 지
- 源 근원 원
- 包 쌀 포
- 其 : 여기서 '其'는 대명사로서 앞에 나온 '三神' 혹은 '一氣'를 가리킴
- 容 속내 용
- 統 거느릴 통
- 制 억제할 제
- 含 품을 함
- 歧 갈라질 기(=岐)
- 存 있을 존

일 기 자　내 유 삼 신 야
一氣者는 內有三神也오

지 지 원　역 재 삼 신 야
智之源이 亦在三神也니

삼 신 자　외 포 일 기 야
三神者는 外包一氣也라

기 외 재 야 일　기 내 용 야 일　기 통 제 야 일
其外在也一하고 其內容也一하고 其統制也一하야

역 개 함 회 이 불 기 언
亦皆含會而不歧焉하니

기 위 자 지 원　함 회 집 귀 지 의　존 언 야
其爲字之源이 含會執歸之義가 存焉也니라.

9. 한글의 原形 加臨多와 後世의 자취

신 시　유 산 목　치 우　유 투 전 목　부 여　유 서 산
神市에 有算木하고 蚩尤는 有鬪佃目하고 夫餘에 有書算하니

기 왈 산 목
其曰算木은 一二三三 ✕ ㅜ ㅜ ㅜ ㅜ ㅣ 也오.

기 왈 전 목
其曰佃目은 ㅂ롱 ㄹㄹ ㄸ ㅉ ㅇㅇ ㅜ ㅂ ㅇ ㅎ 也라.

단 군 세 기 단 군 가 륵 이 년
檀君世紀檀君嘉勒二年에

삼 랑 을 보 륵　찬 정 음 삼 십 팔 자　시 위 가 림 다
三郎乙普勒이 譔正音三十八字하니 是謂加臨多라

기 문 왈
其文에 曰

- 塵 티끌 진
- 談 말씀 담
- 海 바다 해
- 擧 다 거
- 擧朝 : 온 조정
- 解 풀 해
- 憲 법 헌
- 鎭 지킬 진
- 狄 북방 오랑캐 적
- 片 조각 편
- 樹 나무 수
- 取 취할 취
- 叢 모을 총
- 渤 발해 발
- 唐 당나라 당
- 答 대답할 답
- 康 편안할 강
- 奏 아뢸 주
- 掛 걸 괘
- 遂 드디어 수
- 獻 바칠 헌

· ㅣ ㅡ ㅏ ㅓ ㆍ ㅗ ㅜ ㅑ ㅕ ㅛ ㅠ ✕ ㅋ
ㅌ ㅍ
ㅇ ㄱ ㄴ ㅁ ㅿ ㅈ ㅊ ㅅ ㅆ ㆁ ㅅ ㅍ
ㅁ ㄹ ㅂ ㅐ ㅍ ㄷ ㄴ ㅊ ㅅ ㄱ ㅗ ㅍ ㅍ

이 태 백 전 서 옥 진 총 담　운
李太白全書玉塵叢談에 云

발 해 국　유 서 어 당　거 조 무 해 지 자
「渤海國이 有書於唐하니 擧朝無解之者라

이 태 백　능 해 이 답 지
李太白이 能解而答之라」하고

삼 국 사 기　운 헌 강 왕 십 이 년 춘　북 진　주
三國史記에 云「憲康王十二年春에 北鎭이 奏호대

적 국 인　입 진　이 편 목 괘 수 이 거　수 취 이 헌
狄國人이 入鎭하야 以片木掛樹而去라 遂取以獻하니

운[一氣]이니, 이 속에는 삼신이 계신다.

지혜의 근원 또한 이 삼신에 있으니, 삼신은 밖으로 우주의 한 조화기운[一氣]에 싸여 계신다. 그 밖에 있는 것도 하나요, 그 안에 담고 있는 것도 하나이며, 그 통제하는 것(근본 정신) 또한 하나이다.

모든 것은 삼신의 창조 원리를 간직하여 서로 나누어질 수 없으니, 문자가 만들어진 근원에도 이러한 '집일함삼' 하고 '회삼귀일' 하는 뜻이 담겨 있는 것이다.

하여야만 본서 '신교의 도가 역사관'의 핵심 정신인 '삼신 사상'의 전체 구조를 올바로 이해할 수 있다.

※ 회삼귀일會三歸一: 우주 근원의 조화 세계[一神]에는 세 신성[三神]이 담겨 있고, 이 삼신 원리를 일체로 보면 본래의 한 조화신[一神]으로 돌아간다는 의미이다.

9. 한글의 원형 가림다와 후세의 자취

배달 신시 때에 산목算木이 있었고, 치우천황 때에 투전목鬪佃目[19]이 있었으며, 부여 때 서산書算이 있었다.

산목算木은 一二三三三×⊤⊤⊥⊥ㅣ이고,

전목佃目은 ᛃᛉᛟᛈᛇᛜᛒᛋᛏ 이다.

『단군세기』를 보면, 가륵단군(3세) 2년에 삼랑 을보륵이 정음 38자를 지어 가림다加臨多※라 하였다.

그 글자는 다음과 같다.

· ㅣ ㅡ ㅏ ㅣ ㅜ ㅡ ㅗ ㅑ ㅠ ㅠ ㅡ × ㅋ
ㅇ ㄱ ㄴ ㅁ ㅅ ㅈ ㅊ ㅇ ㅎ ㅇ ᄊ
ㅁ ㄹ ㅂ ㅌ ㄷ ㄴ ㅊ ㅅ ㄱ ㅗ ㅍ ㅛ

『이태백 전서』의 「옥진총담玉塵叢談」에서는 이렇게 말한다.

발해국에서 당나라에 글을 써서 보냈는데,※ 온 조정에 그 뜻을 아는 자가 없었다. 이태백이 능히 이를 해석하여 답하였다.

『삼국사기』[20]의 기록은 이러하다.

헌강왕 12년 봄에, 북진北鎭에서 '대진국大震國 사람이 우리 땅에 들어와 편목을 나무에 걸어 놓고 돌아갔습니다'라고 아뢰고 편목을 왕께 갖다 바쳤다. 그 나무에 쓰여진 열다섯 글자의 내용은 곧 '보

✽ 가림다加臨多: 가림다는 한글의 원형이며 모태 글자이다. 한글은 세종대왕이 창제한 것으로 알려져 있으나, 실은 이미 3,600여 년 전 3세 가륵단군 때 만든 가림다를 원형으로 하여 발전시킨 것이다. 이찬구는, "『단군세기』에는 가림토加臨土라 했는데, 토土는 토착土着이라는 말과 연관해서 생각할 수 있다"라고 하였다. 고준환은 "원형 한글에 대하여 같은 의미로 가림토加臨土와 가림다加臨多라는 표현이 있다. 「단군세기」의 가림토나 「태백일사」의 가림다는 각기 다르게 전해져 오는 기록들 가운데 이암은 '가림토'를, 이맥은 '가림다'라는 표현을 참고한 것이다. 가림토는 가림(분별)하는 토대, 즉 땅이라는 의미로 그 뜻을 택해 토土를 썼고, 가림다는 가림하는 다(따, 땅)라고 '다'를 썼으나 같은 뜻이다"라고 하였다(고준환, 『신명나는 한국사』, 68쪽).

✽ 발해(대진국)의 문자는 청나라 때 김육불金毓黻이 지은 『발해국지장편渤海國志長編』 권 20에도 20여 자가 소개되었는데, 전자篆字도 예자隷字도 아닌 독특한 문자이다. 심지어 한자를 거꾸로 적은 반자反字도 보인다.

其木書十五字에 云호대

「寶露國이 與黑水國人으로 共向新羅國和通이라」

且高麗光宗時에 張儒가 接伴使로 著聞이라

初에 避亂하야 到吳越이러니 越氏에 有好事者가

刻東國寒松亭曲於琴底하고 漂逆波하니 越不得解其辭라

適遇張儒하야 拜問其辭한대

張儒가 卽席에 以漢詩로 解之하니 曰

月白寒松夜오

波晏鏡浦秋라

哀鳴來又去는

有信一沙鷗라 하니

蓋琴底所刻文이 疑古加臨多之類也니라.

10. 東方 韓民族 始原 文字의 發展 過程

한글과 漢字는 本來 우리 것

元董仲三聖記注에 云

「辰餘倭國이 或橫書하며 或結繩하며

或鍥木호대 惟高麗는 摸寫穎法하니

想必桓檀上世에 必有文字摸刻也라」 하니라

崔致遠이 嘗得神誌古碑所刻之天符經하야

更復作帖하야 以傳於世하니

卽與郎河里岩刻으로 的是皆實跡也라.

로국이 흑수국 사람과 함께 신라국과 화친을 하고자 한다'는 것이었다.

또 고려 광종 때는 장유張儒가 접반사接件使*로 명성이 났는데, 초기에 난을 피해 오吳·월越에 가 있었다. 월나라 사람 중에 일을 벌이기를 좋아하는 자가 있어 우리 동국東國의 「한송정곡寒松亭曲」*을 거문고 밑에 새겨 역류하는 물결 위에 띄워 놓았다. 월나라 사람들이 그 뜻을 풀지 못하던 차에 마침 장유를 만나 절하고 그 문장의 뜻을 물었다. 장유가 즉석에서 한시로 풀어 말하기를,

한송정 달 밝은 밤에
물결 고요한 경포대의 가을,
슬피 울며 오가는 것은
가을의 마음 실어 나르는
저 백사장의 갈매기 한 마리.

라고 하였으니, 아마 거문고 밑에 새겼던 글은 옛날의 가림다 종류인 것 같다.

10. 동방 한민족 시원 문자의 발전 과정

한글과 한자는 본래 우리 것

원동중 『삼성기』의 「주注」에 다음과 같이 기록되어 있다.

고조선의 진한辰韓과 부여[餘]와 왜국倭國은 혹 횡서하고 혹 노끈을 맺고[結繩]*, 혹은 나무에 문자를 새겼는데[鍥木], 오직 고구려는 붓글씨를 썼다[摸寫穎法].* 생각컨대 필시 환단桓檀의 상고 시절에 문자를 본떠서 새기는 방법이 있었으리라.

일찍이 최치원이 신지神誌가 옛 비문에 새겨 놓은 『천부경』을 얻어 다시 첩帖*으로 만들어 세상에 전했으니, 낭하리 바위에 새겨져 있는 글자와 함께 확실히 모두 실제했던 자취이다.

세상에서 전하기를 신시 시대에 녹서鹿書가 있었고, 자부 선생 때

* **접반사**接件使: 외국 사신을 접대하던 임시 관직.
* **한송정곡**寒松亭曲: 작자 미상의 고려 초기 가요. 『고려사高麗史』 「악지」 속악俗樂조에 오언절구의 한역 시와 그 내력이 수록되어 있으나, 작가와 연대는 알 수 없다. 『고려사』 「악지」에는 "세상에 전하는 말에 의하면 이 노래는 거문고 밑바닥에 써서 둔 것이 중국 강남까지 흐르고 흘러갔는데, 강남 사람들이 그 가사를 해석하지 못한 채 있었다. 광종 때 고려 사람 장진공張晉公[장유張儒]이 사신이 되어 강남에 가니, 강남사람들이 장진공에게 물었으므로 그가 한시로써 해석하여 주었다"라고 하였다. 이 시가는 원본이 전하지 않고 한역된 것이 전한다. 거문고 밑바닥에 쓰여진 노랫말을 중국인들이 해석하지 못하고 고려 사람 장진공이 하였다는 것은 「한송정곡」이 향찰로 쓰여졌을 가능성을 시사해 준다(디지털강릉문화대전).
* **결승**結繩: 문자가 없던 시대에 새끼나 가죽끈을 매어 그 매듭의 수나 간격 등으로 의사소통을 하던 방법이다. 엄밀히 말하면 문자는 아니나 문자 구실을 했기 때문에 결승문자라 부른다.
* **모사영법**摸寫穎法: 목판에 판각되었거나 바위에 암각된 원본을 붓으로 베껴 쓰는 방법을 말한다.
* **첩**帖: 문서, 탁본 등을 뜻하는 말이다. 비석에 새긴 글씨나 그림을 그대로 박아내는 일 또는 그 박은 종이를 탁본拓本(搨本)이라 한다. 여기서는 갱부작첩更復作帖이라 했으므로 단순히 탁본이 아니라 최치원이 한문으로 번역하여 두루마리를 만든 것으로 생각된다. 첩帖 자에는 휘장, 두루마리, 문서, 장부, 편지 등 여러 가지 뜻이 있다.

世傳神市에 有鹿書하고 紫府有雨書하고
蚩尤有花書라하니 鬪佃文束이 卽其殘痕也라
伏羲有龍書하고 檀君이 有神篆하니
此等字書가 遍用於白山黑水靑邱九黎之域이라.
夫餘人王文이 始以篆爲煩하야
而稍省其劃하고 新作符隸而書之라
秦時에 程邈이 奉使於肅愼이라가 得王文隸法於漢水하고
又因其劃而小變之形하니 是今之八分也라.
晋時에 王次仲이 又作楷書하니 次仲은 王文之遠裔也라
今究其字之所源則皆神市之遺法이오
而今漢字가 亦承其支流也明矣라.

11. 『三一神誥』 精神의 뿌리는 『天符經』의 中一 精神

三一神誥는 舊本에 無分章이라가 杏村先生이 始分章하니
一曰虛空이오 二曰一神이오 三曰天宮이오
四曰世界오 五曰人物이니라.
夫虛空은 爲天之質量이오 一神은 爲天之主宰시오
天宮은 爲天造化之所備也오 世界는 爲萬世人物之市也오
人物은 宇宙三界之元勳也라.
蓋太白眞敎는 源於天符而合於地轉하고 又切於人事者也라
是以로 發政이 莫先於和白이오 治德이 莫善於責禍하니

우서雨書가 있었고, 치우천황 때 화서花書가 있었다고 했는데, 투전문鬪佃文 등은 바로 그것이 오늘날 남아 있는 흔적이다.

복희 때 용서龍書가 있었고 단군 때 신전神篆이 있었는데, 이러한 문자가 백두산, 흑룡강, 청구, 구려 지역에서 널리 사용되었다.

부여 사람 왕문王文이 처음으로 전서篆書가 복잡하다 하여 그 획수를 약간 줄여 새로 부예符隸를 만들어서 사용했다.

진秦나라 때 정막程邈*이 사신으로 숙신에 왔다가 한수漢水에서 왕문의 예서 필법[隸法]을 얻어 그 획을 조금 변형시켰는데, 이것이 지금의 팔분八分*체이다.

진晉나라 때 왕차중王次仲*이 해서楷書*를 만들었는데, 차중은 왕문의 먼 후손이다. 이제 그 글자의 내력을 고찰해 보면 모두 배달 신시 시대부터 전해 내려온 법이다. 지금의 한자도 역시 그 한 갈래를 계승한 것이 분명하다.

11. 『삼일신고』 정신의 뿌리는 『천부경』의 중일 정신

『삼일신고』는 옛 판본에 장이 나뉘어 있지 않았다. 행촌* 선생이 처음으로 장을 나누어 1장은 허공, 2장은 일신, 3장은 천궁, 4장은 세계, 5장은 인물이라 하였다.

허공虛空은 하늘의 바탕이고,
일신一神은 하늘의 주재자이시고,
천궁天宮은 하늘의 조화가 갖추어진 곳이고,
세계世界는 만세의 인물이 출현하는 큰 저자[市]이고,
인물人物은 우주 삼계에서 가장 존귀한 존재이다.

무릇 대광명의 동방 신교의 참된 가르침[太白眞敎]은 하늘의 법(천부天符)에 근본을 두고, 만물을 기르는 땅의 덕성[지전地轉, 坤德]에 부합하며, 또 인사人事에도 절실한 도리이다. 이 때문에 **정치를 시행함에는 화백보다 앞서는 것이 없고, 덕으로 다스림에는 책화責禍*보다 더 좋은 것이 없다.**

---

*정막程邈: 진秦나라 때 하두下杜 사람. 전서篆書에서 번잡한 것을 생략하여 예서隸書를 만들었다(『중문대사전』, 권6). 그러나 본서에서 밝힌 것처럼 사실은 왕문王文의 예법隸法을 배워 간 것이다.

*팔분八分: 전서篆書와 예서隸書의 중간쯤 되는 한자 서체. 예서 이분二分과 전서 팔분八分을 섞어서 장식적인 효과를 낸 서체로, 중국 한나라 채옹이 만들었다고 한다.

*왕차중王次仲: 중국 후한의 장제(章帝, 재위 75~86) 때의 서예가. 남조南朝 유송劉宋의 서예가 왕음王愔은 "차중次仲이 비로소 파세波勢를 띠어 건초建初 연간에 예초隸草로 해법楷法을 이루었으니 자방字方 팔분으로 말하기를 모범이라"라고 하였다(『한국민족문화대백과사전』 참조). 또 진晉의 위항衛恒은 『사체서세四體書勢』에서 차중을 상곡上谷 사람이라 하였다.

*해서楷書: 한자 서체의 하나. 예서에서 온 것으로 정자正字로 똑똑히 쓴 글씨. 자형字形이 가장 방정方正하다.

*행촌杏村: 이암李嵒(1297~1364)의 호. 고려 공민왕 때 인물로 『단군세기』의 저자.

*책화責禍: 읍락邑落 사이의 경계를 중히 여겨 서로 침입하는 일을 금했는데, 이를 어겼을 때에 침범자 쪽에서 노예·소·말 등으로 배상하게 하던 벌칙을 말한다.

- 悉 모두 실
- 僞 거짓 위
- 違 어길 위
- 異 다를 이
- 準 준할 준
- 怠 게으를 태
- 論 논할 론

재 세 이 화 지 도　실 준 어 천 부 이 불 위
在世理化之道가 悉準於天符而不僞하고

취 어 지 전 이 불 태　　합 어 인 정 이 불 위 야
取於地轉而不怠하고 合於人情而不違也니

즉 천 하 지 공 론　유 하 일 인 이 재
則天下之公論이 有何一人異哉아.

言語의 長久한 歷史 精神과 無窮한 뜻

- 旨 뜻 지
- 究 궁구할 구
- 想 생각할 상

신 고 오 대 지 지 결　역 본 어 천 부　신 고 지 구 경
神誥五大之旨訣이 亦本於天符오 神誥之究竟이

- 訣 비결 결
- 竟 끝 경

역 불 외 호 천 부 중 일 지 이 상 야
亦不外乎天符中一之理想也니

- 牧 칠 목
- 穡 거둘 색
- 崖 낭떠러지 애
- 范 성씨 범
- 解 풀 해
- 程 성씨 정
- 矢 화살 시
- 蝟 고슴도치의 털 위
- 集 모을 집
- 鋒 칼 끝 봉
- 豈 어찌 기
- 隱 숨을 은
- 伏 엎드릴 복
- 註 풀이할 주
- 雖 비록 수
- 朱 성씨 주
- 儒 유가 유
- 厲 엄할 려

시 지 자 지 원　구 의　자 지 의　대 의
始知字之源이 久矣오 字之義가 大矣니라.

세 전 목 은 이 색　복 애 범 세 동　개 유 천 부 경 주 해 운
世傳牧隱李穡과 伏崖范世東이 皆有天符經註解云이나

이 금 에 불 견　금 시 속　수 일 자 지 서
而今에 不見이오 今時俗이 雖一字之書라도

불 합 어 정 주 즉 중 시 위 집
不合於程朱則衆矢蝟集하고

유 봉 방 려　기 욕 전 천 경 신 고 지 훈　기 용 이 득 론 재
儒鋒方厲하니 其欲傳天經神誥之訓이나 豈容易得論哉아.

12. 倍達 時代부터 내려온 民族 音樂

桓檀古記

- 貢 바칠 공
- 供 받들 공
- 頭 머리 두
- 唱 노래할 창
- 使 하여금 사
- 祚 하늘 복 조 (복을 내리다)
- 吉 길할 길
- 允 진실로 윤
- 疏 주석 소
- 典 법 전
- 兜 도솔천 도
- 歡 기뻐할 환
- 循 좇을 순
- 歌 노래 가
- 主宰者 : 상제님
- 壽 목숨 수
- 授 줄 수
- 列 벌일 렬
- 聲 소리 성
- 悅 기쁠 열
- 昌 창성할 창
- 通 통할 통
- 離 떠날 리
- 侏 광대 주
- 祈 빌 기
- 康 편안할 강
- 迎 맞이할 영

신 시 지 악　왈 공 수　혹 운 공 수　우 왈 두 열
神市之樂을 曰貢壽오 或云供授오 又曰頭列이니

중　회 열 이 창 성　사 삼 신 대 열
衆이 回列以唱聲하야 使三神大悅하고

대 언 국 조 길 창　민 심 윤 열 야
代言國祚吉昌과 民心允悅也라.

백 호 통 소 의　왈 조 리　통 전 악 지　왈 주 리
白虎通疏義에 曰朝離오 通典 樂志에 曰侏離오

삼 국 사 기　왈 도 솔　　개 유 기 신 환 강
三國史記에 曰兜率이라 하니 蓋有祈神歡康하고

지 족 순 리 지 의 야　단 군 부 루 시　유 어 아 지 악
知足循理之義也라. 檀君扶婁時에 有於阿之樂하니

개 신 시 고 속　제 영 삼 신 지 가
蓋神市古俗의 祭迎三神之歌라

즉 기 왈 대 조 신　위 삼 신　위 천 지 주 재 자 야
則其曰大祖神은 謂三神이 爲天之主宰者也시니라

蘇塗經典本訓

상제님이 내려 주신 신교의 진리로 세상을 다스려 깨우치는 재세이화在世理化의 도는 **모두 하늘의 법[天符]**에 근본을 두어 거짓되지 않고, 만물을 기르는 땅의 덕성을 본받아 게으르지 않으며, 인정에 합치하여 어긋나지 않는다. 이러하니 천하의 공론이 어찌 한 사람이라도 다를 수 있겠는가?

언어의 장구한 역사 정신과 무궁한 뜻

『삼일신고』의 5대 종지(근본 뜻)도 『천부경』에 뿌리를 두고, 『삼일신고』의 궁극적인 정신 역시 『천부경』의 중일中一 정신의 이상에서 벗어나지 않는다. 그러므로 그 근원이 오래고, 그 문자의 뜻이 실로 광대함을 알 수 있으리라.

세상에서 전하기를 목은牧隱 이색李穡*과 복애伏崖 범세동范世東*이 모두 『천부경 주해』를 남겼다고 하나 오늘날 찾아볼 수 없다. 지금의 시대 풍조가 한 자의 글이라도 정주학程朱學에 부합하지 않으면 뭇사람의 비판이 화살처럼 쏟아지고, 유가의 예봉이 금시라도 날아올 듯하니, 『천부경』과 『삼일신고』의 가르침을 전하고자 한들 어찌 쉽게 논할 수 있으리오?

12. 배달 시대부터 내려온 민족 음악

신시 배달 시대의 음악을 공수貢壽 혹은 공수供授 또는 두열頭列(두레)이라 했다.

사람들이 둥글게 모여 노래를 불러 삼신을 크게 기쁘게 해 드리고, 나라에 복을 내려 길하고 창성하게 하고, 백성의 마음을 진실로 기쁘게 해 달라고 대신 말하였다.

『백호통소의白虎通疏義』*에는 조리朝離라 하고, 『통전通典』*「악지樂志」*에는 주리侏離라 하며, 『삼국사기』에는 도솔兜率이라 하였으니, 대체로 '신에게 삶의 기쁨과 평안함을 빌며, 분수를 알고 천리를 좇는다'는 뜻이 담겨 있다.

부루단군 때에 **어아지악**於阿之樂[21]이 있었는데, 이것은 신시의 옛 풍속으로 제사를 지내면서 **삼신을 맞이하는 노래**이다. 가사에 나오는 **대조신**大祖神은 삼신을 말하는데 하늘의 주재자(상제님)이시다.

---

* **목은 이색**(1328~1396): 고려 말의 대학자.
* **복애 범세동**(?~?): 고려 말의 학자. 이름은 장樟. 초명初名은 세동世東. 호는 복애伏崖 또는 복애거사이다. 『북부여기』의 저자.
* **정주**程朱: 중국 송宋나라의 성리학자 정호程顥(정명도, 1032~1085), 정이程頤(정이천, 1033~1107) 형제와 주희朱熹(1130~1200)를 가리킨다.
* 『**백호통소의**白虎通疏義』: 후한後漢 때 반고班固가 지은 『백호통』에 주해를 붙인 책이다. 『백호통』은 중국 오경五經에 보이는 작爵·호號·시諡·오사五祀 등의 항목에 대하여 옛 뜻을 해석한 책이다.
* 『**통전**通典』: 당나라의 두우杜佑(735~812)가 지은 200권의 책. 권 185, 186의 변방邊防 1, 2(東夷)는 특히 우리나라 고대사 자료가 된다.
* **악지**樂志: 당唐나라 재상 두우杜佑가 편찬한 제도사制度史.

▸儀 거동 의	▸象 모양 상
▸熱 더울 열	
▸功能 : 공적과 재능	
▸情 뜻 정	▸志 뜻 지
▸應 응할 응	
▸報應 : 착한 일은 착한 대로, 악惡한 일은 악한 대로 선악善惡이 되갚음 됨	
▸尙 숭상할 상	
▸叅 참여할 참(參의 속자)	
▸戒 경계할 계	▸皁 검을 조
▸律 법률	▸冠 갓 관
▸帶 두를 대	▸射 쏠 사
▸貫 꿸 관	▸革 가죽 혁
▸貫革 : 과녁의 원말	
▸假 거짓 가	▸魁 우두머리 괴

고 이태양   위의상
故로 以太陽으로 爲儀象하고

이 광 열   위 공 능
以光熱로 爲功能하고

이 생 화 발 전   위 정 지
以生化發展으로 爲情志하고

이 화 복 보 응   위 정 의
以禍福報應으로 爲正義하나니

자시 속상 참전유계   조의유율
自是로 俗尙이 叅佺有戒하고 皁衣有律하나니

의 관 자 필 대 궁 시   능 사 자 필 득 고 위
衣冠者는 必帶弓矢하고 能射者는 必得高位하야

선 심 위 수 행 지 본   관 혁 위 가 상 지 악 괴
善心은 爲修行之本하고 貫革은 爲假想之惡魁하니라.

祭祀의 精神과 그 마음가짐

▸謹 삼갈 근	▸使 시킬 사
▸團 모일 단	▸結 맺을 결
▸自當 : 스스로 담당함	
▸接 사귈 접	▸攘 물리칠 양
▸宜 마땅할 의	▸積 쌓을 적
▸忘 잊을 망	
▸諸 어조사 저(之乎의 축약)	
▸舞 춤출 무	
▸遼 나라 이름 료	
▸繞 둘러쌀 요	▸欲 바랄 욕
▸致 이를 치	▸設 설치할 설
▸床 평상 상	▸薦 올릴 천
▸追 따를 추	
▸遠 멀 원	
▸重 중할 중	
▸續 이을 속	
▸訓 가르침 훈	

제 사 필 근   사 지 보 본   일 심 단 결   자 당 접 화 군 생
祭祀必謹하야 使知報本하며 一心團結하야 自當接化羣生하며

내 수 외 양 개 득 시 의   즉 배 달 국 광 영
內修外攘이 皆得時宜하니 則倍達國光榮이

백 백 천 천 년 소 적 고 지 대 은 덕   기 가 일 각 망 저
百百千千年所積高之大恩德을 豈可一刻忘諸아.

고 자 제 천   유 무 천 지 악
古者祭天에 有舞天之樂하니

여 요 사 예 지 소 운 요 천 시 야
如遼史禮志所云繞天이 是也라

부 제 자 필 선 상 생   욕 치 여 상 생 지 성 야
夫祭者는 必先象生이니 欲致如常生之誠也오

입 주 설 상   이 천 공 자 내 욕 표 친 견 지 의 야
立主設床하야 以薦供者는 乃欲表親見之儀也오

추 원 보 본 자   기 욕 중 금 생 이 속 유 후 지 훈 야
追遠報本者는 其欲重今生而續有後之訓也니라.

13. 檀君朝鮮 後期의 國制와 呼稱 變更

▸辯 판별할 변	▸經 경서 경
▸藏 감출 장	▸唐 넓을 당
▸稱 일컬을 칭	▸壤 땅 양
▸索 찾을 색	▸弗 아닐 불
▸婁 별 이름 루	▸備 갖출 비

대 변 경 운 단 군 구 물   개 국 호   위 대 부 여
大辯經에 云「檀君丘勿이 改國號하사 爲大夫餘하시고

개 도 장 당 경   금 위 개 원   역 칭 평 양
改都藏唐京하시니라」 하니 今爲開原이오 亦稱平壤이라

삼 조 선 지 칭   시 어 단 군 색 불 루 이 미 비   지 시 이 비
三朝鮮之稱이 始於檀君索弗婁而未備하고 至是而備하니

그러므로 태양을 삼신상제님의 모습으로 여기고 태양의 빛과 열을 삼신의 공능功能으로 여기며, 만물이 생겨나 자라고 발전해 가는 모습에서 삼신의 심정과 뜻을 헤아리고, 재앙과 행복이 우리 인생에 보응하는 것을 삼신상제님의 정의로 여겼다.

이때부터 세상에서는 **참전**參佺*에게 지켜야 할 계戒가 있고, **조의**皂衣에게 율律이 있어 숭상하였는데, 의관을 갖춘 자는 반드시 활과 화살을 차고 다니고, 활을 잘 쏘는 사람은 반드시 높은 지위를 얻었다. **착한 마음을 수행의 근본으로 삼고**, 과녁을 악의 우두머리로 가정하고 활을 쏘았다.

제사의 정신과 그 마음가짐

제사를 지낼 때는 반드시 근신해서 근본에 보은하는 것을 알게 하고, 한마음으로 단결하여 스스로 뭇생명과 어울렸다. 안으로 덕을 닦고 밖으로 외적을 물리치는 것이 모두 때에 알맞게 이루어졌으니, 배달의 영광이 수천 년 동안 높이 쌓여 이루어진 큰 은덕임을 어찌 한시라도 잊을 수 있으리오.

옛적에 하늘에 제사 지낼 때에는, **하늘맞이 음악**[舞天之樂]이 있었다. 『요사遼史』*「예지禮志」에 전하는 **요천繞天**이 바로 이것이다.

대저 우리 민족의 제사는 반드시 먼저 살아 계신 것과 같이 하였으니, 항상 조상이 살아 계신 것처럼 정성을 들이려는 것이다. 신주神主*를 모시고, 상을 차리고 제물을 올리는 것은 친견하는 듯한 예의를 나타내고자 함이다. 돌아가신 분을 추모하여 **선령의 은혜에 보답**[追遠報本]**하는 것은 지금의 삶을 소중하게 여기고 후손으로 하여금 가르침을 계승하게 하려는 것이다.**

13. 단군조선 후기의 국제와 호칭 변경

『대변경大辯經』*에, "구물단군(44세)께서 국호를 바꾸어 **대부여**라 하고, 도읍을 장당경으로 옮기셨다"라고 했는데, 그곳은 지금의 **개원**開原이고, **평양***으로도 불렸다. 삼조선이라는 명칭은 색불루단군(22세) 때에 시작되었으나 그 제도는 미비하였는데, 이때에 이르러 완전하게 정비되었다.

✱ **참전**參佺: 고구려 명재상 을파소가 국상國相이 되어 나이 어린 영명한 준재들을 뽑아 선인 도랑仙人徒郞으로 삼았는데, 이들 중 '교화를 주관하는 자'를 참전이라 하였다. 또 여러 사람 중에 계戒를 잘 지키는 사람을 선발하여 신에게 제사 지내는 일을 맡겼다. 그리고 '무예를 관장하는 자'는 조의皂衣라 하여 계율을 지켜 공적인 일을 위해서는 몸을 던져 앞장서도록 하였다(『태백일사』「고구려국본기」 참조).

✱ 『요사遼史』: 요遼(916~1125)나라의 정사正史. 원元나라 순제順帝의 명을 받아 탈탈脫脫 등이 지은 116권의 책. 특히 「지리지地理志」에는 우리 고대사 관련 자료가 많이 실려 있다.

✱ 신주: 위패位牌를 말함.

✱ 『대변경大辯經』: 우주의 대진리(삼신의 우주 정신과 역사 정신)의 대의를 대변한 경전. 『대변경』은 고려 시대 때 서운관書雲觀에 있었다. 조선 세조 3년에 전국에 수서收書령을 내릴 때 그 목록에도 들어 있던 것으로 미루어 조선 시대까지도 잔존해 있었음을 알 수 있다.

✱ 고대에 평양으로 불린 곳은 여러 곳이다. 가장 널리 알려진 대동강 평양 외에 본서만 보더라도 지금의 요령성 해성海城 지역(「북부여기」 상), 개원開原 등이 평양으로 불렸음을 알 수 있다. 이와 같이 고대 한국어에서 평양은 '대읍大邑·장성長城'을 뜻하는 보통명사로도 쓰였다는 것이 최근 언어학자의 연구로 밝혀졌다(이병선, 『한국고대국명지명연구』, 132쪽).

三韓과 三朝鮮의 뜻

三韓은 有分朝管境之意오
三朝鮮은 有分權管境之制也라
先是에 大敎多端하야 人無能行者러니
自燕侵以來로 戰禍荐至하고
歲連不熟하며 又失治化하야 國力益衰라.

大夫餘의 精神 敎育 - '九誓之文'

日에 帝得天帝之夢敎하시고
因欲改新大政하사 命天帝廟庭에
立大木懸鼓하시고 三七爲期하야
序齒相飮하시며 勸化成册케 하시니 是爲九誓之會라
每以九誓之文으로
初拜而誓於衆曰 勉爾孝于家하라.
家有父母妻子하니 則誠心誠敬하야 推以友愛하며
誠奉祭祀하야 以報一本하며
敬接賓客하야 以善鄕隣하며 勸敎子弟하야 以養英才하라.
皆人倫敎化之大者也니 是孝慈順禮之敢不修行乎아.
衆이 一齊應聲曰諾이니이다 否者는 逐之하소서.
再拜而誓曰 勉爾友于兄弟하라.
兄弟者는 父母之所分也니 兄之所好는 則弟之所好也오
弟之所不好는 則兄之所不好也라.

삼한과 삼조선의 뜻

삼한이라는 말에는 '**조정을 나누어 통치한다**[分朝管境]'는 뜻이 있고, 삼조선은 '**권력을 나누어 통치**[分權管境]하는 제도를 둔다'는 말이다.[22]

이에 앞서 우리 민족의 위대한 가르침[大教]이 여러 갈래로 나뉘어 능히 실행하는 사람이 없더니 연나라의 침략을 받은 이후로는 전화戰禍가 거듭되고 해마다 흉년이 들었으며, 또 정치와 교화를 그르쳐 국력이 더욱 쇠퇴하였다.[23]

대부여의 정신 교육 – '아홉 가지 계율을 맹세[九誓]하는 글'

어느 날 구물단군께서 꿈에 천상의 상제님께 가르침[夢教]을 받고, 정치를 크게 혁신하려 하셨다. 그리하여 명을 내려 천제의 묘정廟庭에 큰 나무를 세워 북을 매달게 하고, **삼칠일**(21일)을 기약하여 나이 순서에 따라 서로 술을 마시게 하며 교화에 힘쓰시어 그 내용을 책으로 만들게 하시니, 이것이 **구서지회**九誓之會(아홉 가지 계율을 맹세하는 모임)*이다. 모일 때마다 이 구서九誓의 글로써 백성을 교화하셨다.

● 초배初拜를 하고 무리에게 맹세하여 이르시기를, "너희는 집에서 부모에게 효도하도록 힘쓸지어다. 가정에는 부모와 처자가 있으니 성심誠心과 성경誠敬을 다하여 우애 있게 지내라. 정성을 다해 제사를 받들어 네 생명의 근본 뿌리(조상과 삼신상제님)에 보답하여라. 손님을 공손히 접대하여 마을 사람과 친하게 지내고, 자식을 잘 권하고 가르쳐서 영재英才로 기르도록 하여라. 이 모두 인륜 교화의 대강령大綱領이니, 이러한 효도와 자애로움과 순종과 예의[孝慈順禮]를 누가 감히 수행하지 않겠느냐?" 하셨다.

사람들이 일제히 소리쳐 대답하기를, "옳습니다. 따르지 않는 자는 쫓아내야 할 것입니다"라고 하였다.

● 재배再拜를 하고 맹세하여 이르시기를, "너희는 집에서 형제 사이에 우애 있게 지내도록 힘쓸지어다. 형제는 부모가 나누어진 바이니 형이 좋아하는 것은 아우도 좋아하는 것이요, 아우가 싫어하는 것은 형도 싫어하는 것이니, 어떤 일을 좋아하고 싫어함은 누구를 막론하고 같은 것이니라. 내 몸에서 시작하여 사물에 미치게

---

* **구서지회**九誓之會: 44세 구물단군께서 꿈에 상제님께 가르침[夢教]을 받아 내정을 혁신하고 구서지회九誓之會를 열어 크게 발전시켰는데, 이것이 바로 저 유명한 부여구서夫餘九誓이다. 부여의 구서는 '효孝·우友·신信·충忠·손遜·지知·용勇·염廉·의義'를 말한다. 이를 계승한 고구려의 다물오계多勿五戒는 '충忠·효孝·신信·용勇·인仁'이다. 이와 같이 우리나라에서는 유불선 삼교三教가 들어오기 훨씬 이전에 '환국오훈桓國五訓', '삼륜구서三倫九誓', '부여구서', 고구려의 '다물오계,' 신라의 '세속오계' 등 신교의 윤리 도덕과 규범이 있었다. 이러한 윤리 도덕과 규범을 전 백성을 교화하는 근본정신, 교육 강령으로 삼았던 것이다.

한자	훈음	한자	훈음
物	사물 물	及	미칠 급
親	친할 친	疎	성길 소
推	헤아릴 추		
鄕國	: 고국이나 고향		
興	흥성할 흥	友	벗 우
睦	화목할 목	恕	용서할 서
敢	감히 감		
應	응할 응	聲	소리 성
諾	승낙할 낙	否	아닐 부
逐	쫓을 축	勉	힘쓸 면
爾	너 이	師	스승 사
磨	갈 마	過	지날 과
失	잃을 실		
過失	: 부주의나 태만 따위에서 비롯된 잘못이나 허물		
警	경계할 경	樹	세울 수
就	나아갈 취		
信實	: 믿음직하고 착실함		
勤	부지런할 근		

물래지호불호 인아상동야 자신이급물
物來之好不好는 人我相同也니 自身而及物하고

자친이급소 이여시지도
自親而及疎하야 以如是之道로

추지향국즉향국 가흥야 추지천하즉천하 가화야
推之鄕國則鄕國을 可興也며 推之天下則天下를 可化也니

시우목인서지감불수행호
是友睦仁恕之敢不修行乎아

중 응성왈낙 부자 축지
衆이 應聲曰 諾이니이다 否者는 逐之하소서.

삼배이서왈면이신우사우
三拜而誓曰 勉爾信于師友하라.

사우자 도법지소립야 덕의상마 과실상경
師友者는 道法之所立也니 德義相磨와 過失相警과

학문수립 사업성취자 개사우지력야
學問樹立과 事業成就者가 皆師友之力也라

시신실성근지감불수행호
是信實誠勤之敢不修行乎아.

중 응성왈낙 부자 축지
衆이 應聲曰 諾이니이다 否者는 逐之하소서.

사배이서왈면이충우국
四拜而誓曰 勉爾忠于國하라.

한자	훈음	한자	훈음
設	세울 설	增	늘릴 증
進	나아갈 진	富	부유할 부
護	보호할 호	守	지킬 수
恢	넓힐 회	張	넓힐 장
權	권한 권		
勢	기세 세		
歷	지낼 력		
史	역사 사		

국자 선왕지소설야 금민지소식야
國者는 先王之所設也오 今民之所食也니

개신국정 증진국부
改新國政하야 增進國富하며

호수국토 회장국권
護守國土하며 恢張國權하야

이고국세 이광역사자 개국지래야
以固國勢하고 以光歷史者가 皆國之來也라.

시충의기절지감불수행호
是忠義氣節之敢不修行乎아.

중 응성왈낙 부자 축지
衆이 應聲曰 諾이니이다 否者는 逐之하소서.

遜	겸손할 손
羣	무리 군
卑	낮을 비
受	받을 수
係	맬 계
離	떠날 리
脫	벗을 탈
後	뒤 후
退	물러날 퇴
厭	싫어할 염

오배이서왈면이손우군일운비하
五拜而誓曰 勉爾遜于羣一云卑下하라.

군자 개천제지민 여아동수삼진자야
羣者는 皆天帝之民이니 與我同受三眞者也라

주성지소본야 국력지소계야
主性之所本也오 國力之所係也니

상불손즉하리 우불손즉좌탈
上不遜則下離하고 右不遜則左脫하며

전불손즉후퇴 하불손즉상염
前不遜則後退하고 下不遜則上厭하며

하고, 친한 사람부터 시작하여 친하지 않은 사람에게까지 미치게 하여야 하느니라. 이 같은 도리로써 나라 일을 미루어 헤아린다면 나라를 흥하게 할 수 있으며, 천하를 미루어 살핀다면 천하를 크게 감화시킬 수 있느니라. 이러한 '우애와 화목과 어진 마음과 용서하는 도리[友睦仁恕]'를 누가 감히 수행하지 않겠느냐?" 하셨다.

사람들이 대답하기를, "옳습니다. 따르지 않는 자는 쫓아내야 할 것입니다"라고 하였다.

● 삼배三拜를 하고 맹세하여 이르시기를, "너희는 스승과 벗에게 믿음으로 행동하도록 힘쓸지어다. 스승과 벗이 도법道法을 세우느니라. 덕과 의를 서로 연마하고, 잘못을 서로 경계하며, 학문을 정립하고 사업을 이루는 것이 모두 스승과 벗의 힘이니라. 이러한 '믿음과 진실과 성실과 근면[信實誠勤]'을 누가 감히 수행하지 않겠느냐?" 하셨다.

사람들이 대답하기를, "옳습니다. 따르지 않는 자는 쫓아내야 할 것입니다"라고 하였다.

● 사배四拜를 하고 맹세하여 이르시기를, "너희는 나라에 충성하도록 힘쓸지어다. 나라는 선왕께서 세우신 것이요, 오늘날 백성이 먹고사는 곳이니라. 국정을 쇄신하여 나라의 부를 증진하고 국토를 수호하며 국권을 크게 넓혀야 할 것이니라. 이렇게 나라의 힘을 굳건히 하고 역사를 빛내는 것은 모두 국가의 내일을 위함이니라. 이러한 '충성과 정의와 기개와 절개[忠義氣節]'를 누가 감히 수행하지 않겠느냐?" 하셨다.

사람들이 대답하기를, "옳습니다. 따르지 않는 자는 쫓아내야 할 것입니다" 하였다.

● 오배五拜를 하고 맹세하여 이르시기를, "너희는 세상 사람(혹은 비천한 사람)에게 공손히 대하도록 힘쓸지어다. 사람은 모두 상제님의 백성이며, 나와 더불어 똑같이 세 가지 참됨三眞(본성·목숨·정기)을 받았느니라. 하늘의 참 성품을 근본으로 하여 태어났으니, 국력이 사람에게 매여 있느니라.

윗사람이 겸손하지 않으면 아랫사람이 떠나고, 오른쪽이 불손하면 왼쪽이 이탈하느니라. 앞에서 불손하면 뒤에서 물러나고, 아랫사람이 불손하면 윗사람이 싫어하며, 왼쪽이 불손하면 오른쪽이 떨어지고, 뒤에서 불손하면 앞에서 멀어지느니라. 이제 겸손하고

▶疎 멀어질 소	▶遜 겸손할 손
▶讓 겸손할 양	▶尊 공경할 존
▶通 통할 통	▶侮 업신여길 모
▶止 그칠 지	▶恭 공손할 공
▶謹 삼갈 근	▶治 다스릴 치
▶亂 어지러울 란	
▶關 빗장 관. 관건關鍵	
▶約 맺을 약	
▶立約 : 입법立法	
▶施 베풀 시	
▶施政 : 행법行法	
▶行刑 : 사법司法	
▶職 직책 직	▶權 권한 권
▶侵 침노할 침	▶越 넘을 월
▶邁 뛰어날 매	▶路 길 로
▶廣 넓을 광	▶採 수집할 채
▶技 재주 기	▶藝 재주 예
▶鍊 익힐 련	▶磨 갈 마
▶經 지날 경	▶驗 시험 험
▶致 이를 치	▶積 쌓을 적
▶務 힘쓸 무	▶均 고를 균
▶舒 펼 서	▶達 통할 달
▶陣 진영 진	▶決 결단할 결
▶貶 떨어질 폄	
▶偶 허수아비 우	
▶妻 아내 처	▶沒 빠질 몰
▶奴 종 노	▶應 응할 응
▶接 접할 접	▶莫 없을 막
▶吾 나 오	▶售 팔 수
▶傳 전할 전	▶與 보다는 여
▶存 있을 존	▶寧 차라리 녕
▶若 같을 약	▶終 마칠 종
▶劃 그을 획	▶然 그러할 연
▶犧 희생 희	▶牲 희생 생
▶犧牲 : 남을 위하여 자기 목숨을 바침	
▶規 법도 규	▶制 억제할 제
▶整 가지런할 정	▶肅 엄숙할 숙
▶賞 상줄 상	▶罰 벌줄 벌
▶須 모름지기 수	
▶正平 : 되질이나 저울질 따위를 꼭 바르게 함	
▶濟 건널 제	▶亭 기를 정
▶毒 기를 독	▶倫 인륜 륜
▶亭毒 : 길러 자라게 함. 화육化育함. 亭은 형체, 毒은 성격의 형성을 뜻함	
▶勇 용감할 용	▶膽 쓸개 담
▶武 군셀 무	▶俠 호협할 협

左不遜則右落하고 後不遜則前疎라
今遜讓相尊하야 合羣通力하면 則外侮를 可止也며
內治를 可修也니 是遜讓恭謹之敢不修行乎아.
衆이 應聲曰諾이니이다 否者는 逐之하소서.
六拜而誓曰 勉爾明知于政事하라.
政事者는 治亂之所關也니
風伯之立約과 雨師之施政과 雲師之行刑이 各有職權하야
不相侵越也라 今에 知見高邁하며
言路廣採하며 技藝鍊磨하며
經驗致積하면 則國務를 可均也며
民事를 可舒也니 是明知達見之敢不修行乎아.
衆이 應聲曰諾이니이다 否者는 逐之하소서.
七拜而誓曰 勉爾勇于戰陣하라.
戰陣者는 存亡之所決也니 國不存 則君父가 貶爲木偶하고
主不立則妻子가 沒爲人奴也라.
應事接物이 皆莫非吾道也며
售世傳敎가 亦莫非吾事也니 與其無國而生하며
無主而存으론 寧若有國而死하며 有主而終乎아.
今에 劃然有空我犧牲之風하야 規制整肅하며
善群自治하야 而賞與罰이 必須正平하며
人與我가 亦信義相濟하면 則亭毒群倫하야
能福千萬人也라. 是勇膽武俠之敢不修行乎아.

사양하며 서로 존중하고 세상 사람과 모든 일에 힘을 합하면, 밖으로 다른 나라의 업신여김을 그치게 하고 안으로 정치가 잘 이루어지게 되리라. 이러한 '겸손과 겸양과 공경과 삼감[遜讓恭謹]'을 누가 감히 수행하지 않겠느냐?" 하셨다.

사람들이 대답하기를, "옳습니다. 따르지 않는 자는 쫓아내야 할 것입니다"라고 하였다.

● 육배六拜를 하고 맹세하여 이르시기를, "너희는 정사政事를 분명하게 잘 알도록 힘쓸지어다. 정사는 세상이 잘 다스려지는 것과 어지러워지는 것[治亂]의 관건이니라. 풍백이 공약(법)을 제정하고[立約], 우사가 정사를 베풀고[施政], 운사가 형벌을 집행[行刑]하는 것은 각자의 직권이 따로 있어서 그렇게 하는 것이니, 서로 월권하지 말아야 하느니라.* 이제 지식과 견문을 고매하게 하고 언로[言路]를 널리 수렴하고, 기예技藝를 연마하고 경험을 잘 쌓으면, 나라 일이 균형을 이루고 백성이 행하는 모든 일이 순조로이 펼쳐지리라. 이러한 '밝은 지혜와 탁월한 식견[明知達見]'을 누가 감히 수행하지 않겠느냐?" 하셨다.

사람들이 대답하기를, "옳습니다. 따르지 않는 자는 쫓아내야 할 것입니다" 하였다.

● 칠배七拜를 하고 맹세하여 이르시기를, "너희는 전쟁터에서 용감하도록 힘쓸지어다. 전쟁터는 나라의 존망이 결정되는 곳이니라. 나라가 없으면 임금과 아비는 허수아비로 전락하고, 가주家主가 자리를 잡지 못하면 처자는 남의 노비가 되느니라. 일을 처리하고 사물을 접하는 일이 모두 우리 도道가 아님이 없고, 대대로 신교의 가르침을 자손에게 전해야 하는 것 또한 반드시 우리가 해야 할 일임을 명심할지어다. 나라 없이 살고 주권 없이 살아남는 것보다는 차라리 나라를 보존하고 죽으며 주권을 세우고 생을 마치는 것이 나으니라.

이제 분명히 나를 비우고 희생하는 기풍을 일으켜, 몸과 마음을 정숙하게 다스리고, 무리를 잘 다스리고 자신을 잘 다스려 상과 벌이 반드시 바르고 공평해질 것이다. 남과 내가 신의를 잘 지키면, 뭇백성이 잘 길러져서 천만 사람이 능히 복을 받게 될 것이다. 이러한 '용기와 담대와 강건과 의협 정신[勇膽武俠]'을 누가 감히 수행하지 않겠느냐?" 하셨다.

* 풍백·우사·운사를 삼한三韓이라고도 한다. 이것은 배달 환웅 시대 때 신교의 삼신 신앙(사상)을 바탕으로 한 국가 통치 제도의 기본 조직으로서 입법관, 행정관, 사법관을 말한다. 그 후 단군조선 시대에 내려와 삼신의 우주관인 천일·지일·태일의 정신을 기초로 하여 진한·번한·마한으로 나누어 다스린 삼한관경제와 삼경三京 제도로 발전되었다. 오늘날 입법·사법·행정으로 3권을 분립하는 제도가 이미 삼성조 시대에 행해지고 있었다. 삼권 분립 제도, 상·하 양원제 의회, 선거 제도가 환국에서 건너간 북미 인디언(이로쿼이족 연맹)에게도 있었다는 것은 놀라운 일이다. 메디슨, 프랭클린, 제퍼슨 등은 인디언의 제도를 연구하여 미국 헌법에 채택했다고 한다(톰 하트만, 김옥수 옮김, 『우리 문명의 마지막 시간들』, 296~299쪽).

▶應 응할 응	▶聲 소리 성
▶諾 승낙할 낙	▶否 아닐 부
▶逐 쫓을 축	▶勉 힘쓸 면
▶爾 너 이	▶廉 청렴할 렴
▶昧 어두울 매	▶通 통할 통
▶偏 치우칠 편	▶嗜 즐길 기
私利: 개인의 사사로운 이익	
▶痿 저릴 위	▶病 병들 병
▶獨 홀로 독	▶矜 자랑할 긍
▶腐 썩을 부	▶敗 무너질 패
▶蠢 어리석을 준	
蠢蠢: 어리석어 사리판단을 못하는 사람의 움직임	
▶害 해칠 해	▶因 인할 인
▶循 돌 순	▶積 쌓을 적
▶沈 잠길 침	▶溺 빠질 닉
▶莫 없을 막	▶救 구원할 구
▶潔 깨끗할 결	▶淸 맑을 청
▶作 지을 작	▶職 맡을 직
▶就 나아갈 취	▶責 꾸짖을 책
▶任 맡길 임	▶却 도리어 각
▶失 잃을 실	▶盡 다할 진
▶侮 업신여길 모	▶謔 희롱할 학
侮謔: 업신여기고 농지거리함	
▶毁 헐 훼	▶壞 무너질 괴
食力: 자기의 힘으로 생계를 유지함	
▶誰 누구 수	▶凌 업신여길 릉
▶侵 침노할 침	▶奪 빼앗을 탈
▶起 일어날 기	▶捲 말 권
▶藏 감출 장	▶竅 구멍 규
▶擴 넓힐 확	▶盈 찰 영
▶俗 풍속 속	▶尙 오히려 상
▶淳 순박할 순	▶厚 두터울 후
俗尙: 세속의 기호嗜好	
俗尙淳厚: 세상사람이 순박하고 두터운 것을 좋아한다는 뜻	
▶勇 용맹할 용	
公戰: 국가의 의사意思에 의한 전쟁	
▶勤 부지런할 근	
公利: 공익과 이익	
▶敏 민첩할 민	
公德: 공중公衆을 위하는 도덕적인 의리	
▶勸 권장할 권	
▶規 바로잡을 규	
▶慈 사랑 자	▶歸 의탁할 귀

衆이 應聲曰 諾이니이다 否者는 逐之하소서.

八拜而誓曰 勉爾廉于身하라.

行不廉 則良心自昧하고 能廉則神明自通하며

偏嗜私利 則必痿病하고 獨善自矜 則必腐敗하나니라.

蠢蠢自足하야 自害害人하며

因循相積하면 沈溺莫救者也라.

是廉直潔淸之敢不修行乎아.

衆이 應聲曰 諾이니이다 否者는 逐之하소서.

九拜而誓曰 勉爾義于職業하라.

人之作職就業이 必有責任하니

一有不義而却失自盡이면 則必有侮謔而毁壞며

若有正義而公信食力이면 則誰可凌侮而侵奪也哉아.

義者는 羣力之所起也오

正氣之所發也니 捲之以藏于九竅하며

擴之以盈于天地者也라.

是正義公理之敢不修行乎아.

衆이 應聲曰 諾이니이다 否者는 逐之하소서.

自是로 俗尙이 淳厚하야 勇於公戰하며

勤於公利하며 敏於公事하며

明於公德하야 善業勸而過失規하며

自成禮義慈愛之俗하야 同歸于三神歸命之化也러라.

사람들이 대답하기를, "옳습니다. 따르지 않는 자는 쫓아내야 할 것입니다" 하였다.

● 팔배八拜를 하고 맹세하여 이르시기를, "너희는 몸가짐에 청렴하도록 힘쓸지어다. 행동이 청렴하지 않으면 양심이 저절로 어두워지고, 능히 청렴하게 행하면 너의 신명神明이 저절로 통하느니라. 사리사욕을 지나치게 좋아하면 반드시 몹쓸 병이 나고, 독선과 아집으로 자만심에 빠지면 반드시 정신이 부패하게 되느니라. 어리석게 스스로 자만에 빠지면 자신과 남을 해치게 될지라. 이러한 구습이 계속 쌓이면 깊이 빠져들어 구제할 도리가 없게 되느니라.

　이러한 '청렴과 강직과 순결과 맑은 마음[廉直潔淸]'을 누가 감히 수행하지 않겠느냐?" 하셨다.

　사람들이 대답하기를, "옳습니다. 따르지 않는 자는 쫓아내야 할 것입니다" 하였다.

● 구배九拜를 하고 맹세하여 이르시기를, "너희는 직업을 가짐에 의롭게 행하도록 힘쓸지어다. 사람이 직업을 가지면 반드시 책임이 뒤따르느니라. 만일 불의하여 스스로 최선을 다하는 것을 잃어버린다면, 반드시 모멸 받고 조롱거리가 되어 무너져 버리리라. 만일 정의롭게 행하여 모든 사람이 자신의 힘으로 노력하여 먹고산다는 것을 믿어 준다면, 그 누가 업신여기고 강제로 빼앗을 수 있겠느냐?

　의로움이란 여러 사람의 단합된 힘이 일어나는 곳[群力之所起]이고, 정도正道의 기운이 발하는 곳[正氣之所發]이니, 이것을 줄이면 인체의 아홉 구멍에 감추어지고 늘이면 천지에 가득 차게 되느니라. 이처럼 정의롭고 보편적인 이치를 누가 감히 수행하지 않겠느냐?"라고 하셨다.

　사람들이 대답하기를, "옳습니다. 따르지 않는 자는 쫓아내야 할 것입니다" 하였다.

　이때부터 세속에서는, 순박하고 인정이 두텁고, 나라를 위한 전쟁에 임하면 용감히 나서고 사람들이 공리公利에 힘쓰고, 공적인 일을 민첩하게 하고, 공덕公德에 밝아져, 좋은 일을 서로 권장하고, 허물과 잘못을 서로 바로잡아 주는 것을 숭상하였다. 그리하여 저절로 예의 바르고, 의롭고 어질고 서로 사랑하는[禮義慈愛] 풍속을 이루어 백성이 다 함께 삼신상제님께 귀의하여 교화에 젖어들게 되었다.

14. 韓民族 神教의 禮法

檀君世紀에 曰「交拇加右手하야 行三六大禮라」하니

交拇者는 右拇는 點子하고 左拇는

點亥하야 而加右手하야 作太極形也라.

古者에 跪必先揖也오

拜必先揖而跪也니 乃禮之常也라.

揖之爲言은 聚也니 聚心拱手而念天也오

跪者는 順也니 順氣合膝而謝地也오

拜者는 獻也니 獻身叩頭而報先也라.

獻은 一作現也니 頭至手曰拜手오

頭至地曰叩頭니 叩頭는 卽稽顙也라.

- 交 교차할 교
- 拇 엄지손가락 무
- 加 더할 가
- 右 오른 우
- 手 손 수
- 點 가리킬 점
- 子 첫째 지지 자
- 亥 열두째 지지 해
- 形 형상 형
- 跪 꿇어앉을 궤
- 揖 읍할 읍
- 乃 이에 내
- 禮 예도 례
- 常 항상 상
- 聚 모일 취
- 拱 두 손 맞잡을 공
- 念 생각할 념
- 順 순할 순
- 膝 무릎 슬
- 謝 사례할 사
- 拜 절 배
- 獻 바칠 헌
- 叩 조아릴 고
- 頭 머리 두
- 報 갚을 보
- 現 나타날 현
- 稽 머무를 계
- 顙 이마 상
- 稽顙: 극진히 존경하여 이마가 땅에 닿도록 몸을 굽혀 절함

15. 叅佺戒經의 由來와 根本 精神

太古 時節의 哲人 政治

叅佺戒經은 世傳乙巴素先生所傳也라.

先生이 嘗入白雲山하야 禱天이라가

得天書하니 是爲叅佺戒經이라.

大始에 哲人이 在上하사 主人間三百六十餘事하시니

其綱領이 有八條하니

曰誠과 曰信과 曰愛와 曰濟와 曰禍와 曰福과 曰報와 曰應이라

- 桓檀古記
- 叅 참여할 참(參의 속자)
- 佺 신선 이름 전
- 戒 계율 계
- 經 경서 경
- 傳 전할 전
- 巴 땅이름 파
- 素 밝을 소
- 嘗 일찍이 상
- 禱 빌 도
- 哲 밝을 철
- 餘 남을 여
- 綱 벼리 강
- 領 목 령
- 綱領: 일의 으뜸 되는 큰 줄거리
- 條 조목 조
- 濟 구제할 제
- 禍 재앙 화
- 應 응할 응

14. 한민족 신교의 예법*

『단군세기』에 이르기를, "엄지손가락을 교차하고 오른손을 왼손 위에 포개고 삼육대례三六大禮*를 행하였다"라고 했다. 엄지를 교차한다는 말은 오른쪽 엄지로 자子를 가리키고, 왼손 엄지로 해亥를 가리키게 하고 오른 손을 포개어 태극 형상을 만드는 것이다.

옛날에는 꿇어앉을 때 반드시 먼저 공손히 조아리며 읍揖을 하고, 절을 할 때도 반드시 먼저 읍을 하고 꿇어앉았는데, 이것이 예의 변하지 않는[常] 원칙이었다.

읍揖이란 '모은다[聚]'는 뜻인데, 마음을 모으고 두 손을 마주잡아 하늘을 사모하는 것이다.

궤跪란 '순종한다[順]'는 뜻으로, 기운을 순하게 하고 무릎을 모아 땅에 감사하는 것이다.

배拜란 '드린다[獻]'는 뜻이니, 몸을 바치고 머리를 조아려 선령에게 보답하는 것이다.

헌獻은 혹 현現이라고도 한다. 머리가 손에 이르는 것을 배수拜手라 하고, 머리가 땅에 이르는 것을 고두叩頭라 한다. 고두는 즉 이마가 땅에 닿도록 몸을 굽혀서 절하는 것이다.

15. 참전계경의 유래와 근본 정신

태고 시절의 철인 정치

『참전계경』은 을파소[24] 선생이 전하여 대대로 내려온 것이다. 선생이 일찍이 백운산에 들어가 하늘에 기도하다가 천서天書를 얻었는데, 이것이 『참전계경』이다.

태고 시절에는 철인이 윗자리에 앉아서 인간의 360여 가지 일을 주관하였는데, 그 강령은 **여덟** 조목으로 성誠·신信·애愛·제濟·화禍·복福·보報·응應이다.

- **정성**[誠]이란 참마음 속에서 일어나는 것이고, 혈성血誠으로 지키는 바이다. 여기에는 6체體 47용用의 가르침이 있다.

---

* 한민족의 예禮는 천지 법도에서 나온 것이다. 19세기 말 이 땅에 강세하신 강증산 상제님께서 창도創道하신 증산도甑山道에서는 사배심고四拜心告를 드릴 때 '반천무지攀天撫地'식으로 절을 한다. 이것은 원래 우주의 주재자이신 상제님께 천제를 드리던 한민족 고유의 예법이다. 반천무지─받들 반攀, 하늘 천天, 어루만질 무撫, 땅 지地, 곧 양 손을 들어올려 하늘을 받들고 땅을 어루만지는 식으로 사배를 드린 후에, 마지막으로 진리의 근본이신 상제님과 한민족의 국조삼신(환인·환웅·단군왕검)과 선령께 마음으로 기도를 드리는 것이다.

* **삼육대례**三六大禮:『단군세기』44세 구물단군 조 참조.

※ 『참전계경』:『천부경』, 『삼일신고』와 함께 한민족 고유의 3대 경전이라 불린다. 고구려 9세 고국천열제 때 명재상 을파소가 백운산白雲山(지금의 평안도 천마산天摩山)에서 기도하여 얻은 천서天書라 전한다. 그러나 을파소 자신은 "배달 환웅 시대 때 이미 참전계로써 교화대행敎化大行하였다(본서「소도경전본훈」)"라고 하였다. 그러므로 이미 그 이전에 있었던 것을 을파소가 다시 경전으로 다듬어 완성한 것으로 보인다. 참전계의 '전佺'은 '지智·덕德·체體 삼육三育을 겸전한, 완전하고 건전한 인격자'라는 의미이니, 참전계는 곧 '완전한 인간(佺=人+소)에 이르기 위해 지키고 연마해야 할 계율'이라는 뜻이다. 『참전계경』은 모두 8강령과 366절목節目으로 이루어져 있는데, 『태백일사』에 그 전문全文이 나와 있지는 않다. 현재 유통되는 『참전계경』은 단군교 측에서 소장한 본이고, 그 외에도 6개 본이 현존한다.

545

誠者는 衷心之所發이오 血誠之所守니 有六體四十七用하고

信者는 天理之必合이오 人事之必成이니 有五團三十五部하고

愛者는 慈心之自然이오 仁性之本質이니 有六範四十三圍하고

濟者는 德之兼善이오 道之賴及이니 有四規三十二模하고

禍者는 惡之所召니 有六條四十二目하고

福者는 善之餘慶이니 有六門四十五戶하고

報者는 天神이 報惡人以禍하고

報善人以福하니 有六階三十及하고

應者는 惡受惡報하고 善受善報하니

有六果三十九形이라.

故로 天雖不言이시나 陟降周護하시나니

知我者는 昌하고 求是則實이니

一以叅佺하야 全人受戒니라.

倍達 時代의 神敎 敎育 精神 : 五事八訓

乙巴素가 籤之曰 神市理化之世에 以八訓으로 爲經하고

五事로 爲緯하야 敎化大行하고

弘益濟物하니 莫非參佺之所成也라.

今人이 因此佺戒하야 益加勉修己하면

則其安集百姓之功이 何難之有哉아.

- **믿음**[信]이란 하늘의 이치와 반드시 부합하고 인간사를 반드시 성사시키는 것이다. 여기에는 5단團 35부部의 가르침이 있다.
- **사랑**[愛]이란 자비심이 자연스럽게 일어나는 것이요, 어진 성품의 본질이다. 여기에는 6범範 43위圍의 가르침이 있다.
- **구제**[濟]란 덕성이 갖추어진 선행으로, 도가 널리 남에게 미치는 것이다. 여기에는 4규規 32모模의 가르침이 있다.
- **화**禍란 악이 부르는 것이다. 여기에는 6조條 42목目이 있다.
- **복**福이란 착한 일을 하여 자손이 받는 경사이다. 여기에는 6문門 45호戶가 있다.
- **보**報란 천신이 악한 사람에게는 화로써 보답하고, 착한 사람에게는 복으로써 보답하는 것이다. 여기에는 6계階 30급級이 있다.
- **응**應이란 악은 악으로써 보답을 받고, 선은 선으로써 보답을 받는 것이다. 여기에는 6과果 39형形이 있다.

그러므로 하늘이 비록 말씀은 하지 않으시나 오르내리며 두루 보살펴 주시나니, 자신을 아는 자는 창성하고 옳은 것을 구하면 반드시 열매를 맺으리라. 한결같이 참전參佺으로써 모든 사람이 계戒를 받았다.

배달 시대의 신교 교육 정신 : 오사팔훈

을파소가 이렇게 자신의 의견을 적었다.

"배달 시대에 신교의 진리로 세상을 다스리던 시절에는 **팔훈을 날줄로 삼고 오사를 씨줄로 삼아** 교화가 크게 시행되고 세상을 널리 이롭게 하는 홍익인간 정신으로 만물을 구제하였으니, 『참전계경』의 내용으로 이루어지지 않은 바가 없었다.

오늘을 사는 사람들이 이 **전계**佺戒로 더욱 힘써서 자신을 수양한다면, 백성을 평안하게 하는 공덕을 실현하는 데 무슨 어려움이 있겠는가?"

주註

1) 양기良氣

우주의 조화 기운[氣]과 그 창조 원리[理]가 일체一體로 존재하는 조화의 힘(에너지)을 말한 것으로, 주기론主氣論의 정신을 담고 있다. 이 우주의 근원이 되는 기良氣의 총체적 조화를 우주 일신이라 하고, 구체적인 창조 원리를 삼신이라 한다. 그런데 이 삼신은 얼굴 없는 순수 인격의 대광명과 성신으로 만물을 낳고 기른다. 이 삼신의 주재자가 삼신상제님이시다.

2) 큰 빔 속에서 빛나는 밝음

우주의 본성은 허虛와 무無이다. 따라서 우리의 마음을 크게 비우고 세상을 건지겠다고 발심發心하고 참마음과 정성을 갖고 진실하게 생활을 하면, 우주의 모습이 대광명임을 체험할 수 있다.

3) 홍익인간 이념

환인께서 처음 여신 재세이화·홍익인간은 본래 환국의 7세 지위리환인께서 배달을 여신 초대 환웅천황에게 전수하신 가르침이다. 일연의 『삼국유사』「고조선 조」에도 환인께서 환웅에게 전수하신 역사 개창의 이념이라 기록되어 있다. 지금까지도 이 이념을 단군왕검께서 처음 여신 가르침으로 잘못 가르치고 있는데, 하루 속히 바로잡아야 할 국통國統에 관한 중대한 문제인 것이다.

"삼신상제님의 진리(신교)로써 백성을 교화하고[在世理化], 인간을 널리 이롭게 한다[弘益人間]"는 위대한 한민족의 인간 구원 정신은 수천 년간 민족의 가슴속 깊이 아로새겨져 면면히 이어져 왔다.

4) 환역桓易과 윷

환역이란 우리나라 고유의 역학을 말한다. 역학은 환역과 복희역과 금역 세 종류로 나눌 수 있다. 환역과 복희역과 금역은 각기 원圓과 방方과 각角으로, '천지리天之理'와 '천지체天之體'와 '천지명天之命'을 드러내는 것이다. 원과 방과 각은 우주만물이 생성하고 순환하는 자연의 법칙을 형상화한 것으로, 우주의 중심에서 만물이 시작되고 끝나는, 『천부경』에서 밝힌 이치를 잘 드러내 주고 있다.

윷놀이는 인류 역사상 가장 오래된 민속놀이이면서 동시에 우주만물의 변화 원리를 탐색하는 가장 철학적인 문화이다. 윷놀이는 천문 역법과 역학의 수리철학을 담고 있다. 뿐만 아니라 윷놀이는 대동세계와 이상세계의 지향을 목적으로 삼는 것이다. 『단군세기』에 따르면, 천하天河에서 거북이 윷판을 지고 나왔다고 한다.

1648년에 간행된 김육의 『송도지』에는 김문표金文豹(1568~1608)의 '사도설'이 실려 있다. 김문표는 윷판의 둥근 외곽은 하늘을, 네모진 속은 땅을 형상하고, 안팎으로 늘어선 점은 이십팔수로서 북극성이 제자리에 있고 뭇 별이 그것을 향해 있는 모습을 형상한 것이라 했다. 윷판을, 북두칠성의 운행원리를 활용한 것이라 볼 수 있다는 것이다. 또한 윷 가락이나 말의 모양과 숫자에는 음양오행의 심오한 이치가 담겨 있다. 윷놀이는 천시天時를 점쳐 한 해의 흉작과 풍년을 미리 알아보기 위한 것이다. 요컨대, 윷판은 하늘과 땅이 들어 있는 작은 우주이다. 윷판에서 큰 동그라미 모양의 방은 우주의 중심별인 추성樞星을 뜻하고, 주위 28점은 이십팔수에 해당한다. 넷으로 나뉜 안쪽은 밭과 사계절을 뜻하고, 태양의 소장 주기消長週期와 음양오행의 변화 원리를 뜻한다.

『태백일사』에서는 윷놀이를 『천부경』과 연관하여 설명하고 있다. 『천부경』이 나온 뒤에 일반 대중을 위하여 윷놀이를 고안하였고, 윷놀이를 통해 우주만물의 변화 원리를 담고 있는 환역을 알기 쉽게 풀이하였다는 것이다. 다시 말해 윷은 환역을 대중화시키기 위해 만든 민중역인 것이다. 신시 배달 시대의 우사인 복희가 환역을 만들고, 같은 시대의 선인인 발귀리의 후손 자부 선생이 윷놀이를 만들어 환역을 더욱 발전시켰다. 일월의 운행도수를 측정하고 오행의 수리를 미루어서 천문 역법을 발달시킨 것이다. 뒷날 창기소蒼其蘇가 자부 선생의 환역 사상을 계승하여 오행치수의 법을 밝혔다고 한다. 따라서 윷판과 윷놀이는 우리 민족 고유의 역학체계를 잘 보여주는 매우 소중한 문화유산이라 하겠다.

5) 인류의 정신 문명을 개창한 시조 태호복희

태호복희(BCE 3528~BCE 3413)는 배달의 5세 태우의환웅의 열두째 아들로, 인류 역사상 신교의 우주관을 처음으로 체계적이고 조직적으로 밝혀 낸 인류 정신 문화의 조종祖宗이 되는 분이다.

태호太皞(크게 밝음)라는 호에서 알 수 있듯이 환桓의 정신을 밝히고, 처음으로 정음정양正陰正陽의 윤리관에 따라 혼인 제도를 정하였으며, 그물을 만들어 짐승과 고기를 잡는 방법을 가르쳤다. 또한 복희팔괘를 그어 천지변화의 비밀을 밝혀 주신 역학易學의 시조이다. 태호복희씨의 성은 풍風씨인데, 처음으로 성姓을 썼으므로 성씨의 원조가 된다..

이와 같이 태호복희는 역사상 최초로 인륜도덕의 기준을 세우고, 삼계三界 우주의 창조 원리(신교 삼신 사상의 우주관)를 밝혀 내어 '인도 문명人道文明을 개창한 우리 동이족의 대성인'이다.

6) 『황부중경』과 음양오행 사상의 뿌리

고조선에는 황청적백현黃靑赤白玄으로 오부五部가 있었다. 오부의 대가大加는 중부中部의 황제를 비롯한 동·서·남·북의 청백적현靑白赤玄 오제五帝이다. 원래 신계神界에 오제五帝가 있어 오색五色·오행五行·오음五音 등을 나누어 관장하는데, 이를 표준으로 하여 인간 세상[人界]의 통치체제를 정하였던 것이다. 청淸나라의 고증학자考證學者 모기령毛奇齡이 지적한 바와 같이, 오행五行·오례五禮·오음五音과 구가九歌·구주九州·구공九功과 같이 '5·9 양수兩數'를 문물 제도에 활용하는 것은 하夏나라 우禹임금 이전에는 없었다. 중국에서 헌원軒轅을 황제黃帝라 하고, 태호복희를 청제靑帝라 한 것은 하우夏禹가 오제五帝의 명칭을 단군조선에서 수입해 간 뒤의 일이다.

신시 배달 시대 황부의 중경을 황제중경黃帝中經이라고도 하였다. 『황제중경』이란 곧 '황부黃部의 성경聖經'이라는 말이다. 단재 신채호는, 『오월춘추吳越春秋』에서는 '우禹가 중경中經을 얻어서 치수하였다' 하고, 기자箕子는 '우禹가 홍범을 얻어서 치수하였다' 하고, 『홍범』에는 '초일왈오행初一曰五行'이라 하였으니『중경中經』과 『홍범洪範』이 다른 글이 아니며, 다만 『홍범』은 기자가 주周 무왕武王을 위하여 그 대의를 역술譯述한 것이니『중경』의 전문全文은 아니라 하였다(신채호, 『조선상고문화사』; 이유립, 『대배달민족사』「천天」, 14쪽).

7) 최치원과 『천부경』의 유래

최치원(857~?)은 신라 말의 유학자이다. 당唐나라에 유학하여 관직에 오르고 귀국하여 시독侍讀 겸 한림학사翰林學士가 되었으나, 골품제骨品制를 시행한 정계에 실망하고 가야산에 들어가 신선이 되었다(『삼국유사』).

최치원이 한문으로 번역하여 전한『천부경』을, 『환단고기』를 편술한 운초 계연수가 1916년 9월 9일에 묘향산에서 발견하였다. 이를 일명 묘향산 석벽본石壁本이라 하는데, 본서『태백일사』에 실린 천부경 원본과 전문全文이 일치한다.

천부경의 다른 본本으로는『최문창후전집崔文昌侯全集』(성균관대학교 대동문화연구원大東文化硏究院 영인影印)에 나와 있는 고운孤雲 선생 사적事蹟본과 노사蘆沙(기정진奇正鎭, 1798~1879)본이 있다. 전자는 고운 문집 뒷편에 붙어 있는데 고운의 친필이 아니라 1925년에 후손인 최국술崔國述이 다른 판본을 인용하여 편찬한 것으로 석벽본과 일곱 자가 서로 다르다. 그런데 일곱 자 모두 음은 같고 글자만 달라 어떤 사람이 암송한 것을 전한 것으로 보인다. 문맥상으로 볼 때 석벽본이 정확하다고 할 수 있다. 후자인 노사蘆沙본은 지금도 적지 않게 유포되어 있는데 석벽본과 차이는 "앙명인중천지일昻明人中天地一"의 '지地'가 '중中'으로 되어 있다는 점이다. 노사계에서는 천부경을 흔히 전비문篆碑文으로 부른다고 한다(단군교,『부흥경략復興經略』, 26쪽).

그러나 위의 세 가지 본이 모두 최치원이 각비刻碑했다는 점에서 일치한다. 이 중 묘향산 석벽본, 즉 본서『태백일사』에 실린 것이 널리 통용되고 있다

(송호수, 『한민족의 뿌리사상』, 46~49쪽).

8) 신지의 전고비

원래 신지神誌는 사람 이름이 아니라 지금의 교육부장관 또는 문화부장관 격에 해당하는 배달·단군조선 때의 관직명官職名이다. 환웅천황의 명에 따라 『천부경』을 기록한 신지는 혁덕赫德이라는 이름이 밝혀져 있으나, 고운孤雲이 발견한 고비古碑를 쓴 사람은 누구인지 분명하지 않다. 따라서 환웅천황의 명을 받아 『천부경』을 녹서鹿書로 표기한 신지와 최치원이 발견한 고비古碑에 『천부경』을 전문篆文으로 표기한 신지는 같은 인물이 아니다. 다만 3세 가륵단군의 명을 받고 『배달유기』를 편찬한 이는 신지 고글高契이고, 또 6세 달문단군 때에 『신지비사神誌秘詞』의 제천서원문祭天誓願文을 쓴 사람은 신지 발리發理이다. 『고조선기』에 "신지는 청석靑石에다 삼일신고를 그려서 전했다[倧經合部: 三一神誥, 奉藏記]."라고 되어 있으나 여기서도 인명은 들어 있지 않다. 그러나 『천부경』과 『삼일신고』가 항상 동시에 강설講說된 전례를 볼 때, 『천부경』도 단군조선에서 『삼일신고』와 동시에 처음으로 청석에 전문篆文으로 각자刻字된 것이라 생각된다. 다만 고운이 발견한 그 전문각비와 단군 개국 초의 각비刻碑가 같은 것인지 알 수 없다(송호수, 『한민족의 뿌리사상』, 74쪽).

9) 고구려의 신교 낭가 정신의 맥

조의(조의선인)는 신라의 화랑과 같은 고구려의 신교 낭가郞家이다. 조의선인은 삼신상제님의 진리, 즉 한민족의 국교인 신교 사상으로 무장한 종교적 무사단武士團으로, 개인적인 성숙보다는 국가와 민족의 안녕과 번영을 위해 목숨을 초개같이 내던져 살신성도殺身成道하는 것을 삶의 이상과 목적으로 삼았던 '한민족 역사 개창의 주역들'이었다.

조의선인은 바로 한민족 고유의 선비인데, 유교·불교·도교 등 외래사상에 물들지 않은 선비는 문사文士가 아니라 '문무를 겸한 상무尙武적 무사武士'였다. 그들은 평상시에 삼신상제님의 신교 진리를 터득하고 무예를 연마하여 학문과 심신을 닦았

다. 그러나 일단 국가 유사시에는 나라를 구하는 데 앞장섰다. 고구려의 신교 낭가 집단인 조의는 고구려의 정치·사회·군사·종교 등 다방면에 걸쳐 중추적 구실을 한 국가의 핵심 조직체였던 것이다. 수양제의 침입 때 조의가 구국의 선봉에 서서 살수대첩을 승리로 이끈 활약은 널리 알려져 있다.

10) 『천부경』의 구성과 의의

『천부경』은 총 81자로 되어 있고, 일반적으로 상경上經, 중경中經, 하경下經으로 구분하며 해석한다. 상경은 우주만물의 본체를 근원적으로 밝히므로 천도天道의 근간이 되고, 중경은 그 현상의 변화를 근원적으로 밝히므로 지도地道의 근간이 되고, 하경은 천지가 합일된 태일의 존재를 밝히므로 인도人道의 근간이 된다.

경학사에서 볼 때 『천부경』은 네 가지 주요 특징이 있다. 첫째, 인류의 시원 국가라 불리는 환국桓國에서 나온 인류 최초의 경전이다. 둘째, '하늘의 신권을 드러내는 권위의 상징체계'로서 상제님께서 하늘의 이치와 섭리를 인류에게 선포하신 계시록이다. 셋째, 우주변화의 신비를 수로써 선언하고 수로써 인식해야 하므로 천지만물을 무궁무진한 상징성과 함축성으로 해석한다. 넷째, 유무有無가 합일된 하나에서 시작하여[一始] 무한히 전개되고 결국에는 하나로 매듭지어짐[一終]을 밝히고 있기 때문에 가장 보편적인 우주론이라 할 수 있다.

11) 대삼합육大三合六의 의미

첫째, 생성과 변화의 과정에서 음양의 도로 말할 때, 양의 근본은 아버지로 하늘이요[天一], 음의 근본은 어머니로 땅이다[地二]. 아버지와 어머니가 합덕하여 대우주를 창조하신 숨은 뜻과 진리 비밀을 드러내는 진정한 역사의 주체, 우주생명의 주인인 인간이 탄생했다[人三]. 천지인의 그 합이 6六이다.

둘째, '천이삼天二三 지이삼地二三 인이삼人二三'에서 하늘의 원리는 음양의 정신으로[天二], 땅의 작용은 강유剛柔의 변화로[地二], 인간의 본성은 인의仁義의 도덕으로 구성되어 있으므로[人二] 대삼의 합이 6이다.

셋째, 현실적인 진리 구성의 원리가 동방 3수라는 관점에서, 하늘의 원리도 3수 정신[天三]이요, 땅의 변화도 3수 정신이며[地三], 인간의 정신도 3수 정신[人三]이기 때문에, 천지의 3수 정신을 합해도 6이고, 천인의 3수 정신을 합해도[天人合一] 6이며, 지인의 3수 정신을 합해도 6이다.

12) 운삼사運三四 성환오칠成環五七

운삼사運三四에서 '삼三'은 본체로 말하면 삼극(무극, 태극, 황극)이고, 현실적으로 말하면 삼재(하늘, 땅, 인간)이다. '사四'는 시간 변화에 따른 생장염장生長斂藏의 운동 마디가 그 중심 의미이다. 운삼사란 자연계의 창조·변화와 현실 역사가 운동하여 돌아가는 내적인 진리 구성 틀을 말한다.

오칠五七에서 '오五'는 5황극五皇極을 말하는데, 만유의 창조·변화를 주재하여 목적으로 이끌도록 하는 운동의 본체이다. '칠七'은 실제로 작용하여 성숙으로 이끌어 내는 7황극七皇極이다. 성환오칠成環五七이란 자연과 역사가 실질적으로 오칠五七의 구조로 순환·변화해서 성숙되는 외적인 변용의 구성 틀을 말한다.

그러므로 운삼사運三四 성환오칠成環五七이란 자연계의 창조·변화와 현실 역사가 삼사三四로 운동하고 오칠五七로 순환하여 창조·변화의 목적을 이룬다는 뜻으로 파악할 수 있다.

13) 배달에서 신교의 대도를 전수 받은 황제헌원

황제헌원이 신시 배달로부터 신교의 대도를 전수 받았다는 기록은 여러 사서에서 보인다. 중국 진晉나라 갈홍葛弘(283~343)은 『포박자抱朴子』에서 배달의 14세 치우천황 때 국사國師 자부 선생이 황제헌원에게 『삼황내문』을 전수했다고 하는 역사적 사실을 명확히 밝혔다. 즉 "옛적에 황제헌원이 있었는데 동방의 청구국(치우천황 때의 우리 국호)에 이르러 풍산을 지나다가 자부 선생을 만나 뵙고 삼황내문을 전수 받았다[昔有黃帝, 東到靑丘, 過風山, 見紫府先生, 受三皇內文, 以核召萬神『抱朴子』內篇,「地眞」第十八]'라고 하였다. 『운급칠첨雲笈七籤』에도 동일한 기록이 있다.

중국 한족이 실질적인 시조로 받드는 황제헌원은 본래 우리 동이족 혈통이다. 중국의 도교는, 배달의 신선인 자부 선생에게 신교의 대도를 전수 받은 황제헌원에서 시작되었다. 이 사실은 신교와 도교가 본래 둘이 아님을 말하는 것이요, **도교가 동방 한민족의 국교인 신교에 뿌리를 두고 있음**을 의미한다.

『삼황내문』은 모두 천상의 전서篆書로 쓰여지고 총 삼백여 자가 세 권으로 나뉘어졌는데, 상권은 천황, 중권은 지황, 하권은 인황이다(그래서 삼황내문이라 한다). 상권은 신선과 우주론, 중권은 부국안민富國安民의 법, 하권은 강병전승强兵戰勝의 술術과 천지음양·만물의 조화 원리가 담겨 있으니, 치국治國, 제가齊家, 지신持身, 불사不死의 도는 모두 이 경에서 나온 것이라 한다(안경전, 『개벽실제상황』, 260쪽).

14) 방술方術의 설

연단·복식·방술은 모두 도가道家의 전통적 수련 방법이다. 연단은 단약丹藥을 복용함으로써 신선이 되는 것이고, 복식은 호흡을 고르게 하고 마음을 비움으로써 신선의 경지에 도달하는 호흡수련법이며, 방술은 도가의 여러 가지 술법術法을 말한다. 그러나 모두 대도大道를 닦는 한 방법·법술일 따름이지 대도의 진면목·본류가 아니다. 오늘날 단전호흡이나 선 공부를 무슨 대도 공부나 되는 줄로 착각하는 사람들이 있다. 그러나 그것은 신교의 지엽에 덧붙여진 방술일 뿐 민족 본연의 신교神敎가 지향하는 삼신일체의 대도 공부가 아니다.

15) 서복徐福과 한종韓終

서복徐福(또는 서불徐市)은 진시황 때의 방사方士이다. 진시황이 서복·한종韓終 무리에게 동남동녀 각 500명을 주며 바다로 나가 신선불사약을 구해 오라 명하였지만 이들은 귀국하지 않고 도망하였다. 서복은 왜국倭國으로 가서 왕이 되었다 한다(이익, 『성호사설星湖僿說』; 이능화, 『조선도교사』). 일본의 키이紀伊 지방에 '서불과차徐市過此'라 하여 그 흔적이 남아 있다(이능화, 같은 책, 49쪽).

16) 화백和白

 만장일치의 회의 제도. 화백회의는 씨족공동사회의 독특한 유제遺制로서 중대 사건이 있어야 개최되었다. 신라 때 일종의 회의 제도를 또한 화백이라 했다. 모든 백관이 참여하였으며 한 사람의 반대가 있어도 결정을 내리지 않았다. 이 원칙은 귀족뿐 아니라 신라 전 사회에서 널리 행해졌고 각계 각층의 독재력 발생을 억제하는 구실을 하였다. 또한 유사한 제도로 고구려에는 제가회의, 백제에는 정사암政事岩 등이 있었다(정명악,『국사대전國史大全』, 11쪽). 본서의 기록과 같이, 화백 또한 화랑제도와 마찬가지로 그 기원이 배달 시대까지 거슬러 올라감을 알 수 있다.『삼국지三國志』「동이전東夷傳」고구려高句麗 조에는 "감옥이 없고, 죄가 있으면 제가가 논의하여 사형에 처하고 처자는 몰수하여 노비로 삼는다[無牢獄, 有罪諸加評議, 便殺之, 沒入妻子爲奴婢]"라고 하였다.『삼국유사』「남부여南扶餘」전백제前百濟 조에는 "호암사에 정사암이란 바위가 있는데, 나라에서 재상을 논의하면 선발되어야 할 사람의 이름을 3,4명 써서 함에 넣어 바위 위에 두고, 조금 뒤에 열어 보아 이름 위에 도장 찍힌 자국이 있는 사람을 재상으로 삼았기 때문에 정사암이라 이름 지었다[虎嵓寺有政事嵓, 國家將議宰相, 則書當選者名或三四, 函封置嵓上, 須臾取看, 名上有印跡者爲相, 故名之.]"라고 하였다.

17) 일신一神

 우리 민족은 수천 년 전부터 우주를 구성하는 기본 요소인 하늘·땅·인간이라는 삼재의 구조 속에서 창조주를 인식하고 체험하면서 신을 천일天一·지일地一·태일太一의 삼신상제님으로 모셨다. 여기서 '일一'은 '하늘과 땅과 인간이 생겨난 바탕은 그 본질이 동일한 한 하나님'[一神]이라는 의미이다. 한 하나님인 삼신의 본성과 덕성과 지혜와 광명이, 하늘땅과 그 이상을 실현하는 인간 속에 각각 동일하게 들어 있음을 뜻한다. 이 삼신이 인간 속에 들어와 그대로 내주內住해 살아 있으니, 인간 내면에 깃든 삼신의 성령을 세 가지 참된 것, 즉 삼진三眞(性·命·精)이라 한다. 삼신의 창조 신성은 고려 시대 행촌 이암에 의해 '조화신造化神', '교화신敎化神', '치화신治化神'으로 체계화되었다. 삼신은 만물을 낳고[조화, 父道], 길러 내고[교화, 師道], 다스리는[치화, 君道] 세 가지 창조 덕성으로 작용하며 자신을 드러내신다는 것이다. 이맥은「삼신오제본기」에서 "대시大始에 상하와 동서남북 사방에는 일찍이 암흑이 보이지 않고, 언제나 오직 한 광명이 있었다. 천상세계에 '문득' 삼신이 계셨으니 곧 한 분 상제님[三神卽一上帝]이시다. 주체는 일신一神으로 각기 다른 신이 있는 것이 아니며, 작용으로 보면 삼신三神이시다"라고 하였다.

 동방 신교문화에서는 대자연 속의 순수 조화신인 원신元神을 삼신이라 하였고, 이 삼신과 '하나' 되어 천상 보좌에서 우주 자연 질서와 인간 역사를 총체적으로 다스리는 인간 형상을 하고 계신 주신으로서 참 하나님을 '삼신상제님' 또는 '상제님'이라 불러왔다. 상제님은 삼신의 3대 권능(부父의 조화권, 사師의 교화권, 군君의 치화권)을 우주의 역사 속에 직접 행사하시며 아버지와 스승과 임금으로서 인간과 신을 구원하여 이상세계를 땅 위에 실현하는 대우주의 통치자이시다. 대자연 속에 충만한 삼신의 창조 이법과 조화권능이 오직 우주의 주권자이신 상제님을 통해 온전히 드러나게 된다(안경전,『개벽실제상황』, 245~246쪽).

18)『신지비사』의 전래와 기록

 단군조선 때 사관史官인 역대 신지神誌(또는 臣智)들이 매년 10월 소도蘇塗 대제大祭 때에, 우주 창조와 단군조선의 건설과 산천 지리의 명승名勝과 후인에게 감계鑑戒할 일을 들어 노래하였다. 후세 문사들이 그 노래를 이두문吏讀文이나 한자로써 오언시五言詩로 기록하여 비장秘藏하였기 때문에『신지비사神誌秘詞』또는『해동비록海東秘錄』이라 하였다. 조선 태종 때 유학을 장려하고 그 외의 것을 배척하여 많은 사서를 소각할 때 없어졌다(신채호,『조선상고사』).

『신지비사』는『삼국유사』보장봉로寶藏奉老·보덕이암普德移庵 조와『고려사』권122 김위제金謂磾(고려 숙종 때 사람) 조에 보이고, 『해동비록』은 『고려사』 권12 예종睿宗 조와 권96 김인존전金仁存傳에 나온다.

19) 산목算木과 투전목鬪佃目

보통 산대라 부르는 산목算木은 배달 신시 때에 기원하여 지금까지 전해 내려온다. 중국에서 주판이 전래되기 전에 우리나라에서는 수천 년 동안 이 산목으로 계산하였다. 산목에서 사용하는 숫자는 〈一二三三ㄨㅜㅠㅠㅠ丨〉이다. 후에는 그 용도가 바뀌어 점을 치는 점구占具로도 이용되었다. 또 일본에서 화투가 들어오기 전에 투전이란 노름이 있었는데, 이 투전 도구에도 역시 투전목鬪佃目이라는 기호가 그려져 있었다. 투전목은 본래 약 4,700년 전 배달의 14세 치우천황 때에 비롯한 것인데 후에 노름으로 변질되었다(박성수, 『단군기행』, 148쪽 참조).

20) 『삼국사기三國史記』

고려 인종 때 김부식金富軾(1075~1151)이 쓴 책으로 고구려·백제·신라 삼국에 관한 역사를 다루었다. 유교의 합리주의와 사대 사상에 입각하여 썼다는 평을 받고 있다. 『삼국사기』를 편찬할 때 인용한 사료는 『구삼국사舊三國史』·『삼한고기三韓古記』·『해동고기海東古記』 등으로, 우리 고유사서라고는 하나 극히 단편적으로 언급하였을 뿐이고, 대부분 기록에 중국의 이십오사를 인용하였다. 특히 진수陳壽의 『삼국지三國志』를 그대로 베껴 쓰기도 하여 역사적 주체성을 외면하고, 한낱 '중국에 예속된 역사로서의 한국사'로 전락시켜 버렸다.

그리하여 『삼국사기』가 비록 현존하는 우리나라 최고最古의 역사책이라고는 하나, 한민족사의 뿌리인 환인·환웅 시대뿐만 아니라 고조선의 역사까지도 완전히 삭제하여 한국사를 '뿌리 없는 역사', '머리 없는 역사'로 만들어 버리고 말았다. 그 결과 오늘날 후손으로 하여금 스스로 비하卑下하게 함은 물론, 외래의 정신 사조와 사상에 민족혼을 완전히 빼앗긴 채 조상의 위대한 발자취와 웅혼을 한낱 신화로 치부하면서 환인천제·환웅천황·단군왕검 즉 한민족 삼성조三聖祖를 부정하고 환부역조換父易祖하는 민족적 죄악을 범하게 만들었다.

21) 어아지악於阿之樂

배달 환웅 시대 이후로 천제를 지내면서 '삼신상제님을 맞이할 때 부르던 제천가祭天歌'이다. 해마다 전국 각지에서 국중대회國中大會를 여는데, 이때 반드시 「어아가」를 불러 삶의 근원적인 뿌리(삼신상제님 또는 상제님)에 감사하며, 신인神人이 서로 합일하는 경지에 이르게 된다. 특히 고구려 광개토대왕은 전쟁에 임하는 군사들에게 항상 천악天樂, 즉 「어아가」를 부르도록 하여 사기를 돋우었고, 친히 마리산 참성단으로 말을 달려 삼신상제님께 천제를 드릴 때도 항상 이 노래를 불렀다(「고구려국본기」).

22) 삼한三韓과 삼조선三朝鮮

삼한과 삼조선의 개념은 국가 통치 제도와 사회·문화·종교·사상 등 모든 영역에 걸쳐 고조선의 면모를 명확히 파악할 수 있는 중요한 관건이다.

삼한에는 '조정을 나누어 통치한다[分朝管境]'는 뜻이 있고, 삼조선은 '권력을 나누어 통치[分權管境]하는 제도를 둔다'는 말이다. 다시 말하면 삼한은 국가 권력의 중앙집권적 형평을 나타낸 것이고, 삼조선은 통치 권력을 삼권三權으로 나누어 다스린 것을 말한다.

본래 삼한은 나라 이름이 아니다. 신교의 삼신 사상에 따라 고조선의 전 영토를 셋으로 나누어 다스린 관경제管境制의 대명사이다. 즉 천일天一·지일地一·태일太一이라는 신교 삼신 사상에 따라서 대표격인 태일의 정신을 지배하는 진한은 단군 천왕이 직접 통치하고, 보좌역인 번한·마한은 부단군 격인 왕王을 두어 다스렸는데, 이것이 바로 고조선의 삼한관경제이다. 한韓은 왕王·한汗과 같은 의미이다.

조선은 '관경管境 - 영토를 관할한다'는 뜻이다. 일찍이 단재 신채호는 조선의 어원을 숙신肅愼이라 하였다. 『만주원류고滿洲源流考』에서는 숙신의 옛 이름이 주신珠申이고, 주신은 소속 관경管境을 의미하는 만주어라 하였다.

고조선의 개국조이신 단군왕검께서 신교의 삼신 신앙(사상)을 기초로 해서 고조선의 전 영토를 삼한(진한·마한·번한)으로 나누어 다스렸고, 22세 색불루단군 때에는 국제를 개편하여 삼한을 삼조선으로 하였으나 여전히 진한(진조선)의 진왕辰王(단군 천왕) 한 분이 병권을 집행하였다. 그러나 44세 구물단군 때에 이르러 '삼조선 체제'로 전환하면서 삼조선이 모두 전쟁 수행 권한을 갖게 되었고, 이러한 병권 분립이 고조선 말기의 국력 쇠퇴와 몰락을 가져오는 중요한 원인이 되었다.

이와 같이 고조선의 국가 통치 제도와 종교 사상을 알기 위해서는 삼한관경제와 삼조선 체제에 대한 명확한 이해가 필수 요건이다. 그 인식의 요체는 바로 한민족의 국교인 신교의 삼신 사상을 명확히 알고 이해하여 깨닫는 것이다.

23) 단군조선 말기의 국력 쇠퇴와 몰락 이유

2천여 년간 동방 역사의 종주국으로 군림한 고조선은 그 말기에 이르러 왜 갑자기 국력이 쇠퇴하고 마침내 몰락의 길을 걷게 되었을까? 그 과정에는 다음과 같은 여러 가지 원인이 복잡하게 얽혀 있다.

첫째, 단군조선 말기에 국정이 쇠미하게 된 중요한 원인은 병권 분립이다. 44세 구물단군 이전에는 진한의 단군 천왕 한 분이 중앙집권으로 삼한의 병권을 집행하였으나, 구물단군 때에 이르러 삼조선 체제로 전환하면서 삼조선이 모두 전쟁 수행 권한을 갖게 되었다. 바로 이러한 병권 분립은 단군조선 체제의 약화와 붕괴의 큰 원인이 되었던 것이다.

둘째, 한민족의 국교인 신교 삼신 사상의 쇠퇴이다. 단재 신채호는, 고조선의 삼한관경제가 단군조선 말에 이르러 삼신 사상의 쇠퇴와 더불어, 삼한이 서로 진왕辰王(진한의 대단군)을 자칭하기 시작하면서 붕괴되었다고 주장하였다.

셋째, 빈번한 외세의 침입이다. 특히 연나라 장수 진개의 침입 이후에 국력이 더욱 약화되었다.

넷째, 기상이변에 따라 흉년이 계속되었다.

다섯째, 거듭되는 실정失政 때문에 국정이 더욱 쇠미하게 되었다. 46세 보을단군 때에는 한개韓介가 군사를 이끌고 대궐을 침범하기까지 하였다.

여섯째, 농업생산력의 급격한 증대에 따른 내부 갈등이다. 윤내현 교수는, "고조선이 기원전 4·5세기경에 철기가 본격적으로 보급되고 철제 농구가 일반화되기에 이르자, 그 결과 토지겸병 현상이 일어나고 농업 생산력이 급격히 증대되어 토지소유제가 출현하게 되었고, 이로 말미암아 고조선 사회 내부에 갈등과 혼란이 야기됨으로써 국력이 크게 쇠퇴하게 되었다"라고 하였다(윤내현, 『한국고대사신론』).

이러한 고조선 말기의 내부 분열과 대립, 삼신 사상의 쇠퇴, 거듭되는 전란과 흉년, 급격한 사회·경제적 변화에 따른 내부 갈등이 복잡하게 얽힘으로써 고조선은 쇠퇴의 길을 걷고, 마침내 몰락(BCE 238)하였던 것이다.

24) 을파소(?~203)

고구려 9세 고국천열제 때의 명재상. 압록곡鴨綠谷 사람으로 유리명열제 때의 대신인 을소乙素의 손자이다. 고국천열제 13년(191)에 각 부部로 하여금 유능한 인재를 천거하게 했는데 사부四部에서 안유晏留를 천거하자 안유는 다시 을파소를 천거하였다. 열제가 을파소를 불러 중외대부中畏大夫 벼슬과 우태于台 작위를 주었으나 사양하였다. 열제가 그 마음을 알아차리고 국상國相에 임명하였다. 이때 구舊 대신들과 열제 척족이 크게 시기하고 반대하였으나 열제의 강력한 대응으로 진정되었다. 을파소가 성경신誠敬信을 다하여 나라를 받들며, 정교政教를 명백히 하고 상벌賞罰을 신중히 하였으므로 천하가 태평성대를 이루었다. 범부凡夫에서 일약 국상國相이 되어 13년 동안 나라를 다스리다가 죽으니 온 나라 백성이 부모를 잃은 듯 슬퍼하였다 한다.

太白逸史 第六

高句麗國本紀
고구려국본기

- 『고구려국본기』는 동북아의 중심 세력으로 대륙을 호령한 위대한 나라 고구려의 기원과 그 웅혼한 기상을 자세히 전한다.
- 특히 고구려 시조인 고주몽과 해모수, 소서노와의 관계를 밝힘으로써 기존 사서의 오류를 바로잡아 준다.
- 고구려의 위대한 성황 광개토열제가 이룬 동방 대통일의 위업과 을파소, 을지문덕, 연개소문, 양만춘 등 성웅들의 공적을 자세히 기록하였다.
- 고구려와 거의 동시대에 개국한 백제와 신라의 기원을 밝혔다.
- 왜를 정복하여 속지로 삼았다는 기록은, 광개토태왕비 비문과 연관된 왜에 대한 논란을 불식拂拭시킨다.

이 편의 주요 술어

解慕漱 해모수	天帝之子 천제지자	均賦三眞 균부삼진	虛靜戒律 허정계율	永絶邪氣 영절사기	智生雙修 지생쌍수	仙人徒郞 선인도랑	叅佺 참전	皂衣仙人 조의선인
三物·三家·三途 삼물 삼가 삼도	寒盟 한맹	自在光明 자재광명	靜修境途 정수경도	多勿 다물	五戒 오계	大迎祭典 대영제전	三倫九德之歌 삼륜구덕지가
乙支文德 을지문덕	廣開土境好太皇 광개토경호태황	烈帝 열제	天樂 천악	淵蓋蘇文 연개소문	三忽爲佺 삼홀위전	遼西 十城 요서 십성	多勿興邦歌 다물흥방가

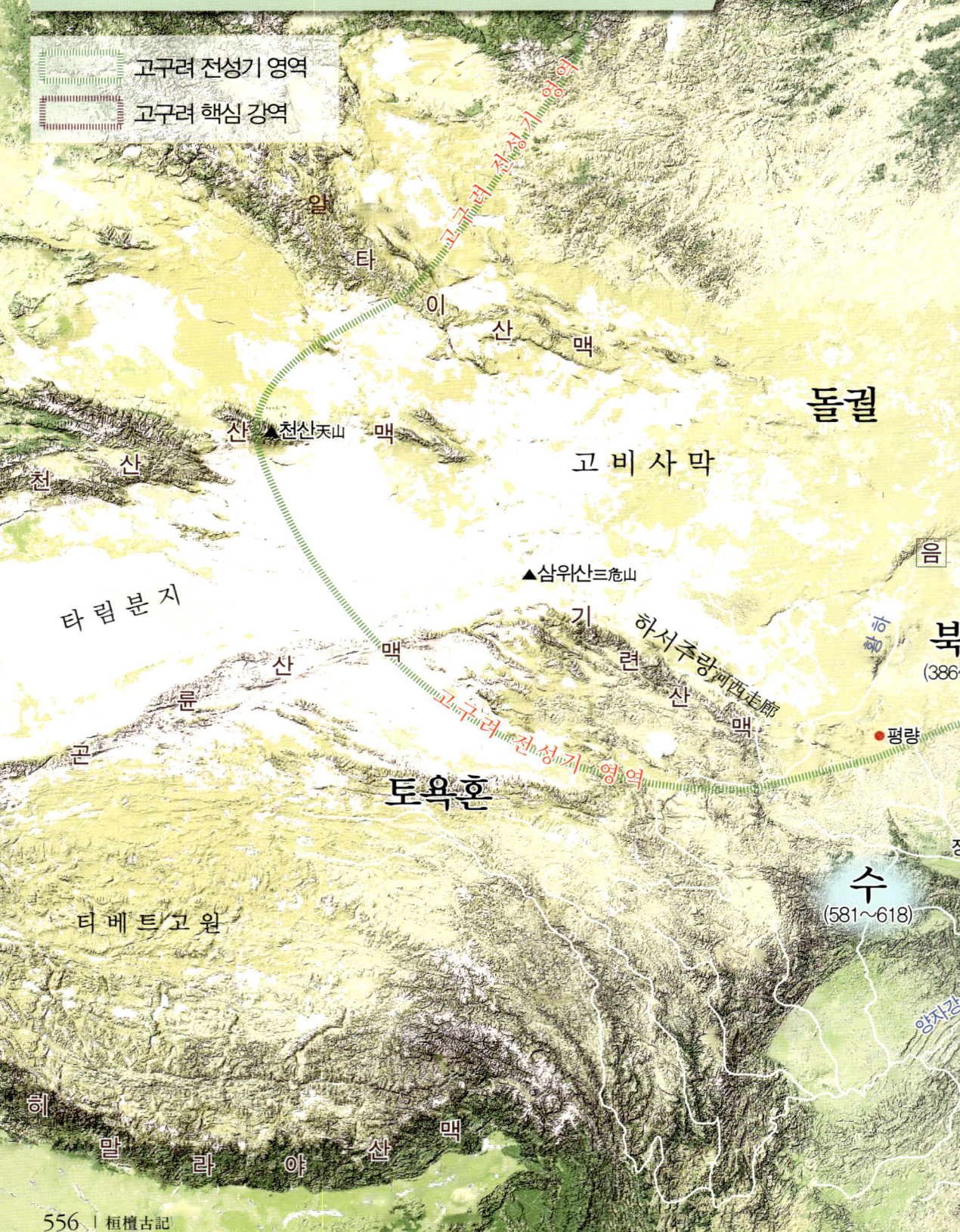

1. 高句麗 國統의 뿌리 - 北夫餘 解慕漱

고구려지선   출자해모수
高句麗之先이 出自解慕漱하시니

해모수지모향   역기지야
解慕漱之母鄕이 亦其地也라

조대기 왈 해모수   종천이강
朝代記에 曰「解慕漱는 從天而降하사

상거우웅심산   기병어부여고도
嘗居于熊心山이라가 起兵於夫餘古都하시고

위중소추   수입국칭왕   시위부여시조야
爲衆所推하야 遂立國稱王하시니 是謂夫餘始祖也시니라.

착 오 우 관   패 용 광 검   승 오 룡 거
着烏羽冠하시고 佩龍光劒하시고 乘五龍車하시니

종자백여인   조즉청사   모즉등천
從者百餘人이오 朝則聽事하시고 暮則登天하시니

무소령이관경자화   산무도적
無所令而管境自化하고 山無盜賊하고

화곡만야   국무사이민역무사
禾穀滿野하니 國無事而民亦無事라

단군해모수지초강   재어임술사월초팔일
檀君解慕漱之初降이 在於壬戌四月初八日하니

내진왕정팔년야
乃秦王政八年也라.」

2. 北夫餘의 國統을 繼承한 高朱蒙(高鄒牟)

解慕漱의 玄孫

고리군왕고진   해모수지이자야   옥저후불리지
稟離郡王高辰은 解慕漱之二子也오 沃沮侯弗離支는

고진지손야   개이토적만공   득봉야
高辰之孫也니 皆以討賊滿功으로 得封也라.

불리지   상과서압록   우하백녀유화
弗離支가 嘗過西鴨綠이라가 遇河伯女柳花하야

열이취지   생고주몽   시즉임인오월오일야
悅而娶之하고 生高朱蒙하니 時則壬寅五月五日也오

내한주불릉원봉이년야   불리지   훙
乃漢主弗陵元鳳二年也라. 弗離支가 薨하고

유화솔자주몽   귀우웅심산   금서란야
柳花率子朱蒙하야 歸于熊心山하니 今舒蘭也라

高句麗國本紀

1. 고구려 국통의 뿌리 - 북부여 해모수

고구려의 선조는 해모수로부터 나왔는데, 해모수의 고향이 또한 그 땅(고구려 : 地名)이다.*

『조대기』*에 이렇게 기록되어 있다.

> 해모수께서 하늘에서 내려와 일찍이 웅심산熊心山(검마산)※에서 사셨다. 부여의 옛 도읍(백악산 아사달)에서 군사를 일으키고 무리의 추대를 받아 드디어 나라를 세워 왕이 되셨다. 이분이 부여의 시조이시다.
> 머리에 오우관烏羽冠을 쓰고, 허리에 용광검龍光劍을 차고, 오룡거五龍車를 타고 다니시니, 따르는 자가 백여 명이었다. 아침이 되면 정사政事를 돌보고 저물면 하늘에 오르셨다. 특별한 명령을 내리지 않아도 나라 안이 저절로 잘 다스려지고 산에는 도적이 없고 들에는 벼와 곡식이 가득하였다. 나라에 큰 일이 없고 백성도 태평세월을 누렸다.
> 해모수단군께서 처음 내려온 때는 임술(신시기천 3659, 단기 2095, 고열가단군 57, BCE 239)년 4월 8일로 진秦나라 왕 영정嬴政 8년이다.

2. 북부여의 국통을 계승한 고주몽(고추모)

해모수의 현손

고리군槀離郡의 왕 고진高辰은 해모수의 둘째 아들이고, 옥저후沃沮侯 불리지弗離支는 고진의 손자이다. 모두 도적 위만을 토벌한 공으로 봉토를 받았다.

불리지가 일찍이 서압록을 지나다가 하백의 딸 유화를 만나 기뻐하며 장가들어 고주몽을 낳았다. 때는 임인(단기 2255, BCE 79)년 5월 5일이요*, 한漢나라 왕 불릉弗陵(昭帝) 원봉元鳳 2년이었다.

불리지가 세상을 뜨자, 유화 부인이 아들 주몽을 데리고 웅심산으로 돌아가니 지금의 서란舒蘭이다.

---

* 해모수단군은 대부여를 이어 백악산에서 북부여를 건국한 임금이다. 기존 문헌에는 한결같이 해모수단군이 하백의 딸 유화와 혼인하여 고주몽을 낳았다고 기술되어 있으나 이것은 잘못된 기록이다. 해모수단군이 붕어한 해는 BCE 195년이고 주몽 성제의 출생은 BCE 79년이므로 무려 116년이라는 차이가 있다. 『북부여기』에서는 주몽이 불리지의 아들이고, 불리지는 해모수단군의 아들인 고진의 손자라고 상세하게 전한다. 주몽은 해모수단군의 고손高孫이다.

* 『조대기』: 고려에 귀화한 발해인이 비장秘藏하던 사서史書 가운데 하나. 조선 시대 숙종 때 북애北崖가 저술한 『규원사화』의 저본인 『진역유기震域留記』의 저본이다. 조선 세조가 8도 관찰사에게 거두어들이도록 명한 20여 종의 비기秘記 가운데 『조대기』가 들어 있는 것으로 보아 조선 시대까지도 전해 내려왔음을 알 수 있다.

※ 웅심산熊心山: 지금의 길림성 서란舒蘭.

* 5월 5일: 앞에 나온 『북부여기』 하下와 일치한다. 소제昭帝 원봉 원년은 BCE 80년이다. 『삼국사기』는 고주몽의 재위 기간을 19년으로 기록하였다.

- 旣 이윽고 기
- 周 두루 주
- 擇 가릴 택
- 葉 땅이름 섭
- 選 임용될 선
- 未 아닐 미
- 忌 꺼릴 기
- 摩 갈 마
- 陜 좁을 협
- 父 자字 보. 남자에 대한 미칭
- 逃 달아날 도
- 適 마침 적
- 遂 드디어 수
- 長 자랄 장
- 遊 유람할 유
- 迦 막을 가
- 原 근원 원
- 牧 기를 목
- 幾 얼마 기
- 伊 저 이
- 離 떠날 리
- 조 이를 지
- 嗣 후사 사
- 婿 사위 서
- 入承 : 임금에게 아들이 없을 때에 왕족 가운데 한 사람이 들어가서 대를 잇던 일
- 大統 : 임금의 계통·系統

旣長에 周遊四方하실새 擇迦葉原而居之러시니
選於官家하사 爲牧馬시라 未幾에 爲官家所忌하사
與烏伊摩離陜父로 逃至卒本하시니 適에 夫餘王이 無嗣라
朱蒙이 遂以王婿로 入承大統하시니
是謂高句麗始祖也시니라.

3. 高朱蒙聖帝의 統治 領域과 道言

高句麗의 遷都 過程

- 平樂 : 고주몽성제 때의 연호. 즉위 때 연호는 다물多勿이다. 재위 22년 단기 2297년 갑신甲申년에 평락으로 고쳤다.
- 平樂二十一年 : 평락 21년이 아니라 11년이다.
- 伐 칠 벌
- 沮 막을 저
- 移 옮길 이
- 訥 말 더듬을 눌
- 琉 유리 류
- 丸 알 환
- 襲 엄습할 습
- 滅 멸할 멸
- 沃 물 댈 옥
- 滅 멸망할 멸
- 都 도읍 도
- 璃 유리 리
- 築 쌓을 축
- 浪 물결 랑

平樂二十一年甲午十月에 伐北沃沮하사 滅之하시고
明年乙未에 自卒本으로 移都訥見하시니
訥見은 今常春朱家城子也라
琉璃明帝二十一年에 又自訥見으로 移都于國內城하시니
亦曰皇城이오 內有丸都山하야 山上築城하니 有事則居之시라.
大武神烈帝二十年에 帝襲樂浪國하사 滅之하시니

국내성 왕궁터에서 발굴된 건물 유적

高句麗國本紀

주몽이 장성하여 사방을 두루 돌아다니다가 가섭원*을 택해 살면서 관가에서 말 기르는 일을 맡았다. 그러나 얼마 안 가 관가의 미움을 사게 되어 오이烏伊, 마리摩離, 협보陜父와 함께 도망하여 졸본[1]에 이르렀다. 마침 부여 왕(북부여 6세 고무서단군)이 대를 이을 아들이 없어, 주몽이 마침내 왕의 사위가 되어 대통을 이으시니(단기 2276, BCE 58), 이분이 곧 고구려의 시조이시다.

3. 고주몽 성제의 통치 영역과 대도 말씀[道言]

고구려의 천도 과정

(고주몽 성제) 평락平樂 11년 갑오(단기 2307, BCE 27)년 10월, 북옥저*를 쳐서 멸하고 이듬해 을미년에 졸본에서 눌견訥見으로 도읍을 옮기셨다. 눌견은 지금의 상춘 주가성자朱家城子이다.

(2세) 유리명제琉璃明帝 21년(단기 2335, CE 2), 도읍을 다시 눌견에서 국내성*으로 옮겼는데, 이곳을 황성이라고도 한다. 성 안에 환도산丸都山이 있는데, 산 위에 성을 쌓고 유사시에는 거기에 머무르셨다.

(3세) 대무신열제大武神烈帝[2] 20년(단기 2370, 37), 열제께서 낙랑국*을 기습하여 멸하셨다.

✽ **가섭원**: 동부여의 해부루왕이 도읍한 곳. 지금의 만주 흑룡강성 통하현通河縣. 가섭원의 전거는 『삼국사기』 「고구려본기」 동명성왕조에도 나와 있다.

✽ **북옥저**: 고대에 옥저는 네 곳이 있었다. 동옥저는 지금의 함경도 지방, 서옥저는 만리장성 부근, 남옥저는 지금의 요동반도, 북옥저는 서간도 일대였다.

✽ **눌견訥見**: '늘 봄'의 이두식 표기로 상춘常春을 말한다. 상춘은 오늘날 장춘長春으로 바뀌었고, 그 북쪽에 지금도 주성자朱城子, 즉 '주몽의 성터'라는 지명이 남아 있다. 『삼한관경본기』에는 상춘 주가성자에 구월산 삼성묘가 있다고 하였다.

✽ **국내성**: 2세 유리명열제가 천도한 곳. 지금의 압록강 만포진 건너편 집안시(집안은 집의 안이라는 뜻). 국내성은 11세 동천열제 때 관구검의 침입을 받아 대동강 평양으로 천도하였다가 후에 다시 국내성으로 천도한 후 20세 장수열제 때 평양으로 천도하기까지 고구려 초·중기의 수도였다.

국내성國內城 유적_성은 방형方形으로 둘레가 2,686미터에 달한다. 6곳의 성문과 치雉와 각루角樓 등의 시설물을 갖추고 있었다. 현재는 성벽 아래 부분만 남아 있다.

東鴨綠以南이 屬我하고 獨海城以南近海諸城이 未下라

山上帝元年에 遣弟罽須하사 攻破公孫度하시고

伐玄菟樂浪하사 滅之하시니 遼東이 悉平하니라.

萬世의 가르침을 내려 주심

大辯經에 曰

「高朱蒙聖帝가 詔曰

天神이 造萬人一像하사 均賦三眞하시니

於是에 人其代天而能立於世也라

況我國之先이 出自北夫餘하사 爲天帝之子乎아.

哲人은 虛靜戒律하야 永絶邪氣하나니

其心安泰하면 自與衆人으로 事事得宜라.

用兵은 所以緩侵伐이며 行刑은 所以期無罪惡이니라.

故로 虛極靜生하고 靜極知滿하고 知極德隆也라

故로 虛以聽敎하고 靜以絜矩하고

知以理物하고 德以濟人하나니 此乃神市之開物敎化하야

爲天神通性하며 爲衆生立法하며 爲先王完功하며

爲天下萬世하야 成智生雙修之化也니라.」

4. 乙巴素가 傳한 叅佺戒

乙巴素가 爲國相에 選年少英俊하야 爲仙人徒郞하니

掌敎化者를 曰叅佺이니 衆選守戒하야 爲神顧托하며

이리하여 동압록(지금의 압록강) 이남이 우리(고구려)에게 속하였으나, 다만 해성[3] 이남의 바다 가까이 있는 여러 성은 아직 항복시키지 못했다.

(10세) **산상제**山上帝 원년(단기 2530, 197), 아우 계수罽須를 보내어 **공손탁**公孫度을 쳐부수고, 현도와 낙랑을 쳐서 멸함으로써 요동이 모두 평정되었다.

만세의 가르침을 내려 주심

『**대변경**大辯經』에 이렇게 기록되어 있다.

> 고주몽성제께서 다음과 같은 조칙을 내리셨다.
>
> 하늘의 신(삼신)이 만인을 한 모습으로 창조하고 삼진三眞을 고르게 부여하셨느니라. 이에 사람은 하늘을 대행하여 능히 이 세상에 서게 되었다. 하물며 우리나라의 **선조**는 북부여에서 태어나신 **천제(상제님)의 아들**[天帝之子]이 아니더냐!
>
> 슬기로운 이는 마음을 비우고 고요하게 하며 계율을 잘 지켜 삿된 기운을 영원히 끊나니, 그 마음이 편안하고 태평하면 저절로 세상사 람과 더불어 매사에 올바르게 행동하게 되느니라. 군사를 쓰는 것은 침략을 막기 위함이며, 형벌의 집행은 죄악을 뿌리뽑기 위함이니라.
>
> 그런고로 마음을 비움이 지극하면 고요함이 생겨나고, 고요함이 지극하면 지혜가 충만하고, 지혜가 지극하면 덕이 높아지느니라. 따라서 마음을 비워 가르침을 듣고, 고요한 마음으로 사리를 판단하고, 지혜로 만물을 다스리고, 덕으로 사람을 건지느니라.
>
> **이것이 곧 신시 배달 시대에 사물의 이치를 깨닫고 인간의 마음을 연 교화의 방도이니, 천신을 위해 본성을 환히 밝히고, 뭇 창생을 위해 법을 세우고, 선왕을 위해 공덕을 완수하고, 천하만세를 위해 지혜와 생명을 함께 닦아**[智生雙修] **교화를 이루느니라.**

4. 을파소가 전한 참전계

을파소가 국상國相이 되어 나이 어린 영재를 뽑아 **선인도랑**仙人徒郞으로 삼았다. 교화를 주관하는 자를 **참전**叅佺이라 하는데, 무리 중에 계율을 잘 지키는 자를 선발하여 삼신을 받드는 일을 맡겼다.

※ **낙랑국**樂浪國(BCE 195~CE 37): 번조선 유민 최숭崔崇이 세운 나라. 위만이 번조선을 침탈하기 직전에 수도인 왕험성王險城(지금의 하북성 창려)의 백성이 평양으로 옮겨 와서 낙랑국을 세웠다. 낙랑국은 지금의 대동강 평양에 있었고, 낙랑군樂浪郡은 중국의 하북성 창려 일대에 있었다.

※ **공손탁**公孫度(?~204): 후한 말의 장수. 요동 양평襄平 사람으로 본래 현도玄菟의 하급 관리였다가 요동 태수가 되었다. 190년 요동군을 요서·중료中遼의 2군郡으로 만들고 자립하여 요동후 평주목遼東侯平州牧이라 칭하였다.

※ 『**대변경**大辯經』: 우주 진리(삼신의 우주 정신과 역사 정신)의 대의를 논한 경전. 고려 시대 때 서운관書雲觀에 보존돼 있었으며, 조선 세조 3년에 전국에 수서령收書令을 내릴 때 그 목록에 들어 있었다.

※ **선조**: 북부여의 시조 해모수단군을 말한다. 고주몽은 해모수단군의 고손자이다(『북부여기』 부록 '북부여 혈통 계보' 표 참조).

※ **을파소**乙巴素(?~203): 9세 고국천열제 때의 재상. 압록곡 사람으로 2세 유리명열제 때 대신이었던 을소乙素의 손자.

掌武藝者를 曰皂衣니 兼操成律하야 爲公挺身也라.

嘗言於衆曰 神市理化之世에

由民開智하야 日赴至治하니

則有所以亘萬世不可易之標準也라

故로 叅佺有戒하야 聽神以化衆하며

寒盟有律하야 代天行功也니

皆自立心作力하야 以備後功也니라.

5. 乙支文德의 豪快한 心法 世界

道通의 要諦

乙支文德이 曰

道以事天神하고 德以庇民邦하라

吾知其有辭天下也라.

受三神一體氣하야 分得性命精하니

自在光明이 昂然不動이라가

有時而感하며 發而道乃通하나니라.

是乃所以体行三物德慧力하고

化成三家心氣身하며 悅滿三途感息觸하나니

要在日求念標하야 在世理化하며

靜修境途하야 弘益人間也라.

무예를 관장하는 자를 **조의**皂衣[4]라 하는데, 몸가짐을 바르게 하고 규율을 잘 지켜, 나라의 일을 위해 몸을 던져 앞장서도록 하였다. 일찍이 을파소가 무리에게 이렇게 말하였다.

"신시神市 시대에 신교의 진리로 세상을 다스려 깨우칠 때는, 백성의 지혜가 열려 나날이 지극한 다스림에 이르렀으니, 그것은 만세에 걸쳐 바꿀 수 없는 표준이 있었기 때문이다. 그러므로 참전이 지켜야 할 계율을 두고, 상제님의 말씀을 받들어 백성을 교화하며, **한맹**寒盟[5]을 행함에도 계율을 두어 하늘을 대신해서 공덕을 베푸나니 모두 스스로 심법을 바로 세우고 힘써 노력하여 훗날 세울 공덕에 대비하라."

5. 을지문덕의 호쾌한 심법 세계

도통의 요체

을지문덕이 이렇게 말하였다.

"도로써 천신(삼신상제님)을 섬기고, 덕으로써 백성과 나라를 감싸 보호하라. 나는 천하에 이런 말이 있다는 것을 안다.

사람이 삼신일체의 기운[氣]을 받을 때, 성품[性]과 목숨[命]과 정기[精]로 나누어 받나니, 우리 몸 속에 본래 있는 조화의 대광명은 환히 빛나 고요히 있다가 때가 되면 감응感應하고, 이 조화의 대광명이 발현되면 도道를 통한다.

도를 통하는 것은, **삼물**三物인 **덕**德과 **지혜**[慧]와 **조화력**[力]을 몸으로 직접 체득하여 실천하고, **삼가**三家인 **마음**[心]과 **기운**[氣]과 **몸**[身]의 조화를 성취하며, **삼도**三途인 **느낌**[感]과 **호흡**[息]과 **감촉**[觸]이 **언제나 기쁨으로 충만하여 이루어지는 것이다**.

도를 통하는 요체는 날마다 「**염표문**念標文」을 생각하여 **실천**하기에 힘쓰고, 세상을 신교의 진리로 다스려 깨우쳐서[在世理化], 삼도三途 십팔경十八境을 고요히 잘 닦아[靜修境途] **천지광명(환단)의 뜻과 대이상을 지상에 성취하는 홍익인간이 되는 데 있느니라.**"

✻ **한맹**寒盟: 고구려에서 10월에 행한 신교의 제천祭天 의식이다. 일명 동맹東盟, 동명東明이라고도 한다.

✻ **을지문덕**: 생몰연대는 알 수 없으나 고구려 영양왕(재위 590~618년) 때의 명장이다. 『자치통감』에는 위지문덕尉支問德이라 표기되어 있다.

✻ **본성**[性]: 우주 조화신의 본성, 즉 하나님의 마음으로 인간 마음의 뿌리를 말한다.

✻ **염표문**念標文: 『단군세기』 11세 도해단군 조의 「염표문」에서는 천지인의 삼대三大, 삼원三圓, 삼일三一을 이야기하고, 이어서 일신강충一神降衷, 성통광명性通光明, 재세이화在世理化, 홍익인간弘益人間의 덕목을 말하였다(『단군세기』 11세 도해단군 조). 그러나 『삼한관경본기』 「마한세가」 상에는 일신강충 이하 홍익인간까지 16자만을 「염표문」이라 하였다.

✻ **정수경도**靜修境途: 경도境途는 『삼일신고』 제5장 인물人物에 나오는 말이다. 도途는 감식촉 삼도三途를 말하고, 경境은 삼도가 변화하여 이루는 열여덟 가지 경계를 말한다. 삼진三眞과 삼망三妄이 대립하여 생기는 감식촉을 닦기 위해서 지감止感, 조식調息, 금촉禁觸의 수행법을 생활화한다. 삼도三途 십팔경十八境: 감感(희구애노탐염喜懼哀怒貪厭), 식息(분란한열진습芬爛寒熱震濕), 촉觸(성색취미음저聲色臭味淫抵)

上古 時代의 倫理 德目

桓國曰五訓이오 神市曰五事오

朝鮮曰五行六政이오 夫餘曰九誓라.

三韓通俗이 亦有五戒하니 曰孝忠信勇仁이니

皆敎民以正平이오 而織群之意가 存焉이니라.

6. 歷代 聖君, 英傑의 歷歷한 자취

柵城에 有太祖武烈帝紀功碑하고

東鴨綠之皇城에 有廣開土境大勳蹟碑하고

安州淸川江岸上에 有乙支文德石像하고

烏蘇里江外에 有淵蓋蘇文頌德碑하고

平壤牧丹峰中麓에 有東川帝朝天石하고

朔州巨門山西麓에 有乙巴素墓하고

雲山之九峰山에 有淵蓋蘇文墓하니라.

朝代記에 曰「東川帝를 亦稱檀君이시니

每當寒盟이면 祭迎三神于平壤하시니

今箕林窟이 卽其祭所也라.」

大迎祭典이 始行隧穴하야 有九梯宮朝天石하니

行路之人이 皆可指點也라.

又有三倫九德之歌하야 以獎之하시니

皂衣仙人이 皆其選也오 國人所矜式者也라

不然이면 何以加榮하야 與之爲等於王使者乎아.

상고 시대의 윤리 덕목

환국 시대에 **오훈**五訓*이 있었고, 신시 시대에 **오사**五事*, 고조선 시대에 **오행육정**五行六政, 부여에 **구서**九誓*가 있었다. 또한 삼한의 공통된 풍속에 **오계**五戒⁶⁾가 있었으니, 곧 효도[孝]·충성[忠]·신의[信]·용맹[勇]·어짊[仁]이다. 모두 백성을 공명정대하고 평등하게 가르치고 무리를 조직하려는 뜻이 있었다.

6. 역대 성군, 영걸의 역력한 자취

책성柵城(연해주를 말함)에 태조무열제(6세)의 공덕을 새긴 기공비紀功碑가 있고, 동압록의 황성에 광개토경대훈적비가 있다.

안주安州 청천강 연안에 을지문덕 석상이 있고, 오소리강 밖에 연개소문송덕비가 있다.

평양平壤* 모란봉 중턱에 동천제(11세)가 하늘에 기원하던 조천석朝天石이 있고, 삭주 거문산巨門山 서쪽 기슭에 을파소 묘가 있고, 운산雲山의 구봉산九峰山에 연개소문 묘가 있다.

『조대기朝代記』에 이렇게 기록되어 있다.

> 동천제東川帝⁷⁾를 단군이라고도 하였다. 해마다 한맹寒盟 때가 되면 평양에서 삼신상제님을 맞이하는 천제를 올렸다. 지금의 기림굴箕林窟은 천제를 올리던 곳이다.
>
> 삼신상제님을 크게 맞이하는 대영제전大迎祭典*은 처음 동굴[隧穴]에서 행해졌다. 거기에 구제궁九梯宮* 조천석朝天石이 있는데, 길을 지나는 사람은 누구나 볼 수 있었다. 또 삼륜구덕의 노래[三倫九德之歌]가 있어 이를 부르도록 장려하였다.
>
> 조의선인皂衣仙人은 모두 선발된 사람인데, 사람들이 삼가 본보기로 삼았다. 그렇지 않았다면 어찌 그들에게 영광을 더하여 왕의 사자와 동등하게 여겼겠는가?

✱ **오훈**五訓: 오훈이란, 첫째, 매사에 정성과 믿음으로 행하여 거짓이 없게 하고[성신불위誠信不偽], 둘째, 공경하고 근면하여 게으름이 없게 하고[경근불태敬勤不怠], 셋째, 효도하고 순종하여 거역하지 말고[효순불위孝順不違], 넷째, 청렴하고 의를 지켜 음란하지 말고[염의불음廉義不淫], 다섯째, 겸양하고 화평하게 지내어 싸움을 하지 말라[겸화불투謙和不鬪]는 것이다(『태백일사』 「환국본기」).

✱ **배달 오사**五事: 오사란, 우가牛加는 곡식을 주관하고[주곡主穀], 마가馬加는 왕명을 주관하고[주명主命], 구가狗加는 형벌을 주관하고[주형主刑], 저가猪加는 질병을 주관하고[주병主病], 양가羊加(혹은 계가鷄加)는 선악을 주관하는[주선악主善惡] 것을 말한다(『태백일사』 「환국본기」).

✱ **부여구서**大餘九誓: 여기서 부여는 대부여를 말한다. 고조선 44세 구물단군 원년에 국호를 조선에서 대부여로 바꿨다. 구서九誓란 구물단군이 꿈에 상제님의 가르침[夢敎]을 받아 백성을 교화하는 지표로 삼은 '효孝·우友·신信·충忠·손遜·지知·용勇·염廉·의義' 아홉 가지 계율을 말한다. 이를 계승한 고구려의 다물오계 多勿五戒는 '충忠·효孝·신信·용勇·인仁'이다.

✱ **평양**平壤: "평양은 본래 선인왕검의 터다[平壤者, 本仙人王儉之宅也]." 이 말은 『삼국사기』 동천왕 21년 조에 있다. 동천제東川帝를 '단군'이라 불렀는데, 그 이유는 평양에 도읍했기 때문으로 보인다. 한편 『규원사화』는, 김부식이 '선인왕검'이라는 한 마디로 고조선의 역사 2천년을 모면하려 했다고 하였다.

✱ **대영제전**大迎祭典: 배달·단군조선 이래 매년 음력 3월 16일에 삼신상제님께 천제를 지내던 국가적인 대행사[國典祝儀].

7. 廣開土烈帝의 聖德과 東方 文明의 宗主權 掌握

- 掌握 : 손에 쥠

- 隆 융성할 륭
- 越 넘을 월
- 卓越 : 남보다 훨씬 뛰어남
- 登 오를 등
- 殿 궁궐 전
- 臨 임할 림
- 使 하여금 사
- 助 도울 조
- 騎 말 탈 기
- 摩 갈 마
- 塹 구덩이 참
- 親 친히 친

- 卓 높을 탁
- 極 제위 극
- 陳 펼 진
- 陣 진칠 진
- 歌 노래 가
- 巡 순수할 순
- 至 이를 지
- 利 이로울 리
- 壇 제단 단
- 祭 제사할 제

廣開土境好太皇은 隆功聖德이 卓越百王하사

四海之內에 咸稱烈帝라

年十八에 登極于光明殿하시니 禮陳天樂하시고

每於臨陣에 使士卒로 歌此於阿之歌하사 以助士氣하시며

巡騎至摩利山하사 登塹城壇하사

親祭三神하실새 亦用天樂하시니라.

日本 本土 征伐과 東方 大統一의 偉業

一自渡海로 所至에 擊破倭人하시니

倭人은 百濟之介也라 百濟가 先與倭로 密通하야

使之聯侵新羅之境하니 帝躬率水軍하사

攻取熊津·林川·蛙山·槐口·伏斯買·雨述山·進乙禮·

奴斯只等城하시고 路次俗離山이라가 期早朝祭天而還하시니

- 渡 건널 도
- 破 깨뜨릴 파
- 介 도울 개
- 通 통할 통
- 侵 침노할 침
- 率 거느릴 솔
- 取 취할 취
- 槐 홰나무 괴
- 斯 이사
- 述 지을 술
- 奴 종 노
- 路 길 로
- 期 기약할 기
- 還 돌아올 환

- 擊 칠 격
- 倭 왜국 왜
- 密 몰래 밀
- 聯 연이을 련
- 躬 몸소 궁
- 攻 칠 공
- 蛙 개구리 와
- 伏 엎드릴 복
- 買 살 매
- 進 나아갈 진
- 只 다만 지
- 早 일찍 조

광개토경평안호태왕비 廣開土境平安好太王碑 각력응회암角礫凝灰岩으로 사면을 깎아 광개토열제의 공적을 새긴 높이 6.39미터의 웅장한 비석이다. 현재의 비각은 1982년 중국 당국이 세웠으나 사방을 막은 보호 유리는 오히려 고구려의 기상을 덮어버린 느낌이다. 오랜 세월을 거치면서 글자가 마모되고 탁본과정에서 훼손되었고 일제는 비문을 조작하여 임나일본부설을 뒷받침하는 증거로 사용했다.

桓檀古記

7. 광개토열제의 성덕과 동방 문명의 종주권 장악

광개토경호태황廣開土境好太皇[8]은 큰 공적과 성스러운 덕이 세상 어떤 임금보다 뛰어나시어, 사해 안에서 모두 열제烈帝(위대한 황제)라 불렀다.

18세에 광명전光明殿에서 등극하실 때 예로써 천악天樂*을 연주했다. 전쟁에 임할 때마다 병사들로 하여금 「어아가」*를 부르게 하여 사기를 돋우셨다.

말타고 순행하여 마리산에 이르러, 참성단※에 올라 친히 삼신상제님께 천제를 올렸는데 이때도 천악을 쓰셨다.

일본 본토 정벌과 동방 대통일의 위업

한번은 바다를 건너 이르는 곳마다 왜인을 격파하셨는데, 당시 왜인은 백제를 돕고 있었다.

백제는 앞서 왜와 은밀히 내통하여 왜로 하여금 잇달아 신라 경계를 침범하게 하였다. 이에 열제께서 몸소 수군을 거느리고 웅진熊津·임천林川·와산蛙山·괴구槐口·복사매伏斯買·우술산雨述山·진을례進乙禮·노사지奴斯只 등의 성을 공격하여 점령하셨다.[9] (571쪽 지도) 속리산을 지나시다가, 이른 아침에 천제를 올리고 돌아오셨다.

이때에 백제·신라·가락(가야) 모든 나라가 조공을 끊이지 않고

▶ 구제궁九梯宮: 고구려 때 평양에는 장안궁長安宮·평양궁平壤宮·구제궁九梯宮·왕성궁王城宮·안학궁安鶴宮 등이 있었다. 구제궁은 광개토열제가 지은 별궁別宮으로 모란봉 기슭에 있었다. 모란대牡丹臺에 영명사永明寺를 지을 때 같이 지은 것으로, 그 유적지에서 거대한 초석이 발견되었다.

✽ 천악天樂: 단군조선 때의 「어아가於阿歌」를 말한다. 광개토열제 때는 군사의 사기를 높이는 군가軍歌로도 사용되었음을 알 수 있다.

✽ 어아가: 『단군세기』 2세 부루단군 조에 나오는 「어아가於阿歌」 참조.

※ 참성단: 국내에 현존하는 '최고最古 제천단'으로 단군조선부터 근세 조선에 이르기까지 우주의 주재자이신 삼신상제님께 천제를 지내 온 한민족의 고유한 제천 성소祭天聖所이다. 『단군세기』 초대 단군왕검 조에 "재위 51년 무오(단기 51, BCE 2283)년에 왕검께서 운사雲師 배달신倍達臣에게 명하여 혈구穴口에 삼랑성三郞城을 건설하게 하시고, 마리산에 제천단을 쌓게 하시니 지금의 참성단塹城壇이 곧 그것이다"라고 하였다. 『태백일사』 「신시본기」에는 "산꼭대기에 땅을 파서 성단城壇을 만든 것을 천단天壇이라 하고, 산골짜기에 나무를 세워 토단土壇을 쌓은 것을 신단神壇이라 한다[在山頂而塹山爲城壇者, 曰天壇. 在山谷而植木爲土壇者, 曰神壇.]"라고 하였다.

장군총將軍塚_길림성吉林省 집안현集安縣 통구通溝의 용산龍山에 있다. 화강암을 가공하여 7단의 피라미드형으로 쌓았는데, 기단基壇의 한 변 길이 33미터, 높이 약 13미터다. 이 무덤의 주인공은 광개토대왕이라는 설과 그 아들인 장수왕이라는 두 설이 있다. 능을 튼튼하게 유지하기 위해서 가공하지 않은 자연 돌을 생김새 그대로 살려 쌓는 그랭이 기법이 사용되었다.

- 駕 수레 가
- 絶 끊을 절
- 契 부족이름(거란족) 글
- 凉 서늘할 량
- 平服 : 평정되어 복종함
- 任 맡길 임
- 伊 저 이
- 莫 없을 막
- 盛 성할 성
- 洛 강이름 락
- 那 어찌 나
- 屬 무리 속
- 稱 일컬을 칭
- 最 가장 최

時則百濟·新羅·駕洛諸國이 皆入貢不絶하고

契丹·平凉이 皆平服하고 任那·伊·倭之屬이 莫不稱臣하니

海東之盛이 於斯爲最矣라.

8. 日本 九州에 多羅韓國을 건국한 陜父

日本에 세워진 高句麗 分國

- 陜 좁을 협
- 父 남자 이름 보
- 奔 달아날 분
- 從 좇을 종
- 未 아닐 미
- 歲 해 세
- 歉 흉년들 겸
- 離 떠날 리
- 路 길 로
- 革 변혁 혁
- 衆 무리 중
- 糧 식량 량
- 浦 개 포
- 航 건널 항
- 邪 땅이름 야
- 轉 구를 전
- 婆 할미 파
- 倂 아우를 병
- 居 살 거
- 數 몇 수
- 幾 얼마 기
- 連 잇닿을 련
- 流 방랑할 류
- 遍 두루 편
- 將 장차 장
- 誘 꾈 유
- 裹 쌀 과
- 浿 강 이름 패
- 潛 몰래 잠
- 狗 개 구
- 岸 언덕 안
- 徙 옮길 사

先是에 陜父가 奔南韓하야 居馬韓山中하니

從而出居者가 數百餘家라

未幾에 歲連大歉하야 流離遍路어늘 陜父가 乃知將革하고

誘衆裹糧하야 舟從浿水而下하고 由海浦而潛航하야

直到狗邪韓國하니 乃加羅海北岸也라 居數月에

轉徙于阿蘇山而居之하니 是爲多婆羅國之始祖也라

광개토열제의 다물공략도

바쳤다. 거란*과 평량平凉10)이 다 평정되어 굴복하였고, 임나任那*·이국伊國*·왜倭*의 무리가 신하라 칭하지 않는 자가 없었으니 해동海東의 융성이 이때에 절정을 이루었다.11)

8. 일본 큐슈에 다라한국을 건국한 협보

일본에 세워진 고구려 분국

이에 앞서 먼저 협보陜父*가 남한南韓으로 달아나 마한산(지금의 평양)에 은거하고 있을 때, 따라와서 사는 자가 수백여 가구였다. 얼마 지나지 않아 여러 해 흉년이 들어 떠돌아다니는 사람이 길에 가득하였다. 이때 협보가 장차 변란이 있을 줄 알고 무리를 꾀어 양식을 싸서 배를 타고 패수를 따라 내려왔다. 해포海浦를 거쳐 몰래 항해하여 곧장 구야한국狗邪韓國에 이르니, 곧 가라해加羅海*의 북쪽 해안이었다. 몇 달 지내다가 아소산阿蘇山으로 옮겨 살았는데, 이 사람이 바로 다파라국多婆羅國의 시조이다.

* **거란**: 당시에 송막松漠 지역에 있었다(『수서』「거란전」). 송막은 지금의 하북성 위장현圍場縣·극십극등기什克騰旗와 대흥안령 남쪽 일대이다.
* **임나任那**: 지금의 대마도.
* **이국伊國**: 이세伊勢라고도 한다. 왜倭와 인접했고 지금의 일본 미에현三重縣 지방에 있었다.
* **왜倭**: 연나부부여(서부여) 왕 의라(『일본서기』에 나오는 15세 오진 왕)가 건설한 일본 최초의 통일 왕조인 야마토大和 왜倭이다.
* **협보陜父**: 오이烏伊, 마리摩離와 함께 주몽성제의 고구려 건국을 도운 창업 공신이다. 2세 유리명제가 사냥을 나가 5개월 동안 회궁하지 않자 대보大輔인 협보가 직간하였다. 열제가 듣지 않자 협보는 남한南韓(대강 부근 지역)으로 달아났다가(『삼국사기』「고구려본기」) 얼마 후 일본으로 건너가 큐슈 중부에 다파라국多婆羅國을 세웠다.
* **해포海浦**: 대동강 어귀의 진남포鎭南浦를 말한다.

한민족의 일본 이주와 건국

後에 併于任那하야 聯政以治하니

三國은 在海하고 七國은 在陸이라.

古代 日本 속에 建設한 韓國

初에 弁辰狗邪國人이 先在團聚하니 是爲狗邪韓國이오

多婆羅는 一稱多羅韓國이니 自忽本而來하야

與高句麗로 早已定親故로 常爲烈帝所制라

多羅國은 與安羅國으로 同隣而同姓이오

舊有熊襲城하니 今九州熊本城이 是也라.

當時 倭의 位置와 狀況

倭在會稽郡東 東冶縣之東하니

舟渡九千里하야 至那覇하고

而又渡一千里하야 至根島하니 根島는 亦曰柢島라

時에 狗奴人이 與女王으로 相爭하야 索路甚嚴일새

其欲徃狗邪韓者는 盖由津島·加羅山·志加島하야

始得到末盧戶資之境하니 其東界則乃狗邪韓國地也라.

9. 會稽山의 歷史的 意義와 方士 徐福의 日本 移住 過程

會稽山은 本神市中經所藏處오 而司空禹가

齊戒三月而得하야 乃有功於治水故로 禹伐石하야

刻扶婁功於山之高處云하니 則吳越은 本九黎舊邑이오

高句麗國本紀

후에 임나와 병합하여 연합정권[聯政]을 세워 다스렸다. 이때 세 나라는 바다에 있고, 일곱 나라는 육지에 있었다.

고대 일본 속에 건설한 한국

처음에 변진弁辰 구야국狗邪國 사람이 먼저 들어와서 모여 살았는데 이것을 구야한국狗邪韓國*이라 하였다.

다파라多婆羅를 일명 다라한국多羅韓國이라 불렀다. 이곳 사람들은 홀본忽本(졸본)에서 이주해 와서 일찍이 고구려와 친교를 맺었으므로 늘 고구려 열제의 통제를 받았다.

다라국은 안라국安羅國과 서로 이웃하고 성씨도 같았다. 옛날에는 이곳에 웅습熊襲(구마소)성성城이 있었는데, 지금의 큐슈 구마모토熊本 성이 바로 그곳이다.

당시 왜의 위치와 상황

왜는 회계군會稽郡 동쪽에 있는 동야현東冶縣*의 동쪽에 있었다. 뱃길로 바다 건너 9천 리를 가면 나패那覇(나하)에 이르고, 또 일천 리를 가면 근도根島(네시마)에 이른다. 근도(네시마)를 저도柢島(도시마)라고도 부른다.

당시에 구노狗奴12) 사람이 여왕13)과 서로 다퉈 찾아가는 길을 매우 엄하게 지키고 있었다. 그래서 구야한국으로 가려는 사람은 대개 진도津島(쓰시마), 가라산加羅山*, 지가도志加島*를 거쳐야 비로소 말로호자末盧戶資(말로국) 땅에 이를 수 있었다. 그 동쪽 경계가 구야한국 땅이다.

9. 회계산의 역사적 의의와 방사 서복의 일본 이주 과정

회계산은 본래 『신시중경神市中經』이 소장되어 있던 곳이다. 사공 우禹가 석 달 동안 재계하고 이 책을 얻어 치수에 성공하였다. 그리하여 우가 돌을 채취하여 부루태자의 은공을 새겨 산 높은 곳에 세웠다고 한다. 오吳·월越은 본래 구려九黎*의 옛 읍이고, 산월山

※ **가라해**加羅海: 일본 큐슈의 남서쪽 바다. 사가현佐賀縣 서북 해안에 있는 가라쓰唐津시는 대륙 교통의 요지이다.

✽ **구야한국**狗邪韓國: 지금의 일본 북큐슈 후쿠오카현福岡縣에 위치. 변진 구야국인이 먼저 들어와 살던 곳으로 구야 본국인이 다스렸다. 당시 큐슈에 있던 100여 나라 중에서 가장 컸다(『대진국본기』). 구야국은 변진弁辰(변한) 12국 중의 한 나라로, 지금의 김해 지방에 있었다.

✽ **동야현**: 복건성 민후현閩侯縣의 동북에 있다(『중문대사전』 권5).

※ **진도**津島: 지금의 대마도 북쪽 섬.

✽ **가라산**加羅山: 대마도와 큐슈의 중간에 위치한 지금의 이키노시마一岐島에는 가량가미산加良加美山이 있는데 이 산을 가라산이라 한다(이유립, 『대배달민족사』「천天」, 585쪽).

✽ **지가도**志加島: 후쿠오카福岡의 지가도志駕島를 말함.

※ **말로호자**末盧戶資: 말로국末盧國으로, 지금의 큐슈 사가현佐賀縣 북쪽 가라쓰唐津이다. 본래 읍루인이 모여 살던 곳이다(『대진국본기』 참조).

※ 『오월춘추』에는 "3월 경자일에 완위산에 올라가 금간지서를 발견하고, 금간옥자를 살펴서 물길을 소통시키는 원리를 알았다[三月庚子, 登宛委山, 發金簡之書, 案金簡玉字, 得通水之理.]"라고 기록되어 있다. 즉 '석 달 동안'이 아니라 '3월 경자일'로 되어 있는 것이다.

✽ **구려**九黎: 지금의 산동성·강소성·안휘성·절강성 등 황하·양자강 중류 동쪽의 중국 본토에 정착하여 살던 동이족을 부르던 호칭이다. 단군조선 때에 이 지역에 분조分朝를 두어 구려의 백성을 다스렸다.

- 遺 끼칠 유
- 遷 옮길 천
- 販 무역할 판
- 貿販 : 서로 물품을 교환하여 장사함
- 漸 점점 점
- 市 슬갑 불
- 霸 으뜸 패
- 沿 따를 연
- 紀 벼리 기
- 墓 무덤 묘
- 亶 믿음 단
- 喬 후손 예
- 貿 무역할 무
- 徐 천천히 서
- 冶 대장간 야
- 種 심을 종
- 瀨 여울 뢰
- 伊 저 이
- 祠 사당 사
- 洲 섬 주

山越左越이 皆其遺裔分遷之地也라

常與倭로 往來貿販하야 得利者漸多라.

秦時에 徐市이 自東冶海上으로 直至那霸하야

經種島而沿瀨戶內海하야 始到紀伊하니

伊勢에 舊有徐福墓祠라 或曰亶洲는 徐福所居云이라.

10. 高句麗 全盛期의 疆域

中國 揚子江 남쪽까지 支配

長壽弘濟好太烈帝는 改元建興하사 仁義治國하시고

恢拓疆宇하시니 熊津江以北이 屬我하고

北燕室韋諸國이 皆入叙族焉이오

又與新羅寐錦과 百濟於瑕羅로

- 壽 목숨 수
- 濟 건널 제
- 拓 넓힐 척
- 宇 집 우
- 疆宇 : 국토
- 熊 곰 웅
- 屬 속할 속
- 韋 어길 위
- 叙 차례 서 (敍의 속자)
- 寐 잠잘 매
- 瑕 옥에 티 하
- 弘 넓을 홍
- 恢 넓을 회
- 疆 지경 강
- 津 나루 진
- 燕 연나라 연
- 錦 비단 금

가욕관嘉峪關_만리장성의 서쪽 끝인 가욕관嘉峪關은 1372년 명明나라 때 하서주랑河西走廊이라 불리는 서쪽 가장 좁은 땅에 만들어졌다. 만리장성의 동쪽 끝인 천하제일관天下第一關이라 불리는 산해관山海關과 더불어 만리장성의 중요한 관문으로 천하제일웅관天下第一雄關으로 불린다. 광개토열제가 거란을 복속시키고 손에 넣은 평량下凉 지역은 중원에서 가욕관으로 가는 하서주랑을 통제할 수 있는 지역이다. 따라서 광개토열제 때 고구려가 북방초원과 중앙아시아를 영향권에 두고 있었다는 것을 알 수 있다.

越·좌월左越은 모두 그 후예가 갈라져 옮겨 살던 땅이다. 늘 왜와 더불어 왕래하고 교역하여 이익을 얻는 자가 점점 많아졌다.

진秦나라 때 서불徐市*이 동야東冶의 해상으로부터 곧바로 나패(나하)에 이르고, 종도種島(다네시마)*를 거쳐 뇌호내해瀨戶內海(세도나이카이)를 따라 처음으로 기이紀伊에 도착하였다. 이세伊勢에는 옛적에 서복의 무덤과 사당이 있었다. 어떤 이는 단주亶洲를 서복이 살았던 곳이라 한다.

10. 고구려 전성기의 강역

중국 양자강 남쪽까지 지배

장수홍제호태열제長壽弘濟好太烈帝(20세 장수제, 단기 2746~2824, 413~491)는 연호[14]를 건흥建興[15]으로 고치셨다. 인의로써 나라를 다스리고, 영토를 넓히고 개척하시어 웅진강熊津江이북이 고구려에 귀속되었다. 그리고 북연北燕*·실위室韋[16] 등 여러 나라가 다 같이 입조하여 우리의 형제 족속[叙族]에 편입되었다.

또 신라의 매금寐錦*과 백제의 어하라於瑕羅[17]와 함께 남평양(지금

* 서불徐市: 진나라 왕 영정嬴政(진시황) 때의 방사方士. 정왕이 동방의 종주국 단군조선의 신교 사상에 영향을 받아 서복徐福(서불)·한종韓終에게 불사약을 구해오라 하였는데, 도망하여 돌아오지 않았다. 서복은 왜국으로 건너가서 왕이 되었다.

* 종도種島: 다네시마. 일본 큐슈 남쪽 오오스미 제도大隅諸島에 있는 섬.

웅진강: 지금의 금강.

* 북연北燕(407~436): 중국 5호16국 시대 때 16국 중의 하나. 후연後燕에서 벼슬하던 고구려 사람 고운高雲이 광개토열제에게 대패한 후연나라의 왕 모용희慕容熙를 살해하고 북연을 세웠다.

* 매금寐錦: 신라국 왕을 말함. 광개토대왕비문의 '昔新羅□錦' 부분에서 판독되지 않는 빠진 글자가 있는데, 여기에는 마땅히 '매寐' 자가 들어가야 될 것으로 본다.

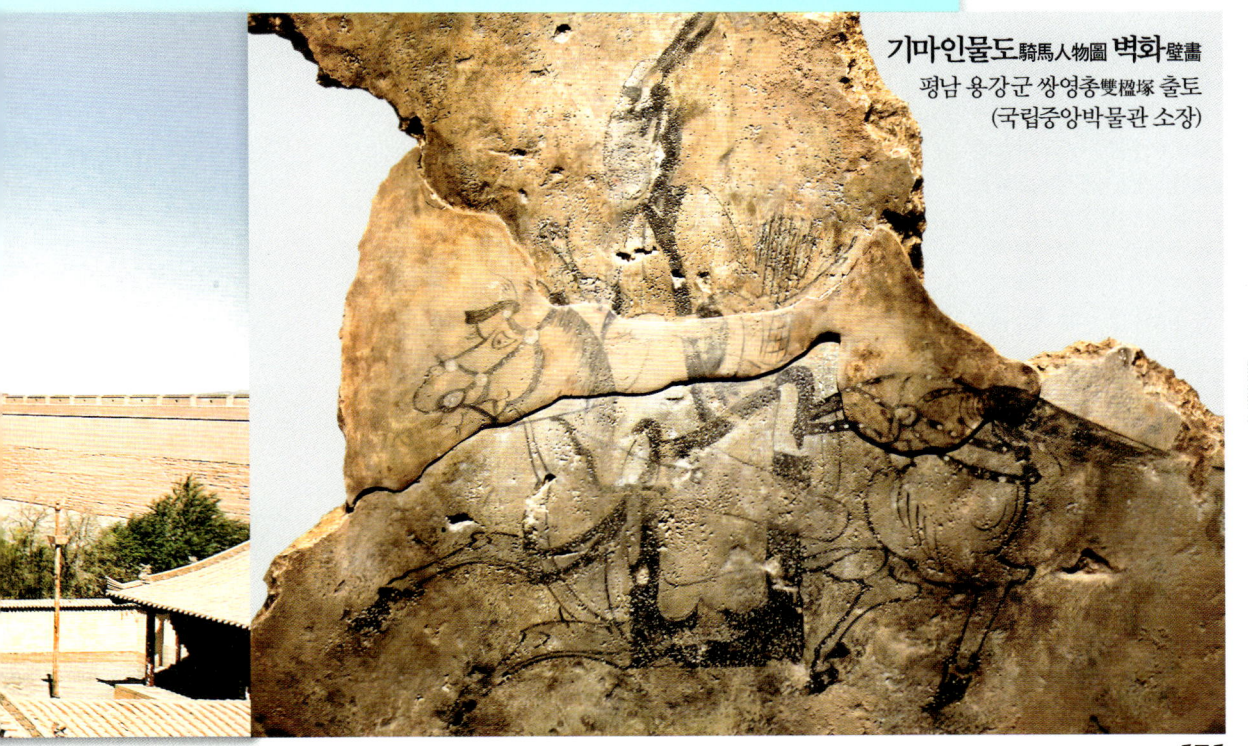

기마인물도騎馬人物圖 벽화壁畫
평남 용강군 쌍영총雙楹塚 출토
(국립중앙박물관 소장)

會于南平壤하사 約定納貢戍兵之數하시니라.

文咨好太烈帝는 改元明治하시고

十一年에 齊魯吳越之地가 屬我하니 至是하야 國疆漸大라.

平岡上好太烈帝는 有膽力하시며 善騎射하사

乃有朱蒙之風이러시니 改元大德하시고 治敎休明하시니라

大德十八年丙申에 帝率大將溫達하사

往討碣石山拜察山하시고 追至楡林關하사 大破北周하시니

楡林鎭以東이 悉平하니라 楡林은 今山西境이라.

11. 鮮卑族 後孫인 隋 煬帝의 侵略을 擊退

嬰陽武元好太烈帝時에 天下大理하야 國富民殷이러니

隋主楊廣이 本鮮卑遺種으로 統合南北之域하고

以其餘勢로 侮我高句麗하야

以爲小虜가 侮慢上國이라 하야

頻加大兵이나 我旣有備하야 而未嘗一敗也라.

隋 煬帝의 被擊 事件

弘武二十五年에 廣이 又復東侵할새

先遣將兵하야 重圍卑奢城하니 官兵이 戰不利라

將襲平壤이어늘 帝聞之하시고

의 서울)에서 만나, 공물 바치는 일과 국경에 주둔시킬 병사의 숫자를 약정하였다.

문자호태열제文咨好太烈帝(21세 문자제, 단기 2824~2852, 491~519)*는 연호를 명치明治로 고치셨다. 11년(단기 2834, 501)에 제齊·노魯·오吳·월越의 땅이 우리(고구려)에게 귀속되었고, 이때에 이르러 영토는 점점 넓어졌다.

평강상호태열제平岡上好太烈帝(25세 평원제平原帝, 단기 2892~2923, 559~590)는 담력이 크고 말타기와 활쏘기를 잘하시어 주몽의 기풍이 있었다. 연호를 대덕大德으로 바꾸었고, 정치와 교화가 매우 밝아졌다.

대덕 18년 병신(단기 2909, 576)년에 열제께서 대장 온달溫達[18]을 거느리고 가서 갈석산碣石山[19]과 배찰산拜察山[20]을 치고, 추격하여 유림관榆林關에 이르러 북주北周*를 크게 깨뜨리셨다. 이로써 유림진榆林鎭 동쪽 땅이 모두 평정되었다. 유림*은 지금의 산서山西 경계이다.

11. 선비족 후손인 수 양제의 침략을 격퇴

영양무원호태열제嬰陽武元好太烈帝(26세 영양제, 단기 2923~2951, 590~618) 때에 천하가 잘 다스려져 나라가 부강하고 백성이 번성하였다.

수隋나라 왕 양광楊廣*은 본래 선비족의 후손이다. 양광이 남북을 통합하고 그 여세를 몰아 우리 고구려를 깔보고, 조그마한 오랑캐가 거만하게도 상국上國을 업신여긴다 하여 자주 대군을 일으켰다. 그러나 우리는 대비하고 있었으므로 일찍이 한 번도 패한 적이 없었다.

수 양제의 피격 사건

홍무弘武*25(단기 2947, 614)년에 양광이 또다시 동쪽으로 쳐들어왔다. 이때 먼저 군사를 보내어 비사성卑奢城*을 겹겹이 포위하였다. 우리 군사가 맞서 싸웠으나 이기지 못하였다.

적이 곧 평양을 습격하려 하거늘, 열제(영양제)께서 소식을 들으시

*문자호태열제文咨好太烈帝: 고구려 21세 황제. 재위 491~519. 『삼국사기』 열전 「최치원」을 보면 당唐에서 관직을 얻은 최치원이 자신의 상관에게 올리는 글에서 "고구려·백제가 그 전성시에는 강병强兵이 백만이었고, 남으로 오·월을 침공하고 북으로 유·연·제·노를 뒤흔들었다[高麗·百濟全盛之時, 强兵百萬, 南侵吳越, 北撓幽·燕·齊·魯.]"라고 한 것은 본서의 기록 내용을 입증한다. 이러한 내용에 대해 식민 사학의 거두 이병도는 "이는 과장된 것이다"라고 일축하였다. 그러나 가장 대표적인 사대·모화주의자인 최치원이 당唐의 비위를 크게 거스르는 말을 이유 없이 했을 리 만무하다.

*북주北周: 선비족의 한 갈래인 우문宇文씨가 북위北魏에서 갈라진 서위西魏를 빼앗아 세운 나라. 후에 북주의 양견楊堅이 왕이 되어 나라 이름을 수隋로 고쳤다.

*유림榆林: 현 섬서성 유림시.

*양광楊廣: 수隋(569~618)의 2세 왕 양제煬帝의 이름. 문제文帝의 아들로, 아버지를 살해하고 즉위하였다. 고구려 원정 실패와 지나친 토목공사 등으로 국력을 소모하여 결국 당唐에게 멸망당하였다.

*홍무弘武: 26세 영양열제(590~618)의 연호.

*비사성卑奢城: 지금의 만주 요동반도 끝에 있는 대련만大連灣 북안에 있던 고구려 성.

욕 도 완 병 집 견 곡 사 정 적 유 조 의 일 인 자
欲圖緩兵하사 執遣斛斯政하실새 適有皂衣一仁者하야

자 원 청 종 이 해 도 헌 표 어 양 광
自願請從而偕到하고 獻表於楊廣한대

광 어 강 중 수 표 이 독 미 반
廣이 於舡中에 手表而讀未半이오

거 발 수 중 소 노 중 기 흉 광 경 도 실 신
遽發袖中小弩하야 中其胸하니 廣이 驚倒失神이라.

우 상 양 명 사 부 지 급 이 어 소 선 이 퇴
右相羊皿이 使負之하야 急移於小船而退하고

명 회 원 진 철 병
命懷遠鎭撤兵하니라.

광 위 좌 우 왈 여 위 천 하 주
廣이 謂左右曰 予爲天下主하야

친 벌 소 국 이 불 리 시 비 만 세 지 소 치 호
親伐小國而不利하니 是非萬世之所嗤乎아 한대

양 명 등 면 흑 무 답
羊皿等이 面黑無答이러라.

人類 文明의 宗主國을 노래한 讚歌

후 인 가 지 왈
後人이 歌之曰

차 여 준 준 한 가 아 막 향 요 동 낭 사 가
嗟汝蠢蠢漢家兒아 莫向遼東浪死歌하라.

문 무 아 선 호 환 웅 면 긍 혈 윤 영 걸 다
文武我先號桓雄이시니 綿亘血胤英傑多라.

주 몽 태 조 광 개 토 위 진 사 해 공 막 가
朱蒙太祖廣開土는 威振四海功莫加하시고

유 유 일 인 양 만 춘 위 타 변 색 자 미 위
紐由一仁楊萬春은 爲他變色自靡踒라.

세 계 문 명 오 최 고 양 척 외 구 보 평 화
世界文明吾最古하야 攘斥外寇保平和라.

유 철 양 광 이 세 민 망 풍 궤 주 작 구 과
劉徹楊廣李世民은 望風潰走作駒過라.

영 락 기 공 비 천 척 만 기 일 색 태 백 아
永樂紀功碑千尺이니 萬旗一色太白峨라.

- 欲 바랄 욕 ‧ 緩 늦출 완
- 執 잡을 집 ‧ 遣 보낼 견
- 斛 휘 곡(휘는 열 말의 용량)
- 斯 이 사 ‧ 政 정사 정
- 適 마침 적 ‧ 願 원할 원
- 請 청할 청 ‧ 從 따를 종
- 偕 함께 해 ‧ 到 이를 도
- 獻 바칠 헌 ‧ 表 겉 표
- 舡 배 강(=船) ‧ 讀 읽을 독
- 遽 갑자기 거 ‧ 發 필 발
- 袖 소매 수 ‧ 弩 쇠뇌 노
- 胸 가슴 흉 ‧ 驚 놀랄 경
- 倒 넘어질 도 ‧ 失 잃을 실
- 皿 그릇 명 ‧ 使 시킬 사
- 負 질 부 ‧ 急 급할 급
- 移 옮길 이 ‧ 船 배 선
- 退 물러날 퇴 ‧ 懷 품을 회
- 遠 멀 원 ‧ 鎭 진영 진
- 撤 거둘 철 ‧ 謂 이를 위
- 嗤 비웃을 치 ‧ 等 무리 등
- 面 얼굴 면 ‧ 黑 검을 흑
- 答 대답할 답

- 嗟 탄식할 차 ‧ 汝 너 여
- 蠢 꿈틀거릴 준
- 漢 한나라 한 ‧ 兒 아이 아
- 莫 없을 막 ‧ 遼 땅이름 료
- 浪 헛될 랑 ‧ 歌 노래 가
- 浪死 : 개죽음
- 綿 이어질 면 ‧ 亘 뻗칠 긍
- 綿亘 : 끊어지지 않고 길게 이어짐
- 胤 이을 윤 ‧ 英 뛰어날 영
- 傑 뛰어날 걸 ‧ 威 위엄 위
- 振 떨칠 진 ‧ 功 칠 공
- 紐 맬 뉴 ‧ 由 말미암을 유
- 變 변할 변 ‧ 靡 쓰러질 미
- 踒 헛디딜 위 ‧ 最 가장 최
- 攘 물리칠 양 ‧ 斥 물리칠 척
- 攘斥 : 물리침
- 寇 도둑 구 ‧ 保 보전할 보
- 劉 성 류 ‧ 徹 뚫을 철
- 望 바라볼 망 ‧ 潰 무너질 궤
- 走 달릴 주 ‧ 駒 망아지 구
- 過 지날 과
- 永樂 : 광개토열제의 연호
- 旗 깃발 기
- 峨 산 높을 아

고 진격을 늦추기 위해 곡사정斛斯政*을 보내려 하셨다. 때마침 조의선인 일인一仁이 자원하여 따라가기를 청하므로 함께 진중에 도착하여 양광에게 표表를 올렸다.

양광이 배 안에서 표를 손에 들고 절반도 채 읽기 전에 갑자기 일인이 소매 속에서 작은 쇠뇌[小弩]를 꺼내 쏘아 가슴을 맞혔다. 양광이 놀라 쓰러져 정신을 잃었다.

우상 양명羊皿이 양광을 업게 하여 급히 작은 배로 옮겨 타고 물러나서, 회원진懷遠鎭*으로 철병하기를 명하였다.

양광이 좌우를 돌아보며 말하기를, "내가 천하의 주인이 되어 친히 작은 나라를 치다가 졌으니, 이것이 만세의 웃음거리가 아니겠는가?" 하였다.

양명 등은 얼굴빛이 검게 변하며 아무 대답도 하지 못하였다.

* 곡사정斛斯政: 수나라 예부상서禮部尙書 양현감楊玄感의 부하로서 시랑侍郞 벼슬에 있었다. 양현감이 반란을 일으키자 신변에 위험을 느끼고 진중陣中에서 고구려에 망명하였다. 후일 고구려는 수 양제의 요구에 따라 곡사정을 수나라에 인도하였다.

* 회원진懷遠鎭: 하북성 북쪽에 있는 해상 기지.

인류 문명의 종주국을 노래한 찬가

뒷 사람이 이 일을 이렇게 노래하였다.

아아, 벌레처럼 꿈틀거리는 너희 한나라 아이들아!
요동을 향해 헛된 죽음의 노래를 부르지 말지라.
문무에 뛰어나신 우리 선조 환웅이 계셨고
면면히 혈통 이은 자손, 영걸도 많으셨네.
고주몽성제, 태조무열제, 광개토열제께서
사해에 위엄 떨치시어 공이 더할 나위 없네.
유유紐由※·일인一仁·양만춘은
저들이 얼굴빛 변하며 스스로 쓰러지게 하였네.
세계에서 우리 문명이 가장 오래고
바깥 도적 쫓아 물리치며 평화를 지켜 왔으니,
저 유철(한 무제)·양광(수 양제)·이세민(당 태종)은
풍채만 보고도 무너져 망아지처럼 달아났구나.
광개토열제 공덕 새긴 비석 천 자[尺]나 되고
온갖 깃발 한 색으로 태백산처럼 높이 나부끼누나.

※ 유유紐由: 11세 동천열제 때의 충신. 246년 위魏나라 장수 관구검이 침략, 환도성이 함락되자 열제는 남옥저南沃沮(요동반도)로 피난하였다. 추격이 심하여 매우 위급한 상황에 이르자 유유는 열제에게 계책을 올리고, 항복을 가장하고 위의 군중軍中에 들어가 위나라 장수를 비수로 찔러 죽이고 자신도 장렬히 전사하였다. 장수를 잃고 큰 혼란에 빠진 위군은 고구려군의 대반격을 받아 참패하고 낙랑(대동강 평양이 아님)에서 쫓겨났다. 그러나 환도성이 난을 겪어 다시 도읍할 수 없게 되자, 동천열제가 다음해(247년)에 평양으로 도읍을 옮겼다(『삼국사기』「고구려본기」).

12. 神敎를 大覺한 乙支文德 將軍의 큰 功績

乙支文德은 高句麗國石多山人也라

嘗入山修道하야 得夢天神而大悟하고

每當三月十六日則馳往摩利山하야 供物敬拜而歸하며

十月三日則登白頭山祭天하니 祭天은 乃神市古俗也라.

隋 煬帝의 大侵攻을 薩水大捷으로 擊退

弘武二十三年에 隋軍一百三十餘萬이

並水陸而來攻이어늘 文德이 能以奇計로 出兵鈔擊之하고

追至薩水하야 遂大破之하니 隋軍이 水陸俱潰하야

生歸遼東城今昌黎者가 僅二千七百人이라.

廣이 遣使乞和한대 文德이 不聽하고 帝亦嚴命追之시라

文德이 與諸將으로 乘勝直驅할새

一自玄菟道로 至太原하고 一自樂浪道로 至幽州하야

入其州縣而治之하며 招其流民而安之라.

於是에 建安·建昌·白岩·昌黎諸鎭은 屬於安市하고

昌平·涿城·新昌·桶道諸鎭은 屬於如祈하고

孤奴·平谷·造陽·樓城·沙溝乙은 屬於上谷하고

和龍·汾州·桓州·豊城·鴨綠은 屬於臨潢하니

皆仍舊而置吏라.

至是하야 强兵이 百萬이오 境土가 益大라.

12. 신교를 대각한 을지문덕 장군의 큰 공적

을지문덕은 고구려 석다산 사람이다. 일찍이 산에 들어가 도를 닦다가 삼신의 성신이 몸에 내리는 꿈을 꾸고 신교 진리를 크게 깨달았다.*

해마다 3월 16일(대영절大迎節)이 되면, 말을 달려 강화도 마리산에 가서 제물을 바쳐 경배하고 돌아왔다. 10월 3일에는 백두산에 올라가 천제를 올렸다. 이런 제천 의식은 배달 신시의 옛 풍속이다.

수 양제의 대침공을 살수대첩으로 물리침

홍무 23(단기 2945, 612)년에, 수나라 군사 130여 만 명[21]이 바다와 육지로 쳐들어왔다. 을지문덕이 출병하여 기묘한 계략으로 그들을 공격하고 추격하여 살수薩水[22]에 이르러 마침내 크게 격파하였다. 수나라 군대는 바다와 육지에서 함께 궤멸되어, 살아서 요동성[23](지금의 하북성 창려)으로 돌아간 자가 겨우 2천7백 명이었다.

양광이 사신을 보내어 화평을 구걸하였으나 을지문덕이 듣지 않았고, 열제(영양제) 또한 추격하도록 엄한 명을 내리셨다. 을지문덕이 여러 장수와 더불어 승리의 기세를 타고 곧바로 몰아붙여, 한 갈래는 현도玄菟* 길로 태원太原*에 이르고, 한 갈래는 낙랑樂浪* 길로 유주幽州*에 이르러, 그곳의 주와 현에 들어가서 다스리고, 떠도는 백성을 불러모아 안심하게 하였다.

이렇게 하여 건안建安·건창建昌·백암白巖·창려昌黎 등 여러 진鎭은 **안시**安市에 속하고, 창평昌平·탁성涿城·신창新昌·용도桶道 등 여러 진은 **여기**如祈에 속하고, 고노孤奴·평곡平谷·조양造陽·누성樓城·사구을沙溝乙은 **상곡**上谷에 속하고, 화룡和龍·분주汾州·환주桓州·풍성豊城·압록鴨綠은 **임황**臨潢에 속하게 되어 모두 옛 제도에 따라 관리를 두었다. 이때 강한 군사가 백만이었고 영토는 더욱 커졌다.

---

* **신교를 대각한 을지문덕**: 고구려의 을파소, 광개토열제, 을지문덕, 연개소문 같은 영걸은 모두 한민족의 뿌리인 환인·환웅·단군성조 이래 한민족의 국교요, 동방 문명의 정교正教인 신교 문화를 부흥시켜 꽃피운 역사적 인물이다.

* **현도**玄菟: 사마광의『자치통감資治通鑑』에서는 유성柳城(지금의 요령성 조양)과 노룡盧龍(하북성 노룡현) 사이에 현도가 있었다고 한다.

* **태원**太原: 중국 산서성山西城의 수부首府. 서기 49년 5세 모본열제의 첫 공략 이후로 고구려가 서너 차례 정벌한 지역이다.

* **낙랑**樂浪: 낙랑은 지금의 중국 하북성 동북부에 있었다. 종래의 통설인 평양 위치설은 한국고대사를 왜곡·말살하기 위해 일제가 날조한 것이다.

* **유주**幽州: 하북성 북부 일대이다.

萬古의 英傑, 乙支文德

楊廣壬申之寇也에 出師之盛이 前古未之有也로대

以我皂衣二十萬으로 滅其軍幾盡하니

此非乙支文德將軍一人之力乎아

若乙支公者는 乃萬古造時勢之一聖傑也哉로다.

文忠公趙浚이 與明使祝孟으로

共登百祥樓하야 賦詩曰

薩水湯湯漾碧虛하니 隋兵百萬化爲魚라.

至今留得漁樵語하니 不滿征夫一哂餘라.

- 楊廣 : 수나라 양제煬帝
- 寇 침범할 구   皂 검을 조
- 滅 멸할 멸   幾 거의 기
- 盡 다할 진   若 같을 약
- 勢 기세 세   聖 성스러울 성
- 傑 뛰어날 걸   趙 조라라 조
- 浚 깊을 준   孟 맏 맹
- 共 함께 공   祥 상서로울 상
- 樓 다락 루   賦 읊을 부
- 湯 물 세차게 흐를 상
- 湯湯 : 물이 세차게 흐르는 모양
- 漾 뜰 양   碧 푸를 벽
- 漾碧 : 푸른빛을 물 위에 뜨게 함
- 留 머무를 류
- 漁 고기 잡을 어
- 樵 나무할 초   滿 찰 만
- 征 갈 정   夫 사내 부
- 征夫 : 여행하는 사람
- 哂 웃을 신

난하灤河_하북성河北省 창려昌黎 지역. 고구려 당시의 요수遼水로 요동遼東과 요서遼西를 구분 짓는 경계였다. 중국에서 가장 동쪽의 국경지대를 뜻하는 말로 '요遼'라 했다. 따라서 요수는 국경지대의 큰 강을 가리키는 말이었다. 대진 때까지도 요수는 지금의 요하가 아니라 난하였다. 지금의 요하遼河는 고구려 때 구려하九黎河·고구려하高句麗河라 불렸다. 백하·난하·대릉하 등이 시대와 국경 변천에 따라 요수라 불리다가, 거란족이 요遼나라를 세운 후에 비로소 지금의 요하遼河라는 명칭으로 고정된 것이다.

高句麗國本紀

만고의 영걸, 을지문덕

양광이 임신(단기 2945, 612)년에 쳐들어올 때, 전에 없이 많은 군사를 몰고 왔으나 우리는 조의皁衣 20만으로 적군을 거의 다 멸하였으니 이것은 을지문덕 장군 한 사람의 힘이 아니겠는가? 을지공 같은 사람은 한 시대의 흐름을 지어내는 만고에 드문 거룩한 영걸이다.

뒤에 문충공 조준趙浚*이 명나라 사신 축맹祝孟과 함께 백상루百祥樓*에 올라 이렇게 시를 읊었다.

살수 물결 세차게 흘러 푸른 빛 띠는데
옛적 수나라 백만 군사 고기밥이 되었구나.
지금도 어부와 나무꾼에게 그때 이야기 남았건만
명나라 사신은 언짢아 한 번 웃고 마는구나.

* 조준趙浚(1346~1405): 고려 말, 조선 초의 정치가.
* 백상루百祥樓: 평안도 안주읍 안주 군청에서 북쪽으로 백 보 되는 거리에 있다. 고구려 때 누각으로 관서제일루關西第一樓라 불린다.

백상루百祥樓_평안남도 안주군 안주읍에 있는 누정으로 청천강 기슭, 옛 안주성 장대將臺 터에 자리하고 있다. 관서팔경關西八景 가운데 첫째로 꼽혀 '관서제일루關西第一樓'라고 불리며, 여러 차례 보수를 거쳐 1735년(영조 25)에 다시 지었다. 진주 촉석루와 더불어 우리나라의 고유한 특색을 지닌 대표적 누정건물이었으나 6·25 때 소실되었다.

13. 高句麗·百濟의 統治 領域과 隋 文帝의 大侵略

舊史에 曰「嬰陽武元好太烈帝弘武九年에
帝遣西部大人淵太祚하사
徃討登州하시고 擒殺摠管韋冲하시니라.」

先是에 百濟以兵으로 平定齊魯吳越之地하고
設官署하야 索籍民户하며 分封王爵하야 屯戍險塞하며
軍征賦調를 悉準內地러니
明治年間에 百濟軍政이 衰頹不振하고
權益執行이 盡歸聖朝하야 劃定城邑하고 文武置吏라
及隋作兵하야 有事南北하고 騷擾四起하야
害及生民일새 帝威赫怒하사 恭行天討하시니
四海之內에 莫不聽命也라.

然이나 隋主楊堅이 陰藏禍心하고 敢出讐兵하야
密遣韋冲하야 摠管爲名하고 潰破官家하며 焚掠邑落하니
乃遣將兵하사 擒殺賊魁하시니 山東平服하고 海城謐然이라.

隋 文帝의 侵攻과 擊退

是歲에 堅이 又遣楊諒王世績等三十萬하야 來與戰할새
纔發定州하고 未至遼澤하야
値水亂而饋轉杜絕하고 癘疫幷熾라
周羅睺가 以兵據登州하고 徵集戰艦數百하야

13. 고구려·백제의 통치 영역과 수 문제의 대침략

옛 역사서에 이렇게 기록되어 있다.

영양무원호태열제(26세) 홍무 9년(단기 2931, 598)에 열제께서 서부 대인 연태조淵太祚*를 보내어 등주登州*를 토벌하고 총관摠管 위충韋冲*을 사로잡아 죽이셨다.

이에 앞서 **백제가 군사를 일으켜 제齊·노魯·오吳·월越의 땅을 평정**하고, 관서官署를 설치하여 호적과 호구수를 정리하고, **왕의 작위**[王爵]를 나누어 봉하고 험한 요새에 **군대를 주둔**시켰다. 그리고 군역과 세금과 특산물 납부를 모두 본국에 준準하여 하게 하였다.

명치明治*연간에 백제의 군정軍政이 쇠퇴하여 제대로 이루어지지 않으므로 권익 집행을 고구려 조정에서 하게 되었다. 성읍의 구획을 짓고 문무 관리를 두었다.

그 후 수나라가 군사를 일으켜 남북에서 사변이 생기고 사방에서 소요가 일어나 그 피해가 생민에게 미치게 되었다. 열제께서 크게 노하여 하늘의 뜻을 받들어 토벌하시니, 사해 안에 명령을 따르지 않는 자가 없었다.

그러나 수나라 왕 양견楊堅*은 속으로 앙심을 품고 감히 원수를 갚겠다고 군사를 내어, 은밀히 위충을 보내 총관이라는 이름으로 관가를 파괴하고 읍락에 불을 지르고 노략질하였다. 이에 장수와 병사들을 보내어 도적의 괴수를 사로잡아 죽이시니 산동 지역이 평정되고 해성海城이 평온해졌다.

수 문제의 침공과 격퇴

이해(단기 2931, 598)에 양견이 또다시 양량楊諒*, 왕세적王世績* 등 30만 명을 보내 전쟁할 때, 겨우 정주定州*를 출발하여 요택遼澤*에 이르기도 전에 물난리를 만나 군량 수송이 끊기고 유행병이 크게 번졌다. 주라구周羅緱가 병력을 동원하여 등주登州를 점거하고, 전함 수백 척을 징집하여 동래東萊에서 배를 타고 평양성으로 향하다

* **연태조淵太祚**: 연개소문의 아버지. 중국 낙양洛陽 북망北邙에서 출토된 천남생泉男生의 묘지명墓誌銘에 따르면, 남생의 할아버지를 태조太祚라 하였고 그 벼슬이 막리지莫離支라 하였다. 『삼국사기』에서는 연태조를 동부東部 혹은 서부西部 대인大人 대대로大對盧라 하였다.

* **등주登州**: 지금의 산동성 봉래蓬萊.

* **위충韋冲**: 수나라의 등주총관登州摠管.

* **명치明治**: 21세 문자열제(491~519)의 연호. 명치 연간은 곧 백제의 동성왕·무령왕 때에 해당한다.

* **양견楊堅**: 수隋나라를 세운 문제文帝의 이름. 처음에 북주北周(557~581)를 섬겨 상국相國이 되었다가 임금을 죽이고 자립하여 수나라를 세웠다.

* **양량楊諒**: 수 문제의 넷째 아들.

* **왕세적王世績**: 수나라 때 강남의 진陳을 평정하는 데 공을 세워 형주총관荊州摠管이 되었다.

* **정주定州**: 지금의 하북성 정주시定州市.

* **요택遼澤**: 황하의 북류北流 왼쪽 지역[左岸]에 있었다. 지금의 북경 동남에 있는 천진 일대이다.

自東萊로 泛船하야 趣平壤이라가 爲我所覺하야

殿而拒之以進이라가 忽遭大風而全軍이 漂沒하니라.

時에 百濟가 請隋爲軍導라가 受我密諭而未果하니라.

高句麗의 南守北伐 政策

左將高成이 密有親隋之心하야 陰壞莫離支北伐之計러니

至是하야 屢請遣師하야 攻破百濟有功이라

獨莫離支力排衆議하고 强執以南守北伐之策하야

屢陳利害以從하니라.

14. 淵蓋蘇文의 强烈한 主體 精神

及高成이 即位하사 盡棄前帝之遺法하시고

遣唐求老子像하사 使國人으로 聽講道德經하시고

又動衆數十萬하사 築長城하시니

自扶餘縣으로 至南海府히 千有餘里라.

時에 西部大人淵蓋蘇文이

請罷講道教하고 又以停長城之役으로 極陳利害로대

帝甚不悅하사 奪蘇文之兵하시고 命監築長城之役하사

密與諸大人으로 議誅滅之하시니라.

蘇文이 先得聞知하고 乃嘆曰

豈有身死而國全之理乎아 事急矣오 時不可失也라 하고

悉集部兵하야 若將閱武者하고 盛陳酒饌하야

가 아군에게 발각되었다. 주라구가 후진後陣을 맡아 막으면서 전진하다가, 문득 큰바람을 만나 전군이 표류하다 빠져 죽었다.

이때 백제가 수나라 군대에게 길을 인도해 주겠다고 제의하였다가, 고구려에서 은밀히 타이르자 실행하지 못하였다.

고구려의 남수북벌 정책

고구려 좌장左將 고성高成[24]이 몰래 수나라와 친하려는 마음을 품고 은밀히 막리지*의 북벌 계획을 무너뜨리려 하였다. 이때에 이르러 고성은 여러 번 군대를 보낼 것을 청원하여 백제를 쳐부수고 공을 세웠다. 그러나 막리지가 홀로 힘써 여러 사람의 의견을 물리치고, 남쪽은 지키고 북쪽을 치는 계책*을 강하게 고수하여 여러 번 이해를 따져 말하므로, 이를 따르게 되었다.

14. 연개소문의 강렬한 주체 정신

고성(27세 영류제)이 즉위하자 이전의 열제들이 남긴 법을 모두 버리고 당에 사신을 보내어 노자상老子像을 구해 와서 나라 사람으로 하여금 노자『도덕경』 강론을 듣게 하셨다. 또 무리 수십만을 동원하시어 장성을 쌓는데 부여현에서 남해부*까지 그 거리가 천여 리였다.

이때에 서부대인西部大人 연개소문이 도교 강론을 그만두도록 청원하고, 또 장성 쌓는 일을 중지시키도록 이해를 따져 간절히 아뢰었다.[25]

그러나 임금이 매우 언짢게 생각하여 연개소문의 군사를 빼앗고, 장성 쌓는 일을 감독하라고 명하셨다. 그리고 비밀리에 여러 대인大人과 함께 연개소문을 주멸하려고 의논하셨다.

연개소문이 이 일을 먼저 전해 듣고 탄식하며 말하기를,

"어찌 몸이 죽고 나서 나라가 온전히 보존될 수 있겠는가? 일이 급박하니 때를 놓쳐서는 안 되리라" 하고, 휘하 군사를 모두 모아 장차 열병할 것처럼 하였다. 그리고 술과 음식을 많이 차리고 여러 대신大臣을 불러 함께 열병식을 보자고 하니 모두 참석하였다.

* **막리지**: 고구려 때 군사와 정치를 총리總理하던 관직명.

* **남수북벌**南守北伐: 남쪽, 즉 백제·신라 쪽은 방어만 하고 북쪽, 즉 중국 지역을 공격하는 고구려 국방·외교의 기본 정책. 엄밀한 의미에서 남수북벌이 아니라 남수서벌이라 해야 옳다. 단재 신채호에 의하면 고구려는 국초 이래 한반도 쪽은 지키기만 하고 서쪽의 중국 대륙으로 뻗어나가는 정책을 시행했는데, 장수제에 이르러 서수남진西守南進정책으로 바뀌었다는 것이다. 단재는 서수남진파를 쿠데타로 실각시키거나 살해하고 대對 중국 강경노선을 채택한 연개소문을 높게 평가하였다(신채호, 『조선상고사』).

* **부여현에서 남해부**: 부여현은 길림성에 있는 부여현(하얼빈과 장춘 사이)이고, 남해부는 발해 때 오경五京의 하나인 남경 남해부가 있던 곳으로 지금의 요령성에 있는 해성海城이다.

召諸大臣하야 共臨視之하니 皆至라.

蘇文이 勵聲曰 門近虎狼而不救하고

反欲殺我乎아하고 遂除之라 帝聞變而微服潛逃하사

至松壤而下詔招募이시나 國人이 無一人至者라

自不勝愧汗하사 遂自殞碎而崩하시니라.

15. 淵蓋蘇文의 生涯와 大人의 風貌

朝代記에 曰

「淵蓋蘇文은 一云蓋金이니 姓은 淵氏오 其先은 鳳城人也라

父曰太祚오 祖曰子遊오 曾祖曰廣이니 並爲莫離支라」

弘武 十四年 五月 十日에 生하고

年九歲에 選爲皂衣仙人하니 儀表雄偉하고

意氣豪逸하야 每與軍伍로 列薪而臥하고

手瓠而飮하며 群焉而盡己하고 混焉而辨微하야

賞賜를 必分給하며 誠信周護하야

有推心置腹之雅量하며 至有緯地經天之才하니

人皆感服하야 無一人異懷者也러라.

然이나 用法嚴明하야 貴賤一律하고 若有犯者면

一無假借하며 雖當大難이라도

少不驚心하며 與唐使酬言호대 亦不屈志하야

常以自族陰害로 爲小人하며 能敵唐人으로 爲英雄이라

高句麗國本紀

이때 연개소문이 큰 소리로 말하기를,

"범과 이리가 문 가까이 왔거늘, 나를 구하기는커녕 도리어 죽이려 하는가?" 하고, 마침내 그들을 모두 제거해 버렸다.

임금이 변고를 전해 듣고 평복으로 몰래 달아나다가 송양松壤*에 이르러 조칙을 내려 병사를 모집하셨으나, 나라 사람이 한 명도 오지 않았다. 이에 부끄러움을 이기지 못하고 스스로 목숨을 끊어 붕어하시고 말았다.*

* 송양松壤: 고주몽성제 2년에 이곳을 점령하여 다물도多勿都로 삼았다.

* 영류제의 붕어: 고구려의 정통 역사를 파괴한 김부식은 『삼국사기』에서 '연개소문은 영류제를 시해한 살인자'로 몰고, 이러한 연개소문의 패륜으로 인해 고구려가 멸망했다고 하였다. 그러나 『환단고기』에서는 영류제가 스스로 목숨을 끊었다고 하여, 김부식이 왜곡한 역사의 진실을 밝히고 있다.

15. 연개소문의 생애와 대인의 풍모

『조대기朝代記』에 이렇게 기록되어 있다.

> 연개소문[26]은 일명 개금蓋金이라고도 한다. 성은 연씨淵氏이고, 선조는 봉성鳳城 사람이다. 아버지의 이름은 태조太祚이고, 할아버지는 자유子遊, 증조부는 광廣인데 모두 막리지를 지냈다.

중국 낙양에서 출토된 연개소문의 큰아들 남생의 묘지墓誌에는 "남생의 증조부 자유子遊(연개소문의 할아버지)와 조부 태조太祚(연개소문의 아버지)가 모두 막리지莫離支를 지냈다[曾祖子遊·祖太祚, 竝任莫離支]."라고 기록되어 있다(「천남생묘지泉男生墓誌」).

연개소문은 홍무 14년(26세 영양제, 단기 2936, 603) 5월 10일에 태어났고 아홉 살에 조의선인에 뽑혔다. 몸가짐이 웅장하고 훌륭하였고, 의기가 장하고 호탕했다. 늘 병사들과 함께 섶에 나란히 누워 자고, 손수 표주박으로 물을 떠 마셨다. 무리 속에 섞여 있어도 자신이 최선을 다하고, 일이 혼란하게 얽혀 있어도 미세한 것까지 분별해 내었다.

하사 받은 상은 반드시 나누어 주고, 정성과 믿음으로 두루 보호하고, 상대방의 진심 어린 마음을 헤아려서 거두어 품어 주는 아량이 있었다. 또한 온 천하를 잘 계획하여 다스리는 재주가 있었다. 그러므로 모든 사람이 다 감복하여 딴 마음을 품는 자가 한 사람도 없었다.

그러나 법을 운용할 때는 엄격하고 명백히 하여 귀천을 가리지 않고 한결같이 다스렸다. 만약 법을 어기는 자가 있으면 누구라도 용서하지 않았다. 비록 큰 어려움을 당하더라도 조금도 놀라지 않고, 당나라 사신과 말을 나눌 때에도 자기 뜻을 굽히지 않았다.

항상 자기 겨레를 음해하는 자를 소인이라 여기고, 당나라 사람을 능히 대적하는 자를 영웅으로 여겼다. 기뻐할 때는 신분이 낮

- 喜 기쁠 희
- 俱 함께 구
- 快 상쾌할 쾌
- 潛 잠길 잠(潜의 속자)
- 泳 헤엄칠 영
- 尤 더욱 우
- 疲 피로할 피
- 伏 엎드릴 복
- 滄 푸를 창
- 旣 이미 기
- 迎 맞을 영
- 寶 보배 보
- 怒 성낼 노
- 慄 벌벌 떨 진
- 傑 뛰어날 걸
- 竟 다할 경
- 健 굳셀 건
- 驚 놀랄 경
- 羅 벌릴 라
- 復 돌아올 부
- 放 놓을 방
- 臧 착할 장

희언이하천가근　　노언이권귀구진
喜焉而下賤可近이오 怒焉而權貴俱慄하니

진일세지쾌걸야
眞一世之快傑也니라

자언 생어 수중　　능잠영경일　　　우건불피
自言 生於水中하야 能潛泳竟日이라도 尤健不疲라 하니

중　함경복지　　나배왈
衆이 咸驚伏地하야 羅拜曰

창해용신　　부위화신의
滄海龍神이 復爲化身矣라 하니라

소문　기방고성제
蘇文이 旣放高成帝하고

여중　　공영고장　　시위보장제
與衆으로 共迎高臧하니 是爲寶臧帝시니라

소문　기득지　　행만법위공지도
蘇文이 旣得志에 行萬法爲公之道하야

성기자유　　개물평등
成己自由하고 開物平等하며

삼홀위전　　조의유율
三忽爲佺하고 皂衣有律하니라.

- 得 얻을 득
- 志 뜻 지
- 忽 작은 마을 홀
- 皂 검은 비단 조
- 律 법률 률

- 注 물댈 주
- 備 갖출 비
- 盛 성할 성
- 俱 함께 구
- 使 사신 사
- 館 집 관(舘의 속자)
- 邸 집 저
- 逆 거스를 역
- 禽 날짐승 금
- 吾 나 오
- 吾子: 상대방을 친하게 부르는 호칭. 당신·귀하·그대
- 須 모름지기 수
- 仇 원수 구
- 叙 차례 서(敍의 속자)
- 叙族: 형제 족속
- 屠 무찌를 도
- 擒 사로잡을 금
- 聯 잇닿을 련
- 約 기약할 약
- 久 오랠 구
- 遵守: 그대로 좇아 지킴
- 計 꾀할 계
- 勸 권할 권
- 聽 들을 청(聽의 속자)
- 惜 아까울 석
- 哉 어조사 재
- 防 막을 방
- 甚 심할 심
- 佐 도울 좌
- 請 청할 청
- 悖 거스를 패
- 近 가까울 근
- 獸 길짐승 수
- 子 그대 자
- 忘 잊을 망
- 醜 더러울 추
- 仍 인할 잉
- 政 정사 정
- 侵 침노할 침
- 遵 좇을 준
- 何 어찌 하
- 終 마칠 종

16. 古朝鮮 땅 回復을 위한 外交 政策

주력국방　　　비당심성　　선여백제상좌평
注力國防하야 備唐甚盛할새 先與百濟上佐平으로

구존입의　　우청신라사김춘추　　관어사저왈
俱存立義하며 又請新羅使金春秋하야 館於私邸曰

당인　다패역　　근어금수　　청오자
唐人이 多悖逆하야 近於禽獸하니 請吾子하노니

수망사구　　자금삼국　　서족합력
須忘私仇하고 自今三國이 叙族合力하야

직도장안　　당추　기가금야
直屠長安이면 唐醜를 其可擒也라

전승지후　　잉구지이연정　　인의공치
戰勝之後에 仍舊地而聯政하야 仁義共治오

이약상물침　　위영구준수지계　하여
而約相勿侵하야 爲永久遵守之計가 何如오

권재삼　　춘추　종불청　　석재
勸再三호대 春秋가 終不聽하니 惜哉로다.

高句麗國本紀

고 미천한 사람도 가까이 할 수 있지만, 노하면 권세 있고 부귀한 자도 모두 두려워하니 진실로 일세를 풍미한 시원스러운 호걸이었다.

연개소문이 스스로 말하기를, "물 속에서 태어나서 종일 물에 잠겨 헤엄쳐도 더욱 기력이 솟고 피로한 줄 모른다" 하니, 무리가 모두 놀라서 땅에 엎드려 절하며, "창해滄海의 용신龍神이 다시 화신化身하였다"라고 말하였다.

연개소문이 고성제(27세 영류제)를 내쫓고 무리와 함께 고장高臧을 맞이하였다. 이분이 보장제寶臧帝(28세, 단기 2975, 642~단기 3001, 668)이시다.

연개소문이 드디어 뜻을 이루자, 모든 법을 공정무사한 대도로 집행하였다. 이로써 **자신을 성취하여 스스로 자신의 주인이 되고**[成己自由], **만물의 이치를 깨쳐 차별이 없게**[開物平等] 되었다. 또한 세 마을[三忽]*에 전佺을 두고 조의선인皂衣仙人들에게 계율을 지키게 하였다.

16. 고조선 땅 회복을 위한 외교 정책

연개소문은 국방에도 힘써 당나라가 강성해지는 것에 대비하였다. 먼저 백제 상좌평上佐平*과 함께 양국이 병존할 수 있는 방안을 세웠다. 또 신라 사신 김춘추를 청하여 자신의 집에 머무르게 하고 이렇게 말했다.

"당나라 사람들은 도의에 어긋나고 불순하여 짐승에 가깝소. 그대에게 청하노니, 모름지기 사사로운 원한은 잊어버리고 이제부터 핏줄이 같은 우리 삼국 겨레가 힘을 모아 곧장 장안을 무찌른다면, 당나라 괴수를 사로잡을 수 있을 것이오. 승리한 후에는 우리 옛 영토에 연합 정권을 세워 함께 인의仁義로 다스리고, 서로 침략하지 않기로 약속하여 그것을 영구히 지켜 나갈 계책으로 삼는 것이 어떠하겠소?"

이렇게 두 번, 세 번 권유하였으나, 김춘추가 끝내 듣지 않았으니[27] 참으로 안타까운 일이다.

* 홀忽: 성城 또는 마을을 뜻한다.
* 백제의 상좌평上佐平: 성충成忠(?~656)을 말함. 좌평은 백제의 16관등 중 제1품 관직. 고대 일본의 중앙 호족인 후지와라藤原 가문의 전기傳記인 『등원가전藤原家傳』의 「등원겸족전藤原鎌足傳」 13년 조에서 "듣건대 당唐에는 위징魏徵이 있고, 고구려에는 연개소문이 있고, 백제에는 선중善仲이 있고, 신라에는 김유신이 있어서 각기 일방一方을 지키고 이름이 만 리에 떨친다. 이들은 모두 이 땅의 준걸한 인물들로 지략이 과인過人한 사람이다[大唐有魏徵, 高麗有盖金, 百濟有善仲, 新羅有鳩淳. 各守一方, 名振万里. 此皆當常土俊傑, 智略過人.]"라고 했는데, 여기서 백제의 선중은 곧 성충을 가리킨 것으로 보인다(신채호, 『조선상고사』 하, 447쪽).
* 삼국이 연합하여 당나라를 정벌한 뒤에, 배달·단군조선 때의 중국 본토 내 조선족의 본고장이요 본래 우리 땅이던 황하·양자강 중류 이동에 고구려·백제·신라 삼국이 연합 정권을 세워 함께 다스려 나가자는 뜻이다.

591

17. 唐 太宗 李世民의 大侵略

淵蓋蘇文과 唐 太宗의 激突

開化四年에 唐主李世民이 謂群臣曰

遼東은 本諸夏之地어늘 隋氏가 四出師而不能得하니

予今出兵은 欲爲報諸夏子弟之讐라 하고

世民이 親佩弓矢하고 率李世勣·程名振等數十萬하야

到遼澤하니 泥淖二百餘里에 人馬가 不可通이라

都尉馬文擧가 策馬奔擊하야 旣合戰이러니

行軍摠管張君乂가 大敗하니 李道宗이 收散軍하고

世民이 自將數百騎하야 與世勣으로 會하야

攻白巖城西南하니 城主孫代音이 詐遣請降이나

而實은 欲乘隙反擊이라.

安市城 攻防戰

世民이 至安市城하야 先自唐山으로 進兵攻之라

北部褥薩高延壽와 南部褥薩高惠眞이 率官兵과

及靺鞨兵十五萬하야 引至直前하고 連安市爲壘하야

據高山之險하며 食城中之粟하야 縱兵掠其軍馬하니

唐奴不敢犯이오 欲歸나 則泥淖爲阻하야 坐困必敗라

延壽가 引軍直前以進하니 料去安市四十里라

遣人하야 問於對盧高正義하니 以其年老習事也라.

正義曰 世民이 內芟群雄하야 化家爲國하니 亦不凡常이라

17. 당 태종 이세민의 대침략

연개소문과 당 태종의 격돌

개화開化 4년(28세 보장제, 단기 2978, 645)에, 당나라 왕 이세민[28]이 여러 신하에게 말했다.

"요동은 본래 우리 중국 땅[29]이다. 수나라가 네 번이나 군사를 일으켰으나 그곳을 얻지 못하였다. 내가 이제 출병하여 우리 자제子弟들의 원수를 갚고자 하노라."

이에 세민이 친히 활과 화살을 메고 이세적李世勣*, 정명진程名振 등 수십만을 거느리고 요택遼澤*에 이르렀다. 진창이 200여 리나 되어 인마人馬가 통과할 수 없었다. 도위都尉 마문거馬文擧가 채찍으로 말을 치며 돌진하여 맞붙어 싸웠고, 행군총관 장군차張君乂가 대패하니 이도종李道宗이 흩어진 군사를 수습하였다.

세민이 스스로 수백 기병을 거느리고 세적과 합세하여 백암성白巖城※ 서남쪽을 공격하였다. 성주 손대음孫代音이 거짓으로 사람을 보내 항복을 청하였으나 실은 빈틈을 타서 반격하려는 것이었다.

안시성 공방전

세민이 안시성에 이르러 먼저 당산唐山으로부터 군사를 진격시켜 공격하였다. 북부 욕살* 고연수高延壽와 남부 욕살 고혜진高惠眞이 관병과 말갈 군사 15만을 거느리고 안시성에 도착하여, 주저없이 바로 앞으로 나아가 안시성과 연결되는 보루堡壘(작은 성)*를 쌓고 높은 산의 험준한 곳을 차지하였다. 성중의 곡식을 먹으면서 군사를 풀어 당나라 군마를 빼앗았다. 당나라 군사가 감히 덤벼들지 못하고, 돌아가려 해도 진창에 가로막혀 그냥 주저앉아 괴로워하며 패할 수밖에 없었다.

연수가 군사를 이끌고 곧장 전진하여 안시성과 40리쯤 떨어진 곳에 이르러 사람을 보내어 대로對盧 고정의高正義에게 대책을 물었다. 이는 고정의가 연륜이 깊어 일처리에 능숙하기 때문이었다.

정의가 대답하였다.

"세민이 안으로 군웅群雄을 제거하고 나라를 차지하였으니 역시

---

* **이세적**李世勣(594~669): 당나라의 장수. 본성은 서徐. 일찍이 수나라 군웅 가운데 한 사람인 이밀李密의 부하로 있다가 당나라에 망명하였다. 당 고조의 신임을 얻어 여주총관黎州總管이 되고 영국공英國公에 봉해졌으며 이李씨 성을 하사받았다. 이정李靖과 함께 당 태종 때 무장의 쌍벽이라 불린다.

* **요택**遼澤: 당 태종이 고구려 군에게 쫓겨 사경을 헤매었다는 진흙탕 길로, 황하의 북쪽 지류 왼쪽 지역이다. 지금의 하북성 천진 일대.

※ **백암성**白巖城: 갈석산 밑에 있고, 당나라 때는 암주巖州라 하였다.

* **욕살**褥薩: 고구려는 지방을 5부로 나누어 다스렸는데, 지방 장관을 욕살이라 하였다. 이 기사는 『삼국사기』의 기록과 비슷하지만, 『삼국사기』에서는 고연수·고혜진의 군사가 패했다고 한 데 반하여, 본서에서는 승리한 것으로 기록했다.

* **보루**堡壘: 고구려는 치雉를 설치하는 옹성甕城 축성법으로 성을 쌓았다. 치란 성벽으로 접근하는 적을 정면과 양쪽 측면에서 동시에 공격하여 격퇴할 수 있도록 성벽의 일부를 튀어나오게 한 시설이다. 옹성은 적군의 공격에 직접 드러나지 않게 하기 위하여 성문 바깥에 더 붙여 쌓아 만든, 면적이 크지 않은 방어용 성벽을 말한다.

- 據 웅거할 거
- 銳 날카로울 예
- 輕 가벼울 경   頓 머무를 돈
- 曠 헛되이 지낼 광
- 持 지킬 지   久 오랠 구
- 曠日持久 : 많은 날을 보내며 시간을 오래 끎
- 斷 끊을 단   糧 양식 량
- 旣 이미 기   盡 다할 진
- 求 구할 구   路 길 로
- 勝 이길 승   從 따를 종
- 賊 도둑 적   拒 막을 거
- 止 그칠 지   焚 태울 분
- 奪 빼앗을 탈   誘 꾈 유
- 賄 뇌물 회   面 낯 면
- 違 어길 위
- 數 자주 삭(數의 약자)
- 襲 엄습할 습   陷 빠질 함
- 裂 찢을 렬   傷 상처 상
- 酷 심할 혹

- 陣 진칠 진   豹 표범 표
- 豹變 : 태도가 갑자기 변함
- 急 급할 급   電 번개 전
- 擊 칠 격

금거전당지병이래   기예   불가경야
今據全唐之兵而來하니 其銳를 不可輕也라

위오계자   막약돈병부전   광일지구
爲吾計者는 莫若頓兵不戰하고 曠日持久하야

분견기병   단기양도   양도기진
分遣奇兵하야 斷其糧道니 糧道旣盡이면

구전부득   욕귀무로   내가승야
求戰不得이오 欲歸無路리니 乃可勝也라.

연수   종기계   적래즉거   적거즉지
延壽가 從其計하야 賊來則拒하고 賊去則止하며

우견기병   분탈양로
又遣奇兵하야 焚奪糧路하니

세민   백계유지이회   면종이내위
世民이 百計誘之以賄나 面從而內違하야

삭견음습함렬   적지사상   혹다
數遣陰襲陷裂하니 賊之死傷이 酷多라.

遼東 出兵으로 千秋에 恨을 남긴 唐 太宗

연수등   여말갈   합병위진   지구작전
延壽等이 與靺鞨로 合兵爲陣하고 持久作戰이라가

일야표변   급습전격
一夜豹變하야 急襲電擊하니

용담산성龍潭山城_길림시 용담산에 있는 산성으로 현 학계에서는 이 산성이 지금까지 발견된 고구려 성 가운데서 가장 북쪽에 있는 것으로 보고 있다. 흙으로 쌓은 고구려 산성으로도 유명하다. 10년 전까지 안내 표지에 고구려 산성이라 했는데, 용담산성으로 바뀌었다. 산성은 토성으로 10미터 높이로 쌓았고 현재까지 원형이 잘 남아 있다. 성안에는 사진에 보는 것처럼 용담이란 큰 연못이 있다. 용담 옆쪽으로 장대將臺였던 자리가 있고 장대 부근에는 출입문 주춧돌이 아직까지 남아 있다. 산 정상부 쪽으로 오르다 보면 수뢰水牢로 알려진 연못같은 시설이 있다.

高句麗國本紀

범상한 인물이 아니오. 지금 모든 당나라 군사를 이끌고 왔으니 그 예봉銳鋒*을 가벼이 여겨서는 안 되오.

우리 계책은 병력을 움직이지 말고 싸우지 않으며, 여러 날을 끌면서 기습부대를 나누어 보내 군량을 운반하는 길을 끊는 것이 가장 좋소. 양식이 다 떨어지면 싸울래야 싸울 수 없고 돌아가려 해도 길이 없을 것이니, 반드시 이길 것이오."

연수가 그 계책을 좇아 적이 오면 막고, 물러가면 움직이지 않았다. 또 기습 부대를 보내어 군량을 불태우고 빼앗았다.

세민이 온갖 계략으로 뇌물까지 쓰며 꾀었으나, 겉으로 따르는 척하고 속으로 거부하여 자주 군사를 내어 몰래 습격하고 함락시켜 흩어지게 하니 적군의 사상자가 매우 많았다.

*예봉銳鋒: 창이나 칼 따위의 날카로운 끝. 날카롭게 공격하는 기세.

요동 출병으로 천추에 한을 남긴 당 태종

연수 등이 말갈병과 더불어 함께 진을 치고 지구전을 펴다가, 어느날 밤 돌변하여 번개같이 습격하니, 거의 포위를 당하게 된 세민이 비로소 두려운 빛을 보였다.

칠정용담산七鼎龍潭山 고구려 산성_개원시에서 동북쪽으로 약 30킬로미터 떨어진 위원보진威遠堡鎭 북쪽에 있는 용담산성은 토성으로 상부능선을 따라 쌓았는데 현재 3~5미터 높이로 남아 있고 총 길이는 약 1000미터다. 산은 일곱 봉우리가 둥글게 감싸 안은 그릇 형태로 입구가 동쪽 한 곳만 좁게 트여 있어 외부에서 쉽게 들어갈 수 없다. 그 안에는 청나라 건물 연간에 세운 용담사龍潭寺가 있다. 여기에는 연개소문이 무술을 연마하던 곳인 개씨무장蓋氏武場이 있는데 주위는 구궁 팔괘의 도형으로 구성되어 있다고 한다. 일부 기록에는 연개소문의 여동생 연개소화가 연개소문의 명을 받고 부여성을 지키며 병사를 이곳에 주둔시켰다고 한다.

595

幾 거의 기	被 당할 피
圍 에울 위	迫 닥칠 박
懼 두려워할 구	
復 다시 부	懷 품을 회
財 재물 재	寶 보배 보
貴 귀할 귀	强 굳셀 강
弑 죽일 시	蒭 꼴 추
粟 조 속	給 줄 급
焚 불사를 분	
掠 노략질할 략	處 곳 처
俟 기다릴 사	
修禮: 예의를 닦음	
納交: 교제를 맺음	
復 돌아올 복	諾 대답할 낙
見 뵐 현	柱 기둥 주
不須多言: 여러 말이 필요 없음	
廢 버릴 폐	弑 죽일 시
淫 음란할 음	納 들일 납
妃 왕비 비(원문에서 쓴 죽은 어미 妣 자는 오기임. 본서에서는 妃로 함)	
督 살필 독	察 살필 찰
督察: 감찰함	
守備: 외부의 침략이나 공격을 막아 지킴	
依 의지할 의	固 굳을 고
乘 탈 승	虛 빌 허
奇 기이할 기	襲 엄습할 습
術 재주 술	痛 아플 통
恨 한할 한	悔 뉘우칠 회
柳 버들 류	權 권세 권
殆 위태로울 태	振 떨칠 진
候 염탐꾼 후	告 고할 고
麾 대장기 휘	黑 검을 흑
旗 깃발 기	恐 두려울 공
雖 비록 수	終 마칠 종
脫 벗을 탈	危 위태할 위
懼 두려워할 구	彼 저 피
通 통할 통	鑑 거울 감
豈 어찌 기	諱 꺼릴 휘
恥 부끄러울 치(=耻)	
勳 공적 적	
建 세울 건	
早 일찍 조	已 이미 이
失 잃을 실	輸 나를 수

世民이 幾被圍迫하야 始有懼色이라

世民이 又復遣使하야 懷財寶하고

謂延壽曰 我以貴國强臣이 弑其君上故로 來問罪오

至於交戰하야 入貴境에 蒭粟이 不給故로

間有焚掠幾處而已오 俟貴國修禮納交則必復矣라 한대

延壽曰 諾다 退貴兵三十里則吾將見帝矣리라

然이나 莫離支는 爲國柱石이오

軍法自在하니 不須多言이오

汝君世民은 廢父弑兄하고 淫納弟妃하니

此可問罪也라 以此傳之어다

於是에 四遣督察하야 益加守備하고 依山自固하야

乘虛奇襲하니 世民이 百計無術하야

痛恨遼東出兵之不利나 而已悔無及焉이러라.

中華史筆의 歷史 歪曲: 爲國諱恥

柳公權小說에 曰

「六軍이 爲高句麗所乘하야 殆將不振하고

候者告英公之麾가 黑旗被圍라 한대 世民이 大恐이라」하니

雖終自脫이나 而危懼如彼어늘

新舊唐書와 及司馬公通鑑에

不言者는 豈非爲國諱恥乎아.

李世勣이 言於世民曰 建安은 在南하고 安市는 在北하니

吾軍糧을 早已失輸遼東今昌黎이어늘

세민이 다시 사자를 보내어 재물과 보화로 달래며 연수에게 이렇게 말했다.

"나는 귀국貴國의 힘 있는 신하(연개소문)가 임금을 시해하였기로 이렇게 와서 죄를 묻는 것이다. 이제 귀국에 들어와 전쟁을 하는데 말 먹일 꼴과 식량을 공급할 수 없어 몇 곳을 불태우고 노략질을 했을 뿐이다. 귀국이 예를 갖추어 수교를 기다린다면 반드시 돌아갈 것이다."

이에 연수가 말하였다.

"좋다. 그대들 군사가 30리를 물러난다면 내가 장차 우리 황제(보장제)를 만나 뵈리라. 그러나 막리지는 우리나라의 주석柱石이고, 군법이 있으니 여러 말이 필요 없다. 너희 임금 세민은 아버지를 폐하고 형을 죽이고, 음란하게도 아우의 아내를 취하였으니 이것이야말로 가히 죄를 물을 만하다.* 이대로 전하여라."

이에 사방으로 감찰관을 보내어 수비에 더욱 힘쓰게 하고, 산을 의지해 스스로 견고히 하고 적의 허점을 틈타 기습하였다.

세민이 온갖 꾀를 다 내어 보아도 아무 방법이 없었다. 요동으로 출병하여 전쟁에 진 것을 몹시 한탄하였으나, 후회해도 소용이 없었다.

중화사필의 역사 왜곡 : 위국휘치

류공권柳公權*의 소설에, "당나라의 6군六軍은 고구려가 세를 타게 되자 장수들이 전공을 떨치지 못하였고, 척후병이 와서 영공英公(이세적)의 군기가 흑기*에 포위당했다고 보고하니, 세민이 크게 두려워하였다"라고 쓰여 있다.

이세민이 비록 끝내 탈출하였으나 위태롭고 두려워함이 이러하였던 것이다.『신·구당서新舊唐書』*와 사마공司馬公의『통감通鑑』*에 이러한 사실을 적지 않은 것은, 어찌 자기 나라를 위해서 수치스런 일을 숨기려 한 것[爲國諱恥]이 아니겠는가?

이세적이 세민에게 말하기를,

"건안建安*은 남쪽에 있고 안시는 북쪽에 있습니다. 아군의 군량은 이미 요동(지금의 창려)으로 수송할 길을 잃었습니다. 지금 안시

* 당나라 건국 초기에 왕실에서 치열한 왕위 쟁탈전이 벌어졌다. 당을 세우는 데 가장 큰 공을 세운 이세민은 '현무문의 변'을 일으켜 형 건성과 아우 원길을 죽이고, 아버지 이연(고조)을 왕위에서 몰아내고 자신이 등극(2세 태종)하였다. 그리고 아우 원길의 아내 양씨楊氏를 취하였다. 후에 문덕황후가 죽자 태종이 양씨를 황후로 세우고자 하였으나 중신들의 반대에 부딪혀 단념하였다.

❋ 류공권柳公權(1132~1196): 고려 중기의 명신. 자는 정평正平. 시호는 문간文簡. 본관은 문화文化. 대승大丞 차달車達의 6세 손으로 예빈경禮賓卿이 되어 금나라에 사신으로 가서 예학 지식으로 칭송을 들었다. 문학과 서예에 능했다.

❋ 흑기: 흑색 깃발은 고구려의 군기. 흑黑은 검은색이니 '검'은 신성神聖을 상징한다. 당군은 붉은 깃발[赤旗]. 수극화水克火의 이치가 담겨 있다.

❋ 『신·구당서新舊唐書』:『신당서新唐書』와 『구당서舊唐書』로, 당나라의 역사를 기록한 책이다. 먼저 후진後晉 때 유향劉珦·장소원張昭遠이 『구당서』(200권)를 완성하였으나, 송宋의 구양수歐陽修 등이 개수改修하여『신당서』를 지었다.『구당서』「지리지」와「동이열전」에 삼국에 관한 기록이 있다.

❋ 통감通鑑:『자치통감資治通鑑』을 말함. 송宋의 사마광이 쓴 편년체 역사책. 주周나라 위열왕威烈王부터 후주後周 세종世宗에 이르기까지 1,362년 간의 사적을 기록하였다.

❋ 건안성은 안시성 남쪽 70리에 위치. 지금의 하북성 당산唐山의 남쪽 경계에 있었다.

今踰安市而攻建安이라가
若高句麗가斷其輸送이면勢必窮矣리니
不若先攻安市니安市下則鼓行而取建安耳로이다.
安市城人이 望見世民旗蓋하고
輒乘城鼓譟하야唾罵世民하고數其罪目하야以告于衆하니
世民이怒氣極甚하야以爲陷城之日에男女를盡坑之라하니
安市城人이 聞之하고益堅守하야攻之不下러라.
時에張亮兵이在沙卑城이나而欲召之未果하야低回失機하고
張亮이將移兵하야襲烏骨城이라가反爲官兵所敗라
李道宗이亦在遭險不振하니
於是에唐奴諸將이議自相歧하야世勣은獨以爲高句麗가
傾國救安市하니不若捨安市而直擣平壤이라하고
長孫無忌가以爲天子親征은
異於諸將하야不可乘危徼幸이니
今建安新城之敵衆이數十萬이오
高延壽所率靺鞨이亦數十萬이니
國內城兵이若又回烏骨城하야而遮樂浪諸路之險이면
如是則彼勢日盛하야急於迫圍오而我翫敵이라가
悔無及焉하리니不如先攻安市하고次取建安然後에
長驅而進이此萬全之計也라하야未之決이라.
安市城主楊萬春이聞之하고乘夜深하야
以數百精銳로縋城而下하니

를 넘어 건안을 치다가 만약 고구려가 군량을 수송하는 길을 끊는다면 대세가 반드시 궁하게 될 것이니 먼저 안시를 치는 것만 못할 것입니다. 안시가 함락되면 북을 두드리며 여유있게 가서 건안을 빼앗으면 될 것이옵니다"라고 하였다.

안시성 사람들이 멀리서 세민의 깃발과 일산을 바라보고, 성에 올라 북을 치고 고함을 질렀다. 침을 뱉으며 세민을 욕하고 죄목을 하나하나 짚어가며 군중에게 고하니 세민이 노기가 극도에 달하여, 성이 함락되는 날에는 남녀 모두 생매장시킬 것이라 하였다. 안시성 사람들이 이 말을 듣고 더욱 굳건히 지키므로 공격을 해도 함락되지 않았다.

이때에 수군 제독 장량張亮*의 군사는 사비성沙卑城*에 있었는데 그들을 부르려다 시행하지 못하고 망설이는 사이에 기회를 잃고 말았다. 장량은 병력을 이동시켜 오골성烏骨城*을 습격하려 하였으나 오히려 관병에게 패하고 말았다.

이도종李道宗* 역시 험준한 길을 만나 군세를 떨치지 못했다. 상황이 여기에 이르자 당나라 여러 장수의 의견이 서로 갈라졌다. 세적은 홀로, '고구려는 나라의 온 힘을 기울여 안시성을 구하려 하니, 안시를 버리고 곧장 평양을 치는 것만 못하다'고 생각하였다.

장손무기長孫無忌*는 이렇게 생각하였다.

'천자가 친히 정벌에 나섬은 장수들과는 달리 위험을 무릅쓰고 요행을 바라서는 안 된다. 지금 건안建安·신성新城에 있는 적군의 무리가 수십만이요, 고연수가 거느린 말갈 군사 또한 수십만이다. 만약 국내성 군사가 오골성을 돌아서 낙랑*의 모든 길의 험한 곳을 차단한다면, 적의 기세가 날로 강성해져 우리를 포위하고 압박하여 급하게 될 것이다. 우리가 적을 갖고 놀려고 하다가는 뉘우쳐도 소용없을 것이다. 먼저 안시를 공격하고 다음에 건안을 취하는 것만 못할 것이다. 그 다음에 멀리 적을 몰아 쫓으며 진격하는 것이 만전의 계책이다.'

이 문제가 아직 결론이 나지 않았는데, 안시성주 양만춘이 그 사정을 듣고 야밤을 틈타 수백 명의 정예 군사를 거느리고 성에서 줄을 타고 내려가 공격하였다.

적진에서는 서로 짓밟혀 죽고 상처를 입은 자가 매우 많았다.

* **장량**張亮: 당나라 때 영양榮陽 사람. 형부상서刑部尙書를 지냈다.
* **사비성**: 비사성卑沙城·비도성卑屠城이라고도 하며, 지금의 요동반도 끝, 대련만 북안에 있었다.
* **오골성**: 지금의 요령성 봉성현鳳城縣으로 비정된다.
* **이도종**李道宗: 자는 승범承範. 강하군왕江夏郡王에 봉해짐. 예부상서禮部尙書에 오름.
* **장손무기**長孫無忌: 낙양 사람으로 자字는 보기輔機. 당 태종을 보필하여 이부상서吏部尙書에 오르고 조국공趙國公에 봉해졌다. 특히 당 태종의 왕비 문덕황후의 오빠로서 당 태종의 총애를 받았다.
* **낙랑**: 지금의 하북성 동북부 지역으로, 본래 배달·단군조선 이래로 줄곧 우리 땅이었다. 특히 중국의 동북 지역에서도 가장 중요한 군사적 요충지로서, 고대에 중국과 조선 간에 군사적 충돌이 가장 잦았던 곳이기도 하다.

賊陣이 自相踐踏하야 殺傷甚多라

世民이 使李道宗으로 築土山於城東南隅러니

官兵이 從城缺出擊하야 遂奪土山하고

塹而守之하야 軍勢益振하니 唐奴諸陣이 殆失戰意라

傅伏愛는 以戰敗로 斬하고 道宗以下는 皆徒跣請罪라.

楊萬春의 大勝

莫離支가 率數百騎하고 巡駐灤坡하야 詳問情形이오

遣命摠攻四擊할새 延壽等은 與靺鞨로 夾攻하고

楊萬春은 登城督戰하니 士氣益奮하야 無不一當百矣라

世民이 憤不自勝하야 敢出決戰이나

楊萬春이 乃呼聲張弓하야 世民이 出陣이라가

矢浮半空하니 遂爲所中하야 左目沒焉이라

世民이 窮無所措하야 從間逃遁할새

命世勣道宗하야 將步騎數萬하야 爲殿하니

遼澤泥淖하야 軍馬難行이라

命無忌하야 將萬人하야 剪草塡道하고

水深處는 以車爲梁하고

世民이 自繫薪於馬鞘하야 以助役하니라

冬十月에 至蒲吾渠하야 駐馬하고 督塡道하며

諸軍이 渡渤錯水할새 暴風雪이 占濕하야

士卒이 多死者어늘 使燃火於道하야 以待之라.

세민이 이도종을 시켜 성의 동남쪽 모퉁이에 흙으로 산을 쌓게 하였는데 우리 군사가 성 한 귀퉁이가 무너진 곳으로 나와 쳐서 드디어 토산을 빼앗았다. 거기에 참호를 만들어 지키니 군세를 더욱 떨쳤다. 이리하여 당나라 모든 진영은 싸울 생각을 거의 잃어버렸다. 부복애傅伏愛는 패전 책임으로 참수당하고, 도종과 그 부하들은 모두 맨발로 나아가 죄를 인정하고 처벌을 기다렸다.

양만춘의 대승

막리지(연개소문)가 기마병 수백을 거느리고 순시하다가 난하灤河 언덕에서 멈추고 전황을 자세히 물은 뒤에, 사방에서 총공격하라고 명하였다. 연수 등이 말갈 군사와 함께 양쪽에서 협공하고, 양만춘이 성에 올라 싸움을 독려하니 사기가 더욱 높아져서, 하나가 백을 당하는 용맹을 보이지 않는 자가 없었다.

세민이 스스로 울분을 참지 못하고 감히 나서서 결판을 내려 하였다. 이때 양만춘이 소리를 지르며 활시위를 팽팽하게 당겼다. 세민이 진을 나서다가, 공중을 가르며 날아온 화살에 적중되어 왼쪽 눈이 빠져 버렸다.*[30]

세민이 어찌 할 바를 모르고 군사들 틈에 끼어 달아나며, 세적과 도종에게 명하여 보병·기병 수만 명을 거느리고 후군으로 따르게 하였다.

요택에 이르자 진창 때문에 군마의 행군이 어려워 장손무기에게 명하여 1만 명을 거느리고 풀을 베어서 길을 메우고 물이 깊은 곳은 수레로 다리를 만들게 하였다. 세민 자신도 스스로 말채찍으로 땔나무를 묶어 일을 도왔다.

겨울 10월에, 포오거蒲吾渠*에 이르러 말을 쉬게 하고 길 메우는 일을 독려하였다.

모든 군사가 발착수渤錯水를 건널 때에 거센 눈보라가 몰아쳐 군사들을 적시니 죽는 자가 많았다. 이에 길에 불을 피우게 하고 기다렸다.

* 고려의 목은牧隱 이색이 유림관楡林關을 지나며 지은 시 「정관음貞觀吟」 중에 다음과 같은 구절이 있다. "고구려쯤이야 호주머니 속의 물건일 뿐이라 하더니[謂是囊中一物耳], 어찌 알았으리오 검은 꽃(눈)이 흰 깃(화살)에 맞아 떨어질 줄을[那知玄花落白羽]."

* 포오거蒲吾渠: 『삼국사기』 보장왕 4년 조에서는 포오거를 포구蒲溝라 하였다. 하북성 평산현平山縣 서쪽에 있다(『중국 역대 지명 대사전』).

淵蓋蘇文의 長安 入城과 桓檀 以來 失地 回復

時에 莫離支淵蓋蘇文이 乘勝長驅하야 追之甚急하니

鄒定國은 自赤峰으로 至河間縣하고 楊萬春은 直向新城하야

軍勢大振하니 唐奴多棄甲兵而走하야 方渡易水라

時에 莫離支가 命延壽하야 改築桶道城하니 今高麗鎭也라

又分遣諸軍하야 一軍은 守遼東城하니 今昌黎也오

一軍은 跟隨世民하고 一軍은 守上谷하니 今大同府也라.

於是에 世民이 窮無所措하야 乃遣人乞降하니

莫離支가 率定國萬春等數萬騎하야

盛陳儀仗하고 鼓吹前導하야 入城長安하야

與世民으로 約하니 山西·河北·山東·江左가 悉屬於我라.

18. 中國 本土까지 뻗었던 百濟, 新羅의 領土

先是에 高句麗가 與百濟로 外競俱存하니 遼西地에

有百濟所領曰遼西晉平이오 江南에 有越州하니 其屬縣은

一曰山陰이오 二曰山越이오 三曰左越이러니

至文咨帝明治十一年十一月하야 攻取越州하고

改署郡縣하니 曰松江·會稽·吳城·左越·山越·泉州오

十二年에 移新羅民於泉州하야 以實之라

是歲에 以百濟不貢으로 遣兵攻取遼西晉平等郡하니

百濟郡이 廢하니라.

연개소문의 장안 입성과 환단 이래 실지 회복

이때 막리지 연개소문이 싸움에 이긴 김에 계속 휘몰아쳐서 급히 이들을 뒤쫓았다. 추정국鄒定國은 적봉赤峰에서 하간현河間縣에 이르고, 양만춘은 곧바로 신성新城을 향하며 군세를 크게 떨쳤다. 많은 당나라 군사가 갑옷과 무기를 버리고 달아나, 바야흐로 역수易水*를 건너려 하였다.

이때 막리지가 연수에게 명하여 용도성桶道城[31]을 개축하게 하였는데, 용도성은 지금의 고려진이다. 또 전군을 나누어 보내되, 일군은 요동성을 지키게 하니 그곳은 지금의 창려昌黎*이고, 일군은 세민의 뒤를 바짝 쫓게 하고, 또 일군은 상곡上谷*을 지키게 하니 상곡은 지금의 대동부大同府이다.

이에 세민이 궁지에 몰려 어찌할 바를 모르고 사람을 보내어 항복을 받아 달라고 애걸하였다.[32] 막리지가 정국, 만춘 등의 기병 수만을 거느리고 성대하게 의장을 갖추어 북 치고 나팔 부는 군악대를 앞세우고 장안에 입성하였다. 세민과 더불어 약정約定하여, **산서성 · 하북성 · 산동성 · 강좌**江左*가 모두 고구려에 속하게 되었다.

18. 중국 본토까지 뻗었던 백제, 신라의 영토

이에 앞서 고구려는 백제와 밖에서 서로 경쟁하며 공존하였다.

요서 땅에 백제의 영지가 있었는데, 곧 요서遼西* · 진평晉平[33]이고, 강남에는 월주越州가 있었으니, 여기에 소속된 현은 첫째 산음山陰*, 둘째 산월山越, 셋째 좌월左越이다.

(21세 문자제) 명치 11년(단기 2834, 501) 11월에 이르러, 월주를 쳐서 취하고 군현의 이름을 바꾸어 송강松江* · 회계會稽* · 오성吳城 · 좌월 · 산월 · 천주泉州*라 하였다.

명치 12년(단기 2835, 502)에 신라 백성을 천주로 옮겨 그곳을 채웠다. 이 해에 백제가 조공을 바치지 아니하므로 군대를 보내어 요서 · 진평 등의 군郡을 쳐서 **빼앗으니 백제군**百濟郡이 없어지고 말았다.

❋ 역수易水: 중역中易 · 북역北易 · 남역南易 세 갈래가 있는데, 모두 지금의 하북성 역현易縣 경계에서 흘러나온다.

❋ 창려昌黎: 지금의 하북성 난하의 동부 연안에 있다. 이곳에 고구려 요동성이 있었는데, 당나라 때는 요주遼州라 개명하였다.

❋ 상곡上谷: 지금의 하북성 회래현懷來縣이다.

❋ 강좌江左: 지금의 강소성江蘇省 등 양자강 하류 북쪽 지역을 말한다(『중문대사전』 권5). 일찍이 당唐의 관리로 있던 고운孤雲 최치원崔致遠은 상관에게 올리는 글에서, 단군 이후 다시 중원 대륙의 옛 땅을 회복[多勿]하여 통치한 고구려 · 백제의 위용을 사실史實 그대로 직필直筆하여 후세에 전하였다.

❋ 요서군: 중국 본토에 있던 백제 식민지. 요서군은 지금의 하북성 난하(당시의 요수) 서쪽 하북성 일대에 있었고, 약 200년간 백제가 통치하였다.

❋ 월주越州: 지금의 절강성 소흥현紹興縣이다.

❋ 산음山陰: 진秦나라 때 설치한 현으로, 수隋 때 폐하여 회계현會稽縣에 귀속되었다가 지금은 회계현과 함께 절강성 소흥현이 되었다.

❋ 송강松江: 지금의 상해上海.

❋ 회계會稽: 지금의 절강성 소흥현이다.

❋ 천주泉州: 지금의 복건성 복주福州 서남쪽. 『진서晉書』「지리지」에는 진안군晉安郡에 속한 현 가운데 신라현이 명확히 기재되어 있으므로 본문의 이 내용을 입증한다.

淵蓋蘇文에 對한 王介甫의 人物評

王介甫曰 淵蓋蘇文은 非常人也라 하니 果然이로다.

莫離支가 在則高句麗가 與百濟로 俱在하고

莫離支가 去則百濟가 與高句麗로 俱亾하니

莫離支는 亦人傑也哉로다.

莫離支가 臨終에 顧謂男生男建曰

爾兄弟는 愛之如水하라 束箭則强하고 分箭則折하나니

須無忘此將死之言하야 貽笑於天下隣國之人하라

時則開化十六年十月七日也오

墓는 在雲山之九峰山也라.

- 俱 함께 구
- 亾 망할 망
- 傑 뛰어날 걸
- 哉 어조사 재
- 臨 임할 림
- 終 마칠 종
- 顧 돌아볼 고
- 爾 너 이
- 束 묶을 속
- 箭 화살 전
- 强 굳셀 강
- 折 꺾일 절
- 須 모름지기 수
- 忘 잊을 망
- 貽 줄 이
- 笑 웃을 소
- 貽笑 : 남에게 비웃음을 받게 됨
- 隣 이웃 린

태자하太子河에서 바라본 요양遼陽 연주성燕州城
강쪽은 절벽으로 이루어져 있고 태자하가 해자 구실을 하여 천연 방벽이 된다.

연개소문에 대한 왕개보의 인물평

왕개보王介甫*가 이렇게 말했다.

"연개소문은 범상한 인물이 아니라 하더니 과연 그렇다. 막리지(연개소문)가 살아 있을 때는 고구려와 백제가 함께 건재하였으나, 막리지가 세상을 뜨자 백제와 고구려가 함께 망하였으니, 막리지는 역시 걸출한 인물이로다."

막리지가 임종에 남생男生, 남건男建*을 돌아보며 이렇게 말하였다.

"너희 형제는 사랑하기를 물과 같이 하여라. 화살을 한 데 묶으면 강하고 나누면 꺾어지나니, 부디 이 유언을 잊지 말고 천하 이웃 나라 사람들의 웃음거리가 되지 않도록 하여라."

때는 개화 16년(28세 보장제, 단기 2990, 657) 10월 7일이었다. 묘는 운산의 구봉산에 있다.

* 왕개보王介甫(1021~1086): 당송 팔대가唐宋八大家의 한 사람으로 꼽히는 송宋나라 때 문필가이자 정치가인 왕안석王安石을 말한다. 자는 개보介甫, 호는 반산半山이다.

* 남건男建: 연개소문의 둘째 아들. 아우 남산男産과 함께 대막리지인 형 남생을 몰아내고 대막리지가 되었다. 형제간에 일어난 세력 쟁탈전은 고구려 멸망의 한 원인이 되었다.

요양遼陽 연주성燕州城 현재 우리나라 학계는 백암성으로, 중국은 연주성으로 부른다. 5세기 초에 세운 산성으로 석회암을 사용하여 흰 빛을 띤다. 외성과 내성으로 나뉜다. 외성은 동, 서, 북쪽에 완만한 산세를 따라 5~8미터 높이에 2,500미터 길이의 성벽을 세우고 남쪽은 낭떠러지를 이용해 성벽을 세웠는데 그 아래로 태자하太子河가 흐른다. 연주성은 요령성에 있는 고구려 산성 중에서 유일하게 비교적 온전한 모습이다.

19. 遼東과 遼西의 高句麗 領土

高麗鎭은 在北京安定門外六十里許하고

安市城은 在開平府東北七十里하니 今湯池堡오

高麗城은 在河間縣西北十二里하니

皆太祖武烈帝所築也라.

異邦人이 노래한 高麗城의 옛 追憶

唐樊漢이 有高麗城懷古詩一首하야 傳於世하니

其詩에 曰

僻地城門闢하니 雲林雉堞長이라.

水明留晚照오 沙暗燭星光이라.

疊鼓連雲起하고 新花拂地粧이라.

居然朝市變하야 無復管絃鏘이라.

荊棘黃塵裡오 蒿蓬古道傍이라.

輕塵埋翡翠오 荒隴上牛羊이라.

無奈當年事하니 秋聲肅鴈行이라.

予雖不文이나 追其韻而次之하니 曰

遼西尚存古城墟하니 想必名邦運祚長이리라.

燕峀屭巇多戰色이오 遼河蕩漾共天光이라.

風林空谷演舞態하고 仙禽高樹欲啼粧이라.

19. 요동과 요서의 고구려 영토

고려진[34]은 북경 안정문安定門 밖 60리쯤에 있다. 안시성[35]은 개평부開平府 동북쪽 70리에 있는데, 지금의 탕지보湯池堡이다. 고려성[36]은 하간현河間縣 서북쪽 12리에 있다.

모두 태조 무열제(6세, 단기 2386, 53~단기 2479, 146)께서 쌓으신 것이다.

이방인이 노래한 고려성의 옛 추억

당나라 사람 번한樊漢이 「고려성 회고시」* 한 수를 지어 세상에 전하니 이러하다.

※ 단재 신채호도 『조선상고사』에서 번한의 「고려성 회고시」를 인용하였다.

> 외진 땅의 성 문은 열리고
> 구름 숲 속 성 위에 담장은 길게 이어졌네.
> 물은 맑아 저녁 노을 반짝이고
> 어둠 깃든 모래 땅엔 별빛이 비치네.
> 북소리 둥둥 울리니 구름도 따라 일고
> 새로 핀 고운 꽃은 흙을 털고 단장했네.
> 슬그머니 하루아침에 저자거리로 바뀌어
> 피리·나팔 소리 다시 들을 길 없어라.
> 누런 흙먼지 속 무성한 가시나무,
> 옛 길 가에는 쑥대만 우거져 있네.
> 무상한 세월의 티끌 아름답던 비취 묻어 버렸고
> 거친 언덕엔 소와 양이 오르는구나.
> 화려하던 옛 시절 이미 사라졌는데
> 깊어 가는 가을 소리에 기러기만 날아가누나.

내가 비록 글재주는 없으나 그 운韻을 따라 한 수 읊는다.

> 요서遼西에 옛 성터 아직 남아 있으니
> 생각건대 명성 높은 나라의 운수 틀림없이 길었으리.
> 연나라 험한 산에 전쟁도 많았지만
> 요하의 도도한 물결은 하늘빛 같네.
> 바람 불어 나무는 빈 골짜기에서 춤추고
> 학은 자태를 꾸미며 높은 나무에서 우는구나.

千旄關防一夕變하야 呼賣振鈴聞凄鏘이라.

燕凉元來盡我有오 官兵久鎭飮馬傍이라.

英雄不作時事去하니 無復驅敵如驅羊이런가.

今我弔古無限意를 爲贐核郞萬里行하노라.

20. 遼西 地方에 十城을 構築함

朝代記에 曰

「太祖隆武三年에 築遼西十城하사 以備漢하시니

十城은 一曰安市니 在開平府東北七十里오

二曰石城이니 在建安西五十里오

三曰建安이니 在安市南七十里오

四曰建興이니 在灤河西오

五曰遼東이니 在昌黎西南境이오

六曰豐城이니 在安市西北一百里오

七曰韓城이니 在豐城南二百里오

八曰玉田堡니 舊遼東國이니 在韓城西南六十里오

九曰澤城이니 在遼澤西南五十里오

十曰遼澤이니 在黃河北流左岸이라

五年春正月에 又築白岩城桶道城하시니라.」

변방 지키던 방패와 깃발 하루저녁에 바뀌어
값을 외치는 장사꾼 방울소리 처량하게 들리네.
연燕(하북·산서)과 양凉(감숙)은 본래 우리 땅이니
관병이 오래도록 지키며 말 먹이던 곳이라.
영웅은 다시 오지 않고 지난 일은 아득하니
양떼 내몰 듯 도둑떼 몰아낼 날 다시 없을런가.
이제 와 옛일 한없이 슬퍼하는 이 내 마음
만 리 길 떠나는 **핵랑**核郞의 노자路資로나 쓰시게.

20. 요서 지방에 10성을 쌓음

『조대기朝代記』에 이렇게 기록되어 있다.

태조 융무 3년(6세 태조 무열제, 단기 2388, 55), 요서에 10성을 쌓아 한나라의 침략에 대비하셨다.* 그 10성은 이러하다.

첫째는 안시성安市城이니, 개평부에서 동북쪽으로 70리 떨어진 곳에 있고,

둘째는 석성石城이니, 건안성에서 서쪽으로 50리 떨어진 곳에 있고,

셋째는 건안성建安城이니, 안시성에서 남쪽으로 70리 떨어진 곳에 있고,

넷째는 건흥성建興城이니, 난하의 서쪽에 있고,

다섯째는 요동성遼東城이니, 창려의 서남쪽 경계에 있고,

여섯째는 풍성豊城이니, 안시성에서 서북쪽으로 100리 떨어진 곳에 있고,

일곱째는 한성韓城이니, 풍성에서 남쪽으로 200리 떨어진 곳에 있고,

여덟째는 옥전보玉田堡이니, 옛날의 요동국으로 한성에서 서남쪽으로 60리 떨어진 곳에 있고,

아홉째는 택성澤城이니, 요택성에서 서남쪽으로 50리 떨어진 곳에 있고,

열째는 요택성遼澤城이니, 황하 북류의 왼쪽 언덕에 있다.

융무 5년(단기 2390, 57) 봄 정월에, 또 백암성白岩城과 용도성桶道城을 쌓으셨다.

高句麗國本紀

* **고구려 초기의 중국 경략**: 태조무열제가 '요서 10성'을 축성한 사실은 『삼국사기』에도 나온다. 『삼국사기』 「고구려본기」 태조대왕太祖大王 조에는 "태조대왕 3년에 요서遼西에 10성을 쌓아 한漢나라의 침입에 대비하였다[三年春二月, 築遼西十城, 以備漢兵.]"라고 기록되어 있다. 그러나 고구려는 그 이전 모본제慕本帝 2년(5세, 49)에 이미 우북평右北平 상곡上谷·태원太原까지 점령하였다[二年春, 遣將襲漢北平·漁陽·上谷·太原.](『삼국사기』 「고구려본기」 모본왕 조). 우북평은 북경 동북에 있는 하북성 풍윤현豊潤縣, 어양은 북경 북동쪽 밀운현密雲縣이고, 상곡은 북경 서북쪽 회래현懷來縣, 태원은 지금의 산서성 태원太原이다. 이는 고구려가 초기에 이미 중국 한나라의 수도인 낙양 가까이에 있는 태원까지 깊숙이 쳐들어가 점령할 정도로 국력이 강성했음을 단적으로 보여 준다.

이 같은 고구려의 요서 지방 경략經略에 대해 현재 국사학계에서는 해명조차 못하고 있다. 『삼국사기』 「고구려본기」 모본왕 조와 중국의 정사正史인 『후한서』 「동이전」 고구려 조에는 이러한 사실을 "(광무제 건무建武) 25년 봄, 고구려가

요서遼西 10성城

- 秘 숨길 비
- 昌 창성할 창
- 碣 우뚝 선 돌 갈

- 謂 이를 위
- 岩 바위 암

- 稱 일컬을 칭
- 蓋 덮을 개
- 資 도울 자
- 治 다스릴 치
- 通 통할 통
- 鑑 거울 감
- 菟 고을 이름 도
- 柳 버들 류
- 盧 밥그릇 로

- 延 끌 연
- 佗 다를 타
- 渤 바다 이름 발
- 卒 군사 졸
- 曷 어찌 갈
- 理財 : 재물을 잘 운용하는 일
- 致 이를 치
- 富 부유할 부
- 累 여러 루
- 巨萬 : 막대한 수
- 助 도울 조
- 創 비로소 창
- 轉 옮길 전
- 徙 옮길 사
- 賈 팔 고
- 漁 고기 잡을 어
- 鹽 소금 염
- 沃 물 댈 옥
- 沮 막을 저
- 納 들일 납
- 穀 곡식 곡

三韓秘記에 曰「舊志에 云 遼西에 有昌遼縣하니
唐時에 改遼州하고 南有碣石山而其下則白岩城이니
亦唐時所謂岩州가 卽此也라
建安城은 在唐山境內하고 其西南爲開平이오 一云蓋平이니
唐時에 亦稱蓋州가 是也라.」
資治通鑑에 曰「玄菟郡은 在柳城盧龍之間하니
漢書에 馬首山이 在柳城西南이오 唐時에 築土城이라」하니라.

21. 高句麗의 開國 功臣 延佗渤

延佗渤은 卒本人이니 來往於南北曷思而理財致富하야
至累巨萬이라 陰助朱蒙하야 其創基立都之功이 居多라
後에 率衆하야 轉徙九黎河而賈漁鹽之利러니
及高朱蒙聖帝가 伐北沃沮하실새 納穀五千石하고

산해관山海關 노룡두老龍頭
하북성河北省 진황도시秦皇島市에 있다. 수隋·당唐 시대에는 임유관臨楡關이라 불렀고, 수나라 때 현재보다 약간 서쪽에 있었으나 11세기 초 요遼나라 때 현재의 위치로 옮겨졌다. 산해관이란 이름은 14세기 초 명明나라 때에 성을 쌓고 산해위山海衛를 설치, 군대를 주둔시킨 데에서 유래하였다. 만리장성 동쪽 끝으로 만주와 중국 내륙을 잇는 군사적 요충지이다.

『삼한비기三韓秘記』에 이렇게 기록되어 있다.

「구지舊志」에 말하기를, 요서에 창료현昌遼縣이 있는데, 당나라 때 요주遼州로 고쳤다. 그곳 남쪽에 갈석산碣石山이 있고, 그 아래가 곧 백암성이다. 당나라 때에 암주岩州라 부른 곳이 이곳이다.

건안성은 당산唐山 경계 안에 있고, 그 서남은 개평開平인데 일명 개평蓋平이라 하였으니, 당나라 때 개주蓋州는 이곳이다.

『자치통감資治通鑑』에는 이렇게 기록되어 있다.

현도군은 유성柳城과 노룡盧龍 사이에 있다.[37] 『한서漢書』에 '마수산馬首山이 유성 서남에 있는데 당나라 때 여기에 토성을 쌓았다'고 하였다.

21. 고구려의 개국 공신 연타발

연타발*은 졸본 사람이다. 남북 갈사曷思*를 오가면서 이재理財를 잘하여 부자가 되어 엄청난 돈을 모았는데 남 몰래 주몽을 도와 창업의 기틀을 마련하고 도읍을 세우는 데 큰 공을 세웠다.

뒤에 무리를 이끌고 구려하九黎河*로 옮겨 물고기와 소금을 사고 팔아 이익을 얻었다. 고주몽 성제가 북옥저*를 칠 때 양곡 5천 석을 바쳤다.

우북평·어양·상곡·태원을 노략질하였으나 요동태수 채동이 은혜와 신의로써 이를 초유하니 모두 다시 항복하였다[二十五年春, 句麗寇右北平·漁陽·上谷·太原, 而遼東太守蔡彤, 以恩信招之, 皆復款塞.]라고 기록하였다.

* **연타발**: 고주몽을 도와 고구려를 건국한 개국 공신. 김부식은 『삼국사기』에서 연타발의 딸 소서노가 과부로서 고주몽의 왕비가 된 것으로 왜곡하였다.

* **남북 갈사**: 북갈사는 만주 우수리강 일대이고, 남갈사는 혼춘琿春 지방이다.

* **구려하**: 일명 고구려하高句麗河인데, 지금의 대요하를 말한다.

* **북옥저**: 남옥저(요동반도)에서 동북으로 800리에 있었다. 지금의 만주 서간도西間島 일대다. 종래 학계에서는 한·중 고대 사서에 나오는 수많은 옥저의 위치를 모두 함경도로 비정했으나 아주 잘못된 것이다. 본서 「고구려국본기」에는 평락 11년(BCE 27)에 북옥저北沃沮를 멸하고 다음해에 졸본에서 눌견訥見으로 천도했다고 하였다. 눌견은 지금의 장춘 북쪽에 있으니 북옥저는 장춘 주위의 땅이 분명하다.

갈석산碣石山

하북성 창려현昌黎縣에 있다. 고대에 요동을 상징하던 갈석산은 만리장성의 동쪽 시작점이기도 하다. 『사기史記』 「하본기夏本紀」 '태강지리지太康地理志'에는 "낙랑군 수성현에 갈석산이 있는데 (만리)장성이 시작하는 곳이다[樂浪遂城縣, 有碣石山, 長城所起].''라고 기록했다. 그런데 이 갈석산이 있는 수성현을 일제식민사학이 황해도 수안에 있다고 주장한 것을 이병도가 그대로 답습함으로써 이 땅을 붓대 하나로 한나라 식민지로 만들어 버렸다. 중국마저 이를 동북공정에 이용하고 있으나 갈석산은 워낙 유명한 산이므로 그들 역사지도집에는 제 위치에 표시해 놓았다.

移都訥見而先自願納하야 招撫流亡하야 以勤王事하니

以功으로 得封於坐原이오

而年八十에 歿하니 時는 平樂十三年丙申春三月也라.

22. 百濟의 始祖와 建國 過程

召西弩와 두 아들의 自立

高朱蒙이 在位時에 嘗言曰

若嫡子琉璃來면 當封爲太子라 하야시늘

召西弩가 慮將不利於二子라 하야

歲庚寅三月에 因人得聞浿帶之地肥物衆하고

南奔至辰番之間近海僻地하니라.

召西弩의 於瑕羅 被封과 沸流의 繼承

而居之十年에 買田置庄하야 致富累萬하니

遠近이 聞風하고 來附者衆이러니

南至帶水하고 東濱大海하야 半千里之土境이 皆其有也라

遣人致書于朱蒙帝하야 願以內附어늘

帝甚悅而獎之하시고 冊號召西弩하사 爲於瑕羅시라

及至十三年壬寅而薨하고 太子沸流가 立하니

四境이 不附라.

溫祚의 百濟 建國

於是에 馬黎等이 謂溫祚曰

눌견訥見*으로 도읍을 옮길 때 연타발이 먼저 양곡을 자원하여 바치고 떠도는 백성을 불러 모아 어루만져 위로하며 임금의 일을 부지런히 도왔다. 그 공덕으로 좌원坐原*에 봉토를 얻었다. 여든살에 세상을 떠나니, 때는 평락平樂* 13년(단기 2309, BCE 25) 병신년 봄 3월이었다.

22. 백제의 시조와 건국 과정

소서노와 두 아들의 자립

고주몽 성제가 재위하실 때 일찍이 말씀하시기를, "만약 적자 유리가 오면 마땅히 태자로 봉할 것이다"라고 하셨다. 소서노召西弩는 장차 자신의 두 아들(비류와 온조)에게 이롭지 못할 것을 염려하다가, 경인庚寅(단기 2292, BCE 42)년 3월에 사람들에게서 패대浿帶*의 땅³⁸이 기름지고 물자가 풍부하다는 말을 듣고, 남쪽으로 달려가 진辰·번番(옛 진한과 번한) 사이에 있는 바다 가까운 외진 땅에 이르렀다.

소서노의 어하라 피봉과 비류의 계승

그곳에 산 지 10년 만에 밭을 사서 장원을 두고 재산을 모아 수만 금에 이르니 원근에서 소문을 듣고 찾아와 따르는 자가 많았다. 남으로 대수帶水에 이르고 동으로 큰 바다에 닿는, 5백 리 되는 땅이 모두 그의 소유였다.

그리고 주몽제朱蒙帝에게 사람을 보내어 글을 올려, 섬기기를 원한다고 했다. 임금께서 매우 기뻐서 칭찬하시고 소서노를 책봉하여 **어하라**於瑕羅*라는 칭호를 내리셨다. (어하라 재위) 13년 임인(단기 2315, BCE 19)년에 이르러 소서노가 세상을 떠나고 태자 비류沸流가 즉위하였다.* 그러나 따르는 사람이 없었다.

온조의 백제 건국

이때 마려馬黎 등이 온조溫祚에게 이르기를, "신이 듣기로 마한의

* **눌견**: 고구려의 두 번째 도읍지. 지금의 만주 장춘 북쪽 주성자朱城子이다.
* **좌원坐原**: 위당 정인보는, 좌원은 남만주 관전현寬甸縣 성동산城東山과 통화현通化縣 홍석납자紅石拉子의 중간에 있는 긴 평원平原이라 하였다(정인보, 『조선사연구』, 122쪽).
* **평락平樂**: 고주몽 성제 때의 연호.

* **패대浿帶**: 패수浿水와 대수帶水 지역이라는 뜻으로 지금의 중국 하북성 난하 부근 일대이다.
* **어하라於瑕羅**: 백제 건국 과도기에 고주몽 성제가 책봉한 왕의 호칭. 백제의 시초는 고구려의 제후로 시작되었음을 알 수 있다. 고구려는 그 뒤에도 계속 백제 왕을 어하라라 불렀는데, 이것은 고구려가 백제를 제후국으로 거느린 황제 국가임을 내외에 과시한 것이다. 『주서周書』「백제전」을 보면 "백제 왕의 성은 부여씨이고, 왕호王號는 어라하於羅瑕인데, 백성들은 건길지鞬吉支라 불렀다〔王姓夫餘氏號於羅瑕, 民呼爲鞬吉支, 夏言竝王也.〕"라고 하여, 본서의 어하라와 기록상 약간의 차이가 있으나 백제 왕을 부르던 칭호임을 알 수 있다.
* 백제의 시조가 ①소서노, ②비류, ③온조라는 세 가지 설이 있다. 하남 위례성에 도읍하고 처음으로 국호를 백제라 칭한 온조왕을 백제의 정식 시조로 보는 것이 마땅하다.

- 溫 따뜻할 온
- 衰 쇠할 쇠
- 喏 응낙하는 소리 낙
- 編 엮을 편
- 舟 배 주
- 彌 가득할 미
- 鄒 나라 이름 추
- 忽 작은 수의 단위 홀
- 得 얻을 득
- 登 오를 등
- 岳 큰 산 악
- 惟 오직 유
- 據 의거할 거
- 澤 못 택
- 險 험할 험
- 勢 기세 세
- 更 다시 갱
- 溫 따뜻할 온
- 從 좇을 종
- 遂 마침내 수
- 仍 이에 잉
- 歸 돌아올 귀
- 歸附: 귀속하여 섬겨 따름. 스스로 와서 복종함
- 祚 복 조
- 敗 패할 패
- 渡 건널 도
- 抵 이를 저
- 到 이를 도
- 負 짐질 부
- 望 바랄 망
- 帶 띠 대
- 沃 기름질 옥
- 阻 험할 조
- 難 어려울 난
- 宜 마땅히 의
- 他 다를 타
- 祚 복 조
- 議 의논할 의
- 慰 위로할 위
- 附 붙을 부

臣이 聞馬韓이 衰敗立至하니 乃可往立都之時也니이다

溫祚曰 喏다 乃編舟渡海而始抵馬韓 彌鄒忽하니

行至四野에 空無居人이라 久而得到漢山하야

登負兒岳而望可居之地할새 馬黎烏干等十臣이 曰

惟此河南之地는 北帶漢水하고 東據高岳하고

南開沃澤하고 西阻大海하니 此天險地利難得之勢라

宜可都於此오 更不可他求也하소서 한대

溫祚가 從十臣議하야 遂定都于河南慰支城하고

仍稱百濟하니 以百濟來故로 得號也라

後에 沸流가 薨하니 其臣民이 以其地로 歸附하니라.

백제의 해외 경략과 통치 지역

쇠망이 임박하였다 하니 가서 도읍을 세울 때라 생각하옵니다" 하니, 온조가 "좋다"라고 하였다. 이에 배를 만들어 바다를 건너 먼저 마한의 미추홀彌鄒忽(지금의 인천 부근)에 이르러 사방을 돌아다녀 보았으나 텅 비어 사는 사람이 없었다.

오랜 뒤에 드디어 한산漢山*에 이르러 부아악負兒岳*에 올라 살 만한 땅을 찾아보았다. 그때 마려馬黎, 오간烏干 등 신하 열 명이 간하였다.

"오직 이곳 하남河南 땅은 북으로 한수漢水*를 끼고, 동으로 높은 산이 자리잡고, 남쪽으로 기름진 평야가 열리고, 서쪽은 큰 바다(황해)가 가로막고 있습니다. 이처럼 천연적으로 험준한 지형과 지리적인 이로움은 얻기가 쉽지 않은 형세이오니, 마땅히 이곳에 도읍을 정하는 것이 옳을 것입니다. 다른 곳을 더 찾지 마옵소서."

온조가 신하 열 명의 의견을 좇아 드디어 하남 위지성慰支城*에 도읍을 정하고, 국호를 백제百濟[39]라 하였다. 백 사람이 건너왔기 때문에 그렇게 부른 것이다. 뒤에 비류가 세상을 떠나자 그 신하와 백성이 그 땅을 바치며 복종했다.

* **한산漢山**: 지금의 서울 지방.
* **부아악負兒岳**: 『동국여지승람』에는 북악산이라 하였다.
* **한수漢水**: 한강을 말함.

* **하남 위지성慰支城**: 하남 위례성慰禮城. 위지성의 위치는 고대사에서 오랫동안 풀지 못한 수수께끼였다. 1,500년 동안 잊혀졌던 위지성은 최근 고고학적 발굴을 통해 서울 송파구의 풍납토성으로 밝혀지고 있다.

백제와 신라 시조의 이동과 건국

23. 新羅의 起源과 朴赫居世의 血統

斯盧始王은 仙桃山聖母之子也라

昔에 有夫餘帝室之女婆蘇가 不夫而孕하니 爲人所疑하야

自嫩水로 逃至東沃沮하고 又泛舟而南下하야

抵至辰韓奈乙村하니

時에 有蘇伐都利者하야 聞之하고 徃收養於家러니

而及年十三에 歧嶷夙成하야 有聖德이라

於是에 辰韓六部가 共尊하야 爲居世干하니

立都徐羅伐하고 稱國辰韓이오 亦曰斯盧라.

24. 倭와 高句麗의 關係

九州·對馬島는 本來 三韓이 다스린 땅

任那者는 本在對馬島西北界하니 北阻海하고

有治曰國尾城이오 東西에 各有墟落하야 或貢或叛이러니

後에 對馬二島가 遂爲任那所制故로

自是로 任那는 乃對馬全稱也라

自古로 仇州對馬는 乃三韓分治之地也오

本非倭人世居地라

任那가 又分爲三加羅하니 所謂加羅者는 首邑之稱也라.

自是로 三汗이 相爭하야 歲久不解하니 佐護加羅는 屬新羅하고

仁位加羅는 屬高句麗하고 雞知加羅는 屬百濟가 是也라

高句麗國本紀

23. 신라의 기원과 박혁거세의 혈통

사로斯盧*의 첫 임금(박혁거세)은 선도산仙桃山 성모聖母의 아들이다. 옛적에 부여 황실*의 딸 파소婆蘇⁴⁰⁾가 지아비 없이 잉태하여 남의 의심을 사게 되었다. 이에 눈수嫩水*에서 도망하여 동옥저*에 이르렀다가 또 배를 타고 남쪽으로 내려가 진한辰韓의 나을촌*에 이르렀다.

그때에 소벌도리蘇伐都利⁴¹⁾라는 자가 이 소식을 듣고 가서 아이를 집에 데려다 길렀다. 나이 13세가 되자 뛰어나게 총명하고 숙성하며 성덕이 있었다. 이에 진한 6부가 함께 받들어 거세간居世干⁴²⁾이 되었다. 서라벌*에 도읍을 세워 나라 이름을 진한辰韓이라 하였고, 사로라고도 하였다.

24. 왜와 고구려의 관계

큐슈·대마도는 본래 삼한이 다스린 땅

임나⁴³⁾는 본래 대마도의 서북 경계에 위치하여 북쪽은 바다에 막혀 있으며, 다스리는 곳을 국미성國尾城이라 했다. 동쪽과 서쪽 각 언덕에 마을이 있어 혹은 조공을 바치고 혹은 배반하였다.

뒤에 대마도* 두 섬이 마침내 임나의 통제를 받게 되어 이때부터 임나는 대마도 전체를 가리키는 이름이 되었다.

옛날부터 **큐슈**仇州와 **대마도**는 **삼한이 나누어 다스린 땅**으로, 본래 왜인이 대대로 살던 곳이 아니다.

임나가 또 나뉘어 삼가라⁴⁴⁾가 되었는데, 이른바 가라라는 것은 중심이 되는 읍[首邑]을 부르는 이름이다.

이때부터 삼한三汗(삼가라의 왕)이 서로 다투어 오랜 세월이 지나도록 화해하지 못하였다. 좌호가라佐護加羅가 신라에 속하고, 인위가라仁位加羅가 고구려에 속하고, 계지가라雞知加羅가 백제에 속한 것은 이 때문이다.

* **사로**斯盧: 신라의 옛 이름. 사로의 시왕은 신라 시조 박혁거세이다.
* **부여 황실**: 북부여 5세 고두막단군을 말한다.
* **눈수**嫩水: 만주 흑룡강성의 눈강.
* **동옥저**東沃沮: 지금의 함경도와 강원도 일부이다.
* **나을촌**奈乙村: 박혁거세가 처음 나타난 곳.『삼국사기』와『삼국유사』에서는 양산楊山 기슭에 있는 나정蘿井 숲속이라 하였다.『삼국사기』「신라본기」에서는 "고허촌장 소벌공이 양산 기슭의 나정 옆 숲 사이를 바라다 보니 말이 무릎을 꿇고서 울고 있었다[高墟村長蘇伐公望楊山麓蘿井傍林間, 有馬跪而嘶.]"라고 하였다.『삼국유사』에서는 "이때 그들이 높은 곳에 올라가 남쪽을 바라보니, 양산 아래 있는 나정 옆에 번갯빛처럼 이상한 기운이 땅에 내리 비치고 꿇어 앉아 절을 하는 형상을 한 백마한 마리가 있었다[於時, 乘高南望楊山下蘿井傍, 異氣如電光垂地, 有一白馬跪拜之狀.]"라고 하였다. 본서에서 박혁거세의 내력을 아주 소상하게 밝히고 있다.
* **서라벌**徐羅伐: 지금의 경주.

임나(대마도) 삼국 분치도

* **대마도**對馬島: 쓰시마라는 이름은 우리말 '두 섬'에서 유래하였다. 대마도는 배

高句麗의 植民地, 倭의 全領域

永樂十年에 三加羅가 盡歸我하니
自是로 海陸諸倭가 悉統於任那하야
分治十國하니 號爲聯政이라.
然이나 直轄於高句麗하야 非烈帝所命이면 不得自專也니라.

阿踰佗國은 어디인가?

阿踰佗는 三國遺事에 以爲西域云이나
而今考諸古記則阿踰佗는 今暹羅云하니
然則阿踰佗人이 或爲大寔所侵逐하야 到此而居歟아.
李茗留記에 云
「古有百濟商하야 海徃阿踰佗하야 多得財寶而歸할새
其人이 從我而來徃하야 日尤交密也라
然이나 其俗이 懦不慣兵하야 多爲人所制라」

神敎와 儒佛仙의 精髓 集大成 : 多勿興邦歌

又曰 「平壤에 有乙密臺하니 世傳乙密仙人所建也라」
乙密은 安臧帝時에 選爲皂衣하고
有功於國하니 本乙素之後也라
居家에 讀書習射하고 歌詠三神하며
納徒修鍊하고 義勇奉公하니 一世皂衣가 其徒三千이라
所到雲集하야 齊唱多勿興邦之歌하니
因此하야 可鼓其捨身全義之風者耳라
其歌에 曰

고구려의 식민지, 왜의 전 영역

영락永樂(광개토열제) 10년(단기 2733, 400)에 삼가라가 모두 고구려에게 귀속되었다. 이때부터 **바다와 육지의 여러 왜倭를 모두 임나에서 통제하여 열 나라로 나누어 다스리면서 연정聯政**이라 했다.

그러나 고구려에서 직접 관할하였으므로 열제의 명령 없이 마음대로 하지는 못하였다.

아유타국은 어디인가?

아유타阿踰佗*는 『삼국유사』에서 서역西域(인도)이라 하였으나, 이제 모든 고기古記를 살펴보면 아유타는 지금의 섬라暹羅(태국)*이다. 그렇다면 인도의 아유타인이 혹시 대식국大寔國*의 침입을 받고 쫓겨나서 이곳(태국)에 이르러 살게 되었던 것일까?

이명李茗의 『진역유기震域留記』에는 이렇게 기록되어 있다.

> 옛적에 백제 상인들이 바다로 아유타에 가서 재물과 보화를 많이 싣고 돌아올 때, 그곳 사람도 백제 사람을 따라 왕래하여 날로 교류가 친밀해졌다.⁴⁵⁾ 그러나 그 풍속이 겁이 많고 싸움에 익숙하지 않아서 남의 제재를 많이 받았다.

신교와 유불선의 정수 집대성 : 다물흥방가

또 이렇게 기록되어 있다.

> 평양에 을밀대乙密臺*가 있는데, 세상에 전하기를 을밀선인*이 세운 것이라 한다.

을밀은 안장제安臧帝(519~531) 때 조의선인으로 뽑혀 나라에 공을 세웠는데, 본래 을소乙素의 후손이다. 을밀은 집에서 글을 읽고 활쏘기를 익히고 **삼신을 노래**하였다. 그리고 무리를 받아들여 수련시키고, 정의와 용기로 나라를 위해 힘을 다하였다. 그리하여 당대에 이름난 조의皁衣가 되었고, 따르는 무리가 3천이었다.

가는 곳마다 이들이 구름처럼 모여서 함께 「**다물흥방가**」를 불렀다. 이렇게 하여 자신의 몸을 던져 의를 다하는 기풍을 고취하였다. 그 노래는 이러하다.

달·단군조선 이래 본래 우리 땅이었다. 『세종실록』 세종 1년 7월17일 기사에는 "대마도라는 섬은 경상도의 계림에 예속되어 있고, 본디 우리 나라 땅이란 것이 문적에 실려 있으니 분명하게 상고할 수 있다"라고 하였다. 대마도뿐만 아니라 큐슈九州도 고대에 우리 조상들이 끊임없이 일본 열도에 건너가 개척한 문화 식민지였다는 사실은 한·일 고대 사서와 고고학 유적·유물들이 명백히 입증하고 있다.

* **아유타阿踰佗**: 본서 『태백일사』에서는 섬라, 즉 지금의 태국이라 하였다. 그러나 『삼국유사』에는 서역西域, 즉 인도라 기록하였는데, 이것이 지금까지 통설이 되었다. 지난 1989년에 KBS 방송팀이 가야 시조 김수로왕의 왕비인 아유타국 공주 허황옥이 왔던 길을 추적하여 현지를 답사한 결과, 아유타는 인도 갠지즈 강변에 위치한 아요댜로 밝혀진 바 있다(KBS 1TV 방영, 1989. 11. 23).

* **섬라暹羅**: 『명사明史』에 처음으로 나타난다(『명사』 「외국열전」에 섬라 조가 수록되어 있다). 원음은 시암 Siam이다. 1939년에 태국(타이 Thailand)으로 국호를 변경하였다. 우리나라와는 이미 1393년(조선 태조 2)에 섬라 사신 장사도張思道 등이 와서 공물을 바쳤으나 연산군 이후에는 왕래가 없었다.

* **대식국大寔國**: 곧 대식국大食國으로, 중동 지방에 있었던 사라센 제국(Saracen 帝國)을 말한다. 고려 현종顯宗, 정종靖宗 때 송宋나라 상인들과 함께 고려에 여러 차례 조공을 바치고 무역을 하였다.

* **을밀대乙密臺**: 평양 금수산錦繡山 마루에 있는 대臺.

* **을밀선인乙密仙人**: 고구려 22세 안장열제 때의 조의皁衣. 2세 유리명열제 때의 대신인 을소의 후손.

| 法 법 법
| 上 조상 선령 상
| 兮 어조사 혜
| 滅 멸할 멸
| 貴 귀할 귀
| 賤 천할 천
| 粗 거칠 조

| 惟 오직 유

| 極 정점 극
| 致 이를 치

<선거자위법혜 후래위상>
先去者爲法兮여 後來爲上이로다.

<위법고 불생불멸 위상고 무귀무천>
爲法故로 不生不滅이오 爲上故로 無貴無賤이라.

<인중천지위일혜 심여신 즉본>
人中天地爲一兮여 心與身이 卽本이로다.

<위일고 기허기조 시동>
爲一故로 其虛其粗가 是同이오

<즉본고 유신유물 불이>
卽本故로 惟神惟物이 不二로다.

<진위만선지극치혜>
眞爲萬善之極致兮여

<신주어일중>
神主於一中이로다.

<극치고 삼진귀일>
極致故로 三眞歸一이오

<일중고 일신즉삼>
一中故로 一神卽三이로다.

<천상천하 유아자존혜>
天上天下에 惟我自存兮여

<다물기흥방>
多勿其興邦이로다.

<자존고 처무위지사>
自存故로 處無爲之事오

<흥방고 행불언지교>
興邦故로 行不言之敎라.

<진명지대생 성통광명혜>
眞命之大生이 性通光明兮여

<입즉효 출즉충>
入則孝하고 出則忠하라.

| 諸 모든 제
| 切 온통 체
| 莫 말 막
| 作 지을 작
| 重 중할 중
| 何 어찌 하

<광명고 중선 무불봉행>
光明故로 衆善을 無不奉行이오

<효충고 제악 일절막작>
孝忠故로 諸惡을 一切莫作하라.

<유민지소의 내국위중혜>
惟民之所義는 乃國爲重兮여

<무국아하생>
無國我何生고

<국중고 민유물이위복>
國重故로 民有物而爲福이오

<아생고 국유혼이위덕>
我生故로 國有魂而爲德이라.

먼저 가신 선령님은 우리 삶의 법이시고
뒤에 오는 후손들은 조상님을 잘 받드네
선령님을 본받음은 그 정신이 불생불멸
후손들 선령 위함 귀천이 어디있나

사람은 천지 중심 대천지와 하나이니
마음은 몸과 함께 온 우주의 근본일세
사람이 태일 됨에 차고 비나 같은 경계*
우주의 근본이라 신과 만물 둘 아니네

참될 진은 온갖 선의 극치에 이름일세
삼신님은 일심중도 만사만물 주장하네
참과 선의 극치에서 세 가지 참 귀일하고
삼신님이 일심에서 삼신일체 창조할새

하늘 아래 온 땅에서 오직 내가 있음이여
옛 땅 옛 혼 다물하니 나라를 부흥하네
스스로 생존함에 함이 없이 일을 하고
나라를 부흥함에 말이 없이 가르치네

참 목숨이 크게 생함 성통광명 이유라네
들어와서 효도하고 나가서는 충성하라
광명하여 모든 선을 다 받들어 행하옵고
효도 충성 다함으로 일체 악행 짓지 말라

만백성의 정의로움 나라 위한 중한 마음
나라가 없다면 내가 어찌 살아가리
백성에게 만물 있어 우리나라 복이 되고
이 나라에 혼이 있어 우리 백성 덕이 되네

＊**허조동체**虛粗同體:『단군세기』157쪽, 33세 감물단군의「서고문誓告文」참조.

- 覺 깨달을 각
- 靈 신령 령
- 攸 바 유
- 雙 짝 쌍

- 修 닦을 수
- 形 형상 형
- 魂 넋 혼
- 得 얻을 득
- 俱 함께 구
- 衍 펼 연
- 俾 하여금 비
- 訓 가르침 훈
- 師 스승 사
- 故 연고 고
- 統 거느릴 통
- 均 고를 균
- 新 새로울 신
- 嘗 일찍이 상
- 居 거할 거
- 臺 돈대 대
- 專 오로지 전
- 鍊 단련할 련
- 務 일 무
- 蓋 대개 개
- 叅 참여할 참
- 佺 신선 이름 전
- 戒 경계 계
- 健 굳셀 건
- 榮 영화로울 영
- 捨 버릴 사
- 仰 우러를 앙
- 足以: 충분히
- 起 일어날 기
- 感 느낄 감
- 尊 높을 존
- 象 모양 상
- 徵 부를 징
- 稱 일컬을 칭
- 錦 비단 금
- 繡 수놓을 수
- 勝 경치 좋을 승

혼 지 유 생 유 각 유 령 혜
魂之有生有覺有靈兮여

일 신 유 거 지 위 천 궁
一神攸居之爲天宮이로다

삼 혼 고 지 생 가 이 쌍 수
三魂故로 智生을 可以雙修오

일 신 고 형 혼 역 득 구 연
一神故로 形魂을 亦得俱衍이라.

비 아 자 손 선 위 방 혜
俾我子孫으로 善爲邦兮여

태 백 교 훈 오 소 사
太白敎訓이 吾所師로다.

아 자 손 고 통 무 불 균
我子孫故로 統無不均이오

오 소 사 고 교 무 불 신
吾所師故로 敎無不新이라.

을 밀 선 인 상 거 대 전 이 제 천 수 련 위 무
乙密仙人이 嘗居臺하야 專以祭天修鍊으로 爲務하니

개 선 인 수 련 지 법 참 전 위 계 건 명 상 영
蓋仙人修鍊之法이 叅佺爲戒하고 健名相榮하야

공 아 존 물 사 신 전 의 위 국 인 식
空我存物하며 捨身全義하야 爲國人式하니

풍 앙 천 추 족 이 기 감 역 위 인 존 지 상 징 야
風仰千秋에 足以起感이오 亦爲人尊之象徵也라

후 인 칭 기 대 왈 을 밀 내 금 수 강 산 지 일 승 야
後人이 稱其臺曰乙密이라 하니 乃錦繡江山之一勝也라.

桓檀古記

무용총舞踊塚 **수렵도**_중국 길림성 집안集安시 태왕진太王鎭에 있다. 무용총(5세기 말~6세기 초) 내 서벽에 그려진 수렵도는 고구려인의 상무기상을 잘 표현하고 있다.

우리 혼은 삼혼이니 생함과 깨달음과
신령함이 예 있구나 삶과 지혜 닦아 보세
조화신이 머무르는 천궁이여 이내 몸이여
몸과 영혼 함께 닦아 영원불멸 얻으리라

우리들 자자손손 나라 잘 다스리고
대광명의 신교 배움 영원한 스승일세
우리 자손 통일되면 모두 잘 살리니
우리 스승 가르침은 새롭고도 새로워라

 을밀선인이 일찍이 을밀대에 거주하며 오직 하늘에 천제 올리고 수련하는 것을 직분으로 여겼다. 대개 신선의 수련법은 참전으로 계율을 삼고 그 이름을 더욱 굳세게 지켜 서로 영광되게 하고, 나의 마음을 비워 만물을 살리고 몸을 던져 정의로움을 온전하게 하였다. 이로써 나라 사람들에게 사표가 되었으니, 천추만세에 추앙을 받아 능히 감동을 불러일으키고 또한 인존人尊의 상징이 되었다. 후세 사람이 그 대를 을밀대라 불렀으니, 금수강산의 한 명승이다.

돈황석굴敦煌石窟 수렵도_중국 감숙성 돈황석굴 제24굴 북쪽 천정에 그려진 수렵도이다. 이 24굴에 그려진 벽화는 우리에게 너무도 낯익다. 말을 타고 활을 들어 짐승을 쫓는 모습은 고구려 고분벽화 그대로이기 때문이다. 더구나 기수의 머리를 보면 깃털 달린 절풍모를 쓴 영락없는 고구려인이다(敦煌文物硏究所編, 『中國石窟 敦煌莫高窟』1).

주註

1) 고구려의 최초 도읍지 졸본은 어디인가

 지금의 강단 사학계에서는 고구려의 최초 도읍지를 혼강渾江 유역 요령성 환인현桓仁縣에 있는 오녀산성으로 잡고 있다. 그러나 정인보가 『조선사연구』에서 주장한 연해주의 수분하시綏芬河市가 있는 수분하 지역으로 보는 것이 더 설득력이 있다. 그 이유는 다음과 같다(557쪽 지도 참조).
 첫째, 『북부여기』에서 고무서단군이 졸본천에서 즉위하고 다음 해에 영고탑으로 사냥을 가서 흰노루를 잡았다고 했는데 영고탑은 지금의 해림시로 수분하에서는 가깝지만 환인에서는 너무 멀다. 둘째, 『고구려국본기』에 연타발은 졸본 사람으로 남북 갈사를 왕래하며 큰 재산을 모았다고 했는데, 남갈사는 훈춘하 지역이고 북갈사는 오소리강 유역이므로 그 사이에 위치한 수분하가 졸본일 가능성이 크다. 셋째, 고주몽이 BCE 27년에 북옥저를 정벌하고 다음 해에 눌견으로 천도했는데 눌견은 장춘 지방이고 그 남쪽에 환인현이 있으므로, 고주몽이 등극하던 BCE 58년에는 환인현까지 아직 세력이 미치지 못하였을 것이다. 넷째, 고주몽이 동부여를 떠나서 엄리대수를 건너고 모둔곡을 지났는데, 엄리대수는 송화강이고 모둔곡은 목단강 유역이므로 이곳과 가까이 있는 수분하시가 졸본일 가능성이 크다.

2) 열제烈帝

 '위대한 황제'라는 뜻으로 고구려 역대 제왕의 칭호이다. 『삼국유사』 「기이紀異」 고구려 조에는 고주몽을 '시조 동명성제始祖東明聖帝'라 하여 고구려가 건국 초기부터 통치자를 황제라 칭했다[始祖東明聖帝, 姓高氏, 諱朱蒙]고 기록되어 있다.
 중국의 이십오사 가운데 『수서隋書』 「고구려전」을 보면 "위궁位宮(10세 산상열제)의 현손의 아들 즉 고국원왕故國原王(16세)은 소열제位宮玄孫之子曰昭烈帝."라 하였고, 『위서魏書』 권100 「고구려 조」에도 '열제烈帝'라 하였다. 뿐만 아니라 『삼국사기』 「고구려본기」 대무신왕 조를 보면, 고구려의 역대 왕이 정복 또는 투항한 지역의 왕이나 우두머리를 왕으로 봉하는 '왕봉위왕王封爲王'의 기록들이 보인다. 이와 같은 기록들은 고구려가 건국 당시부터 칭제稱帝한 '황제 국가'였다는 것을 뒷받침해준다.

3) 해성海城

 지금의 요동반도 북부에 있다. 당시 해성 이남인 요동반도까지 최씨낙랑국의 기본 강역이었다. 남쪽으로 황해도·강원도 일부까지 차지(『삼국사기』에서 백제·신라를 침입한 기록을 통해)했던, 평양에 도읍한 최씨낙랑국은 CE 37년 고구려의 3세 대무신열제의 공격을 받아 멸망하였다. 이때 유민 일부는 신라로 가서 귀부하였다. 그러나 낙랑국 영토였던 요동반도 지역은 항복하지 않고 고구려에 계속 항거하였다. 7년 후인 CE 44년에 후한後漢 광무제가 (고구려를 견제하고자) 바다를 건너 낙랑을 치고 살수薩水 이남 땅에 군현을 설치했다. 이 낙랑이 낙랑군이라면 광무제가 자신의 영토를 쳤다는 말이므로 모순이다(『삼국사기』 「고구려본기」 대무신왕 27년 조).
 과거 식민 사학과 현 국사학계는 한 무제가 설치했다는 한사군 가운데 낙랑군이 지금의 평양에 있었다고 주장해 왔다. 그 근거로 대동강 일대에서 발굴된 중국계 유적을 제시하였다. 그러나 발굴된 유적과 출토품을 면밀히 관찰해 보면 한결같이 후한 시대의 것이고 따라서 전한 시대와는 무관하다는 사실이 드러난다. 이것은 전한 시대에는, 한족의 발길이 닿지 않은 최씨낙랑국이 하북성 난하 일대의 낙랑군과 별개로 엄연히 실재했음을 시사한다.
 후한 광무제가 대동강 주변에 군현을 설치했다는 것을 설혹 인정할 수 있다 하더라도 그 범위와 기간은 극히 제한적이었다. 이것은 『삼국사기』에서 당시 신라가 한반도 북부의 낙랑을 낙랑군이 아니라 낙랑국이라 일관되게 지칭한 사실과, 낙랑 멸망 후 그 유민이 중국이 아니라 신라에 귀부한 사실만 봐도 넉넉히 입증되는 것이다(윤내현, 『한국고대사신론』; 『한국열국사연구』 참고).

4) 조의皂衣(조의선인)

삼신상제님의 진리, 즉 한민족의 신교 낭가사상으로 무장한 종교적 무사단武士團(신교의 종교 군대)이다. 이 조의선인을 한민족 고유의 선비라 말할 수 있는데, 유교·불교·도교 등 외래 사상에 물들지 않은 한민족 고유의 선비상은 문사文士가 아니라 '문무를 겸비한 상무尙武적 무사武士'였다.

조의는 개인적인 완성이 아니라 항상 공도公道와 국가, 민족의 안녕과 번영을 위해 자신의 목숨을 초개와도 같이 내던지는 살신성도殺身成道를 이상과 목적으로 삼은 '한민족 역사 개창의 주역'이었다. 평상시에는 삼신상제님의 신교 진리를 터득하여 완전한 인격자의 길을 추구하고, 심신과 학문을 닦으며 무예를 연마했다. 그러나 국가 유사시에는 항상 선봉에 서서 목숨을 걸고 국가의 위급을 구하였다. 일찍이 수 양제·당 태종의 침입과, 고려 때 거란의 침입을 물리치고 궤멸시킨 주인공도 바로 이 신교의 종교 군대(=조의선인·재가화상군·선랑·국선)였다.

이와 같은 낭가郎家 제도의 기원은 환국 시대에 시작되어 그 뒤로 배달의 제세핵랑濟世核郎→고조선의 국자랑國子郎→북부여의 천왕랑天王郎→고구려의 조의선인皂衣仙人, 백제의 무절武節(정명악 주장), 신라의 화랑花郎→고려의 재가화상在家和尙(서긍의 『고려도경』) 또는 선랑仙郎, 국선國仙으로 계승되었다.

김대문이 『화랑세기』에서 명백히 밝혔듯이 어진 재상, 훌륭한 장수, 충신, 용감한 병사[賢相·良將·忠臣·勇士]가 모두 이 신교의 낭가 무사인 조의선인·화랑·국선·선랑에서 나왔다.

신라의 화랑에 세속 오계가 있듯이 조의에도 계율이 있어 이를 참전계參佺戒라 불렀다. 참전계의 핵심 덕목은 충忠·인仁·의義·지智·예禮이다. 고구려·수나라의 전쟁 당시에도 국가 총동원령에 따라 '조의 20만'이 전쟁터에 나가 130만이나 되는 수의 대군을 궤멸시켜 인류전쟁사에 기록을 세웠다.

그 후 윤관의 9성 정벌 때는 항마군으로, 대몽항쟁 때는 삼별초로 이어졌다. 고려 시대 선랑·국선이 불교와 일체가 되어 선불仙佛 합일의 모습으로 나타나기도 한다. 대표적인 예가 널리 알려진 『고려사』의 민적閔頔에 관한 기사이다. "충렬왕(25세, 1274~1308)이 민적을 국선國仙으로 임명했다[閔頔字樂全…忠烈聞之, 召見宮中, 目爲國仙]."라고 한 기록에서, 몽고 지배라는 최악의 국난기에도 국선·선랑 제도를 지켜 나갔던 충렬왕의 불굴의 집념과 의지, 그리고 고려의 자주정신과 주체성을 역력히 엿볼 수 있다.

그 뒤로 명맥이 쇠잔하였으나, 그 정신만은 한민족의 역사의식 속에 뿌리 깊이 잠재되어 조선 시대의 선비 정신으로 이어졌고, 구한말의 항일 구국 운동과 3·1 운동 등으로 민족의 위기 때마다 표출되었다.

5) 한맹寒盟

고구려에서 10월에 행한 신교의 제천祭天 의식이다. 한맹제寒盟祭를 일명 동맹東盟, 동명東明이라고도 한다. 『삼국지』「오환선비동이전烏丸鮮卑東夷傳」에 "그 나라의 동쪽에 큰 동굴이 있는데, 이름을 수혈隧穴이라 한다. 10월에 나라 안에 대회를 열고 수신隧神을 맞아 나라의 동쪽으로 돌아와서 제사지내는데, 신좌에 나무 수신을 모신다[其國東有大穴, 名隧穴, 十月國中大會, 迎隧神還于國東上祭之, 置木隧于神坐]."라고 하였다. 수신은 천신天神 즉 삼신상제님으로 민족적인 신앙의 대상이다. 이 국중대회는 일종의 추수감사제와 같은 성격도 지니고 있다.

이와 같이 삼신상제님께 제사를 지내던 신교의 소도蘇塗 제천 의식은 환국 시대에 시원하여 배달·단군조선으로 이어졌다. 그리고 다시 부여의 영고, 삼한(중삼한)의 10월 상달제, 예맥의 무천, 고구려의 동맹, 요遼의 요천繞天 등 10월 제천 행사로 계승·발전되었으며, 오늘날 개천절로 이어졌다. 이와 같이 수천 년 동안 우주의 주재자이신 삼신상제님께 제사를 지낸 10월 제천 행사는 다른 나라에서는 찾아볼 수 없는 한민족의 고유한 신교의 제천 풍속[國風·國俗]이다.

6) 오계五戒

'오계' 또는 '다물 오계'는 ①사친이효事親以孝 ②

사군이충事君以忠 ③교우이신交友以信 ④임전무퇴臨戰無退=勇 ⑤살생유택殺生有擇=仁이다. 고구려를 비롯한 삼국에는 일반 대중의 실천 덕목으로서 '효孝·충忠·신信·용勇·인仁' 오계가 있었다. 박은식의 『한국통사韓國痛史』에서는 '삼국통속오계三國通俗五戒'라 하였는데(박은식, 『한국통사』), 신라 원광 법사의 '세속오계世俗五戒'와 같다.

우리나라에는 유·불·선 3교가 들어오기 이전부터 '환국 오훈', '부여 구서', '흥방 오계興邦五戒' 같은 잠훈계율箴訓戒律로 백성을 교화하였다.

『태백일사』「삼신오제본기」에도 "소도蘇塗의 설립에는 반드시 계율이 있었나니, 충·효·신·용·인 오상五常의 도道가 그것이다"라고 하였고, 또 "소도의 곁에는 경당扃堂을 설치하여 미혼 자제에게 육례六禮를 가르쳤다"라고 하였으니 분명 국선 오계國仙五戒가 본래부터 있었다는 증거인 것이다. 신라 화랑의 계율인 세속 오계를 만든 원광 법사가 "지금은 세속 오계가 있다[今有世俗五戒]"라고 말한 것은 오계가 법사의 창안이 아니라, 한민족에게 전래되는 신교의 실천 윤리 덕목을 이어받은 것임을 시사한다.

7) 동천제東川帝(227~248)

고구려 11세 태왕. 246년 위魏나라 장수 관구검이 침입한 후 환도성에서 지금의 평양으로 도읍을 옮겼다(247). 강단사학계에서는 평양에 있던 낙랑군이 313년에 고구려에 의해 축출됐다고 하는 '평양=낙랑군' 설을 고수하기 위해 동천제 때의 평양 천도 사실을 숨기고 지금까지도 이를 전혀 가르치지 않고 있다. 『삼국사기』「고구려본기」동천왕 21년(247) 조에는 "봄 2월에 왕이 환도성이 난을 겪어 다시 도읍할 수 없게 되었으므로 평양성을 쌓고 백성과 종묘사직을 옮겼다[春二月, 王以丸都城經亂, 不可復都, 築平壤城, 移民及廟社]"라고 명확히 기록되어 있다.

8) 광개토열제

고구려 19세 태왕. 재위 391~413. 광개토열제는 배달·단군조선 시대의 방대했던 영토와 신교 문화를 부흥시켜 회복한다는, 고구려의 국시인 다물多勿주의를 완성한 위대한 황제이다. 그동안 열제의 위대한 업적은 사대·식민주의 사학에 의해 크게 왜곡·날조되어 빙산의 일각만큼 알려졌다.

그러나 지난 1976년 12월 평남 강서군 덕흥리에서 발굴된 '덕흥리 고분'은 광개토열제 때 이미 요서를 비롯한 하북성 북부까지 광대한 지역을 장악했다는 확실한 고고학적 물증을 제공하고 있다. 이 무덤의 주인공인 유주자사幽州刺史 진鎭(332~408)은 13군郡을 관할했다. 태수太守의 '내조하례도來朝賀禮圖'에서 볼 수 있듯이 고구려 영토는 북경을 비롯한 중국 대륙의 북서부 일대를 포함한 넓은 지역이었다. 이것은 고구려 전성기 때의 영토가 지금의 요하선까지라는 종래의 날조된 통설을 완전히 뒤엎는 획기적인 증거인 것이다. 13군은 연군燕郡·범양范陽·어양漁陽·상곡上谷·광염廣鹽·대군代郡·북평北平·요서遼西·창려昌黎·요동遼東·현도玄菟·낙랑樂浪·대방帶方이다. 또한 광개토대왕비[永樂紀功碑] 비문에도 열제가 거란·후연後燕·백제·왜(일본)를 정벌한 업적을 상세히 기록해 놓았다. 그러나 비문이 발견된 뒤에 곧바로 중국 측과 일본 육군 참모 본부의 손에 의해 중요한 부분이 모두 깎여 버렸고, 내용마저 일부 변조되어 본래의 역사적 사실을 알 수 없는 상태이다.

덕흥리 고분 벽화는 광개토열제가 숙적이던 모용씨의 후연後燕을 복속시킨 사실을 방증한다. 고국양열제 당시 고구려와 후연은 일진일퇴의 대격전을 벌였고 고구려가 요동을 상실한 적도 있다. 그러나 광개토열제의 고구려군은 먼저 서북으로 염수鹽水[내몽고 자치주 파림좌기巴林左旗 일대]를 정복하여 거란[비려碑麗]을 복속시켰다. 『태백일사』에 따르면 고구려는 감숙성의 평량平凉까지 수중에 넣었다. 이어 고구려는 거란병을 동원하여 후연의 후방인 연군 지역을 공격했다. 『진서』에는 "會高句麗寇燕郡, 殺略百餘人."이라 하여 고구려군이 연군燕郡, 즉 연나라 후방인 하북성 지역을 습격한 사실을 전한다.

이것은 후연을 여러 방향에서 공격하기 위한 탁월한 전략이었다. 후연 군대는 혼란에 빠지고 말았다. 후연군이 고구려·거란 연합군을 막기 위해 후방으로 간 동안에 고구려군은 대릉하 지역을 습격하였다. 거란병이 퇴각하자 후연은 3천 리를 다시 행군하여 고구려와 싸워야 했으므로 고전을 면할 수 없었다. 고구려에 대한 후연의 공격이 번번이 실패로 끝나고 407년에 북위北魏가 후연을 공격하자 후연은 통제 불능 상태가 되었다. 이때 고구려는 무력해진 후연 조정을 대신하여 진鎭을 유주자사로 파견하였다. 북연 13군의 태수들은 고구려가 파견한 지방관 진鎭에게 복종했고 후연 조정은 지방 통제 능력을 완전히 상실하게 되었다. 얼마 후 후연은 내부 정변까지 일어나 고운高雲(慕容雲)이라는 고구려계 인물이 왕이 되어 북연北燕을 세웠다. 고구려는 북연의 왕 고운을 예우하면서 북연의 영토(대릉하~하북성 지역) 전체를 지배하였다. 북연은 고구려의 위성국가가 되었고, 북조北朝 여러 나라가 동쪽을 침범하는 것을 막는 완충 지대가 되었다.

이처럼 광개토열제는 거란·평량(감숙성)·후연·백제·신라·왜(일본) 등 동북아 국가를 조공국으로 복속하여 중국 북부에서 만주·한반도·일본 전역에 걸치는 광대한 영토를 신교 문화로 통일한 단군 이래 초유의 대제왕이다.

9) 광개토열제의 백제 점령 지역

웅진은 현 충남 공주, 임천은 본래 백제의 가림군加林郡으로 충남 부여군 임천면 지역이고, 와산은 충북 보은, 괴구는 충북 괴산, 복사매는 충북 영동永同으로 일명 심천현深川縣이다. 우술산은 대전광역시에 있는 보문산이고, 진을례는 진례군進禮郡으로 지금의 금산·무주·진안이며, 노사지는 대전광역시 유성이다(『삼국사기』「지리지」3·4 고구려 참조).

10) 평량平凉

고구려는 거란을 복속시킴으로써 그 세력권 내에 있던 평량도 손쉽게 얻을 수 있었다. 평량은 감숙성 평량현平凉縣의 서북이다. 남북조 시대에 전전·후後·서西·북北·남南 5량五凉의 나라가 있었다. 평량이 수중에 들어오자 실크로드로 연결되는 통로가 열렸다. 이것은 감숙성에 있는 돈황 석굴의 고구려계 벽화에서 확인된다. 평량을 평정했다는 사실은 어떤 사서에도 기록되어 있지 않기 때문에 오직 『환단고기』에서만 알 수 있다.

11) 광개토태왕비 비문 왜곡 사건

일본 군부는 명치 정부에 의해 이른바 정한론이 대두된 뒤로 많은 밀정을 조선과 만주 지방에 보냈다. 이 무렵(1880년 전후) 만주 지방의 산간 벽지인 길림성 집안集安시 통구通溝에서 일본 군부의 밀정들에게 광개토대왕릉비가 발견되었다.

당시 일본 육군 참모본부의 첩자에 의해 만들어진 쌍구가묵본雙鉤加墨本(비문이나 탁본에 종이를 대고 그린 후 먹을 칠하여 탁본처럼 만든 것)에는 "왜가 신라성에 가득 차고 그 왜가 신라를 궤멸시켰다[新羅城 □城 倭滿倭潰城□ □□]"라고 되어 있다. 그러나 100년 뒤 1981년 중국 주운대周雲代가 정밀하게 탁본한 본에는 "신라성에 들어온 왜구가 (고구려 원정군에게) 크게 궤멸되었다[新羅城 □城 倭寇大潰城□□□]"라고 되어 있어, 쌍구가 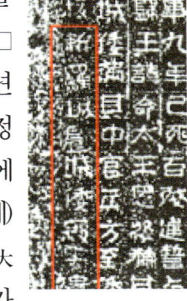 묵본과는 완전히 상반된 뜻을 가진 글자가 나왔다.

100여 년 전에 석회를 발라 글자를 만들었던 것이 오랜 세월이 지나 석회가 떨어져 나가자 원래의 글자가 되살아난 것이다. 쌍구가묵본을 만들 때 원래의 글자인 '왜구대궤倭寇大潰'에 석회를 발라 왜(일본)에 유리하도록 '왜만왜궤倭滿倭潰'로 바꾸어 놓았음을 알 수 있다(이형구, 『발해연안에서 찾은 한국 고대 문화의 비밀』, 236쪽).

12) 구노

정인보는 구노국 왕 비미궁호소卑彌弓呼素는 마한馬韓의 수도 비미국卑彌國(지금의 충남 직산) 사람이었다고 하였다(정인보, 『조선사연구』). 이유립은 마한 비미국 사람으로서 백제의 신흥 세력을 피하여 바다를 건너 일본 남구주南九州에 가서 구노국을 세운 사람이 비미궁호소 즉, 『삼국유사』에서 말한 연오랑延烏郎이라 주장하였다(이유립, 『대배달민족사』「천天」, 583쪽).

13) 여왕국

2~3세기경 북구주 지방에 29개 소부족 국가의 연방체로 구성되어 있었던 야마다이국邪馬臺國을 말한다. 이 나라의 왕은 히미코卑彌呼라는 여왕으로, 『일본서기日本書紀』에 나오는 신공神功왕후이다. 따라서 왜의 여왕 히미코가 다스린 야마다이국의 위치에 대해서는 그동안 야마토大和설과 큐슈九州설로 팽팽히 대립되어 왔으나, 큐슈 지방 위치설이 옳다 하겠다.

14) 연호年號

연호는 군주君主 제도 하에서 임금 자리에 오른 해부터 물러날 때까지 치세 연차治世年次에 붙이던 칭호이다. 종주국이 사용하고, 조공을 바치는 속국은 종주국의 연호를 그대로 사용하는 것이 통례였다. 그러므로 고구려가 독자적인 연호를 사용하였다는 것은 곧 당시 동북아를 지배한 대제국이었다는 증거이다.

고구려는 건국 초기부터 망할 때까지 모든 열제가 독자적인 연호를 사용하였다. 본서 『태백일사』의 「고구려국본기」는 고구려가 당시 중국의 한漢·진晉·북위北魏·수隋·당唐 등 역대 왕조를 제압하고 동북아를 호령하던 대제국 시절의 위용을 실감나게 전한다.

15) 건흥建興

고구려 장수제 때의 연호. 건흥 연호는 1915년 충북 충주시 노은면에서 출토된 불상의 광배명光背銘에 나타나 있다. 이 고구려 불상에 '建興五年歲在丙辰'이라는 명문이 새겨져 있는데, 한때 백제 불상으로 간주되기도 하였다. 그런데 광개토대왕릉비문에 따르면 광개토열제는 임자년인 412년에 붕어하였다. 즉위년 칭원법稱元法에 따라 이 해를 장수왕 즉위 원년으로 할 경우 장수왕 5년은 병진년이다. 따라서 불상 광배명과 『태백일사』를 통해 '건흥'이 장수왕 때의 연호라는 사실을 알 수 있다. 이것은 『환단고기』의 사료적 신빙성을 입증하는 중요한 단서가 된다. 장수홍무호태열제는 고구려 위성국인 북연이 북위에게 망하게 되자 장군 갈로葛盧와 맹광孟光을 보내 북연 백성을 탈출시켜 고구려로 호송했다. 그러나 북위군은 고구려의 엄청난 위세에 질려 감히 접근도 할 수 없었다. 북위의 왕은 기병을 보내어 고구려를 치고자 하였지만 신하들이 극구 만류하여 포기하였다. 당시 고구려는 막강한 군사력에다 남조南朝와 북방의 유연柔然을 징검다리로 연결, 외교적 포위망을 구축하여 북위를 강하게 압박했다. 중국의 정사인 『위서魏書』「태조기太祖紀」를 보면 "天興元年(398) …高麗雜夷三十六萬, 百工伎巧十餘萬口, 以充."이라 하여, 북위의 산서성 대동에는 고구려인 36만 명과 기예공 10만 명이라는 엄청난 수가 거주했다고 했다. 이것은 고구려가 북위를 복속시키고 마치 제집 드나들 듯했다는 말이다. 게다가 고구려가 북위의 외척으로서 북위에 막강한 영향력을 행사하였다는 것은 주지의 사실이다. 장수열제가 붕崩하자 북위 효문제가 흰 위모관과 베布 심의를 만들어 입고 동교東郊에서 애도식을 거행한 것만 봐도 고구려의 위상이 어떠했는지 짐작할 수 있다.

중국 사가들과 김부식은 북위가 고구려에 조공을 바쳤다는 사실을 모조리 삭제해 버리고, 도리어 장수열제가 북위에 해마다 조공을 바친 것으로 날조하여 역사의 진실을 은폐하였다.

16) 실위室韋

거란의 북쪽에 있던 몽골족의 한 갈래. 지금의 만주 대흥안령산맥과 흑룡강 중류 일대에 거주하였다. 실위는 고구려에게 문화적으로나 정치적으로나 절대적으로 의존한 종족이다. 고구려는 이 지역을 직·간접적으로 지배했는데 몽고 동부의 할흐곰솜 지역과 우란호터烏蘭浩特에서 발굴된 고구려 성터가 이를 잘 말해 준다. 그곳에서 고구려인의 돌절구가 출토되었고 인근 주민들은 한결같이 고려성이라 부른다. 고구려는 또 북위와 대치 중이던 유연柔然과 긴밀히 연계하는 한편 실위 남서쪽, 즉 해발 1,700미터의 대흥안령산맥 너머에 있는 지두우地豆于(동우주무신치東烏朱穆沁旗)를 분할하여 많은 군마를 얻기도 하였다.

17) 어하라

어하라는 고주몽의 둘째 부인인 소서노가 두 아들 비류, 온조를 데리고 고구려를 떠나 중국 하북성 난하 부근 패대浿帶 땅에 신왕국을 세운 뒤에, 고주몽 성제에게 책봉 받은 왕의 칭호이다. 광개토대왕 비문에도 나와 있듯이 고구려는 백제·신라를 신민臣民으로 삼았다. 고구려는 그 뒤에도 계속 백제 왕을 어하라라 불렀는데, 이것은 고구려가 백제를 제후국으로 거느린 황제 국가였음을 내외에 과시한 것이다.

『주서周書』「백제전」에 "백제 왕의 성은 부여씨이고, 왕호王號는 어라하於羅瑕인데, 백성들은 건길지鞬吉支라 불렀다[王姓, 夫餘氏, 號於羅瑕, 民呼爲鞬吉支, 夏言竝王也]."라고 하여, 어하라於瑕羅(어라하:백제말 王, 長)는 백제 왕을 부르던 칭호임을 알 수 있다.

18) 온달(?~590)

평원제 때의 장수로, 유명한 '바보 온달과 평강 공주' 이야기의 주인공이다. 온달 장군의 후주(後周=北周) 정벌에 대해『삼국사기』에서는 "당시 후주의 무제가 군사를 일으켜 요동을 치러오자, 왕(평원제)이 군사를 거느리고 배산의 들에서 맞아 싸웠다. 온달이 선봉이 되어 질풍같이 싸워서 적군 수십여 명의 수급을 베니, 모든 군사들이 승세를 타고 분격하여 크게 이겼다[時後周(=北周)武帝出師伐遼東, 王領軍逆戰於拜山之野, 溫達爲先鋒, 疾鬪斬數十餘級, 諸軍乘勝奮擊大克.]"라고 하여,『환단고기』의 기록을 방증한다.

19) 갈석산

만리장성의 동쪽 기점으로 지금의 중국 하북성 창려昌黎에 있다.『통전通典』「주군전州郡典」에는 "갈석산은 한나라 때 낙랑군樂浪郡 수성현遂城縣에 있었으며, 장성은 이 산에서 시작된다[碣石山在漢樂浪郡遂城縣, 長城起於此山]."라고 하였다. 만리장성의 동쪽 기점이 낙랑군 수성현에 있는 갈석산이고, 장성에 의해 잘리는 물이 요수, 즉 오늘날의 난하灤河이다. 식민사학자 이병도는 수성현을 오늘의 황해도 수안遂安으로 비정하였으나, 이것은 '중국 하북성 일대에 있었던 낙랑군을 대동강 평양에 있었던 것'으로 기정사실화하기 위해 억지로 맞춘 억설에 지나지 않는다.

20) 배찰산拜察山

배산拜山·백분산이라고도 하고 음산산맥陰山山脈에 있으며 몽고의 차할부[察哈爾部]의 경계에 있다(계연수 설). 배찰산은 열하성 경붕현經棚縣 경계에 있었다(『중문대사전』권4). 경붕현은 극십극등기克什克騰棋로 지금의 행정구역으로는 내몽골 자치구內蒙古自治區이다.

21) 세계 최강국 고구려의 위용

고구려와 수나라의 전쟁 당시 수나라가 동원한 병력에 대하여 민족주의 사학자 장도빈張道斌은 "이때 여麗·수隋 전쟁은 실로 세계 유사有史 이래 최대 전쟁이었으니 동양 역사상에 그런 대전쟁이 없었고, 서양 역사상에 페르시아 대 희랍 전쟁(BCE 492 ~ BCE 480)을 최대 전쟁이라 하나 페르시아의 동원이 170만이었다. 그런데 이때 수의 동원은『수서隋書』,『자치통감資治通鑑』등 중국 역사에 명백히 육군 정병 130만 3천8백 명, 해군 10만 명, 운수대運輸隊는 육군 정병의 배倍라고 하였으니 그때 수의 동원이 300만 명이었던 것이 정확하다 할 것이다. 그러니 이 수많은 적을 격멸한 고구려의 병력은 수隋나라 이상의 강력한 군대인 것을 알 수 있으니 '당시에 우리 민족이 실로 세계 최강국'인 것을 알 수 있다"(장도빈,『대한역사』)라고 하였다.

22) 살수

일명 살하수薩賀水로 '물이 살살 흐르는 강'이란 뜻이다. 고대에 살수는 네 곳이 있는데 ①개평현盖平縣 주남하州南河 ②요동반도의 대양하大洋河 ③청천강淸川江 ④청주 무심천無心川 등이다. 이덕수李德秀는 을지문덕 장군이 살수대첩을 거둔 곳을 대양하라 하였고 정인보鄭寅普는 주남하라 하였다.

23) 요동성

지금의 하북성 창려昌黎이다. 요동遼東은 요수遼水의 동쪽 땅을 말한다. 요수는 시대에 따라 백하·난하·대릉하 등으로 바뀌어 국경 하천을 대표해 왔다. 그 후 요遼(916~1125)나라 건국 후에 비로소 대요하로 고정되어 지금까지 불리고 있다. 고구려 당시 요수는 곧 지금의 난하灤河로, 요동성은 요수(난하) 동쪽인 지금의 창려에 있었다.

24) 고성高成

27세 영류제(618~642)의 이름. 휘는 건무建武. 26세 영양제의 이복 형제. 영류제는 수와의 전쟁 이래 계속되어 온 중국과의 적대 관계를 청산하고자 새 왕조인 당에 대해 우호 정책을 펴 나갔다. 이것이 당에 대한 사신 파견, 만여 명의 중국인 포로 송환, 중국 역서의 반포, 청년 자제의 당나라 파견 등으로 나타났다. 고구려는 이후 주체 의식이 약화되고 망국의 운수 길로 들어섰으나 민족주의자 연개소문에 의해 다시금 신교 문화를 꽃피우게 된다.

25) 영류제의 도교 도입과 장성 축조

『삼국유사』「흥법興法」보장봉로寶藏奉老·보덕이암普德移庵 조에는 "연개소문이 또 동북·서남에 장성長城 쌓기를 주청하였다[盖金又奏築長城東北西南.]"라고 하여, 장성을 쌓은 것이 연개소문의 주청에 따른 것이라 하였다. 이에 대해 단재 신채호는 "연개소문이 노자상과 도사道士를 청하여 왔다는 말과 함께 무설誣說이니라"(신채호, 『조선상고사』)라고 비판하여, 본서『태백일사』「고구려국본기」의 기록과 같은 주장을 하였다.

『태백일사』의 이 내용은『삼국사기』에서 연개소문이 도교를 수입했다고 하는 기록과 정반대이다.『삼국사기』보장왕 2년 조에는 연개소문이 유불선 삼교 중 하나라도 없으면 불가하다 하여 당唐에서 도교를 수입했다고 하였다. 그러나 연개소문 시절에 불교는 탄압을 받았고, 보덕화상이 도망쳤다. 철저한 반당주의자인 연개소문이 적국 당의 종교인 도교를 받아들이려고 애써 주청하지는 않았을 것이다.『삼국사기』의 이러한 기록은 적국의 영웅인 연개소문을 좋게 말할 리 없는 중국 사서를 무분별하게 인용한 데서 기인한다.『삼국사기』의「연개소문전」에서 김부식이 연개소문을 심히 매도하고, 도교 수입 운운한 것은 철저한 사대주의적 중상모략이다.

26) 연개소문(603~657)

불교·도교 등 외래 종교 사상을 배격하고 고유한 신교 문화의 상무尙武 정신을 크게 떨친 희대의 대영걸이다. 연개소문은 당대 최고 병법가이기도 하다. 중국 역사상 최고 영주英主 중의 한 사람으로 숭앙 받는 당 태종도 고구려를 정벌하려다 연개소문의 신출귀몰한 전략에 말려들어 끝내 절명하고 말았다.

이에 대해 단재 신채호는 "당 태종 때의 명장인 이정李靖은 연개소문에게서 병법을 배워 당나라의 제1 명장이 되었고, 그가 지은『이위공병법李衛公兵法』은 중국에 이름 높은 7종種의 병법서 중 하나로 손꼽는다. 그 원문에는 연개소문에게 병법을 배운 이야기를 자세히 쓰고, 그뿐 아니라 연개소문을 숭상한 고어가 많다"라고 하였다(신채호,『조선상고사』). 지금도 연개소문은 대만에서 '중국을 응징한 무서운 혁명가'로 추앙 받고 있다.

27) 김춘추와 당 태종의 밀약

김춘추는 백제를 물리칠 힘이 없어서, 스스로 사신이 되어 고구려에 원병을 요청하러 왔다. 이때 연개소문이 동족 상쟁을 그만두고 공동의 적인 당나라에 대항하여 함께 당을 쳐부수고 그 영토를 나누어 다스리자는 제안을 하였다. 그러나 김춘추는 개인적인 원한과 당에 대한 사대주의에 사로잡혀 연개소문의 제안을 끝내 듣지 않았다. 자기 딸과 사위가 대야성 전투에서 백제군에게 살해되어 그 원한이 너무도 깊었기 때문이다.

결국 당나라로 건너간 김춘추는 당 태종에게 원병을 요청하였다. 이때 당 태종 이세민과 김춘추 사이에 망국적인 밀약이 이루어졌으니, 그 내용은 '신라와 당이 합세하여 고구려·백제를 토벌한 뒤에 대동강 이북의 땅은 당이 차지하고, 대동강 이남은 신라가 차지한다'는 것이었다. 결국 백제와 고구려는 내부 분열과 나·당 연합군의 침입으로 차례로 넘어가게 되었다.

28) 이세민

당唐 태종太宗의 이름. 재위 626~649. 아버지 이연(당 고조)을 도와 당나라를 세우는 데 가장 큰 공을 세웠다. 중국 역사상 최고 영주英主의 한 사람으로 손꼽히며, 그의 치세를 특히 '정관貞觀의 치治'라 하여 칭송한다. 그러나 동방 한민족사를 왜곡 날조한 대표적 인물이기도 하다.

동방 한민족사 날조·왜곡의 주범인 이세민이 일찍이 스스로 말하기를 "지금 천하는 크게 평정되었으나 오직 요동만 빈객이 아니로다. 후사가 병사와 군마의 강성함과 모신들의 권유로 인해 정벌을 한다면 전쟁의 재앙이 바야흐로 시작될 터이니, 짐이 그래서 몸소 저들을 복속시켜 후세의 우환을 남기지 않으려 하노라[今天下大定, 唯遼東未賓, 後嗣因士馬盛强, 謀臣導以征討, 喪亂方始, 朕故取之, 不遺後世憂也]"라고 하였다(『신당서』「동이열전東夷列傳」 고구려조). 그리하여 친히 대군을 이끌고 고구려 원정에 나섰다가 안시성 싸움에서 참패하고 돌아갔다. 이세민은 안시성 싸움에서 성주 양만춘의 화살에 맞은 왼쪽 눈의 병독이 악화되어 4년 뒤에 사망했다. 그는 죽기 전에 고구려를 침략하지 말라는 유언을 아들 고종에게 남겼다.

당 태종은 재위 시에 특히 한민족의 고대사 왜곡에 심혈을 기울였다. 그리하여 고구려·백제의 찬란한 역사를 깎아내리고 중국 본토에서 몰아낼 양으로 안사고·소덕언·이연수 등 많은 어용학자를 동원하여 『진서晉書』, 『양서梁書』, 『수서隋書』, 『북사北史』 등을 왜곡해 놓았다. 특히 『진서晉書』는 자신이 직접 붓을 들었으므로 '태종어찬진서太宗御撰晉書'라 불리는데, 군왕이 직접 역사 편찬에 참여하고 지도한 나쁜 전례를 남겼다.

29) 당 태종의 요동 영유권 주장과 고구려 침략의 명분

요동이 본래 중국 땅이라는 당 태종의 말은 『삼국사기』「고구려본기」 보장왕 조에도 기록되어 있다. 여기서 요동은 지금의 요하 동쪽이 아니라, 하북성 난하 동쪽 지역을 말한다. 고구려 당시 요수遼水는 지금의 요하가 아니라 난하였다.

일찍이 당 태종은 넷째 아들 위왕魏王 태泰를 시켜 『괄지지』를 편찬하게 하였는데, 여기서 역사상 처음으로 "고구려의 수도인 평양은 옛날 한漢나라의 낙랑군 왕험성 자리였다[高麗都平壤城, 本漢樂浪郡王險城]"라고 왜곡·날조해 놓았다. 이와 같은 말을 한 의도는, 고구려 영토가 본래 자기네 땅이었으니 고구려를 정벌하는 것은 침략이 아니라 옛 땅 회복이라는 것이다. 그러나 이것은 침략을 역사적으로 정당화·합리화시키기 위한 잔재주에 지나지 않는다.

또 『당서唐書』「배구전裴矩傳」에서도 이와 똑같은 억지 주장을 하였다. 수·당 때 사람인 배구裴矩는 "고구려 땅은 본래 고죽국이다. 주나라의 무왕이 기자를 이곳(고죽국)에 봉하였고, 한나라 때에는 이 땅(고죽국)에 3군(三郡: 낙랑·현도·대방)을 나누어 설치했다[高(句)麗之地, 本孤竹國也, 周代以之封箕子, 漢時分爲三郡]"(『수서』;『구당서』;『신당서』;『삼국유사』)라고 주장하였다. 고죽국은 지금의 난하 서부 연안에서 대릉하 중류에 걸치는 지역에 있었다는 것이 주지의 사실이다(『중국고금지명대사전』). 따라서 배구가 고구려의 땅을 고죽국이라 했지만, 그것은 수·당나라 때에 고구려가 지금의 하북성 난하 유역까지 다스렸음을 표현한 것에 지나지 않는다. 뿐만 아니라 이러한 사실은 한나라 때의 3군(낙랑·현도·대방)도 종래의 통설과 같이 한반도 북부가 아니라 옛날 고조선의 제후 국가 고죽국 땅인 난하 유역 일대에 있었음을 명확히 입증해 준다.

결국 당 태종의 말과 배구의 주장은 모두 고구려 영토가 본래 자기네 땅이었던 것처럼 역사를 왜곡·날조하여 고구려 정벌의 명분으로 삼은 것에 지나지 않는다. 이와 같이 역사 왜곡이 침략의 도구로 악용된 가장 좋은 실례를 우리는 일본이 임나일본부설을 날조한 데서도 찾을 수 있다. 일본은 임나일본부설任那日本府說을 근거로 한반도 침략과 식민지 지배를 정당화·합리화했다.

30) 당 태종 죽음의 원인

당 태종은 안시성 싸움에서 양만춘의 화살에 맞은 왼쪽 눈의 상처 때문에 죽었다. 이 사건을 중국 사서들은 한결같이 감추었고, 『삼국사기』·『동국통감』 등 우리나라 사서에도 그런 내용이 없다. 그러나 목은 이색李穡의 〈정관음貞觀吟〉이나 노가재 김창흡金昌翕의 〈천산시千山詩〉에서 사실 그대로 노래했다. 『구당서』, 『신당서』, 『자치통감』 등에서는 당 태종의 사망 원인을 내종內腫·학질·이질 등으로 모두 다르게 기록하였는데, 이것은 자기 나라의 수치를 감추기 위한 것이다. 단재 신채호는 이 사건이 마치 송宋 태종太宗이 태원太原에서 화살에 맞은 상처 때문에 죽은 것을 사실史實에서 감춘 것과 같다고 하였다.

목은 이색의 유명한 시 〈정관음貞觀吟〉(정관은 당 태종의 연호) 일부를 인용하면 다음과 같다.

謂是囊中一物耳, 那知玄花落白羽!

고구려쯤이야 호주머니 속의 물건일 뿐이라 하더니 어찌 알았으리오. 검은 꽃(눈)이 흰 깃(화살)에 맞아 떨어질 줄을!

31) 용도성埔道城

고려진高麗鎭으로 곧 '고구려의 진鎭'을 뜻한다. 북경의 안정문安定門 밖 60리에 있었다. 현재는 북경시 순의현에 고려영高麗營이라는 지명으로 뚜렷이 남아 있고 성곽과 해자垓子도 있다. 『북경 순의현지』에 "당나라 때 고구려인이 이주해 왔다[唐代內徙的高麗人于此定居]."라는 기록이 남아 있다(KBS 1TV, 〈역사스페셜〉, '연개소문, 독재자인가 영웅인가'). 당시 고구려 영토는 현재 우리가 알고 있는 요하선을 훨씬 넘어 북경 일대까지 포함하고 있었다는 사실을 이러한 고대 지명들이 입증하고 있다. 저 유명한 덕흥리 고분과 함께, 하북·산서성 지역이 고구려 영토였음을 입증하는 완벽한 물적 증거이다.

32) 당 태종의 항복

단재 신채호는 『조선상고사』, 「안시성전역」이라는 제하題下에 ①당 태종이 눈에 화살을 맞고 이로 인해 죽은 사실과 ②안시성주 양만춘과 연개소문이 대립 관계에 있지 않았다는 사실을 밝히고 ③요동성·개평성 등을 내 준 것은 연개소문의 예정된 전략에 따른 것이며, 그러한 전략에 말려들어 당 태종이 자멸한 것이라 하여 위대한 전략가로서의 연개소문을 극찬하고 ④당의 일부 영토 또한 연개소문에게 빼앗겼다는 것을 밝혔다.

33) 진평晉平

중국 푸단대학復旦大學 역사지리연구소歷史地理研究所에서 간행한 『중국역사지명사전』에 따르면, 진평군은 태시泰始 4년(468)에 지금의 복건성福建省 복주시福州市에 설치되었으나, 471년 진안군晉安郡으로 이름을 고쳤다. 그러나 이와 달리 러우쥔런劉鈞仁의 『중국역사지명사전』과 『송서』 지리지 광주군廣州郡 조를 보면 진평현晉平縣은 광주廣州 울림군鬱林郡에 있었음이 확인된다.

"백제국은 본래 고구려와 함께 요동의 동쪽 천여 리 되는 곳에 있었는데, 후에 고구려는 요동을 차지하고, 백제는 요서를 차지하였다. 백제가 다스리는 지역을 진평군 진평현이라고 한다[百濟國, 本與高驪俱在遼東之東千餘里, 其後高驪略有遼東, 百濟略有遼西. 百濟所治, 謂之晉平郡晉平縣.]."(『송서宋書』「이만열전夷蠻列傳」)

이곳은 남중국 광서 장족 자치구廣西壯族自治區 옹령현邕寧縣으로 홍콩에서 서쪽으로 수백 킬로미터를 더 가야 한다. 현재 시내 곳곳에 백제향百濟鄉이라는 지명이 남아 있다. 현지 주민들은 서낭당, 솟대, 강강술래와 비슷한 춤, 김치, 전남 지역에서만 보이는 독특한 맷돌, 정월 보름과 단오절 축제, 능숙한 궁술 등 한민족 문화의 기풍을 고스란히 간직하고 있다(윤내현, 『한국열국사연구』, 402쪽; 이도학, 『새로 쓰는 백제사』, 368~369쪽). 더욱이 KBS 취재팀이 답사한 바로는 광서 장족 자치구 동북 경계에 후백제의 수도와 이름이 같은 전주全州라는 도시가 있을 뿐 아니라 금산사金山寺, 한벽루, 기린봉 등 호남 전주全州에 있는 건물과 땅 이름이 그대로 옮겨져 있다. 이처럼 옹령현 지역의 백제계 주민들은 백제와 동일한 문화를 공유하였음이 확인되었다.

34) 연개소문의 중국 정벌과 당시 고구려 영토의 경계

연개소문이 당 태종의 침략을 격퇴한 뒤에 중원을

경략한 이 역사적 사실이 본서『태백일사』이외의 기록에는 명확히 나와 있지 않다. 그러나 단재는 『조선상고사』에서 "지금 북경 조양문朝陽門 밖 7리 땅에 황량대 謊糧臺를 비롯하여 산해관까지 이르는 동안에 황량대라는 지명이 십여 곳인데, 전설에는 황량대가 '당 태종이 모래를 쌓아 양저糧儲라고 속여서 고구려군이 내습하면 복병으로 요격한 곳'이라 하였으니, 이는 연개소문이 당 태종을 북경까지 추격한 유적이다. 또 산동山東과 직례直隸 등에 띄엄띄엄 '고려高麗' 2자字로 시작되는 지명이 있고, 전설에는 이것이 다 연개소문이 점령하였던 곳이라 한다. 그리고 그 중에서도 가장 유명한 곳은 '고려진'과 '고려성'이다"라고 기록하였다(신채호,『조선상고사』).

35) 안시성의 위치

지금의 하북성 개평부開平府 동북 70리에 있다. 조선시대 실학사상가 연암 박지원의『열하일기熱河日記』에도 "이른바 옛 안시성은 개평현開平縣 동북 70리에 있다古安市城, 在盖平縣東北七十里."라고 하였다. 이 개평현을 지금의 요동반도에 있는 개평으로 아는 것은 잘못이다. 개평현은 바로 요서에 있는 개평부이다. 지금 하북성 개평부 동북쪽으로 70리쯤 가면 천령天嶺 또는 천산天山이라 불리는 언저리에 탕지보湯池堡가 있는데 이곳이 바로 고구려의 안시성이다.

탕지보는 일명 안촌홀安寸忽·변한성弁韓城이라 하는데, 변한성은 단군조선 시대 삼한三韓의 하나인 번한番韓의 수도로 곧「신지비사神誌秘詞」에 나오는 오덕지五德地이다. 안시성의 남쪽으로는 당산唐山 준봉峻峰이 있고, 서쪽으로는 어양漁陽, 북평北平, 보정保定 등지가 넘겨다보이고, 동북쪽으로는 산해관山海關 평원이 환히 바라다보이고, 북녘으로는 만리장성이 희미하게 보인다(이유립,『대배달민족사』,「천天」, 535~536쪽).

36) 고려성

추정국이 회복한 하간현 고려성은 답사 결과 실제로 존재한 사실이 확인되었다. 고려성에 대한 기록은『환단고기』의 사료적 가치를 밝히는 중요한 요소이다. 1991년에 현지를 답사한 중국 교포가『태백일사』의 기록대로 하간현에서 성터를 발견했는데 현지 주민들은 그것이 고려성이라는 것을 생생하게 전했다고 했다.

37) 유성과 노룡

유성은 지금의 요령성 조양朝陽이고, 노룡은 지금의 하북성 노룡현盧龍縣이다. 따라서 현도군은 지금의 하북성 난하 동쪽 대릉하 상류 일대에 있었음을 알 수 있다. 현도군이 있었던 이 지역은 바로 옛날 단군조선의 제후국인 고죽국孤竹國이 자리잡았던 곳이기도 하다.

38) 패대浿帶

소서노가 건설한 왕국이 있었던 패·대浿帶(浿水와 帶水) 지역은 지금의 중국 하북성 난하 부근 일대이다. 바로 이곳이 백제 건국의 시원지이다.

중국의『주서周書』,『수서隋書』,『북사北史』「백제전」 등에서도 한결같이 "백제가 처음 나라를 대방의 옛 땅帶方故地에 세웠다百濟始立於帶方之故地."라고 기록하였다. 여기서 백제의 처음 입국지인 대방 고지는 바로 후한 때(206) 공손강公孫康이 낙랑군 둔유현屯有縣 이남의 황무지를 나누어 설치한 대방군帶方郡 땅인 것이다. 낙랑군이 중국 하북성 난하 유역에 있었으므로 낙랑군을 나누어 설치한 대방군 또한 그 부근에 있다는 것은 너무도 명백하다. 또『수서隋書』「지리지」를 보면 "요서군遼西郡에 대방산帶方山이 있다遼西郡, 有帶方山."라고 하였으니, 대방군은 한반도의 황해도 지방이 아니라 중국의 하북성 지역에 있었다는 사실을 명확히 알 수 있다. 이상과 같이 소서노의 왕국은 중국 하북성 난하 부근에 있었는데, 얼마 뒤에 백제의 시조 온조가 그곳에서 한반도로 옮겨 와서 백제를 다시 건국했다.

39) 백제 국호의 유래

백제라는 국호의 유래에 대해서는 여러 가지 설이 있다. 먼저 중국의『북사北史』와『수서隋書』「백제전」에 따르면, 백제라는 이름은 '백가百家가 바다를 건넜다濟海'고 하여 붙여졌다고 하였다. 또 『삼국사기』 「백제본기百濟本紀」에서는 온조가 처음 위례성에 도읍할 때 10인의 신하가 도왔으므로 처음에 국호를 십제十濟라 하였다가 뒤에 온조의 형 비류가 죽고 그 백성이 온조에게 귀복하고 나서 백제百濟로 고쳤다[溫祚都河南慰禮城, 以十臣爲輔翼, 國號十濟. … 沸流 … 遂慙悔而死, 其臣民皆歸於慰禮. 後以來時百姓樂從, 改號百濟]고 하였다. 또한 백제를 건국한 온조의 이름을 따서 '온'은 백百이란 뜻의 고유어에 백제라 했다는 주장도 있다. 그러나 「삼한관경본기」에서 살펴보았듯이, 고조선 번한 초대 임금 치두남이 요중遼中에 쌓은 12성 가운데 '백제'라는 성이 있었으므로 소서노가 대방 고지의 백제 땅에 정착한 것이 계기가 되어 훗날 백제가 건국되었다고 보는 것이 합당할 것이다.

40) 파소婆蘇

신라 시조 박혁거세의 어머니. 파소가 부여 황실의 딸이라는 『환단고기』의 기록은 '신라가 부여에서 나왔다'는 사실을 처음으로 밝혀 주는 획기적인 내용이다.

그런데 종래에는 사대주의 사관의 왜곡·날조에 의해 중국 진秦나라 사람들이 한반도로 들어와 신라를 세운 것으로 잘못 인식돼 왔다. 중국의 『양서梁書』 「신라기」를 보면 "新羅者, 其先本辰韓種也, 辰韓亦曰秦韓, 相去萬里, 傳言秦世亡人, 避役來適馬韓, 馬韓亦割其東界居之, 以秦人故名之曰秦韓."이라 하여, 신라의 선계는 본래 진한종辰韓種인데, 진秦나라의 유망민이 한반도로 건너와 신라의 전신前身인 중삼한 중의 진한辰韓을 건설하였다고 하였다. 그러나 여기서 말하는 진한은 분명 고조선의 '전삼한 중의 진한辰韓'을 말하는 것이다. 신라의 전신인 '중삼한의 진한'을 세운 주체 세력을, 단군조선의 진한 유민이 아니라 중국 진秦나라의 유망민으로 억지 부회한 것이다.

또 『삼국유사』 「감통感通」에는 "선도산仙桃山 신모神母는 본래 중국 황실帝室(한漢나라 8세 소제昭帝나 9세 선제宣帝)의 딸이었는데 이름은 사소婆蘇였다[神母本中國帝室之女, 名婆蘇]"라고 하였고, 또 사소가 처음 중국에서 진한辰韓에 와서 박혁거세를 낳았다고 기록하여 파소와 박혁거세의 혈통을 중국 한족 혈통으로 왜곡시켜 놓았다.

그러나 정작 중국 사서에 그런 기록은 어디에도 없다. 본서 『태백일사』 「고구려국본기」에서 명확히 밝힌 바와 같이 파소와 박혁거세는 부여 황실의 혈통이다. 이러한 사실은 『삼국사기』 「신라본기」에도 "이보다 먼저 조선의 유민이 이곳에 와서 산골짜기에 흩어져 살면서 여섯 촌락을 이루고 있었다[先是朝鮮遺民, 分居山谷之間爲六村]"라고 한 데서도 명확히 알 수 있다.

그러므로 신라를 건국한 주체 세력은 고조선의 진한 유민이다. 중화 한족의 주장을 일부 수용한다면, '진나라의 유망민'은, 진시황의 혹독한 동이족 탄압 정책을 피해 한반도로 건너와 경주 지방에 정착한 유민이라 할 수 있다. 그런데 그들 역시 동이 조선족(한국인)인 것이다.

경주시 서북쪽에 위치한 선도산은 신라인에게는 더없이 신성한 산으로 존숭되었다. 선도산 정상 바로 밑, 경주 시내가 한눈에 내려다보이는 곳에는 지금도 선도 성모仙桃聖母의 유적지와 함께 성모의 위패를 모신 성모사聖母祠가 있다. 신라 시대에 창건되었다는 성모사에서는 지금도 매년 음력 3월 10일 박혁거세의 후손들이 제사를 드린다.

41) 소벌도리

신라의 시조 박혁거세의 양아버지. 일명 소벌공蘇伐公. 사량부沙梁部 최씨崔氏의 시조이다(『삼국사기』와 경주최씨 족보에는 사량부 최씨 시조로, 『삼국유사』에는 사량부沙梁部 정씨鄭氏의 시조로 기록되어 있다). 일찍이 이 고장 백성들은 동해변 산골짜기에 흩어져 여섯 마을을 형성하여 살았는데, 이를 진한辰韓 6부六部라 한다. 소벌도리는 그 중 하나인 돌산 고허촌突山高墟村의 촌장이었다.

42) 거세간

신라 초기의 왕호王號. 시조 박혁거세를 거세간이라 불렀다. 거세간은 고대 진한辰韓 말로 '임금' 또는 '귀인貴人'을 뜻하였고, 제사를 맡은 웃어른이라는 뜻도 있다고 한다. 박혁거세 이후로 차차웅次次雄, 이사금尼師今, 마립간麻立干 순서로 왕호가 변해 갔는데 '웅雄'·'금수(또는 儉)'·'간干[또는 汗(韓)]'은 임금을 뜻하는 신시 배달 이래의 전통적인 호칭이다. 그러다가 22세 지증왕 때에 이르러 중국식으로 왕을 칭하게 되었다.

43) 일본의 역사 왜곡의 핵심, 허구의 '임나일본부설'

임나任那는 지금의 대마도이다. 임나는 본래 대마도 서북 경계에 있었던 의부가라意富加羅의 개호改號로, 후에 대마도 전체를 가리키는 명칭이 되었다. 그 뒤 광개토열제가 고대 일본을 정복하여 임나(대마도)와 일기도一岐島, 큐슈九州 전체를 10개국 연방체(임나 연방)로 만들어 다스렸고, 기내畿內 지방에 위치한 야마토大和 왜倭를 속국으로 지배하였다.

임나는 일제 식민주의 사관에 입각한 주장처럼 한반도 남부에 있던 가야 지방이 결코 아니다. 일본의 정사正史인 『일본서기』에서도 "임나는 츠쿠시국筑紫國(지금의 큐슈 후쿠오카현)에서 2천여 리 떨어져 있으며, 북쪽은 바다로 막혀 있고 계림(경주)의 서남방에 있다[任那者, 去紫國二千餘里, 北阻海, 以在鷄林之西南]"라고 하였듯이 지금의 대마도임이 틀림없다. 이 『일본서기』 스진崇神 왕 65년(CE 32) 조의 기록은 임나에 관한 원전原典인 것이다. 여기서 대마도에서 츠쿠시국까지의 거리를 2천 리라고 한 것은 한·중·일 고대 사서들에 의하면 고대사 지리상의 상식이다.

그런데 일찍이 일제 식민사학자들은 임나가 한반도 남단에 위치했다고 억지 생떼를 쓰고, 고대에 일본이 이 임나(=가야 지역)에 임나일본부를 설치하고 백제·신라를 속국으로 지배했다고 하는 허구에 찬 '임나일본부任那日本府'설을 날조하여 일본의 한반도 강점强占은 침략이 아니라 옛 땅을 회복하는 것이라 함으로써 한반도 침략과 식민지 지배를 역사적으로 정당화·합리화시키려 하였던 것이다. 일제 식민사학자들은 임나일본부설을 입증하는 근거로서 ①광개토대왕비문 ②칠지도七支刀의 명문銘文 ③『고사기』·『일본서기』의 기록을 들었다.

첫째로, 임나일본부에 의한 왜의 한반도 남부 지배를 입증하는 결정적 근거 자료로서 가장 절대적인 비중을 두었던 내용이 광개토대왕비문의 영락永樂 6년(396) 조에 있는 "百殘新羅舊是屬民由來朝貢, 而倭以辛卯年來渡海破百殘□□□羅以爲臣民, 以六年丙申王躬率水軍討利殘國…"이라는 기사이다. 이 기사를 근거로 하여, 신묘(391)년에 왜가 바다를 건너와 백제·신라를 정벌하여 신민臣民으로 삼았다는 것이다. 그러나 이 신묘년 기사 내용은 일본 참모본부가 밀파한 군사 스파이 사코오酒勾景信 중위에 의해 변조됐다는 것이 이진희·이형구 등 여러 학자들에 의해 명백히 밝혀졌다. 그리고 비문의 내용은 열제烈帝의 업적을 기록한 것이지 왜의 업적을 기록한 것이 아니다. 또 비문에 나오는 많은 간지干支에는 '신묘년'과 같이 년年 자가 붙어 있는 예가 없을 뿐 아니라, 신묘년 기사와 앞뒤 문장의 내용이 연결되지 않고 모순되므로 변조되었다는 것은 의심할 여지가 없다.

둘째로, 일제 식민사학자들은 19세기 말에 간 마사토모菅政友가 발견한 이소노가미 신궁石上神宮의 칠지도를 『일본서기』 진구神功 52년(252) 9월 조 기사에 나오는 칠지도七支刀와 같은 것으로 조작하여, 이 칠지도는 백제 왕이 '왜왕'에게 헌상獻上한 것이니 백제가 왜의 속국이고, 일본이 임나일본부를 설치하여 백제 등 한반도 남부를 지배·경영했다는 것이 움직일 수 없는 사실이라고 억지를 썼다. 그리고 진구神功의 연대를 120년 끌어내려 칠지도를 바친 백제 왕을 근초고왕(346~375)이라 하였다.

그런데 칠지도의 명문銘文 서식이 상위자가 하위자에게 내리는 하행下行 문서 형식으로 되어 있다는 것은 이미 널리 알려진 사실이다. 그러므로 칠지도는 백제 왕이 '왜왕'에게 바친 것이 아니라 '왜왕'에게 하사한 것으로 보아야 한다. 식민사학자들이, 백제가 왜의 속국이었음을 증명해 주는 산 증거로 삼은 칠지도는, 식민사학자들의 주장과는 반대로 대왕인 백제 왕이 후왕侯王의 하나인 왜왕에게 하사한 칼인 것이다. 칠지도는 백제가 왜의 종주국이고 왜는 백제의 속국이었음을 증명해 주는 움직일

수 없는 물증이다.

셋째로, 『일본서기』의 기록에 근거하여 식민사학자들은 임나일본부가 진구神功 시대에 개척되어 6세기까지 존속했다고 주장하였다. 그들은 임나일본부의 기점을 진구왕후의 신라 정벌에 두지만, 진구의 연대를 전체로 2주갑二周甲 즉 120년을 끌어내려 진구는 원래 3세기가 아니라 4세기의 인물이라 하였다. 그러나 임나일본부설 입증의 전제로 삼은 2주갑(120년) 인하설은 터무니 없는 억지 주장이다. 진구왕후 곧 야마다이국의 여왕 히미코卑彌呼는 『일본서기』의 진구기神功紀 기사와 중국 사서들(『후한서』; 『삼국지』「왜인전」)에 의하면 '3세기 인물'이 명백하기 때문이다. 일제 식민사학자들이 『일본서기』의 기록마저 뜯어고쳐 진구 연대를 120년 끌어내린 근본 목적은 오로지 광개토대왕비문에 있는 연대(391년)와 맞추려는 데 있었던 것이다.

일제가 날조한 임나일본부설에 대한 반증은 이외에도 여러 가지가 있다. 먼저 '일본'이라는 명칭은 7세기 말(670년)에 역사상 처음으로 등장한다(『삼국사기』; 『구당서』). 따라서 일본이라는 말은 그 이전에는 없었던 것이니, 임나일본부라는 것도 있을 수 없다. 또 임나일본부라는 이름은 『일본서기』에만 있고, 서기의 원전이 되는 『고사기』에는 전혀 보이지 않는다. 뿐만 아니라 그들이 가야에 임나일본부를 설치하여 200년이나 고대 한반도 남부를 지배했다고 하면 그곳에 임나 유적이 있어야 하는데, 그와 같은 유적은 단 한 군데도 없다. 오히려 같은 기간에 삼국·가야의 유적과 유물이 일본 전국 곳곳에서 무수히 발견되었고 앞으로도 계속 발견될 것이다.

결국 광개토대왕비문을 변조하고, 칠지도의 제작 연대를 깎아 내리고, 비문의 신묘년(391) 기사 연대와 맞추기 위해 자신들의 역사 교과서『일본서기』마저 뜯어고쳐 고대사의 편년을 120년 끌어내리는 등 일제 식민사학자들이 획책한 끈질긴 음모는, 오로지 고대에 일본이 한반도 남부를 지배·경영했다고 하는 임나일본부설을 역사적인 사실로 조작하려는 데 목적이 있었다는 것을 확연히 알 수 있다.

그런데 최근 학계의 정설은 임나일본부가 어떤 통치 기구나 군정 기관과는 거리가 먼 외교 사절, 즉 일회성 사신이라는 것이다. 1669년에 필사된 가장 오래된『일본서기』주석서『석일본기釋日本紀』를 보면 일본부日本府에 대한 주석이 붙어 있는데, 그것은 '미코토모치御事持', 즉 사신使臣이라 설명되어 있다. 적어도 '일본부'라는 말은 일본이라는 국호가 사용되고『일본서기』가 편찬된 이후에 붙여진 말이 틀림없다. 이전에는 임나와 안라安羅에 보낸 사신이었는데 후대에 대두한 존황주의 역사관의 발로에서 일본부라 기록한 것이다. 실제로『일본서기』에 나오는 임나일본부의 활동은 외교 활동에 국한된 것이 객관적 사실이고 그나마 일본부 사신이 가야 사람으로 기록되어 있다. 긴메이欽明왕 조에는 일본부가 야마토 정권의 뜻과는 상관없이 신라·고구려와 내통하고 신라와 백제의 위협 속에서 가야의 국익을 위해 활동하였다는 기록이 남아 있다. 기실 임나일본부라는 것은 가야 연맹의 외교 부서였던 것이다(이영식,「임나일본부에 대한 연구의 역사」,『우리역사를 의심한다』; 이희근,「임나일본부는 가야의 왜 통제기관」,『한국사는 없다』).

이러한 임나일본부설은 한국을 영원히 침략, 지배하겠다는 정한론征韓論의 근거이자 명분이 되기도 했다. 정한론이 본격화된 것은 막부 시대 말 명치 초기이지만, 정한론은 그 이전부터 있었던 조선에 대한 일본인의 편견에서 비롯된 의도적 정책의 소산이다. 정한론의 역사적 근거는 보통은 진구의 신라 정벌, 즉 임나일본부에 의한 한반도 남부 지배이지만, 그것과 함께 16세기 말에 있었던 도요토미 히데요시의 조선 정벌(임진왜란)에 두기도 한다. 조선은 도요토미 히데요시가 한 번 정복했던 땅이니 일본은 조선을 차지할 권리를 보유하고 있다는 것이다(이현희,『정한론의 배경과 영향』).

이러한 역사 왜곡과 날조는 고대에 일본의 '종주국'이요, '뿌리 나라'이며, 일본 전 역사를 통해 '은인 나라', '스승 나라'인 한국에 대한 뿌리 깊은 열등의식과 '대한對韓 감정'이 근본 원인이다. 그러한 열등의식과 반한 감정이 반작용을 일으켜 조선에 대한 멸시와 모욕으로 둔갑하였고, 나아가 한국 침략론으로 발전하였던 것이다. 일제 식민주의 사관이 날조한 임나일본부설도 그 근거와 명분의 하나가 되었다. 오늘날까지도 이러한 허구의 역사 체계와 바탕 위에 위태롭게 서 있는 '허구와 배은背恩의 나라 일본'은 좀처럼 그 허구의 두꺼운 껍질을 벗어 던지지 못하고 패륜과 배은망덕으로 자신을 영원히 망치는 비극의 길로 치닫고 있다.

44) 삼가라三加羅

임나 즉 지금의 대마도가 삼가라三加羅로 나뉘어 각각 고구려·백제·신라의 다스림을 받았다는 본서의 기록은 한·일 고대사에 얽힌 핵심 문제를 명확히 풀 수 있는 열쇠를 제공한다.

종래에 일제 식민사관 신봉자들은 일본의 정사인 『일본서기』에서 진구神功왕후(卑彌呼=細烏女)가 고구려·백제·신라 즉 삼한을 정벌하였다고 한 기록을, 고대에 일본이 200여 년간 한반도 남부(백제·신라·가야)를 지배·경영하였다고 하는 허구의 임나일본부설을 입증하는 근거의 하나로 삼았다. 그러나 진구왕후의 '삼한 정벌'은 일제 식민사학자들이 주장한 것처럼 고구려·백제·신라라는 삼한(삼국)을 정벌한 것이 아니라 바로 '대마도 정벌'을 말한다.

다시 말하면, 2~3세기경 인물인 진구왕후가 정벌한 삼한이란 당시 삼국이 각기 나누어 다스리던 대마도(임나)의 삼가라, 즉 좌호가라(신라), 인위가라(고구려), 계지가라(백제)인 것이다. 그렇기 때문에 720년에 도네리친舍人親 왕 등이 편찬한 『일본서기』에서도 "이것이 소위 삼한이다[是所謂之三韓也]"라고 하여, 한반도의 삼한과 쓰시마(대마도) 내의 삼한(곧 삼가라)을 명백히 구별하여 기록해 놓았던 것이다. 그런데 일제 식민사학은 진구왕후의 삼한 정벌을 마치 삼국을 정벌한 것인 양 과대망상적으로 엉뚱하게 확대 해석하였고, 그 뒤로 계속 200여 년간 한반도 남부를 식민지로 지배했다는 식의 억지 주장을 펴 왔다. 그리하여 궁극적으로 일제 침략을 정당화시키려 한 것이다.

45) 백제의 해상 교역

백제는 섬라(태국), 부남국(캄보디아), 인도와 교역했고, 북큐슈~오키나와~대만~인도에 이르는 동남아시아 교역 루트를 가지고 있었다. 그 교역로를 따라 성왕대에는 겸익이라는 승려가 중인도에 가서 불경을 구해 오기도 했다.

백제의 남방 경영은 지금의 제주도인 탐라 경영부터 시작되었다. 즉 남방 항로의 기항지인 탐라를 점령한 것이다. 이곳은 섭라라고도 일컬었던 곳으로 백제 이전에는 고구려의 지배를 받고 있었다.

백제는 제주도를 기항지로 하여 이전부터 진출해 있던 북큐슈를 잇는 상설 항로를 열었다. 여기에 그치지 않고 유구국琉球國으로 불리던 지금의 오키나와를 중간 기항지로 삼고 대만해협을 지나 필리핀 군도群島까지 항로를 연장시켰다. 필리핀 군도는 흑치국黑齒國으로 일컬었던 곳이다. 이곳이 백제와 연관이 있음은 백제 출신 장군 흑치상지黑齒常之(630~689)의 묘지명墓誌銘이 말해준다.

1929년에 중국 하남성 낙양시 북망산에서 흑치상지의 묘지명이 발견되었다. 묘지명에는 "그 선조는 부여씨에서 나와 흑치에 봉해졌으므로 자손이 인하여 씨로 삼았다[其先出自扶餘氏, 封於黑齒, 子孫因以爲氏焉.]"라고 적혀 있었다. 여기서 흑치는 중국 문헌에 자주 등장하는 동남아시아 지역의 군도群島를 가리키는 지명인데, 지금의 필리핀 일대로 비정된다. 이를 통해 백제가 왕족을 지방의 거점에 파견하여 통치자로 주재시켰음을 알 수 있게 한다.

백제는 다시금 항로를 확장시켜 인도차이나 반도까지 이르렀다. 즉 지금의 캄보디아를 가리키는 부남국과 교역한 사실이 『일본서기』에서 확인되고 있다. 뿐만 아니라 북인도 지방에서 산출되는 페르시아 직물인 탐등을 수입하여 왜에 선물하기까지 하였다. 이와 같은 사실들은 동아시아 지역을 누비고 다닌 백제의 뛰어난 조선술과 항해술을 전제하지 않고서는 설명하기 어렵다(이도학, 『한국고대사, 그 의문과 진실』, 184쪽; 『살아있는 백제사』, 21쪽, 141쪽).

역사 속 이야기

해양 제국을 건설한 백제

우리 역사에서 '해상 왕국'을 건설한 인물로서 흔히 신라의 장보고張保皐(?~846)를 떠올린다. 그러나 장보고보다 수백 년 앞서 백제가 거대한 해상 네트워크를 구축하고 사해四海를 평정한 사실이 중국 『이십오사二十五史』를 비롯한 여러 문헌에 수록되어 있는데, 이것은 오늘날 역사적 사실로도 인정되고 있다.

"백가제해百家濟海[百濟]"라는 기록이 보여주듯이 백제는 강력한 해군을 보유한 해양 제국이었다. 고구려는 영토를 크게 확장했지만 백제는 호남·충청 지역에 국한된 소국가에 지나지 않았다는 편견을 가진 사람이 의외로 많다. 그러나 실제 경제적 가치를 고려할 때 백제는 고구려를 오히려 능가했다고 할 수 있다. 백제가 요서 지역은 물론 중국 동부 해안 지역에 진출해 그 지역을 지배한 사실이 『송서宋書』· 『남제서南齊書』· 『양서梁書』· 『남사南史』· 『북제서北齊書』· 『통전通典』· 『문헌통고文獻通考』 등에 기록되어 있다.

『삼국사기』 「백제본기」 고이왕 13년(246) 조에는 "위魏나라의 유주자사幽州刺史 관구검毌丘儉이 낙랑태수樂浪太守 유무劉茂·삭방태수朔方太守 왕준王遵과 더불어 고구려를 정벌하였는데 (백제)왕은 (낙랑이) 비어 있는 틈을 타서 좌장左將 진충眞忠을 파견하여 낙랑의 변경을 습격하고 그곳 주민을 빼앗았다[十三年, … 秋八月, 魏幽州刺史毌丘儉, 與樂浪太守劉茂·朔方太守王遵伐高句麗. 王乘虛遣左將眞忠, 襲取樂浪邊民.]"라고 하였고, 분서왕 7년(304) 조에도 "몰래 군사를 보내어 낙랑(군)의 서부 현을 공격하여 빼앗았다[七年春二月, 潛師襲取樂浪西縣.]"라는 기록이 보인다. 백제는 이미 고이왕 이전에 요서 지역에 진출해 있었다. 그렇기 때문에 낙랑군이 비어 있는 틈을 타서 그 서부 현을 칠 수 있었던 것이다. 이 기록을 뒷받침하는 기사는 『자치통감』「진기晉紀」 영화永和(현종성황제하영화顯宗成皇帝下永和) 2년(346) 조에 있는 "처음에 부여는 녹산鹿山에 거처하였는데, 백제의 침략을 받아 부락이 쇠잔해져서 서쪽 연燕나라 근처로 옮겼으나 방비를 하지 않았다[初, 夫餘居于鹿山, 爲百濟所侵, 部落衰散, 西徙近燕, 而不設備.]"라는 기록이다.

요서·진평을 점거한 백제는 이에 머물지 않고 중국 해안선을 따라 구석구석 식민지를 만들고 제해권을 장악하여, 동성왕東城王(479~501) 때에 이르러 북경 지역과 산동성, 상해上海 양자강 이남까지, 중국 동부 지역과 황해 바다 전체를 평정한 대제국이 되었다.

경제 대국이 된 백제는 동으로 일본을 위성국으로 삼아 지배했다. 일본 나라현 텐리[天里]시 이소노가미 신궁에는 백제 왕(18세 전지왕)이 왜국의 진구神功 왕후에게 하사한 칠지도七支刀가 봉안되어 있는데, 『일본서기日本書紀』에는 백제 왕이 칠자경七子鏡 등과 함께 진구 왕후에게 바친 것으로 왜곡되어 있다.

칠지도와 칠자경은 각각 세계수世界樹와 태양을 뜻하는 왕권의 상징물이다. 당시 백제는 중국이나 고구려와 별도로 자신들을 세계의 중심으로 생각하고 있었다. 5세기 중반에 백제에는 대왕을 축으로 하여, 그 좌우에 고조선과 북방 유목 국가처럼 좌현왕左賢王과 우현왕右賢王이 있었다. 이 제도는 삼신문화에서 비롯된 것이다.『송서宋書』「이만열전夷蠻列傳」 백제국 전에는 여기餘紀를 우현왕으로, 여곤餘昆을 좌현왕으로 삼았다는 기록이 있다.

"그리하여 행관군장군 우현왕 여기餘紀를 관군장군으로 임명하고, 행정로장군 좌현왕 여곤餘昆과 행정로장군 여훈餘暈을 함께 정로장군으로 임명하였다[仍以行冠軍將軍右賢王餘紀爲冠軍將軍, 以行征虜將軍左賢王餘昆·行征虜將軍餘暈並爲征虜將軍.]"(『송서宋書』「이만전夷蠻傳」). 좌현왕은 본국의 동방인 일본 열도를, 우현왕은 그 서방인 중국 대륙의 일정 지역을 관장하였다. 중국 대륙과 일본 열도에는 백제라는 지명이 무수히 남아 있다. 백제는 위성국인 왜를 신라·고구려와의 전쟁에 여러 차례 동원하였다.

백제가 영토를 확장함에 따라 식민지 접경 지역 국가들과 충돌이 불가피하게 되었다. 그런데 당시 백제가 얼마나 막강했는지 보여주는 기록이 여러 문헌에 등장한다.『북제서北齊書』후주기後主紀에는 571년에 "백제 왕 여창餘昌(27세 위덕왕)을 사지절使持節(황제의 신임을 표시하는 부절을 가졌다는 뜻) 도독都督(군사책임자) 동청주東靑州 자사刺史(행정책임자)로 삼았다[以百濟王餘昌爲使持節都督東靑州刺史]"라고 하여 산동반도山東半島가 백제 소유였음을 드러내었다.

단명한 왕조들이 흥망을 거듭하던 중국의 위진 남북조 시대(220~589)에 한족漢族 정권은 중국 남부에서 남조를 형성하였으나 그 세력은 허약하기 이를 데 없었다. 이들은 백제의 힘을 빌어 북방을 수복해 보려는 생각을 가지고 있었다. 따라서 백제와 화친하면서, 중국 동부 해안 지역을 관장하는 백제의 관리와 장수에게 중국 관직을 제수한 것이다. 백제 또한 그러한 관직이 필요했다. 왜냐하면 중국 관직은 현지 한족과 토착인을 지배할 수 있는 명분을 주기 때문이다.

『삼국사기』「백제본기」,『남제서南齊書』,『자치통감資治通鑑』에는 백제와 중국의 관계를 보여주는 기록이 있다. 백제 동성왕東城王 때인 488년과 490년에, 후위後魏의 기병 수십만이 백제가 통치하는 대륙의 영토를 침략했다가 크게 패하고 돌아갔고[十年, 魏遣兵來伐爲我所敗.](『삼국사기三國史記』「백제본기百濟本紀」), 수훈을 세운 백제 장수들이 광양태수廣陽太守·대방태수帶方太守·광릉태수廣陵太守·청하태수淸河太守·낙랑태수樂浪太守·성양태수城陽太守·조선태수朝鮮太守 등을 제수 받았다(『남제서南齊書』「백제전百濟傳」)고 하였다.

백제는 단군조선과 북부여 이후 무려 340년이 넘는 오랜 기간에 중국 동부 해안 지역을 지배했던 것이다.

그런데 백제와 고구려가 대 중국 투쟁을 벌이며 대륙 해안선을 따라 경쟁적으로 획득한 영토는, 안타깝게도 신라가 반민족적 망국 통일을 추진함으로써 고스란히 당나라에 돌아가고 말았다(윤내현,『한국열국사연구』; 이도학,『새로 쓰는 백제사』참고).

칠지도

廣開土境平安好太皇碑文

본문은 류승국의 '광개토대왕 비문을 통해 본 우리 고대 역사(상생문화연구소 콜로키움, 2004)' 내용을 수록하였다.

惟昔始祖鄒牟王之創基也, 出自北夫餘,
天帝之子, 母河伯女郞, 剖卵降世, 生而有聖德.
□□□□□命駕巡車南下.
路由夫餘奄利大水, 王臨津言曰
「我是皇天之子, 母河伯女郞, 鄒牟王.
爲我連葭浮龜」應聲卽爲連葭浮龜,
然後造渡. 於沸流谷忽本西, 城山上而建都焉.
不樂世位, 天遣黃龍來下迎王. 王於忽本東岡,
黃龍負昇天. 顧命世子儒留王,
以道興治. 大朱留王紹承基業.
還至十七世孫國罡上廣開土境平安好太王,
二九登祚, 號爲永樂太王.
恩澤洽于皇天, 威武柳被四海, 掃除□□,
庶寧基業, 國富民殷, 五穀豐熟.
昊天不弔, 卅有九, 晏駕棄國.
以甲寅年九月廿九日乙酉, 遷就山陵.
於是立碑, 銘記勳績, 以示後世焉. 其詞曰
永樂五年, 歲在乙未, 王以稗麗不□□人, 躬率往討,
過富山, 貧山, 至鹽水上, 破其丘部洛六七百營,
牛馬群羊, 不可稱數.
於是旋駕. 因過□平道, 東來□城, 力城, 北豊.
備狩, 遊觀土境, 田獵而還.

桓檀古記

광개토경평안호태황비문

　삼가 생각건대, 옛적에 시조 추모왕鄒牟王께서 우리 고구려를 창건하셨다. 추모왕은 북부여北夫餘에서 출생하셨고, 아버지는 천상의 상제님이시고 어머니는 하백河伯(수신水神)의 따님이셨다. 알을 깨뜨리고 탄생하여 날 때부터 성스러운 덕德이 있었다. □□□□□ 추모왕이 길을 떠나 수레를 몰고 남쪽으로 내려가는데 길이 부여夫餘의 엄리대수奄利大水를 경유하시게 되었다.

　이때 추모왕이 나룻가에서 외치시기를 "나는 하느님의 아들이요[我是皇天之子],* 하백河伯의 따님을 어머니로 한 추모왕鄒牟王*이다. 나를 위하여 갈대를 연결하고 거북의 떼를 띄워서 물을 건너게 하라" 하였다. 말이 끝나자 곧 갈대가 연결되고 거북이들이 물 위로 떠올랐다. 그리하여 물을 건너가서 비류곡沸流谷 홀본忽本 서쪽 산 위에 성을 쌓고 도읍을 세우셨다.

　세상의 왕위를 즐기지 않을 무렵에 하늘에서 황룡黃龍을 보내어 내려와서 왕을 맞이하였다. 홀본성忽本城 동쪽 언덕에서 황룡黃龍이 왕을 업고 하늘로 올라갈 때, 세자世子인 유류왕儒留王*을 돌아다보고 명령하여 당부하기를 "도道로써 나라를 다스리라[以道興治]" 하셨다. 대주류왕大朱留王*은 선왕의 유지遺旨를 받들어 도道로써 나라를 다스려 왕업을 계승 발전시키셨다.

　대대로 왕위를 계승하여 17세世를 내려와서 국강상광개토경평안호태왕國罡上廣開土境平安好太王*이 십팔 세(391)에 왕위에 올라 칭호를 영락태왕永樂太王이라 하셨다. 호태왕好太王은 그 베푼 은택恩澤이 하늘에 미치고 불의不義를 바로잡는 위무威武는 사해四海를 뒤덮었다. 부정한 무리를 쓸어 없애시니 백성은 직업에 안정되었다. 나라가 부강하니 백성이 은성殷盛하고 오곡五穀이 풍성하게 익었다. 하늘이 돌보지 아니함인지 삼십구 세(412)에 세상을 버리고 나라를 떠나셨다. 갑인甲寅(414)년 9월 29일에 옮겨서 산릉山陵에 모시고 비碑를 세우고 훈적勳績을 새겨 기록하여 뒷세상에 보이려 한다. 그 내용은 다음과 같다.

　영락 5년 을미永樂五年乙未에 패려稗麗가 순종하지 않아 왕이 직접 군대를 인솔하고 가서 정벌하셨다. 부산富山과 빈산貧山을 지나서 염수鹽水 위에 이르러 그 구丘에 있는 부락 육, 칠백의 영營을 깨뜨리고 소, 말, 양 등을 사로잡은 것이 이루 헤아릴 수 없을 정도였다. 여기에서 수레를 돌려 □평도平道를 경유하여 동쪽으로 □성城과 역성力城, 북풍北豊에 돌아오며 여러 지방을 왕이 고루 순수巡狩하셨고, 관경管境을 순행하고 사냥을 하며 돌아오셨다.

＊ 천제지자 : 광개토태왕비에서는 고구려 추모왕이 천제의 아들[天帝之子]임을 천하에 공표하였다. 고구려가 환국 이래로 내려온 신교의 광명사상에 입각한 천손天孫 의식을 강하게 갖고 있었음을 말해 준다.

＊ 추모왕鄒牟王 : 1세 고주몽 성제(재위 BCE58~BCE19).

＊ 유류왕儒留王 : 2세 유리명제(재위 BCE19~CE18).

＊ 대주류왕大朱留王 : 3세 대무신열제(재위 CE 18~44). 유리명제의 셋째 왕자. 휘諱 무휼無恤. 대해주류왕大解朱留王, 북국신왕北國神王, 태무왕太武王이라고도 한다.

＊ 국강상광개토경평안호태왕國罡上廣開土境平安好太王 : 광개토열제(19세 태왕, 재위 391~413)는 배달·단군조선 시대의 광대했던 영토와 신교 문화를 부흥시켜 회복한다는, 고구려의 국시인 다물多勿주의를 완성한 위대한 황제이다. 광개토열제는 거란·평량(감숙성)·후연·백제·신라·왜(일본) 등 동북아 국가를 조공국으로 복속하여 중국 북부에서 만주·한반도·일본 전역에 걸치는 광대한 영토를 신교 문화로 통일한 단군 이래 초유의 대제왕이다.

高句麗國本紀

※ 일제의 광개토태왕릉비 비문

날조: 1880년 비문이 발견된 뒤, 곧바로 중국 측과 일본 육군 참모 본부에 의해 중요한 부분이 모두 깎여 버렸고, 내용마저 일부 변조되어 본래의 역사적 사실을 알 수 없는 상태이다. 당시 일본 육군 참모본부의 첩자에 의해 만들어진 쌍구가묵본雙鉤加墨本(비문이나 탁본에 종이를 대고 그린 후 먹을 칠하여 탁본처럼 만든 것)에는 "왜가 신라성에 가득차고 그 왜가 신라를 궤멸시켰다"라고 되어 있다. 그러나 100년 뒤 1981년 중국 주운대周雲代의 정밀탁본에는 "신라성에 들어온 왜구가 (고구려 원정군에게) 크게 궤멸되었다"라고 되어 있어, 쌍구가묵본과는 전혀 다른 글자가 확인되었다.

100여 년 전에 석회를 발라 글자를 만들었던 것이 오랜 세월이 지나 석회가 떨어져 나가게 되자 원래의 글자가 되살아난 것이다. 쌍구가묵본을 만들 때 원래의 글자인 '왜구대궤倭寇大潰'를 석회를 발라 왜(일본)에 유리하도록 '왜만왜궤倭滿倭潰'로 바꾸어 놓았음을 확인한 것이다(『발해연안에서 찾은 한국고대문화의 비밀』, 236쪽).

百殘, 新羅, 舊是屬民, 由來朝貢.
而倭以辛卯年來, 每破百殘, □□新羅, 以爲臣民.
以六年丙申, 王躬率水軍, 討倭殘國.
軍至窠臼, 攻取壹八城,
白模盧城, 各模盧城, 幹氐利城, □□城, 閣彌城, 牟盧城,
彌沙城, 古舍蔦城, 阿旦城, 古利城, □利城,
雜珍城, 奧利城, 勾牟城, 古模耶羅城, 須□□, □□城,
介而耶羅城, 瑑城, □□城, □□城, 豆奴城, 沸□
□利城, 彌鄒城, 也利城, 大山韓城, 掃加城, 敦拔城,
□□□城, 婁賣城, 散那城, 那旦城, 細城, 牟婁城,
于婁城, 蘇灰城, 燕婁城, 析支利城, 巖門民城, 林城,
□城, □□□□□城, 就鄒城, □拔城, 古牟婁城,
閏奴城, 貫奴城, 彡穰城, □□城, □古盧城, 仇天城,
□□□□□其國城. 殘不服義, 敢出百戰. 王威赫怒,
渡阿利水, 遣刺迫城. 殘兵歸穴, 就便圍城.
而殘主困逼, 獻出南女生口一千人, 細布千匹,
跪王自誓; 從今以後, 永爲奴客.
太王恩赦先迷之愆, 錄其後順之誠.
於是得五十八城, 村七百.
將殘主弟幷大臣十人, 旋師還都.
八年戊戌, 教遣偏師觀息愼土谷,
因便抄得莫□羅城, 加太羅谷男女三百餘人.
自此以來, 朝貢聆事.

九年己亥, 百殘違誓, 與倭和通.
王巡下平穰. 而新羅遣使白王云

桓檀古記

백잔百殘(백제百濟)과 신라新羅는 본시 속민屬民으로서 옛적부터 조공朝貢을 바쳐 왔다. 왜倭가 신묘년辛卯年 이래以來로 매양 바다를 건너 백잔百殘과 □□와 신라新羅를 파破하여 신민臣民으로 삼으려 하므로 이에 광개토태왕廣開土太王 영락 6년 병신永樂六年丙申에 태왕이 직접 수군水軍을 거느리고 왜적倭賊과 잔국殘國(백제百濟)을 토벌討伐하심에 군대軍隊가 먼저 왜적倭賊의 과구窠臼(소굴)에 이르러 십팔 성十八城을 공격攻擊하여 취하셨다. 그리고 구모로성臼模盧城, 각모로성各模盧城, 간저리성幹氐利城, □□성城, 각미성閣彌城, 모로성牟盧城, 미사성彌沙城, 고사조성古舍蔦城, 아단성阿旦城, 고리성古利城, □리성利城, 잡진성雜珍城, 오리성奧利城, 구모성勾牟城, 고모야라성古模耶羅城, 수須□□, □□성城, 개이야라성介而耶羅城, 전성瑑城, □□성城, □□성城, 두노성豆奴城, 비沸□□리성利城, 미추성彌鄒城, 야리성也利城, 대산한성大山韓城, 소가성掃加城, 돈발성敦拔城, □□□성城, 누매성婁賣城, 산나성散那城, 나단성那旦城, 세성細城, 모루성牟婁城, 우루성于婁城, 소회성蘇灰城, 연루성燕婁城, 석지리성析支利城, 암문민성巖門民城, 임성林城, □성城, □□□□□□성城, 취추성就鄒城, □발성拔城, 고모루성古牟婁城, 윤노성閏奴城, 관노성貫奴城, 삼양성彡穰城, □□성城, □고로성古盧城, 구천성仇天城, □□□□기국성其國城. 잔殘(백제百濟)은 정의正義에 굴복하지 않고 감히 모든 싸움에 나섰다. 왕이 진노하여 아리수阿利水를 건너서 성城을 압박하시니 백제의 군대가 제 소굴로 도망치므로, 이어 그 성을 에워싸 공격하셨다. 백제 왕은 당황하고 다급하여 남녀男女 포로 일천一千 명과 세포細布 천필千匹을 바치고 왕에게 귀순하여 스스로 맹세하기를 "지금부터는 영원히 노객奴客이 되겠습니다"라고 하였다. 태왕太王은 그들이 처음에 잘못한 허물을 널리 용서하시고, 뒤에 순종하는 정성을 가상히 여긴다고 기록하셨다.*

　　그리하여 58개 성五十八城과 700개 마을七百村을 얻고, 백잔百殘 임금의 아우와 대신大臣 열 사람을 데리고 군대를 철수하여 수도首都에 돌아오셨다.

　　8년 무술八年戊戌에 일부의 군대를 파견하여 식신息愼(숙신肅愼)의 토곡土谷의 정황을 탐색하고 바로 공격을 개시하여 막莫□라성羅城, 가태라곡加太羅谷에서 남녀男女 삼백여 인三百餘人을 포로로 잡아가지고 돌아왔다. 이때부터 식신息愼은 조공朝貢을 바치고 복종하여 섬겼다.

　　9년 기해九年己亥에 백잔百殘이 고구려와의 맹세를 어기고 왜倭와 화통和通하여 친선을 맺었다. 왕(호태왕好太王)이 순시 차 평양平壤에 가셨는데 신라新羅에서 사절을 보내와 왕에게 고하기를, "왜인倭人이 그 영토(신라新羅)에 가득히 들어 와서 성城과 못을 파괴하고 노객奴客(신라인新羅人)을 왜의 민民으

*광개토호태황의 위업: 비문에는 열제가 거란·후연後燕·백제·왜(일본)를 정벌한 업적을 상세히 기록해 놓았다.

※ 광개토태왕릉비와 일제의 임나일본부설 날조

임나任那는 지금의 대마도이다. 광개토열제는 고대 일본을 정복하여 임나(대마도)·일기도一岐島와 큐슈九州 전체를 10개국 연방체(임나 연방)로 만들어 다스렸고, 기내畿內 지방에 위치한 야마토大和 왜倭를 속국으로 지배하였다.

임나는 한반도 남부 가야 지방이 결코 아니다. 그런데 일제 식민사학자들은 임나가 한반도 남단에 위치했으며, 고대 일본이 이 임나(=가야 지역)에 임나일본부를 설치하고 백제·신라를 속국으로 지배했다고 하는 '임나일본부任日本府'설을 날조하였다. 일본의 한반도 강점强占은 침략이 아닌 옛 땅의 회복이라 함으로써 한반도 침략을 정당화·합리화시키려 하였던 것이다.

그들은 임나일본부설을 입증하는 근거로서 광개토태왕비문의 기록을 들었다. 그 중 가장 절대적인비중을 두었던 내용이 영락永樂6년 (396) 조에 있는 '百殘新羅舊是屬民由來朝貢,而倭以辛卯年來渡海破百殘□□□羅以爲臣民, 以六年丙申王躬率水軍討利殘國…'이라는 기사이다. 신묘(391)년에 왜가 바다를 건너와 백제·신라를 정벌하여 신민臣民으로 삼았다는 것이다. 그러나 이 신묘년 기사 내용은 사코오酒勾景信 중위에 의해 변조됐다는 것이 이진희·이형구 등 여러학자들에 의해 명백히 밝혀졌다. 그리고 비문의 내용은 열제烈帝의 업적을 기록한 것이지 왜의 그것을 기록한 것이 아니다. 또 비문에 나오는 많은 간지干支에는 '신묘년'과 같이 년年 자가 붙어 있는 예가 없을 뿐 아니라, 신묘년 기사와 앞뒤 문장의 내용이 연결되지 않고 모순되므로 변조되었다는 것은 의심할 여지가 없다.

倭人滿其國境, 潰破城池, 以奴客爲民,

歸王請命. 太王恩慈, 稱其忠誠, 特遣使還,

告以密計. 十年庚子, 教遣步騎五萬,

往救新羅. 從男居城至新羅城, 倭滿其中.

官軍方至, 倭賊退, □□□□□□

自倭背急追至任那加羅從拔城, 城卽歸服,

安羅人戍兵. 拔新羅城晨城, 倭寇大潰.

城內 ………… 十九, 盡拒隨倭, 安羅人戍兵.

□□□□□其□□□□□□□□□□□□□□□

□□□□□□□□□□□□□□□□□□□辭□

□□出□□□□□殘□潰□□□城, 安羅人戍兵.

昔新羅寐錦未有身來聆事, □□□□廣開土境好太王

□□□□寐錦□家僕句□□□□朝貢.

十四年甲辰, 而倭不軌, 侵入帶方界.

和通殘兵□石城□連船□□□, 王躬率往討,

從平穰□□□鋒相遇, 王幢要截盪刺,

倭寇潰敗, 斬煞無數.

十七年丁未, 教遣步騎五萬,

□□□□□□□王師□□合戰, 斬煞蕩盡.

所獲鎧鉀一萬餘領, 軍資器械,

不可稱數. 還破沙溝城, 婁城, 牛由城,

□城□□□□□□城.

廿年庚戌, 東夫餘舊是鄒牟王屬民, 中叛不貢.

로 삼고자 합니다"라고 고告하며 호태왕好太王에게 구원을 요청했다. 호태왕好太王은 그들의 충성을 동정하여 사절을 다시 보내어 그 요청을 허락하셨다.

10년 경자十年庚子에 보병步兵과 기병騎兵 오만五萬을 파견하여 신라新羅를 구원하였다. 남거성男居城을 경유하여 신라성新羅城에 들어가니 그 안에 왜병倭兵이 가득했는데 관군官軍이 도착하자 왜적倭賊이 퇴각하였다. □□□□□ □□ 왜의 뒤로 돌아 급히 추격하여 임라가라任那加羅에까지 이르러 계속하여 성城을 함락하니 성城이 곧 항복하였다. 이에 안라인 수병戍兵으로 하여금 그 성을 지키게 하였다. 또 관군이 신라성新羅城, 신성晨城을 함락시키니 왜구가 크게 무너졌다.

성내성內 [이하원문십육자결以下原文十六字缺] … 십구十九, 왜적과 함께 모두 물리치고 신라인 수병에게 맡기어 안돈安頓시켰다.

[...원문오십여자결原文五十餘字缺(이도 역시 관군이 백잔百殘과 왜구를 공파攻破한 기록으로 추측된다. 안라인수병安羅人戍兵이 두 번 나온 것으로 보아 삼三면 이二행에 나오는 안라인수병安羅人戍兵도 같은 뜻으로 해석되기 때문이다.)]

옛적에 신라新羅의 임금이 친히 와서 영사聆事(잘 따르며 섬기는 행위)를 한 적이 없었는데 □□□□광개토경호태왕廣開土境好太王이 □□□□(오만五萬의 군대를 파견하여 신라를 도와준 연고로) 신라 임금이 친히 가복을 데리고 와 고구려왕(호태왕)에게 조공하였다.

14년 갑진十四年甲辰에 왜倭가 부당不當하게 대방帶方 지역을 침입함에 잔병(백제의 군대)과 화통, 연합하여 석성石城을 침입해 오니, 호태왕은 몸소 군대를 이끌고 가서서 토벌하매, 평양平穰□□□에서 만나 격전을 하게 되니 왕의 군대가 들이치시니 왜구倭寇가 궤패潰敗하여 흩어지고 전사한 자가 헤아릴 수 없이 많았다.

17년 정미十七年丁未에 보병步兵과 기병騎兵 오만五萬명을 파견하여 □□□ □□□□□왕사王師(광개토대왕의 군대)가 □□와 합전合戰하여 적군을 섬멸하여 죄다 없애시고 갑옷 일만一萬여 벌을 위시하여 군수물자와 장비를 노획한 것이 헤아릴 수 없이 많았다. 돌아오면서 사구성沙溝城, 누성婁城, 우유성牛由城, □성城, □□□□□□성城을 깨뜨렸다.

20년 경술庚戌 동부여東夫餘는 옛적 추모왕鄒牟王의 속민屬民이었는데 중간에 배반하고 조공을 바치지 않았다. 그래서 호태왕이 직접 군대를 거느리고 토벌하러 가셨다. 군대가 부여성夫餘城에 도착하니 부여夫餘의 온 나라가 놀라 □□□□□□을 헌납하였다. 왕의 은혜가 널리 퍼졌다. 그리하여 군

* **광개토태왕릉비에 대한 정인보의 해석**: 민족주의사학자 정인보는 1930년대 말에 저술한 「광개토경평안호태왕릉비문석략廣開土境平安好太王陵碑文釋略」에서 '도해파渡海破'의 주어를 고구려로 보아 "왜가 신묘년에 왔으므로, (고구려 광개토대왕이) 바다를 건너가 왜를 깨뜨리고 백제와 □□ 신라를 신민으로 삼았다"고 해석하였다.

* **이진희의 해석**: 1972년에는 재일동포 사학자 이진희李進熙가 참모본부의 이른바 '석회도부작전설石灰塗付作戰說'을 주장하여 큰 파문이 일어났다. 그는 일본이 만주를 침략하기 위해 현대사는 물론 고대사까지 조작 왜곡하여 정당화하기 위한 조작극이라고 주장한다. 또한 과거 불분명했던 자획까지도 분명하게 되어 있는데 이것은 석회도부의 결과로서, 고마쓰[小松宮] 탁본을 참고하여 미다쿠[三宅米吉]가 쓴 「고려고비고추가高麗古碑考追加」가 이를 증명한다고 주장하고, 그 결과 '왜이신묘년래도해파倭以辛卯年來渡海破'도 확신할 수 없다고 주장하고 있다.(이진희, 『광개토왕비의 연구』, 일조각, 1982)

* **이형구의 해석**: 1981년 이형구李亨求는 비문 자형字型의 짜임새[結構], 좌우행과의 비교에서 나오는 자체字體의 불균형 등을 근거로 '倭'는 '後'를, '來渡海破'는 '不貢因破'를 일본인이 위작僞作한 것이라고 지적하였다. 그럴 경우 신묘년 기사는 "백제와 신라는 예로부터 고구려의 속국으로 조공을 바쳐 왔는데, 그 뒤 신묘년(331)부터 조공을 바치지 않으므로 백제·왜구·신라를 공파해 신민으로 삼았다"는 내용이 된다.

高句麗國本紀

※광개토태왕릉비를 통해 알 수 있는 환단고기가 진서인 이유 : 비문에는 광개토대왕이 17세손이라는 기록이 있다. 그러나 삼국사기에는 광개토대왕이 고주몽으로부터 13세손이라고 되어 있다. 이에 대해 기존사학계에서는 19대왕에서 6번의 형제상속 또는 종손상속을 제외하면 주몽의 13세손이라는 주장을 펼친다. 그런데 환단고기를 보면, 북부여를 건국한 해모수로부터 4세손이 고주몽이므로 따져보면 17세손이 된다. 이것을 통해 고구려 역사 900년 미스테리도 풀린다. BCE 232년에 해모수가 단군이 되고, 고구려가 668년에 망했으므로 정확히 900년의 역사가 되는 것이다. 그런데 중국사서 중의 하나인 신당서에는 당의 시어사 가언충이 고려비기를 인용하여 '고구려는 900년을 넘지 못하고 80먹은 당의 장수에게 망한다'고 말한 기록이 있다. 역시 김부식은 삼국사기에서 '당의 가언충이 고구려는 漢代로부터 나라를 가져 오늘날 900년이 되었다고 하는데, 이는 잘못이다' 라고 지적했다. 즉, 고구려의 역사에 대해 김부식이 잘못 판단하고, 오히려 당의 가언충이 올바르게 봤다는것을 환단고기를 통해 증명하게 되다.

王躬率往討. 軍到餘城, 而餘擧國駭服,

獻□□□□□□, 王恩普覆, 於是旋還.

又其慕化隨官來者, 味仇婁鴨盧, 卑斯麻鴨盧,

椯社婁鴨盧, 肅斯舍鴨盧, □□□鴨盧.

凡所功破, 城六十四, 村一千四百.

守墓人烟戶賣句余民國烟二, 看烟三, 東海賈國烟三,

看烟五, 敦城民四家盡爲看烟, 于城一家爲看烟,

碑利城二家爲國烟, 平穰城民國烟一,

看烟十, 訾連二家爲看烟, 俳婁人國烟一,

看烟卌三, 梁谷二家爲看烟, 梁城二家爲看烟,

安夫連卄二家爲看烟, 改谷三家爲看烟,

新城三家爲看烟, 南蘇城一家爲國烟,

新來韓穢沙水城國烟一, 看烟一,

牟婁城二家爲看烟, 豆比鴨岑韓五家爲看烟,

句牟客頭二家爲看烟, 求底韓一家爲看烟,

舍蔦城韓穢國烟三, 看烟卄一,

古模耶羅城一家爲看烟, 炅古城國烟一,

看烟三, 客賢韓一家爲看烟, 阿旦城,

雜珍城合十家爲看烟, 巴奴城韓九家爲看烟,

臼模盧城四家爲看烟, 各模盧城二家爲看烟,

牟水城三家爲看烟, 幹氐利城國烟二, 看烟三,

彌鄒城國烟一, 看烟七, 也利城三家爲看烟,

豆奴城國烟一, 看烟二, 奧利城國烟二,

看烟八, 須鄒城國烟二, 看烟五, 百殘南居韓國烟一,

看烟五, 大山韓城六家爲看烟, 農賣城國烟一,

대를 철수하여 돌아오는데 또 그들 중에서 왕王의 덕화德化를 사모하여 관군官軍을 따라온 사람이 있었으니, 그들은 미구루압로味仇婁鴨盧, 비사마압로卑斯魔鴨盧, 타사루압로椯社婁鴨盧, 숙사사압로肅斯舍鴨盧, □□□압로鴨盧이다. 공격하여 함락시킨 성城의 수가 육십사六十四이고, 촌村의 수가 일천사백一千四百이다.

능묘陵墓를 지키는 연호烟戶(가구家口)는 매구여賣句余의 백성 중에서 국연國煙이 이가二家, 간연看煙이 삼가三家요, 동해고東海賈는 국연國煙이 삼가三家, 간연看煙이 오가五家요, 돈성敦城의 백성은 사가四家가 모두 간연看煙이요, 우성于城은 일가一家가 간연看煙이요, 비리성碑利城은 이가二家가 국연國煙이요, 평양성平壤城의 백성은 국연國煙이 일가一家, 간연看煙이 십가十家요, 자연訾連은 이가二家가 간연看煙이요, 배루俳婁 사람은 국연國煙이 일가一家, 간연看煙이 사십삼가四十三家요, 양곡梁谷은 이가二家가 간연看煙이요, 양성梁城은 이가二家가 간연看煙이요, 안부련安夫連은 이십이가二十二家가 간연看煙이요, 개곡改谷은 삼가三家가 간연看煙이요, 신성新城은 삼가三家가 간연看煙이요, 남소성南蘇城은 일가一家가 국연國煙이다.

새로 들어온 한예韓穢로 사수성沙水城은 국연國煙이 일가一家, 간연看煙이 일가一家요, 모루성牟婁城은 이가二家가 간연看煙이요, 두비압잠한豆比鴨岑韓은 오가五家가 간연看煙이요, 구모객두句牟客頭는 이가二家가 간연看煙이요, 구저한求底韓은 일가一家가 간연看煙이요, 사조성舍蔦城의 한예韓穢는 국연國煙이 삼가三家, 간연看煙이 이십일가二十一家요, 고모야라성古模耶羅城은 일가一家가 간연看煙이요, 경고성炅古城은 국연國煙이 일가一家, 간연看煙이 삼가三家요, 객현한客賢韓은 일가一家가 간연看煙이요, 아단성阿旦城과 잡진성雜珍城은 모두 십가十家가 간연看煙이요, 파노성巴奴城의 한韓은 구가九家가 간연看煙이요, 구모로성臼模盧城은 사가四家가 간연看煙이요, 각모로성各模盧城은 이가二家가 간연看煙이요, 모수성牟水城은 삼가三家가 간연看煙이요, 간저리성幹氐利城은 국연國煙이 이가二家, 간연看煙이 삼가三家요, 미추성彌鄒城은 국연國煙이 일가一家, 간연看煙이 가七家요, 야리성也利城은 삼가三家가 간연看煙이요, 두노성豆奴城은 국연國煙이 일가一家, 간연看煙이 이가二家요, 오리성奧利城은 국연國煙이 이가二家, 간연看煙이 팔가八家요, 수추성須鄒城은 국연國煙이 이가二家, 간연看煙이 오가五家요, 백잔百殘 남南쪽에 거주하는 한韓은 국연國煙이 일가一家, 간연看煙이 오가五家요, 대산한성大山韓城은 육가六家가 간연看煙이요, 농매성農賣城은 국연國煙이 일가一家, 간연看煙이 칠가七家요, 윤노성閏奴城은 국연國煙이 일가一家요 간연看煙이 이십이가二十二家요, 고모루성古牟婁城은 국연國煙이 이가二家, 간연看煙이 팔가八家요, 전성琢城은 국연國煙이 일가一家, 간연看煙

看烟七, 閩奴城國烟一, 看烟廿二, 古牟婁城國烟二,
看烟八, 琢城國烟一, 看烟八, 味城六家爲看烟,
就咨城五家爲看烟, 彡穰城廿四家爲看烟,
散那城一家爲國烟, 那旦城一家爲看烟,
勾牟城一家爲看烟, 於利城八家爲看烟,
比利城三家爲看烟, 細城三家爲看烟.

國罡上廣開土境好太王存時敎言

「祖王, 先王但敎取遠近舊民守墓洒掃.
吾慮舊民轉當嬴劣. 若吾萬年之後, 安守墓者,
但取吾躬巡所略來韓穢, 令備洒掃.」
言敎如此. 是以如敎令, 取韓穢二百廿家.
慮其不知法則, 復取舊民一百十家.
合新舊守墓戶, 國烟卅, 看烟三百,
都合三百卅家. 自上祖先王以來,
墓上不安石碑, 致使守墓人烟戶差錯.
唯國罡上廣開土境好太王,
盡爲祖先王墓上立碑, 銘其烟戶,
不令差錯. 又制守墓人自今以後不得更相轉賣.
雖有富足之者, 亦不得擅買. 其有違令,
賣者刑之, 買人制令守墓之.

이 팔가八家요, 미성味城은 육가六家가 간연看煙이요, 취자성就咨城은 오가五家가 간연看煙이요, 삼양성彡穰城은 이십사가二十四家가 간연看煙이요, 산나성散那城은 일가一家가 국연國煙이요, 나단성那旦城은 일가一家가 간연看煙이요, 구모성勾牟城은 일가一家가 간연看煙이요, 여리성於利城은 팔가八家가 간연看煙이요, 비리성比利城은 삼가三家가 간연看煙이요, 세성細城은 삼가三家가 간연看煙이다.

 국강상광개토경호태왕國罡上廣開土境好太王이 생존시에 말씀하시기를 "조왕祖王과 선왕先王께서는 원근遠近의 여러 지방에 사는 구민舊民(본토인)만을 데려다가 무덤을 지키며 소제를 맡기었으나, 나는 이들 구민舊民이 차차 몰락하게 될 것이 염려된다. 만일 내가 죽은 뒤에 나의 무덤을 편히 수호할 자들은, 내가 돌아다니며 직접 데리고 온 한족韓族이나 예족穢族이니 그들에게 수호하고 소제하는 일을 맡게 하라"라고 하셨다.

 그러므로 말씀하신 대로 한족韓族과 예족穢族 이백이십가二百二十家를 데려오게 하였다. 그리고 이들이 예법을 잘 모를 것을 염려하여 다시 구민舊民 일백십가一百十家을 데려왔다. 새로 온 사람과 전부터 있던 자를 합하면 수호하는 호수戶數는 국연國煙이 삼십가三十家, 간연看煙이 삼백가三百家, 모두 합하여 삼백삼십가三百三十家이다.

 상조 선왕上祖先王 이래로 능묘陵墓 위에 비석碑石을 갖추지 못하여 무덤을 지키는 가호家戶들이 잘못하는 사태가 생기게 되었다. 국강상광개토경호태왕國罡上廣開土境好太王은 조선왕祖先王의 무덤 위에 모두 비석碑銘을 세워서 그 가호家戶들로 하여금 잘못하는 일이 없게 하셨다. 또 제도를 제정하여 무덤을 수호하는 사람에 대하여는 이후로 서로 팔아넘기지 못하게 하고, 아무리 부유한 사람일지라도 마음대로 사 가지 못하게 하셨다. 만일 법령을 위반하고 파는 자는 형벌에 처하고, 사는 사람도 법을 마련하여 그로 하여금 무덤을 수호하게 하셨다.

광개토경평안호태왕비廣開土境平安好太王碑

오녀산성五女山城
길림성 환인현桓仁縣

해발 820미터의 오녀산은 정상부 서·남·북 대부분은 수십~수백 미터 높이의 절벽으로 이루어져 천연 장벽 구실을 하고 정상은 넓은 평탄지로 되어 있다. 경사가 완만한 동쪽은 정상보다 낮은 산허리를 따라 돌로 성벽을 쌓았다.

환도산성丸都山城 터와 산성 아래 고분군古墳群
길림성 집안현集安縣

고구려 초기의 최대 고분군으로 이곳에만 1,500여 기가 있다. 고분군 뒤 능선 너머 완만한 경사면에 환도산성이 있었다.

천추묘千秋墓
길림성 집안현集安縣 통구通溝 마선구麻線溝 고분군古墳群

이 무덤에서 "천추만세영고千秋万歲永固(천 년 만 년 길이 견고하여라)"라는 글이 새겨진 벽돌이 발견돼 '천추묘'라 불린다.

환도산성 아래 고분군古墳群

칠성산 고분군 七星山古墳群 내 211호묘
길림성 집안현 集安縣 통구 通溝

국동대혈 외부

환도산성 궁성지 丸城址
국내성 뒤편에 있는 산성으로 둘레는 약 7킬로미터, 동쪽 성벽 높이는 6미터이고, 5개의 성문이 있다.

국동대혈國東大穴
고구려에서 10월에 신교의 제천祭天의식을 행한 장소로 알려진 곳이다.

환도산성 내 점장대點將臺

성산산성城山山城
요령성 장하현莊河縣 성산진城山鎭

원형이 비교적 잘 남아 있는 산성으로 규모나 시설로 보아 군사요충지였을 것으로 보인다.

太白逸史 第七

大震國本紀 (대진국본기)

- 「대진국본기」는 일명 발해로 알려진 대진大震의 건국과 흥망 과정을 상세히 기록하였다.
- 고구려 멸망 후 진국장군 대중상이 후고구려를 세우고, 이어서 아들 대조영이 제위에 올라 나라 이름을 대진이라 하고 독자적인 연호(천통天統)를 사용하였다.
- 고구려의 옛 땅을 차지하고 6천 리 영토를 개척하여 나라가 융성해지자 천하가 해동성국이라 불렀다.
- 「대진국본기」에는, 고구려 유민으로 당에 항거하여 제나라를 연 이정기의 사적도 비교적 자세히 기록되어 있다.

이 편의 주요 술어

| 大仲象 | 乞乞仲象 | 粟末靺鞨 | 忽汗城 | 大祚榮 | 後高句麗 | 渤海 | 大震 | 西鴨綠 |
| 대중상 | 걸걸중상 | 속말말갈 | 홀한성 | 대조영 | 후고구려 | 발해 | 대진 | 서압록 |

| 槀離國 | 東牟山 | 五京 | 上京龍泉府·中京顯德府·東京龍原府·西京鴨綠府·南京南海府 |
| 고리국 | 동모산 | 오경 | 상경용천부 중경현덕부 동경용원부 서경압록부 남경남해부 |

| 太學 | 天經神誥 | 桓檀古史 | 太白玄妙之道 | 海東盛國 | 九誓五戒 | 狗邪韓國 |
| 태학 | 천경신고 | 환단고사 | 태백현묘지도 | 해동성국 | 구서오계 | 구야한국 |

대진 [발해]

바이칼호天海

알타이산맥

천산天山
산맥

고비사막

위구르

타림분지

삼위산三危山

음산

곤륜산맥

티베트

티베트고원

진사강

위수
장안
서안

양자강

히말라야산맥

1. 大仲象의 後高句麗 建國

朝代記에 曰

「開化二十七年九月二十一日 平壤城이 陷落時에

振國將軍大仲象이 守西鴨綠河라가

聞變하시고 遂率衆走險하사 路經開原하시니

聞風願從者가 八千人이라.

乃同歸而東하사 至東牟山而據하시고 堅壁自保하사

稱國後高句麗시오 建元重光하시니

傳檄所到에 遠近諸城이 歸附者衆이라

惟以復舊土로 爲己任이라가 重光三十二年五月에 崩하시니

廟號曰世祖이시오 諡號曰振國烈皇帝시니라.

- 壞 땅 양
- 落 떨어질 락
- 仲 버금 중
- 綠 초록빛 록
- 聞 들을 문
- 遂 드디어 수
- 衆 무리 중
- 險 험할 험
- 經 지날 경
- 原 근원 원
- 願 원할 원
- 乃 이에 내
- 歸 돌아올 귀
- 據 웅거할 거
- 壁 울타리 벽
- 傳 전할 전
- 到 이를 도
- 近 가까울 근
- 附 의지할 부
- 復 돌아올 복
- 任 맡길 임
- 崩 천자 돌아가실 붕
- 廟 사당 묘
- 廟號: 황제나 왕이 죽은 뒤 종묘宗廟에 신위神位를 모실 때 붙이는 호號
- 諡 시호 시
- 諡號: 황제나 왕, 사대부가 죽은 뒤에 그 공덕을 찬양하여 추증하는 호號

- 陷 빠질 함
- 振 떨칠 진
- 鴨 오리 압
- 河 물 하
- 變 변고 변
- 率 거느릴 솔
- 走 달릴 주
- 路 길 로
- 開 열 개
- 風 풍문 풍
- 從 따를 종
- 同 함께 동
- 牟 보리 모
- 堅 굳을 견
- 保 보전할 보
- 檄 격문 격
- 遠 멀 원
- 諸 모든 제
- 惟 오직 유
- 舊 옛 구

桓檀

1. 대중상의 후고구려 건국

『조대기朝代記』에 이렇게 기록되어 있다.

> 개화開化* 27년(단기 3001, 668) 9월 21일, 평양성이 함락될 때 진국振國장군* 대중상大仲象이 서압록西鴨綠하를 지키다가 변이 일어났다는 소식을 들으셨다.
>
> 마침내 무리를 이끌고 험한 길을 달려 개원開原*을 지나는데, 소문을 듣고 따르기를 원하는 자가 8,000명이었다. 함께 동쪽으로 돌아가 동모산東牟山*에 이르러 웅거하고, 성벽을 굳게 쌓고 스스로 보전하여 나라 이름을 후고구려[1]라 칭하고, 연호를 중광重光이라 하셨다. 격문을 전하니 이르는 곳마다 멀고 가까운 여러 성에서 합류하는 자가 많았다.
>
> 오로지 옛 영토를 회복하는 것을 자신의 소임으로 여기다가 중광 32년(신시개천 4596, 단기 3032, 699)* 5월에 붕어하시니, 묘호廟號는 세조世祖요 시호諡號는 진국열황제振國烈皇帝이시다.

성산자산성城山子山城(길림성 돈화시敦化市 현유진賢儒鎭) _ 대중상이 처음 나라를 세운 동모산으로 추정되는 성산자산은 야산처럼 보이지만 해발 600미터이다. 동모산 위치에 대해서는 아직 정설이 없다. 종전에는 돈화시의 오동성敖東城을 대진의 최초 도읍지로 비정하였으나, 최근에 성산자산을 동모산이라 보는 견해가 늘고 있다.

✽ 개화開化: 고구려 28세 보장열제(642~688)의 연호.

✽ 진국振國장군: 대진(발해)의 시조인 대중상을 말한다. 『신당서新唐書』 「북적열전北狄列傳」에는 "걸걸중상, 곧 대중상이 진국공振國公이 되다[乞乞仲象爲振國公]"라고 하여, 대중상이 대진을 개국하였음을 밝혔다.

※ 서압록西鴨綠: 지금의 서요하를 말한다. 고대에 지금의 요하가 압록으로 불렸다는 사실은 『삼국유사』에서도 확인된다. 『삼국유사』 「순도조려順道肇麗」 조를 보면 "요수(요하)는 일명 압록인데 지금은 안민강이라 부른다[遼水一名鴨綠, 今云安民江]"라고 하였다.

✽ 개원開原: 단군조선의 세 번째 도읍지인 '장당경 아사달'이 있던 곳. 지금의 만주 요령성 창도현昌圖縣 남쪽에 있는 개원시이다.

✽ 동모산東牟山: 일명 천계산天桂山으로, 중국 사서에서는 동모산東牟山이라 하였다. 지금의 만주 길림성 돈화시敦化市 남쪽 현유현賢儒縣에 있는 성산자성山子城으로 비정比定하고 있다.

※ 중광 32년: 중광 32년, 서기 699년은 대조영이 즉위한 연도이기도 하다. 일반적으로 698년에 대조영이 대진을 건국한 것으로 알려져 왔으나, 여기서 보는 바와 같이 대진의 실질적인 건국자는 대중상이다.

2. 大祚榮의 옛 高句麗 領土 回復과 大震 建設

太子祚榮이 從計使하사 自營州薊城으로
率衆至하야 卽帝位하시고 築忽汗城하사 遷都하시고
募軍十萬하시니 威聲大振이라 乃定策立制하사
抗唐爲敵하시고 復讐自誓하실새 與靺鞨將乞四比羽와
契丹將李盡榮으로 握手聯兵하사
大破唐將李楷固於天門嶺하시고 分諸將하사
置守郡縣하시며 招撫流亡하사 周護定着하시니
大得民望하야 萬綱維新이라
國號를 定爲大震하시고 年號曰天統이오
據有高句麗舊疆하사 拓地六千里하시니라.

周邊 나라에서 朝貢을 바침

天統二十一年春에 崩于大安殿하시니
廟號曰太祖이시오 諡號曰聖武高皇帝시니라
太子武藝가 立하시니 改元曰仁安이오 西與契丹으로
定界烏珠牧하시니 東十里에 臨潢水라
是歲에 蓋馬·句茶·黑水諸國이 皆稱臣納貢하고
又遣大將張文休하사 殺刺史韋俊하시고
取登萊하사 爲城邑하시니 唐主隆基가 怒遣兵來나 討不利라.

2. 대조영의 옛 고구려 영토 회복과 대진 건설

태자 조영祚榮이 부고를 전한 사자를 따라 **영주營州** **계성薊城**에서 무리를 이끌고 와 제위에 오르셨다(신시개천 4596, 단기 3032, 699). **홀한성忽汗城**을 쌓아 도읍을 옮기시고 10만 명의 군병을 모아 그 위용과 명성을 크게 떨치셨다. 이에 정책을 정하고 제도를 세워 당唐을 적으로 삼고 항거하여 복수할 것을 맹세하셨다.

말갈 장수 걸사비우乞四比羽[2], 거란 장수 이진영李盡榮과 손을 잡고 군대를 연합하여 당나라 장수 이해고李楷固를 **천문령天門嶺**에서 대파하셨다. 여러 장수를 나누어서 군현을 두어 지키게 하시고, 떠돌아다니는 백성을 불러 어루만지고 보호하여 정착하게 하시니 백성의 신망을 크게 얻어 나라의 모든 기강이 새로워졌다. 이에 국호를 정하여 **대진大震**[3]이라 하시고 연호를 **천통天統**이라 하셨다. 고구려의 옛 땅을 차지하시고 6천 리 땅을 개척하셨다.

주변 나라에서 조공을 바침

천통 21년(신시개천 4616, 단기 3052, 719) 봄에, 대안전大安殿에서 붕어하시니, 묘호는 태조太祖요 시호는 성무고황제聖武高皇帝이시다.

태자 무예武藝가 즉위(신시개천 4616, 단기 3052, 719)하여 연호를 인안仁安으로 고치셨다. 서쪽으로 거란과 더불어 국경을 오주목烏珠牧으로 정하시니 그곳에서 동쪽 10리에 **황수湟水**가 흐른다.

이 해(단기 3065, 732)에 개마蓋馬·구다句茶·흑수黑水[4] 등 여러 나라가 모두 신하라 칭하고 조공을 바쳤다. 또 대장 장문휴張文休를 보내어 당나라 자사刺史 위준韋俊을 죽이고, 등래登萊(산동성의 등주登州와 내주萊州)를 취하여 성읍으로 삼으셨다. 이에 당나라 임금 **이융기李隆基**가 분노하여 군대를 보내 쳐들어왔으나 싸움에 이기지 못하였다.

※ **영주**營州: 지금의 요령성 조양朝陽 일대.

※ **계성**薊城: 천진시 북쪽에 있는 계현薊縣.

※ **홀한성**忽汗城: 대진의 수도인 상경용천부上京龍泉府, 지금의 흑룡강성 영안현寧安縣 동경성東京城.

※ **천문령**天門嶺: 혼하渾河와 휘발하輝發河의 분수령 부근으로 추정된다.『중국지명사전』에는 흑룡강성에 있는 장광재령張廣才嶺이라 하였다.

※ **대진**大震: 국호, 대진과 발해의 차이(690쪽 참조)

※ **천통**天統: 성무고황제(대조영)의 연호. 이 연호는 말 그대로 '환국-배달-단군조선-북부여-고구려'로 면면히 이어 내려온 한민족 국통國統의 정통을 대진이 계승한다는 강한 긍지와 자부심을 나타낸다. 또한 중국의 주장처럼 대진이 당나라의 일개 지방 정권이거나 제후국이 아니라, 당나라를 누르고 고구려의 정통 후예로서 건원칭제建元稱帝를 한 황제 국가임을 말해 주는 것이다.

※ 『신당서新唐書』「북적열전北狄列傳」에는 "영토는 사방 5천 리이며 호는 10여 만이며, 전투 병력은 수만 명에 달했다[地方五千里, 戶十餘萬, 勝兵數萬]"라고 하였고, 『구당서舊唐書』「북적열전北狄列傳」에서는 "영토는 사방 2천 리에 10여 만 호가 편입되었고, 전투 병력은 수만 명에 달했다[地方二千里, 編戶十餘萬, 勝兵數萬人]"라고 하였다.

※ **황수**湟水: 일명 황하湟河. 요락수饒樂水, 서압록西鴨綠, 안민강安民江 등 여러 가지 이름이 있다. 지금의 서요하이다.

※ **이융기**李隆基: 당나라 6세 현종玄宗의 이름. 재위 712~756년.

3. 大震과 南北國 時代

羅·唐 聯合軍의 侵略 擊退

明年에 守將淵忠麟이 與靺鞨로

大破唐奴於遼西帶山之陽하니 唐이 密與新羅約하야

急襲東南諸郡하야 至泉井郡하니 帝詔遣步騎二萬하사

擊破之시라 會에 大雪하야 羅唐軍이 凍死者가 甚多라.

於是에 追至河西泥河하야 爲界하니 今江陵北泥川이 是也라

海州岩淵縣은 東界新羅하니 岩淵은 今瓮津이 是也라

自此로 新羅가 歲時入貢하니 臨津江以北諸城이 盡歸我라

又明年에 唐이 與新羅로 聯兵來侵이라가 竟無功而退하니라.

4. 神敎 文明으로 强盛해진 大震

仁安十六年에 句茶·蓋馬·黑水諸國이 以其國으로 來降하니

取爲城邑하시고 明年에 築松漠十二城하시고

又築遼西六城하사 遂有五京六十州一郡三十八縣하시니

圓幅이 九千餘里니 可云盛矣라.

是歲에 唐倭及新羅가 並遣使入貢하니

天下稱爲海東盛國이오 至有渤海三人當一虎之語라.

時에 君民和樂하고 論史樂義하며 五穀豐登하고

四海晏然하야 有大震六德之歌하야 以美之라.

翌年三月에 安民縣에 甘露가 降하니

3. 대진과 남북국 시대

나·당 연합군의 침략 격퇴

다음 해(단기 3066, 733)에 수비 장수 연충린淵忠麟이 말갈병과 함께 요서遼西 대산帶山* 남쪽에서 당나라 군사를 대파하였다.
이에 당은 신라와 밀약을 맺고 동남방의 여러 군을 급습하여 천정군泉井郡*에 이르렀다.
임금께서 조서를 내리시고 보병과 기병 2만을 보내어 이를 격파할 때, 마침 큰 눈이 내려 신라와 당나라 군사 중에 얼어죽는 자가 아주 많았다. 이에 추격하여 하서河西의 이하泥河에 이르러 경계를 정했는데, 지금의 강릉 북쪽 이천泥川*이 그곳이다. 해주 암연현岩淵縣은 동쪽으로 신라와 경계를 접하였는데, 암연은 지금의 옹진이다. 이때부터 신라가 해마다 조공을 바치고, 임진강 이북 여러 성이 모두 우리 대진에 속하게 되었다.
또 다음 해(단기 3067, 734)에 당과 신라가 연합하여 쳐들어왔으나 마침내 아무 공도 없이 물러갔다.

4. 신교 문명으로 강성해진 대진

인안 16년(단기 3067, 734)에 구다·개마·흑수 등 여러 나라가 나라를 바쳐 항복하므로 취하여 성읍으로 삼으셨다.
이듬해(단기 3068, 735)에, 송막松漠*에 12성을 쌓고 또 요서遼西에 6성을 쌓으시어 드디어 5경京 60주州 1군郡 38현縣5)을 두셨다. 강역이 9천여 리나 되었으니 가히 강성하였다고 할 만하다.
이 해에 당과 왜, 신라가 모두 사신을 보내 조공을 바치니, 천하가 모두 **해동성국海東盛國**이라 불렀다. 심지어 '발해 사람 셋이 호랑이 한 마리를 당한다'6)는 말까지 있었다.
이때 임금과 백성이 화락하고, 역사를 논하고 의로움을 즐겼다. 오곡이 풍등하고 온 세상이 평안하여 **대진육덕의 노래**[大震六德之歌]를 지어 당시의 모습을 찬미하였다.
이듬해(단기 3069, 736) 3월, 안민현安民縣*에 감로甘露가 내렸다.

❋ **요서遼西의 대산帶山**: 요서는 지금의 하북성 난하 서쪽 지역을 말한다. 고구려 시대뿐만 아니라 대진 때까지도 요서는 지금의 요하가 아니라 난하였다. 따라서 요서의 대산은 지금의 하북성 난하 지역에 있었다. 이유립은 하북성 풍윤현豊潤縣 동쪽 80리에 요대산腰帶山이 있고 여기서 대수帶水가 흘러 나온다고 하였다. 대산帶山·대수帶水·대방帶方은 모두 같은 지역에 있던 지명이다. BCE 195년에 인근의 낙랑왕 최숭이 바다를 건너 대동강변의 마한 왕검성으로 이주하자 대방인들도 따라가 지금의 황해도에 대방국을 세웠고, 원래의 위치에는 대방군이 설치되었다. 이런 이유로 사대·식민주의 사학자들은 지금까지도 대방군이 세워진 곳이 황해도라 고집하고 있다.

❋ **천정군泉井郡**: 지금의 함경남도 덕원군이다.

▨ **이천泥川**: 조선 시대의 유명한 실학자인 다산茶山 정약용은 『아방강역고我邦疆域考』「발해고渤海考」에서 "당시 신라와 발해는 이하泥河를 국경으로 삼았다[當時新羅·渤海, 以泥河爲界]"라고 하면서 "이하는 강릉 북쪽에 있다[泥河, 在江陵之北]", "이하는 강릉 북쪽에 있는 이천 수이다[泥河者, 我江陵之北泥川水也]"라고 하였다.

❋ **송막松漠**: 지금의 하북성 위장현圍場縣과 내몽고 자치구의 경붕현經棚縣 즉 극십극등기克什克騰旗 지방. 당나라 때 이곳에 송막 도독부松漠都督府를 설치했다.

❋ **안민현**: 지금의 임황臨潢 동쪽에 있었다.

- 啓 여쭐 계
- 賀儀 : 축하하는 예식 하례賀禮
- 鴨 오리 압
- 綠 푸를 록
- 稾 짚 고
- 離 떠날 리

예관   계청하의   종지
禮官이 啓請賀儀한대 從之하시니라.

시월십육일   제삼신일체 상제 우 서 압 록 하 지 상
是月十六日에 祭三神一體上帝于西鴨綠河之上하시니

서 압 록   고 리 고 국 지 야
西鴨綠은 稾離古國地也라.

5. 四世 文皇帝의 神敎 文化 大復興

- 廟 사당 묘
- 諡 시호 시
- 欽 공경할 흠
- 改 고칠 개
- 府 고을 부
- 移 옮길 이
- 誥 가르침 고
- 天經神誥 : 천부경과 삼일신고
- 講 강론할 강
- 卷 책 권
- 玄 그윽할 현
- 眇 묘할 묘(=妙)
- 洽 흡족할 흡
- 賴 힘입을 뢰

십구년   제붕   묘호왈광종   시호왈무황제
十九年에 帝崩하시니 廟號曰光宗이시오 諡號曰武皇帝시니라.

태자흠무 입   개원왈대흥   자동경용원부
太子欽武가 立하시니 改元曰大興이오 自東京龍原府로

이도우상경용천부   명년   입태학
移都于上京龍泉府하시고 明年에 立太學하사

교이천경신고   강이환단고사   우명문사
敎以天經神誥하시며 講以桓檀古史하시고 又命文士하사

수국사일백이십오권   문치   흥예악
修國史一百二十五卷하시니 文治는 興禮樂하고

무위   복제이   태백현묘지도   흡어백성
武威는 服諸夷하야 太白玄眇之道가 洽於百姓하고

홍익인간지화   뇌급만방
弘益人間之化가 賴及萬方이러라.

상경용천부上京龍泉府 내성 건물터
정전政殿을 비롯한 수많은 건물터가 발굴되었으나 현대식으로 만든 석재로 대충 복원해 놓아 홀대하는 모습을 볼 수 있다. 침전터에서는 우리 고유의 구들이 발굴되어 고구려를 계승했다는 것을 분명히 알 수 있다.

大震國本紀

예관禮官이 경축하는 예식을 거행할 것을 청원하므로 그 말을 따르셨다.
이 달 16일*에, 서압록하 상류에서 삼신일체三神一體 상제님께 천제를 올리셨다.[7] 서압록(지금의 서요하)은 옛 고리국의 땅이다.

5. 4세 문황제의 신교 문화 대부흥

인안 19년(신시개천 4634, 단기 3070, 737)에 임금께서 붕어하셨다. 묘호는 광종光宗이고 시호는 무황제武皇帝이시다.
태자 흠무欽武가 즉위(신시개천 4634, 단기 3067, 737)하였다. 연호를 대흥大興이라 고치고, 도읍을 동경용원부東京龍原府에서 상경용천부上京龍泉府로 옮기셨다. 이듬해(738)에 태학太學을 세워 『천부경』과 『삼일신고』를 가르치고, 환단의 옛 역사[桓檀古史]를 강론하시고, 또 학자들에게 『국사國史』 125권을 편찬하도록 명하셨다. 문치文治는 예악을 일으키고, 무위武威는 여러 주변 족속을 복종시켰다. 이에 동방 대광명의 현묘한 도道[8]가 백성들에게 흠뻑 젖어들고, 홍익인간의 교화가 만방에 미쳤다.

❋ 음력 3월 16일: 한맞이 또는 대영절大迎節. '삼신일체 상제님을 크게 맞이하는 날'이다. 대진 시대까지도 신교의 삼신 신앙과 한민족 전래의 제천祭天 풍속을 계승하여 유지·발전시켜 왔음을 역력히 알 수 있다.

▩ 칭제건원을 한 황제국 대진: 대흥은 대진국 4세 문황제 대흠무의 연호. 『태백일사』의 이러한 기록은 최근 고고학적 발굴 성과에 의해서도 그대로 입증된다. 1949년 길림성 돈화현 근교 육정산六頂山 고분에서 문황제의 둘째 딸인 정혜공주의 묘비가 출토되었다. 묘비문은 모두 25행인데 본문은 19행이다. 비문 제2행에는 "大興寶曆孝感, 金輪聖法大王之第二女也"라고 기록되어 있다. 이 구절에서 대흥大興은 문황제의 연호이다. 비문의 기록은 중국 측 주장처럼 '발해가 당나라에 예속된 일개 지방 정권'이거나 제후국이 아니라, '당나라와 대립하여 건원칭제한 황제 국가'임을 명백히 입증해 준다. 대진 황제의 명령을 교敎가 아니라 조詔라 한 것이나, 길림성 화룡 용두산에서

▲ 보호각 안의 팔각 우물

◀ 상경용천부上京龍泉府 팔보유리정八寶琉璃井_대진국 당시 사용하던 우물로 1963년 고고학자들이 발굴을 마친 다음 우물의 입구 부분을 고치고 정자를 지었다고 한다.

唐에 抗拒한 李正己의 活躍

大興四十五年에 淄靑節度使李正己가
擧兵하야 拒唐軍하니 帝遣將助戰하시니라.
李正己는 高句麗人也니 生於平盧라
二十二年에 師衆이 逐軍帥李希逸하고 立正己러니
卒에 子納이 統父衆하고 五十六年에 納이 卒하니
子師古가 代其位하고 及卒에 其家人이 不發喪하고
潛使迎師道於密而奉之라.

大震 歷代 聖皇의 世系

大興五十七年에 帝崩하시니
廟號曰世宗이시오 諡號曰光聖文皇帝시니라
國人이 立其族弟元義러니 性暴惡하야 不能理國이라

- 淄 검은빛 치
- 靑 푸를 청
- 淄靑: 중국 산동성 일대
- 節 마디 절
- 度 법도 도
- 使 벼슬 이름 사
- 拒 막을 거
- 助 도울 조
- 盧 밥그릇 로
- 逐 내쫓을 축
- 帥 장수 수
- 希 바랄 희
- 逸 달아날 일
- 卒 마칠 졸
- 納 들일 납
- 統 거느릴 통
- 衆 무리 중
- 喪 초상 상
- 潛 몰래 잠(潜의 속자)
- 迎 맞이할 영
- 密 빽빽할 밀

- 暴 사나울 포
- 廢 폐할 폐
- 孫 손자 손
- 華 빛날 화
- 興 흥할 흥

궁성 입구 누대(樓臺)의 주춧돌 _너른 누대 터의 주춧돌은 당나라 장안성보다 컸던 대진국 황성의 위용을 흔적으로나마 보여주고 있다.

당에 항거한 이정기의 활약

대흥 45년(단기 3114, 781)에, 치청淄靑*절도사 이정기李正己⁹⁾가 군사를 일으켜 당나라 군대에 항거하니, 임금께서 장수를 보내어 싸움을 돕게 하셨다.

이정기는 고구려인으로 평로平盧*에서 태어났다.

대흥 22년(단기 3091, 758)*에 병사들이 군의 통수자 이희일李希逸을 쫓아내고 정기를 세웠다. 이정기가 죽자(단기 3114, 781) 아들 납納이 아버지를 따르던 무리를 거느렸다(단기 3114, 781).

대흥 56년(단기 3125, 792)에 납이 죽자 아들 사고師古가 그 자리를 계승하였다(단기 3125, 792). 사고가 죽자(단기 3139, 806) 그 집 사람들이 발상發喪을 하지 않고 몰래 사람을 보내 밀密* 땅에서 (이복동생) 사도師道를 맞아들여 받들었다(단기 3139, 806).

대진 역대 성황의 세계

대흥 57년(단기 3126, 793)에 임금께서 붕어하시니 묘호는 세종世宗이요 시호는 광성문황제光聖文皇帝이시다. 나라 사람들이 그 친족 아우 원의元義를 옹립하였으나, 원의는 성품이 포악하여 나라를 다스릴 수 없었다.

발견된 문황제의 넷째 딸 정효공주貞孝公主의 묘지에 나오는 '황상皇上'이라는 표기 또한 이러한 사실을 뒷받침한다. "황상께서는 조회를 파하고 크게 슬퍼하셨다[皇上罷朝興慟]."(「정효공주묘지병서貞孝公主墓誌幷序」)

✽ 치청淄靑: 당나라 때의 번진藩鎭 이름. 지금의 산동반도 북부 지역이다.

✽ 평로平盧: 당대唐代의 번진 이름. 현종 때 범양范陽 절도사가 있던 땅에 평로절도사를 두었는데, 하북성 동부의 땅을 영유했다.

✽ 758년: 이정기가 왕현지의 아들을 죽이고 이희일을 평로절도사에 추대한 해이다. 군사들이 이희일을 축출하고 이정기를 세운 해는 765년이다.

✽ 밀密: 산동성 밀주密州. 지금의 제성시諸城市이다.

제1 궁지 전각터에서 바라본 궁성 입구 누대樓臺_ 지금은 밭이 되어 버린 넓은 궁궐 터를 보면 해동성국이라 불린 대진의 황궁을 상상할 수 있다.

甲戌에 國人이 廢之하고 迎立先帝之孫華興하니

改元曰中興이오 明年에 崩하시니 廟號曰仁宗이시오

諡號曰成皇帝시니라.

皇叔崇璘이 立하시니 是爲穆宗康皇帝시니라.

歷毅宗定皇帝元瑜와 康宗僖皇帝言義와

哲宗簡皇帝明忠하야 至聖宗宣皇帝仁秀하니

天資英明하시고 德氣如神하시며 才兼文武하사

乃有太祖之風이시라.

6. 大震의 統治 領域과 神敎의 生活化

南定新羅하사 置泥勿·鐵圓·沙弗·岩淵等七州하시고

北畧鹽海·羅珊·曷思·藻那·錫赫과 及南北虞婁하사

置諸部하시니 長白之東曰安邊이오

鴨江之南曰安遠이오 牧丹之東曰鐵利오

黑水之上曰懷遠이오 灤河之東曰長嶺이오

長嶺之東曰東平이오 虞婁는 在北大蓋馬之南北하니

地廣이 九千里라 境宇大開하야 文治熙洽하니

上自國都로 下至州縣히 皆有學하야

九誓五戒를 朝夕誦習하며 春秋考績하야 衆議薦貢하니

人旣畜力하고 家盡待用이라.

自是로 國勢富强하고 內外安悅하야 自無盜竊姦謀之端이오

갑술(단기 3127, 794)년에 나라 사람들이 원의를 폐하고 선제先帝의 손자 화흥華興을 맞이하여 옹립하였다. 연호를 고쳐 중흥中興이라 하였다. 이듬해(단기 3128, 795)에 붕어하시니 묘호는 인종仁宗이요 시호는 성황제成皇帝이시다. 임금의 숙부인 숭린崇璘이 즉위하니, 이 분이 목종 강황제穆宗康皇帝(7세)이시다.

의종 정황제毅宗定皇帝 원유元瑜(8세), 강종 희황제康宗僖皇帝 언의言義(9세), 철종 간황제哲宗簡皇帝 명충明忠(10세)을 지나 성종 선황제聖宗宣皇帝 인수仁秀(11세)에 이르렀다.

이분은 타고난 천품이 영명하시고, 덕성과 기질이 신령스럽고, 재주는 문무를 겸비하시어 태조의 풍모가 있었다.

6. 대진의 통치 영역과 신교의 생활화

선황제께서 남쪽으로 신라를 평정하여 이물泥勿*, 철원鐵圓, 사불沙弗*, 암연岩淵* 등 일곱 주州를 설치하고, 북쪽으로 염해鹽海*, 나산羅珊*, 갈사曷思*, 조나藻那*, 석혁錫赫*과 남·북 우루虞婁*를 공략하여 여러 부部를 설치하셨다.

장백(백두산) 동쪽을 안변安邊이라 하고, 압록강 남쪽을 안원安遠이라 하였다. 목단 동쪽을 철리鐵利라 하고, 흑수(흑룡강) 위를 회원懷遠이라 하고, 난하 동쪽을 장령長嶺, 장령 동쪽을 동평東平이라 하였다. 우루虞婁는 북대개마* 남북에 자리잡고 있었다.

땅 넓이는 9천 리로 영토가 크게 개척되고 문치文治를 잘 베풀어서, 위로 수도에서 아래로 주현에 이르기까지 모두 학교가 있고 구서오계九誓五戒*를 아침저녁으로 외워 익혔다. 봄가을로 관리의 공적을 조사하고 여러 사람이 의논하여 어진 인재를 천거하였다. 사람들은 일찍부터 힘을 차차 쌓아 기르면서 집에서 인재로 쓰이기를 기다렸다.

이로부터 나라가 부강해지고 안팎이 편안하고 기쁨이 넘쳐 도둑질하거나 간사하게 모의하는 폐단이 저절로 사라졌다. 당과 왜, 신라, 거란이 모두 두려워하여 복종하지 않을 수 없었다. 천하 만방에서

❋ **이물**泥勿: 경기도 이천利川.

❋ **사불**沙弗: 고구려 때는 내을매현이라 했는데, 경기도 양주楊州이다.

❋ **암연**岩淵: 황해도 옹진甕津.

❋ **염해**鹽海: 이유립은 지금의 블라디보스톡 지역이라고 하였다.

❋ **나산**羅珊: 이유립은 북부 시베리아 지역에 있다고 하였다.

❋ **갈사**曷思: 남·북 갈사가 있다. 여기서는 북갈사로 지금의 우수리 강변이다.

❋ **조나**藻那: 지금의 연해주 아극산雅克山이다.

❋ **석혁**錫赫: 이유립은 동부 시베리아 산악 지역에 있다고 하였다.

❋ **남·북 우루**虞婁: 외흥안령外興安嶺 남북에 있었다.

❋ **북대개마**: 지금의 대흥안령 산맥.

❋ **구서오계**九誓五戒: 조의선인皂衣仙人의 종교 사상을 사회화·대중화하는 교육 강령으로서 당시에 문화사상계의 행동 표준이었다(이유립, 『대배달민족사』「인仁」, 372쪽).

부여의 구서九誓는 '효孝·우友·신信·충忠·손遜·지知·용勇·염廉·의義'이고, 고구려의 다물오계多勿五戒는 '충忠·효孝·신信·용勇·인仁'이다. 박은식은 『한국통사韓國痛史』에서 '삼국통속오계三國通俗五戒'라 하였다.

- 唐 당나라 당
- 倭 왜국 왜
- 莫 없을 막
- 畏 두려워할 외
- 服 복종할 복
- 欽 공경할 흠
- 頌 칭송할 송
- 更 지날 경
- 耶 아버지야
- 律 법 률
- 雖 비록 수
- 頻 자주 빈
- 數 자주 삭
- 加 더할 가
- 兵 군사 병
- 終 마칠 종
- 莊 엄숙할 장
- 彛 떳떳할 이
- 震 벼락 진
- 虔 정성스러울 건
- 晃 밝을 황
- 景 밝을 경
- 玄 검을 현
- 錫 주석 석
- 哀 슬플 애
- 諲 공경할 인
- 譔 가르칠 선
- 滅 멸망할 멸

당 왜 신 라 급 거 란 막 불 외 복
唐倭新羅와 及契丹이 莫不畏服하야

천 하 만 방 개 이 성 인 흥 치 지 해 동 성 국 흠 송 지
天下萬邦이 皆以聖人興治之海東盛國으로 欽頌之라.

경 오 대 야 율 수 빈 삭 가 병 종 불 능 복 야
更五代하야 耶律이 雖頻數加兵이나 終不能服也라

후 경 장 종 화 황 제 이 진 순 종 안 황 제 건 황
後에 經莊宗和皇帝彛震과 順宗安皇帝虔晃과

명 종 경 황 제 현 석 지 애 제 인 선 위 거 란 소 멸
明宗景皇帝玄錫하고 至哀帝諲譔하야 爲契丹所滅하니

자 세 조 전 십 오 세 공 이 백 오 십 구 년
自世祖로 傳十五世하야 共二百五十九年이러라」하니라.

7. 歷代 皇帝의 年號와 主要 地名

- 穆 화목할 목
- 改 고칠 개
- 曆 책력 력
- 毅 굳셀 의
- 康 편안할 강
- 雀 참새 작
- 哲 밝을 철
- 莊 장중할 장
- 咸 다 함
- 順 순할 순
- 定 정할 정
- 淸 맑을 청
- 泰 클 태

목 종 개 원 왈 정 력 의 종 개 원 왈 영 덕
穆宗이 改元曰正曆이오 毅宗이 改元曰永德이오

강 종 개 원 왈 주 작 철 종 개 원 왈 태 시
康宗이 改元曰朱雀이오 哲宗이 改元曰太始오

성 종 개 원 왈 건 흥 장 종 개 원 왈 함 화
聖宗이 改元曰建興이오 莊宗이 改元曰咸和오

순 종 개 원 왈 대 정 명 종 개 원 왈 천 복
順宗이 改元曰大定이오 明宗이 改元曰天福이오

애 제 개 원 왈 청 태
哀帝가 改元曰淸泰라.

석등 石燈_대진국을 상징하는 대표적인 유물로, 청나라 때 세워진 흑룡강성 영안현 동경성에 있는 흥륭사興隆寺 경내에 있다. 이 석등은 상경성 제1 절터에서 나왔는데 높이가 약 6.3미터이다. 8각으로 된 하대석과 상대석에 새겨진 연꽃 무늬는 강하고 힘찬 고구려 미술을 계승하였다.

大震國本紀

모두 성인이 다스리는 해동성국이라 칭송하였다.

5대(당나라가 망한 후 일어났지만 단명으로 끝난 후량, 후당, 후진, 후한, 후주 등 다섯 나라)의 흥망 시기(단기 3240, 907~단기 3293, 960)에 야율耶律*이 비록 여러 번 싸움을 걸어 왔으나 끝내 굴복시키지 못했다. 뒤에 장종 화황제莊宗和皇帝 이진彝震(12세), 순종 안황제順宗安皇帝 건황虔晃(13세), 명종 경황제明宗景皇帝 현석玄錫(14세)을 지나 애제哀帝 인선諲譔(15세)에 이르러 거란에게 멸망당하였다(신시개천 4823, 단기 3259, 926). 세조世祖로부터 15세를 전하여 259년을 누렸다.✱

✱ 야율아보기耶律阿保機(872~926): 요遼나라의 건국자. 중국 동북부에서 활약하다가 당나라가 쇠약해진 틈을 타 거란契丹의 여러 부족을 규합하여 916년에 황제라 칭하고 임황臨潢(요하 상류)에 도읍하여 국호를 대요大遼라 하였다. 주위 여러 지역을 석권하고 마침내 대진을 멸망시켰으나(926) 개선하는 도중에 병들어 죽었다.

✱ 종래에는 대진의 황통皇統을 태조 대조영으로부터 애제哀帝까지 14세 228년으로 알고 있었다. 그러나 『태백일사』에서는 대조영의 아버지 대중상을 초대 황제로 잡음으로써 15세 259년간이라 밝혔다.

7. 역대 황제의 연호와 주요 지명

목종穆宗은 연호를 고쳐 정력正曆이라 하고, 의종毅宗은 연호를 영덕永德, 강종康宗은 주작朱雀, 철종哲宗은 태시太始, 성종聖宗은 건흥建興, 장종莊宗은 함화咸和, 순종順宗은 대정大定, 명종明宗은 천복天福, 애제哀帝는 청태淸泰라 하였다.

강동 24괴석 유지江東二十四塊石遺址_ 대진국 시대 건물의 기초석으로 길림성 돈화시에 있다. 남북으로 3열 8개씩 늘어서 있는데 어떤 건물의 기초석이었는지 아직 알 수 없다. 고구려의 경당과 같은 특수 교육시설일 것이라는 주장도 있다. 이런 24개 기초석은 현재까지 15곳에서 발견되었다.

大震國南京南海府는 本南沃沮古國이니

今海城縣이 是也오

西京鴨綠府는 本槀離古國이니 今臨潢이오 今西遼河가

卽古之西鴨綠河也라. 故로 舊志에 安民縣은 在東하고

而其西는 臨潢縣이니 臨潢은 後에 爲遼上京臨潢府也오

乃古之西安平이 是也라.

8. 依慮國 임금이 日本으로 건너가 王이 됨

正州는 依慮國所都니

爲鮮卑慕容廆所敗하야 憂迫欲自裁라가

忽念我魂尙未泯하니 則何徃不成乎아.

密囑于子扶羅하고 踰白狼山하야 夜渡海口하니

從者가 數千이라 遂渡하야 定倭人爲王하니

自以爲應三神符命이라 하고 使群臣獻賀儀하니라.

或云依慮王이 爲鮮卑所敗하야 逃入海而不還하니

子弟가 走保北沃沮라가 明年에 子依羅가 立하니라.

自後로 慕容廆가 又復侵掠國人하니

依羅가 率衆數千하고 越海하야 遂定倭人爲王이라 하니라.

대진국의 남경남해부[10]는 본래 옛 남옥저 땅인데, 지금의 해성현이다.

서경압록부는 본래 옛 고리국槀離國 땅이고, 지금의 임황臨潢이다.[11] 지금의 서요하는 곧 옛날의 서압록하이다.

그러므로 옛 기록[舊志]에서 말한 안민현은 동쪽에 있고 그 서쪽은 임황현인데, 임황은 뒤에 요나라의 상경임황부가 되었다. 바로 옛날의 서안평이다.

8. 의려국 임금이 일본으로 건너가 왕이 됨*

정주正州*는 **의려국依慮國**[12]이 도읍한 땅이다. 의려국 왕이 선비鮮卑 모용외慕容廆[13]에게 패한 뒤 핍박당할 것을 근심하여 스스로 목숨을 끊으려 하였다. 이때 문득, '나의 영혼이 아직 죽지 않았는데 어디에 간들 이루지 못하리오?'라는 생각이 들어, 은밀히 아들 부라扶羅(依羅)에게 왕위를 넘기고, 백랑산白狼山※을 넘어 밤에 해구海口*를 건너니, 따르는 자가 수천 명이었다.

마침내 바다를 건너 왜인을 평정하고 왕이 되었다.[14] 스스로 **삼신三神의 부명符命**에 응한 것이라 하고, 여러 신하로 하여금 하례 의식을 올리게 하였다.

어떤 이는 이렇게 말한다.

"의려왕은 선비족에게 패하자 도망하여 바다로 들어가 돌아오지 않았다. 자제들이 북옥저*로 달아나 몸을 보전하다가 이듬해에 아들 의라依羅가 즉위하였다. 이 뒤 모용외가 또다시 침략하여 아국 사람들을 약탈하였다. 의라가 무리 수천을 거느리고 바다를 건너 마침내 왜인을 평정하고 왕이 되었다."

* 오진應神 왕에 대한 두 가지 설: ①백제 출신설 ②서부여(의려국依慮國)의 의려依慮 혹은 의라依羅 설說.

※ 정주正州: 대진국 오경五京의 하나인 서경압록부西京鴨綠府에 속한 압록 사주四州 중의 하나. 『요사』「지리지」와『발해국지』「지리지」에 따르면, 압록 사주는 신주神州·환주桓州·풍주豐州·정주正州이다. 『요사』「지리지」에서는 "녹주 … 발해에서는 서경압록부라고 불렀다. … 신주, 환주, 풍주, 정주 등 네 주의 일을 감독한다[淥州, … 渤海號西京鴨淥府, … 都督神·桓·豐·正四州事]"라고 하였다. 정주는 일명 비류군沸流郡이라 하는데, 백랑산白狼山(요령성 대릉하 상류) 서쪽에 있다.

※ 백랑산白狼山: 대릉하 상류 부근인 요령성 객좌현喀左縣에 있는 백록산白鹿山이다.

* 해구海口: 대릉하 하구를 말한다.

* 북옥저北沃沮: 고대에 네 곳의 옥저가 있었다. 동옥저는 지금의 함경도 지방에, 남옥저는 요동반도에 있었다. 북옥저는 서간도 지역 즉 장춘 주위에 있었고, 서옥저는 만리장성 부근(요령성 백록산白鹿山에서 연산燕山 부근까지)으로 바로 망명 부여가 자리잡았던 곳이다.

9. 當時 韓國과 日本과의 關係

- 伊 저이 ・勢 기세 세
- 隣 이웃 린
- 筑 악기이름 축
- 紫 자줏빛 자 ・向 향할 향
- 屬 무리 속
- 忽 작은 수의 단위 홀
- 阿 언덕 아
- 蘇 다시 살아날 소
- 任 맡길 임 ・那 어찌 나
- 早 일찍 조 ・已 어조사 이
- 定 정할 정 ・親 친할 친
- 末 끝 말 ・盧 밥그릇 로
- 隅 구석 우 ・始 처음 시
- 沃 물댈 옥 ・沮 막을 저
- 聚 모일 취

日本에 舊有伊國하니 亦曰伊勢라 與倭同隣이오

伊都國은 在筑紫하니 亦卽日向國也라.

自是以東은 屬於倭하고 其南東은 屬於安羅하니

安羅는 本忽本人也라.

北有阿蘇山하고 安羅는 後에 入任那하니 與高句麗로

早已定親이오 末盧國之南曰大隅國이니 有始羅郡이오

本南沃沮人所聚라.

삼령둔三靈屯(三陵墳) 고분 영안시寧安市 발해진渤海鎭 삼성촌三星村에 있다. 삼령둔 고분군은 돌칸 흙무덤 중 큰 규모에 속하는데 무덤의 구조로 보아 왕릉급 무덤으로 추정된다. 1994년에 고고학자들이 3~4미터 깊이에 있는 큰 무덤을 새로 발굴해 낸 후 다시 묻어버렸다고 한다. 묘실 입구가 파헤쳐지고 일부는 무너져 내려 안으로 드나들 수 있을 정도로 관리가 안 되고 있다.

9. 당시 한국과 일본과의 관계

일본에는 옛적에 이국伊國*이 있었는데, 이세伊勢라고도 불렸고, 왜와 이웃하였다. 이도국伊都國은 축자筑紫*에 있었는데, 바로 일향국日向國이다.

여기서부터 동쪽은 왜倭(응신조 왜를 말함)에 속하고, 그 남동쪽은 안라安羅[15]에 속하였다. 안라는 본래 홀본忽本 사람*이다. 북쪽에 아소산이 있다. 안라는 뒤에 임나에 들어가서 일찍이 고구려와 친교를 맺었다.

말로국末盧國*의 남쪽을 대우국大隅國이라 했는데 거기에 시라군始羅郡이 있었다. 본래 남옥저 사람이 모여 살던 곳이다.

* **이국**伊國: 지금의 일본 나라奈良현 동쪽 미에三重현 지방에 있던 나라.
* **축자**筑紫: 지금의 서북 큐슈의 후쿠오카福岡.
* **왜**倭: 여기서는 3세기 말엽에 망명 부여의 왕 의라가 일본을 정복하여 세운 일본 최초의 통일 왕조인 야마토 왜를 말한다. 지금의 북큐슈 일부와 관동·동북 지방을 제외한 혼슈本州의 서반부를 차지하였다.
* **홀본**忽本: 곧 졸본卒本이다. 광개토열제비문에 홀본忽本으로 쓰여 있다.
* **말로국**: 지금의 큐슈 나가사키현長崎縣 마츠우라松浦이다.

정혜공주貞惠公主(737-777) **묘**_3세 문황제의 둘째 딸 정혜공주의 묘로 길림성 돈화현에 있다. 대형의 돌방봉토무덤[石室封土墳]으로 널방[玄室]과 널길[羨道] 및 묘도墓道로 구성되었으며, 모줄임[抹角藻井] 천장이다. 묘비에는 보력寶曆 4년(777)에 사망하였고 당시 나이는 40세이며 보력 7년(780)에 2세 무황제武皇帝의 능인 진릉珍陵 서쪽에 매장하였다고 기록되어 있다.

10. 韓·中·日 三國의 交易과 交流

倭를 統治한 宗主, 韓國

屠南蠻·忱彌·晥夏·比自烑之屬이 皆貢焉하니

南蠻은 九黎遺種이니 自山越來者也오

比自烑은 弁辰比斯伐人之聚落也오

晥夏는 高句麗屬奴也라.

時에 倭人이 分據山島하야 各有百有餘國이라

其中에 狗邪韓國이 最大하니 本狗邪本國人所治也라

海商船舶이 皆會於種島而交易하니

吳魏蠻越之屬이 皆通焉이라.

始渡一海千餘里하면 至對馬國하니 方可四百餘里오

又渡一海千餘里하면 至一歧國하니

方可三百里니 本斯爾歧國也오 子多諸島가 皆貢焉이라

又渡一海千餘里하면 至末盧國하니 本挹婁人所聚也라.

東南陸行五百里하면 至伊都國하니 乃盤余彦古邑也라.

11. 大震의 正統 脈과 亡國 以後 回復 運動

桓國—倍達—古朝鮮—北夫餘—高句麗—

大震(後高句麗)으로 正統 繼承

新唐書에「渤海는 本粟末靺鞨의 附高麗者니 姓은 大氏오

乞乞仲象者가 與靺鞨酋長乞四比羽와

10. 한·중·일 삼국의 교역과 교류

왜를 통치한 종주, 한국

남만南蠻·침미忱彌·환하晥夏·비자발比自炑* 족속들이 모두 조공을 바쳤다.

남만은 구려九黎의 후예로 산월山越에서 온 자들이고, 비자발은 변진弁辰·비사벌比斯伐 사람들이 모여 살던 읍락이고, 환하晥夏는 고구려에 예속된 자[屬奴]들이다.

이때 왜인은 산과 섬에 흩어져 살았는데 나라가 100여 개 있었다. 그 가운데 **구야한국**狗邪韓國이 가장 컸는데, 본래 구야狗邪의 본국 사람이 다스리던 곳이다. 바다에서 장사하는 배는 모두 종도種島(다네시마)*에 모여 교역하였는데, 오吳, 위魏, 만蠻, 월越의 무리들이 모두 통상하였다.

처음에 바다 건너 천여 리를 가면 대마국對馬國*에 이르는데, 사방이 4백여 리쯤 된다. 또 바다 건너 천여 리를 가면 일기국一歧國*에 닿는데, 사방이 3백 리쯤 되고 본래 사이기국斯爾歧國이다. 자다子多의 여러 섬이 모두 조공을 바쳤다.

또 바다를 건너 천여 리를 더 가면 말로국末盧國에 이르는데, 본래 읍루인挹婁人*이 모여 살던 곳이다. 동남쪽으로 육지로 5백 리를 가면 이도국伊都國*에 이르는데, 곧 반여언盤余彦*의 옛 고을이다.

11. 대진의 정통 맥과 망국 이후 회복 운동

**환국—배달—고조선—북부여—고구려—
대진(후고구려) 으로 정통 계승**

『신당서新唐書』*에 이렇게 기록되어 있다.

발해는 본래 속말말갈粟末靺鞨[16]로 고구려에 붙어 있던 나라인데, 건국자의 성은 대씨大氏이다. 걸걸중상乞乞仲象이란 인물이 말갈 추장

大震國本紀

* **남만**南蠻·**침미**忱彌·**환하**晥夏·**비자발**比自炑: 남만은 지금의 도성都城, 침미는 내천內川, 환하는 큐슈 중부, 비자발은 창녕으로 추정한다.

* **종도**種島: 큐슈 가고시마현鹿兒島縣 오오스미제도大隅諸島에 있는 섬으로, 지금의 타네가시마種子島를 말한다.

* **대마국**對馬國: 지금의 대마도.

* **일기국**一歧國: 일명 일대국一大國인데 지금의 일기도一歧島이다. 본래 사이기국斯爾歧國이라 하였는데, 광개토열제가 세운 임나국任那國 연방의 하나이다.

* **읍루**挹婁: 고구려의 속지屬地. 지금의 연해주 지역.

* **이도국**伊都國: 『후한서』에서 이토而土(본래 면토面土로 되어 있으나 이토而土가 맞음)라 하였다. 나라奈良 시대부터 에도江戶 시대에 이르기까지 이토怡土라 불렀다. 지금의 큐슈 후쿠오카福岡현의 계도군系島郡이다 (이유립, 『대배달민족사』, 「천天」, 601쪽).

* **반여언**盤余彦: 일본 왕가의 뿌리인 1세 진무神武 왕의 이름.

* 『**신당서**新唐書』: 중국 당나라의 정사서正史書. 송나라 때, 1044~1060년까지 17년에 걸쳐 구양수歐陽修·송기宋祈 등이 편찬하였다. 인용한 구절은 『신당서』 권219 「발해전渤海傳」에 있는 내용이다.

遼 강이름 요	阻 험할 조
奧 속 오	殘 해칠 잔
瘝 상처 이	遁 달아날 둔
幷 아우를 병	恃 믿을 시
荒 거칠 황	遠 멀 원
盡 다할 진	得 얻을 득
史氏: 논평하는 이	
亾 망할 망	險 험할 험

及高麗餘衆으로 東走渡遼水하야 保太白山東北하고

阻奧婁河러니 仲象이 死하고 子祚榮이 引殘瘝하야 遁去라가

即幷比羽之衆하고 恃荒遠하야 乃建國하니 自號震國王이오

盡得夫餘·沃沮·弁韓·海北諸國이라」하니라.

邠 땅이름 빈	資 재물 자
剪 자를 전	棘 가시나무 극
基 터 기	幅 너비 폭
類 무리 류	句 마디 구
賤 천할 천	越 월나라 월
蓋 덮을 개	
幅幀: 넓이. 幅은 면적, 幀은 둘레	
幀 둥글 원(=員)	
建 세울 건	改 고칠 개
爵 벼슬 작	抗 올릴 항
抗手: 손을 올림	
殆 거의 태	逾 넘을 유
盛 성할 성	

史氏曰乞乞仲象이 以敗亾之餘로 走險自保하니

同太王之去邠이오 高王祚榮이 以創業之資로

剪棘開基하시니 類句賤之興越이라

蓋幅幀이 旣建에 乃以文德修之하사 改制度하시며

建官爵하시며 列郡縣하시고 抗手大國하사

方域이 至五千里오 國祚가 至三百年하니

當時四方이 殆無逾之者니 亦云盛矣로다.

大延琳 將軍의 興遼國 建設

顯 나타날 현	延 끌 연
琳 아름다운 옥 림	
囚 가둘 수	留 머무를 류
駙 부마 부(임금의 사위)	
蕭 쑥 소	戶 집 호
部 분야 부	使 부릴 사
紹 알선할 소	勳 공 훈
興 일어날 흥	
遼 나라 이름 요	
慶 경사 경	遣 보낼 견
兼 겸할 겸	求 구할 구
援 도울 원	
保 보전할 보	酷 흑독할 혹
虐 포학할 학	
睿 슬기로울 예	
朔 초하루 삭	
裨 도울 비	將 장수 장
数 셈 수	乘 탈 승
酒 술 주	恃 믿을 시
勇 날랠 용	持 가질 지
踰 넘을 유	墻 담 장
垣 담 원	府 고을 부
衛 호위할 위	登 오를 등
廳 대청 청	問 물을 문

高麗顯宗元文大王二十年에

契丹東京將軍大延琳은 太祖高皇帝七世孫也라.

囚留守駙馬蕭孝元과 南陽公主하고

殺戶部使韓紹勳等하야 即位하니 曰興遼오 改元天慶이라

遣高吉德하야 來告建國하고 兼求援하니라.

高永昌 將軍의 遼東 五十餘州 掌握

遼東留守蕭保先이 爲政酷虐이러니

高麗睿宗文孝大王十一年正月朔에

東京裨將渤海人高永昌이 與數十人으로 乘酒恃勇하고

持刀踰墻垣하야 入府衛登廳하야 問留守所在하고

걸사비우와 고구려 유민과 함께 동쪽으로 달아나 요수[17]를 건너 태백산 동북을 확보하고 오루하奧婁河*를 의지하였다.

중상이 죽자 아들 조영이 남은 무리를 이끌고 도망하다가 곧 비우의 무리를 합하고 땅이 거칠고 멀리 떨어진 것을 믿고 건국하여 스스로 진국왕震國王이라 하였다. 부여·옥저·변한·해북의 여러 나라*를 모두 얻었다.

사씨史氏는 말한다. 걸걸중상이 패망한 후 남은 무리를 모아 험한 곳으로 피신하여 스스로 보전한 것은 옛날에 태왕太王*이 빈邠*을 떠난 것과 같다. 고왕高王 조영祚榮이 창업의 자질이 있어 온갖 어려움을 극복하고 나라의 기틀을 닦으신 것은, 구천句踐이 월越나라를 일으킨 것과 같다. 영토가 확보되자 문덕으로써 이를 닦고 제도를 고치고 관작을 정비하시고, 군현을 두어 큰 나라에 대항하셨다. 나라의 영역이 5천 리에 이르고 역사가 300년에 이르러 당시에 사방에 대진을 능가할 나라가 없었으니 역시 강성하였다고 이를 만하다.

* 오루하奧婁河: 지금의 목단강牧丹江.
* 부여는 송화강 유역이고, 옥저는 4옥저가 있다. 변한은 단군조선의 삼한관경 중 하나인 번한을 말하는데, 곧 지금의 요하 서쪽과 하북성 일대이다. 해북 제국은 대진 북쪽의 여러 나라를 말한다.
* 태왕太王: 주周나라 문왕文王의 조부祖父인 고공단보古公亶父를 말한다.
* 빈邠: 주나라의 선조 공류公劉가 이주한 땅인데 태왕이 기岐로 이주할 때까지 중심지였다. 지금의 섬서성 빈현彬縣 순읍현旬邑縣 일대.

대연림 장군의 흥료국 건설

고려 현종顯宗 원문대왕元文大王 20년(단기 3362, 1029)에, 거란[18]의 동경장군 대연림大延琳*은 태조 고황제(대조영)의 7세 손으로, 부마駙馬인 유수留守 소효원蕭孝元과 남양南陽공주를 가두고, 호부사戶部使 한소훈韓紹勳 등을 죽이고 즉위하였다. 국호를 흥료興遼라 하고, 연호를 천경天慶이라 하였다. 고길덕高吉德을 고려에 파견하여 나라 세운 일을 알리고 아울러 도움을 청하였다.

* 대연림大延琳: 대조영의 7세 후손. 요나라에서 벼슬하여 동경東京 사리군 상온舍利軍祥穩이 되었다. 1029년(요나라 성종 9)에 동경에서 부흥 운동을 일으켜 흥료국興遼國을 세우고 연호를 천경天慶이라 하였다. 고려와도 긴밀히 연락을 취하며 요나라에 항거하였으나, 이듬해에 요군에게 망하였다.

고영창 장군의 요동 50여 주 장악

요동유수遼東留守* 소보선蕭保先이 정치를 가혹하게 하자, 고려 예종睿宗 문효대왕文孝大王 11년(단기 3449, 1116) 정월 초하루에, 동경東京 비장裨將인 발해 사람 고영창高永昌이 수십 명과 함께 술김에 용맹을 믿고 칼을 들고 담을 뛰어넘어 부위府衛에 들어갔다. 대청에 올라가 유수가 있는 곳을 묻고, 거짓으로 "외부의 군대가 쳐들어

* 유수留守: 임금을 대신하여 머물러 지킨다는 뜻으로, 수도 이외의 요긴한 곳을 맡아 다스리던 특수 외관직外官職을 말한다.
* 동경東京: 요나라의 동경요양부東京遼陽府를 말함. 지금의 요령성 요양.

給云호대 外兵이 變일새 請爲備라 하니라.

保先이 出에 衆殺之라

假留守大公鼎과 副留守高清臣이 戰不能勝하야

奪西門出하야 奔遼하고 永昌은 自稱大渤海國皇帝하야

改元隆基하고 據遼東五十餘州하니라.

渤海 遺民, 鴨綠江 一帶에 定安國 建設

宋史에 曰「定安國은 本馬韓之種으로 爲遼所敗러니

其酋帥가 糾合餘衆하야 保其西鄙하고

建國改元하야 自號定安國이라」 하니라.

開寶三年에 其王烈萬華가

因入貢女眞하야 附表貢獻하고

太宗時에 其王烏玄明이 復因女眞하야 上表하니

其畧에 曰

臣은 本以高麗舊壤의 渤海遺黎로 保此方隅하니이다 하니

太宗이 答勅에 畧曰

卿이 奄有馬韓之地하야 介于鯨波之表云云하고

端拱淳化間에 復因女眞奉表러니 其後不至라.

大震國의 滅亡

大震國哀帝清泰二十六年春正月에

耶律倍가 與弟堯骨로 爲前鋒하야

夜圍忽汗城한대 哀帝出降하시니 國亡하니라.

오니 대비를 해야 한다"라고 하였다.

보선이 나오자 무리가 그를 죽였다. 가유수假留守 대공정大公鼎과 부유수副留守 고청신高淸臣이 맞서 싸웠으나 이기지 못하고 서쪽 문으로 나가 요나라로 달아났다.

영창이 스스로 대발해국 황제라 하고, 연호를 융기隆基라 하고, 요동 50여 주를 차지했다.

발해 유민, 압록강 일대에 정안국 건설

『송사宋史』에 이런 기록이 있다.

> 정안국定安國은 본래 마한馬韓의 후예로서, 요遼에게 패하자 그 우두머리가 남은 무리를 규합하여 서쪽 변두리 땅을 확보하였다. 나라를 세우고 연호를 정해 스스로 나라 이름을 정안국이라 하였다.
>
> 개보開寶(북송 태조의 연호) 3년(단기 3303, 970)에 그 왕 열만화烈萬華가 조공 바치러 온 여진을 통해 글을 올리고 공물을 바쳤다. 태종(북송 2세 임금) 때 왕 오현명烏玄明이 다시 여진을 통해 글을 올렸는데, 그 내용은 대략 이렇다.
>
> "신은 본래 고구려의 옛 땅에 사는 발해의 유민으로서 이곳 한 모퉁이를 차지하고 있습니다."
>
> 태종은 답서에서 대략 "경이 마한 땅을 차지하고 큰 파도에 끼어 있다는 글을 올리니…" 운운했다. 단공端拱(태종의 연호, 단기 3321, 988~단기 3322, 989)과 순화淳化(태종의 연호, 단기 3323, 990~단기 3327, 994) 사이에 다시 여진을 통해 글을 올리더니, 그 뒤에는 올리지 아니하였다.

대진국의 멸망

대진국 (15세) 애제哀帝 청태淸泰 26년(단기 3259, 926) 봄 정월에, 야율배耶律倍가 아우 야율요골耶律堯骨과 함께 선봉이 되어 밤에 홀한성忽汗城[19]을 포위하였다. 애제가 나가 항복하시니 나라가 망하였다.[20]

---

*대공정大公鼎: 요나라 때 발해 사람. 천조(天祚: 1101~1125) 연간에 중경 유수中京留守를 제수 받았다.

*『송사宋史』: 송宋(960~1279)나라의 정사正史. 1343년 원元나라 승상 탈탈脫脫 등이 『요사遼史』, 『금사金史』와 함께 편찬한 496권으로 된 역사책이다. 여기에 「고려전高麗傳」이 들어 있어 고려사 연구에 참고가 된다.

*정안국定安國(928~986): 926년에 대진이 거란에게 망하자 일부 남은 사람들이 거란 세력이 미치지 않는 압록강 일대에 세운 나라이다.

*마한馬韓: 고조선 시대 동압록(현재의 압록강) 이남의 땅은 마한이었고, 그 도읍지가 현재의 평양이다. 고구려는 대동강 지역을 차지하여 마한 유민을 병합하였다. 따라서 열국 시대에 마한은 두 개였다. 고구려에 병합된 한반도 북부의 마한과 백제에 병합된 한수漢水 이남의 마한이 그것이다.

*열만화烈萬華: 대진의 권신權臣. 대진이 거란에게 망한 후에 정안국을 세우고 왕이 되었다.

*그 지역은 압록·동가佟佳 두 강 유역이었고, 처음에는 대진의 권신權臣 열만화烈萬華가 왕이 되었다가 나중에 오현명烏玄明이 계승하였다. 오현명은 981년(고려 경종 6)에 여진女眞의 사신을 통해 송宋나라에 국서를 보냈고 송나라도 회답을 보냈다. 그 후부터 정안국과 송나라의 외교가 빈번해졌는데, 이를 시기한 거란의 성종이 986년(고려 성종 5)에 정안국을 토벌하였다.

*청태淸泰: 대진의 15세 마지막 황제인 애제哀帝의 연호(901~926).

*야율배耶律倍: 요나라(916~1125)의 시조 야율아보기의 장자이다.

遼太祖의 東丹國 建立

二月丙午에 遼太祖가 建東丹國하고
以長子倍로 爲人皇王하야 王之하니 建元甘露하고
改忽汗城하야 爲天福하고 準用天子冠服하야
被十二旒冕하니 皆畵龍象이라 仍用大震國舊制하야
以叔迭剌로 爲左大相하고
大震老相失名으로 爲右大相하고 大震司徒大素賢으로
爲左次相하고 耶律羽之로 爲右次相하고
赦國內殊死以下하고 約歲貢은 布十萬端과 馬千匹하니라.
甘露二十七年冬十二月庚辰에
遼罷東京中臺省하니 東丹國이 除라.

- 建元: 나라의 연호를 세움
- 甘 달 감
- 露 이슬 로
- 福 복 복
- 準 표준 준 (=准)
- 冠 갓 관
- 腹 옷 복
- 被 입을 피
- 旒 면류관 끈 류 (旗의 속자)
- 冕 면류관 면
- 皆 다 개
- 畵 그림 화
- 龍象: 용의 형상. 임금을 상징
- 叔 아재비 숙
- 迭 번갈아 질
- 剌 어그러질 랄
- 大相: 정승
- 素 흴 소
- 賢 어질 현
- 耶 아버지 야
- 律 법률 률
- 羽 깃 우
- 次 버금 차
- 赦 용서할 사
- 殊 죽일 수
- 約 맺을 약
- 歲 해 세
- 貢 바칠 공
- 布 베 포
- 端 길이 단위 단
- 匹 마리 필(동물 따위를 세는 단위)
- 甘 달 감
- 露 이슬 로
- 遼 요나라 료
- 罷 파할 파
- 臺 돈대 대
- 省 관아 성
- 除 없앨 제

요遼(916~1125) 상경임황부上京臨潢府 토성土城
내몽골자치주 파림좌기巴林左旗 임동林東에 있다. 거란의 여러 부족을 통합하고 거란국契丹國을 세운 태조 야율아보기耶律阿保機가 918년 황도皇都로 정하고 중국식으로 건설한 도성都城이다. '요遼'는 중국식 국호이고 거란인들은 스스로 '카라 키탄(대거란)'이라 불렀다. 『환단고기』에서는 이곳이 요동遼東의 서안평西安平이었고 대진(발해)의 전성기에는 서경압록부西京鴨綠府였다고 전한다.

大震國本紀

요 태조의 동단국 건립

2월 병오에, 요 태조*가 **동단국**東丹國*을 세우고 맏아들 배倍를 **인황왕**人皇王으로 봉하여 왕노릇하게 하였다. 연호를 감로甘露라 하였다.

홀한성을 고쳐 천복天福이라 하고, 천자의 관과 옷을 표준으로 삼아서 열두 줄 면류관을 쓰고 모두 용의 형상을 그렸다. 대진국의 옛 제도를 이어받아 숙부 질랄迭剌을 좌대상左大相으로 삼고, 대진의 늙은 재상(이름은 알 수 없음)을 우대상右大相으로 삼고, 대진 사도司徒 대소현大素賢을 좌차상左次相, 야율우지耶律羽之를 우차상右次相으로 삼았다.21) 그리고 사형수를 제외한 나라 안의 모든 죄인을 사면하고, 해마다 포 10만 단과 말 천 필을 조공으로 바칠 것을 약조하였다.

감로 27년(단기 3285, 952) 겨울 12월 경진에, 요나라가 동경 중대성中臺省을 폐지하자 동단국이 없어졌다.

* **요 태조**: 거란의 시조인 야율아보기耶律阿保機를 말한다.
* **동단국**東丹國: 요나라 태조가 대진을 멸망시키고 그 이름을 고쳐 동단국이라 했다. 동단국은 곧 동거란東契丹이란 뜻이다.
* **사도**司徒: 고대 관직명官職名. 순舜임금 때에는 주로 교육을 맡았으나, 주周나라 때에는 호구戶口·전토田土·재화財貨·교육을 맡아보았다. 전한前漢 때에 대사도大司徒로 이름을 고쳐, 대사마大司馬·대사공大司空과 아울러 삼공三公이라 했다. 고려 시대에는 정1품正一品 호조판서戶曹判書를 사도라 하였다.

대진(발해)의 부흥운동

역사 속 이야기

국호國號, 대진大震인가 발해渤海인가?

대진의 역사가 다양하게 해석되고 국호가 명확하게 정립되지 못한 가장 큰 이유는 대진이 남긴 기록과 문헌이 발견되지 않았기 때문이다. 중국, 러시아, 일본 등 주변국은 자국 중심으로 대진사大震史를 해석하고, 중국학자들은 심지어 발해라는 국호를 당으로부터 받았을 뿐만 아니라 발해는 당나라의 지방정권이라 주장함으로써 역사침탈을 자행하고 있다. 대한민국의 역사 교과서조차 대진이 아니라 발해로 표기하는 상황에서 국호를 바로잡는 일은 대진의 정체성을 파악하는 출발점이라 할 수 있다.

먼저 국호의 변천 과정을 간단하게 살펴보자. 668년에 고구려가 망한 후 고구려 부흥운동은 끊임없이 전개되었다. 대중상(세조)은 당시 서압록하(지금의 요하)를 지키던 진국장군振國將軍이었다. 대중상은 고구려 유민들을 모아 동모산 기슭에서 '후고구려'를 세웠다. 국호에서 보듯이 대중상은 패망한 고구려의 옛 영토를 회복하는 것을 일생일대의 소임으로 삼았다.

699년, 대중상이 붕어하자 태자인 대조영(성무고황제聖武高皇帝)이 뒤를 이어 제위에 올라 도읍을 홀한성(지금의 상경용천부)으로 옮기고 군사 10만을 양성하며 당나라에 복수할 것을 맹세하였다. 대조영이 말갈, 거란 장수와 손을 잡고 당나라 정예군을 격파하자 백성들에게 신망을 크게 얻었다. 대조영은 이때 국호를 '**대진**大震(위대한 동방의 나라)'으로 바꾸고 연호를 **천통**天統(하늘의 종통을 계승한다)이라 하였다. 대조영은 고구려의 옛 땅을 회복하고 영토를 새롭게 개척하다가 719년 붕어하였다.

뒤를 이은 태자 대무예(무황제武皇帝)는 대중상, 대조영의 뜻을 이어 대진을 더욱 강성하게 만들었다. 733년에 당나라 현종이 보낸 군대를 대파하고, 734년에는 당과 신라가 연합하여 쳐들어 왔으나 물리치고 개마, 구다, 흑수 등 주변 여러 나라를 항복시켰다. 735년에는 당나라와 신라, 왜 등 주변으로부터 조공을 받았다. 그리하여 드디어 해동성국이란 이름으로 불리는 강대국이 되었다.

그러면 발해라는 국호는 어디서 시작된 것일까? 이를 알기 위해서는 먼저 대당항쟁의 역사를 알아야 한다. 고구려가 멸망한 이후 당은 안동도호부를 설치하고 2만의 군대를 주둔시켜 고구려 유민을 통치하는 한편, 고구려의 왕족과 유력 가호를 당나라로 강제 이주시켜 부흥운동을 사전에 차단하였다.

당은 고구려 유민의 저항을 억누르는 한편 효율적인 지배를 위해 고구려 마지막 왕인 보장왕을 조선 왕에, 보장왕의 손자를 조선 군왕郡王(공신이나 황족에게 내린 봉작封爵으로 친왕親王에 버금가는 지위)으로 책봉하였으나 아무런 효과를 거두지 못하였다. 696년에 거란 장수 이진충이 당나라에 대항하여 난리를 일으킨 이후 당은 대중상을 진국공震國公에, 말갈 장수 걸사비우乞四比羽를 허국공許國公에 책봉하는 회유책을 썼다. 당의 제의를 거절하자 당나라 장수 이해고가 걸사비우를 토벌하였으나 천문령 전투에서 대조영에게 패배하였다.

대당항쟁이 계속되는 가운데 699년에 대조영은 고구려 유민과 말갈 무리를 이끌고 대진국을 세우고 돌궐과도 통교하였다. 대진을 반란 무리로 규정하던 당은, 8세기 초에 접어들면서 대진을 국가로 인정하였고, 대진 역시 당과 충돌하지 않고 우호적인 관계를 유지하고자 하였다.

『신당서新唐書』에는 "대조영이 걸사비우의 무리를 병합하여 (당나라로부터) 매우 멀리 떨어져 있는 것을 믿고 나라를 세워 스스로 **진국**震國이라 하였다. … 예종 선천 연간(712~713)에 사신을 보내 대조영을 '좌효위대장군左驍衛大將軍 **발해군왕**渤海郡王'으로 삼고, 대조영이 거느리고 있는 지역을 홀한주忽汗州로 삼아 '홀한주도독忽汗州都督'에 책봉하였다. 이때부터 말갈이라는 호칭을 버리고 오로지 **발해**라 부르기 시작하였다[祚榮即幷比羽之衆, 恃荒遠, 乃建國, 自號震國王. … 睿宗先天中, 遣使拜祚榮爲左驍衛大將軍 渤海郡王, 以所統爲忽汗州, 領忽汗州都督. 自是始去靺鞨號, 專稱渤海.]"라고 기록되어 있다.

그러나 당시의 역사적 정황을 보면 당나라가 발해군왕 책봉을 보냈을지라도 대조영은 그 책봉을 수용하지 않은 것으로 보인다. 군사적으로도 우세한 입장에서 당나라를 위협하며 자체 연호까지 쓰던 대제국의 황제 대조영이 당나라에 복속을 뜻하는 발해군왕 책봉을 받아들였을 리 만무하기 때문이다. 현재는 당나라의 기록만 있고 대진의 기록은 없으니 아쉬울 따름이다. 따라서 말갈이라고 부르다가 발해라고 고쳐 부른 것은 대진에서 그렇게 한 것이 아니라 당나라가 외교정책상 일방적으로 부른 호칭인 셈이다.

대조영의 뒤를 이어 즉위한 대무예는, 무황제라는 시호에서 알 수 있듯이 활발하게 주변으로 영역을 확장해 나갔다. 무황제는 일본에 보내는 국서를 통하여 "고구려 옛 땅을 수복하고 부여의 유속을 이어받았다[復高麗之舊居, 有夫餘遺俗.]"라고 주장하였다. 고구려 계승의식을 분명히 한 것이다. 그러나 흑수말갈 토벌을 둘러싸고 대진의 지배층이 의견 대립을 겪으면서 무황제도 강경책을 더 지속할 수 없었고 당과 화해 정책을 취했다. 또한 4세 광성문황제光聖文皇帝는 스스로 **고려국 왕 대흠무**라 칭하였다. 여기서 발해 사람들은 자국을 고려, 고려국이라고도 불렀음을 알 수 있다.

건국 초기 몇십 년 동안 지극히 불안한 국제정세와 대당외교 노선을 둘러싼 강경파와 온건파의 갈등 속에서, 대진이 당과 교섭하면서 대진이라는 국호를 썼는지 발해라는 국호를 썼는지 정확히 알 수는 없다. 그러나 대중상이 처음에 나라 이름을 '후고구려'라 했듯이, 대조영이 세운 **대진은 고구려의 국통을 이은 나라**이다. 대진이, 고구려를 멸망시킨 당나라가 부른 발해라는 이름을 정식 국호로 채택하였을 리는 만무하다. 중국 학계에서는 아직도 당나라 식으로 발해라 부르고 있다. 그러나 배달의 후손이라면 **대진**이라 불러야 마땅할 것이다.

역사 속 이야기

이정기 왕국(765~819)의 대당 항쟁

이정기李正己(732~781)는 고구려의 유민으로 본명은 회옥懷玉이다. 이정기의 파란만장한 생애는 중국 정사인 『신·구당서』와 『자치통감』에 수록되어 있고, 국내 문헌으로는 유일하게 『환단고기』에 기록되어 있다.

이회옥은 일찍이 이희일李希逸의 부장副將이 되어 안록산의 난을 진압하는 데 수훈을 세워 입신하였고, 심성이 강직하여 사람들의 신임을 받았다. 765년에 군사들이 방탕과 사치를 일삼는 이희일을 내쫓고 이회옥을 세우자, 회옥은 고구려 유민을 규합하여 독자 세력을 키우기 시작했다. 이에 안록산의 난으로 국세가 기운 당 조정은 회옥에게 정기正己라는 이름을 내리고 평로치청절도관찰사平盧淄靑節度觀察使 겸 해운압발해신라양번사海運押渤海新羅兩蕃使(발해와 신라에 대한 외교 업무를 전담)라는 관직을 주었을 뿐 아니라 요양군왕遼陽郡王에 봉하는 무마책을 썼다. 절도사가 된 이정기는 치淄·청靑·제齊·등登·내萊 등 10주州를 다스렸고, 이어 조曹·복福·서徐(강회조운江淮漕運의 요충지)·연兗·운鄆 등 다섯 주를 취하여 군사 10만을 거느리는 최대 번진으로 성장하였다.

이정기가 생전에 지배한 산동·회대淮岱는 그 영토가 신라보다 넓고 인구도 더 많았다. 또한 소금과 철, 농산물이 풍부한 중원 경제의 심장부였다. 이정기는 부역과 세금을 균등히 하고 정령政令을 엄히 하여 삽시간에 강국으로 만들었다. 치청 번진은 당에 조세를 전혀 납부하지 않고 독자적으로 인사권을 행사하는 사실상 독립국가였다.

국력이 절정에 이른 779년에 이정기는 청주靑州를 아들 납納에게 맡기고 서쪽 운주鄆州[동평東平]로 천도하여 마침내 중원을 도모하기 시작하였다. 이정기의 10만 대군이 속속 제음濟陰(당나라의 행정수도인 낙양으로 들어가는 길목으로 황하 중류 지역에 있음)에 집결하자 이에 맞서 당 조정은 변주汴州[개봉開封]에 성을 쌓고 대비하였다. 결전의 때가 되자 양측은 장안으로 물자를 수송하는 운하의 길목인 용교埇橋(지금의 안휘성 숙주宿州)·와구渦口에 군대를 보내어 일진일퇴의 공방을 벌였다. 이해(781)에 대진국 문황제도 장수를 보내어 이정기를 돕게 하였다. 이에 힘입어 이정기 군대는 당군을 연파하고 용교·와구를 점령하여 당나라 운하의 물산 운송을 완전히 두절시켰다. 그러나 이때 이정기가 병으로 사망(50세)하자, 내분이 일어나 용교·와구를 내주고 말았다.

이정기가 죽은 후 아들 이납李納(758~792)이 대당 항쟁을 이어갔다. 이듬해인 782년에 회서淮西의 이희열李希烈과 남북 양동작전을 전개하여 변주를 점령하자 운하 통운은 1년 만에 다시 불통되기에 이르렀다. 공포에 질린 당나라 덕종德宗은 장안을 떠나 섬서성 건현·남정현 등지로 피난을 떠났고, 마침내 치청 번진을 독립국으로 인정할 수밖에 없었다.

이납은 그 땅에 제齊나라를 세우고 보위에 올라 백관百官을 두었다. 이후 이납은 당 조정과 화해하고 수성守成에 진력하였다. 이납은 아버지에게서 통치 기반을 물려받은 지 12년 만인 792년 서른 넷의 나이에 숨을 거두었다. 당 덕종은 이납이

桓檀古記

죽자 애도의 표시로 3일 동안 조사朝事를 폐했다. 그 뒤 이납의 아들 이사고李師古(?~806)가 정사를 이었다.

이사고 때에는 당 조정과 관계가 소강상태를 이루었으나 번진 간에 영토 쟁탈전이 오히려 격화되었다. 806년에 이사고가 죽자 이복동생인 사도師道(?~819)가 뒤를 이었다. 마침 같은 시기에 장안에서는 당 중흥의 영주로 일컬어지는 헌종憲宗이 즉위하여, 군소 반당 번진을 모조리 토벌하고 투항한 번진을 앞세워 제齊나라로 향했다.

당시 당 조정의 토벌군 선봉은 신라인 장보고張保皐가 군중소장軍中小將으로 소속한 무녕군武寧軍이었다. 816년에 치청의 평음平陰이 무녕군의 선봉장 왕지흥王智興에게 점령당하였다. 마침내 819년에는 위박魏博의 전홍정田弘正에게 운주鄆州와 동아東阿에서 잇따라 패하여 군사 8만 명을 잃었다. 불행하게도, 한때 치청과 동맹 관계를 유지하던 군벌들이 당 연합군에 가담했던 것이다. 이사도의 수하로 도지병마사都知兵馬使로 있던 유오劉悟는, 정세가 불리하게 되자 운주성에서 이사도를 죽이고 당에 투항함으로써 중원에서 55년을 유지하던 이정기 일가의 왕국은 비극적 최후를 맞았다.

이렇게 하여 이정기 왕국, 제나라는 사라졌지만 그 결과 중국 동해안 일대를 중심으로 신라 교민과 고구려·백제 유민이 재기하였다. 이들은 당시 동아시아 무역 판도를 양분하며 해상 무역의 주도 세력으로 성장해 갔는데, 그것이 바로 장보고의 해상왕국이었다.

주註

1) 후고구려後高句麗

대진의 초기 국호. 대진의 시조 대중상은 고구려 유민을 이끌고 동모산에 웅거하여 고구려를 그대로 계승한다는 뜻으로 나라 이름을 '후고구려'라 칭하였다. 신라계 사가인 김부식은 『삼국사기』에서 신라 역사는 상세히 서술하고 고구려의 정통을 이은 대진의 역사는 의도적으로 삭제하여 신라 중심의 반도사관과 모화사대의 소한사관을 확립해 놓았다. 일제 관변사가들은 한술 더 떠서 '통일신라'라는 용어를 창안하여 대진사를 아예 우리 역사에서 빼버렸다. 최근에는 조선 후기 역사가 유득공이 언급한 남북국이란 용어가 통용되기도 한다.

2) 걸사비우乞四比羽

말갈 추장의 이름. 『당서』「발해전」에 따르면 당나라 측천무후則天武后 만세통천萬歲通天(696~697) 연간에 영주營州 부근에서 거란 장수 이진충李盡忠이 조회를 살해하고 반란을 일으켰을 때, 영주에 있던 고구려인 대조영이 말갈 추장 걸사비우와 더불어 요동으로 탈출하였다. 무후가 이를 진압할 틈이 없었기 때문에 걸사비우를 허국공許國公에 봉했으나, 걸사비우가 거부하자 당나라는 이해고李楷固, 색구索仇 등을 보내 토벌하였다. 걸사비우는 전사하고, 대조영이 이해고의 퇴로를 차단하자 해고가 천문령을 넘어 후퇴하고 마침내 패하여 돌아갔다.

3) 대진大震

대조영이 '후고구려'에서 바꾼 새 국호. 중국에서는 대진을 주로 발해라 불렀다. 이 땅의 식민사학자들은 중국 사서의 기록만을 추측하여 '발해'라는 호칭을 고집하고, 국사교과서조차 '발해'로 기록하고 있다.

당 현종은 713년에 낭장郎將 최흔崔忻을 보내어 대조영을 좌효위원외대장군左驍衛員外大將軍 발해군왕渤海郡王으로 봉하였으나, 대조영은 스스로 국호를 대진大震이라 하였다. 대진은 건국 초에 당과 국교를 재개하면서 당에게 '고려', 또는 '대진'으로 불러 주기를 요구했으나 당에서는 '말갈'을 고집하였다. 지루한 협상 끝에 당이 내놓은 타협안인 '발해군왕渤海郡王'이라는 호칭을 받아들이자 당나라에서는 공식적으로 '발해'라 칭했다. 대진에 와서 담판을 끝내고 당으로 귀국하던 사신이 이를 비문으로 남겨 전하였다. 그러나 일본에 대해서는 고구려를 자임하였다. 훗날 대진이 당과 신라의 동맹군을 물리치고 전성기를 구가하자 당은 마침내 대진을 해동성국海東盛國이라 부르기 시작했다.

4) 구다句茶·개마蓋馬·흑수黑水

①구다는 북개마대산 밖 3백 리 되는 곳에 있었는데, 환국의 12연방국 중 하나인 구막한국寇莫汗國과 가까운 곳이었다.

②개마는 북개마대산 즉 지금의 외흥안령外興安嶺 동북에 있었다.

③흑수는 흑룡강 일대에 있던 나라이다.

5) 대진 오경五京 제도의 연원

대진은 지방을 통치하기 위해 오경五京 15부部 62주州라는 행정 조직을 운영하였다. 오경 중에서 상경上京과 중경中京, 동경東京은 수도가 될 정도로 중요하다. 오경 제도의 연원에 대해서는, 오경의 도성都城 제도가 당나라 이전일 수 없다는 의견과, 당의 사경四京제가 발해 오경의 기원이 될 수 없다는 의견이 대립하고 있다. 그러나 대진의 오경제는 고구려의 오부五部제와 신라의 오소경五小京제 및 백제의 오방五方제를 계승한 것이다.

동북아역사재단에서 낸 『발해 오경과 영역변천』에서는, 대진과 당의 문화는 근원이 다르다는 것을 다음과 같이 기술하였다. "건축학적 계승관계에서도 발해는 당과 다른 구조를 하고 있다는 주장이 여러 군데서 제기되고 있다. 또한 발해의 상경성은 160여 년간 존속했던 도성이고 당나라의 오경제는 불과 4년 정도에 불과하였다는 점을 염두에 둔다면, 발해 오경제가 단순히 당으로부터 연원한다는 주장을 수용할 수 없다. 발해 유적에서 당 왕조의 유적에는 없는 고구려식 온돌 유적이 발견되는 것은 우연이 아닐 것이다. 또한 발해의 오경제가 요遼와 금金에 절대적인 영향을 미쳤던 점은 널리 알려진 사항이다."

그렇다면 대진의 오경 제도의 뿌리는 어디서 찾을 수 있을까? 바로 **「환단고기」「삼신오제본기」에 기록된 삼신三神 사상과 오제五帝 사상에서 유래한다.** 이강식은 『신시조직사神市組織史』에서 다음과 같이 말하였다. "우리의 고유한 조직적 전통을 보면 한민족의 삼신오제三神五帝 사상이 고려 때까지도 유구한 전통이었음을 알 수 있다. 환국의 5가加 조직, 신시神市의 3백伯 5사事 5가加 조직, 고조선의 3한韓 5가加 3백伯 6사事 조직이 있다. 뿐만 아니라 고구려의 3경京 5부部 조직, 백제의 5부部 조직, 신라의 5소경 조직, 대진의 5경 조직, 고려의 3경京 5도道 양계兩界 조직 등으로 이어져 왔는데 이것은 모두 5분할의 지역조직이다."

6) 대진국 사람들의 기상과 풍속

"발해의 남자는 다른 나라 사람보다 자질이 우수하고 기운이 세어 발해인 세 사람이 호랑이 한 마리를 당한다"(『거란국지契丹國志』)라는 기록이 있다. 진위푸金毓黻가 저술한 발해 역사서 『발해국지장편渤海國誌長編』의 「족속고族俗考」에도 같은 기록이 보인다. 덧붙이면, 지나가는 과객이 들면 주인은 있는 대로 잘 대접하고, 갈 때에는 동전 한 닢 받지 않았다. 이와 같은 발해의 훌륭한 풍속은 단연 주위 모든 나라의 모범이 되었다(『커발한』 27호, 17쪽).

7) 대진의 천제天祭 문화

대진의 옛 땅 만주벌을 직접 답사한 김성훈 교수가 현지의 생생한 모습을 담아 온 필름을 보면, 옛 대진의 수도 상경용천부나 돈화시 곳곳에서 평정산平頂山(정상이 평평한 산)이 유난히 많이 눈에 띈다. 박성수 교수는 그 평정산 정상에 발해가 하늘에 제사 지내던 제천단祭天壇이 있었음이 틀림없다고 주장하였다(KBS 1TV, "발해 그 터를 찾아서", 1988. 8. 9).

8) 태백현묘太白玄妙의 도道

한민족의 국교인 신교神教를 말한다. 본문에서 보는 것처럼 대진 때까지도 환인·환웅·단군왕검 이래 한민족 고유의 신교神教 경전인 『천부경』과 『삼일신고』를 가르치고, 한민족의 뿌리인 삼성조의 역사를 강론하여 기록으로 남겼다. 또 매년 삼신상제님께 천제를 올린 기록으로 보아 신교의 삼신 신앙이 한민족에게 연면히 계승되었음을 알 수 있다. 이 점에서도 우리는 대진이 한국사의 국통을 잇는 정통 국가임을 재인식하게 된다.

9) 이정기李正己

고구려 유민으로 본명은 회옥懷玉이다. 같은 고구려 유민인 고선지와 백제인 흑치상지, 신라인 최치원·장보고와 더불어 한민족의 웅지를 중원에 떨친 인물이다. 특히 대당 항쟁을 통해 고구려의 영광을 재현한 이정기의 위업은 고조선의 영웅 서언왕에 비견될 만하다. 이정기는 이희일李希逸을 섬겨 병마사兵馬使가 되었는데, 심성이 강직하여 사람들의 신임을 받았다. 군사들이 이희일을 내쫓고 이정기를 세우니, 마침내 절도사가 되어 치淄·청青·제齊·등登·내萊 등 10주州 땅을 다스렸고 이어 조曹·복濮·서徐·연兗·운鄆 다섯 주를 취하였다. 부역과 세금이 균등하고 정령政令은 지극히 엄하였으니, 그 위엄이 사해에 떨쳤다. 건중建中(덕종의 연호 780~783) 초에 변汴(하남성 개봉)에서 전열田悅 등과 함께 당나라에 반기를 들고 자립을 도모했다(『신당서』; 『구당서』).

10) 남경남해부南京南海府

남경남해부는 중국의 정사正史인 『요사遼史』에 명확히 기록되어 있다. 『요사』 「지리지」에 "해주는 남해군이며 절도사가 있다. 본래는 옥저국의 영토이다. 고구려 때는 사비성을 쌓았는데 당나라 이세적이 이곳을 공격한 적이 있다. 발해에서는 남경남해부라 불렀다[海州南海軍節度, 本沃沮國地, 高(句)麗爲沙卑城, 渤海號南京南海府.]"라고 하였다. 요나라 때의 해주海州 곧 지금의 해성海城이 본래 옥저국(남옥저를 말함) 땅이고, 고구려의 사비성이 있던 곳이며, 대진의 남경남해부가 자리잡고 있던 곳임을 명백히 기록한 것이다. 그런데 현재 통용되는 대진 지도들은 남해부를 함경도에 붙여 왜곡해 놓았다.

11) 임황臨潢

대진 때 오경五京의 하나인 서경압록부는 지금의 요하 상류 임황臨潢에 있었다. 고구려·대진 당시에 지금의 요하가 압록으로 불렸다는 사실을 상기할 필요가 있다.

『요사』「지리지」를 보면 "상경임황부는 본래 한나라 요동군 서안평 땅이다[上京臨潢府, 本漢遼東郡西安平之地]."라고 하여, 거란의 요遼나라 수도인 상경임황부가 본래 한나라 때의 요동군 서안평현이 있던 곳임을 밝히고 있다. 바로 이곳에 대진의 서경압록부가 자리잡고 있었다.

후에 대진을 멸망시킨 요나라가 상경임황부를 도읍으로 삼았다. 종래에 사대·식민주의 사학은 서경압록부의 위치를 지금의 압록강 중류 지역으로 왜곡하여 대진의 방대한 영토를 크게 축소시켜 놓았음은 물론, 대진을 당나라에 예속된 일개 지방정권으로 전락시켜 버렸다.

12) 의려국依慮國

고구려 3세 대무신열제가 동부여를 멸망시킨 후 동부여 3세 대소왕의 종제를 연나부椽那部에 안치하였는데, 대소왕의 종제가 그 후에 자립하여 백랑산(요령성 객좌현에 있음)에 이르러 정착하였다. 이것을 소위 연나부부여, 즉 의려국이라 한다. 의려왕은 선비족 모용외의 침략을 받아 패하여 추종자 수천 명을 이끌고 바다를 건너 고대 일본을 정복하여 일본 최초의 통일 국가인 야마토大和 왜倭를 건설하였다. 이 의려왕이 곧 『일본서기』에 나오는 15세 오진應神왕이다.

13) 모용외慕容廆(?~333)

5호16국 중 전연前燕을 세운 모용황慕容皝의 아버지. 모용씨는 중국의 5호16국 시대에 북중국을 지배하고 고구려를 괴롭힌 세력으로 하북성, 밀운 등의 지방을 넘나들면서 발전한 종족이다. 선비족의 영웅 단석괴檀石槐가 죽은 후 위魏나라 조조의 등장과 더불어 세력이 약화되다가 진晉대에 이르러 모용외가 평주자사가 되면서(275) 융성하기 시작하였다. 모용외는 고구려 13세 서천西川열제 16년(285)에 의려국을 침략하였고, 진晉에 반기를 들고 일어나 요서를 침입하는 등 진나라와 대적하다가 화친하여 289년에 선비도독이 되었다. 그 후 307년에 대선우大單于라 칭하였고 333년에 죽었다(문정창, 『한국고대사』 하, 274쪽 참조).

14) 부여인의 일본열도 정복

1948년에 일본 동경대학교의 에가미 나미오江上波夫 교수는 민족학 연구라는 학술회에서 "일본 국가의 기원은 동북아시아 기마민족의 일본정복에 있다[日本国家の起源は東北アジアの騎馬民族の日本征服にある]."라고 발표하였다(논문 '기마민족국가-일본고대사로의 접근, 騎馬民族国家-日本古代史へのアプローチ'). 그가 주장한 '기마민족 일본정복설'은 부여인의 일본열도 정복과 관련하여 시사하는 바가 크다. 훗날 가야·백제계도 열도의 중심부로 중장기마군단을 이끌고 이주해 갔으나, 이 기록을 볼 때 기마민족설의 첫 주인공은 부여인이 분명하다. 역대 일본 왕이 권력의 상징으로 신기 삼종기三種(거울, 동검, 곡옥)을 간직한 것은 '삼신부명三神符命'과 관련이 있다.

15) 안라국安羅國

일명 아소국阿蘇國. 아소산은 아사달阿斯達의 전음轉音이고, 안라국은 '아스벌 나라'라는 뜻이다. 안라는 본래 고구려 계통에 속한 관가官家였기 때문에 (광개토열제비문에도 나오는 것처럼) 광개토열제가 왜倭를 정벌한 후 안라인을 수병戍兵으로 한 것이다(이유립, 『대배달민족사』「천天」, 585쪽; 같은 책『인仁』, 430쪽).

16) 속말말갈

말갈은 '물가'라는 뜻으로, 지금의 만주 송화강·흑룡강의 물가에 살았던 우리 배달겨레를 말한다.

만주 송화강 유역에 살던 말갈족. 만주는 본래 배달, 단군조선 이래 우리 한민족의 오랜 생활 터전이요, 역사 활동의 중심 무대였다. 그러므로 그 속에서 생활하던 모든 민족·족속은 본래 하나의 혈통을 가진 동방 조선족인 것이다.

종래에 한국 사학계에서는 말갈·여진족을 한민족과 무관한 것처럼 인식해 왔다. 그러나 말갈·여진족은 배달 – 단군조선 – 북부여 – 고구려 – 대진으로 이어지는 배달 겨레의 역사 영역에서 결코 제외될 수 없다.

흑룡강·송화강·연해주 등 만주 동북부에 걸쳐 살던, 어렵과 혈거를 그 생활 양식으로 한 주민이 바로 읍루·말갈인이다. 이 족속이 처음에 살던 곳을 문헌들은 속진俶侲 즉 숙신肅愼이라 하였다. "신지씨神誌氏의 후손을 동북방에 위치한 하악녹장에 봉하였다. 이 지방은 바람이 몹시 세고 우렁차다. 그 나라 이름을 속진국이라 했는데, 또한 숙신이라고도 하였다[神誌氏之後, 封于北東之地, 河嶽鹿壯, 風氣勁雄, 曰俶侲國亦稱肅愼]"(『규원사화』).

여기서 신지는 배달과 단군조선 시대의 관명이고, 숙신은 단군조선의 제후국이다. 또 숙신은 주신珠申·조선朝鮮과 어원이 같다.[*주의 : 순임금 이래 하·은·주 3대 왕조와 교섭하여 중국 고대사와 관련성이 있는, 만주 일대에 위치한 숙신은 바로 고조선을 말한 것이다. 중국 사대주의 사서들은 조선의 국호와 국력의 강성함을 감추기 위해 조선 대신 숙신으로 기록한 것이다. 만주 동북부의 연해주 일대에 치우쳐 있던 숙신(식신·속진)을 말한 것이 결코 아니다.]

전한前漢과 위진魏晋 시대에는 읍루挹婁라 불리고, 남북조 시대에는 물길勿吉, 수·당 시대에는 말갈靺鞨이라 불렸다. 중국사에서 말하는 고로민족古老民族은 숙신의 후예이고 여진女眞과 만주인의 조상이다.

9세기 말까지 읍루·말갈족이 살던 곳은 때에 따라 약간의 신축은 있으나, 시종 오늘날의 흑룡강성에서 연해주, 즉 만주 동북부 일부 지방에 국한돼 있었다. 처음에 단군조선의 제후국으로 출발한 숙신과 읍루가 한漢나라 때까지는 북부여의 속국이었고, 고구려 건국 후에는 이들 읍루·물길·말갈이 고구려의 속민屬民이 되었다는 것은 중국 사서들이 한결같이 전하는 내용이다.

그 뒤 말갈인은 점차 남북 만주 일대에서 번성하였다. 고구려가 망한 후 만주 지방의 말갈인은 고구려 복국 운동에 협력하였고, 대진(발해)이 성립되자 다시 대진에 예속되었다. 흑룡강 하류 지역에 살던 흑수말갈은 당唐과 결탁하여 대진 세력을 배제하려 하다가, 마침내 대진 3세 무황제에게 토멸 당해 150여 년간 종족의 이름조차 없어지게 되었다. 10세기 초에 대진이 거란에게 망하자, 남북 만주와 연해주에 거주하던 조선족(대진 유민)과 어렵을 하며 혈거 생활을 한 퉁구스 만주족을 통틀어 여진女眞이라 부르게 되었다.

여진이 세운 금金나라의 역사책[正史]인 『금사金史』를 보면, 그 서두에 "여진과 발해는 본래 한가족이다. 다 같이 물길의 7부족에서 나왔다[女眞, 渤海本同一家. 蓋其初皆勿吉之七部也.]"라는 금나라 건국자[金太祖] 아골타阿骨打의 말이 실려 있다. 고조선·부여·고구려의 후손인 발해 사람과 여진 모두 뿌리가 같은 동족이라는 것이다.

서양학자들은 숙신 이래 말갈까지의 어렵·혈거족의 생활양식과 인종적 특수성을 포착하여 '퉁구스 만주족'이라 한다. 이 퉁구스 만주족은 사실 그 절대 다수가 고구려인이다. 이러한 사실을 알게 된 일부 서양학자들은 "퉁구스 만주족을 한국인으로 보려 한다"라고 말하는 것이다. 숙신·말갈·여진·퉁구스 만주족으로 불리게 된 이 종족은 천 년 전까지의 한국인이다. 이들이 선세先世 이래 발전해 내려온 과정을 아는 것은 한민족의 역사 이해상 중요한 사항 중의 하나이다(문정창, 『한국고대사』 하, 304~320쪽).

17) 요수遼水

여기서 요수는 지금의 대요하大遼河를 말한다. 대요하는 고구려 때까지도 구려하九黎河·고구려하高句麗河로 불렸다. 본래 요수는 시대에 따라 백하·난하·대릉하·요하 등으로 바뀌어 국경 하천을 대표했는데, 요遼나라 건국 후에 비로소 지금의 요하遼河라는 명칭으로 고정되었다.

18) 거란

거란은 요하에서 일어난 한민족의 한 갈래이다. 거란은 고구려 광개토열제의 정벌을 받은 뒤로 오랫동안 고구려의 속국으로 있었다. 한때 당唐에도 예속된 적이 있었으나 5대10국 시대가 되면서 북방에 무서운 세력으로 등장하였다. 916년에 이르러 드디어 황제를 칭하고 이어 926년에 대진을 멸망시켰고, 송宋을 남쪽으로 밀어내고 중원의 북방을 차지하여 몽골·만주·북중국에 이르는 대제국을 건설하였다.

본래 거란의 본거지는 요령성인데 단석괴 연대(182년)까지 선비씨鮮卑氏라 하였다. 그 후 약낙괴에 이르러 모용씨가 연燕을 세우니 이때 부족이 나뉘어져 우문·고막해·거란 삼족이 되었다(314년). 거란이 세운 요遼나라의 정사인 『요사遼史』「세표世表」에 거란이 생겨난 유래에 대해 상세히 전한다.

"흉노 모돈(묵돌)에게 패한 동호東胡는 선비산에서 보전하고 있었는데 선비씨라 하였다. 그 후 모용씨의 연이 선비를 파하자 그 부部를 나누어 우문·고막해·거란이라 하였다. 거란의 이름이 이에 비로소 생겨났다[後爲冒頓可汗所襲, 保鮮卑山以居, 號鮮卑氏. 旣而慕容燕破之, 析其部曰宇文, 曰庫莫奚, 曰契丹.]"(『요사』「세표世表」).

여기에 보이는 거란의 선계先系인 동호는 두 가지가 있다. 일찍이 연나라 장수 진개를 볼모로 붙잡고 있었던 동호는 바로 고조선을 말한다. 사마천이 『사기』에서 고조선의 국호와 강성한 국력을 감추기 위해 동호로 왜곡·날조한 것이다. 또 하나는 동몽고·흥안령 일대와 중국 하북성 북쪽 지역에 걸쳐 있었던 동호를 말한다. 이 동호는 BCE 2백 년경, 한 고조 유방을 굴복시킨 흉노의 대영웅 묵돌 선우에게 멸망당하여 오환산과 선비에서 숨어 보전하며 오환·선비족이 되었다. 이 동호 역시 조선족의 한 갈래이다.

오늘날 인류학·언어학·고고학 등에서는 조선족·몽골족·만주족을 동일계라 한다. 그렇지만 아직까지 이에 대한 근거를 충분히 제시하지 못하고 있다. 그 이유는 이 세 민족 사이에 얽힌 단절된 역사의 맥을 밝힐 수 있는 유일한 단서가 되는 한민족 역사와 문화의 뿌리와 실체가 사대주의·식민주의 사관에 의해 왜곡·축소·말살되었기 때문이다. 이 세 민족은 종교·사상·언어·제도·풍속 등 정치·사회·문화 전반에 걸쳐 동일문화권에 속한다. 혈통적인 면에서도 조선족·만주족은 본래 한 겨레이고, 몽골족은 한민족에서 떨어져 나간 한민족의 한 갈래이다.

『요사』「세표」가 말한 바와 같이 선비족이 나누어져 우문·고막해·거란이 되었다. 고막해를 후세 몽골족의 전부라 하기는 어려울 것이다. 그러나 고막해·거란이 후세 몽골족의 주축이 된 것은 틀림없는 사실이다(문정창, 『한국고대사』하, 290~303쪽).

거란 부족의 시조에 대해『요사遼史』「지리지地理誌」영주永州 조에서는 "전설에 따르면, 한 신인神人이 흰 말을 타고 마우산으로부터 토하(노합하)를 따라 동쪽으로 갔고, 한 천녀天女는 푸른 소가 끄는 달구지를 타고 평지송림으로부터 황하潢河(황수=서요하)를 따라 내려왔다. 목엽산木葉山에 이르러 두 강이 합류하니 서로 만나 배필이 되어 여덟 명의 자식을 낳았다. 그 뒤로 족속이 점차 번성해져 팔부로 나뉘었다[相傳有神人乘白馬, 自馬盂山浮土河而東, 有天女駕靑牛車由平地松林泛潢河而下. 至木葉山, 二水合流, 相遇爲配偶, 生八子. 其後族屬漸盛, 分爲八部.]"라고 하였다. 이로써 보면 거란족이 단군조선의 제후국인 옛 고리국槀離國 일대를 근거로 하여 일어났음을 알 수 있는데, 이 지역은 오랫동안 배달 겨레가 살던 터전이다. 이 고리국은 북부여 시조 해모수와 후북부여(졸본부여)를 세운 동명왕 고두막한이 태어난 고향이기도 하다(『단군세기』;『논형』;『위략』;『후한서』등). 따라서 북부여의 모체라 할 수 있는 나라가 바로 고리국이다. 그리고 대진 때 오경五京의 하나인 서경압록부가 있던 바로 그 자리에 요나라의 도읍인 상경임황부(지금의 요하 상류 임황)가 자리 잡았는데, 이곳은 바로 옛 고리국의 중심부였다.

이상과 같이 거란은 한민족과 무관한 민족이 결코 아니다. 거란은 분명히 조선족(한민족)의 한 갈래인 것이다.

19) 대진 수도의 웅장한 규모

홀한성은 대진 수도 상경용천부上京龍泉府이다. 지금의 만주 흑룡강성 영안현寧安縣으로 동경성東京城이라고도 하였다. 대진은 926년 거란에게 망할 때까지 약 160여 년간 이곳에 도읍하였다.

상경은 전체 둘레가 16.3km나 되는 대 궁성으로서, 당나라 장안성(14km)보다 2.3km 더 길다. 궁성 주변에는 100만 명 이상을 풍족히 먹여 살릴 수 있는 광대한 대평원이 끝없이 펼쳐져 있다(KBS1 TV, '발해 그 터를 찾아서', 1988. 8. 9). 이것으로도 대진이 한낱 당나라에 예속된 지방 정권에 불과하다고 한 종래 사대주의 사학의 일관된 주장이 명백한 거짓임이 드러났다.

20) 대진 멸망 비사

대진은 왜, 어떻게 멸망했을까? 여기에는 실로 심오한 천지 역사정신의 섭리가 담겨 있다.

고구려의 정통을 계승하여 고구려 옛 땅을 수복하고 동북아에 해동성국으로 군림한 대진이 불과 20일 만에 거란에게 망한 역사의 수수께끼가 최근에 비로소 밝혀지게 되었다. 종래에는 멸망 원인을 요나라(거란) 정사正史인『요사遼史』의 기록에 근거하여, 거란이 대진의 내분을 이용하여 싸우지 않고 이겼다고 설명해 왔다. 다시 말하면 지배층 고구려족에 대한 피지배층 말갈족의 반발로 '국내 정세의 혼란과 내분'과, 그것을 이용한 '거란의 침입'으로 쉽게 무너졌다는 것이다.

그러나 이것만으로는 설득력이 약하다는 것이 지배적인 시각이다. 멸망 원인에 대한 새로운 설이 바로 천재지변설이다. 이를 확실한 역사적 단서로 제공해 주는 충격적인 현지답사 증거가 있다. 대진의 도읍 상경용천부 일대는 인구 100만 명 이상을 먹여 살릴 수 있는 대평야인데, 약 천 년 전에 화산이 폭발하였다. 화산 폭발로 말미암은 대격변 속에서 싸워 보지도 못하고 그토록 쉽게 무너지게 되었을 것이라는 주장이 최근 한·일 양국 사학계에서 새로이 부각되고 있다(KBS1 TV, '발해 그 터를 찾아서', 1988. 8. 9).

결국 대진 멸망의 결정적 원인은 오늘날 현지 주민들이 설명하는 바와 같이 화산 폭발이라는 천재지변이다.

21) 거란의 신교 제천풍속과 삼신신앙

요나라는 대진의 오경제五京制를 그대로 사용하였고, 요천繞天이라는 제천행사를 행하여 한민족 고유의 신교 제천풍속을 국속國俗으로 계승하였다. 더욱이 요나라가 목엽산에 삼신묘三神廟를 두고, 제천 행사 때에는 삼신상제님[三神]의 위패를 모셨다[渤海時有報本壇, 高麗時有聖帝祠, 遼有木葉山三神廟, 金有開天弘聖帝之廟.]는 것은 매우 놀랍고 중요한 사실이다(『규원사화』「단군기」). 제사를 지낼 때는 반드시 군수君樹를 목엽산에 동향으로 세우고 그 군수를 모신 앞에 양쪽으로 나무를 심어 조반朝班(만조백관의 반열)을 상징하였고, 또 두 개의 나무를 마주 심어 신문神門을 만들었다[設天神·地祇位於木葉山, 東郷; 中立君樹, 前植群樹, 以像朝班; 又偶植二樹, 以爲神門.](『요사遼史』「예지禮志」). 이와 같이 대진을 멸망시키고 고려 왕조를 괴롭힌 거란까지도 한민족의 국교인 신교 삼신신앙을 했다는 역사적 자취가 너무도 뚜렷하다.

목엽산木葉山_요하遼河의 상류를 이루는 황수潢水(시라무룬강)과 노합하老哈河의 합류점 부근에 있는 거란족의 성산聖山이다.

대진 수도 상경용천부 궁성내 주요 건물 유적 전경
흑룡강성 영안시寧安市 발해진渤海鎭

입구 누대에서 궁성 안쪽의 중심 건물지를 바라본 모습이다.
완전한 발굴 복원이 이루어지지 않아 황량하게 보인다.

대진의 수도였음을 알려주는 현판
천 년 고성 발해진이라 되어 있다.

상경용천부 외성 유적
성터를 따라서 나무를 심어놓았다.

현무호
상경용천부 도성 밖 북쪽에 조성한 호수

太白逸史 第八

高麗國本紀
고려국본기

- 「고려국본기」는 후고구려를 세운 궁예의 출생에 얽힌 숨은 이야기와 후삼국 건국 과정에 대해 자세히 기록하였다.
- 태조 왕건이 고려를 창건하는 과정과 고구려의 정신을 계승하고, 잃어버린 옛 땅을 회복한다는 뜻으로 국호를 고려로 정한 이야기를 담았다.
- 서희 장군과 거란 장수 소손녕의 담판, 윤관의 여진 정벌, 묘청의 난, 행촌 이암의 조부 이존비의 역사의식과 낭가의 자주 독립 정신, 신교의 삼신사상으로 무장한 인물들에 대하여 중점적으로 다루었다.
- 특히 『단군세기』의 저자 행촌 이암의 역사의식과 삼신사상, 신교관 등을 자세히 전한다.

이 편의 주요 술어

- 訓要十條 훈요십조
- 泰封國 태봉국
- 弓裔 궁예
- 後高句麗 후고구려
- 尹瓘 윤관
- 高麗國境 고려국경
- 西京戰役 서경전역
- 建元稱帝 건원칭제
- 李尊庇 이존비
- 郎家精神 낭가정신
- 杏村三書 행촌삼서
- 李茗과 范樟 이명 범장
- 桓檀傳授之眞訣 환단전수지진결
- 李嵒의 神敎觀 이암 신교관
- 權近의 祭天文 권근 제천문

1. 高麗 太祖의 訓要十條

太祖神聖太王天授二年에 定都于松岳之陽하시고
二十六年에 御製訓要하시니 其畧曰
惟我東方이 舊慕唐風하야 文物禮樂이
悉遵其制나 殊方異土에 人性各異하니 苟必不同이니라.

- 授 줄 수
- 都 도읍 도
- 岳 큰산 악
- 御 임금 어
- 畧 대강 략
- 惟 생각할 유
- 慕 사모할 모
- 唐風: 당나라의 제도·풍속
- 悉 모두 실
- 制 법도 제
- 方 방위 방
- 各 각각 각
- 定 정할 정
- 松 소나무 송
- 陽 볕 양
- 製 지을 제
- 舊 옛 구
- 遵 좇을 준
- 殊 다를 수
- 異 다를 이
- 苟 진실로 구

2. 高句麗 王族의 後孫, 弓裔

泰封國王弓裔는 其先이 平壤人으로
本報德王安勝之遠裔也라.
其父剛이 從術家言하야 從母姓하야 爲弓氏하니라.
先是에 高句麗水臨城人牟岑大兄이 收合殘民하고
奉安勝하야 爲後高句麗王하고 請援於新羅한대
新羅王이 處之國西金馬渚라가 後에 改爲報德王하니라.
神文王이 立에 徵報德王하야 爲蘇判하니
其族子大文이 留金馬渚하야 謀叛稱王이라가
被誅하고 餘衆이 殺官吏하고 據報德城하야 又叛이라가
爲新羅所平하고 徙其人於國南州郡하니라.

- 泰 클 태
- 弓 활 궁
- 壤 땅 양
- 勝 이길 승
- 剛 군셀 강
- 術 재주 술
- 臨 임할 림
- 岑 산봉우리 잠
- 收 거둘 수
- 奉 받들 봉
- 援 도울 원
- 羅 벌일 라
- 渚 물가 저
- 徵 부를 징
- 蘇 다시 살아날 소
- 判 판단할 판
- 族子: 조카나 조카뻘 되는 사람
- 留 머무를 류
- 叛 배반할 반
- 被 당할 피
- 餘 남을 여
- 殺 죽일 살
- 吏 관리 리
- 平 평정할 평
- 封 봉할 봉
- 裔 후손 예
- 報 갚을 보
- 遠 멀 원
- 從 좇을 종
- 姓 성씨 성
- 牟 보리 모
- 殘 잔인할 잔
- 請 청할 청
- 新 새 신
- 處 곳 처
- 改 고칠 개
- 族 겨레 족
- 謀 꾀할 모
- 稱 일컬을 칭
- 誅 벨 주
- 衆 무리 중
- 官 벼슬 관
- 據 웅거할 거
- 徙 옮길 사

桓檀古記

高麗國本紀

1. 고려 태조의 훈요십조

태조 신성태왕神聖太王 천수天授 2년(단기 3252, 919)에 송악의 남쪽에 도읍을 정했다. 26년(단기 3276, 943)에 태왕께서 훈요訓要*를 지으셨는데, 대략 이러하다.

"생각컨대 우리 동방이 예로부터 당풍唐風을 사모하여 문물과 예악이 모두 그 법을 따랐다. 그러나 방위가 다르고 풍토가 달라 사람 성품이 제각기 다르니 진실로 반드시 동화되어서는 안 되리라."

2. 고구려 왕족의 후손, 궁예

태봉국泰封國* 왕 궁예*는 그 선조가 평양인으로, 본래 보덕왕報德王 고안승高安勝*1)의 먼 후손이다. 그의 아버지 강쇠이 술가術家의 말을 듣고 (궁예의) 어머니 성을 따르게 하여 궁씨弓氏가 되었다.*

이보다 앞서 고구려 수림성水臨城 사람 모잠牟岑 대형大兄(벼슬 이름)이 유민을 모아 안승을 후고구려 왕으로 받들고 신라에 도움을 청하였다. 이에 신라 왕이 나라의 서쪽 금마저金馬渚(지금의 전북 익산)에 살게 하였다가 후에 고쳐서 보덕왕이라 하였다.

신문왕*이 즉위하자 보덕왕을 불러들여 소판蘇判*으로 삼았다. 그의 조카뻘인 대문大文이 금마저에 남아 반란을 꾀하고 왕이라 일컫다가 죽임을 당하였다.

남은 무리가 관리를 죽이고 보덕성에 웅거하여 다시 모반하였으나 신라에게 평정을 당했다. 그 사람들을 나라의 남쪽 주군州郡으로 옮겨 살게 하였다.

---

* **훈요訓要**: 훈요십조訓要十條를 말함. 고려 태조가 후손에게 귀감으로 삼게 한 열 가지 유훈. 불법佛法을 숭상하라는 것과 서경(西京, 평양)을 중시할 것, 연등燃燈과 팔관회八關會 같은 중요 행사를 소홀히 하지 말 것 등의 내용이 들어 있다.

* **태봉국泰封國(901~918)**: 신라 말에 궁예가 세운 나라. 901년에 후고구려라 하고 904년에 마진이라 하다가 911년부터 태봉이라 하였다.

* **궁예弓裔**: 『삼국사기』 「열전」 궁예편에 궁예에 대해 자세히 나와 있다. 일찍이 궁예가 미륵불을 자칭한 것은 신라 일세를 풍미한 화랑과 미륵신앙이 결합한 일면을 보여 준 것이다.

* **고안승**: 고구려의 왕족. 고구려가 멸망한 후, 부흥운동을 일으킨 검모잠에 의해 왕으로 추대되었으나 의견 차이로 검모잠을 죽이고 신라로 망명하였다.

* **궁예의 성씨**: 궁예의 어머니는 토산 궁씨이다. 토산兔山은 옛 지명으로, 황해도 금천군과 신계군 사이에 있었다. 고구려 왕족의 후예인 궁예의 아버지가 신라의 탄압을 피하기 위해 아들에게 부인의 성을 물려준 것으로 본다.

* **신문왕(681~692)**: 신라 31세 왕.

* **소판蘇判**: 신라 17등급 가운데 3등三等 벼슬.

3. 弓裔의 出生과 梁吉과의 만남

大震國明宗景皇帝天福九年五月五日에
弓裔가 生於外家하니
其屋上에 有素光이 若長虹하야 上屬天이라
新羅日官이 望之하고 以爲將不利於國家라 하야 以聞한대
王이 嫌之하사 使人抵其家하사 殺之러시니
其母가 賂珍寶하고 請抱而逃竄하야 劬勞養育하고
年十餘歲에 祝髮爲僧하야 號善宗하고
及壯에 放逸如故하야 不拘檢僧律하고 軒輊有膽氣라

高句麗의 옛 땅을 回復하고자 한 弓裔

嘗持鉢赴齋라가 有烏啣牙籤이 落鉢中이라
視之하니 有王字어늘 秘不言하고 頗自負러라.
先自安勝으로 有勞王事로대 而新羅는 不報하고
反收其土地人民而盡奪하야 只以王妹로 妻之而已라
高句麗遺民이 以故로 累世積怨하야 怏怏起變而屢敗라가
至弓裔하야 見國家衰亂하고 乘欲聚衆하야
復祖宗之舊土하고 洗積世之仇하야
乃投竹州賊箕萱하니 萱이 侮慢不禮라
弓裔가 鬱悒不自安하야 潛結萱麾下의 元會申烜等하야
爲友하고 投北原賊梁吉하니 吉이 善遇之하야
委之以事하고 分兵百騎하야 使東畧州郡하니 皆降之오

3. 궁예의 출생과 양길과의 만남

대진국 (14세) 명종 경황제 천복 9년(단기 3211, 878)* 5월 5일에 궁예가 외가에서 출생했다. 이때 지붕 위에 흰 빛이 긴 무지개처럼 하늘에 뻗쳐 있었다. 신라 일관日官이 이것을 바라보고 장차 국가에 이롭지 못할 것이라 생각하여 임금께 아뢰었다. 임금이 꺼려서 사람을 그 집에 보내 아기를 죽이려 하였다. 그 어미가 진귀한 보물을 주며, 아기를 안고 도망가게 해 달라고 애원하였다. 이후 갖은 고생을 하며 자식을 길렀다. 궁예 나이 10여 세에 머리 깎고 중이 되어 법명을 선종善宗이라 하였다. 장성한 뒤에도 여전히 마음대로 거리낌없이 행동하였고, 계율에 구애받지 않았다. 크고 작은 모든 일에 담력이 있었다.

*태조 왕건(877~943)이 궁예보다 한 살 위이다.

고구려의 옛 땅을 회복하고자 한 궁예

일찍이 궁예가 바리때를 들고 재齋를 드리러 가는데 까마귀가 입에 물고 있던 상아 점대*를 바리때 속에 떨어뜨렸다. 살펴보니 왕王이란 글자가 씌어 있었는데, 사실을 숨기고 말하지 않았으나 자못 자부하였다.

앞서 고안승 때부터 임금을 모시는 일에 공로가 있었으나, 신라는 보답하지 않고 오히려 그 땅과 백성을 모두 빼앗았다. 다만 왕의 누이동생으로 아내를 삼게 하였을 뿐이었다. 고구려 유민이 이 때문에 여러 대에 걸쳐 원망이 쌓여 앙심을 품고 여러 차례 변을 일으켰으나 패하였다.

궁예는 국가가 쇠약하고 어지러워지는 것을 보고, 기회를 틈타 무리를 모아 조종祖宗(고구려)의 옛 땅을 회복하고 여러 대의 원한을 씻고자 죽주竹州의 도적 기훤箕萱*에게 몸을 던졌다. 그러나 기훤은 아랫사람을 업신여기고 거만하여 예로써 대우해 주지 않았다.

궁예는 속이 답답하고 마음이 편치 못하여, 기훤의 부하인 원회元會, 신훤申煊 등과 몰래 결탁하여 친구로 삼아 북원(北原, 지금의 원주)의 도적 양길梁吉*에게 투신하였다.

양길은 궁예를 잘 대우하고 일을 맡겼다. 군사 100기를 나누어

* **점대**[牙籤]: 점을 치는 데에 쓰는 가늘게 쪼갠 댓가지. 점괘의 글이 적혀 있어, 이를 뽑아 길흉을 판단한다.
* **죽주竹州**: 지금의 경기도 안성군 동북부에 있던 주 이름. 고구려 20세 장수열제 때에는 개차산군皆次山郡이었는데 고려 초에 죽주竹州로 고쳤다.
* **기훤箕萱**: 신라말 군웅群雄 중 한 사람. 891년(진성여왕 5)에 죽주에서 군사를 모아 반란을 일으켰다. 궁예가 몸을 의탁하자 오만한 기훤은 예로써 대하지 않았다. 이에 궁예는 기훤의 부하인 원회元會·신훤申煊 등과 결탁하여 892년에 북원北原(지금의 원주)의 양길梁吉에게 갔다.
* **양길梁吉**: 신라 진성여왕 때 왕의 실정으로 국정이 어지러워지자 반란을 일으켜 한때 강원도 지방에서 세력을 떨쳤으나, 뒷날 부하였던 궁예에게 쫓겨나 몰락하고 말았다.

又攻阿瑟那하니 衆至六百이라 自稱將軍하고

與士卒로 同甘苦하고 予奪을 不以私하니

衆心이 皆畏之라.

4. 王隆의 歸順과 李萱의 後百濟 建國

天福二十七年에 太守王隆이 以松岳郡으로 歸弓裔하야

說之曰 大王이 若欲王朝鮮·肅愼·卞韓之地인댄

莫如先占松岳이니 以吾長子建으로 爲其主하소서 한대 從之하니라.

時에 李萱이 起兵武珍州하고 乃聲言於衆曰

吾原三國之始컨대 馬韓先起에 赫居世가 後興하고

弁韓이 從之에 百濟開國하야 傳世六百이러니

新羅가 與唐으로 合攻滅之하니

今에 予雖不德이나 欲雪義慈之憤이라 하고

遂都完山하야 稱王하고 國號曰後百濟라.

5. 弓裔의 後高句麗 建國

弓裔가 亦以明年에 稱王하고 謂曰 新羅가 請兵於唐하야

滅高句麗하니 是可恥也라 吾必爲高句麗하야 報讐라 하고

立國號曰後高句麗오 建元曰武泰라.

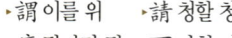

주고 동쪽 지방의 주와 군을 치게 하니 모든 고을이 항복하였다.

궁예는 또 아슬나阿瑟那*를 공격하였다. 무리가 600명에 이르자 스스로 장군이라 일컬었다. 군사와 고락을 함께하고 주는 일과 빼앗는 일을 사사로이 하지 않으므로 사람들이 모두 마음속으로 경외하였다.

※ 아슬나阿瑟那: 지금의 강릉.

4. 왕륭의 귀순과 이훤의 후백제 건국

천복 27년(단기 3229, 896)에 태수 왕륭王隆이 궁예에게 송악군을 바치고 귀순하여 이렇게 설득하였다.

"대왕께서 만약 조선, 숙신, 변한 땅에서 왕 노릇을 하고자 하시면, 먼저 송악을 차지하는 것이 가장 좋으니 저의 장자 건建을 그곳의 주인으로 삼으소서."

궁예가 이 말을 좇았다. 이때 이훤李萱*이 무진주武珍州(전라도 광주)에서 군사를 일으키고 무리에게 말하여 밝혔다.

"내가 삼국이 시작한 근원을 살펴보니 마한(중마한)이 먼저 일어났고, 혁거세(신라)가 뒤에 일어나자 변한(가락)이 뒤따라 일어났다. 백제가 나라를 열어 6백 년을 전해 오는데 신라가 당나라와 함께 쳐서 멸망시켰다. 이제 내가 비록 덕은 없으나 의자왕의 분을 풀어 드리겠노라."

드디어 완산完山(지금의 전주)에 도읍을 정하여 왕이라 일컫고 국호를 후백제라 하였다.

* 이훤李萱(867~936): 후백제의 시조 견훤을 말한다. 본성은 이씨이다. 상주尙州 출신으로 신라 장수 아자개阿慈介의 아들이다. 서남해 방위에 공을 세워 신라의 비장裨將이 되었으나 나라가 혼란한 틈을 타 892년에 반기를 들었다. 여러 성을 공략한 다음 무진주(광주)를 점령하여 독자적인 기반을 닦은 후, 900년에 완산주(전주)에 도읍을 정하고 후백제를 세웠다.

5. 궁예의 후고구려 건국

궁예 또한 이듬해(단기 3234, 901)에 스스로 왕이라 일컫고 말했다.

"신라가 당나라에 군사를 청하여 고구려를 멸했는데 이것은 진실로 수치스러운 일이다. 내 반드시 고구려를 위해 그 원수를 갚으리라."

이에 나라를 세워 후고구려라 하고, 연호를 무태武

후삼국 형세도

嘗 일찍이 상	壁 벽 벽
掛 걸 괘	前 앞 전
畫 그림 화	像 형상 상
畫像: 그림으로 그린 초상	
拔 뺄 발	劍 칼 검
擊 칠 격	意 뜻 의
欲 바랄 욕	倂 아우를 병
呑 삼킬 탄	呼 부를 호
滅 멸망할 멸	附 붙을 부
幷 아우를 병	彌 두루 미
勒 굴레 륵	頭 머리 두
戴 머리에 일 대	
幘 머리싸개 책(머리를 싸는 헝겊)	
述 저술할 술	卷 문서 권
坐 앉을 좌	講 강론할 강
說 말씀 설	僧 승려 승
釋 풀 석	聰 귀밝을 총
邪 간사할 사	怪 괴이할 괴
談 말씀 담	訓 가르칠 훈
怒 노할 노	鐵 쇠 철
椎 몽둥이 추	打 칠 타
授 줄 수	洪 넓을 홍
儒 선비 유	裵 성씨 배
慶 경사 경	崇 높을 숭
謙 겸손할 겸	卜 점 복
推 밀 추	戴 받들 대
推戴: 어떤 사람을 높은 직위로 오르게 하여 받듦	
黎 검을 려	積 쌓을 적
穀 곡식 곡	馳 달릴 치
旗 깃발 기	

嘗南行하야 至興州寺하야 見壁掛新羅前王畫像하고

拔劍擊之하니 弓裔가 意欲倂吞新羅하야 呼爲滅都하고

自新羅歸附者를 幷皆殺之라

自是로 弓裔는 自稱彌勒佛이라 하야

頭戴金幘하고 又自述經二十卷하야 或正坐講說이러니

僧釋聰이 謂曰 皆邪說怪談이니 不可以訓이라 한대

弓裔가 怒하야 以鐵椎로 打殺之라.

6. 王建의 卽位와 弓裔의 最後

天授元年戊寅夏六月에 王建이

爲洪儒·裵玄慶·申崇謙·卜智謙等諸將軍之所推戴하야

黎明에 坐於積穀之上하사 行君臣之禮하시고

令人馳且呼曰 王公이 已擧義旗矣라 하시니

왕씨 족보에 실린 고려 태조 왕건 초상

泰라 하였다.

일찍이 남으로 순행하여 흥주사興州寺에 이르러 신라 전왕前王의 화상이 벽에 걸려 있는 것을 보고 칼을 뽑아 내리쳤다. 궁예는 신라를 삼켜 버리려는 뜻을 품고 도읍을 멸하리라 부르짖으며 신라에서 귀화해 오는 사람을 모조리 죽여 버렸다.

이때부터 궁예는 스스로 미륵불2)이라 칭하고 머리에 금책金幘을 썼다. 또 스스로 경문 20권을 지어 때로 정좌하여 강설하기도 하였다.

이에 승려 석총釋聰이 "모두 사설괴담邪說怪談으로 세상 사람에게 가르칠 것이 못 된다"라고 하니, 궁예가 노하여 철추로 때려 죽였다.

6. 왕건의 즉위와 궁예의 최후

천수 원년(戊寅, 단기 3251, 918) 여름 6월에 왕건이 홍유洪儒*·배현경裵玄慶*·신숭겸申崇謙*·복지겸卜智謙* 등 여러 장군의 추대를 받아 날이 밝을 무렵에 곡식더미 위에 앉아 군신의 예를 행하였다. 그리고 사람들을 시켜 뛰어다니면서, "왕공이 이미 의기義旗를 들었다"라고 외치게 하였다.

이때 달려와 따르는 자가 무리를 이루었다. 궁문에 이르니 먼저

✻ 홍유洪儒: 의성義城 홍씨의 시조. 고려의 일등 개국공신이며 후백제를 멸망시키는 데 공을 세웠다.

✻ 배현경裵玄慶: 경주 배씨의 시조. 처음에 이름을 백옥삼白玉衫이라 하였다.

✻ 신숭겸申崇謙(?~927): 평산平山 신씨의 시조로 고려 예종이 지은 「도이장가悼二將歌」의 주인공. 공산 전투에서 견훤에게 포위 당해 죽음의 위기에 이른 왕건은 신숭겸의 기지로 포위망을 뚫고 살아 나왔다. 이 전투에서 신숭겸은 장렬하게 전사했고, 왕건 태조가 그 순절을 기려 장절壯節이라는 시호를 내렸다.

✻ 복지겸卜智謙: 면천沔川 복씨의 시조.

견훤甄萱(867~936) 묘 충남 논산시論山市 연무 읍鍊武邑 금곡리金谷里에 있다. 견훤은 900년에 완산주完山州(전주)에서 후백제를 세웠다. 아들들의 왕위계승 싸움으로 말미암아 큰아들 신검神劍에 의해 금산사金山寺에 유폐되었다가 고려에 투항하였다. 죽을 때 완산完山이 그립다는 유언을 하여 완산을 향해 묻었다고 한다.

글자	뜻	글자	뜻
奔 달릴 분	走 달릴 주		
赴 나아갈 부	鼓 북 고		
譟 시끄러울 조, 울 조			
待 기다릴 대	亦 또 역		
遂 드디어 수	布 벌일 포		
殿 대궐 전	授 줄 수		
泰 클 태	封 봉할 봉		
聞 들을 문	微 작을 미		

▸微服: 남의 눈을 피하려고 입는 수수한 차림

▸尋 얼마 있지 아니할 심
▸斧 도끼 부   ▸壞 땅 양
▸害 해칠 해   ▸遣 보낼 견
▸蕭 맑은 대쑥 소
▸遜 겸손할 손 ▸寧 편안할 녕
▸侵 침노할 침 ▸破 깨뜨릴 파
▸蓬 쑥 봉   ▸獲 얻을 획
▸鋒 칼끝 봉 ▸懿 아름다울 의
▸會 모을 회 ▸群 무리 군
▸臣 신하 신 ▸議 의논할 의
▸乞降: 항복함
▸割 벨 할   ▸與 줄 여
▸割地: 땅을 나눔
▸徐 천천히 서 ▸熙 빛날 희
▸獨 홀로 독
▸盛 성할 성 ▸遽 급할 거
▸計 꾀할 계 ▸且 버금 차
▸角 뿔 각   ▸址 터 지
▸彼 저 피   ▸谿 시내 계
▸壑 골 학
▸谿壑: 끝이 없는 욕심을 비유적으로 이르는 말
▸慾 욕심 욕 ▸責 요구할 책
▸厭 마음에 찰 염
▸況 하물며 황
▸耻 부끄러울 치(恥의 약자)
▸願 바랄 원   ▸駕 수레 가
▸還 돌아올 환 ▸晚 저물 만
▸營 진영 영   ▸貴 귀할 귀
▸宜 마땅할 의 ▸拜 절 배
▸庭 뜰 정   ▸何 어찌 하
▸得 얻을 득   ▸汝 너 여
▸蝕 좀먹을 식 ▸連 잇닿을 련
▸越 넘을 월   ▸宋 송나라 송
▸故 고로 고   ▸師 군대 사
▸若 만약 약   ▸獻 바칠 헌
▸聘 부를 빙
▸朝聘: 제후가 내조來朝하여 천자를 알현謁見함

桓檀古記

奔走來赴者가 衆이오 先至宮門하야 鼓譟以待者가
亦萬餘人이라 遂卽位於布政殿하시고 建元天授하시니라
於是에 泰封王弓裔가 聞變하고
以微服出門하야 亡去라가 尋爲斧壤民所害하니라.

7. 徐熙 將軍과 蕭遜寧의 談判

契丹聖宗이 遣將蕭遜寧하야 侵破蓬山하고 獲我先鋒하니
成宗文懿大王이 會群臣議하실새
或言乞降하며 或言割地與之라 하야늘 中軍徐熙가 獨曰
今見其勢大盛하고 遽割西京以北하야 與之는 非計也라
且三角山以北이 亦高句麗舊址也니 彼以谿壑之慾으로
責之無厭이면 可盡與乎잇가 況今割地는 則誠萬古之耻也라
願駕還都城하시고 使臣等으로 一與之戰然後에 議之시라도
未晚也니이다. 熙奉國書하고 赴契丹營하야 問相見之禮한대
遜寧이 曰 我는 大朝貴人이니 宜拜於庭이니라
熙曰 兩國大臣이 何得如是리오
遜寧이 謂熙曰 汝國은 興新羅地하니
高句麗之地는 我所有也어늘
而汝侵蝕之하고 又與我連壤이어늘 而越海事宋故로
有今日之師라 若割地以獻而修朝聘이면 可無事矣리라
熙曰 非也라 我國은 卽高句麗之舊也니

714

와서 북을 치고 함성을 지르며 기다리는 사람이 만여 명이었다. 드디어 포정전布政殿에서 즉위하고, 연호를 천수天授라 하였다.

이때 태봉 왕 궁예가 변란 소식을 듣고 미복으로 갈아입고 궁문을 빠져 나가 도망치다가 얼마 못 가서 부양斧壤(지금의 강원도 평강) 백성에게 죽음을 당하였다.

7. 서희 장군과 소손녕의 담판

거란의 성종*이 장수 소손녕蕭遜寧*을 보내어(성종 12, 단기 3326, 993) 봉산蓬山*을 함락시키고 우리 선봉을 물리쳤다. 성종成宗 문의文懿대왕이 여러 신하를 모아 의논할 때, 어떤 사람은 항복하자 하고 어떤 사람은 땅을 떼어 주자고 하였다. 중군中軍 서희徐熙*가 홀로 아뢰었다.

"지금 적의 세력이 강성함을 보고 급히 서경(지금의 평양) 이북을 떼어 넘겨주는 것은 좋은 계책이 아니옵니다. 더구나 삼각산 이북도 역시 고구려의 옛 땅인데, 저들이 한없는 욕심으로 끝없이 요구해 온다면 그대로 다 내어 줄 수 있겠습니까? 하물며 지금 땅을 떼어 준다면 진실로 만세의 수치가 될 것이옵니다. 원컨대 도성으로 돌아가시어 신 등으로 하여금 한 번 싸우게 한 뒤에 의논하여도 늦지 않을 것이옵니다."

서희가 국서國書를 받들고 거란 진영에 들어가 상견의 예를 물었다. 소손녕이

"나는 대국의 귀인이니 그대는 마땅히 뜰에서 절하여야 한다"

라고 하였다. 희가

"양국의 대신으로 어찌 이와 같이 할 수 있는가"

라고 하니, 손녕이 이렇게 말했다.

"너희 나라는 신라 땅에서 일어났으므로 고구려 땅은 우리 거란의 것이다. 너희가 이를 침략하였다. 또 우리와 국경을 접하고도 바다 건너 송宋을 섬기기 때문에 오늘의 전쟁이 있게 된 것이다. 만약 땅을 떼어 바치고 조빙朝聘*한다면 아무 일이 없을 것이다."

이에 희가 말하였다.

"그런 것이 아니다. 우리나라는 옛 고구려 땅이기 때문에 나라

✻ **성종**聖宗: 요나라의 6세 왕 (982~1031).

✻ **소손녕**蕭遜寧: 거란의 장수. 동경유수東京留守. 고려 성종 12년(993) 거란군의 도통都統이 되어 80만 대군을 이끌고 고려의 서북 국경을 침범하여 봉산을 빼앗고 계속 남침을 기도하였다. 그러나 서희의 기개에 굴복하여 오히려 강동 6주 3백리 땅을 넘겨주고 물러갔다.

✻ **봉산**蓬山: 지금의 평북 태산과 구성의 중간.

✻ **성종**成宗: 고려 6세 왕(981~997).

✻ **서희**徐熙(942~998): 고려 초기의 장군. 자는 염윤廉允. 시호는 장위章威. 거란이 침입하자 중군사中軍使로 북계北界에 나가 적과 대진하였다. 싸움이 불리해지자 일부 신하들이 서계西界(평안도 지방)의 땅을 할양하고 화친하자고 주장하는 데 반대하고, 스스로 적장 소손녕의 진영에 가서 담판하여 무사히 해결하였다. 다음해에 또 여진을 몰아내고 압록강 이남, 지금의 평안북도 일대를 완전히 장악하였다. 사후에 성종의 묘정廟庭에 배향되고, 1033년(덕종 2)에 태사太師를 가증加贈하였다.

✻ **조빙**朝聘: 조현朝見과 교빙交聘. 조빙을 하자는 것은 고려가 요나라를 상국上國으로 섬기고 서로 사신을 왕래하며 교류하자는 뜻이다.

故로 號高麗하고 都平壤하니 若論地界면
則貴國之東京이 皆在我境이어늘 何得謂之侵蝕乎아.
若逐女眞하고 還我舊地則敢不修聘이리오
辭氣慷慨어늘 遜寧이 知不可强하고
遂決罷兵하고 宴慰以送하니라.

8. 尹瓘의 女眞 征伐

高麗의 北方 領土

都元帥尹瓘이 攻破女眞하고 立碑于先春嶺하야
以爲界하고 遣子彦頤하야 奉表賀하니
平章事崔弘嗣·金景庸과 叅知政事任懿와
樞密院事李瑋等이 入對宣政殿할새
極論尹瓘·吳延寵·林彦等이 妄興無名之兵하야
敗軍害國하니 罪不可赦니이다 하고
諫官金緣·李載等이 亦相繼劾之하야 曰
人主之取土地는 本欲育民也어늘
今爭城而殺人하니 莫如還其地而息民이오
今不與면 必與契丹으로 生釁이니이다
上曰何也오 緣曰 國家初築九城할새 使告契丹호대
表稱女眞弓漢里는 乃我舊地오 其居民이 亦我編氓이어늘
近來에 寇邊不已故로 收復而築其城이라

高麗國本紀

이름을 고려라 하고 평양에 도읍을 정했다. 만약 땅의 경계로 논한다면 귀국의 동경東京(요령성 요양시)도 모두 우리 땅에 있거늘, 어찌 침식이라 할 수 있겠는가? 만약 여진을 쫓아 버리고 우리 옛 땅을 돌려준다면 어찌 감히 수빙修聘*하지 않겠는가?"

말과 얼굴빛이 강개하므로 손녕이 강요할 수 없다는 것을 알았다. 드디어 병력을 거두기로 결정하고 연회를 베풀어 위로한 뒤에 서희를 전송하였다.

8. 윤관의 여진 정벌

고려의 북방 영토

도원수都元帥 윤관尹瓘[3]이 여진을 쳐서 무찌르고 선춘령先春嶺에 비를 세워 경계를 삼았다.[4] 아들 언이彦頤[5]를 임금에게 보내어 표表를 올려 하례하게 하였다.

그런데 평장사 최홍사崔弘嗣·김경용金景庸과 참지정사 임의任懿와 추밀원사 이위李瑋 등이 선정전宣政殿에 들어가 임금 앞에서 이렇게 극단적으로 말하였다.

"윤관, 오연총吳延寵, 임언林彦 등은 망령되이 명분 없는 군사를 일으켜 전쟁에 패하고 나라를 해롭게 하였으니 그 죄는 용서할 수 없습니다."

간관 김연金緣, 이재李載 등도 역시 계속 탄핵하였다.

"임금이 땅을 차지하는 것은 본래 백성을 기르고자 함인데, 지금 성을 다투며 싸워 사람을 죽였으니, 그 땅을 돌려주고 백성을 편히 쉬게 함만 못하옵니다. 지금 돌려주지 않으면 반드시 거란과 틈이 생길 것입니다."

임금이 물었다.

"무엇 때문인가?"

김연이 아뢰었다.

"나라에서 처음 9성을 쌓을 때, 거란에 고하는 표문에 '여진의 궁한리弓漢里※는 우리의 옛 땅이다. 그 거주민 또한 우리 백성인데, 근래에 도적들이 변방을 끊임없이 침입하였기 때문에 다시 수복해

* **수빙修聘**: '빙聘'은 '폐백幣帛을 보내고 예를 갖추어 부르다'는 뜻으로, 극진한 예를 갖추어 웃사람이나 귀인 등을 찾아뵌다는 말이다.

※ **언이彦頤**: 『고려사』「열전」에는 윤관의 다른 아들인 윤언순尹彦純으로 되어 있다.

※ **궁한리弓漢里**: 여진족이 살던 땅 이름.

- 表 표문표 · 辭 말씀사
- 酋 우두머리추 · 受 받을수
- 職 맡을직 · 妄 망령될망
- 責 꾸짖을책 · 讓 꾸짖을양
- 責讓 : 책망함, 꾸짖음
- 若 만약약 · 備 갖출비
- 恐 두려울공 · 諫 간할간
- 議 의논할의 · 請 청할청
- 還 돌아올환 · 舊 옛구
- 宣 베풀선 · 諭 깨우칠유
- 宣諭 : 임금이 유시諭示함
- 遺 전할유 · 志 뜻지
- 體 행할체 · 朕 나짐
- 躬 몸궁 · 述 말할술
- 冒 무릅쓸모 · 鋒 칼끝봉
- 鏑 살촉적 · 深 깊을심
- 賊 도둑적 · 壘 진루
- 斬 벨참 · 馘 벨괵
- 俘 사로잡을부
- 虜 사로잡을로 · 勝 이길승
- 闢 열벽 · 築 쌓을축
- 耻 부끄러울치(恥의약자)
- 獸 짐승수 · 復 돌아올복
- 厥 그궐 · 醜 더러울추
- 餘醜 : 남은무리
- 納 바칠납 · 降 항복할항
- 便 편할편 · 忍 참을인
- 頗 자못파 · 劾 캐물을핵
- 遽 급히거 · 奪 빼앗을탈
- 咎 허물구 · 庶 무리서
- 庶幾 : 바람, 바라건대

표 사 여 시　이 궁 한 리 추 장　다 수 거 란 관 직 자
表辭如是로대 而弓漢里酋長은 多受契丹官職者니

거란　이아위망언　이가책양
契丹이 以我爲妄言하야 以加責讓하리니

아 약 동 비 여 진　북 비 거 란
我若東備女眞하고 北備契丹이면

신 공 구 성　비 삼 한 지 복 야
臣恐九城이 非三韓之福也니이다

간 의 대 부 김 인 존　역 청 환 구 지
諫議大夫金仁存이 亦請還舊地라.

상　선 유 왈 양 원 수 지 벌 여 진　수 선 제 지 유 지
上이 宣諭日兩元帥之伐女眞은 受先帝之遺志하고

체 짐 궁 지 술 사　신 모 봉 적　심 입 적 루
體朕躬之述事하야 身冒鋒鏑하고 深入賊壘하야

참 괵 부 로　불 가 승 계　이 벽 천 리 지 지
斬馘俘虜를 不可勝計요 而闢千里之地하고

축 구 주 지 성　이 설 국 가 지 치　즉 기 공　가 위 다 의
築九州之城하야 以雪國家之恥하니 則其功이 可謂多矣라.

연　여 진　인 면 수 심　반 복 무 상　궐 유 여 추
然이나 女眞은 人面獸心이라 反覆無常하고 厥有餘醜하야

무 소 의 처 고　추 장　납 항 청 화　군 신　개 이 위 편
無所依處故로 酋長이 納降請和에 群臣이 皆以爲便하고

짐　역 불 인　유 사 수 법　파 유 논 핵　거 탈 기 직
朕이 亦不忍이러니 有司守法에 頗有論劾하야 遽奪其職이나

짐　종 불 이 차　위 구　서 기 유 맹 명 지 부 제 야
朕이 終不以此로 爲咎요 庶幾有孟明之復濟也니라.

윤관尹瓘(?~1111)의 묘_경기도 파주시 광탄면廣灘面 분수리汾水里에 있다. 윤관은 고려 예종 2(1107)년에 20만에 달하는 별무반을 이끌고 두만강을 넘어 여진을 정벌하여 9성城을 쌓아 고려 영토를 넓혔다. 그러나 터전을 빼앗긴 여진의 반격과 정벌을 반대한 정적들의 요구 때문에 동북 9성이 반환되었다. 이 일로 말미암아 하야한 윤관은 정계에 나가지 않았다.

高麗國本紀

서 성을 쌓는다'고 하였습니다. 표문의 내용이 이러하나 궁한리 추장은 거란의 관직을 많이 받은 자이니 거란은 우리 주장을 망언이라 책망할 것입니다. 이제 우리가 만약 동쪽으로 여진을 방비하고, 북쪽으로 거란을 방비한다면, 신은 9성이 우리 삼한三韓에 복이 되지 않으리라 생각하옵니다."

간의대부 김인존金仁存* 역시 옛 땅을 돌려줄 것을 청하였다.

임금(16세 예종)께서 유시諭示하셨다.

"두 원수*가 여진을 친 것은 선제先帝(15세 숙종)의 유지*를 받고, 짐이 몸소 말한 일을 행한 것이니라.

몸소 적의 칼끝과 화살을 무릅쓰고 적진에 깊이 들어가서 베고 포로로 잡은 자의 수가 이루 헤아릴 수 없이 많고, 천 리 땅을 개척하고 9주州에 성을 쌓아 국가의 치욕을 씻었으니 그 공은 가히 크다 하리로다.

그러나 여진은 인면수심으로 그 변덕이 심하다. 그 남은 무리가 의지할 곳이 없으므로 추장이 항서를 바치고 화친을 청해 오니, 신하들이 모두 편하게 여기고, 짐 또한 차마 하지 못하겠도다.

유사有司가 법을 따져서 자못 탄핵하는 말이 많으므로 급히 그들의 직책을 박탈하려 하나, 짐은 끝까지 이를 허물로 삼지 아니할 것이다. 맹명시孟明視가 다시 황하를 건너 공을 세운 것⁶)과 같이 하기를 바라노라."

* 김인존金仁存: 이 책에서 김연金緣과 김인존金仁存을 다른 사람으로 기록하였으나 『고려사』「열전」을 보면 김인존의 처음 이름이 김연이므로 같은 사람이다.

* 두 원수: 도원수 윤관과 부원수 오연총을 말한다.

* 고려 15세 숙종은 속국으로 있던 여진이 점점 강성해지는 것을 보고 이를 정벌하려는 뜻을 가지고 있었다. 그러나 당시 14세 현종玄宗의 잔당이 내란을 일으킬까 두려워 군사를 일으키지 못하고 망설이다가 죽을 때에 여진을 정벌하라는 밀지密旨를 예종과 윤관 등에게 내렸다.

사당에 모셔진 영정

윤관의 동북 9성 척경비 건립도

女眞에게 땅을 돌려주다

睿宗文孝大王四年秋에 撤九城하야 還女眞舊地하니라.

先是에 女眞이 使裹弗史顯等하야 入朝奏曰

昔에 我太師盈歌가 嘗言我祖宗이 出自大邦하니

至于子孫하야 義當歸附가 可也라 하더니

今太師烏雅束이 亦以大邦으로 爲父母之國이러니

至甲午年間하야 弓漢村人이 自作不靖이나

本非太師之指揮라 國朝鳴罪討之나 復許修好故로

我信之하야 不絶朝貢이러니 去年에 大擧하야 殺我耄倪하며

築置九城하야 使子遺之民으로 靡所止歸하니

- 睿 지혜스러울 예
- 撤 걷을 철
- 使 사신 사
- 弗 아닐 불
- 奏 아뢸 주
- 歌 노래 가
- 邦 나라 방
- 歸 돌아올 귀
- 雅 우아 아
- 村 마을 촌
- 指 손가락 지
- 鳴 말할 명
- 復 다시 부
- 修好: 친절하게 지냄, 나라와 나라가 사이좋게 지냄
- 絶 끊을 절
- 朝貢: 종속국이 종주국에 때를 맞추어 예물을 바치던 일
- 去年: 지난해, 작년
- 擧 들 거
- 大擧: 대군을 일으킴
- 耄 늙은이 모
- 倪 어릴 예
- 孑 외로울 혈, 남을 혈
- 靡 없을 미
- 還 돌아올 환
- 裹 낭창거릴 요
- 顯 나타날 현
- 盈 찰 영
- 嘗 일찍이 상
- 當 마땅 당
- 附 붙을 부
- 束 묶을 속
- 靖 편안할 정
- 揮 지휘할 휘
- 討 칠 토
- 許 허락할 허
- 止 그칠 지

高麗國本紀

여진에게 땅을 돌려주다

예종 문효文孝대왕 4년(단기 3442, 1109) 가을에, 9성에서 철수하고 여진의 옛 땅을 돌려주었다.

이에 앞서 여진이 요불褭弗, 사현史顯 등을 보내 조정에 들어와 이렇게 상주하였다.

"옛날에 저희 태사 영가盈歌*께서 일찍이 말하기를, '우리 조종은 **대국(고려)에서 출생**하였으니[7] 자손 대에 이르러서도 마땅히 귀부歸附함이 옳을 것이라'고 하였습니다. 지금 태사 오아속烏雅束*께서도 역시 **대국(고려)을 부모의 나라**로 삼고 있습니다. 갑오 연간에 이르러 궁한촌 사람들이 스스로 난리를 일으켰으나, 본래 태사가 지휘한 일이 아니었습니다. 국조國朝(고려)에서는 죄를 물어 이들을 토벌하였으나 다시 수호를 허락하셨기 때문에 저희는 이를 믿고 조공을 끊지 않았습니다. 그러다가 작년에 군사를 크게 일으켜 저희 늙은이와 어린아이들을 죽이고 9성을 쌓아 외로이 남은 백성으로 하여금 돌아갈 곳이 없게 하였습니다. 이에 태사가 저희를 보내

* 영가盈歌(1053~1103) : 여진 완안부完顏部의 추장. 오고내烏古迺의 아들. 금金 건국 후 목종穆宗으로 추존됨. 완안부가 역사상 활약을 시작한 것은 오고내 때이다. 그 뒤를 이어 영가가 국자가局子街 부근에 있던 흘석열부紇石烈部의 추장 아소阿疎를 요遼로 쫓고 동남으로 진출하고, 숙종 7년(1102) 고려에 사신을 보내 조공하였다. 그 후 세력이 강해지자 간도間島 지방을 점령하고 다시 남하하여 갈나전曷懶甸(함경도)까지 세력을 뻗쳤다.

* 오아속烏雅束 : 여진 완안부의 추장. 여진 말로는 우야소. 핵리발劾里鉢의 아들이며, 금金나라 태조 아골타阿骨打의 형이다. 숙부 영가의 뒤를 이어 추장이 되었다.

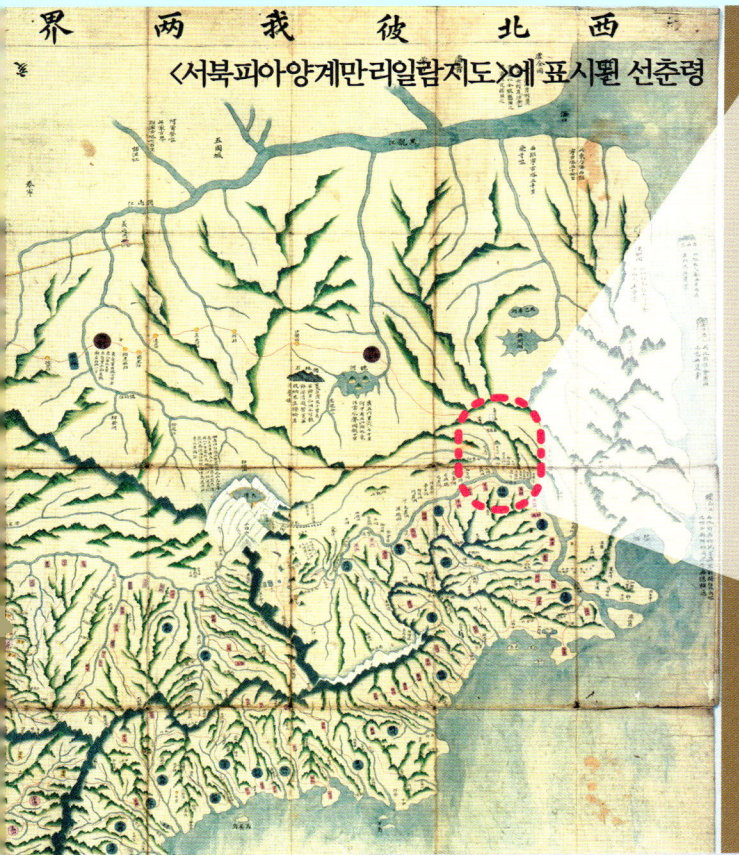

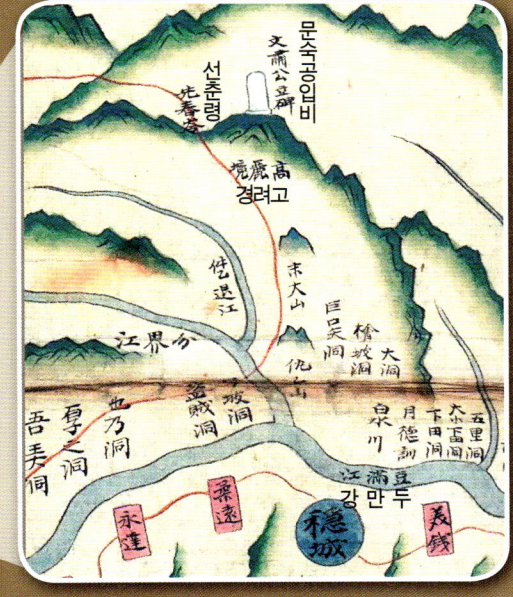

조선시대 지도. 윤관이 여진족을 몰아내고 영토를 넓힌 북쪽 경계인 선춘령이 두만강 북쪽 목단강 근처에 표시되어 있다. 또 선춘령은 오늘날의 수분하綏芬河 유역, 공험진은 경박호 북쪽의 영고탑 부근으로 보기도 한다. 지도에서 윤관의 척경비가 있다고 표시한 것은, 윤관이 9성을 쌓고 여러 곳에 세운 척경비 중에서 선춘령에 세운 것이 가장 잘 알려져 있기 때문으로 본다.

太師遣我하야 來請還地云云이라

又會宰樞·臺省·知製誥·侍臣·都兵馬判官과

及文武三品以上하사 更議還九城可否하신대

皆曰可라

高麗의 國境, 滿洲 先春嶺

舊史에 云

「兩將軍이 立碑於先春嶺曰至此爲高麗之境이라 하니

先春嶺은 在豆滿江七百里外松花江近地云이라」 하니라.

9. 高麗의 北方領土

尹彦頤의 自解表

廣州牧尹彦頤 自解表에 云

「及睹中軍所奏하니 曰彦頤가 與鄭知常으로 結爲死黨하야

大小之事를 實同商議하고 在壬子年西幸時에

請立元稱號라 하고 又諷誘國學生하야 奏前件事하니

盖欲激大金하야 生事乘間하야 恣意處置오

朋黨外人하야 謀爲不軌하니 非人臣意라 하니

臣이 讀過再三然後에 心乃安繄하니이다.

是立元之請은 本乎尊主之誠이니

在我本朝하야 有太祖光宗之故事하고 稽其徃牒에

雖新羅渤海가 以得爲之나 大國이 未嘗加兵하고 小國이

어 땅을 되돌려 주실 것을 청원하게 하신 것입니다."

또 재추[宰樞]*, 어사대* 판사御史臺 判事와 중서문하성* 성재省宰*, 지제고知製誥*, 시신侍臣, 도병마판관과 문무 3품 이상을 소집하여 다시 9성을 돌려주는 것에 대하여 가부를 물으니 모두 돌려주는 것이 좋다고 하였다.

고려의 국경, 만주 선춘령

옛 사서에는, "두 장군이 선춘령에 비를 세우고 '이곳이 고려의 경계이다' 라고 하였다. **선춘령***은 두만강에서 700리 밖, 송화강 근처 땅에 있다"라고 하였다.

9. 고려의 북방영토

윤언이의 자해표

광주목廣州牧 윤언이가 자신의 억울함을 해명하는 글[自解表]*을 올려서 이렇게 주장했다.

"중군中軍(김부식)이 아뢴 바를 보면, '언이가 정지상과 결탁하여 사당死黨을 지어 크고 작은 일을 함께 의논하였다' 하고, '임자(단기 3465, 1132)년에 임금께서 서경으로 순행하셨을 때 아국이 독자적으로 **건원칭제**建元稱帝하기를 청하였다' 하며, 또 '국학생을 넌지시 꾀어 앞의 일(건원칭제)을 상주하게 하였는데, 대개 그 의도는 대국인 금나라를 격노시켜 일을 일으키고 틈을 타서 자의로 (반대자들을) 제거한 후 외인과 붕당을 만들어 반역을 꾀하고자 한 것이니, 이는 신하된 도리가 아니다' 라고 하였습니다. 신이 이 글을 두세 번 거듭하여 읽고 난 뒤에야 비로소 마음이 안정되었습니다.

신이 건원칭제를 청한 것은 임금을 받드는 충정에 근본을 둔 것이옵니다. 본조(고려)에도 '**태조와 광종의 고사**'*가 있고, 옛 기록을 상고해 보면 신라와 발해가 비록 연호를 만들어 썼으나 주변 대국이 일찍이 이를 문제 삼아 군사를 일으키지 않았고, 작은 나라

---

* **재추**宰樞: 고려 시대에 재부宰府인 중서문하성中書門下省(백관의 서무를 관장)과 추밀원樞密院(군기軍機를 관장)을 가리키던 말로 이 양부兩府가 합좌해 국가의 중요 정책을 의논하고 결정했다.

* **어사대**御史臺: 고려 시대 때 정치의 잘잘못을 논의하고 풍속을 교정하며 백관을 규찰하고 탄핵하는 일을 맡은 관청.

* **중서문하성**中書門下省: 고려 시대 국정을 총괄하던 최고 정책결정 기관.

* **성재**省宰: 고려 시대 내사성內史省·문하성門下省·상서성尙書省 등에 소속된 2품 이상의 관리.

* **지제고**知制誥: 고려시대의 관직으로 조서詔書·교서敎書 등을 작성하는 일을 맡았다.

* **선춘령**先春嶺: 윤관 장군이 여진을 정벌하고 쌓은 9성의 영역에 대해 『고려사』「지리지」에는 "두만강 밖 7백 리 선춘령에 '이곳에 이르러 고려의 국경을 삼는다[至此爲高麗之境]'는 7자의 글자를 새긴 윤관의 비가 있다"라고 하였다. 『세종실록지리지』에도 "공험진公險鎭이 두만강 북쪽 7백 리, 선춘령이 두만강 동북 7백 리"라고 하여, 고려 9성이 두만강을 넘어 만주 깊숙이 있다는 『태백일사』의 기록과 일치한다. 그런데 식민사학자들은 이 동북 9성을 함흥 일대로 대폭 축소해 놓았다.

* **자해표**自解表: 자명표自明表라고도 한다.

* **태조와 광종의 고사**: 건원建元 칭제稱帝한 사실을 말한다. 태조 왕건은 '고구려의 정통 정신과 법통을 이은 후계자'란 뜻에서 국호를 고려라 하고, 연호를 천수天授라 하였다. 또한 4세 광종光宗은 개경開京을 황도皇都라 고치고, 광덕光德·준풍峻豊이라는 연호를 사

▸敢 감히 감	
▸奈 어찌 내	▸僭 참람할 참
▸嘗 일찍이 상	▸若 만약 약
▸夫 발어사 부	▸結 맺을 결
▸激 격할 격	▸怒 노할 노
▸甚 심할 심	▸焉 어조사 언
▸相坐 : 서로 내용이 연결됨	
▸假使 : 가령, 만일	
▸强 군셀 강	▸敵 원수 적
▸侵 침노할 침	▸疆 지경 강
▸惟 오직 유	▸禦 막을 어
▸遑 급할 황	▸安 어찌 안
▸未遑 : 미처 겨를 내지 못함	
▸乘 탈 승	▸指 가리킬 지
▸朋黨 : 이념과 이해利害에 따라 이루어진 집단	
▸誰 누구 수	▸敗 패할 패
▸且 또한 차	▸容 얼굴 용
▸恣 방자할 자	▸意 마음 의
▸恣意 방자한 마음씨	
▸謀 꾀할 모	
▸賴 의지할 뢰, 힘입을 뢰	
▸聖知 : 통하지 않는 것이 없는 뛰어난 지혜, 성인의 지혜(=聖智)	
▸弱 약할 약	▸質 바탕 질
▸征 칠 정	▸役 부릴 역
▸忘 잊을 망	▸衛 호위할 위
▸義分 : 뜻이 분명한 일	
▸勤 부지런할 근	▸勞 일할 로
▸道 말할 도	
▸留 머무를 류	
▸寵 사랑할 총	▸徐 천천히 서
▸彦 선비 언	▸進 나아갈 진
▸表 표문 표	▸欲 바랄 욕
▸慈 사랑 자	▸悲 슬플 비
▸鴨 오리 압	▸綠 푸를 록
▸內 몰래 내	▸附 붙을 부
▸內附 : 한 나라가 다른 나라 안으로 붙음	
▸睿 지혜스러울 예	
▸朔 초하루 삭	▸聞 들을 문
▸遼 요나라 료	▸遠 멀 원
▸抱 안을 포	▸攻 칠 공
▸盡 다할 진	▸遣 보낼 견
▸都 도읍 도	▸錄 기록할 록
▸邵 성씨 소	▸億 억 억
▸統 거느릴 통	▸辭 사양할 사
▸受 받을 수	▸撒 뿌릴 살
▸喝 꾸짖을 갈	

無敢議其失이어늘 奈何聖世에 反爲僭行이니잇가.

臣嘗議之하니 罪則然矣어니와 若夫結爲死黨과 激怒大金은

語言이 雖甚大焉이나 本末이 不相坐하니 何則이니잇고

假使强敵이 來侵我疆이면

夫惟禦之未遑이어늘 安得乘間而用事리잇가

其指朋黨者가 誰氏며 其欲處置者가 何人이니잇고

衆若不和면 戰之則敗하야

且容身之無地어늘 何恣意以爲謀리잇가

有賴聖知하야 重念컨대 臣이 以至弱之質로

從西征之役하야 忘身以衛其國하니 乃義分之當然이로대

成事는 皆因於人하니 何勤勞之足道리잇가」하니라.

『金史』에서 전하는 趙位寵의 亂

金史에 曰「世宗大定十五年九月에

高麗西京留守趙位寵이 遣徐彦等하야 進表하고

欲以慈悲嶺以西와 鴨綠江以東으로 內附한대 不許라」하니라.

睿宗의 領土回復意志

高麗史에 曰「睿宗 十一年 三月 乙未朔에

上이 聞遼의 來遠·抱州二城이

爲女眞所攻하야 城中食盡이어시늘 遣都兵馬錄事邵億하사

送米一千石하신대 來遠統軍이 辭不受라.

八月庚辰에 金將撒喝이 攻遼來遠·抱州二城하야

는 감히 그 과실을 따져 의논조차 하지 않았습니다. 어찌 지금의 성세聖世에 이것이 도리어 참람한 행동이라 할 수 있겠사옵니까?

신이 일찍이 이 문제를 의논한 바 있으니, 죄라면 이것이 죄일 것입니다. 사당死黨을 지었다거나 대금大金을 격노시키려 했다는 말은 비록 엄청나나 본말本末이 서로 맞지 않사옵니다.

왜냐하면 가령 강한 적이 우리 강토를 침략하면 막아 내기에 겨를이 없을 터인데 어찌 틈을 타서 일을 처리할 수 있겠습니까? 대체 그 붕당이라 지목한 자는 누구이며, 제거하고자 한 자는 어떤 인물이옵니까?

무리가 만약 화합하지 못한다면 싸우더라도 곧 패하여 몸 둘 곳조차 없을 터인데, 어찌 방자한 뜻을 품어 그런 일을 꾀하겠습니까?

임금님의 명철하심을 믿고 거듭 생각하건대 신은 지극히 나약한 자질로써 서경 정벌의 전역戰役(서경전역西京戰役)*에 종사하여 제 몸을 잊고 나라를 지켰사옵니다. 이것은 마땅한 도리입니다. 서경 정벌의 성사는 모두 다른 사람의 힘에 의한 것이니, 이제 제가 무슨 고생을 했다고 족히 말할 수 있겠사옵니까?"

『금사』에서 전하는 조위총의 난

『금사金史』*에 이렇게 기록되어 있다.

> 세종 대정大定 15년(단기 3508, 1175) 9월에, 고려 서경유수 조위총趙位寵*이 서언徐彦 등을 보내 표를 올려 자비령 서쪽과 압록강 동쪽 땅을 가지고 내부內附하려 했으나 허락하지 않았다.

예종의 영토회복 의지

『고려사高麗史』[8]에 이렇게 기록되어 있다.

> 예종 11년(단기 3449, 1116) 3월 을미 초하루에, 임금께서 요나라의 내원來遠과 포주抱州* 두 성城이 여진에게 공격 당해 성중에 식량이 다 떨어졌다는 말을 전해 듣고, 도병마록사 소억邵億을 시켜 쌀 1천 석을 보내셨다. 그러나 내원성의 통군統軍이 사양하고 받지 않았다.
>
> 8월 경진에, 금나라 장수 살갈撒喝이 요나라의 내원과 포주 두 성을

용하여 당시 급변하는 국제정세에 자주적으로 대처하는 '건원칭제의 황제국'임을 내외에 과시했던 것이다.

* **서경전역西京戰役**: 묘청의 서경천도 운동으로 인한 전투. 단재 신채호는 『조선상고문화사』에서 이 사건을 '조선 역사상 1천 년 이래 제일 대사건'이라 했다. 그는 독립당 대 사대당의 싸움이며, 진취사상 대 보수사상의 싸움이니, 만일 묘청이 승리하였더라면 조선사가 독립적·진취적 방면으로 진전하였을 것이라 하며 김부식의 승리를 통탄했다.

* **『금사金史』**: 1343년에 원나라의 탈탈脫脫 등이 칙명을 받들어 편찬한 금(1115~1234)나라의 정사正史. 「고려전」이 들어 있어 고려사 연구에 참고가 된다.

* **조위총趙位寵**: 정중부·이의방을 치고자 반란을 일으킨 인물. 1174년(명종 4) 병부상서 겸 서경유수인 조위총이 임금을 폐위하고 문신을 학살하여 전횡을 일삼던 '무신의 난'(1170)의 주역인 정중부·이의방을 타도하고, 자신과 서경(평양)인의 세력을 펴기 위해 반란을 일으키자 절령岊嶺 이북 40여 성이 내응하였다. 조정에서 여러 차례 토벌군을 보내 치자 불리해진 조위총은 금金나라에게 절령 이북 40성을 가지고 내부內附한다는 조건으로 응원군을 요청했으나 뜻을 이루지 못하고 거사에 실패하고 말았다.

* **내원來遠과 포주抱州**: 지금의 요령성 봉성현鳳城縣·단동시丹東市 지역. 고려의 국경 너머 압록강변에 위치. 현재 번역된 『고려사절요』에 내원성來遠城은 압록강의 검동도黔同島, 포주성抱州城은 평북 의주라 하였다.

▸幾 거의 기	▸陷 빠질 함
▸耶 아버지야	▸律 법 률
▸寧 편안할 녕	▸帥 거느릴 솔
▸逃 달아날 도	▸曒 휠 교
▸招 부를 초	▸諭 깨우칠 유
▸招諭: 불러서 타이름	
▸樞 지도리 추	▸馳 달릴 치
▸箚 차자 차	▸諫 간할 간
▸奏 아뢸 주	▸彼 저 피
▸求 구할 구	▸旨 뜻 지
▸難 어려울 난	▸測 잴 측
▸請 청할 청	▸止 그칠 지
▸抱 안을 포	▸願 바랄 원
▸爾 너 이	▸取 취할 취

기함　　　　기통군야율녕　　　욕솔중이도
幾陷이어늘 其統軍耶律寧이 欲帥衆而逃라

상　　견추밀원지주사한교여　　　　초유
上이 遣樞密院知奏事韓曒如하사 招諭러시니

녕　이무왕지　사　교여치주
寧이 以無王旨로 辭라 曒如馳奏한대

상　욕령추밀원　　구차자송지　　　재신간관
上이 欲令樞密院으로 具箚子送之하시니 宰臣諫官이

주왈피구왕지　　기의난측　　청지지
奏曰彼求王旨하니 其意難測이라 請止之하소서 한대

상　내견사여금　　　청왈포주　본오구지
上이 乃遣使如金하사 請曰 抱州는 本吾舊地니

원이견요　　　　금주위사자왈 이기자취지
願以見遼라 하신대 金主謂使者曰 爾其自取之하라」 하니라.

10. 李尊庇의 歷史意識과 郎家의 自主獨立 精神

▸厚 두터울 후	▸庵 초막 암
▸尊 높을 존	▸庇 덮을 비
▸景 볕 경	▸嘗 일찍이 상
▸筵 대자리 연	▸論 논할 론
▸富強: 나라의 재정이 부하고, 군사력이 강함	
▸策 계책 책	▸仍 이에 잉
▸且 또 차	▸定 정할 정
▸國是: 국가가 내세운 정책상의 기본방침	
▸甘 달 감	▸受 받을 수
▸甘受: 달게 받음	
▸屈 굽을 굴	▸辱 욕될 욕
▸圖 도모할 도	▸畏 두려워할 외
▸保 보전할 보	▸誠 정성 성
▸矣 어조사 의	▸奈 어찌 내
▸笑 웃을 소	▸何 어찌 하
▸搆 끌 구	▸怨 원망할 원
▸搆怨: 원망을 맺음	
▸室 집 실	▸變 변할 변
▸焉 어찌 언	▸恃 믿을 시
▸稱 일컬을 칭	▸忌 꺼릴 기
▸諱 꺼릴 휘	▸固 굳을 고
▸卒 갑자기 졸	▸復 돌아올 복
▸講 강구할 강	▸雖 비록 수
▸寢 멈출 침	▸聞 들을 문
▸莫 없을 막	▸韙 옳을 위
▸陳 말할 진	▸備 갖출 비

후암이존비　　고려경효왕시인야
厚庵李尊庇는 高麗景孝王時人也라

상재서연　　논자주부강지책　　　잉주왈
嘗在書筵하야 論自主富強之策이러니 仍奏曰

본국　자환단조선북부여고구려이래　개부강자주
本國이 自桓檀朝鮮北夫餘高句麗以來로 皆富強自主하고

차건원칭제지사　지아태조초　　역상행지
且建元稱帝之事는 至我太祖初하야 亦嘗行之나

이금즉사대지론　정위국시　　군신상하　감수굴욕
而今則事大之論이 定爲國是하야 君臣上下가 甘受屈辱하고

부도소이자신　　기외천보국즉성미의
不圖所以自新하니 其畏天保國則誠美矣어니와

내천하후세지소　하　차여왜구원
奈天下後世之笑에 何며 且與倭搆怨하니

만일원실이유변　　장언소시이위국
萬一元室이 有變이면 將焉所恃而爲國이리잇가.

칭제지사　위시기휘　　즉고난졸복
稱帝之事는 爲時忌諱하니 則固難卒復이로대

이자강지책　불가불강야
而自強之策은 不可不講也니이다.

주수침　　문자막불위지
奏雖寢이나 聞者莫不韙之러라.

후　우진비왜오사
後에 又陳備倭五事하니

쳐서 거의 함락할 지경에 이르자, 그곳 통군 야율녕耶律寧이 무리를 거느리고 도망하려 하였다.

임금께서 추밀원 지주사 한교여韓皦如를 보내어 야율녕을 불러 효유*하게 하셨는데, 야율녕이 임금의 전지傳旨가 없다는 이유로 거절하였다. 한교여가 급히 보고하자 임금께서 추밀원에 명하여 차자箚子를 갖추어 보내려 하셨다. 재신과 간관이 아뢰기를, "저들이 임금의 전지를 요구하는 뜻을 알기 어려우니 그만두게 하옵소서" 하였다. 임금께서 사신을 금나라에 보내어 "포주는 본래 우리 옛 땅인즉 돌려주기를 원하노라"라고 청하셨다. 금나라 임금이 아국의 사신에게 말하기를 "너희가 직접 빼앗으라"라고 하였다.

* **효유**曉喩: 깨닫도록 일러줌.

* **차자**箚子: 신하가 임금에게 아뢰는 문서 또는 상관이 아랫사람에게 보내는 공문서.

* 원문 원이견요願以見遼가 『고려사절요』에는 원이견환願以見還으로 되어 있다. 견요見遼의 요遼는 요하 지역 또는 내원·포주성을 뜻하므로 요遼·환還 둘 다 의미가 통한다.

10. 이존비의 역사의식과 낭가의 자주독립 정신

후암厚庵 이존비李尊庇(단기 3566~3620, 1233~1287)[9]는 고려 경효왕景孝王(25세 충렬왕) 때 사람이다. 일찍이 서연書筵*에서 자주와 부강의 정책을 논하고 또 이렇게 아뢰었다.

"우리나라는 **환단**桓檀·**조선**·**북부여**·**고구려 이래**로 모두 부강하였고 자주自主를 유지하였습니다. 또 **연호를 정하고 황제라 칭한 일**은 **우리 태조 때에 이르러서도 일찍이 실행**하였으나, 지금은 사대事大의 주장이 국시로 정해져 군신 상하가 굴욕을 달갑게 받아들이고 스스로 새로워지는 방법을 도모하지 않으니, 하늘의 뜻을 두려워하고 나라를 보존하는 것은 진실로 훌륭하다고 할지 모르겠으나, 천하 후세의 비웃음은 어찌하겠사옵니까? 또한 왜와 더불어 원한을 쌓고 있으니* 만약 원나라 왕실에 변고가 생긴다면 장차 무엇을 믿고 나라를 다스릴 수 있겠습니까? 황제라 칭하는 일을 이 시대에 꺼리고 기피하여 갑자기 회복하기는 진실로 곤란하나 자강自强의 계책은 강구하지 않을 수 없사옵니다."

상주한 것이 비록 채택되지는 않았지만 들은 자마다 옳다고 여기지 않음이 없었다.

뒤에 왜倭에 대비하는 다섯 가지 계책[五事]을 말했는데,

* **서연**書筵: 왕세자가 글을 배우던 곳.

* **일본과 원한을 쌓았다**: 여몽 연합군이 1274년과 1281년에 일본을 정벌한 일을 말한다.

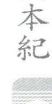

一曰詳備戶口하야 悉民爲兵이오

二曰兵農一作하고 水陸共守오

三曰積置兵糧하고 修造戰艦이오

四曰擴張水軍하고 兼習陸操오

五曰詳悉地理하고 確保人和라.

嘗有寄晦堂上人詩하니 曰

物無美惡終歸用하니 苦李誰嫌着子多오.

長息久朝天子所오 次兒新付法王家라.

移忠固是爲臣分이어늘 割愛其如出世何오.

還笑老翁猶滯念하니 有時魂夢杳天涯라.

忠烈王과 北京 蓮女 이야기

上이 在燕京하실새 惑於蓮女러시니

臨別에 手贈蓮花一朶曰

上이 歸路에 視此花若凋면 此命將盡이라 하더니

數日後에 視花하시니 花欲憔悴라

上이 恐蓮女死하사 復欲如燕이어시늘

尊庇가 請往探而回라

蓮女가 泣而獻詩 曰

相贈蓮花香하니 初來綽約紅이라.

移叢問幾日고 憔悴與君同이라.

尊庇가 恐上見詩增懷하고 代蓮女而製進 曰

첫째, 호구를 상세히 파악하여 전 백성을 병사로 만들 일,
둘째, 병·농兵農 일치의 제도를 만들고 바다와 육지를 함께 지킬 일,
셋째, 군량을 저장하고 전함을 만들 일,
넷째, 수군을 확장하고 육조陸操*도 겸하여 익힐 일,
다섯째, 지리를 상세히 알아 두고 인화人和를 확보할 일
이라 하였다.

일찍이 회당상인晦堂上人*에게 준 시 한 수가 전하니 이러하다.

> 사물은 아름다움과 추함을 떠나서 쓰임이 있나니
> 누가 쓴 오얏나무에 열매가 많다고 싫어하리오.
> 맏자식은 오랜 동안 조정에서 천자 모시고
> 둘째는 새로이 절간에 출가하였네.
> 임금께 충성함은 신하의 직분이지만
> 애착 끊고 세간을 벗어남 또한 어떠하리.
> 노옹은 오히려 체념하고 웃을 수 있으니
> 내 영혼은 꿈속에서 하늘 끝에 올라 아득히 헤매이네.

충렬왕과 북경 연녀 이야기

임금(충렬왕)께서 연경燕京(지금의 북경)에 계실 때 연녀蓮女에게 매혹되셨다.

이별할 때 연녀가 손수 연꽃 한 송이를 바치며 이렇게 말했다.
"임금께서 돌아가시는 길에 만약 이 꽃이 시든 것을 보시면 이 목숨이 장차 다할 것이옵니다."

며칠 뒤에 꽃을 보니 초췌해지고 있었다. 임금은 연녀가 죽을까 두려워 다시 연경으로 돌아가려 하셨다. 존비가 가서 살펴보고 오겠다고 자청하여 연녀를 찾아갔다. 연녀가 울며 시를 바치니 이러하였다.

> 연꽃 향기를 서로 주고 받으니, 처음에는 붉은 빛 아리따웠네.
> 꽃을 드린 지 며칠 지나니, 시든 모습 님과 같사옵니다.

존비는 임금이 시를 보시면 연녀를 더욱 그리워할 것을 우려하여 연녀 대신 시를 지어 올렸다.

* 육조陸操: 육군을 부림, 즉 해전뿐만 아니라 지상 전투에 대비하여 육군도 잘 길러야 한다는 뜻.

* 회당상인晦堂上人: 고성 이씨 족보에는 이암李嵒의 셋째 아우 이징李澄(이존비의 손자)이 출가하여 회당화상晦堂和尙이라 했고, 이 시를 직접 지었다고 하였다. 또 고성 이씨 파보에는 이존비의 둘째 아들 이복구李復丘가 출가하였는데, 회당晦堂에게 이 시를 주었다고 하였다. 그러나 이 시의 작자는 이존비이다. 이존비는 4남 3녀를 두었고, 둘째 아들 복구復丘가 수선사修禪社(지금의 순천 송광사)의 원오국사圓悟國師 천영天英에게 출가하여 뒤에 각진국사覺眞國師가 되었다. 회당은 원오국사의 자호字號로 이존비가 자기 아들의 스승에게 이 시를 지어 보낸 것이다. 원오국사(즉 회당 천영)는 송광사 16국사 중 5세 조사로, 1215년에 태어나 1286년까지 72세를 살았다. 42세 때 4세 조사 진명국사眞明國師를 이어 조계산을 맡아 선풍禪風을 크게 떨쳤고, 고종, 원종, 충렬왕에게 큰 존경을 받았다. 또 도덕과 인품이 천하에 알려져 종실, 귀척(왕의 인척), 경, 사대부 등이 달려와 참례參禮하여 승속에 제자들이 넘쳐났다고 한다.

 충렬왕이 연경에 있을 때 원나라(몽고)가 왕의 마음을 회유하기 위하여 연녀라는 기생을 접근시켰다. 결국 충렬왕은 연녀에게 매우 빠지게 되었는데, 후암 이존비가 원나라의 속셈을 알고 환국하기를 여러 번 주청하여 돌아오게 되었다.

這痴漢這痴漢아 勿留輦勿留輦하라.
此身便如蓮葉珠하니 彼邊轉處此邊圓이라.
上이 見詩大怒하사 遂還國하시니라.

李尊庇의 죽음

後에 上이 恨蓮女不已어시늘 尊庇가 乃奏曰 臣於伊時에
急於奉還하야 不得已權辭하니 請伏欺罔之誅하노이다.
上이 怒하사 削官謫文義러시니
太子及朝臣이 反復啓解之하고
上이 亦悔悟하사 復官召還이러시니 使者未至에 尊庇卒이라
訃聞에 上이 震悼輟朝하시고
太子가 臨喪曰
李尊庇는 正直하야 邦家司直이러니 何夭如是乎아
仍命葬用王禮하시고 遂以荊江之上으로
環其山四里하사 封之하시니 至今洞曰王墓오 里曰山四라.

11. 李嵒의 歷史意識과 高麗 權臣의 事大主義

杏村李侍中嵒이 嘗疏沮權臣輩가
欲廢國號而請立行省之議하니 其疏에 畧曰
「天下之人이 各以其國爲國하고 各以其俗爲俗하니

이 어리석은 사람아! 이 어리석은 사람아!
수레를 멈추지 마오. 수레를 멈추지 마오.
이 몸은 연잎에 맺힌 이슬 같나니
저쪽 이쪽 둥글게 굴러다닌다오.

임금이 시를 보고 크게 노하여 마침내 환국하셨다.

이존비의 죽음

뒤에 임금이 연녀에 대한 원망을 그치지 않으시므로 존비가 아뢰었다.

"신이 그때 모시고 돌아오기를 급히 서두르려고 부득이 거짓으로 시를 지어 올렸으니 바라옵건대 임금을 속인 죄에 벌을 내려 주시기를 엎드려 비옵니다."

임금이 노하여 관직을 빼앗고 문의文義로 귀양을 보내셨다.

태자(충선왕)와 조정 대신들이 풀어주시기를 반복해서 주청하였다. 임금 역시 후회하여 다시 복직시켜 소환하셨으나, 사자가 이르기 전에 존비가 이미 숨을 거두었다. 임금은 부음을 전해 듣고 몹시 슬퍼하여 조회를 폐하셨다.

태자가 장례에 임하여 말하였다.

"이존비는 정직한 나라의 직신直臣인데 어찌 이같이 요절한단 말인가?"

이에 임금께서 왕례王禮로 장사지낼 것을 명하셨다. 마침내 형강荊江 가에 있는 산 4리를 둘러서 봉하니, 지금까지 동洞을 왕묘동王墓洞이라 부르고, 마을[里]을 산사리山四里라 부른다.

11. 이암의 역사의식과 고려 권신의 사대주의

일찍이 시중侍中 행촌 이암*이 상소하여 권신權臣 무리가 국호國號를 폐하고 행성行省*10)을 세우고자 하는 의논을 저지하였다. 그 상소문은 대략 이러하다.

하늘 아래 모든 사람은 각기 자신이 살고 있는 나라를 조국으로 삼

* **이암**李嵒(1297~1364): 『단군세기』의 저자. 초명은 군해君侅, 호는 행촌杏村, 시호는 문정文貞. 『태백일사』를 저술한 이맥의 현조부.
* **행성**行省: 원나라가 고려의 내정을 간섭하기 위해 설치한 정동행성征東行省을 말한다.

國界를 不可破也며 民俗을 亦不可混也니이다.

況我國이 自桓檀以來로 皆稱天帝之子하고

行祭天之事하니 自與分封諸侯로 元不相同이오

今雖一時爲人轅下나 旣有魂精血肉하야

而得一源之祖하니

是乃神市開天과

三韓管境之爲大名邦於天下萬世者也니이다.

我天授太祖는 以創業之資로

承高句麗多勿立國之餘風하사 平定宇內하시고

國聲大振也러니 間有强隣이 乘以作暴하야

幽營以東이 尙未歸我하니 則此君臣이 日夜奮振하야

謀所以自主富强之策이어늘

敢有潛淸輩之大姦慝하야 逞能陰謀하니

我國雖小나 國號를 何可廢也며

主勢雖弱이나 位號를 何其降也리잇가.

今此之擧는 皆奸小之輩之出於逋逃오

而非國人之公言也니 宜請都堂하야 嚴治其罪하소서.」

杏村 李嵒의 三大 著書

杏村侍中이 有著書三種하니

其著檀君世紀하야 以明原始國家之體統하고

又著太白眞訓하야 紹述桓檀相傳之道學心法하고

고 제 풍속으로 민속을 삼으니, 나라의 경계를 깨뜨릴 수 없으며 민속 또한 뒤섞이게 할 수 없는 일이옵니다. 하물며 우리나라는 **환·단桓檀(환국-배달-고조선) 시대 이래로 모두 천상 상제님의 아들(천제자天帝子, 天子)이라 칭하고 하늘에 제사를 지냈습니다.** 그러니 자연히 분봉을 받은 제후와는 원래 근본이 같을 수 없습니다. 비록 지금은 일시적으로 남의 굴레 밑에 있으나 뿌리가 같은 조상[一源之祖]에게 물려받은 정신과 육신을 소유하고 있습니다. 이것으로 (배달의) **신시개천神市開天**과 (고조선의) **삼한관경三韓管境이 천하 만세에 대국으로 명성을 크게 떨치게 된 것입니다.**

우리 천수天授 태조(왕건)께서는 창업의 자질을 갖추시고, 고구려의 건국 이념인 다물 정신[11]을 계승하여 세상을 평정하시어 국가의 명성을 크게 떨치셨습니다. 간혹 이웃에 강적이 생겨 승세를 타고 횡포를 부려서 **유주幽州와 영주營州***의 동쪽이 아직도 우리에게 돌아오지 못하고 있습니다. 바로 이것이 임금과 신하가 밤낮으로 분발하여 자주와 부강의 계책을 꾀해야 하는 까닭입니다. 그런데도 **오잠吳潛과 류청신柳淸臣*** 같은 간악한 무리가 감히 멋대로 음모를 꾸미고 있는 것입니다.

우리나라가 비록 작기는 하나 어찌 고려라는 국호를 폐할 수 있으며, 임금의 힘이 비록 약하나 위호位號를 어찌 낮출 수 있겠사옵니까?

이제 이러한 거론은 모두 간사한 소인배가 죄를 감추고 도망하려는 데에서 나온 것일 뿐, 결코 나라 사람들의 공언公言이 아닌 줄로 아옵니다. 마땅히 **도당都堂***에 청하여 그 죄를 엄히 다스려야 할 것이옵니다.

* **유주幽州와 영주營州**: 고려 때의 유주는 지금의 하북성 북경 일대, 영주는 지금의 요령성 조양朝陽 일대로, 이곳은 배달·조선 이래 동방의 주인인 우리의 강역이었다.

* **오잠吳潛과 류청신柳淸臣**: 고려 후기의 간신인 오잠(1259~1336)과 류청신(?~1329)은 왕위를 노리는 심양왕瀋陽王 고暠에게 붙어 충선왕을 모함하려 했다. 또 원元의 황제에게 고려에 정동행성征東行省을 설치하고 국호를 폐하여 원나라의 내지內地와 똑같이 다스릴 것을 청하였다.

* **도당都堂**: 의정부議政府의 옛 이름.

* **시중侍中**: 고려 때 국정을 총괄하던 대신. 6세 성종成宗 때 국초國初의 내의성內議省을 내사문하성內史門下省으로 개편하면서 문하시중門下侍中을 처음 두었는 데, 뒤에 첨의중찬僉議中贊, 좌우정승左右政丞, 수문하시중守門下侍中, 수시중守侍中 등으로 개편하였다.

행촌 이암의 3대 저서

행촌 **시중侍中***이 지은 저서가 3종이 있다.

『**단군세기檀君世紀**』를 지어 시원 국가의 **체통***을 밝혔고, 『**태백진훈太白眞訓**』을 지어 환·단桓檀 시대부터 전수되어 온 도학道學과 심법心法을 이어받아 밝혔다.

* **체통體統**: 국통 맥.

733

- 桑 뽕나무 상
- 輯 모을 집
- 要 중요할 요
- 經 경영할 경
- 實 실제로 행할 실
- 務 힘쓸 무
- 靖 다스릴 정
- 牧 칠 목
- 隱 숨을 은
- 穡 거둘 색
- 序 차례 서
- 所由 : 말미암은 바
- 貲 재물 자
- 財 재물 재
- 豊 풍성할 풍
- 種 심을 종
- 蒔 모종할 시
- 孼 움 얼 (蘖의 속자)
- 備 갖출 비
- 類 무리 류
- 聚 모일 취
- 分門類聚 : 분류하여 같은 내용끼리 묶음
- 縷 자세할 루
- 析 쪼갤 석
- 縷析 : 세밀하게 분석하여 설명함
- 燭 촛불 촉
- 照 비출 조
- 燭照 : 등불처럼 밝게 비춤
- 嘗 일찍이 상
- 遊 놀 유
- 寶 보배 보
- 宿 잘 숙
- 素 횔 소
- 庵 암자 암
- 佺 신선 이름 전
- 藏 감출 장
- 奇 기이할 기
- 茗 차 싹 명
- 范 성씨 범
- 樟 녹나무 장
- 得 얻을 득
- 傳授 : 전하여 내려 옴
- 訣 비결 결
- 眞訣 : 진법眞法 또는 비결秘訣이란 뜻으로, 도道를 전하는 정수精粹의 뜻임

농상집요　내경세실무지학야
農桑輯要는 乃經世實務之學也라.

문정공이목은색　서지왈
文靖公李牧隱穡이 序之曰

범의식지소유족　자재지소유풍
凡衣食之所由足과 貲財之所由豊과

종시얼식지소유주비자　막불분문유취
種蒔孼息之所由周備者가 莫不分門類聚하야

누석촉조　실리생지양서야
縷析燭照하니 實理生之良書也라.

李嵒의 벗 李茗과 范樟

행촌선생　상유어천보산　야숙태소암
杏村先生이 嘗遊於天寶山이라가 夜宿太素庵할새

유일거사왈소전　다장기고지서
有一居士曰素佺이니 多藏奇古之書라

내여이명 범장　동득신서
乃與李茗·范樟으로 同得神書하니

개고환단전수지진결야
皆古桓檀傳授之眞訣也라.

해운당海雲堂 터_강화도 선원면 선행리에 있는 해운당은 행촌 이암이 말년에 머물면서 『단군세기』를 집필한 곳이다. 병풍바위로 알려진 곳을 찾아 들어가면 그 위로 사진에서 보는 바와 같이 또 다른 바위 앞에 터가 있는데 이곳을 해운당 터로 추정하고 있다.

高麗國本紀

『농상집요農桑輯要』는 세상을 다스리는 실무實務 관련 학문을 담은 것이다. 문정공 목은牧隱 이색李穡이 서문을 붙였다.

"무릇 입을거리와 먹을거리를 넉넉하게 하고 재물을 풍족하게 하며, 씨뿌리고 모종하고 싹을 자라게 하는 방법을 분야별로 나누고 같은 것끼리 묶어 자세히 분석하고 촛불이 비추는 것처럼 명료하게 기록하였다. 진실로 백성을 다스리는 데 좋은 책이 되리라."

※ 이색李穡(1328~1396): 고려 말의 대학자. 호는 목은牧隱, 시호는 문정文靖. 포은圃隱 정몽주, 야은冶隱 길재와 함께 삼은三隱의 한 사람이다.

이암의 벗 이명과 범장

행촌 선생이 일찍이 천보산天寶山에서 유람을 하다가 밤에 태소암太素庵에서 묵게 되었다. 그곳에 소전素佺이라 하는 한 거사가 기이한 옛 서적[奇古之書]을 많이 가지고 있었다.

이에 **이명李茗, 범장范樟**과 함께 신서神書를 얻었는데, 모두 **환단 시절부터 전해 내려온 역사의 진결**[桓檀傳授之眞訣]이었다.

※ 천보산: 경기도 양주군 회천면檜泉面 회암리檜巖里에 있다.

※ 이명李茗, 범장范樟: 이명은 청평清平 사람이다. 『진역유기震域留記』를 저술하였는데, 이 책은 조선 숙종 때 북애北崖에 의해 발견되어 『규원사화』의 저본이 되었다. 범장의 초명은 세동世東, 자는 여명汝明, 호는 복애伏崖로 전라도 금성錦城 (지금의 나주) 사람이다. 『북부여기』를 지었다.

청평산清平山_춘천시 북산면北山面 청평리에 있는데 경운산慶雲山으로도 불렸고, 현재 오봉산五峰山으로 불린다. 청평산인清平山人 이명李茗이 은거하던 산이다. 이명은 『청학집青鶴集』에 따르면 선도仙道를 연마하던 도인이다. 이암도 57세 때 관직을 사퇴하고 이곳에서 잠시 은거했다.

735

三神의 原理로 傳한 眞理의 道言

其通脫博古之學이 卓然有所可稱이오

而其叅佺修戒之法이 盖凝性作慧하고 凝命作德하고

凝精作力하야 其在宇宙而三神長存하시고

其在人物而三眞不滅者는 當與天下萬世之大精神으로

混然同其體而生化無窮也라.

先生이 曰 道在天也에 是爲三神이시오

道在人也에 是爲三眞이니 言其本則爲一而已라

惟一之爲道오 不二之爲法也니

大哉라 桓雄이시여 首出庶物하사

得道天源하시며 立敎太白하시니

神市開天之義가 始大明於世矣라

今吾輩가 因文求道하고

叅佺受戒하야 尊吾敎而未發하고

又聞百途而難會하니 老將及矣가 可恨哉로다.

先生이 以侍中致仕하고 退去江都之紅杏村하야

自號爲紅杏村叟하고 遂著杏村三書하야 藏于家라.

李嵒의 神敎觀

獻孝王後五年三月에

杏村李嵒이 以命으로 祭天于塹城壇할새

謂白文寶曰 賴德護神이 一存信念이오

高麗國本紀

삼신의 원리로 전한 진리 말씀〔道言〕

세속의 자질구레한 일에 얽매이지 아니하고 고사古史에 박식한 행촌의 학문은 그 뛰어남이 칭찬 받을 만하였다. 그 **참전參佺의 계율을 닦는 법도**는 삼신으로부터 받은 성품[性]을 응결시켜 지혜[慧]를 이루고, 삼신으로부터 받은 **생명**[命]을 응결시켜 덕德을 이루며, 삼신으로부터 받은 정기[精]를 응결시켜 힘[力]을 이루는 것이다.

우주에 삼신三神이 영원히 존재하시고 인물에 삼진三眞이 불멸하는 것은, 마땅히 하늘 아래 **영원한 대정신**(우주정신)과 혼연일체가 되어 **생성과 변화가 무궁**하기 때문이다.

선생이 말하였다.

"도가 하늘에 있으면 삼신이 되고, 도가 사람에게 있으면 삼진이 된다. 그 근본을 말하면 오직 하나일 뿐이다. 오직 하나인 것이 도요, 둘이 아닌 것이 법이다.

위대하도다 환웅천황이시여! 뭇 사람 중에 먼저 나와 천도의 근원을 체득하시고 **대광명의 가르침**[神敎]을 세우시니, 신시개천의 의미가 비로소 세상에 크게 밝아졌도다.

지금 우리는 글을 통해 도를 구하고, **전佺에 참여하여 계戒를 받아** 우리의 가르침을 받들고 있으나, 아직도 계발하지 못하고 있다. 또 온갖 가르침을 듣는다 해도 여전히 이해하기 어렵나니, 늙어감이 한스럽도다!"

선생은 시중 벼슬에서 물러나 강화도[江都]* 홍행촌에 들어가 스스로 호를 홍행촌수紅杏村叟라 하고, 마침내 행촌 삼서杏村三書*를 저술하여 집에 간직해 두었다.

이암의 신교관

헌효왕獻孝王(28세 충혜왕의 시호) 복위 5년(단기 3677, 서기 1344) 3월에, 행촌 이암이 어명을 받아 참성단에서 천제를 드릴 때 백문보白文寶※에게 이렇게 말하였다.

"덕으로 신을 수호하는 것은 오직 믿음에 있고, 영재를 길러 국가를 지키는 일은 그 공이 서원을 세우는 데 있느니라.

---

* **강도江都**: 지금의 강화江華에 옮긴 도읍을 일컫는 말. 몽고의 침입으로 도읍을 강화로 옮겼는데, 고종 19(1232)년 6월부터 원종元宗 11(1270)년 5월 환도還都할 때까지 39년 동안 임시 수도였다. 이곳으로 수도를 옮긴 후부터 이 이름이 생겼다.

* **행촌 삼서杏村三書**: 『단군세기檀君世紀』, 『태백진훈太白眞訓』, 『농상집요農桑輯要』를 말한다.

※ **백문보白文寶**(1303~1374): 고려 공민왕 때의 충신. 우왕의 사부師傅. 1374년에 직산군稷山君 백문보가 공민왕에게 올린 상소문에는 "우리 동방은 단군으로부터 지금에 이르기까지 이미 3,600년이 지나〔吾東方, 自檀君至今, 已三千六百年〕"(『고려사절요』 권29, 공민왕 23년 12월 조)라는 구절이 있어, 단군조선을 명백한 실존 역사로 인정하였음을 보여 준다.

養英衛國이 功在發願이라

乃神依人하고 人亦依神하야 而民而國이 永得安康이라.

祭天之誠은 竟歸報本하니

其求人世에 敢可忽諸아.

12. 人物 鄭之祥

鄭之祥은 河東人也라. 因其妹하야 徃來于元이러니

值敬孝王入侍하야 隨從有勞라

及王卽位하야 驟選至監察持平이나 不諳事理라

嘗爲全羅道按廉使하야 入境하야 遇勢家所使하면

輒搒掠徇示諸郡하니 一道寒心이라.

埜思不花는 本國人也라 在元에 有寵於順帝오

其兄徐臣桂는 爲六宰하고 弟應呂는 爲上護軍하야

依勢作威福하니 國人이 畏之라

不花가 降香으로 至本國하야 所至縱暴하니

存撫按廉이 多被辱罵나 莫不違忤오.

至全州어늘 之祥이 迎候恭謹이로대

不花가 待遇甚倨하고 伴接使洪元哲이 有求於之祥이나

之祥이 不聽이러니 元哲이 激怒不花曰

之祥이 慢天使라 하니 不花가 繫縛之라.

之祥이 忿恚大叫하야 給州吏曰

신은 사람에게 의지하고, 사람 역시 신에게 의지하여야[神依於人, 人依於神] 백성과 국가가 길이 편안함을 얻게 되는 것이다.

하늘에 제사 드리는 정성은 결국 근본에 보은報恩하는 정신으로 돌아감이니, (그 길을) 인간 세상에서 찾음에 어찌 감히 소홀히 할 수 있겠느냐?"

12. 인물 정지상

정지상鄭之祥은 하동 사람이다. 누이동생으로 인해 원나라에 왕래하다가 경효왕敬孝王(공민왕의 시호)을 만나 대궐에 들어가 수종 들며 공로가 있었다. 임금이 즉위하자 곧바로 뽑혀서 감찰지평監察持平*에 이르렀는데 일을 처리함에 큰 소리를 내지 않았다 [不譖事理].*

일찍이 전라도 안렴사按廉使*가 되어 경내에 들어가, 세도가가 권세를 부리는 것을 보면 즉시 잡아다가 매질하고 문초하여 모든 군에 알리니 온 도道 사람의 마음이 섬뜩하였다.

야사불화埜思不花*란 자는 본국(고려국) 사람인데, 원나라에 들어가 순제順帝에게 총애를 받았다. 그 형 서신계徐臣桂는 육재六宰*가 되었고, 아우 응려應呂는 상호군上護軍이 되어 세력을 믿고 위세가 당당하게 복을 누리던 터라 나라 사람들이 두려워하였다.

불화가 강향사降香使라는 직함을 받고 본국에 와서는 가는 곳마다 방종과 횡포를 일삼았다. 이때 존무사存撫使와 안렴사가 많은 치욕을 당하고 욕을 먹었지만 감히 거슬러서 어길 수 없었.

전주에 이르자 지상이 기다렸다가 공손하게 맞이하였으나, 불화는 심히 거만하게 대하였다. 반접사伴接使 홍원철洪元哲이 지상에게 뇌물을 요구했으나 지상이 듣지 않았다. 원철이 격노하여 불화에게 "지상이 천자의 사신을 업신여긴다"라고 하자, 불화가 지상을 결박하였다.

지상이 분노하여 크게 소리지르고 주州의 관리를 속여 이렇게 말했다.

---

* **감찰지평**監察持平: 고려 때 사헌부司憲府에 딸린 5품 관직.
* **책**譖: 『고려사』「열전」에는 본문의 "不譖事理"가 "不譜事理"로 되어 있다. 앞뒤 내용을 볼 때 필사하면서 '어긋날 착錯' 자를 잘못 썼을 수 있다. '착錯' 자이면, '일을 처리함에 어긋남이 없다'라고 풀이되는데, 문맥상 뜻이 통한다.
* **안렴사**按廉使: 고려 때의 지방 장관. 초기에 절도사節度使라 부르다가 현종 2년(1012)에 안찰사按察使라 하고, 충렬왕 2년(1276)에 안렴사로 고쳤다. 공양왕 2년(1390)에는 각 도에 관찰사觀察使·경력사經歷使를 두었는데 1392년에 관찰사를 폐지하고 다시 안렴사를 두었다.
* **야사불화**埜思不花: 서불화徐不花. 원나라에 귀화하여, 공민왕 4년(1355)에 향사香使(국가의 제사 때 향을 관리하는 자)로서 고려에 와서 가는 곳마다 횡포를 부리다가 정지상에게 체포되는 일이 있었다.
* **육재**六宰: 고려시대 육부판사六部判事 가운데 하나인 판공부사判工部事이다. 고려 시기 육부판사의 서열 1위는 수상首相, 총재冢宰가 겸임하는 판이부사判吏部事이고, 다음은 아상亞相 이재二宰라 칭해지는 판병부사判兵部事이다. 판호부사判戶部事가 삼재三宰이고, 판예부사判禮部事가 사재四宰, 판형부사判刑部事가 오재五宰이고, 육재인 판공부사는 대부분 복야僕射와 참지정사參知政事 이하의 관리들이 겸임했다. 본문 "莫不違忤"는 『고려사』「열전」에는 "莫敢違忤"라 되어 있는데, 이렇게 되어야 뜻이 순조롭게 연결된다.

▶誅 벨 주		
▶帥 장수 수	▶制 억제할 제	
▶耳 뿐이	▶若 너 약	
▶若等: 너희들		
▶救 구원할 구	▶爾 너 이	
▶降 내릴 강	▶縣 고을 현	
▶率 거느릴 솔	▶執 잡을 집	
▶囚 가둘 수		
▶奪 빼앗을 탈		
▶佩 찰 패	▶牌 패 패	
▶馳 달릴 치	▶還 돌아올 환	
▶過 지날 과	▶鐵 쇠 철	
▶椎 쇠몽둥이 추	▶撾 칠 과	
▶白 아뢸 백	▶驚 놀랄 경	
▶愕 놀랄 악	▶員 수효 원	
▶暉 광채 휘	▶捕 잡을 포	
▶蒲 부들 포	▶溫 따뜻할 온	
▶賚 하사할 뢰	▶醞 술빚을 온	
▶賚內醞 : 임금이 신하에게 하사하던 술		
▶遣 보낼 견		
▶斷 끊을 단(斷의 속자)		
▶買 살 매	▶住 살 주	
▶鞫 국문할 국		
▶釋 풀 석		
▶巡 순행할 순		
▶提 끌 제		
▶控 당길 공		
▶再 두번 재		
▶轉 구를 전		
▶丞 정승 승		
▶判 판단할 판		
▶嚴 엄할 엄		
▶九 무릇 범		
▶戮 죽을 륙	▶寡 과부 과	
▶居 살 거	▶潭 못 담	
▶隨 따를 수	▶葳 둥굴레 위	
▶擊 칠 격	▶對 대할 대	

國家가 已誅諸奇하고 不復事元이오 命宰相金敬直하야
爲元帥하야 守鴨綠江하니 此使易制耳라
若等이 何畏而不我救오 將見爾州가 降爲小縣也리라.
邑吏가 呼譟而入하야 解縛扶出하니
之祥이 遂率衆하야 執不花·元哲等하야 囚之하고
奪不花所佩之金牌하야 馳還京할새
過公州라가 執應呂하야 以鐵椎로 撾之하니 數日而死라
之祥이 來白于王한대
王이 驚愕하사 下巡軍하시고 命行省員外鄭暉하사
捕全州牧使崔英起와 及邑吏等하시고
又遣車蒲溫하사 賚內醞慰不花하시고 還其牌하시니라
元이 遣斷事官買住하야 來鞫之祥이러니
王誅諸奇하시고 釋之祥하사 爲巡軍提控하고
再轉戶部侍郞·御史中丞하야 官至判事에 卒하니
性嚴하야 凡戮死罪에 必遣之라
之祥의 妻는 寡居潭陽이라가
爲倭所害하고 子從이 隨朴葳하야 擊對馬島하니라.

13. 高麗 王朝 때 天祭를 讚揚한 노래

神敎 郞家의 抵抗 精神

文大는 高宗安孝大王十八年에 以郞將으로

高麗國本紀

"국가에서는 이미 기씨奇氏*를 모두 주멸하고 다시는 원나라를 섬기지 않기로 하였다. 재상 김경직金敬直을 원수로 삼아 압록강을 지키게 하였으니, 이런 정도의 사자를 제압하기는 쉽거늘 너희들은 도대체 무엇이 두려워 나를 구하지 않느냐? 장차 너희 주州가 강등되어 작은 현이 되는 꼴을 보게 되리라."

이에 읍리가 소리를 치며 달려 들어와 결박을 풀고 부축하여 나갔다.

지상이 드디어 무리를 거느리고 불화·원철 등을 잡아 가두고, 불화가 차고 있던 금패를 빼앗아 가지고 말을 달려 서울로 돌아올 때, 공주를 지나다가 응려를 잡아 철추로 때리자 며칠 만에 죽었다. 지상이 와서 임금에게 이 사실을 아뢰었다. 임금이 깜짝 놀라 순군부巡軍府에 내려 하옥시키시고 행성원외랑 정휘鄭暉에게 명하시어 전주목사 최영기崔英起와 읍리 등을 체포하게 하였다. 또 차포온車蒲溫을 보내시어 어주를 하사하여 불화를 위로하게 하시고 금패를 돌려주셨다.

원나라에서는 단사관斷事官 매주買住를 보내어 지상을 국문하였다.

그러나 임금이 기씨를 모두 죽이고, 지상을 석방하여 순군제공巡軍提控을 삼으셨다. 이후 다시 옮겨 호부시랑, 어사중승이 되었고, 벼슬이 판사判事에 이르러 세상을 떠났다. 성품이 엄격하여 모든 육사죄*에는 반드시 지상을 파견하였다.

지상의 아내는 홀로 담양에 거주하다가 왜적에게 해를 입어 죽었다. 아들 종從은 박위朴葳*를 따라 대마도 정벌에 참여하였다.

13. 고려 왕조 때 천제를 찬양한 노래

신교 낭가의 저항 정신

문대文大는 고종 안효대왕安孝大王(23세) 18년(단기 3564, 1231)에, 낭장郎將으로서 서창현瑞昌縣에 머물다가 몽골 군사에게 사로잡혔

* 기씨奇氏: 원나라 순제順帝의 황후인 기황후의 권세를 믿고 세도를 부리던 기철奇轍 등 그 일족을 말한다.
* 김경직金敬直: 기철 포살 사건 뒤에 임명된 고려의 재상이며 원수이다.

* 단사관斷事官: 몽고의 관직명으로 정형政刑을 맡은 벼슬이다. 원나라가 수립된 이후에 중서성中書省, 추밀원樞密院, 어사대御史臺를 제외한 모든 관서에 설치되어 관할 행정 전반에 걸쳐 결정권을 지니고 있었다.
* 육사죄戮死罪: 사형에 해당하는 큰 죄를 말한다.

* 박위朴葳: 고려 말기의 장군으로 우왕 때 김해 부사가 되었다. 요동 정벌 때 이성계를 따라 위화도에서 회군하고 최영을 몰아낸 후, 경상도 도순문사都巡問使가 되어 전함 백 척을 인솔하고 대마도를 정벌하였다.

* 낭장郎將: 고려 때 2군 6위二軍六衛의 정6품 관직. 1령領에 2~5명의 낭장이 배속되었다. 중랑장中郎將의 다음이며, 별장別將의 위이다.

瑞	상서로울 서
昌	창성할 창
縣	고을 현
虜	포로로
鐵	쇠 철
喩	고유할 유
速	빠를 속
降	항복할 항
假	거짓 가
且	구차할 차
勿	말 물
欲	바랄 욕
斬	벨 참
使	시킬 사
攻	칠 공
甚	심할 심
糧	양식 양
克	해낼 극
將	장차 장
陷	함락당할 함
績	길쌈할 적
聚	모일 취
納	들일 납
倉	곳집 창
壯	장할 장
刎	목벨 문
自刎	스스로 자기 목을 찌름
密	빽빽할 밀
直	곧을 직
岡	메 강
仍	이에 잉
刻	새길 각
板	널조각 판
題	글 쓸 제
景	경치 경
景物	풍물, 경치
年華	세월
遊	놀 유
賖	멀 사
鞭	채찍 편
馹	역마 일
朝辭	새로 임명된 관리가 부임하거나 외국의 사신이 떠나기에 앞서 임금께 하직 인사를 드리던 일
丹鳳	궁궐을 달리 이르는 말
闕	대궐 궐
棹	노 도
暮	저물 모
趁	쫓을 진
鷗	갈매기 구
波	물결 파
半空	하늘의 한복판, 중천
蒼	푸를 창
翠	물총새 취
滿	찰 만
壑	골 학
氛	기운 분
氳	기운 어릴 온
氛氳	기운이 왕성하게 오르는 모양
草	풀 초
借	빌 차
借問	물어 봄
蓬	쑥 봉
萊	명아주 래
靜	고요할 정
閒	한가할 한
遙	멀 요
茫	아득할 망
茫然	아득함
薦	올릴 천
蘋	개구리밥 빈
薦蘋	개구리밥을 제물로 올린다는 뜻으로, 변변하지 못한 제물을 이르는 말
秘	숨길 비
累	쌓을 루
況	상황 황
疑	의심 의
耦	짝 우
托	맡길 탁
値	만날 치
還	돌아올 환
禑	복 우

재 서 창 현　　　위 몽 고 병 소 로
在瑞昌縣이라가 爲蒙古兵所虜라

몽 고 병　지 철 산 성 하　　　영 문 대　호 유 주 인 왈
蒙古兵이 至鐵山城下하야 令文大로 呼喩州人曰

진 몽 고 병　내 의　　가 속 출 항
眞蒙古兵이 來矣니 可速出降하라 한대

문 대 내 호 왈 가 몽 고 병 야　차 물 항
文大乃呼曰 假蒙古兵也니 且勿降하라.

몽 고 인　욕 참 지　　사 갱 호　　부 여 전　　수 참 지
蒙古人이 欲斬之라 使更呼한대 復如前하니 遂斬之라

몽 고　공 성 심 급　　성 중 양 진　　불 극 수
蒙古가 攻城甚急하니 城中이 糧盡하야 不克守라

장 함　판 관 이 희 적　취 성 중 부 녀 소 아
將陷에 判官李希績이 聚城中婦女小兒하야

납 창 중 화 지　　솔 정 장　　자 문 이 사
納倉中火之하고 率丁壯하야 自刎而死하니라.

경 효 왕 십 이 년 계 묘 삼 월　　밀 직 사 이 강
敬孝王十二年癸卯三月에 密直使李岡이

이 명　　제 참 성 단　　잉 각 판 제 시　　기 시　왈
以命으로 祭塹城壇하고 仍刻板題詩하니 其詩에 曰

춘 풍 경 물 부 년 화　　승 명 래 유 도 리 사
春風景物富年華한대 承命來遊道里賖라.

편 일 조 사 단 봉 궐　　도 주 모 진 백 구 파
鞭馹朝辭丹鳳闕이오 棹舟暮趁白鷗波라.

반 공 창 취 산 부 색　　만 학 분 온 초 자 화
半空蒼翠山浮色이오 滿壑氛氳草自花라.

차 문 봉 래 하 처 시　　인 언 차 지 즉 선 가
借問蓬萊何處是오 人言此地卽仙家라.

심 정 신 한 골 욕 선　　요 사 인 사 정 망 연
心靜身閒骨欲仙하니 遙思人事正茫然이라.

천 빈 비 석 중 흥 후　　누 석 영 단 태 고 전
薦蘋秘席中興後오 累石靈壇太古前이라.

이 득 안 간 천 리 지　　황 의 신 재 구 중 천
已得眼看千里地오 況疑身在九重天이라.

차 행 무 우 여 상 탁　　수 치 환 도 제 일 년
此行無耦如相托이면 須値還都第一年이라.

大提學 權近의 祭天文

강 릉 왕 우 오 년 삼 월 신 미
江陵王禑五年三月辛未에

다. 몽골 군사가 철산성鐵山城* 아래에 이르러 문대로 하여금 고을 사람들에게 '진짜 몽골군이 왔으니 빨리 나와서 항복하라'고 소리치게 하였다. 그러나 문대가 소리 높여, "가짜 몽골군이니 항복하지 말라"라고 하였다.

이에 몽골 사람이 문대를 참수하고자 하다가 다시 소리치게 하였다. 다시 전과 같이 하므로 드디어 죽였다.

몽골군이 성을 몹시 급하게 공격하니, 성중에 양식이 떨어져 더 지킬 수가 없었다. 곧 함락되려 하므로 판관判官 이희적李希勣이 성 안의 부녀자와 어린아이를 모아 창고 속에 들어가게 한 후 불을 지르고 장정들을 이끌고 스스로 목을 찔러 죽었다.

경효왕(공민왕) 12년(癸卯, 단기 3696, 1363) 3월에, 밀직사密直使* 이강李岡*이 어명을 받들고 참성단에서 천제를 올렸다. 이어서 시를 지어 나무판에 새겼는데, 시는 이러하다.

> 봄바람 속에 만물 정취 짙어 가는데
> 왕명 받들고 떠나온 길 멀기도 하여라.
> 이른 새벽 말을 달려 구중궁궐 떠났는데
> 노 젓는 저녁 무렵, 흰 갈매기는 파도 위를 날아 오르네.
> 하늘 복판에 솟은 산은 푸른 빛깔 뽐내고
> 골짜기엔 봄기운 완연해 풀이 절로 꽃을 피우네.
> 묻노니, 신선 사는 봉래산 그 어드메뇨.
> 사람들은 이곳이 바로 선가仙家라 하네.
> 마음은 고요하고 몸은 한가로워 체골조차 신선이 되려 하네.
> 멀리 인간사 생각해 보니 참으로 아득하구나.
> 자리 깔고 약소한 제물이나마 올리는 것은 홍건적 물리친 뒤이지만
> 돌로 쌓은 영기 서린 제단은 태곳적 것이라네.
> 눈앞에 천리 강산 훤히 보이고
> 이내 몸, 구중 하늘에 오른 것 같아라.
> 이번 길에 서로 의탁할 짝은 없지만
> 적을 물리치고 환도한 첫 해를 기억이나 하자꾸나.

대제학 권근의 제천문

강릉왕江陵王 우禑 5년(단기 3712, 1379) 3월 신미辛未에, 사자를 보

*철산성鐵山城: 평안북도 서북부 해안에 위치.

*밀직사密直使: 고려 때 왕명의 출납, 궁중의 숙위宿衛, 군기軍機 등을 맡아 보던 관청.

이강李岡(1333~1368): 호는 평재平齋, 시호는 문경文敬. 행촌 이암의 아들. 충목왕 3년(1347)에 문과에 급제, 밀직부사密直副使에 이르렀다. 아버지를 닮아 서도에 뛰어났는데 자체字體가 정결하고 아름다워 우아한 풍격을 갖추었다. 어명으로 마리산 참성단에 제사하고 천재암天齋庵에 판각시板刻詩를 봉납하였다.

命遣使致祭于塹城壇하실새

大提學權近이 製誓告文以進하니 其文에 曰

初獻이라 海上山高하니 逈隔人寰之煩擾샷다.

壇中天近하니 可邀仙馭之降臨이샷다.

薄奠斯陳하오니 明神如在샷다.

二獻이라 神聽不惑하시니 庇貺斯人이샷다.

天覆無私하시니 照臨下土샷다.

事之以禮하오니 感而遂通이샷다.

竊念컨대 摩利山은 檀君攸祀라

自聖祖로 爲民立極하사 俾纘舊而垂休하시고

曁後王이 避狄遷都하사 亦賴玆而保本이로이다.

故로 我家守之不墜오 而朕小子承之益虔하노이다.

天何外寇之狗偸하야 而以致我民之魚爛이시며

雖遠彊之受侮나 尙許表聞이온

況厥邑之被侵을 胡然忍視리잇가

其明威之不驗이리오마는 寔否德之無良이로이다.

實難求他오 惟在自責이로이다.

然이나 人若不安其業이면 則神將無所於歸시리니

玆因舊典之遵하야 敢告當時之患이오니

卑忱欸欸이오 寶鑑明明이샷다

致令海不揚波하사 丕亨梯航之幅湊하시고

天其申命하사 光膺社稷之安磐하소서.

高麗國本紀

내어 참성단에서 천제 드릴 것을 명하셨다.

　대제학大提學 권근權近*이 「서고문誓告文」12)을 지어 올렸는데, 그 글은 이러하다.

초헌初獻 :

　바다 가운데에 산이 높으니 인간 세상의 번뇌와 시끄러움에서 멀리 떠났습니다. 제단 중앙은 하늘에 닿을 듯하니 신선의 수레를 타고 강림하시는 삼신님을 맞이하옵니다. 조촐한 음식을 올리오니 밝으신 삼신께서 계시는 듯하옵니다.

이헌二獻 :

　삼신께서 미혹됨이 없이 들어 주시나니 이 사람을 감싸 안고 베풀어 주십니다. 하늘은 사사로움 없이 덮으시고 인간 세상을 굽어보십니다. 예를 극진히 하여 섬기나니 삼신께서 감응하시어 성신이 통하기를 축원하옵나이다.

　곰곰이 헤아려 보건대 마리산은 단군왕검께서 천제를 지내시던 곳이옵니다. 성조聖祖* 이래로 백성을 위해 법도를 세우고, 옛 법통을 계승하여 아름다움을 드리우셨습니다. 고종에 이르러 오랑캐(몽골)를 피해 도읍을 옮기고 또한 이곳에 의지하여 국본을 보존하였습니다. 그러므로 나라의 국통이 끊어지지 않았고, 소자(우왕)가 이를 계승하여 더욱 공경하옵나이다.

　하늘이시여! 어찌 외구外寇가 개같이 좀도둑질하여 우리 백성을 어란魚爛의 지경에 이르게 하시옵니까? 비록 변방이 침략을 받았으나 오히려 표문表文 올리는 것을 허락하셨으니 어찌 그 고을이 침략당하는 것을 보기만 하시옵니까? 어찌 밝은 위엄의 징험이 없으시겠습니까만 실로 저의 부덕한 소치이니 진실로 남에게 구하는 것은 어려운 일이요, 오직 자책할 뿐이옵니다.

　그러나 사람이 만약 그 하는 일을 편안히 여기지 않는다면, 삼신께서도 장차 돌아가실 곳이 없을 것입니다. 이에 옛 법을 좇아 감히 지금의 환란을 고하오니, 조촐한 저의 정성이지만 기꺼이 받으시고 밝게 굽어살펴 주시옵소서.

　바다에는 큰 파도가 일지 않게 하시어 배를 타고 멀리서도 몰려들게 하소서.

　하늘이시여! 천명을 내려 주시어 사직社稷*이 반석 위에 올라설 수 있도록 보살펴 주시옵소서.

*권근權近(1352~1409): 고려 말 조선 초의 학자이며 문신. 저서로는 『입학도설入學圖說』 등 경학經學에 관한 것이 있고, 『동국사략東國史略』도 그의 저서로 알려져 있다. 명나라 태조 주원장의 명에 따라 지은 〈응제시應製詩〉는 실로 유명하다.

*성조聖祖: 고려 시조인 태조 왕건을 말한다.

*사직社稷: 나라를 처음 열면 먼저 토지신과 곡식의 신에게 제사 지냈으므로 전轉하여 국가라는 뜻으로 쓴다.

14. 高麗末, 王朝의 分裂과 옛 領土 回復

天授紀元四百三十九年은 敬孝王五年이니

是歲夏四月丁酉에 奇轍·權謙·盧頙等이 謀叛伏誅하고

釋鄭之祥하야 爲巡軍提控하고 罷征東行省理問所하니라.

時에 元室이 極爲衰弊하야

吳王張士誠이 起於江蘇하야 事多騷亂矣러라.

崔瑩 將軍의 遼東 攻略

崔瑩等이 及自高郵로 歸하니 上이 始從瑩等議하사

遂定西北恢收之計하사 先罷征東行省하시고

繼遣印瑺崔瑩等諸將하사 攻鴨綠江以西八站하사

破之하시고 又遣柳仁雨·貢天甫·金元鳳等하사

收復雙城等地하시니라.

十年冬十月에 紅頭賊潘誠·沙劉·朱元璋等十萬餘衆이

渡鴨綠江하야 寇朔州하고 十一年에 賊이 襲安州하니

上將軍李蔭·趙天柱가 死之하니라.

鄭世雲 將軍과 杏村 李嵒의 愛國衷情

十二月에 上이 至福州하사 以鄭世雲으로 爲總兵官하시니

世雲이 性忠淸하야 自播遷以來로 日夜憂憤하야

以掃盪紅賊하야 恢復京城으로 爲己任하니

上이 亦倚信하시니라.

14. 고려 말, 왕조의 분열과 옛 영토 회복

천수 기원 439년은 경효왕(공민왕) 5년(단기 3689, 1356)이다. 이 해 여름 4월 정유丁酉에 대사도 기철奇轍¹³⁾, 태감 권겸權謙, 경양부원군 노책盧頙 등이 반역을 꾀하다가 형벌을 순순히 받아 죽었다.

정지상을 석방하여 순군제공으로 임명하고, 정동행성이문소征東行省理問所¹⁴⁾를 철폐하였다.

이때에 원나라 왕실이 극도로 쇠약해져 오吳왕 장사성張士誠*이 강소江蘇에서 군사를 일으켰고, 소란스러운 일이 많았다.

최영 장군의 요동 공략

최영¹⁵⁾ 등이 고우高郵*에서 돌아오자, 임금이 비로소 최영 등의 의견을 좇아 드디어 서북 땅을 회복할 계책을 정하셨다.

먼저 정동행성을 폐지하고, 계속해서 인당印瑭*, 최영 등 여러 장수를 보내시어 압록강 서쪽 8참八站을 깨뜨렸다. 또 류인우柳仁雨, 공천보貢天甫, 김원봉金元鳳 등을 보내시어 쌍성雙城* 등 옛 땅을 되찾게 하셨다.

10년(단기 3694, 1361) 겨울 10월에, 홍두적紅頭賊* 반성潘誠, 사류沙劉, 주원장朱元璋¹⁶⁾ 등 무리 십만여 명이 압록강을 건너 삭주를 침범하였다.

11월*에 도적이 안주를 습격하니 상장군 이음李蔭*, 조천주趙天柱가 전투에서 죽었다.

정세운 장군과 행촌 이암의 애국충정

12월에, 임금이 복주福州(경북 안동)에 이르러 정세운鄭世雲*을 총병관總兵官으로 삼으셨다.

세운은 성품이 충성스럽고 청백하였다. 임금이 파천播遷한 이후 밤낮으로 근심하고 분하게 여겼다. 홍두적을 소탕하고 경성을 수복하는 것을 자기 소임으로 여기므로 임금이 또한 믿고 의지하셨다.

---

* **장사성**張士誠: 원元나라 때 태주泰州 사람. 원나라 순제 지정至正 연간에 기병하여 처음에 성왕誠王이라 칭하고 국호를 대주大周라 하였다가 다시 고쳐 오왕吳王이라 칭하였다.

* **고우**高郵: 지금의 강소성 고우시高郵市.

* **인당**印瑭: 공민왕 때의 장수. 공민왕이 원나라의 정치가 위축된 틈을 타서 인당을 서북면 병마사로 삼아 압록강 서쪽의 8참站을 공략하게 하자, 파사부婆娑府 등 3참을 무찌르고 돌아와 참지정사參知政事가 되었다.

* **쌍성**雙城: 쌍성총관부雙城總管府의 약칭. 원나라가 고려 화주和州에 두었던 관청.

* **홍두적**紅頭賊: 홍건적을 말함. 홍건적의 난은 중국 중원에서 이민족 왕조인 원元을 타도하고 한족 왕조인 명나라 창건의 계기를 만든, 종교적 성격을 띤 농민 반란이다.

* **11월**: 원문 11년은 오기. 경효왕(공민왕) 10년 11월에 고려군과 홍건적이 안주에서 크게 싸웠다. 이 전투에서 상장군 이음, 조천주 등이 전사하고 지휘사 김경천은 항복하였다.

* **이음**李蔭: 행촌 이암의 아들.

* **정세운**鄭世雲: 공민왕 때의 장군. 공민왕 10년(1361) 홍건적이 쳐들어와 개경이 함락되자 상장군으로 왕을 따라 피난하였다. 마침내 왕명으로 총병관總兵官이 되어 20만 대군을 거느리고 공민왕 11(1362)년에 홍건적을 압록강변으로 물리치고 개경을 수복하였다.

▸屢 자주 루	▸請 청할 청
▸亟 빠를 극	▸哀 슬플 애
▸痛 아플 통	▸詔 고할 조
▸慰 위로할 위	▸督 살필 독
▸徵 부를 징	
▸注 (뜻을) 둘 주	
▸意 뜻 의	▸相 정승 상
▸亂 어지러울 란	
▸懦 나약할 나	▸勉 힘쓸 면
▸詣 이를 예	▸揚 날릴 양
▸揚聲 : 소리를 지름	
▸謂 이를 위	▸淑 맑을 숙
▸簽 징집할 첨	▸期 기약할 기
▸責 꾸짖을 책	▸强 굳셀 강
▸猝 갑자기 졸	▸失 잃을 실
▸乘 탈 승	▸輿 수레 여
▸乘輿 : 임금의 수레	
▸笑 웃을 소	▸恥 부끄러울 치
▸唱 노래할 창	
▸仗 의지할 장	▸鉞 도끼 월
▸師 군사 사	▸社 모일 사
▸稷 기장 직	▸再 다시 재
▸擧 행할 거	▸望 바랄 망
▸凱 개선할 개	▸旋 돌아올 선
▸獎 권면할 장	▸諭 깨우칠 유
▸獎諭 : 권하여 타이름	
▸每 매양 매	▸督 재촉할 독
▸勵 힘쓸 려	▸倡 일으킬 창
▸倡義 의병을 일으킴	
▸謀 꾀할 모	▸授 줄 수
▸計 계책 계	▸祐 도울 우
▸珣 옥 이름 순	
▸泌 샘물 졸졸 흐를 필	
▸姪 조카 질	
▸從姪 : 사촌 형제의 아들	
▸蘭 난초 란	▸帖 표제 첩
▸甫 클 보	▸介 끼일 개
▸投 던질 투	
▸來投 : 투항해 옴	
▸閏 윤달 윤	▸章 글 장
▸丞 도울 승	▸附 붙을 부
▸廷 조정 정	
▸議 의논할 의	
▸廷議 : 조정의 의견	
▸難 어려울 난	
▸賀 하례 하	
▸蜀 나라 이름 촉	

世雲이 屢請亟下哀痛之詔하사 以慰民心하시고

遣使諸道하사 以督徵兵하소서 한대 上이 遂下詔하시니

守門下侍中李嵒이 傳曰

天下安에 注意相하고 天下亂에 注意將하니

余는 文臣이라 懦不能軍하니 子其勉之어다.

世雲이 詣都堂하야 憤言揚聲으로

謂柳淑以簽軍後期로 爲責하고 將行에 嵒이 謂世雲曰

今에 强寇猝至하야 皇城失守하고 乘輿播遷하야

爲天下之笑가 三韓之恥어늘 而公이 首唱大義하야

仗鉞行師하니 社稷之再安과 王業之中興이 在此一擧라

吾君臣이 日夜로 望公之凱旋也로다.

獎諭遣之하고 每日督勵諸將倡義하야 出謀授計하니

安祐·李珣改名希泌李嵒從姪·韓方信等諸將이

皆從之有功하니라.

잃어버린 北方 領土를 回復할 機會

二十年辛亥二月甲戌에 女眞千戶李豆蘭帖木兒가

遣百戶甫介하야 以一百戶로 來投하니라.

閏三月己未에 北元遼陽省平章事劉益·王右丞等이

以遼陽은 本高麗地라 하야 欲歸附我國하야 遣人來請이어늘

時에 廷議不一하고 國事多難이라

然이나 上이 遣鄭夢周하사 如明하사 賀平蜀하시고

高麗國本紀

　세운은, 애통하게 여기는 조서詔書를 속히 내려 백성의 마음을 위로하고 사신을 모든 도에 보내어 징병徵兵을 독려하시도록 임금에게 여러 번 청원하였다.
　임금께서 마침내 조서를 내리시니 수문하시중守門下侍中 이암이 세운에게 전하여 말하였다.
　"천하가 편안하면 뜻을 정승에게 기울이고, 천하가 어지러우면 뜻을 장수에게 기울이는 법이다. 나는 문신文臣이라 나약하여 능히 군사를 부리지 못하니, 그대는 힘쓸지어다."
　세운이 도당都堂에 나아가 분연히 소리 높여 류숙柳淑에게 군사를 징집하면서 기한이 늦은 일을 책망하였다.
　전선으로 출발하려 할 때 이암이 세운에게 말했다.
　"강력한 외적이 갑자기 쳐들어와 황성을 지키지 못하고 임금의 수레가 파천하여 천하의 웃음거리가 된 것은 삼한의 치욕이로다. 공이 앞장서서 대의를 부르짖고 부월斧鉞*을 들고 출정하니, 사직이 다시 편안해지고 왕업이 중흥함이 이번 한 판 싸움에 달려 있도다. 우리 임금과 신하는 밤낮으로 공이 이기고 돌아오기를 바랄 뿐이로다."
　권면하고 깨우쳐 전송한 뒤에 매일 여러 장수에게 군사를 일으킬 것을 독려하고 묘략을 내어 전해 주었다. 안우安祐, 이순李珣(희필로 개명함. 이암의 종질)*, 한방신韓方信 등 여러 장수가 모두 종군하여 공을 세웠다.

잃어버린 북방 영토를 회복할 기회

　20년 신해(단기 3704, 1371) 2월 갑술에 여진 천호千戶 이두란 첩목아李豆蘭帖木兒*가 백호百戶 보개甫介를 보내어 백 호를 거느리고 투항해 왔다. 윤3월 기미에, 북원北元*의 요양성 평장사 유익劉益, 왕우승王右丞 등이 요양은 본래 고구려 땅이라 하여 우리나라에 귀순하고자 사람을 보내어 귀화를 청했다.
　이때 조정의 의론이 일치하지 않고, 국사에 어려움이 많았다. 그러나 임금이 정몽주[17]를 명나라에 보내시어 촉蜀을 평정한 것을 하례하게 하셨다*.

* 부월斧鉞: 임금의 권위를 상징하는 작은 도끼와 큰 도끼를 아울러 이르는 말. 출정하는 대장이나 큰 임무를 띤 군직軍職의 관리에게 임금이 정벌征伐과 중형重刑의 뜻으로 주었다.

* 이순李珣: 족보를 보면 이암의 종질에 순珣이라는 사람은 없지만, 이암의 아우인 이교李嶠의 아들 이선李璿이 이름을 희필希泌로 고쳤다고 하였다.

* 이두란 첩목아李豆蘭帖木兒(1331~1402): 조선의 개국공신. 본성은 동佟. 여진의 천호千戶 아라부카阿羅不花의 아들. 가업을 이어서 천호가 되고, 원나라 말기에 그 일당을 이끌고 투항하였다. 북청에 있다가 이성계 휘하에 들어가 이씨 성을 받고 이름을 지란之蘭이라 하였다.

* 북원北元: 명明 왕조에 의해 중국 본토에서 몽고 지방으로 쫓겨간 원元 왕조의 잔존 세력에 대한 호칭이다.

* 촉을 평정했다는 것은 명옥진明玉珍이 사천과 운남에 세웠던 하夏나라를 평정한 것을 말한다. 1371년 6월 주원장이 탕화湯和·부우덕傅友德 등을 보내 당시 명옥진의 아들 명승明昇이 다스리던 하나라를 멸망시켰다.

- 蔡 성씨 채
- 斌 빛날 빈
- 騷 근심스러울 소
- 騷然 : 시끄럽고 수선함
- 幾 거의 기
- 希 드물 희
- 報 갚을 보
- 遂 드디어 수
- 徒 다만 도
- 循 돌 순
- 因循 : 옛 관습을 고치지 못하고 이에 따름. 무기력하여 고식적임
- 務 힘쓸 무
- 機 기회 기
- 竟 마침내 경
- 恢 회복할 회
- 收 거둘 수
- 舊 옛 구
- 疆 지경 강
- 恨 한할 한
- 深 깊을 심
- 遣 보낼 견
- 承 이을 승
- 差 어긋날 차
- 思 생각할 사
- 敬 공경할 경
- 到 이를 도
- 張 떠벌일 장
- 榜 방 방
- 鐵 쇠 철
- 嶺 재 령
- 迤 연할 이
- 屬 속할 속
- 管 주관할 관, 다스릴 관
- 漢 한나라 한
- 達 통할 달
- 仍 인할 잉
- 紛 가루 분
- 竟 마침내 경
- 督 살필 독
- 戰 싸울 전
- 決 결단할 결
- 發 필 발
- 瑩 옥돌 영
- 都統使 : 고려 공민왕 18년에 각 도의 군대를 통솔하기 위하여 둔 무관직.

金義는 殺明使蔡斌하니 朝野騷然하야

其欲言事者가 幾希라

以故로 未卽回報하니 劉益等이 遂以金州·復州·蓋平·海城·遼陽等地로 歸附于明하니라.

嗚呼라 當時淸論이 徒因循是務하야 自失好機하야

竟不恢收舊疆하니 志士之恨이 於斯爲深矣로다.

江陵王이 以先帝命으로 卽位하시니

時에 遼東都司가 遣承差李思敬等하야

到鴨綠江張榜하니 曰鐵嶺迤北迤東迤西는 元屬開元하니

所管軍人漢人女眞達達高麗는 仍屬遼東云云이라

朝議紛紛不一이라가 竟以督戰決定하시고 大發中外兵馬하사

以崔瑩으로 爲八道都統使하시니라.

최영崔瑩(1316~1388) 장군 묘

경기도 고양시 덕양구 대자동에 있다. 부인과 합장한 묘이고, 위쪽에 장군의 아버지 최원직의 묘가 있다. 명나라가 철령위鐵嶺衛를 설치하여 고려의 땅을 넘보자 요동 정벌을 단행하였으나 이성계의 배반으로 오히려 억울하게 죽임을 당했다. 최영은 죽음에 앞서 자신이 탐욕을 부렸다면 무덤에 풀이 자랄 것이고 결백하다면 풀이 자라지 않을 것이라 하였다. 실제로 무덤에 오랜 세월 풀이 자라지 않다가 30여 년 전부터 풀이 돋기 시작했다고 한다.

高麗國本紀

김의金義[18]가 명나라 사신 채빈蔡斌을 살해하자 조야가 시끄러워 이 일에 대해 말하려는 자가 거의 없었다. 이 때문에 바로 회신을 하지 않자, 유익 등이 마침내 금주金州·복주復州·개평蓋平·해성海城·요양遼陽 등의 땅을 가지고 명나라에 가서 붙었다.

오호라! 당시 청론淸論을 떠들던 무기력한 자들이 한갓 편안함을 좇기만 일삼아 좋은 기회를 스스로 잃어버리고 마침내 옛 강토를 회복하지 못하였으니 뜻 있는 사람의 한恨이 이 때문에 더욱 깊어지는구나.

강릉왕(우왕)이 선제先帝(공민왕)의 명으로 즉위(단기 3707, 1374)하셨다. 이때에 요동 도사*가 승차 이사경李思敬 등을 보내어 압록강에 이르러 방을 써 붙이고 말하기를,

"철령鐵嶺의 북쪽과 동쪽과 서쪽은 원래 개원開元(지금의 요령성 개원현)*에 속하던 땅이니 거기서 관할하던 군인軍人, 한인漢人, 여진女眞, 달달達達, 고려高麗는 여전히 요동遼東에 속한다."[19]

운운 하였다. 조정의 중론이 분분하여 일치하지 않다가 마침내 싸울 것을 결정하고, 나라 안의 병마를 크게 일으키고 최영을 팔도 도통사八道都統使로 임명하셨다.

* 요동 도사遼東都司: 요동에 설치한 명나라의 최고 군사 기구 도지휘사都指揮司를 말한다.

* 개원開元: 원元이 설치한 지방 행정구역 이름. 지금의 길림성 전체와 요령성 동남부의 땅을 관할하였다. 치소는 처음에 지금의 길림성 농안현農安縣에 있었으나, 후에 지금의 요령성 개원현開原縣으로 옮겼다. 명明나라 때 개원위開原衛로 고쳤다.

신숭겸申崇謙(?~927) 장군 묘

춘천시 서면 방동리에 있다. 고려의 개국공신 장절공壯節公 신숭겸은 평산平山 신申씨의 시조로서 왕건을 추대하고 고려를 개국한 뒤 대장군이 되었다. 대구 공산公山에서 후백제 군대와 싸울 때 위태로워지자 왕건을 대신해서 전사하였다. 후백제군이 신숭겸의 목을 베어 가자 왕건이 금으로 머리를 만들고 광해주光海州(지금의 춘천)에 묻어 주었다. 도굴을 막기 위하여 봉분을 3개 만들었다고 전한다.

太白逸史跋

歲甲子에 余謫槐山하니 處宜謹愼이오 頗爲無聊라

乃取閱家藏陳篋하야

其有可據於史傳者와 與夫平日聞諸古老者를

并擧採錄이로대 而未成書러니

後一十六年庚辰에 余以撰修官으로

頗得內閣秘書而讀之하고 乃按前稿而編次之하야

名曰太白逸史라

然이나 敢不問於世하고 秘藏之하야 爲不出戶外者라

一十堂主人이 書하노라.

桓檀古記終

이맥 선생 묘_1990년에 경기도 성남시 도촌동에서 충남 연기군 서면 용암리(일명 두지골)로 이장하였다.

태백일사 발문*

갑자(연산군 10, 단기 3837, 1504)년에 내가 괴산槐山으로 귀양을 갔는데 마땅히 근신해야 할 처지였기에 아주 무료하게 나날을 보냈다.

이에 집안에 간직하고 있는 오래된 상자를 열고 점고해 보니, 역사와 전기에 근거로 삼을 만한 것과 평소에 노인들에게 들은 것을 함께 채록한 것이 있는데 책으로 완성하지 못한 것이었다.

그 후 16년이 지난 경진(중종 15, 단기 3853, 1520)년에 내가 찬수관撰修官 신분이라 내각內閣의 비서秘書를 많이 구해서 읽을 수 있었다. 이에 이전 원고를 순서대로 편집하여 『태백일사太白逸史』라 이름 붙였다. 하지만 감히 세상에 물어 밝히지 못하고 비밀히 간직하여 문 밖에 내놓지 않은 것이다.

일십당주인一十堂主人*이 쓰노라.

* 발문跋文: 책의 끝에 본문 내용의 대강大綱이나 간행 경위에 관한 사항을 간략하게 적은 글이다. 꼬리말이라고도 한다.

* 일십당주인一十堂主人: 『태백일사』를 찬撰한 이맥李陌의 호. 이맥은 행촌 이암李嵒의 현손으로, 일십당一十堂이라는 호는 『천부경』에 나오는 '일적십거一積十鉅'에서 따 온 것으로 본다. 「삼신오제본기」부터 「고려국본기」에 이르는 여덟 편의 사서가 한민족 9천년사를 장엄하게 밝혀주고 있다. 지금부터 5백 년 전에 편찬된 『태백일사』가 4백 년 동안 장롱에서 잠을 자고 있다가 1백 년 전에 운초 계연수에 의해 비로소 세상에 전해졌다. 『환단고기』가 출간된지 백 년이 지난 지금 감히 세상에 내놓아 묻기를 청하고자 한다.

이맥 선생 신도비_ 성남시에 있을 때는 경기도 문화재로 등록되어 있었으나, 연기군으로 이전하면서 자치단체 규정이 달라 해제된 상태이다.

주註

1) 고안승高安勝

검모잠劍牟岑이 고구려 재건을 위하여 추대한 왕으로, 일명 안순安舜이라 한다. 신라 문무왕 10년(670) 고구려 대형大兄 검모잠이 나라를 다시 일으키고자 안승을 맞아 임금으로 삼고 신라에 구원을 청했다. 이에 당나라가 고간高侃 등을 보내 안승을 치니 안승이 검모잠을 죽이고 신라로 달아났다. 신라는 안승을 고구려 왕으로 책봉하고 금마저(익산)에 머물게 한 후 674년에 보덕왕報德王으로 개봉改封하고 문무왕의 누이동생을 아내로 맞게 하였다. 이로써 보덕국이 세워졌으나 683년(신문왕 3)에 신문왕이 보덕국을 폐하고 안승을 불러들여 소판蘇判 벼슬과 김金씨 성을 주고 경주에 집을 주어 돌려보내지 않았다. 그런데 안승의 신분을 보장제의 서자라 하고, 혹은 왕의 외손 또는 종실宗室이라 하여 여러 사서에서 다르게 기록하였다. 그러나 고구려 왕족의 후손들이 안승을 고안승으로 표기해 달라고 강력하게 요구한 적이 있어 번역에서 고안승으로 표기하였다.

2) 미륵불彌勒佛

불가佛家에서는 석가모니를 뒤이어 미래불未來佛인 미륵불이 출세하여 모든 중생을 구제하고 이상 낙원 즉 용화龍華 세계를 건설한다고 해 왔다. 우리 민족은 불교를 받아들인 그 어떤 나라보다도 미륵신앙의 역사적인 연원이 깊다. 백제에서는 무왕武王(600~641)이 익산에 미륵사라는 초대형 사찰을 창건했다. 본격적인 미륵신앙은 8세기 신라 법상종의 창시자인 진표율사眞表律師가 동방 민중의 의식 속에 미륵신앙의 뿌리를 내리기 시작하였다. 그리하여 '우리나라에 미륵불이 출세하여 한민족과 인류를 구원한다'는 구원의 메시지가 오늘날까지 전한다(자세한 사항은 안경전, 『이것이 개벽이다』 상 참조).

신라 화랑이 미륵을 신앙한 자취를 『삼국유사』 기록을 통해 알 수 있다. ①낭승郞僧 월명사月明師의 도솔가兜率歌에 '도솔'이라는 말을 썼고, ②화랑 김유신을 따르는 무리를 용화향도龍華香徒라 했고, ③화랑 미시랑未尸郞을 미륵선화彌勒仙花라 했으며, ④화랑의 성유지聖遊地인 남산에서 석미륵石彌勒이 나와서 생의사生義寺를 지었다고 한 것이 그러한 자취이다.

3) 신교의 낭가 정신 부흥에 힘쓴 윤관尹瓘

윤관(?~1111)은 고려 중기의 명신으로 시호는 문숙文肅이다. 1107년(예종 2) 여진 정벌 때 도원수로서 부원수 오연총과 17만 대군을 이끌고 동북계에 있는 여진을 쳐서 9성九城을 쌓았다. 9성 가운데 최북단은 두만강 북쪽 700리, 송화강에 가까운 선춘령 공험진이다. 그런데 이때 세운 비석이 파괴되어 연길시 인근에 버려졌고, 일제가 그것을 주워 연길에서 보관하였으나 중국 정부가 다시 은닉하였다.

그후 윤관은 또다시 침범하는 여진을 평정하고 1108년 4월에 개선하여 공신이 되었다. 그러나 윤관의 공을 시기한 고려 조정 중신들의 계속되는 탄핵과, 의지할 땅을 잃은 여진의 고토 반환 간청에 따라 조공 약속을 받고 결국 9성을 여진에게 돌려주었다. 윤관은 벼슬과 공신의 호를 삭탈당했으나 후에 복관되고, 예종의 사당에 함께 모셔졌다. 예종과 윤관은 선제先帝 숙종의 유지를 받들어 여진을 정벌하였고 낭가 정신을 실행하려 애쓴 군신君臣이었다.

4) 윤관 9성과 선춘령先春嶺

동북 9성의 위치에 대해서는 두만강 북쪽 700리, 길주 이남, 함흥평야라는 세 가지 설이 있다. 길주이남설은 진흥왕순수비를 윤관비로 오인하면서 생겨났다. 이 설은 일제가 우리 역사를 왜곡하는 호재로 사용되어 9성을 함흥까지 끌어내리는 근거가 되었다. 문제는 일제 식민사학자들이 주장한 함흥평야설이 현재 우리 국사교과서에서 정설로 기술되어 있다는 점이다.

『고려사』「지리지」에는 "윤관과 오연총이 여진을 쫓아내고 9성을 설치하였다. 공험진의 선춘령에 비를 세워 경계를 삼았다以平章事尹瓘爲元帥, 知樞密院事吳延寵副之, 率兵擊逐女眞, 置九城, 立碑于公嶮鎭之先春

嶺, 以爲界至.]"라고 하여 공험진과 선춘령을 같은 지역으로 기록하였다. 『세종실록』「지리지」에는 "경흥에서 공험진까지 700리, 동북쪽으로 선춘현까지 700여 리가 된다"라고 하여, 공험진은 서쪽에, 선춘령은 동쪽에 있다고 했다. 또 공험진은 남쪽으로 영고탑과 돈화와 이웃한다고 하였다. 『동국여지승람』에는 공험진이 "선춘령의 동남쪽, 백두산의 동북쪽에 있다"라고 하였다. 이처럼 선춘령과 공험진 위치에 대해 같은 지역 또는 반대로 인식하는 등 혼동하고 있다. 조선 시대 지도는 경박호 부근에 윤관의 척경비가 있는 것으로 표기하였다.

5) 윤언이尹彦頤(?~1149)

고려 인종 때 대신으로 시중 윤관의 아들. 자호自號는 금강거사金剛居士, 시호는 문강文康이다. 묘청, 정지상 등과 함께 고려 시대의 대표적 칭제북벌론자稱帝北伐論者로 신교의 역사 개척 정신을 이은 낭가郎家 계통의 인물이다.

다만 묘청과 정지상은 서경(평양) 천도까지 주장하였으나 윤언이는 이에 반대하였다. 당시 시대 여건상 칭제북벌론의 소리가 높았으나 인종 13년(1135)에 '묘청의 난'이 일어난 것을 계기로 그 세勢가 크게 위축되었다. 단재 신채호가 '조선 역사상 일천 년래 제일 대사건朝鮮歷史上一千年來第一大事件'이라 말한 묘청의 난이 사대주의자 김부식 일파에 의해 진압됨으로써 자주적 독립적인 칭제북벌론자까지 모두 몰락하게 되었다. 이보다 더욱 중요한 것은 환인·환웅·단군 이래 이어져 온 한민족 고유의 신교神敎 정신이 이 사건을 계기로 크게 쇠퇴하였다는 데 있다.

묘청이 난을 일으키자 인종은 사대주의자 김부식을 원수로, 윤언이를 부원수로 삼아 토벌케 하였다. 윤언이는 묘청과 같은 북벌론자이면서도 오히려 묘청을 토벌하는 일원이 된 것이다. 김부식은 출병 전에 정지상과 백수한을 살해하였다. 김부식은, 묘청의 거사가 사전 준비 없이 진행되었으므로 급공急攻을 해야 한다는 윤언이의 주장을 묵살하고 시일만 끌면서 공을 세우지 못하였다. 그러나 개선 후에 김부식은 윤언이를 정지상과 같은 무리라 하여 축출시켰다. 윤언이는 만년을 쓸쓸히 떠돌며 지내다가 간신히 살아 돌아와 광주목사廣州牧使가 되자, 자해표를 바쳐 왕에게 감사의 뜻을 표하고 자신의 억울한 누명을 풀고자 했다. 윤언이가 칭제북벌론을 주장할 때 올린 상소와 건의는 『고려사』 본전에서 모두 삭제당하였다. 다만 서경전역西京戰役(묘청의 서경 천도 운동) 후에 올린 자해표가 전해짐으로써 그가 칭제북벌론자임을 알 수 있게 한다. 윤언이는 만년에 불교를 깊이 믿어 고향인 파주에 살면서 중 관승貫乘과 친교를 맺고 소일했으나, 죽는 날까지 칭제북벌론이 실현되지 못한 것을 애통하게 여겼다고 전한다.

6) 맹명지부제孟明之復濟

진晉나라는 양공襄公이 즉위한 후, 원정을 마치고 귀국하는 진秦나라 군사를 효산에서 깨뜨리고 맹명시孟明視, 서걸술西乞術, 백을병白乙丙 세 장수를 사로잡았다. 죽음 직전까지 이르른 세 장수는 문공(진晉 양공의 아버지)의 부인인 진녀秦女의 도움으로 가까스로 진晉을 탈출하여 황하를 건너 진秦나라로 돌아갔다. 맹명시는 3년 뒤에 황하를 건너 진晉나라를 정벌하여 진晉의 왕汪 땅을 빼앗은 뒤 회군하였다.

7) 금金나라 시조 함보의 정체

여진이 세운 금金(1115~1234)나라의 정사正史인 『금사金史』「세기世紀」를 보면 "금나라 시조의 이름은 함보函普인데, 처음에 고려에서 왔다[金之始祖諱函普, 初從高麗來.]"라고 하였다. 또 『고려사』와 『신증동국여지승람』에는 "금준今俊: 세상에서 전하기를, 옛날 평주의 승려 금준이 도망하여 여진으로 들어가 아지고촌에 살았는데 이 사람이 금나라의 선조라 한다. 어떤 사람이 말하기를, '평주 중 금행金幸의 아들 극수克守가 당초에 여진으로 들어가서 여진 여자에게 장가들어 아들을 낳아 고을古乙이라 불렀는데, 금나라 시조 아골타가 그 후손이다'라고 한다[今俊: 世傳, 昔有平州僧今俊, 遁入女眞, 居阿之古村, 是爲金之先. 或曰 '平州僧金幸之子克守,

初入女眞, 娶女眞女, 生子曰古乙. 金祖阿骨打, 乃其後也.」라고 하여 금나라 시조가 고려 사람 함보(금준)임을 밝혔다. 참고로 『고려사』와 『신증동국여지승람』에는 '김준金俊'이 아니라 '금준今俊'으로 되어 있다.

최근에는 함보가 신라 경순왕의 아들 마의태자라는 설이 통용되고 있다. 그 근거로 제시된 것이 『만주원류고』에 있는 기록인데, 『만주원류고滿洲源流考』「부족部族」의 편집자 주에는 "신라 왕의 성 김씨가 수십 세 전해졌고 금이 신라로부터 왔으니, 의심할 바 없이 그가 세운 나라의 이름도 마땅히 여기서 취한 것이다"라고 하였다. 또 『송막기문松漠紀聞』에는 "여진의 추장은 신라 사람이다[女眞酋長乃新羅人.]"라고 하였다. 아무튼 여진족은 우야소(오아속) 이래 고려를 '대국大國' 또는 '부모 나라父母之邦'라고 하였다. 『금사』「세기世紀」에 기록된, 시조 함보에서 금나라 태조 아골타에 이르는 혈통과 계보는 다음과 같다.

함보函普(始祖)─오로烏魯(德帝)─발해跋海(安帝)─유가綏可(獻祖)─석로石魯(昭帝)─오고내烏古迺(景祖)─핵리발劾里鉢(世祖, 오고내의 둘째 아들)─파랄숙頗剌淑(肅宗, 오고내의 넷째 아들)─영가盈歌(穆宗, 오고내의 다섯째 아들)─오아속烏雅束(康宗, 핵리발의 맏아들)─아골타阿骨打(太祖, 핵리발의 둘째 아들).

8) 『고려사高麗史』

고려 34왕 475년간의 정사正史. 조선을 개국한 이성계의 명을 받아 정도전, 정총 등이 고려역대실록과 민지閔漬의 『강목綱目』, 이제현의 『사략史略』, 이색의 『금경록金鏡錄』 등을 참고하여 37권을 편찬하였다. 그러나 편년체로 된 소략한 것이어서 다시 3세 태종이 유신儒臣에게 명하여 교정하게 했으나 완성하지 못했다. 그 아들 세종 때에 와서 왕명으로 사국史局을 열어 정인지·김종서 등이 개찬改撰하여 1451년에 전 139권이 완성되었다.

9) 이존비李尊庇(1233~1287)

고려 충렬왕 때의 문신으로 초명은 인성仁成이다. 원종 초 문과에 급제하여 국학박사 직한림國學博士直翰林·이부시랑吏部侍郎을 역임하고, 충렬왕 때 좌승지·밀직부사를 거쳤다. 충렬왕 13년(1287)에 일본을 정벌할 때 경상·충청·전라도 도순문사都巡問使가 되어 병량·군선을 조달하였는데 일처리를 옳게 하여 민원을 사지 않았다. 후에 지밀직사사·감찰대부를 거쳐 판밀직사사에 이르렀다. 정직하고 청렴하던 이존비가 죽으니 세자가 울면서 슬퍼하였다. 『단군세기』를 쓴 이암李嵒, 『태백일사』를 쓴 이맥李陌, 그리고 『환단고기』를 교열校閱한 해학海鶴 이기李沂의 직계 선조이기도 하다.

10) 행성行省

원명은 정동행성征東行省으로 원元나라가 일본을 정벌하기 위해 고려에 설치한 관청. 일본 정벌 후에는 고려에 대한 간섭 기관으로 변모하여 70여 년간 존속하였다. 그러나 고려의 국권 회수 운동으로 공민왕 5년(1356)에 당시 정동행성의 대표 기관인 이문소를 혁파함으로써 폐지되었다.

11) 고려의 다물 정신 계승

『삼국사기』에 따르면 다물多勿이란 고구려 말로 '옛 땅을 되물린다[復舊土],' 즉 '배달, 단군조선 시대의 옛 땅을 다시 찾는다'는 뜻이다. 고구려 시조 고주몽이 다물을 연호로 삼았으니 다물주의는 곧 고구려의 건국 이념이라 할 수 있다. 이 이념과 정신은 그대로 대진국(발해)을 거쳐 고려에 계승되었다. 잃어버린 고토故土를 찾겠다는 강한 의지로 서경西京인 평양을 중시하여 대륙 진출의 웅지를 키웠다. 또 '고구려의 정신을 그대로 계승한다'는 뜻에서 국호를 '고려'라 한 데서도 다물주의를 뚜렷이 엿볼 수 있다.

거란과의 담판, 윤관의 북벌, 묘청의 서경 천도 주장으로 그 정신은 면면히 계승되었으나, 묘청 일파가 사대주의자 김부식 일당에게 패멸당하고 금金의 압력·원元의 간섭으로 북진정책은 잠시 중단되지 않을 수 없었다. 그러나 다물주의는 공민왕 때에 이르러 부활하는데, 특히 최영 장군은 그 집념과 의지가 강하였다.

그러나 이성계가 세운 한양 조선의 철저한 사대주의와 소한주의 역사 정신과 더불어 다물주의는 급격히 퇴색하고, 마침내 물밀듯 밀려오는 열강과 일제의 침략으로 말미암아 국권과 강토를 모조리 빼앗김으로써 9천 년 역사에 최대의 수치와 오점을 남겼다.

12) 권근權近의 서고문誓告文

「고려국본기」에 실려 있는 권근의 제천 서고문誓告文은 『양촌집陽村集』의 내용과 차이가 있다. 「고려국본기」에는 제목을 '참성단초례청사塹城壇醮禮靑詞'라 하였으나 『양촌집』에는 '참성초청사塹城醮靑詞'로 되어 있다. '초례청사'가 아니라 '초청사'로 되어 있는 것은 의미상의 차이가 없다고 할 수 있으나, '참성'의 '참' 자가 '구덩이 참塹' 자가 아니라 '판 참塹' 자로 되어 있다. 지금은 '참성塹城'이 정식 표현이지만 당시에는 '참성塹城'으로도 썼음을 알 수 있다. 실제로 고려 말 이색李穡의 「마니산기행摩尼山紀行」에 실린 「차운재궁次韻齋宮」이라는 시에도 '참성塹城'이란 말이 등장한다.

'초례청사醮禮靑詞'는 도가 제사인 초제醮祭의 축문으로, 고려 때 유행하였다. 왕이 초제를 지내면서 학자들에게 축문을 작성하게 하였는데, 도교에서는 축문을 푸른 종이에 썼기 때문에 청사靑詞라고 불렀다.

「고려국본기」와 『양촌집』의 내용을 대조해 보면 문자 상 10여 곳에 차이가 있고, 「고려국본기」에는 『양촌집』의 '이헌二獻' 부분이 통째로 빠져 있다. 모든 제례에서 헌작獻爵은 '초헌初獻', '아헌亞獻', '종헌終獻'의 '삼헌三獻'이 상례이다. 특히 초제에서는 각 헌작 때마다 독축讀祝을 한 것으로 보이는데, 『양촌집』에는 '삼헌'이 모두 갖추어져 있으나 「고려국본기」에는 '삼헌'이 없이 '이헌'까지만 기록되어 있다. 그런데 자세히 보면 '이헌' 부분이 누락되고, '삼헌'을 '이헌'으로 기록한 것을 알 수 있다. 이것은 『환단고기』가 이유립이 목적을 갖고 인위적인 조작을 한 책이 아니라는 증거 중의 하나이다. 만약에 인위적으로 조작을 하였다면 권근의 『양촌집』을 보고 제목과 내용을 충분히 같게 할 수 있었을 것이다.

(1) 『환단고기』에 실린 권근의 서고문

먼저 「고려국본기」 원문에서 『양촌집』과 다른 곳을 표시하면 다음과 같다(밑줄 친 부분).

江陵王禑五年三月辛未에 命遣使致祭于塹城壇하실새 大提學權近이 製誓告文以進하니 其文에 曰

初獻이라 海上山高하니 迥隔人寰之煩擾로다 壇中天近하니 可邀仙馭之降臨이로다 薄奠斯陳하니 明神如在로다.

二獻이라 神聽不惑하시니 庶覬斯人이로다 天覆無私하시니 照臨下土로다 事之以禮하오니 感而遂通이로다 窈念컨대 摩利山은 檀君攸祀라 自聖祖로 爲民立極하사 俾續舊而垂休하시고 曁後王이 避狄遷都하사 亦賴玆而保本이니이다 故로 我家守之不墜오 而朕小子承之益虔이니이다 天何外寇之狗偸하야 而以致我民之魚爛이니잇고 雖遠疆之受侮나 尙許表聞이온 況厥邑之被侵을 胡然忍視리오 其明威之不驗이리오마는 寔否德之無良이니이다 實難求他오 惟在自責이니이다 然이나 人若不安其業이면 則神將無所於歸리니 玆因舊典之遵하사 敢告當時之患이오니 卑忱欸欸이언마난 寶鑑明明하소서 致令海不揚波하사 丕亨梯航之幅湊하시고 天其申命하사 光膺社稷之安磐하소서.

(2) 『양촌집』의 「참성초청사」

『양촌집』에 수록된 「참성초청사塹城醮靑詞」에서 「고려국본기」와 다른 곳(밑줄)은 다음과 같다.

初獻: 海上山高, 迥隔人寰之繁擾; 壇中天近, 可邀仙馭之降臨. 薄奠斯陳, 明神如在.

二獻: 酌行潦而再陳. 明信可薦; 驅泠風而先道, 感應孔昭. 庶借顧歆, 優加扶佑.

이헌: 약소한 술을 따르며 두 번 베풀어 성심성의로 올리니, 찬바람을 몰고 먼저 이르러 크고 밝게 감응하셔서, 돌아보아 흠향하시고 많은 도움을 내려주시기 바랍니다.

三獻: 神聽不惑, 庶覬斯人; 天覆無私, 照臨下土, 事之以禮, 感而遂通. 切念摩利之山, 檀君攸祀. 自聖祖爲民立極, 俾續舊以垂休, 曁後王避狄遷都,

亦賴玆而保本. 故我家守之不墜, 而小子承之益虔. 夫何倭寇之狗偸, 以致我民之魚爛? 雖遠疆之受侮, 尙所表聞, 呪厥邑之被侵, 胡然忍視? 豈明威之不驗? 實不德之無良, 是難他求. 唯在自責, 然人若不安其業, 則神將無所於歸. 玆因舊典之邊, 敢告當時之患, 卑忱歛歛, 寶鑑明明, 致令海不揚波, 丕享梯航之輻湊, 天其申命, 光膺社稷之安盤!(『陽村先生文集』권29)

따라서 「고려국본기」에서는 '이헌'의 내용이 통째로 누락되었음을 알 수 있다.

13) 기철奇轍(?~1356)

고려 말기의 권세가로, 몽골명은 빠이앤부카伯顔不花이다. 누이동생이 원나라 순제順帝의 황후가 되었다. 충혜왕 1년(1340) 원나라로부터 행성 참지정사行省參知政事라는 벼슬을 받고, 고려에서도 덕성부원군德成府院君에 봉해졌는데 기 황후의 권세를 믿고 지나치게 세도를 부려 민폐가 컸다. 공민왕 즉위 후 배원排元정책을 써서 기씨 일당을 탄압하자 반란을 음모하다가 발각되어 주살되었다.

14) 정동행성이문소征東行省理問所

정동행성은 고려 후기에 원元이 일본을 원정하기 위한 전방사령부로서 고려에 설치한 관서이다. 일본 원정 이후에 기능이 전환되었으나 명칭은 고려 말기까지 존속하였다. 정식 명칭은 정동행중서성征東行中書省으로서 '정동'은 일본정벌을 뜻하고, '행중서성'은 중앙정부 중서성中書省의 지방파견기관을 뜻한다. 승상은 고려 왕이 겸직했고, 승상 아래에는 평장정사·우승·좌승·참지정사參知政事·원외랑員外郞·낭중郞中·도사都事 등이 있었다.

정동행성에는 원나라의 다른 행성과 마찬가지로 이문소理問所가 있었다. 이문소는 본래 개경에서 대원관계對元關係를 저해하는 범죄행위를 다스리는 업무를 맡았다. 그러다가 부원세력층附元勢力層의 불법과 전횡을 옹호하고, 전민田民의 점탈을 방조하며, 반원세력을 억누르는 기관으로 전환되었다. 이문소 관리들의 횡포와 전권은 내정이 문란해지는 고려 말에 이르러 더욱 심하였다. 1356년(공민왕 5)에 반원개혁의 첫 조처의 하나로 행성이문소行省理問所가 타파의 대상이 되었다.

15) 최영崔瑩(1316~1388)

공민왕 3년(1354)에 원나라의 요청으로 유탁·염제신과 함께 정병 2천을 인솔하고 가서 선봉을 맡아 장사성의 반란군을 거의 전멸시켜 명성을 대륙에 떨쳤다. 2차에 걸쳐 침입한 홍건적을 격퇴시키는데 큰 공을 세웠고, 우왕 2년(1376)에는 역사상 유명한 홍산鴻山 싸움에서 왜구를 크게 무찔렀다. 그 뒤에 명明나라가 철령위를 설치하려 하자 요동 정벌을 주장, 팔도도통사가 되어 우왕과 함께 평양까지 출진하였으나, 이성계의 위화도 회군으로 뜻을 이루지 못하였다. 이성계 일파에게 붙잡혀 고봉高峰에 유배되었다가 후에 죽음을 당하였다. 최영은 평소 청렴결백하여 재물을 탐내는 일이 없었다.

16) 주원장朱元璋(1328~1398)

중국 명明나라의 시조. 원元나라가 쇠약해져 여러 곳에서 홍건적이 일어났을 때 가담했다가 백련교의 뒷받침으로 세력을 넓혀 원나라를 멸망시키고 명나라를 세웠다. 자하紫霞 선생과 팔공八公 진인이 전한 한민족과 인류의 시원 종교인 신교神敎의 역사를 밝힌 『신교총화神敎叢話』에서는, "명나라 주원장은 (고구려 시조) 고주몽의 후손으로 그의 행동과 말을 살펴보면 우리 동방 사람이다[朱元璋之謂大震之人]."라고 하였다.

17) 정몽주鄭夢周(1337~1392)

고려 말의 충신. 호는 포은圃隱, 시호는 문충文忠. 위화도 회군 이후 이성계의 세력이 나날이 커져서 조준·정도전 등이 이성계를 왕으로 추대하려 하자, 우선 조준을 제거하려 하는 동시에 고려조를 끝까지 떠받들려다가 이방원의 문객 조영규 등에게 선죽교善竹橋에서 피살되었다. 성격이 호방하며 매섭고,

충효忠孝로 일관했다. 성리학에도 매우 밝아 오부학당과 향교를 설치하여 유학을 진흥시켰다. 태종 때 익양부원군으로 추증하고 시호를 내렸고, 중종 때 문묘文廟에 모셨다.

18) 김의金義

고려 말의 장수. 본래 호인胡人으로 본명은 야열가也列哥. 공민왕 말년에 밀직부사·동지사사 등 벼슬을 역임하였다. 명나라 사신 임밀·채빈 등을 호송할 책임을 맡았는데, 재상 이인임이 공민왕 살해에 대한 명나라의 문책을 두려워하여 김의로 하여금 사신을 죽이게 하였다. 김의는 채빈을 죽이고 임밀을 잡아서 원나라로 도망하였다. 후에 명나라에 귀순하여 남만南蠻을 정벌하였다.

19) 철령위鐵嶺衛

명나라는 원나라를 북쪽으로 밀어내고 원이 점유하던 만주지역까지 모두 차지하기 위해 고려에 철령위 설치를 통고하였다. 철령위는 고려가 만주 고토를 회복하는 데 가장 큰 장애물이었다. 고려는 공민왕 이후 명나라의 세력 확장을 기회로 삼아 원에 빼앗긴 영토를 되찾기 위해 심혈을 기울이고 있었다. 그런데 명나라의 세력이 커져 원나라가 망할 상황이 되자 고려는 명나라와 교섭을 통해 옛 영토를 회복하고자 하였다.

그러나 명나라는 철령이 고려에 속하였다 해도 원나라 지역을 명나라가 차지했으니 명나라에 귀속되어야 한다고 통고하였다. 당시 고려 조정에서는 전쟁과 화친 중에서 화친하자는 주장이 우세했다. 그럼에도 명나라는 강계에 철령위를 세우려고 요동에서 철령에 이르기까지 역참 70곳을 두었다. 이에 고려는 철령위 설치를 통고하러 온 사신단을 죽이고 요동정벌을 결정하였다.

명나라가 설치한 철령위의 위치에 대해서『명사明史』에는 홍무 21년(1388)에 옛 철령성 자리에 설치하였다가 홍무 26년(1393)에 지금의 요령성 철령으로 옮긴 것으로 되어 있다. 청나라 때의『성경통지盛京通志』에서는 1388년에 설치한 철령위의 위치는 지금의 철령 동남쪽으로 500리 되는 곳에 있다고 하였다. 복기대는 명나라가 처음 설치한 철령위 위치를 요령성 본계本溪시 일대로 보고 있다.

철령위는 고려가 자국 영토를 어디까지 인식했는지 알아볼 수 있는 중요한 문제이다. 지금까지 한국학계의 통설은 원산만 지역을 철령위로 보는 것이다. 강원도와 함경남도 경계에 있는 철령의 동쪽을 철령위의 경계로 보는 설로, 고려의 국경은 압록강에서 원산만을 잇는 선이라는 것이다. 그리고 쌍성총관부가 철령위에 설치되었다고 본다. 이 견해는 일본인들이 확정해 놓은 것인데 한국학계가 그대로 답습하고 있다.

그런데『고려사』「지리지」서문에서는 고려의 북쪽 영토가 "서북西北은 당나라 이후 압록강을 국경으로 삼고 동북東北은 선춘령으로 경계를 삼으니 대체로 서북의 경계는 고구려에 미치지 못했으나 동북은 이에서 지났다[西北, 自唐以來, 以鴨綠爲限, 而東北, 則以先春嶺爲界. 蓋西北所至不及高勾麗, 而東北過之.]"라고 하여 동북은 두만강 북쪽으로 고구려 강역보다 더 넓었다고 하였다.

또『조선왕조실록』「태조실록」총서總序를 보면, 이성계가 우왕에게 올린 상소문에 "북계北界는 여진·달달·요동·심양 지역과 이어져 있으니 실로 국가의 중요한 땅입니다[北界與女眞·達達·遼瀋之境相連, 實爲國家要害之地]"라고 하였다. 이 내용대로라면 원나라 말기 고려의 영토는 압록강을 넘어 요양, 심양과 접해 있었다고 봐야 한다. 여기서 요동은, 심양과 같이 거론된 것으로 보아 요하 동쪽과 압록강 이북 사이를 말하는 것이 아니라, 요양을 가리키는 것으로 추정할 수 있다. 만약 철령위가 원산만 일대에 설치되었다면 조선 세종이 함경도 일대에 4군 6진을 개척할 때 명나라와 전쟁을 하거나 양도받아야 가능한 것이다(복기대,「철령위 위치에 대한 재검토」,『선도문화』제9권, 2010). 그러나 고려, 조선과 명나라는 영토 문제에서 서로 첨예하게 대립했다. 따라서 고려의 북쪽 경계는 지금까지 교과서에서 배운 것과 차이가 날 수밖에 없다.

참고 문헌

〈원전〉

한국사 관련 문헌
- 『환단고기桓檀古記』, 광오이해사, 1979.
- 『환단고기桓檀古記』, 배달의숙, 1983.
- 『경세유표經世遺表』
- 『고려사高麗史』
- 『고려사절요高麗史節要』
- 『규원사화揆園史話』
- 『기자실기箕子實記』
- 『단기고사檀奇古史』
- 『대동야승大東野乘』
- 『동국사략東國史略』
- 『동국역대사략東國歷代史略』
- 『동국통감東國通鑑』
- 『동명왕편東明王篇』
- 『동사강목東史綱目』
- 『동사절요東史節要』
- 『발해고渤海考』
- 『삼국사기三國史記』
- 『삼국사절요三國史節要』
- 『삼국유사三國遺事』
- 『송도지松都誌』
- 『신단실기神檀實記』
- 『신증동국여지승람新增東國輿地勝覽』
- 『여지지輿地誌』
- 『연려실기술練藜室記述』
- 『연산군일기燕山君日記』
- 『제왕운기帝王韻紀』
- 『조선역사朝鮮歷史』
- 『조선왕조실록朝鮮王朝實錄』
- 『중경지中京誌』
- 『청비록淸脾錄』
- 『표제음주동국사략標題音註東國史略』

한국 고전
- 『대동운부군옥大東韻府群玉』
- 『동국문헌비고東國文獻備考』
- 『동문선東文選』
- 『동몽선습언해童蒙先習諺解』
- 『매천집梅泉集』
- 『미수기언眉叟記言』
- 『성호사설星湖僿說』
- 『수산집修山集』
- 『순암집順菴集』
- 『약천집藥泉集』
- 『여암유고旅菴遺稿』
- 『여유당전서與猶堂全書』
- 『연암집燕巖集』
- 『율곡전서栗谷全書』
- 『최문창후전집崔文昌侯全集』
- 『퇴계전서退溪全書』
- 『풍암집화楓巖輯話』
- 『해동악부海東樂府』
- 『해동역사海東繹史』
- 『해학유서海鶴遺書』

한국 종교 · 사상
- 「난랑비서鸞郎碑序」(『삼국사기』「신라본기」).
- 『단군철학석의檀君哲學釋義』, 김형탁, 1957.
- 『동경대전東經大全』
- 『부도지符都誌』
- 『부흥경략復興經略』
- 『사례편람四禮便覽』
- 『삼일신고三一神誥』(『역해종경사부합편譯解倧經四部合編』, 대종교총본사, 1949.
- 『수심결修心訣』
- 『신교총화神敎叢話』
- 『신리대전神理大全』
- 『신사기神事記』

- 『용담유사龍潭遺詞』
- 『도원기서道源記書』, 문덕사, 2002.
- 『정신철학통편精神哲學通編』, 명문당, 1983.
- 『정역正易』
- 『증산도 도전道典』, 대원출판, 2003.
- 『참전계경參佺戒經』
- 『천도교경전天道敎經典』(천도교중앙총부, 천도교중앙총부출판부, 1984).
- 『천부경天符經』(전병훈, 『정신철학통편』, 1920, 〈명문당 영인, 1983〉).
- 『청학집靑鶴集』
- 『최수운선생문집도원기』, 동학학연구원, 2002.
- 『태백진훈太白眞訓』
- 『팔리훈八理訓』
- 『해동고승전海東高僧傳』
- 『해동이적海東異蹟』
- 『회삼경會三經』

중국 24사
- 『사기史記』
- 『한서漢書』
- 『후한서後漢書』
- 『삼국지三國志』
- 『진서晋書』
- 『송서宋書』
- 『남제서南齊書』
- 『양서梁書』
- 『진서陳書』
- 『위서魏書』
- 『북제서北齊書』
- 『주서周書』
- 『수서隋書』
- 『남사南史』
- 『북사北史』
- 『구당서舊唐書』
- 『신당서新唐書』
- 『구오대사舊五代史』
- 『신오대사新五代史』
- 『송사宋史』
- 『요사遼史』
- 『금사金史』
- 『원사元史』
- 『명사明史』
- 『청사고淸史稿』

중국 고전
- 『고려도경高麗圖經』
- 『고본죽서기년古本竹書紀年』
- 『괄지지括地志』
- 『국어國語』
- 『노사路史』
- 『당회요唐會要』
- 『대대례기大戴禮記』
- 『대명일통지大明一統志』
- 『독사방여기요讀史方輿紀要』
- 『만문로당滿文老檔』
- 『명현씨족언행류편名賢氏族言行類編』
- 『문헌통고文獻通考』
- 『박물지博物志』
- 『백호통소의白虎通疏義』
- 『사기삼가주史記三家注』.
- 『산해경山海經』
- 『설문해자說文解字』
- 『설원說苑』
- 『수경주水經注』
- 『수서경적지隋書經籍志』
- 『십팔사략十八史略』
- 『여씨춘추呂氏春秋』
- 『염철론鹽鐵論』
- 『오월춘추吳越春秋』
- 『옥대신영玉臺新詠』
- 『우공추지禹貢錐指』
- 『월절서越絶書』
- 『위략魏略』
- 『유경도익類經圖翼』
- 『이아爾雅』
- 『일주서逸周書』
- 『전국책戰國策』
- 『제왕세기帝王世紀』
- 『주자가례朱子家禮』

- 『주자어류朱子語類』
- 『죽서기년竹書紀年』
- 『초사楚辭』
- 『춘추곡량전春秋穀梁傳』
- 『춘추원명포春秋元命包』
- 『춘추좌전정의春秋左傳正義』
- 『춘추좌전春秋左傳』
- 『춘추지소록春秋識小錄』
- 『춘추春秋』
- 『태평어람太平御覽』
- 『통전通典』
- 『통지通志』
- 『한원翰苑』
- 『한창려문집韓昌黎文集』
- 『흠정만주원류고欽定滿洲源流考』

중국 철학 · 사상
- 『관자管子』
- 『노자老子』
- 『논어論語』
- 『대학大學』
- 『도덕경道德經』
- 『맹자孟子』
- 『묵자墨子』
- 『본초강목本草綱目』
- 『삼황내문三皇內文』
- 『상서尙書』
- 『소학小學』
- 『시경詩經』
- 『신선전神仙傳』
- 『십삼경주소十三經注疏』
- 『예기禮記』
- 『오례통고五禮通考』
- 『운급칠첨雲笈七籤』
- 『장자莊子』
- 『주례주소周禮註疏』
- 『주역周易』
- 『중용中庸』
- 『포박자抱朴子』
- 『황제내경皇帝內經』

- 『회남자淮南子』

일본 문헌
- 『고사기古事記』
- 『일본서기日本書紀』
- 『출운국 풍토기出雲國風土記』
- 『회풍조懷風藻』
- 『만엽슈万葉集』
- 『속일본기續日本記』
- 『고어습유古語拾遺』
- 『일본영이기日本靈異記』
- 『일본후기日本後紀』
- 『속일본후기續日本後紀』
- 『신찬자경新撰字鏡』
- 『연희식延喜式』
- 『신찬성씨록 연구新撰姓氏錄の研究』
- 『신황정통기神皇正統記』
- 『우관초愚管抄』
- 『충구발衝口発』
- 『대일본사大日本史』

〈불교, 도교, 기독교 등 종교 문헌〉

- 『금강경金剛經』
- 『능엄경楞嚴經』
- 『도장道藏』, 天津古籍出版社, 1988.
- 『미륵경彌勒經』
- 『반야심경般若心經』
- 『백유경百喩經』
- 『석가보釋迦譜 석가방지釋迦方志; 석가씨보釋迦氏譜』, 東國譯經院, 1987.
- 『성경聖經』, 대한성서공회, 1993.
- _____, 생명의 말씀사, 2004.
- 『NIV 스터디성경』, 생명의 말씀사, 2009.
- 『월장경月藏經』
- 『참동계參同契』
- 『태을금화종지太乙金華宗旨』
- 『화엄경華嚴經』

〈환단고기 번역 및 주해서〉

- 가지마 노보루鹿島 昇, 『환단고기』, (株)新國民社, 1984.
- 강수원 옮김, 『환단고기』, 온누리, 1985.
- 강희남, 『(새번역)환단고기』, 법경원, 2008.
- 고동영 역, 『환단고기』, 한뿌리, 1996.
- 금청도 역, 『환단고기』, 고대원출판사, 1992.
- 김은수 주해, 『(주해)환단고기』, 가나, 1985.
- 김헌전, 『환국정통사』, 송산출판사, 1986.
- 단학회연구부, 『환단고기』, 코리언북스, 1998.
- 문재현, 『환단고기』, 바로보인, 2005.
- 서완석, 『환단고기의 진실성 실증』, 샘, 2009.
- 손석우 역, 『환단고기』, 한밝문화원, 1988.
- 양태진, 『환단고기(영토사로 다시찾은)』, 예나루, 2009.
- 이민수 역, 『환단고기』, 한뿌리, 1986.
- 이일봉, 『실증 한단고기』, 정신세계사, 1998.
- 임승국 역, 『한단고기』, 정신세계사, 1986.
- 임훈, 『환단고기』, 배달문화원, 1985.
- 전동헌 편저, 『백의민족의 뿌리(역사):주해 환단고기』, 태봉기획, 2003.
- 한재규, 『(만화)환단고기』, 북캠프, 2004.
- 전동헌 편, 『한민족의 뿌리(주해 환단고기)』, 태봉기획, 2003.

〈한민족의 3대 경전, 『천부경』, 『삼일신고』, 『참전계경』 주해서〉

- 강수원, 『대종교요감: 우리 정통 종교』, 대종교총본사, 1987.
- ____, 『우리 배달겨레와 대종교의 역사』, 한민족문화사, 1993.
- ____, 『우리의 뿌리와 얼: 眞倧大道와 源流』, 온누리, 1986.
- ____, 『대종교요감』, 대종교출판사, 1994.
- 강천봉, 『三一神誥』, 大洋書籍, 1972.
- 강희경, 『天符經·三一神誥·參佺戒經』, 蘇塗經典, 2008.
- 광명, 『천부경』, 솔과학, 2009.
- 구길수·구자은, 『천부인과 천부경의 비밀』, 한솜, 2002.
- 구선, 『십이연기와 천부경』, 연화, 2008.
- 권태훈, 『천부경의 비밀과 백두산족문화』, 정신세계사, 1992.
- 김계홍, 『天符經과 宇宙變化』, 天符社, 1994.
- 김교헌, 『三一神誥』, 大倧敎總本司, 1912.
- 김대원, 『천부경 81자와 도덕경 81장의 진실』, 현음사, 2009.
- 김동춘, 『天符經과 檀君史話』, 기린원, 1989.
- 김석진, 『(대산의) 천부경』, 동방의 빛, 2009.

- 金應國, 『(삼일신고해제를 통해서 본)천부경』, 삼현, 2009.
- 金貞一, 『人間 366事: 參佺戒經』, 가교, 1997.
- 김철도, 『천부경·삼일신고·참전계경 역해』, 고대원출판사, 1991.
- 대종교종경종사편수위원회, 『대종교 경전』, 대종교총본사, 1967.
- 大倧敎總本司, 『譯解 三一神誥』, 大倧敎總本司, 1962.
- 문재현, 『천부경·치화경·교화경』, 바로보인, 1997.
- 문주희, 『천부경』, 이담북스, 2010.
- 박성화, 『天符經 硏究: 韓民族뿌리사상』, 民族正統思想硏究委員會, 1993.
- 박재원, 『천부경』, 홍문관, 2010.
- 선불교, 『삼일신고』, 선불교경전연구실, 2009.
- 선불교경전연구실, 『(천화의 법)천부경』, 선불교경전연구실, 2009.
- 선불교출판경전팀, 『(복본의 뜻으로 풀어본)참전계경』, 선불교출판경전팀, 2010.
- 송호수, 『三化開天經』, 개천민족회, 1984.
- _____, 『겨레 얼 三大原典』, 인간연합, 1983.
- _____, 『韓民族의 뿌리사상』, 기린원, 1989.
- 신성우, 『仙學原理論: 天符經과 三一神話』, 弘益人間學會, 1985.
- 신지, 『三一神誥·東經大全·龍潭遺詞』, 良友堂, 1994.
- 신태윤, 『圖解 三一神誥 講義』, 三仁洞精舍, 1938.
- 신한범, 『뜻그림 천부경 말글로 풀다』, 정신세계사, 2008.
- 오성호, 『易의 始原 天符經』, 눈빛한소리, 2007.
- 옥유미, 『천부경: 생명의 실상』, 월드사이언스, 2007.
- 유정수, 『천부경과 신교총화』, 여강, 2006.
- 윤범하, 『三神思想硏究』, 한가람전산, 1995.
- _____, 『천부경과 삼신사상』, 백석기획, 2004.
- 윤세복, 『譯解倧經 三一哲學』 합편, 대종교총본사, 1985.
- 윤해석, 『천부경의 수수께끼』, 창해, 2000.
- 이근철, 『천부경 철학 연구』, 모시는 사람들, 2011.
- 이상태, 『사람 안에 하늘 땅 있네』, 밝문화미디어, 2006.
- 이성재, 『天符經 經典』, 五政, 1994.
- 이유립, 『大倍達民族史』 1~5, 高麗家, 1987.
- _____, 『커발한 文化思想史』 1~2, 檀檀學會, 1976.
- 이중철, 『천부경: 天符印의 조화진리』, 마음과 태양, 2004.
- 이진진, 『天符經 81자』, 治國平天地事, 1989.
- 이찬구, 『人符經 八十一字 集註』, 東信出版社, 1993.
- _____, 『천부경과 동학』, 모시는 사람들, 2007.
- 이청원, 『한밝사상을 찾아서』, 대중문화사, 2000.
- 임아상, 『삼일신고』, 大倧敎本司, 1912.
- 전치화, 『천부경 이야기』, MJ미디어, 2010.

- _____, 『天符經과 桓國 바로알기』, MJ미디어, 2008.
- _____, 『천부경과 그 위대한 이야기伊野記』, MJ미디어, 2008.
- 정근철, 『本太陽 天符經』, 天慈城, 1995.
- 鄭烈模, 『譯解 倧經四部合編』, 대종교총본사, 1949.
- 諸相宰, 『天符經集註』상·하, 三養, 1997.
- 조하선, 『(베일 벗은)천부경』, 창천사, 2005.
- 최동원, 『천부경강전: 환桓인족의 혼』, 正常生活, 2008.
- 최동환, 『삼일신고』, 지혜의 나무, 2009.
- _____, 『한역』, 지혜의 나무, 2000.
- _____, 『366사: 참전계경』, 지혜의 나무, 2007.
- _____, 『천부경』, 지혜의 나무, 2008.
- _____, 『천부경의 예언론』 1~2, 삼일, 1993.
- _____, 『천부경의 예언』, 지혜의 나무, 2000.
- 崔東熙, 『三一神誥』, 良友堂, 1988.
- 최명재, 『世界最初의 甲骨文體 天符經』, 글피아, 2005.
- 최민자, 『천부경·삼일신고·참전계경』, 모시는 사람들, 2006.
- _____, 『생명에 관한 81개조 테제』, 모시는 사람들, 2008.
- 최민홍, 『한철학사』, 성문사, 1997.
- 최의목, 『(도통하는)천부경: 한민족의 경전·한얼사』 상·하, 한올, 2007.
- 최재충, 『天符經: 民族의 뿌리』, 한민족, 1985.
- _____, 『天符經과 數의 世界』, 한민족, 1986.
- _____, 『한民族과 天符經: 81萬年周期의 小銀河界會合』, 한민족, 1983.
- 한국민족문화연구원, 『易藏: 連山易·歸藏易·周易·正易·天符經』, 서운관, 1995.
- 한규성, 『檀君 天符經解論』, 박문출판사, 1975.
- _____, 『천부경과 도의사회』, 동방문화, 1987.
- 한문화, 『천부경 익힘 노트』, 한문화, 1999.
- _____, 『천지인』, 한문화, 2008.
- 한배달 편집부, 『천부경 연구』, 한배달, 1994.
- 단군대종학회연구원장, 『천부경 집주』, 삼양, 1997.
- 백산 편역, 『천부사상과 한단역사』, 동신출판사, 1989.
- 유정수 편역, 『천부경과 신교총화』, 여강, 2003.
- 이근철, 『천부경 철학 연구』, 모시는 사람들, 2011.
- 황기운, 『천부경과 한의 원리』, 景仁文化社, 1985.

〈원전 번역 및 주해서〉

- 각훈 저, 장휘옥 역, 『해동고승전』, 민족사, 1991.
- 권근, 민족문화추진회 역, 『(국역)양촌집』, 민족문화문고간행회, 1985.
- 고동영 역주, 『규원사화』, 한뿌리, 1993.

- _____, 『단기고사』, 한뿌리, 1993.
- 김교헌 지음, 고동영 옮김, 『신단민사』, 한뿌리, 2006.
- 김교헌·박은식·유근 엮음, 김동환 해제, 『단조사고』, 한뿌리, 2006.
- 김교헌 저, 이민수 역, 『신단실기』, 한뿌리, 1994.
- 동학협의회 편, 『동경대전연의』, 동학협의회, 1975.
- 민족문화추진회 역, 『고려사절요』, 신서원, 2004.
- 박창화 찬술, 김성겸 역, 『고구려의 숨겨진 역사를 찾아서』, 지샘, 2008.
- 범세동 저, 정주영 역, 『화동인물총기』, 전남대학교출판부, 1993.
- 서거정, 『(국역)東國通鑑』, 세종대왕기념사업회, 1996.
- 서긍 저, 조동원 역, 『고려도경』, 황소자리, 2005.
- 신채호 저, 박기봉 옮김, 『조선상고사』, 비봉출판사, 2006.
- _____, 이만열 주석, 『주석 조선상고사』 상·하, 단재 신채호선생기념사업회, 1999.
- _____, 이만열 역, 『(주석)조선상고문화사: 독사신론조선사연구초』, 단재신채호선생기념사업회, 1992.
- 유득공 저, 송기호 역, 『발해고』, 홍익출판사, 2000.
- 윤석산 주해, 『동경대전』, 동학사, 1996.
- 박세상·윤치원, 『부도지』, 대원출판, 2002.
- 이능화 집술, 이종은 역주, 『조선도교사』, 보성문화사, 2000.
- 이세권, 『동학경전:동경대전 용담유사』, 글나무, 2002.
- 이유립 주해, 『신시개천경神市開天經』, 광오이해사, 1979.
- 일연 저, 김원중 역, 삼국유사, 민음사, 2007.
- 장화, 임동석 역, 『박물지』, 고즈윈, 2004.
- 정재서 역, 『산해경』, 민음사, 1999.
- 진단학회, 『동국이상국집』, 일조각, 2000.
- 최남선 저, 정재승·이주현 역주, 『불함문화론』, 우리역사연구재단, 2008.
- 최민자, 『천부경 (삼일신고 참전계경)』, 모시는사람들, 2006.
- 황순구, 『서사시 동명왕편』, 명문당, 2009.

〈국내 단행본〉

- 강경구, 『고구려의 건국과 시조 숭배』, 학연문화사, 2001.
- 강만길, 『21세기의 서론을 어떻게 쓸 것인가』, 삼인, 1999.
- 강만길 외, 『우리역사를 의심한다』, 서해문집, 2002.
- 강영길, 『우리는 모두 인디언이다』, 프로네시스, 2011.
- 강영수, 『유태인 오천년사』, 청년정신, 2003.
- 강인구, 『고고학으로 본 한국고대사』, 학연문화사, 2001.
- 강인욱, 『춤추는 발해인』, 주류성, 2009.
- 강현숙, 『고구려와 비교해 본 중국 한 위 진의 벽화분』, 지식산업사, 2005.
- 고구려연구재단 편, 『(다시 보는)고구려사』, 고구려연구재단, 2004.
- _____, 『(새롭게 본) 발해사』, 고구려연구재단, 2005.

- 고구려연구회, 『고구려연구』 1집~29집, 학연문화사, 1995~2008.
- 고조선사연구회·동북아역사재단, 『고조선의 역사를 찾아서』, 학연문화사, 2007.
- _____, 『고조선사 연구 100년』, 학연문화사, 2009.
- 고준환, 『하나 되는 한국사』, 범우사, 1992.
- 과학백과사전종합출판사편집부, 『발해문화연구』, 과학백과사전종합출판사(북한), 1997.
- 구길수, 『천부인』 상·하, 가림다, 2011.
- 국립중앙박물관, 『문자, 그 이후 -한국고대문자전』, 국립중앙박물관, 2011.
- 국학연구원, 『한국 선도의 역사와 문화』, 국제평화대학원대학교출판부, 2006.
- _____, 『선도문화』 6집, 국제뇌교육종합대학원출판부, 2009.
- _____, 『선도문화』 9집, 국제뇌교육종합대학원출판부, 2010.
- 권삼윤, 『고대사의 블랙박스』, 랜덤하우스중앙, 2005.
- 권희석, 『평화가 잠자는 땅, 중동』, 예영 커뮤니케이션, 2010.
- 기수연, 『후한서 동이열전 연구』, 백산자료원, 2005.
- 김경일, 『갑골문이야기』, 바다출판사, 2002.
- 김경호 외, 『하상주단대공정』, 동북아역사재단, 2008.
- 김규진, 『서법진결』, 古今書畵陳列觀, 1915.
- 김기선, 『에스키모와 인디언 문화』, 민속원, 2003.
- 김기섭·임기환·윤용구 저, 『부여사와 그 주변』, 동북아역사재단, 2008.
- 김기협, 『밖에서 본 한국사』, 돌베개, 2008.
- 김기흥, 『새롭게 쓴 한국고대사』, 역사비평사, 1993.
- 김달수, 『일본속의 한국문화』, 조선일보사, 1986.
- ____, 『일본열도에 흐르는 한국혼』, 동아일보사, 1993.
- 김대성, 『금문의 비밀』, 북21컬처라인, 2002.
- 김문길, 『일본고대문자연구』, 형설출판사, 1992.
- 김범부, 『풍류정신』, 정음사, 1987.
- 김병기, 『사라진 비문을 찾아서』, 학고재, 2005.
- 김병호, 『우리문화대탐험』, 황금가지, 1997.
- 김봉환, 『지도 위에 쓴 세계사』, 상상과 열정, 2011.
- 김산해, 『청소년을 위한 길가메쉬 서사시』, 휴머니스트, 2009.
- ____, 『최초의 신화 길가메쉬 서사시』, 휴머니스트, 2005.
- 김삼웅, 『일제는 조선을 얼마나 망쳤을까』, 사람과사람, 1998.
- ____, 『한국사를 뒤흔든 위서』, 인물과사상사, 2004.
- 김상일, 『인류문명의 기원과 한』, 가나출판사, 1987.
- ____, 『한思想』, 온누리, 1986.
- ____, 『한철학』, 온누리, 1995.
- 김선숙, 『한권으로 읽는 한국고대사강의』, 한국학술정보, 2011.
- 김선주, 『인류문명의 뿌리 동이』, 상생출판, 2008.
- ____, 『홍산문화』, 상생출판, 2011.

- 김성재, 『갑골에 새겨진 신화와 역사』, 동녘, 2000.
- 김성호, 『沸流百濟와 日本의 國家起源』, 知文社, 1982.
- 김열규, 『한국신화와 무속연구』, 일조각, 1982.
- 김영돈, 『고조선과 홍익인간』, 보경문화사, 2000.
- 김영주, 『한민족의 뿌리와 단군조선사』, 대원출판, 2004.
- 김영호 외, 『사실로 본 한국 근현대사』, 황금알, 2008.
- 김용만, 『광개토태왕의 위대한 길』, 역사의 아침, 2011.
- 김용범, 『주제로 읽는 중국역사』, 보성, 2011.
- 김용섭, 『역사의 오솔길을 가면서』, 지식산업사, 2011.
- 김용옥, 『노자철학 이것이다』, 통나무, 1990.
- ____, 『동경대전』, 통나무, 2004.
- ____, 『동양학 어떻게 할 것인가』, 통나무, 1990.
- ____, 『삼국통일과 한국통일』, 통나무, 1994.
- ____, 『절차탁마대기만성』, 통나무, 2000.
- 김용운, 『한일 민족의 원형』, 평민사, 1989.
- 김운회, 『새로 쓰는 한일고대사』, 동아일보사, 2010.
- 김원룡, 『한국고고학개설』, 일지사, 1973.
- 김윤태, 『교양인을 위한 세계사』, 책과함께, 2007.
- 김은석, 『한국 고대사의 비밀』, 살림터, 2011.
- 김인호, 『우리가 정말 몰랐던 고려이야기』, 자작, 2001.
- ____, 『한국의 역사와 문화』, 목원대학교출판부, 2006.
- 김일권, 『고구려 별자리와 신화』, 사계절, 2008.
- 김재선, 『발해 문자 연구』, 민족문화사, 2003.
- 김재선 외, 『동이전』, 서문문화사, 2000.
- 김재용·이종주, 『왜 우리 신화인가』, 동아시아, 1999.
- 김재원, 『단군신화의 신연구』, 탐구당, 1981.
- 김정배, 『고조선에 대한 새로운 해석』, 고려대학교민족문화연구원, 2010.
- ____, 『북한의 우리 고대사 인식』, 대륙연구소출판부, 1991.
- ____, 『한국고대의 국가기원과 형성』, 고려대학교출판부, 1986.
- 김정위, 『중동사』, 대한교과서주식회사, 2004.
- 김종래, 『유목민이야기』, 꿈엔들, 2008.
- 김종복, 『발해정치외교사』, 일지사, 2009.
- 김종서, 『기자 위만조선 연구』, 한국학연구원, 2004.
- ____, 『단군조선 영토 연구』, 한국학연구원, 2004.
- ____, 『신시 단군조선사 연구』, 한국학연구원, 2004.
- ____, 『신화로 날조되어 온 신시·단군조선사 연구』, 한민족역사연구회, 2003.
- ____, 『한사군의 실제 위치 연구』, 한국학연구원, 2005.
- 김주미, 『한민족과 해속의 삼족오』, 학연문화사, 2010.

- 김주홍, 『단군철학』, 교보문고, 1982.
- 김찬곤 글·김이랑 그림, 『우리 민족 문화 상징 100』 2, 한송수북, 2009.
- 김철수, 『일본 고대사와 한민족』, 상생출판, 2009.
- ____, 『일본의 고신도와 한민족』, 상생출판, 2011.
- ____, 『전봉준장군과 동학혁명』, 상생출판, 2011.
- 김철준, 『한국고대사연구』, 서울대학교출판부, 1990.
- 김충열, 『중국철학사』, 예문서원, 1996.
- 김한종, 『역사왜곡과 우리 역사교육』, 책세상, 2007.
- 김향수, 『일본은 한국이더라』, 문학수첩, 1996.
- 김혁철, 『대조영과 발해』, 자음과모음, 2006.
- 김현숙, 『고구려의 영역지배방식 연구』, 모시는사람들, 2005.
- 김현일, 『서양의 제왕문화』, 상생출판, 2011.
- 김호동, 『몽골제국과 세계사의 탄생』, 돌베개, 2010.
- 김홍신, 『대발해』 1-10, 아리샘, 2007.
- 김희보, 『역사 이전의 역사』, 가람기획, 2011.
- 김희영, 『중국고대신화』, 육문사, 2001.
- 남풍현, 『古代韓國語硏究』, 시간의 물레, 2010.
- 노명호, 『고려국가와 집단의식』, 서울대학교출판문화원, 2009.
- 노성환, 『일본 속의 한국』, 울산대학교출판부, 1994.
- 노중국·김무진 외, 『한국 역사의 이해』, 계명대학교출판부, 2008.
- 노태돈, 『단군과 고조선사』, 사계절, 2000.
- 단국대학교 동양학연구원 엮음, 『동북아시아의 문명기원과 교류』, 학연문화사, 2011.
- 단군민족통일협의회, 『우리 민족의 원시조 단군』, 평양, 2003.
- 단군정신선양회편, 『국조단군』, 단군정신선양회, 1982.
- 단군학회, 『단군학연구』 1권~18권, 단군학회, 1999~2008.
- 단군학회, 『환단고기의 사료적 검토』, 단군학회, 1999.
- 도대현, 『성철선사상』, 운주사, 2011.
- 동북아역사재단 편, 『고구려의 등장과 그 주변』, 동북아역사재단, 2009.
- _____, 『고대 환동해 교류사』 1-2, 동북아역사재단, 2010.
- _____, 『고조선·단군·부여』, 동북아역사재단, 2004.
- _____, 『다시 보는 고구려사』, 동북아역사재단, 2007.
- _____, 『발해사 자료집』 상·중·하, 동북아역사재단, 2007.
- _____, 『발해의 역사와 문화』, 동북아역사재단, 2007.
- _____, 『새롭게 본 발해사』, 동북아역사재단, 2007.
- _____, 『요하유역의 초기 청동기문화』, 동북아역사재단, 2009.
- 류연산, 『발해 가는 길』, 아이필드, 2004.
- 류자후, 『朝鮮貨幣考』, 學藝社, 1940.
- 리지린, 『고조선연구』, 열사람, 1989.

- 마성, 『사캬무니붓다-초기성전에 묘사된 역사적 붓다』, 대숲바람, 2010.
- 문계석, 『생명과 문화의 뿌리 삼신』, 상생출판, 2011.
- 문정창, 『가야사』, 백문당, 1978.
- ____, 『고조선사연구』, 한뿌리, 1993.
- ____, 『단군조선사기연구』, 백문당, 1966.
- ____, 『백제사』, 인간사, 1988.
- ____, 『일본고대사』, 인간사, 1989.
- ____, 『한국 슈메르 이스라엘의 역사』, 백문당, 1979.
- ____, 『한국고대사』, 상·하, 백문당, 1979.
- 민두기 편, 『중국의 역사인식』, 상·하, 창작과비평, 1985.
- 민석홍 외, 『세계문화사』, 서울대학교출판문화원, 1988.
- 박노자, 『거꾸로 보는 고대사』, 한겨레출판, 2010.
- 박대종, 『한국에서 발견된 갑골문자에 관한 연구』, 대종언어연구소, 2002.
- 박맹수, 『개벽의 꿈 동아시아를 깨우다』, 모시는사람들, 2011.
- 박병섭, 『고조선을 딛고서 포스트고조선으로』, 창과거울, 2008.
- 박병식, 『도적맞은 우리국호 일본』 1, 문학수첩, 1998.
- 박병식 지음, 최봉렬 옮김, 『한국상고사』, 교보문고, 1994.
- 박석재, 『개천기』, 동아사이언스(과학동아북스), 2011.
- 박선미, 『고조선과 동북아의 고대 화폐』, 학연문화사, 2009.
- 박선식, 『한민족 대외정벌기』, 청년정신, 2000.
- 박선희, 『고조선 복식문화의 발견』, 지식산업사, 2011.
- ____, 『우리금관의 역사를 밝힌다』, 지식산업사, 2008.
- ____, 『한국 고대 복식』, 지식산업사, 2002.
- ____, 『한국고대복식 그 원형과 정체』, 지식산업사, 2002.
- 박성수, 『단군기행』, 교문사, 1988.
- ____, 『단군문화기행』, 서원, 2000.
- ____, 『민족사의 맥을 찾아서』, 집현전, 1985.
- ____, 『역사이해와 비판의식』, 종로서적, 1980.
- ____, 『역사학개론』, 삼영사, 1997.
- 박시인, 『국사개정의 방향』, 주류, 1982.
- ____, 『알타이 문화기행』, 청노루, 1995.
- ____, 『알타이 인문연구』, 서울대학교출판부, 1970.
- 박시형, 『광개토왕릉비』, 푸른나무, 2007.
- 박용숙, 『지중해 문명과 단군조선』, 집문당, 1996.
- ____, 『한국고대미술문화사론』, 일지사, 1976.
- ____, 『한국의 시원사상』, 문예출판사, 1985.
- 박용운, 『고려시대사』, 일지사, 2008.
- ____, 『고려의 고구려계승에 대한 종합적 검토』, 일지사, 2006.

- 박원고, 『중국의 역사와 문화』, 고려대학교출판부, 1992.
- 박원길, 『유라시아 초원제국의 샤머니즘』, 민속원, 2001.
- 박은봉, 『한국사편지』 1-5, 책과함께어린이, 2011.
- 박은식, 『韓國通史』, 大同編譯局, 1915.
- 박정태, 『우리의 원형을 찾는다』, 열화당, 2000.
- 박정학, 『겨레의 얼을 찾아서』, 백암, 2011.
- ____, 『너와 내가 어우러져 우리가 되는 세상』, 백암, 2012.
- 박종기, 『오백년 고려사』, 푸른역사, 2000.
- 박진석, 『고구려 호태왕비 연구』, 아세아문화사, 1996.
- 박창범, 『하늘에 새긴 우리역사』, 김영사, 2002.
- 박창화, 『우리나라 강역고』, 민속원, 2004.
- 박혁문, 『만주 오천년을 가다』, 정보와사람, 2007.
- 박현, 『한국고대지성사산책』, 백산서당, 1995.
- ___, 『한반도가 작아지게 된 역사적 사건 21가지』, 두산동아, 1997.
- 박현모, 『고려 실용외교의 중심 서희』, 서해문집, 2010.
- 박홍갑, 『고성이씨 가문의 인물과 활동』, 일지사, 2010.
- 발해사편집실, 『발해사 연구를 위하여』, 천지출판, 2000.
- _____, 『발해의 유물 유적』상·중·하, 서우얼출판사, 2006.
- _____, 『자주독립국 발해』, 천지출판, 2000.
- 배옥영, 『주대의 상제의식과 유교사상』, 상생출판, 2005.
- 백산자료원, 『력사과학』 1980~1944, 과학백과사전출판사, 1998.
- 백산학회, 『한민족의 형성과 발전』, 백산자료원, 1999.
- 백지원, 『완간 고려왕조실록』 상·하, 진명출판사, 2010.
- 변태섭, 『한국사통론』, 삼영사, 2006.
- 복기대, 『요서지역의 청동기시대 문화연구』, 백산자료원, 2002.
- 사회과학연구원역사연구소, 『발해사』, 한마당, 1989.
- _____, 『조선고대사』, 한마당, 1989.
- 사회과학원, 『평양일대 락랑무덤에 대한 연구』, 중심, 2001.
- 사회과학출판사, 『고조선 력사개관』, 중심, 2001.
- 서길수, 『알타이의 자연과 문화』, 고래실, 2009.
- 서동인, 『흉노인 김씨의 나라 가야』, 주류성, 2011.
- 서병국, 『거란제국사연구』, 국학술정보㈜, 2006.
- ____, 『대동이 탐구』, 한국학술정보, 2010.
- ____, 『동이족과 부여의 역사』, 혜안, 2001.
- ____, 『발해제국사』, 서해문집, 2006.
- 서영대·송화섭, 『용, 그 신화와 문화』, 민속원, 2002.
- 서울대학교출판편집부, 『한국사특강』, 서울대학교출판부, 2008.
- 서희건, 『잃어버린 역사를 찾아서』 1~3, 고려원, 1986.

- 성삼제, 『고조선 사라진 역사』, 동아일보사, 2006.
- 성창호, 『海東人物志』, 회상사, 단기4302.
- 세계역사문화연구소, 『한국사의 단군인식과 단군운동』, 국제평화대학원대학교출판부, 2006.
- 손영종, 『고구려사의 제문제』, 신서원, 2000.
- 송기호, 『동아시아의 역사분쟁』, 솔, 2007.
- ____, 『발해 사회문화사 연구』, 서울대학교출판문화원, 2011.
- ____, 『발해를 다시 본다』, 주류성, 2008.
- 송동건, 『고구려와 흉노』, 진명출판사, 2010.
- 송형섭, 『일본 속의 백제문화』, 한겨레, 1990.
- ____, 『일본 속의 백제문화』2, 한겨레, 1997.
- 송호수, 『위대한 민족-한글은 세종 이전에도 있었다』, 보림사, 1992.
- ____, 『겨레 얼 三大原典-조화경·교화경·치화경』, 인간연합, 1983.
- ____, 『한민족의 뿌리사상』, 인간연합, 1983.
- 송호정, 『단군, 만들어진 신화』, 산처럼, 2004.
- ____, 『한국 고대사 속의 고조선사』, 푸른역사, 2003.
- 수요역사연구회, 『곁에 두는 세계사』, 석필, 2001.
- 신승오, 『환단제국사』, 나라누리, 2002.
- 신영란, 『당태종이 묻어버린 연개소문의 진실』, 작은키나무, 2006.
- 신용하, 『고조선 국가형성의 사회사』, 지식산업사, 2010.
- 신종원, 『일본인들의 단군 연구』, 민속원, 2009.
- 신채호, 『단재신채호전집』, 형설출판사 1975.
- ____, 『조선사연구초』, 연학사, 1946.
- ____, 『한국사연구초』, 을유문화사, 1994.
- 신채호 지음 박기봉 옮김, 『조선상고사』, 비봉출판사, 2006.
- 신형식, 『한국고대사의 새로운 이해』, 주류성출판사, 2009.
- 심백강 외, 『단군은 신화인가』, 대한상고사학회, 2002.
- 심백강, 『四庫全書中의 東夷史料 解題』, 민족문화연구원, 2003.
- ____, 『황하에서 한라까지』, 참좋은세상, 2007.
- 신원봉, 『윷경』, 정신세계사, 2002.
- 안경전, 『개벽 실제상황』, 대원출판, 2005.
- ____, 『이것이 개벽이다』 상·하, 대원출판, 1983.
- 안명선, 『빛나는 겨레의 얼』, 성문각, 1962.
- 안원전, 『통곡하는 민족혼』, 대원출판, 1996.
- 안주섭, 『고려 거란 전쟁』, 경인문화사, 2003.
- 안창범, 『민족사상의 원류』, 교문사, 1988.
- 안호상, 『겨레 역사 6천년』, 기린원, 1992.
- ____, 『단군과 화랑의 역사와 철학』, 사림원, 1979.
- ____, 『배달·동이는 동아문화의 발상지』, 한뿌리, 1992.

- 양우석, 『천주는 상제다』, 상생출판, 2011.
- 양종현, 『백년의 여정』, 상생출판, 2009.
- 우실하, 『동북공정의 선행 작업들과 중국의 국가 전략』, 울력, 2004.
- 유석근, 『또 하나의 선민 알이랑 민족』, 예루살렘, 2011.
- 유왕기, 『7만년 하늘민족의 역사』, 세일사, 1989.
- 유철, 『어머니 하느님』, 상생출판, 2011.
- 윤내현, 『고조선 우리의 미래가 보인다』, 민음사, 1995.
- ____, 『고조선연구』, 일지사, 1994.
- ____, 『상주사』, 민음사, 1990.
- ____, 『우리 고대사-상상에서 현실로』, 지식산업사, 2003.
- ____, 『한국고대사』, 삼광출판사, 1990.
- ____, 『한국고대사신론』, 일지사, 1986.
- ____, 『한국열국사연구』, 지식산업사, 1998.
- 윤덕중, 『훈민정음 기원론』, 국문사, 1983.
- 윤명철, 『고구려 해양사 연구』, 사계절, 2003.
- ____, 『고구려의 정신과 정책』, 학연문화사, 2004.
- ____, 『일본고대사의 이해』, 터울림, 1989.
- ____, 『한민족 바다를 지배하다』, 상생출판, 2011.
- 윤무병, 『한국청동기문화연구』, 예경산업사, 1991.
- 윤병렬, 『고구려의 고분벽화에 그려진 한국의 고대철학』, 철학과현실사, 2008.
- 윤석산, 『후천을 열며』, 동학사, 2002.
- 윤영식, 『백제에 의한 왜국통치 삼백년사』, 청암, 2011.
- 윤이흠 외, 『단군 그 이해와 자료』, 서울대학교출판부, 2001.
- 윤정모, 『수메르-한민족 대서사시』 1-3, 다산책방, 2010.
- 윤종영, 『국사교과서 파동』, 혜안, 1999.
- 윤창대, 『정신철학통편-전병훈선생의 생애와 정신을 중심으로』, 우리출판사, 2004.
- 윤창열, 『중국 역사유적 의학유적 탐방기』, 주민출판사, 2010.
- 윤해석, 『천부경의 수수께끼』, 창해, 2000.
- 이강민, 『대한국고대사』, 삼양, 2004.
- 이강식, 『신시조직사』, 아세아문화사, 1993.
- ____, 『한국고대조직사』, 교문사, 1988.
- ____, 『한국고대조직사상사』, 아세아문화사, 1995.
- 이건창, 『명미당집明美堂集』「질재기質齋記」, 翰墨林書局, 1917.
- 이공범, 『위진남북조사』, 지식산업사, 2003.
- 이근우, 『고대 왕국의 풍경 그리고 새로운 시선』, 인물과사상사, 2006.
- 이근철, 『천부경철학연구』, 모시는사람들, 2011.
- 이기백, 『한국고대사론』, 일조각, 1995.
- ____, 『한국고대정치사회사연구』, 일조각, 1996.

- 이기백·이기동, 『한국사강좌-고대편』, 일조각, 1982.
- 이기영, 『석가』, 한국불교연구원, 1965.
- 이길상, 『세계의 교과서 한국을 말하다』, 푸른숲, 2009 .
- 이능화, 『조선도교사』, 보성문화사, 1990.
- 이덕일, 『고구려 700년의 수수께끼』, 대산출판사, 2000.
- _____, 『고구려는 천자의 제국이었다』, 역사의 아침, 2007.
- _____, 『살아있는 한국사』1~3, 휴머니스트, 2003.
- _____, 『한국사 그들이 숨긴 진실』, 역사의 아침, 2009.
- 이덕일·김병기, 『고조선은 대륙의 지배자였다』, 역사의 아침, 2006.
- 이덕일·이희근, 『우리 역사의 수수께끼』 1·2, 김영사, 1999.
- 이도학 외, 『태왕의 나라 고구려유적』, 서경문화사, 2011.
- 이도학, 『한국고대사 그 의문과 진실』, 김영사, 2001.
- _____, 『고구려 광개토왕릉비문 연구』, 서경문화사, 2006.
- _____, 『살아있는 백제사』, 휴머니스트, 2003 .
- 이도학, 박진호 외, 『태왕의 나라 고구려유적』, 서경문화사, 2011.
- 이만열, 『한국 근현대 역사학의 흐름』, 푸른역사, 2007.
- 이문영, 『만들어진 한국사』, 파란미디어, 2010.
- 이민홍, 『한문화의 원류』, 제이앤씨, 2006.
- 이병도, 『한국고대사연구』, 박영사, 1985.
- _____, 『韓國史大觀』, 東方圖書, 1983.
- 이병도·최태영, 『한국상고사입문』, 고려원, 1989.
- 이병선, 『한국고대국명지명연구』, 아세아문화사, 1982.
- 이상시, 『단군실사에 관한 문헌고증』, 가나출판사, 1987.
- 이성규 외, 『낙랑문화연구』, 동북아역사재단, 2007.
- 이수광, 『굴욕의 역사 100년』, 드림노블, 2010.
- 이영, 『왜구와 고려·일본 관계사』, 혜안, 2011.
- 이영식, 『임나일본부에 대한 연구의 역사』, 신서원, 2001.
- 이영희, 『무쇠를 가진 자 권력을 잡다』, 현암사, 2009.
- 이우성·강만길, 『한국의 역사인식』 상·하, 창작과비평사, 1990.
- 이원호, 『태교』, 박영사, 1986.
- 이유립, 『대배달민족사』, 고려가, 1986.
- _____, 『커발한 문화사상』, 왕지사, 1976.
- 이이화, 『남국 신라와 북국 발해』, 한길사, 1998.
- 이인철, 『동북공정과 고구려사』, 백산자료원, 2010.
- 이장원 글·김이랑 그림, 『우리 민족 문화 상징 100』3, 한솔수북, 2010.
- 이재석, 『인류원한의 뿌리 단주』, 상생출판, 2009.
- 이정재, 『동북아의 곰문화와 곰신화』, 민속원, 1997.
- 이정훈, 『발로 쓴 반동북공정』, 지식산업사, 2009.

- 이종호, 『과학으로 찾은 고조선』, 글로연, 2008.
- ____, 『세계 불가사의 연구』, 북카라반, 2008.
- ____, 『한국 7대 불가사의』, 역사의아침, 2007.
- 이주한, 『노론 300년 권력의 비밀』, 역사의 아침, 2011.
- 이진희 저, 이기동 역, 『광개토왕능비의 탐구』, 일조각, 1987.
- 이찬구, 『돈(뾰족 돈칼과 옛 한글연구)』, 동방의빛, 2012.
- 이청규 외, 『요하유역의 초기 청동기문화』, 동북아역사재단, 2009.
- 이평래 외, 『동북아 곰 신화와 중화주의 신화론 비판』, 동북아역사재단, 2009.
- 이현희, 『정한론의 배경과 영향』, 대왕사, 1986.
- 이형구, 『광개토대왕 능비 신연구』, 동화출판공사, 1987.
- ____, 『단군과 고조선』, 살림터, 1995.
- ____, 『발해연안에서 찾은 한국 고대문화의 비밀』, 김영사, 2004.
- ____, 『한국 고대 문화의 기원』, 까치, 1991.
- 이형구·이기환, 『코리안 루트를 찾아서』, 성안당, 2009.
- 이형석·이종호, 『고조선 신화에서 역사로』, 우리책, 2009.
- 이홍규, 『한국인의 기원』, 우리역사연구재단, 2010.
- 이효형, 『발해유민사 연구』, 혜안, 2007.
- 이희근, 『한국사는 없다』, 사람과사람, 2001.
- 이희진, 『근초고왕을 고백하다』, 가람기획, 2011.
- ____, 『식민사학과 한국고대사』, 소나무, 2008.
- ____, 『중화사상과 동아시아-자기 최면의 역사』, 책세상, 2007.
- 일조각편집부, 『한국사 시민강좌』 제2집, 일조각, 2007.
- 임상선, 『발해사 바로읽기(발해사 쟁점과 연구)』, 동재, 2008.
- ____, 『발해사 쟁점과 연구』, 동재, 2008.
- ____, 『발해의 지배세력연구』, 신서원, 1999.
- 임석재, 『서양건축사』 1, 북하우스, 2003.
- 임승국, 『史林』, 진영출판사, 1986.
- 임재해, 『고대에도 한류가 있었다』, 지식산업사, 2007.
- 임종욱 편, 『한국인명자호사전』, 이회, 2010.
- 임지현·이성시 엮음, 『국사의 신화를 넘어서』, 퍼블리싱컴퍼니, 2007.
- 장국종, 『발해국과 말갈족』, 중심, 2001.
- ____, 『발해사 100문 100답』, 자음과모음, 2006.
- ____, 『발해사연구』 1-2, 교보문고, 1997.
- 장도빈, 『대한역사』, 국사원, 1959.
- 전국역사교사모임, 『살아있는 세계사교과서』, 휴머니스트, 2005.
- _____, 『살아있는 한국사 교과서』 1·2, 휴머니스트, 2002.
- 전국지리교사연합회, 『살아있는 지리 교과서』, 휴머니스트, 2011.
- 전호태, 『고구려 고분벽화 읽기』, 서울대학교출판부, 2008.

- 정구복 외, 『삼국사기의 원전 검토』, 한국정신문화 연구원, 1995.
- 정두희, 『하나의 역사, 두 개의 역사학』, 조합공동체 소나무, 2001.
- 정만조 외, 『집성촌과 사족』, 국민대학교 출판부, 2004.
- 정명악, 『국사대전』, 광오이해사, 1978.
- 정수일, 『초원 실크로드를 가다』, 창비, 2010.
- 정연규, 『대한 상고사』, 한국문화사, 2005.
- _____, 『수메르·이스라엘 문화를 탄생시킨 한민족』, 한국문화사, 2004.
- _____, 『언어 속에 투영된 한민족의 상고사』, 한국문화사, 2000.
- _____, 『언어로 풀어보는 한민족의 뿌리와 역사』, 한국문화사, 1997.
- _____, 『인류사가 비롯된 파미르 고원의 마고성』, 한국문화사, 2010.
- _____, 『한겨레의 역사와 문화의 뿌리를 찾아서』, 한국문화사, 2008.
- _____, 『한겨레의 역사와 얼은 인류사의 뿌리』, 한국문화사, 2004.
- _____, 『한글은 단군이 만들었다』, 넥서스, 1996.
- 정연태, 『한국근대와 식민지 근대화 논쟁』, 푸른역사, 2011.
- 정영훈 외, 『환단고기·규원사화 등 仙家系 史學에 대한 남북 공동연구 중간 연차보고서』, 한국학술진흥재단, 2006.
- 정인보, 『조선사연구』, 서원, 2000.
- 정재균, 『발해 대외관계사 자료 연구』, 동북아역사재단, 2011.
- 정재서, 『不死의 신화와 사상』, 민음사, 1994.
- _____, 『이야기 동양신화』, 김영사, 2010.
- _____, 『한국 도교의 기원과 역사』, 이화여자대학교 출판부, 2006.
- 정재승, 『바이칼, 한민족의 시원을 찾아서』, 정신세계사, 2003.
- 정재정, 『고대 환동해 교류사』1·2, 동북아역사재단, 2010.
- 정주영·곽창권, 『한국고대사 탐색』, 일선기획, 1987.
- 정해은, 『고려 북진을 꿈꾸다』, 플래닛미디어, 2009.
- 정형진, 『바람타고 흐른 고대문화의 비밀』, 소나무, 2011.
- 정혜경, 『조선 청년이여 황국 신민이 되어라』, 서해문집, 2011.
- 정호섭, 『고구려 고분의 조영과 제의』, 서경문화사, 2011.
- 정호완, 『우리말로 본 단군신화』, 명문당, 1994.
- _____, 『우리말의 뿌리』, 보고사, 2008.
- 조관희, 『조관희 교수의 중국사 강의』, 궁리, 2011.
- _____, 『중국사 강의』, 궁리, 2011.
- 조빈복, 『중국동북신석기문화』, 집문당, 1996.
- 조영무, 『한국 원시지성과 천부미학』, 현대문화신문, 1995.
- 조자용, 『삼신민고』, 가나아트, 1995.
- 조철수, 『고대 메소포타미아에 새겨진 한국신화의 비밀』, 김영사, 2003.
- _____, 『메소포타미아와 히브리 신화』, 길(이계을), 2000.
- _____, 『수메르 신화』, 서해문집, 2003.
- 조흥윤, 『한민족의 기원과 샤머니즘』, 한국학술정보, 2002.
- 주경철, 『문명과 바다』, 산처럼, 2009.

- 주채혁, 『순록치기가 본 조선 고구려 몽골』, 혜안, 2007.
- 중앙문화재연구원, 『한국 신석기문화 개론』, 서경문화사, 2011.
- 중앙일보 특별취재팀, 『장보고 해양제국의 비밀』, 중앙일보시사미디어, 2010.
- 지배선, 『고구려 유민 고선지와 토번·서역사』, 혜안, 2011.
- ____, 『중국 속 고구려 왕국 齊』, 더불어책, 2007.
- 지승, 『부도와 한단의 이야기』, 대원출판, 1996.
- 진재운, 『백두산에 묻힌 발해를 찾아서』, 산지니, 2008.
- 차주환, 『한국의 도교사상』, 동화출판공사, 1984.
- 차하순, 『사관이란 무엇인가』, 청람, 1995.
- ____, 『역사의 의미』, 홍성사, 1981.
- 창원, 『단군신화와 문자』, 보람사, 2011.
- 천관우, 『고조선사·삼한사연구』, 일조각, 1989.
- ____, 『한국상고사의 쟁점』, 일조각, 1975.
- 최광렬, 『한민족사와 사상의 원류』, 사사연, 1987.
- 최광식, 『고대한국의 국가와 제사』, 한길사, 1994.
- 최규성, 『고려 태조 왕건 연구』, 주류성, 2005.
- 최동, 『조선상고민족사』, 인간사, 1988.
- 최명호, 『신화에서 역사로, 라틴아메리카』, 이른아침, 2010.
- 최몽룡, 『한국고고학 연구의 제 문제』, 주류성, 2011.
- ____, 『한국고대국가형성론』, 서울대학교출판부, 1997.
- 최몽룡·이헌종·강인욱, 『시베리아의 선사고고학』, 주류성, 2003.
- 최몽룡외, 『동북아 청동기시대 문화 연구』, 주류성, 2004.
- 최무장, 『발해의 기원과 문화』, 한국학술정보㈜, 2003.
- 최민홍, 『한철학』, 성문사, 1990.
- 최병두, 『단군신화와 무량사 화상석에 대한 비교 고찰』, 좋은땅, 2009.
- 최용범, 『하룻밤에 읽는 한국사』, 페이퍼로드, 2007.
- 최인, 『한국사상의 신발견』, 오늘, 1988.
- 최재석, 『고대한일관계와 일본서기』, 일지사, 2001.
- 최재인, 『동북공정을 극복하려면 국사개정 불가피하다』, 한국학술정보, 2009.
- 최종철, 『환웅·단군 9000년 비사』, 미래문화사, 1995.
- 최창열, 『우리말 어원연구』, 일지사, 1987.
- ____, 『인간 단군을 찾아서』, 학고재, 2000.
- ____, 『한국고대사를 생각한다』, 눈빛, 2002.
- ____, 『한국상고사』, 유풍출판사, 2000.
- 표영삼, 『동학』 1, 통나무, 2004.
- 한국고고학회 편, 『국가형성의 고고학』, 사회평론, 2008.
- 한국고대사연구회 편, 『고조선과 부여의 제문제』, 신서원, 1996.
- 한국근현대사학회, 『한국 독립운동사 강의』, 한울 아카데미, 2007.

- 한국사시민강좌 편집위원회, 『한국사시민강좌』 제49집-고조선 연구의 현 단계, 일조각, 2011.
- 한국사특강편찬위원회, 『한국사특강』, 서울대학교출판문화원, 2008.
- 한국사연구회, 『새로운 한국사 길잡이』 상·하, 지식산업사, 2008.
- 한국생활사박물관 편찬위원회, 『한국생활사박물관』 1~7, 사계절, 2000~2002.
- 한국정신문화연구원, 『민족문화의 원류』, 한국정신문화연구원, 1980.
- _____, 『한국상고사의 제문제』, 한국정신문화연구원, 1987.
- 한국중세사학회, 『고려 중앙정치제도사의 신연구』, 혜안, 2009.
- 한규철, 『발해5경과 영역 변천』, 동북아역사재단, 2007.
- _____, 『발해의 대외관계사』, 신서원, 2005.
- 한동석, 『우주 변화의 원리』, 대원출판사, 2001.
- 한배달, 『시원문화를 찾아서』, 컴네트, 1988.
- 한상복·이문웅·김광억, 『문화인류학』 개정판, 서울대학교출판문화원, 2011.
- 한영우·이익주·윤영진·염정섭, 『행촌 이암의 생애와 사상』, 일지사, 2002.
- 한종만, 김정훈 외, 『러시아 우랄·시베리아·극동지역의 이해』, 배재대학교출판부, 2008.
- 행촌학술문화진흥원, 『이암선생 연구 총서』 1집, 행촌학술문화진흥원, 2003.
- 허성정, 『아! 고구려』, 유림, 2004.
- 허흥식·이형구·손환일·김주미, 『삼족오』, 학연문화사, 2007.
- 헐버트·오성근 공저, 『대한역사』, 1908.
- 현진건, 『단군성적순례기』(영인본, 1948), 국학연구소, 2002.
- 홍순만, 『옆으로 본 우리 고대사 이야기』, 파워북, 2011.
- 홍윤기, 『백제는 큰 나라』, 한누리미디어, 2010.
- _____, 『일본 속의 한국 문화유적을 찾아서』, 서문당, 2002.
- _____, 『일본문화사신론』, 한누리미디어, 2011.
- _____, 『한국육천년사』, 환국역사학회, 1982.
- 황원갑, 『전쟁으로 읽는 한국사』, 바움, 2011.
- KBS 역사스페셜, 『역사스페셜』 1-7, 효형출판, 2000.
- KBS HD역사스페셜, 『HD역사스페셜』 1-6, 효형출판, 2006.

〈번역서〉

- 가나사와 가즈도시 저, 이재성 옮김, 『실크로드의 역사와 문화』, 민족사, 1990.
- 갈조광 저, 심규호 옮김, 『도교와 중국문화』, 동문선, 1993.
- 강톨가 저, 김장구·이평래 옮김, 『몽골의 역사』, 동북아역사재단, 2005.
- 고바야시 도시코 저, 이수경 옮김, 『5천 년 전의 일상』, 북북서, 2010.
- 고야마 시게키 저, 박소영 옮김, 『지도로 보는 중동 이야기』, 이다미디어, 2008.
- 궈다순·장싱더 저, 김정열 옮김, 『동북문명과 유연문명』, 동북아역사재단, 2008.
- 궈팡 저, 김영경 옮김, 『역사가 기억하는 인류의 문명』, 꾸벅, 2012.
- 그레이스 E. 케언스 저, 이성기 옮김, 『역사철학』, 대원사, 1994.
- 그레이엄 핸콕 저, 김정환 옮김, 『신의 거울』, 김영사, 2000.

- 그레이엄 핸콕 저, 박중서 옮김, 『슈퍼내추럴 고대의 현자를 찾아서』, 까치, 2007.
- 그레이엄 핸콕, 오성환 옮김, 『신의 봉인』 상·하, 까치, 2004.
- 김육불 저, 발해사연구회 역, 『발해국지장편』 상·중·하, 신서원, 2008.
- 나라 야스아키 저, 정호영 옮김, 『인도불교』, 민족사, 1990
- 니시지마 사다오·이성시 저·송완범 옮김, 『일본의 고대사 인식』, 역사비평사, 2008.
- 니콜라 디코스모 저, 이재정 옮김, 『오랑캐의 탄생』, 황금가지, 2005.
- 데이비드 롤 저, 김석희 옮김, 『문명의 창세기』, 해냄, 2007.
- 도요카와 젠요 저, 김현경 역, 『경성천도』, 다빈치북스, 2012.
- 돈황연구원 저, 최혜원 역, 『돈황』, 범우사, 2001.
- 로버트 웬키 저, 안승모 역, 『선사문화의 패턴1-인류, 문화와 농업의 기원』, 서경, 2003.
- 로버트 V. 다니엘스 저, 정경현 역, 『역사학입문』, 지식산업사, 1997.
- 루카 드 블로와 외 저, 윤진 옮김, 『서양 고대문명의 역사』, 다락방, 2003.
- 르네 그루쎄 저, 김호동·유원수·정재훈 역, 『유라시아 유목제국사』, 사계절, 1998.
- 리처드 러글리 저, 윤소영 옮김, 『잃어버린 문명』, 마루, 2000.
- 리차드 S. 히스 저, 김구원 역, 『이스라엘의 종교』, CLC, 2009.
- 마다정 외 저, 서길수 옮김, 『동북공정 고구려사』, 사계절, 2006.
- 마르크 블로크 저, 고봉만 옮김, 『역사를 위한 변명』, 한길사, 2001.
- 마이클 우드 저, 강주헌 옮김, 『인류 최초의 문명들』, 중앙M&B, 2002.
- 마크 크레머 저, 김경하 옮김, 『멕시코』, 휘슬러, 2005.
- 멀린 스톤 지음, 정영목 옮김, 『하느님이 여자였던 시절』, 뿌리와 이파리, 2005.
- 무타구치 요시로 지음, 박시진 옮김, 『상식으로 꼭 알아야 할 중동의 역사』, 삼양미디어, 2010.
- 발터 부르케르트 저, 남경태 옮김, 『그리스문명의 오리엔트 전통』, 사계절, 2008.
- 부사년 저, 정재서 역, 『이하동서설』, 우리역사연구재단, 2011.
- 브라이언 페이건 지음, 이희준 옮김, 『세계 선사 문화의 이해』, 사회평론, 2011.
- 브라이언M.페이 건 엮음, 남경태 역, 『고대 세계의 70가지 미스터리』, 역사의아침, 2008.
- 브리지트 강디올코팽 저, 장석훈 옮김, 『문자의 역사』, 비룡소, 2007.
- 블라지미르 D. 꾸바레프 저, 이헌종·강인욱 역, 『알타이의 암각 예술』, 학연문화사, 2003.
- 블라지미르 D. 꾸바레프 저, 이헌종·강인욱 역, 『알타이의 제사유적』, 학연문화사, 1999.
- 사무엘 헨리 후크 저, 박화중 옮김, 『중동신화』, 범우사, 2001.
- 새뮤얼 노아 크레이머 저, 박성식 옮김, 『역사는 수메르에서 시작되었다』, 가람기획, 2000.
- 세르기우스 골로빈 저, 이기숙 역, 『세계신화 이야기』, 까치, 2001.
- 손진기 저, 임동석 옮김, 『동북민족원류』, 동문선, 1992.
- 수전 블랙모어 저, 김명남 옮김, 『밈』, 바다출판사, 2010.
- 스기야마 마사키 저, 이진복 역, 『유목민이 본 세계사』, 학민사, 1999.
- 스티브 테일러 저, 우태영 역, 『자아폭발』, 다른세상, 2011.
- 싱유 저, 정수국 역, 『중국신화의 즐거움』, 차이나하우스, 2011.
- 쑨테 지음, 이화진 옮김, 『중국사 산책』, 일빛, 2005.
- 아리엘 골란 저, 정석배 옮김, 『선사시대가 남긴 세계의 모든 문양』, 푸른역사, 2004.

- 아이작 아시모프 저, 박웅희 옮김, 『아시모프의 바이블 구약』, 들녘, 2002.
- 안금괴 저, 오강원 역, 『중국고고(하상주 편)』, 백산자료원, 1998.
- 알렉산더 그르보프스키 저, 김현철 옮김, 『잃어버린 고대 문명』, 자작나무, 1994.
- 알프레드 J.허트 저, 강대홍 역, 『고고학과 구약성경』, 크리스챤다이제스트 2003.
- 앤드류 콜린스 저, 오정학 역, 『금지된 신의 문명』, 사람과사람, 2000.
- 앨런 벌록 저, 이민아 옮김, 『세계사의 모든 지식』, 푸른역사, 2010.
- 앨리스로버츠 저, 진주현 역, 『인류의 위대한 여행』, 책과함께, 2011.
- 에드워드 윌슨 저, 장대익·최재천 옮김, 『통섭-지식의 대통합』, 사이언스북스, 2005.
- 옥타비오 파스 지음, 황의승 조명원 옮김, 『멕시코의 세 얼굴』, 세창미디어, 2011.
- 와타나베 미츠토시 저, 채희상 옮김, 『일본천황도래사-일본천황은 한국에서 왔다』, 지문사, 1995.
- 왕대유 저, 임동석 옮김, 『용봉문화원류』, 동문선, 1994.
- 요시노 마코토 저, 한철호 옮김, 『동아시아 속의 한일 2천년사』, 책과함께, 2005.
- 요시다 아츠히코 저, 하선미 역, 『세계의 신화 전설』, 혜원출판사, 2010.
- 요시무라 사쿠지 저, 김이경 옮김, 『고고학자와 함께 하는 이집트 역사기행』, 서해문집, 2002.
- 웨난 저, 유소영 옮김, 『하상주 단대공정』, 일빛, 2005.
- 위안리 지음, 최성은 옮김, 『도작문화로 본 한국문화의 기원과 발전』, 민속원, 2005.
- 위앤커·전인초 저, 김선자 옮김, 『중국신화전설』1, 민음사, 2000.
- 위앤커 저, 김희영 편역, 『中國古代神話』, 育文社, 1993.
- 유 엠 부찐 저, 이항재·이병두 옮김, 『고조선』, 소나무, 1990.
- 유리·진성찬 저, 심재훈 옮김, 『중국 고대국가의 형성』, 학연문화사, 2006.
- 이노세나오키 저, 박연정 역, 『쇼와 16년 여름의 패전』, 추수밭, 2011.
- 이바르 리스너 저, 최영인·이승구 옮김, 『고고학의 즐거움』, 살림, 2008.
- 이와모토 유타카 저, 최재경 옮김, 『불교, 그 세계』, 진영사, 1989.
- 이토 세이지 저, 박광순 옮김, 『신이의 나라, 중국의 신화와 전설』, 넥서스, 2000.
- 자오춘칭·친원성 저, 조영현 옮김, 『문명의 새벽』, 시공사, 2003.
- 장광직 저, 윤내현 옮김, 『商文明』, 민음사, 1989.
- 장웨이 저, 이유진 역, 『제나라는 어디로 사라졌을까』, 글항아리, 2011.
- 장진퀘이 저, 남은숙 역, 『흉노제국 이야기』, 아이필드, 2010.
- 장 카스타레드 저, 이소영 역, 『사치와 문명』, 뜨인돌, 2011.
- 장폴 루 저, 김소라 옮김, 『칭기즈칸과 몽골제국』, 시공사, 2008.
- 저우스펀 저, 김영수 옮김, 『사진과 그림으로 보는-중국사 강의』, 돌베개, 2006.
- 제이콥 브로노우스키 저, 김은국 역, 『인간 등정의 발자취』, 범양사, 1986.
- 제임스 조지 프레이저 저, 이용대 역, 『황금가지』, 한겨레출판, 2010.
- 제임스 포사이스 저, 정재겸 역, 『시베리아 원주민의 역사』, 솔, 2009.
- 제카리아 시친 저, 이근영 역, 『수메르 신들의 고향』, 이른아침, 2009.
- _____, 『틸문, 그리고 하늘에 이르는 계단』, AK, 2009.
- 조빈복 저, 최무장 역, 『중국동북 신석기문화』, 집문당, 1996.
- 조셉 캠벨·빌 모이어스 저, 이윤기 역, 『신화의 힘』, 이글리오, 2007.

- 조지프리드먼 저, 김홍래 역, 『넥스트 디케이드』, 쌤앤파커스, 2011.
- 조지프 캠벨 저, 과학세대 옮김, 『신화의 세계』, 까치, 2009.
- 존 드레인 지음, 서희연 옮김, 『성경의 탄생』, 옥당, 2011.
- 존 카터 코벨 저, 김유경 옮김, 『부여기마족과 왜』, 글을읽다, 2006.
- 존 켈리 저, 이종인 역, 『흑사병시대의 재구성』, 도서출판 소소, 2006.
- 존 홉슨 지음, 정경옥 옮김, 『서구문명은 동양에서 시작되었다』, 에코리브르, 2005.
- 존 A.J. 가우레트 저, 배기동 역, 『문명의 여명』, 범양사, 1992.
- 주학연 저, 문성재 역, 『진시황은 몽골어를 하는 여진족이었다』, 우리역사연구재단, 2009.
- 지오프리 파커 엮음, 김성환 옮김, 『아틀라스 세계사』, 사계절, 2004.
- 陳舜臣 지음, 이용찬 옮김, 『중국 고적 발굴기』, 대원사, 1988.
- 찰스 앨런 외 지음, 동아출판사편집부 옮김, 『원시에서 현대까지 인류생활사』, 동아출판사, 1994.
- 찰스만 지음, 전지나 옮김, 『인디언-그들은 어디서 왔으며 어떻게 살았을까』, 오래된미래, 2005.
- 찰스H. 다이어·유진H. 메릴 지음, 마영례 역, 『구약탐험』, 디모데, 2001.
- 村岡典嗣 저, 박규태 옮김, 『일본 신도사』, 예문서원, 1998.
- 村上重良 저, 장진한 역, 『천황과 천황제』, 한원, 1989.
- 카렌 N. 샤노어 외 저, 변경옥 역, 『마음을 과학한다』, 나무심는사람, 2004.
- 칼 구스타프 융 저, 조성기 역, 『카를 융 기억 꿈 사상』, 김영사, 2007.
- 칼 라크루와·데이빗 매리어트 저, 김승환·황미영 옮김, 『왜 중국은 세계의 패권을 쥘 수 없는가』, 평사리, 2011.
- 케네스 C. 데이비스 저, 이충호 옮김, 『세계의 모든 신화』, 푸른숲, 2009.
- 캐롤린 험프리·피어스 비텝스키 저, 김정우 역, 『신성한 건축』, 창해, 2005.
- 콜링우드 저, 김봉호 역, 『서양사학사』, 탐구신서, 1993.
- 크리스토퍼 나이트·앨런 버틀러 저, 성양환 옮김, 『1세대 문명』, 도서출판 청년사, 2007.
- 클라우스 라이홀트 저, 이영아 역, 『세상을 바꾼 건축』, 예담, 2006.
- 타임 라이프 편집부 저, 김석기 역, 『초창기 문명의 서사시』, 이레, 2008.
- 토마스 바필드 저, 윤영인 옮김, 『위태로운 변경』, 동북아역사재단, 2009.
- 톰 하트만 저, 김옥수 옮김, 『우리 문명의 마지막 시간들』, 아름드리미디어, 1999.
- 페르낭 브로델 저, 강주현 옮김, 『지중해의 기억』, 한길사, 2012.
- 패트리셔 애버딘 저, 윤여중 역, 『메가트렌드 2010』, 청림출판, 2006.
- 폴존슨 지음, 강한성 옮김, 『유대인의 역사1-성경속의 유대인들』, 살림, 1998.
- 피터 마셜 저, 손희승 역, 『유럽의 잃어버린 문명』, 역사의 아침, 2008.
- 피터 A.클레이턴 저, 정영목 옮김, 『파라오의 역사』, 까치, 2009.
- 하니하라 가즈로 저, 배기동 역, 『일본인의 기원』, 학연문화사, 1992.
- 하랄트 벨처 지음, 윤종석 옮김, 『기후전쟁』, 영림카디널, 2010.
- 한스 크리스티안 후프 저, 이민수 역, 『역사의 비밀』 1-2, 오늘의책, 2000.
- 허진웅 저, 홍희 옮김, 『중국고대사회』, 동문선, 1998.
- 화이트헤드 저, 오영환 역, 『관념의 모험』, 한길사, 1997.
- _____, 『과정과 실재』, 민음사, 2003.
- _____, 『관념의 모험』, 한길사, 2000.

- _____,『과학과 근대세계』, 서광사, 1989.
- 황전악 저, 김용성 역,『중국의 사람을 죽여 바친 제사와 순장』, 학연문화사, 2011.
- A.샤프, 김택현 역,『역사와 진실』, 청사, 1982.
- A.P. 데레비안코 지음, 이헌종·강인욱 옮김,『알타이의 석기시대 사람들』, 학연문화사, 2003.
- CCTV 편저, 최인애 옮김,『단숨에 읽는 세계박물관』, 베이직북스, 2010.
- E.H.카 지음, 황문수 옮김,『역사란 무엇인가』, 범우사, 1993.
- E.M.번즈·R. 러너·S. 미첨 저, 박상익 옮김,『서양문명의 역사』, 소나무, 2011.
- F.W. 니체 저, 김기선 역,『언어의 기원에 관하여 외』, 책세상, 2003.
- J.H.플럼, 신일범 역,『과거의 종말』, 을유문화사, 1981.
- V. I. Molodin 저, 강인욱·이헌종 역,『고대 알타이의 비밀』, 학연문화사, 2000.

〈국외단행본〉

- 郭大順,『龍出遼河源』, 百花文藝出版社, 2001.
- _____,『紅山文化考古紀』, 遼寧人民出版社, 2009.
- 今西龍,『檀君考』, 近澤, 1929.
- _____,『朝鮮古史の研究』, 國書刊行會, 1937.
- 羅偉國,『佛藏與道藏』, 上海書店, 2001.
- 鄧淸林,『黑龍江地名考釋』, 黑龍江人民出版社, 1986.
- 李白鳳,『東夷雜考』, 河南大學出版社, 2008.
- 林惠祥,『中國民族史』, 上·下, 商務印書館, 1993.
- 聞一多·田兆元,『伏羲考』, 上海古籍出版社, 2006.
- 潘雨廷,『道藏書目提要』, 上海古籍, 2003.
- 山川出版社,『もういちど読む山川日本史』, 山川出版社, 2011.
- 尙瓏·楊飛,『中國考古地圖』, 光明日報出版社, 2005.
- 徐亮之,『中國史前史話』, 華正書局, 1979.
- 小倉 典夫,『古代思想と世界認識』, 幻冬舎ルネッサンス, 2010.
- 楊賓,『柳邊紀略』, 商務印書館, 1936.
- 葉舒憲,『熊圖騰』, 上海故事會文化傳媒有限公司, 2007.
- 艾蔭範,『北狄, 東夷和華夏傳統文明建構』, 光明日報出版社, 2011.
- 王桐齡,『中國民族史』, 文化學社, 1934.
- 王立勝,『東夷文化與靑州』, 齊魯書社, 2009.
- 王獻唐,『山東古國考』, 齊魯書社, 1983.
- 李德范,『道敎經典精華』, 宗敎文化, 1983.
- 李養正,『道敎經史論稿』, 華夏出版社, 1995.
- 任繼愈主編,『道藏提要』, 社會科學出版社, 1995.
- 張碧波·張軍,『中華文明探源』, 上海人民出版社, 2007.
- 張富祥,『東夷文化通考』, 上海古籍出版社, 2008.
- 張淸華,『一口氣讀完上古史』, 京華出版社, 2008.

- 籍秀琴,『中國姓氏源流史』, 文津出版社, 1998.
- 錢穆,『史記地名考』, 商務印書館, 2001.
- 田秉鍔,『龍圖騰』, 社會科學文獻出版社, 2008.
- 錢益中·韓連國,『紅山古玉』, 上海書畵出版社, 2007.
- 田中卓,『新撰姓氏錄の研究』, 国書刊行会, 1996.
- 丁福保,『道藏精華錄』5卷, 北京圖書館, 2005.
- 정연규,『The New Horizon to Ancient Korean History』, 지문당, 2009.
- 鍾肇鵬,『新編道藏目錄』, 北京圖書館, 1993.
- 朱越利,『道經總論』, 瀋陽遼寧出版社, 1991.
- 中國少數民族修訂編輯委員會,『中國少數民族』, 民族出版社, 2009.
- 陳光 編,『燕文化研究論文集』, 中國社會科學出版社, 1995.
- 津田左右吉,『古事記及び日本書紀の新研究』, 洛陽堂, 1919.
- 靑柳綱太郎,『總督政治史論』, 京城新聞社, 1928.
- 彭定求,『道藏輯要』10卷, 吉林人民, 1995.
- 編委編,『中國十大考古發現』, 吉林出版集團有限責任公司, 2008.
- 何光岳,『東夷源流史』, 江西敎育出版社, 1990.
- 荊門市博物館,『郭店楚墓竹簡』, 文物出版社, 1998.
- 湖道靜,『道藏要籍選刊』10冊, 上海古籍, 2003.
- 黃純艷,『高麗史史籍槪要』, 甘肅人民出版社, 2007.
- C.H.BECK,『GESCHICHTE MESOPOTAMIENS』, BHB, 2004.
- Carter Vaughn Findley,『The Turks in World History』, Oxford University Press, USA, 2004.
- CHIEF CONSULTANT Dr Stephen Bourke,『THE MIDDLE EAST』, GLOBAL BOOK PUBLISHING, 2008.
- Christopher I. Beckwith,『Empires of the Silk Road: A History of Central Eurasia from the Bronze Age to the Present』, Princeton University Press, 2011.
- Christopher Kelly,『The End of Empire: Attila the Hun and the Fall of Rome』, W.W. Norton & Company, 2009.
- David Frawley,『Beyond The Mind』, Sri Satguru Publications, 1992.
- David Morgan,『The Mongols, The Peoples of Europe』, Wiley-Blackwell, 2007.
- David Simon, and Deepak Chopra,『Grow Younger Live Longer : 10 Steps to Reverse Aging, Harmony』; 1st edition, 2001
- David W. Anthony,『The Horse, the Wheel, and Language: How Bronze-Age Riders from the Eurasian Steppes Shaped the Modern World』, Princeton University Press; Reprint edition, 2010.
- Deepak Chopra,『Ageless Body, Timeless Mind』, Three Rivers Press, 1994.
- _____,『Perfect Weight』, Crown Publishing Group, 1996.
- _____,『The Essential Spontaneous Fulfillment of Desire』, Crown Publishing Group, 2007.
- Dines Anderson·Helmer Smith,『Suttanupata』, Vol.423, 1913.
- E.H.Carr,『What is History』, Vintage, 1967.
- E. Renan,『History of the People of Israel Till the Time of King David (1894)』, KessingerPublishing, 2003.

- Elisabeth Gaynor Ellis·Anthony Esler, 『WORLD HISTORY』, PEARSON Prentice Hall, 2006.
- Ellis, 『World History』, Prentice Hall, 2007.
- Evelyn underhill, 『Mysticism』, Kessinger Publishing, 2003.
- Frank J. Swetz, 『Legacy of the Luoshu』, Open Court Publishing Co., 2001.
- Frank Waters, 『Book of the Hopi』, Penguin Books, 1977.
- G. Santayana, 『The life of reason』, LightningSourceInc, 2006.
- Herodotus, 『Historiai』, Harvard Loeb Classical Library, 1926.
- Holger Kalweit·Urheiler, 『Medizinleute und Schamanen』, Munchen, 1992.
- Hua Ching Ni, 『The Book of Changes and the Unchanging Truth』, Seven Star Communication, 1983.
- Iftikhar Ahmad·Herbert Brodsky·Marylee Susan Crofts·Elisabeth Gaynor Ellis, 『WORLD CULTURE』, PEARSON Prentice Hall, 2004.
- J. B. Bury, 『The Invasion of Europe by the Barbarians』, W.W. Norton & Company, 2000.
- J. J. Saunders, 『The History of the Mongol Conquests』, University of Pennsylvania Press, 2001.
- Joachim-Ernst Berendt, 『The World Is Sound: Nada Brahma』, Destiny Books, 1991.
- Jackson J. Spielvogel, 『world history』, McGraw-hill, 2005.
- James L. Kugel, 『The God of Old』, Free Press, 2003.
- John Man, 『Attila le Hun』, L'Ecole des Loisirs, 2011.
- John McCannon, Ph.D. 『AP WORLD HISTORY』, Barron's Educational Series, Inc. 2012.
- Jonathan Goldman, 『Healing Sounds : The Power of Harmonics』, Element Books, 1992.
- Joseph Campbell, 『The Power of Myth』, Anchor, 1991.
- Juliana Holotova Szinek, 『Les Xiongnu de Mongolie』, Destiny Books Rochester, 2011.
- Kalweit Holger, 『Shamans, Healers, and Medicine Men』, Shambhala Publications, 2000.
- Kenneth S. Guthrie, 『The Pythagorean Sourcebook and Library』, Phanes Press, 1987.
- Kramer, Samuel Noah, 『The Sumerians : Their History, Culture, and Character』, University of Chicago Press, 1963.
- Ken Wilber, 『The Marriage of Sense and Soul : Integrating Science and Religion』, Random House, 1998.
- Kugel, James L., 『The God of Old: Inside the Lost World of the Bible 』, FreePress, 2003.
- Lama Surya Das, 『Awakening to the Sacred』, Broadway Books, 1999.
- Livia Kohn, 『Introducing Daoism』, Routledge, 2009.
- M. Vivien de Saint-Martin, 『Les Huns Blancs ou Ephthalites』, BIBLIOBAZAAR, 1849.
- Michael Roaf, 『Cultural ATLAS OF MESOPOTAMIA and the Ancient Near East』, Equinox, 1990.
- Michael S. Schneider, 『A Beginner's Guide to Constructing the Universe』, Harper Collins, 1995.
- Mounir A. Farah·Andrea Berens Karls, 『WORLD HISTORY - THE MODERN EAR』, Glencoe McGraw-Hill, 2001.
- Naniel D. Arreola·Marci Smith Deal·James F·Petersen·Rickie Sanders, 『World Geography』, McDougal Littlell, 2005.
- NATIONAL GEOGRAPHIC, 『Exploring Our World』, Glencoe McGraw-Hill, 2008.
- Olivea Dewhust-maddock, 『The Book of Sound Therapy : Heal Yourself with Music and Voice』, A

Fireside Book, 1993.
- Osho, 『From Medication to Meditation』, The C.W. Daniel Company Limited, 2004.
- Pandit Usharbudh Arya, 『Mantra and Meditation』, Himalayan International Institute of Yoga Science & Philosophy of the U.S.A., 1981.
- Patricia Carrington, 『The Book of Meditation』, Element, 1998.
- Philip Zaleski and Carol Zaleski,『Prayer : A History』, Houghton Mifflin, 2005.
- P. J. Heather, 『The Fall of the Roman Empire: A New History of Rome and the Barbarians』, Oxford University Press, USA, 2007.
- Philip Zaleski·Carol Zaleski, 『Prayer: A History』, Houghton Mifflin Harcourt, 2005.
- P.-R GLOT, 『PREHISTORIRE EN BRETAGNE』, CLOITRE, 1992.
- Peter Jackson, 『The Mongols and the West: 1221-1410』, Longman, 2005.
- Prof. Robert J, Sager·David M. Helgren·Alison S. Brooks, 『PEOPLE, PLACES, CHANGE』, HOLT, RINEAHART and WINSTON, 2003.
- R.G. Collingwood, 『The Ideas of History』, Oxford University Press, 1993.
- R.G. Collingwood, 『The Idea of History』, Oxford University Press, 1956.
- Robert Gass, 『Chanting』, Broadway Books, 2000.
- Robert Gass, 『Chanting-Discovering Spirit in Sound』, Broadway Books, 1999.
- Robert M. Hoffstein, 『A Mystical Key to the English Language』,Destiny books, 1992.
- Roger B. Beck·Linda Black·Larry S, Krieger·Phillip C. Naylor·Dahia Ibo Shabaka, 『WORLD HISTORY』, McDougal Littlell, 2007.
- Roy Masters, 『The Secret Power of Words』 Roy masters, 1988.
- Shahrukh Husain, 『The Goddess』, Duncan Baird Publishers, 1997.
- Smith·Mark S., 『The Early History of God: Yahweh and the Other Deities in Ancient Israel』, Wm.B. Eerdmans Publishing Company, 2002.
- Smith·Vincent, 『The Oxford History of India』, Oxford University Press, 1981.
- S.N.Kramer, 『The Sumerians: Their History, Culture, and Character』, The University Of Chicago Press, 1971.
- Sri Chinmoy, 『The Source of Music』, Aum Publications, 2000.
- Sri Chinmoy,『The Source of Music : Music and Mantra for Self-realisation』, Aum publications, 1999.
- Sri Ramanasramam·matthew Greenblatt, 『The Essential Teachings of Ramana Maharshi』, Inner Directions, 2001.
- Swami Sivananda Radha, 『Mantras: Words of Power』, Timeless Books, 1994.
- Swami Vishnu-Devananda, 『Meditation and Mantras』, Motilal Banarsidass, 1999.
- Susan Levitt with Jean Tang, 『Taoist Astrology』, Destiny Books Rochester, 1997.
- Susan Ramirez·Peter Stearns·Sam Winneburg, 『WORLD HISTORY HUMAN LEGACY』, HOLT, RINEAHART and WINSTON, 2008.
- Swetz·Frank J., 『Legacy of the Luoshu』, AKPetersLtd, 2002.
- Ted Andrews, 『SACRED SOUNDS-Transformation through Musjc & Word』, Llewellyn Publications, 1995.

- Thomas Yoon, 『The Budozhi』, CrossCultural, 2003.
- Tulku Thondup, 『The Healing Power of Mind』, Shambhala, 1998.
- Walter Goffart, 『Barbarian Tides: The Migration Age and the Later Roman Empire, The Middle Ages Series』, University of Pennsylvania Press, 2009.

〈사전류〉

국내

- 『국사대사전國史大事典』, 이홍직 편, 삼영출판사, 1984.
- 『도교사상사전道教思想辭典』, 김승동 편, 부산대학교출판부, 2004.
- 『동양학대사전』 1-4, 경인문화사, 2006.
- 『밀교사전』, 주보연, 홍법원, 1998.
- 『불교대사전佛教大辭典』 1-7, 한국불교대사전편찬위원회, 명문당, 2003.
- 『불교사전』, 운허 용하, 동국역경원, 1980.
- 『새국어사전』, 동아출판사, 1994.
- 『유교대사전儒教大事典』 上·下, 유교사전편찬위원회, 박영사, 1990.
- 『조선인명사서朝鮮人名辭書』, 조선총독부 중추원, 1937.
- 『종교학대사전』, 한국사전연구사, 1998.
- 『철학대사전哲學大事典』, 한국철학사상연구, 동녘, 2003.
- 『친일인명사전』 1-3, 친일인명사전편찬위원회, 민족문제연구소, 2009.
- 『한국고고학사전』, 국립문화재연구소, 학연문화사, 2008.
- 『韓國文化 상징사전』, 한국문화상징사전편찬위원회, 동아출판사, 1992.
- 『한국민속대사전(한국학 대사전)』, 한국민속사전편찬위원회, 민중서관, 2004.
- 『한국민족문화대백과』, 한국정신문화연구원, 1995.
- 『韓國人의 姓譜』, 한국성보편찬위원회, 삼안문화사, 1986.
- 『한국철학사전』, 한국철학편찬위원회, 동방의빛, 2011.
- 『한한사전漢韓辭典』, 동아출판사, 1990.

중국

- 『康熙字典』, 北京師范大學, 1997.
- 『道教大辭典』, 浙江古籍出版社, 1987
- 『史記地名考』 上·下, 錢穆, 商務印書館, 2001.
- 『山東省古地名辭典』, 唐敏 等, 山東藝術出版社, 1993.
- 『辭海』, 上海辭書, 2003.
- 『易學大辭典』, 張其成 編, 華夏出版社, 1992.
- 『中國古今地名大辭典』, 商務印書館, 1931.
- 『中國少數民族』, 民族出版社, 2009.
- 『中國歷代職官辭典』, 邱樹森 主編, 江西教育出版社, 1991.

- 『中國歷代帝王錄』, 상해문화출판사, 1989.
- 『中國歷史大辭典』, 上海辭書出版社, 2000.
- 『中國歷史地名大辭典』, 魏嵩山 主編, 廣東敎育出版社, 1995.
- 『中國姓氏大辭典』, 袁義達·邱家儒, 江西人民出版社, 2010.
- 『中國政區大典』, 浙江人民出版社, 1999.
- 『中文大辭典』, 중국문화대학교출판, 1985.
- 『淸史滿語辭典』, 상해고적출판사, 1990.
- 『漢語大詞典』, 上海辭書出版社, 1986.
- 『漢和辭典』, 大新書局, 三省編修, 1997.

〈화보집〉

- 唐彩蘭, 『遼上京文物擷英』, 遠方出版社, 2005.
- 敦煌文物硏究所編, 『中國石窟 敦煌莫高窟』1, 文物出版社, 1987.
- 柳冬靑, 『紅山文化』, 內蒙古大學出版社, 2002.
- 柳麻理, 『日本所在韓國佛畵圖錄-東京, 奈良』, 국립문화재연구소, 1996.
- 박도, 『일제 강점기』, 눈빛출판사, 2011.
- 徐强, 『紅山文化古玉鑑定』, 華藝出版社, 2007.
- 서울언론인클럽, 『기자가 본 일제침략의 증언』, 서울언론인클럽, 2001.
- 孫守道·劉淑娟, 『紅山文化玉器新品新鑒』, 吉林文化出版社, 2007.
- 솔대편집부, 『중국국보전』, 솔대, 2007.
- 瀋陽新樂遺址博物館 編, 『新樂遺址博物館 館藏文物集粹』, 遼寧美術出版社, 2008.
- 연합뉴스편집부, 『고구려 고분벽화』, 연합뉴스, 2006.
- 劉冰, 『赤峰博物館 文物典藏』, 遠方出版社, 2007.
- 王冬力, 『紅山石器』, 華藝出版社, 2007.
- 王時麒 외, 『中國岫岩玉』, 科學出版社, 2007.
- 遼寧省文物考古硏究所, 『遼河文明展 文物集萃』, 遼寧省博物館, 2006.
- 遼寧省文物考古硏究所·朝陽市文化局編, 『牛河梁遺址』, 學苑出版社, 2004.
- 이규헌, 『사진으로 보는 독립운동』, 서문당, 1987.
- 李祥雲, 『紅山玉龍鑒藏與眞僞辨析』, 藍天出版社, 2007.
- 이성제, 『고구려성 사진자료집-중국 길림성 동부』, 동북아역사재단, 2010.
- 陳逸民·陳鶯, 『紅山玉器圖鑒』, 上海文化出版社, 2006.
- 정성길, 『일제침략시대日帝侵略時代』, 가톨릭출판사, 2007.
- 조선유적유물도감편찬위원회 편찬, 『조선유적유물도감2-고조선·부여·진국 편』, 동광출판사, 1990.
- 朝鮮總督府, 『朝鮮古蹟圖譜』, 國華社, 1915.
- 한국역사자료연구원, 『사진판 한국독립투쟁사』, 한국독립유공자협회, 1983.
- 葫蘆島市博物館 編, 『葫蘆島文物精粹』, 遼寧美術出版社, 2008.

〈지도, 교과서, 기타 자료집〉

- 『고성이씨대종회발달사固城李氏大宗會發達史』, 고성이씨대종회, 문화인쇄공사, 2004.
- 『고조선·단군·부여 자료집』 상·중·하, 고구려연구재단, 고구려연구재단, 2005.
- 『서법진결書法眞訣』, 김규진, 1915.
- 『월간 글마루』, ㈜천지일보, 2011.
- 『일본 역사교과서 한국사 왜곡 특별기획전: 거짓 역사를 가르치는 나라는 망한다』, 독립기념관, 2001.
- 『잃어버린 한민족의 뿌리를 찾아서』, 증산도상생문화연구소, 2012.
- 『재출간 30년, 환단고기 재조명』, 사단법인 한배달학술원, 2009.
- 『정신교육 기본교재』, 대한민국국방부, 대한민국국방부, 2008.
- 『조선구관제도조사사업개요朝鮮舊慣制度調査事業槪要』, 조선총독부 중추원, 近澤商店印刷部, 1913.
- 『중국역사지도집中國歷史地圖集』, 譚其驤, 중국지도출판사, 1996.
- 『중학교 역사 상』, 정선영 외, 미래엔 컬처그룹, 2011.
- 『中学生の社会科 歴史』, 大濱徹也 외, 日本文教出版, 2011.
- 『친일반민족행위관계사료집』V, 친일반민족행위진상규명위원회, 선인, 2008.
- 『특집 치우는 살아있다』, 한배달, 한배달 43호, 1999.
- 『해동역대명가필보海東歷代名家筆譜』, 백두용, 한남서림, 1926.
- 『환단고기 어떤 책인가』, 사단법인 한배달학술원, 2010.

국내 교과서

- 『고등학교 국사』, 교육과학기술부, 한국교원대학교 국정도서편찬위원회, 2011.
- 『사회 6-1』, 교육과학기술부, 한국교원대학교 국정도서편찬위원회, 2011.
- 조한욱, 『중학교 역사』, 비상교육, 2010.
- 『중학교 국사』, 교육과학기술부, 한국교원대학교 국정도서편찬위원회, 2011.

일본 교과서-중학교

- 『歷史』, 東京書籍, 2011.
- 『歷史』, 扶桑社, 2011.
- 『歷史』, 日本文教出版, 2011.
- 『歷史』, 帝國書院, 2011.

일본 교과서-고등학교

- 『詳說世界史』, 山川出版社, 2008.
- 『日本史圖表』, 第一學習社, 2008.
- 『政治經濟』, 第一學習社, 2011.
- 『現代社會』, 第一學習社, 2011.

중국 교과서

- 課程教材研究所, 『中國歷史』(七年級 上冊), 人民教育出版社, 2011.

〈논문류〉

- 고구려연구재단, 『고조선·고구려·발해 발표논문집』, 고구려연구재단, 2005.
- 구메 구니다케, '신도는 제천祭天의 고속古俗', 『사학회잡지史學會雜誌』, 제23~25권, 1891.
- 김광운, '북한 민족주의 역사학의 궤적과 환경', 『한국사연구』 152호, 한국사연구회, 2011.
- 김문길, '神代文字와 長尾神社', 『外大論叢』 12권 1호, 부산외국어대학교, 1994.
- 김석주·김남신, '寧古塔에 대한 歷史地理的 考察', 『문화역사지리』 22-3, 한국문화역사지리학회, 2010.
- 김성환, '대종교계 사서의 역사관-상고사 인식을 중심으로', 『환단고기·규원사화 등 仙家系 史學에 대한 남북 공동연구 중간 연차보고서』, 2005.
- 김양기, '이해학李海鶴의 생애와 사상에 대하여', 『아세아학보』 1권, 아세아학술연구회, 1965.
- 김연주, '선진先秦 시기 산동성 지역 동이東夷에 관한 연구', 이화여대 박사학위 논문, 2011.
- 김용권, '한국인의 색채의식에서 보이는 이중구조-백색과 오방색을 중심으로', 『조형교육』 22호, 한국조형교육학회, 2003.
- 김위현, '거란민족의 대제국으로의 성장과정', 『한민족문화의 형성과 범아시아문화』(제20차 한민족학회 학술대회), 한민족학회, 2011.
- 김일권, '고려 시대의 다원적 至高神 관념과 그 의례사상사적 배경', 『한국문화』 29집, 규장각한국학연구소, 2002.
- ____, '魏晉隋唐대 고분벽화의 천문성수도 고찰', 『한국문화』 24집, 규장각한국학연구소, 1999.
- 김일수, '이병도와 김석형-실증사학과 주체사학의 분립', 『역사비평』 통권 82호, 한국역사연구회, 2008.
- 김정희, '식민사관을 계승한 이병도 사관', 『청산하지 못한 역사』 3집, 청년사, 1994.
- 김창현, '고려 강도의 신앙과 종교의례', 『인천학연구』 4집, 인천대학교 인천학연구원, 2005.
- 김한식, '홍익인간과 정치사상-환단고기와 규원사화의 상고사 서술과 관련하여', 『단군학연구』 제2호, 단군학회, 2000.
- 김호동, '김호동 교수의 중앙유라시아 역사기행', 『주간조선』 연재, 2007.
- 나종우, '海鶴 李沂의 救國運動과 그 思想', 『원광사학』 2집, 원광대학교 사학회, 1982.
- 류지원, '淸代前期 東北의 邊城 寧古塔-建置過程 및 住民生活의 변화를 중심으로', 『明淸史硏究』 제10집, 명청사학회, 1998.
- 리준걸, '고구려 고분벽화를 통해 본 고구려의 천문학 발전에 대한 연구', 『고구려발해연구』 4집, 고구려발해학회, 1997.
- 문혁, '환단고기에 대한 사료학적 검토', 『환단고기·규원사화 등 仙家系 史學에 대한 남북 공동연구 중간 연차보고서』, 2005.
- 민영현, '『한단고기』의 철학적 가치와 그 이해', 『선도문화』 9, 국제뇌교육종합대학원 국학연구원, 2010.
- ____, '철학사상으로 본 환단고기의 가치', 『재출간 30년, 환단고기 재조명』, 사단법인 한배달학술원, 2009.
- ____, '환단고기의 철학과 그 문화사적 가치', 『잃어버린 한민족의 뿌리를 찾아서』, 증산도상생문화연구소, 2012.
- 박광용, '대단군 민족주의의 전개와 양면성', 『역사비평』 겨울호, 역사비평사, 1988.
- ____, '대종교 관련 문헌에 위작 많다-규원사화와 환단고기의 성격에 대한 재검토', 『역사비평』 가을호, 1990.
- 박병섭, '『삼성기전』상하편에 숨겨진 사실들', 『선도문화』 6, 국제뇌교육종합대학원국학연구원, 2009.
- ____, '계보위축변천과정, 신구왕호 토픽 그리고 환단고기 신 진위검토방법(2)', 『선도문화』 제10권, 국제뇌교육종합대학원출판부, 2011.

- _____, '고구려 주몽왕의 계보와 건국 장소 및 시점 –삼국사기와 호태왕비문, 고려본기, 환단고기', 『선도문화』 제7집, 국제뇌교육종합대학원출판부, 2010.
- _____, '단군과 기자 관련 사료를 통해 본 『한단고기』의 역사성 검토', 『韓國宗敎史硏究』 제11권, 한국종교사학회, 2003.
- _____, '단군의 계보와 고구려 기록들', 『단군학연구』 14호, 단군학회, 2006.
- _____, '역사 발전 법칙의 문제-천문학사의 쟁점', 『범한철학』 41집, 범한철학회, 2006.
- _____, '환단고기는 최소한 삼국사기·삼국유사 이전의 진서였다', 『환단고기 어떤 책인가』, 사단법인 한배달학술원, 2010.
- _____, '환단고기의 전승 과정과 연구조건', 『잃어버린 한민족의 뿌리를 찾아서』, 증산도상생문화연구소, 2012.
- 박병섭·박병훈, 『한단고기』의 역사적 전승과정', 『재출간 30년, 환단고기 재조명』, 사단법인 한배달 학술원, 2009.
- _____, '계보위축변천과정, 신구왕호 토픽 그리고 환단고기 신 진위검토방법(1)', 『선도문화』 제9권, 국제뇌교육종합대학원출판부, 2010.
- _____, '단군조선과 삼조선설', 『단군학연구』 제17호, 단군학회, 2007.
- 박성수, '재야사서 어떻게 볼 것인가', 『민족지성』 11호, 민족지성, 1986.
- _____, '韓國上古史 史料 檢證에 대하여', 『한국 상고사의 쟁점』, 우리역사 바로알기 시민연대, 2003.
- _____, '환단고기의 역사 정신과 세계', 『환단고기 어떤 책인가』, 사단법인 한배달학술원, 2010.
- _____, '『한단고기』 탄생의 역사', 『재출간 30년, 환단고기 재조명』, 사단법인 한배달 학술원, 2009.
- 박원길, '몽골지역과 한민족문화의 형성', 『한민족문화의 형성과 범아시아문화』 제20차 한민족학회 학술대회, 한민족학회, 2011.
- 박정학, '치우천왕의 기록으로 본 『환단고기』의 역사성', 『재출간 30년, 환단고기 재조명』, 사단법인 한배달 학술원, 2009.
- _____, '한민족의 형성과 얼에 대한 연구', 강원대 박사학위논문, 2009.
- _____, '환단고기 위서론 비판', 『한국종교사연구』 제10집, 한국종교사학회, 2002.
- _____, '환단고기와 이유립 선생', 『환단고기 어떤 책인가』, 사단법인 한배달학술원, 2010.
- 박용숙, 『사신도와 그 주제에 관한 고찰』, 『동대東大논총』 22집, 동덕여자대학교, 1992.
- 박창범·라대일, '단군조선시대 천문현상기록의 과학적 검증', 『한국상고사학보』 제14호, 1993.
- 박태식·이융조, '소로리 볍씨 발굴로 살펴본 한국 벼의 기원', 『농업사 연구』 3집 2호, 한국농업사학회, 2004.
- 배진영, '甲骨·金文으로 본 商代北京地域政治體', 『中國史硏究』 47, 中國史學會, 2007.
- _____, '출토자료로 본 고죽', 『梨花史學硏究』 33, 2006.
- 복기대, '철령위 위치에 대한 재검토', 『선도문화』 9, 2010.
- 손성태, '아스텍 제국에 나타난 우리민족의 풍습', 『비교민속학』 43집, 2010.
- _____, '아스텍의 역사, 제도, 풍습 및 지명에 나타나는 우리말 연구', 『스페인 라틴아메리카 연구』 2집, 2010.
- _____, '아즈테 카인의 탄생, 육아 및 장례문화', 『비교민속학』 39집, 2009.
- _____, '아즈텍 제국에 나타난 우리 민족의 풍습', 『비교민속학』 43집, 2010.
- 손환일, '삼족도三足圖 문양의 시대별 변천', 『한국 사상과 문화』 33집, 한국사상문화학회, 2006.
- 송찬식, '僞書辯', 『月刊中央』 9월호, 1977.
- 송호수, '환단고기의 사료적 가치', 『환단고기의 사료적 검토』, 단군학회, 1999.
- 신계우, '일정日政의 한국상고사 말살 실태와 단군실사', 『조선왕조실록』 27, 광주전남 사료조사연구회, 2000.

- 신복룡, '한국 사학사의 위기', 『한국정치학회보』 29집 2호, 한국정치학회, 1995.
- 신형식, '한국사 연구의 어제와 오늘', 『한국사 논총』 4집, 성신여자대학교, 1981.
- 심백강, '동이의 시조 복희와 한민족', 『잃어버린 한민족의 뿌리를 찾아서』, 증산도상생문화연구소, 2012.
- 안창범, '『환단고기』는 진서 중 진서이다', 『신종교연구』 15, 한국신종교학회, 2006.
- ____, '『환단고기』 위서론僞書論비판', 『한글한자문화』 80, 전국한자교육추진총연합회, 2006.
- ____, '개천절은 환웅천황의 선천개벽 기념행사다', 『천지인사상과 한국본원사상의 탄생』, 삼진출판사, 2006
- 楊銘, '巴人源出東夷考', 『歷史研究』 6, 1999.
- 閻忠, '西周春秋時期燕國境內及其周邊各族考略', 『中國考古集成』 華北卷7, 中州古籍出版社, 1999.
- 王士立, '孤竹國歷史文化綜述', 2006.
- 王玉亮, '試論孤竹的地望及疆域 -兼論遼西出土孤竹器物之原因', 『沈陽教育學院學報』, 2000.
- 王宗昱, "三洞緣起", 『世界宗教研究』, 2000.
- 우대석, '『환단고기』 위서론에 대한 비판적 고찰', 『仙道文化』 9, 국제뇌교육종합대학원 국학연구원, 2010.
- 劉付靖, '東夷, 楚與南越的文化聯系', 『廣西民族研究』 1999年 第1期, 1999.
- 윤명철, '21세기 문명과 한민족 역할론', 『잃어버린 한민족의 뿌리를 찾아서』, 증산도상생문화연구소, 2012.
- ____, '환단고기의 사회문화적 영향검토', 『환단고기의 사료적 검토』, 단군학회, 1999.
- 윤승준, '역사 연구에 있어서의 사료선택과 해석', 『환단고기의 사료적 검토』, 단군학회, 1999.
- 이강식, '신라 선도선모 부여 눈수 출자론', 『잃어버린 한민족의 뿌리를 찾아서』, 증산도상생문화연구소, 2012.
- ____, '主穀·主命·主病·主刑·主善惡이 名詞로서 官名내지 組織名이며 5事組織이라는 辨證', 『論文集』 3, 경주대학교, 1991.
- 이건욱, '몽골지역에 전승되는 고대 한민족관련 기원설화에 대하여', 『한민족문화의 형성과 범아시아의 문화』, 한민족학회, 2011.
- 이기백, '『삼국유사』의 사학사적 의의', 『한국의 역사인식』 상, 창작과 비평사, 1984.
- 이도학, '大倧敎와 近代民族主義史學', 『국학연구』 1, 국학연구소, 1988.
- ____, '역사를 오도하는 상고사의 위서들', 『세계와 나』 1990년 11월호, 세계일보사, 1990.
- ____, '在野史書 解題 桓檀古記', 『민족지성』 9, 1986.
- 이성구, '四神의 形成과 玄武의 起源', 『중국고중세사연구』 第19輯, 중국고중세사학회, 2008.
- 이순근, '고조선 위치에 대한 제설의 검토', 성심여자대학교, 1987.
- ____, '고조선은 과연 만주에 있었는가', 『역사비평』 1988년 겨울호, 역사비평사, 1988.
- 이승호, '한국선도문헌의 연구사 소고', 『선도문화』 6집, 국제뇌교육종합대학원출판부, 2010.
- 이원명, '행촌 선생의 생애와 학문', 『행촌선생연구총서』 1집, 2004.
- 이익주, '행촌 이암의 생애와 정치활동', 『행촌선생연구총서』 1집, 2004.
- 이정훈, '환단고기의 진실', 『신동아』 9월호, 2009.
- 이형구, '고구려의 삼족오三足烏신앙에 대하여; 고고학적 측면에서 본 鳥類 숭배사상의 기원 문제', 『동방학지』 86집, 연세대학교 국학연구원, 1994.
- ____, '발해연안북부 요서·요동지방의 고조선', 『고조선단군학』 12, 고조선단군학회, 2005.
- ____, '발해연안 대릉하유역 기자조선의 유적·유물', 『한국고대사연구』 9권, 한국고대사학회, 1995.
- 이호영, '중원고구려비 특집호 〈논문〉 중원고구려비 제액의 (題額) 신독 - 장수왕대의 연호 추론 -', 『사학지』 13집, 단국대학교사학회, 1979.

- 임채우, '환단고기에 나타난 곰과 범의 철학적 의미-그 연구방법론을', 『仙道文化』 9권, 국제뇌교육종합대학원출판부, 2010.
- 정경희, '단군민족주의와 그 정치사상적 성격에 관한 연구: 한말-정부수립기를 중심으로', 단국대학교 박사학위논문, 1993.
- ____, '민족주의계 사학의 한국사 인식', 『환단고기·규원사화 등 仙家系 史學에 대한 남북 공동연구 중간 연차보고서』, 2005.
- ____, '환단고기 등장의 역사적 배경', 『환단고기 어떤 책인가』, 사단법인 한배달학술원, 2010.
- 조남호, '한단고기의 천부경에 대한 두 가지 생각', 『재출간 30년, 환단고기 재조명』, 사단법인 한배달학술원, 2009.
- ____, '환단고기와 삼일신고', 『환단고기 어떤 책인가』, 사단법인 한배달학술원, 2010.
- ____, '『환단고기』와 『삼일신고』', 『仙道文化』 9, 국제뇌교육종합대학원 국학연구원, 2010.
- 조인성, '『규원사화』와 『환단고기』', 『한국사시민강좌』 2, 일조각, 1988.
- ____, '『桓檀古記』의 『檀君世紀』와 『檀奇古史』·『揆園史話』', 『고조선단군학』 2, 단군학회, 2010.
- ____, '한말 단군관계 사서의 재검토-신단실기·단기고사·환단고기를 중심으로', 『국사관논총』 제3집, 국사편찬위원회, 1989.
- ____, '韓末 檀君關係史書의 再檢討-『神檀實記』·『檀奇古史』·『桓檀古記』를 중심으로', 『國史館叢書』 3, 1989.
- ____, '환단고기에 대한 몇 가지 의문', 『환단고기의 사료적 검토』, 단군학회, 1999.
- 조준호, '석가족의 인도-유럽인 설에 대한 반박', 『인도연구』 6집, 한국인도학회, 2001.
- 朱玉環·田軍民·洪娟, '試論孤竹文化', 『中州今古』 2002年 6期, 2002.
- 최수빈, '도교 경전에 대한 종교학적 이해', 『도교문화』 17, 도교문화학회, 2002.
- 최수빈, '도교 상청파의 대동진경 연구', 서강대 박사학위 논문, 2003.
- 최영주, '高句麗 古墳壁畵 四神圖에 나타난 象徵性 硏究', 단국대학교 석사학위 논문, 1996.
- 최인철, '규원사화의 사료적 가치', 『환단고기·규원사화 등 仙家系 史學에 대한 남북 공동연구 중간 연차보고서』, 2005.
- 최홍규, '식민주의 사관과 극복문제', 『중앙논단』 3집, 중앙대학교, 1984.
- 彭淸深, '道敎的第一部經目', 『中國道敎』 1996年 3期, 1996.
- 편집부, '행촌 이암 연보', 『행촌 회보』 통권 12호, 2001.5.
- 何光嶽, '藍夷的來源和遷徙-兼論瑤·佘·苗族的藍氏', 『吉首大學學報』, 社會科學版, 1989.
- 何業將, '『道藏』的形成與發展', 『南京社會科學』 1990年 6期, 1990.
- 한영우, '행촌 이암과 단군세기', 『한국학보』 96, 일지사, 1999.
- 胡孚琛, '陳國符和『道藏源流考』', 『上海道敎』 2003年 10期, 2003.
- 황혜숙, '마고문화로 다시 찾는 동아시아 고대사와 한국역사', 『국학연구론총』 제6집, 택민국학연구원, 2010.
- Gari Ledyard, 'Galloping along with the Horseriders : Looking for the Founders of Japan', 『Journal of Japanese Studies』, Vol.1 No.2, 1974.

〈한민족의 3대 경전, 『천부경』, 『삼일신고』, 『참전계경』 논문〉

- 김낙필, '서우曙宇 전병훈全秉薰의 천부경天符經 이해', 『학술대회』 2, 2006.
- 김용환, '천부경의 한얼태교', 『선도문화』 3, 2007.

- 김익수, '참전계경參佺戒經에 내재內在한 효사상 연구', 『韓國思想과 文化』 58, 2011.
- 김재휘, '조선조 정치사상과 한국원형사상(천부경)-반계磻溪를 중심으로-', 『倫理硏究』 32, 1993.
- ____, '조선조정치사상과 한국원형사상(천부경)-퇴계를 중심으로-', 『倫理硏究』 32, 1993.
- ____, '한국의 정치사상과 천부경- 한국정치사상사 서설을 중심으로 -', 『汎韓哲學』 8, 1993.
- 나정길, '대종교와 천부경', 『신종교연구』 16, 2007.
- 류중위, '『天符經』과 道敎宇宙論의 比較硏究', 『학술대회』 7, 2007.
- 민영현, '「蘇塗經典本訓」에 나타난 三·一의 의미맥락(context)과 天符經의 철학사상', 『선도문화』 3, 2007.
- ____, '『天符經』의 數理와 그 形而上學에 관한 이해', 『학술대회』 3, 2006.
- ____, '『參佺經』 解題와 그 문화사상적 의의', 『선도문화』 6, 2009.
- ____, '天符經의 數理哲學과 그 形而上學-數 체계의 현상적 이해를 중심으로-', 『선도문화』 2, 2007.
- 박광수, '대종교의 단군신화 수용과 제천의례의 체계 연구', 『宗敎敎育學硏究』 29, 2009.
- 朴載元, '天符經에 관한 연구-量子論과 易理論을 중심으로-', 『韓國思想과 文化』 2, 1998.
- 방건웅, '삼일신고의 기氣 개념과 理氣同體論', 『한국정신과학회 학술대회 논문집』 19, 2003.
- 方建雄, '참전계경 소고', 『국학연구』 5, 2000.
- 선미라, '천부경의 기호학적 의미', 『선도문화』 3, 2007.
- 우실하, '천부경', '삼일신고'의 수리체계와 3수 분화의 세계관', 『학술대회』 2, 2006.
- 劉仲宇, '『天符經』與道敎宇宙論的比較硏究', 『선도문화』 4, 2008.
- 이근철, '『천부경』의 天·地·人에 관한 연구', 『선도문화』 4, 2008.
- ____, '『천부경』의 三에 관한 선도적 고찰', 『선도문화』 3, 2007.
- ____, '天符經의 一에 관한 우주론적 고찰', 『선도문화』 2, 2007.
- ____, '한의 개념에 관한 연구-천부경의 一을 중심으로-', 『선도문화』 1, 2006.
- 이승호, '한국선도문헌의 연구사 소고-전승과정과 위작논쟁을 중심으로-', 『선도문화』 6, 2009.
- 이찬구, '삼일신고에서의 하늘과 하느님의 관계', 『학술대회』 5, 2007.
- ____, '천부경 大三合六의 우주론', 『선도문화』 5, 2008.
- ____, '천부경의 無와 과정철학', 『선도문화』 2, 2007.
- 이형래, '天符經 硏究史 小考', 『선도문화』 2, 2007.
- 임태현, '『天符經』의 生命思想', 『인문학연구』 36-1, 2009.
- ____, '중국의 天符經 연구에 대한 小論 - 鞠曦 교수의 天符經論을 중심으로-', 『선도문화』 5, 2008.
- 정경희, '『天符經』의 圖象化-『천부경』에 의한 伏羲 八卦·河圖의 해석 -', 『선도문화』 3, 2007.
- ____, '『天符經』, 『三一神誥』를 통해 본 韓國仙道의 一, 三, 九論', 『汎韓哲學』 44, 2007.
- ____, '여말 학계와 『天符經』', 『선도문화』 6, 2010.
- 조남호, '『환단고기』와 『삼일신고』', 『선도문화』 9, 2010.
- ____, '金澤榮의 天符經 주석 연구', 『동서철학연구』 45, 2007.
- ____, '북한의 『천부경』 연구', 『선도문화』 4, 2008.
- ____, '天符經 硏究의 몇 가지 문제점', 『학술대회』 2, 2006.
- ____, '천부경 해석과 천부신공', 『학술대회』 3, 2006.
- ____, '천부경과 하도낙서', 『道敎文化硏究』 29, 2008.
- ____, '천부경의 연구사 정리(2) -기독교와 불교적 해석-', 『선도문화』 2, 2007.

- ____, '천부경의 철학과 역사적 재해석 천부경 연구사 정리(3) -천부경과 주역-', 『학술대회』 6, 2007.
- 조재국, '근대한국의 민족종교와 민족운동(1)', 『韓國思想과 文化』 7, 2000.
- ____, '근대한국의 민족종교와 민족운동(2)', 『韓國思想과 文化』 9, 2000.
- 좌성민, '韓國仙道 運氣丹法으로 바라본 대맥운기 수련의 효과 -한국선도 대맥운기 고찰 및 효과-', 『선도문화』 5, 2008.
- 朱越利(주위에리), 윤석민 역, '천부天符의 자의에 대한 해석', 『선도문화』 4, 2008.
- 쥐시鞠曦, '『天符經』 思想과 現代意義-哲學과 生命科學을 중심으로-', 『선도문화』 4, 2008.
- 최민자, '동학의 정치철학적 원형과 리더십론', 『동학학보』 9, 2005.
- ____, '天符사상과 신문명', 『선도문화』 1, 2006.
- 최윤수, '三一神誥와 參佺戒經에서의 三一原理', 『국학연구』 4, 1998.
- ____, '삼일신고와 참전계경의 구성 비교', 『韓國精神科學學會誌』 3-2, 1999.
- ____, '성세영 《본사행일기》의 〈삼일신고 도해〉와 〈천조단군〉', 『국학연구』 12, 2008.
- 최정준, '天符經의 易學的 意義-『皇極內篇』과 『周易』의 筮法을 중심으로-', 『선도문화』 5, 2008.

〈영상자료〉

- 히스토리채널, "고대문명의 신비Ancient Discoveries(1)", 2003.12.21.
- _____, "서양으로 전파된 중동문화East to West(1)", 2012.5.12.
- _____, "한글, 그 비밀의 문", 2003.10.9.
- CCTV, "長白山", 2012.1.13.
- EBS, "도올이 본 한국독립운동사", 2005.
- KBS 1TV, "몽골리안 루트" 8부작, 2001.2.6.
- KBS 1TV, 명작스캔들, "아리랑", 2012.1.22.
- KBS 1TV, 바다대기행 4편, "바다의 동맥, 해류", 2001.8.5.
- KBS 2TV, 세상의 모든 다큐, "해저에 잠든 도시 파블로페트리", 2012.1.10.
- KBS 1TV, "발해 그 터를 찾아서", 1988.8.9.
- KBS 1TV, 역사스페셜, "大고구려 특집 1편, 광개토대왕 정복 루트를 가다-염수의 비밀", 2000.1.1.
- _____, "大고구려 특집 2편, 광개토대왕 정복 루트를 가다-미지의 장벽, 대흥안령 산맥", 2000.1.8.
- _____, "大고구려 특집 3편, 고구려 철갑기병, 동아시아 최강이었다", 2000.1.22.
- _____, "大고구려 특집 4편, 고구려인의 재산 목록 1호는 수레였다", 2000.1.29.
- _____, "동학군 수괴 유골, 왜 일본에서 발견되었는가", 2006.9.1
- _____, "비밀의 왕국 고조선", 2000.10.7.
- _____, "연개소문, 독재자인가 영웅인가", 2000.7.29.
- _____, "연오랑 세오녀, 일본의 신神이 되었나", 2009.7.4.
- _____, "일왕의 명령, 조선사편수회를 조직하라", 2006.9.29.
- _____, "제 5의 문명 요하를 가다", 2009.8.29.
- _____, "집중분석, 고조선인은 어떻게 살았나", 2000.10.14.
- _____, "조선 사람은 왜 일본 박람회에 전시됐나", 2011.12.8.

- _____, "첫나라 고조선, 수도는 어디였나", 2005.5.27.
- _____, "추적, 화랑세기 필사본의 미스터리", 1999.7.10.
- _____, "추적 환단고기 열풍", 1999.10.2.
- _____, "한반도, 고인돌왕국의 수수께끼", 1998.12.5.
- _____, "한반도 탄생 30억년의 비밀", 1998.1.8.
- _____, "현존하는 최고의 역사서-800년 논쟁, 삼국사기의 진실은", 2000.11.18.
- KTV국정뉴스, "사상 최강의 고구려, 이유 있다", 2005.8.1.
- MBC강릉, "우주나무와 하늘새, 솟대", 2004.5.27.
- MBC대구, "곡옥의 비밀-1부 천황의 보물", 2008.5.21.
- _____, "곡옥의 비밀-2부 무너지는 동북공정", 2008.5.28.
- MBC포항, "삼족오 고대한류를 밝히다-1부, 삼족오 한민족의 코드로 부활하다", 2008.3.24.
- _____, "삼족오 고대한류를 밝히다-2부, 동방문명을 만들다", 2008.3.31.
- MBC-TV, 〈신비한 TV 서프라이즈〉, "잃어버린 대륙", 2009.8.2.
- Q채널, "한글, 그 비밀의 문 - 1편 아히루문자의 비밀", 2003.10.9.
- _____, "한글, 그 비밀의 문 - 2편 사라진 단군의 문자", 2003.10.10.
- SBS, 역사스페셜, "금지된 장난, 일제 낙랑군 유물조작", 2011.2.27.
- SBS, 역사전쟁, - 1부 "만들어진 역사", 2010.8.29.
- _____, - 2부 "역사의 역설", 2010.9.5.
- STB상생방송, 역사 다큐멘타리, "태호복희", 2008.10.3.
- _____, 역사기행, "한국사 숨겨진 진실을 찾아서", 2010.11.30.
- _____, 역사특강, "인류 문명의 뿌리 동이" 1~2강.
- _____, 역사특강, "일본 고대사와 한민족" 1~2강.
- _____, 역사특강, 01회~04회 박성수, "민족사의 맥을 찾아서"
- _____, 역사특강, 05회~10회 이형구, "발해연안문명 한국고대문화의 기원"
- _____, 역사특강, 11회~12회 김선주, "인류문명의 뿌리, 동이"
- _____, 역사특강, 13회~14회 김철수, "일본고대사와 한민족"
- _____, 역사특강, 15회~20회 제일태갈, "한문화의 뿌리를 찾아서"
- _____, 역사특강, 21회~24회 홍윤기, "일본속의 백제"
- _____, 역사특강, 25회~28회 배옥영, "주대 상제의식과 유학사상"
- _____, 역사특강, 29회~34강 김병기, "천자의 제국 고구려"
- _____, 역사특강, 35회~36회 홍윤기, "일본 속 백제 문화"
- _____, 역사특강, 37회~40회 이강식, "한국 고대 조직사"
- _____, 역사특강, 41회~46회 윤명철, "한민족의 해양활동과 대외진출사"
- _____, 역사특강, 47회~50회 윤명철, "다시 보는 우리민족"
- _____, 역사특강, 51회~53강 손성태, "우리 한韓민족의 대이동"
- _____, 역사특강, "일본 속의 백제" 1~6강.
- _____, 역사특강, "발해연안문명 한국고대문화의 기원" 1~6강.
- _____, 역사특강, "우리 한민족의 대이동(3) - 멕시코에 나타난 우리 한민족의 흔적", 2012.1.22.
- _____, 초청특강, "요령성 덕보 박물관장이 밝히는 홍산문화", 2012.5.9.

- _____, 특선, "조선의 민족정신을 말살하라", 2009.10.3.
- _____, 특선, "환구단의 비밀"1부~2부, 2010.11.29.
- _____, 특집방송, "치우천황 그는 살아있다", 2008.8.14.
- _____, 한문화특강, "고대 한민족 복식문화의 국제적 위상", 2012.2.27.
- _____, 한문화특강, "천부경과 인류의 미래"1~4강, 2010.12.27.
- _____, 한문화특강, "해와 달과 별과 천손을 말하다", 2012.3.26.
- _____, 한문화특강, "천부경과 인류의 미래", 2011.2.8.

〈기사〉

- 〈경향신문〉, "서예가열전 ⑤, 고려후기 이암", 2006.8.18.
- 〈동아일보〉, "일日 외무차관—의원 등 50여명 참석 '독도는 일본 땅' 도쿄서 망언집회", 2012.4.11.
- 〈동아일보〉, "낭객의 신년만필", 1925.1.2.
- 〈동아일보〉, "다시 보는 한국역사(7) - 부여족과 불가리아", 2007.5.19.
- 〈동아일보〉, "我史人修의 哀, 최후의 정신적파산〈상·하〉사설", 1925.10.22.
- 〈문화재청〉, "강원 고성 문암리유적에서 신석기시대 경작유구(밭) 발굴", 2012.6.26.
- 〈시사저널〉, "한족의 나라에 '순종 한족'이 없다?", 2010.03.24.
- 〈신동아〉, "『환단고기』의 진실 제2부 - 계연수와 이유립을 찾아서", 2007.9.
- 〈조선일보〉, "「살수」는 청천강이 아니다, 북괴「조선전사」서 주장", 1980.12.14.
- 〈조선일보〉, "「독립군」사령관 홍범도장군 연구 활기. 생애, 활동다룬 학술논문 잇달아 발표", 1986.7.15.
- 〈주간조선〉1962호, "김호동 교수의 중앙유라시아 역사기행(6) : 신질서를 모색하는 고대 중앙유라시아", 2007.7.9.
- 〈주간조선〉1963호, "김호동 교수의 중앙유라시아 역사기행(7) : 유라시아 초원을 제패한 돌궐제국", 2007.7.16.
- 〈주간조선〉1970호, "김호동 교수의 중앙유라시아 역사 기행(14) : 팍스 몽골리카의 성립과 동서 문화 교류의 확대", 2007.8.30.
- 〈프레시안〉, "금관의 나라 신라", 2005.8.30.
- 〈한겨레신문〉, "이덕일 주류 역사학계를 쏘다, 노론사관에 일그러진 조선 후기사", 2009.7.18.
- 〈한겨레신문〉, "이덕일 주류 역사학계를 쏘다, 무장독립투쟁 연구 빈약한 이유", 2009.7.22.
- 〈한겨레신문〉, "이덕일 주류 역사학계를 쏘다, 삼국사기 초기 기록은 조작되었나", 2009.6.17.
- 〈한겨레신문〉, "이덕일 주류 역사학계를 쏘다, 한사군의 미스터리", 2009.5.20.
- 〈행촌회보〉, "행촌 이암 연보", 2001년 봄호.
- 〈국정브리핑〉, "이종호 과학으로 푸는 우리 유산: 고조선에 신지글자 있었다", 2004.5.29.

〈인터넷 사이트〉

- 국가기록유산 http://www.memorykorea.go.kr
- 국사편찬위원회 http://www.history.go.kr
- 북한문화재자료관 http://north.nricp.go.kr
- 조선왕조실록 http://sillok.history.go.kr
- 한국학중앙연구원 http://yoksa.aks.ac.kr

색 인

ㄱ

가다加多 362
가라해加羅海 570
가락駕洛 570
가륵嘉勒 106, 442, 526
가리加利 456
가림다加臨多 526, 528
가림토加臨土 110
가색哥索 480
가섭라迦葉羅 456
가섭원迦葉原 256, 264, 560
가섭원부여迦葉原夫餘 256
가종稼種 302
가한성可汗城 462
각목角木 322
갈고환웅葛古桓雄 46, 54, 378
갈로산葛盧山 370
갈사葛思 270, 674
갈산碣山 462
갈석산碣石山 610
갈지葛智 446
갈태천왕葛台天王 54
감군監羣 16
감군監群 382
감물甘勿 154
감물산甘勿山 156
감성監星 124, 472
감식촉感息觸 88, 306, 516, 564
감위甘尉 476
감정甘丁 468
갑비甲飛 468
갑자甲子 360, 368
갑천령盖天齡 450, 470
강거康居 112
강도江都 90
강릉江陵 668

강릉왕江陵王 750
강릉왕우江陵王禑 742
강수姜水 398, 430
강씨姜氏 398
강종康宗 676
강종희황제康宗僖皇帝 674
강진强振 362
강태공姜太公 398
개마盖馬 316, 666
개마국盖馬國 340
개물평등開物平等 590
개벽開闢 304
개복皆福 362
개사성盖斯城 138
개사원욕살盖斯原褥薩 142
개성開城 448
개심광명開心光明 344
개원開元 750
개원開原 272, 534, 664
개인開人 384
개인숭생開人崇生 370
개전일여個全一如 156
개지開地 384
개천開天 92, 116, 384
개천시교開天施敎 358
개천입교開天立敎 40
개천지생開天知生 370
개토이생開土理生 370
개평盖平 462
개평부開平府 518, 606
개화開化 592, 604, 664
객현한국客賢汗國 40, 340
거란契丹 570, 666, 716
거란동경장군契丹東京將軍 684
거란성종契丹聖宗 714
거련환웅居連桓雄 52
거문산巨門山 566

거발환居發桓 52, 110, 126, 318
거병해원去病解怨 110
거불단환웅居弗檀桓雄 54
거불리환웅居佛理桓雄 52
거세居世 466
거세간居世干 616
거야발환웅居耶發桓雄 54
거용渠鄘 462
건안建安 580, 608
건원칭제建元稱帝 726
건창建昌 580
건황建晃 676
건흥建興 574, 608, 676
걸桀 130, 466
걸걸중상乞乞仲象 682
걸사비우乞四比羽 666
견군畎軍 132
견추밀원지주사遣樞密院知奏事 .. 726
겸화부투謙和不鬪 342
경근부태敬勤不怠 342
경당扃堂 324, 446, 462
경박호鏡珀湖 352
경사京師 454
경일주삼徑一周三 312
경향분수지법京鄕分守之法 250
경효왕敬孝王 738, 746
경효왕景孝王 726
계가鷄加 120
계가주선악鷄加主善惡 342, 384
계성薊城 480, 666
계수關須 562
계연수桂延壽 6
계전季佺 466
계지가라鷄知加羅 616
계천입부繼天立父 318
고계高契 110
고구려高句麗 174, 402

색인

고구려후高句麗侯	252
고기古記	4, 38, 92
고두막한高豆莫汗	254
고등高登	142, 448, 468
고등왕高登王	144
고려高麗	90
고려광종高麗光宗	528
고려사高麗史	724
고려성高麗城	606
고려예종문효대高麗睿宗文孝大	684
고려진高麗鎭	602, 606
고려팔관기高麗八觀記	310
고려팔관잡기高麗八觀雜記	400
고려현종원문대왕 高麗顯宗元文大王	684
고력합高力合	476
고례高禮	360
고리高離	360
고리고국槀離古國	670, 678
고리국槀離國	172, 258
고리군왕槀離郡王	558
고모수高慕漱	266
고무서高無胥	260
고불古弗	132, 446
고불가固弗加	146, 148
고사침高士琛	130
고성高成	586
고성제高成帝	590
고시高矢	354
고시례高矢禮	350
고시리환인古是利桓仁	38, 342
고시씨高矢氏	350, 368
고신高辛	48, 396
고연수高延壽	592
고열가高烈加	458
고열가高列加	170, 246, 258
고영창高永昌	684
고우루高于婁	252
고유선高維先	478
고장高臧	590
고정의高正義	592
고종안효대왕高宗安孝大王	740
고주몽高朱蒙	260, 266, 558
고주몽성제高朱蒙聖帝	562, 610
고죽孤竹	160
고죽군孤竹君	144
고진高辰	250, 252, 266, 558
고태固台	478
고해사高奚斯	250
고혜진高惠眞	592
고홀固忽	140, 448
곡사정斛斯政	578
곤륜崑崙	386
곤연鯤淵	266
공공共工	434
공구孔丘	480
공구씨孔丘氏	354
공상空桑	370, 372, 378
공손公孫	430
공손경公孫卿	396
공손탁公孫度	562
공손헌원公孫軒轅	372
공수供授	532
공수貢壽	532
공양태모지법公養胎母之法	246
공자孔子	104
공화지정共和之政	246
관경管境	44, 138, 320, 378, 440, 452
관자管子	372
관중關中	132
광개절廣開節	6
광개토경대훈적비 廣開土境大勳蹟碑	566
광개토경호태황廣開土境好太皇	568
광명光明	16, 344
광명공제光明共濟	110
광명이세光明理世	318, 338
광명전光明殿	568
광무光武	6
광성문황제光聖文皇帝	672
광열光熱	302
광종光宗	670
광주목廣州牧	722
괘도卦圖	366
괴유怪由	270
교역이퇴交易以退	368
교인관경教人管境	382
교인입의教人立義	318
교인제천教人祭天	382
교인책화教人責禍	382
교화教化	302
교화지신教化之神	86
구가주형狗加主刑	342, 384
구국救國	90
구년홍수九年洪水	460
구다句茶	666
구다국勾茶國	340
구다천국勾茶川國	40, 340
구다천국句茶川國	150
구려九黎	324, 464, 530, 572
구려군句麗君	148
구려분정九黎分政	460
구려하九黎河	252, 258, 610
구리자성究理自性	308
구막한국寇莫汗國	40
구모액국勾牟額國	40
구물丘勿	164, 456, 534
구봉산九峰山	566
구사舊史	584, 722
구사한국狗邪韓國	570, 572, 682
구서九誓	566
구서오계九誓五戒	674
구서지회九誓之會	536
구성九城	716
구역九域	18, 100, 378
구월산九月山	116, 122, 444, 474
구을丘乙	114
구을邱乙	360
구을리환인邱乙利桓仁	38, 342

구정邱井 106, 400	금달金今達 148	낙랑홀樂浪忽 146
구정도邱井圖 106	금마저金馬渚 706	낙랑樂浪 132, 366, 562
구제궁九梯宮 566	금사金史 724	낙씨絡氏 272
구주九州 572	금산金山 342	남건男建 604
구지舊志 610	금살치우擒殺蚩尤 376	남경남해부南京南海府 676
구치九治 370, 436	금신金神 360	남국군臨國君 146
구환九桓 44, 92, 110, 116, 130,	금악金岳 318, 358	남국臨國 102, 144
136, 318, 338, 344, 430	금와金蛙 266	남려성南閭城 252
구환위종九桓爲倧 108	기岐 132, 144	남만南蠻 682
구환지도九桓地圖 140	기린麒麟 154	남방사명南方司命 300
구환지족九桓之族 38	기린굴麒麟窟 446	남부욕살南部褥薩 592
구황九皇 384, 434	기림굴箕林窟 566	남부지인臨部之人 322
구황육십사민九皇六十四民 318	기비箕丕 174, 482	남북갈사南北曷思 610
국내성國內城 560	기석箕釋 482	남북옥저南北沃沮 360
국선소도國仙蘇塗 124	기성奇省 96	남북우루南北虞婁 674
국유형國猶形 84	기수奇首 142	남상인南裳人 140
국자랑國子郎 132	기수淇水 160	남생男生 90, 604
국조國祖 92	기신외물忌愼外物 18	남선비南鮮卑 136
국중대회國中大會 100, 102, 322	기욱箕煜 482	남수북벌지책南守北伐之策 586
국훈國訓 128	기윤箕潤 482	남옥저南沃沮 678
군도君道 310	기이紀伊 508	남평양南平壤 576
궁씨弓氏 706	기자箕子 148, 400	남해도낭하리南海島郎河里 352
궁예弓裔 706, 708	기준箕準 248, 482	남해조수南海潮水 152
궁한리弓漢里 716	기철奇轍 746	남해현낭하리南海縣郎河里 520
궁호弓戶 446	기후箕詡 170, 458, 480, 482	낭가郞家 6, 402
궁홀弓忽 456	기훤箕萱 708	낭산狼山 168
권근權近 744	김춘추金春秋 590	낭야琅邪 462
권징선악勸懲善惡 44		낭야성琅耶城 460
권화權化 16		낭야성琅邪城 462
귀방鬼方 142	**ㄴ**	내원來遠 724
귀천위사歸天爲死 304		내이奈伊 476
균부삼진均賦三眞 562	나반那般 38, 316, 320, 326	내휴奈休 152
균전均田 400	나산羅珊 674	노관盧綰 248
균화천鈞和天 312	나을那乙 96	노덕리盧德利 442
극기極器 118, 518	나을촌奈乙村 616	노룡盧龍 610
극상克尙 396	나패那霸 572	노물老勿 478
근우지近于支 444	낙랑국樂浪國 560	노을魯乙 122
근일勤一 126	낙랑도樂浪道 580	노일소路日部 472
근일무태勤一无怠 310	낙랑산樂浪山 252	노자이이老子李耳 480
금간옥첩金簡玉牒 464	낙랑왕樂浪王 252	녹도문鹿圖文 504

녹산鹿山 144, 450
녹서鹿書 530
논진시상論診時像 84
농상집요農桑輯要 734
누사婁沙 474
눈수嫩水 616
눌견訥見 560
니물泥勿 674
니사尼舍 170
니하泥河 668

ㄷ

다도多都 456
다두多斗 476
다라국多羅國 572
다라한국多羅韓國 572
다물多勿 160, 456, 732
다물흥방지가多勿興邦之歌 618
다의발환웅多儀發桓雄 52, 366
다파라국多婆羅國 570
단국檀國 92, 320
단군檀君 382, 566
단군관경檀君管境 452
단군세기檀君世紀 4, 90, 526, 544, 732
단군왕검檀君王儉 92, 136, 172, 320, 360, 378, 440, 460
단군조선檀君朝鮮 378, 452, 502, 518
단굴암檀窟庵 6
단기檀旂 100
단목지허檀木之墟 92
단수檀樹 92, 124, 126
단웅檀雄 54, 92
단인檀仁 38
단인檀因 342
단허檀墟 430
달문達門 116, 466, 518

달음達音 162
달지국達支國 440
당산唐山 592, 610
당요唐堯 92, 460
대가리大嘉利 312
대감大監 428
대광명大光明 312
대극성大棘城 396
대길상大吉祥 312
대덕大德 576
대동강大同江 446, 518
대동강大洞江 454
대동부大同府 602
대련大連 104, 474
대로對盧 592
대마국對馬國 682
대마도對馬島 616, 740
대무신열제大武神烈帝 560
대박산大博山 116
대발해국大渤海國 686
대방帶方 462
대변경大辯經 306, 368, 382, 534, 562
대변설주大辯說註 522
대부여大夫餘 22, 166, 534
대성대臺省 722
대성산大聖山 446
대소帶素 268
대수大水 158
대시大始 300
대시전大始殿 126, 446
대안정大安定 312
대연림大延琳 684
대영제전大迎祭典 566
대예락大豫樂 312
대요大撓 48, 434
대우국大隅國 680
대웅大雄 312, 402
대원일大圓一 84, 126, 318
대음代音 134, 446

대읍국大邑國 92, 158
대인환웅大人桓雄 356
대일왕大日王 428
대정大定 676
대제학大提學 744
대조신大祖神 102, 104, 532
대주천大周天 314
대중상大仲象 664
대중천大中天 320
대진大震 666
대진국大震國 676, 708
대진육덕지가大震六德之歌 668
대천선화代天宣化 38
대천홍화代天興化 342
대풍산大風山 508
대학大學 6
대호大嘷 500
대흥大興 670, 672
도기道器 90
도두왕都頭王 270
도라道羅 102
도무道茂 464
도병마都兵馬 722
도산塗山 98, 460, 462, 464
도솔兜率 532
도원수都元帥 716
도위都尉 592
도을道乙 478
도절都切 268
도지대원道之大原 438
도태산徒太山 386
도해道奚 124, 446
독로瀆盧 448
독로국瀆盧國 340
독로한瀆盧韓 54
독화지신獨化之神 16
돌개突盖 130
동경비장東京神將 684
동경용원부東京龍原府 670
동기東記 456

동녀동남童女童男 ………… 16	등올登屼 ………………… 154, 474	명충明忠 ………………… 674
동단국東丹國 ……………… 688	등주登州 ………………… 584	명치明治 ……… 272, 576, 584, 602
동두철액銅頭鐵額 ……… 46, 374		모불牟弗 ………………… 472
동래東萊 …………………… 586		모사라환웅慕士羅桓雄 ……… 52
동명東明 …………………… 258	**ㅁ**	모소牟蘇 ………………… 140
동명국東明國 ……………… 254		모수리慕漱離 …………… 248
동명왕東明王 ……………… 256	마가주명馬加主命 ……… 342, 384	모용慕容 ………………… 678
동무東武 …………………… 102	마건馬乾 ………………… 478	모잠대형牟岑大兄 ……… 706
동방사명東方司命 ………… 300	마려馬黎 …………… 612, 614	모한慕韓 ………………… 118
동부여東夫餘 ……………… 256	마리摩離 …………… 262, 560	목신木神 ………………… 360
동부여후東夫餘侯 ………… 270	마리산摩利山 …… 568, 580, 744	목원등穆遠登 …………… 246
동북부여東北夫餘 ………… 360	마리산摩璃山 …… 98, 442, 448	목은이색牧隱李穡 ……… 532
동모산東牟山 ……………… 664	마문거馬文擧 …………… 592	목이상인木以象人 ……… 440
동수삼진同受三眞 ………… 538	마물麻勿 ………………… 160	목종穆宗 ………………… 676
동순망질사근동후	마밀馬密 ………………… 472	목종강황제穆宗康皇帝 … 674
東巡望秩肆覲東后 ……… 460	마수산馬首山 …………… 610	몽고리蒙古里 …………… 148
동압록東鴨綠 ………… 560, 566	마유麻維 ………………… 474	몽고리한蒙古里汗 ……… 112
동압록수東鴨綠水 ………… 386	마한馬韓 ……… 250, 440, 448,	몽골蒙古 ………………… 90
동엄冬奄 …………………… 138	452, 518, 614	몽골족蒙古族 …………… 112
동옥저東沃沮 ……………… 616	마한산馬韓山 …… 440, 518, 570	묘계자연妙契自然 ………… 16
동인호생同仁好生 ………… 312	마휴摩休 …………… 152, 454	묘장춘苗長春 …………… 168
동천제東川帝 ……………… 566	마휴麻休 ………………… 476	묘향산妙香山 …… 6, 384, 438
동천제조천석東川帝朝天石 …566	막리지莫離支 …………… 600	묘환苗桓 ………………… 434
동평東平 …………………… 674	막연莫延 ………………… 446	무궁무한無窮無限 ……… 314
동황태일東皇太一 ………… 394	막조선莫朝鮮 …… 454, 456, 458	무언이행無言而行 ………… 16
두라문杜羅門 ……………… 442	막진莫眞 ………………… 466	무언이화無言而化 ……… 310
두라시杜羅時 ……………… 446	만량萬良 ………………… 362	무예武藝 ………………… 666
두리지가兜里之歌 ………… 158	만번한滿番汗 …………… 248	무위이작無爲而作 …… 16, 310
두막루豆莫婁 ……………… 142	말갈靺鞨 …………… 592, 666, 668	무정武丁 ……… 142, 468, 470
두막해豆莫亥 ……………… 448	말량末良 ………………… 130	무진戊辰 ………………… 92
두만강豆滿江 ……………… 722	말로국末盧國 …………… 680	무진주武珍州 …………… 710
두밀豆密 …………………… 150	매구여국賣勾餘國 … 40, 340, 342	무천舞天 ………………… 534
두액동철頭額銅鐵 ………… 380	매륵買勒 ………………… 160	무태武泰 ………………… 710
두열頭列 …………………… 532	맥貊 ……………………… 360	무형이현無形而見 ………… 16
두지주예읍豆只州濊邑 …… 112	맥성욕살貊城褥薩 ……… 130	무형이형無形而形 ……… 310
두홀豆忽 …………………… 162	맹남孟男 ………………… 456	무황제武皇帝 …………… 670
득도장생得道長生 ……… 38, 342	명수고천明水告天 ……… 316	묵념청심默念淸心 ……… 364
등나登那 …………………… 474	명조鳴條 ………………… 362	묵태墨胎 ………………… 466
등래登萊 …………………… 666	명종明宗 ………………… 676	문고們古 ………………… 154
등리登里 …………………… 474	명종경황제明宗景皇帝 … 676, 708	문성文成 ………………… 396

문자열제文咨烈帝	272
문자제文咨帝	602
문자호태열제文咨好太烈帝	576
문정공文貞公	4
물가勿駕	466
물길勿吉	464
물리勿理	162, 170
물한勿韓	474
미능대지체美能大之體	310
미추홀彌鄒忽	614
밀기密記	44, 366, 400
밀기주密記注	340
밀다密多	362

ㅂ

박랑사博浪沙	248
박사博士	248
박위朴葳	740
반고盤固	42
발귀리發貴理	500, 502
발기發歧	90
발착수渤錯水	600
발해渤海	124, 388
발해국渤海國	526
방고씨邦古氏	148
방구方丘	322
방사方士	388
방장方丈	388
방저方渚	500
배달倍達	18, 52
배달국倍達國	102
배달성조倍達聖朝	158
배달신倍達臣	98, 400
배달유기倍達留記	110
배달천국倍達天國	384
배반명裵磐命	160
배월시생拜月始生	344
배일시생拜日始生	344

배천裵川	258
배현경裵玄慶	712
백검佰劒	428
백두산白頭山	316, 386, 390, 452, 580
백랑곡白狼谷	272
백랑산白狼山	678
백문보白文寶	736
백민성욕살白民城褥薩	164
백부지인白部之人	322
백산白山	16, 530
백상루百祥樓	582
백아강白牙岡	118, 434, 440, 518
백악白岳	22
백악산白岳山	150, 172, 174, 260, 450
백악산아사달白岳山阿斯達	248, 450, 452
백암白岩	580
백암성白岩城	592
백운산白雲山	544
백이숙제伯夷叔齊	144
백전伯佺	466
백제白帝	302
백제百濟	462, 568, 614
백제군百濟郡	602
백제어하라百濟於瑕羅	574
백진사白進士	4
백호白虎	314, 316
백호통소의白虎通疏義	532
번조선番朝鮮	168, 170, 174, 452
번조선왕番朝鮮王	248, 458, 482
번한番韓	458, 462, 464, 468, 476, 482, 518
번한성番汗城	482
범장范樟	4, 734
법수法首	434
법수교法首橋	434
법인法人	310
법지法地	310

법천法天	308
변진弁辰	250, 572
변한卞韓	710
변한弁韓	684
병수도기並修道器	84
병신兵神	314
병주兵主	392
보덕왕報德王	706
보덕왕안승報德王安勝	706
보로국寶露國	528
보원普圓	126
보을普乙	168
보장제寶臧帝	590
복애거사伏崖居士	4
복애범세동伏崖范世東	532
복약성선服藥成仙	18
복지겸卜智謙	712
복희伏羲	366, 378, 502, 530
복희능伏羲陵	368
봉래蓬萊	388
부도父道	308
부도지문符圖之文	48
부라扶羅	678
부루扶婁	98, 400, 442, 460, 462, 502, 520, 532, 572
부루단지扶婁壇地	106
부복애傅伏愛	600
부산㕽山	368
부소량扶蘇樑	518
부아악負兒岳	614
부여夫餘	90, 144, 326, 558, 566, 684
부여왕夫餘王	560
부여제실夫餘帝室	616
부예符隷	530
북개마대령北蓋馬大嶺	340
북경안정문北京安定門	606
북극수정자北極水精子	464
북대개마北大蓋馬	674
북막北漠	168, 172, 246, 472

북박北亳 ... 468	사도師道 ... 310	삼각산三角山 ... 714
북방사명北方司命 ... 300	사두막沙豆莫 ... 468	삼관三關 ... 306
북부여北夫餘 ... 174, 246, 258, 562	사라斯羅 ... 456	삼광오기三光五氣 ... 320
북부여기北夫餘紀 ... 4	사량沙良 ... 480	삼광오정三光五精 ... 110
북부욕살北部褥薩 ... 592	사로斯盧 ... 616	삼국사기三國史記 ... 526, 532
북수北水 ... 326	사로시왕斯盧始王 ... 616	삼국유사三國遺事 ... 386, 618
북연北燕 ... 574	사리沙里 ... 446	삼극三極 ... 318
북옥저北沃沮 ... 560, 610, 678	사마공통감司馬公通鑑 ... 596	삼대三大 ... 306
북주北周 ... 576	사마상여司馬相如 ... 392	삼도三島 ... 112, 160
북해北海 ... 40, 326, 340	사마천司馬遷 ... 50	삼도三途 ... 306, 514, 564
분권관경分權管境 ... 536	사백력斯白力 ... 16	삼랑三郎 ... 108, 150, 400
분조分朝 ... 98	사벌沙伐 ... 158	삼랑성三郎城 ... 98, 402, 442
분조관경分朝管境 ... 536	사불화思不花 ... 738	삼랑을보륵三郎乙普勒 ... 526
불로초不老草 ... 390	사불沙弗 ... 674	삼로三老 ... 324
불리지弗離支 ... 266, 558	사비려아斯庀麗阿 ... 316	삼륜구덕지가三倫九德之歌 ... 566
불리不理 ... 476	사수蛇水 ... 136	삼륜구서三倫九誓 ... 438, 442, 446
불생불멸不生不滅 ... 314, 620	사시주四時主 ... 392	삼망三妄 ... 514
불여래弗如來 ... 442	사아란산斯阿蘭山 ... 150	삼문三門 ... 308
불함지산不咸之山 ... 112, 320	사엄沙奄 ... 466	삼방三房 ... 308
불함不咸 ... 122, 428	사와라환웅斯瓦羅桓雄 ... 54, 430	삼백육십여사三百六十餘事 ... 544
비나국卑那國 ... 340	사우斯虞 ... 454	삼백육십육三百六十六 ... 248
비돈飛頓 ... 362	사월초팔일四月初八日 ... 558	삼사三師 ... 324
비류沸流 ... 612	사월팔일四月八日 ... 246	삼성기三聖紀 ... 4
비리국卑離國 ... 40, 340	사유혼史猶魂 ... 84	삼성기三聖記 ... 528
비사성卑奢城 ... 576	사출四出 ... 250	삼성묘三聖廟 ... 474
비서갑斐西岬 ... 96, 428	사학史學 ... 84, 90	삼성밀기三聖密記 ... 340
비신조信 ... 130	삭도索度 ... 48, 142, 468	삼성사三聖祠 ... 156
비왕裨王 ... 92, 378, 430, 470	삭정索靖 ... 112	삼성지존三聖之尊 ... 156
비자발比自㶱 ... 682	삭주朔州 ... 4	삼시랑三侍郎 ... 400
	산동山東 ... 368, 396, 584	삼신三神 ... 44, 92, 112, 114, 116, 128, 300, 366, 392, 400, 438, 440, 472, 510, 522, 526, 736
人	산목算木 ... 526	
	산상제山上帝 ... 562	
사고師古 ... 672	산서山西 ... 366, 576	삼신계맹三神戒盟 ... 88
사공우司空禹 ... 460, 572	산서대동부山西大同府 ... 436	삼신단三神壇 ... 116, 466
사군四郡 ... 254	산신散新 ... 466	삼신산三神山 ... 314, 366, 388, 396
사기史記 ... 50	산월山越 ... 602	삼신상제三神上帝 ... 136, 464, 510
사기士氣 ... 84	산지객륭山只喀隆 ... 246	삼신설三神說 ... 310
사기봉선서史記封禪書 ... 390	산한山韓 ... 480	삼신설교三神設教 ... 356
사납아국斯納阿國 ... 40	살수薩水 ... 114, 142, 252, 444, 580	삼신영고제三神迎鼓祭 ... 166
	삼가라三加羅 ... 616	삼신일三神一 ... 84, 88, 436, 564

삼신일체상제三神一體上帝 452	상하운장上下雲障 174, 248	선문자고羨門子高 396
삼신일체지원리三神一體之原理 438	색불루索弗婁 142, 448, 470, 534	선비鮮卑 576, 678
삼신일체三神一體 304	생양生養 302	선비산鮮卑山 154
삼신일체상제三神一體上帝 670	생천조물生天造物 318	선비이국鮮卑爾國 340
삼신입교三神立教 436	서徐 148	선성대지체善聖大之體 310
삼신지덕三神之德 156	서경西京 714	선인仙人 434, 500
삼원三圓 306	서경압록부西京鴨綠府 678	선인도랑仙人徒郞 562
삼월십육일三月十六日 580	서경유수西京留守 724	선천宣川 6
삼위三危 318, 358	서고문誓告文 156	선춘령先春嶺 352, 716, 722
삼육대례三六大禮 108, 166, 544	서고지문誓告之文 452	선패국鮮稗國 40
삼일三一 306	서라벌徐羅伐 616	섬라暹羅 618
삼일신고三一神誥 ... 6, 508, 512, 530	서란舒蘭 558	성광보명盛光普明 312
삼일신고비三一神誥碑 442	서물庶物 304	성기자유成己自由 590
삼일심법三一心法 6	서방사명西方司命 300	성명정性命精 88, 306, 514, 524, 564
삼조선三朝鮮 166, 452, 534, 536	서복徐福 508	성무고황제聖武高皇帝 666
삼족오三足烏 120	서부대인西部大人 584, 586	성숙成熟 302
삼진三眞 514, 524, 736	서불徐市 508, 574	성신부위誠信不偽 342
삼진귀일三眞歸一 620	서사誓詞 116	성조成造 96
삼청궁三淸宮 434, 508	서시徐市 468	성조대군成造大君 324
삼칠일三七日 18, 44	서안평西安平 258, 678	성종聖宗 676
삼칠일三七日 358	서압록西鴨綠 252, 558	성종문의대왕成宗文懿大王 714
삼한三韓 100, 118, 166, 320, 360, 378, 384, 440, 470, 476, 518, 536	서압록하西鴨綠河 260, 664, 670	성종선황제聖宗宣皇帝 674
삼한관경三韓管境 518, 732	서여胥餘 454	성통공완性通功完 516
삼한분치三韓分治 616	서여西余 468	성통광명性通光明 126, 436, 502, 620
삼한비기三韓秘記 378, 610	서옥저西沃沮 130	
삼한통속三韓通俗 566	서옥저욕살西沃沮褥薩 130	성통광명자性通光明者 440
삼홀위전三忽爲佺 108, 446, 590	서요하西遼河 678	성황제成皇帝 674
삼황三皇 320, 398	서우여徐于餘 448, 470	세계世界 510, 530
삼황내문三皇內文 434	서울西蔚 480	세계만방世界萬邦 88
삼황내문경三皇內文經 508	서융西戎 146	세조世祖 664
상경용천부上京龍泉府 670	서자庶子 40, 356	세종世宗 672
상계주신上界主神 310	서토西土 364, 366, 374	소갑小甲 134
상곡上谷 168, 580, 602	서한棲韓 466	소강少康 466
상서여형尙書呂刑 378	서화西華 148	소도蘇塗 44, 132, 148, 324, 390, 436, 442, 470
상월上月 100	서희徐熙 714	
상장탁上將卓 250	석다산石多山 580	
상제上帝 88, 392	석성石城 608	소도제천蘇塗祭天 324, 386
상좌평上佐平 590	석제임환인釋提壬桓仁 38, 342	소라蘇羅 362
상춘常春 116, 122, 444, 474, 560	석혁錫赫 674	소련少連 104, 474
	선도산성모仙桃山聖母 616	소류천蘇留天 312

소밀蘇密 468	수한水韓 480	신수神樹 326
소밀랑蘇密浪 118	수혈隧穴 566	신숭겸申崇謙 712
소벌도리蘇伐都利 616	숙살肅殺 302	신시神市 18, 52, 102, 342,
소서노召西弩 612	숙신肅愼 530, 710	358, 378, 500, 502, 532, 566
소손녕蕭遜寧 714	순방順方 362	신시개천神市開天 6, 90, 108,
소시모리素尸毛犁 112	순종順宗 676	378, 434, 508, 736
소을小乙 142	순종안황제順宗安皇帝 676	신시고각神市古刻 520
소이所伊 454	순방지치淳尨之治 22	신시기神市紀 350
소전少佺 466	순환循環 304	신시녹서神市鹿書 508
소전少典 368	술리述理 476	신시씨神市氏 312, 360, 382
소전少典 368, 430	술휴述休 480	신시오사神市五事 118
소전素佺 734	숭린崇璘 674	신시중경神市中經 572
소정小丁 468	숭상광명崇尙光明 344	신시천황神市天皇 510
소태蘇台 140, 468	승유지기乘遊至氣 16	신시황부지중경神市黃部之中經 ...502
소태이蘇台爾 478	시라尸羅 360	신왕종전지도神王倧佺之道 108
소판蘇判 706	시용갑자始用甲子 114	신원목伸寃木 122
소해모수小解慕漱 260	시월삼일十月三日 580	신인神人 92
소호少昊 372	시월상일十月上日 322	신전神篆 530
속리산俗離山 568	시월제천十月祭天 390	신주神呪 358
손대음孫代音 592	시위국豕韋國 40, 340	신주神州 390
솔귀率歸 472	식달息達 114	신지神誌 110, 354, 360
솔나率那 148	신고神誥 532	신지臣智 96
송강松江 602	신공申公 396	신지고비神誌古碑 528
송막십이성松漠十二城 668	신귀神龜 316	신지귀기神誌貴己 106
송무기宋無忌 396	신구당서新舊唐書 596	신지발리神誌發理 116, 518
송사宋史 686	신농神農 368, 378, 430	신지비사神誌秘詞 518, 520
송악松岳 706	신단神壇 400	신지선인神誌仙人 520
송악군松岳郡 710	신단수神壇樹 358	신지씨神誌氏 352
송양松壤 116, 464, 588	신당서新唐書 682	신지우량臣智于亮 132
송화강松花江 128, 360, 722	신도神道 400	신지우속臣智禹粟 136
송화강합이빈松花江哈爾濱 518	신독申督 146	신지육우臣智陸右 144
수문하시중守門下侍中 748	신독인身毒人 114	신지전고비神誌篆古碑 506
수밀이須密爾 136, 150	신라新羅 528, 674	신지혁덕神誌赫德 352, 434, 504
수밀이국須密爾國 40, 150, 340	신라매금新羅寐錦 574	신통만변神通萬變 88
수신水神 360	신명神明 388, 502	신특백新特白 362
수유須臾 160, 170, 174,	신문왕神文王 706	실위室韋 574
250, 458, 480	신선불사지설神仙不死之說 114	심기신心氣身 88, 306, 516, 564
수이상천水以象天 440	신선음부지설神仙陰符之說 508	십간십이지十干十二支 42
수인燧人 366, 378	신선황로神仙黃老 398	십이제후十二諸侯 372
수정자水精子 326	신성新城 602	쌍성雙城 746

씨족략氏族畧 396	안원安遠 674	엄리대수淹利大水 268
	안장제安臧帝 618	업신業神 106
	안촌홀安寸忽 480	업주가리業主嘉利 106, 324
ㅇ	안파견安巴堅 16, 40, 318, 358	여기如祈 580
	안함로安含老 4	여랑女郎 326
아갑阿甲 476	암연岩淵 674	여루余婁 166
아도阿闍 454	암주岩州 610	여상呂尙 398
아라사阿羅斯 448	압록강鴨綠江 724	여성黎城 462
아락阿洛 472	압록곡鴨綠谷 270	여수기余守己 112
아란불阿蘭弗 256, 264	애제哀帝 676	여신女神 314
아루阿婁 448	애친愛親 464	여와女媧 368
아륵阿勒 476	애환가愛桓歌 136	여원홍黎元興 450, 452
아리阿里 446	액니거길厄尼車吉 168	여을余乙 138, 448
아리당부阿里當夫 172	야율耶律 676	여을餘乙 476
아리손阿里遜 454	야율녕耶律寧 726	여진女眞 716
아만阿曼 38, 316	야율배耶律倍 686	여파달黎巴達 144
아사달阿斯達 92, 144, 360, 458, 500, 518	약수弱水 112, 136	여홍성黎洪星 130, 248
	양가羊加 342	여黎 430
아사지阿斯智 454	양견楊堅 584	역수易水 602
아소산阿蘇山 570, 680	양광楊廣 576, 582	연燕 160, 166, 168, 480
아술阿述 120, 466	양길梁吉 708	연개소문淵蓋蘇文 586, 602, 604
아슬나阿瑟那 708	양량楊諒 584	연개소문묘淵蓋蘇文墓 566
아실阿實 454	양만춘楊萬春 598	연개소문송덕비淵蓋蘇文頌德碑 .. 566
아유阿踰 480, 618	양명羊皿 578	연경燕京 728
아이사비阿耳斯庀 38, 316	양무원호태열제陽武元好太烈帝 ... 576	연나延那 148
아한阿漢 446	양수洋水 370	연나부椽那部 272
아홀阿忽 146	양운養雲 136, 142	연타발延佗勃 250
아화阿火 446	양운국養雲國 40, 150, 340	연타발延佗渤 610
아화지阿火只 454	양운환웅養雲桓雄 52	연운도連雲島 168
악지樂志 532	양주陽主 392	연제지사燕齊之士 396
안덕천安德天 312	어대현魚臺縣 368	연충린淵忠麟 668
안덕향安德鄕 118, 466	어아於阿 102	연태조淵太祚 584
안라安羅 680	어아지가於阿之歌 568	열산列山 368, 430
안라국安羅國 572	어아지악於阿之樂 532	열양욕살列陽褥薩 112
안민현安民縣 678	어하라於瑕羅 612	열호수烈好遂 362
안변安邊 674	언의言義 674	염수鹽水 136
안부련환웅安夫連桓雄 52, 430	언파불합彦波弗哈 158	염의부음廉義不淫 342
안승安勝 706	엄淹 148	염표지문念標之文 126
안시安市 468, 580	엄독홀奄瀆忽 144, 154	염해鹽海 674
안시성安市城 592, 606	엄루奄婁 476	영가盈歌 720

영각생삼혼靈覺生三魂 306	오립루烏立婁 468	왕건王建 712
영각靈覺 86	오문루奧門婁 474	왕검王儉 92, 116, 312, 382, 430
영고迎鼓 428	오물五物 344	왕검성王儉城 252, 454
영고씨盈古氏 148	오방五方 314	왕검씨王儉氏 312
영고탑寧古塔 136, 140, 144, 148, 156, 260, 454	오사五事 18, 342, 344, 546, 566	왕륭王隆 710
	오사구烏斯丘 112, 390, 444	왕문王文 476, 520, 530
영덕永德 676	오사달烏斯達 112	왕세적王世績 584
영락永樂 618	오성吳城 602	왕정춘지요王正春之謠 264
영변寧邊 386	오성취루五星聚婁 132	왕차중王次仲 530
영부靈符 306	오소리烏蘇里 352	왜국倭國 528
영산靈山 314	오소리강烏蘇里江 566	왜인倭人 456, 568
영윤榮潤 302	오아속烏雅束 720	외임外壬 448
영절사기永絶邪氣 562	오연총吳延寵 716	요동낭사가遼東浪死歌 578
영주瀛洲 388	오우관烏羽冠 246, 326, 558	요동성遼東城 580, 602
영주營州 666	오월吳越 528, 572	요동遼東 248, 258, 562, 592, 608, 750
영주寧州 246	오월오일五月五日 266, 558	
영지의삼식靈智三識 306	오이烏伊 262, 560	요사예지遼史禮志 534
영지令支 142, 462	오장군吳將軍 48, 380	요상경임황부遼上京臨潢府 678
영축營築 302	오제五帝 302	요서대산遼西帶山 668
예濊 360	오제사명五帝司命 300	요서십성遼西十城 608
예종문효대왕睿宗文孝大王 720	오제설五帝說 312	요서육성遼西六城 668
오가五加 40, 124, 128, 174, 246, 338, 344, 384, 458	오제주五帝注 314	요서진평遼西晉平 602
	오주목烏珠牧 666	요서遼西 168, 602
오가육십사족五家六十四族 100	오행육정五行六政 566	요양遼陽 748
오간烏干 614	오행치수五行治水 464	요중십이성遼中十二城 462
오경육십주일군삼십팔현五京六十州一郡三十八縣 668	오행치수지법五行治水之法 98, 400, 460, 502	요천繞天 534
		요택遼澤 584, 608
오계五戒 566	오환건국吾桓建國 16	요하遼河 128
오골성烏骨城 598	오훈五訓 342, 344, 566	욕살褥薩 450
오난하五難河 342	옥저沃沮 684	용광검龍光劒 246, 558
오덕지五德地 518	옥저후沃沮侯 558	용마龍馬 160
오도하五道河 168	옥전보玉田堡 608	용서龍書 530
오동진吳東振 6	옥진총담玉塵叢談 526	용왕龍王 314, 326
오라烏羅 466	온달溫達 576	용전鎔煎 302
오령五靈 302	온조溫祚 612	우禹 502
오령성五靈成 300	옹진甕津 668	우가牛加 116, 122, 128, 130, 132, 140
오룡거五龍車 246, 558	옹호雍狐 370	
오루문奧婁門 156	완달完達 428	우가주곡牛加主穀 342, 384
오루하奧婁河 684	완산完山 710	우거右渠 252
오리伍利 396	왕개보王介甫 604	우루虞婁 136, 674

우루국虞婁國 340	웅씨왕熊氏王 92, 430	유주幽州 580
우루국虞婁國 40	웅씨왕녀熊氏王女 92	유철劉徹 254, 392
우문언于文言 168	웅족熊族 320	유화柳花 266, 558
우사雨師 358, 366, 384, 428, 436, 502, 540	웅진강熊津江 574	육서六書 368
	웅호熊虎 434	육정六正 324
우사공虞司空 98, 400, 464	웅호이족熊虎二族 44	윤관尹瓘 716
우사소정雨師小丁 468	원공패전圓孔貝錢 114	윤언이尹彦頤 722
우서雨書 530	원관元關 308	융무隆武 270
우서한于西翰 120, 446	원단圓壇 322	융비隆飛 362
우속于粟 122	원동중元董仲 4, 528	융안엽호隆安獵戶 456
우수국牛首國 112	원유元瑜 674	융안隆安 164
우수주牛首州 98	원의元義 672	은殷 130, 454
우순虞舜 98, 102, 460, 462	원정천元精天 312	은도殷都 144
우야고환웅右耶古桓雄 52	원화源花 326	을나乙那 472
우지于支 122	월신月神 360	을밀대乙密臺 618
우태于台 270	월주月主 392	을밀선인乙密仙人 618, 622
우현왕右賢王 142, 448	월지月支 250	을보륵乙普勒 108, 110
우화충于和冲 164	월지국月漬國 340	을불리乙弗利 444
우화충우和冲 456	위국지도爲國之道 84	을소乙素 618
운두雲頭 362	위나尉那 136	을아乙阿 446
운사雲師 428	위만衛滿 248, 482	을우지乙于支 162, 446
운사雲師 98, 354, 358, 384, 436, 540	위서물길전魏書勿吉傳 386	을지문덕乙支文德 564, 580, 582
	위소주韋昭注 392	을지문덕석상乙支文德石像 566
운사배달신雲師倍達臣 442	위준韋俊 666	을파소乙巴素 544, 562
운사육약비雲師陸若飛 354	위충韋冲 584	을파소묘乙巴素墓 566
운장雲障 168	유공권柳公權 596	음부경주陰符經注 398
웅갈손熊乫孫 146	유기留記 520	음주陰主 392
웅녀熊女 44	유리명제琉璃明帝 560	음차音次 162
웅녀군熊女君 428, 430	유리琉璃 612	읍루인挹婁人 682
웅백다熊伯多 440, 518	유림관楡林關 576	읍차邑借 130, 170
웅본성熊本城 572	유림진楡林鎭 576	응결뇌해凝結腦海 110
웅상雄常 124, 322, 326, 436	유망楡罔 370, 376	응삼신부명應三神符命 678
웅습熊襲 158	유방劉邦 394	의구宜臼 456
웅습성熊襲城 572	유부지류不地 362	의려국依慮國 678
웅심국熊心國 340	유성柳城 610	의려왕依慮王 678
웅심산熊心山 172, 246, 558	유소有巢 366	의종毅宗 676
웅씨熊氏 360, 430	유시유경有時有境 314	의종정황제毅宗定皇帝 674
웅씨군熊氏君 438	유영이주幽營二州 102	이극회李克會 474
웅씨녀熊氏女 18	유원지기惟元之氣 304	이기李沂 6
웅씨비왕熊氏神王 378	유위자有爲子 124, 438	이도종李道宗 592

이두법吏讀法	476
이동梨洞	4
이두란첩목아李豆蘭帖木兒	748
이맥李陌	6
이명李茗	734
이명유기李茗留記	618
이목은색李牧隱穡	734
이문기李文起	154
이벌伊伐	476
이선설법以仙設法	382
이세伊勢	574, 680
이세민李世民	592
이세적李世勣	592
이신시교以神施教	108
이십세일二十稅一	436
이십세일지법二十稅一之法	120
이십팔수二十八宿	504
이일위신以日爲神	344
이전설계以佺設戒	124
이전수계以佺修戒	382
이정기李正己	672
이조伊朝	466
이존비李尊庇	726
이종건왕以倧建王	382
이진彛震	676
이진사李進士	4
이진영李盡榮	666
이천위조以天爲祖	344
이태백전서李太白全書	526
이태백李太白	526
이해고李楷固	666
이훤李萱	710
이희일李希逸	672
인간삼백육십여사 人間三百六十餘事	358
인류人類	38
인물人物	510, 530
인삼人蔘	114
인수仁秀	674
인안仁安	666
인위가라仁位加羅	616
인종仁宗	674
인중천지위일人中天地爲一	620
인한人韓	480
일광명一光明	300
일광명세계一光明世界	356
일광백일日光百日	358
일군一羣	142
일군국一羣國	40, 252, 682
일군국一群國	340
일기一氣	526
일변위칠一變爲七	310
일상제一上帝	300, 310, 390
일식日蝕	154, 172
일신一神	16, 88, 300, 510, 530
일신강충一神降衷	126, 436, 502
일신소강一神所降	440
일신즉삼一神卽三	620
일십당一十堂	6
일연一然	4
일연씨一然氏	386
일웅일호一熊一虎	358
일원지조一源之祖	44, 320, 364
일월지자日月之子	500
일인一仁	578
일자一者	88
일주日主	392
일중위시日中爲市	368
일향국日向國	680
임나任那	472, 570, 616
임수林樹	362
임언林彦	716
임진강臨津江	668
임치臨淄	158
임황수臨潢水	666
임황현臨潢縣	678
임황臨潢	580, 678

ㅈ

자부紫府	398
자부선생紫府先生	434, 438, 502, 508, 520
자비령慈悲嶺	724
자성구자自性求子	438
자오사慈烏斯	466
자오수慈烏漱	448
자오지환웅慈烏支桓雄	46, 54, 380
자재광명自在光明	564
자정녀정子井女井	18
자지광명自地光明	384
자천광명自天光明	384
자치통감資治通鑑	610
자해표自解表	722
자허선인紫虛仙人	502
잠청배潛淸輩	90
장군차張君乂	592
장당경藏唐京	22, 116, 144, 164, 456, 534
장량張亮	598
장량張良	248
장령長嶺	168, 462, 674
장문휴張文休	666
장생구시長生久視	16, 364
장손무기長孫無忌	598
장수홍제호태열제 長壽弘濟好太烈帝	574
장안長安	590
장유張儒	528
장종莊宗	676
장종화황제莊宗和皇帝	676
재단裁斷	302
재세이화在世理化	18, 40, 126, 358, 436, 440, 502, 532, 564
재추宰樞	722
저가주병猪加主病	342, 384
적강赤剛	362
적봉赤峰	602

적부지인赤部之人 322	조선朝鮮 94, 360, 452, 502, 566, 710	주원유공呪願有功 18
적제赤帝 302		주원장朱元璋 746
적표赤熛 314	조선씨朝鮮氏 382	주작朱雀 676
전계佺戒 106, 110	조식보정調息保精 364	주작朱鵲 314, 316
전계경佺戒經 544	조야기朝野記 114	주재主宰 510, 522, 530, 532
전내典奈 456	조양造陽 168	주제천신主祭天神 338, 358
전수계佺受戒 736	조영祚榮 666	주조主祖 88
전수계지법佺修戒之法 736	조위총趙位寵 724	주천력周天曆 140
전욱顓頊 378	조을祖乙 158	주형主刑 314, 358, 436
전위계佺爲戒 622	조의皂衣 446, 506, 564, 578, 582, 618	중계주신中界主神 310
전인수계全人受戒 106, 546		중광重光 664
전일全一 344	조의선인皂衣仙人 566, 588	중국仲國 364
전쟁戰爭 364	조준趙浚 582	중림仲林 362
접화군생接化群生 534	조천朝天 94	중마한中馬韓 250
접화생接化生 470	조천석朝天石 566	중방사명中方司命 300
정동행성征東行省 746	조하潮河 248	중부여中夫餘 250
정력正曆 676	조화造化 302	중상유구中常悠久 312
정막程邈 530	조화지신造化之神 86	중용中庸 6
정명진程名振 592	존신구심存神求心 308	중전仲佺 466
정몽주鄭夢周 748	졸본卒本 258, 560	중황中黃 362
정백교正伯僑 396	졸본성卒本城 268	중흥中興 674
정심부변定心不變 88	졸본천卒本川 260, 268	지남거指南車 374
정안국定安國 686	종훈倧訓 110	지능知能 126
정음삼십팔자正音三十八字 ... 110, 526	좌원坐原 254, 470, 612	지리숙支離叔 140
정주定州 584	좌월左越 602	지묘지신至玅之神 304
정주正州 678	좌호가라佐護加羅 616	지백특支伯特 112, 140
정주程朱 532	주周 156, 472	지생쌍수智生雙修 44, 156, 562
정지상鄭之祥 738, 746	주가성자朱家城子 474, 560	지석支石 400
정지상鄭知常 722	주개周愷 148	지석단支石壇 400
제齊 160	주곡主穀 314, 350, 358, 436	지아구독知我求獨 88, 108
제수濟水 366	주라周羅 584	지우리支于離 362
제천祭天 22, 366, 428, 446, 500, 580	주리侏離 532	지위리환인智爲利桓仁 38, 342
	주명主命 314, 358, 436	지위천智偉天 320
제천단祭天壇 98, 442	주몽朱蒙 266, 610	지일地一 302, 310, 522
조교치造教治 522	주무신환웅州武愼桓雄 54	지주地主 392
조근진한朝覲辰韓 462	주병主病 314, 358, 436	지하여장군地下女將軍 300, 314
조나藻那 674	주선악主善惡 314, 358, 436	지한地韓 480
조대기朝代記 ... 338, 342, 344, 356, 558, 566, 588, 608, 664	주세위생住世爲生 304	직구다국稷臼多國 40, 340, 342
	주양朱襄 368	진개秦介 248
조리朝離 532	주우양환인朱于襄桓仁 38, 342	진국辰國 452, 462

진국열황제振國烈皇帝 664	참성단塹城壇 98, 448, 568, 736, 744	천안궁天安宮 248
진국왕震國王 684	참전叅佺 534, 562	천왕天王 250, 372, 382, 428, 464
진국장군振國將軍 664	참전계叅佺戒 102	천왕랑天王郎 174, 246, 326
진기대발眞機大發 308	창기소蒼其蘇 502	천일天一 302, 310, 522
진단震丹 466	창려昌黎 580, 602, 608	천일생수天一生水 312, 326, 440
진단구변지도震檀九變之圖 518	창룡蒼龍 316	천일신天一神 392
진류陳留 370	창성문자創成文字 352	천자天子 372
진망眞妄 306	창세조서創世條序 84	천제天帝 318, 504
진명眞命 514	창수사자蒼水使者 502	천제자天帝子 92, 380, 452, 462, 464
진번이한眞番二韓 480	창료현昌遼縣 610	천제지자天帝之子 562
진서眞書 110	창해蒼海 136	천제화신天帝化身 94, 344
진성眞性 86, 514	창해역사滄海力士 130, 248	천제환웅天帝桓雄 126
진승陳勝 248	창힐倉頡 48, 434	천제환인씨天帝桓因氏 16
진신대현眞身大現 308	창힐蒼頡 396	천주天主 392
진아眞我 88	책화責禍 44, 120, 138, 324, 512, 532	천주泉州 602
진업대성眞業大成 308	천경신고天經神誥 124, 392, 532, 670	천지天池 386, 390
진역유기震域留記 350, 392	천계天界 16	천지만물지조天地萬物之祖 392
진왕정秦王政 248	천계지맹天戒之氓 358	천지인天地人 88, 318
진을례進乙禮 456	천군天君 382	천지화天指花 132
진일眞一 126	천궁天宮 510, 530	천지화랑天指花郎 132
진일무위眞一无僞 308	천단天壇 400	천통天統 666
진정眞精 514	천문령天門嶺 666	천평天坪 18
진조선眞朝鮮 452, 458, 470	천보산天寶山 734	천하天河 160, 122
진천문지晉天文志 396	천복天福 676, 708, 710	천하대장군天下大將軍 300, 314
진한眞韓 118	천부天符 428, 434, 530	천하인天河人 326
진한秦漢 396	천부경天符經 6, 504, 528	천하주天河注 326
진한辰韓 444, 452, 518, 616	천부경주해天符經註解 532	천한天韓 478
진한육부辰韓六部 616	천부왕인天符王印 464	천해天海 38, 40, 318, 326, 340
진화進化 304	천부인天符印 18, 126, 358	철령鐵嶺 750
집상운신執象運神 18	천산天山 38, 338, 342	철리鐵利 674
집일이함삼執一而含三 88, 440	천수天授 706, 712, 746	철원鐵圓 674
집일함삼執一含三 156, 306, 508, 524	천신天神 18, 86, 108, 326, 360, 382, 562	철종哲宗 676
	천신조화天神造化 508	철종간황제哲宗簡皇帝 674
ㅊ	천신지교天神之教 38	청구靑邱 18, 116, 152, 366, 530
	천신지조天神之詔 18	청구국靑邱國 52, 54, 508
차릉岔陵 258	천신통성天神通性 562	청구군靑邱君 148
차릉수岔陵水 262		청구씨靑邱氏 382
차음次音 476		청룡靑龍 314
		청아욕살菁莪褥薩 130

청정견허淸淨堅虛 312
청제靑帝 302
청진대지체淸眞大之體 310
청차이淸且伊 362
청천강淸川江 566
청태淸泰 676
최고운치원崔孤雲致遠 504
최숭崔崇 252
최영崔瑩 746
최치원崔致遠 528
추노鄒魯 150
추밀鄒密 154
추정국鄒定國 602
축다리환웅祝多利桓雄 54
축맹祝孟 582
축자筑紫 680
축장蓄藏 126
춘추春秋 354
출호삼신出乎三神 438
치두남蚩頭男 462
치액특웅蚩額特桓雄 54
치우治尤 312, 354
치우蚩尤 46, 48, 116, 136, 508
치우기蚩尤旗 376, 396
치우비蚩尤飛 376
치우씨蚩尤氏 436
치우천왕治尤天王 18, 44, 354
치우천왕蚩尤天王 46, 54, 154,
　　370, 376, 380, 460
치운출蚩雲出 466
치청절도사淄靑節度使 672
치화治化 302
치화지신治化之神 86
칠성력七星曆 502
칠월칠일七月七日 326
칠정운천도七政運天圖 502
칠회력七回曆 106, 442
칠회제신七回祭神 446
칠회제신지력七回祭神之曆 . 360, 434
칭간秤䅊 518

ㅌ

탁록涿鹿 48, 370, 376, 380, 436
탐랑耽浪 100
탐모라耽牟羅 448
탕湯 130, 466
탕지湯池 462
탕지보湯池堡 518, 606
탕지산湯池山 466, 468
태고문자太古文字 352
태극太極 500
태금太金 300, 312
태목太木 300, 312
태무太戊 468
태백太白 318, 358, 386
태백산太白山 112, 136,
　　358, 390, 428
태백일사太白逸史 4, 6
태백진교太白眞敎 6, 530
태백현묘지도太白玄妙之道 670
태봉국泰封國 706
태산泰山 462
태소암太素庵 734
태수太水 300, 312
태시太始 676
태우의환웅太虞儀桓雄 52, 364
태원太原 580
태일太一 302, 310, 522
태조太祖 666
태조고황제太祖高皇帝 684
태조무열제太祖武烈帝 270, 606
태조무열제기공비
　　太祖武烈帝紀功碑 566
태조신성태왕太祖神聖太王 706
태천泰川 4
태토太土 300, 312
태평천太平天 312
태학太學 670
태항산太行山 454
태호太皥 366

태화太火 300, 312
태황太皇 386
태훈胎訓 246
택성澤城 608
택원擇園 126
토신土神 360
토주대감土主大監 324
통고사국通古斯國 40, 340
통도桶道 462
통도성桶道城 602
통전通典 532
통지通志 396
통하通河 256
투전목鬪佃目 526
투전문鬪佃文 530

ㅍ

파내류국波奈留國 340
파내류산波奈留山 340
파내류지국波奈留之國 38
파소婆蘇 616
팔괘상중론八卦相重論 140
팔도도통사八道都統使 750
팔신八神 392, 398
팔신제八神祭 392
팔조八條 22, 470, 544
팔훈八訓 546
패상瀙上 394
패수浿水 248, 570
팽우彭虞 96
평강상호태열제平岡上好太烈帝 ... 576
평나平那 254
평락平樂 560, 612
평량平涼 570
평양平壤 166, 250, 534,
　　566, 576, 586, 618
평양도平壤道 250
평양성平壤城 664

평양인平壤人	706
폐문자수閉門自修	18
포고씨蒲古氏	148
포오거蒲吾渠	600
포주抱州	724
포희庖犧	312
표훈천사表訓天詞	300
풍류강風流江	116
풍백風伯	98, 354, 358, 384, 428, 436, 540
풍백석제라風伯釋提羅	354
풍산風山	366, 500
풍성豊城	608
풍족風族	322
필나국畢那國	40

ㅎ

하夏	130
하暇	472
하간현河間縣	602
하계주신下界主神	310
하남위지성河南慰支城	614
하단갑河亶甲	468
하백河伯	262, 326
하백녀河伯女	96, 266, 558
하주상夏主相	114
학반령鶴盤嶺	270
한개韓介	170
한맹寒盟	566
한성汗城	462
한성韓城	608
한송정곡寒松亭曲	528
한수漢水	530, 614
한여韓如	726
한율翰栗	120
한종韓終	508
함양咸陽	394
함화咸和	676

항득쾌락恒得快樂	16
항산恒山	146
해동성국海東盛國	668
해두海頭	164
해두왕海頭王	270
해마리奚摩離	316
해모奚牟	152
해모라奚牟羅	468
해모수解慕漱	172, 252, 482, 558
해부루解夫婁	254, 258
해성海城	142, 166, 170, 250, 562, 584
해성욕살海城褥薩	448
해성현海城縣	678
해수奚壽	474
해운당海雲堂	90, 174
해원解怨	118
해익海弋	362
해인解仁	170, 480
해주암연현海州岩淵縣	668
해학海鶴	6
행군총관行軍摠管	592
행촌杏村	4, 734
행촌선생杏村先生	530
행촌이杏村李嵒	736
행촌이시중杏村李侍中	730
허공虛空	510, 530
허조동체虛粗同體	156
허조동체虛粗同體	308
헌강왕憲康王	526
헌구軒丘	430, 436
헌원軒轅	48, 374, 376, 380, 430, 434, 508
헌효왕獻孝王	736
헌후軒侯	48
험독險瀆	462, 480
혁다세환웅赫多世桓雄	54
혁서환인赫胥桓仁	38, 342
현귀玄龜	314
현도玄菟	562, 580

현묘득도玄妙得道	318
현묘자득玄妙自得	110
현묘진원玄妙眞元	312
현묵玄默	126
현방玄房	308
현생現生	86
현석玄錫	676
혈구穴口	98, 402, 442
협보陜父	262, 560, 570
협야노陜野奴	112
협야후陜野侯	160, 456
협일協一	126
협일무위協一无違	310
형량인물衡量人物	84
호갑虎甲	464
호시楛矢	370
혼춘琿春	270
홀한성忽汗城	666, 686
홍도익중弘道益衆	108
홍두적紅頭賊	746
홍무弘武	576, 580
홍범洪範	40, 358, 400
홍범도洪範圖	6
홍운성洪雲性	150
홍유洪儒	712
홍익인간弘益人間	18, 40, 126, 358, 436, 452, 502, 564, 670
홍익제인弘益濟人	338
홍행촌수紅杏村叟	4, 90, 174
화랑花郎	326
화백和白	44, 120, 512, 530
화서花書	530
화선삼계化宣三界	314
화신火神	360
화응상감化應相感	308
화이상지火以象地	440
화조和調	302
화흥華興	674
환국桓國	16, 38, 318, 340, 342, 356, 510, 566

환국구전지서桓國口傳之書 504
환국오훈桓國五訓 118
환국주桓國注 344
환단桓檀 6
환단고기桓檀古記 4, 6
환단고사桓檀古史 670
환도문명桓道文明 446
환도산丸都山 560
환역桓易 434, 502, 504
환웅桓雄 40, 52, 136, 382, 736
환웅개천桓雄開天 510
환웅대성존桓雄大聖尊 504
환웅상桓雄像 124
환웅신상桓雄神像 326
환웅씨桓雄氏 18
환웅천왕桓雄天王 358, 428, 434
환웅천황桓雄天皇 52, 364, 386
환인桓仁 38, 312, 318, 338, 342, 344, 382
환인桓因 16, 88, 116, 136
환인씨桓仁氏 38, 310, 340
환족桓族 356, 364, 386, 434
환하晥夏 682
환화桓花 116, 126, 136, 340
황부지인黃部之人 322
황상皇上 452
황성皇城 560, 566
황웅黃熊 314, 316
황제黃帝 302
황제중경黃帝中經 320, 400, 502
황충蝗虫 114
황충蝗蟲 158
황하黃河 608
황하북류黃河北流 608
회淮 148
회계會稽 602
회계군會稽郡 572
회계산會稽山 502, 572
회대淮岱 98, 116, 144, 148, 374, 380

회대지간淮岱之間 48
회삼귀일會三歸一 156, 508, 524
회삼이귀일會三而歸一 88, 440
회원懷遠 674
회원진懷遠鎭 578
획괘지래劃卦知來 18
효순부위孝順不違 342
효양曉陽 362
효원効圓 126
후고구려後高句麗 664, 710
후고구려왕後高句麗王 706
후백제後百濟 710
흉노凶奴 112, 154, 248
흉노匈奴 476
흑수黑水 16, 530, 666
흑수국黑水國 528
흑제黑帝 302
흘달屹達 130
흠무欽武 670
흥료興遼 684
희역羲易 504